# 교회교의학 III/4

제8권 창조에 관한 교의 — 제4권

칼 바르트 지음 · 박영범 · 황덕형 옮김

대한기독교서회

## 교회교의학 III/4

2017년 6월 30일 초판 1쇄

지은이 / 칼 바르트
옮긴이 / 박영범·황덕형
펴낸이 / 서진한
펴낸곳 / 대한기독교서회
편집책임 / 편집1팀

등록 / 1967년 8월 26일 제1967-000002호
주소 / 서울시 강남구 테헤란로 103길 14 (삼성동)
전화 / 출판국 (02) 553-0873~4 · 영업국 (02) 553-3343
팩스 / 출판국 (02) 3453-1639 · 영업국 (02) 555-7721
e-mail / cls1890@chol.com
         edit1890@chol.com
http//www.clsk.org
facebook.com/clskbooks

직영서점 / 기독교서회
종로 5가 기독교회관, 전화 (02) 744-6733, 팩스 (02) 745-8064

책번호 2191
ISBN 978-89-511-1850-0  94230
ISBN 978-89-511-0575-3 (전13권)

***Die Kirchliche Dogmatik*** III/4

by Karl Barth
tr. by Park, Young Bum · Hwang, Duk Hyung
ⓒ of the German original version 1986, 1987 by Theologischer Verlag Zürich
All rights reserved
Korean Translation Copyright
ⓒ 2017 by Park, Young Bum · Hwang, Duk Hyung
Published by The Christian Literature Society of Korea, Seoul
Printed in Korea

이 책의 한국어판 저작권은
Theologischer Verlag와의 독점 계약으로 대한기독교서회에 있습니다.
저작권법에 의해 보호를 받는 저작물이므로
무단 전재와 무단 복제를 금합니다.

\* 책값은 뒤표지에 있습니다.

# 창조에 관한 교의

## ❦ 제4권 ❦

# 서문

이 책(Teilband)에서는 창조론(Lehre)을 다룬다. 그리고 창조론은 그리스도교의 지식 영역에서 제기되는 윤리적인 질문들과 이에 대한 대답들을 서술함으로써 마무리될 것이다. 그러나 사람들은 여기에서 완전한 그리스도교 윤리학을—그러한 윤리학이 가능하다고 할지라도—발견할 수 있다고 기대해서는 안 된다. 특별히 국가, 사회, 그리고 법이라는 총괄 영역은 여기에서 항상 부수적으로만 다루어졌다.[1] 나는 이번에는 이 책의 내용에 대해서는 더 자세히 설명하고 싶지는 않다. 왜냐하면 긍정적이든 부정적이든 나와 독자에게 주어진 능력의 정도에 따라서 책의 내용이 드러나야 하고 또 그렇게 될 것이기 때문이다.

내 앞에 비로소 놓이게 된 것은 교회교의학의 핵심 과제인 창조에 관한 교의이다. 이 영역은 새롭고 광활한 영역이다. 그리고 나는 너무나 막중한 책임이 요구되는 이 영역에 대한 첫 번째 탐구의 발걸음을 내딛으려고 한다. 그렇기에 이제 새로운 출판은 좀 더 지체될 수밖에 없을 것이다.

우리의 인생은 짧다.*(Vita nostra brevis est)… 나의 동년배들, 예전에 함께 연구했던 동료들, 그리고 직장 동료들은 이제 한 사람씩 그들의 생업에서 물러나기 시작한다. 이런 모습을 보면서 다음과 같은 생각을 하게 된다. 그리고 내 눈앞에 지난 세월이 펼쳐진다. 나는 지난 40년 동안 견신례(Konfirmation)를 준비하는 사람들, 그리고 그 밖의 많은 사람을 가르쳤다. 또한 장례식과 결혼식을 위해 적절한 영적인 말씀을 찾았고, 도움이 필요한 모든 아이의 상담자가 되도록 노력했다. 무엇보다 주일마다 복음을 해석하였고, 이를 오늘날의 교회와 세계에도 여전히 효력이 있는 구원의 말씀으로서 선포했다. 많은 수고가 필요했으며, 많은 걱정과 오늘날 이 시대의 악함과 (무엇보다 먼

---

[1] 나는 §54,1에서—매우 우연한 이유 때문에—오토 피퍼(Otto Piper)의 중요한 책인 『성의 의미와 비밀』(1935)을 언급하거나 사용하지 않은 것을 애석하게 생각한다.

* 라틴어 인용문들은 우리말 고딕체로 표식하였다.

저) 나 자신이 지닌 모든 불신앙에도 불구하고 나는 그렇게 살아왔다. 그렇기에 나는 지금 이런 40년을 함께 겪어온 모든 사람에게 격려의 인사를 전한다. 왜냐하면 나는 예전과 마찬가지로 지금도 여전히 이와 같은 사역을 통해서—물론 미래에는 이런 사역이 지금보다 훨씬 더 목사와 많은 교회 구성원들의 상호 협력을 통해서 이루어질 것이다.—사람이 교회에서 할 수 있는 중요한 일들이 실행되어질 것임을 확신하기 때문이다. 사실 나는 지난 30여 년 동안은 이런 사역에 직접적으로 참여하지 않았다. 하지만 그 시기에 내가 했던 일들은 이런 사역에 도움을 주려는 목적을 분명히 지니고 있었다. 교회는 하나의 공통된 출발점을 갖는다. 그러나 나는 예전의 공통된 출발점에서 꽤 멀리 벗어나야만 했다. 그러나 나는 교회를 섬겨왔고 여전히 교회를 섬기고 있다. 그렇기에 이런 모습 때문에 내가 살아가는 이 세대에서 내가 도피했다고 생각하지 말았으면 한다. 나는 단지 우리 세대보다 다소 앞서 나갔을 뿐이다. 나는 이제야 비로소 핵심 과제에 서 있다. 그래서 명예롭게 은퇴할 수도 없는 처지에 놓였다. 그렇기에 적어도 그들 가운데 몇 명이라도 이런 나의 모습을 기꺼이 생각하기를 기대한다. 우리 모두가 얼마나 더 오랫동안 이렇게 또는 저렇게 활동할 기회를 갖게 되는지는 우리의 손이 아니라, 다른 손에 달려 있기 때문이다.

더구나 나는 오늘날 젊은 세대 가운데 여기저기에서, 가까운 곳에서 또는 먼 곳에서 몇몇의 사람을 보았다. 그들은 『교회교의학』과 관련된 신학적 작업을 독자적으로 그리고 성공적으로 계승하여, 계속 이어가고, 그리고 이런 작업을 더 잘 해낼 수 있을 것이라는 확신을 나에게 주었다. 나는 이에 대해서 특별한 기쁨을 표현하고 싶다. 교회교의학을 통해서 이루어진 것은, 지난 수백 년 동안의 교리와 종교개혁에 대하여 발생한 필수불가결한 논쟁의 시작이다. 그뿐만 아니다. 이는 과거와 오늘날의 가톨릭에 대한 교회에 반드시 필요한 논쟁의 시작이고, 이는 교회에 주어진 하나님의 말씀에 대하여 새롭게 성찰하게 된 시작인 것이다. 나는 이런 필요성을 이제야, 그리고 어쩌면 가장 마지막으로 알아차린 사람일지도 모른다. 여기에는 과거와 최근의 선배들과의 서슴없는 상세한 대화가 담겨 있다. 여기에서 사실적인 문제(Sachproblem)들이 상호관련성을 통하여 매우 깊이 그리고 폭넓게 다루어질 것이다. 무엇보다 여기에는 많은 성경 구절이 담겨 있다. 이런 성경 구절은 내가 연구했던 것보다 더 신뢰할 만한 새로운 연구와 사고에 바탕을 둔 구절들이다. 사람들은 지금 하나의 새로운 신학 대전(Summa Theologiae)이 완성되었다고 생각할지도 모른다. 그러나 그 안에서 사람들은 이와는 전혀 달리, 여전히 해결되어야만 할 많은 것을 발견하게 될 것이다. 그리고 만일 이러저러한 뛰어난 사람들이 나를 능가할 때, 특히 예를 들자면 이런 추월이 참으로 전도유망한 길들이라면, 나는 정말로 이런 길에 함께하고 싶다.

반면에 오늘날 사람들이 많이 걷는 두 개의 길을 나는 지금까지 강조했던 바에 따라서 잠정적으로 전도유망한 길로서 간주하지 않는다.

두 길 가운데 하나의 길은 신학, 주석, 교의학과 설교의 근거를 소위 실존철학을 바탕으로 해서 발견하려는 시도이다. 나는 1921년의 로마서 주석에 실존철학을 도입하였다. 사실 나는 당시에 내 스스로가 잘 인식하지 못한 채 이를 도입하였다. 그렇기에 이에 대한 상당한 책임감을 느낀다. 또한 잘 알려진 바와 같이, 나는 『교회교의학』의 1927년 초안에서도 잘못된 출발을 걸음으로써 실존철학에 공물을 바치기도 했다. 이에―여기에서뿐만 아니라 또한 이후의 내 신학적 사고의 형태가 가지고 있는 특정한 양상과 관련해서도―나도 결국은 역시 키에르케고르와 그의 후계자들에게 배울 수 있는 것들 가운데 몇몇을 배웠다고 말할 수 있다. 만일 신학에서 비평, 즉 논쟁하는 것과 해체하는 것과 비신화하는 것 등이 중요한 문제라면―실제로 신학에서 문제가 되는 것은 언제나 이와 같은 것들임이 분명하다.―실존주의는 의심할 여지 없이 유용한 도구일 것이다.(그렇다고 내가 이러한 관점 때문에 실존주의를 유일한 것이나 혹은 결정적인 것으로 간주하는 것은 결코 아니다.) 또한 이런 이유로 특별히 우수한 많은 학생이 크게 즐거워하며 실존주의를 따라가고, 또한 열광적으로 이것을 활용하곤 한다. 물론 이는 이해할 만하다. 그리고 사람들은 실존주의에 헌신을 다한다. 그러나 나는 그런 곳에서―아니요(Nein)라고 말하는 것이 결국에는 최후의 예술이 아니며, 모든 거짓된 우상들의 추락이 최고의 과제가 아니다.―거론할 만한 가치 있는 건설(Aufbau)이 이루어지는 것을 보지 못했다. 또한 나는 어떻게 이런 가치 있는 건설이 그곳에서 가능할지도 미리 예측하여 알지 못한다. 그렇기에 나는 무엇보다 빚진 마음으로 다음과 같은 사람들에게 감사하고 싶다. 그들은 바로 무엇을 신학이라고 말해서는 안 되는지를 우리에게 가르쳐주고자 했던 사람들이다. 더 나아가 우리가 무엇을 말해야 하는지를 우리에게 보여주려 애쓴 사람들에게 더 큰 기쁨의 마음으로 감사하고 싶다. 오늘날 몇몇은 내가 대략 1932년과 1938년 사이에―다른 학자들에 따르면 더 이후에―취해야만 했던 명목상의, 혹은 실제적인 방향 전환의 비밀에 대한 단서를 찾으려고 시도한다. 나의 관점에서 볼 때, 나의 상황은 비교적 단순하게 기술될 수 있다. 즉, 나는 인간이 살 수 있고 그리고 죽을 수 있는 근거와 통로인 긍정들(Bejahungen)이 지닌 의미를 점차로 (그밖에도 언제나 "싸우는 즐거움에 가득 차서!") 더 많이 갖게 되었다.

두 길 가운데 또 다른 하나의 길은 16세기의 개혁주의 교의와 이런 교의가 지닌 고대교회(altkirchlich)의 전제들을 현대적으로 복구하는 길이다. 특별히 오늘날에는 많은 (다행스럽게도 모두는 아니다.) 루터교인이 이 길을 걷고 있다. 나는 이 길 또한 마찬가지로 변화된 상황 속에서(rebus sic stantibus) 일시적으로 도달한 막다른 골목으로 간주한다. 지금까지 출판된 나의 교의학들(Baende)과 그 외에 내가 쓴 글들의 내용을 볼 때, 나는 신학적인 교부들을 무시했다는 비난에 대해서 스스로를 변명할 필요성을 느끼지 못한다. 그러나 교부들을 바라보는 것, 그들에게 배우는 것, 잃어서는 안 될 그들의 지식을 실제로 받아들이는 것은―만일 이것을 의미한다면, 나는 기꺼이 좌측에 있는 이웃들로부터 '정통주의자'라는 비난을 감수할 것이다.—그들의 지식과 고백을 바탕으로, 다시 말하면 교회의 전통(Kirchentum)을 바탕으로 사고하고 또한 말하는 것과는 전혀 다르다. 그 어느 누구도 이것을 나에게 배웠다고 주장해서는 안 된다.(이미 사람들은 나에게 이런 시도를 하도록 자극한 책임이 있다고 만들었다.) '신앙고백들'(Konfessionen)의 목적은 사람들이(단지 한 번만이 아니라 언제나 새롭게) 이런 고백을 통하여 사는 것이다. 그러나 이것이 신앙고백으로 되돌아와서, 그 안에서 편안함을 느끼며, 이를 바탕으로 그리고 이와 결합하여서 계속 생각하도록 하는 것이 아니다. 완고하게 한 사람에게만—그가 토마스이든(우리에게 토마스가 없고 그를 필요로 하지 않는 것을 기뻐하자.), 루터이든, 또는 칼빈이든 상관없이—집착하고 그의 학파에서 가르친 이론(Lehre)의 한 형태에만 매달리는 것, 그것은 교회를 위해 좋은 일이 결코 아니다. 예를 들자면, '철저한 종말론'(konsequenten Eschatologie)에 정당성을 부여하지만, 그러나 다시 오실 주님을 믿지 않는 것과 같이, 그래서 원칙적으로 앞을 바라보는 것 대신에 오히려 뒤를 바라보는 것은 교회에 전혀 좋은 일이 아니다.

이번 기회를 빌려서 나는 짧게라도 분명하게 말하고 싶다. 지금까지 내가 걸어온 길의 모든 단계에서 내가 깨달은 것이 있다. 그것은 네덜란드와 그 밖의 다른 곳의 신칼빈주의자들이 나의 후원자들이 결코 아니라는 점이었다. 최근에 그들은 나를 '단성론자'(Monisten)로 고발하기 시작했다. 그러나 이 때문에 그들을 비난해서는 안 된다. 그러나 그들이—나를 더욱 불쾌하게 만들기 위한 목적으로—흥분해서 입에 담기 어려운 말들로 모차르트(W. A. Mozart)까지 공격한 것은 너무 지나친 것이다. 이를 통해서 단지 다음과 같은 사실만이 드러났을 뿐이다. 즉, 그들은 어리석고, 차갑고, 굳은 마음을 가진 사람들이라는 것, 그리고 사람들은 그들의 말을 더 이상 들을 필요가 없다는 사실만이 드러났을 뿐이었다.

나는 나의 예순다섯 번째 생일에 놀라운 경험을 했다. 가까운 곳에서 그리고 먼 곳에서 (독일에서는 나를 감동시키는 신실함으로!) 사람들이 나에게 보여준 참으로 많은 이해와 신뢰, 격려와 위로, 우정과 동역에 대해 감사하고 싶다. 그러나 나는 이 자리에서 그들에 관해서 아무런 언급도 하지 않으려고 한다. 만일 내가 그들에게 내가 하고 싶은 만큼 걸맞은 감사의 인사를 그들 모두에게 하려고 한다면, 나는 대략 2주 동안은 아무런 일도 하지 못할 것이다. 내가 그렇게 하지 않는 것을 그들이 용납해 주기를 바란다. 대신에 이 자리에서 나는 그들이 손으로 쓰거나, 인쇄하거나, 전보나 무선으로 보내준 말들이 얼마나 나를 감동시켰고, 부끄럽게 만들었으며, 기쁘게 했는지를 그들에게 전하고 싶다. 또한 내가 할 수 있는 한 그들의 다양한 여정에서 그들과 함께하고자 한다는 것을 말하고 싶다.

네덜란드에 약간은 우울한 문제가 있음을 앞에서 내가 연관해서 언급하였다. 그러나 나는 (그곳의 친애하는 친구들로부터 개별적으로 받은 편지들 이외에도) 네덜란드

개혁교회의 전체총회(Generalsynode)의 감독으로부터 받은 멋진 편지를 기억한다. 이에 대해서 조금도 주저할 필요 없이 감사를 전하고 싶다. 또한 네덜란드의 한 의사가 생일에 나에게 보내준 편지의 내용, "의사들도 역시 당신의 교의학을 읽고 있습니다."를 분명하게 언급하고 싶다. 그렇기에 나는 내가 이 책의 여기저기에 의사들에 관해 엉뚱한 말을 하지 않았기를 바랄 뿐이다.

끝으로 나는 오랫동안 하지 못했던 감사를 지금 한 번 공개적으로 해야겠다. 복음주의 출판사인 촐리콘-취리히(Zollikon-Zürich)와 특별히 오랜 기간 동안 교회교의학을 돌보고 출판해 온 출판사의 책임자인 나의 친구 아서 프레이(Arthur Frey) 박사에게 감사를 드린다. 오늘날의 시대에 이와 같은 신학적 시도를 사업적으로 그리고 기술적으로 가능하도록 만들고 실행하기 위해서는 분명 어느 정도의 용기와 신중함이 요구될 것이다. 이를 명확하게 하기 위해서 II/1권 이후로 이 책들이 출판된 날짜를 기억하기 바란다. 분명 한 번 이상은 어둠 속으로 뛰어드는 것과 같았을 것이다. 분명 이런 일을 행하고 실행하는 데 필요한 이해심, 진실을 향한 사랑과 선견지명, 그리고 능숙함을 가지고 있는 발행자가 그리 많지는 않을 것이다.

이 책에서는 교정과 찾아보기 작업을 위해 고맙게도 신학생인 하이노 팔케(Heino Falcke)가 수고해 주었다.

바젤에서, 1951년 5월에

# 차례

서문 / 5

## ─창조에 관한 교의─
## 제12장 창조자이신 하나님의 계명

### §52 창조론의 과제로서의 윤리 …………………………………… 15
1. 특수윤리의 문제 / 15
2. 명령자이신 창조주 하나님 / 53

### §53 하나님 앞에서의 자유 …………………………………………… 73
1. 안식일 / 73
2. 신앙고백 / 108
3. 기도(Das Gebet) / 128

### §54 사귐(공동체) 안에 있는 자유 ………………………………… 172
1. 남자와 여자 / 172
2. 부모와 자녀 / 333
3. 가까이 있는 자와 멀리 있는 자 / 385

### §55 삶을 향한 자유 …………………………………………………… 447
1. 생명의 경외 / 447
2. 삶의 보호 / 542

       3. 활동으로서의 삶 / 635

§56 제한 가운데 있는 자유 ················································· 753
       1. 유일한 기회 / 753
       2. 직업 / 793
       3. 명예 / 854

찾아보기 ································································· 905
       1. 성서 구절 / 905
       2. 인명과 고유명사 / 915
       3. 개념 / 919

# 제12장

## 창조자이신 하나님의 계명

# § 52
# 창조론의 과제로서의 윤리

창조론과 관련된 특수윤리의 과제는 다음과 같다. 즉, 예수 그리스도를 통해 인간에게 은총을 베푸신 한 분 하나님의 유일한 계명이 또한 인간의 창조주가 명하신 계명임과 그 이유를 입증하는 것이며, 그리고 그런 까닭에 계명은 인간의 피조물적 행동방식(Tuns und Lassens)의 성화(Heiligung)임과 그 이유를 입증하는 것이다.

## 1. 특수윤리의 문제

그리스도교의 선포 안에 놓인 하나님 말씀에 관한 질문, 그러니까 교의학(Dogmatik)은 필수적으로 윤리적인 질문, 다시 말하면 인간의 선한 행위가 무엇인지를 묻는 것이다. 왜냐하면 그리스도교의 선포는 예수 그리스도에 대한 복음이며, 그리스도 안에서 드러나고 활동하는 하나님의 은총이기 때문이다. 예수 그리스도는 하나님의 말씀이시며, 사람들은 교의학을 통해 하나님의 말씀에 관해 묻는다. 또한 사람들은 그리스도 안에서 영원 전에 기초되었고, 그리고 시간 안에서 완성된 계약에 관해 묻는다. 이 계약은 참된 하나님과 참된 사람 사이에 맺어졌다. 물론 참된 사람은 행동하는 사람이며, 특히 선한 행동을 하는 사람이다. 이는 참된 하나님께서 행하시는 분이며 선한 행동을 하는 분임과도 같다. 교의학은 특히 하나님의 행위 그리고 하나님의 선하심에 관해 묻는다. 그렇기에 반드시 그리고 전적으로 사람의 행동에 관해서 물어야 한다. 특히 사람이 행하는 행위의 선함에 대해 물어야 한다. 교의학은 처음부터 윤리의 문제를 시야에 두고 있었고, 그리고 이 문제를 결코 시야에서 놓쳐서는 안 된다.

이와는 반대로, 윤리적인 문제는 오직 교의학과 객관적인 연관성을 갖고 있어야만 올바르게 제시될 수 있고 또한 대답될 수 있다. 이는 윤리적인 질문이 그리스도교적, 신학적인 질문으로서 의미를 지니거나 이해될 때도 마찬가지이다. 그래서 참된 사람과 선한 행위는 오직 참된 하나님의 행위나 그의 선하심에 의해서, 오직 그분의 살아 있는 말씀 안에서만 드러날 수 있다. 이것이 바로 교의학과 윤리가 갖는 연관성이다. 이런 측면에서 교의학은 윤리를 임의적인 주장들, 근거들과 추론들로부터 보호하는 역할을 한다. 또한 교의학은 윤리가 풍부한 인식들을 얻기 위한 안전한 길을 걷도록 한다.

그러나 외적인 행동 양식은 여전히 불분명하다. 당연히 사람들은 윤리를 많은 책과 강의들을 통해, 다시 말하면 교의학과 외적으로 분리해서 다룰 수 있다. 하지만 이런 분리는 오로지 기술적인 의미의 분리로 이해되어 다루어져야만 한다는 전제를 동시에 필요로 한다. 그리고 또한 윤리적인 내용을 담고 있는 교의학과 윤리적인 방향을 담고 있는 교의학은 포기될 수 없으며, 더 나아가 교의학적 질문이 윤리의 영역에서 주도적이며 결정적인 역할을 한다는 전제를 담고 있어야 한다.

다른 관점에서, 나는 그리스도교 윤리가 하나의 '독립적인' 위치를 차지하고 있음을 기꺼이 인정한다. 이는 매우 탁월한 작품인 쇠에(N. H. Søe)의 『그리스도교 윤리』(*Christliche Ethik*, 1942 덴마크어, 1949 독일어)에서 아주 모범적인 방식으로 설명되었다. 특히 본회퍼(Dietrich Bonhoeffer)의 독창적인 책인 『윤리』(*Ethik*, 1949; 유감스럽게 단지 부분적으로 저술되었고, 완성되지 않은 출판 이전의 원고를 갖고 있지만)를 또한 추천할 수 있다. 이 책은 윤리와 교의학적 연관성을 강조하는 같은 목적을 갖고 있다.

물론 사람들은 이 두 가지 입장을 또한 모두 받아들일 수 있다. 왜냐하면 이 둘을 간직하는 것이 더 논리정연하기도 하고, 더 많은 오해를 또한 피할 수도 있기 때문이다. 그래서 외적으로는 윤리를 사용하면서, 동시에 교의학의 표현들을 끌어올 수도 있다. 그러나 우리는 여기서 두 번째 방식이 사실상 더 선호될 수 있다는 입장을 받아들인다.(여기서 단지 암시하고 있는 문제점들은 『교회교의학』[*KD*] I/2, §22,3을 보라.)

(신학적) 윤리의 과제는 하나님의 말씀을 하나님의 계명(Gottes Gebot)으로 이해하는 것이다. 윤리적 질문에 대한 가장 기초적이고, 단순하며 포괄적인 대답은 다음과 같다. 즉, 하나님의 계명인 하나님의 말씀을 통해 사람의 행위가 거룩하게 되는 한, 사람의 행위는 선하다는 것이다. "하나님 외에는 선한 이가 없느니라."(막 10:18) 자신의 말씀과 명령 안에서 행하시는 하나님은 선하시다. 예수 그리스도 안에서 드러내시고, 능력과 영향을 끼치시는 분을 우리는 하나님이라 정의한다. 하나님은 선하시다. 그리고 그분은 완전하며, 모든 선한 것들의 기준이며 원천이시다. 이렇게 또한 사람의 행위 안에 있는 선하다 부를 수 있는 모든 것은 그분의 것이다. 그래서 사람이 하나님의 계명과 말씀을 순종하면서 듣는 한, 사람은 선하게 행동한다. 하나님의 말씀을 근원으로, 그리고 하나님 말씀을 통해서 듣고 순종하게 되는 것이 바로 사람이 거룩해지는 것이다. 윤리는 하나님의 말씀을 바로 이런 거룩해짐의 완성, 기준과 원천으로 이해하는 것이다.(참고. *KD* II/2, §36)

윤리는 무엇보다 이것을, 어느 정도는 위를 바라보면서, 하나님의 행위로부터 시도해야만 한다. 이 점에 있어서 무엇인가 '일반'(allgemeine) 윤리, 즉 선택론에 대한 반론으로서 신론의 한 부분을 이루는 윤리가 존재한다. 이런 윤리가 다루는 것을 보통 다음과 같이 이해할 수 있다. 즉, 인간이 하나님의 행동을 통해 하나님의 계명 안에서 인간의 성화와, 그리고 또한 선한 인간의 행동으로 나아가게 된다는 것과 그 이유이다. 일반윤리가 밝혀야 하는 것은 이른바, (1) 어떻게 계명이 하나님의 명령, 즉 하나님이 인간을 향한 절대적인 은총이라는 온전한 의미와 권능으로 높여진 요구이며, 또한 어떻게 인간이 하나님의 자비로운 행동을 자신의 고유한 행동을 통해서 유효하게 만들어야만 하는, 그리고 어떻게 이것이 자유롭고, 즐겁게 또한 자신을 올바른 존재가 되게 하는 요청일 수 있는가이다. (2) 더 나아가 일반윤리가 드러내야만 하는 것은, 계명은 인간에게 요구되며, 그 때문에 계명은 항상 하나님의 결정이었다는 것이다. 예를 들면, 계명은 이른바 인간의 행위의 올바름과 올바르지 않음에 대한 하나님의 결정이라는 것이다. 다시 말하면, 하나님의 절대적이고 영원한 결정은 이미 주어졌고, 계속해서 주어지며, 그리고 앞으로도 주어질 것이다. 그리고 이는 하나님의 구체적인 결정, 다시 말하면 하나님께서 각각의 사람과 맺는 특정한, 내용적으로 완성된, 그리고 첨예화된 결정이다. 또한 이는 하나님의 구속력이 있는 결정, 다시 말하면 하나님의 정당하고, 우호적이며 유익한 결정이다. 바로 이것이 하나님의 결정이기에, 그 결정에 항변할 수 없다. 그래서 하나님의 결정과 마주하는 인간은 자신으로부터 분리되지 않으며, 그리고 모든 개별적인 인간들로부터 분리되거나 갈라지지 않는다. 오히려 그들은 하나님의 결정으로 인해 하나가 된다. (3) 계명은 인간들에게 요구되고, 인간들은 이런 요구에 대해서 판단한다. 그렇기에 일반윤리는 계명이 바로 인간에 대한 하나님의 심판임을 증명해야만 한다. 다시 말하면, 계명은 하나님이 행하시는 은총의 심판이라는 것이다. 하나님은 이 심판을 통하여 판결하신다. 그러나 동시에 죄를 용서해주시기도 하신다. 그래서 인간들은 심판을 통해서 영원한 삶으로 해방된다. 인간이 해방된다는 것은 하나님께서 허락하신 은총을 통하여 영원한 삶으로 인도되는 것이다. 이런 해방이 바로 하나님께서 주신 계명의 마지막 목적이고, 고유한 행위이며, 또한 가장 근원되는 의미이다. 이런 해방이 인간의 성화(Heiligung)이다. 다시 말하면, 인간의 선한 행동은 하나님의 계명을 통하여, 하나님의 요구와 결단을 통하여 주어지며, 이런 선한 행동이 바로 심판을 통해 해방된 행동인 것이다. 신학적 윤리는 이런 윤리적 질문에 대해서 반드시 보편적인 대답을 제공해야만 한다. 우리는 여기서 이런 대답이 이미 주어졌다고 전제할 것이다.(*KD* II/2, §§37-39와 비교하라.)

반면에 '특수'윤리는 창조론과 연관된다. 특히 창조론의 결론은 특수윤리로 자연스럽게 이어진다. 창조론과 특수윤리는 같은 질문과 대답이라는 틀 안에서 동일한 관점과 동일한 무게를 지닌다. 말하자면, 지금 우리는 아래를 내려다보아야 하는 것이다. 이는 행동하는 인간을 우리 연구의 중심에 놓아야 함을 의미한다. 그는 하나님의 계명, 요구, 결정 그리고 하나님의 심판 아래서 행동하는 인간이다. 하나님은 사람에게 당신의 계명을 요구하시며, 또한 계명 안에서 행동하신다. 그렇다면 우리는 지금 성화를 주제로 삼고 있는 것이고, 지금 하나님의 계명을 통해 실제로 인식할 수 있는 선한 것에 관해서 묻는 것이다. 그러나 만일 우리가 이 질문을 오로지 객관적인 측면, 하나님의 행동만을 염두에 두고, 그리고 단지 하나님의 계명 안에서만 묻고 대답하게 된다면, 그렇다면 우리는 윤리적 질문을 충분하게 그리고 진지하게 받아들이지 않은 것이다. 특히 일반윤리 자체는 우리가 일반윤리에 머무는 것을 금한다. 오히려 더 나아가 동일한 사건의 주체적 측면이라는 관점을 통해 지금 반대 방향으로 계속해서 나아갈 것을 요구한다. 이런 움직임에 순응해야만 하지 않거나, 또는 계명 자체가 인간을 위한 것이 아니라면, 그렇다면 도대체 어떻게 사람들이 하나님의 계명 안에서 하나님의 행동을 바라볼 수 있단 말인가. 다시 말하면, 어떻게 계명이 목표로 하는 것을, 그리고 계명을 바탕으로 하여 드러나는 것을 바라볼 수 있단 말인가. 어딘가 인간의 위 저 멀리 공중에서 인간에게 전혀 영향을 끼치지 못하는 것은 하나님의 계명일 수 없다. 계명은 바로 인간, 그리고 인간의 실제적인 행동을 의미하며, 이와 맺는 올바른 관계이다. 그리고 바로 하나님께서 허락하시는 성화를 통해서 하나님의 신적인 주권, 진리와 능력은 보존된다. 그러므로 계명은 곧 인간의 실제적인 행동에 영향을 끼치며, 행동을 통해서 형성된다. 그리고 또한 이것이 바로 윤리의 문제가 되어야만 한다.

**인간의 실제 행동**은 항상 하나의 **매우 구체적인 행동**이다. 행동하는 인간 자신은 구체적인 각 사람이며, 그는 자신이 있는 장소와 처지에서 결코 다른 인간과 동일한 인간이 되거나 또는 다른 인간으로 대체될 수도 없다. 그가 행동하는 장소는 시간적, 공간적, 자연적, 역사적인 특정한 조건과 가능성을 지닌 끝없이 다양한 영역이다. 현실의 인간이 행동한다는 것은 개별적인 인간이 예측할 수 없는 영역 안에서 각각 자신이 처한 상황과 가능성을 선택한다는 것이다. 또한 그 안에서 자신의 상황과 가능성을 결정한다는 것이며, 자신의 행동거지를 통해서 이를 실현한다는 것이다. 그리고 사람이 이런 행위를 한다는 것은, 또한 자신이 지금 스스로를 가장 잘 이해할 수 있다는 것이며, 지금 이 순간에 주어진 가장 최선의 것을 스스로 선택하여 실현시킨다는 것이다. 이런 행동은 새로운 가능성에 상응하여 바뀐 조건들 가운데 다음의 결정을 내릴 때까지 유효하다. 특히 이런 활동에 속하는 것은, 바로 인간이 자신에게 주어진 결단과 행동을 통하여 스스로 활동하는 것이다. 인간은 이런 새로운 영역에서 새로운 선택과 결정을 한다. 그리고 인간이 새로운 자기실현을 성취함으로써, 다시 말하면 인간이 스스로를 새로운 모습 안에서 최선을 다해 이해함으로써, 인간은 또한 이와 동일한 방식으로 또 다른 순간에 자신의 것을 선택하며 실현한다. 그리고 이런 영역에서 인간은 더 나은 결정, 행동방식을 위한 새로운 조건과 가능성을 만든다. 인간의 실제 행위는 이 모든 사태와 연관성을 갖고 도출된 결과물이다. 그리고 이런 사태들 안에서 구체적인 각 사람은 자신의 구체적인 상황과 가능성을 선택하고 실현시킨다.

하나님의 계명은 인간의 실제적인 행위 안에서 발생한다. 만일 지금 이런 하나님의 계명을 통해 한 인간이 성화하는 영향력과 모습을 바로 윤리의 문제로 삼는다면, 이와 같은 윤리는 분명 구체적인, 특별한, 그리고 특수한 윤리로 나아가게 될 것임을 의미한다. 특수윤리는 여전히 하나님의 계명으로서 하나님 말씀과 연관을 맺고 있었다. 이런 윤리는 여전히 하나님 한 분만이 선하시다는 인식과, 반면에 인간은 하나님 말씀의 은총을 통하여 그리고 오직 하나님의 계명을 듣고 순종해야만 한다는 인식에서 출발한다. 그러나 이런 윤리는 또한 은총의 행위, 하나님 말씀과 계명에 순응하면서 지금 독특하게 실제 인간 행동의 기저(基底, Niederung)로 들어왔고, 또한 구체적인 사람의 욕구, 결정, 행동 방식으로, 그리고 모든 인간이 모든 조건과 가능성을 자기 스스로 실현하게 되는 사건들 안으로 들어오게 되었다. 마찬가지로 이런 사건에서 도출되는 결과의 영역 안으로 들어온 것이다. 그러나 이 영역은 인간이 지닌 가능성과 현실성의 구체적, 특별하고 특수한 영역이다. 바로 이 영역에서 선한 사람의 행위가 하나님 계명의 주권과 영향력 아래 놓여 있음과 그 이유가 드러나게 된다. 그럼에도 사람들은 동시에, 윤리가 이런 전환점을 받아들일 때, 이런 영역 안에서 무엇이 가능하며 가능하지 않은지, 그리고 또한 무엇을 시도할 수 있고 할 수 없는가를 분명히 해명해야만 할 것이다.

'특수'윤리는 다음과 같은 시도(Unternehmen)라 할 수 있다. 설명하자면, **하나님 계명**이 확정된 텍스트로서, 부분적으로는 기록된 혹은 부분적으로는 기록되지 않은 **텍스트**로서 이해되며, 또한 하나님의 계명은 성서의 단어들로 구성되었다는 것이다. 사람들은 성서의 단어들을 통해서 보편타당한 하나님의 계명들과 가르침을 알 수 있다고 생각한다. 또한 하나님의 계명은 특정한 문장들로 구성되었는데, 이 문장들은 모든 사람이 이성에 따라 명확하게 이해할 수 있는 도덕적인 자연법을 간직한다. 그리고 하나님의 계명은 특정한 규범들로 구성되었는데, 이런 규범은 그리스도적이며 서구적인 전승을 역사적으로 성취한 것이며, 일반적으로 유효한 것이라고 단정된다. 이런 텍스트에 대한 다양한 요소들의 혼합과 분류는 매우 다양하며, 또한 이는 성서 또는 자연법, 또는 전통을 압도할 수도 있다. 하나님의 계명이 윤리 선생이나 그들의 가르침을 배우는 학생들에게 잘 알려진 율법 텍스트(Gesetzestext)로서 이해될 수 있다는 것은 매우 중요하다. 이런 전제를 바탕으로 한다면, 특수윤리의 과제는 다음과 같을 것이다. 먼저, 이런 율법의 정의들을—전적으로 국가의 법과 같은 유비에 따라—사람의 행위를 유발하는 조건들과 가능성들을 완성한다는 관점에서 **해석하는 것**이다. 그리고 주어진 개별적인 '사건들'(Faelle)에 **적용하는 것**이다. 다시 말하면, 이런 개별적인 사건들에 대해 사건이 발생한 이후 이를 판단하기 위함이든지, 또는 만일 이 사건이 미래에 발생할 사건이라면 미리 앞서서 규정하는 것, 금지 또는 명령이나, 또는 그럼에도 불구하고 허락됨을 표현하는 것이다. 만일 윤리학자가 한편으로 하나님의 계명을 알고 있다면, 다시 말하면 일반적인 양심의 결정(Gewissentscheidung)이 하나님의 계명이라는 텍스트 안에도 존재함을 알고 있다면, 그리고 다른 측면에서 실제적인 사람 행위의 다양한 영역을 알고 있다면, 그는 자기 스스로와 다른 이들이 각각의 사건들 안에서,

즉 기본적으로 양심적인 결정이 어려운 사건들 안에서 선한 것을 선택하고 또는 악한 것을 버리는 정보를 제공하는 위치에 서 있는 것이다.

그렇지만 사람들은 이를 특수윤리의 문제를 해결하는 이상적인 해답으로서 표현하려고 시도할 수도 있다. 이런 해답은 자신이 간직한 형식적인 분명함을 통해서 별 문제없이 이해된다. 이런 해답은 사람들이 윤리에게 바라는 것이나, 지금 바로 '특수윤리'라는 제목 아래에서 자신들이 열정적으로 원하는 것을 보증하는 것처럼 보인다. 이런 해답은 불확실하게 더듬는 양심의 개별적인 결정들을 우월한 전문지식으로 결정의 이후나 이전에 도우러 급히 달려간다. 이런 해답은 선한 것과 악한 것을 인간이 행한 것이나 반드시 해야 할 것이라는 관점으로, 그리고 또한 개별적이고 정확한 정보를 제공한다. 이런 해답이 제공하는 정보들이 근본적으로 자신의 고유한 양심의 심판 앞에 서 있는 모든 사람을 위한 것인 한, 이곳에서 이런 해답은 개별적인 정보를 전혀 전횡하지 못한다. 만일 인간이 단지 유효한 율법만을 알고 그리고 이것만을 인정한다면, 그렇다면 그는 스스로 이런 율법이 정당한 것인지 그리고 이런 율법이 스스로 긍정적인 또는 부정적인 평가를 간직할 수 있고, 간직해야만 하는지에 대해서 확신을 갖게 될 것이다. 이는 그가 이런 율법에 대해서 윤리학자들이 가르치는 규정을 통해 모든 것이 의심될 때에도 마찬가지이다. 그러나 모든 사람은 보통 윤리학자에게 고마움을 느낀다. 왜냐하면 그들이 철저하게 숙고된 전문지식을 제공하기 때문이다. 그리고 윤리학자는 이런 지식을 소유함으로써 현실의 삶에서 사람들에게 종종 자기 방향설정이나 자신의 결정에 대한 매우 성가신 수고를 덜어줄 수 있는 위치에 있다.

우리가 언급하는 윤리는 교회사 안에서 '결의론'(Kasuistik)이라는 이름으로 알려져 있다. 이 윤리의 원형은 랍비 유대교의 토라해석 안에 놓여 있다. 이 해석은 발생한 사건들에 대한 올바른 결정을 찾고자 시도한다. 또한 마찬가지로 단지 예측할 수 있는 개별 사건들을 하나님 말씀을 통해 사람에게 주어진, 다시 말하면 토라의 텍스트를 통해 사람에게 주어진 올바르게 제시된 태도와 행위를 묻는다. 또한 이는 우리가 이곳에서 다루고자 했던 문화적인 법률에 대한 일차적 질문들이기도 했다. 이런 방식의 그리스도교 윤리는 마치 다른 윤리와 마찬가지로 1세기에서 2세기로 넘어가는 시대에 자신의 출발점을 갖는다. 이 시대의 사람들은 아직 주님이 되시는 성령을 통솔자, 법률 제정자, 그리고 심판자로서 확신하거나, 또한 그리스도교적 행위에 비추어 성령에 대하여 의심을 품기 시작했다. 그리고 이 시대의 사람들은 필요한 근거를 획득하기 위해서 구약과 또한 신약의 증언을—스토아 윤리학자들을 차용하면서—윤리적 율법의 내용으로, 또한 새로운 법률(nova lex)로 읽고 다루기 시작했다. 이런 구상의 첫 번째 위대한 자료가 법률가 **테르툴리안**(Tertullian)의 윤리적 저술들이다. 그리고 **암브로시우스**(Ambrosius)가 **키케로**(Cicero)를 모범으로 삼아 저술한 『의무론』(*De officiis*)이 뒤를 잇고 있다. 또한 고해성사의 중요성은 점점 커졌으며, 이는 그리스도교의 결의론을 실제적으로 가능케 했다. 사람들이 중세에 『참회록들』(*Poenitentiarien*)이라 부르는 문서는 개별적인 윤리적 결정들에 관한 특정한 모음집이었다. 이는 고해신부들이 사용하기 위함이었다. 참회록들은 체계적이고 적절하게, 그러나 다루기 쉽게 하기 위해 단순하게 알파벳 순서로 정리되었다. 그리고 단지 성서나 자연법에서 기초하지 않고, 또한 특별한 권위를 지닌 옛 교회 전승의 격언들이나 기록들을 근거로 두는 사람들이 많아지게 되었다. 사람들은 토마스 아퀴나스(Thomas von Aquino)의 『신학대전』 가운데 유명한 제2부 2편(Secunda secundae)을 학문적이지만 반면에 또한 방만하게 구성된 참회록(Poenitentiar)으로 이해할 수 있다. 무엇에 관한 것이었는가? "도둑맞은 양심에 관한 연구"(Summa casuum conscientiae)라는 제목은 이런 종류의 문서들보다 더 많은 것을 보여준다. 예수회의 윤리가 가톨릭 결의론을 어느 정도 완성한 반면에, 종교개혁은 오직 하나님의 결정적인 말씀 자체를 재수용하고, 그리고 그리스도교적 자유(libertas christiana)를 재수용하면서 무엇보다 하나의 전환점을 예고했다. 그러나 만일 사람들이 또한 교회 전통의 관점에서 철저하게 거추장스러운 것으로 평가절하한다면, 또한 지금 다음과 같은 두 가지 점에서 사실 어떠한 일치나 분명함도 발생하지 않을 것이다. 먼저, 한편으로는 전승으로 넘겨받은 자연법적 문구들의 기능과 가치에 관한 물음이다. 이는 특히 다음과 같은 물음을 통해서 더욱 심화된다. 즉, 어떤 의미에서 이것이 새롭게 알려진 하나님의 말씀 자체의 증언들과, 또한 새롭게 알려진 그리스도교적이라 불릴 수 있는 자유의 원인, 이른바 구약과 신약성서, 지금 무엇보다 그럼에도 구체적인 사람의 행위를 위한 보편적인 율법으로서 볼 수 있고 또한 다룰 수 있을 것인가? 또는 이는 그렇게 볼 수도 없고 또한 다룰 수도 없는 것인가? 이런 질문은 이미 2세기에 발생했던 것이 16세기 중반에 다시 반복된 것에 불과하다. 사람들은 하나님의 자기말씀과 그분의 다스림 아래에 놓인 그리스도교적 자유를 확신하지 못했다. 즉, 사람들은 이런 법률적인 의미로서 윤리적 가르침을, 그리고 다루기 쉬운 신의 도성(civitas Dei)을 위한 법전(codex iuris)을 다시 되돌아보아야만 한다고 생각했다. 폴라누스(Polanus, 1609)의 『그리스도교신학개요』(Syntagma)의 윤리적 부분과 볼렙(Wolleb, 1626)의 『신학개론』은 사람들이 어떻게 구약의 십계명과 고대 그리스와 로마의 덕에 대한 모든 정의로부터 멋지게 합성한 법률 텍스트로 가는 안전한 길을 만들었는지를 보여준다. 사람들은 다른 측면에서 종교개혁이 끝남에 따라 그들의 편지들과 결정들(그리고 후에 흔히 모든 윤리적인 질문을 향해 신학대학이 요구했던 평가)을 특별한 개신교의 양심에 대한 조언들로서 모았으며, 발간했다. 그리고 이미 16세기 말에 다시금, 청교도 **빌헬름 퍼킨스**(Wilhelm Perkins)가 그리스도인의 체계적인 설명으로서 제시된 올바른 개인들의 결정으로 『양심의 타락에 관하여』(De casibus conscientiae)라는 책을 저술하기를 원했고 또한 저술할 수 있었다. 이 책에 이어서 1630년에 **빌헬름 아메시우스**(Wihelm Amesius)가 자신의 유명한 책, 『양심, 그의 법과 도둑맞음에 관하여』(De conscientia, eius iure et casibus)를 저술하였다. 이 책은 18세기까지 아주 적극적으로 활용되었다. 예를 들면, **베렌펠스**(S. Werenfels)는 바젤에서 10년간에 걸친 자신의 윤리적 학술 토론회의 기초로 사용했다. 이는 루터교회의 영역에서도 빠질 수 없는 것이었다. 그리고 결의론이 신개신교에서 경건주의와 합리주의를 통해, 또한 관념주의와 낭만주의에 의해 형성된 신학은 윤리를 통해 극복되어졌다고 하는 것이 보편적인 주장으로 받아들여졌다. 신조와 윤리적 동기의 순결성은 특정한 규정을 통한 외적인 행위보다 더욱 강조되었다. 그러나 개신교의 윤리가 지금까지 불확실성 안으로 빠지지 않았는지를 먼저 확인해야만 할 것이다. 사람의 결정과 행위는 신적 명령자에 대한 명확한 표상과 그의 명령을 잃어버렸다. 그리고 또한 사람의 내적, 외적 행동과 모순을 일으키는 구원(Heilung)에 대해서 더 이상 아무것도 말할 수 없었음이 틀림없다. 그래서 개신교 윤리는 한편으로, 사람의 결정과 행위와 마주 보고 있는 객관적으로 법률을 제정하고 표준으로 삼는 상급기관의 개념과 견해를 언급하게 되었다. 그러나 또 다른 측면에서는 사람의 실제 행위와의 관계 속에서 개신교 윤리는 가능하면 구체적이며 또한 특별하게 언급해야 한다. 그 이유는 단지 형식적인 측면에서뿐 아니라, 또한 실제로 완성된 윤리이기를 이들이 원했기 때문이다. 그리고 윤리가 스스로를 최종적인 기준으로 삼기를 원한다면, 윤리가 이것이 적절하게 그럼에도 실제로는 다시금 결의론적이 되지 않았는지를 언급해야만 한다. 예를 들자면, 그 전부터 성취되어 왔던, 지금 오로지 고유하고 일반적인 율법과 매우 비슷한 길을 걷는 율법을 사용하는 것은 무엇인가 특수한 양심의 타락(casus conscientiae)이라 말할 수 있다.

결의론은 기본적으로 통행할 수 없는 길과 같다. 이 길은 미혹하는 길로 보인다. 만일 이 길이 통행 가능한 길이라면, 단지 목회상담자를 위해서뿐만 아니라 또한 두려워하는 영혼들을 위해 무엇보다 매우 유용한 것으로 보일 것이다.

반면에 사건은 진리의 파편(particula veri)만을 단지 갖고 있다. 설명하자면, 모든 순간과 행위 안에 있는 사람의 행동은 사실 전적으로 구체적이며 특수하게 채워진 사람의 선택과 결정이다. 그 안에서 내적인 생각과 외적인 행위는 분리될 수 없고, 오히려 하나의 전체를 형성한다. 하나님의 계명은 매우 구체적이며 특수하다. 그리고 이런 하나님의 계명은 의심할 여지가 없이 모든 사람의 행위와 대립해서 서 있다. 그러나 이런 대립은 긍정적이거나 부정적인 관계를 포함한다. 그래서 사람은 자신의 행위 안에서, '바로 지금 그리고 여기'서 하나님을 필요로 하는 것이다. 사람은 하나님의 계명을 통해 바로 지금 결정을 하며, 바로 지금 여기서 판단을 받는다. 그러므로 사람이 각각 자신의 구체적이며 특별한 모습을 선택하는 모든 순간에 자신이 행하는 행위를 결정하는 것은 분명한 사실이다. 이 행위는 인간이 자신의 구체적이고 특별한 모습 안에서 선택하였던 것이다. 또한 인간은 특별한 자신의 전체 인격 안에서, 그리고 지금 동일하게 발생하는 매우 특별한 '사건' 안에서 하나님의 계명을 마주하게 된다. 그리고 이것이 인간에게 적용할 때 지금 그리고 여기서 또한 최고의 특별한 율법이며, 가장 일반적인 것임도 사실이다. 그리고 이런 가장 구체적인 대조 안에서 인간의 행위가 선한지 또는 악한지에 대한 평가가 내려진다는 것도 사실이다. 만일 이런 대조가 마찬가지로 하나님의 계명과 인간적인 행위의 대조가 '양심'이라 의미 있게 이해된다면, 모든 인간이 다른 이들에게 행하는 순간과 자신의 행동이 "양심의 타락"이라는 상태에 놓여 있다는 것도 사실이다. 그리고 모든 '양심의 타락' 안에서 주어지는 결정은 모든 인간을 위한 하나님의 보편적 계명이 이런 상황에서 또한 이런 인간을 위한 매우 특별하고, 구체적이며, 특별한 계명이다. 이런 인간은 자신의 특별한 '양심의 타락'이라는 상황에 놓여 있다. 그리고 인간 행위에 대한 선함과 교만을 측정하는 잣대이다.

그러나 사람들은 결의론이 간직한 "진리의 파편"에 다가서기 위해 더 많은 것을 말해야만 한다. 즉, 행동하는 개별 인간은 빈 공간 안에 있는 단위물질(핵, Atom)이 아니다. 오히려 다른 이들과 더불어 살아가는 존재다. 그리고 인간은 스스로를 양심의 타락이라는 사건 안에 머물도록 하지 않는다. 그리고 또한 다른 사람들이 자기 스스로를 방치하도록 둘 수 있는 처지도 아니다. 오히려 한 사람은 전적으로—그리고 더 나아가 앞으로 계속해서 다음과 같은 존재가 될 것인데—하나의 사건 안에서 다른 이들에게 그들의 행동에 대해서 언급해야 하는 임무를 갖는다. 그리고 그는 이런 언급을 통해서 다른 이들에게—자신이 다른 이들에 대해서 갖는 크고 작은 권위나 지식을 통해서—매우 구체적이고 특별한 행동과 행동방식에 대해서 경고하거나, 반대로 그를 다른 행위를 하도록 호소해야 하는 임무를 갖는다. 그리고 다른 사람과 마찬가지로 이 사람이 이런 임무에서 완전히 벗어나지 않도록 해야만 한다. 더 나아가서, 모든 사람이 양심의 타락 때문에 결국은 자신만을 위할지라도, 이는 여전히 유효하다. 하나님의 보편적 계명(das allgemeine Gebot Gottes)은 바로 지금, 그리고 여기서 여전히 구체적이며 특별하게 첨예화된다. 이를 통해서 하나님의 계명은 다음과 같은 내용을 갖게 되고, 계속해서 갖게 될 것이다. 즉, 이 사람은 저 사람에게 설득해야만 하며, 저 사람은 이 사람이 스스로를 설득하도록 두어야 한다. 또한 마찬가지로 지금 그리고 여기서 한 사람은 다른 사람에게 하나님의 계명을 전해야만 하며, 다른 사람은 그 사람을 통해서 하나님의 계명을 들어야만 한다. 또한 양심의 타락은 모든 사람을 자신만을 위해 존재하도록 만드는데, 이런 양심의 타락은 그 둘에게 서로에게 말하며, 서로에게 들어야만 한다는 사실을 우리에게 가르쳐 준다. 성령이 좋아하시고, 또한 계속해서 기뻐하시는 것은 단지 윤리적 조언이나 방식이 아니다. 오히려 하나님의 계명이 현실적으로 매우 구체적이고 직접적인 형태를 갖는다. 그리고 이는 한 사람에게서 다른 사람에게, 또는 더 많은 이에게 주어져야만 하는 것이다.

이런 점에서 **실천적인**(praktische) 결의론, 사건을 통해 드러나는 결의론, 예언자적 윤리를 특징으로 지닌 결의론이 존재할 수도 있다. 그러나 이런 결의론은 피할 수 없는 계획, 즉 하나님에 의해서 수립된 계획의 마지막 심판과 같은 것이 아니다. 이런 결의론은 하나님의 구체적이고 특별한 명령을 지금 그리고 여기서 이런저런 모양으로 이해하고, 스스로 이를 반영하면서 구체적이고 특별하게 이렇게 또는 저렇게 택하기로 결정하기도 하며, 그리고 또한 다른 이들을 구체적이고 특별한 결정을 하도록 호소하기도 한다. 그러나 조금 다른 의미에서 보자면, **어떠한 결의론적인 윤리도** 존재할 수 없다. 예를 들자면, 크거나 작은 윤리적 율법서가 담고 있는 하나님의 계명에 대한 어떠한 기록도, 모든 사람의 행위에 대한 조건과 가능성을 완전하게 하기 위해 이런 텍스트를 사용하는 어떠한 방법이나 기술도, 그리고 일반적인 법칙을 기준을 전제로 하거나 또는 저런 텍스트에 담긴 하나님의 계명과 동일시되는 진리를 바탕으로 하여서 인간 행위의 개별적인 사건들을 선하거나 악하다고 명시하는 어떠한 추정도 존재할 수가 없다. 바로 이것이 특수윤리가 **결코** 받아들여서는 안 되는 것이다.

본회퍼는 다음과 같이 말한다. "윤리는 아쉽게도 세상의 모든 것이 어떻게 존재해야만 하는지를 기록한 책이 아니다. 그리고 윤리학자가 무엇을 어떻게 행해야만 하는지에 대해서 항상 다른 이들보다 많이 알고 있는 사람도 아니다. 윤리는 다른 이들이 완벽하게 윤리적인 행위를 할 수 있도록 보증할 수도 없다. 그리고 윤리학자도 각 인간들의 행위에 대해 판단하거나 판결하는 사람이 될 수 있는 능력을 지닌 것도 아니다. 윤리는 윤리적이거나 그리스도교적인 인간을 만들기 위한 인위적 장치일 수 없다. 그리고 윤리학자 또한 기초적으로 윤리적인 삶을 위한 이상적 모형이거나 이를 구현한 존재가 될 수도 없다."(『윤리』, 208)

왜 그런가? 여기에 세 가지의 중요한 이유를 언급하겠다.
1. 만약 특수윤리가 결의론으로 나아간다면, 이는 윤리학자는 **하나님**의 보좌에 스스로 앉게 됨을 의미할 것이다. 그 자리에서 윤리학자는 선과 악을 판단하여, 그리고 모든 것을 판결할 것이다. 이는 다른 이들뿐만이 아니라, 역으로 자기 자신에 대해서도 마찬가지다. 그는 자기 스스로를 주님, 왕 그리고 심판자의 자리에 앉힐 것이다. 그러나 이 자리는 오직 하나님만이 앉으실 수 있는 자리다. 또한 윤리학자는 스스로가 **하나님의 계명**을 자기를 바탕으로 그리고 성서, 자연법 그리고 전통적인 윤리적 문장들을 고려하여서 도출된 결과와 동일하게 인식하고, 보고, 그리고 간파할 수 있다고 생각할 것이다. 그래서 이를 자신과 다른 이에게 사용할 수 있도록 숙련하거나 다룰 수 있으며, 이에 대해서 어떤 도구를 사용하여서 올바르게 말할 수 있다고 생각할 것이다. 또한 윤리학자는 스스로를 위한 것이든 또는 다른 사람을 위한 것이든, 자신이 인간의 행동을 알 수 있는 능력을 지니고 있다고 생각할 것이다. 그래서 이런저런 구체적이고 특별한 형상을 근본적으로 볼 수 있으며, 자신이 어떤 도구를 숙련되게 사용함으로써 이런저런 특징을, 다시 말하면 하나님 앞에서 선하고 악한 것에 대해서 언급하는 것이 허락되었다고 생각할 것이다.

이 때문에 칼빈은 결의론적인 윤리를 반대하였다. 하나님은 율법을 제정할 수 있는 유일한 분(unicus legislator)이며, 자신의 율법이 강탈되도록 허락하시는 분이 아니다.(『그리스도교 강요』[Instit.], IV,10,1) 또한 하나님은 삶의 유일한 주님이며 통치자(unicus vitae magister ac director)이기를 원하신다.(10,7) 그분의 의지는 모든 정의로움과 거룩함의 완전하며 충분한 규범(Regel)이며, 선한 삶을 위한 완전하고 충분한 학문이 바로 그분의 의지를 아는 것이다. 오직 하나님만이 우리의 영혼을 다스리시기를 원한다. 그래서 우리는 단지 그분의 의지에 순종하면 된다. 다시 말하자면 우리는 그분의 손짓

에 완전히 따르며 순종하면 되는 것이다.(10,8)

우리는 **복음서에 나타나는 자비로운 하나님, 그리스도** 안에서 드러나신 **하나님**에 관해서 말한다. 그리고 또한 계속해서 받아들이는 자, 선물 받은 자, 그리고 전적인 초보자로서의 인간과 대립해서 서있는 하나님에 대해 말한다. 그리고 이는 우리가 그분의 계명을 언급할 때도 마찬가지다. 만일 사람들이 이와 같은 것을 기억한다면, 사실 우리 앞에 주어진 거부권(Veto)은 물론 매우 뻔하며 그리고 강요된 것이라 할 수 있다. 인간은 실천적인 결의론을 통해서 바로 이것을 행하는 것이다. 더 나아가서 인간은 실천적인 결의론을 하나님의 구체적이고 특별한 계명과 논쟁함으로써 그리고 직접적인 만남을 통해서 행한다. 그리고 다음을 이해하고자 하는 위험을 감수하면서 이를 행한다. 즉, 어떻게 사람에게 계명이 간직한 구체적이고 특별한 내용이 지금 그리고 여기서 주어지는지, 그리고 인간 스스로 다른 이에게 계속 전해주는 것과 또는 다른 이로부터 받아들여진다는 것은 무엇을 의미하고 의미하게 될 것인지를 이해하려고 감행하는 것이다. 그러나 만일 하나님이 이렇게 원하시고, 그리고 이에 대해 **긍정**(Ja)하실 때라면, 이것은 즉시 은총의 자유로운 **사건**이 된다. 그 안에서는 모든 인간적인 찬탈(Usurpation)과 월권이 전혀 불가능하다. 그래서 이론적이며, 체계적인 결의론, 특히 결의론적 윤리는 하나의 시도에 불과해진다. 이런 시도를 통해서 인간은, 자신이 하나님의 은총을 호소할지라도, 본질의 밖으로, 자유의 밖으로 그리고 이런 사건들이 간직한 위험의 밖으로 나아가려 한다. 그리고 말하자면, 안전한 곳으로 가기를 원한다. 이는 스스로가 마치 하나님처럼 선과 악을 아는 존재가 되기 위함이다. 인간은 그곳에서 순전히 받아들여진 자, 선물로 주어진 자, 그리고 전적인 초보자를 넘어서는 존재가 될 수 있다고 생각한다. 그래서 마치 그런 존재로 주어진 양, 인간은 자신을 윤리의 전문가나 수탁자(Treuhaender)로 느끼며 처신한다. 또한 지금 인간은 자신을 하나님의 계명을 소유한 자로서, 특히 자신이 다스리도록 주어진 영역으로서 처리할 수 있다고 생각한다. 이런 인간은 하나님의 결정에 견주어 판단하지 않는다. 또한 그는 다른 이들을 결정의 순간으로 이끌 때에도, 하나님의 요구를 고려하거나, 하나님의 직접적인 결정을 고려하면서 행동하지 않는다. 그리고 그는 지금 여기서 더 이상 하나님의 심판대 앞에 서 있기 때문에 놀라거나 위로를 받아야 하는 자로서 행동하지 않는다. 오히려 그는, 말하자면 사랑하는 하나님의 참모로서 윤리를 다루는 전쟁터와 안전거리를 유지하면서, 자신과 다른 사람에 대해서 더 올바른 결정권을 갖고 있는 자로 행동한다. 정확하게 말하자면, 자신이 하나님의 결정과 자신과 다른 이들이 내린 결정 사이에 놓여 있는 율법의 의미를 알고 있다고 생각한다. 그래서 그는 자신과 다른 이에게 이런 율법이 하나님의 뜻이라고 말한다. 또한 그는 율법을 규범으로 사용하며, 자신과 다른 이들이 율법을 하나님의 계명으로 행해야만 함을 알고 있다고 생각한다. 바로 그가 하나님의 뜻과 계명을 실제로 이런 율법의 포로, 자기가 이용하는 포로로 만들었다. 결의론은 계명을 완전히 제어하는 것이며, 이와 함께 하나님 자체를 제어하는 것이다. 그러나 이것은 사실 전적으로 철학이나, 종교적인 이교도들만이 가능한 것이지, 사실 그리스도교에서는 전혀 불가능한 것이다. 그래서 예를 들자면, 하나님의 은총으로 살아간다고 아는 한 인간은 계명을 완전히 제어하려는 죄를 범하지 않게 될 것이다. 왜냐하면 이것이 하나님이 인간에게 또한 당신의 계명을 통해서 입증하시는 은총의 인식과 화해할 수 없기 때문이다. 결국 결의론은 윤리적 사건을 통해서 드러나는 하나님의 신비들을 손상시키는 것이다.

2. 그리고 지금 결의론적 윤리는 실제로 필요치 않은 전제를 만든다. 이는 결의론적 윤리가 전통이나, 또는 자연법적인 사상이나, 또한 성서적으로 방향설정이 되어 있다 하더라도 마찬가지다. 이런 전제는 **하나님의 계명**을 마치 하나의 보편적인 **규범**, 하나의 비어 있는 형식 또는 더 나아가 이런 규범과 형식들의 구조물이라고 생각하는 것이다. 그래서 마치 실제로 인간들이 만든 법률과 같다고 생각하는 경우이다. 다시 말하면, 이렇듯 사용함으로써 특별히 구체적이고 특수한 완성을 필요로 한다는 것이다. 물론 이는 계명처럼 효력이 발생하도록 하기 위함이다. 그래서 지금 '선(善)의 관념'(Idee des Guten) 또는 '정언명령'(kategorische Imperativ) 또는 이와 비슷한 도덕적 총괄개념의 필요성이 실제로 대두된다. 그러나 살아 있는 하나님의 계명은 이를 필요로 하지 않는다. 하나님의 계명은 인간에게 단지 보편적이고 형식적으로 주어진 것이 아니다. 오히려 구체적인 완성과 내용적인 확실성 안에서 주어졌다.(특히 KD II/2, §38,2를 특별히 참고하라) 하나님의 계명은 바로 이런 상황과 이런 순간에 이런 인간의 행위를 위한 항상 개별적인 계명이며, 이런 경우와 그의 경우를 위한 지시(Vorschrift)인 것이다. 다시 말하면, 이런 지시는 인간의 생각과 결심과 행위가 지닌 특정한 가능성을 선택하기 위함이다. 그렇다고 인간이 단지 지금 그리고 여기서 생각하고 행동하기를 요구하는 것은 아니다. 오히려 이는 완전히 특별하게, 물론 자신의 생각과 행동 안에서, 그리고 외적으로 자신의 행동양식을 통해서 드러나야만 하는 것이다. 그러나 인간이 선한 일을 추구하고 판단할 수 있는 상태로 머문다는 것을 의미하지는 않는다. 또한 이런 지시가 효력을 발생하기 위해서는 반드시 해석이 필요한 것도 아니다. 이것은 가장 작은 것, 그리고 최후의 것에 도달할 때까지 스스로 해석하게 되며, 마찬가지로 인간 너머에 놓인 계명으로서 그 효력을 발생한다. 그러므로 윤리적 질문은 인간에게 요구되는 선함이 이것인지 또는 저것인지가 결코 아니다. 오히려 오직 인간의 내적 또는 외적 행동에 대해서 가장 구체적이며 날카롭게 다가오는 것이며, 그리고 인간 자신을 넘어 서 있는 계명을 바라보고 있는지를 묻는다. 그리고 인간이 순종하는 자로, 또는 순종하지 않는 자로 계명을 받아들이고 있는지를 묻는다. 사실 하나님의 뜻과 연관된 개별적인 사건은 불분명함이라는 특징을 갖는데, 이는 항상 인간에게서 기인하는 것이다. 결코 하나님 때문에 주어지는 것이 아니다. 그러므로 윤리적 물음은 계명이 어떻게 말하는지가

아니다. 오히려 하나님의 계명과 대립하여 서 있는 인간과 그 인간에 대한 하나님의 뜻이 어떻게 계속 존속할 수 있는지가 바로 윤리적 물음인 것이다. 각각의 개별적인 사건 안에서 해설을 필요로 하게 될 질문이 바로 이런 물음인 것이다.

결의론이 성서를 하나의 보편적인 윤리 규범들에 대한 수집물이라 추론하고, 또 할 수 있다고 생각한다면, 이는 하나님의 계명인 성서를 통해 드러나는 것에 대한 오해에서 기인하는 것이다. 그렇다면 윤리의 과제는 오로지 수집물을 해설하고 사용하는 것이 될 것이다. 그래서 하나님의 계명은 우리에게 성서 안에서 규범이나 원리, 원칙들, 보편적인 도덕적 진리의 모습이 아니라, 오직 역사적으로 **특별**하며 **유일회적**인 **명령**(Befehlen), **금지**(Verboten), 그리고 **규정**(Weisungen)의 형태로 드러난다. 그렇다면 이들이 갖고 있는 공통의 의미는 무엇인가? 그것은 바로 이들이 항상 동일한 신적인 권위를 갖는다는 사실이다. 또한 이 권위는 다양한 인간들에 대립해서 서 있다. 그리고 이는 하나님이 선택하신 백성들(구약에서는 이스라엘, 신약에서는 예수 그리스도의 공동체)에 관한 것이다. 하나님이 요구하시는 내용은, 이런 인간이 자신들의 행동을 하나님이 주관하시는 계약과 구원 역사에 의해서 특정한 시간과 특정한 장소에서 특정한 방식 안에 분류된다는 것이다. 성서 안에 있는 하나님의 계명은 사실 어떠한 보편적인 도덕적 진리의 가르침이나 훈령들을 의미하지 않는다. 오히려 단지 특별한 지시들을 가리킨다. 그리고 이런 지시들 안에서 매번 역사적인 연관성을 갖는 한 사람이나 여러 사람 또는 많은 특정한 사람들의 태도와 행동방식이 다루어진다. 이런 연관성을 따로 떼어놓는다면, 사람들은 구약의 십계명이나 복음서의 산상수훈 또는 사도들의 가르침들을 담고 있는 본문을 이해할 수 없게 된다. 또한 성서에 나타나는 계명은 여기에서 전혀 공간과 시간을 무시하지 않으며, 불특정한 어떤 사람들을 가리키는 것이 아니다. 또한 현실의 삶에서 이를 사용함으로써 완성할 수 있는 공허한 형식을 갖는 것도 아니다. 주로 특정한 금지령으로 구성되어 있는 본문들 안에 공간이 발생하며, 이 공간 안에서 구체적인 하나님의 지시와 요구가 드러난다. 이 공간에서 불가능한 것을 언급함으로써, 성서의 계명들은 또한 자신의 경계를 보여준다. 성서에 나타나는 계명들은 인간의 행위를 통해서 하나님의 거룩함을 선언하며, 마찬가지로 인간에게 하나님의 임무를 수행하라고 항변한다. 이 계명들은 마치 구약과 신약 안에서 하나님께서 맺는 은총의 계약과도 같다. 이 안에서 역사 안에 드러나는 주님과 명령자가 누구인지, 여기서 주님과 명령자가 인간을 위해 어떠한 의미를 갖는지를 사람들은 알 수 있다. 그러므로 이들은 마치 역사의 프로그램이나 요약과도 같은 것이다. 인간들이 개별적 사건 안에서 무엇을 행해야만 하는지, 그리고 무엇을 행하면 안 되는지는 이들에게 십계명 또는 산상수훈, 그리고 성서의 다른 본문들을 통해서 언급되는 것이 아니다. 구약과 신약에 따르면, 사람들은 하나님의 직접적인 지시나 하나님의 사자와 종, 그리고 예수와 성령의 지시에 따라서 이를 더 많이 경험한다. 그리고 이는 특정한 역사 안에서 이것을 행하든지, 또는 저것을 허락하는 방식으로 경험된다. 특히 이런 본문들 안에는 이와 같은 지시가 반포되고, 듣고, 그리고 힘을 발휘하는 장소들이 담겨 있는 것이다. 또한 성서의 계명들은 결의론적 윤리의 목적을 위해 요구되는 것이 아니다. 하나님의 계명은 바로 성서를 통해 하나의 역사적 실재성을 지닌다. 그러나 이것이 마치 성서 이후의 유대교나 그리스도교가 결의론적 윤리라는 의미에서 이해하듯이 시간을 초월하여 발생하는 것은 아니다. 그러나 사람들은 **시간을 초월하는 진리**를 이해하고 싶어 한다. 바로 그곳에서 사람들은 계명을 실제적으로 항상 오직 하나의 어떤 본문에 대한 다소 자의적인 의미를 부여했고, 그리고 자연법과 전통의 평가들을 바탕으로 다양한 확장들과 첨가를 실제로 사용하도록 만들 수 있었고, 그리고 사용할 준비를 마쳤다. 그리고 이는 결코 놀라운 일도 아니다. 이런 계명은 하나님의 계명으로서 특성을 이미 상실한 것이다. 왜냐하면 사람들이 계명을 더 이상 유일한 역사적 실재성으로, 그리고 마찬가지로 오늘날 바로 여기에서 드러나는 하나님의 특별한 명령의 증거로서 인정하지 않기 때문이다.

3. 그러나 결의론적 윤리는 또한 하나님의 계명을 행하는 인간의 현실적 행동이라는 방향에서는 하나의 부당한 간섭(Uebergriff)을 의미한다. 그리고 인간의 실제적인 행동은 그리스도교적 자유를 통해서 선한 행동이 되는데, 결의론적 윤리는 이런 그리스도교적 자유의 파괴를 또한 의미한다. 하나님의 계명은 각각 모든 구체적인 완성과 첨예화를 통해서 인간에게 다가오는데, 하나님의 계명은 이른바 이를 통해 인간의 자유에 대한 호소인 것이다. 물론 이런 자유는 인간 자신이 무엇을 하고 싶어 하는 것, 좋아하는 것이나 또는 무엇인가를 선택하는 자유가 아니다. 오히려 인간의 진정한 자유를 의미한다. 이는 하나님을 위한 인간의 자유, 자신을 버리고 복종함으로써 존재하는 자유인 것이다. 만일 인간이 이를 하나님의 자유로운 은총의 계명으로 받아들이고 이해한다면, 그렇다면 인간은 자기 스스로를 자유 안에서, 그리고 자녀로서 아버지의 말씀에 자신을 개방하며 순종한다. 왜냐하면 하나님은 아버지이며, 말씀은 자녀이기 때문이다. 이는 전적으로 인간에 대한 하나님의 요구를 따르는 것이다. 다시 말하면, 이는 인간이 자신에게 주어져 있는 계명을 실제로 원하는지 또는 원하지 않는지, 행하는지 또는 그대로 두는지에 관한 것뿐만이 아니다. 더 나아가 이는 인간이 자발적으로 자신의 고유한 선택과 결정의 일로 만드는 하나님의 요구를 따르는 것이다. 하나님은 분명히 인간과 함께 존재하기를 원하며, 인간이 하나님의 일을 함께하기를 원하신다. 인간은 자신의 순종을 완성함으로써 자신을 위해 자유롭게 되며, 영원한 생명을 얻게 된다. 인간은 하나님의 비밀을 아는 존재다. 이는 단지 하나님의 지시를 형식적으로 동의하는 것이 아니라, 더 나아가 하나님 그 자체와 화합하는 것이다. 이는 인간이 선한 양심을 갖고 선하게 행동하는 한 가능하다. 행동한다는 것은 사실 단지 이것이나 저것을 하는 것이 아니다. 오히려 이것과 저것 안에서 자신 스스로 선택하고 실현하는 것이다. 이렇듯 하나님께 순종하는 행동은 단지 하나님이 원하시는 이것과 저것을 실제적으로 집행하는 것이 아니라, 인간이 자신을 하나님 앞으로 이끄는 행동을 통해서 나타나는 것이다. 그러나 결의론은 바로 이와 같은 순종의 자유를 파괴한다. 결의론은 명령하시는 하나님과 이에 순종하도록 부름 받은 인간 사이에 무엇인가 다른 것, 낯선 것을 아주 명백하게 끼워 넣었다. 다시 말하면, 이런 낯선 것을 자유로운 하나님의 은총으로 주어

진 구체적이고, 특별한 계명의 자리에 끼워 넣은 것이다. 그리고 인간은 하나님의 뜻을 바로 지금—자유 안에서 그리고 자기 스스로에 기인하여서—선택하며, 긍정하며, 시인하며, 그리고 의미를 부여해야만 한다. 그러나 인간은 바로 이런 주권적인 하나님 뜻이 놓인 자리에 도덕적 보편진리(Allgemeinwahrheit)에 대한 해설과 적용을 끼워 넣은 것이다. 이런 해설과 적용은 자신이나 또는 다른 인간들에 의해서 발견된 것이며, 자신들의 편에서 매우 지나친 교만을 통해 기록된 것이라 할 수 있다. 그래서 이와 같은 다른 것, 낯선 것, 하나님의 것도 아니며 인간의 것도 아닌 것은 하나님이 인간에게 지금 여기서 명령하시는 것뿐만이 아니라, 또한 인간 스스로가 지금 여기서 선택하고 실현해야만 하는 것, 그리고 지금 여기서 인간에게 요구되는 자기헌신(Selbstdarbringung)의 자리를 밀어내었다. 인간은 이런 제안(Vorlage)을 즐겨 따른다. 그래서 인간이 무엇을 행해야 하는지, 인간이 무엇을 중단해야 하는지를 기록한 보편적 진리의 해설과 적용을 통해서 인간은 행동하고 또는 행동하지 않으려 한다. 그리고 바로 이를 통해서 스스로를 필연적으로 판단하게 된다. 더 나아가 인간은 자신이 그곳에 존재하는지, 또는 다르게 존재할 수 있었는지, 그리고 또는 자신이 다르게 원했는지를 더 이상 묻지 않게 된다. 인간은 바로 지금 하나님 앞에서의 자유를 통해서가 아니라, 오히려 결의론적 결정에 따라서 이런저런 모양을 취하는 것이다. 그렇기에 결의론적 결정은 인간의 자유를 필요로 하지 않는다. 오히려 사람들은 하나님의 뜻을 자신이 처한 상황 아래서 점검하기를 원한다. 즉, 이런 결정이 알려진 보편진리로부터 올바르게 추정(Deduktion)되었는가를 점검하는 것이다. 결국 인간은 선하기를 즐겨 원하며, 고유한 결의론자(Kasuistiker)로서 존재하기를 좋아한다. 그러나 인간은 이런 방법을 통해서 진정한 자유를 획득할 수 없다. 마찬가지로 하나님의 비밀을 아는 존재나 하나님의 계명을 아는 것도 불가능하다. 인간 스스로는 이런 인식 안에서 모든 것을 하나님께 드리기를 원하거나, 또한 선한 양심으로 행동하는 모습을 지닐 수 없다. 인간은 자신이 결정한 모든 것이나, 또는 결의론적 윤리 때문에 오히려 그 즉시 소환될 것이다. 왜냐하면 인간은 자신의 행위에 대해서 스스로가 직접적인 책임을 갖기 때문이다. 또한 결의론적 윤리가 인간이 지닌 이런 책임을 감추기 때문이다. 그래서 결의론적 윤리는 인간이 감당할 수 없도록 금지된 것을 감당하도록 만든다. 인간의 책임은 단지 자신의 외적인 행동이나 특별히 자신의 의지, 자신의 의도와 생각뿐만이 아니라, 또한 자기 스스로에게 요구되는 것을 아는 것이다. 반면에 신개신교 비평가들은 결의론이 인간과 인간의 인격성 등에 너무 가까이 놓여 있다는 불만을 털어 놓는다. 그러나 사실은 이와는 전혀 반대이다. 오히려 결의론적 윤리는 인간에게 너무 멀리 있다. 결의론적 윤리는 인간에게 선하게 행동한다는 것이 무엇인지를 불분명하게 만드는 것이 아니다. 오히려 인간에게 이를 감추는 것이다. 인간이 스스로 무엇인가를 결정하게 만들 때, 바로 인간은 결의론적 윤리를 편안하게 받아들인다. 그러나 이런 결정은 하나님의 계명에 따른 것이 아니다. 또한 인간 스스로가 결의론적 윤리에 따라서 판단하거나, 무엇인가를 보충할 때—무엇인가 발생한 것처럼 보이도록(ut aliquid fieri videatur)—즉 스스로 잘못된 자유를 고수하고자 할 때, 바로 그때에 결의론적 윤리가 인간에게 쉽게 다가오는 것이다. 잘못된 자유란 인간 자신을 매우 다른 곳에 서 있게 하거나, 또는 머물게 하는 것이다. 그리고 이를 통해서 이와 같은 결의론적 결정을 내리기 위한 모든 보충대신에 하나님의 계명에 순종해야 하는 의무를 거절하는 자유이다.

나는 이런 비판적인 기초를 다시 한 번 본회퍼의 말로 강조하고 싶다. "하나님의 계명은 예수 그리스도 안에 있는 자비롭고 거룩하신 하나님을 통해 인간에게 주어진 전면적이고 구체적인 요구다." 이것은 "모든 윤리적 문구의 가장 보편적인 요약이나, 실제로 사용하는 것과 구분되는 다른 시대에 상관없이 보편적으로 유효한 것이 아니다. 또한 구체적인 것과 구분되는 추상적인 것도 아니며, 특정한 것과 구분되는 불특정한 것도 아니다. 만일 무엇인가 어떤 것과 비슷한 것이라면, 이것은 하나님의 계명이기를 멈추는 것이다. 왜냐하면 이는 우리 각각을 방치하는 것이며, 특정한 것을 불특정한 것에서, 원리에서 사용을, 시간을 넘어선 것에서 시간적인 것을 만드는 것이기 때문이다. 바로 이런 시도 때문에 하나님의 계명이 더 이상 결정적인 것으로 인정받지 못하게 된다. 오히려 우리의 이해와 해석, 그리고 우리의 적용이 결정적인 것이 된다. 그래서 하나님의 계명은 다시금 인간 자신의 선택이 된다. 그러나 하나님의 계명은 인간에게 하시는 하나님의 말씀이다. 그리고 계명의 형식과 마찬가지로 내용 안에는 구체적인 인간에게 하시는 구체적인 하나님 말씀이 들어 있다. 하나님의 계명은 인간에게 적용, 해석을 위한 어떠한 공간도 내어주지 않는다. 오히려 순종 또는 불순종을 위한 공간을 허용할 뿐이다. 하나님의 계명은 시간과 공간을 넘어서서 발견되거나 알아지는 것이 아니다. 오히려 장소와 시간 안에서 듣게 된다. 하나님의 계명은 마지막 때에 이르기까지 특정하고, 분명하다. 그리고 구체적인 하나님의 계명이든지 아니면 하나님의 계명이 아니든지, 단지 이 둘 중의 하나일 뿐이다. 이 하나님은 아브라함과 이삭과 모세에게 말씀하신 하나님과 같은 분이다. 마찬가지로 예수 그리스도 안에서 제자들에게 그리고 그분의 제자들을 통하여 이방인에게 말씀하셨던 하나님과 같다. 이렇듯 하나님은 우리에게 말씀하시거나, 또는 전혀 말씀하지 않는 분이다.("윤리』, 215) "하나님의 계명은 허가(Erlaubnis)이다. 그리고 다른 인간적인 법들과의 차이점은, 하나님의 계명 안에 자유가 요구된다는 것이다. 하나님의 계명은 불가능한 것을 가능케 만들려는 저항을 중지시킨다. 자유는 인간의 고유한 주제이다. 그러나 이런 자유는 인간이 요구할 수 있는 모든 것의 저편에 놓여 있는 것이다. 하나님의 계명은 이렇게 높이 있는 것이지, 결코 낮추어질 수 없다. 그러나 허가나 자유가 하나님의 계명에서 벗어난 인간의 선택에 대한 인증을 하나님이 인간에게 하신다는 의미는 아니다. 오히려 이런 허가나 자유는 단지 하나님의 계명을 바탕으로 생겨나는 것이며, 오직 계명을 통해 그리고 하나님의 계명 안에서만 가능한 것이다. 하나님은 자유를 결코 제거하시지 않으신다. 오히려 하나님은 자유를 허락하신다. 그리고 오직 이런 의미만이 하나님의 계명을 통해 발생하는 인간적인 지도와 관리에 대한 확신의 행동과, 그리고 결정 앞에 놓인 비참한 공포에서 자유를 가능하게 한다."(218) 본회퍼가 자신의 생각을 메모한 종이를 발견하여 편집한 것에 따르면, 이른바 "잘못된 질문들"이 존재한다. "즉, 1) 하나님의 뜻은 어떻게 구체화되는가? 대답: 하나님의 뜻은 항상 구체적이다. 그렇지 않으면 하나님의 뜻이 아니다. 그러므로 하나님의 뜻은 원리가 아니다. 왜냐하면 원리는 '현실성'을 염두에 두면서 단순화되거나 사용되어질 수 있어야만 하기 때문이다. 우리가 바로 행동으로 옮기도록 이끌며 또한 인식할 수 있는 하나님의 뜻은 하나의 보편적 원리일 뿐이지, 하나님의 뜻이 아니다. 2) 그리스도인들의 선한 의지는 어떻게 구체화되는가? 선한 의지는 항상 이미 구체적인 행동이다. 그렇지 않으면 선한 의지가 아니다. 인간은 항상 이미 구체적인 행위를 하는 존재다. 3) 이런 경우와 저런 경우 사이에서 어떤 것이 하나님의 뜻인가? 이것이 바로 구체적인 결의론적 오해다. 구체적인 것은 이렇게 이루어지지 않는다. 왜냐하면 구체적인 것은 다시금 원칙적으로 이미 선취되었기 때문이다."(221)

만약 이것이 불가능하다면, 어떻게 특수윤리가 가능할까? 다시 말하면, 인간의 구체적 의지, 결정, 행동방식을 통해 어떻게 하나님의 계명에 대한 질문을 던질 수 있는가? 윤리는 이런 적용을 전적으로 받아들일 수 있는가? 또는 위와 같은 영역에서 가능한 윤리는 혹시 하나님의 계명이 각각의 인간에게 각각의 상황에서 형식이나 내용적으로 분명하고 충분히 현재적이고 인식될 수 있다는 것을 지시하거나 제한되지 않아야만 하는가? 또는 인간이 어떤 기준을 갖고 분명하게 선하게 행동하기 위해 무엇인가를 행할 때, 하나님의 현재와 명령을 알고 그리고 이를 이행하는 것이 인간을 위해 중요한가? 이런 질문은 최소한 다음과 같은 질문과 매우 그 궤를 같이한다. 즉, 이를 행하는 것은 영향력 안에서가 아니라, 오히려 영향력을 능가하여 규정된 것이 아닌가? 사람들은 자신이 매 순간, 매 상황 직접적이고 특별한 하나님의 영감과 지도의 방식을 통하여 지배될 수 있도록 허용해야만 하는가? 그리고 스스로가 이런 능력을 얻기 위해서 예를 들면, '묵상의 시간'이나 또는 이와 비슷한 연습들을 통하여 준비되어야만 하는가? 또는 이를 능수능란하게 만들고 간직할 수 있어야만 하는가? 또는 그리스도교를 비꼬는 것을 제외하고, 아마 다음과 같이 말할 수 있을 것이다. 사람들은 곧 '카이로스' (Kairos), 특별한 '시간의 계명', 즉 각각의 현재적 시간과 상황을 파악하고 정당화하는 것을 배워야만 하는가? 또한 사람들은 불평을 최소한 이해할 수 있어야만 하는데, 그렇다면 인간의 상황은 실로 다음과 같은 상황과 동일한 것인가? 즉, 인간이 계속해서 하나님의 계명에 마주보고 서서, 그리고 계명을 책임감 있게 다루어야만 하는 상황인가? 그럼에도 불구하고 인간은, 마치 괴테의 두더지가 안개 속에서 자신의 길을 찾아야만 했던 것처럼, 또한 계명이 지금 무엇을 말하며, 그리고 어떻게 이 계명을 드러내야 하는가라는 질문을 애써 무시하기도 하였다.

그렇기에 사람들은 이런 질문과 불평이 진정성이 없다는 것을 확실히 느낄 것이다. 물론 사람들은 이렇게 불평하는 사람들에게 그 사건의 본질은 당연히 그것을 의미하는 것이 아니라고 변명한다. 그러나 이를 통해서 그들에게 인내를 갖고 진정하라고 단순히 부탁할 수는 없다. 그리고 사실 이런 것을 의미하지도 않는다. 특수윤리가 항상 단지 구체적인 하나님의 계명의 사건과 인간의 구체적인 순종이나 불순종의 사건을 지시하는 틀 안에 운신한다는 것은 물론 사실이다. 만일 특수윤리가 무엇이든지 간에 이렇듯 계명의 구체적인 모습과 영향력과 연관되며, 그리고 이를 통해서 인간의 구체적인 행위에 대해서 말해야만 하는 것이라면, 특수윤리는 계속해서 이런 지시를 반복, 강조하거나, 그리고 강화시켜야만 할 것이다. 그러나 특수윤리는 이런 지시보다 더 많은 것을 주려고 시도하는 것보다는, 오히려 이런 사실로부터 자신을 보호해야만 했다. 또한 특수윤리의 가장 핵심이 되는 말이 계속해서 **성령**(Heiligen Geistes)의 지도와 심판을 반복해서 기억하는 것임은 사실이다. 또한 시대와 상황으로부터 다른 존재로 새롭게 만드는 계시의 사건과 믿음 또는 믿지 않음의 사건에 대한 기억이 될 것임도 사실이다. 마찬가지로 특수윤리가 계속해서 이런 사건에 대한 **해설**(Anleitung)을 제공할 수 있다는 것도 사실이다. 그렇기에 다음과 같은 것도 사실과 맞다. 다시 말하면, 특수윤리가 인간에게 이런 가르침을 제공함으로써, 인간이 선택하고 결정하며, 그리고 행동하는 것에 대해서 인간 스스로가 자발적으로 또는 책임감을 갖고 감행하라고 요구하는 것이다. 마찬가지로 이는 하나의 도약이다. 그리고 우리는 이런 도약을 '실천적 결의론'의 사건으로서 본다. 더 나아가 이런 도약을 실제로는 양심의 타락(casus conscientiae)이라고 표현한다. 그러므로 결의론은 인간에게 공공연하게 말할 수 있다. 즉, 만일 이런 도약이 순종의 도약이 아니라면, 이런 도약은 실제로 가장 좋지 못한 의미로서의 어둠 안으로 도약하는 것이 분명하다는 사실이다. 이에 관해서 사람들이 여기서 질문하고 불평하는 이들을 의심해서는 안 된다. 왜냐하면 이들은 사건을 진지하게 보지 못하는 사람들이 아니라 오히려 이미 사건을 진지하게 바라보고 있는 사람들이기 때문이다. 그렇기에 이 사람들을 단지 진정시키려고 해서도 결코 안 된다.

그러나 지금 사람들은 마찬가지로 자신들이 단지 이해하지 못하는 질문과 불평들의 저편 어딘가에 특수윤리의 진짜 문제가 놓여 있음을 인식해야만 한다. 우리는 이 문제를 피할 수 없다. 왜냐하면 모든 사건의 경우에서 각각의 발생한 일들을 가리키는 것이 바로 특수윤리의 과제임이 분명하기 때문이다.

그렇다고 이것이 다음과 같은 임무를 갖는 것은 당연히 아니다. 즉, 하나님의 계명이 오로지 특별한 형태 혹은 내용을 지닌 수많은 개별적인 계시들의 선상에만 참으로 존재한다는 것이다. 물론 이런 개별적인 계시 안에 놓인 것들은 실제로 인간에게 때때로 현실화된다. 계명은 다음과 같은 사실을 가리킨다. 즉, 여기서 명령하는 분, 살아 있는 분, 그리고 영원히 풍성한 하나님은 또한 자신 스스로에게도 충실하신 분이라는 것이다. 그렇기에 또한 하나님은 다음과 같은 신의를 지키신다. 즉, 하나님은 단순하게 반복될 수 없는 분이며, 그분의 자비는 매일 아침 그리고 또한 모든 사람을 위한 것이며, 그리고 그분은 모든 장소에서 항상 새롭다. 하나님은 모든 사람과 만나신다. 그분과의 만남은 모든 역사적인 순간에 그분의 성품처럼 중요하며, 충분하게 주어졌다. 이는 하나님의 측면에서 바로 지금 그분의 계명을 통해 하나님의 본질을 만나기 위함이다. 사람은 이런 만남을 통해서 아직도 확인되지 않은 그리고 또한 결코 반복되지 않는 하나님의 고유한 본질과 마주한다. 그러나 살아 있는 하나님, 영원히 부유한 하나님은 오직 한 분이시지, 결코 신들, 정신들, 사상들 그리고 권력들처럼 다양성으로 존재하지 않으신다. 이처럼 하나님은 또한 스스로에게 충실하시다. 그렇기에 그의 계명은 모든 유한한 특성을 지닌 잡다함(Vielfaeltigkeit)이 아니다. 그래서 잡다하게 많은 것을 주며 계시하지 않는다. 그렇기에 단지 개인들의 요구들, 기대들, 지시들과 금지와 연관성을 맺을 수 없다. 하나님의 계명은 이런 잡다함이 아니라, 오히려 **유일한 계명**이며, **그 자체로 유일한 계명**인 것이다. 그리고 하나님은 개별적인 인간들을 그들의 개별적인 상황 속에서 명령자로서 만나주신다. 그런 개별적인 순간들 또한 **역사적인** 순간들이다. 다시 말하면, 하나님의 역사 안에서 고유한 행위, 영향, 계시, 그리고 하나님이 시작하고 이끄시며, 결국은 완성되도록 이끄시는 구원역사와 세상 역사 모두가 포함되는 순간인 것이다. 그러므로 이 순간들은 하나님의 질서, 하나님의 계획과 연관을 맺게 되는 역사의 순간이다. 이 순간들은 자신들의 독특성, 자신들의 구체성에 근거를 둔다. 그렇기에 무엇인가 자연의 순환, 운명, 또는 우연이라 할 수 없다. 다시 말하면, 오히려 하나님의 특별한 의도와 하나님의 질서, 특히 부분적으로 혹은 완전히 감추어져 있는 하나님의 다른 질서들과 확실한 연관성을 분명히 갖고 존재한다는 말이다. 그렇기에 우리는 마찬가지로 이런 연관성, 다시 말하면 하나님의 계명이 지닌 지속성(Stetigkeit)과 연속성(Kontinuitaet)을 염두에 두어야만 한다.

그리고 이것이 다음과 같은 임무를 갖는 것도 당연히 아니다. 즉, 인간의 행위가 오직 개별적인 결정들, 행동들 그리고 개별적인 태만의 선상에서만 실현된다는 것이다. 그래서 그 안에 있는 각각의 인간 행위는, 다른 모든 것에서 고립된 채로, 무엇인가 마치 하나의 전적인 새로운 시작을 의미한다거나, 또한 하나의 절대적인 개별사건들을 형성함을 드러내는 임무를 갖지 않는다. 물론 이는 오직 개별적인 결정들을 통해서 실천에 옮겨진다. 마찬가지로 하나님의 계명도 다음과 같은 사실과 상응한다. 그것은 인간의 실존이 계속해서 다음과 같이 현실화된다는 것이다. 다시 말하자면, 인간은 자신에게 주어진 기한 안에서 각각 하나의 새로운, 다른, 그리고 특정한 가능성을 실현한다. 그리고 그 안에서 스스로를 새롭게 그리고 다르게 선택하고 실현한다는 것이다. 그러나 이와 마찬가지로, 인간의 행위는 다시금 이런 개별적인 사건들을 통해서 실천에 옮겨진다. 인간의 행동은 산산 조각나지 않는다. 마찬가지로 무너지지도 않는다. 동시에 해소되지도 않는다. 그렇기에 인간은 계속해서 같은 주체의 행위로 머문다. 즉, 인간, 바로 그 인간의 행위인 것이다. 그리고 이런 주체는 자기 스스로 인간을, 바로 이런 인간을 자신의 모든 개별적인 행위의 사건들 안에서 선택할 수 있고, 실현할 수 있다.

그렇다면 누가 그리고 무엇이 이런 인간으로 존재하는가? 이것은 인간을 다시금 어떠한 자연적인 과정, 운명 또는 우연으로서 내버려두지 않는다. 오히려 하나님의 창조와 계획을 통해 인간이 정의되며, 하나님이 인간에게 행하시는 화해와 구원의 행위를 통하여 이것이 결정되는 것이다. 이는 동일한 하나님의 계명이며, 그의 요구이며, 결정이다. 그리고 이는 모든 개별적인 사건들을 통해 이루어지는 인간에 대한 심판으로 예속된다. 마찬가지로 구체적인 인간의 행위는 모든 자신의 개별 행위의 구별들 안에서 하나의 물처럼 흐르는 하나님의 질서들 안에서 진행된다. 그래서 또한 어쩌면 전혀 또는 종종 증명할 수 없는, 그러나 하나님의 질서와 분명한 연관성을 맺으며 진행된다. 그렇기에 마찬가지로 우리는 이런 연관성, 즉 인간 행위의 지속성과 연속성을 염두에 두어야만 한다.

임시로 요약해보자. 사람들은 윤리적인 질문 앞에 서 있을 때, 단지 수직적인 것만을 유의하지 말아야 한다. 또한 단지 특정한 사건, 하나님의 계명과 인간의 행위 사이에서 만나게 되는 많은 사건은 자신들의 모든 선취 안에서 허락되기 어려운, 그래서 모든 엄격한 규제를 불평하는 각각의 유일회성과 고유성만을 고려해서는 안 된다. 왜냐하면 이런 사건들은 예를 들자면 하나님의 계명과 연관성을 맺고 있기 때문이다. 또한 인간의 행위에서 드러나듯이 이 모두는 하나의 특정한 연관성을 갖고 진행되기 때문이다. 하나의 사건이 오직 이런 연관성을 맺으면서 발생할 때, (이런 자신의 모든 신비 안에서) 그 사건은 윤리적 사건이 된다. 그리고 수직적인 윤리의 질문이 오직 하나의 수평적인 질문을 가르며 뚫고 지나감으로써, 윤리적인 질문은 그 자체로 또한 수직적인 윤리의 질문이 될 수 있다. 그렇기에 마찬가지로 하나님의 계명의 지속성과 연속성은 마치 인간의 행위에서 주어지는 지속성과 연속성처럼 고려되어야만 한다.

만일 우리가 이를 극복하여 무엇인가를 드러낸다면, 바로 여기에 특수윤리의 가능성에 대한 전망이 분명히 열릴 것이다. 특수윤리는 결의론과는 전혀 관계가 없다. 그러나 그럼에도 단순히 특정한 사건을 가리키는 암시를 통해서 약화되지도 않는다. 오히려 더 나아가 이런 암시는 특수윤리의 임무였고, 여전히 계속해서 임무로 남아 있다. 이를 통해서 단조롭고, 무색하며, 형체가 없는 암시는 다채롭고, 화려하며, 형체를 갖는 암시로 변한다. 이런 윤리의 지점이 바로 수직적인 윤리적 질문을 통하여 잘려지는 수평적인 윤리의 질문을 주제로 삼는다면, 그리고 이런 수평적인 질문이 또한 하나님의 계명과 인간의 행동방식의 불변성에 관한 것이라면, 즉시 다음과 같은 사실이 드러난다. 즉, 자신의 신비에 너무 가깝게 접근할 필요도 없으며, 동시에 결의론적일 필요도 없다는 것이다. 그렇기에 수평적 윤리의 사건들이 바로 수직적인 윤리의 질문으로 들어와 있음을 가리키는 암시는 결코 하나의 점(點)으로 머무르지 않는다. 오히려 계속해서 이어지는 선(線)과 같다. 이런 암시가 특정한 하나님의 계명과 인간의 행동방식을 마치 하나의 모습처럼 고려할 때, 그때에 모든 윤리적인 질문은 자신들이 소유한 각각의 유일회성과 고유함을 손상하지 않으면서 동시에 자신만의 특징적인 것으로 될 수 있다. 그러므로 이런 암시는 하나의 특정한 수평적인 질문에서 시작하며, 그리고 이런 관점을 통해서 형식을 갖춘 암시로 변화한다. 이것이 형식을 갖게 된 암시와 연관된 특수윤리의 기능이며, 임무이다. 그러나 이것이 하나님의 계명과 대립하면서, 그래서 스스로 드러나는 인간 행위에 대한 선함과 선하지 않음을 미리 판단함을 말하고자 하는 것이 아니다. 그럼에도 불구하고 이와 같은 사건의 관점을 통해 하나의 특정한 가르침이 주어진다는 사실은 부정할 수 없다. 그렇기에 특수윤리는 사람의 품성을 규명하고 서술하는 것일 수 있다. 이는 어떠한 경우에도 드러나게 되는 사건들이 지닌 특징이다. 그리고 이런 사건들을 통해 주어지는 인간 행위의 선함과 선하지 않음을 결정하는 규범이다. 이것은 윤리학자나 혹은 그의 윤리를 통해서 주어지지 않는다. 오히려 명령하시는 하나님을 통해서만 주어진다. 마찬가지로 하나님이 주시는 명령과 인간 행위의 불변성을 바탕으로 획득하는 항상 드러나는 특정한 사건에 대한 인식이 사건의 고유한 성품과 규범이 된다는 것은 분명하다. 이것은 그곳에서 발생하는 모든 사건의 결정을 통해서 획득할 수 있다. 그리고 이를 통해서 동시에 요구되며, 마찬가지로 이와 함께 윤리적 사건을 가르칠 수 있는 특수윤리의 임무가 마련된다. 특수윤리는 윤리적 사건에 대한 가르침으로서 단지 모든 결의론을 기초해서가 아니라, 또한 가장 특징적인 암시로부터 결정된다. 이런 암시는 윤리적 사건들을 가리키며, 결정하며, 그리고 판단하는 하나님을 가리킨다. 그것은 어떤 형체를 갖지 않은 암시이다. 마찬가지로 이런 암시는 성령이나, 또는 전적으로 '시대의 계명'을 가리킨다. 그리고 이와 비슷한 것을 만족시키길 원한다.

그러나 지금 이 모든 것은 마찬가지로 다음과 같은 질문에 달려 있다. 이 모든 것이 하나님의 계명과 인간의 행위의 수평적인 질문, 지속성, 연속성과 불변성을 넘어 무엇인가를 끄집어 낼 수 있게 하는가? 특수윤리는 이로부터 윤리적 사건에 대한 형태를 갖춘 지시나 가르침을 위한 준비를 할 수 있는 임무의 가능성을 모색해야만 할 것이다. 또한 이 모든 것은 다음과 같은 질문에 달려 있기도 하다. 즉, 우리가 수평적인 질문에서 이와 동일한 하나의 **신뢰할 수 있고, 정당한 정보**를 얻을 수 있는가? 신뢰성에 대한 질문은 다음과 같다. 우리가 하나님의 계명의 지속성과 인간의 행동방식의 지속성을 알 수 있다고 생각하는 확신의 정도는 있는가? 마찬가지로 우리에게 윤리적 사건을 하나님께서 명하시고, 결정하시고 그리고 심판으로부터 우리의 행위를 넘어서 하나님의 말씀으로 이를 표현할 수 있는 확신의 정도는 얼마나 되는가? 여기서 우리는 사실 단지 불확실한 정보만을 갖고 있다. 그렇다면 이보다는 더 약한 확신의 정도는 어디인가? 즉, 윤리는 어떤 용기로 이런 사건에 대한 지시를 수평적인 질문의 관점에서 하나의 특정한 형태로 제시할 수 있는가? 또한 윤리적 가르침을 위해 어떤 권위를 요구해야만 하는가? 그리고 정당성에 대한 질문은 다음과 같다. 우리는 위와 마찬가지로 수평적인 질문으로부터 사실적이고 올바른 정보를 확실히 담보할 수 있는 근거를 마련할 수 있고, 그리고 또한 사건 안에서 동일하게 우리가 하나님의 말씀을 통해서 윤리적 사건을 알 수 있다고 믿는다. 그렇다면 이는 우리가 항상 수평적인 질문에 대해서 알 수 있다고 생각하는 것인가? 여기서 하나의 다른 종으로 들어가는 과정*(μετάβασις εἰς ἄλλο γένος)이 발생할 수 있는가? 그리고 특정한 사건을 지시하는 다른 지식 또는 다른 종류의 지식에서 기인하는 형태 안에 있는 수평적인 질문이라는 관점에서 볼 때, 이것은 어떻게 책임을 획득할 수 있는가? 어떻게 사람들은 선한 양심을 가지고 또한 단지 윤리적인 가르침을 주기를 원할 수 있는가? 혹시 처음부터 이런 가르침은 어쩌면 잘못된 가르침에서 기인할지도 모른다는 두려움에 기초하고 있었던 것은 아닌가? 이런 두 개의 질문을 사람들은 즉시 다음과 같은 질문으로 명확하게 요약할 수 있다. 우리가 마치 윤리적 사건을 통해 현실에 대해서 가르치듯이, 마찬가지로 하나님의 계명과 인간 행위의 지속성을 하나님의 말씀을 통해서 가르칠 수 있는가? 우리는 수평적인 질문들에 대한 신뢰할 수 있고 올바른 정보를 오직 하나님의 말씀을 통해서 알 수 있다. 그 외에 우리는 전혀 이를 알 수 없다. 사실 우리가 이것을 하나님의 말씀을 통해서 알 수 없다면, 어쩌면 우리는 분명 보다 나은 행동을 할 수도 있을 것이다. 즉, 여기서 더 나아가는 것이 아니라, 오히려 우리 스스로가 적절한 시간에 하나님의 말씀에 기대어 신뢰하며, 정당하게 알 수 있는 것으로 되돌아올 수 있는 행동을 할 수 있을 것이다. 다시 말해보자. 이는 우리가 단조롭고, 무색하며 그리고 형체를 갖추지 못한 수직적인 윤리적 질문을 가리키는 지시에 만족할 수 있다는 말이다. 이는 결의론적인 방법으로는 결코 불가능한 일이다. 특정한 형식을 통해서 오로지 이와 같은 수직적인 질문을 암시하도록 원하는 것은 매우 중요하다. 그러나 암시에 대한 형식과 내용을 여기서 구분하고 나눈다는 것은 불가능하다. 사람들이 암시에 어떤 하나의 형식을 제공하려고 시도한다. 그러나 이런 암시는 더 많은 것을 통해서 결정되어야 한다. 즉, 암시가 올바른 내용을 담고 있는가? 사람들은 참으로 수직적인 질문을 가리키고 있는가, 그리고 혹시 다른 엉뚱한 곳을 가리키고 있지는 않은가? 다른 수평적인 질문의 관점에서 어쩌면 다른 수직적인 질문을 가리키고 있지는 않은가? 즉, 하나님의 계명과 인간의 행위가 서로 만나는 다른 윤리적 사건들에 대한 수직적인 질문을 가리키지는 않는가? 하나님의 말씀이 지닌 권위와 자유는 윤리적 사건들을 통해 우리에게 계시된다. 이런 권위와 자유는 책임감 있는 양식을 통해 특정한 형태를 갖춘 암시를 가능하게 만든다. 그렇지 않다면, 사람들은 특정한 사건들의 특성을 빗대어 볼 때, 그리고 그곳에서 하나님의 인간의 행위들을 규정해주는 규범들에 빗대어 볼 때, 최소한 불확실하고 착각 속에 주어지는, 특히 완전히 잘못된 정보를 얻게 될 것이다. 그리고 또한 이 사건들에는 좋지 않은

---

* 헬라어, 프랑스어 인용문들은 우리말 변형서체로 표식하였다.

대처, 또는 완전히 뒤바뀐 대처를 하게 할 것이다. 그러므로 이런 사건은 하나님의 요구, 결정과 심판에 관한 것이라 할 수 있다. 그렇기 때문에 우리는 사건들이 발생하게 되는 연관성, 지속성과 연속성, 그리고 불변성을 넘어서는 오직 하나님 그분과 또한 하나님의 말씀을 통해서만 가르치도록 허락해야 할 것이다.

여기서 우리는 에밀 브루너(E. Brunner)의 윤리를 염두에 두면서 질문을 할 것이다. 즉, 브루너의 책, 『계명과 질서들』(*Das Gebot und die Ordnungen*, 1932)에 나타나는 윤리이다. 나는 이 책의 의도와 정신을 다 이해하지는 못한다. 그러나 내가 분명하게 알 수 있는 것은, 브루너가 여기서 우리가 다루었던 수평적인 문제를 자신의 개념인 '계명'을 통해서 특별하게 다루고 있다는 것이다. 또한 브루너는 결의론을 거부한다는 사실이다. 그는 다음과 같은 사실을 알고 있으며, 또한 말한다. 즉, "하나님이 우리에게 요구하시는 어떠한 예견도 없다. 하나님의 계명은 오직 듣는다는 현실 안에서 시작된다. 이것이 아마도 순종의 중단을 의미하는 것이라면, 우리는 하나님의 계명을 모두를 위한 단 한 번 주어진 계명으로 생각해야 할 것이다. 그리고 우리는 이것을 각 사건에 따라서 해석해야만 하는 것으로 생각해야 한다."(102) 그리고 만일 이렇게 결정하고 말할 때, 브루너에 따르면, 뒤이어서 발생하는 두 번째 문제의 차원을 피할 수 없다. 그래서 우리는 다음과 같은 정보를 얻게 된다. "하나님의 계명은 우리를 현실 안으로 이끈다. 이 현실 자체는, 비록 그 자체는 선하지 않다 하더라도, 그럼에도 불구하고 하나님의 행위에 의해서 나누어질 수 없다. 하나님의 행위는 우리의 행위에 의해서 일어나기 때문이다. 우리가 다루어야만 하는 인간의 현실이 하나님의 행위와 그로부터 발생하는 그분의 의지로부터 신앙의 증거를 제공하는 한, 우리는 하나님의 '질서들'과 관계를 맺게 된다. 이런 관계 안에서만이 우리의 행위가 발생할 수 있기 때문이며, 하나님의 질서들에 따라 인간의 현실이 발생해야만 한다."(80) 그리고 이후에 "우리를 감싸며, 한계 짓는 세상 밖에서 하나님 계명의 순간이 우리에게 다가온다. 또한 역사적으로 주어진 것은 무엇보다 우리에게 하시는 하나님의 계명이 된다. 이는 우리가 하나님의 계명에 순응하고 이해할 수 있게 하기 위함이다. 마치 하나님의 뜻이 기본적으로 보존인 것처럼, 우리 또한 이를 보존해야만 한다. '우리 하나님이 창조하신 것'처럼 그리고 이것이 마치 우리 삶의 장소로서 그리고 죽음 또는 삶, 인간적이지 않은 또는 인간적인 세상이 우리에게 주신 장소인 것처럼, 우리는 이를 우리의 장소로 간직해야 한다."(110) 우리에게 이렇게 주어진 '질서들'(창조 질서들)을 브루너는 특별히 사귐의 질서(Gemeinschaftsordnung)라 말한다. 즉, "우리는 이렇듯 우리에게 주어진 인간적인 공동생활을 변할 수 없는 전제들로서 주어진 역사적인 모든 삶이라 이해한다. 그래서 그 안의 형식들은 역사적으로 다양하지만, 그러나 자신의 기본적인 구조들은 변하지 않는 것이다. 그리고 동시에 특정한 방식들 안에서 인간들은 서로에게 지시하며, 서로에 순응하는 것이다."(194) "우리는 여기서 오로지 특별한 삶의 법칙을 보지 않는다. 그 안에서 오히려 우리가 이에 따라서 행해야만 하는 질서들을 본다. 왜냐하면 우리는 그 안에서 하나님의 뜻과 마주치기 때문이다. 이것이 깨졌거나 또는 간접적으로 주어질 때도 마찬가지이다. 그래서 우리는 이것을 하나님의 질서들이라 부른다."(275)

여기서 볼 수 있는 브루너의 기본 사상은 정당하며 포기할 수 없는 것이다. "하나님의 계명은 이미 주어진 현실을 벗어나서 전혀 관계가 없는 하나의 법이 아니다. 오히려 이런 현실을 창조한 하나님의 계명이다."(192) 그러나 여기서 내가 이해할 수 없는 것이 있다. 그것은 브루너가 어디에서 그리고 어떻게 이런 '질서들'에 대해서 알고 있는가이다. 우리는 이를 우리를 둘러싸고 있는 현실 안에 있는 하나님의 '질서들'에 관한 것이라고 생각할 것이다. 하나님의 '근본적으로 보존적인' 의지가 증거인 한, 이런 현실 자체는 질서로부터 우리에게 주어졌다. 하나님 계명의 시점, 하나님의 계명은 우리에게 이로부터 마주쳐 다가온다. 하나님께서 창조하신 우리를 둘러싸고 있는 현실이 어떤 목소리를 갖고 있다고 생각해보자. 그리고 이런 증거가 실제로 이행된다고 생각해보자. 그렇다면 우리가 어떻게 이런 목소리를 듣고 이해할 수 있는가? 그리고 어떻게 현실로부터 출발하는 선언을 질서들로부터 들을 수 있는가? 그리고 특히 이와 연결되어 있는 방식에서 하나의 명령으로 들을 수 있는가? 즉 우리가 행해야만 하는 하나의 규율로서, 그리고 그 안에서 우리가 행해야만 하는 규율로서 들을 수 있는가? 우리는 어디에서 그리고 어떻게 여기서 하나님의 계명을 들을 수 있는가? 우리는 우리 자신만의 그리고 우리를 둘러싸고 있는 현실과 함께 우리가 하나님의 계명을 순수하고 권위 있게 이로부터 들을 수 있는 위치라는 든든한 발판에 서있는가? 그러나 브루너는 알트하우스(P. Althaus)처럼 더 나아가지는 않는 것처럼 보인다. 알트하우스는 자신의 책, 『윤리학 개요』(*Grundriß der Ethik* 2판, 1931, 25)에서 현실은 윤리의 바탕원리(Materialprinzip)라고 쓰고 있다. 알트하우스는 하나님의 계명이 현실 안에 자신의 기초를 갖고 있으며, 현실 안에서 우리에게 주어졌다고 말한다. 그리고 우리의 독특한 현실은 우리의 세계와의 관계 안에서 이렇게 서있고 또한 질서를 부여받았다고 말한다.(26f.) 그러나 브루너는 이처럼 말하지는 않는 듯 보인다. 브루너는 원칙적으로 '계명' 그리고 '질서들'이라는 개념들을 구분하고 있다. 그러나 사람들은 이를 회피하여서 다음과 같은 사실을 받아들일 수 있는가? 즉, '질서들'이라는 그의 개념에 무엇인가 오래전부터 알려진 현실이라는 심상이 내재하는 것인가? 다시 말하면, 듣는 즉시 자연법(lex naturae)의 근간이라고 떠올릴 수 있는 심상이 인간의 마음에 새겨진 것인가? 이렇듯 단지 두 번째 또는 첫 번째 하나님의 계시는 하나님의 은총의 말씀 앞과 그 옆에 주어지는 것이 아닌가? 이와 마찬가지로 두 번째 또는 하나님의 첫 번째 인식이 그분의 은총의 말씀 안에 주어져 있는가? 브루너는 자신의 책, 『정의』(*Gerechtigkeit*, 1943)에서 이에 대한 의심의 여지를 남겨두지 않는다. 그는 '질서들'과 연관하여 다음과 같이 이해하기를 원한다. 즉, 오로지 자연법(아리스토텔레스의 주요 관심인)을 세우기 위한 것이나, 또는 개인 윤리의 영역 안에 있는 은혜로우신 하나님의 계시된 계명을 비난하기 위해, 가족이나 경제 그리고 국가 안에 있는 현세의 그리고 인간적인 정의에 대한 가르침은 참된 정의에 대한 개념을 얻기 위해 생각할 수 없는 것이다. 그러나 다음과 같은 질문 자체에 위에서 말하는 그 어떤 허점이 사실상 놓여 있다. 우리는 여기서 묻는다. 사람들은 스스로 다른 근거로부터 나오는 이런 사건의 정보를 얻기 위해서 예수 그리스도 안에서 계시되었던 말씀을 옆에 두는 것을 용인한다. 그렇다면 우리들은 어떤 신뢰와 정당성을 갖고 현실을 창조하신 하나님께서 주신 하나님의 '질서들'에 대해서 말할 수 있는가? '자연법'이 주어질 수도 있는가? 그러나 또한 다음과 같은 사실이 우리에게 너무 분명하게 척도로서 알려지지는 않았는가? 사람들은 그럼에도 사실 이런 불변성으로부터 주어진 하나님 계명의 형식에 대한 질문에 책임감 있고 무겁게 대답해야 한다.

본회퍼(D. Bonhoeffer)는 다른 대답을 준다. 그는 우리의 질문에 대하여 신학적인 전승과 연관하여 원래적이며 사실적인, 그러나 단지 조심스럽게 표현한 것뿐만 아니라 또한 하나님 계명과 인간 행동의 불변성에 더 근접한 대답을 시도하고 있다. 그리고 우리가 본회퍼에게서 들을 수 있는 것은, 하나님(항상 예수 그리스도 안에 계신)께서 우리에게 당신의 계명을 주시는 "하나의 특정한 역사적 형태"(『윤리』, 216)가 존재한다는 것이다. 이런 역사적 형태는 바로 '위임들' 안에서 찾을 수 있다. 본회퍼는 '질서들' 대신에 위와 같이 표현하기를 좋아한다. 왜냐하면 질서들이라는 개념에는 다음과 같은 위험이 놓여 있기 때문이다. 즉, 이 개념은 존재하는 것들(Das Seienden)을 강하게 가리키며 이끌기 때문이다. 또한 오직 질서 자체를 기초로 한 전권 위임, 정당성, 권위를 가리키는 질서의 상태로 이끌기 때문이다.(『윤리』, 70, 223 참고) 본회퍼는 '위임'(Mandat)이라는 개념을 특히 또한 루터교에서 고안해 낸 개념인 '신분'(Stand)보다 선호한다. 왜냐하면 신분은 인간을—오직 경제적인 지위(status oeconomicus)나, 정치적인 지위(status politicus), 또는 교회적 지위(status ecclesiasticus)로만 존재할 수 있기 때문에—현실과 인간에 대한 위험한 분열로 이끌 수 있는 우려가 있기 때문이다. 그렇다면 위임은 무엇을 의미하나? 본회퍼는 보통 노동, 결혼(가족), 직권, 교회(『윤리』, 70, 216, 그리고 222f.에서는 이와 함께 문화 또한 언급된다.)를 언급한다. 이 모든 신적인 위임은 근본적으로 모든 인간과 상관있는 것이다.(73) 마찬가지로 이들은 명령의 지속적인 형태들이다. 항상 그리고 곳곳에서, 하나님께서 명령하시는 때와 장소는 이런 위임을 완성하는 것과 실제로 연관을 맺는다. 그 안에서 모든 것과 그 안에서 그들 각각은 "그리스도의 계시에 근거가 되며, 성서에서 말하는 증언되는 하나님의 구체적인 과제, 그리고 특정한 하나님의 계명에 방향설정을 위한 구체적인 전권위임과 정당성, 이 땅에 세워진 상급 기관이 갖는 하나님의 권위의 양도", 그리고 동시에 "권리의 사용, 차압, 그리고 하나님의 계명을 통한 특정한 이 땅의 영역에서 갖는 모습"(『윤리』, 227f.)으로 존재한다. 그래서 이는 세상이 갖는 그리스도와의 원천적이며 최종적으로 갖는 관계이며, 이것은 위임 안에 구체적으로 실현되는 관계에 대한 그리스도의 주권적 요구이다. 오직 이것만이, 그러나 실제적으로 이미 주어진 존재로서가 아닌 오직 이것만이 위에서 언급한 모든 것을 하나님의 위임들로 만드는 것이다. 사람들은 오직 나중에서야 이를 통해 구체적인 존재가 하나의 상대적인 권리임을 경험하게 된다.(70f.) 이들은 무엇인가 "역사로부터 나와서 자라는 것"이 아니다. 오히려 "그리스도 실재의 구성 요소로서 위로부터 세상 안으로 수직으로 떨어지는 것"이다. 그리고 이렇게 그들의 소유자는 "아래로부터 위임을 받은 자, 인간적인 의지로 형성된 집행자들이나 대표자들이 아니라, 오히려 엄격하고 절대적인 의미에서 하나님으로부터 위임을 받은 자들, 대리인들, 그리고 점유자(Platzhalter)이다." 그들 안에서, 그들 모두 각각 서로에게 유효하다. 그리고 무엇인가 모든 사람을 감싸고 있는 질서들 또한 유효하다. 그 안에서 하나님의 계명은 그들과 만나게 된다. "만일 이른바 '분명한 위와 아래'가 존재한다면, 이 둘은 하나님의 명령에 의해 주어지는 것이며, 그리고 하나님의 명령을 통해서 이 둘이 지닌 견해에 대한 오용에 반대하게 되며, 자신의 다양한(권위 있고 혁명적인) 마력에 의해 이 땅의 권력관계 안으로 빠지게 되는 변질에 대항하여 보호받게 될 것이다."(224f.) 이런 위임이 갖는 각각의 모습과 또한 그 안에서 드러나는 구체적인 위와 아래의 모습 안에서 그리스도 예수 안에서 계시된 하나님의 계명이 인간, 모든 인간에게 주어졌다. 본회퍼는 항상 이런 계명, 그리고 단지 이런 계명에 관한 것임에 무게를 두고 있다. 그리고 그는 또한 이것이 성경이며, 우리는 성경으로부터 이런 계명을 구체적으로 띠고 있는 위임의 실존과 그 안에 놓여 있는 윤리적 질문과 대답의 불변성을 인식하게 된다.

나는 이런 지평에 대한 본회퍼의 질문에 대한 답변을—알트하우스나 브루너가 주는 답변의 관계 안에서—계속해서 전개하겠다. 왜냐하면 본회퍼의 질문이 이 둘의 대답과 비슷하게 보이기 때문이다. 또한 윤리적 사건들에 대한 불변성이 스스로 갖는 의미는, 만일 이런 사건들을 지시하는 형성된 암시가 허락되고 의미를 갖게 되는 때에, 반드시 하나님 말씀으로부터 그리고 절대로 다른 것에서 오지 않는 것이어야만 한다. 본회퍼가 언급하는 '임무들'은 창조된 실재가 지니는 어떠한 내재적인 것이 아니다. 그리고 이곳에서 윤리학자가 지시하는 선한 행운에 의해서 알 수 있는 것이 아니다. 그리고 그 안에서 그리고 윤리학자가 선언하기 위한 율법과 같은 발견된 모습 또한 아니다. 본회퍼가 말하는 임무들은 더 많은 의미를 지닌다. 마치 하나님의 계명 자체와 같은 것이다. 그래서 계명과 함께, 계명의 '모습'과 전혀 분리할 수 없는 것이다. 그것은 바로 '위로부터 오는 것'이다. 그래서 임무들은 현실로부터 비추어지는 것이 아니다. 오히려 그 안으로 들어가는 것이다. 그렇게 여기서 더 나아가 다음과 같이 생각할 수 있다. 즉 본회퍼는 동의와 감사를 얻을 만한 일을 했다. 이는 사람들이 다음과 같은 질문을 할 수 있을 때 또한 그렇다. 즉, 본회퍼의 생각을 실행하는 것이 그럼에도 불구하고 여전히 부분적으로 그 자체로 우연적인 것이 아닌가? 어디서 그리고 왜 바로 지금 이런 네 가지(또는 다섯 가지) 임무가 주어지는가? 그리고 다른 것은 없는가? 지금 이런 위—그리고 아래 질서의 관계들이 성서 안에서 하나의 분명한 법칙성을 가지고 반복되는 것을 암시하는 것이 만족할 만한가? 그리고 임무들이 더 많거나 적게 세상의 주님인 그리스도와 관계를 갖게 하는 암시는 만족할 만한가?

이외에도, 사람들은 본회퍼의 위임론에 담긴 북부 독일의 가부장주의라는 작은 취향에서 완전히 벗어날 수 없다. 그렇다면 우리는 왜 전적으로 그리고 항상 이런 위와 아래의 관계에 관해 논해야만 하는가? 특정한 인간이 특정한 다른 인간에 대해 갖는 권위에 대한 견해가 윤리적 사건을 위해 지금 진정으로 진리에 대한 견해보다, 또한 가장 낮거나 또한 가장 고귀한 인간들에게 주어진 자유에 대한 견해보다 의미 있는가? 결국, 질문 안에 형성된 언어적으로 계명과 전혀 구분이 안 되는 '위임'이라는 개념을 사용하는 것이 과연 만족할 만한 것인가? 여기서 변화로서 보이는 것이 하나님 안에서 요구되며 그리고 인간이 행해야만 하는 것인가? 특히 하나님이 요구하는 하나의 명령 옆에 서 있는 계명은 이와 같은 하나의 계명이 갖는 불변하는 형태일 것이다! 이것은 그러므로 권장할 만하거나, 이와 마찬가지의 것이 아닌가? 즉, 우리가 결국 하나님의 말씀에서 나오는 이런 불변성을 바라보면서 배워야만 하는 것에 대해 신중하게 물을 수 있는 것은 무엇인가? 그렇다면, 특정하게 질서 지워진 인간들의 관계에 대한 주장 안에서, 또는 이로부터 명령적인 특성에 대한 주장 안에서 다시금 너무 빨리 완고하게 되는 것이 아닌가? 혹시 이는 우리가 여기서 하나님의 말씀에서 추측해 내어야만 하는 것 안에서만 오직 전적으로 논할 수 있는 확실하고 변하지 않는 관계들에 대한 것이 아닌가? 혹시 하나님의 계명에 대한 가르침과 또한 인간의 계명에 따른 가르침 또는 계명에 위배되는 행동에 대한 가르침이 다음과 같은 이유에서 반드시 필요한 것은 아닌가? 즉, 하나님의 말씀은 우리에게 이런 관계들 안에서 존재하며, 마찬가지로 이런 관계들, 즉 우리에게 하나님의 계명을 계속해서 찾게 하고, 우리가 행함으로 이러저러한 모양으로 계속해서 만나게 될 계명이 바로 이런 관계 안에서 존재하기 때문이 아닌가? 혹시 또한 이것이 명령의 특징을 갖고 있는 관계를 표현하는 것은 아닌가? 그리고 또한 정확히 말하자면 이것이 '임무들'이 갖는 본래 특징을 갖지 않는 것은 아닌가? 즉 명령을 위해, 구체적인 계명 또는 위임을 위해 하나님의 요구 자체의 능력 안에서, 그리고 윤리적 사건 안에서 이런 태도가 가장 중요하게 다루어지는 것은 혹시 아닌가?

쇠에(N. H. Søe)의 저서, 『그리스도교 윤리』에 대한 모든 비난은 근거가 없는 듯 보인다. 쇠에는 알트하우스나 브루너와 대립각을 형성하고 있다. 사람들은 이런 논쟁을 벗어나 다음과 같이 물을 수도 있을 것이다. 사람들은 쇠에의 구체적인 윤리의 개별 질문의 다양함으로 이끄는 풍부하고 상세한 입장에도 불구하고 이와 함께 기본적으로 개별적인, 그리고 순수한 윤리적 사건에 대한 암시(Hinweis) 안에 존재하는 상세한 윤리를 다룰 수가 있는가? 쇠에는 윤리적 결정들의 지속성과 연속성의 문제를 알고 있었다. 그러나 1920년대 독일 계명신학(Ordnungstheologie)의 흔적은 쇠에를 아주 놀라게 했다. 즉, 자신이 이미 분명하게 계명신학과 브루너가 기꺼이 다루고 있는 '현실성'(Wirklichkeit)으로 나아가는 방향의 가장 작은 걸음을 위험한 것으로 간주하고, 그리고 방치하길 원했다는 것이다. 쇠에에게 윤리적 문제의 지속성은 다음과 같은 두 가지 모습으로 비춰진다. (1) 먼저, 성령을 통한 가르침이다. 이 가르침을 쇠에는 종교개혁 정신에 입각하여 구체적인 말씀을 통한 항상 새로운 가르침과 지도로 이해했다. 그래서 쇠에는 모든 고찰과 서술의 단계에서 이를 강조하는 것에 가장 많은 노력을 했고, 그리고 자신의 책의 가장 우선순위로 삼았다. 그리고 (2) 두 번째로 성령의 영향에 의한 우리에게 인정될 수 있는 '흔적', 과거의 가르침에서 기인하는 성령의 표현, 우리에게 하나님의 말씀을 통하여 일찍이 선포되었던 것에 대한 기억이다. 이는 당연히 "고유하게 긍정-부정적인 것이 섞인 가치"이지만, 그럼에도 우리의 의식이 새로운 하나님의 말씀에 반해서 결코 단순하게 하나의 순수한 석판(tabula rasa, 외부 세계에 반응하기 이전의 순수한 인간 의식—역자 역)이 될 수 없는 것이다.(『그리스도교 윤리』, 96f.)

여기서 묻는 질문은 다음과 같다. 그리스도교 윤리의 두 번째 특별한 부분에 의하면, 더 정확하게 표현해서 "일반적인 인간의 기본 질문들", 그리고 "사회적 기본 질서들"이 어떤 것인지 쇠에는 어떻게 아는가? 그리고 이를 고려함을 통해서 윤리적 지시가 하나의 형식화된 지시가 되는 이런 것들을 쇠에는 어떻게 아는가? 이런 영역이 실제로 언어로 표현되는 결과와 길을 쇠에는 어떻게 아는가? 혹시 이곳에 세 번째 지속성이 전제가 되는 것은 아닌가? 이것은 계명 신학자들과 또한 본회퍼와 매우 다른 방식으로 지속성으로서 분명히 전제되어 있는 것은 아닌가? 쇠에에 따르면, 이런 모든 전제가 그렇다고 다음을 의미하는 것은 아니다. 즉, 사람들이 이미 주어진 것이라고 전제하는 영역, 또는 영역들을 하나님 말씀 이외에 다른 것으로부터 알 수 있다는 것이다. 그러나 사람들은 윤리적 사건에 대한 자신들의 지식을 하나님 말씀 덕분이라 생각한다. 만일 사람들이 다른 곳으로부터 이런 영역을 알 수 있다면, 모든 우연이나 방임을 피하기 위해 사람들이 실제로 다른 곳에서 이런 영역을 아는 것을 해명하는 일은 추천할 만한 것이다. 이런 의미에서 계명신학이나 브루너는 정당하다. 사람들이 이런 영역에서 인간적인 행위를 이러저러한 연관성을 갖고 하나의 장(場)으로 묘사할 때, 사람들은 무엇을 행해야 할지를 분명히 알아야 한다. 이런 장 위에 윤리적인 결정이 각각 내려지게 된다. 그러나 사람들은 계명신학이나 브루너와는 전혀 다르게 근본적으로 마치 본회퍼와 같이 하나님의 말씀으로부터 이를 경험하도록 시도해야 한다. 즉, 하나님 말씀의 바탕에서 무엇인가를 행할 수 있어야 한다. 그러나 사람들은 이런 경험을 그럼에도 불구하고 아직 다음에서 획득하려 애쓰지 않는다. 즉, 사람들이 위에서 언급한 영역을 위해 특수윤리에 속하는 성서의 말씀들과 말씀이 지금까지 전해진 '표현들'에 대한 고유한 통찰을 고려해야 한다는 것이다. 오히려 바로 여기서 성서의 말씀 안에서 형성되어진 하나님 말씀에 대한 기본적이고 포괄적인 의미가 드러나야만 한다. 이런 하나님 말씀과의 연관과 구별화를 통해서 다음에 언급되는 필요성이 반드시 드러나야만 한다. 이는 지속성에 대한 질문을 염두에 두면서 위에서 말한 영역들이 하나님 말씀과의 연관과 구별이라는 방법을 사용하기 위함이다. 이런 방법은 한편으로 알트하우스나 브루너가 지향하는 과제이며, 다른 면에서 죄에가 시도하지 않았던, 그리고 본회퍼가 여전히 만족할 만한 대답을 주지 못했던 과제이다. 이 과제는 지금 여전히 자신의 보편적인 시도들 안에서 드러날 수 있는 과제이다.

교의학과 윤리의 일치성, 연관성은 지금 또한 이런 관점에서 성과를 얻을 수 있다. 즉, 이는 하나님의 계명과 인간의 행위에 대한 사건들 안에서 무엇이 지속적으로 존재하는 것인가, 무엇이 우리에게 허락되었는지, 그리고 무엇이 또한 이런 사건들에 대한 지시를 형식화된 지시로 만족하게 하며, 이와 함께 올바르고 특수윤리를 시도할 수 있도록 하기 위해 무엇이 우리에게 또한 명령되었는지에 대한 질문들에 대한 성과를 얻기 위함이다.

이런 모든 경우에 이 사건을 구성하는 두 가지 요인이 담겨 있다. 첫 번째 요인은 우선적이며 지배적인 것이다. 이것은 하나님께서 인간에 대한 명령이며, 그분의 결정이며, 인간에 대한 그분의 심판이다. 또 다른 요인은 여기서 분명 이차적인 요소이며, 지배적인 것은 아니다. 그리고 사실 여기서 전혀 언급할 필요가 없는 것이며, 처음이나 나중에도 전혀 결정할 필요가 없는 것이다. 그리고 여기서 분명 심판자도, 여기서 또한 한눈에 마치 전적으로 수동적인 대상과 같이 드러날 수도 없을 것이며, 하나님과 구별되지 않는 인간, 그리고 특히 하나님과 구별되지 않는 행동하는 주체이며, 그리고 하나님과 대립하여 있고, 하나님과 함께 바로 이런 사건들을 매우 열심히 다루며, 분명 자신의 행동 안에서 하나님으로부터 완전하게 하나의 자유로운 주체로서 받아들여진 요인이다. 항상 그리고 곳곳에서 전적으로 우선성을 갖고 상부에 위치함에도 불구하고 지금 인간에게 관심을 갖는 하나님과 항상 그리고 곳곳에서 전적으로 부차적이며 하부에 위치하였지만 지금 그럼에도 하나님으로부터 대립하여 서 있는 독립적인 존재로 진지하게 받아들여진 인간이 모두 계획 가운데 있는 것이라는 사실은 분명 모든 사건 가운데 가장 먼저 고려되어야 할 불변적인 것이다. 그리고 이는 다음과 같은 질문을 야기한다. 즉, 우리에게 이런 두 가지 요인, 하나님과 인간이라는 요인들이 우리가 지금 여기서 가르쳐야만 하는 하나님의 말씀 안에서 혹시 단지 신비로운 실체로서 인식되는 것은 아닌가? 혹은 이 둘의 만남 안에서 주어지는 요소로서, 그러나 또한 단지 볼 수 없고 파악할 수 없는 요인들과 함께, 다시 말하자면, 단지 이처럼 볼 수 없고 파악할 수 없는 만남 안에서만 인식될 수 있는 것은 아닌가? 이것이 또한 최소한 이로부터 하나의 것을, 또는 이들 가운데 다른 것을 말할 수 있게 하지는 않은가? 만일 그렇다면, 이것은 다음을 의미할 것이다. 즉, 우리가 여기서 묻는 이런 사건들 안에 놓인 불변성은 우리가 인식할 수 있지만, 그럼에도 결국은 오직 실재로서 확인할 수 있는 것이지, 이런 실재의 구체적인 윤곽은 알 수 없다는 것이다. 그러나 또한 이것이 그 사건들에 대한 지시는 이로부터 형식화된 암시가 될 수 없다는 것을 의미하는 것은 아닐 것이다. 그러나 이를 받아들이는 것은 분명 용납될 수 없다. 하나님뿐 아니라 마찬가지로 인간 또한 하나님 말씀 안에서 신비로운 실재로서 드러난다는 것은 의심할 수 없는 사실이다. 그러나 이것은 자신의 고유하고 가장 내적인 본질 안에 있는 어떠한 인간의 말이 아니라, 우리가 신비로운 실재에 대해 말하고자 하는 모든 말을 단지 돌려 표현한 것이라는 것을 분명하게 드러내는 '표현'임을 확정하는 것이 아니다. 순수한 신비의 실재들이 구체적인 묘사 없이 존재한다는 것은 잘못된 사실이다. 왜냐하면 그럼에도 불구하고 신비로운 실재의 본질 안에 감추어진 것 안에서 하나님뿐 아니라, 또한 인간도 드러나기 때문이다. 그러나 이는 자신 스스로, 직접적으로, 그리고 인간적인 능력이나 재능이라는 기초 위에서 가능하지 않다. 오히려 하나님의 말씀 안에서, 그리고 예수 그리스도 안에서 이는 나타난다. 신비로운 실재는 자신이 신비이기를 멈추지 않을 때, 바로 그때에 하나님의 말씀 안에서 드러난 신비가 된다. 신비로운 실재의 본질은 볼 수도 그리고 파악할 수도 없다. 그러나 이는 신비로운 실재들의 행위를 통해서 볼 수 있으며 파악할 수 있다. 그리고 이들의 행위 안에서 이것이 가능하기 때문에, 또한 그들의 특성 안에서 또한 이를 볼 수 있고 파악할 수 있다. 그렇다고 이것이 이들의 윤곽 안에서 인간적인 통찰과 또한 인간적인 언술이 가능하며, 인간적인 말을 통하여 달리 표현되거나 입증된다는 사실을 의미하는 것은 아니다. 마찬가지로 하나님과 인간과의 만남이라는 사실은 예수 그리스도 안에서 단지 인식할 수 있는 사실이 아니라, 오히려 육 안에 있고 육을 위한 말씀으로서 인식될 수 있는 것이다. 이것이 바로 보편적인 교의학적 전제이다. 윤리는 바로 이런 전제에 서 있어야 한다. 만일 윤리가 확실한 길을 가기 원한다면, 윤리는 오직 이런 전제에 천착해 있어야 한다. 그러나 마찬가지로 이런 전제 또한 윤리를 포함할 수 있으며, 포함해야 한다.

그러므로 우리는 먼저 묻는다. (1) 명령을 내리는 하나님은 누구인가? 어떻게 그분은 자신의 고유한 말씀들 안에서, 그리스도 예수 안에서 우리에게 인식될 수 있는 분이 되는가? 그리고 우리는 교의학에서 제시하는 세 가지 중요한 언술을 가지고 대답할 것이다. 하나님은 하늘과 땅을 창조하신 분이며, 하늘 아래 이 땅에 인간을 창조하신 분이다. 하나님은 자신을 대적해서 서 있는 죄인인 인간을, 그리고 인간 안에서 세상과 하나님 자신을 화해시키신 분이다. 하나님은 인간을 위험으로부터, 그리고 자신이 지금 여기서 인간과 함께 있음으로 해서 영원한 생명으로 해방하고 구원하신 분이다. 이는 하나님께서 당신의 사랑을 계시하고 행함으로써 모든 것을 끝내고 완성하실 분이기 때문이다. 우리가 마치 인간에게 모든 윤리적 사건에서 만나게 될 계명을 하나님의 계명으로 이해하듯이, 이는 구체적으로 우리가 이런 모든 사건 안에서 이것을 계명으로 이해해야만 한다는 것을 의미한다. 그분은 인간의 창조자, 화해자, 그리고 구속자이시다. 또한 이런 삼중의 행위 안에서 말하자면, 인간을 모든 면에서 품어주고 보살펴주는 분이시다. 이런 삼중적인 방식 안에서 하나님은 인간의 명령자가 되신다. 그리고 무엇보다 이로부터 윤리적 사건은 그분의 신비를 손상시키지 않고, 볼 수 있고 파악할 수 있게 된다. 그리고 단지 하나의 사건이라는 현상은 사라지며, 또한 정의내릴 수 없음이라는 현상도 사라지게 된다. 이런 현상 안에서 이 모든 것이 서있다면, 인간은 마치 하나님의 자기특성화를 하나님의 행위 안에서 고려하지 않는 듯 보이며, 또한 인간은 이런 사건 안에서 하나의 보편적이고 중립적인 신성에 대비하여 인간을 바라보게 될 것이다. 하나님은 자신의 말씀 안에서, 예수 그리스도 안에서 영향을 발휘하고 드러내신다. 이런 하나님은 자신 스스로를(당신의 내적인 삼위일체적 존재에 걸맞게) 창조자, 화해자, 그리고 구속자로서의 특성을 보여주신다. 이것은 우리가 모든 경우의 윤리적 사건을 이런 신적인 행위를 통해서, 이런 하나님의 방식을 통해서 특성화된 것으로 이해할 수 있도록 하며, 또한 이렇게 이해하도록 요구한다. 이런 윤곽은 항상 그리고 곳곳에서 다음과 같은 사실을 드러낼 것이다. 즉, 그곳에는 어떤 권력이나 어떤 주인이 요구되는 것이 아니다. 그곳에서 하나님의 요구가 발생하는 것도, 그곳에서 그분의 결정이 실행되는 것도, 그곳에서 그분의 심판이 집행되는 것도 아니다. 오히려 인간을 창조하셨던 하나님께서, 인간과 다시 화해하시기를 원하시는 하나님께서, 바로 그 하나님이 인간을 영원한 생명으로 구원하시기를 원하시며, 그렇게 행하실 것임이 드러나게 된다. 하나님은 바로 이런 분이시다. 그리고 이런 하나님이 드러나는 모든 곳에서 항상 이런 하나님에 대한 특별한 전제들, 계획들, 섭리들과 방법들이 바로 결정적인 것으로 나타난다. 이런 사건들은 항상 무엇인가 이런 하나님이 보여주시는 길들의 장소로서 드러난다. 그리고 이런 사건들이 참된 사건으로, 또한 이미 비어 있는 공간 안에 머물러 있지 않는 사건으로 될 때에 드러난다. 사람들은 하나님의 계명과 이미 발생한 만남을 되돌아봄으로써, 마찬가지로 아직은 미래적인 만남을 바라보면서, 전적으로 안전할 수 있게 된다. 그곳에서 명령하시는 분은 창조물의 아버지로서, 주권을 갖고 계신 주인으로 존재하신다. 그분은 또한 모든 진리 안에서 영으로서 이끄는 분이며, 이렇게 완성으로 이끄실 분이다. 이런 사건을 가리키는 암시는—그분의 각각의 유일회성, 각각의 고유성을 손상시키지 않은 채—이를 통해서 엄격하게 형성된 암시로 실행될 수 있고, 또한 반드시 그렇게 되어야만 한다.

그리고 우리는 두 번째로 묻는다. (2) 행동하는 인간은 누구인가? 어떻게 우리는 행동하는 인간을 하나님의 말씀으로부터, 그리고 예수 그리스도 안에서 알 수 있는가? 우리는 위에서 언급했던 핵심 언술로부터 주어지는 교의학의 부차적 언술을 가지고 대답한다. 행동하는 인간은 바로 하나님의 창조물이다. 그리고 보다 정확하게 하나님과 약속을 맺은 동료가 되게 하며, 그리고 결국 인간의 영원한 생명에 대한 참여를 결정하신 하나님을 바라보는 창조물이다. 그 인간은 죄인이다. 하나님은 그에게 자신의 놀라운 자유를 은총으로서 허락하셨다. 다시 말하면, 인간은 하나님에 대립하여 서 있는 존재이며, 계약을 깬 존재이며, 자신의 고유한 본성을 잃어버렸고, 그리고 하나님의 규칙을 소홀이 여긴 존재다. 그러나 하나님은 이런 인간을, 공로 없이 긍휼이 여기셨다. 그래서 인간의 가치를 상실함 없이 믿음을 통하여 하나님의 약속을 간직하고, 하나님의 용서를 통해서 살아가게 하셨고, 하나님을 소망하게 하셨다. 그리고 인간은 영을 통해 움직이는 아버지의 자녀가 되게 하셨다. 또한 항변의 시대, 싸움의 시대, 그리고 고난의 시대가 인간의 종말을 향해 다가가게 하는 대신에, 희망을 품고 이미 하나님의 마지막 미래의 계시가 이루어지는 현재 안에서 살아가게 하셨다. 그리고 이런 계시는 이미 지금에 존재하는 것으로서 결함 없이 드러나게 될 것이다. 윤리적 사건 안에서 하나님의 계명을 기준삼아 행동하는 인간은 전적으로 위와 같은 존재로 이해될 수 있다. 또한 우리는 이런 측면에서 이런 형태의 윤곽(Umriss einer Gestalt)을 바라볼 수 있었다. 그러나 이런 측면에서는 실제적인 사실(Faktum)을 바라볼 수는 없다. 또한 그곳에는 사건들의 신비가 변함없이 존속한다. 그리고 하나님의 세 가지 모습이 나란히 존재한다. 그 안에서 우리는 인간을 하나님의 말씀에 비추어 분명하게 볼 수 있다. 그리고 세 가지 모습은 하나님이 우리에게 말씀하시는 것에 상응하는 것이다. 그러나 이는 인간의 본질에 관한 규정보다 진리들(길들, Weg)에 대한 묘사, 또는 역사에 대한 이야기라 할 수 있다. 그러나 이런 역사 안에서 그리고 이런 길 위에서, 그리고 이런 세 가지 모습의 결과들 안에서 인간은 분명하게 특징지어진 하나의 존재로서 나타난다. 이런 측면은 인간에게 다음을 권하며 요구한다. 그것은 윤리적인 사건이 항상 바로 이런 형식으로 이루어졌음을 이해하라는 것이다. 윤리적 사건 안에서 인간은 계속해서 하나님의 계명과 대조되는 그런 존재다. 하나님의 창조물과 계약의 동반자, 은총을 입은 죄인으로서 여전히 현재를 살아가지만, 계명 안에서 인간은 이미 하나님의 영원한 미래를 기다리는 존재, 그리고 분명한 하나님의 자녀로 살아간다. 이런 인간은 또한 윤리적인 사건의 또 다른 참여자가 된다. 그는 첫 번째 인간의 모습과 대립하여 서 있는 매우 부차적이고 종속되어진 인간이다. 그는 단지 첫 번째 인간의 모습을 기반으로 존재하는 자다. 그리고 이런 인간은 오직 자신이 간직하고 있는 구체적인 모든 특징을 지닌 채 존재한다. 그렇다면 이런 측면에서 다음과 같은 사실이 분명하게 드러날 것이다. 즉, 윤리적인 사건은 결코 빈 공간에서 발생하지 않는다. 이런 윤리적인 사건에 대한 암시는 이를 기점으로 엄격하게 형성되어진 암시가 되어야 한다는 것과 전혀 다르지 않다.

만일 우리가 하나님에 대한 정보와 하나님의 말씀 안에서 주어진 인간에 대한 정보를 받아들인다면, 그렇다면 특수윤리의 가능성과 필요성이 우리에게 아주 근원적인 분명함으로 놓이게 된다. 포괄적으로 보자면, 특수윤리의 과제는 다음에 놓여 있다. 즉, 창조로부터 화해, 구원에 이르는 하나님과 인간의 역사를 따르는 것이다. 이는 역사의 길에 놓인 모든 지점으로부터, 그리고 이를 만나는 역사의 신비로 이끄는 자신의 독특성에 상응하여 암시하기 위함이다. 마찬가지로 이런 하나님과 인간의 역사는 모든 윤리적 사건의 지속성과 연속성을 분명하게 드러낸다. 하나님의 계명과 인간의 행위가 만나는 곳, 바로 그곳에서 창조자이신 하나님과 그의 창조물, 화해자이신 하나님과 그의 신뢰를 받은 죄인, 구속자이신 하나님 혹은 완성자이신 하나님과 그의 영원한 계승권을 지닌 하나님의 아들이 계속해서 그리고 곳곳에서 만나게 된다. 그래서 이런 역사는 하나의 순간에 관한 것이다. 그리고 이런 연관성은 인간이 스스로 자신이 단지 불완전하다고 인식할 수 있는 곳에서 이를 판단할 수 있는 기준이 된다. 그러나 누가 하나님의 말씀을 그분이 원하시는 완전한 완성과의 연관성을 염두에 두면서 완벽하게 들을 수 있는가? 사실 하나님이 인간을 알고 다스리신다는 사실 하나만으로도 충분하다. 특히 이것은 인간이 스스로 그분의 말씀을 전혀 이해하지 못함을 아는 곳에서, 그리고 인간이 아직 또는 더 이상 그리스도인이 아닌 곳에서 발생하는 인간의 타락이다. 그렇다면 각각의 순간에 또한 자신의 실존을 하나님에 비추어 보거나, 또한 진리 안에서 이런 순간들이 구속의 역사라는 것은 도대체 무엇을 바꿀 수 있게 하는가? 창조자, 화해자 그리고 구원자인 하나님은 경건한 자들의 하나님이며 동시에 믿음이 없는 자들의 하나님이라는 것이다. 그리고 이것은 하나님이 그들의 하나님이 되심으로써 가능한 것이지, 이를 사람들이 알고 있는지 또는 모르는지를 통해서가 아니다. 이런 모든 것은 사람들이 하나님 앞에 서 있고 그리고 진리 안에 머문다는 것을 규정하며, 이 사실에 종속되어 있는 것이다. 그렇다면 이런 측면에서 인간적인 의식은 어떤 관계를 갖게 되는가? 이는 하나님의 말씀과 예수 그리스도 때문에, 만일 하나님에 관하여 말하는 곳에서는 이런 하나님이, 만일 인간에 관하여 언급되는 곳에서는 이런 인간, 그리고 그 둘의 만남에 관하여 말하는 곳에서는 이런 만남, 그리고 하나님과 인간 사이에 발생하는 구속 역사 사이에서 발생하는 순간에 관한 것이 될 것이다. 일반적으로 말하자면, 특수윤리는 이와 같은 역사에 대해 서술하는 주석과 조우하는 하나의 특별한 관점인 것이다.

윤리적 사건은 구체적인 하나님과 구체적인 인간의 만남이다. 그래서 빈 공간이 아니라, 두 파트너의 구체성을 통하여 그리고 이 둘의 만남을 통하여 특정한 공간에서 발생한다. 이에 따라서 윤리는 개별적인 사건으로서 언급할 수 없는 일반성 앞에 놓이지 않고, 오히려 특수윤리가 될 수 있으며, 또한 반드시 그렇게 되어야만 한다. 특수윤리는 하나의 텍스트를 갖는다. 특수윤리의 과제는 이 텍스트를 윤리적 사건의 관점에서 읽고, 이해하며, 그리고 해석하는 것이다. 사람들은 다음처럼 말한다. 즉, 특수윤리가 모든 윤리적 사건이 지닌 유일회성, 고유성과 관련된 상수(konstanten)이며, 또한 이에 대한 내용원리(Materialprinzip), 직관, 그리고 표상(Begriff)을 간직하고 있다는 것이다. 특수윤리는 단지 이런 사건의 한 지점(Punkt)이 아니라, 오히려 윤리적인 사건이 발생하는 곳, 장소를 보여준다. 특수윤리는 바로 이런 장소를 바라본다. 윤리적 사건이란 바로 하나님과 인간의 만남이라는 사실을 인식할 때, 바로 만남이 발생하는 장소를 특수윤리는 바라보게 된다. 그리고 특수윤리가 이를 인식하는 것으로부터 존재한다는 사실은, 또한 바로 그 장소에서 발생하는 구체적인 인식과 함께 윤리적 사건 자체를 되돌아보게 만든다. 특수윤리의 텍스트, 내용원리, 그리고 특수윤리의 장(場)은 하나님의 말씀에 따라 윤리적 사건이라는 자신의 장소를 갖게 되는 것이다. 그 안에서 바로 위에서 언급한 하나의 순간이 발생하게 된다. 그래서 특수윤리의 장소는 역사와의 관계, 다시 말하면 역사에 대한 참여함(Gliederung)과 차별화(Differenzierung)를 의미한다.

하나님 말씀에 의지하라! 이는 인간들이 스스로 무너지지 않게 만든다. 그래서 인간들은 자신들이 사건을 통해서 바라보며, 다시 사건들로 되돌아오기를 원하는 "현실"(Wirklichkeit)이라는 장소를 제멋대로 발견하거나, 구성하거나, 그리고 정의하려고 하지 말아야 한다! (하나님 말씀에 의지하라) 또한 이것은 인간이 무례함을 범치 않도록 만든다. 이런 무례함은 인간들이 지금 이해하거나 해석해야만 하는 본문(Text)을 몰래 또는 공공연하게, 특히 자기 스스로 쓰기를 원하는 것이다. 분명한 것은, 여기서 우리가 다루는 것은 현실이라는 것이다. 그러나 현실이란 도대체 무엇인가? 현실이라는 개념을 소개하는 것이 어쩌면 매우 치명적인 의미를 드러낼 수도 있음을 사람들은 이미 잘 알고 있다. 사건은 계명을 주시는 하나님과 이를 행하는 인간의 만남이다. 그렇다면 그런 만남 안에서, 마치 이런 사건이 하나님의 말씀 안에서 계시되듯이, 우리는 현실과 관계성을 아직은 맺지 말아야만 하는가? 그의 현실은 현실 자체 안에 또는 현실 자체를 통하여 발생하는 것과는 다른 현실인가? 어쩌면 먼저 다른 현실과의 관계를 통하여 첫 번째 현실을 받아들여야만 하는가? 만일 우리가 계명을 주시는 하나님과 행동하는 인간이 하나님의 말씀을 통하여 우리에게 계시되는 하나의 동역자(Partner)로서 이해한다면, 이 둘의 만남이라는 현실은 모든 현실의 완성, 모범, 그리고 기준이 아닌가? 우리가 이런 사건을 무엇보다 위에서 언급한 사건으로서 묘사하기를 시도함으로써, 혹시 우리는 어떤 괴기스러운 현상에 대해서 말하고 있는 것은 아닌가? 혹시 우리가 어떤 불신을 가지고 하나님 말씀을 들었던 것은 아닌가? 우리가 지금 다른 곳, 즉 우리가 자신이 발견하고, 구성하며, 그리고 정의를 내린 정보를 제공해 줄 수 있는 다른 길들을 바라본 후에, 혹시 이런 사건의 현실에 빗대어 하나님 말씀 안에는 여전히 무엇인가 숨겨져 있는 것처럼 말씀을 들었던 것은 아닌가! 바로 여기 특수윤리로 향하는 문턱에서 발생해서는 안 되는 것이 이것이다. 왜냐하면 이는 하나의 낯선 기초에 우리를 서도록 만들기 때문이다. 그러나 또한 이를 통해서 우리는 보편적인 윤리, 다시 말하면 윤리적 사건에 대한 매우 기본적인 심사숙고(Besinnung)를 넘어서 하나님의 계명과 인간의 행위가 만남으로 이끄는 보편적 윤리를 나중에 믿을 수 없게 된다. 바로 그곳에서 우리는 하나님의 말씀을 진정으로 듣지 않고, 오히려 무엇인가 자신의 고안물의 하나로 전락한다는 사실을 확인하게 될 것이다. 만일 우리가 그곳에서 하나님의 말씀을 들었다면, 현실 안에서 윤리적 사건이 발생한다는 것, 그리고 마찬가지로 어떻게 이것이 하나님의 말씀을 통해 우리에게 계시되는지를 분명히 알게 될 것이다. 이것은 우리가 무엇보다 먼저 찾거나 발견한 것이 아니라, 오히려 단지 우리에게 보여야만 하는 하나님의 현실인 것이다. 또한 이것은 마치 이런 사건들 안에서 그리고 사건들을 통해서 스스로 드러나는 하나님의 현실이다.

하나님은 윤리적 사건이 진행되는 현실을 창조하신 분이다. 이런 하나님에 대한 기억은 우리에게 현실, 그리고 또한 본문(Text), 배경원리(Materialprinzip), 특수윤리의 장소를 다른 곳에서 찾도록 부추기지 않는다. 또한 이를 윤리적 사건 그 자체 안에서만 발견하게 한다. 이는 마치 우리가 하나님 말씀에서, 그리고 말씀을 통해서만 이를 이해할 수 있는 것과 같다. 하나님은 사실 이런 장소를 창조하신 분이다. 즉, 우리가 특수윤리 안에서 바라보기를 원하시고, 그리고 이곳으로부터 다시금 윤리적 사건을 되돌아보게 하는 그 장소를 창조하신 분이시다. 그렇다고 이는 우리가 그 장소에서 그렇게 존재하시는 하나님을 인식할 수 있다는 것을 의미하는 것이 결코 아니다. 또한 우리가 그곳에서 하나의 신뢰할 수 있는 그리고 권위 있는 본문(Text)을 제공할 수 있는 위치에 서 있다는 사실을 전혀 의미하지 않는다. 우리가 그곳을 현실로서 알 수 있기에, 그래서 우리가 참으로 하나님의 창조물 그리고 또한 유효한 기준을 갖고 윤리적 사건을 이해할 수 있다고 도대체 누가 말하는가? 만일 그렇다면, 하나님께서 창조주라는 것은 단지 구체성, 하나님과 인간이 윤리적 사건을 통해서 만나는 역사적 형태의 한순간, 또한 피조물성(Geschoepflichkeit)은 단지 인간의 역사적 형태 안에 주어진 한순간이라는 측면을 의미할 것이다. 그래서 사람들은 이런 특별한 순간—즉, 창조주 하나님과 그의 피조물인 인간의 관계—을 무엇보다 특별하게 따라야 할 것이다. 이것이 바로 우리가 첫 번째 장에서 다루는 특별한 신학 윤리에서 추구하려고 하는 것이다. 그러나 사람들은 하나님과 인간존재가 만나는 순간이라는 관점에서 발생되는 현실이라는 현장을 숨기거나 제한할 수 없다. 또한 사람들은 이런 순간을 바라보면서 현장 안에서 발생하는 사건들을 총체적으로 이해하려고 원할 수도 없다. 우리에게 이런 사건을 계시하는 하나님의 말씀, 그리고 우리가 스스로 이런 사건이 발생하는 현장과 관련하여 보존해야만 하는 하나님의 말씀은 어떠한 경우에서든지 일방적인 특성을 갖지 않는다. 명령을 내리는 하나님은 화해자이면서 동시에 구원자이시기 때문이다. 그리고 이에 따라서 하나님 당신이 바로 이런 사건에 개입하신 분이심을 인간에게 말씀하실 수 있는 분이다. 그렇기 때문에, 다음과 같은 사실은 잘못된 모습으로 반드시 이끌 수밖에 없는 독단이 될 것이다. 즉, 오직 사람만이 창조사상(Schoepfungsgekendens)의 진리라는 열쇠, 동시에 직접적으로는 모든 현실(Wirklichkeit)을 이해할 수 있는 열쇠, 그리고 간접적으로는 윤리적 사건들의 이해를 위한 열쇠라고 생각하는 것은 독단이다. 사실 만일 우리가 이런 열쇠를 제어할 수 있다고 단순하게 받아들인다 하더라도, 도대체 어떻게 사람들이 계명신학의 대리자들을 여기서 인정할 수 있단 말인가!

그러나 여기서 우리는 창조사상의 도움도 없이, 그리고 또한 하나님 없이 우리에게 펼쳐진 하나의 현실을 되돌아볼 필요가 없다. 이는 윤리적 사건의 현실과는 다르다. 반면에 여기서 우리는 어떻게 이것이 *스스로* 발생하며, 그리고 자신의 특징을 갖는지를 면밀히 살펴보아야 하며 또한 확인해야 할 필요가 있다. 그렇기에 또한 우리는 순수한 역사를 추적해야 한다. 그 안에서 모든 윤리적 사건들이 자신의 장소를 갖기 때문이다. 그 안에서 모든 윤리적 사건들은 자신의 순간을 형성한다. 그 역사 안에서 하나님은 창조자, 화해자 그리고 구원자로 자신을 드러내신다. 그 역사 안에서 인간은 이런 하나님의 행하심에 응답하는 존재가 된다. 그래서 인간은 하나님의 창조물이며, 하나님의 은총 안에 받아들여진 자이며, 하나님의 약속에 참여한 자가 된다. 이런 역사가 바로 현실이다. 그 현실 안에서 윤리적 사건이 발생한다. 우리는 이런 역사 안에서 윤리적 사건들을 바라보며, 이것을 잘 인식하기 위해 다시 구체적인 윤리적 사건으로 되돌아본다. 그래서 우리는 다시 역사를 낙관적으로 바라볼 수 있게 된다. 이는 우리를 역사 안에서 이런 사건들이 스스로 펼쳐짐(Selbstentfaltung)과 연관을 맺어주기 때문이다. 윤리적 사건들은, 우리가 보았듯이, 항상 그리고 곳곳에서 사랑의 하나님, 구별된 행위 안에 계시는 하나님을 주제로 삼는다. 동시에 항상 그리고 곳곳에서 이런 하나님과 대립해서 서 있는 인간, 그러나 하나님의 은총에 속하며 구별된 존재인 인간을 주제로 삼는다. 이런 속함과 구별됨에 유의하는 것, 그리고 역사와 역사로부터 드러나는 윤리적 사건들을 이해하는 것이 바로 특수윤리의 과제인 셈이다. 그러나 특수윤리는 현실을 계산하는 것이 아니다. 하나님과 인간의 구체적인 만남에 선행하는 것이었고, 이를 통해 자신의 규범을 만들었던 것도 아니다. 오히려 특수윤리는 다음을 염두에 둔다. 즉, 인간과 만나는 하나님이 질문 가운데 서 있는 현실 자체를 위대한 확실성을 제공함으로써 하나님의 계획으로 이끈다는 사실과 바로 이를 바탕으로 특수윤리의 규범이 존재한다는 것이다. 윤리가 자신의 속함과 구별됨 안에서 이런 현실에 유의해야 한다는 것을 통해서 특수윤리는 자신 스스로가 윤리적 사건에 대한 체계적이고 구별된 인식을 획득한다. 특수윤리는 어떠한 것도 거짓으로 꾸며내서는 안 된다. 특수윤리는 바로 윤리적 사건의 현장에 미리 기록되어진 것을 발견하며, 그것을 받아쓰는 것이어야만 한다. 모든 윤리적 사건들의 인식의 원천을 하나님의 말씀에서 진지하게 간직한다면, 그렇다면 특수윤리는 도대체 어떻게 그것을 다르게 간직해야만 하는가? 그리고 만일 특수윤리가 그것을 다르게 간직하기를 원한다면, 그렇다면 특수윤리는 어떻게 그것을 다르게 간직할 수 있는가?

마치 하나님의 말씀을 통해서 계시되듯이 그렇게 하나님과 사람이 만난다면, 그때에 특정한 영역과 관계들이 눈에 들어오게 될 것이다. 그 안에서 하나님과 사람의 만남이 발생한다. 그리고 이런 만남을 통해서 특정하고 상대적인 한계들이 주어진다. 그래서 명령을 내리시는 하나님뿐만이 아니라, 이를 행하는 인간 또한 역사적인 형태를 갖게 된다. 하나인 하나님의 뜻은 그 안에서 통일성을 갖게 되며, 동시에 다양한 형태들을 획득한다. 마찬가지로 하나님은 인간에게 항상 하나의 것을 명령하신다. 그러나 이런 계명은 이처럼 또한 다양한 요소를 갖는다. 이렇게 마찬가지로 하나님 앞에 선 인간은 한 인간이면서, 동시에 같은 인간으로서 다양한 관점 안에서 존재하게 된다. 이와 마찬가지로 하나님 앞에 있는 인간의 행위와 인간의 통일성과 전체성이 파괴되지 않음을 통하여, 또한 동일하게 인간은 다양한 요소들과 함께 존재할 수 있다. 하나인 하나님의 의지와 하나인 하나님의 계명은 창조자로서의 자신의 역사, 화해자와 구속자의 역사 모두를 포함하고 있다. 그러나 또한 창조자, 화해자, 그리고 구속자로서의 하나님이 원하시고 명령하시는 것은 특별한 목적과 요구의 완성을 전적으로 포함한다. 그리고 한 인간의 행위는 위에서 언급한 세 개의 차원을 고려한 하나님의 행위가 된다. 이는 의지와 하나님의 계명에 의해서 확정된 차원들을 통하여, 또한 마찬가지로 이런 세 가지 차원 모두를 가깝게 바라봄으로써, 자신 스스로가 다시금 다양하고 구별되어진 것으로 증명된다는 것이다. 윤리적 사건이 발생하는 현실은, 위의 차원을 통해 생겨나고 드러난 영역과 이에 맺는 관계들 안으로 이끄는 하나님의 현실인 것이다. 그러나 하나님의 계명과 인간의 순종 또는 불순종 모두가 현실 사건의 영역과 관계들의 저편에 있지 않다는 것은 분명하다. 또한 이것들이 윤리적 사건이 발생하는 현실 사건의 영역과 관계들에 의해서 포기되어질 수 없다는 것도 분명하다. 여기 오직 여기에서만이 윤리적 사건이 발생하는 현실은 진지한 의미를 획득할 수 있다. 동시에 하나님의 계명과 인간의 순종 또는 불순종 모두가 윤리적 사건이 발생하는 현실의 영역과 관계들 안에서 붕괴되지 않는다는 사실 또한 분명하다. 이런 현실의 영역과 관계들에 의해서 추론되어지는 것이 분명히 아니다. 그러나 이것이 마치 율법들, 규정들 또는 명령들인 양 간주되는 오해는 전적으로 제외되어야만 한다. 이들은 하나님께서 명령하고 인간이 순종하거나 또는 불순종하는 구역들이지, 하나님께서 명령하고 인간이 선하거나 악하게 행동하는 것을 규정하는 율법이 아니다. 그래서 만일 하나님의 계명과 인간의 행위가 이런 인간의 현실과 동떨어져 이해될 수 있다는 것이 사실이라면, 마찬가지로 이들은 그 자체로 하나님의 계명과 인간의 행위와 동떨어져 있는 것이 아님이 분명하다. 오히려 오직 하나님의 계명과 인간의 행위가 만나게 되는 사건들의 현실로써 이들이 이해되어질 수도 있음이 분명하다. 결의론(Kasuistik)으로 돌아가는 것, 그리고 이런 영역, 관계 또는 규율들을 구현하는 것을 우리가 동시에 성취하는 것은 불가능하다. 이들은 일반적인 윤리적 현실들이 아니다. 그리고 이들은 오직 윤리적 사건의 가장 특별한 진리 가운데 하나의 일반적인 형태일 뿐이다. 이것은 결의론을 윤리적 사건의 특별한 진리로 만들려는 시도를 허락하지 않는다.

그러나 지금 우리의 관심은 이런 사건의 긍정적인 효과에 놓여 있다. 윤리적 사건의 특별한 진리는 이런 영역과 관계들 안에서 일반적인 모습을 띠게 된다. 이런 구역 안에서 하나님은 항상 명령하시며, 인간은 하나님께 순종하거나 또는 순종하지 않을 뿐이다. 이것이 바로 하나님의 계명에 대한 구체적인 내용과 올바른 인간의 행위의 구체적 방향에 대한 질문을 위한 윤리적 사건의 특별한 진리를 흥미롭게, 중요하게, 그리고 의미 있게 만드는 요소이다. 하나님의 계명에 대한 내용과 인간 행위 안에 놓인 선과 악을 결정하게 하는 것은 윤리의 과제가 될 수 없다. 또한 하나님의 계명과 인간의 행위가 발생하는 영역을 인식하는 것을 통해서도 우리는 결코 진리에 근접할 수 없다. 그 이유는, 윤리적 사건의 특별한 진리의 일반적인 모습보다 더 큰, 그리고 이것이 발생하는 영역보다 더 큰 것은 결코 이런 인식의 내용이 될 수 없기 때문이다. 오히려 우리를 이런 영역의 인식에 근접하게 하거나, 이런 인식이 가능하게 만드는 것은 바로 결의론적인 윤리와 반대하여서 우리가 무엇을 묻고 있는가이다. 이는 마치 오로지 개별적인 윤리에 대한 질문과도 같다. 즉, 윤리적 사건에 대한 형성되어진 암시, 하나님의 계명과 이에 상응하는 인간의 선한 행동의 표현과 증거로서의 윤리에 대한 질문인 것이다.

만일 윤리적 사건이 모든 경우 이런 구성과 차별성 안에서, 그리고 또한 이런 영역과 관계 안에서 발생한다면, 사람들은 바로 위에서 말한 것들을 기억하지 않고서는 윤리적 사건을 가리킬 수 없을 것이다. 그렇다면 또한 사람들은 더 나아가 진심으로 이런 윤리적 사건을 지시하기 위해서 오히려 위의 것들을 더 많이 되짚어야만 할 것이다. 그렇다면 윤리적 사건들이 항상 특이하게 발생한 역사적 과정을 뒤따르거나 또는 뒤따르는 것이 반드시 필요할 것이다. 이는 역사적 과정이 순차적으로, 또한 완전하지는 않을지라도 어느 정도 윤곽을 묘사하기 위함이다. 또한 하나님과 인간이 만나는 장소와 장소들에 대해서 최소한의 분명한 조망을 획득하기 위함이다. 그러면 여기로부터 다시 하나의 질문을 던질 수 있다. 즉, 이런 특별한 거울을 통해서 무엇이 이런 영역과 관계 안에서 하나님의 계명이고, 또한 무엇이 하나님의 계명에 따라 선하게 행동하는 것인가? 이런 질문의 방향에 따른 대답은 특정한 하나의 방향을 갖는다. 즉, 여기서 이에 대한 대답은 하나님에 대한 관계와 하나님의 관계를 바탕으로 하는 동일한 인간과 맺는 관계를 통해서 오히려 자기 자신을 위해 묻는 질문에 대한 대답이라는 것이다. 이 질문은 우리가 이런 윤리적 사건들의 역사적 과정과 대면할 때, 비로소 우리가 이런 관점에서 가능하며 또한 반드시 물어야 하는 질문이 된다. 그러나 대답 자체나, 이런 사건들의 설명, 개념 규정은 모든 일반적인 인식과 고려를 넘어서 바깥에 머문다. 그래서 이런 암시는 일반적이고 알기 쉽게 바꿔 표기함으로써, 그래서 이를 통해서 일반적으로 유효하도록 증언함을 통해서 윤리적인 지도(Fuehrung)를 제공한다. 윤리적인 지도를 통해서 윤리적 사건의 방향에 주목할 만한 접근이 가능한 것이다. 마찬가지로 이를 통해서 하나의 지침(Direktive)이나, 또는 더 나아가 많은 지침으로 나아가게 된다. 이런 지침들은 하나님의 계명과 선한 인간의 행위에 대한 인식으로의 많은 접근의 형태 안에서 윤리적 사건에 대한 안내(Anleitung)를 제공한다. 그리고 이와 함께 동시에 다음과 같은 사실에 도달하게 된다. 즉, 이런 접근성이 가급적 심도 있게 다뤄져야 한다는 것이다. 또한 지침들과 지도들은 가급적 빨리, 그리고 구속력이 있게 다루어져야 한다는 것이다. 만일 우리가 윤리적 사건이 발생하는 특정한 모든 영역과 관계들에 대한 철저한 인식에 대한 이상적인 경우를 가정한다면, 그렇다면 다음과 같은 질문을 제기해야만 할 것이다. 혹시 이런 영역과 관계 안에서 전적으로 이것이 아니거나, 이것이거나 또는 이것과 전혀 다르지 않은 것이 명령되거나 금지되는가? 그리고 이는 마찬가지로 선하거나 악한 것인가? 바로 여기서 하나의 분명함이 획득된다. 이를 통해서 위에서 제기한 질문은 특징적인 대답에 실제로 근접하게 된다. 하지만 질문이 대답이라고 결코 주장해서는 안 된다. 대답은 개별 윤리 사건의 가장 구체적인 영역과 밀접한 관계를 맺고 있어야만 한다. 그러나 윤리는 이 영역을 보지 못했다. 대답은 마지막 판단(Urteil)을 내려서는 안 된다. 오직 하나님에게 이를 맡겨야만 하는 것이다. 실제로 이런 일반적인 영역들과 관계들에 대한 우리의 인식은 완전한 대답이 될 수 없다. 그래서 계명과 금지들에 대한 질문은 반드시 특정한 영역과 동시에 개방성을 간직해야 한다. 그러나 확실한 것이 있다. 그것은 바로 이런 질문을 통해서 많은 선명함을 우리가 획득하게 된다는 것이다. 또한 윤리로부터 주어지는 지침들과 지도들을 바라보게 함으로써, 우리는 어느 정도 긴급성과 연관성을 획득하게 된다. 이런 긴급성과 연관성은 윤리의 영역과 그 관계에 대한 인식을 확대시키며, 그리고 심도 있게 만든다. 그리고 특수윤리로서의 윤리가 할 수 있고, 반드시 해야만 하는 임무(Dienst)가 어느 정도 필요하다는 사실은 분명하다. 이런 윤리는 항상 자신에게 주어진 한계를 인식하는 움직임 안에서 발생하며, 또한 하나님의 계명과 맺을 때 증가하는 긴급성과 연결성을, 그리고 하나님의 계명에 대한 인간의 행위를 암시하게 된다는 것 또한 분명하다. 그러나 우리가 특수윤리를 이런 움직임을 통해서 발견하게 되는지는 전적으로 다음에 달려 있다. 즉, 윤리가 윤리적 사건이 발생하는 영역과 관계들의 역사적 과정과 윤리의 텍스트 또는 윤리의 바탕원리(Materialprinzip)가 정말로 하나님의 말씀에 의거하여 규정되었는가, 혹은 그렇지 않은가이다. 만일 윤리가 이런 규정을 간직하고 있다면, 윤리는 안내지침보다 더 많은 강조점을 갖게 될 것이다. 그러나 사람들은 안내지침보다 더 많은 부분을 특수윤리로부터 기대해서는 안 된다. 마치 모든 점에서 가장 분명한 교리가 사람들에게 그리스도교의 진리에 대한 인식을 더 이상 제공하지 못하는 것과 같다. 마찬가지로 교리가 『그리스도교 강요』(Institutio religionis christianae)와 같은 것이라고 기대해서도 안 된다. 이런 안내보다 더 중요한 것이 있다. 그것은 이곳인가 아니면 저곳인가, 또는 인간의 독단적인 주장인가 아니면 계시의 사건인가를 구별하는 것이다. 그 안에서 이를 판단하는 주체는 오직 하나님 스스로일 수밖에 없다. 올바른 교리 그리고 올바른 윤리는 이 둘 사이의 중간을 꿰뚫고 있다. 즉, 윤리 또는 교리가 해서는 안 되는 것과 윤리 또는 교리가 할 수 없는 것을 분명하게 알고 있다는 것이다. 올바른 윤리는 무엇이 계시의 빛 안에서 인간적으로 행해질 수 있고, 행해야 하는가를 수행하는 것이다. 그리고 가장 근거 있는 증거, 가장 인정할 만한 증거를 통해서 그리스도교 안에서 이를 훈련하는 것이다. 즉, 윤리로서 특별한, 다시 말하면 계명의 준수 아래에서의 훈련이 올바른 윤리이다.

## 2. 명령자이신 창조주 하나님

우리가 지금 특별한 관심으로 특수윤리의 첫 번째 부분을 다루었다. 그리고 특수윤리의 첫 번째 부분을 교리와 연관 지어 본다면, 이 부분은 동시에 창조론의 결론이 된다. 우리는 창조 사역이 무엇을 말하는지 이미 알고 있다. 즉, 하나님의 피조물인 인간에 대해서, 그리스도교 신앙의 인식에 따른 창조주와 피조물 사이의 관계에 대해서, 신앙고백의 첫 번째 고백에 대해서 우리가 무엇을 말할 수 있는가를 알고 있다. 교의학은 항상 윤리를 내포하고 있어야만 한다. 만일 우리가 이를 오직 창조에 대한 그리스도교적 인식의 요소들에 의해서 파악하거나 볼 수 없다면, 우리는 내용 없는 사변의 길에 들어서게 되었을 것이며, 그리고 헛된 일을 했을 것이다. 윤리로서 교의학이 지니는 의미는 매우 중요하다. 왜냐하면 그 안에 내포되어진 것이 지금, 그리고 창조론의 결론에, 그리고 창조론을 논하는 넓은 장소(Locus de creatione)라는 특별한 곳에서 명백히 드러날 것이기 때문이다. 그래서 우리는 지금 창조주 하나님의 계명, 창조주이시며 인간에 대한 명령자로서의 하나님에 관해서 묻고 있는 것이다.

우리는 특수윤리가 갖는 문제를 깊이 성찰하였다. 그리고 이는 우리에게 다음과 같은 견해를 갖게 만들었다. 즉, 윤리의 관점에서 특수윤리에 대한 질문이 제기될 수 있고, 그리고 이것이 반드시 필요하다는 것이다. 창조주와 피조물과의 관계는 명령하시는 하나님과 행하는 인간이 만나는 넓은 영역 한가운데 놓여 있다. 그 안에서 하나님을 통한 인간 구원(Heilung)의 문제, 하나님의 뜻을 위한 인간의 자유가 절박해진다. 그리고 이는 윤리적 사건 안에서 이런 방식 또는 저런 방식을 통해 결정된다. 우리는 특수윤리의 첫 번째 부분에서 이와 같은 특별한 영역에 관해 다루었다. 그리고 이와 동시에 이것은 창조론의 결론을 형성하고 있다. 그래서 우리는 이런 영역에 대해 특별한 관점을 갖고 질문하는 것이다. 즉, 여기서 하나님의 계명은 무엇을 원하며 요구하고 있는가? 여기서 하나님의 계명을 통해 주어지는 인간의 구원이란 도대체 어떤 의미를 지니는가? 여기서 하나님의 뜻을 위한 자유와 이와 함께 주어지는 영원한 삶이란 무엇을 말하는가? 그러나 우리는 이런 질문과 함께, 특히 창조주 하나님의 계명에 대한 특별한 질문에 의해서 하나의 동떨어진(고독한) 길에 서 있음을 발견하게 된다. 특히 이는 마지막에 서로 다른 두 개에 중요-위치(Haupt-Loci)에서 발생하는 특별한 질문과 마주치게 된다. 즉, 이런 특별한 질문이 가능하며 필요한가, 또는 어떻게 이를 의미하지 않거나 또는 의미하는지를 묻는 것이다. 그렇기에 이에 대한 의견의 일치는 우리가 결코 피할 수 없는 질문이 된다.

하나님은 한 분이시다. 그분은 아버지, 아들 그리고 성령이시며 이런 삼위일체적인 개념 안에서 그리고 모든 풍부함의 총체이시다. 그렇다고 이런 사실이 하나님 안에는 구분이 주어지며, 하나님의 존재가 스스로 자신 안에서 분열된 존재라는 사실을 의미하지는 않는다. 과거의 교의학은 여기서 세 위격의 '상호내재적인 일치'(Perichorese)나 하나님의 존재양식(Seinsweis)에 관해서 말했다. 그리고 다음과 같이 말했다. 하나님은 다른 위격 없이도 각각 하나의 위격으로 존재하는 것이 아니라, 항상 다른 위격 안에서 그리고 다른 위격을 통해서 존재하신다. 하나님은 자신의 일치성 안에서 단지 한 분이 아니라 오히려 다양한 분으로 그리고 개별적인 분으로 존재하신다. 마찬가지로 하나님은 단지 추상적 그리고 분열된 많은 분이나 개별자로서가 아니라, 오히려 자신의 다양성 안에서 그리고 개별성 안에서 하나 그리고 한 분으로 존재하신다. 그리고 하나님은 이와 마찬가지 방식으로 자신의 활동 안에서 하나이며 한 분으로 존재하신다. 하나님께서 창조주, 화해자 그리고 구속자라는 것은 나누어진 신적인 부분이나 행정 구역과 같은 실존을 의미하지는 않는다. 삼위일체 하나님의 외적 사역은 나누어지지 않는다. (Opera Trinitatis ad extra sunt indivisa) 사람들은 첫 번째 그리고 세 번째 신앙고백문의 조항을 오직 두 번째 신앙고백문의 조항을 통해서만 이해할 수 있다. 그리고 사람들은 두 번째 신앙고백문의 조항을 오직 첫 번째와 세 번째 신앙고백문의 확대라는 전제 아래서만 이해할 수 있다. 이 모든 것은 또한 하나님의 계명을 통해서만 유효하다. 만일 우리가 하나님의 다양한 영역들을 주목한다면, 그리고 만일 우리가 여기서 이런 영역에서 창조주 하나님의 계명에 대해 묻는다면, 마찬가지로 창조주 하나님의 계명 옆에 화해자이신 하나님의 계명과 같이 구분되어 대립되는 다른 계명이 있다는 사실을 의미하거나 또는 더 나아가 이를 결코 의미해서는 안 된다. 그렇다면, 다시 구분이 되어 마치 구속주 하나님의 계명과 같은 다른 세 번째의 계명이 존재하게 될 것이다. 만일 우리가 또한 창조주와 피조물 사이의 관계를 드러내는 영역을 특별하게 다룬다면, 마찬가지로 이는 우리가 다른 것들에서 여기 질문하는 영역으로 시선을 돌렸다는 것을 의미하지 않는다. 하나님은 명령하신다. 그리고 윤리적 사건 안에서 인간은 이 모든 세 영역의 관점으로 동일하게 행동한다. 첫 번째 신앙고백문 조항의 전적인 해석은 두 번째 조항에 의한 창조론 안에서 발생하며, 그리고 세 번째 조항으로 시선을 돌리게 된다. 사람들은 어떻게 창조론으로부터, 특히 모든 점에서 그리스도론을 출처로 하지 않고 또한 동시에 성령론과 종말론의 결정적인 내용을 선취하지 않은 채, 무엇인가 신학적으로 중요한 것과 견고한 것을 생각하며 말할 수 있는가? 이 하나님은 말씀을 통해서 자신을 드러내신 창조주 하나님, 전능하신 하나님이 아닐 것이다. 그리고 마찬가지로 그리스도교 신앙이 고백하는 하나님이 아닐 것이다. 왜냐하면 우리는 신앙고백을 통해 그 즉시는 아니지만, 근본적으로, 또한 아들과 그의 일 그리고 생명을 주시는 성령을 알 수 있기 때문이다. 그래서 우리는 하나님의 계명에 대해 질문함으로써, 창조주 하나님에 대한 그리스도교의 인식의 넓게 퍼진 장소에 서게 되는 것이다. 이것이 바로 한 분이며 전부인 하나님의 하나이며 전부인 계명이다.

동시에 사람들은 볼 수 있고 또한 보아야만 하는 것을 착각하거나, 섞거나 또는 전적으로 동일시해서도 안 된다. 그리고 사람들이 분리하거나 구분할 수 없는 바로 그곳에서, 그러나 동시에 사람들은 구별할 수 있고 그리고 구별해야만 한다. 하나님의 세 가지 존재양식은 '상호내재적 일치'(Perichorese)이다. 그렇다고 이것이 하나님 개별 위격이 지니는 자신들의 독립성을 제거하지 않는다. 만일 한 분이며 전부인 하나님께서 주체나 창조와 화해, 그리고 구원의 원인자라면, 마찬가지로 이런 세 영역을 통해 행하시는 하나님의 사역은 각각 하나의 특별한 행위라는 사실을 숨길 수 없을 것이다. 그럼에도 불구하고 과거의 삼위일체 교리에 따라 창조 사역이 하나님의 전적인 소유임을 통해(per appropriationem) 아버지에게, 화해와 관련해서는 아들에게 그리고—항상 하나님의 전적인 소유를 통해—구원과 완성은 성령에게 속해 있음을 허용하며 또한 이를 요구할 것이다. 동시에 그 안에 담긴 중요한 모든 것을 구별하도록 요구할 것이다. 이런 구별은 하나님의 계명과 관련하여 허용될 것이며 또한 요구될 수 있다. 이것이 허용되는 이유는, 이것이 하나님께서 명령하시는 영역의 다양성으로 우리를 초대하기 때문이다. 그리고 이것을 요구하시는 이유는, 이것이 한 분 하나님께서 주시는 하나의 계명과 우리가 구체적인 관계성을 맺어야 함을 우리가 간과하지 않도록 만들기 때문이다. 만일 사람들이 이런 초대가 필요치 않았다면, 이는 각각의 영역에서 주어지는 다양성을 통해 다양한 모습들을 염두에 두기 위함일 것이다. 그러나 이런 구별이 의미하는 바는 분명하다. 즉, 우리가 하나님의 다양한 모습을 단지 각각 자신을 위해서 그리고 또한 순차적으로 그리고 나란히 볼 수 있다는 것이다. 그러나 이것은 그 안에서 오직 한 분의 하나님이 실제로 존재하시며, 그래서 오직 하나의 계명이 존재한다는 동시성이나 동일성을 의미하는 것은 아니다. 또한 우리는 아버지 하나님, 아들, 그리고 성령을, 그리고 우리가 창조자 하나님, 화해자 그리고 구속자를 각각 그분들을 위해, 순차적으로 그리고 나란히 고려한다. 마치 이처럼 신앙고백은 오직 세 조항이라는 순서를 통해 우리가 계속해서 언급해야 할 이름을 드러낸다. 이는 나는 한 분 하나님을 믿는다!(credo in unum Deum!)와 같은 말로 신앙고백을 시작하더라도 마찬가지이다.

우리는 지금 여기서, 다시 말하면, 다가오는 왕국의 마지막 계시의 이편에서 하나님에 대한 인식 안을 통해 오직 다음과 같은 길을 걷게 된다. 그렇기에 지금 여기서 신학은 항상 단지 순례자의 신학(theologia viatorum)이 될 수밖에 없다. 하나님은 스스로를 인식하신다. 그리고 모든 사물에 적합하다. 적합하다는 의미는 순차적이거나 나란히 있는 것이 아니라, 오히려 함께 그리고 서로의 안에서 바로 지금 그리고 영원한 삶의 영광의 빛(lumen gloriae) 안에서 우리는 분명히 하나님을 이런 의미에서 적합하게, "얼굴과 얼굴을 맞대어" 인식하게 된다는 것이다. 그러나 우리의 인식은 또한 지금 그리고 여기서 부적합해야만 한다. 이는 순차적 그리고 나란히 존재하는 의미를 통해서 진정한 인식을 얻기 위함이다. 사람은 스스로 자신의 부적합성을 그저 좋지 않도록 방치하지 않는다. 이는 별 의미가 없다. 왜냐하면 적합한 하나님에 대한 인식은 지금 그리고 여기서 진정한 인식이 아니기 때문이다. 이는 태양을 직접 바라보는 것이 진정한 바라봄이라고 주장하는 것보다 더 못한 것이다. 눈부신 것 그리고 또한 눈이 머는 것은 이런 바라봄의 당연한 결과일 것이다. 하나님을 지금 여기서 본 사람은, 즉 어떻게 하나님이 존재하시고 어떻게 스스로를 바라보는지를 본 사람은 반드시 죽게 될 것이다. 육이 되었다는 하나님의 말씀, 우리에게 지금 그리고 여기서 주어졌던 영광의 빛(lumen gratiae)과 순차적 그리고 나란히 존재하는 부적절한 인식에 대한 겸손이 상응하게 된다. 이런 인식은 바로 순례자의 신학으로서 올바른 인식, 지금 그리고 여기서 완전히 만족할 만한 진실된 인식의 모습과 이런 인식의 대상이 구원의 인식과 상응하고, 또한 이에 합당하게 응답하는 인식이다.

이렇듯 하나인 하나님의 계명이 우리에게 단지 허용되었음이 아니라, 더 나아가 우리가 하나인 하나님의 계명을 순차적으로 그리고 나란히 창조주 하나님, 화해자, 그리고 구속자 하나님의 계명으로 이해해야 한다는 것을 가리킨다. 하나님은 우리와 자신의 계시된 말씀 안에서 만나신다. 그분은 이런 삼중적인 모습 안에서 나뉠 수 없는 한 분으로, 그러나 또한 이런 하나님의 일치성 안에서 삼중의 모습을 지닌 분으로 드러내신다. 그래서 자신을 내어주신다. 이는 당신의 계명을 인식하는 것 안에서 이처럼 우리에게 가르쳐 주셨던 길을 가시기 위함이며, 또한 당신의 명령을 지금 그렇게, 바로 지금 그렇게 실제적이며 현실적으로 알려주시기 위함이다. 물론 부적합한 인식도 어느 정도 이런 의미를 갖는다. 그리고 이것을 어느 정도 느낄 수 있도록 만든다. 우리는 이런 길들의 한 장소에 대해 개별적으로 볼 수 있거나 말할 수 있다. 그리고 이는 그 자체로 마치 윤리적 사건 안에서 행동하는 인간과 마주하는 하나님 계명의 전부를 의미하는 것이 결코 아니다. 오히려 그 자체로 단지 하나의 임시적인 것이며 파편적인 것이다. 그렇기에 바로 지금 우리에게 보여지는 임시적이고 파편적인 관점에 상응하여서 이는 또한 항상 하나의 일시적인 것이라 할 수 있다. 그러나 이는 다른 것들보다는 선행하는 것이며, 다른 것들이 따라야만 하는 것이다. 그래서 항상 자신의 실재에서 떨어져 나온 하나의 조각(Abschnitt)으로서 한계를 갖고 있으며, 그렇기에 보충이 반드시 필요한 것이다. 그렇다면 우리가 서 있는 길 어디에서 우리는 항상 동일한 판단을 할 수 있는가? 더 나아가 우리는 다음과 같은 질문을 계속해서 던지게 된다. 우리는 어디에서 왔는가? 우리는 어디로 결국에 가는가? 다시 말하면, 우리가 이 길 위에서 참으로 이런 주제에 대해서 어느 정도 판단을 할 수 있는가? 그리고 우리가 이러저러한 특별한 인식을 만족할 수 있도록 하는 것이 우리에게 전혀 허락되지 않았다는 것을, 우리는 이 길 어디에서 판단할 수 있는가? 그럼에도 불구하고 이런 인식이 그 자체로 계명에 대한 인식이 될 수 없다면, 이런 인식은 자신에게 선행하는 것과 자신의 결과로 도출되는 인식의 연관성 안에서만 의미와 힘을 갖게 될 것이다. 그리고 이런 인식은 단지 우리가 이런 길로 오고 또 그 길을 가는 것을 통해서만 만족할 수 있고, 풍부한 내용을 갖게 될 것이다. 그래서 이런 인식은 완성되거나 결과로서 도출되는 문장 안에서는 어떠한 경우에든 목적에 도달했다고 생각될 수 없다. 그러나 마찬가지로 이런 인식은 만족할 만하고 풍부한 내용을 간직할 수도 있다. 그렇기에 우리가 계속해서 달려가는 각각의 지점에서 획득하는 단지 부분적인 인식이지만, 동시에 이는 부분적인 인식으로서 또한 완전한 인식이다. 즉, 부분적 행위 안에서, 거울 안에서, 개별적인 것에 대한 비밀스러운 말 안에서, 이는 하나와 또한 전체에 대한 인식이 된다. 우리에게 지금 그리고 바로 여기서 오직 개별적인 것의 다양성과 결과 안에서 하나이며 전체가 되는 것이다.

    이것이 기본적인 고찰이다. 그리고 이와 같은 기본적인 고찰을 바탕으로 우리는 이를 긍정적으로 허용하며, 그리고 계속해서 요구해 나갈 것이다. 그 이유는 우리가 여기서, 즉 창조론의 결말에서 창조주 하나님의 계명에 관해 특별하게 질문하기 위함이다. 그렇기에 하나의 계명이나 혹은 전체로서의 하나님 계명이 간직한 한 부분이나 또는 그 안에 놓인 어떠한 특별한 계명에 대해서 묻지 않는다. 오히려 이런 특별한 의미 안에 담긴 하나의 하나님의 계명 혹은 전체로서의 하나님의 계명에 대해서 질문함을 참으로 의미한다. 마치 창조의 사역이 단지 하나의 독특한 것이나 하나이며 전체인 하나님의 사역의 한 부분으로서가 아님과 같다. 이는 오히려 하나님의 고유한 모습 안에서 드러나는 그 자체가 하나이며 전체인 사역이라 할 수 있다. 그래서 마치 우리가 창조의 특별한 사역과 하나님의 피조물로서의 인간과 창조주와 피조물 사이의 관계를 하나이며 전체로서의 하나님 사역의 다른 모습들을 규명함 없이 설명할 수 없는 것과 같다. 같은 의미 안에서 그리고 같은 의구심 아래서 우리는 지금 특별하게 명령자로서 창조주이신 하나님에 대해서 물을 수 있고, 물어야만 한다.

우리는 이 단락의 지도원칙(Leitsatz)을 통해서 이런 특별한 과제를 드러내는 의미가 다음과 같음을 보았다. 즉, "이는 다음과 같은 것과 그 이유를 증명하는 것이다. 즉, 한 분 하나님은 예수 그리스도를 통해 인간에게 자비를 베푸시는 분이다. 그리고 이런 한 분 하나님이 주신 계명이 또한 인간의 창조주이신 하나님이 주시는 계명인 것이다. 그렇기에 인간의 피조물적 행동방식에 대한 구원인 것이다." 이런 과제 안에는 **세 가지 전제**가 감춰져 있다. 그것은 하나의 상위 전제와 두 개의 하위 전제들이다. 이제 우리는 이런 전제들에 중점을 두고 살펴보아야만 할 것이다.

**먼저, 상위 전제는 다음과 같다.** 즉, 인간은 창조주로서의 하나님을 만나게 되는데, 그 하나님이 바로 "예수 그리스도 안에서 인간에게 자비를 베푸시는 분"이라는 것이다. 하나님은 예수 그리스도를 통해 인간의 명령자가 되신다. 그리고 인간에게 자비를 베푸시는 분이 되신다. 오직 이런 하나님만이 인간에게 원하는 그 어떤 것의 옆에서 그리고 그 밖에서, 더 나아가 그것과 반대되는 다른 것이나 낯선 것을 원하실 수 있다. 하나님은 다른 분이거나, 낯선 분이 전혀 아니시다! 그리고 또한 하나님은 예수 그리스도를 통해서 인간에게 자비를 베푸심으로써 인간을 자신의 소유물로 삼으시는 놀랄만한 변화를 주신 분이다. 그러나 그와 함께 존재하시는 창조주이신 한 분 하나님은 다른 의도, 혹은 우리가 모르는 낯선 방식이나 의도를 품지 않으신다. 오히려 예수 그리스도를 통하여 인간에게 한결같은 자비를 베푸시는 이 하나님이 바로 한 분 하나님이시다. 그분 옆에는 다른 하나님이 존재하지 않는다. 또한 하나님은 이런 하나님이 되길 원하신다. 그래서 그분은 또한 자신 스스로가 무엇보다 다른 존재가 되실 필요가 없다. 그렇기에 한결같은 그분이 바로 창조주이시다. 그분을 통하여 모든 것이 만들어졌으며, 그리고 존재하는 모든 것을 다스리시는 주님이시다. 이것이 바로 상위전제이다. 상위전제는 자신의 근거를 하나님의 본질에 두고 있다. 그 하나님은 스스로 자신의 말씀 안에서 드러나신 분이다. 마찬가지로 이런 전제로부터 우리는 전체 창조론을 시작하고 있다. 그리고 마찬가지로 우리는 이런 전제로 계속해서 돌아가야만 한다. 상위전제는 하나님의 존재와 행위 그리고 말씀에 대한 견해 안에 있는 모든 분열과 이분법과 반대되는 청동 바위(rocher de bronze)와 같다. 상위전제는 바로 토양이며, 우리는 그 토양 위에 서 있어야만 한다. 이는 우리가 하나님의 계명에 대해서 질문함으로써 가능하다. 그렇기에 이는, 만일 우리가 창조주 하나님에 대해서 언급할 때, 우리가 하나님을 예수 그리스도를 통해서 우리에게 자비를 베푸시는 분으로 고백해야만 함을 무엇보다 우선적인 것으로 삼아야 한다는 뜻이다.

우리가 언급한 두 개의 하위 전제 가운데 첫 번째 하위 전제는 다음과 같다. 인간에게 반포된 하나님의 계명은 "또한 인간의 창조주가 주신 계명"이다. 그리고 두 번째 하위 전제는 바로 이런 첫 번째 전제와 상응하여 다음과 같이 말한다. 하나님의 계명은 "이미 인간의 피조물적 행동방식에 대한 구원"이 된다. 무슨 의미인가? 먼저, 이는 단지 하나의 계명일 뿐만이 아니라 또한 이는 인간의 창조자이신 하나님의 계명이라는 의미이다. 그리고 또한 단지 창조주의 계명일 뿐만이 아니라 또한 이미 인간이 행하는 피조물적 행동방식에 대한 구원을 의미한다는 것이다. 이는 다음과 같은 보편적인 의미를 지닌다. 하나님의 계명을 인간의 관점뿐 아니라 하나님의 관점에서 볼 때, 하나님의 계명과 그리고 인간의 행동 방식이라는 상이한 영역들이 존재한다는 것이다. 그러나 이는 다음과 같은 특별한 의미를 갖는다. 즉, 하나의 특별한 영역이 존재한다. 그 영역은 다른 것에 종속되어 있는 한 영역이며, 다른 것과 대조를 이루는 한 영역이고, 또한 자기 스스로 평가될 수 있고 되어야만 하는 영역이다. 바로 그 영역에서 하나님은 창조주라는 특별한 가치를 통하여 인간과 마주 보고 계신다. 그리고 이 영역에서 인간은 하나님이 주시는 것을 창조된 존재인 인간 자신에게 주시는 구원의 특별한 표징으로 받아들인다.

그러나 우리는 어디에서 이런 두 가지 종속되는 그리고 서로 상응하는 전제들을 갖게 되는가? 어떻게 이런 전제들을 통해 묘사된 특별한 영역이 우리의 눈앞에 놓인 하나님의 계명과 인간의 구원으로 다가오는가? 우리가 하나님에 대한 정보를 갖는다거나 또는 어쩌면 가장 작고 견고한 정보를 갖는다거나, 또한 우리가 그 정보를 기초로 하여서 하나님의 계명과 인간에 대한 구원을 이런 특별한 영역 안에서 스스로 획득하게 된다는 것은 전혀 이해할 수 없는 일이다. 그렇다면 어디에서 그리고 어떻게 이런 영역이 위에서 언급한 영역처럼 드러나는가? 어디서 그리고 어떻게 우리는 하나님의 특별한 본질 안에서 하나님의 계명에 대해서 알 수 있거나, 그리고 인간의 피조물적 행동방식에 대해서 알 수 있는가?

우리는 이런 질문에 대한 주목할 만한 대답을 사실 이미 들었다. 이에 대한 대답은 다음과 같다. 즉, '현실'(Wirklichkeit)은 우리에게 창조주로서의 하나님과 인간의 피조성에 대하여 가르친다는 것이다. 하나님은 분명히 이런 현실을 창조하셨으며, 그리고 이를 우리에게 계시하신다. 다시 말하면, 모든 인간의 자연적인 이성, 즉 단순히 인간이 받았고 인간에게 발현되는 이성이 완전하지는 않지만, 충분한 확신과 분명함을 통하여 드러나는 이성의 영역이 이미 주어졌다는 것이다. 그리고 이 영역은 인간의 창조주이신 하나님, 그리고 이성과 함께 우리 자신, 즉 하나님의 피조물로서의 인간이 서 있는 장소이다. 더 나아가, 마찬가지로 '현실' 안에서 그리고 현실을 통하여 인간이 무엇을 실제로 계속해서 물어야 하는지, 그 질문의 대상이 무엇인지는 이미 계시되었다. 다시 말하자면, 창조주로서의 하나님의 계명과 인간의 피조물적 행동방식을 위한 하나님의 의미, 창조질서 또는 창조질서들의 다양성이 질문의 대상인 것이다. 그리고 마치 토대와 같은 것인데, 이를 행해야 하는 공간 혹은 하나님의 것을 위한 규범, 더욱 특별하게 하나님의 계시를 진지하게 받아들일 수 있는 하나님의 계명, 그리고 이와 상응하는 것을 위한 그리고 이를 통한 특정한 행동, 결국 하나님의 계시에 대하여 특별하게 책임을 지는 인간의 특정한 행동방식이 빚을 수 있는 것 등이 질문의 대상이 된다.

에밀 브루너는 이에 대한 주목할 만한 대답들의 대표자이다. 그가 어떤 말을 하는지 한 번 들어보자. 그는 분명히 "생명의 법칙들"(Gesetze des Lebens)이 있다고 말한다.(위의 책, 193) 즉, 하나의 "피조물과 더불어 주어진 질서이다. 이 질서는 죄 때문에 사실 감추어졌고, 사람들은 이에 주의를 기울이지 않았다. 그렇다고 이런 질서가 사라지는 것은 아니다. 이 질서는 '본성적'으로 인간이 알고 있는 것이다. 즉, 인간이 이 질서를 정당하게 인식하지 못할 때가 아니라, 무엇보다 신앙을 통하여 질서의 진정한 의미를 이해할 때, 인간은 이를 본성적으로 인식한다."(329) 질서는 본래 "끊임없이" 영향을 미친다.(208) 사실 질서는 오히려—브루너가 이렇게 생각하는지는 나에게는 분명하지 않지만—객관적이거나 또는 단지 인간의 의식 안에서 죄 때문에 깨어진 것이었다.(199) 그럼에도 불구하고 이는 하나님의 뜻을 멈추게 하지 않은 채, 질서 안에서 우리와 계속 마주치게 하기 위함이다.(204) 그리고 하나님의 뜻이 멈추지 않은 채, "순수한 이성적" 인식의 대상(204)과 죄지은 인간, 또한 이방인이 계속 지속되는 윤리의 일반적 의미(sensus communis moralis, 215)를 위해 질서를 실제적으로 사용할 수 있도록 하기 위함이다. 브루너에게 질서란 인간에게 "교제로 나아가도록 강제하는 그리고 이를 통해서 인간의 삶을 (…) 계속해서 가능케 만드는"(194) 특별한 "신적 지혜의 도구"이며, 또한 "신적 교제를 위한 교육의 도구"(320)이다. 그래서 비록 질서가 자신의 다양한 역사적 모습 안에서 인간의 자연적 본능과 이성적 본능을 통하여 '만들어졌다' 하더라도, 그리고 인간의 죄를 통한 질서의 흐려짐에도 불구하고 이는 하나님의 창조와 하나님의 은총인 인간의 본성 안에서 인식할 수 있기 위함이며(320), 바로 이런 존재로서 "존경과 감사"를 받아들일 수 있기 위함이며(323), 보존할 수 있기 위함이다(208). 우리는 이런 질서에 "순응해야만" 한다.(192) 왜냐하면 질서는 어떤 경우에서든지 그리스도인들에게 주어진 삶을 위한 틀을 "진정한 형제애"(212) 안에서 형성하게 하기 때문이다.

우리는 많은 개별적인 것, 즉 위와 같은 견해를 확정했고 또한 이런 견해에 반대하는 것에 대해 무엇을 말할 수 있는지, 그리고 무엇이 우리를 만족시키는지를 확정했다. 그러나 이런 견해는 우리의 질문에 대한 대답으로서 만족할 만한 것은 아니다.

이런 의견을 거부하기 위한 첫 번째 이유는 이미 앞에서 충분히 언급했다. 즉, 이런 의견은 계시되어진 하나님의 말씀에 대한 추상성과 함께, '현실'이라는 모호한 영역과 갖는 관계성과 함께, 그리고 인간의 능력과 관련한 신뢰성과 함께 주어졌다는 것이다. 이는 이런 모호한 것으로부터 반드시 필요한 하나님 인식과 하나님과 우리가 맺는 관계를 끄집어내기 위함이었다. 질문은 명령하시는 하나님과 이런 하나님에 대립해서 서 있는 피조물인 인간에 대한 것이었다. 그러나 이 질문에 대한 신뢰할 만한 그리고 권위 있는 대답은 아직 주어지지 않았다. 위에서 언급한 의견은 추측을 바탕으로 그리고 증명되지 않은 주장을 받아들인 것일 뿐이다. 즉, 우리가 찾고자 하는 하나님과 인간 사이에 놓인 윤리적 만남의 특별한 영역은 단지 불확실하고 불분명하게 보이게 되었다는 것이다. 그렇다고 이를 바탕으로 하여서 사람들이 더 근본적인 방식을 통해 이를 계속 고민할 수 있다는 것은 아니다.

그렇기에 우리는 두 번째 이유를 덧붙여야 한다. 이런 의견이 자신의 방식을 통해서, 자신의 주장들을 통해서, 그리고 자신의 불확실하고 불분명한 방식을 통해서 겨우 확실하게 드러낼 수 있었던 것이 있다. 그것은 바로 유감스럽게도 화해자 하나님의 계명과 단순히 다른 것이었다. 그뿐만이 아니라 더 나아가 그것은 분명하고 확실하게 나누어졌던 질서를 드러냈을 뿐이었다. 이는 단지 활동영역 혹은 하나의 규칙으로서 주어진 것과 맺게 되는 관계 속에 담긴 '질서'이다. 그럼에도 불구하고 '질서'라는 이런 개념과, 계시를 통해 요구되었던 규칙으로서 묘사된 기능과 신앙 안에서 실천되어진 그리스도교적 사랑의 행위가 지금 감추어져서는 결코 안 된다. 그 이유는, 이것이 주제로 삼는 것은 하나님이 인간에게 실제로 주셨고, 그것에 인간은 올바로 상응하여 행해야만 하는 계명이기 때문이다. 특히 우리는 지금 계속해서 다른 계명을 다루는 듯 보일 것이다. 다시 말하자면, 두 번째 또는 첫 번째 계명의 배경에 놓인 마치 첫 번째 신앙고백문의 조항을 위한 독특한 하나님의 경륜(Oekonomie)이라는 표상(Vorstellung)을 다루는 듯 보인다. 그것은 하나님 개념 안으로 도달하기까지 계속해야 하는 하나의 하나님 계명에 대한 탐색이며, 그 안에 담긴 모든 가치를 포기하지 않아야만 하는 하나님의 계명, 바로 그것이다. 우리는 이런 대답을 통해서 드러난 창조주와 피조물의 관계라는 매우 특별한 영역에 지금 들어갈 필요는 없다. 왜냐하면 우리가 그곳에서 특별하게 분리되어진 어떤 낯선 공간 안에 머물고 있는지가 지금 매우 의심스럽기 때문이다. 낯선 공간은 한 분 하나님 또는 전체 인간이 돌아가야 할 장소가 아니다. 그렇기에 낯선 그 공간은 마찬가지로 하나의 하나님 계명이나 전체 인간의 구원이 유효하게 드러나는 곳도 아니다.

아마도 세 번째 이유가 이해하기에 가장 어려울 것이다. 이는 위에서 제시되는 대답이 창조주 하나님과 하나님의 피조물인 인간의 관계에 대한 질문에 대한 대답인지 아닌지, 또는 어떤 의미에서 진정한 대답이 되는지가 정말로 불분명하기 때문이다. 만일 이런 질문에 대답하기를 원한다면, 그렇다면 이 대답은 현실 안에서 계시되는, 그리고 도덕의 상식적 의미(sensus communis moralis)를 통해서 지속적으로 인식할 수 있는 '창조질서' 없이도 어떤 신뢰할 만한 '현실'에 대한 것이어야 하는가? 그렇다면 '창조주'와 '피조물' 그리고 또한 확실히 '창조질서'와 같은 개념들은 마치 '원인', '영향', 그리고 '인과율'(Kausalnexus)과 같이 인간이 무엇인가 자신이 사용할 수 있는 견해에 기초함으로써, 그리고 인간이 소유한 이해의 범주를 사용함으로써 쉽게 실천에 옮길 수 있는 개념들인가? 그렇다면 한 분 하나님에 대한 신앙고백(credo in unum Deum)인 첫 번째 신앙고백문의 조항을 포괄하는 기호는 아닌가? 또는 이것이 이미 첫 번째 신앙고백문의 조항을 설명하고 있는 것은 아닌가? 만일 이런 개념이 신학적 내용을 진지하게 간직해야만 한다면, 또한 이는 창조질서의 개념을 설명하는 것은 아닌가? 즉, 이것이 하나님의 모든 비밀과 하나님에 의해서 다양하게 주어진 현실과 이 둘의 관계를 설명하는 것은 아닌가? 혹시 신앙고백(credo)의 괄호 밖에서, 마치 이런 대답 안에 미리 계획되어 있는 것처럼, 또한 이런 신비에 관한 것들을 다룰 수 있는 것이 아닌가? 또는 여기서는 이런 괄호가 폐지될 것임을 기꺼이 드러내는 것은 아닌가? 즉, 이런 대답은 '창조질서'로서 표현되는 것을 전혀 신학적이고 진지하게 주목하지 않는다는 것이다. 이런 대답은 실제로 신앙을 반드시 필요로 하는 어떠한 계시나 확실한 삶과 존재의 법칙에 대한 진리를 제공하지 못한다. 이런 계시나 진리로부터 이른바 '현실'에 대한 확실하고 분명한 정보가 실제로 다소간 주어진다. 그리고 이로부터 모든 사람이 다소간 확실성과 분명함이 실제로 인식된다. 그러나 이런 대답은 계시나 진리가 아니라, 단지 일반적인 것만을 대답으로써 제공한다. 진실하신 창조주 하나님께서 자신의 피조물인 진실한 인간의 저편에 서 있는 그 영역은, 그리고 이런 영역에서 유효한 계명에 대한 또는 질서에 대한 질문은 위와 같은 대답을 전혀 목표로 삼지 않는다. 우리가 원했던 것은, 창조주 하나님과 그의 피조물, 창조주의 계명과 인간의 구원에 관한 내용이었다. 그러나 우리는 공공연하게 무엇인가 매우 다른 것, 정말 의미가 없는 것 그리고 전혀 중요하지 않은 것을 들었던 것이다.

이런 세 가지 이유 때문에, 우리는 이와 같은 대답을 통하여 깨우침을 발견할 수 있다는 것을 전혀 인정할 수 없었다. 그래서 우리는 하나의 다른 대답을 찾아야 한다. 이를 위해 우리는 다음과 같은 질문에 해명해야 할 것이다. 어째서 하나님께서 주신 하나의 계명이 진정으로 창조자의 계명인 것인가? 그리고 어째서 창조자의 계명이 인간의 피조물적인 행동방식의 구원이 되는가?

우리는 지금 위에서 언급한 바에 따라서, 이런 두 가지 전제를 종속된—더 앞에서 언급한 첫 번째 전제에—전제들로 간주한다. 그리고 이렇게 간주할 때에, 우리는 질문에 대답할 수가 있다. 그 대답은 다음과 같다. **오직 명령을 내리시는 한 분 하나님만이 예수 그리스도를 통해서 인간에게 은총을 베푸는 분이 되신다.** 예수 그리스도 안에서 하나님은 인간의 창조주로서 인간에게 다가오신다. 그리고 그 안에서 하나님의 계명은 이미 피조된 존재인 인간에게 영향을 끼친다. 그렇기에 우리는 지금 여기에서 제시하는 우리의 질문에 대단히 견고한 대답을 제시할 수 있다. 왜냐하면 이런 대답은, 이른바 '현실'에 대한 어두운 증거와 관련을 맺는 것이 아니라, 오히려 계시되어진 하나님의 말씀 그 자체를 분명하게 결정하는 것과 관련을 맺기 때문이다. 이런 대답은 두 개의 이질적인 계명들(혹은 하나의 계명과 또 다른 하나의 질서)을 나열하는 것이 아니다. 또한 우리는 두 번째 개념인 '질서'를 소개함으로써, 이와 같은 이원론(Dualismus)을 감추고자 할 필요도 없다. 오히려 더 나아가 이런 대답은 하나님이 주신 하나의 계명에 대한 매우 특별한 모습을 드러내며, 그리고 계명이 인류 전체에게 끼치는 영향력을 되돌아보게 한다. 그래서 결국, 이 대답은 창조주와 피조물이 맺는 둘의 관계를 신앙고백(credo)이라는 괄호로 서로 묶어준다. 또한 이 대답은 이런 영역의 신비를 진정으로 바라보게 한다. 그리고 이와 함께 이런 영역에 대한 진정한 질문만이 바라볼 수 있는 그곳을 가리킨다. 이제 우리는 이런 대답을 펼치려고 시도할 것이다.

무엇보다 먼저(1), 하나님이 인간에게 주신 유일한 계명이 바로 인간의 창조주이신 하나님이 주신 계명이라는 전제에 대해서 우리는 논할 것이다. 이런 전제는 하나님께서 예수 그리스도 안에서 인간에게 은총을 베푸시는 분이라는 사실로부터 도출되기 때문에 정당성을 갖는다. 예수 그리스도 안에서 은총을 베푸시는 하나님은 창조와 창조주의 계명을 그 자체로 간직하고 있다.

이 대답은 창조를 인식할 수 있는 근거가 된다. 우리가 무엇이 선물과 같은 은총, 전적으로 그 원인을 갖고 있으며 그리고 전적으로 압도적인 은총인지를 안다면—죄를 용서하시고 죽은 자를 일으키시는 하나님의 은총과, 예를 들자면 하나님이 우리에게 예수 그리스도를 통해서 계시하신 하나님 나라—우리는 곧 무엇이 창조인지, 어떤 분이 인간의 저편에 계시는 창조주인지, 그리고 그분의 피조물로서 존재하는 것이 어떤 것인지를 확실히 알게 될 것이다. **창조주**는 인간에게 단지 선험적으로 발견되는 분, 혹은 전혀 다른 방식으로 발견되는 분임을 전제하지 않는다. 오히려 하나님은 인간의 존재와 동일한 존재가 아니셨기에, 그리고 될 수 있는 분이 아니기 때문에, 하나님은 스스로 우리와 같은 존재가 되신 분이다. 하나님은 인간에게 자신의 의지를 통하여 현실—자신의 고유하고 다양한, 특히 자신의 방식 안에서 그리고 자신의 장소에서 드러나는 현실—을 주셨다. 그리고 하나님은 지금 전적으로 인간의 원천(Ursprung)으로서 주님, 아버지, 그리고 왕으로서 머무신다. 그리고 **피조물**, 바로 인간은 하나님 없이는 존재할 수 없다. 그리고 피조물은 하나님의 뜻 안에서만 존재할 수 있다. 그러나 인간은 하나님에게 어떠한 것도 주장할 수 없다. 인간은 하나님에게 전혀 아무것도, 마치 죄를 짓지 않은 것처럼, 줄 수 없다. 왜냐하면 인간은 하나님에게서 기인하기 때문이다. 마찬가지로 인간은 하나님 앞에서, 그리고 하나님과 더불어 존재한다. 인간은 하나님의 다스림을 통하여 존재함이 분명하며, 그래서 하나님을 섬겨야만 하는 존재인 것이다. 인간은 예수 그리스도를 통해서 하나님의 은총을 안다. 그리고 이를 통해서 특별한 은총, 창조와 창조주에 대한 인식이 확실히 주어진다. 우리가 바로 이런 인식을 실천함으로써, 또한 이런 인식이 우리에게 다가오는 것이다. 그리고 과거의 그리스도교는 예수가 바로 우리의 주님이시라는 두 번째 신앙고백문을 믿었다. 그럼으로써 그들은 이를 바탕으로 첫 번째 신앙고백으로 다가갈 수 있었다. 그래서 그들은 바로 아버지, 전능하신 분, 그리고 하늘과 땅을 만드신 창조주를 진정으로 알게 되었고, 이를 가장 처음에 언급하였던 것이다.

그러므로 예수 그리스도 안에 놓인 하나님의 은총은 창조를 이해하는 근거가 된다. 그 이유는 이런 은총이 창조를 하게 된 실질적 근거(Realgrund)이기 때문이다. 하나님의 영원한 결정은 창조보다 먼저 있었다. 이런 결정이 창조를 가능하게 했고, 또한 필요하게 만들었다. 이런 결정이 바로 예수 그리스도를 통해 드러나는 인간에 대한 은총의 선택인 것이다. 그리고 이것은 인간과 맺은 하나님의 은총의 계약이다. 이런 계약을 통하여 하나님은 스스로를 자신의 백성, 시민들의 주님으로, 구원자로, 그리고 모든 인간의 하나님으로 만드셨다. 이것이 바로 창조의 내적 이유이다. 그렇다고 이것이 하나님께서 무엇보다 스스로를 창조주로서 정의했다는 것이나, 인간을 자신의 피조물이 되도록 창조했다는 것을 의미하지는 않는다. 또한 이는 무엇인가 후대에 사용하고 결정하듯이, 인간을 선택하고 그리고 인간과 맺은 계약을 염두에 두기 위함이 아니다. 오히려 인간을 선택함으로써 그리고 계약을 맺음으로써 하늘과 땅, 그리고 인간을 창조하셨다는 것이다. 하나님은 모든 것을 예수 그리스도 안에서 창조하셨다. 다시 말하면, 예수 그리스도가 바로 만물을 창조하신 이유이며 의도였다. 그리고 이것은 오직 외적인 이유, 분명히 은총의 계약을 기술적으로 가능하게 하는 것이었다. 다시금 예수 그리스도(그리고 예수 그리스도 안에서 보여지는 인간의 선택과 인간과 맺으시는 언약)는 또한 하나님께서 창조하신 것에 대한 하나님의 보존과 다스림의 의미이며 의도였다. 하나님께서 인간의 창조주이시며, 인간은 하나님의 피조물이라는 사실은 하나님과 인간 사이에 주어진 관계에 근거를 두는 특별한 모습이다. 그리고 이는 저런 특별함 안에 그리고 확산되는 진리 안에 자신의 근거를 두고 있다. 즉, 그것은 하나님께서는 인간에게 은혜를 베푸시는 분이라는 진리이다. 창조 그리고 하나님과 인간 사이에 주어진 특별한 관계를 가리키는 것은 다른 모든 것, 특징되어진 것이 무엇보다 따라야 하는 중립적인 하나님의 사역으로 치부하면 안 된다. 오히려 창조는 이미 그 자체로 하나님이 긍정(Ja)하신 모습이라는 특징을 부여받아야만 한다. 왜냐하면 창조는 예수 그리스도 안에서 드러나는 하나님의 은총 안에 자신의 뿌리를 두고 있기 때문이다. 하나님의 긍정은 하나님께서 행하신 모든 사역의 본질이다. 또한 창조는 이미 하나님의 긍정으로서 존재하며, 선포된다. 그래서 하나님의 선한 사역(Wohltat)이다. 하나님의 긍정은 선재하는 모든 가능성 없이도 자유롭고, 상상할 수 없는 것의 실현이며, 그리고 동시에 자유롭고 상상할 수 없지만 이미 실현된 것들의 정당성(Rechtfertigung)을 부여한다. 하나님의 긍정은 자유롭고 이해할 수 없지만, 그렇다고 의미 없는 것은 아니다. 왜냐하면 하나님의 긍정은 예수 그리스도 안에 놓인 하나님의 은총의 뿌리에 자신의 의미를 갖고 있기 때문이다. 그래서 하나님의 선한 사역이라 특징지어진다.

　이로부터 우리는 인간에게 주어진 유일한 하나님의 계명이 또한 인간의 창조주이신 하나님의 계명이라는 전제에 도달했다. 이는 불확실한 세상의 현실 안에서 그리고 이런 현실에 상응하는 불안전함과 불명확성이 아니라, 오히려 현실을 모두 감싸 안는 예수 그리스도 안에 있는 하나님의 은총과 하나님의 은총에 상응하는 양심과 분명함 안에서 우리는—무엇보다 하나님으로부터—이런 영역을 하나님께서 명령하시는 영역과 인간이 행동하는 영역으로 드러낸다. 이 영역은 하나님께서 특별한 방법으로 인간의 친구와 인간에게 선한 일을 하시는 분(Wohltaeter)이 되신다. 그리고 인간은 자신의 방식으로 특별한 방식 안에서 하나님의 친구와 하나님의 선행을 받아들이는 존재가 된다. 마찬가지로 이런 특별한 방식 안에서 창조주는 자신의 피조물과 행동하시며, 이런 방식 안에서 피조물은 자신의 창조주에게 의무감을 느끼게 된다. 그러나 여기서 하나님과 인간이 갖는 중립적 관계의 형태에 관한 것이 아니다. 오히려 하나님의 은총과 인간의 감사에 대한 형태를 논하고 있는 것이다. 이는 또한 이런 형태 안에서 단지 준비되어진, 단지 부분적인, 여전히 불완전한 은총과 감사에 관한 것이 아니다. 오히려 이미 이런 모습 안에 놓인 모든 완성에 관한 것이다. 즉, 이런 완성이 지금 여기서만 여전히 이런 특별한 형태를 갖고 있다는 것이다. 이것이 바로 우리가 무엇보다 창조자 하나님의 계명 위에서 근본적으로 확정지어야만 하는 것이다. 이런 영역에서 하나님께서 주신 유일한 계명은 바로 창조주이신 하나님께서 이런 영역에서 인간의 친구가 되시며 인간을 돕는 분이라는 완전한 의미와 결정을 간직한 하나님의 계명이 된다. 이런 특별한 영역에 있는 인간이 취할 수 있는 자세는 오직 그 안에서 피조물로서 자신을 하나님의 친구로 확실하게 말하거나, 또는 하나님의 선한 사역을 받는 존재라는 사실을 완전하게 드러내는 것이다. 그러므로 특별한 영역이 위와 같은 특징을 갖게 되는 이유는, 특별한 영역이 하나님께서 명령하시는 영역과 인간이 행동하는 영역으로 드러나기 때문이다. 우리는 이런 방식으로 특별한 영역을 인식한다. 이를 통해서 우리는 이런 영역 안에서 하나님의 계명에 대하여 물을 수 있다. 또한 우리는 이런 특별한 영역 안에서 다른 그리고 생소한 계명이 아니라, 오직 복음의 빛으로 그리고 복음의 능력을 통하여 살아간다. 하나님의 계명은 여기서 전적으로 하나님의 자비(Barmherzigkeit)를 드러내는 계명이 된다. 예수 그리스도 이외에 어떠한 존재도 여기서 인간 주님이라 부르는 분 그리고 인간의 심판자가 되시는 주님이 될 수 없다. 왜냐하면 예수 그리스도 없이는 이런 특별한 이곳(Hier, 특별한 영역)이 인간에게 주어지지 않을 것이기 때문이다. 예수 그리스도께서 존재하기에, 그분 안에 살아 계신 하나님이 계시기에, 이런 특별한 영역이 존재한다. 그래서 우리는 이 영역에 대해서 알 수 있다. 그래서 우리는 이런 윤리적인 질문을 이런 특별한 영역과 관련하여 제기해야만 하고, 그리고 대답해야만 하는 것이다.

우리는 지금 다른 두 번째 전제(2)에 대해서 다룰 것이다. 그리고 다음에 대해서 말해야만 한다. 창조주 하나님의 계명으로서 인간에게 주어진 유일한 하나님의 계명은 인간의 피조물적 행동방식에 대한 구원을 이미 포함하고 있다. 이런 전제는 하나님의 계명을 바라보는 인간이, 또한 하나님이 예수 그리스도를 통해 은총을 베푸시는 그 존재라는 사실을 긍정한다. 그렇기에 이 전제는 정당하다. 예수 그리스도 안에 놓인 하나님의 은총은 이른바 하나님이 창조하신 실존(Existenz)인 모든 인간을 향한 것이다. 그래서 계명은 창조주 하나님의 계명이라는 영역이 확장된다. 그래서 계명은 이미 인간의 피조물적인 행동방식에까지 자신의 영향력을 확장하는 것이다. 이런 사태는 여기서 다음과 같은 사태를 드러낸다. 즉, 예수 그리스도를 통해 드러난 하나님의 은총이 이제 우리 인식의 토대(Erkenntnisgrund)가 된다는 것이다. 그 이유는, 이것이 바로 피조된 인간존재가 지닌 실질적 근거(Realgrund)가 되기 때문이다. 이 둘은 여기서 전혀 분리될 수 없는 일치성(Einheit)을 갖는다. 그래서 우리는, 다시 한 번 같은 말을 되풀이하지 않기 위해, 이런 이중적인 독특성 안에서 두 번째 전제를 살펴보아야 한다.

우리가 인간에 대해서 진실로 알고 있는 것, 바로 그것을 우리는 은총을 통해서 안다. 왜냐하면 인간이 실제로 어떻게 행동하는지, 인간이란 누구이며 또한 어떤 존재인지가 모두 그 안에 담겨 있기 때문이다. 우리가 여기서 하나님의 은총을 통하여 인간에 대해서 알 수 있다고 하는 것은, 우리가 오직 은총의 빛에 의해서 드러나는 인간의 자기이해를 위한 작업가설(Arbeitshypothesen)을 알 수 있다는 의미다. 즉, 인간은 자연존재(Naturwesen)로서 다른 존재와 관계를 맺고, 이를 통해서 온전히 이해될 수 있는 존재라는 것이다. 그리고 인간은 이성을 지닌 자연존재와 관계를 맺음으로써 무엇인가를 결정할 수 있는 존재라는 사실이다. 또한 인간존재는 자신의 능력, 즉 본성적으로 스스로를 하나의 부분으로서 전체에서 멀리 떨어뜨려서 구분할 수 있는 능력을 통해서 윤리적이고 이성적으로 결정할 수 있다. 그리고 어느 정도의 차이는 있지만 자신의 주인(주체로서)으로서 무엇인가를 결정할 수 있는 권한이 있다. 또한 인간 자신의 정체성 안에서 자신을 뛰어넘는 존재이다. 그리고 이런 존재인 한, 인간은 사실상 실제로 이를 증명하는 능력을 갖고 있으며, 그렇기에 자신의 실존을 스스로 한계 지을 수 있는 권한도 갖고 있다. 또한 인간은 역사를 경험하고, 동시에 역사를 만들기 위해 자신의 능력을 활용할 수 있으며, 이를 통하여 자신의 종(種)이 형성하는 역사적 공동체 안에서 무엇인가를 결정할 수 있는 권한을 갖고 있다. 이 모든 것은 공동체적 토대에 대한 질문, 물론 인류의 역사를 통해 비록 확답을 얻지는 못하지만 그럼에도 불구하고 인간 자신에 대한 질문과 이와 같은 인식을 통하여 그리고 인간존재에 대한 특정한 관점을 통해 허락된, 필수적 가설들이다. 인간이란 바로 예수 그리스도 안에서 하나님의 은총을 받은 존재이다. 바로 이런 사실에서 출발해야만 위의 질문에 대한 대답이 주어지는 것이다. 여기에서 이제 다음과 같은 해명이 주어질 것이다. 즉, 인간존재에 대한 현상이 위의 전제를 통하여 해체되거나 숨겨지지 않으며, 그리고 인간적인 자기의식에 관한 이런 작업가설이 반박되거나 또는 과대평가되지 않는다는 것이다. 오히려 이는 최소한 가설로서 실제 인간에 대한 구별 안에서 확실한 근거를 갖게 된다. 우리에게 하나님의 말씀 안에서 계시되는 사실은, 바로 하나님께서 예수 그리스도 안에서 우리에게 은총을 베푸셨다는 것이다. 이것이 증명되어졌든 또는 여전히 질문되고 있든지, 이는 무엇인가 인간에 대한 관점에 속하지 않는다. 마찬가지로 무엇인가 더 확장된, 새로운 인간에 대한 관점을 드러내는 것도 아니다. 오히려 이는 인간이 무엇이며, 어떻게 존재하는지를 묻는 인간 그 자체에 관한 질문인 것이다.

실제로 두 번째 전제는 다음을 의미한다. 즉, 이는 단지 그 자체로 "저기, 너희 하나님을 보라!"만을 의미하는 것이 아니라, 또한 마찬가지로 저 인간을 보라!(Ecce homo!)를 포함한다는 것이다. 이런 사실은 단지 아버지의 마음을 간직한 하나님을 반영하는 것뿐 아니라, 또한 마찬가지로 인간의 고유성을 반영하는 것이다. 왜 또는 어째서 그런가? 이런 사실이 단지 모든 종교 또는 은총의 종교와 구별된다는 의미를 지닐 때, 사실 이런 질문에 대하여 단순명료하게 대답할 수 있다. 그 대답은 참된 하나님께서 참된 인간으로 현존하시고 계시되셨다는 것은 참으로 사실이라는 것이다. 예수 그리스도 안에서 거주하시는 하나님의 영광(Herrlichkeit)을 인식하는 사람은, 위에 계시는 하나님 안에서 또는 그분과 함께 인간 자신을 인식하게 된다. 낮아지고, 고소당하고, 그리고 죄인으로 선고받으신 분, 그리고 잃어버린 피조물을 그리고 이를 오직 심판의 불에서 붙드시고 구원하시는 분, 그리고 다른 측면으로는 높아지고 영원한 하나님께서 선택하시고 인정하신 피조물로서 찬미 받는 분이 바로 그분이시다. 이분은 참된 인간이시며, 스스로 예수 그리스도 안에서 인간에게 베푸신 하나님의 은총을 반영하신 거울 안에 비춰진 그분이시다.

그러나 여기서는 우리가 반드시 간과하지 말아야 하는 것이 있다. 그것은 바로 세 번째 또는 더 나아가 첫 번째 계명이다. 이 계명은 바로 위에서 언급한 두 가지 정의를 통해서 드러나는 전제이며, 그리고 이를 포괄한다. 인간은 무엇보다 **피조물로서 인간**이어야 한다. 이런 인간이 바로 그 계명을 통해서 다루고 있는 주제이다. 이런 인간은 하나님의 매우 분명하게 소유권(Eigentuemlichkeit)을 지닌 채 창조된 존재이며, 하나님은 이를 원하셨다. 그리고 이를 통해 현존재(Dasein)로 이끌어진 존재이다. 인간이라는 존재는 죄를 지었음에도 불구하고 보호를 받으며, 그리고 자신을 잃어버린 상실에서 구원으로 옮겨진 변화자(Uebertreter)이다. 이런 존재로서 인간은 또한 결국 존귀함을 얻음으로써 아버지의 아들이 된다. 실제 인간, 즉 하나님께서 예수 그리스도 안에서 베푸신 은총의 거울 안에서 인식되는 인간이다. 그리고 이런 인간 자체로서 그 인간은 무엇보다 계속해서 하나님의 특별한 창조물로 머무는 인간이다. 인간은 이렇게 존재한다. 그러나 또한 타락 안에서도 혹은 위험 안에서도 인간으로 머문다. 그런 위험 안에 놓인 인간에게 하나님의 자비는 유일한 희망이다. 그리고 이런 희망이 성취되었을 때에도, 또한 새로운 창조물이라는 존귀함을 입었을 때에도, 인간은 마찬가지로 하나님의 피조물로서 존재한다. 예수 그리스도 안에서 인간에게 선포되는 참된 말씀은 본래 그리고 또한 영원히 다음을 그 자체로 포함하고 있다. 즉, 인간은 하나님의 창조물이며, 이런 피조물로서의 인간이 바로 참된 인간이라는 사실이다. 예수 그리스도는 스스로 이런 역사적인 현상 안에서 머무신다. 그리고 예수 그리스도는, 마치 예수의 높아지심처럼 자신의 낮아지심을 통하여, 아버지 하나님의 우편에 앉아 계신다. 또한 마치 예수의 부활처럼 자신의 십자가 죽음을 통하여서 예수는 참된 인간으로 존재하신다. 피조물인 인간으로서 예수는 그러나 다른 모든 피조물과는 구별되는 방식으로 존재하신다. 즉, 죄의 상태로 그리고 죽음으로 자신을 낮추신 방식으로, 그리고 죄와 죽음을 이기신 첫 번째 선택받은 자로서, 그리고 다른 모든 피조물을 무엇보다 다스리시는 머리로서 매우 구별되게 존재하신다. 그러나 본질 그 자체로 볼 때에, 예수는 다른 모든 피조물과는 동일한 하나님의 창조물인 인간이다. 이는 다른 피조물과 동일하다. 그러므로 예수 그리스도 안에서 드러나는 하나님의 은총은 이런 인간적인 본질과 인간적인 실존 그 자체의 심연(Tiefe)까지 이르며, 그리고 이런 방식으로 존재하신다. 하나님의 은총은 실제 인간에 대한 다른 모든 결정적인 전제들 안에서도 여전히 강력하게 존재한다. 하나님의 은총은 인간의 화해나 구원에 관해 먼저 말하지 않는다. 오히려 무엇보다 창조에 대해서 말한다. 하나님께서 인간에게 영원 전부터 자기 자신과의 교제를 위해 아들을 선택하심을 통하여, 하나님은 이런 아들의 본질로 존재하고, 이런 본성 안에서 실존하도록 확정하셨다. 그리고 하나님께서 인간을 위해서 그리고 인간에게 행하신 모든 것, 하나님의 심판과 자비 그리고 하나님께서 아들에게 주기를 원한 영원한 존귀는 결국 아들이 이런 존재이며, 이런 본질적인 특성(Wesenheit)을 통해서 실존하시는 분이라는 사실과 연관된다.

 만일 지금 예수 그리스도 안에서 드러나는 하나님 은총의 계시가 동시에 마찬가지로 진정한 인간!(Ecce homo!)을 감싸고 있다면, 이는 항상 다음과 같은 것을 의미할 것이다. 즉, 은총의 계시는 인간이 바로 창조된 존재라는 인식을 포함하고 있다는 사실이다. 이는 자신의 죄와 허물 때문에 전적으로 잘못된 존재이며 부패된 존재, 그래서 하나님에게서 전적으로 감추어지고, 자신의 고유한 통찰에서 벗어난 존재라는 것이다. 그러나 이것은 또한 죄인으로서의 이런 자신의 존재로부터 또한 은총을 받은 죄인으로서 그리고 이런 존재로서 미래에 주어질 영광 안에서 하나님의 자녀로 여겨진다는 것을 의미한다. 인간은 어떻게 자신이 모든 것이라고 스스로 말할 수 있게 되었는가? 인간은 이에 대한 대답을 오직 하나님의 말씀을 통하여 알게 된다. 그 외에 인간은 전혀 알지 못하게 될 것이다. 바로 예수 그리스도 안에 담겨 있는 하나님의 말씀은 인간으로의 낮아짐과 높아짐에 대한 결정, 사건 그리고 계시를 담고 있다. 이런 하나님의 말씀은 또한 인간에게 이런 사건들을 안에서 전제로서 주어진 자신이 창조된 존재라는 인식을 제공한다. 인간은 예를 들면, 자신을 죄인으로, 은총을 받은 죄인으로, 그리고 동시에 하나님의 자녀로서 알게 된다. 그러나 만일 이것을 경험적으로 알 수 있거나 또는 변증법적으로 해명하기 어렵다면, 마찬가지로 예수 그리스도 안에서 주어진 하나님의 말씀을 통하여 다음과 같이 말해야 한다. 즉, 인간은 바로 이와 같은 존재이지만 그럼에도 불구하고 하나님의 말씀을 통하여 초대받은 존재라는 것이다. 하나님 말씀은 인간에게 믿음을 통해 이와 같은 존재임을 알도록 요구한다. 인간은 자기 존재를 기초로 삼아서 자신이 진정한 인간임을 알 수 없다. 마찬가지로 이를 바탕으로 인간은 자신이 참된 인간임을 알 수 없다. 이런 관점을 통해 이를 아는 것은 전적으로 불가능하다. 인간이 예수 그리스도 안에서 드러나는 하나님 은총의 반영(Spiegel)을 그 자체로 인식할 수 있다는 것은 항상 인간존재의 현상들을 가리키는 것이다. 그러나 이것이 결코 인간 그 자체를 인식할 수 있다는 의미는 아니다. 그러나 이런 반영을 통해서 인간은 자신을 인식한다. 그리고 이와 동일한 관점을 통해서도 자신을 인식하게 된다. 다시 말하면, 인간은 자신의 죄, 고독, 그리고 자신의 보존을 통하여, 그리고 인간의 영원한 미래에 대한 약속을 통하여 자신이 창조된 존재임을 인식할 수 있다는 것이다. 반항으로 이끄는 관점이 있다. 그것은 인간이 자기 스스로 이런 관점에서 벗어날 수 없고 또한 극복할 수도 없을 것이라는 무지의 관점이다. 하나님은 인간이 이런 관점 안에서 존재함을 잘 알고 계신다. 또한 하나님은 어째서 인간이 이런 존재임을 멈추지 않았고, 또 멈출 수 없게 되는지를 매우 잘 아신다. 즉 무례함(Unart) 안에서 보여지는 인간의 천성(Art), 인간의 비본성(Unnatur) 안에 있는 인간의 본성(Natur), 하나님께서 인간을 창조하셨던 이유와 목적 그리고 하나님께서 심판이나 은총을 통해서도 제거할 수 없는 것, 또한 무엇보다 인간적인 또는 악마적인 왜곡 또는 타락으로 이끄는 것, 그리고 또 다른 사악한 창조를 통해서 대체할 수 없는 그것을 하나님은 잘 알고 계신다. 그러나 이와 동시에 하나님이 우리 인간에 대해서 잘 아시는 것이 말씀을 통해 우리에게 선포된다. 왜냐하면 우리는 하나님의 첫 번째 존재, 그리고 여전히 유효한 존재이기 때문이다. 그렇기에 우리는 또한 하나님의 창조물인 인간의 구조를 알 수 있고, 더 나아가 반드시 알아야만 하는 것이다.

하나님의 창조물로서의 인간은 누구이며 무엇인가? 우리는 이에 대해서 하나님의 말씀을 통해서 그리고 또한 예수 그리스도 안에서 보여주신 하나님의 인간되심을 통하여 알아보자. 그렇다면 여기서 우리는 최소한 네 가지 방향을 분명하게 볼 수 있다. 먼저 인간은 역사 안에 있는 하나의 존재이다(1). 그리고 보다 정확하게 말하자면, 하나님 앞에서 책임을 부여받았으며 그리고 스스로 또한 실제로 하나님 앞에서 책임을 부여받을 자격이 있음을 드러내는, 창조물의 역사 안에 있는 존재가 바로 인간이다. 두 번째로 인간은 첫 번째 인간과 상응하여 인간인 나(Ich)와 인간인 너(Du) 사이에 주어진 만남 안에 있는 존재이다(2). 즉, 인간은 이웃됨(mitmenschlich)과, 바로 이런 관계에서 서로가 하나님의 모상임을 확인하며 인간으로서 존재한다. 세 번째로 인간은 각각의 관점에서 바라볼 때, 하나님의 영을 통하여 하나의 물질적 조직체로서 주체와 이런 몸의 영혼을 갖는 존재이다(3). 그리고 인간은 이런 이중성 안에 놓인 전체(Ganze), 해체할 수 없는 다양성 안에 놓인, 분리될 수 없는 일치성 안에 놓인, 그리고 파괴할 수 없는 질서 안에 놓인 전체로서 존재한다. 그리고 마지막으로 인간은 자기 자신의 관점과 전체로서의 관점에서 볼 때, 하나님을 통하여 시간상으로 한정 지어진 존재 그리고 인간 실존의 희망이신 하나님을 통하여 한계 지어진 존재이다(4). (바로 위에서 제시한 것과 같은 이런 설명을 위해서 만물이 어떻게 발전하였고 자신의 근거를 갖게 되었는지를 설명한 『교회교의학』, III권, 2장과 반드시 비교하라.) 이것이 바로 인간의 피조물성이며, 인간이 자신의 피조물성을 통해서 예수 그리스도 안에서 하나님의 인간되심을 인식할 수 있는 이유이다. 또한 인간 예수가 어떻게 전적으로 인간에게 자기 자신으로부터는 허락되지 않은 그리고 인간을 넘어서는 참된 말씀인가는 이런 관점에서는 이미 드러났다. 우리는 하나님의 계명을 이해하기 위해서 인간의 현실(Wirklichkeit)이 무엇인지를 반드시 알 필요는 없다. 우리가 진지하게 하나님의 계명을 알기 원한다면, 이는 또한 우리가 다른 전제들을 돌아보기 위해 추천할 수 있는 것도 아니다. 우리가 여기서 인간의 자기 이해에 대한 작업가설로서 고려할 수 있었던 것은 오직 인간존재의 현상과 관련된 것이지, 참된 인간 그 자체와 관련될 수 있는 것이 아니다. 그러나 우리는 이런 작업가설을 비판하거나 또는 단순히 평가절하할 필요도 없다. 인간 이해는 하나님의 말씀을 통해 이루어진다. 그리고 이런 인간 이해는 실제적으로 계속해서 인간이 자기 이해를 할 수 있는 가능성의 틀, 범주 그리고 언어를 통해서 성취된다. 인간은 인간존재의 현상을 필연적으로 염두에 두게 된다. 그리고 이는 자연주의적, 이상주의적, 실존주의적, 역사주의적, 심리학적 그리고 비슷한 사상과 어법들을 사용하는 한 마찬가지이다. 사람들은 특히 자신들이 놓여 있는 현실을 위에서 언급한 작업가설을 통해서가 아니라, 작업가설이 사건이며 계시로 존재하는 계획 위에서 출발하도록 해야 한다. 참된 인간, 인간 그 자체는 예수 그리스도 안에서 인간에게 주어진 하나님의 은총의 거울을 통해서 우리가 볼 수 있는 본질이다. 마찬가지로 이런 본질은 전적으로 죄인, 은총을 입은 죄인 그리고 희망 안에서 사는 하나님의 자녀로서의 본질이다. 그러나 이런 본질은 무엇보다 죄인이라는 출발점을 갖지 않고, 오히려 전적으로 하나님의 창조물이라는 출발점을 갖는다. 그래서 특정한 구조를 갖는 본질로서 부분적으로 그리고 이런 구조 안에 놓인 하나님의 말씀을 통해서 인식된다.

이와 함께 우리의 두 번째 전제가 등장한다. 즉, 한 분 하나님의 계명은 이미 인간의 피조물적 행동방식에 대한 하나님의 구원을 의미한다는 것이다. 마치 하나님의 존재와 행동 안에서 하나님의 일치성과 전체성이 손상당하지 않는 것처럼, 창조주 하나님께서 특별하게 창조주 하나님이 되는 영역이 주어진다. 마찬가지로 인간의 존재와 행위 안에서 다시금 인간의 일치성과 전체성이 손상되지 않는 영역이 주어지는데, 그 영역 안에서 인간은 특별히 하나님의 창조물이 된다. 이는 인간의 모든 행동방식이 또한 피조물로서, 그리고 인간의 피조성의 구조라는 틀 안에서 이해되어야만 한다는 의미이다. 그리고 만일 한 분이면서 동시에 온전하신 하나님의 계명이 하나이며 온전한 인간을 위한 준비였다면, 그리고 인간의 구원과 목표를 향한 해방의 준비였다면, 이렇듯 사람들은 이를 하나이며 온전한 것 안에서 특별하게 볼 수 있어야 한다. 이처럼 우리는 이를 특별한 인식의 과제(Erkenntnisaufgabe)로 삼아야만 한다. 다시 말하자면, 계명은 동일하게 창조주 하나님의 계명이다. 그리고 하나님의 계명은 구원이다. 이 구원은 인간의 피조물적 행동방식의 해방을 목적으로 삼는다. 그리고 계명은 바로 이런 구원을 그 자체로 포함하고 있다.

그리고 우리는 지금―이런 측면과의 연관성을 찾는 것에 의미를 두지 않고―이런 특별한 영역을 드러내기 위해서 윤리적 질문들과 대답들을 찾고자 했다. 우리의 입장에서 이는 '창조질서'라는 개념으로 대체할 수 있을 것이다. 그래서 우리는 이를 다음과 같이 이해할 수도 있다. 질서의 영역, 다시 말하면 이런 특별한 영역은 하나님의 계명과 인간의 행위의 영역이다. 그 안에서 예수 그리스도를 통해 나타나는 은총의 하나님은 창조주로서 인간에게 명령하신다. 그리고 그곳에서 하나님이 예수 그리스도 안에서 은총을 베푸셨던 인간은 또한 하나님의 피조물로서 하나님 앞에서 서 있고, 하나님의 계명을 통하여 거룩하게 되며 해방된다. 이런 질서는 인간이 다른 곳에서 '창조질서'라 이름 붙이곤 하는 것과 분명하고 타협할 수 없을 정도로 구별된다. 이런 질서를 알기 위해서 우리는 신학적인 인식의 갇혀진 원리로부터 벗어날 필요가 없다. 우리는 인간이 이런 질서를 발견했다고 추측하는 곳에서 이를 알 수 있는 방법을 갖지 못한다. 그리고 우리는 이런 질서를 우리로부터 발견할 수도 없다. 오히려 우리는 오직 하나님의 말씀 안에서 계시되는 예수 그리스도를 통한 하나님의 은총, 바로 그 은총을 통해서만 이를 알게 된다. 그리고 우리에게 우리의 입장에서 아무것도 인식할 수 없는 곳, 그럼에도 불구하고 이런 사실이 해명되어진 곳에서만 이는 드러난다. 우리는 창조질서를 주장할 수 없다. 오히려 우리는 창조질서가 지닌 자기주장(Selbstbehauptung)만을 받아들일 뿐이다. 그러나 우리는 창조질서에 대해서 오로지 추측만 할 수 있는 것은 아니다. 오히려 우리가 창조질서를 알 수 있고 인식할 수 있어야만 한다. 우리는 이를 계시의 신비, 신앙의 신비를 통해서 알 수 있다. 그리고 그 때문에 창조질서는 실제적이며 규범적이다.

사람들은 이런 특별한 영역에서 윤리적 질문과 대답을 언급할 수 있다. 마치 이처럼 우리가 이 장을 시작하면서 제기했던 질문은 항상 이런 영역에서 우리의 부연설명과 함께 가능한 만큼 그리고 반드시 증명되어야만 한다. 하나님의 계명은 여기서 무엇을 원하며, 무엇을 요구하는가? 하나님의 계명을 통한 인간의 구원은 여기서 무엇을 의미하는가? 하나님의 뜻을 위한 자유는 무엇을 말하며, 이와 함께 또한 영원한 생명을 위한 자유는 무엇을 의미하는가? 이곳이 바로 창조주와 피조물 사이에 놓인 관계의 영역이다! 사람들이 이 모든 것을 이런 특별한 의미 안에서 물을 수 있고, 또 물어야 함을 우리는 보았다. 이런 관점을 갖고 세웠던 세 가지 전제는 지도원칙으로서 필요한 것들이다.

이는 세 가지 전제가 서로를 설명하고 그리고 기초를 세워주기 때문이며, 이들이 서로 신학적인 인식을 위한 주도 원칙이라는 특별한 모습과 전적으로 동일하기 때문이다. 이것이 바로 우리가 특수윤리라는 장을 통하여 기본적으로 확정하고자 했던 길이었다.

그러나 우리는 우리에게 여전히 남아 있는 것들을 간단하게 언급해야 한다. 즉, 이런 길(Weg)이 어떻게 적절하게, 다시 말해서 자기 자신의 해명과 상응하여 뻗어 나아가야만 하는가? 분명한 것은, 출발점이란 모든 것에 유효한 단순한 하나의 지점이 아니라, 오히려 우리가 항상 계속해서 시작해야 하는 지점이라는 사실이다. 그렇기에 출발점은 우리가 하나님의 계명에 대하여 계속해서 물을 수 있는 하나의 지점이다. 다시 말하면, 하나님의 말씀하심, 지명하심, 부르심, 요구, 인간과 마주하여 서 있는 하나님의 뜻에 대해서 물을 수 있는 지점이다. 그리고 지금 또한 매우 특별하게 창조주이신 하나님이 예수 그리스도 안에서 인간에게 은총을 베푸시는 한, 마찬가지로 인간에게 예수 그리스도 안에서 은총을 베푸시는 하나님의 계명에 대해서도 물을 수 있는 그 지점이다. 그렇다면 우리가 이를 경험하는가의 문제가 중요하게 대두된다. 즉, 이런 하나님의 계명은 인간의 특별한 역사적 영역 안에서 얼마나 구원을 목적으로 하는가? 다른 말로 하자면, 또한 이런 인간의 영역 안에서 하나님의 계명은 얼마나 인간의 자유를 목적으로 하는가? 이런 문제와 함께 이를 위한 임무가 반드시 뒤따라올 것이다. 이와 같이 우리는 첫눈에 보기에도 매우 어려운 결정을 해야만 한다. 그럼에도 우리는 우리가 하나님의 피조물로서의 인간—그리고 또한 사실 피조물로서의 행동할 수 있는 가능성을 지닌—임을 하나의 특정한 구조를 통해서 알게 되었다. 이는 위에서 언급한 네 가지 방향을 고찰하면서 알 수 있었던 것이다. 만일 이것이 정확하다면, 그렇다면 사실 이런 네 가지 방향 그 이후에 등장하는 다음과 같은 질문이 전혀 등장하지 않을 것이다. 즉, 어째서 하나님의 계명은 인간의 구원과 인간의 자유를 하나님께서 원하신다고 특별히 가리키는가? 우리는 이것을 자연스럽게 길의 신학(theologia viatorum)의 관점에서 보편적으로 결정했던 유보(Vorbehalten)를 계속 반복할 수 있다. 그러나 또한 "길의 신학"이 오로지 자신의 근원과 목적을 분명하게 할 때, 이 신학은 또한 우리에게 참된 인식을 약속함을 기억해야 한다. 그러므로 우리는 이후에 자유에 대해서 물을 것이다.(§53) 이는 명령하시는 하나님의 뜻을 인간의 관계와 관련시킬 때, 인간 그 자체에게 다가오는 질문이다. 그다음에도 역시 자유에 대해서 물을 것인데, 주요하게 다룰 것은 다음과 같다. 하나님은 이런 자유 안에서 인간을 당신의 이웃으로 바라보시길 원하신다는 것이다.(§54) 더 나아가, 자유에 대한 질문은 다음으로 확장된다. 즉, 인간은 육신의 영혼이며 자신의 생명인 하나님의 의지와 계명에 따라서 실제로 자유를 실현시켜야만 한다는 것이다.(§55) 그리고 마지막으로, 자유에 대한 질문은 하나님이 인간에게 다음과 같은 것을 되돌아보게 하는 질문이 된다.(§56) 즉, 인간은 유한한 존재, 하나님에 의해서 시간적으로 제한되고 또한 한계 지어진 존재라는 것이다.

## §53
## 하나님 앞에서의 자유

창조자 하나님은 피조물로서의 인간이 하나님 앞에서 책임 있는 존재가 되길 원하신다. 하나님의 계명은 특별하게 다음을 말한다. 즉, 인간이 하나님의 날을 안식의 날, 자유의 날, 그리고 기쁨의 날로 거룩하게 지켜야 한다. 또한 인간은 스스로 마음과 정성을 다해서 하나님을 고백해야 한다. 또한 인간은 도움을 청하는 자로서 하나님 앞에 올 수 있도록 허락되었다.

### 1. 안식일

인간존재라는 말은 하나님 앞에서 책임을 인식하는 존재라는 의미이다.(KD III/2, §44) 하나님 앞에서의 책임은 그 자체로 다음을 포함한다. 즉, 인간은 하나님의 모든 행동 안에서, 하나님의 다스림과 심판 안에서, 또한 하나님의 자비와 자선 안에서, 그리고 하나님의 말씀과 마찬가지로 하나님의 침묵 안에서, 그리고 하나님의 사랑과 마찬가지로 하나님의 진노 안에서도 자신의 창조자이신 하나님을 옳다고 인정해야 하는 책임을 지닌다. 즉, 인간은 하나님을 전적으로 신뢰해야 하며, 인간은 오직 하나님 한 분께만 순종해야 하는 것이다. 하나님의 피조물로서 참된 인간은 이에 만족하든지 또는 거부하든지 이런 하나님의 행동을 통해서 인식되는 존재이다. 또한 인간이 이를 항상 보존하든지 또는 보존하지 않든지, 인간은 실제적으로 이런 책임을 갖고 서 있는 존재이다. 책임은 바로 하나님의 계명, 그리고 특별히 창조주로서의 하나님이 주신 계명을 지키는 것이다. 윤리적 사건들은 항상 하나님의 계명, 결정 그리고 심판의 관점에서 발생한다. 그래서 인간 행위의 선함과 악함은 이런 관점을 통해서 분명하게 드러나는 것이다.

그렇다면 정말로 이런 관점을 통해서 드러나는가? 분명히 그렇다. 먼저 무엇보다 포괄적으로 말하자면, 가장 일반적인 것을 통해 바로 이런 관점을 통해서 주어진다! 하나님 그 이외에 명령하시는 다른 모든 계명은, 이것이 전혀 '다른 계명'이 아니라면, 이는 반드시 위와 같이 언급된 것 위에 서 있어야만 한다. 하나님을 위한 자유, 하나님 앞에서의 책임—선하든 악하든 그리고 만족하든 만족할 만한 책임이 아니든—이 모든 것은 인간의 행동이다. 그리고 하나님이 인간에게 원하시는 모든 것을 통해서, 하나님은 처음이나 나중이나 동일하게 인간에게 이런 책임을 원하신다. 그러나 즉시 이런 가장 일반적인 또한 긴급한 것이 됨으로써, 다시 말하면 하나님 앞에서 갖는 우리 인간의 책임에 대한 질문이 됨으로써, 우리는 다음과 같은 사실을 주의해야 할 것이다. 그것은 바로 하나님의 계명은 바로 하나의 특별한 것을 주제로 삼는다는 사실이다. 이것이 하나님 앞에서 감수해야 할 책임이다. 이런 책임은 사실 하나님이 인간에게 요구하시는 유일하며, 동시에 모든 것이 되는 명령이다. 또한 이는 하나님의 다른 요구 옆에 존재하는 개별적인 명령이 된다. 그렇다고 이런 책임이 보편주제(Generalthema)로서 다른 모든 주제를 감싸며, 그리고 그런 주제들을 지도한다는 것을 의미하지는 않는다. 오히려 이는 동시에 다른 주제들 옆에서 하나의 특별한 주제를 형성하고 있다고 보아야 한다. 여기서, 바로 여기서 종교가 지니는 깊은 의미(Tiefsinn)가 그리스도교적인 생명인식(Lebenserkenntnis)의 파괴자나 적대자로 남지 않게 된다. 우리가 "기도에 힘쓴다."(롬 12:12, 살전 5:17)는 것은, 특정한 시간에 행하는 기도를 중단하라는 요청이 결코 아니다. 특수윤리는 윤리적 사건 안에서 매우 구체적인 하나님의 계명(mandatum Dei concretissimum)을 목적으로 한다. 특수윤리는 이런 이해를 위한 지침(Anleitung)이다. 그러나 특수윤리가 이런 지점에 도달할 수 없고, 또한 언급될 수 없음을 우리는 고민해야 할 것이다. 마찬가지로 하나님 앞에서 갖게 되는 우리의 책임의 관점에서도 이는 불가능하다. 그러나 특수윤리는 윤리적 사건 안에 놓인 "매우 구체적인 하나님의 계명"을 향해 나아가는 것을 방해해서는 안 된다. 이에 접근하는 것들은 하나님의 말씀을 통하여 설득되며, 허락되며, 그리고 요구된다. 우리가 다루는 것이 바로 이런 것들이다. 인간의 구원은 하나님 앞에서의 자유로 나아가게 한다. 그러나 이것만이 구원에 대한 기본적인 정의를 전적으로 의미하지는 않는다. 오히려 창조주이신 하나님이 자신의 피조물인 인간이 당신 앞에서 책임 있는 존재가 되기를 원함으로써, 하나님은 인간이 바로 하나님 앞에 서 있는 특별한 존재가 되도록 요구하시는 것이다. 이런 특별한 것—마치 특별한 모든 것이나 그리고 더 나아가 이곳에서 여전히 질문할 수 있는 특별한 모든 것보다 더 많은 것을 포함하는 것으로서—은 인간 자신을 위해서만 존재하지 않는다. 이런 특별한 것은 그 본질에서 중심을 형성하고, 그리고 동시에 모든 것을 포함하는 무엇인가를 형성하기 위해 이렇게 존재할 수밖에 없다. 그럼에도 불구하고 이것은 자신의 특별함을 통하여 드러나고 또한 이를 통해 특별히 고려될 때에도 전혀 변질되지 않는다. 인간은 하나님과의 관계 안에서 존재한다. 그리고 이런 인간에 대한 하나님의 요구가 또한 존재한다. 하나님은 인간을 향한 다른 모든 요구의 기초이며, 동시에 이를 포함하고 있는 분이다. 그럼에도 하나님은 인간이 지금 단순히 이런 요구에 헌신하도록 원하시는 것이 아니다. 오히려 하나님은 당신의 보편적인 영향력 때문에 또한 다른 요구들과 함께, 그리고 인간 자신을 위해서 인간이 하나님 당신의 요구에 귀기울이기를 원하신다.

그러므로 과거의 윤리학자들은 우리가 종종 반대할 만큼 큰 가치를 지니고 있지 못하다. 왜냐하면 그들은—때때로 무엇인가 도식적으로—인간이 지닌 "하나님에 대한 의무들"을 자신의 동료와 충돌하는 것으로, 그리고 자기 자신과 충돌하는 것으로 구별하고 있기 때문이다. 오히려 그들은 하나님의 사랑이 모든 윤리성의 뿌리가 된다는 부정할 수 없는 진리를 근거로, 마치 브루너(앞의 책, 292f.)처럼, 다음과 같은 결과를 도출하였다. 사실 이는 매우 우려할 만한 일이다. 즉, 하나님을 이와 같은 존재로서 이해하는 것은 그 자체로 "윤리의 순환 안으로 들어가는 것"이 아니라, 오히려 브루너에 따르면, 하나님에 대한 사랑과 이웃 사랑은 마치 샘과 시냇물, 그리고 나무와 열매와 같은 관계를 갖게 된다는 것이다. 그래서 이런 방식 안에서는, 브루너에 따르면, 마치 이웃들에게 주어지는 의무들과 같은, 하나님 앞에서 갖게 되는 어떠한 의무, 그리고 하나님 앞으로 나아가기 위한 어떠한 행동도 주어지지 않을 것이다. 마찬가지로 어쩌면 이런 방식 안에서는 다른 이들에 대한 의무를 지니는 것처럼, 하나님으로 나아가기 위한 어떠한 행동도 필요치 않을 것이다. 만약 위와 같은 것이 주어졌다면, 마찬가지로 모든 다른 행동의 명백하고 탁월한 중요성 때문에 인간의 두려움은 곧바로 완전히 감추어져야만 할 것이다. 또한 모든 종류의 신앙훈련, 신비주의, 그리고 금욕주의라는 형태 안에서 세상도피와 인간도피가 반드시 따라오는 결과가 될 것이다. 브루너가 말하는 "윤리의 순환"으로서 그 밖에 계속해서 머무는 것은 단지 하나님의 사랑을 통해 기초되어진 인간에 대한 사랑의 영역일 뿐이다.—사람들은 이런 언급을 통해서 매우 건조한 신학 그리고 리츨(A. Ritschl)의 공허한 신학 안으로 들어가게 된다. 또한 이를 통해서 사람들은 "하나님에 대한 사랑은 이웃에 대한 사랑 이외에 어떠한 활동의 여지도 갖지 못하게 된다"(『그리스도교 안에 있는 가르침』[*Unterricht in der christlichen Religion*], 1875, §6). 또한 브루너에 의하면, 이것은 단지 신비주의와 금욕주의에 반대하는 격렬한 저항에서 기인하는 것으로, 마치 이것이 하나님과 대립해서 다른 모든 자신의 보편적인 위치와 기능에 대한 보편적인 존경 밖에서 하나님께로 향한 특별한 하나의 행위가 주어질 수 있다거나 반드시 주어져야만 하는 것처럼 보여서는 안 된다. 그러나 이것이 리츨의 신학이 마치 매우 주목할 만하고 별로 유쾌하지 않은 특징을 갖는다고 해서, 결국에는 이에 대해 금지령을 내리는 것이 아니다. 그리고 이런 특징은 브루너의 윤리학에서 계속해서 볼 수 있다. 바로 여기서 쇠에(N. H. Søe)는 정당한 이의를 제기하고 있다.(앞의 책, 143f.) 만일 사람들이 이웃에 대한 사랑을 확실히 특별한 종교의 영역 안에서 계속해서 책임을 모면할 수 있다면, 그리고 마치 전적으로 인간적인 행위들(Unternehmungen)이 아닌 것이 주어졌다면, 마찬가지로 인간이 하나님의 만족을 얻거나, '강화하거나', 또는 간직할 수 있는 신앙심(Froemmigkeit)을 유발할 수 없을 것이다. 마찬가지로 인간은 특히 마가복음 12:29 이하와 병행구절의 주석을 통해 매우 강조하는 것, 즉 이웃 사랑의 계명이 하나님에 대한 사랑에 비추어 요구되거나, 또는 인간에게 본문에서 말하는 자연스러운 내용을 취하라고 단지 말할 수 있을 것이다. 이 중적인 사랑의 계명은 우리에게 두 가지의 상대적인—오직 상대적인 그러나 상대적으로 매우 확실한—구별된 활동분야(Taetigkeitsgebiet)를 요구한다. 다시 말하면, 이런 활동의 주변에는 또한 계명이 존재한다는 것이다. 그리고 행위적인 형제 사랑의 주변에도 매우 엄밀한 개념적인 의미에서 예배(Gottesdienst)가 존재한다. 그리고 국가와 사회 안에서 펼쳐지는 행위의 주변에도 공동체 안에서의 계명이 존재한다. 그 밖에 학문의 주변에도 또한 신학이 존재하며, 그리고 모든 계명과 이와 비슷한 것이 계명 또는 의무로 존재한다. 또한 사건으로서 이 모든 것은 분명하게 인간의 행위로, 단지 브루너(앞의 책, 294)처럼 무엇인가 인위적으로, 즉 오로지 받아들여져야 하는 것으로서 구별된다. 요한계시록 21:22에 따라 하늘의 예루살렘에서는 어떠한 성전도 존재하지 않게 될 것이라는 사실은, 참으로 옳다. 그러나 이는 다음과 같은 연관성 안에서 보아야만 한다. 즉, 윤리적인 문제는 그곳에서 전적으로 더 이상 중요한 문제가 되지 않을 것이며, 하나님과 인간의 관계는 그곳에서 또한 인간의 측면에서 볼 때 최종적으로 정리되며 그리고 규정되어질 것이다. 구약성서와 신약성서는 그러나 바로 지금 그리고 여기서는 인간의 실존을 전제로 하고 있다. 그 안에서 윤리적 문제는 항상 인간의 입장에서 바라볼 때 여전히 그리고 계속해서 해결해야만 하는 문제이다. 성서는 이런 관점에서 영광의 신학(theologia gloriae)으로 향해 나아가는 것이 아니다. 오히려 마가복음 6:46과 그 병행구에서 보도하듯이 오히려 예수 그리스도의 관점에서 볼 때, 분명히 예수께서는 산으로 올라 홀로 기도하시기 위해서 백성을 "떠나실 수도 있었다." 그리고 "밤이 새도록 하나님께 기도하셨다"(눅 6:12). 이는 마치 구약성서에 따르면 처음부터 특별한 하나님의 현존(Gegenwart)의 특별하게 구분된 영역들과 이와 동일한 특정한 시간에 인간에 명령된 특정한 행위가 주어졌음과 같다. 또한 마치 이스라엘의 선지자들이 단지 그들의 백성과 대화를 통해서가 아니라, 무엇보다, 최우선적으로, 그리고 자기 자신을 위해서 이스라엘의 하나님과의 대화를 통해서 이를 찾게 되는 것과 같다. 그리고 마치 마태복음 6:6에서 기도자에게 권고하듯이, 자기의 '골방'에 들어가 문을 닫고(다시 분명하게 말하자면, 기도를 위해서 이웃을 뒤로 하고), 그리고 은밀하게 아버지에게 기도해야 한다. 그러므로 사람들은 항상 분명한 확약(Versicherung)의 방향 안에서 너무 많이 행하려 하지 말아야 한다. 그리고 하나님과의 올바른 관계가 인간적인 행동에 대한 모든 남겨진 관계의 뿌리와 근원, 그리고 유일하면서 전부인 것임을 알아야 한다. 왜 성서가 바로 위와 같은 이유가 아니라, 이런 특별한 기능 안에서 오히려 하나의 가장 특별한 관련을 갖게 되어야만 하는가? 쇠에에 의해서 이끌어지는 스칸디나비아의 작가들이 제기한 다음과 같은 질문은 확실히 근거가 없다. 즉, 하나님에 대한 사랑을 분명하게 떼어버린 이래로, 혹시 인간에 대한 사랑이 자라지 않았는가?

우리는 하나님께서 인간과의 관계에서 원하시는 특별한 것을 인간에게 지시하신 안식일(Feiertag)이라는 개념 아래서 최우선적으로 표현하려 한다. 왜냐하면 이런 개념 안에서 가장 구체적이고 동시에 광범위한 것이 분명해지기 때문이다. 즉, 하나님께서는 단지 모든 시간을 요구하시는 것이 아니라, 오히려 모든 시간을 요구하시기 때문에 또한 마찬가지로 하나의 특별한 시간을 요구하신다. 그리고 하나님께서는 단순히 인간의 온전한 행위만을 요구하지 않으신다. 오히려 온전한 행위를 원하시기에 또한 그 안에 놓여 있는 인간의 특별한 행위도 원하신다. 우리는 지금 십계명의 네 번째 계명을 통하여 드러나는 매우 특별한 영역으로 들어갈 것이다.

두 번째 계명 옆에는 십계명 안에서 하나님의 모습을 가장 자세하게 설명하는 계명 또는 하나님의 모습과 관련하여 오히려 금지라 불릴 수 있는 계명이 있다. 이것이 바로 두 번째 계명과 함께 구약성서의 사람들이 갖는 태도, 그들의 순종 또는 불순종을 외적으로 가장 분명하게 특징짓는 것이었다. 그러나 새로운—또는 더 좋게 말하자면, 자신의 고유한—형태 안에서, 바로 자신의 첫 번째 그리고 마지막 의미 안에서 이해되는 것이다. 그리고 신약성서의 그리스도교 안에서 즉시 드러나는 매우 놀랄 만한 자기이해와 함께 강력하게 힘을 발휘하는 것, 유효한 것, 구속력을 갖고 인정받게 되는 것, 그리고 구약과 신약, 하나인 하나님 백성에게 더할 나위 없이 자연스러운 것으로 받아들여져야 하는 규율(Regel)로서 고려되는 것이다. 그리고 이런 질문은 이미 그 단어 자체로 하나님의 백성임을 함축하고 있는데, 바로 이는 창조주 하나님에 대한 질문을 통해서 그리고 하나님의 뜻에 따르는 인간 행위의 구원의 질문을 이와 함께 배치하고 있다. "안식일을 거룩히 지키라. 엿새 동안은 힘써 너의 모든 일을 행할 것이나, 제 칠일은 너의 하나님 여호와의 안식일인즉, 너나 너의 아들이나 너의 육축이나 너의 문 안에 거하는 손님이라도 아무 일을 하지 말라. 이는 엿새 동안에 나 여호와가 하늘과 땅과 바다와 그 가운데 모든 것을 만들고 제 칠일에 쉬었음이라. 그러므로 여호와가 안식일을 복되게 하여 그 날을 거룩하게 하였느니라."(출 20:8-11)—신학 윤리는 이런 하나님의 계명 또는 이런 특별한 극단화 안에 놓인 하나님의 유일한 계명을 흔히 무성의함과 무기력함으로 다루었다. 그래서 신학 윤리는 성서를 통해서 커다란 의미를 지닌 중요성을 그리고 하나님의 계명으로 전해지는 결정적인 의미를 참으로 들어주지 못했다. 이에 대해서 오늘날 서술되어진 가장 월등한 작품은 퀘르벵(A. de Quervain)의 『거룩』(*Die Heiligung*, 1942, 353-380)이다. 이 작품은 "공동체의 축제"라는 제목으로 이를 신학적으로 중요하게 다룬다. 그리고 또한 뤼트히(Walter Luethi)가 실천과 생생함을 의도하여 저술한 작품인 『당신의 일요일』(*Dein Sonntag*, 신판, 1949)을 들 수 있다.

안식일 계명은 무엇을 말하는가? 안식일 계명은, 일반적으로 사람들이 인간 행위를 자신의 고유한 행위, 자신의 기업과 능력, 자신의 생명을 유지하기 위한 일과 인간적인 결속을 위한 복무 안에 있는 것으로 여기는 한, 인간 행위의 한계에 관해서 말하는 것이다. 또한 안식일 계명은 하나님을 바라보는 것, 인간 행위의 중심과 의미, 그리고 하나님의 의해 창조되었으며 그리고 그토록 기대하던 구원이 때때로 또한 중단, 고요함, 의식적인 멈춤, 시간의 충만한 정적임을 기쁘게 받아들여야 함을 말하고 있다. 즉 인간의 고유한 일은 또한 이런 때때로 주어지는 중단을 통하여 한계가 설정된 일임을 알고 실행해야만 한다는 것이다. 이런 중단이 바로 안식일이다.

이를 구약성서는 안식일(사실 마찬가지로, 축제, 고요함을 의미하는데)이라 칭한다. 이는 독일과 영국에서 매우 기쁘게, 그러나 무엇인가 의심스러운 이방인의 전승인 '태양의 날'(일요일)을 가리킨다. 고대 교회에서는 이를 요한계시록 1:10에 따라 주님의 날(κυρίακη ἡμέρα)이라 불렀는데 더 나은 표현이다. 주의 날(Dies dominica)이라는 표현은 프랑스어, di manche(주님의 날)에서 여전히 그 흔적을 찾을 수 있다. 주님의 날은 특별한 방식으로 하나님께 속해 있는 것이지, 인간에게 속한 것이 아니다. 그리고 마찬가지로 인간은 주님의 날을 자기 자신을 위해서 사용하지 않는 방식으로 존경을 표해야만 한다. 분명 주님의 날에 인간의 행동이 금지되어 있는 것은 아니지만, 그러나 그가 다른 평일과의 관계를 통해서 볼 때, 분명 금지-행위가 존재하는 것은 사실이다. 인간은 자신의 일을—자기 자신의 의지에서가 아니라, 하나님의 의지로부터, 특히 바로 인간 자신의 구원을 위해—중단해야 한다. 이는 무엇보다 다음날, 자신의 일을 다시 시작하기 위함이다. 인간은 주님의 날에 하나님의 영광을 위해 축제를 벌이며, 기뻐해야 하며, 자유를 누려야 한다. 이런 축제, 기쁨 그리고 자유 안에서 인간은 순종하게 된다. 그러나 무엇인가 핑계를 둘러대면서 이를 행하지 않는 것이 바로 불순종이다. 이것을 바로 안식일 계명은 말하고 있다.

우리는 바로 이런 특별한 모습을 통해 하나님의 계명을 창조자의 계명에 관한 우리의 모든 질문의 시작으로 삼는다. 그리고 또한 특수윤리의 시작 그 자체로 하나님의 계명을 제시한다. 이와 같은 계명은 사실 매우 이상한 듯 보인다. 물론 그렇게 보일 수도 있다. 또한 우리는 우리의 연구에 관해서 그리고 또한 어째서 이런 계명이 하나님의 계명이 되는지에 대해서도 아직 듣지 못했다. 그리고 무엇보다 인간이 다른 동료 인간과 갖는 관계에 관해서도 듣지 못했다. 그리고 계명이 우리에게 주어진 일과의 관계를 결정하는 것인가에 관해 기대하고 있는 해명을 듣지 못했다. 그리고 평일에 관한 계명을 듣지도 못했다. 평일의 시작이며 끝이, 그리고 평일의 중단이 바로 주님의 날이다. 사람들은 평일—하나님의 계명, 하나님의 많은 계명-을 이해하기 이전에, 안식일을 이해할 수 있는가? '안식'은 그 전에 주어졌던 일을 통해서 주어져야만 하는 것이 아닌가?—그리고 그렇다면 또한 무엇보다 일에 관해서 언급을 한 후에, 이를 통해서 안식을 말해야 하는 것이 아닌가? 그러나 마찬가지로 이와 밀접하게 연관된 질문은 오히려 역으로 물어야만 한다. 즉, 사람들이 안식일을 이해하기 전에, 사람들은 평일, 다른 동료 인간과의 관계 속에서 행하는 일의 날을, 그리고 이런 하나님의 계명을 이해할 수 있는가? 사람들은 복음을 듣기 이전에, 율법을 들을 수 있는가? 사람들은 인간의 고유한 행위를 하나님의 계명 아래서 볼 수 있는가? 그리고 사람들이 무엇보다 같은 하나님의 계명에 따르지 않고도 자신의 일을 중단하고, 안식을 취하며, 하나님 앞에서 축제를 열며 그리고 스스로 즐거워하며 그리고 자유로운 존재일 수 있는가? 사람들은 일의 가치를 인정할 수 있는가? 그리고 자신의 한계로부터, 자신의 엄숙한 중단과 같은 다른 것으로부터 올바르게 행동할 수 있는가? 바로 이런 중단이 고유한 시간, 즉 인간이 이 시간으로부터 오직 또한 일상의 시간을 획득하는 시간은 아닌가? 바로 이런 역설적인 안식일의 '행위'가 모든 일상 시간의 근원 그리고 이른바 현상적으로는 이해할 만한 의미 안에서 명명되는 행위의 근원은 아닌가? 안식일 계명은 실제적으로 인간의 행위에 관한 것이다. 이 행위는 바로 자신의 고유한 행동에서 중단하여 안식하는 것이다.

그리고 포괄적으로 말하자면, 복음을 향한 준비 안에 서 있는 것이기도 하다. 성서의 의미는 또한 성서가 요구하는 곳에서 복음으로서 존재한다. 그래서 우리에게 성서를 통해서 바로 첫 번째, 단지 현상적으로 이해할 만한 질문이 주어진 것이 아니라, 오히려 두 번째 질문이 우리에게 제기된다. 만일 우리가 이런 지시(Weisung)를 잘 지킨다면, 우리는 의심할 여지 없이 먼저 안식일 계명에 그리고 이를 통해서 우리에게 주어진 모든 계명에 관심을 갖게 되어야만 할 것이다.

나는 먼저 퀘르벵(De Quervain, 353)의 말을 인용할 것이다. "안식일 계명의 준수는 구약의 계약 속에서 이스라엘이 하나님을 두려워하는지 또는 사랑하는지, 그리고 하나님의 백성인 이스라엘이 이를 알고 있는지를 결정하는 것이다. 왜냐하면 안식일은 이스라엘 안에서 지시된 계약의 표징이기 때문이다. 안식일의 계명을 기뻐하지 않는 자, 자기의 일을 기쁨 안에서 중단하지 않는 자는 바로 하나님의 선하심과 성실하심을 업신여기는 자이다. 그리고 이런 사람은 하나님의 선택이 아니라, 자신의 행위에 구원의 희망을 둘 것이다. 이렇듯 안식일은 매우 특별한 방식으로 구약 계약 안에 주어진 기쁨의 소식에 대한 증표가 된다. 안식일의 기쁨은 (…) 과분한 기쁨이다. 즉, 이미 발생한 선한 일들이며 새로운 하나님의 행하심에 대한, 그리고 다가오는 구원에 대한 기다림 속에 주어진 기쁨이다."

나는 『교회교의학』 III/I(240-258)에서 창세기 2:1-3에 관해서 설명한 것을 짧게 요약한 것을 여기서 계속 발전시키고자 한다. 즉, 우리는 창세기 2:2에서 창조주 하나님께서 자신의 창조를 마친 후, 일곱 번째 날에 '안식'하셨음을 읽을 수 있다. 이는 한마디로 말해서, 하나님께서 창조 사역을 더 이상 행하지 않으셨다는 것이다. 하나님께서는 스스로 그리고 자신의 피조물과 함께 이런 경계를 놓으셨다. 하나님께서는 이런 피조물을 창조하신 분으로 계심에 만족하셨고, 창조주로서 자신의 창조 사역 안에서 자신을 찬미하셨다. 그는 더 이상의 창조를 하실 필요성을 느끼지 못하셨다. 그는 더 이상의 피조물을 필요로 하지 않으셨다. 그는 자신이 창조한 피조물을 보면서, 창세기 1:31을 보면, "매우 좋다"고 생각하셨다. 하나님의 의지를 통해서 만들어진 것, 특히 제한된 세상(cosmos) 가운데 가장 늦게 그리고 가장 최고의 존재로 인간을 창조하시고, 하나님께서는 일곱 번째 날을 마주하셨다. 이날은 "숨을 돌리는" 날(출 31:17), 축제의 날, 기쁨의 날, 그리고 영원 전부터 계셨으며, 스스로 존재하시며, 영원히 계실 분이신 하나님께서 쉬시는 날이다. 하나님께서는 지금 왕좌에 오르셨다. 그리고 당신의 왕좌로부터 내려와 자신이 창조한 피조물과 함께 그리고 그 안에 계심으로 창조물을 자신이 창조하신 뜻에 따라서 원래 원하시던 곳으로 이끌기를 원하신다. 이것이 일곱 번째 날에 취하신 하나님의 안식이며, 이런 안식은 창조의 완성이었다. 그래서 마치 이전에 행하셨던 하나님의 창조 사역을 우리의 시간에서 수행한 사건으로 묘사할 수 있다. 창조는 이런 하나님의 왕좌로서의 오르심으로 완성된다. 즉, 이는 동시에 성서에서 하나님과 인간 사이의 역사에 대해 성서가 기술하고 있는 것이다. 이런 창조의 전체성(Ganzheit) 안에서 그리고 또한 창조된 세상 안에서 이런 특별한 것이 삽입된다. 즉 일곱 번째 날에 발생한 은총의 베푸심이다. 그 안에서 높이 계신 하나님은 피조물과 함께하시기를 원하시며 또한 함께하실 것이다. 이런 베푸심은 분명히 하나님께서 자신이 창조하신 세상 안에서 계속 행하시는 특별한 사역의 원천이 된다. 이런 베푸심으로부터 성서가 증언하는 것들, 즉 자비로운 계약의 역사에 대한 계속된 그리고 고유한 내용이 현실화되는 것이 가능하다는 것은 자명하다. 이것은 여섯 날로 구성된 평일의 첫째 날을 통해서는 전혀 이해할 수 없는 것이다. 그럼에도 불구하고 평일은 역사의 무대이거나 대상에 관한 것이 된다. 그러나 이런 역사가 자연 역사 안에 그리고 그 옆에서 그리고 일반적인 세계 역사 안에서 하나의 특별한 역사로 높여질 때, 그리고 특별한 능력의 입증 안에서, 행위와 계시 안에서 진행될 때, 사람들은 이런 역사를 안식일이라는 사건을 통해서만 이 역사가 바로 창조질서에서 기인한다고 말할 수 있다. 이는 이런 역사가 아브라함과 이스라엘 백성을 선택하심에서 더 나아가 하나님께서 당신의 아들 안에서 스스로 인간이 되시며, 그리고 유일하신 바로 인간 예수가 되셨다는 사실로 이끌 때 또한 그렇다. 그리고 인간이 만물 안에서 하나님의 대리자 그리고 피조세계 안에 있는 증인이 될 때 그렇다. 하나님은 창세기 2:1-2에 따르면, 모든 피조물의 주님께서 이미 창조 안에서 자신 스스로를 이런 특별한 의미가 되게 하셨다. 일곱 번째 날이라는 특별한 사건은 이미 창조 그 자체에 속하는 것이다. 이날은 '안식'의 날이며, 살아 계신 하나님께서 자신 스스로를 세상과 세상 안에 있는 인간에 대립하여 세우신 날이다. 또한 피조물이 하나님으로부터 주어졌다는 증거의 옆에서 그리고 은혜로운 왕국의 다가옴 안에서 하나님께 속한 증인과 하나님께서 창조하신 것의 자유로운 주님이 되시기 위해서 소유하신 열려진 공간이며, 하나님께서 이를 위해 세우신 날이다.

그래서 창세기 2:3은 안식일 계명에 대해서 언급하고 있으며, 안식일에 대한 축복과 안식일을 거룩하다 말한다! 이는 다음을 의미한다. 즉, 모든 일곱 번째 날은 창조물을 위해서 필요한 변경을 가하여(mutatis mutandis) 같은 내용과 같은 의미를 간직해야 한다. 즉, 이는 하나님께서 일곱 번째 날에게 부여하신 내용과 의미이다. 안식일은 인간에게―특별한 날로서 그리고 일곱 번째 창조의 날로 높여짐을 염두에 두면서―특별한 날이 된다. 그리고 이는 무엇보다 그리고 포괄적으로 다음을 의미한다. 즉, 이날은 또한 피조물을 위해서 그 일을 쉬는 휴일이 되어야 한다. 이는 또한 피조물이 이날에 '안도의 숨을 쉬면서' 자신을 발견해야만 한다는 것을 의미한다. 이로부터 이른바 창조주 하나님께서 일곱 번째 창조의 날에 피조물과 함께 행하며, 축제를 벌이며, 즐거워하며, 완성된 창조에 대한 당신의 특별한 주권을 자유롭게 펼치신다. 사람들은 깨닫는다. 즉 안식일은 하나님의 창조사역의 최고봉이며, 하나님의 형상에 따라 지음 받은 인간의 날로서 평일의 일에 상응하는 안식의 초청이 아니라는 것이다. 마찬가지로 인간이 하나님의 창조사역의 증인일 수 없다는 것을 의미하지 않는다. 오히려 단지 창조사역의 최후의 대상이었기 때문에 안식일이 주어진 것이 아님을 의미한다. 안식일은 바로, 인간이 하나님과, 하나님의 행위와 맞추어, '안식하며', 일하지 않으며, 쉬며, 기뻐하며 그리고 자유로울 수 있을 때 주어진다. 이미 이루어진 일, 이미 완성되어진 인간의 업적에 대한 회고는 안식일 계명에 세워진 기초와의 연관성 안에서는 의심되지 않는다. 오직 하나님의 쉼에 참여하는 것을 통해서 인간은―일곱 번째 날이면서 인간의 첫째 날에―쉼을 얻는다. 그러나 바로 지금 이것을 행하는 것이 명령으로 주어진다. 하나님의 계명 아래에서 펼쳐지는 인간의 역사는 실제로 복음과 함께 시작하지, 율법과 함께 시작하지 않는다. 그리고 인간을 보호하는 쉼과 함께 시작하지, 인간에게 주어진 임무와 함께 시작하지 않는다. 또한 인간에게 주어진 기쁨과 함께 시작하지, 수고와 일로 시작하지 않는다. 그리고 인간에게 주어진 자유와 함께 시작하지, 인간에게 부과된 의무와 함께 시작하지 않는다. 마찬가지로 쉼으로 시작하지, 행위로 시작하는 것이 아니다. 짧게 말하자면, 주일(일요일)과 함께 시작하지, 우울한 평일의 연속선 위에서 필시 일요일을 빠뜨린 평일과 함께 시작하는 것이 아니다. 하나님께서 일곱 번째 날에 쉬셨다는 것과 하나님께서 이날, 다시 말하면 하나님의 첫 번째 행위이며 동시에 인간은 이런 하나님의 행위에 대한 증인이 될 수 있는 날을 축복하시고 거룩하게 하셨다는 것, 그리고 인간이 자기 자신의 일을 전적으로 놓고 하나님과 함께 쉬는 것, 그리고 이런 쉼을 통해서 다시 자기의 일자리로 갈 수 있는 것이 바로 인간에게 주어진 첫 번째 말씀이었다. 이것이 바로 또한 인간이 주목해야 하는 첫 번째 연결성(Verbindlichkeit)이기도 하다. 이런 연결성은 자신이 자유로운 존재라는 연관에서 현실적으로 등장한다. 즉, 하나님께서 당신이 창조하신 피조세계 안에서 갖고 계신 당신의 자유 안에서 스스로 획득하신 특별함을 바라보는 자유이며, 그리고 자비로운 왕국의 완성과 길을 바라보는 자유이다. 제도로서, 모든 인간에게 주어진 계명인 ― 즉, 인간에게 주어진 하나님의 계명이라는 형태를 갖고, 그리고 분명히 이런 형태의 근거! ― 안식일은 창조주 하나님께서 자신의 피조물에게 자비롭고 그리고 피조물의 주인이 되시기 위해서 스스로에게 허락하신 자유의 표징이다. 그래서 동시에 하나님께서 피조물에게 주시고 이를 통해서 피조물에게 요구되는 자유의 표징이 된다. 즉, 이는 하나님께서 피조물에게 베푸는 당신의 은총을 위해 또한 당신 스스로가 자유로운 존재가 될 수 있다는 사실 안에서 주어지는 것이다. 그래서 이런 자유 ― 하나님과 인간의! ― 를 증거하기 위해서 인간은 안식일에 어떤 일도 행해서는 안 된다. 또한 인간에게 주어진 날 가운데 모든 일곱 번째의 날은 주님의 날에 시작되는 인간 실존이 시작되는 날로 계속해서 의미를 갖는다. 이날에 인간은 하나님께서 일곱 번째 창조의 날에 행하신 바로 그것을 행해야 한다. 이는 ― 산으로 올라가는 것이 아니라 오히려 내려오는 것! ― 안식일로부터 인간이 스스로를 위해 행하는 날들, 바로 이런 평일들 안에서 하나님께서 주시는 은총을 향해 나아가기 위함이다. 즉, 하나님의 날이기 때문에 동시에 인간 실존의 모든 시작점이 되는 이런 은총이 인간에게 약속되었다.

그러므로 우리는 동시에 다음을 확정할 수 있다. 즉, 창조질서에 반하는 어떠한 혁명이 주어진 것이 아니라, 출애굽기 20:8 이하와 창세기 2:1 이하에서 안식일 계명의 근거로 언급되는 것과 깊은 일치가 나타났다. 이는 또한 만일 신약성서의 그리스도교가 이에 대한 반대 없이, 오히려 현상적으로 고린도전서 16:2와 사도행전 20:7에 따라 깊이 이해하면서 일주일의 첫째 날인 안식일을 규칙적인 휴일로 지켰을 때 또한 마찬가지이다. 신약성서의 그리스도교는 안식일을 마가복음 16장 이전과 병행구에 따라서 예수 그리스도께서 부활하신 날을 유대교의 안식일인 날 그리고 일주일의 가장 앞에 놓인 날로 지켰다. 그들은 이런 사건을 놓고 구약성서의 계명을 단지 의미적으로가 아니라, 오히려 결국은 원문에 따라서 해석했던 것이다. 신약성서의 그리스도교는 자신들이 예수 그리스도의 부활 안에서 진실성에 대한 계시와 일곱 번째 날에 대한 축복과 거룩 안에서 주어지는 하나님에 대한 신앙과 연관시켜 안식일을 보았고 이해했던 것이다. 마찬가지로 인간은 예수 그리스도의 부활 안에서 자신의 행위에 대해서 계속해서 대립해서 서게 되는 은총의 사건과 함께, 즉 이런 사건을 통해서 인간이 무엇보다 자신의 수고들, 행위들, 그리고 능력에 대한 대가 없이도 계속해서 주어지는, 은총의 사건을 보았다. 그들은 그리스도의 부활 안에서 창조에 기초하는 하나님과 인간 사이의 계약이 성취되었음을 알았다. 즉, 이 계약은 인간이 행할 수 있는 안식일의 파기나 하나님과 대립되는 인간적인 적대감에 의해서 파괴될 수 없는 것이다. 그들은 예수 그리스도의 부활 안에서, 창조의 일곱 번째 날은 바로 "주님의 날"로서—하나님께서 쉬신 날로서 그리고 인간에게 명령된 하나님 안에서 쉬는 날로서—단지 일주일의 마지막 날이 아니라, 무엇보다 인간을 위해 주어진 첫 번째 날로서, 그래서 인간이 이를 거룩하게 지켜야 하는 날로 보았으며, 그리고 이해했다.

안식일에 대한 계명은 모든 다른 계명을 설명하거나 또는 하나의 계명이 갖는 다른 모습을 설명해준다. 그래서 안식일에 대한 계명은 모든 계명의 최고봉에 놓여 있다. 그리고 인간의 고유한 행위를 포기하는 것과 쉼을 요구함으로 인해서, 인간을 창조하시고 자신의 독특한 영향을 행하시며 또한 임무를 부여하시는 하나님, 즉 명령하시는 하나님이 바로 예수 그리스도 안에서 인간에게 자비를 베푸시는 하나님임을 설명한다. 이는 또한 하나님이 인간을 위해 당신이 원하시고 성취하신 모든 것을 기초로, 하나님이 인간을 위해 어떤 분이시고 그리고 무엇을 행하시길 원하시는 분인지를 환기시킨다. 그리고 하나님은 당신의 뜻을 인간과 함께 펼치신다는 사실을 상기시킨다. 그리고 하나님이 당신의 의도를 참으로 실현하셨다는 것과, 하나님께서 이 둘을, 즉 인간과 함께하는 당신의 의지를 그리고 인간을 향하며 또한 인간을 위한 하나님의 행위를 완성시키셨음을 이해하도록 만든다. 그래서 하나님의 계시를 완성시키셨음을 우리가 이해하도록 만든다. 그리고 이는 인간에게 창조주이신 하나님께서 당신의 피조물인 인간에게 말씀하신 것을 환기시킨다. 그리고 하나님께서 계속해서 그리고 결국 결과적으로 하나님께서 예수 그리스도 안에서 단번에 진실되게 만드셨던 것과 진실로 드러내셨던 것을 우리가 고백하도록 만든다. 이는 인간을 이 모든 것에 대해서 하나님의 긍정만이 그리고 그 외의 것들은 전혀 간직할 수 없다는 사실을 환기시킨다. 마찬가지로 인간에게 안식일을 거룩하게 지키라고 지시한다. 이는 결코 인간이 간직한 고유한 욕구와 인간의 행위에 대한 무시와 악평을 의미하는 것이 아니다. 마찬가지로 인간에게 주어진 재능을 활용하는 것에 대한 부정이나 파기를 의미하는 것이 아니다. 그러나 이는 무엇보다 인간이 자기 스스로 원하는 것과 행하고, 그리고 행할 수 있는 것에 대한 분명한 제한과 상대화를 의미한다는 것은 분명하다. 안식일에 대한 계명은 이러한 능력과 명령에 새로운 시작과 목적을 제공한다. 이는 인간에게 결정적인 것과 하나님의 전능한 의지와 행동을 기억하게 함으로써 가능하다. 그리고 인간에게 다음과 같은 것을 말한다. 즉, 인간만이 오로지 절대적이고, 영향력 있으며, 그리고 구원을 제공하는 하나님의 긍정 앞으로 나아갈 수 있다는 것이다. 왜냐하면 이것이 오직 안식일에 대한 계명으로부터 다가오기 때문이다. 그러므로 이는 하나님께서 당신의 편에서 보면 당신 스스로를 위해서 그리고 인간과의 교제를 위해서 적극적인 긍정을 보내주시는 것을 금하지 않는다. 오히려 이는 더 많은 것을 인간에게 허용하신다. 이는 인간이 안식일을 기초로 하여 다른 평상의 날로 나아가기 위해서, 그리고 파견하기 위해서 안식일을 거룩하게 지키라고 환기시킨다. 그러나 또한 인간이 안식일—인간이 안식일을 인식하기 위해서 그리고 인간이 하나님의 모든 날을 거룩하게 지키기 위해—을 하나님의 긍정 안에서 실현하여 살아가기를 원하신다. 이것이 바로 인간 스스로가 자기 자신을 위해서 또는 다른 이들을 위해서 또는 세상을 위해서 말할 수 있는 것이다. 안식일에 대한 계명은 인간이 스스로 자신의 고유한 긍정에 만족하는 것을 금지한다. 또한 이는 인간이 인간의 계획과 욕구에 대한 믿음, 자기 자신의 유능함과 능력에 대한 믿음, 그리고 인간 스스로가 만들어 내는 자기 의로움과 구원을 금지한다. 이는 인간이 실제로 일하는 것을 금지하지 않는다. 그러나 자기 자신의 일에 대한 믿음을 금지하는 것이다. 인간은 정말로 진지하게, 그리고 자신에게 주어진 능력을 다해서 일해야 한다. 그러나 인간은 조금이라도 일을 믿어서는 안 된다. 또한 인간이 성취하고 그리고 목표로 하는 것으로 신뢰를 축소시켜서는 안 된다. 또한 인간에게 아른거리는 이상을 사용하는 것으로 인간의 순종을 폄하해서는 안 된다. 바로 여기서 인간이 휴식해야 하는 안식일은 가차 없이 날카로운 경계를 드러낸다. 하나님의 계명은 바로 여기서 인간의 계획 안에서 자유로운 은총을, 시간을 채우면서 인간의 기업과 성취의 연속 그 중심으로 들어와 서게 된다. 만일 인간이 하늘이나 땅, 그리고 자기 스스로를 창조하지 않았다면, 인간은 자신의 실존을 자기 자신으로 삼아서는 안 된다. 오히려 이를 인간이 하나도 하지 않았지만 자신에게 이 모든 것을 제공하신 분의 의지와 행위에서 이를 찾아야 한다. 또한 이는 인간이 일할 수 있다는 것은 인간이 정복할 수 있다거나 또한 인간이 소유할 수 있음이 아니라, 오히려 자유로운 선물처럼 주어진 것이다. 그리고 인간이 일을 해야 한다는 것은 인간이 발명을 해야 한다는 것이 아니라, 오히려 이는 하나님께서 주신 임무를 의미한다. 이렇듯 인간은 하나님이 주신 것, 인간의 미래 그리고 자신의 동료 인간을 조정할 수 있다고 잘못 생각해서는 안 된다. 인간은 이 모든 것을 자비로운 하나님의 사역이며 선물, 즉 이에 대해서 인간은 전혀 아무것도 하지 않은 선물로 생각하고 받아들일 수 있는 준비가 항상 되어 있어야 한다. 인간은 또한 스스로를 ,충분하게 갖추어진 존재로 긍정해서는 안 된다. 그리고 인간은 스스로 자기의 구원을 위해, 자신의 신앙을 더 성숙하게 하기 위해, 도덕심을 더 좋게 하기 위해, 공동체, 인간과 인간성에 대한 사역 안에서 자기 스스로가 계획하고, 원하고, 영향을 끼치며, 나아갈 수 있으며 실제로 또한 그렇게 하여야만 하는 것에 신뢰를 보내거나, 돕거나 또는 정당성을 부여해서는 안 된다. 안식일에 대한 계명은 인간이 하나님의 전능하신 은총을 시종일관 가장 처음이며 마지막인 말씀으로 삼는 것을 목적으로 한다. 그리고 전능하신 은총을 마주 보면서, 가장 최고의 것 안에서와 마찬가지로 가장 작은 것 안에서, 인간이 무제한적으로 마음껏 사용하는 자신의 지식이나 욕구 그리고 행동을 스스로 포기하는 것을 목적으로 삼는다. 그리고 이런 일곱 번째 날 그리고 또한 인간의 전체 인생 가운데 7분의 1인 시간을 인간 전체의 삶에서 드러냄을 통하여, 그리고 인간이 일곱 번째 날을 인간 자신의 날로 삼는 것을 금지함을 통하여, 또한 인간이 스스로 전능하신 하나님께서 허락하신 은총의 날로 확실하고 전적으로 지키며, 사용하기를 요구함을 통하여, 인간의 전적인 포기와 양도를 그 목적으로 삼는다.

　이처럼 안식일에 대한 계명은 자신의 특별함 안에서 하나님께서 주신 다른 모든 계명의 모습을 설명하고 있다. 그리고 그곳에서 명령하시는 분을 염두에 두면서 안식일의 계명이 전적으로 무엇을 지시하고 있는지를 설명한다. 그러나 이를 추상적으로 설명하지 않고, 오히려 매우 구체적으로 설명한다. 즉, 일곱 번째 날, 그리고 모든 일곱 번째 날(마찬가지로 인간에게 주어진 삶의 시간 가운데 7분의 1의 시간으로서)은 은혜로우신 하나님의 특별한 시간이며, 그리고 인간이 이날을 은혜로우신 하나님을 위해 특별하게 비워두어야 하는 시간으로 지켜야 한다고 요구한다. 이런 특별한 날에 특별한 것이 무엇인지에 관한 것이 간접적으로는 다른 날들에도 유효한 것이 되어야 할 것이다. 마찬가지로 이런 특별한 것이 다른 모든 하나님의 계명의 의미가 될 것이다. 그러나 또한 이런 특별함 안에서 안식일에 대한 계명이 또한 하나님의 다른 계명들의 옆에 주어지는 계명이 된다.

　특별한 안식의 날이 갖는 의미와 이 날을 특별하게 지키는 이유는 다음에 놓여 있다. 즉, 말하자면 이날이 일반적인 자연 역사와 세계 역사 안에 들어와 있는, 그리고 이런 역사 안에 감추어져 있는, 그러나 또한 계시되어 드러나는, 그래서 이런 역사의 이유와 목적을 비밀스럽게 그럼에도 불구하고 이런 역사의 진행을 위해서 결정적이며 중요한 매우 특별한 계약역사와 구원역사에 대한 가르침을 의미하기 때문이다. 하나님의 전적인 은총은 하나님의 섭리이며, 그리고 전체 세계적인 현상이다. 그리고 하나님의 은총은 세계적인 현상으로 영향을 끼친다. 세계 현상 안에서 하나님의 은총은 가장 특별한 역사의 장, 가장 중심에 놓인 역사의 장이 된다. 그러나 또한 일반적인 은총으로서의 하나님의 은총은 아브라함과 이삭과 야곱의 하나님이 베푸시는 은총이다. 그리고 시내 산에서 모세에게 말씀하신 하나님의 은총이다. 그리고 예루살렘 성전에서 이사야가 만난 하나님의 은총이다. 또한 하나님께서 다윗을 선택하신 은총이며, 당신 백성의 파수꾼인 선지자를 부르신 하나님의 은총이다. 또한 예수 그리스도 안에서 드러나는 하나님의 은총이다. 그리고 교회에서 찬양받는 하나님의 은총이다. 하나님의 은총은 배타적이지 않다. 하나님의 은총은 포괄적이다. 즉, 모든 인간, 모든 백성을 의미하며 찾는 은총이다. 특히 하나님의 은총인 이런 포괄적인 의미를 드러내며 구한다. 바로 여기에서 하나님께서 베푸시는 은총의 본질과 행위가 인식된다. 그래서 안식일의 특별함은 이런 역사의 특별함을 나타내는 것이다.

우리는 창세기 2:1-3이 바로 이런 의미 안에서 이해될 수 있음을 보았다. 이런 방향에서 특히 에스겔서 20:12, 20, 즉 "또 내가 그들을 거룩하게 하는 여호와인 줄 알게 하려고 내 안식일을 주어 그들과 나 사이의 표징을 삼았노라"의 의미가 드러난다. 그리고 이 구절과 연관되어 오늘날의 관점에서 출애굽기 31:12-18이 읽혀진다. 그렇다면, "나는 너희를 거룩하게 하는 주님"이라는 묘사가 포함하며 요약하고 있는 것은 마찬가지로 이스라엘을 다스리시는 하나님께서 이스라엘을 선택하고, 부르시고, 그리고 다스리신다는 것은 바로 하나님께서 당신의 백성과 맺으신 계약의 역사가 된다. 그리고 만일 계속해서 돌아오는 안식일이 "나는 너희를 거룩하게 하는 주님"이라는 표징으로 불린다면, 이는 한편으로 "대대로 삼을 영원한 언약"(출 31:16)으로서 계속해서 지켜질 것이다. 그리고 백성에게 하나님께서 행하신 능력과 계시를 떠올리게 하며, 그리고 이와 함께 인간의 고유한 실존의 의미가 될 것이다. 그러나 이것은 다른 측면으로, 하나님 스스로가 이런 표징을 이끌어 가실 것임을 의미한다. 이것은 당연히 하나님께서 어떻게 실제적으로 돌보시는지에 대한 고려를 염두에 둔 것이 아니다. 오히려 이스라엘과 맺으시는 하나님의 특별한 관계가 계속해서 확증되며, 새로운 백성을 선택하신다는 약속이며, 인간의 구원을 새롭게 시작하시기를 원하시며, 새롭게 시작할 것이라는 것을 의미한다. 구약의 안식일은 마치 인간의 측면에서와 같이 하나님의 측면에서 특별하게 실현된 날이며, 야웨와 이스라엘 사이에 확정된 거룩한 교제가 실현된 날이다.(Carl A. Keller, *Das Wort OTH als Offenbarungszeichen Gottes*, 1946, 140f.와 비교하라.)

우리는 안식일과 안식일에 대한 계명에 대한 의미와 이유를 종말론적인 것으로 표현할 수 있다. 그럴 때, 우리는 또한 다른 방향에서 동일한 것을 언급하게 될 것이다. 안식일은 다른 날들 가운데 자신의 특별함을 간직한다. 그렇기에 안식일은, 이른바 안식일이 이런 특별한 계약과 구원역사를 기억하게 함을 통하여, 의심의 여지 없이 최후의 완성을 가리키는 표징이 된다. 전능하신 하나님의 은총은 (보편적인 섭리와 마찬가지로 또한 특별한 모습 안에서) 전체 시간, 모든 시간을 지배하고 있다. 하나님의 은총은 특히 이런 특별한 역사적인 영역으로부터 역사하며, 그렇게 또한 특별한 역사와 시간으로 나아간다. 특별한 역사와 시간은 자신의 특별함 안에서 마지막 역사와 시간, 그리고 우리가 역사와 시간으로 아는 모든 것의 마지막을 의미한다. 이것이 바로 최후의 심판 안에서 나타나는 하나님의 은총이며, 이는 그 안에서 시작되는 새로운 시대로 이끄는 것, 즉 존재하였던 모든 것이 바로 영원 안에서 존재하게 된다. 다시 말하면, 하나님의 시간 안에서 그리고 하나님 앞에서 존재하게 된다는 것이다. 그래서 또한 이는 계시의 은총이다. 이런 빛 안에서 모든 어두운 것이—지금 과연 어둡지 않은 것이 무엇이 있는가?—밝아질 것이다. 그래서 계시의 은총은 또한 배타적이지 않다. 계시의 은총은 자신의 미래적 힘 안에서가 아니라 비밀스럽게 지금 이미 자신의 계획을 실천하고 있다는 방식으로 나타나지 않는다. 오히려 계시의 은총은 포괄적이다. 바로 이런 마지막 날의 특별함은 마지막 날을 맞이하러 가는 다른 모든 날의 신비라 할 수 있다. 그러나 이것이 계시의 은총이 갖는 특별함을 돋보이게 하는 것은 아니다. 그리고 우리의 일상을 중단시키며 한계 짓는 안식일의 특별함은 바로 '최후의' 날과 관련이 있다. 그리고 또한 이와 함께 확실히 최후의 날과 상응하여 주어진 모든 인간의 삶이 갖는 특별함과 관련을 맺고 있다. 즉, 모든 개별적인 인간들이 맞이하는 죽음의 말과 관련을 맺는다. 죽음의 날이 갖는 가장 높은 특별함에 대해서는 우리가 따로 언급할 필요가 없을 것이다.

만일 최초의 그리스도인들이 자신이 지키는 안식일을 '주님의 날'로 불렀다면, 그들에게 구약성서에 나타나는 '야웨의 날'이 바로 모든 날의 날을 나타내고 있다는 것을 의식적으로 표현한 말일 것이다. 이날에 이스라엘의 역사, 그러나 또한 다른 백성들의 역사는 종말을 고할 것이다. 이날이 구원과 재앙을 가져오는 하나의 포괄적인 그리고 결정적인 하나님의 심판행위 안에서, 그러나 정의로움 안에서, 또한 하나님께서 원하셨던 질서의 수립 안에서, 하나님이 약속하신 것의 완성 안에서, 하나님께서 태초에 이루기를 목적하셨던 의지의 집행 안에서, 하나님의 영광을 위해서, 또한 하나님 백성의 구원을 위해서, 그리고 결국 모든 창조물의 구원을 위해 마지막에 도달한 날이다. 그러나 또한 구약성서 안에는 안식일(Sabbat)과 특별한 마지막 날에 대한 약속 사이의 관계에 대한 암시가 분명히 나타난다. "만일 안식일에 네 발을 금하여 내 성일에 오락을 행하지 아니하고 안식일을 일컬어 즐거운 날이라, 여호와의 성일을 존귀한 날이라 하여 이를 존귀하게 여기고 네 길로 행하지 아니하며 네 오락을 구하지 아니하며 사사로운 말을 하지 아니하면, 네가 여호와 안에서 즐거움을 얻을 것이라. 내가 너를 땅의 높은 곳에 올릴 것이고 네 조상 야곱의 기업으로 기르리라. 여호와의 입의 말씀이니라."(사 58:13f.) 또한 예레미야 17:24 이하는 다음과 같이 분명히 말한다. "여호와의 말씀이니라. 너희가 만일 삼가 나를 순종하여 안식일에 짐을 지고 이 성문으로 들어오지 아니하며 안식일을 거룩히 하여 어떤 일이라도 하지 아니하면, 다윗의 왕위에 앉아 있는 왕들과 고관들이 병거와 말을 타고 이 성문으로 들어오되, 그들과 유다 모든 백성과 예루살렘 주민들이 함께 그리할 것이요 이 성은 영원히 있을 것이며, 사람들이 유다 성읍들과 예루살렘에 둘린 곳들과 베냐민 땅과 평지와 산지와 네겝으로부터 와서 번제와 희생과 소제와 유향과 감사제물을 여호와의 성전에 가져오려니와, 그러나 만일 너희가 나를 순종하지 아니하고 안식일을 거룩되게 아니하여 안식일에 짐을 지고 예루살렘 문으로 들어오면 내가 성문에 불을 놓아 예루살렘 궁전을 삼키게 하리니 그 불이 꺼지지 아니하리라 하셨다 할 것이라 하시니라."

이는 특히 신약성서의 안식일이 갖는 종말론적인 의미와 관계를 나타낸다. 그러나 이런 구약성서의 배경을 제외한다면, 사람들이 안식일을 바로 예수께서 부활하신 평일에 이를 두고 있다는 사실은 분명하다. 왜 예수의 탄생일이나 또한 그분이 죽은 날이 아니라 부활하신 날인가? 우리는 이에 대한 원인을 이미 언급했다. 즉, 예수의 부활이 바로 일곱 번째 창조의 날에 거행되어진 계약 역사와 구원 역사의 끝맺음의 날이기 때문이다. 그리고 또한 이는 하나님께서 이날을 의미 없이 축복하거나 거룩하게 하지 않았다는 것을 암시하기 때문이었다. 이는 바로 그날에 하나님의 약속이 성취되었다는 암시이다. 그러나 여기서 우리는 다른 원인을 내세울 수 있다. 최초의 그리스도인들은 예수의 부활 안에서, 예수께서 심판과 완성을 위해 최후에 재림하신다는 첫 번째의 그리고 개별적인, 그러나 매우 분명한 빛을 간직하고 있었다. 그리고 미래에 전 세계적으로 발생할 죽은 자들의 부활에 대한 예언, 증거 그리고 영원한 생명과 천국을 예수의 부활을 통해서 간직하고 있었다. 그래서 그들은 이날을 당시 예수의 영광 안에서, 부활절에, 나타난 날로서 그리고 마찬가지로 더 나아가 포괄적이며 최후까지 빛날 다시 오실 주님의 영광의 날로 지켰다. 최초의 그리스도인들은 이런 특별한 날에 그분을 기다렸던 것이다. 왜냐하면 그들은 이런 특별한 날을 돌이켜 회상하면서 스스로가 다른 사람들, 즉 바로 자신들의 미래에 주어지는 이런 위대하고 특별한 날을 마지막 날로서 기대하도록 부름 받은 사람들이었기 때문이었다.

사람들은 흔히 칼빈과 그의 추종자들의 안식일 주해(반면에 무엇인가 취약한 종말론적 증명)에 기초하여 안식일의 의미와 기초가 다음과 같은 사실 안에 놓여 있다고 힘주어 말한다. 즉, 안식일은 불완전성 안에서 우리에게 주어진다. 그래서 안식일은 계속해서 이를 반복적으로 지킴으로써, 미래적이며 완전하고 영원한 마지막 날, 우리가 안식일을 지금 그리고 여기서 단지 더 많이 보며 그리고 지킨 후에 다가올 미래적인 삶을 위한 중단 없는 안식일(perpetuus sabbathismus futurae vitae)을 가리키고 있다(J. Wolleb, *Comp. Theol. chr.* 1626 II, 8, can. 13). 그렇다면 또한 사람들은 우리가 언급한 성서적인 사건관계로부터 칼빈(*Instit.* II 8,30)과 그의 많은 추종자의 주해가 정당하지 못하다 말할 수 있다. 7이라는 숫자의 의미는 여기서 완전한 숫자를 의미하게 된다. 우리는 우리의 일곱 번째 날을 통해서 완전에는 분명히 도달하지 못한다. 그러나 이런 숫자의 의미에 대한 증명─칼빈은 이에 대한 작업을 미루었다. 『그리스도교 강요』, 그리고 1542년에 저술된 칼빈의 『요리문답』(*Katechismus, Nieselsch Ausgabe der Ref. Bek. Schr. Fr.* 176)─을 사람들은 시도하지 않는 편이 훨씬 좋을 것이다!

만일 사람들이 안식일에 대한 구원사적 그리고 종말론적 의미를 함께 고려한다면, 그리고 사람들이 전능하신 하나님의 은총과 이들의 관계에 관한 것이라고 생각하다면, 그렇다면 사람들은 더 이상의 놀라움이나 확실히 전혀 놀라지 않고도 근본적인 태도(Radikalismus), 안식일 계명에 대한 거대한 영향력을 이해할 수 있을 것이다. 이날을 골라내면서, 자신의 의미에 맞게 이날을 지키기 위한 요구를 통해서, 안식일 계명은 인간과 인류에게 엄청나게 구체적으로 자신들의 창조주와 주님, 하나님의 매우 특별한 의지, 말씀과 사역, 그리고 모든 피조물적 존재를 향하여 하나님께서 확정하시고 세우신 목적과 만나게 될 것이다. 즉, 지금 보여지는 실존의 형태 안에서 주어지는 피조물적 존재의 엄격한 종말을 의미하는 목적과 마주하게 된다는 것이다. 이런 계명은 인간을 경계로 내몬다. 그리고 인간이 자신의 깊이(Tiefe)와 자신의 가장 바깥에 놓여 있는 경계를 발견하게 하며, 이를 요구한다. 이런 계명은 인간이 단지 자신의 불완전함과 변질성에서 출발하는 것이 아니다. 물론 이렇게 행동할 수도 있다. 그러나 계명은 이를 넘어서 인간의 피조물적인 본성과 실존에 대해 질문을 제기한다. 그 안에서 적어도 각각의 가능한 인간적인 자기 이해들이 표현되어야만 할 것이다. 그렇다면 인간은 어떤 자기에 대한 이해를 통해서 자기가 스스로 확립한 인간 이해를 인정할 수 있고, 자신의 능력의 한계를 스스로 내세우는 것에 영향을 끼치며, 그리고 이를 정당화할 수 있는가? 인간의 어떤 자기 이해를 통해 인간 저편에 존재하시는 하나님 앞에서의 포기가 하나님의 활동과 능력 안에서의 항복을 기대할 수 있을 것이다! 그리고 이른바 임의적인 포기라는 형태가 아니라, 오히려 감사하면서 기쁘게 받아들일 수 있는 하나님의 은총의 형태 안에서 이 모든 것을 기대할 수 있을 것이다! 안식일을 지키며, 허락하시며, 그리고 모든 인간적인 지식, 영향과 의지로부터 거리를 두는 계명 ─ 또한 모든 인간의 능력에 대한 포기와 쉼, 또한 무엇보다 임의적인 평온과 안식! ─ 은 인간에게 인간이 자기이해의 기초 위에서 자신의 본성과 실존의 포기로 이해할 수 있는 것과 자기 스스로와 대립하는 것, 즉 마치 스스로가 죽음을 삶과 대비되는 것으로 보듯이, 계명은 이를 요구한다. 그렇다면 계명이 인간에게 포기하라고 말하는 것은 무엇인가? 특별한 계약역사와 구원역사는 무엇을 말하고 있는가? 하나님께서 이끄시는 최후 심판과 완성과 함께 주어지는 모든 날의 끝 날인 주님의 날은 무엇을 말하고 있는가? 그럼에도 불구하고 이는 바로 하나님께서 인간의 사건을 당신의 손으로 이끄신다는 것과 또한 인간의 손에서 떠나게 하신 것, 그리고 이것이 마지막이며 영원한 사건이 된다는 것을 의미한다. 즉, 인간이 영원 안으로 들어가는 것을 통하여 스스로 이것을 경험한다는 것이다. 인간의 전적인 자기규정성, 자기인정성, 자기영향성, 자기표현성, 그리고 자기 스스로를 돕는 것과 자기 의로움이 바로 하나님 앞에서 펼쳐지는 것이다. 그 즉시 하나님은 인간을 주권적으로 당신의 은총 안에서 결정하신다. 그래서 인간이 전적으로 주권적인 하나님의 결정이라는 계시 앞에 서게 될 것이다. 이는 인간이 자기 스스로 행하기를 원하며 행했던 것이 아니다. 오히려 인간이 섭리의 기초 위에서 그리고 하나님의 판결에 따라야만 하는 것이다! 안식일 계명은 인간에게 자신의 삶을 바로 이를 근거로 이해하며, 살아가야 함을 요구하는 것이다. 안식일 계명은 인간이 하나님을 자신을 다스리시는 왕과 심판자로 믿으라고 요구한다. 그리고 이런 신앙에 따라서 ─ 아니다, 바로 인간이 믿어야 하는 하나님에 따라서 ─ 자신을 조상으로부터 이어받은 모든 감사의 형식을 통하여 깊이 이해하며, 한계를 짓고, 그리고 상대화하라고 요구한다. 또한 안식일 계명은 인간이 스스로 하나님에 대한 믿음 안에서 자신이 바로 이런 ─ 자기가 선택한 것이 아니라, 오히려 외부로부터 놓여지는 ─ 체념(Entgang)을 원하며, 영향을 끼치며, 그리고 행한다는 사실을 인식하라고 요구한다. 그리고 모든 만물 안에 놓인 이런 체념에서 나와서 실제적으로 하나의 새로운 피조물, 새로운 인간이 되라고 요구한다. 이것이 바로 안식일 계명의 놀라운 요구인 것이다.

칼빈은 이런 요구(*Instit.* II 8, 28f., Kat. a.a.O. Fr. 171-173)를 끈기 있게 이런 형태 안에서 네 번째 계명에 대한 해설의 특별함을 제시하고 있다. 안식일은 구약의 구절에 따라서 우리 구원의 표식이 된다. 우리의 구원은 특히 무엇보다 자신의 의지를 없애는 것(mortificatio propriae voluntatis) 안에서 부정적으로 언급된다. 이로부터 다음과 같은 것이 도출된다. 즉, 안식일 계명의 의도는 바로 우리가 우리 자신의 고유한 열정과 행위를 없애고 하나님 나라를 바라보는 것(ut propriis affectibus et operibu emortui, regnum Dei meditiemur)에 놓여 있다. 안식일은 영의 휴식을 표현하는 것(figurer le Repos spirituel)이 되어야 한다. 이는 우리를 위해 다음에 놓여 있다. 즉, 주님께서 우리 안에서 영향력을 발휘하시기 위해서 우리의 고유한 행업을 포기하는 것(de cesser de nos propres aeuvres, afin que le Seigneur aeuvre en nous)이다. 하나님께서 당신의 영을 통하여 우리를 다스리시도록 우리가 우리의 본성을 거부함으로써(en renonçant á notre nature, afin que Dieu nous gouverne par son Esprit), 우리는 안식일을 지킨다. 하나님께서 우리 안에서 영향력을 행사하실 수 있도록, 우리는 전적으로 안식해야 한다. 우리는 우리의 의지에서 멀리 떨어져 있어야 하며, 우리 마음이 갈망하는 것을 포기하여야 한다. 그래서 육의 모든 탐욕을 거부해야 한다. 결국 우리는 자기 스스로 즐기는 일에서 쉬어야 한다. 이는 하나님께서 우리 안에서 영향력을 발휘하시고, 우리가 그분 안에서 안식을 취하기 위함이다(Quiescendum omnino est, ut Deus in nobis operatur; cedendum voluntate nostra, resignandum cor, abdicandae cunctae carnis cupiditates. Denique feriandum es ab omnibus proprii ingenii muniis, ut Deum habentes in nobis operantem, in ipso acquiescamus). 이는 신비주의인가? 지금, 만일 이것이 신비주의라면, 그렇다면 바울 또한 신비주의자였을 것이다: "내가 그리스도와 함께 십자가에 못 박혔나니 그런즉 이제는 내가 산 것이 아니요, 오직 내 안에 그리스도께서 사신 것이라. 이제 내가 육체 가운데 사는 것은 나를 사랑하사 나를 위하여 자기 몸을 버리신 하나님의 아들을 믿는 믿음 안에서 사는 것이라"(갈 2:20). 만일 이것이 신비주의라면, 신비주의는 그리스도교 신앙의 없어서는 안 될 결정적인 것이다. 그러나 신비주의라는 이름 아래서 기술과 예술은 특히 사람들이 그 외에 늘 신비주의자로서 언급되는 사람들에 의해서 명확해진다. 그리고 그들은—성서적인 구원역사와 더 확장된 부분에 있는 마지막 역사를 지나서!—하나님과 하나 됨을 사람들이 이룰 수 있다고 믿게 한다: 이는 안식일을 지키라는 계명과, 하나님의 모든 계명과 아무런 관련이 없는 계획(Unternehmung)이다. 이런 계획 안에서 사람들은 안식일 계명을 수련이라는 방식을 통하여 침범하게 될 것이다. 그래서 칼빈이 클레르보의 베르나르(Bernhard von Clairvaux)를 즐겨 읽었다는 것은 분명하다. 칼빈은 예를 들면, 자신의 예정론 해설의 중심(이곳에서 칼빈은 인간이 어떻게 하나님께서 내리신 결정의 신비에 순응해야 하는가에 관해서 논하고 있다.)에서 분명하게 찬성하면서 그를 인용하고 있다: 고요한 하나님께서 모든 것을 고요하게 하셨다. 그리고 이를 고요하게 바라보셨다. 다시 말하면, 안식하신 것이다(Tranquillus Deus tranquillant omnia et quietum aspicere, quiescere est. *Instit.* III 24,4). 칼빈은 이것을 분명히 안식일 계명에 대해서 베르나르가 이해한 것을 요약하고 있는 것이다. 그러나 마찬가지로 베르나르의 신비주의는 그리스도론적 특성을 갖고 있기에 결정적으로 개념적인 논란의 여지를 갖는 의미 아래로 떨어지지 않는다. 그리고 또한 사람들이 칼빈의 안식일-신비주의(Sabbatmystik)라 부를 수 있는 것도 아니다. 칼빈은 자신의 『그리스도교 강요』에 등장하는 유명한 장인 그리스도인의 삶(Vita christiana) 의 도입부―안식일 계명을 다루겠다는 분명한 의도는 없지만, 그러나 바로 안식일 계명에 관한 이해 가 계속해서 분명해지는―에서 이를 포기하는 신앙으로 돌아오고 있다. 우리는 우리의 것이 아니라, 주님의 것입니다.(Nostri non sumus, sed Domini) 이 말은 그리스도인의 삶에서 계속해서 되풀이되고 있다. 그리고 다음과 같이 해석할 수 있다: 우리의 결정과 행동은 우리의 이성이나 의지의 지배를 받 는 것이 아니다. 우리는 우리의 육에 유익한 것을 추구해서는 안 된다. 우리는 스스로 그리고 우리에 게 속한 모든 것을 잊어야만 한다. 그리고 주님께 속한 삶을 살고 죽어야 한다. 또한 하나님의 지혜와 의지가 우리의 행동을 결정하도록 해야 한다. 우리의 모든 삶이 오직 그분을 바라보는 삶이어야 한 다. 그리고 그것이 우리의 유일하며 정당한 삶의 목표로 삼아야 한다. 자신이 스스로의 것이 아님을 이 해한 자, 그리고 자신의 고유한 이성이 더 이상 지배하거나 명령권을 갖지 않는 자가 이를 하나님께 양도 하기 위해 얼마나 헌신했는가! 그래서 마치 인간들을 가장 확실하게 파멸시킨 전염병처럼, 그렇게 구원 의 안전한 피난처는 이것, 즉 자신의 생각이나 의지로 행하는 것이 아니라, 오히려 오직 앞장서 가시는 주님을 따르는 것에 이것은 놓여 있다. 이것은 인간이 주님에 대적하는 모든 자신의 영적인 능력의 순종 에 전념하기 위해서 자기 자신으로부터 거리를 두는 첫 번째 걸음이 될 것이다. 나는 순종이란 단지 말 씀에 대한 복종이 아니라, 오히려 인간의 내부, 자신의 육적인 감각에서 해방된 것, 그리고 하나님의 영 이 명하시는 것에 전적으로 몸을 돌리는 것이라 부른다.(O quantum ille profecit, qui se non suum esse edoctus, dominium regimenque sui propriae rationi abrogavit, ut Deo asserat! Nam ut haec ad perdendos homines efficacissima est pestis, ubi sibiipis obtemperant, ita unicus est salutis portus, nihil nec sapere nec velle per seipsum, sed Dominum praeeuntem duntaxat sequi. Sit hic itaque primus gradus, hominem a seipso discendere, quo totam ingenii vim applicet ad Domini obsequium. Obsequium dico non modo quod in verbi obedientia iacet, sed quo mens hominis, proprio carnis sensu vacua, se ad Spritus Dei nutum tota convertit) 신비주의 또는 신비주의가 아니든, 사람들은 스 스로 그리스도인의 삶에 대한 기초를 다루는 이런 묘사의 필요성이나 이에 대한 순종으로부터 벗어 날 수 없다. 그리고 칼빈이 안식일 계명에서 논하는 것은 분명 그리스도인들의 삶에 대한 이런 놀라 운 기초에 관한 것이다. 안식일 계명에 의해서 이는 비길 데 없는 위대함을 획득하게 되는 것이다. 사람들은 이런 위대함에서 나오는 신앙의 복종을, 즉 율법을 복음의 율법이라고 이해할 수 있다. 그 러나 이것이 하나님의 은총에 대한 값싼 할인을 의미한다는 의견을 갖는 사람은, 바로 여기(사건을 이렇게 이해한 것으로부터)에서 더 좋은 것의 엄밀함을 통하여 스스로를 깨우칠 수 있는 사람이다. 즉 하나님의 전능한 은총이 요구로서 효력을 발생하는 엄밀함을 통해 스스로를 깨우칠 수 있는 사람인 것이다.

  안식일 계명은 하나님에 대한 신앙을 요구한다. 이 신앙은 인간의 포기를 실천하 는 것이다. 자기 자신을 포기하며, 자기의 모든 감각, 의지, 영향과 실행에 반대하는 포 기를 말한다. 이는 이런 체념의 신앙이 단지 일반적인 태도로서가 아니라, 오히려 하나의 특별한, 시간을 요하는 행동과 허용으로서 다른 날들과 구별되는 휴일을 요구한다. 우리는 후에 다시 이것을 다룰 것이다. 무엇보다 확실하게 말할 수 있는 것은, 이런 체념의 신앙이 바로 안식일 계명의 포괄적인 내용이라는 것이다. 그 외에 요구되는 모든 것은 이런 안식일 계명에 포함되며, 그 아래 종속된다. 그리고 이런 종속을 통하여 능력을 갖게 되며, 또한 자기 독립적인 의미를 지니지 않게 된다. 안식일 계명에 대한 복종은, 만일 이런 복종이 신앙의 포기 안에 그리고 특별하고 축제적인 행위와 허용의 구체적인 형태 안에 놓였다면, 두 가지 커다란 선행이 필연적으로 따른다. 이런 선행으로부터 사람들은 안식일 계명이 참으로 자비로운 하나님의 계명이라는 사실을 알게 된다. 안식일은 이른바 사람을 만든다. 바로 안식일 계명이 사람을 자신으로부터 자유롭게 함을 통하여, 안식일 계명이 인간을 일시적으로 자신의 일로부터 오는 수고로부터 해방됨으로써 이는 가능하다. 그리고 안식일 계명은 사람을 특별한 방식을 통하여 하나님을 위한 자유로움으로 이끈다. 즉, 안식일 계명은 인간에게 하나님의 말씀을 증언하고 그리고 듣게 하기 때문이다. 이것이 우리가 엄밀한 개념적 의미로서 '예배'라고 부르는 공간이다. 안식일 계명은 또한 선행의 약속을 포함하고 있다. 인간은 이런 이중적인 관점 안에서 자신이 '숨을 쉬도록' 허락받았음을 보게 된다. 그러나 이런 약속들은 지금 사실 단지 사람들이 다음을 보게 될 때에 의미가 발생하며 그리고 유효하다. 즉, 이런 약속들은 더 커다란 약속으로부터 정의될 수 있으며, 인간이 안식일에 그리고 이런 안식일로부터 모든 다른 날들을 하나님을 위해서 스스로 그리고 하나님의 영원한 나라를 위해 해방된다는 것이다. 그리고 이런 자유 안에서 진정으로 '숨을 쉬게' 된다는 것을 볼 때에 유효한 것이다. 계명은 이런 자유를 말하고 있다. 이 자유는 일로부터의 자유이며, 예배를 위한 자유 안에서 구체적으로 드러나야만 하며, 또한 구체적으로 드러날 수 있는 것이다. 또한 사람들이 일로부터의 안식과 예배를 오직 안식일 계명의 내용으로 평가하는 한, 이는 마치 일로부터의 안식과 예배 없이도 틀림없이 실제적으로 특별하며 축제적인 행동인 체념의 신앙이 주어질 수 있다는 사실을 분명하게 간직할 수 있을 것이다. 사람들은 일로부터의 안식과 예배에 참여하는 것이 바로 안식일 계명에 순종하는 것이라고 분명히 말할 수 있다. 그러나 동시에 사람들은 일로부터의 안식과 예배에 참여하는 것이 바로 안식일 계명에 대한 복종을 결정하는 것이라 말할 수는 없다. 사람들이 안식일 계명에 복종함을 통하여, 바로 더 중요한 약속의 성취를 담보하거나, 또한 일로부터의 안식과 예배를 통한 은혜를 담보하거나 소유할 수 있다. 그러나 사람들은 이런 은혜를 소유하기 위해서 안식일 계명을 목적으로 삼을 필요는 없다.

안식일 계명은 분명 육적, 영적, 그리고 사회적 정결을 위해서 반드시 필요한 것이다. 그리고 안식일 계명은 인도주의를 기반으로 세워졌다. 일로부터의 안식인 휴일은 분명 인간에게 실제적이며 정당하게 요구되는 필요에 응답하는 것이다. 그리고 인류의 가장 커다란 부분을 차지하는 평일의 일이 더 많이 늘어나게 됨으로써, 또는 더 길어지게 되는 위협에 처할수록 그래서 일하는 사람들이 더 어려워지거나 더 이상 일할 수 없게 될수록, 또한 자기 스스로 일하든지 또는 다른 기술자들의 '손'이 필요해질수록, 안식일 계명은 인간에게 더 필요해진다. 또한 안식일은 위로(Aufrichtung)이며, 그리고 올바른 기반을 갖고 주어진 인권과 자유의 권리가 승리한 것이다. 그러나 사람들이 스스로에게 그리고 다른 사람들에게 휴일로서 안식일을 허락하지 않는다면, 안식일 계명은 또한 이런 필요성과 권리의 관점에서 볼 때 벌을 줄 것이다. 그리고 사람들이 안식일을 거룩하게 지킨다면, 이에 맞는 상이 주어질 것이다. 그래서 안식일 계명은 의심의 여지 없이 이런 의미에서 긍정되어야 하고, 엄밀하고 또한 넓은 범위에서 존경받을 수 있어야 한다.

네 번째 계명에 대한 칼빈의 근거는 매우 독특하다. 그는 이런 관점을 분명하고 그리고 특히 전적으로 모든 사회적 상호의존성을 기반으로 표현하고 있다.(*Instit.* II, 8, 28) 계명을 주신 하나님께서 이 계명을 통하여 원하는 것은, 바로 다음과 같다: 다른 인간들의 지배 아래 놓인 노예들과 사람들에게 하나님께서는 안식의 날을 보장하시기로 결정하셨다. 이날은 그들에게 분명 자신의 일에서 중단하여 쉼을 허락하는 날이다(servis et iis qui sub aliorum degerent imperio, quietis diem indulgendum censuit quo aliquan haberent a labore remissionem). 칼빈은 교리문답서(180번째 문답)에서 다음과 같은 원리를 덧붙이고 있다: 그리고 마찬가지로 이 계명은 공적인 질서로 사용되어야 한다. 왜냐하면 모든 사람은 자신이 안식의 날을 갖게 될 때, 다른 시간에 일하는 것을 익숙하게 받아들이기 때문이다(Et pareillement cela sert á la police commune. Car chacun s'accoutume á travailler le reste du temos, quand il y a un jour de repos). 덧붙이자면, 이는 루터의 대교리문답 안에서 이미 언급된 것인데, 안식일은 "또한 육적인 원인과 필요성 때문에" 지켜야 함을 덧붙일 수 있다. "이런 원인과 필요성은 본성이 보통의 가축들, 노예들과 하녀를 위해서 가르치며 요구되는 것이다. 이들은 일주일 내내 일을 하며 생업에 종사한다. 그리고 이런 필요성과 원인들은 그들에게 안식을 취하며 생기를 북돋울 수 있는 날을 제공한다." 마가복음 2:27에 나타나는 예수의 말씀이다: 안식일은 사람을 위해 있는 것이요, 사람이 안식일을 위하여 있는 것이 아니다. 그러나 안식일이 사람을 중심으로 펼쳐진다는 것에는 질문의 여지가 전혀 없다.

그러나 만일 이런 인도주의적 기초가 첫 번째 그리고 계명에 관해 고유한 기초를 근거로 힘을 갖게 될 때, 마치 이런 기초가 반드시 또한 그래야만 하는 것처럼, 이는 오로지 명령하며 강요하게 되는 특성을 갖게 될 것이다. 그러나 인도주의적 기초가 인간의 본성과 이성의 요구(Postulat)로서 유효하게 되는 곳, 또는 특정하지 않은 개별 사건들을 이와 동일한 인식의 원천(Erkenntniquelle)에 따라 초석이 마련되거나, 이에 반대하여서 복잡한 개인과 사회적 필요성에 대해 반론을 제기하는 곳에서는 이와 같은 인도주의적 기초는 단지 공허해질 뿐이다. 이런 기초로부터—사실 그 자체로 매우 진실하며 아름다운—이런 계명에 대한 명령(Imperativ)은 항상 다양한 제약을 지닌, 그리고 구부러진 하나의 명령이 될 수도 있다. 이런 명령은 오랜 시간 동안 엄격한 관습이나 또는 공적이나 비밀스러운 위반으로부터 보호를 제공하는 법률이 될 수 없다. 왜냐하면 이런 명령은 언젠가 이 때문에 하나의 정언명령적인 특성을 간직할 수 없기 때문이다. 또한 선행에 대한 매우 의심스러운 특성, 즉 무엇인가 매우 추상적으로 정언적인 명령으로서의 안식일과 같은 것이 이와 상응하여 등장하기 때문이다. 그렇다면 인간이 일요일에 '안도의 숨을 쉬는 것'과 같은 것과 실질적인 휴식에 대한 필요성을 성취하는 것, 의심스럽게 제정된 법률에 대한 승리는 불가능할 것이다. 왜냐하면 인간이 일요일에 일을 할 필요가 없다는 것이 단지 전부라고 간주되기 때문이다. 그렇다면 이런 율법은 인간에게 전혀 특별한 의미를 주지 못한다. 오히려 인간에게 더 많이 그리고 좀 더 대단한 의미를 지녀야 한다. 즉, 안식일에 실제적으로 아무것도 행하지 말아야 한다는 것이 아니라, 오히려 자기 스스로 자유로운 상태가 되어야 한다는 것이다.

그렇다면 매우 지루해 보이는 남성과 여성의 모습처럼, 무엇인가, 예를 들면 일요일 오후 3시경 흔들거리며 가는 것 그리고 유모차를 밀면서 거리를 산책하는 광경과 같은, 위안거리가 결코 되지 않을 요소가 존재하는가? 여기서 우리는 무엇을 얻을 수 있는가? 사람들은 의식적으로 이 모두를 (그리고 모든 것과 동시에 자신 앞에서 위로를 얻음으로써) 다시 무엇인가 유용한 행동으로 바꿀 수 있는 관점을 원하는가? 그러나 이런 확신과 또한 전체적으로 격노한 또는 조롱하는 긴 탄식(Jeremiade), 즉 오늘날 우리가 안식일이라고 알고 있는 것에 상응하여 정당성을 부여받게 되는 이런 탄식은, 안식일이 순전히 인도주의적 기초를 갖는 휴일이라고 생각되는 한, 별 의미를 갖지 못한다. 그리고 이는 선한 행위의 근거 또한 될 수 없으며, 일로부터의 휴식이나 이에 따른 정당성을 획득할 수 없게 된다. 무엇을 위해 안식일이 필요한가는 동시에 우리가 안식일을 실제적으로 필요하다고 보는 것과 같다. 즉, 이는 무엇인가 첨가된 행위들과 실행들을 위해, 무엇보다 필요해서 또는 불필요한 합류와 모임들을 위해, '스포츠'와 같은 행동과 이를 진지하게—마치 언제나 복권에 당첨된 것 같은 집중함을 통하여—주시하고 결국 그리고 어떤 간격을 두고 무엇보다 기계적으로 또는 기계적이지 않은 도피나, 또는 결국 마지막에는 술이나 연애로 도피하기 위한 것과 같다. 어떻게 사람들은 이를 다르게 할 수 있는가? 사람들이 이에 반대해서—그리고 특히 무엇보다 피할 수 없는 '종양들'—설교할 수 있다는 것은 모두 사실이다. 그리고 이렇게 지켜지는 안식일은 사람들의 짐을 덜어 주는 것이 아니라, 오히려 새로운 짐을 얹어주는 것이다. 또한 사람들의 원기를 북돋아주는 것이 아니라, 오히려 더 많은 고난을 던져 준다는 것도 사실이다. 특히 '안식일'이 인도주의라는 기초를 바탕으로 세워진, 마치 모든 설교에 저편에 존재하는 휴일로서의 일요일로 지켜진다면, 전혀 능력을 발휘하지 못한다. 왜냐하면 이런 안식일은—바로 인도주의적 기초를 바탕으로 세워진 안식일이 됨을 통해서—바로 즉시 인도주의적으로 실패한 안식일이 되기 때문이다. 안식일의 근원적이고 고유한 목적에서 벗어난 일요일은 반드시 안식일이라는 자신의 목적을 비추어 볼 때 잃어버린 일요일이 될 것이다.

그러나 이것은 또한 사람들이 안식일 계명을 종교적으로, 다시 말하면 예배를 위한 공간적인 필요라는 관점에서 실제로 기초될 수 있다고 말하는 것은 아니다. 안식일 계명이 예배를 준수하기 위한 것이나 예배를 유효하게 만들기 위해 중요한 근거가 된다는 것은 자명하다. 그리고 이로부터 더 나아가 선한 행동, 안식일에 대해 순종하는 것과 같은 행동과 연관되어 있다는 것 또한 자명하다. 안식일을 지키라는 계명은 또한 다음과 같은 의미를 지닌다. 즉, 사람들은 자신들의 공동체에서 경배, 기도, 하나님을 증거하는 것과 선포하는 것, 그리고 공동의 감사와 중보기도에 참여하기 위해서 스스로를 자유롭게 하는 것이다. 그리고 안식일에 대한 축복과 유익은 확실히 다음에 달려 있다. 즉, 사람들이 자유 안에서 안식일을 긍정적으로 사용하는 것이다. 여기에서 바로 인간의 쉼이 단지 휴식이 아니라, 오히려 축제적인 쉼이라는 긍정적인 의미를 획득하게 된다. 이런 축제가 바로 공동체의 예배인 것이다.

"우리는 하나님을 두려워해야 하며 그리고 사랑해야 한다. 그래서 우리는 설교와 그의 말씀을 가벼이 여겨서는 안 된다. 오히려 그 말씀을 거룩하게 간직해야 하며, 즐겨 듣고 배워야 한다."(소교리문답서) 이와 같은 바탕이 루터의 교리 해석을 분명히 주도하고 있다. "하나님의 말씀은 모든 거룩한 것들 가운데 가장 거룩한 것이다. 바로 우리 그리스도인들이 알고 갖고 있는 유일한 것이 바로 하나님의 말씀이다. (…) 사람들이 얼마나 많은 시간을 하나님의 말씀을 행하고, 설교하고, 듣고 읽거나 묵상하는가에 따라서, 사람들, 날들, 그리고 행위들이 거룩해진다. 이것은 외적인 행위들에 의해서 획득되는 것이 아니라, 오직 하나님의 말씀을 통하여 주어진다. 이렇게 우리 모두는 거룩한 자들이 되는 것이다"(대교리문답서). 마찬가지로 칼빈은 올바르고 적절하게 다음과 같이 설명하고 있다(교리문답서. 179번): 안식일에 대한 계명은 백성들이 하나님의 진리 가운데서 배우기 위해서, 함께 기도하기 위해서, 그리고 하나님에 대한 신앙의 증거를 보이기 위해서 모이라고(que le peuple s'assemble pour être instruit en la vêrité de Dieu, pour faire les priéres communes et rendre témoignage de sa foi et religion) 요구한다. 그리고 또한 우리는 하이델베르크 요리문답서 103번 문항에서 이런 관점이 정점에 이르고 있음을 발견하게 된다.

예배와 안식일 계명이 지닌 가장 근본적이고 고유한 의미와 맺는 관계는 다음을 분명하게 드러낸다. 이런 관계는 신비주의적 의미 안에 놓여 있는 정신영역의 예술, 그리고 행위의 능력에 대한 체념의 신앙과 분명히 구별된다는 것이다. 그래서 이런 관계의 대상은 하나의 자유로운 제도로서의 하나님이 아니며, 또한 하나의 우연히 획득하게 되는 관념(Idee)의 하나님도 아니다. 오히려 그리스도교가 간직한 하나님의 말씀 안에서 계시되고 고백하는 하나님이시다. 안식일 계명이 내포하고 있는 체념의 신앙은 또한 분명 그리스도교의 교제 안에서 실제적으로 드러난다. 그리고 진정한 안식일은 오직 공동체로서 그리스도교의 모임 안에서, 그리고 또한 예배에 참여함으로써 진정으로 지켜지게 된다. 이는 또한 예배와 계명이 간직한 다른 부차적인 의미와 갖는 관계를 확실하게 이해할 수 있게 만든다. 다시 말하면, 이는 공동체 모임에 참여하는 것이다. 이런 참여는 자신들이 일로부터 휴식하는 것에 긍정적인 의미를 부여하게 한다는 것이다. 그래서 자신들의 휴식이 행동을 하지 않는 것이 아님을 분명하게 구별해 준다. 왜냐하면 이런 행동은 단지 모든 가능한 무익한 행동에 대한 유혹일 수 있기 때문이다.

드 쿼르벵(De Quervain)이 다음과 같이 표현한 것은 정당하다: "안식일은 즐겁게 모인 공동체의 날이다. 안식일의 사회적 의미는 다음과 같은 인식의 바탕 위에 놓여 있다. 즉, 이날이 공동체 예배의 가장 중심에 서 있다는 것"이다. 그리고 드 쿼르벵이 계속해서 다음과 같이 말하는 것은 더욱 정당하다: "안식일에 대한 우리의 필요성은 우리가 예배가 필요함과 같다. 우리가 예배를 빼앗기는 것은 이런 의미에서 우리가 또한 안식일을 빼앗기는 것과 같은 것이다." "우리에게 유용하게 발생했던 예수 그리스도 안에서 보여주신 하나님의 위대한 행위는 바로 즐거운 일요일 축제를 위한 전제이다." 예배가 이런 전제를 다루고 있는 한, 예배는 축제 — 즉, 안식일의 축제적 중심 — 이다. 이는 특별히 공동체에 대해 다시 질문하는 것을 의미한다. 즉, 정말 예배가 실제적으로 이런 전제를 담고 있는가? 그리고 만일 이것이 이렇게 다시 질문하는 것을 의미한다면, 그리스도교를 위한 대답은 위험한 방식에 대한 불평으로서 분명 긴급한 것이 된다. 왜냐하면 이런 불평 안에서 대답은 세상을 — 그리고 세상과 함께 그 자체로 — 자신의 '안식일'로 지키는 것으로 보기 때문이다.

그러나 즉시 다음과 같은 결론을 맺을 수도 있다. 이는 이미 공동체의 예배가 결국 매우 문제가 많고, 매우 결함이 많고, 위와 같은 반복되는 질문에 종속된 인간의 행위이기 때문이다. 이런 결론은, 안식일 계명에 대한 요구는 사람들이 이날에 교회에 가야만 한다는 것에 중점을 둔다. 그래서 사람들은 단지 다음과 같이 말할 수도 있다. 이는 분명 다음과 같은 것이다. 즉, 이것이 가장 먼저 그리고 결국 목적으로 하는 포기의 신앙이, 또한 안식일이 포함하고 있는 일로부터의 휴식이 예배에 대한 참여 없이는 공허하게 존재할 수 있기 때문에, 여기서 더 이상 언급하려고 해서는 안 된다는 것이다.

사람들은 안식일과 예배의 연관이 분명 매우 깊고 그리고 올바른 의미가 있다는 사실과 그러나 이것이 결국 인간적인 합의(Uebereinkunft)와 행사에 기초하고 있다는 사실을 간과해서는 안 된다. 놀랄 만한 점은, 사람들이 안식일을 안식일에 대한 성서의 분명한 가르침과 연관 짓기보다는 오히려 안식일을 일로부터 휴식을 취하는 날로서 훨씬 더 많이 이해할 수 있다는 것이다. 만일 칼빈이 — 루터가 분명히 확신했던 것을 다시 말하지 않기 위해서 — 다음과 같이, 즉 넓게 보자면 하나님께서 이스라엘 사람들이 율법을 듣고 그리고 예배적 행위를 통해 축제로 함께 모여야만 하는 날을 정하시길 원했다

(deinde statum diem esse voluit, quo ad Legem audiendam et ceremonias agendas conveniren- *Instit*. II 8,28)고 주장한다면, 마찬가지로 사람들은 하나님께서 어디에서 또한 단지 구약 안에서만 이를 말씀하셨는지를 확실하게 알아야 한다. 이런 인간적인 합의와 행사를 위해 말할 수 있는 최대한의 것은, 적어도—결국 일로부터의 휴식에 대한 관습이나 율법의 제정과 같은 동일한 방식으로—단지 하나의 인간적인, 이것이 또한 교회적 그리고 실제적으로 근거를 갖는 합의와 행사가 될 것이라는 사실이 그럼에도 불구하고 하나의 경고를 의미한다는 것이다. 우리는 여기서 좋은 의미를, 그러나 또한 단지 안식일 계명이 갖는 부차적인 의미를 다루어야만 한다.

사람들이 계명을 목적을 기반으로 이해한다면, 계명은 분명 힘을 잃게 될 것이다.—그리고 아마도 그 목적은 공동체의 예배일 것이다.—예배는 하나님을 위한 포기의 신앙과는 구별된다. 예배는 계명의 최종 목적이다. 예배가 처음부터 그리고 최종적으로 간직한 목적에서 저런 두 번째 부차적인 목적이 필수적으로 드러난다. 부차적인 목적이 일로부터의 휴식과 또한 예배를 요구하는 것이다. 마찬가지로 특별히 예배 또한 오직 계명이 우선적으로, 고유하게 그리고 최종적으로 원하는 것을 바탕으로 이해되어야 한다. 만일 예배가 포기의 신앙을 다룬다면, 이 신앙은 근거를 갖게 된다. 그러나 이런 신앙을 다루지 않는다면, 또는 예배가 포기의 신앙을 다루는 것이라는 질문에 열려 있지 않다면, 이 신앙과 예배에 참여하라는 요구는 공허한 것이 된다.

이와 함께 포기의 신앙은 특별한 행위가 된다. 그러나 이에 반하는 단지 안식일의 요소로서 필요한 것이라면, 이는 평일로부터 벗어난 심미안을 가진 자이거나, 친환경론자 또는 운동선수 또는 고독한 명상을 즐기는 자유 종교의 애호가의 것이 되거나, 또한 단순한 것이 된다. 즉, 평일의 긴장감 후에, 그리고 무엇보다 토요일 저녁에 깊은 잠을 즐기고 다음날 고요한 아침의 면도를 기대하는 평범한 사람은 분명 가장 높은 반론을 제기할 수 있을 것이다. 예배 자체는 꼭 행하지 않아도 되는 다른 행위와 같은 것이다. 그리고 이런 행위를 즐겨 포기할 수 있는 세상의 아이들은 예배에 참석하지 않아도 이것이 아마 전혀 불손하지 않음을 눈치 챌 것이다. 즉, 만일 사람들이 예배를 안식일을 지키는 것으로 그래서 지금 완전히 이런 행위의 모습들을 통해 무리하게 요구될 때, 이런 예배가 올바른 것이 될 수 없다는 것이다.

사람들은 하나님의 계명을 통하여 하나님을 위한 포기의 신앙이라는 요구 앞에 서게 된다. 그렇다면, 사람들은 다음과 같은 행위를 포기할 필요가 없다. 즉, 계명의 요구 앞으로, 하나님 앞으로, 그리고 하나님을 위함으로써 또한 자기 자신이 자유롭게 되는 것 앞으로 나아가는 행위를 포기할 필요가 없다는 것이다. 이를 통해서 사람들은 스스로 자유롭게 되며, 자기의 일로부터 해방되며, 그리고 예배를 위해서 자유롭게 된다. 만일 복음, 기쁨의 소식이 이런 계명을 통해서 돌파구를 마련한다면, 그리고 계명을 통해서 효력을 발생하게 된다면, 만일 하나님의 주권 안에 있는 구원의 역사와 종말의 역사가 복음을 통해서 들려진다면, 만일 인간이 이를 스스로가 하나님의 은총을 간직하기 위한 하나의 초청으로 이해한다면, 그리고 초청을 통해 기쁨 가운데 머문다면, 그렇다면 사람들은 스스로 공동체로 모일 것이며, 사람들은 분명 주일에 교회로 가게 될 것이다. 마치 인간이 분명 자기 스스로 그리고 다른 사람들에게 일로부터의 휴식을 기꺼이 허락하게 되는 것과 같다.

이런 것이 언급된 후에는, 안식일 계명과 고유하게 그리고 근본적으로 요구하는 포기의 신앙이 단지 무엇인가 하나의 보편적인, 마치 안식일처럼 평일에도 지켜야 되는 규정과 같은, 인간의 행위에 관한 것으로 등장하게 될 것이다. 물론 당연히 이에 관한 것이다. 즉 안식일의 규정은 평일에 관한 규정처럼 힘을 얻게 된다. 그러나 이것은 아직 안식일의 특별한 규정이라는 의미를 부여받지는 못한다. 인간에게 요구된 안식일의 행동방식이 지니는 구별된 특징이 존재한다. 그러나 안식일이 부여받은 특별한 규정이 자신이 지닌 도드라진 특징을 약화시켜서는 안 된다. 지금 안식일은 분명 평일이 아니다. 오히려 평일의 연속을 구체적이며 시간적으로 중단하는 날이다. 그리고 계명은 바로 인간이 안식일에는 자신이 평일 날에 하던 것을 행하지 말아야 함을 요구한다. 이것이 바로 안식일을 특별하게 하는 것이다. 그리고 이런 좁은 문을 넓히고 싶다면, 사람들이 흔히 말하듯이, 계명이 갖는 포괄적인 의미에 비추어 안식일 자체를 특별히 준수하기 위해서 나아오는 것이다. 아무런 의미를 부여하지 않거나 혹은 작은 의미를 부여하면서 말이다. 왜냐하면 바로 계명에 관한 보편적인 영역은 단지 계명의 특별한 모습을 기반으로 주어지기 때문이다. 이는 마치 하나님의 전능하신 은총에 관한 보편적 약속이 오직 주님의 구원사적, 그리고 종말론적인 역사에 의해 다가오는 은혜의 날을 인식함으로써 이해될 수 있는 것과 같다.

인간이 자신의 삶 가운데 주어지는 특별한 시간을 하나님의 일을 위하여 자유롭게 내어주는 것이 바로 도덕적 계명이다(Praeceptum morale est quantum ad hoc, quod homo deputet aliquod tempus vitae suae ad vacandum divinis—『신학대전』 II. 2 qu. 122 art. 4 ad I)라고 말하는 아퀴나스(Thomas von Aquino)는 전적으로 옳다. 매주 안식일을 지키면서 우리가 맞이하는 우리 일상의 작은 중단은 부활절을 통해서 주어지는 세계 역사적 일상의 위대한 중단과 필적하는 것이다: 이는 확실히 하나의 표지와 같지만, 또한 구체적인 그리고 유의해야 될 표지이기도 하다. 특히 루터는 계명에 대한 자신의 해설 안에서 이런 표지를 예배를 위한 실제적인 의미를 위해서 사용하고 있으면서, 동시에 유대화된 율법성을 피하기 위해서 이런 표지를 불분명하게 표현하고 있다. 그러나 루터는 이를 마치 주일에 드리는 예배란 결단코 율법성을 지닐 수 없다는 말을 재확인하는 것으로 사용한다. 즉, 만일 사람들이 율법을—다른 모든 율법과 동일한 것으로 준용(mutatis mutandis)한다는 의미에서—휴일과 동일한 것으로서—모든 시간을 채우고 있는—시행되거나 또는 전혀 시행되지 말아야 하는 것을 구체적으로 암시하는 것으로서 이해할 때도 마찬가지라는 것이다. 그렇다면 칼빈이 그리스도인들이 살아가는 이유와 안식일 계명의 결정적인 내용에 관해서 언급하였다는 것을, 단순히 칼빈이 자신의 전체 가르침 안에서 왜 사람들이 항상 그리고 곳곳에서 하나님께 반대하여 행동했는지에 관한 일반적인 가르침으로서 이해해서는 안 될 것이다. 칼빈이 구원의 항구(portus salutis)나 또는 그리스도인으로서 살아가는 시작에 놓인 첫 번째 단계(primus gradus), 그리고 모든 안식일에 대한 쉼(quiescere), 위임함(cedere), 돌려줌(resignare), 물러남(abdicare), 그리고 안식함(feriare)에 관해서 언급할 때, 이는 이미 칼빈에게는 하나의 특정한 행동이나 사역을 의미하는 것이었다.

반면에 여기서 이와 같은 구체적인 행동이나 사역에 대해서 질문이 제기될 수 있다. 즉, 하나님 스스로가 자신이 인간에게 명령자로서 나타남으로써 인간에게 의무를 지우거나 무엇인가를 요구하는 것이 아닌가 하는 점이다. 이런 관점에서 하나님이 인간으로부터 안식일을 거룩하게 하심으로써 ― 즉 자신이 필요한 것을 스스로 포기하는 믿음을 다시 완성시킨다는 의미 ― 원하신 것은, 단순히 어떤 행위를 하거나 또는 어떤 행위의 중단을 단순하게 가리키는 것이 아니다. 또한 단순히 어떤 신조(信條)를 의미하지도 않는다. 오히려 하나님은 계속해서 어떤 특정한 내적인, 그러나 동시에 외적인 스스로의 태도를 지시하신다. 그러나 또한 이런 태도 안에 놓인 어떤 것을 단순하게 가리키는 것이 아니라, 동시에 계속해서 무엇인가 구체적인 행위와 구체적인 행위의 중단이라는 태도 안에 놓여 있는 것을 가리키신다. 또한 안식일 계명으로서 하나님의 계명은 모든 인간을, 특히 인간의 인격, 인간의 장소, 인간의 능력, 과제와 환경 등, 이 모두를 안식일이라는 시간으로 이끌어 와서 관계를 맺게 한다. 또한 안식일 계명은 매우 명확하게 인간이 지금 바로 여기서 안식일을 지키며, 일상의 일을 멈추도록 요구한다. 다시 말하면, 안식일 계명은 항상 자신의 기본적인 의미를 포함하는데, 그것은 항상 인간 자신이 원하는 무엇인가를 포기하는 그런 믿음을 위한 행동방식을 말하는 것이다. 그래서 이런 믿음은 일로부터의 안식과 예배에 참여하는 것을 그 안에 담고 있는 것이다. 이에 순종하도록 부름 받는 인간은 다음을 묻게 될 것이다. 즉, 이런 순종은 무엇을 증명하려는 것인가? 분명한 것은, 이는 자기 자신이나 또는 인간 자신의 선함과 의견을 버리라는 것이 아니라, 오히려 하나님에 의해서 매우 특정한 길에 서게 된다는 것을 의미한다. 그 길은 바로 매우 분명한 걸음을 걷고 또 이를 허용하라고 요구된 길이다. 오직 인간이 하나님의 계명을 듣는가, 올바르게 듣는가, 하나님의 계명에 순종하는가, 전적으로 완전히 순종하는가? 이는 바로 이 지점에서 우리에게 하나의 물음으로 남게 된다.

그러나 이는 마찬가지로 하나님의 계명에도 유효하다. 즉, 어떻게 하나님의 계명이 모든 인간에게 직접적이고 특별하게 언급될 수 있는가? 안식일에 관한 어떠한 윤리도 하나님과 모든 개별적인 인간 사이에 들어와 자리 잡을 수 없다. 또한 안식일에 관한 어떠한 윤리도, 마치 하나님께서 스스로 말씀하시는 것처럼, 개별적인 인간이 자신이 순종하는 것이 바로 이런 계명을 지키기 위한 것이라고 충고할 수 있는 어떠한 보편적인 규범을 가져올 수 없다.

마르틴 루터뿐만이 아니라, 칼빈 또한 사람들이 윤리적 행동들이 제공하며 그 안에서 허용되는 것, 즉 '자기 스스로 원하는 것을 포기하는 신앙에서 기인하는 계명에 대한 순종'을 지키고자 하는 것에 주의를 기울여야 함을 분명하게 경고하였다. 그러나 인간 스스로를 모순에 빠지게 하는 자신의 노고, 횡포와 불합리성은 이를 행하는 것을 불가능하게 한다. 그럼에도 불구하고 사람들은 계속해서 이를 시도하곤 한다. 아메시우스(W. Amesius)는 안식일에 사람들을 공적 또는 사적인 예배에 나오지 못하게 하는 육체적 또는 정신적인 일에 몰두하는 것이 금지되어 있다고 설명(De conscientia 1630, IV 33)하는데, 이는 우리로 하여금 무엇인가를 더 생각하게 한다. 만일 사람들이 이를 단지 규칙적이고 일상적(regulariter et ordinarie)인 계명으로서 유효한 것이라 생각했다면, 이는 당연히 지지를 받을 것이다. 그러나 만일 이것이 안식일을 위해서 모든 환경을 악화시키는 인간의 즐거움을 하나님을 위해서 금하는 것뿐만 아니라 더 나아가 예배로 나아가기 위한 모든 여행과 방랑(itinera)을 금하는 것을 의미한다면, 또는 그래서 이것이 만일 단지 모든 외부의 소음(Strepitum forensem)을 불러일으키는 외적인 움직임뿐만이 아니라 오히려 일상의 고민과 연결된 모든 내면의 움직임 또한 금하는 것이라고 한다면, 특히 이것이 적어도 하나님의 섭리에 의해서 용인된 것이라면, 그리고 이는 또한 때때로 반드시 필요한 것이었음에도 불구하고 이를 금하는 것이라면, 그렇다면 사람들은 다시금 이를 다른 방식으로 생각해야만 하는가? 특히 더 나아가, 예를 들면 농부들이 건초를 만들거나 곡식을 수확하는 것에 대해서 전혀 문제 삼지 않는 것처럼, 마찬가지로 무엇보다 사람들을 위한 의사들, 수술을 하는 의사들이나 약사들, 그리고 공무원이나 군인들의 행위에 대해서는 문제 삼지 않는 것이 분명히 필요할 것(necessitas evidens)이다. 특히 집배원이나 다른 곳에 종속된 사람들, 즉 자신들이 직업의 필요성에 따라서 예외적으로 일해야 한다고 생각하는 사람들은 안식일의 의미를 분명히 알고 있는 사람들에 의해서 안식일에 자신들의 힘든 일을 중단할 수 있어야 할 것이다! 선행의 행위 이외에, 그리고 이런 선행의 임무(officia pietatis) 이외에, 또한 안식일에 종을 치는 것과 같은 예배를 위해 반드시 필요한 섬김의 행동(opera servilia)과, 또한 마찬가지로 사회적 의무를 위한 이런 존귀한 모임(communis honestatis officia)은 허용되어야 한다. 왜냐하면 이는 '사람들의 삶에 만족'을 제공하기 때문이다. 그리고 이는 경건함을 연습하는 것에 방해가 되지 않으며 또한 인간적 관점에 의해서도 반드시 필요하기 때문이다. 그러나 이는 오직 화려하거나 형식적이지 않아야만 한다! 또한 시간과 기회를 통한 다른 방식의 사소하거나 또는 잠깐 동안의 일(exigua et brevis aliqua occupatio)은 이들이 오직 안식일의 고유한 목적과 일치될 때에만 허용될 수 있다. 예를 들면, 예배나 예배를 위한 준비(praeparatio)와 예배 후에 이를 기념(recordatio)하는 일이다. 이 모든 것은 다가오는 새로운 한 주를 위한 영적인 양식이라는 목적과 일치한다. 사람들은 전통적인 개혁주의에서 펼치는 안식일 윤리가 갖는 좋은 의도를 부인하지 못할 것이다. 그러나 이런 선한 의도로 언급되어진 필요성이 나누어진 지배 계급의 필요성과 요구에 의한 것임을 드러내는 것이기도 하다. 여기서 사람들은 인간이 만든 시스템이 하나님의 계명을 대체하고 있음을 분명히 알 수 있다. 그리고 바로 여기서 인간의 계획이 실패하게 된다. 오늘날 세속주의는 매우 빠르고 광범위하게 몰아치고 있다. 이에 반대하여서 안식일이 많은 유럽인의 높고 낮은 계층 안에서 지켜지고 있다는 것에 우리는 전혀 놀랄 필요가 없는 것이다.

그렇다면 이런 일들에 관해서 윤리는 무슨 일을 할 수 있는가? 윤리는 그리스도인들을 위해서 또는 그리스도인이 되려거나 다시 돌아오려는 그리스도인들을 위해서 하나의 구속력 있는 안식일 관습이나 또는 더 나아가 보편적으로 구속력이 있는 안식일 계명으로서 제시될 수 있는가? 교회는 이런 시도를 각 상황에 맞게 점검하거나, 독려하거나, 또는 어떤 경우에는 이를 요구하거나, 지원해야만 한다. 안식일에 대한 교회의 유일한 동력은 오직 복음과 구원사와 종말론적 역사에 대한 선포라 할 수 있다. 왜냐하면 교회는 안식일을 오직 하나님께서 명하신 안식일에 대한 계명으로서만 선포할 수 있기 때문이다. 즉, 안식일이라는 매우 구체적인 형태의 휴식 안에서 하나님을 거부한 믿음을 다시 회복해야 한다는 부름으로써만 선포할 수 있다는 것이다. 그래서 모든 이가 하나님에 관해서 스스로 말하는 것처럼 하나님의 계명을 지켜야 한다는 가르침은 추상적이지도, 형식이 없거나 공허하게 머물지도 않는다. 그리스도교 윤리는 여기서 계속해서 단지 율법으로서만 선언되지 않으며, 더 나아가 인간의 율법이나, 그리고 하나님의 계명 그 자체를 가리키는 것으로 간주될 수 없는 것이다. 그리스도교 윤리는 오히려 하나님의 계명을 올바르게 듣게 하는 인간의 귀 기울임이며, 올바른 인간의 순종이다. 그래서 하나님에 대항하는 모든 질문의 형태, 즉 인간의 본성에 의해서 제기되는 모든 질문에 돕는 것이 그리스도교 윤리인 것이다. 이런 질문에 대한 대답을 그리스도교 윤리는 거부하지 않는다. 오히려 이런 질문에 대한 대답을 모든 사람에게 분명하게 제공하는 것이다. 그 대답은 바로 하나님의 계명을 올바르게 듣는 것이며, 하나님의 계명에 반대하는 모든 것에 반대하여서 그의 계명에 순종하면서 얻어지는 것이다.

결국 우리는 다음과 같이 우리에게 다가온 질문들을 분류하면서 신중하게 이 단락을 정리할 수 있을 것이다.

1. 우리는 안식일을 인간에게 속한 것이 아니라, 하나님께 속한 것이라는 점에서 출발하여야 한다. 물론 안식일은 매일 우리가 맞이하는 날―우리의 날은 우리에게 속한 것―과 다른 날이 아니다. 그러나 다른 날과 마찬가지로 안식일은 많은 날 가운데 하나이지만 또한 우리를 위로하는 그리고 주목할 만한 날이 바로 안식일이다! 그렇다면, 안식일이 다른 날과 마찬가지로 인간인 우리에게 속한 날인 것처럼 처리해도 된다는 인식을 우리는 받아들일 수 있는가? 또한 이런 인식을 바탕으로 할 때, 안식일은 순차적으로 다가오는 매일의 날들과 구별되는 날이어야만 하는가? 그래서 마치 안식일

에 사물들이 매우 특별한 자유를 통해서 다가온다든가, 그리고 또한 일상과의 커다란 차이를 통하여 매우 정확한 계획 없이도 살 수 있는 날이라고 말할 수 있는가? 사람들은 안식일에 사랑의 하나님이 전혀 다르게 지배하실 수 있도록 두어야만 하는가? 일단의 필요치 않은—일상의 계획적인 사고를 통해 이끌어지는—안식일 노동, 그러나 또한 너무 계획적인 일단의 그리고 이미 이 때문에 안식일의 고통스러운 즐거움은 스스로 이와 함께 폐지될 것이다. 만일 사람들이 안식일을 두려워하거나 또는 무척 기다려지는 날로서 정의한다면, 그렇다면 사람들은 안식일에—아마도 모든 평안함 안에서, 그럼에도 필시 매우 분주함과 함께—바로 너무 많은 일을 행하게 되거나 또는 너무 적은 일을 행하게 될 수 있다. 그렇다면 이런 상황에서 안식일은 노동을 하는 일상의 날과 같은 방식의 날, 그러나 동시에 자유롭고, 느슨한, 미리 의도하지 않은 그리고 또한 생기 있는 노동의 날이 될 수도 있다. 그렇다고 또한 안식일이 단지 분주함으로만 가득 찬 날은 아니다. 안식일은 한 번도 자유로운 노동의 날로 끝나지 않았다. 안식일은 또한 부분적으로 또는 전적으로 참다운 즐거움의 날일 수 있다. 그럼에도 다시금 이것이 필수적인 것은 아니어야만 한다. 안식일은 인간이 아니라 하나님께 속한 날이기 때문에, 이날은 모든 인간이 인간을 위해서 반드시 지켜야 하는 자유로운 날인 것이다. 그러면 안식일이 반드시 이런 날이어야만 하는가? 여기서 우리는 즉시 다른 질문을 제기할 수 있다. 즉, 만일 우리가 이런 자유로운 날을 주신 하나님 앞에 직간접적으로 설 때, 그리고 특히 하나님이 계시고, 하나님이 우리와 말씀하기를 원하는 곳, 다시 말하면 그의 공동체 안에서 존재한다면, 그렇다면 위와 같은 생각은 안식일에 대한 다른 인식들과 조화를 이룰 수 있는가? 그렇다면 안식일은 하나님의 자비를 통하여 어떠한 경우에서든지 반드시 다음과 같은 외적 현상과 특성을 간직해야만 할 것이다. 즉, 어떤 기분이나 우연들이 안식일에 사람들을 이끄는 것이 아니라, 오히려 오직 안식일의 주인이 사람들을 다스리도록 해야 한다는 것이다. 그러나 우리가 하나님의 이끄심을 받아들일 것인지는 아직은 분명하지 않다. 하나님은 당신의 말씀을 통하여 인간을 이끄신다. 그리고 인간이 그의 말씀을 간직하기를 원하신다. 그러므로 이런 하나님께 속한 안식일 날들에 우리는 예배에 참여하는 것이다: 그럼에도 이는 다시금 의무나 계획된 순간으로서가 아니라, 오히려 자연스러운 의미부여로서, 꾸밈없는 감사의 말이어야 한다. 특히 안식일이 다시금 안식일의 자유가 아니라 계획된 안식일의 순서에 따라 연습을 하는 것이 되어서는 안 된다. 그렇다면 사람들은 안식일 오후에 특히 이런저런 모습으로 참된 안식일의 종이 되지 않고도, 결국 안식일 그 아침에 잠을 자거나 또는 숲 속의 길을 산책해도 되는 것이 아닌가? 안식일의 의무는? 참다운 안식일 권리에 대한 이유를 제시하는 것이 교회에서 도대체 무엇이 문제인가? 교회에 묻고 싶다: 당신들의 모임에서 이것이 정말로 문제가 되는가?!—이는 다음과 같은 질문이다. 즉, 이러한 지식이 계명을 올바르게 듣고 지킬 수 있는 확실한 방향을 제시하고 있는가이다.

2. 우리는 안식일의 자유가 간직한 의미가 축제의 배설이라는 기쁨이라는 사실에서 출발할 것이다. 왜냐하면 그리고 바로 이를 통해서 하나님을 위한 자유, 하나님의 안식과 창조를 완성한 후에 왕좌로 높여짐에 대한 기억, 그리고 예수 그리스도께서 죽음에서 부활하심에 대한 기억에 상징적으로 다루어지기 때문이다. 다시 말하면 영원한 왕국에 대한 기대가 상징적으로 다루어지기 때문이다.

유대인들의 풍속이 안식일에 이런 기쁨의 특징을 계속 유지할 수 있었던 것이 바로 정통 유대교 안식일 축제의 최고봉에 속하는 것임이 분명하다. 그렇다면 사람들은 마찬가지로 계속해서 그리고 항상 마음으로 '좋은 안식일'을 원하는 것보다 어떤 서로에게 더 좋은 것을 자신의 일생을 통하여 계속해서 원할 수 있단 말인가?

그리고 사람들은 지금 날카롭고 분명하게 물을 수 있다. 그것은 안식일이 '좋은 안식일'이 될 수 있는 것, 그리고 축제의 날이 이와 함께 말씀이 갖는 최후의 명확함을 통하여 기쁨의 날임을 정의하는 것은 어떤 특징을 가지고 있는지 그리고 가지고 있지 않은지이다. 이와 함께 그와 같은 우리 종교개혁의 선조들이 생각했던 이상적인 안식일은 모든 경건의 연습(exercitia pietatis)에 대한 그들의 격렬한 관심, 그들의 인위적으로 강요된 무노동(Arbeitlosigkeit), 모두가 따라야 하는 규범들과 예외 없이 그리고 제한 없이 조화를 이루었는가? 안식일은 새로운 생명을 깨우기 위해―비록 이 또한 사람들이 가능하다 할지라도―좋은 일을 한 것인가? 안식일이 주어지지 않음을 애석하게 여기는 것은 가치가 있는 일인가? 혹시 안식일이 그럼에도 단어가 갖는 최악의 의미에 따라 좋지 않은 일상의 노동일이 아니었던가? 그러나 지금은 다른 측면에서 묻고 싶다: 도대체 일상의 근심을 효과적으로 떨쳐버림, 기쁨과 즐거움이 오늘날 그리스도교적이고 비그리스도교적인 세상 사람들의 얼굴과 태도 그리고 모임 가운데 어디에 존재하는가? 참된 휴식은 반대로 모든 엄격함 안에 있는 것이 아니라, 오히려 자유로운 노동 안에 있지는 않은가? 사람들이 전혀 원할 수 없는 기쁨을 원하는 대신에, 실제로 즐겁게 무엇인가 자유로운 것에, 즉 그들이 예전에 알아차리지 못한 것, 그들에게 반드시 필요한 일상의 중단(Unterbrechung)을 제공한 것에 몰두하는 사람들이 이런 사실을 혹시 잘못 이해한 것은 아닌가? 다시 말하면, 그들에게 일상의 방식으로 노동의 대가를 지불한다면, 사람들이 이런 사실을 잘못 이해한 것은 아닌가?

인간을 위한(ad hominem) 한마디: 잘 알려진 대로 목사가 일요일에 아무런 계획이 없이 그리고 전혀 노동을 하지 않는 것은 아니다. 그렇다면 그는 이와 같은 일요일에 대하여 탄식해도 되는가? 목사는 심지어 휴일에 즐겁게 일하는 사람, 자신을 이런 방식으로 거룩하게 유지하는 인간의 전형이 아닌가? 일요일의 사역을 행하는 것이 목사 스스로에게 지극히 고통스럽고 지루한 것인가? 어떻게 목사들은 교회와 세상이 이 일에 대해서 기분 좋게 생각할 수 있도록 기대할 수 있는가? 그리고 일반적으로 묻는다면: 신학은 또한 단지 주중에는 아주 힘든 일(labor operosus), 짐, 그리고 근심이라 할 수 있는가? 즉 사람들이 연구와 직업 때문에 해야만 하는 일, 사람들이 때때로 따로 떼어 놓는 것을 진심으로 기뻐해도 되는 일인가? 신학은 신학자에게 하나의 즐거움이 아닌가? 신학자는 자신의 신학적 작업에 의해서 진정으로 근심 없이 살지 않는가? 그렇지 않다면 도대체 신학이란 무엇이란 말인가? 또한 신학자는 스스로 어떤 낯선 일에 전념하기 위해서 일요일에는 신학을 멀리 하여 잊어야만 하는가? 왜 신학자는 이런 일들을 마음대로 하지 못하는가? 특히 신학자는 신학에 예속될 수 있는가? 기본적으로 가장 엄격한 신학적 연구를 행하는 날은 바로 신학자에게 최고의 안식을 취하는 날이 될 수 있어야만 하지 않겠는가?

만일 사람들이 지금 하나님 안에 놓인 기쁨이 진정으로 숭고하고 흔하지 않은 일임을 직시한다면―참된 기쁨으로 섬기는 일(res severa verum gaudium)―이렇듯 사람들은 항상 다음과 같이 말해야만 할 것이다. 즉, 바로 이것이 모든 면에서 그리고 항상 안식일 계명을 지키기 위한 확실한 기준이라는 것이다. 그렇다면 사람들은 혹은 어떤 순수함을 통해서 안식일을 진정한 기쁨의 날로 보낼 수 있어야 하는 것은 아닌가? 여기서 당연히 다시금 공동체를 향한 질문―단순히 공동체에 말씀을 전하는 자뿐만이 아니라, 또한 공동체의 모든 지체에게―이 실제적으로 그리고 불가피하게 제기된다. 예를 들자면, 이는 특히 모든 백성에게 미치는 기쁨, 다시 말하면 안식일에 공동체를 통해서 매번 선포되는 내용인 하나님의 자유로운 은총이 아닐까? 그럼에도 무엇인가 변명을 통해 그리고 복음의 의상을 입음으로써 임의적이고 종교적-도덕적인 이상들, 계획들과 행업들이라는 율법이 서 있는 것은 아닌가? 그럼에도 교회 안에서 정말로 곤혹스럽거나 또는 교회의 예배가 우울하지는 않았는가? 혹은 교회의 예배가 전혀 불투명하지는 않았는가? 그럼에도 하나님의 주권은 하나님의 사랑하는 아들의 나라에서 교회를 요구하는가? 또는 교회에서는 악마의 주권이나 자본 또는 공산주의, 또는 보편적인 인간의 어리석음과 악의의 권력보다 하나님의 주권이 실행되어야만 하는가? 그럼에도 교회가 매번 모일 때마다 인간을 위한 똑바른, 주도적인, 비판적인 그러나 밝고 분명한 하나님의 긍정(Ja)을 일깨우는 것이 아니라, 오히려 교우들과 세상에 대한 책임감만을 알아차렸던 것은 아닐까? 안식일은 인간에게 기쁨의 날로 그리고 이를 통해서 하나님의 날로 만들어진다는 것을 교회 이외에 누가 믿을 것인가? 어떻게 교회는 안식일을 망쳐놓은 기만적인 기쁨의 바다에 대해서 불평할 수 있는 권리를 소유할 수 있을 것인가? 교회는 일요일에 발생하는 걱정들을 잊기를 원하는, 그리고 실제로는 전혀 잊을 수 없는 교회가 빚진 수많은 사람에게 어떻게 과연 도움을 줄 수 있는가?―사람들은 이런 질문의 방향을 바라보며, 사람들은 이런 질문들을 계속 간직하며 그리고 하나님께서 모든 사람 각자에게 주신 계명이 다양한 관점 아래에서 계명이 처음에 드러났던 것처럼 계속해서 드러날 수 있는지를 주목한다.

    3. 우리는 여전히 하나의 다른 출발점을 선택할 것이다. 하지만 우리는 이런 출발점은 형식적으로는 우리가 다음 문단에서 거의 다루게 될 영역에 속한다. 즉, 안식일은 하나님께로 나온 다른 모든 것처럼 단지 분리된 개별적인 인간에게만 아니라, 또한 그 인간과 함께 존재하는 다른 인간들에게도 주어졌다는 것이다. 안식일은 (안식일이 사람에게 속한 것이라고 사람들이 확실하게 말할 수 있는 한) 사람 자체를 위한 것이 아니라, 공동체 안에 존재하는 사람에게 속한 것이다. 왜냐하면 사람은 공동체 안에서 지체로 존재하기 때문이다. 또한 그렇게 안식일은 인간 사회 안에 존재하는 사람에게 속한 것이다. 안식일은 공동체적인 유익이며 공동체적인 의무이다. 이런 관점을 통해 안식일에 주는 것은 무엇이며, 그렇지 않은 것은 무엇인가? 무엇인가 전혀 자유롭고—즐거운 주일사역이 아니라, 오히려 자신들의 필수적인 유산을 바라봄으로써 강요된 주일사역이 현재의 상황이 아닌가? 즉, 하필 일요일에 자신의 지위를 이용하는 전반적인 다른 무리를 통한 강요가 아닌가? 여기서는 모든 개인뿐 아니라, 또한 일반의 관습과 습관이 아니라 특정한—그리고 지금 필시 그럼에도 또한 안식일법의 제정이라는 틀 안에서 계속해서 좁혀지는—무리들만이 따라야 하는 것은 아닌가? 더 나아가, 사람들이 하필 안식일을 가장 좋게는 '홀로'(fuer sich) 보내거나 또는 공동체적 친교로 보낸다는 것을 그 자체로 이해할 수 있는가? 그래서 결국 이는 다른 사람들과의 접촉이나 교류에 관한 것이 결코 아니라, 오히려 고립보다는 더 나은 어떤 하나의 무리 속에서 허용되는 누림이나 떠듦에 관한 것이다. 사람들이 일요일에 '자신의 가족과 있는 것'과 이날에 최소한 이런 형식으로 다른 사람들과 있기를 좋아하는 사람들을 여전히 진심으로 칭송한다는 것은 결국 부족함에 대한 표현이 아닌가? 사람들은 진정으로 포기하는 믿음을 실천적으로 연습할 수 있는가? 만일 사람들이 바로 이날에 단지 자신의 사적인 길—이는 또한 집단의 길일 수도 있다.—걷기를 원할 때, 어떻게 안식일 계명을 그에게 요구할 수 있는가? 포기하는 믿음을 이를 통해서 연습하거나, 그래서 이런 방식으로 안식일을 지키는 것은 결국 사람들이 다른 이들을 위해서 소유하는 것보다 더 큰, 그리고 다른 이들의 목소리를 듣기 위해서, 그들과 서로 대화하기 위해서, 사람들이 다른 사람들에게 평일에 빚진 것을 다시 그들에게 되갚아주기 위해서, 다른 사람에게 마음을 여는 것이 당연하고 분명한 것은 아닐까? 얼마나 많은 사람의 관계가, 즉 느슨한 관계나 혹은 아주 친밀한 관계 또는 적어도 부양의 관계나 오늘날에는 찾아볼 수 없기에 매우 필요한 깊은 이해의 관계가 필요하단 말인가! 얼마나 많은 일요일에 이를 위한 시간을 사람들은 가져야 하는지, 그리고 이런 관계를 반드시 맺어야만 하는지는, 다른 방식으로 입증되어야 할 것이다. 또한 이런 방식을 통해서는 안식일이 줄 수 있는 것을 잃어버리게 될 것이다!

드 쾌르벵은 이런 관점에서 전적으로 옳다: "안식일이 인간의 날이 되는 곳에서, 공익성과 인간성이 약해진다; 그곳에서는 사회 안에 존재하는 악마의 지배력이 나타나게 된다. (…)노동을 하는 날보다 휴일이 여전히 더 많이 인간 모임의 해체를 표현하는 것이라면, 이런 의미에서 이 세상의 휴일은 필시 진정으로 사회의 소산이 아닐 것이다."(앞의 책, 374)—그리고 또한 안식일은 비로소 매 일요일을 지키는 모든 진지한 개인들과 집단을 위해 분명하든 또는 분명하지 않은 방식이든 구원을 의미하는 하나의 방식이며, 그들 각자는 다시금 월요일에 노동으로, 다시 말하면 상당히 실제적인 인간들의 모임으로 다시 돌아가게 된다는 것은 오직 위와 같은 사실로부터 이해할 수 있는 것이다.

그리고 이와 같은 측면에서 일요일의 예배에 대한 문제가 지금 자연스럽게 등장한다. 만일 예배가 자신들의 영혼의 바닥에서 하나님과 그의 말씀을 구하고 그리고 발견하는가에 달려 있고, 또한 그때에 하나님과 그 자신이 인격적으로 만나는가에 전적으로 달려 있다면, 그렇다면 분명히 알맞은 주일 아침의 예배는 '하나님의 자유로운 본성' 안에 놓인 유명한 발걸음, 또는 엄숙한 성전을 방문하는 것, 또는 세상과 접촉하지 않는 영적인 말씀 묵상 또는 세상적인 묵상, 또는 경우에 따라서 두 개의 영혼이 아름답고 조화를 이루어 함께 존재함이 될 것이다. 그리고 만일 예배가 하나님의 사역(opus Dei)에 참여함으로써 스스로가 다시 한 번 고요한 마음과 양심을 얻도록 힘쓰는 것에 달려 있다면, 그렇다면 사람들은 가톨릭적 의미에서 자신의 '주일의 의무'를 완성할 수 있을 것이다. 예를 들자면, 교회에, 다시 말하면 성례전에 참여하기 위함이다. 또는 이른바, '설교를 듣기 위하여' 가는 것이다. 그러나 이 모두는 도피의 움직임이 아닌가? 예배의 주제는 하나님을 자기 자신 안에서 그리고 자기 자신을 위해 독점적으로 발견하기 위함이 아니다. 오히려 예배의 관심은 하나님을 하나님의 진리와 위엄 안에서 만나는 것이다. 이는 틀림없이 하나님을 찾고 발견하는 각 개인들에게, 또한 자신의 고유한 인격을 위해 손해 보도록 하는 것이 아니라, 오히려 먹고 마시게 할 것이다. 그리고 예배의 주제는 분명히 '교회에'(이것이 성례전에 참여하기 위해서든 또는 '설교를 듣기 위하여'든) 가는 것이 아니다. 오히려 예배의 관심은 하나님이 불러 모아주신 공동체의 모임에 하나님에 대한 증언을 듣고 그리고 선포하기 위해서 가는 것이다: 교회는 다음과 같은 공동체이다. 즉, 공동체가 확고히 서는 것은 단지 목사의 책임이 아니라, 오히려 각 개인들이 책임을 지는 공동체이다. 만일 한 개인이 교회공동체를 더 이상 지원하지 않거나, 또는 교회공동체를 단지 하나의 관청(Behoerde)으로서 생각할 때, 마치 그가 극장에 가는 것처럼 또는 하나의 강연에 참여하는 것처럼, 그리고 그가 이렇게 자신의 공동체를 벗어났을 때, 바로 그 개인은 자신이 맡은 교회공동체의 한 부분을 손상시킬 것이다. 또한 교회는 다음과 같은 공동체이다. 즉, 각 개인이 반대로 공동체에 참여함으로써 굳건히 서는 공동체이다. 그리고 보다 정확히 말하자면 (또한 그 개인이 해당 목사나 다른 참여자들을 평가할 수 있을지라도!) 그들과 같이 지고, 같이 섬기고, 같이 기도하면서 —특별히 함께 찬송하면서 — 참여함으로써 굳건히 서는 공동체이다. 복음을 중심으로 모인 공동체는 이웃됨(Mitmenschlichkeit)이 그리스도교적 형상으로 구체적으로 드러난 것이다. 만일 사람들이 공동체를 떠나는 것이 허락되었다고 생각한다면, 이는 각 개별적인 경우에 따라 정말로 책임을 져야 하는 하나의 사건이 될 것이다. —우리는 또한 이 모든 것을 가지고 하나의 율법을 만들려는 것이 아니다. 그러나 물론 이런 관점에서 같은 목표를 향한 몇 개의 질문을 예를 들 수 있다. 그리고 만일 사람들이 안식일에 대한 하나님의 계명을 통하여 무엇을 할 수 있는지에 대해 해명하기를 원할 때, 이와 같은 질문은 사람들이 반드시 바라보아야 할 방향을 확실히 제시할 것이다.

4. 우리는 몇 가지 질문을 계속할 것이다. 그리고 이는 우리가 수행하는 전체 연구의 처음에 기초를 다진 전제로부터 출발함으로써 제기되는 질문이다. 즉, 안식일은 그리스도교의 인식에 따르면 결코 한 주의 마지막 날이 아니라, 오히려 한 주의 첫 번째 날이다. 그렇다면 우리의 안식일은 그 뒤에 따라오는 주중의 날 안에서, 즉 주님의 날인 안식일이 열어주는 날들 안에서, 보존되어야 하는가? 또는 전혀 그렇지 않은가? 주중의 날들은 안식일의 빛 안에 서 있는가? 또는 마치 안식일이 존재하지 않았던 듯, 마치 하나의 암담한 황혼 속으로 또는 전적으로, 왜냐하면 안식일은 좋은 날이기보다는 오히려 나쁜 일요일이었기 때문에, 안식일에서 시작된 어둠 속으로 사라져 버리는가? 그러나 만일 힘든 일상에 대한 의미 있는 중단으로서 안식일이 그러나 일상을 통해서 여전히 고수되어야 할 때, 그렇다면 안식일은 어떤 모습이어야 하고, 또한 어떤 모습이 되어서는 안 되는가? 이것이 바로 우리가 제기하는 질문이다.

사람들은 위와 같은 질문을 또한 우리가 합리적으로 또는 감정적으로 개최하는 성대한 축제나 작은 축제 모두에 제기할 수 있다: 예를 들면, 마치 스위스의 사격제, 체육제, 그리고 성악제와 같이 바젤의 사순절(Fastnacht)에 관하여 물을 수 있다. 또한 때때로 기꺼이 베풀곤 하는 개인적인 휴양이나 여흥에 대하여 사람들이 묻는 것처럼, 사람들은 우리 그리스도교의 성탄절(특히 이에 관해서 질문해야 한다!)에 관하여 질문을 제기할 수 있다. 그러나 하나님에 대한 믿음이나 또는 하나님께 속한 날을 자신을 포기하고 보낼 수 있는 믿음에 대해 묻는 것은 그 외의 다른 곳에서 제기되는 질문보다 더 중요하다: '그리고 그다음에는?' 또한 다음과 같은 질문이 중요하다: 그렇다면, '그다음에는?'이라는 질문을 유발시키는 '그 이전'과는 어떤 관계가 있는가? 만일 사람들이 안식일 저녁에 피곤으로 지쳐서 다시금 다가오는 월요일을 걱정해야 한다면, 지금과 같은 일요일은 아무런 문제가 없었다고 할 수 있는가? 그리고 만일 사람들이 마찬가지로 피곤함 가운데서 드디어 다시 월요일이 시작됨을 기뻐한다면, 이 또한 전혀 문제가 없었던 것인가? 그렇다면 이를 이렇게 또는 저렇게 결정한다는 것은 분명히 잘못된 것이다.

안식일은 정말로 매우 특별한 날이다. 그러나 바로 이런 특별함을 통해서 우리는 모든 날이 무슨 의미를 갖고 있는지를 보았다. 안식일은 모든 날의 경계를 제시하며, 그리고 또한 결정했다. 더 자세히 보자면, 이와 마찬가지로 인간의 시간 속에 놓인 구원사와 종말의 역사는 시간의 모든 역사가 간직한 비밀, 경계, 결정이었다는 것이다. 자유와 근심 없음, 그리고 계획 없음은 안식일의 특별한 특징이다. 그리고 일상 노동의 날은 이런 특징들을 갖지 않는다. 그러나 안식일을 통하여 이와 같은 특징은 일상의 날에도 영향을 끼칠 수 있게 되었다.—그리고 또한 이와 같은 기쁨과 동료 인간들을 위한 포용성(Aufgeschlossenheit) 없이는 참으로 안식일을 생각할 수 없을 것이다. 마찬가지로 인간이 율법의 성취를 통해 파악되는 바로 그곳에서 복음은 전적으로 빛을 발하게 된다. 그러나 단지 율법만이 존재하는 곳에서, 단지 어떤 용기나 의무이행이라는 갑옷만이 존재하는 곳—그리고 만일 이런 갑옷이 여전히 강력하고 빛난다면—도대체 어디 그곳에 복음이 머물 수 있으며, 그리고 어떻게 그곳에서 율법이 실제로 완성될 수 있단 말인가? 어디에서 노동의 일상이 단지 노동의 일상으로만 머물며—단지 감옥에 갇혀 있는 날, 불안의 날, 계획에 따른 날, 단지 잔혹하게 엄격한 날, 자립과 자기의 의로움을 변호하는 날—안식일을 위해서 무엇이 그곳에서 더 중요해지며, 그리고 어떻게 그곳에서 단지 노동의 일상이 좋은 날, 질서 있는 일상의 날이 될 수 있는가? '괴로움의 주간, 기쁨의 축제?' 그럼에도(괴테의 이와 같은 언급에도 불구하고) 만일 일주일이 진정으로 괴로움의 시간이라면, 그렇다면 축제 또한 즐겁지 않았을 것이다. 그리고 이와는 반대로 보자. 만일 축제가 진정으로 즐거웠다면, 그렇다면 그 일주일은 단순히 괴로움의 시간이 아닐 것이다. 그렇다면 일주일은 최소한 이들의 편에서 볼 때는 축제와 같은 빛을 발할 수 있으며, 발해야만 한다. 그러나 마찬가지로: 이렇듯 우리는 더욱 긴급하게 물어야 한다: 우리의 일요일들은 어떠한가? 자신을 포기하고 일요일을 보내는 사람은, 평일 또한 그렇게 행할 것이다. 사람은 주중에는 정확하고 성실하게, 그러나 마치 주인인 듯 또는 노예인 듯 자신의 일을(마치 그가 일요일에 주인도 아니며 노예도 아니지만 휴식을 취하는 것처럼) 하는 것이 아니라, 선한 양심을 가지고 일할 수 있으며, 일해야 한다. 그러나 그는 또한 자신이 다음과 같은 사실을 거부할 수 없음을 확실히 알아야 한다. 즉, 이것이 자신을 구하거나 유지시켜 주지 않음을, 그리고 자신은 오직 하나님의 위로만을 기대할 수 있다는 사실이다. 그는 주중에는 다른 목적들에 눈을 두어야 한다. 그럼에도 물질적이거나 또한 정신적인, 개인적이거나 또는 공동의 재물(Mammon)에 사로잡히거나 또한 예속되어서는 안 된다. 그는 매일 일함으로써 휴식을 얻게 된다. 또한 매일 투쟁함으로써 평화를 얻고, 지키며 그리고 기도하게 된다. 그렇게 매일 노동을 함으로써, 그는 동시에 소유하게 되고, 그리고 베풀게 된다. 이는 당연한 것이 아닌가! 우리는 우리의 것이 아니라, 주님의 것이다.(Nostri non sumus sed Domini) 그러나 마찬가지로 이는 안식일에도 실천될 필요가 있다. 만일 사람들이 이를 안식일에 행하기를 원치 않는다면, 어떻게 사람들이 평일에 자신을 포기하면서 믿을 수 있는가? 이렇듯 노동의 일상은 일요일을 위한 판단 기준이 된다. 즉, 이런 기준은 노동의 중단과 하나님께 드리는 예배라는 두 가지 특별한 문제점과 연관된다는 사실이다. 우리는 이런 두 가지 관점을 통해서 율법이 유효하지 않음을 관철시켰다. 그러나 만일 사람들이 주중에 어떠한 휴식도 취하지 못한다면, 그리고 평화도, 안도의 숨도, 쾌활함을 경험하지 못한다면, 그렇다면 그때 사람들은 진정으로 물어야만 할 것이다. 즉, 사람들이 일요일에 어떻게든 일을 할 수 있도록 허락받았다고 생각할 때, 이는 사람들이 잘못 평가하는 것은 아닌가? 혹시 사람들이 이를 자기에게 허락된 일요일의 만족으로 간주하는 것으로 잘못 생각하는 것은 아닌가? 그리고 사람들이 주중에 자신들에게 익숙해진 노동과 인간의 돌봄을 거부한다면, 그렇다면 다음과 같은 고찰이 가능할 것이다. 즉, 사람들은 먼저 주일 예배를 매우 다른 방식으로써 진지하게 받아들여야만 할 필요가 없는가? 사람들은 지금 제기된 문제의 목표가 바로 이런 측면에서, 다시 말하면 휴일과 평일의 관계에 따라서, 매우 특별하고 분명하게 다음을 암시하고 있음을 간과해서는 안 된다. 즉, 하나님께서는 인간 모두가 안식일을 지키기를 바라고 계신다. 왜냐하면 하나님은 자신의 계명을 또한 안식일 계명이라는 형태로 주셨기 때문이다. 우리는 안식일을 지정할 수 없다. 항상 계명을 인간 모두에게 적절하고 알맞게 된 형태로 지정해 주시는 것이 바로 하나님의 고유한 일이기 때문이다. 그러나 우리는 하나님께서 모두에게 명령하신 것을 자각할 수 있다. 그리고 이를 통해서 단순히 무지 가운데 머물지 않는다. 그럼으로써 우리가 확실한 가르침을 완전히 포기하지 말아야 함을 우리는 또한 분명히 알았다.

## 2. 신앙고백

안식일은 표징이다. 그리고 인간은 하나님에 대한 특별한 책임감을 갖고 있으며, 이 책임감 때문에 인간으로 존재한다. 안식일의 거룩함은 이런 인간이 하나님 앞에서 자신의 자유를 연습하는 것이다. 이것이 바로 인간이라는 피조물이다. 안식일을 지키는 것은 특정한 시간의 부분을 정기적으로 준수하는 것이다. 안식일은 이것이 가장 확연히 드러나는 시간이다. 그리고 안식일은 특별한 의미를 지니며, 이런 힘에 따라서 인간에게 주어진 특별한 책임이 가장 포괄적으로 나타난 모습이 안식일을 준수하는 것이다. 그러나 이런 책임은 그 밖의 다른 모습을 또한 지닐 수도 있다.

우리는 두 번째 지점에서 다음과 같은 것, 즉 인간이 하나님에 대한 분명한 증언을 위한 초청과 인간의 의무라 부를 수 있는 것을 언급할 것이다. 창조주이신 하나님의 계명 안에는 인간 스스로가 복음 때문에(롬 1:16) 부끄러워할 필요가 없음이 담겨 있다.

그렇지 않다면 인간은 자기 자신 때문에, 피조물로서 자신의 존재 때문에 부끄러워하게 되는 어리석음을 범할 것이다. 그래서 인간은 존재한다는 것, 그리고 자신이 그렇듯 존재하는 것을 하나님의 말씀과 또한 복음 덕분이라고 생각한다. 인간은 자신이 의식하든 또는 의식하지 못하든 그리고 생각하든 생각하지 못하든 하나님의 창조적 말씀을 위한 수신판(Empfangsanzeige)으로 존재함으로써, 인간은 스스로 존재한다. 만일 인간이 그 자신의 모습대로 존재하기를 원한다면, 인간은 이런 수신판이 침묵하지 않고 잘 울리도록 또는 자기 스스로에게 모순되지 않기를 원해야만 한다. 만일 인간이 하나님 앞에서 자유로운 존재이기를 원한다면, 그렇다면 그는 이를 원하고 그리고 이에 상응하여서 행동하도록 열려 있어야 한다. 그리고 창조주이신 하나님의 계명이 어떠한 경우이든 인간에게 하나님 앞에서의 자유로운 존재임—하나님 앞에서 자신의 책임을 완성함으로써 자유로운!—을 요구함으로써, 또한 인간이 하나님을 고백하도록 준비되어 있어야 함을 요구한다. 그리고 단지 인간의 준비되어 있음을 요구하는 것이 아니라, 더 나아가 인간이 자신의 준비되어 있음을 바탕으로 도약해서 자신의 고백을 완성하며, 행동으로 옮기기를 요구한다. 고백은 확증이며, 확언이며, 이와 같은 지식을 계속해서 전하는 것이다. 여기서 묻게 되는 지식은 특히 인간에게 주어진 이성의 기본행위(Grundakt)이다. 이성은 창조주 하나님이 주신 것이다. 그래서 이성은 자신의 근원과 목표를, 그 외의 다른 모든 소문보다 먼저 그리고 다른 모든 소문을 뛰어넘어, 하나님을 인식하기 위한 용도로 사용됨에 둔다. 하나님이 인간에게 명령하시듯 마주서심으로써, 하나님은 인간이 하나님을 바라보도록 창조했음을 호소하며, 인간의 이성이 지닌 용도를 상기시키며, 또한 이성이 건전하고 순수한 이성으로서 활발하게 활동할 때, 인간의 기본행위는 오직 인간이 하나님을 인식하는 것에 놓여 있음을 훈계하신다. 그리고 지금 하나님은 이와 같은 지식을 확증하기 위해, 확언하도록, 그리고 계속 전하도록 인간을 부르신다. 모든 하나님의 계명은 또한 다음과 같은 내용—하나님과 인간 사이에 놓인 모든 갑작스러운 만남(Begegnung)의 주제 또한 다음과 같다.—을 담는다. 즉, 하나님은 인간을 당신의 증인, 그러나 마찬가지로 단지 침묵하는, 마지못해 증언하는 증인이 아니라, 오히려 분명하게 표현하는—하나님에 대한 고백을 특별하고 적합한 방식을 통하여 완성하고 행동으로 옮기는—당신의 증인으로 부르신다. 왜 이런 증인으로 인간을 부르시는가? 그 이유는 하나님이 인간에게 은총을 베푸시기 때문이며, 하나님이 인간을 사랑하시기 때문이다. 그리고 또한 인간 없이 존재하기를 원치 않으시기 때문이다. 또한 하나님이 인간을 이런 사랑을 통해 아름답게 창조하셨기 때문이며, 계약이 바로 창조의 내적인 토대이기 때문이다. 그리고 원천적인 그리고 결과적으로 인간에게 전해진 이성, 하나님이 인간에게 주셨던 이성이 하나님이 은총으로 행하신 일이기 때문이다. 하나님이 인간에게 당신의 증인이 되기를 명령하심으로써, 하나님은 인간에게 다음과 같은 사실을 확증하신다. 즉, 하나님이 인간을 신뢰하신다는 것, 하나님이 태초부터 인간과 함께 협력하셨다는 것과 다시금 협력하기를 원하신다는 사실이다. 하나님은 인간이 이를 인간의 측면에서 확증하기를 요구하시는 것이다.

더 확장된 맥락에서 보자면, 이는 성서의 수많은 구절이 하나님에 대한 찬양으로서 표현하는 인간의 행위에 관한 것이다. 둠(B. Duhm)은 과거에 이를 "공동체의 종교훈련을 위한 가장 의미심장한 표현"이라고 불렀다. 실제로 이는 맞는 말이다. 그리고 만일 기도가 순수하다면, 그리고 반드시 기도와 함께 하나님에 대한 찬양이 시작되고 끝나기 때문에, 이는 하나님을 향한 모든 인간 행위의 최고봉이라 할 수 있기 때문이다. 만일 인간이 하나님의 파트너로서 그리고 모든 창조물 가운데 하나로서 하나님을 인식한다면, 만일 인간이 자신의 숭고함, 거룩함과 자비로움을 자신의 행위를 통해서 알게 된다면, 만일 인간이 저곳에서 누구와 함께 이를 행해야만 할 것인지를 본다면, 그리고 만일 인간이 어떻게 자신이 하나님의 파트너로서 존재할 수 있는지를 스스로 이해한다면, 그렇다면 인간은 그 자체로—인간의 원래적인 용도에 상응하여 그리고 또한 최고의 필요성에 의해서—하나님을 찬양하게 될 것이다. 이는 저절로 발생하는 삶의 표현(Lebensaeusserung)이 아니라, 오히려 인간의 자유로운 행동에 관한 것이다. 그리고 이런 사실은 자주 호소와 같은 주제, 즉 사람들이 스스로에게("주님을 찬양하라, 내 영혼아!") 또는 다른 사람들을 향한 호소의 형태로 등장한다. 그리고 마치 원래에는 필수적으로 의도된 것(das Gemeinte)이 마찬가지로 존재하는지는, 다음과 상응한다. 즉, 이런 호소는 자주 자신에게 주어진 듯 보이는 경계를 넘어서 우주적인 특성을 받아들인다는 것이다. 단지 하나님의 종(시 113:1)이나, 단지 그의 거룩한 자들(시 145:10), 단지 시온(시 147:12), 단지 이스라엘 족속(시 135:19)만이 주님을 찬송할 수 있도록 허락된 것이 아니다. 오히려 또한 만민들(시 66:8, 117:1), 모든 육체(시 145:21), 호흡이 있는 모든 자(시 150:6), 그러나 또한 이를 넘어서: 하늘, 땅과 바다(시 69:35), 태양과 달(시 148:3), 하나님의 천사(시 103:20), 하나님의 모든 업적(시 103:22)도 하나님을 찬송할 수 있다. 하나님을 찬양해야 한다는 사실을 아는 사람들은 이런 위대한 합창 가운데 작고 하찮게 보이기를 원한다. 그러나 구약과 신약의 저자들은 확실히 이런 방향으로 생각하지는 않았다. 오히려 그들은 이와 같은 모든 창조물에게 미치는 하나님에 대한 찬양을 하나의 호소(Aufruf)로서 이해했다. 즉, 이성적으로 깨닫는 인간들에게 더욱 긴박하고 의무적인 방식으로 선포해야 하는 호소로서 이해했던 것이다. 마찬가지로 성서의 매우 많은 부분은 하나님에 대한 찬양을 표현하는데, 이와 같이 많은 부분이 바로 이런 호소를 주제로 삼고 있다. 그렇다면 "하나님을 찬양하라"는 도대체 어떤 의미인가? 가장 간단한 해석이 여기서 가장 최고의 해석임은 분명하다: 인간이 하나님을 고백함으로써 하나님에게 영광을 돌리라는 것이다. 그리고 또한 인간 스스로가 하나님을 인정하고 그리고 하나님의 은총을 통하여 하나님의 피조물인 인간의 목적이 결정되었음을 인정하는 것이다. 그렇다면 이는 하나님께 영광을 돌리는 것이다. 그리고 인간을 사랑하시는 하나님은 이와 같은 영광과 함께 경배받기를 원하신다. 즉, 하나님의 위대한 계시는 이렇듯 인간이 주체가 된 작은 경배를 통해서 일치점을 찾게 된다. 마찬가지로 이런 일치점 안에는—인간이 하나님의 계시와 맺는 관계를 통해서 분명하게 드러나는―실로 하나님과 인간의 사귐이 나타나며, 이를 통해서 또한 인간을 향한 하나님의 사랑이 목표에 도달하게 된다. 하나님의 위대한 계시에 상응하여 우리의 입장에서 바라본 작은 계시―우리가 하나님을 알아보고 그리고 하나님에 의해서 우리 스스로를 알게 된다는, 그리고 우리가 하나님으로부터 사랑받고 있으며, 그리고 다시 우리가 하나님을 사랑하고자 한다는 계시―는 성서 안에서 경배, 하나님에 대한 찬양으로 나타난다. 이것이 바로 주요한 연관성이다. 그리고 지금 그 연관성 안에는, 엄밀한 의미에서 보자면, 이른바 하나님에 대한 고백으로서 그리고 하나님을 분명하게 드러내는 증언으로서 우리에게 요구되는 것이 포함되어 있다.

그러나 또한 보편적인 것이 여기서 특별한 것의 반대자이거나 억압자가 되어서는 안 된다. 하나님이 인간의 인생 전체나 또는 짧은 순간 안에서, 그리고 하나님을 찬양하고 증언하기 위한 인간의 모든 표현 안에서 인간의 삶을 사용하신다는 것은 사실이다. 그러나 전적으로 그렇다는 것은 아니다. 여전히 더욱 중요한 것은―윤리와의 관련성을 긴급하게 주목하면서―이와 동시에 인간의 개별적, 구체적인 행위들이다. 한 인간이 하나님을 찬양한다는 것, 또한 하나님을 고백하는 것과 증언하여 입증하는 것은 성서 안에서 특별한 역사가 간결하게 드러나는 순간보다 더욱 충분하게 언급되고 있다. 그리고 만일 우리가 반드시 실행해야만 하는 하나님의 요구에 순종할 때, 이렇듯 이는―하나님의 요구에 대한 일반적인 영향력을 제거하지 않고서, 오히려 바로 이런 영향력의 기초를 세우기 위해서―필수적으로 우리 인간 역사의 특정한 한순간 안에서 발생한 사건이 될 것이다. 인간은 항상 그리고 어디서나 고백의 상황(status confessionis) 안에 놓여 있음을 누가 확실하게 말할 수 있는가? 만일 잠재되어 있고 또한 간접적인 "고백의 상황"이 가장 분명하고 직접적으로 드러나고, 그리고 또한 실제로 드러난다면, 이런 질문은 어느 정도 정당한 것이라 할 수 있다. 그러나 이 모든 잠재되어 있고 또한 간접적인 "고백의 상황"의 사라짐이 다음을 표현할 때, 즉 "고백의 상황"이 또한 잠재된 채 그리고 간접적으로도 전혀 존재하지 않는다면, 이런 질문은 어느 정도 자기기만(Selbsttaeuschung)이라 할 수 있다. 그래서 만일 바로 고백과 증언이 지닌 특성이 관습적인 인간의 행동거지에서 완전히 탈피하지 못할 때, 여기서는 이미 관습적인 인간의 행동거지에 대한 중단을 주제로 삼고 있음이 분명하다.

특별한 고백, 계명이 요구하는 것처럼 하나님에 관해서 분명하게 증언하는 것은 다음과 같은 사실 때문에 매우 특별하다. 즉, 이런 고백이 바로 지금 의심의 여지 없이 그리고 결정적으로 인간의 입, 혀 그리고 입술에 관해, 그리고 인간이 생각한 것을 말하고, 표현하는 것에 관련되어 있다는 것이다. 이때 사람들은 깊은 사상이나 또는 더 나아가 영묘해지려고 원해서는 결코 안 된다. 오직 입의 행위와 자기 스스로를 위해서 고백한다면, 그리고 이것이 참된 지식을 기반으로 하지 않거나 그래서 아무것도 아닌 입술의 지식으로만 존재한다면, 지금 각 상황에서 구체적으로 요구되는 하나님에 대한 고백은 마찬가지로 그리고 그 즉시 입술의 지식이 될 것이다. 지금 한 번 내뱉어진 말을 통해서 하나님과 마찬가지로 인간 또한 분명하게 표현되는데, 이런 말은 그 자체로 분명하고 명확하게 그리고 그 자체로 이런저런 측면에 따라서 책임을 지게 되며, 표면으로 나오며, 연결되며 확정된다. 인간은 자신의 말을 통하여 스스로 움직인다. 그리고 말은 인간이 자신의 말을 통하여 스스로 간혹 하나님에 대한 경배로 나아간다. 그래서 인간은 때때로 하나님을 따르는 자로 분명히 드러난다. 그러나 이는 창조의 내적인 근거와 의미인 계약의 역사와 관계를 맺고 있는 인간의 임무와 정확히 맞아 떨어지는 것이다. 이런 역사는 단지 일어나는 것을 원하지 않는다. 이런 역사는 또한 증언되기를 원한다. 이와 같은 역사의 주인인 하나님은 인간이 단지 당신의 말을 실행하는 그리고 당신의 선행을 받는 대상이기를 원치 않으신다. 오히려 책임 있는 파트너가 되기를 원하신다. 그리고 하나님이 인간이 책임을 지도록 만들었다는 것은 그 자체로 하나님이 영광 받기 위해 인간을 부르셨음을 포함한다. 그래서 하나님은 인간의 말이 하나님에 대한 증언의 말이기를 요구하신다. 계약의 역사는 하나님의 주권을 밝히기 위함이다. 그래서 이런 역사는 설명되며, 선언되며, 그리고 그렇게 전승된다. 인간은 이런 역사가 드러내야 하는 책임을 갖고 있다. 인간이 하나님 앞에서 자유롭기를 하나님은 원하신다. 이를 통하여 자유는 항상 다음과 같은 의미를 갖는다: 하나님에 관하여 무엇인가를 이야기해야만 하는 이들의 자유, 고백자들의 자유이다. 이런 자유는 하나님에 관해서 침묵할 수 있는 자유가 아니라, 반드시 말해야만 하는 자유다. 인간 스스로가 하나님의 영광을 위해 웃음거리가 되는 자유, 인간 스스로가 하나님의 영광을 위해 분명하고 정확한 말로 확정하기 위한 자유, 마찬가지로 하나님을 위해 이와 같은 말 속에서 그리고 이런 말을 통해서 복종하며, 하나님을 설명하고 결정짓는 동역자(Parteigaenger)가 되는 자유이다.

우리는 위와 같은 지점에서 예루살렘 성벽을 지키는 파수꾼들을 떠올릴 수 있다. 그들은 밤낮으로 결코 침묵해서는 안 된다.(사 62:6) 그러나 예레미야 1:6에서 보듯이, 사람들은 침묵하지 말아야 함이 아니라, 오히려 말하는 것에 능숙하지 못하다: "오, 주님, 나의 하나님이여, 나는 말할 줄 모릅니다; 나는 여전히 너무 어립니다." 그리고 출애굽기 4:10을 보면: "오, 주님, 나는 말에 능치 못한 자입니다. 과거에도 그리고 지금도 그러합니다. 그리고 나는 주께서 당신의 종에게 명하신 이후로 그러하니, 나는 입과 혀가 둔한 자입니다." 그러나 이는 또한 침묵하게 될 수 없음을 말하고 있는 것이다: "만일 내가 말한다면: 내가 당신을 더 이상 생각하기를 원치 않고, 더 이상 당신의 이름을 부르기를 원치 않나이다! 그렇다면 나의 심장이 마치 활활 타는 불처럼 될 것이며, 이는 나의 골수 안에 사무칠 것입니다. 나는 이를 감당하고자 애쓰나, 그러나 이를 감당할 수 없습니다."(렘 20:9) 그리고 바울 또한 말한다: "나에게 중압감이 있습니다: 만일 내가 복음을 설교하지 않으면, 내게 화가 있을 것입니다"(고전 9:16). 그래서 계명은 끈기 있게 권한다: "그렇게 말하지 말아라: 나는 여전히 아직 어립니다. 오히려 내가 너를 그들에게 보낼 것이다. 너는 그 모든 사람에게 가라. 그리고 내가 너에게 명령하는 모든 것을 그들에게 말하라"(렘 1:7). "내가 너희에게 말한다: 만일 이 사람들이 침묵하면, 돌들이 소리 지를 것이다."(눅 19:40) 그러나 이 사람들은 침묵할 수 없다. 그리고 만일 그들이 침묵하기를 원했고, 이 모든 것이 그들에게 허용되지 않았을 때: "그들을 불러 경계하여 도무지 예수의 이름으로 말하지도 말고 가르치지도 말라 하였다. 그러나 베드로와 요한이 대답하여 가로되 하나님 앞에서 너희말 듣는 것이 하나님 말씀 듣는 것보다 옳은가?—판단하라! 왜냐하면 우리는 보고 들은 것을 말하지 않을 수 없기(οὐ δυνάμεθα) 때문이다."(행 4:18f.) 바울은 고린도후서 4:13에서 시편 116:2를 자기의 방식으로 해석하여 "우리도 믿는 고로 또한 말하노라"라고 말한다. 그리고 로마서 10:9에서 "만일 네게 제 입으로 예수를 주라 시인하며 또 하나님께서 그를 죽은 자 가운데서 살리신 것을 네 마음에 믿으면 구원을 얻으리니"라고 말한다. 다음과 같은 연관성은 매우 중요하다: "누구든지 사람 앞에서 나를 시인하면 나도 하늘에 계신 내 아버지 앞에서 저를 시인할 것이요"(마 10:32). 특히 이는 다음을 의미한다: 이렇게 확실히 예수가 인간들을 위해서 사랑스럽게 말씀했고 그리고 말씀하시며, 또한 이는 인간들이 자신의 측면에서 예수에 대하여 사랑스럽게 말해야만 한다는 의미와 다름이 없다. 만일 이를 행하지 않으면, 그들 또한 이 일에 대해서 의심받게 될 것이다: "누구든지 사람 앞에서 나를 부인하면 나도 하늘에 계신 내 아버지 앞에서 저를 부인하리라"(마 10:33). 그리고 만일 사람들에게 불가능한 것, 그럼에도 예수가 명령했기에 사람들이 반드시 지켜야만 하는 것이 어떻게 실현 가능한가에 대해 묻는다면, 이렇게 대답할 수 있을 것이다: 마찬가지로 인간에게 이런 명령과 이런 구속력을 제공한 분이 인간을 다음과 같은 상황에 놓는다면, 즉 인간이 이런 명령한 것을 지킬 수 있는—하나님의 권능이 바로 인간을 통해 이런 계명들이 실현되도록 하는 것보다 더 큰 의미에서—상황에 놓는다면, 가능하다는 것이다. "너희를 넘겨줄 때에 어떻게 또는 무엇을 말할까 염려치 말라. 그때에 무슨 말할 것을 주시리니, 말하는 이는 너희가 아니라 너희 속에서 말씀하시는 자, 곧 너희 아버지의 성령이시니라."(마 10:19f.) 또는 다시금 모세의 역사인 출애굽기 4:11 이하를 통해서 대답하자면, "여호와께서 그에게 이르시되, 누가 사람의 입을 지었느뇨? 누가 벙어리나 귀머거리나 눈 밝은 자나 소경이 되게 하였느뇨? 나 여호와가 아니뇨? 이제 가라. 내가 네 입과 함께 있어서 할 말을 가르치리라!"—이것이 바로 우리의 주제 안에 놓인 하나님의 은총으로 말미암은 명령(Imperativ)인 것이다.

사람들은 여기서 모든 것을 요약하여서 다음과 같이 물을 수 있고 또한 물어야만 한다: 사람들은 실로 주기도문의 첫 번째 간구(그렇다고 이것이 가장 으뜸 되는 간구라고 여겨져서는 안 된다.)인 "당신의 이름을 거룩하게 하시며!"를 이 간구가 실제로 실현되기 위한 공동의 책임을 제시하지 않고도 같이 기도할 수 있는가? 하나님은 스스로를 알려주신다. 다시 말하면, 하나님은 세상 안에서 드러나는 당신의 행위와 계시를 다음과 같은 방식으로 실천하심으로써 스스로를 알려 주신다. 즉 하나님이 세상 안에서 인식될 수 있으며, 그리고 또한 이런 인식이 당신의 피조물을 통하여 성취되는 곳에서, 하나님은 이와 같은 측면의 행위와 계시를 요구할 수 있고, 실제로 요구하며, 이를 할 수 있고 또한 실제로도 행하신다는 것이다. "하나님의 이름은 실로 하나님에게도 거룩하다."라고 루터는 옳게 말한다. 그러나 다시금 정당하게 다음과 같이 말할 수 있다: "그러나 우리는 이런 계명을 통해서 하나님이 또한 우리에 의해서 거룩해지기를 기도"하며, 그리고 이런 말씀을 다시 한 번 하나님 말씀에 대한 크고 순수한 설교나 하나님의 자녀들의 거룩한 삶과 정당하게 연관시킨다. 하나님의 이름이 하나님에게도 거룩하다는 말의 뜻은 하나님께서 말씀하셨고, 우리는 하나님의 말씀을 들었으며, 그리고 우리는 하나님을 신뢰할 자유가 있다는 의미이다. 그러나 마찬가지로 첫 번째 간구의 바탕에는 "하나님 그 자신에게도 거룩한" 하나님의 이름이 또한 우리에 의해서, 또한 인간의 언어를 통해서(인간의 전적인 궁핍과 어려움에 맞서!), 또한 인간의 입을 통해서 불리며, 고백되며, 그리고 확증될 수 있음을 간구(Bitte)하는 자유이기도 하다. 마찬가지로 이와 같이 하나님은 또한 우리에게도 거룩하시다: 하나님의 이름은 인정받는, 위품 있는, 존경받는 이름이다. 그러나 하나님의 이름은 다른 의미를 또한 갖는다: 하나님이 당신의 이름을 "당신 스스로에게 거룩하게" 하심으로써 우리에게 주신 자유는 그 근원에 또한 우리 측면에서도 이에 상응하는 수고와 행동으로 나아가는 자유이기도 하다. 바로 이런 자유는 위에서의 간구로 나아가는 자유가 됨으로써 가능하다! 우리가 이와 같은 간구를 함께할 수 있는 기도가 바로 주기도문인 것이다. 예수는 특히 우리의 입장에서, 그리고 예수가 우리를 초청하심으로써 우리는 또한 예수의 입장에서 예수와 함께 이와 같은 자유를 기도하는 것이다. 이는 선지자, 제사장 그리고 왕으로서의 직분에 참여하는 것이다. 우리는 이와 같은 참여와 함께 초청받은 것이다: 특별히 선지자로서의 직분에 참여하는 것에 대해서 하이델베르크 요리문답서 32문항은 다음과 같이 묘사한다: "이를 위해서 내가 그의 이름을 고백한다." 그렇다면 결국 이와 같은 직분에 대한 우리의 참여를 피해 갈 수 있는가: 즉, 창조주이신 하나님과 피조물이 연합하였던 피조물의 증언의무를 피해 갈 수 있는가?

    1. 인간에게 요구되는 증언과 고백은 반드시 특정목적에 구애 받지 않은 행동이라는 특징을 가져야만 한다. 또는 구체적으로 말하자면: 이는 오직 하나님께 영광을 돌리기 위해서야만 한다. 이것이 바로 모든 인간이 하나님을 바라보는 행동이 지닌 독특한 특징이다. 그럼에도 만일 이런 행동이 올바르다면, 이는 인간에게 단지 하나님과 반드시 하나님을 향한 우회로(Umweg)에 관한 문제, 또는 하나님의 이름을 통해서 어떤 목적들을 성취하는 것에 관한 문제가 될 수 있다. 그래서 이는 특별하게 신앙고백문의 특색을 지닌다: 인간은 동시에 지금 이 순간을 위해서 모든 소원, 의도들, 노력들의 영역에서 벗어날 수 있고, 벗어나야만 한다. 인간은 자신의 고백을 통해 많은 것을 목표로 삼고 실행하기 위해서, 반드시 하나의 목적만을 염두에 두지 말고 고백해야 한다. 인간은 어떤 결과를 목적으로 삼거나 기대해서는 안 된다. 오히려 하나님은 하나님으로 계시기 때문에, 하나님이 모든 것을 통치하고 복되게 하시기 때문에, 그리고 하나님이 이를 아시고, 이에 대해 침묵하지 않으시기 때문에 우리 인간은 고백을 하는 것이다. 고백이라는 것은 사실적인 행동이다; 그러나 이는 어떠한 목적을 담지 않기에 오히려 하나의 놀이 또는 노래의 방식을 갖는다. 이는 마치 그 자체로 노동 또는 전쟁의 방식과도 같다. 마찬가지로 이 때문에 만일 한 사람이 고백했을 때, 바로 당시에 고백

이 지닌 특수한 중요성을 알지 못하는 사람들은 항상 의구심을 제기할 것이다. 무엇을 위해서? 그들이 스스로 그리고 그에게 묻게 된다면, 그리고 한 사람이 확신을 갖고 더욱 진지하게 고백할 때, 더 적은 대답을 발견하게 된다면: 마찬가지로 이는 그가 어떤 목적이 아니라, 오히려 오직 하나님께 영광을 돌리는 것에 관심을 두었기 때문이다.

사람들은 여기서 틀림없이 놀라운, 거의 손상되지 않은 역사를 떠올릴 수 있고, 떠올려야 한다. 그것은 바로 사무엘하 6:1 이하에 등장하는 유다에 위치한 바알라(Baala)에서 언약궤를 취하여 오벤-에돔(Obed-Edom)의 집으로 간 후에, 그리고 그곳에서 다시 예루살렘으로 옮기는 이야기이다. 5절에 따르면: "다윗과 이스라엘 온 족속이 잣나무로 만든 여러 가지 악기와 수금과 비파와 소고와 양금과 제금으로 여호와 앞에서 주악하더라." 그리고 다시금 14절에 따르면: "여호와 앞에서 힘을 다하여 춤을 추는데, 때에 베 에봇(Ephod)을 입었더라. 다윗과 온 이스라엘 족속이 즐거이 부르며 나팔을 불고 여호와의 궤를 메어 오니라." 이를 위엄을 손상하고 품위를 떨어뜨리는 일이라고 생각했던 비운의 미갈(Michal)은 곧 다윗에게 다음과 같은 (21절) 대답을 듣게 된다: "이는 여호와 앞에서 한 것이니라. 저가 네 아비와 그 온 집을 버리시고 나를 택하사 (…) 내가 여호와 앞에서 뛰놀리라. 내가 이보다 더 낮아져서 스스로 천하게 보일지라도 네가 말한바 계집종에게는 내가 높임을 받으리라 (…)!" 그리고 이런 역사가 너무 구약의 시대에 발생한 것이라고 생각하는 사람은, 또한 똑같이 예루살렘으로 입성하시는 예수의 이야기(마 21:1f.)와 성전 안에서 소리를 지르던 어린이들, 그리고 대제사장과 서기관이 갖고 있었던 정당한 불만들, 그리고 예수께서 기억하신 말씀을 생각하라: "어린 아기와 젖먹이들의 입에서 나오는 찬미를 온전케 하셨나이다."

이런 신념이 없이 그리고 그들의 표현에 대해서 결과로 얻게 되는 비웃음의 위험을 감수하지 않고는 고백이 주어지지 않는다. 고백자는 무엇인가 목적지향적 세상이 보기에는 전혀 쓸모없는 일을 행하는 데 부끄러워하지 않는 사람이다. 또한 이는 여기에서 하나의 목적을 추구하는 질문을 제기하지 않는다. 즉, 한 사람이 정직한지, 또는 자신이 소유한 시민의 용기(Zivilcourage)를 입증하고 있는지, 또는 그가 이것과 강력한 종교적 체험과 감정을 마음과 뜻을 다해서 표현하는지, 그리고 이를 통해서 스스로를 안심시키고 해방하기를 원하는지를 묻지 않는다는 것이다. 이런 필요성과 이런 필요성을 만족시키는 것은 그 일 자체가 갖는 과제이다. 그러나 이와 함께 우리에게 요구된 하나님에 대한 증언과 하나님에 대한 고백은 이 모든 것과는 전혀 상관없는 것이다. 여기서는 무엇인가 인간이 갖고 있는 소유나 불필요한 소유를 고백하거나 '표현하기' 위함이 아니라, 오히려 전하여 들은 생소한 것에 대해서 대답하거나, 무엇인가 인간에게 외부로부터 도달한 것을 다시 표현하는 것, 또는 더 자세하게 말하자면, 이를 받았음을 확인하는 것을 주제로 삼는다. 이런 기준을 통해서, 특히 사람들이 자신의 고백을 통해서 단지 자신의 필요성을 충족시키는 것을 원할 때, 사람들은 전혀 고백자가 되지 못할 것이다. 그러나 사람들이 또한 이런 기준을 통해서, 특히 사람들이 자신의 고백을 다른 사람들에게 가르치고, 강의하고, 영향을 주고, 증명하고, 그리고 얻기를 원할 때도, 이 사람은 고백자가 되지 못한다. 이런 의도가 고백을 바탕으로 하는지에 칭송 받을 만한 가치가 있는 의도와 이런 의도가 실현되는 것이 달려 있다. 그러나 이런 고백은 인간적 의도를 갖는 모든 방식과 전혀 관계가 없다. 오히려 고백은 단지 자유로운 인간의 자유로운 말이다. 또한 이는 심리학자들, 교육학자들, 목회자들 또는 설교자들의 말이 아니다. 고백은 무엇보다 고백의 사실이 실현되도록 한다. 그래서 어떠한 경우이든 반드시 노력이 필요하다는 사실이 이와 연결된다. 고백은 한 사람이 하나님께 영광을 돌리기 위해 위험을 무릅쓰게 만들며, 이는 또한 기정사실(fait accompli)이라 할 수 있다. 그러나 고백이, 만일 고백자가 또한 의도를 갖고 자신을 둘러싸고 있는 인간들을 곁눈질하여 바라볼 때에, 이와 같은 기정사실이 현실이 되지 못하도록 막는 것은 아니다. 고백이라는 것이 바로 내가 받은 빛을 단지 다시 되돌려주는 것이 아니라, 오히려 계속해서 다른 이들에게 주는 것이기 때문에, 고백은 어떠한 의도성과도 완전히 구별되는 인간의 언술이어야만 한다.

무엇인가 스스로 좋은 것을 내세우는, 그리고 뜨거운 개인의 고백은 흔히 다음과 같은 사실 때문에 좌절된다. 즉, 이 고백이 너무도 많이 믿음의 행위(fides qua creditur)에 대한 표현이라는 의미를 드러내는 신앙고백이거나, 또는 고백의 표현이 믿음의 내용(fides quae creditur)이라는 의미를 지니면서 너무 자주 교리적인 신앙고백, 지시, 논쟁(Polemik), 그리고 변증이 될 때, 이런 고백은 좌절하게 된다. 대부분의 교회적 신앙고백들은 과거나 오늘날의 시대에도 유감스럽지만 이와 동일한 의도성들에 의해서 괴로움을 겪었다. 그렇다면 구세군(Heilsarmee)의 모임 안에는, 그리고 최근에 일반적인 '증언들'이 '도덕적인 재무장' 안에서 모든 형태를 재정비하여 조직화됨으로써 갑자기 무엇인가 매우 불편한 것, 어느 정도의 깨달음과 유익한 계획들을 구성하는 요소를 담고 있지는 않은가? 개인적인 것과 마찬가지로 교회의 고백은 하나님이 우리에게 명한 고백이 되어야 한다. 그리고 이런 고백이 되기 위해서 고백자의 측면에서는 모든 내적인 필요성을, 그리고 모든 책임성과 신중함이라는 측면에서는 그들의 고백이라는 형태를 통해서 전적으로 성전에서 소리치는 어린아이의 입장에 서야 할 것이다: 호산나, 다윗의 아들이여! 오소서. 그렇지 않다면 이는 그 자체로 깨어진 고백이 될 것이다. 그렇지 않다면 이는 하나님이 말씀하는 것이 되기보다는 오히려 하나님에 관해서 말하는 것이 될 것이다. 그렇다면 이는 또한 고백이 담고 있는 객관적인 의미를 충족시키지 못할 것이다. 고백의 객관적 의미란, 바로 앞에서 언급한 "기정사실"을 내세우는 것이며, 이를 밝은 빛으로 삼는 것이다.

그러므로 다음과 같은 사실 안에 개인과 모든 사람이 공적으로 간직해야만 하는 가장 중요한 질문이 담겨 있다: 즉, 하나님이 우리에게 명령하신 고백을 통해서만이 우리가 하나님께 영광을 돌릴 수 있다는 사실을 분명하게 자각하고 있는가? 그리고 그들이 고백이라고 간주하는 것이 이와 같은 기준에 따라서 유지될 것인가?

2. 하나님이 우리에게 명령하신 고백은 다음과 같은 장소에서 하나의 사건으로 드러날 수 있고, 드러나야만 하며, 드러나게 될 것이다. 즉, 이 장소는 인간의 믿음이, 또는 더 나아가 그리스도교 공동체의 믿음이, 이것이 공동체의 중심에 있든 또는 세상의 중심에 놓여 있든, 불신앙과 미신과 잘못된 믿음이라는 현상과 싸우는 곳이며, 그리고 의심받게 되는 곳이며, 또한 하나님이 명하신 고백이 인간에게 주어지는 곳에서 위의 상황에 반대하여 인간의 항변이—긍정적인 믿음의 항변을—제기된다는 사실을 자각하게 되는 곳이다. 우리는 이를 다음과 같이 설명해야 할 것이다.

그리스도교 공동체의 믿음은 의심의 여지 없이 내외적으로 그리고 항상 곳곳에서 위와 같은 현상과 대조되며, 그리고 이런 현상 때문에 의심받게 된다. 그러나 만일 고백이 개인이나 또는 다수의 사람 또는 많은 개별적인 사람들이 이와 같은 잠재되어 항상 존재하는 대조나 의심을 구체적으로 알아차리게 되는 현상이 발생할 때, 고백은 항상 하나의 특별한 사건이 된다. 그렇다면, 그리고 오직 이럴 때에만, 즉 하나님께 영광을 돌리기 위한 고백이 그들에게 요구되는 상황에서만, 하나님이 그들을 부르는 상황 안에서만이 그들은 하나님 앞에서의 자유를 통하여 이를 자신들의 증언인 말로서 표현할 수가 있는 것이다. 고백의 상황(status confessionis)은 또한 지속되는 상태가 아니다. **지속적으로** 순교자가 되기를 원하는 사람은, 분명히 이를 성취할 수 없다. 왜냐하면 그는 순교, 증인, 행동이 오직 특별한 소명을 기초로 하여 매우 특별한 상황 안에서 하나의 사건으로 드러난다는 것을 분명하게 알지 못하기 때문이다. 또한 사람들은 이런 상황을 야기하거나 억지로 꾸며낼 수 없다. 사람들은 또한 전혀 순교자이기를 원할 수 없다. 사람들은 순교함으로써, 단지 이를 받아들일 수 있을 뿐이다. 그러므로 이런 상황이 발생하고 또한 이런 상황을 인식할 수 있도록 노력할 뿐이다.

다니엘이 사자 굴에 놓이게 되었던 잠시 동안을 참아내었을 때, 이때가 바로 실제로 극한 상황이었다. 그리고 심지어 사자가 바로 자신의 꼬리를 감추었던 것은, 다니엘이 이런 상황에서 부탁해서도 아니었다! 이와 같이 또한 이미 예수의 첫 번째 제자들도 지속되는 핍박 속에서 자신의 고백을 지키라는 요구를 전혀 받지 않았다. 그리고 이는 누군가가 제자들의 모습을 자신들의 신앙을 고백하기 위한 기회로 삼으라는 도전도 전혀 아니었다. 오히려 사람들이 그들을 자신들의 법정으로 넘길 때, 자신들의 회당에서 그들을 채찍질할 때, 그들이 예수 때문에 제자들을 총독들과 임금들 앞으로 데리고 갈 때, 그때 제자들은 고백하게 되며, 그다음에 분명하게 모든 점에서 걱정이 없이 그리고 개의치 않게 될 것이다.(마 10:17f.) 이에 상응하여 사도행전에 나타난 바울의 신앙고백들은 특별한, 그러나 바울 자신에게서 기인하지 않은 상황 안에서 매우 특별한 방식을 지닌 엄숙한 행동이라는 특징을 지닌다. 그리고 사람들이 무엇보다 산헤드린 앞에서 예수께서 스스로 하신 고백을 보도하는 마가복음

14:60과 이와 병행구들과 그리고 요한복음 18:37 이하와 디모데전서 6:13에 나타나는 본디오 빌라도 앞에서의 고백을 고려할 수 있다. 이와 같은 구절은 일상적인 사건을 다루는 것이 아니다. 오히려 이는 특별하고, 두드러진 사건을 다루고 있으나, 그렇다고 이는 또한 예수에 의해서 유발된 사건들이 아니다.

 그렇다면 당연히 인간이 자신의 그리고 또한 지금 발생하는 믿음에 대한 절박한 대결과 의심을 자신의 반대자를 통해서 알게 된다는 것, 즉 인간이 이런 상황을 알아차리기를 원하고, 그리고 또한 이런 상황에 상응하여 행동하기 위해 준비되어 있다는 것은 고백을 위한 부르심의 상황에 속하는 것이라 할 수 있다. 여기에 속하는 것은 또한, 인간이 이런 상황을 잊지 않고, 놓치지 않고, 바꾸지 않고, 하나님이 인간에게 고백을 요구하지 않았기를 바라는 마음으로 경시하지 않는 것, 그리고 인간이 실제적으로 이미 발생한 "고백의 상황"을 부정하지 않는 것, 이런 상황이 도출하는 결과를 다음날이나 그 다음날로 미루지 않는 것, 또는 인간이 확실하게 고백해야만 하는 더 긴급한 상황으로 미루지 않는 것, 그리고 또한 지금은 아직 너무 이르다고 생각하면서 다음으로 미루게 되는 것이라 할 수 있다! 분명히 매우 때 이른 고백이 존재한다. 그러나 사람들이 이런 상황 앞에서 갖는 두려움을 구실로 삼고 있는 것은 아닌지, 그래서 결국은 어떠한 고백도 할 수 없게 되는 것은 아닌지를 우리는 살펴야 한다.

 여기에 덧붙여 여전히 세 번째 것이 절대적인 소명 안에 놓여 있다. 이는 이른바 절실한 항변을 제기하기 위해서 한 사람에게 고백의 상황을 통하여 주어지는 것이며, 그리고 사람들이 불신앙, 미신, 잘못된 믿음에 반대해서 사람들이 계속 믿음의 언어를 통해 책임과 전권을 갖고 반대해야만 한다는 사실을 아는 것이다.

 우리는 제자들에게 마태복음 10:19에서 말하는 바를 기억한다. 이는 그들이 고백의 상황에서 그들이 무슨 말을 해야 할 것인지를 걱정하지 말라는 것이다. 그 이유는 그들이 아니라, 오히려 그들 안에 있는 하나님의 영이 말씀하실 것이기 때문이다. 그러나 마찬가지로 우리는 다음을 또한 기억한다. 즉, 마치 믿음 그 자체처럼 믿음의 언어는 전혀 인간이 그리고 또한 믿음을 소유한 인간들이 채울 수 있는 언어가 아니라는 것이다. 인간이 고백의 상황에서 계속 또는 전혀 말을 할 수 없거나 또는 그래서 언어로 고백할 수 없을 수도 있다. 누가복음 23:7 이하에 따르면 예수는 특히 헤롯의 심문 가운데서도 계속해서 침묵하고 계신다. 그러나 특별히 공관복음서 저자들의 보도에 따르면, 예수의 고백들은 결국 당당한 침묵을 단지 짧게, 거의 말없이 중단하신 것이라 할 수 있다. 그렇다면 이는 중요하지 않은 것인가?

 이런 고백의 상황에서 인간이 자기 스스로 말해야만 한다. 그러나 이는 어떠한 경우든지 믿음의 요청된 항변으로서 적합하지 않을 것이다. 만일 사람이 오직 확신과 신넘만을 사용할 때, 사람들은 이를 표현할 수도 있고 또한 표현하지 않을 수도 있을 것이다. 그러나 이것이 실제적으로 고백을 할 수 있을 만큼 충분한 것은 아니다. 다시 질문하자면: 고백의 순간에 말할 수 있도록 당신에게 무엇이 주어졌는가? 우리는 이런 질문을 다시 한 번 진지하게 제기해야만 한다. 사람들이 무엇인가를 받지 않고, 단지 확신과 신념을 통해 취하는 것은 결코 우리에게 요구된 고백의 내용일 수가 없다.

지금 다음과 같은 사실을 전제로 해보자. 즉, 우리에게 요구된 고백은 특별한, 우리 자신에게서 기인하지 않은, 그러나 우리가 알 수 있는 상황에서, 그리고 우리에게 고백의 상황이 주어졌을 때, 드러난다는 것이다. 그리고 지금 더 나아가서, 고백은 불신앙, 미신, 잘못된 믿음을 유효한 것으로 만드는 이러저러한 판결에 대항하여 항변하는 것이다. 고백은 오직 하나님의 영광을 위해서, 그리고 어떤 의도도 담기지 않은 고귀한 항변이라는 사실을 우리는 알고 있다. 그러나 인간은 이미 항변이라는 특성을 갖고 있음이 틀림없다. 고백은 서정시나 순수한 명상과는 전혀 관계가 없다. 고백은 항상 하나님의 영광에 역행하는 잘못된 믿음이 더 커지는 것에 대한 항변이다. 고백은 하나님과 인간 사이에 놓인 역사 안에 한 부분으로 존재한다. 그 역사 안에서 하나님의 긍정(Ja)은 인간의 부정(Nein)과 마주친다. 그 역사 안에서 하나님의 진리는 인간의 거짓말과, 하나님의 진리의 빛은 인간의 어둠과, 그리고 진리의 온전함은 무엇보다 2분의 1 또는 4분의 1, 그리고 8분의 1의 진리로 구성된 인간적인 오류의 바다와 마주친다. 이런 역사와 이런 대립 안에서 사람들은 그리스도교 공동체의 믿음과 또한 개별 그리스도인들의 믿음을 계속해서 꾸준히 요구한다. 또한 바로 이 순간 믿음은 고백을 완성해야 하는 과제를 지닌다. 그리고 지금 순수한, 어린아이와 같은, 무심한, 그리고 의도가 없는 증언이 이런 논쟁을 통해 각각 하나님의 영광을 표현하는 분명한 사실이 될 수 있으며, 또한 이런 사실이 되어야만 한다. 이것이 계명이 간직한 의미이다. 이런 의미에 따르면, 인간은 자신의 말로써 때때로 하나님의 증인이 되어야만 한다. 이런 계명의 의미는 하나님의 동역자로서의 인간이 바로 그곳에 존재할 수 있으며 그리고 말할 수 있다는 것이다.

물론 이는 지금 고백을 반목적성을 통해서 하나의 경멸스러운 일로 만드는 것이 아니라, 오히려 시종일관 조심해야 할 일로 만드는 것이다. 믿음을 고백하는 사람은, 불신앙, 미신, 잘못된 믿음에서 오는 모든 힘을 거부하는 사람이다: 이는 무엇보다 또한 믿음의 모든 형태를 통해 그리고 믿음 안에서 스스로 강해지게 되는 것을 의미한다. 고백이라는 것은 잘못된 것에 대항하여 발걸음을 내딛는 것이며, 자신의 위치를 고수하는 것이다. 이는 고백자 안에서 자신의 고백과는 전혀 다르게 스스로 제기되는 이의가 확실히 가장 위험한 이의가 됨으로써 가능하다. 우리에게 요구하시는 고백은 필연적으로 위험이나 반항적인 행위라는 특징을 지니게 된다. 이는 외부와 내부로부터의 위험, 세상에서 오는 위험, 또한 그리스도교 공동체의 위험, 그리고 무엇보다 고백자가 계속해서 다른 편에 서려는 자기 혼신의 노력을 기반으로 할 때 발생한다.

사람들은 표명하곤 한다: 이와 같은 특성을 보이지 않는 모든 고백, 이와 같은 대립과 위험성을 또한 벗어난 모든 고백은 지금 물론 우리에게 요구된 놀이(Spiel)가 아니라, 오히려 금지된 장난(Spielerei), 무질서한 사치일 수 있다. 고백은 진지하고 엄숙한 하나의 사건이다. 만일 이 사건이 단지 아름답고 장엄(제의적으로)하게 변한다면, 고백의 순수성에 반하는 불신의 계기로 작용할 수 있다. 마르투리아(μαρτυρία)는 고대에 이중적 의미를 갖고 있었다. 그리고 지금에도 이를 간과하지 말아야 한다: 하나님에 관한 증언은 오직 이런 증언들로 말미암아 **고난**을 받게 되는 곳에서만 존재한다. 그리고 고난은 아름답지 않은, 전혀 장엄하지 않은 사건이 아니라, 오히려 단순히 중대한 사건이라 할 수 있다. 하나님이 스스로 중대하게 여기는 곳에서, 그의 증언은 가볍지 않은 것이 될 수 있다. 가볍고, 적당한, 그리고 쉬운 증언은 증언이 아닐 것이다. 그렇다고 사람들이 증언을 스스로 중대하게 만들거나, 또는 마치 안디옥의 이그나티우스가 했던 것처럼, 단지 이를 원하게 되는 것을 의미하는 것은 아니다. 그렇기에 증언을 중대하게 만들어 달라고 전혀 힘써 기도할 수밖에 없다! 그러나 만일 우리에게 증언이 쉽게 여겨지거나, 우리에게 이의를 제기할 수 없도록 하거나, 이에 대한 상세하고 격렬한 논쟁으로 끌어들이지 않는 증언일 때, 이는 또한 우리에게 요청된 증언이 아님은 분명하다.

그러나 지금 여기서 우리는 아직 마지막 고백을 전혀 반대의 방향에서 언급할 수 있다. 그럼에도 오직 항변이 긍정적인 내용을 담고 있을 때에만, 그 항변(Einspruch)은 오직 믿음의 항변, 그러므로 우리에게 요청된 항변인 것이다. 고백은 단호한 행동(Aktion)이다. 고백은 반응이나 또는 계속해서 단지 부수적인 행동을 의미하는 것이 아니다. 그러므로 '예'라고 말하는 것이다. 또한 고백은 계속해서 단지 조건부의 '예'나 '아니요'가 아니다. 하나님의 긍정(Ja)을 통해 고백자는 그의 동역자가 된다. 이와 같은 하나님의 긍정은 단호하며, 위조되지 않은 것이다. 그리고 마침내 '그렇다'(Ja)를 말씀하신다. 하나님은 하나님의 긍정을 위하여만 단지 부수적으로, 단지 일시적으로, 단지 조건적으로, '아니다'(Nein)를 말씀하신다. 고백자는 잘못된 믿음의 반란에 직면했을 때, 그가 죄와 죽음에 직면했을 때, 악마와 지옥에 직면했을 때, 이에 저항하기 위하여 하나님께 찬양을 드릴 수 있다. 이와 같은 하나님 찬양은 오직 은총의 찬양일 수밖에 없다. 또한 하나님이 최후 심판대에서 자비를 베푸실 것이기 때문이다. 논쟁(Streit) 없이는 고백이 존재할 수 없다. 그러므로 이런 논쟁은 고백의 마지막 것(목적)이 될 수 없다. 그러나 마찬가지로 이 때문에 논쟁은 고백의 고유한 것, 주도적인 것이 아니다. 그래서 또한 논쟁은 고백의 가장 첫 번째 것(중요한 것)도 아니다. 다시 말하면, 논쟁은 어떤 잘못된 믿음을 소유한 사람들과 그들이 잘못과 싸우는 것이 아니다. 마찬가지로 고백자가 자기 자신을 극복하기 위해 수행하는 싸움도 아니다.

여기서 여전히 그 외의 많은 건강한, 즐거운, 그리고 진지하게 고백하는 것에서 하나의 고질적인 병이 드러나게 된다. 즉, 하나님께 영광 돌리기를 원함으로써 결과적으로 고백이 특이하게 괴로운, 엄격한, 경멸의, 그리고 투쟁적인 일이 되는 것이다. 그 이유는 고백자가 자비하신 하나님이 계심을 잊어버리기 때문이다. 자비하신 하나님은 분명 자신의 동역자와 함께하실 수 있으며, 분명히 함께하고 계시다. 그렇다면 고백자는 하나님의 탐정, 경찰, 그리고 집달리(Gerichtsvollzieher)로서 친구-원수-관계를 통하여 고백하게 된다. 다시 말하자면, 세상과 교회 안에 있는 이런 사람과 저런 사람들에 대립하여, 그리고 만일 고백자가 솔직한 사람이라면, 무엇보다 자기 자신에 대립하여 고백하는 것이다. 사람들은 근본적으로는 자기 자신에 대립하여서 논쟁을 벌인다. 그러면서 또한 사람들은 자신의 고백을 바탕으로 단지 다른 사람들과 대립하여 논쟁을 벌이게 될 것이다. 사실 사람들이 얼마나 자신의 고백을 바탕으로 하여 다른 사람과 대립하는가! 또한 이런 대립을 통하여 얼마나 계속해서 자기 자신과 다시금 대립하게 되는 불화로 되돌아갔던가! 그곳에서 선의에서 우러난 믿음의 말씀은 매우 날카로운 특성(Pfeffergeschmack)을 획득한다. 이런 특성은 많은 경우 그리고 한 시대를 풍미하면서 고백을 매우 생기있고, 대담하고, 독창성 있게 그럼에도 매우 재기 넘치게 드러나도록 만들었다. 사람들은 이와 같은 특성이 갖는 '불안한', 그리고 그 자체로 모든 인간적인 것들에 대항하는 방식이 확실히 하나님의 뜻에 의한 것임을 인정해야만 한다고 생각했다. 그러나 이것이 단지 모든 인간적인 것들에 대립해서 존재하기에 하나님이 하신 것인가?! 도대체 우리는 얼마나 이를 오해하고 있는 것인가! 하나님이 당신이 창조하신 모든 것을 위한 하나님이 마치 아닌 것처럼, 그리고 마찬가지로 모든 것을 위해 존재하는 것이 마치 인간적인 것처럼 말이다! 마치 사람들이 이런 착오로 인해서 하나님에 대한 의심과 증오를 다른 사람들 속에서 그리고 자기 자신 안에서 심지어 뒤섞고 있지 않은 것처럼 말이다!

우리에게 임무로서 주어진 고백은 인간의 적개심을 적나라하게 표출하는 것과 항상 구분된다. 이는 하나님의 긍정에 대한 고백으로서 또한 그곳, 바로 거부가 선언되어야만 하는 곳에서도, 또한 하나님의 분노들을 통해, 또한 하나님의 정죄(damnamus)를 통해, 또한 그의 질책을 통해 그리고 그의 역설(Ironie)을 통해 교육됨으로써 가능하다. 분명 고백은 논쟁거리가 될 것이다. 그러나 이것은 단지 항상 과정 중에 있는 것이지, 시작도 아니고 또한 끝도 아니다. 그러나 고백이 밖으로 표현되는 곳에서, 고백은 시작되며, 또한 끝이 된다. 그리고 또한 근본적으로 기쁜 일이며, 이해할 수 있는 것이 된다. 불신앙, 미신과 잘못된 신앙에 대한 고백의 결정적인 항변은 항상 다음과 같은 내용을 갖는다. 즉, 하나님이 우리를 위해서, 우리와 함께하시지, 결코 우리와 대적하지 않으신다는 것이다. 마찬가지로 이와 같은 '위함'과 '함께'는 계속해서 또한 고백이 최우선적으로 이의를 제기해야만 하는 것들과 연관을 맺는다. 동시에 고백은 또한 시험에 빠진 고백자 스스로를 위로하며, 도움을 준다. 왜냐하면 모든 잘못된 믿음은 결함을 갖기 때문이다. 또한 고백자 자신 안에도 잘못된 믿음의 결함이 존재하기 때문이다. 이런 결함은 그가 '위함'과 '함께'의 가치를 인정하려 하지 않기 때문이다. 마찬가지로 고백자는 이런 결함에 대항하여 온 힘을 다해 반론을 제기해야만 한다. 그리고 사람들은 착각하지 말아야 한다. 다시 말하면, 오직 고백자가 다른 사람에게, 그리고 마찬가지로 자신에게 이의를 제기할 때만, 오직 그의 고백이 이런 제기를 표현할 때에만, 이런 반론이 참되며 진정한 불안함(Beunruhigung)의 의미로 다가오며, 하나님과 대립해 서 있는 것과 하나님과의 싸움 안에서 효과적으로 사용될 것이다. 그리고 어둠을 비추는 밝은 빛이 될 것이다. 이것이 고백함과 관련하여, 반드시 순종해야 할 때에도, 이런 두 번째 관점의 빛으로 제기할 수 있는 질문들이다.

3. 우리에게 요구되는 고백은 서정적인 심중의 토로와 구별된다. 이런 구별은 하나의 특정한 대립을 통해 나타나며, 그리고 또한 저항과 투쟁의 행위를 통해서 가능하다. 이를 우리는 보았다. 그러나 모든 수사학적인 투쟁의 행위가, 또한 마찬가지로 이런 행위가 그리스도교적이라 여겨질 때에도, 하나님을 찬양하는 그리고 하나님을 증언하는 고백이 되는 것은 아니다. 위와 같은 대립을 통해 고백되는 그리스도교의 신앙은 그리스도교 공동체의 고백이 되어야만 한다. 물론 그리스도교적 사적인 믿음(Privatglaube)의 영역이 존재한다. 이것이 바로 개인의 그리스도교적 신념들, 즉 개별적인 경험들과 사고체계들에 의존하는, 또는 특정한 그룹들이나 그리스도교 공동체 안에 존재하는 모든 교제의 신념들이다. 이는 특별히 탁월한 그리스도교적 개별 인격들의 환경이며, 그 안에서 사적인 믿음은 특정한 형태를 갖게 된다. 이는 모든 존경을 받아야 할 가치가 있는 일이 아닌가! 그리고 이런 사적인 믿음이 언어로 표현되어서는 결코 안 된다고 누가 주장하려 하겠는가? 그러나 사람들은 다음을 분명히 고려해야 할 것이다. 즉, 이와 같은 사적인 믿음이 우리의 믿음이 될수록, 사적인 믿음의 언술들은 진정한 신앙고백의 특성을 잃어버리게 될 것이라는 사실이다. 진정한 고백자는 결코 독주자(Solist)나, 그리고 또한 실내악 연주자처럼 행동하거나 그런 태도를 취해서는 안 된다. 고백자는 자신의 믿음을 방어하거나 확장시키는 사적인 전쟁(Privatkrieg)을 수행하기 위해 어떤 경우에도 믿음을 포기하지 않는다. 이는 고백자 개인의 사적인 믿음이든지 또는 집단적인 믿음이든지 마찬가지이다. 고백자는 말씀을 인간의 언어를 사용하여 고백한다. 이런 말씀은 물론 하나님의 말씀이 될 것이다. 그러나 하나님의 말씀은 그의 교회공동체에게 위임되었다. 다시 말하면, 하나님의 말씀은 교회공동체가 듣고 선포하는 말씀인 것이다.

이와 동일한 선상에서 다음과 같이 말할 수 있을 것이다. 고백이 요구되며, 반드시 필요한 상황이 있다. 이는 기본적으로 항상 역사 안에 있는, 행동을 통한, 그리고 공동체가 처한 고난의 상황임이 틀림없을 것이다. 즉, 이런 상황이 단순히 전기적-심리적으로 정당화되어서는 결코 안 된다는 것이다. 진정한 고백 사역(Dienst)은 어떤 관계성을 통하여 항상 공동체의 사역에 참여하는 것이지, 개인의 독립적인 시도가 결코 아니다. 고백을 통해서 드러나게 되는 싸움은 명백하든지 또는 명백하지 않든지, 직접적이든지 간접적이든지 항상 공동체의 주요 전선에서 발생하는 것이다. 이런 싸움은 결코 스스로 선택한 작은 부차적 전쟁터에서 발생하는 것이 아니다. 그리고 영은 고백자를 지도하며, 위로하고 올바른 말씀으로 나아가도록 만든다. 이 영이 바로 성령인 것이다. 또한 이와 매우 비슷한 영향력을 끼치는 다양한 종류의 영들이 존재한다. 사람들은 성령을 이런 영과 쉽게 구분할 수 있다. 즉, 성령은 공동체를 통치하며, 공동체 안에서 계시는 영이시다. 그래서 고백자는 자신의 고백과 함께 공동체로부터 파견되며, 그리고 다시금 계속해서 공동체로 돌아가는 것이다.

그러나 믿음을 고백하는 공동체와 사람들은(모든 사적인 믿음과 구분하여서) 항상 식별할 수 있다. 왜냐하면 그들은 성서, 특히 전체 문서(Schrift)와 그리고 항상 성서의 목적에 더 부합하도록 새로운 것에 대한 교훈을 특별히 새로운 개방성을 통해 스스로 표현하기 때문이다. 다시 말하면, 그들의 고백이 이와 같은 학교(Schule)에서 배운 학생들의 의견을 통해서 식별된다는 것이다. 이런 배움터에서 배운 학생들은 무엇인가 그들이 소유한 것—또한 전혀 그리스도교적이지 않거나, 마찬가지로 전혀 성서에 근거하지 않은 피조물의 소유가 전혀 아닌—이 아니라, 오히려 모든 학생이 자신의 방식과 언어로 그리고 이 배움의 터에서 공동으로 배운 것을 반드시 전하기 때문이다. 성서는 공동체를 분명 확고히 한다. 공동체 안에서 성서, 그리고 전체 문서와 이에 대한 가르침이 항상 올바르고 새롭게 귀 기울여 들을 수 있다면, 공동체는 위와 같은 공동체로 적절하게 존재하는 것이다. 그리고 모든 사람이 이를 듣기 위해 참여할 때, 그는 위와 같은 공동체의 구성원으로서 적절하게 존재하게 된다. 그리고 구성원의 고백이 이런 들음에 근거를 둘 때, 그는 그리스도교의 믿음을 적절하게 그리고 또한 올바르게 고백하게 된다.

이른바 고백문들(Bekenntnisse), 신앙고백문들(Symbole) 또는 교회의 공동고백문들(Konfessionen)은 그때에 개인들처럼 또한 공동체를 위해 하나의 중요한 가르침과 도움을 제공할 수 있다. 또한 특정한 상황에서 발생한 개인의 고백은 매우 소박하며, 매우 놀랍고, 매우 배울 만하다. 그 이유는 그가 하나의 문장이나 또는 여러 개의 문장을 사용하여서 그리스도교 공동체 믿음의 문서들을—놀랍게 말하자면(horribile dictu), 한 부분의 교리를—다시 인용하기 때문이다. 우리는 이것이 충분히 가능하다고 생각할 수 있다. 그러나 그가 자신을 공동체의 구성원으로서 고백해야만 한다는 사실을 바로 분명하게 할 때, 그의 고백이 이런 문서들—'교리적' 언술들이라는 의미 안에서—의 내용을 반복함으로써 약해질 수 있다는 사실을 이와 같은 사실이 의미하는 것은 아니다. 교리와 공동고백문의 소유를 통해서—공동체가 더 광범위한 순종(Hoeren)을 위한 요청에 유익하도록 하는 것 대신에—성서, 전체 문서와 이에 대한 가르침을 항상 새롭게 귀 기울여 듣기를 멈춘 공동체는 더 이상 배움의 터가 되지 못한다. 왜냐하면 배움의 터에서 더 이상 듣고 배울 수 없기 때문이다. 그리고 만일 그가 이와 같은 교회 문서들(그리고 또한 '사도적' 신앙고백이더라도)의 내용을 충분히 동의함을 표현하고 싶어할지라도, 개인들의 목소리는 더 이상 이런 배움의 터를 기반으로 한 학생의 목소리가 될 수 없다. 마찬가지로 진정한 고백자의 목소리 또한 될 수 없다.

위와 같은 것을 들음으로써 고백하게 되는지, 그리고 믿음의 고백이 공동체를 위한 것인지, 그리고 이것이 진정한 그리스도교적 고백인지를 묻는 질문에는 하나의 분명한 시험이 담겨져 있다. 그리고 이런 시험은 항상 다음과 같은 질문을 통해 존재한다. 즉, 이는 성서가 어떤 기준을 통해서 그들의 모든 것을 지배하는 대상으로서 주어지는지, 또한 이것이 예수 그리스도에 관한 것인지, 또한 예수 그리스도를 통해 성취된 계약에 관한 것인지, 예수 그리스도를 통해서 발생한 화해에 관한 것인지, 독자적인 주권으로서의 예수 그리스도의 주권에 관한 것인지, 하나님과 예수 그리스도의 일치성에, 또한 모든 선한 원천과의 일치성에 관한 것인지의 질문이라 할 수 있다. 공동체는 분명 이것을 들어야만, 배우고, 선포하고, 재현하고, 그리고 계속해서 전파해야만 한다. 이것이 바로 공동체의 믿음이다. 또한 이것이 공동체의 역사, 실천 그리고 그들의 고난으로 나아가게 하는 동기이다. 이를 위해 공동체는 불신앙, 미신, 그리고 잘못된 믿음에 대항해서 싸웠다. 이것은 분명 하나님이 공동체의 입을 통해 받으시길 기대하는 찬양이다. 그래서 모든 개인의 고백은 이런 의미에서 항상 하나님에 대한 찬양에 관심을 반드시 갖게 될 것이다. 또한 고백은 어떤 '성서적 진리들'에 대한 추상적인 고백이 주제가 아니다. 오히려 그리스도의 이름에 대한 고백, 성서의 구체적 진리에 대한 고백이 주제가 된다. 공동체가 증명하는 모든 것은 이와 함께 존망을 함께하며, 그 밖의 성서의 내용을 이루는 모든 것은 구체적인 진리에 대한 고백에 의해서 자신의 장소와 의미를 획득하게 된다. 어떤 진리들, 사실들, 기본원리들에 대한 고백은 그리스도교의 고백이 되었다. 그러나 이는 오직 예수 그리스도에 대한 우선적이고 결정적인 고백일 때에만 가능한 일이다. 다시 말하면, 고백이 그리스도에 대한 고백이 되기 위하여 또한 필수적으로 특정한 진리들, 사실들, 기본원리들을 반드시 포함해야만 한다는 것이다. 고백이 그리스도와의 관계를 강력하게 그리고 분명하게 맺을 때에만 고백은 좋은 고백이 된다. 그러나 그리스도와 직접적인 연관성을 맺지 못한 채, 여전히 다른 것을 말하는 고백은 좋은 고백이 아니다. 또한 그리스도에 관해서 전혀 우선적으로 그리고 결정적으로 언급하지 않은 채, 다른 것만을 말하는 것은 나쁜 고백이다.

어떤 의도적인 구분(Abgrenzung)이 존재하지 않는다는 것은 바로 다음과 같은 사실로부터 주어지는 것이다. 즉, 신약에서 볼 수 있는 가장 오래된 그리스도교적 고백형식들은 순수한 그리스도론적 언술들이었다는 것이다. 다시 말하면, 예수를 이스라엘의 메시아로서, 우리를 위해 낮아지고 다시 높여진 하나님의 아들로서, 그의 공동체의 머리와 우주의 주님으로서 고백하는 언술들이다. 이런 언술들이 후에 아버지이며 창조주이신 하나님에 대한 고백을 미리 말하고 있다는 것과 이 고백을 따라서 성령, 교회 등에 대한 고백이 등장한다는 것은 분명 의미 있으며 충분한 이유를 갖고 있다. 그럼에도 사도신경의 '두 번째 조항'의 문장들은 다른 모든 조항의 문장들을 위한 완전히 필수불가결하며, 그리고 근본적인 것이었다.(O. Cullmann, *Die ersten christlichen Glaubensbekenntnisse*, 1943, 특별히 30f.와 비교하라)

고백이 공동체에 적합한 것인지를 묻는 질문 안에 놓인 다른 분명한 시험(Probe)은 바로 고백자의 말이 이들에게 동시에 하나의 특정한 공적인 행위를 어떠한 기준으로 부여하는지에 관한 것이다. 그러나 하나의 표현은 이를 표현하는 사람이 이에 대하여 어떠한 책임도 지지 않고 그리고 어떠한 실천도 감행하지 않는 한, 아직 고백이 아니며 또한 고백으로 간주되어서도 안 된다. 비록 이와 같은 표현이 비범하고 분명하며, 위에서 언급한 의미에서 볼 때 그리스도교의 핵심적인 것일지라도, 그럼에도 여전히 이론적인 특성만을 간직하고 있다면 마찬가지로 고백이라 부를 수 없다. 고백으로서의 말씀이 하나의 행동으로 나타나는 곳에서 이와 같은 표현은 비로소 고백이 된다. 이는 분명히 인지할 수 있는 결정을 실행케 하는데, 이를 통해서 실행하는 사람은 그리스도교 공동체의 구성원으로서 자신이 처한 주변 환경의 크고 작은 사회 안에서 분명히 그리고 웃음거리가 된다. 선하고 그리고 필시 강력한 그리스도교적 표현들(Worte)이 분명히 존재한다. 그리고 이런 표현들은 오로지 동일한 신념을 바탕으로 한다. 그러나 어떠한 노력도 하지 않거나, 또한 그리스도교 공동체의 경계선을 분명하게 드러내기 위한 어떠한 기여도 하지 않은 곳에서 이런 표현들은 여전히 고백이라 할 수 없다. 그러므로 그리스도교 공동체가 진실된 그리고 진실되지 않은, 또는 올바른 그리고 올바르지 않다고 간주하는 것을 이런 표현들이 분명하게 드러낼 때, 이런 표현들은 고백이 된다. 마찬가지로 이런 표현을 하는 사람이 마찬가지로 이와 같은 공동체의 임무를 위해 책임질 때, 이런 표현들은 고백이 된다. 여기서 책임진다는 것은, 그가 더 이상 이전으로 되돌아갈 수 없는 것이며, 그가 바로 그곳에서 좋은 상황 혹은 나쁜 상황이든지 이런 일을 자신의 고유한 일로 분명히 말하는 것이다. 고백함은 사람들 앞에서 그리고 특별히 이와 같은 임무에 익숙하지 않은 사람들 앞에서 위와 같은 표현을 통해서 그리스도교적 언술로 보증하는 것이며, 공동체를 그 사람을 통해 분명하게 드러내는 것이며, 그리고 결과를 그 사람이 스스로 받아들이는 것이다.

마태복음 16:15 이하에 따르면, 예수는 제자들에게 다음과 같이 묻고 있다. "그러나 너희는 나를 누구라 하느냐?" 이에 베드로는 예수에게 그리고 다른 제자들이 들을 수 있도록 대답한다. 이 대답은 특별히 그리스도교적 깨달음의 핵심 언술이다. 비록 사람들이 베드로의 언술을 계속해서 고백이라고 부르고 있지만, 그러나 엄밀한 의미에서 아직 '고백'이라고는 할 수 없다. 만일 베드로가 마가복음 14:66 이하와 병행구에 등장하는 대제사장의 뜰에서 위와 같이 언급했다면, 그것은 아마도 고백이라 부를 수 있을 것이다. 그리고 닭이 두 번째 울음을 우는 동안에, 베드로는 세 번을 말하지 않는 것이 아니라, 오히려 세 번을 부인했다. 만일 거기서 베드로가 위와 같이 언급했다면, 이 또한 고백이라 할 수 있을 것이다. 그러나 사도행전 4:8 이하와 5:29 이하에서 볼 수 있듯이, 부활절과 오순절 이후에 베드로가 대제사장들, 장로들과 서기관들 앞에서 실제로 말했던 것은, 의심의 여지가 없이 분명한 고백이라 할 수 있다. 항상 이런 방식의 고백들을 통해서, 항상 이와 같은 직접적인 실천을 통해서 그리스도교 공동체는 세워졌고, 그리고 세워진다.

어떤 인간적인 고백이 올바른 대답을 제공할 수 있는지에 대한 질문은 세 번째 영역에서 다루기에는 너무 많은 작업이다. 이는 하나님에게 순종함으로써 드러나야만 하는 것이다.

4. 고백하는 것은 자유로운 행동이다. 달리 어떻게 말할 수 있는가? 마치 안식일과 같이, 이는 하나님의 자유로운 은혜와 관련성을 맺는다. 소명은 자발적인 선택을 바탕으로 한다. 그리고 고백은 이와 같은 소명에 걸맞은 순종이다. 성령은 불고 싶으신 데로 분다. 그리고 고백은 성령에서 기인한다. 한 사람이 고백할 수 있는 곳, 그곳은 매번 자유주의(Liberalismus)에 대해서 비할 바 없는 승리를 거두는 곳이다. 이와 함께 우리는 부분적으로 우리의 출발점에 도달하게 된다. 그리고 바로 이런 지점이 우리가 지금 무엇인가를 펼칠 수 있는 곳이기도 하다.

고백하는 것은 달력이나 시계에 고정된 것이 아니다. 오히려 고백의 시간이 되었을 때, 바로 그때가 고백의 시간인 것이며, 그때에 바로 사람들은 고백할 수 있고, 고백해야만 한다. 그러나 또한 고백하는 것은 직무(Profession)와 같은 일이 아니다. 사람들은 하나의 대리자(Standes)로서, 특히 이른바 '영적인' 신분의 대리자(Vertreter)로서 고백하는 것이 아니다. 그리고 고백자가 될 수 없는 신분이라는 것은 존재하지 않는다. 더 나아가서, 고백한다는 것은 정확히 말하자면 인간의 위대한 보답(Lohn)이다. 그리고 이런 보답은 사람들이 선한 편, 이른바 하나님의 편에 설 수 있도록 한다. 재차 강조하자면, 그리고 바로 고백하는 것이 인간의 보답이기 때문에, 고백하는 것은 전혀 노예적인 행위가 아니다. 오히려 고백하는 것은 고귀한 행위이다. 다시 말하면, 인간은 이런 행위와 동시에 나타나는 것에 대해서 전혀 걱정할 필요가 없다는 것이다. 더 나아가 이런 자유로운 행위는 실제로 어떠한 지시(Vorschrift)에 의해서 발생할 수 있는 것이 아니다. 어떠한 사람도 다른 이로부터 이를 강요받을 수 없다. 어떠한 사람도 다른 이들에게 고백해야 한다고 명령할 수 없다. 자신의 고백을 분명하게 드러내는 사람은, 바로 자신의 고유한 동기(Antrieb), 자신의 추진력과 자신의 책임을 바탕으로 행동하는 사람이다. 그는 산꼭대기를 밟고 서 있는 사람이다. 그 위에는 단지 하늘만이 있을 뿐이다. 따라서 그는 다른 이들의 고백을 따라서 되풀이하는 사람이 아니다. 왜냐하면 그는 어느 누구로부터 이렇게 또는 저렇게 고백하라고 설득당하거나 또는 강요받지 않기 때문이다. 또한 그는 위에서 언급한 학교에서 다른 이들과 동일한 한 학생이며, 다른 학생들은 마찬가지로 그와 동일한 한 학생이다. 그는 예수 그리스도의 영, 성서의 영, 그리고 공동체의 영이 바로 그에게 고백하도록 허용하고 명령하는 것을 정확하게 고백해야만 한다. 다시 말하면, 더 많이도 아니며, 더 적게도 아닌, 바로 지금 그에게 전가되어진 바로 그것을 고백해야만 하는 것이다. 우리는 여전히 다음처럼 표현할 수 있다. 즉 고백자는 자신의 방식과 언어로 고백해야만 한다는 것이다. 그리고 이는 결코 금지되지 않았다. 그러나 고백이 항상 성서적인 말들이나, 전적으로 가나안의 언어를 통해서 언급해야만 하는 것은 전혀 아니다. 그렇다고 또한 더 정확하게 말해서 어떤 두려움("어떻게 내가 이것을 나의 아이들에게 말할 수 있을까?") 안에서 고백하는 것을 경계하지 말아야 한다는 것은 아니다. 오히려 자유로운 그럼에도 불구하고(Trotz)라는 방식을 통해서 종종 충분히 가나안의 언어가 자신의 고유한 언어로 선택될 수 있으며, 되어야만 한다. 사실 고백하는 것은 이런 언어와는 아무런 상관이 없다고 할 수 있다. 그래서 때론 또한 고백하는 것은 가장 세속적인 언어를 통해서 가능하며, 또한 이런 언어로만 해야 할 때도 있다. 또한 세속적인 언어를 통해서 주이신 예수 그리스도에 대한 올바르고 열린 고백이 가능하다. 만일 고백하는 것이 단지 하나님의 말씀을 듣는 것으로부터 나온다면, 그리고 이것이 단지 구속력을 지닌 의견의 표출이나 또는 바알 신이나 생소한 신(Gottheit)에 대한 고백이라면, 그리고 만일 임무(Sache)에 대한 규율을 통해서 드러나는 것이라면, 고백하는 것은 형식적으로 모든 그리고 각각의 자유를 갖는다고 할 수 있다.

그리고 이런 고백의 자유가 간직하는 가장 아름다운 것은, 모든 두려움에서 자유롭게 될 수 있다는 것에 놓여 있다. 고백하는 것이 어떤 결과에 도달하기 위해서 애쓰지 않기 때문에, 또한 고백하는 것은 어떠한 실패들을, 그리고 고백자가 얻을 수 있는 어떠한 나쁜 결과들을 두려워할 필요가 없는 것이다. 고백자가 고백함으로써 하나님의 편에 서게 된다면, 이는 객관적으로 그리고 자유롭게 다음에 도출할 수 있는 모든 것과 관련해서 하나님이 고백자의 편에 서 계신다는 사실을 의미하게 된다. 이와 함께 무엇인가 특별한 용기(Bravour)와 용맹함이 반드시 요구되거나 또는 필요한 것이 결코 아니다. 사람들은 두려움의 한가운데에서 어떠한 두려움을 가질 필요도 없게 된다. 또한 모든 것이 사라질 때에도, 사람들은 끝내 어떠한 것도 사라지지 않게 되는 그 장소에 서 있는 것이다. 모든 것은 사라진다. 그러나 자유로운 인간은 끝까지 존재한다. 왜냐하면 그 인간은 더 이상 두려워할 필요가 없기 때문이다. 고백하는 자는 더 이상 두려워할 필요가 없다. 고백자는 자신이 고백함으로써 그가 두려워할 만한 모든 것에서 벗어난다. 그리고 이렇듯 그는 자유로운 인간으로 존재하는 것이다. 고백자는 고백의 모든 행위를 통해서 하나님의 자유 속으로 들어가게 되며, 그 안에서 그는 자유로운 인간이 될 수 있는 것이다.

사도행전의 저자는 베드로의 고백과 그 이후에 바울의 고백을 묘사하는 곳에서 바로 이와 같은 고백함의 자유, 모든 고려(Ruecksicht), 고민과 두려움에서의 자유를 밝게 드러내려는 의도를 갖고 있었음이 분명하다. 고백하는 것은 인간의 영웅적 행동의 현상에 관한 것이 아니었다. 반면에 인간들이 예수 그리스도에 귀를 기울이고 그에 관해서 말해야만 함을 통해서, 마치 모래 위에 놓여 있는 배와 같이, 홍수로부터 들어 올려지며, 그리고 얼마나 손쉽게 뛰어넘게 되었던 사람들의 현상에 관한 것이다. 다시 말하면 그들이 어떤 결과들, 어떤 제사장 또는 총독(Statthalter) 또는 왕을 회피하게 되는 영역에서 벗어나는 것이다. 그러므로 이는 인간 역사의 한가운데 있는 하나님의 자유에 대한 현상이다. 만일 황제, 칼 5세에게 제출하였던 1530년의 아우크스부르크 신앙고백(CA)의 표제지(Titelblatt)가 시편 119:46의 말씀으로 장식되었다면, 이는 사실 사도행전에 나타난 이와 같은 의도가 미치는 인상(Nachklang) 때문이라고 할 수 있다: 그리고 나는 열왕들 앞에서 당신의 증거를 말할 것이며, 또한 나는 이 때문에 수치를 당하지 않게 될 것입니다(et loquebar de testimoniis tuis in conspectu regum et non confundebar). 선한 멜랑히톤(Melanchthon)이 당시에 덜 두려워했고 그리고 또한 무엇인가 충실한 고백자와 같이 생각했고 말을 했다면! 그리고 아우크스부르크 신앙고백의 텍스트가 모든 관점에서 무엇인가 자유로운 고백이었다면!

이제 우리는 올바른 고백에 대한 개념을 충분하게 보았다.

### 3. 기도(Das Gebet)

하나님과의 관계 안에 놓인 인간 행동의 다른 특별한 모습은 기도이다. 기도는 고백의 바로 옆에 존재한다. 여기서 우리에게 기도가 또한 하나의 요구된 행동이라는 관점이 요구된다. 다시 말하면, 인간의 창조주이신 하나님과의 관계 안에 놓여 있는 인간의 순종에 관한 질문이 이런 구성요소를 간직하고 있다는 관점이다.

그러나 사람들은 여기서 일반적으로 다루는 것이 고백보다는 여전히 기도를 통해서 분명해질 것이라고 말할 수 있다. 다시 말하면, 인간은 자신의 모든 그 외의 행동과 함께 그리고 이런 행동을 통해서 또한 스스로 하나님을 향하여 돌아서는 것, 그리고 지체 없이 하나님을 향하여 나아가는 것을 결코 중단해서는 안 된다는 것이다. 가장 넓은 측면에서 보자면, 그럼에도 바로 이것이 계명의 특별한 활동인 것이다. 그러나 또한 우리는 이미 고백이 바로 인간이 동시에 하나님을 어느 정도 맞이하러 나가는 것이며, 그리고 스스로를 고백자로서 하나님의 편을 드는 것이라고밖에 이해할 수 없음을 보았다. 다른 측면에서 보자면, 지금 사람들은 이렇게 말할 수도 있다. 즉, 고백에는 특별한 것, 하나님께 영광을 돌리는 것이 담겨 있다. 그러나 인간은 기도 안에서 이를 분명하게 드러내지 못할 것이라고 소위 말할 수도 있다는 것이다. 왜냐하면 기도의 결정적인 의미는 인간이 하나님에게 무엇인가 바치는 것, 무엇인가 하나님을 위해서 행하는 것이 아니라, 오히려 인간이 스스로 하나님에게 무엇인가 자신이 필요한 것을 하나님의 영역에서 구하기 위해서, 가져오기 위해서, 받기 위해서 하는 것이기 때문이다. 그러나 바로 이것이 하나님이 인간에게 요구하는, 그리고 인간이 하나님에게 증명할 수 있는 가장 최고의 영광이라는 사실을 만일 사람들이 즉시 분명하게 하지 않는다면, 또한 인간이 단지 어떤 것이 아니라 오히려 인간이 자신을 위해서 필요한 모든 것을 하나님의 영역에서 구하며, 하나님의 영역에서 가져오며, 그리고 하나님에게서 받기를 원한다는 사실을 분명하게 하지 않는다면, 어떻게 사람들이 곧바로 기도를 올바로 이해할 수 있을 것인가?

우리는 인간이 고백할 때 인간 스스로가 하나님을 어느 정도로는 하나의 수신기(Empfangsanzeige)로서 이해하며, 이렇게 관철시킨다고 언급했다. 인간이 기도한다면, 인간은 어느 정도 청원의 모습을 갖고 있으며, 이런 모습으로 활동하는 것이다. 만일 인간이 하나님 앞에서 자유로운 인간으로 존재한다면, 그렇다면 그는 이를 원하고 그리고 이런 방식으로 활동할 수 있는 자유를 갖고 있을 것이다. 인간은 스스로 하나님을 전적으로 인간을 향한 하나의 청원(Gesuch)으로서 묘사하고 있는 것이다. 그리고 이 둘은 바로 이런 토대에서 그리고 최고 절정에서 동시에 발생한다. 다시 말하면, 사람들은 마치 고백에서 나타나듯이 하나님의 편에 서지 않고서는 결코 하나님 앞으로 나아갈 수 없다. 이는 마치 기도를 통해서 행할 수 있고 행해야만 하는 방식과 동일하다. 그러나 또한 사람들은 고백에서 볼 수 있고 나타나야만 하는 방식처럼, 하나님에게 그리고 오직 하나님만이 줄 수 있는 것에 대해서 갈구하지 않거나, 또한 다시금 이를 계속해서 갈구하지 않고서는 하나님에게 영광을 돌릴 수 없다. 마치 이는 기도를 통해서 드러나는 방식과 동일하다. 그리고 만일 인간이 고백을 통하여 자신이 하나님과의 관계 속에서 단지 수신기 정도의 역할일 수밖에 없음을 분명하게 드러내기를 원한다면, 이렇듯 인간은 바로 자신이 실제로 수신기로서 존재하기 위하여 스스로를 하나님과 대면하여 비로소 자신을 오직 고유한 청원으로서 그리고 또한 이를 기도를 통해 묘사할 수 있게 될 것이다. 인간이 하나님을 발견하지 않고 그리고 마찬가지로 고백하기 위해 호소하지 않은 채, 어떻게 인간이 반대로 하나님을 기도자로서 정말로 구하지 않을 수 있단 말인가.

고백과 기도는 인간 이성의 근본적 행위인 하나님에 대한 인식에서 연원(淵源)한다. 또한 인간이 하나님에게 기도하도록 하나님은 인간을 부르신다. 이를 통해서 하나님은 자신을 위해서 인간을 창조하셨음과 연결시키며, 인간은 자신이 소유한 이성의 목적(Bestimmung)에 이를 호소한다. 그러나 하나님에 대한 지식은 고백 안에서 드러나고 그리고 드러나야만 하는 방식으로는 증명될 수 없다. 그래서 이와 동시에, 마치 기도 안에서 나타나는 것처럼, 반드시 새로운 기초가 마련되고 그리고 획득되어야만 하는 것이다. 사람들은 오직 새로운 존재가 됨으로써만 하나님의 증인이 될 수 있다. 기도는 바로 이에 관한 것이다. 기도와 고백은 하나님에 대한 지식 안에 놓인 자신들의 공통된 기초를 염두에 둔다면 마치 들숨과 날숨과 같은, 마치 심장의 이완과 수축과 같은 관계를 맺고 있는 것이다.

그리고 이런 측면에서 하나님의 계명이 지닌 의미는 바로 하나님이 인간을 사랑하신다는 것이라 할 수 있다. 왜냐하면 하나님이 인간을 가엾게 여기기 때문이며, 하나님이 인간을 헤아리시기 때문이다. 그리고 이 때문에 하나님은 인간을, 하나님이 인간을 찾아내심으로써, 다시금 발견하기를 원하신다. 이런 측면에서 하나님의 계명은 또한 다음을 증명하는 것이다. 즉, 하나님이 인간과 함께 공동의 일을 함께하시며, 그리고 다시금 하시기를 원하신다는 사실이다.

이 점에 있어서 또한 기도는 성서 안에 나타나는 '하나님 찬양'이라 불리는 것과 커다란 연관성을 갖는다. 그러나 물론 기도는 고백과 분명한 차이점을 지닌다. 그래서 기도는 위대한 하나님의 계시에 상응하는 작은 계시를 지금 주제로 삼을 수 없는 것이다. 이런 계시의 주체는 아마도 인간이 될 것이다. 기도는 고백이 아니다. 또한 하나님에 대한 지식을 외적으로 당대의 사람들에게 증언하는 것도 아니다. 마태복음 6:5 이하는 회당과 큰길에 서서 드리는 '외식하는 자들'의 기도에 관해서 언급하고 있다. 우리는 이를 여기서 하나의 무시할 수 없는 경고로 받아들여야 한다. 특히 기도는 근본적으로 선포가 아니다. 기도는 근본적으로 '골방'(Kaemmerlein)에서, 문을 닫은 채로, 그리고 은밀한 중에 드리는 것이다. 기도는 오직 하나님만을 바라보는 것이다. 그리고 이 점에 있어서 분명히 하나님을 찬양하는 엄밀한 내적인 측면이라 할 수 있다. 이는 개인적인 기도와 공동의 기도 모두에게 유효한 것이다. 믿음을 표명하는 것으로서의 기도, 설교를 가장한 기도, 경건의 수단으로서 드리는 기도는 공공연한 증언부언(Unfug)일 것이다. 이는 기도가 아니다. 그리고 기도는 사람들이 다른 존재인 하나님에게 무엇인가를 말하고자 하는 것이 결코 아니다. 외부를 향하는 고백이 결정적으로 바로 위에서 언급하는 비의도성(Absichtslosigkeit)을 갖고 드러날 때에만, 다시 말하면 비록 인간의 앞에서 고백을 하지만 전적으로 하나님의 영광을 위해서 고백할 때에만, 기도와 고백은 서로 연관성을 갖게 된다. 그러므로 만일 이런 점에서 고백이 기도에 의해서 떠받혀지지 않거나 또는 그 자체로 기도의 방식을 갖고 있지 않을 때, 고백은 이미 아무것도 아닌 것이다. 그러나 기도의 특별한 점은 다음과 같다. 즉, 기도가 전적으로—잘 이해하였다면: 또한 일반적인 기도로서가 아니라—인간 앞에서가 아니라, 인간을 정면으로 바라보는 것이 아니라, 그리고 인간적인 주제를 염두에 두는 것이 아니라, 오히려 오직 하나님을 바라보는 기도를 드려야 한다는 사실이다. 그래서 오직 하나님에 대한 말씀으로써,

오직 하나님을 향하는 간구로서 드려져야만 한다. 고백은 세상 사람들의 귀에 들려주는 하나님에 대한 자유로운 찬양이다. 그러나 기도는 자신의 귀에 들려주는 하나님에 대한 동일하고 자유로운 찬양이다. 또한 공동체의 모임에서 기도하는 사람은, 오직 자신의 귀에만 들리는 하나님에 대한 찬양을 기도하고자 원해야 한다. 사람들은 이런 관점에서 분명 다음과 같이만 말할 수 있다. 즉, 기도가 고백과 마찬가지로 하나님께 영광을 돌리는 것을 중요하게 다루고 있다는 사실이다. 그러나 사람들은 또한 기도가 바로 여기에서, 즉 하나의 요구가 아니라 더 우선적인 것으로 나아감을 깨닫게 될 것이다. 다시 말하면, 무엇인가 아름답고 또는 이와 동일한 신앙적인 요구로부터, 그리고 논리적으로 이해할 수 있는, 신학적으로 정확한, 그리고 형식적으로도 사실적으로도 또는 방법론적으로 무엇인가 당시의 기법을 드러내는 요구보다 더 우선적인 것으로 나아감을 깨닫게 된다는 것이다. 그에게 주어진 기도의 형식은 오직 그 자신의, 내적인 법칙에 의해서 정의될 수 있다. 인간이 오직 하나님에게만 집중하는 곳에서, 인간은 자신이 어떠한 낯선 기도의 기법이 필요치 않음을 알게 된다. 그곳에서 그는 자신이 습득한 여타의 다른 기법을 즉시 포기할 수밖에 없을 것이다. 여기서 오직 한 가지만이 중요하다. 즉, 기도는 실제로 하나님, 오직 하나님만을 바라보는 간구를 가리킨다는 사실이다. 그렇다면 그곳에서는 단순하게 탄식하거나, 중얼거리거나, 낮은 목소리로도 기도할 수 있다. 그리고 만일 이것이 단지 하나님에게 드리는 간구라면, 이렇듯 하나님은 이를 분명히 듣고 이해하실 것이다. 이렇듯 기도는 올바른 행위로, 하나님이 명령하신 기도로, 그리고 순종의 행동으로서 받아들여질 것이다. 그리고 이런 조건을 충족시키지 못한 가장 고귀한 예배보다 기도는 더 완전히 도드라지게 될 것이다. 바로 여기서 다시 한 번 안식일 계명의 가장 우선적인 의미를 되새겨 보는 것은 우리에게 매우 유익하다. 다시 말하면, 안식일은 사람들을 모든, 무엇보다 가장 자기를 옭아매는 고민에서 자유롭게 한다는 사실이다. 그리고 기도가 간직한 최고의 의미는 바로 이와 동일하다.

보편적인 것이 특수한 것의 적대자나 억압자가 되어서는 안 된다. 여기서 우리는 분명히 이와 같은 엄격한 경고로부터 시작해야만 할 것이다. 기도는 고백과 같이 하나의 특별하고 구체적인 행동이다. 그래서 기도는 인간이 행하는 그 외의 모든 행위를 통해 동반되고 유발되며, 계속해서 흐르는 바탕음(Unterton), 기초 그리고 밑받침일 수 있고, 또한 이와 같아야만 한다는 점은 맞는 말이다. 그리고 기도가 근본적으로 중단될 수 없다는 것도 사실이다. 그리고 만일 인간이 기도하기를 멈춘다면, 인간은 은총을 잃게 된다. 그리고 그가 기도를 통해 구하지 않는 것은 하나님 앞에 분명히 기쁜 일이 되지 못한 일임도 맞다. 그러나 이와 함께 여전히 올바른 것은—그리고 지금 윤리적 관점에서 우리에게 여전히 급박한 일은—바로 이런 지속적인 기도가 각각 모두 개별적인 기도라는 사실이다. 그래서 특별하고 구체적인 행동의 모습을 갖게 되며, 또한 이런 모습을 갖고 있어야만 한다. 마치 하나님에 대한 찬양과 같이, 마치 고백과 같이, 성서에 나타나는 기도는 또한 특정한 순간의 내용으로서 성서의 인간 역사를 통해 서술된다. 이런 순간에 기도는 각 인간의 역사 안에서 하나의 사건으로 등장한다. 그 순간에 인간을 향한 보편적인 요구는 특별히 사실적인 것, 그리고 현실적인 것이 된다. 그 순간에 현상적인 것에서 나와서 그리고 일반적으로 단지 의식 안으로 감추어진 현실적 망각 안으로 들어가게 된다. 또한 실제적인 허가와 필요성으로, 직접적인 계명, 지금 여기서 준수하는 계명이 될 것이다.

데살로니가전서 5:17의 "쉬지 말고 기도하라"(ἀδιαλείπτως προσεύχεσθε)와 로마서 12:12의 "기도에 항상 힘쓰며"(τῇ προσευχῇ προσκαρτεροῦντες)를 결코 여기서 오해해서는 안 된다. 그리고 이를 기도에 대한 '영원한 흠모'의 불가피성으로 부르는 것이라고 이해하려 시도해서도 안 된다.(눅 18:1, "항상 기도하고 낙심하지 말아라"[πάντοτε προσεύχεσθαι καὶ μὴ ἐγκακεῖν]와 사도행전 1:14, "마음을 같이하여 오로지 기도에 힘쓰더라"[προσκαρτεροῦντες ὁμοθυμαδὸν τῇ προσευχῇ]와 비교하라.) 그러나 이는 기도가 또한 실질적인 허가와 필요성으로, 직접적인 계명을 위해서가 아니라, 그리고 기도가 이런 계명으로 고려되지 않는 곳에서는 반드시 필요한 것으로 보여질 수도 있다. 안식일 계명과 마찬가지로 기도는 불가피한 것이다. 다시 말하면, 만일 기도가 계속해서 또한 특별하게 드려지기를 원한다면, 기도는 모든 인간적인 행동의 지속적인 소리(Ton)와 바탕(Grund)이 될 것이다. 특별한 행위로서 기도는 계속해서 반복된다. 그리고 분명히 한 주의 중심에 놓인 안식일을 드러내는 것이다. 그리고 바울은 모든 언급을 통해 항상 기도해야 함을 지시한다. 이뿐만 아니라 공동체의 구체적이고 축제와 같은 행위 안에서, 그리고 모든 개별적인 그리스도인들이 평일에도 또한 기도를 계속해서 행해야 하며, 마찬가지로 기도에 대한 구체적인 응답을 받고, 받아야만 한다고 강조한다.

특별한 기도, 자각할 수 있는 기도, 그리고 표현되어진 기도, 그리고 하나님의 계명은 기도가 마치 고백과 같이 하나의 이야기(Reden)로서 존재해야 함을 요구한다. 바로 위와 같은 사실 안에 계명의 특별한 점이 들어 있는 것이다. 그렇다고 기도가 입, 혀와 입술을 사용한다는 점과 기도가 형식을 갖춘 언술이라는 점이 여기서 반드시 필요한 것은 아니다. 왜냐하면 기도는 하나님과 이야기를 나누는 것이지, 하나님에 관해서 이야기를 나누는 것이 아니기 때문이다. 그러나 기도는 단지 말하는 것이 아니다. 더 나아가 기도는 오히려 하나의 내적인 이야기라고도 할 수 있다. 이는 공동의 기도의 경우에도 마찬가지이다. 이와 같은 내적인 이야기는 확실히 ―이야기의 상대자를 필요로 하는 인간의 대화로서 이런 기도의 부적절함을 통해, 그리고 이런 부적절함을 자각함으로써― 기도의 끝과 마찬가지로 처음에 탄식과 중얼거림의 형식을 분명히 지니게 될 것이다. 그렇다고 이런 관점에서 기도를 영적으로 충만하거나, 영묘하게 생각해서도 안 된다! 우리는 이야기함을 분명한 주제로 삼고 있다. 그리고 이는 기도가 오로지 하나의 탄식과 중얼거림이라 할지라도 마찬가지이다. 그러므로 기도는 단지 조급함(Dransein)이나 하나의 분위기(Stimmung)에 관한 것, 또는 감정에 무조건적인 몰입에 관한 것이 아니다. 기도는 항상 모든 경우에 하나님 앞에 서 있는 인간의 책임에 관한 것이다. 다시 말하면, 기도는 특별한 형태를 통해서 인간이 하나님을 청원자(Bittender)로서 찾아가며, 청원자로서 하나님과 대면하도록 해준다는 것이다. 왜냐하면 하나님은 이런 청원자인 인간을 그리고 하나님 앞에 서 있는 자유로운 인간으로서 청원자를 보기를 원하시기 때문이다. 특히 하나님께 진정으로 기도하는 자는, 바로 하나님께 무엇인가를 말해야만 하는 자이다. 그리고 그는 다음과 같은 행동을 하게 된다. 다시 말하면, 그는 기도를 할 수 있음이 아니라, 오히려 그가 기도하도록 초청되었고 그리고 기도하도록 명령을 받았음을, 그리고 그는 자기에게 말씀하시는 하나님이 다음을 기다리고 계심을 안다. 즉, 하나님이 다시금 인간과 이야기를 나누기를 원하신다는 것이다. 인간이 기도를 더 잘하거나 못하는 것은 전혀 문제가 되지 않는다. 중요한 것은 인간은 하나님과 대화를 나눌 수 있고, 나누어야 한다는 사실이다. 또한 여기에서 하나님의 말에 대해서 완전하다거나 불완전하다는 인간의 성찰, 인간이 여기서 매길 수 있는 좋은 평가나 나쁜 평가도 별로 큰 역할을 하지 못한다. 인간에게 요구되지 않는 것보다 더 큰 것이 바로 인간에게 요구되는 일이다. 그것은 인간이 자신이 할 수 있는 한 이런 경계점에서 단지 숨김없이 말하는 것이 아니라, 오히려 하나님이 인간과 함께 말씀하신 것에 책임 있게 응답하는 것이다. 특히 어떠한 경우에서나 하나님이 바로 이와 같은 관점 안에서, 바로 하나님이 홀로 인간에게 귀를 기울이시는 곳에서 하나님을 향하여 열중함으로써 말하는 것이지, 침묵하는 것이 아니다. 인간에게 귀를 기울이시는 것, 또한 인간의 좋지 못한 또는 인간 스스로가 좋지 못하다고 생각하는 언어 안에서도 인간을 이해하는 것은 하나님의 일이며, 인간은 이를 하나님에게 맡겨야 한다. 그리고 하나님은 인간에게 자비롭게 귀를 기울이신다. 그렇기 때문에 인간이 자신에 대한 모든—필시 그럼에도 또한 무엇인가 세심하게!—자기비판(Selbstkritik)을 통해 알게 되는 것보다 여전히 더 많이 자신에 대해서, 그리고 자신이 범할 수 있다고 가정하는 것보다 더 많은 것을, 더 나아가 자기에 대해서 또한 자기가 스스로 확실히 좋지 않다고 생각하는 것을 좋게 여겨주시는 분이 하나님이시다. 그리고 하나님의 일은 인간을 더 좋은 것으로 존재하게 하신다. 그러나 어떠한 경우이든지 하나님이 인간에게 원하는 것을, 다시 말하면 하나님이 인간과 대화를 나누신다는 것을 인간적인 할 수 없음(Unvermoegen)의 관점으로 억제하는 것은 결코 인간의 일이 아니다. 그러므로 진정으로 기도하는 곳에서 의도성과 명확성의 정도를 통하여 내적으로—그렇다면 특별히 공동체의 모임 안에서 또한 당연하게 왜 외적으로가 아닌가?—언급되는 것과 같을 수 있고, 같게 될 것이다.

다시금 사람들은 포기의 원인을 로마서 8:26 이하를 근거로 제시해서는 안 된다. 즉, "우리가 마땅히 빌 바를 알지 못하나 오직 성령이 말할 수 없는 탄식으로 우리를 위하여 친히 간구하시느니라"를 실제로 서술한 바울을 바탕으로 제시해서는 안 된다는 것이다. 사람들은 성령의 간구하심이 갖는 능력 안에서 고백하고 있음을 언급하는 마태복음 10:20이 바로 이와 분명히 상응하고 있음을 깨달아야 한다. 이와 같은 성령의 간구하심 없이는 어떠한 기도도 존재하지 않는다. 즉, "성령이 우리의 연약함을 막아주시고 그리고 도우신다(συναντι-λαμβάνεται)."는 말은 기도의 말보다 더 우선한다는 뜻이며, 이로부터, 다시 말하면 "성령이 특별히 마음을 점검한 이후에, 그는 영이 어떤 목적(견해, 의도, τὸ φρόνημα)을 갖고 있는지를 안다. 왜냐하면 성령은 거룩한 자들을 위해서 어떻게 하나님을 기쁘시게 하는지를 보증하기 때문이다." 그러므로 마치 고백 안에서 드러나듯이, 하나님 스스로는 기도 안에서 자신의 영을 통하여 결정적인 말, 올바른 말, 상달되는 말과 이미 상달된 말, 기도하는 자로서 인간이 확실하게 도달할 수 없는 말, 인간이 말할 수 없는 말을 하게 만드신다. 우리는 여기서 에베소서 3:20의 영광송을 연관시킬 수 있다. 즉, 하나님은 "우리의 온갖 구하는 것이나 생각하는 것에 더 넘치도록 능히 하실 이"이다. 그러나 이것이 바울에게나 또는 모든 사람에게 다음을 의미하는 것은 아니다. 다시 말하면, 바울이나 사람들이 기도를 통해서 내뱉는 말이 이런 이유로, 즉 이런 말 자체가 그리고 영의 간구와 통역이 없이는 충분하지 않기 때문에 그리고 하나님이 기뻐하지 않으시기 때문에, 표현할 수 없거나 또한 실제로 기도할 수 없음을 임의로 결정할 수 있다는 것을 의미하지 않는다는 사실이다. 마태복음 25:14 이하에 등장하는 맡겨진 달란트(Talente) 비유는 여기서 분명히 논리적으로 들어맞는다. 즉 한 사람이 어느 정도 받았는지, 그리고 얼마나 남겼는지는 그가 자신이 받았던 달란트에 상응하여 완성해야 하는 것을 해내지 못했음을 변명하고 있는 것이 결코 아니다. 가장 커다란 질문은 바로 결정권이다. 이런 결정권이 엄격하게 요구되었다. 이는 인간(하나님이 인간에게 말씀하신 것에 따라서)이 자신의 전적인 무능력을 자신의 측면에서 기도하듯이 하나님에게 말할 수 있는 것에 놓여 있다. 바로 성령은 인간 자체의 이런 그리고 인간 내부에 있는 무능력한 성과 안에 들어오신다. 성령은 이런 인간적 그리고 하나님에 대한 관계 안에 놓인 항상 연약한 말보다 "앞서 다가오시며 그리고 도움을 주신다." 바로 성령은 인간을 하나님 앞에서 변호하며, 대언한다. 성령을 통해서 인간은 하나님 앞에서 옳다고 긍정되는 모습을 갖게 되는 것이다. 사람은 허영심 때문에 오히려 무엇인가 나약한 것을 말하기보다는 아무것도 하지 않기를 원한다. 그러나 이 모든 것은 이런 게으름에 대해서 결코 용납하지 않는다. 아마도 여기서는 고린도전서 14:15를 떠올리게 될 것이다: "내가 영(Geist)으로 기도하고 또 마음(Verstand)으로 기도하며." 위와 같은 변호자와 대언자를 신뢰하지 않고 마음으로 기도하는 자, 그리고 또한 연약하여 기도하기를 원하는 자는, 또한 어떠한 경우에서든지 영으로 기도할 수 없다. 다시 말하면, 이런 자는 실제적으로 전혀 기도할 수 없게 될 것이다.

우리는 지금 여기서 올바른 기도의 몇 가지 기준을 확정하게 될 것이다.

1. 만일 인간이 올바르게 기도할 때, 인간이 기도하게 되는 토대(Grund)가 바로 **하나님 앞에서 인간이 갖는 자유**이다. 마치 인간이 안식일(Feiertag)을 맞이할 때나, 또는 마치 인간이 스스로 고백의 자리로 나아갈 때에도 인간은 동일한 토대를 바탕으로 행동한다. 하나님이 인간에게 기도하도록 허락하셨기 때문에, 또한 인간이 기도할 필요

가 있기에, 그리고 이런 허락과 필요성이 인간을 위한 계명이 되었기 때문에, 인간은 기도한다. 기도하는 것이 간구하는 것을 의미한다는 것은 사실이다. 또한 기도가 아쉬워하고 갈망하는 것의 표현이라는 것도 사실이다. 그리고 이렇게 갈망하고 아쉬워하였던 것을 하나님에게서 발견할 것이며, 하나님에 의해서 또는 하나님을 통해서 얻게 될 것이라는 확신의 표현이며, 실제로 발생해야 한다는 요구의 표현이다. 그러나 이런 표현의 토대, 이런 확신의 표현으로 나타나는 토대는 다음과 같다. 이런 표현을 올바른 간구로 그리고 올바른 기도로 만드는 것은 위에서 언급한 아쉬워하는 것과 갈망하는 것에, 확신 안에 놓인 것에도, 그리고 위에서 언급한 요구에 놓일 수 있는 것도 아니다. 바로 의심의 여지 없이 전적으로 이런 표현을 주제로 다루고 있기 때문에, 다음과 같은 질문은 반드시 해명되어야 한다. 즉, 어떻게 이런 표현을 하게 되었는가? 어떻게 인간은 스스로 하나님에게 간구하게 되는 상황에 처하게 되었는가?

아쉬움이나 갈망하는 것으로서의 기도가 반드시 하나님에게 간구하듯 묻도록 만드는 것이 아니다. 왜냐하면 어떠한 외적이거나 내적인 결핍이 존재하지 않기 때문이다. 그리고 또한 이에 상응하여 다른 대안이 완전히 배제됨으로써 기도에 도움을 줄 것이라 생각할 수 없기 때문이다. 즉, 인간이 스스로가 간구하듯 하나님께 묻는 것 대신에, 그럼에도 또한 필시 스스로에게서, 또한 필시 다른 이들 혹은 사물의 자연적인 과정, 운명, 우연 또는 명목상의 모든 것으로부터 해방된 시대가 기도를 도울 것이라는 기대를 통해서 간구하는 것이 아니기 때문이다. 특히 궁핍(Not)이 기도하도록 가르친다는 것은 사실이 아니다. 궁핍은 기도 없이 근심하는 것이나, 또는 당연히 스스로 무엇인가 주목할 만한 기도와 주의할 만한 경쟁을 통해서 근심하도록 가르친다. 또한 궁핍은 반항, 저주, 불평하도록 가르친다. 또한 궁핍은 무리하게 요구하도록 가르친다. 또한 궁핍은 단념을 가르친다. 그리고 가장 좋은 경우에 궁핍은 노동을 가르친다. 게다가 하나님이 없음을 아쉬워하는 것과 하나님을 갈망하는 것은 인간을 알려진 바와 같이 또한 기도의 시간을 지나 가장 놀라운 개별적 그리고 집단적 자기구제(Selbsthilfe)의 길로 안내한다.

그러나 또한 하나님 안에 놓인 모든 선한 것과 유익한 것의 현재(Gegenwart)와 이들의 원천과 이들의 목적을 아는 지식이 인간 스스로를 그리고 이런 존재로서 기도하도록 또한 위에서 언급한 간구를 하도록 이끌 것임을 의미하지 않는다. 오히려 반대로, 이런 확신은 하나의 형태를 갖는데, 그 형태를 통해서 이런 지식은 기도를 반대하는 매우 잘 알려진 논증으로 안내하며, 기도할 필요가 없다는 이유를 제공한다. 그렇다면, 왜냐하면 이로부터 다음과 같은 성찰이 발생하기에, 우리가 정당하게 아쉬워하거나 갈망하는 모든 것을 우리에게 주는 것은 전적으로 하나님에게 달려 있게 될 것이다. 우리는 하나님이 이를 참으로 할 수 있고, 원하며 그리고 실제로 행하신다고 진지하게 받아들여야 할 것이다! 그렇다면 다음과 같은 사실을 분명하게 받아들일 수 있을 것이다. 즉, 하나님이 우리의 당연한 욕구들을 우리보다 더욱 잘 아신다는 것이다. 또한 우리가 이런 욕구들을 아직 전혀 지각하지 못했거나 또는 전혀 표현하지 못했을 때에도, 하나님은 이런 욕구들을 이미 알고 계신다는 것이다. 그렇다면 우리는 도대체 무엇을 하나님께 가져가야 하는가, 우리는 무엇에 대해서 우선적으로 부탁해야만 한단 말인가? 혹시 이것이 우리가 그의 의지, 즉 기도로서 우리의 가장 좋은 것을 내용으로 갖고 있는 하나님의 뜻에 영향을 미치든지 또는 전적으로 조종하기를 원하는 것을 의미하는 것은 아니었는가? 우리는 어떻게 이 지점에 도달하게 되었는가? 이로부터 동시에 등장하는 것은 필연적으로 무엇인가 선한 것이어야만 하지 않는가? 그리고 이것이 전혀 불가능한 것은 아닌가? 사람들이 위와 같은 확신을 통해 하나님의 정의롭고 자비로운, 그리고 거룩한 의지와 그리고 바로 우리 자신과 모든 인간에 대한 우리의 의지가 전체 세계사건(Weltgeschehen) 안에서 이루어지기를 원치 않는 것 이외에 무엇인가 다른 것을 원할 수 있는가? 창세기 32:32-33(얍복에서 발생한 야곱의 싸움)과 마태복음 26:36-44(겟세마네에서 있었던 예수의 내적 갈등)는 이와 같은 의지 — 우리의 의지를 포기, 기도의 올바르고 실천적인 의미를 담고 있는 포기하는 의지 — 와 함께 모든 간구는 효력을 잃게 되며, 침묵하도록 거부됨을 분명하게 보여주지 않는가? 그러므로 모든 사건에 대한 범할 수 없는 합법칙성(Gesetzmaessigkeit)의 표상은 결코 필요치 않았다. 특히 기도가 기도자 스스로에게 내적으로 장려하며 몰두하게 만드는 기도회를 넘어서는 한, 그리고 특히 기도가 하나님에 대하여 언표된 간구를 원하는 한, 즉시 이런 표상은 특히 신 개념과 연결될 수 있다. 그렇다면 당연히 기도를 반대하는 주장에 더 강력한 영향을 끼치는 근거를 제공하게 될 것이다.

    그럼에도 사람들은 결국 다음과 같이 말할 수 없을 것이다. 즉, 이와 같은 모든 종류의 논거들을 아마도 순진하게 신적인 도움이나 은총을 바라는 고집스러운 요구는 인간에게 반드시 위에서 언급한 표현, 형식적이고 진지한 간구로, 그리고 결국 기도로 이끈다는 것이다. 오히려 더 나아가 — 그리고 이는 심지어 평범한 방식을 통해서 그렇게 될 수는 없는가? — 이제는, 인간이 스스로 이런 요구를 의식함으로써, 인간은 인간과 하나님 사이의 구별이나 차이를 마음에 새기기 어려워졌다. 또한 하나님의 높이 계심(Hoehe)과 인간의 특징인 자격 없음(Unwuerdigkeit)을, 인간이 자신의 소원만을 기도하기에 하나님을 부담스럽게 한다는 것을, 그럼에도 인간이 하나님에게 간구할 수 있도록 허용된다는 사실을 마음에 새기기 어려워졌다. 그리고 아마도 이와 연결하여 마치 사람들이 자신과 동일한 존재에게 말을 걸듯이 하나님에게도 도무지 말을 걸 수 있는가 하는 두려움(Scheu)과, 오래된 지인들 또는 마찬가지로 자신의 어떤 말들을 그에게 또한 단지 무심코, 하물며 전적으로 입으로 표현할 수 있는가 하는 당혹감이 존재한다. 이것이 기도가 막히게 되고, 인간이 기도할 수 있는 용기를 발견하지 못하게 되는 결과이다. 다시 말하자면, 비록 인간의 필요로 하는 것이 이미 거기에 존재함에도 불구하고, 그러나 인간의 필요만을 표현하는 것이다. 기도하는 것이 무엇을 의미하는지를 잘 알지 못하는 사람이 있다. 그는 자신이 실제로 필요로 하는 것 안에, 자신이 말로써 표현하지 않은 것 안에 바로 감춰진 것이 있음을 아는 사람이다. "나는 기도할 수 없다." 물론 이런 일에는 진지한 이유들이 분명히 있다. 또한 이는 인간이 기도하고 싶을 때에도 마찬가지이다. 그는 자신이 더 이상 계속해서 무엇인가를 할 수 없다는 것을 인지한 것이다. 이는 그가 기도하기를 원할 때에도, 그리고 또한 그가 자신의 필요를 여전히 진심으로 원할 때에도 마찬가지이다.

기도하는 것이 청원하는(Bitten) 것을 의미한다는 것은 분명히 사실이다. 그러나 사람은, 마치 우리가 지금 이를 간단하게 서술하였던 것처럼, 하나님에게 청원한다는 개념을 길게 분석할 수 있다. 그럼에도 사람들은 인간이 이런 간구를 필수적으로 만드는 이유를 기도의 요소 가운데 어떠한 곳에서도 발견할 수 없다. 사람들은 이런 분석에 의해서 다음과 같은 범주를 맴돌게 된다. 그 범주는 그러나 지금 안타깝게도 굴러가는 바퀴가 아니라, 오히려 침묵하고 서 있는, 외부의 동력 없이는 결코 굴러갈 수 없는 바퀴를 갖는 범주(원, Kreis)이다. 전자의 간구가 실제로 발생하는 곳, 그것에 바로 이런 범주의 외부에 놓인 원인이 반드시 놓여 있는 것이다. 사람이 참된 기도자일 수 있는지를 가장 진지하게 물어야 한다. 이런 질문을 통해서 사람들은 유감스럽지만 이렇듯 부정적으로 진행되는 작은 성찰(Meditation)로부터 확실히 벗어나지 못하게 될 것이다.

기도하는 것의 토양은 하나님 앞에 서 있는 인간의 자유이다. 즉, 하나님이 인간에게 주신 허락(Erlaubnis)인데, 이는 인간에게 계명과 명령을 위해 그리고 또한 반드시 필요한 것으로서, 물론 이 또한 하나님이 인간에게 주신 것인데, 허락하신 것이다. 마치 인간이 창조된 것과 같이, 만일 인간이 압도적인, 위엄 있는 그리고 납득이 가는 하나님의 뜻 아래서 하나님으로부터 완전히 자유롭게 서 있다면, 그렇다면 인간은 자신의 능력 또는 능력 없음, 품위 또는 품위 없음, 소질 또는 소질 없음(Indisposition), 즐거움 또는 즐겁지 않음(Unlust)에 관해서 묻게 되지 않고, 오히려 오직 다음을 묻게 될 것이다. 다시 말하면, 하나님의 의지가 지금 인간을 통해서 그리고 인간 안에서 발생하는 것과 동일한 것인가? 또는 인간이 지금 모든 가능한 항변들(Einwaende)과 의심에 대해서 전혀 고려하지 않고서는 기도하지 말아야만 하는가?(고려한 후에야만 기도해야 하는가?) 하나님은 지금 마찬가지로 또한 인간에게 다음을 원하신다. 즉, 인간이 하나님께 기도하기를, 그리고 인간이 하나님에게 간구하듯이(bittend) 오기를 원하신다. 마찬가지로 이는 이들 사이, 즉 하나님과 인간 사이의 자연스러운 관계의 실현(인식, Realisierung)이기 때문에 하나님은 이를 원하신다. 이는 인간의 측면에서 볼 때에도 유효하다. 즉, 하나님의 피조물인 인간은 오직 간구하듯이 하나님에게 올 수 있으며, 하나님과 말할 수 있다. 그리고 하나님은 이를 행하도록 지시하셨다. 이는 또한 하나님의 측면에서 볼 때에도 유효하다. 왜냐하면 하나님은 인간에게 간구하듯이 자신에게 올 수 있도록 허락하신, 인간의 간구를 듣고 그의 간구에 응해주시는 바로 그 하나님이시기 때문이다. 그리고 하나님은 또한 스스로 인간과 이처럼 관계를 맺으시며, 그리고 인간이 이와 같이 관계를 맺기를 원하신다. 우리는 여기서 하나님과 인간 사이, 즉 하나님과 창조의 의미이며 내적인 근거인 인간 사이에 맺은 약속의 가장 내적인 것 앞에 서 있는 것이다. 다시 말하면, 하나님의 자비로운 뜻 앞에 서 있는 것이다. 하나님은 압도적이며, 위엄이 있으며, 그리고 이렇듯 납득할 만한 분이다. 그래서 하나님은 인간의 기도를 반드시 필요하도록 만드신다.(그래서 인간은 하나님에게 반드시 기도를 해야만 하는 것이다.) 하나님은 기도의 이유(Grund)이며, 기도의 허락이며, 기도의 필요성이다. 즉, 하나님 앞에서 자유로운 인간이 반드시 기도를 해야만 하는 이유인 것이다. 이 이유가 여기서 바로 반박할 수 없는 계명이며 엄격한 명령인 것이다.

이런 이유가 알려짐으로써, 단지 이 이유가 언급되는 것뿐만이 아니라 또한 다음이 유효해진다. 다시 말하면, "환난 날에 나를 부르라. 내가 너를 건지리니, 네가 나를 영화롭게 하리로다!"(시 50:15)가 유효하다. 또는 선지자가 들었던 것처럼, "너는 내게 부르짖으라. 내가 네게 응답하겠고 네가 알지 못하는 크고 비밀한 일을 네게 보이리라!"(렘 33:3)가 유효하다. 또는 예레미야 29:12인 "너희는 내게 부르짖으며 와서 내게 기도하면 내가 너희를 들을 것이요"와, 또는 이사야 55:6인 "너희는 여호와를 만날 만한 때에 찾으라. 가까이 계실 때에 그를 부르라!"가 유효하다. 그리고 결정적인 주님의 말씀인 마태복음 7:7, "구하라 그러면 너희에게 주실 것이요, 찾으라 그러면 찾을 것이요, 문을 두드리라 그러면 너희에게 열릴 것이니"를 들 수 있다. 또한 네 번째 복음서 저자의 표현 양식 안에는 "지금까지는 너희가 내 이름으로 아무것도 구하지 아니하였으나, 구하라 그리하면 받으리니 너희 기쁨이 충만하리라"(요 16:24)가 유효하다. 그리고 빌립보서 4:6, 사도의 경고라는 형식 안에는 "아무 것도 염려하지 말고 오직 모든 일에 기도와 간구로, 너희 구할 것을 감사함으로 하나님께 아뢰라!"가 유효하다. 마찬가지로 유다서 1:20 이하에는 "성령으로 기도하며 하나님의 사랑 안에서 자기를 지키며, 영생에 이르도록 우리 주 예수 그리스도의 긍휼을 기다리라!"가 유효해진다.

우리의 주목을 끄는 것은, 루터가 자신의 대요리문답(Katechismus)에서 기도를—분명 이런 성서적인 명령의 선상에서—전적으로 계명에 따라 어떤 표현으로 그리고 어떤 설명을 통하여 기초하고 있는가이다. 루터는 다음과 같이 설명한다. "그리고 이른바 기도는 사람들이 알아야 할 가장 첫 번째 것이다. 이는 마치 우리가 하나님의 계명에 따라서 의무적으로 기도해야만 하는 것과 같다." 하나님의 이름을 망령되이 일컫지 말아야 하는 모세의 금지령을 통해서, 루터는 이렇게 설명하는데, 다음과 같이 확정되었다. 즉, "하나님의 거룩한 이름을 찬양하고, 모든 환난 가운데 부르짖거나 또는 기도하도록 요구되었다. (…) 그러므로 기도는 엄격하고 진지하게 명령되었으며, 이처럼 다른 모든 것(계명들)보다 더 강하다. (…) 어떠한 사람도, 마찬가지로 내가 기도하거나 또는 기도하지 않는다 할지라도, 마치 무례한 사람들처럼 다음과 같은 망상과 사고를 통해, 즉 내가 무엇을 기도해야만 하는지, 하나님이 나의 기도에 주목하는지 또는 듣기를 원하시는지, 그리고 만일 내가 기도하지 않는다면, 마찬가지로 다른 이들도 이렇게 기도할 것이다라는 생각을 하지 말아야 한다! 그리고 이들이 결코 다시는 기도하지 않을 것이라는 벽(Gewohnheit)에 도달하게 될 것이라고 결코 생각하지 말아야 한다. (…)" 아니다. 오히려 사람들은 모든 환란 가운데서 하나님께 부르짖어야 한다. 즉, "하나님은 우리가 이를 행하기를 원하시며, 그리고 우리의 자의(Willkuer) 안에 계시지도 않는다. 오히려 우리는 기도하고 기도해야만 한다. 만일 우리가 그리스도인이기를 원한다면, 우리는 아버지, 어머니 그리고 정부(Obrigkeit)에 복종해야만 한다. (…) 왜냐하면 아들이 아버지에게 다음과 같이 말하기를 원하는 것은 아무런 효력이 없는 것과 같기 때문이다. 즉, 나의 순종이 무슨 가치가 있는가? 나는 나아가기를 원하며, 그리고 내가 할 수 있는 것을 행하기를 원하지만, 그럼에도 이는 마찬가지로 너무 많다! 오히려 그곳에는 다음과 같은 계명이 제시된다. 너는 이를 행하고 또한 행해야만 한다! 또한 여기에는 이를 행하거나 허용하려는 나의 의지를 통해서 기도하는 것이 아니다. 오히려 기도하게 되고 그리고 반드시 기도할 수밖에 없게 되는 것이다." 기도는 또한 루터에 따르면 한마디로 말해 하나의 '복종의 행위'이다. 다시 말하면, "우리가 무엇을 그리고 무엇을 위해 기도하든지, 우리는 이를 하나님이 명령하시고 그리고 인간의 순종을 통해서 행하시는 것으로 보아야만 한다. 그리고 이것이 나 때문에 된 것이 전혀 아니라, 오히려 바로 이 때문에 하나님이 명령하셨다는 것을 인정하는 것이라고 생각해야 한다! 그러므로 간구하는 모든 사람은 항상 이런 계명을 순종하면서 하나님 앞에 나와야만 한다. (…) 우리가 죄인이든지 또는 경건하든지, 존귀하든지 비천하든지, 우리는 우리의 모습을 바라보지 말아야만 한다. 그리고 우리는 반드시 다음과 같은 사실을 알아야 한다. 즉, 우리가 기도하지 않는 곳에서, 하나님은 우리를 우롱하시고자 하는 것이 아니라, 오히려 진노하시고 형벌하시기를 원한다. 마찬가지로 하나님은 모든 잘못된 불순종을 벌하신다."

그리고 지금 사람들은 마찬가지로 다음과 같은 이목을 끄는 것을 발견할 수 있는데, 이는 반대로 칼빈은 넓은 의미에서 기도가 갖는 계명으로서의 특성이나 순종의 특성을 루터처럼 무게 있게 다루지 않았다는 것이다. 이를 위해서 다음과 같이 묻는다. 어떤 이유에서 계명인가? 얼마나 순종해야 하는가? 실제로 이에 대한 하나의 대답을 하는 것이 루터가 세 번째 계명을 암시함으로써 시도하고 있는 대답보다 훨씬 훌륭하고 심도 있다. 칼빈은 더 정확히 말하자면(1542년의 요리문답, 제250문f.) 그리스도의 중보자 직무와 대변자 직무를 떠올리고 있는 것이다. 이는 다음과 같은 사실을 염두에 둔다. 즉, 이는 바로 예수 그리스도였으며, 그는 자신의 제자들에게 기도를 낭송했었고 그리고 이와 함께 제자들과 모든 교회가 기도할 수 있도록 가르치셨다.(눅 11:1f.) 그렇다면, 왜 그리고 어떤 권리로 전혀 자격이 없는 우리가 하나님 앞에 서 있는 우리를 바라볼 수 있는 대범함을 갖게 되는가?(comment et à quel titre nous pouvons avoir la hardiesse de nous présenter devant Dieu, vu que nous en sommes que par trop indignes?) 이와 같은 질문에 이른바 다음과 같이 단호하게 대답할 수 있다. 우리는 예수 그리스도의 이름을 통하여 하나님을 부르도록 허락되었고, 또한 그렇게 불러야만 한다. 그리고 이는 우리에게 주어진 명령이며 또한 약속이다. 우리가 예수 그리스도의 뒤에 그리고 옆에 서 있음으로써, 우리에게 자유가 주어졌는데, 이는 우리가 다른 것 없이도 하나님에게 간구함으로써 말을 걸 수 있다는 것이다. 다시 말하면, 이는 마치 우리가 그리스도의 입술을 통해 기도하는 것과 같다. 왜냐하면 예수는 우리에게 가까이 다가오셨고, 귀를 기울이시며, 그리고 우리를 위해 대언하시기 때문이다.(car nous prions comme par sa bouche, d'autant qu'il nous donne entrée et audience et intercède pour nous) 이는 특별히 그분, 예수 그리스도가 참되고 진실된 기도자임을 의미한다. 우리는 예수에 속해 있다. 그리고 우리는 마찬가지로 예수의 뒤에서 그리고 예수와 함께 기도하도록 초청되었고 불렸음을 통하여 자격을 부여받았다. 다시 말하면, 우리 인간의 능력과 허락이라는 관점에서는 기도는 전적으로 불가능하다. 그러나 분명 '우리'라는 예수와의 일치성을 통해서, 즉 주의 기도문에 언급되듯이, 그리고 우리의 가장 앞에 예수가 자신을 세울 때 기도는 가능하다.

이런 칼빈의 흔적 안에서 하이델베르크 요리문답서는 다음과 같은 질문, 즉 "왜 그리스도인들에게 기도가 필요합니까?"에 대답했다. "왜냐하면, 기도란 하나님께서 요구하시는 감사의 삶 중에서 가장 중요한 부분이기 때문입니다. 또한 하나님께 은혜와 성령을 부어주실 것을 기도하며, 또한 그러한 선물들을 주시는 하나님께 감사하는 마음으로 계속 기도하며, 내면적으로 탄식하며 갈망하는 자에게만 하나님은 자신의 은혜와 성령을 주시기 때문입니다."(제116문) 그리고 이는 우리가 "비록 무가치한 존재일지라도 하나님은 우리 주 예수 그리스도의 공로로 말미암아 우리의 기도를 들어주신다는 확고한 신앙을 가져야 함으로써 가능한 것이며, 이것이 바로 그리스도의 말씀을 통해 우리에게 주시는 약속과 같은 것이기 때문입니다."(제117문)

사람들은 칼빈과 하이델베르크 요리문답의 이와 같은 생각을 다음의 말씀을 통해서 더 잘 이해할 수 있다. 즉, 로마서 8:26 이하에 등장하듯이 성령을 통해 기도가 실현된다는 것이다. 갈라디아서 4:5, 그리고 로마서 8:15 이하는 이를 명백하게 드러낸다. 다시 말하면, "하나님은 아들의 영"(롬 8:15에 따르면, 양자[υἱοθεία]의 영)을 우리의 마음에 파송하셨다. 그는 여기서 '아바 아버지!'라 부르짖는다.(롬 8:15에 따르면, 그 안에서 우리가 부르짖듯이) 예수 그리스도가 기도를 통해 그리고 성령이 '말할 수 없는 탄식'으로 우리의 중보자와 대변자가 되심은 두 가지의 다른 것이 아니라, 오히려 하나의 사실을 말하고 있는 것이다. 사람들은 예수 그리스도와 성령에 관해서 말할 수 있고, 말해야만 한다. 그리고 이 둘 모두는 기도('아바 아버지!'라는 부르짖음)의 기초를 이루고 있는 동일한 사건에 관한 것이다. 다시 말하면, 그분—예수 그리스도는 성령을 통하여, 성령은 예수 그리스도의 영으로서—예수 그리스도는 우리 스스로가 보답할 수 없는 것을 보답하는 분이며, 하나님 앞에 우리의 기도를 가져다주시는 분이며, 그러므로 기도를 가능케 하시는 분이며, 그분은 마찬가지로 우리를 위해서 기도를 반드시 필요한 것으로 만드시는 분임을 나타낸다. 마찬가지로 예수 그리스도는 자신의 영을 통하여 우리 안에 계신다. 그래서 우리는 그분으로 말미암아 '앞서 기도하시는 자'(Vorbeter)로서 그분을 따라 기도하고, 우리를 위해서는 하나님을 아버지라고 부를 수 있고, 특별히 반드시 그렇게 부르면서 기도해야 한다. 마찬가지로 우리가 기도할 수 있도록 자유롭게 하시며, 인도하시는 성령은 예수 그리스도의 영이며, 그의 말씀과 약속과 계명의 권능이며, 이런 권능을 통해서 우리는 그분과 함께 하나님의 자녀가 되고, 그리고 하나님의 자녀로서 부름을 받았으며, 그리고—우리 스스로가 가져오거나 할 수 있는 어떠한 것과 관련됨으로써는 결코 가능하지 않은—위치를 갖게 되는데, 그것은 바로 하나님을 우리의 아버지로 부르는 것이며 우리의 간구와 함께 나아가는 자격이다.

하이델베르크 요리문답의 대답들은 기도의 시작을 분명한 감사로 이끌기 때문에 특별히 유익하다. 이는 직접적으로 환란의 상황 가운데서 하나님을 부르짖는 시편 50:14에 등장하는 인용된 말씀을 의미한다. "감사로 하나님께 제사를 드리며, 지극히 높으신 자에게 네 서원을 갚으라!" 이와 같은 기도를 우리는 시편 138:1 이하에서 찾아볼 수 있다. 그리고 빌립보서 4:6에서는 감사와 연결되며, 감사에 기초한 기도를 발견할 수 있다. 또한 예를 들면 데살로니가전서 1:2, 빌립보서 1:3, 골로새서 1:3, 에베소서 1:16 등과 같은 바울 서신들의 서문 안에서 이런 기도가 거의 공식화되어서 등장한다. 이렇듯 사람들은 감사하는 곳, 바로 그곳에서 감사와 함께 기도하거나 중보 기도를 할 자격을 얻고, 해방되며, 또한 이런 기도를 하도록 요구된다.

그러나 여전히 다른 관계(Verbindung)가 또한 이런 연관성 안에서 설명될 수 있다. 그것이 바로 깨어 있음과 기도하는 것 사이에 놓인 공관복음서 저자들 안에서 종종 나타나는 관계이다. 이런 관계는 마가복음 14:38, 마태복음 26:41, "마음은 원이로되 육신이 약하도다"에서 참조할 수 있는 위협적인 유혹과 함께 설명된다. 기도는 예수 그리스도에 대한 인간의 소속감(Zugehoerigkeit) 안에 자신의 근거를 갖는다. 그럼에도 이와 같은 소속감은 인간의 측면에서 볼 때 전혀 논란의 여지가 없는 것은 아니다. 오히려 이는 가장 높은 논란을 제공하였던 순간(Datum)이기도 하다. 즉 인간이 잠에 빠졌을 때 또는 인간이 기도를 지키기에는 너무 늦었을 때, 인간은 기도를 잊게 될 수 있고, 또한 잊었음이 분명하다. 바로 이와 같이 인간이 기도하는 자리(Grund)는—하나님이 아니라 인간 자신의 처지에서, 마음이 아니라 육신의 처지에서—또한 매 순간 인간을 위협하는 자리가 된다. 그러나 인간은 어떻게 기도를 지켜내야 하는가? 어떻게 인간은 예수가 스스로를 머리(Spitze)로 세우시며, '우리 아버지여….!?'라고 기도할 수 있는 주기도문의 '우리'라는 일치성 안에 머무를 수 있단 말인가? 깨어 있음에 대한 요구 그 자체는 별 의미가 없다. 그러나 이런 요구가 '그리고 기도하라'(και προσεύχεσθε)를 통하여 의미 있고 유용한 것이 된다. 이런 요구가 바로 지금 우리가 감사의 자리를 잃어버리지 않는 것, 그리고 또한 바로 지금 기도하기 위해서 기도의 자리로 불렸다는 것 이외에 무엇을 의미할 수 있겠는가? 그럼에도 깨어 있음의 의미는 위에서 언급한 자리에서 우리가 그 자리에서 할 수 있는 것을 행하는 것을 중단하지 말라는 것이다. 이는 할 수 있음의 행위를 통해서 새로운 것—유혹에도, 육신이 약해서, 우리 스스로가, 그리고 우리의 전적인 할 수 없음에도 불구하고—을 소유하고 확신하기 위함이다.

만일 사람들이 이 모든 것을 요약하고, 그리고 사람들이 루터가 계명을 바탕으로 수립한 기도의 기초를—그리고 또한 그리스도적-성령론적으로—이해한다면, 그렇다면 사람들은 이런 기초를 분명하게 알 수 있고 납득할 것이다. 또한 사람들은 이런 기초에 동의할 수 있을 것이다. 그러나 이런 설명 없이 이와 같은 기초는 단지 하나의 주장이 될 것이다. 왜냐하면 이런 기초는 세 번째 계명을 참조함으로써 실제로 해명되지 않기 때문이다. 아마도 이는 다음과 같은 사실과 관련을 맺을 것이다. 즉, 이와 같은 기초는 자신이 마땅히 획득해야 할 주목(Beachtung)과 가치 존중(Wuerdigung)을, 내 생각에는, 지금까지 아직 발견하지 못했다는 것이다.

이와 같은 근거가 전혀 통용되지 않았을 때 발생하는 어려움들이 있다. 그러나 만일 기도가 지금 자신의 근거를 진정으로 하나님의 명령과 계명에 둔다면, 이 모든 측면에서 반드시 드러나는 어려움들이 사라지게 될 것이다.

그렇다면 더 이상 다음과 같은 일은 없을 것이다. 즉, 인간 스스로가 간구하듯이 하나님을 바라보는 것 대신에, 자기 스스로를 돕는 것이나 또는 다른 도움들을 찾는 것을 그리워하고 갈망하는 것을 대안으로 삼는 것이다. 위기의 상황(Not)은 인간을 자신의 밖에 놓인 도움을 기대하도록 만든다. 그러나 위기의 상황이 아니라, 오직 계명만이 이 가운데서 기도할 수 있도록 가르친다. 더 나아가자면, 인간은 위기의 상황 안에서 기도할 수 있도록 허락되고 또한 요구되는데, 이런 위기는 인간이 심지어 곤경, 위협 또는 완전한 의심의 상황에 놓이게 되는 곳에서야 비로소 시작되는 것이 아니다. 그리고 이는 오직 계명의 빛을 통해서만 더욱 분명하게 드러나게 된다. 오히려 더 이상 스스로를 도울 수 없는 상황에 처해지는 곳, 또는 인간에게 더 이상 어떠한 종류의 도움도 더 이상 주어지지 않는 곳에서, 인간은 위기에 처하게 되며, 바로 그곳에서 또한 간구하게 된다. 이렇듯 고난의 상황이 발생하도록 허락된 곳에서야 비로소 인간은 진정한 도움을 발견하게 되며, 이를 당연한 것으로 간주하지 않게 될 것이다. 그리고 인간이 자신의 모든 삶의 표현들(Lebensaeusserungen)과 경험들을 통해서 유일하고 능력 있게 주시는 자(Geber)인 창조주를 항상 필요로 할 때, 인간은 피조물이 계속해서 위기의 상황에 있음을 비로소 이해하게 될 것이다. 또한 인간이 필요로 하는 것이 즉석에서(ohne weiteres) 주어질 때, 그리고 인간이 '건강할 때'에도 또한 인간은 간구를 해야 할 것이다. 그는 이와 같은 받음(Nehmen)을 통해 자신을 수취자(Empfaenger)로서 이해하게 된다. 또한 만일 인간이 즉석에서 받을 수 있도록 허락되었음을 염두에 둘 때에도, 이 때문에 인간은 이번에도 또한 받을 수 있도록 기도할 것이다. 그래서 모든 것, 또한 인간 스스로가 무엇인가 자신이 행한 일 때문에 또는 어떠한 삶의 섭리(Lebensfuegung)에 의해서 받도록 허락된 것이 실제로는 오직 하나님의 손으로부터만 건네받을 수 있음을 인간은 분명하게 알게 될 것이다. 이 모든 인식(Einsicht)은 어디에서 온 것인가? 단순하게 말하자면, 인간이 기도하도록 명령을 받았기 때문이다! 어떠한 상황에서도 기도해야 한다! 다시 말하면, 자기 스스로가 이를 급박하게 필요하지 않은 것이라고 간주되는 곳에서도 기도해야 한다! 그리고 위기의 상황이 인간을 완전히 뒤덮을 때, 그곳에서 더욱 진심으로 기도해야 한다!

그렇다면 간구하는 기도의 허용성(Erlaubtheit)과 가능성에 대한 저런 모든 경건한 그리고 경건하지 않은 반론은 더 이상 적절하지 않게 될 것이다. 하나님의 전지하심과 완전히 지혜로우심(Allweisheit)이 우리의 간구와 맺는 관계 안에서 우리에게 어떤 상관이 있는가? 그리고 만일 실제로 전지하시고 완전히 지혜로우신 하나님이 지금 바로 우리에게 간구하듯이 하나님 앞으로 나오라고 명령하신다 하더라도, 누가 우리에게 하나님의 결정(Ratschluss)과 의지를 전혀 가로막지 않는 순종(Demut)이라는 호사(Luxus)를 허락하는가? 우리는 계명에서 무엇을 얻을 수 있는가? 우리는 다음과 같은 확고한 이해를 얻을 수 있다. 즉, 하나님이 계약(Bund)의 주인(Herr)이며, 또한 하나님의 확실한 주권적 결정과 의지는 자비의 결정과 자비의 의지라는 특성을 지니며, 하나님은 우리 불쌍한 인간의 간구를 영원토록 수용하시며, 하나님은 또한 우리의 간구를 시간 안에서 헤아리시고, 그리고 이는 반드시 하나의 사건으로 이루어질 것이라는 사실이다. 하나님은 우리 없이는 하나님으로 존재하지 않으시는가? 하나님은 우리를 자신의 구원 사역을 통해, 그리고 자신의 세계를 다스림(Weltherrschaft)으로써 소유하시기를 원하시는가? 만일 우리가 하나님의 결정이 우리의 의지 없이 또는 우리의 의지에 반대하여 드러나도록 간구할 수밖에 없다면, 그렇다면 이는 도대체 어떤 강변(Einrede)이란 말인가? 이런 강변은 오직 불순종에 대한 변명밖에 될 수 없다. 하나님은 은총 안에서 우리를 간구하는 자로 받아주신다. 그러나 위와 같은 불순종은 우리가 은총을 거부하도록 만든다. 하나님은 우리에게 단지 가까이 오기만을 원치 않으신다는 말의 깊은 뜻 안에는 반항심이 감춰져 있다. 즉, 하나님은 우리가 간구하는 자로서 당신에게 가까이 오라고 요구하시며, 하나님은 이런 요구와 함께 우리에게 가까이 오신다는 것이다. 다시 말하면, 이는 하나님이 간구하는 자와는 달리 우리를 영원토록 받아들이지 않으실 것이라는 단순한 확신인 것이다. 반항심이란 바로 이를 원치 않는 것이다. 계명 앞에서, 이에 따르면 하나님은 우리의 기도를 받으시기를 원하는데, 위에서 언급한 논증들은 먼지처럼 바람에 날려 흩어진다.

그러나 앞에서 언급한 기도의 방해, 무관심(Unlust)과 용기 없음(Mutlosigkeit)이 기도하는 것에 저항할 수 있는 것은 아니다. 반면에 인간은 계명이 요구하는 하나님의 거룩함과 인간 자신의 불결함(Unheiligkeit)을 스스로 인식하게 되는 곳에서, 인간은 불가피하게 기도할 수 있는 용기를 잃는다. 계명에 따르면 인간은 하나님에게 그의 요구에 따라서 기도해야만 한다. 그러나 만일 인간이 계명을 듣는다면, 이 때문에 인간은 하나님과 인간 사이에 놓인 영원한 질적 차이(unendlichen qualitativen Abstand)에 관한 자신의 판단에 따라서, 그리고 이로부터 인간을 위해 결과로서 나타난 논리적인 귀결(Konsequenz)에 대해서 묻지 않게 될 것이다. 인간은 지금 어떠한 판단도 내려서는 안 되며, 어떠한 결론도 내려서는 안 된다. 오히려 인간은 지금 하나님이 결정하신 것을 행해야만 한다. 이는 이런 행동을 통해서 인간이 하나님 앞에서 자유로운 존재가 되기 위함이다. 하나님의 판단과 하나님에 의해서 이끌어진 결론, 하나님의 자비와 또한 하나님에 의해서 위에서 언급한 차이(Abstand)의 완전한 극복(Ueberbrueckung)은 인간이 하나님에게 기도했음을 의미한다. '나는 기도할 수 없는가?' 사람들은 자신에게 거짓말을 해서는 안 된다. 실제로는, 나는 하나님의 자비에 의해서 살기를 원치 않기에, 그리고 나는 스스로 하나님의 판단과 결론에서 떠났기 때문에, 그래서 '나는 기도

하기를 원치 않는다.' 그렇기에 다시금 다음과 같이 말할 수 있다. 만일 불순종의 빗장을 밀어젖힌다면, 그렇다면 인간—모든 인간!—은 기도할 수 있다.

그러므로 이것이 바로 첫 번째 기준(Kriterium)이다. 인간은 계명과 관련하여서 이와 같은 기준을 유념해야만 할 것이다. 즉, 이는 다음과 같은 질문이다. 이것이 순종의 행위인지 그리고 이런 행위가 하나님 앞에서 인정받을 수 있는가? 이는 하나님 앞에서 오직 다음과 같은 경우 인정받을 수 있다. 만일 이것이 그의 계명—하나님의 자비로운 계명—안에 자신의 근거를 갖고 있을 때이다.

2. 기도는 결정적으로(Entscheidend) 간구다.—하나님에게 간구하는 것, 수없이 간구하는 것을 의미한다! 우리는 앞에서 이런 전제의 유효성을 신중하게 살펴보았고, 그리고 지금 이를 부각시킬 것이다.

앞에서 보았듯이, 루터는 계명을 바탕으로 기도의 근거를 제시했음은 주목할 만한 일이다. 그리고 칼빈의 주석(Auslegung)과 하이델베르크 요리문답에서, 즉 이런 객관적 사고방식(Nuechternheit)을 통해 이들은 계명을 기도보다 더 중심에 놓고 생각하였다. 그리고 이는 그 이외에 고려의 대상이 되는 모든 것을 바로 계명으로부터 파악하기 위함이었다. 후에 사람들은 더 현명하게도 간구를 단지 기도한 한순간으로서 나란히 놓고 이해하였다. 그 결과, 인간은 곧 기도를 간구로서 더 이상 올바르게 이해할 수 없게 되었고, 그래서 또한 다른 순간들은, 즉 사람들이 간구에 귀속시키기를 원했으나 실제로는 보다 우위에 두기를 원했던 그 순간들은, 자신들의 본래적 중심과 관계를 잃어버렸다. 그리고 이렇듯 모든 것이 흔들렸다. 그렇기에 다음을 분명하게 기억하고자 하는 이유가 있다. 즉, 바로 호칭(Anrede)과 영광송(Doxologie)이라는 관점에서 볼 때에 주기도문은 결국은 오직 간구하는 것으로 구성되어 있다는 사실이다.

기도를 결정적으로 간구로서 이해하는 것은 무엇보다 다음과 같은 이유 때문에 중요하다. 즉, 기도가 간구로서 이해됨으로써 모든 독단적인 예배와 구별되기 때문이다. 인간은 이런 독단적인 예배를 통해서 자신을 하나님처럼 기품 있게 만들고, 또한 하나님에게 무엇인가 인정받을 만한 것을 드리고자 한다. 만일 인간이, 하나님의 계명에 상응하여서, 꾸밈없이 자신의 필요를 하나님 앞에 펼쳐 놓거나, 그리고 또한 간구하듯이 하나님 앞에 나온다면, 그렇다면 인간은 그 즉시 이와 함께 하나님과 반하는 모든 독단성(Eigenmaechtigkeit)을 거부할 것이다. 또한 인간은 마찬가지로 이와 함께 다음과 같은 두 가지 모두가 인간에게 전혀 적절하지 않다는 것을 고백하게 될 것이다. 즉, 자기 자신을 존엄한 존재로 내세우거나, 또한 하나님에게 인정받을 수 있을 만한 무엇인가를 바치고자 하지도 않을 것이다. 인간이 간구하듯이 하나님께로 나오는 동안에, 인간은 바로 빈손으로 하나님에게 나오는 것이다. 그러나 하나님 앞에서 인간의 손

(Haende)을 펼치는 곳 그리고 하나님이 이를 채워주시는 곳에서, 바로 이런 빈손이 필요한 것이다. 하나님이 우리에게 기도하기를 명령하신다. 이는 동시에 하나님은 당신의 선하심 때문에 바로 우리가 이와 같은 빈손으로 나오기를 원하시는 것이다. 하나님께 순종하는 사람은, 바로 자신이 기도할 때 매번 처음부터 시작하기를 원하는 사람이다. 그렇다면 그는 하나님을 매번 모든 선함의 유일무이한 원천으로서 이해하며, 자신을 하나님에 비추어 전적으로 부족한 자(den schlechthin Beduerfigigen)로서 이해한다. 그는 스스로를 기꺼이 계약관계의 이런 기본원칙 아래에 놓는다. 그는 하나님 앞에서 전혀 아무것도 내세우지 않으며, 하나님께 자신 이외에 전혀 아무것도 바치지 않는다. 그리고 스스로를 오직 하나님에게 모든 것을 받은 자로서 이해한다.

만일 사람들이 경건회(Andacht)를 이런 순수한 것으로 이해한다면, 그렇다면 사람들은 기도를 경건의 연습(Andachtuebung)으로 이해할 수 있다. 그러나 만일 사람들이 경건을 영적 또는 정신적 문화의 연습(Exerzitium)으로 이해한다면, 즉 스스로에게 집중하고 심화하기 위한, 스스로를 내적으로 정화하거나 순화하기 위한, 자기 자신에 대한 명확성과 지배력을 갖기 위한 시도로서 그리고 결국에는 스스로 이와 같은 준비를 통하여 하나님(Gottheit)과 선한 발걸음을 걷거나 협조하려는 시도로서 이해한다면, 그렇다면 사람들은 최소한 다음과 같은 사실을 알게 될 것이다. 즉, 사람들이 이렇게 기도하는 것을 아직 한 번도 시작하지 않았다거나 또는 이런 기도에 대한 준비를 아직 한 번도 시도하지 않았다는 사실뿐만이 아니라, 또한 스스로 더 나아가 우리에게 기도로서 요구되어진 것을 또다시 외면했다는 사실이다! 예를 들면, 로욜라(Loyola)의 이그나티우스(Ignatius)는 이와 같은 연습을 자신의 제자들을 위해서 고안해내었고 그리고 규정으로 남겼다. 그리고 오늘날 이런 연습들은 다시금 여러 가지의 세속-종교적 형태 안에서 권장되고 있다. 이런 방식의 연습은 심리적인 정화의 방식으로서 유용한 행위가 될 수 있다. 이런 연습은 우리에게 명령되어진 기도와 분명히 아무런 관계가 없다. 우리에게 명령되어진 기도는 이런 연습이 끝나는 곳에서 시작한다. 그리고 이런 연습은 이와 같은 기도가 시작되는 곳에서 반드시 끝나야 한다. 이런 기도를 통해서 모아진 인간은 흩어진 인간보다, 또한 정신적 깊이가 있는 인간은 천박한 인간보다, 또한 정화되고 순화된 인간은 불결한 인간보다, 또한 스스로 명확하고 강한 인간은 하나님에게 아무것도, 전혀 아무것도 내세우거나 바치려 하지 말고, 오히려 모든 것을 하나님에게 공손히 간구해야만 한다.

기도를 결정적으로 간구로서 이해하는 것에 대한 또 다른 이유가 있다. 이는 인간이 스스로 기도를 통해서 하나님 앞으로 온다는 것을 이와 같은 기도만이 보증하기 때문이다. 기도를 함으로써 이른바―이는 우리에게 명령되어진 것인데―모든 가면, 모든 위장이 사라질 수 있고 또한 사라져야만 한다. 그러나 또한 정당한 가면들과 위장들이 존재한다. 우리 모두는 이를 쓰고 있다. 우리 모두는 분명 삶 안에서 특정한 역할을 하며, 특정한 기능을 행사하며, 특정한 임무를 수행한다. 그 안에서 우리는 어느 정도의 노력과 함께 이렇게 저렇게든 '주어야만'(geben) 한다. 그러나 기도를 할 때에 우리는 우리 본분에 어울리지 않는 역할을 해야 하며 또한 할 수도 있다. 기도를 할 때에 인간은 어떠한 기능도, 어떠한 임무도 갖지 않는다. 특히 기도를 할 때 인간은 어떤 방식으로도 스스로 무엇인가를 '주어서는' 안 된다. 기도는 바로 이런 인간 자체를 주제로 삼는다. 그 인간은 그 밖에도 기도를 할 때 하나의 인격(persona)을 드러내는 기능과 임무를 지니고 있다. 그리고 이런 점에서 인간은 가면을 써야만 하는 것이다. 만일 여기서 가면들이 벗겨진다면, 그렇다면 무엇이 남는가? 바로 인간의 부족함과 갈망함이 남겨져 있을 것이다. 물론 이것을 인간이 자신의 역할 안에서, 또한 만일 인간이 순응하고 헌신할 때에도, 단지 무시할 수는 있지만, 그러나 이를 제거할 수는 없다. 오히려 그 안에서 즉시 이는 인간에게 더욱 분명하게 각인되어질 것이다. 만일 인간이 기도를 통해 이런 기능과 임무를 수행하지 않는다면, 그렇다면 분명 인간이 하나님과 갖는 교제의 필요성(Beduerfen)만이 남게 될 것이다. 이런 필요성은, 만일 인간이 생각하고 일하고 그리고 즐긴다면, 만일 그가 인간들과 관계를 맺고 대화한다면, 만일 그가 자신의 다양한 욕구(Beduerfnis, 결핍)들을 이러저러한 방식으로 스스로 돕거나 도움을 받도록 시도한다면, 좋게는 위장할 수 있겠지만 그러나 어떠한 경우에도 충족되지는 않을 것이다. 인간 스스로는 하나님을 전적으로(in allem) 그리고 그럼에도 불구하고(trotz allem) 도움을 필요로 하는 인간(der Beduerftige)이다. 하나님은 인간에게 기도를 계명으로서 주셨다. 그래서 인간 자신은 하나님께 스스로 부르짖는다. 바로 이 때문에 이를 필요로 하는 자와 꾸밈없이 간구하듯이 하나님께로 오는 인간은 올바른 인간이며, 바로 하나님의 계명에 순종하는 기도자인 것이다.

사람들은 이것이 개인들의 기도와 마찬가지로 교회의 공동체적 기도에도 유효함을 발견할 것이다. 그러나 기도에 대한 종교개혁적 해석 안에는 또한 주목할 만한 것이 담겨 있다. 그것이 바로 그들의 해석은 이런 차이를—이는 또한 루터의 해석에도 유효한데—전혀 알지 못했다는 것과, 이것이 적어도 요리문답서 안에서 언급되지 않는다는 사실이다. 종교개혁자들은 개인기도(Privatgebet)에 대한 어떠한 지시(Anweiseung)도 내리지 않는다. 특히 이들은 또한 하나의 '전례적인 질문'에 몰두하지도 않았다. 그들이 오직 관심을 기울인 것은 바로 공동체나 개인에게 기도가 허락되었다는 점이며, 기도를 해야만 하며 그리고 올바르게 기도해야 한다는 점이었다. 그들에 따르면 올바른 기도란 바로 간구(Bitte)였다. 그리고 이는 다음과 같은 이유 때문에 더욱 분명해진다. 즉, 인간이 정말로 하나님께 간구함으로써, 인간은 바로 하나님과의 관계 안에 놓인 존재가 오직 될 수 있다는 것이다. 그래서 이런 그는 필요로 하는 인간, 부족한 인간 그리고 이 때문에 갈망하는 인간, 전적으로 하나님의 자비만을 의지하는 인간인 것이다. 개인들의 기도책들과 교회의 전례들(그리고 더 정확하게 말하자면, 이 둘의 경우에 새로운[개신교—역자 주], 오래된[가톨릭], 그리고 가장 오래된[고대 가톨릭] 전례들)은 이런 이유로 평가받을 수 있고, 그리고 따라서 다음과 같은 관점에서 바라볼 수 있다. 즉 이것들이 지금 진정으로 인간 스스로를―특정한 규정에 따라서―하나님 앞에 세울 수 있는지, 그리고 인간이 기도를 하지 않는 곳과 하나님 앞에서 주어진 자신의 자유를 자신의 부족함과 그 이외의 것들에 대해서 전혀 아무것도 표현하지 않기 위해서 사용하는 곳에서 계속해서 하나의 역할을 할 수 있는지의 관점이다.

이에 대해 항변(Die Einrede)할 수 있다. 즉 도대체 기도가 감사, 회개, 경배(Anbetung)를 또한 반드시 포함하고 있을 필요가 없는 것인가? 이에 대해서는 아래와 같이 말할 수 있다.

감사와 관련해서 말하자면, 감사 그 자체가 직접적으로 기도의 행위에 대한 앞에서 언급한 객관적이고 신적인 토대(Grund)와 함께, 자비로운 하나님의 계명과 함께 언급될 때, 바로 이 점에 있어서 감사는 실제로 기도의 뿌리라 할 수 있다. 이때 자비로운 하나님의 계명은 특히 기도를 위한 초청, 허용이며, 그리고 인간에게 주어진 자유가 된다. 사람들은 전체 그리스도교 안에서 그리고 이들과 함께 하나님의 말씀을 듣는다. 그리고 하나님의 능력과 또한 크고 작은 세계적 현상들 안에서 하나님의 다스림(Herrschaft)을 경험한다. 그래서 또한 인간은 간구하며, 인간은 이렇듯 친절한, 이렇듯 관대한(liberalen) 하나님의 계명에 순종할 수 있다. 그러나 만일 이에 대해서 사람들이 무엇보다 먼저 감사하지 않고, 그리고 이에 대한 자신의 감사를 표현하지 않는다면, 도대체 어느 누가 올바르게 기도할 수 있겠는가? 감사는 이런 계명에 대한 대답이고, 그러나 간구는 감사로부터 나와서 성장한다. 그렇기에 간구하는 것(Bitten)은 한편으로는 괴로운, 걱정하는, 시시한 것이 아니다. 그리고 또 다른 한편으로 간구하는 것이 하나님을 멋대로 다루기 위해 온 힘을 다하는 위압적인 간구를 의미하는 것도 아니다. 그러나 인간은 하나님에게 간구할 수 있는 권리가 있다. 이 때문에 인간은 하나님에게 감사해야 하는 빚을 지고 있는 것이다. 그렇다면 도대체 지금 어떻게 감사를 표현해야 하는가? 감사를 표현하는 모든, 또한 가장 솔직한 확언들은 특히 마치 인간에게 하듯이 그렇게 참되게 하나님에게 할 수 있는 것이 아니다. 하나님은 우리가 도움을 필요로 하는 인간으로 당신 앞에 간구하듯이 나오도록 초청하시고 명령하신다. 이렇듯 하나님에게 감사한다는 것은 바로 하나님이 우리를 이렇듯 친절하게, 이렇듯 관대하게 초청해주심과 명령하심에 대한 행동을 의미한다.

이에 상응하여 지금 또한 회개는 기도의 요소로서 중요하다. 만일 하나님과 인간 자신들 사이에 놓여 있는 저 틈(Abgrund)을 인식하지 못한다면, 또한 만일 인간 자신이 그리고 하나님이 다음을 보증하지 않는다면, 즉 인간이, 마치 전적인 하나님의 자비와 선하심과 같이, 또한 간구하듯이 하나님 앞에 나오도록 초청되고 그리고 명령을 받을 가치가 없다면, 사람들은 분명 감사하며 간구할 수 없을 것이다. 다시 말하자면, 무엇보다 사람들이 우리에게 이렇듯 활짝 열려진 은총의 길들을 흔히 거부하였기 때문에, 그리고 계속해서 거부하기 때문에, 이런 은총의 길들은 전혀 자신의 진가를 인정받을 수 없으며, 그 결과로 모든 인간적인 간구함은 또한 기도의 요소로서 회개와 죄의 용서를 반드시 필요로 하게 된다. 회개가 없다면 간구함은 결코 가능하지 않다. 그래서 이로부터 우리의 간구함이 방향을 정하고, 확정되며, 그리고 제한되어야 한다. 그러나 다시 한 번 우리는 물을 수 있다. 그렇다면 어떻게 솔직하고 효과적으로 회개할 수 있는가? 그럼에도 확실히 또한 회개가 단순한 확약인 것은 아닌가? 그럼에도 분명한 것은 회개가 전적인 불완전성 안에 놓인 불완전한 인간의 소박한 행동이란 것이다. 그 이유는, 무엇보다 하나님이 그것을 명령하셨기 때문이며, 그리고 사람들이 복종(Beugung)하지 않고 이런 계명을 따를 수 없기 때문이다. 또한 복종이 다음을 통해서만 구체적이고 진지한 것이 되기 때문이다. 즉, 우리가 우리에게 명령된 것을, 이를 계속 반복하여 무시하거나 또는 범하는 것 대신에, 오히려 존경하고 실천에 옮기며 그리고 또한 우리가 지시받은 것처럼 하나님에게 간구하는 것이다.

시편에 담겨 있는 회개의 기도들은 분명히 다음과 같은 이유 때문에 모범이 된다. 즉, 이런 기도들이 진정한 기도들이기 때문이다. 다시 말하면, 이런 기도들이 부끄러움, 통회(Zerknirschung) 그리고 회개에 대한 표현 안에 단지 그대로 머물러 있는 것이 아니라, 오히려 바로 하나님을 향하는 간구함, 갈망함, 탄식함, 소리침으로 나아가기 때문이다. 다시 말하면, 결국 하나님이 기도하는 자를 용서하시는 것, 하나님이 인간을 쓰러지도록 두지 않으신다는 것, 하나님이 인간에게 길을 보이신다는 것, 하나님이 인간에게 정결한 마음과 새로운 영을 주시기를 원하신다는 것으로 귀결되기 때문이다. 간구함 안에 담긴 이런 특별함(Spitze)이 없는 죄의 고백은—하나의 추상적 죄의 고백으로서 또한—어떠한 경우든지 기도가 될 수 없다. 무엇보다 올바른 간구 안에 담긴 이런 목적이 바로 죄의 고백을 기도로 만드는 것이다.

그리고 지금 경배(Anbetung)는 최근에 종종 중점적으로 논의의 중심에 서 있다! 도대체 경배란 무슨 의미인가? 경배는 하나님에게 방향을 확실히 돌리는 것이다. 그리고 하나님의 신성(Gottheit)과 주권 앞에 고요히 서 있는 것, 하나님의 신성과 주권이 간직한 높이와 깊이를 주시하는 것, 그리고 완전한, 겸허하고 놀라운, 기쁜 그럼에도 또한 경탄할 정도로 놀라운 복종(Unterwerfung)을 하나님에게 드리는 것이다. 올바른 기도는 의심의 여지가 없이 경배를 중요하게 다루게 된다. 그리고 올바른 기도는 항상 또한 경배라 할 수 있다. 이런 사실로부터 다음과 같은 사실이 보장되는데, 즉 간구로서 기도가 반드시 중요해질 것(in den noetigen Schranken laufen)이라는 점이다. 그러나 사람들은 당연히 조심해야 한다! 사실 문제의 핵심(Sache)은 오늘날 사람들이 권장되는 강조를 통해서 분명하게 드러나지 않는다. 그럼에도 하나님은 전혀 꾸밈이 없는 당신의 존엄 안에 숨어 계신 하나님(Deus absconditus)으로 계신다. 그렇다면, 이런 하나님에게로 방향을 돌리고자 하는 것, 특히 우리가 잘 알듯이, 마치 '거룩한' 것을 향한 우상숭배(Goetzenkult)를 의미하는 것은 아닌가! 즉 이것이 경배로서, 하나님에 대한 낯섦과 부끄러움(Abgezogenheit) 안에 놓인, 하나님의 부정성 안에 놓인 매혹(fascinosum)과 두려움(tremendum)인 것은 아닌가! 그래서 예배와 기도(마지막 축제적 마비의 형태 안에서)가 바로 이런 우상숭배를 결국 지향해야만 하는 것은 아닌가! 만일 여기서 경배가 이런 좋지 않은 것을 의미하지 않는다면, 그렇다면 이는 분명 자신을 드러내시는 하나님(Deus revelatus)에게로 방향을 돌리는 것을 의미할 것이다. 자신을 드러내시는 하나님은 모든 위로의 하나님이며, 그리고 모든 것을 긍휼히 여기는 하나님이시다. 만일 이것이 하나님을 주제로 분명히 삼는 것이라면, 그렇다면 기도 안에 추상적인 경배가 자리 잡을 수 없을 것이다. 이는 마치 기도 안에 추상적인 감사나 추상적인 회개가 주어질 수 없는 것과 마찬가지이다. 우리의 간구가 단지 예배를 통해서만 드러날 수 있다면, 그렇다면 이는 반드시 이런 하나님을 향해, 그리고 마찬가지로 우리에게 놀라운 자유, 허용, 그리고 요구를 동시에 하는 하나님을 향해야만 한다는 의미이다. 그는 하나님인 하나님이어야 한다. 다시 말하면, 그는 아버지와 구원자(Heiland)로서의 하나님으로 인정되어야만 한다. 또한 마치 감사 그리고 마치 회개와 같이 간구함으로 귀결되어야만 한다. 그렇다면 사람들은 어떻게 이런 하나님을 하나님으로 인정할 수 있고, 하나님을 두려워할 수 있고, 하나님을 무서워하면서 그리고 사랑할 수 있는가? 이런 하나님은 인간에게 원하는 것이 있으며, 인간들은 이를 행해야만 한다. 그러나 이를 행하지 않고서 사람들이 어떻게 경배할 수 있는가? 사람들은 간구하는 자로서 모든 것을 하나님에게 기대하며, 그리고 이 때문에 하나님에게 모든 것을 부탁하기 위해서 하나님에게 나온다. 그렇다면 어떻게 사람들이 이와는 다른 방식으로 하나님에게 경의를 표하고, 찬송하며 그리고 존경할 수 있는가?

분명한 것은 이런 모든 것을 의심할 필요도, 그리고 논쟁을 벌일 필요도 없다는 것이다. 다시 말하면, 올바른 기도는 또한 감사의 기도, 또한 회개의 기도, 그리고 또한 경배의 기도인 것이다. 그러나 우리가 분명하게 확정해야 하는 것이 있다. 그것은 매우 결정적인 것이며, 중심에 놓인 것이며, 그리고 기도의 본질에 놓인 것이다. 그것이 바로 간구(Bitte)이다. 오직 간구로서 기도만이 감사, 회개, 그리고 경배가 된다. 앞에서 언급한 모든 요소는 이런 하나(간구의 기도)의 앞에서 사라지는 것이 아니라, 바로 이런 모든 요소가 간구의 기도에 속한 요소들인 것이다.

우리는 간구의 기도에 대해서 언급하고 있다. 그리고 또한 하나님이 우리에게 명령하신 그리고 하나님을 향해 바라보는 간구에 대해서 말하고 있다. 물론 마치 이와 다르게 제기되는 반론이 드러낼 수 있듯이, 간구의 기도가 '위험스러운 것'이 될 수도 있다. 예를 들자면, 기도가 갖는 순수성과 거룩성을 위험하게 할 수 있다는 것이다. 그러나 단지 이런 명령의 주체와 수신자들(Adressaten)에 따라서 간구는 이런 위험성 없이도 기도의 핵심을 형성할 수 있다. 마찬가지로 우리가 이미 언급했던 것처럼, 우리의 간구는 간구의 기도로서 항상 회개와 죄의 용서가 필요하게 될 것이다. 로마서 8:26, "우리가 마땅히 빌 바를 알지 못하나"는 참으로 맞는 말이다. 무엇에 관해서 인간은 하나님에게 전적으로 간구할 수 없는가? 모든 인간적 이기주의, 모든 인간적 고민과 욕구, 즐거움 그리고 열정 또는 최소한 모든 인간적 근시안적 소견, 어리석음과 미련함이 여기서—그리고 이것은 또한 하나님의 계명에도 적용된다!—(마치 화학공장의 폐수가 라인 강을 통해 바젤로 들어오듯이) 기도 안으로 흘러들어 왔을 수도 있다. 그리고 만일 지금 바로 이것, 너무 불쌍하고 의심스러운 우리의 간구가 기도의 본질을 형성해야만 한다면, 무슨 일이 일어나게 될 것인가? 그러나 만일 하나님을 여기서 두려워하지 않는다면, 우리는 분명 이런 존재일 필요가 없을 것이다. 인간적 간구에 대한 몇몇의 작은, 그러나 분명 영향력이 있는 촉매제들(Katalysator)에 대해서 우리는 이미 언급했다. 다시 말하면, 감사, 회개, 그리고 경배가 바로 올바른 기도에 속한다는 사실이다. 이런 요소들이 영향력을 발휘하는 곳에서는 반드시 다음과 같은 일이 드러난다. 즉, 이들 모두는 자신들의 방식을 통하여 우리 간구의 정화를 위해, 우리의 부족함과 갈급함에 질서와 순화를 위해 기여한다는 사실이다. 그리고 가장 커다란 촉매제는, 이런 관점에서 사람들은 위에서 언급한 위험을 대단히 두려워하게 되는데, 마찬가지로 다음과 같이 사실을 주요한 내용으로 갖는다. 즉, 이것이 단지 어떤 하나의 간구가 아니라, 오히려 하나님의 계명을 바탕으로 인간 스스로가 하나님을 바라보면서 쏟아지는 간구에 관한 것이라는 사실이다. 우리는 지금 여전히 다시 한 번 예수 그리스도와 성령의 개입(Intervention)에 대해서 생각해야 한다. 이런 개입은 우리 인간의 간구함을 하나님에게 나오고 그리고 하나님으로 돌아가는 이와 같은 순환의 한 부분운동을 담당하고 있다. 그러나 이와 함께 즉시 다음을 걱정해야만 한다. 즉, 확실히 우리 스스로의 구원을 위해, 우리가 기도할 때라도, 매우 불결한 행동이 나타날 수 있다는 사실이다. 그렇다면 전에 언급한 기도 안에서 나타날 수 있는 인간적인 흐름, 예기치 않은 것, 우매한 것이 분명히 발생할 것이다. 우리가 어떠하든지, 이런 모습으로 우리는 분명히 나와야 한다. 그리고 하나님은 우리가 어떠한 모습인지를 분명하게 아신다. 그러나 우리의 간구는 그의 명령을 따르기 때문에, 그리고 기도가 하나님을 바라보기 때문에, 기도는 반드시 질서를 갖게 되고 그리고 순화되어야 한다. 우리는 하나님의 계명에 순종함으로써 그리고 이 때문에 감사하고, 회개하며 그리고 경배함으로써 간구하는 책임을 지게 되었다. 그렇다면 우리는 이를 간구할 수 있도록 허락되었는가! 우리는 어떠한 두려움도 없이 이를 간구해야만 하는가! 그리고 이는 **때 아닌 이런 비로부터**(from this untimely rain)의 해방과 같을 것이다. 그리고 1944년 아르덴 공격(Ardennenoffensive) 시에 미국의 군대 지휘관은 이런 해방을 구하는 기도를 드렸어야만 했는가! 그래서 만일 우리가 이런 견해를 통해 미혹되었다면, 만일 우리가 이런 기도 또는 마찬가지로 우리의 마음 안에서 그리고 우리의 입술로 드리는 이런 기도가 실제로는 지금 순종의 행위가 아니라면, 그리고 또한 실제로 책임질 수도 없다면, 그렇다면 하나님이 이런 간구를 받아 주심으로써, 하나님은 스스로 너희들에게, 마치 이런 간구가 담고 있는 것처럼, 순결하고 거룩한 모습, 질서 있고 순화된 감각을 주실 것이다. 이는 우리의 마음과 입술 안이 아직은 갖지 못한 것이다. 또한 이런 하나님은 우리가 우리를 이해하는 것보다 훨씬 더 잘 이해할 것이며, 그렇다면 또한 이런 측면에서 하나님의 자비는 우리가 선하게 만들지 못한 것을 선하게 만드실 것이다. 그렇기에 결코 하나의 인간적인 간구가 주어지지 않을 것이라고 전혀 확정할 필요가 없다. 이런 측면에서 간구는 효력이 있고 최종적인 정리를 필요로 하지 않는다. 하나님은 순결한 손을 통하여, 그리고 이런 손과 함께 간구를 받아들이신다. 우리는 다음과 같은 사실을 가리켜야만 한다. 즉, 우리가 하나님의 면전(面前)에서 가장 엄격한 자기점검(Selbstpruefung)을 가장 잘 수행할 때에도 선하게 만들지 못한 것을 하나님은 선하게 만드신다는 것이다. 우리는 그래서 또한 하나님이 이를 행하실 것임을 붙잡도록 허락받았다. 마찬가지로 이 때문에 우리는 전혀 두려움 없이 간구할 수 있는 것이며, 간구해야만 한다. 만일 우리가 우리의 간구함의 질서와 순화를 우리의 측면에서 성실하게 붙들고 있었다면, 만일 우리가 또한 우리의 간구에 대한 점검을 순종의 물음을 통하여 그리고 만일 우리가 감사, 회개 그리고 경배—이런 요소들이 없이는 참된 기도는 존재하지 않을 것인데—를 회피하지 않았다면, 만일 우리가 하나님의 유일한 자비—이 또한 우리의 측면에서 관심을 갖는 것인데—를 순종하였다면, 우리에게 간구가 허락된 것이다. 그러므로 우리가 권고할 수 있는 것은, 우리에게 이와 함께 동일한 하나님의 자비를 오직 하나님의 입장에서 권고할 수 있을 뿐이다.

그리고 이 모든 것이 언급되었을 때, 우리는 다시금 처음의 시작으로 되돌아와야만 한다. 그리고 이와 함께 계명이 우리에게 원하는 것이 바로 우리가 하나님께 간구하는 것임을 포기하지 말아야 한다. 설명할 수 있는 것, 이런 간구를 유보하거나 제한하는 것으로 언급될 수 있는 모든 것은 우리가 하나님에게 간구해야만 한다는 사실을 제거할 수 없다. 오히려 이 모든 것은 오직 우리가 이를 간구해야만 한다는 사실을 역설하는 것이다. 다시 말하면, 순종함으로써 그리고 이 때문에 겸손하게, 우리를 가르치도록 준비되어 있고, 우리가 진실로 즐겨 청했던 것을 간구하지 않도록 준비되어 있고, 우리가 무엇보다 우리의 입장에서 즐겨 행했던 것과는 다르게 간구하도록 준비되어 있고, 우리가 원래 분명하게 알지 못했던 필요에 대해 간구하도록 준비되어 있다. 그리고 겸손하게 우리가 간구해야 할 것은, 마찬가지로 또한 우리의 가장 순결한 간구는 해명을 전적으로 필요로 하며 또한 해명을 제시해야 한다. 즉, 이는 우리에게 촉구된 해명이며 그리고 우리는 이런 해명을 기쁘게 받아들여야 한다. 그러나 바로 지금 우리가 순종함으로써, 간구는 또한 하나의 열린, 우리의 부족함을 진정으로 표현하는, 반드시 필요한 모든 예비품(Reserve)에 맞추어 자유롭고, 기쁜 그리고 대담한 간구가 허락되며, 이런 간구여야만 한다. 이런 간구로서 그리고 단지 이런 간구로서만 계명이 성취된다. 이런 간구가 우리 기도의 중심과 절정(Stern)을 형성하는가? 이것이 바로 우리가 물어야만 하는 질문이다. 이것이 바로 올바른 기도의 두 번째 범주이다.

3. 그동안에 '우리'라는 단어가 종종 사용되었다. 그러나 이 단어가 설교학적인 특성을 갖는 것이 아니다. 오히려 이 단어는 존재론적(ontologischen) 특성을 지니고 있다. 누가 기도하는가? '우리'이다. 나는 우리 가운데 한 인간이다. 또는 공동체 가운데 한 인간으로서, '우리'라는 일치성 안에 있는 한 인간으로서의 나이다. 여기서 세 번째 범주로서 사용되고 있는 질문은 바로 모든 개인에 묻는 질문이다. 즉, 개인으로서의 그가 이와 같은 '우리' 가운데 한 인간인지 아닌지, 혹은 어째서 그러한지를 묻는 질문이다. 왜냐하면 간구가 기도의 본질을 이루고 있는데, 이런 간구가 바로 이런 '우리'의 간구이기 때문이다. 그렇다면 누가 이런 '우리'인가?

우리의 분명한 주제는 바로 '우리'이다. 그리고 이런 우리는 주기도문의 호칭(Anrede), 즉 "하늘에 계신 **우리** 아버지"에서 언급되는 '우리'이다. 이런 1격 복수형태의 '우리'가 주기도문의 처음 세 가지 간구 안에서 잘 드러나지 않고, 나중에서야 마지막 세 가지의 다양한 어법(Wendung) 안에서 최소한 여덟 번 반복해서 드러난다는 사실을 확인하는 것은 중요하다.

누가 그리고 무엇이 이런 '우리'인지에 대해서 사람들은 다음과 같이 말할 수 있다. 즉, '우리'는 '나사렛 출신의 예수와 함께 있던' 인간들이다. 예수는 이들의 지도적 위치(Spitze)에 있었고, 이들은 예수의 소명(Berufung), 초청 그리고 요청을 근거로 하여 그를 추종했다. 그리고 예수는 이들을 자신과 함께 기도하도록 요구했다. 또한 '우리'는 자기들의 공동의 머리를 통해 그리고 예수의 지시를 통해서 그 아래 연합된, 다시 말하면 형제로 맺어진 인간들이다. 그래서 이들은 또한 자신들 안에 존재하는 개인의 고독함 가운데서도 그러나 공동으로, 근본적으로는 같은 것을 위해서 그리고 서로 함께 또한 상대방을 위해 함께 기도하고 간구하는 인간들이다. 그러나 이 때문에 '우리'가 외부를 향해 폐쇄적인 무리로 구성되는 것은 아니다. 오히려 '우리'는 우리 주위에 놓인 인간세계를 향해 가장 친밀한 관계를 맺어야 하는 책임을 갖는다. 예를 들면, '우리'는 바로 다음의 목적을 위해 우리로 연합되었고 그리고 형제로 맺어졌다. 즉, 우리의 세상(Umwelt)을 책임지기 위해서, 세상 한가운데에서 우리 주님을 대변하고 또한 우리 주님 앞에서 세상을 대변하기 위함이다. '우리'는 오직 다음과 같은 경우에만 우리 세상보다 우월하다. 즉, 주님이 우리의 주님이며 또한 세상의 주님이라는 사실을 아는 경우, 그리고 하나님이 우리를 위해 그리고 세상을 위해 열어 놓으신 하나님께로 가는 길을 우리가 사용하도록 허락되었음을 아는 경우이다. 다른 이들은 아직 믿도록 허락되지 않은 반면에, '우리'는 다른 이들 가운데서 믿도록 허락되었다. 그리고 그들은 아직 기도하고 간구하지 않는 반면에, '우리'는 또한 이렇듯 그들 가운데서 기도하고 또한 간구하도록 허락되었다. '우리'는 바로 이런 일을 그들보다 먼저 그리고 그들의 입장에서 행한다. '우리'는 이와 함께 하나의 지위를 갖는다. 세상은 이런 지위를 아직 얻지 못했거나, 혹은 아마도 이런 지위를 다시금 버렸다. 세상은 주님을 아직 알지는 못할지라도, 주님은 또한 세상의 주님이시다. 그래서 '우리'는 이를 우리의 주님, 우리가 아는 주님을 위해서, 그리고 또한 세상을 위해서 행하는 것이다. 그러므로 우리가 서로 함께, 서로를 위해서 그리고 우리 자신을 위해서 기도함으로써, '우리'는 또한 선취적으로(antizipierend) 그들과 함께 기도하며, 그리고 어떠한 경우에도 항상 그들을 위해 기도한다.

이것이 바로 '우리'이다. 이런 우리는 기도하고 또한 간구한다. 다시 말하면, 우리는 함께 묶여진 인간들, 그리고 바로 이렇게 모두를 위해서 드러난 인간들이다. 이것이 바로 **그리스도교 공동체**이다. 마치 안식일이 그들의 날인 것처럼 그리고 마치 신앙고백이 그들의 신앙고백인 것처럼, 그렇게 또한 기도는 그리스도교 공동체의 기도인 것이다. 그래서 일부의 주체적 인간(Subjekt)이 존재한다. 그리고 참된 기도에 대한 질문은 항상 또한 다음과 같은 질문이 된다. 즉, 개별적으로 기도하는 인간이 이런 일부의 주체적 인간(partikulare Subjekt), 이런 특별한 '우리'에 속하는지, 또는 어째서 속하는지를 묻는 질문이다. 지금 바로 이것은 또한 인간 행동이 갖는 올바르고 보편적인 특성에 대한 질문이기도 하다. 그리고 바로 이것이 인간의 기도를 종교적 개인행위(Privataktion)와 구별하는 것이다. 또한 바로 이것이 인간에게서 이기적 특성을 빼앗아 간다. 인간의 개인적인 부족함과 갈급함의 표현으로서, 인간이 개인적인 간구로서 기도 그 자체는 이런 이기적 특성을 갖고 있으며, 그리고 갖고 있음이 분명하다. 바로 지금 이것이 인간의 간구함을 자유롭게 한다. 그리고 이런 간구를 진짜 인간의 활동(Aktion)으로 만든다. 왜냐하면 사실 저런 일부의 인간, 즉 공동체는 단지 대리적으로(stellvertretend)만 믿기 때문에, 그래서 전 세계의 주체적 인간(universale Subjekt)을 위하여, 인류를 위하여, 세계를 위하여 기도하며 간구한다. 마찬가지로 그 안에서 함께 묶여진 인간들은 자신들의 간구함을 통해서만 단지 모두를 위해, 전체 피조물을 위해 나타난 인간으로 존재할 수 있기 때문이다. 공동체에서 간구하는 사람이 바로 형제들과 함께 간구하는 사람이다. 그는 이런 형제들과 함께 만유의 주님, 한 분 주님을 인식한다. 그는 자신의 개인적인 간구가 공동체의 간구를 보충하는 만큼만 또한 항상 자신의 형제들을 위해서 기도한다. 그는 위에서 언급한 모든 부분적인 주체 인간을 확고히 하기 위해서, 그리고 인간에게 위임되어진 기도의 실현을 위해서 협력한다. 바로 그가 공동체 안에서 간구함으로써, 그는 특히 선취적으로 또한 다른 모든 인간과 함께 그리고 적어도 그들을 위해서 간구한다. 그리고 개인으로서 그는 바로 지금 다른 모든 사람이 행할 수 있고 또한 행해야만 하는 것을 행한다. 그리고 그는 또한 단지 자신만을 위해서 그리고 단지 세상 안에 있는 공동체를 위해서만이 아니라, 또한 인류를 위해서 그리고 하나님 앞에 놓인 전체 세상을 위해서 있는 것이다. 그래서 개인으로서 그의 간구는 이로부터 즉시 실제로 우주적인 특성을 갖게 되는 것이다.

여기서 제기되는 질문은, 올바른 기도로서 하나님을 향한 간구가 반드시 주제로 삼아야 되는 것이 무엇인지이다. 이런 질문에 대해서 우리는 이런 관점에서 적어도 두 가지 방향성으로 대답할 수 있음을 안다. 이른바 '우리', 즉 올바른 기도의 주체적 인간인 우리는 무엇을 간구하는가? 그리스도교 공동체와 공동체의 한가운데 있는 올바른 기도자는 무엇을 간구하는가? 주기도문에 대한 엄밀한(eigentlichen) 해석은 물론 이런 질문에 대답을 제공한다. 그러나 이런 해석은 여기서 다루지 않겠다. 대신에 우리는 주기도문에서 제공하는 대답을 다음과 같이 두 개의 논제(Saetze)로 축약할 수 있다. 다시 말하면, 처음에 등장하는 세 가지 간구와 마지막에 등장하는 세 가지 간구의 차이점을 통해서 이를 명확하게 드러낼 것이다.

먼저, 우리는 앞에서 '우리'로 불린다는 사실을 보았다. 이런 '우리'는 주기도문의 처음 세 가지 간구 속에서 하나님의 사역(Sache)에 우리가 관심을 갖고 또한 우리의 간구와 함께 바로 하나님의 사역에 능동적으로 참여하도록 초청되며 또한 요구받는다. 하나님은 예수 그리스도 안에서 위력을 가지시며, 그리스도를 통해서 우리가 하나님을 우리의 아버지로서 부르도록 명령하심을 분명하게 하신다. 이런 하나님은 주기도문의 처음 세 가지 간구에 따르면 결코 고독하신 분이 아니다. 또한 **홀로** 활동하며, 창조하며, 싸우며 그리고 승리하며, 다스리며 그리고 승리하길 원하시는 분이 결코 아니다. 하나님은 다음을 원하신다.―이것은 하나님의 자비가 갖는 신비의 한 부분이다.―즉, 하나님은 당신이 이끄시는 당신의 사역이, 이런 일이 전적으로 당신의 자유로운 그리고 권능의 손길 안에 있을 때에도, 그럼에도 지금 단지 당신의 일만이 아니라, 또한 우리의 일이기를 원하신다. 하나님은 우리와 함께하는 하나님이길 원하고 그리고 이런 하나님으로 존재하신다. 하나님은 우리를 당신의 편으로 부르신다. 그리고 하나님은 우리가 당신의 의도와 목적을 우리의 본래적 갈망의 대상(Gegenstand)으로 삼도록 부르신다. 하나님은 또한 우리의 불신앙(Gottlosigkeit)을 평가하지 않으신다. 오히려 하나님은 당신 스스로를 위해서 우리를 평가하신다(zu sich). 하나님은 우리가 당신에게 속하기를 호소하신다. 하나님은 이런 소속감(Zugehoerigkeit)을 통해 우리를 이해하시며, 그리고 이로부터 우리에게 다음을 명령하신다. 즉, 당신의 이름을 거룩하게 하시며, 아버지의 나라가 오게 하시며, 아버지의 뜻이 이루어지도록 기대하고, 원하며, 간구하도록 명령하신다. 하나님은 또한 당신의 사역에 우리가 동역하기를 요구하시지 않는다. 하나님은 우리를 당신과 함께하는 신들(Mitgoettern), 함께 창조하는 자들(Mitschoepfern) 또는 피조된 함께 화해하는 자들(Mitversoehnern) 그리고 함께 대속하는 자들(Miterloeser)로 승격시키지 않으신다. 하나님은 당신의 품위를 전혀 손상시키시지 않으며, 그리고 또한 우리에게 과중한 부담도 주시지 않는다. 하나님이 우리에게 원하시고 요구하시는 것은, 우리가 하나님의 맞은편으로 다가오는 것과 또한 바로 그때에 우리가 간구하는 것이다. 다시 말하면, 하나님의 고유한 사역이 계속되고 그리고 승리하도록 우리가 진정으로 무엇보다 그리고 가장 근본적으로 간구하는 것이다. 이것이 하나님 앞에 있는 인간, 그리고 또한 실제로 가면을 쓰지 않은 인간 그 자체다. 즉, 이런 부족함(Beduerfnis)을 갖고 있는 인간은 그래서 하나님을, 하나님으로서 위대하게 나타내며, 걸맞게 보존하며, 하나님께 영광을 돌린다. 그리고 하나님의 말씀을 마지막까지 선포하며 듣게 될 것이다. 인간은 이런 욕구를 표현하고 그리고 자신이 간구하는 것의 내용으로 삼는다. 그리고 이것이 간구의 근원적인 모습에 담긴 하나님의 계명이다. 왜냐하면 이것이 예수 그리스도의 사역에 대한 인간의 겸손한 참여(Betteiligung)이기 때문이다. 이런 관여를 통해서 다음과 같은 일이 확실하게 나타나는데, 그것이 바로 이런 인간이 하나님의 사역을 전적으로 자기 자신의 고유한 일로 삼는 것이다. 그리스도의 사역에 이와 같이 참여하지 않고서 우리는 그리스도가 머리가 되는 '우리'에 결코 참여할 수 없을 것이다! 만일 우리가 이런 '우리'에 속해 있다면, 그렇다면 이는 분명 이런 참여가 우리가 지닌 가장 특징적인 욕구라는 의미와 같을 것이다. 이는 또한 다음을 의미하지 않는다. 즉, 우리가 처음 세 가지 간구 안에 어느 정도 머물면서 동시에 또한 아직은 우리의 가장 고유한 욕구와 그리고 또한 간구의 밖에 놓인 영역에도 머물고 있다는 것이다. 마찬가지로 **인간에 대한 하나님의 호의**(Gottes Menschenfreundlichkeit)가 사실 겨우 나중에서야 비로소, 우리가 우리를 위해서 갖기 원하는 것을 자백하도록, 그리고 이것이 우리에게 마침내 허락되었을 때 관철(Durchbruch)되었다는 것도 아니다! 그러나 오히려 이것은 바로 이런 사역을 통하여 인간에 대한 하나님의 호의를 근원적으로 증명하는 것이다. 즉, 하나님은 당신의 고유한 관심사(Anliegen)가 우리의 관심사가 되기를 원하시며, 또한 하나님은 우리를—모든 것이 우리가 이렇게 한마음을 품을 수 있는 것에 대해 반대하는 곳에서—다음과 같이 이해하신다는 것이다. 다시 말하면, 하나님이 우리의 무관심하고 반항적인 마음에 바로 이런 욕구를 선사하셨고, 우리에게 바로 이런 간구를 입술로—우리의 전혀 다른 기대를 열렬하게 말하고 있는 입술—옮겨 놓았고, 우리를 무엇보다 당신의 편으로 이끄셨다. 이는 당신의 편으로 옮겨 세워주신 자인 우리가 당신의 관심사를 우리의 관심사가 되도록 허용하시기 위함이다. 그 밖에 여기에서, 처음 세 가지의 간구에서, 또한 그리스도교 공동체의 부분적인 간구 그리고 또한 공동체의 모든 개인의 사적인 간구함이 지니는 우주적인 특성이 곧바로 분명하게 드러날 것이다. 왜냐하면 사람들은 여기서 분명하게 모든 인류와 세상이 반드시 필요한 것, 그리고 모든 만사가 유용하게 될 것을 기도하기 때문이다. 만일 이런 세 가지 간구함이 주요하게 앞서서 다뤄졌다면, 그렇다면 이와 동일한 우주적인 특성이 또한 다음에 이어지는 세 가지의 간구를 통해서, 물론 이런 특성이 분명하게는 드러나지 않을 수도 있지만, 자신의 특징을 드러낼 것이다. 그리고 이들도 또한 반드시 주요하게 다뤄야만 한다. 이들은 사람들이 무엇보다 주요한 본문에 들어가기 위한 단지 하나의 머리말이 아니다. 이들은 인간의 간구를 올바른 기도로, 그리스도교 공동체의 기도로, 그리스도교적인 기도로, 부분적이지만 동시에 바로 우주적인 기도로 만든다. 그리고 이들은 하나님의 계명이 지니는 자비(Gnade)에 직접적으로 상응하는데, 그것이 바로 자유와 전적인 신뢰(Rueckhaltlosigkeit)이다. 이를 통해서 하나님은 인간을, 즉 인간이 하나님에게 간구해야 함으로써, 당신과의 사귐을 받아들이신다.

주기도문의 마지막 세 가지 간구는 처음 세 가지 간구로 되돌아가는 것(Umkehrung)이며 또한 이의 결과(Konsequenz)이다. 다시 말하면, '우리'를 지금 강조하는 것이다. 이들이 스스로 간구하듯이 하나님의 일에 관심을 갖도록, 능동적으로 이런 일에 참여하도록 초청되고 그리고 명령을 받았기 때문에, 그리고 또한 이들이 이에 초청되고 명령을 받음으로써, 이들은 또한 다음의 일을 하도록 초청되었고, 그리고 명령을 받았다. 그것이 바로 이들이 하나님에게 간구하는 것, 하나님의 입장에서 자신들의 일에 관심을 두는 것, 그리고 하나님이 인간의 일에 능동적으로 참여하도록 부탁하는 것이다. 만일 창조주로서 하나님이 인간과 함께하는 하나님이기를 원하신다면, 이렇듯 피조물인 인간은 하나님 없이 존재하는 인간일 수 없는 것이다. 만일 하나님이 그들을 자신의 것으로 만들지 않았다면, 하나님의 일은 사라졌을 것이다. 그러나 하나님이 이를 행하시는 것이 당연한 것은 결코 아니다. 인간은 하나님의 자비를 소유할 수 없다. 만일 이런 자비가 계속해서 항상 청할 수 없는 것이라면, 이런 자비는 자비가 아닐 것이다. 그렇기 때문에, 만일 인간이 위에서 언급한 '우리'의 사귐을 통해서 인간의 일용할 양식, 인간의 죄에 대한 용서와 시험에 들지 않도록 간구하라는 명령을 받았다면, 바로 위에서 언급한 것을 다룬 것이다. 이런 간구들은 자신의 자리에 반드시 있어야 하며, 그리고 이런 간구들은 바로 마치 처음 세 가지의 간구처럼 계명 아래에 위치하게 된다. 인간 자체, 가면을 쓰지 않은 인간, 마치 하나님이 기도를 통해 소유하기를 원하는 인간은, 바로 전적으로 또한 자신의 고유한, 마지막 세 가지의 간구가 묘사하고 있는 일(Sache)을 갖는다. 만일 인간이 이런 일을 갖지 않는다면, 그는 또한 어떠한 자기의 부족함과 관심사들, 이렇듯 하나님이 자신의, 인간으로부터 다양한 본질을 원하고 그리고 창조하셨던 그와 같은 인간이 아닐 것이다. 그렇기에 이는 인간의 고유한 일이 무시당하는 것에 대한 것이 아니다. 오히려 하나님은 이런 일을 당신 자신의 일로 만드신다. 이를 통하여서 인간의 고유한 일이 마땅히 존중을 받아야 함을 다루고 있는 것이다. 우리는 하나님이 이를 행하여 주시기를 간구한다. 그래서 이는 계속해서 예수 그리스도 자신의 사역에 대한 우리의 겸손한 참여(Beteiligung)에 관한 것이다.—오직 지금 역으로 다음과 같은 의미, 즉 예수 그리스도의 사역 안에서 하나님이 스스로 인간의 일을 당신의 일로 만드시는 사건이 드러나고 성취된다는, 그리고 단지 인간을 구원하시는 것뿐 아니라 또한 승리로 이끄셨고 그리고 하나님의 신적인 영광으로 덮어주셨다는 의미가 성립된다. 우리 인간존재 위에 이런 영광의 빛 없이는, 예수 그리스도의 승리에 대한 참여 없이 우리는 그리스도가 머리인 '우리'에 속할 수 없을 것이다. 만일 우리가 '우리'에 속해 있다면, 그렇다면 우리는 또한 그의 승리에 대한 참여를 열망해야 한다. 마찬가지로 하나님의 사역에 올바르게 참여하기 위해서, 우리는 반드시 우리의 일을 위한 하나님의 보증이 필요하다. 바로 그렇기 때문에 또한 이를 (하나님 앞에 놓인 우리 인간의 존재를 구성하는 모든 것에 관한 각각의 시각을 통해서) 겸손하게 요청하고자 하는 것이다. 또한 우리는 다른 방향(Linie)이 아니라, 오히려 마치 마지막 세 가지의 간구와 같은 방향에서 간구한다. 만일 우리가 우리를 위해 스스로 필요한 것을 간구할 때에도, 이는 마찬가지이다. 이는 바로 우리가 하나님의 영광의 자리에 서기 위해서 (하나님의 일이 거룩히 여김을 받고, 하나님의 나라가 오고, 하나님의 뜻이 이루어지기를 간구하듯이) 반드시 필요한 것이다. 이로부터 자유, 대범함(Kuehnheit), 반항심, 하나님을 지금 또한 실제로 우리를 위해, 즉 우리의 조력자 그리고 돕는 자로서, 우리가 필요한 좋은 선물(Gabe)을 주시는 자로서, 요청하는 것이다. 그리고 바로 이로부터 또한 이런 간구함은 단순히 개인들의 것이라는 특징을 잃게 된다. 그리고 개인적인 관심사는 그리스도교 공동체의 관심사와 더 나아가 인류, 모든 피조물의 관심사로 고양된다. 인간은 이로부터 또한 자신의 고유한 욕구(Beduerfnis)를 갖는다. 인간은 처음 세 가지의 간구에 따라서, 인간이 기도함으로써, 예배(하나님의 사역—역자 주)에 참여한다. 바로 이를 통해서 인간의 부족함과 갈망함이 자신의 정당성을 부여 받는 것이다. 모든 피조물은 자신 스스로를 하나님의 일이 승리하도록 비는 간구로서, 또한 하나님이 스스로 자신들의 일을 받아주시도록 비는 유일한 간구로서 허락되었고, 이런 간구여야만 하며, 그리고 이렇게 이해할 수도 있을 것이다. 그리스도교 공동체, 각각의 개별적인 그리스도인은 그러나 바로 주기도문의 마지막 세 가지 간구를 통해서 대변자(Wortfuehrer), 즉 이렇듯 정당성이 부여된 모든 인간의 관심사, 모든 피조물의 관심사를 말로 표현하는 대변자이다. 그러나 우리가 이런 관심사를 말로 표현할 때, 그렇다고 우리가 이런 관심사에 대해서 부끄러워할 필요는 없다. 또한 우리가 저급한 단계에 서 있는, 다른 인간들보다 낮고 그리고 덧없는 영역에 존재하는 것도 아니다.

    이렇듯 우리가 간구해야만 하고 그리고 간구하도록 허락된 것이 바로 예수 그리스도의 사역 안에서 완결된 통일성으로 드러난다. 다시 말하면, 그때에 이는 우리에게 항상 하나님의 영광과 우리 자신의 구원을 주제로 삼는다는 것이다. 우리는 단지 이런 통일성을 견지해야만 한다. 그렇다면 우리는 올바른 기도를 드리는 '우리'에 속하게 될 것이다.

4. 올바른 기도는 하늘에 상달(上達, Erhoerung) 됨을 확신하는 기도이다. 상달이라는 말의 의미는 바로 인간의 간구함이 하나님의 계획과 의지 안에서 수용되고 관철되는 것이다. 그리고 또한 인간의 간구함에 상응하는 하나님의 말씀과 행위를 가리킨다. 그리고 기도의 확신은 인간의 간구함을 통해서 그리고 간구함과 동시에 상달되었다는 확고한 선취라 할 수 있다. 다시 말하면, 사람들이 하나님 앞에서 크게 간구함으로써, 하나님이 자신을 향한 간구를 단지 듣는 것뿐만이 아니라, 또한 틀림없이 자신의 계획과 의지 안으로 옮기시며, 그리고 또한 간구함에 상응하는 하나님의 말씀과 행위를 그들에게 결코 부족함 없이 주신다는 의미이다. 확신의 대상(Gegenstand)은 특히 주권적인 하나님의 행동(Verhalten)이다. 그렇기 때문에 이런 확신이 **희망**이라는 특징을 갖는 것은 매우 당연한 일이다. 그러나 이런 확신이 인간의 간구함에 단지 선행하거나 또는 겨우 뒤따라오는 것이 아니다. 오히려 이는 인간적인 간구함이 전적으로 이런 희망의 해명(Bestimmung)을 통해 드러남을 말하고 있다. 그리고 이는 희망이 하나님을 향한 것이기 때문에 그리고 오직 하나님을 향해 있음으로써, 희망은 인간의 측면에서 의심이나 되물음(Rueckfrage) 없이 확신이라는 특징을 갖고 있음과, 또한 어떠한 경우이든지 어려운 문제 혹은 하나의 열린 질문이라는 특징을 갖고 있지 않다는 사실에 대한 것이다. 간구함은 바로 하나님의 들어주심(Erhoerung)의 관점에서 전혀 문제가 되지 않는 행동이다. 부연하지만, 그 이외의 것은 올바른 기도의 간구가 아니라는 것이다. 그리고 우리의 간구함이 이렇게 전혀 문제가 되지 않는 행동인지만이 여기서 단지 문제로 삼을 수 있을 뿐이다.

마치 마태복음 7:7 이하에서 보듯이, 우리는 인간적인 간구와 하나님의 주심(Geben), 인간적인 찾음과 하나님의 발견하도록 하심(Findenlassen), 인간적인 두드림과 하나님의 열어주심(Auftun)이 한숨에 언급되고 있음과 분명히 내적인 필수적 연관성을 갖고 서술되고 있음을 기억한다. 그리고 계속되는 9절 이하는 악한 인간일지라도 자기에게 간구하는 아들에게 빵 대신에 돌을 주는 것 또는 물고기 대신에 뱀을 주는 것이 얼마나 어려운 일인지를 떠올리게 한다. "하물며 하늘에 계신 너희 아버지께서 구하는 자에게 더 좋은 것으로 주시지 않겠느냐!" 마찬가지로 인간적인 활동과 하나님의 활동 사이의 밀접한 연관성을 담은 시편 91:14 이하를 여기서 숙고할 수 있다. 즉, "그가 나를 사랑한즉 내가 저를 건지리라, 저가 내 이름을 안즉 내가 저를 높이리라. 저가 내게 간구하리니 내가 응답하리라. 저희 환난 때에 내가 저와 함께하여 저를 건지고 영화롭게 하리라. 내가 장수함으로 저를 만족케 하며 나의 구원으로 보이리라." 또한 여기에 시편 145:19, "저는 자기를 경외하는 자의 소원을 이루시며, 또 저희 부르짖음을 들으사 구원하시리로다"를 덧붙일 수 있다. 그리고 이에 대해서 마치 하나의 대답과 같은 구절을 요한1서 5:14 이하에서 발견할 수 있다. 즉, "그를 향하여 우리의 가진바 담대한 것이 이것이니 그의 뜻대로 무엇을 구하면 들으심이라. 우리가 무엇이든지 구하는 바를 들으시는 줄을 안즉, 우리가 그에게 구한 그것을 얻은 줄을 또한 아느니라(ὅτι ἔχομεν τὰ αἰτήματα ἃ ᾐτήκαμεν ἀπ' αὐτοῦ)." 또는 마가복음 11:22 이하의 명령법적인 표현양식 안에서 발견할 수 있다. 즉, "하나님을 믿으라! 내가 진실로 너희에게 이르노니, 누구든지 이 산더러 들리어 바다에 던지우리라 하며 그 말하는 것이 이룰 줄 믿고 마음에 의심치 아니하면 그대로 되리라. 그러므로 내가 너희에게 말하노니, 무엇이든지 기도하고 구하는 것은 받은 줄로 믿으라 그리하면 너희에게 그대로 되리라(πιστεύετε ὅτι ἐλάβετε, καὶ ἔσται ὑμῖν)". 그러나 또한 야고보서 1:5 이하의 날카로운 경고를 여기서 들을 수 있다. 즉, "너희 중에 누구든지 지혜가 부족하거든 모든 사람에게 후히 주시고 꾸짖지 아니하시는 하나님께 구하라. 그리하면 주시리라. 오직 믿음으로 구하고 조금도 의심하지 말라! 의심하는 자는 마치 바람에 밀려 요동하는 바다 물결과 같기 때문이다. 이런 사람은 무엇이든지 주께 얻기를 생각하지 말라. 그는 의심하는 자(ἀνὴρ δίψυχος)니, 두 마음을 품어 모든 일에 정함이 없는 자로다."

만일 종교개혁가들이 저런 확신을 단지 하나의 칭찬할 만한, 그리고 특히 임의적 특성만이 아니라, 또한 올바른 기도를 위한 하나의 필수불가결한 조건(conditio sine qua non)이라고 서술하였다면, 그들은 이미 정당한 근거를 갖고 있는 것이다. 루터는 대요리문답서에 사람들이 "막연하게 기도할 수" 없다고 서술한다. 왜냐하면, 하나님이 우리에게 기도하도록 명령하심으로써, 우리는 우리의 기도가 하나님을 기쁘시게 한다고 말하는 것뿐만이 아니라, 또한 하나님이 우리에게 우리가 기도한 것을 베풀어 주신다고 말할 수 있기 때문이다. "간청함으로써 당신은 하나님에게 가까이 갈 수 있고 그리고 말할 수 있다. 즉, 여기 내가 나옵니다. 사랑하는 아버지여, 그리고 나의 필요에 의해서 자신의 체면을 위해 간청하는 것이 아니라, 오히려 하나님의 계명과 약속을 위해 간청합니다. 이렇듯 나에게 여전히 거짓이 전혀 없게 하소서. 그러나 하나님의 약속을 믿지 않는 자는, 다시 한 번 그가 하나님을 가장 높은 분으로 숭배하지 않기 때문에 그리고 거짓말을 했기 때문에 받는 형벌보다 더 큰 하나님의 진노를 받을 것임을 알아야 합니다." 그리고 칼빈(1542년 요리문답서, 248문항)은 다음과 같이 물었다. 하나님께 기도드릴 때, 간구한 것을 얻게 될 것인지 못 얻게 될 것인지 알지 못하면서 기도하는 것입니까? 아니면 이때, 우리의 기도가 응답되어질 것이라는 확신을 가져야만 하는 것입니까?(Quand nous prions Dieu, est-ce á eá l'aventure, ne sachant point si mous profiterons ou non? ou bien si nous devons être certains, que nos prières seront exaucées?) 그리고 이에 대해서 다음과 같이 대답하였다. 우리의 기도는 다음과 같은 기초를 갖고 있어야 합니다. 즉, 우리의 기도들은 하나님에 의해 열납되어진다는 것과 그리고 우리의 구하는 바가 합당한 것인 한에서 우리가 그것을 얻게 된다는 것입니다. (…) 왜냐하면 우리가 하나님의 선하심을 신뢰하지 않을 경우, 그분에게 진정으로 기도드린다는 것이 불가능하기 때문입니다.(Il nous faut toujours avoir ce fondement de nos priéres, qu'elles seront recues de Dieu et que nous obtiendrons ce que nous requerons, entant qu'il sera expédient (…) Car si nous n'avons fiance en la bonté de Dieu, il nous est impossible de I'in voquer en vérité) 그리고 이런 방향 가운데 가장 강력한 언술은 바로 하이델베르크 요리문답서의 마지막 129번 문항(아멘이라는 단어의 해설)이다. 즉, "아멘이란, 마땅히 그렇게 되어지기를 바랍니다라는 의미입니다. 내가 기도한 것이 진실로 이루어지기를 바라는 내 마음의 소원 이상으로 하나님께서는 내 기도를 들어주신다는 것이 확실하다는 것을 믿는 것입니다." 이는 분명 데카르트 사상에 의해서 여전히 반박되는 문장인 것이다! 우리 기도가 확실하지만 상달됨이 불확실한 것임을 말하는 것이 아니다. 오히려 이와 정반대라 할 수 있다. 즉, 사람들은 자신의 간구함의 가치, 능력과 정직함을 의심할 수 있다. 그러나 사람들은 기도의 상달됨에 대해서 의심할 수는 없다는 것이다. 그렇다면 이와 같은 우리의 간청은 나약하고 그리고 불쌍한 간청이 아닌가? 지금, 우리는 기도의 능력이나 기도의 풍성함을 요구하는 것이 아니다. 그러나 우리는 하나님이 기도를 들으실 것임을 믿으라고 요구한다. 즉, 우리가 기도하는 동안에, 이미 상달되었음을 믿으라는 것이다. 다시 말하면, 얻은 줄로, 받은 줄로 알라는 것이다($\H{\epsilon}\chi o\mu\epsilon\nu$, $\epsilon\lambda\acute{\alpha}\beta\epsilon\tau\epsilon$). 기도가 상달되기 때문에, 우리가 기도하는 것이다. 그러나 기도가 상달되도록 이렇듯 멋지게 간청할 수 있기 때문에 기도하는 것은 결코 아니다.

그러나 위에서 언급한 성서의 본문들에 따라서, 그리고 이런 종교개혁가들의 해석에 따라서 이렇듯 무조건적으로 따라야 하는 확신은 무엇에 근거를 두며 그리고 어떻게 생겨나는가? 어떻게 인간은 우리가 간청하는 내용을 이렇듯 대담하게—그리고 마찬가지로 이렇듯 문제없이—하나님을 향한 우리의 희망 안에, 특별히 하나님의 의지 안에 스스로가 담을 수 있게 되었나? 여기서 믿는다는 것은 무엇을 뜻하는가? 당연히 여기서는 어둠과 공허로 들어가서 나오는 다리를 놓기 위한 시도나 또는 어떤 거대한 반항의 움직임에 관한 것을 주제로 삼는 것이 아니다. 이런 시도는 단지 하나님에 대한 무기력한 도전을 가져올 수 있으며, 또한 그 즉시 좌절하게 될 것임이 분명하다. 믿음은 여기에 자신의 근거를 갖고 있어야만 한다. 마찬가지로 이런 근거는 믿음을 바탕으로 한다. 이제 지금 우리는 우리가 앞에서 (세 번째에서) 고찰했던 인식을 수용할 것이다. 즉, 올바른 기도자 그리고 또한 기도의 상달을 확신하면서 기도하는 사람은 바로 '우리'에 속한 사람이며, 그리고 머리가 되시는 예수 그리스도의 몸에 속한 사람이라는 것이다. 그러나 마찬가지로 '그리스도 안에', 성령과의 사귐 안에 그리고 또한 그리스도와 사귐 안에 있는 기도자는 하나님과 분리되지 않으며, 그리고 하나님은 그를 떠나지 않으신다. 인간은 예수 그리스도 안에서 더 나아가 영원토록 하나님과 연결되며, 하나님은 예수 그리스도 안에서 인간과 영원토록 연결되신다. 그리고 지금 '우리'는 예수 그리스도와 함께, 그리고 예수 그리스도를 따라 기도하도록 허락되었다. 즉, 인간 예수는 이런 위대한 간구를 하나님과 이와 같이 연결됨으로써, 그리고 간구의 기초, 강화(Befestigung), 혁신과 보존을 위해서 순종함으로써, 예수 자신의 전체 존재를 통해서, 예수의 삶과 죽음이라는 사역을 통해 요약된 간구로서의 주기도문을 통해서, 그리고 하나님의 일과 사람의 일을 위해 언급하셨고 그리고 하나님의 오른편에 오르시어 여전히 말씀하신다. 우리는 예수의 입을 통해서(comme par sa bouche, 칼빈) 간구한다. 특별히 우리가 만일 이를 행한다면, 우리는 그리스도에게 속한 자들로서 그리고 예수의 간구와 연결되어서 기도하는 것이다. 그렇다면 이는—그리고 이는 믿음의 근거이며 그리고 기도가 상달될 것임을 확신하는 근거인데—다음을 의미하게 될 것이다. 우리가 하나님에게 기도함으로써, 하나님은 처음부터 우리의 측면에 계셨던 것이며, 그리고 또한 우리로서는 처음부터 하나님의 측면에서 서 있다. 그리고 또한 우리는 우리의 기도에 대한 하나님의 들으심을 위해서 처음부터 확실히 존재할 이유가 충분했으며, 특히 또한 반드시 존재했어야만 했다는 것이다. 하나님은 자신의 아들 안에서 인간이 되셨다. 그리고 실제로 우리의 편으로 들어왔고, 우리의 형제가 되셨다. 그리고 우리는 그의 아들 안에서 실제로 하나님의 형제로서 하나님의 편으로 올려졌다. 만일 아들이 아버지 하나님께 간구한다면, 어떻게 아버지가 그 간구를 듣지 않을 수가 있겠는가? 아들의 간구가 상달됨이 어떻게 이미 계획되지 않았을 수가 있단 말인가? 하나님의 아들이 이들을 자신과 함께 있는 하나님의 자녀들이라고 부른다면, 그리고 이들이 하나님의 아들과 함께 하나님에게 간청한다면, 그래서 아들이 그들과 함께 그리고 그들을 위해 간구한다면, 어떻게 아버지가 이들의 간청을 또한 듣고 응답하지 않으실 수 있는가? 어떻게 그곳에서 간구와 들으심(상달됨) 사이에 또한 어떻게 조금이라도 머뭇거림이 있겠는가? 예수 그리스도가 간구함으로써 그리고 우리가 그와 함께 간구함으로써, 하나님은 스스로 이미 우리의 간구를 들어주실 것이라는 보증을 해주셨다. 그렇다, 그는 간구를 이미 들으셨다.

우리는 여기서 특별히 계명은 "예수의 이름으로"라는 요한의 생각을 따른다. 계명은 바로 '그의 이름으로', 다시 말하면 예수의 지도(Fuehrung)와 책임 아래, 그의 간구와 우리의 간구가 일치됨으로써, 이런 한 인간의 요구에 순종함으로써, 그러나 지금 또한 아들의 능력인 예수의 능력을 통하여 획득되는, 그리고 그가 아버지와 하나가 됨을 통하여 획득됨을 의미한다. 그렇기에 요한복음 16:23 이하는 "진실로, 진실로 너희에게 이르노니 너희가 무엇이든지 아버지께 구하는 것을 내 이름으로 주시리라. 지금까지는 너희가 내 이름으로 아무것도 구하지 아니하였으나, 구하라, 그리하면 받으리니 너희 기쁨이 충만하리라"고 말한다. 또한 이 때문에 요한복음 15:16은 "너희가 나를 택한 것이 아니요 오히려 내가 너희를 택하여 세웠나니, 이는 너희로 가서 과실을 맺게 하고 또 너희 과실이 항상 있게 하여, 내 이름으로 아버지께 무엇을 구하든지 다 받게 하려 함이니라"고 언급한다. 마찬가지로 이 때문에 요한복음 14:13 이하는 "너희가 내 이름으로 무엇을 구하든지, 내가 시행하리니, 이는 아버지로 하여금 아들을 인하여 영광을 얻으시게 하려 함이라. 내 이름으로 무엇이든지 내게 구하면, 내가 시행하리라"고 말한다. 동시에 마태복음 18:19 이하를 통하여 이른바 '너희'의 권한(Qualifikation)을 떠올리는 것은 확실히 유익할 것이다. 여기서 다음과 같은 것이 그들에게 그리고 그들로부터 언급된다. "반복해서 내가 너희에게 이르노니, 너희 중에 두 사람이 땅에서 합심하여 무엇이든지 구하면, 하늘에 계신 내 아버지께서 저희를 위하여 이루게 하시니라. 때문에 두세 사람이 내 이름으로 모인 곳에는 나도 그들 중에 있느니라."

그렇다면 하나님의 존엄(Gesicht)을 어느 정도 손상시키지 않고, 그리고 피조물의 맞은편에서 자신의 품위를 해치지 않으면서, 도대체 어떻게 하나님은 인간의 기도를 들으실 수 있단 말인가! 여기에서 출발하는 반론은 실제로 전혀 해명되지 않았다. 만일 이것이 하나의 옹색한 신인동형론(Anthropomorphismus)이라면, 그렇다면 이는 하나님의 불변성에 관한 강박관념, 즉 하나님이 스스로 당신의 피조물을 통하여 이렇게도 또는 저렇게도 규정되도록 하신다는 말인가! 하나님은 분명 불변하시는 분이다. 그러나 하나님은 자신의 생명, 자비하심을 통해서 당신의 피조물을 보살피신다는 의미에서 불변하시는 분이다! 그리고 여기에 바로 하나님의 존엄(Majestaet)이 놓여 있다. 그리고 여기에 하나님의 전능과 주권(Souveraenitaet)에 대한 장엄함(Herrlichkeit)이 놓여 있다. 이는 어떤 최고의 우상이 지닌 부동성(Unbeweglichkeit)과는 구별되는 것이다. 다시 말하면, 하나님은 자기 피조물의 간구함을 위해 자신의 의지 안에 하나의 공간을 제공하실 수 있다는 것이다. 그리고 하나님은 이를 당신의 피조물 안에서 자신과, 당신의 사랑하는 아들과 그리고 그에 속한 사람들과 관계를 맺는 곳에서 이를 행하신다. 그렇기 때문에, 하나님은 이를 자신과의 깊은 일치(Uebereinstimmung) 안에서 행하시지 않는가? 하나님은 피조물에게 간구하도록 명령하시고, 그리고 당신에게 간구하신 것을 들으실 것이라고 보증하신다. 이와 같이 하나님이 피조물을—당신 자신과 일치 안에 존재하는 피조물—당신의 전능과 당신의 사역에, 당신의 명예를 높임과 당신만이 소유한 구원에 능동적으로 참여하도록 허락하실 때, 그리고 인간에게 자비의 나라와 세상나라 안에서 그의 입장에서 진정한 공간을 주실 때, 그렇다면 이는 분명 당신 자신에 대한 완전한 신뢰를 바탕으로 일어난 것이다. 하나님은 하나님과 인간의 중보자인 예수 그리스도를 통해 드러내실 때 가장 크신 분이다. 그리고 하나님이 예수 그리스도를 통해 드러내실 때가 당신이 예수에게 속한 사람들을 자신의 왕적 직분에 참여하도록 허락하실 때, 그리고 또한 그들의 간구를 단지 듣는 것뿐만이 아니라 이루어주신다는 것을 통해서 드러내실 때보다 더 크다. 그리고 이 때문에 이는 오만한 믿음이 아니라, 오히려 진심으로 겸손한 믿음—그래서 이는 한 번도 특별하게 시도된 믿음이 아니었고, 오히려 매우 평범한, 단순한, 그리고 그리스도교의 믿음이었다. 그리스도교의 믿음은 다음을 구하고 두드리는 것이다. 즉, 인간이 하나님께 간구하는 것을 하나님이 인간에게 베푸실 것임을, 특별히 인간이 하나님께 간구함으로써 하나님은 인간에게 기도하여 얻을 것을 이미 베푸셨음을 믿는 것이다. 이 때문에 이와 같은 믿음은 특별히 또한 전혀 별도의 업적(Extraleistung)이 아니다. 그리고 종교적 대가(Virtuosen)를 위한 임의적인 것이 아니라, 오히려 올바르게 기도하기를 원하는 모든 사람을 위해 진정으로 필수적인 것이다. 모든 의심은 바로 여기서 즉시 하나님 자체, 지금 바로 이처럼 살아 계신 하나님, 예수 그리스도 안에서 당신의 피조물과 친교를 나누시고 교통하시는 하나님에 대한 의심인 것이다. 각각의 흔들림, 모든 것을 문제 삼는 것은 바로 여기서 하나님을 부동의 우상들과 뒤바꾸는 모욕스러운 혼동일 것이다. 사람들이 이런 우상을 헛되이 부르는 것을 하나님의 기도자는 결코 이상하게 생각할 필요가 없다. 그것에 비교하여서 하나님을 경외하고, 그 앞에서 겸손하며, 또한 하나님의 의지에 복종하는 것은 인간이 앞에서 언급한 하나님과의 사귐 안에 하나님을 향한 자리를 확보함 안에, 하나님과의 교통을 받아들임 안에, 하나님의 계명과 약속을 온전히 그리고 진지하게 받아들임 안에 놓여 있다. 그리고 또한 인간의 간구에 대한 들어주심(Erhoerung)이 하나님의 간구에 대한 들어주심과 같음에 놓여 있다. 이는 하나님이 스스로에게 적용하셨던 명령과 약속이었다. 왜냐하면 이런 하나님은 단지 부수적인 분이 아니라, 오히려 본질적인 분이기 때문이다. 또한 이런 하나님은 단지 불확실하거나 매우 특별한 경우들만이 아니라, 오히려 당신에게 속한 자들의 기도를 항상 듣고 응답하시는 바로 그 하나님이시기 때문이다.

우리는 다시 한 번 다음과 같은 사실을 강조해야 한다. 즉, 칼빈(248문항)과 하이델베르크 요리문답서(117문항)는 바로 하나님이 자신에게 간구하시는 자들을 들어주신다는 사실에 기초(le fondement), 즉 기도에 대한 '확고한 토대'를 두었다는 것이다. 또한 사람들은 다음과 같은 사실에 주목해야 하는데, 이에 대한 인간의 믿음을 통해서가 아니라, 오히려 하나님이 들어주신다는 객관적 사실을 통해서 이런 토대는 하나님께 간구하라고 하나님이 인간에게 명령하신 것(우리는 이에 관해서 1번에서 이미 다루었다.)이 되며, 그리고 또한 이런 객관적인 사실과 일치할 수 있다는 것이다. 만일 인간의 기도가 하나님의 들어주심 안에 자신의 출발점을 갖고 있다고 사람들이 말했다면, 이는 단지 불합리하게 보였을 것이다. 그러나 이를 통해서 적어도 복음과 율법이 서로 다른 두 개의 것이 아니라, 오히려 하나의 것이라는 사실이 분명히 드러날 수는 있다.

우리는 간구함과 들어주심 사이의 상응함에 대한 확신을 드러냄으로써 올바른 기도에 대한 네 번째 기준을 확정했다. 이런 확신이 그 자체로는 기도의 특별하고 영적인 따스함, 강렬한 반응과 격양과 전혀 관련이 없다는 사실은 이미 언급된 것을 통해서 분명하게 드러났다. 이는 바로 확신이 기도를 간절하게 만들게 될 것이라는 의미이다. 그러나 이런 간절함은 기도하는 인간들을 독촉하고, 재촉하는, 그리고 기도하도록 결심시키는 성령에 대한 간절함이다. 성령은 인간을 계속해서 더 깊이, 더 진지하게, 더 근본적으로, 그리고 새로운 방향의 전환과 상호관계를 예수 그리스도를 통해 세워진 하나님과의 사귐으로, 그리고 이런 사귐 때문에 하나님의 사역과 동일해진 간구의 자유로 이끈다. 다시 말하면, 성령은 인간을 하나님의 자녀와 이들에게 주어졌던 권리의 자유로 이끈다. 만일 이것이 또한 자신을 향하는 영적인 흥분으로 이끈다면, 이렇듯 이는 영적인 흥분에도 불구하고 올바른 기도가 될 수 없으며, 올바른 기도는 또한 어떤 영적인 흥분과도 혼동되어서는 안 된다. 이런 흥분은 결코 우리에게 요구되지 않는다. 그러나 분명한 것은 성령의 이와 같은 인도하심에 대해서 극도로 항상 고요하게, 평화롭게, 그리고 기쁘게 열려 있어야 한다는 사실이다. 성령은 인간을 확실히 하나님의 자녀가 갖는 자유로 이끄신다. 그리고 이들이 자신의 권리를 유용하게 사용할 수 있도록 만드신다. 그리고 인간은 바로 그때 자신이 이런 성령의 인도하심에 개방되어 있는지에 대한 질문을 받게 된다.

5. 우리는 기도의 윤리를 위해서 특히 기도의 형식을 염두에 두면서 무엇을 말할 수 있고, 물을 수 있는가? 우리는 이번 마지막 항목에서 이에 대한 대답을 요약하게 될 것이다. 여기서 결정적이고 그리고 포괄적으로 모든 과정을 거치면서 유효한 것이 있다. 그것은 기도의 형식 또한 순종의 법칙 아래에 종속되어 있다는 사실이다. 그리고 또한 순종의 법칙은 여기서 오직 자유의 법칙으로만 이해될 수 있는 것이다. 어떤 것이 이런 법칙인지에 대해서 우리는 잘 안다. 그것은 바로 기도가 계명에서 기인한다는 것이다. 그래서 이는 간구이다. 모든 그리스도교의 기도이다. 이는 상달될 것임을 확신하는 기도이다. 이런 법칙은 어떠한 경우에도 또한 올바른 기도의 형식과 반드시 일치될 것이다. 그러나 형식에 대한 질문은 부분적으로 동일하면서 그러나 부분적으로 완전히 동일한 형식을 지니는 것은 아니다. 왜냐하면 이는 개인의 기도인지 또는 모여진 공동체의 기도인지에 따라서 다르기 때문이다. 그리고 이 둘 사이를 개념적으로 나누는 것은 신학적으로 가능하지 않다. 사람들은 이것저것을 모두 고려해야만 한다. 즉, 개인이 공동체의 구성원이고 그리고 또한 자신이 개인기도를 드릴 때 오직 이런 기도를 드림으로써만 올바르게 기도할 수 있다는 것이다. 그러나 공동체는 오직 이런 개인들로만 구성된다. 그리고 공동체는 또한 개인들의 모임 안에서, 만일 공동체가 올바르게 기도한다면, 오직 이런 개인들의 진실한 간구들만을 언어로 표현할 수 있다. 그렇기 때문에 사람들은 기도의 다양한 형식이 지닌 문제들을 아마도 분명 분리하지 않는 것이 최상이라고 생각하며, 그럼에도 또한 항상 두 측면을 염두에 두면서 깊이 생각한다.

올바른 개인기도와 올바른 공동체기도에 동일하게 속하는 것은 무엇보다 간구로서의 기도가 동일하게 항상 중보기도(Fuerbitte)라는 특징을 갖는다는 점이다. 이는 개별적인 기도자들이 공동체의 구성원이라는 특징으로부터, 마찬가지로 또한 한데 모아진 각각의 공동체의 특성이 하나의 에큐메니컬한 교회의 개별적 모습이라는 특징으로부터 좁은 의미이든 넓은 의미의 개념이든지 도출된다는 것이다. 이는 마치 전체 그리스도인에 대해 갖는 그들의 임무로부터 도출되는 것과 같으며, 그리고 또한 바로 교회 밖의 세상에 대해서 갖는 임무로부터 도출되는 것과 같다. 우리가 분명히 주의 깊게 들었던 것은 바로 다음과 같다. 즉, 사람들이 가장 먼저 그리고 무엇보다 우선해서 하나님의 일, 즉 전체 공동체의 사역, 에큐메니컬한 교회의 사역, 물론 전체 피조물을 위한 하나님의 일을 시작하지 않고는, 결코 사람들은 하나님 앞에서 자신의 일을 대변할 수 없다는 것이다. 바로 이런 커다란 연관성 안에서 이와 같은 일이 드러날 때, 그때 사람들은 비로소 자신의 고유한 일을 올바르게, 기쁘게 그리고 효력 있게 시작할 것이다.

예수의 이름으로 기도하게 되는 곳, 바로 그곳에서는 "너의 믿음이" "떨어지지" 않도록(눅 22:32)이라는 베드로를 위한 예수의 기도는 공동체 안에 있는 아버지들(Vaeter), 형제들과 아들들을 위한 간구로서, 공동체의 모든 구성원을 위한 간구로서 암시적이든 또는 명백하게든 받아들여질 것이다. 그러나 또한 앞의 "대제사장적 기도"는 그의 이중적 특성을 지닌 단계들을 통하여, 즉 "내가 저희를 위하여 비옵나니, 내가 비옵는 것은 세상을 위함이 아니요, 내게 주신 자들을 위함이니이다"(요 17:9), 그리고 그럼에도 불구하고 "내가 비옵는 것은, 이 사람들만 위함이 아니요, 또 저희 말을 인하여 나를 믿는 사람들을 위함이니"(요 17:20)로 드러난다. 그렇다면 사람들은 절박함(Dringlichkeit)에 대해서 생각하게 될 것이다. 사실 바울은 이런 절박함 속에서 자신의 공동체에게 "너희도 우리를 위하여 간구함으로 도우라"(고후 1:11), "주의 말씀이 너희 가운데서와 같이 달음질하여 영광스럽게"(살후 3:1)되도록, 그리고 하나님 앞에서 하나님을 위해 "함께 싸우기 위해" 너희가 기도하도록, 그리고 "나로 유대에 순종치 아니하는 자들에게서 구원을 받게 하고, 또 예루살렘에 대한 나의 섬기는 일을 성도들이 받음직하게 하도록" 기도하라고 요청하였다. 그러나 사람들은 야고보서 5:16 이하를 또한 떠올릴 수 있다. "너희가 건강하게 되기를 서로 기도하라! 의인의 간구는 역사하는 힘이 많으니라. 엘리야는 우리와 성정이 같은 사람이로되, 저가 비 오지 않기를 간절히 기도한즉, 삼 년 육 개월 동안 땅에 비가 아니 왔다. 그가 다시 기도한즉, 하늘이 비를 주고 땅이 열매를 내었느니라." 그러나 또한 사람들은 제자들에게 명령으로 주어진 간청을 생각할 수 있다. 이 간청은 그들이 추구해야만 하는 것인데 — 이를 통해서 제자들은 자신들을 하늘에 있는 아버지의 아들로서 드러나게 되었다.(마 5:44f.) — 이미 그들이 십자가에 달린 예수의 간구인 "아버지여, 저희를 사하여 주옵소서. 자기의 하는 것을 알지 못함이니이다!"(눅 23:34)에 가깝게 있었기 때문이다. 그러므로 제자들에게 명령으로 주어진 이런 간청은 그리스도교적 기도의 포괄성(Extensivitaet)에 대한 가장 강력한 암시로서 이해되어야만 할 것이다. 그렇다면, 만일 주기도문의 다섯 번째 간구의 후행문(Nachsatz), "우리가 우리에게 죄 지은 자를 사하여 준 것같이", 그리고 만일 마태복음 6:14(막 11:25와 비교하라), "너희가 사람의 과실을 용서하면 천부께서도 너희 과실을 용서하시려니와, 너희가 사람의 과실을 용서하지 아니하면 너희 아버지께서도 너희 과실을 용서하지 아니하시리라"가 여전히 이렇듯 이목을 끌면서 강조될 때, 이는 도대체 어떤 의미를 지니는가? 사실 기도자는 기도의 행위를 통해서 멀리 있는 자들, 그리고 가장 멀리 떨어져 있는 자들과 연대성을 행동으로 보여줄 수 있다. 그렇다면 그리스도교 기도가 효력 있는 하나의 행위를 형성하는 것, 즉 포괄적인 행위를 위해 나아가지 않았는가? — 이 모든 것에서 도출되는 하나의 실천적인 결과는 분명 다음과 같은 질문이 될 것이다. 즉, 오늘날의 경우에 중보기도는 오히려 하나의 규정이나 또한 개인기도의 규정으로 되어 가는데, 그렇다면 중보의 기도가 무엇보다 우리 공동체의 예배 안에서가 아니라 이보다 더 조화롭고 그리고 더 인상적으로 드러나야만 하는가, 또는 그렇지 않은가?

올바른 공동체기도와 올바른 개인기도는 그러나 또한 공동의 것을 간직해야만 한다. 그것은 이 두 가지의 기도가 어떠한 경우이든지 또한 분명한 규율(Disziplin)의 사건이라는 것이다. 그러나 사람들은 이를 조심스럽게 말해야만 한다. 왜냐하면 사람들은 실제로 이런 규율에 대한 어떠한 보편적인 그리고 절대적으로 유효한 규칙(Regel)을 제시할 수 없기 때문이다. 그러나 사람들은, 올바른 기도는 하나님의 계명에 대한 순종을 통해서 드러나기 때문에, 올바른 기도를 위해서는 반드시 어떤 양육(Zucht) 그리고 질서가 존재해야 한다고 말해야만 한다. 그러나 이것들은 결코 절대적으로 적용되거나, 영원히 유효한 양육이나 질서가 아니다. 오직 이들은 하나님 앞에서 주어지는 자유에서 유래해야만 한다. 여기서 이런 자유는 절대적인 구속(Bindung)과 동일한 의미를 지닌다. 그러나 하나님 앞에서의 자유로부터 또한 상당히 구체적인 의무(Bindung)가 계속해서 항상 주어진다.

이런 종류의 구속은 바로 기도가 지금 바로 어떤 상태가 아니라, 오히려 하나의 행동이 될 때에 도출되는 결과이다. 만일 기도에 이런 특성이 있다면, 그렇다면 이는 특히―그리고 이것은 개인기도 안에서도 하나의 규칙이 되는데―하나의 고요한, 침묵의 기도가 될 수 있고, 또한 반면에 단지 말이 없는, 그리고 어떤 분명한 생각을 갖지 않고 진행되는 기도가 될 수도 있다. 그렇다면 기도는 조용한 담화나 큰 소리의 담화가 될 것이 분명하다.

그럼에도 예배를 드릴 때에는 큰 소리의 담화임이 분명하다! 퀘이커 교도들, 베르노이케너(Berneuchener)와 다른 특별그룹들로부터 또한 광범위한 그리스도교적 모임들로 스며들어왔던 이른바 "침묵의 수행"(schweigende Dienst)이 실제로 무엇을 의미하는지에 대해서 어느 누구도 여전히 우리에게 분명하게 설명할 수 없을 것이다. 만일 하나의 전체로서 교회가 모든 인간을 5분 동안에 공동으로 침묵하게 만든다면, 그렇다면 이런 침묵이 '아름답고' 그리고 경우에 따라서는 영혼의 순결을 위해 유용하다고 주장될 수 있다. 그러나 사람들은 이런 일을 또한 불쾌하게 느낄 수도 있다. 그렇다면 이런 일은 영적인 의미를 갖는가? 이런 일은 신학적으로 기초되거나 정당화될 수 있는가? 그럼에도 이런 일은 지금 공동체의 모임(Gemeindeversammlung)이라는 예배의 본질에 거슬리는 것은 아닌가? 왜냐하면 기도는 공동체의 모임을 통해서 오히려 사유화되지 않으며, 그러므로 또한 공동의 그리고 이 때문에 하나의 형태나 또는 다른 형태로 큰 소리로 기도할 것이기 때문이다. 그리고 또한 이런 일은 말없이 하는 기도에 대한 생각(Vorstellung)으로, 사실 이런 기도는 모든 예외의 가능성을 남겨둔다 하여도 지금 전혀 올바른 기도라 할 수 없는데, 이끌지는 않는가?

인간은 기도에 대한 생각과 기도의 말을 자유로운 형태로 하는 것보다, 오히려 인간은 훨씬 더 자주 기도를 필요로 한다. 바로 이런 사실로부터 전혀 다른 구속이 주어질 수 있다. 일반적으로 말하자면, 그가 기도를 마치 예수의 처음 제자들처럼 다시금 배워야 한다는 것에서 오는 의무이다. 이로부터 정형화된 기도가 지닌 상대적인 정당성과 상대적인 필연성이 도출된다. 사람들은 예배기도를 위한 이런 그 외의 특별한 것을 또한 올바른 기도가 갖는 공동의 특징들로부터 기초를 세울 수 있고, 또한 세워야만 한다. 만일 한 사람이 주기도문을 외운다면, 이렇듯 그의 기도는 기도하는 개인으로서 그가 하는 자신의 기도의 방식들보다는 분명히 더욱 안전하게 예수의 기도를 통하여 지지되고, 이끌어지며 그리고 보호를 받게 된다. 그리고 그런 기도보다 더욱 안전하게 전체 그리스도교의 기도가 지닌 사귐 안에서 기도하는 것이다. 만일 주기도문이 불확실한 형식을 의미하지 않음이 분명하다면, 이렇듯 분명 자기 스스로의 통치권과 자기의 의무를 이행하지 않기를 원하는 것은 마치 개인들의 기도 안에서와 같이 공동의 기도 안에서도 현명하지 않은 일이다.

알맞은 거리두기를 통하여 이런 논리에 맞는 동일한 것을 또한 다른 형식으로부터, 예를 들자면 루터가 자신의 소요리문답의 부록에서 제안한 것, 또한 널리 행해지는 식사기도(Tischgebet)와 개혁교회의 예배식서의 형식들로부터 언급할 수 있다. 규칙을 예로 들자면 다음과 같다. 전혀 형식이 없는 것보다는 하나의 형식에 따르는 것이 좋다! 또는 다른 떨어진 방식을 바탕으로 한 자유로운 기도의 형식보다는 공동체를 통한 형식으로 기도하는 것이 좋다! 이에 함께 극단적인 언급을 하지 않는다면, 이런 규칙은 충분히 견지해도 될 것이다.

간구로서 올바른 기도가 지닌 특징은 더 광범위한 의무를 도출한다. 만일 인간이 정말 진심으로 간구한다면, 하나의 간구와 그리고 그 자체로 간구의 순서들이 곧 언급될 것이다. 올바른 기도는 또한 아마도 길기보다는 짧은 기도일 것이고, 짧을 것이 분명하다. 왜냐하면 바로 상달(Erhoerung)의 확신에서 시작하기 때문일 것이다. 그리고 우리가 이미 들었던 것처럼, 이런 기도는 인간 앞에서 하나님을 고백하는 것이 아니라, 오히려 하나님에게 스스로 말을 거는 것이며, 또한 긴급한 그리고 최상의 객관성(Sachlichkeit)을 갖고 하나님에게 도피하려고 감행하는 것이다. 또한 이런 기도는 스스로 명상의 형식을 통해 또는 신학적으로, 완전히 수사학적으로 철저하게 꾸며진 형식들을 통해서 길게 지속할 이유가 전혀 없다.

특별히 예배기도 안에서 드러나는 엄격한 규율(Zucht)은 바로 이런 관점에서 적합하다. 마태복음 6:7 이하를 생각해보자. "또 기도할 때에, 이방인과 같이 중언부언하지 말라. 저희는 말을 많이 하여야 들으실 줄 생각하느니라. 그러므로 저희를 본받지 말라. 구하기 전에 너희에게 있어야 할 것을 하나님 너희 아버지께서 아시느니라." 루터는 소요리문답에서 위에서 언급한 간단한 표현을 바탕으로 자유로운 기도를 자제하였다. 그러나 또한 칼빈은 자유로운 기도와 함께 자신의 설교를 마쳤다. 이런 자유로운 기도는 짧았고 그리고 좋았다. 그리고 이와 동일한 기도를 근대에 꼽자면, 바로 크리스토프 블룸하르트(Christoph Blumhardt)의 기도문을 들 수 있다. 반면에 부분적으로 어떤 거대한 말의 향연과 변설(Suada)을 통해서 17세기 이래로 개신교 전례가 로마 가톨릭 예배가 담고 있는 기도들의 엄격성과 자신을 구분하기 시작하였는지를 확정하는 것은 참으로 부끄러운 일이다. 그러나 이제 다시 사람들은 하나의 엄격한, 그리고 요약되어진 기도로 되돌아가고자 원하는 것처럼 보인다. 이는 분명 오늘날 전례적 운동이 도출한 장점에 속한다. 그러나 유감스럽게도 이는 다음과 같은 의미를 또한 지니기도 한다. 즉, 사람들이 이런 관점에서 단지 오늘날만이 아니라 과거에도, 그리고 또한 이른바 "자유로운 기도"라는 형식을 갖고 선한 사람들의 입에서 나오는 기도를 통해서 끔찍한 것을 경험할 수도 있다는 것이다.

그렇다면 또한 특정한 시대와 기도의 특정한 단계와 관련하여 의무(Bindung)가 주어지는 것인가? 물론 이런 의무는 스스로에게 무엇보다 실제로 보편적인 인간의 나약함을 고려하라고 권고한다. 인간의 나약함은 물론 항상 규칙적으로 드러나는 것이 아니다. 그렇다고 이런 나약함을 너무 쉽게 행해서도 결코 안 된다. 공동의 기도는 마찬가지로 예배의 본질적인 요소를 구성한다. 이는 마치 말씀 선포와 하나님 말씀에 대한 경청과도 같다. 이런 사실을 우리는 다시금 분명하게 자각해야만 한다. 아침기도와 저녁기도는 경건한 관례와 습관이 확실하다. 또한 성서의 세계는 매우 분명한 빛과 어둠의 변화를 드러내는데, 아침기도와 저녁기도는 바로 여기에 자신의 근거를 두고 있다. 마찬가지로 주기도문의 네 번째 중요한 영역에 등장하는 식사기도는 인간의 필요성을 진지하게 표현하는 것이지, 결코 당연한 표현이 아니다. 특히 이는 매우 중요한 하나님의 도우심을 표현하는 것이다.

이런 관점에서 보편적이거나 전적으로 구속력 있는 규칙의 불가능성이 즉시 해명된다. 이를 여기에서(예를 들면 식사기도에 대한 질문 안에) 이렇게 또는 저렇게 받아들일 수 있는 다양하고 진지한 이유들이 주어질 수 있다. 단지 이를 다르게 받아들이는 사람은 계속해서 다음과 같은 질문을 해야만 할 것이다. 즉, 그는 실제로 진지한 이유들을 갖고 있는가, 또는 그의 자유로움(Ungebundenheit)의 비법이 혹시 조악한 또는 더 심각한 무질서 안에 놓여 있지는 않은가?

만일 이 모든 것이 고려되었다면, 당연히 이와 대립되는 측면에 의해서 다음과 같은 사실이 긴급하게 확정될 것이다. 만일 개인기도와 공동체기도가 올바른 기도라면, 이런 기도가 인간의 자유로운, 진심의, 자발적인 순종을 통해 드러난다는 사실을 공동으로 간직할 것이다. 이는 분명 하나님에 대한 순종에 관한 것이다. 이런 순종은 어떠한 경우에도 인간에게 부과하였던, 인간에게 근본적으로 생소한 규정(Gesetzeswerkes)을 실행하는 것과 결코 혼동되어서는 안 된다. 우리는 여기서 또한 규율이 오직 자유에서 유래된다는 사실을 이미 들었다. 이는 규율이 결코 계획의 실행이 될 수 없음을 의미한다. 만일 하나님이 우리를 간구하는 자로서 원하실 때, 그리고 만일 하나님이 우리에게 기도하라고 하실 때, 하나님은 우리 자신을 원하시는 것이다. 만일 기도가 바로 인간이 뒤로 숨어서 실제로 즉시 간구하지 않게 되는 가면(Maske)이 될 때, 그리고 인간이 단지 기계적인 체계(Mechanismus)의 유희(Spiel)를 통해서 하나님의 부르심에 대응하는 선한 양심을 얻고자 시도할 때, 바로 이 때문에 기도는 하나님과 인간 사이에 발생할 수 있는 가장 두려운 어떤 것이기도 하다. 물론 사람들은 지금 규율을 반대로 표현해볼 수 있다. 그러나 이런 기계적인 체계의 유희보다는 기도하지 않는 것이 더 좋다! 오히려 사람들은 긍정적으로 말하게 될 것이다. 즉 계속해서 모든 기계적인 체계의 유희로부터 나와서 올바른 기도를, 바로 그 때문에 자유로운 기도를, 또한 솔직한 기도를 위한 자유로 들어가게 된다!

그래서 "여호와께서는 자기에게 간구하는 모든 자, 곧 신실하게 간구하는 모든 자에게 가까이 하시는도다."(시 145:18) 이와는 반대로, "이 백성이 입으로는 나를 가까이하며 그리고 입술로는 나를 존경하나, 그 마음은 내게서 멀리 떠났나니, 그들이 나를 경외함은 사람의 계명으로 가르침을 받았을 뿐이라. 그러므로 내가 이 백성 중에 기이한 일, 곧 기이하고 가장 기이한 일을 다시 행하리니, 그들 중에 지혜자의 지혜가 없어지고 그리고 명철자의 총명이 가리워지리라."(사 29:13f.) 중세 교회에서 행해진 기도의 실천을 바라봄으로써 종교개혁가들과 특별히 칼빈이 이런 위치에 특별히 긴급하게 놓이게 되었다고 사람들은 이해한다. 가톨릭의 개념인 '기도의 의무'(officium)는 마치 '주일의 의무'(Sonntagspflicht)라는 개념처럼 매우 불쾌하게 만들 수 있다. 하나님은 영이시다. 그래서 하나님은 진실로 경배받기를 원하시며, 그리고 영과 마음(intelligence et affektion)을 담은 인간의 마음을 항상 요구하신다. 그러므로 입으로만 행해지는 모든 기도는, … 무익할 뿐만이 아니라, 하나님을 불쾌하게 하는 것이다.(Toutes priéres donc faites seulement de bouche, sont … non seulement superflues mais déplaisantes à Dieu) 기도하기를 강력하게 요구(ardeeur de prier)하는 것은 우리의 비참함과 궁핍함을 느낌으로써 나타난다. 그리고 이는 하나님 앞에서 은혜를 얻으려는 갈급한 마음(désir véhément d'obtenir gràce devant Dieu)이다. 그러나 이런 마음은 우리의 본성에서는 결코 나올 수 없으며, 오히려 항상 성령으로부터 나온다. 사람들은 이를 구하기 위해서 스스로 계속해서 기도하도록 허락되었고, 또한 이를 위해서 기도해야만 한다.(1542. 요리문답 240-245문항)

우리는 여기서 특별히 공동체의 예배가 간직한 기도의 문제에 서있다. 이런 문제 때문에 분명 기도에 대한 형식과 바로 의무(Bindung)가 하나의 특별한 정당성과 필요성을 갖게 된다. 그렇다면 어떻게 이것이 동시에 한편으로는 규율적이며 공동체에 걸맞은, 다른 한편으로는 자유로운, 진심의, 자발적인, 그리고 또한 이 둘 모두의 측면에서 순종적인 기도가 될 수 있는가? 사람들은 두 가지의 측면에 대해서 아쉬워할 수 있다. 그러나 가장 커다란 위험은 특히 대교회적 공동체 안에서 그리고 오늘도 마찬가지로 그 공동체 안에서 요구된 자유, 진정성과 자발성을 상실한 것에 놓여 있다. 특히 자유, 진정성과 자발성은 또한 공동체기도를 위해서 필수적인 것이기도 하다. 또는 이런 요인들이 상실하게 된 결정적인 이유가 혹시 기도가 대체적으로 예배의 거의 죽은 요소가 되었다는 것에 놓여 있지는 않은가? 그러므로 우선적으로 다룬 이런 방향의 방식을 통해 새로운 길을 찾는 것을 추천하고 싶다.

고린도전서 12-14장은 이미 사도들의 공동체가 다루었던 어려움을 주제로 삼아 보여준다. 사람들은 이 공동체의 어려움에 따라서 여러 가지의 확고한 질서를 도입함으로써 실제로 매우 열렬히 그리고 신속하게 이를 극복하려고 시도했다. 만일 이를 즉흥적인 묘안을 바탕으로 하는 개인적인 감정의 분출(Expektoration)로 이해한다면, 예배를 인도하는 목사의 '자유로운' 기도를 통해서 규칙으로 정해진, 그리고 많은 자유교회에서 널리 실행되는 대체물은 사실 별 도움을 줄 수 없을 것이다. 왜냐하면 이는 지금 바로, 예외 없이, 진정한 목사가 다음과 같은 권리와 능력을 어디에서 취하고 있는지를 깨닫지 못하기 때문이다. 즉, 목사는 평신도에게 바로 지금 순간적인(!) 기도에 대한 생각을—추측을 기반으로 하여, 그러나 물론 신적인 착상(Eingebung)에서 기인할 수도 있는—바로 자기의 기도로 만들도록 요구하는데, 이런 권리와 능력의 출처에 대해서 생각하지 않기 때문이다. 그럼에도 이는 보통 그들의 새로운 부담을 명상의 그리고 강연의 방식을 지닌, 그 때문에 너무도 긴 기도만을 의미할 수도 있다! 그러나 혹시 오래된 또는 현대적인 예배식서에서 나타나는 기도를 낭독하는 것이 하나의 구습(Schlendrian), 즉 공동체의 공동기도를 고무시키기보다는 일반적으로 더 방해하는 구습이 아닌가? 사람들이 현대적인 예배식서의 불확실한 신학과 언어로부터 다시금 중세와 고대 시대의 형식으로 돌아가고자 하는 곳에는 이런 문제가 주어지지 않는가? 그러나 분명한 것은, 이런 형식이 또한 우리의 시대에 능력을 갖는지에 대해서 논쟁을 할 필요는 없다는 것이다. 사실 이는 신학적으로는 분명한 본질을 간직하며, 그리고 또한 언어적으로는 강력한 힘을 갖는 텍스트의 어휘, 문장구조와 문체를 갖는다. 그럼에도 일반적으로는 마치 외국어처럼 다가오기도 한다. 그렇다면 사람들은 20세기를 살아가는 그리스도교의 살아 있는 공동체를 위하여 이를 실제로 부인을 하거나, 또는 그 가운데 무엇인가를 바꿀 수 있는가? 칼빈은 예배 가운데 라틴어 기도문에 대해서 다음과 같이 언급하였다. "사람들이 이해하지 못하는 언어로 기도한다는 것은 무엇을 의미하는가? 이것은 하나님에 대한 경멸이며, 대단히 나쁜 위선이다."(Qu'est-ce de prier en langue inconnue? C'est une moquerie de Dieu et une hypocrisie perverse) 혹시 이것이 단지 과거 자신의 시대에 걸맞은 탁월한 표현이라는 관점에서 볼 때, 그렇다면 이는 사실상 잘못된 언급이 아닌가? 그러나 분명한 것은 예배의 기도가 확고한 안정성을 필요로 한다는 것이다. 그러나 가장 중요한 것은, 예배의 기도가 마치 예배의 선포와 마찬가지로 다음과 같은 요소를 반드시 간직해야 한다는 것이다. 즉, 기도의 연속성이 충분히 납득이 되어야 한다는 것이다. 이런 연속성을 통해서 오늘날 기도하는 공동체는 지나간 시대의 성도의 교제(communio sanktorum)와 연결된다. 그러나 사람들은 또한 이것이 단지 부차적 전제조건임을 생각해야 한다. 왜냐하면 공동체기도의 의미는 특정한 형식을 보존하거나 재생산하는 것이나, 마찬가지로 교회사적인 연속성을 지탱하는 것이나 돌보는 것에 놓여 있지 않기 때문이다. 또한 마지막 것도 확실히 아니다! "고대 교회의 기도어휘집"에 담긴 관용구는 의심스러운 관용구이다. 만일 기도가 교회의 근원지를 보호하는 것이나, 박물관과 같은 것이 된다면, 기도이기를 멈추게 될 것이다. 기도의 결정적인 특징은 어떠한 경우라도 기도가 오늘날 공동체의 간구를 언어로 표현하게 되는 것에 놓여 있다.

진보적인 측면보다 보수적인 측면에서 더욱 위험으로 다가오는 딜레마(Dilemma)가 있다. 분명히 이런 딜레마를 해결하는 길을 찾아야 할 것이다. 이런 딜레마는 다음과 같은 사실에 놓일 수 있는데, 즉 예배를 이끄는 자가 '자유로운 기도'를 하나님 말씀의 자유로운 선포와 함께—마찬가지로 이처럼 진지하고 면밀하게 그리고 공동체에 대한 동일한 배려와 함께, 고대 교회와 갖는 그들의 역사적인 연관성과 기도 형식의 확고한 안정성이 필요함을 배려하면서—예배를 위한 준비의 대상으로 만들었던 것이다. 예배를 이끄는 그의 임무—그러나 순식간에 성령에게 모든 것을 전가하는 것이 결코 아닌, 그의 진정한 임무—는 공동체가 매 주일에 하나의 기도를 그리고 과거 전통적인 기도를, 모든 설교와 모든 상황과 관련을 맺어 새롭고 특별하게 기도하는 것이다. 그러나 사실 여기서는 진보와 보수 모두에게(그리고 오늘날에는 특별히 보수적 측면에 대해서) 제기할 수 있는 질문이 있다. 그러나 언제 단지 이런 질문이 공동체에게 마치 목사의 지도 아래에서와 같이 긴급히 제기되는 질문으로서 매우 다르게 느껴지고 그리고 받아들여질 수 있겠는가! 다시 말하면, 어떻게 단지 행위나 현란한 수식을 주제로 삼는 질문이 아니라, 오히려 삶과 죽음을 다루는 질문으로 받아들여질 수 있는가?! 이런 질문은 여기서 단지 실천신학에 대해서뿐만이 아니라, 또한 전체 그리스도교(Christenheit)에 제기되고 확장될 것이다. 만일 이것이 기도에 관한 것이라면, 전체 그리스도교는 그때에 잠을 자기보다는, 오히려 반드시 깨어 있어야 할 것이다.

# §54
# 사귐(공동체) 안에 있는 자유

창조주 하나님은 인간을 자신에게 부르심으로써, 인간이 또한 동료 인간을 바라보게 하신다. 하나님의 계명은 특별히, 인간이 남자와 여자의 만남을 통해, 부모와 자녀의 관계를 통해, 가까이 있는 자가 멀리 있는 자에게 가는 길 위에서 타인을 자기와 함께 그리고 자기와 함께 또한 타인을 긍정하며, 존중하며 그리고 기뻐할 수 있는 것이다.

## 1. 남자와 여자

우리는 지금까지 신학적 인간론을 바탕으로 하나님 앞에 선 인간의 자유를 보았다. 그리고 우리는 이제 그 선상에 놓인 두 번째 자리에 들어섰다. 이 장의 첫 번째 절(Abschnitt)을 잘 이해하기 위해서 §45,3이 특별히 중요하다. 그렇기 때문에 KD III/2, §45는 여기서 잘 알려진 전제로서 사용될 것이며, 또한 여기에 KD III/1, §41에 제공된 창세기 1:27 이하, 2:18 이하의 주석을 포함시킬 것이다.

인간은 창조주이신 하나님 앞에서 책임을 지는 존재이다. 이것이 인간에 대한 첫 번째 진술이다. 그러나 이런 진술은 다음과 같은 두 번째 진술, 즉 인간은 창조 안에서 그리고 창조와 함께 하나님의 언약상대자로 정해졌다와 구별되어야 한다. 다시 말하면, 인간은 인간으로 존재하며, 이를 통해서 **하나님의 언약상대자**가 되었다는 사실이다. 이러한 규정은 인간에게 다른 인간과의 만남 가운데 있는 존재라는 성격을 부여한다. 그리고 인간이 하나님의 언약상대자로 정해졌다는 말은 인간존재의 특별한 방식인 인간성이 처음부터 **이웃됨**(Mitmenschlichkeit)이었음을 의미한다. 만일 창조주 하나님의 명령을 이해하고 싶다면, 우리는 이러한 인간존재의 본래적인 성격에 특별한 주의를 기울일 필요가 있다. 하나님은 인간을 당신에게 부르실 때, 인간으로 하여금 당신을 섬기도록 부르실 때, 하나님은 인간을 당신의 언약상대자로 만들려는 목적을 가지고 인간에게 말씀하신다. 이것은 위에 말한 것처럼 하나님이 인간성을 고려하신다는 사실을 의미한다. 좀 더 구체적으로 말하자면, 하나님이 원하시는 것은 인간이 자신의 동료 인간을 바라보는 것이다. 하나님은 인간이 나와 너의 만남, 그리고 이웃됨의 관계 안에 있는 존재로서 충만해지기를 원하신다. 그분은 인간의 이웃됨이 단지 근본적인 성격으로만 머무는 것이 아니라, 오히려 인간 스스로의 결정과 행동을 통해 실현되기를 명령하고, 초청하고, 요구하신다. 하나님은 인간이 자신의 본래의 모습으로 존재하기를 원하신다. 인간은 하나님과의 언약관계 속에 있도록 규정되었다. 또한 그뿐만 아니라 동시에 "공동체에서의 자유", 즉 "동료 인간과 함께하는 삶을 통한 자유"를 향하도록 부름을 받고 있다. 바로 여기에 인간을 향한 하나님의 진정성이 놓여 있다. 하나님은 인간으로 하여금 다른 사람을 긍정하고, 다른 사람을 새롭게 만들고, 다른 사람을 존중함으로써 또한 그 안에서 자기 자신을 경험하도록 요구하신다. 그렇기에 우리는 이제 하나님의 계명을 이와 같은 자유 안으로 불러주심, 다시 말하면 인간애(Humanität)로의 부르심으로 이해해야만 한다. 인간애는 인간존재가 지니는 특별한 본성의 방식이며, 이는 본질적으로 이웃됨과 동일하다. 그러나 만일 인간성이 이웃됨이 아니라면, 그렇다면 이는 인간성에 대한 부정이며 또한 비인간성(Inhumanität)이 될 것이다. 이것은 인간이 하나님의 언약상대자로 정해진 사실에 부합하지도 않을 뿐만 아니라 완전히 반대되는 것이다. 혼자 계신 하나님(Deus solitarius)이 아닌 삼위로 계신 하나님(Deus triunus), 관계 안에 계신 하나님을 홀로 있는 인간(homo solitarius)은 결코 발견할 수 없다. 하나님은 인간에게 인간애와 공동체 안에서의 자유를 요구하신다. 이를 통해서 하나님은 인간 스스로가 자신이 창조된 원래의 모습, 즉 그분의 형상(Ebenbild)으로 드러내고 확증할 것을 요청하신다. 이것이 가장 중요한 계명의 근거이며 지금 우리가 숙고해야 할 내용이기도 하다.

이웃됨의 가장 우선적이며 동시에 본보기가 되는 영역, 인간과 인간 사이에 놓인 가장 우선적이며 동시에 본보기가 되는 구별과 내적 관계가 바로 남자와 여자 사이에 주어지는 구별과 내적 관계이다.

그리스도교 윤리는 이 관계를—사람들은 이 관계의 절정을 "결혼"이라 부르는데—특별히 주목한다. 그 이유는 남자와 여자의 관계가 구약에서는 여호와와 그분의 백성 사이의 관계에 상응하고, 신약에서는 예수 그리스도와 교회 사이의 관계에 상응하는 것으로 제시되었기 때문이다. 결정적인 암시가 바로 성경의 두 창조이야기에서 드러나는 최초의 인간에 관한 묘사이다. 하나님의 형상에 따라 인간이 창조되었다는 창세기 1:27-28에 따르면, 우리는 이런 묘사를 다음과 같이 이해할 수 있다. 즉, 하나님이 인간을 창조하셨을 때 하나님은 당신 자신이 홀로 계시지 않고 관계 안에 계시는 것처럼, 이에 상응하여서 인간을 "한 명의 남자와 한 명의 여자"라는 관계 속에서 존재하도록 만드셨다는 것이다.

피조물로서의 인간존재가 동료 인간과 함께하는 존재라는 의식은 이러한 사실을 뒷받침해준다. 인간과 인간 사이에는 또한 다른 구별들과 관계들이 있다. 그러나 오직 남자와 여자의 관계만이 구조적이고 기능적인 구별에 근거를 둔다. 사람들은 아버지와 아들, 어머니와 딸 사이의 관계나, 다양한 나이, 다양한 능력과 성격을 가진 사람들 사이의 관계 또는 다양한 민족들이나 다른 역사적 시기에 속한 사람들 사이의 관계를 이렇게 말하지는 않는다. 오직 **남자**와 **여자** 사이의 관계만이 구조적이고 기능적인 구별에 근거를 둔다. 그러나 이 구별은 단지 구조적이고 기능적인 구별임을 사람들은 유의해야 한다. 그러나 이런 구별이 남자와 여자 모두가 인간이라는 사실을 의심하도록 만들지는 않는다. 그러나 남자와 여자를 자신만을 위해 존재하는(für sich seiend), 그리고 그 자신만을 고려하는(für sich zu betrachtend) 중성적이고 추상적인 인간존재로서 여전히 다뤄지는 공동의 주제들이 존재할 수도 있다. 그리고 이런 변화를 다룰 수도 있다. 그러나 이를 다루는 것보다는 구조적이고 기능적인 면에서 바라보는 것이 남자와 여자의 구별을 보다 분명하고 중요하게 다룰 수 있도록 한다. 인간은 결코 인간 그 자체(Mensch an sich)로서 존재하는 것이 아니다. 오히려 인간은 항상 인간인 **남자**나 혹은 인간인 **여자**로서 존재한다. 그리고 지금 인간성, 즉 이웃됨의 주제 안에는 결정적이고 중요하며, 그리고 또한 다른 모든 관계를 위한 표지판의 역할을 하는 주제가 있는데, 그것이 바로 이런 구별들을 통해서 드러나는 **관계**이다. 관계는 구별과 마찬가지로 또한 분명하고 중요한 것이다. 왜냐하면 이런 구별 자체는 스스로가 인간과 인간 사이의 다른 그 어떤 구별들과는 비교될 수 없을 만큼의 극단성(Radikalitaet)을 통해서 바로 유일하게 이런 관계를 암시하기 때문이다. 이로부터 다음 두 가지 진술이 드러난다. 먼저, 인간은 필연적으로 그리고 전적으로 남자 혹은 여자이어야만 한다. 바로 그때에 인간은 동시에 필연적으로 남자와 여자로 존재한다. 인간은 이 구별로부터 자유롭게 될 수도 없으며, 또한 남자 혹은 여자로 자신을 규정하는 것의 저편에 놓인 "단지 인간"으로만 존재하기를 원할 수도 없다. 그렇기에 인간은 모든 인간적인 면들에서 항상 그리고 어느 곳에서나 실제로 인간인 남자이거나 인간인 여자로 존재하게 된다. 그리고 또한 인간은 스스로를 관계로부터 해방시킬 수 없으며, 그리고 여자 없이 전적으로 남자가 되거나 혹은 남자 없이 전적으로 여자가 되려고 해서도 안 된다. 즉, 남자와 여자는 그들이 각각 남자와 여자로서 가지고 있는 모든 것을 가지고, 그것들 안에서 서로에게 의지하고, 그리고 서로 간의 만남과 협력을 지향해야 한다. 남자와 여자의 관계에서 둘 사이의 차이는 인간들 사이의 다른 어떤 구별들에서도 찾을 수 없을 만큼 크다. 그러나 동시에 다른 인간들과의 관계와는 다르게, 남자와 여자의 관계만큼 가깝고, 자연스럽고, 그리고 보편적으로 유효한 관계는 존재하지 않는다. 왜냐하면 남자와 여자의 관계가 지닌 능력은 바로 관계 안에 전제로서 주어진 다름의 존재(Anderssein)에서 기인하기 때문이다. 여자는 남자에게 그리고 남자는 여자에게 다른 인간이면서, 그러나 동시에 동료 인간(Mitmensch)이다.

 그러면 먼저 이 이웃됨의 영역에서 하나님의 계명이 무엇을 말하고 있는지 살펴보자.

 에밀 브루너(Emil Brunner)는 『계명과 규정들』(*Das Gebot und die Ordnungen*)의 325쪽에서 다

소 정언적(kategorisch)으로 다음을 주장한다. "하나의 윤리학이 이런 질문(그는 이 질문을 결혼의 문제와 연결시키고 있다.)에 관해 말해야만 하는 것 또는 말해서는 안 되는 것, 바로 그것이 전적으로 윤리학의 유용성을 분명하게 드러낸다." 나는 이 진술이 의미하는 바에 관해 내가 이해하고 있는 것을 말하고 싶지 않다. 마찬가지로 다음과 같은 이유 때문에도 그렇다. 물론 이는 결혼의 문제에서 매우 중요하고 핵심적인 질문이다. 그럼에도 이런 질문을 단순히 지금 이와 같은 윤리의 문제와 동시에 다룰 수는 없기 때문이다. 그 밖에도 다음과 같은 이유 때문이기도 하다. 물론 만남 가운데 존재하는 남자와 여자에 관한 질문은 특히 이웃됨의 영역에서 근본적이고 결정적인 것이다. 그럼에도 이웃됨의 영역은 윤리적 주제들의 전체 영역 가운데 하나에 불과하기 때문이다. 그리고 또한 다음을 증명하기가 어렵기 때문에 그렇다. 즉, 윤리학의 유용성과 유용하지 않음이 이런 영역, 자세히 말하자면 바로 이웃됨의 영역에서 가장 중요한 문제를 언급해야만 하거나 혹은 언급하지 말아야 함을 결정한다는 사실을 증명하기 어렵기 때문이다. 물론 윤리학은 예를 들자면, 일요일에 관해서 혹은 기도에 관해서 언급해야만 하거나 혹은 언급하지 말아야 하는 것에 따라서 자신의 유용성을 결정할 수 있다. 그러나 윤리의 유용성이 중요시 여겨지지 않는 곳은 어디인가? 바로 집이 사방에서 불타오르는 곳이다. 윤리학의 유용성은 이처럼 예를 들자면 교의학의 유용성이 곳곳에서 시험받고 있는 것처럼 제기되고 있다.

지금 여기서 나는 무엇보다 먼저 남자와 여자의 관계에 관한 특별한 질문과 관련하여 — 브루너에 반대하는 것이 아니라 널리 퍼져 있는 어떤 입장에 반대하여 — 한 가지 엄중한 경고를 하려고 한다. 왜냐하면 수많은 사람은 이 불행한 입장에 근거해서 "도덕성"(Sittlichkeit)이란 단어를 완전히 자의적이고 악의적으로 과장하여 사용하기 때문이다. 이를 통해서 남자와 여자에 관한 질문, 좀 더 범위를 좁혀 말하자면 소위 "성적 관계"에 대한 질문에 대해서 옳고 그른 것이 무엇인지를 밝히려고 이 단어를 사용한다. 여기서 사람들은 당연히 보편적으로 그리고 특별히 무엇이 지켜져야 하고 금지되어야 하는지에 관심을 집중한다. 그리고 무엇이 순종이고 불순종인지에 관한 질문에 자신의 최고 관심을 집중한다. 이런 일은 그 자체로 특별한 가치와 중요성을 가지고 있음이 분명하다. 하지만 사람들은 하나님의 계명이 마치 광의의 의미로 혹은 엄밀한 의미나, 가장 엄밀한 의미에서 '일곱 번째 계명'으로부터 시작하고 또한 끝나는 것처럼 생각해서는 안 된다. 만일 사람들이 하나님의 계명 안에 놓인 이 계명을 공정하게 다루기를 원한다면, 이 계명을 핵심들의 핵심(punctum puncti)으로 간주하거나, 이 계명을 매혹된 듯 쳐다보거나, 또한 마치 순종이라는 문제의 가장 중심에 놓인 것으로 삼아서는 안 된다. 그래서 이 계명을 자기 자신이나 또는 무엇보다 다른 사람을 평가하기 위한 우선적이고 보편적인 기준으로 사용해서는 안 된다. 그리고 사람들은 공개적이거나 또는 은밀한 격동과 동요 가운데 이 계명을 중심으로 생각하며 또한 말하는 습관을 이제 그만두어야만 할 것이다. 내가 이를 언급할 때 특별히 목사들에게 보이는 습관, 물론 여러 가지 다양한 이유에서 비롯된 악한 습관을 염두에 두고 있음을 나는 숨기지 않겠다. 결국 순종이라는 문제의 핵심은 사람에게 주어진 하나님의 계명을 우리가 어떻게 책임질 것인가라는 질문이다. 바로 이런 질문이 중심이며, 이 중심으로부터 바큇살들이 사방으로 뻗어 나가는 것이다. 이 살들이 도달하는 주변부는 말할 것도 없고, 살들 가운데 그 어느 것도 그 자체로 중심이 될 수 없으며 우리의 논의의 대상이 되지 않는다. 이 부분에만 초점을 맞추는 것은 단지 형식적인 면에서만 잘못을 범하는 것이 아니다. 사람들은 분명 다음과 같은 부분도 고려해야 한다. 즉, 이 문제에만 집중적으로 관심을 보이는 것이 사실은 인간에게 훨씬 더 시급한 문제인 하나님의 계명이 지닌 다른 부분들로부터 도피하는 것은 아닌가? 또한 이러한 특별한 관심이―사람이 스스로를 잠정적으로나 혹은 지속적으로 책망받을 만한 잘못이 없는 모습으로 만들고자 하면서―사람이 자기 자신이나 다른 사람들 앞에서, 그리고 궁극적으로는 **하나님 앞에서 스스로를 의롭게 만드는** 하나의 편리한 가능성을 의도하고 있는 것은 아닌가? 더 심각하게 고려해야 할 것이 있다. 즉, 사람이 바로 이런 관심으로 인해서 특별히 일곱 번째 계명을 위반한다는 강박관념에 사로잡혀 있는 것이 아닌가? 물론 이런 영역에서 자기 자신의 태도에 대한 매우 내밀한 불만족이 존재할 수 있다. 그리고 고통스럽고, 필시 더 이상 회복할 수 없으며 또한 지금 잘못된 복수를 소리치는 패배자에 대한 불만이 존재할 수 있다. 또한 마음에 내키지는 않지만 충분히 보존된 덕성을 위한 간접적인 자기파괴의 모습이 존재할 수도 있다. 그러나 또한 매우 실제적으로 덮쳐오는 음란함이나, 실제적으로 가장 강렬하게 전염되는 음탕함이 존재할 수도 있다. 이런 음탕함은 인간 스스로에게 특별히 일곱 번째 계명을 환기시킨다. "성윤리"는 명확한 사고와 확고한 마음으로 다루어져야 한다. 하지만 명확한 사고와 확고한 마음으로 그것을 고립시켜서는 안 되며, 그것의 의미를 절대화시켜서도 안 된다. 즉, 이론적이 되어서도 안 되고, 실용적이 되어서도 안 된다! 성윤리는 참된 중심과 우리에게 지키도록 부과된 신적 계명, 그리고 순종의 다른 부분들과의 연관성 속에서 이해되어야 한다. 우리는―어느 정도 경고의 어조를 가지고!―다음과 같이 말해야만 한다.(독자로서든지 청중으로서든지) 처음으로 어떤 하나의 윤리학을 통해 여기서 순종하기를 원하는 사람은 스스로를 의심스럽게, 즉 의심을 하는 한 개인으로 존재하도록 만들어야 한다. 이 영역에서 그에게 필요한 조언은, 아니, 소리쳐 알리고 싶은 것은 무엇보다 오직 다음과 같을 것이다. 그는 일시적으로 거리를 두고 싶어할 것이다. 이는 마치 그가 이 문제에 관해 올바른 사고를 할 수 있도록 자신을 매우 명확한 사고와 확고한 마음에 도달하고 싶어하는 것과 같다. 근본적인 요구조건은 성윤리로부터 **돌이켜서** 모든 윤리의 **출발점**으로, 또한 하나님을 향하여 나아가라. 그리고 윤리 자체가 하나의 근본요구가 되게 하라. 이런 요구의 충족이 아마도 대부분의 사람들을 바로 성윤리적으로도 가장 먼저 설득할 수 있을 것이다.

인간은 이 영역에서 하나님의 계명과 대면하여 서 있다. 여기서 우리는 이런 진술이 무엇을 의미하는지를 분명히 해야 한다. 그리고 이를 바탕으로 출발한다면, 우리가 위의 문제를 바라보는 시각과 이해가 온전하게 이성적이 되도록 만드는 데 도움이 될 것이다.

사람들은 이 특별한 영역을 감싸고 있는 수많은 종교의 신화와 전설, 제의와 관습들을 숙고한다! 사람들은 또한 수많은 철학자와 심리학자 그리고 시인들이 이 문제에 관해서 했던 사색을 깊이 생각한다! 사람들은 결국 감각의 폭풍과 심연을 떠올린다. 그리고 이는 위의 영역에 대해 거의 알지 못하는 사람들, 전문적이고 체계적인 표현들에 익숙하지 않은 사람들에게도 전혀 낯설지 않다! 이 모든 것은 인간이 그 어떤 곳에서보다도 여기에서 일종의 자연적인 신비주의의 파도 위에 서 있음을 보여주는 예들이다. 남자와 여자의 만남이라는 원체험(Urerlebnis)에서 볼 수 있듯이, 원초적인 사람이건 혹은 교양 있는 사람이건 상관없이 사람을 자극하여 황홀경 속으로, 그 자신의 밖으로 나가도록, 열광주의 안으로, 또는 추측건대 모든 존재의 근원이자 본질 안으로, 그리고 신에 대한 관조, 즉 신에 대한 참여로 우리를 이끄는 것은 무엇인가? 물론 항상 하나의 추측에 불과하지만, 무엇이 사람을 최소한 다른 신, 창조자 가까이로 고양시키는가? 이것은 아마도 여러 가지 가능한 형태를 가지고 다양한 강도로 나타나는 경험 자체이거나, 아니면 이런 경험의 승화(Sublimierung)나 전환(Transposition) 또는 정신화(Vergeistigung)일 것이다. 그러나 이는 항상 만남의 경험으로 주어진다! 왜 이런 경험인가? 물론 만남에서 무엇이 일어나는지 이해하는 사람은 이런 질문을 하지 않을 것이다. 왜냐하면 만남을 통해 발생하는 정말로 숨을 멎게 만드는 다름과 관계 사이의 변증법(Dialektik) 때문이다. 또한 사실적인 이원성과 마찬가지로 사실적인 일원성 사이의 변증법 때문이고, 완전히 자기 폐쇄적 존재(Beisichsein)와 완전히 자기 개방적 존재(Außersich) 그리고 타자와 함께하는 존재(Beim-Andern-Sein) 사이의 변증법 때문이며, 창조와 구원 그리고 이 세상(Disseits)과 저세상(Jenseits) 사이의 변증법 때문이다. 인간성은 이웃됨이고, 이웃됨은 가장 우선적으로 이와 같은 변증법을 통해서 경험될 것이다. 그리고 만일 그렇다면 이웃됨을 인간존재의 가장 깊이 심오하며 동시에 가장 높여진 대담하면서도 행복한 도취상태(Rausch)로, 또한 인간존재의 신격화(Vergottung)로 이해하고, 그리고 경험하기를 원하는 것으로 말하는 것은 매우 설득력 있을 것이다. 그러나 인간존재가 이런 만남 안에서 존재(das Sein)가 된다면, 인간은 신과 같지 않은가?

이제 **하나님의 계명**도 마찬가지로 정확하게 이 만남 가운데 있는 인간의 존재와 관련된다. 잠시 동안 이런 사실에 머물러 있는 것이 유익하다. 계명이 인간을 위해 간직하고 있는 중요한 의미는 바로 계명이 **하나님의 계명**이라는 사실이다. 참된 하나님의 자리가 이미 주어졌음을 계명은 알려준다. 계명은 참된 저세상이 계획대로 실행되도록 이끈다. 계명은 인간이 의심할 여지 없이 스스로를 신으로 경험한다는 사실을 알려준다. 그리고 인간이 이런 만남의 경험 안에서 자기 자신으로 느끼는 신이란 단지 바알(Baar)이나 아스타르테(Astarte), 혹은 오시리스(Osiris)나 이시스(Isis)와 같은 하나의 비천한 우상에 불과할 수 있다는 사실을 이해하도록 해준다. 계명은 인간이 자기 자신의 위치에 서 있도록 만든다. 그리고 인간이 넘어서는 안 될 경계선이 무엇인지를 알려준다. 계명은 인간이 피조물임을 확인시켜 준다. 다시 말하면, 인간은 깊음이나 높음 속에서도, 자기 폐쇄적 존재이거나 자기 개방적 존재일 때도, 이 세상이나 원체험의 저세상에서도 언제나 피조물인 것이다. 또한 계명이 인간에게 주는 의미는, 계명이 바로 하나님의 계명이라는 사실이다. 계명은 내재와 초월을 통해서, 자기긍정과 자기부인의 최고점에서 인간에게 다가오는 낯설지만 그러나 압도적인 의지이다. 인간은 위의 변증법이 제공하는 가장 심오하고 황홀경적인 상태에 존재할지라도, 결코 자신의 주인이 되지 못한다. 계명은 인간에게 바로 이런 사실을 보여준다. 계명은 인간에게 자신의 본질이 속해 있는 변증법의 너머에 굳세고 더 높은 하나의 장소가 있음을 가르쳐 준다. 그래서 인간이 바로 이 장소에 의해서 지배받고, 명령받고, 허가받고, 금지받는다는 사실을 깨닫도록 해준다. 비판과 심판의 긍정(Ja)과 부정(Nein)은 바로 이런 장소로부터 율법의 목소리를 통해 실제적 체험의 폭풍 속으로 또는 승화된 인간적 경험의 속삭임 안으로 들어와 울려 퍼질 것이다. 인간이 자신의 입장에서 스스로를 기준으로 삼은 후에, 그러나 인간은 계명에 의해서 이처럼 평가받을 것이다.

인간에게 이러한 상황이 벌어져야만 한다는 것은 어떤 의미인가?

**첫째로,** 무엇보다도 먼저 분명한 것은 다음과 같다. 인간은 이 영역에서 주인 없는 상태가 아니며, 마찬가지로 또한 인간은 자신의 창조주로부터 버림받지 않았다는 것이다. 그리고 인간은 또한 이 영역에서, 예를 들자면 악마의 세계나, 지옥의 구렁텅이 또는 정글과 같은 곳에서 살아가는 것이 아니라, 오히려 집에서 그리고 아버지의 질서 아래에서 살아간다는 것이다. 그렇지 않다면 하나님은 인간에게 은혜를 베풀지 않았을 것이다. 또한 그 자리에서 그리고 이런 사건 속에서 하나님은 인간을 지배하는 분으로 현존하실 것이다. 하나님이 인간을 스스로 받아들이시는 곳, 그곳에서 바로 인간은 존재할 수 있다. 오직 그곳에서 인간이 지닌 인간성이 보존된다. 그곳이 여전히 인간의 고향집인 것이다. 그곳에서 인간은 본래적이고 올바른 상태에 가까이 있게 된다. 하나님의 계명은 남자와 여자 사이의 관계 문제에도 관련된다. 그렇기에 하나님이 이 문제에서도 역시 인간을 다스리신다고 단언할 수 있다. 따라서 인간은 이 문제와 관련하여 버려진 것이 아니라, 집에 있는 것이며 본래적이고 올바른 상태 가까이 있는 것이다.

**둘째로,** 분명한 것은 다음과 같다. 하나님의 계명은 만남과 이런 만남 속에 있는 인간존재를 철저하게 **상대화**(Relativierung)시킨다는 점이다. 인간존재의 부정이나 파괴가 아닌 철저한 상대화이다.—하나님의 계명이 실행되면서, 한편으로는 이 영역에 대한 "비신화화"(Entmythologisierung)가 수행된다. 어딘가 비신화화가 절실히 필요한 곳이 있다면, 그곳은 바로 다음과 같은 장소일 것이다. 즉, 수많은 신이 무슨 말이든 지껄이면서 자리를 차지하고 있는 장소라는 의미다. 사 분의 일 신이나 반신 혹은 온전한 신 모두가 끼어들려고 하는 영역인 것이다. 반면에 하나님의 계명은 철저하게 비신화화를 수행한다. 계명은 손짓만 하는 존재에 불과한 신들을 제거하고, 그들의 가면을 벗긴다. 그래서 그 실체가 원시적인 영에 불과함을 드러낸다. 계명은 그들을 자연적인 것으로 선언한다. 그렇다면 마지막에 남는 것은 결국 인간이 본래부터 만남 가운데 존재하도록 규정된 그런 피조물이라는 사실이다. 인간은 남자 또는 여자 그리고 남자와 여자라는 본래적인 이중성(Dualis)으로 존재하도록 정해졌다. 인간은 이 본래적인 이중성을 따라야만 한다.—다른 한편으로, 하나님의 계명이 실행됨으로써 이 영역에 질서가 부여된다. 계명이 인간에게 원하는 것은, 인간이 어떠한 경우든지 이런 자연적인 이중성을 실행하는 것이다. 이는 인간을 부정하는 것도 아니고, 그를 이렇게 저렇게 다루려는 것도 아니다. 오히려 인간 본연의 모습이 자신의 실존 속에서 참되고 분명하게 드러나도록 하려는 것이다. 이를 통해서 이 영역과 이 영역에 실존하는 인간은 하나님의 다스림 아래 놓이게 된다. 그리고 인간은—그의 개인적인 문제와 관련하여—이렇듯 다스림을 받도록 연습해야 하는 과제를 부여받는다. 그가 계명을 행할 때, 이것이 바로 인간에게 요구되는 순종인 것이다.

마지막 **셋째**로, 분명한 것은 다음과 같다. 인간이 하나님의 계명과 대면하고 있다는 것은 인간에게 자유가 주어졌음을 의미한다는 사실이다. 인간은 남자와 여자의 만남 가운데 존재하도록 허용된다. 인간은 만남을 두려워할 필요가 없으며 그것을 부끄러워할 필요도 없다. 그는 자신이 이 영역 속에 포함되어 있다는 사실에 대하여 나쁘게 생각할 필요가 전혀 없다. 인간이 지닌 인간적인 실존에는 다른 모든 것이 함께 속해 있다. 마찬가지로 인간이 이런 영역에 들어가는 것도 또한 허용된다. 심지어는 이런 만남은 인간에게 매우 특별하며, 숭고한 것이며, 중요하며, 그리고 아름다운 인간존재를 규정하는 것과 연관된다. 그는 여기에 대하여 예(Ja)라고 대답할 수 있다. 그는 이를 통해서 한 인간이 된다. 인간이 자신에 대한 이러한 규정을 수행하기 위해 어떠한 황홀경이나 어떠한 열광주의도 필요 없다. 그리고 어떠한 신비주의도, 어떠한 취한 상태도, 그리고 어떠한 신격화도 필요치 않다. 인간은 그저 이와 같은 변증법의 가장 깊은 곳까지 도달할 수 있다. 그러나 이런 변증법을 통해 인간이 스스로 신이 되고, 인간 자신의 주인이 되고자 할 때, 이와 같은 형이상학적이며 절대적인 변증법이 문제가 되는 것이다. 이로 인해서 인간은 강한 얽매임, 심각한 고통과 혼란을 겪게 된다. 그러나 인간은 계명을 통해서 이런 것들로부터 구원을 받을 수 있다. 이런 일을 통해 인간은 인간—오직 인간—으로, 참된 인간으로 존재할 수 있다. 하나님은 인간에게 계명을 주신다. 그리고 하나님은 인간을 받아들이시며, 인간을 위와 같은 철저한 상대화 아래에 놓이게 하신다. 그럼으로써 하나님은 인간에게 이런 자유를 주시는 것이다.

이것이 우리가 이 문제와 관련하여 하나님의 계명과 계명이 지닌 가치에 대해서 순수하게 형식상으로 말할 수 있는 것들이다.

이후의 모든 논의를 명확하게 만들기 위해서, 여기에서는 우리가 가지고 있는 경계들을 분명하게 제시할 것이다.

1. 우리는 고전주의자들, 즉 고전적 신학자들이 펼친 남자와 여자에 대한 관점들 가운데 하나인 **슐라이에르마허**의 관점에 대하여 일정한 거리를 두고자 한다. 하지만 그에 대해서도 구별은 필요하

다. 오랫동안 그가 "낭만적인 사랑"(*Phil. Ethik* §260)이라고 불렸던 것에 관련된 모든 것이 거짓이거나 잘못된 것은 아니다. 이 사랑은 낭만주의에서 원칙적으로 결코 없어서는 안 되는 것이다! 슐라이에르마허는 윤리학에 대한 기술들과 이 문제와 관련하여 특별히 유명한 그의 글, "슐레겔의 루킨데에 관한 친밀한 서신들"(Vertrauten Briefen über Schlegels Lucinde, 1800), 그리고 그의 "가정설교들"(Hausstandpredigten, 1818)에서 알 수 있듯이 옛날과 현재의 신학자들에게서는 보통 찾아볼 수 없는 방식으로 그는 이 영역에 대해 알고 있었다. 만일 어떤 사람이 그가 말하고자 하는 바에 관해 전혀 무지하다면, 무엇이 그의 진지함과 열정을 도울 수 있겠는가? 슐라이에르마허는 남자와 여자의 관계에서 발생하는 변증법에 관해 매우 정확하게 알고 있었다.(예를 들어 *Phil. Ethik* §259 참조) 그러나 동시에 그의 변증법에서는—이에 관해서는 나중에 다시 다룰 것이다.—양편 모두가 전체적인 인간과 관련되어 있다. 다시 말하자면, 초기에 그는 "감각적인 것"(Sinnlichkeit)과 "정신적인 것"(das Geistige)에 관해 말했지만, 후에는 "세상적인 것"(das Irdische)과 "천상적인 것"(das Himmlische)에 관해 말한다. 여기에서는 어느 하나가 다른 하나로부터 추상되지도 않고, 둘 중 어느 하나가 자기 자신의 길을 가려고 하지도 않는다.

그러나 바로 여기에서 "종교"와 "신비주의"가 그의 용어가 된다! 이제 "사랑의 전능함, 인간의 신성, 삶의 아름다움"이 유일한 상호관련성을 지닌다.(루킨데 서신, *Werke z. Phil.* I, 495) 이에 따라 남자와 여자 사이에 벌어지는 사건에서 모든 것이 "인간적이고 또한 신적"인 것이 된다. "성전의 가장 깊은 곳으로부터 마법적인 거룩의 향기가 흘러나와 성전 전체에 분다."(483) 이제 사랑하는 자들 안에 있는 것은 바로 "신"(der Gott)이어야만 한다. 이제 "그들의 포옹은 그들이 바로 그 순간 함께 공동으로 느끼고 그리고 이후에도 소유하기를 원하는 그분의 둘러쌈이다."(447) 이제 Fr. 슐레겔은 그의 책으로 인해서 이 "종교의 제사장이자 집례자"가 된다(482). 이제 "사랑받는 여자에게서 우주와 인류에 대한 가장 거룩한 경배"를 찾을 수 있으며(431), 그 여자는 사랑하는 남자에게 "당신, 무한한 자여!"라고 부르지 않을 수 없다(487). 이제 육체와 정신은 이 만남에서 분리될 수 없을 뿐만 아니라, 심지어는 동일해야 하며(492), 그리고 남자와 여자는 "하나의 본질(Wesen) 그 이상"이어서는 안 된다(488).—여기에 실제적인 침해가 놓여 있다. 인간이 이 만남에서 경험하는 것은 "나를 삼켜버리는 신적인 번쩍임, 가장 높은 하늘부터 지구의 중심부까지 이르고, 나의 과거와 미래, 너와 나 그리고 모든 것을 비추고 설명해 주는, 서로 연관된 생각과 감정들의 끝없는 나열, 그리고 그것이 너에게 그러하듯, 나도 그것을 느끼고 그것을 안다.…"(489)는 것이다. 1818년의 설교들 가운데 하나에서 슐라이에르마허는 결혼을 "영원한 사랑에 의해 행해진 그 자체로 영원한 일"이라고 불렀다.

다음에 유의하라: 그가 제기했던 문제들과 모티브들은(당시에 그가 그의 친구였던 슐레겔을 옹호하고자 사용했던)—그보다 이전 시기는 말할 것도 없고 이후의 시기에도 여전히 빈약했던 도덕성과 비교할 때—옳다고 할 수 있다. 이미 그는 우리가 언급한 변증법(**남자 또는 여자, 남자 그리고 여자**)을 다루면서 여기에서 전체적인 인간에 관해 말하고 있다. 이를 통해서 슐라이에르마허는—보다 낮은 수많은 정신과 함께—이런 변증법을 형이상학적인 것으로, 절대적인 것으로 만들었다. 그리고 이런 변증법 가운데서 실존하는 인간을 신으로 높이는 부적절함 속으로 빠져들었다. 그는 이런 일이

자신에게 분명하게 떠올랐던 문제를 올바로 이해할 수 있도록 하는 것이 아니라, 오히려 몰이해를 초래하는 것임을 제대로 보지 못했다. 이는 변증법의 제거를 의미하는 것이다. 다시 말하면, 이런 변증법은 인간적인 이중성(Dualis)이 신적인 단일성(Singularis)으로 바뀔 때 파괴된다는 의미이다. 그는 자신이 인간을 구원으로 인도하는 상대화로부터 벗어나도록 만들었다는 것을, 그래서 다시금 주인 없는 존재로, 하나님으로부터 버림받은 존재로 만들었다는 것을 깨닫지 못했다. 그가 실제로 그것을 볼 수 없었던 이유는 인간에게—그리고 이 영역 속에 존재하는 인간에게도 마찬가지로—낯선, 외부로부터 오는, 위로부터 오는, 참된 신성 안에서 인간을 만나고 참된 위로를 주는, 그리고 겸손케 하며, 인간을 모든 인위적인 풍요로부터 해방시키는 결정적인 심급기관(Instanz)으로서의 하나님 계명을 알지 못했기 때문이다.

2. 로마 가톨릭과 동방정교회에서는 남자와 여자 사이의 주어진 관계의 구체화를, 즉 이 관계의 절정인 **결혼**을 **성례전**(Sakrament)으로 선언하고 있다: 결혼은 단순히 자연적인 질서가 아니라, 세례나 성찬식 또는 그 밖의 다른 성례전들처럼 **초자연적인 질서**에 속한다. 이것은 은총의 방편이다. 이것은 그 자체로 효력을 갖는(ex opere operato, 사효성)[2] 은총의 효과적인 유효한 증거(signum efficax)이다. 이러한 관점은 분명히 우리가 다루고 있는 문제와 연관되어 있다. 그렇기에 여기에서 살펴볼 필요가 있다.(나는 아래 논의의 중요한 부분들을 위해 J. M. Scheeben, *Handb. der Kath. Dogmatik*, Neuaufl. 4. Bd. 1903, 769f.를 참조했다.)

이것은 주석적으로 무엇보다 에베소서 5:32에 근거하고 있다. 이 구절에서 라틴어 불가타(Vulgata) 성경은 뮈스테리온(μυστήριον)을 사크라멘툼(sacramentum)으로 번역하고 있다. 그러나 사크라멘툼이 교회에서 이와 같은 특별한 의미로 사용된 것은 후대의 일이다. 신약성서에서 말하는 신비는 믿는 자들에게는 드러나지만 믿지 않는 자들에게는 감추어진 특별한 구원사적 메시지를—"비밀"(Geheimnis)로—포함하는 세상적인 창조적 현실에 관한 진술이다. 에베소서 5:32에 따르면, "비밀"은 창세기 2:18-19에 묘사된 바와 같이 결혼을 통해 완성에 이르는 남자와 여자의 공존을 가리킨다: "이러므로 사람이 부모를 떠나 그 아내와 합하여 그 둘이 한 육체가 될지니"(31절). 이 구절은 다음과 같은 진술로 이어진다: "이 비밀이 크도다. 내가 그리스도와 교회에 대하여 말하노라"(32절). 여기에서 인간이 다른 사람과 함께하는 완전한 방식인 남자와 여자 사이의 관계가 이와는 완전히 다른 한 관계에 대한 모사 또는 유비로 제시되고 있다: 본질적으로 일회적이고 비교될 수 없는 이 관계—인간 그리스도와 그분의 신부인 교회와의 관계—에서는 인간, 즉 하나님의 그리스도가 그분의 동료 인간과 함께할 뿐만 아니라 그들을 위해 존재하신다. 남자와 여자의 만남과, 무엇보다 결혼에서 가장 분명하게 나타나는 이웃됨으로서의 인간성은(깨닫든지 깨닫지 못하든지, 이해되든지 이해되지 않든지 상관없이) 하나님의 뜻과 결정 가운데 있는, 처음이자 마지막이신 분과 인간과 맺은 하나님의 언약에 대한 실질적인 증거이다. 에베소서 5:32는 이것을 말하고 있다. 그러나 이 본문이나 또는 보다

---

[2] 가톨릭교회에서 성례전과 관련하여 사용하는 표현—역자 주.

넓은 문맥 속에서는 결혼이 하나님의 은총을 매개하는 표시라는 의미에서의 "성례전"임을 말하고 있지는 않다. 이미 루터는 이에 관해 다음과 같이 적절하게 말한 바 있다: 이런 주장은 큰 하품만 나게 하는 부주의하고 어리석은 이야기이다(hoc argumentum esse magnae oscitantiae et indiligentis inconsultaeque lectionis)(*De. Capt. Babyl.* 1520 WA 6, 551, 8). 주석적인 근거와 관련하여, 가나의 혼인잔치에서 예수님이 기적을 베푸신 이야기나 또는 결혼식을 다가올 하나님의 나라와 관련시키고 있는 비유들을 참고할 때, 이 문제는 그렇게 튼튼한 기초를 가지고 있지 못하다. 이 가르침에 대한 교부들의 증거는 이를 더욱 의심스럽게 만든다. 아우구스틴은 결혼을 어떤 하나의 성례전(quoddam sacramentum)으로 불렀고, 결혼으로부터 생겨나는 결합의 강한 구속성을 세례나 성직임명식에서 찾아볼 수 있는 "특성"(Charakter)과 비교한 것은 사실이다. 그러나 여기에서(*De nupt. Et concup.* I1,11; Debono coniug. 32) 아우구스틴은 은총을 불러일으키는 결혼에 관해서는 전혀 말하고 있지 않으며, 더 나아가서 페트루스 롬바르두스는 이를 분명하게 거부하고 있다(Sent. IV dist. 2c. 1). 결혼은 플로렌스 공의회(1439, Denz. Nr. 702)가 공표한 아르메니스를 위한 선언(Decretum pro Armenis)에서 처음으로 교리적으로 은총을 불러일으키는 일곱 개의 성례전들 가운데 하나로 등장했다. 그리고 트리엔트 공의회(Sess. XXIV 1563, can. 1 Denz. Nr. 971)에 이르러서 비로소 결혼이라는 성례전이 은총을 가져온다는 것(conferre gratiam)이 교리적으로 명확하게 선언되었다. 따라서 이 문제에 대한 성경적인 근거나 전통사적인 근거 그 어느 것도 특별히 인상적이라고는 볼 수 없다.

오늘날에 유효한 해석은 어떻게 이런 일이 발생했는지에 대해서 다음과 같이 말한다: 남자와 여자 사이에 이루어지는 결혼 서약(mutuus consensus per verba de praesenti expressus. Decr. Pro Arm. 1. c.)은 그 자체로는 자연적인 과정이지만, 만일 두 사람 모두 세례를 받은 그리스도인일 경우 그것은 초자연적인 은총의 성격을 갖게 된다. 의식 "그 자체로 효력을 갖는" 과정을 통해 그들은 번성하게 되고, 세례를 통해 그들에게 나타났던 거룩하게 하는 은총을 새롭게 받게 될 뿐만 아니라, 이를 넘어서 결혼의 특별한 목적과 관련된 구체화된 은총을 누리게 된다: 서로를 자연적인 사랑뿐만 아니라 "초자연적인 사랑"으로 사랑하고, 결혼 관계의 신뢰를 지키고, 서로 분리될 수 없는 강한 결속 가운데 머물며, 그들의 자녀가 하나님을 경외하도록 가르칠 수 있게 된다. 자연적이면서 결혼을 성립시키는 과정의 근본적인 특성들, 즉 제삼자를 제외시키는 **유일성**(Einzigkeit)과 **불가분성**(Unaufloeslichkeit)은 성례전적인 은총을 통해서 "초자연적으로 고양되고 완전케 된다." 이와 같은 모든 것은 자연적인 과정을 통해, 즉 세례 받은 그리스도인에 의해 합의(consensus)가 이루어질 경우에, 그리스도가 베푸는 효력적인 은총의 표지라는 성격이 여기에 덧붙여지기 때문이다. 이를 통해 완성된 결혼의 과정은 모든 은총을 나타내는 성례전적 사건이 지닌 능력을 지니게 된다. 만일 두 결혼 상대자 모두 혹은 둘 중의 하나가 세례를 받지 않았을 경우에, 이런 과정은 필연적으로 성립되지 않는다. 이 경우 그들의 결합은(국가와 사회에 대한 관계에서) 기껏 법적인 결혼(matrimonium legitimum)에 불과하며, 결코 권위 있는 결혼(matrimonium ratum)이 아니다. 이 결혼은 근본적으로 하나의 성적 관계(purus concubitus)이고 고유한 의미에서 올바른 결혼이라고 할 수 없다: 이러한 결합은 결혼하는 두 명의 상대자가 세례를 받음으로써 고쳐질 수 있다. 왜냐하면 세례가 이와 같은 결합을 추후에 자동적으로 성례전이 되도록 하는, 즉 고유의 의미에서 올바른 결혼으로 고양시키는 회복의 힘을 가지고 있기 때문이다. 우리가 유의해야 할 또 하나의 다른 사항이 있다. 그것은 성례전을 베푸는 자가 예를 들자면, 결혼과 결혼에 관련된 예식들을 집행하는 사제가 결코 아니라는 사실이다. 이러한 행위는 결혼을 거룩하게 다루고 "축제처럼 만들기"(Solemnisierung) 위해서, 그리고 무엇보다 결혼 대상자에 의해 선언된 상호동의(consensus mutuus)가 공식적으로 구속력 있게 받아들여지도록 하기 위해서 필요할 뿐이다. 사제의 말: "나는 너희를 결혼으로 묶는다…"(ego vos in matrimonium coniungo…)는 단지 선언적인 성격만을 지닌다. 이 말은 성례전의 형식(forma sacramenti)이 아니며, 결혼의 근거가 되거나 혹은 "그 자체로서 효력을 지니는" 결혼을 성례전으로 만드는 것도 아니다. 서로에게 성례전을 베풀거나 중재하는 자는 결혼의 두 대상자인 자신들이다. 그리고 그들은, 예를 들자면 물론 아주 오래전에는 그렇게 생각했으나 그 후에 폐기되었던 육체적인 결합(copula carnalis), 즉 성관계를 받아들임으로써 성례전을 행하는 것이 아니다. 왜냐하면 성관계는 비록 결혼과 성례전을 통해서 그들에게 주어진 권리에 근거하고 있지만—소위 "요셉의 결혼"에서 볼 수 있듯이—그들은 이런 성관계를 포기할 수도 있기 때문이다. 그들은 스스로 성례전을 단독적으로 서로 고백한—약혼에서처럼 미래에(de futuro) 대해서뿐만 아니라 현재에(de praesenti) 대해 선언된—두 당사자의 자율적인 합의(consensus)를 통해 베풀 수 있다. 그러나 이는 예를 들자면 단지 두 당사자가 세례를 받은 것이 아니라, 이런 "합의"를 이룬 한 사람이 세례를 받은 경우에도 그리고 혼인장애(혼배 조당)에 대한 유효한 규정들에 따라 자격을 갖추었을 때에, 그리고 이와 동시에 그리스도교적 결혼을 감수하려는 의도가 있는 한 가능하다. 이상이 결혼을 하나의 성례전으로 보는 가톨릭의 가르침이다.

올바른 사항들에 먼저 접근해 보자: 이 가르침은 결혼을 "영원한 사랑에 의한 영원한 행위 그 자체"로 보았던 **슐라이에르마허**의 가르침에 가깝다. 사람이 어떻게 더 가톨릭주의와 신프로테스탄트 사상을 이렇듯 서로 계속 가까워지도록 만들 수 있겠는가!—18세기 말과 19세기 초에 있었던 소위 "독일 르네상스"의 융성과 만개로부터 방금 우리가 주의를 기울였던 메마른 신학적 법해석학에 이르는 길은 매우 동떨어져 있다. 법해석학의 창시자들은 확실히 낭만주의자들은 아니다. 슐라이에르마허가 보여주었던 남자와 여자에 관한 깊은 지식은 자연으로부터 초자연으로 높여진 상호 합의(consensus mutuus)이다. 그러나 이에 관한 법해석학자들의 견해에서는 이를 전혀 뚜렷이 볼 수 없다. (특별히 기억할 만한 것은 이들이 독신주의자들이었으며, 그들과 직접적으로 아무런 관련이 없는 이 문제를 그들은 수백 년에 걸쳐서 생각했고, 그것을 이 문제에 직접적으로 관련된 다른 사람들에게 이야기했다는 사실이다!) 그러나 우리가 무엇보다 잊지 말아야 할 것이 있다. 그것은 가톨릭의 가르침에서 독신인 사제와 수도사 계급의 삶이 더 완전하다는 시각 때문인데, 결혼(이뿐만 아니라 남자와 여자의 만남과 관련된 전체 영역)이 자신에게 부여된 성례전적인 성격에도 불구하고 이런 시각 때문에 제한되기도, 또는 위협을 받기도 한다는 사실이다. 그 이유는 무엇보다 모든 관계가 불가피하게 포함할 수밖에 없는 **육체적** 측면에 대한 깊은 불신 때문이다. 사실 육체적인 측면이 그 자체로는 죄가 아니라고 거듭해서 강조되기는 한다. 그럼에도 사람들은—욕정이 없는 최선의 경우에도 이런 측면이 사라지지 않기 때문에—실제적으로 이를 자신들이 위에서 언급한 영역에서 죄라고 여기고 고발하는 모든 것의 원천 혹은 본질로서 간주한다. 그렇기에 아직 완전에 이르지 못한 사람들을 위해 의도된—사람들이 "요셉의 결혼"을 가장 적절한 예로 보고 있는—성례전적인 결혼에 사실 슐라이에르마허가 없애고자 노력했던 이원론(Dualismus)의 그림자가 드리워지게 된다. 그의 세계에는 당연히 어떤 사제나 수도사도, 어떤 제도적인 독신도, 그리고 이런 제도에 기초하고 있는 보다 높은 어떤 완전성도 존재할 수 없었다. 이것이 바로 중대한 **차이점들**이다.

만일 사람들이 이런 두 측면을 완전히 이해하고자 한다면, 이것들을 포함하지 말아야만 하거나, 반드시 포함하면 안 된다고 생각할 필요가 없다. 그리고 바로 지금 세 번째 비교점(tertium comparationis: 비교의 대상이 되는 두 사물의 공통점—역자 주)이 남아 있다.—또한 이는 결정적인 것이기도 하다. 다시 말하면, 이것은 양측에서 결혼을 통해 완성되는 남자와 여자 사이의 관계로부터 진정 창조적 관계로서의 성격을 박탈하고, 이 관계를 **형이상학적**이고 **절대적인 것**으로 높이는 것과 연관된다. 슐라이에르마허는 이런 관계를 인간적이며 그리고 신적인 관계로, 혹은 세상적이며 그리고 천상적인 관계라 가르친다. 다시 말하면 이는 자연적이며 초자연적인 관계이다. 이런 관계를 우리는 가톨릭의 교의학에서도 볼 수 있다. 그렇다면 이로부터 본질적인 것이 도출될 수 있는가? 그래서 사람들이 슐라이에르마허를 따라 이 일치를 결혼의 본래적 의미인 정신적-육체적 공동체 관계와 연관시킬 수 있거나, 혹은 가톨릭의 가르침에 따라 이를 보다 더 서사적이면서 그러나 덜 흥미롭게 형식적인 결혼서약으로 옮겨 놓을 수 있는가? 또는 사람들이 우주를 사랑하는 이를 통해서 숭배하거나, 또는 그 상대자를 "그대, 무한한 자여!"라고 부를 수 있거나, 혹은 사람들은 서로에게 거룩한 은총을 베풀 수 있는가? 슐라이에르마허가 자신의 생각을 "성례전"이라고 부르지 않은 것은 우연인가, 혹은 그 이상의 다른 이유가 있는가? 상상력이 풍부하고 창작력 있는 어느 한 가톨릭 작가가 있다고 가정해보자. 그렇다면 그가 초자연으로 높여진 상호 간의 합의(consensus mutuus)와 이것의 결과에 관한 이야기를 교의학자보다 좀 더 친숙하고 다채롭게 구성함으로써, 적어도 "하나님"(der Gott)이 사랑하는 자들 안에 있다고 주장할 수 있는 곳, 그 근처로 갈 수 있도록 이끌 수는 없는가? 여기서뿐만 아니라 저기서도 마찬가지로 문제가 되는 것은 무엇인가? 인간적인 것들이 행해지는 실행된 행위(opus operatum)이다. 이것은 동시에 또한 신적인 것으로서 존재한다. 왜냐하면 그 행위 안에서 은총이 베풀어지기 때문이다. 그래서 이를 통해 그 이외의 모든 차이가 해소되는 것, 그것이 바로 문제인 것이다.

이와 더불어 양측 모두에게 문제가 되는 것은 남자와 여자의 관계를 신격화하는 범죄이다. 우리가 이로부터 분명한 거리두기(a limine)를 두었으면 한다. 우리가 남자와 여자의 관계를 어떤 명칭으로 부르던, 이를 통해서 창조영역을 벗어나거나, 인간이 어떤 제한 조건들 하에서든 그의 존재와 이 영역에서의 그의 행위를 통해 구속사의 주체로서, 은총을 베푸는 자로서, 그래서 "영원한 일"을 행하는 자로 임명되는 것은 바람직하지 않다. 슐라이에르마허는 에베소서 5:22-33의 본문을 "첫 번째 가정설교"(Hausstandpredigt)에서 매우 독특하게 해석하고 있다. 그에 따르면, 이런 역할은 사람에게는 부여되지 않는다. 그러나 그 이전 구절(21절)에는 다음과 같이 쓰여 있다. 즉, "그리스도를 경외함으로 피차 복종하라!" 또한 더 앞 구절(18절)은 다음과 같이 말한다. "술 취하지 말라 이는 방탕한 것이니 오직 성령의 충만을 받으라!" 어떤 방식으로든 남자와 여자의 관계가 신격화될 때, 바로 이 경계를 침범하는 것이다. 이런 일은 절대로 일어나서는 안 된다. 남자와 여자 사이에 주어지는 관계는 그리스도와 교회 사이의 관계와 위로를 주고 방향을 지시하는 유비(Analogie)를 이룬다. 이 유비는 너무나 분명해서 동일성에 관해 말할 수 있을 정도이다. 이런 "커다란 비밀"이 예식을 통해 "그 자체로서 효력을 지님"으로서, 즉 공동체적 경험이나 "상호 간의 합의"를 통하여 해석하고 소유하며 그리고 각자가 이를 어느 정도 실행에 옮길 수 있다고 한다면, 이는 이 비밀을 깨닫기 위해서 더 이상 계시와 신앙이 필요 없게 됨을 의미하게 될 것이다. 그렇다면 이와 같은 표현은 결국 목적이 없는 공허한 것이 되고 만다. 만일 남자와 여자가 서로 함께 있는 것뿐만 아니라, 서로를 위하여 있다고 한다면, 그리스도가 그들을 위해 계신다는 사실에 근거하고 있는 공동체가 더 이상 존속할 수 없음을 의미할 것이다. 또한 하나님이 인간을 받아들이시고 겸손하게 만드시며 자유를 주시는 근거가 되는 계명에 직면할 때, 이 계명은 남자와 여자의 결혼관계가 서로 간에 일깨워지는 열정이나 혹은 서로에게 베풀어지는 성례로서 진지하게 이해되는 정도만큼 간과될 것이다. 이러한 높임은 비싼 대가를 지불한다. 그 결과로 사람이 높여지게 된다. 그리고 사람이 낯설지만 유일한 도움이신 하나님으로부터 도움을 기다리지 않게 될 것이다. 즉, 더 이상 사람은 눈을 들어 바라볼 수 있고, 도움을 구할 수 있는 하나님을 바라보지 않게 될 것이다. 사람이 스스로 신격화에 참여하고 그리고 자신이 성례를 베푸는 자가 된다면, 그는 더 이상 하나님께로 향할 수 없다. 동시에 하나님과 연결될 수도 없게 된다. 인간은 경솔하게도 하나님이 하나님으로 인식되는 장소, 하나님이 인간을 찾으시고 발견하시는 피조물의 장소를 떠났다. 성윤리 의식의 근본조건은 바로 이런 일이 발생하지 않게 하는 것이다. 그리고 우리는 바로 이것을 여기서 조심스럽게 살펴 지켜야만 하는 것이다.

3. 동일한 맥락에 놓인 현대의 몇몇 책을 살펴보자. 예를 들면, 발터 슈바르트(Walter Schubart)는 그의 책, 『종교와 에로스』(*Religion und Eros*, 1944)에서 우리가 거리를 두려고 하는 입장을 거의 전형적인 형태로 드러내고 있다. 그는 종교를 하나님과 인간이 갖는 상호관계로 본다. 그리고 성애(Erotik)를 이성들 사이의 관계로 보려고 하였다. 이와 같은 "개관"(Zusammenschau)에 따라, 그는 이와 같은 두 영역과 힘들을 다양하고 부정적인 증오를 통해서 "재발견"하고자 하였다. 여기서 우리는 이 두 영역의 측면에서 "적대감"은 단지 재앙을 의미할 뿐임을 알 수 있다. 바로 이 지점에서만 우리는 슈바르트의 견해에 동의할 수 있다. 그리스도교는 에로스에 대해 매우 무시했으며, 이는 의심할 여지 없이 아주 오래된 횡포이다. 사실 남자와 여자의 실제적인 만남은 언젠가 한 번은 반드시 "성애적" 관계를 맺게 된다. 그러나 그리스도교적 이해는 이런 다른 만남을 보지 않으려 했고, 그렇기에 더 이상 그렇게 볼 수도 없게 되었다. 그리스도교는 이러한 무시가 있었음을 반드시 알아야 하며, 그리고 이런 무시는 제거되어야만 한다. 슈바르트의 책이 슐라이에르마허의 입장에 서 있는 한, 그래서 이와 같은 사실을 환기시킨다면, 우리는 분명 그로부터 무엇인가를 배울 수 있을 것이다. 그러나 도대체 무엇이 그가 이런 양쪽의 "삶이 지닌 힘들"(Lebensmaechte) 사이에 내세우고자 했던 "새롭고 친밀하며 행복한 관계"(2)란 말인가? 다음과 같은 질문을 미리 한 번 던져보자. 만일 그가 하려고 하는

이야기가 남자와 여자로서의 인간과 마주하시는 "하나님"에 관한 것이라면, 그는 도대체 누구, 혹은 무엇을 염두에 두고 있었던 것인가? 슈바르트는 하나님의 현실성이 자신의 전체 구상과 주장을 위한 공리적인 전제임을 강력한 어조로 표명했다. 그렇다면 그 하나님은 성경에서 증언하는 하나님, 계시와 행동하시는 하나님을 의미하는가? 슈바르트의 하나님은 분명 이런 하나님을 포함하고 있을 것이다. 그럼에도 슈바르트는 하나님을 단지 만신전(Pantheon)의 한 신으로서, 그리고 현실성의 교체 가능한 하나의 얼굴로서 ― 무엇보다도! ― 플라톤의 신이 지닌 얼굴과 동양의 신비주의가 표현하는 신의 얼굴로서, 그리고 경우에 따라서는 서로 다른 수많은 얼굴을 가질 수 있는 그런 신으로 이해하고 있다. 그렇기에 슈바르트의 다음과 같은 말도 그다지 놀라운 것은 아니다. 즉, "종교와 성애는 동일한 목표를 가지고 있다: 이것들은 인간을 변화시키고자 하고, 인간의 새로운 탄생을 추구한다."(237) 이는 관계형성을 위한 그의 지침이 말하자면 다음과 같은 내용을 갖게 될 때에도 마찬가지이다. 즉, 성애가 다시 종교적이 되어야 하고, 종교는 다시 성애적이 되어야만 한다는 것이다. 종교이든 성애이든지 주제로 삼는 것이 바로 창조와 구원, 예배와 연합, 신비주의와 황홀경 혹은 무아지경이다. 그렇다면 지금 우리가 주제로 삼게 되는 것은 결국 함께 속해 있음(Zusammengehoerigkeit), 즉 하나됨(Einheit)을 재인식하는 것, 그리고 두 영역의 통합이 될 것이다. 성경에서 "하나님"으로 불리는 분에 대한 인식과, 그분에 대한 고백에 근거해서 이 모든 것을 말할 수 없다는 것은 당연하다. 그러나 슈바르트의 보편신에 근거해서는 이 모든 것을 말할 수 있을 것이다. 그리고 다음의 문장을 읽는다면, 바로 지금 우리는 다시 한 번 슐라이에르마허의 목소리를 들을 것이다. ― 그러나 슈바르트가 얼마나 이와 같은 이성적인 남자(슐라이에르마허 ― 역자 주)를 능가하고 있는가! ― "구원하는 사랑의 본질은 고독에서 나오는 것, 그리고 신적인 온전함(Ganzheit)으로 돌아가는 것이다. (…) 사랑받는 사람은 연인을 위해 이와 같은 일치성(Einheit)을 구현하거나 또는 이런 일치성을 위한 중재자로서 그리고 인도자로서 그에게 자신을 제공한다. 만일 사랑하는 두 사람이 있다면, 이렇듯 고립의 상처가 아무는 우주의 한 장소와 연결되는 것이다. (…) 전적으로 비인격적인 세계는 형태를 갖게 되었고, 사랑받는 자들의 인격을 통해서 포용되었다. (…) 마치 조개 안에 바다의 거대한 힘이 담겨 있는 것처럼, 이렇듯 사랑받는 자들의 숨결로부터 자연 전체가 소리를 낸다. 자연은 네가 고독으로부터 해방되어야 한다고 속삭인다. 너는 밖으로 나가야만 한다. 그리고 그곳에서 너의 너(DU), 하나님의 동반자인 너를 만나야만 한다. (…) 결국 이성에 대한 체험(Geschlechterleben)은 하나님의 인간을 가난한 자에게로 이끈다. 그리고 나와 너, 나와 세계, 세계와 신 사이의 분리를 없앤다. 이성에 대한 진정한 체험은 거룩한 성령의 증언(testimonium Spiritus sancti)이다. (…) 이런 체험이 하늘의 힘들이 지닌 순환을 세상을 뚫고 들어가도록 만든다. 사랑하는 자는 사랑의 행위를 통해서 연인들이 지닌 약속과 만물의 신적인 호흡 사이에 놓인 연관성을 감지한다" 등(84f.). 만일 이것이 "신적인 것들에게로 향하는 에로스의 길"이라면, 이와는 반대로 ― 모든 시대와 모든 지역에서 발생했던 신비주의가 그 증인인데 ― 성애로 향하는 신적인 것들의 길도 있을 것이다. "종교적 의식의 심화는 신과 인간의 관계에 있어서 항상 더 강력한 성애화(Erotisierung)를 초래하게 된다"(114). 유럽인들은 자연종교와 창조의 환희에 대한 경험에 거의 접근할 수 없었다. 그렇기에 종교와 성애의 화합을 추구하는 것이 구원관념의 특별한 징표 안에서 수행될 것이라는 슈바르트의 가르침에서 우리는 다시 한 번 **가톨릭적인 교리**를 듣게 된다. 그는 특히 그리스도교가 "하나의 성애적인 구원종교"(114)라고 주장한다. 그러므로 그에 따르면, 성애는 "종교적인 은총의 수단들"에 연결되어야만 한다. 만일 사랑이 조화에 대한 갈망과 긴장에서 벗어나 사랑 그 자체를 향한, 다시 말하자면 사랑의 완성을 향한 길을 간다면, "사랑은 은총의 상태에 도달할 것이다." 에로스는 굳은 것을 제거할 것이며, "삶이 지닌 괴로움과 수고를 제거할 것이다. 사랑하는 이의 일시적인 인격과 관련된 것은 그로부터 떨어져 나가 허무한 것이 된다. 그리고 사랑이 은총의 상태에 도달하면 황홀경 속에서 자유로운 인간이 꽃핀다. (…) 사랑하는 사람은 은총의 상태 안에서 모든 살아 있는 것에 대한 한계 없는 사랑으로 넘쳐난다. 그는 더 이상 추구하지 않고, 오히려 스스로 사라지기를 원한다. 사실 오직 만족하지 못하는 것만이 무엇인가를 추구한다. 그러나 성취된 것은 그 스스로 사라진다. 사랑이 은총의 상태에 있을 때, 모든 증오의 분노가 녹아버리게 된다. (…) 은총을 받는 자, 그의 주변은 지극한 행복의 빛으로 찬란하게 빛난다. (…) 남녀 간의 사랑은 은총의 상태에서 다른 이를 사랑하는 사람으로서 고백하려는 충동을 갖게 된다. 그리고 이런 사랑은 이웃에 대한 사랑으로, 모든 것에 대한 사랑으로, 그리고 결국은 하나님에 대한 사랑으로 확대된다. 이것이 정신과 육체를 포함한 사랑(Erotik)의 순환이다"(230f.). 우리의 질문은 다음과 같다. 그렇다면 이것은 위에서 이루어졌던 "상호 간의 합의"와 근본적으로 다른 것인가? 즉, 사랑이 은총에 의해 고양되었을 때, 사랑에 참여한 자들 스스로가 가장 특별하면서 동시에 가장 일반적인 의미에서 단지 은총을 받는 자들만이 아니라, 오히려 또한 은총을 나누어주는 자들로 만든다는 상호 간의 합의와 이것은 본질적으로 다른 것인가? 마지막으로, 슈바르트에서 처음은 물론 마지막에도 창조사상과 구원사상 사이의 구별과 긴장, 그리고 모든 자연종교와 그리스도교 사이의 구별과 긴장이 그가 말하고자 하는 모든 것이 아니라는 점을 언급하고자 한다. 이들 사이의 대립은 결국에 거짓된 형상(Scheingebilde)으로 변한다. 이들은 분리를 넘어서는 더 높은 통일체 안에서 사라진다. "그렇기에 순수한 눈으로 창조의 거룩한 상징인 남근(Pahllus)과 구원의 상징인 십자가를 놀라지 않은 채 나란히 볼 수 있다."(244) 이 정도 설명이면 우리에게 충분한 듯하다.

우리는 이런 전체적인 방향성에서 이미 가해진 비평에 다른 질문을 추가할 수도 있다. 즉, 이러한 관점에서 모든 장벽을 제거한 후에는—참된 하나님을 포기하면—또한 단지 실제적인 인간, 남자와 여자만이 남지 않겠는가? 그래서 이들이 어떻게 존재하는지, 어떻게 만나는지, 어떻게 서로를 찾는지, 어떻게 서로를 발견하는지 그리고 어떻게 서로를 사랑하는지, 그리고 어떻게 서로가 서로의 삶을 아름답게 혹은 힘들게 만드는지만 남지 않겠는가? 우리는 다음과 같은 사실을 분명히 안다. "사랑하는 이의 일시적인 인격과 관련된 것은 그로부터 떨어져 나가 허무한 것이 된다." 그러나 이는 좋은 일이 결코 아니다! 만일 사람들이 인간과 에로스를 신(神)들의 위치로 높인다면, 그렇다면 우리가 이들을 보다 더 잘, 보다 더 참되게, 그리고 보다 더 현실적으로 이해할 수 있는가? 정말로 이와 같은 한 쌍, 이런 깊은 의미를 통해서—즉, 이것이 가현적(doketischen) 의미를 지니기에, 사람들이 분명히 파렴치하다, 저급하다, 그리고 무엇보다 분명 오랜 시간을 견딜 수 없을 것이라고 말할 것이라는 의미를 통해서—다시금 스스로를 진지하게 재인식했던 한 쌍이 존재하였던가? 단지 위대한 시(詩) 속의 연인들만이 그러한가? 괴테는—이런 사실과 관련된 무엇인가를 가지고 있었음에 틀림없지만, 그럼에도 불구하고—슈바르트가 필요로 했을 수많은 책을 쓰면서도, 왜 그러한 책은 쓰지 않았으며, 에로스에 대한 체계적 신학화와 신학에 대한 체계적인 성애화를 시도하지 않았는가? 슈바르트의 책은 그 속에서 인지되는 신과 삶으로의 접근을 지향하는 모든 충동에서 보자면 하나의 유령과 같은 책이다. 내가 이 책을 소개한 이유가 있다. 그것은 그의 책이 처음에 소개된 두 노선에 서서 계속해서 사고할 때 도달하게 되는 지점을 분명하게 보여주기 때문이다: 이 사고의 귀결점은 참된 하나님과 참된 인간, 참된 남자와 참된 여자가 인식될 수 없고, 하나님의 율법이 무의미하게 되는 지점인 것이다.

4. 동시에 내가 슈바르트를 언급하는 또 다른 이유가 있다: **테오도르 보펫**(Theodor Bovet)은 우리 시대에 잘 알려져 있고, 어쩌면 슈바르트보다 더 뛰어난 저자이다. 그리고 그는 『결혼, 그 위기와 새로워짐』(*Die Ehe, ihre Krise und Neuwerdung*, 1946)이라는 책의 저자이기도 하다. 그러나 슈바르트는 보펫과 그의 책에 유감스럽게도 더 광범위한 불행을 초래하였기에 슈바르트를 언급하였다. 나는 "더 광범위한"이라고 말했다. 왜냐하면 사람들은 슈바르트를 무엇보다도 광범위하게 인정하고, 그에게 감사하기 때문이다. 보펫은 루터교인이다. 그러나 다행스럽게도 그는 철학자나 환상가가 아닌 의사, 교육가, 상담가로서 이 책을 저술하였다. 그리고 그는—모든 사람을 대상으로 하지 않은—자신의 책을 인식과 고백을 소유하고 있는 그리스도교 공동체를 배경으로 해서 저술했다. 물론 그는 복음의 하나님에 관해서 알고 있었다. 그래서 그분을 그 자체로 폐지될 수 없는 인간의 자비로운 상대자로 이해했다. 그 때문에 그는 그분과 맺는 관계를 비록 다른 관계들과 비교될 수는 있지만, 그러나 결코 그것들 가운데 어떤 것과도 동일하지 않은 관계로서 파악했다. 그는 또한 사물들을 기본적으로 그것들이 소유하지 않은 차원에서가 아니라, 그것들이 소유하고 있는 차원에서 바라보았다. 그렇기에 슈바르트는 기본적으로 땅에 머물러 있는 것이다. 즉, 그는 하늘 아래에 있는 땅에 머물러 있다는 것이다. 이러한 관점에서 그의 신중함은 이미 결혼의 비밀에 관한 에베소서 5:32의 말씀 안에서 (확실히 별 유익함 없이) 하나의 위험을 보기까지 도달한다. 설명을 하자면, 결혼의 자연성을 손상시키면서 그 "상징적인" 측면을 지나치게 강조하는 위험(41)을 보고 있는 것이다. 슈바르트는 원칙적으로는 사변적이지 않았다. 오히려 진정한 기준들에 근거해서 사고했으며, 유용한 관점들과 건전한 조언들을 주었다. 그렇기에 사람들은 그의 책을 통해서 취리히의 학풍이 추구하는 객관적 토대를 벗어나지 않게 된다. 그러나 이런 토대 위에서 이전에 다루었던 북동방의 신비주의는 하나의 낯선 식물로서 진정으로 뿌리내릴 수 없음이 또한 분명해진다. 그래서 사람들은 이렇듯 그의 책을 좋아하는 것이다. 또한 그리고 사람들은 이 책을 빈틈없이 읽어줄 많은 독자가 있었으면 하고 기대한다. 그러나 사람들이 스스로 슈바르트와 그가 자신의 책 48쪽에서 "매우 의미심장하게" 언급하고 있는 것에 더 깊은 인상을 받음을 통하여 잘못된 주장들을 야기시키거나, 혹은 계획을 망치도록 한다는 사실을 분명하게 인식하지 못할지도 모른다. 그때 어쩌면 사람들은 이를 더욱 커다란 목소리로 주장할 수도 있을 것이다. 그렇다면 사람들은 다음을 간과하고 있는 것이다. 즉, 그가 결혼(40, 231)을 하나의 "성례전"(Sakrament)으로 부르기를 원했다는 사실이다. 이는 슈바르트가 자기 스스로를 분명하게 인식하

지 못하기 때문이다. 다시 말하자면, 자기가 여기서 중요하게 다루고자 하는 생각이 무엇인지를 분명하게 인식하지 못했기 때문이다. 물론 그가 여기서 표명하는 의견은 옳다. 즉, 결혼은 하나님과 인간이 나누는 사귐의 모상, 표상, 예증이며 표징이라는 사실이다. 그러나 그 때문에 또한 그가 결혼을, 모든 방식의 종교사적 그리고 문화사적 회상을 통하여 잘못 이끌어지는 결혼을 지금 그럼에도 다시금 자신의 입장에서 "종교적 사귐의 원형태"(die Urform der religioesen Gemeinschaft)라 간주해서는 결코 안 되는 것이다(29). 그렇다면 왜 그는 결혼—분명히 의미가 있는—을 하나의 "원체험"(Urerlebnis)이라 부르는 것에 만족하지 못하는가? 왜 우리는 지금(49f.를 보라.) 바로 "영원한 결혼"을 주제로 삼아야만 하는가? 그리스도인들에게 에로스와 하나님의 사랑이 전혀 대립되지 않는다는 것이 정말로 사실인가? 또한 그가 결혼을 통해서 더 정확하게 말하자면, 육신이 된 말씀의 역설성(Paradoxie), 땅에서와 마찬가지로 하늘에서도 이루어진 하나님의 의지를 경험하고 그리고 체험한다는 것(59)이 정말로 사실인가? 우리가 보펫을 통해서 배운 슈바르트는, 그리고 또한 슈바르트가 실제로 주장하는 것은 분명 다음과 같을 것이다. "오직 하나님의 사랑이 이 땅에 나타났을 때, 이 사랑은 인간에게 완전히 실현될 것이다. 그러나 단지, 성애적 전율을 하나님의 사랑으로서 체험하게 될 때, 이런 전율은 인간에게 자신의 기초로부터 개조할 것이다."(121) 성애적 전율이? 언제부터 이런 전율이 이렇게 행할 수 있었는가? 스스로 결혼을 통하여 "인격적으로 새롭게 되는 것의 기적"이 결혼이 다루고자 하는 주제인데, 그렇다면 어떻게 이것은 그리스도교적으로 뒷받침될 수 있는가? 사람들은 도대체 어떻게 다음처럼 감히 말할 수 있는가? 에로스는 자신이 형성할 수 있는 최상의 모습을 통하여 인간에게 고린도전서 13장에서 묘사하고 있는 사랑을 열어준다. 그리고 "하늘의 작은 문"을 열어준다.(146)

보펫은 다른 경우 선한 것을 따로 언급한다. 그리고 이런 선한 것을 여기서 분명하게 말하고자 한다. 그러나 그가 말하려는 선한 것은 하나의 열등한 신학을 기반으로 한 여러 가지의 첨가물을 통하여 더욱 강조되었다. 그러나 바로 이런 사실 때문에 그가 언급하고자 하는 선한 것이 약화되었다. 참으로 유감스러운 일이다! 그렇기에 이 일에 대하여 깊이 생각하는 것이나 이를 언급하는 것은 지금 마찬가지로 그리스도교적 측면이나 혹은 인간적인 측면에서 중단되어야 한다. 만일 이것이 저와 같은 혼란스러운 구름 속에서 길을 잃어버린다면, 구름 속에 있는 두 개의 영역이 서로 뒤섞여 혼합될 것이며 또한 특징을 잃은 채 같아질 것이다. 구름 속에는 두 개의 영역이 동등하게 그러나 서로 다른 영역으로 남아 있어야만 하기 때문이다. 사람들은 보펫의 책 안에서 바로 이런 지점을 쉽게 읽어낼 수 있다. 그러나 만일 사람들이 이를 행하지 않을 때에는? 그렇다면 그는 이 모든 일에도 불구하고—여기서 분명히 스스로 착각에 빠지게 되는—착각에 빠지게 될 것이다. 그렇기에 사람들이 보펫의 책이 모든 것을 담고 있기에, 그리고 그의 책이 제공하는 영향력 때문에 이와 같은 장애를 충분히 좋게 피해갈 수 있다고 본다. 그러나 그래서 그의 책을 기만으로 이를 말해야 한다고 주장하는 것은 사실 매우 유감스러운 일이다.

5. 마지막으로 나는 개신교(evangelisch) 신학자인 **헨리 렌하르트**(Henry Leenhardt, 『그리스도

교의 결혼』, 1946)를 언급하고자 한다. 그는 모든 "낭만주의"와 에로스의 신화를 멀리하려고 애를 쓴다. 그 때문에 그는 슐라이에르마허나 슈바르트와는 (보펫과도 역시) 아무런 관련이 없다. 대신에 이들과 달리 그는 명백하게 다음과 같이 말하고 있다. "그녀(결혼—역자 주)는 에로스의 화신이다."(Le péché c'est la divinisation de l'Eros). 여기서 남자와 여자 사이의 자연적인 사랑이—사랑 그 자체뿐만 아니라 승화되고 정신화된 형태에서도 마찬가지로—**단도직입적으로**(sans phrase) 피조물적인 현상으로서 다뤄진다. 이런 측면에서 이 책은 논쟁의 여지를 주지 않는다. 하지만 이 책은 보펫이 말했던 핵심적인 것과는 다르게 복음적이 아닌 법적인 책이다.—결정적인 부분에서 이 책은 가톨릭적인 책이다. 에로스와 관련해서 칭송받을 만한 방식으로 중단되었던 것이 결혼과 관련해서 다시 **제도**(Institution)로서 더욱 강조되었다. 이제 결혼은 다시 하나의 '성례'가 되어야만 했다. 렌하르트는 결혼을 성례로 보는 가톨릭 신학의 특수한 해석은 거부한다. 하지만—자유로운 창의적 생각들 속에서 행복하게 방황하면서—그는 세례와 성찬식과 같은 "구원의 성례들"(sacrements de Rédemption)과 더불어서 단순히 인간의 행위(gesta hominum)로 볼 수 없고, 하나님이 베푸시는 은총의 행위(gesta gratiae Dei)로 이해해야만 하는 또 다른 교회의 행위들이 있다고 말한다. 다시 말하자면, 빛과 불의 화살, 은총의 육화, 신성한 신비들의 방출(flèches de lumière et de feu, incarnations spécifiques de la grâce, du rayon de mystères sacrés)이다. 또한 견신례(Konfirmation)와 서품식(Ordination) 같은 "축성의 성사"(sacrements de Consécration)가 있다. 예를 들자면, 보이는 표식을 통해서 보이지 않는 은총을 드러내며, 보존의 은총을 세우고 유지할 수 있는 상태로 사람을 변화시키는 행위들(des actes, qui manifestent dans un signe visible une grâce invisible, par laquelle un homme se trouve transporté dans un état où seule peut l'établir et le maintenir une grâce de conservation)이다. 결혼도 바로 여기에 속한다. 질서정연한 방식으로 실행될 때 결혼은 법적 은혜(grâce statutaire)인 것이다. 즉, 신비하고 기적적인 신적 행위(une action divine mystérieuse et miraculeuse)인 것이다. 이 은혜의 수여자는—이 문제에 대한 로마 가톨릭의 개념과는 달리—주례자, 즉 신성한 결혼의 축복(bénédiction nuptiale)을 선포하는 목사이다(37f.). 이에 따라 그는 이른바 창세기 1:22에 기술되어 있는 축복을 적용한다. 즉, 성관계를 성체성사와 동일한 위치에 올려놓는 하나님의 특별한 축복이라는 것이다. 이것은 남자와 여자를 한 몸으로 결합시키고, 여기에 일부일처제의 성격과 해체불가능성을 부여한다.(une bénédiction spéciale de Dieu, qui place la relation sexuelle à la hauteur d'un sacrement de l'espèce. Il réalise l'attachement de l'homme et de la femme en une même chair, ce qui imposes on charactère indissoluble et monogame) 더 나아가 렌하르트는 '성례'라는 단어를 고집하지 않고 단지 다음과 같이 규정하고 있다. 즉, 결혼은 특정한 은총을 확고하게 하기 위해 하나님이 개입하신 하나의 행위(un acte où Dieu intervient pour assurer d'une grâce particulière)라는 것이다. 그가 결혼의 윤리에 관하여 말한 그 밖의 것들도 바로 이 토대 위에 놓여 있다.

그의 제안은 오늘날 프랑스어권 신학에서 감지되는 보수적인 경향들과 분명한 연관성을 가지고 있다. 이에 관해 우리가 여기서 취할 수 있는 입장은 없다. 그러나 우리가 이런 생각을 승인할 수는 없다. 이것은 에로스의 경우와 마찬가지로 피조물적인 사건의 "신성화"(divinisation)를 의미하기 때문이다. 또한 렌하르트 자신도 이를 죄로 명명한 바 있다. 자세히 말하자면, 이제 이런 신성화는 남자와 여자로부터 비롯되는 것이 아니라, 오히려 다른 측면에서 시작된다는 것이다. 그것이 바로 남자와 여자를 성별하는 교회로부터 비롯된다는 것이다. 여기에서 결혼을 통해 완성되는 남자와 여자의 관계는 아래로부터나 혹은 위로부터, 또는 에로스를 통하거나 아니면 교회를 통해서 이루어지는 어떤 신성화도 필요로 하지 않는다. 그뿐만 아니라 이는 그럴 수도 없음을 반드시 덧붙여야만 할 것이다. 이 관계는 축복받았으며, 하나님에 의해 창조된 인간성에 기반하고 있다. 그렇기 때문에 그 자체로 약속을 포함하고 있는 것이다. 남자와 여자는 이 축복을 받는다. 그리고 하나님의 계명을 통해서 이런 피조물적인 관계 안에서 하나의 피조물로서 거룩하게 된다. 그 이외의 다른 것은 없다. (그 자체로 분명하지 않은) 렌하르트의 변형된 성례 개념은 단지 이를 모호하게 만들 수 있다. 그렇다면 특별한 축복(bénédiction spéciale)이란 무엇인가? 특별 은총(grâce particulière)이란 무엇인가? 성체성사(sacrement de l'espèce)란 무엇인가? 이것은 신학의 미로(迷路)이다! 또한 법적 은총(grâce statutaire)이란 나무로 된 철과 같다. 예를 들어, 이는 이 개념이 어느 한 특별한 견신례의 은총이나 성직수여식의 은총 또는 어느 한 특별한 결혼의 은총 가운데 무엇을 의미하든 마찬가지이다. 세례나 성찬식에서의 은총은 전혀 법적 은총이 아니며, 살아 계신 하나님이 말씀의 증거를 통해 베푸시는 자유로운 은총이다. 법적 은총의 하나님이란 말씀 밖에서 강제된 은총을 베푸는 생명력 없는 신에 불과하다. 렌하르트가 주장한 피조 세계 위로 높여진 결혼이라는 생각이 이 피조 세계 안에 들어와 있고 또 여기에서 유효한 하나님의 계명을 이해하는 데 어떤 도움을 주는지는 확실치 않다. 내가 보기에 사실 그의 제안은 단지 우리의 과제를 혼동시킬 뿐이다.

"한계 지음"(Begrenzung), 이것이 남자와 여자가 만나면서 발생하는, 그래서 그 만남이 신적 계명의 빛 안으로 이끌려 들어가도록 만드는 첫 번째 요소이다. 남자와 여자의 만남은 특별한 영광, 신비와 중요성을 지닌다. 한계 지음은 이런 요소들을 결코 빼앗지 않는다. 오히려 진정한 인간, 참된 이웃됨, 남자와 여자의 본연의 모습이 분명하게 나타나게 된다. 또한 피조성 안에서의 전체 관계와 그 관계의 영광과 비밀 그리고 가치가 드러난다. 이 모든 것은 바로 한계 지음을 통하여 발생한다. 만일 우리가 남녀 간의 관계를 올바로 유지하고 그리고 올바로 보기를 원한다면, 우리는 이 경계를 결코 뛰어넘어서는 안 된다. 이는 관계를 위해서도 결코 좋지 않다. 또한 만일 우리가 어떤 형태로든 "남자와 여자 그리고 여자와 남자가 신에 필적한다."고 생각한다면, 우리는 우리 자신뿐만 아니라 또한 다른 누구에게도 전혀 아무런 도움이 되지 않는다. 그렇게 되어서는 안 된다! 우리는 에베소서 5:32에 나타나는 유비의 빛을 통해서 그들을 하늘 아래에 놓인 땅에 내려놓아야 할 것이다. 그러나 이런 유비를 문자 그대로의 의미로서 사용해서는 안 된다. 그래서 이를 명시적으로나 암묵적으로 높여서도 안 된다. 하나님의 계명이 요구하는 것은—그리고 피조물의 회복에 대한 계명은—이와 같은 경계가 침해당하지 않는 것이다. 사람이 이런 계명을 지키는가 혹은 그렇지 않은가의 여부가 바로 순종과 불순종에 관한 질문에서 중요하게 작용하는 첫 번째의 근본적인 판단 기준인 것이다.

두 번째는 정결(Reinigung)과 사려분별(Ernuechterung)이다. 이런 영역은 정결과 사려분별을 확고히 견지해야만 한다. 그리고 정결과 사려분별은 적극적인 시야의 확장을 통해서 얻게 된다. 다시 말하자면, 우리는 여기에서 하나님의 계명이 의미하고 요구하는 것이 이른바 협소한 육체적인 의미로서의 성생활로 부르는 대상을 규제하고 제어하는 것, 바로 그 이상이라는 사실을 어떤 상황에서도 반드시 분명히 해야만 한다는 사실이다. 여기에서도 마찬가지로 하나님의 계명은 인간 전체를 요구하고 있다. 우리가 이미 분명히 경계했던 것이 있다. 그것은 우리가 관심을 갖고 있는 질문들 전체를 지나치게 강조하는 것이다. '남자와 여자'는 복합적인 주제이다. 그러나 이를 단지 특수한 의미로 혹은 완전히 협소한 의미로서 지칭되는 '성문제'로만 국한하여 고려하는 경향이 존재한다. 그렇기에 이제 여기서는 이런 경향에 대해서 분명히 경고해야만 할 필요가 있다. 이러한 경향은 윤리적이든 아니면 비윤리적이든 상관없이—둘 모두가 가능하다.—잘못이다. 이런 경향이 지배적이라면, 이는 동시에 하나님의 계명이 전혀 아직 적절하게 성찰되지 않았음을 보여주는 명백한 신호가 된다.

이러한 점에서 하나님의 계명은 우리를 임의로 제한된 질문들의 편협함에서 열린 곳으로 안내한다. 그래서 포괄적인 질문제기의 영역들로, 또한 바로 이 때문에 개별적 질문들이 담고 있는 풍부한 질문제기의 영역으로 우리를 이끈다. 물론 좁은 의미에서 보자면, 하나님의 계명은 성생활에 대한 질문을 포함한다. 그러나 하나님의 계명은 이 좁은 의미에 자리 잡고 있는 동시에, 어디에서 그리고 언제 이것이 제공되거나, 허용되는지 또는 금지되는지, 그리고 의미 있는지 또는 의미 없는지, 그리고 좋은지 혹은 나쁜지, 결국 구원을 가져오는지 혹은 불행을 초래하는지에 관한 질문에 대답한다. 또한 윤리는—윤리가 여기서 결의론적(kasuistisch)으로 되지 않는 동안에는—사람이 이 가장 특별한 관점에서 하나님의 계명을 대면하고 있다는 사실에 주목하도록 만드는 과제를 지니고 있다. 마찬가지로 사람은 이와 같은 가장 특별한 관점 안에 머문다. 그렇기에 사람은 이와 같은 인간의 본성에 따라서 이렇듯 감추어진 개별 영역을 통해서 윤리적이지 않은 영역이나, 혹은 윤리적으로 중립성을 지닌 영역 안에 존재하지 않는다. 바로 이런 개별 영역은 남자와 여자가 만나는 전체 영역을 위해서, 그리고 특히 윤리적 영역을 위해서 매우 긴급한 중요성을 지닌다. 그리고 이런 중요성은 당연히 의심되어서는 안 된다. 한 인간이 전체성으로 존재하든지 혹은 그렇지 않든지, 그리고 이를 원하든지 혹은 원하지 않든지, 이를 할 수 있는지 혹은 할 수 없는지가 바로 의심의 여지 없이 항상 거듭해서 또한 이런 개별적인 영역 안에서 명확하게 결정된다. 여기에서 남자와 여자의 만남은, 또는 보다 일반적으로 말하자면, 여기에서 인간이 지니는 이웃됨은 실제로 매우 구체적으로, 그리고 내밀하고 큰 파장을 지니는 방식을 통하여 하나의 사건이 될 수도 있다. 그러나 또한 마찬가지로 하나의 사건이 되지 않을 수도 있다. 여기에서 남자는, 여자는, 그러므로 여기서 결국 인간은 자신에게 본질적으로 주어진 이원성(Dualis)을 지니며, 이런 이원성 안에서 창조주와 자기 자신을 매우 특별한 방식으로 영광스럽게 만들거나 또는 치욕을 안긴다. 여기에서 인간은 확실히 매우 특별하게 자기 스스로를 지혜로운 자 또는 어리석은 자로, 능력 있는 자 또는 서툰 자로, 그리고 경건한 자 또는 믿음 없는 자로 드러낸다. 또한 여기서 우리 각자는 늦어도 언젠가 한 번은 우리가 하나님의 계명에 어긋난 실패자임을 발견할 수 있다. 그리고 우리 모두가 계명에 비추어 볼 때에 모든 면에서 어리석은 자들, 서툰 자들, 그리고 믿음이 없는 자들에 속함을 발견하게 된다. 이런 자들은 단지 계명 안에 숨겨진 약속에만 집착할 뿐, 확실히 계명의 성취를 자랑할 수도 없을 뿐만 아니라 계명을 성취하는 삶을 살 수도 없는 자들이다. 그러나 정말로, 바로 여기에서 주제로 삼는 것은 전체 인간임을 알아야 한다. 단지 인간이 자신의 육체적인 생식기를 사용하거나 사용하지 않는 것, 또는 이렇게 사용해야만 한다는 방식을 주제로 삼고 있지 않다. 그리고 이와 같은 특별한 질문에 주목하는 것이 아니다. 오히려 우리가 여기에서 경계하는 것은 이런 특별한 질문으로 성에 관한 질문을 축소시키는 것이다.

　하나님 계명의 빛에는 이런 축소화에 의해서 전제되는 것이 전혀 존재하지 않는다. 다시 말하자면, 육체적인 생식기와 결국 육체적인 성생활 그 자체, 육체적이며 성적인 필요성들과 육체적인 성관계를 통한 성적인 만족이 바로 그것이다. 이런 만족은 자명하고, 그 자체로 완결된 그리고 의미 있는 현상이다. 그럼에도 불구하고 이 모든 것은 여기에 참여하는 두 사람의 삶이 지니는 총체성(Ganzheit) 안에서, 그들이 만나고 함께하는 과정 모두를 포함하는 삶의 맥락 속에서 발생하는 것이다. 다시 말하자면, **인간**과 **동료 인간**, **남자**와 **여자**로서의 **너**와 **나**라는 맥락 속에서 발생한다는 것이다. 하나님의 계명이 요구하는 인간은 이런 총체성 안에 있는 남자이며, 또한 이런 총체성 안에 있는 여자이다. 두 사람은 그들 존재의 총체성 안, 그 어딘가에서 육체적인 성생활을 영위한다. 또한 이 만남의 총체 내, 그 어딘가에서 이 삶의 영역과 관련된 공동체적 문제가 드러난다. 여기가 그들의 만남 안에 그리고 함께 존재함 안에 담겨 있는 그들 존재에 대한, 그리고 무엇보다 정당하게 그들이 행하는 행위나 행하지 않는 행위, 그들에게 종속되거나 또는 종속되지 않은 행위, 그리고 그들에게 이러저러하게 종속된 행위들에 대한 생명력 있는, 민감한, 그리고 비판적인 지점인 것이다! 그러나 이것은 선 위에 있는 한 점에 불과하다. 이 지점보다 앞서거나, 또는 뒤에 따라오는 많은 다른 지점이 존재하지만, 그러나 이 모든 지점은 동일한 시작과 목표에 의해서 공동으로 결정되어 있다! 그렇기에 단지 이 지점만으로는 남자를 남자로, 여자를 여자로, 인간을 동료 인간으로 만들 수 없다! 또한 이 지점만이 만남과 함께 존재함의 유일한 문제이거나,

또는 이에 대한 핵심문제도 아니다! 그렇다고 우리가 이 모든 지점을 간과하거나, 부정하거나, 건너뛰거나, 소홀히 대해서는 안 된다. 불행과 불의는 항상 사람들이 성생활에 전혀 유익하지 않은 수치심이나 불행한 경솔과 무관심 때문에 마땅히 기울여야 할 관심과 성찰을 쏟지 않을 때 발생한다. 사람들이 부끄러워해야 할 것은 여기에 전혀 없다. 또한 바로 여기가 관심과 성찰이 진정으로 필요한 곳이다. 반면에 여기에는 또한 두 사람과 그들의 만남의 맥락을 비롯한 삶의 총체성으로부터 격리되고, 고립되고, 추상화되어서 자체만의 독자적인 의미를 갖거나, 이를 스스로 결정하거나, 선택하거나, 지배하거나, 심지어는 스스로 전체가 되고자 하거나 또는 그렇게 할 수 있는 그 어떤 것도 존재하지 않는다.

그렇다면 여기서 관심과 성찰이란 무엇을 의미하는가? 이것은 바로 다음에 유념하는 것이다. 즉, 이 지점이 중간점(Durchgangspunkt)이라는 것이다. 그리고 이 지점이 저런 전체 안에서 자신의 의미와 존경을 간직함을 고수하는 것이다. 그러나 저런 전체로부터 또한 떨어져 나오지 않고 머무른다는 사실에 유념하는 것이다. 또한 이것은 다음에 관심을 기울이는 것이다. 즉, 성별(Geschlecht)과 성적인 관계가 독자적 삶으로 이끌지 않으며, 그리고 어떤 식으로든 독자적으로 결정하거나, 선택하거나, 지배하거나, 전체가 되려 하지 않으며, 그 본질이 다른 어떤 장소나 다른 어떤 방식도 아닌 오직 **인간의 자유** 안에, **남자와 여자의 자유** 안에, 그들의 **만남과 함께 존재함의 자유** 안에 있다는 사실에 관심을 기울이는 것이다. 하나님의 계명은 여기에서도 역시 단호하게 그리고 무엇보다 자유 안으로 인간을 부른다. 하나님의 계명은 결코 성별의 해체를 요구하지 않는다. 명령하시는 하나님은 인간을 성적으로 남자 또는 여자로, 다시 말하면 둘 각자를 그들 존재의 총체 안에서 육체적이며 성적이 되도록 결정하셨고 창조하셨다. 그렇다면 어떻게 그럴 수 있겠는가? 또한 하나님의 계명은 성관계를 부인하거나 억압하도록 요구하지도 않는다. 성적인 관계의 실행은 문제가 될 수도 있고, 또한 분명히 문제가 될 것이다. 그러나 하나님은 인간을 남자와 여자로 창조하셨고, 그 둘이 서로 만나도록 의도하셨다. 그렇다면 어떻게 그럴 수 있겠는가? 마찬가지로 특히 하나님은 인간을 자유 안으로 부르셨다. 그래서 이런 부르심이 의미하는 바는, 인간의 육체적 성이 남성적 존재 전체 또는 여성적 존재 전체의 대열 속으로 들어오고, 성적 관계의 실행이 남자와 여자의 만남 전체의 대열 안으로 들어온다는 사실이다. 즉, 이런 사실 때문에 모든 올바름과 그릇됨, 그리고 이로 인한 모든 행복과 불행은 성적 관계가 고립과 추상화로부터 벗어나서 이 대열 안에 위치해 있는가, 이 대열 안에 있는 교차점인가 그렇지 않은가에 관한 질문에 달려 있는 것이라 할 수 있다. 육체적인 성, 그리고 성적인 관계가 남자와 여자와 그들의 만남을 다스리고 성취할 수 있는 **독자적인 권리**와 **독자적인 힘**을 소유하게 된다면, 이것은 하나의 악마적 사태인 것이다. 육체적 성과 성적 관계가 절대성을 갖는다면, 이는 항상 하나님의 계명에 대립하게 된다. 따라서 인간이 하나님의 계명에 대면하여 서는 것은 이 영역 전체를 "비악마화"(Entdämonisierung)하는 것을 의미한다.

우리는 하나님의 계명이 인간 전체를 요구한다고 말하였다. 그렇게 함으로써 하나님의 계명은 결정적으로 육체적인 성과 성적 관계를 거룩하게 만든다. 하나님의 계명은 이것들을 인간존재 안에 포함시키면서, 육체성과 육체적인 성 안에서 그리고 성적 관계의 문제에 대한 책임에서 인간이 되도록 요청한다. 다시 말하자면, 이는 인간이 단순히 육체일 뿐만 아니라 정신적으로 발생하는 육체의 영혼(geistegewirkte Seele des Leibes)임을 의미한다. 더욱 구체적으로 말하자면, 이는 동료 인간과 함께 존재하는 인간, 즉 다른 인간에게서―남자는 여자에게서, 여자는 남자에게서―육체를―그러나 단순히 육체뿐만 아니라, 또한 정신적으로 발생하는 육체의 영혼을―찾고자 하며, 그럼으로써 자신의 육체를 찾고, 오직 이런 맥락에서 육체적인 성적 관계와 성적 연합을 추구하는 그런 인간을 가리킨다. 이를 통해서 하나님의 계명은 인간을 성화시킨다. 하나님이 그분의 계명에서 원하시는 것은 피조성의 총체 안에 있는 인간이다. 즉, 하나님은 본래적인 인간을 원하시고, 인간이 그의 공존인간과 만나고 관계를 맺기를 원하신다는 사실이다. 그러므로 이는 자신의 총체성 안에 머무는 인간의 문제와 관련되어 있다. 그렇기 때문에 육체적인 성과 성적 관계는 반드시 하나님의 계명에 의해 다루어져야만 한다.

그러나 이는 바로 인간의 총체에 관한 문제이기도 하다. 그렇기 때문에 성적인 것은 하나님의 계명에 의해서, 오직 하나님 앞에서, 인간의 성적 존재 전체와의 연관성을 통해서만, 그리고 사귐을 통해서만 이해된다. 여기에서 성적인 것을 제거하려는 자나, 이를―예외적인 영역으로 다루면서 그 안에서 스스로 주와 선생이 되려고 하든지 혹은 거기에서 자신을 어떤 특별한 법과 제도 아래 종속시키든지―개인화시키는 자는 누구나―마지막의 경우에서 잘 이해될 수 있듯이―하나님의 계명에서 벗어나게 된다. 성적인 것의 사유화(Privatisierung)는―인간 자체와 이 특별한 영역에서의 인간이―거룩해지는 것을 방해한다.

하나님의 계명은 거룩하게 한다. 그리고 이런 계명은 인간 그 자체를 목적으로 하며, 그렇기에 인간 그 자체를 원하신다. 다시 말하면, 인간존재의 총체 안에서 남자 또는 여자로 존재하는 인간, 근육과 세포로 이루어진 육체를 가지고 있는 인간, 정신적으로 발생하는 육체의 영혼인 인간, 성적이면서 동시에 성을 초월하지 않는 인간, 자웅동체가 아닌 단성의 남자 또는 여자인 인간, 완전하고 정확한 이와 같은 제한 가운데서 하나님의 계명과 대면하며 계명에 대해 책임을 지는 인간 그 자체를 요구하시는 것이다. 하지만 여기에서 하나님의 계명이 의도하고 요구하는 것은 인간의 생식기와 성적인 욕구들 그 자체가 아니다. 오히려 이것들이 이 영역 이외의 인간 전 존재의 질서와 순서에 부합하는 것이다. 인간의 전 존재는 성적 문제와 관련해서도 이와 같은 매우 협소한 영역에서 드러나고 작용하는 차원이나 요소와는 전혀 다른 차원들과 요소들을 지닌다. 인간은 육체적으로 먹거나, 마시거나, 잠을 잔다. 이와 마찬가지로 또한 인간은 자신의 성에 있어서도 정신적으로 영향을 끼치는 영혼인 것이다. 바로 인간 그 자신, 정신적으로 영향을 끼치는 육체의 영혼이 이와 같은 성을 비롯한 모든 것에서—물론 성에 관련해서도 그 자신이!—순종적으로 되는 것, 바로 이것이 하나님의 계명이 말하고자 하는 점이다. 인간이자 남자이고 또한 여자이면서, (정신에 의해 그 본질과 실존이 가능해진!) 영적 존재이자 또한 육체적인 존재이며, 육체적인 생식기와 성적인 욕구들을 가지고 있는 존재인 인간—너는 누구이고 또한 무엇인가? 이것이 이와 같은 특수한 영역에서 인간존재와 관련하여 하나님의 계명이 던지는 포괄적이며 특별한 질문인 것이다.

그리고 하나님의 계명은 남자와 여자의 만남과 관련해서도 만남 그 자체를 의도하며, 그리고 만남 그 자체를 요구한다. 다시 말하자면, 그들의 만남, 인간존재의 총체 내에서 성적 관계를 지향하는 경향을 가진 그들이 함께하는 것, 그 자체를 요구하는 것이다. 이런 관계가 다루는 주제 혹은 이런 관계의 문제는 쉽게 알아볼 수 있든 혹은 배경에 감춰져 있든, 그리고 이 관계가 지닌 본래적 형태에서든, 아니면 변화되고 승화된 형태 안에서 일정한 역할을 한다. 그러나 이런 관계가 실현되는 것을 어떻게든 주제로 삼을 때에만 비로소 하나님의 계명이 드러나는 것은 아니다. 남자와 여자의 만남은 결코 이런 관계를 실행하는 것에 근거를 두지 않는다. 성적인 관계는 매우 변화무쌍하며, 또한 승화될 수 있다는 사실이 이를 잘 드러낸다. 성적인 관계는 관계가 가지고 있는 단 하나의 차원이며 또한 단지 하나의 요소에 불과하다. 그것 옆에, 가까이 또는 멀리에는 성적 관계에서와 마찬가지로 영적이며 동시에 육체적인 또 다른 관계들이 존재한다. 하나님의 계명은 이런 관계들 가운데 어떤 것도 그 자체로서 요구하지 않는다. 바로 이 때문에 우리는 이 관계들 가운데 어떤 것도 성적인 관계로부터 분리하여 떨어뜨려 놓아서는 안 된다. 왜냐하면 이런 경우 환상과 거짓에 빠질 수 있기 때문이다. 그러나 또한 바로 이런 사실 때문에 남녀의 만남이 가진 성적인 차원과 요소들을 다른 것들로부터 분리하여 떨어뜨려 놓아서도 안 된다. 그렇다면 남자와 여자, 그들의 상대자, 그들의 함께 존재함, 사랑, 결혼, 이 모두를 어느 정도 성적으로만 이해하고 경험하려고 할 때 마찬가지로 또한 우리는 환상과 거짓에 빠지게 될 것이다. 정신의 사귐, 사랑, 일, 그들의 삶 전체의 기쁨과 고통이 이런 만남을 감싸안을 때, 그리고 그들의 삶 전체가 어떤 특정한 지점에서 이런 관계를 필연적이며 참되고 정당한 것으로 만들 때, 이런 관계는 "순결하고"(kuesch) 정직하며 참된 성적인 관계가 된다. 관계가 이러한 맥락에서 행해지고, 총체성을 간직한 상생(Koexistenz)의 환경 안에서 요구되며 유지될 때, 오직 그때에만 이런 관계는 정당하게 되며 회복된다. 그러나 관계가 이와는 전혀 다르게 그리고 이런 상생의 환경 안에서 형성되지 않는다면, 이런 관계는 확실히 "부정하고"

(unkeusch), 불의하며, 불행으로 가득 차게 된다. 상생이 없는 성교(Koitus)는—다시 한 번 말하자면—악마적 상황이다. 우리는—단지 겉으로 거룩하게 하는 듯 보이는!—형식적이고 합법적인 결혼이 이런 관계의 배후에 서게 될 때에, 이런 악마적 상황에 빠진다는 것을 분명히 인식해야만 한다. 그러므로 서로의 성적인 관계 속으로 들어가려는 남자와 여자여, 너희는 누구이며, 서로에게서 무엇을 원하는가? 이것을 행하는 의미가 있는가? 이것이 너희의 참된 상생을 통해서 요청되고 유지되는 것인가? 너희들이 어떤 경우든 정직하고 단호하게 서로의 참된 상생을 향해 나아가고 있다는 사실을 통해서 이것이 정당화되었는가? 또한 이것으로 인해 너희가 희망으로 가득 찰 수 있는가? 바로 이것이 이와 같은 특별한 인간의 행위와 관련하여 하나님의 계명이 던지는 질문이다. 만일 우리가 이 질문을 남자와 여자의 만남이 지니는 총체성에 관한 질문으로 이해하지 않는다면, 우리는 사실 전혀 이것을 이해하지 못하고 있는 것이다. 사람들이 가장 친밀한 영역에서 행하는 이런 모든 불법과, 그리고 이런 영역에서 안전을 누리고 스스로를 변호할 수 있는 수단으로 생각하는 합법은 동일하게 하나의 사실을 보여주는 증상이다. 그것은 바로 인간이 하나님의 계명을 아직 듣지 못했고, 아마도 지금까지 듣기를 원치 않았으며, 아마도 더 이상 듣기를 원하지 않는다는 사실이다. "비악마화"는 이웃됨으로서의 인간성 전체에 초점을 맞춤으로써 이루어진다. 그러나 이와 같은 비악마화는 인간에게 결핍되어 있는 은총이라 할 수 있다. 그렇기에 우리는 이런 은총을 반드시 간구해야만 한다.

이에 관한 주석적 설명을 보자. 고린도전서 6:16과 에베소서 5:31에서는 창세기 2:24가 인용되고 있다. 그것은 "둘이 한 몸을 이룰지로다."(εἰς σάρκα μίαν)이다. 이 두 구절에서 말하고 있는 것은 두 성의 육체적인 연합이 분명하다. 즉, 에베소서 5:31은 결혼에서 이루어지는 연합에 관해서 말하고 있고, 고린도전서 6:16은 남자와 창녀의 연합에 관해서 말하고 있는 것이다. 고린도전서의 이 구절에서 바울은 다른 표현을 사용하여 이를 강조하고 있다. "창녀와 합하는 자는 그와 한 몸(ἓν σῶμα)이다." 반면에 에베소서 5:28에서는 남자와 여자가 결혼을 통해 "한 몸이 되는" 것을 의미한다. 다시 말하자면, "남편들도 자기 아내 사랑하기를 자기 자신과 같이(ὡς τά ἑαυτῶν σώμαα)", 즉 자신과 한 몸이 된 자와 같이 해야 한다는 것이다. 사륵스(σάρξ, 육신)나 소마(σῶμα, 몸)와 같은 개념들은 단순히 물리적인 육체를 가진 인간을 의미하지 않는다. 또한 하나의 '육신'이나 하나의 '몸'이 된 두 사람이라는 말도 단순히 물리적이고 육체적인 연합 그 자체만을 의미하거나 지칭하는 것이 아니다. 비록 '육신'과 '몸'이 의심할 여지 없이 물리적인 것을 포함하고 있을지라도, 이를 넘어서 정신에 기반하고 있다. 또한 이는 정신을 통해 작용하고 유지되는 영적이고 육체적인 존재의 총체인 인간을 지칭한다. 두 사람이 한 '육신' 또는 한 '몸'이 될 때, 이는 분명 육체적 연합을 의미하기도 한다. 그러나 또한 이를 넘어서 두 사람의 전체 존재가 총체적이며 분리될 수 없는 공동성(Gemainsamkeit)으로 연합된 것이다. 남자에게 있는 어떤 것이나 여자에게 있는 어떤 것이 아니라, 남자 그 자신과 여자 그 자신이 하나가 된다. 이것은 다음과 같이 말할 수 있다. 즉, 순전히 그 자체로 독자적으로 간주되는 육체적인 행위로서의 물리적인 성적 연합처럼, 두 사람이 소유하고 있는 그 밖의 다른 본질로부터 동떨어져 있는 것은 전혀 없다는 것이다. 남자와 여자는 이 사건 속에서 각자 완전히 그들의 본연의 모습이 되고, 이전과는 전혀 다른 모습이 된다. 즉 하나의 존재, 한 육신(μία σάρξ), 한 몸 안에서 하나의 존재(ἕν σῶμα)가 된다는 것이다. 그렇기 때문에 에베소서 5:28-30에는 다음과 같은 진술이 이어지는 것이다. "이와 같이 남편들도 자기 아내 사랑하기를 자기 자신과 같이 할지니 자기 아내를 사랑하는 자는 자기를 사랑하는 것이라. 누구든지 언제나 자기 육체를 미워하지 않고 오직 양육하여 보호하기를 그리스도께서 교회에게 함과 같이 하나니 우리는 (공동체로서) 그 몸의 지체임이라." 여기서 주목해야 할 것이 있다. 그것은 남편이 그의 아내를 사랑할 때, 어떤 것이 아닌 자기 자신을 사랑하게 된다는 사실이다. 이와 더불어 우리는 (신약성서에 등장하지 않는 개념인 ἐρᾶν이 아니라) 그리스도교적 개념인 아가판(ἀγαπᾶν, 동사, '사랑하다'의 부정형—역자 주)의 사용에 주의해야 한다. 우리는 무엇보다 자기 아내에 대한 남편의 사랑이라는 이 사건이 그리스도교 신앙의 최고의 비밀과 어떤 유비적 관계에 있는지 주목해야 한다. 이 모든 것은 결혼의 육체적 실행에서 남자와 여자의 존재 전체와 둘의 완전한 연합에 초점이 놓일 때야 비로소 올바로 이해될 수 있다. 오직 그럴 때에만 남자가 그의 아내를 사랑함으로써 자기 자신을 사랑한다고 말할 수 있다. 이것이 그의 사랑을 아가판(ἀγαπᾶν)으로 제시한다. 그리고 바로 이것 때문에 그의 사랑이 교회에 대한 그리스도의 사랑과 비교될 수 있는 것이다. 만일 본문이 이 실행을 특수하고 낮은 수준에 있는 하나의 부분적인 사건으로 이해했다면, 이 모든 것은 적절히 이해될 수 없었을 것이다. 고린도전서 6:16도 이와 동일한 장면(Bild)을 보여준다. 여기에서는 성적인 연합을 결혼이 아닌 음행(Hurerei)과 연관 지어서 이야기한다. 다시금 이 상황과 바울의 논증을 완전히 이해하기 위해서 우리가 알아두어야 할 것이 있다. 그것은 바로 여기에서 음행의 본질적인 모습을 단순히 육체적이고 물리적이며, 부분적이고 일시적인 남녀 관계로 보는 것이 근본적으로 불가능한 것으로 제시한다는 사실이다. 고린도의 거친 그리스도교 공동체에는 분명히 다른 생각을 가졌던 사람들이 있었다. 그들은 육체적인 성과 성적 관계를 차이가 없는 것으로 이해하면서 창녀와의 성관계를—그 밖의 육체적 욕구들 및 이 욕구에 대한 만족과 동일한 선에서—무해한 것으로 만들고자 했다. "음식은 배를 위하여 있고 배는 음식을 위하여 있으나"(13절). 그러나 바울은 다르게 본다. 그는 다른 맥락들에서 먹고 마시는 것을 어떻게 하든 상관없이 좋은 것이라든가 또는 단지 무해한 것으로 여기고 있지는 않다. 어쨌든 그는 여기서 이와 같은 비교로부터 이끌어 낸 잘못된 추론을 금지한다. 남자와 여자 사이의 문제는 배(κοιλία)에 관한 것 그 이상이다. 여기에서 중요한 것은 바로 몸(σῶμα)이다. 그리스도인에게 중요한 문제는 영적이며 그리고 육체적인 총체 안에 있는 그 자신이다. 몸은 그 존재의 일부나 혹은 특수한 기능이 아니다. 오히려 몸은 그 전체가 주께 속해 있다.(13절) 그리고 그분의 부활에 근거해서 몸의 부활을 기대한다.(14절) 또한 몸은 그 존재의 총체 안에서 그분의 지체들 가운데 하나이며(15절), 그분의 성령이 거하시는 성전이다.(19절) 몸은 자기 자신에게 속한 것이 아니다. 오히려 비싼 값을 치른 것이기 때문에, 그 존재의 총체 안에서 하나님을 찬양해야 한다.(19-20절) 만일 이 모든 진술에서 이야기되고 있는 "몸"이 성이나 그 욕구들과는 다른 무엇이라면, 또한 여기에서 기술되고 있는 그리스도교적인 실존이 여기서 실행될 수 있는 반면에 그 외의 다른 곳에서는 인간의 성생활이 그 자신의 고유 법칙을 좇아서 실행된다면, 창녀와의 육체적 접촉은 분명 배제되지 않게 될 것이다. 그러나 전혀 그렇지 않다. 자세히 말하자면, 주께 속한 자는 그분과 함께한 영(Geist)이 되며, 반면에 창녀와 합한 자는 창녀와 함께 한 몸이 된다는 것(16절)이 자명하다는 것이다. 이 두 경우 모두는 인간 자신의 문제, 인간의 전 존재의 문제이기 때문에 서로를 배제한다. 그리스도인에게서 그가 주님과 함께 한 영이라는 사실은, 그가 창녀와 함께 한 몸일 수 있는 다른 가능성을 완전히 배제하는 것이다. 이를 긍정적으로 말해보자. 만일 사람이 주님과 자신 전체로서 함께할 때, 그 아내에 대해서도 역시 자기 자신 전체로 함께할 수 있거나 또는 전혀 그렇지 않게 된다. 음행을 "피할" 수 있는(18절) 유일한 이유는, 음행을 함으로써 남편은 그 아내에 대해 자기 전체로 함께하지 않으며 서로를 속이고 기만하게 되기 때문이다. 이것은 주님과 함께하는 '한 영'이 할 수 없는 일이다. 사람은 그의 성적 욕구들과 그 해소를 자기 존재의 다른 부분과 아내와의 만남에서 주어지는 책임으로부터 분리해서는 안 된다. 그렇기에 우리는 결혼의 테두리 안에서(!) 이와 같은 의미에 맞추어서 해석해야만 한다. 또한 우리는 이 영역에 특별한 성스러움도 그리고 특별한 부정함도 부여해서는 안 된다. 남자와 여자 모두는 이런 영역에서 서로 완전히 자기 자신이 되도록 해야만 한다. 둘은 서로가 그 자신과 전체를 원하고 요구할 때에만, 즉 한 육신, 한 몸(μία σάρξ, ἓν σῶμα)이 둘에게 부분적이거나 음행에서처럼 선 아래의 어떤 곳에서만 의미를 갖는 것이 아니라—예를 들면, 이 단어들이 의미하듯이—전체적으로 의미를 가질 때에만, 비로소 둘이 함께 이 영역에 들어설 수 있음을 확신해야 한다.

우리는 다행히 오늘날 사람들이 점점 더 의학적이고 심리학적인 면에 기울어지는 경향을 분명하게 보이고 있고, 심지어는 사물을 이런 노선에서 보고 기술하는 데 중점을 두고 있다는 사실을 지적할 수 있는 위치에 서 있다. 하지만 30-40년 전 프로이트(S. Freud)의 시대에는 상황이 매우 달랐다. 이 당시는 낭만주의 문학의 주목할 만한 흐름이 부르주아 시대의 말기—영국의 경우 '빅토리아' 시대로 불렸다.—에 보편화되었던 특정한 성문제에 대한 차별, 은폐, 침묵에 대항하여 근거 없는 싸움을 시작했던 시기였다. 더 자세히 보자면, 그 최고점에 경탄할 만한 학자인 로렌스(D. H. Lawrence)가 서 있다. 그의 책들은 이전에 거론되지 않았던 것들을 거론하고, 강조되지 않았던 것들을 강조하고, 이를 과장하고, 혹은 오직 그것만 강조함으로써, 더 이상의 재론의 여지도, 조그마한 논란거리도 남겨두지 않았다. 그러나 이뿐만 아니라 그는 좋은 것들도 충분히 언급하고 강조했다. 이 문학적 경향은 의학적이고 학문적인 심리학의 영역에서 이루어진 소위 정신분석의 기초적인 체계화에 상응한다. 정신분석에서는 병든 정신의 진단과 치료가 무의식의 기저에서 작용하는 **억제된 콤플렉스**의 발견과 이의 제거를 통해 이루어진다. 여기에서는—당시의 연구에 따르면—**성적 리비도**(Libido)가 비록 유일한 것은 아닐지라도, 그러나 매우 결정적인 역할을 했다. 이 성적 리비도는 사람들이 생각했던 것보다 더 강력한 것으로 인정되었을 뿐만 아니라, 거의 모든 정신적인 충동과 상태들이 이것의 발현으로 이해되었다. 이 이론의 일부 형태들에서는 인간적인 것 자체가 매우 구체적으로 성적인 것의 토대 위에 서 있는 것으로 간주되었다. 비록 사람들이 함께 연구할 수 있는 상황에 있지 않았던, 그리고 지금도 함께 연구할 수 없는 그들에게 어떠한 정당성도 부여할 수 없지만, 그럼에도 우리는 저런 참여와 판단을 내릴 수 있다. 이를 통해 단지 우리가 분명히 하고자 하는 것이 있다. 그것은 사물에 대한 이 단계의 이해가 오늘날 의학적 심리학에서 이미 극복된 듯이 보인다는 점이다. 만일 사람들이 오늘날 표준적인 것으로 받아들여지고 있는 것과는 반대로 단지 여기에서 이론적으로 말해질 수 있는 것에 대해서 말하려고 한다면, 이는 풍차에 맞서 싸우려는 것과 같을 것이다. 이와 더불어서 우리가 전제로 삼았던 것이 있다. 그것은 하나님의 계명을 바탕으로 고백해야만 하는 인식을 탁월하게 묘사하는 것들이 최근에 제시되었다는 것이다. 그렇기에 이런 측면에 귀를 기울이는 것은 큰 유익을 가져다준다. '빅토리아니즘'(넓은 의미에서)에 대한 저항은 당시의 상황에서 볼 때에 정당한 운동이었다. 이러한 사실은 또 다른 영역에서 알프레드 아들러(A. Adler)와 융(C. G. Jung)에 의해 발전된 보편적인 관점을 통해 분명하게 드러난다. 이런 관점에 따르면, 구체적으로 성적인 것을 이전과는 완전히 다르게 평가해야만 한다. 하지만 이를 인간적인 것의 토대 위에서 바라보고, 인간 전 존재의 영적이고 육체적인 실존의 맥락 안에서 이해해야만 하며, 그 반대는 성립하지 않는다.

여기서는 오스왈트 슈바르츠(O. Schwarz)의 책, 『성과 인격성』(*Sexualitaet und Persoenlichkeit*, 1934)에 관해서 짧게 언급하고자 한다. 아마도 이 책이 역사적으로 흥미를 끄는 이유는, 내가 올바르게 보았다면, 프로이트 시대로부터 시작해서 오늘날의 유효한 사상들에 이르기까지 이 문제를 다루는 의학적-심리적 학문을 과도기적 단계에서 보여주고 있기 때문일 것이다. 이 책은 정상적인 성의 발전 단계를 기술하는 것을 고유한 내용으로 한다. 그런데 서론에 등장하는 눈을 사로잡는 미래 지향적인 통찰들이 마지막의 올바른 결론에 도달하지 못하는 아쉬움이 있다. 바로 이런 점에서 이 책의 과도기적 성격이 분명히 드러난다. 슈바르츠는 성(Sexus)에 실제적인 독자성(Eigengesetzlichkeit)을 부여한다. 이로 인해 슈바르츠는, 예를 들면, '자위를 의무적인 것'으로 칭하고, 고린도전서 6장에서 해서는 안 되는 것으로 언급된 매음을 '관계'의 단계를 거쳐서 최종적으로―직접적인 연장선상에서―결혼(!)에 이르기 위한 '없어서는 안 될' 발전의 한 단계로 간주해야만 했다. 그렇다고 나는 여기서 그 이전에 언급된 작가들의 노선에서 스스로를 바라보며, 그리고 이를 넘어서 더 나은 것을 약속하고 있는 (서론에 나오는) 이 책의 몇몇 사고를 언급하지 않은 채 지나가고 싶지 않다. 그것은 바로, 우리 삶에서 모든 것의 근간을 이루는 '본능'들은 단지 정신에 의해 마련된 특정 '상태'에서만 작용할 수 있다는 것이다. 성 본능도 마찬가지로 사랑과 윤리적 책임이라는 정신적 요소와의 해체될 수 없는 통일 속에서, 그리고 인격의 총체성 안에서 받아들여질 때에만 비로소 완전한 힘과 고유성을 획득한다. 이런 연합을 통해서 단지 하나의 생물의 성이 인간의 성으로 상승하게 되는 것이다. 육체적인 성은 너와 나에 대한 발견과 이해를 확증하는 것, 그 이상도 그리고 이하도 아니다. 이로부터 길은 실제의 세계로, 정신의 세계로 이어진다.

바로 이 때문에 보펫(Th. Bovet)이 오늘날 어떤 특별한 그리스도교적 관점도 주장하지 않는 것이다. 이는 그가 (위의 책, 17f.를 보라.) 다음과 같은 것에 중점을 두고 있을 때에도 마찬가지이다. 즉, "성적으로 착색된 분위기"로서의 인간적 에로스가 인간의 전체 삶을 특징짓고 있기 때문에 동물의 에로스보다 뛰어나다는 점과, 성행위에 대한 강박으로부터 자유롭다는 점—자유롭게 육체적 욕구 자체를 나머지 삶의 영역들과 연결시킨다는 점, 다시 말하자면, 그 욕구에 종속되지 않고 함께 '논다'(spielen)는 점—에 주목할 때에도 마찬가지이다. 이런 욕구는 인간에게 있어서 옮겨질 수도 있고, 또한 변화될 수도 있다. 이런 욕구가 지닌 에너지는 창조적인 행위나 예술적인 행위 또는 그 밖의 다른 행위에도 사용될 수 있다. 또한 이런 욕구는 육체적인 수준 대신에 정신적인 수준에서도 펼쳐질 수 있다. 직접적인 충동만을 따르려 하고, 여기에 씁쓸한 진지함을 쏟아 부어서 잘못 몰두하는 사람, 바로 그 사람은 성적으로 재능이 없거나 또는 적은 재능을 지닌 사람이다.—우리는 그를 '동물적인' 인간이라고 말할 수 있다. 진정으로 성적인 사람은 성행위에 있어서도 마찬가지로 완전히, 그리고 참으로 이런 사건이 제공하는 문제에서 자유롭다. 다시 설명하자면, 이 때문에 그는 성적인 행위를 통해서도 다른 사람의 자유롭고 완전한 인격을 찾으며 또한 발견한다는 것이다. 그는 스스로(eo ipso) 두 사람에게 공통적인 분위기와 그의 지속을 추구한다. 그는 그가 사랑하는 존재와 가능한 한 다채로운 방식으로 지속적으로 함께할 수 있기를 원하고, 그들 각자의 개인적인 세계가 상대에게 가능한 한 깊이 침투해서 공동의 에로틱한 세계를 만들기를 바란다. 이 세계가 인간에게는 바로 에로스와 성충동이 유일하게 완전한 형태를 이루고 있는 결혼인 것이다.

가톨릭 의사였던 에른스트 미켈(E. Michel, 『결혼. 성적 연합의 인간론』[*Eehe. Eine Anthropologie der Geschlechtsgemeinschaft*], 1948, 88f.)은 보펫과 동일한 배경과 동일한 방향성을 보인다. 그러나 그는 보펫보다 더 예리하고 포괄적이며, 놀랍게도 신학적으로도 더 완전하게 자신의 주장을 펼쳤다. 그가 저 신약의 구절을 상기시키면서 말한 "몸의 연합"은 단순히 성관계와 동일시될 수 없다. 물론 이 성관계는 몸의 연합에서 중요한 의미를 지니고 있다. 하지만 이 관계가 서로의 개인적인 삶을 계발하고, 서로의 모든 것을 포괄하며, 그로부터 만족을 찾는 저 연합 안에 포함되어 있어야 한다는—그리고 이런 참된 "사랑의 연합"이라는—조건 아래에서만 중요한 의미를 지니는 것이다. 이것은 성적 연합을 준비할 뿐만 아니라, 또한 여기저기 곳곳에서 완전히 유효하고 충분한 효력을 발휘한다. 그리고 아무런 방해도 만들지 않으면서 자신의 자리를 차지하는 "서로를 위한 세심한 육체적–영적 감각"을 주제로 삼아 다룬다. 또한 이것은 자유 안에서 이루어지는 성적인 관계를 포함하고 있는 사랑을 주제로 삼는 것이다. 이런 자유는 성적인 관계로부터 어떠한 구원도 기대하지 않는 자유이며, 더 나아가 결코 이런 문제의 주변을 맴돌지도 않는 그런 자유를 말한다. 만일 여기서 무엇인가가 전체 모든 것이 될 수 있다면, 그것은 바로 충만한 파트너 관계(Partnerschaft)일 것이다. 이런 파트너 관계는 남자의 권력욕이나 소유욕, 또는 여자의 모성본능에 의해 결코 위조되어서는 안 되는 관계이다. 만일 (파트너 관계의 의미에서) 올바르게 이해된 "몸의 연합"(Gemeinschaft des Leibes)이 성적인 연합에서 절정이 이른다는 것이 사실이라 할지라도, 그러나 좁은 의미에서 성(Sexus)이 사랑의 선택과 성적 연합을 지배하고, 두각을 나타내고, 분열하고, 독립적이 되는 것은 옳지 않을 것이다. 즉, 성은 인간이 동물과 공유하고 있으며, 그 자체로 윤리적으로 다루어지고 분류되어야만 하는 그런 기초적인 자연적 본능이 아니라는 사실이다. 성은 처음부터 "우선적으로 특수한 인간 본성과 인간의 삶의 이력의 의미 구조에 의해 깊게 각인되고 결정된 후"에야 비로소 생물학적으로 이해될 수 있는 인간적인 성이다. 그렇기에 이런 의미에서의 성이 지배하는 곳에서, 그리고 어떻게 이 성이 윤리적으로 관리될 수 있는지에 관한 질문이 제기되는 곳에서는, 이와 같은 성과 그 욕구가 더 이상 본래적인 것도 또한 자연적인 것도 아니게 된다. 그리고 이런 곳에서는 다음과 같은 사실만이 드러나게 되는데, 그것은 성이 더 이상 사랑과 성적인 연합(Geschlechtsgemeinschaft)이 제공하는 감각의 일체성(Sinneinheit)을 기반으로 하지 않는다는 점이다. 또한 성이 이런 감각의 일체성을 위하여 이용되도록 편입되지도 않으며, 성이 다른 특정한 개별 인간을 다른 성으로 이야기하지도 않는다. 오히려 그에게 무엇인가 다른 성별적 가치를 부여한다. 즉, 이 사람이 순수하게 드러내야만 하는 다른 성별적 가치에 대해서 언급하는 것이다. 그러나 "자연적 본능"의 힘이 이런 치명적인 성의 '분출'(Ausbruch)로 이끄는 것이 결코 아니다. 오히려 인간이 오직 자기를 위해 봉사하도록 만드는 **자기중심성**(Selbstbezogenheit), 바로 인간의 **자기구금**(Ichverhaftung)이라는 힘이 그곳으로 이끈다. 자기중심성이나 자기구금의 힘은 자연적 본능의 힘을 이용한다. 그래서 자연적 본능을 자연적인 사랑의 영적이고 육체적인 통일체로부터 끄집어내어서 자기과시(Selbstueberhebung)나 자기도피(Selbstflucht)를 위해 이용한다. 인간이 성을 이렇게 이용할 때에, 성은 단순히 동물적이 아니라 더 나아가 악마적이 된다. 다시 말하면, 악마적이라는 의미는 성이 부정적인 형태로 인간적으로 된다는 것이다. 또한 성이 인간의 제거할 수 없는 **너-중심성**(Du-Bezogenheit)에 대립하는 싸움을 통하여, 그리고 자기와 연관되는 자기확대성(Selbstbereicherung)이나 혹은 자기로 존재하기를 원하지 않는(Nichtselbst-sein-Wollen) 방향으로 도피한다는 점에서 인간적으로 된다는 것이다. **너에 대한 헌신**(Du-Hingabe)이 없다면 성행위는 악마화된 성의 마술적인 실행이 되고 만다. 그래서 상대에 대한 개별적이며 인격적인 헌신을 통해서만 획득되어야 할 것을 성의 양극(여성적 극과 남성적 극)을 단지 하나로 녹여버리는 일종의 환혼술(Beschwörung)을 사용하여서 소유하려는 시도가 된다. 이러한 시도와 함께 이 영역에서는 사람들이 '육체의 욕망'(Fleischeslust)이라고 부르는 것, 즉 '동물적인 것'이 아닌 비인간적이고 또한 반인간적인 것이 **악**한 것의 영역 안에 놓이게 되는데, 그것이 바로 인간의 원천적인 규약(Verfassung)에 속한 성으로부터 **타락**인 것이다. 사랑과 만남을 통해 주어지는 연합은 인간의 마음 중심으로부터 나오는 것이다. 바로 이런 사랑과 만남의 연합에 근거한 재통합만이 성이 악마화되는 것을 무력화시킬 수 있다. 성적인 관계가 참된 사랑에 기초하고 있든지, 혹은 아니면 본능적인 욕구로부터 비롯되든지 상관없이, 단지 모든 성적 결합에서 하는 경험이 동일한 종류의 것이라는 주장은 결코 옳지 않다! 자기 연관적이고 자기구금적인 성으로부터 비롯되는 성경험은 참으로 강렬하다. 그러나 이것이 아무리 강렬하더라도, 결국 불임과 침체, 공개적이거나 숨겨진 죄책감으로 끝나는 순간의 거짓경험(Scheinerlebnis)에 불과하다는 사실이 참되다. 또한 이것이 도덕에서 비롯된 것이 아닌 본성의 왜곡이라는 형이상학적 이유로부터 비롯된다는 사실이 바로 올바른 것이다. 이러한 경험은 '공동생활의 이력'(Biographie) 안에 놓여 있지 않다. 이런 경험은 가능성에 대해서는 이야기되고 있지만 실제로는 거부되고 부정되는 만남이 제공하는, 그래서 지금은 성적인 관계에서 경험되고 추구될 수 있는 만남의 매력을 통해서만 체험 가능하다. 돈 쥬앙(Don Juan)은 단지 '위대한 성애가'(Grosser Erotiker)가 아니다. 오히려 그는 이 여자에서 저 여자에게로 쉼 없이 자신의 보완적인 성적 이상을 쫓아가고, 그럼으로써 실망에서 단지 실망으로 내달릴 수밖에 없었던 '사랑에 무능력한 자'(Liebensunfaehigen)와 성에 약한 자의 예에 불과하다. 그러나 우리는—긍정적이든 아니면 부정적이든—모든 것이 결혼에서의 육체적 결합에 적용될 수 있다는 사실을 분명히 해야만 한다! 이와 같은 전제는 중요하다. 왜냐하면 성적인 행위가 결혼이라는 신성한 제도의 보호를 받고 또한 개인적이고 윤리적인 근거를 가지고 있을지라도, 이런 전제가 없다면 성적인 행위는 인간의 본래 모습이 아니며, 자연적이지도 않고 또한 선하지도 않기 때문이다! 결혼의 취약성은 이러한 윤리적 근거의 결핍이나 또는 결혼 제도를 떠받치는 결합력의 상실이 아니다. 오히려 앞에서 말한 전제로부터의 이탈이 오늘날의 결혼이 가지고 있는 취약성의 원인이다. 즉, 다른 시대와 비교할 때 오늘날 결혼이 '더 사랑을 기반으로' 이루어지기 때문이다. 더 나아가서 사랑의 실행능력과 형성능력을 비교하여 볼 때, 이것이 바로 이전과는 완전히 다른 요구들이 주어지게 된 이유이기도 하다. 그러므로 우리는 이러한 상황이 신앙 안에서 어떤 근거를 가지고 있는지 새롭게 질문해야만 한다. 우리 시대의 특징은 성적인 것에 대한 본성적인 인정이 완전히 긍정적으로 평가받는 것이라 할 수 있다. 하지만 이를 인정하는 것 그 자체만으로는 충분하지 않다. 이런 인정은 성적인 것의 본성화와 중성화를 의미할 수 있다. 오늘날 우리는 이 단계를 통과해서 지나가고 있는 것처럼 보인다. 우리는 성적인 것과 관련하여 더 이상 이전 시대와 같은 양심의 가책에 시달리지는 않는다. 그렇지만 아직은 사랑과 그 의미의 전개에 기초하여 작용하며 성적인 것을 통일적인 삶 속으로 통합되도록 이끄는 새로운 선한 양심을 소유하고 있지도 못하다. 이런 방향에서 "도덕주의자들과 상담가들이 시도하고 있는 것과 같은" 과거의 뒤편을 바라보고 향하는 방식(미켈이 생각하고 있는 것은 항복이나 적응 또는 영웅적 태도나 종교적인 인내와 같은 보편적인 위기 해결책들에 대해서 설교하는 방식이다.)이 아니라, 미래라는 전방을 향하면서 오늘날의 위기에 대한 해결책을 찾아야 한다. 성생활의 '신성화'(Einheilgung)는 가톨릭 윤리는 물론이고 ("그리스도인의 자유"에 관한 모든 이론적 선포에도 불구하고) 복음주의적 윤리에서도 아직은 별 호응을 얻고 있지 못하다.—실제로 이런 유명한 복음주의의 문제가 한 명의 가톨릭 '평신도'에 의해 평가되고 그토록 활발하게 변호되는 것을 보면서, 사람들이 이를 기쁘게 받아들일지 아니면 수치스럽게 생각할지 우리는 전혀 알지 못한다.

판 데 펠데(Th. van de Velde)의 책,『완전한 결혼』(Die vollkommene Ehe)은 50판 이상이 인쇄되었다. 이 책과 관련해서, 나는 책의 제목과 내용 사이의 관계가 오해를 불러일으킬 수 있다는 점을 지적하려고 한다. 이 책은 성적인 관계 자체의 심리학과 이에 대한 기술에 관한 책이다. 하지만 여기서 '완전함'은 매우 가치가 있지만 '완전한 결혼'을 설명하고 있지는 않다. 이것은 판 데 펠데 자신의 의도도 아니다. 우리는 이 책이 삼부작의 첫 번째 권임을 상기해야만 한다. 좁은 의미에서 성생활의 경계를 분명히 하기 위해서, 누구든 여기에서 보통 짧고 암시적으로 이리저리 말해진 것에 관해 한 번은 공개적이고 신중하게, 그렇다고 경쟁자를 망각하도록 하지 않으면서도, 참으로 교육적인 방식으로 정보를 제공하는 시도를 해야만 했다. 우리는 그의 책이 비이성적인 손들로 인해 그가 의도했던 이성적인 것을 달성하지 못했다고 추측할 수 있지만, 그럼에도 판 데 펠데가 이것을 시도했다는 것에 대하여 감사해야만 한다. 만일 사람들이 이성적인 독자로서 시기적절하게 이 책을 만났더라면 많은 도움을 받을 수 있었으리라고 말할 수 있다.

1948년 취리히에서 출판된 책 『활력 있는 결혼생활』(*Die lebendige Eheleben*)에는 샬롯 슈트라서(Charlot Straßer)의 논문인 "성적인 결혼생활에서의 영적인 균형을 방해하는 장애들"(Seelische Gleichgewichtsstörungen im geschlechtlichen Eheleben)(203f.)이 실려 있다. 나는 이 논문을 언급하면서 이 작은 개관을 마치고자 한다. 이를 통해서 내가 언급하려는 것이 있다. 물론 나는 이 글에서 본질적으로 보이는 내용을 언급하려는 것이 아니다. 오히려 나의 관점에서 볼 때 여기에는 몇몇의 특별한 사고가 있는데, 그것을 언급하고 싶다. 그것은 다시 한 번 다양한 의견의 일치를 분명히 하려고 제시된 것이나 또는 여기서 신학적인 근거를 갖고 제시된 것, 그리고 오늘날 의학적 심리학에서 주장되고 있는 것 사이에 형성된 객관적인 접촉을 분명하게 드러내려는 시도들이다. 이런 사고들은 상당히 건전하다. 그렇기 때문에 만일 내가 이에 관해 여기에서 언급하지 않는다면 상당히 후회할 것 같다. 슈트라서는 우리가 인간의 본성을 단순히 동물의 본성에 근거해 평가한다면, 이것은 본성에 대한 폭력이라고 쓰고 있다. 인간의 본성에는 육체적인 요소뿐만 아니라, 또한 영적인 요소도 포함된다. 예를 들자면, 인간이 성적으로 성숙하는 순간에 도리어 인간의 본성이 성적인 활동을 할 수 없거나 또는 활동할 수 있는 순간이 올 때까지 기다려야 하는 것은 인간의 본성에 가해지는 폭력이라고 많이 생각한다. 그러나 이는 잘못된 이론이라고 할 수 있다. 여전히 어느 누구도 성적인 단련에 고통스러워하거나 또는 몰락한 사람은 없다! 이와 같은 문제가 발현하는 전체 과정에는 자연스러운 것이면서 또한 꼭 필요한 것이 있다. 그것이 바로 전횡(Willkuer)과 간음(Unzucht)을 제외시키는 것이다. 이것은 두 파트너의 육체적이고 정신적인 관계에서 그리고 결혼생활을 통해서 장기간 그리고 배타적으로 완성되는 것이다. ('매우 원칙적으로' 그리고 개별적인 경우와 관련하여 전혀 바리새주의적 관점이 없이 말한다면) 이 원리에서 어떤 형태로든 벗어나는 자기 멋대로의 성적인 활동은 간음(Unzucht)이다. 사랑 안에서 이루어지는 육체와 정신의 상호작용은 한시도 무분별하고 독단적인 성적 활동과는 전혀 다르다. 이런 상호작용은 무모함과 본연의 나에 대한 경솔한 관리를 결코 허용하지 않는다. 이런 무모함에는 어떤 정당성도 없다! "어떤 방식으로든 무조건 성적 활동이 필요하다는 현기증 나는 생각은 결국 극복되어야만 하는 것이다."(213) 물론 젊고 또한 성적으로 성숙했으나, 아직 외적으로 정상적인 성행위가 금지된 젊은이가 느끼는 성적인 좌절이 존재한다. "이런 어려움은 어떻게 처리되어야 하는가? 기다리는 행동을 통해서 처리되어야 한다. 올바르게 결혼을 결정하는 교육을 통해서이다. 또한 다음과 같은 통찰을 통해서 처리되어야 한다. 즉, 교육을 통해 무엇보다 성적인 성숙만으로는 결코 성에 대한 최종적인 완성에 이를 수 없다는 것과 더 나아가 아직은 평균적인 발전에 도달하지 않은 그 나머지 모든 육체적이고 정신적인 능력들을 지속해서 훈련시킬 필요가 있다는 통찰이다. 또한 관심의 중심에 단지 성을 두지 않고, 더 나아가 이 때문에 다른 능력들에 대한 훈련을 소홀이 하지 않는 노력을 통해서 처리해야만 한다."(215) 그리고 이어서 여기에 항상 영향을 미치는 오류의 원천에 관하여 언급하고 싶다. 이와 같은 오류는 바로 정신과 육체 사이의 분리할 수 없는 상호작용을 이해하지 못하는 데서 비롯된다. "성은 단지 하체의 문제만이 아니다. 단지 성본능에 대한 고립되고 길을 잃은 견해만이 '섹스-어필'(sex-appear)이라는 표현을 이런 방식으로 만든다. 정신을 희생하지 않으면서 육체가 활동하도록 하는 그런 섹스어필만이 발전(Entfaltung)에 기여할 수 있다. 성적인 쾌락과 사랑은 결코 분리될 수 없다. 오히려 서로 밀접히 결합되어 있다. 그러므로 정신의 안내를 받지 않는 사랑은 불가능하다. 모든 사랑의 관계, 특별히 관계의 지속을 위해 필요한 배타성과 공동의 행위에 대한 책임의식의 의미를 포함하지 않는 관계, 또한 사랑하는 두 파트너 사이에 책임감 없이 맺어진 모든 사랑의 관계는 비난받아 마땅하며, 공동체뿐만 아니라 개별 정신에게도 위험하다. 성적으로 결합되었지만, 모든 결과에 대해 책임질 준비가 안 된 모든 남자와 모든 여자, 그들이 함께하는 공동의 삶이 '자유로운' 사랑 안에 있든지 아니면 '법적인' 사랑 안에 있든지 전혀 상관없이 처음부터 이런 삶과 삶이 제공하는 모든 결과를 진정으로 결혼적인(ehelich) 것으로 함께 생각하지 않으며, 자신들이 소유한 육체적이고 정신적인 나 전체를 서로를 위해 헌신하지 않으며, 그래서 서로가 지속적으로 결합되어 있다고 생각하지 않는 남자들은, 그런 여자들과 마찬가지로, 서로에게 불의를 행하며, 이와 동시에 공동체에게도 불의를 행하게 된다. 인간에게 있어서 성적 본능은 정신화되어진 것이다. 다시 말하면, 정신적인 결정이 육체적 욕구 위에 존재한다는 것이다. 사랑은 성행위를 통해 얻는 육체적 만족 그 이상이다. 사랑은 신체기관에 얽매인 배꼽 아래의 자아가 만들어 내는 떠들썩한 혼란이 아니다."(216f.) 슈트라서의 논문은 "균형을 방해하는 장애들"에 관한 토론을 통해서 자유롭고도 엄격하며, 우호적이면서도 영리한 결론을 맺는다. 그리고 이런 결론은 이에 대한 긍정적인 대응으로 들려질 수 있다. 자세히 말하자면, "사랑은 헌신과 희생에까지 이르고, 넓은 의미에서 종교성에 이르는 적극적인 선량함이다. 사랑은 사람이 사람들 가운데 있는 것이다. 사랑은 두 연인이 더 높은 즐거움의 가치를 위하여 지속적인 독점성 안에서 서로 관련될 때, 그들의 자아가 배가됨으로써 경험되고 증명된다. 사랑은 그렇게 얻어진 어떤 힘도 공동체의 세포, 즉 가족에게 전달되도록 하며, 마침내는 전체 인간 공동체에 이전되도록 한다. 사랑은 모든 사람과 자발적으로 연합할 때 각각의 인격이 자유롭게 펼쳐지는 데까지 이르도록 한다."(270f.)—신학자들은 여전히 다르게 말할 수 있고 또 그래야만 한다. 그러나 오늘날 의사가 그가 말해야만 하는 것을 그리스도교적으로 적절한 것에 대응되도록 말할 수 있다면,—그는 에베소서 5장과 고린도전서 6장을 참조한 것처럼 보인다.—최소한 예레미야스 고트헬프(J. Gotthelf)와 도스토예프스키(I. Dostojewski)를 거쳐서 우회했을지라도, 샬롯 슈트라서에게서도 이루어질 수 있었던 것에 대해서 어찌 우리가 아니 기뻐하겠는가!

이제 우리는 세 번째로 해명(Bereinigung)과 구분(Abgrenzung)에 대해서 다룰 것이다. 이는 우리의 핵심과제, 즉 결혼에 관한 질문에 접근해야 할 때 발생하게 될 것들이다. 남자와 여자라는 영역과 관련된 윤리적 질문은 결혼에 대한 질문을 자신의 근거로 삼을 수 없다. 바로 이런 사실로부터 구분이 비롯된다. 앞에서 나는 이 영역이 모든 신성화로부터 벗어나게 하는 것을 '비신화화'(Entmythologisierung)라 불렀고, 성에 관한 특정한 질문의 지배로부터 벗어나게 하는 것을 '비악마화'(Entdaemonisierung)라고 이름 붙였다. 이제 우리는 이와 같은 비평적 개념들의 노선을 계속 유지하기 위해서 앞으로 다루게 될 것을 이 영역의 '비집중화'(Dezentralisierung)라 부르고자 한다. 결혼은 의심할 여지 없이 최종적인 목표(Telos), 목적이며, 그리고 이 영역의 중심이다. 그렇기에 우리는 잠정적으로 결혼을 남자와 여자의 만남의 형태(Gestalt)라고 정의하고자 한다. 여기에서 언급되는 이런 만남은 상호의 일치된 사랑의 선택에 의해 이끌어진다. 그리고 특정한 한 남자와 특정한 한 여자의 자유로운 결정을 통해서 책임감으로 맺어진 완전하고 지속적이며 독점적인 두 사람의 삶의 공동체라 할 수 있다. 이 영역은 남자와 여자의 만남으로서 발생하는 혹은 발생하지 않는 영역이다. 그리고 그 어느 쪽이든지 이 영역은 언제나 결혼의 가능성을 염두에 두고 있다. 마찬가지로 하나님의 계명도 이 영역 전체가 간직한 최종적인 목표를 목적으로 한다. 그렇기에 하나님의 계명 또한 역시 남녀 관계의 최종 목표와 관련해서 이해되어야만 할 것이다. 그리고 이 영역 전체에서 일어나거나 또는 일어나지 않는 모든 것은 결혼에 적용될 수 있는 기준들에 따라 평가되어야만 한다. 우리는 앞서 행했던 규칙의 유효성에 관한 고찰에서 다음과 같이 확신할 수 있었다. 즉, 이 영역에서—광범위하면서 또한 엄격한 의미에서—결혼에 적합한 것은 선하며, 결혼에 적합하지 않은 것은 악하다는 것이다. 따라서 '비집중화'는 이런 규칙을 제거하는 것을 의도하지 않음이 확실하다. 그렇다면 비집중화의 의도는 다음과 같을 것이다. 즉, 남자와 여자의 영역은 결혼의 영역보다 더 넓다는 사실이다. 이 영역은 그 중심에 서 있는 두 사람의 만남의 형태, 즉 결혼에 이를 수 있는 모든 것을 포함한다. 그리고 하나님의 계명도 역시 결혼의 공간과는 일치하지 않는 이 영역이 지닌 공간과 관련된다. 다시 말하자면, 비록 여기에서 유효한 기준들이 저기에서도 방향을 가리키는 역할을 하고 있고, 전체 영역이 결혼의 실제와 문제의 빛 가운데 놓여 있을지라도, 이런 공간과 관련된다는 사실이다. 윤리적인 질문은 단지 결혼의 기초와 체결, 실천과 유지와 관련된 자리에서만 현실적이 되는 것이 아니다. 그들은 여전히 남자와 여자이다. 그리고 그들이 (아직 미혼으로서) 양성으로서 저런 특별하고 개인적이며 구체적인 만남의 형태를 아직 실현하지 않았거나, (과부나 이혼한 자로서) 더 이상 이를 실현하지 않을지라도, 또는 무엇보다 그들이 어떤 이유에서 이를 실현하고자 하지 않을지라도, 그들 자신은 여전히 또한 하나님의 계명 아래에 서 있다. 결혼이라는 공간에 들어가는 것과 결혼이라는 공간 안에서 사는 것은 특별한 사건이다. 남자 혹은 여자가 되는 것은 물론 모든 인간의 문제이다. 심지어 남자와 여자가 되는 것도 모든 인간의 문제이다. 자세히 보자면, 멀리서 혹은 가까이서, 어느 쪽이든 선하고 질서 있게 여자를 마주하고 있는 남자와 남자를 마주하고 있는 여자의 문제인 것이다. 사람은 남자 또는 여자, 남자 그리고 여자일 때, 바로 인간적으로 된다. 즉, 동료 인간적으로 된다는 것이다. 그러나 결혼이라는 공간에 들어가고, 또한 결혼이라는 공간 안에서 사는 것은 결코 모든 사람의 문제는 아니다. 이에 대한 결정은 각자가 자유롭게 내릴 수 있으며, 이런 결정을 하지 않는 것도—물론 이에 대한 이유들이 있을 것이다.—많은 사람에게는 자유인 셈이다. 그럴 때도 그는 인간, 남자 혹은 여자, 남자 그리고 여자로 존재한다. 이와 같은 영역에서도 유효한 계명과 약속은 여전히 그에게도 무조건적으로 다가온다. 이것이 우리가 이 영역 및 이 영역에 대한 윤리적 연구와 묘사의 '비집중화'라는 필수적인 개념을 바탕으로 이해하고자 하는 것이다. 그는 윤리에서 즉시로 결혼의 항구로 피난하려는 성급함에―사람들로 하여금 저 최종 목표, 저 모든 것의 중심에 주의를 기울이고, 그것의 특별한 문제들을 다루며 전개하도록 하는 강요―대항하여 긴장을 풀고 자유롭게 될 필요가 있다. 이는 마치 이 중심의 주변에서 남자는 역시 남자로 존재하고, 여자도 역시 여자로 존재하며, 인간이 역시 인간으로 존재하는, 그래서 윤리적인 질문이 역시 현실적인 질문이 되는 그런 어떤 지역도 존재하지 않는 것과 같다! 또한 마치 이 주변지역을 무시하거나 심지어는 부정하는 것이 결혼의 특별한 문제를 고찰하는 데 유리하게 될 수 있는 것과 같다! 그리고 마치 사람들이 저 중심에 들어설 자유를 가지고 있지 않는―혹은 그 안에 들어서지 않을(!) 자유를 가진―모든 자를 그들이 처해 있는 문제들과 함께 위험에 빠뜨리면서 결혼 상태만이 유일하다는 듯이 행하고 있는 것과 같다! 결국 마치 무엇보다 사람들이 하나님의 계명을 그렇게 제한적으로 이해하고 있는 듯이 보이는 것과 같다! 우리는 하나님의 계명을 통해서 이 점에서도 역시 열린 시각을 지녀야만 할 것이다. 다시 말하자면, 우리는 매우 특별한 결혼의 문제로부터 멀리 떨어져 있지 않으면서, 그 문제를 결혼 밖에서도 성립하고 또한 대답되어야만 하는 남자와 여자의 문제와 함께 보아야만 하는 것이다.

만일 이런 영역에 대한 묘사가 잘 알려진 새로운 윤리를 통해 이미 결혼에 대한 첫 번째 문장만이 아니라, 오히려 동시에 결혼이 지닌 위기에 관해서 그리고 이미 두 번째 문장에서 일부일처제(Monogamie)에 관해 언급하고 있다면, 이는 나중에, 매우 나중에―이혼과 관련되는 무엇인가 위험한 연관성 안에서!―또한 무엇인가 예를 들자면 독신(Ehelosigkeit)도 가능할 것이라는 사실을 기억하기 위함이다. 그렇다면 이것이 적절한 듯 보이는가? 이는 새로운 돌파구를 의미할 것이다. 쇠에(N. H. Søe)는 여기서 이전과 반대되는 길을 두려워하지 않고 과감히 걸었다. 그리고 이는 성적인 욕구에 대한 그리스도교적 이해를 위한 논쟁을 결혼 상태와 독신 상태에 대한 태도들로, 그리고 그곳에서 다시금 결혼 그 자체로 이어지는 길이었다.

개신교 윤리의 전통은 이런 관점에서 항상 평탄한 성공의 길을 걷지는 못했다. 이런 전통은 근거 있는 투쟁, 즉 종교개혁자들이 로마의 가르침에 대항한 투쟁에서 시작되었다. 로마 가톨릭의 가르침은 독신의 상태를 가장 높은 완성됨(Vollkommenheit)의 상태라고 가르쳤다. 그리고 또한 결혼과 동일하게 하나님이 기뻐하시는 것으로 분명히 이끈다고 가르쳤다. 그러나 이런 투쟁은 유감스럽게도 이미 또한 종교개혁자들 사이에서도 발생하였다. 그럼에도 특별히―투쟁으로까지는 아직 아니지만, 그러나 분명히 발생하였던―후기 루터에 의해서, 반전으로 이끌어진, 이에 따르면 더 완성된 상태, 그리고 하나님이 더 기뻐하시는 상태, 혹은 아마도 하나님이 기뻐하시는 유일한 상태는 전적으로 결혼이—그 외에는 무엇보다 중요하게 그리고 거의 독점적으로 아이를 출산하는 것으로 이해된 결혼—물론 분명하다. 그러나 그리스도교적 결혼이 지닌 기쁨은 지금 곧 전혀 경계를 분명하게 제시하지 못하는 듯 보였다. 그리고 이런 기쁨은 창조질서를 근거로 하는 보편적인 책임의 계명성(Gebotenheit)을 지닌 결혼에 대한 가르침으로 굳어졌다. 사람들은 이런 내용을 파울 알트하우스(P. Althaus)에게서 볼 수 있다. "결혼은 새로운 삶을 생산하기 위한 도구이다.—어느 누구도 스스로 하나님의 창조의지에 반대하여 이를 행하지 않을 권리가 없다. 하나님의 의지는 우리에게 인간적인 성향을 통해 그리고 본성적인 충동을 통해 증언하라고 요구하신다. 그리고 결혼은 인간의 사귐이 지니는 가장 숭고한 과제이다.—어느 누구도 스스로 이를 행하지 않을 권리는 없다."(*Grundriss der Ethik*, 1931, 91f.) 결혼이라는 공간의 외부에 존재하는 남자의 삶과 여자의 삶은 이로부터 오직 하나의 유별난, 개별적으로 한정된, 규칙에 의해 경계 지어진, 그러나 또한 인증된 예외조항으로 이해되어야 한다. 그러나 위의 투쟁에서 보이듯이, 서로의 입장을 영원히 고정시키고자 하는 관점에서는 이 둘 전체를 인정하는 영역, 다시 말하자면 중심에 서 있는 결혼과 결혼의 주변에 포진한 독신(Ehelosigkeit)을 포괄하는 영역을 전혀 언급할 수도, 지금도 언급할 수 없을 것이다. 이는 다음과 같은 사실을 의미함이 분명하다. 즉, 사람들이 이런 사건 속에서 특별히 개신교 원리에 대해서 반대하면서, 하나의 인간적인 전통을—이후에 자연법적으로 근거를 마련하였던!—성서보다 더 위에 놓았다는 사실이다.

만일 사람들이 성서가 여기서 말하거나 결정하도록 허용한다면, 그렇다면 사람들은 틀림없이 다음과 같은 사실에서 반드시 출발하게 될 것이다. 즉, 두 번째 창조사화의 결어 가운데 첫 번째로 언급했던 언술이 창조에 관한 이야기, 즉 남자와 여자로서의 인간이 되어져가는 이야기를 특정한 한 남자와 특정한 한 여자가 맺게 되는 직접적 그리고 해체할 수 없는 관계 안에서 연결되어졌다는 것이다. 다시 말하자면 구체적으로 사랑과 결혼으로 나아가게 되었다는 사실이다. 이는 고린도전서 6:16과 에베소서 5:31 또한 마태복음 19:4 이하를 제외하고—그리고 여기서 더욱이 창조주의 말씀으로서—언급된 창세기 2:24의 말씀인 것이다. "이러므로 (이른바 위에서 언급한 남자와 여자의 창조사화에 상응하여, 그리고 인간이 이와 같은 양성 안에 존재한다는 특성에 상응하여) 남자가 부모를 떠나 그 아내와 연합하여 둘이 한 몸을 이룰지니라." 우리는 이후에 다음을 숙고해야만 한다. 그것은 이런 상응성을 바탕으로 결혼이라는 관점에서 하나님의 계명을 이해하기 위하여 그 결과로 드러나는 것이 무엇인지에 관한 것이다. 바로 지금 이런 상응성의 관점에서 우리는 결혼을 무엇보다 목적으로, 남자와 여자라는 전체 영역의 중심에 놓인 목적으로 반드시 불러야만 할 것이다. 이런 중심의 바깥에 놓인 남자의 실존 혹은 여자의 실존에 관해, 그리고 이와 같은 목적에 놓인 남자로서의 존재 그리고 여자로서의 존재에 관해서 이야기할 수 있는 것은, 그리고 비록 이 둘이 임시적이거나 혹은 최종적으로 어떠한 결혼도 이루지 못했을지라도, 결국 이 둘 모두가 남자와 여자로서 결혼이라는 방향을 향해 나아가며, 결혼하고자 결정하게 된다는 것이다. 인간적인 인간들은 또한 결혼, 또한 개인적이고 구체적인 동반자 관계없이, 또한 결혼을 실행하지 않고서도 결국은 자신들의 방식으로 결혼이라는 영역에 참여하게 된다. 다시 말하자면, 이런 인간들은 남자와 여자라는 양성성을 통해 세워진 이웃성을 통해서 참여하게 된다는 것이다. 물론 이웃성은 결국 자신의 목적을 결혼에 두고 있다.

반면에 구약성서에는 이런 경우가 거의 예측되지 않는다. 예레미야를 향한 하나님의 말씀을 보자. "너는 이 땅에서 아내를 취하지 말며, 자녀를 두지 말지니라"(렘 16:2)는 심판의 상황이라는 특징과 연관하여서, 그리고 대단히 독특한 하나의 예외라는 특징에서 보아야 한다. 이사야 4:1에 이와 같은 말씀, "그 날에 일곱 여자가 한 남자를 붙잡고 말하기를, 우리가 우리 떡을 먹으며 우리 옷을 입으리니, 오직 당신의 이름으로 우리를 칭하게 하여 우리의 수치를 면케 하라 하리라."가 선포되었을 때, 이는 마찬가지로 예루살렘에게 선포된 심판에 포함되는 말씀인 것이다. 독신은 이스라엘에서 남자와 여자에게 경악스러움과 수치스러움이었다. 더 나아가 이는 또한 실제로 자녀를 출산하는 중대한 문제이기도 했다. 그러나 이는 위에서 언급한 보편적인 이유, 즉 인간은 창조의 질서에 따라서 새로운 생명을 출산하는 데 참여하는 의무를 지닌다는 보편적인 이유 때문이 아니었다. 오히려 매우 특별한 이유 때문이었다. 그것은 아브라함(Abraham)의 거룩한 씨와, 그리고 이와 함께 주어지는 이스라엘의 희망을 계속해서 전파시켜야 한다는 것이었다. 선민 이스라엘의 구원과 진리는 이들에게 주어졌던 약속에 달려 있다. 그러나 독신자들은 이런 사역에 참여하지 못하기 때문에, 그 때문에 결혼은 자연스러운 법칙이 되었고, 그 때문에 독신으로 머무는 것은 이스라엘에게 경악스럽고 수치스러운 일이 되었다.

그 아이, 그 아들, 즉 메시아가 과거에 한 번 태어났을 때, 어쩌면 처음부터 다음과 같은 사실을 기대할 수 있었을지도 모른다. 즉, 결혼과 관련하여서 최소한 하나의 다른 판단과 다른 이론, 그리고 다른 실천이 가능하다는 것이다. 충분히 우리의 주목을 끄는 것은, 이와 관련하여서 이미 정경화된 구약성서 안에 다음과 같은 사실이 분명하게 선포되었다는 것이다. 그 구절이 이사야 56:1-8이다. 여기서는 단지 이방인('타향인들')만을 이야기하고 있지 않다. 이들은 마지막 때에 이스라엘과 하나님의 사귐 그리고 이스라엘의 예배에 참여함에 전혀 방해받지 않고 그리고 정당성을 획득한 자들이다. 이 구절은 이들뿐만 아니라, 또한 3절 이하에서 읽을 수 있듯이 고자를 언급하고 있다. "고자도 나는 마른 나무라 말하지 말라! (왜냐하면) 여호와께서 이같이 말씀하시기를 나의 안식일을 지키며 나를 기뻐하는 일을 선택하며 나의 언약을 굳게 잡는 고자들에게는, 내가 내 집에서, 내 성안에서 자녀보다 나은 기념물과 이름을 주며, 영원한 이름을 주어 끊이지 않게 할 것이며!"

그러나 우리는 여기서 무엇보다 창세기 2:18-25에 등장하는 남자와 여자의 창조사화를 되돌아보아야 할 것이다. 그리고 다음과 같은 사실을 확정해야만 한다. 그것은 이 이야기가 단지 가장 먼저 우선적인 의미로서 두 번째 창조사화 전체의 절정일 뿐만 아니라, 또한 이와 함께 성경에 등장하는 창조사화 전체의 절정이기도 하다는 것이다. 물론 이 이야기는 남녀 관계의 완성인 결혼과 사랑을 위한 신적인 근거를 기술하고 있다. 그러나 두 번째 창조기사 전체가 가장 우선적인 의미에서 그 내용이 가지고 있는 구체성과는 상관없이 창조의 내적 근거로서 하나님이 이스라엘 백성과 맺은 은혜의 언약(Gnadenbund)에 관련된 내용으로 가득 차 있다. 이와 마찬가지로 이런 은혜의 언약은 또한 창조의 종결(Abschluss)이기도 하다. 이 언약은 자신이 품은 직접적인 진술을 넘어선다. 그래서 구약성서 전체에서 그토록 중요한 야웨와 이스라엘 백성의 결합을 바라보고 있다. 자세히 보자면, 이런 결합에서 야웨는 언제나 이 백성을 사랑하는 성실한 신랑과 남편이고, 이 백성은 야웨로부터 사랑받지만 끊임없이 불성실한 신부와 아내로 등장한다. 그러나 이를 넘어서 은혜의 언약은 야웨에 의해 이루어질 결합의 완전한 형태, 야웨와 이스라엘 사이에 "공의와 정의와 은총과 긍휼히 여김을 통해 이루어질 결혼"(호 2:19)을 바라본다. 또한 이와 같은 결혼에서 성실은 일방향이 아니라, 쌍방향에게 요구되는 것이다. 보다 정확하게 말하자면, 창세기 2:24는 남자와 여자의 관계를 오히려 구약성서 전체를 관통하는 거대한 주제에서 바라보고 있다는 것이다. 이 말씀에 따르면, 남녀의 관계는 남자가 그 아내와 연합하기 위해 아버지와 어머니를 떠나고, 그가 아내와 한 몸이 되는 방식으로 이루어진다. 그리고 이는 하나님이 그분의 백성을 선택하시고 그들과 언약을 세우심으로써 이스라엘 백성과 그렇게 아무런 구별 없이 연합하셨고, 그러한 약속을 통해 너무나도 무조건적으로 이스라엘 백성과의 연대를 확고하게 만드셨기 때문이다. 만일 우리가 창세기 2:24를 이렇게 해석하지 않는다면, 우리는 이 말씀을 두 번째 창조기사의 문맥에서뿐만 아니라 나머지 구약성서 전체의 맥락에서도 결코 이해할 수 없을 것이다. 이 말씀은 에베소서 5:32에서 언급되는데, 그러나 그때에도 '알레고리적으로' 언급되지 않는다. "이 비밀이 크도다. 그러나 나는 그리스도와 교회에 대하여 말하노라(ἐγὼ δὲ λέγω)." 야웨와 이스라엘은 신약성서에서는 그리스도와 그의 교회로 등장한다. 이제 우리는 다음과 같이 분명하게 말할 수 있다. 즉, 바로 이런 방정식[3](Gleichung), 그리고 또한 창세기 2:24의 실현이자 구약의 언약사 전체의 성취가 고려되는 곳에서는, 그곳에서는 반드시 또한 남자와 여성이 지니는 관계에 대한 다른 가치 평가가 내려져야만 한다는 것이다. 우리는 처음부터 남자와 여자가 반드시 결혼을 해야 한다고 옥죄던 조임쇠(Klammer)를 없앨 필요가 없다. 그러나 이런 조임쇠는 이제 느슨해져야만 했고, 결혼은 절대적인 것에서 상대적인 필요성으로, 다른 가능성과 나란히 있는 또 하나의 가능성이 되어야만 했다.

그러나 동시에 이것은 또한 부정적이다. 왜냐하면 메시아가 등장하기 전에 성립하는 아이출산이 지닌 구원사적 필요성이 이제 사라졌기 때문이다. 거룩한 세대의 연속은 아이와 아들의 출생과 아브라함과 다윗의 씨에서 기원한 메시아의 출생을 통해 그 최종 목적에 이르렀다. 거룩한 세대의 연속은―물론 세대의 연속 그 자체는 계속 이어질 수 있다. 그러나 세대의 연속이 계속해서 반드시 이루어져야만 하는 것은 아니다. 이스라엘뿐만 아니라 또한 다른 민족들도 여러 이유들 때문에 이를 매우 중요하게 여겼다. 그러나 이와 같이 중요했던 후손의 문제와 상속의 문제가 그리스도교 공동체에서는 더 이상 특별한 의미를 가질 수 없었다. 이제는 사람이 하나님의 아들이신 인자(人子)와 영적인 연합을 통해 하나님의 자녀가 되는 것이 가장 중요한 문제로 대두되었다. 이제부터는 마치 요한복음 1:13에 등장하는 것처럼, 사람들은 하나님의 자녀들에 관해서 다음과 같이 말할 수 있었다. 이들은 "혈통으로나 육정으로나 사람의 뜻으로 나지 아니하고 오직 하나님께로부터 난 자들이니라." 하나님

---

3) 야웨와 이스라엘은 신약성서에서는 그리스도와 그의 교회로 등장한다.

의 나라가 도래했고, 단지 하나님으로부터의 출생, 즉 인간의 새로운 탄생—성령에 의한 영의 탄생 (요 3:6)—만이 진정한 가치를 가질 수 있고, 또한 특별한 중요성을 지니는 마지막 때가 시작된 것이다. 그렇다면 예수 그리스도의 부활의 시대가 그의 재림에 대하여 갖는 의미와 내용은 무엇인가? 이것은 그분에 대한 메시지와 그분의 마지막 계시를 기다리면서 이 메시지를 정리해야만 하는 것이 바로 교회의 길임을 확실하게 드러냈다. 그러나 이것이 구원사 안에서 다른 발전이나 전환점, 즉 그리스도교가 기다려야만 할 다른 누구의 도래가 아님은 분명하다. 이런 마지막 시대에서 근본적이고 결정적인 새로운 무언가를 가져올 다른 아이의 탄생은 더 이상 존재하지 않는다. 그러나 이와 같은 모든 것이 출산, 즉 결혼에 대한 억압과 폄하를 의미하지는 않는다. 출산은 그리스도도 받아들이셨던 하나의 자연적인 가능성이자, 그분도 경험했던 자연적인 길로 머물러 있다. 하나님이 내리신 최종 결정의 빛 안에서 이를 되돌아보자. 그렇더라도 단지 지나가며, 단지 마지막을 향해 나가는 세계 안에는 여전히 인간들이 존재했다. 심지어 그리스도인들도 이와 마찬가지로 하나님이 인간을 창조하셨던 자연에 여전히 참여하고 있는 사람들이었다. 그리고 그들은 바로 남자와 여자들로 존재한다. 따라서 결혼도 역시—하나의 길이자 하나의 가능성으로서—이후에도 계속 존속해야만 하며, 결혼에 대한 필요성은 보존되어야 하며, 그리고 마찬가지로 존중받아야만 한다. 이외에도 더 있다. 그것은 이제 그 원형이—그리스도와 교회—역사적 사실로서 하나의 모범이 된다는 사실이다. 그렇기에 결혼은 완전히 새롭게 성별될 수 있었다. 다시 말하면, 창세기 2:18-22에 따라서 그 본질이 규정되었던 출산을 위한 제도로서가 아니라, 오히려 남자와 여자가 형성하는 완전한 삶의 연합을 통해서 인간이 하나님의 언약대상으로 정해졌다는 사실과 이웃됨을 모범적으로 보여주는 묘사라는 것이다. 그러나 결혼은 이제 단지 사람들이 취할 수 있는 하나의 가능성이자, 또한 사람들이 따라갈 수 있는 하나의 길이 되었다. 흥미로운 사실이 있다. 신약성서에서 노모스(γάμος)라는 단어가 단지 한 구절에서만 결혼을 의미한다는 것이다. 그것이 바로 "모든 사람은 결혼을 귀히 여기고"(히 13:4)이다. 다른 곳에서 이 단어는 단지 결혼식만을—그리고 거의 항상 신랑이신 그리스도의 종말론적 결혼식을—가리킨다. 신약성서에는 우리에게 그토록 중요한 개념인 '결혼'을 의미하는 그 외의 단어는 존재하지 않는다. 어쩌면 결혼은 신약 시대의 교회에서 더 이상 의무적인 것이 아니었을 수 있다. 더구나 결혼을 하지 않고 사는 것은 우리 시대에는 더 이상 경악스럽거나 수치스러운 일이 아니다.

이와는 반대되는 것—여기서 말하고자 하는 다른 것, 그리고 긍정적인 것—이 있다. 그것은 결혼이 새롭게 성별되고 또한 새로운 의미를 부여받음으로써, 결혼에 대한 포기가 하나의 가능성으로, 하나의 다른 길로, 그리고 하나의 특별한 선물과 소명의 문제로 평가되고 이해될 수 있었다는 사실이다. 의심할 여지 없이 참된 인성을 소유하셨던 예수 그리스도 자신도 그의 공동체 밖에서는 어떤 연인이나, 신부나, 배우자도, 어떤 가족이나, 어떤 다른 가정생활도 가지지 않으셨다. 사실 개신교 윤리는 로마의 사제나 수도사의 독신에 대항한 싸움에서 결혼의 기쁨을 주장했기 때문에, 너무 성급하게 이와 같은 사실을 간과하고 말았다. 예수는 결혼의 신적 기원과 해체불가능성, 그리고 결혼을 거룩하게 유지되어야 할 필요성을 매우 단호하게 말씀하셨다(막 10:1-12, 병행. 마 5:27-31). 그러나 그분은 누구에게도 자신처럼 실제로 그렇게 살아가도록 부당하게 요구하지도 않으셨다. 고린도전서 9:5

에 따르면, 그분의 제자들과 친형제들은 그분과 분명 다르게 행했다. 하지만 그분은 이와 같은 개인적인 표본을 제외하고도, 사람들이 다르게 행동할 수 있도록 자극하는 매우 분명한 근거들을 제시하셨다. 마가복음 12:25를 보자. 사람들은 죽은 자들 가운데서 살아날 때에 더 이상 남자와 여자로 존재하지 않을 것이라고 일반적으로 해석한다. 그러나 예수는 결코 이처럼 말씀하지 않으셨다. 오히려 예수가 여기에서 분명하게 말씀하셨던 것은, 그때에 시집가는 것이나 장가가는 것들이 모두 완전히 끝나게 될 것이라는 사실이다. 매우 섬세한 전승형식을 하고 있는 말씀전승(Logion)이 있다. 그리고 이 말씀전승은 다음과 같이 기술한다. "무릇 내게 오는 자가 자기 부모와 아내와 자녀와 형제와 자매와 더욱이 자기 목숨까지(τὴν ψυχὴν αὐτοῦ) 미워하지 아니하면 능히 내 제자가 되지 못하고."(눅 14:26) 특히 이와 함께 또 다른 한 말씀전승에서도 다음과 같은 말씀이 등장한다. "어머니의 태로부터 된 고자(εὐνοῦχοι)도 있고 사람이 만든 고자도 있고 천국을 위하여 스스로 된 고자도 있도다. 이 말을 받을 만한 자는 받을지어다."(마 19:12) 이 모든 것은 금지나 차별을 말하는 것이 아니다. 오히려 결혼에 대한 분명한 경계설정과 상대화를 의미한다. 그렇다고 이 말씀이 결혼하지 않은 자의 특별한 제도적 자격을 위한 근거를 제시하는 것은 아니다. 다시 말하면, 이 모든 말씀은 이런 방향으로 내려진 구체적인 결정들을 언급하고 있을 뿐이다. 그렇기에 여기서 당연히 결혼하지 않은 사람이 이룰 수 있는 더 높은 수준의 완전함을 언급하지 않는다. 여기에서 분명하게 말하고 있는 것은, 이런 방향으로의 결정을 가능하게 하고 또한 불가피하게 만드는 상황들이 존재한다는 것이다. 또한 결혼을 할 기회가 주어지지 않은 사람이나, 일시적 또는 영구히 금지된 사람들이 존재한다는 점이다. 이를 바꾸어 살펴보자. 우리가 이 말씀들에 비추어 볼 때, 우리는 결혼을 하는 것이 일반적으로 모든 사람에게 더 높은 수준의 길이고, 더 나은 가능성의 길이라고 말할 수 없다는 점이다. 이 말씀들이 말하는 것은, 이미 발생한 시대의 전환이 사람들에게 독신으로 머물도록 요청할 수도 있다는 사실이다. 이는 그리스도와 교회의 관계를 지금과 마찬가지로 이처럼 드러내기 위함이다.

예수의 주변과 초대교회에서 그리고 그 이후에도 역시 저 다른 가능성을 이용해야만 한다고 믿었던 사람들이 있었던 것처럼 보인다. 그렇다면 우리는 이런 사실에 놀라야만 하는가? 교회로 들어오는 것과 그 안에서의 삶이 이들에게 분명히 결혼과 결혼생활의 자리를 대신하도록 만들었는가? 이는 에베소서 5:32의 의미를 통해 이해되었고, 그리고 새롭게 평가된 결혼을 반대하는 것이 아니라, 예수 자신이 모범으로 보여주신 것이 끼치는 직접적인 영향 아래에서 새롭게 평가된 또 다른 결과라 할 수 있나? 만일 우리가 그 길을 경멸하거나 혹은 단지 놀라운 극단으로 간주하려고 한다면, 혹시 우리가 잘못된 의미에서 구약의 사고에 빠지는 것은 아닌가?

베드로는 사도들의 우두머리이자 첫 번째 교황으로 일컬어진다. 그러나 고린도전서 9:5의 명백한 기술에 따르면, 그는 악의적인 방식에서 다른 길을 걸었던 자들 가운데 하나는 아니었다. 그러나 분명한 것은 바울보다 작은 자 또한 아니었다는 사실이다. 다시 말하자면, 단지 베드로가 지닌 인격을 위해서뿐만 아니라, 또한 그가 제시했던 다른 이들을 위한 조언—신중하며, 특히 우리가 다루는 방향에서 결코 오해의 여지가 없는—에 비춰볼 때에도 그렇다. 고린도전서 7장은 여기서 결정적으로 중요한 역할을 한다. 그러나 만일 우리가 고린도전서 7장을 이해하고자 한다면, 우리는 무엇보다 먼저 고린도전서 11:11의 간결한 문장을 눈여겨보아야 할 것이다. "그러나 주 안에는 남자 없이 여자만 있지 않고, 여자 없이 남자만 있지 아니하니라." 주 안에서! 그리고 남자와 여자는 오로지 함께할 때, 그들의 만남 속에서, 그리고 그들의 상대자를 통해서 그들은 비로소 인간으로 존재한다는 사실은 바울에게 있어서 확고한 그리스도교적 인식이고 현실이었다. 하나님에 의해 창조된 인간의 본성은 종말의 시간이 시작된 이후에도 변화되지 않았다. 이 본성은 영원히 그러할 것이다. 즉, 남자 없이 여자만 있지 않고, 여자 없이 남자만 있지 않다는 것이다. 특히 바울은 고린도전서 7장에서(28절, 참조, 36절) 결혼에 관해 분명하게 설명하고 있다. "장가가도 죄 짓는 것이 아니요." 바울은 결코 어떤 경우에도 그리스도인들에게 '올가미'를 던지려 하지 않았다(35절). 오히려 그는 마가복음 10:1-12에 등장하는 결혼의 해체불가능성에 관한 예수의 경고를 받아들였다(10-11절, 참조 27절). "여자는 남편에게서 갈라서지 말고… 남편도 아내를 버리지 말라." 더 나아가 바울은 이런 경고를 명시적으로 그리스도인 남자 혹은 여자가 이방인 파트너와 결혼할 경우에도 유효하도록 만들었다(12-13절). 그리고 무엇보다 그는 결혼을 단지 하나의 길이 아니라, 은사($\chi\acute{\alpha}\rho\iota\sigma\mu\alpha$, 7절)와 부름($\kappa\lambda\hat{\eta}\sigma\iota\varsigma$, 17절)에 따라 지속적으로 행하는(3-5절) 길로 간주되게 만들었다.

결혼의 길을 선택하려는 사람들이 가질 수 있는 정당한 동기들이 있다. 바울이 이에 관해서 실제로 언급하고 있는 다른 구절들을 살펴볼 때, 우리는 마지막 이 구절들도 함께 이야기해야만 할 것이다. 바울은 자신이 이전에 말했던(6:12-19) 남자와 여자의 영역에서 불가능한 음행($\pi o \rho \epsilon \acute{\iota} \alpha$)을 염두에 두고 있다. 주와 하나의 영으로 묶인 그리스도인은 너무나 무모하게, 신뢰 없이, 그리고 추상적인 성적 욕망으로 음행을 통해 창녀와 한 몸이 된다. 그렇기에 결혼의 길을 선택하는 것은 이처럼 불가능한 것을 피하려는 행위에서 그 정당성을 획득하게 된다. 만일 한 그리스도인이 여자와 한 몸이 되는 것을 피할 수 없다면, 그는 이것을 음행에서와는 달리 (그가 그리스도와 한 영이라는 사실에 합당하도록) 진지하고 완전하게 이루어지도록 해야만 한다. 이런 의미에서 "음행을 피하기 위하여 남자마다 자기 아내를 두고 여자마다 자기 남편을 두라"(2절)고 말한다. 이런 의미에서 "만일 (결혼에서 의도된 것이며, 넓은 의미에서 육체가 상대 성[性]의 인격에 완전하게 소속되는 것을) 절제할 수 없거든 결혼하라. (극복할 수 없기 때문에 음행으로 이어질 수도 있는 욕구로) 정욕이 불같이 타는 것보다 결혼하는 것이 낫다"(9절)는 것이다. 바울은 이와 같이 고린도 사람들뿐만이 아니라 또한 마찬가지로 데살로니가 사람들에게도 데살로니가전서 4:3 이하에서 다음처럼 말하고 있다. "하나님의 뜻은 이것이니 너희의 거룩함이라. 곧 음란을 버리고, 각각 거룩함과 존귀함으로 자기의 아내(문자적으로 $\tau\grave{o}$ $\dot{\epsilon}\alpha\upsilon\tau o\hat{\upsilon}$ $\sigma\kappa\epsilon\hat{\upsilon}o\varsigma$, 즉 자기 자신의 몸) 대할 줄을 알고, 하나님을 모르는 이방인과 같이 색욕을 따르지 말고." 또한 동일한 의미에서 우리는 젊은 과부들에 대해 서술한 디모데전서 5:14의 말씀을 들을 수 있다. "그러므로 젊은이는 시집가서 아이를 낳고 집을 다스리고 대적에게 비방할 기회를 조금도 주지 말기를 원하노라." 바울 또한 고린도전서 7:28, 36에서 부모나 보호자로서 처녀의 길을 보살펴야 하는 자들에게 이와 대응되는 긍정적인 조언을 한다. 만일 누가 소녀에게 결혼 금지를 거슬러서 가까이 하려는 일이 발생한다면, 그녀는 결혼해야만 한다. 그렇게 할지라도 그녀는 죄를 짓는 것이 아니다(28절). 또한 누구든 그녀를 결혼시키는 자도 잘 하는 것이다(38절). 이와 같이 '주 안에서' 이루어진다면 과부도 그가 원하는 사람과 결혼할 자유가 있다(39절). 이 구절들 때문에 오늘날 헨리 렌하르트(Henry Leenhardt)는 (그보다 앞선 많은 전임자처럼) [1946년에 출판된 그의 책, 『그리스도인의 결혼』(*Le mariage chrétien*)에서] 사도 바울에게 매우 낮은 점수를 주어야만 한다고 믿었다. 그 이유는 다음과 같다. 결혼을 성체성사(sacrement de l'espèce)로 간주하는 그의 입장에서 볼 때, 바울에게 결혼이란 명백히 "각각의 인간을 위한 창조주의 뜻을 완전하게(!) 성취하기 위해 고안된 정상적인 상태"(le statut normal de la créature humaine, destinée à réaliser la plénitude (!) du vœu du Créateur tant pour l'espèce que pour l'individu)가 아니기 때문에 당연히 바울을 끔찍하게도 나쁘게 해석하는 것이다. 그래서 바울에게 결혼이란 분명하게 "안 좋은 것이고… 자제력을 선물 받지 못한 사람들의 피난처이고… 육체의 요구에 겸손하게 허용되었다: 배우자의 법적인 충실성의 대가를 포함하고 있는 합법적인 내연관계"(pis aller… le refuge de ceux qui n'ont pas reçu le don de continence… accordé par condescendance pour les exigences de la chair: un concubinage licite, impliquant pour prix de sa licité la fidelité des conjoints)라는 것이다. 더 나아가 그에 따르면, 바울은 이 문제를 특별히 고린도전서 7:3 이하에서 매우 진지하지만 혼란스럽게 그리고 단순하게(avec une platitude déconcertante), 더 숭고한 결혼의 목적(출산과 인격적인 사랑의 연합)이나 결혼이 지닌 영적인 실재성(réalité)을 완전히 오해(méconnaissance complète)하면서 기술하고 있는 것이다(19-24쪽). 그러나 우리는 여기서 완전한 오해와 서글픈 단조로움을 바울 사도에게서 찾을 수 없다. 렌하르트는 고린도전서 11:11의 근본원리를 고려하지 않았을 뿐만 아니라, 에베소서 5장은 말할 것도 없고, 결혼을 '은사' 혹은 '소명'의 문제로 평가한 고린도전서 11:3, 데살로니가전서 4:3 이하, 고린도전서 4:7과 17절도 참조하지 않았다. 우리가 고린도전서 6-7장을 연결해서 읽어 본다면, 어떻게 바울이 결혼을 3-5절에 따르면 음식물 섭취와 같은(6:13) 자연적 욕구의 해소를 위해 성관계—바울이 결혼관계 외에서 행해질 경우 "자기 몸에 대한 죄"(6:17)로 보았고, 하나님을 알지 못하는 이방인들의 방식인 "욕망의 열정"(살전 4:4)으로 간주했으며, 그리스도인에게 절대적으로 불가능한 것으로 기술했던 남녀의 관계—가 허용된 장소로 기술했다고 그토록 잔인하게 이해할 수 있겠는가! 결코 그렇지 않다. 그러나 여기서 또한 명확해 해야만 될 것이 있다. 그것은 바울이 6장에서 간음(πορνεία)으로 경멸했던 원시성(Primitivität)에 피난처를 주고자 했으며, 7장에서 이 피난처로서 결혼을 거론했다는 사실을 우리가 조금 단순하게 받아들일 필요가 있다는 것이다. 우리 논의의 출발점은 바울에게 결혼의 길이란 어떤 경우든 다른 많은 길 가운데 하나라는 사실이었다. 그에 따르면, 이 길에서 그리스도인은 자신의 아내와 한 몸이 될 때, 그가 그리스도와 함께 한 영이라는(6:17) 사실을 부인하지 않을 뿐만 아니라, 다른 길을 선택한 사람처럼 이를 그 자신의 방식으로 입증하고 행한다. 물론 바울은 결혼을 성체성사(sacrement de l'espèce)로 간주하지 않았고, 그 때문에 이를 보편적인 의무로 선언하지도 않았다. 하지만 그는 결코 결혼을 참을 수 없는 육체의 욕구들을 위한 해결책으로 보지 않았을 뿐만 아니라, 그 자체의 방식에서 저항할 수도 없음을 말한다. 더 나아가 이를 영적으로 보았을 때, 최고의 존엄에 대한 상징 아래 있는 하나의 가능성으로 다루었다.

그러나 물론 다음의 사실도 동시에 진지하게 고려되어야만 한다. 즉, 바울에게 결혼이란, 그가 스스로 선택하고 더 나은 것으로 여기는 또 다른 가능성에 의해 분명하게 제한된 단지 하나의 가능성에 불과하다는 사실이다. 실제로 바울은 그리스도인들이 결혼을 해도 좋고, 경우에 따라서는 그래야만 한다는 자신의 지침을 명령(ἐπιταγή)으로 이해하려고 하지 않는다. 물론 그는 다른 것도 마찬가지로 명령으로(ἐπιταγή τοῦ κυρίου로, 25절) 생각하지 않으며, 이를 그가 소유하고 있는 은사 혹은 소명에—그가 은사보다 소명을 더 선호하는 것은 명백하다.—대한 고백으로—그가 모든 그리스도인에게 주기를 원하는, 의무적인 것도 아니고 사람들의 양심에 압박을 주려는 의도도 없는 조언으로—말하고 있다. 다시 말하자면, "남자가 여자를 가까이 아니함이 좋으나"(1절), "나는 모든 사람이 나와 같기를 원하노라"(7절)라고 말한다는 사실이다. 결혼하지 않은 자들과 과부들에 대해서 바울은 다음처럼 말한다. "그냥 지내는 것이 좋으니라"(8절). 상황이 변화(rebus sic stantibus)했기에 결혼하지 않는 것이 사람에게 대체적으로 좋다(26절)는 것이다. "네가 아내에게서 놓였느냐, 아내를 구하지 말라"(27절). 한 젊은 여자를 보호해야 할 책임이 있는 자들을 위한 특별한 조언에 따르면 다음과 같다. "결혼하지 아니하는 자는 더 잘하는 것이니라"(38절). 그리고 과부에 관련해서는 다음과 같이 말한다. "그냥 지내는 것이 더욱 복이 있으리로다"(40절). 바로 이 지점에서 바울은 전체를 마무리한다. 그리고 여기에 다음과 같이 부연한다. "나도 또한 하나님의 영을 받은 줄로 생각하노라." 그는 자신이 내린 이와 같은 결정 역시도 하나님의 동일한 영의 지배 아래에서 가능하였고 또한 그것이 분명하다고 스스로를 변호하는 것이다. 그러면서 그는 실제로 아직까지 결정을 내리지 않은 다른 사람들도 이렇게 행하도록 설득한다. 그는 그 자체로 완전한 어떤 독신의 '상태'도 선포하지 않았다. 결혼을 하는 것은 그가 언급한 결혼하지 않은 모든 범주의 사람들에게는 기본적으로 열려 있는 가능성이다. 이와 반대로, 바울은 결혼에서 독신으로 다시 되돌아가는 것을 배제한다. "네가 아내에게 매였느냐, 놓이기를 구하지 말며"(27절). 그러나 남자와 여자가 단지 이런 방식으로 결합될 수 없는 이유들이 존재한다. 그리고 바로 이것이 고린도전서 7장의 비장함을 담고 있는 소리(Tenor)이다. 그러나 우리는 이런 이유들 때문에 성생활에 대한 의심이나, 심지어는 그에 대한 어떠한 차별의 모습도 드러나지 않는다는 사실에 반드시 주목해야만 한다! 바울의 전체 서신에서 이런 방향을 가리키고 있는 구절은 전혀 없다. 그러나 바울이 자신의 입장을 위해 두 개의 이유를 내세우고 있다. 이들은 완전 다른 두 개의 층에 놓여 있으며, 하나는 부정적이고, 다른 하나는 긍정적인 이유이다.

부정적인 이유는, 31절에서 거의 속담처럼 말하고 있듯이, 이 세계의 형적(形迹)이 지나간다는 것에 놓여 있다. 이 세상의 형적은 지나감이라(παράγει γὰρ τὸ σχῆμα τοῦ κόσμου τούτου). 우리는 마지막 때에, 예수 그리스도의 죽음으로 이미 종결된 세계시간의 끝에서 살아간다. 그리고 우리는 미래에 단지 주의 재림에서 이루어질 보편적인 계시만을 앞두고 있을 뿐이다. 구원사는 예수 그리스도의 죽음을 통해 자신의 목표를 성취했다. 그렇기 때문에 계속 이어지고 있는 세계사는 독립적이며 고유한 어떤 목표도 가지고 있지 않다. 세계사는 단지 지나가고(παράγειν), 흘러가고, 끝날 뿐이다. 그 안에서 우리는 단지 일시적으로 살아갈 뿐이고, 세계사는 폐허 위에 세워질 뿐이다. 이 시점에서 우리가 전반적으로 질문할 수 있고 또 질문해야만 하는 것이 있다. 그것은 이것이 얼마나 가치가 있고, 얼마나 허용되며, 얼마나 허용되고 있는가이다. 이와 마찬가지로 결혼도 바로 문 앞에 도달하여 서 있는 종말이라는 문제 앞에 서 있다. 이런 마지막 때에 결혼은 인류를 보존하거나 개인적인 사랑의 연합을 세우기 위해 필요한 하나의 절대적이며, 모든 사람에게 주어진 신적 규정이라고 할 수 없을 것이다. 결혼은 임박한 환란(ἀνάγκη ἐνεστῶσα)의 압박과 그 그늘 아래 놓여 있다(26절). 29절에 의하면, 시간은 촉박하고, 어느 정도 구체적으로 드러났다. 때가 단축하여진고로(ὁ καιρὸς συνεσταλμένος ἐστίν). 사람들은 필요한 최소한의 것만을 이용해야 한다. 사람들은 이제 모든 것을 단지 임시적으로 단지 조건적으로만 가진다. 상황이 변하였다(rebus sic stantibus). 이에 따라서 이제부터는 아내를 가진 자들은 아내를 가지지 않은 것처럼 할 수 있고, 우는 자들은 울지 않는 것처럼, 기뻐하는 자들은 기뻐하지 않은 것처럼, 물건을 사는 자들은 그것을 받지 않은 것처럼, 세상의 것들을 이용하는 자들은 그것을 이용하지 않는 것처럼 할 수 있다(29-31절). 사람들이 이제 정말로 울어야만 하는지 아니면 그렇지 않은지, 기뻐해야만 하는지 아니면 그렇지 않은지, 물건을 사야만 하는지 아니면 그렇지 않은지, 세상의 것들을 이용해야만 하는지 아니면 그렇지 않은지, 그리고 아내를 가져야만 하는지 아니면 그렇지 않은지는 이제 이런 상황 가운데서 당연히 열려 있는 하나의 질문이 되었다. 사람들이 결혼하지 않게 될 부활의 빛이, 이제 이미 현재 안으로 뚫고 들어와 비춰지고 있다. 그렇다면 그것을 마치 일어나지 않을 것처럼 또한 계속 지속하는 것이 과연 적절한가? 바울은 이제 이런 질문이 모든 사람에 의해서 부정적으로 대답되어야만 한다고 말하는 것이 아니다. 오히려 바울은 이런 질문이 모든 사람에게 이미 던져졌다고 말하고 있는 것이다. 그러나 바울 자신은 여기서 더 나아가 "나도 또한 하나님의 영을 받은 줄로 생각하노라"고 하면서 이 질문에 부정적으로 대답한다. 그리고 결국 그는 다른 사람들이 그의 의견을 요청했을 때 그들에게 이 질문에 부정적으로 대답하도록 조언한다. 물론 이러한 결정의 중심에는 다음의 질문에 놓여 있다: 결혼을 하는 것이 과연 시대에 적절한가(지나가는 시대에 어울리는가)?

그러나 우리는 이러한 부정적인 이유를 바울이 변호했던 긍정적인 이유와 함께 바라보아야 한다. 그렇게 할 때에 우리는 **부정적인** 이유를 더 잘 이해할 수 있다. 그가 관심을 가지고 있는 것은 이 세상의 지나감 그 자체가 아니다. 오히려 이 세상의 지나감을 불가피하게 만드는 것이었다. 자세히 보자면, 님의 압도적인 다가오심, 그분의 영적인 통치, 이미 현재에 이루어지고 있는 그분에 의해 요구된 사역,—저 임박한 파괴가 아니라, 주가 그분의 교회에 임재하심으로써 이미 시작되고 있는 재건이 바로 그것이다. 그리고 이것이 바로 그가 독신을 선택한 결정적인 이유이다. 즉, 바울은 흐트러짐 없이(εὔσχημος)—이것이 바울에게 의미하는 바는, 산만해지거나 방해를 받지 않고 집중하는 것이었다.—주를 섬기기를 원했다(35절). 독신과 결혼이 서로 조화를 이룰 수 있는가? 이것이 바로 바울에게 다가온 두 번째 결정적인 질문이다. 결혼은 어떤 이유로 이러한 관심의 전환, 방해, 그리고 파괴로 위협하는가? 바울은 "결혼이 사람들을 '걱정'에 빠지게 함으로써 위협"한다고 판단한다. 어느 정도까지인가? "장가 간 자는 세상 일을 염려하여 어찌하여야 아내를 기쁘게 할까 하여"(33절). 이것은 또한 아내의 경우에도 마찬가지이다. "시집 간 자는 세상 일을 염려하여 어찌하여야 남편을 기쁘게 할까 하느니라"(34절). 결혼이 도달하는 최상의 형태는 서로에 대한 종속과 결합을 의미한다. 이에 관해서는 에베소서 5:22-32에서 남자들과 여자들에게 말한 것을 보라. 사람들은 결혼을 통해 서로가 만족을 누리며 살기를 원해야 한다. 이것을 사람들은 실제로 원하고 있다. 그리고 이런 사실이 모든 것을 좌우하고 있는 것이다. 그러나 동시에 이것이 또한 '걱정'을 만들어 낼 수도 있다. 다시 말하면, 육체적 요구, 고민, 흥분, 스트레스, 그리고 어느 하나에 의한 다른 것들이 속박되는 것에 대한 걱정이다. 문제없는 결혼이란 없다. 그래서 바울은 "너희가 염려 없기를 원하노라"라고 32절에서 말하였다. 그가 이렇게 말한 이유가 있다. 그것은 서로를 기쁘게 하려는 노력과 걱정, 결혼의 문제들이 무겁고 괴롭기 때문이 아니다. 그리고 이 세상의 삶 속에 엮여지고, 얽혀진 천상의 장미꽃이 가시 없이는 결코 이름을 떨칠 수 없기 때문도 아니다. 그가 이렇게 말한 이유는 바로―결혼 가운데 있는 최고의 것, 가장 고유한 것을 통해 야기된―이러한 '걱정'이 이제 정말로 시대에 적절하지 않은 관심의 전환과 교란을 의미할 수 있기 때문이다. 또한 상황이 변화됨으로써(rebus sic stantibus) 완전하게 주님만을 바라보도록 고정되어야 할 사람들이 파괴됨을 의미할 수 있기 때문이며, 그리고 바울의 관점을 따르자면, 틀림없이 그렇게 될 것이기 때문이다. 그렇다면 정말로 결혼 가운데 있는 이 최고의 것과 가장 고유한 것이 불가피하게 사람들을 걱정에 빠뜨리고, 불가피하게 사람들이 이런 전환을 초래하는가? 이 질문은 확실히 칼날 위에 놓여 있다. 미혼자는 이제 정말로 스스로 산만해지지 않고 주와 그분의 사역을 위해 자유로운가? 이 질문도 마찬가지로 칼날 위에 놓여 있다. 바울이 은사(Gabe) 또는 소명(Berufung)의 상이함이라고 불렀던 것이 있다. 이것이 바로 여기에서 두 측면에 개입한다. 경우에 따라서 우리는 첫 번째와 두 번째 질문에 예(Ja) 또는 아니요(Nein)로 대답하게 될 것이다. 그러나 바울은 두 개의 질문 모두에 예(Ja)로 대답했다. 분명 그렇다고 긍정했다. 결혼은 사람을 불가피하게 산만하게 만든다. 그리고 사람들을 이런 걱정에 빠지게 한다.―그리고 이와는 다르게 독신은 정말로 주를 위해 살아갈 자유를 보장한다. "장가가지 않은 자는 주의 일을 염려하여 어찌하여야 주를 기쁘시게 할까 하되"(32절). 여자의 경우도 마찬가지다. "시집가지 않은 자와 처녀는 주의 일을 염려하여 몸과 영을 다 거룩하게 하려 하되"(34절). 그러나 이런 문장들이 분명하게 드러내는 것이 있다. 그것은 이 문장들이 절대성을 간직한 채 언급되는 문장들이 결코 아니라는 사실이다. 바로 이어서(35절) 바울은 말한다. 바울은 이를 가지고 그리스도인들에게 어떤 '올가미'를 던지려는 것도 아니었다. 더 나아가 자신의 조언을 율법으로서 이해해서는 결코 안 된다고 분명하게 말하고 있다. 주의 자비하심을 받아서 충성스러운 자가 된 내가 의견을 말하노니(γνώμην δὲ δίδωμι ὡς ἠλεημένος ὑπὸ κυρίου πιστός εἶναι, 25절). 그렇기에 만일 헨리 렌하르트가 바울의 관점을 뒷받침하는 부정적인 이유뿐만 아니라, 또한 긍정적인 이유를 정말로 고려했더라면, 그는 좀 더 조심스럽고 겸손했을 것이다.

고린도전서 7장에서 바울이 이와 같은 두 가지 근거(그리고 사소한 다른 근거!)를 바탕으로 이를 서술한다. 이것은 분명 바울의 생각(νομίζειν)이다(26절). 그러나 여하튼 거기에 서술된 것은 가장 좋은 생각(νομίζειν)이 아니라, 오히려 개신교가 정당성을 부여하여서 열정적이고 용감하게 받아들였던 바울의 생각이다. 만일 사람들이 이렇게 하고, 성경을 모든 전통 위에―뿐만 아니라 고유의 논쟁 전통 위에―놓고자 했다면, 지금까지 대체적으로 해왔던 것처럼―그리고 최근의 렌하르트처럼 그렇게 부적절한 논쟁 때문에!―고린도전서 7장을 그토록 황급하게 지나치지는 않았을 것이다. 지금 이 문제와 연관해서 바울의 생각(νομίζειν)이 지닌 원래 고유한 내적인 무게(Gewicht)를 완전히 논외로 하더라도 말이다. 이 세상이 **지나가고**, 주께서 **오신다**는 진술은 하나님과 세상과 인간에 관한 우리의 다른 관점들과 어울리는지 또는 그렇지 않은지는 별 상관이 없다. 오히려 이런 진술은 서로 연관되어 있고, 서로 분리될 수 없는 그리스도교의 근본적인 지식에 속하는 것이다. 바로 이런 지식 때문에 결혼이 배제되거나 금지되지는 않는다고 하더라도, 그러나 우리는 결혼이 상대적이며, 또한 질문의 여지가 있다는 사실을 부정해서는 안 된다. 고린도전서 7장에서 바울은 이에 대해서 더 이상 많은 말을 하지 않았다. 그러나 바울은 분명히 위처럼 **언급했다**. 그가 그렇게 말한 것은 좋고 정당하다. 왜냐하면 그는 그것을 그의 의견(γνώμη)으로서 말했을 뿐만 아니라, 나아가 객관적이고 구속력 있게 말했기 때문이다. "내가 모든 교회에서 이와 같이 명하노라"(17절). 결혼을 **긍정하는 것**은 동시에 결혼이 부정될 수 있는 가능성을 심각하게 받아들이는가에 달려 있다. 결혼은 남자와 여자라는 영역의 중심과 최종 목표(Telos)이다. 그렇기 때문에 복음의 관점에서 볼 때, 결혼은 인간을 남자와 여자로 창조하신 하나님의 계명에 종속된 것이다. 하지만 결혼은 모든 사람이 보편적으로 그리고 의무적으로 따라야 할 창조질서는 아니다. 그리스도인은 어떤 자연적인 필요성 때문에 결혼하는 것이 아니다. 오히려 생활사적(lebensgeschichtlich), 구원사적이며, 그리고 영적인 특별한 은사와 소명 때문에 결혼을 한다. 그는 "주 안에서" 결혼을 한다.(고전 7:39) 그가 이렇게 하는 이유는 그리스도와 그분의 교회 사이의 관계를 표현하라는 명령을 받았기 때문이다. 그는 성령의 자유 안에서 그렇게 한다. 무조건 **'결혼해야만 한다'**는 것은 이 표현을 어떻게 이해하든지 좋지 못한 일이다. 성령의 자유 안에서만 그리스도인은 결혼할 수 있다. 이런 사실은 바울에게 정반대의 것을 기억하게 하였다. 그것은 그리스도인에게 또한 동일한 성령의 개방적이며 분명한 자유가 있다는 것이다. 바로 **결혼하지 않을** 자유이다. 우리는 다음을 주목해야 한다. 누구든지 이 가능성을 부정하고, 결혼을 율법으로 만든다면, 그는 결혼이 간직한 그리스도교적 의미를 빼앗게 된다. 반면에 누구든지 이 가능성을 긍정한다면, 그는 결혼에 오직 그리스도교만이 가능한 의미를 부여하게 된다. 따라서 우리는 고린도전서 7장을—바울의 생각(νομίζειν)이 갖고 있는 권위를 논외로 하더라도—정당하게 잘 기술된 것으로 볼 수 있는 이중적인 근거를 가지고 있다. 이 장이 말하고 있는 것은—우리가 남자와 여자에 관해 이야기할 때는 무조건 그리고 우선적으로 따라야 하는 가르침인데—첫째로, 사람을 결혼하도록 혹은 결혼하지 않도록 이끄는 올바른 그리스도교적 **순종**이 있다는 것이다. 이런 점에서 고린도전서 7장은 모든 독신자를 위한 대헌장(Magna Charta)인 셈이다. 그러나 여기에 추가되어야 할 한 가지 조건이 있다. 즉, 바울이 그랬던 것처럼, 이들도 자유롭게 결정했던 아니면 어쩔 수 없이 그렇게 되었던, 독신의 상태를 순종의 의미를 바탕으로 이해하고 또한 실행하기를 원해야만 한다는 것이다! 이와 함께 이 장이 말하고 있는 것은—우리가 이 결혼의 영역에 관해 이야기할 때, 반드시 이를 따라야만 하는 가르침인데—둘째로, 결혼을 **하게 되는** 경우에 진정한 그리스도교적 순종은 오직 다음과 같은 장소에서 발생한다. 그 장소는 인간이 결혼에 반대하여 제기되는 그리스도교적인 고찰을 넘어서는 곳이다. 그리고 그가 결혼을 정말로 선택하고, 또한 결혼이라는 과정을 자신의 특별한 **은사와 소명**으로 인식하는 곳이다. 그래서 **그럼에도 불구하고** 결혼을 **하도록** 허락되었고 결혼해야만 함을 성령의 동일한 자유와 구속을 통해서, 물론 다른 인간은 이런 과정을 행하지 않지만, 자신의 은사와 소명으로 받아들이는 곳이다.

우리는 지금 확보된 행동의 자유를 통해 하나님의 계명이 남자와 여자의 영역에서 무엇인지, 선하거나 또는 악한 것인지에 관한 질문에 대하여 몇 가지 관점들을 얻는 시도를 하려고 한다. 여기에서 사랑과 결혼의 특별한 공간이 이미 불가피하게 우리의 시선 속에 놓여 있다. 그러나 이런 특별함 때문에 우선 우리의 고찰에서는 제외시키겠다.

먼저, 우리는 가장 간단한 것에서 우리의 고찰을 시작하자. 즉, 하나님은 인간을 남자 또는 여자로 창조하셨고, 인간은 하나님 앞에서 이것 아니면 저것(Entweder-Oder)으로 존재한다는 것이다. 그렇기 때문에, 하나님이 인간으로부터 원하시고 요구하시는 모든 것은 그 안에서 요약될 수 있으며, 또한 무엇이 선한 행위이고 무엇이 악한 행위인지에 관한 질문도 여기에 근거하여 평가될 수 있다. 다시 말하자면, 인간은 그의 창조주인 하나님으로부터 자신의 성을 어떤 형태로든지 부인하지 말아야 한다. 오히려 올바르게 이것 또는 저것, 남자 또는 여자로 존재하며, 그리고 자신의 성을 고백하도록 요구받았다는 것이다. 또한 자신의 가능성들을 무시하는 대신에, 이를 풍요롭게 만들어야 한다. 그리고 부끄러워하는 대신에 기뻐하도록 명령받았다. 이런 주장 때문에 우리는 인간성과 이웃됨이 동일하다는 근본 전제로부터 이탈하지는 않는다. 그러나 이것이 추상적인 남성성과 여성성을 찬양하려는 것은 아니다.—후에 다시 이 문제를 다루겠다. 우리는 '남자 **또는** 여자'가 '남자 **그리고** 여자'에 의해 즉각적으로 보충되고 확장되어야 한다는 사실을 기억한다. 이를 올바르게 이해했다면, '그리고'는 이미 '또는' 안에 숨어 있다. 마찬가지로 우리가 이후에 제시하게 될 두 번째 핵심원리도 이미 첫 번째 핵심원리 안에 숨어 있다. 그러면 우리는 어떻게 남자 그 자신이 여자와의 고유한 관계 안에 있는 것으로 기술해야 하는가? 또한 어떻게 여자 그 자신도 남자와의 고유한 관계 안에 있는 것으로 기술해야 하는가? 남자와 여자 각각의 존재에서는 근본적으로 타인과 관계를 맺고 있는 존재이다. 다시 말하자면, 하나가 아닌 둘, 즉 그들 둘에 관해 말하고 있다는 것이다. 그렇기 때문에 무엇보다 첫 번째 핵심원리는 그 자체로 유효해야만 한다. 그것은 하나님께 순종함으로써 인간은 남자 또는 여자가 된다는 것이다. 그들은 하나님의 계명을 통해 거룩하게 됨으로써, 이 관계 안에서도 마찬가지로—이 관계가 만남이고 또 그렇게 유지되도록—각자 자신의 특별한 성정체성을 인식한다. 그리고 이를 통해서 완전하게 잘 존재할 수 있으며, 또한 그렇게 존재해야만 한다.

여기서 우리는 두 번째 창조기사의 시작 부분을 다시 한 번 연관시키고자 한다: "여호와 하나님이 이르시되 사람이 혼자 사는 것이 좋지 아니하니 내가 그를 위하여 돕는 배필을 지으리라 하시니라"(창 2:18): 그와 동일한 종(種)인 한 존재, 즉 그가 지닌 고유의 종(種)이지만 그러나 그와는 완전히 다른 한 존재인 것이다.—그래서 그가 다른 사람에게서 자기 자신을 깨달을 수 있도록 해주는 그런 존재인 것이다. 그는—이런저런 이유 때문이 아니라 인간으로서의 삶을 위해—이 돕는 자(Hilfe)를 필요로 한다. 그의 상대자인 이 돕는 자가 없었더라면, 그에게 좋지 않을 뿐만 아니라 그는 인간이 될 수도 없었을 것이다. 또한 이 돕는 자가 함께 창조되지 않고 함께 존재하지 않았더라면, 그 자신의 창조와 인간으로서의 실존도 아직 완성되지 않았을 것이다. 그는 이 너(Du)와 함께하고 이 너(Du)를 위해 있을 때만이 나(Ich)가 될 수 있다. 나(Ich)가 아니지만 나를 위해 중요한 너(Du)가 여자이다. 하나님에 의해 창조된 남자와 여자로서의 본성을 통해서 인간은 언약을 위한 비유가 된다. 언약은 하나님이 그분 혼자가 아니라, 인간과 함께, 인간을 위해, 그분의 백성과 함께 그리고 그분의 백성을 위해 있고자 하신다는 사실에 근거하고 있다. 여기서 파트너의 차이는 창조주와 피조물 사이에 놓여 있는, 무엇과도 비교될 수 없는 무한한 질적 간격의 차이이다! 하나님은 이 언약에서 그분의 하나님 되심을 잘 드러내시고, 이를 통해 인간 또는 백성이 해야 할 일은 자신의 피조물성을 고백하는 것과 자신이 하나님의 파트너임을 고백하는 것뿐이다. 이와 마찬가지로—여기서 우리는 이런 관점에서 계명의 가장 깊은 근원에 서 있다.—남자와 여자는 자신의 성에 대해 고백해야만 한다.

우리는 여기에 두 번째 근거를 제시할 것이다. 그것은 두 번째 창조기사의 두 번째 종결부에 위치한 주목할 만한 한 문장이다. "그들, 남자와 그의 아내가 벌거벗었으나, 부끄러워하지 않았다." 그들은 이제 '둘'이다. 인간은 이제 더 이상 혼자가 아니다. 인간은 이제 '남자와 그의 아내'이고, 이로서 진정한 인간이 되었다. 그렇기에 나(Ich)인 인간—여자도 그의 너(Du)가 됨으로써 마찬가지로 나(Ich)가 된다.—그의 아내와 함께하는—여자가 그의 아내가 될 때만 남자가 되는—이웃인 인간인 것이다. 그의 아내는 남자 자신의 질문에 대한 대답이다. 그리고 여자는 그를 통해서 '그녀의 인간'을 갖게 되고, 그를 통해서 그녀의 완전한 권리를 갖게 되었다. 즉, 그의 너(Du)로서의 나(Ich)인 그녀 자신의 인간성을 소유하게 되었다는 말이다. 이제 그들에 대하여 다음처럼 묘사할 수 있다. 그 둘은 벌거벗었지만 부끄러워하지 않았다. 그들은 남자와 여자로서 그리고 이를 통해 형성된 관계 속에서 하나님이 그들을 창조하셨을 때 의도하셨던 것에 정확히 부합되도록 서로에게 충실했다. 그들은 서로를 비난할 거리가 전혀 없었다. 비록 남자 자신이 대답 없는 질문이었고, 여자가 남자의 질문에 대한 대답이었지만, 그들은 서로의 어떤 이점도 부러워할 필요가 없었다. 그들은 서로에게 숨길 것이 아무것도 없었다. 그들은 아무런 당황이나 불안 없이 나란히 있었으며, 서로를 대적하지 않고 함께 있었다. 그 이유는, 남자는 바로 여자 앞에서 남자로 존재하였고, 여자는 남자 앞에서 여자로 존재하였기 때문이다. 부끄러움은 단지 근거를 갖는 질투나 정당한 고발, 그리고 그런 수치가 있는 곳에만 드러난다. 하나님에 의해 창조된 인간의 본성과, 그분이 창조한 모습 그대로의 남자와 여자, 그리고 그들이 맺는 관계의 결과와 질서에는 수치스러운 것이 없다. 그렇기에 이것들은 부끄러움의 대상도 아니다. 이것들은 파트너의 비교 불가성을 바탕으로 한 은혜의 언약을 비유한 것이다. 이런 언약의 완성을 통해서 하나님은 자신이 비참한 인간의 형제가 되는 것을 부끄러워하지 않으시는 분임을 보이셨다. 인간도 그분, 높으신 하나님 앞에서 더 이상 부끄러워할 필요가 없다. 이 언약 안에서 참되신 하나님과 참된 인간이 나란히 있게 될 것이다. 그렇기에 남자와 여자의 영역에서 창조주 하나님의 계명은 언제나 이와 같은 차원을 포함하고 있는 것이다. 다시 말하자면, 남자와 여자는 그들 본연의 모습에 충실해야 한다는 것, 남자는 그 자신의 성에 그리고 여자도 그 자신의 성에 충실해야 한다는 것이다.

그러면 남자는 자신의 성(性) 안에서 무엇으로 존재하며, 여자는 자신의 성(性) 안에서 무엇으로 존재하는가? 이것은 윤리, 즉 신학적 윤리의 질문이다. 심리학이나, 교육학이나, 위생학 또는 이와 비슷한 학문의 질문이 아니다. 그래서 이것이 만일 하나님의 계명에 관한 질문이라면, 이에 대한 선취적(vorwegnehmend) 정의를 통해서 이에 대한 대답을 제시할 수 없다. 그리고 이렇게 대답해서도 안 된다. 인간인 남자와 여자는 하나님의 의도에 따라 창조되었으며, 그분에 의해 책임을 갖게 된다. 그래서 그분의 계명 아래에서 살아간다. 이런 남자와 여자는 개별적으로 볼 때에는 자신만의 고유성을 갖고 다른 개인에 마주하여 서 있는 한 개인과 비교할 수 있고, 또는 그렇지 않을 수도 있다. 그러나 남성적 존재와 여성적 존재는 모든 나와 너의 원형이며, 모든 개별성의 원형이다. 그렇기에 인간은 이 개별성 속에서 서로 다르기도 하고 서로 일치하기도 한다. 사람들은 개인을 '이 사람' 혹은 '저 사람' 혹은 '바로 그 사람'으로, 남자와 여자를 '그' 또는 '그녀'라고 부를 수 있다. 또한 개별적인 남자와 개별적인 여자를 그들의 이름과 성으로, 그들의 생일과 출신, 그들의 고향으로 그리고 이런저런 호칭으로 부를 수 있다. 그러나 사람들은 그들이 말하고 있는 모든 것을 통해서 말할 수 없는 것이 있다. 이를 우리는 분명히 알아야 한다. 그것은 인간이 하나님 앞에 서 있고, 더 나아가 오직 그분 앞에만 서 있음이 분명한 이런 신비를 가리키고 있다는 사실이다. 무엇이라 정의될 수 없는 이곳에서, 하나님의 계명을 통해 드러나고 발견된다. 바로 여기에서 그는 결정을 내리게 된다. 그래서 그는 계명에 순종하거나 불순종하며, 또는 선하거나 악하게 된다. 여기에서 남자와 여자는 각자 그들의 성을 받아들이거나 혹은 거부한다. 참으로 우리는 남자와 여자를 하나의 정의를 통해 규정되는 형태라 불러서는 안 된다. 우리가 남자와 여자를 부를 때 꼭 기억해야 하는 것이 있다. 그것은 하나님께서 그들을 창조하실 때 특수한 다양성 가운데서 서로 관계를 맺기를 원하셨다는 사실이다. 또한 그분의 계명은 그들이 ─계를 위하여─ 자신들이 특수한 다양성 앞에 진실하여야만 한다는 것이다. 바로 이런 차원 혹은 구성요소를 그들은 가지고 있다. 특별히 우리는 하나님의 계명에 관해 질문할 수 있다. 그러나 우리에게는 이런 특수한 다양성 그 자체를 드러내거나, 확정하거나, 묘사할 권리가 없다. 우리가 특수한 다양성에 관하여 질문을 던질 때, 우리는 이것저것을 다 안다고 생각하지만, 사실 이것은 우리에게 이미 주어진 것이 분명 아니다. 만일 그렇다면, 이는 우리가 하나님의 계명이 어떤 내용인지 이미 알고 있는 것이라고 해석될 수 있다. 그리고 윤리는 단지 이에 관해 정확하게 질문하는 것에 불과하게 된다. 하나님의 계명은 남자와 여자를 각자의 본래적인 모습으로 발견한다. 진실하게 순종해야만 할 남성의 본질과 여성의 본질을 그들에게 그대로 드러내 주는 것이 바로 하나님의 계명인 것이다. 그리고 하나님의 계명은 그들에게 남자 또는 여자로서 무엇을 고백해야만 하는지, 남자 또는 여자로서 무엇을 거부해야 하는지를 말해 준다. 이를 통해서 아마도 계명은 우리가 남자와 여자의 다양성에 관해 알고 있다고 생각하는 이것 또는 저것과 일치하게 된다. 그러나 계명이 항상 이렇게 하는지, 계명이 이 다양성을 남자와 여자에게서 완전히 새롭고 놀라운 형태로 드러내지는 않는지, 계명이 남녀에게 부과하는 성에 대한 진실성의 요구가 완전히 우리의 예상을 비껴가고, 우리가 여기에서 생각해 보고자 하는 구성도식(Schema)에서도 완전히 벗어난 형태들을 가지게 될지 그 누가 알겠는가? 계명은 결코 우리가 전제해야 하는 구성도식과 결합되어 있지 않다. 그렇기 때문에 계명이 잘 숙고된 합리적인 것으로 우리에게 드러나길 원한다면, 우리는 우리 자신을 이러한 구성도식에 결코 가두어서는 안 된다. 이와 같은 구성도식은 때때로 발견론적(heuristisch)이고, 주석적이며, 묘사적인(illustrierend) 역할을 수행할 수 있다. 우리는 그와 같은 구성도식으로 된 본문 자체를 가지고 있지 않다. 또한 그런 본문을 써서도 안 된다. 왜냐하면 우리가 여기에서 쓰고 있는 본문들, 즉 우리가 여기에서 다른 사람들로부터 넘겨받거나 또는 스스로 시도해 볼 수도 있는 남성적 본질과 여성적 본질에 대한 정의들과 기술들은, 계명이 인간에게 그의 본질적인 모습 가운데 서야만 한다고 요구할 때, 계명이 정말로 의미하는 바에 도달하지 못한다. 즉, 하나님께서 바라보시는 모습의 인간, 남자와 여자의 모습에 도달하지 못한다는 것이다. 이들은 인상적이고 경험적인 가설들과 주장들의 형태를 하고 있는데,—수많은 영리한 대변자들에 의해 인정받는 견해들이라고 하더라도—그럼에도 다음과 같은 이유 때문에 문제를 가지고 있다. 즉, 이것들은 남자와 여자에 관한 주장들과 추측들에 불과하며, 진정으로 남자가 여자를 여자로서, 여자가 남자를 남자로서 근본적으로 이해한 적이 있었는지가 정말로 불확실하다는 문제점이다. 이러한 견해들은 매우 흥미롭고 주의를 끈다. 이 견해들은 사람과 사람 사이의 일시적인 행위를 위해 도움이 될 수 있으며, 이 견해들의 교환과 비교를 통해서 모든 종류의 해명과 일치에 도달할 수도 있다. 하지만 이들의 권리와 필요성에 관해서는 어떤 확실한 근거도 없다. 만일 우리가 하나님의 계명에 관한 질문에서 남자와 여자에 관한 지식을 이미 주어진 것으로서 다루려고 한다면, 이는 불확실한 지식이 아닌 확실한 지식에 관한 것이어야 한다. 남자와 여자가—도치될 수 없는 이 순서에 의해 규정된 상호관계 안에서—하나님의 인간적인 창조물이고, 그 자체로 하나님의 형상이자, 은혜의 언약(Gnadenbund)에 대한 비유라는 사실이 우리가 여기에서 다루고 있는 만족할 만한 확고한 신학적 지식이다. 하나님의 계명이 남자와 여자로부터 원하는 것은 그들이 이런 인간적인 본성에 충실해야 하는 것이다. 그리고 이런 본성 안에서 또 이를 통해서 그들에게 주어진 특별한 선물과 책임에 최선을 다하는 것이다.

이것은 우리가 여기에서 성의 모든 **현상학**(Phaenomenologie)과 **유형론**(Typologie)을 — 무시하는 것이 아니라 여기에서 성취된 것들을 전적으로 존중하지만 단호하게 — 포기함을 의미한다.

그곳에서 우리가 포기한 것을, 나는 Th. 보펫(앞의 책, 29f.)이 『남녀의 대립』(*Der Gegensatz der Geschlechter*)이라는 제목의 책에서 제시했던 멋진 설명에 의지하여 더욱 분명하게 드러낼 수 있다. '무엇보다 먼저' 사람들이 남녀 사이에 놓인 심각한 적대감에 관해 분명히 알 경우에만, 사람들은 이런 문제를 올바로 이해할 수 있음을 경험한다고 처음부터 이 책은 말한다. 그렇다면 이런 사실이 불편하지는 않은가? "많은 동물 종류들의 경우 수컷과 암컷은 만날 때 서로 싸운다. 예를 들어, 햄스터는 교미시기가 아닐 때 만나는 모든 암컷을 그냥 물어 죽인다." 인간의 경우에도 마찬가지이다. 이는 어린 소년과 소녀 사이에서 볼 수 있는 잘 알려진 관계이다! 그러면 성인의 경우에는 어떠한가? "우리는 피로와 짜증의 분위기 속에서 남자의 무거운 발걸음과 무뚝뚝한 행동들 또는 불편하게 이리저리 움직이는 여자의 모습에 파트너가 얼마나 신경을 쓰는지를 잘 관찰할 수 있다." 이와 같은 '적대감'의 이면에는 상당한 날카로움(손톱)과 예민함(피부 입자)들이 은폐되어 있다. 그뿐만 아니라 그 이면에는 외부 세계에 대한 모든 인식, 삶의 스타일과 리듬 전체를 포괄하는 남자와 여자의 광범위한 차이가 숨겨져 있다. 여자는 자녀와의 특별한 관계를 바탕으로 살아가며, 그리고 인격적인 것에 대하여 특별한 의미를 부여한다. 그러나 남자는 그렇지 못하다. 다시 말하면, 남자는 인격적인 것보다는 사건들에 더 많은 관심을 쏟는다. 남자는 무엇인가를 만드는 것이나 또는 기계에 관심을 갖는다. 반면에 여자는 자연적인 성장과 또한 성장 그 자체에 관심을 갖는다. 남자는 합리적이고 기술적으로 생각하지만, 여자는 직관적이고 공감적으로 생각한다. 여자는 육체와 영혼과 더 밀접한 결합 속에서 살아감을 우리는 잘 알고 있다. 여자는 직감에 따른 확신을 가진다. 그러나 이는 남자에게는 매우 결핍되어 있는 것이다. 여자는 기술적인 상황들 안에서 남자보다는 불확실함을 지닌다고 알려져 있다. 비록 그렇더라도, 병이나 사고, 심각한 위험과 같은 삶에서 중요한 상황들 안에서는 남자를 훨씬 능가하는 확실성을 지닌다. 여기에서 "여자는 자제력을 상실하는 정도가 훨씬 적으며, 오히려 놀라운 여유를 가지고 올바른 길을 찾는다." "여자는 급격하게 우울한 상태에 빠지거나 놀라는 정도가 남자보다 적다. 대신에 여자는 예전의 슈타우프파커린(Stauffacherin)처럼 남자를 똑바로 일으켜 세운다." 여자는 "남자가 여자에 대하여 갖는 확신보다" 남자에 대하여 '더 큰 확신'을 갖는다. 그렇기에 어떤 사람은 다음과 같은 농담을 하곤 했다. "두 개의 성이 있는데 하나는 아름다운 성이고, 하나는 약한 성이다." 본능의 결핍 때문에 남자는 자신이 머무를 곳을 정신에서 찾는다. 논리적인 관련성, 확실한 가치 질서, 체계와 방법, 철학적인 세계관이 남자의 강점들이다. 만일 이 때문에 여자가 남자의 태도를 완고하고, 꼼꼼하며, 관습적이거나 활력이 없는 것으로 판단하는 경향을 가지게 된다면, 인간이 정신을 지향하게 된 것이 이런 남성적인 태도 덕분이라는 사실을 기억해야만 한다.

이와 비슷한 또 다른 유형론(E. 브루너의 강연, *Der Mensch im Widerspruch*, 1937, 370f.를 보라.)은 다음과 같다. "남자는 설득하고 이끌며, 여자는 임신하고 출산하며 보존한다. 남자는 새로운 것을 만들고, 여자는 이것을 기존의 것과 결합하고 받아들인다. 남자는 밖으로 나가서 땅을 정복해야만 한다. 여자는 내면화하고 숨겨진 통일성을 보호해야만 한다. 남자는 객관화하고 일반화해야 하는 반면에, 여자는 주관화하고 개인화해야 한다. 남자는 건설해야 하고, 여자는 아름답게 꾸며야 한다. 남자는 정복해야 하고, 여자는 돌봐야 한다. 남자는 계획하고 관리하는 책임을, 여자는 이해하고 연결하는 책임을 가진다." 내가 이 본문을 인용한 이유는 여기에서 단순한 기술을 넘어서 수많은 '의도된 것'(soll)과 '해야만 하는 것'(muss), 남자와 여자에게 그들의 본질 그 자체로 인해 공식적으로 부여된 '책임들'에 관해 이야기하고 있기 때문이다. 여기에서 상황은 하나의 문젯거리 그 이상이다. 왜 사람들은 이와 같은 기술에 만족할 수 없는 걸까? 왜 사람들은 거기에 모든 것이 들어 있을 수 있다는 것을 믿지 않을까? 혹시나 아폴로와 지하 및 지상의 신들 사이의 대립에서 남자는 보다 아폴로의 모습을 따르고, 여자는 이보다는 지하 및 지상적 존재에 가깝다는 견해 때문일까? 우리가 이와 같은 대립을 깨닫게 될 때 일말의 유쾌함을 거부할 수 없게 되는 이유는 무엇 때문인가? 사람들은 여기서 한 측면 또는 양쪽 측면에 따라 약간의 악의적인 풍자화를 보고 있는 것인가? 매우 진지하고 분명하게 밝히건대 우리는 이와 같이 말할 수도 없고 그렇게 해서도 안 된다. 왜냐하면 확실히 이 모든 주장은 적절하지 않기 때문이다.—그렇지 않기 때문에 모든 남자의 3분의 1과 모든 여자의 절반은 동요하지 않고, 이러한 표상들에서 자기 자신을 다시 인식해야만 한다는 부당한 요구에 강하게 저항한다.—그 밖의 모든 사람에게도 마찬가지로 그렇지 않다. 그렇기에 그들은 이것이 그들 스스로 깨달았다고 생각하는 그런 참된 남자와 참된 여자라는 사실에 확고하게 의지한다고 생각한다. 그렇다면 약간은 우연적이고, 도식적이고, 관습적이고, 문학적이며, 절반 정도만 적절한 이러한 직설법(Indikativ)이 어떻게 이제 명령법(Imperativ)으로 변화될 수 있는가? 지금 참된 남자와 참된 여자에게 다음과 같이 요구된다. 즉, 너는 사물들(아마도 기계)을 따라야만 하며, 너는 사람들을 따라야만 한다! 너는 정신을 그리고 너는 영혼을 돌봐야만 한다! 너는 너의 이해력을, 너는 너의 직감을 따라야만 한다! 너는 객관화해야 하고, 너는 주관화해야 한다! 너는 건설해야 하고, 너는 치장해도 좋다! 너는 정복해야 하고, 너는 돌봐야 한다! 등이다. 이것이 너에게 명령되었고, 이것이 너의 책임이다! 네가 이것 하나 또는 다른 하나를 행함으로써, 너는 남자 혹은 여자로서의 너 자신에게 충실하게 된다! 이것은 옳지 않다. 이와 같이 사람들은 남자와 여자를 불러서 속박할 수 없다. 그들은 그것을 거부할 권리를 가지고 있다. 사람들이 도대체 어떤 권위로 우리에게 바로 이것이 진정으로 남성적인 본질이고, 바로 이것이 여성적인 본질이라고 말하는가? 누가 우리에게 남자와 여자의 이 수준에서 사람들이 말할 수 있는 최종적인 것이 또한 저런 '가장 첫 번째의 것', 즉 남녀 사이의 적대감과 동일시되는 것이 치명적이지 않을 수 있음을 보증해 주는가? 그로부터 획득되어야만 하는 명령형이 햄스터의 세계에서 출발점을 가지고 있는 저 불쾌한 싸움에서 울려 퍼지는 전투의 함성이 되지나 않을지 누가 아는가? 그러나 만일 사람들이 저 기술들을 심각하게 받아들여서 이것들을 명령형으로 변화시키는 순간에 저런 기술들이 실패하게 되는 것이라면, 이는 사람들이 흥미롭지만 매우 불안정한 토대 위에서 움직이고 있다는 사실이 분명하게 드러나는 지점일 것이다. 그렇다면 저 유형론들은 우리에게 있어서 무엇인가? 이것들이 다른 맥락에서 율법으로 되어 남자와 여자에게 적용되는 것은 분명히 적절하지 않다. 만일 사람들이 이것들을 율법으로 높이고, 그렇게 다루고자 한다면 이를 통해 거대한 혼란이 야기될 뿐이다. 때문에 우리는 여기서 그것들을 이용하는 것을 포기한다.

하나님의 계명이 요구하는 충실성은 남자와 여자의 특수한 다양성과 고유성을 주제로 삼는다. 그리고 이런 다양성과 고유성은 유형론들이 펼치는 상대적으로 가능하고 실행 가능한 영역 너머, 혹은 그 이면 어딘가에 놓여 있다. 하나님의 계명은 상호관계 속에 있는 남자와 여자를 목적으로 한다. 그리고 그들과 관련되어 있으며, 그리고 그들에게 이와 같은 요구를 한다. 하나님은 그들을 그분의 형상으로서, 그분의 은혜의 언약을 위한 상징으로서 남성적인 존재와 여성적인 존재로 창조하셨다. 남자와 여자는 이러한 규정 가운데 있다. 그들은 이러한 형상성(Ebenbildlichkeit)과 상징성(Gleichhaftigkeit)의 테두리 안에서 자신들의 성적인 본질을 인식하게 된다. 하나님의 계명은 말하는 것은, 이제 여기에서 그들의 남성적인 혹은 여성적인 본질 그 자체가 충실히 보호되어야만 한다는 것이다. 하나님의 계명은 남자와 여자가 그들의 다양한 본질에 관해 사색하고 정리하는 조직신학에서 자유롭다. 이와 마찬가지로 계명은 성실함을 요구하면서, 남자와 여자를 그들 스스로가 자신에게 부여한 조직신학의 압박에서 자유롭게 만든다. 남자와 여자는 어떤 남성적인 혹은 여성적인 본질에 충실해야만 할까? 하나님의 계명이 이제 여기에서 그들을 불러서 부과한 바로 그 본질에—하나님의 계명이 지금 여기에서 자신들과 만나고 자신들에게 요구하고 있다는 사실에 사로잡힌 자들에게 요청되는 바로 그 본질에—충실해야 한다. 하나님의 계명이 그들을 만남으로써 그들의 특별한 성적 본질이 그들에게 드러날 수 있게 된다. 이렇게 하나님의 계명은 남자와 여자가 그들의 특별한 성적 본질을 어떤 선입견에도 얽매이지 않고 항상 새롭고 특별하게 발견하고, 하나님 앞에서 참된 모습으로 이에 충실할 수 있도록 해준다.

첫 번째 근본적인 성실함에 대한 요구에 대항하는 유혹이 존재한다. 그것은 다음과 같은 두 개의 형태로 나타난다. 첫 번째 형태는 남녀가 그들의 특별한 소명, 즉 남자와 여자 각자에게 본질적으로 요구되는 것을 바꾸려고 할 수 있다는 점에 기초한다. 이는 결코 발생해서는 안 된다. 여기에서 문제가 되는 것은 어떤 이유에서건 파트너를 찾을 수 없고, 그들의 존재가 격리되어 자신의 성이 특별히 약화되었음을 더욱 절실하게 느끼는 사람들에게 발생할 수 있는 일종의 탈출행위이다. 그러나 이 때문에 자신들의 성을 회피하지 않고, 다른 사람들과 마찬가지로 그것을 자신들의 방식으로 진실하게 드러내며, 기쁨으로 그 안에서 사는 완전히 참된 남자와 여자가 되어야 하는 책임이 그들에게 감소되는 것은 아니다. 이런 문제는 마찬가지로 결혼의 테두리 안에서도 나타날 수 있다. 남자와 여자 각자는 어떤 상황에서도 자기 고유의 성별에 진실해야 한다. 그리고 그것이 자기 자신에게뿐만 아니라 다른 사람을 위해서도 행해야 할 의무라는 것을 깨달아야 한다. 이것이 결혼하는 것을 비롯하여 남자와 여자 사이의 모든 구체적인 관계들 속에서 중요한 것이다. 이것이 어느 한 편에서 이루어지지 않을 때, 이는 항상 공동체의 관계를 위협한다. 주의해야 할 것은, 이것이 어떤 남성적인 혹은 여성적인

## §54 사귐(공동체) 안에 있는 자유

기준을 지켜야 함을 의미하는 것이 결코 아니라는 점이다. 방금 우리는 사람들이 여기에서 시도할 수 있는 모든 체계화는 어떤 유용한 명령들도 이끌어 내지 못한다는 사실을 보았다. 다양한 시대들과 민족들 그리고 문화들에서 볼 수 있는 것처럼 남자와 여자에게 적절하고, 건강하며, 필요한 것이 구체적으로 무엇인가에 관해서는 매우 다른 방식으로 생각되었다. 하지만 남성적인 것과 남성적이지 않은 것, 여성적인 것과 여성적이지 않은 것, 행동 방식과 행위 사이의 경계는 결코 환상이 아니다. 어떤 기준에도 속박되지 않은 하나님의 계명이 어떤 경우에도 이 경계를 더욱 선명하게 보이도록 만든다. 이 경계는 지켜져야 한다. 어떤 측면에서도 이 경계를 넘는 일이 발생해서는 안 된다. 하나님의 계명은 언제나 남자와 여자를 그들 자신의 자리에 놓는다. 그들이 하나님의 계명에 순종한다면, 그들의 역할들과 가능성들은 어떤 상황 속에서나, 어떤 책임 앞에서나, 어떤 대화 가운데서도 언제나 진실로 고유한 것들이 된다. 그리고 동시에 서로 다른 차이점을 갖는다. 이것들은 결코 서로 바뀌지 않을 것이다. 겉으로 볼 때 바뀐 듯이 보이는 것들도 정말로 그런 것이 아니다. 선입견을 가지고 볼 때와는 달리, 삶은 더욱 풍부하다. 그리고 하나님의 계명은 무엇보다 더욱 다채롭다. 짜증과 분노를 불러일으키는 것처럼 보이는 것들이 실제로는 그렇지는 않은 것이 많다. 하지만 여기에는 정말로 도를 지나친 것들과 더 나아가 분노를 일으키는 것들이 있다. 이것은 남성 또는 여성이 단지 상대방과의 관계 속에서만 그리고 상대방과의 차별성 속에서만 자신의 권리와 가치를 소유할 수 있다는 사실을 잊을 때 ― 어떤 이유에서 그것을 알고자 하지 않을 때 ― 발생하는 것이다. 이러한 망각과 알기를 거부하는 의지는 즉시로 외부 세계에 실수, 오류, 장애로 나타나게 된다. 이것은 이웃됨과 인간성의 뿌리에 타격을 가하게 된다. 질투와 선망, 모방, 찬탈을 포함하는 욕망은 어떤 경우에도 선할 수 없다. 이와 달리 순수한 갈망은 언제나 남자와 여자를 다시금 각자의 특별한 자리로 확실하게 되돌아오도록 만든다.

물론 사람들은 여기에서 실제로 윤리학이 미리 대답할 수 없는 **질문들**만을 제기할 수도 있다. 예를 들면, 우리가 **슐라이에르마허**의 신학적이고, 철학적이며, 그리고 인간적인 사고를 접할 때 이런 질문을 제기한다. 그것은 이 사람이 **남자**로서의 의식을 충분하게 확신하고 있었는지에 대한 생각에서 기인한다. 한 남자가 종교를 **절대적인 의존의 감정**(das Gefuehl schlechthiniger Abhaengigkeit)으로 정의할 수 있는가? 슐라이에르마허가 자신의 중요한 성과가 이루어졌던 시기에 썼던 서신을 사람들은 알고 있다. 그런 사람은 전기적인 관점에서도 이런 질문을 ― 최소한 단지 질문으로서 ― 완전히 날조된 것으로 치부할 수는 없을 것이다. 만일 그가 1804년에 한 여자 친구에게 다음과 같이 쓴 것을 본다면, 사람들은 어떤 생각이 들겠는가? "여자들은 그 점에 있어서도 역시 우리보다 더 행복하다. 그녀들의 일은 그녀들의 사고의 일부로도 만족하고, 마음의 그리움, 내적이고 아름다운 상상의 삶이 언제나 더 큰 부분을 지배한다. (…) 내가 보기에 여자들의 본성이 언제나 더 고상하고, 여자들의 삶이 더 행복하다. 만일 나에게 불가능한 소원이 있다면, 그것은 여자가 되는 것이다"(『슐라이에르마허의 삶으로부터』 I. Bd. 412). 누가 이것을 판단하고 심판하겠는가? 어느 시대건 지나치게 남성적이거나 또는 남자임을 드러내 보이는 신학자들이 있었다. 사람들은 여자에 대한 이해 그리고 남성과 여성의 관계에 대한 이해와 관련하여 모든 유보조건에도 불구하고, 또한 슐라이에르마허에게 많은 것을 배울 수 있다. 그래서 사람들은 그의 이 의식적인 현상이 궁극적인 것은 아니더라도 긍정적인 의미를 가질 수 있지 않을까라는 질문을 열어 놓는다. 이것이 오늘날까지도 슐라이에르마허를 멸시하는 대부분의 사람들보다 슐라이에르마허를 더 흥미롭고, 더 사랑스러운 사람으로 만들고 있음은 분명하다! 그러나 분명히 알아야 할 것은 이 때문에 비슷한 성향을 가진 남자들의 삶에서 나타나는 유사한 현상들, 즉 그토록 많은 남성적인 피조물들의 소위 '여성스러운' 생각과 감정과 행동이 긍정적인 의미를 갖는 것은 아니라는 점이다. 남성적인 측면에서 이런 방향으로 가고 있는 것들에 대해서는 그것들이 올바른지 질문을 던져야만 한다.

반대로 현대의 **여성운동**에서 어느 정도 명확하게 표현되고 확정적인 욕망에 질문을 던질 필요가 있다. 즉, 남자의 위치와 기능을 갈망하는 욕망으로 드러난 것과 관련된 몇 가지의 질문이다. 올바르게 행하려는 의지가 없다면, 사람들은 이것이 여자가 아니라 남자에 의해 초래되었음을 고려하지 않을 것이다. 또한 이러한 욕망을 광범위한 분야에서 정당화시켰을 뿐만 아니라, 실제로 불가피하게 만들었던 현대의 정신적이고, 경제적이고, 정치적인 근본적인 변동을 충분히 고려하지 않을 것이다. 우리는 여성운동이 새로운 발전 속에서 실제로 이미 명확해졌다는 점을 주목해야만 한다. 그러나 이 일에서 자신의 고유한 것을 다른 것과 바꾸려는 경향을 보이는 이론적이고 감정적인 격정의 잔재가 남아 있다. 이런 격정은 근본적인 변동을 기반으로는 바로 해명될 수 없다. 그렇기에 아직도 여전히 다른 설명을 필요로 한다. 이런 점에서 그토록 완고하게 반응하고 있는 스위스 시민에 대해서 어떤 변명의 여지도 없다! 그러나 다른 경우에 비이성적이지 않은 피조물인 그를 도대체 무엇이 이 경우에는 그토록 완고하게 행동하도록 만드는가? 또한 무엇보다 일반적으로 확실히 지성적인 스위스 여성이 이 경우에는 더 큰 관심을 보이지 않고, 여전히 제거되지 않은 억압 속에 머물러 있는 것처럼 보이는 이유는 무엇인가? 여자가 여자로서 존재하고, 또한 여자로 머물면서 어떤 특별한 활동을 요구할 수 있고, 이를 또한 자신의 것으로 삼을 수 있는가? 이런 질문은 대대로 내려오는 선입견과는 상관없이 언제나 처한 상황에 따라서 제기되어야 한다. 그러나 이 질문은 우리가 미래에 추구하려는 것도 마찬가지로 충실하게 고려해야 한다. 무엇보다 여성은 완전히 부적절한 남성적 공상과 독재로 인해서, 여자로서의 그녀가 가지고 있는 권한의 문제나, 또는 갖지 못한 권한의 문제와 관련해서 스스로 그리고 자기 자신으로부터 이런 질문을—매우 진지하게—제기할 수 없는 처지로 스스로를 몰아가서는 안 된다. 특정한 관점들은 사람을 속일 수 있고, 또 역사적으로 관점들은 변할 수 있다. 그렇다 하더라도 변하지 않는 것이 있다. 그것은 저런 **한계**가 언제나 새로운 형태로 거듭해서 **숙고되어야** 한다는 사실이다.

그러나 여성 운동을 제외하더라도, 매일의 삶 속에서 옷에서 외적인 품행에 이르기까지 윤리적으로 무관하고, 이런 한계가 무엇인지를 묻는 질문에서 벗어날 수 있는 가능성은 거의 없다. 모든 경우에도 다 좋은 것이란 존재하지 않는다. 순종의 요구에 대한 결정의 책임은 남자와 여자 모두에게 주어진다. 고린도전서 11장에 따르면 고린도 교회의 여자들은 미사보를 예배 중에 절대로 쓰려 하지 않았다. 이런 행위는 분명히 그 장소와 그곳에서 발생한 결단의 대표적인 사례였다. 이 문제는 나중에 우리가 다루게 될 질서에 관한 질문과도 연관된다. 그러나 이런 사례는 보편적인 구성요소들이라 할 수 있다. 갈라디아서 3:28에 따르면, 바울은 남자와 여자는 그리스도 예수 안에서 유대인과 그리스인, 종과 자유인처럼 하나라고 선포했다. 이 말씀을 또한 고린도 교회의 여자들은 분명히 들었을 것이다. 이들이 교회의 모임에서 남자들과 외적으로 다르지 않고 동일하게 보이기를 원했다는 것보다 더 적절한 결론이 있을까? 그러나 바울 자신은 갈라디아서 3:28 말씀을 남자와 여자의 차이와 고유성을 폐지한다는 의미나, 여기에 개입하는 하나님의 계명을 제거한다는 의미로 이해하지 않았다. 또한 그는 이 때문에 저 여자들을 지켜보고 있는 천사들이 보이는 최고의 불쾌함을 통해서 그녀들을 위협하고(10절), 열여섯 절에 걸쳐서 그녀들이 미사보를 쓸 것을 강하게 주장했다. 이런 것들 때문에 우리는 바울을 악의적으로 해석해서는 안 된다. 여기에서 주제로 삼았던 것은 지나친 율법성도 아니고, 여성에 대한 무시와 멸시도 아니다. 분명한 것은, 어떠한 순간에도 갈라디아서 3:28에서는 결코 이것이 문제가 되지 않는다는 사실이다. 여기에서 바울은 이 여자들에게 여자로서의 고유한 **가치**와 고유한 **권리**를 상기시켜 주고 있다. 반면에 이렇게 상기시킴으로써 바울은 더 이상 다른 여지를 둘 수 없었다. 그런데 왜 바울은 이 때문에 여자들 쪽에서 나쁘게 받아들여지고 있는가? 바울은 고린도의 여자들이 갖고 있는 가장 고유한 문제를 위해 그녀들과 싸웠다. 이보다 훨씬 더 공격의 대상이 되고 있는 고린도전서 14:33, 34를 보자. 만일 바울이 이른 지침들을 통해서 여성들을 더욱 뒤로 후퇴시키고 또한 더 낮은 위치에 두기를 원했다면, 바울이 말한 모든 것은 아마도 기만이었을 것이다. "만일 누구든지 자기를 선지자나 혹은 신령한 자로 생각하거든 내가 너희에게 편지하는 이 글이 주의 명령인 줄 알라"(37절). 하나님의 계명은 남자와 여자 중에 누구도 낮고, 수치스럽고, 가치 없는 자리에 놓지 않는다. 하나님의 계명은 그들을 **그들이 마땅히 있어야 할 그 자리**에 놓는다. 이 자리와 관련하여 해석과 적용은 달라질 수 있다. 이와 같이 주는 살아 계신 주시고, 그분의 계명은 언제나 다시 새로운 계명이다. 만일 사람들이 계명에 대한 바울의 이해와 주장을 담고 있는 해석과 적용을 영원한 규정으로 높이고자 한다면, 이는 아무런 의미가 없다. 여자들은 의심할 여지 없이 베일을 쓰지 **않을** 수 있다. 그녀들은 또한 교회 모임에서 **말을 할** 수도 있다. 그러나 고린도전서 11장과 14장으로부터 우리의 문제를 위해 배워야만 할 가장 중요한 것은 이것이 아니다. 오히려 우리는 다음과 같은 것들을 배워야만 한다. 그것은, 여자는 어떤 상황에서도 **여자**이어야만 하고, 여자로 머물러야만 하며, 자신을 남자가 아닌 여자로 느껴야 하며, 여자로 행동해야 한다는 것이다. 하나님의 계명은—물론 영원히—남자와 여자에게 각자에게 의미 있고, 올바르고, 거룩한 그들 자신의 자리로 갈 것을 지시한다. 하나님의 계명은 또한 상대방을 향한 모든 이탈을 금지한다. 만일 사람들이 계명을 바울과 다르게 해석하고 적용할 수 있다면—계명은 실로 살아 계신 주의 살아 있는 계명이다.—이와 같은 계명의 중요한 진술과 요청을 통해서 이것을 할 수 있을 것이다. 또한 계명을 존중하고, 어떤 순간에도 그리고 어떤 가능한 의미에서도 무효화시키지 않으려고 할 것이다.

이러한 맥락에서 사람들이 알아야만 하고 또한 방지해야 하는 유혹은 완전히 다른 형태로 다가올 수 있다. 고유의 성에 대한 충실성을 파괴하는 욕망이 그것이다. 그러나 이런 욕망이 추구하는 방향은 단지 다른 성의 본질과 종류를 바꾸는 방식이 아니다. 오히려 이런 욕망은 자신의 성뿐만 아니라 다른 성을 넘어서 보다 높은 것으로 나아가려 한다. 그리고 두 성과 공통점을 가지면서도 또한 이에 무관심하며 다른 본질 안에 있는 제삼의 성을 추구하려 한다. 이것은 외형적이고, 우연적이고, 낮은 수준에 있고, 심리적이자 생물학적인 조건과도 관련되어 있다. 그리고 이는 완전히 부적절하고(pernefas), 역사적이며, 형이상적인 장애와 도착에서 비롯된다. 그래서 이는 오로지 일시적이고 부수적으로만 남성적이거나 여성적이 되는 그러한 인간성을 의미하게 된다. 이것은 본질적으로 단성적인 인간성,—외면적인 양성성(Zweigeschlechtlichkeit)과 관련하여—무성적인 인간성을 의미한다. 그리고 이것은 '오직' 완전히 추상적이며, 남성적인 것과 여성적인 것에 대비가 되는 제삼의 고유한 인간성을 의미한다. 우리는 바로 여기서 성이 승화되고, 어느 정도는 정화되고, 정신화된 형태의 탈출행위를 분명히 보는 것이다. 바로 이러한 탈출행위가 고대로부터 수많은 신비주의와 신화 그리고 영지주의에서 향과 마법을 통해 다루어졌다는 사실도 의심의 여지 없이 분명하다. 다시 설명하자면, 여기에서 남자와 여자는 그들의 구별된 성적 본질을 극복하고 한 인간적 존재, 즉 차이를 가지고 있는 남자와 여자가 아니라 동시에 둘이면서 둘 가운데 어느 쪽도 아닌 그런 한 인간을 향하여 나가길 원한다는 것이다. 이러한 탈출행위는 한편으로 미혼 남성과 미혼 여성의 문제를 해결하기 위한 이상적인 시도로서 제시되고, 성적으로 외로운 길을 선택하는 근거로서 정당화될 수 있다. 그렇다면 질문을 던질 수 있다. 내가 남자로서 깊은 여성적 본질을 가지고 있거나, 여자로서 깊은 남성적 본질을 가지고 있어서 그래서 인간성 전체가 내 안에서 실현될 수 있다면, 왜 성적 파트너가 필요하겠는가? 또한 이러한 상황에서 성적 파트너나 사랑과 결혼을 포기해야만 한다는 것이 나에게 어떤 문제가 될 수 있겠는가? 다른 한편으로, 이 탈출행위는 사랑과 결혼의 가장 심오하고 고유한 의미가 성취되는 것으로 간주될 수도 있다. 즉, 남자와 여자가 서로 만나서 그들의 다름 가운데 서로 연합하는 것이 아니라, 이와 같은 서로 다름을 제거하고, 각자의 고유성과 차이성을 초월해서 나뉘지 않은 단일한 인간적 본질로 존재한다는 것이나, 또는 그럼에도 이를 추구한다는 것이다.—이에 따라서 성애나 결혼은 인간성, 양성의 연합을 의미하지 않게 된다. 오히려 이에 대한 무관심을 의미한다. 그리고 이와 함께 인간성의 총체 혹은 이런 무관심과 전체성에 대한 지향을 의미하게 될 것이다.

우리가 여기에서 주목하고 있는 것은 남자와 여자의 전체 영역에 대한 종교적이고 형이상학적인 해석이다. 그렇다면 이런 해석이 어떤 심화와 구체화를 가져올 수 있는지가 분명해진다. 이런 이론과 이런 이론에 상응하여 실천하는 것을 반대하기란 정말로 쉽지 않을 것이다. 왜냐하면 이런 이론은 거부할 수 없는 진리와 아주 가까이 위치해 있는 것으로 보이기 때문이다. 그래서 각자의 고유성과 상호관계 속에 있는 남자와 여자의 존재와 관련된 그들의 참된 인간존재에 관한 문제가 중요해진다. 또한 이런 이론은 다음과 같은 목적에 매우 적절한 것처럼 보인다. 즉, 윤리적인 관점에서 정말로 더욱 숭고한 기대를 가지고 진지하게 삶의 영역을 투시하고 정화하려고 시도할 때이다. 그러나 이런 이론은 전혀 도움을 주지 못한다. 즉, 하나님의 계명이 이 영역에서 유효하다면, 남자의 여성화나 여자의 남성화를 초래할 수 있는 모든 것에 반대하는 것과 마찬가지로 이러한 시각과 이에 대응되는 모든 태도에 반대하는 호소도 진지하게 제기되어야만 한다는 것이다. 그런 호소가 바로 이런 영역에 대한 인간화(Vermenschlichung)이다. 분명히 그렇다. 그러나 이것은 결코 성을 중성화하는 형태로 이루어져서는 안 된다. 만일 그렇다면 인간화는 즉시로 비인간화를 의미하게 된다. 남자와 여자의 만남과 연합에서 하나님과의 공통적인 관계를 제외하면, 그렇다면 그들이 남자와 여자로 머물면서 또한 스스로를 초월할 수 있는 길이 전혀 없다. 동시에 그들은 하나님과의 관계에서 남자와 여자로 존재하는 것을 포기하거나, 이것을 비본질적인 것으로 여길 수 없다. 즉, 그들은 제삼의 더 높은 본질이 된다거나, 혹은 이를 추구할 수 없다는 것이다. 만일 사람이 하나님과의 관계에서 스스로 하나의 신이 되지 않는다면, 그는 이 관계에서 참으로 적절하고, 참되고, 분명하게 남자이자 여자인 인간이 되어 자신의 자리에 놓이게 된다. 사람이 남자와 여자로서 하나님과의 관계 속에서 스스로를 초월한다는 것은 그들의 만남과 연합이 되는 것을 그치게 됨을 의미하지 않는다. 이와 달리 일치성 안에 계신 하나님 자신이 그들의 일치성의 기반이 되어야 한다. 그래서 남자와 여자의 만남과 연합은 이 통일성에 의해 보장되며, 바로 이것이 그들에 의해 인식되고 인정되어야 한다. 오직 이를 통해서 남자와 여자는 고유성과 차별성 속에서 스스로를 초월할 수 있게 된다. 그들에게 하나님은 동일한 한 분이시다. 즉, 오직 이런 하나님을 통해서 그들은 하나가 되어야만 하는 책임을 지니게 된다. 반면에 이를 통해서 그들 스스로 하나가 되려는 욕구는 거부된다. 남자 혹은 여자로서의 존재 위에 고려될 수 있는 것은 단지 어떤 하나가 되는 것(Eines), 중성적인 그것(Es)이다. 하나님은 당신 자신의 형상을 따라서 인간을 남자와 여자로 창조하셨다. 이는 당신과 당신의 백성 사이, 그리스도와 당신의 공동체 사이에 맺어진 은혜의 언약에 대한 상징인 것이다. 이것은 중성적인 그것(Es)을 목적으로 하지 않았다. 이것은 어떤 순전히 외적이고 우연적이며 일시적이 아닌, 내적이고 본질적이며 영속적인 그와 그녀의 존재 질서의 기초가 된다. 이 질서는 모든 시대에 유효할 뿐만 아니라, 또한 영원히 유효한 것이다. 인간이 남자와 여자라는 사실이 그들이 인간이라는 사실을 없애지 않는다. 또한 이와는 반대로 그들이 인간이라는 사실로 인해서 그들이 남자와 여자라는 사실이 사라지는 것도 아니다. 오히려 그들은 남자와 여자이면서 동시에 인간이다. 다시 말하자면, 그들은 인간성의 근원에서 남성과 여성 중 어느 쪽도 아니거나 혹은 동시에 양쪽일 수 없다는 것이다. 또한 그들은 최종적인 인간성에서 남성과 여성 중 어느 쪽도 아니거나, 혹은 동시에 양쪽이 되기를 기대할 수도 없다. 만일 하나님의 계명이 그들에게 도달하고, 그들에 관련된다면, 계명은 그들을 남자와 여자이면서 동시에 인간으로서 발견하게 된다. 그들에게 첫 번째로 요구되는 것은 그들의 통일성이 하나님의 통일성 안에 있음을 인식하는 것이다. 그리고 이런 인정함을 통하여 인간성의 이 구체적인 형태들을 자신들의 뒤나 또는 아래에 던져버리지 않는 것이다. 그리고 그들은 이와 마찬가지로 무성적이거나 또는 양성적인 인간을 지향해서도 안 된다. 부연하자면, 남자와 여자가 각자의 성을 초월해서, 두 성을 포괄하며 그들 사이의 분리를 제거하는 더 높고, 더 좋은 인간존재를 위해 각자의 성적인 고유성과 다름 가운데 있는 자신을 포기할 수 있다면, 이것이 참으로 멋지고, 고상하고, 이 영역의 인간적 실존에서 자유롭게 하고, 정결하게 하는 것이라는 변명도 적절하지 않다는 것이다. 이것에 관하여 우리는 창조주이신 하나님보다 더 잘 알지 못한다. 이 점에 있어서 하나님의 뜻만큼 단순하고 명료한 것은 없다. 우리는 그분의 단순하고 명료한 뜻—이는 그 자체로 깊고, 풍부하며, 생명력이 넘치도록 충분하다.—을 찾고 실현시키는 데 만족해야만 하며, 아무런 권한도 없는 몽상으로 이를 능가하려고 해서는 안 된다!

또한 여기에서 하나님의 계명에 의해 설정된 경계를 인식하고, 이를 존중할 필요가 있다. 남자와 여자 그 자체와 관련하여, 그리고 그들 상호 간의 관계에 있어서 (사랑과 결혼의 관계 속에 있든지 혹은 이 특별한 관계 밖에 있든지 상관없이) 중요한 것은 인간적인 것의 실현이다. 이런 실현은 남녀의 분리될 수 없는 서로 함께 속함(Zusammengehörigkeit, 공속성)을 구현하고 서로의 필요를 보충해 주는 형태로 나타나야만 함은 의심의 여지가 없다. 그러나 만일 이 실현이 하나님의 계명에 대한 순종 속에서 이루어지지 않는다면, 선한 것이 악한 것으로 뒤바뀌고, 의미가 무의미로 뒤바뀌게 될 수 있다는 점을 우리는 고려해야만 한다. 남자와 여자가 함께 인간이라는 사실은 의심할 수 없는 진리이다. 이런 진리가 인간이 남자 혹은 여자이며, 그러나 제삼의 존재는 아니라는 인식을 강조함으로써 균형을 잡지 않는다면, 어느 순간에 이 진리는 거짓이 될 것이다. 그래서 서로 상대방을 보충해 주는 선한 일이 어느 순간에 더 이상 선한 일이 되는 것을 멈추거나, 혹은 창조주의 뜻 안에서도, 마찬가지로 창조세계의 실재 안에서도 아무런 근거를 가지고 있지 않은 신화적 기술이 되어 버릴 것이다. 그러므로 여기에서 우리는 홀로 혹은 함께 전체가 되고자 하는 교만(Hybris)에 대한 분명한 경고를 받게 될 것이다. 한 분 하나님을 향할 때 여기서 남자와 여자는 스스로 그리고 서로 함께 참된 인간이 될 수 있다. 하지만 하나님을 향한 이 지향이 어느 순간 하나의 아이디어, 하나의 원리, 하나의 우상, 하나의 악마를 향한 추구가 될 수 있다. 그래서 만일 우리가 하나님의 통일성을 자의적으로 만들어 낸 중성적인 하나와 혼동할 가능성에 대한 경고를 받아들이지 않는다면, 즉시 그렇게 될 것이다. 또한 어느 한순간에 올바른 것이 잘못된 것이 되고, 숭고한 것이 우스꽝스러운 것이 되며, 자유가 속박이 될 수 있다. 여기에서 이것이 발생하는 장소—사람에게 요구된 충성과 하나님의 계명에 의해 설정된 경계가 아직 지켜지거나 혹은 이미 거부된 장소—를 일반적으로 확실하게 규정하는 것은 불가능하다. 그러나 이와 비슷한 사례를 고려한다면, 이 경계를 확정할 수 있는 하나의 기준이 있음을 알게 될 것이다. 즉, 미혼이거나, 또는 사랑과 결혼으로 연합되었는지는 별 상관이 없다. 중요한 것은 남자와 여자가 각자 혹은 서로 인간이고자 하면서, 각자의 성을 완전히 인식하는 것이다. 그뿐만 아니라. 남자와 여자가 진심으로 이에 대해 기뻐하며, 각자 이 성을 가진 인간으로 존재하는 것에 대해 하나님께 감사할 수 있고, 분별력 있고 선한 양심으로 그들에게 주어진 특별한 길을 가는 것이다. 바로 이런 순간에 모든 것이 분명히 질서 가운데 놓이게 된다. 만일 남자 혹은 여자 혹은 양자가 그들 앞에 높이 떠 있는 인간존재로 인해서 그들의 성에 대해 무관심하거나, 이를 하찮게 여기거나, 싫증내거나, 심지어 미워하면서 동시에 인간적이 되려고 한다면, 그리고 그들의 성이 억지로 짊어져야만 하는 짐이 되고, 그리고 그 가운데 그들이 하나님에 관해 질문하고, 동시에 인간적이 되려고 할 때, 그리고 근본적으로 이런 짐에서 해방되기를 원한다면, 바로 그때에 모든 것은 무질서 가운데 놓이게 된다. 바로 이 순간에 하나님에게서 인간의 탈출이 시작된다. 그러나 이런 탈출은 비인간성을 향한 탈출이다. 바로 이것이 위에서 언급한 관점에서 설정된 경계이다. 그리고 우리는 이를 스스로 물어야만 한다. 이것이 바로 우리가 이 경계를 확인하기 위해서—그리고 우리 자신이 아직 이 경계의 이쪽 편에 있는지 아니면 건너편에 있는지 확인하기 위하여—스스로 제기하는 질문이다.

이 문제에서 정확히 반대의 입장에 서 있는 윤리가 있다. 이런 윤리는 니콜라이 베르자예프(Nikolai Berdiajew)의 유명한 책, 『인간의 규정에 관하여』(*Von der Bestimmung des Menschen*, 1935, 89f. 참조. 318f.)에서 제시된다. 그러나 그가 의존하고 있는 증인들은 갈라디아서 1-2장이나 에베소서 5장이 아니라, 플라톤(Plato)과 야콥 뵈메(J. Böhme), 바흐오펜(J. J. Bachofen), 지그문트 프로이트(S. Freud) 그리고 루드비히 클라게스(L. Klages)이다. 그에 따르면, 인간 본성에 대한 규정인 성은 성적인 양극성(Polarität) 그 자체(per se)이고, 양성성(Bisexualität)이며, 남성적이고 여성적인 원리가 남자와 여자 안에서 대립되고 종합되면서 다양한 비율로 통합되어 있는 것이다. 여성적 원리를 가지고 있지 않은 남자는 추상적이고, 조화로운 힘들로부터 분리되어 있는 존재이다. 남성적인 요소를 가지고 있지 않은 여자는 인격이 될 수 없다. 남성적인 것은 무엇보다 정신적이고 인격적인 원리이고, 여성적인 것은 조화롭고 집단적인 원리이다. 인간의 전체성은 남자와 여자 각자의 안에 있는 양성적이면서 자웅동체적(androgynen) 본성을 통해서, 혹은 남성적인 본성과 다른(!) 여성적인 본성 혹은 여성적인 본성과 다른(!) 남성적인 본성의 결합을 통해서 실현된다. 따라서 이 두 원리의 통일만이 인간의 전체성을 이끌어 낼 수 있다. 태양은 남성적인 원리이고, 지구는 여성적인 원리이며, 달은 남성적-여성적 원리이다. 이 세 원리들의 상호작용과 충돌 속에서 어느 하나가 일시적으로 지배적이 되는가에 따라서 모계사회로부터 시작되어 다양한 세계사적 시대들이 이어진다. 그리고 모성적인 '어디로부터'와 부성적인 '어디를 향하여' 사이의 투쟁, 신비와 윤리 사이의 투쟁, 물질과 정신 사이의 투쟁, 본능과 피 사이의 투쟁, 즉 집단적이고 무의식적인 것과 정신적인 인격 사이의 투쟁이 이루어진다. 항상 인간은—비록 그렇게 결정하는 것은 쉽지 않지만—적극적으로 남성적인 것, 즉 로고스를 긍정했다. 하지만 동시에 이것이 지배하면서 생명의 원천으로서 땅이 지닌 모성성의 품에서 떨어져 나가는 것에는 저항했다. 인간이 원하는 것은 모성적인 것과 연합하고 그것을 긍정하는 것이다. 이에 반하여 남성적인 것을 긍정하는 것은 인간이 의지를 통해서 가능한 것이었다. 바로 여기에서 우리의 두려움을 자아내는 성적 매력과 이에 대한 반발력이 기인한다. 바로 여기에서 베르디아예브는 클라게스와는 달리 남성적인 원리가 무엇보다 더 높고 최종적인 권리를 가지고 있다고 주장하는 것이다. 그에 따르면 이것이 (대략 외디푸스 신화의 형태로) 바로 '자웅동체적인 신화'이다. 그래서 인류학적 형이상학은 단지 이 위대한 인류학적 신화 위에만 세워질 수 있다고 본다. 그는 인간이 전체적이고, 남성적-여성적이고, 태양적-지상적이고, 논리적이고, 그리고 근원적인 존재가 되는 것이 하나님의 계획이라고 생각했다. 이와 동시에 인간은 "처녀와 같고 슬기롭고 지혜로운 존재"이다. 반면에 단순히 성적인 존재는 비록 동일하지는 않지만 아담의 타락, 즉 원죄와 매우 밀접하게 관련된 남녀인 것의 타락을 의미한다. 이로부터 불화와 타오르는 갈망, 그리고 성적으로 규정된 인간존재의 영원한 불만족이 비롯된다. 이것은 인간의 자웅동체적 형태가 분열될 때 나타나는 성의 모습이다. 이러한 분리 속에서 나쁜 남성성과 나쁜 여성성이 형성된다. 그리고 이것이 인간을 생명과 죽음의 무한한 연속에 내어 주었다. 이제 남성적인 창조와 여성적인 출산은, 비록 서로를 보완하기는 하지만, 서로 대립하고 그리고 서로에게 나쁜 영향을 준다. 사람은 이 이중적인 존재와 행위 속에서 자웅동체적인 완전함으로 다시 되돌아가려고 노력한다. 하지만 이런 자연적인 영역과 세속적인 세계 안에서 이는 결코 실현될 수 없다. 즉, 무의식 속에 잠재된 이 모순은 극복될 수 없으며, 그곳에서 언제나 새롭게 터져 나온다. 베르디아예브는 성적 에너지를 변형시켜야 한다고 주장한다. 그래서 출산의 에너지를 창조의 에너지로 바꿔 지속적인 출산의 힘이 되도록 만들 수 있으며 또한 그렇게 해야만 한다고 조언한다. 그러므로 지속적인 출산의 힘은 넓은 의미에서의 모성이며, 생명을 위험으로부터 보호하고 보살피는 우주적 원리가 된다. 베르디아예브에 따르면, 이에 대한 상징으로서의 예가 존재한다. 그것이 바로 신적 지혜와 동일한, 영원한 영광 속에 있는 하나님의 어머니 마리아이다.

　베르디아예브는 이 문제를 "위대한 인류학적 신화"라고 이름 붙였다. 그렇다면 이에 대해서 우리는 어떻게 생각해야만 하는가? 여성적인 원리를 남성적인 원리로 바꾸는 마리아적 변형 때문에, 그의 윤리적인 결론은 그의 처음에 시도했던 접근법으로부터 어느 정도 벗어나 있는 듯이 보인다. 이 점과 관련해서 우리는 아마도 그를 내부적으로 비판할 수 있을 것이다. 또는 다른 질문을 던질 수 있다. 바로 이것이 우리의 요점인가? 본래적이고, 미래에 다시 회복되어야 할 자웅동체적인 인간이란 무엇인가? 이런 인간은 여성적인 것으로부터 남성적인 것으로, 물질로부터 정신으로 변화되고, 출산

## §54 사귐(공동체) 안에 있는 자유

에서 창조로 상승한 인간을 말하는가? 왜 베르디아예브는 궁극적으로 남성적인 것을 선호하는가? 왜 그의 결정이 올바르다고 보아야 하는가? 클라게스는 이와 정반대의 의견을 제시한다. 즉, 태양에 대하여 지구를, 정신에 대하여 물질을 지지하는 것이다. 그렇다면 우리는 클라게스의 의견에도 정당성을 부여할 수 있는가? 도대체 왜 남성적-여성적 원리로서의 달은 이 모든 시도 가운데 승리자가 될 수 없는가? 사실 우리는 신화를 비판할 수만은 없다. 대신에 신화를 신화로서 살펴보는 것만으로 충분하다. 이런 경우, 하나님 그분 자신은 이런 문제에서 완전히 자유롭게 된다. 그렇다면 상황은 매우 단순해진다. 그렇다면 여기서 우리는 이 신화를 실제로는 의미 없는 전체 드라마가 도달한 하나의 경계나, 혹은 그 총체로 해석할 수 있을 것이다. 다시 말하면, 우리는 이 전체 드라마를 하나님 안에서 일어나는 본래적인 통일과 이어지는 분열, 그리고 다가오는 재통합으로 해석해야만 할 것이다. 그러면 사람들은 무엇을 말할 수 있는가? 단지 이 드라마 전체와 드라마의 영웅인 자웅동체적인 인간존재와 그의 실존이 완전히 허공으로부터 나온 것처럼 보인다고 말해야만 하는가? 하나님이 순전히 피조세계의 총체나 경계가 아니라, 하나님은 창조주이시고 그리고 인간은 그분의 피조물이라는 사실과, 하나님과 인간에 관한 성경의 증언이 참되고 유효하다는 사실에 근거하여 이를 판단해야만 하지 않겠는가? 자웅동체적으로 규정된 인간이란 대담하고 자유롭게 창작된 가공의 존재이다. 사람들이 이런 종류의 존재들에게 등을 돌리기 위해 단호함이 필요하다. 플라톤은 그의 작품인 『향연』(*Gastmahl*)에서 반으로 나뉜 인간의 본래적인 전체성과 두 부분의 재통합을 향한 갈망을 기술하려고 의도했다. 그리고 이를 어떻게 기술해야 하는지도 알고 있었다. 인도와 다른 곳에는 양성을 가진 신들이 있었고, 아직도 여전히 있을지도 모른다. 소위 그리스도교 예술은 하나의 위험한 경향을 가진다. 그것은 그리스도의 형상을 성경 전승에서의 어떤 근거도 없이 언제나 항상 잘 알려진 남성적 특성과 여성적 특성이 혼재되어 있는 남자의 형상으로 묘사하려는 경향이다. 이것은 그리스도교 예술이 지닌 완고한 내용이며, 최악의 부담거리이다. 다른 한편으로, 가톨릭의 마리아상에 관해서도 마찬가지로 실제 이러한 노선에 속하는 하나의 창작물이 아닌가 하는 질문을 던질 수 있다. 그렇지만 그 대답은 여기서 열어 두는 것이 좋을 것 같다. 이 모든 것은—바로 이러한 형태로, 중성적인 인간성을 향하여—성에서 도피하려는 부정할 수 없는 유혹의 힘이 존재함을 분명하게 증거한다. 사람들이 이러한 유혹에 대해 항복했었고, 지금도 여전히 항복하고 있다는 사실은 전혀 논란거리가 아니다. 하지만 이런 항복을 정당화하거나, 이를 근거로 자기 자신을 판단할 어떤 근거도 사실 존재하지 않는다. 그러나 우리가 부정할 수 없는 것은 또한 이렇게 항복하는 것이 하나님의 계명과 모순이 된다는 사실이다. 이러한 점에서 우리는 신화와 하나님의 말씀 가운데 하나를 분명히 선택해야만 할 것이다.

"자신의 성(性)으로부터의 도피"(Flucht vor dem eigenen Geschlecht)라는 개념 가운데 또한 사르트르(J. P. Sartre)의 실존주의에서 기인한 그리고 영향을 받은 견해와 이론을 꼽을 수 있다. 이런 생각은 1949년에 출판된 시몬 드 보봐르(S. de Beauvoir)의 두 권으로 된 작품 『두 번째 성』(*Le deuxième sexe*)에 분명하게 드러난다. 이 작품은 지극히 이교도적이지만, 그러나 많은 점에서 매우 주목할 만하다. 이 책에는 "자웅동체적인 인간에 대한 신화"가 나타나지는 않는다. 그러나 여기에서 인간의 성은 결정적으로 인간존재와 개인에게 속한 고유한 본질이 전혀 아니다. 오히려 인간의 성은 반드시 필요한 것도 아닌 하나의 수수한 '조건'으로 선언된다. 그녀에게는 남자든 여자든 중요하지 않다. 오히려 그녀는 인간 개개인이 자기 자신을 주장하고, 자신의 자유를 높이고, 그것을 보존하기 위해 싸우고, 뚫고 나가야만 하는 상황을 묘사하고 있다. 그녀에 따르면, 인간의 성이란 육체성과 같은 무조건적인 요구가 아니다. 또한 인간의 유한성(Sterblichkeit)과 같이 흔들림이 없이 고정되어 있고 불가피한 인간 실존의 한계가 아니다. 여자는 태어나는 것이 아니라, 만들어진다(On ne naît pas femme, on le devient)(II, 13). 여자는 바로 앞에서 언급한 상황 속에서, 그녀가 태어나면서부터 소유한 인간의 자유 안에서 그녀의 여성됨을 습득함으로써 여자가 된다. 인간의 성이 인간의 본질적인 요소임을 알라는 것을 인류 재생산의 필요성에 근거해서 증명하는 것도 마찬가지로 적절하지 않다. 예를 들면, 처녀생식이라는 현상이 존재하는 것, 자연계에 존재하는 자웅동체 등은 인간 세계의 재생산이 성적인 방법과는 다른 식으로 이루어질 가능성이 있음을 보여준다. 그러나 이것은 인간의 성과 그 차이점을 갖는다. 그것은 단지 개인에 의해 책임감 있게 경험되고, 자유 안에서 초월되어야 할 '상황적인' 것들에 불과하다. 이것은 여자에게는 더 어렵다. 남자에게 있어서 자유로운 상태와 예속의 상태 그리고 그의 남성적인 상태 사이에는 아무런 갈등이 없다. 남자는 그에게 주어진 조건에 의해 방해받지 않으면서 창조의 인간(homo faber)이 될 수 있다. 또한 동시에 가치의 창조자이자, 사냥꾼 그리고 살육하는 전사로서 스스로 활동할 수 있었고 또 활동하고 있다. 그는 세상을 자신의 것으로 취하였고, 출산으로 인해 더욱 제한되어 있는 여자를 자신의 소유물로 삼았다(이후에 교활한 방식으로 모든 신화 안에서 여자가 남자의 상대로 높여졌다.). 여자에게 주어진 책임은, 본래 자율적인 인간 개인으로 규정되었다는 사실과 현재 그녀가 처해 있는 특별한 인간 조건을 서로 조화시키고, 그녀의 상황을 다루며 지배하는 것이다. 즉, 여자는 남자가 여성 자신의 지배를 정당화하기 위해 고안해 내었던 여자에 대한 신화를 제거하고, 여자로서가 아니라 인간(être)으로서 존재(humain)해야 한다는 것이다. 그렇다면 여기에서 여성성은 본질적인 것이 아니라 부차적인 것이다. 그렇기에 이것은 여자의 운명에 관한 것이 아니라, 여자의 자유에 관한 것이다(I, 31쪽). 요점은 여자가 인간으로서 조건들─이것은 단지 여자의 상황에서 비롯되는 조건들에 불과하다!─을 극복하여 자기 스스로를 초월하는 것이다. 이와 반대로 내재적인 여성성에 (즉, 여성적 상황에서 비롯된 조건들과 여자에 관해 남자가 만들어 낸 신화의 테두리 안에서) 집착하거나 이곳으로 후퇴하는 것은, 비록 여자가 스스로 이를 긍정하고, 그렇게 되기를 원할지라도, 또는 남자에 의해, 즉 남자에 의해 결정되는 역사의 압박에 의해 강제되었다고 할지라도, 이는 여자에게 있어서 완전히 악한 것이다. 유감스럽게도 다음과 같은 양쪽 모두가 사실이다. 즉, 남자는 여자를 소유물로 만들었고, 여자는 스스로 그것에 만족하여, 그렇게 되기를 원했다는 것이다. 하지만 오늘날 여자들은 여자와 남자 사이에서 동등한 자격을 지닌 풍요로운 상대가 되고자 하는 방향으로 나가기 시작했다. 남자는 처음부터 그에게 주어진 보다 손쉬운 조건들 덕분에 남성적인 상황을 습득하고 지배할 수 있었다. 이와 마찬가지로 이제 여자도 여성적인 상황을 습득하고 지배하게 될 것이다. 여자는 흑인이나 유대인에 비교될 수 있다. 검은 영혼이라든가 유대적인 특성이라든가 하는 것처럼 '여성적인 영원한 것'이란 존재하지 않는다. 우리가 결론으로 단지 말할 수 있는 것은, 우리는 성적 차이가 아마도 지나치게 과잉된 것이고, 언젠가는 사라질 것이며, 사실 지금 매우 분명하게 증명할 수 있을 만큼, 또한 인간의 자유로운 행위와 관련하여 볼 때, 이는 부차적인 현실이라는 것이다. 그리고 이런 차이는 사르트르의 입장에서 말하자면, 실존(existence)이 아니라 단지 본질(essence)일 뿐이다. 그리고 분명한 것은, 실존이 본질에 선행한다(l'existence précède l'essence)는 사실이다.

여기에 관하여 우리는 무엇을 말할 수 있는가? 시몬 드 보봐르의 책은 많은 기여를 했다. 즉, 남자가 어떻게 여자의 주인이 되었고 또 여전히 그러한지를 기술하였다. 그리고 이런 목적을 위해 남자가 여자를 치장했던 신화를 묘사하면서 그 가면을 벗겨 내었다. 이러한 것들은—개별 사항에서는 어느 정도 유보적일 수 있지만—특별히 남자들에 의해, 남자들 가운데에서도 그리스도교 신학자들에 의해 주의 깊게 인식되고 받아들여질 필요가 있다. 남자와 여자에 관한 너무나 많은 말이 있다. 이것들이 적어도 여기에서 행해진 이 책에 관한 조명을 따라서 사려 깊고 조심스럽게 이야기되었더라면 더 좋았을 것이다. 그렇다고 이것은 사람들이 이 책의 주제가 말하고 있는 것을 말할 수 있고, 그래도 말하는 편이 좋다는 것을 의미하지 않는다. 시몬 드 보봐르는 여자에 관한 신화의 가면을 벗기면서, 자웅동체적인 인간에 대한 관념적 신화를 사용하지 않았다. 하지만 그녀는 다른 새로운 신화를 선포하고 있다. 즉, 인간 개인에 관한 신화를 더욱 부주의하게 그리고 강력하게 선포하는 것이다. 개인은 자신의 자유를 행사함으로써 남자의 실존 또는 여자의 실존과 연관된다. 바로 이때에 개인은 대략 이를 통해서 자신의 실존을 포착하여 지배한다. 이런 실존이 지닌 성이란 단지 하나의 조건에 불과하다. 성은 궁극적으로 실존의 한계를 설정하지 않는다. 심지어는 실존은 성을 포함하지 않을 수도 있다. 또한 실존은 성의 활동을 관리할 수도 있다. 그렇다면 이런 개인은 현실이 아니라, 오히려 이를 넘어서 시몬 드 보봐르가 가정한 남성적인 상 안에 있는 하나의 이상적인 인물이 아닐까? 실제의 인간적인 남자 그 이상인 남자-신(Mann-Gott) 또는 신-남자(Gott-Mann)가 아닐까? 남자는 자신의 '상황성'(Bedingung)과 대조되는 저 찬란히 빛나는 영광스러운 자유 안에서 꿈을 꾸는 것일지 모른다. 물론 여기에서 명시한 바와 같이, 여자도 역시 때로는 그를 꿈꾼다! 하지만 그는 그녀 안에 살지 않는다. 여자에게 바로 이와 같은 상을 그녀의 해방과 인간됨을 성취할 수 있는 상으로 추천하는 것이 적절할까? 그토록 활기 있고 능숙하게 싸우는 이런 여성해방 프로그램 전체가 왜 다시 남자를—그토록 비현실적인 남자를—지향하고 있는가? 진실로 그녀는 하나의 희망에 불과한 이 남성상을 선포함으로써 남성들은 말할 것도 없고, 여성들을 효과적으로 깨달음과 돌이킴으로 부른다고 기대할 수 있는가? 이제 이 신화는 내적 필요성과 일관성과는 다른 힘들에 의지해서 살아간다. 그렇기에 사람들은 이를 비판할 수 없을 것이다. 사람들은 이것도 마찬가지로 신화로서만 인식할 수 있다. 이런 신화는 자웅동체적인 인간에 관한 신화와 동일하지는 않지만, 그와 밀접한 관계를 맺으면서 동일한 로고스를 말하고 있다. 즉, 인간의 성과 관련하여 성행방의 형식으로 이루어지는 인간의 해방을 말하고 있는 것이다. 물론 이 경우에는 특별히 여성의 해방을 의미한다. (하나님의 계명과의 관련성에 관해서는 전혀 말하지 않은 채) 행해지는 이런 해방은 참된 인간을 부정하는 방향으로 흘러갈 수밖에 없다. 그럴 경우 이 해방은 결코 '진정한 로고스'가 될 수 없다.

나는 여기에서 판 아쉬 판 비예크(M. C. van Asch van Wijek)의 책, *Tweezam is de Mens*(인간은 양성적이다, 1956)를 언급하고자 한다. 이 책은 의도적으로 복음주의적이고 신학적인 관점에서 저술되었다. 그리고 제목이 암시하듯, 남자와 여자의 독자성과 의존성에 관한 질문을 우리가 여기에서 주장하고 있는 생각과 일치되는 방향에서 풀어내고 있다. 사람들은 저자가 남자와 여자에게 공동으로 부여된 삶의 책임에 대하여 단호한 어조로 말하는 것에 고맙게 생각해야 한다. 그러나 그녀도 역시 (이 책의 70f.에서 묘사된 예수의 인격에서 분명히 드러나는) 남성적-여성적 인간상을 지향하는 사소한 일탈이 보인다는 사실을 우리는 알 필요가 있다. 이런 점에서 우리는 그리스도교적 성찰에도 마찬가지로 위에서 언급한 불명확성을 제거해야만 할 것이다.

우리는 계속해서 (언제나 전체 영역을 포괄하는) 두 번째 핵심원리를 살펴볼 것이다. 이제 우리는 지금까지와는 반대 방향을 염두에 둘 것이며, 그리고 다음처럼 확정할 것이다. 즉, 하나님의 계명에 순종할 때, 자기 완결적이고 또한 충족적인 남자의 삶과, 마찬가지로 자기 완결적이고 또한 자기 충족적인 여자의 삶이란 존재하지 않는다는 것이다. 남자는 하나님의 계명에 순종해서 여자에게 귀속(Zuordnung)하며, 소속감(Zugehörigkeit)과 애정(Zuwendung)을 나누며 살아간다. 마찬가지로 여자도 남자에게 귀속하며, 소속감과 애정을 나누며 살아간다. 이 결론의 핵심은 우리가 이미 인용하였던 고린도전서 11:11 말씀이다. "그러나 주 안에는 남자 없이 여자만 있지 않고 여자 없이 남자만 있지 아니하니라." 이는 결혼관계 안에 있는 남자와 여자에게도 마찬가지로 적용된다. 그러나 단지 이들에게만 효력을 끼치는 것은 아니다. 우리가 기억하는 것은, '남자 혹은 여자'를 말하는 사람은, 그가 올바로 이해했다면, 바로 '남자와 여자'를 또한 말하고 있다는 사실이다. 우리는 지금까지 각각의 고유한 성에 충실할 것을 요구하는 구별에 강조점을 두었다. 그리고 앞에서 이것을 이중적인 측면에서 다루었다. 구별과 관련해서는 다음이 중요하다. 마치 추상적인 남성성과 여성성과 같은 어떤 것이 있으며, 이것을 높이 평가하고, 보살피고, 보호하는 것이 우리의 과제요 목적인 것처럼 이해되어서는 안 된다는 것이다. 우리가 두 성이 간직한 고유하며 구별된 곳을 알 수 있는 장소는, 결혼을 했거나 혹은 미혼이거나 상관없이, 각각의 남자와 각각의 여자가 상대방을 향하여 열려 있는 그 장소이다. 만일 남자로서 여자를 또는 여자로서 남자를 알지 못하는 무지(無知) 가운데 머물러 있다면, 사람은 위의 장소와 전혀 연관되지 못하며, 서로를 향한 충실성의 요구에 순응할 수 없다. 이런 장소가 마주 보고 있는 상대편을 향하여 개방되어 있다는 사실은 결코 우연히 주어진 특성이 아니다. 그리고 이러한 특성이 바로 이 장소의 본질을 이룬다. 남성적인 본질과 여성적인 본질에 관한 모든 규정은 의심스럽고 논란거리가 될 수도 있다. 즉, 이런 규정들을 계속해서 견디어내고, 이를 곧 명령으로 변화시키며, 그리고 결국은 진지하게 받아들이는 것이 논란의 여지를 제공할 수도 있다는 것이다. 자세히 살펴보자. 남자는 여자를 위하여 있고, 여자는 남자를 위하여 있다. 그리고 그 둘은—서로 떨어져 있고 각자가 상대방에게 대하여 중심이고 원천이듯이—상대방에게 서로가 하나의 지평선이자 구체적인 방향이 된다. 바로 상대방을 향하는 이러한 지향성이 둘의 본질을 구성하는 것이다. 남자와 여자는 이와 같은 상호관계 안에 머물러야 한다. 그럴 때 그들은 자신들의 본래적인 모습을 찾게 된다. 우리가 여기서 분명히 해야 할 것이 있다. 이는 관계를 양도나, 희생이나, 독자성의 부정이나, 공개적이거나 비밀스러운 상대와의 상호교환과 동일시해서는 안 된다는 점이다. 관계란 상대방과 마주하면서 동시에 자신이 지닌 고유성 안에 확고하게 서 있는 것을 말한다. 그러나 여기서 고유성은 혼자서 뭉쳐 있는 것이 아니라 외부를 향하는 것이다. 그리고 폐쇄된 것이 아니라 개방된 것이며, 집중된 것이 아니라 확산되는 것이어야 한다. 이러한 의미에서 여자에 대한 관계는 남자를 남자로 만들며, 남자에 대한 관계는 여자를 여자로 만든다. 성에 눈을 뜨는 것, 성적으로 성숙하고 능동적이 되고 자신의 성에 충실하는 것은 이 관계에 눈을 뜨는 것을 의미한다. 그리고 이 관계에 성숙하고 능동적이 되는 것이며, 또한 그 안에 충실하게 머무는 것을 의미한다. 바로 이 점에서 우리의 두 번째 원리는 첫 번째 원리와 조화를 이룬다. 첫 번째 원리는 오직 이 두 번째 원리를 근거로 이해될 수 있다. 이것은 두 성의 본질을 관계와 동일시하는 것이다. 수많은 유형론은 이 관계를 합법적으로 대체하고자 시도하고 있고, 긍정적이지만 과잉된 것으로 만들고 있다.

    물론 이 관계가 양쪽 편에서 바라볼 때에 완전히 다를 수도 있다. 그러나 우리는 여기서 이점에 이의를 제기하지 않을 것이다. 다음은 분명 옳다. 여자로부터 오는가 아니면 여자에게 향하는가에 따라 남자는 달라진다. 마찬가지로, 여자도 남자로부터 오는가 아니면 남자에게 향하는가에 따라 달라진다. 남자와 여자는 서로와 연합하고, 서로에게 소속되고, 서로를 향하는 방식이 다르다. 이는 관계의 질서를 다루는 세 번째 원리에서 다시 한 번 다루게 될 것이다. 이런 관계는—그리고 남자와 여자의 본질은—질서 없이는 유지되지 않는다. 그러나 질서가 관계를 만드는 것은 아니다. 또한 남자를 남자로, 여자를 여자로 만들지도 않는다. 단지 이 관계가 이루어지는 곳에서, 남자가 남자이고 또한 여자가 여자인 곳에서 이와 같은 질서는 효력을 발휘하고 분명하게 드러난다. 이런 질서는 불가피한 조건(conditio sine qua non)으로서 우리의 마음을 분명히 사로잡을 것이다. 질서는 이런 관계 그 자체에 관한 지식에 근거해야 한다. 즉, 성의 본질, 특성, 차이에 관한 지식과 연합, 소속, 애정 가운데 있는 성에 관한 지식, 그리고 이런 질서가 어떻게 이들에 의해 결정되는지에 관한 지식에 근거해야 한다는 것이다. 그럴 때 이런 질서는 비로소 우리를 사로잡고 여기에 몰두하도록 만든다. 바로 이런 지식을 통해서 남녀의 다름과 또한 서로 대조되는 드러나는 남녀의 상관성(Reziprozität)이 완전하게 전면으로 나올 수 있다. 다시 말하면, 이런 지식을 통해서 남녀가 자신들의 상호관계 속에서 공동으로 소유하고 있는 것이 완전히 전면으로 드러날 수 있고 또한 반드시 그렇게 해야만 한다는 것이다. 다르게 표현해 보자. 남녀의 존재가 서로에게 그리고 서로를 위한 하나의 사건이 되기 위해서는 차별화가 분명히 필요하다. 그렇지만 이보다 우리에게 더 중요하고 또한 반드시 중요해야만 하는 것이 있다. 그것은 남자와 여자가 상대방에게 동일한 방식으로 얻게 되는 공동의 의미이다. 이를 또한 다르게 표현하면 다음과 같다. 즉, 남자와 여자의 상호종속을 무엇보다 단순히 이와 같은 질서로서 다룰 수 있고 또한 다루어야만 한다는 것이다. 그 이유는 남자와 여자의 상호종속을 바탕으로 해야만 비로소 이를 관리하는 질서가 합리적으로 이해될 수 있기 때문이다.

여기에 '연합 안에서의 자유' 그 자체, 그리고 이에 대한 특별한 한 예인 남성과 여성의 연합 안에서 이루어지는 자유에 관한 우리의 서술과 연구 전체를 아우르는 핵심이 놓여 있다. 갈라디아서 3:28에 따르면, 그리스도 예수 안에서는 남자도 여자의 차별이 존재하지 않는다. 이는 그들이 유대인과 헬라인처럼, 자유인과 노예처럼 그리스도 예수 안에서 하나이고, 한 근거를 가지는 동시에 또한 동등하고 동일함을 의미한다. 이것이 여기에서 효력을 발휘해야만 하며, 또한 존중받아야 할 사실이다. 남자와 여자가 그리스도 안에서 하나이며, 하나의 근거를 갖고, 동등하고 동일하다는 것이 의미하는 것은, 그들이 서로 연합하고, 서로에게 소속되며, 그리고 서로를 지향함으로써 그들 본래의 모습을 갖게 된다는 사실이다. 오직 주 안에서만 유대인이 헬라인을 마주 바라보며, 헬라인이 유대인을 마주 바라볼 수 있다. 그렇기 때문에, 동시에 유대인은 유대인으로 존재할 수 있으며—오로지 주 안에서 자유인이 노예에게 복종하고, 노예가 자유인에게 복종하기 때문에, 그리고 이런 이유 때문에 자유인이 또한 자유인이 되는 것처럼,—오직 남자가 여자와 함께할 때에, 바로 이런 사실 때문에 남자는 주 안에서 남자가 된다. 또한 오직 여자가 남자와 함께할 때에, 바로 이런 사실 때문에 여자는 주 안에서 여자가 된다. 주 안에서 그들은 하나가 되며, 바로 이것이 그들을 하나로 연합하게 만든다. 이것이 그들로 하여금 함께하는 것을 허용하고, 또한 그것을 명령한다. 그리고 바로 이것이 그들이 갖는 자신의 고유성과 서로의 상이성을 고수하는 근거가 된다. 이것은 남자와 여자가 서로 연합을 이루어야 할 필요가 있다는 근거가 된다. 그리고 이 때문에 또한 그들이 각자 특별한 본질을 가지고 있다는 점에 근거가 된다. 그들의 자유는 하나님에게서, 하나님 앞에서, 그리고 하나님을 위하여 소유하게 된 자유이다. 그렇기 때문에 이런 자유는 오직 그들의 연합 안에서만 분명한 형태를 가질 수 있다. 구체적으로 보자면, 그들의 인간성은 오직 그들이 이웃으로 존재할 때, 남자가 여자와 함께할 때, 그리고 여자가 남자와 함께할 경우에만 유지될 수 있다. 그렇기에 모든 남자가 지니는 권리와 모든 여자가 갖는 권리는 이 규칙을 따르는지 혹은 따르지 않는지에 맞추어 강력하게 되기도 하고 또한 힘을 잃기도 한다. 그러나 이런 규칙을 위반하더라도, 모든 남자의 권리와 모든 여자의 권리는 여전히 존속된다.

이런 규칙이 바로 하나님의 계명이다. 이것이 바로 우리가 다른 관점을 통해서 살펴보았던 것이었다. 하나님의 계명을 순종하려는 사람이 생각해야 할 것은, 어느 누구나 막론하고 그런 사람 모두 이런 규칙을 존중하고 또한 준수해야만 한다는 것이다. 이런 규칙이 특별히 특정한 한 여자와의 관계 속에서 존재하는 특정한 남자의 존재와 행위를 규제하는 규칙이거나, 또는 그 반대의 상황을 위한 규칙이라 가정할 수 있다. 그렇다면 바로 이 순간 우리는 이 규칙을 통해서 사랑과 결혼에 대한 기본법을 다루고 있음이 분명하다. 그 여자는 일반적인 여자의 형태나 이상적인 여자의 형태, 즉 마리아로 존재하지 않는다. 오히려 구체적이고 특정한 형태를 가지고 있는 미혼 남자의 파트너로서 존재한다. 그녀는 실제로 그를 만나며, 비록 그녀가 그에게 사랑과 결혼의 상대자라는 사실이 의심의 여지가 없을지라도, 가까운 곳이나 먼 거리에서 그에게 매우 다양한 형태로 존재한다. 그녀는 사랑과 결혼을 함으로써 이미 결합된 남자를 위해서도 이러한 형태들과 다른 형태들로—그리고 언제나 그의 아내로서—존재한다. 그녀는 그에게 아내이기도 하지만 또한 어머니, 여동생, 지인, 여자 친구, 직장 동료이기도 하다. 남자도 이처럼 의심할 여지 없이 미혼 여자의 파트너이다. 그는 물론 총괄개념(Inbegriff)이라는 의미로서 남자가 아니다(물론 이런 남자가 절대로 아니기를 바란다!). 또한 이상적인 남성이나 '천상의 신랑', 또는 그와 동일한 어떤 존재도 아니다. 그는 연인이나 배우자일 뿐만 아니라, 또한 친척, 지인, 친구, 직장동료로서 구체적이고 특정한 모습들을 통해서 여자를 만나는 실제적인 남자이다. 그 밖에도 그는 개인적으로 특별한 관계를 가지고 있는 여자를 지속적으로 만나는 그런 남자이다. 남자가 여자와 함께 그리고 여자가 남자와 함께 존재하고, 또한 그렇게 해야만 한다는 사실은 우리가 관련하여 다루는 영역 전체에 유효하다. 이런 점에서 여기에서 중요한 계명은 또한 다음처럼 정의될 수 있다. 즉, 남자가 여자와 그리고 여자가 남자와 함께하고 또 그렇게 해야만 한다는 것은 우리의 문제영역 전체에 유효하다는 것이다. 이런 관점에서 여기에서 유효한 계명의 첫 번째 기본적인 공식은 다음과 같이 표현될 수 있다. 여자와 남자 각자는 그들이 사랑과 결혼을 하든지 또는 이러한 결합 없이 각자의 길을 가고 있든지 상관없이 반드시 알아야 할 것이 있다. 그것은 의도적이고 자발적으로 이 관계 안에서 살아야 할 책임이며, 그들의 존재를 단지 추상적으로 자기 고유의 존재로 파악하지 않고 오히려 함께하는 존재로 이해해야만 하며, 그래서 그렇게 자신의 존재를 빚어 나가야 할 책임이 있다는 것이다.

이와 반대로 남성과 여성이 은둔생활을 하거나, (종교적이거나 세속적인) 남성 혹은 여성공동체에서 생활하거나, 심지어는 수도원 생활을 하는 방향으로 나아가고, 또한 자기 자신만을 위하거나 혹은 자기 안에만 머무르는 실존의 방향으로 나가는 것은—이것이 의식적이고 일시적인 임시변통이 아니라, 어떤 식으로든 근본적인 것으로 간주된다면—명확하게 불순종이 될 수밖에 없다. 숭고한 명예를 지닌 군인들의 모임과 같은 남성 공동체가 바로 그런 예이다! 그러나 진지하게 말하자면, 남자나 여자 누구도 이런 공동체로서 '스스로를 위해'(für sich) 존재할 수 없고, 남자나 여자 어느 누구도 진지하게 (과거의 언어로 표현하자면 '클럽'[Klub]이나 '작은 화환'[Kränzchen]으로서) '자신 홀로'(unter sich) 존재하기를 원치도 않는다. 누가 그들에게 서로에게서 멀리 도망치라고 지시하고 또 그것을 허용할 수 있는가? 그렇게 되어서는 안 된다. 이런 사실은 이 문제가―인위적으로 만들어지고 유지되는 성의 특별한 존재 자체가―보통은 경솔하게 되거나, 확실히 곰팡이가 피고 반계몽적이 되어버리곤 함을 드러낸다. 그리고 남자들에게는 야만적이 되고, 여자들에게는 부자연스럽게 되며, 남녀 둘 모두에게는 어느 정도 비인간적이 되곤 한다. 이러한 점에서 이를 미리 예측할 수 있는 증상으로서 나타나기도 한다. 그러므로 이런 방향을 향하여 처음 발걸음을 내디딜 때, 사람들은 이에 유의하여 조심하는 것이 좋다.

이런 방향으로 이미 내딛은 첫 번째 발걸음은 이른바 동성애라는 질병의 증상들일 것이다. 동성애는 육체적이고 정신적이며 사회적인 질병이고, 타락과 부패, 파멸의 현상이다. 이것은 하나님 계명의 유효성을 우리가 특별히 여기서 파악한 의미 속에서 인정하려고 하지 않을 때 나타날 수 있는 것이다. 바울은 로마서 1장에서 동성애를 우상숭배와 연관 지어서 말한다. 즉, 하나님의 진리를 거짓으로 바꾸고, 창조주 대신에 피조물을 숭배하고 예배하는 우상숭배와 같다는 것이다(25절). "이를 인하여 하나님께서 저희를 부끄러운 욕심에 내어 버려두셨으니 곧 저희 여인들도 순리대로 쓸 것을 바꾸어 역리로 쓰며, 이와 같이 남자들도 순리대로 여인 쓰기를 버리고 서로 향하여 음욕이 불일 듯 하매, 남자가 남자로 더불어 부끄러운 일을 행하여 저희의 그릇됨에 상당한 보응을 그 자신에 받았느니라"(26-27절). 동성애는 이에 대한 최종적인 결과이다. 하나님에 대한 무지에서 바로 인간에 대한 무지와, "이웃됨 없는 인간성"이 따라 나온다.(*KD* III/2, 274f.) 또한 여기로부터―이웃됨으로서 인간성은 근본적으로 남자와 여자의 공존으로 이해되어야 하고, 또 반드시 그렇게 이해되어야 하기 때문에―이와 같은 비인간성의 뿌리로서 여자 없는 남성성과 남자 없는 여성성이라는 이상(Ideal)이 따라 나온다. 그리고 마침내 (자연이, 아니 자연의 창조주가 허언[虛言]을 할 수 없기 때문에, 또한 무시를 당한 이웃이 거기에 있기 때문에, 그리고 본성적인 지향이 그에게 의존해서 유지되고 있기 때문에) 부패한 정신적 욕망이 이어지고, 끝으로 부패한 육체적 욕망이 따라 나온다. 아무것도 아니고 또한 어떤 것이 될 수도 없는 이와 같은 남녀관계에서 남자는 남자 가운데서, 여자는 여자 가운데서 경멸받는 파트너를 찾아야만 하고 또 찾을 수 있다고 생각한다. 이것은 확실히 하나님의 계명에 대한 극악무도한 도전이다! 그러나 인간이 이러한 궁극적 결과와 관련해서만 하나님의 계명에 맞닥뜨리는 것으로 보는 것이나, 저 질병이 분명하게 발생하고, 마침내 반자연적인 범죄들이 벌어지는 때에 이르러서야 비로소 그때에 인간의 불순종을 말하는 것은 별 의미가 없다. 분명한 것은, 하나님의 계명이 이런 범죄들과 대립한다는 사실이다. 이것은 명시적으로 확인할 필요도 없이 너무도 당연한 것이다. 그렇기에 바라기를, 의사와 심리치료 훈련을 받은 상담가, 그리고―위험에 처해 있는 젊은이들을 보호하기 위해서―입법자들과 재판관들은 하나님의 계명과 죄를 용서하시는 하나님의 은혜를 아는 지식을 바탕으로 자신의 최선을 다해야만 할 것이다. 특별히 그리스도교 윤리는 동성애를 통해

도달하는 비참한 결말에 도달하는 길에 대해 분명하고 가장 결정적인 경고의 말을 해야만 한다. 이런 길은 처음에는 섬세한 영성과 특별한 아름다움의 광채로, 그리고 실로 거룩의 향기로 둘러싸여 있을 수도 있다. 사실 이 길을 일종의 놀라운 삶의 신비로 발견하였고, 그리고 어떤 식으로든 계속해서 이 길을 갔던 최악의 사람들이 그렇게 많지는 않았다. 또한 이 질병이 과거에 자주 발병했거나 지금도 그렇게 자주 발생하는 것은 아니다.―그리고 만일 그렇다고 할지라도, 언제나 보기 흉하고 심지어는 처벌받아야만 할 형태를 가졌던 것은 아니다. 이제까지 사람들은 마음이 가져올 모든 아픈 결과들을 고려하면서 그 길들에서 멀리 떨어졌다. 그러나 이런 것과는 달리, 여기에서는 마지막에 대한 걱정이 그다지 예방이라는 효과를 발휘할 수 없고, 마지막에 대한 심판이 효과적으로 그 길을 멈추도록 할 수 없다. 그렇기에 이런 것 대신에 하나님의 계명을 아는 지식과 하나님의 계명이라는 엄한 명령이 저토록 화려한 시작점 속으로 밀고 들어가야만 한다. 사람이 다른 성의 사람, 즉 공존하는 인간의 원형을 더 이상 보려고 하지 않고, 자신이 상대에 의해 요청되고 있음을 더 이상 알려고 하지 않으며, 상대에 대해 더 이상 책임을 지려고 하지 않으면서, 홀로―독자적인 남자 또는 독자적인 여자로서―한 인간이 되고자 하고, 자기 자신을 바라보며 기뻐하고, 자기 자신을 즐기고, 스스로에게 만족하는 곳, 바로 그곳에서 인간 자신의 타락과 본래적인 부패, 그리고 진정한 파멸이 발생한다. 하나님의 계명은 바로 저런 행복 가득한 고독(beata solitudo)에 대한 멋스러운 밀의교의(Esoterik)와는 대립된다. 바로 그곳에서 남자와 여자는 (아마도 진정 인간적인 것의 발견에 사로잡혀서) 너무도 거짓된 하나님의 형상을 만들어 섬겼다. 여기에서 저들 가운데 한 명으로부터 무엇보다 그 자신을 위해서, 그런 후에 또 다른 한 명과의 상호관련을 통해 경악이 시작되어야만 한다. 그리고 이를 통해 사려분별과 계몽이 시작되어야 하며, 결국 이런 잘못된 것에 대한 저항과 경고, 그리고 회개가 시작되어야만 한다. 하나님의 계명은 그에게―그 자신에게서 발견했던 것들과 뚜렷하게 대립되면서―남자는 단지 여자와 함께 존재할 때에, 그리고 여자는 단지 남자와 함께 존재할 때 참된 인간이 될 수 있다는 사실을 불가항력적으로 드러낸다. 인간이 이런 폭로에 만족할 때, 이런 기준을 통해서 섬세하거나 또는 조악한 동성애는 더 이상 자신의 공간을 갖지 못하게 될 것이다.

    사람들은 남녀가 서로를 지향할 필요가 있으며, 그 안에서 각자의 본질을 소유하게 된다는 것을 방금 전에 사용되었던 세 개의 용어를 통해 설명할 수 있다. 즉, **그들은 서로 상대를 보아야만 하고, 서로가 서로를 요청하고 있음을 알아야 하고, 서로에 대해 언제나 책임을 져야 한다**는 것이다. 서로를 본다는 것은, 그들이 서로에 대해 안다는 것을 의미한다. 보다 정확하게 말하자면, 서로에 대해 알고자 하는 의지를 의미한다. 이미 상대에 대해 다 알고 있는 듯이 행동한다던가, 남녀가 일반적이거나 혹은 개인적인 선입견을 가지고 상대방에 대해서는 안 된다. 편견 없는 눈과 관대한 마음을 가지고 새로운 것을 발견할 준비가 되어야 하고, 더 잘 볼 수 있도록 모퉁이를 돌아가는 배움의 자세를 가져야 한다. 남자들에게 있어서 직접적인 존재 조건들 가운데 '여자들도 있다'라는 사실보다 더 큰 수수께끼는 없다. 문제는, 여자들이란 도대체 무엇인가이다. 반대로 동일한 문제가 여자들에게도 제기된다. 그 누구도 인간이면서 이 수수께끼를 마주치지 않거나, 이와 연관되지 않을 수 있다고 생각하지 않는다. 또한 그 누구도 이 수수께끼를 해결했다고 생각하지 않는다. 인간으로 산다는 것은 다른 성에 대한 놀라움으로부터, 그리고 자기 자신을 다른 성에 분명하게 제시하고 싶은 욕망으로부터 벗어날 수 없음을 의미한다.

그러나 하나의 성은 또한 다른 성을 통해서 요청되고 있음을 알아야만 한다. 한 성에게 다른 성이 의미하는 이 수수께끼는, 이론적인 것이 아니라 실제적인 것이다. 그리고 선택적인 것이 아니라 강제적인 것이며, 객관적인 것이 아니라 인간적인 것이다. 이것은 남자와 여자가 서로 마주하고 설 때, 그때에 자기 자신을 수수께끼가 되도록 만든다. 실로 위대한 인간의 수수께끼이다. 남녀가 함께 그리고 상대방 안에서 인간이 될 때, 남자 혹은 여자가 단순히 자신의 성별에 만족할 수 없다는 문제가 해결된다. 동시에 성에 따라 주어진 각자의 특별한 능력들, 필요들, 관심들, 경향들, 기쁨과 곤경들을 생각 없이 받아들인 채 살아갈 수 없다는 문제가 해결된다. 남자는 여자에 의해서 그리고 여자는 남자에 의해서 불안하게 된다. 즉, 남자와 여자가 어디에서 어떻게 만나든지, 상대에 대한 이러한 불안 없이는 일이 진행되지 않는다는 사실이다. 남녀는 각자 다른 상대를 요구한다. 다시 보자면, 왜, 어떤 권리로(quo iure) 당신은 나와 실제로(de facto) 그렇게 완전히 다른가? 당신은 당신의 성별을—이것은 나를 놀라게 한다.—인간적이라고 보증할 수 있는가? 또 그렇게 하고자 하는가? 당신은 내가 그것을 잘 이해하도록 나에게 보여줄 수 있는가? 이것은 남자와 여자 사이에서 표현되지 않은 채, 생각할 수 있는 모든 상호관계의 형태들로 지속적으로 이리저리 달리고 있는 조용하지만 날카로운 비평과 같은 것이다. 여자는 남자에게 있어서 언제나 긴장거리이며, 남자도 여자에게 있어서 마찬가지이다. 어느 누구도 이러한 불안과 비평 그리고 이러한 긴장에서 벗어날 수 없다. 인간으로 산다는 것은 이러한 요구를 듣고, 이로부터 물러서지 않는 것이다. 이를 위해 지불해야 할 대가는 남녀가 자신의 성을 영광스럽게 높이지 않는 것 또는 자신의 성 안에만 머물지 않는 것이다.

바로 이러한 요구가 남자와 여자로 하여금 서로에 대하여 책임을 지도록 만든다. 그들이 서로를 바라봄으로써, 자신들이—남자는 여자에 의해, 여자는 남자에 의해—요구되고 있음을 앎으로써, 그들은 서로에게—율법이 되는 것이 아니라 (사실 남녀는 그들의 고유한 본성에 충실해야 한다.)—기준이 되고, 서로가 자기 자신의 성적 본성 안에서 살아갈 내적 권리를 위한 표준이 된다. 남자가 여자의 요구에 책임을 져야만 한다는 의식을 가지고 있을 때, 다시 말하면, 그녀에게 자신의 인간성에 관해 설명해야만 한다고 생각할 때, 그는 남성적이 되고, 남성적으로 말하고, 행동할 수 있다. 만일 남자가 참으로 남성적이 되어야 할 때, 그래서 여자에게 커다란 의문부호인 남자가 여자가 보는 앞에서 자기 자신이 인간임을 증명해야 한다는 점을 고려한다면, 그때에는 전형적으로 남성적인 수많은 것이 이야기되지 않거나, 행해지지 않을 것이다. 더 나아가 어쩌면 완전히 다르게 이야기되거나, 실행될 수도 있다. 예를 들면, 만일 여자가 상대방을 고려하는 것이 남자에서 갑자기 의심의 여지가 없는 권위를 획득하게 된다면, 남자의 인간성 속에서 그토록 심각한 문제가 되는 전쟁 행위는 즉시로 불가능하게 될 것인가? 그러나 남자가 이를 전혀 고려하지 않고 회피하려 할 때에, 언제나 그의 인간성에 대한 여자의 본성적인 의심은 사라지는 것이 아니라 오히려 강화될 것이다. 그가 그녀의 의심을 더욱 심화시키면 시킬수록, 그래서 그들 사이의 이웃됨의 연대가 느슨해질수록, 그의 인간성이 객관적으로 정립될 가능성이 더욱 의심스럽게 된다. 더 나아가 남자와 여자 모두에게 자신의 인간성에 대한 질문을 더욱 강하게 의심하게 된다. 반대로—여자의 여성적 존재와 말, 그리고 행위에 관해서도 이와 완전히 동일하게 이야기할 수 있다. 여자도 마찬가지로 이런 질문, 즉 남자의 본성적인 의심을 통해서 남자의 눈앞에서 자신이 인간적임을 증명하라는 도전의 질문을 받는다. 그녀가 여자로서 살아야 한다면, 남자가 그녀에게 그런 것처럼 그녀도 남자에게 대화(Rede)로서 마주서야만 한다. 그리고 여자가 남자의 판단 기준이 되는 것처럼 여자도 남자에 근거해서 판단되어야 한다는 것을 고려하거나 또는 반드시 고려해야만 할 것이다. 바로 이 때문에 비밀스럽거나 또는 공공연하게 상대방에 대한 책임으로부터 벗어나려는 의도를 가질 수 있는 남자와 여자의 모든 행동은 처음부터 의심스러운 것이다. 그렇기에 정말로 양쪽 편에서 볼 때, 여기에는 거의 모든 것이 불확실하게 머물러 있는 것이다. 그들은 서로에 대한 그들의 책임을 결코 회피해서는 안 된다. 오히려 그들은 이를 완성해야만 한다. 그렇다면 다음을 잘 이해할 필요가 있다. 즉, 상대편의 대변자가 전혀 보이지 않을지라도, 그들은 이 책임을 완성해야만 한다는 것이다. 기준이나 표준이 되는 상대편은 항상 보이지 않으면서도 또한 어디에나 현존한다. 인간이 홀로 있는 것은 좋지 않다는 하나님의 결정이 이미 내려졌다. 다시 말하면, 이는 남자를 위해 좋을 뿐만 아니라, 또한 여자가 남자와 함께 있음으로써, 마찬가지로 여자를 위해서도 좋다는 것이다. 남자와 여자에게는 단지 우연적이고, 외적이며, 일시적이고, 과도적인 독존(Alleinsein)과 자존(Fürsichsein)만이 주어질 뿐이다. 그들이 서로에 대한 지향을 회피하거나, 상대방에 대한 연합과 소속, 애정을 거부한다면, 그렇다면 이는 그들이 자신으로부터 도피하는 것이 될 것이다. 그들의 존재는 진실로 언제나, 어떤 상황에서나 상대와 함께하는 존재이다. 하나님의 계명에 순종할 때, 그들은 자신들이 언제나 그리고 어떤 상황에서든지 그들 실존이 지니는 이러한 관계적 특성을 마음에 두어야 한다. 그리고 이에 따라서 올바르게 행동하게 될 것임을 알아야 한다.

이제 우리는 (언제나 남자와 여자의 상호관계 전 영역을 고려하면서) 세 번째 단계를 살펴보고자 한다. 우리는 지금까지 일반적인 질문들을 다루었다. 여기에서 다루게 될 이 단계는 그 가운데 가장 섬세한 질문이라 할 수 있다. 남자와 여자의 차이와 결합, 두 성별의 독립성과 서로에 대한 성적인 지향은 특정한 규정에 종속되어 있다. 남자와 여자의 위치와 역할은 바뀌거나 섞여서는 안 되고, 양편에 충실하게 보존되어야 한다. 동시에 다른 한편으로, 이것들을 분리하거나 서로 적대적이 되도록 만들어서도 안 된다. 이는 항상 상호관련성을 통해서 이해되고 실현되어야 한다. 그러나 단순하게 이것들을 서로 동일시해서도 안 된다. 즉, 그들의 상호관계가 전도되어서는 안 된다는 것이다. 다시 설명해 보자. 이것들은 순서를 가지고 있다. 그 순서 가운데서 남자와 여자는 각자 자신의 위치를 갖게 된다. 그 순서 가운데서 그들은 서로를 지향하고 있다. 그 순서 가운데 있을 때 그들 각자는 서로 함께 하나님에 의해 창조된 인간이 된다. 사람들은 모래시계의 두 절반의 본질을 기술하는 방식으로 남자와 여자를 A와 또 다른 A로 놓은 채, 그 본질과 관계를 기술할 수는 없다. 모래시계의 경우 두 절반은 분명히 둘이지만, 서로 완전히 동일하고 바뀔 수도 있다. 남자와 여자는 A와 B이며, 단순하게 서로 동일시될 수 없다. 내적 가치와 내적 권리에서, 다시 말하면 인간의 가치와 인간의 권리에서 A는 B에 대하여 어떤 유리한 점도 가지고 있지 않으며, B에 조금도 뒤떨어지지 않는다. 그뿐만 아니라, A를 말하는 사람은 또한 동일하게 강조해서 B를 말해야 하며, B를 말하는 사람은 동일하게 강조해서 A를 말해야 한다. 우리는 남녀의 이 동일성을 첫 번째와 두 번째 핵심원리에서 가능한 한 매우 면밀하게 살펴보았다. 우리가 이제 세 번째 단계에서 남녀의 존재가 참된 공존의 관계가 되도록 하는 질서(Ordnung)를 다룰 때,—또한 이를 통해서 이 질서를 고려하고 있는 신적 계명의 요구에 눈을 돌릴 때—거기에서 어떤 하나의 철자도 간과되거나 철회되어서는 안 된다. 남녀는 하나님 앞에서뿐만 아니라, 인간으로서도 완전히 동일하다. 그리고 위험과 관련된 의미와 규정의 관점에서 그리고 인간적 실존에 대한 약속의 관점에서도 서로 완전히 동일하다. 남녀는 또한 상호관계와 상호 지향의 필요성에서 동일하다. 그들은 동시에 서고 쓰러진다. 그들은 동시에 자유롭게 되거나 또는 동시에 자유를 잃는다. 그들은 하나님의 계명에 의해 동시에 요구되고 또한 거룩하게 된다. 그들은 동시에 동일한 진지함과 동일한 깊이에서, 동일하게 자유로운 은혜를 통해서, 동일한 순종과 동일한 혜택을 누리는 데로 나간다. 그러나 (단순한 동일성 속에서가 아니라) 남녀는 남자와 여자로서, 각자 독립적이면서 또한 자신의 고유한 위치에서 상대방과 관계를 형성한다. 다시 말하면, A가 B가 아니라 A이고, B는 다른 A가 아니라 바로 B이다. 바로 여기에 질서가 개입한다. 이 질서가 없다면 남자는 남자가 될 수 없고, 여자는 여자가 될 수 없다. 그 둘은 독자적일 수도 없으며 서로에 대한 지향과 상호관계 속에 있을 수도 없다.

　이 질서를 지칭하는 모든 단어는 오해와 위험의 소지가 있다. 그러나 질서는 존재한다! 사람들이 이 질서가 존재함을 보지 못하고, 이것을 신적 계명의 요소로 인식하지 못하며, 우연한 것으로 치부한다면, 다른 모든 것이 사라지고 무효가 될 것이다. 만일 남녀의 존재와—우리는 본질적이고 일반적인 의미에서 남자와 여자에 관해, 사랑하든지 혹은 하지 않든지 그리고 결혼을 했든지 혹은 안 했든지 상관없이 유효한 규칙에 관해 말하고 있다.—함께 존재함에 질서가 존재하지 않는다면, 이것은 분명 혼돈을 의미할 것이다.(세 번째 것은 없다.) 질서의 개념을 타락시킬 수 있고, 이미 타락하도록 했으며 또한 언제나 다시 타락하게 만드는 모든 오해와 모든 오용이 우리가 이 개념과 이 개념이 가리키는 실제의 측면을 숙고하고 주장하는 데 있어서 방해거리가 되도록 해서는 안 된다. A는 B를 앞서고, B는 A 뒤에 온다. 질서는 순서이다. 질서에는 앞서는 것(Vorordnung)과 뒤따라오는 것(Nachordnung), 위에 있는 것(Überordnung)과 아래에 있는 것(Unterordnung)이 있다. 이로써 우리는 남녀의 존재와 공존에서 핵심 내용을 지칭하기 위해서는 피할 수 없는 가장 위험한 단어들을 말하고 말았다. 즉각적으로 가장 긴요한 설명을 제시하도록 하자. 앞서는 것, 뒤에 오는 것, 위에 있는 것, 아래에 있는 것과 같은 순서는, 만일 그것이 창조주 하나님에 의해 세워진 유효한 질서라고 한다면, 이 순서 아래 놓여 있고 이 질서에 종속되어 있는 자들 사이에 어떤 내적 불평등도 만들지 않는다. 이 질서는 아마도 불평등이 보이도록 만들지도 모른다. 그러나 그 즉시로 질서는 평등성을 확인한다. 질서가 종속과 순종을 요구할 때, 실로 그것이 관심을 가지고 있는 모든 것과 동일한 방식으로 관련을 맺게 된다. 질서는 어떤 특권도 허용하지 않고, 어떤 불의도 행하지 않는다. 질서는 모든 것에 책임을 부여하지만 또한 모든 것에 그들의 권리를 허락한다. 질서는 미리 어떤 특정한 것을 위한 명예를 가지고 있지 않지만, 각자가 자신의 명예를 받도록 만든다.

따라서 남자가 여자보다 앞서서 가지고 있는 것은 아무것도 없다. 남자에게 유리하거나 앞서 나갈 수 있도록 해주는 어떤 것도 없다. 남자가 이 질서 속에서 남자이고, 여자에 대하여 상대적으로 앞서는 A이며, 여자 위에 있다는 사실로 인해서 어떠한 자기 영광도 받고 있지 않다. 질서는 남자에게 단지 그의 자리를 알려 줄 뿐이다. 남자가 순종으로 행한다면, 그는 이 자리를 단지 겸손으로 받아들일 수 있다. 또한—객관적으로 기술한다면—그가 여자와의 연합과 소속과 애정 속에서 그녀를 앞서고, 남녀에게 공통된 본질과 행위에서 선도적인 역할을 하는 주도자(Anreger), 지도자(Führer), 깨우는 자(Erwecker)라는 사실을 통해 이 자리를 받아들인다. 이것은 여자를 적대하거나, 자기 자신을 여자보다 높이거나, 여자를 낮추는 방식이 아니라, 대신에—남녀에 관계된 계명에 순종함으로써—자기 자신을 낮추고, 우선 성적인 자족(Selbstgenügsamkeit)으로부터 벗어나서, 진지하게 스스로 여자를 지향하도록 하며, 여자와의 연대를 받아들임으로써, 그리고 그와 여자에게 공통으로 주어진 이웃됨으로서 인간성을 다루는 율법에 복종함으로써 이루어질 수 있다. 오직 남자가 여자를 공존인간으로 인정함으로써, 오직 여자와 함께함으로써 남자는 그녀와의 상호관계 속에서 첫 번째—순서 가운데 첫 번째—가 될 수 있다. 만일 여자가 이 순서를 따르지 않고 그녀 자신의 자리를 차지하고 있다면, 첫 번째란 그 자체로는 아무것도 아니다. 남자의 또 다른 질서인 위에 있는 것과 아래에 있는 것은 우선순위의 지위로 이해되어서는 안 된다. 이것은 신적 질서가 아니라 인간적인 혼란의 특별한 형태에 불과할 수 있다. 남자가 자신을 여자 위로 높이거나, 스스로를 여자의 주인과 선생이 되거나, 여자를 낮추고 모욕한다면, 그리고 여자가 억눌리고 상처받은 자신의 모습을 봐야 한다면, 남자를 통해 실행되는 질서는 신적인 질서와 전혀 아무런 관련이 없게 된다. 이 질서가 여성 편에서 반대와 저항을 받을 수 있다는 것은 이해할 만하다. 하지만 반대와 저항이 보통 혼란에서 질서로 가는 하나의 길로 간주되고 있지만, (적절치 못한—역자 주) 다른 방법이라는 점이 동시에 언급될 필요가 있다. 남자의 권리가 고려될 때에만 정말로 여자가 또한 자신의 권리를 찾을 수 있는 것이 아니다. 남자는 자신이 첫 번째가 되는 질서와 순서를 이해하고, 이 때문에 그에게 부과되는 책임을 받아들여야 한다. 그래서 주제넘게 자신의 권리를 주장하는 대신에 우선적으로 공통의 권리에 복종해서 따르고, 인간성과 관련된 공통의 문제에 있어서 자신의 이익을 위해—또한 마찬가지로 자신의 불이익을 위해!—그에게 주어진 활동의 주도권을 무시하지 않고 이를 받아들여 수행해야 한다. 여자가 반대하고 저항하는 것은, 비록 그것이 수천 번 옳을지라도, 이 질서를 전혀 긍정하지 않고 존중하지 않는 것이다. 여자도 역시 이 질서 안에 서 있으며, 오직 이 질서를 통해서만 여자는 자신의 권리에 이를 수 있다. 여자의 반대와 저항이 남자가 여자를 그토록 곤혹스럽게 만드는 원천인 질서의 무시에서 비롯되지는 않은지 누가 아는가? 이 문제에서 여자가—간접적으로 자신의 유익을 지향하면서—할 수 있는 고유의 기여가 질서를 무질서로 바꾸는 남자에게 대항하느라 아직 이루어지지 않고 있다.

여자는 이론적으로나 실제적으로 자신이 이 질서 속에서 여자이고 B이며, 남자의 뒤와 아래에 있음을 인정하면서도, 남자에게 결코 조금도 양보하려고 하지 않는다. 어떤 권리도, 어떤 자격도, 어떤 명예도 포기하지 않으며, 가장 사소한 것도 용서하지 않는다. 이 질서는 여자에게 그녀의 위치를 알려 준다. 남자가 그런 것처럼 여자도 이것이 그녀의 위치임을 자랑하면서 솔직하게 그 자리로 가야만 한다. 여자에게 있어서 중요한 것은 연합과 소속과 애정이다.—또한 이런 관점에서 남자에 의해 이루어지는 주도권을 따를 필요가 있다. 진정으로 이것은 더 사소한 권리가 아니다. 남자가 주도적으로 앞서서 이끌고 일깨우는 인간성 본래의 모습을 실현하는 것, 이것이야말로 여자에게 고유한 것이고, 그녀의 책임이며 역할이다. 남자의 우선순위를 인정하지 않은 채, 도대체 어떻게 여자가 홀로, 심지어는 남자를 대적하면서 이 인간성을 실현할 수 있겠는가? 어떻게 여자가 남자의 우선순위와 남자가 가지고 있는 주도자(Anreger), 지도자(Führer), 깨우는 자(Erwecker)로서의 책임과 역할을 포기하거나 또는 질투할 수 있는가? 여자가 남자를 쫓아내고 그 역할을 대신하면서 남자를 흉내 내려고 한다면, 이는 진정한 여자가 되려고 하지 않는 것이다. 여자는 남자가 가지고 있는 지위의 우선권을 허용해야 할 뿐만 아니라, 남자가 인간성과 관련된 공통의 관심사에서 공적인 봉사를 위해 이 역할을 가지고 있고 또 이를 시행하고 있다는 것에 기뻐해야 할 것이다. 바로 그때야말로 그녀는 사실 남자의 어떤 우월성도 인정하지 않게 되는 것이다. 또한 남자 자신의 위치도 마찬가지로 단지 질서 아래에 놓여 있을 뿐이다. 왜 여자가 순서에서 ― 단지 순서에서! ― 두 번째가 되어서는 안 되는가? 그녀가 이 순서 밖으로 그녀의 위치를 벗어나서는 어떤 것도 될 수 없다면, 도대체 그녀에게는 어떤 선택권이 있단 말인가? 이 위치, 즉 공동의 활동에서 그녀에게 주어진 부분이 진정 ― 남자가 그의 위치와 그의 역할의 범위 안에서 절대 가질 수 없는 ― 특별한 명예와 중요성을 가지고 있음에도 불구하고, 그녀는 왜 다른 어떤 것을 갈망하는가? 그녀가 뒤와 아래에 위치한 그녀의 자리에서 받게 되는 명예와 중요성이 남자의 것을 능가할 수 없다는 것이 ― 이에 관해 도대체 무언가가 정해져야만 한다면 ― 정해져 있단 말인가? 하나님의 질서 속에서 여자는 두 번째 위치를 차지하고 있다는 것은 확실한 사실이다. 그러나 여자가 불만을 제기할 수 있는 예속(Nachordnung)과 종속(Unterordnung)은 확실히 하나님의 질서에 포함되어 있는 것이 결코 아니다. 그렇지만 여자를 남자와 동일한 위치가 되도록 하는 것은 분명히 그녀의 위치를 참으로 돌이킬 수 없이 통탄스럽게 만드는 상황을 초래한다. 이때 여자와 남자의 위치는 마치 공중에 매달려 있는 것처럼 될 것이다. 여자가 그녀의 위치를 받아들이고 그 자리를 지킬 때, 남자가 자신의 자리에서 실패할지라도 근본적으로 불평만 하고 있지는 않을 것이다. 진정으로 신적인 질서의 선함과 의로움은 이 질서가 다른 사람들에 의해 오해되고 오용됨으로 말미암아 고통 받아야 하는 자에게 악이나 불의가 되지 않는다. 따라서 여자가 이 질서를 파괴하지 않고 지키는 것이 적절할 것이다. 남자를 회개로 이끄는 길이 있다면, 그것은 남자의 불순종에 의해 자신도 불순종하게 되는 유혹을 허용하지 않으며, 남자의 불순종에도 불구하고 질서 가운데 자신의 위치에 올바로 서서 자리를 지키는 여자의 길이다.

이 모든 것에서 우리는 직접적으로 신약성서의 바울적인 서신들과 간접적으로 바울적인 서신들의 특정한 사고들을 암묵적으로 전제하고 있다. 이것을 여기에서 간략하게 살펴보고자 한다(A. J. 라스커, *De Vrouw, haar plaats en Roeping*, 1938, 프란츠 J. 렌하르트와 프리츠 블랑케, *Die Stellung der Frau im Neuen Testament und in der alten Kirche*, 1949, 베르너 마이어, *Der erste Brief and die Korinther 2. Teil*, 1945, 그리고 최근에 이와 같은 노선에서 샬롯테 폰 카르쉬바움, *Die wirkliche Frau*, 1949에 ― 어느 정도 통찰력 있고, 사려 깊고, 주의 깊게 ― 기술되어 있는 것들을 참조).

남자에 대한 여자의 관계를 표현하기 위해 반복해서 등장하는 개념은 복종(ὑποταγή), 복종하기(ὑποτάσσεσθαι)이다(고전 14:34, 골 3:18, 엡 5:22, 24, 딤전 2:11, 딤후 2:5, 벧전 3:1). 이 개념에 의해 지배되고 있는 다른 중요한 맥락들에서처럼(롬 13:1f.!) 여기에서도 모든 것이 올바른 번역에 달려 있다. 남자들에 대하여 여자들에게—항상 그런 것은 아니지만 대부분의 경우에는 결혼한 여자와 남자의 관계에서—기대되고 있는 것들이 있다. 그 가운데에서 문제가 되는 것은 결코 군주와 신하, 부하와 우두머리, 또는 심지어 물건과 주인 사이의 관계를 실행하는 것이 아니다. 물론 이런 개념은 예속(Nachordnung)과 종속(Unterordnung)에 관하여 말하고 있다. 반면에 중요한 강조점은 바로 정돈(Einordnung)에 놓여 있다. 다시 말하면, 남자와 관련해서 동반(Beiordnung)과 연합(Zuordnung)이 핵심적인 문제라는 것이다. 남자는 여자가 예속되고 종속된 채 허리를 굽혀야 할 권위가 아니다. 남녀 모두가 종속되어 있는 것은 질서(τάξις)이다. 사람들은 남자가 자신의 자리에서 주님이 명하신 질서(τάξις)에 순종할 때 여자에게 예속되고 종속된다고 주석을 달지만, 이것만으로는 충분하지 않다. 남자들이 여자들보다 앞서고 위에 있어야만 한다는 것은 어찌됐든 그들에게는 어떤 공감을 불러일으키는 외침도 되지 않는다. 이보다 남자가 여자를 사랑하는 것(골 3:19, 엡 5:25f.), 남자가 생명의 은혜를 함께 상속받은 여자와 **분별력 있게**(κατὰ γνῶσιν) 함께 사는 것(벧전 3:7), 또는 단순하게 남자들이 "분노와 다툼이 없이 거룩한 손을 들어" 기도하는 것이 호소력을 가진다(딤전 2:8). 서로(ἀλλήλοις) 복종하라는 에베소서 5:21(참조. 벧전 5:5)의 말씀은 둘에 대한 간곡한 권고의 표제(Überschrift)이다. 이와 함께 우리는 다름에 주의해야 한다: 여자는 로마서 8:20에서 말하고 있는 바와 같이 **피조물**(κτίσις)이 허무한 데(φθορά) 굴복한 것처럼 그렇게 종속되어 있는 것은 아니다. 또한 베드로전서 3:22에서 말하고 있는 바와 같이 천사, 권세, 힘들이 예수 그리스도께 종속되어 있는 것처럼 그렇게 종속되어 있는 것도 아니다. 그뿐만 아니라 부자유한 것도 아니고, 불가항력적인 것도 아니며, 높은 곳에 위치한 파트너가 힘으로 조정할 수 있는 상대도 아니다. 실로 여자들은 부모가 아이들에게 하듯이, 주인이 종들에게 하듯이, 나이든 사람이 젊은 사람에게 하듯이, 높은 권위가 그리스도인들에게 하듯이, 남자들에 대하여 자신들의 예속과 종속을—조건(Gegebenheit)으로 받아들이지 말고, 분명한 의식 속에서, 자신의 의지에 따라, 완전한 책임감을 가지고, 또한—무엇보다 믿음의 순종 안에서 스스로 실행하도록 그렇게 권고받고, 초대받고, 요청받는다. 이는 자유로운 결정을 통해 이루어진다. 결국에 여자의 결정은 남자에 대해 내려진 것이 아니라, 주님과 그분의 명령에 대해 내려진 것이다. 여자의 예속과 종속은 본래적이고 근본적으로 주님과 관련되며, 단지 이차적이고 비본질적으로만 남자와 관련된다. 남자에 대한 여자의 예속과 종속은 단지 특별한 순종의 형태일 뿐이다. 이것은 그리스도교 공동체가 예수 그리스도에게 빚지고 있는 것이다: 주께 마땅히 그랬던 것처럼(ὡς ἀνῆκεν ἐν κυρίῳ, 3:18), 주께 하듯이(ὡς τῷ κυρίῳ, 엡 5:22). 베드로전서 3:1은 여자가 이 복종(ὑποταγή)을 실행함으로써 어느 정도 남자에게 말씀을 선포하는 역할을 하게 되고, 위기 상황 속에서 남자에게 (유력한 질서와 그 질서의 주에 관해서) 생생한 증언이 될 수 있다고 명시적으로 말하고 있다. 즉, "이는 혹 말씀을 순종하지 않는 자라도 말로 말미암지 않고 그 아내의 행실(ἀναστροφή)로 말미암아 구원을 받게 하려 함이니." 이와 같이 이러한 핵심 개념으로부터 바라볼 때, 이 문제는 처음 이 문제를 접했을 때나 또는 수많은 주석에서 이 본문에 관해 이야기하고 있는 것보다 더 가치 있고, 의미 있고, 자유롭다. 우리는 이 모든 관점을 고려하면서 이 문제를 바라보아야만 한다. 남자가 이 명령(Anordnung)과 정돈(Einordnung)을 따르더라도 남자에게 주어지는 것은 아무것도 없다는 것과 아울러서 여자의 경우도 아무것도 박탈당하지 않는다는 것을 깨달아야 한다. 이것이 고유한 성격의(sui generis) 예속과 종속이다. 여기에서는 여자가 스스로를 남자의 신하, 부하 혹은 소유물로 만들 것이라는 기대가 확실하게 없다. 하지만 예속과 종속이 문제가 되고 있다는 사실이 무시되어서는 안 된다. 이 문제에 대한 바울의 핵심 진술인 고린도전서 11:3(κεφαλὴ δὲ γυναικὸς ὁ ἀνήρ, 여자의 머리는 남자요)은 이 점에 있어서 분명하다. 이 진술은 에베소서 5:23에서 다시 등장한다. 이 표현은 남자와 여자 사이의 불가피한 연관성에 관해서도 말하고 있다: 여자가 다른 어떤 것의 머리(κεφαλή)가 되지 않는다면 머리는 그 자체로 무엇인가? 그러나 여자는 다른 어떤 것의 머리이다: 이러한 맥락 속에 하나의 철회될 수 없는 질서가 지배하는데, 이 질서 속에서는 다른 어떤 것이 머리에 예속되고 종속되어 있다. 이 단어는 먼저 생명과 삶을 영위하는 장소인 생명체의 머리를 의미하지만, 그 외에도 집의 모퉁이 돌(Eckstein)이나, 강의 원천, 말의 핵심 주제 등을 의미하기도 한다. 일반적으로 이 단어는 전체의 최고점(Spitze)을 가리킨다. 현대적인 삶으로부터 취해진 모든 표상(Bilder)에 자리를 차지하고 있는 유보 조건을 가지고 프란츠 J. 렌하르트(앞의 책, 25)가 묘사하고 있는 것을 인용해보자: "보급부대가 전투부대에 종속되어 있고, 실험실이 공장에 종속되어 있고, 입법자가 법 집행자에게 종속되어 있는 것처럼 그렇게 여자는 남자에게 종속되어 있다." 이 개념이 가지고 있는 풍부한 의미를 기억하는 것이 좋다. 에베소서 5장에서 머리와 몸이 이 개념의 직접적인 의미를 가리킬 가능성이 높다. 그러나 어찌됐든 남자가 여자의 머리라면, 이것이 의미하는 바는 다음과 같다. 즉, 남자가 앞과 위에 서는 것과 여자가 뒤와 아래에 서는 것은 남녀 모두에게 유효한 질서(τάξις)에 순응하는 것이 된다. 어떻게 그러한지는 바로 주어진 상황들을 바탕으로 살펴보아야만 한다는 의미이다.

고린도전서 11:3에는(참조. *KD* III/2, 374f.; Ch. 폰 키르쉬바움, 앞의 책, 42) 두 개의 그리스도론적 진술들 사이에 한 진술이 나온다. 그것은 "각 남자의 머리는 그리스도이고", "그리스도의 머리는 하나님이다."라는 진술이다. 바울은 여기에서 남자와 여자의 관계가 그리스도와 남자의 관계와 같고, 다시금 그리스도와 남자의 관계가 하나님과 그리스도의 관계와 같다는 방식으로 사다리와 같은 존재임을 주장하고 있는 듯 보인다. 이를 통해 여자는 남자를 통하는 간접적인 방식으로 그리스도와 관계를 가질 수 있고, 또한 그리스도를 통해서만 간접적으로 하나님과 관계를 가질 수 있다는 결론에 이를 수 있다. 그러나 이러한 주장은 실제로 말이 안 될 뿐만 아니라, 이 진술들의 순서에 의해서도 배제된다. 여기서 언급되고 있는 지배(Überordnung)와 종속(Unterordnung)은 먼저 그리스도 자신에게서 일어나고 있음이 분명하다. 그리스도는 모든 지배자와 권세들의 머리이시며(골 2:10), 동시에 남자의 머리이시다. 보이지 않는 하나님의 보이는 형상으로서 그리고 창조세계 전체의 첫 번째 아들로서(골 1:15) 그분은 창조세계 내에서 이루어지는 모든 지배의 근거이자 총체이시다. 비교할 수 없는 높이에서 그분은 남자의 높이보다 그 위에 서 계신다. 만일 남자가 여자에 대하여 권위(ἐξουσία)의 담지자라고 한다면, 이 권위는 본래 그가 아니라 그리스도에게 속한 것이다. 따라서 남자는 단지 본래의 권위의 담지자를 증거하고 나타낼 뿐이다. 또한 그리스도는 하나님이 그분의 머리가 되실 때 그분의 본래적인 모습이 되신다. 그분은 하나님과 동등하게 되려고 하지 않으셨으며, 자신을 비우고 종의 형체를 취하셨고… 겸손하게 순종하셨다(빌 2:6f.). 이로써 그분은 창조세계 내에서 이루어지는 모든 종속의 근거이자 총체가 되신다. 누가 하나님이 "우리를 위해서 죄가 되도록 하신"(고후 5:21) 그분보다 하나님 아래 더 낮은 곳에 서 있을 수 있는가? 남자 아래에 종속되어 있는 여자는 확실히 아니다! 여자는 남자를 압도하시는 바로 그 주님에 의해서 그 위치가 낮추어진다. 만일 그녀에게 남자의 권위(ἐξουσία)가 없다면, 바로 이를 통해서 그리스도의 비교할 수 없는 낮아지심을 증거하고 보일 수 있다. 남자가 여자의 머리라는 것은 진실로 신성과 인성, 다스림과 섬김, 주님의 높으심과 낮아지심이 통일된 가운데 그분 안에서 일어나는 사건인 지배와 종속을 통해 결정되고 규정되었다. 이는 남자의 경우에 여자와의 상호관계에서 머리이자, 첫 번째이고, 이끄는 자이면서, 창시자이자, 포괄적인 두 질서의 대변자라는 사실 '그 이상'을 의미하지 않는다. 또한 이것은 여성의 경우에 있어서 남자와의 상호관계에서 머리가 아니라 두 번째이고, 이끌리는 자이며, 남자의 주도권을 받아들이는 자라는 것과, 남자에 의해 대표되는 질서 안에 서 있다는 사실 '그 이하'를 의미하지 않는다. 예수 그리스도가 지배하시는 질서에 남녀가 순응할 때 남자를 높이거나 영화스럽게 하려고 하거나, 또는 여자를 억압하고 괴롭게 하려는 어떤 동기도 있을 수 없다. 남녀 모두에게 이 질서는 자유의 질서이다. 남자가 여자의 머리가 되는 것은 예수 그리스도로 인해서 가능하다. 남은 것은 갈라디아서 3:28에 따르면 그리스도 안에서 남자와 여자의 구별이 없으며, 그분 안에서 둘이 하나라는 사실이다. 남녀 모두가 그들의 위치에서 (각자가 자신의 위치에서!) 예수 그리스도의 자유 가운데 존재할 수 있기 때문에, 그들이 각자 자신의 위치를 가지고 있는 질서에서 모든 것이 마무리될 수 있고 또 그래야만 한다. 고린도 교회의 여인들이 은밀하게 시도했던 것처럼, 질서를 흔들려고 하고, 쓸모없는 것으로 치부하여 폐지하고자 하고, 머리 수건을 없애는 것을 여자를 억누르고 있는 관습에 대항하는 발전으로 여기는 것은 아무런 의미도 없다. 이 질서 밖으로 나가는 것은 퇴보에 불과하다: 이는 남녀의 상호관계가 예수 그리스도에 의해 질서 지워지지 않았던 옛 시대로 돌아가는 것이며, "여자들의 문"(Frauenfrage)이 틀림없이 — 양쪽 편 모두에서 불신앙의 형태로 점차 — 최고로 첨예하게 될 무질서로 되돌아가는 것이다. 이 점에서 고린도 교회의 문제는 머리 수건이 아니었다. 당시 그곳에서 머리 수건은 예수 그리스도에 의해 제정된 질서, 다시 말하면 남자와 여자의 자유를 보여주는 형식이었다. 이 형식으로 인해서 질서가 당시 그곳에서 문젯거리가 된 것이다. 이 때문에 바울은 이것에 대하여 특별한 주의를 기울였다. 또한 이 때문에 바울은 고린도 교회의 여인들에게(10절) 지켜보고 있는 천사들을 상기시켰다. 이를 통해 그는 고린도 교회의 여자들이나 남자들에게 율법을 부과한 것이 아니라, 그들 모두에게 복음을 선포했다. 다시 말하면 그는 그들에게 남자와 여자에게 주어진 허용, 즉 율법으로부터의 해방을 선포한 것이다. 그러나 바로 이 예수 그리스도의 복음 안에서 그는 남녀의 상호관계 속에서 앞서는 것과 뒤따른 것, 위에 서는 것과 아래에 놓이는 것에 대한 가장 깊은 근거를 발견했다.

에베소서 5:23에서도 남자가 여자의 머리로 칭해지고 있다. 그러나 이 구절과 고린도전서 11장과 구별되는 점이 있다. 그것은 먼저, 이 구절의 문맥은 사도적 진술의 강조점이 남자들을 향하는 경고에 놓여 있다는 점이다. 또한 여기에서 주목하고 있는 남녀의 관계가 결혼이라는 특수한 관계임이 분명하다는 점에서 구별된다. 이는 여기에 등장하는 여자가(28절) 명시적으로 머리인 남자의 몸으로 지칭되고 있다는 점과 연관된다. 결혼의 질서는 남녀 사이의 모든 관계를 위한 본보기이다. 때문에 이 보편적인 질서를 이해하기 위해서 이 본문을 살펴보는 것이 적절하다. 이 구절에 관한 이해를 심화시키기 위해서 그리고 고린도전서 11장과 비교하여 결정적으로 주목해야 할 새로운 것은 남자에 대한 여자의 위치를 예수 그리스도에 대한 교회의 위치와 명시적으로(25, 29, 32절에서 인상적으로 반복되면서) 병렬화(Parallelisierung)되어 있다는 점이다. 이것은 핵심 문장인 23절의 설명에서 즉각적으로 드러난다: "그리스도가 교회의 머리이신 것처럼." 의심할 여지 없이 이것이 남녀 관계에서 앞과 뒤, 위와 아래의 질서를 강조하고 있다면, 여기에 이 질서의 근거가 구체적으로 표현되어 있다고 말할 수 있다. 하지만 주의해야 할 점은 서로 간에 복종하기(ὑποτάσσεσθαι)가 이 본문 21절보다 선행하고 있다는 사실이다. 구체적으로 표현된 바로 이 근거가 문제가 되고 있는 질서를 남녀 모두에게 의무적인 것으로서 만들고 있다. 또한 바로 이 때문에 여기에서는 우선적으로 남자가 이 질서 안에서 자신의 위치에 올바로 서서 이를 지키도록 요청받고 있다. 이제 우리는 무엇보다 다음을 주의해야 한다. 다시 말하자면, 여기에서 여자가 남자의 몸으로 지칭되고, 이로써 예수 그리스도에 대한 관계에서 교회와 병행이 됨으로써, 바로 남자에게 복종하고 있는 여자가 전면에 부각되고 있다. 실로 남자가 아닌 여자가 상호관계 속에 있는 모든 사람, 즉 여자들과 남자들, 아이들과 부모들, 종들과 주인들이 한 분 예수 그리스도와 마주 서고, 그리스도인들로서 한 분 예수 그리스도와 결합되는 통일을 보여주고 증거하고 있는 것이다. 남자가 아닌 여자가 바로 예수 그리스도를 자신의 머리로 삼고, 세례와 성령을 통해 그분과의 교제로 부름 받았으며, 그분의 백성으로 모인 모든 자의 전형이다. 예수 그리스도와의 상호관계 안에 있을 때 그들 가운데 누구도 여자가 남자와의 관계에서 취한 위치보다 더 높고 더 좋은 위치에 관해 질문할 수 없다. 예수 그리스도와의 관계에서 자신의 위치를 떠나는 것과 남자와의 관계에서 여자가 있어야 할 위치보다 더 위로 자신을 높이려고 하는 것은 교회나 그리스도인에게 아무런 의미도 없다. 이로부터 볼 때 특별히 여자에게 주어지는 복종의 경고는 모든 그리스도인에게 향하는 근본적인 경고의 특별한 형태에 불과하다. 후에(6:1f., 5f.) 순종에 대한 동일한 경고가 아이들과 종들에게 주어질 때, 여자와 관련하여 이야기된 내용이 다시 반복되지는 않는다. 그 이유는 남자에 대하여 여자에게 요구된 예속과 종속이 여기에서도 역시 유효하기 때문이다. 이는 남자뿐만 아니라 모든 다른 사람에 대하여 여자가 갖는 우선권(Primat)과 같은 것이다. 이를 통해 어떻게 여자가 예속과 종속으로 부름 받았는지가 분명해진다. 즉, 여자가 이것을 실행함으로써 예수 그리스도께 순종하는 교회의 형상(Abbild)이 되는 것이다. 여기에서 우리는 슐라이에르마허의 특이한 직관인 진리의 파편(particula veri)이라는 개념을 마주치게 된다. 남자가 교회의 살아 있는 지체인 한, 그에게는 자신을 여자와 연합시키고, 예수 그리스도와의 관계 가운데서 여자가 남자에 대하여 받아들이고 머물러야 하는 위치로 가는 것 이외의 다른 어떤 과제도 남아 있지 않다. 이 때문에 본문에서 남자에 대한 긴 권고 끝에(33절) 다시 한 번—부수적인 것 같지만 실제로는 매우 중요하다.—여자에게로 되돌아가고 있는 것은 의미심장하다: "아내는 남편을 존경하라!" 이것이 의미하는 바는 다음과 같다: 여자는 앞과 위의 위치에 있는 남자를 존중해야 하고, 남자의 질문에 대한 대답이 되어야 하고, 25-33절에서 남자에게 부여된 주도권을 받아들여야 하고, 남자가 제기한 것을 실현시켜야 하고, 남자를 자신의 머리로 인정해야만 한다! 이것은 예수 그리스도와의 관계에서 모든 자에게 해당하기 때문에, 또한 여자와의 관계 속에 있는 남자에게 요구되는 것이 궁극적으로 이 분무 위에 서 있기 때문에, 결론적으로 종합해서 다시 한 번 언급될 필요가 있었다. 여기에서 무엇이 남자에게 말해져야만 했는가? 남자는 예수 그리스도가 그분의 몸인 교회의 구원자이신 것(23절)과는 달리 여자의 '구원자'가 아니다. 25-27절에 묘사되어 있는 바와 같이("그 분은 교회를 거룩하게 하시려고 […], 교회를 위하여 자신을 주셨다."), 예수 그리스도가 그분의 교회를 사랑하셨고 또 여전히 사랑하고 계시는 사랑의 원형은 일회적이고, 유일하고, 반복될 수 없으며, 모방할 수 없다. 남자는 여자의 그리스도가 아니다. 그러나 중요한 것은,—여기에서 28-33절에 비유가 끼어들고 있다.—남자가 "생명의 은혜를 함께 상속받은"(벧전 3:7) 여자와 저 원형의 빛 가운데서 함께 살고, 여자를 자신처럼 사랑하고, 그녀를 공존인간으로서 대해야 할 책임이 있다는 점을 분명히 알고 있어야 한다는 것이다. 남자는 공존인간 없이 스스로 인간이 될 수도 없고, 구원받을 수도 없을 것이다. 공존인간의 인격을 통해서 남자는 모든 점에서 자기 자신과 관련될 수 있으며, 공존인간 안에서 자신에게 유익을 주거나 상처를 주고, 명예를 높이거나 불명예스럽게 만들고, 자신을 높이거나 낮춘다. 남자는 공존인간과 함께 서거나 쓰러진다. 이 공존인간의 존재가 자기 자신의 존재에 인간성을 부여한다. 이것이 이 질서 안에서 남자들에게 부여된 특별한 책임이다. 남자가 여자보다 앞설 수 있고 또 그래야만 하는 경우는 남자가 여자를 긍정하고, 받아들이고, 동반하며, 창세기 2장에 따라 창조의 절정에서 인간이 행했던 바로 그것을 할 때이다(31절): "이러므로 남자가 부모를 떠나 그의 아내와 합하여 둘이 한 몸을 이루게 될 것이다." 이로써 남자가 행하는 것은 여자가 필요로 하는 첫 번째의 근본적인 것이 아니다. 정확히 말하자면, 이것은 오직 예수 그리스도만이 행하실 수 있다.—대신에 남자가 행하는 것은 저 원형에는 절대 도달할 수는 없지만, 저 원형에 대한 모형과 모방으로 존재할 수 있고, 또한 반드시 그렇게 존재해야만 하는 두 번째의 것이다. 바로 이 모형과 모방의 형태를 통해서, 예수 그리스도가 교회의 머리이신 것처럼 남자는 여자의 머리가 된다. 이러한 행위를 통해서—이외의 또 다른 남자의 핵심적인 본질(Hauptsein)은 생각할 수 없다!—남자는 남녀를 포괄하는 질서 안에서 앞과 위에 위치한 자신의 자리를 받아들이고 지키게 된다. 이 행위로 부름 받은 남자에 대하여 여자 측에서는 예속과 종속으로 부름 받았다. 남자는 예수 그리스도의 행위를 모방함으로써 여자를 앞설 수 있고 또 앞서야만 한다. 마찬가지로 여자는 교회의 행위를 모방하고 본받음으로써 남자를 앞설 수 있고 또 앞서야만 한다. 이러한 모방을 실행한다면, 둘 중 누가 앞에 놓이지 않겠으며, 또한 뒤에 놓이지 않겠는가? 사람들이 모든 것을 더 잘 이해할수록, 실제로 어떻게 전체가 서로에게 복종하라는 22절의 권고에 의해 지배되고 있는지를 더욱 분명하게 보게 될 것이다. 그러나 만일 사람들이 본문에 나오는 남자에 대한 여자의 구체적인 복종을 간과하거나 제거하려고 한다면, 이를 분명하게 보지 못하게 될 것이다. 그것이 남자에게 중요한 이유는 그가 교회에 대한 권고이기 때문이다. 예수 그리스도는 어떤 권고도 필요로 하지 않으신다. 하지만 그분의 교회는 필요하다: 남자들과 여자들, 즉 교회의 모든 지체. 교회를 향하는 권고는 언제나 특별한 형식을 취해야만 한다. 여기에서는 이 형식이 여자에 관한 특별한 권고의 원형으로 나타나고 있다.

마지막으로 이 문제에 관해서 신약성서가 이야기하고 있는 바를 하늘과 땅의 관계(*KD* II/3, §53,2)와 그 질서에 대한 성경적 관점과 동일시하지 않고 비교를 한다면 이를 드러내는 적절한 방식이 될 것이라는 점을 언급하고자 한다.

우리는 하나님의 계명에 대해서 묻고 있다. 이런 하나님의 계명은 결국에는 어디서든 어떤 식으로든 남자와 여자가 만나서 함께할 때, 이런 질서를 고려하고 지킬 것을 항상 인간에게 요구한다. 하나님은 어느 때나, 모든 나라와 모든 상황 가운데서, 모든 인간에 대하여 동일하시며 살아 계시는 하나님이시자, 통치자이시며 또한 지배자이시다. 그렇기 때문에 그분으로부터 요구되는 행위, 즉 그분의 계명에 부합되는 남자와 여자의 순종이 언제나 어디서나 모든 개인에게서 동일한 형식과 형태를 가지게 되리라고는 기대할 수 없다. 하나님의 명령을 통해 형성된 질서는 그대로 존재한다. 하나님은 어제와 오늘, 여기와 저기, 이 사람과 저 사람에게 명령을 내리신다. 그렇지만 이런 명령을 통해 형성된 질서를 적용하는 방식과, 인간에게 요구되거나 금지된 행위나, 즉 순종하거나 또는 불순종하는 행위의 내용은 달라질 수 있다. 그럼에도 윤리가 결의론적 윤리(Kasualethik)가 되어서는 안 된다. 윤리는 고대의 체계든지, 새로운 체계든지, 전통적인 체계든지, 진보적인 체계든지 상관없이 어떠한 체계 속에 하나님의 계명과 남녀 관계의 질서를 붙잡아 두려고 해서는 안 된다. 또한 윤리는 어떤 기관들(Einrichtungen)이나, 관습들(Gewohnheiten)이나, 전통들(Sitten)이나, 인간의 행동과 행위의 "발전들"(Fortschritte)을 자신의 기초로 삼아서는 안 된다. 이것들은 질서를 보호하지 않고 파괴하는 것들에 대하여 명목상 질서를 보존하고 있을 뿐이다. 하나님의 계명이 그들의 관계에서 이 질서를 지킬 것을 요구하기 때문에, 남자와 여자로서의 전체 인간이나 또는 남자와 여자 각각은 언제나 어디서나 갈림길에 서게 된다. 윤리는 사람들로 하여금 바로 이 갈림길에 주목하도록 만들 수 있고, 또한 반드시 그렇게 해야만 한다. 이 윤리는 또한 이 질서의 빛 속에서 선과 악에 관해 질문이 제기될 때 기초가 되는 관점을 보여주어야 한다. 즉, 이런 관점에서 남자와 여자는 이 질문들에 대답해야만 하며, 그 대답을 통해 그들이 순종하는지 아니면 불순종하는지가 드러나게 된다는 것이다. 이것이 이제 우리가 다루어야 할 과제이다. 그리고 이와 함께 반드시 어느 정도의 도식과 재료(Holzschnitt)를 결코 간과해서는 안 될 것이다!

이 질서를 따르고 순종하면서 여자와 마주하고 서 있는 남자는 언제나 강한 자로서 존재한다. 즉, 그는 이 질서의 가치와 질서의 보존을 위한 자신의 특별한 **책임**을 알고, 이를 실천하는 데 몰두하는 남자인 것이다. 그렇기에 우리는 다음을 주목해야만 한다. 다시 말하면, 여기서 중요한 것은 남자의 남성적인 기대들이나 관심들 혹은 그의 남성적인 가치와 명예가 아니라는 점이다. 오히려 이 질서에 대한 남자의 남성적인 책임감에 주목해야만 할 것이다. 순종하는 남자는 그의 자리에서 남자로서 그의 역할을 수행한다. 그는 질서의 가치와 질서의 보존을 결코 우연에 내맡기지 않는다. 또한 그는 여자가 이런 질서에 합당하게 되기를 원하거나 혹은 원하지 않거나 상관없이 그녀를 기다려주지 않는다. 오히려 여자보다 먼저 앞서 나아갈 것이다. 다시 말하자면, 그에게 중요한 것은 오로지 돌봄(Dienst)이다. 그렇기 때문에 그는 어떤 요구나 교만도 없이 분명한 확신을 통하여 걱정 없이 앞서 나아갈 것이다. 여기에서 그는 여자보다 뛰어나다는 의식을 가지지 않는다. 더 나아가, 그는 그녀가 그렇게 느끼도록 내버려두지도 않을 것이다. 그렇기에 남자는 가장 최우선적으로 질서에 의해 보증된 함께하는 삶(Zusammensein)이 남자와 여자 모두에게 정당하도록 만든다. 그리고 질서 자체를 돌본다. 남자는 단지 이런 점에서만 여자보다 앞서 있는 것이다. 돌봄은 질서 안에서 그리고 질서에 의존해서만 실행된다. 그리고 남자는 무엇보다 섬김을 자신의 문제로 받아들인다. 바로 이 점에서 남자는 강하다. 이는 '기사도'(Ritterlichkeit)라 불리는 어느 정도는 의심스러운 개념을 통해서 의도되고 유지될 수 있다. 만일 여자가 순종적이라면, 성숙한 여자, 즉 저 질서 속에서 그녀에게 요구된 자리에 서는 것에 신중을 기하는 여자가 이런 의미에서의 강한 남자와 상응한다. 그녀는 이런 문제에서 남자가 두각을 나타내는 것을 보더라도, 어떤 열등감이나 그에 대한 어떤 질투도 느끼지 않는다. 또한 그녀는 자신이 남자에게 공격을 받는 것이 아니라, 오히려 촉진되고 이끌려지고 있음을 인식한다. 이런 여자는 자신이 보호받기를 원하는 그것이 남자에 의해서 보호됨을 보게 된다. 그녀는 고집스럽게 남자에게 '대항하여' 자신을 관철시킬 필요가 없다. 그녀는 남자를 통해 그녀에게 제공된 기회를 포착한다. 그녀는 질서와 그녀를 향한 남자의 돌봄을 기뻐한다. 그뿐만 아니라 자신이 여자인 것과, 남자의 돌봄에 상응하는 것에 기뻐하며, 이를 자랑한다. 다시 말하면, 그녀는 남자 옆에서 남자와 함께 자신이 한 명의 자유로운 인간이 되는 것을 기뻐하고 자랑한다는 것이다. 모든 것이 적절하게 이루어진다면, 강한 남자는 여자를 이와 같은 성숙으로 부를 것이다. 또한 이런 의미에서 성숙한 여인은 남자를 강한 남자가 되도록 부를 것이다. 그러나 남자와 여자의 순종은 이러한 부름이 자신과 다른 편에서 들려지고 성과를 이뤄 낸다는 사실, 다시 말해 상관성(Reziprozität)이 실현된다는 사실에 달려 있는 것이 아니다. 남자와 여자, 두 인물들 안에는 고독하고, 응답되지도 않으며, 겉으로 보기에 별 의미 없는 순종이 또한 담겨져 있다. 이런 순종은 아마도 오직 그 자체로 더욱 큰 중요성과 내적인 의미를 가지고 있을 것이다. 그러나 좋은 길이 그들을 어디로 인도하든지 상관없이, 분명한 것이 있다. 그것은 남자와 여자는 모두 이런 좋은 길을 무엇보다 이런 방향 안에서만 찾을 수 있다는 것이다.

이제 우리는 즉시 대립표상(Gegenbild)을 제시할 것이다. 그리고 무엇보다 우리는 이것을 남자에게서 시작하는 것이 적절할 것이다. 질서의 빛 속에서 볼 때 불순종하는 남자는 어떤 경우든 독재적인 남자이다. 그렇다고 즉시로 잔인한 남자나 폭군을 떠올릴 필요는 없다. 그런 사람들도 있다. 하지만 동시에 조용하고, 부드럽고, 사랑스럽고, 온화하고, 여자들에게 지나치게 친절한 독재자들도 있다. 문제는 어떤 형태의 남성 독재자가 더 나쁘고 더 위험한가이다. 강한 남자와 달리 독재적인 남자라 특징을 부여하도록 하는 것은, 그가 질서를 섬기는 것이 아니라 질서가 그를 섬기고 있다는 점이다. 질서가 그의 관심을 끄는 이유는 오로지 질서가 그에게 무언가를 주고, 그를 구별되게 하며, 여자에 대하여 장점을 갖도록 한다는 잘못된 생각에서 기인한다. 그는 그가 남성의 가치와 명예로 추정하는 것들과 남성의 기대들과 관심들을 실현하기 위해서 여자를 권력을 잡고 휘두르기 위한 도구로 만든다. 여자보다 더 뛰어난 자가 되는 것이 그에게는 의무가 아니라 필요이고 즐거움이다. 그의 목적은 그녀 앞에 서는 것이다. 본래 그렇게 탁월한 남자란 전혀 있을 수 없기 때문에 그는 더욱더 강하게 그 자신을 주인과 선생으로, 전지하고 전능한 자로 가장하고 여자 앞에서 그렇게 연기한다. 또한 질서는 오해되고 오용되는 곳에도 역시 존재하고 유효하기 때문에 그는 자신의 목적을 위한 수단을 발견하게 된다. 그는 허풍을 치고 있지만, 적어도 그를 위한 도구를 가지고 있다는 점에서 유리하다. 그는 공작처럼 자신의 깃털들을 펼친다. 그는 섬세하거나 투박한 형태로, 설득력 있거나 우스꽝스러운 형태로―그가 할 수 있는 한 공들여―'귀여운 남자'(Männlein)를 만든다. 그에게 잘 어울리는 여자는 유감스럽지만 그의 행동에 감명을 받을 수 있고, 그의 행동에 즐거워하고, 그러한 남성성에 빠지며, 이를 간절하게 구걸하듯 원하는 복종적인 여자이다. 이런 여자는 자신도 또한 책임을 가지고 있다는 사실을 잊고 있다. 그녀는 이 책임을 너무나 쉽게 던져버린다. 그녀는 청종하고, 온순하고, 순종적인 여자라는 자리와 역할에 스스로를 끼워 맞춘다. 그녀는 그녀 편에서 독재적인 남자가 기대하는 역할과 그의 연극을 공연하는 데 필요한 상대역을 연기한다. 그녀는 자신에게 요구되는 것이 무엇인지를 미리 추측해서 가장 정확하게 그것을 구현한다. 그녀는 이를 통해서 그를 가능하면 편안하게 해주는 것이 좋다는 것을 깨닫는다. 그녀는 또한 그의 부드러운 고양이와 아첨하는 거울이 되는 것이 좋다는 것을 발견한다.―물론 영리한 독재자라면 여기에서 그녀를 확실하게 지원할 것이다. 여자는 독재적인 남자를 즐겁게 함으로써 무엇보다 자기 자신도 역시 즐겁게 된다. 그러나 그녀는 이것을 단지 하나의 연기라고 치부할 수 없기 때문에, 또한 아무것도 아닌(ein Nichts) 것과 같이 복종적인 이 여자는 남녀 상호관계의 질서 안에서 전혀 의도되고 있지 않기 때문에, 그녀는 갈수록 더욱더 교묘하게 이를 연기하게 된다. 그녀도 역시 질서를 오용하고 있다. 그녀도 역시 질서의 그림자에 의지해 살아간다. 그녀도 역시 그녀가 거짓으로 만들고 있는 진리를 통해서 강력하게 된다. 이 경우에 남자와 여자 모두는 상호 관련된 불순종의 형체들이다. 독재적인 남자와 복종적인 여자는 상호적으로 등장한다. 물론 항상 그러한 것은 아니다. 복종적인 여자가 항상 남자 중에서 독재자를 만나는 것이 아니고, 독재적인 남자가 항상 여자 중에서 복종적인 여자를 만나는 것이 아니다. 그

때 갈등이 발생하게 된다. 그러나 이런 갈등은 두 남녀가 서로를 발견하고 만남으로써 이루어지는 평화보다 적어도 더 희망적이다! 그러나 홀로든 함께든 이것은 어느 한 편이나 혹은 양편 모두의 질서를 파괴할 수 있는 불순종의 대립표상(Gegenbild)이다. 이것은 일어나서는 안 된다.

이런 불행한 노선을 여자 편에서 잠시 더 추적해 보도록 하자. 남자의 폭정과 여자의 예속은 동일하게 불순종이며 또한 불의(不義)이다. 그렇기에 우리는 다음과 같이 분명하게 판단할 수 있다. 즉, 이 둘 모두가 이런 방식으로 연관된 자리를 더 이상 유지할 수 없다는 것이다. 무엇보다 여자 측에서 이것이 불가능하다. 왜냐하면 여자가 비록 남자와 함께할지라도, 실제로는 무시받고 고통 받는 당사자이기 때문이다. 무질서는 남자를 견디기 어려운 자리로 밀어 넣는다. 그럼에도 무질서는 여자에 의해서 무엇보다 좋지 않은 결과를 초래한다. 처음에 여자는 무질서에게서 달아나고자 시도할 것이다. 질서로 되돌아감으로써? 성숙하게 됨으로써? 아마도 그럴 것이다! 아마도. 그러나 또한 여자는 무질서에 더욱 깊이 얽매임으로써 그렇게 하기도 한다. 왜냐하면 예속된 여자에게는 어디엔가—뛰어오를 준비가 되었을 뿐만 아니라, 이미 능동적인—반항적인 여자가 들어 있기 때문이다. 여자는 실로 자신의 방식대로 이미 남자에게 불법적인 힘을 행사하고 있다. 여자는 남자를 기쁘게 함으로써—여자는 자신이 하고 있는 것을 잘 알고 있다.—남자를 지배한다. 여자는 남자가 간절히 원하는 모습을 그대로 제시함으로써 남자의 폭정에 복수하고 있다. 바로 이를 통해서, 그리고 의도된 연약함과 순종을 통해서 여자는 남자를 얻고 그를 소유한다. 여자는 이미 은밀하게 더 강한 자로 존재한다. 그러나 이 은밀한 것은 명백하게 드러날 수 있으며, 반드시 또 그렇게 되어야만 한다. 질서는 겉보기에 존중받는 것같이 보인다. 그러나 실제로는 오용되고 왜곡되고 있는 상황인 것이다. 이런 상황에서 분명하고 눈에 보이는 문제제기가 발생했을 때, 그때에는 이런 질서가 깨질 수 있다. 이런 질서가 진정으로 유효하지 않게 되는 날, 여자는 남자의 강요된 특권과 거짓 연기를 통한 영광, 그리고 그녀보다 앞서는 우선권을 의심하게 된다. 그래서 그녀는 수단과 방법을 가리지 않고 그녀의 위치를 떠나며, 남자에 대한 고삐를 자기 자신의 손에 취한다. 이러한 행위가 장면의 전환을 불러온다. 이제 찬탈에 대항해서 찬탈이, 힘에 대항해서 힘이, 남자 독재자에 대항해서 여자 독재자가 맞서게 된다. 남자 자신이 질서를 위반했다면, 이런 여자에 대항해 무엇을 할 수 있는가? 이제 싸움이 벌어질 수도 있다. 누가 스스로를 더 강한 자로 증명하는지 판단하려고 할 수도 있다. 판단이 어떻게 이루어지든 상관없이 그리스도교의 고유한 의미에서는 어떤 식으로도 올바르지 않다. 여자의 반란이—비밀스러운 형태로든, 공개적인 형태로든—성공했다고 가정해 보자. 그녀는 겉으로 보기보다 실제로 훨씬 더 쉽게 성공할 수 있다. 즉, 저런 판단 속에서 남자의 전망은 그리 밝지 않다는 것이다. 그렇게 되면 이 남자에게서 연약한 남자가 나타난다. 남자는 그토록 폭력적인 방식으로 강한 자를 연기했고, 독재자가 될 수 있었다는 사실을 보여주었다. 그러나 이런 사실을 통해서 남자가 질서 안에서 기대되었던 만큼의 뛰어난 자가 아니었음이 이미 사실로서 드러났다. 남자가 뛰어난 자를 단지 연기할 수 있었다는 것과, 예속적인 여자는 근본적으로 연기자에 불과했다는 점이 이제 분명해진다. 이제 독재자의 화려한 외투는 구멍투성이가 되어 속이 들여다보이게 된다. 그는 자신의 역할을 형식적으로(pro forma) 여전히 계속해서 연기할 수도 있다. 하지만 여자는 그를 들여다본다. 여자는 남자를 더 이상 믿지 않게 되고, 남자도 역시 그가 여자와의 상호관계에서 첫 번째이고, 여자가 두 번째임을 더 이상 믿지 않게 된다. 남자가 첫 번째로서의 자신의 위치를 오용했고, 이제 여자가 더 이상 두 번째이기를 원치 않으며, 둘을 지배하고 그들에게 각자의 자리를 지정해 주는 어떤 질서도 없다. 그렇기 때문에 나쁜 의미에서 여자는—여기에는 어떤 모호함이 없다.—이미 첫 번째가 되어 버렸고, 남자는 비밀스럽게 혹은 공개적으로 기를 펼 수 없는 상태가 되어 버렸다. 어떤 남자가 가장 깊은 절망과 절대적 실망 속에서 그가 인정해야만 하는 것에 저항하지 않겠는가? 이것은 정말로 있을 수 없는 것이다. 하지만 남자의 독재와 여자의 예속이 실제로 존재했기 때문에, 어느 날엔가는 여자의 반항과 여자에 대한 남자의 연약함, 그리고 남자의 의존성이 실제로 틀림없이 나타나게 될 것이다. 그러나 상처받고 천대받았던 여자는 이런 권리를 가지고 있지 않다. 단지 여자는 권리의 그림자를 가지고 있을 뿐이다. 여자는 이런 권리의 그림자를 통해 그녀의 약함이 지니고 있었던 악마적 힘과 결합한다. 그리고 이를 통하여 남성보다 실제로 더 강한 쪽이 된다. 반면에 남자는 그녀에 대하여 더 약한 쪽이 된다. 이제 남자는 여자에 대한 자신의 우선권이 효력을 발휘하도록 하기 위해서 무엇을 시도해야 하는가? 남자는 이런 우선권을 올바르게 인지하지 못했고, 또한 자신이 이를 인지할 수 있었던 통로인 섬김을 거절했다. 그렇기 때문에 뒤늦게 이제야 이것을 유효하게 만들어야만 한다는 사실은 남자의 연약함이 된다. 남자의 우선권이 거기에 있거나, 혹은 남자의 우선권이 거기에 존재하지 않을 수 있다. 남자는 자신의 우선권을 변호하고, 이를 위해 싸워야만 한다. 그러나 이는 단지 다음을 증명하는 것뿐이다. 즉, 남자는 자신의 우선권을 이미 상실했거나 또는 전혀 소유하지 않았다는 사실이다. 또한 자신은 사람들이—상냥하게, 혹은 대부분의 경우에 조용히 남들의 주목을 끌지 않고, 오직 반항적인 여자만이 할 수 있는 것처럼 그렇게 효과적으로—시키는 대로 움직이는 불쌍한 약자라는 사실을 증명하고 있다. 그리고 남자가 질서에 따라서 마땅히 소유해야만 하고,—이 경우 정말로 불쌍한—여자에게 발휘되어야만 할 지도력을 그에게서는 결코 기대할 수 없다. 약한 남자는 반항적인 여자로 인해서 계속해서 더 약해지고, 반항적인 여자는 약한 남자로 인해서 더 반항적이 된다. 요컨대 질서는 계속해서 더욱더 느슨해지고 파괴되어 간다. 만일 남자가—악순환(circulus vitiosus)을 막기 위하여—문제의 원천이었던 독재를 새로운 삶을 위해서 깨우고, 또한 앞에서 언급했던 연극을 다시 시작하는 데 어느 정도 성공한다면, 이는 가장 최악의 경우일 것이다.

 그러나 우리는 이제 불순종 대신에 하나님의 계명에 대한 순종과 질서의 준수가 이루어질 수 있는 노선으로 되돌아가자. 우리는 성숙한 여자(mündige Frau)에 관해서 들었다. 이 여자는 그녀와 관련된 남자가 강한 남자인지 아니면 독재적인 남자인지와 상관없이 스스로가 예속적인 역할 속으로 밀려가는 것을 결코 허용하지 않는다. 그녀는 강한 남자가 자신의 섬김에 대한 책임을 다함으로써 비롯되는 그의 강함을 긍정한다. 그러나 독재적인 남자의 독재를—성공적이든, 그렇지 않든—부정한다. 그리고 그녀는 남자와 여자를 결합시키는 질서의 독립적인 요소가 됨으로써, 이를 실행한다. 성숙한 여인은 겸손한(sich bescheidend) 여인이다. 다시 말하면, 남자가 아니라 질서에 따른 자신의 위치를 겸손하게 받아들이며, 또한 이를 주장한다는 것이다. 그녀는 남자와 여자 사이에서 중요한 문제가 찬탈과 권력 투쟁이 아님을 안다. 또한 둘에게 공통되지만 각자에게 특별하게 요구되는 길을 올바로 가려고 하는 경쟁임을 알고 있다. 그녀는 실로 남자에 근거해서 자신을 측정하지만, 자신의 위치와 권리를 남자의 것과 견주려고 하지 않는다. 그녀가 남자에 관해 질문할 때, 그녀의 관심사는 남자의 자리와 역할이 자신의 것과 마찬가지로 좋은지 아닌지가 아니다. 오히려 그녀가 자신의 자리와 역할에 적당한지 혹은 그렇지 않은지를 묻는다. 그녀는 자신의 것을 남자와 동등하게 하려는 의도에서 남자를 바라보는 것이 아니다. 오히려 남자와의 연대를 통하여 이를 행하려는 의도에서 남자를 바라본다. 이러한 겸손함 때문에 그녀는 좌절하지 않는다. 오히려 이런 겸손함을 통해서 그녀는 자신의 독립성을 주장하고, 스스로를 선생으로 증명하며, 자신이 남자와 동등함을 드러낸다. 거기에는 어떤 슬픔과 포기의 그림자도, 어떤 반항의 불꽃도 남아 있을 수 없다. 더 나아가 이는 근본적으로 독재적이고 연약한 남자에 대해서도 마찬가지이다. 오류에 빠지기 쉬운 남자와 비교할 때, 이러한 성숙하고 겸손한 여자는 자기 자신 안에 머물면서 그녀의 문제를 분명히 인식한다. 또한 그녀는 남자에 대한 자신의 임무와 증언을 분명하게 알게 된다. 그녀는—이제 다시 한 번 책장을 넘기도록 하자.—성공적이든 그렇지 않든 그녀의 실존 속에서 선한 남자에 대한 호소(Appell)가 된다. 선하다는 것은 사람들 사이의 상호관계들과 관련해서 지배적이 되지 않는다는 것(nicht herablassend)을 의미한다. 선함은 자유로운 움직임이다. 이를 통해서 사람은 다른 사람을 이해하게 되고, 또한 자신이 그에게 빚을 지고 있음을 알게 되기 때문에 그를 받아들인다. 겸손한 여자는 선한 남자를 이끌어 낸다. 그녀는 남자에게 선하게 되는 책임을 지운다. 남자에 관해서도 역시 동일한 것을 말할 수 있고, 또 반드시 동일한 것을 말해야만 한다. 그러나 확실히 여기에서는 여자가 앞서는 것 같다. 여자는 남자의 존경을 받을 수 있다. 만일 남자가 그럴 수 있다면, 이는 오직 성숙하며 그리고 스스로의 분수를 아는 겸손한 여인과 관계를 맺음으로써 그렇게 될 수 있다. 이런 남자는 여자를 이해한다. 즉, 지배적인 태도 없이, 위로부터 아래로 향하지도 않고, 그녀의 순종에서 만족을 찾지 않는다. 더 나아가 자신의 독립성과 자신의 선생됨, 그리고 자신의 동등성을 증명하는 여자를 결코 위에서 내려다보지 않는다. 오히려 그 여자를 아래로부터 우러러 바라보며 적절한 존중심을 지니게 된다. 바로 이런 여자가 남자에게 책임을 지운다. 남자는 이런 여자를 진지하게 받아들여야만 한다. 만일 그로 하여금 그의 남성적인 독재와 남성적인 연약함을 극도로 싫어하도록 할 수 있는 무엇인가가 있다면, 만일 그를 선하게 되도록 그리고 여자를 받아들이고 동행하도록 이끌고 부를 수 있는 무엇인가가 있다면, 그것이 바로 겸손한 여자와의 만남이다. 왜 그런가? 바로 겸손에서 그녀의 성숙이 드러나기 때문이다. 그렇다고 여자는 겸손하게 되기 위해 오로지 선한 남자만을 기다려서는 안 된다. 남자도 마찬가지로 선하게 되기 위해 이처럼 겸손한 여자를 발견할 때까지 기다려서는 안 된다. 선함은 확실히 근본적으로 남자의 특별한 책임에 속한다. 하지만 여기에서 우리는 실제로 여자도—주의하라: 예속과 종속으로부터 벗어나지 않음으로써!—남자의 양육자가 될 수 있는 지점에 서 있다. 이제 결론에 이르렀다. 바로 선한 남자, 여자의 겸손을 통해서 자신에게 명령으로 주어진 선함으로 양육되는 그 남자는 우리가 앞의 숙고에서 소개했던 강한 남자와 동일하다. 우리가 진정으로 보았던 것은 다음과 같다. 만일 여자와의 관계에서 질서에 순종함으로써 책임을 지려는 남자의 힘이 주도권을 잡지 않는다면, 도대체 남성적인 강함이란 무엇을 의미하는가? 그는 강한 남자로서 이런 질서를 확증한다. 즉, 여자는 이런 질서를 통하여 결국 남자의 뒤를 따라서 그녀의 자리에 도달하거나, 남자의 아래 서게 되지 않는다는 사실이다. 오히려 여자는 남자의 곁에 존재한다.

  선과 악에 대한 질문은 남자와 여자가 그들 위에 있는 질서와 상호관련을 맺을 때 그들에게 제기된다. 그리고 이 질문에 대해서 그들은 각자 스스로 그리고 다양한 상호관계 속에서 자신의 존재, 태도, 행위를 통해서 대답해야만 한다. 그리고 이런 질문들이 위치하는 곳은 이런 선순환(circulus veritatis)과 악순환(circulus vitiosus) 사이의 경계 어딘가에서 놓여 있다.

———

  우리는 이제 전체 문제영역의 중심과 목적이라고 불렀던 것에 도달했다. 그것은 바로 **결혼**이라는 문제이다. 우리는 먼저 전체 영역을 '분산화'(Dezentralisierung) 아래에 놓아야만 했다. 다시 말해서, 모든 남자와 여자들에게 본질적으로 해당되는 윤리적 질문들을 다루기 위해서 특별한 결혼의 문제를 다수 미룰 필요가 있었다는 것이다. 이것들에 관해서는 우리가 이미 논의하였다. 그리고 분명하게 지적하였던 것은, 이 모든 것이 자연적인 경향과 같은 그런 양상처럼 어딘가를 향하는 지점이 존재한다는 사실이었다. 그렇기에 우리는 이 모든 것을 종결짓는 그 지점을 집중해서 다루어야만 할 것이다. 그리고 그 지점이 바로 결혼이었다. 결혼도 마찬가지로 남자와 여자의 만남과 그들이 맺는 관계라는 일반적인 개념에 포함된다. 이런 만남과 관계에 관해서 일반적으로 언급할 수 있는 모든 것은 특별히 결혼에도 유효하다. 그리고 더 나아가 그 이상일 것이다. 이 모든 언급은 결혼에 근본적이고 우선적으로 적용된다. 특별히 결혼과 관련하여 유효한 것은 남자와 여자의 만남에 관하여 일반적으로 말할 수 있는 모든 것을 위한 판단기준이 된다. 바로 이런 사실 때문에 우리는 지금까지 암시적으로 항상 결혼에 관해서 언급해야만 했던 것이다. 결혼이라는 주제 안에서 우리는 남자와 여자에게 발생하는 만남의 대표적인 형태를 다룬다. 서로에게서 멀어지거나, 많은 경우에 이 지점에 도달하지 못하고 중단되는 선들이 여기에서는 교차하여 만나게 된다. 잠재적이거나, 많은 경우에 순전히 잠재적인 상태로 머물러야만 하는 것들이 여기에서 실제가 된다. 결혼이라는 위급상황을 통하여 남녀관계의 구조와 남녀의 고유성, 그들의 관계, 그들의 질서가 실현되고 또한 드러나게 된다. 위급상황은 남자와 여자가 만나는 어디에서나 근본적으로 항상 제기되는 질문이다. 그러나 실제로는 오랫동안 도처에서 발생하지는 않았다. 결혼을 통해 각각의 남자와 여자는 자신의 자연적인 고향을 갖는다. 비록 그들이 현재에는 여기에 머물지 않거나 혹은 여기에 머무를 수 있는 좋은 이유들을 가지고 있을 때에도 마찬가지이다. 이것이 결혼이 지니는 대표적인 성격이다. 그리고 이런 성격은 우리가 이제—지금까지의 숙고들이나 지식들에 근거해서 볼 때—완전히 새로운 땅을 밟을 준비를 다시 한 번 해야만 한다는 의미이다.

결혼을 구성하는 개념들과 관점들 그리고 현실들을—우선 대략적으로만—생생하게 떠올려 보자. 이는 개별적으로, 그리고 상호관계를 맺음으로써 결코 분리될 수 없는 전체의 요소들이다. 먼저 결혼에서는 남자와 여자의 만남과 관계가 본성적으로 **일회적이고, 반복될 수 없고, 비교될 수 없는, 그리고 한 특정한 남자와 한 특정한 여자의 만남과 관계**라는 형태로서 고정되고 구체화된다. 그들의 만남과 관계는 여기서 **생활공동체**(Lebensgemeinschaft)를 의미한다. 이런 생활공동체는 부분적인 공동체가 아니라, 온전한 공동체이다. 즉, 생활공동체는 여기에 참여하고 있는 두 사람의 인간실존 전체에 영향을 미친다는 것이다. 다시 말하자면, 이는 상호 간에 전적으로 참여하여 관심을 주고(Anteilgabe) 또한 받는(Anteilnehme) 공동체이다. 생활공동체는 포용적(inklusiv)이 아니라 오히려 배타적(exklusiv)인 특성을 지닌다. 다시 말하면, 어떠한 제삼자도 여기에 참여할 수 없다는 것이다. 또한 생활공동체는 일시적이 아니라 지속적이다. 그래서 참여한 두 사람은 일생 동안 이런 공동체를 계속 유지한다. 생활공동체의 근거는 그 본질과 구성의 특징에 맞아떨어진다. 즉, 결혼은 이와 같이 특정한 두 사람 사이의 구체적인 생활공동체인데, 이런 결혼은 단순히 그곳에 존재하는 것이 아니다. 그리고 두 사람이 결혼에 필연적으로 도달하는 것도 아니다. 또한 결혼은 어딘가 그들 위에서 내려오는 것도 아니다. 결혼은 두 참여자가 이런 생활공동체를 목표로 자유롭게 결정하고 행동함으로써 이루어지는 사건이다. 이런 결정과 행위를 위한 중요한 동기는 상호적이면서 양쪽에서 동시에 발생하는 사랑의 선택이다. 다시 말하면, 사랑함(diligere)인 것이다. 이를 통해서 남자는 여자를, 여자는 남자를 생활공동체의 궁극적인 파트너로 인식한다. 그리고 이런 특별한 의미와 특별한 의도를 통해서 서로를 갈망하고 긍정할 수 있게 된다. 끝으로 이런 결정과 행위에 기반하고 있는 이런 생활공동체는 주변 사람들 또한 역시 의미를 지니게 되는 사건이다. 생활공동체는 관계의 공동체이다. 그리고 생활공동체는 이에 대한 책임을 공개적으로 말하고, 또한 이를 인정하는지를 묻고 확증하는 과정을 통해서 완성된다.―사람들은 이를 특별히 "결혼식"(Heirat)[4]으로 칭한다. 그렇기에 생활공동체는 결혼(Ehe)이라는 특징을 지닌다.―이것이 총체적으로, 그리고 서로 간의 연관을 통해 결혼을 형성하고 있는 요소들이다. 바로 이런 요소들이 남녀관계가 지니는 전체 영역 안에서 결혼을 특별한 것으로 만들어 준다. 그리고 이런 영역을 통해 결혼에 대표적인 성격을 부여한다. 결혼은 대표성을 지닌다. 왜냐하면 이 모든 요소 속에서도 결혼은 눈으로 확인할 수 있도록 분명히 드러나기 때문이다. 즉, 결혼은 그 외의 모든 남녀 관계에 포함되지만, 그 외의 관계들은 전체 영역의 중심인 결혼이라는 목표(Telos)의 밖에 존재한다는 것이다. 그리고 결혼에는 이미 형성되어 있어서 멀리 혹은 가까이 보이며, 어떤 의미에서 가능하지만, 그러나 감히 시도되지도, 실행되지도, 실현되지도 않았던 것이 결혼을 통해서 시도되고, 실행되고, 실현되기 때문이다.

여기에서 우리가 다루고 있는 것은 결혼의 심리학적이고, 사회학적이고, 위생학적이고, 법률적인 문제가 아니다. 오히려 우리는 결혼이 지니는 윤리적인 문제, 더 부연하자면, 신학적-윤리적인 문제를 다룬다. 그리고 우리는 이런 특별한 문제를 하나님의 계명에 근거해 판단할 때, 도대체 무엇이 선하고 혹은 악하며, 무엇인 순종이고 혹은 불순종인지를 질문하려고 한다.

이제 우리는 이런 의문제기가 지니는 전제를 확인해야 한다. 그것은 이런 의문제기는 전체 영역의 경우와 마찬가지로 또한 결혼의 경우에서도 역시 한계지음(Begrenzung)을 의미한다는 것이다. 즉, 남자와 여자의 너무도 특별한 이런 만남은 또한 마찬가지로 세상적이고 인간적인 창조세계 안으로 분명하게 옮겨져 들어와야 한다는 것이다. 그리고 하나님과 인간 사이에 이루어지는 상호관계의 비밀에 대하여 결혼―결혼은 이 상호관계와 유비적인 관계에 있지만 이와 동일하지는 않으며 이 때문에 결혼에 관한 진술들이 여기에 그대로 적용되어서는 안 된다.―을 명확하게 구별해야만 한다. 나아가 우리는 다음을 전제한다. 이런 의문제기는 전체 영역의 경우와 마찬가지로 결혼에 대해서도

---

[4] 여기에서 저자는 보통 결혼의 의미로 사용하는 'Ehe'라는 단어 대신 'Heirat'를 사용하고 있다. 이는 결혼의 형식적이고 제도적인 측면을 의미한다.―역자 주.

비악마화(Entdämonisierung)를 의미한다는 것이다. 다시 말하면, 육체적인 성적 결합도 마찬가지로 결혼의 문제에 속하지만, 성적 결합의 주체가 단순하게 인간이 아니라, 전체 인간의 양쪽 측면에 주어진 그러한 결합으로 받아들여져야 한다는 것이고, 그 안에 포함되어 있는 한에서 또한 분명히 그렇다는 점이 명확하게 인정되어야만 한다. 마지막으로 우리는 다음을 전제한다. 즉, 우리가 이 문제에서 하나님의 계명에 관해 질문할 때, 결혼을 전체 영역의 분산화(Dezentralisierung)라는 관점에서 보아야 한다는 전제이다. 이것은 이미 결정되었다. 즉, 결혼이 전체 영역의 중심과 목적을 이루고 있지만, 독신의 길이 이와 달리 동일하게 완전한 의미에서 순종의 길이 될 수 없는 것처럼, 또한 우리가 결혼을 이렇듯 절대화해서는 안 된다는 사실이다.

1. 만일 결혼이 하나님 계명의 빛으로 들어오게 된다면, 다음과 같은 사실이 분명해질 것이다. 즉, 어느 한 사람이 결혼의 길을 결정하는 것은 다른 한 사람이 독신을 결정하는 것과 마찬가지로 가장 특별한 신적 소명의 사건이라는 것이다. 사람들은 결혼에 친숙하지 못하다. 오히려 사람들은 다음과 같은 사실에 대해 정당성을 부여한 후에야 비로소 결혼이 지니고 있는 특별한 존엄성을 칭송한다. 즉, 사람이 이런 전체 영역의 중심에 머물러 살아야 하고, 눈에 보이는 모든 선이 만나 교차하는 지점에 개인적으로 도달해야 한다는 것이 진정 그 자체로는 자명하지는 않다는 점이다. 남자와 여자에게 각자 자신의 여자 혹은 자신의 남자를 갖도록 허용하거나 명령하는 일반적인 하나님 계명이나 혹은 자연적 필요성은 존재하지 않는다. 이것이 그들에게 허용되었거나 명령되었다면, 이것은 상(賞, Auszeichnung), 특별한 신적 소명, 선물, 은혜일 것이다. 사람들이 결혼을 하고, 결혼을 유지하는 이유는 하나님이 특별히 그들에게 그것을 원하고 계시다는 사실이다. 바로 이런 사실 때문에 그들은 결혼을 해야 한다는 인식을 갖게 된다. 그다음에 사람들은 하나님께서 그것을 완전히 다른 방식으로 원하실 수도 있다는 인식에 이르렀다. 그리고 그다음에 사람들은 순종을 통하여 이에 반대되는 인식, 즉 결혼에 대한 긍정에 도달했다. 이를 통하여 사람들은 의무(Dürfen)와 요구(Müssen)를 행함에 있어서 자유롭게 되었다. 이처럼 사람들이 자유롭게 되는 것은 자연적인 것도 아니고, 본래적인 것도 아니고, 자명한 것도 아니며, 임의적인 것도 아니다. 이것은 하나님의 부름, 선물 그리고 은혜를 통해서 이루어진다.

결혼과 관련한 그리스도교적이고 교회적인 가르침이 이처럼 절실하게 필요하다. 그리고 이런 가르침을 이 지점에서 시작할 수 있지 않을까? 비그리스도인들뿐만 아니라 많은 그리스도인도 언제나 거듭해서 결혼의 근거가 되는 저 결혼에의 결정이 단순하게 사람에게 달려 있는 것처럼 생각한다. 다시 말하면, 그들은 자신에게 유리한 시간에 스스로 이런저런 시도들을 하는 자유가 있는 것처럼, 결혼의 경우에도 마찬가지로 자신에게 유리하게 보이는 시간에, 자기 스스로 이렇게 결정할 수 있는 자유를 가지고 있다고 생각한다. 여기에 마치 '자기 스스로에서 기인하는'(von sich aus) 것이 있는 것처럼! 물에 떠내려가는 나뭇잎이 라인 강의 폭포를 거슬러 올라갈 수 있다는 듯이 그렇게 인간이 자율적으로 이런 완성을 거스르는 결혼에 관한 일반적인 인간의 규정이 있는 것처럼! 마치 일반적인 결혼하기(Heiraten)가 있어야만 하는 것처럼! 마치 여기에는 인간을 위한 특별한 신적 결정이 없기 때문에 이를 알고자 시도할 필요도 없고 이를 간청할 필요도 없는 것처럼! 결혼에 관련된 남녀가 하나님의 특별한 뜻에 대해 질문했더라면, 아마도 자신들이 결혼을 위해서가 아니라 적어도 일시적으로 이와 마찬가지로 선하고 가치 있는 독신의 길을 위해 결정되었다는 사실을 인식했을 것이다. 사람들은 이 때문에 그토록 많은 결혼이 단지 '속임수'라는 것에 놀랄 수 있을까? 결혼은 자유의 사건이다. 관행이나 명목상 거룩하고 보편적인 윤리와 관습, 어떤 자연적인 성숙, 인간적인 임의성의 사건이 아니라, 인간을 해방시켜서 남녀의 관계가 진정 통상적인 방식이 아닌 최고로 특별한 방식으로 실현되도록 하는 거룩한 성령의 사건이다. 바울은 이 사건을 이렇게 이해했다. 이 문제에 있어서 매우 사려분별이 있고 매우 진지한 하나님의 계명에 관한 질문은 어떤 경우든 우선적으로 다음과 같은 기본질문의 형태를 갖게 될 것이다: 사람들은 참으로 그 실행과 성취가 결코 자명하지 않음에도 불구하고 그 모든 요소에서 특별한 이 사건을 시도할 수 있는 부름(κλῆσις)과 은혜(χάρισμα)를 가지고 있는가, 그렇지 않은가? 적절한 그리스도 교회의 경고와 가르침이 너무 늦게 등장하고 있다. 이전에 교회는 설교와 교육에서 전체의 뿌리와 이 근본 질문에 대한 진지한 대답의 필요성에 관심을 두는 것에 주저했다.

**결혼**이 특별한 신적 **소명**의 사건이기 때문에, 결혼 전체는 하나님의 계명 아래 서게 된다. 적합하고 순종적인 결혼이란 그 모든 요소에게 이 특별한 신적 소명을 실행하는 결혼이다. 인간은 단지 어떤 관계들 속에서만이 아니다. 또한 인간 전체는 본래적으로 하나님의 계명 아래에 존재하면서 순종하거나 혹은 불순종하기도 한다. 이처럼 결혼도 마찬가지이다. 앞에서 개략적으로 묘사되었던 결혼의 개별 요소들은 서로 연관되어 있고, 그리고 이 모두가 매우 중요하다. 결혼에 대한 소명이 있는 곳에서 결혼이란 시도(Wagnis)와 실행(Vollstreckung)과 실현(Verwirklichung) 전체로의 부름이다. 이 소명에 대한 순종이 요청되는 곳에서는 이 전체와 개별 요소들을 동일하게 주목하면서 무엇이 순종이고 무엇인 불순종인지가 질문되어야 한다. 여기에서 이를 격리시키고 추상화하는 자가 등장한다. 즉, 이 문제에서 선함과 악함에 대한 질문이 결정되어야 한다고 주장하는 자이다. 그는 이 요소들 가운에 어느 하나를 제외시킴으로써 다른 모든 것을 그림자 속에 집어넣고, 몇몇 보편적인 진술들로 제기된 질문들을 우연에 넘기고, 심지어 이것들을 명시적으로 그리스도교와 무관한 것으로 선언하는 자이다. 그리고 그는 이 문제를 실제로 단순하게 만든다. 그리고 그는 겉보기에 매우 확고한 한 지점을 선택할 것이다. 그리고 바로 이런 지점에서 자신의 가르침을 시작한다. 그렇기에 매우 분명하면서, 이 한 점에서의 엄밀함을 통해 감탄을 불러일으킬 수 있는 결혼에 관한 가르침을 기획할 수 있을지도 모른다. 그러나 그는 결혼의 현실을—더 심각하게는 결혼의 기초를 이루는 하나님의 계명을—결코 정당하게 다룰 수도 없고, 또한 그렇게 하지도 않을 것이다. 오직 사람들이 하나님의 계명의 중요성을 의식하여 결혼 전체를 시야에 담을 준비가 되어 있을 때에만, 사람들은 진지한 윤리적 인식을 성취할 수 있으며, 그리고 이를 통해 진지한 윤리적 지침이 주어질 수 있을 것이다. 더 나아가, 이는 사람들이 이 문제에서 하나의 원리를 실행하는 것보다 참으로 하나님의 계명에 관해 질문하는 과제가 얼마나 중요한지를—반면에 이에 대한 대답이 얼마나 적은지를—지각하게 될 매우 유익한 모험을 떠날 준비가 되어 있을 때 주어진다. 그러나 이것이 명확하지 않은 이유는, 단지 여기에 진지하게 받아들여야 할 일련의 질문들이 있고 그리고 그에 따른 일련의 대답들이 주어져야 하기 때문이다. 이런 대답들은 순차적으로 그리고 서로 나란히 동일한 중요성을 간직해야만 한다. 그리고 이런 대답들이 진지하게 주어질 때만이 순차적으로 그리고 나란히 주어지게 되고,—성급하게 시작하고 성급하게 끝마치는 사람들이 생각하듯이—하나의 완성된 체계라는 형태로 주어지지 않게 된다. 하나님의 계명 아래에 놓여 있는 결혼은 믿을 수 없을 정도로 거대한 사건이다. 즉, 수많은 측면에서 충만한 의미와 희망을 품으며, 양날을 지니고 있을 뿐만 아니라 동시에 많은 날을 또한 지니고 있다.—이 둘이 모두 가능하기도 한데, 그 이유는 결혼이 서로 연관되어 있고, 동일하게 중요하며, 선과 악에서 동일하게 효력을 발휘하고, 하나님의 계명에 동일한 방식으로 종속되어 있는 수많은 요소로 이루어진 전체이기 때문이다. 이 요소들은 계명의 빛 속으로 들어갈 때, 각각의 방식대로 축복과 심판을, 창조주이신 하나님의 선하심과 인간의 거부(Versagen)를 드러낸다.

여기에서 마태복음 19:1-12에 나오는 이혼에 관한 예수의 대화로부터 한 구절을 기억할 필요성이 생긴다. 어떤 이유에서 자신의 아내와 헤어지는 것이 허용되는지에 관한 바리새인들의 시험하는 질문에 대하여 예수는 "하나님께서 하나로 만드신 것을 사람이 나누어서는 안 된다"고 분명하게 대답하신다. 그리고 율법에 나오는 이혼증서에 관한 질문에 대해서는 모세가 그들의 마음의 완악함을 고려해서 허락하였으며—처음부터 그러했던 것은 아니라고 말씀하신다. 따라서 "자신의 아내를 떠나서 다른 여자와 결혼하는 자는 간음하는 자이다." 제자들은 "여자와 관련하여 남자의 문제가 그러하다면 결혼하는 것이 좋지 않다(οὐ συφέρει)"고 주장한다(10절). 헨리 렌하르트는 이 말씀에 매우 당혹해 했다(앞의 책, 15): 아내와 마음대로 헤어질 수 없다는 생각이 주님의 제자들을 얼마나 놀라게 했는지 우리는 상상할 수 없을 것이다; 이것이 하나님의 율법이라면 결혼이라는 모험 속으로 들어가지 않는 것이 현명하다. 두려움 없이는 그들의 책임에 대한 충성을 생각할 수 없다는 점에서 그들의 아내는 그들에게 그토록 불편했는가?—다른 한 편 가족이 아닌 성관계에 관해서 그들은 어떤 생각을 가지고 있는가? 결국 충실한 결혼이 순결한 독신보다 더 작은 의미를 가지고 있다.(On ne peut que difficilement se représenter des disciples du Seigneur s'effarouchant à l'idée qu'il ne leur est pas loisible de répudier leur femme à leur gré; et moins encore que si telle est la loi de Dieu, il est sage de ne pas s'embarquer dans une aventure matrimoniale. Leurs épouses étaient-elles donc à ce point désagréables qu'ils ne puissent songer sans frémir à leurs obligations de fidelité?—D'autre part, quelle idée pouvaient-ils avoir, sinon de la famille, du moins des relations sexuelles pour parler ainsi? Car enfin un mariage fidèle est normalement moins pesant qu'un chaste celibat.) 여기에 있는 모든 문장은 어리석고 쓸모가 없다. 오직 결혼을 위한 하나님의 계명이 작용하는 범위가 하나의 관점 아래에서 드러나는 곳에 제자들이 보인 놀라움의 근거 있는 이유가 존재한다. 예수가 결혼에 관한 바리새인들의 질문에 대답하셨을 때 가지고 계셨던 하나의 관점은 결혼이 평생 지속되어야 한다는 것과 그 해체불가능성이다. 인간과 인간 사이에 이와 같은 성격의 관계가 존재한다는 것이 그 자체로 이해되는가? 바리새인들은 물론 예수의 제자들도 아직 이것을 알지 못했음이 분명하다. 바로 이것이 여기에서 예수의 말씀을 통해 바리새인들과 제자들의 눈앞에 제시되었다. 이 영역이 하나님의 계명의 빛 속으로 밀려들어 갔을 때, 바로 이것이 드러나게 된다: 그러한 하나의 관계가 존재한다. 바로 결혼이 이 관계이다.—결혼에 들어가는 각자에게 부여되는 요구가 그토록 높고 엄격하다! 예수에 의해 조건없이 강조된 결혼의 지속성에 신적 계명의 절대성이 반영되고 있다. 이 때문에 놀라움에 가득 찬 제자들에 대한 예수의—확증으로 이해되어야만 하는—대답은 또 다른 길, 즉 독신의 길에 대한 암시로 이어진다: "사람마다 이 말을 받지 못하고 오직 타고난 자라야 할지니라"(11절). 이와 같은 맥락에서 볼 때 여기에서 결혼이 인간적인 의지와 행위의 우연성과 임의성으로부터 벗어나—신적 권위와 엄격함과 엄밀함을 가지고 있는—신적 소명의 사건으로 제시되고 있음이 분명하지 않은가? 저 제자의 말에서는 결혼을 예수의 말씀, 즉 하나님의 계명에 부합되게 바라보고 이해한다면, 결혼에 발을 들여 놓는 것이 어린아이의 장난이 아니라, 두려워서 피하는 것이 적절한 (성경적 의미에서의) 거룩한 영역 안으로 들어가는 것이라는 사실을 완전히 올바르게 인식하고 있음이 드러나고 있다. 그 때문에 그들은 이어서 예수로 하여금 다른 대안, 즉 독신도 역시 독단적으로 선택될 수 있는 것이 아니라, 또 다른 엄격한 신적 소명의 사건이라는 것을 말씀하시도록 해야만 했다(12절). 이것이 그리고 오직 이것만이 저 제자들이 한 말에 대한 진정한 제한(Begrenzung)이다. 사람들은 이를 조롱하는 대신에 마태복음 19장에서 토론되고 있는 결혼의 지속성과 이혼불가성에 관한 관점이 실로 많은 관점 가운데 하나에 불과하다는 것을 스스로에게 더 잘 설명하게 될 것이다. 이 관점들에서 결혼은 하나님의 계명이 들려질 때 동일한 거룩함 가운데 인식될 수 있어야 한다. 결혼과 관련해서 하나님의 계명이 큰 소리를 내고 또 사람들이 이 소리를 듣는다면, 결혼은 인간에게 있어서 그 전체 속에서 그리고 그 모든 요소 가운데서 동일한 엄격함으로 질문과 과제가 되어야 한다. 그다음에 마태복음 19장에서 제자들에 의해 표명된 걱정이 정말 훨씬 더 타당한 것으로 드러나야만 한다.

결혼에 관한 그리스도교적 성찰은 마태복음 19장을 통해서 이 사건 전체의 심각성에 관해 개별적으로 가르침을 받도록 하는 데 크게 실패했다. 그리스도교적 성찰은 수집물의 부족과 그로 인한 고유의 심각성으로 인해 크게 곤란을 받았다. 사람들은 결혼을 하나의 거룩한 전체로서 보는 것이 아니라, 모든 요소를 동일한 관심을 가지고 바라보곤 했다. 사람들은 격리시키고 추상화시켰다. 사람들은 한 번 이루어진 결혼을 올바로 유지시키는 계명에 큰 관심을 가졌다; 하지만 사람들은 특이하게도 진정으로 신적인 긴급성을 가지고 결혼의 올바른 근거에 관하여 제기된 질문에는 무관심했다. 예를 들면, 아메시우스(W. Amesius)는 금지된 관계, 결혼 과정에 부모가 참여하여 결정권을 행사할 수 있는 권한과 필요성, 결혼에 들어가기 위해 필요한 의식들(solemnitates)을 보여주는 것과, 두 주요 참여자의—어느 정도 불분명하며 모든 종류의 제한들 아래 기술된—자유로운 동의가 반드시 있어야 한다는 것을 제외하고는 거의 아무것도 말할 것이 없었다(*Deconscientia* 1630, V. 7f.). 여기서 사랑은 아무런 역할도 하지 않는다. 사랑은 결혼의 의무를 열거할 때 비로소 특별한 사랑(dilectio specialis)으로 언급될 뿐이다. 사람들은 결혼을 생활공동체로 기술할 때 한계를 정하는 규정들을 강하게 강조한다: 결혼의 배타성, 일부일처,—마태복음 19장과 관련하여 다소 불분명한—결혼의 지속성. 반면에 여기에서 모든 것을 근거지울 수 있는 결혼의 긍정적인 충만에 관해서는 어떤 본질적인 것도 눈에 띄지 않았다.(예를 들면, 아메시우스의 경우 단지 남자의 우위와 여자의 순종 의무, 그리고 여자가 제삼자에 대해 선물을 할 수 있는 권리가 있는가라는 질문이나 또는 경우에 따라서 남자가 여자를 때려도 되는가라는 질문에 대한 대답을 들 수 있다. 앞의 질문에 대해서는 조심스럽게 긍정적으로 대답했고, 뒤의 질문에 대해서는 다행스럽게도 분명하게 부정적으로 대답했다.) 근본적인 피해는 사람들이 결혼의 개념을 즉각적으로 그리고 매우 편파적으로 결혼의 시민적이고 교회적인 형태인 혼인(Heirat) 제도와 동일시했고, 이로 인해 모든 점에서 결정적으로 신학적이 아닌 법률적인 관점에서 마치 결혼의 이런 사회학적 형태를 근거지우고, 실행하고, 유지하는 문제가 다른 요소들과는 상관없이 오직 윤리적으로만 평가될 수 있다는 듯이 생각했다는 데 있었다. 반대로 다른 모든 요소에게 긍정적으로 그리고 부정적으로 유효한 것은 이 사회학적 형태에 배타적으로 혹은 결정적으로 적용될 경우에 비슷한 조명 안으로 들어올 수 없다는 듯이! 이 모든 것은 결혼에 관한 그리스도교적 사고와 진술을 삶으로부터는 물론이고 정신으로부터도 광범위하게 유리시켰고, 이를 진지하게 만드는 대신 매우 율법적으로 만들었으며, 사람들이 진정으로 하나님의 계명을 기억하면서 고유의 엄격함으로 이 문제에 관해 성찰하고 논의할 때 그 바탕이 되어야 할 신뢰를 이로부터 박탈해 버렸다. 사람들이 결혼에 관한 적절한 그리스도교적 윤리의 존재에 관해 말하고, 이것이 비기독교 세계의 윤리와 비윤리를 어느 정도 분명하게 그리고 존경할 만하게 반박할 수 있기 전에, 여전히 고려하고 해야만 할 많은 것이 있다. 우리가 여기에서 감히 시도해 볼 수 있는 것은 이 어려운 상황 가운데서 적어도 더 나은 것을 향하여 전진하는 것뿐이다.

여기에서 자기 완결적인 모든 것과 함께 기본 명제로서 가장 첨단에 속하는 명제는 결혼이 한 명의 특정한 남자와 한 명의 특정한 여자 사이에 세워지고 지속되는 특별한 생활공동체라는 것이다. 결혼으로 부르심은 이런 생활공동체로 부르심이다. 따라서 결혼은 사랑 그 이상이다. 결혼이 참된 생활공동체로 탄생하기 위해서는 사랑을 바탕으로 비롯되어야 한다. 결혼이 이러한 생활공동체로 지속되기 위해서는 항상 언제나 사랑을 통해 양분을 공급받아서 유지되어야 한다. 이에 관해서는 나중에 다시 논의될 것이다. 결혼의 본질은 우리가 사랑—즉, 남자와 여자를 결합시키는 특별한 사랑—

의 개념 아래서 이해해야만 하는 것보다 더 포괄적이다. 그 본질은 이 두 명의 인간 사이에 세워져서 지속되는 생활공동체이다. 이것이 참된 사랑에서 찾아지고 추구되는 것의 성취이다. 생활공동체로서의 결혼은 찾고 추구하는 것이 참된 사랑에서 비롯된 것이었는지 그렇지 않은지, 현재도 그러한지 그렇지 않은지를 시험하는 표본이다. 다시 말하면 생활공동체로서의 결혼은 사랑에 대한 확증이다. 왜냐하면 생활공동체로서의 결혼에서는 위급한 사건(Ernstfall)이라는 상황에서 사랑에 대한 긍정(Ja)이 반복되어야 하기 때문이다. '위급한 사건'이란 인간의 삶 속에서 벌어지는 일과 걱정, 기쁨과 고통, 건강과 병, 젊음과 노화, 작고 큰 질문들, 내적이고 외적인 질문들, 개인적이고 사회적인 질문들과의 논쟁을 의미한다. 공동의 삶으로 연합된 사랑하는 자들도 다른 사람들과 마찬가지로 이러한 문제들에서 벗어날 수 없고 또 그래서도 안 된다.—그러나 이제 두 사람의 공동의 삶 안에서 모든 것이 언젠가 한 번 선택했고 원했던 상대와의 상호관계 안에서, 서로에 대한 특별한 애정 가운데서, 그리고 서로의 공동보조 속에서 이루어진다. '위급한 사건'이란 헤아릴 수 없이 많은 날의 연속에서 24시간 동안에 일어나는 모든 것과, 헤아릴 수 없이 많은 해의 연속에서 각 52주 동안에 일어나는 모든 것, 그리고 양쪽 편에서 연속되는 모든 일을 의미한다. 매일 낮과 밤으로 함께하며 모든 것을 드러내는 일상적인—극히 일상적인!—공존(Zusammensein)의 친밀성이 존재한다. 이런 공존을 통해서 사람들은 매우 놀랍게도 자신들을 정확하게 알아 간다. 공존을 통해서 가장 큰 것이 놀랍도록 작아질 수 있고, 가장 작은 것이 놀랍도록 커질 수 있다. '위급한 사건'이란 하나의 집합, 하나의 우리(ein Wir), 한 쌍이 되고 그렇게 존재함을 의미한다. 다시 말하면, 외부적으로뿐만 아니라 내부적으로, 상호 간의 관계들에서뿐만 아니라, 이 관계들이 유지되기 위해 바탕이 되어야만 하는 두 참여자의 생각과 의지와 느낌을 통해 존재함을 의미한다. 이런 사랑의 위급한 사건이 생활공동체로서의 결혼이다. 만일 사랑이 이러한 위급한 사건 안에서 증명된다면, 이는 결혼이 견디는 가운데 의무적으로 실행되는 것이 아니라, 기꺼이, 자유의지로, 기쁘게, 다시 말하면 사랑에 대한 긍정을 반복하는 가운데 성취되는 생활공동체임을 의미할 것이다. 바로 이런 개념이 가장 우선적으로 전개되어야 할 것이다.

2. 만일 결혼이 신적 계명의 빛 아래에 놓이게 될 때, 또한 결혼으로 연합된 사람들에게 그들이 바로 여기에서 하나님께 대한 순종으로 부름 받았다는 사실이 명백하게 될 때, 이런 생활공동체를 실천하는 것이 이제 그들의 과제가 된다. 이들은 자신들이 결혼을 함으로써, 단지 생활공동체가 이미 거기에 존재하고 있다거나 혹은 이 공동체가 결혼을 통해서 저절로 만들어질 것이라고 기대할 수 없으며, 또한 기대하지도 않을 것이다. 생활공동체는 이렇게 스스로가 세울 수 있는 것이 아니다. 또한 사랑이 없을 경우에는 말할 필요도 없이, 사실적 사랑을 바탕으로 세워지는 것도 아니다! 삶(Leben)

은 묻지도, 요구되지도 않으면서, 오히려 예상하지도 못한 채 삶의 모습 그대로 다가온 다. 생활공동체는 누구의 품 안으로도 들어오지 않는다. 참된 사랑으로 세워진 두 사람의 결혼은 이들에 의해 의도적으로 신중하고 책임감 있게 시도되어야 하는 작업(Werk)으로 이해되어야 한다. 이런 의미에서 올바른 결혼은 이성적 결혼(Vernuftehe)[5]이다. 각각의 올바른 결혼은 이 결혼을 바탕으로 유지되는 사랑이 비이성적이 아니라, 오히려 이성적이라는 사실을 증명하고 있다. 여기에서 두 참여자에게 부여된 다른 모든 삶의 책임들, 제삼자에 대한 그들의 모든 관계, 그들을 둘러싸고 있는 세상과 사회에서의 그들의 위치와 역할도 마찬가지로 이러한 차원을 지니고 있다: 여기에 해당하는 것은 둘이 함께 사는 것, 함께 동반하고 또 동반하도록 하는 것, 상호 간에 서로를 이해하고 이해하도록 만드는 것, 누구도 다른 사람의 뒤에 물러나 있지 않는 것, 아무도 다른 사람으로부터 도망가지 않는 것, 어떤 별개의 목표들, 즉 그 독특성에서 공동으로 추구하고 도달해야 할 목표로 가는 길에 있는 정류장들이 아닌 것들을 얻고자 애쓰지 않는 것이다. 생활공동체로서의 결혼은 일(Arbeit), 즉 이 공존이라는 예술작업으로서의 일이다. 사람들은 이미 남자와 여자 사이에서 존재하고 있다. 그리고 그들 둘의 공동 작업이 이루어져야 할 형식적인 '세계'에 관해서 이미 언급했다. 이곳에서 행해져야만 하는 일은 두 참여자에게 의무로 부여된 다른 모든 것 옆에서, 그리고 결혼 자체와 관련하여 기대되고, 희구되고, 추구되고, 행해지고, 소유되어야만 하는 모든 것 옆에서 또한 자신의 고유한 의미와 가치를 분명히 지니고 있는 일이다. 더 나아가 결코 부차적인 것으로 치부되어서는 안 되는 일이다. 예를 들면, 생활공동체로서의 결혼은 성적 욕구를 만족시키기 위한 목적에 사용되거나, 혹은 여기에 종속되어서는 안 된다. ─ 마찬가지로 남자의 직업 활동을 경감시키려는 목적이나, 보금자리를 만들려는 여자의 욕망, 가정을 만들려는 의도, 살림살이를 위한 목적 ─ 무엇보다 아이들을 낳고 양육하고 가족을 만들려는 목적에 이용되어서는 안 된다.

마지막 진술이 특별히 강조될 필요가 있다. 왜냐하면 생활공동체로서의 결혼을 자녀의 출산과 양육을 목적으로 한 기관으로 그리고 아직 전개되지 않은 가족의 기본 형태로 보는 관점이 정말로 진지하게 질문될 수 있기 때문이다. 또한 많은 사람이 상당히 자주 이를 주장했기 때문이다. 무엇보다 특별히 토마스 아퀴나스(Thomas von Aquino)를 통해 형태를 갖춘(theol. III qu. 49 art. 3을 보라.) 로마 가톨릭교회의 결혼에 관한 전통적인 가르침을 들 수 있다. 그 가르침은 "생육하고 번성하라!"(창 1:28)라는 말씀에 의지해서 자녀(proles)의 출산을 결혼에 있어서 첫 번째의 결정적이고 자연적인 선(bonum)으로 선언하고 정당화시켰다. 내가 올바로 보았다면, 브루너(E. Brunner)도 이러한 방향에서

---

[5] Vernuftehe는 사랑이 없는 편의적 결혼을 의미하기도 한다. 그러나 여기에서는 문맥상 이성적 결혼으로 번역하였다. ─ 역자 주.

결혼을 바라보고 있다. 그도 역시 결혼을 생활공동체라고 부르지만, 그가 보기에 이 생활공동체를 지배하고 있는 목적은 우선적으로 인류의 유지이다(Das Gebot und die Ordnungen, 1932, 334). 그는 아버지와 어머니와 자녀의 삼위일체에서 "인간의 실존구조"를 인식할 수 있고, 일부일처의 필요성을 위한 결정적인 근거를 발견할 수 있다고 믿고 있다(330f.를 보라). 그런데 바로 이 로마 가톨릭에서 또 다른 관점들도 역시 정당화되었음을 확인하는 것은 매우 주목할 만하다. 로마 요리문답서(Catechismus Romanus)에는 성의 구별성을 통해 기초된 자연적 충동을 갈망함으로써 맺어진 연결은 서로에게 도움을 주기를 희망함을 통하여 결합된다(diversi sexus naturae instincti expetita societas mutui auxilii spe conciliata)가 이미 결혼 공동체에 대한 첫 번째 설명(prima ratio)으로 제시되어 있다.(1566 III, 8, 13). 비오 11세의 회칙인 정결과 결혼생활(*Casti Connubii*, 1930년 12월 31일 Denz. Nr. 2232)은 명시적으로 이 본문을 참조하면서 다음과 같이 말하고 있다: 만일 결혼이 좁은 의미에서 질서에 상응하는 후손의 출산과 교육(institutum ad prolem rite procreandam educandamque)으로 이해되지 않고 넓은 의미에서 전체 삶을 아우르는 살아 있는 공동체, 관계와 연결(totius vitae communio, consuetudo, societas)로 이해되어야 한다면, 가장 진실된 설명으로는(verissima ratione) 바로 부부의 내적인 동화(interior conformatio coniugum), 즉 서로의 완성을 끊임없이 갈망하는 것(assiduum sese invicem proficiendi studium)이 결혼의 가장 첫 번째 원인과 이유(primaria causa et ratio)로서 지칭되어야 한다. 에른스트 미켈(Ernst Michel)은 최고의 위치에 있는 이 진술에 의지해서 매우 생생하게 저 전통적인 관점에 대처하였다(결혼, 1948, 165f.). 그에 따르면 파트너 사이의 성적 공동체(Geschlechtsgemeinschaft)는 목적을 위한 수단이 아니라, 독자적인(sui generis) 삶의 형태로서 고유한 의미와 자신의 구성기준들 위에 세워져야 하고 발전되어야 한다. 그의 생각은 옳다. 결혼은 '가족'에 종속되어 있지 않고, 반대로 '가족'이—가족은 부모와 자녀들 사이의 상호관계로, 고유하며 독자적인 삶의 형태이다!—결혼에 결합되어 있다. 생활공동체로서의 결혼은 당연히 자녀와 가족에 대한 내적 자발성을 포함하고 있다. 따라서 결혼은 완전한 성적 공동체이기도 하다. 그러나 생활공동체로서의 결혼은 결코 자녀와의 공존을 위한 것이 아니다. 결혼은 '가족'이 형성되지 않더라도 자녀 없는 결혼의 생활공동체로서 성립한다. 또한 결혼은 결합(coniugium)을 불가피하게 요구하지만 결혼(matrimonium)일 필요는 없다. 창세기 2:18-22의 본문은 자녀와 가족에 관해서는 한마디도 하지 않고 남자와 여자의 관계에 관해서만 매우 강조하면서 말하고 있다. 또한 우리는 자손에 관한 질문이 새언약의 시대에는 그 중요한 의미를 상실했음을 기억한다. 이러한 사실들은 남자와 여자가 자녀와 가족에 대하여 독자적인 공동체 영역을 형성한다는 인식을 위해 결정적으로 중요할 수 있다.

생활공동체로서의 결혼은 그 자체로 거대한 작업이다. 결혼 그 자체가 우선적으로 그리고 언제나 자기목적(Selbstzweck)으로 진지하게 받아들여져야 한다. 그렇지 않다면, 이런 작업을 올바르게 수행될 수 없게 되는 긴박한 위험에 직면하게 될 것이다. 그리고 이런 작업이 다른 의도가 작용한다면, 비록 가장 좋은 의도라 할지라도, 이런 작업을 올바르게 실행하는 것에 어려움을 겪을 것이다. 여기에서 다른 의도들은 관심의 대상으로서 모든 부수적인 작업이나 부수적인 결과에 불과할 수도 있다. 그렇기에 우리가 주의해야만 하는 것이 있다. 그것은 다른 어떤 것이 (이것이 성생활이든지, 혹은 남자의 불편이든지, 혹은 여자의 활동이든지, 혹은 자녀나 가족이든지!) 여기에서 주목적이 된다면, 이것이 결혼을 파괴하게 될 것이라는 사실이다. 생활공동체의 작업이 결혼에서 진정한 핵심사역으로 올바르게 행해지고, 이것이 모든 것의 의도를 지배하고 있을 경우에, 이런 의도들도 각각의 목표에 이를 수 있는 것이다. 결혼을 통해 의미 있고 아름다운 성관계가 주어질 수 있다. 남자에게 결혼은 자신의 직장생활의 기초가 될 수 있다. 또한 결혼은 여자에게는 그녀에 의해 관리되어야 하고 영감이 불어 넣어져야 하는 '가정'(Haus)이 지닌 의미 있고 또한 권위 있는 근거(ratio)가 된다. 그리고 두 사람 모두에게는, 그렇게 될 수 있다면, 결혼은 한 '가족'-공동체를 이루고 행하기 위한 전제조건이 될 수 있다. 모든 것이 각각의 자리에서 질서를 이루는 것도 마찬가지로 중요하고 바람직하기 때문에, 생활공동체로서의 결혼은 우선적으로 그리고 언제나 스스로 자기목적과 질문과 책임과 사역으로서 존재해야만 한다.

3. 만일 결혼이 하나님 계명의 빛 안에 놓여 있게 된다면, 그 안에서 완전한 생활공동체라는 사건이 드러나게 될 것이다. 결혼의 근거는 사랑이다. 그 사랑은 완전하고, 포괄적이며, 전체적인 생활공동체를 원한다. 이것이 인간과 인간 사이의 다른 관계들에게서, 그리고 남자와 여자에게 동일하게 책임과 일을 부과하는 남녀 사이의 다른 관계들에게서 결혼을 구분한다. 이것은 또한 결혼의 근거가 되는 사랑에서 결혼을 구분하기도 한다. 즉, 사랑이 원하는 것이 바로 결혼에서 가능하게 되고 그리고 자신의 권리에 이르게 되지만, 이는 또한 동시에 책임과 의무가 된다는 사실이다. 그것이 바로 한 명의 특정한 남자와 한 명의 특정한 여자가 온전하게 서로 함께(Miteinander) 존재하는 것이다. 결혼을 통해서 서로 함께 존재함이 있을 수 있고, 또한 반드시 그렇게 되어야만 한다. 즉, 결혼이 올바른 결혼이 되려면 서로 함께 존재함이 반드시 필요하다는 것이다. 왜냐하면 이 서로 함께 존재함이 간직하는 온전함에 결함이 생기는 정도에 따라서, 그리고 여기에서 이루어지고 있는 것이 진실 되지 않는 정도만큼 결혼은 올바른 결혼이 안 되기 때문이다. 다른 말로 하자면, 신약성서적인 개념의 포괄적인 의미에서 둘은 '하나의 몸' 또는 '하나의 육신'이 된다.

슐라이어마허는 1818년에 출판된 그의 첫 번째 『가정 설교집』(Hausstandspredigten)에서 이루어져야만 하는 것이 이루어지지 않는 결혼의 형태를 놀랍도록 유연한 방식으로 기술했다: '소름끼치는' 형태의 이 결혼 안에서 사람들은 분노로 서로에게 화를 내고 있다. 사람들은 갈등과 싸움으로 나눠져 있기 때문에, 이것을 방지하지 않을 뿐만 아니라, 오히려 열심히 이것을 좇고 있다. 즉, "내적 소속감에 대한 어떤 즐거운 확신도 없이 각자가 자신을 조심스럽게 자신의 차단기 안에 가두고, 의무적인 본질을 통해, 준수를 통해, 포기하는 희생을 통해 싸움에 이르는 모든 상황을 방지하고자 시도하며, 가장 부드러운 고려가 참된 사랑의 자리를 대신"한다면, '소름끼치는' 형태의 결혼은 '세심하게 유지되는 계약'이 될 것이다. 이런 '반항적인' 형태의 결혼은 마침내 결혼한 사람들이 "우호적으로 평화롭게 살지만, 단지 시간의 흐름을 통해서, 그리고 각자가 상대에게 가능한 한 요구를 하지 않으면서 삶의 다른 관계들과 다른 모임들 속에서 자기 자신의 만족을 더 많이 찾을 수 있기 때문에, 서로에게 익숙해지는" 곳에 존재하는 "아무런 관심도 받지 못하는 죽은 결합"이다. 슐라이에르마허가 옳다: 이 모든 것은 당연히 '한 몸' 혹은 '한 육신'이 되는 것을 의미하지 않는다.

그러나 부부간의 생활공동체의 완전성은 통제와 같은 것을 의미하지 않는다. 이는 오직 남녀 관계의 질서가 파괴될 때, 독재적인 남자에 의해 예속적인 여자가 지배되거나 혹은 반항적인 여자에 의해 연약한 남자가 지배되는 형태로, 혹은 남녀의 본질의 고유성이 파괴됨으로 인해, 둘 모두가 성적으로 중성인 중앙선으로 떨어지는 반자연적인 형태로 실현된다.

결혼에 관한 슐라이에르마허의 이론은 바로 이 방향으로 향하는 치명적인 결함을 가지고 있다. 그에 따르면 결혼에서 천상적인 사랑과 지상적인 사랑이 동일하게 될 뿐만 아니라, ─저 성적인 신비주의가 어떻게 복수할 수 있는지 사람들은 안다. ─지상적인 사랑 안에서도 마찬가지로 남자와 여자의 욕망과 고통, 생각, 의지와 감정이 동일하게 된다. 그에 따르면, 서로에 대한 그들의 사랑은 상대에게 문젯거리나 과제거리가 되는 것을 세심하게 중지함으로써 근본적으로 더 이상 까다로운 상대가 되지 않을 때에야 비로소 완전해질 수 있다. 물론 이것은 슐라이에르마허 신학의 근본 원리인 중립적인 중간(neutrale Mitte) 원리가 도출한 분명한 결론이다. 그러나 결혼에 이 원리를 적용하는 것은 참기 힘들다. 결혼을 통해 둘이 하나가 되도록 허락받았다는 것은 그들의 올바른 이해를 위해 결혼을 통해 둘이 하나가 되도록 허락받았다는 것과 똑같이 필수적인 것이다.

사람들은 올바른 결혼의 생활공동체가 남자를 남자로, 여자를 여자로 그리고 둘 모두를 그들의 개별적인 독특성 안에서 자유롭게 만든다고 적절하게 지적하였다. 이와 같이 ─남자로서, 여자로서, 각자의 독특한 본성으로서─ 그들은 이제 결혼 안에서 진정으로 함께한다. 그들은 서로를 이미 알았고, 서로를 좋아했고, 서로를 '자유롭게 했고', 서로에게 '스스로를 자유롭게 만들도록' 했다. 이와 같이 그들은 서로를 사랑할 수 있고 사랑해야만 한다. 이것은 서로 동일하게 소유하기를 원하거나, 서로를 동일하게 만드는 방식이 아니다. 오히려 각자의 다름 속에서 서로에게 올바르게 대하고, 기꺼이 서로를 소유하는 방식이어야만 한다. 결혼은 서로에게 허용되고 양쪽에서 누리는 자유 안에 있는 공동체이다. 이 자유 안에서 두 사람은 서로를 소유할 수 있고 또 소유해야만 한다. 어느 누구도 상대에게 율법이 되어서는 안 된다. 즉, 특별한 형태의 애정이나, 선의의 배려나, 자신이 가지고 있는 가사와 가족생활에 관한 생각들이나, 그 밖의 다른 칭찬할 만하거나 그다지 칭찬할 만하지 않은 구상들을 가지고 그렇게 해서는 안 된다! 결혼에서 두 사람은 가장 먼저 이 자유 속에서 자신들을 소유하는 것을 배워야 할 것이다.

내가 보기에 보펫(Th. Bovet)이 한 언급은 매우 중요하다(*Die Ehe*, 1946, 114): "남자와 여자는 마지막까지 결코 서로를 이해할 수 없다." 사람들은 이것이 바로 결혼이라는 완전한 생활공동체 속의 자유와 비밀이라고 말했다.—그러나 그것을 부인하고, 받아들이지 않으며, 서로 인정하지 않는다면, 이는 이미 사랑의 비밀을 부정하는 것이었다. 사랑은 둘의 통일(Einheit)을 목표로 하며, 결혼이 이 통일이다. 이해할 수 없는 것 안에서 남자는 남자이고(이 남자, 즉 그 자신!), 여자는 여자이다(이 여자, 즉 그녀 자신!). 만일 그들이 이 이해할 수 없는 것을 스스로 허용하지 않고, 처음부터 끝까지 이 이해할 수 없는 것 안에서 서로 사랑하지 않으며, 다른 것의 다른 것이자 결국 그 자신이 이해할 수 없는 것을—포기하는 식이 아닌 기쁨으로—존중하는 가운데 함께 살지 않는다면, 그들은 둘이 아닐 뿐 아니라, 그 때문에 하나가 될 수 없다.

이제 두 번째 것을—더 강조되어—언급해야 한다. 그것은 부부라는 생활공동체의 완전성이 남자와 여자가 자신들에게 주어져 누리게 된 자유를 통하여 서로가 기쁘게 동일한 보조를 취하는지 또는 그렇지 않은지의 여부에 달려 있다. 중요한 것은 공동체의 자유, 여기는 물론 어디에서나 책임감을 동일하게 지니고 있는 진정한 자유의 문제이다. 다시 말하면, 두 개인들 사이에 구체적으로 이루어지는 지향, 즉 여자를 향한 남자의 지향과 남자를 향한 여자의 지향에 관한 것이다. 이에 관하여 우리는 이전에 일반적으로 논의한 바 있다. 생활공동체로서의 결혼은 한 특정한 남자가 한 특정한 여자를 지향하고, 반대로 한 특정한 여자가 한 특정한 남자를 지향하는 가운데 이루어지는 존재(Sein)와 지속성(Verharren)이다. 이런 존재와 지속성은 자유의 규정과 한계이다. 이것이 부부 사이의 신실성이라는 개념이 가지고 있는 긍정적인 근본적 의미이다. 이런 개념을 그것을 한계 짓는 의미들과 함께 눈여겨보아야 한다. 만일 사랑이 참되다면, 이런 지향을 통해서 이루어지는 존재와 지속성을 위한 능력을 포함한다. 또한 사랑이 이것을 성취함으로써 참된 사랑으로 증명된다. 신실한 사랑이 의미하는 것은 인간이 다른 인간과 전적으로 그리고 자신 전체를 통해서 관련되는 것이다. 나는 당신 전체를 사랑한다.(Je vous aime tout entier toute entière, 에밀 베르하렌) 결혼은 이와 같이 살 수 있는지, 또는 이와 같이 반드시 살아야만 하는지의 여부에 달려 있다. 사람들은 결혼에서 서로를 보거나, 서로를 듣거나, 서로에 관해 생각하거나, 함께 이야기하거나, 함께 살 때 아무리 최선의 의도에서라고 할지라도 지나치듯이 해서는 안 된다.—이 모든 것은 부분적이 아니라 전체적으로(tout entier toute entière) 성립하며, 또한 그 반대도 마찬가지이다! 다시 말해 사람들은 결혼에서 자기 본질의 일부만을 가지고 상대방의 본질의 일부를 지향해서는 안 된다는 것이다. 사람들은 여기에서 지향이라고 불리는 것과 관련해서 몇몇의 반대의견들에 대하여 자신의 입장을 분명히 해야 할 필요가 있다. 다시 말해보자. 사람들은 자신의 영성을 통해서 파트너의 육체성을 생각해야 한다. 또한 이와는 반대로 자신의 육체성에서 파트너의 영성도 역시 생각해야 한다. 또는 자신의 냉정한 객관성에서 파트너의 마음을 생각해야 하며, 자신의 힘에서 파트너의 연약함을, 자신의 탁월함에서 파트너의 유별남(Wunderlichkeit)을 생각해야 한다. 그리고 이 모든 것은 언제나 항상 반대로도 성립한다! 무엇보다 먼저 그리고 언제나 거듭해서 자신의 특별한 남성성 안에서 파트너의 특별한 여성성을 생각해야 한다. 그리고 또한 그 반대로도 분명히 생각해야 한다. 여기에 부부 사이의 성관계의 문제가 지배적이지도, 결정적이지도 않고, '완전한 결혼'을 위한 열쇠도 아니지만 매우 특별한 중요성과 매우 큰 심각성을 띠고 개입한다. 즉, 이것은 진정으로 공동체적이고 생활공동체적이고, 또한 의미 있고 합법적인 형태의 성관계가 무엇인가에 관한 문제이다. 사람이 파트너를 그의 존재의 모든 차원에서 생각하고, 파트너의 존재를 자신의 존재의 모든 차원으로부터 생각한다. 다시 말하면 윤리적이고, 성격적이고, 심미적이고, 감성적인 가치판단과는 상관없고, 이보다는 이 모든 것을 포괄하고 포용하는 다른 사람에 대한 긍정에 관한 것이다. 이 긍정은 신격화나 경탄을 의미하지 않는다. 그렇기에 긍정은 결코 다른 사람에 대한 승인이 아니다. 이 긍정은 언제나 상대에 대한 신중함과 비판을 포함할 수 있고 또 그래야만 한다. 이렇게 긍정이 실로 하나님의 계명 하에서 그리고 남녀 관계 전체에 대한 냉정한 이해에 근거해서 이루어질 때 확실히 한 사람에 대한 다른 한 사람의 긍정이 될 수 있다. 긍정은 단순하게 다른 사람의 현존 속에 실존하고 있을 때 성립한다. 이 실존은 깨어 있으면서 사고할 뿐만 아니라 실제로 살아 있는 의식 속에서 이루어지고, 다른 사람의 공존을 인식하고, 다른 사람의 실존과 함께하는 자기 자신의 공존을 인식하는 의식 속에서 이루어진다. 올바르게 이해하자면, 결혼을 통해서 다른 사람을 관대하게 공유하고 스스로 자유롭게 머무는 것은 하나의 과제이고, 하나의 일이며, 그 기능이 결코 저절로 이해되지 않는 하나의 작업이라는 것이다. 사람들이 이런 상호적이고 실제 살아 있는 현실 의식(Präsenzbewußtsein)으로의 해방과 더불어서, 서로 받아들이고, 함께하고, 이 때문에(정말로 오직 이 때문에!) 서로를 긍정하고, 신실하게 서로를 사랑하게 되는 원인이 되는 서로에 대한 지향이 중요하다는 것을 파악한다면, 결혼이라는 생활공동체에서 이와 같은 것이 문제시된다는 사실이 간과될 수 없다. 어떤 결혼에서든지 그리고 결혼의 어떤 단계에서든지 이 과제와 관련하여 해야 할 것들이 두 당사자들의 양손에 가득하지 않겠는가? 이와 같은 성실의 힘으로 인해 결혼이 '사건'(Fall)이 아닌 하나의 '신분'(Stand)이라는 사실이 저절로 이해되거나 저절로 이루어지지는 않는다. 결혼은 남자와 여자가 사랑의 성실성을 통해서 함께 연합하여 서 있음으로써 항상 상태가 되어야만 한다. 어떤 한 거대한 작업이 있다면 그것은 바로 이것이다. 이 작업이 실행될 때 결혼의 '세계'가 탄생한다. 즉, 특별한 결혼의 특별한 세계가 탄생하는 것이다. 그때 또한―자녀와 가족이 있든지 또는 없든지―하나의 분위기가 만들어지고, 한 범위가 형성되며, 한 '가정'(Haus)이 세워진다. 이 가정은 외부에 드러나게 되고 형태와 특성과 중요성을 획득한다. 가정은 하나의 중심점과 하나의 거주처가 될 수 있고 다른 많은 사람을 위한 하나의 피난처가 될 수 있다. 가정의 비밀은 전적으로 저 생생함과 깊은 즐거움 안에 놓여 있고, 이중성 안에 있는 통일성의 공동 건축물로서 다른 모든 눈으로부터는 숨겨져 있지만 그 가장 깊은 내면에서―진정 오직 네 개의 눈 아래에서만―사건이고, 언제나 다시 사건이 된다.

끝으로 남녀 관계에 관한 우리의 일반적인 발견들에 따르면 다음과 같이 말할 수 있을 것이다. 즉, 남자와 여자의 온전한 생활공동체로서의 결혼을 통해서 남자가 첫 번째가 되고 여자가 두 번째가 되는 질서가 유효하게 되고 효력을 발휘하게 된다는 것이다.

결혼에서 질서가 유효하게 된다는 사실과 관련되는 구절은 고린도전서 11장을 제외하면 무엇보다 에베소서 5장과 이 질서에 관해 다루는 신약성서의 나머지 구절들이다.―슐라이에르마허가 남자와 여자 사이의 질서적인 불평등(ordnungsmäßige Ungleichheit)으로 시작하지 않고 이 질서를 (엡 5:22-23에 의존해 작성된) 그의 결혼 설교에서―충분히 인위적으로―사라지게 했다는 것은 그의 결혼에 관한 가르침이 가진 약점들 가운데 하나이다: 여자가 남자에게 종속되어야 한다는 것은 외부적으로 남자가 가정을 대표해야만 한다는 것과 관련되어 있다.―빵을 먹기 위해서 남자는 얼굴에 땀을 흘려야 하는 반면에 여자는 자녀를 낳는 의무가 주어지고 시민 사회에는 간접적으로만 참여할 수 있다. 이 때문에 실제로 불평등이 있는 것으로 확정해서는 안 되며, 그렇게 보이는 모든 것은 가장 완전한 평등에 대한 정확한 관찰을 통해 해결되어야 한다. 남자가 부모를 떠나서 자신의 아내와 하나가 되어야 한다는 말씀을 통해서 여성의 마음으로부터 나와서 남성의 마음을 지배하는 힘이 제시되었다. 실로 여자 안에 있는 이 무의식적이고 비자의적인 힘을 통해서 비로소 남자는 여자의 머리가 된다. 만일 남자가 여자의 협력 없이 스스로 가정의 기쁨과 영광을 (또한 고통과 근심을) 만드는 것이 언제나 다시 여자에게로 되돌아가려는 목적으로 행해진다면, 여자는 그의 모든 행위와 성취에서 그녀 자신의 힘을 느끼게 된다. 남자가 여자를 사랑할 때, 그리스도가 그분의 교회에 마주 서 계시듯이, 남자도 여자에게 마주 서게 된다. 즉, 남자는 더욱더 여자를 그녀의 성이 그토록 쉽게 얽매이는 외적이고 내적인 예속으로부터 해방시킨다. 여자는 남자로부터 사랑을 받고 자유롭게 될 때 모든 제한을 스스로 행하게 되고, 공동의 삶의 힘이 방해받지 않고 그녀를 다스리게 된다. 이를 통해 교회가 그리스도에 대하여 마주 서게 되듯이 여자도 남자에 대하여 마주 서게 된다. 그리스도와 상호관계를 맺고 있는 교회에게 단지 멀리 있는 영원한 생명 속에서 주어질 것으로 약속된 것이(우리가 되어야 할 모습이 완전하게 나타났을 때, 우리는 그분과 동일하게 될 것이다!) 여자에게서는 더욱 빨리 성취에 이르게 된다.―이 해석의 과격함이 슐라이에르마허가 여기에서 실제로 대변하고자 했던 것을 모호하지 않고 명확하게 배격하고 있다.

    결혼에서 남자와 여자의 질서적인 불평등은 단적으로 그들의 공동체를 자유 안에 있는 공동체로, 그들의 자유를 공동체 안에 있는 자유로 만들고, 유지하고, 언제나 다시 그렇게 되도록 해야 하는 책임이 언제나 우선적으로 남자의 문제라는 사실에서 기인한다. 물론 이것은 또한 여자의 문제이기도 하며, 그리고 여자의 문제가 된다. 그러나 남자는 이를 기다려서는 안 된다. 그는 여자가 이것을 그녀 자신의 것으로 삼는지 여부에 여자의 지각이 의존하도록 만들어서는 안 된다. 남자는 자유의 문제들에서뿐만 아니라 공동체의 문제들에서도 주도권을 잡아야 하며, 이를 통해 여자보다 앞서 가야 한다. 언제나 새로운 과제가 두 사람 모두에게 주어지고, 두 사람 모두에게 주어진 과제가 언제나 새롭게 실행되어야 하기 때문에, 남자가 먼저 언제나 새롭게 이 과제가 정말로 이루어지는지 살피고, 이를 위해 서 있어야 한다. 남자에게 이것은 매우 가혹한 일이다. 왜냐하면 결국 결혼에서 제기되는 모든 불평이 남자에게 떨어지기 때문이다. 즉, 이는 여자가 만나는 남자가 독재자거나 혹은 연약한 자일 때 생기는 여자의 정당한 불평뿐만 아니라, 예속적이거나 반항적인 여자에 대한 남자 자신의 정당한 불평도 역시 이에 속한다. 남자에게 첫 번째로서의 책임이 있다. 왜 남자는 여자를 효과적으로 자유로, 공동체로, 성숙으로 그리고 겸손으로 부를 수 있을 정도로 강하지도 않고 충분히 친절하지도 않은가? 여자의 잘못도—이 잘못은 틀림없이 여자 편에 있다.—마찬가지로 분명히 우선적으로 남자 자신의 잘못이다. 남자는 이를 받아들여야 하고 진정으로 자기 자신이 이에 대한 책임을 져야 한다! 이로써 남자는 그리스도가 그분의 교회에 마주 서 계시듯이 여자에게 마주 서야 한다. 이 점에서 남자는 여자의 머리이며, 그리고 남자는 여자와 맺는 관계를 통해서 참으로 강하고 친절한 남자가 된다. 이처럼 여자가 이러한 남자의 책임과 역할로부터 남자가 앞과 위에 서는 것을 이해한다면, 어떻게 그녀는 그녀에게 합당한 예속(Nachordnung)과 종속(Unterordnung)에 순응하지 않거나 자유 안으로 가고자 하지 않겠는가! 어떤 점에서 남자는 여자를 앞서는가? 여자보다 더 크고 위대한 어떤 다른 존재가 되기 위해서가 결코 아니다! 그의 장점을 위한 것도 아니고 그녀의 단점을 위한 것도 아니다! 바로 여자를 위해서, 바로 여자가 그를 따르도록 하기 위해서이다! 그녀가 그를 따를 때 그녀는 어디로 가는가? 그녀에게 가치 없고 성가신 남자에의 의존으로 가는 것이 아니라, 남자에 대하여 그녀 자신이 자유 안으로 가는 것이다! 남자 아래 있는 어떤 먼 심연 속으로 가는 것이 아니라, 그와의 연합으로 올라가는 것이다! 남자가 여자를 그곳으로 부른다는 점에서, 즉 다시 말해 남자가 먼저 둘이 함께 그곳으로(자유 안으로, 공동체 안으로) 나가도록 적절한 상황을 만든다는 점에서 남자가 여자의 머리가 된다.

우리 세기의 로마 가톨릭의 현대화를 위한 주목할 만한 가치가 존재한다. 그리고 분명히 실천적으로도 높고 인정받을 만한 의미가 존재한다. 그것은 이런 사랑의 질서(ordo amoris)—아우구스틴이 이와 같이 명명했듯이—가 이미 정결한 혼인(*Casti Connubii* Denz. 2233 항목) 회칙에 매우 무게 있는 설명들과 대비책들이 서술되어 있다. 이런 질서는 여성의 도덕적이고 법적인 인격성을 전혀 고려하고 있지 못하다. 최고의 교직이 간직한 과도한 열의(熱意)는 이런 방향에서 널리 확장되었고, 사람들은 이를 올바른 것이라 간주한다. 그리고 이는 에베소서 5장에 따라서 보충되고, 더 가필되었다. 만일 이른바 남자가 머리라면, 이렇듯 여자는 심장이다. 그리고 남자가 지도라는 자리에서 우선권을 간직한다면, 이렇듯 여성은 사랑이라는 자리에서 우선권을 지닐 수 있고 또한 지니고 있어야만 한다. 이것은 그녀에게 특별하게 그녀 자신을 위해서 요구되는 것이며, 요구되어야 하는 것이다.(Si enim vir est caput, mulier est cor, et sicut ille prinvipatum tenet regiminis, haec amoris principatum sibi ut proprium vindicare potest et debet) 이 모든 심사숙고는 이런 보충(또한 이런 보충이 허락되었고 또한 멋있게 보일지라도)은 실제로 한 번도 필요해서는 안 되었던 것이다. 에베소서 5장에 대한 정확한 이해는, 예를 들면 단지 5장에 따라서 보는 것처럼, 잘못된 오용을 막는 최선의 안전장치이다. 그러나 이런 오용은 이미 충분히 발생하였다.

이것이 남녀의 완전한 생활공동체로서의 결혼에 관해 이야기되어야 하는 세 번째 것이다. 즉, 결혼은 이 질서, 즉 남자와 여자 사이의 질서적인 불평등 안에 있는 삶인 것이다. 여기에서 적용될 수 있을지 의문시되는 그 밖의 모든 개별적인 것들은 이 질서가 받아들여지고 유효하게 될 때 저절로 생겨날 수 있다. 이 질서가 적용되는 수많은 가능성이 있다. 이 가능성들은 질서의 테두리 안에 공간을 가질 수 있으며, 또한 각각 질서의 테두리 안에서 허용되며 요구될 수 있다.

또한 위에서 언급한 백과사전은 여기서(위에서 언급한 부분) 매우 솔직하게 다음을 인정하고 있다. 아내가 남편에 순응하는 것은 그녀의 성숙도와 천성과 매우 밀접하다. 각각 사람들, 장소들, 시간들의 다양한 형식들에 따라서 이는 다르게 나타난다. 즉, 남자가 자신의 임무를 포기할 때, 그때에 가족에 대한 우선권을 지닌 남자의 위치를 여자가 차지할 수 있다.(Haec de in uxoris viro suo obtemperatio, ad gradum et modum quod attinet, varia esse potest pro variis personarum, locorum, pemporum, conditionibus; immo si vir offico suo defurit, uxoris est vices eius in dirigenda familia supplere)

질서는 오로지 통용되어야 하며, 이해되어야 하며, 그리고 다양한 방식으로 실천되어야만 한다! 질서가 무시되거나 깨어져서는 안 된다! 이 질서는 남자들과 여자들 사이의 다른 수많은 관계 속에 어느 정도 감추어져 있거나 은폐되어 있을지도 모른다. 그러나 이런 질서는 결혼을 통해서 분명하게 효력을 나타내고 또 그렇게 되어야만 한다. 결혼을 선택한 자는 그 자신이 이 질서를 선택했음을 알아야 한다. 그리고 결혼 안에 살고자 하는 자는 그가 이 질서 안에서 사는 것 말고 다른 것을 할 수 없다는 것을 알아야 한다.

4. 결혼이 하나님 계명의 빛 가운데에 놓일 때 분명히 드러나는 것이 있다. 그것은 결혼이 배타적 생활공동체라는 것이다. 결혼은 주변 세계의 한가운데서 발생하는 사건이다. 결혼은 주변 세계와 매우 다양한 방식으로 관련되어 있다. 결혼은 다른 남자들과 여자들, 때로는 멀거나 혹은 때로는 가까운, 때로는 가장 가까운 관계들을 맺는다. 결혼은 — '가족'이 있거나 혹은 가족 없이 — 가정을 세우고 형성한다. 이런 가정에 많은 사람이 나가고 또한 들어온다. 예를 들면, 남자에게 더 많은 관심을 주게 될 여자들, 그리고 여자에게 더 많은 관심을 두게 될 남자들이다. 온전한 생활공동체로서의 결혼은 이것을 견딜 뿐만 아니라, 더 나아가 이것을 가능하게 만든다. 이를 통해서 결혼은 외부적으로 풍요롭게 되고, 스스로 더 감동적이 되고, 그리고 더욱 풍부하게 된다. 그러나 이 모든 것이 전제로 하는 것은, 바로 결혼이 배타적인 생활공동체라는 것이다. 결혼은 어떤 제삼의 남자도, 또한 어떤 제삼의 여자도 포함하지 못 한다. 즉, 결혼은 전체의 중심을 형성하는 살아 있고 즐거운 것의 비밀을 통해서 — 책임 앞에서 그리고 둘을 위해 해야 될 일 앞에서 — 살아가야 하고, 견뎌내야 하고, 잘 하든지 잘못하든지 극복해야 하는 두 사람 — 오직 이 두 사람 — 에 대한 규정인 자유, 공동체, 그리고 질서의 변증법 속에서 결코 제삼자를 포함하지 못한다는 것이다. 결혼은 본질적으로 일부일처제(Einehe)이다.

일반적으로 알려진 바로는 결혼제도(Institut)가 실제로 광범위한 범위에서 일부다처제(一夫多妻制)로 존재했었다. 그리고 아직도 여전히 그러하며, 그렇지 않은 경우에도 어쩌면 다시 그렇게 될 수 있을 것이다. 그리고 동일한 이름의(gleichnamig) 이런 제도를 염두에 두면서 결혼윤리를 정당화하고 발전시킬 수 있는 가능성이 전혀 없음도 분명하게 증명되지 못한다. 사실 오늘날 유럽의 한 가운데에서 벌어진 전쟁 때문에 야기된 많은 남자의 죽음, 이런 상황에서 무엇이 제도적으로 가능하게 될지를 그 누가 알겠는가. 그 자체로 확실하고, 스스로 확실한 보증을 제공하는 결혼제도란 존재하지 않는다. 그렇다면 우리는, 왜 일부다처제는 아닌가를 물어야 할 것이다. 사람들이 관습과 율법에 의해 보호되는 결혼제도를 주시하는 한, 일부다처제는 언제나 버려질 수 있다. 일부일처제를 요구하는 관습과 율법은 오직 이 결혼 제도가 완전히 다른 권위에 의해 요구되었다는 사실을 기초해서 자신의 권위와 힘을 획득할 수 있다. 일부일처제는 윤리적이다. 더 나아가 일부일처제는 신학적-윤리적이다. 왜냐하면 하나님의 계명이 이 제도를 요구하기 때문이다.

우리의 명제를 이해하기 위해서 우리가 반드시 되짚어야 할 사실이 있다. 그것은 올바른 결혼이 무엇보다 한 명의 남자와 한 명의 여자가 하는 사랑 안에 결혼의 원천과 계속 필요한 양분이 담겨져 있다는 것이다. 사랑하는 것(diligere)은 선택을 의미한다. 다시 말하면, 각자 한 명이 각각 한 명을 선택하는 것이다. 동시에 나란히, 혹은 번갈아 가면서 여러 명을 사랑할 수 있다고 생각하는 자는 전혀 사랑하고 있는 것이 아니다. 그는 아직 실험자에 불과하다. 만일 그가 이를 벗어나지 않는다면, 그는 결혼이라는 영역에서 무능한 자로 남게 된다. 우리는 돈 쥬앙이 영웅이 아니라 사랑의 왕국에서 연약한 자라는 것을 이미 말하였다. 만일 결혼이 사랑의 확증이라면, 결혼은 또한 사랑 안에서 이루어지는 선택의 확증이자, 확인이며, 활동이다. 결혼은 이러한 선택에 근거한 삶이다. 이 때문에 결혼은 일부일처제이다.

사람들은 우선 언제나 이와 동일한 노선에서 계속 앞으로 진행할 수 있고 또 그래야만 한다. 다시 말하면, 사랑은 무엇인가를 선택하는 실행이라는 것이다. 그리고 이를 실행할 때 올바른 선택을 하고자 하고, 객관적으로 적절하며 불가피한 선택을 하고자 하며, 또 그렇게 희망한다. 사랑은 사랑 자체에 의존하지 않는다. 오히려 사랑을 통해서 발견되어야 할 사실에 대한 두 사람의 확인이기를 원한다. 즉, 이를 통해서 우리 둘은 서로에게 속함을 확인하는 것이다. 우리 둘은 서로를 위해 선택되었다. 우리가 이것을 알고 있기 때문에, 이제 우리는 우리 편에서 우리 자신을 선택한다. 사랑은 이 확고한 사실을 보고, 이것을 발견하는 것에 자신의 기초를 둔다. 그리고 사랑은 선택일 뿐만 아니라, 또한 객관적으로도 적절하고 불가피하게 행해진 선택의 결정이다. 이것이 바로 진지한 사랑을 의도하고, 진지한 사랑을 기대하고, 진지한 사랑을 믿는 것이다. 의도하는 것, 기대하는 것 그리고 믿는 것을 통해서 사랑하는 자들은 어느 정도 자기 자신을 넘어선다. 그리고 자신들에 의해서 사랑이 고안된 것이 아니라, 단지 발견되는 하나의 규정, 그들 둘 모두에게 의미 있는 규정을 바라보게 된다. 그렇기에 그들 둘은 서로를 위한다! 그 누구도 아닌 그들 둘! 처음에 그들은 일반적으로 의도하고, 기대하고, 믿으면서도 그들이 올바른 선택을 내렸는지에 관해 여전히 어느 정도 확신을 가지지 못한다. 사랑이 줄어들거나 사라지지 않는다면, 그들의 확신은 더욱 강해져서 결국에 그들은 결혼하기로 결정하게 될 것이다. 그럼에도 그들이 확신하건 그렇지 않건, 그들은 올바른 결정, 즉 배타성을 자체에 포함하고 있는 그런 결정을 염두에 둔다. 그렇기에 그들 둘은 서로를 위한다! 그 누구도 아닌 그들 둘! 만일 그들이 그들의 사랑 안에서 올바른 결정을 내린 것에 대하여 스스로 일단락을 지어 명백히 하고, 이에 따라서 결혼하기로 결정을 했다면, 이는 당연히(eo ipso) 그들이 이 배타성을 선택하기로 결정했다는 의미이다. 또한 그들이 삶을 위해 서로 함께하는 것이 유효하게 되도록 허용하기를 원한다는 의미이다. 그렇기에 그들 둘은 서로를 위한다! 그 누구도 아닌 그들 둘! 결혼은 이런 조정과 결심에 기초한 삶이다. 다시 말하면 결혼이란 이 조정과 결심 가운데 나타났고, 또한 사랑이 계속될 때 언제나 항상 나타나는 더 높은 결정과 관련된 삶이다. 사랑하는 자들이 호소하는 대상이면서, 그들이 결혼을 감히 시도할 때 기초가 되는 더 높은 결정은 다른 어떤 누구도 아닌 오직 그들 둘에게만 상관한다. 이 때문에 결혼은 일부일처제이다.

그러나 더 높은 결정으로 이끄는 해명과 결심은 인간이 하는 일이다. 두 사람이 품는 의도와 기대, 그리고 믿음을 바탕으로 생각할 수 있는 최고의 확신은 분명히 오류가 있을 것이다. 어쩌면 그들은 올바른 선택, 객관적으로도 적절하고 반드시 필요한 선택을 하지 못할 수도 있다. 이 때문에 배타성(그들 둘은 서로를 위한다! 어느 누구도 아닌 그들 둘!)은 공중에 흩어져 버리고 또한 효력을 상실하게 될 수도 있다. 그러나 이것이 사랑을 바탕으로 한 일부일처제의 정당성을 약화시키지 못한다. 특히 일부일처제는 그 자체로 충분히 유효할 수도 있다. 하지만 분명한 것은 하나님의 계명 아래에 사랑이 놓여 있다는 점이다. 이것은 일부일처제가 하나의 제한된 근거임을 의미한다. 이것은 또한 우리가 사랑으로부터 완전히 독립적이지는 않더라도 어느 정도는 독립되어 있는 어느 하나의 근거를 찾기에 애쓸 것임을 의미하기도 한다. 이제 우리는 분명히 알게 된 것은, 온전한 생활공동체로서의 결혼이 사랑으로부터 완전히 독립되어 있는 것이 아니라는 사실이다. 다시 말하면, 결혼은 정말로 오직 사랑으로부터만 생겨날 수 있고, 또한 언제나 사랑으로부터 자양분을 흡수해야만 한다는 것이다. 우리는 또한 결혼이 사랑과 마주하는 하나의 고유하고 새로운 삶의 형태라는 것을 알고 있다. 결혼에서 두 사람은 올바른 선택과 관련해서 그들 스스로 어느 정도 확신했었는지, 또는 그들이 올바른 결정을 내렸기를 원하는지 아니면 결정을 하지 않았기를 원하는지에 관한 질문을 더 이상 받지 않는다. 결혼에서 그들은—확신을 하든지 확신하지 못하든지, 좋든지 나쁘든지—선택을 뒤로 하고, 오직 그들의 선택이 진실임을 증명하는 수단인 온전한 생활공동체의 책임과 과제에만 집중한다. 사람들은 결혼을 통해서 이런 책임과 과제 앞에 선다. 이 책임과 이 과제 앞에서 사람들은 셋도 넷도 아닌, 오직 둘이 함께 서 있을 뿐이다. 서로를 선택하는 두 사람 이외에 어떤 제삼자도 필요 없다. 그리고 오직 이 둘만이 결혼을 통해서 스스로의 진실성을 확증해야만 한다. 만일 결혼에 그토록 중요한 요소인 이와 같은 상호적인 자기해방(Sichfreigeben)과 양쪽 모두의 자유로운 실존(Freisein)이 두 번째 아내 혹은 두 번째 남편에 의해서 요구되고, 더 나아가 제삼자에게도 동일한 유익이 되어야 한다면, 이것이 어떻게 공동체 안에서 실현될 수 있겠는가? 만일 자유가 이루어질 수 있는 통로인 서로를 향한 지향이 계속해서 첫 번째 파트너와 완전히 다른 두 번째 파트너를 향한 지향 속에서 전개되어야 한다면, 자유 안에 서 있는 공동체는 도대체 어떻게 되겠는가? 만일 두 명의 첫 번째 혹은 두 명의 두 번째가 문제가 된다면, 생활공동체의 질서는 도대체 어떻게 되겠는가? 세 번째 남자 혹은 세 번째 여자는 그 자체로(eo ipso) 모든 차원에서 온전한 생활공동체를 방해하고 파괴하는 존재이다. 결혼이—하나님의 계명 아래에 있고 이를 따르는—온전한 생활공동체라면, 결혼제도는 그 자체로 일부일처제이어야 할 것이다.

그러나 결혼이라는 온전한 생활공동체는 또한 의문스럽고 불완전한 인간의 일이다. 그러나 하나님의 계명이 요구하는 내용으로서의 결혼은 의문의 여지 없이 물론 완전하다. 이런 결혼은 무조건적으로 일부일처제를 요청한다. 이것은 사랑이 의도하고 기대하는 올바른 선택에 대해서도 성립한다. 일부일처제의 정당성이 사랑 그 자체에 근거하며, 또한 그 안에 제한되어 있는 것처럼, 마찬가지로 결혼의 본질에 근거해서도 제한되어 있다. 두 사람에 의해 결정되는 사랑의 선택이 잘못될 수 있는 것처럼, 두 사람에 의해 이루어지는 결혼이라는 온전한 생활공동체도 마찬가지로 실패할 수 있음을 우리는 잘 알고 있다. 결혼이라는 온전한 생활공동체는 적어도 상대적인 사랑이라는 조건을 내포한다. 그렇다면 어떻게 일부일처제가 무조건 사랑에 의해 요구될 수 있을까? 일부일처제는 오직 사랑과 결혼이 하나님의 계명 아래 서 있고 지속될 경우에만, 그때에만 사랑과 결혼의 본질을 근거로 갖는다. 일부일처제가 사랑하는 자들과 배우자들에게 선포되며, 이것이 또한 그들이 듣게 되었던 하나님 계명의 내용과 맞아떨어질 때, 그때에야 일부일처제는 비로소 사랑과 결혼을 위한 무조건적인 요구가 된다. 다른 모든 근거의 마지막 보루가 되는 것이 있다. 바로 이런 최후의 보루를 향해 일부일처제는 다음과 같은 질문을 제기한다. 어떻게 일부일처제가 진정으로 하나님의 계명의 내용인가? 이에 대한 대답은 오직 하나뿐이다.—그리고 우리는 올바르게 대답하기 위해서, 너무 수준 높거나 혹은 너무 심오할 필요가 없다. 그 대답은, 일부일처제가 은혜롭고, 은혜를 통해 스스로 자유로우며, 자유롭게 선택하시는 하나님의 계명일 때에만, 일부일처제는 하나님 계명의 내용이 된다는 것이다. 하나님과 인간 사이에도 결혼과는 완전히 다른 사귐의 공동체가 주어진다. 이런 사귐의 빛이 어느 정도 가까운 곳에서 거의 직접적으로 결혼을 조명했다. 그래서 결혼은 이런 사귐의 공동체의 특별한 거울 혹은 표상이나 상징이 된다. 만일 그렇다면, 이런 이유로 결혼은 다른 모든 형식을 대표하는 인간의 공동체로서 증명될 것이다. 하나님은 일치성을 통하여 스스로를 창조주로서, 자유로운 선택의 은혜를 베푸는 하나님으로서, 그리고 언약의 하나님으로서 자신을 드러내신다. 이런 하나님은 분명 무엇보다 그리고 가능한 최대한으로 이를 결혼을 통해서 드러내신다. 만일 사람들이 이것을 알고, 그리고 하나님 계명의 빛 가운데서 결혼을—처음에 결혼이 아니라 사랑 안에 있는 결혼의 근거를—본다면, 결혼과 관련된 하나님 계명의 내용이 불가피하게 당연히 일부일처제라는 것을 어렵지 않게 이해하게 될 것이다. 다시 말하면, 하나님의 선택과 하나님의 언약은 일부일처제에 대한 요구에 무조건적이고 강제적인 성격을 부여한다는 것이다. 결혼은 근본적으로는 결코 요구나 율법이 전혀 아니다. 오히려 선물이자 복음이다. 그렇기에 이런 인간의 공동체라는 형태를 통하여 초청, 허용, 그리고 자유는 하나님과 인간의 연합, 즉 그분의 자유롭고 선택하는 은혜의 언약과 사랑의 선택 안에서 이루어지는 그분의 자유롭고 은혜로운 선택을 보여주고 또한 묘사한다. 또한 결혼의 언약을 통해서 "하나님이 자기 형상, 곧 하나님의 형상대로 사람을 창조하시되 남자와 여자를 창조하시고"(창 1:27)라는 말씀이 진실이 되도록 하는 하나님의 언약의 신실성이 드러난다. 그분의 선택과 그분의 언약 안에서 우리를 선택하는 신적인 파트너이자 또한 절대적으로 유일한 그분이 우리를 만나신다. 자세히 보자면, 그분 이외에는 어떤 다른 신들도 존재하지 않는 한 분 야웨-엘로힘, 하나님과 인간들 사이의 한 분 중재자이신 예수 그리스도, 그분의 선물에서 풍요로운 한 분 거룩한 성령이 우리를 만나시는 것이다. 또한 이런 언약을 통해서 선택된 피조물인 파트너는, 그가 한 개인으로 제시되든 혹은 한 집단으로 제시되든, 언제나 유일성(Einzigkeit)이라는 특징을 갖는다. 다시 말하자면, 그는 모든 민족 가운데 오직 이스라엘 홀로, 이스라엘 안에서 오직 유다 홀로, 유다 안에서 오직 다윗 홀로, 다윗의 집 안에서 오직 마지막으로 신비롭게 심겨진 저 자손 홀로, 마리아의 아들 홀로라는 유일성을 지닌다. 또한 한 분 주님께 서로 다른 여러 교회들이 속해 있는 것이 아니다. 여기저기에 흩어져 있는 교회들에는 유일하며, 어디서나 동일한 하나의 거룩한 보편적 교회가 존재한다. 그 밖에 이 보편적 교회와 나란히 존재하는 다른 어떤 교회도 없다. 이처럼 한 명의 모세, 한 명의 예레미야, 한 명의 베드로 (또한 한 명의 유다!), 한 명의 바울, 이 사사(Richter), 이 예언자, 이 사자(Bote)이자 주님의 명령을 받은 자, 주님이 사랑하셨던 한 명의 제자는 자신들 시대의 사람들로부터 선택된 자들이었다. 각자는 자신의 위치와 자신의 역할에서 절대로 대체될 수 없고, 교체될 수 없으며, 다른 어떤 누구의 경쟁의 대상이 될 수도 없다. 오직 이 선택과 이 언약의 빛 속에 들어갈 때, 오직 이 선택과 이 언약에 관한 하나님의 계명 아래 들어갈 때 결혼은 일부일처제가 될 수 있다. 이 점에서 결혼은 배타적이다. 이런 연관관계가 성립하기 때문에 사랑하는 자들이 서로를 선택할 때 올바르면서 객관적으로 적절하고 필요한 선택을 하기를 원하고 기대한다. 또한 그렇다면 그들은 결코 텅 빈 환상을 쫓는 것도 아니다. 바로 이것이 더 높은 결정과 규정이다. 이에 따르면, 그들 둘은 어떤 누구도 아닌 서로에게 속해 있다. 또한 이 연관관계가 성립하기 때문에 결혼이 아무리 의심스럽고 불완전하게 이루어지더라도, 그러나 의심의 여지 없이 완벽하게 두 사람의 완전한 생활공동체가 된다. 그래서 모든 제삼자에 대하여 배타적인 성격을 지닌다. 이러한 연관관계로부터 인간적인 사랑과 인간적인 결혼에―진실로 결혼으로부터 비롯되는 것이 아니라 높은 곳으로부터 비롯되어 결혼 안으로―신실성에 대한 요구가 들어오게 된다. 좀 더 잘 표현하자면, 이것은 제한하는 의미에서 신실성 안으로 초대하고, 허용하며, 해방함을 가리킨다. 다시 말하면, 사랑에서는 선택의 일회성과 유일성 안으로 초대하고, 허용하며, 해방함을 가리킨다. 또한 결혼에서는 실제로 가능성이 있는 모든 제삼자를 배제한 채 선택된 파트너만을 지향하는 가운데 이루어지는 지속성으로의 초대와 허용과 해방이다. 이런 연관관계로부터 일부일처제가 비롯되고, 이미 이에 대한 근거로서 실제 유일한 사랑(Einliebe)이 무조건적이고 강제적으로 요구된다. 그러나 우리는 다음을 주의해야 한다. 즉, 이런 요구가 무조건적이고 강제적인 이유를 갖게 되는데, 그것은 일부일처제가 이 연관관계로부터 율법적으로 요구되는 것이 아니라, 이미 공표된 초대와 허용의 적용으로서 그리고 일어나고 있는 해방에 근거한 삶으로서 복음적으로 요구되고 있기 때문이다. 믿음 안에 있을 때, 즉 자유롭게 선택하시는 하나님의 은혜와 언약에 대한 감사의 긍정 안에 있을 때, 사람들은 남녀관계에 있어서 유령처럼 떠도는 성애(Eros)에, 일부다처제에 대해서도 '예'라고 결코 말할 수 없다는 것이다. 사람들은 이런 가능성들을 믿음 안에서 거부한다. 결혼에서 사람들은 믿음을 통하여 분명하게 말한다. 다른 어떤 여자도 아닌 이 여자! 다른 어떤 남자도 아닌 이 남자! 사랑 안에서 사람들은 분명히 말할 수 있다. 이 여자 이외의 어떤 다른 여자도 아니다! 이 남자 이외의 어떤 다른 남자도 아니다! 이 모든 것이 믿음에 달려 있다. 우리는 믿음의 삶이 바로 이 최상의 놀라운 허용 안에서의 삶이라는 것과, 믿음에 순종하는 것은 바로 이 최상의 놀라운 허용을 사용하는 데 달려 있다는 사실을 부정할 수 없고 또 부정해서도 안 된다.

하나님의 계명의 이 특별한 내용에 대해서 성경에는 어떻게 말하고 있는가? 사람들이 언약과 순종에 관해 질문하는 대신 율법적으로 생각하고자 할 때 성경에서 읽게 되는 하나님의 계명이나, 모든 시대의 율법적인 사고가 즐겨 대변하는 그런 하나님의 계명은 확실히 아니다.

이른바 구약에서는, 한편으로 일부다처제가 심사숙고 없이 율법과 예언자들에 의해 직접적으로 비판받지 않은 채 행해졌다: 이는 대표적으로 족장들의 역사에 묘사되어 있다.—그러나 특별히 결정적인 본문인 창세기 2:18-25와 애가(애가는 솔로몬이 700명의 아내와 300명의 첩을 가지고 있었다는 열왕기상 11:3의 보고에 따라서 솔로몬의 저작으로 간주되었다!) 그리고 호세아 1-3장에서 희미하게 빛나고 있는 견해의 배경에는 본래적인 결혼으로서의 일부일처제가 나타나 있다.

또한 신약에서는, 일부다처제가 한순간에 사라진 것처럼 보인다. 결혼에 관해 다루고 있는 모든 구절은 아주 당연하다는 듯이 한 명의 남자와 한 명의 여자 사이의 관계와 관련되어 있는 듯이 보인다. 그러나 다른 한편으로 우리는 일부다처제가 명시적으로 금지되고, 일부일처제가 일반적으로 허용되고 있는 어느 한 구절도 확실하게 지적할 수 없다. 만일 사람들이 적어도 정말로 엄격하게 성경적-율법적으로 사고하기를 원한다면, 정직하게 말해서, 우리가 이 문제에서 무조건적인 하나님의 계명을 다루고 있다고 결론을 내리는 것이 불가능할 것이다. 특별히 어떤 특정한 그리스도교 분파들은 세상적인 삶의 관계들의 질서를 어느 정도는 율법책인 구약성서에서 직접 읽을 수 있다고 생각한다. 그러나 그들은 이런 사실들에 관해 훨씬 많이 숙고해야만 할 것이다. 예를 들어, 사람들이 국가와 가족을 구약의 규정에 따라 이해하고 세우기를 원한다면, 왜 결혼은 그렇게 해서는 안 되는가? 일부일처제인가 아니면 일부다처제인가라는 질문은 어떻게 결정되어야 하는가?

그러나 성경적-율법적인 사고란, 어디에서나 마찬가지로, 그리고 여기에서도 나무로 된 철과 같다. 율법적으로 생각하는 자는 성경적으로 생각하지 않는다. 또한 성경적으로 생각하는 자는 율법적으로 생각할 수 없다. 성경의 내용은 절대 율법이 아니며 언약의 역사이자 예수 그리스도를 통해 도래한 왕국에서 이루어지는 언약의 성취에 관한 소식이다. 오직 여기로부터 성경에 계시된 신적 계명의 내용이 나오는 것이다. 사람들이 여기로부터 계명을 이해한다면 그들은 진정 성경적으로 생각하는 것이다. 그럴 때 사람들은 자유를 얻게 된다. 그뿐만 아니라 그들은 구약에 기술되어 있는 계명과 관련하여 겉보기에 압도적인 일부다처제를 옹호하는 저 합의에 매달리는 대신에, 창세기 2장과 호세아서 그리고 아가에 머무를 것을—그리고 다른 한편으로 사람들은 신약의 범위에서 일부일처제는 너무나 당연한 것으로 나오기 때문에, 일부다처제를 그리스도교 공동체에서 금지하는 명시적인 종교개혁의 포고가 과잉으로 보일 수 있다는 점에 가장 중점을 두도록—요청받게 된다. 구약과 신약 사이의 차이와 통일성은 다른 곳에서와 마찬가지로 여기에서 약속과 성취 사이의 차이와 통일성이고, 하나님 나라에 대한 선포와 실제 도래 사이의 차이와 통일성이다. 약속과 선포된 하나님 나라의 구약적인 범위에서 일부일처제인가 일부다처제인가에 관한 질문은 아직 열려 있었으며, 일부일처제로의 결정은 중요성을 띤 채 배후에 서 있었다. 나는 하나님이 족장들과 그다음으로 일부다처제와 관련하여 특별히 활기찼던 왕들을 어느 정도 너그럽게 봐주셨다는 사실이 얼마나 자주 이야기되었는지 말하지 않겠다: 최고의 법제정자이신 하나님은 일시적으로 이 근본적인 법을 완화시키셨다(hanc primaevam legem supremus legislator Deus ad tempus aliquantum relaxavit: Enzyklika *Casti Connubii* Denz. Nr. 2231). 일부일처제로의 결정이 언약체결에 의해 완전한 무조건성으로 유효하게 내려졌다. 일부일처제는 야웨-엘로힘의 유일성과 같이, 이스라엘의 유일성과 같이, 그리고 둘 사이의 선택 관계의 유일성과 같이, 처음에 울리고 있지만 아직 완성되지 않은 구약 역사의 주제 같은 것이다. 일부일처제는 지상에서의 하나님의 나라와 같이 먼저 선포되었지만 아직 신적인 현실에는 이르지 못했다: 일부일처제는 이에 대한 선포를 믿고 순종했던 사람들에게도 아직은 무조건적이고 강력한 확실성을 가질 정도로 분명한 것이 아니었다. 일부일처제는 심지어 이 범위에서조차 아직 무조건적이고 강력한 확실성을 가질 정도로 분명할 수는 없었는데 그 이유는 실로 결혼이 그리스도가 태어나시기 이전에는(ante Christum natum) 이스라엘에서 완전히 자손, 즉 아들을 갖는 문제의 빛과 그림자 속에 놓여 있었기 때문이며, 동시에 이러한 관점에서 일부다처제가 광범위하게 요구된 것으로 볼 수 있었기 때문이다. 이런 관점에서 결혼과 사랑은 단지 제한적으로만 지평선 위에 나타나서 고유의 권리와 고유의 가치를 지닌 삶의 관계들로서 효력을 발휘할 수 있었을 뿐이다. 언약의 성취, 하나님의 나라의 도래, 아들의 탄생, 한 분 안에서 이루어지는 하나님의 자유로운 선택의 은혜는 우선 저 관점 아래서 생기는 긴장을 제거할 수 있었다. 이를 통해서 사랑과 결혼을 고유한 권리와 고유한 가치를 지닌 삶의 관계들로 해방시킬 수 있었고, 눈에 보이고 효력을 발휘하도록 만들 수 있었으며, 이로써 일부다처제를 거부하고 일부일처제를 확인하는 신적 결정을 무조건적이고 강력한 확실성 가운데 계시할 수 있었다. 이 모든 것이 이루어진 것이 신약성서가 이 문제에 있어서 그토록 주목할 만한 확실성을 가지게 된 배경이다. 아들과 상속자에 관한 문제는 이제 선택적이고 이차적인 것이 되었다. 이제 남자와 여자는 자신들을 직접적으로 포착한다. 선택으로서의 사랑과 생활공동체로서의 결혼이 이제 독자적인 문제들이 되었다. 왜 그런가? 이제는 하나님의 자유로운 선택의 은혜가 선포되었을 뿐만 아니라, 이미 이루어졌으며, 이 은혜를 인식하고 있고, 이 은혜의 현존에 대한 인식 가운데 존재하기를 원하는 자들의 삶을 위하여 권위 있는 것이 되었기 때문이다. 이 은혜가 권위 있는 것이라면, 바로 이것이—하나님의 계명이 이러한 내용을 가지고 있다는 것이 이제 자명하다.—일부일처제로의 초대이고, 허용이고, 해방이며, 일부일처제의 무조건적이고 강력한 근거이다. 논의된 결과를 종결하기 위해 몇몇의 제한적인 설명들을 덧붙이고자 한다.

우리가 보았듯이, 일부일처제로의 무조건적인 요구는 사랑과 생활공동체로서의 결혼의 본질로부터 내적으로 근거 지워져서는 안 된다. 왜냐하면 이 둘은 그 자체가 인간적인 것들이고 인간적인 일들이기 때문이다. 이 둘은 비록 상대적으로 독립적이지만, 또한 상대적으로 의존적이기도 하다. 둘 중에 어느 것도 자체 안에 범주적인(kategorisch) 명령과 같은 것을 포함하고 있지 않다. 우리는 이제 일부일처제가 하나님의 계명에 근거함을 발견하였다. 하나님의 계명으로부터 사랑과 결혼은—둘 모두 그들의 방식으로—범주적 명령의 성격을 획득하며, 가능한 모든 제삼의 파트너들에 대하여 두 파트너를 격리시키는 방향으로 나간다. 일부일처제는 그 안에 근거를 가지고 있다. 이것은 이제 일부일처제에 더 좋은 근거를 제공할 수 있는 어떤 특별한 '창조질서'에 대해 질문할 필요가 없음을 의미한다. 예수 그리스도 안에서의 언약의 성취를 통해 이루어진 하나님의 자유로운 선택의 은혜는 일부일처제에 대한 요구에 강제하는 힘을 부여한다. 브루너(E. Brunner)에 의해 주장된(앞의 책, 330) 창조에 근거한 아버지와 어머니와 자녀의 삼위일체가 이 요구에 마찬가지로 강제하는 힘을 부여할 수 있는지, 있다면 어느 정도인지 알 수 없다. "모든 사람은 거부할 수 없이 한 남자와 한 여자의 자녀이고, 모든 아버지는 이 아내와 함께 그리고 모든 아내는 이 남자와 함께 거부할 수 없이 이 아이의 아버지와 어머니이다"라는 계산 문제는 그 자체로 매우 멋있다. 그러나 일부일처제가 얼마나 강제적으로 요구되어야 하는지는 전혀 알 수 없다. 언제부터 하나의 계산 문제가 계명의 가치와 힘을 가지게 되었는가? 일부일처제는 예수 그리스도에 의해 요구되었기 때문에 강제적으로 요구되는 것이다. 때문에 저 삼위일체에 호소하는 것은 불필요하다. 더구나 우리가 보았듯이 이것은 '가족'을 위한다는 명목으로 결혼을 좋지 않게 변질시키는 것이다.

하나님의 계명으로부터 볼 때 에밀 브루너(E. Brunner)처럼 "결혼이 사랑 위에 세워질 때 처음부터 상실된 것이다. (…) 결혼을 사랑 위에 세운다는 것은 모래 위해 집을 짓는 것을 의미한다."(앞의 책, 329)라고 말할 어떤 이유도 없다. 여기에 대해 다음과 같이 설명할 수 있다: 결혼은 사랑이나, 어느 정도 그 자체나, 혹은 '창조질서' 위에 세워져서는 안 된다. 결혼은 예수 그리스도 안에서 명백하게 드러난 하나님의 계명을 통해서 세워졌고, 세워진다. 사람들이 이 점을 생각한다면 '주관적인 개인화'라는 도깨비에 의해 미혹되어 결혼으로부터 사랑을, 사랑으로부터 결혼을 추상화하려고 하지 않을 것이다. 마치 거기에는 매우 진지한 근거의 상호관련성(Begründungs zusammenhang)이 존재하지 않는다는 듯이! 마치 하나님의 계명이 아직 사랑과 관련이 없는 것처럼! 마치 사랑이 하나님의 계명을 통해서 일부일처제로 가는 방향성을 획득하지 못했고 그럴 수 없다는 듯이! 마치 하나님의 계명 아래 놓여 있는 사랑이 일부일처제로서의 결혼을 위한 필수불가결한 근거가 아닌 것처럼! 마치 사람들이 일부일처제의 전제조건을 패배주의적으로 부정하거나 불신하면서 일부일처제라는 좋은 일을 위해 사랑으로 봉사할 수 있다는 듯이!

이런 이유로 나는 드니 드 루쥬몽(Denis de Rougemont)의 영리하고 교육적인 책, *L'amour et l'occident*(사랑과 서구, 1993)을 객관적으로 좋게 평가하지 않는다. 결혼이 트리스탄과 이졸데의 신화적 토대에서, 즉 자격 없는 성애(Eros)의 토대에서 일부일처제로서 유지될 수 없다는 것은 참으로 진실이다. 반대로 사람들이 결혼을 오직 한 번만 시도될 수 있고, 비합리성에서 명목상 성애에 비교될 수 있지만, 가치와 힘에서는 성애를 뛰어넘으며, 충실하게 실행되어야 하는 결정이라고 가르칠 수 있다고 생각한다면 이는 결혼을 한 병상에서 다른 병상으로 옮기는 것이다. 여자를 선택하는 것은 도박이다.(Choisir une femme, c'est parier, 302) 결혼은 이 도박(Wette)을 유지하는 것이다. 부부의 성실성이란 단지 얽매어 있기 때문에 그리고 절대적인 사실이기 때문에 지켜지는 어리석은 자의 충성이다(une fidélité observée en vertu de l'absurde, parce qu'on s'y est engagé, simplement, et que c'est un fait absolu, sur quoi se fonde la personne même des époux, 307). 그러나 일부일처제로서의 결혼은 사랑보다 이 명목상의 절대적 사실(fait absolu)에 의해 더 잘 유지되는가? 저 결정이 유지될 수 있기 위해서는 하나님의 계명의 빛 가운에서 실행될 필요가 있지 않을까? 사랑이 바로 이 빛 속으로 들어갈 필요가 없을까? 이것은 확실히 트리스탄과 이졸데의 비신화화를 의미하지만, 일련의 심각한 문제들로부터 사랑을 제거하는 것을 의미하지는 않는다! 이는 어린 아이가 목욕물과 함께 버려지고, 불쌍한 성애(Eros)가 길 가에 떨어져도 좋다는 것이 아니다! 이는 매우 실제적이고, 아마도 많은 것을 매우 쾌적하게 단순화시키면서 하나님의 계명 앞에서는 어떤 책임도 지지 않는 동방의 사랑 없는 결혼이론과 결혼행위에 경솔하게 항복하는 것이 아니다! 이 책에서 드니 드 루쥬몽이 성취한 행위는 하나의 도주행위이다. 사람들은 하나의 극단에서 또 다른 극단으로 떨어져서는 안 된다. 일부일처제에 관한 정말로 신학적인 근거에서는 이것이 일어날 수 없다.

그 밖에도 현대의 성 이론가들 가운데 한 명인 오스왈트 슈바르츠(Oswald Schwarz)는 완전히 다른 경로를 통해서 드 루쥬몽과 동일한 결론에 이르렀다(Sexualität und Persönlichkeit, 1943). 여기에서도 마찬가지로 포기된 주장이 나온다: 사랑은 결혼의 기초가 되는 경험이 아니라, 두 사람을 서로에게 열도록 함으로써 결혼으로 인도한다; 사랑은 결혼의 지속적인 유지를 보증하지 않으며, 여기에 단지 긴장이 가득한 특정한 성격만을 부여한다(165). 이 때문에 여기에서도 역시 "성적 관계들의 특성"이 실제로 의도되고 설명되는 소속(Zugehörigkeit)으로 축소되고 있다(103). 이에 대하여 사람들은 "그 누구도 아닌 그녀!라는 저 단호함"을 그토록 낮게 평가하고, 이성적으로 계산된 의지적 결정—이 점에서 슈바르츠의 문제는 위험을 무릎 쓰는 드 루쥬몽의 과감한 결정과 다르다.—을 그토록 높게 평가하는 것이 유익한지, 그리고 후자가 전자보다 정말로 더 확실하게 일부일처제를 보장할 수 있는지 질문할 수 있다.

이제 완전히 다른 방향에 일부일처제와 관련된 슐라이에르마허의 주목할 만한 특별 이론이 있다: 초기에(예를 들면, 1800년의 "독백론"[Monologen], 114f.) 그는 사랑과 결혼이 특정한 두 사람 사이의 어느 정도 운명적인 상호 간의 소속(Zugehörigkeit)에 근거하고 있으며, 이 소속의 발견과 실현이 남녀관계를 완전하게 하는 것으로 보았다. 이 생각은 진실성을 가지고 있다. 우리는 후에 이를 다시 다룰 것이다. 여기서 우리의 관심을 끄는 것은 슐라이에르마허가 "철학적 윤리"(Philosophische Ethik, §260)와 "그리스도교의 관습"(Die christliche Sitte, 352)에 관한 그의 강연들에서 이끌어 내었던 결론이다: (동시적인) 일부다처제뿐만 아니라 "재혼"(Deuterogamie), 즉 배우자의 죽음으로 인해 과부가 된 여자의 두 번째 결혼 역시도 '허용되지 않고' '배제'되었다. 그 이유는 재혼이 두 사람 사이의 고유하고 해체될 수 없는 통합적 실존의 감정, 즉 '낭만적인 사랑의 이상'인 '유일성'에 모순되기 때문이다. 하지만 그는 이런 금지를 실천하기에 아직 성숙되지 않은 일반적인 윤리 교육의 상태를 고려하여 이 재혼을 철저하게 금지하려고 하지는 않았다.—그 자신이 실제로 한 미망인과 결혼했다. 그는 한 배우자가 죽은 후에는 다른 사람에게 동일하게 완전한 결혼이 기대될 수 없다고 주장하면서, 후에 일반적인 수준이 올라갈 때 '재혼'이 '저절로 그치게 될' 것으로 전망했다.—사랑을 그토록 높이고 또 그토록 진지하게 다루는 견해는 이미 그 자체로 주목과 관심을 받았다. 어쨌든 이런 견해는 우리가 앞에서 들었던 저자들의 성애에 대한 어떤 적대감보다도 더 인간적이다! 이것도 역시 당연히 일반적으로 받아들여질 수 없다. 사람과 사람 사이의 공동체와 마찬가지로 남자와 여자의 공동체가 전혀 실현될 수 없을 때, 결혼 공동체의 배타성도 역시 일반적으로 그 한계를 갖게 된다. 실로 결혼과 그 결합은 인생과 마찬가지로 끝없는 것이 아니라 유한하고 시간적으로 제한이 되어 있다. 한 배우자의 죽음과 함께 그 기간이 종결된다. 결혼과 결혼의 배타성은 이제 지나갔고(gewesen), 더 이상의 미래를 가지고 있지 않다. 죽은 배우자가 '자유롭게 되고 또 자유롭게 만드는' 영역의 밖에 있는 것처럼, 마찬가지로 남겨진 자의 두 번째 결혼이 반드시 죽은 자에 대한 충실로부터의 탈출을 의미할 필요는 없고, 저 첫 번째 결혼에 대한 제삼자의 침입을 의미할 필요도 없다. 바울도 역시 이와 같이 분명하게 판단하였다: "아내는 그 남편이 살아 있는 동안에 매여 있다가 남편이 죽으면 자유로워 자기 뜻대로 시집갈 것이나 주 안에서만(μόνον ἐν κυρίῳ) 할 것이니라"(고전 7:39; 참조. 롬 7:3). 하지만 이 추가문은 두 번째 결혼에 들어가는 경우가 많지 않다는 것과, 일반적인 결혼에 비해 덜 당연하다는 것을 떠오르게 한다. 이 점에서 슐라이에르마허가 옳을 수 있다: 두 번째 결혼이 현실적으로는—법적인 정당성과 근본적인 가능성에도 불구하고—첫 번째 결혼에 대한 후속적인 거부일 수 있다. 첫 번째 결혼이 뒤에 남겨진 배우자로 하여금 두 번째 결혼을 '제외시키는' 그런 종류의 결혼일 수 있다. 이 경우 남겨진 배우자는 첫 번째 결혼이 이미 지나갔고, 그 배타성이 사라졌음에도 불구하고 실제로 첫 번째 파트너에게 여전히 결합되어 있어서, 그의 자리에 두 번째 파트너가 들어오는 것을 허락할 자유를 가지고 있지 않을 수 있다. 어제의 유일한 남편 혹은 유일한 아내가 그들 가운데 한 명의 죽음에도 불구하고 내일에도 그리고 궁극적으로 그렇게 남아야 하는지 아니면 그럴 필요가 없는지에 관해 질문하는 것은, 비록 복음적인 자유에서 대답되어야 할 질문이라고 할지라도, 혼자가 되는 모든 경우에 있어서 적절할 뿐만 아니라 필요하다. 이런 경우에 독신으로의 부름에 대한 질문이 다시 한 번 제기될 필요가 있지 않을까? 디모데전서 3:2와 디도서 1:6의 명령은 이러한 방향을 가리키고 있다. 이 구절들에 따르면 장로와 그리스도교 공동체의 감독(Bischof)은 '한 아내의 남편', 즉 오직 한 번만 결혼한 사람이어야 했다.

슐라이에르마허의 이론이 보편성에서 거부되어야 했다면—칼빈주의자들과 칼릭스티너(Kalixtiner, 후스주의자들의 한 분파) 및 다른 이단들과 싸웠던 루터교 정통주의의 전사로서뿐만 아니라 연인으로서 그리고 결혼한 남자로서도 활기에 넘쳤던—아브라함 칼로프(Abraham Calov)가 1684년 72세의 나이로 그의 다섯 번째 아내가 죽은 지 4개월 만에 여섯 번째로 자신보다 젊은 동료였던 안드레아스 크벤슈테트(Andreas Qeunstedt)의 딸과 거룩한 결혼의 상태에 들어갔던 것과 같은 행위도 어쨌든 정당화되지 않았다. 목회서신의 저 구절들에서 비롯되는 작은 억지력이나 혹은 작은(ein modicum) '낭만적인 사랑의 이상'과 그 가능한 결과는 이 남자를—또한 그 외에서 우리의 예전 개혁자들 가운데 이런저런 사람들을—주저하게 만들지 못했던 것 같다.

일부일처제(Institut)에 관한 이 논의의 처음에 이야기되었던 것에 이어서 마지막으로 말하고 싶은 것은 선교에서 그리스도교 교회와 신학적 윤리는 오늘날에도 여전히 일부다처 제도를 만나고 있다는 사실이다. 이 제도를 '본래적'인 것으로—이것이 무슨 의미인가?—보아야 할지, 아니면 윤리적 타락의 산물이나 사회적인 비상 상태로 이해해야 할지에 관한 질문은 열려진 채 있다. 일부다처제는 광범위한 영역에서 언제나 관습을 통해 제정되고, 명문화되었거나 혹은 명문화되지 않은 법을 통해 규제되고, 실제로 이루어지고 있는 제도이다.—또한 다른 영역들에서 다시 제도가 될 가능성이 배제되지 않고 있다. 하지만 이것이 하나님의 계명의 내용을 조금이라도 변화시킬 수 없고, 그리스도교 교회가 이것을 선포하는 데 1mm라도 벗어나거나 침묵할 수 없다는 것은 분명하다. 또한 교회가 하나님의 계명을 그리고 오직 이것만을 선포해야만 하는 것도 분명하다. 교회는 다른 한 제도를 거부하고 어느 한 제도를 방어하거나 강제해서는 안 된다. 교회는 아프리카나 아시아의 관습, 법리학, 삶의 방식들을 거부한 채 유럽의 것들을 행해서는 안 된다. 일부일처 제도는 교회가 유일하게 관심을 갖고 있는 일부일처제에 관한 하나님의 계명이 위배되지 않고 지켜질지에 관해 아무런 보증도 제공하지 않는다. 교회는 이 사실을 간과해서는 안 된다. 교회는 또한 일부다처 제도가 일부일처제에 관한 신적 계명의 준수를 절대적이지는 않더라도 모든 경우에 불가능하게 만든다는 사실을 지나칠 수 없을 것이다; 교회는 일부다처 제도의 테두리에서 부끄럽게도 좋은 결혼들이—겉보기와는 달리 하나님의 계명의 의미에서 일부일처제인 결혼들이—실제로 가능하다는 역설적인 사실을 간과할 수 없을 것이다. 이것이 교회가 근본적으로 이 제도에 반대하는 입장을 취하는 것을 방해하지는 않을 것이다. 하지만 교회의 목적은 모든 경우에 있어서 이 제도를 사라지게 하거나, 이 제도를 일부일처 제도로 대체하려는 것이 아니라, 하나님의 계명을 유효하게 만들려는 것이다. 하나님의 계명은 물론 제도적인 일부다처제가 아니라, 제도적인 일부일처제를 요구한다. 그러나 이 결과를 관철하는 것이 아니라, 하나님의 계명 그 자체를 선포하는 것이 그리스도교적 선포의 첫 번째 고유한 관심이 되어야만 할 것이다. 특정한 상황에서는 신적 계명을 대단히 날카롭고 엄격하게 선포하면서 그 결과가 관철되기를 인내하며 기다리고, 일부다처 제도와 이 제도의 테두리 안에서 이루어지는 삶에 대항하여 직접적인 공격을 가하지 않을 뿐 아니라, 심지어 일시적으로 전혀 공격을 개시하지 않을 중요한 이유들이 있을 수 있다. 제도적인 일부다처제의 즉각적인 폐지와, 한 번 그러한 처지에 있었던 (유일한 여자를 제외한) 여자들을 해방시키는 것, 그리고 잔인할 뿐만 아니라 윤리적으로 책임질 수 없는 사회적 상호관계들의 혼란과 해체가 초래되는 상황들이 있을 수 있다.—실제 그런 상황들이 있다. 그리스도교 교회가 사람들을 세례인가 아니면 제도적인 일부다처제의 삶인가라는 양자택일 앞에 세움으로써 확실히 야만이 될 그런 상황들이 있을 수 있다.―실제 그런 상황들이 있다. 일부다처제에 반대하여 일부일처제를 위한 신학적 윤리를 결정하기 위해서는 이와 같은 형식과 방법의 야만성이 아니라, 문제와 목적에 대한 명확한 인식이 요구된다. 이 결정은 모든 상황에서는 아니지만 특정한 상황들에서는 형식과 방법과 관련해서도 즉시로 효과가 발휘될 수 있는 설명, 즉 다시 말하면 제도적인 일부다처제에 대한 직접적인 공격을 요구하기도 한다. 어떤 쪽이든 이 결정은 상황에 대한 지혜로운 판단을 통해서 실행될 것이다.

5. 결혼이 하나님 계명의 빛 속으로 들어갈 때, 결혼은 지속적인 생활공동체임이 분명해진다. 결혼은 완전하고 배타적인 한 남자와 한 여자의 결합이다. 이는 그들 앞에 놓여 있고 그들에게 공통으로 주어진 전체 시간 동안 지속된다. 이 때문에 결혼에 들어간 자들은 그로부터 다시 나올 수 있는 가능성을 포기한다. 결혼에 들어간 자들은 완전하게 배타적으로 서로를 제약하고 또 스스로도 완전하게 배타적으로 제약된다. 이것은 영원하지는 않지만 언제나 그러하며, 어떤 특정한 시간 동안에만 그러한 것이 아니라 공동의 미래 전체에서 그러하다. 함께 결혼을 형성했던 사랑은 결혼을 유지한다. 그렇지 않다면 사랑이 (하나님의 계명 아래에 있는 사랑이!) 아닐 것이다. 하나님의 계명 아래에 놓인 사랑과 결혼은 이 점에서 전체에 이르게 된다는 특징을 가진다. 결혼에서 반영되고 묘사되는 것과, 결혼의 규범이 상징하는 것은―지속성의 의미에서 이해한다면―언약 파트너에 대한 은혜로우신 하나님의 성실성과 하나님과 언약 파트너 사이에 이루어진 결합의 견고함이다. 이것은 호세아에 의해 묘사된 바, 야웨가 어떤 경우에도 자신의 백성을 '어렸을 때'부터 역사의 모든 국면을 지나면서 사랑하셨고, 언제나 새롭게 자신의 백성을 향하시는 성실성이며, 또한 언제나 자신의 백성에게 부여하신 변하지 않는 성격이다. 이것이 예수 그리스도가 자신에게 속한 사람들을 고아처럼 위험 속에 방치하지 않으시고, 실로 그들 가운데 두세 명이 모인 곳에는 언제나 그들에게 오셔서 그들과 함께하시는 성실성이며, 이로 인한 공동체의 불가침성이다. 다시 말하면, 왜냐하면 하나의 교회는 언제나 존재할 것이기 때문이다(quod una ecclesia semper mansura sit). 심지어 사람들은 다음과 같이 포괄적으로 말할 수 있다: 이것은 창조주이신 하나님이 세계 전체와 함께 계시는 성실성이며, 이로써 그분의 피조물들에게 주어진 지속에 대한 보증이다. 이로부터 결혼이 지속적인 생활공동체라는 사실이 명백해진다. 이로부터 영속(Permanenz)이 신적 계명의 내용이 된다. 하나님의 성실성과 이로부터 비롯된 그분의 피조물적 파트너의 지속성이 분명하게 인식될 때, 결혼과 관련하여 마가복음 10:9와 마태복음 19:6에 나타나는 "하나님이 짝지어 주신 것을 사람이 나누지 못할지니라"라는 저런 장엄한 결정이 내려진다.

συνέζευξεν의 의미는 "멍에를 함께 맨"이다. 프로테스탄트의 결혼에 관한 어떤 거친 이론은 이것을 '멍에 아래서 함께 협력하는'과 동일한 의미인 것처럼 해석하는데 그래서는 안 된다! 이 표현의 요점은 그들이 함께 맨 멍에의 어려움에 있는 것이 아니라, 그 의미와 목적에 있다. '멍에를 매다'는 하나의 책임 앞에 그리고 하나의 일 가운데 놓였음을 의미한다. 또한 이것은 예수의 말씀에 따라서 하나님으로부터 그들에게 공통으로 일어난 사건이다. 오직 그들 중에서 한 사람이나 혹은 두 사람 모두 하나님이 그들에게 원하셨던 것과 그들에게 행하셨던 것에 반항하면서 떠나가다(χωρίζειν)를 허용한다면, 그들은 이로부터 벗어날 수 있게 될 것이다. 그들은 이로부터 벗어나서는 안 되고, χωρίζειν을 삼가해야 한다.

사람들은 이와 동일한 확고함을 구약성서에서도 발견할 수 있을 것으로 기대해서는 안 된다. 일부일처제에 관한 질문보다 이 문제에서는 훨씬 더 심각하게 찬성(pro)과 반대(contra) 사이의 간격이 벌어져 있다. 마가복음 10:4와 마태복음 19:7에서 예수께 대항하여 바리새인들이 의존했던 신명기 24:1 이하의 말씀은 무엇을 말하고 있는가? 이 말씀은 금지명령이다: 첫 번째와 두 번째 남자에 의해서 적법하게 이혼을 당한 여자는 두 번째 이혼 후에 첫 번째 남자에게로 돌아가서는 안 되고, 첫 번째 남자에 의해 다시 받아들여져서는 안 된다. 이 금지명령은 예레미야 3:1에도 부차적으로 언급되어 있다. 신명기 24:1 이하를 자세하게 보면 여기에서는 이혼의 '허용'에 관해 말하고 있는 것이 아니며, 마가복음 10:5에서 예수의 입을 통해 이야기되고 있는 것처럼, 하나의 계명(ἐντολή), 즉 결혼 과정을 위한 법적 규정에 관해 말하고 있는 것도 아니다. 또한 "누구든지 아내를 버리려거든 이혼 증서를 줄 것이라 하였으나"(마 5:31)라는 문장은 신명기 24:1이나 그 밖의 구약성서의 다른 어떤 곳에서도 쓰여 있지 않다. 그러나 분명한 것은 신명기 24:1 이후에 이혼의 가능성과 전체 이혼과정이 거리낌 없이 잘 알려진 것으로 전제되고 있다는 사실이다. 언뜻 볼 때 이와 반대되는 견해가 말라기 2:16에 제시되어 있는 것처럼 보인다: "나는 이혼하는 것을 미워하노라, 이스라엘의 하나님 여호와가 말씀하신다." 그러나 문맥을 살펴보면 이 문장을 보편적이고 근본적인 생각으로 이해하는 것은 허용되지 않는다. 말라기 2장은 "이방신의 딸들", 즉 이방여인들에게 구혼하고(11절), 그들로 인해서 자신들의 이스라엘 아내로부터 떠나간 이스라엘인들에 대한 특별한 심판말씀이다. "이는 너와 네가 어려서 맞이한 아내 사이에 여호와께서 증인이 되시기 때문이라. 그는 네 짝이요 너와 서약한 아내로되 네가 그에게 거짓을 행하였도다"(14절). '한 분', 즉 이스라엘의 하나님이 요구하시는 것은 '하나님의 씨', 즉 경건한 이스라엘의 자손이다(15절). 이 본문에서 이스라엘 여인에게 혜택을 주는 이혼금지 명령에 충분한 설득력을 가지고 대조되고 있는 것이 ─에스라 9-10장에 자세하게 묘사되어 있는 것처럼─ 에스라의 명령에 의해 시행되었으며, 포로지로부터 귀환한 유대인들을 그곳으로부터 함께 데려온 이방여인들과 그들의 자녀들로부터 갈라지게 했던 대규모의 이혼이다. 사람들은 이를 고린도전서 7:12-13에 나오는 바울의 명시적인 지침과 비교할 수 있다. 이에 따르면, 그리스도인 남자 혹은 그리스도인 여자는 믿지 않는 배우자와 헤어져서는 안 된다! 이 문제에 대한 구약과 신약의 관점 사이에 놓인 간극은 간과될 수 없다. 마가복음 10:5 이하와 마태복음 19:4 이하에서 구약성서를 지속적인 결혼의 증거로 제시하기 위하여 예수가 실제로 하셨던 것처럼, 우리는 이 문제에 관하여 창세기 2:18-25

로 되돌아가야만 한다. 구약성서를 율법적으로 읽고자 한다면, 바리새인이 발견했던 것, 즉 이혼의 실제적인 허용 이외의 다른 것을 찾을 수 없을 것이다.

신약성서의 관점은 이와 날카롭게 대조된다: 결코 이혼이 허용되지 않았다. "자신의 아내를 버리고 다른 여자와 결혼하는 자는 결혼을 파괴하는 자이다."(마 19:9) 마태복음 5:32에는 "(…) 여자로 간음하게 함이요, 누구든지 버림받은 여자에게 장가드는 자도 간음함이니라"라고 쓰여 있다. 더구나 마가복음 10:11 이하에는 "누구든지 그 아내를 버리고 다른 데에 장가드는 자는 본처에게(ἐπ' αὐτήν) 간음을 행함이요, 또 아내가 남편을 버리고 다른 데로 시집가면 간음을 행함이니라." 이 본문들의 많은 곳에 등장하는 제한인 음행으로 인해서가 아니라면(μὴ ἐπὶ πορνείᾳ)(또는 비슷한 표현은) 이차적으로 추가된 완화시키기 위한 문장으로 보인다. 지침은 무조건적이다. 바울도 고린도전서 7:10 이하에서 이와 같다: "결혼한 자들에게 내가 명하노니 (명하는 자는 내가 아니요 주시라) 여자는 남편에게서 갈라서지 말고 (…), 남편도 아내를 버리지 말라." 11절의 사이에 있는 문장, "만일 갈라섰으면 그대로 지내든지 다시 그 남편과 화합하든지 하라"는 그리스도인들 중에서 예외적인 경우가 있을 수 있음을 전제하고 있는 것이 아니라, 세례 이전에 갈라진 결혼과 관련된다.

만일 우리가 이 문제에 있어서 구약성서에 대한 율법적 이해를 포기하고 — 구약성서에서는 지속적인 결혼에 대한 결정을 실제로 발견할 수 없다는 좋은 이유가 있다! — 오직 신약성서의 분명한 결정을 율법적으로, 즉 하나의 법전으로 이해하고자 한다면, 이것은 명백히 성경주의적인 자의(Willkür)의 절정이라고 할 수 있을 것이다. 분명한 신약적 결정의 의미와 근거는 율법의 강화에 있는 것이 아니라, 이미 실현된 하나님 나라의 도래를 통해서, 그리고 이스라엘에 약속으로 주어졌고, 이스라엘의 역사가 지향하고 있는 구원하는 은혜의 나타남으로 말미암아 성취된 언약과 율법의 완성을 통해서 이루어진 율법의 근본적인 극복에 있다. 이제 이혼의 해제를 불가능하게 만드는 것이 바로 이 전환이고, 마지막 시기의 시작이며, 사람의 아들과 그분의 영에 의한 통치의 나타남이다. 이로 인해 창세기 2:18-25의 본문이 이를 읽었던 구약의 인간에게 비춰지도 못했고, 또 비칠 수도 없었던 그런 의미로 빛나게 된다. 이로 인해 이제 결혼은 하나님의 분명한 뜻에 직접적으로 마주침으로써 지속성을 획득하게 된다. 이로 인해서 이제 하나님이 두 사람으로 하여금 — 이를 원하셨고, 행하셨던 분이 하나님이셨기 때문에, 분명히 — '함께 멍에를 매도록' 하셨고 결합시키셨음이 분명하게 되었다. 예수와 바울의 저 분명한 말씀에서 분명히 드러나는 것은 추상적인 계명이나 금지가 아니다. "내가 너희에게 말한다"(마 5:32), "내가 아니라 주께서 명하신다." — 이것이 의미하는 바는 다음과 같다: 우선적으로 저 말씀들은 도래한 하나님의 나라, 성취된 언약, 나타난 은혜, 예수 그리스도 안에서의 하나님의 현존과 통치를 가리킨다. — 두 번째로 이혼의 불가능성과 창세기 2:19-25의 명백한 본래의 의미, 그리고 결혼으로 하나가 된 사람들과 이들로 하여금 '함께 멍에를 매도록' 하신 분과의 만남을 가리킨다. — 그다음에 비로소 이로부터 그들이 따라야 하고 책임을 져야 하는 신적 계명과 금지(복음적 의미와 근거로부터 분리되서는 안 된다!)를 보여준다. 구약성서에서의 이혼의 해제는 지극히 이해할 만한 것이다: 구약의 증인들은 신약의 증인들의 성찰에서 출발점이 된 근거에 의지해서 성찰할 수 없었다. 신약의 증인들은 그곳으로부터 생각해야만 했고, 그곳으로부터 결혼의 지속성을 지지

하고 이혼을 반대할 수 있었다. 여기서 '그곳으로부터'의 의미는 다음과 같다: 지독하게 엄격한 율법으로부터 지독하게 엄격한 요구들의 형태로가 아니라, 분명하게 드러난 복음으로부터 하나님과 그분의 행위의 원형에 일치하는 가운데 결혼에 대해 이해할 수 없으며 무조건적인—복음에 귀 기울이고 마음을 쏟고자 하는 자들에게 주어진—자유에 대한 선언의 형태로, 그리고 이 자유를 사용하라는 권유와 초대의 형태로. 사람들이 신약성서의 다른 윤리적 급진주의를—예를 들어 이혼금지 명령 바로 옆에 나오는 맹세에 관한 지침(마 5:33f.) 무방어(Wehrlosigkeit)에 관한 지침(마 5:38f.) 그리고 부요한 젊은이를 위한 지침: "가서 가진 것을 팔아 가난한 자들에게 주어라!"(마 19:21)—적절하게 이 노선에서 이해하면서, 오직 이혼금지만을 완전히 다른 노선에서 (복음으로부터 비롯된 자유로운 제안으로서가 아니라 그리스도교 법규정의 한 조문으로서) 이해해야만 한다고 생각했던 것은 놀라운 사실이다.

사람들은 자의적이지 않고 하나님의 결정과 계명에 의해 제기되었고 이미 대답되어진 문제의 전체 흐름을 따라서 복음에서 선언된 자유로부터 다음과 같이 단호하게 질문할 수 있고 질문해야만 한다: 만일 결혼이 지속적이지 않고, "동료애적인 결혼"(Kameradschaftsehe), 즉 두 참여자에 의해 한계를 설정할 수 있는 시험기간인 '일시적인 결혼'으로서 이해된다면, 도대체 결혼이란 무엇인가? 이와 같은 결혼에서 이루어지는 사랑이란 무엇인가? 사랑의 자리에 분명히 근본적이고 지속적인 사랑의 유희가 들어서게 될 것이다. 즉, 결혼이라는 완전하고 배타적인 생활공동체의 자리에 편안하고, 강제적이지 않고, 어떤 실제적 훈련도 결여되어 있으며, 어떤 노력으로부터도 벗어난 실험이 들어서게 될 것이다. 만일 지속적으로 종료의 가능성을—다른 측에서도 역시—고려할 수 있고 또 그래야 한다면, 관계 전체의 심각성으로부터 정말로 풀려날 수 있다면, 이 관계가 정말로 없어져야 한다면, 진정 멋지고, 진정 평안하고 쾌적하게 될까? 이 질문은 다르게 표현될 수 있다: 종료의 가능성을 진지하게 고려하는 사랑과 결혼의 관계를 생각할 수 있을까? 이것은 하나의 멋진 환상이 아닐까? 남자와 여자 사이의 이러한 관계가 얼마나 큰 문제를 가지고 있을지 그리고 얼마나 손상되어 있을지 모르지만, 그럼에도 불구하고 이 관계는 항상 강제적으로 지속의 경향을 내포하고 있다. 이 관계 자체는 시간의 흐름과 변화로 제거될 수 없는 상호 간의 연합(Zuordnung)을 지시한다.—사람의 어떤 자의(Willkür)도 이것을 바꿀 수 없다. 결혼의 시도 또는 일시적인 합의라는 개념과 일시적인 결혼이라는 개념 전체는 그와 같은 관계 속에 내재한 이런 경향의 문제에 대하여 전혀 합당하지 않다. 사람들은 이 개념들을 진지하게 받아들이고, 끝까지 추적해서 이들 뒤에는 이들에 대한 진리로서 지속적인 공동체라는 개념이 서 있다는 사실을 마주해야만 한다.

성애적으로(erotisch) 실험한다는 것은 무슨 의미인가? 이 실험은 정말로 행해지는 정도에 따라서 언제나 더 큰 힘과 (인간 전체를 향하여!) 더 많은 시간을 (인간의 전체 시간을 향하여!) 요구한다는 사실 때문에 심각한 것으로 드러난다. 진정한 결혼의 시도는 무엇인가? 사람들이 진정으로 이런 시도를 한다면 이에 대한 철회는 어떤 경우에든 고려하지 않는다. 일시적인 합의란 무엇인가? 합의는 일시적이 아니다. 진정한 합의는 지속을 목표로 한다. 일시적인 결혼의 개념을 만들어 낼 수 있었던 자들은 사랑과 결혼의 호사가들이었다. 사람들이 이 개념을 실현시키고자 시도하는 즉시 이 개념은 파괴되어 버리고 만다. 사회나 국가나 교회가 일평생 지속되는 결혼을 고안해 낸 것이 아니라, 견줄 만한 다른 것이 없는 이 진리 안에서 결혼을 발견해 낸 것이다: 이 진리는 평생 지속되는 제도적인 결혼을 그 전체 형식과 전체 문제와 관련하여 단지 멀리서 매우 불완전하게 표현할 수 있을 뿐이다. 지속성을 요구하는 것은 사랑과 결혼의 본질이다. 이 영역에서 한 사람이 하는 첫 번째의 가장 작은 발걸음은 남자와 여자 사이의 지속적인 결합, 즉 그들에게 공통으로 주어진 시간의 끝에 이를 때까지 지속되어야 할 그런 관계를 지향하는 행동을 의미한다.

그러나 우리는 스스로를 속이지 않는다. 즉, 이 모든 것은 예비적이거나 혹은 후속적인 고려들이며, 단지 하나님의 계명의 결정이 그 뒤에 서 있다는 사실로 인해 특별한 중요성을 획득할 수 있을 뿐이다. 이것들은 그 자체로는 강제력 있는 무조건적인 힘을 가질 수 없다. 이것들은 이 수준에서 이야기될 수 있는 모든 것처럼 결국 조건적이고, 예비적이자, 후속적으로 증명하는 힘을 가지고 있다. 그 이유는 결정과 하나님의 계명이 ―이보다 차라리 예수 그리스도 안에서 나타난 하나님의 은혜를 통한 초청과 허용 그리고 해방이― 영원한 진리로서 뒷받침하면서 그 뒤에 서 있기 때문이다.

우리는 이제 다시 한 번 이 하나님의 계명 자체로 되돌아가서 그것의 구체적인 유효성과 범위와 적용에 관해 질문해 보려고 한다. **"하나님이 짝지어 주신 것을 사람이 나누지 못할지니라."**―이것이 저 예수의 말씀에 있는 문장과 실제적인 표현이다.

하나님이 하나로 연결하셔서 나누어지는 것을 금지하신 것은 무엇인가? 이것은 의심할 여지 없이 그분의 계명과 이 계명에 따라 이루어지는 사랑의 선택에 근거하고 있으며, 그분의 계명에 따라 결정되고, 만들어지고, 이루어지는 결혼이라는 생활공동체이다. 이렇게 하나님의 계명에 근거해 있고, 또한 이에 따라서 하나님의 부르심과 선물에 근거 있는 결혼을 사람이 원할지라도 결코 나눌 수 없다. 나는 당신의 것이다! 혹은 당신이 나의 것이다!라는 직설적인 문장들은 하나님에 의해 하나로 결합된 결혼에서 명령의 완고한 목소리를 내고 있다. 다시 말하면, '너의 것'과 '나의 것', 그리고 '죽음이 우리를 갈라놓을 때까지'로 끝이다! 우리는 발터 폰 데어 포겔바이데(Walter von der Vogelweide)와 동일하게 다음처럼 말할 수 있다. "열쇠가 사라졌다!" 그러므로,―잠겨진 문을 다시는 열려 해서는 안 된다.―라고 말해야만 한다. 그러나 하나님은 진정 무엇을, 어떤 두 사람의 어떤 결혼을 이와 같이 철회할 수 없는 방식으로 결합시키셨는가? 어떤 한 쌍의 연인이나 어떤 한 쌍의 부부도 스스로 자신들이 이런 상황 속에 있는 것을 요구하려고 하지 않았더라면 더 좋았을 것이고 또한 가장 행복한 한 쌍이었을 것이다. 어떻게 이들은 스스로 이 위에 손을 올려놓을 수 있었을까? 이것은 실로 이들이 하나님의 계명에 합당한 순종을 행하였고 또 여전히 행하고 있다는 확신과 동일한 의미를 가진다. 그러나 이것을 확정하는 것은 이들의 일이 아니며 이들의 확신도 아니다. 이들의 존재와 행위가 순종으로서, 하나님의 계명에 합당하고 일치하는 것으로서 받아들여졌다면, 이것은 이들의 눈에는 감추어져 있더라도 하나님의 정당하고 자비로운 판단 안에서 참되다. 이들의 눈앞에 있는 것이 저 신적인 연합 상태(Zusammengefügtsein)가 아닐 수 있다. 그들을 서로 연결시켰고, 아마도 여전히 연결시키고 있는 저 격렬하게 타오르는 성애가 그들이 하나님에 의해 하나로 연합되었음을 보증할 수는 없다. 엄숙하게 선언된 그들의 상호합의(consensus mutuus)나 결혼을 주관하는 관리의 말이나 목사의 축복은 물론이거니와 성관계(copula carnalis)와 완전하고 배타적인 생활공동체를 지향하는 진지하고 충실한 노력도 이를 보증하지 않는다. 이 모든 인간적인 행위와 성취 가운데 어떤 것이 그들의 결혼을 확실하게 지속적이고 나누어질 수 없는 결속체로 만드는 신적인 연합에 대한 대체(Ersatz) 또는 보증이나 확실한 표지가 될 수 있을까? 인간이 이런 신적인 근거에 대한 힘을 가질 수 있고, 그 근거에 관한 확실하고 직접적인 지식을 얻을 수 있는 그런 결혼이란 존재하지 않는다. 만일 그렇다면 그것은 최고의 결혼이 될 것이다. 그 근거는 그들의 손에 놓여 있지 않으며 그들의 눈앞에 있지도 않다. 그들은 어떤 긍정적인 증거들의 관점에서 기꺼이 그 근거를 알아야만 한다고 생각하면서, 확고하게 그로부터 살아가고자 시도해 볼지도 모른다. 하지만 그들이 그러한 증거들에 의존하지 않는 것이 잘 하는 것이다. 이것들은 기만할 수 있다. 그들은 그들의 결혼을 위한 신적 근거를 가질 수 없으며, 심지어는 볼 수도 없다. 그들은 그 근거가 그들의 공로 없이도 하나님의 자비로 인해 약속되었고 주어졌다는 사실을 오직 믿음으로 붙잡을 수 있을 뿐이다. 다시 말해, 그들은 단지 그들이 그 근거를 언제나 하나님의 은혜의 말씀 속에서 찾는 방식으로, 하나님께 그 근거를 요청하고 감사함으로 받아들이는 방식으로 믿음에 의지할 수 있게 된다. 그들이 서고자 생각한다면 잘 하는 것이다. 그들은 자신들이 쓰러지기를 원하지 않는다는 사실을 알게 될 수 있다. 하나님에 의해 연합된 결혼에서 진정으로 선다는 것은 가장 최고의 경우에 믿음 안에 서는 것이고, 궁극적인 근거에서는 그들이 믿는 약속의 말씀과 계명이 서는 것이자 지속되는 것이다.

사람들이 충분히 인식할 수 없는 사실이 있다. 사랑과 결혼 안에서 이루어지는 두 사람의 모든 인간적인 협력과 동반과 공존이 이것을 그 자체에 포함하고 있거나, 담지하거나, 보여주는 것은 아니라는 사실이다. 또한 하나님이 그들을 하나로 이으셨고, 그로 인해 그들의 연합이 지속과 해체불가능성을 가지게 되었다는 사실을 충분히 인식할 수 없다. 예수가 하신 말씀을 단순하게 이와 같은 한 쌍의 사람들에 적용하는 것은 어쩌면 하나의 신성모독이라 할 수 있다. 왜냐하면 이들은 결혼 등기소(Zivilstandsamt)와 "결혼식 제단"(Traualtar) 앞에서 인간적으로 긍정(Ja)을 선언하고, 이렇든 저렇든 오랫동안 결혼이라는 공동체에서 살기 때문이다. 이와 같은 한 쌍의 사람들에게 그들이 어떤 경우에도 헤어지지 않을 것을 기대하거나 요구하는 것은 불가능하다. 이런 해체 불가능성의 근거인 하나님의 부르심과 선물은 하나님께서 베푸신 자비의 선물이다. 그렇기에 어느 누구도 동일한 형태로 갚아야 할 책임이 없다. 만일 하나님이 이들을 결혼으로 부르시지 않으셨더라면, 그래서 그들에게 신적 근거, 즉 신적인 연합 상태가 결여되어 있다면, 그들이 하나님의 판단에서 결코 그분의 뜻과 그분의 계명에 합당한 한 쌍이 되지 않고 또 그렇게 살지 않는다면, 우리는 어떻게 될까? 그렇다면 그들은 하나님의 판단에서 진정으로 참되게 연합된 한 쌍이 아니기 때문에, 분명하게 그들의 뿌리에서부터 헤어질 가능성이 있게 된다. 이와 함께 여기에 누구도 손을 댈 수 없으며 누구도 이것을 스스로 직접 알 수 없다는 사실을 분명하게 말해야 한다. 또한 이런 결혼은 결코 하나님에 의해 하나로 이어지지 않았을 뿐만 아니라, 그 뿌리에서 신적 근거가 없이 하나님의 뜻과 계명에 모순되게 나타났고 실행되었다는 사실을 분명하게 해야 한다. 더 나아가 하나님의 판단이라는 측면에서 보자면, 이런 결혼은 전혀 진정으로 이루어지지 않았기 때문에 또한 헤어질 수 있는 가능성을 포함하고 있음을 분명하게 말해야 할 것이다. 결국 이는 단지 어떤 끔찍한 증거들에 근거해서 추측되고, 해석되고, 받아들여질 수 있을 뿐이다. 이런 종류의 충격적인 증거들을 통해 외형적으로 드러나는 두 사람의 모든 모습에도 불구하고 (하나님이 그분의 자비로 그렇게 결정하셨기 때문에), 그럼에도 이들이 하나님에 의해서 하나로 연합되었다는 사실을 숨길 수 있는 증거란 존재하지 않는다. 가장 행복한 쌍의 결속을 확실하게 보장해 주는 것을 행하도록 허용되지 않고 또한 그런 명령도 주어지지도 않으면서, 동시에 그토록 경쟁적이면서 또한 그들 자신의 확신에 따라서 서로에게 속하지 않는 그런 쌍이란 존재하지 않는다. 즉, 그들에게 필요한 것은 하나님이 그럼에도 불구하고 그들을—깊이 숨겨진 방식으로—하나로 연합시키기를 원하셨음을 믿는 것이라는 사실이다. 그리고 그들이 기꺼이 그들의 질병이 그럼에도 불구하고 마침내 치유될 수 있고, 그들의 결혼이 그럼에도 불구하고 지속성을 획득할 수 있는 가능성이 있음을 보여주는 증거들을 제공하기를 원하는지를 이 믿음 안에서 살펴보는 것이다. 신적인 근거와 결혼의 지속성에 대한 질문에서 긍정적인 증거들로 인해 기뻐하고 힘을 얻은 연인과 부부, 부정적인 증거들로 인해 두려움에 빠진 연인과 부부, 즉 '행복'하거나 '불행'한 연인과 부부, 확신을 가지고 있거나 의심하거나, 심지어는 절망하는 연인과 부부, 이들 모두에게 보여지고 지시된 것은 믿음과 하나님의 말씀이다. 어떤 경우에도 믿음과 하나님의 말씀은 일단의 사람들이 감사하면서 겸손하고 신중하게 되도록 도울 것이다.—또한 아직 그들처럼 그렇게 잘 하지 못하는 다른 사람들에게 가혹하거나, 교만하게 대하거나, 스스로 의롭게 여기고 심판자처럼 행동하지 않을 것이다. '좋은' 결혼에서 연합된 자들이 무엇보다 그러한 결혼이 주어지지 않았거나, 결혼에 성공적이지 못한 자들과 비교할 때, 날마다의 자비를 통해서 그들 스스로 기뻐할 수 있는 어떤 것을 할 수 있음을 깨달을 수 없을지 누가 알겠는가. 믿음과 하나님의 말씀은 어떤 경우에도 다른 사람들을 도와서 최악의 것을 피하고, 안 좋은 것을 완화시키고, 심지어는 피할 수 없는 나쁜 것에서 적어도 상대적으로 최선을 다할 수 있도록 해준다.

이 일단의 사람들과 다른 사람들은 결국 오로지 **믿음**과 **하나님의 말씀**을 통해서만 살 수 있고, 유지될 수 있다. 이런 사실은 여기에서 제시했던 경계(Grenze)를 보여준다. 즉, 저런 연합은 하나님의 부르심과 선물의 문제이고, 그리고 그분의 신비인 것이다. 여기에서 모두에게 지시된 믿음은 이것을 존중하게 될 것이다. 이 문제에서 믿는 자가 기대하고 요청할 것이다. 그러나 그는 하나님의 판단을 통해 진실이 될 수 있는 것의 진실 여부를 확인할 수 있으리라고 생각하지 않을 것이다. 그는 이 문제에 있어서 어떤 것도 억지로 손에 넣거나, 싸우거나, 관철하려는 시도를 하지 않을 것이다. 그는 그가 기대하고 요청하면서 생각하는 것과 완전히 다르게 단지 일시적이고 상대적인 것과 어느 정도의 도움과 위로만 응답되고 그가 추구했던 것을 받지 못할 때에도, 즉 다시 말하면 그의 결혼이 하나님에 의해 하나로 연합되었다는 사실을 정말로 전혀 인식할 수 없을 때에도, 그는 겸손하게 될 수 있을 것이다.

왜 그가 진실로 믿고 간구할 때 이 예비적이고 상대적인 것 속에서 그가 그토록 간절히 믿고 기도하지만 실제로는 받을 수 없는 그런 것보다 진실로 더 위대한 것을 받을 수 없는 것일까? 왜 하나님은 이와 같은 포기를 기꺼이 받아들이시면서 믿는 자에 대하여 더 크게, 더 가깝게, 더 풍부하게, 더 찬란하게 그의 반석과 그의 보장이 되시지 않는 것일까? 왜 그는 다른 인간적 관계들과 책임들에 대하여 더 자유롭게 되지 않는 것일까?

축복된 실존에 관한 질문 가운데서 많은 것이 결혼을 통해 대답을 얻는다. 그렇지만 모든 대답이 주어지는 것은 아니다. 이런 질문이 추구하는 궁극적인 것이나 전체적인 것에 대한 대답은 얻을 수 없다. 결혼에 관한 질문은 이 질문을 받은 자와 믿음의 책임에서 이 질문에 직면한 자에게 진지하고 뜨겁게 타오르는 질문일 수밖에 없다. 그러나 믿는 자에게 이런 질문은 유일한 질문이 아님이 확실하다. 즉, 그는 이 질문에 대하여 어떤 상황에서도 긍정적이고, 즐거워하며, 자기 자신과 다른 사람들에게도 교훈적인 대답을 줄 수 있다. 그에게서 결혼에 관한 질문은 이완되고 느슨한 질문이 된다. 믿는 자도 역시 이런저런 관점에서 병이 들 수 있다. 다시 말하면, 그는 저 신적 연합과 참되고 불가결한 지속이 실제로 결여되어 있지 않는지 질문하는 의심의 그늘 속에 깊이 서 있는 결혼생활을 하게 될 수 있다는 것이다. 완전히 이 그늘 밖에 서 있고, 어떻게든 이 그늘 속에서 살지 않아도 되는 그런 결혼이란 없다. 이 질문을 간단하게 배제시키는 증거들 가운데서 이루어지는 결혼이나, 또는 심한 괴로움을 가져다주는 이 질문의 그늘 속에서 믿음과 하나님의 말씀 없이 이루어지는 그러한 결혼이란 없다. 차이는 단지 어떤 사람들은 더 깊이, 다른 사람들은 더 얕게 그들 속에 서 있다는 점과, 이들은 강하게 그리고 저들은 좀 더 강하게 하나님에게서, 그분의 말씀과 그분에 대한 믿음에서 그들의 피난처를 찾도록 요구된다는 점이다.

그러나 여기에서 물론 믿음의 지식이 심각하게는 이 결혼에 대한 신적 심판의 지식이 될 수 있는 가능성이 처음부터 배제되어서는 안 된다. 즉, 하나님이 그들을 연합시키지 않으셨고, 결혼이 인간적인 자의와 인간적인 오류에 기초하고 있으며, 따라서 나누어질 수 있다는 인식이 배제되어서는 안 되는 것이다. 그 이유는, 여기에서 나누어질 수 있는 이유는 결혼이 겉으로 보이는 외형에도 불구하고 하나님의 판단에서 그리고 진정으로 모든 것에서 전혀 이루어지지 않았기 때문이다.

우리는 잘 이해할 필요가 있다. 즉, 이와 같은 통찰은 오직 믿음의 지식으로서만, 오직 하나님의 말씀을 심판말씀으로 받아들일 경우에만 적절한 방식으로 생기게 되고, 형태를 가질 수 있게 됨을 의미한다. 이것은 신적 근거에 관한 지식, 즉 결혼의 진실에 관한 지식이 오로지 믿음의 지식이며, 하나님의 약속의 말씀을 받아들임으로써만 실행될 수 있고 힘을 가질 수 있는 것과 마찬가지이다. 다시 말하면 어떤 긍정적인 증거들도 결혼에서의 신적인 연합 상태를 확신하기에 충분하지 않은 것처럼, 어떤 부정적인 증거들도—이것들은 매우 나쁠 수도 있다.—결혼이 약속 없이 하나님에 의해 결합되지 않았기 때문에 궁극적으로 하나님의 심판 아래 있다는 것과, '하늘에서 이어지지' 않았다는 것을 확증하기에 충분하지 않다. 믿음과 하나님의 말씀 없이는 긍정적인 확실성도 부정적인 확실성도 없다. 하나님의 말씀은 무엇보다 우선적으로 그리고 포괄적으로 약속의 말씀이다. 그리고 심판의 말씀은 단지 이차적인 말씀이다. 그렇기 때문에, 그리고 의심할 여지 없이 언제나 우선적으로 하나님의 약속과 하나님의 긍정(Ja)을 얻기 위해서는 믿음이 요청된다. 이런 이유 때문에, 믿는 자에게 있어서 하나님의 말씀에서 비롯되는 결혼에 대한 궁극적인 신적 심판의 확실성은 하나님의 말씀에서 얻을 수 있는 결혼을 위한 약속의 확실성보다 언제나 훨씬 더 멀리 떨어져 있다고 말할 수 있다. 믿는 자는 언제나 우선적으로 하나님의 긍정(Ja)을 붙들고, 하나님의 부정(Nein)을 붙들지 않도록 요청받는다.

다음과 같은 사실은 꼭 언급되어야만 한다. 즉, '결혼'이라고 불리는 모든 것이 확실히 하나님에 의해 결합된 것은 아니라는 사실이다. 그렇기 때문에 하나님의 말씀은 부정을 포함할 수 있고, '결혼'에 대한 최종적인 심판을 강력하고 유효하게 선언할 수 있다는 점이다. 믿는 자는 처음부터 이를 배제하지 않고, 하나님의 말씀을 결국에는 최후의 수단으로서(ultima ratione) 심판말씀으로 듣는다. 그럼으로써 자신의 결혼이 하나님에 의해 결합되지 않았고, 나누어질 가능성이 있다고 말할 수 있어야만 한다는 사실을 받아들인다. 하지만 이 때문에 일반적으로 결혼이 해체되어야만 하는 것은 아니다. 예수의 말씀은 확실히 "사람은 하나님이 하나로 만들지 않으신 것을 나누어야 한다"처럼 결코 뒤바뀔 수 없다. 이혼을 막아줄 수 있는 신적 근거가 없다면 결혼은 진정으로 불가결한 지속성을 결여하게 될 것이다. 또한 하나님의 판단에서 유지될 수 없는 결혼이 될 것이다. 그렇기 때문에 사람이 이혼하는 것이 가능한지에 관해서는(어떤 특정한 상황에서는 실질적으로 이혼해야만 한다.)―오직 이에 관해서는―당연히 결정되어 있는 것이 아니다. 이런 결정은―믿음이 언제나 우선 하나님의 약속과 긍정(Ja)을 붙들어야 하기 때문에―믿음의 지식으로서, 대단히 특별한 결정으로서, 최후의 수단(ultima ratio)으로서, 극단적인 경계상황(Grenzfall)으로서 고려되어야만 한다. 경계상황이 전혀 고려될 수 없다는 것은 물론 확실히 부인될 수 있다. 또한 이 부정적인 결정, 즉 결혼에 대한 심판을 최후의 수단으로 인식하면서 여기에 따르는 것은 자유와 믿음의 순종 안에서 가능하고 또 필요하게 될 수 있다.

비록 믿음과 하나님의 말씀에서는 명백하지는 않지만 단순하게 배제시킬 수 없는 한계상황과 관련해서 이제 **법적인 이혼**의 가능성에 관해 무엇을 생각할 수 있는지 살펴보고자 한다. 법적인 이혼이 하나님에 의해 결합된 결혼을 위한 하나의 가능성이 아니라는 것은 분명하다. 법적인 이혼은 하나님에 의해 결합되지 않은 결혼, 하나님의 계명에 순종하며 살지 않는 결혼의 지극히 실제적인 결말이다. 따라서 사람들이 하나님의 약속과 긍정(Ja)에 대한 믿음에 머물러 있는 한 이혼을 하지 않으리라는 것은 명백하다. 이렇게 하지 않는 자만이 이혼을 하나의 가능성으로서 고려하게 된다. 하지만 그가 반드시 이혼을 해야 할 필요는 없다. 법적인 이혼의 길 대신에 결혼이 하나님의 심판 아래 있다는 인식을 갖도록 해주는 또 다른 길이 언제나 존재한다. 그러나 이런 인식에도 불구하고 이 길을 걷지 않는 심각한 이유들이 있을 수 있다. 그러면 누가 자신의 결혼이 하나님의 심판 아래 있다는 사실과, 자신의 결혼이 진정한 결혼이 아니고, 나뉠 수 있음을 알 수 있는가 생각해 보자. 이혼이 최종적으로는 법적으로 이루어져야만 한다는 인식은 말할 필요도 없고, 누가 과연 믿음 속에서 이런 부정적인 지식, 즉 자신의 결혼이 해체될 수 있다는 지식에 이를 수 있는가? 또 누가 이런 지식에 이르러야만 하는가? 생각 가능한 모든 경우에 있어서 믿는 자에게는 그가 비록 믿음 안에서 그런 부정적인 지식을 확실히 알고 있더라도, 진정한 자유를 가지고 있다는 것과, 그에게는 이 부정적인 지식의 최종적인 결과를 가능성으로 추구하는 것이 **하나님의 말씀**에 근거해서 **계명**이 된다는 것에 대항하는 것들이 언제나 많이, 아주 많이 있다. 그에게 이것은 언제나 결혼과 관련하여 피할 수 없다고 믿는 본질적으로 특별한 **결심**에 대한 그 자체로 특별한 **적용**(Anwendung)이다. 그가 이런 적용의 길을 걷기 전에는 그를 지금 이 지점으로 이끌었던 자신의 여정 전체를 진정으로 믿음 안에서 갔는지, 혹은 기본적으로 불신앙 속에서 가지는 않았는지, 또한 특별히 하나님의 말씀이 이제 그가 이 최종적인 적용을 하지 못하도록 막고 있지는 않은지, 그리고 거듭해서 인내로 그리고 소망으로 부르기를 원하고 있지는 않은지, 스스로를 결코 충분하게 점검할 수 없을 것이다. 이 모든 것이 이야기되고 숙고되고 난 다음에야 비로소 다음과 같이 또 다른 것도 이야기되고 숙고될 수 있으며, 또 그렇게 되어야만 한다. 즉, 경우에 따라서는 이 결혼이 하나님께서 결합시키신 것이 **아니기** 때문에 지속될 수 **없다**는 인식이 생길 수 있다. 이 때문에 법적인 이혼의 가능성을 이용하는 것이 허용된 결과일 뿐만 아니라, 심지어 명령된 결과일 수 있다. 나아가 이것이 단순하게 하나님의 계명으로부터 **배제되어 있는 것은 아니라고** 말할 수 있다. 우리는 이혼에 반대하는 신약의 말씀이 **복음**이고, **자유**에 대한 제안(Freiheitsangebot)이지만, 그리스도교법의 한 조항은 아니라는 것을 기억한다. 여기에서는 그와 같이 주장해서는 안 된다. 결혼이 신적인 근거를 가지고 있지 않고, 불변하지 않다는 인식으로부터 나오는 결론은 형식상의 결혼마저도 해체하려는 결정**일 수 있다**.

법적 이혼은 결혼과 관련된 하나님의 계명을 구성하는 요소가 아니다. 왜냐하면 이것은 결혼의 해체불가능성을 선포하고 요구하기 때문이다. 법적 이혼은 단지 결혼 제도의 구성요소이다. 이와 같은 인간의 제도와 체계에서는 신적 근거 없는 결혼과 유지가 신중하게 고려되었다: 결혼은 하나님의 계명에 대한 순종으로 행해지거나 이루어지지 않기 때문에 해체될 수 있다. 이 점에서 결혼 제도의 약점 전체가 명확하게 드러난다. 결혼 제도는 세대의 전환점 뒤로, 하나님 나라의 도래 이전으로, 언약의 성취 뒤로 퇴보하는 것을 의미한다. 이것은 결혼에 관련된 하나님의 말씀과 그분의 약속 그리고 그분의 계명이 들려질 수도 없고, 마음에 받아들여질 수도 없음을 의미한다. 이것은 예전의 '고집스러운 마음'(Herzenshärtigkeit)을 의미한다. 이것은 하나님에 의해 결합되지 않았고, 지속적이지 않은 그런 결혼이 있다는 것을 의미한다. 이로 인해 이 제도의 구성요소들 가운데 하나인 이혼의 가능성이 결혼이 하나님에 의해 인도되었다고 믿는 사람의 인식과 만나게 된다. 이 가능성은 만일 그가 원하고, 할 수 있고, 해도 되고, 해야만 한다면, 이러한 인식으로부터 최종적인 쓸쓸한 결론을 이끌어 내는 길을 보여준다. 그는 스스로에게 과연 자신이 그런 결론을 이끌어 내길 원하는지, 그렇게 할 수 있는지, 그렇게 해도 되는지, 그렇게 해야만 하는지를 거듭해서 질문해보지 않고는 결론을 내지 않을 것이다. 그러나 분명한 것은 이 길이 그에게 단순하게 완전히 닫혀 있지는 않다는 사실이다. 그는 정말로 이것을 판결로 받아들이면서 이 길을 갈 것이다: 그는 하나님의 말씀에 대한 믿음으로 다른 어떤 것도 그에게 남아 있지 않다고 말해야만 한다. 인간 재판관의 이혼 판결에서 그는 다시 한 번 결혼에서 자신에게 떨어진 신적 이혼 판결을 듣게 될 것이다. 그는 인간 재판관의 이혼 판결에 대해서 진정으로 오로지 두려움과 떨림으로만 대응할 수 있을 것이다.—그가 절반의 길에서 되돌아와서, 비록 그에게 장래의 희망이 없는 것처럼 보일지라도, 다른 길, 즉 인내와 희망의 길을 약속의 길로 선택할지 누가 알겠는가? 사람들은 믿는 자에게 저 쓸쓸한 길을 가는 것이 절대로 금지되었고, 허용될 수 없다고 단정적으로 말할 수 없다.

사람들이 이렇게 말할 수 없기 때문에, 그리스도교 공동체의 입장은 법적 이혼의 가능성에 대한 절대적인 부정이 될 수 없다. 그리스도교 공동체는 하나님에 의해 결합되고, 그분의 계명에 근거하여 이루어지는 결혼에 있어서 이것이 얼마나 거대한 문제인지를 알고 있다. 그리스도교 공동체는 이 결혼이 오로지 하나님의 자비에 근거해서만 그리고 믿음 안에서만 생각할 수 있고 가능하다는 것을 안다. 기독교 공동체는 또한 결혼이라 불리고 또 결혼으로 보이는 것이 실제로 하나님의 심판 아래 있을 수 있고, 전혀 결혼이 아닐 수 있음도 알고 있다. 그리스도교 공동체는 사람들에게 그들의 결혼이 그러한 결혼이라는 것을 스스로 알고자 하는 것에 대해 충분히 경고할 수 없을 것이다. 그리스도교 공동체는 언제나 그들에게 하나님의 약속과 긍정(Ja) 그리고 인내와 희망의 길을 보여줄 것이다. 그리스도교 공동체는 결혼의 근거에 대한 질문을 진지하게 다루고, 그로 인해 사람들에게 도움이 될수록 더 나은 양심으로 이것을 행하게 될 것이다. 그리스도교 공동체는 주제넘게 어떤 경우에도 다른 길, 이혼의 길을 가는 것이 사람에게 허용되지 않았다고 주장하지 않을 것이다. 그리스도교 공동체는 마침내 이러한 결정에 이르게 된 배경이 되는 그들과 하나님과의 관계의 비밀과 그들의 믿음의 자유를 존중할 것이다. 그리스도교 공동체는 이 사람들에게 그들의 결혼이 하나님에 의해 인도되는 것으로 그리고 나뉠 수 있는 것으로 인식하고, 법적 이혼의 가능성을 고려함으로써 이러한 인식으로부터 최종 결론을 이끌어 내는 것이 허용되었을 뿐만 아니라 명령되었을 수 있는 그런 관계가 있음을 고려할 것이다. 그리스도교 공동체는 법적 이혼이 이 사람들에게 실제적으로 더 나은 길이고, 혼돈 속에서 질서를 만드는 길이며, 새로운 순종으로 회복될 수 있는 출발점으로의 회귀를 의미한다는 것을 숨길 수 없을 것이다. 그리스도교 공동체는 모든 경우에 이들에게 (예를 들어 두 번째로 결혼할 경우에 교회에서 행해지는 결혼식을—최악의 의미로 수치스럽게—거부하는 것과 같은 방식으로) 치욕을 주지 않을 것이다! 그리스도교 공동체는 그들의 양심을 지극히 예리하게 만들고, 그들로 하여금 그들의 부정적인 결정에 반대될 수 있는 모든 것을 기억하도록 함으로써, 그토록 멀리까지 왔어야만 한 것에 대해 그들과 함께 슬퍼하고, 그들이 독신 상태에 있든지 아니면 두 번째 결혼을 하고 있든지 이혼이 의미하는 새로운 시작을 그들과 함께 시도할 것이다. 그리스도교 공동체는 이들이 신적 심판과 부정(Nein)을 쓰디쓴 마지막 순간까지 모두 지불하고 난 후에, 비로소 이들에게 복음과 하나님의 계명과 그분의 약속과 그분의 긍정(Ja)을 보여줄 것이다. 그리스도교 공동체는 이 사람들과 함께 회개로, 다시 말하면 이 사람들에 대하여 지금까지 분명하게 실패했던 믿음과 선포의 기쁨으로 부름 받게 될 것이다: 이를 통해서 그리스도교 공동체는 결혼의 근거를 세우고 실행하는 다른 사람들에 대하여 더 이상 그와 같이 실패하지 않게 될 것이고, 그 사역을 통해서 공동체가 겪어야만 했던 것을 다른 사람들이 겪지 않게 될 것이다.

6. 결혼이 하나님의 계명의 빛 속에 들어간다면, 이는 또한 결혼의 실현(Zusstandekommen)에 관한 질문에서 결정적인 질문이 된다. 우리는 이것을 우선 무엇보다 그 내적 측면에서 살펴볼 것이다. 다시 말하면, 결혼이 순종 가운데 맺어지고 이루어지기 위해서는 두 참여자의 측면에서 자유롭고 상호적인 사랑이 필요하다는 것이 내적 측면을 통해서 분명하게 될 것이다. 우리는 결혼이 앞에서 기술된 것처럼 완전하고, 배타적이고, 지속적인 남자와 여자의 생활공동체로 존재하는 한, 사랑 이상이라는 것을 보았고 확정하였다. 또한 우리는 서로에 대한 사랑이 아니라, 하나님의 부르심과 선물이 결혼의 본질적인 근거임을 확고히 하였다. 그러나 이제 이 근거에서 인간적인 일이

일어난다. 하나님의 부르심과 선물이 주목을 받고 순종이 따른다면, 이제 여기에서 가장 좋은 의미에서의 인간적인 일과 비인간적이 아닌 일이 일어나야 한다. 여기에서 두 사물이 서로에게로 움직인 것도 아니고, 두 개의 메커니즘이 배치되어 있는 것도 아니다. 여기에서는 두 사람이 생활공동체를 세우고 올바로 유지할 것을 결정하였고, 상호 간에 서로를 위할 것을 결정하였다. 두 사람은 공존인간으로뿐만 아니라, 그들에게 부차적이거나 혹은 핵심적으로 중요한 어떤 한 특성과 역할에서뿐만 아니라, 저 생활공동체의 특정한 의미에서 서로에게 파트너가 되는 그들의 적합성에서도 역시 서로를 알고 있다. 두 사람은 동지이자, 동료이자, 친구로서뿐만 아니라, 가장 친밀한 관계에 있는 파트너로서 서로를 선택한다. 두 사람은 일반적이거나 특별한 인간의 사랑으로뿐만 아니라, 그리스도교 공동체 내에서 형제와 자매로서 서로를 사랑해야 하는 그런 사랑으로뿐만 아니라, 저 생활공동체를 목표로 하며, 이 관계에서 한 사람이 다른 한 사람에게 파트너가 되고, 이 관계에서 한 사람이 다른 한 사람을 파트너로 삼기를 원하는 그런 사랑으로 서로를 사랑한다. 성별이 다른 두 사람 사이에 이루어지는 이런 특정적이고 상호적인 자기 인식(Sicherkennen)과 자기 선택(Sichwählen)과 자기 사랑(Sichlieben)을 통해서 결혼이 실현되고, 언제나 새롭게 실현되어야만 한다. 인간성과 그 기초(Grundlegung)인 성화는 이러한 자기 인식, 자기 선택, 자기 사랑이 양측의 자유를 통해서—즉, 하나님의 계명에 순종하는 양측의 자유를 통해서!—양측에 충실하지만 자발적이기 때문에 책임감이 요구되는 기대와 욕구와 의지의 형태로 발생하는지 여부에 달려 있다. 올바른 결혼에 대한 질문은 진정 그 내적인 실현에 대한 질문과 그 기초인 성화에 대한 질문을 그 안에 포함하고 있어야만 한다.

우리는 여기에서 가톨릭의 결혼윤리뿐만 아니라 프로테스탄트의 결혼윤리가 특이할 정도로 과소평가하거나, 주목하지 않거나, 주의를 기울이지 않았던 문제를 앞에 두고 서 있다. 마치 두 참여자가 결혼등기소와 '결혼제단'을 뒤로 하고 '결혼식을 마쳤을' 때 비로소 결혼의 문제들에서 하나님의 계명이 현실적이고 주목할 만한 가치가 있다는 듯이! 마치 결혼의 내적 실현에 관한 질문이 진지한 숙고의 영역 밖에 놓여 있는 듯이 보일 때, 생활공동체로서의 결혼과 결혼의 배타성 및 지속성에 대한 교회의 가르침이 이해될 수 있고 신뢰받을 만하게 된다는 듯이! 마치 여기에서 어떤 윤리적 숙고도 이루어지지 않을 때, 다른 모든 것이 공중에 떠 있지 않게 된다는 듯이! 대부분의(모두는 아닐까?) '불행한' 결혼의 불행은 그 내적 실현의 불행과 저 자기 인식과 자기 선택과 자기 사랑에서의 오류와 오해에 기인한다는 사실이 과과되어서는 안 된다.—사람들이 외적인 결혼에서 좁고 넓은 의미로 "간음"(Ehebruch)이라고 칭하곤 하는 것은 이미 그 기초에서 발생해서 계속해서 생기는 위반(Bruch)에 기인한다. 지난 수백 년 동안 금전결혼, 계급결혼, 관습결혼, 기회결혼과 같이 부분적으로는 분명히 수치심을 상실하였으며 비인간적이고 무분별한 수많은 결혼에 대하여 교회의 시기적절한 지시적 판단이 어디에 있었는가? 교회는 이 결혼들이 각자의 영역에 들어서서 지속되는 것을 보면서 아무 생각 없이 이것들을 그리스도교적인 결혼으로 축복하고 정당화시켰다. 그런 후에 이 결혼들이 그리스도교적 결혼으로 더 이상 실행될 수 없게 되었을 때야 (너무 늦게!) 흥분하고 놀랐다. 왜 교회는 여기에서 한 번에 강하게 될 수 있었음에도 불구하고 그토록 이완이 되었던 것일까? 왜 그리스도교는 마치 각자가 사랑의 문제에 관하여 확실히 알고 있다는 듯이, 그리고 여기에서 어느 정도 결핍된 것을 사람들에게 제공하는 과제를—물론 약간은 불신하면서—소설에 떠넘기거나, 오늘날에는 심리학자들에게 떠넘길 수 있다는 듯이 사랑의 문제 주변에서 전체적으로 큰 호를 그리며 이리저리 방황했던 것일까? 왜 교회는 이 자리에서 그토록 차갑고, 완고하고, 무심한 얼굴을 보이고 있는가? 마치 교회는 질문과 호소와 비난에 관해 아무것도 모른다는 듯이:

당신들은 우리를 생명 안으로 인도합니다.
당신들은 가난한 자들이 죄인이 되도록 만듭니다.
그런 다음에 당신들은 그들을 고통에 넘깁니다.
왜냐하면 모든 죄는 땅에서 되갚아져야 하기 때문입니다!

마치 이 질문과 호소와 비난이 다른 모든 요청에 비해서 그들에게 더 중요한 관심사가 아니라는 듯이! 또한 무엇보다 교회가 완전히 다른 것에 주목하면 자신의 가장 고유한 노선에 있어야 할 의무를 지키지 않게 된다는 듯이! 마치 남자와 여자의 사랑과 관련에서는 먼저 하나님의 계명에 관해 질문해서는 안 된다는 듯이! 도대체 왜 그런가?

사람들은 결혼으로 부르심과 결혼이라는 선물을 마치 하늘로부터 떨어진 영감(Inspiration)처럼 기대해서는 결코 안 된다. 이것은 실제로 언제나 다른 사람의 (한 남자 또는 한 여자의) 실존(Existenz)과 부름(Ruf)과 동일하게 되기 때문이다. 그렇기에 사람이 자신의 파트너의 실존과 부름을 인식하고, 자신을 그의 파트너로 인식하는 데에 무게 중심이 놓여야 한다. 결혼을 하려는 결정은 이와 같은 만남의 내용에 속하는 상호 결정 안에서 내려진다. 하나님이 부르시고 결혼을 선물로 주신다. 하나님은 '결합하게 하심으로써' 이렇게 하신다. 이러한 하나님의 결합은 만남이 시작되고, 이런 만남 속에서 이런 결정이 내려지는 과정을 통해서, 즉 남자와 여자 사이에 부름과 대답, 자기 인식과 자기 선택과 자기 사랑이 발생함으로써 이루어진다.

이와 같은 결정이 신적 연합에 합당하고 하나님의 부르심과 선물에 근거하고 있기 때문에 참되고 불가피한지에 관한 질문은 검증될 필요가 있다. 이러한 결정 없이 결혼에 들어가려고("결혼하려고"[heiraten]) 하는 것은 어떤 경우에도 결코 좋지 않다. 사람들은 이것을 자의적으로 행하고, 신적인 지침은 지나친다. 그럴 때 사람들은 결혼에 들어가는 것이 아니라, 도박꾼으로서 아무런 약속도 없는 결혼과 유사한 관계 속으로 들어가는 것이다. 하나님은 이런 경우에도 역시 인간이 나쁘게 만든 것을 좋게 만드실 수 있다. 기초에서 결핍되었던 것이 후에 새로 설치될 수 있다. 결혼이 아니었던 것이 결혼이 될 수 있다. 그러나 사람이 이 경우에 자신의 문제를 그 기초에서 나쁘게, 좋지 않게 만들었다는 사실에서 달라지는 것은 아무것도 없다. 루터는 자신이 카타리나 폰 보라와 결혼한 것을 교황제도의 부당함을 보이기 위함이라고 과거에 설명했다. 그럼에도 불구하고 우리는 루터가 진심에서 한 말이 아니기를 기대한다. 또한 예를 들자면, 칼빈은 자신의 부인을 잘 알고 있는 지인들 가운데서 찾았고 소개받았다. 그러나 이런 방식이 우리가 반듯이 따라 해야 할 가치를 지니는 것도 아니다. 또한 19세기의 많은 경건주의자가 구원자를 결혼의 직접적인 창시자로 요구했던 방식도(예를 들어 구스타프 크낙[Gustav Knak], *Lebensbild*, 1881, 87-98을 참조하라!) 마찬가지이다. 불쌍한 리차드 로테(Richard Rothe)는 평생 동안 폐쇄된 약혼과 결혼의 연속에 대하여 한탄해야만 했다. 같은 시기에 사람들이 중국과 아프리카의 선교사들로 하여금 고국의 위원회에서 그들을 위해 고려했던 그들이 알지도 못하는 신부들을 기대하도록 했던 것처럼, 이것은 윤리적으로 의심스러운 것 이상의 문제였다.

하나님께서 결혼으로 부르심 그리고 결혼이라는 선물과 알고, 선택하고, 사랑하는 자유로운 인간적 결정 사이에는 상관관계가 놓여 있다. 이런 상관관계는 무엇보다 결혼이 이런 인간적인 기초에서뿐만 아니라, 직접적으로 언약 안에 있는 은혜의 선택에 대한 표상임을 말한다. 그렇기 때문에 결혼은 진지한 문제인 것이다. 다시 말하자면, 자기 백성에 대한 야웨의 사랑, 그분의 공동체에 대한 예수 그리스도의 사랑을 담고 있다는 것이다. 확실히 결혼은 모든 요소에서 표상인 셈이다. 우리가 항상 되풀이해서 이 결혼의 원형을 되돌아보지 않았기 때문에, 결혼이라는 생활공동체의 완전성과 배타성과 지속성에 관해 근본적으로 배울 수 없었고, 이해할 수 없었다. 이 점에서 볼 때, 결혼의 실현에 관한 질문에서 중요한 것은 경계(Grenze)이다. 인간적인 행위와 관계로서의 결혼은 자유로운 결정을 내용으로 하는 사람과 사람 사이의 만남에 기초하고 있을 때 은혜의 선택과 언약 체결이라는 원형에 명백히 대응된다. 즉, 결혼은 일회적이고 유일한 부름과 대답이 오고 가는 역사이다. 이 속에서 남자와 여자는 서로에 대한 애착을 가지고 서로를 인식하고, 선택하고, 사랑할 수 있고 또 그래야만 한다. 이것은 하나님과 인간이 진정으로, 효과적으로 그리고 최종적으로 함께 모여서 친구가 되는 것에서—그 힘의 원천이 전적으로 오직 하나님의 은혜 안에, 즉 하나님의 말씀과 성령 안에 있을 때 물론 비교 불가능할 정도로—발생한다. 결혼은 한 남자와 한 여자가 함께 인간적인 상호 인식, 상호 선택, 상호 사랑을 통해서 저 비교할 바 없는 역사를 그들 사이에서 적어도 모방하고, 묘사하고, 제시할 수 있다는 사실에 근거해서 이루어진다. 다시 말하자면, 서로를 위한 그들의 특별한 인간적인 자유를 통해서, 인간을 위한 하나님의 은혜의 특별한 자유를 통해서, 하나님을 위한 인간의 자유인 특별한 믿음의 자유를 통해서 이루어진다. 만일 결혼이 이 빛 속에 있는 인간성에 놓이지 않고, 이 인간성 안에서 하나님의 말씀과 하나님의 영의 이중적인 자유를 보여주거나 반영하지 않는다면, 결혼이란 과연 무엇이고, 어떻게 생활공동체로서 실행될 수 있을까? 이 인간성과의 관계에서—이외의 다른 방법이 있을까?—결혼은 올바른 결혼이 되고, 올바른 결혼으로 유지된다. 결혼은 우선적으로 그리고 언제나 직접적으로 그 내적인 실현으로 인해 그렇게 되고, 그렇게 유지된다. 이것이 이러한 실현에 관한 질문을 신학적-윤리적으로 그토록 중요하게 만든다. 이 질문은 진정으로 우리가 지금까지 결혼과 관련하여 다루었던 질문들보다 덜 중요하지 않다. 이것이 우리가 여기에서 특별히 강조해서 하나님의 계명에 관해 질문해야만 하는 이유이다.

특히 프로테스탄트 윤리가 독신에 반대하는 장광설 후에, 결혼 상태에 대한 하나님의 만족하심을 찬양한 후에, 모든 열심을 가지고 일부일처제에 찬성하고 이혼에 반대하면서—'성애'와 '낭만'에 대한 그다지 유능하지 않은 공격들을 제외하면—바로 이 타오르는 지점에서 제시하는 것이 거의 아무것도 없었다는 사실에서 사람들은 분노할 수 있다.

우리는 이런 실패의 원인을 성경에 충분한 근거가 부족한 것에서 찾으려는 자들에게 이 문제에 있어서 구체적이고 의미 있는 성경 전체의 중심 주제와 관련하여 그들이 도대체 나무들 앞에 있는 숲을 볼 수 없는지 물을 수 있다. 성경이 이 문제에 있어서 단지 드물게 주변부에서만 명시적인 것은 사실이다. 이것은 결혼과 관련해서도 전적으로 마찬가지이며, 실제 인간의 모든 삶의 영역들에 대해서도 마찬가지이다. 성경의 핵심적인 선포로부터가 아니라면 하나님의 계명이 어떻게 직접적이지 않은 방식으로 인간의 삶의 영역들에 적용되는지 이해할 수 없다. 인간의 모든 삶의 영역들과 관련되고, 처음부터 결혼과 연관되며, 결혼의 영역 내에서 결혼의 실현에 대한 질문과 관련되는 하나님의 계명을 인지하지 않는다면 성경의 핵심적인 선포 자체를 깨달을 수 없다. 성경의 핵심적인 선포에서 하나님의 은혜의 선택이 유효하다면, 여기에서 파트너의 선택에 관한 질문, 즉 사랑에 관한 질문이 불타는 질문이 된다.

왜 이것이 구약성서에서 전체적으로 명확하게 보일 수 없는지 그 이유는 분명하다. 한편으로 구약성서의 선포의 중심으로부터 결혼의 전체 영역을 덮는 짙은 그림자가 떨어져 나온다. 은혜의 언약은 실로 이스라엘의 불성실에 의해 지속적으로 깨어진 언약이다. 남자와 여자의 상호적인 사랑에 대한 관점과 개념이 그곳에서 어떻게 고통스러운 기억 이외의 다른 어떤 것일 수 있겠는가? 다른 한편으로 이 중심으로부터 이 영역을 비추는 빛도 역시 나온다. 은혜의 언약은 실로 하나님의 성실 때문에 아브라함의 자손 중에서 아들이 오심으로 성취되는 것이다. 이 약속으로 인해 남녀 관계의 문제로부터 후손의 문제로 주의가 돌려져야만 한다. 이것 이외에 어떤 다른 방법이 있겠는가? 더욱 주목할 만한 것은 창세기 2:18-25와 아가가 (다행스럽게도!) 결국에는—구약의!—정경 안에 포함되어 있고, 명확한 본문을 요구하는 자에게 파트너의 선택에 관한 질문이 구약적 선포의 중심과 아무런 관련 없는 것으로 이해되어서는 안 된다는 점을 이해하도록 해준다는 것이다. 도대체 어떤 음유시인과 어떤 낭만주의자가 저 특정한 인식과 선택과 사랑의 본질을 형성하는 상관적인 "나의 것"(Mein)과 "너의 것"(Dein)을, 매우 독특한 마주 섬(Gegenüber)과 공존을 이 본문들에 나타나는 것보다 더 직접적으로, 더 강렬하게, 더 절대적으로 표현했는가? 확실히 이 본문들은 주변적인 본문들이다: 이 본문에서 그러한 것처럼, 오로지 시작하고(Anheben) 선취하는(Vorwegnehmen) 것으로부터, 언약의 역사의 마지막과 목표로부터―마지막 때의 왕의 현존으로부터 그리고 언약 위반에 대한 신적 용서로부터―결혼의 영역을 들여다볼 수 있다. 누가 이런 주변적인 본문 없이 저 역사를 이해하려는 의지를 허용하는가? 누가 이 주변적인 본문을 고려하지 않은 채 구약의 본문을 이해하려는 의지를 허용하는가? 사람들은 이 본문들 전체의 무게가 결혼에 전제되고 결혼의 근거를 이루는 인식, 선택 그리고 사랑에 놓인다는 것을 모르면서 이 본문들을 어떻게 이해하는가?

창세기 2:18-25와 아가는 신약성서에 어떤 병행문도 가지고 있지 않다. 그러나 구약의 저 주변적인 본문들에서 분명하게 나타나는 입장 뒤로의 퇴보, 즉 이 문제에 있어서 그리스도교 윤리의 특징이 되어 버린 무관심 혹은 과소평가를 신약성서의 탓으로 돌리는 것은 대단히 잘못된 것이다. 왜냐하면 우리가 신약의 선포의 중심에서 신약성서를 이해할 수 있도록 해주는 유일한 요점을 다루고 있다는 것과, 모든 언약 위반과 간음 그리고 후손에 관한 질문 전체를 넘어서 결혼의 근거를 한 명의 남자와 한 명의 여자 사이의 자발적이고 상호적인 관계 속에서, 그들의 사랑의 선택 속에서 파악하는 것이 이미 구약의 저 주변적인 본문들에서 가능했다는 것이 분명하기 때문이다. 예수 그리스도 안에서 성취된 은혜의 언약―그리고 이와 함께 결혼―이 이제 더 이상 인간적인 불성실의 그늘 속이 아니라, 신적 성실의 빛 가운데 서 있다. 또한 이 신적 성실의 빛은 이제 더 이상 약속의 빛이 아니라, 세상의 구원자로서 오시고 태어나신 이스라엘의 메시아의 현존의 빛이다. 이 두 관점들 하에서 남자와 여자에게는 이제 각자 스스로를 위한 그리고 서로를 위한 자유가 선언되었다. 두 번째로 마지막 때의 그리스도교 공동체에서 심각하게 현실이 되어 버린 특별한 부르심과 선물의 문제로서의 독신의 가능성이 간접적으로 중요하게 되면서, 결혼의 문제를 더 예리하게 조명하는 것과 결혼에 일반적인 자연 질서와 당연시되는 관습의 성격 대신에 특별한 부르심과 선물의 성격과 구체적인 신적 허용과 권유의 성격과 두 참여자의 자유로운 결정과 행위의 성격을 부여하는 것도 또한 중요하게 되었음이 분명하다. 세 번째로 신약성서가 전제하고 있는 일부일처제의 당연함과 간음(Hurerei)과 이혼을 배제할 때의 엄격함은 오직 이런 당연함과 엄격함을 의미 있게 만드는 그러한 결혼에 대한 관점 하에서만 복음적인 지침들로서 이해될 수 있다는 것이 분명하다. 신약성서가 결혼으로 연합된 두 사람이 '주 안에서' 연합되었다고 보고, 주 안에서 하나의 총체로, 하나의 '몸'으로 연합되었다고 본다는 것은―그래서 오로지 언제나 이 둘뿐이다.―무엇을 의미하는가? 이것은 그들이 상호적인 인식과 선택과 사랑을 통해서 함께 모였기 때문에, 순종을 통해서 그리고 자유로운 결정과 행위를 통해서 언제나 다시 만나게 되리라는 것을 전제하고 있지 않은가? 이러한 전제 없이, 전적으로 창세기 2:18-25와 아가의 노선에 서 있는 이러한 결혼에 관한 관점 없이 에베소서 5:22-23이 이해될 수 있는가? 신약의 중심으로부터 비롯되는 결혼의 내적인 실현(Zustandekommen)이 문제가 되어야만 하고, 이 문제는 결과적으로 결혼이 양측에서 자유롭고 책임 있게 내려진 최고의 인격적 결정을 통해 실현되고 유지될 수 있다는 관점 이외의 어떤 다른 방식으로 대답될 수 없다. 이것이 그리스도교 윤리가―신약성서에서 전개되지 않았지만 긴급하고 충분하게 내포되어 있던 것을 전개하는 대신에―부당하게 주의를 기울이지 않았던 것이다.

　　우연이나 자의에 넘겨진 존재나 행위가 아니라, 하나님의 계명에 순종하는 존재와 행위가 이해되어야만 한다면, 사랑—한 남자와 한 여자를 결합시키는 특정한 사랑—이란 무엇인가? 여기에는 오직 하나의 근본적이고 포괄적인 대답밖에는 없다: 사랑은 한 남자와 한 여자의 자유로운 결정이다. 이를 통해서 이들은 하나님에 의해 결혼이라는 생활공동체로 연합된 자들로서 그리고 서로를 위하여 부르심과 은사를 받은 자들로서 서로를 이해할 수 있고, 헌신할 수 있고, 갈망할 수 있게 된다. 남자와 여자 사이에는 다른 매우 중요하고, 매우 긴박하며, 매우 밀접하고, 아마도 사랑과 매우 유사한 상호관계들이 있다. 그러나 우리는 하나님의 계명에 순종하며 그리스도교적-신학적으로 이해된 이러한 특별한 종류의 '진정한' 사랑에 관해 말하고 있다. 사랑은 이렇게 정의되어야 하며, 이 정의의 다양한 요소들 가운데 어떤 것도 결핍되어서는 안 된다.

　　이렇게 정의된 사랑의 지배적인 요소는 당연히 사랑이 두 사람의 신적인 연합을 목표로 했다는 것이다. 다시 말하면 사랑이란 오직 하나님만이 이 두 사람에 관해 아시는 것이고, 오직 하나님만이 그들에게 하실 수 있는 것이다. 사랑은 인간이 할 수 없는 것을 목표로 한다. 사랑은 오직 하나님의 지혜와 은혜에 대한 믿음을 통해서만 시도될 수 있는 것을 시도한다. 여기에서 말하고자 하는 것은 결혼이라는 생활공동체를 목적으로 하는, 즉 한 명의 남자와 한 명의 여자가 하나님에 의해 결합되어서 행하며 다른 많은 사역과 구분되는 이 특별한 사역을 목표로 하는 특별한 신적 연합("함께 멍에에 매는 것")이다. 사랑은 이 사역을 위한 두 사람의 신적 연합을 목표로 하고, 이와 같이—이러한 측면에서 볼 때 마찬가지로 인간에게 불가능한 것과, 하나님의 지혜와 은혜를 믿음으로써 행해지는 시도에 관한 것이다.—이 두 사람이 서로를 위하도록 하는 하나님의 부르심과 은사를 목표로 한다. 그들이 결혼이라는 생활공동체로 정해졌다면, 진정으로 이것은 그들이 서로를 위하는 인격들로 정해졌고, 부름을 받았고, 은사를 받았고, 저 사역을 위한 공통의 행위를 하도록 권고를 받았으며, 이를 위해 적합하게 되었음을 내포하고 있다. 그러면 반대로 어떻게 그들의 개인적인 통합질서(Zusammenordnung)가 그들이 저 사역을 위한 공동의 행위로 부르심을 받았다는 사실에서 의미와 충만을 갖게 되는가? 이제 다른 것이 강조되어야만 한다: 사랑에서 중요한 사실은 한 남자와 한 여자의 자유로운 결정을 통해서 저 인간적으로 불가능한 것을 향한 의도하기, 목표하기 그리고 시도하기가 발생한다는 것이다. 사람들은 이 두 사람이—그들이 저 사역을 위한 공동의 행위를 하기로 준비되었고 결정되었다는 의미에서—인간적으로 사랑을 주고받는다는 점에서 저 인간적으로 불가능한 것을 찾고 발견하려고 한다. 그들이 서로 사랑을 주고받는다는 것은 분명히 그들의 자유로운 결정이다. 사람들은 이 사랑 이외의 다른 방법으로 신적인 연합, 신적인 부르심과 선물을 찾을 수도 없고, 발견할 수도 없다. 다르게 말하자면 두 사람이 사랑을 주고받을 때 이 자유로운 결정에서 중요한 것은 그들이 저 사역을 위해 연합되고, 이를 통해 서로를 위해 부르심과 은사를 받은 자들로서 서로를 이해하고, 헌신하고, 갈망하는 것이다. 이 과정의 상대성은 분명하다. 여기에서는 인간적인 결정과 시도에 관한 것이다. 사람들은 이해하고, 헌신하고, 갈망한다. 만일 사람들이 이 행위가 저 인간적으로 불가능한 것을 지향하고 있으며, 이 행위는 오직 의도하고, 목표로 하고, 시도하는 것뿐임을 분명히 한다면, 이 행위의 제한적 성격은 명백하다. 사랑은 바로 이해하고, 헌신하고, 갈망하는 것을 위한 결정이고, 이 의도하고, 목표로 하고, 시도하는 것을 위한 결정이다. 만일 둘이 서로 사랑을 주고받는다면 그들은—이런 시도의 모든 불확실성에도 불구하고—이런 결심을 실행할 수 있다. 그들은 이에 대하여 자유를 가지고 있다. 만일 두 사람이 사랑을 주고받는다면, 모든 인간적인 한계성과 불확실성 가운데서도 이 자유가 생겨난다.

이런 자유가 생기는 것이 결혼의 필수불가결한 인간적 기초이다. 결혼에 자유가 결핍되어서는 안 된다. 자유는 어쩌면 숨겨져 있을 수 있고, 그 불확실성이 매우 클 수 있다. 자유는 어쩌면 결혼이 맺어질 때 미미하게 작용하거나 아니면 전혀 작용하지 않을 수 있다. 자유는 어쩌면 이후에 빈약한 형태로 감지될 수도 있다. 전체의 근본인 자유가 결여될 때 결혼은 그 뿌리에서 파괴된 결혼이 된다. 사랑으로 이루어지는 결혼의 이 기초는 절대로 다른 어떤 것으로 대체될 수 없다.

누군가가 일반적이거나 혹은 특별한 육체적 성욕 때문에, 혹은 자신을 돌보기 위하여, 혹은 부유해지기 위하여, 혹은 부모나 다른 가족의 관심사와 기대를 고려하여, 혹은 사회적인 또는 직업적인 유익들을 기대하면서 결혼을 하는 것은 하나님의 계명에 대한 불순종에서 현저하게 발생한다. 그가 이렇게 할 때, 결혼 안에 들어가는 것이 아니라, 결혼 옆으로 들어가게 된다. 사람들이 결혼을 하는 이유가 파트너의 성격을 존경하기 때문이라거나, 파트너를 불쌍히 여기기 때문이라거나, 어떤 성향과 열망에서 파트너와 일치하기 때문이라거나, 파트너의 어떤 성품들 혹은 역할과 기능이 흥미롭고 놀랍기 때문이라거나 해서는 안 된다. 그럴 때 사람들은 결혼 안에 들어가는 것이 아니라, 결혼 옆으로 들어간다. 주의해야만 할 것은 그리스도교적인 동기들마저도 (대략 전형적인 믿음의 결속[Glaubensverbundenheit]이나 섬김의 공동체[Dienstgemeinschaft] 또는 그리스도교적으로 보이는 목적의 달성) 남자와 여자의 단순하고 특정한 사랑을 대체할 수 없고, 이 결심의 자리에 들어설 수 없다는 점이다. 이 문제에서 그리스도교적으로 생각하는 사람은 여기에서 깨끗함을 요구할 수 있다. 이때 그는 예를 들면 폴 클로델(Paul Claudel)의 *L'ôtage*(인질)에 나오는 여주인공이 하나님과 교회의 더 큰 영광(maiorem Dei et ecclesiae gloriam) 속에서 자신을 완전히 메스꺼운 남자에게 아내로 주는 것과 같은 행동을 전혀 위대한 것이 아니라 수치스럽게 여길 수 있다. 사람들이 이 시점에서 사랑에 관한 질문을 회피함으로써 받을 수 있는 대가는 전혀 없다.

이제 우리는 진실로 사랑하는 자들 사이에 일어나는 것이 서로 이해하고, 헌신하고, 갈망하는 것이라는 점을 잘 살펴보아야만 한다. 만일 이 문제가 이런 영역과 질서(Ordnung) 안에서 이해된다면, 사랑은 두려움과 위험 없이 앞서 여러 번 언급된 개념인 성애(Eros)로 칭해질 수 있다. 성애라는 개념에서 오로지 혹은 우선적으로 갈망과 육체적인 성욕만을 떠올리는 사람은 여기에서 이야기되고 있는 것을 이해했다고 생각해서는 안 된다. 이 갈망은—이것은 남자에게 잘 적용된다.—그 앞에 헌신이 선행한다면, 그리고 다른 사람에 대한 필요성이 아니라, 존재하는 기쁨과, 그에게 속하고자 하는 기쁨, 그에게서 극진히 배려받고 있다는 신뢰, 자신의 것을 그의 것으로 만들려는 자발성이 이 갈망을 지배한다면, 사랑에 대한 갈망, 즉 참된 성애에 대한 갈망으로서 합법적이 된다. 헌신하는 것 역시도 그 앞에 이해가 선행한다면 사랑에 대해 헌신하는 것, 즉 참된 성애에 대해 헌신하는 것으로서 합법적이다: 즉, 헌신하는 것은 다른 사람에 대한 눈먼 예속이 아니라, 자신의 전체성 속에서 파트너로 인식되는 봄(Sehen)이다. 이로 인해서 사람들은 정직하게 헌신하게 되고, 자기 자신의 전체성을 정직하게 갈망하게 된다. 이해를 통해서 처음으로 그리고 최종적으로 사랑하기(diligere), 즉 파트너의 선택이 실현된다. 이것이—이 총체에서 그리고 이 질서 안에서—사랑이고 하나님의 계명에 의해 거룩하게 된 성애이다.

이러한 성애의 구조를 고려할 때 사람들은 성애를 이 명칭 아래에서 주목할 만한 그 밖의 것들과 혼동해서는 안 될 것이다. 성애는 상호 간의 총체적인 이해에 그 뿌리를 가지고 있기 때문에, 순수하게 육체적인 성욕과 구별될 뿐만 아니라, 순수하게 영적인 공감과도 구별된다. 사랑하는 자는 파트너를 진정 감각적으로뿐만 아니라, 정신적으로 바라보며, 진정 정신적으로뿐만 아니라 감각적으로 바라본다. 그는 파트너를 전체적으로 바라본다. 그는 파트너를 정말로 본다. 그는 파트너 자체를 본다. 그는 파트너 자체에 헌신한다. 그는 파트너 자체를 갈망한다. 이것이 바로 그의 헌신과 갈망에 정당성뿐만 아니라 힘과 활기를 부여해 주는 것이다. 이것은 욕구를 억압하지는 않지만, 그의 공감을 제한하듯이 욕구를 제한한다. 여기에서는 공감과 욕구가 부정되지 않는다. 이것들이 지배할 때가 아니라, 이것들이 결여될 때 걱정할 이유가 생긴다. 이 욕구와 공감이 정말로 결여되어 있는 관계를 사랑으로 간주하는 것은 터무니없이 어설픈 지식이다. 이 욕구와 공감은 참된 사랑에서 작동하는 기능들이다. 즉, 지배하는 힘들에서 섬기는 힘들로 변한다. 참된 사랑에서 남자 자신과 여자는 서로를 향해 품게 되는 욕구와 공감 아래 있는 것이 아니라, 그 위에 서게 된다. 따라서 참된 사랑은 이성적인 사랑이다. 그렇게 사랑은 감각적인 측면뿐만 아니라 정신적인 측면을 따라서 움직이는 강한 사랑이어야 한다. 이러한 사랑이 결혼의 기초로서 적합할 뿐만 아니라 필수불가결한 것이다. 한 남자와 한 여자가 어떤 주어진 경우에 사랑으로 간주하고 있는 것이 이성적이고, 오로지 감각적이지도 않고, 오로지 영적-정신적이지도 않으며, 이성적이기 때문에 감각적이기도 하고, 영적-정신적이기도 하며, 결혼을 지탱할 수 있는 그런 사랑인지 아닌지에 관한 질문이 언제나 거듭해서 참되고 거룩하게 된 성애의 구조를 지향하면서 제기되어야만 할 것이다. 이 사랑은 이해하기, 헌신하기, 갈망하기인가? 이 사랑은 이 영역 전체를 포함하는가? 이 사랑은 정말로 이 질서 아래에 놓여 있는가? 이 질문에 대한 대답에 따라서 사랑은 참된 사랑으로 서거나 쓰러질 것이다.

바로 이 질문에서 이제 또 다른 측면에 주의를 기울일 필요가 있다. 남자와 여자 사이에는—사랑과 혼동되어서는 안 되는—애착(Neigung)이 있다. 수많은 변형과 상이한 정도로 이루어지는 이 애착은 사랑의 싹일 수 있다. 애착은 근본적으로 사랑과 동일한 구조를 보이는 진지한 움직임일 수 있다. 애착은 남자와 여자 사이의 완성되지 않은 이해와 헌신과 갈망이기 때문에, 인정되지 않은 것이고, 선포되지 않은 것이다. 애착은 가능성이기 때문에 모든 것의 시작이다. 가장 강렬하고 가장 깊은 애착에서도 이해와 헌신과 갈망이 아직 정해지지 않은 채, 오히려 서로 대립하기 때문에—대립하지 않을 수도 있다.—애착은 근본적으로 사랑과 구별된다. 사랑의 존재와 행위와는 달리 애착의 존재와 행위에는 필요성이 결여되어 있다. 애착은 두 사람을 서로에게로 이끌어 주지만 그들을 연결시키지는 않는다. 애착은 그들이 서로에게 열리도록 만들어 준다. 그러나 그들을 결합시키지는 않는다. 애착은 단지 잠재적인 사랑이다. 실제적인 사랑은 애착의 단계를 통과해서 더 길거나 또는 더 짧은 길을 통과해서 가야 한다. 전혀 사랑으로 발전하지 않는 그런 애착도 역시 존재한다. 모든 아름다운 꽃의 꿈들이 현실이 되는 것은 아니다! 따라서 애착과 사랑은 날카롭게 구분될 필요가 있다. 순수한 애착은 아무리 진지하고 깊다고 하더라도 결혼의 근거로 충분하지 않다. 오직 사랑과 모든 필요와 책임을 동반하는 사랑의 결정만이 결혼을 위해 충분하다.

애착과 사랑 사이의 어딘가에서 사랑의 유희(Liebelei)가 불법으로 움직이고 있다. 이 사랑의 유희는 두 사람 사이의 설명되지 않는 어떤 끌림과 가까움을 전제한다는 점에서 애착과 공통점을 가지고 있다. 그러나 사랑의 유희는 사랑으로 될지 어떨지에 관한 결정을 하지도 않을 뿐만 아니라, 실행할 마음도 없으면서, 그럼에도 불구하고 그것을 원한다는 듯이 행동하는 점에서 애착과 구별된다. 사랑의 유희는 사랑의 방향성과 표현 형식들을 가지고 있는 구속력이 없는 실험이라는 점에서 사랑과 공통점을 가지면서, 동시에 다르다. 고유의 사랑을 위해 이와 같은 예비적이고 잠정적인 탐구를 허용했던 사람은 슐라이에르마허였다(*Lucindenbriefe*, 1800, *Phil. Werke* I, 73f.). 심지어 그는 다음과 같이 선언했다: 다른 예술들에서 어떤 영원한 것도 만들어지지 않고, 성실성이 요구될 수도 없는 일시적인 시도들이 행해지는 것처럼, 사랑도 그와 같은 하나의 예술이다. 하지만 사람들이 정말로 사랑하지 않으면서, 단지 사랑 안에서 시도만 할 수 있는가? 그러한 시도들에서 사람들은 애착(그 본질에는 소심함이 속해 있다.)과 사랑(진정한 성애는 실험하지도 않고, 스스로가 실험의 대상이 되도록 허용하지도 않기 때문에, 그리고 사람들은 그러한 실험들에서 진정한 성애에 대하여 무뎌지고, 스스로를 자격이 없게 만들 수 있기 때문에) 이 둘을 거짓으로 모방하고 있지 않는가? 사람들이 사랑의 유희를 원하는 것이 가능한가? 또는 사랑의 유희가 최선의 경우에 ― 만일 그러한 시도의 횡포를 통과한 후에 진지하고 심오한 애착으로 인해 참된 사랑이 되었다고 한다면 ― 후속적으로 회고하면서 인가를 받을 수 있지 않을까?

애착과 사랑의 중간에 위치해 있는 것이 있다. 그것이 위험하지 않다고 할 수는 없지만, 그럼에도 좀 더 관대하게 판단할 필요가 있다. 그런 다른 중간적인 가능성은 바로 연애 장난(Flirt)이다. 여기에서 우리가 다루는 것은 사랑하려는 시도가 아니라, 완전한 자각 속에서 양쪽 편에 의해서 이루어지는 사랑의 게임이다. 연애 장난은 본질적으로 미적인 문제이다. 이것은 에로틱한 춤의 노선에 있다. 전쟁 춤과 제의적 춤(가톨릭교회와 영국 국교회, 루터 교회의 예식에까지), 심지어는 신비적 춤(예를 들면 수도승들의 춤)이 있다면, ― 지금까지 분명히 춤이 추어지고 있다면 ― 왜 에로틱한 춤이 있어서는 안 되고, 왜 연애 장난이라는 사교게임이 ― 그 변종으로서 ― 있어서는 안 되는가? 루터는 언젠가 "어쨌든 정숙하고 정도에 맞게 이루어지는 곳에서 춤을 추어라!"고 말했다고 한다. 연애 장난의 위험성은 그것이 성희롱의 사기로 변할 수 있다는 데 있다. 이 게임은 오직 사랑하는 자들에 의해서만 이 위험으로부터 안전하게 그리고 어느 정도의 아름다움 속에서 좋게 행해질 수 있음이 분명하다. 심지어 오직 사랑하는 자들 사이에서만 완전히 좋고 아름답다! 진정으로 사랑하지 않는 자와 '춤출 수' (누구에게나 기대될 수 없는 것) 없는 자는 불에 타지 않도록 그것으로부터 손가락을 떼어야 한다. 애착으로부터 사랑으로 나가는 발걸음으로서 그리고 결혼의 근거로서 연애 장난은 결코 큰 문제가 되지 않는다.

순수한 애착과 사랑의 차이는 사랑이 결혼이라는 생활공동체를 목적으로 이미 결정되었다는 점에서 알 수 있다. 사랑은 질문하지 않는 대신에 대답한다. 사랑은 생각하지 않는 대신에 알고 있다. 사랑은 흔들리지 않는 대신에 행동한다. 사랑은 "떼지어 돌아다니지"(schwärmt) 않는 대신에 한곳에 붙어 있다. 사랑은 한 남자와 한 여자 사이에서 문제가 되는 모든 조건, 조심성들, 유보 조건들, 불확실성들, 불명확한 것들, 모든 "만일과 그러나"를 뒤로 한다. 사랑은 가까움과 이끌림 뿐만 아니라 결합이다. 사랑은 이 두 사람을 서로에게 없어서는 안 될 존재로 만든다. 사랑은 그들로 하여금 서로를 향하도록 강요한다. 잘 이해하고 있어야 한다! 즉, 사랑은 모든 것이 단지 부분적이거나 일시적이 되도록 하지 않고, 임의의 책임 없는 관계를 향해, 그리고 임의의 자유로운 관계를 향하도록 만들지도 않는다. 사랑의 자유는 이 순수한 애착이라는 마지막 차단기로부터의 자유이다. 즉, 생활공동체인 결혼에로의 자유이다. 사랑이 이 자유가 아닐 때, 사랑이 이 생활공동체를 여전히 두려워할 때, 사랑이 생활공동체와는 다른 어떤 것을 생각할 때, 사랑이 생활공동체를 기꺼이 고려하지 않을 때, 사랑이 이로부터 벗어나려고 할 때, 이때 사랑은 기껏해야 순수한, 어쩌면 매우 진지하고 깊은 애착이다. 그러나 아직은 사랑이 아니다. 결혼이라는 생활공동체의 특징을 이루는 완전성, 배타성,

해체불가능성과 같은 모든 것이 분명히 사랑 앞에 서 있어야 하고, 사랑 안에서 분명하고 정직하게 의도되고 추구되어야만 한다. 그렇지 않다면, 이것은 사랑이 아니고, 기껏해야 애착이다. 이 점에서 결혼 자체가—결혼에 대한 베일로 가려지지 않은 시각, 결혼을 향한 조건 없는 의지—결혼의 근거를 이루는 사랑에 대한 기준이다. 사랑하려고 생각하는 사람은 즉시로 그리고 언제나 최대한의 신중함으로 이 기준에 복종해야 한다. 그런 다음에 그는 자신이 사랑이라고 여기고 있는 것이 이 기준을 감당하고 있는지를 잘 살펴보아야 한다!

결혼과 관련해서 확실한 사랑을 확정하기 위한—어느 정도 고통스럽지만, 어떤 상황에서도 무시되어서는 안 될—또 다른 관점이 두 사람 사이의 결혼과 사랑을 위해서 일치된 결정이 필요하다는 사실로부터 비롯된다. 사랑은 진정 저 신적인 "연합"을 목표로 한다. 즉, 사랑은 인간적인 존재와 행위로서 불가피하게 함께 만남(Zusammentreffen)이다. 사랑은 단지 한 사람만의 관심사일 수도 일방적일 수도 없다. 사랑의 구애와 응답을 기다리는 상호성이 있다면, 또한 오류에 근거하기 때문에 의미 없는 그런 종류의 구애와 기다림도 있다는 점을 생각해야만 한다. 두 사람이 사랑 안에서 모이지 않는다면, 이것은 그들이 실제로 "연합되지" 않았다는 것과, 응답받지 못한 채 외롭게 사랑하는 자의 추정적인 사랑이 실제 잘못된 사랑이고 진정한 사랑이 아니라는 경고를 받아들여서 겸손해야만 한다는 것을 보여주는 증상일 수 있다. 그렇다면 이 사랑은 상대방의 사랑과 만나야 한다. 그리고 그럴 경우에, 이런 사랑은 응답받지 못한 채 남아 있을 수 없을 것이다. 다른 사람보다 빨리 달려가 앞지르고, 그를 공략하고, 그에게 승리하려는 의도는 아무리 성공적이라고 할지라도 좋은 목적지로 이끌지 못한다. 사랑은 강요될 수 없다. 사랑은 두 사람에게 주어진 선물이다. 사랑은 본질적으로 쌍방향적인 강제이다. 그렇지 않으면 사랑은 결혼의 근거로 적절한 사랑이 아니다. 이와 같은 경우에 포기의 괴로움은 그렇게 결심해야만 하는 자에게 있어서 그의 바로 앞에 서 있는 참된 사랑의 가능성으로 가는 통로를 의미한다. 요컨대 사람들은 이 기준이 말하도록 하는 데 모든 중요성을 부여해야만 한다.

마지막 관점은 매우 포괄적이고 급진적이다. 그리고 이 문제에 관한 모든 신학적-윤리적 숙고의 전제와 매우 긴밀히 관련되기 때문에, 여기에서는 단지 명시적으로 기억을 환기시킬 수 있을 뿐이다. 우리는 지금 하나님의 계명에 순종하는 사랑과 성화된 성애(Eros)에 관해 질문하려고 한다. 이 사랑의 근거가 순종에 관한 질문, 즉 성화(Heiligung)로부터 제거되어서는 안 되기 때문에, 전체 문제가 시급하게 대답되어져야 한다. 이로부터 사랑의 구조에 관한 지식이 나오고, 이로부터 사랑이 순수한 욕망과 공감, 그리고 순수한 애착으로부터 구별되며, 이로부터 사랑이 쌍방향적인 운동으로 이해된다. 바로 이로부터 모든 사랑에 관한 기준들이 나온다. 이 기준들에 주의하고, 이 모든 조건을 실현하는 것이 남자와 여자 사이의 참된 사랑을 형성하는 것이라면, 의심할 여지 없이 이것은 사랑하는 자들이 그리스도교적으로 사랑하는 자들, 즉 믿는 자들이라는 전제를 내포한다. 즉, 성애를 통해서뿐만 아니라 우선적으로 아가페적인 사랑을 통해서 결합된 자들을 전제한다. 그들은 또한 주 안에서 그리고 형제들과 자매들의 공동체에 존재하는 자들이다. 그렇지 않다면 그들이 어떻게 스스로 하나님의 말씀과 계명에 대해 책임이 있음을 알고 거기에 복종할 수 있겠는가? 그렇지 않다면 그들이 어떻게 기꺼이 주어진 조건들을 인정하고 이를 따를 수 있겠는가? 그렇지 않다면 그들이 어떻게 그 조건들을 무시하지 않고 또 모든 측면에서 위반하지 않을 수 있겠는가? 만일 복음을 통해서가 아니라면, 어떻게 참된 성애의 계명이 그들의 마음에 새겨질 수 있겠는가? 믿음과 믿음을 통한 일치성(Einheit)은 한 남자와 한 여자의 사랑을 창조할 수도, 대체할 수도 없다. 하지만 한 남자와 한 여자의 사랑이 참된 사랑이 되기 위해서는 믿음과 믿음 안에서의 통일이 없어서는 안 된다. 다행스럽게도 믿지 않거나 혹은 믿음 안에서 나누어진 두 사람을 '연합시키는 것'과 실제로 그들의 사랑과 그 사랑에 기초한 결혼을 거룩하게 하고 축복하는 것이 하나님께 자유로이 맡겨진 것이라면, 이것은 그분의 비밀이고 은혜의 행위이다. 믿는 자들은 이것에 의지하고 이것을 완전히 신뢰하는 것을 멈출 수 없을 것이다. 오직 하나님의 은혜의 행위를 전적으로 신뢰할 때 그들은 진정으로 믿는 자들이다. 결혼의 근거에서 그리고 남자와 여자 사이의 결혼에서 인간적인 것이 문제가 될 때, 다시 말하면 무엇이 인간들에 의해 행해지거나 중지해야 하는지에 관한 질문이 제기될 때, 한 남자와 한 여자 사이에서 진정한 사랑과 결혼의 근거가 이루어지기 위해서는 믿음과 믿음 안에서의 통일이 결여되어서는 안 될 뿐만 아니라, 반드시 필요한 비판적이고 긍정적인, 결정적인 요소라고 말해야 한다. 사람들은 우리의 모든 숙고를 통과한 다음에 우리가 여기에서 단지 암시적으로만 보여줄 수 있었던 사랑이라는 전체 숲속의 길이 또한 믿음의 숲길은 아닌지 스스로에게 질문해야 한다: 이 길은 참여자 중의 한 명 혹은 다른 한 명 혹은 둘 모두의 편에서 불신앙, 잘못된 믿음, 미신의 길은 아닌가? 이와 함께 원래 단순한 길이지만 지금 각각의 연인들에게는 전혀 단순하지 않은 길이 이 문제에서 믿음의 순종과는 다른 방법으로 갈 수 있는지도 스스로에게 물어보아야 한다.

 우리는 결혼의 문제를 건너 뛸 수 있다고 생각했던 저 경건주의의 결혼에 관한 가르침으로부터 거리를 두었다. 그러나 이것은 이 가르침에 대한 진리의 파편(particula veri)이다: 어떻게 두 사람이 결혼의 근거를 이루는 진정한 사랑에서 공통의 의식을 갖는 것과는 다른 방식으로 서로를 찾고, 이를 통해서 하나님 앞에서 함께 책임을 지는 행위를 할 수 있는지 — 인간적으로 말하자면 — 알 수 없다. 소위 혼합결혼(Mischehe)을[6] 목표로 하는 사랑은 인간적인 판단에 따르면 하나님 앞에서 져야 하는

---

[6] 다른 종교를 가진 사람들 사이에 이루어지는 결혼 — 역자 주.

이 공동의 책임을 완전히 없애지는 않는다고 할지라도 심각하게 위협할 수 있다. 이 경우에 각자 자신의 방식으로 진지하게 신에 대해 질문하는 두 사람 사이에서 어떻게 이 결혼이 성취될 수 있을까? 그들의 사랑은 저 이해, 헌신, 갈망에 대한 책임 없이 어떻게 존재할 수 있을까? 순수한 욕망과 공감으로부터, 순수한 애착으로부터 효과적으로 구별될 수 있을까? 진정한 생활공동체로 이끌 수 있을까? 여기에서 모든 것은 사랑이 자의에서가 아니라, 하나님의 계명에 대한 순종 가운데 이루어지는 것에 달려 있다! 이 사랑은 삶을 공유하지 않는데 어떻게 처음부터 그리고 결정적인 순간에 파괴의 씨를 그 자체에 포함하지 않을 수 있겠는가? 믿음의 차이가 더 크기도 하고, 더 작기도 할 수 있기 때문에, 모든 혼합결혼이 하나님 앞에서의 공동의 책임을 배제해야만 하는 것은 아니다. 그러나 정말로 무관심한 사람과 정말로 믿는 사람 사이에 하나님 앞에서의 공동의 책임이 존재할 수 있겠는가? 진지한 그리스도인과 진지한 유대인 사이에? 복음주의자와 가톨릭교인 사이에 (복음주의적인 배우자가 단지 믿음에 대한 배반과 손상을 감수하면서 인정하고 받아들일 수 있는 어떤 조건들을 포기하는 것을 가톨릭교회가 믿음에서의 배반으로 선언할 때) 존재할 수 있겠는가? 확실히 초기 그리스도교 공동체들에서는 그 누구도 바울이 (고전 7:12-16에서) 현재 유지되고 있는 혼합결혼을 없애지 말도록 명령했다는 사실을 이 결혼에 대한 정당화로 이해하지 않았다. 고린도후서 6:14 이하는 이런 측면에 대한 명시적인 경고로 이해될 수 있다. 또한 바울은 고린도전서 7:16에서 믿는 자가 믿지 않는 자를 (또는 다른 믿음을 가진 자를) 적어도 후에 자신의 편으로 이끌 수 있으리라는 낙관주의에 대해 경고했다. 이것은 확실하다: 하나님 앞에서의 공동의 책임 없이는 결혼의 근거로 이끌 수 있는 사랑은 없다! 사랑하는 자들은 이 질문을 스스로에게 날카롭게 제기하고, 이에 대하여 이런저런 방식으로 정직하게 대답하고 있는지 살펴보는 것이 좋다. 만일 결혼이 하나님의 면전에서 사랑 안에 있는 그 근거로부터 깨졌다면, 어떻게 결혼으로 실행될 수 있고 또 유지될 수 있겠는가?

7. 결혼이 하나님의 계명의 빛 가운데 들어간다면, 이것은 결국에 결혼의 실현이 외부적으로 인간적인 주변세계에 대하여 책임 있는 행위의 성격을 가져야만 한다는 것을 의미한다. 이제 우리는 결혼(Ehe)의 제도적인 측면, 즉 Heirat(결혼)의 개념과 현실에 접근하고 있다. 그러나 이 문제에 들어가기 전에 우리가 결혼이 갖고 있는 외부적인 책임성에서 단지 '외면적이고', 부차적이며 그 자체로 더 가볍게 받아들여져야 하는 문제만을 다루고 있는 것이 아니고, 이를 우선적으로 다루고 있는 것도 아니라는 점에도 분명한 주의를 기울여야만 한다. 후에 특별히 논의하게 될 외면적인 것은 결국에는 하나의 내적인 근거를 가지고 있으며, 제도적이고 형식적인 것은 결혼 자체를 위해 중요한 한 요소에 근거하고 있다. 문제는 결혼의 실현이 하나의 사건이고, 그 유지는 현실이라는 점이다. 이 때문에 결혼으로 연합된 두 사람은 또 다른 새로운 관계를 통해 그들을 둘러싼 공동체(Gemeinschaft)로 들어가서 그 안에 있게 된다. 이들은 이와 같은 또 하나의 새로운 관계를 받아들여야만 한다. 이제 공동체와의 관계에서 그들은 더 이상 순수한 두 명의 개인들이 아니다. 그들은 이제 공동체를 마주하고 있으며, 공동체

에 의미 있는 한 쌍이 된다. 그들의 애착이 결혼을 위한 사랑으로 전환될 때 발생하는 것은 그들이 속한 가족 공동체와 법적 공동체와 교회공동체의 테두리 안에서 다른 것들과 구별되는 특별한 한 그룹, 한 가정, 자녀들의 등장으로 인해 더욱 확장될 수 있는 하나의 새로운 사회학적 통일체가 형성되고, 전체의 구조 속에서 또 하나의 다른 삶의 단위가 세워진다는 것이다. 결혼에 들어가고, 결혼생활을 하는 자는 자신의 결정이 이 것이 이런 측면을 의미한다는 점을 스스로에게 분명히 해야 한다. 결혼은 단지 개인적인 시도로만 행해질 수 없고 그렇게 되어서도 안 된다. 그토록 행복하게 서로를 사랑하는 쌍의 가장 '작은 오두막'이라고 할지라도 최소한 외부로 향하는 하나의 문과 몇 개의 창문이 없다면 그 안에서 생활할 수가 없다. 이 오두막은 친척 관계와 친구 관계, 그리스도교 공동체와 시민 공동체 내의 어디엔가 위치한다. 이 오두막은 햇빛을 받기도 하지만, 비와 우박을 받기도 한다. 또는 어쩌면 이 오두막이 세워지고 존속되는 시대(Zeitalter)의 벼락이 이 오두막에 떨어지기도 한다. 이 오두막의 건축자와 거주자는 그들이 원하던 그렇지 않던 이 모든 사건에 ─ 한 쌍으로서 ─ 적극적으로 참여하게 된다. 이와 같이 결혼을 둘러싸고 있는 세계와 역사와 동시대의 가깝거나, 멀거나, 아주 먼 사건들에 적극적으로 참여하려는 의지와 준비가 없다면 결혼은 결혼이 아니다. 결혼은 두 사람의 이기주의를 위한 제도나 허용이 아니다. 결혼은 두 사람의 내적 생활공동체로서 의미 있고, 생산적이며, 외부적으로는 증거와 도움이 되고, 자신의 위치에서 그리고 자신이 자신의 방식으로 인간의 역사 안에 있는 하나의 요소가 되는 새롭고 특별한 책임에 적극적으로 참여해야 한다. 결혼에 들어가는 자는 이러한 책임으로부터 물러나서는 안 된다. 또한 결혼생활에서 쇠약해지는 것을 원하지 않는 자는 이 책임을 심각하게 인지해야만 할 것이다.

이런 측면이 결여된 책임의 성경적 예로서 아나니아와 삽비라 부부를 들 수 있다. 이들에 관한 치명적인 일화는 사도행전 5:1-11에 전해지고 있다. 이들과 대조적으로 사도행전 18:2와 18:26, 그리고 고린도전서 16:19와 로마서 16:3, 또한 디모데후서 4:19에서는 아굴라와, 특별히 이런 관점에서 더욱더 눈에 띄는 그의 배우자 브리스길라가 긍정적인 하나의 예로서 거론되고 있다.

슐라이에르마허는 문제의 이 측면에 중점을 두었는데(Predigten I, 577f.), 이것이 결혼에 관한 그의 가르침에서 탁월한 부분에 속한다: 그에 따르면 세상으로부터 가능하면 멀리 떨어져서 그들의 기쁨들과 용건들을 가지고 고통과 걱정들을 피하는 데 최선을 다해야 한다는 이전의 오류 속으로 결혼을 밀어 넣는 것은 당혹스러운 일이다. 마치 쌍으로 결혼 가운데 있는 자들이 "서로에게 충분하다는 것과, 가능하면 멀리 자신들을 고립시키고, 격리시키는 것을 이해하고 있기 때문에", 이 권리를 가지고 있다는 듯이. "이것은 위험한 오류이다! 왜냐하면 가장 내적인 사랑은 사람이 그의 전체 소명을 성취하려고 노력하고, 그의 결정의 어떤 부분도 회피하지 않으려고 하는 정도에 따라서 그를 선에 유능하도록 만들 수 있고 악으로부터 깨끗하게 할 수 있기 때문이다." 결혼의 원형인 그리스도의 언약과 그분의 공동체는 '달콤하게 조용한 삶'을 지향하고 있는가? "주님은 수천을 전리품으로 얻기 위해 애 쓰셔야 하지 않았는가? 그리고 주님이 그분의 공동체가 매 순간 깨어 있는 것을 보실 때, 그 공동체는 축복받은 노예들로 구성되지 않는가?"—이것이 실제로 여기에서 대단히 엄격하게 숙고되어야만 하는 것이다.

결혼의 이러한 외부적인 책임은 외면적인 모습과 형태에 드러나 있으며, 이 점에서 볼 때 결혼은 결혼(Verheiratung)의 제도적인 행위와 상태를 자체 안에 포함하고 있다. 결혼(Ehe)이 결혼식(Heirat)과 동등하고, 결혼식이 결혼과 동등하다는 것은 예전에 행해졌던 끔찍하게 잘못된 가르침이다. 두 사람은 결혼식을 하더라도(verheiratet), 진지하게 그렇게 칭해질 수 있는 결혼생활을 전혀 하지 않을 수도 있다. 두 사람이 결혼을 하지 않더라도, 이 경우 확실히 매우 위협적인 방식이긴 하지만 그럼에도 결혼의 율법 아래에서 살아 갈 수도 있다. 결혼식은 단지 인간 세상에서 이루어지는 결혼의 확립, 확인 그리고 정당화에 불과하다. 결혼식이 결혼을 만들지 않는다.

여기에서 우리는 전승되어 온 교회의 결혼에 관한 가르침 속에 들어 있는 근본적인 오류 앞에 서 있다: 이 가르침은 사랑을 무시했다. 이 가르침은 결혼의 실현과 관련해서 홀린 듯이 오직 외부적으로만 결혼의 제도적 성격, 즉 결혼과 결합된 형식적인 결정인 결혼식(Heirat)만을 주목하였다. 때문에 어떻게 이 가르침이 사랑을 낯설고, 다소 번거롭고, 확실히 측정할 수는 없지만 아마도 위험한 요소 이외의 다른 어떤 것으로 볼 수 있었겠는가? 그러나 이 때문에 또한 이 가르침이 결혼과 관련하여 정말로 중요한 것을 근거 짓기 위해서 인위적이고 법적인 방법 이외에 어떤 다른 방법을 사용할 수 있었겠는가? Heirat 자체로부터 사랑으로 가는 길은 당연히 없다. 마찬가지로 완전하고, 배타적이며, 지속적인 결혼의 생활공동체로 가는 길도 없다. 결혼식, 그 자체는 무엇보다 결혼이 하나님 앞에서 책임을 가지고 이루어지는 것을 조금도 보장하지 않는다.—이제는 우리가 본질적으로는 결혼식에 관한 가르침이었던 결혼에 관한 가르침과 거리를 두어야 한다. 그 후에 이제 결혼이 그 권리를 소유하도록 할 시간이 왔다.

두 사람이 사랑에서 결혼으로 그리고 결혼을 둘러싼 인간 공동체 내에서 새로운 사회학적 통일체의 형성으로 전환되기 위해서는 실제로 공개적인 선포와 인정, 제시와 형식이 요구된다. 두 사람이 스스로를 그들을 둘러싼 공동체를 위해 그리고 공동체에 대한 그들의 책임을 위해 둘에서 하나가 된 자들로 고백하지 않는다면 어떻게 이 전환을 실행할 수 있을까? 두 사람이 한 쌍으로서 공동체에 등장하여 활동할 수 없다면, 그리고 이들을 외부로부터 접근해서 다룰 수 없다면, 이들은 어떻게 한 쌍이기를 원할 수 있겠는가? 이것이 그들에게 이루어지려면, 그들은 그들을 둘러싸고, 그들을 떠받치며, 그들의 특별한 삶을 가능케 하는 공동체와 협조해야만 하고, 이 공동체도 그들과 협조해야만 한다. 결혼을 원하는 자는 또한 이런 협조, 즉 결혼에 대한 자기 자신의 공적인 고백과 결혼에 대한 공적인 승인을 원해야만 한다. 이 협조의 수단이 가족적이고, 법적이며, 교회적인 결혼제도이다. 이 제도가 이런 모든 형식에서 오직 외부를 향하는 협조의 수단이기 때문에, 내부적으로 두 파트너 사이의 관계인 결혼을 확증하거나 보장할 수 없다. 또한 이 제도는 외부적으로 그들 관계의 실질적인 것, 즉 공동체 앞에서의 그들의 책임과 그들이 삶에 대한 적극적인 참여도 마찬가지로 확증하거나 보장할 수 없다. 이 제도는 모든 형식에서 오직 이 협조의 수단이다: 이 제도는 그 외형들에서 역사적으로 변화될 수 있고, 형식에 제한되어 있는 수단으로 그들을 둘러싸고 있는 공동체의 모든 구성원을 통해서 결혼에 대한 사실상의 승인을 이끌어 낼 수는 없다. 그러나 결국 이 제도는 그 제한으로 인해서 모호하지 않은 협조의 수단이며, 전혀 모호하지 않은 유일한 협조의 수단이다. 이것이 결혼을 하고자 하는 자가 이 제도를 존중하고 그 규정을 지켜야만 하는 이유이다: Heirat는 결혼을 제정하는 것이 아니라, 결혼을 선포한다.

결혼이라는 행위는 우선 가족적인 측면을 가지고 있다. 젊은 부부들에게 있어서 이것은 일반적으로 자녀들로서 그들의 부모와 함께했던 공동체의 확대를 의미한다. 이것이 부모들에게 이 행위에서 그리고 이 행위를 향한 길에서 함께 대화를 할 권리를 부여하고, 자녀들에게는 부모의 말을 경청해야 할 책임을 부여한다. 그들과의 협조, 자녀들의 결혼에 대한 그들의 승인은 윤리적으로 특별히 중요하고 의미가 있는데, 그 이유는 이것이 실로 지금까지 부부에게 "가장 가까웠던"(Nächsten) 사람들—그리스도교 공동체의 책임과 약속으로부터 보았을 때의 이웃(Nächsten)!—에 의한 승인의 문제이기 때문이다. 부모들과의 협력이 없는 결혼은 모든 경우에 있어서 위험한 모험일 수 있고, 의지와 시도가 없는 결혼은 대부분의 경우 실패한 모험일 수 있다. 이 영역에서 협조란 강력한—부모가 지혜롭다면, 지나치게 강력하지 않은!—조언의 성격을 띠며, 결코 명령이나 금지 혹은 의무적인 순종의 성격을 가질 수 없다. '아버지와 어머니의 명예!'는 확실히 장성하고 자유로운 사람들이—겸손하고 언제나 배울 준비가 된 자녀로서—부모와 마주 서 있다는 사실과, 가장 사려 깊은 부모라고 할지라도 결혼을 결혼으로 정립하는 것, 즉 생활공동체로서의 결혼의 은사와 책임 그리고 이 결혼의 근거를 이루는 사랑을 하나님 앞에서의 책임감과 더불어서 그들의 자녀들에게 줄 수도 없고, 그들로부터 빼앗을 수도 없다는 사실을 통해 결정되고 제한된다.

"사람들은 집과 재산을 조상들로부터 상속받을 수 있다. 그러나 현명한 아내는 주님의 선물이다"(잠 19:14). 이전에 부모들이 특별히 딸을, 넓게는 아들을 (언제나 교회의 감독과 허락 하에서!) 긍정적으로 그리고 부정적으로 다루었던 방식은 분명히 무엇으로도 얼버무릴 수 없으며, 새로운 발전을 통해서 적절하게 제거된 불의였다. 여기에서 어느 정도 문자적인 의미에서 조혼(Kinderehe)이 문제가 되었다는 사실이 이 관습의 사악하거나 지극히 어리석은 성격을 강조한다. 그러나 오늘날의 가족 관계의 이완을 결혼 행위의 의미인 사람들 앞에서의 책임이 바로 이런 차원을 가지고 있음을 심각하게 숙고하지 않아도 될 변명거리로 삼아서는 안 된다.

이어서 결혼의 행위는 법적인 측면을 가지고 있다. 국가는 참된 결혼의 표지, 허가, 공적인 선언을 요구한다: 국가는 결혼이 국가의 규정들에 부합하고, 이를 통해서 국가의 권위가 부부들에 의해 존중되는지, 부부들 편에서 결혼의 유효성에 대한 국가의 승인을 추구하는지 여부에 결혼의 정당성에 대한 국가의 승인이 의존하도록 한다. 국가는 윤리적으로 이것을 요구할 권리를 가지고 있다. 국가는 결혼이 하나의 특별한 통일체로 형성되어 있는 시민 공동체, 즉 보편적인 인간 공동체를 조직하는 최고의 힘으로서 이 일을 행한다. 그러나 국가의 승인(Spruch)도 역시 결혼을 정립할 수는 없다. 국가는 단지 법적으로 유효한 형식에 따라서 결혼이 '성립된 것을 선언할' 수 있을 뿐이다. 결혼은 하늘에서 하나님에 의해 그리고 땅에서는 두 배우자에 의해 성립된다. 그러나 결혼이 각각의 권위 있는 법적 조건들 하에서 그리고 각각 일반적으로 정해진 법적 절차들에 따라서 성립되었다는 선언은 국가의 일이다. 결혼을 원하는 자는 법적인 조건들과 절차들 그리고 결혼등기소에서의 조치도 마찬가지로 원해야 한다.

국가 기관들은 이런 행위의 법적인 성격에 집중하고 있다는 것이 분명하다. 다시 말해서 국가 기관들은 결혼을 유사 종교적인 성격으로 둘러싸기를 원하지 않는다. 그러나 사려 깊은 공무원이 이 기회에 필요하다고 생각할 수 있는 선한 의도를 가진 도덕적인 격려를 하는 것에 반대할 만한 것은 아무것도 없다.

끝으로 결혼은 교회적인 측면을 가지고 있다. 교회적인 결혼의 성립은 교회공동체 내에서 사건의 성격을 가진다. 이 사건을 교회적인 "결혼식"(Trauung)이라는 형식적 절차를 통해 특별히 구별하는 것은 물론 성경적인 지침이나 상황에 의해 무조건으로 요구된 것은 아니다.

소위 "결혼식 제단"(Traualtar)은 자유롭게 고안된 현대의 종교적인 꽃말이다. 오늘날의 형태에서 이 '교회적인 행위'는 교회가 이 문제에서 정당하게 국가의 권한을 지지했고, —고유의 책임을 심각하게 손상시키면서—자신의 권리, 즉 하나님 앞에서 무엇이 정당한지에 관한 이해를 당시에 독립성에서 아직 명확하지 않은 국가의 권한에 동화시켰던 시대의 잔재이다. 따라서 결혼은 도시와 국가에 따라 언제나 엄격하게 경계를 이루고 있으며, 그리스도교 공동체에서 책임질 수 있는 한계를 훨씬 넘어서 (법적 행위와 상담 행위 사이의 불분명한 지점에서) 이루어진다. 어쨌든 결혼은 오늘날의 형태와 모습에서 견신례(Konfirmation)나 장례와 같은 다른 '사례들'과 마찬가지로 그리스도교적이면서 동시에 인간적으로 문제가 되는 사항이다. 헤르만 쿠터(Herrmann Kutter)와 같은 사람이 어느 특정한 날로부터 이 문제에 관여하는 것을 (이리저리 교회법을!) 단호하고 결정적으로 거부해야만 한다고 생각했다는 것은 기억할 만하다.

우리가 말할 수 있는 것은 단지 하나님 앞에서 결혼 성립의 책임을 어떤 특별한 방식으로 형식상 그리스도교 공동체 앞에서의 책임으로 보이도록 만드는 것이 마땅하다는 것이다. 이를 위해 먼저 적절한 형식을 찾아야만 한다. 이 형식은 시민적인 결혼이 되도록 종교적인 이중성의 특성을 완전히 벗겨 내야만 할 것이다. 이 형식은 솔직히 결혼과 관련하여 상담적인 대화(첫 번째 대화가 아니라 종결짓는 대화 그리고 공동체에 공개적인 대화)의 성격을 취해야만 할 것이다: 다시 말하면 공동체가 하나님의 약속과 계명을 기억하고, 신적인 축복을 선포함으로써 대답해야만 하는, 결혼에서 연합된 두 공동체 구성원의 선언의 성격을 취해야 한다. 이 대화는 '결혼식'의 공동체적인 축제를 통해 모호한 연결에서 풀려나서 공동체의 정식 예배에 포함되거나 또는 분명하게 통합되어야 한다.

이런 특별한 대화를 (헤어진 부부들만이 아니라, 모든 부부를 대상으로 하는!) 교회의 훈육(Kirchenzucht)의 수단으로서 허용하거나 또는 불허하는 것은 교회가 그리스도교적으로 받아들일 수 있는 결혼에 관한 관점과 가르침을 위해 노력할 때 비로소 관심사가 될 수 있다. 여기에서 특별히 교회의 훈육이라는 기능을 갱신하려는 시도는 오늘날 논쟁의 여지가 전혀 없다.

그러나 결혼의 실현이 — 하나님을 지향할 뿐만 아니라, 마찬가지로 사람들과 그리스도교 공동체를 지향하는 — 영적인 결합과 의무를 자체에 포함하고 있는 사실이 (특별한 '교회의 행위'를 통해 강조가 되든지, 그렇지 않든지) 결정적이다.

고린도전서 16:19, 로마서 16:5, 골로새서 4:15, 그리고 빌레몬서 2장에 따르면, 바울의 다양한 공동체에서는 분명히 한 쌍의 부부 주변에 모이며, 관련된 전체 공동체들의 삶에서 특정하고, 더 자세하게는 알 수 없지만 눈에 띄는 역학 역할을 했던 것으로 보이는 "가정 공동체들"(이 또는 저 κατ' οἶκον ἐκλησία)의 존재가 이야기되고 있다.

성혼과 결혼의 지속은 전체 공동체를 명예롭게 하기도 하고 불명예스럽게 하기도 하며, 촉진시키기도 하고 방해하기도 하며, 세우기도 하고 화나게 만들기도 한다. 이것은 공동체의 믿음과 선포와 중보기도와 더불어 공동체를 이해하며 사랑하는 관여를 필요로 한다. 이것은 두 부부의 문제일 뿐만 아니라 공동체의 문제이기도 하다. 이 결합과 책임에 대한 선언이 국가적인 관계에서 대응되는 선언과 같은 법적 조치가 아닐 수 있다면, 국가의 법적 조치가 실질적으로 지극히 심각하게 유효하고 강력하게 되기 위해서는 이 영적이고 공동체 내적인 결합과 책임을 전제하고 있음을 고려해야만 한다. 만일 (결혼이 부부와 공동체 사이에 벌어지는 일을 통해서 정립될 수 있다는 것은 말할 필요도 없이) 이 영적 결합과 책임이 어떤 선언에 의해서도 만들어질 수 없거나 보증될 수 없다고 할지라도, 공동체에 대하여 성혼에 대한 고백적인 선언과 이에 답하는 공동체의 선언은 아마도 매우 빈약한 형태로라도 피할 수 없을 것이다. 성혼의 사건은 공동체와 부부 사이의 상호관계를 위한 범위 내에서 부부에게뿐만 아니라 공동체에게도 이런저런 방식으로 알려지도록 해야만 할 것이다.

가족적이고, 법적이고, 교회적인 결혼절차가 구체적으로 실행되지 않는다면, 결혼은 불가피하게 그리고 어떤 상황에서든 사람들에 대한 책임감과 정당한 결혼으로서의 성격을 박탈당하게 될 것이라고—다시 말하건대 결혼의 제도적인 측면 전체와 관련해서—말할 수는 없다. 이것은 오로지 불완전한 실행이 문제가 될 때 비로소 성립한다. 옛 교회법은 특별한 경우에 교회에 의해 승인되었고 축복도 받았지만, 사회에는 숨겨졌던 결혼(로미오와 줄리엣)인 비밀 결혼(matrimonium clandestinum)의 형태를 알고 있었다. 하만(J. G. Hamann)은 파악하기 어려운 개인적인 이유들로 인해서 "중년부인"(Hausmutter)과 "양심결혼"(Gewissensehe)으로 사는 것을 선호했다. 하나님의 정의에 명백히 어긋나는 제3제국의 인종법 제정은 확실한 상황에서 법적인 결혼절차의 의도적인 회피를 허용된 것으로서뿐만 아니라 필요한 것으로 보이도록 할 수 있었다. 부모와 그리스도교 공동체와의 협력 역시도 실제적으로는 모든 상황 속에서 이루어질 수는 없을 것이다. 이와 같은 불완전성이나 혹은 외부적으로 이루어지는 구체적인 협력의 완전한 결핍이 결혼의 사회학적 구조와 기능과 관련한 문제를 일으킬 수 있을 뿐만 아니라, 결혼 그 자체, 즉 두 사람 사이의 관계도 내적으로 다소 모호하게 만들 수 있고 위협할 수도 있다는 점을 명심해야 한다. 결혼의 내적인 구속성은 전체적으로나 혹은 부분적으로 제도로부터 떨어져 나오는 결혼들의 이와 같은 경계상황에서 더욱더 진지하게 받아들여져야만 할 것이다. 결혼들은 언제나 오직 경계상황으로서만 주목을 받을 수 있다. 그러나 이와 같은 경계상황을 윤리적으로 정당화시키는 것을 처음부터 일반적으로 거부하는 것은 아무런 의미가 없다. 이 점에서 결혼이 올바른 결혼이 되기 위해서 반드시 필요한 것이 있다. 그것은 무엇보다 올바른 결혼은 엄숙한 의지적 결정이라는 사실이다. 즉, 결혼은 인간에 대한 책임으로서 수행되어만 한다. 인간에 대한 책임은 자신의 엄숙한 의지를 통해서 결정되는 것이다. 또한 이런 의지를 이러저러하게 전체 결혼의 과정 가운데 드러나도록 만들어야 한다. 그리고 마지막으로 결혼이라는 법적 제도에 법적 제도가 지녀야 할 특징을 부여하는 것이다.

───────

이제 우리는 우리가 걸어온 전체 길을 되돌아보며 다음과 같은 질문으로 마치고자 한다. 즉, 이 영역 전체에서—일반적인 남자와 여자의 영역에서 그리고 결혼이라는 특별한 영역에서—하나님의 계명을 지킨다는 것은 무엇을 의미하는가? 이것을 행하고, 여기에서 요구된 것에 대하여 의로운 자로 서 있을 수 있는 사람은 어떤 모습인가? 다르게 표현한다면, 예수 그리스도 안에서 드러난 하나님의 은혜를 통해서 복음으로부터 이 영역 안에 있는 사람에게 계시되고 주어진 자유 안에서 살아가는 사람은 어떤 모습인가?

먼저 우리가 지금까지 알게 된 것이 있다. "너는 계명이 바로 이 영역에서 인식될 수 있는 것으로 생각하는가?"라는 질문은 어떠한 경우에도 예외 없이 결혼한 사람들뿐만 아니라, 아직 결혼하지 않았거나, 더 이상 결혼생활을 하지 않거나, 결혼생활을 한 번도 해보지 않은 사람들을—그리고 이들 가운에 '행복하거나', 덜 행복하거나, 심지어는 불행한 결혼생활을 하는 사람들을—포함하고 있다는 것이다. 또한 모든 사람의 관심거리가 될 정도로 하나님 계명이라는 아치(Bogen)가 멀리까지 펼쳐져 있음을 발견한다는 것이다. 어느 누구라도 이런 전체 영역을 주제로 삼아서 숙고하기 시작한다면, 그렇다면 순수한 마음과 깨끗한 손을 가지고 있는지를 묻는 이런 예비적인 질문을 어떻게 피할 수 있는가?(10f.를 보라.) 이어서 그가 이 영역에서도 하나님의 계명에 복종하고자 하는지, 그 계명에 의해 질서로 그리고 자유 안으로 부름 받기를 원하는지, 또는 자신의 본질을 비밀리에나 혹은 공개적으로 일종의 반신(Halbgott)으로 활동하도록 할 수 없다고 생각하는지 등의 일반적으로 남녀 관계와 관련된 일련의 질문들은 어떻게 피할 수 있는가?(11f.를 보라.) 육체적인 성생활은 물론 이 영역에서도 중요하다. 그러나 이것이 육체적이고 영적인 실존과 관련되어 있으며, 추상적으로(in abstracto) 육체적인 성적 욕구의 해소를 위한 것이 아니라는 점을 그는 알고 있는가? 그리고 이를 추구하는가?(28f.) 결혼의 영역으로 들어가는 것이 여기에서 가능한 선택이지만, 독신의 결정도 동일한 자격과 정당성을 가지고 있고, 동일하게 고려할 만한 가치가 있다는 것을 그는 알고 있고, 또한 이것을 명심하고 있는가?(44f.) 계속해서 그는 어떤 식으로든 초월하려는 악한 욕망 없이 자신이 남자 혹은 여자로서 그리고 인간으로서 창조되었고, 그렇게 존재하도록 결정되었음을 받아들이고, 이를 실현하기를 원하는가? (54f.) 그는 남자와 여자가 (결혼을 했건 안했건 상관없이) 인간으로서 존재할 수 있는 유일한 길인 구체적인 연합(Zuordnung), 소속(Zugehörigkeit), 애정(Zuwendung)으로부터 벗어나려고 하지 않는가?(74f.) 그는 남자와 여자 사이의 질서를 유효하게 만들고 이 질서 안에서 자신의 위치를 차지하고 채우고자 하는가?(82f.) 이런 질문들 후에야 비로소 이제 결혼과 관련된 특별한 질문이 제기된다. 그것은 다음과 같다. 그는 결혼이 무엇인지 알고 있는가? 그는 이를 알기를 원하는가?(102f.) 그는 결혼의 영역에 들어갈 때에 어떤 강제적인 사건이 아니라, 하나님의 특별한 부르심에 대한 순종이 관건이 될 수 있다는 점을 알고 있고, 실제로 이것을 적용하고 있는가?(105f.) 그는 결혼에서 비길 수 없이 중요한 것이 생활공동체며, 이것의 실행이 처음부터 언제나 지속적으로 부과되는 책임이라는 사실을 바라보면서 이를 받아들이고 있는가?(110f.) 그는 정말로 두 사람에게 책임이 부여된 모든 것에 대하여 하나의 특별한 사역이 행해져야 하는 이유가 그들이 각자 자신의 완전한 자유를 지키고, 서로에게 자유를 주면서, 동시에 이 자유 안에서 서로와 완전하게 결합해야 한다는 점에 놓여 있다는 사실을 받아들이고 있는가?(112f.) 결혼이라는 사역은 제삼자의 참여를 배제한다는 점을 받아들이는가?(122f.) 여기로 부름을 받은 자들은 서로에게 지속적이고 최종적으로 책임을 가지고 있다는 점을 받아들이는가?(136f.) 이 성실의 사역이 실현되기 위하여 그의 결혼이 사랑에 기초하여 유지되고 있는가? 다시 말하자면, 진정한 사랑에 의해, 성애(Eros)의 대용물들 가운데 하나에 의한 것이 아니라 오히려 성화된 참된 성애에 의해서 유지되고 있는가?(150f.) 끝으로 결혼과 관련된 그의 책임이 사람들에 대하여 모든 면에서 그리고 외면적으로 뿐만 아니라, 내면적이고 객관적이고 형식적으로 질서 있게 이루어지고 있는가?(166f.) 이 모든 질문에 대한 대답을 통해서 명백하게 결정되는 것이 있다. 그것은 어느 누가 이 영역에서 하나님의 계명을 지키는지 또는 그렇지 않은지, 이 계명 안에서 복음을 통해 주어진 자유를 누리며 사는지 아니면 어떤 속박 가운데 사는지이다. 결혼생활을 하는 자는 이 모든 질문과 관련되어 있다. 결혼생활을 하지 않는 자에게도 어쨌든 처음 부분에 제시된 일련의 질문들 전체가 관련되며, 그 강도는 훨씬 더 강력하다.

　이제 우리는 이 모든 질문이 하나의 엄격한 통일성(Einheit), 하나의 나뉠 수 없는 총체(Ganzes)를 형성한다는 것을 기억한다. 이런 질문들을 통하여 살아 계신 한 분 하나님의 한 계명이 성적 존재인 나뉠 수 없는 한 인간의 현실에서 실제로 펼쳐진다. 여기에는 더 중요하거나 덜 중요한 "관심사"(Anliegen)란 존재하지 않는다. 또한 진지하게 혹은 덜 진지하게 받아드려야만 될 요구나 요청도 없다. 여기에서 말하고 있는 것은 오로지 필수조건들(conditiones sine quibus non)이다. 다시 말해서, 여기서 말하는 것은 부분적인 순종이나 불순종이 아니다. 오로지 이것 하나이거나 혹은 다른 저것이 있을 뿐이다. 정말로 여기에는 하나의 중심, 즉 예수 그리스도를 통한 하나님의 은혜를 기원으로 한 빛만이 조명을 받는다. 그리고 이 빛에 따라서 모든 것이 구별된다. 여기에서는 일어나거나 일어나지 않는 모든 것, 그리고 이런저런 식으로 생기는 모든 것은 하나님에 대한 믿음의 순종이거나 하나님에 대한 불신앙에서 기인한 불순종이다. 그리고 여기에서는 모든 것이 하나의 결정을 의미한다. 이런 결정을 통해서 모든 개별적인 사항들은 바로 전체와 관련된다. 그러면 계명을 지킨다는 것은 무엇을 의미하는가? 누가 이 영역에서 자유로운 자, 의로운 자가 될 수 있는가?

　첫 번째로, 우리는 포괄적인 대답을 할 수 있다. 이는 분명히 다음과 같을 것이다. 즉, 자기 자신이나 다른 사람의 의지(Wollen), 능력(Können), 관심(Dransein)과는 상관없이, 계명이 말하고 있는 그대로 그리고 계명의 완전한 범위 안에서, 그와 다른 모든 사람에게 중요한 모든 사항과 관련하여 모든 힘을 다하여, 그리고 나뉘지 않은 통일체로서 계명을 하나님의 계명으로 유효하도록 만들고 인정하는 자, 바로 그가 계명을 지키는 자이다. 이런 사람은 자기 자신이나 다른 사람이 원하는 것 때문에 계명을 약화시키지도 않고, 또한 다르게 해석하지도 않는다. 그는 자신이나 다른 누군가가 계명에 관련되지 않고 빠져나갈 수 있고, 남자 혹은 여자로서 결혼을 했건 안 했건 상관없이 자기 자신의 선생과 법제정자와 심판관과 통치자가 될 수 있도록 해주는 그런 허점을 찾지 않는다. 즉, 그는 계명이라는 그물코 사이에 있는 공간(그러나 계명은 결코 그물이 아니다. 그렇기 때문에 계명은 그물코를 가지고 있지 않을 뿐만 아니라, 사이공간도 없다. 계명은 "율법"[Gesetz]이 아니라 살아 계신 하나님의 명령이다!)을 찾지 않는다는 것이다. 계명이 그 자체로 완전하고, 자기 자신과 다른 모든 사람에게 관련된다는 사실에 만족하는 자, 바로 그가 계명을 지키는 사람이다. 그러나 사람들은 확실히 더 강력하게 말할 필요가 있다. 그것은, 계명에 대한 욕망을 가지고 있고, 계명 그 자체가 지닌 고유한 내용을 통해서, 바로 그런 날카로움으로, 바로 그런 전체성을 갖고 모든 사람과 그에게 주어졌다는 것이다. 더 나아가 이런 사실에 대해 기뻐하는 자, 바로 그가 계명을 지키는 사람임을 강력하게 말해야만 한다. 왜 그는 기뻐하는가? 왜냐하면 이 계명이 바로 예수 그리스도를 통해 드러난 하나님 은총의 계명이기 때문이다. 왜냐하면 그는 하나님의 계명에서 낯선 사람의 목소리가 아니라, 선한 목자의 목소리를 듣게 되기 때문이다. 왜냐하면 그는 자신과 모든 사람이 계명을 통해서 놀랍지만 또한 위험하고, 유혹이 가득하고 또한 미로와도 같은 이런 피조물의 영역에서 위로받고, 지지받고, 사용되고, 요청되고, 인도받고, 이끌리고 있음을 발견하게 되기 때문이다. 왜냐하면 그는 사람이 오직 이 계명의 빛 안에 있을 때만, 이 영역에서 살 수 있다는 것을─이 때문에 정말로 살 수 있다는 것을─이해하고, 또한 알고 있기 때문이다. 이것 때문에 그는 계명이 자신이나 또는 다른 사람들에게 의미하는 것들에 대해 기뻐한다. 무엇보다도 이를 기뻐하지 않으면서 어떻게 계명을 지킬 수 있겠는가? 다른 말로 표현해 보자. 이 영역에서는 하나님이 당신의 은혜를 통해서 현존하시고, 주 예수 그리스도가 모든 피조물의 주로서 현존하고 계신다. 그렇기 때문에, 또한 그분의 계명이 오직 하나님만이 선하시다는 것과, 계명이 그와 다른 모든 사람에게 선한 의도를 가지고 있다는 것을 증명하는 것이다. 그렇다면 위에서 제기한 질문들이 분명하게 드러나야만 하고, 또 모든 사람에게 깊숙이 각인되어야 한다는 것을 맛보고 또한 느끼지 못했던 자들이 어떻게 계명을 지킬 수 있겠는가? 이러한 생각에서 계명을─계명이 그에게 말해야만 하는 것을─높고 거룩하게─계명으로부터 달아나거나 또는 계명의 내용과 장르에 관해 흥정하는 것을 전혀 고려할 수 없을 정도로 높고 거룩하게─따르는 자가 바로 계명을 지키는 사람이고, 이런 영역에서 자유로운 자로서, 그리고 의로운 자로서 살아간다.

그리고 우리는 지금 곧바로 앞으로 더 논의를 지속시켜야 한다. 즉, 스스로에게 자신이 하나님의 계명과 어긋나 있고, 또한 자신이 계명의 위반자, 엄밀한 성경적 의미에서 "간음한 자"(Ehebrecher)(확실히 계명의 모든 지점과 차원들에서가 아니라 자신의 방식에서 의식적이고 명확하며, 계명이 제기하는 요구의 무조건성, 통일성, 총체성과 관련해서 분명하고 반대의 여지가 없는 한 명의 위반자이자 한 명의 "간음한 자")임을 고백할 수 있는 자가 바로 계명을 지키는 사람이라는 것이다. 계명을 율법적으로만 이해한 사람은 여기에서 흥분하여 항의할 것이다. 그러나 분명한 것이 있다. 이런 항의는 오직 예수 그리스도가 통치자와 심판자로 인식되었을 때에만, 바로 그때에만 올바르고 또한 올바른 것으로 이해될 수 있다는 것이다. 예수 그리스도를 통해서 계명은 급진성과 보편성을 간직하게 된다. 그리고 계명 안에서 모든 남자와 모든 여자는 단지 계명의 위반자로서 드러날 뿐이다. 예수 그리스도와 그분을 통해 실행된 하나님 은혜의 선택, 그분을 통해 성취된 언약, 그리고 그분 안에서 도래한 하나님의 나라는 진정 이 영역 내에서 일어나는 모든 피조물적인 사건들의 원형이다. 그분에게서 계명의 빛이 나와서, 우리가 본 바와 같이 모든 측면을 향해 펼쳐진다. 모든 인간의 행위는 그분에 근거해서 평가된다. 또한 그분에 근거해서 평가될 때, 위반이 드러나게 된다. 그분을 믿고 그분의 음성을 듣는 자는—그가 누구이든지—계명이 자신의 행위에 적용된다는 것을 듣게 된다.

십계명 가운데 한 계명인 "간음하지 말라"(출 20:14, 신 5:18)는—추상적으로, 다시 말해 언약과의 관련성 없이 이해된다면—단지 성관계의 사실을 통해 한 남자가 다른 한 남자의 결혼에 침입하는 것과 그 남자의 아내에게 행해지는 범죄와만 관련될 수 있다. 이 계명은—추상적으로 이해된다면—비록 그 숫자가 크다고 할지라도, 단지 상대적으로 제한된 인원의 남자들과 여자들만을 '간음'으로 고발할 수 있을 것이다. 모든 남자가 사무엘하 11장에서 다윗이 했던 일을 한 것도 아니고, 모든 여자가 요한복음 8:2-11의 본문에 등장하는 여자가 행했던 일을 한 것도 아니다. 잘 알려진 것처럼 마태복음 5:28에서 저 구약의 본문이 과격해진다. 즉, 다른 말로 무엇보다 우선 '내면화'를 거쳐 해석되고 있는 것이다: "나는 너희에게 이르노니 음욕을 품고 여자를 보는 자마다 마음에 이미 간음하였느니라." 이렇게 이해될 때, 이 계명에 의해 고발되는 남자들의 수는 확실히 더 많아지게 된다. 만일 이렇게 이해된다면, 비록 거기에 쓰여 있지는 않더라도, 이것은 마찬가지 방식으로 낯선 남자를 '바라보는' 여자들에게도 역시 적용되지 않겠는가? 또한 예수에 의해 시도된 과격화와 계명에 의한 고발의 확장은 저 구약의 본문과 연결하여 계명에 의해 주목받은 낯선 결혼 안으로의 침입이라는 특별한 죄에만 제한될 수 있을까? 분명히 아니다. 사람들은 바로 다음 구절들(마 5:31f., 참조. 마 19:3f.)에서 예수가 이혼을 (여기에서 구약의 허용과 반대로) 간음으로 지칭하고 계시다는 것을 읽는다. 이것이 얼마나 위협적으로 느껴졌는지는 마태복음 19:10에 나오는 제자들의 말로부터 알 수 있다: "만일 사람이 아내에게 이같이 할진대 장가들지 않는 것이 좋겠나이다." 하지만 이혼과 간음의 동일시를 하나님의 계명이 예수의 입을 통해서 획득한 급진성과 보편성에 대한 하나의 범례 이외의 다른 것으로 이해하는 것은 완전히 불가능하다. 예수의 관점에서—계명의 원천과 계시로서 드러난 하나님의 은혜의 언약의 빛 안에서—'간음'은 (물론 구약성서에서 먼저 묘사된 특별한 것을 포함해서—복음을 따라서 예수가 마찬가지로 명시적으로[expressis verbis] 언급하셨던 또 다른 것을 포함해서) 결혼을 범하고 파괴하는 남녀의 모든 생각과 언행과 태도이다.—그리고 이를 넘어서: 전반적인 남녀 관계와 삶에서 결혼을 했건 하지 않았건 "악한 생각들과 말들과 행위들 속에" 드러나는 모든 왜곡과 배설과 거짓과 타락, 그리고 모든 어리석음과 게으름과 악의이다. '간음하지 말라!'는 계명에 대한 그리스도교적 해석은—개혁교회의 요리문답을 예로 들 수 있다.—언제나 정당하게 이를 주장했다. 이와 같다면 누가 이 계명과 아무런 관련이 없으며, 누가 위반자로 드러나지 않고, 누가 고발되지 않겠는가? 분명히 모든 사람은 각자 자신의 방식으로 심판에 이른다. 때문에 예수가 마가복음 8:38, 마태복음 12:39, 16:4에서 옛 시대의 인류를 '간음하는 세대'라고 부르신 것은 자명하다. 이것은 구약의 많은 본문에서의 비유적인 의미로서뿐만 아니라, 문자적으로도 이해되어야 한다. 이 때문에 마찬가지로 일반화시키고 있는 야고보서 4:4(맥락에 따라서는 마찬가지로 최소한 문자적으로 이해되어야 한다.)에서는: "간음한 여인들아 세상의 벗된 것이 하나님과 원수 됨을 알지 못하느냐?" 이 때문에 요한복음 8:7에서는: "너희 중에 죄 없는 자가 먼저 돌로 치라!" 그리고 9절에서는: "그들이 이 말씀을 듣고 양심에 가책을 느껴 어른으로 시작하여 젊은이까지 하나씩 하나씩 나가고."

우리의 전제는 계명이 예수 그리스도 안에서 나타난 은혜와 그분을 통해 성취된 언약과 그분 안에서 도래한 하나님의 나라로부터 이해될 수 있다는 전제—그리스도교 윤리에서 유일하게 가능한 전제—이다. 이런 전제 아래에서 우리는 계명이 모두를 동일하지 않은 각각의 방식으로 고발함을 언급해야 한다. 왜냐하면 그때에 각자는 (이런저런 상황과 특별하게 관련되었을 때도) 모든 것이 서로 연관되기 때문이다. 또한 이런 전제 아래에서 우리는 자신 스스로를 변호할 수 없는 것은 물론이거니와, 전체적으로 사죄할 수도 없음을 말할 수 있다. 그리고 반드시 그렇게 말해야만 한다. 우리는 이 모든 질문을 참조해야 한다. 그리고 다음과 같이 스스로에게 질문해 봄으로써 우리는 이런 사실을 시험해 볼 수 있다. 즉, 이 질문들 가운데 일부에 의해서 직접적으로 고발당하지는 않았다고 하더라도, 간접적으로는 모든 질문과 이렇게 또는 저렇게 붙잡히고 얽히고,—위반으로 고발당했는가? 저 질문들에서 전개된 하나님의 계명의 빛 속에서—우리는 다시 한 번 우리의 연구 전체의 절정을 바라본다는 것이다. 그렇다면, 오로지 계명을 만족시키고, 오로지 결점이나 이음매가 없는 '온전한' 결혼만이 존재할 수 있는가? 혹은 이제까지 존재했었던 적은 있었는가? 또한 얼마나 많은 사람에게서 그러할지 누가 아는가? 다시 말하면, 모든 사람에게서 그렇지는 않을는지 누가 아는가? 더 나아가, 그것이 적절하지 않은, 깨어진 결혼인지 누가 아는가? 결혼의 밖에서는, 혹은 결혼을 향해 가는 길이나, 혹은 독신자들 가운데서, 하나님의 계명이 사람들에게 요구하는 빛 안에서 순수하게, 있는 그대로, 어떤 벗어남도 없이 계명에 사로잡혀서, 스스로가 결백하다고 알고 있는 그런 한 남자나 혹은 한 여자가 있을 수 있는가? 반면에 부정적인 대답이 세상의 흐름을 둘러싸고 있는 어떤 잘못된 지식을 바탕으로, 그리고 과거와 현재에 이런 영역이 담고 있는 역사적 현실을 둘러싼 잘못된 지식을 바탕으로 도출되어서는 결코 안 된다. 이것은 각자의 실존이 하나님의 계명에, 즉 예수 그리스도의 입으로부터 들려진 계명에 구체적으로 마주 서 있는 가운데 나온다. 이것이 시험이다: 이렇게 마주하고 있는 상황에서 자신이 고발당하지 않은 것으로 생각하는 남자 혹은 여자가 어디에 있을까? 그리고 지금 하나님의 계명을 지키는 것은, 그리고 한 인간이 계명을 지킴으로써 하나님 앞에서 자유인과 의인이 되는 것은 다음과 같다. 즉, 그가 계명에 따라서 제기되는 자신에 대한 고발을 분명하게 인식하고 그리고 유효하도록 두는 것이다. 잘 이해할 필요가 있다. 즉, 그가 자유롭고 의로운 근거를 바탕으로 이와 같은 고발을 유효하게 함으로써, 그가 스스로 분명하게 겸손해져야만 하는 것이 아니다. 오히려 이런 고발이 참되기 때문에, 그는 자신의 의무와 책임으로서 이를 행한다. 여기서 즉시 멈추지 말고 계속해서 질문해야만 한다. 즉, 그렇다면 이런 고발 앞에서 이에 합당하게 솔직하고 깊이 겸손한 자가 도대체 어디에 있는가? 없다. 그가 자유롭고 의로운 근거는 계명과 고발이 그를 영원 전부터 사랑하셔서 자신의 아들의 십자가에서 그의 죄를 위해—또한 남녀 관계에서의 그의 죄를 위해—개입하셨으며, 그의 죄를 용서하심으로써 그의 죄를 들춰내시고 꾸짖으시는 분, 다시 말하면 죄를 죄 자체로 돌리심으로써 그에게서 제거하시는 분으로부터 온다는 것을 받아들이며, 더 나아가 그가 이런 고발을 받아들이고 그분 앞에서 겸손해지는 것이 중요하다. 사람은 자신에 대한 심판 아래에 스스로를 굽힘으로써 계명을 지킨다. 그러나 심판은 은혜로우신 하나님의 심판이다. 하나님은 계명을 이미 성취하셨다. 그러나 이는 위반자를 대가로 치루면서 이룬 것이 아니다. 또한 위반자의 죽음을 대가로 지불하여 이룬 것도 아니다. 하나님은 그분의 사랑하는 아들의 죽음을 통해서 그분 자신이 대가를 지불하시고 이를 성취하셨다. 그럼으로써 위반자의 죄와 실책을 냉정하고 반박의 여지 없이 들추어 내셨다. 하나님의 계명을 듣는 모든 자는 고발을 들어야만 한다. 고발을 듣는다는 것은 자비로부터 듣는 것을 의미한다. 그리고 이를 통해서 위반자를—이 영역에서의 위반자도 마찬가지로—그토록 사랑하셨던 분의 엄격함으로부터 듣는 것을 의미한다. 그분의 심판을 받아들인다는 것은 위반자가 자신에 대한 심판에서 의롭고 자유롭다고 선언되었고, 바로 이를 통해서 위반자로 증명되었다는 사실을 받아들이는 것을 의미한다. 자신이 하나님의 심판에서 자유롭고 의롭다고 선언된 위반자임을 알고 고백하며 그렇게 살아가는 자가 바로 계명을 지키는 자이다.

요한복음 8:3-11에서 이야기되고 있는 여인은 4절에 따르면 간음 현장에서 '현행범으로' 붙잡혔다. 그녀가 계명의 구체적인 의미에서 죄를 범한 것은 의심의 여지가 없다. 모세에 의해서 주어진 율법을 글자 그대로 따른다면(신 22:22-24) 이런 식으로 죄를 저지른 사람은 죽어야 된다는 점에서 바리새인들은 정당하다. 그들은 예수가 이 경우에 어떤 입장을 취할지 알고자 했다: "선생은 어떻게 말하겠나이까?"(5절) 저자는 다음과 같은 설명을 덧붙이고 있다: "그들이 이렇게 말함은 고발할 조건을 얻고자 하여 예수를 시험함이러라"(6절). 예수가 율법의 저 규정을 실행하는 것을 거부하신다면, 모세의 말씀에 어긋난다는 이유로 고발당하실 수 있다. 예수가 그들에게 저 규정을 실행하도록 명하신다면, 이와 같은 최고의 재판 관할권을 소유하고 있었던 로마의 관청에 고발당하실 수 있다. 바리새인들에게서 중요한 것은 하나님의 율법도, 그 여인의 죄도 아니라는 것이 분명하다. 단지 그들의 관심사는 오직 예수다. 그러나 예수의 가장 심각한 관심사는 하나님의 율법과 죄이다.―이 여인의 죄인가? 그렇다. 이 여인의 죄이다. 그러나 이뿐만이 아니다! 이제 예수에 관해 성경에는 다음과 같이 쓰여 있다: 예수께서 "몸을 굽히사 손가락으로 땅에 쓰시니"(6절). 이 주목할 만한 행동에 대한 가장 그럴듯한 설명은 이것이 하나님께서 시내 산에서 하셨던 것을(출 34:1, 신 4:13 등) 암시하고 있다는 것이다: 예수는 율법을 쓰신다(그분의 손가락과 땅은 동작의 완성을 위해 충분하다.). 다시 말하면 그분은 자신이 간음한 여자를 고발하여 사형 판결을 내리는 계명의 원저자(Urheber)이자 유능한 해석자로 인식될 수 있도록 스스로를 드러내신다. 그러나 바리새인들은 진실로 율법 제정자도 그분의 계명도 알기를 원치 않는다; 이들을 실로 그 둘을 대적하면서, 계속해서 참을성 있게 질문한다: "당신은 이에 대해 어떻게 말하시겠습니까?"(7절) 이제 예수는 눈을 드시고 율법의 원저자이자 유능한 해석가로서 율법으로부터 비롯된 수정처럼 맑고 투명하면서 그 자체로 대단히 위험한 규정을 주신다: "너희 중에 죄 없는 자가 먼저 돌로 치라!"(7절) 즉, 이 문제에서 잘못이 없는 자가 이 문제에서 심판관과 집행관으로서 행동하라! 이것을 말씀하신 후에 저 상징적인 행동이 이어진다: "다시 몸을 굽혀 손가락으로 땅에 쓰시니"(8절). 이것은 예레미야 17:1 이하를 연상시킨다: "유다의 죄는 금강석 철필로 기록되되 그들의 마음 판과 그들의 제단 뿔과 높은 언덕 위 푸른 나무 곁에 있는 그 제단들과 아세라들에 새겨졌거늘."[7] 왜 아무도 주어진 지침에 순종하지 않는가? 왜 그들 모두는 멀리 떠나는가?(9절) 무슨 일이 벌어졌는가? 예수에 대해 계획된 고발은 그들 양쪽의 피할 수 없는 뜻밖의 일들로 인해서 불가능하게 되었고, 예수는 하나님과 사람들 앞에서 그 정당성을 입증받으시는 결과가 발생했다. 또한 무슨 일이 일어났는가? 하나님의 율법과 인간의 죄가 즉시로 두려울 정도로 진지한 현실들로 분명하게 드러났으며, 율법과 죄를 진지하게 생각하지 않으면서 예수를 고발하고자 했던 자들이 그들 자신의 태도로 인해서 자신이 고발되었음을 고백하게 되었다. 율법의 저자이자 해석자는 실로 명백히 그분의 지침을 가지고 그들 모두를 마찬가지로 "현행범으로 붙잡으셨다"! 그분의 계명의 급진성과 보편성은 명백하게 타당한 것으로 증명되었다. 그분은 그들을 분명하게 강요하셔서 스스로를 간음한 여인과 함께 동일선상에―그녀와 함께 죄지은 자들로, 그녀와 함께 사형에 처해지기에 마땅한 자들로―세우도록 하셨다. 이로써 간음한 여인을 고발했던 그들은 휩쓸려 가버

---

[7] 바르트에 의해서 인용된 예레미야 17:1-2는 실제 본문과 다소 차이가 난다.

렸다. 무슨 일이 또 일어났는가? "오직 예수와 그 가운데 서 있는 여자만 남았더라"(9절): 적법하게 고발된 여인이 받아 마땅한 사형판결과 그 실행을 예상했던 바로 그곳에. 이제 그녀는 홀로 예수와 함께 있고, 홀로 그분의 심판 속에 있다. "여자여, 그들이 어디 있느냐? 너를 정죄한 자가 없느냐?"(10절) "그녀가 대답하되 주여 없나이다!"(11절) 그러나 예수가 그녀에 대한 판결을 선언하시고 그녀를 그녀가 받아 마땅한 사형에 넘기실 것인지 여부는 아직 결정되지 않았다. 그분이 그렇게 하시는 것이 왜 안 되는가? 그분은 "죄가 없으시다." 그분은 스스로에게도 유죄를 선고하는 것을 두려워해야만 할 사람들 가운데 포함되어 있지 않으시다. 바로 그분이 여자를 심판하실 수 있는 적법하고 유능한 심판관이시다. 그분은 정의가 실행되도록 하실까? 다음 말씀을 들어보라: "나도 너를 정죄하지 않는다!"(11절) 또한 다음을 주의하라: 바로 이렇게 그분은 진정으로 정의가 실행되도록 하셨다. 바로 이렇게 그분은 율법의 저자요 해석자로서 의심할 여지 없이 여인이 지은 죄에 대하여 구체적인 입장을 취하신다. 이렇게 그분의 판결은 간음한 여인의 무죄방면이다! 이것은 그녀를 고발한 자들이 무대를 떠날 때 선언해야만 했을 말과 동일하다! 그분이 원저자와 해석자가 되시는 바로 이 율법이 명백하게 이 무죄방면을 요구한다. 이 율법은 무엇을 말하고 있는가? 이 여인이 죄를 짓지 않았다거나, 유죄라거나, 처벌받아 마땅하다는 것은 확실히 아니다. 이 무죄방면에 따르면 그녀에게 합당한 사형판결이 이미 선언되었고, 이미 성취되었으며, 그녀를 대신하여 다른 한 사람에게 실행되었고, 이를 통해 해결되었다는 것이 명확하다. 사형판결이 여인에게 다시 한 번 실행되도록 하는 것은 쓸모없을 뿐만 아니라 부당하다. 이렇게 일이 진행된다. 어떻게 예수는 여인에게 유죄판결을 하실까? 그분에 의해 만들어지고, 선포되고, 적용된 율법, 즉 한 분 참되신 하나님의 은혜의 율법에 따르며 그분은 죄가 없으신 분이고, 율법 제정자이자 심판관이시고, 그녀 대신에 유죄판결을 받으신 분이다. 또한 그녀는 그분의 말씀에 매여 그분과 함께 거기에 홀로 머문 죄인이고, 해방을 선언받은 자이다. 이렇게 그분은 하나님의 계명과 이 여인의 죄를 진지하게 받아들이셨다: 그분 자신이 위반한 여인을 위해 개입하셔서 위반자인 그녀의 무죄를 선언하셨다.—왜 바리새인들은 달아날 수밖에 없었는가? 그들이 죄를 지었다거나, 간음한 여인과 같이 그들도 유죄로 고발되었다거나 하는 것이 나쁜 것은 아니었다. 진정으로 나쁜 것은 그들이 그들 앞에 서 계시는 율법 수여자와 그분의 율법을 인정하려고 하지 않았고, 간음한 여자와 그들 자신에 대한 은혜로우신 하나님의 판결을 들으려고도, 받아들이려고도 하지 않았다는 사실이다. 나쁜 것은 비록 완전하게 실패했지만 간음한 여인을 대적하는—간음 가운데 있는 그들의 자매에 대적하는!—그들의 행진 전체가 진실로 예수와 그분 안에서 나타난 자유로운 자비를 대적했고, 하나님과 그분의 율법을 대적했다는 사실이다. 나쁜 것은 그들이 이런 반항에 얽매여 있었다는 점이다. 분명히 그들은 예수에 의해서—간음한 여인과 함께 유죄이고 고발되었지만—여인과 함께 자유롭고 의롭다고 선언되었을 것이다. 다시 말하면 그들은 그들의 구원을 위해 다시 한 번 그리고 완전히 다르게 이 여인과 함께 동일선상에 설 수 있었을 것이다. 그들이 이것을 놓쳤다는 사실이 나쁜 것이다. 그들이 이것을 놓쳤기 때문에 그들은 계명을 지키지 못했다.

이런 사실로부터 우리는 다시 한 번 우리의 논의를 계속해서 진행해 나가야만 한다. 즉, 하나님이 베푸시는 놀라운 은혜의 심판을 통해서 스스로를 세우고 정렬시키는 자가 바로 하나님의 계명을 지키는 사람이고, 하나님 앞에서 자유롭고 의로운 사람이다. 자세히 보자면, 계명의 위반자인 그가 계명의 규정에 따라서 원할 수 있는 것을 올바르게 원하도록 하는 것이다. 그리고 그가 위반자로서 계명의 규정에 따라 할 수 있는 것을 단호하게 행하도록 하는 것이다.

요한복음 8:11에서 간음한 여인에게 하신 예수의 말씀의 종결부는 다음과 같다: "가서 지금부터 다시는 죄를 범하지 말라!" 이 부름에서 그녀가 지금부터(ἀπὸ τοῦ νῦν), 율법 수여자이시고 심판관이신 예수와의 만남으로부터, 그리고 그분의 판결을 받아들인 때로부터 발생한 일을 발생하지 않은 것으로 만들거나, 그것의 내적이고 외적인 결과들을 취소하거나, 죄의 상태로부터 빠져 나오거나, 그녀의 삶을 멸망으로부터 해방시키는 것이 의도되었을 수는 없다. 그 이유는 새로운 인간으로의 그녀의 탄생이 그녀에게 이 부름을 가져온 율법에 따라 율법 수여자와 심판관의 인격을 통해 이미 이루어졌기 때문이며, 그녀가 홀로 가운데 서 있었던 곳에서 그녀 앞에 계셨던 분을 통한 그녀의 이 총체적인 의롭게 됨과 해방에 어떤 것도 덧붙여져서는 안 되기 때문이다! 그러나 그녀는 지금부터 —이것이 그곳에서 그녀에게 강하게 들려진 소리이다.— 하나님의 은혜로운 심판을 통해 세워지고(aufgerichtet) 정돈된(ausgerichtet) 위반자로서 살아야만 한다. 다시 말하자면, 그녀는 비록 위반의 상태에 있지만, 그러나 이미 예수를 통해 성취된 영원한 의와 무죄와 지복(至福)의 상태로의 이동을 촉진하는 강력한 자극 아래에서 살아가게 된다는 것이다. 또한 치유할 수 없을 정도로 무질서한 삶 속에 놓여 있음에도 불구하고, 그녀는 이미 그분의 나라의 질서로 향하게 된다. 그리고 그녀가 스스로 바꿀 수 없었던 방해물 속에서도 이미 그녀의 이 된 약속으로부터 원할 수 있고 행할 수 있는 것을 실제로 원하기도 하고 행하기도 할 것이다. '지금부터'가 이와 같은 반작용과 관련되어 있었음이 분명하다. 예수와 함께 홀로 그 가운데 섰던 것과 그의 판결에 귀속되었고 그분의 판결을 통해 해방되었던 것이 그녀에게 하나의 전환을 의미했음이 틀림없다. "지금부터 다시는 죄를 범하지 않는 것"이란 지금부터, 즉 예수의 판결이 선언되고 인지된 때부터는 더 이상 이것이 선언되지 않았다는 듯이, 이것이 인지되지 않았다는 듯이 살지 않는 것을 의미한다. 또는 이를 긍정적으로 말하자면, 이런 판결의 선언과 인식을 통해서 자신의 모든 부정함에도 불구하고 그녀는 거룩하게 된 인간으로서 살아가는 것을 의미한다.

이외의 다른 것은 없다. 즉, 하나님의 계명과 인간이 만난다는 것은, 바로 누구나 자신의 위반을 분명히 인식하게 된다는 것을 의미한다. 어느 누구도—우리가 통과한 바로 이런 영역에서는 어느 누구도!—심판을 벗어날 수 없다. 그러나 이런 심판은 동시에 하나님의 놀라운 은혜의 심판이다. 예수 그리스도가 통치자이시기 때문에, 계명은 이와 같이 심판하는(richtend) 힘과 의미를 가지게 된다. 바로 예수 그리스도가 통치

자이시기 때문에 계명은 인간의 위반이 그에게 본질적으로 낯선 것으로서 드러나도록 한다. 그래서 그가 위반에 대하여 독자적으로 책임을 지도록 만들며, 그가 위반에 대적하여 실제로 움직이게 하는 의미와 힘을 가진다. 그에게서 계명은 하나님이 그에게 ― 그의 위반 때문도 아니고, 그의 위반에 대하여 무관심하신 것도 아니며, 그의 위반에도 불구하고 그 위반과 싸우시면서 ― 선하신 분임을, 그리고 하나님이 그를 위해 긍정하신다고 말한다. 하나님이 주시는 은혜의 심판은 인간에게 그가 위반자라는 사실에 만족하거나 안심하는 것을 허용하지 않는다. 이 심판은 사람이 비록 위반자이지만 (사람은 자신이 위반자임을 인식해야 한다. 또한 그는 실제로 위반자이다.) 그러나 하나님의 선한 피조물이고, 그분의 소유이고, 그분이 선택하시고 사랑하시는 자임을 의미한다. 그래서 그분이 계명을 통해서 아니요(Nein)가 아니라, 예(Ja)라고 말씀하는 대상인 사람 자신과 위반의 상태에서 자신의 심판에 구속되어 있는 사람, 즉 하나님과 자기 자신에게 낯설게 되어 버린 사람 사이를 구별한다. 어떻게 사람이 이러한 구별을 할 수 있겠는가? 사람은 다른 사람과 같은 한 사람이고, 자기 자신을 자기 자신으로부터 구별하거나, 자기 자신을 자기 자신으로부터 자유롭게 만들거나, 자신의 머리털조차도 수렁에서 끄집어 낼 수 있는 위치에 있지 않다. 하나님은 이러한 구별과 구원을 하실 수 있고 또 이를 이루신다. 하나님은 자신을 수단으로 삼으시면서, 저 사람에 대항하고 이 사람을 위하는 입장을 취하신다. 또한 하나님은 이 사람에 대항하시고 저 사람에게 호소하신다. 하나님은 그분의 선한 피조물인 저 사람을 부르시고(anrufen), 위반자인 이 사람에게 외치신다(aufrufen). "가서 다시는 죄를 범하지 말라!"―이것이 부름(Anruf)이고 외침(Aufruf)이다. 이것이 인간이 원할 수도 없고 할 수도 없는 것을 하나님이 하실 때 울려 퍼지는, 누구나 분명히 들을 수 있도록 큰 하나님의 전투의 함성이다. 즉, 여기에서 하나님은 사람과 그의 죄 사이에 개입하셔서, 그의 죄를 용서하시고, 죄의 책임으로부터 그의 무죄를 선언하시고, 죄를 그분 자신에게 받아들이시면서 사람의 죄를 심판하신다. 사람은―모든 사람이 아니라, 하나님에 의해 무죄 석방되고, 그의 죄가 하나님에 의해 은혜 가운데서 심판받은 사람― 바로 이것을 원하고 할 수 있다. 이와 함께 그는 하나님의 개입을 통해 자유롭게 되어서 하나님의 저 부름과 외침을 듣고, 이를 받아들이고, 이를 마음과 골수에 사무치도록 하게 된다.―이 전투의 함성에 따르면, 하나님은 그의 위반에 대항하는 싸움에서, 즉 위반자로서의 그의 본래적인 존재에 대항하는 싸움에서 그의 옆에 항상 함께 계신다.

남자와 여자의 영역에서 모든 사람은 계명의 위반자로 존재한다. 그래서 이런 영역에서 계명을 준수한다는 것은, 사람이 하나님의 선하심을 통해서 회개로 이끌리고, 그의 위반으로부터 거리를 두고 또한 이를 경계할 때 가능한 것이다. 사람에게 더 이상의 것은 요구되지 않는다. '절대적인 정결', 이상적인 남성성 혹은 여성성, 천상적인 사랑, 완전한 결혼,―요컨대 그가 더 이상 위반자가 아니라는 것,―들이 사람에게 요구되지 않는다. 왜냐하면 그는 그의 위반에도 불구하고 하나님의 은혜를 통하여 자유롭고 의로운 자가 되었기 때문이다. 그리고 이런 관점에서 자신의 모든 의지와 행위는 쓸모없을 뿐만 아니라 아무런 의미도 가질 수 없기 때문이다. 이와 더불어서, 하나님의 계명은 이상이 제공하는 보편성이나 그것의 실현을 요구하는 것이 아니다. 오히려 구체적인 결정들, 행동방식들 그리고 행위들을 요구하기 때문이다. 이것들은 그에게 요구되지 않고, 그는 이것들을 원할 수도, 행할 수도 없다. 왜냐하면 하나님이 이 의지와 행위에 대한 그분의 은혜로운 개입을 통해서 그에게 작용하시기 때문이다. 즉, 그는 자신이 고발당한 이유인 위반에 대항하여, 위반자로서의 자기 자신에 대항하여, 그 살고 있는 무질서에 대항하여 구체적인 전투를 시작할 수 있다는 것이다. 그는 하나님의 계명의 은혜로운 심판을 통해서 가르침을 받고, 활동적으로 이 무질서에 대항하고, 자발적으로 무질서 속의 이곳저곳에 전초기지를 세울 준비가 된다. 그가 하나님 앞에서의 삶, 자유롭고 의로우며 새로운 사람의 삶을 제시할 수 없고, 정말로 이것을 제시하려는 어떤 시도도 해서는 안 될지라도(왜냐하면 새롭고, 죄 없고, 정결하고, 거룩한 사람은 자신의 이름이 아닌 예수 그리스도의 이름을 지니기 때문이다!), 옛 사람과 자신의 삶과 자신의 왕국에 대하여 이 삶을 증거할 수는 있다. 또한 반드시 증거해야만 한다. 하나님의 계명은 동시에 예수 그리스도의 계명이다. 이런 계명과 만나는 어느 누구도 자신이 이것을 할 수 없다거나, 그가 남녀관계의 영역에서 자신의 일을—잘 하는 것은 아니더라도 지금까지보다는 약간 더 잘—할 수 없다고 주장해서는 안 된다. 또한 그가 지금까지의 자신의 오류들 가운데 적어도 몇몇을 보면서 앞으로는 이것을 피하고, 마비된 것들이나 방탕한 것들 가운데 적어도 몇몇으로부터 벗어나고, 지금까지 깊은 비이성의 원천에서 방해받지 않고 솟아나던 어리석음들과 악의들 가운데 적어도 몇몇을 중단하고, 이미 만들어진 몇몇의 손상들을 다소 개선하고, 몇몇의 의미 있는 반대 움직임들을 만드는 등의 일들을 할 수 없다고 주장하지도 못할 것이다. 하나님의 계명을 듣는 자는, 계명이 그에게—그가 언제나 계명에 의해 고발당하는 이유인 위반의 한계들 안에서 가장 심각하게!—그가 매우 잘 실현할 수 있는 특정한 가능성들이 보이도록 만든다는 것을 부인할 수 없다. 다시 말하면, 사소하고 개별적이지만 거부해서는 안 될 이완 혹은 견고의 가능성들, 발전 또는 억제의 가능성들, 강화 또는 완화의 가능성들이 분명히 보인다는 것이다. 물론 이곳에서는 엄격함, 엄밀함과 깨끗함이 더 많이 적용될 수 있고, 반면에 저곳에서는 인내와 대범함이 더 많이 적용될 수 있다. 그리고 여기에서는 특정한 각성이, 저기에서는 특정한 성화가 자리 잡을 수 있다. 이런 가능성들을—그는 이것들을 확실히 알고 있다!—이용하는 것은 계명을 예수 그리스도의 계명으로 들은 사람에게 당연히 요구되는 것이다. 그가 이것을 거부한다면, 이는 그가 계명을 아직 저 첫 번째와 두 번째의 의미에서 지키고 있지 않다는 것을 의미한다. 또한 아직까지 계명을 계명으로서 진정으로 인정하지 않았음을 의미한다. 더 나아가 계명을 그렇게 듣지도 않았으며, 아직까지 그의 고발이 진정으로 자신에게 말하도록 하지 않았음을 증명하는 것이다. 그러나 그가 이를 행하고, 이 첫 번째와 두 번째 의미에서 계명을 지킨다면, 그는 계명이 그에게 제공하는 상대적인 향상의 가능성을 이용할 수 있다. 이를 통해서 세 번째의 의미에서 계명을 지킬 수 있게 되는 것이다. 그는 갑자기 혹은 점진적으로 거룩한 자가 되거나, 혹은 자신을 그런 자로 간주하려는 유혹에 빠질 수 있는 것에 대하여 정말로 어떤 두려움도 가질 필요가 없다. 그를 이러한 노력으로 부르고 유지하는 동일한 하나님의 계명이 언제나 그로 하여금 그가 자유롭고 의롭다고 선언하시기 때문이다. 또한 그를 그렇게 만드시는 분과 직면하도록 하시고, 이로써 그가 원할 수 있고 행할 수 있는 것을 통해서는 그분 앞에서 어떤 영광도 얻을 수 없고, 결코 자신을 변호할 수도 없다는 사실을 언제나 그에게 드러내 보이고 증명하시기 때문이다. 계명은 사람에게 하나님의 자유로운 은혜를 가리켜 주신다. 그리고 이 계명은 언제나 거듭해서 모든 경솔함과 게으름과 절망에 대항하여 그를 똑바로 세우고, 언제나 거듭해서 그를 그의 의지와 행위의 한계 내에 숨겨져 있지만 도달할 수 있는 목표들로 향하도록 만든다. 다시 말하면, 계명은 이 세 번째 의미에서 반드시 지켜져야 하고, 또 지켜질 수 있다는 것이다.

 이와 같기 때문에 이제 마지막으로 분명하게 지적해야 할 것이 있다. 그것은, 우리 인간들 가운데서 실제로 일어나고 이루어지는 남녀 사이의 관계들의 영역은 바로 하나님의 계명의 빛 속에서—여기에서는 모든 것이 하나님의 심판 아래에 서 있고, 모든 것이 거대하고 급진적인 해방을 요구하고 있기 때문에—오류들과 잘못들의 미로이고, 더러운 수렁이며, 불법과 곤경으로 가득한 유일한 눈물의 골짜기라는 사실이다. 그뿐만 아니라 하나님의 은혜를 통해서—우리는 이제 이것이 무엇을 의미하는지 안다.—모든 것이 흔들리고 쓰러지는 것처럼 보이는 곳에서는 언제나 개별적인 보존과 구원과 벗어남과 회복이라는 확고한 지점들과 노선들이 있게 된다. 그리고 무질서들 가운데 질서의 요소들이 자리잡아 존재하게 된다. 예를 들면, 평안과 성적 질문을 다루는 곳곳에서는 어떠한 경우에도 어느 정도는 신뢰성에 대한 질문, 또는 항상 곳곳에서 매혹적이고 새롭게 시작하는 성애의 종교 또는 종교적 성애에 대한 신중함의 질문, 육체적인 성욕구의 지배와 영향에 대한 어느 정도의 건전한 제한의 질문, 그리고 결혼할지 혹은 결혼하지 않을지를 묻는 질문에 대한 어떤 권위가 주어져 있다. 또한 이곳저곳에서 한 남자가 진정으로 남자가 되고, 한 여자가 진정으로 여자가 되는 멋진 당당함이 있고, 둘이 서로를 상호적으로 인정하고, 서로에게 합당하게 서로를 향해 행동하는 멋진 당당함이 있으며, 성별의 질서가 명확해지고 유효하게 되는 멋진 당당함이 존재한다. 이 모든 것은 실제로 존재한다. 비록 완전한 결혼은 없다고 할지라도, 그러나 어떤 손상 속에서도 언제나 지속적으로 유지되었고, 이루어졌으며, 결국 약속과 기쁨이 없이는 실행되지 않았을 결혼이 존재한다. 즉, 비록 이와 같은 결혼이 어떤 필요성 때문에 실현되었고, 정직하게 말하자면, 파편적으로만 자유로운 생활공동체의 사역으로 받아들여질 수 있을지라도, 그러나 수많은 불성실 속에 신실함이 들어 있고, 명백한 불안정 속에 지속성이 들어 있다는 것이다.―그리고 정상적인 결혼으로 전개될 수 없고, 전체적으로 파편적인 성격을 가지고 있음에도 불구하고 단순하게 죄와 손상으로 볼 수 없으며, 또한 결혼이라는 성격을 확실하게 결여하지는 않은 많은 관계에서도 마찬가지로 참되고 강하고 총체적인 사랑이 간과되어서는 안 될 것이다. 또 무엇이 있을까? 먼저, 이 영역에서 아주 특별한 주의가 필요한 것이 있다. 그것은 이런 낯선 문들 앞에서 계명을 없애려는 욕망을 열심히 절제하는 것과, 자기 자신의 문 앞에서 이것을 얻고자 신중하게 고려하는 것이다! 이 모든 것은 각자의 한계와 약점들과 어려운 문제들을 분명하게 가지고 있다. 그리고 이 모든 것이 하나님의 계명 앞에서 견딜 수 없음은 확실하다. 하나님의 계명에 따라 이 모든 것을 평가한다면, 이것들은 단지 쓰레기장에 불과할 것이다. 이 모든 것은 오직 죄를 용서하시는 하나님의 은혜를 바탕으로 하나님이 설정한 제한 안에서만 선해질 수 있다. 그리고 오직 하나님의 심판이라는 은혜를 믿음으로써 상대적이지만 선한 것으로서 간주될 수 있다. 그렇기에 사람들은 다음을 결코 잊어서는 안 된다. 즉, 신적 계명의 아치(Bogen)가 이 영역의 전체 현실 위에, 이 계명 안에서 살아가는 모든 자 위에 펼쳐져 있다는 것은 그분의 심판과 관련되지 않는 사람이 없다는 것뿐만 아니라, 하나님의 선하심이 미치지 않고, 그분의 방식대로 지켜지지 않으며, 그분의 방식대로 위로받지 못하는 사람은 없다는 것을 의미한다는 것이다. 사람이 계명을 지키지 않을 때, 계명도 인간을 보호하지 않는다. 인간이 계명을―사람이 계명을 알고 소유하려는 의지보다 더 강력하게―지킨다는 것, 이것을 우리가 다른 마지막 관점에서 볼 때, 그것이 바로 이 영역 안에 놓인 인간의 자유와 인간의 정의이다. 하나님은 여기에서 명령하시고, 심판하실 뿐만 아니라 또한 용서하신다. 그분은 도우시고 치유하신다. 우리는 이런 모든 것과 사람의 행위 전체를 고려해야 한다. 그리고 결론적으로 사람을 정의한다면, 남자는 의로운 남자죄인(peccator iustus)이고, 여자는 의로운 여자죄인(peccatrix iusta)이라 할 수 있다. 왜냐하면 로마서 4:25에 따르면, 예수 그리스도가 그들의 범죄 때문에 내어 줌이 되셨고, 그들을 의롭게 하기 위해 살아나셨기 때문이다. 바로 이것이 윤리와 성윤리가 필요한 이 시대를 바라볼 때, 사람들이 남자와 여자에 관해 말할 수 있는 가장 최선의 것이다. 이것 이상의 것은 죽은 자들의 부활에 남겨져 있다. 그러나 그때에 그들은 결혼하지도 않을 것이며, 또한 누군가를 결혼하도록 시키지도 않을 것이다.

―――

## 2. 부모와 자녀

다른 사람과의 관계에서 사람의 피조성(Geschöpflichkeit)은 드러난다. 그리고 또한 이에 속하는 것들이 있다. 그것은 인간은 잉태되고, 태어나며, 또한 한 아버지와 한 어머니의 자녀가 되는 것이다. 그리고 인간은 자신의 측면에서 보자면, 아이를 갖거나 낳으며, 그리고 자녀들의 아버지 또는 어머니가 될 수 있다는 것이다. 사람은 이러한 세대의 연속을 통해 존재한다. 즉, 무엇보다 확실히 자녀로서 존재한다는 것이다. 그런데 단지 자녀로만 존재할 수도 있고, 혹은 필시 아버지와 어머니로서만 존재할 수도 있다. 이것이 바로 이웃성의 두 번째 영역이다. 우리는 이제 이와 관련해서 하나님의 계명이 지니고 있는 의미를 물으려고 한다.

이 영역이 '남자와 여자'의 영역과 맺는 관계와 또한 이 영역만이 지니는 고유한 특성은, 무엇보다 먼저 자녀에 대해서 고찰할 때에 분명하게 드러날 것이다. 남자와 여자에게 성관계를 통해 절정에 도달하게 되는 만남이 주어진다. 그리고 이를 통해서 자녀는 존재할 수 있다. 자녀는 남자나 혹은 여자로 출생한다. 사람이 필연적으로 남자이거나 여자이듯이, 또한 한 남자와 한 여자의 자녀이기도 하다. 사람은 남자 혹은 여자로서—일반적이거나 특별하게(결혼을 했거나 혹은 안 했거나)—불가피하게 다른 성(性)과 관계를 갖는다. 그리고 이처럼 인간은 자녀로서 부모인 두 사람과 필연적인 관계를 맺는다. 그리고 그는—저 첫 번째 영역에서와는 달리—이 두 사람과 즉시 특별하고, 배타적이며, 지속적인 관계를 맺게 된다. 그는 스스로 이 관계를 선택할 수 없다. 또한 그는 이 관계를 철회할 수도 없다. 그리고 이 관계를 다른 관계로 대체할 수도 없다. 그가 존재하는 한, 그는 그들과 맺어진 관계 안에서 살아가게 된다. 그의 실존은 이들 덕분이다. 사람과 사람 사이에 이루어지는 관계는, 남자와 여자의 영역에서 결혼의 형태를 통해서 지금까지 두 사람이 살아왔던 삶의 목표를 이루어 간다. 그리고 이제 두 번째로 공동의 새로운 삶의 역사를 시작하게 된다. 이런 관계는 독특성과 일회성, 그리고 지속성을 지니고 있다. 물론 이런 특징들은 여기에서—즉, 자녀에게서—자녀가 갖게 되는 개인사(個人史)의 출발점을 위한 전제조건이다.

그러나 만일 사람들이 부모의 측면에서 이 영역을 숙고한다면, 다소간 상황이 달라질 수도 있다. 그러나 결과적으로 동일한 모양을 갖는다. 부모가 없는 사람은 없다. 그러나 자녀가 없는 사람, 즉 후속 세대가 더 이상 이어지지 않는 그런 사람이 있을 수는 있다. 한 남자와 한 여자가 부모가 된다는 것은, 정상적으로는 그들의 만남이 결혼이나 사랑 혹은 그 과정 안에서, 비정상적으로는 사랑과 결혼을 빙자한 행위들 가운데 하나를 통해서 서로 간의 성관계로 이어지는지에 달려 있다. 남자와 여자의 모든 만남이 사랑으로, 결혼으로 혹은 이들에 대한 풍자적 행위들로 이어지지는 않는다. 또한 이 특별한 영역에서의 모든 만남이 성관계로 그리고 자녀가 태어날 가능성으로 이어지는 것도 아니다. 물론 성관계는 자녀의 잉태와 출산을 위한 필수불가결한 조건(conditio sine qua non)이다. 하지만 이에 대한 충분한 근거는 아니다. 즉, 파트너가 이것을 원할 수도 있고, 그들의 기대와 희망과는 달리 이런 결과를 얻지 못할 수도 있다는 것이다. 그렇기에 많은 이유로 부모가 되지 못하는 사람들이 있다. 만일 사람들이 부모가 된다면, 그들과 그들의 자녀 사이에는 특별함과 배타성과 지속성의 측면에서 그들이 자녀와 맺는 관계와 정확히 상응하는 하나의 관계가 형성된다. 즉, 그들은 자녀에 대하여 더 이상의 선택권이 없다. 그들은 자녀들에 대해서 더 이상 언급할 수 없고, 자녀가 자신들의 자녀로 있다는 사실을 더 이상 바꿀 수 없다. 그들은 자녀의 실존에 책임을 진다. 이제 확실하게 자녀는 그들 자신의 삶이 빚은 역사가 만들어 낸 인물이 되었다. 그들의 고유한 본질에 그들이 자녀의 부모, 즉 우선적으로 자녀와 연관된 '연장자'가 되었다는 사실이 포함된다. 그리고 자녀인 '어린' 사람과의 특수하고, 일회적이며, 항구적인 관계가 포함된다.

이 영역은 한 부모 아래 있는 형제, 자매들 사이의 관계들과 조부모와 손자들 사이의 관계를 포함한다. 그리고 다른 친척들 사이의 관계와 같은 넓은 의미로서 사람과 사람 사이의 정주해진 관계들을 포함하고 있다. 이 관계들을 특별한 윤리적 숙고의 대상으로 삼는 것은 불가능하지 않을 것이다. 우리는 대부분의 사람들이 자연적인 '친척들', 즉 실존을 통해 정해진 크거나 작은 그룹의 '친척들'에 의해 둘러싸여 있음을 떠올린다. 그리고 태어나면서 우리는 친척들과 크고 작은 필연성으로 결합되어 있으며, 그들에게 책임이 있다는 점을 떠올릴지도 모른다. 그러나 여기서 우리는 부모와 자녀의 관계들을 주목하는 것에 만족할 것이다. 이런 관계들은 우리가 다루는 영역에서 형성되는 관계들의 기본 형태들이다. 즉, 실제로 이 관계들은 다른 모든 관계가 유지될 수 있도록 중재의 역할을 한다는 것이다. 그렇기에 하나님의 계명이 이 영역에서 의미하고 있는 것이 이 관계들에서 충분하고 분명하게 드러날 수 있다.

여기에서 우리는 '가족'(Familie)이라는 단어와 개념을 의도적으로 언급하지 않고 지나쳤다. 이 단어는 본래 종(種, famulus! Dienstgesinde)을 ─ 한 세력가에게 속한 농노들, 혹은 검객 단체나 배우 단체도 가족(familia)으로 불릴 수 있다! ─ 의미했다. 그러다가 가족을 표현하는 포괄적인 명칭이 되었고, 마침내는 오늘날 우리가 생각하는 그런 명칭이 되었다. 예를 들면, 한 가문(Geschlecht), 한 씨족(Sippe), 한 친족(Clan)이나, 이와 같은 친척 집단의 한 하위 그룹을 가리키는 명칭이 되었다는 것이다. 가족의 개념을 이런 좁은 의미에서 이해한다면, 이는 확실히 그리스도교 신학에서 관심을 갖는 개념이 아닐 것이다. 야곱의 자손들 가운데 열두 지파 내에 있는 (그렇게 자주 언급되지 않는) '가문들'(Geschlechter)은 구약의 관점과 묘사에서는 그 어떤 독자적인 역할도 하지 않고 있다. 무엇보다 '다윗의 집과 가문'과 같은 이런 유형의 주목할 만한 연관성들이 존재한다. 그러나 바라보는 관점은 이것들 그 자체가 아니라, 한편으로는 역사 속에서 이것들의 중요성이 비롯되는 원천이면서 이것들이 대표하고 있는 선택된 백성 전체를 가리킨다. 또한 다른 한편으로는, 선택된 자들로서 (또한 버림받은 자들로서) 이것들에 의미를 부여하는 특정한 개별 인물들에게 머물러 있다. 주된 관심은 '가문들' 그 자체에 있지 않다. 오히려 가문 안에서 한 아버지로부터 한 아들에게로 이어지는 노선에 놓여 있다. 마태복음 1:1 이하와 누가복음 3:23 이하에 나오는 예수 그리스도의 계보(γένεσις Ἰησοῦ Χριστοῦ―취리히 성경!)에 관한 증명서는 우리가 '계보들'이라고 이해하고 있는 바로 그것이다. 구약성서에서 어느 한 개인의 특징을 드러내는 이름 이외의 별칭은 가문의 이름이 아니라 아버지의 이름이다(아모스의 아들 이사야, 사 1:1 등). '가족'에 관한 우리의 개념에서 중요한 폭을 차지하고 있는 것이 가문의 연관성이다. 이런 연관성은 구약성서에서 어떤 목소리도 내고 있지 않다. 더구나 신약성서에는 이에 관한 언급이 더욱 적다. 아들(예수 그리스도―역자 주)이 태어난 이후인 지금 아버지와 아들의 계보 그 자체는 신학적인 의미를 상실하게 되었다. 신약성서가 한 '가정'(Haus)에 관해 이야기할 때, 이것은 '가정공동체'(Hausgemeinschaft)라는 포괄적인 의미에서의 familia를 의미한다. 이 가정공동체는 교회(Gemeinde) 안에서 선포되고 전해지는 말씀의 중심이 된다. 그러나 가정이 친족(clan)을 의미하지 않는다. 심지어 몇몇 제자들의 이름에서 여전히 볼 수 있듯이, 한 사람의 성이었던 아버지의 이름이 이제 고향의 명칭에 의해 해체된 것으로 보이는 것은 결코 우연이 아니다. 예를 들면, 나사렛 예수, 가룟 사람 유다, 구레네의 시몬, 다소의 사울 등을 들 수 있다. 부모와 자녀들은 (남자들과 여자들이나 주인들과 종들처럼) 개인들로서 그리고 그들의 개인적인 관계들 및 책임들과 관련해서만 강조되고 있을 뿐이다. 또한 친족집단(Geschlechtskollektive) 그 자체는 더 이상 어떤 역할도 하지 않는다. "구약성서에서 가족은 그 자체로 목적이지만, 신약성서에서는 하나님 나라의 기관(Organ)이다"(L. Köhler, *RGG* II, 509). 양쪽 모두 충분히 이야기되지 않았는가? 이것이 후에 '가족'이란 개념에 그리스도교 윤리의 근본 개념이라는 광채를 부여했던 "그리스도교화된" 이방민족들의 사고방식이자 실제적인 사례들이었다. 우리는 우리 자신을 여기에 연결시킬 아무런 이유도 없다. 우리가 다루려는 것은 부모와 자녀들 사이의 관계이지, 그들과 다른 친척들을 포함하는 집단이 아니다.

마지막으로 언급하고 싶은 것은, 여기에 관련된 "아버지와 어머니를 공경하라!"(출 20:12, 신 5:16)는 다섯 번째 계명이다. 특히 이 계명은 종교개혁 시대의 요리문답서들에게 (특별히 대요리문답에서 루터에게) 전반적인 인간의 권위라는 개념의 바탕이 되었다. 그리고 특별히 하나님에 의해 의도되고 시행된 국가 당국이라는 개념을 표현하기 위한 동기를 제공했다. 드 퀘르벵(A. de Quervain)은 이와 같은 계명의 일반화가 그 구체적인 성격을 간과하는 위험을 초래한다고 올바르게 보았다(*Die Heiligung*, 1942, 394). 여기에 나는 이 계명을 법적으로 이해할 때의 위험을 추가하고 싶다. 에베소서 6:2에서 강조되고 있는 것처럼, 이 계명은 약속 안에서(ἐν ἐπαγγελίᾳ) "주 네 하나님이 너에게 주실 땅에서 네가 장수하도록"이라는 약속이 처음 담겨 있는 계명이다. 다섯 번째 계명에서 선포된 부모의 권위는 법을 제정하고 실행하는 힘의 권위가 아니다. 오히려 이는 영적인 힘의 권위이다. 자녀들에게 요구되는 부모 공경은 옛 세대에 대한 젊은 세대의 표면적이고 형식적인 의지의 복종을 의미하지 않는다. 이것은 백성에게 주어진 실존과 연관된 약속의 담지자이자 전승자인 옛 세대에게 보이는 젊은 세대의 존경을 의미한다. 자녀들이 부모를 공경해야만 한다는 것은 그들이 이 약속을 부모로부터 받아들이고, 이스라엘의 존재의 의미가 하나님으로부터 그들에게 주어진 이 땅에서 밝게 드러나고, 이어지는 모든 세대가 기쁨으로 맞이하는 아들이 태어날 때까지 이 약속 아래 가나안에서 살아가야 한다는 것을 의미한다. 부모에 대한 공경 없이는 이 약속 아래에서의 삶도 없다. 법을 제정하고 실행하는 권위의 힘에 복종할 것을 요구하는 계명도 마찬가지로 존재한다. 그러나 이 계명은 다른 맥락들에 속한다. 그렇기에 여기에서 요구되는 것은 위에서 언급되는 것과 동시에 다루어져서는 안 된다. '남자 군주들'(Landesväter)이나 '여자 군주들'(Landesmütter)이라는 용어는 멋있다. 그러나 이에 대한 근거를 구약이나 신약에서 발견하는 것은 참으로 어렵다.

여기에서 문제가 되는 것이 있다. 그것은 오직 다섯 번째 계명이 의미하는 것에 대한 유비 ─ 오로지 유비로서의 유비, 그러나 참된 유비로서의 유비 ─ 이다. 다시 말하면, 그리스도교 공동체 안에서 젊은이들(νεώτεροι, 벧전 5:5)에 대한 연장자들(πρεσβύτερα)의 관계, 일반적으로 말해서 성도들의 공동체에서 앞서 간 사람들과 이전 사람들의 인간적이고, 상대적이며, 제한적이지만 영적이기 때문에 매우 주목할 만한 권위, 후속 세대들을 위한 그들의 증언과 고백, 그들의 가르침과 그 밖의 전승들이 가지는 중요성과 가치 등이다. 여기에서 사람들은 다섯 번째 계명을 떠올리면서 약속의 담지자이자 중재자로서 ─ 하나님처럼은 아니지만, 하나님을 대변하는 자들로서 ─ 존경받아야 될 '조상들'(Vätern)에 관해 이야기할 수 있다. 하지만 이것은 교리상 다른 맥락에 속하기 때문에(KD I/2, §20,2 참조), 여기서는 다루지 않을 것이다.

───────

사람은 우선적으로 그리고 확실하게 그의 부모의 자녀이고, 그다음으로 경우에 따라서 아버지나 어머니가 된다. 첫 번째 관계는 두 번째 관계에 비해서 신학적으로 더 직접적인 의미를 갖는다. 그렇기 때문에 우리는 자녀들과 부모의 관계로부터 시작하고자 한다.

만일 사람들이 이 영역에서 하나님의 계명을 듣게 된다면, 이는 자녀들이 그들의 부모에 대하여 순종과 복종이라는 완전히 특정한 태도를 받아들이도록 요청됨을 의미한다. 부모는 그들의 부모(parentes), 즉 그들의 육체적인 생산자이다. 이것은 오로지 부모라는 두 사람이 의도된 방식을 통해 자신들의 자녀들 앞에 세워졌고, 자녀들은 그들에 대하여 앞에서 언급된 순종과 복종의 태도를 받아들이도록 요구된다는 의미이다. 그러나 계명이 의미하는 것에서 문제가 되는 것은 단지 이런 육체적 관계 그 자체가 아니다. 오히려 이런 관계를 통해서 부모가 갖는 자녀들에 대한 특권(Vorzug)과 책임이다. 이런 특권과 책임 자체는 육체적인 질서가 아니다. 오히려 일반적으로 말해서, 역사적인 질서라 할 수 있다. 이는 부모가 자녀들에 대하여 정말로 "연장자들"(Ältere) ─ 그들에게 특별한 연장자들, 즉 이전에 이미 오랫동안 거기에 있었고, 그들과 비교하여 경험과 지식이 많은 자 ─ 이라는 사실에서 성립한다. 그들은 그들의 자녀들에 대하여 그들 자신의 지식과 경험뿐만 아니라, 또한 그들보다 이전에 있었던 자들로부터 그들에게 전승된 지식과 경험을 대변한다. 계명은 이와 같은 부모의 이중적인 영예와 관련된다. 자녀들이 부모에게 복종해야 한다는 것은 부모와 비교해서 스스로를 경험과 지식이 더 적은 자들로 이해하고 그렇게 행동해야 한다는 의미이다. 그들은 부모의 말을 따라야 한다. 그들은 더 많은 지식을 가진 부모로부터 배워야 한다. 그들은 본성적으로 부모의 소유가 아니고, 신하도 아니며, 남종이나 여종도 아니고, 학생도 아니다. 하지만 그들은 생명으로 인도되도록 부모에게 맡겨져서 그들에게 종속된 견습생들이다. 자녀들은 부모의 이런 인도를 기뻐해야만 한다. 이것이 — 개략적으로 말하자면 — 하나님의 계명이 그들에게 요구하는 것이다.

다섯 번째 계명(출 20:12, 신 5:16)이 '공경하다'(ehren)라는 단어를 통해서 요구하고 있는 것은 동사 kabad가 자동사로 사용될 경우 '무겁다', 무게를 가지고 있다는 것을 의미한다는 사실로부터 이해되어야만 한다. 누군가를 공경한다는 것은 그에게 합당한 무게로 그를 다룬다는 것을 의미한다. 이 단어가 가지고 있는 첫 번째로 중요한 부가적 의미는 선생과 조언자로서의 ab(아버지)이다. 이 단어는 또한 em(어머니)이라는 단어와도 생소하지 않은 것으로 보인다. 아버지와 어머니를 공경한다는 것은 그들을 선생과 조언자로서 무겁게(중요하게) 대하는 것을 의미한다. 우리는 "주 너의 하나님이 너에게 주시는 땅에서 장수하도록"이라는 추가문을 부모가 자녀들에게 지식, 즉 삶의 지식을 전해 주고, 그들이 이를 지키지 않을 경우 그 땅에서 백성의 삶과 자녀들의 삶이 의미 없게 되고, 지속될 수 없으리라는 것과 자녀들이 이 필수불가결한 삶의 지식(잠언에서는 이것이 '지혜'로 불리고 있다.)을 부모로부터 전해 받고, 이 때문에 그들을 공경하고 존중해야 한다는 것 이외에 다른 어떤 방식으로 이해해야 하는가? '공경하다'와 관련해서 결정적으로 이런 이해의 방향에 서 있는 주석을(드 퀘르벵이 앞의 책, 386f.에서 이에 대해 주의를 환기시키고 있다.) 뒷받침하는 구절들에서 자녀들은 연장자들에게 다음과 같이 질문하고 있다: 유월절 예식(출 12:26)은 무엇이고, 무엇을 의미하는가? 장자의 성별은(출 13:14)? 전체 율법들, 규정들, 법규들은(신 6:20)? 요단강에 있는 12개의 돌들은(수 4:6)? 또는 옛날에 그것은 어떠했는가? — 그리고 연장자들은 하나님의 위대한 행위들에 관해 그리고 상호관계와 의미에 관해 삶을 통해서 그들을 가르치고, 그들에게 대답한다. 이 때문에 잠언 1:8에서는 "들으라 내 아들아, 네 아비의 훈계를 들으며 네 어미의 법을 떠나지 말라. 이는 네 머리의 아름다운 관이요, 네 목의 금사슬이니라"고 말하고 있다. 비슷하게 잠언 6:20 이하에서는, "그것을 항상 네 마음에 새기며 네 목에 매라! 그것이 네가 다닐 때에 너를 인도하며 네가 잘 때에 너를 보호하며 네가 깰 때에 너와 더불어 말하리니 대저 명령은 등불이요 법은 빛이요 훈계의 책망은 곧 생명의 길이라." 또한 이 때문에 잠언 23:22 이하에서는, "너를 낳은 아비에게 청종하고 네 늙은 어미를 경히 여기지 말지니라! 진리를 사되 팔지는 말며 지혜와 훈계와 명철도 그리할지니라"(참조. 잠 10:1, 15:20, 17:25, 29:3). 아버지와 어머니로부터 가르침을 받고, 배우며, 인도를 받는 자, 이스라엘 내에서 나타났으며 이스라엘 안에서 유효한 것에 따라서 부모에게 묻고 대답을 받는 자—그리고 이스라엘로 하여금 현재와 미래에도 이스라엘이 되도록 해주는 삶의 지식을 그들로부터 배우는 자—가 아버지와 어머니를 '공경하고', 그들에게 합당한 무게에 따라 그들을 대하게 된다.

그렇기 때문에 한 여인이 예수께 "당신을 밴 태와 당신을 먹인 젖이 복이 있나이다!"라고 말했을 때 예수께서 "오히려 하나님의 말씀을 듣고 지키는 자가 복이 있느니라!"고 대답하신다. 그리고 이것은(눅 11:27f.) 다른 출생으로의 전환(μεταβάσις εἰς ἄλλο γένος)을 의미하는 것이 아니다. 오히려 이것이야말로 어머니-자녀-관계에 대한 감상적이지 않은, 객관적이고 권위 있는 설명인 것이다: 그렇기에 바로 여기에서 하나님의 말씀이 들려져야 하고 보존되어야 한다. 바울은 고린도전서 4장, 15장, 17장에서 고린도의 그리스도인들을 그가 예수 그리스도 안에서 복음을 통해 낳은 그의 "사랑하는 자녀들"이라고 부르고, 디모데를 "주 안에서 사랑하는 신실한 아들"이라 부른다. 또한 그는 디모데전서 1:2, 18에서 디모데를 "믿음 안에서의 참 아들"이라 부르고, 마찬가지로 디도서 1:4에서 디도를, 그리고 빌레몬서 10절에서 "그가 갇힌 중에 낳은" 종 오네시모를 그렇게 부른다. 이것은 성경적 사고의 맥락에서 볼 때 첨가된 진술이 아니라, 본래적인 진술이다. 이로부터 후대의 교회에서 사람들이 영적인 아버지와 아들에 관해 그리고 영적인 형제들에 관해 말할 때, 이것이 쓸데없는 말장난이 아님은 말할 필요도 없고 단순한 비유도 아니었다는 것이 이해될 수 있다. 살아 있는 육체적인 부성(Vaterschaft)은 아버지들이 영적인 임무(Auftrag)를 가지고 있고, 이 임무를 실행함으로써 영향을 미친다는 점에서 '무게', 즉 육체적인 아들들에 의해 존경을 받아야 될 가치와 영예를 지닌다. 여기에 이와 같은 젊은이들에 대한 나이든 사람의 임무가 육체적인 부자관계 없이도 진지하게 성립할 수 있고 실행될 수 있으며, 이에 따라 '존경을 받아야만' 한다는 신약의 시각이 (이 시각은 이미 구약의 잠언에서 인식될 수 있는 듯이 보인다.) 즉각적으로 추가되어야 한다. 모든 사람이 각자 자신의 어머니와 자신의 아버지를 '두려워해야' 한다는 것과(레 19:3) 자녀들이 '모든 일에서' 자신들의 부모에게 '순종적이어야' 한다는 것(골 3:20, 엡 6:1)이 핵심적이고 결정적으로 그들의 임무와 연관될 필요가 있다. "아비를 조롱하며 어미 순종하기를 싫어하는 자의 눈은 골짜기의 까마귀에게 쪼이고 독수리 새끼에게 먹히리라"(잠 30:17). 이 말씀의 풍요로움은 자녀가 하나님으로부터 영적이고 구원사적인 기능을 위임받은 아버지와 어머니를 무시하고 조롱할 때 비로소 이해될 수 있다. 이는 확실히 부모를 "치욕스럽게 하고"(신 27:16), 그들을 저주하고(출 21:17 이외에 다수), 심지어 그들을 때리는(출 21:15) 자들에 대하여 선언된 유사하게 혹독한 다른 모든 구약의 경고들과 위협들에 대해서도 마찬가지로 적용된다. 또한 로마서 1:30, 디모데후서 3:2에서 특별한 죄악으로 열거된 "부모에 대한 불순종"에도 적용된다. 이 모든 것은 그들의 부모가 그들을 위해 가지고 있는 임무에서 벗어나려고 하고, 이를 반대하려는 사람들을 기술하고 있다. 확실히 그들에게 요구되는 복종은 우리가 경외, 감사, 순종, 경건이라고 부르는 모든 것을 자체에 포함하고 있다. 그러나 이 모든 것의 핵심은 기꺼이 배우려는 자세이다. 이것이 부모에 대하여 자녀들에게 요구되는 영예이다.

이와 같은 요구의 필요성과 신적인 강제성은 자녀들의 입장에서 보았을 때 부모가 하나님을 향하는 방향으로 서 있고, 그들에 대한 하나님의 첫 번째 대표자들이면서, 그들을 위한 하나님의 자연적인 대변자들이라는 데에 그 근거를 가지고 있다. 자녀들에게 있어서 그들을 저 특정한 존중의 대상으로 만들어 주는 특권은 진실로 그들의 임무이다. 이 특권은 그들의 본성적인 특성에서 성립하는 것이 아니다. 즉, 이 특권은 자녀 측에서 볼 때 그들과의 생생하게 감정적인 연결이 이루어지는 원인이지만 저 존중과는 아무런 연관이 없는 육체적인 부모(parentes)로서의 특성에서나ㅡ또는 그들이 소유하고 있을지도 모르고, 자녀 측에서 볼 때 계명에 의해 요구되는 존중과는 구별되는 이런저런 특별한 연결들에 적합한 어떤 윤리적인 특성에서 성립하는 것이 아니다. 이런 존중을 요구하는 특권은 그들의 부모됨(Elternschaft)이 하나님의 존재와 행위에 상응하는 것에서 성립한다. 이 특권은 육체적인 특성으로서 또는 윤리적인 특성으로서 그들에게 속해 있는 것이 아니다. 이것은 외부로부터, 위로부터 그들에게 내려와서 머무는 빛의 광채이다: 부모인 그들에게 베풀어진 창조주의 자유로운 은혜의 빛. 이 하나님의 은혜로 인해서 그들의 자녀들이 그들에게 복종하도록 요청을 받는다. 자녀들이 이를 원하지 않는다면 그들은 하나님의 은혜를 거부하게 될 것이다. 사람들은 이 계명의 근거를 다양한 노선에서 명확하게 할 수 있다:

육신의 아버지가 아니라, 오직 하나님만이 진실로 그리고 우선적으로 아버지이시다. 어떤 육신의 아버지도 자녀의 창조자가 아니다. 어느 누구도 자녀의 존재의 주가 아니고, 그를 죄와 잘못과 죽음으로부터 해방시키지 못하며, 자신의 말을 통하여 일시적이고 영원한 생명의 원천이 될 수도 없다. 바로 이 고유하고 참된 첫 번째 의미에서 하나님이ㅡ그리고 오직 그분만이ㅡ아버지이시다. 하나님은 자비의 아버지로서, 그분의 아들이신 주 예수 그리스도의 아버지로서 그러하시다. 인간적인 부성이 하나님의 부성(Vaterschaft)에 상응하게 존재한다는 사실이 바로 아버지의 자비이다. 인간적인 부성이 하나님의 부성을 인간적-피조물적인 형상으로 제시할 수 있다는 사실이 인간적인 부성에 의미와 가치를 부여하고 이에 대한 존중을 요청한다.

에베소서 3:15에 따르면 하늘이나 땅 위에 있는 모든 부성들(πᾶσα πατριά)이 아버지이신 하나님으로부터 각자의 이름을 받는다. 때문에 이사야 63:16에서는 모든 육신의 아버지들을 넘어서 그분께 호소하고 있다: "주는 우리 아버지시라. 아브라함은 우리를 모르고 이스라엘은 우리를 인정하지 아니할지라도 여호와여, 주는 우리의 아버지시라. 옛날부터 주의 이름을 우리의 구속자라 하셨거늘." 이 때문에 마태복음 23:9에서 예수는 "땅에 있는 자를 아버지라 하지 말라. 너희의 아버지는 한 분이시니 곧 하늘에 계신 이시니라"고 경고하신다. 또한 우리는 이사야 49:15의 말씀에 제시된 탁월성에 주목해야 한다: "여인이 어찌 그 젖 먹는 자식을 잊겠으며 자기 태에서 난 아들을 긍휼히 여기지 않겠느냐? 그들은 혹시 잊을지라도 나는 너를 잊지 아니할 것이라." 시편 27:10에는: "내 부모는 나를 버렸으나 여호와는 나를 영접하시리이다." 이사야 45:9 이하("아버지에게 무엇을 낳았소 하고 묻고 어머니에게는 무엇을 낳으려고 해산의 수고를 하였소 하고 묻는 자는 화 있을진저")의 주제넘은 질문은 토기장이에 대한 진흙의 질문("너는 무엇을 만드느냐?") 옆에 놓여 있다. 이 질문의 의미는 분명하다: 창조주 하나님에게 "그의 아들들 때문에 답변을 요구하거나, 그분이 하신 일 때문에 그분을 규제하려는" 것은 완전히 배제된다. 그럼에도 이제 하나님의 비교될 수 없는 부성 옆에 인간적인 부성이 놓이고 비교되고 있다: 바로 이 비유의 빛 속에 인간적인 부모가 서 있다! 바로 이것이 자녀들과 관련해서 그들에게 영예를 부여한다.

그뿐만 아니라 부모가 자녀들에게 대변해야만 하는 태고(Vorzeit)는 당연히 그들이 자녀들보다 몇 년 앞서 미리 소유하고 있는 오래된 기억과 전승의 단편을 통해 암시되고 있을 뿐이다. 어떤 아버지와 어떤 어머니도 나이가 많다는 것 때문에—그리고 그들이 수천 년의 인간적인 경험들을 포함하고 있을지라도—자녀들의 생명이 유래한 본래의 진정한 이전(Vorher)을 보증할 수는 없다. 쇠사슬에 끼워진 반지처럼 지속되면서 삶의 지식으로 자녀들을 인도할 수 있는 역사와 전통이란 무엇인가? 하나님 자신이 그들 자녀들의 이전이시고, 그분의 존재와 행위가 그들의 태고와 역사 이전 시기의 내용이자 의미라고 한다면, 자녀들에 대한 부모의 권위가 어떻게 근거와 힘을 획득할 수 있을까? 모든 인간 자녀들은—예수 그리스도가 그들의 형제이시기 때문에—우선 그리고 본래적으로 하나님의 자녀들이다. 또한 하나님이 그들의 참된 전임자이자 선구자이시며, 그들의 참된 생명의 근원이시다: 언약의 주시자 세상의 주로서의 그분의 행위, 그분의 영원한 은혜의 뜻. 따라서 자녀들에 비해 아버지와 어머니가 약간 더 나이가 많은 상태가 자녀들로 하여금 그들이 유래한 영원과 하나님의 먼 옛날을 기억하도록 할 수 있다. 바로 이것이 부모들에게 가치를 부여한다. 자녀들은 그들 안에 있는 이 가치를 존중해야만 한다.

자녀들에게 수많은 문서에서 이야기되고 있는 과거에 관해 알려주는 것은 구약의 영역에서 부모가 해야 할 일이다: 역사에 대해 그들을 가르치는 것을 목적으로 하는 것이 아니라, 그들 자신과 그들의 현재 그리고 미래를 과거, 즉 하나님의 위대한 행위들과 증거들과 관련시키기 위해서! 모든 세대에서 이스라엘은 언제나 아버지와 같은 하나님의 행위가 그들 존재의 기원이고 시작이라는 것을 마음에 새겨야만 한다. "어리석고 지혜 없는 백성아 여호와께 이같이 보답하느냐? 그는 네 아버지시요 너를 지으신 이가 아니시냐? 그가 너를 만드시고 너를 세우셨도다"(신 32:6). "이스라엘이 어렸을 때에 내가 사랑하여 내 아들을 애굽에서 불러냈거늘"(호 11:1). "그들을 무서워하지 말라 두려워하지 말라! 너희보다 먼저 가시는 너희의 하나님 여호와께서 애굽에서 너희를 위하여 너희 목전에서 모든 일을 행하신 것 같이 이제도 너희를 위하여 싸우실 것이며 광야에서도 너희가 당하였거니와 사람이 자기의 아들을 안는 것 같이 너희의 하나님 여호와께서 너희가 걸어온 길에서 너희를 안으사 이곳까지 이르게 하셨느니라!"(신 1:29-31) "내가 말하기를 내가 어떻게 하든지 너를 자녀들 중에 두며 허다한 나라들 중에 아름다운 기업인 이 귀한 땅을 네게 주리라 하였고 내가 다시 말하기를 너희가 나를 나의 아버지라 하고 나를 떠나지 말 것이니라 하였노라"(렘 3:19). "너는 사람이 그 아들을 징계함 같이 네 하나님 여호와께서 너를 징계하시는 줄 마음에 생각하고"(신 8:5). 이 마지막 말씀에서 사람들은 아버지에 대한 아들의 관계가 하나님께 대한 이스라엘 백성의 관계에 대응한다는 사실로부터 육신의 아버지에 대한 아들의 올바른 행동이 비롯된다는 것을 인식한다. 이스라엘에서 아들은 이 하나님 없이는, 그리고 특별한 경외로 자신의 육신의 아버지를 돌아보지 않는다면 절대 아들이 될 수 없다. 열두 살 된 예수의 일화에서 하나님에 대한 자녀의 관계와 자기 육신의 부모에 대한 자녀의 관계 사이에 분명한 긴장이 드러나고 있지만, 이 본문은—뜻하지 않게, 하지만 완전한 영적 논리로—아이가 자신의 부모에게 순종했다는 명시적인 확인으로 끝을 맺고 있다(눅 2:51).

자녀들에 대하여 부모에게 부여되었으며 부모가 기뻐해야만 할 결정적인 행위는 물론 우선적으로 그리고 본래적으로 하나님의 행위이다. 부모는 자신들의 인간적인 행위를 오직 이에 대한 증언으로 이해해야 한다. 하나님은 자녀들이 듣고 있는 말을 알고 계시고 또 그것을 말씀하시는 분이시다. 그분 자신이 자녀들의 순종을 요구하는 지혜이시고, 또 이 지혜를 계시하신 분이시다. 부모가 자식들보다 미리 소유하고 경험과 지식은 최선의 경우라도 단지 하나님 그분 자체인 이 지혜, 하나님이 인간의 자녀들에게 말씀하시기 위한 통로인 이 지혜의 멀고 희미한 반사광에 불과하다. 부모가 그들의 자녀들에게 말해야 하고 보여주어야 하는 것들은 자녀들에 대하여 그들의 권위를 뒷받침하기에는 그 자체로 결코 충분하지 않다. 오직 하나님만이 진정한 삶의 지식을 가진 분이시고, 참된 선생이시자, 안내자이시며, 양육자이시다. 이것은 우선적으로 그리고 본래적으로 그러하다. 하나님은 "연장자들"(Ältere)로서 그토록 보잘것없고 그토록 문제점이 많은 경험과 기술과 삶의 지식을 통해서 그들의 자녀들보다 앞에 위치한 육신의 아버지와 어머니의 능력을 뒷받침하신다. 그들은 하나님의 행위를 모방하도록 지시받는다. 그들이 이것을 서툴지만 올바르게 할 때 자녀들은 자신들의 부모를 공경하고 부모의 행위를 기뻐함으로써 하나님께 영광을 돌리도록 요청받는다.

신약의 관점에 따르면 하나님의 부성과 아버지로서의 그분의 특징적인 행위는 서로 분리되지 않고 유일한 하나의 행위로 제시된다는 사실을 주의해야 한다. 요한복음 1:12 이하에 따르면 "하나님으로부터 태어나는" 것, 즉 하나님의 자녀가 되는 것은 한 사람이 세상에 오신 빛을 받아들이고, 예수의 이름을 믿는다는 점에서 육신의 의지와 남자의 의지를 통한 피조물적인 출생과는 다르게 일어난다. 요한1서 5:1에서도 이와 같다: "예수께서 그리스도이심을 믿는 자마다 하나님께로부터 난 자니." 야고보서 1:18에서도 마찬가지이다: "그가 그 피조물 중에 우리로 한 첫 열매가 되게 하시려고 자기의 뜻을 따라 진리의 말씀으로 우리를 낳으셨느니라." 베드로전서 1:23에서도 그러하다: "너희가 거듭난 것은 썩어질 씨로 된 것이 아니요 썩지 아니할 씨로 된 것이니 살아 있고 항상 있는 하나님의 말씀으로 되었느니라." 이것이 하나님과 인간 사이의 관계에서 일어나는 본래의 과정이며, 부모와 자녀들의 관계에서는 그렇게 일어나지 않는다. 왜냐하면 부모와 자녀들의 관계에서는 한편으로 생산 (Zeugung)과 출산(Geburt)이, 다른 한편으로 부모에게 부과된 가르침과 인도의 행위가 서로 다르기 때문이다. 그러나 하나님과 인간 사이의 이 모방할 수 없는 본래의 과정에서 한편으로 생산과 출산이, 다른 한편으로 이 행위에 대한 임무가 서로 함께 속해 있다는 것과, 생산과 출산에 근거하는 관계를 통해서 이 임무가 주어져서 효력을 발휘하고 있으며, 이 임무는 자녀들 편에서 존중받아야만 한다는 것을 최대한의 일관성을 가지고 분명하게 보여줄 수 있다. 아버지와 어머니가 자녀에게 결코 하나님의 말씀을 전할 수 없고, 그들이 인간이고 하나님이 아니기 때문에 이것이 이후에도 문제가 되지 않을지라도, 그들은 생산자가 될 때 자녀에게 이 말씀의 증인이 되어야 할 책임과 자격을 받게 된다. 또한 자녀들에 대한 그들의 사역은 잠언 2:1-6에서 언급되고 있는 목표와 약속을 가지고 있다: "내 아들아 네가 만일 나의 말을 받으며 나의 계명을 네게 간직하며… 여호와 경외하기를 깨달으며 하나님을 알게 되리니 대저 여호와는 지혜를 주시며 지식과 명철을 그 입에서 내심이며."

자녀들 편에서 볼 때 부모가 하나님을 향하여 서 있고 그들에게 하나님을 대변하는 자들이라는 바로 이 사실은—자녀들에게 주어진 이 계명의 근거는—이제 그리스도교적인 삶의 지식의 테두리와 그리스도교 윤리에서 이 계명의 한계(Begrenzung)와 이에 대한 긍정적인 규정이 제시되어야만 한다는 결론을 낳는다. 그리스도가 태어나시기 이전에(ante Christum natum) 하나님의 부성과 인간의 하나님 자녀됨(Gotteskindschaft)은 구약성서에 따르면 구체적으로 역사적인 실제(Wirklichkeit)의 총체 안에서 지속되었던 이스라엘 백성에 대한 하나님의 관계였다. 개별적인 이스라엘인에게 이것은 단지 간접적인 의미를 가질 뿐이다. 그에게 이것은 그의 부모의 존재 옆에 독자적으로 서 있는 하나의 사실(Faktum)이 아니라, 단지 부모의 존재를 통해 어느 정도 인식될 수 있을 뿐이다. 그러나 이것은 하나님께 대한 그의 경외가 실제적으로 그의 부모에 대한 경외와 일치한다는 결과를 낳는다. 한 경외에 의해 다른 경외가 문제가 되거나, 첫 번째 계명에 의해 다섯 번째 계명이 제한되는 일은 실제로 일어날 수 없다. 신약성서와 그리스도교적인 삶의 지식의 테두리에서는 이와 다르다. 여기에서 하나님의 부성과 인간의 하나님 자녀됨은 우선적으로 그리고 무엇보다도 하나님과 인간 예수 사이의 관계이다: 유일하게, 본보기로서, 그를 믿는 모든 사람을 위한 위대한 보증이자 약속—그 다음으로 이 인격에 기초해 있고, 구체적으로 하나님과 그분의 몸인 공동체 안에서 성령을 통해 직접적으로 깨어나고, 움직여지고, 인도되는 개별적인 구성원들 사이의 관계. 이것은 하나님의 부성과 인간의 하나님 자녀됨이 이 개별적인 사람들의 시야 내에서 그들의 존재와 태도와 행위의 법으로서 육신적인 부모의 존재와 더불어 하나의 독자적인 사실이 되었고, 어느 정도 배경에서 전면으로 강력하게 나왔음을 의미한다. 이 사실과 함께 그리스도인들에게 있어서 부모의 존재도 역시 전면에 서 있기 때문에—바로 이것과 함께: 그래서 부모의 존재는 저 사실과 직접적으로 만나게 된다.—첫 번째 계명에 의한 다섯 번째 계명의 제한은 실제로 피할 수 없다. 이제 부모의 권위를 위한 근거가 예수 그리스도의 인격 안에서(그분을 통해 드러난 하나님의 부성과 인간의 하나님 자녀됨 안에서), 그리고 이와 연관되어 개별적인 그리스도인들의 존재 안에서도 마찬가지로 특별한 형태를 취하고 있기 때문에, 이 부모의 권위는 이제 실제적으로 더 이상 의문의 여지가 없는 권위가 될 수 없다. 부모의 권위는 권위가 되는 것을 중단하지 않으면서도 이제 비로소 밝은 빛 가운데 놓이게 되고, 하나님의 권위 안에 있는 근거에 따라서 평가되게 되었다. 부모에 대한 공경을 통해서 이루어져야만 될 하나님께 대한 공경은 이제 부모에 대한 자녀의 관계에서뿐만 아니라, 하나님과의 직접적이고 고유한 관계에서도 마찬가지로 대답되어야 할 하나의 질문이 되었다. 부모에 대한 공경은 떨어져 나가지 않는다: 오히려 이제야 비로소 정말로 요구되는 것이다. 이것은 이제 자유롭고 차별된 결정이라는 성격을 획득하게 되었다. 부모의 권위가 하나의 영적인 강제력이라는 사실과, 이로 인해서 자녀가 부모에게 빚지고 있는 순종도 오직 영적인 행위와 영적인 행동방식을 통해서만 성립할 수 있다는 사실이 이제 분명하게 드러났고, 효력을 발휘하게 되었다.

이를 근거로 구약의 계명에 이런 성격이 결여되어 있다고 주장해서는 안 된다. 다섯 번째 계명에 대한 유일하고 위대한 주석으로 간주될 수 있는 잠언서는 세속적인 책이 결코 아니다. 여기에서는 규제되거나 명령되지 않고, 오히려 논의되고, 조언이 주어지고, 자신에 대한 검증과 신중한 결정이 요청되고 있다. 이것들은 언제나 아버지적인 교사와 조언자 위에 서 있는 기관(Instanz)에 호소하고 있다. 첫 번째 계명과 다섯 번째 계명 사이의 관계와 관련된 문제가 구약성서에서는 아직 가부장적인 관점과 사고방식의 덮개로 가려져 있었다는 사실과, 확실히 계명이 이미 가지고 있는 영적인 성격이 여기에서는 아직까지 계시되지 않았고, 오해될 수 있었다는 사실도 마찬가지로 부인될 수 없다.

이것의 계시를 전제하고 있고 또 이것을 증거하는 열두 살 된 예수의 성전에서의 일화(눅 2:41-51)는 구약성서에서는 물론이고 어느 정도 자유로운 분위기를 가지고 있는 잠언에서도 아직 생각할 수 없다. 이 일화는 저 영역에서 단지 한 개의 병행만을 가지고 있다. 여기에서는 하나님과 그분의 백성 사이에 맺어진 언약의 역사 전체를 위한 지극히 일회적이고, 지극히 개인적이면서 가부장적이 아닌 근거가 다루어지고 있다.—창세기 12:1에서 아브라함에게 하신 하나님의 말씀: "너는 너의 고향과 친척과 아버지의 집을 떠나 내가 네게 보여 줄 땅으로 가라." 누가복음 2:41 이하는 확실히 가부장적으로 보이는 진술로 시작된다: 예수의 부모는 해마다 유월절에 예루살렘으로 갔고, 예수가 열두 살 되었을 때에도 이 절기의 관례를 따라 올라갔다. 그들이 예수를 함께 데려간 것은 한 번도 언급되고 있지 않지만, 암묵적으로 전제되고 있다: 아주 단순하게 예수는 그들에 의해 이끌려갔고, 그들을 따랐다. 그러나 그다음에 이 관계가 비록 산산이 파괴되어 폐허가 되지는 않지만, 어느 정도 벌어지게 된다: 이 관계는 더 높은 관계 안에서 자신의 근거를 드러낸다.—훨씬 더 높기 때문에, 이 관계로 인해 처음의 관계에 관한 질문이 진지하게 제기될 수밖에 없다. 43절 이하에 따르면 소년이 부모가 그를 데려간 곳에서 사라짐으로써 부모를 최고의 불안과 당황 속으로 몰아넣는 일이 발생한다. 소년은 부모에게 알리지도 않은 채 그들의 뜻에 반해서 성전에 머물렀다. 도대체 무엇 때문인가? 사람들은 구약적 의미에서 전형적인 어린 아이의 가르침과 질문이 여기서는 이제 그의 자연적인 부모에게서가 아니라(이 결정이 부모에게 반하여 내려진 것으로 보인다!), 낯선 교사들에게서 지속되도록 하기 위함임을 주목해야 한다. "아버지와 어머니의 영예!"는 어디에 있는가? 예수가 여기에서 계명을 지키셨다면, 이는 당연히 아버지와 어머니 없이 그리고 아버지와 어머니에 반하여 그렇게 하신 것이다! 어머니의 놀람과 질책은 이해할 만하다: "아이야, 어찌하여 우리에게 이렇게 하였느냐? 보라, 네 아버지와 내가 근심하여 너를 찾았노라"(48절). 아버지와 어머니의 지식과 뜻 없이 그리고 이에 반하면서 그들을 공경할 수 있는가? 소년의 대답은 놀랍다. 왜냐하면 의심할 여지 없이 이 질문에 대한 긍정이기 때문이다: 그렇다. 우선적으로 부모의 명령을 통해서 들려진 하나님의 계명이 이 부모의 명령 없이 그리고 이에 반해서도 스스로 형태를 취할 수 있고 효력을 발휘할 수 있다. 만일 그러하다면, 이 새로운 형태와 힘에서 계명에 순종하고, 부모의 지식과 뜻 없이 그리고 이에 반해서 그들을 공경하는 것이 허용될 뿐만 아니라 요구되기도 한다. 이것이 소년 예수가 여기에서 행한 것이다. 49절에서 그는 다음과 같이 말한다: "어찌하여 나를 찾으셨나이까?" 조심성 없는 부모가 축제의 혼란 중에 어린 아이의 부주의나 경솔함으로 사라진 자녀를 찾곤 하듯이, 이제 소년의 부모는 부모의 임무를 부여받은 자들로서 이 임무를 시행하려고 했을 때—소년을 그 장소로 데려 갔고, 이제 그 소년을 찾으려는 바로 그들이—소년을 찾을 수 없었다. "내가 아버지 집에 있어야 될 줄을 알지 못하셨나이까?" 그에 대하여 하나님을 대변하는 그들이 놀랄 수도 없었고, 그것 때문에 그를 질책할 수도 없었다. 오히려 그들은 이제 그가 그들에게 순종해서 따라 갔었던 바로 거기에, 즉 그들이 그를 질책했던 근거인 바로 그 원천에 계속 머물러 있어야만 했던 필요성을 알고 이해해야만 했다. 그들은 그가 바로 이렇게 그리고 이를 통해서 그들을 공경했었다는 사실을 깨닫지 못했는가? "의인의 아비는 크게 즐거울 것이요, 지혜로운 자식을 낳은 자는 그로 말미암아 즐거울 것이니라. 네 부모를 즐겁게 하며 너를 낳은 어미를 기쁘게 하라!"(잠 23:24f.)—이것이 저 과정에서 말해져야만 했었던 것이다. 예수의 부모에 관해 다음과 같이 묘사되고 있다: "그 부모가 그가 하신 말씀을 깨닫지 못하더라"(50절). 그가 갑자기 그들 옆에서 사라졌는데, 어떻게 그들이 그를 찾을 수 있었겠는가? 어떻게 예루살렘에서 예배 받으시는 이스라엘의 하나님이 갑자기 그의 특별한 아버지이실 수 있으며, 어떻게 그분의 성전이 갑자기 그의 특별한 아버지의 집일 수 있는가? 어떻게 이 아버지(하나님)가 아들과 부모 사이를 가르면서 개입할 수 있으며, 어떻게 이 아버지의 집이 그와 나사렛에 있는 집 사이를 가르면서 들어설 수 있는가? 어떻게 첫 번째 계명은 그로 하여금 단순하거나 직접적이지 않게 다섯 번째 계명을 명백한 가부장적 의미 안에서 지키도록 지시할 수 있는가? 여기에서 그를 자신의 부모로부터 그리고 그들이 마땅히 받아야 할 순종으로부터 갑자기 소외시키는 듯이 보이는 이 새로운 것은 무엇인가? 이 수수께끼는 실제로 다섯 번째 계명에 대한 가부장적(patriarchalistisch)이거나 모계사회적(matrichalistisch)인 어떤 이해와 해석에서도 해결될 수 없다. 이 이해와 해석이 그리스도교 교회에서 광범위하게 권위 있는 것으로 여겨졌거나 혹은 다시 그렇게 되었기 때문에, 우리는 열두 살 소년의 일화에서 묘사된 저 거대한 예외가 그리스도교 교회의 영역 안에서 필요한 만큼 그렇게 소리를 잘 내지 못한 것에 대해 놀랄 필요가 없다. 이 본문이 수수께끼를 제시하고 있을 뿐만 아니라, 결론에(51절) 암시적이지만 충분히 분명하게 대답하고 있음에도 불구하고 그러하다. 이 본문은 예수와 관련된 것을 보고하면서 그렇게 하고 있다: 예수께서 함께 내려가서 나사렛에 이르러 순종하며 받드시더라(ἦν ὑποτασσόμενος αὐτοῖς). 우리가 지금까지 올바르게 이해했다면, 이것은 그의 부모에 대한 불순종으로부터 순종으로 되돌아가는 것이 아니었다. 그는 부모 없이 그리고 부모에 반하여 행하고 말했던 것을 통해서 그들을 치욕스럽게 만든 것이 아니라 오히려 그들을 공경했다. 유명한 사도행전 5:29의 말씀은 하나님께만 순종하고 사람에게 순종해서는 안 된다는 것이 아니라, 사람에게보다 더 많이 하나님께 순종해야 함을 말하고 있다. 사람에 대한 합당한 순종은 하나님께 순종하면서 해야만 할 일 때문에 배제되지 않는다. 이 순종은 심지어 사람이 요구하는 것과 갈등을 일으키는 상황에서도 하나님께 대한 순종 속에 포함되어 있다. 자녀와 부모의 관계에서 이것은 다를 수 없다. 예수는 그분의 부모로부터 권위를 빼앗지 않으셨다. 오로지 그분은 그들을 완전히 진지하게 받아들이셨다: 이들이 깨닫고 이해할 수 있었던 것보다 훨씬 더 진지하게. 그분은 그들로부터 나누어지신 것이 아니다: 오히려 그들과 올바르게 결합하셨다. 그분은 그들과 함께 나사렛으로 가셔서 그들에게 계속해서 복종하심으로써 이것을 증명하셨다. 본문이 이와 관련하여 명확히 하기 위해 추가하고 있는 것은 다음과 같다: "그 어머니는 이 모든 말을 마음에 두니라." 이 말들이란(48절과 50절에 따르면) 예루살렘에서 그들에게 이해되지 않았던 예수의 행동과 말 그리고 나사렛의 집에서 다시 그들에게 이해될 수 있었던 그의 존재와 행위이다. 이 모든 것이 모순 속에 그리고 동시에 통일 속에 있다. 마음에 두다(διατηρεῖν ἐν καρδίᾳ)는 기억 속에 깊이 지워지지 않게 보관하는 것을 의미한다. 누가복음 2:19에는 유사한 표현으로 마리아에 관해서 그녀가 베들레헴의 밤에 일어난 일을 그녀의 마음에 간직하고 곰곰이 생각했다고 기록하고 있다. 저곳처럼 이곳에서는 그녀가 이 과정을 기억했지만, 그 의미를 아직은 파악하지 못했다는 것을—더 강조하려고 한다면: 그녀는 비록 그 의미를 아직은 이해하지 못했지만, 이를 매우 진지하게 기억했다.—의미한다. 이것은 이해되지 않은 것이 이해된 것과 함께하는 수수께끼, 다시 말해서 하나님께 대한 자녀의 직접적인 순종이 자기 부모에게 순종하는 형태로 이루어지지만, 분명히 부모에게 갚을 필요가 없는 간접적인 순종과 함께하는 수수께끼이다. 그러나 이 수수께끼는 더 이상 괴로움을 주는 수수께끼는 아니다.

우리가 자녀들에게 주어진 계명의 한계로 불렀던 것이 계명의 약화나 해체나 제거를 의미하지 않는다. 이 계명을 제한하고, 이로써 긍정적으로 규정하며, 효력을 발휘하도록 하는 것은 바로 하나님의 첫 번째 계명이다.

열두 살 예수에 관한 일화를 하나님의 계명과 인간적인 전통 사이의 관계에 관하여 바리새인들과 논쟁하는 일화를 대조해 보는 것은 교육적으로 도움이 된다. 여기에서 예수에 의해 공격받는 바리새인들의 율법 해석은 부모에 대한 책임보다 하나님께 대한 명목상의 책임에 우선권이 주어져야 한다고 보았다. 만일 한 사람이 아버지와 어머니에게 내가 당신에게 드려서 유익할 것이 고르반, 즉 하나님의 성전을 위한 제물이 되어야 한다!고 말한다면, 그는 부모에게 이를 드려야 할 책임이 더 이상 없게 된다. 예수는 이것을 하나님의 계명을 떠나는 것, 버리는 것, 무효화시키는 것이라고 말씀하신다. 그분은 그렇게 가르치는 자를 위선자, 즉 단지 겉으로만 하나님의 계명과 하나님에 대한 순종이 중요한 사람들로 칭하신다. 그분은 이사야 29:13을 그들에게 적용하신다: "이 백성이 입술로는 나를 공경하되 마음은 내게서 멀도다." 왜 그런가? 문맥에 따르면 그 이유는 분명하다. 즉, 여기에 선언된 규정에 따르면 하나님의 권리가 부모의 권리를 파괴하고, 부모를 텅 비게 만들고, 다섯 번째 계명과 여기에 결합되어 있는 경고를 무효로 만든다는 점에서 이 규정이 단지 명목상으로만 하나님의 영광을 위해 고안된 인간의 가르침으로 인식될 수 있기 때문이다. 하나님 자신에 의해서 제정되었고 대변되는 참된 신적 권리는 이렇게 하지 않으며, 이러한 작용을 할 수 없다. 이 권리를 다르게 말하는 자는 진실로 오래 전에 이 권리를 떠난 자이다.

계명은 사람이 자신의 부모에게 순종할 것을 요구한다.—부모보다는 하나님께 더, 그러나 이런 한계 속에서는, 즉 더 큰 것에 의해 주어진 유보 조건 하에서는 먼저 자신의 부모에게 합당하게! 사람들이 계명을 이렇게 이해할 때, 그는 계명을 그 가치와 힘에서 자연적인 충동의 실행과 관련된 과잉된 지침과 다르고, 사회학적인 게임 규칙을 지키라는 요청과도 다른 계명으로 이해하게 된다. 확실히 멋진 충동의 다양한 자극들과 형태들을 통해서 젊은이가 나이든 이에게 보이는 애착은 동물 세계에도 마찬가지로 존재한다. 심지어는 인간 세계보다 훨씬 더 인상적일 수도 있다. 그러나 부모에 관해 말할 때 '나이든 자들'이라고 칭하는 것이 정당하지 못한(per nefas) 것과 마찬가지로, 자녀도 "젊은이"(Junges)가 아니다. 자녀가 동물 세계의 '젊은 것들'과 같은 충동을 공유하고 사는 한, 아직 하나님의 계명에 대한 순종에 그리고 그의 부모에 대한 공경에 붙잡힌 것이 아니다. 이것은 이 충동이 해가 지날수록 동물에서처럼 희미해지고 사라지는 반면에, 하나님의 계명은 이 방향에서 어떤 한계도 알지 못하고, 가장 어린 자녀와 마찬가지로 가장 나이든 자녀에게도 요구한다는 점에서 분명하게 드러난다. 만일 계명이 편하고 현명한 사회학적 규칙이어서, 옛 세대가 할 수 있는 한 젊은 세대에 대한 지배권을 수중에 보유한다면, 이 규칙은 그 자체로 확실하게 하나님의 계명이 아니다. 만일 누군가 이 규칙을 지킨다면—아마도 그는 우선 다른 선택이 없기 때문에, 그리고 아마도 이 규칙이 언젠가는 그를 더 이상 얽매지 않을 것이라는 기대 속에서—그는 아직 그의 부모를 공경하지 않고 있다. 또한 이것은 아직 사회적 관습이 결코 아닌 다섯 번째 계명을 지키는 것이 아니다. 한 젊은 사람이 하나님을 위해, 그분의 영광을 위해 그의 부모를 공경하도록 (그분의 자녀가 되기 위해서 그의 부모로부터 가르침을 받고, 인도받고, 이끌림을 받도록) 하나님에 의해 요청받았다는 것을 알게 되었을 때, 하나님의 계명이 중요한 문제가 된다. 계명에 관해 이렇게 말할 때에야 비로소 모든 자연적 충동들로부터 그리고 모든 사회적 관습들로부터 독립적이 될 수 있다. 그러나 우리가 볼 때, 사람들이 계명에 관해 이렇게 말할 수 있기 위해서는 이 계명이 첫 번째 계명에 의해 제한되어야 하고, 또한 신약적이고 그리스도교적으로 이해되어야 한다. 자녀 편에서 볼 때 부모가 하나님을 향하여 서 있다는 것이 결코 하나님이 부모 뒤에 숨어 계시고, 아마도 부신(Vatergottheit)과 모신(Muttergottheit)의 형태로 합쳐지는 것을 의미해서는 안 된다. 그럴 경우 계명은 최선의 경우에 어떤 순간에서도 적대적인 아버지 콤플렉스(Vaterkomplex) 혹은 어머니 콤플렉스(Mutterkomplex)의 성격을 취할 수 있는 의무(Bindung)에 이르게 된다. 이런 콤플렉스의 영향 속에서 자녀는 아버지와 어머니를 공경하는 것이 아니라 수치스럽게 만든다. 부모에 대한 자녀의 관계가 올바르게 되려면, 하나님이 그에게 확고하고 고유한 자리를 갖고 계신지, 그의 부모와 다른 하나의 독립적인 인물인지, 그가 우선적으로 하나님에게 순종하는 것과 그의 부모보다 더 하나님에게 순종하는 것, 그리고 그다음으로 이런 관계 속에서 그의 부모에게 순종하는 것을 배우는지에 달려 있다. 자녀에 대한 부모의 권위는 그의 눈으로 볼 때 하나님이 그들에게 맡기신 권위이어야만 한다: 부모의 권위는 그들이 자녀에게 하나님의 권위를 보여주고, 자녀가 하나님께—그들 자신보다 더 많이 그분께—순종하도록 인도함으로써 행사된다. 오직 그럴 때에만 자녀가 그들에게도 역시 순종해야만 한다는 요구가 계명으로 울리게 된다. 오직 그럴 때에만 그들에 대한 자녀의 행위가 참된 공경의 성격을 획득할 수 있고 소유할 수 있다. 오직 이 행위가 하나님 면전에서 자유롭고 구별된 결정이고 하나의 영적인 행위일 때 이런 성격을 소유할 수 있게 된다.

사람들은 계명의 범주적인(kategorischen) 성격과 계명에 의해 요구된 순종의 무조건적인 성격과 관련해서 이 순종이 실제로 자유롭고 구별된 결정을 통해 행해지는 순종으로 기술되어야 한다는 점 때문에 혼동되어서는 안 된다. '하나님의 면전에서'가 의미하는 바는 다음과 같다: 본래적이고 참된 아버지이시자, 본래적이고 참된 통치자이시며, 자녀가 응답해야 할 분 앞에서 책임을 가지고. 자유롭다는 것은 자녀의 자의나 영리한 판단을 따르는 것이 아니라, 부모에 대한 자녀의 공경이 어떻게 성립해야만 하는지를 홀로 명하실 수 있고, 언제나 명하실 분의 뜻에 근거한 자녀의 의무를 의미한다. '구별된다'는 것은 자녀의 통찰들과 의도들에 따라서나 혹은 부모에 대한 옳고 그름의 판단에 따라서 다른 것이 아니라, 하나님이 자녀에게 주셨고, 자녀가 주목하고 지켜야 할 다양한 규정들에 따라서 다른 것을 의미한다. 이 문제에서 요구되고 있듯이 영적인 행동은 그 자체로 어떤 독자적이고 무질서한 행동이 아니라, 오히려 훈련된 행위의 총체이다. 이것은 실제로 하나님께 대한 순종에서 성취되는 자유롭고 구별된 결정에 근거하고 있다. 사람에게 명령된 부모 공경은 오직 하나의 형태만 존재하는 것이 아니라, 그 종류가 매우 많으며 심지어는 서로 매우 동떨어져 있기도 하다. 올바른 공경의 형태, 즉 바로 지금, 바로 여기에서 사람에게 명령된 공경의 형태는 모든 자녀에 의해 신중하게 고안되는 것이 아니라, 하나님의 뜻에 주의하면서 발견되고 이해되어야만 하는 것이다. 여기에서 우리는 이것을 발견하기 위한 단지 몇 개의 일반적인 관점들만 제시할 수 있다.

어린 아이에게 부모를 공경하는 것은 무엇을 의미하는가? 여기에서 사람들은 일반적으로 다음과 같이 말할 수 있다: 아이가 어릴수록 부모로부터 그에게 제공된 가르침과 인도를 그 자체로 받아들이고, '글자 그대로'(aufs Wort) 들으며 순종하는 모습을 보인다. 아이는 각각의 관계 속에 서거나 가는 방법을 배워야 한다. 아이는 부모의 보살핌과 감독에 실제적으로 의존할 때 비로소 하나님과의 관계와 독립적인 삶에 대한 자유와 책임 그리고 자유롭고 책임감 있는 선택과 결정에서 성장해 갈 수 있다. 아이에게 요청되는 것은 먼저 부모의 지침들을 따르는 엄격한 자기 통제의 형태로 하나님께 순종하는 자유로운 인간이 되기 위해 준비하고 연습하는 것이다. 그러나 어린 아이와 정말로 성장한 아이 사이의 경계는 어디에 있는가? 아이가 완전히 부모의 기대와 의지의 대상으로만 행동하도록 요구하는 것이 어떤 어린 아이에게 좋을 수 있을까? 이것은 아이를 외부로부터 부과된 복종에 머물도록 하고(스위스식 표현으로 'ordlig sein') 여기에 익숙해지도록 함으로써 하나님의 계명과 참된 고유의 순종으로 이끄는 그런 종류의 인도인가? 사람들은 이 나이의 아이로 하여금 가능한 한 많이 놀고, 스스로 몰두하도록 하지 않는가? 지혜로운 어머니는 충분히 일찍 아이 자신에게, 그의 '마음'에, 그리고 실제가 되어 가고 있는 그의 자유와 책임에 호소할 수 있을까? 이를 위해서 사람들은 아이에게 아버지와 어머니 위에 있는 권위, 즉 하나님을 충분히 일찍 증거할 수 있을까? 아이에게 제공되어야 하고, 아이에 의해 단순히 글자 그대로 받아들여져야 하는 가르침과 인도가 첫 번째 단계에서 이미 결정적으로 이런 증거를 통해 이루어져야만 하지 않을까? 만일 아이가 이런 증거를 받아들인다면, 이는 아이가 그의 부모에 대하여 벌써 자기 자신의 작은 다리로 서게 된다는 것을 의미하는가? 사람들은 정확히 어린 아이가 이 증거에 만족하는 정도에 따라서, 그리고 자신의 방식으로 자유롭게, 부모의 직접적인 지시로부터 어느 정도 독립적으로 존재하고 행동하라는 요청을 따르는 정도에 따라서 그의 순종이 자기 부모에 대한 공경이 된다고 말해서는 안 되는가? 성장하는 젊은 사람에게서 자기 부모와의 관계와 그들에 대한 공경이 특별히 결정적인 한 단계를 통과해 가곤 한다는 점이 잘 알려져 있다. 하지만 이것이 위기 상황의 불가피성을 의미하지는 않는다. 이전에 부모와 자녀에 의해 좋게 또는 덜 좋게 행해진 것들, 이전에 실현되었거나 혹은 실현되지 않은 외부로부터 부과된 순종으로부터 내적이고 자유로운 순종으로의 전개—이 모든 것이 이제 좋거나 나쁜 열매를 맺게 된다. 이 열매는 다시 성인이 여전히 자녀, 즉 자기 부모의 성장한 자녀로 있게 될 미래를 위해 결정적으로 중요하다. 우리에게 중요한 이 과도단계에서는 부모와의 관계에서 부과된 순종과 자유로운 순종이 — 이 문제가 올바르게 진행되려면 — 균형을 이루어야만 한다. 젊은 사람이 조용하게 그리고 기꺼이 받아들여야만 할 타율(Heteronomie)이 여전히 필요하다면, 그는 아직도 기초적으로 배우거나, 순종하거나, 다른 사람들이 그에게 반복해서 말하는 것을 허용할 필요가 없을 정도로 어린애(Kleinkind)의 모습을 완전히 벗어 버리지 못하였다. 만일 사람이 성장하지 않는다면, 다시 말해서 그가 배우고 지시받은 것을 내적으로 그리고 영적으로 소유하지 않고, 순전히 외적으로, 문자적으로만 소유한다면, 또한 부모 위에 있는 상급 기관이 그에게 독자적인(sui generis) 특별한 권위가 되지 않는다면, 어린 아이의 덕은 악덕이 될 것이다. 여기에는 이미 자율(Autonomie)이 존재한다: 더 높은 권위에 대한 자기 자신의 변명과 부모로부터 기대되는 것들의 의도와 목적에 대한 자기 자신의 생각, 자기 자신의 길에 들어섬, 자기 자신의 과감한 시도들; 이러한 내적이고 외적인 운동은 여전히 전체적으로 부모의 평가들과 결정들과 규정들의 테두리 안에서 발생해야만 할 것이다. 이 '아직'으로부터 저 '이미'로의 경계들과 전환들, 그리고 타율적인 행동과 자율적인 행동 사이의 관계들이 시간적으로도 그리고 객관적으로도 기술될 수 없다는 것이 분명하다. 만일 젊은 사람이 통과해서 가야 할 자신의 실존에 대한 이 이중적인 규정을 어느 정도 분명하게 주목하고 있다면, 이 문제 그 자체, 즉 이 단계의 부모 공경이 모든 경우에서 무엇을 의미해야만 하는가라는 질문이 분명하게 제시될 수 있을 것이다.

 계속해서 성장한 자녀의 상황이 이어진다. 계명은 그에게도 역시 유효하다. 그는 여전히 그의 부모의 자녀이다. 또한 그들은 그에 대해 여전히 하나님의 대변자들이다. 심지어 그들이 더 이상 존재하지 않고, 성장한 자녀에게 순전히 기억 속의 인물이 되었을 때라도, 그들은 여전히 — 제한 속에, 또한 처음부터 그들이 대변자가 됨으로써 누렸던 가치 안에서 — 대변자로 남아 있다. 그는 이제 그들의 성장한 자녀이다. 즉, 그는 이제 둥지의 보살핌과 보호로부터 벗어났고 더 이상 아버지와 어머니의 평가와 관리 아래 종속되어 있지 않다. 그들과의 관계에서 타율은 이제 중단되었다. 그러나 그에게 그들은 그들의 방식에서 대체될 수 없는 가장 가까운 자들로, 그보다 앞서는 공존인간으로 남아 있다: 그들의 인격, 그들의 모범, 그들의 말, 그들의 조언은 이제 스스로 보며, 독자적으로 하나님께 대하여 책임을 지게 된 사람일지라도 벗어나지 않는 하나의 권위로 남아 있다. 만일 그가 어린 아이의 의무로부터 그리고 젊은 사람의 의무로부터 빠져 나오지 않고, 지금도 계속해서 어느 정도 부모의 날개 아래 혹은 그들의 그늘 속에서 존재하려고 한다면, 그는 확실히 그의 부모를 올바르게 공경하지 않는다. 그는 이제 스스로 자신의 다리로 서서 자신의 길을 가면서 그의 부모를 영광스럽게 만들고, 그들이 그를 이끌었던 바로 그곳에서 그들의 가르침의 조언을 따라서, 그들의 계명의 지시를 따라서 스스로 판단하고, 결정하고, 자기 자신의 삶을 살아감으로써 그들을 공경해야만 한다. 그는 이제 더 이상 배우거나 순종할 필요가 없다. 대신에 그는 그가 처음에 단순한 배움과 순종으로 시작해야만 했었던 길을 의미 없이 이끌어 가지 않을 수 있는 정신과 능력을 증명해야만 한다. 그러나 도식적으로 그리고 성장한 자녀의 굳어진 독립성으로는 이것이 이해될 수 없다. 일들이 올바르게 진행되는 곳에서는 사람이 명확하게 획득된 성인의 자유를 사용함으로써 참으로 부모가 그에게 순전히 나이 많은 친구가 되는 그런 관계 가운데서 깊고, 아름답고, 가치 있는 방식으로 부모의 권위를 실질적으로 인정하게 되고, 실질적으로 그들의 음성을 듣게 된다. "아버지와 어머니를 공경하라!"는 계명에 대한 준수가 바로 여기에서 최종적이고 결정적인 시험을 통과해야만 한다는 것은 확실하다. 이것은 계명을 이미 성취된 것으로 그리고 과잉된 것으로 간주하는 계명의 표면성(Oberflächlichkeit)에 관한 주장으로부터 완전히 떨어져 있다!

골로새서 3:20과 에베소서 6:1에 따르면 자녀들이 부모에게 순종해야만 한다는 계명의 근거는 단순히 이것이 '주를 기쁘게 하는' 것이기 때문이고, 더 단순하게는 이것이 '올바르기'(δίκαιον) 때문이다. 이 근거는 신약적으로 이해될 수 있는가?—그렇지 않다면 이것은 어떻게 이해되어야만 하는가?—그렇다면 이 계명의 준수를 하나님께 대한 순종의 자유를 통해서—우리가 방금 시도했던 것처럼 혹은 그와 유사하게—구별되어야만 하고, 다양한 사람들에 의해 다양한 상황 속에서 (그들이 하나의 엄격한 하나님의 계명에 대답해야 하기 때문에) 다양한 형태로 실행되어야만 하는 하나의 결심으로 이해하는 것이 가능할 뿐만 아니라, 그렇게 해야만 한다.

우리는 아직 계명과 이 계명에 의해 요구되는 순종 사이의 어려운 구별을 생각해 보지 않았다. 부모가 자녀에 대하여 선생, 조언자, 안내자로서의 임무를 눈에 보이게 만든다는 것, 부모가 자녀에게 분명한 하나님의 대변자들이 된다는 것, 자녀가 부모에게 마땅히 보여야 할 존경을 어떻게 자녀에게서 불러일으키고 정당화시키는지 부모는 알고 있다는 것, 이것들은 정말로 그 자체로는 이해되지 않는다. 분명하게, 끊임없이 지속적으로, 그들에게 공통적으로 주어진 시간의 모든 발전과 전환들 그리고 상황들을 통과하면서 저 역할을 통해서 스스로를 자녀들에게 제시하고, 스스로를 신뢰할 만하게 만들고, 스스로를 자녀들 앞에 세워서, 자녀들이 실질적으로(ipso facto) 부모에 대한 공경을 통해서 하나님을 경외하도록 부름을 받았음을 발견하게 하는 그런 위치에 있었던 한 아버지 혹은 한 어머니가 있었는가?

약하고, 어리석고, 이기적이고, 경솔하고, 독재적인 부모들이 있다. 또한 최고의 부모들조차도 가장 자발적인 자녀에게마저 언젠가는 의식적으로나 혹은 무의식적으로 분명하게 의문을 불러일으키게 될 장애물과 오류를 가지고 있다. 다섯 번째 계명이 자녀들에게 말을 걸 때 그 상대가 본질만은 아니라는 것은 실로 명백하다. 이들은 비록 하나님의 선한 피조물이지만, 유혹하기도 하고 유혹에 빠져 있기도 한 위반자들이자 죄인들이다. 이들은 오직 용서하시고 도우시는 하나님의 은혜를 믿을 때만 자신들에게 기대되는 순종을 행할 수 있다. 또한 계명이 고려하는 부모들은 완전하지 않고 불완전한 부모들이라는 것이 명백하다. 이 부모들에게 자녀들은 순종해야 한다. 그뿐만 아니라 계명은 죄가 없는 사람이 아니라 죄가 매우 큰 사람들을 고려하고, 하나님의 부성을 보여주는 밝은 거울들이 아니라 매우 흐릿한 거울들을 고려한다. 요컨대 핵심은 계명이 자녀들을 환상 안으로 그리고 환상 속의 삶으로 부르는 것이 아니라는 점이다. 만일 계명의 효력이 이상적인 부모라는 개념의 존재에 달려 있다면, 이것은 계명이 확실히 겉으로 보기에 그리고 일시적으로만 효력이 있다는 말과 다르지 않다.

이 점에서 첫 번째로 다음과 같이 주장할 수 있다: 계명과 이 계명에 의해 요구되는 순종은 자녀들이 볼 때 부모들이 하나님으로부터 위임받은 자들로서 그들의 성격과 행동 방식의 탁월성을 통해서 스스로를 정당화할 줄 안다는 것에 달려 있지 않다. 자녀들이 정당하게 혹은 부당하게 부모의 성격과 행동 방식이 자녀들과 관련해서 그들에게 맡겨진 의무에 합당하지 않고, 오히려 반대가 된다고 생각할지라도, 부모는 여전히 하나님으로부터 위임받은 자들로 남아 있다. 부모는 스스로 하나님으로부터 위임받은 자들이 된 것이 아니다; 부모에 대한 견해와 판단에 근거해서 그들에 대한 파면으로 진행하는 것이 자녀의 문제일 수 있다는 것은 말할 필요도 없지만, 실제 부모는 그들의 존재와 행위로 인해서 파면될 수 없다. 자녀들이 그들의 부모에 대하여 생각할 수도 있는 것과 관련해서; 부모가 계명의 효력을 의문스럽게 만들거나 심지어는 무력화시키고, 자녀를 부모에 대한 순종으로부터 떠나게 만든다고 할지라도 자녀에게는 어떤 경우에도 그런 부모에 관한 판단을 할 권한이 없다. 자녀들은 그들이 자신들의 부모와 함께 그리고 부모처럼 오로지 하나님의 용서하시는 은혜로부터만 살 수 있고, 그들이 바로 이런 전제 하에서 그리고 이 공동체 안에서 부모에게 종속되어 있으며, 바로 이 공동체 안에서 계명을 지키고 이 공동체가 붕괴될 때도 계명을 위반해서는 안 된다는 것을 주의해야만 한다.

두 번째로 다음이 성립해야 한다: 만일 부모가 자녀에게 해야만 하는 것을 여전히 하지 않고 있으며, 이 점에서 부모가 자녀를 성가시게 한다는 인상을 제거하거나 극복할 수 없다면, 이는 반드시 불가피하게 파국으로 이끌지는 않더라도 확실히 매우 심각한 시험과 유혹이다. 부모의 실패는 실제로 자녀를 세 가지 방식으로 위협할 수 있다: 어쩌면 자녀는 단지 부모의 잘못과 실패를 모방하는 좋은 학생이 될 수 있다.—혹은 그는 자신이 젊지만 더 많이 안다고 잘난 체 하면서 자기정당화를 통해 스스로를 부모보다 위로 높일 수 있다.(아마도 이것이 구약성서에서 부모에 대한 무시, 경멸, 저주라고 그토록 날카롭게 비난받았던 그것이다.)—혹은 그는 부모에게서 경험한 실망을 부모가 자녀에게 증언해야만 하는 하나님께로 전가시킬 수 있고, 하나님께 대한 그의 신뢰성이 부모의 신뢰성으로 인해 상실될 수 있다. 바로 이런 시험들에 대하여 깨어 있고, 이에 저항하는 것이 아들 혹은 딸이 시급히 해야만 할 첫 번째 과제이다. 하지만 부모에게서 하나님에 의해 그들 앞에 세워진 선생과 조언자를 인지하는 것이 그들 생각에는 너무나 어렵다. 그들은 자신의 처지를 슬퍼하고, 부모에 대한 공경이 그들의 경우에 무엇을 의미하는지 숙고하는 데 너무나 많은 시간을 쓰는 것을 원하지 않는다! 대답은 바로 그들의 발 앞에 놓여 있다: 그들은 부모와의 관계에서 정당하게 혹은 부당하게 그다지 좋지 않다고 여기는 것들을 자신들이 더 잘 할 수 있는지 유심히 살펴보아야 한다; 여기에서 그들은 자신의 거리를 알고 겸손 가운데 머물러 있는지 살펴야 한다; 그들은 육신의 부모가 정말로 실패했음에도 불구하고 하늘의 아버지가 그들에게 더욱더 위대하시고, 경애할 만하며, 권위 있는 분이 되시는지 살펴보아야 한다. 이 모든 것을 통해서—만일 그들이 그렇게 불행한 상황 속에 있는 경우라면—그들의 양손은 해야만 할 일들로 가득 차게 될 것이다. 그리고 그들이 이 방향을 지향함으로써 그들은 바로 그들에게 지시된 방식으로 계명을 성취하고 지키게 된다.

    그다음으로 세 번째를 잊어서는 안 된다: 어느 한 사람이 부모로서의 임무와 관련된 일들에서 자신의 부모가 실패자들인지를 절대적으로 그리고 명확하게 결정할 수 없을 때, 그가 자신의 부모에 대하여 가질 수도 있는 가장 슬픈 표상도 마찬가지로 계명의 문자적인 준수라는 의미로부터 그를 풀어줄 수 없다. 최악의 경우에도 단지 그들이 매우 문제가 많은 부모라는 강한 인상에 도달할 뿐이다! 이런 상황에서는 그들을 위해 준비되어 있고, 그들에 대하여 언제나 열려서 주의를 기울이고 있는 것이 최소한의 의무로 남아 있다. 그가 생각하기에 그토록 치명적인 아버지나 혹은 그가 생각하기에 그토록 치명적인 어머니가 최종적으로는 아니더라도 그에게 긍정적으로 무언가를 말하고 제공하기를 원할지 누가 알 수 있을까? 만일 사람들이 죄를 용서하는 은혜와 하나님의 참으심 아래에서 부모와 함께 자기 자신을 바라보고, 얼마나 자신들이 이 참으심 자체를 필요로 하고 있는지 안다면, 어떤 경우에도 언제나 부모를 진지하게 받아들이고, 그들에게 질문하고, 자녀가 부모로부터 들어야만 하는 것을 멈추지 않고 그들로부터 들으려는 방식으로 자신의 부모에 대하여—제한 없이!—인내함으로써 그들을 공경하는 것이 그렇게 멀리 떨어져 있지만은 않다. 만일 자녀들이 부모를 미리 떨어뜨리지 않고, 그들을 어느 정도 하나님이 그들에게 부과하신 사역으로부터 파면하지 않는다면, 오류를 범하는 부모들 가운데 얼마나 많은 자가 이를 통해서 도움을 받을 수 있을지, 자신의 임무에 불성실한 얼마나 많은 자가 이 임무로 다시 부름을 받게 될지—그들이 살아 있는 한 이를 위한 시간이 여전히 있다.—누가 알겠는가? 또한 얼마나 많은 자녀가—만일 그들이 그들에게 그토록 문제가 있는 부모에게서 단지 어느 정도 더 참을성 있게 계속 거듭해서 문을 두드린다면—이 부모가 그에게 실제로는 더 큰 존재일 수 있다는 사실과 그가 아마도 오랜 기간 동안 그래야만 한다고 생각했던 것보다 자신의 존재에 대해 감사할 훨씬 더 많은 이유를 가지고 있다는 사실을 발견하면서 부끄러워 할지 누가 알겠는가!

수많은—근본적으로 모든—부모들이 이 계명의 의미이자 근거인 신적 임무의 담지자로서 그들의 자녀들에게 명확하게 인식되지 않는다는 사실과 관련하여 계명과 계명에 의해 요구되는 순종 사이의 불가피한 구별에 대해서 생각해 보아야 할 많은 것이 있다.—그러나 이제 우리는 이 모든 숙고의 저편에서 훨씬 심각한 질문에 직면한다.

자녀들과 부모들 사이는 질서로부터 멀거나, 혹은 질서 속에 있거나, 혹은 다시 질서를 회복할 수 있다. 비록 수많은 크고 작은 어려움들이 있고 죄지은 사람들 사이에 모든 종류의 마찰들과 고통들이 있을지라도 이것은 가능하다: 하나님 앞에서 올바른 방식이 아니라, 사람들 가운데서 어느 정도 올바른 방식으로. 자녀는 의존으로부터 의존과 자유가 섞인 상태를 거쳐서 완전한 자유로 갈 수 있으며, 그럴 때 비로소 그는 하나님께 드려야 할 더 큰 경외의 테두리 안에서 자신의 부모를 인내하며 받아들이게 되는 것으로 보인다. 그가 그렇게 될 수 있는 이유는 그의 부모가 일관성 있게 그렇지는 않지만, 그래도 결정적인 지점에서 그리고 그의 여정의 중요한 단계들에서 어느 정도 하나님의 대변자이자 임무를 부여받은 자들로 드러나기 때문이다. 그는 부모의 약점들과 실수들을 어느 정도 알게 되고 이해할 수 있게 된다. 그러나 그가 이를 관대히 넘기거나 무시하는 것은 이전에 암시된 경로상에서는 부분적으로라도 불가능하다. 자녀는 어떤 경우에도 결과적으로 이것들 때문에 방해를 받지 않았음을 알게 된다; 어쩌면 혼란되고 슬픔에 빠질 수 있지만, 오류를 범하지는 않았음을 발견한다. 또한 여기에서 부모의 덜 탁월한 성품들과 균형추를 형성하고 있는 (처음부터 인지되거나 혹은 후에 인지되는) 탁월한 성품들 그리고 자녀가 그들에게 보이는 자연적이고 아이다운 애착과 감사와 의무가 자녀에게 도움이 될 것이다. 모든 연약함에도 불구하고 자녀들과 부모들 사이는 단절에 이르지 않는다. 이와 반대로 유지될 수 없는 수많은 것이 공개적으로나 혹은 비밀리에 발생할지라도, 이 관계는 신적 계명의 은혜를 통해서 유지되기 때문에 지속된다. 계명은 단순하고 올바르게—확실히 올바르게 보다는 단순하게, 하지만 마찬가지로 올바르게—성취된다. 때문에 계명은 열려져 있고 해결되지 않은 질문이 아니다.

우리가 기술한 것은 사람으로 하여금 그의 행위를 통해 의롭게 된 자로서 하나님 앞에 설 수 있도록 해주고, 존재할 수 있도록 해주는 그런 계명의 성취가 아니다. 이런 의미에서 이해하자면 예수 그리스도만이—참되신 하늘 아버지에게 순종적인 아들이시고 또한 이 땅 위에 있는 육신의 부모에게도 순종적인 아들이셨던 그분이—유일하게 우리를 의롭게 하시기 위하여 이 계명을 성취하셨다. 우리가 논의했던 것은 율법의 성취였다. 죄지은 사람들이 그 죄에도 불구하고 예수 그리스도 안에서 나타난 효력 있는 하나님의 은혜를 통해서 여기로 부름을 받았고, 동일한 은혜에 근거해서 이를 행할 수 있는 능력을 갖게 되었다. 우리는 이 영역에서 거룩하게 만드는 계명의 강력력에 근거해서 무질서 가운데 결국에는 가능하며 도달할 수 있는 질서에 관해 이야기했다. 우리는 이상적인 경우가 아니라, 인간적인 실제와 관련해서 사람들이 낙관주의 없이 보통의 경우(Normalfall)로 간주할 수 있는 것을 기술하였다. 사람들이 지적될 수 있는 모든 최종적인 예외조건들에도 불구하고 결국에 그러한 것을 고려할 수 있다는 것은 정말로 다행스럽다!

왜 우리는 여기에서 결론을 맺을 수 없는가? 그 이유는 신약의 선포가 이 (다행스럽게도 가능하며 또한 광범위하게 실현된) 보통의 경우를 넘어서 우리에게 자녀들과 부모들 사이에 인간적인 죄와는 완전히 다른 어떤 것이 들어설 수 있음을 상기시키는 한 지평을 보여주고 있다는 사실이 단순하게 무시될 수 없을 뿐만 아니라, 윤리와 관련해서 침묵으로 넘길 수도 없기 때문이다. 만일 오직 인간적인 죄가 문제였다면, 우리는 지금까지 이야기되었던 것들에 만족할 수 있을 것이다. 만일 그렇다면 우리는 실제로 용서하시고, 거룩하게 하시고, 치유하시는 하나님의 은혜를 증거하고, 또한 이로부터 자녀들과 부모들 사이의 관계를 적어도 견딜 수 있고 어쩌면 인내로 만족할 수 있는 그런 관계로, 결국에는 가능하면서 이미 광범위하게 실현되어 있는 보통의 경우로 증거하는 데 머물러 있을 것이다.

우리가 단지 구약성서와 함께 신약성서에서 증거되는 삶의 지식의 한 면만을 가지고 있었다면, 우리는 이 증거를 우리의 마지막 결론으로 삼았을 것이다. 여기서 특별히 교육적인 잠언서는 여기에서 발견되고 옆으로 치워진 모든 인간적인 어리석음과 기만의 혼란을 통과하고 이를 넘어서 인간이 죄인이고 죄인으로 머물러 있다는 전제하에 질서를 이루는 하나님의 계명의 힘으로 인해 실현가능하고, 만족스럽거나 그렇지 않을 경우에도 견딜 수 있는 자녀들과 부모들 사이의 관계를 목표로 하고 있다. 골로새서 3:20과 에베소서 6:1의 사도적 지침들은 이런 의미에서 이해될 수 있다. 우리는 열두 살 된 예수의 일화에서 전환이 어떻게 이루어졌는지를 보았다: 거기에서 어떻게 하나님께 대한 자녀의 순종과 부모에 대한 순종 사이에 긴장과 모순이 이루어지는지. 우리는 또한 동일한 일화에서 부모에 대한 자녀의 순종이 하나님께 대한 순종에 의해서 낮추어지고 제한되지만, 동시에 포함되고 근거지워지는 조정(Ausgleich)을 보았다. 또한 열두 살 된 예수의 일화는—특별히 이 일화와 함께 마가복음 7장의 논쟁 담화를 함께 본다면—그 결말에서 어느 정도 모범적으로 계명에 대한 변증법적 이해의 방향에서 어떻게 우리가 본문으로부터 출발해서 이것을 시도했으며, 어떻게 이것이 저 보통의 경우를 참조함으로써 정당하게 안정(Ruhe)에 이를 수 있었는지를 보여준다. 그러나 계명에 대한 이런 변증법적 이해는 단지 신약성서에서 증거되고 있는 삶의 지식의 한 면에만 해당된다.

이 때문에 우리는 지금까지 얻은 모든 결과를 포기하지 않으면서, 다시 한 번 이것들이 제한되고 의문시되고 있는 것을 보아야만 한다. 왜냐하면 신약적인 지식에 따르면 자녀들과 부모들 사이에—저 보통의 경우(Normalfall)라는 의미에서 규정된 자녀들과 부모들의 관계에서도 마찬가지로—인간의 죄와는 완전히 다른 요소가 등장할 수 있고, 주의를 요구할 수 있기 때문이다. 자녀들과 부모들 사이에 발생하는 죄는 예수 그리스도를 통해서 지배되었기 때문에 비록 제거되지 않을지라도 지배될 수 있다. 그러나 만일 죄를 지배하셨고, 그 어떤 적절한 변증법에 의해서도 지배될 수 없는 그분 자신이 여기 그들 사이에 들어오신다면 어떤가? 만일 믿음과 순종과 후계(Nachfolge)에 대한 그분의 요구와 그분의 공동체와 그 사역에로의 부름이 계명에 의해 규정되고 견딜만하며 어쩌면 만족스러울 수도 있는 자녀들과 부모들 사이의 저 관계가 그분 자신에 의해서 다시 한 번 괄호 속에 넣어지고 의문시되는 방식으로 등장한다면 어떤가? 만일 계명이 바로 그곳에서 다시 열려져 있고, 해결되지 않았으며, 해결될 수 없는 질문—계명은 어디에서부터 오는가? 어디에서 우리는 계명을 적어도 상대적으로 그리고 일시적으로 성취될 수 있는 것으로 이해할 수 있는가?—이 된다면 어떤가? 부모에 대한 자녀의 순종을 하나님께 대한 순종으로부터 근거지우려는 그 자체로 확실히 필요하고 정당한 시도에서 우리가 이 시도를 시작한 출발점이었던 바로 그곳으로부터 어느 정도 뒤를 습격당했다는 것을 알게 된다면 어떤가? 이것이 정말로 그렇다는 것이 부인될 수 없다. 그렇기 때문에 우리는 이 공격에 대해 기뻐하고 지금까지의 우리의 대답에 필요한 적절한 보충이 무엇인지 질문해야만 한다.

    이것은 다음과 같다: 신약의 선포는 단순히 우리의 영역에서 부모들과 자녀들, 자녀들과 부모들의 역사를 여전히 경험하고, 여전히 만들어 가며, 여전히 그들의 문제들과 그들의 기쁨과 곤경을 겪어야만 하는 사람을 위하여 위로와 지침과 선하고 일시적인 질서의 선언을 제공하는 측면만을 가지고 있는 것이 아니다. 신약의 선포는 또한 바로 이 역사가 이미 그 목표에 도달했고, 이제—다른 많은 인간적 역사와 더불어서—단지 그 종착점을 향해 달려가고 있음을 명확하게 보여주고 있다는 또 다른 측면을 가지고 있다. 예수 그리스도가 율법과 지금 우리가 다루는 계명을 성취하셨기 때문에, 매우 보잘것없는 많은 문제가 우리에게 제시되지만, 우리는 이런 제한들 속에서도 결국에는 참된 계명의 성취를 볼 수 있고, 그러한 성취가—크고 작은 많은 유보조건 하에서 보더라도—결국에는 불가능하지 않다고 우리 자신에게 말할 수 있으며, 그것으로 위로를 받을 수 있다. 우리는 이것을 예수 그리스도를 통해 이루어진 계명의 성취로부터 말할 수 있기 때문에, 다른 지식과 그 결과에 대해서도 역시 눈을 감아서는 안 된다: 예수 그리스도가 이 계명을 성취하셨다는 것은 영원하신 하나님의 나라가 하늘로부터 땅 위의 우리에게로 왔고, 우리 가운데서 실제 형태를 취했으며, 모든 인간적인 사건들과 자녀들 부모들 사이의 사건들에 그 끝을 보여주었다는 것을 의미한다. 우리는 주와 통치자이신 예수 그리스도께 순종해야 할 책임이 있다. 이것이 지금까지 우리가 기술했던 것을 의미할 수 있다. 이미 완성되었지만, 아직 그 끝을 향해 달려가고 있으며, 그렇기 때문에 아직도 흐르고 있는 인간의 시간을 고려할 때 이 순종은 하나님께 대한 순종과 여기에 포함되고, 여기에 근거를 가지고 있으며, 여기로부터 결정되는 부모에 대

한 순종일 수 있다.—우리가 이 순종을 행한다면 이 순종은 모든 의문에도 불구하고 참을만하고 어쩌면 만족스러울 수도 있는 자녀들과 부모들의 관계에서 우리에게 삶을 허락해 줄 것이고, 그러한 관계에서의 삶을 위해서 우리를 자유롭게 만들어 줄 것이다. 그분께 대한 순종은 문제가 있는 곳에서 다행스럽게도 우리가 이 가능성을 사용할 수 있다는 것을 의미한다. 또한 이것은 우리가 예수 그리스도를 통해 이루어진 성취와 관련해서 (이 때문에 우리는 순종으로 오게 된다.) 더 나은 무엇인가를 추구하지 않는다면, 우리의 상태와 그 가능성들을 넘어서 그분을 통해 이 땅에 도래한 하나님의 나라가 우리를 위해 그리고 우리에게 완전한 모습으로 드러나게 되리라는 기대를 할 수 없다는 것을 의미한다. 특정한 상황에 있는 특정한 사람에게 예수 그리스도께 대한 순종은 그분을 통해서 이루어진 모든 인간 역사의 종결이—이 역사가 아직도 그 마지막을 향해 진행해 가고 있을 뿐이라는 사실이—그 자체로 직접적이고, 실제적이며, 독자적으로 강제력 있는 중요성을 얻게 된다는 것을 의미할 수 있다. 그러나 이것은 결코 그들이 이제 그들의 부모에게 불순종하고, 그들을 공경해야 한다는 명령을 거부할 수 있다거나 심지어는 그래야만 한다는 것을 의미하지 않는다! 이것이 정말로 의미하는 것은 그들이 이 계명과 관련되어 있는 부모들과 자녀들, 자녀들과 부모들의 전체 역사로부터 불려 나왔고, 이끌려 나왔음을 알게 된다는 것이고, 또한 그들이 이 역사의 문제 전체와 함께 이와 관련된 계명을 뒤로 함으로써 자신의 존재와 행위로 향하도록 요청받았음을 알게 된다는 것이다: 이제 그들 자신 앞에는 정말로 오직 주님 한 분만이 있어야 한다! 예수 그리스도에 대한 순종은 반드시 그렇지는 않지만 어떤 특정한 사람들이 저 영역에서와는 다르게, 다시 말하면 그분과의 직접적인 관계 속에서, 어느 정도 그분의 특별한 임무를 통해서 그분에 의해 자신들이 요구되었고, 관련되었고, 책임을 지게 되었음을 알게 된다는 것과, 그들이 스스로가 그들 부모의 자녀들이라는 사실을 고려하지 않은 채 이런 책임에 대해 논의해야만 한다는 것을 의미할 수 있다. 그들은 자신들의 부모를 무시하지 않으면서 이것을 지향하게 된다. 왜냐하면 그들은 자기들 부모의 자녀들로서 예수 그리스도의 완전성 안에서 이미 도래하였고, 그분의 미래 계시에 상응하는 하나님의 나라를 증거함으로써 예수 그리스도 안에 있는 하나님의 은혜를 증거하도록 부름 받았기 때문이다. 바로 이런 의미에서 이 사람들은 자유롭게 되었다. 다행스럽게도 이제 그들이 이용해야만 하는 가능성은 부모와 자녀의 영역과 그 문제에 적의를 가지고 대항하지 않고, 결코 그 영역으로부터 벗어나지도 않지만, 명확하게 그 영역에 의존하지 않고, 여기에 마주 설 수 있는 가능성이다.

사람들은 신약의 선포가 가지고 있는 다른 측면, 즉 종말론적 측면에서 비롯되는 이 다른 가능성을 이해한다. 만일 사람들이 이 가능성을 독신의 가능성과 관련해서 동일한 측면에서 이 가능성으로부터 취해질 수 있는 것과 나란히 놓는다면 가장 잘 이해할 수 있다. 그들에게—모든 사람에게는 아니고 몇몇의 혹은 많은 사람에게―하늘나라를 위해 명령된 독신이 있다면, 하늘나라를 위해 명령된 고아 상태(Elternlosigkeit)도 있다.―이것을 드러내기 위해서는 주석적으로 뒷받침해야만 할 것이 너무 많다.―이 상태는 하나의 존재와 행위로서 이 안에서 사람은 다른 모든 자녀와 같이 자신의 존재와 행위를 통해서 이미 현존하지만 아직 감추어져 있는 피조물의 표상이 되어야만 한다. 이 피조물은 옛 피조물의 지속이 아닌 새로운 피조물이며, 이전 것은 이미 지나가 버렸다(고후 5:17). 히브리서 7:3의 특이한 말씀에서 살렘의 왕이었던 멜기세덱은 이와 같이 부모가 없는 사람으로 일컬어지고 있다. 마찬가지로 특이한 창세기 14장에 따르면 그는 아브라함이 왕들에게 승리하고 돌아왔을 때, 마중 나가서 그를 축복했고, 그에게 아브라함은 모든 것의 10분의 1을 지불했다: 아버지도 없고 어머니도 없고 족보도 없으신 평강의 왕(βασιλεὺς εἰρήνης ἀπάτωρ ἀμήτωρ ἀγενεαλόγητος). "그분은 시작한 날도 없고 생명의 끝도 없어, 하나님의 아들과 닮아서 항상 제사장으로 계시다." 히브리서의 저자가 이 인물에게서 예수 그리스도의 표상을 보았다면, 그 묘사는 성전에서 이루어진 열두 살 된 예수의 행동과 대답에 상응할 뿐만 아니라, 이를 넘어서 예수께서 그분의 동생들과 어머니가 그분을 찾고 있고, 그분을 불러달라고 부탁한다는 소식에 대하여 주셨던 "누가 내 어머니며 동생들이냐?"라는 회답(막 3:31f.와 병행)에도 상응한다. 그분은 주위에 앉아 있는 자들을 보시면서 말씀하신다: "내 어머니와 내 동생들을 보라." 또한 요한복음 2:5에 등장하는 유명하면서 가혹한 말씀의 경우도 마찬가지이다: "여자여, 나와 무슨 상관이 있나이까?" 이 말씀들에서 예수가 그분 자신과 관련해서 암시하시는 것에 상응하는 것이 예수가 그분의 제자들과 후계자들에게 자녀-부모-관계 밖에 있는 상태를 요청하고 계시는 말씀들에서 발견된다. 다가오는 박해에 관한 말씀 모음집(Logiensammlung)인 마태복음 10:17-39에서 "장차 형제가 형제를, 아버지가 자식을 죽는 데에 내주며, 자식들이 부모를 대적하여 죽게 하리라"는 말씀(21절)은 영들의 구별에서 비롯되며 고난으로 견뎌야 할 결과에 대한 묘사로 이해되어야 한다. 만일 부모와 자녀들이 이렇게 행동한다면 이는 분명히 하나님의 통치 하에서 정당하지 못한 방법으로(per nefas) 일어나는 것이며, 그분의 뜻에 순종함으로써 일어나는 것이 아니다. 그러나 누가복음 9:59에서 우리는 완전히 다른 문제 앞에 서게 된다: 예수는 한 사람에게 "나를 따르라!"고 말씀하셨다. "그가 이르되 나로 먼저 가서 내 아버지를 장사하게 허락하옵소서! 이르시되 죽은 자들로 자기의 죽은 자들을 장사하게 하고 너는 가서 하나님의 나라를 전파하라!" "나와 복음을 위하여" 집이나 형제나 자매나 자녀들이나 토지나 어머니나 아버지를 버리는 것(ἀφεῖναι)에 관해 이야기하고 있는 마가복음 10:29의 경우도 마찬가지이다. 여기에서는 말하고자 하는 것은 명백하게 부모에 대한 어린 아이적인 경건의 실천과 예수 사이에서 어느 한 쪽을 선택하는 문제이다. 그뿐만 아니라 부모에 대한 관계 가운데 삶을 지속하는 것과 예수 사이에서 어느 한 쪽을 선택하는 문제이다. 마태복음 10:34-37의 박해에 관한 말씀에 나오는 구절은 이 모든 것을 뛰어넘는다: "내가 세상에 화평을 주러 온 줄로 생각하지 말라. 화평이 아니라 검을 주러 왔노라. 내가 온 것은 (미 7:6에서 인간적인 부패의 증상으로 묘사된 것이 이제 하나님의 처리로 나타나고 있다!) 사람이 그 아버지와, 딸이 어머니와, 며느리가 시어머니와 불화하게 하려 함이니 사람의 원수가 자기 집안 식구리라. 아버지나 어머니를 나보다 더 사랑하는 자는 내게 합당하지 아니하고…." 이 점에서 최고 정점을 우리는 자신의 부모와 아내와 자녀들과 형제와 자매와 자기의 생명을 미워하는 것에 관해 말하고 있는 누가복음 14:26에서 발견할 수 있다.—이것 없이는 예수의 제자가 될 수 없다!

우리는 이 말씀들을 그 의미에 반하게 왜곡해서는 안 된다; 이 말씀들이 구체적인 형태의 지침을 포함하고 있는 한, 우리는 이들을 일반화시켜서 해석해서는 안 된다; 무엇보다 우리는 여기에 사실 매우 고유하고 구체적인 윤리적 지침이 주어져 있다는 점을 무시해서는 안 된다.

먼저 명확히 해야 할 것은 누가복음 14:26에 나오는 미워하다(μισεῖν)가 감정적인 의미에서 혐오나 적의, 경멸로 이해되거나, 일반적으로 심리학적인 의미로 이해되어서는 안 된다는 점과, 이것이 아버지와 어머니와 같은 개인들이 아니라, 그들을 통해서 실체화되고 효력을 발휘하게 되는 의무들과 연관된다는 점이다: 예수의 제자는 이런 의무들을 포기한다; 그는 이로부터 생각하고 결정하는 것을 단호하게 거부한다. 마찬가지로 사람들은 마태복음 10:35의 나누다(διχάζειν)에서 (혹은 눅 12:51의 병행문에서 말하고 있는 διαμερισμός[나뉨]에서) 당연히 사건과 분쟁의 원인과 발생이 아니라, 단순히 평온 속에서 그리고 상대방의 동의를 통해서 실현될 수 있는 자녀들과 부모들 사이의 확실한 간격 설정을 고려해야만 한다. 예수가 가져오신 '검'에 관한 말씀과 그 밖의 이런 말씀들에서 의미하고 있는 것은 적의라던가 잔인함이 아니다. 이것은 예수의 제자가 부모의 자녀라는 사실에서 비롯될 수 있으며 예수를 따를 때의 의무에 저항하는 모든 선입관과 책임들과 요구들로부터 분리되어야 한다는 급진적이지만 공격적이지 않은 객관적으로 진지한 요청이다. 이 말씀들이 "아버지와 어머니를 공경하라!"는 계명과 교차하지 않고, 단지 이 계명이 선포되었던 관계의 생물학적이고 사회학적인 규칙들과만 교차함이 발견되더라도 이 때문에 이 말씀들이 약화되지 않는다. 이 말씀들은 이 관계를 능가할 뿐만 아니라, 이 관계에 낯설며, 이 관계에 적합한 계명을 유지하고, 이 관계에 적합한 자연적이고 사회적인 규칙들은 폐기시키는 다른 하나의 관계를 지시함으로써 이 관계를 제한하고 있다. 이 말씀들의 해석에서 사람들은 이보다 더 앞으로 나갈 수는 없을 것이다.

이 외에도 사람들은 이 말씀들이 자녀들과 부모들의 관계에 있어서 보편적이고 일반적으로 주의해야 할 것을 조명하고 있음에 주목해야만 한다. 이 말씀들은 이 관계에 주어진 의문들과 요구들이 도래한 하나님의 나라에 의해 이미 종결되었고, 이제부터는 단지 소멸하는(vergehen) 것에 불과한 인간의 역사와 세상에 속해 있다는 것을 분명히 하고 있다. 독신에 관한 신약의 말씀들처럼 이 말씀들도 역시 모든 인간 행위를 위한 보편적 규정을 정식화하지 않는다. 이 말씀들은 제자들에게 어떤 상황에서도 그리고 모든 경우에 저 관계에서 요구되는 의무들과 요구들로부터 벗어날 것과, 어느 정도 절대적으로 마치 자신들이 부모의 자녀가 아닌 것처럼 그렇게 존재할 것을 명령하지는 않는다. 오히려 그분의 어머니에 대하여 거리를 두는 저 예수의 말씀들과 제자들에게 가르쳐진 그분의 모든 지침은 의무들과 요구들을 가지고 있는 저 관계와 이미 도래했고 그분의 계시를 향해 달려가는 하나님의 나라 사이에서, 즉 부모에 대한 관계와 그분 자신에 대한 관계 사이의 선택에서 분명하고 무조건적으로 그분과 하나님의 나라를 위해 결단해야만 하는 특정한 상황들에 관해 말하고 있다. 이 말씀들이 보편적인 것을 요구하는 한, 이것들은 이와 같이 특정한 상황에서 요구된 무조건적인 결단에 무조건적으로 준비될 것을 요구한다. 이 말씀들에 대한 해석에서 사람들은 이 이상을 말할 수 없다.

예수의 제자들의 삶에서 모든 상황이 이런 무조건적인 결단이 요구되는 상황은 아니다. 그러나 이런 한계들 내에서 이 말씀들에 대한 삭제나 약화가 시도되어서는 안 된다. 실제 하나님의 계명은 이 말씀들이 말하고 있는 것을 (문자적으로 이해하자면) 그대로 말하는 규정(Vorschrift)과 같은 성격과 내용을 가질 수 있다. 정확히 이러한 의미와 이러한 방향을 가지고 있는 상황들이 존재한다. 이것은 정말로 예수가 이 땅에 평화를 주시기 위해, 다시 말하여 인간 역사, 인간관계들에 완전한 상태를 목표로 질서 잡힌 진행을 보장하시기 위해 오셨다는 것 때문이 아니다. 진실은 그분이 오심으로써 이 평화가 파괴되지 않고, 인간 역사와 관계들의 지속이 방해받지 않으며, 오히려 반대로 이 세상이 소멸하는 가운데, 그분의 공동체의 존재를 통해서, 일시적인 평화와 질서의 요소가 세워지고 견고하게 된다는 사실이다. 디도서 2:12에 기록된 것처럼, 여기에서 그분을 통해 나타난 거룩하게 하고 치유하는 은혜가 역사한다: "우리를 양육하시되 경건하지 않은 것과 이 세상 정욕을 다 버리고 신중함과 의로움과 경건함으로($\sigma\omega\phi\rho\acute{o}\nu\omega\varsigma$ καὶ δικαίως καὶ εὐσεβῶς) 이 세상에 살고(ἐν τῷ νῦν αἰῶνι)." 여기에서 하나님의 계명에 의해 보호되는 자녀들과 부모들 사이의 공존의 가능성이 바로 그분으로부터 열리게 된다. 이로부터 볼 때 우리가 지금 다루고 있는 말씀들은 단지 이 일시적인 평화가 소멸되어 가는 세상 전체를 통해서 제한되어 있는 지평을 보여주고 있을 뿐이다. 여기에서 이 말씀들은 단지 다르면서 지속되는 것을 기꺼이 받아들이는 열린 마음을 요구하고 있을 뿐이며, '지금 이 세상에' 인간 역사와 관계들에 낯설고 평화를 의문스럽게 만들 수도 있는 결단을 요구하고 있는 것이 아니다.

진실은 다음과 같다: 자신의 부모에 대한 예수의 행동과 다섯 번째 계명에 대한 그분의 설명은 비록 하늘과 땅이 소멸하는 가운데 있지만, 그럼에도 아직은 지나가지 않았고, 아직 새롭게 되지도 않았다는 것과, 그리스도인의 일반적인 과제는 이런 전제 하에서 그분께 순종하고 충성하는 것에 놓여 있다는 것을 확증하고 있다. 그러나 겉으로 보기에 보수적인 디도서 2:12의 말씀이 13절에서 매우 혁명적으로 이어지고 있음을 간과해서는 안 된다: "…복스러운 소망과 우리의 크신 하나님 구주 예수 그리스도의 영광이 나타나심을 기다리게 하셨으니." 사람들이 저 첫 번째 가능성을 둘러싸고 있는 지평을 알지 못한다면, 이 가능성 자체를 볼 수 없고, 붙잡을 수도 없다. 저 평화는 실제로 단지 일시적인 평화에 불과하다. 사람들이 더 나은 것을 기다리지 않는다면, 이 평화 안에서 살 수도 없고, 이것에 기뻐할 수도 없다. 이 평화는 고정되어 있는 연못이 아니다. 이는 실제로 그분 안에서 저 영광이 나타나는 것에도 반대된다. 상황은 이렇다. 이 세상은 소멸하고 하나님의 나라가 온다. 하나님의 나라가 오기 때문에, 이 소멸하는 세상에서 사람들은 오직 하나님의 거룩하게 하시고 치유하시는 은혜를 통해서만 저 평화 속에 살 수 있다.

이제 다시 마태복음 10:34로 되돌아가 보자: 예수는 이 평화를 주기 위해 오신 것이 아니다. 예수는 이 평화를 단순하게 거부하신 것도 아니고, 원칙적으로 거부하신 것도 아니며, 보편적으로 거부하신 것도 아니다. 하지만 그분은 어느 정도 단지 그분의 왼손으로만, 단지 일시적으로만, 단지 부차적으로만, 단지 다른 것에 이르기 전까지만 이 평화를 주신다. 그분의 파송과 선포의 의미와 목적, 즉 그분의 오른손의 사역은 보존과 개선이 아니라, 그분이 말씀하시고 주셔야만 하는 모든 것에 있어서 세상을 갱신(Erneuerung)하는 것이다. 그분은 이것을 십자가에서의 죽음을 통해 성취하셨고, 죽음에서 부활하심으로써 처음으로 그분을 알고 그분을 믿는 모든 사람을 위한 서약임을 명백히 하셨다. 이것이 아직 존재하는 세상과 아직 유효한 관계들 및 그 질서들과의 관계에서 의미하는 바는 다음과 같다: "나는 화평이 아니라 검을 주러 왔다", 세상의 종결과 마지막에 대한 표지, 세상의 파멸에 대한 신호, 어제와 오늘, 옛 것과 새것, 이 세상과 다가오는 세상 사이의 구별에 대한 신호. 이것은 특정한 사람들과 특정한 상황에서 그들의 존재와 행위와 모습을 통해 저 평화가 아닌 저 평화를 제한하는 하나님의 나라를 증거하도록 호소하는 부름을 의미할 수 있다. 동일한 방향을 가리키는 누가복음 12:49의 말씀을 생각해 보자: "내가 불을 땅에 던지러 왔노니 이 불이 이미 붙었으면 내가 무엇을 원하리요!" 예수를 통해서 도래했고, 이제 그 영광의 계시를 향해 달려가고 있으며, 아직 세상에 주어진 마지막 시간과 저 평화를 제한하고 있는 하나님의 나라는 결코 굳어서 현실성을 결여한 물가(Ufer)가 아니다: 즉, 물 자체와 같이 혹은 모든 위엄 가운데 있는 철학자들의 초월처럼 한 번이자 영원히 자신의 위치와 자신의 범위 속으로 추방되어서, 실제적으로 그리고 구체적으로 이 세상에 어떤 영향도 미칠 수 없는 그러한 저 세상(Jenseits)이 아니다. 그분의 공동체와 세상에서 예수 그리스도의 통치는 이와 같다. 그렇게 성령의 다스림도 운하화되거나(kanalisiert), 하나의 유일한 형식과 형태에, 즉 우리가 이 세상에서 "신중함과 의로움과 경건함으로" 사는 것을 가능케 하고 이것을 명하는 형식과 형태에 제한되지 않는다. 거기에서―그리스도인인 우리가 지금 여기에서 이미 소유할 수 있는 평화의 진리와는 매우 다르게―이 세상 안에 편안하게 정착해서, 세상의 유지에 기분 좋게 종사하고, 열심히 세상을 개선하는 데 힘쓰며, 종말(Eschaton)로서의 하나님 나라가 근본적으로 없어도 상관없고, 정직하게 말하자면 종말이 순전히 이론에 불과할 뿐인 그런 길들여진 교회주의(Kirchentum)와 그리스도교(Christentum)와 인간성(Menschentum)이 형성될 수 있다. 그러나 하나님 나라와 예수 그리스도 그리고 성령은 이것이 방해받지 않고 그대로 있도록 내버려 두지 않는다: 이것뿐만 아니라 그 자체 안에 머물고, 움직이고, 자신의 고유한 규칙들에 따라서 살아가는 부모됨(Elterntum)과 자식됨(Kindertum)에 대해서도 마찬가지이다. 이제 상황은 다음과 같다. 저 지평으로부터 다시 매우 주목할 만한 강렬한 섬광이 우리가 지금 살고 있는 장소들의 영역 위에 떨어져 비춰고 있다. 우리는 아직 여기에서 단지 텐트 생활만을 할 수 있을 뿐이며, 언젠가는 이것을 떠나야 하고, 언젠가는 완전히 다른 집과 바꿀 수 있게 된다. 이제 저 검이 내리꽂히고, 이제 저 불이 타오른다. 이제 사람들은 존재하고 있는 것들의 세상으로부터, 진행되는 것들의 역사로부터, 그리고 그들에게 적법하게 주어진 평화로부터 어느 정도 벗어나서, 모든 일시성과 언약함 가운데 종말(Eschaton)의 완성, 즉 이미 도래했고, 최종적으로 계시되어야 할 하나님 나라의 완성에 대한 살아 있는 표지가 되도록 특정한 행위들과 행동방식들로 부름을 받게 된다. 그들은 예언자적인 사람들 혹은 특별하면서 아마도 작지만 그럼에도 예언자적인 책임들을 가지고 있는 사람들이다. 이 책임들을 수행할 때도 그들은 그들 부모의 자녀들이다. 그러나 이제 그들은 부모의 자녀들로서가 아니라, 하나님 나라의 자녀들로서 생각하고, 말하고, 행동해야만 한다. 저 관계가 포함하고 있는 의무들과 요구들에 상관없이 이것을 하고 저것을 그만두어야 한다면, 이것을 그들의 부모가 이해할 수 없다면, 그들은 그런 의무를 갖고 있지 않기 때문에 이것을 알지 못하는 가장 가까운 사람들에게 낯선 사람이 되는 그런 길을 가게 될 것이다. 바로 여기에서 자녀들과 부모들 사이에 분리가 생길 수 있다. 부름 받은 자들로서 그들은 이 분리로부터 벗어날 수 없으며, 이 분리를 통해서 예수 편에 서는 것을 주저해서는 안 된다.—바로 그곳에서 저 말씀 모음집들(Logien)이 언급하고 있는 버리는 것(ἀφεῖναι), 나누는 것(διχάζειν), 미워하는 것(μισεῖν)으로 나아간다. 이것들은 분명 충격과 놀람, 그리고 우려를 불러일으킨다. 사람들은 이들을—저 존재하는 것들의 세상으로부터 그리고 그곳에서 적법하게 가능한 평화로부터 볼 때, 결코 부당하지 않게!—가르치고, 경고하고, 붙잡아서, 건전한 길로 이끌려고 할 것이다. 사람들은 이것이 그들에게 좋다고 생각하지만, 그들이 이제 책임져야 할 미래적인 것과 관련해서가 아니다. 사람들은 그들에게 반대하여 다섯 번째 계명을 주장할 수 있다. 이제 그들에게 순종이란 그들이 오류에 빠지지 않는 것과, 그들이 아마도 스스로 받아들여야만 하는 나쁜 겉모습 때문에 놀라지 말고, 그들이 부름을 받은 순종 안에 확고히 머무르는 것을 의미한다. 이제 그들은 아버지와 어머니를 그들을 부르신 분보다 더 사랑해서는 안 된다. 아마도 그들은 어느 정도 시간이 지난 후에 부모에 반하여 받아들여야만 하는 특별한 위치로부터 풀려나게 된다. 아마도 구약성서의 마지막 구절에서(말 4:6. 참조. 눅 1:17) 기대되고 있는 것들의 무엇인가가 일어날 수 있다: "여호와의 크고 두려운 날"이 시작되기 전에 하나님은 무엇보다 먼저 아버지들의 마음을 자녀들에게로, 자녀들의 마음을 아버지에게로 향하게 하시고 돌이키게 하실 것이다. 이것은 명백하게 다음을 의미한다: 부모들이—하나님에 의해서 일깨워져서—자녀들이 선택한 길의 더 높은 권리에 대해 확신하게 되고, 그들의 증거를 받아들이고, 그들에 대한 반대를 단념하고, 그들과 함께 하나의 선 위에 섬으로써 자녀들과 부모들 사이에 불가피하게 야기된 갈등이 해결된다. 우리의 논의와 관련해서 이 말씀이 중요하다. 왜냐하면 이 말씀은 예수의 말씀들이 주목하는 특별한 상황과 소명의 경우들에 있어서 문제가 되는 것은 자녀들과 부모들 사이의 관계의 파괴가 아니라, 급진적인 갱신(Erneuerung)이라는 점을 확증해 주고 있기 때문이다: 즉, 문제가 되는 것은 가장 가까운 사람들을 서로 찢어 놓는 것이 아니라, 그들을 소멸해 가는 세상 속의 평화에서 그리고 하나님 나라의 완성을 바라보며 진정으로 완전하게 결합시키는 것이다. 그러나 이것은 그러한 경우들에서도 사람들이 위로를 받을 수 있는 약속이다. 저 말씀들에 따르면 그러한 경우들에서 주목해야 할 계명은 영원한 하나님 나라를 직접적으로 증거하도록 부르시는 특별한 소명으로 인해 자녀들과 부모들 사이에서 발생할 수 있는 갈등들을—만일 발생한다면—어떤 구실을 대더라도 회피해서는 안 되며, 고통스럽더라도 영예롭게 견뎌야만 한다고 말한다.

이 기본적인 것 이외에 자녀들과 부모들의 관계에 관련된 이 윤리적인 한계상황에 대하여 말할 수 있는 것이 그다지 많지는 않다. 두 개의 경고들만으로 만족해야만 한다.

첫 번째 경고는 자신이 이 한계상황에 있다고 생각한다면, 언제나 거듭해서 정말로 그러한지 점검하는 것이 확실히 필요하다는 것이다. 독립의 필요성, 자기 자신의 본래적인 길을 찾고 그 길을 가는 기쁨, 키에르케고르와 같은 인물에게서 나오는 닮고자 하는 자극, 새로운 아이디어에 의한 영감, 이 모든 것은 하나이고, 다른 어떤 것이며, 사람을 본래적이고 최종적인 필요성에 따라 신적 계명의 진지함과 힘으로, 저 특별한 자유와 갈등 속으로 이끄는 영원한 경계로부터 나오는 부름이다. 진정으로 예언자적인 사람들이나 혹은 단지 일시적인 예언자적 과제들을 가지고 있는 사람들은 드문 현상들이다. 사람들은 오직 이와 같은 예언자적인 사람들만이 합법적으로 갈 수 있는 길에 들어서기 전에 여전히 다시 한 번 합법적이면서 진정으로 정상적인 다른 가능성을 지키는 것이 오히려 더 바람직하지 않은지 스스로에게 충분히 여러 번 질문할 수 없다. 우리가 여기에서 관심을 가지고 있는 예수의 말씀들은 모든 종류의 독자적인 영적 모험에 대한 승인과는 다르다.

또 다른 경고도 마찬가지로 분명하게 제시되어야 한다: 사람들이 스스로 이 부름을 찾지 않고, 오히려 그 부름에 대해 낯설어 하고 싫어하며, 이 부름을 기꺼이 따르려고 하지 않고, 솔직하게 자기 부모와의 관계에서 정상적인 길로부터 나오기를 꺼려한다는 사실에서 이와 같은 특별한 부름의 진정성(Echtheit)을 형식적으로 최소한 어느 정도 확실하게 인식할 수 있다. 그렇다면 사람들이 다루고 있는 것은 만남(Begegnung)일 수 있다. 이 만남 앞에서 어떤 회피도 없고, 만남의 결과로 사람들은 진정 자유 속으로 인도되며, 만남 속에서 사람들은 새로운 길을 갈 수 있을 뿐만 아니라, 또한 가야만 하고, 만남을 통해서 사람들은 갈등의 위험을 두려워하지 않게 된다. 이 때문에 예수의 저 말씀들은 어떤 반론을 통해서라도 침묵 속에 놓여서는 안 된다. 누군가 이 말씀들을 고통스럽게 만난다면, 그는 아마도 이 말씀들을 진정으로 종말(Eschaton)에 관한 선포로서 만났을 것이다. 그렇다면 그는 이 말씀들을 따르고, 그를 부르신 분이 그에게 지시하실 땅으로 가는 여정을 아브라함과 함께 떠나도록 부름을 받았다.

---

우리는 동일한 문제의 영역을 다른 측면에서 살펴보고자 한다. 사람은 아버지 또는 어머니일 수 있고, 한 남자와 한 여자는 함께 부모일 수 있다. 신적인 계명의 빛에서 자녀들에 대한 그들의 관계가 이제 우리가 다루어야 할 두 번째 주제이다. 그러나 여기에서는 피할 수 없는 두 개의 선행질문에 대답해야만 한다.

첫 번째 질문은 부모가 되지 않는 사람들이 존재한다는 사실 때문에 제기된다. 우리는 일반적으로 말해서 그렇게 될 수 있고 또 원하지만, 그럼에도 불구하고 실제로는—독신이거나 혹은 자녀가 없는 결혼 때문에—그렇게 되지 않는 모든 사람을 고려한다. 여기서 질문은 그들이 이 결핍에 대해서 무엇을 하고자 하는가, 바로 이 결핍과 관련하여 하나님의 계명은 그들에게 무엇을 말해 주어야만 하는가이다. 어느 정도 그들 모두는 자녀가 없는 상태를 하나의 결핍으로, 자연에서 가장 가까이 있는 사람들의 범위 안에 있는 틈으로, 삶을 위해 중요한 것들, 기대하고 원하는 좋은 것들의 부재로 느낀다. 자녀들을 가지고 있고, 그들 때문에 무엇을 얻게 되는지 아는 자는 자녀가 없는 자들에게 이에 관해 말하는 것을 그치려고 하지 않는다. 그가 자신이 받은 것에 대하여 감사할수록, 그는 그들에게서 저 결핍을 더욱더 절실하게 느끼게 된다. 부모됨(Elternschaft)이란 인간 실존에서 가장 직접적인 광채들과 기쁨들 가운데 하나이다. 이런저런 이유로 이 부모됨을 경험하지 못하는 자는 의심할 여지 없이 결핍의 고통을 지녀야만 한다. 우리는 이 이상 말할 수는 없다. 어쨌든 "행복한 부모"라는 의심스러운 진술로부터 자녀가 없는 상태가 하나의 불행이라는 결론이 내려져서는 안 된다. "불임의 결혼"(unfructbare Ehen)에 관한 다른 진술은 한마디로 황무지와 같다. 왜냐하면 결혼에서의 '불임'은 이제 정말로 결혼이 육체적 의미에서 생산적인지 아닌지에 달려 있지 않기 때문이다. 신약적인 선포의 영역에서는 이제 인류를 그 자체로 계속 번식시키고, 자녀를 잉태하고 낳아야만 하는 어떤 필요성도 없으며, 이를 위한 어떤 보편적인 계명도 없다. 그러나 이것이 여전히 이루어지고 있고, 부모됨의 기쁨을 위한 자리가 여전히 남아 있으며, 언제나 새로운 젊은 세대가 옛 세대를 이어가고 있다. 이 모든 것은 여기에서 즉시로 새롭게 고려되어야만 할 것, 즉 하나님의 나라가 도래하고, 이 세상은 소멸된다는 사실의 빛 가운데서 이야기되어야만 한다. 어떤 경우에도 이것이 이루어져야만 한다고 말하는 하나님의 법이 그리스도가 태어나신 이후(post Christum natum)에는 더 이상 의문시될 수 없다. 후손에 대한 걱정, 즉 우리의 피와 우리의 이름과 우리의 명예와 우리의 재산의 상속자인 자녀를 가져야만 한다는 요구가 주는 압력─비록 이 문제 자체가 제거될 수는 없지만, 아들(예수 그리스도를 의미─역자 주)이 태어나서(오직 그의 탄생만이 진정으로 처음이자 마지막으로 중요하다.) 우리의 형제가 될 때 이 문제에서 비롯되는 부담과 괴로움과 날카로움이 모든 사람으로부터 제거될 수 있는 것은 도래하는 하나님 나라와 마지막을 향해 가는 시간(이 시간은 우리의 시간이다.)이 주는 위로이다. 그분이 이미 오셨기 때문에, 이제 우리는 오시는 것이 확실한 자 이외의 어느 누구도 기다려서는 안 된다. 이제 아무도 잉태되고 태어나서는 안 된다. 부모됨은 이제 단지 자유롭고, 어느 정도 부차적인 하나님의 선하심의 선물로 이해되어야만 한다. 자녀가 없다는 것이 이제는 어떤 경우에도 전혀 흠이 될 수 없다.

의도되지 않은 자녀 없는 결혼은 정말로 "정상적이고 완전한 결혼이 아닌가?" 브루너(E. Brunner, *Das Gebot und die Ordnungen*, 1932, 626f.)는 아니라고 말한다. 그러나 이런 자격 박탈과 이와 유사한 주장들에서는 추상적인 구약적 사고로의 후퇴가 있는 것이 아닌가? 그리스도가 태어나시기 전에(ante Christum natum)는 그렇게 말해질 수 있었다. 그러나 그리스도가 태어나신 후에도(post Christum natum) 계속해서 동일하게 말한다면 도대체 무엇을 하는 것인가? 시편 127:3 이하에 나오는 당당하고 의기양양한 진술은 그리스도인의 입으로 다시 말해져도 좋을 것 같다: "보라, 자식들은 여호와의 기업이요 태의 열매는 그의 상급이로다. 젊은 자의 자식은 장사의 수중의 화살 같으니, 이것이 그의 화살통에 가득한 자는 복되도다. 그들이 성문에서 그들의 원수와 담판할 때에 수치를 당하지 아니하리로다." 그러나 예수 그리스도의 죽음과 그분의 재림 사이에는 이러한 찬양이 더 이상 불가피하지 않다. 구약성서 전체를 통해 들리는 자녀 없는 자들의 비참함은 새로운 언약 공동체 안에서는 더 이상의 근거를 가질 수 없다. 예외적인 경우는 구약성서 안에서도—예언적으로 다가올 마지막 시대에 관해 이야기될 때—이 비참함이 진정한 것으로 보일 때이다. '불임' 여성이 여기에서는 실로 항상 결핍과 비참함과 포기의 상징으로, 그리고 이스라엘과 이스라엘 안에 있는 모든 의로운 자들의 희망과 하나님이 그들의 구원자로 놀랍게 나타나실 영광스러운 미래에 대한 상징으로 등장한다: "전에 임신하지 못하던 자는 일곱을 낳았고, 많은 자녀를 둔 자는 쇠약하도다"(삼상 2:5). 그분은 "높은 곳에 앉으셨으나, 스스로 낮추사 천지를 살피시고, 가난한 자를 먼지 더미에서 일으키시며, 궁핍한 자를 거름 더미에서 들어 세워, 지도자들 곧 그의 백성의 지도자들과 함께 세우시며,"—또한 그분은 "임신하지 못하던 여자를 집에 살게 하사 자녀들을 즐겁게 하는 어머니가 되게 하시도다"(시 113:6f.). "자식을 잃었을 때에 낳은 자녀가 후일에 네 귀에 말하기를, 이곳이 내게 좁으니 넓혀서 내가 거주하게 하라 하리니, 그때에 네가 네 마음에 이르기를, 누가 나를 위하여 이들을 낳았는고? 나는 자녀를 잃고 외로워졌으며, 사로잡혀 유리하였거늘, 이들을 누가 양육하였는고? 나는 홀로 남았거늘 이들은 어디서 생겼는고? 하리라"(사 49:20f.). 마지막으로 이사야 54:1의 말씀, "잉태하지 못하며 출산하지 못하는 너는 노래할지어다! 산고를 겪지 못한 너는 외쳐 노래할지어다! 이는 홀로 된 여인의 자식이 남편 있는 자의 자식보다 많음이라. 여호와께서 말씀하셨느니라." 바울은 이 말씀을 갈라디아서 4:27에서 인용하면서, 이를 율법에서 자유롭게 된 자유로운 사라의 후손, 즉 "위에 있는 예루살렘"에 대한 묘사로 이해했다. 구약성서의 사고 자체가 약속과 관련해서 이러한 구체적으로 복음적인 사고이고, 자유의 사고(Freiheitsgedanke)를 이미 포함하고 있음에도 불구하고, 어떻게 사람들은 이 문제를 다룰 때 이루어진 성취로부터 생각하는 것이 아니라, 구약적인 시각에서 추상적으로, 다시 말하면 후손의 문제와 관련해서 율법적으로 생각할 수 있는가?

이로부터 자녀가 없는 자들에 대한 하나님의 첫 번째 계명은 다음과 같다: 유일하게 중요한 자녀도 그들을 위해서 태어나는 것이기 때문에, 그들의 이러한 결핍이 본래적인 결점도, 최종적인 결점도 아니다. 따라서 그들은 오류를 범하지 말고, 대신에 그들의 희망을 하나님께 걸면서, 기뻐하며 위로받아야 한다. 그다음에 다음과 같이 계속 진행될 수 있다: 그들은 확실히 자녀가 없는 상태와 관련하여 자신들이 이러한 방식으로 다른 과제들과, 관심들 그리고 기쁨들을 위해서 해방되었다고 이해할 수 있다. 자녀를 키우는 것은 멋지고 약속이 가득한 일이다. 하지만 많은 '행복한' 부모들이 정말로 그러는 것처럼 그것 자체에서만 인간 실존의—단지 지상적이고 일시적인—목적과 의미가 추구되어서는 안 된다. 사람들은 아주 다른 방식으로 하나님과 공존인간을 위해 거기에 있을 수 있어야만 하고 또 있을 수 있다. 자녀 양육의 욕망과 관심이 없는 남자와 여자가 없다고 할지라도, 왜 자녀가 없는 상태가 그것 때문에 슬퍼하는 자들에게 어쩌면 바로 곁에 인접해 있으면서 이용되고 있지 않은 다른 들판을 진지하게 둘러보도록 눈짓해서는 안 되는가? 특별히 자녀가 없는 부부들은 그들이 오히려 더 특별히 주의해서 결혼이라는 그들의 생활공동체를 내면적인 측면과 외면적인 측면 두 부분으로 세우도록 부름을 받았고, 이를 할 수 있는 능력을 가지고 있다고 스스로에게 말할 수 있다. 부모됨은 기쁘지만 책임져야 할 것이 많은 결혼의 결과일 수 있다; 그러나 하나의 양육기관이 되는 것은 확실히 그리스도교적으로 이해할 때 결혼의 본래적인 의미가 아니며, 첫 번째 목적도 아니다. 반대로 자녀는 남자와 여자가 결혼에서 서로를 위해서 그리고 서로 함께 그들의 주변 세계에 대하여 보여야 할 모습에 대한 심각한 위협을 의미할 수 있다. 이 점에서 자녀가 없는 상태는 관련된 자들이 이에 대해 오직 고통만을 지닌 채 살아가는 대신에 이를 그 자체로 받아들여서 생산적이 될 수 있도록 해 주는 하나의 면제(Entlastung)이고 하나의 기회일 수 있다. 마지막으로 이 때문에 한 남자와 한 여자가—육신의 자녀들을 마주하고 있는 육신의 부모들처럼 모든 젊은 사람들에 대하여 임무를 지니고 있는—"연장자"(Ältere)가 되는 자격이 줄어드는지, 또는 그들이 물리적인 의미에서 '부모'가 아니기 때문에 부성과 모성으로 더 적게 부름을 받은 것인지—이 질문은 독신자들에게도 마찬가지로 적용된다.—질문해서는 안 되는가? 하나님의 큰 위로가 알려지지 않았거나 유효하지 않은 곳에서 사람들은 이 모든 증거를 빵 대신 돌로 간주할 것이다. 그러나 하나님의 큰 위로가 분명히 보이고 받아들여진 곳에서도 자녀가 없는 사람들이 왜 여기에서 보이는 이런저런 방향으로 움직이지 않는지 이해할 수 없다. 저 위로의 실질적인 형태에 불과한 하나님의 계명은 그들을 이런저런 방식으로 확실히 슬픔으로부터 불러내서, 이런저런 측면을 향해 혹은 모든 측면을 향해 출발하도록 권고한다.

여기에서 고려해야만 될 두 번째 선행질문은 다음과 같은 사실을 통해서 제기된다: 한 남자와 한 여자의 성적인 행위가 아이의 출산과 탄생으로 이어지고 그들이 부모가 된다면, 이것은 이들의 기대와 희망이 가지는 힘 때문이 아니다. 반대로 그들은 이런 결과가 생기지 않도록 자신들의 성적인 행위를 조절할 수 있는 기술적인 가능성을 가지고 있다. 자녀들이 존재할 때 그들은 생식과 관련해서 적어도 부정적으로 처리하는 자유를 가지고 있다. 여기서 우리가 이야기하고자 하는 것은 소위 피임의 문제이다. 이것이 그리스도교에서 허용되는가?—만일 허용된다면, 경우에 따라서는 이 처리의 자유를 강제적으로 사용할 수 있는가?

이에 관해서 먼저 확실해 해두어야 할 것은 오늘날 이 문제에서 그리스도교 측에서도 마찬가지로 근본적인 차이들이 더 이상 없다는 점이다. 즉, 오늘날 대략 일반적으로 이 질문에 대해 긍정적으

로 대답되고 있다: 가톨릭 교인인 에른스트 미켈(Ernst Michel, *Ehe*, 1948, 127f., 198f.)이나 루터교 교인인 보펫(Th. Bovet, *Die Ehe, ihre Krisis und Neuwerdung*, 1946, 159f.)과 같은 그리스도인 의사들에 의해서, 브루너(E. Brunner, 앞의 책, 351f.)나 쇠에(N. H. Søe, *Christl. Ethik*, 1949, 306f.)와 같은 루터교 신학자들에 의해서, 영국 국교회 감독들의 람베스 회의(Lambeth-Konferenz)에 의해서, 뿐만 아니라—예전에 지속적으로 유지된 부정(Negation)을 부분적이지만 근본적이고 결정적으로 돌파한—로마 가톨릭교회의 최고 교도권(Enzykl. 회칙, 정결한 혼인, 1930, Denz. Nr. 2241)에 의해서. 전체적인 노선에서 이것은 이런 입장으로 이끌었던 현대의 시대적 흐름에 대한 양보가 아니다. 오히려 이것은 이 문제에 대한 오랫동안 성숙되고 심화된 성찰이다. 이 성찰은 이 시대의 흐름에 대한 긍정적이고 비판적인 평가를 자체 안에 포함하고 있다.

먼저 우리는 인류의 생육이("생육하고 번성하라!", 창 1:28) 그리스도가 태어나신 후(post Christum natum)에는 더 이상 무조건적인 계명이 아니라는 사실로부터 출발한다. 이것은 때를 기다리시는 하나님의 오래 참으심과 인내하심 가운데 일어난다: 하나님의 오래 참으심과 인내하심이 이 마지막 때에 여전히 계속해서 일어날 수 있는 것은 그분의 선하신 배려 때문이다. 하나님의 오래 참으심과 인내하심은 이것을 허락하시는 분께 대한 감사가 있건 없건 상관없이 계속해서 일어나는 것이 보장되어 있다. 사람이 스스로 제멋대로 되지 않도록 하기 위해서는 하나님의 이런 선하심을 사용해야만 하고, 모든 진지함으로 인류를 유지해야만 한다는 것을 삶에 지치고, 미래에 대해 낙담한 특정한 백성 혹은 백성 가운데 일부의 양심에 호소하는 책임이 그리스도교 공동체에 주어지는 시간들과 상황들이 있을 수 있다. 이와 관련해서 보편적인 필요성을 그리스도교적인 근거를 통해서 확실하게 증명할 수는 없을 것이다.

브루너의 질문(앞의 책, 356)은 적절하다: "수많은 사람이 있는 우리의 시대에 정말로 인구감소가 가장 심각하고 가장 거대한 위험인가?" 우리는 가능한 한 부지런히 출산하고 인구를 증가시키는 것에 대하여 최근 우리의 시대에 큰 소리를 내고 있는 원칙적인 격려가 특별히 이교도적이고(heidnisch) 민족주의적인 성격을 띠고 있었으며, 그 밖에도 (매스꺼운 모순이지만) 군사적인 의도와 인종학살의 목적을 가지고 단지 지나치게 협소한 맥락 가운데 있었다는 사실을 그렇게 쉽게 잊을 수 없을 것이다. 지난 수백 년 동안의 놀라운 아동 사망률과 관련해서도 피임을 하지 않는 것이 인류의 실제적인 생육에 정말로 적합했는지 조용히 질문해 볼 수 있다. 그토록 아무런 규제 없이 출산에 우호적인 저 시대에서가 아니라, 이 점에서 더욱 의심스러워진 최근에 오히려 소름끼칠 정도가 되어버린 저 인구 증가에 도달했다.

이런 측면에서는 확실히 피임의 자유에 반대하는 납득할 수 없는 그 어떤 것에도 이의를 제기할 수 있을 것이다.

이 질문이 결혼 공동체의 문제로부터 고찰된다면 다소 달라진다.

우리는 먼저 결혼이라는 생활공동체가 —부모됨(Elternschaft)으로의 확장은 제외하고— 하나님의 계명에 의해 거룩하게 된 관계라는 점을 주장해야만 한다. 우리는 성관계 그 자체에 관해 말하고 있지 않다. 그러한 성관계가 그 자체만을 위해 실행된다면 결혼의 내부와 외부에서, 피임을 하거나 혹은 하지 않거나 상관없이 하나의 비인간적인 사건이고 하나님의 계명으로부터 제외된 사건이다. 신중하게 말한다: 성관계의 육체적인 요소들을 포함하고 있는 결혼이라는 생활공동체는 부모됨으로 확장될 수 있는 가능성과는 상관없이 하나님의 계명에 따라 자신의 가치와 권리를 가진다. 결혼을 적법한 후손의 출산을 위한 기관으로 간주하는 것은 언제나 조야한 생각이다. 성관계는 결혼 공동체의 완전한 성취에 속하는데, 이 점에서 우선적으로 의미를 갖게 된다. 공동체의 개념으로부터 성관계가 자녀를 갖기 위한 의도나 혹은 오로지 자녀를 위한 준비와 결합되어야만 한다는 요구가 일반적으로 그리고 불가피하게 나올 수는 없다. 오히려 이 공동체의 개념으로부터 성관계가 후손의 출산과 탄생을 배제한 채 오로지 두 파트너 사이의 사랑의 관계만이 그 의미가 되는 형태로 성취될 수 있다는 생각이 의문시될 수 있다. 바로 여기에서 이제 하나의 —만일 내가 올바로 보고 있다면, 피임에 반대하여 심각하게 중요성을 획득하게 된 유일한— 질문이 생긴다: 결혼이라는 생활공동체의 육체적인 보완인 성관계는 어떤 경우에도 인간에 의해서 실행됨으로써 하나님의 선하심에서 비롯된 제안(Angebot)이 될 수 있다. 하나님은 이 마지막 때에도 이 제안이 "우리에게서 그치는 것"을 원하지 않으신다. 따라서 기술적으로 억제되거나 중단된 모든 성관계와, 자녀를 꺼리는 가운데 행해지는 —이외에도 이런 목적에서 피하게 되는— 성관계는 이 제안에 대한 거부를 의미하며, 또한 하나님의 계명 아래 살아가는 결혼 공동체가 성관계를 자체 안에 포함할 때 하나님으로부터 받을 수 있는 결혼 공동체의 확장과 번영을 포기하는 것을 의미한다. 사람들은 이것을 포기할 수 있을까? 그래야만 하는가? 이를 통해서 무엇을 하게 되는지 사람들은 아는가? 결혼 공동체가 이런 확장의 가능성을 그 안에 포함하고 있다면, 여기에서 작용하는 거리낌(Unwilligkeit)은 이제 이 결혼 공동체에 대한 하나의 —어쩌면 단지 가벼운, 그러나 어쩌면 깊은— 위협을 의미하지 않는가? 만일 저 가능성에 대한 거리낌에 의해, 저 가능성에 대한 자유로운 배제에 의해 성관계에 제한이 가해지게 된다면, 단지 육체적인 보완으로서의 성관계만으로 그 한계 내에서 완전할 수 있을까? 혹은 이 거리낌으로 인해서 성관계가 결혼 전체에 긴밀한 위협을 야기하지 않으면서 기피될 수 있을까? 근본적으로 피임의 자유를 긍정하는 자는 이 실제적인 질문에 충분히 대답할 수 없을 것이다. 만일 저 포기의 위중함, 위협의 심각성이 이 자유로 인해 제거된다면, 사람들이 자유로운 양심을 가지고 행한다면, 이 자유를 사용하는 것은 합당한 근거를 가지고 있어야만 한다. 이 질문들을 통해서 이 문제를 경솔함과 편리함으로 접근하는 모든 태도에 빗장이 채워져야만 한다. 만일 결혼 공동체가 성관계를 자체에 포함하고 있다면 이것은 결혼 공동체가 결과적으로 부모가 되는 가능성을 가지고 있음을 의미한다. 이 결과에서 벗어나는 것은 결코 방자함과 타성의 문제일 수 없다. 저 가능성을 배제하는 자, 즉 저 결과로부터 자유로이 벗어나는 자에게는 그가 이를 정말로 하나님의 계명 아래에서, 정말로 계명에 대한 책임감을 가지고 하는가 아니면 자의에 따라서 하는가라는 질문이 던져진다. 따라서 이 측면에서 먼저 하나의 강력하고 언제나 거듭해서 고려되어야만 될 금지가 시행되어야만 한다. 완전한 생활공동체인 결혼이 요구하는 바에 따르면 저 자유의 사용은 하나님의 계명에 의해 엄격하게 금지되었다. 하지만 물론 이 자유가 절대적으로 부정될 수 없는 가능성이 남아 있다.

다음은 저 자유를 근본적인 것으로 지지하는 주장이다: 성관계를 통한 결혼 공동체의 육체적인 완성뿐만 아니라, 참여한 두 사람이 하나님의 계명을 박탈당하지 않아야 하기 때문에, 이 사건 안에서 임신과 출산도 마찬가지로 그들의 책임 있는 행위로 이해되어야만 한다. 만일 성관계를 포함하는 결혼 공동체가 고유의 권리와 가치를 소유하고 있다면, 마찬가지로 임신과 출산의 행위에도 동일하게 고유의 권리와 가치가 부여되어야 한다. 만일 결혼이 단지 인류의 생육만을 위한 제도가 아니라면, 마찬가지로 임신과 출산도 저 공동체의 절정을 이루는 육체적인 사건이 도달하는 불행한 결과에 불과한 것이 아니다. 이것은 임신과 출산이 고유하고 특별한 방식으로 책임 있게 행해져야 하는 행동의 문제임을 의미한다. 바로 이런 책임 때문에 이것은 예(Ja)와 아니요(Nein) 사이에서의 선택과 결정의 문제가 되어야만 한다. 왜 여기에서는 하나님의 계명이—마치 계명이 바로 이 점에서 사람들에게 이미 잘 알려져 있다는 듯이—질문되어서는 안 되는가? 왜 여기에서는 결코 선택되거나 결정되어서는 안 되는가? 사람들은 무슨 권리로 여기에서 이것이 요구되지 않고, 오히려 행운이나 우연이 중요하고 심지어 더 낫다고 말할 수 있는가? 그렇지 않다. 사람들은 당연히 이의를 제기할 것이다: 여기에서 하나님의 섭리가 다스려야 하며, 이것에 그리고 자연의 순환(Lauf der Natur)에 간섭하려고 해서는 안 된다. 이것에 그리고 '자연의 순환'에!—여기에 이 이의 제기의 오류가 숨어 있다: 마치 하나님의 섭리와 자연의 순환이 동일하다는 듯이! 마치 사람들이 이것으로부터 저것을 읽어낼 수 있다는 듯이! 마치 자연의 순환 속에 들어 있는 하나님의 섭리와 뜻이 하나님을 믿고 그분의 말씀에 주목하고 그분께 순종하는 사람에 의해 경우에 따라서 새롭게 발견되고, 책임 있는 자유로운 선택과 결정으로 붙잡혀서 실행되어서는 안 된다는 듯이! 마치 그가 어떤 경우든 '나는 자녀를 갖기를 원하는가?'라는 정말로 특별한 질문에 대하여 자신을 살아 계신 하나님의 손에 맡기면서 특별하게 대답하지 않았다는 듯이! 마치 그에게는 여기에서 이성적인 성찰을 중단하고, 이성적인 자세를 포기하는 것이 허용되었다는 듯이! 그 반대가 옳다: 여기에서 다시 한 번 특별히 사려분별(Besinnung)이 지배해야 하며 책임 있는 단호함(Entschlossenheit)

으로 행해져야 한다.

나는 이에 관해 에른스트 미켈(Ernst Michel)이 말한 것(앞의 책, 189f.)을 인용하겠다: "(섭리적인 다스림에 대한) 믿음과 신뢰는 자녀들을 통해 주어지는 축복의 가능성을 설명해 준다. 이것은 임신과 출산에 대한 질문에서 종교적으로 위장된 자연의 속박(Naturhörigkeit)에 얽매여 있는 것이 아니라 책임 있는 자세로 서 있다. 하나님의 모든 선한 선물은 해당하는 사람이 그것을 받아들일 때 적용되고, 그럼으로써 선물과 축복의 성격이 펼쳐질 수 있는 것처럼, '자녀의 축복'(Kindersegen)도 그 축복의 가능성이 펼쳐지기 위해서는 부모의 책임 있는 긍정을 필요로 한다. 따라서 우리는 피임을 책임을 동반하는 숙고의 결과로서 긍정한다. 왜냐하면 책임감을 가지고 자연을 그 목적에 맞도록 의미 있게 구성하는 것이 사람의 자격이기 때문이다. 왜 사람이 성적인 것들의 영역에서 순전한 자연의 순환을 단순하게 받아들이거나 혹은 그 자체로 윤리적 규범으로 만들어야만 하는지 이해할 수 없다."

이러한 사려분별과 단호함의 위험은 명백하다. 우리는 이미 어느 하나의 모습을 하고 있는 이 위험을 언급한 바 있다: 일반적으로 말해서 잘못된 성찰에 근거한 이와 같은 인간적인 사려분별과 단호함 때문에 실제로 존재하는 하나님의 제안이 거부되며, 부모에게 빛과 기쁨이 될 수 있는 자녀가 임신되지 않고, 태어나지 않고, 존재하지 않게 되는 일이 발생할 수 있다. 반대로 하나님의 제안이 아닌 것이 긍정될 수도 있다; 다시금 잘못된 성찰 때문에 부모의 입장에서 볼 때 없는 것이 더 좋았을 그런 아이가 태어날 수 있다. 따라서 양쪽 모두에 오류의 가능성이 존재한다. 이 두 오류는 모두 결혼 공동체이자 성적 공동체에 대한 위협이다; 이 두 오류는 어떤 형태로든 하나님의 심판을 받게 된다. 하나님의 뜻과 계명을 그르칠 때 생기는 위험은 믿음과 순종의 책임 있는 행동과 시도가 요청되는 그 어떤 곳에서보다 더 작지도 않고 더 크지도 않다. 바로 이러한 시도가 여기에서도 요구된다. 때문에 저 위험과 관련해서 이 문제에서 생각 없이 "오는 것처럼 가도록 하는 것"이 자유로운 사려분별과 단호함으로 하는 행동보다 더 낫다고 말하는 것은 잘못되었다.

주어진 상황에서 한 남자와 한 여자의 믿음은 삶에 대한 단순하고 용기 있는 신뢰의 성격을 가질 수 있다. 남자는 그의 아내에게 임신과 출산의 어려움을 기대할 수 있다고 믿는다. 여자는 이런 전망을 단지 위협으로서만이 아니라, 동시에 약속으로서 이해하고 받아들일 수 있다고 믿는다. 두 사람 모두는 임신과 출산을 통해서 그리고 자녀의 탄생과 존재를 통해서 그들에게 위임된 과제를 수행할 수 있다고 믿는다. 만일 그들이 이 둘 모두를 함께 그리고 각각을 별개로 믿을 수 있다면 그것을 믿어야 하고, (진지하게 말해서) 하나님의 이름으로 자녀를 갖기를 원해야 한다. 그러면 그들이 오류에 빠지더라도 일어나는 것은 어쨌든 책임 있게 그리고 하나님의 계명과의 올바른 관계 가운데서 일어나게 된다.

'피임'의 개념에서도 무엇보다 이 긍정적인 점이 고려될 수 있고 또 고려되어야만 한다. 피임은 기쁨과 기꺼이 자녀를 갖고자 하는 마음과, 기꺼이 부모가 되고자 하는 마음과, 포기의 가능성을 의도적이고 결정적으로 그리고 믿음 안에서 포기하는 것일 수 있다. 사람들이 예전에는 믿음에 근거한 삶에 대한 신뢰가 더 보편적이었기 때문에 출산과 출생에 관하여 훨씬 더 의심을 갖지 않았다고 주장한다면, 이것은 확실히 '좋았던 옛 시절'에 관한 완전히 적절치 못한 생각들에 근거하고 있는 것이다. 이 문제에 있어서 이미 당시에도 의구심과 이에 대응되는 수많은 행위가 있었다. 그러나 오늘날 이 측면에서의 의구심의 만연과 부정적인 의미에서의 피임의 유행에 직면해서 다음과 같은 질문이 제기된다: 오늘날 분명히 그토록 많은 사람이 더 이상 저 삶에 대한 신뢰를 내세울 수 없는 것처럼 보이는 것은 무엇 때문인가? 변화된 사회관계들이 어느 정도 이것을 설명하지만, 모두를 설명할 수는 없다: 왜냐하면 오늘날 이 유행이 확산되기 시작한 곳은 소작인들이나 노동자들이 아니라 부유한 중산층과 상류층이기 때문이다. 이 유행은 예를 들면 현대 미국의 번영에 동반되는 현상이다. 여기에서는 의심할 여지 없이 믿음의 황폐와 빈곤이 삶의 외적인 조건들의 황폐와 빈곤보다 더 큰 역할을 하고 있다. 믿음에 근거한 삶에 대한 신뢰로부터 오늘날 이루어지는 것보다 확실히 훨씬 더 자주 저 긍정적인 의미에서 선택과 결정이 내려질 수 있다.

그러나 만일 사람들이 저 용기 있는 삶에 대한 신뢰를 어떤 환경에서도 그리고 어떤 경우에도 확실히 강조하고 확인하는 것을 믿음에서 어느 정도 법으로 만들고자 한다면, 이것은 물론 확실히 그리스도교적이 아니라, 매우 이교도적으로—혹은 유대적으로—생각하는 것이다. 실제로 한 남자로 어떤 상황에는 자신의 아내에게 저렇게 기대해도 좋은지 확실하게 믿을 수 없는 경우가 있을 수 있다: 육체적인 건강과 정신적인 건강에 대한 배려 때문에 이것이 금지될 수 있다; 그러한 배려가 있어야만 한다; 이런 배려가 없다면 이는 언제나 남자의 야만으로 일컬어져야 한다. 여자가 임신을 약속으로 이해하지 못하고, 이를 원하지 않을 수도 있다. 그들은 상대가 자녀의 탄생과 존재를 책임질 수 있다고 믿지 못할 수도 있다. 이런저런 심각한 이유로 인해 둘이 이제 정말로 하나님의 이름으로 믿음 안에서 자녀를 갖는 것이 불가능할 수 있다. 만일 그들이 또는 그들 중에 한 사람이 이런 심각한 이유들에도 불구하고 자녀를 갖고자 한다면, 이것은 그들의 결혼 공동체에 대한 위협이 될 수 있다. 그들은 이 이유들이 편리함과 경솔함에 대한 핑계가 아닌지 점검해 보는 것이 좋다. 만일 이 이유들이 점검을 통과한다면 그들은—그들이 오류를 범할 수 있는 위험 때문에—자녀를 갖고자 해서는 안 된다. 이후에 일어나는 것은 마찬가지로 책임 있게 그리고 하나님의 계명에 대한 올바른 관계 속에서 이루어지게 된다.

오늘날에는 바로 이 지점까지 모든 중요한 그리스도교 윤리가들—의사들, 신학자들, 성직자들—사이에 의견이 일치하고 있다. 사람들은 임신과 출산을 선택하고 결정하거나 그렇지 않거나 모두 인간적인 자의의 문제가 아니라는 점과, 이것이 우연에 맡겨져서는 안 되고, 선택과 결정의 성격이 결핍되어도 안 된다는 점, 그리고 이것이 경우에 따라서 자유로운 순종 그리고 자유로운 심사숙고와 결정의 문제이어야만 한다는 점에 동의한다. 그러나 특별히 가톨릭교회와 개신교의 관점 사이에 아직까지 남아 있으며 쉽게 제거될 수 없는 불일치는 선택과 결정이 하나님의 계명에 순종해서 내려졌을 때 어떻게 이 부정적인 선택과 결정이 다시 계명과의 올바른 관계 안에서 책임을 가지고 실행되어야만 하는가라는 질문과 관련된다.

만일 한 남자와 한 여자가 구체적인 상황에서 임신과 출산에 책임을 질 수 있다고 믿지 않는다면 무슨 일이 발생하는가? 네 개의 가능성들을 생각해 볼 수 있다. (1) 완전한 성적 절제의 실천, (2) 여자가 임신을 할 수 없는 특정한 때의 성관계, (3) 성교의 중단(coitus interruptus, 질외사정과 같은 임신 방지법 — 역자 주), (4) 피임수단의 사용. (1) 이 네 가능성들은(두 번째는 말할 필요도 없고, 첫 번째는) 자연 법칙과 관련된 인간적인 계획과 수행과 조절의 성격을 가지고 있다. 이것을 근본적으로 거부하는 사람은 당연한 결과로 이 네 가능성들 모두를 거부해야만 한다. 만일 이것을 근본적으로 부인할 수 없다면, 이 네 가능성들 가운데 어느 하나에 근본적이고 절대적인 우선권을 부여할 수 없을 것이다. (2) 이에 따라서 이 네 가능성들은 각자의 방식으로 매우 괴롭게 만들고, 힘들게 하는 무언가를—사람들은 이것을 '부자연스러운 것' 혹은 '인공적인 것'이라고 부를 수 있다.—자체에 포함하고 있다고 명백하게 말할 수 있다. 중요한 것은 자연 법칙의 습득이고, 이 경우에 있어서는 인간 실존의 자연적인 순환에 대한 습득이기 때문에, 이것에 놀랄 필요는 없다: 이 문제에서 긍정적인 결정과 마찬가지로 부정적인 결정도 대가가 치러져야 하고, 두 경우에서 — 부정적인 경우 선택으로 향하는 길에서는—그 값이 작을 수 없다는 것은 분명하다. 이 가능성들이 괴로움을 가지고 있다는 사실 그 자체가 이 가능성들을 반대하지는 않는다. 이 문제에서 금지된 것이 이루어져야 한다면 이 네 가능성들 가운데 하나가 선택되어야만 한다: 이들의 기술적이고, 부자연스럽고, 인위적인 성격에도 불구하고 그리고 각각의 가능성이 지니고 있는 괴로움에도 불구하고 말이다.

이전에 사람들은 성적인 절제, 즉 '결혼 내적인 금욕'을 부정적인 결정의 상황에서 그리스도인들이 유일하게 고려할 수 있는 것으로 보았다. 오늘날 사람들은 이것을 적어도 추천할 수 있는 "도로"(Hochweg)로 본다. 이 길이 매우 어렵고 아마도 '영웅적인' 것으로 보인다는 점이 이 길을 인상적으로 만든다. 사람들은 이 길을 가는 것이 어떤 경우에도 불가능하다거나, 특정한 상황에서는 특정한 사람들에게 강제될 수 없다고 주장할 수 없다. 나는 사람들이 이 길을 일반적으로 "풍요로운 강간"(fruchtbare Vergewaltigung)의 길로(E. Brunner, 앞의 책, 354) 칭해야만 한다고 생각하지 않는다. 그러나 사람들은 이 길이 기술적이고, 부자연스럽고, 인위적이며, 괴로움을 준다는 점을 분명히 해야만 한다. 사람들이 이 길을 택할 때, 일반적으로 남자와 여자에게서 성관계를 자체에 포함하고 있는 결혼 공동체에 치명적인 결과를 초래할 수 있는 건강상의 손상들과 매우 불쾌한 심리적인 억압들의 출현을 심각하게 고려해서는 안 된다. 바울이 고린도전서 7:3 이하에서 부부들에게 한 말은—특별히 5절: "서로 분방하지 말라. 기도할 틈을 얻기 위하여 합의상 얼마 동안은 하되 다시 합하라. 이는 너희가 (단지 억제되어 있는) 절제 못함으로 말미암아 사탄이 너희를 시험하지 못하게 하려 함이라."—비록 여기에서 피임의 문제가 다루어지고 있지는 않지만, 이 방향의 길을 가리키고 있지 않다. 이 문제에 관한 엄격한 (또한 신중한) 사고에서도 이 길이 이 질문에 대한 유일하게 가능한 해답이라고 주장할 수 없다.

두 번째 가능성, 즉 일정한 주기로 돌아오는 임신에서 자유로운 날들에 행하는 성관계에서 중요한 것은 최근에 이 문제와 관련하여 절제에 대한 추천을 넘어서 로마의 교권(römischer Stuhl)에 의해 내려진 잠정적으로는 마지막인 대단한 허용이다. 정결한 혼인 *Casti Connubii* 회칙 안에 있는 (매우 신중하고 조심스럽지만 오해의 소지가 없이 분명한) 관계 구절은 다음과 같다: 비록 자연적인 이유나, 시간과 관련된 이유나, 어떤 손상 때문에 새로운 생명이 만들어질 수 없을지라도, 자신들의 권리에 따라 적절하고 자연적인 수단을 사용하는 이들 부부에게 자연의 질서에 반하여 행동하도록 요구해서는 안 된다 (Neque contra naturae ordinem agere ii dicendi sunt coniuges, qui iure suo recta et naturali ratione utuntur, etsi ob naturales sive temporis sive quorundam defectuum causas nova inde vita oriri non possit). 결혼의 최고 목적에는 (교서가 확고하게 주장하고 있는 것처럼) 자녀 출산 이외에 상호 도움(mutuum adiutorum)과 배우자들 사이의 상호 사랑(mutus amor)과 같은 이차적인 목적들(secundarii fines)이 있다. 성행위의 본질적인 성격(intrinseca natura)이 그대로 유지되고 질서(ordinatio)가 최고 목적을 지향하도록 보존되는 한, 또한 최고 목적이 이루어지는 한, 이것을 추구하는 것이 그들에게 금지되지는 않는다. 보펫(Th. Bovet, 앞의 책, 162)은 그의 독자들 가운데 가톨릭 교인들에게 이 규정을 지킬 것을 추천한다: "왜냐하면 그들이 교회와의 관계에서 아무런 문제가 없는 것이 무엇보다 중요하기 때문이다." 그들은 그렇게 할지도 모른다. 또한 이 길에서 올바르고 행복한 중도(Mittelweg)를 보는 사람들도 그들과 함께 그렇게 할 수 있다. 이 길은 가능하다. 이 길은 한편으로 절대적인 금욕의 길과 다르고, 다른 한편으로 성행위의 본질적인 성격(intrinseca natura)이 덜 명확하지만 다른 무엇보다 매우 가까이 등장하기 때문에 모든 길 가운데 상대적으로 가장 가능한 길로 보일 수 있다. 그러나 사람들은 자신이 이 길에서 구원받은 것으로 생각해서는 안 된다. 왜 교황은 자녀의 가능성, 즉 출산과 출생의 가능성을 자신의 평가에 따라 배제시킬 수 있는지에 관한 질문이 주는 부담 전체를 이 길에서 사람들이 져야만 한다는 것과, 이 질문이 오직 그만 다룰 수 있는 질문, 즉 성행위가 정상인지 혹은 비정상인지에 관한 질문보다 분명히 더 심각하다는 것을 사람들에게 명시적으로 말하지 않는가? 길을 가기 위해서는 다양한 통계와 계산을 포함한 정말로 복잡한 기술을 필요로 하는 이 길도 마찬가지로 분명히 괴로운 것을 가지고 있지 않은가? 만일 성행위의 실행이—보통의 실행이 아닐 경우—상당한 (보기에 의학적으로 완벽하지 않은) 수학을 통해, 또한 수학과 결합된 모든 숙고들, 배려들 그리고 이 모든 것에도 불구하고 참여자들의 걱정으로 인해서 제한된다면, 정말로 오직 성행위의 본질적인 성격만이 손대지 않은 채 남아 있는 것이 되는가? 만일 성행위가 계속해서 임신달력(Konzeptkalender)에 대한 주시와 결합되어야만 한다면 성행위의 자발성은 어디에 있는가? 성행위의 자발성이 그렇게 위협을 받는다면, 결혼 공동체의 축제적인 완성으로서의 성행위의 성격은 도대체 어디에 있는가?

가장 간단하면서 가장 오래되었고 가장 널리 사용되었던 피임법은 중단된 성교(coitus interruptus, copula diminuata)이다. 가톨릭교회는 고해 신부들이 사람들에게 이 길을 자발적으로(sponte sua) 그리고 일반적으로(promiscue omnibus) 조언하는 것을 금지하고 있다(S. Offic.의 칙령에 따라서, 22. Nov. 1922, Denz. 2240 Anm.). 사람들은 이 길에 반대하기 위해 유다의 아들이었던 오난의 일화(창 38:7-10)를 끌어들일 수는 없다. 왜냐하면 이 일화에서 죽임을 당하기 마땅한 저 남자의 죄는 그의 행위의 재료들이나 또는 오늘날 사람들이 그의 이름을 따라 칭하고 하는 것에 있지 않고, 그가 계대결혼(繼代結婚, Leviratsehe)에 관한 율법을 효과적으로 만족시키는 것을 거절한 데 있기 때문이다. 그러나 이 길이 초래하는 특별한 비참함에 관해 쉽게 생각해서는 안 된다. 이 길이 가지고 있는 심리학적이고 생리학적인 위험들 때문에 의학적 관점에서 볼 때 특별히 이 길에 반대되는 것들이 많이 있다. 이 때문에 보펫은 이 길에 대해 강력하게 경고할 필요가 있다고 말한다(앞의 책, 167): 이 길은 단지 '덜 민감한 부부들'에 의해서만 때때로 해를 받지 않고 실행될 수 있을 뿐이다. 사람들은 여기에서 모든 경우에 배우자들 사이의 공동체에 대한 특별한 위협을 고려해야만 한다.

네 번째 가능성에서는 남자 또는 여자에 의해 적용되어야 하는 기계적이거나 화학적인 피임 수단의 사용으로 인해서 앞에서 언급된 가능성들에 비해서 기술적인 성격과 전체 처리 방식의 부자연스러움과 인위성이 더 많이 눈에 들어온다. 이곳이 가톨릭의 윤리와 고해성사가 오늘날까지도 어쨌든 이론적으로는 냉정한 거부권을 행사하는 장소이다. 이 수단들 가운데 어떤 것도—만일 사람들이 이 네 번째 가능성을 받아들인다면—아무런 흠이 없거나, 이상적이거나, 신뢰할 만한 것으로 증명되지 않은 것처럼 보이는 점과, 이 수단들 모두가 각각의 특별한 의구심이나 반발심을 야기한다는 점으로 인해서 전체 문제의 어려움이 여기에서 다시 한 번 소규모로 등장한다. 이 수단들 가운데는 생명을 위협하기 때문에 어떤 경우에도 의사의 조언 없이 사용해서는 안 되는 그런 것들이 있다. 피임을 거부하지 않는 사람들도 역시 이런 것들에 대해 본능적이고 아마도 미적인 혐오 같은 것을 가질 수 있다는 것은 충분히 이해될 수 있다. 그렇지만 그 때문에 다른 사람들을 위한 율법을 만들어서는 안 된다! 또한 바로 여기에서—여기에서 기술이 분명하게 등장하고 있기 때문에—불가피하게 악과 금지된 것이 시작된다고 생각하고 주장해서도 안 된다! 이 수단들을 사용하는 것이 악한 이유는 이 수단들이 명백하게 기술을 의미하기 때문이 아니다. 이 수단들이 "이기심이나 쾌락 추구 혹은 편의성을 이유로"(람베스 회의의 선언, 1930) 사용될 때 악하다. 앞에서 언급된 다른 길들도 마찬가지로 이런 이유들 때문에 행해진다면 악한 것이 된다.—그러나 잘 이해할 필요가 있다: 부정적인 의미에서의 피임뿐만 아니라, 정말로 이기심, 쾌락 추구 그리고 편의성 때문에 이루어지는 피임을 중단하는 것도 마찬가지이다.

부정적인 의미의 피임의 다양한 가능성들 중에서, 모든 것을 잘 숙고한다면, 다른 가능성들에 비해 일반적이고 절대적인 우선권을 줄 수 있는 가능성은 존재하지 않으며, 또한 일반적이고 절대적으로 포기되어야만 할 가능성도 마찬가지로 존재하지 않는다. 저 네 가지 가능성들 가운데서 선택을 위한 어떤 일반적인 법칙은 제시될 수 없다. 우리는 여기에서 각자가 믿음의 자유 안에서 스스로 선택하고 결정해야만 한다는 결과에서 멈춰야만 하는가? 이것이 확실히 옳다. 하지만 이 선택을 위해서 모든 사람에게 확실히 적용될 수 있는 몇몇의 규칙들을 나열할 수 있고, 유효하도록 만들 수 있다:

1. 선택에 있어서 언제나 확실할 수 없고 또 아무런 근심이 없을 수도 없지만 결과적으로는 나쁜 양심이 아니라 자신이 위치해 있는 특별한 책임감 속에서 선택해야만 하며 또한 그렇게 할 수 있다는 사실을 인식하면서 자유로운 양심으로 선택할 때 이것이 올바른 선택이다. 선택이 실패할지라도 순종의 자유에서 정당해야만 한다. 즉, 선택은 믿음을 통해서 실천되고 실행되어야만 하며, 두려움과 의심과 압박 속에서 이루어져서는 안 된다. 인간의 행위인 이 선택은 잘못될 수 있고, 어떤 경우에서든 오직 어느 정도의 어려운 문제를 통과하는 과정에서만 실행될 수 있기 때문에—이외에 선택은 믿음의 자유와 무슨 관련이 있겠는가?—오로지 죄를 용서하시는 하나님의 은혜에 대한 신뢰와 주기도문의 다섯 번째 기도를 통해서만 실천되고 실행될 수 있다. 그러나 이것은 다른 곳에서처럼 여기에서도 사람들이 용서 때문에 죄를 범하려고 의도할 수 있다거나, 나쁜 양심으로 어떤 식으로든 행동해도 괜찮다는 것을 의미하지 않는다. 사람들은 의도적인 죄와 나쁜 양심으로서만 할 수 있는 것들을 다른 곳에서와 마찬가지로 이곳에서도 원하거나 해서는 안 된다!

2. 선택이 올바르게 되기 위해서는 모든 경우에 남자와 여자의 공동의 숙고와 결정에 의해 선택이 이루어져야만 한다. 선택은 한 파트너에 대한 다른 파트너의 독재적인 명령이나, 갑작스러운 습격 혹은 기만을 의미해서는 안 된다. 두 사람은 모두 자유로운 인간으로서, 즉 그들의 믿음에 대한 자유로운 책임감 안에서 그곳에 있어야만 한다. 그들은 이 문제에서 이전과 이후에 솔직하게 서로의 눈을 바라볼 수 있어야 한다. 선택의 결정과 실행은 결혼이라는 생활공동체 전체를 대표하는 협업(Gemeinschaftswerk)이어야만 한다. 비록 후에 이 협업을 오류로 보고 함께 후회해야 할 경우가 생긴다고 할지라도, 그들은 모든 어려움 가운데서도 협업을 함께 기뻐할 수 있고, 이 협업의 관점에서 서로 연대하여 결합될 수 있다. 두 사람이 이런 의미에서 서로 함께 원하고 함께 하는 것은 회피해서는 안 될 모든 문제제기에서 시도되고 행해질 수 있고, 또한 이후의 더 나은 가르침을 고려하면서 시도되고 행해질 수 있다.

3. 선택은 피할 수 없는 괴로움이 가능한 한 많이 남자에게 부담이 되고, 가능한 한 적게 여자에게 부담이 되는 방식으로 이루어져야만 한다. 즉, 여자는 피임의 전체 문제

속에 있으며, 피임에 대한 긍정적이거나 부정적인 대답에서 그리고 어느 정도 여기에서 다루어지는 모든 회피 가능성들에서 직접적이고 일차적인 관련자이자 참여자이다. 여기에 남자는 남녀 관계의 질서를 의미 있게 존중하고 남자의 우선순위가 효력을 발휘하도록 하며, 문제가 되는 각각의 선택에서 바라보는 시각을 우선은 자기 자신을 위해서, 그리고 그다음으로 자신의 아내에 대하여 결정적인 것으로 유효하게 만듦으로써 자신의 남성성을 증명하는 기회로 삼을 수 있다: 여자는 생물학적으로 모든 경우에 있어서 남자보다 더 심각하게 위협을 받고 있기 때문에, 더 가벼운 부분을 운반해야 하며, 남자는 더 무거운 부분을 운반해야 한다. 또한 이로부터 이 가능성 또는 저 가능성이 선택되어야 하는지 아니면 거부되어야 하는지가 결정되어야 한다. 사랑에서 비롯된 여자의 어떤 환대도 제외되어서는 안 된다; 그러나 남자가 우선 먼저 환대하거나, 자신의 기대를 뒤로 물리거나, 더 성가신 것을 기꺼이 자신이 떠맡으려고 하지 않는다면 저 협업은 진정한 것이 아닐 수 있다. 또한 두 사람의 자유로운 양심이 불가능할 수 있으며, 가능한 길들 중에서 이 길 또는 저 길에 찬성하거나 반대하는 결정이 결코 좋을 수 없다. 베드로전서 3:7에서도 역시 피임의 문제가 직접적으로 주목받고 있지는 않다. 그러나 여기 쓰여 있는 것이 이 문제의 올바른 대답을 위한 기준으로서 충분하다: "남편들아, 이와 같이 지식을 따라 너희 아내와 동거하고 그를 연약한 그릇이요 또 생명의 은혜를 함께 이어받을 자로 알아 귀히 여기라. 이는 너희 기도가 막히지 아니하게 하려 함이라!"

이제 여기에서 우리가 대답해야 할 고유한 핵심 질문으로 가보자: 만일 남자와 여자가 이제 정말로 함께 부모, 즉 자녀들의 아버지와 어머니가 되었다면, 하나님의 계명은 이들에게 무엇을 의미하는가? 여기에서 두 가지가 가장 꼭대기에 놓일 수 있다: 그들은 아버지와 어머니가 되는 영예(Ehre)와 의무(Verpflichtung)를 알고 있는 자들로서 자녀들에게 행동해야만 한다.

여기에서 미리 두 개의 어려운 한계 상황들에 이 명제가 어떻게 적용되는지 보여주는 것이 적절하다: 미혼모도 모성의 영예를 알 수 있을 뿐만 아니라, 알아야만 한다: 그녀가 스스로 자신을 질책하거나, 사람들이 제삼의 위치에서 정당하거나 부당하게 그녀를 질책할지라도, 이것이 그녀의 자녀에 대해서뿐만 아니라, 모든 제삼자에 대하여 다른 모든 어머니처럼 자신의 삶을 걸고 어머니가 됨으로 인해 당연히(ipso facto) 소유하게 된 자격을 그녀에게서 빼앗을 수 없다. 기꺼이 그렇게 했든지 아니면 거리낌이 있었든지, 정당하든지 아니면 부당하든지 상관없이 그녀는 이를 통해서 하나님의 특별한 선물과 특별한 임무를 위임받은 자가 되었다. 그녀는 이 자격이 그녀에게 취소되지 않도록 해야만 한다는 것을 알아야 한다. 미혼모는 결혼한 어머니에 비하여 많은 심각한 단점을 가지고 있을 수 있다; 하지만 그녀는 결코 두 번째 순위의 어머니가 아니다. 반대로 이에 상응하여 미혼의 아버지도 역시 부성의 의무를 충분히 알고 있어야만 한다. 그의 자녀가 있음으로 인해 이 의무도 역시 있게 된다. 이 의무를 감당하는 것이 어렵다는 것을 그는 미리 생각해야만 한다. 그가 이 의무를 한 번 갖게 되면, 그는 더 이상 이것을 제거할 수 없다. 그는 이 의무를 최선의 능력으로 매우 진지하게 감당해야만 한다. 만일 그가 자발적으로 기꺼이 그렇게 한다면, 기본적으로 모든 것이 잘 될 수 있다. 만일 그가 여기에서—외적으로 명예스럽게 혹은 불명예스럽게—도망하고자 시도한다면 모든 것이 상실된다.

미혼모에 대한 차별과 미혼의 아버지에 대한 무해한 관용은 예전의 교회 윤리와 윤리적 실천의 요소들에 속한다. 사실 이것들은 그리스도교적인 근거와 아무런 관련이 없고, 이방 사회의 표준들에 대한 동화와 매우 밀접하게 관련되어 있다. 또한 이것들은 오늘날의 이론과 실천에서 근본적으로 완전하게 제거될 수 없다.

부성과 모성은 어떤 상황에서도 제거될 수 없는 표지(character indelebilis)이고, 한 사람의 삶에서 더 이상 철회될 수 없는 방향 전환이며, 그들 사이에 태어난 제삼자인 자녀와 다시는 제거될 수 없는 관계를 위한 근거이다. 이 관계는 영예와 의무를 암시한다. 영예는 한 사람이 직접적으로 활동하고 고통을 받으면서 고유의 육체와 피를 가진 새로운 한 사람이 존재 속으로 들어오는 것과 같은 놀라운 사건에 참여하고 이 사건의 증인이 될 수 있다는 사실에서 비롯된다. 의무는 그가 이 사건과 새로운 사람의 존재에 대하여 책임이 있고, 그의 삶 전체를 위해 머무른다는 데서 비롯된다. 저 영예의 기쁨을 인지하지 못하면 이 의무도 받아들일 수 없다. 마찬가지로 저 의무가 진지하게 영향을 발휘하지 않는다면 이 영예를 기뻐할 수도 없다. 하나님의 계명은 모든 부모, 즉 아버지들과 어머니들 양쪽을 요구한다. 하나님의 계명은 기쁨이 없을 때는 물론이거니와 진지함이 없을 경우에도 순종할 수 없다. 만일 어머니가 영예와 기쁨에 대해 더 많이 알고 있고, 아버지가 의무와 진지함에 대해 더 많이 알고 있다면, 계명은 질서 속에서 상호 간의 좋은 보상의 형태로 작용하게 된다.—이것이 우리 논의의 형식적인 출발점이다.

부모와 자녀들의 관계에서 객관적인 사실은 일반적으로 말해서 부모가 하나님을 바라보는 방향으로부터 그들의 자녀들을 보고, 이에 따라서 그들을 다루며, 그들을 위해 그리고 그들과 함께 살도록 부름을 받았다는 것이다. 자녀들과 관련해서 우리는 자녀들이 자신의 부모를 그들에게 자연적으로 주어진 가장 가까이에 있는 하나님의 대변자로서 공경해야만 한다고 말한 바 있다. 나는 이 원리를 간단히 뒤집어서 부모가 자녀들에 대하여 스스로를 하나님의 대변자로서 느끼고 행동해야 한다고 말하는 것은 신중하지 못하고 위험하다고 생각한다. 만일 그들이 요구와 열심, 또는 이와 같은 것을 제시하려고 시도하지 않으면서, 먼저 하나님이 그들을 보시고, 아시고, 사랑하시고, 보존하시고, 인도하신다는 전제조건과, 자신들이 하나님에 의해 보여지고, 인식되고, 사랑받고, 보존되고, 인도되는 존재라는 것을 자녀들에게 증거할 수 있다는 전제조건 아래서 그들의 자녀들을 위하여 그곳에 있다면, 그들은 실제로 그렇게—완전히 겸손하게(uneingebildet) 요구하지도 않으면서(anspruchslos) 효과적으로—될 것이다. 이것이 자녀들에 대한 부모의 우위, 즉 그들의 보다 높은 위치를 보여준다. 부모가 이것을 할 수 있다는 사실이 자녀들에 대한 부모의 가치와 의무를 구성한다. 하늘로부터 보았을 때 부모는 확실히 약간 더 나이가 많은 자녀에 불과하다. 이처럼 그들은 약하고, 억압받고, 실수의 가능성을 가지고 있는 사람들이다. 그러나 그들은 '연장자들'이다; 그들은 이미 앞서서 거기에 있다; 그들은 하나님이 그들과 모든 인간을 보시고, 아시고, 사랑하시고, 보존하시고 인도하신다는 사실을 미리 알고 있다. 그들은 이제 바로 이 지식을 특별히 가장 가까운 자들로서 그들에게 주어진 젊은이들에게, 아직 지식이 부족하고, 경험이 없고, 자신의 지식과 책임을 습득하고 있는 그들의 자녀들에게 적용할 수 있고 또 적용해야만 한다. 이것을 하는 것은 그들이 서 있는 더 높은 위치가 아니라, 그들이 이 위치에 세워짐으로써 가능하게 된 인간의 삶과 그들의 자녀들에 대한 이해이다: 하나님 자신이 인간에게 형제가 되셨던 그분의 아들을 통해 거하셨던 영역인 인간의 삶에 대한 이해—이 영역에 존재할 수 있게 됨으로 인해 이제 하나님의 아들이 그분의 남동생들과 여동생들이라고 부르실 그들의 자녀들에 대한 이해. 이런 이해로부터 비롯되는 행동이 올바른 부모의 행동이다. 두 사람이 이 이해에 근거해서 행동한다면, 그들은 구태여 자녀들에 대하여 하나님의 대변자로서의 위치와 역할을 취하거나 이를 유효하게 만드는 것을 고려하지 않고도 실제적으로 그들에게 하나님의 대변자가 된다.

바울이 그리스도인 부모 아래 있으면서 아직 믿음이 없는 자녀들의 결혼에 관해 다루고 있는 그 장에서 부차적으로 자녀들이 불결하지 않고 '거룩하다'는 주목할 만한 진술을 했을 때(고전 7:14), 그는 자녀들에 대한 부모의 실제적인 우위성을 고려했음이 분명하다. 이를 통해서 그가 의도한 바가 그들이 어느 정도 태생적인 그리스도인들이며 속히 세례를 받아야만 한다는 것일 수는 없다. 왜냐하면 그는 바로 직전에 한 믿는 여자의 믿지 않는 남편에 관해서 그리고 한 믿는 남자의 믿지 않는 아내에 관해 동일한 것을 말했기 때문이다. 바울이 사람을 단순히 그리스도인으로서의 존재와 현존을 통해서 그들의 가장 가까운 자들 위에 놓을 수 있는 실제적으로 거룩하게 하는 힘을 고려하고 있다는 것은 분명하다. 그는 그리스도인들이 이러한 힘의 위치에서 무엇을 해야 하는지에 관해 말하지 않는다. 그뿐만 아니라 그는 그리스도인들이 이 힘의 위치에서 다른 사람들 가운데 있을 때, 다른 사람들 측에서 일어나는 것에 관해서도 이야기하고 있지 않다. 단지 그는 그리스도인들이 실제로 이 거룩하게 하는 힘을 가지고 있다고—그리고 이제 부모와 자녀의 관계와 관련해서 이것을—주장하고 있을 뿐이다. 이 말씀으로부터 볼 때 부모와 자녀의 관계에 관한 문제 전체는 단순한 질문으로 축소될 수 있다: 그들은 그리스도인 부모인가? 그렇다면 그들의 자녀들에 관하여 그들이 이런 부모의 존재와 현존에 힘입어 그들의 부모로부터 받을 수 있는 고유의 것과 가장 좋은 것을 받을 수 있기 위해 '거룩하게' 정해졌다고 말할 수 있는가? 이것은 실질적으로 부모가 그들의 자녀를 하나님으로부터 보도록 부름을 받았음을 의미한다.

 사람들은 부모가 그들의 자녀를 위해 그곳에 있어야만 한다고 말한다. 그러나 이것은 본래 의도한 것으로부터 정반대의 것에 이르기까지 많은 것을 의미할 수 있다. 예를 들자면 부모는 자녀들의 삶을 가능한 한 쉽게 만들고, 그들의 모든 길을 평탄하게 하며, 모든 장애물을 치우기를 원한다. 또한 그들은 자신들이 올바른 길 위에 있다는 확신에서 자녀의 사고방식과 윤리와 취향에 가능한 한 폭넓게 그들 자신의 도장을 찍고, 자녀를 위해 그들의 삶을 어느 정도 내부로부터 지배하려고 한다. 또한 그들은 "우리의 아이들을 위하여!"라는 슬로건을 통해서 자신의 삶과 관련하여 최고의 능력을 발휘하도록 자극받고 있음을 알고 있으며, 자녀들에게서 그들 자신의 일생의 의미와 내용을 발견하고, 이것의 성취를 통해 자신의 삶을 올바르게 살아가도록 부름을 받았다고 느낀다. 이 모든 경우에서 그들은 최선의 의도에서마저도 그들의 자녀를 지나치게 되고, 조금도 그들을 위해 살지 않게 된다. 부모는 하나님이 그들 자신을 위해서 계시는 것처럼 자녀들을 위해서도 계신다는 신뢰 가운데 그들의 자녀를 관리함으로써 그들을 위해 살 수 있다: 하나님은 그들을 변호하시고, 돌보시며, 진실로 그들을 위해 사시는 분이시다.—그들은 자신이 자녀를 위해 될 수 있고, 할 수 있는 것을 통해서 단지 그분을 증거할 뿐이다. 자녀는 무엇을 기다리는가? 진정으로 그들을 위해 무엇이 일어날 수 있는가? 이 증거가 그들의 삶이 진정으로 그들을 위해 그곳에 계시고 또 개입하시는 분의 보호와 인도 아래 놓이게 된다는 사실을 알려 준다! 부모가 자녀들에게 변호인과 돌보는 자들로 다가가지 않고, 대신에 이 증거를 전할 때 바로 여기에 부모의 영예와 의무가 성립한다. 자녀에 대한 부모의 사랑의 진지함과 힘은 이것이 이루어지는지 여부에 달려 있다.—이것이 부모의 사랑을 원숭이의 사랑과 애완동물들의 사랑으로부터 구별해 준다.

 사람들은 부모가 자녀에게 권위를 가지고 있어야 한다고 말한다. 이것은 그 자체로 적절하다. 그러나 이것은 부모가 자녀를 다룰 때 그들 머리에 떠오르거나 어떤 전승에서 취해졌거나 혹은 자신이 고안한 다스리고 복종하는 질서에 관한 생각이나 가족의 계층구조를 마치 살아 있는 표상(Bild)으로 무대 위에 세우는 것을 의미하지 않는다: 이것은 자녀가 빠르든지 혹은 늦든지 언젠가는 확실하게 부드럽거나 혹은 과격한 방식으로 떠나게 될 하나의 연극(Spiel)이다. 이것은 또한 부모가 권위를 말하면서 매우 단순하게 그들 자신의 뜻과 입장과 장점을 말하는 것을 의미하지 않는다: 마찬가지로 자녀는 얼마 후에 이것을 꿰뚫어 보게 되고, 이에 대응하여 급진적으로 그들 자신의 관심사를 보호함으로써 이에 대답할 것이다. 이는 또한 부모의 권위를 평계대면서 그렇지 않을 경우 활동하지 않을 명령과 지휘에 대한 원초적인 욕망이 발산되는 것을 의

미해서는 안 된다: 자녀는 의식적으로든 무의식적으로든 빠르게 그것을 알게 되고, 진정한 권위가 무엇인지 확실히 배울 수 없을 것이다. 진정한 부모의 권위는 이 모든 것과 달리 대단하지 않고, 의도적이지 않으며 그렇기 때문에 강압적이지도 않은 존재와 행위이다. 이 권위는 부모 자신이 하나의 권위 아래, 즉 직접적이고 무조건적인 최고 통치권과 명령권 아래 살고 있다는 것을 자녀가 알게 될 때―근본적으로 이것이 정말일 때―시행된다. 또한 권위는 궁극적으로 실행될 수 있는 것이 아니라, 단지 증거될 수 있을 뿐이다: ―즉, 이 권위를 알고 존중하는 그런 사람들에 의해서―그 이유는 오직 하나님 한 분만이 궁극적인 권위이시고, 또 이 권위를 가지고 계시기 때문이다. 주의해야만 할 것은 이런 존경과 순종은 부모가 자신의 모든 행위와 행동에서 자녀들에게 앞서고, 모든 직접적인 부모의 지시와 명령이 부모 자신에게도 권위 있으신 정말로 더 높으신 분의 최고 의지를 대변하고 있다는 것이 그들에게 명확하게 될 때, 자녀들에게 일깨워지게 된다는 점이다. 이런 의미에서 권위가 되는 것이 부모의 영예이고 의무이다.

사람들은―사람들이 말할 수 있는 가장 평범하지만 또한 가장 강력한 것, 즉―부모가 자녀를 양육해야(erzihen) 한다고 말한다. 그렇다. 단지 의문은 그 목적이다. 이상적인 것으로 가정되고 있는 특정한 형태의 사회적인 실존과 개인적인 교육에, 특정한 형태의 문화, 윤리, 경건에―또한 어쩌면 그리스도교에―순응하도록 하기 위하여 짧은 고삐를 쥐고 조정하는 것인가? 혹은 독자적이 되도록 하기 위해서, 즉 자기 스스로를 발견하고, 돕고, 자기 자신을 관철하고, 주장하고, 살아가도록 하기 위해서 긴 고삐를 쥐고 조정하는 것인가? 만일 이것이 젊은 사람들에게 있어서 "가는"(ziehen) 문제라면, 즉 그들을 끌어당기고(nachziehen), 함께 이끌어가고(mitziehen), 어떤 길에서 다른 어떤 길로 끌고 가는 문제라면, 더 나이 든 사람들이 할 수 있는 일은 무엇일까? 환상을 갖거나 환상을 불러일으키거나 하지 않으면서 선한 양심으로 그들은 무엇을 할 수 있고, 무엇을 원할 수 있을까? 만일 저 순응만을 목표로 하고 있다면 그들은 짧은 고삐를 책임질 수 있을까? 만일 저 독자성에 이르는 것이 중요하다면 그들은 긴 고삐를 책임질 수 있을까? 다시금 부모 자신들이 진정으로 그리고 정말로 급진적으로 양육되어서 그들 자신이 경험한 참된 양육이 이제 그들이 적극적으로 행하고 있는 양육 속에서 빛나고 있는지, 이 양육이 인간적인 구조나 인간 개인에게서 출발하지 않고 그 주체가 하나님이신지 여부에 모든 것이 달려 있다. 부모의 양육은 언제나 이 둘을 주목해야만 한다: 자녀의 인간적인 구조와 인간 개인, 다시 말하면 자녀의 순응과 독자성. 양육은 짧은 고삐와 긴 고삐를 모두 가지고 있어야 한다. 그러나 만일 양육이 단지 구조나 개인 그 자체만을 목표로 하거나,―더 나은 지혜가 지배하는 곳에서는―비록 이것과 저것 모두를 목표로 하지만 단지 가까운 목표만을 노리고 있다면, 이 양육은 유익할 수도 없고 효과적일 수도 없을 것이다. 양육이 모든 부모의 고삐가 바닥으로 떨어지고 하나님 자신이 순응과 독자성을 책임지시는 한 장소로 자녀를 이끌어 갈 때, 부모의 양육은—이것은 부모 자신들이 이런 의미에서 양육된 자들인지 여부에 따라 서고 넘어진다.—유익하고 효과적이 된다. 젊은이들이 나이든 사람들에 의해서 그들 자신이 양육되고, 순응하게 되고, 독자적으로 되는 이 경계로 인도될 때 진정으로 양육된다. 바로 이런 참된 양육에 부모의 영예와 의무가 놓여 있다.

사람들은 다시 한 번 이 영역 전체에서 계명을 이해하기 위해 결정적인 말씀 에베소서 3:15를 고려할 필요가 있다. 이 말씀에서는 모든 부성의 근거이신 하나님께서 아버지로 불리고 있다. 이것이 올바로 이해될 때 사람들은 부모의 배려와 권위와 양육의 의미를 우리가 방금 시도했던 바와는 다르게 다른 방향에서 찾거나, 다르게 고쳐 쓰거나 할 수 없을 것이다. 이런 전제 하에서 모든 것은 부모가 정말로 그들의 자녀를 하나님으로부터 그리고 그분의 자녀로 보는지, 그리고 자녀들에 대한 그들의 역할을 정말로 하나님께 대한 증거의 의미에서 실행할 수 있는지 여부에 달려 있다. 사람들은 이런 시각이 확실히 마태복음 7:11의 비유말씀에 근거를 갖고 있음을 발견할 수 있다. 여기에서는 하나님의 은혜가 이것을 증거하는 인간적인 아버지의 선행을 분명하게 뛰어넘고 있다: "너희가 악한 자라도 좋은 것으로 자식에게 줄 줄 알거든 하물며 하늘에 계신 너희 아버지께서 구하는 자에게 좋은 것으로 주시지 않겠느냐." 동일한 관계가 히브리서 12:9에서도 분명하게 나타난다: "또 우리 육신의 아버지가 우리를 징계하여도(παιδευτάς) 공경하였거든 하물며 모든 영의 아버지께 더욱 복종하며 살려 하지 않겠느냐?"

이 말씀은 양육(παιδεία)이라는 개념이 지배하고 있는 문맥(히 12:4-11) 속에 들어 있다: 인간 아버지의 양육이 그 모형(Abbild)이 되고, 이 인간 아버지의 양육에 의해 설명되는 하나님의 παιδεία. 여기에서 이 말씀이 단지 하나님의 양육과 훈육 그리고 아버지의 인간적인 양육(Erziehung)과 훈육(Zucht)만을 지칭하고 있는 것이 아니라, 징계(Züchtigung)라는 개념으로 넘어가고 있다. 이것 이상은 말할 수 없다; 왜냐하면 어쨌든 문맥상으로 볼 때 그리스도인의 처벌에 관한 이야기가 아니라, 그들이 통과해야만 하는 가혹하고 엄격한 하나님의 학교와 양육에 관한 이야기이기 때문이다. 그리고 바로 이것이 여기에서 자신의 아들을 사랑하는 인간 아버지의 행위와 비교되고 있다. 11절에 말씀의 핵심이 나온다: "무릇 징계(παιδεία)가 당시에는 즐거워 보이지 않고 슬퍼 보이나 후에 그로 말미암아 연단받은 자들은 의와 평강의 열매를 맺느니라." 부모의 인간적인 양육과 훈육이 엄격하고 가혹한 '징계'의 성격을 가지고 있다는 점이 이 본문에서 의심할 여지 없이 분명하게 전제되고 있다. 다시금 사람들은 부모의 역할이 이런 성격을 가져야만 한다는 권고가 어느 곳에서도 단지 부차적으로만 보이지만은 않는다는 것 외에 그 이상을 말할 수 없다. 5절에서 잠언 3:11-12가 인용되지 않았더라면, 그래서 사람들이 잠언에서 이 문제에 대하여 여러 군데 언급되는 것을 기억하지 않았더라면, 사람들은 히브리서 12장에 근거해서 부모가 자녀에 대하여 엄격하고 가혹하도록 부름을 받았을 수 있다는 생각에 확실히 이르지 못했을 것이다. 사람들은 심지어 히브리서 12장의 저 인용에서 잠언 3:12가 변형되어서 인간 아버지가 아닌 하나님이 "받아들이시는 아들마다 채찍질하시는" 분으로 등장하고 있음을 주목해야 한다. 잠언서의 저 권고는 언제나 반복해서 들어야만 한다: "매를 아끼는 자는 그의 자식을 미워함이라. 자식을 사랑하는 자는 근실히 징계하느니라"(13:24). "네가 네 아들에게 희망이 있은즉 그를 징계하되 죽일 마음은 두지 말지니라"(19:18). "아이의 마음에는 미련한 것이 얽혔으나 징계하는 채찍이 이를 멀리 쫓아내리라"(22:15). "아이를 훈계하지 아니하려고 하지 말라. 채찍으로 그를 때릴지라도 그가 죽지 아니하리라. 네가 그를 채찍으로 때리면 그의 영혼을 스올에서 구원하리라"(23:13f.). "채찍과 꾸지람이 지혜를 주거늘 임의로 행하게 버려 둔 자식은 어미를 욕되게 하느니라"(29:15). 그러나 히브리서 12장의 경고는 비록 잘 알려져서 기억되고는 있지만, 독자적으로 받아들여지지 않는 것은 말할 것도 없이 그 자체로 확증되지도 않으며, 신약성서의 나머지 부분에서는 성립하지 않는다는 것이 ─ 언제나 항상 해명되어야만 할! ─ 사실이다.

물론 히브리서 12장을 제외하면 젊은이들에 대한 연장자들의 입장과 관련하여 명시적인 신약적 지침을 다루는 말씀들은 단지 몇 개에 불과하며 그 수가 극히 작다. 그러나 바로 이들 모두가 분명하게 다른 방향을 가리키고 있으며, 이 때문에 부모의 징계에 관한 저 격려가 유일하고 최종적인 말씀으로 이해된다면 잠언서가 오해되는 것은 아닌가라는 질문을 야기한다. 만일 요한1서 2:13 이하가 전적으로는 아니지만 육신의 아버지와 관련된다면, 여기에서 사람들은 저자가 아버지들(πατέρες)에게 쓰고 있고 또 이미 썼던 것이 너희는 태초부터 계신 분을 알았기 때문에(ὅτι ἐγνώκατε τὸν ἀπ' ἀρχῆς) 성립한다는 것을 듣는다. 이것은 문맥 속에 함께 언급되고 있는 자녀들(τεκνία)과 청년들(νεανίσκοι)로부터 아버지들을 구별한다: 그들은 '처음부터 계셨던' 분, 즉 진정으로 '가장 오래되신' 분에 대한 지식으로부터 오는 자들이다. 요한1서에서 '처음부터 계셨던' 분은 명백하게 예수 그리스도와 동일하다. 아버지들(πατέρες)은 그들 뒤에 오는 젊은 사람들에게 그분을 증거한다. 아버지들의 고유의 위치에 관한 이러한 규정에 근거해서 젊은 사람들에 대해 아버지들이 가지고 있는 책임의 가혹하고, 요구하고, 징계하는 법적 성격이 사라지지는 않더라도 전면에서 뒤로 물러나야만 한다는 것은 분명하다. 후에 그리스도교의 영역에서 사람들은 잠언의 저 말씀들을 잠언의 그 밖의 가르침의 맥락으로부터 그리고 그 밖의 성경적 가르침의 문맥으로부터 이끌어 내서, 마치 그리스도교적인 규정이 있는 것처럼 히브리서 12장을 읽었다. 요컨대 사람들은 양육(παιδεία)의 과제를 근본적으로 커다란 가부장적 위엄으로 실행되어야 할 율법적 교육(Gesetzespädagogik)으로, '징계'(Züchtigung)의 교육으로, 즉 어려서부터 사람의 마음속에 있는(창 8:21) 악한 생각과 악한 추구에 대한 불가피한 심판의 시행으로서 이해해야만 한다고 생각했다. 그러나 여기에서 분명히 ─ 약간의 "체벌 교육"(Prügelpädagogik)이 공식적으로 포함되었든지 혹은 이후에 배제되었든지 상관없이 ─ 예수 그리스도의 사역과 계시가 교육의 역사에서도 마찬가지로 근본적인 전환을 의미해야만 한다는 사실이 잊혀지고 말았다. 아버지가 모든 나이든 사람과 젊은 사람들의 죄를 위해 아들을 "율법 아래에 있는 자들을 속량하시기 위해 율법 아래 나게 하신"(갈 4:4) 후에, 우리의 회복을 위한 징계가 그분께 놓이고, "그분의 상함으로 우리가 나음을 받은"(사 53:5) 후에, 가혹함과 엄격함, 요구, 심판, 징계는 육신의 아버지들과 그 자녀들 사이의 관계에서 더 이상 근본적인 역할을 할 수 없고, 단지 잠언에 지시된 것과 같은 이차적인 역할만을 할 수 있을 뿐이다. 예수 그리스도의 첫 번째 오심으로 시작된 종말의 시대에서 부모와 자녀는 우선적이고 결정적으로 율법을 증거하는 것이 아니라, 우선적이고 결정적으로 복음을 증거해야만 한다.

이것은 직접적으로 의심할 여지 없이 육체적인 아버지들과 관련되는 두 본문 구절 골로새서 3:21과 에베소서 6:4로부터도 나온다. 여기에서 아버지들에게 지시된 것이 잠언의 저 지침들과 관련해서 얼마나 특이하게 다른 소리를 내고 있는가.—이 지침들의 평범한 의미와 완전히 반대된다!—골로새서 3:21에 따르면 그들은 자녀들이 '낙심하지'(루터: "두려워하지") 않도록 그들을 노엽게 해서는(ἐρεθίζειν) 안 된다. 에베소서 6:4에서는 더 분명하다: 그들은 자녀들을 "분노 속에 집어넣어서는(παροργίζειν)" 안 된다. 마치 이것이 자녀들에게 닥치는 가장 최악의 것이라는 듯이! 자녀가 감히 흥분과 분노로 아버지를 대할 때, 아버지는—언제나 최선을 다해서 자연스럽게 그리고 (가정하기를) 어떤 흥분이나 분노 없이!—잠언의 저 규정에 따라서 자녀를 벌하려고 하는 것이 마치 세상에서 가장 자연적이고 가장 건강한 것이 아니라는 듯이! 그러나 실제로 이 구절은 아버지들이 그들의 자녀들을 자극하고 분노 가운데 몰아넣을 때, 어떤 경우에도 피해야 될 최악의 것을 스스로 배려와 권위와 양육의 정당한 실행이라고 생각하는 것을 통해 억누르고, 구석으로 몰아넣고, 없애고, 반대 의지와 반대와 저항에 도전한다는 것을 의미하는 것 같다. 그들이 그렇게 해서는 안 된다는 것이 여기에서—그리고 특이하게도 골로새서 3:21에서는 심지어 유일하게!—오해의 여지 없이 분명하게 그들에게 지시되고 있다. 여기에 최우선이 되고 추상적으로 된 율법이 "분노"를 야기하고(롬 4:15), 사람에게 도움이 되지 못하고, 그의 마음으로부터 어리석음을 쫓아 내지 못하며, 그를 멸망과 죽음으로부터 구원하지도 못하고, 그를 하나님과 이웃과의 올바른 관계가 아닌 잘못된 관계로 이끌고,—이와 관련하여: 어릴 때부터의 마음의 악한 생각과 추구와 생각을 다른 방향으로 바꾸지 않을 뿐만 아니라, 오히려 그 악한 방향을 인정하고, 견고히 하고, 확정한다는 신약적 지식으로서의 감상적인 생각이 부적절하게 작용하고 있지는 않은가? 왜 율법이 그러한 일을 하는가? 그 이유는 부여하는 일이 이미 오래 전부터 강력하게 유지되는 은총의 약속, 그리고 지금은 예수 그리스도를 통해서 완성되었고 계시되었던 그런 은총의 약속을 무시함으로써 율법에 추상적인 가치부여를 했기 때문이다. 또한 이것은 (비록 율법이 거룩하고 의롭고 선할지라도, 그리고 바로 이 때문에 확실히 "선한 것 가운데서의 사람의 불경건"으로서!) 그 자체로 악하기 때문이다. 때문에 자녀에 대한 아버지의 행동은—이렇게 된다면 잠언의 저 규정들도 역시 궁극적으로는 오해될 것이다.—율법을 최우선으로 그리고 추상적으로 만들고, 저 심판을 시행하는 데 성립해서는 안 되며, 무엇보다 저 가혹하고 엄격한 성격을 지니고 있어서는 안 된다. 율법이 (히 12장에서 전제되고 있는 것처럼) 이런 성격을 아직도 여전히 지니고 있다는 것은 확실하다. 그러나 그런 만큼 율법은 이미 도래했고 미래에 계시될 새로운 시대의 본질이 아니라 사라져가는 시대의 본질에 따라서 실행되는 것이다. 그리스도교의 권고 그 자체는 결코 이 방향을 가리킬 수 없다. 이 때문에 우리는 부모의 배려, 권위, 양육에 관해 이야기된 것들에서 이 방향을 향하여 우리 자신을 제한해야만 한다. 율법의 우선권은 이 영역 전체에서 언제나 잘못된 것이다. 이 잘못된 것은 여러 가지 형태를 가질 수 있다. 그러나 그 모든 형태에서 이것은 부모의 과제가 그들의 자녀에게 하나님의 은혜를 증거하고 그들을 회개로 부르는 데 있다는 것을 부모가 모른다는 데서 비롯된다. 에베소서 6:4에 따르면 긍정적인 신약의 지침은 다음과 같다: "주의 교훈(παιδεία)과 훈계(νουθεσία)로 양육하라." 여기서 τοῦ κυρίου(주의)는 주어의 소유격(Gen. subj.)인가 아니면 목적어의 소유격(Gen. obj.)인가? 사람들은 두 대안들에 집착하지 않고, 대신에 이 표현을 다음과 같이 이해한다: 주님 자신으로부터, 즉 부모와 자녀를 위해 죽으시고 부활하신 주님으로부터 비롯된 교훈과 훈계에 관한 것이다. 이것은 은혜이기 때문에 부모는 양육과 권고에서 근본적으로—그리고 실제로 무엇보다 그들의 율법에 대한 인간적인 열심과 함께—이로부터 뒤로 물러나서, 양육과 권고를 통해 자녀들에게 이를 보여주어야만 한다. 만일 그들 자신의 양육과 권고가 이런 의미에서 행해진다면, 이것은 주께 향하는 교훈과 훈계가 되고, 자녀에게 이 주님을 함께 기뻐하라는 즐거운 요청이 된다. 여기에서 가정된 전제 조건은 분명하다: 우선 부모는 이 주님의 은혜를 그 실제성 속에서 깨닫고, 그 치료의 능력에서 사랑하고, 그 위엄으로 인해 존경하게 된다. 그 결과로 그들에게 그와 같은 겸손하고 기쁜 양육과 권고가 가능하게 되고, 당연하게 된다. 이외에 그들이 이 길을 갈 수 있는 신뢰를 어떻게 가질 수 있겠는가? 이외에 어떻게 그들은 마치 자연적인 무거운 무게에 의해 끌려가듯이 언제나 거듭해서 다양한 율법의 길로, 황폐한 '징계'의 길로 떨어지지 않을 수 있겠는가?

이것이 부모가 책임을 감당하는 것이다. 만일 우리가 이 책임을 예수 그리스도 안에서 현존하시고, 행동하시고, 계시되는 하나님을 만나고, 그분을 인식하고, 그분을 사랑하고, 경외하는 법을 배울 기회가 자녀들에게 주어지도록 하는 것이 부모의 책임이라고 칭한다면, 우리는 가장 간단한 것과 동시에 가장 포괄적인 것을 말하게 된다. 부모와 자녀들 사이에서 일어날 수 있는 가장 큰 일과 가장 작은 일, 가장 심각한 일과 가장 사소한 일이 동기가 되어서 부모가 자녀들에게 이런 기회를 제공할 수 있게 된다. 부모가 자녀들에게 그렇게 하는 것과는 달리, 어느 누구도 보통 그토록 길고 서로 연관된 시간 동안에 다른 사람에게 이런 기회를 줄 정도로 그렇게 많고, 다양하고, 친밀한 동기들을 가지고 있지 않다. 이 시간과 동기들은 인지될 것이다.

부모는 이 시간이 지나간다는 것을 고려해야 한다. 그들은 단지 제한된 시간 동안만 그곳에 있다. 그들의 자녀의 삶이 갑자기 끝날 수도 있다. 어쨌든 그들의 어린 시절은 언젠가는 끝난다. 그러면 사람은 아버지와 어머니를 떠나서 그의 아내와 결합하게 된다. 그는 그 자신의 길에 들어선다. 그에 대하여 앞에서 언급된 책임을 감당할 동기는 드물어지게 되고, 더 이상 예전처럼 그렇게 직접적이 되지 않는다. 전체 관계가 언젠가는 끝나게 된다. 그렇다면 그 관계는 어떻게 될까? 이것이 부모가 시기적절하게 심각하고 주의 깊게 물어야만 하는 질문이다.

부모는 그들이 비록 계속해서 자녀의 가장 가까운 자들로 남지만, 자녀가 어쩌면 이미 일찍이 그리고 항상 더 강하게 완전히 다른 환경들의 영향 아래에 이르게 된다는 것을 고려해야 한다. 부모는 자녀를 이 환경들로부터 떨어뜨릴 수 없으며, 단지 어느 정도까지만 이 환경들을 자녀들을 위해서 그리고 자신들의 뜻에 따라 선택할 수 있을

뿐이다: 이 주변 환경들이 자녀가 하나님을 만나는 것에 어떤 의미가 있는지와는 상관 없이. 이런 의미에서는 단지 제한된 '부모의 권리'만 존재한다.—정확히 그리고 확실하게 말하자면 단지 그들 자신의 가능성들 및 그들에게 풍부하게 제공된 신실성을 위한 동기들의 범위 내에서의 부모의 의무만 존재한다. 부모는 그들이 자녀에게 의미하는 바가 다른 환경들과 자녀의 관계들 속에서 불가피한 검증을 경험해야만 한다는 점을 분명히 알고 있어야 한다. 그들이 가지고 있고, 어느 누구도 그들로부터 빼앗아 갈 수 없는 가능성들의 범위에서 그들은 무엇을 하고, 무엇을 중단하는가? 제삼자(국가, 학교)에 대하여 '부모의 권리'를 묻는 질문이 아닌 이것이 진정으로 급하고 실제적인 질문이다. 그리스도교 공동체도 마찬가지로 그들로 하여금 이 질문에 주목하도록 해야 한다.

또한 부모는 그들의 책임이 그들의 자녀들에게 기회를 제공하는 데 있다는 점에서 마찬가지로 제한되어 있음을 고려해야 한다. 그들이 자녀를 '행복하게' 하거나 '유능한 사람'으로 만들 수 없다는 것과 하나님을 찾고, 하나님의 말씀을 듣고, 하나님을 기쁘게 하는 피조물로, 즉 그리스도인으로도 만들 수 없다는 것은 말할 필요도 없고, 그들은 결코 자녀의 육체나 영혼을 건강하게 만들 수도 없다. 그들은 자녀로부터 결코 아무 것도 만들어 낼 수 없다. 그들은 자녀에게 해야 할 것들에 대해서 최고의 책임을 가지고 있다; 이 때문에 그들은 자녀에게서 조금의 책임도 제거할 수 없다. 그들은 자녀에게 그들에게 약속되고 그들이 접근할 수 있는 하나님과 사람들 앞에서의 자유를 보여줄 수 있다; 하지만 그들은 자녀에게 이 자유를 줄 수는 없다. 그들은 단지 최선을 다할 수 있을 뿐이다. 그러나 이것이 결코 자녀의 삶의 고유한 것 안으로 확장되지는 않는다. 따라서 그들은 하나님이 자녀에게 원하시는 것 앞에서, 이 측면이나 혹은 저 측면을 향한 극히 고유한 자녀의 발전 앞에서, 그리고 실로 그의 육체적인 삶과 죽음 앞에서 겸손하게 조용히 서 있어야만 한다. 그들은 그들의 책임 안에서 할 수 있고 또 해야만 하는 모든 것을 하면서, 자녀를 그들에게 자녀를 주신 하나님의 손안에, 오직 홀로 자녀에 대한 그들의 연약한 증언이 효과적으로 되도록 만드실 수 있고, 자녀로부터 악한 영들의 영향을—이것은 광범위하게 부모의 방식일 수 있다!—없애실 수 있는 그분의 거룩한 영에게 맡겨야 한다. 만일 부모가 이것을 고려하고, 거룩한 영이 본래 선한 일을 행하는 분이시라는 것과, 그들은 인간으로서 그들의 자녀들을 단지 이 거룩한 영에게 인도할 수 있을 뿐이라는 사실을 지향한다면, 결국에 이것이 부모가 그들의 자녀들을 위해 할 수 있는 최선의 것이다.

마지막으로 부모는 우리가 자녀들에 관해 이야기했을 때, 자세히 논의했던 것을 고려해야만 한다: 즉, 악한 영들, 그들 자신의 죄와 다른 사람들의 죄, 그들의 자녀들뿐만 아니라, 예수 그리스도 자신과 하나님의 나라도 그들이 이해할 수 없고, 자녀들을 그들로부터 멀리 데려가는 것처럼 보이기 때문에, 그리고 인간적인 생각으로는 자녀들을 정말로 '드려야 하기' 때문에 반대하는 고유의 특별한 요구들과 강제들의 형태로 그들과 자녀들 사이를 분리시키면서 들어올 수 있다. 혹은 반대로 만일 그들 자신이 어떤 특별한 이유로 인해 그들의 자녀들로부터 멀리 떨어지게 되어서 자녀들에 대한 그들의 영예와 의무를 더 이상 행할 수 없다면, 그들은 무엇을 원하고, 어떻게 해야만 할까? 거기에서 우리가 다루었던 성경 구절들은 모두 이 방향을 지시하고 있으며, 자녀에 대한 부모의 거룩한 관계 전체가 영원한 한계(Grenze)를 가지고 있을 뿐만 아니라, 이 한계에 의해서 (부모 측에서의 돌봄과 연관해서도 마찬가지로) 갑자기 혼란되고 깨어질 수 있음을 말하고 있다. 하나님의 계명 아래에 있는 부모됨은 이런 특이한 한계상황을 기꺼이 받아들이는 준비를 자체 안에 포함하고 있어야만 한다. 왜냐하면 이런 수용의 자세가 바로 자녀에 대한 그들의 관계가 아닌, 이 관계를 규정하는 계명이 신적이라는 사실을 그들이 이해하고 있음을 보여주는 증거이다. 이런 이해야말로 어떤 경우에도 한계 안에서 행해지는 부모의 책임이 죄를 용서하시는 하나님의 은혜 아래서 이루어지는 선한 사역으로 인식되는 것이 가능하게 되는 유일한 조건이다.

### 3. 가까이 있는 자와 멀리 있는 자

"사귐 안에 있는 자유"에 관해서 지금 여전히 말할 수 있는 것은, 본질적으로 하나의 특정한 구분과 해명을 위해 유익하다.

우리가 위와 같은 제목으로 지금까지 언급했던 것은, 바로 하나님의 계명이 남자와 여자의 관계를 위해서 그리고 부모와 자녀들의 관계를 위해서 고유한 자신만의 의미를 지닌다는 것이었다. 그리고 바로 이런 관계들이—우리는 특히 창조주이신 하나님의 계명에 대해서 묻는데—우리의 흥미를 끌었다. 왜냐하면 이런 관계를 맺는 것이 바로 인간의 피조물로서의 본성에 속함이 분명하기 때문이다. 그리고 이런 관계를 우리가 이웃됨(Mitmenschlichkeit)으로 이해하는 한, 필수적으로 이런 두 가지 모두의 차원을 갖게 된다. 그리고 우리는 다음을 보았다. 즉, 하나님의 계명은 인간을 "사귐 안에 있는 자유"로 부른다. 그리고 하나님의 계명은 실제로, 마치 질서를 창조하듯, 바로 이런 두 가지 차원 안으로 선포된다는 사실이다. 그리고 이런 두 가지 차원을 통해 계명의 내용과 계명의 유효성을 인식할 수 있다는 것이다. 또한 계명을 듣는 자는 동시에 다음에 대하여 확증(Bestaetigung)하게 된다. 그것은 계명을 들음으로써 우리는 계명을 실제로 관계와 연관시킬 수 있다는 것이다. 그리고 이를 통해서 계명은 인간에게, 모든 인간에게 본질적으로 반드시 필요(wesensnotwendig)한 것으로 존재할 수 있음을 확증하게 된다.

그러나 우리 앞에는 다음과 같은 질문이 놓여 있다. 혹시 다른 방식으로 여전히 이와 같은 피조물적-본성적 관계에 대한 여전히 세 번째 범위, 그리고 필시 더 나아가 네 번째 범위를 또한 고려할 수 있는가? 그리고 하나님의 계명 안에 필시 마찬가지로 그들의 확증을 발견할 수 있는가? 다시 말하면, 이런 관계가 인간에게, 모든 인간에게 본질적으로 반드시 필요하다는 확증을 발견할 수 있는가? 혹시 인간이 남자 또는 여자로, 남자 그리고 여자 모두로, 혹은 그리고 인간이 확실히 어린이로, 그리고 아마도, 최소한 잠재적으로 볼 때에, 아버지 또는 어머니로 존재한다는 것이 인간의 이웃됨이라는 본성에 대해서 말할 수 있는 모든 것인가? 혹시 하나님의 계명은 그 자체로 여전히 다른 차원들을 가리키는 것은 아닌가? 그리고 부모와 자녀의 관계를 이와 함께 더 광범위한 유사관계들(Verwandtschaftsverhaeltinisse)과 연관시킴으로써, 우리는 지금 우리가 간직하게 된 이런 논점들을 그대로 고수할 수 있는가? 여기의 한계는 어디에 있는가? 여기에 더 광범위한 영역은 존재하지 않는가?

우리는 가족이라는 개념을 뛰어넘어야만 한다고 생각했다. 만일 사람들이 부모와 자녀로부터 더 넓은 관계를 생각한다면, 그렇다면 분명하지는 않지만 어쩌면 더 커다란, 그리고 본성에 기초한, 더 나아가 역사 안에서 형성된 인간관계라는 개념이 주어질 수 있는가? 즉, 모든 인간이 태생적으로 속하게 되는, 관계를 맺게 되는 그리고 의무적으로 부여된 인간관계가 주어지는가? 그리고 만일 이것을 부정할 수 없다면, 인간은 여기서 다음과 같은 관계를 맺어서는 안 되는가? 즉, 마치 남자와 여자, 부모와 자녀도 ─그리고 남자와 여자, 이 둘을 내적으로 포함하고 있는 외부의 집단(Kreis)으로서─ 또한 하나님의 계명의 목적인 관계(Beziehung)를 맺어서는 안 되는가? 그리고 하나님의 계명을 통해서 저런 관계가 또한 인간에게도 마찬가지로 본질적으로 반드시 필요하다는 사실이 확증되는 그런 관계를 맺어서는 안 되는가?

인간은 이와 같은 '**좀 더 광범위한**' 관계(Verhaeltnis)를 일단의 사람들과 맺고 있을 것이다. 우리는 이들을 '**가까이 있는 자**'(die Nahen)라고 부른다. 다시 말하면, 이들은 인간의 본성에 따라서 그에게, 인간존재(Existenz)의 실재(Faktum) 안에 그리고 이와 함께, 앞에서 언급한 밀접한 범위(Bereich)를 넘어 가까이에 있는 자들이다. 또한 자신들의 모든 인간적 방식에 따라 그에게 잘 알려져 있으며, 그리고 그와 친한 자들이다. 이들은 (사실 이런 광범위한 개념에 대한 명확성과 정확성[Bestimmtheit]을 보장할 수는 없지만) 민족(Volk)을 가리킨다. 또한 민족은 지금 모든 인간을 위한 하나님의─하나님의 고유한─백성을 가리킨다. 그러나 이런 정의 안에는 이미 다음과 같은 전제가 들어 있음이 분명하다. 즉, 민족이라는 전체 개념을 바탕으로 보자면 그가 속한 민족과는 구별되는 다른 민족들이 존재한다는 것이다. 그리고 이 때문에 또한 전체 인간이 구성하는 민족(Menschenvoelker)들은 그가 속한 민족보다 작지 않아야만 한다는 것이다. 다시 말하면, 이는 이른바 자연적-역사적으로는 다르게 설명되고 형성된 또 다른 인간관계들이다. 그래서 그 인간이 이런 인간관계들에 속해 있지 않고, 직접적인 연관성을 갖지 않는, 그래서 의무로서 부여되지도 않은 인간관계들을 의미한다. 그리고 이런 인간관계들은 지금 단독으로 그리고 자기 전체를 통해서 가장 외적인 집단을 형성한다. 그 인간은 바로 자신의 민족과 함께 이런 집단에 포함된다. 그리고 이런 집단과 그는 최소한 간접적인 관계를, 그러나 아마도 사실은 매우 직접적인 관계를 맺고 있다. 또한 인간이(der Mensch) **가장 광범위한** 관계를 맺고 있는 사람들이 있을 것이다. 우리는 이들을 '멀리 있는 자'(die Fernen)라고 부른다. 또한 우리는 이들이 민족(그가 앞에서 언급한 '가까이 있는 자'와 친한 자들이라는 관계를 맺고 있는)의 구성원인 그 인간에게 **낯선 이들**(Fremden)이라 말할 수 있다. 그렇다고 이웃으로서 이들이 완전히 낯설다는 것이 아니라, 오히려 단지 부분적으로 또는 상당히 낯선 이들이다. 우리는 지금(다시금 개념이라는 관점에서 구속력을 갖지 않지만) 바로 **인류**를 두고 말하고 있다. 바로 인류에 그는 자신의 고유한 민족들과 함께 속해 있는 것이다. 이런 점에서 그는—즉, 그는 지금 마찬가지로 이웃됨을 갖는 존재로서—지금 그럼에도 인류에 '어찌되었든' 연결되어 있으며, 인류의 구성원으로 채용된 것이다. 그리고 지금 우리는 묻는다. 또한 이런 세 번째 그리고 네 번째 범위는, 가까이 있는 자와 멀리 있는 자라는 의미를 통한 관계는 그렇다면 또한 인간이 갖는 피조물로서의 본성에 속한 내적인 관계(Beziehung)에 관한 것인가? 하나님의 계명은 이런 내적인 관계 안에서 인간에게 어떤 의미를 갖는가? 그리고 이런 범위들 안에서 이와 같은 관계가 강조되고 인정을 받음으로써, 인간이 실제로 자기 존재에 근거하여서 위에서와 같이 가까이 있는 자와 멀리 있는 자를 가리키며, 그리고 자기가 속한 민족의 구성원으로서 또는 인류의 구성원으로서 존재와 행위를 하도록 촉구한다는 사실을 혹시 옳다고 증명하는 것은 아닌가?

그러나 우리는 이제 이런 사실 안에 놓인 확실한 것에서 시작해보자.—하나님의 계명을 통해서 언급되는 인간의 수준은 분명히 낮은 차원이라고 볼 수 있다. 이런 수준에서 분명하게 말할 수 있는 것은(1), 무엇인가가 마치 '가까이 있는 자'들과 같이, 무엇인가가 마치 그가 속한 민족과 같이 실제적으로 그를 위해 존재한다는 것이다. 그렇다면 어느 누가 여기에 속하지 않겠는가? 사실 넓은 집단은 광범위한 혈연관계와 생물학적 특색을 육체적으로, 자신들의 과거를 통해서 그리고 이로부터 현재에는 공동의 언어와 관습을 통하여, 그리고 필시 공동의 주거 공간 또는 특히 이런 특색들의 일부에 연결된, 또한 역사적으로 어느 정도는 분명히 인식할 수 있는 전체(Ganzes)를 형성한다. 만일 그가 한 인간으로 존재한다면, 도대체 하나님의 의지와 지시(Anordnung)에 따른 이런 넓은 집단에 도대체 누가 속하지 않겠는가? 의심의 여지 없이 이런 집단에 속한 모든 사람은 이런 전체 집단의, 자신들이 구성하는 가까이 있는 사람들의 편이다. 그리고 이 사람은 이들과 매우 깊은, 자신의 전체 실존(Existenz)을 위해 가장 높은 특색을 지닌, 자신의 모든 존재(Sein)를 위해 영향력이 있고 또한 의무적으로 부여된 관계를 맺게 된다. 더 넓은 의미로 말하자면, 그는 이런 전체와의 관계를 통해서 '집에 있는 듯'(zuhause)한 안도감을 느낀다. 그는 이런 관계 속에서, 그와 가까이 있는 자들과의 사귐을 통해서 숨을 쉰다. 그래서 마치 그가 이들 없이는 전혀 숨을 쉬거나, 생각하거나, 느끼거나, 행동할 수 없었던 양, 이런 일이 그에게 처음으로 다가오는 것이다. 그리고 이와 같은 관계를 맺고 존재하는 한 사람으로서 그는 또한 외부 집단을 향해 다음과 같은 사실을 매우 분명하게 드러낸다. 즉, 이런 사실 때문에 그가 지금 자기가 속한 민족의 동반자임을 사람들은 반드시 주목해야 하며, 그리고 자신의 생각을 결코 이로부터 분리시킬 수 없다는 사실이다.—그러나 계속해서 사람들이 낮은 차원의 수준에서, 또한 분명하게 말하고 있는 것이 있다. 그것은 모든 인간을 위해서 또한 무엇인가 마치 위에서 언급한 것처럼 '멀리 있는 자'들이 존재한다는 것이다. 이들은 민족의 한 구성원인 그에게도 낯선 자들이지만, 그럼에도 완전히 낯설지는 않고 그렇지만 한눈에 들어오지는 않는 자들, 마치 인류와 같이 존재하는 자들이 있다는 것이다. 그는 인류에 그리고 이런 그룹에 속해 있다. 그럼으로써 그는—그가 이를 의식하든 또는 의식하지 못하든—또한 이렇게 또는 어느 정도만큼은 다른 사람들과 이웃하게 된다. 여기서 그는 그 지방에 살고 있는, 자기가 속한 민족과 함께 있으면서, 그럼에도 그는 또한 더 넓은 세상, 자기와는 다른 방식으로 존재하는 민족들의 한가운데에 있게 된다. 그가 자기 민족의 한 구성원으로 존재함으로써, 그는 당당하게(gemessen) 존재하며, 그리고 그곳에서 자신에게 다가오는 인간의 고유한 특징들을 가지고 스스로를 무의식적으로 평가하며, 또한 자기 민족인 어느 정도 알고 신뢰하는 사람들을 기준으로 멀리 있는 자를 평가한다. 멀리 있는 자들은 이와는 너무 다르게, 이렇듯 그에게서 멀리 있는 자들이다. 그들은 저기 저 편에 있는 자들이다. 그리고 지금 다른 한편으로는, 그와는 전혀 상관이 없었던 사람들이다. 그리고 그가—마치 이것이 오직 침묵을 통한 자기주장과 방어의 형식을 통해서, 그러나 그럼에도 필시 긍정적인 관심과 상호교환(Austausch)의 형식을 통해서인 것처럼—감동을 그들로부터 받지도, 또한 그들에게 관심을 쏟지도 않았던 사람들이다.

그리고 이제 높은 차원의 수준에서 보자. 그리고 하나님의 계명은 높은 차원의 수준이다. 이런 하나님의 계명이라는 관점에서 보자면, 더 분명한 확실성을 갖고 말할 수 있는 것이 있다(2). 왜냐하면 하나님의 계명은 전체 인간에, 즉 전체 인간의 존재와 행위에 관계되며, 그리고 이를 포함하기 때문이다. 또한 인간에 대립하는 자명한 영역, 그리고 인간에게서 빼앗을 수 있는 인간적 실존의 어떠한 영역도 존재하지 않기 때문이다. 다시 설명하자면, 인간이 위에서 언급한 가까이 있는 자들과 멀리 있는 자들과 관계를 맺고 있다는 것은 인간에게 속한 일이라는 것이다. 그렇기에 이는 다음과 동일한 의미를 또한 갖는다. 즉, 인간이 이런 관계들 안에 지금 놓여 있다면, 계명은 이런 점에 있어서 인간에게 순종을 요청하며 그리고 인간이 거룩해지기를 원한다는 것이다.

또한 하나님의 계명은 인간을 신분상으로는 하나님 백성을 구성하는 일원으로서, 그리고 동시에 인간을 또한 더 넓은 의미인 인간종족(Menschenvolkes)의 구성원으로서 완전히 간주한다. 또한 인간은 가장 외적이고, 멀리 떨어져 있는 자기의 이웃 집단들 안에서 자기 자신을 방치하거나, 자신을 몰아가는 우연(Zufall)에 자신을 넘겨주지 않는다. 또한 앞에서 언급한 영역에서 인정되는 자기의 고유한 법칙성(Eigengesetzlichkeit)에, 그리고 더 나아가 실제로 인간이 소유한 자의성(Willkuer)에 넘겨지는 것이 아니다. 오히려 창조주인 하나님과 그리고 인간 현존재의 주님이 또한 그곳에서 인간을 위한 법수여자(Gesetzgeber), 심판자 그리고 구원자로 존재하신다. 그리고 또한 하나님은 그곳에서 당신의 사역을 위해서 인간을 사용하시며, 그의 말씀은 또한 그곳에서 인간의 길을 비춰주는 유일한 빛이 되신다.

이런 일 안에 놓인 하나님의 계명에 관해 분명하게 말할 수 있는 것이 있다. 그렇다면 지금 마찬가지로 이를 계명의 긍정적인 효과(Tragweite)가 드러나도록 시도해보자.

사람들은 특별히 '인간과 민족'이라는 영역에 나타난 계명의 효과를 고찰하기 위한 유용한 자극(Anregung)과 잘 정선된 자료를 **쇠에**(N. H. Søe, 앞의 책, 326f.)에게서, 그리고 **드 퀘르벵**(A. de Quervain)의 책, 『교회, 민족 그리고 국가』(*Kirche, Volk und Staat*, in *Ethik* II, I 1945, 288f.와 338-377)에서 발견할 수 있다. 그러나 나는 이런 저자들과는 다르게 '인간과 인류'의 영역을 처음부터 분명하게 숙고해야 할 것으로 본다. 이런 영역은 앞의 저자들이 처음에는 제한적으로 포함해서 다루었던 것이다.

인간은 자기 민족의 구성원으로서 참여한다. 그리고 민족의 구성원으로서 민족이 맺는 관계에 함께 참여한다. 더 나아가 그리고 다른 민족들을 구성하는 인간에 대해 반대하는 말을 하고 또한 이를 요구한다. 그렇다면 이는 하나님의 계명을 듣고 이해하기 위해서 그리고 또한 인간이 실행해야 할 순종에 대한 질문을 위해서 무엇을 의미하는가?

이것이 우리가 가장 먼저 제기한 질문이다. 이 질문에 긍정적 대답을 살펴보자. 이에 대한 가장 보편적인 표현, 다시 말하면, 자연적-역사적인 장소들의 내적관계를 의미하는 표현은 다음과 같다. 바로 그곳에서 하나님의 계명은 인간에게 주어진다. 인간이 계명을 들음으로써, 그리고 인간이 계명에 순종하는 존재가 되도록 명령받음으로써, 인간은 어떤 빈 공간에서 떠도는 존재가 되지 않게 된다. 그것이 바로 땅(Erde)이며, 인간의 주거 공간인 아래 우주(Kosmos)이며, 그리고 인간의 본성(Natur)과 역사이다. 그러나 땅은 마치 어떤 수학적인 의미의 개념 안에 놓인 구슬의 표면과 같은 것이 아니다. 즉, 모든 점이 모든 다른 점들과 동일한 방식으로 놓여 있고, 또한 다른 모든 점과 교환할 수 있는 수학적 의미의 표면이 아니다. 이런 수학적인 장소에서는 인간이 하나님 앞에서의 자유를 향해, 그리고 친교 안에 놓인 자유를 향해 부름을 받지 못한다. 또한 인간은 이런 장소에서는 남자 또는 여자, 자기 부모의 자녀, 아버지 또는 어머니로 존재할 수 없다. 그는 마찬가지로 다른 인간들에게 좋은 인간이 될 수도 없다. 또한 인간의 특별함은 그가 지금 바로 독립된 개인(Individuum)으로서 존재하고, 그래서 다른 누군가가 되지 않음으로써만 획득되는 것이다. 이와는 달리 하나님은 인간, 지금 그에게 가까이 있는 자와 그리고 그에게 멀리 있는 자와 관계를 맺고 있는 인간과 의논하신다. 더 나아가 하나님은 바로 이런 관계 안에 존재하는 인간에게 말을 거신다. 그래서 그가 자기 민족의 사람들과 맺는 관계, 그리고 이와 함께 다른 민족의 사람들과 맺는 관계는 지금 즉시 인간에게 지정된 규범(Rahmen)이라는 특징을 갖게 된다. 그는 이 규범을 통해서 자신의 순종을 증명해야만 한다. 바로 이런 그의 순종이 증명되는 곳에서는, 계명이 그에게 요구하는 것이 무엇인지 그에게 전혀 아무것도 말할 필요가 없을 것이다. 우리는 나중에 바로 이런 점에서 새로운 신학적 윤리에서 널리 펼쳐지고 있는 경향에 대한 한계를 설정하게 될 것이다. 그럼에도 그에게 이와 함께 하나의 장(Feld)이 열릴 것임은 분명하다. 그는 이런 장에서, 만일 그가 하나님의 계명이 그에게 원하는 것을 행한다면, 스스로 행동하게 될 것이다. 여기서 그는 하나님 앞에서, 그리고 사귐을 통해서 존재하게 된다. 여기서 그는 남자 또는 여자, 아버지, 어머니로 존재한다. 또한 여기서 모든 다른 것은 자신의 피조물적 본성을 스스로 발현하게 되며, 여기서 또한 이런 피조물로서 존재하고 또한 이런 독립된 개별체(Individuum)로서 존재하게 된다. 여기서 그는 부름을 받고, 책임을 갖고 행하며, 그리고 의무를 다하게 된다. 여기서 하나님의 의지를 아는 것과 행하는 것이 그를 위한 주제가 된다. 그러나 '여기'는 다음과 같은 장소를 가리킨다. 즉, 그에게 가까운 자들과 멀리 있는 자들이 존재하는 곳이다. 자세히 보자면, 그가 한편으로는 집에 있는 듯, 스스로 자신의 주변 환경을 대부분 분명하게 알아 볼 수 있는 곳, 그에게 확실하고 당연한 소속감과, 관계성, 그리고 구속력이 주어지는 곳이다. 그리고 또한 다른 측면에서 여기는 바로 이와 같은 그의 주변 환경에서 보자면, 낯선 것과 만나게 되는 곳이다. 그리고 앞에서 언급했던 관계의 당연성(Selbstverstaendlichkeit)이 무엇보다 부족한 곳이며, 그래서 실제로 이것이 부정적인 특징을 갖게 될 수도 있다. 그럼에도 이것이 근본적으로 제거되기를 원하는 것이 아니라 오히려 어떤 하나의 형태로서 추구되며 수용되기를 원하는 곳이다. 그가 여기, 가까이 있는 자와 멀리 있는 자와의 관계 안에서 스스로 존재한다는 것은, 하나님이 인간에게 원하시는 것에 대해서 말하는 것이다. 그러나 이것이 전혀 새로운 것이나, 특별한 것, 전혀 특징적인 것을 말하는 것은 아니다. 하나님은 명백하게 바로 여기, 바로 이런 관계들 안에 놓인 인간의 존재 안에 그 인간에게 새롭고, 특별하며, 특징적인 것을 말씀하실 것이며, 그 후에 하나님은 이에 따라서 인간을 심판하실 것이다. 인간은 일반적으로나 그리고 다른 어떤 곳에서가 아니라, 오히려 바로 이곳에서 그리고 인간에게 주어진 바로 그것에 따라서 심판받게 될 것이다.

## 3. 가까이 있는 자와 멀리 있는 자

가까이 있는 자와 멀리 있는 자의 문제는 무엇보다 언어의 문제다. 다시 말하면, 한 사람이 다른 한 사람과는 공동으로 사용하는 언어이지만, 다시금 또 다른 사람과는 공동으로 사용하지 않는 언어가 갖는 문제이다. 그의 언어는 적어도 무엇인가 그를 다른 자기 민족의 다른 사람과 연결해주는 것이 분명하다. 왜냐하면 외국어들은 다른 민족들이 그로부터 멀어지도록 만드는 것이 분명하기 때문이다. 언어는 도구이다. 사람은 언어라는 도구를 통해서 자신의 생각을 표현하며, 그리고 다른 이의 생각을 자신의 입장에서 인식할 수 있다. 물론 감정과 의지를 통한 의사소통이 존재한다. 이런 의사소통은 언어를 통하지 않고 진행될 수 있다. 그러나 생각을 통한 의사소통은 말, 언어를 필요로 한다. 그리고 언어는 바로 이런 의사소통을 수행하기 위한 인간의 천부적 재능이다. 지금 하나님의 계명은 ─ 특히 한 인간뿐만이 아니라, 또한 확실히 전체 인간에게 ─ 인간에게 반포된 요구(Aufforderung)이다. 이런 요구는 인간의 재능을 확실하게 사용하기 위함이다. 이는 무엇인가를 확실하고 일반적으로 말하기 위한 요구가 아니다! 인간이 말하고 듣는 하나님의 계명에 적절한 대부분의 것들은 말하지 않고 그리고 듣지 않는 편으로 머무는 것이 분명 좋거나 더 낫다. 하나님의 계명에 대한 순종은 단호하게 말하는 것이며 그리고 듣는 것을, 그리고 인간이 자기의 이웃과 서로 생각을 교환하면서 그리고 이웃과 함께 하나님을 찬양하고, 고백하며 그리고 증거하는 것을 주제로 삼는다. 그리고 바로 이 때문에 자신이 이웃과 함께 사귐을 추구하고 장려하게 됨에 관한 것이다. 언어에 대한 **직무적**(dienstlichen) 사용도 있다. 하나님의 계명에 따르는 곳 그리고 이를 청취하는 곳에서, 인간은 바로 이를 위해서 부름을 받게 된다. 그리고 실제로 이는 언어에게 품위와 주요한 의미를 준다. 그래서 하나님의 계명에 순종하는 존재가 되기 위해서, 인간은 저런 확실한 방식을 통해 언어를 사용하고, 저런 의사소통을 추구하고, 말하고 그리고 듣는 존재가 될 수밖에 없는 것이다.

특히 인간은 바로 이것을 최우선적으로 그리고 자신의 언어를 통해서 더 지속될 수 있도록 해야만 한다. 다시 말하면, 그는 자신이 속한 민족의 한 인간으로서 그리고 자신의 민족인 사람들에 둘러싸여 그 민족의 언어를 사용하는 한 인간으로서 이를 행해야만 한다. 그렇다고 언어가, 이것이 바로 지금 인간 자신이 사용하는 언어이기 때문에, 또는 객관적으로 보자면, 언어가 갖는 특별함을 통해서, 이런 언어가 무엇인가 그 인간에게 거룩한 것이 될 수도 있다는 것이 아니다! 또한 예를 들자면, 마치 너의 언어만을, 너의 '모국어'만을 말해야 한다는 것과 같이, 모든 곳에서, 보편적으로 그리고 추상적으로 언급되는 계명은 존재하지 않는다! 그가 하나님의 계명에 대하여 순종함으로써, 언어를 직무적으로 사용함으로써, 인간에게 요구되어진 저런 의사소통이 완성됨으로써, 바로 저기, 하나님의 계명이 그를 발견하는 곳에서 출발하는 것이, 그리고 또한 인간의 언어 영역을 통해서, 그리고 그가 속한 민족의 다른 구성원들과의 관계 안에서 그가 하나의 구성원으로 존재한다는 것이 바로 그에게 허용되어진 것이다. 또한 그의 언어, 그가 속한 민족의 언어는 소유하지는 못하지만, 그러나 그 언어는 바로 다음을 통해서 그를 위한 가치와 주요한 의미를 획득하게 된다. 즉, 바로 언어가 앞에서 언급한 도구의 첫 번째 형태가 됨으로써, 이런 도구를 사용함으로써 그가 자신의 순종함을 증명해야만 한다는 것이다. 그러나 그 언어가 그를 위해서 그의 유일하고 최상급의 형태로 남아 있을 것인지 혹은 그렇지 않을 것인지는 결정되지 않았다. 그러나 그 언어가 그의 언어로서 첫 번째 형태이고, 그가 스스로 하나님의 계명에 대해서 무엇보다 자기의 언어를 통해서 책임을 지며, 이런 언어를 통해 하나님에 대한 찬양을 듣고 그리고 스스로 이를 다른 이들에게 계속 전하며, 그리고 다른 인간과의 사귐을 무엇보다 언어를 통해서 구하며 그리고 향유해야만 한다는 것을 바로 언어가 표현하는 것이다. 그러므로 또한 그에게 가까이 있는 자들의, 그의 백성의 언어는, 다른 모든 언어보다 중요한 언어이다. 이 언어는 그에게 단지 자신의 소유로서의 언어일 뿐만이 아니라, 더 나아가 본래적인 그리고 특징적인 언어인 것이다.

만일 언어가 그에게 특히 진정으로 순종, 즉 그가 지금 바로 자기의 고유한 언어를 도구로 사용하여서 확증하는 순종으로 존재한다면, 그렇다면 그가 다음을 진지하게 생각해 보아야 한다. 그것은 언어라는 도구를 올바르게 사용하는 것, 그리고 언어를 올바르게 사용하기 위해서 또한 잘 아는 것이다. "올바르고 좋은"(Recht und gut)은 동시에 무엇인가 그의 민족언어를 구사하는 사람에게 명목상의 또는 실제로 내재적인 순수이상(모범, Reinheitsideal)에 적합하지 않다. 이 때문에 그가 언어를 올바르게 사용하기 위해서 그리고 잘 알기 위해서 스스로 노력할 수 없다. 오히려 이것이 그에게 그가 속한 민족의 '영혼'을 표현하거나, 또는 자기의 고유한 영혼의 표현으로서 귀중하기 때문이며, 더 나아가 존경할만하기 때문일 것이다. 그리고 또한 분명 이것이 자신의 특별함을 통하여 지금 바로 그에게 지시된 가능성이기 때문이다. 그는 이런 가능성을 스스로—항상 그가 실현해야만 하는 섬김의 활용(dienstlichen Gebrauch)을 염두에 두면서—기뻐하며, 이를 철저하게 이용하려고 노력하며, 그는 이런 사용을 통해서 정중하고 신중한 존재가 되어야만 한다. 그는 민족언어를 잘 알고 그리고 올바르게 사용해야만 한다. 그 이유는 바로 민족언어가 무엇을 위해서 유익한지를 염두에 두면서, 그리고 그에게 지시된 하나님을 찬양하는 것을 염두에 두면서, 그리고 그에게 지시된 인간들과의 사귐을 염두에 두면서 가장 좋은 것을 민족언어를 통해서 얻어내기 위함이다. 참으로 오직 최고의 것—무분별한 것, 특별한 양식을 갖지 않고, 그리고 형태가 없는 익숙한 잡담이 아니라, 오히려 단지 잘 정돈된 언어만이 그에게 지시된 것이라는 관점에서 충분히 좋은 것이 될 수 있다.

그러나 이 모든 것은 지금 한 인간의 언어 그리고 또한 그가 고유하게 구사하는 민족언어의 활용, 그리고 이런 언어에 대한 사랑과 그가 언어에 관심을 기울이게 하는 문화가 진정으로 그리고 전적으로 모든 의사표현(Sprechen)의 의미에 따르고, 또 그렇게 머물러 있는가에 달려 있게 될 것이다. 다시 말하면, 언어는 하나님의 계명에 대한 순종이라는 틀 안에서 활용된다는 것이다. 그리고 이를 통해서 언어는 의미에 종속되고, 또한 이와 같은 권리를 부여하게 된다는 것이다. 또한 이 모든 것은 그에게 목적 자체(Selbstzweck)가 될 수 없다. 사실 이 모든 것은 그를 구속한다. 그렇기에 그는 이것에 대립하여서 또한 자유롭게 머물러야만 한다. 그러나 그가 갑자기 특별히 그에게 가까운 자들과 함께 있는 것이 아니라, 오히려 모든 면에서 그에게 이미 상당히 멀리 있는 자들과 또한 그들의 언어 영역 안에 존재할 수도 있다. 그러나 그는 이를 위해 결코 먼 곳으로 돌아다닐 필요가 없다. 위에서 언급한 모든 것은 오직 이를 통해서만 권해지는 것이다. 그렇다면 도대체 한 인간의 고유한 언어란 무엇인가? 엄밀하게 보자면, 사람들은 무엇보다 다음처럼 이해해서는 안 된다. 즉, 사람들이 문어(文語) 안에서 하나의 특정한 방언의 그룹을 예를 들어 방언들의 공통분모로 간주하였다는 것이다. 엄밀하게 보자면, 더 나아가 마찬가지로 그의 특유한 방언은 각 인간이 소유한 자기의 언어이며, 그렇다면 이런 언어와의 관계 안에서는 이미 다른 유사한 그룹이 구사하는 이런 방언들은 외국어이며, 그리고 외국어(필시 이미 사어[死語]가 된)를 구사하는 사람들은 그에게—그리고 실제로 단지 그들의 언어 때문만은 아닌—무엇인가 마치 이방 민족들과 같을 것이다. 마찬가지로 그는 그들에 대하여 그럼에도 자신의 언어를 완강하게 주장하지 않게 될 것이다. 오히려 그는 그들의 언어를 이해하기 위해서 많은 노력을 기울이게 될 것이며, 무엇보다 그들이 자신을 이해하도록 노력할 것이다. 그는 이를 위해서 귀와 입을 활짝 열 것이다. 그의 언어 집단과 또한 그에게 가까이 있는 자, 그리고 또한 그의 민족 집단은 자신의 태생적 범위를 넘어 눈에 띄지 않게 확장될 것이고, 특히 또한 이처럼 그에게 상당히 낯설고 멀리 있는 자들까지 둘러싸게 될 것이다. 그리고 만일 그와 저들 사이의 관계가 바로 하나님의 계명에 대한 순종을 주제로 삼게 된다면, 그렇다면 이것은 단지 하나의 자연스러운 필연성만을 발생시키지 않을 것이다. 즉, 그가 이를 스스로 원한다면, 그는 자신의 가장 고유한 언어의 장벽을 넘어설 내적인 필요성과 함께, 또한 자신이 속한 민족을 넘어서야만 할 것이다. 그리고 그럼에도 불구하고, 그는 또한 자신의 방언집단(Dialektgruppe)과의 공동의 문어(文語)를 사용하는 관례(Gebrauch)를 바탕으로 동일한 외적 그리고 내적인 필요성을 동시에 연관시켜야만 한다. 민족에 속하지 않은 인간은 처음부터 이런 민족의 문어를 결코 갖지 못하기 때문이다. 그러나 그가 언어를 배우고, 말하고, 읽고(예를 들자면, 또한 성서를 읽고!), 들음(예를 들자면 또한 하나님 말씀의 선포를 듣고!)으로써, 그는 그 언어 안에서 편안함을 느끼게 된다. 또한 그는 이 언어를 자신의 고유한 언어로 삼으며, 그에게 또한 언어의 보존이라는 과제를 부여하며, 적어도 그는 언어적으로 더 커다랗고 포괄적인 민족의 한 구성원이 되는 것이다. 그러나 이 모든 과정은 또한, 이것이 고유한 의미에서 이른바 외국어(Fremdsprache)로 불리는 언어와 만남을 주제로 삼을 때, 바로 이와 동일한 과정을 보인다. 즉, 자신의 고유한 방언집단과는 다른 하나의 상투적인 공통어(Einheitssprache)와의 만남 또는 전적으로 우리에게 이중적으로 생소한 방언 가운데 하나와의 만남을 주제로 삼을 때도 동일한 과정을 겪게 된다는 것이다. 그들이 말하고 들음으로써 습득하는 언어는 당연히 우리에게는 분명히 생소한 언어이며 멀리 있는 자들의 언어이다. 이는 비록 그 언어가 우리와 아주 가까운 거리에서 사용되고 있을 때에도 필시 마찬가지일 것이다. 또한 무엇인가 그들의 언어를 위해서 자신의 언어의 사용을 거부하고, 우리에게 그들의 언어를 또한 단지 수동적으로 습득하고자 하는, 스스로 그들의 어휘, 그들의 매우 특수한 표현, 문법 그리고 문장론을 받아들이기를 요구하는 것을 반대하는 모든 것에 당연히 저항한다. 그러나 이는 이미 무엇을 도왔는가? 사람들에게 이는 이미 이런 형태인 듯 보이며, 그리고 그들과의 관계가 이미 주어졌다. 그리고 만일 지금 바로 이것이 명령되어졌다면, 즉 그들과의 의사소통을 수용하고, 그들의 언어에 귀를 기울이며, 그리고 그들과 말하고, 그리고 그들의 책들과 신문들을 읽는다면, 이는 무엇을 돕기 위함인가? 그렇다면 이는 바로 다음을 명령하는 것이다. 즉, 언어적으로 너그러워지라는 것이다. 그렇다면 지금 또한 실제 외국어를 이해하기를 원하며, 그리고 또한 가능하다면 더욱 잘 외국어를 구사하고 싶다는 것이다. 그리고 사람들이 이를 시도함으로써, 어떠한 경우에도 최소한 이런 관점에서 그리고 최소한 하나의 차단목(Schlagbaum)을 넘어서, 이런 차단목은 또한 다른 커다란 민족 가운데 하나의 커다란 민족과 구별하는 것이 무엇보다 상당히 어렵게 보이게 하는, 또한 매우 멀리 있는 자들이 지금 바로 상당히 가까운 자들이 되도록 한다. 하나님의 계명에 관심을 두는 곳은 반드시 다음과 같다. 즉, 자신의 고유한 언어가 전적으로 내부를 향한 하나의 감옥으로 그리고 외적으로는 하나의 지하 대피소(Bunker)로 계속해서 확대되어질 것이다. 그렇다면 이는 저런 과정이 영원히 지속되지 않음이나, 그들과 전혀 언어적 의사소통을 할 수 없는 수많은 이방 민족이 그들에게 여전히 존재하고 있음을 걱정할 필요가 없게 될 것이다. 특히 자신의 고유한 언어와 외국어 사이의 관계를 저곳 밖에서는 항상 원심성을 갖는 관계로 볼 수 있다. 이것이 바로 위에서 언급한 사실을 고려하기 위한 기본원칙이다. 여기 중심에서 모든 사람은 출발해야만 한다. 그러나 그가 여기 중심에서 출발한다는 것은 또한 그가 저곳(바깥—역자 주)을 향해 출발해야만 함을 의미한다. 그리고 우리는 이로부터 다음과 같은 사실을 보았다. 즉, 고유한 한 민족에 대한 개념(Begriff)은 고착된 것이 아니라, 오히려 유동적인 개념이라는 것이다. 사람들은 자신의 고유한 언어를 통해서 자신의 민족을 긍정하고 사랑한다. 그렇기 때문에 사람들은 바로 다음과 같은 문제, 즉 누가 지금 결국 자신의 민족에 속해 있고 속해 있지 않은지와 같은 문제를, 비록 사람들이 무엇보다 이 모든 것에 관해서 알고 있다고 생각함에도 불구하고, 너무 빨리 결정하거나 어쩌면 결코 결정하지 말아야만 하게 될 것이다.

분명한 것은, 가까이 있는 자와 멀리 있는 자의 문제가 계속해서 또한 공동의 거주 공간의 문제나 또는 공동으로 거주하지 않는 공간의 문제라는 사실이다. '가까운' 또는 '멀리 있는'은 원래 바로 공간을 나타내는 개념이다. 그의 민족은 그가 스스로 고향이라고 느끼는 사람들에 둘러싸여 있는 것이다. 그의 고향은 다른 민족이나 생소한 공간에 둘러싸여 있지 않다. 이렇듯 고향은 가까운 공간이다. 그리고 그곳에서 그는 멀리 있는 공간을 향해 눈을 돌린다. 또한 그가 그 공간에 거하면서, 즉 그가 그 공간에서 보고, 그 공간에서 나옴으로써 멀리 있는 공간으로 움직인다. 다시 말하면, 그가 자신의 공간에서 나오게 된다는 것, 그리고 그가 자신의 고향으로 삼았던 민족에게서 나오게 된다는 의미이다. 그는 산에서 나와서 멀리 있는 바다를 보고, 생각하며 그리고 나아간다. 또한 평지에서 나와서 멀리 있는 중앙내륙(Mittelland) 또는 반대로, 다시 말하면 지금의 풍경, 공기, 환경, 삶의 형태 저편으로, 아래로 혹은 위쪽으로 나아가 다른 곳으로 나아간다는 것이다. 이 점에 있어서 각각의 여기가 바로 그의 고향이며, 각각의 저기가 바로 타향인 것이다. 그리고 동일한 관점으로 보고, 생각하면, 걸어가는 사람들과 연결된 모든 것이 지금 바로 그의 민족인 것이다. 즉, 그가 사람들 안에서 자신이 국한된 존재임과 그 안에 속한 존재임을 대체로 다시 인식하게 되는데, 바로 이와 같은 민족이라는 의미이다. 그와 인접한 이 공간은 지금 바로, 그의 지리적인 형태, 그의 외적이고 내적인 풍토를 통해서 특징을 갖게 된다. 그리고 이 공간은 그의 조국, 다시 말하면 그에 앞서서 그의 아버지가 살았던 토지(土地)이며, 그리고 그 토지 안에서 그는 아버지의 아들이 되었다. 그리고 이 공간은 어느 정도 분명한 경계를 갖고 있으며, 그는 그 경계를 넘어 바라보며, 그는 경계에 다가서며, 또한 그는 때때로 또는 심지어 최종적으로는 경계를 넘어갈 수 있다. 그럼에도 이런 경계는 눈에 보이지 않지만 그와 함께 가는 것이다.

인간에게 이런 장소 또는 더 나아가 한 장소에서 다른 장소를 향하는 이런 방향이 주어지기 위해서, 하나님의 계명 그 자체가 필요한 것은 아니다. 그러나 하나님의 계명은 인간, 즉—저 민족의 구성원이 아니라 바로 이 민족의 구성원으로서—이렇듯 공간 안에, 이렇듯 여기에서 저곳으로 움직이는 인간을 의미하며, 그 인간을 주제로 삼는다. 만일 그가 이곳저곳에 자신과 인접한 공간, 자신의 고향, 자신의 조국, 자신의 민족 그리고 이로부터 자기 민족의 다른 사람들과 함께 자신의 특별한 관점, 자신의 특별한 혈통과 입장을 두지 않을 때, 그는 분명 마치 하나의 수학적 지점과 같은 것이지, 살아 있는 인간은 아닐 것이다. 그리고 그는 이런 자신의 특별한 규정과 이렇듯 이런 살아 있는 인간으로서의 규정을 지우거나 무시하는 것이 아니라, 오히려 가장 높이 인정하고 고려됨으로써 하나님에 대한 찬양으로 나아가게 되며, 자신의 이웃에 대한 사랑을 요구받게 된다. 또한 그는 이를 통하여 순종함으로 나아오도록 불려진다. 바로 '동향인'(Landsmann)으로서 그는 존재하며, 그는 동향인으로서 스스로를 공식적으로 활동한다. 다시금 분명히 깊이 생각할 수 있는 것은, 이런저런 공간에, 바다 또는 산간지방에, 이런 외적 또는 내적 풍토나 저런 외적 또는 내적 풍토에, 이런 삶의 형태나 저런 삶의 형태에, 그리고 또한 이곳 또는 저곳 또는 그곳에 거주하여 자리를 잡은 민족은 거룩하지 않다. 이는 마치 또한 어떤 인간도 그 자체로 거룩하지 않은 것과 같다. 하나님 한 분만이 거룩하다. 그러나 만일 거룩하신 하나님의 계명이 한 인간을 의미하고, 그리고 인간을 주제로 삼고, 그리고 그에게 순종을 요구한다면, 그렇다면 이는 이런 인간의 거룩으로 나아가게 되고, 그리고 이와 함께 또한 그의 특별한 공간적 규정성(Bestimmtheit), 그의 고향, 조국, 민족에 걸맞는 사고의 방향, 혈통과 입장을 갖게 될 것이다. 그렇다면 이 모든 것은 타락한 것이 아니라, 오히려 받아들여지고, 허용되며, 그리고 동반되어질 것이다. 그렇다면 마치 그의 고유한 언어와 같이, 또한 이런 그리고 저런 길이의 정도와 넓이의 정도의 연결, 이런 풍경과 저런 풍토와의 연결, 그리고 이와 함께 주어진 삶의 형태에 대한 그의 의무는 바로 그에게 반드시 필요한 특별한 순종에 속하는 것이다.

그리고 만일 그가 하나님의 계명에 대해서 전적으로 그리고 그의 공간적인 규정성을 **포괄**(Einschluss)함으로써 순종하게 된다는 것을 진지하게 받아들인다면, 마찬가지로 마치 하나님의 계명이 그와 관련이 있듯이, 그렇다면 이로부터 의심의 여지 없이 또한 이에 상응하는 사랑의 의무 그리고 신뢰의 의무가 결과로서 나타날 것이다. 그렇다면 그는 자신의 존재에 대해서 기뻐하며 그리고 감사하게 될 것이다. 그리고 그는 마치 그가 자신의 언어를 올바르게 말하기를 원해야만 하는 것처럼, 그는 올바른 존재가 되기를 틀림없이 원할 것이다. 그리고 여기서 '올바르다'(recht)고 언급하는 것을, 그는 당연히 '피와 땅'(Blut und Boden)의 추상적인 이념(독일나치의 민족주의 이념―역자 주)에서, 자신의 민족에 대한 감정 안에 그리고 또한 자신의 고유한 감정 안에서 그럴 듯하게 드러나는 '민족법'(Volksnomos)에서도, 그리고 하나의 감상적인 또는 음흉한 바보가 고안한, 그 자신이 독립적으로 세운 공간신학, 고향신학 그리고 조국신학과 이에 상응하는 윤리에서도 결코 도출되어서는 안 될 것이다. '올바르다'는 것은 무엇보다 오직 하나님의 계명이 유일하게 그에게 원하는 것이다. 바로 유일하게 '올바른 것'은 그러나 그에게 필수적으로 또한 고향, 조국 그리고 민족에 대한 하나의 전적이고 명백한 긍정을 그 자체로 포함하게 된다. 그는 이른바 하나님이 자신을 그리고 그의 민족을 돌발적으로가 아니라 오히려 가치 있게 부르셨음과, 그리고 우연히 부르신 것이 아니라 오히려 계획을 갖고 바로 그들의 규정성, 사고방향, 혈통과 입장 안에서 하나님의 사역을 위해 부르신다는 사실을 발견하게 될 것이다. 마찬가지로 이로부터 그는 비록 비판적이지만, 그러나 긍정적인 의미에서 비판적이고, 섬세하며, 사랑스럽게 이 모든 것을 다루게 될 것이다. 그는 스스로 의식적으로 그리고 성실하게 이런 자신의 규정성과 또한 자신의 주변에 사는 주민들을 또는 어떤 영역에 존재하든지 간에 그들을 인정하게 될 것이다. 왜냐하면 바로 그가 자신이 순종하고자 하는 계명의 빛으로 그들을 바라볼 때, 그들은 단지 하나의 자연섭리 혹은 운명의 섭리가 아니기 때문이며, 그에게 어떤 종교적 폭력도 아니기 때문이다. 오히려 하나님의 계명을 통한 그의 성결과 연관하여서 볼 때, 그에게 그들은 중요하게 될 수 있으며, 마찬가지로 이런 연관성을 통해서, 사실 실제적으로 그들은 중요하고, 또한 존귀하며, 그리고 사랑스럽게 될 것이 분명하기 때문이다.

우리는 방금 우리 자신의 언어와 또한 자신의 공간과 관련해서 하나의 방향전환을 언급했다. 그리고 지금 이와 동일한 방향전환(Wendung)을 해야 한다. 즉, 모든 사람은 바로 이로부터 하나님의 계명에 대한 순종을 통해서 가장 중요한 것을 전통으로 전해 받아야 한다는 사실이다. 다시금 모든 것은 오로지 다음에 달려 있다. 즉, 자기 민족 안에서 존재한다는 것은 하나님의 계명 아래에서 존재하는 것에 종속되어지며, 그리고 그렇게 머무른다. 이것은 결코 자기 목적(Selbstzweck)을 가지지 않는다. 이는 직무상 필요한 것이며, 그가 말할 수 있는 것이 바로 최종적인 것이다. 오직 여기서 계명과 진정으로 묶여 있는 자만이, 또한 여기서 완전히 자유로울 수 있다. 여기서 또한 전적으로 자유롭게 되는 것은 다시금 각 사람에게 어느 정도 제공하게 된다. 만일 우리가 고향, 조국과 민족에 대해서 언급한다면, 그리고 또한 이동(Bewegung)의 출발이나 시작에 관해서 언급한다면, 이는 사고방향, 혈통과 입장을 다루고 있는 것이다. 그리고 이는 출발이나 시작에 대한 충실함에 관한 것이다. 사람들이 이런 이동을 실천에 옮김으로써, 사람들은 이런 출발에 신뢰를 보낸다. 그리고 다시금 사람들이 이런 이동을 시작해야 하는 장소를 감옥이나 대피소로 만들어감으로써, 다시금 출발에 보낸 신뢰를 거두어들인다. 그리고 이와 같은 이동은 인간을 불가피하게 좁은 곳에서 넓은 곳으로, 자기 민족에게서 다른, 인간으로 구성된 다른 민족으로 이끈다. 이들이 아래 방향으로 나아갈 준비가 되었는지는 또한 가장 가까운 아래 계곡의 자연환경과 그리고 아름다운 계곡이 갖는 비좁은 장소성에 놓여 있다. 그리고 경계가 단지 이쪽만이 아니라 오히려 또한 다른 쪽을 갖고 있다는 것은 경계가 지닌 특징에—그리고 만일 경계가 바다로 가로막혀 있을지라도—달려 있다. 그리고 이웃민족들을 갖고 있는지 그리고 스스로 이웃민족으로 존재하는지는 이 계곡에서 가장 자부심이 있는, 그리고 이런 경계 내에 거주하는 민족의 자연환경에 달려 있다. 만일 산과 계곡이 서로 만나지 않았지만, 그럼에도 사람들은 서로 이렇듯 만난다. 그리고 이런 출발에 의해서 결국 또한 산과 계곡이 바로 그들 안 어디에선가 만나고 그리고 거의 알아볼 수 없이 뒤섞여 변한다는 것을 발견하게 된다. 그리고 북과 남 그리고 더군다나 동과 서가 매우 상대적인 개념이며, 단지 인위적으로 개념화되고 그리고 완전히 구분되어진다는 것이 얼마나 잘 알려져 있는가. 특히 그는 스스로 저런 출발과 시작을 함으로써, 그는 이를 실제로 실행에 옮기고 그리고 협소한 장소에서 나와서 넓은 장소로 힘차게 나아간다. 그렇다면 이것은 모든 사람이 하나님의 계명을 받기를 원하도록 만드는가? 그는 어떻게든 거기에서 두려움을 항상 극복해야만 할 것이며, 또한 그는 거기에서 어떻게든 향수(鄕愁)에 계속해서 빠질 것이다. 그러나 또한 그는 자신의 출발과 시작에 대해서 분명한 신뢰를 보내야만 한다. 그러나 하나님의 계명을 어느 누구도 완성하지 못했다는 사실을 완전히 제외하고는, 하나님의 계명은 분명히 어느 누구에게도 그가 평범한 사람(Allerweltsmensch)이 되라고 요구하지 않는다. 그러나 하나님의 계명이 언급되고 청취되는 곳에서 고향, 조국, 민족이라는 개념들이 드러난다는 것은 의심의 여지가 없이 분명하다. 특히 여기서 이런 개념들은 널리 확장되는 특징을 지니고 있지만, 그럼에도 자신이 지닌 원래적 의미를 결코 잃어버리지 않아야만 한다. 순종의 삶을 사는 사람이 또한 타향을 고향으로 삼을 수 있음에 신뢰를 보내는 사람이다. 그러나 그에게 일이 잘 진행되는 모든 곳이 아니라, 오히려 그가 선한 행동을 위해서 부름을 받은 곳을 그는 또한 조국으로 생각하게 될 것이다. 그는 이전에 이미 조국을 갖고 있었으며, 이 조국은 정당하고 충분한 이유를 갖는다. 그러나 만일 그가 순종할 때에, 그렇다면 그가 새롭게 생각한 조국과 이 조국은 실제로 동일한 조국이 될 것인가? 그리고 만일 그가 자의로 타향에 간 것이 아니라면, 이렇듯 타향은 그에게 그럼에도 멀리 떨어져 있는 고향으로부터 또한 자신의 고향에서 단지 타향으로서뿐만이 아니라, 오히려 바로 빼놓고 생각할 수 없는 이웃으로 현존하는 타향으로서 의식하며 그리고 의무를 갖게 된다. 그리고 만일 그가 자기 민족과 토지 한가운데에서 외국인과 그의 기질(Art)을 경험하게 되었다면, 그는 외국인을 마치 각각의 내국인에게 질문하는 것처럼 또한 다음과 같은 질문을 통해서 평가할 것이다. 즉, 그가 하나님의 계명에 순종함으로써 자신과 일치된 길을 걸을 수 있는가? 그렇지 않다면 그는 오직 자기 민족과 토지의 내적인 능력들을 강화시키기 위해서만 이동하게 될 것이다. 그래서 이런 이동은 많은 외국을—아마도 또한 외국에서 자신의 두 번째 조국을 찾는 많은 외국인—단지 수용하는 것뿐만이 아니라, 또한 제 것으로 만들기 위해서, 그리고 마치 외국을 향해서와 같이 또한 자신의 고유한 삶 속에서 유익한 성과를 만들기 위함이다. 그러나 이런 이동은 하나의 나라에서 내부적 능력을 갖고는 '과도한 침투'(Ueberfremdung)에 효과적으로 저항할 수 없기에 실제적으로 더 나은 길로서 실행되는 것이 아니다. 오히려 이런 이동은 멸망하는 것에 대항하는 것이다. 그러나 또한 외적인 수단을 통해서 이런 침투에 대항하여 방어하는 것에 가치를 두어서도 안 된다. 모든 원주민의 나라에는 그리고 원민의 전승과 관습들이 충분히 존재한다. 그리고 외국의 사람들과 그들의 기질을 통해서 전해지는 기본적인 영향과 이에 대한 점검은 이동을 위한 최고의 이익이 될 수 있다. 요약하자면, 사람들은 자신의 공간적 경계성이라는 관점을 바탕으로 민족이라는 개념을 오직 역동적으로 이해할 수 있지, 정적으로(statisch) 이해할 수 있는 것은 아니다. 자신의 공간에 존재하는 자기의 민족은 벽이 아니며, 벽이 되어서도 안 된다. 오히려 이런 민족은 하나의 문이 되어야 한다. 사실 문은 더 넓게 또는 보다 덜 넓게 열려질 수 있다. 그리고 실제로 바로 닫힐 수도 있다. 그러나 이 문은 결코 어떠한 경우에든 빗장을 지를 수 없으며, 더 나아가 벽을 쌓아 막을 수도 없다. 사람은 이런 민족 안에서 가까운 자로 존재한다. 그렇기에 진정으로 자신의 민족 안에서 존재하는 자가, 또한 바로 민족과 함께 멀리 있는 자에게, 다른 민족들에게 다가가는 통로가 될 수 있다.

세 번째 관점을 통해서 가까이 있는 자와 멀리 있는 자의 문제는 결국 그리고 무엇보다 또한 이쪽과 저쪽이 공동으로 체험한 역사들, 과거의 경험들과 결과들에 대한 상이성(Verschiedenheit)의 문제이다. 인간들은 이런 과거로부터 이곳저곳으로 온 것이다. 그리고 바로 그와 함께 특정한 역사적 기초들(Begruendungen)과 사건들, 결과들과 모습들을 배경으로 갖는 사람들이 바로 한 인간이 속한 고유한 민족인 것이다. 그러나 이런 일에 지금까지 참여하지 않았던 사람들과 그들의 측면에서 매우 다른 과거를 통하여 정의되는 사람들이 바로 그에게는 이방 민족들인 것이다. 반면에 바로 이 때문에 오늘날—아시아와 아프리카에서, 물론 유럽과 아메리카는 말할 필요도 없다!—어떠한 민족도 다음을 더 이상 뽐낼 수 없게 되었다. 다시 말하면, 현재 자기 민족의 존립이 공동의 혈통, 그리고 가족과 혈족(Sippen) 안에서 펼쳐지는 혈통을 거슬러 올라가며, 그리고 또한 이미 핏줄과 '인종'에 따라 하나의 단일성(Einheit)을 형성하였다는 것이다. 민족들에 대한 역사적 상이성을 그들의 자연사(Naturgeschichte)로 되돌려 설명하는 것은 실제로 이미 불가능하다. 왜냐하면 신체적(Physische) 특징으로 볼 때, 보통의 민족은 대부분 이미 천년 전부터—부분적으로는 잘 알려진 주류의 유형 안에, 부분적으로는 이런 유형이 교차(Ueberschneidung)되면서—실제로 혼혈족(Mischvoelker)이었기 때문이다. 보통 민족들의 존립은 더 나아가 이런 방식과는 전혀 다른 성질의 구분들과 연결들로 거슬러 올라간다. 이것이 바로 그들 사이에 발생한 가장 놀랍고 가장 다채로운 신체적 혼합을 가져왔다. 우리 가운데 어느 누구도 어찌되었든 엄격한 의미에서 '순수한' 피가 아니다. 그리고 이런 순수한 피를 갖는 것이 마치 유익하거나 또는 전적으로 필요한 것처럼 보인 적도 결코 없다. 이것은 **경제적, 사회적, 문화적, 정치적**—또한 **종교적** 요소들이었고, 또한 지금도 그렇다. 또한 이것은 역사적인 현실성(Realitaet)이었으며, 이는 민족들의 실존과 그들의 상이성의 근간을 이룬다. 바로 이것이 지금 틀림없이 매우 중대한 특징일 것이다. 그리고 모든 신체적 차이들을 단지 더 깊이 연구하는 것뿐만이 아니라, 오히려 또한 언어들과 공간의 구별(Scheidung)을 통하여 교차적으로 연구할 수 있으며, 그리고 여기에서는 전혀 기대치 않았던 분리를, 저기에서는 전혀 기대치 않았던 연결을 성취할 수 있을 것이다. 그리고 만일 언어와 공간이 민족과 민족 사이를 정말 날카롭게 구별한다는 것임이 드러난다면, 그렇다면 이는 분명 다음과 같은 이유 때문일 것이다. 즉, 이런 극도의 차이들이 이편과 저편에서 상이

하게 나타난 역사를 매우 중요하게 만들었다는 것이다. 그리고 여기에서 무엇보다 가까이 있는 자와 멀리 있는 자의 모든 문제가 등장한다. 그 때문에 이 문제는 엄중하고 조심스러운 특징을 획득하게 된다. 역사적 형성물인 자기 민족에 대한 신봉(Bekenntnis)은 물론 다음을 의미한다. 즉, 이런 역사에 대한 특정한 태도를 기반으로 민족의 미래를 염두에 두면서 실천적인 자리매김(Stellungsnahme), 가담(Parteinahme), 그리고 열중(Auseinandersetzung)하는 것이다. 물론 각 사람은 이와 같은 열중을 통해서 ― 마치 그가 이를 알고 그리고 원하거나 또는 원하지 않는 듯 보이거나, 그리고 진지하게 또는 진지하지 않은 듯 보일지라도 ― 자기의 민족과 함께 인식되며, 그리고 바로 지금 그는 자신의 장소에서, 자기 민족 안에서 이방인과는 매우 다르게 인식되는 것이다. 멀리 있는 자들이 그들의 과거에 의해서 가까이 있는 자들과는 이렇듯 매우 다른 역사적 전제들, 질문들, 고민들, 위기들과 과제들을 갖는다. 그리고 이것은 그들을 실제로 그리고 무엇보다 멀리 있는 자들로 만든다. 또한 이것은 자기 민족과 다른 민족들 사이의 진지한 구별의 원인이 된다. 이런 일은 다음과 같을 때, 즉 만일 그들이 거기서 상호 경합을 하거나, 불안하게 하거나, 게다가 맞서 싸우거나 또는 어떤 방식으로든 방해하거나, 그리고 가로막지 않을 때 발생한다. 한 민족 그리고 한 민족의 중심에서 또한 존재하는 개별 인간은 다른 민족과 그 민족에 속한 인간과는 **역사적으로** 이렇듯 전혀 다른 길과 요구를 받으며, 그리고 다른 일에 몰두한다. 그리고 이는 그들의 병존과 대립이라는 문제 뒤에서 실로 중대한 무게를 갖고 존재한다.

그러나 하나님의 계명은 인간을 이와 같은 관점에서, 또한 역사적으로도 그의 민족에 속한 한 사람으로 간주한다. 그리고 그런 인간에게 하나님의 계명이 효력을 발휘한다. 그러나 하나님의 계명은 이런 어려운 문제점에서 그를 구해내는 것이 아니다. 오히려 그가 계명에 귀를 기울이기를 요구한다. 그리고 그가 이런 문제점을 인식하고 이겨내기를 원하며, 이런 사람인 그에게 순종을 요구한다. 물론, 아마도 인간에게는 자신의 민족사에 대한 하나의 ― 낙관적인 또는 비관적인 ― 의미보다 실제로 더 많은 것이 허용되지는 않을 것이다. 그리고 이렇듯 또한 민족의 미래에 대해 책임을 자신이 지니고 있다는 관점에서 하나의 견해 혹은 결정보다 더 많은 것이 허용되지도 않을 것이다. 더 나아가 더 많은 것을 행하는 것은 불가능할 것이다. 그러나 인간은 그의 민족으로부터 그리고 과거와 미래와 맺는 그의 고유한 역사적 관계로부터, 그리고 그에게 개인적으로 다가와 펼쳐지는 책무(Verbindlichkeit)로부터 자유롭게 될 수 없음이 분명하다. 그가 이런 책무를 바탕으로 생각하고 행동하는 모든 일을 통해서, 하나님은 그에게 찬양받으며 그리고 이웃은 그에게 사랑을 받게 될 것이다. 그가 속한 민족의 역사와 현재는 거룩하지 않다. 이는 마치 그의 언어와 그의 토지가, 그리고 그 자신이 거룩하지 않음과 같다. 하나님 한 분만이 거룩하시다. 그러나 만일 하나님의 계명을 통한 인간의 성화(Heiligung)가 또한 그의 역사적 실존의 성화가 아니라면, 만일 그의 순종이 또한 자기 민족의 구성원으로서 역사적 책임을 포함하지 않는다면, 그렇다면 이런 성화는 그의 성화가 아닐 것이다. 그래서 그는 이런 역사와 현실에서 부분적으로는 도망하고자 할 것이다. 그러나 그는 역사와 현실을 실제로는 전혀 회피할 수 없다.

만일 그가 자신의 역사적인 실존에 대한 성화를 진심으로 떠맡는다면, 그렇다면 그는 말하자면 자기 민족의 길을 옆에서 방해하지 않을 것이며, 배—이것이 지금 행복한 배이든 또는 침몰하는 배이든—를 버리지 않을 것이며, 자기 역사와 현재에 대하여 어떤 중립성을 취하지 않은 채 미학적(美學的) 또는 그리스도교적인 사생활을 영위하기를 원할 것이다. 오히려 그는 더 나아가 자신의 과거라는 전제를 긍정하게 될 것이며, 그리고 자기 미래에 관한 문제들을 자신의 장소에서 그리고 자신의 부분으로 받아들이며, 수행하며, 함께 짊어지기를 원하게 될 것이 분명하다. 더 나아가 이는 다음을 주제로 삼는다. 즉, 그가 하나님의 계명을 방치하지 않고 오히려 행함으로써, 그는 하나님의 계명에 귀를 기울이고 순종하게 될 것이라는 사실이다. 그는 하나님 말씀의 자유를 이런 자신의 고유한 역사적 규정(Bestimmung)을 바탕으로 성찰할 것이다. 그리고 그는 자신의 고유한 자유를 역사적 규정과 함께 주어진 속박(Bindung)을 통하여 관철시킬 것이다. 그러나 하나님의 계명과 인간 사이에 이런 속박을 통해 **올바르고 유익하게** 된 것을 미리 이끌어 와서는 결코 안 된다. 다시 말하면, 전래되거나 또는 스스로가 고안해낸 역사의 의미, 자기 민족의 미래를 염두에 둔 계획적인 결정(Festlegung)이 들어와서는 안 된다는 것이다. 그는 또한 그곳에서 인간보다 하나님에게 더 많이 순종해야만 할 것이다. 그리고 자기의 고유한 사고습관, 관념과 생각들보다 더 하나님의 뜻을 따라야만 할 것이다. 그가 넘겨받은 공동책임(Mitverantwortung)을 통해서 그에게 오직 다음과 같은 것이 올바르고 유익할 것이다. 즉, 그가 하나님의 계명에 전적인 존엄(Majestaet)을 매일 바치는 것이다. 그러나 그는 이런 **공동책임**의 틀 안에서 올바르고 선한 하나님의 계명 그리고 존엄한 하나님의 계명에 대해서 반드시 묻게 될 것이다. 다시 말하면, 바로 그곳, 그의 민족이 그리고 이런 민족과 함께 그가 하나님의 섭리, 심판과 자비 아래에 머물고 있는 곳, 바로 지금 과거에서 나와서 미래로 걸어들어 가는 곳에서 그는 하나님의 계명에 대해서 반드시 묻게 될 것이다. 이것은 분명 더 나아가 다음을 의미할 수 있는데, 만일 그의 민족사의 과정과 지금까지의 결과 그리고 미래가, 그리고 그 한가운데 놓인 그의 고유한 실존이 단지 자연이나 운명 또는 우연한 일이거나, 또는 단지 인간적 자의(恣意)의 업적이라면, 그렇다면 이는 다음과 같거나 혹은 틀림없이 다음을 의미할 것이다. 즉, 하나님의 계명을 듣기를 원하는 인간이 자기의 의지에 순종함으로써 하나님의 계명에 대립하는 하나의 새로운 역사를 개시하기 위해서 스스로 저런 공동책임을 포기할 수 있거나 포기한 것이 분명하다. 그러나 이런 의미가 아님은 분명하다. 오히려 이는 그의 민족과 민족의 역사와 이렇듯 또한 그 스스로는 이미 하나님의 손에 놓여 있었다는 의미이다. 그리고 만일 그에게 지금 특정한 시기와 시간에 하나님 계명을 들을 수 있도록 허락되었다면, 그렇다면 다음과 같은 장소, 즉 그가 자신의 민족과 함께 바로 지금 하나님에 의해서 자신이 인도되고 있다고 생각하는 곳, 바로 그곳에서는 하나님의 계명이 어떠한 경우에도 꼭 그와 관련될 것임을 의미하는 것이 아닌가? 하나님의 계명이 이와 같은 그의 역사적 상황과, 또한 이와 함께 다양하게 나타나는 하나님의 손길(Hand)과 전혀 관계없는 것 같다고 어떻게 그에게 말할 수 있단 말인가? 아니다. 만일 그가 이런 상황에서 어떻게든 도망가려고 시도한다면, 그가 어떠한 경우에든 꼭 상황에 맞게 행동하기를 원한다면, 오히려 모든 역사의 주님이시며, 또한 그가 살아가는 삶의 주님이 되시는 하나님의 계명은 그에게 이런 상황을 분명하게 가리키며, 그를 다시금 이런 상황 안으로 되돌아가도록 한다. 바로 하나님의 계명에 순종함으로써, 그의 결정이 어떠하든지, 그의 결정은 그가 자신의 민족과 함께 내딛는 한 걸음이 될 것임이 분명하다. 다시 말하면, 바로 그들의 과거에서 나와서 미래를 향해 내딛는 걸음이 될 것이다.

지금 모든 것은 여기서 다시 한 번 다음에 달려 있다. 즉, 모든 것이 이런 결정을 통하여 상위규정(Ueberordnung)과 하위규정이 유지되는지, **하나님의 계명**이 또한 **큰 가르침**(Meister)으로 남는지, 모든 역사적 해설(Deutungen)과 견해, 그리고 또한 다른 모든 숙고—경제적, 정치적, 사회적, 문화적, 그리고 종교적, 상황에 대한 모든 사적인 평가들—가 적절하게 통제될 것인지, 그리고 스스로가 큰 가르침인체 하는 것은 아닌지에 달려 있는 것이다. 그러나 하나님의 계명을 따르는 사람은 민족에 대한 역사적 실존과 임무를 목적 그 자체(Selbstzweck)로 삼지 않는다. 그렇기에 그는 이런 실존과 임무를 마지막까지 유효한 고유법칙성(Eigengesetzlichkeit)에 따르는 것이 아니라고 생각한다. 물론 하나님은 그가 이와 같은 역사에 참여하기를 원하신다. 그리고 그는 자신이 이와 같은 존재임을 긍정한다. 이를 통해서 그리고 이 때문에 그는 오직 자신의 역사적 실존과 임무를 오로지 긍정할 수 있을 뿐이다. 하나님은 그가 이를 행하기를 원하신다. 그리고 그는 바로 이런 방식을 통해서 자신의 민족에게 봉사할 수 있다. 특히 그에게 이런 관점에서 자유가 실제로 요구되는 것이다. 그럼에도 지금 어떠한 민족의 역사가 다른 역사와 크게 구별되는 것은 아니다. 다시 말하면, 민족의 역사가 마치 하나의 절대적 유일성(Einzigartigkeit)인 것처럼 서술되고, 그리고 마치 하나의 절대적 독립성(Unabhaengigkeit), 자율성과 자립심(Autarkie)을 성취하기를 원하는 것처럼, 또한 이것이 다른 민족들과 함께 공동의 전제들과 공동의 과제들을 깊이 생각했었던 것처럼 서술된다는 것이다. 그러나 언어적이거나 공간적인 한계는 민족들을 단지 갈라놓을 뿐만이 아니라, 또한 연결시키기도 한다. 그리고 그들의 역사적 규정성(Bestimmtheit)과 상황이 지닌 다양성도 동일한 역할을 한다. 그들의 행보는 분명한 유사성(Parallelen)을 지닌다. 그리고 이런 유사성은 공간들, 시간들 그리고 그 외의 조건들이 혼란스럽지만 전혀 다름(Ungleichheit)에도 불구하고 반드시 존재한다. 또한 이런 행보들은 종종 충분하게 서로 교차한다. 그럼으로써 이런 교차는 ― 이것이 평화 또는 전쟁을 의미하든지 ― 깊은 상호적 영향들을 발생시킨다. 또한 분명한 경향들이 여기서 계속 오로지 이런 분명한 경향에 반대하는 것, 그리고 이런 경향에 반응하는 것으로 설명되어질 때에도 마찬가지이다. 이웃관계(Nachbarschaft)가 밀접할수록, 서로 상호 간의 생소한 것의 영역에서 또한 어느 정도 분명히 공동의 고민들, 관심사들, 노력들(Bestrebungen)이 곳곳에서 이 행보에 대해 더 많은 영향을 끼치게 될 것이다. 그리고 다양한 민족들의 행보들은 어떻게든 커다란 또는 작은, 이른 또는 늦게 드러나고 영향을 미치는 내면(Tiefe) 안에서 더 나아가 유일한 서로 관련된 현상이라는 특징을 갖는다. 그러나 이는 민족들의 행보가 서로 간의 스침이나 작용을 하기 때문이 아니다. 오히려 이는 인간들의 문제가 ― 다양한 시간 안에서 그리고 다양한 방식을 통해서 발견되고 그리고 취급되어진 ― 그럼에도 결국은 항상 인간들의 동일한 문제이기 때문이다. 특히 이 모든 것은 다음을 의미한다. 즉, 각 민족의 역사는 그들이 지닌 전적인 특별함을 통해서 또한 항상 자기 자신을 넘어선다는 것이다. 다시 말하면, 민족의 역사는 자신들의 전적인 구체성, 고유성과 개별성 안에서 또한 **인류의 역사**가 된다는 것이다. 예를 들면, 일시적인, 제한적인 모습, 더 나아가 바로 '편협한'(bonierter) 모습 안에서 그들은 단지 민족의 역사가 아니라 또한 인류의 역사가 된다. ― 그리고 이런 역사로서 민족사는 하나의 최종적이고, 무제한적인, 그리고 보편적인 모습을 지향한다. 그러나 또한 다시금 이런 경계를 넘어서 자신이 속한 유일한 민족으로 그리고 그의 민족사를 향해서 나아간다는 사실을 결코 부정하지 않는다. 지금 **한 분이신** 하나님은 바로 모든 **역사의 주님**이시다. 모든 민족은 바로 그분의 다스림과 섭리 아래에서 자신의 특별한 길을 가게 된다. 그리고 하나님은 인간과 계약을 맺으신다. 그리고 이런 계약의 역사는 한 분이신 예수 그리스도 안에서 성취되며 완성된다. 이 역사는 모든 역사의 중심이며, 모든 민족사의 의미이며 목적이다. 그의 말씀, 그의 계명이 널리 알려지고, 그리고 인간은 이를 듣는다. 그렇다면 계명은 이와 같은 인간에게 단지 그가 속한 민족 안으로 들어가도록 요구하는 것임을 결코 의미할 수 없다. 오히려 계명은 인간이 동시에 자신의 민족을 넘어서 더 커다란 민족에게 나아가도록 요구하며, 그리고 또한 다시금 협소한 장소에서 나와서 넓은 공간으로 나아가도록 요구한다. 한 인간이 가까이 있는 자들의 한가운데에서 계명에 순종하도록 부르심을 입는다는 것은, 바로 그가, 다시금 순종을 통해서, 즉시 또한 그에게 멀리 있는 자들을 향하게 된다는 의미이다. 하나님의 계명에 순종하게 되는 사람은, 이와 함께 자신이 속한 민족의 한 인간으로 느끼고, 생각하고, 원하기를 결코 중단하지 않을 것이다. 다시 말하면, 그는 바로 지금 이런 인간으로 세워지며, 그리고 그는 바로 이런 존재가 되도록 요구받는다. 특별히 이를 위해서 그는 동시에 또한 인류의 중심에 놓인 한 인간이 될 것이다. 또한 앞에서 언급한 저런 유사성(Parallelen), 그가 속한 민족사와 다른 민족들의 역사 사이의 직접적인 관계성들이, 그들의 고민들과 과제들이, 그리고 모든 역사의 은밀한 일치성이 드러나고 영향을 끼칠 때, 그는 이것을 대단한 것으로 생각하지도 그리고 두려움에 떨면서 반응하지도 않을 것이다. 오히려 이것이 드러나지 않을 때, 그는 분명히 의아해하고 놀라게 될 것이다. 이런 현상 안에서 그가 단지 자신이 함께 동참해야만 하는 필연적인 발전들만을 보게 되는 것이 아니다. 오히려 더 나아가 그는―여전히 계속해서 자신의 민족 한가운데 존재하는 인간으로서―이런 발전을 인식하는 첫 번째 사람들 안에, 그리고 이런 발전을 불가피하고 올바른 발전으로 간주하는 첫 번째 사람들 안에 존재하게 될 것이다. 이들은 이런 발전을 환영하며, 긍정하고 그리고 요구하는 사람들이다. 역사적으로 가까이에 있는 자들에 대한 신뢰와 역사적으로 멀리 있는 자들에 대한 개방성, 즉 이 둘을 하나로 결합하는 것은 분명히 다음을 항상 의미한다. 즉, 긴장을 참아낼 수 있고, 대립을 극복할 수 있으며, 이런 결합을 통한 개별적이고 실천적인 결정들이 확실히 매우 다양한 결과를 여전히 가져올 수 있다는 사실이다. 물론 이런 긴장을 참아내기 위해 그리고 이런 대립을 극복하려는 노력을 위해서 하나님의 계명에 순종하는 인간이 반드시 꼭 호출되며, 그리고 준비되어질 것이다. 그는 지금 또한 이런 관점에서 다시 자기 민족의 편협함이라는 감옥이나 지하 대피소로 되돌아갈 수 없다. 그가 한 손으로 자기에게 가까이 있는 자들을 붙잡고 놓지 않음으로써, 그는 또한 다른 손으로 멀리 있는 자들을 붙잡게 된다. 그리고 이런 관점을 통해서 자기 민족이라는 개념은 그의 인격 안에서 이렇듯 펼쳐지고, 확장되며, 그리고 개방된다. 그가 전적으로 자신의 민족에 속해 있다는 것은 분명한 사실이다. 그러나 마찬가지로 그의 민족을 둘러싸고 있는 지평이 바로 인류라는 것도 분명한 사실이다. 바로 이런 지평 안에 그 민족은 존재하는 것이다. 마찬가지로 그 스스로가 또한 전적으로 인류에 속해 있다는 것도 분명한 사실이다.

우리는 다음과 같은 질문을 제기할 수 있다. 즉, 모든 사람에게는 가까이 있는 자와 멀리 있는 자, 예를 들면 자신이 속한 민족과 다른 민족 그리고 인류가 존재하는데,―그리고 그가 바로 하나님의 계명을 통해서 의심의 여지 없이 또한 이런 관계들 안에 자신이 존재한다고 말할 때, 이런 사실은 하나님의 계명에 순종하는 문제를 위해 어떤 의미를 간직할 수 있는가? 그리고 우리는 지금―세 가지 방향, 즉 언어, 공간과 역사라는 개념의 빛으로―그 외에 **긍정적**으로 말할 수 있는 것을 발견하려고 시도하였다. 사람들은 모든 것을 여전히 더 세부적으로 말할 수 있을 것이다. 그리고 사람들은 이를 많은 예를 통해서 설명할 수 있을 것이다. 왜냐하면 거기에서 무엇인가 원칙적으로 계속 진행되는 것이 드러나지 않기 때문일 것이다. 여기서 이른바 지금 언급한 것보다 더 많은 것을 긍정적으로 언급할 수는 없다. 이런 일에 대한 우리의 과제는 지금, 바로 지금 획득된 긍정적인 인식을 통하여, 단지 하나의 **비판적인** 과제일 뿐이다.

우리는 다음과 같은 선결질문(Vorfrage)과 함께 시작한다. 즉, 이것이 실제로 세 번째 그리고 네 번째 집단(Kreis)인지, 그리고 또한 남자와 여자, 부모와 자녀의 관계를 넘어서 실제로 자명한 이웃됨(Mitmenschlichkeit)을 지닌 지속되는 두 개의 집단인가? 특히 우리는 지금 이 집단을 가까이 있는 자와 멀리 있는 자를 고려함으로써 알게 되었다. 또한 여기서 실제로 하나님이 인간에게 명령하신 순종은 두 개의 광범위하고 독립적인 모습을 지닌다. 그렇다면 여기서 바로 이런 두 개의 모습을 반드시 주제로 삼아야만 하는가? 아니다. 그럴 수는 없다. 우리는 이미 이런 질문에 대해서 이와 같이 명백하게 대답할 수 있다. 그리고 이런 전체 영역은 엄밀한 의미에서 인간 실존에 대한 하나의 자명한, 창조에 따른 필연적인 규정성을 주제로 삼거나, 그리고 또한 마치 '남자와 여자'의 영역에서 그리고 '부모와 자녀'의 영역이 하나님의 계명에 대한 독립적인 형태를 주제로 삼는 것과 같다. 그러나 우리가 비록 이와 같은 사실을 받아들이려 할지라도, 그럼에도 우리는 다음과 같이 즉시 말할 수 있을 것이다. 즉, 우리가 이를 여기서 두 개의 그런 영역이 아니라, 오히려 오직 하나의 유일한 영역과 관련지어야 한다는 것이다. 멀리 있는 자와 가까이 있는 자, 자기가 속한 민족과 인류는 우리에게 모든 면에서 하나의 현실과 또한 동일한 현실을 나타내는 상관의 개념으로서 입증되었다. 이런 하나의 현실은 인간이 머무는 길이다. 그래서 여기에서 저곳으로, 협소한 곳에서 넓은 곳으로, 자기 민족에서 이방 민족으로 나아가는 길이다. 그 한 사람은 실제로 이런 **변화의 길**(Uebergang)에 서 있다. 다시 말하면, 그가 처음에는 자기 자신으로, 그리고 그의 민족을 통해 존재하며, 그런 다음에 비로소 인류로 존재하는 것이 아니다. 오히려 그는 자기 민족 안에서 인류를 향해 나아가며, 인류 안에서 다시 자기 민족으로 돌아온다. 그리고 하나님의 계명도 이와 마찬가지이다. 인간은 하나님의 계명을 여기저기, 혹은 한 민족의 구성원으로서 그가 갖는 성품(Eigenschaft) 안에서 만나고, 다음에 아마도 또한 다른 민족들과 맺는 자기 민족의 관계에 여전히 참여하는 자로서 하나님의 계명을 만나는 것이 아니다. 오히려 그는 본래부터 **이곳에서 저곳으로 떠나는** 한 사람으로써 존재한다. 그가 바로 하나님의 계명을 만나게 된다. 그리고 그곳에서 하나님의 계명은 그에게 이런 길을 가도록 명령한다. 바로 저런 변화의 길은 남자와 여자의 영역 사이에서, 부모와 자녀의 영역에서는 발생하지 않는다. 저곳은 실제로 자연적인 이웃됨을 갖는 두 개의 명확한 집단(Kreis)에 관한 것이다. 그렇다면 또한 저곳에서 하나님의 계명은 이런 명확한 형태를 통해서 들려질 것이다. 그리고 계명에 대한 순종은 인간에게 인간의 행동거지에 대립하는 하나의 명확한 모습으로서 이해되며, 그리고 이런 명확한 모습을 통해서 실행되어진다. 반면에 남자와 여자에게 요구되는 것은 이와 다르다. 마찬가지로 부모와 자녀에게 요구되는 것도 다르다. 그러나 여기서 진실한 인간도 하나님의 계명도 저런 상관관계(Korrelation) 안에서 보여지는 것과 완전히 다르게 보이도록 만들지 못한다. 그래서 자연적 이웃됨에 대한 특별한 영역으로서 그리고 하나님의 계명이 지닌 독립적인 형태로서 여기에 알맞은 것은, 오직 그와 함께 속해 있음(Zusammengehoerigkeit)에 놓인 복합체(Komplex)일 것이다. 다시 말하면, 가까이 있는 자에게서 멀리 있는 자에게로 가는 길이며, 인간은 그 길에 서 있고, 그리고 그 길로 가도록 인간은 명령받았다는 것이다.

그러나 지금 무엇보다 본래적 질문이 등장한다. 그렇다면 우리가 이를 여기서 실제로 자연적 이웃됨의 특별한 영역과, 그리고 하나님의 계명에 대한 독립적 형태와 관련짓고 있는가? 아니다. 그럴 수 없다. 모든 것을 염두에 둔 바로 그 대답은 다시금 반드시 이와 같아야만 할 것이다.

인간과 인간 사이에 그들의 실존과 함께 원천적이고 최종적이며, 뒤집을 수 없고, 움직일 수 없으며, 또한 되돌릴 수도 없이 맺어진 상대성(Gegenueber)을 주제로 삼는 곳에서 인간은 인간 실존에 대한 창조에 적합하고 필수적인 그리고 이 점에 있어서 자연적인 규정성에 관해서—인간성을 지금 이웃됨으로 이해할 수 있는 한—언급할 수 있다. 이런 자연적-필연적인 상대성은 남자와 여자 사이에, 그리고 부모와 자녀 사이에 존재한다. 그리고 이에 상응하여서 이런 공동체적 영역 안에는 하나님의 계명에 대한 특별한, 구체적으로 채워진 형태가 존재하고, 그리고 이에 대한 특별하고 구체적인 질문과 이에 따라서 그에게 요구되어진 순종이 존재한다. 그러나 만일 이것이 가까이 있는 자와 멀리 있는 자들 사이에 놓인 구별과 관계를 다루는 것이라면, 우리는 하나의 이런 **자연적-필연적**인 상대성을 그리고 상대성의 표지(Merkmal)를 헛되이 찾고 있는 것이다.

사람들은 무엇보다 먼저 가장 단순한 것에 주목해야 한다. 즉, 가까이 있는 자와 멀리 있는 자의 상대성은 **그 역(易)도 가능하다**는 것이다. 그러나 이것은 남자와 여자의 영역, 부모와 자녀의 영역 안에서는 존재하지 않는다. 그러나 민족과 민족의 관계 영역 안에서는 모든 것이 상관적(reziprok)이다. 여기를 기준으로 볼 때에 멀리 있는 자는 저곳에서는 가까이 있는 자이다. 또한 여기서 가까이 있는 자는 저곳에서 볼 때에 멀리 있는 자이다. 우리는 같은 당연성(Selbstverstaendlichkeit)을 통해 우리의 민족과 연결되어 있다. 그리고 이런 당연성을 통해서 저곳 저편에 있는 자들, 저곳 아래에 있는 자들, 그리고 저곳 저위에 있는 자들은 그들과 연결된다. 마찬가지로 특히 마치 저곳에서처럼 여기에 또한 경계를 넘어서 더 큰 민족을 바라보는 방향설정(Ausrichtung)이 존재한다. 그리고 이렇듯 또한 하나님의 계명은 이 때문에, 즉 인간이 여기에서 또는 인간이 저기에서 관계를 맺기 때문에, 항상 동일한 형태와 동일한 내용을 지닐 수밖에 없다. 즉, 하나님의 계명은 저기에 있는 자들과 마찬가지로 여기에 있는 자들에게 공간의 관점과 마찬가지로 언어의 관점에서, 마치 그가 속한 민족의 역사라는 관점과 같이, 더욱이 분명 다양한 동기들에 의해서, 그리고 다양한 관점과 실천적인 목표을 통해서, 그러나 근본적으로 신뢰하고 개방성을 지향하는 동일한 방식을 통해서, 마찬가지로 기다림과 서두름을, 동시에 보수적인 태도와 급진적인 태도를 호소한다는 것이다. 정확하게 보자면, 여기서 진리인 것은 바로 필요에 따라 변형되어(mutatis mutandis) 또한 저곳에서도 진리가 된다. 그리고 저곳에서 관철되는 것은 필요에 따라 변형되어 또한 여기서 사람들에게 상기되어야만 한다. 그러나 이런 가장 단순한 사실은 또한 쉽게 잊혀진다. 그리고 지금 드러나는 것처럼, 가까이 있는 자들과 멀리 있는 자들 사이의 지적인 사람들, 위대한 선생들, 연설가들, 신학자들과 철학자들이 이런 사실을 가장 평범한 사람들보다 쉽게 잊는다. 오히려 평범한 사람들이 여기서와 같이 저기서도 이런 가장 평범한 것을 더 직접적으로 이해하는 듯 보인다. 사람들은 다른 사람에게 용납하지 않는 것을 자기 자신을 위해서는 사용한다. 그리고 사람들은 자기 자신을 위해서 거절하는 것을 오히려 다른 사람에게는 요구한다. 바로 그때 사람들은 이런 망각 안에 놓인 민족과 민족 사이에 놓인 창조에 적합한, 자연적-필연적인 상대성들에 관해서 언급한다. 그럼에도 바로 이곳은 이런 상대성들이 그 역도 또한 가능하다는 것과, 또한 역(易)이 가능한 것은 자연적-필연적이지 않다는 것과, 그리고 이것이 인간의 본질에 속할 수 없다는 것을 분명히 보여주는 곳이기도 하다. 이런 망각으로부터 모든 편협한 것, 악한 것, 이런 상대성 안에 놓인 광신적인 것, 지배민족들이나 또는 '신생' 민족들에 관한 모든 언술, 특별하고 고상한 역사적 사명(Missionen)들이 등장한다. 그리고 또한 이런 영역에서 분명하게 들을 수 있는 증오에 찬 불합리보다 더 많은 것이 등장한다. 바로 이와 같은 이유로 저런 망각은 결코 나타나서는 안 되는 것이다. 그리고 하나님의 계명을 듣는 자는, 스스로 자신에게 분명하게 죄를 범해서는 안 된다.

사람들은 계속해서 다음을 주의해야 한다. 즉, 가까이 있는 자와 멀리 있는 자의 상대성은 **유동적**(fliessend)이라는 것이다. 만일 그가 '자신의' 민족과 '이방'민족에 대해서 언급할 때, 도대체 누가 정확하고 구속력 있게 자신의 생각에 대해서 말할 수 있는가? 어디가 자기 민족이 끝나는 경계이고, 어디가 이방민족들이 시작하는 곳인가? 여기서 대답을 제시하는 것이 상당히 어렵다. 그렇다고 우리가 이런 어려움을 느끼기 위해서 결코 엘사스(Elsaesser)[8] 사람이 될 필요는 없다. 그렇다면 동일한 마을에 사는 민족이 자기의 민족인가? 왜 아니겠는가? 그러나 사람들은 아마도 더 정확하게 다음처럼 말해야만 할 것이다. 즉, 어느 정도 자신의 위치와 인구의 특수성(Sonderheit)을 통하여 성취된 동일하고 우수한 마을 일부의 사람들만이 자기 민족이라는 것이다. 그러나 자기 민족처럼 또한 이웃마을의 '이방'민족도 같은 계곡이라는 공간에 분명히 거주한다. 말하자면, 바로 그 계곡에 말이다! 특히 인접계곡(Nachbartales)에 사는 '이방'민족의 방언은 이곳에서 말을 하며 사는 민족들에게 그럼에도 실제로 가장 가까이 근접한 언어이다. 그렇다면 공동의 경관(Landschaft)을 소유하는 것이 민족인가? 왜 아니겠는가?

---

[8] 과거 동프랑스 지역을 기반으로 한 민족, 북동쪽으로는 독일과 그리고 남쪽으로는 스위스와 경계를 접하고 있다.—역자 주.

그러나 저곳에는 이웃나라성(Nachbarlandschaft)을 지닌 '이방'민족이 존재한다. 그리고 이곳에 살고 있는 민족은 아마도 분명히 수세기 전부터 대체적으로 저런 이방민족과 같은 역사를 공유했을 것이다. 그렇다면 사람들이 지리학, 세계사와 정치를 통해서 '민족들'이라고 거론하곤 하는 더 커다란 구성물(Gebilde)인가? 오직 이런 민족들은 지금 다시금 바로 언어, 공간과 역사적 특징(Merkmal)이라는 관점에서 또는 이런 특징들의 한 가지나 두 가지(혈연적 관계를 전혀 언급하지 않기 위해서!) 관점에서 매우 불확실한 일치성들이라고 할 수 있을 것이다. 그 밖에 이런 민족들은 넓은 국경지방(Grenzgebiete)을 갖는다. 그리고 국경지방의 여기저기에서 발생하는 동요는 오직 숙련된 기술(Kunst)과 힘(Gewalt)으로 진정될 수 있다. 그렇다면 이런 '민족들'은 또한 내부에서 실제로 어떻게 보여지는가?

북아메리카의 민족들—그리고 소련(Sowjetunion) 민족들은 어떤 관계를 갖는가? 어떤 분명한 의미에서 사람들은 오늘날 이렇듯 특징적인 가치를 지닌 두 민족을 '민족들'로 부를 수 있는가? 오늘날에는 물론 두 민족의 상대성(Gegenueber)이 확실히 유동적이지 않은 듯 보인다. 그러나 또한 다음과 같은 의견을 지닌 전문가들도 있다. 즉, 이것이 이쪽과 저쪽 편 모두가 지닌 확실하고 깊은 친밀성에 대한 일시적인 오해에 근거한다고 믿는다.

그러나 우리의 눈앞에 놓인 것을 보자! 이는 다음을 의미함이 매우 확실하다. 즉, 하나님의 계명이 언급되고 들려지는 곳에서는 가까이 있는 자와 멀리 있는 자의 상대성, 민족과 민족의 상대성이 유동적으로 다가온다는 것이다. 우리는 다음과 같은 사실을 분명히 보았다. 즉, 그곳에서는 더욱이 경계석들(Grenzsteine)이 뽑히지 않게 될 것이나, 그러나 그곳에서 차단목(遮斷木)들이 열릴 것이며, 그곳에서는 이런 유동성 때문에 더욱이 의도적으로 오고 가게 될 것이며, 그곳에서 사람들은 근본적인 의미에서 여기저기에 살게 될 것이며, 그곳에서 사람들은 또한 서로 말하고 그리고 서로에 대해서 듣기를 원하게 될 것이며, 그곳에서 사람들은 최소한 어느 정도 공동의 작업(Zusammenarbeit)을 긍정할 것이다. 그러나 또한 진정한 결속들(Gemeinschaften)이 경계를 가로질러 나타날 것이다. 관점들의 교환은 분명 어떠한 경우에도 개인들 사이에서 반드시 필요하게 될 것이다. 그리고 이를 장려하는 동일한 개인들 사이에서도 이 때문에 바로 자신의 민족들의 중심에서(엄밀한 의미의 민족이든 넓은 의미의 민족이든) 다음을 지지하는 사람들이 반드시 필요하게 될 것이다. 즉, 이와 같은 관점들의 교환이 전체의 모든 사람 안에서 실현되는 것을 지지하는 것이다. 이 모든 것이 가능하며 그리고 하나님의 계명 아래에서 반드시 필요하게 되는 곳, 바로 그것에서 사람들은 창조에 적합한, 자연적-필연적인 상대성들에 관해서 별로 좋게 말할 수 없게 될 것이다. 남자와 여자, 부모와 자녀의 관계는 바로 이를 주제로 삼는 것이다. 공동체성(Gemeinschaft)은 하나님의 계명에 따라 또한 여기서 주어져야만 한다. 그러나 공동체성은 예를 들면 그 역이 불가능한 상대성, 그리고 마찬가지로 변하지 않는 상대성을 통해서 주어져야만 한다. 유동성은 바로 이와 같은 상대성을 통해서, 그리고 그 안에서는 전혀 문제가 되지 않는다. 그러나 기본적으로 민족들 사이에서 모든 것은 유동적이다. 그들 사이에서 일시적으로 '확고한' 장막들이 주어질 수 있다. 그러나 이것이 전부이다. 그리고 지금까지 여전히 어떠한 이와 같은 교환도 단지 관철되지 않는 것이나, 더 나아가 완고한 것으로 증명되지 않았다. 그 밖에도, 모든 장막은 언젠가 제거되거나, 언젠가 다시 세워지게 될 것이라는 의미를 갖고 있다. 그러나 바로 이 때문에, 사람들은 가까이 있는 자와 멀리 있는 자의 상대성을 하나님의 창조와 그리고 변함없는 창조의 질서들을 분명하게 드러내야만 한다.

세 번째로 사람들은 다음을 주의해야만 한다. 즉, 가까이 있는 자와 멀리 있는 자의 상대성은 더 나아가 **폐지될 수**(Aufhebbar) 있다는 것이다. 민족들은 이와 같은 그들의 모든 특징과 함께 오고 가며, 일어나며, 살아간다. 그리고 그럼에도 민족으로서 언젠가는 한 번 자신들의 목표와 목적(Ende)을 완성하기 위해서 널리 퍼지며, 그리고 자신들의 이름이 널리 알려진 것처럼 또한 언젠가 소멸될 것이다.

예수의 시대와 사도 시대의 민족들(오직 하나의 예외가 있는데!)로부터 우리는 무엇을 얻을 수 있는가? 그리고 오늘날의 민족들은 당시에 어디에 있으며, 그리고 무엇을 하고 있었는가? 1000년 전의 민족지도(Voelkerkarte)와 비교할 때, 오늘날 이미 작아진 유럽의 민족지도는 어떠한 모습을 갖는가? 그리고 만일 과거의 날들처럼 충분히 활동하지 못할 때, 1000년 혹은 2000년이 흐른 뒤에는 어떠한 모습을 갖게 될 것인가? 늘어나는 인구에 의해서 계속해서 적은 민족, 그리고 결국은 단지 소수의 커다란 민족들만 주어지게 되는 발전의 양상을 보일 것인가? 만일 사람들이 이를 필수불가결한 것으로 간주한다면, 아마도 사람들이 잘못 생각한 것이다. 분명한 것은 오직 다음과 같다. 즉, 지금까지 '민족들'이라는 이름으로 항상 계속해서 다른 모습들(Gebilde)이 ― 물론 보통은 다른, 이전에 등장한, 전적으로 혹은 부분적으로 자기가 수용했던 그러나 가끔은 또한 분리라는 형식을 통하여 ― 나타나게 되었다는 사실이다. 그리고 오직 이런 형태들의 존속이 지금까지 여전히 전혀 견고한 것으로서 증명되지 않았다는 사실만이 분명하다. 마찬가지로 분명한 것은 오직, 그들에게 부분적인 소멸 또는 전체적인 소멸이 일찍이 혹은 늦게라도 반드시 주어진다는 것이다. 과거에 최고로 번성했던 민족의 전체 언어는 '사어'(死語)가 되거나 단지 다른 민족들의 분화어(分化語)로서 계속 존속할 것이다. 그러나 여전히 이렇듯 '자연적인' 경계, 즉 정말로 견고하게 드러난 듯 보이는 경계는 존재하지 않는다! 그리고 한 민족에 대한 여전히 이렇듯 특징적인 역사, 민족의 존립에 대한 보증으로서 항상 보존되어야만 하는 역사는 존재하지 않는다!

사람들은 민족이라는 현존(Existenz)이 간직한 나약함(Hinfaelligkeit)을 ― 이렇듯 세상의 영광은 사라진다!(sic transit gloria mundi!)—슬퍼할 수 있다. 그리고 사람들은 개별적인 경우 이런 나약함에 저항할 수 있다. 특히 이런 나약함은 전적으로 사람들이 염두에 두어야 할 실제적인 사실처럼 보인다. 그리고 하나님의 계명에 대한 형태가 이렇듯 주어지는 것은 결코 아니다. 즉, 계명이 이런 형태를 통해서 인간에게 이런 사실에 대해서 눈을 감으라고, 그리고 마치 자신의 민족이 다른 민족들과는 반대로 영원이라는 방식의 전달자인 것처럼 행동하라고 요구하는 것은 결코 아니다. 만일 계명이 신뢰를 요구한다면, 이는 또한 망상들(Illusionen)을 요구하지 않음이 분명하다. 오히려 계명은 이런 모든 상황 안에서 즉시 다음과 같은 것을 요구하게 될 것이다. 즉, 이런 망상들이 이미 존재하는 곳에서 이런 망상들과 결별하는 것, 스스로를 새로운 망상 때문에 상실하지 않는 것, 그리고 경우에 따라서는 민족의 변천(Uebergang)을 이런 방식과는 다른 형태로 진지하게 인정하는 것, 또한 모든 결과와 함께 이를 인정하는 것이다. 하나님은 영원하시다. 그리고 세상사(Weltgeschehen)에 대한 그의 통치도 항구적이다. 그러나 이런 일의 개별적인 규정들과 지시들은 자신의 때와 시간을 갖는다. 그리고 사라지며, 새로운 것으로 대체된다. 이런 민족들이 존재한다는 것은 하나님의 섭리에 대한 지시들(ordinationes)에 근거를 둔다. 그러나 마치 남자와 여자라는 존재나 부모와 자녀라는 존재와 같이, 이것이 하나님의 창조에 대한 항구적인 규정들(ordines)은 아니다. 그렇다면 우리는 여기서 폐지될 수 없는 상대성이 무엇인지를 살펴보아야 한다. 그리고 여기서 또한 폐지될 수 없는 상대성은 하나님의 계명을 통해 하나의 규정으로서 인증되어진다. 바젤 사람과 취리히 사람들의 상대성, 독일 사람과 프랑스 사람들의 상대성, 그리고 또한 남쪽과 북쪽, 그리고 동부와 서부의 인간유형이나 인간 그룹들, 그리고 또한 가까이 있는 자들과 멀리 있는 자들의 상대성을 진정하고 항구적인 대비(Kontrasten)라고 한숨에 말하는 것, 그리고 여기에 하나님이 원하시고 보증하시는 지속력(Beharrlichkeit)이 있다고 생각하는 것은, 순전히 자의적인 것이다. 이는 또한 하나님의 계명을 듣고자 하는 사람들에게 그 즉시 웃음거리가 된다.

가까이 있는 자들과 멀리 있는 자들의 상대성은 그 역(逆)이 가능한, 유동적인, 그리고 폐지될 수 있는 상대성이다. 그리고 이를 통해서 다음과 같은 결정을 내릴 수 있다. 즉, 이런 상대성은 원천적이거나 최종적인 것이 아니며, 그리고 자연적–필연적인 상대성도 아니다. 이는 실제로—그리고 또한 자명하게 하나님의 뜻에 따라서 그리고 신적 섭리의 통치 아래에서—다음과 같다. 즉, 이런 문제점이 인간에서 인간으로 이어지는 상대성을 또한 항상 특징지운다. 또한 하나님의 계명은 실제로 항상 또한 상대성을 갖는 관계 안에서, 자신에게 멀리 있는 자들의 맞은편에 놓인 자기의 장소에서, 즉 자신에게 가까이 있는 자들 한가운데 놓인 인간을 부른다. 그래서 인간은 자신의 이웃됨을 항상 또한 이런 영역에서 보존해야만 한다. 그러나 이는 단지 실제적으로 그럴 뿐이다. 그래서 마치 남자와 여자, 부모와 자녀의 영역에서 자신의 존재에 대해서 언급할 수 있는 것과 같이, 인간의 존재가 이런 영역에서 인간이라는 창조물인 자신의 본질에 속해 있는 것은 아니다. 그는 이런 영역으로 단지 실제적으로 이끌어질 뿐이다. 다시 말하면, 그는 이런 영역에서 단지 일시적으로, 단지 임시적인 안정감을 갖는다. 그는 그에게 원천적으로 그리고 최종적으로 또한 자유롭게 마주보고 서 있다. 인간으로서의 그는 반드시 남자 또는 여자이어야만 한다. 그리고 다른 존재로, 또는 다른 존재 없이 이는 불가능하다.—분명 필수적으로 그의 아버지의 아들 또는, 그가 아버지가 되었을 때, 자기 자녀들의 아버지이어야만 한다. 그리고 다른 존재로, 또는 다른 존재 없이 이는 불가능하다. 그러나 인간으로서 그가 꼭 다음과 같을 필요는 없다. 오히려 그는—그리고 만일 그가 이것에 몰두해 있다면!—단지 현실적으로 바젤 사람, 스위스 사람, 스페인 사람, 아프리카 사람인 것이다. 다시 말하면, 이 점에서 인간으로서 그는 또한 다른 존재일 수 있으며, 그렇다면 그는 또한 자신에 상응하는 상대방 없이도 존재할 수 있는 것이다. 이 모든 것은 단지 그의 순례자의 옷(Pilgerkleid)과 같다. 그는 순례자의 옷을 일찍이 입었고, 그리고 언젠가 다시 벗게 될 것이다. 인간은 이런 옷을 입었고, 그는 이런 상대성 안에 존재한다. 그러나 인간이 원래부터 이런 존재인 것은 아니다. 오히려 이런 상대성은 오직 다음과 같은 장소, 즉 그가 자신의 이웃됨(Mitmenschlichkeit)을 실천해야만 하는 장소라 할 수 있다. 그는 이웃됨을 그러나 바로 이런 장소에서만 보존할 수 있다. 왜냐하면 그가 다른 존재에 대해서 자유롭게 되며, 자유롭게 머물기 때문이며, 그가 다른 존재를 이해하기 때문이며, 그가 저런 변화(Uebergang)를 거치기 때문이며, 저런 길—진정으로 순례자의 길로서—을 가기 때문이다. 또한 그가 저런 길을 감으로써, 여기서 발생하는 상대성이 그 역(逆)이 가능해지고, 유동적이며 그리고 결국은 더 나아가 폐지될 수 있음이 분명히 증명되기 때문이다. 반면에 그는 스스로 이런 자연적인 인간성과 이웃됨을 통해서 동일한 인간으로 머문다. 만일 우리가 가까이 있는 자와 멀리 있는 자들에 관에서 말할 때, 그리고 이것이 자기 민족과 이방 민족들을 주제로 삼을 때, 우리는 이를 자연적 이웃됨이라는 특별한 영역과, 그리고 남자와 여자, 부모와 자녀의 관계라는 영역과 비교되는 외적인 인간 실존의 집단(Kreis)과 전혀 연관시킬 수 없다. 이런 영역에 놓인 모든 진지한, 모든 긍정적인 생각은 더 나아가 다음에서 출발하는 것이다. 즉, 자연적으로, 원래부터 그리고 최종적으로, 그리고 창조에 걸맞는 인간적인 것은 이런 모든 영역을 **뛰어넘으며**, 그리고 모든 영역을 **능가한다**는 것이다.

만일 사람들이 그 문제를 아래로부터가 아니라, 오히려 지금 위로부터, 다시 말하면 하나님의 계명으로부터 고찰한다면, 이런 구분(Abgrenzung)이 불가피할 것이다. 우리는 가까이 있는 자와 멀리 있는 자의 관계 안에 놓인 존재가 바로 다음과 같은 장소, 즉 하나님의 계명이 인간을 발견하고, 그리고 사용하는 장소임을 이미 보았다. 다시 말하면, 이는 하나의 테두리인데, 그 테두리 안에서 사람들은 계명에 순종할 수 있는 것이다. 세상사(Weltgeschehens)에 대한 하나님의 지시를 바탕으로 인간은 계명을 바로 자기 장소에서 들어야만 한다. 그리고 이를 바탕으로 그는 이와 함께 주어진 테두리 안에서 즉시 계명에 순종해야 한다. 이것이 바로 여기서 긍정적인 것이라 말할 수 있는 것이다. 이것보다 더 많은 것을 말할 필요는 없다. 하나님의 계명은 이런 영역을 강조하는 **특별**하고 **독립적**인 형태를 갖지 않는다. 이런 형태를 통해서 남자와 여자의 영역, 부모와 자녀의 영역이 분명하게 강조된다. 그러나 이런 형태에는 가까이 있는 자와 멀리 있는 자의 관계가 존재하지 않는다. 반면에 여기에는 복음을 기반으로 한 규정(Weisung)이 존재한다. 또한 우리는 분명히 아버지 하나님의 뜻에 대해서 여기서 진지하게 물을 수 있다. 오직 하나님의 계명만이 자명하게 또한 여기서 결정적인 기준이 될 수 있다. 그렇다면 이는 다음을 의미할 것이다. 즉, 이와 같은 하나님의 계명이 그 밖의 다른 모든 차원을 통해서 — 이미 언급하였고 그리고 언급할 수 있는 모든 것을 통해서 파악된 창조주 하나님의 계명으로서, 그리고 또한 인간을 위한 화해자이며 구원자이신 하나님의 계명으로서 — 지금 또한 이런 영역에서도 언급되며 그리고 지켜질 수 있다는 것이다.

계명의 형태 안에는 우리가 여기서 무엇보다 고려의 대상으로 삼는 것이 담겨 있다. 그것은 바로 계명이 지닌 정치적 형태이다. 우리는 이를 훨씬 뒤에서, 특히 화해(Versoehnung)와 연관하여서 언급할 것이다. 즉, 국가를 향한 호소(Aufruf)로서의 계명을 예로 들 수 있다. 국가는 사실 창조질서(Schoepfungsordnung)는 아니지만, 그러나 분명히 하나의 참되고 특별한 계약질서(Bundesordnung)라 할 수 있다. 그러나 교회는 여전히 국가보다 더 앞에 존재하는 것이 자연스럽게 될 것이다. 또한 교회의 현실성은 하나님의 계명에 대한 특별한 형태인데, 이와 같은 관점을 통해 알게 되는 것을 깊이 고려하게 될 것이다. 반면에 여전히 계명이 간직하는 독립적인 형태들이 존재한다. 이 형태들은 자신의 민족 안에서 그리고 그 민족이 다른 민족들과 맺는 관계 안에서 인간의 삶을 위해, 인류를 향한, 직간접적인 영향력을 갖는다. 그리고 또한 이런 영역에서 발생하는 질문들에 하나의 대답을 제시하기 위해 충분히 고려될 수 있는 것이다.

하나님의 계명이 민족들의 실존이나 관계들과 관련하여 특별한 형태를 갖지 않는다는 것은 잘 알려진 사실이다. 계명이 큰 소리로 언급되는 곳에서 인간은 이런 관계들에 참여하게 되며, 이는 하나의 전제이다. 또한 인간은 이런 영역에서 질문을 받으며, 대답해야만 하며, 그리고 요구를 받으며, 순종해야만 한다. 이는 기정사실이다. 그러나 하나님의 계명은 인간이 이런 영역에 존재한다는 것과 관련을 맺는 **별도의 특별한** 그리고 **직접적인** 내용을 결코 담고 있지 않다. 그리고 인간은 여기서 요구를 받으며 그리고 순종해야만 한다는 사실이 어떤 특별한 규정을 이끌어 내는 것은 아니다. 다시 말하면, 이런 사실이 인간에게 하나님의 뜻으로서 제공될 수 있는 어떤 규정을 이끌어 내지 않는다는 것이다. 단지 인간은 다음과 같은 것에 관심을 둘 수 있을 뿐이다. 그것은 바로, 인간이 하나님의 계명에 대해서 그 밖에 아는 것이나 알려고 의도하는 이 모든 것을 지금 바로 또한 여기서 깊이 고려하는 것, 그리고 하나님에 대한 찬양으로서 그리고 자기 이웃에 대한 사랑을 실천에 옮기는 것이다. 그렇기 때문에 우리가 여기에 덧붙여 드러낼 수 있는 모든 것이 형식적으로만 머물렀을 것이다. 그리고 이 때문에 다음과 같은 사실이 단지 기억으로만 남았는지도 모른다. 즉, 다른 곳에서 잘 알려진 하나님의 계명을 무조건적으로 또한 여기서 존경해야만 하며, 그리고 그리스도인이 반드시 또한 여기서 그리스도인으로서 증명해야만 한다는 것이다. 예를 들자면, 그는 또한 여기서 자신이 전적으로 구속되어진 그리스도인이면서 또한 전적으로 자유로운 그리스도인임을, 그리고 전적으로 보수적이면서 또한 전적으로 급진적인 그리스도인임을 스스로 증명해야만 한다. 또한 그는 여기서 길을 가는 존재이면서 변화해 가는 존재인 것이다! 그러나 이를 주제로 삼는 것과 또한 거기서 주제가 되는 것의 근거를 그는 반드시 다른 곳에 두어야만 한다. 그래야만 그는 정당성을 획득할 수 있고, 이런 근거를 사용할 수 있다.

만일 우리가 더 자세하게 설명하기를 원했더라면, 우리는 윤리라는 다른 영역에 근거를 둔 명제들을 다루었을 것이 분명하다. 그리고 우리는 예를 들자면 이미 여기서 교회와 국가의 현실성을, 그리고 이로부터 주어지는 계명의 특별한 형태와, 그리고 이런 영역(가까이 있는 자와 멀리 있는 자라는 영역 — 역자 주)을 위한 계명의 중요성(Relevanz)을 다루었을 것이다.

그리고 이런 영역에는 어떤 특별한 계명이 없는 것처럼 또한 어떤 **특별한 순종**도 존재하지 않는다. 그러나 남자와 여자, 부모와 자녀의 영역 안에는 특별한 순종이 존재하며, 우리는 이런 관계에 몰두하여 연구했다. 그러나 가까이 있는 자와 멀리 있는 자의 관계 안에는 특별한 순종이 존재하지 않는다. 그리고 이것이 존재하지 않는다는 것은, 다음과 같은 사실을 분명히 가리킨다. 즉, 우리가 여기서는 적어도 인간에 대해서 창조에 적합하게, 또는 전적으로 구원에 적합하게, 또는 전적으로 종말론적으로 **끊임없이 규정하는 것**(Bestimmtheit)을 중요하게 여기지 않는다는 것이다. 한 인간은 언어, 공간과 역사에 따라서 여기서는 존재하며, 그리고 저기서는 존재하지 않는다. 그리고 이에 따라서 이 민족에는 속하지만, 저 민족에는 속하지 않는다. 그리고 인간의 길은 바로 이런 가까운 자로부터 저기 멀리 있는 자들로 나아간다. 이것이 섭리(Fuegung)이다. 인간은 이런 섭리를 하나님의 일로 바라보며, 존경하며, 그리고 받아들이게 될 것이다. 만일 인간이 하나님의 계명을 지금 그리고 여기서 듣는다면, 그렇다면 동일하신 하나님에 의해서 항상 마찬가지로 다음과 같은 일이 숙명적으로 발생한다. 즉, 하나님의 계명을 듣는 그는 언어, 공간과 역사의 영역 안에서 이런 인간들과 함께 모이지만,

그러나 다른 인간들과는 당분간 함께 모일 수 없다는 것이다. 그리고 또한 그는 가까이 있는 자와 멀리 있는 자의 영역 안에서는 이런 장소에, 즉 특정한 장소에 존재한다는 것이다. 만일 그가 하나님의 계명을 순종함으로 듣는다면, 그렇다면 이는 다음을 포함한다. 즉, 그는 계명을 자신을 위한 것으로 평가하며, 존경하며, 그리고 받아들인다는 것이다. 인간이 이를 실행하는 것은 바로 인간의 순종에 속하는 것이다. 그리고 이렇듯 분명히 그는 자신의 상황 속에서 순종하도록 요구받는다. 그렇다고 그가 이런 섭리에 순종하는 것이 아니다. 오히려 그는 하나님의 계명에 순종하는 것이다. 이런 하나님의 계명은 섭리와는 전혀 다른 것이다. 예를 들자면, 이런 섭리는 명령을 포함하지 않는다. 물론 인간은 섭리에서 벗어날 수 있다. 이는 그 섭리가 옳든지 또는 그렇지 않든지 마찬가지이다. 섭리가 드러내는 것은, 단지 구체적인 전제조건이다. 이런 전제조건을 바탕으로 인간은 하나님의 계명을 들어야만 하며, 올바른 것을 원해야만 하고, 그리고 행해야만 한다. 반면에 다시금 하나님의 계명은 그 자체로 요구를 포함한다. 즉, 인간이―그렇지 않다면 도대체 인간은 어떻게 모든 세상사의 주님에게 순종할 수 있겠는가?―이런 전제조건을 바탕으로 하여 설 수 있어야 한다는 요구이다. 또한 인간이 자기 스스로에게, 그리고 이보다는 또한 무엇인가 다른 것, 본질적인 것, 더 고차원적인 것을 자신에게 원하는 것이다.

그리고 이것이 바로 전제조건이며, 전제조건은 신적인 섭리를 근거로 한다. 그렇기에 또한 인간에 대한 **하나의 고정된 규정**(Bestimmtheit)이 아니다. 이는 신적인 섭리를 관리하는 일이다. 그리고 인간은 이런 관리의 일을 떠맡아야만 한다. 이런 일은 또한 계속된다. 그리고 이 때문에 전제조건은 변하게 된다. 그래서 전제조건은 중단될 수 있고, 다른 전제조건으로 대체될 수도 있다. 그리고 전제조건은 인간존재, 즉 하나님이 인간으로 창조하신 존재에 속하는 것이 아니다. 오히려 하나님이 창조하신 인간존재는 시간적인 현존재(Dasein)이며, 하나님은 이런 인간을 통치하신다. 전제조건은 바로 이와 같은 하나님의 통치를 규정하는 것이라 할 수 있다. 그렇기에 인간은 전제조건을 인위적으로 구체화해서는 안 된다. 또한 그 안에 어떠한 명령을 담아서는 안 된다. 왜냐하면 이런 명령은 하나님이 인간에게 원하시는 것과 대립하는 다른 것, 자기의 것, 높은 것과 구분되어지기 때문이다. 그리고 명령은 이런 것들과 대립하기 때문이다. 또한 전제조건이 창조질서로서 주어져서도 안 된다. 이 때문에 전제조건이 바로 평가되지도, 존경을 받지도, 그리고 받아들여지지도 않게 될 것이다. 이 때문에 인간은 전제조건을 고수하지 않을 것이다. 이는 계명이 인간에게 신적인 섭리와는 다르게 오는 것과 같다. 그리고 인간이 신적인 섭리에게 반드시 정당성을 부여해야만 하는 것은 아니다. 즉, 그가 섭리를, 마찬가지로 섭리가 인간을 위해서 실제적으로 존재하듯이, 하나님의 계명에 대한 전제로서 인식하거나, 그리고 인간 혼자만이 갖는 순종의 의무를 위한 전제로 인식하거나, 그리고 섭리를 **자리에 대한 지정**(Platzanweisung)으로서 분명하게 인정하고, 그리고 이를 진지하게 받아들이는 것이다. 물론 인간 본성에 대한 창조에 알맞은—필연적인 규정은 인간의 본성적인 이웃됨이라 할 수 있다. 그러나 이런 규정은 남자와 여자, 부모와 자녀 사이의 관계 안에서 자신의 한계를 갖는다.

　자기 민족 안에서 그리고 자기 민족이 다른 민족과 맺는 관계 안에 놓은 인간의 존재는 이런 의미에서 인간의 본성에 대한 규정(Bestimmtheit)이다. 이와 같은 한계를 넘어섬, 이런 주장과 가르침은 상상력을 펼쳐 자의적으로 만들어 낸 작품이다. 이런 가르침은 가까이 있는 자와 멀리 있는 자의 영역에서는 명목상으로 특별하게 주어진 계명, 그리고 명목상으로 특별하게 요청되어진 순종에 대한 자유로운 착상(Erfindung)이라 할 수 있다. 그럼에도 이것은 이런 영역에서 갑작스럽게 나타난다. 그래서 복음을 기반으로 이런 특별한 계명과 이런 특별한 순종이—이는 남자와 여자, 부모와 자녀의 영역에서와는 다른—즉시 분별되는 것은 아니다. 그리고 이것은 이런 자유로운 착상을 바탕으로 두 번째 착상으로 나아간다. 즉, 두 번째 착상은 하나의 공인되지 않은 인간의 본성에 내재되어 있는, 또한 인간에게 원래부터 그리고 최종적으로 결정되었고 그리고 의무로 주어진 민족의 규정(ordo) 그리고 민족성에 대한 규정이다. 그럼에도 이 또한 다시금 갑작스럽게 나타난다. 물론 이런 일은 분명 하나님의 계명(oddinatio), 즉 세상사를 통치하는 왕으로서의 명령을 주제로 삼는다. 그러나 이 때문에 분명히 또한 이는—다시금 처음에 언급하였던 두 영역에서와는 다른—오직 하나님이 처리(Verfuegen)하시는 과정 안에서 움직이며 그리고 변화하는 인간 현존재에 대한 규정성을 주제로 삼는 것이기도 하다. 그러나 이런 이중적 착상은 다음과 같은 이유 때문에 결코 허용될 수 없다. 또한 이는 '이단적인'이라는 개념과 가장 구체적으로 맞아떨어지는 것이기도 하다. 즉, 이런 이중적 착상은 필연적으로 생소한 이방신을 등장시킬 수밖에 없다는 것이다. 다시 말하면, 하나의 **민족신**(Voelkergott)의 출현을 가리킨다. 이와 같은 민족신은 위에서 언급한 저런 특별한 계명을 부여하며, 저런 계명에 따라서 인간을 창조한다. 그러나 창조주이신 예수 그리스도의 아버지는 결코 이런 민족신을 통해서 재인식될 수 없는 분이다. 그리고 하나님은 저런 특별한 계명을 주는 민족신이 아니다. 또한 하나님은 인간을 저런 방식을 통해서 창조하지도 않으셨다. 그러므로 이런 민족신은 이방신이다. 그리고 이방신의 현존은 제물을 이방제단으로 이끈다. 저런 가르침은 이방의 가르침이다. 즉, 이는 그리스도교 교회의 선포를 단지 방해하고 파괴하는 가르침이다. 그리고 또한 이는 세상을 위해서 구원이 되지 못하고, 오히려 단지 재앙(Unheil)을 의미할 뿐이다. 이것이 바로 이유이다. 이 때문에 사람들은 저런 주장과 가르침을 버려야만 하는 것이다.

　우리는 여기서 전체 개신교 신학사(Theologiegeschichte) 안에서 가장 진기하면서 또한 가장 우려스러운 하나의 사건을 기억하게 된다. 그 사건은 제1차 세계대전과 제2차 세계대전 사이의 시간에 독일에서 발생하였던 것이다. 당시 '민족'이라는 개념은 다양한 방식(Spielart)과 강세(Tonart)를 지니고 있었다. 그럼에도 이 개념은 가장 최일선에서 광범위하게 검증되고 있었다. 그리고 이런 검증을 수행하면서 일치되었던 새로운 것들이 신학적-윤리적인 주요개념들 안으로 들어왔다. 물론 이런 중요개념들은 주장하고, 가르치기 위한 의미와 의도를 담고 있었다. 그래서 이런 주장과 가르침은 인간에 대한 민족적인 규정 안에서 바로 '창조질서'를 다루고 있는 것이다. 이는 남자와 여자, 부모와 자녀의 관계 안에서와 같은 방식이다. 그러나 나는 이런 과정의 처음(Genesis)을 설명하고 싶지 않다. 왜냐하면 나는 이에 대한 하나의 신학적 설명이 존재하지 않는다고 믿기 때문이다. 물론 사람들이 시도하는 이에 대한 비(非)-신학적인 설명은 가능하지만, 그러나 이는 여기에는 적합하지 않다. 또한 나는 여기서 아직 살아 있는 사람을 주제로 삼게 될 때에는, 어떠한 이름도 언급하지 않을 생각이다. 왜냐하면 이 작업은 정치적인 중요성을 또한 갖기 때문이며, 그리고 우리의 목적 때문에 여기에 참여하였던 신학자들에게 정치적인 부담을 주지 않기 위함이다. 그럼에도 앞에서 언급한 저런 사건들과 관련된 일단의 사실적 확언들은 피하지 않을 것이다.

먼저 시작하기 전에 몇 가지 밝혀야 할 것, 즉 실제로 새로운 것이 지닌 특성 때문에 발생한 몇 가지 일을 언급해야 한다. 내가 40년 전에 독일에서 대학을 다닐 때, 사람들은 당시 모든 지도적 위치의 신학자들의 말이나 문서 안에서 그들의 고유한 주장을 듣지 못했다. 음악으로 표현하자면 나는 그들에게서 배음(背音), 즉 하나의 낮은 웅얼거림(Unterton)과 같은 소리만을 들었지, 그들의 독창적인 음색을 듣지 못했다는 것이다. 도대체 이런 일이 어디에서 기인했단 말인가? **바이넬**(H. Weinel)은 이런 일의 근원이 전체 19세기를 관통하여 **슐라이에르마허**(Schleiermacher)로 거슬러 올라간다고 주장(*RGG*² V 1623)한다. 그러나 이런 주장은 올바르지 않다. 물론 슐라이에르마허는 자유전쟁의 시대를 풍미했던 위대한 독일 애국자들에 속한다. 그러나 그는 결코 다음과 같은 부류, 즉 당시에 헤르더(Herder)에게 자극을 받아서 모든 것을 짧은 시간 동안에 국민성, 국민의 역사와 특징이라는 논증으로 연결시키고자 했던 낭만주의자들에 포함되지 않는다. 당시 슐라이에르마허의 윤리를 지배하고 있던 공동체의 개념들(Gemeinschaftsbegriffe)은 국가, 교회와 사회이다. 또한 그는 국가와 관련된, 그리고 사회와 관련된 몇몇의 구절들(Die chritl. Sitte, 452f., 655f.)에서 국민이라는 개념을 긍정적으로, 마치 당연한 것처럼 받아들였다. 그러나 그는 민족이 다른 민족들 한가운데, 그들의 언어와 도덕 등의 한가운데서 현존한다고 보았으며, 이런 현존재가 지닌 변증법적 대립을 통해서 '절대적 공동체성'을 받아들였다. 그러나 우리가 실제로 여기서 얻고자 하는 것과 관련해서는, 여전히 여기에는 여전히 부수적인 것들만이 많이 존재한다. 또한 그의 서술이 지닌 한계 때문에 사실상 눈에 띄는 것이 거의 없다. 그리고 우리는 19세기 중반에 저술된 **호프만**(J. Chr. H. v. Hoffmann)의 『신학적 윤리』(*Theologische Ethik*, posth, 1878)를 이와 비슷한 예로 들 수 있다. 그의 공동체의 개념들은 교회, 가족, 국가, 인류이다. 국가에 대한 연구논문에는 몇 쪽에 걸쳐(270f.) 매우 꼼꼼하고 엄격한 '조국애'(Vaterlandsliebe)를 언급한다. 이런 조국애는 '국가의 안녕에 대한 후원'을 통해서 증명되어야만 한다. 이와 동시에 민족이라는 개념은 그러나 거의 국가의 옆에서 등장하지, 국가를 넘어서는 강조점을 갖지는 못한다. 그래서인지 호프만은 인류에 대한 연구논문 안에서 모든 민족이 내포할 수 있는 문제점들이나, 다른 민족들에 대한 한 민족의 대항에 관해서, 사실 이 논문에서는 이것이 매우 중요한 듯 보이지만, 내가 보기에는 전혀 다루지 않는다. **도르너**(J. A. Dorner, posth, 1885)의 『그리스도교 윤리의 체계』(*System der christlichen Sittenlehre*)는 "하나님 나라의 도덕적 공동체"(sittlichen Gemeinschaften des Reiches Gottes)와 관련하여서 결혼, 가족, 집, 국가, 예술과 학문, 그리고 마지막으로 "절대적 공동체"로서의 교회를 주제로 삼고 있다. 이와 같은 민족은 윤리적 고찰의 대상이 될 수 있지만, 이것이 도르너에게 별 의미로 다가오지는 않은 듯이 보인다. 이를 위해서 19세기 초반의 법학(Jurisprudenz) 역사에는 매우 언급할 만한 사건이 있다. **폰 사비니**(Fr. Karl von Savigny)가 설립한 이른바 "역사 법학파"(historische Rechtsschule)가 바로 그것이다. 이들은 입법(보편적인 이성의 본성[Vernunftnatur]에 대한 계명주의의 가르침에 따르는 대신에)의 근거를 살아 있는 법을 내세우는 '국민정신'(Volksgeist)을 바탕으로 마련하고자 했다. 이와 같은 사건에 근접하여 지지를 표명하였던 당시의 유일한 신학 작품이 바로 **마르텐센**(Hans L. Martensen)의 『사회 윤리』(*Soziale Ethik*, 1888)이다. 그는 덴마크 사람이었다. 그리고 그는 당시 매우 비판적인 논쟁의 필요성에 대해서 자신의 동향 사람과 심각한 토론을 했다. 그 사람이 바로 주류 낭만주의적-루터적 자유교회 교인이었으며, 민족교육자인 **그룬트비히**(N. F. S. Grundtvig)였다고 추정된다. 만일 사람들이 19세기를 관통하는 근대의 민족신학(Volkstheologie), 그리고 창조질서신학(Schoepfungsordnungstheologie)의 실제적 선구자를 찾고 있다면, 바로 그룬트비히의 명확하고 매우 다채로운 모습을 붙잡는 편이 가장 확실하다. 더 나아가 덴마크 사람인 **마르텐센**과 반대 입장에 서 있으며, 오늘날에도 여전히 주목할 만한 영향을 끼치는 사람을 들자면, 쇠에(N. H. Søe)를 꼽을 수 있다. 이런 방향에 대해서 제시한 그의 구분은 여전히 매우 날카롭다. 그러나 쇠에의 오랜 비판인 마르텐센에 따르면, 민족은 정확히 말해서 하나의 "개인적, 본성적으로 규정된 공동체적 유기체, 하나의 총체성, 즉 인간종족의 커다란 몸에 스스로 계속해서 속하는 개별적 구성원이라는 총체성, 그리고 작은 구성원에 속하는 전체 인류로 묘사된다"(앞의 책, 106). 국가성(Nationalitaet)이란, 예를 들자면, 국가를 위한 자연적 본성(Naturbasis)이며, 마찬가지로 모든 인간적, 모든 정신적 그리고 도덕적인 발전의 전제 조건이라 할 수 있다. 그리고 국가성은 특별히 모국어라는 형태를 통해서 민족 안에 존재하는 각 하나의 개인을 위한 필수적인 재산(Gut)이다. 그렇기에 국가성은 보존되고, 옹호되고, 그리고 계속해서 양성되어야만 한다. 그러나 민족에 대한 규정이 인간종족이 지닌 커다란 공동의 목표를 발전시킬 수 있으려면, 오직 다른 민족혈통들과의 상호 영향성을 통해서, 그리고 역사의 보편적 과제에 대한 의식적 헌신을 통해서만 가능하다(108f.). 독립성은 바로 여기서 오직 다른 독립성들과 교류함으로써만 더 커질 수 있다. 그럼에도 국가와 민족이 지금 반드시 일치해야만 하는 것은 아니다. 오히려 국가와 민족은 유익한 방식을 통해 서로 교차될 수도 있다(110). 그러나 사람들이 과거에 국가성에 대해서 전혀 아무것도 생각하지 않았음에도 불구하고, 하나의 새롭고 불편한 편협성이 출현하여 발전하였다. 마치 이는 나폴레옹(Napoleon)의 시대 이후에 국가성이 전적으로 모든 것을 의미하게 되는 것과 흡사하다(111). 그러나 그리스도교적 민족 안에서 "국가적 이기주의와 함께하는 이교도"는 그리스도의 영을 통해서 깨어지고, 심판받으며 그리고 깨끗해질 것이다. 바로 이와 같은 민족이 그리스도교적 민족인 것이다. 그러나 이와는 반대로 그리스도교가 없는 국가성의 원리(Nationalitaetsprinzip)는 모든 국가교육, 아니 모든 교육 전반에 걸쳐 신뢰할 수 없는, 불확실한, 스스로에게 전혀 만족하지 못한 원리이다. 더 나아가 하나님에 대한 반란은, 마치 창세기 11장이 우리에게 경고로서 보여주듯이, 국가를 구성하는 개인들의 인격이 유기적으로 발전하는 곳으로 안내하는 것이 아니다. 오히려 강압적인 흩어짐(Zerstreuung)으로 이끈다(114f.). 그렇기에 '민족정신의 구원'에 관심을 두는 것이다. 그리고 국가성, 신화와 그리스도교를 서로 날카롭게 대립시키는 것은 단지 세 개 모두를 단지 잘못 이해한 것이라는 주장에 대해서 날카롭게 비판하는 것을 주제로 삼는 것이다(117f.). 이와 같은 덴마크식 윤리가 당시 다수의 출판사를 통해, 그리고 독일어로 편찬되어 읽혀졌다면, 이것이 단순히 우리가 여기서 몰두하는 현상의 준비조처(Vorbereitung)로서 영향을 끼쳤다는 의미인 것만은 분명 아닐 것이다. 오히려 이런 현상은 당시에 발생했던 일에 대해서 명확하게 반대하는 하나의 선지자격 경고라 할 수 있다. 그러나 또한 나는 우리 시대의 전환점에 위치하는 리츨(A. Ritschl) 학파 출신의 많은 독일 신학자 안에서, 그리고 **헤르만**(W. Herrmann), **해링**(Th. Haering), **키른**(Otto Kirn), **벤트**(H. H. Wendt)의 윤리 서적들 안에서 하나의 흔적, 즉 어떤 식으로든 선지자적 경고를 확실히 가리키는 흔적을 거의 발견할 수는 없다. 그들 모두는 비스마르크 이후의 시대에 신망을 받았던 독일민족 사람들이다. 우리는 이들로부터 그리고 무엇보다 그들의 신학적 전제로부터 그들이 지닌 국가와 문화에 대한 견해의 많은 부분을 발견할 수 있다. 반면에 그들은 설명 안에서 우리는 다음과 같은 질문의 원인을 거의 찾아볼 수 없다. 즉, 어째서 1890년대 초반부터 다른 영역에서 시작되어서 이른바 '민족운동'이 제1차 세계대전이 이르기까지 진지한 사람들이 중요하게 받아들이는 일보다는 오히려 하나의 새로운 일(Kuriosum)로서 받아들여졌는가. 그 밖에 **슐라터**(A. Schlatter)는 자신의 책(*Chr. Ethik*, 1914, 136f.)에서 "민족의 공동체"(Gemeinschaft des Volkes)를 언급하고 있다. 그러니 이런 언급은 결정적으로 우주적 교회로서의 교회에 대한 강조로 귀결된다. 이런 교회는 특히 민족들에 의해서 파괴되지 않는 공동체이다. 그러므로 이런 언급은 결국 민족적 자기애(自己愛)로 변질되는 것에 대한 분명한 경고로 귀결된다. 그러나 이런 모든 일이 그에게 중요한 관심을 끌지 못했음이 분명하다. 아마도, 사람들이 여기서 **슈퇴커**(A. Stoecker)의 뚜렷한 반유태주의(Antisemitismus)를 한 예로 들 수도 있을 것이다. 그러나 그의 경우에 그의 실제적이고 교리적인 주장(Dogma)의 바탕이 되는 저술이 바로 '민족에 대하여'(Vom Volk)인데, 문제는 그 책을 근거로 반유태주의를 펼칠 수 없다는 것이다. 또한 반유태주의가 그를 통해서 당시에 신학 안으로 스며들지도 않았다. *PRE*[9]의 세 번째 판이나 *RGG*[10]의 첫 번째 판은 여전히 이런 전반적인 영역(Komplex)과 관련하여 절대적 침묵(silentium altissimum)을 고수함으로써 반유대주의를 특별히 다루고 있었다. 어떤 사람도 성서학을 바탕으로, 종교사나 교회사를 바탕으로, 당시의 조직신학을 기반으로 그다음에 다

---

9) *Paulys Real-Enzyklopädie*(파울리 백과사전). 전통적 고대학에 관한 권위 있는 독일어 백과사전 — 역자 주.

10) *Religion in Geschichte und Gegenwart*(역사와 현재 안에 있는 종교). 신학과 종교학을 위한 사전 — 역자 주.

가오는 것을 대비할 수 없다. 그 밖에 사람들이 신개신교를 꼭 비판하는 것이 있다. 물론 이런 관점에서 신개신교는 그들에게 꼭 사과해야 할 것이다. 자명한 것은 신개신교가 다가왔던 일에 긍정적으로 관여하지 않았다는 사실이다. 이런 측면에서 보자면, 무엇보다 필수적인 안전장치들(Sicherungen)이 신개신교에게 결여되었다. 그리고 그의 모든 전제조건에 따르면, 신개신교에게 이런 안전장치들이 없었음이 분명한 듯 보인다. 다시 설명하자면, 예수 그리스도를 통해서 선포되는 하나님 말씀의 명료한 주권(Souveraenitaet)에 대한 인식이 이렇듯 희박하였던 곳에서, 이는 마치 이런 인식이 18세기 초부터 개신교 신학 안에서 자리를 잡았듯이, 적어도 그곳은 이방신들이 스며드는 취약성을 반드시 드러낸다는 것이다. 그리고 이방신들의 유입이 국가와 문화에 대한 평가를 통해서 이미 발생한 곳, 바로 그곳에서는 더 많은 이방신이 적어도 부정적으로 널리 퍼지는 결과를 결코 피할 수 없다는 것이다. 만일 **바이넬**(H. Weinel)이 이런 견해를 갖고 있었다면, 그렇다면 사람들은 그에게 전혀 반론을 제기할 수 없을 것이다. 그럼에도 그다음에 일어날 일에 대해 긍정적으로 준비하기 위해서, 어쩌면 사람들이 슐라이에르마허, 또는 그를 따르는 신학, 또는 **하르낙**(Harnack)과 **트뢸치**(Troeltsch)의 시대를 풍미하는 신학을 강하게 비판하지 않게 될 수도 있다. 확실히 고결한 휴머니즘은 이런 세대의 특징이 이미 되었다. 그리고 휴머니즘은 스스로 이런 방향의 죄를 짓는 것을 막는 안전장치를 유지하고 있었다. 어쩌면 하르낙은 20세기의 가장 중요한 '민족'-연설가로서 사회에 등장하기보다는, 그 이전에 여전히 카푸친 교단의 성직자(Kapuziner)가 되고 싶었을 것이다. 그리고 사람들은 신개신교가 갖는 저런 일반적인 단점과 관련된 것을 스스로에게 반드시 보여주어야만 할 것이다. 즉, 이런 단점이 정말로 단지 독일 안에서만 드러났던 것이 아니지만, 그러나 지금 특별하게 오직 독일에게만 다가오는 일에 대해서 부정적인 준비로서 영향을 끼치고 있었다는 것이다. 사실 이런 현실의 사실(Faktum)에 대한 **신학**사적 설명은 나에게는 확실히 불가능한 것으로 보인다. 사람들은 이를 단지 사실로서만—정말로 부동의 사실(factum brutum)로서만—표기할 수 있다.

제1차 세계대전 가운데 산발적으로, 일반적인 사람들 안에서 그러나 세계대전의 종료에 따라 그리고 이로부터 계속 커지는 목소리들 안에서 다음과 같은 일이 발생하였다. 즉, 여기서는 조심스럽지만 그러나 저곳에서는 조심스럽지 않게, 여기서는 좀 더 많은 망령(Geist)과 곡해(Kautelen)를 동반하지만 그러나 저곳에서는 망령과 곡해가 적게 들어간 주장과 가르침들이 주어진 것이다. 이런 주장과 가르침의 개별적 요소들을 지금 또한 명목상의 반증(elenchus nomialis) 없이 간략하게 논평되어야 한다. 다시 말하면, 모든 인간적인 생명은 하나님으로부터 주어진 토대 위에 서 있으며, 그리고 **민족**과 모든 사람을 포괄하는 **민족성**(Volkstum)은 바로 여기에 속하는 것뿐만이 아니라, 또한 이것이 무엇보다 그리고 모든 다른 것보다 더 중요하다는 것이다. 민족성은 가족, 관습과 혈통에서 성장한다. 그리고 또한 결정적으로 혈연과 인종 공동체로서 성장한다. 이를 기반으로 한다면, 민족성은 민족을 위한 공동의 정신적 기질(Art), 민족의 '영혼성'(Seelentum)인 것이다. 특히 민족의 영혼성은 민족의 언어를 통해서 그리고 민족의 모든 문화활동(Kulturschaffen)을 통해서 드러나며, 그리고 이를 '근본적인 사랑'(elementarer Liebe)으로 결집시킨다. 나는 루터와 마찬가지로 "하나님이 나를 창조하셨다"고 믿는다. 그리고 이렇게 믿음으로써 나는 나의 민족과 민족성을 하나님의 **창조물**로서 인식한다. 각 민족의 고유한 기질은 하나님의 특별한 창조이념(Schoepfungsgedanke)이다. 그리고 하나님은 이렇듯 나를 내가 속한 민족의 삶 안에서 그리고 삶으로부터 창조하셨다. "하나님은 나의 삶을 민족주의적(volkhaft)으로 부여하셨고 그리고 묶어 주셨다." 민족주의적인 운명 안에, 인종과 공간 안에서 우리의 삶이 지닌 언어와 정신을 넘어서는 개별적인 막강함은 무엇보다 우리의 선택과 결정을 형성한다. 이를 통하여 '창조물'은 우리에게 분명하게 드러난다. 그가 속한 민족의 고유성과 과제는 그러므로 바로 "하나님의 창조의지에 대한 재인식과 재경험(Wiedererfahren)", "하나님께서 스스로 인간의 삶을 형상화하신 거룩한 법과 질서에 대한 하나의 새로운 이해"를 인지하는 것과 또한 움켜쥐는 것이다. 민족적 방식과 특성 안에는 이른바 법과 질서가 존재한다. 예를 들자면, **민족법**(Volksnomos)인데, 민족법은 단지 거룩할 뿐만이 아니라, 더 나아가 하나님의 법이 지닌 기본형태라 할 수 있다. 즉, "살아 계신 하나님의 지배를 바탕으로 수립된 의무인 것이다. 이로부터 모든 것은 자신의 올바름과 자신의 존립, 자신이 지닌 창조물로서 원립성(原立性, Urstaendigkeit)을 갖게 된다." 민족주의적(volklich) 현존재는 중요한 공동체적 구조(Gemeinschaftsgefuege)이다. 그리고 민족의 근간을 이루고 있는 법의 구체적인 형태를 찾거나, 그리고 매번 민족에게 인정받는 법을 힘들게 찾아내는 것은 교회의 일이 아니다. 오히려 이는 정치권력의 일이다. 교회는 어떠한 자연법을 통해서, 또한 어떠한 성서적, 교회법을 통해서도 이런 일을 방해할 수 없다. 왜냐하면 구체적인 민족법의 자리를 대체할 수 있는 거룩한 법은 존재하지 않기 때문이다. 이는 마치 구체적인 민족법이 민족의 특별한 기질과 역사를 통해서 성장하는 것과 같다. 그리고 교회는 반드시 다음과 같은 해석, 즉 국가가 이런 법에게 제공하기를 원하는 해석을 계속해서 간직해야만 한다. 국가는 물론 이런 해석자이다. 왜냐하면 국가는 형식(Form)이고, 민족은 이런 형식 안에서 자신의 역사적 삶을 살아가기 때문이다. 또한 국가의 법이 개인들을 안전하게 하거나 보호하는 것에 의미를 두지 않기 때문이다. 오히려 국가의 법은 개인들이 민족이라는 공동의 삶으로 통합되는 것에 의미를 둔다. '질서들의 서열'(Hierachie der Ordnungen)은 다음처럼 나타난다. 즉, "사람들이 민족주의적으로 살기를 원하는 곳에서는, 국가에 대한 민족의 **정치적** 우월성이 효력을 발생한다. 국가는 민족을 보호하고 민족이 자아실현을 하도록 돕는 수단이다. 민족은 계급들, 정당들, 지위나 관심단체들 통해 자기의 공동체가 분열하는 것에 대한 **사회적** 우월성을 갖는다. 민족은 포괄적인 자연적-도덕적 공동체로서 **도덕적** 우월성을 갖는다.… 자연 안에 주어진 창조주의 법에 대한, 그리고 하나님의 인도하심에 대한 경외와 순종이 요구된다." 그렇기에 교회는 또한 이런 의미에서 '민족교회'(Volkskirche)이다. 또한 민족교회는 복음을 자신의 언어를 통해서 이런 방식의 인간에게 선포하는 것이며, 민족교회는 이런 운명을 지닌 인간으로서 자신의 역사적 결정에 대해서 돕고, 위로하며, 축복하고 처벌하는 방식으로 동행한다. 이것이 바로 민족교회의 과제이며 구조 안에서 나타난 자신의 규정이다. 그리고 이는 그리스도교의 자랑이다. 그래서 이는 그리스도교의 역사적 과정 안에서 단지 항상 반복해서 마치 민족들의 친절한 동반자로서가 아니라, 오히려 더 나아가 바로 '민족의 독창적인' 것으로서 입증되었다. 반면에 민족성에서 인간애(humanitas)로 나아가는 해방(Emanzipation)을 설교하는 것이나, 또한 세계시민으로 나아가고자 설교하는 것은 이미 신약과 많이 동떨어진 것이다. 마치 여성해방과 노예해방을 또한 설교하지 않았던 것처럼! 이 모든 것의 결과로 등장하는 명령은 다음과 같다. 즉, 우리는 우리의 삶을 민족적(volkhaften) 규정성과 이와 함께 우리에게 위임된 민족의 생명(삶)을 전적으로 하나님의 도우심(Haende)을 바탕으로 생각하여 받아들이고 그리고 계속해서 신뢰하면서 전해야만 한다. 그렇다면 우리는 이를 다음처럼, 즉 민족의 생물학적 건강과 품질(순수혈통보존, Rassehygiene), 민족에게 위임된 고유방식과 특별한 파송을 파악하는 것, 그리고 모든 과도한 외부의 영향(Ueberfremdung)에 반대하는 민족의 확신(Behauptung), 민족의 구성(Anlage)과 역사 안에 놓여 있는 창조의지의 성취(Erfuelluung)—이방 사람들의 민족성에 대한 인정과 존중 그리고 이런 민족성과의 사귐(Gemenischaft)을 경험하고자 하는 의지를 결코 배제할 필요가 없는 하나의 신뢰(Treue)라 이해할 수 있다.(본래의 주장이 갖는 가장 외적인 경계의 보류[Vorbehalt]는 최소한 이를 대표하는 일부의 사람들에 의한 다음과 같은 최근의 기억, 즉 그들과 이성적이며 그리스도교적 복음[Wort]을 나누는 것이 전혀 불가능하지 않을 수 있다는 기억을 떠올리게 한다.) 그리스도교와 신학을 위한 일이 갖는 의미를, 상당히 많은 부분을 그들과 동의하는 지지자, 바이넬(H. Weinel, *RGG*² V 1626)이 다음과 같이 요약했다. 즉, "그리스도교는 '민족주의 운동'을 단념하지 않았다. 오히려 그리스도교는 민족주의 운동이 지금까지보다 더 크게 그리고 각 민족성과 인종을 순수하게 보존하고 귀하게 여기도록 돕는 것임을 더 분명하게 자각하도록 호소한다. 바로 이것이 현재 우리 민족을 사로잡는 민족성을 파괴하며 비도덕적인 권력의 국제적인 흐름보다 더 필요한 것이다. **신학**은 이를 전적으로 자각해야만 하며, 그리고 자기의 교의학(Dogmatik)을 통해서 그리스도교를 명백하게 표현해야만 한다. 즉, 그리스도교가 민족성과 인종의 가치를 스스로 받아들였다는 것이다. 윤리는 지금까지의 민족성, 조국과 공동체보다 더 큰 것을 강조한다. 신학사가(神學史家, der theologische Historiker)들은 독일 종교사(宗敎史)보다는 중세와 근대 교회사를 본질적으로 가르쳐야만 한다. 종교 수업은 교회사 안에 그리고 도덕적 지도 안에 마찬가지로 자리매김해야만 하며, 그리고 우리의 독일 선지자들이 구약의 선지자들보다 더 강조되어야만 한다(찬송가, 사화집, 강독). 실천적–교회적 삶은 자신의 예전(Feier)을 통하여 분명하게 민족의 관습과 연관되어야 하며 민족의 관습을 귀하게 여겨야 한다. 왜냐하면 우리의 민족성을 건강하게 보존하기 위한 모든 노력은 가능한 한 보호를 받아야만 하기 때문이다. 그리스도교는 국제적인(international) 것이 아니라, 오히려 초국가적인(uebernational) 것이다. 그래서 국민성을 하나님이 행하신 하나의 창조로서 존중하는 것이며 신성시하는 것이다."

이렇듯 1931년에 공고되었다! 논쟁할 필요는 없다. 근거가 잘못되었다. 그리고 이 때문에 모든 개별적인 것과 모든 결과물이 잘못되었다. 좋지 않은 언어는 대부분의 모든 것을 관통해서 말하고자 한다. 이런 언어는 태생부터가 좋지 않은 사건을 위한 하나의 표시였다. 우리는 이런 사건의 기원을 설명하는 것을 이미 거부하였다. 그렇기 때문에 지금 또한 이런 언어와 1933년 일반적인 독일사 그리고 유럽사 안에서 발생하였던 것, 그리고 1945년 이런 사건에 걸맞는 결말 사이에서 무엇인가 하나의 노선(Lienie)을 이끌어 내고자 하지 않았다. 오늘날에는 이런 문제가 이미 해결되었는지 또는 그렇지 못한지에 대해서 사람들은 알지 못한다. 그러나 사람들은 당시 모든 세계를 넘어서 뒤흔들었던 비명들에 대한 재성찰(Retraktation)을 전혀 듣지 못했다. 어떠했는가? 만일 사람들이 가까이 있는 자와 멀리 있는 자에 대한 질문을 통해서 어떤 하나의 근거를 바탕으로 비판적으로 생각하기를 원할 때, 그리고 창조와 섭리 사이의 차이, 하나님의 계명과 하나님의 성취 사이에 놓인 차이를 유념하지 않을 때, 사람들이 도달할 수 있는 막다른 골목이 바로 그것이었다. 사실 과거 종교개혁이 시작되었던 그 자리에 하필 무책임한 사이비-신학적인 잡담(Gerede)이 나타날 수도 있다. 그러나 사람들은 이런 사실을 부끄러워하게 될 것이다.

우리가 아직 고찰해야 할 것이 남아 있다. 먼저, 우리가 여기서 제시하였던 '민족과 민족들', 인간에 대한 문제의 이해를 위한 성서적 배경들에 대해서 이런 대립을 통해서, 그리고 여기서 언급한 계명과 순종의 의미를 통해 해명하는 것이다.

우리는 일반적인 확언에서 시작할 것이다. 즉, 우리가 신약의 계시증언이나 구약의 계시증언, 그 어디에서도 이를 **일차적**으로 그리고 **중점적**으로 세계사와 그리고 인간의 존재, 공간 안에 놓인 행위 방식과, 그리고 하나님이 그곳에서 인간에게 원하시는 것과 결코 연관시키지 않는다는 것이다. 성서의 복음 안에서 언급되는 것은 인류의 역사도 민족의 역사도 결코 아니다. 역사가 복음과 함께한다는 것만이 올바르다. 일차적이고 중점적인 현상은 동시에 하나님의 성명(Kundgebung)으로서 원천을 이루며, 그리고 하나님의 행위로서 성서적 증언의 대상을 형성한다. 그래서 바로 이런 현상이 세계사라는 영역 안에서 전적으로 행해지며, 자신의 길을 가정하고, 그러나 또한 그 자체로 이를 은밀하게 해명하며 그리고 점검한다는 것만이 사실이다. 또한 세계사 안에서 자기의 **지평**과 자기의 **목적**을 갖는다는 것만이 사실이다. 즉, "온 세상이 여호와를 두려워하였고!"(시 33:8)를 예로 들 수 있다. 그러나 이는 또한 성서적 복음의 요소이며, 또한 부차적이며 주변부에 놓인 것이다. 역사가 지닌 지평과 목적은 단지 부차적 테마일 뿐이다. 그러나 주요 테마는 이미 창조 안에 그리고 창조와 더불어 숨겨진 채로 시작된, 아브라함을 선택하시고 부르신 바로 그날에 발을 내디딘, 예수 그리스도의 오심을 통해서 이미 성취되어진, 그리고 모든 피조물이 겪는 사건이라는 의미로서의 약속된 그리스도의 재림을 통해서 계시되어진 하나님과 인간이 맺은 계약의 역사이다. 즉, 하나님은 모든 존재와 사건의 주님이신데, 이런 하나님이 선택하시고 거룩하게 만드시는 은총이라는 위대한 행위의 결과가 바로 역사의 주요 테마인 것이다. 이런 **특별한** 역사가 발생함으로써, 하나님의 보편적인 세계지배가 발생하며 그리고 명백하게 표현된다. 또한 약속은 세계사 안으로 받아들여진다. 더 나아가 그곳에서 하나님은 다른 피조물들 아래 놓인 피조물로서의 인간을 축복하며, 사용하신다. 그러나 성서의 복음에 대한 관심은 저런 **특별한** 역사와 결코 떨어지지 않는다. 이는 과연 **필요한 것**이기는 하지만, 그러나 단지 피할 수 없는 **부차적인 것**(Beilaeufigkeit)으로, 그리고 그곳에서 영향을 미치며 계시되는 자유로운 은총을 선언하는 특징 안에서 단지 **보편적**이고 피조물적인 존재와 사건으로 사용된다. 그리고 이렇듯 또한 하나님의 계명은 저런 중심에서 시작되며, 그리고 하나님의 계명은 인간에게 원하는 것이다. 그래서 스스로 저런 중심 안에서 발생하는 것에 대한 인간의 참여를 항상 의미한다. 하나님의 다스림은 저런 중심을 에워싸는 **둘레**(Umkreis)이다. 그리고 또한 하나님의 다스림은 인류와 민족들의 역사 안에서, 무엇보다 그리고 자체로, 하나님의 약속도 아니며 계명도 아닌, 오히려 그의 **섭리**인 것이다.

만일 그곳에서 하나님의 자유로운 은총이 약속으로서 영향을 미치게 된다면, 그리고 이와 함께 또한 하나님의 계명이 언급된다면, 그렇다면 이는 바로 저런 중심을 기반으로 한 것이다. 이런 관계는 마치 하늘과 땅의 관계처럼 상당히 견고하다. 하나님의 나라는 분명 그곳으로부터 하나님이 이렇게 또는 저렇게 섭리하시는 사건 안으로, 그리고 또한 민족들의 사건 안으로 옮겨진다. 다시 말하면, 민족들이라는 세계 안에서 발생하는 사건이 스스로, 그리고 이런 사건이 하나님이 이렇게 또는 저렇게 섭리하심으로써 마치 하나님 나라의 사건인 듯한 특징을 지니게 되는 것이 결코 중요하지 않다는 의미이다. 선지자들은 하나님의 말씀을 민족들 위에 쏟아냈다. 그리고 사도들은 하나님 말씀을 민족들에게 설파했다. 그러나 민족들은 자신들의 입장에서 보자면, 그리고 원래부터 자기 스스로가 이미 하나님 말씀을 소유해야만 했고, 그리고 하나님의 말씀을 선포해야만 했었다. 그러나 사람들은 어느 곳에서도 이에 관해서 듣지 못했다. 이스라엘은 분명 스스로 하나의 민족, 즉 다른 민족들의 한가운데에 있는 민족으로 살고 있다. 다시 말하면, 이스라엘은 민족들 가운데서 선택되었고 그리고 부르심을 받았다. 마찬가지로 이와 함께 하나의 질서, 즉 시작(Ursprung)과 목적(Absicht)에 따라서 모든 다른 민족들이 지닌 삶의 법칙들과 구별되는 질서를 갖는다. 민족은 올바른 것과 올바르지 않은 것을 자신의 특별한 민족성을 인식함으로써 경험하지 않는다. 오히려 이것은 하나님에 의해서 직접 경험되는 것이다. 다시 말하면, 하나님은 이들을 민족으로 선택하시고 부르시며, 그리고 가장 먼저 이들을 하나의 민족으로서 모으셨다. 그렇지 않다면 이들은 전혀 민족이 될 수 없었을 것이다. 그리고 이에 상응하는 것이 유대인이며 그리고 민족들에 바탕을 두고 모여진 예수 그리스도의 지역 공동체(Gemeinde)라 할 수 있다. 그 안에 성서적 의미의 계명과 순종이라는 압도적인 **자유**가 자리 잡는다. 즉, 모든 율법은 민족들 안에 있는 존재와 사건을 바탕으로, 그리고 이들의 관계에서 또는 인류의 존재와 사건을 기반으로 삼는데, 바로 이런 율법에 대립하는 자유인 것이다. 그러나 이런 자유가 다음과 같은 사실, 하나님의 계명이 더 크게 선포되고 그리고 순종을 요구하는 곳에서 실제로 주목할 만한 하나님의 섭리와 이끄심이 발생할 것임을 의미하는 것은 아니다. 물론 저런 중심 안에서, 그리고 저런 중심을 바탕으로 발생하는 것은 성서의 증언에 대한 실제적인 관심과 밀접하게 연관되어 있다. 그리고 이는 분명 하나님의 보편적인 예정과 다스림 아래에서 발생한다. 그러나 저런 자유는 분명 다음을 의미한다. 즉, 하나님의 계명과 순종, 즉 우리에게 요구되는 계명에 대한 순종은 하나님의 섭리 가운데 자기만의 고유한 원천(Quelle)과 자기만의 고유한 내용을 갖게 되며, 또한 우리가 그의 고유성(Eigenheit) 안에 있는 하나님의 섭리를 모두 주목함으로써만 이를 이해할 수 있다는 의미이다. 그러나 계명과 순종이 지닌 고유한 원천과 내용은 하나님이 은총으로 맺어주신 계약이 지닌 특별한 것이며, 그리고 이를 기반으로 인간에게 요구되어지는 특별한 것이 분명하다.

두 번째로는, 다음과 같은 성서적 복음의 영역이 분명히 존재한다는 것이다. 즉, 민족과 인류의 문제나 그들의 관계가 지닌 문제가 처음에는 없는 듯 보이는 영역이다. 마찬가지로 계명이 이런 문제의 영역에 걸쳐 있는 한, 계명 또한 처음에는 보이지 않는 그런 영역이다. 그리고 진기하게도 이런 영역이 바로 지금 **창조**의 영역인 것이다. 게다가 여전히 이와 동일하게 언급할 수 있는 두 번째 영역이 존재한다. 즉, **종말**(Eschaton) 안에서, **최종계시**(Endoffenbarung)라는 관점에서 이런 대립(Gegensatz)

과, 이와 함께 또한 계명이, 만일 계명이 이런 대립을 언급하는 한, 성서적 관점에 따라 다시금 보이지 않게 되는 영역이다. 그러나 성서적 복음이 또한 창조에 관한 복음인 한, 우리는 여기서 성서적 복음에 전념할 것이다. 그렇다면 우리는 여기서 바로 우리가 결코 간과할 수 없는 사실에 직면하게 된다. 그리고 사람들이 다양한 민족들의 존재와 또한 가까이 있는 자와 멀리 있는 자의 관계를 묻는 질문에 단 한 번도 주목하지 않는다 할지라도, 이런 사실은 단지 창세기 1-2장과 연관성을 맺는 것뿐만 아니라, 또한 창세기 1-9장에 이르는 전체 내용과 연관성―이런 연관성은 여기 이후로는 연관성(Zusammenhang)으로서 표현될 것이다.―을 갖고 있는 듯이 보인다. 그럼에도 분명히 3장에서 곧바로―그리고 어떻게든!―**역사**는 시작된다. 다시 말하면, 창세기 12장과 함께 밝게 드러난 특별한 계약사(契約史), 그리고 구원사의 위대한 전(前)역사(Vor-geschichte), 그리고 원(原)역사(Urgeschichte)가 시작되는 것이다. 그리고 이 역사는 창세기 6-9장에 나타나는 대홍수에 관한 이야기, 노아와 그의 소유가 구원을 받게 되는 이야기와 함께 돌연히 중단된다. 왜냐하면 그다음을 노아의 후손들의 역사로서, 말하자면 두 번째 인류의 역사로서 완전히 새롭게 시작하기 위함이다. 이 역사에는 시간적인 흐름을 빠뜨리지는 않는다. 그러나 지역에 대한 정보를 담고 있지 않다. 또한 이 역사는 아직 민족사(Volksgeschichte)라 할 수 없다. 더 나아가 이 역사는 이렇듯 무엇인가 존재하는 것에 대해서 분명히 더 많이 감추기를 원한다. 이렇듯 창세기 3장은 처음 한 쌍의 인류에 대한 역사이며, 창세기 4장은 그들의 아들들의 역사, 창세기 5장은 후손들의 역사이다. 특히 5장은 아버지들과 다시 아버지가 되는 아들들을 열거하는 형식을 갖는다. 정확하게 말하자면, 아담의 세 번째 아들인 셋(Seth)에서 노아(Noa)에 이르기까지 계속되는 후손들의 역사인 것이다. 이런 관점에서는 하나의 민족도 그리고 다수의 민족들도 등장하지 않는다. 사람들은 거기에 그들이 존재했다는 것을 안다. 사람들은 그들의 실존에 대한 소량의 암시만을 획득한다. 그러나 그들이 특별하게, 그리고 그럼에도 또한 그들이 바로 서로의 옆에서 연관성을 갖고 존재했다는 것은 여전히 확인할 수 없다. 계약사와 구원사는 여전히 감춰져 있다. 그러나 바로 이를 통해서 또한 세계사가 된다. 무엇보다, 만일 계약사와 구원사가 분명하게 드러나게 되었다면, 창세기 10-11장은 또한 자기 스스로 진행되는 세계사적인 공간을 분명하게 드러내기 위한 시간을 언급하는 공식적인 보도(Berichterstattung)가 될 것이다. 그렇다면 사람들은 다음과 같이 분명하게 말해야 한다. 즉, 우리는 적어도 바로 우리의 특별한 문제와 연관해서 또한 창세기 3-9장을 여전히 창조의 영역, 그리고 순수한 시작의 영역 안에서 존재한다는 것이다. 물론 이는 이미 인간의 죄와 하나님의 심판에 대한 언급이다. 다시 말하면, 아담의 범죄와 추방에 대한, 가인(Kain)의 형제살인과 유배에 대한, 창세기 6:1-4에 묘사된 어둠의 시간(하나님이 함께하지 않은 시간―역자 주)에 대한, 그리고 결국은 인류의 존속을 한순간에 완전히 절멸(Vernichtung)할 수 있는 위협처럼 보이는 하나님의 놀라운 반응에 관한 언급이다. "땅위에 사람 지으셨음을 한탄하사 마음에 근심하시고"(창 6:6). 그러나 이 모든 것은 여전히 계속해서 창세기 1-2장의 관점과 의미에서 볼 때, 한 인간의 역사로서, 그리고 바로 이 인간이 이루는 인간무리(Menschenvolk)의 역사로서 나타난다. 이런 역사는 무엇보다 악한 사람들처럼 선한 사람들을 통해 하나의 공통된 행위와 연대적인 책임을 갖는 **일치성**(Einheit)을 형성한다. 예를 들면, 특별히 한 인간인 노아를 들 수 있다. 창세기 6:8에 따르면, 그는 주님의 은총을 받았고, 이를 통해서 새로운 인류를 위한 통로(Uebergang)가 되었다. 그러나 이런 민족들은 아담에서 노아로 이어지는 이런 서술에 따르면 아직 그곳에 존재하지 않았다. 하나님의 뜻은 아직은 이런 민족과 아무런 연관이 없다. 또한 인간의 순종과 불순종은 인간들의 실존과 어떠한 방식으로든 아직은 관계를 맺지 못했다. 인간들은 서로에게 **단지**(lauter) 친밀한 관계(Nahe)뿐인 ― 오로지 너무 친밀한 관계! ― 또는 정말로 **단지** 멀리 있는 관계(Ferne)뿐인, 오로지 멀리 있는 관계를 맺는다. 그러나 이는 우리가 정말로 여기서 몰두하는 개념적인 의미로서가 아니며, 언어적인 것도 아니고, 공간적인 것도 아니다. 그리고 이는 역사적인 것도 아니며, 민족들로서 맺어지는 관계가 아니다. 그러나 사람들은 다음을 분명하게 파악할 수 있다고 생각한다. 즉, 인간무리(Menschenvolk)들이 그곳에 실제로 존재했었다는 것이다. 그러나 이에 관해서 증명할 수 있는 것은 아무것도 없다. 즉, 이런 텍스트들 안에서 말로서 표현되는 다양한 공식적 보도들은 분명히 그리고 완전히 이를 감추고, 드러내지 않기를 원한다. 이런 단계의 보도들 안에서 이는 이들의 관심사가 전혀 아니다. 반면에 이 장에서 이미 실제로 그리고 야심차게 언급하고 있는 것이 바로 남자들과 여자들, 부모와 자녀들인 것이다! 사람들은 스스로에게 다음과 같이 물을 수 있다. 여기서 여전히 전혀 드러나지 않는 영역에 존재하는 **계명**을 이해하기 위하여, 이 모든 것이 또한 도덕적 중요성을 갖지는 않는가? 만일 사람들이 성서의 증언에 유의한다면, 사람들이 바로 여기서 '창조질서'에 대해서 말하지 않을 것이다. 동시에 민족들은 또한 존재하며 그리고 한 인간은 민족들 안에서 민족적인 친밀한 관계 안에서나 또는 멀리 있는 관계 안에서 살아가며, 그래서 결국 이런 사실을 바탕으로 지금 바로 창조주 하나님의 어떠한 사적인 계명이나, 이로부터 요구된 특별한 순종을 이끌어 낼 수 없을 것이다. 바로 이런 사실이 여기서 분명하게 드러나지 않았는가? 특히 이 장을 통해서 다음과 같은 사실이 분명하게 드러나지 않았는가? 즉, 민족은 게다가, 그 이후에, 하나님의 섭리와 이끄심에 따라서 민족들의 세계(Voelkerwelt)가 발전하도록 그리고 이들이 다양성을 갖도록 주어졌다는 것이다. 그러나 하나님의 뜻은 창조주의 뜻(Schoepferwille)으로서 여기서 전혀 연관성을 갖지 않은 듯 보인다. 그리고 이런 발전은 단지 은총의 계약사와 함께 모습을 드러내고 그리고 이해될 수 있다는 것이 분명하지 않은가? 그리고 이런 역사를 통해서 하나님의 진정한 계명은 모습을 드러내고, 이해될 수 있다. 창세기 3-9장은 여기서 실제로 하나의 오해의 여지가 없는 경고와 규정(Weisung)으로서 고려되어야만 한다.

    세 번째로는, 하나의 인간무리(Menschenvolkes)에 대한 저런 첫 번째 역사를 보도하는 것과 아브라함의 선택과 부르심(창 12장) 안에 나타나는 은총의 계약사가 분명하게 시작됨을 보도하는 것 사이에는 놀랄만한 통로로서 창세기 10장과 11장이 놓여 있다는 것이다. 이 부분의 마지막인 창세기 11:10-32는 다시 한 번(창 5장의 확장과 또한 동일한 기법으로) 반복해서 아버지들과 아들들의 순서를 묘사하고 있다. 즉, 구원사와 계약사의 감추어진 전역사의 끝을 다루고 있는 것이다. 그렇다면 이는 다시금 하나의 민족을, 무엇보다 선택되어진 한 명의 시조(Stammvater)를 매우 사실적으로, 그리고 저런 첫 번째 역사와 전적으로 상응하여서 다루고 있는 것이며, 결국은 그리고 무엇보다 특히 유일하게 선택되어진 하나의 후손들을 주제로 삼고 있는 것이다. 지금 창세기 10-11장은 계약사가 시작됨을 분명하게 드러낸다. 그러나 이런 시작은 단지 저런 첫 번째 역사, 노아 이전의 역사, 대홍수 이

전의 역사, 그리고 모든 죄와 심판에도 불구하고 여전히 계속해서 하나의 완전한 창조의 빛 안에서 존재하는 역사를 통해서 준비되어지는 것만이 아니다. 오히려 창세기 10-11장에서 도드라지는 것은, 지금―지금 처음으로!―민족들의 세계가 시작된다는 것이다. 또한 이와 함께 또한 그들의 실존을 통하여 제시된 윤리적 문제의 시작이다. 사람들은 하나님을 그분의 은총의 행위를 통해서 분명하게 알게 된다. 그리고 지금, 이와는 구별되나 동시에 여전히 관련을 맺으면서 드러나는 사실이 있다. 그것은 우리가 또한 하나님을 세계사, 민족사, 인류의 역사의 주님으로서, 즉 이와 함께 야기되어진 대립들 안에 존재하시고 이를 지배하시는 주님으로서 알게 될 것이라는 사실이다. 바로 여기에 윤리적 문제는 자신의 근거를 두고 있다. 지금, 하나님의 의지에 따라서 저런 멸망과 과도기에서 구원받은 한 사람 노아에 의해서 주어진 아버지들과 아들들의 결말은 한 사람인 아브라함의 삶으로 이끌었던 그곳에서,―지금 민족들은 흩어진다. 또는 그러므로: 우리는 텍스트의 근거를 제공하는 민족들의 이런 떨어져 있음(Auseinandersein)과 옆에 함께 있음(Nebeneinandersein)에 대한 다양한 공식보도들을 하나의 주목할 만한 가치가 있는 사실로, 지금 그들의 증언을 하나의 주제로 삼게 될 것이다. 만일 또한 단지 부차적 주제가 될지라도, 주요주제는 분명 지금, 이를 무엇보다 아담에서 노아까지 흘러가는 하나의 인간무리(Menschenvolk)를 주제로 삼은 후에, 노아에서 흘러나온 아브라함이, 자신의 고유한 민족과 이 민족이 지닌 하나의 희망이 될 것이다. 그러나 명확한 부차적 주제로서 지금―바로 지금 분명히 필요한!―서로 함께 인류를 구성하는 많은 민족은 분명하게 세계사로서 역사가 될 것이다. 그 역사의 가장 중심에서 바로 저런 하나의 역사가 진행될 것이다.

민족들의 흩어짐에 대한 두 개의 보도와 또한 민족의 출현에 대한 보도는 창세기 10:1-11:9에서 대립을 이루고 있다. 이 둘은 그 자체로 문학적인 차이가 있지만, 그러나 사건에 있어서는 한목소리를 낸다. 사람들은 이 둘 사건을 각각 구별된 관점으로 바라보아야 한다. 그리고 이를 통해서만 이 두 사건에 주의를 기울여야 한다. 왜냐하면 자신만을 위한 각 하나의 보도는 단지 잘못된 인상을 불러일으킴이 분명하기 때문이다. 또한 전제와 함께 언급되어야만 하는 바로 그것이 다시 주어질 수 없기 때문이다. 또한 사람들은 이 둘을 특히 서로 비교하거나 연결하려고 하지 말아야만 한다. 그리고 하나를 다른 하나를 근거로 설명하려고 원하지 말아야 한다. 왜냐하면 사람들은 반드시 각 하나 또는 다른 것의 반전을 무디게 하거나, 알 수 없도록 만들 수 있기 때문이다. 우리가 다루는 것은 창세기 10장의 이른바 **민족들의 계보**(Voelkertafel)와 창세기 11:1-9의 **바벨탑의 역사**이다.

창세기 10장의 반전은 의심의 여지 없이 노아의 후손들이 매우 다양하게 구분된 민족들의 세계로 확산됨을 묘사하는 것이다. 노아의 후손들은 하나님의 후손으로서 지금 노아의 구원의 결과로 새롭게 스스로를 재건한 인류에 대립한다. 그리고 이는 어느 정도 높은 중요성을 지닌 사건이다. 창세기 9:8 이하에 따르면, 하나님은 당신 스스로와 노아와 계약을 맺으신다. 그리고 10장의 사건은 바로 이런 **계약**의 상황에서 발생한 것이다. "이런 족보가 지닌 의미는 **보편성**(Universalitaet)이다"(W. Vischer, *Das Christuszeugnis des Alten Testamentes I*, 1934, 132). 그렇다. 그러나 특히 지금 **구분된** 보편성이다! 창세기 1:28의 축복, "생육하고 번성하라(…)!"는 창세기 9:7, "너희는 땅에 편만하여 번성하라!"에 따르면 분명히 특색 있게 확장되었다. 이는 분명히 이런 축복의 영향 아래에서 발생한 것이다. 그래서 지금 성별, 언어, 민족성들이 존재하며, 이들은 민족들의 계보 안에서 서로 나란히 호명되어진다. 위에서 언급한 계약은 거룩한 인류와 맺어졌던 것이 아니다. 오히려 거룩하지 **않음에도 불구하고**(Trotzdem) 맺어진 계약이다! 또한 이는 당신의 피조물을 향한 하나님의 신뢰와 한없는 관용으로 맺어진 계약이 분명하다. 그리고 이와 같은 **그럼에도 불구하고!**는 당연히 또한 민족의 계보를 능가하며, 모든 사건의 결과를 능가하며, 이를 근거로 하나의 인간민족이 스스로 지금 세상에 "흩어지며"(창 10:25), 다시 말하면 "사방으로 퍼져나간다"(창 10:32). 그러나 어떠한 언급도—8절 이하에 따르면, 하나님 앞의 첫 번째 영걸(Gewaltherrscher)이며 특이한 사냥꾼인 니므롯(Nimrod)이 바로 이와 같은 예라 할 수 있을 것인데—여기서 또한 무엇인가 비정상적인 것과 관련되었음을 암시하지는 않는다. 하나님 스스로는 지금, 또한 명령하듯 또한 당신의 거룩하지 않은 피조물에 대해서 전적으로 당신 자신 때문에 정말로 소유하기를 원하신다. 그리고 하나님이 이를 정말로 소유하기를 원하심으로써, 결정적으로 이것이—항상 그가 이를 정말로 소유하기를 원하실 경우 그리고 원하시는 동안에—또한 정말로 올바르다는 것이 분명히 드러난다. 하지만 사람들은 이 본문을 너무 많이 강조해서는 안 될 것이다. 그러나 만일 많은 교부가 창세기 10장에 열거된 숫자들 가운데 거룩한 숫자인 70을 산출할 수 있다고 생각한다면, 이는 너무 많은 것을 언급하는 것이다. 그리고 내가 받은 인상은 긍정적인 주장들, 즉 침멀리(W. Zimmerli, *I. Mose* 1-II, 1943, 예를 들어 II장, 190)가 여기서 특별히 P 자료의 요소들을 통해서 알 수 있다고 믿는 주장들은 그곳에서 실제로 알 수 있는 것을 넘어서는 것처럼 보인다. 엄격하게 보자면, 물론 전체 텍스트는 이런 주장들에 대한 가치판단 없이 오직 하나의 사실만을 보도한다. 그러나 텍스트가 이런 사실을 비판이나 유감없이 인정하고 있다는 사실도 맞는 말이다. 또한 텍스트는 저런 하나의 인간민족의 역사가 지금 일시적으로 자신의 목적과 끝에 도달했다는 것을 전혀 나쁜 것으로 보지 않음도 분명하다. 그래서 이런 역사가 지금 이와 같은 다양한 모습을 통해서 계속 전해지는 것이다. 텍스트는 분명히 창조질서(창 3-9장을 포함하는)를 분명히 고려하지 못했다. 또한 우리가 피조물인 인간의 역사에 대한 하나님의 지시(ordinatio)라 부르는 것을 고려나 불평 없이 신뢰했다는 것도 사실이다. 그래서 지금 무엇보다 정말로 가까이 있는 자와 멀리 있는 자가 존재해야만 하며, 존재할 수 있는 것이다. 민족들의 계보가 갖는 특별한 의미는 바로 우리가 신명기 32:8에서 볼 수 있는 "모세의 노래"와 맞아떨어진다. "지극히 높으신 자가 열국을 기업으로 주실 때, 인간 자손을 나누실 때에, 민족들의 경계를 정하셨도다." 이런 의미는 또한 사도행전 17:26에 나타나는 바울의 언급과도 일치한다. "그는 인류의 모든 족속을 한 혈통으로 만드셨고, 그리고 모든 족속을 온 땅에 거하게 하시고, 그리고 저희의 연대를 정하시며, 그리고 거주의 경계를 정하셨다."

우리는 여기서 가까이 있는 자와 멀리 있는 자의 관계를 무엇보다 긍정적으로 이해하려고 시도하였다. 그리고 위에서 언급한 것을 바탕으로 이런 시도의 정당성과 의무를 얻어내야만 할 것이다. 그리고 하나님의 계명과 계명이 요구하는 순종과 관련된 것을 고려해야 할 것이 있다. 그것은 그곳에서 항상 저와 같은 자리매김을 지시하는 것은 다음처럼 생각할 수 있는데, 즉 마치 창세기 10장에서 묘사하고 있듯이, 하나님의 섭리는 진정으로 계명을 순종하고자 원하는 사람들에게 존중을 요구한다는 것이다. 이 텍스트를 근거로한 그리스도교 윤리는 추상적인 국제주의(Internationalismus)와 세계주의(Kosmopolitismus)를 대변하는 것을 허용하지 않는다. 그러나 바로 텍스트에 근거해서 또한 추상적인 국수주의(Nationalismus)와 지방분권주의(Partikularismus)도 마찬가지이다! 모든 민족이 한 인간의 혈통에서 나왔다는 것은, 물론 창세기 9장에 근거한다. 그리고 이는 확실히 바울의 해석을 통해서 처음 등장한 것이 아니다. 오히려 이미 창세기 10장의 보도자는 단지 출신을 위해서가 아니라, 또한 다양한 민족들이 걷는 길의 목적을 위해서 진정한 의미를 획득하게 됨을 의도했다. 반면에 모든 민족은 다시금 한 인간 안에서 결국 그리고 최종적으로 분명히 함께 만나게 될 것임은, 오직 신약성서와의 연관성을 통해서만이 언급되어질 수 있다. 그럼에도 이미 창세기 10장에 대한 프란츠 델리취(Franz Delitzsch)의 주장은 암묵적으로 정당하다고 여겨진다. "희망의 보이지 않는 새싹은 이런 민족들의 명부라는 메마른 가지를 관통하여 휘감는다. 그것은 이른바 희망, 즉 서로 다른 길을 걸어왔던 민족들의 노정이 계시의 하나님이 채워주신 목적을 통해서 다시 모이게 될 것이라는 희망이다." 텍스트가 지닌 이런 측면은 우리가 주제로 삼았던 윤리적 문제에 대한 응답으로서 간직될 것이다. 또한 예를 들면 창세기에 나타나는 관점에서는 여전히 노아 이전의 인류가 창조의 빛 안에서 단일성을 간직하고 있는 존재인데, 이런 연대성, 바로 민족들의 단일성(Einheit)은 단지 나중에 결정되어진 것이 아니다. 오히려 이런 단일성은, 마치 우리가 여기서 시도하였듯이, 이미 처음부터 고려되어야만 하는 것이었다.

    그러나 지금 창세기 10장 옆에는 바로 창세기 11:1-9의 서술이 함께 존재한다. 그리고 이곳에 담긴 예상치 못한 결말은 다른 방향을 가리키고 있다. 이런 결말은 실제로 창세기 10장의 서술과 나란히 존재한다. 이는 바벨탑의 건설과 그 결과에 관한 이야기이다. 그리고 이는 구별된 민족들의 세계를 향해 나아가는 노아의 후손들(Noachiden)의 발전에 순응하는 듯 보이는 하나의 사건을 묘사하는 것이 아니다. 그리고 이른바 저런 근대 독일의 사이비 신학의 무리에 속한 한 주석가는 다음과 같이 주장한다. 이미 인류의 확산은 실행되었는데, 이에 대하여 반대하는 반작용의 의지를 바로 성과 탑의 건설을 통해서 언급하고 있다는 것이다. 그리고 또한 이것은 창세기 11:1-9의 의미가 민족들의 출현이나 죄의 결과로서 주어지는 불행으로서 민족들의 흩어짐을 설명하는 것이 아니라, 오히려 "인간이 제도적으로 시도하였던 인류의 조직체(Menschheitorganisation)에 대립하여서 하나님이 원하셨던 인류의 삶에 대한 유기적인 모습에 대한 무조건적인 주장"을 설명하는 것이라는 주장이다.(어느 누구라도 이런 주장을 하면서, 그리고 이를 서술할 때에, 반드시 제네바의 민족연맹[Voelkerbund]을 떠올릴 것이며, 또한 떠올리게 될 것임이 분명하다!) 이 텍스트에 따르면, 하나님은 '거대한 오만', '자주적이고 인간적인 단일성 추구의 축적된 힘'에게 "백성들의 삶을 규정하는 하나님의 질서가 새로운 것에 의해서 효력을 발생하도록" 하셨다. 어떤 새로운 것인가? 1절은 이야기가 시작되는 상황을 묘사한다. 즉, "온 땅의 구음이 하나요, 언어가 하나이었더라." 그러나 단지 1절에서 묘사된 이런 상황에만 집중하는 것은 이런 의미를 근본적으로 불가능하게 만들 것임이 분명하다. 그리고 다시금 2절은 단일성을 간직한 인류로서 한 민족이 '동방으로' 옮겨 다니는 것, 그리고 그 민족이 시날(Sinear) 평지에서 거주하는 것에 시선을 둔다. 그렇다면 그곳 어디에 "제도적으로 시도하였던 인류의 조직체"가 있는가? 그리고 창세기 10장은, 특별히 5, 20, 32절은 매우 분명하게 나라들, 언어들, 종족들과 민족들에 대해서 언급하고 있다. 그리고 노아의 후손들은 그들 속으로 지금 퍼져 있었다. 그렇다면, 어째서 창세기 11장의 첫 번째 구절이 창세기 10장에 대한 연장(Fortsetzung)이라고 할 수 있는가? 창세기 11장의 출발점이 10장의 출발점과 같음은 분명하다. 그리고 또한 두 장에서 묘사되고 있는 사건의 과정(Vorgang)도 동일하다. 단지 10장에서는 분명히 지정되지 않은, 그러나 커다란 시공간 안에서 스스로 실행되는 보편적인 발전으로서의 시작점을 갖는다. 반면에 11장에서는 유일하고 특별한 시간에 시날 평지 안에서 진행되는 사건으로서 출발점을 볼 수 있는 것이다. 그리고 오직 여기 11장에서는 10장과는 매우 다른 관점에서 사건이 진행되는 것뿐이다. 11장에서 "스스로 나누어진 것"(Sichverteilen) 또는 "스스로 뻗어나간 것"(Sichverzweigen)을 의미하는 것이 10장에서는 이른바 "스스로 흩어진 것"(Sichzerstrreuen)이 되었다. 이는 하나의 표현인데, 창세기 10:18은 별나게도 단지 가나안 자손이 계속해서 흩어짐을 가리키고 있다. 또한 여기에는 동시에 다음과 같은 의미가 여전히 남아 있다. 즉, 이는 신의 섭리를 주제로 삼는다는 것이다. 그리고 10장에서는 신의 섭리가 간직한 중립적 특징이 적절하게 유지되고 있다. 또한 인간은 창세기 9장과 관련해서 읽을 수 있는 신의 섭리를 신적인 축복의 섭리라고 명확하게 간주해야만 한다. 그러나 이런 중립적 특징이 11장에서 사라졌다. 다시 말하면, 이런 민족들의 '흩어짐'은, 만일 또한 이것이 은총이라는 기본의미를 담고 있더라도, 의심의 여지 없이 하나님의 진노의 행위라는 것이다. 다시 말하면 이것은 하나님의 심판 섭리이며, 바로 여기서 우리는 이런 섭리와 접하게 되는 것이다. 그리고 이런 섭리가 10장에서 자연적인 발전을 통해 스스로 수행되는 출발의 형태를 갖는다. 그러나 11장에서의 섭리는 심판의 특징을 갖는데, 여기서는 한가운데로 들어오시는 설명할 수 없는 하나님의 직접적인 개입(Eingriffes)이라는 형태를 통해서 드러난다. 이는 인간적인 원함(Wollen)과 계획에 대한 중단이라는 형태를 지닌다. — 우리는 이런 중요한 (게다가 문학적으로는 또한 복합적인) 텍스트의 단일성을 빠르게 살펴볼 것이다.

보도는 3절에서 하나의 기술적인 진보를 서술함으로써 시작된다. 다시 말하면, 동방에서 바빌로니아의 깊은 지역으로 옮긴 민족, 그리고 오랫동안 거주해온 동일한 하나의 인간민족은 부드러운 흙을 딱딱한 건축재로 만드는 방법, 이를 사용하는 방법, 벽돌을 빚고 굽는 방법을 습득한다. 이것들은 돌을 대신하는 것이다. 여기에 역청은 진흙을 대신하게 된다. 그러나 이것이 비슷한 방식으로 마치 스스로를 마음대로 할 수 있다든지, 자신들의 미래와 운명을 제어할 수 있다든지, 스스로가 자신의 지배자가 될 수 있는 유능함을 갖는 것이라고 간주되어서는 결코 안 된다. 아담과 가인, 그리고 대홍수를 통해서 멸망한 첫 번째 인류의 죄의 반복을 의미하는 것이 결코 아니다. 그러나 이는 다음을 의미할 수는 있다. 즉, 모든 문화적 발전, 인간이 자기 스스로에게, 자연에게, 자신과 동등한 인간에 대한 창조적인 능력을 키우는 모든 것은 죄의 반복을 의미할 수 있다.

그리고 지금 우리는 4절에서 바로 벽돌과 역청이 의미하는 바를 실제로 하나의 성이 새로운 기술 아래 건설되어졌고, 그리고 이와 함께 탑이 꼭대기가 하늘에 닿을 듯 높이 세워졌다는 것으로 경험한다. 그리고 이것은 실제로 "우리 이름을 내고, 온 지면에 흩어짐을 면하자"라는 목적과 의도를 갖고 발생했다. 이 계획은 겉으로는 하나님에 대항하는 목표를 갖지는 않았다. 그리고 이는 또한 외형적으로도 나쁜 의도를 지닌 계획도 아니었다. 그렇다고 문화사업(Kulturunternehmung)도 결코 아니었다. 그렇다면 왜 사람들이 성을 건설하지 말아야만 하는가? 창세기 4:17에 따르면, 사실 가인이 이미 한 성을 세웠음을 볼 수 있다. 또한 창세기 10:12, "**민족들의 계보**" 안에 이미 '큰 성'이 분명하게 언급된다. 더 나아가 이런 언급 안에는 그 안에 무엇인가 불쾌한 것(Verfaengliches)이 담겨 있을 것이라는 암시가 전혀 담겨 있지 않다. 그리고 왜 탑을 쌓지 말아야만 하는가? 바빌로니아의 층탑(Stufenturm), 지구라트(Zikkurath)는 전혀 세속적인 탑이 아니었다. 오히려 ― 그리고 이 때문에 탑의 꼭대기는 하늘에 닿아야 한다. ― 높은 종교적, 거룩한, 신의 탑이었다. 다시 말하면, 사람들은 오늘날 많은 지역에서 이런 탑들의 잔재를 발굴했다. 그리고 탑의 꼭대기에 하나의 제의적 장소, 제단이 있음을 받아들였다. 또한 민족들은 하나의 이름을 갖고, 또한 흩어지게 되는 것이 아니라, 오히려 하나의 민족으로 머물게 됨을 기원하였는데, 사실 이것은 하나님께 반항하는 것도 그리고 그 자체로 악한 것도 아니었다. 그럼에도 이 모든 것은 사실 실제로 하나님께 반항하는 것 그리고 악한 것이 되었다. 자세히 말하자면, 마치 첫 번째 인간 아담을 통해 저 과일(선악과)을 탐하고 먹은 것처럼, 이것은 하나님께 반항하는 것이며 악한 것이다. 과일을 탐하고 먹은 것은 본성적인 행위이다. 그래서 그 자체로는 악이 아니다. 그러나 하나님께 반항하고 악한 것이라는 의미에서 이런 행위는 죄였다. 또한 성과 탑을 건설하는 행동에 담겨 있는 나쁜 것은 무엇인가? 그들 대부분이, 특히 그들이 스스로 성과 탑을 건설하고자 원했던 것이 나쁜 것은 아니다. 다시 말하면, 그들은 하나의 세계민족(Weltvolk)으로서, 스스로를 하나의 세계적인 성을 자신들이 생각해 내고 만들어 낸 도구로, 자신들이 결정하고 그리고 올바르게 간직하기 위한 단일성(Einheit)에 대해 이를 자신들이 부여한 보증으로 생각했다. 또한 그들은 유일한 하나님의 백성으로서, 스스로를 하나의 탑으로, 그리고 하늘과 또한 하나님의 영역에 도달하는 꼭대기를 지닌 탑 ― 가장 종교적이라 할 수 있는! ― 으로 생각했다. 그러나 하나님은 또한 지금 거꾸로 그들과 함께 땅에 계신다. 그리고 그들의 행위 때문에 그들과 동일하게 되시어 그들에게 자신을 희생제물로 주시기로 결정하셨다. 그들이 하나의 이름을 갖고 그리고 흩어지기를 원지 않았다는 것이 나쁜 것은 아니다. 즉, 그들은 자신들이 이미 가지고 있는 것에 대한 긍정이 필요했고, 그리고 이를 단지 원했을 뿐이다. 그들이 원했던 것은 창세기 4:26에 따르면 오래전부터 불렀던 여호와의 이름이었다. 그래서 사람들은 잠언 18:10(또한 시 61:4와 비교하라.)을 떠올릴 수 있다. "여호와의 이름은 견고한 망대라, 의인은 그리로 달려가서 안전함을 얻느니라." 그리고 그들은 이렇듯 자신들이 어느 누구도 반박하거나 이의를 제기할 수 없었던 것에 대한 긍정이 필요했고, 그리고 단지 이를 원했을 뿐이었다. 또한 사람들은 이와 함께 시편 18:2를 떠올릴 수 있다. "여호와는 나의 반석이시요, 나의 요새시요, 나를 건지시는 자시요, 나의 하나님이시요, 나의 피할 바위이시요." 그러나 **나쁜 것**은 바로, 그들이 스스로 이런 이름에 대해서 그리고 이런 단일성에 대해서 스스로 만족하지 않았다는 것이다. 그리고 그들이 스스로 성과 탑을 건설함으로써, 자기 스스로 하나의 이름을 내고자 했던 것이다. 또한 그들이 자신들에게 주어진 불안한 단일성, 그리고 어느 곳에서도 기인하지 않은 불안한 단일성을 자신이 소유한 욕구와 계획을 통해서 보증하고 주장하기를 **원했다**는 것이다. 또한 나쁜 것은 이들에게 어울리지 않는 공포와 걱정이었다. 이것이 바로 성과 탑을 쌓는 동기가 되었다. 나쁜 것은 바로, 그들이 이미 갖고 있는 이름을 망각한 것이었다. 또한 그들이 이미 체험하여 살고 있는 단일성을 망각한 것이었다.—그리고 이런 공포와 걱정, 그리고 망각으로부터 자라난 생각의 교만(Hybris)이다. 다시 말하면, 민족은 그 자체로—마치 저 벽돌과 역청과 같이—자기 자신을 붙잡을 수 있어야만 하고, 붙잡을 수 있으며, 붙잡기를 허락받는 것이다. 그리고 이처럼 자신을 제어할 수 있으며, 자신의 역사를 지배하는 자로 스스로를 배치하며, 하나님의 섭리 사역을 자신의 고유한 사역으로 만들 수 있다. 그리고 성과 탑을 건설하는 것은 다음과 같은 의미에서 나쁘다. 사실 이런 행위는 분명히 하나님의 은혜를 통해서 드러나는 것이다. 그렇다면 이런 의미를 반영하고 완성시킨 문화적으로 탁월한 능력이라 할 수 있다. 그러나 이런 행위는, 특별히 탑과 관련하여서 보자면, 하나님에 대항하는 가장 급진적이며 거대한 방식 안에 담긴 인간의 고등종교(Hochreligion)라는 모습을 통해 인간적인 고도문화(Hochkultur)를 더 높이는 것을 목표로 삼을 수도 있다. 그렇다면 이는 바로 근본적으로 악한 것을 의도한 행위라 할 수 있다. 그리고 오직 이와 정확하게 상응하는 것은, 창세기 3:5에 나타나는 뱀의 약속과 초청일 뿐이다. "너희가 그것을 먹는 날에는, 너희 눈이 밝아 하나님과 같이 되어, 선악을 알 줄을 하나님이 아심이니라."

다음에 서술되는 모든 것은 이런 악한 것에 대한 하나님의 반응이다. "여호와께서 인생들의 쌓는 성과 대를 보시려고 강림하셨더라"(5절). 이 표현은 "신인동형론적"(anthropomorphistisch)이지 않다. 오히려 이는 하나님의 낮아지심(Kondeszendenz)에 관한 것이다. 하나님의 자비(Gnade)는 공격받고, 조롱받고, 그리고 무시되었다. 바로 하나님이 스스로 인간의 고유한 인격을 받아들이시는 하나님의 은혜 안에서 하나님은 지금 무엇보다 올바른 계획을 수행하신다. 하나님은 "당신의 초속적(超俗的) 품위를 포기하셨고, 그리고 땅에서 자신을 드러내시기 위해서, 심판하고 그리고 돕기 위해 내려오셨다"(B. Jocob, *Das erste Buch der Tora*, 1934, 299). 이는 또한 마치 창세기 3:8에 묘사된 것과 같다. 시편 2:4, "하늘에 계신 자가 웃으심이여, 주께서 저희를 비웃으시리로다."의 의미에서 이 사건은 또한 유머(Humor)를 배제하는 것이 아니라, 오히려 포함하고 있다. "무엇보다 여기 땅에서 놀라운 것이 계획되고 준비되는 것을 전부 보기 위해서 하나님은 땅으로 내려오셨다."(W. Zimmerli, 앞의 책, 219)

저런 건축물이 하나님의 관점에서 지금 무엇을 의미하는지를 6절은 설명한다. "보아라, 이 무리가 한 족속이요, 언어도 하나이다. 그리고 이같이 시작하였으니, 이후로는 그 경영하는 일을 금지할 수 없으리로다." 하나님이 그들에게 주신 단일성(Einheit)이 바로 그들에게 유혹이, 위험이, 특히 이미 들어선 불행이 된 것이다. 그리고 예를 들자면, 과거 에덴(Eden) 동산에서 머물 때 인류의 부모(Stammeltern)에게 주어졌던 단일성이 바로 동일한 것이다! 가장 좋은 것이 썩으면 가장 악한 것이 된다.(corruptio optimi pessima) 그들에게 창조 때부터 구원을 위해 유익했던 것, 그래서 이들이 은총의 상태에서 고수했어야만 했던 것, 또한 더 나아가 구원에 유익했던 바로 그것이 그들에게 지금 불결한 것이, 더 나아가 끝없이 계속되는 불결한 것이 되었다. 이는 그들이 이런 유익했던 것을 자신들의 공포, 염려와 망각, 그리고 이로부터 수립된 자기 자신의 계획과 구상, 또한 그들 자신이 예측활동을 위한 일로 만들었던 교만(Hybris) 때문이었다. 그들의 건축은 하나님의 영광에 손상을 주었다. 이를 통하여 그들은 하나의 길로 들어서게 되었는데, 그 길은 단지 하나님의 영광에 손상을 입힌 것뿐만이 아니라, 또한 바로 이와 함께 실제로 피조물인 인간의 자기파괴(Selbstzerstoerungen)로 이끌었음이 분명하다. 더 이상 자연적이고 그리고 자명하게 목동의 보호를 받는 양떼로서 하나로 묶여진 것이 아닌, 오히려 덧붙여져 발견된 이데올로기와 덧붙여져 받아들여진 권력의 발전(Machtentfaltung)을 통해서 함께 모여진 하나의 인류는 — 하나님께 적대적이고, 그리고 이 때문에 또한 자기 스스로와도 적대적인 — 단지 멸망의 무리(massa perditionis), 끝없이 죄에서 죄로 넘어가는, 그리고 이와 함께 모두가 멸망으로 내달리는 유일한 무리가 될 수 있다. 그래서 그들을 위해 덧붙여진 가능성은 차단되어야만 한다. 그리고 바로 그들에게 주어졌던 것 — 하나의 언어와 한 민족이라는 존재 — 을 그들에게서 지금 빼앗아야만 한다. 다시 말하면, 창세기 3:22 이후에 인류의 부모는 에덴동산에서 추방되어야만 했던 것과 동일한 것이다. 이를 통해서 그들이 계속해서 생명나무 실과를 따먹고 그리고 죄인이 된 그들 스스로가 여전히 또한 그리고 심지어 영생하고자 하는 것이 저지당했던 것이다.

    7절은 이를 저지하기 위해서 하나님이 결정하신 것을 서술한다. "자, 우리가 내려가서 거기서 그들의 언어를 혼잡케 하여, 그들로 서로 알아듣지 못하게 하자!" 여기서 보이는 복수(複數)로 언급되는 하나님은 하나의 수수께끼(Raetsel)이다. 그리고 하나님은 5절에 따르면 이미 '강림하셨다.' 그럼에도 7절에 하나님이 다시 내려온다는 어려움이 있다. 이런 수수께끼와 어려움을 야콥(B. Jacob)은 다음과 같이 해결해야 한다고 믿었다. 즉, 하나님은 인간의 행동에 대해서 몸소(persoenlich) 확인하셨다. 그 이후에 하나님은 다시금 하늘로 돌아가셨다. 그리고 하나님은 그곳 땅에서 일어난 일을 당신의 심판대에서, 이른바 천사들에게, 설명하셨다. 그런 다음에 "하나님은 동일한 우리(ein Wir, 당신과 같은 세 분으로서의 하나님 — 역자 주)를 통하여 사귐성 있게, 그리고 어린이(Menschlein)와 같이 순수한 유머(Humor)를 통해 스스로 그들과 통합하심으로써", 그들 가운데 한 분에게 땅에서 발생한 저런 혼란을 퍼뜨리도록(stiften) 임무를 주었다. 여기서 우리는 이를 말씀 그 자체에서 기인하도록 두어야 한다. 확실하게 옳은 것은, 4절에 나타나는 인간적인 목소리를 저지하기 위한 하나님의 가로막음(Entgegenstellung), "자, 우리가 ~하자!"가 마치 하나의 반어적(反語的)인 목소리처럼 보도 안에 삽입되어 있다는 것이다. 또한 결정적인 것은, 인간에게 주어진, 그러나 인간에 의해서 강탈되고 악용당했던 저런 일이 이제 인간들의 공포와 근심의 대상이 되었다는 것이다. 그리고 단일성은 그 후에 그들을 교만하게 만들었으며, 이제 바로 그 단일성이 그들에게서 제거되어야만 했다는 것이다. 창조에 순응하였던 인간이 존재했던 시대는 하나의 언어를 사용하는 한 민족의 시대였다. 그러나 그 시대가 이제 확실히 막을 내리게 되었다. 민족들은 지금 더 이상 스스로를 자명하게 생각할 수 없다. 오히려 자신들이 이 지경에 이르게 된 전제라 할 수 있다. 즉, 그들이 스스로 무엇보다 더 이상 이해할 수 없거나, 이 때문에 또한 더 이상 나란히 함께 존재할 수 없거나, 그래서 다양한 장소에 살게 되어야만 했고, 다양한 민족들이 되어야 하는 전제인 것이다. 인류로서 그들의 현존재(Dasein)는 지금까지 가까이 있는 자와 멀리 있는 자의 차단(Entgegenstellung)된 상태에 놓인 현존재임이 틀림없다. 이들은 여기나 저기도 아닌 모든, 또한 하나이면서 전체인 사람이 결코 아니다. 오히려 단지 각 개별적인 사람으로 존재할 수 있고, 이들은 공간적으로 서로에게 한계를 설정하거나 그리고 역사적으로 서로에게 과정 중에 있거나 그리고 상대화되어야만 하는 사람이다. 물론 이를 통하여 그들은 저곳(dort)에서 시작된 멸망의 길(massa perditionis)을 계속해서 가는 것을—사람들은 그럼에도 또한 여기서(hier) 노아와 맺은 언약을 생각해야만 할 것이다.—피할 수 있다. 또한 인간의 죄는 인간 종족 전체의 존립에 결코 더 이상 문제가 되지 않을 것이다. 물론 모든 민족이 곳곳에서 심판에 서게 될 수도 있다. 그러나 이런 심판과 관련하여서 다음과 같은 결과가 다른 민족들의 실존을 통해서 드러나게 된다. 즉, 하나님의 지혜와 인내의 명령(Anordnung)은 계속해서 다른 곳에서 더 분명하게 보존될 것이며, 또한 만일 '스치는 듯한 소나기'와 같은 하나님의 말씀이 주어지는 한 지면의 땅이 정당한 수확도 거두지 못했을 때, 이 소나기는 계속해서 다른 지면(Boden)을 찾게 될 것이라는 사실이다. 이것이 텍스트가 지닌 복음이다. 사람들은 이 복음을 반드시 이와 같은 의미로 이해해야 하며, 결코 오해해서는 안 된다. 또한 7절에서는 하나님이 결정하신 이렇듯 풍부한 은혜가 드러나는데, 사람들은 결코 이런 은혜를 오해해서도 안 된다. 물론 이런 결정은 가장 무서운 결정(decretum horribile)으로 이해할 수도 있다. 여기에 오해의 여지가 있음은 명백하다. 인간들은 지금 어떠한 공동의 이름도 소유하지 못한다. 다시 말하면, 하나님의 이름과 혼동할 수 있고, 하나님의 이름을 대신해서 제시할 수 있는 이름을 더 이상 갖지 못한다는 것이다.—그들에게 복이 있으라! 그러나 그들이 분명 공동의 이름을 통해 자연스럽게 그리고 명확하게 공존하며 살았으나, 공동의 이름은 지금 하나님의 강력한 섭리를 통하여 사라졌다. 그들은 지금 더 이상 자신들의 총체성을 통해서 하나님께 대항하여 음모를 꾸밀 수 없으며, 그리고 이렇듯 자신의 고유한 불결(Unheil)을 가져오는 음모를 꾸밀 수 없게 되었다.—그들에게 복이 있으라! 그러나 그들은 지금 무엇보다 또한 평상시에, 그리고 자신들을 더 이상 이해할 수 없으며 함께 행할 수도 없다. 그들은 지금 이곳저곳에 거주하며, 그리고 이를 통해서 그들이 지은 죄 때문에 모든 것이 사라지게 되는 것을 막게 될 것이다.—그들에게 복이 있으라! 그러나 마찬가지로 이와 함께 그들은 선한 사람들과 무엇보다 서로 나뉘게 되었다. 다시 말하면, 여기서 지금 죄를 짓게 되었으며 그리고 여기서 다음을 제외하고 지금 죄의 결과에 대가를 치루게 되었다는 것이다. 즉, 저곳에서 아마도 단지 잘 알려지게 된, 그리고 저곳이 무엇을 주제로 삼고 있는지에 대해서 하물며 이해되지 않고, 그리고 확실히 연대의 조력(Beistand)이 당장 그리고 영향력 있게 진행될 것이라는 것을 제외한다면, 죄의 결과에 대한 대가를 바로 지금 치루게 될 것이다. 또한 사람들은 스스로 지금 가장 좋은 경우 계속해서 볼 수 있고, 불평할 수 있으며 그리고 탄식하며 그리고 정당하게 서로를 위한 존재로 그리고 서로를 위해 행동할 수 있다. 이것이 하나님이 결정하신 표현되어진 심판의 특징이다. 그리고 사람들은 이를 누그러뜨리기 위해서 단지 다음을, 즉 하나님이 분명히 여기서 진행을 맡으신 보도자(Berichterstatter)라는 의미에서 마지막 언급을 하지 않으셨고, 오히려 무엇인가 당신을 넘어서는 방향을 가리키셨음을 첨가할 수 있다. 그러나 이것은 창세기 11장에 따르면 하나의 엄격한 섭리이다. 이런 섭리를 통하여 인간의 언어는 지금 혼잡케 되었으며, 혼란에 빠졌으며, 언어의 요소가 사라졌으며, 그리고 흩어지게 되었다.

8절은 하나님이 이런 결정을 실제로 이행하셨음을 이야기한다. "그러므로 여호와께서 거기서 그들을 온 지면에 흩으신 고로, 그들이 성 쌓기를 그쳤더라." 그러나 저런 건축물에 대한 하나님의 반응은 매우 중요하다. 하나님은 지진을 통하여나 혹은 어떤 기적적인 징계(Strafwunder)를 통하여 이런 건축물을 파괴하지 않으셨다. 이런 사실로부터 사람들은 다음과 같이 분명히 인정할 수 있다. 즉, 나쁜 것은 이런 건축물이 아니고, 저런 기술적인 발견도 아니며 그리고 이런 기술적 발견들의 도움을 통해서 실행된 문화적 계획도 아니다. 이렇듯 인간이 이와 같은 것을 생각하였거나 원했던 것은 한 번도 나쁜 것이, 즉 여기서 사법적인 반응을 이끌어 내는 나쁜 것이 된 적이 없었다. 이런 심판을 통해서 봉착하게 되는 것은 걱정, 공포이다. 그리고 이 때문에 교만이 나타난다. 교만을 통해서 인류는 스스로를 돕고, 관철하고, 주장하게 된다. 그리고 이를 통해서 인류는 하나의 이름을 만든다. 또한 자신들이 신뢰하였던 단일성이라는 관점에서 섭리를 스스로 운영(spielen)하기를 원하게 되었다. 결국 섭리를 운영하려고 하는 것은 종착역에 도착했다. 왜냐하면 이런 운영의 근거가 사라졌고, 하나님이 그들에게서 단일성을 빼앗아 가셨기 때문이다. 그것이 바로 또한 건축을 스스로 중단하게 된 이유이기도 하다. 그러나 건축이 중단될 수 있었다는 것은, 건축이 악의가 없었다는 의미가 아니다. 오히려 하나님이 싫어하시는 것이며 그리고 악하다는 의미이다. 그리고 바로 이 때문에 건축은 중단되어져야만 했다. "여호와께서 집을 세우지 아니하시면, 세우는 자의 수고가 헛되며, 여호와께서 성을 지키지 아니하시면, 파수꾼의 깨어 있음이 허사로다."(시 127:1) 여전히 우리의 눈앞에 서 있는 저 건축물의 매우 뒤늦은 파괴가 바로 이런 '헛됨'에 대한 분명한 사실-주석(Tatsache-Exegese)이었다. 인간은 저 곳에서 저런 건축물을 계획했다. 그러나 인간이 계획하는 모든 것은 헛되다. 이런 의미에서 인간이 계획하는 모든 것은 분명히 파괴되는데, 어떤 것은 일찍 혹은 어떤 것은 늦을 뿐이다.

'바벨'은 이스라엘 사람들에게 인간이 세운 계획의 대표(Exponent)로서, 그러나 또한 이런 계획에 대한 반작용적 그리고 혼란스러운 하나님의 뜻으로서, 그리고 결국 과거에 피할 수 없는 도달할 수밖에 없었던 파괴로서 눈앞에 서 있다. 이것이 바로 9절에서 언어적으로 부정확한, 그러나 사실적으로는 매우 정확한 유머(Wortspiel)를 표현한 것이다. "그러므로 그 이름을 바벨이라 하니, 이는 여호와께서 거기서 온 땅의 언어를 혼잡케 하셨음이라. 여호와께서 거기서 그들을 온 지면에 흩으셨더라."

창세기 11장에서 우리의 윤리적 문제와 관련되어 무엇이 도출될 수 있는가? 분명하게 도출될 수 없는 것은, 민족들과 관련된 하나님의 섭리와, 또한 각 개인이 하나님의 계명을 듣고 계명에게 순종할 수 있도록 만드는 위에서 언급한 저런 전제가 그럼에도 지금 하나님의 진노하심으로서 단지 부정적인 특징을 드러내거나, 단지 피할 수 없는 악으로서 인정하거나, 또한 단지 탄식과 함께 감상적으로 구원을 긍정하거나 받아들이는 것이다. 만일 11장이 분명히 이를 의미한다면, 우리는 매우 난처하게 될 것이다. 왜냐하면 이는 분명하게 다음과 같은 사실을 드러내기 때문인데, 즉 만일 11장의 주제인 자리에 대한 지정(Platzanweisung)이 인간에게 근본적으로 단지 걱정이고 그리고 전혀 기쁨을 주지 못한다면, 또한 하나님의 계명에 대한 그의 순종이 오로지 슬프거나 불만족스러운 행동이 된다면, 그렇다면 도대체 어떻게 한 감상주의자의 순종이 진정하고 자유로운 순종일 수 있겠는가? 창세기 11장은 전혀 그렇지 않음이 분명하다. 하나님의 섭리는 여전히 드러나지 않은 듯 보인다. 그렇다고 하나님의 섭리가 단지 부정적인 특징만을 갖는 것은 아니다. 특히 창세기 11장에서 드러나는 하나님의 섭리는 전혀 그렇지 않다. 우리가 분명하게 보았던 것은, 여기서 인간에게 마치 '흩으심'(Zerstreuung)으로 드러난 것이 또한 하나의 보호(Bewahrung)였다는 사실이다. 마치 이는 하나님의 섭리가 노아의 언약, 그리고 노아에 대한 축복과 함께 이런 점에서 연결되는 것과 같다. 다시 말하면, 이는 커다란 재앙(Unheil)을 막는 은혜로운 방해인 것이다. 그리고 만일 하나님이 그들에게 주셨던 것을 그들에게서 빼앗지 않으실 때에, 이런 일은 반드시 발생하게 될 것이다. 피조물은 요란한 공포와 걱정 때문에 거만하게 되었다. 또한 하나님은 자신의 피조물의 거만한 시도에 대항하여서 당신의 영광을 방어하시며, 당신의 권리를 지키신다. 바로 이를 통해서 또한 하나님은 또한 피조물들의 권리를 지키시는 것이다. 그러므로 저런 전제에 기초하여 서 있는 사람은, 그리고 가까이 있는 자와 멀리 있는 자의 관계를 자신의 순종을 위해 명령된 장소와 틀로서 스스로 받아들이는 사람은, 바로 위의 저런 보호의 은총과 연결된 사람이다. 그리고 그는 이를 통해 신뢰와 인내를 지니게 된다. 그리고 이런 신뢰와 인내를 바탕으로 둔 것을 하나님 안에서, 또한 죄를 지은 민족을 타락하도록 두지 않고, 오히려 민족에게 더 나아가 하나의 공간을 제공하는 사람이다. 이는 오직 하나님이 민족을 가장 나쁜 것으로부터 확실하게 보호하심으로써만 가능하다. 그는 또한 바로 창세기 11장의 모습에 따르면 불만스러운 것이 아니라, 오히려 스스로 감사하며 ─ 그리고 왜냐하면 하나님에게 감사하기 때문에, 그 때문에 또한 기쁨에 넘치는데 ─ 저런 전제의 기초에 서게 된다. 그리고 더 나아가 이것은, 그가 분명히 (확실히 이 본문을 읽는 신약성서의 독자로서) 이를 알게 될 것인데, 즉 그 안에서 언급되는 판단이 전혀 최종적인 판단이 아니라, 오히려 그 전 단계의 판단이며, 그리고 스스로 그곳에서 구분된 길의 곡선들은 처음부터 그렇듯 연결되며, 그리고 이런 곡선들은 후에 새로운 만남을 가리키게 될 것이다. 그러나 물론 창세기 11장에서 볼 수 있는 가장 강력한 강조점은 민족들의 분리와 다양성의 사건 안에서 정확하게 말하면 모든 것이 올바른 정당성을, 그러나 모든 것이 또한 정당하지 않은 사건이 될 수 있다는 것이다. 즉, 사람들이 거기서 하나님의 의지를 보는 한, 정당하다는 것이다. 그러나 사람들이 거기서 인간의 의지와 행동을 본다면, 이는 불의한 것이다. 종족의 단일성은 인간에게 원래 주어진 것이나, 그러나 그들의 죄와 잘못을 통해서 잃어버렸고 그리고 지키지 못했다. 이를 통해서 분명 거기서 다음과 같은 말, 무자비한 것이 아니라, 오히려 은혜로운 심판에 관한 말, 그러나 계속해서 하나님의 심판에 관한 말이 꼭 필요한 말이 된다. 그 심판 아래 사람들은 선다. 만일 하나님이 자신의 섭리에 따라서 무엇보다 스스로를 받아들이셔야만 했을 때, 이런 인간에게 가까운 사람을, 저런 사람들에게 그러나 멀리 있는 분으로 존재하기 위해서, 다시 말하면 여기 고향에서, 그리고 저기 타향에서, 여기서 충분히 이해되며 자명하게 그러나 저기에서 벙어리와 귀머거리로 존재하는 것이다. 인간종족의 단일성은 원래부터 주어졌던 것이며, 창조질서에 맞는 것이다. 이런 단일성은 창세기 11장에서 끝나는 방식을 통하여 의심의 여지 없이 하나의 고통스러운 기억이 되었다. 이를 본문이 불러일으키는 커다란 향수(鄕愁)와 스스로 연결짓는 것은 좋지 않을 것이다. 또한 민족의 분리와 병존 그리고 창세기 10장이 가리키는 방향을 일방적으로 바라봄으로써 이런 대립에 놓여 있는 고유한 존재 (하물며 창세기 1-11장에 관한 서술을 통해 민족들을 구별하는 창조질서에 관한 불가능한 가르침의 관점에서!) 자명하고 최종적인 것으로 받아들이는 것은 좋지 않다. 만일 사람들이 이런 섭리에 결코 반발하지 말아야만 한다면, 만일 사람들이 이런 섭리를 더욱이 감사하며 기쁘게 받아들여야만 한다면, 이렇듯 사람들은 그럼에도 또한 동요(Unruhe), 물음, 그리움, 희망을 억압하지 않게 될 것이며, 결코 없애지 않게 될 것이다. 사람들이 이런 하나님의 섭리를 제외하고, 왜냐하면 이런 섭리는 지금 바로 또한 이런 진노의 특성과 심판의 특성을 갖기 때문이며, 진지하게 받아들여질 수 없기 때문이다. 물론 동요, 즉 하나님의 섭리는 이런 동요를—무엇보다 창세기 10장을 통하여, 그러나 그럼에도 또한 창세기 11장의 빛나는 (맑은/은빛의) 여백을 통하여 마찬가지로 정당화되고 요구된 모든 감사와 기쁨에 의해서—마련해야만 하며, 그리고 다음을 야기시키게 될 것이다. 즉, 인간존재와 순종이 가까이 있는 자와 멀리 있는 자의 영역에서 정체된 상태를 넘어서 저런 역동적인 특성을 획득한다. 그리고 인간은 모든 신뢰에 의해서 계속해서 개방적, 그리고, 자신에게 가까이 있는 자들의 가운데에 머무르면서, 계속해서 또한 자기에게 멀리 있는 자들로 나아가는 출발점과 그 길 위에 존재해야만 한다. 창세기 10장은 이렇듯 가까운 관련성 안에서 노아의 축복언약을 향해 서 있는 사건보도이다. 그리고 이런 사건보도는 자기 스스로를 기반으로 요구된 개방성으로 나아갈 수 없음이 분명하다. 이는 마치 창세기 11장이 자기 스스로 틀림없이 또한 요구된 신뢰로 나아가기 위한 필수조건이 아님과 마찬가지일 것이다. 바로 그렇기 때문에 사람들이 이런 사건을 통해서 계속해서 이런 두 본문이 스스로 말하도록 두어야 한다는 것이 매우 중요하다.

그러나 지금 우리는 마지막으로 하나의 질문에 집중해야만 한다. 그러나 그 질문의 답을 창세기 10장과 11장에서는 발견할 수 없다. 그 때문에 이 질문은 바로 창세기 10장과 11장을 주의 깊게 읽은 독자에게, 만일 그가 우리가 지금 숙고하고자 시도하는 모든 것을 숙고했다면, 분명히 아주 매력적으로 다가올 것이기 때문이다. 즉, 신의 섭리를 곳곳에서 드러내는 두 개의 관점은 지금 결국 동일한 강세와 동일한 무게를 갖고 있다. 그렇다면 이것이 이런 사실에 대한 결정적인 마지막 언급인가? 또한 이로부터 도출되는 윤리적 변증법은 끝이 없는 그리고 중단되지 않는 변증법인가? 가까이 있는 자와 멀리 있는 자 안에 놓인 올바른 길은 순환(Kreislauf)의 방식, 즉 사람들이 그 안에서 교대하면서 지금 요구된 신뢰, 지금 요구된 개방성을 계속해서 기억해야만 하는 방식인가? 우리는 우리의 긍정적인 해명을 통해 그렇게 표현할 수 없었다. 그러나 신의 섭리에 대립하는 계속해서 반복되는 신뢰와 계속해서 반복되는 개방성이 요구된다는 것을 우리는 분명 진지하게 말할 수 있었다. 또한 우리는 인간의 임무(Aufgabe)를 이런 전적인 관계 안에서 하나의 순환이 아니라, 오히려 하나의 길을 가는 것으로 묘사했다. 그리고 여기서 저기를 향하는 이 길의 방향은 되돌릴 수 없으며, 좁은 길에서 나와서 넓은 길로 들어가며, 가까이 있는 자들에게서 멀리 있는 자를 향하는 길이다. 그리고 마찬가지로 이런 사건에 대한 이해의 최고봉은 오직 창세기 10장과 11장의 대조(Synopse)로부터 지금 그럼에도 뒷받침될 수 없을 것이다. 사람들이 이로부터 배울 수 있는 것, 그리고 배워야 하는 것, 그것은 바로 이런 두 가지의 여기서 중요한 관점에 대한 엄격한 존중(Beachtung)이다. 즉, 가까이 있는 자와 멀리 있는 자의 관계는 하나의 선하게—그리고 이 때문에 거룩한 감사의—그러나 또한 하나의 괴롭게—그리고 이 때문에 거룩한 동요인—받아들여야 하는 하나님의 섭리에 관한 것이다. 그러나 이 사건이 지금 실제로 벗어나야만 하는 곳, 사람들이 스스로 이런 하나님의 섭리에 주어졌던 자리매김과 상응하여 방향설정을 하는 곳, 또는 다음과 같이 요구하는 곳, 다시 말하자면, 사람들이 그곳에서 가리키고 그리고 가야만 하는 방향의 그곳에 대해서 사람들은 창세기 10장과 11장에서는 실제로 배울 수 없다. 그리고 사람들은 이를 창세기 10장과 11장에서 배울 것이라고 당연히 기대하지도 말아야 한다. 만일 우리가 그럼에도 그곳에서, 우리가 보았듯이, 그럼에도 자신의 서론(Prooemium)에서, 더 정확하게 말하자면, 창세기와 모세오경 그리고 구약의 서론이 안내하여 도달한 결론 부분에 전적으로 머물러 있다면 말이다. 피조물의 전체 역사는 하나의 중심을 갖고 있으며, 그 안에서 이 역사는 구원역사가 된다. 그리고 이런 역사는 바로 자신의 구원사적 중심으로부터 자신의 전체성(Gesamtheit) 안에 하나의 온전한 규정된 방향을 갖는다. 이것이 바로 창세기 1-11장에서 여전히 아직 드러나지 않았거나 또는 그럼에도 단지 흐리게만 보여졌던 것이다. 또한 이와 같은 하나님의 섭리는 방향을 가리키는데, 그래서 아마도 우리는 이 본문에서 단지 추론만 할 수 있었을 것이다.

모든 피조물의 역사적 중심과, 이와 함께 그들의 방향은 12장에서 드러나게 된다. 마치 창세기 1-9장과 같이 하나의 인류도 아니며, 또한 마치 창세기 10장과 11장같이 많은 민족 안에서 구분된 인류도 아니라, 오히려 이런 많은 민족에게서 나와서 또는 더 나아가, 신비롭게도 그들의 중심에 세워진, **유일한** 민족이 바로 지금 지배적으로 그리고 방향을 제시하면서 그림의 중심으로, 바로 자신의 유일성(Einzigkeit)을 통해서 반면에 (당연히) 그럼에도 다시금 진기한 상대자(Korrespondenz)를 통해 하나의 유일한 최초의 인류, 그러나 또한 모든 민족의 개별 실존을 위해 저런 확장의 선상(線上)에 들어선 것이다. 많은 다른 민족은 사라지지 않았다. 오히려 이들은 주변에서 항상 눈에 보이며, 항상 어떤 의미를 갖고 있다. 그래서 꼭 보조적 특징이나 돕는 특징으로서가 아니라, 꼭 단지 단역(Statist)으로서의 역할만을 하는 것이 아니다. 오히려 이들은 분명 동역자로서 특징을 지니고 있다. 그래서 성서적 증언이 바로 지금 가리키고 있는 고유한 사건(Geschehen)들을 위해 함께 움직이는 환경과도 같은 자리를 물려받았다. '암'(am), 즉 민족은 후에 '라오스'(λαός), '고짐'(gojim)과 후에 '에뜨네'(ἔθνη)와는 달리 지금 실제로, 근본적인, 핵심적인 관심을 끄는 현상의 받침대(Traeger)가 된다. 다른 민족들—팔레스티나의 원주민들과 그들의 이웃들, 광야 족속들, 무엇보다 이집트인들과 바빌로니아인들, 푀니인들(Phoenizier), 시리아인들과 앗시리아인들 그리고 후대의 메더인(Meder), 페르시아인들과 그리스 사람들—은 이런 사건에 참여하게 되거나 또는 참여하고 있으며, 그래서 또한 잘 알려져 있는 것이다. 이들은 **한** 민족의 끊임없는 유혹과 위협이었다. 그리고 이 민족은 이런 위험에 계속 거듭해서 보호받아야만 했으며, 그리고 구원받아야만 했다. 많은 민족은 이 민족이 받아야만 하는 그리고 반드시 필요한 형벌을 위한 도구들이었다. 만일 이와 같은 임무가 실행됨으로써 이 민족들이 인간의 교만함 때문에 사라지게 되었을 때, 이는 어떻게 민족들이 스스로 심판대에 떨어지게 되는지를 드러낸다. 그러나 민족들은 결국 그리고 무엇보다 또한 하나의 민족이 규정하는 구원의 미래에 참여자로서 예정되었다. 그들은—그림의 가장 주변부로 보이는데—하나님 나라에서 이런 하나의 민족으로 모이며, 이 민족과 함께 하나의 민족으로 통합된다. 그러나 이 모든 것의 주제가 되는 그 민족은 바로 **이스라엘 민족**이다. 이 민족은 창세기 10장과 그럼에도 또한 여전히 창세기 11장의 모습에도 보이는 의미로 존재하는 민족이다. 그렇다면 이 민족은—이런 하나의 작은!—모든 다른 민족들에게는 분리한 한 국가민족(Nation)을 위한 현존재, 혈통, 영, 역사의 절대화인가, 혹은 민족들의 동일한 병존을 위한 하나의 임의적이고 파편적인 교정(Korrektur)인가?

구약 그 자체는 결코 한 번도 이런 해석을 허용한 적이 없다. 그리고 분명 이는 이스라엘적-국가민족적 특징들을(Zuege) 포함한다. 어쩌면 이런 특징들이 지닌 연관성을 바탕으로 추측하자면, 이런 특징들이 위의 해석을 지지할 수도 있을 것이다. 그러나 구약의 전체적인 취지(Tenor)와 대립하는 이런 해석은 결코 어떠한 독립적 의미를 지닐 수가 없다. 하나의 민족을 선택하는 것과 부르는 것은 분명히 또한—사람들은 동시에 이삭(Isaak)의 탄생 이야기를 생각할 것이다.—분명히 창세기 10장과 11장에서 아직은 전혀 예측할 수 없는 놀라운 새창조(Neuschoepfung)로서 묘사될 수 있다. 그리고 이런 하나의 민족은 하나님의 자유로운 은총을 통하여 존재한다. 또한 받을 자격이 없음에도 하나님의 성품을 통해서 그리고 전혀 의롭지 못하지만 하나님의 행동을 통하여, 오직 하나의 새롭고 무제한적인 하나님의 결정을 바탕으로, 그리고 지금 존재하는 민족을 완성하기 위한 오직 하나님의 확정을 통하여 존재한다. 물론 민족이 다른 국가민족들 아래에 놓인 하나의 국가민족(Nation)으로서 탄생한다면, 그리고 이런 민족으로서 강대하고 융성해졌다면, 더 나아가 민족이 다른 민족들과 최소한 겨루기를 원한다면, 그럼에도 민족은 하나님의 결정을 통하여, 그리고 이와 함께 바로 중심에 서 있는 이런 하나의 민족으로서 실제로 우대받는 것이 사라질 것이다. 그리고 야웨(Jahve) 하나님이 민족의 정의, 민족의 왕, 민족의 도움자와 구원자, 민족의 율법수여자, 그리고 민족의 하나님이 되신다. 이를 통해서 민족은 '암', '라오스'가 되며, '고짐'과 '에뜨네'와 구별된다. 민족이 다른 민족이 되기를 원함으로써, 이 민족은 그들이 가는 모든 도처(Schritt)에서 땅에 떨어지고, 민족은 즉시 조각들(Bestandteile)로 부서질 것이며, 민족은 다른 민족들 아래로 흩어질 것이다. 왜냐하면 민족이 이런 하나님의 민족으로서, 하나님을 신뢰함으로써 감당해야 할 민족의 사명을 감당하지 않기 때문이다. 민족은 하나님 밖에서 어떠한 국가민족적 실체를 갖지 않는다. 그러므로 민족은 항상 위에서 언급한 것과 같은 민족으로 존재한다. 그래서 민족이 단순히 자신 때문에 모든 민족의 중심에 서는 것이 아니다. 오히려 민족의 하나님, 지금 그들에게 말씀하시는 하나님, 그리고 민족의 중심에 거하시기를 원하는 하나님 때문에, 그들은 모든 민족의 중심에 서는 것이다. "그는 우리를 지으신 자시요 우리는 그의 것이니, 그의 백성이요 그의 기르시는 양이로다."(시 100:3) 하나님과 오직 하나님만이 그의 민족으로 존재하는 것(Volkseins)의 기초와 의미이다. 그리고 이렇듯 바로 이 민족은 다른 민족들의 신과 경쟁하지 않는다. 이 민족은 이런 민족들과는 매우 다른 분야에 존재한다. 이 민족은 선택된 그리고 거룩한 민족인 한에서만 바로 오직 **민족**인 것이다. 인간적으로 말해서, 이 민족은 동시에 이스라엘이라는 역사적인 영역과 역사적인 비극이라 할 수 있다. 어느 민족이 이런 조건에서 민족일 수 있는가? 이스라엘이 바로 그렇다. 그리고 이스라엘이 바로 이런 민족이어야만 한다. 민족이 이와 같은 자신의 규정 때문에 실패할 수 있다는 것은 분명하다. 그리고 또한 이 때문에 실제로 완전히 실패하였다. 그러나 민족이 이 점 때문에 실패함으로써, 이런 규정은 민족의 규정으로 머물며, 민족은 이 민족으로 머문다. 그리고 민족은 자신의 실존을 통하여 처음부터 파괴될 수 없다.—인간의 법을 통해서(de iure humano)가 아니라, 바로 하나님의 현실을 기반으로(de facto divino). 이스라엘은 살아 있는 호명(呼名, Aufruf)이다. 즉, "온 땅이여, 여호와께 즐거이 부를지어다. 기쁨으로 여호와를 섬기며 노래하면서 그 앞에 나아갈지어다!"(시 100:1-2) 구약은 창세기 12장부터 이런 하나의, 매우 특별한 방식을 지닌 유일한 그리고 하나밖에 없는 민족이 지닌 실존을 서술한다. 그리고 마찬가지로 12장부터 세계사의 한가운데서 구원사라는 의미와 특징을 지닌 역사를 서술한다. 왜 그리고 어떤 경우에 그런가? 왜냐하면 민족이, 그리고 민족이 이런 역사를 통해서 드러나기 때문이다. 즉, 하나님 스스로가 인간민족을 모으셨고 그리고 인간민족과 함께 지내기 때문이다. 다시 말하면, 하나님 스스로가 왕으로서 다스림으로써, 재판관으로서 판단하고 그리고 무죄를 판결함으로써, 군주로서 자신의 경계를 확정하고 보호함으로써, 그리고 유일한 국가민족적 실체(Substanz)로서 민족의 육체적 그리고 정신적 삶을 자신의 특별성을 통해서 보증함으로써—그리고 특별히 홀로 무엇인가 말할 가치가 있는 것을 말해야만 하는 사람으로서 자신의 예언자들을 통해 자신의 고유한 말을 자신의 민족, 즉 이 민족의 언어로 말한다. 이것이 **구원**이다. 그리고 구원이 발생함으로써, 구원의 역사가 드러난다. 그분, 하나님 그 자체가 구원이시다. 그리고 이렇듯 이 민족에게 구원은 영향을 미치고, 그리고 이렇듯 하나님은 이 민족의 존재를 통하여 모든 민족들에게 간결한 사실, 즉 하나님이 이런 민족의 하나님이며 그리고 민족이 이런 하나님의 백성이라는 모습으로 드러난다.

구약은 이런 사실을 입증한다. 그러나 이를 통해서 민족이 입증하는 것은, 민족과 민족들과의 관계 안에는 단순히 우왕좌왕만 있는 것이 아니라, 오히려 하나의 결정, 하나의 방향, 하나의 원인(Woher)과 목적(Wohin)이 존재한다는 것이다. 그 하나의 민족은 물론 분명히 오직 하나님에 의해서만 자신의 설립 기초를 세울 수 있으며, 이는 다른 설립의 기초를 지닌 많은 민족을 위한 본보기라 할 수 있다. 그리고 많은 민족은 물론 분명히 자신의 다른 설립 기초에 주목하지 않는다. 왜냐하면 이런 기초가 하나님의 섭리를 통해 존재하기 때문이다. 그래서 지금 자신들의 존재를 그리고 이런 하나의 민족을 통해 상징되는 하나님과의 관계 안에서 이런 하나의 민족을 통해 대리(代理)한다. 반대로 민족들 그 자체로 그리고 위와 같은 민족들은 이런 하나의 민족이 소유한 것을 포기한다. 즉, 민족들은 오직 하나의 민족과 함께하는 자신의 공존(Koexistenz) 안에서 민족을 자신의 주변 민족들로 간주한다. 그리고 이 민족에게 유효한 것이 처음부터 그리고 최종적으로 또한 민족들을 목적으로 함으로써, 민족들이 스스로 창세기 12:3에 따라서 이 민족의 이름을 통해서 복을 받게 됨으로써, 그리고 이 민족에게 선함(Guette)의 입증과 하나님의 엄정성으로서 드러나는 것이 민족들과 관련됨으로써, 민족들은 이 하나의 민족을 소유한다. 그러나 민족들은 스스로를 위해서 그리고 위에서 언급한 '고짐'과 '에뜨네'로서 또한 '이방인'(Heiden)이라는 의미를 지닌다. 여기서 결정적인 것이 드러나는데, 즉 많은 민족에게 되돌이킬 수 없는 하나의 길이—창조에 질서에 따르는 노아 이전의 인류로 되돌아갈 수 없는 길이다. 그리고 이런 하나의 인류는 분명히 스스로 지금 무엇보다 실제로 기억 안에서만 머물게 된 커다란, 순수한 그리고 불변하는 약속이다―존재한다는 것이다. 그러나 사실 한 분 하나님의 민족을 향하는 것은 예를 들면 단순히 하나의 이상(Idee)이 아니다. 오히려 이는 무엇보다 유대인들이 하나의 민족으로서 다른 국가민족들 사이에서 이렇듯 놀라운 국가민족이라는 모습으로 역사적인 현실이 된 것이다. "이는 구원이 유대인에게서 남이니라."(요 4:22) 다른 민족들이 아니라 바로 유대인들이 시편 100편을 찬송하는 것이다. 특히 이것이 의미하는 바는, 다른 민족 그리고 또한 전체 민족이 아니다. 오히려 이는 유대인들이 모든 민족과 각 개별적인 민족의 보편적인 지평이라는 것을 의미한다. 모든 민족의 중심에 유대인들이 존재하기 때문에―그들의 하나님, 그러나 지금 분명 그들과 함께하시는 하나님―그래서 하나님의 섭리는, 섭리의 힘으로 각 사람은 하나님의 백성 안에서 자신의 장소를 획득하며, 그리고 다른 민족들과의 관계 안에서 자신의 자리를 갖는다. 그러나 이것이 단지 자리에 대한 지정(Platzanweisung)이 아니라, 오히려 동시에 **방향표시**(Richtungsangabe)이다. 그리고 하나님의 섭리는 바로 각 사람이 실제로 **여기에서 저기를 향하여**, 좁은 곳에서 나와서 넓은 곳으로, 가까이 있는 자에게서 멀리 있는 자를 반드시 바라보며, 떠나야 함을 의미한다. 국수주의(Nationalismus)와 국제주의(Internationalismus), 혹은 또한 '초국가주의'(Uebernationalismus)는 변증법적인 개념일 것이며, 이는 계속해서 균형을 이루어야만 한다. 구약은 한 거룩한 하나님의 백성의 존재에 대한 증언을 담고 있다. 그리고 이런 구약의 증언에 순종함으로써 우왕좌왕은 끝나며, 하나의 **결정**에 도달하게 된다. 즉, 사람들은 많은 민족 가운데서―어쩌면 많은 민족 스스로―자기 자신을 향하는 길에 있거나, 또한 단지 서로를 향해 마주보는 길에서만 존재하는 것이 아니다. 오히려 사람들은 서로를 향해 **마주보는** 길에서 단지 다음과 같은 존재일 수밖에 없는데, 즉 이들은 하나님의 백성을 향해 눈을 돌리고, 떠남으로써 파악되는 존재라는 것이다. 이것이 바로 **이스라엘**이라는 사건이다. 이런 사실을 유의한다면, 이 사건은 하나님의 섭리를 하나의 **목적지향적 운동**으로, 그리고 하나님의 섭리에 대한 인정을 하나의 특정한 **목적**(Ausrichtung)에 대한 성취(Vollzug)로 틀림없이 그리고 불가피하게 이해하도록 만든다.

이제 우리에게는 단지 다음을 확정하는 일만이 남았다. 즉, 어떻게 그리고 어떤 조건들 아래에서 이런 목적이 사건(Ereignis)으로, 또한 어떻게 이런 율법이 성취되게 되었는지를 확정하는 것이다. 그러나 이와 함께 우리는 구약성서를 넘어서야만 한다. 그리고 결론적으로 창세기 10장의 민족들의 계보와 창세기 11장의 바벨탑 이야기와 매우 독특하게 대립해 서 있는 오순절 이야기에 대해서 생각해 볼 것이다.

사도행전 2장의 본문에 대해 고려되는 해석의 모든 차원과 문제들은 여기서 우리의 관심사가 아니다. 우리는 이 본문에 대해 우리가 지금 다루는 관점에 따라서 물을 것이다. 그리고 이 때문에 우리는 단지 이런 역사가 간직한 실제적 **비밀**(Geheimnis)을 **언급할 것**이다. 이는 하나님이 직접 일으키시고 영향을 끼치신 사도행전(πράξεις ἀποστόλων)의 시작에 있다. 이런 첫 번째 시작은 동일하게 베드로의 설교와 그 결과로서 묘사된다. '사도들의 행전'은 예루살렘과 '땅 끝에 이르기까지' 예수의 이름을 강력하고 활동력 있게 선포함으로써 증명된다. 그리고 지금 틀림없이 바로 좁은 곳에서 나와서 넓은 곳으로 가는, 가까이 있는 자들에게서 멀리 있는 자들에게로 가는 길 위에서 전형적으로 발생하는 사건을 통해서 증명된다. 그러나 이는 누가의 서술에 따르면 이와 같은 '행전'이 가능하고 실제적으로 된다는 사실이 전적으로 자명한 것은 아니다. 다시 말하면, 사도를 선택하고, 부르시며, 그리고 파송하심에도 불구하고, 또한 전혀 작지 않은 그리고 하나의 영역으로 규합된 제자단의 실존에도 불구하고, 이런 인간이 부활하신 예수의 증인이 되는 40일간에도 불구하고, 이것이 전적으로 자명한 것은 아니다. 이는 이와 같은 '행전'을 위한 능력에 관한 것이며, 주님이 주권적으로 그리고 영향력 있게 활동하시는 공동체인 이런 제자단의 설립에 관한 것이다. 주님을 버린 이스라엘의 한가운데에서, 주님을 아직 모르는 세상의 한가운데에서, 어떻게 이런 인간들이 이런 존재가 그리고 이에 적절한 목표를 겨냥하는 사람들이 될 수 있는가? 우리의 본문이 대답한다. 다시 한 번 정확하게 예수 그 자체로, 그의 현재, 전권, 능력과 영향력은 그 외에도 지금 이 일에 자신 스스로를 내맡기는 행동을 하는 사람들을 위한 엄청나게 높고 그리고 용감한 전제인 것이다. 이런 전제를 그들은 자기 스스로 세울 수 없다. 이는 하나님이 주신 새로운 것이다. 예수는 지금 하늘에서, 하나님의 영역에서 다시 돌아오신 분이다. 그리고 하늘 아래에 놓은 땅 위에서 인류의 한가운데와 인류 역사의 한가운데 계신 분이다. 또한 그들 안에 스스로 계신 분이며, 그리고 그들을 섬김으로써 그들을 대리하신 분이다. 이런 예수의 현재, 전권, 능력과 영향이 바로 성령인 것이다. 어떠한 인간도 성령을 소유하지 못한다. 마찬가지로 어떠한 인간도 아직 이렇듯 신뢰할 만한 제자가 아니다. 또한 어떤 사도도 아직은 존재하지 않는다. 마찬가지로 사도는 자신이 예수의 부활의 증인이기에, 그리고 이렇듯 주님이며 왕이신, 그리고 재판관이신 예수의 재림의 증인이 되었던 이유 때문에 성령을 소유하는 것이 아니다. 또한 사도행전 1장에 따르면, 이런 인간들은 단지 하나님이 그들에게 성령을 주실 것이라는 약속만을 갖고 있었다. 단지 그들은 이를 간청할 수밖에 없었고, 그리고 이를 기다릴 수밖에 없었다. 그러나 성령을 받고, 그리고 이를 통해서 저런 행전(Taten)을 수행할 수 있게 된 것은 무엇인가 다른 그리고 새로운 것이었다. 오순절 역사의 신비는 다음에 언급되는 모든 것을 위한 결정적인 사건이다. 제자단은 오순절에 성령을 받음으로써 사도의 공동체를 설립하며, 사도행전을 실행할 수 있었다.

　물론 오순절 역사의 이런 신비로부터 지금 여기서 우리가 직접 관심을 갖는 **이적**(Wunder)을 구분할 수 있다. 즉, 누가가 이런 이적을 이야기함으로써 자신의 보도를 시작한다. 이적은 신비의 형태(Form)이다. 다시 말하면, 이적은 형태와 분리되지 않고, 오히려 구분되며 그리고 특별히 눈으로 볼 수 있는 것이다. 이런 이적에 관한 보도와 저런 이적에 대한 보도는 마치 예수의 동정녀 탄생이 그 안에서 발생한 말씀의 육화(肉化, Fleischwerdung)를 보도하는 것의 관계와 같다. 또한 마치 부활절 역사의 빈 무덤에 대한 보도와 죽음에서 부활한 자로서 예수의 삶에 대한 보도와 맺는 관계와 같다. 또한 복음서에 담겨 있는 예수의 권능행위(Machttaten)가 이렇듯 다시 선포되는 메시아 설교의 권능행위의 관계와 같다. 여기 거의 모든 곳에서 기적은 신비를 가리키고 그리고 동시에 특징짓기 위한 특별하고 필수적인 기능을 수행한다. **가리킨다는 것**은, 이것이 하나님의 원창조의 사건으로서, 존재론적으로 새로운 것의 지정(Setzung)이라는 것이다. 그리고 **특징짓는다는 것**은, 신비가 지닌 특별하고 구별된 의미를 제시하는 것이다. 그리고 신비가 올바르게 이해되도록 해석하는 것이다. 여기서 이런 형태는 마치 그 외의 것처럼 사건으로부터, 그리고 이 사건은 이런 형태로부터 전혀 분리될 수 없다. 그러나 또한 우리의 경우에 매우 분명한 것은, 이적은 (위에서 제시한 개념에 따라) 보도된 신비의 형태이며, 확증된 하나님의 행위와 계시의 **모습**(Gestalt)이다. 신약성서의 증언은 믿음을 불러 일깨운다. 그리고 이런 믿음은 신비에 대한 믿음, 그리스도교 공동체의 기초이며, 그리고 세상에서 그리스도교 공동체의 모든 행동을 보증하시는 성령에 대한 믿음이다. 다시 말하면, 성령의 부어짐과 이런 부어짐이 하나님의 신비로서 어떤 특별한 의미가 있는지를 증인들은 이적 이야기를 통해서 묘사한다. 그래서 성령의 부어짐에 대한 믿음은 실제적으로 이런 이적 이야기에 관한 지식과 함께 수행되는 것이다. 오순절 역사의 **이적**은—당연히(마치 또한 창세기 11장처럼!) 가장 불분명하게 묘사될 수밖에 없다.—다음과 같은 내용을 갖는다. 즉, (1) 모든 제자단(또한 사도행전 1:14와 2:1에 따라서, 무리들의 중심인 사도들 옆에 모인 남자들과 여자들 무리를 말한다.)은 예루살렘의 한 집에(사실 여기서 의미하는 것은, 성전의 많은 건물 가운데 한 건물 안에서) 모였으며, 홀연히 하늘로부터 급하고 강한 바람 같은 소리가 갑자기 몰려들었다. 또한 (2) 불의 혀같이 갈라지는 것이 저희에게 보였으며, (3) '그것'(처음에는 알려지지 않은 '그것')이 각 사람에게 임하여 있었다.(그러니까 단지 사도들 위에만 아니라, 오히려 여기서 공동체로 표현되는 그룹의 모든 사람과 각 사람의 위에!) 그리고 (4) 바로 이렇듯 그들은 성령으로 '충만'하였다. 또한 (5) 그들은 성령의 충만함을 받고, '다른' 방언으로 말하기 시작하였고(4절에서는 ἀποφθέγγεσθαι, "울려 퍼졌다"라고 언급된다.), 또한 (6) 그때에 그들은 천하 각국에서 온, 그러나 예루살렘에 거주하거나 또는 체류하는 경건한 유대인들이었다. 특히 체류하는 유대인들은 전혀 다른 아시아, 아프리카와 유럽의 지중해 지역 출신이었다. 그리고 각 사람은 언어를 자신의 언어로, 다시 말하면 자신의 체류지(Gastland)에서 구사되는 언어로 말하는 것을 들음으로써, 별다른 걸림돌 없이 이해할 수 있게 되었다. 이 사건은 어떠한 분석이나 예증, 그리고 설명함도 불가능하다. 11절을 보면, 그들은 이 방언을 하나님의 큰 일(μεγαλεῖα τοῦ θεοῦ)을 말함으로 들었다. 그러나 여기에 강조점이 놓인 것이 아니라, 오히려 이적표시(prodigium), 이런 새롭고 낯선 말함(Reden)과 들음의 이적(portentum)에 놓여 있다. 그리고 이런 말함과 들음이 가능하였고 실제로 일어나게 되었다. 그래서 다른 사람들은 이에 '기이하게 여기고', '당황하였고', 그리고 '놀랐다'. 이에 대해서 사람들은 '어찌할 바를 몰랐다'. 그래서 그들은 서로 다른 사람에게 '이 어쩐 일이냐?' 하고 물었다. 반면에 어떤 사람들은 조롱하였고, 그리고 '저희가 새 술에 취하였다'라고 말했다. 사람들이 분명하게 깨달았던 것이 있다. 그것은 이렇게 말하고 듣는 것을 진지하게 만들었던 어떤 영향이 결코 단순한 하나의 말(Wort)로서 생각되지 않았다는 것이다. 여기서 묘사하는 상황은 긴장감이 넘친다. "저희가 이 말을 듣고 마음에 찔려, 베드로와 다른 사도들에게 물어 가로되, 형제들아 우리가 어찌할꼬?"(37절) 3,000명의 사람들은 그의 말을 받아들이게 되며, 세례를 받고, 공동체에 들어오게 된다. 당연히 또한 누가적 의미에서 베드로의 설교와 설교의 성과는 제자단의 행적으로 전해진다. 이와 함께 이들을 성령이 설립한 공동체로서 이해할 수 있다. 더 나아가, 성령의 정체와 임무는 바로 인간을 전권을 받은, 그리고 영향력 있는 증인이 될 수 있도록 만드는 것이며, 또한 이것이 바로 오순절 신비가 갖는 고유함이다.

그리고 이런 신비는 무엇보다 바로 그곳에서 널리 알려진다. 그러나 지금 보도자가 주제로 삼는 것은 이런 신비보도의 윤곽 안에서 이런 신비는 전혀 그리고 또한 여전히 설명 없이 등장한다는 것이다. 그리고 처음에 무엇보다 다른 방식의 신비들, 즉 독자가 여기서 추측할 수 있는 신비들을 무엇보다 중요하게 우대한다는 사실이다. 누가가 보도하는 이적형태(Wunderform)는 분명한 특징을 지닌다. 다시 말하면, 베드로의 설교에서, 그리고 그 이후에 전체 사도행전에서 영향을 끼치는 것이 특별하고 인간적인 성향(Gesinnung)의 신비나, 강한 심리적인 확신이나 열광, 설교의 재능과 연설의 기술이 아니라는 것이다. 오히려 이는 인간적인 것이 아니라, 오히려 하나님의 신비라 할 수 있다. 이런 신비는 이스라엘과 온 세계 안에서 부활하신 예수를 전하는 대사(Botschafter)인 우리 인간을 위한 자유, 바로 그런 자유를 위한 것이다.

그리고 바로 이 때문에 성령의 이적활동(Wunderwirkung)은 하나의 특별한, 전적으로 새로운, 모든 백성에게 그리고 또한 모든 인간이 이해할 수 있는 **설교**(Sprechen)를 위한 신적인 선물이다. 분명한 것은, 성령이 공동체에 있는 모든 사람에게 말하도록 이끌고 가르치는 것이 이런 놀랍게 이해되는 설교의 본질적 토대(Grund)가 된다는 사실이다. 베드로의 설교와 이 후의 모든 '사도들의 행전'은 이런 연관성의 증언이 된다. 그러나 지금 바로 사도행전의 보도자는 무엇보다 한숨을 돌리면서, 동시에 청자와 독자에게 또한 외형적인 사건(Faktum)에 대해서 잠시 숨을 돌리라고 요구한다. 외형적인 사건이란, 성령―순전히 성령 그 자체, 그리고 인간이 전혀 아닌―은 당시에, 다시 말하면, 사도행전이 사도들의 행전(πράξεις)이 시작되었음을 주제로 삼았다면, 그리고 사도 공동체의 설립에 관한, 공동체에 위임된 행위를 위한 능력을 주제로 삼았을 때에, 성령은 다음과 같은 교두보를 열었던 사건이었다. 이는 우선적으로 가까이 있는 자로부터 멀리 있는 자로 나아감으로써 가능했다. 그리고 성령이 공동체와 당시 공동체의 주위를 단지 저런 급하고 강력한 바람과 같은 소리를 통하여 위에서 아래로 내려옴으로써 가능했다. 그리고 성령의 고유한 하늘의 울림 소리에 놀라지 않고, 오히려 그들에게 이런 성령의 고유한 소리들―예수의 현재, 전권, 능력과 행적의 목소리로서, 그리고 성령의 소리가 인간의 말과 동일한 소리로서―이 공동체의 인간적인 입술을 통해 들려짐으로써 가능했다. 이를 다시 말하자면, 성령이 그들로부터 받아들여지고 그리고 즉시 저런 언어가 됨으로써 가능했다. 그렇기에 사람들은 이것을 천하 각국에서 온 사람들의 말을 자기의 방언으로서, 고향에서 사용되는 언어로 다시 인식하게 될 수 있었다. 명백한 것은, 믿음의 문제가 이런 이적을 통해서 어느 누구에게도 제기되지 않았다는 것이다. 이와 함께 그곳에서 중요한 것은 이런 일이 '하나님의 큰 일'이라는 명칭이나 표현을 통해 언급된 것에 의해서 드러났다는 것이다. 그러나 각 사람은 당시 신약성서의 역사 개념(Geschichtbegriff)에 따라(예를 들면, 이전에 예수의 동정녀 탄생을 통하여, 그리고 마치 부활절 사회에 등장하는 빈 무덤을 통하여)―자신이 설명하고 싶은 대로 그는 설명할 것이고, 그리고 이 후에 그는 믿거나 또는 믿지 않을 것이다.―믿음의 문제를 제기한 이 사건(Faktum) 앞에 서게 될 것이다. 성령의 부어짐이 갖는 신비는―저런 신비로서 이해되고 인정되든지 또는 그렇지 않든지―하나님의 원창조로 **묘사되었고**, 그리고 이 인간이 받은 하나님의 은총(Begabung)으로 저런 새로운, 모두에게 이해되는 설교로 **특징지어졌다**. 자기 스스로 언급하는 신비로서 설명되는 것이 아니다. 이는 신비의 신빙성의 기초를 세우거나 높이기 위한 것도 아니다. 그러나 분명히 이런 이적에 대한 보도는 누가에게 필수적으로 신비의 **한계**(Abgrenzung)와 **상세한 묘사**(Naeherbezeichnung)를 위한 것이었다. 그러므로 다음과 같이 말할 수 있다. 이 후에 이야기되는 사도들의 행전은 실제로 '하나님의 큰 일'에 관한 것이지 결코 인간의 일에 관한 것이 아니라는 사실이다. 그리고 이런 하나님의 큰 일은 사도들이 자신의 말을 통해서 가까이 있는 자들과 멀리 있는 자들의 틈을 극복하는 내용을 담는다.

그러나 여기 이적보도에서 우리가 특별하게 주목해야 할 것이 있다. 그것은 지금 그 안에 언급되는 새로운 그리고 성령을 통해서 발휘된 들음과 말함이, 그리고 또한 가까이 있는 자에게서 멀리 있는 자로 나아가는 이런 놀라운 시작이, 전혀 상상할 수 없이 저런 문을 열어젖히는 것이 다시 한 번 전적으로 **이스라엘**이라는 공간에서 펼쳐졌다는 사실이다. 물론 이 이스라엘은 이미 널리 확장된, 스스로 이미 어느 정도로 보편성을 갖춘 이스라엘이다. 한편으로는, "보라, 이 말하는 사람이 다 갈릴리 사람이 아니냐?"(7절)—이미 더 이상 순수하고 고유한 유대인이 아니라, 오히려 예루살렘을 중심으로 볼 때 매우 문제가 있는 북쪽의 국경민족이나 혼합민족인 유대인이다. 그들은 '율법에 대해서 전혀 알지 못했던' 사람들이라고 강하게 비판받았던 사람들이다. 이를 근거로 보자면, 그들은 이미 반은 이방인이 되었고, 그리고 반은 이방종교의 길에 들어섰다는 혐의를 받는 사람들이다. 그럼에도 계속해서 실제적으로 이스라엘, 즉 경계에 서 있는 이스라엘이 바로 그들이었다. 예수는 이런 종류의 이스라엘 사람들과 살았고, 활동했다. 다시 말하면 예수는 이런 종류의 이스라엘 사람으로서 지금 새로운 언어를 말하는 사람들을 자신의 제자로 불렀던 것이다. 또한 그들은 예수를 따랐다. 이런 종류의 이스라엘 사람으로서 그들은 지금 새로운 언어로 말한다. 그리고 "지금 다른 측면으로", 전혀 의심의 여지가 없는 순전한 유대인의 무리—5절에 따르면 게다가 "경건한 유대인"으로 분명하게 표현되어 있다.—인데, 이들은 부분적으로 예루살렘에 살고 있으며, 부분적으로 그곳에 체류하고 있다. 그러나 예외 없이 이들은 흩어졌다가(Zerstreuung) 다시 고국으로 돌아온 유대인들이었다. 즉, 그들이 천하 각국에서 살았던 그들의 도시(πόλις)에서 나와서, 대도시(μητρόπολις)로, 그러나 분명히 자신의 체류지역민의 언어에 대해서는 최소한 여기서 구사되었던 본래의 언어보다 더 잘 알고 있었다는 것이다. 그럼에도 분명한 것이 또 있다. 그것은 그들이 외국인으로서 자신의 고국 언어를 알고는 있었다는 사실이다. '자신의' 언어로 그들은 저 갈릴리 사람의 말을 들었다. 물론 백성들의 언어로 그들은 자신의 삶을 지금까지 살았다. 그들은 바대인, 메대인, 엘람인 유대인이었다. 그리고 메소보다미아인, 갑바도기아인, 본도와 서쪽 소아시아, 브루기아인과 밤빌리아인, 애굽인과 서쪽 리비아에 살았다.(9절은 유대인['Ιουδαίαν] 대신에 유대교인['Ιουδαῖοί]으로 읽을 수도 있다.) 그리고 로마의 유대인들과 이들과 함께 온 그레데인과 아라비아인 유대인이었다. 그들은 최소한 수동적으로 저런 이적에 참여했다. 그들은 새롭고, 보편적으로 이해되는 언어라는 저런 외형적 사건 앞에 서게 되었다. 그러므로 이렇듯 이런 진기한 사건(Exzentrizitaet)을 통해서 이런 이적은 이스라엘이라는 공간에서 발생했던 것이다. 즉, 저런 언어적인 경계에 서 있던 능동적인 참여자인 이스라엘과 이런 언어를 구사했던 소극적 참여자인 디아스포라 유대인들 사이에서 발생했던 것이다. 반면에 바로 실제적인 토착민이며 독립적인 이스라엘은, 특히 이스라엘이라는 엄격한 의미에서의 유대교(Judentum)는 표면적으로 이미 사라졌던 것이다. 이는 무엇을 의미하는가? 한편으로 분명한 것은 다음과 같다. 즉, 이런 이적을 통해서 명백히 표현되며, 돋보이고 그리고 특징지어진 사도적 공동체의 설립과 성령의 부여를 통한 공동체의 사역이 개시됨(Ingangkommen)은 닫혀진 이스라엘 민족과 민족성에서 이미 벗어나기 시작한 내적인 **해방**(Befreiung)을 이미 실천한 것이다. 다시 말하면, 성령과 함께 완성된 그리고 이적을 통해서 성령의 부어짐이라는 낯선 사건이라는 기적 앞에 서게 된 민족은 이미 하나의 새로운 민족인 것이다. 이 민족은 낡은 문제투성이의 민족의 경계 안에 존재하며, 그리고 이미 오래전에 정착한 이스라엘의 경계 외부에 놓인 민족이다. 이 민족은 이미 낡은 저편에 관한 언급의 경계에 대해서 들었고, 그리고 그곳에 거주하는 사람들에 관해서 듣고 이해할 수 있었다. 그리고 이 민족은 한 이스라엘의 민족이며, 이 민족은 이미 다른 민족들을 향하는 길에 들어서 있으며, 그리고 이스라엘은 다른 민족들의 한가운데 이미 존재한다. 이 민족이 바로 한 이스라엘이며, 이 민족은 스스로, 의심 없이 여전히 이스라엘로 존재함으로써 그리고 여전히 이스라엘로 머물게 됨으로써, 커다란 민족들의 세계를 자신의 명료한(verstaendlich) 언어를 통해 말을 걸 수 있었다. 그리고 이 민족은 이런 민족들의 세계를 대리함으로써 이런 언어를 알아들을 수 있고, 심문할 수 있는 능력이 있었다. 사도행전 2장의 이적은 말한다. 이것은 해방이나, 계속 많아지는 국제주의와 관련된 것이 아니라, 오히려 이런 새로운 이스라엘, 새롭게 말하고 듣는 이스라엘을 만드신 분이 바로 성령이며, 하나님 그분이라는 사실이다. 그리고 과거의 이스라엘, 즉 이런 사건에 대해서 그 즉시 자신의 메시아를 버림으로써 이 사건이 발생하도록 만든—충분히 단호하게 23절은 이를 "법 없는 자들(Gesetzlosen)의 손을 빌려"라고 표현하는데—과거의 이스라엘은 새로운 이스라엘과 무엇보다 전혀 관계없이 대립된다. 그러나 사람들은 다음의 설교(Anrede)를 반드시 강조해야만 한다. 즉, 이 모든 것에도 불구하고 이런 사건이 발생하는 곳이 바로 다시 한 번 **이스라엘 자신**의 공간이이라는 사실이다. 이는 구약성서가 거짓말이었다는 것을 입증하는 것, 공허해졌다는 것이 아니라, 오히려 완성되었다는 의미이다. 이런 하나의 민족을 통해서 저런 확장, 보편화(Universalisierung)가 발생한 것이다. 이 민족은 **경계에 서 있는 이스라엘**(Grenzisrael)이며, 바로 새로운 언어를 말하는 이스라엘이다. 그리고 이 민족은 **디아스포라 이스라엘**이며, 이 민족은 이 언어를 지금 듣고 그리고 이해한다. 이 민족은 실제로 이스라엘 자체이며, 이런 이스라엘로서 지금 자신의 민족적, 역사적 그리고 언어적 존립의 경계를 넘어서 뻗어 나간다. 그리고 하나의 이스라엘과 만나는데, 그 이스라엘은 하나님의 심판에 따라 흩어진 이스라엘이다. 그들은 그곳 바깥에서, 이방인의 언어를 자신의 고향 언어로 두었고, 그리고 여기 자신의 고향의 언어는 여전히 외국어로 갖고 있었다. 이스라엘 자신은 이런 문을 열고, 이런 다리를 놓으며, 이런 새로운 언어를 발견하고, 그리고 언어에 대한 이해를 습득할 수 없음이 분명하다. 이런 이스라엘 사람들에게 전해진 예수의 성령, 신적인 전권, 현재, 능력과 영향력, 그리고 부활한 주님인 예수의 행동은 활짝 열린 문, 다리, 새로운 언어와 이에 대한 이해를 만들었다. 그리고 이런 이적표시(prodigium)와 이적(portentum) 사건을 비길 수 없는 사건으로 만들었다. 그러나 바로 주님이신 성령은 이런 사건을 다른 곳에서가 아니라, 바로 **이스라엘 안**에서 이루셨다. 그리고 새로운 이스라엘은 또한 새로운 민족, 잡다한 민족을 기반으로 한 인간 다수를 포함하는 민족이 된다. 그들은 성령을 통해서 설립되고 활동하는 예수 그리스도의 공동체로 존재한다. 바로 사도행전에서 활동하는 하나님은 또한 구약성서의 하나님이시다. 그분은 당신의 말씀을 파기하지 않으시고, 오히려 관철시키신다. 그분은 스스로 옳게 행하시는 분이지, 불의하게 행하시는 분이 아니다. 왜냐하면 사도행전이 주제로 삼는 것이 주님에 대한 선포이기 때문이며, 또한 주님은 이스라엘의 왕이고, 그리고 이스라엘의 왕으로서 모든 세상의 주님이시기 때문이다.

  오순절 역사는 바로 오순절 이적에 관한 보도를 통해서 다음을 말하고 있다. 즉, 어떻게 이 결정이 민족들에게서 하나인 하나님의 백성으로 나아가는지를 전망하고 바라볼 수 있는지, 또한 어떻게 창세기 10장과 11장에 나타나는 하나님의 섭리를 하나의 목표를 지향하는 하나님의 의도(Absicht)로서 올바르게 이해할 수 있는지, 그리고 어떻게 이에 대한 인정이 이에 상응하는 목적(Ausrichtung)의 형태 안를 통해서 가까이 있는 자에게서 멀리 있는 자를 향하는, 그리고 좁은 곳에서 나와서 넓은 곳으로 나아가는 사건이 되었는지를 말하고 있다. 오순절 역사는 다음을 말한다. 즉, 오순절 역사는 이스라엘 안에서 영원히 유효한 단 한 번의 사건(ein fuer allemal)이 되었다는 것이다. 동시에 오순절 사건은 모든 인간에게 육신이 되신 하나님의 말씀과 함께 그리고 인간 모두에게 또한 모든 인간을 위한 하나의 새로운 언어가 선물로서 주어졌다는 것이다. 오순절 역사는 말한다. 즉, 성령이 이를 이스라엘 안에서 가능하고 실제적인 것으로 만들었다는 것을, 그리고 성령의 빛이 모든 민족에게 단지 빛나는 것뿐만이 아니라, 단지 빛나기 위해 규정된 것뿐만이 아니라, 오히려 또한 그들을 넘어서 그리고 그들을 밝히고, 실제적으로 빛나게 했다는 것이다. "그러나 이제는, 전에 멀리 있던 너희가 그리스도 예수 안에서, 그리스도의 피로 가까워졌느니라. 왜냐하면 그는 우리의 화평이신지라, 둘로 하나를 만드사 중간에 막힌 담을 허시고, 원수 된 것, 곧 의문에 속한 계명의 율법을 자기 육체로 폐하셨으니."(엡 2:13f.) 오순절 역사는 이스라엘 역사의 목적과 결론으로서 그리고 이와 함께 세계 역사의 목적과 결론으로서 발생했고, 그리고 사람들은 이 후로부터 이를 따르게 되었다는 것이다. 바로 이것이 오순절 역사가 입증하는 것이다.

# §55
# 삶을 향한 자유

창조주 하나님께서 인간을 부르시고 동료 인간에게 자기의 주의를 집중시킴으로써 인간이 자신과 타인의 삶을 하나님이 대여하신 것으로서 소중하게 여기도록 부르셨으며 모든 자의사적인 잘못된 결정으로부터 지킴으로써 그 삶 속에서 하나님을 봉사하고 자신의 사역을 위한 준비과정으로서 날마다 확실하게 그 모든 일이 일어나도록 도와주시는 것이다.

## 1. 생명의 경외

나는 생명의 경외라는 이 장의 제목을 알버트 슈바이처가 그 자신의 『문화철학』(*Kultur und Ethik*, 1923: im wesentlichen eine kritische Geschichte der abendländischen Ethik)의 두 번째 부분에서 모든 도덕적인 것의 근원적 원리로 제시하면서 모든 윤리의 기준과 근거로 세밀하게 사용하였던 바로 그 개념을 차용하려고 한다. 하지만 나로서는 슈바이처와 같이 광범위한 의미에서 생명의 경외라는 개념을 사용할 수는 없는 노릇이다. 그의 윤리는 — 그 자신이 스스로 표현하였듯이 — 일종의 신비주의적 윤리이다. 슈바이처는 삶 — 우리 안의 그리고 우리 밖의 그 자신의 고유한 자유 안에서 — 을 최고선의 표징으로, 그리고 유일한 법의 근원이며 모든 덕의 결정적인 기준으로 사용하고 있던 것이다. 거기에서 경외가 요청된다는 것은 모든 윤리의 최초의 그리고 최후의 근거를 보여주고 있다. "선이란 삶을 보존하고 그것을 촉진시키는 것이며 악이란 삶을 파괴하고 그것을 방해하는 것이다."(329)라고 말하고 있다. 신학적 윤리가 그렇게 할 수 없다는 것은 자명해 보인다. 슈바이처에게 삶이라는 개념은 우리에게는 하나님의 계명이라고 할 수 있다. 그리고 "삶"은 우리에게 절대로 모든 것을 다스리는 그런 원칙적 개념이 아니다. 단지 그것을 통하여 그리스도교 윤리가 하나님의 계명의 범위와 내용을 물어야 하는 한 지평 개념처럼 여겨지는 것이다. 삶을 경외심을 가지고 받아들이는 것 그리고 그렇게 행동하고 그것을 지키는 것은 — 모든 그럴듯한 해명을 억제한 채로 — 여기에서 — 모든 사람이 아니라 단지 첫 번째 관점에서만 — 우리가 답변해야 할 그런 것의 형식이라고 할 수 있을 것이다.

우리는 여태껏 창조주 하나님의 계명에 대한 복종을 자신을 위한 자유로 그리고 또한 인간 공동체 안에서의 자유로 이해하여 왔다. 창조주 하나님은 인간을 자기 자신으로 부르셨고, 즉 축제 안으로, 자기 고백과 기도로 부르신 것이다. 그는 하나님이 인간에게 창조주의 의지에 따라 본질에 맞게(남편과 아내, 부모와 아이의 관계) 아니면 그의 부성적 결합을 따라(가까운 자와 먼 자 사이의 관계) 존재하고 있으며 존재해야만 하는 것에 대하여 말함으로써 동료 인간들에게 계명을 적용하게 된다. 우리가 계명의 첫 번째와 두 번째 지평들을 전제하고 항상 염두에 둠으로써 우리는 이제 세 번째 관점으로 나아가게 된다. 창조주 하나님의 계명에 복종하는 것은 인간의 특별한 그리고 인간적 구조의 살아 있는 본질인 인간 현존재로 자유를 갖는 것을 의미한다.

비록 우리가 거기로부터 우리를 지키기 위해서 노력하였을지라도—무엇보다도 먼저 다음과 같이 말해야 하는 것이 논리적으로 맞아 보일지도 모르는 일이다. 인간을 인간으로 만드는 그것은 바로 그 자신의 수직적 지평에서 찾아지는 그의 존재이다. 즉, 하나님을 향하고 있는 인간의 모습인 것이다. 또한 그 자신의 수평적 지평에서는 그의 동료 인간을 향하는 그의 운동인 것이다. 즉, 그 인간은 처음부터 그런 존재로 존재하지 않는다. 오히려 그는 그가 하나님을 향하고 동료 인간을 향하는 그 운동 안에서 그리고 그러한 규정에 상응하는 가운데 인간이 되는 것이다. 그렇기에 하나님의 계명에 대한 그의 헌신은 무엇보다 먼저 하나님과 인간을 향한 올바른 행동과 바른 태도라고 할 수 있는 것이다. 바로 그런 바른 현존재의 모습으로부터 그리고 그렇게 바르게 이끌어 간 자신의 삶의 모습 속에서 그는 인간이 되는 것이다.

그런데 하나님의 계명은 자신의 특별한 형태 안에서 또한 다음과 같이 이제까지와 구분되는 세 번째 특별한 지평을 가지고 있다. 하나님을 위하고 동료 인간과 함께하는 그의 존재가 이 특별한 구조를 전제로서 자신 안에 품고 있듯이 하나님을 향한 인간의 자유와 동료 인간 안에서의 자유는 인간의 본질로서의 현존재를 향한 자유를 품고 있다. 사람들에게 다음과 같은 일이 **명령으로** 주어져 있다: 그는 살아야 하며 그것도 하나님의 지도에 따라 계명을 지키며 **올바르게** 살아야만 한다는 것이다. 그가 살아 있다는 것은—하나님 앞에 서 있으면서 자신의 동료 인간들에게 함께 연합된 채로—그것은 언제나 그가 이 관계 안에서 인간 **자신**이며 이 인간이며 그렇게 이 복잡한 **운동**이며 실천적으로 이해된 **활동**으로서 그 안에서 인간은 이제 하나님을 위해서 그리고 동료 인간을 위해 붙잡힌 자라는 것을 발견한 그런 인간이다. 이 인간은 그런데 그 자체 안에서 그리고 그렇게 하나님을 위한 봉사와 동료 인간들과의 공동체에 대한 관계와 독립하여 자신의 고유한 내용과 특성을 가지고 있다는 것과 그 특별한 방식으로 그 자신의 행동과 운동의 한 **부분**에서만 그리고 하나님과의 관계에서 그리고 동료 인간과의 관계에서 더 나아갈 **수** 있는 존재인 것이다. 만일 하나님의 계명이, 모든 것을 질서 잡으면서 이 모든 고유하면서 참으로 진실하고 감히 지나칠 수 없는 그 영역으로 붙잡아 가도록 하는, 이 특별한 제삼의 영역을 가지지 않았다고 한다면, 그렇다면 우리는 여기에서 윤리적으로 진공상태와 만나고 있었을 것이며 그 안에서 인간의 능동적 행동과 모든 수동적 수용은 우연 혹은 하나의 자의적인 것 혹은 이것들을 다스리는 독자적인 제삼의 법칙 같은 것에 넘겨져 버리고 말았을 것이다. 하나님을 위한 그의 자유와 공동체 안에 있을 그의 자유는 높아서 알 수 없고 아니면 역시 아주 드물게 문제시되며 결국 가현설적으로 그 모든 생동력의 존재 안에 있는 그의 어두운 하반부의 근거 위에서 방황하고 있을 뻔하였다: 마치 창세기 1:2의 공허 위에 떠 있는 엘로힘의 영처럼 그렇게 아주 특별한 지점에 있을 뻔했던 것이다. 만일 그랬다면 인간은 그 아래에서 자기 자신과 자신 안에서, 마치 난민처럼, 자신들이 그곳으로 피할 수 있는 도피성과 그가 안주할 수 있는 나팔을 가진 것과 같았을 것이다: 거기에서 그 아래에서는 많은 것이 부분적으로는 필요하고 부분적으로 의지로 그 안에서 움직이고 또 그가 거기에서 많은 것을 부러워하면서도 부끄러운, 갖고 싶어 하면서도 뒤에 남겨두도록 요구하면서도 요구받지 않는 그를 가끔가다 참으로 앞으로 전진하게 하면서 흥미 있게 하고 갖고자 하면서도 또한 동시에 그에게 제시된 계명 아래 있지도 하나님이 그에게 제시한 동료 인간과의 올바른 관계로 들어오지도 않고 이해할 수도 없는 그런 인간 자신의 영혼-육체적인 관계에 대해서만 말하게 될 뻔했기 때문이다. 만일 그렇다면 그에게는 자신이 개인적으로 하나님의 계명으로부터는 벗어난 상태로 복종적이지도 않고 중립적인 채로 어떤 우연이나 자의에 넘겨진 채로 존재할 수밖에 없는 존재라고 말하게 되지 않는가? 하지만 하나님의 계명이 하나님이나 타자에 대한 관계를 촉진시키는 것이라면 동시에 그 인간 자신 그리고 그 배후의 자연적 본성을 촉진시키는 것이 되고 또한 그렇게 현존재의 행동 안으로 나아가는 것이 된다. 우리가 여기에서 기억해야 할 점: 하나님은 바로 이러한 인간 자체에게 자비로우신 분이기도 한 것이다: 하나님이 그와 관계를 맺음으로써 그리고 인간이 그의 동료 인간들과 함께 있음으로써 비로소 하나님께서 그들에게 자비로운 것이 아니라 그 인간, 그 자신의 관계하에서 그리고 그 자신을 위한 그러한 존재 자체를 위해 존재하는 그를 위해서 하나님께서는 자비로우신 것이다; 그렇게 하나님에 의하여 피조된 대로 그리고 그러한 특정한 구조와 함께 주어진 그 인간존재로서 하나님의 사랑을 받는 것이다. 하나님의 계명이 사람들에게 이후에 추가되어 요구되거나 그래서 그 인간들에게 자비로우신 하나님의 계명을 인간들이 거절하려 할 때 거절될 수 있는 것이라면 그때 인간의 신앙은 신앙이 아니며 인간들의 복종도 복종이라고 보기 어려울 것이다. 이 하나님의 계명도 인간의 삶을 거룩하게 하는, 즉 인간 현존재를 형성하기 위한 인간의 자유의 간곡한 요청으로서 증명함으로써 자신만의 고유한 지평을 갖고 있음을 갖고 있다. 이러한 지평 안에서 우리는 다음과 같은 사실을 명심해야 한다.

우리는 여기에서 매우 다양한 철학적 윤리의 다양한 대표자들을 만나게 되는데 역사상 의무론적 윤리, 쾌락주의적, 혹은 공리주의적 윤리로, 아니면 좀 더 그 사태에 가까이 가서 보자면 자연주의적 윤리, 혹은 생명론적 윤리 등으로 불렸다. 다양한 방식의 사고의 대표자들 가운데 영국인 밀, 스펜서(J. St. Mill, Herbert Spencer), 프랑스인 콩트, 푸이에, 귀요(Auguste Comte, Alfred Fouillée, Jean Marie Guyau), 독일인 니체, 헤켈, 슈바이처(Fr. Nietzsche, E. Haeckel, Alb. Schweitzer) 등이 있다. 또한 앙리 베르그송(Henri Bergson)의 접근방식은 주요한 것의 하나로 취급될 수 있지만 그의 자연철학은 사실 윤리로까지는 전개되지 못했으므로 여기에서 제외된 것이다. 여기 불린 이 모든 윤리학자의 공통된 특징은 그들이 윤리를 지향함에 있어서 가장 근본적으로 삶이라는 개념을 주도적으로 사용하는 것이다: 어느 정도 정신적인 특징으로 혹은 보다 더 영적인 측면에서, 아니면 개인적인 차원에서 혹은 사회적 의미에서 다가가는 것이다. 또한 그들이 행복하고 쉽게 받아들일 수 있는 그런 모델에 집중하거나 아니면 다소 비극적이면서 영웅적인 모델을 추구하거나, 삶의 의지에 더 강조하거나 아니면 삶의 경외를 더 강조하거나 하는 정도의 차이가 있을 수 있다. 삶 그 자체는 전체적으로 보아 인간의 윤리적 주인이며 선생이며, 아니면 본래적 영역으로 이해되었다. 우리는—슈바이처를 통해서 알려진 것처럼—단지 이들과 만날 뿐이다. 이 전체주의적이며 폭력적인 기능적인 방식의 삶이라는 개념은 신학적으로 사용할 수 없다. 하지만 이것이 삶이란 개념을 버려두어도 된다는 뜻은 아니다. 이를테면 헤르만(W. Herrmann)이 그 삶의 권리와 필연성을 인정하면서 그것을 단지 자연주의적이며 그래서 전 도덕적 개념이라고 윤리로부터 증명하고자 하는 이상주의적 엄격주의는 뒤따라갈 수 없는 것이다. 그런가 하면 아마 당시 유행하던 칸트철학에 대항하던 그만의 독립적인 특성에 의한 것인 슐라터(A. Schlatter)의 윤리에서 찾을 수 있었던 가능성으로서 그가 자신의 윤리의 4부에서 "능력"이라는 제목하에서 자연주의자들의 윤리적 관심사를 자신의 방식으로 변형시켜 받아들였을 뿐 아니라 그것의 결과를 윤리적으로 해명하였던 것이다. 만일 사람들이—자연주의자들과 달리—도덕적 계명을 엄격하게 창조주이신 하나님의 계명으로 이해한다면, 사람들은 만일 그가 제대로 자신을 하나님에 의하여 불리고 그렇게 하나님에게 나가는 존재라고 이해하고 있는 한, 그를 단지 자연적 생물들과 구분하도록 만드는 어떤 기준 이상으로부터 인간의 고유한 이해를 시작해서는 안 된다는 사실을 알아야 하고 그렇게 강요받고 있는 것이다. 즉, 전적인 인간이 문제인 것이다. 우리는 골로새서 3:17을 말하고 있다. "또 무엇을 하든지 말에나 일에나 다 주 예수의 이름으로 하고 그를 힘입어 하나님 아버지께 감사하라." 좀 더 자세하게 하자면 고린도전서 10:31, "그런즉 너희가 먹든지 마시든지 무엇을 하든지 다 하나님의 영광을 위하여 하라"이다. 만약 우리가 이렇게 자연적 의지와 행위로부터 윤리를 구분하여 특별하게 다루려고 한다면 인간의 삶은 그 경계선의 하부에서 더 많이 찾아질 것이며 그렇게 된다면 자연주의적 기회주의적 그리고 곤란함의 윤리로 넘겨지게 될 것이다. 사실 하나님의 계명은 인간의 현실적 삶과의 비판적이며 체계적인 관계에서 이해되어야 한다. 그리고 그 현실적 삶은 다름 아니라 인간의 자연주의적 삶의 행동이기도 하다. 이제 우리는 이 계명의 복종의 문제를 다루어야 한다.

그렇다면 이 가장 단순한 것, 우리가 이제 하나님의 계명에 대하여 물어봐야 하는 그 단순성은 무엇인가?: 인간의 현존재 그리고 인간으로서의 삶은 무엇인가? 우리가 지금 당면하는 이 삶의 영역은 먼저 짧게 다음과 같이 말할 수 있을 것이다.

인간의 삶에 대하여 말하면서 우리가 이것을 이미 우리에게 자명한 것으로 알려진 것으로서 우리가 자유롭게 처리할 수 있는 것이며, 이미 수여된 단순한 그 무엇처럼, 항상 자유롭게 다가설 수 있는 무엇처럼 여기지 않는 것이 좋아 보인다. 사람들은 자기를 자신의 삶의 본질로서의 자신의 고유한 특성 가운데 스스로 현존하는 자로서 여기고 그 삶을 자기가 처분 가능한 것으로 생각하는 경향이 있다. 그리고 바로 그런 전제로부터 타인의 삶도 마치 자신의 삶처럼 마음대로 처분 가능한 것으로 보려는 것이다. 그리고 다른 식물과 동물들 그리고 다른 형태의 삶에 대하여서도, 사실은 인간은 매우 제한된 범위에서 그것에 대하여 참여할 뿐이지만, 그 삶에 대하여 마음대로 하려는 경향이 있다. 하지만 인간이 자기의 것이라고 주장하는 그 삶에 대한 첫 번째 이 가정 자체가 그가 살고 있는 현재 당면하고 있는 전방위적 위험에서 보면 그 자체가 매우 불안한 것이어서 인간의 삶이 실제로 인간에게 속한 것이고 그 문자적 의미에서 그 자신의 것이라고 말하기에는 조금 의심스러운 것이다. 이 주장 속에서는 인간은 자기 스스로 자신이 삶의 본질로서 거기 그렇게 존재한다는 것을 안다는 것에서 출발하고 있다. — 그것은: 인간적인 삶의 본질, 즉 그렇게 거기 존재한다는 것과 인간으로서 산다는 것을 아는 것 — 그리고 그것은 더 나아가 삶 그 자체가 무엇인지를 안다는 그런 의미이기도 하다. 하지만 진실로 그가 아는 것은 단지 그가 거기 있다는 것, 인간의 삶의 본질로서 드러나는 그런 방식으로 그의 현존재가 그렇게 인간적인 것으로 특징되는 바를 지니고 있다는 그리고 그것을 가르친다는 현상들을 아는 것뿐이다. 그 현상으로부터 더 나아가 자기와 구분되는 타인의 현존재와 삶이 있다는 것과 삶이라는 것 그 자체가 있다는 것과 그것이 무엇인지를 알 수 있다고 주장하게 만들어 주는 그런 현상을 알 뿐이다. 이 인식의 근거는 — 신학적 윤리를 위해서 — 사실 너무 불확실한 것이다. 단지 우리는 다음과 같이 몇 가지 명제적 주장으로부터 더 말을 이어갈 뿐이다.

1. 하나님이 그의 창조주와 주로서 인간에게 말씀하시는 동안 그는 인간을 인정하면서 자신을 계시하신다. 그는 또한 인간에게 분명하게 단호하게 (그래서 인간은 그것을 들을 뿐 아니라 받아들이지 않을 수 없게 되는) 그 인간이 하나님으로부터 구분된 존재로서 바로 하나님의 피조물로서 거기 존재한다는 것을 말씀하시고 있다. 만약 인간이 이러한 존재가 아니라면 그는 그에게 다가오는, 그리고 그에게 말씀되는 그가 들어야 할 하나님 말씀의 청자가 되지 않아도 될 것이었다. 만일 그가 자신의 하나님이라면, 그렇다면 그가 들어야 할 것은 창조주나 주님의 말씀도 아니었을 것이다. 하나님의 창조주적 그리고 주님으로서의 말씀은 그의 현존재의 현실성을 아는 그 하나님의 앎을 구성한다. 그리고 그것은 하나님의 현존재에 대한 그 말씀의 독립성에서 그렇게 하는 것이다. 또한 이 하나님의 현실성과 자기 독립성 안에서 그에게 속해 있지 않다는 인식과 그에게 말씀하시는 자의 자유로운 선물을 통하여 그 삶이 인간에게 맡겨져 있다는 인식을 구성한다. 하나님 홀로 참으로 자기 독립적이시며 전적으로 자기 자신에

게 속해 있으면서 그 자신으로부터 자신 안에서 살아가시는 것이다. 인간의 피조적 삶은 그러므로 인간의 속유물이 아니다. 그 삶은 위탁받은 것이다. 그렇게 그 삶은 존중받는 가운데 지켜지길 바라는 것이다. 그 삶은 자기 목적적도 아니고 그렇기에 인간이 마음대로 처분할 수 있는 것이 아니며, 오히려—가장 포괄적인 의미에서—하나님을 섬기기 위해 피조된 것이다: 하나님이 우리를 그분의 영광을 나타내기 위해서 만드신 우리의 주님이시라는 것을 알아야 한다. 즉, 우리 자신을 위한 것이 아닌 것이다. 하나님의 은혜를 통하여 우리 각 사람은 그 자신들의 삶을 얻은 것이다. 이것은 인간의 자기반성으로부터 얻을 수 있는 것이 아니며 오직 하나님이 말씀하시는 사실로부터 하나님을 통하여—인간의 창조주와 주이신 그분의 말씀으로서 하나님의 말씀으로부터—알게 되는 것이다. 인간의 삶에 대한 의미와 그 사실성에 대한 가장 확실한 정보라고 할 수 있다. 이는 함축적으로 다른 모든 형태의 삶과 또 더 나아가 삶의 현실과 그 자체에 대한 의미를 내포하고 있다.

  2. 하나님께서 말씀하시면서 그저 어떤 추상적인 방식으로 그보다 더 우월한 것을 나타내거나, 인간과 만나는 과정에서 그 인간을 지배하거나 사용하는 것이 아니라 하나님께서는 그가 그를 일깨우는 성령의 능력으로, 곧 무한한 차이에도 불구하고 나뉠 수 없는 방식으로 존재하는 자신의 영, 성령의 능력을 통해서 피조물로서 존재한다는 것을 인정하고 선포하는 것이다; 그는 무너질 수 없는 권능 안에서, 그는 한 육체의 **영혼**인 것이다. 그는 주의의 사물을 받아들이며 사유하고 끊임없이 추구하고 의지하는 피조물, 이성적 삶의 본질이다.(KD III/2, §46 참조) 사람이 영과 육의 구분 안에서 거기 있는 존재라고 불리는 것과 같이 이 영과 육의 일치성 안에서도 그렇게 불리는 자이다: 이 **질서** 안에서 인간은 살아가는 것이다. 인간적인 삶의 행동은 이 차이 속에서 인간의 현존재이며, 그 안에 갇혀진 그리고 배열된 전체성 안에서, 언제나 하나님의 자유롭고 생명을 허락하시는 행동에 단지 전적으로 의존되어 있는 그 상태 안에서, 하나님께서 그에게 존재하는 방식으로 허락하시는 것을 통해서 언제나 규정되어 있고 유지되는 그 안에서 그는 인간인 것이다. 위탁받은 인간의 현존재의 삶은 이렇게 보이는 만큼 그 삶은 고유한 영예 안에서 지켜지길 원하는 것이다. 이성적 피조물의 현존재로서 그의 구조로부터 그는 단지 대여받은 것임이 자명해진다. 하나님 그분만이 참으로 이성적이시며 자신이 무엇을 하고자 하는지를 알고 무엇을 알고 있는지를 아는 분이다. 피조적 이성은 인간 현존재의 구조로서 자기 충족적 이성이 될 수 없다. 인간이 이 구조 안에서 자신의 현존재를 진지하게 받아들일 것이라는 보증과, 인간이 자신의 삶을 사는 데 있어서 자신의 이성을 신뢰해도 된다는 보증은 이런저런 다른 인간적 조건에 놓여 있는 것이 아니라 하나님께서 그 인간에게 이성을 사용하도록 요구하시고 그를 통해서 하나님께서 인간과 더불어 동일한 피조적 이성을 사용하시고 하나님께서 그 인간을 부르시고 그 부름과 들음을 통해서 하나님과 만날 것을 기대하시기 때문에

가능한 것이다. 하나님의 말씀은 인간이 단지 육체이지도 정신이지도 않고 또한 이 육체와 정신의 단순히 나란히 존재함도 아니고 더 높은 차원에서 통합된 존재이길 결정하지도 계시하지도 않으셨다. 하나님의 말씀은 그 인간이 자신의 실존의 발생적 사건 안에서, 육체의 정신으로서, 이해하시면서 그 사건 안에서 그 존재가 바로 인간존재의 삶이어야 한다는 그 사건에서 존재하는 것으로 결정하고 계시한 것이다.

3. 하나님께서 인간에게 말씀하시는 것을 통하여 인간을 아주 특별한 **개인**으로 만들어 주시는 분이다. 하나님의 말씀은 그 자신과 구분되는 단일회적인 삶의 현실을 전제로 할 뿐 아니라 한 개인의 특수한 삶의 활동도 전제로 하고 있다. 그 하나님의 말씀이 모든 사람에게 적용되지만 보편적인 의미의 모두에게 적용되는 것이 아니라 한 개별적인 **단독적인** 이성적 존재들에게 해당함으로써 그렇게 된다. 이는 그와 같은 존재로서 모든 타인이 서로에게 그러하듯 타인과 구분되는 이 한 특수한 현존재의 독자성을 위한 인식을 구성하는 것이다. 하나님의 말씀은 그 한 특수한 인간의 삶과 연관되어 있다. 그 하나님의 말씀은 인간으로 하여금 자신의 삶과 그 모든 결정에 직접적으로 책임을 지도록 만들고 있다. 이 하나님의 말씀은 그 인간을 확증하여서 그가 자신의 피조적 존재의 특성 안에서 스스로 자신의 독자성을 발전시키도록 하는 것이다. 이 독자성은 피조물로서 그에게 주어졌거나 대여된 것에 속해 있다. 이것은 그가 이 특수한 인간으로서 자기 스스로 무엇인가를 차지했기 때문이 아니다. 그가 있으며 그가 이 각자 누구라는 것은 아무런 필연적 요구라고 할 수는 없다. 이것은 그가 하나님의 피조물이며 이성적 존재이기 때문에 그렇게 될 수 있을 뿐인 형태에 불과하다. 진실하시며 참으로 자신을 충분하게 충족하신 분은 하나님 한 분만이 그렇게 할 수 있을 뿐이다. 그럼에도 불구하고 하나님 밖에 있는 피조물의 세계 속에서 그런 본질적 존재—스스로는 자기 만족적 특징일 수 없는 것이지만—가 존재할 수 있다는 것은 하나님의 선에 속한 것이다. 그렇기에 인간이 자신의 특성 안에서 하나님에 대항하고 그런가 하면 거기에 대하여 자신의 개별적인 삶을 이 피조적 삶 속에서 형성하고 주장하는 것은 사실 아무런 근거가 없는 것이다. 그러므로 자신이 누구이고 자신이 자신의 본질 안에서 무엇인지를 알았다고 인간 스스로 그렇게 주장해서는 절대로 안 되는 일이다. 하나님만이 그 인간이 누구이며 그가 무엇일 수 있는지를 아신다. 인간은 이렇게 하나님이 그 인간에게 말씀하시고 인정하신 만큼의 특수한 존재라는 것과 그런 존재라는 것을 아는 것이면 충분하다. 신적인 주체로부터 인간적인 객체인 너에게 주어진 하나님의 말씀이 인간에게 들려져야 할 가장 시급한 것이며 가장 철저하게 복종되어야 할 그 말씀이라는 것과 그렇기에 이를 통해서 그 인간의 삶과 현존재의 개인적 특성들이 드러난다는 것이 분명하다.

4. 하나님께서 사람들에게 말씀하시는 가운데 인간이 **시간** 안에 있으며 과거로부터 출발하여 현재 그리고 미래로 향하는 그 운동 안에 제한되어 있다는 것을 알게 해준

다. 하나님의 말씀은 인간의 삶이 다양한 순간들의 연속으로 이루어져 있다는 것을 확인해주는 것이다. 이와 더불어 다음의 이중적 진술이 가능하다: 인간의 삶이란 **변화**와 지속성 가운데 있는 것이다. 인간은 그 순간들의 변화 속에서도 자기 자신과 자기 **동일적**으로 남아 있다. 그는 자기 자신의 동일성 안에 남아 있는 가운데 각 순간의 **변화**를 함께 체험하고 있다. 왜냐하면 바로 그 인간과 상관하고 있는 하나님의 말씀은, 그 말씀이 전달의 형태로 혹은 질문이나 명령으로 이해되든지 간에, 그 말씀을 받는 사람의 편에서의 그 말씀이 선포되고 난 뒤 그 말씀을 받고 응답하면서 거기에 순종하는 능력을 전제로 하기 때문이다. 즉, 전과 후(하나님의 질문과 그 질문에 대한 인간의 응답 후)에 또 다른 전과 후(하나님의 명령과 인간의 순종)가 있으며 그 가운데에서도 동일한 자로 남아 있을 수 있다는 능력을 전제로 하기 때문인 것이다. 이는 그 안에서 인간이 자신의 삶이 시간적이라는 현실, 인간을 둘러싸고 있는 이 변화의 현실에 대한 인간적 앎을 구성하는 것이다. 이와 더불어 다음의 사실이 말해지고 있다: **피조적** 삶을 인식하는 것은 그것이 시간에 묶여 있는 것으로서 **시간적**이며, 이 전후의 연속성에서 발생할 수 있는 것으로서 그것의 시작과 끝으로 제한되어 있다는 것을 아는 것이다. 이 인간의 삶은 하나님의 삶처럼 자유롭거나 영원한 것이 아니다. 하나님의 삶이 본질적인 것으로서 현실적이면 연속적일 뿐 아니라 변화가 있고 영원한 것과 시간이 하나이며 모든 삶을 근거 지으면서 삶의 원천으로서 인간의 삶의 배후에서 근거가 되기 때문에 가능한 것이다. 이 인간의 삶은 살아질 수 있을 뿐이지만 규정된 것은 아니며 그렇게 이미 점령된 것은 아니다. 또한 인간의 삶은 인간을 살리시는 신적 영의 자유로운 행동을 근거로 해서 언제나 현실적이 될 수 있을 뿐이다. 이 인간의 삶은 대여된 것이다. 하지만 이런 제한과 한계 안에서 인간의 삶이 이해된다고 하더라도 그 삶은 참되고 진실한 것이며 결코 거짓된 현상으로서의 삶이 아니라 인간이 하나님의 말씀을 만나면서 실제로 이루어지는 실제적 드라마이며 이를 통한 실제적인 변화이고 실제적인 사건들인 것이다.

    5. 하나님께서 인간에게 말씀하시는 것을 통하여 그의 삶에 하나의 **근원성**이 주어져 있다는 것을 확실하게 알게 하였다. 인간은 자신의 삶을 사는 것이다. 그는 자신의 육체의 삶을 사는 것이다. 그는 그 자신의 육체의 영혼이다. 그는 거기에서 사는 그 개인 단독자인 것이다. 그는 시간 안에서 움직이는 자이고 그 안에서 항상 동일한 자로 남아 있으면서 동시에 변화하는 자이다. 하나님의 말씀은 단순히 영혼과 육체로 이루어진 기계, 시간 속에서 움직이는 개체, 저자가 따로 있는 어떤 유기적 기관이나 그 움직임의 한순간에 향하는 것이 아니라 이 모든 것 가운데 바로 그 저자로 남아 있는 자, 자유롭고 독립적이며 모든 것에 능동적으로 스스로 이 운동을 완성시키는 그 주체와 연관이 있는 것이다. 하나님의 말씀은 그것이 우리의 청취와 순종을 요구한다는 측면에서 생산적인 주체를 전제로 한다. 그 자신의 존재, 그 자신의 행동 패턴 그리고 행위

를 그 스스로 시작할 뿐 아니라 새롭고 독자적인 하나님에 의하여 소통되며 그 순종 가운데 완성하는 그 모든 것을 질서 있게 완성시킬 그런 주체를 전제로 하는 것이다. 하나님의 말씀은 인간에게 다가감으로써 그 자신에 대한 앎과 자신의 자유로운 주체와 연관됨으로써 하나님께서는 그 인간을 형성하시는 것이다. 그렇지 않으면 하나님이 그와 더불어 대화를 나누고 그를 자유롭게 인도하신다는 것이 무슨 의미가 있겠는가? 하나님께서는 그와 더불어 말씀을 나누면서 그의 자족적 독립성에 의존하는 것이다.

하지만 이 독립성은 피조적 독립성일 뿐 절대적인 독립성이 아니다. 이는 하나님과 더불어 경쟁할 수 있는 것이 아니다. 이 유한한 자립성 때문에 인간의 삶이 하나님에게 속한 것이라고 말할 수는 없다. 이러한 유한한 자립성은 인간의 것이며 스스로 진실로 참되게 인간적 자립성이며 그의 자립성인 것이다. 그러므로 이 인간의 삶은 그가 살아도 되는 것이며 그가 살아야 하는 것이며 그에게 맡겨진 것이지만, 인간 그 자신이 최후의 결정권을 가진 것은 아니며 그렇게 주장해서도 안 된다. 인간의 삶의 전적인 자유 가운데 그 삶이 하나님에게 속해 있기 때문에 이 삶은 이제 하나님의 말씀을 들어야 하며 그 말씀에 순종해야 하는 것이다. 이 삶이 인간에게 요구하면서 이 삶은 이제 그 인간이 자신의 자유 가운데 하나님에게 속한 것임을 드러내고 계시하는 것이 사실이다.

6. 그러나 지금 우리는 무엇이 인간적 현존재이고 그 삶인지 충분하게 기술할 수 없다.―비록 그 자체로 스스로 완전하게 반성될 수 없는 것이기도 하지만―그러기 위해서는 인간적 현존재가 그것을 통해 근거되고 또한 특징지어지는 바 그 무엇에 대한 사유가 반드시 필요한 것이다. 먼저 하나님 앞에서 가질 수 있는 인간의 자유라는 규정이다. 인간은 이러한 규정하에 자신의 자유를 가질 수 있도록 위임되었다. 그리고 우리는 지금까지 여러 개의 관점에서 바로 이 원점을 거의 사유하지 않았다. 인간은―**하나님**의 말씀을 통하여 그렇게 말 걸어진 자로 알려진 자로서―현실적이며 이성적이고 개인적이며 시간 안에 그렇게 움직인 자로서 자유로운 현존재로 이해되었다. 왜냐하면 그는 그가 하나님에 의하여―그 모든 것을 그 독특함 가운데 있게 하시고 보존하시는 하나님에 의하여―그렇게 창조되었기 때문인 것이다. 그 인간에게는 자신의 인간됨의 원천이 또한 자신의 목표가 된다는 사실이 인간의 본질과 특성에 가장 본래적인 것으로 속하여 있다. 그가 이렇게 하나님을 자신의 목표로 삼을 수 있는 것은 하나님이 추후에 발생시킨 것이 아니다. 즉, 하나님이 촉발시키시고 그런 후에 인간성 안에서 스스로 혹은 또 다른 존재 안으로 그렇게 자신의 목적이며 목표를 갖도록 된 것이 아니다. 그것이 아니라 그가 발생되 나온 그 원천으로 되돌아가도록 하는 그 경향으로부터 스스로 형성된 것이다. 하나님의 말씀은 그 삶을 개현시킨다. 하나님께서는 인간에게 말을 붙이심으로 인간을 자신에게 다시 불러들이는 것이다. 만일 인간의 길이 (마치 실존주의자들이 스스로에게 말하는 것처럼) 잘되기를 바라면서 그저 앞으로 나아가기만

하려고 한다거나 그의 방향이 알려지지 않고 다의적일 경우, 아니면 그의 의미가 목적 그리고 목표가 자신을 바라거나 혹은 그 외의 다른 것을 추구해 가는 것이라면 그의 길이 어떻게 하나님의 길이 될 수 있겠는가? 만일 하나님이 자신의 창조의 의지에 맞추어서 말씀하시고 그가 인간에게 그가 인간의 현존재를 규정한 바대로 이끌어 가시려고 한다면, 그렇다면 이 현존재는 이미 그의 창조주로부터 그렇게 규정되어 있다는 것과 그에게 복종해야 한다는 것은 결정되어 있는 것이다. 그렇다면 본질적으로 그를 향한 봉사와 찬양 그리고 그를 향한 질문과 그의 의지를 지켜야 하는 그런 현존재가 인간의 본질이다. 그렇다면 삶이란 그가 속해 있는 존재를 위해 사는 것을 말하고 그가 그로부터 삶을 대여받은 그를 위해 사는 것을 의미한다. 만약 삶이, 순전히 인간적인 삶이 하나님 앞에 놓여 있는 자유를 대항하는 그런 것이라면, 그것은 그렇게 언제나 단지 무신적으로만(per nefas) 존재할 수 있고, 그 자신의 본성에 상응하는 것이 아니라, 언제나 이 방향으로부터 빗나가거나 아니면 그와 정반대로 달려가는 것으로 가능할 뿐이다. 자신의 삶이 하나님을 향해 갖는 이 자연스러운 정향됨과 연관해서 인간은 자신의 고유한 주인도 아니고 그의 주권자도 아니라는 것에 반대가 있을 수 있다. 그의 삶을 규정하고 특징짓는 모든 것과 더불어서 이 삶은 하나님에게 향할 수 있으며—확실히 이것이 바로 본질이다!—하나님의 창조물이며 하나님의 대여물인 것이다. 그러므로 그렇게 인간의 삶을 살아가는 자로서 단지 그가—어떤 추상적인 사유가 아니라 하나님의 말씀과의 만남에서 야기된 실제적인 사건에서부터—전적으로 인간의 삶을 위와 같이 이해할 수 있으며 그렇게 그의 삶은 이제 하나님이 어떤 다른 특별한 추가적인 행동이 없이도 그 자신의 본성 안에서 수직적인 **차원**을 가지고 있다는 것이 자명해진 것이다.

7. 인간 현존재의 또 다른 근원적인 규정은 그가 공동체 안에서 자유를 누리는 존재라는 것이다. 그의 삶은 그 모든 방식에서 본질적으로 모든 각 사람에게 전수되어 있는 선(善)인 것이다; 이는 모든 사람, 그 자신 그리고 모든 타인에게 모든 시간과 장소 그리고 그 자신의 고유한 방식의 특징 속에서 같은 것이다. 인간적인 삶은 비록 하나의 집단주의적 행동에서 시행되는 것은 아니지만(바로 이러한 집단주의적 이해에 대항하여 삶을 형성하는 자발성과 같은 특징을 보다 잘 이해할 필요가 있다.), 바로 이 자발성이나 독자성과 같은 것은 모든 사람에게 동일한바 바로 그러한 집단적 특질이기도 하다. 그리고 놀랍게도 바로 이 이중적 관점을 통하여 인간은 다른 사람을 확실히 그리고 가장 확실하게 자기와 유사한 사람으로 인정하게 된다.—즉, 인간 **각자**는 바로 이 사람으로 규정되어 있을 뿐 아니라 그 각자에서 독특한 **자유** 안에서 살도록 규정지어졌다는 의미에서 타인을 자기와 유사한 자로 알게 되는 것이다. 그 자신이 이성적 존재로서 독자적이며 자발적으로 움직이고 또한 반응하는 것처럼 타인도 그렇게 하는 것이다. 그리고 타인이 그렇다면 또한 자신도 그렇다는 것을 알게 된다. 인간적 삶이란 모

든 사람에게 부여되고 그렇게 또한 자신이 살아야 하도록 주어진 그 본성에 의하여 타인과의 연대에서 주어진 그런 방식으로밖에는 존재할 수 없는 것이다. 자연적이며 역사적인 관계들은 그 안에서 인간 상호 간의 연대성이 형성되는 구체적인 조건들이며 그 자신이나 타자들에게 알려지거나 문제로 확인되기도 하는 것들이다. 이러한 조건들은 연대성이 잊히거나 혹은 간과되지 않도록 한다. 그러나 모든 인간존재의 공속성과 동일성은 그것의 본질에 속한 것이지 결코 그것들의 관계 안에 들어간 것이 아니다. 그렇기에 우리는 그것에 대한 앎을 유비의 상상력에 기초한 어떤 추측에 근거짓지 않는다. 그리고 이것들은 믿을 수 없는 것일 수도 있다. 그리고 그 조건들로부터 사람들은 벗어날 수도 있다. 그러나 하나님이 인간들에게 말씀하시는 것을 통하여 하나님은 또한 사람이 타인과 관계를 맺고 있는 그 관계에게 말을 거는 것일 수도 있다. 하나님이 말씀하시는 것은 그 사람에게 꼭 적용되는 것이다. 그러나 이때 이 사람은 하나님과 유사성을 갖는 **존재**로서 삶의 본질을 갖고 있다. 하나님께서는 모든 사람의 창조주로서 그리고 요구된 변화(mutatis mutandis)로서 모든 시간과 각각의 장소에 다른 강조점, 다른 내용과 위임을 가지고 말하고 있으며 말하게 될 것이다. 그가 이 각각의 존재와 말하는 것이 얼마나 특별하고 얼마나 각기 색다른가: 그렇게 그에 의하여 불림으로써 각자는 타자 안에서 자신을 인식한다. 그렇게 필수적이고 강제적으로 그리고 최후의 궁극적으로 더 나아가 창조주의 의지의 계시로서 규정의 계시로서 인간의 삶이 그 본래적으로 그렇게 본질적이었던바 그대로 드러나게 되는 것이다. 그렇기에 인간이 공동체라는 근본적인 규정은 전혀 우연이 아닌 것이다. 인간적인 삶은, 공동체 안에서 자유의 목표를 가진 채로 타자와의 공속성 안에서, 자신의 장소와 시간에 상응하게 변화되면서 그 전적인 자신의 특성적 본질 안에서 살아가야 하고 살아갈 수 있다는 그런 허락을 받는 그 사건이 일어나는 곳에 바로 거기로부터 생겨나는 것이다. 그는 다시 무신적으로(per nefas)도 존재할 수 있다! 자신의 본성에 전혀 상응하지 않고 이 공속성을 파괴한 채로 분열의 길로 달려가는 삶을 살 수 있다. 하지만 하나님의 창조물로서 그리고 그의 대여물로서 그의 삶은 이해되어야 한다: 하나님을 대항하여서는 그 어떤 권능도 없고, 함께 망하게 되는 그 어떤 가능성도 갖고 있지 않은 자가 바로 그 인간이다. 그는 하나님 혹은 타자에 대하여 반역할 가능성이 주어지지 않았는데, 그 이유는 그가 타인과 자신이 비슷한 점을 많이 갖고 있다는 점에서 그런 것이다. 인간의 삶을 이해한다는 것에는 이 하나님의 말씀에서 드러난 통찰, 인간은 자신이 무엇을 덧붙이지 않더라도 본질적으로 이 **수평적**(동료 인간과의 관계—역자 주) 지평을 갖고 있다는 것이 속해 있다.

우리는 인간의 생명과 동물 그리고 식물의 생명이 하나로 통일된 것으로 보는 관점 혹은 매우 짙은 연관관계로부터 삶 일반에 대해 말해야 하는 질문 앞에 서 있게 되었다. 인간의 삶은 이 삶 전반에서 가장 최후의 최고의 실제라고 할 수 있다: 가장 포괄적이며 보편적인 삶의 행위, 표준적이라고 여겨진 철학과 신학에 의하면 전체 피조된 우주의 삶의 행위에 대한 참여이며 혹은 우주를 다스리는 특별한 힘(영, 세계영혼, 진화와 변증법적 진보의 원리와 비슷한 것) 혹은 또한 하나님의 삶의 행위 그 자체에 대한 참여라고 여겨질 수 있는 것이다. 우리가 여기에서 좀 더 제한하고자 하는 그 삶의 영역 들은 인간이 자신의 삶 혹은 자신의 삶과 비슷한 이런저런 유사영역에서 다시 확인할 수 있는 그런 곳에서 그 경계로 삼을 수 있는 것이다. 우리가 답변해야 할 윤리적 물음은 우리가 이 포괄적이며 보편적인 삶의 사건에서 어떻게 관계를 맺어야 할 것인지에 달려 있다.

만약 우리가 자유로운 상상 속에 나래를 편다면 우리는 이 삶 그 자체를 생각하는 면으로 훨씬 더 자유로운 상상을 할 수 있다. 앞의 일곱 개의 관점을 발전시키면서 이렇게까지 갈 생각은 못 하고 있었던 것이 사실이다; 우리가 거기에서 말했던 그 확고한 인식을 가지고 말하기는 그렇다. 왜냐하면 하나님의 말씀을 통하여 하나님으로부터 말 걸어진 인간이 동물과 식물의 삶에 참여하는 자라고 하거나 전체 보편적 삶의 행동에 참여하는 자라고—그렇게 해석되어야 한다는 것을 의미하는 것으로—말해지거나 알려진 것이어야 한다고 주장할 수 없기 때문이다. 이것은 혹시 당연한 것이라고 생각될 수도 있다. 하지만 그것 말고 하나님의 말씀과 연관되어 있다는 것은 또한 전혀 다른 일이 아닐 수 없다. 하나님의 말씀과 만난다고 해서 이러한 지식이 저절로 생기는 것이 아니다. 왜냐하면 하나님의 말씀이 인간을 지향하고 있기 때문이다. 하나님의 말씀이 사람에게 말하고 있다는 것은 그의 삶 속의 한 사건이다. 인간이 우주 속에 살고 있다는 것, 동식물과 한 범주 안에서, 그리고 더 넓은 범주의 삶의 가까운 이웃으로서 존재한다는 것, 그의 삶이 이 모든 것과 공동성을 갖고 있다는 것은 이 존재사건 속에서 다시 사라지는 것이 아니라 조용히—정말로 조용히—전제되어 있다. 그런데 이 하나님의 말씀이 다른 사람들에게 지향되어 있는 것과 상응하는 방식으로, 우주 안에서 자신의 이웃에게 그렇게 지향되어 있는지는 확실하지 않다. 하지만 우리가 그것을 어떻게 부정하겠는가? 또 그런가 하면 우리는 어떻게 이 의견을 주장하고 그것을 근거 지을 수 있는가? 만약 우리가 저 사건을 통하여 우리의, 우리 인간적 삶 속에서 우리가 사는 것과 삶이 무엇인지에 대하여 배우게 된다면, 그것은 실제 우리 삶, 우리 인간의 삶에 제한되고 확실히 우리가 그것으로부터 배우는 것은 분명히 인간에게 제한되어 있다는 것을 알게 된다. 인간의 동물적이며 식물적인 부분의 독립적이며 자존적 현실에 대하여, 인간의 삶의 이성성에 대하여, 인간의 삶의 독자성과 시간에 대한 관계, 그 자발성 그리고 하나님을 위한 그의 규정과 그의 자신과 유사한 것의 다른 현존재와의 공속성 이런 모든 것에 대하여, 의미 있는 추측들과 관찰에 근거한 채로, 사람들은 아름답고 경건한 생각을 이어갈 수 있을 것이다. 하지만 그는 (이러한 추측과 자연적 사태의 관찰을 통해서는) 인간이 이 현존재 위로 그리고 그의 특성에 맞추어서 하나님으로부터 말 걸어졌으며 그에게 하나님의 말씀을 통하여 그의 이러한 상태에 대한 이야기들이 주어졌다고 말할 수 없게 될 것이다: 인간은 그의 동물적인 측면이나 식물적인 지평에서, 혹은 삶의 전 지평 위에서 말 걸어진 것이 아니라 오직 그의 고유한 그의 인간적인 삶으로 그 지평에서 하나님으로부터 부름을 받고 말 걸어진 것이다: 또한 그가 다른 동물이나 식물과 공통적으로 가진 것에서도, 그의 독자성을 나타내는 요소로서도, 그의 인간적 삶의 요소 혹은 보다 더 보편적인 삶의 어떤 요소로서 하나님의 말씀과의 관계가 거기에 어떤 부분을 갖는 것이다. 그러므로 우리는 하나님의 계명이 인간의 삶 속에서 특별한 지평을 가지고 특수한 형태에서 의미를 갖게 되는 바로 그 삶의 영역에 대하여 묻게 된다. 하나님의 계명은 인간과 연관이 있으며 바로 그 인간의 삶에 관계를 갖고 있다. 그렇다면 우리는 무엇으로부터 이 하나님의 계명이 모든 동물과 식물 그리고 삶 그 자체에까지 영향을 끼치고 있다는 것을 알게 되는가? 왜 그것은—우리에게 전적으로 숨어 있는 방식으로—우리에게 주어지지 않았는가? 창조주와 피조물 사이의 관계 안에는 다양한 현실들의 무한성이 있으며 그것으로부터 우리는 그것이 있다는 것만 아는 것이다. 왜 그 환상은 이것들과 서로 문제로 섞이지 않는가? 분명한 것은 우리가 그것을 잘 알지 못한다는 것뿐이다.—우리의 경우에는: 모든 것을 포괄적으로 감싸고 있는 보편적인 모든 삶의 형태에 적용되는 그 계명을 듣지만 우리는 단지 그것이 우리에게 유용하고 필요한 계명으로 들을 수 있을 뿐이다. 아마 여기에서 자연주의나 생명주의가 등장하고 우리가 그것을 좇아야 할 하등의 이유가 없는 것이다.

이러한 이유로 해서 우리는 우리가 다루었던 일곱 가지 관점을 통해서 삶 그 자체를 이해하고자 한다. 우리는 **신학적** 윤리를 다루고자 하며 그렇기에 하나님의 말씀의 발생 안에서 우리 자신을 인식할 수 있는 그런 영역 안에 머물고자 하는 것이다. 여기에서 다시 신학적 **윤리**가 문제시되며 그것은 선에 대하여 물을 수 있는 삶에 대하여 말해야 하는 것이다. 이 양자의 관점을 모두 유의한 채로 우리는 다음과 같이 말할 수 있다: 여기에서 우리가 문제시하는 살의 영역은 바로 인간적 삶의 영역이다. 그렇다고 해서 우리가 인간의 삶과 다른 형태의 현실을 모두 무시하고자 하는 것이 아니다. 우리는 우리 인간의 삶이 다른 형태의 삶이 갖고 있는 연관성을 부인하지 않는다. 우리는 인간의 삶이 동물들과 매우 가까운 근친관계에 서 있음을 부인할 생각이 없다. 이것은 인간이 만들어진 바로 같은 날에 동물이 만들어졌다는 성경의 보도에서도 그 유사성을 찾을 수 있을 것이다. 이는 만일 우리가 우리 인생의 중심 문제를 생각하고자 한다면 마땅히 동물적인 주변부의 삶에 대해서도 신중하게 생각해야 한다는 것을 보여준다. 단지 우리는 우리의 삶을 동물적 혹은 식물적인 삶으로 안다고 하는 것이나 일반적 삶에 대한 어떤 상상으로부터 우리의 삶을 배울 수 있다고 거기에서 기대하고자 하면서 그것을, 삶이라는 것을 하나님의 계명하에 있는 삶과 동일시하는 것을 반대하고자 한다. 우리는 우리 안에 있는 삶의 통일성에 대하여 그리고 우리 밖에서는 그 어떤 확실한 지식을 찾을 수 없다는 것을 말하고자 하는 것이다. 그러므로 우리는 우리가 확실한 근원으로부터 확실하게 알 수 있는 그 삶에 남아 있고자 하며 그 삶에만 온갖 인간적 자유를 한정짓고자 한다.

지금까지 규정된 정도의 범위에서 삶이란 개념은 전제되어 있다.

우리가 이 전제로부터 하나님의 계명에 대하여 묻기 시작한다면 다음의 사실들을 **생각**해 보는 것이 필요하다. 하나님의 계명은 모든 경우에 있어 그 계명에 상응하는 특정한 인간적 결정들과 태도 그리고 행동들을 요구하지 않는가? 그렇다면 이 행동들이 어떻게 규정되고 정초되었는가? 이는 그 행동들의 그 어떤 것도 특별한 삶의 행동의 실체(substrat)가 없이는 사건이 될 수 없다는 것이다. 인간이 순종적이라는 것이라는 것은 언제나 그가 살아 있다는 것을 내포하고 있다. 그리고 하나님의 계명이, 언제나 그렇듯이, 인간이 구체적으로 행동할 것과 자신의 현존재를 인정하고 의지하면서 자신의 삶의 필요와 가능성들을 통하여 자신의 행동과 지속을 가능하게 하도록 하는 요구를 내포하고 있는 것이다. 즉, 하나님의 계명은 암시적으로 그리고 임시적이지만 익명적으로 명령법을 내포하고 있다: 우리는 우리의 삶을 의욕해야 한다는 것이다! 이 명령법에 대한 가장 초보적인 오해(그저 동물적 삶)는 이 삶—즉, 사람이 자신의 삶을 살기 원해야 한다는 그 본질적인 측면의 삶—에 하나님에 대한 지향성과 다른 사람들과 연결되는 연대성이 필연적으로 내포되어 있다는 점에서 피할 수 있을 것이다. 우리는 인간이 하나님의 계명과 만나는 곳과 그 방법에서 언제나 지금까지 말해 온 포괄적이며 진지한 삶의 개념(하나님과의 만남과 공동체적 개념을 포함한 것—역자 주)으로 부름을 받았다고 확정적으로 말할 수 없는가?

이렇게 즉시 생각되지만 불필요해 보이는 위와 같은 사유는 다음 세 가지 중대한 관점을 **생각**하도록 만들고 있다.

첫째로, 인간의 삶에는 필연적으로 하나님을 향한 지향성과 자신의 동료 인간들에 대한 연대성이 내포되어 있다는 것이다. 하지만 삶의 의미는 인간 자신의 최고의 그리고 자신의 인간성을 위한 결정적인 규정들 안에서 다 해소되는 것은 아니다. 삶이란 앞에서 우리가 알아본 다섯 가지의 관점과 연관해서 볼 때 단순한 것이다; 실제적이며 피조된 그 현존재는 영혼과 육체의 방식을 가지고 있으며 또한 자기 고유한 특성과 자유로운 행동의 근원성 안에 있는 시간 속에서의 운동인 것이다. 그렇다면 너는 살아야 한다!는 명령법은 삶의 개념 안에 포함되어 있으면서 그 두 가지 최고의 규정하에서 직접적으로 파악할 수 없는 관점에서 무엇을 의미하는가?

둘째로, 하나님의 계명은 삶의 두 규정에 상응하여 하나님 앞에서의 자유와 동료 인간과의 공동체 안에서의 자유로 인간을 부르고 있다. 하지만 이것이—하나님의 계명의 관점에서 보더라도—전부인가? 하나님의 계명은 인간을 단지 현존재를 위한 자유 안으로 부르지 않는가? 그 계명은 단지 익명적으로 인간들에게 제공한바 아래에서 그리고 그것과 함께 그리고 그것 안에서만 실제적인 것이 아닌가? 너는 살 것을 의욕해야 한다!는 명령법은 실제로 그 인간이 거기에 상응하는 행동을 통해서만이 그 자신의 소리를 갖게 되지 않는가? 그리고 이제 그에게 상응하는 그 개념, 즉 올바르고 정의로운 삶은 인간과 하나님과의 관계, 그리고 인간과 다른 동료 인간과의 관계를 넘어서 더 특별한 내용, 즉 실제로 하나의 특별한 관점과 지평에서 이해되어야 할 하나님의 계명에 대하여 말하고 있지는 않는가? 이는 인간에게 그의 행위와 함께 보인 하나의 특별한 자유, 특별한 순종이 아닌가? 그리고 그것은 그가 인간으로서 현실적이며 이성적이며 개인적이며 시간적이며 하나님 앞의 자유와 하나님에 대한 순종으로의 자유를 가지도록 부름을 받은 것에 대하여 자발적으로 대응하도록 하는 그런 존재임을 말하는 것이 아닌가?

셋째로, 그렇다면 하나님의 계명은 모든 경우 어떠한 일에도 인간은 자신의 삶을 의욕해야 한다!는 명령을 그 자신 안에 내포하는 것이 확실한 것인가? 이 명령법은 지금과 같은 상황하에서 정말 그것을 하나님의 계명으로 이해하려고 한다면 그 자신의 단어의 뜻과는 전혀 다른 모순적 의미로 이해되어야 하지 않는가? 왜냐하면 계명이라는 단어의 의미로 보자면 이는 신적인 계명의 전적인 형상에서 볼 때 필연적으로 절대적이며 아무런 제한도 없는 그런 명령이라는 의미를 담고 있어야 하지 않는가? 그런데 하나님의 계명으로서 이 계명은 이를 제공하시는 하나님께서 삶의 주님이실 뿐 아니라 역시 죽음의 주님이시기도 하기에 단지 제한적인 의미를 담고 있지 않는가? 하나님의 계명이 인간을 하나님 앞에서의 자유와 다른 동료 인간들과의 공동체 안에서의 자유로 부르면서 전혀 다른 명령법을—혹은 그 최고의 모순적 형성 안에 인간이 항상 반드시 살기를 원하지 않을 수도 있다는, 자신의 삶을 아름답게 꾸미지 않을 수도 있다는, 그리고 자신을 죽음으로부터 지키려 하지 않고 오히려 거꾸로 자신의 삶을 함부로 위험에 빠뜨릴 수도 있으며, 자기의 삶을 포기할 수도 있고, 혹시 자살을 바랄 수도 있다는 그런 위험천만한 역설이 그 속에 내포되어 있을 수 있지 않을까? 그래서 마가복음 8:35에 있는 것처럼 사람들이 자신의 삶을 구하려고 함으로써 오히려 그것을 잃어버릴 수 있다면 그것은 이 사태를 가리키는 것이 아닐까? 인간적 현존재가 하나님을 향해 부름을 받았다는 그 자유의 특수성은 그가 살아야 한다는 당위성과 그 의욕의 필연성을 넘어서서야 가능한 자유 속에 나타나는 것이 아닐까? 이는 인간의 그 자유를 하나님을 향한 자유와 동료 인간과의 연대성을 이루기 위해서 하나님께 다시 되돌려 드리는 그런 행동 가운데 있는 것이 아닐까?

만일 이러한 생각이 근거가 있는 것이라면 인간이 자기에게 명령된 바를 실행하기 위해서 자신의 삶을 긍정하고 받아들이려는 의지가 있어야 한다는 요구를 함축하고 있는 하나님의 계명이 있다는 것을 의미하는 것이다. 하지만 이 요구가 단지 전제로서 알려지는 바로 그곳에서 이 요구는 특별한 자기만의 내용과 특성을 갖게 된다. 그리고 더 나아가 하나님의 계명은 그 안에서 그 독자적인 내용의 요구들의 자족적인 독립적인 내용과 특성을 가지고 있는 것이다. 그리고 이 요구는 이런저런 형태에서 하나님의 계명이라고 할 수 있으며 언제나 의미에 맞게 제한되어 있는 것이다: 즉, 하나님의 계명은 하나님께서 삶을 긍정하고 삶의 의지를 가질 수 있도록 하는 정당한 요구가 일어나도록 하는 그 목적과 전제의 공간 안에서 무조건적이며 절대적인 것이 아니라 제한적인 것이다.

우리의 생각을 이렇게 정리한 후 우리는 다음과 같이 일반적인 형식으로 말해보고

자 한다. 사람들이 하나님의 계명을 통하여 부름을 받았던 삶으로의 **자유**는 자신의 것을 가지고 다른 사람들의 삶을 그리고 거꾸로 그들의 삶을 가지고 **자신의 고유한 삶을 하나님의 대여물로 여기는 자유**인 것이다.

이러한 일반적인 명제를 분명하게 하기 위해서 다음의 내용을 설명할 수밖에 없다:

(1) 이 세 번째 단락하에서는 하나님의 계명하에서 인간 **현존재**의 관점에서 복종이라고 부를 수 있는, 즉 인간의 **자유**가 어떻게 존재하며, 그것이 있는지의 여부를 더 상세하게 다루고자 하는 것이다.

(2) 이와 동시에 일곱 개의 관점과 연관해서 인간의 현존재를 이해할 때 중심이 되는 것은 다음과 같다. 각 사람의 독자적인 삶이며 또한 모든 다른 사람들의 동일한 인간적 삶이다. 이 둘 사이의 추상적인 이해는 중요하지 않다. 왜냐하면 독자성과 자발성이 인간의 삶에는 본질적인 것처럼 타인과 함께 갖는 연대성도 인간의 삶에 본질적이기 때문이다. 그래서 우리는 이러한 두 개의 관점을 상호 간의 관계로 표시하고자 한다: 사람들은 자신의 고유한 삶을 삶으로써 타인의 삶을 사는 것이며 또한 타인과의 삶을 통하여 자신의 고유한 삶을 살아가는 것이다. 하나님의 계명은 바로 이러한 인간 삶의 이중적 규정하에서 인간이 갖는 인간 현존재에 대한 복종을 의미하는 것입니다.

(3) 이와 같이 이제 삶은 하나님의 계명을 통하여 비로소 하나님의 인도하심 속에 들어가게 된다. 인간이 살고 있다는 것—그 이성적 삶의 본질로서 개성 속에서 그리고 그 제한된 시간 속에서 하나님에 대한 특별한 지향과 다른 동료 인간에 대한 각별한 연대성 속에서—은 인간 스스로가 창조할 수 있는 것이 아니다. 또한 인간 스스로 그 삶을 스스로 길게 연장할 수도 없는 노릇이다. 그가 더 이상 살지 않는다면 그 삶은 그에게 다시 반복되지 않는다. 인간들은 기껏해야 하나님께서 그들에게 허락해주신 그대로의 삶을 받아들일 수 있고 그렇게 살 수 있을 뿐이다. 하나님의 살게 하는 영을 통하여 우리는 살아가도록 허락받은 것이다.

(4) 인간은 하나님의 계명을 그 어떤 어두운 운명이라든지 혹은 맹목적인 힘으로 체험하는 것이 아니라 하나님의 선한 행동으로 그가 받아들일 수 있으며 그렇게 함으로써 그는 살아갈 수 있는 것이다. 하나님의 계명은, 사람들에게 그 어떤 요구를 세움으로써, 살아도 된다는 허락을 그 자신에게만이 아니라 타인을 위해서도 인간이 가진 최고의 특권이며 선이고 독특한 가치라는 것으로—왜냐하면 이것이 또한 하나님으로부터 왔기 때문이다.—선명하게 드러내고 있다. 막연한 최우선적 권위나 절대적 선 혹은 최고의 가치를 나타내는 것이 아니다. "나의 삶과 영혼이 사라지더라도, 하나님은 나의 산성이요 나의 구원이시다."(시 73:26) 그리고 "당신의 은총이 삶보다 더 좋은 것입니다."(시 63:4)—그러나 자신의 한계 안에서 하나의 선이며 가치이다. 왜냐하면 하나님을 만나고 그를 경외함 가운데 즐거워하는 것은 놀라운 기회이기 때문이다. 날마다 새로운 것으로서 이 삶 자체를 하나님의 은총의 기적으로 받아들이는 것과 날마다

새롭게 그 삶을 받아들이면서 그렇게 살 수 있도록 허락되었다는 것을 깨닫게 되는 것 자체는 이미 하나님의 은총의 기적일 수밖에 없는 것이다. 그리고 이는 우리의 삶의 의미나 희망 그리고 성공적인 것이나 행운 혹은 재화와 같은 것과 같은 모든 삶에 필요한 것과는 완전히 독립적인 것이다. 하나님의 계명이 살아 있는 인간들에게 연관이 되어 있는 한 그 자체로(eo ipso) 그것은 언제나 하나님의 신적인 은총의 기적과 연관되어 있다.

(5) 삶이 가진 덕목이란 인간이 받아들일 수 없었던 신적 **대여**인 것이다. 사람들은 자신들이 살아갈 수 있도록 허락받았다는 사실을 어떤 경우에라도 하나님이 보여주신 신뢰의 행위로 인정해야 한다. 이와 연관해서 윤리의 근본적인 질문은 다음과 같다: 그렇다면 사람들은 자신들이 살아도 좋다는 허락과 함께 그에게 이 계명으로 제시된 하나님의 신뢰의 행동에 어떻게 상응할 수 있겠는가? 여기에서 삶이 가치 있는바 바로 그것임을 인식하고 그것을 존귀하게 만드는 것인가? 그에게 삶이 주어졌다는 그 사실을 구체적으로 실현시킴으로써 삶을 이용하여 향유하면서 사용할 뿐 아니라 그것을 풍성하게 만드는 것이 바로 그것인가? 그 사람들은 이 삶의 기회를 언제나 영원하게 갖지 않고 제한된 시간만을 가질 것이라는 것을 기억하고 그것을 충분히 이용하든 그렇지 않든 간에 그의 손에서 그 삶의 아름다운 것들이 벗어나게 되고 결국 다 일회적인 것처럼 사라져버릴 것이라는 것을 잘 아는가? 이렇게 함으로써 인간에게 속해 있지 않은, 그리고 그가 아무런 생각이 없거나 자의적으로는 전혀 가질 수 없다는 전제하에 그가 이미 그렇게 스스로 가질 수밖에 없기에 그에 대하여 인간은 분명하게 피할 수 없이 마지막으로 답변을 해야 하는 선을 다루고 있는 것인가?

(6) 결국 신적인 대여인 삶을 어떻게 **사용**하는지가 문제이다. 우리는 이 신적인 대여 안에는 인간의 자발성이 속해 있다는 것을 이미 확인하였다. 이는 책임을 지게 되는 자유로운 결단, 결심을 하는 능력, 그리고 결정된 바를 실행하는 것, 태도를 취하며 구체적인 행동을 수행하는 것을 의미한다. 인간적 삶이란 인간의 행동으로 살아지는 것이지 단순하게 어떤 경험으로 주어지는 것이 아니다. 이는 사람들이 스스로 수용하는 바이며 날마다 새롭게 인간에 의하여 실행되는 것이다. 바로 이러한 형태의 삶이 이루어지도록 그것에 알맞은 능력과 함께 인간에게 주어진 것이다.

이는 인간의 삶의 관점에서 가장 넓은 의미로 하나님의 계명이 가진 특별한 지평이며 특성들이다. 만일 사람들이 여기에서 그리스도교 신학적으로 어떤 특별한 문제를 다룬다는 것을 발견하지 못한다면 이는 나무만 보고 숲을 보지 못하는 경우와 같은 것이다.

이는 성서적 사건에서 자신을 계시하신 하나님이 그가 창조한 모든 것에 대하여 관심을 가지신 것이 아니라, 이 모든 것 가운데 이것 혹은 저것에 관심을 가지신 것이 아니라, 그의 자유로운 선택과 관심에 따라 인간에게 관심을 가지고 있다는 것을 의미하는 것이다. 하지만 왜 하나님이 그렇게 하셨는지 그 배후를 캐는 것은 우리의 힘 밖에 있다: 영을 통하여 그 자신의 고유한 혼과 육의 일치를 이루고 하나님과 동료 인간들에게 관심을 가지고 있으면서도 그에게 주어진 고유한 시간 안에서 개성과 자유를 가지면서 살고 있는 이 인간에게 관심을 가지신 것이다. 만일 영원하신 하나님, 하늘과 땅의 주요 창조주이신 분이 은총 가운데 자신의 피조물에게 관심을 가지면서 그를 보호하고 인도하기에 애쓰신다면 그리고 이 역사의 동반자로 삼으신다면 그것은 다름 아니라 인간을 그렇게 대하신다는 것이다. 확실히 사람은 모든 현존재를 앞서는 하나님의 결단의 대상으로서 하나님의 영원한 은총의 선택의 대상인 것이다. 인간과의 계약관계가 온전히 이루어지는 것이 전체 피조적 현존재들의 존재 의미이며 그 중심적 사안이라고 할 수 있다. 하나님께서 모든 피조물과 관계를 갖거나 그것 가운데 이런저런 다른 존재자들이 아니라 예수 그리스도 안에서 인간과 동일하게 되시고 그 스스로 인간이 되신 바로 그 사건이야말로 모든 피조적 현존재의 중심에 서 있는 바이며 그 모든 것의 의미로서 그 자신의 선택과 결단의 완성이며 그가 세워놓으신 바 그 계약적 동맹의 성취인 것이다. 하나님께서는 계약을 인간과 더불어 만드셨다. 하나님과 인간 사이에는 분명한 사태가 있다. 그의 이름이 창조 안에서 영광을 받으셔야 하며 하늘의 나라가 이 땅 위에 임하여야 하고 그의 뜻이 하늘에서 이루어진 것같이 이 땅 위에서는 인간 구원의 사건이 일어나야 하고 그렇게 인간들이 하나님의 선하심과 자비하심을 경험해야 하며 인간은 신앙과 사랑과 희망을 가지도록 부름을 받은 것이다. 하지만 이 모든 것을 단지 객관적으로 그리고 사실적으로만 생각하고 말해서는 안 된다. 하나님이 이를 통해서 영광을 받으시는 것과 그가 영광스러워지시는 것을 마치 무슨 알려지지 않은 X인 것처럼 생각해서는 안 되는 것이다. 이를 위해서 하나님의 계시가 있고 하나님의 은혜의 활동이 있다. 하지만 동시에 인간은 그 위에 이미 객관적으로 결정된 것이 아무런 실존적 관여 없이 그냥 자유롭게 쓰일 수 있는 텅 빈 칠판이 아니다. 이 모든 것에서 인간이 관건이고 하나님께서 이 모든 것을 인간과 더불어 함께 성취하시면서 이루기를 원하시고 이 모든 것에서 그 인간이 바로 이 하나님의 행동의 계약의 대상이며 대상자이고 목적이며 목표라는 것은 계시된 것이며 하나님의 은혜의 사태인 것이다. 하나님의 행동 안에서 모든 것은 언제나 영광스럽고 능하며 전능하고 또한 우리가 이해할 수 없을 만큼 높고 깊은 것이지만—하지만 그에게 인간이 역시 그렇게 사랑스럽고 중요한 존재라는 것, 그와 더불어 하나님께서 이 모든 것을 유지하고 있다는 것, 그리고 인간을 받아들이고 계시다는 것 역시 높고 존귀한 것이다. 그분이 인간의 삶과 인간을 자기의 것으로 만드신 것이다. 왜냐하면 인간은—신적 행위의 대상이며 동반자이고 그의 목적이라는 점에서—그의 대여를 받아들인 자로서, 하나님의 의지와 경정을 따라 그 하에서 자신의 삶의 조건들을 받아들인 그런 자이다. 하나님께서 인간과 더불어 관여하길 원하시며 그 관여를 통하여 하나님께서 영광을 받기를 원하시고 그리고 그렇기 때문에 인간을 구원하려고 하시는 그 하나님의 지속적인 허가 때문에 존재하게 된 그 인간은 또한 하나님께서 그 관계에서 자신의 존재만을 자신의 영광만을 원하시는 것이 아니라 그 인간의 현존재를 염려하시고 그를 존재하도록 하시기에 존재하는 것이다. 하나님이 인간을 창조하셨고 인간에게 그 삶을 긍정하셨으며 하나님이 그의 삶의 공간을 항상 염려해 주심으로써 그 일이 가능해진 것이다.

창세기 1장에 기록된 창조의 역사는 인간의 창조에 이르도록 하나님께서 어떻게 인간의 삶의 공간을 확보하시고 그것을 형성하신다고 하는 유일한 기록이라고 할 수 있다. 구약성서에서 기술되어 있는 계약의 역사는 이스라엘 역사에서 영적으로 일어나고 하나님의 의지로 일어난 이스라엘의 땅의 점유와 그 속에서 이스라엘이 살게 된 그 하나님의 선함과 은총의 역사와 하나로 긴밀하게 연관되어 있다. 예수께서도 그의 제자들에게—다른 모든 기도보다 더 진지하고 더 진실하게—빵을 위해서 기도하도록 요구하셨다. 기적의 표시들을 통하여 예수께서는 이 땅 위에 임하신 하나님의 나라를 증거하였고 특히 우리 일상생활 속에서 일어난 각별한 도움의 현실을 통하여 그것을 실행하신 것이다. 신약과 구약 모두에서 인간의 거주와 음식, 마실 것, 잠자는 것과 일하는 것과 쉬는 것, 건강한 것과 병든 것, 단지 간헐적으로 그렇게 언급되지 않고 거대한 다른 일의 그림자 속에 남겨진 것이 아니라 진지하게 이 삶의 모든 현실에 대하여 말해지고 있는 것이다.

만일 우리가 올바르게 이해하고 있는 것이라면 성서의 사신에서는 인간의 영생이 핵심사안이다. 영생 안에서 하나님의 영광이 드러나며 인간의 구원이 완전하게 그리고 궁극적으로 계시된다. 이 영원이란 수식어가 말해주듯 이때 인간에게 이 삶은 잠시 대여되는 것이 아니라 언제나 항상 그리고 사라질 수 없는 그 개인에게 속한 것(Eigentum)으로 **선물**로 주어진다는 점에서 우리가 누리는 현재의 삶과 다르다. 하지만 이러한 새로운 형태의 삶에서도 그것은 여전히 인간적 삶이다. 만일 인간이 부활을 통하여 죽음으로부터 일어나 자신의 영원한 삶으로 나아가게 된다면, 그리고 이렇게 하나님의 영원한 삶으로 들어가면서 초월적인 삶으로 나아가게 된다면 고린도전서 15:53에 있는 것처럼 이 사멸할 **것**이 영원한 것을 입고 없어질 **것**이 없어지지 않을 것으로 갈아입는 그런 날이 온다면, 그렇다면 이 종말론적 관점, 영원한 것으로 현재의 삶을 제한하는 것은 현재의 삶을 가치절하시키는 것이 아니라 이 썩고 죽을 수밖에 없는 현재의 삶을 높이는 그런 효과가 있다. 앞으로 더 자세하게 설명해야 하겠지만 이 영원한 삶에서도 지금 우리가 갖는 시간적이며 이미 우리에게 지금 대여되어 있는 이 삶이 문제이기 때문이다. 그렇기에 이 영생의 관점에서도 하나님께서 우리가 지금 현재 사는 것이 마치 아무것도 아닌 것처럼, 그저 우리가 현재 가졌던 시간과 삶이 무의 세계로 떨어지고 말 것처럼 여기시지 않을 것이다.

하나님께서 삶을 인간에게 주신다는 것, 그리고 우리가 이해할 수 없지만 하나님이 스스로 이 보잘것없고 임시적이며 끊임없이 위협 속에 살고 있는 현존재에 가장 가까운 방식으로 참여하신다는 사실은 영생에 대한 생각 때문에 무시되어서는 안 되는 것이다. 만일 이것이 옳다면 하나님이 인간에게 삶을 주셨다는 그 문장의 참된 의미는 자의적으로 이해될 성질의 것이 아니라 오히려 그리스도론적이며 신학적으로 무장해서 이해되어야 할 것이다. 인간 현존재를 위한 하나님의 **계명**의 그 의미와 범위, 즉 순종으로서 인간이 가진 **자유**의 의미가 무엇인지도 바로 그리스도론적으로 그리고 신학적으로 물어야 하는 것이다. 복음이 있는 곳에는 하나님의 특별한 율법이 있다. 하나님께서 특정한 방식으로 은혜로우신 곳에 그가 사람들을 역시 특정한 방식으로 거룩하게 하시는 역사가 있다. 하나님의 특정한 의도가 보이는 곳에, 인간의 편에서는 그 의도에 맞추어서 인간 스스로 하나님의 의도에 상응하려는 의지와 준비가 있는 것이다. 하나님의 이 선한 의도는 인간이 자신의 현존재와 함께 성서의 사신 안에서 하나님과 상대하고 있다는 것, 모든 사건과 사물들의 중심에서 하나님을 상대로 만날 수 있도록 허락되었다는 사실, 바로 말씀이 **육신**이 되신 그 사건 안에서 궁극적으로 그리고 결정적으로 이미 준비된 것이다.

―――――――

이제 우리는 이 첫 번째 단락의 본래의 특수주제로 우리의 관심을 돌리고자 한다. 즉, 삶의 경외이다. 만일 우리가 이를 하나님이 우리에게 주신 기회라고 이해한다면 그는 무엇보다 이 삶을 경외감을 가지고 살게 될 것이다. 경외란 인간 자신의 삶 속에서 탁월하고 우월하신 하나님을 대하고 있다는 사실에서 비롯된 놀라움과 겸손 그리고 인간의 자기낮춤이라고 할 수 있다. 지극히 높으신 분, 그분의 가치와 거룩함과 비밀스러움 등은 인간으로 하여금 하나님과의 관계에서 거리를 갖고 그 거리를 유지하면서 신중하게 하나님과 관계를 유지할 수 있도록 하기에 필요한 것이다. 경외란 배려하는 것이며 존경하는 것이다: 한 대상을 존경(respicere)한다는 것은 그 대상과의 관계를 우연이나 자신에게 유리한 계산에 의하여 갖는 것이 아니라 오히려 잘 선택되고 특별히 그 대상에게 잘 맞도록 고려된 태도를 갖는다는 것을 의미한다. 이러한 필요와 요구는 삶 그 자체로부터 나오는 것이 아니다. 그 삶 자체가 이러한 배려와 고려를 낳지 못한다. 삶이 그렇게 할 수 있는 아무런 능력을 갖추지 못했다는 것은 이미 잘 알려진 사실이다! 하지만 하나님의 계명은 인간으로 하여금 하나님에게 존경을 표현할 수 있게 한다. 만일 사람들이 하나님의 말씀과 그의 약속 안에서 하나님께서 인간의 현존재를 그의 영원으로부터 선택하고 사랑하셨다는 것과 하나님이 인간을 위해서 하신 것에 대하여 알게 된다면 그에게는 이 인식 안에서 인간의 삶은 그 자체로 하나의 높고 존귀하며 거룩하기도 한 비밀스러운 사실이 될 것이며 그렇게 된다면 그 인간은 자신의 삶 속에서 하나의 초월적인 신비, 경외를 부르게 되는 그런 신비를 만나는 것인데 그 이유는 다름 아니라 살아 계신 하나님이 그렇게 하도록 자신을 이미 결정해 놓으셨기 때문이다. 우리는 분명하게 예수 그리스도의 탄생은 바로 인간의 삶을 경외하라는 계명의 계시로 받아들일 수 있을 것이다. 그의 탄생은 영원한 선택과 하나님의 사랑을 계시하는 것이다. 이 사건이 인간을 하늘과 땅 아래 있는 다른 모든 사건과 존재로부터 구분 짓는다. 이 그리스도의 탄생이 인간에게 각자 안에서, 그들의 의심스러운 형태 속에서 단독적이며 유일회적이며 반복될 수 없고 대치할 수 없다는 그 특성을 허락해주고 있다. 이 그리스도의 탄생은 인간으로서 거기 그렇게 존재할 수 있도록 허락받은 것이 하나의 은총이며 선한 혜택임을 보여준다. 이 그리스도의 탄생이 우리의 삶을 비교할 수 없는 것으로 그리고 다시 되돌릴 수 없는 하나님의 영광을 높이기 위한 기회로 만드는 것이다. 그렇게 함으로써 우리의 삶은 이제 **경외**의 대상이 되기도 한다.

그리스도교 교회와 신학이 신약성서의 주제를 형성하고 있는 이 성육신이 갖는 윤리적 의미를 오랫동안 방치하고 있으면서 다른 인본주의적 전통으로 도움을 받거나 다른 일반적인 종교의 진술을 통해서 인간과 그의 삶이 왜 중요하고 경외의 대상이 되어야 하냐는 질문을 다루어 왔다는 것은 놀라운 일이 아닐 수 없다. 물론 이렇게 이성적인 논증이나 자연의 특성에 근거한 인간 가치에 대한 주장 역시 중요한 것이 사실이다. 하지만 자세히 살피면 이러한 주장과 근거들은 어떤 의미에서는 근거가 박약하게 허공에 떠 있다는 것을 알게 된다. 그렇기에 이성과 자연의 본성으로부터 사실 인간의 삶을 경외하는 것과 다른 것이 자주 등장하는 것을 알 수 있다. 더욱이 이러한 자연적이며 이성의 특징적 표현들에는 인간의 삶이 아주 일방적으로 정신적이며 영적인 의미로 받아들여져서 인간의 영혼이 가지는 무한한 가치를 나타내거나 혹은 단지 물질적 현존재의 의미만 나타나는 약점을 찾을 수 있다. 그런가 하면 인간이 가진 가능성을 지나치게 과장되게 이해하는 경향을 나타내거나 과대평가를 하게 되어 결국에는 인간의 가치를 오히려 더 낮게 보게 되는 그런 우려도 있다. 그런가 하면 또 어디에선가는 이중적이어서 인간은 비록 인간, 인간성, 인간의 가치 같은 것을 말하더라도 실제로는 그 실제적이며 현실적인 인간을 말하는 것이 아니라 단지 이상과 추상적 진보 목표 같은 인간이 앞으로 추구할 바를 말하는 경우가 있게 되고 오히려 그 이상 때문에 정작 인간은 희생되고 마는 그런 경우도 우리는 실제로 보는 것이다.

하지만 예수 그리스도 안에 있는 그의 인간성에서 하나님과의 일치성이 갖는 인식에서 드러나는 그 삶에 대한 참된 경외심은 위에서 제시되었던 그런 이론에서는 가질 수 없는 힘과 범위를 가지고 있다. 이 인식에서는 소위 그 경외심이 현실적이며 하나님의 권위 그 자체와 더불어 주어져 있다: 그래서 거기에서는 그 인간의 삶에 대하여 갖게 될 그 경외심은 결코 이것이냐 저것이냐의 양자택일 (육적이냐, 영적이냐)의 관점으로 성립될 수 없는 것이다. 하지만 하나님의 계명을 어떻게 근거 지을 수 있을까 하는 질문을 인간의 현존재에 대한 본질적 질문과 함께 다루려 함에 있어서 육적인 혹은 영적이라는 양자택일의 단편적인 관점에서 근거 지으려는 모든 시도는 사실 처음부터 근거가 없는 것이다. 왜냐하면 지금 여기에서 묻고자 하는 그 인간—특히 예수 그리스도의 삶—의 삶에서는 이러한 양자택일적 분열, 육적인 측면을 강조하거나 영적인 측면을 강조하는 그런 일방적 특징들은 사실 처음부터 불가능한 것이다. 오히려 여기에서 하나님께서 요구하는 그런 요구는 예수 그리스도 안에서 육과 영혼의 질서 잡힌 그런 질서 가운데 한 통일적 전체로서의 인간의 삶을 문제시하는 것이기 때문이다. 이 예수 그리스도 안에서 일어난 인간 현존재에 대한 이해, 즉 은총과 겸손 속에서 알려지는 그 하나님의 인간성 이외의 다른 여타의 과장된 인간의 한 특수한 부분의 과대평가는 사실 금지되어야 한다. 이 예수 그리스도 안의 인식으로부터 인간의 삶을 어떤 탁월한 이데아나 이념의 한 현실화로서 이해하려고 하는 것 역시 근본적으로 배격되어야 한다. 왜냐하면 인간 예수 그리스도의 인격 안에서 그 인간의 삶 자체가 하나님이 원하시고 그것을 통하여 하나님이 경배 받기를 원하시는 바로 그것이기 때문이다. 그리스도교 교회와 신학은 그 계명의 인식의 관점에서 보면 우리가 지금 더 이상 놓칠 수 없는 아주 중요한 것을 분명하게 해주고 있다. 이 그리스도 교회만이 어떤 의미에서(예수 그리스도 안에서 알기 때문에) 이 생의 경외의 계명이 주어진 것과 그것이 무엇이라는 것을 알고 있는 것이다. 이제 그 이외의 다른 것들을 자꾸 추구하려고 해서는 안 될 것이다.

그렇다면 삶의 **경외**란 무엇을 의미하는가? 우리는 놀람과 겸손 그리고 낮아짐과 겸양과 심사숙고 그리고 깊은 배려와 적절한 관심으로 이를 표현하고자 하였다. 이제 이러한 항목들을 이 대상에 적용하고자 한다. 그 무엇에 이러한 내용들이 적용될 것이 아니라 하나님 앞에 그리고 자신과 동등한 존재들인 동료 인간들과 더불어 있는 그 현실적 인간에게 이것이 적용되어야 한다. 그의 영혼과 육체성 그의 개인적 현존재성 그의 시간 안의 움직임과 자유 그리고 하나님을 향해 그리고 동료 인간들과의 연대성 안에 존재하는 바로 그 인간에게 적용되어야 하는 것이다. 이는 각자가 자신의 고유한 존재만이 아니라 타인들마저도 그 경외 가운데 다루어야 한다는 것을 말한다. 우리의 삶이 하나님의 대여이며 그의 선한 의도에서 제시된 하나님의 행동으로서 결국 하나님의 것이기에 우리는 우리의 삶을 경외심을 가지고 대해야 하는 것이다. 그렇게 함으로써 우리는 하나님이 예수 그리스도 안에서 우리에게 더 이상 아무런 의혹을 남기시지 않는 그런 방식으로 자신을 계시하신 것을 알게 된다. 이 인간에 대하여 그렇다면 이 경외심은 무엇이며 어떠한 것인가?

무엇보다 먼저 그것이 비밀스러운 것인 만큼 **거리**를 갖는 것이 꼭 필요하다. 내가 여기 존재한다는 것, 그리고 타자가 그렇게 존재한다는 것, 인간적인 구조하에서 개별적으로 우리가 우리와 유사한 존재로 그렇게 다시 인식한다는 것, 각자가 각각의 시간에 그리고 각자의 자유 속에서 자신들의 고유한 수직적이며 수평적인 지평을 가지고 존재한다는 것이야말로 하나의 **비밀**인 것이다: 우리가 다 이해할 수도 없고 그리고 더 나아가 우리 자신을 말하고자 할 때 누구도 더 이상 건드릴 수 없으며 그 자신의 사실성과 깊이에서 다 이끌어 낼 수 없는 사실로서 그 앞에서 누구나 다 항상 새롭게 정지한 채로 다시 자신을 생각해야 하는 그런 비밀인 것이다. 이러한 인생에 대하여 존경할 줄 모르는 자나, 그 삶에 의하여 새롭게 각성되지 않은 자, 그에게 스스로 자신이 부족하다고 느끼면서 항상 부적절한 채로 그 인생을 만나고 있다고 생각하지 않는 자, 자신이 모든 것을 통달하였고 알고 있으면서 잘 처리할 수 있고 관리할 수 있다고 믿는 자, 그런 자는 복종이 무엇인지 모르는 자이다. 모든 인간의 삶은 이렇게 각별한 장엄함으로 둘러싸여 있다. 단지 신적인 장엄함, 그리고 인간을 만나고 있는 그 최후의 장엄함만이 아닌 것이다! 이것은 인간이며 피조적 삶의 장엄함이며 인간에게 하나님으로부터 주어진 규정으로서 영원성은 그에게 덧붙여진 미래인 것이다. 하지만 이러한 한계 안에서 이것은 하나님 자신에 의하여 우리에게 주어지고 강조된 그리고 특출하게 높여진 그런 삶의 비밀인 것이다. 하나님께서는 언제나 그러한 새로운 존경 속에서 높아지기를 기대하시고 있다. 여기에서 우리가 생각하고 주의를 기울어야 하는 모든 삶의 각 특이한 점들은 언제나 동일하게 놀라운 것들이다.—그리고 이것들은 언제나 각 모든 인간적 현존재 안에서 놀라운 바 그것이다. 이 점을 주의하고 유의하는 것이 중요하고 핵심적인 것이다. 무엇으로도 다시 이것을 포기해서는 안 된다. 이렇게 하나님과 인간 사이의 거리를 유지하고 그렇게 그 거리 속에서 하나님에게 깨어 있는 것이 문제인 것이다.

그러나 단지 이론적이며 미학적 놀라움은 삶의 경외 앞에서는 시의적절한 것이 아니다. 오히려 이론적이며 미학적인 놀라움은, 여기에서 올바르게 이해된다면, 모든 것을 위한 전제일 뿐이며 정작 필요한 것은 실제적인 경외심, 곧 실천적인 경외심이다. **실천적**이라 함은 인간적 삶은 인간을 긍정한다. 인간은 삶을 욕구해야 하는 것이다. 이는 자신의 삶을 타인과의 연대 속에서 긍정하는 것이며 동시에 타인의 삶을 자신의 고유한 삶 속에서 인정하는 것이다. 이기주의나 이타주의는 만일 그것이 삶의 **의지**에 대한 질문으로 넘겨질 때면 잘못된 대립항인 것이 밝혀진다. 나 자신의 삶에 대한 경외가 타인의 삶이 경외로 받아들여지지도 않고 또한 타인의 삶의 경외심이 마찬가지로 나의 삶의 경외심으로 받아들여지지도 않는 것이다. 자아와 타자가 단일한 것도 아니며 또한 각각 타자적인 것이지만 이때 자아와 타자 사이의 상호 종속성과 연대성은 해체할 수 없는 것이다. 그렇다면 이렇게 이해된 측면에서 삶의 의지는 무엇을 의미하는가? 분명하게—이 삶 속에는 자유의 의지가 속해 있는 것이기에—결단과 그 결단을 실행하려는 실천적 준비가 속해 있다. 하나님께서 우리에게 수여하신 선물인 삶을 우리가 그 본질적 성격에서 우리에게 베풀어주신 선한 것인 동시에 우리가 자발적으로 가질 수 있었던 기회로 알고 그렇게 확인하는 것은 우리가 그 삶을 살면서 그 삶에 머물러 있는 것을 통하여 이루어야 할 내용이다. 하지만 이 인식과 이러한 인식을 구체적으로 우리가 확인하는 것이 가능한 것은 다름 아니라 우리가 우리의 삶을 **이용**하고 있다는 것을 의미한다. 즉, 각 관점에서 알 수 있도록 미리 정해진 인간의 본질적 측면들을 우리가 구체적으로 실행하는 것을 의미한다. 이는 각자가 자신의 개인적 특성과 그에게 주어진 시간의 한계 안에서 자신의 기준과 한계를 실행하며 —즉, 언제나 하나님을 향하는 지향성과 동시에 동료 인간들과의 연대성 안에서— 이성적 존재(Lebewesen)로 거기 존재하는 것이다. 또한 이는 그 각자가 이러한 현존재적 특성을 가진 자로서 그러한 사태를 그렇게 허락하신 그 대상에서 감사하며 그것에 언제나 응답한 준비를 가지고 살아가면서 진지하게 그리고 충실하게 그런 존재로 남기로 작정하는 것이다. 사람들은 하나님의 계명에 복종할 때 우연히 그리고 아무런 결심 없이 그리고 계획 없이 무책임적으로 살아갈 수 없다. 복종할 때 저절로 그렇게 이루어지도록 그렇게 이끌어지도록 손을 놓고 있을 수 없다. 인간이 하나님의 말씀에 복종할 때 그는 삶에 대하여 피곤해질 수 없는 것이다. 왜냐하면 이 하나님의 계명은 언제나 인간의 의지와 결단 그리고 행동을 기다리는 부름이기 때문이다. 그리고 사람들은 바로 이것이 삶의 경외임을 알게 된다. 이러한 삶의 의지 안에 그 복종은 단지 비밀에 대한 수동적인 사색 이상의 것이 되는 것이다. 바로 이것이 그 **비밀**을 추구하게 하는 **경외** 그 자체인 것이다. 이러한 복종 안에서 이간은 이 계명을 비밀로서 발견하게 되고 그리고 그 구체적인 복종이란 인간은 살기를 원하며, 그것도 자신의 삶을 책임적으로 받아들일 준비가 되어 있다는 것이다. 그렇게 긍정되지 않은 삶, 그렇게 의지되지도 않고 책임적이지도 결단을 통해서 받아들이려고 하지도 않은 그런 아무런 행동 없는 그런 삶이야말로 아무런 비밀도 포함하지 못한 그런 삶일 것이다. 여기 이렇게 주어진 이기주의적인 오류에 대하여 교정적인 삶이 가능하기 위해서 우리는 언제나 현실적인 인간의 삶은 항상 하나님을 향하는 지향성을 가지고 있으며 또한 동료 인간들과의 연대성 속에서 살아가는 그런 형상으로만 있다는 것을 명심할 필요가 있다. 궁극적인 것이 이미 실제적인 삶 속에서 이해된 것이다. 그것은 삶에의 의지 속에, 삶에 대한 무한한 신뢰와 경외의 형태 속에서 비인간적인 삶이나 하나님의 계명에 대항하는 그런 경외심 없는 삶의 이해와 철저하게 구분되는 것으로서 존재한다. 그렇게 그는 타인의 삶과 현존재를 자신의 것과, 그리고 자신의 고유한 삶과 현존재를 타인의 것과 동시에 항상 살펴보는 존재인 것이다.

만일 모든 것이 고려되고 말해졌다면 우리가 지금 말하는 그 경외심 안에는 인생의 한계에 대한 지식이 들어 있다는 것을 알아야 한다. 우리는 이미 그것이 **피조물**의 한계이며 **종말론적** 한계를 의미하는 것이라고 말했다. 여기에는 삶의 경외가 사라지거나 약화되는 것이 아니라 오히려 이 삶 속에 한계가 있다는 사실을 변형시키고 새로운 방식으로 특징짓는 것이 될 것이다. 인간의 삶에 주어진 이 경외감은 기준이 없는 것이 아니다. 경외는 삶의 경외로서 그렇게 자신만의 기준을 가지고 있다. 그것의 기준과 한계는 이 계명과 경외심을 주시는 창조주 하나님의 의지이며 그 하나님에 의하여 인간의 영원한 삶을 규정하신 그 규정과 함께 사람들에게 주어진 지평이라고 할 수 있다. 삶이란 또 하나의 두 번째 하나님이 아니다. 그렇기에 인간이 가져야 할 하나님 앞의 경외심은 절대로 하나님과 동일한 것이 될 수 없는 것이다. 이 경외심은 오히려 하나님께서 그가 선택하고 부르신 인간들에게 가지고 싶으신 바로 그것에 의하여 제한된다. 물론 하나님이 바라시는 바에는 인간적인 삶이 속해 있다. 하나님께서는 인간들에게 인간적 삶을 수여하고 부여하셨다. 그리고 그 인간은 자신이 그 자신의 삶 속에서 바르게 살아갈 때 가질 수 있는 바를 사용할 수 있다. 그는 그가 바르게 자신의 삶을 사용할 때 이루어질 수 있는 것들을 기대할 수 있고 결정할 수 있는 것이다. 그리고 하나님께서 인간에게 바라시는 바는 이 삶을—자신을 위해서 그리고 타자와 더불어 같이 살기를 바라는 것이라고만은 말할 수 없다. 하나님은 인간의 자기 자신을 위한 삶의 의지와 더불어 타자와 연합된 그 삶의 의지도 제한할 수 있으며 약하게 할 수 있고 그것을 꺾어 놓고 마침내 그것을 그만두게 하시고자 할 수도 있다. 그리고 실제로 그분은 그렇게 하시기도 한다. 그리고 그렇게 하실 때에도 그에게 순종하지 않으면 안 된다. 그는 이 삶의 주인이요 창조주로서 그것을 하실 수 있고 그렇게 할 권리도 있으며 만일 그렇게 하실 때에는 그가 왜 그렇게 해야만 하는지도 알고 계시다는 의미에서 그는 여전히 인간에게는 은혜로우신 하나님이신 것이다. 그분은 사실 이제 지금 여기 우리가 삶이라고 보는 것 이상의 것을 행하시는 분이시다. 하나님은 인간에게 영원을 위해서 지금 이 유한한 삶을 제한하기도 하시는 분이시다. 그는 다른 삶을 통해서 이 삶을 보여주시기도 하는 분이다. 그가 우리에게 계명으로 주신 그 삶의 경외심은 인간에 의해서 결코 고정적이며 절대적인 원리로 어떤 경우에도 지켜야 하는 규범이 되어서는 안 된다. 이 경외심은 단지 이 사람들 혹은 저 사람들에 의하여 주어진 삶의 의지로서 그 제한된 의미를 갖고 있는 것이며 그렇게 성취될 수 있다는 허락을 의미하는 것이다. 삶의 경외심은 오히려, 만일 그것이 진실로 하나님의 계명에 순종적인 것이라고 한다면, 자유로운 의지 가운데 그 삶이란 대여받은 것이라는 것을 다시 확인하고 그것에 주목하는 것이다. 그것은 절대적인 것이 아니라 하나님의 섭리와 계명을 통해서 그리고 미래의 삶에 대한 고찰(meditatio futurae vitae)을 통하여 어쩌면 인간의 삶의 의지를 약하게 만들고 상대화시키며 끝에는 더 이상 존재하지 않게 하는 것까지도 포함하는 것이다. 이 삶의 경외심은 그렇기에—이 모든 것을 검토해 보건대—언제나 확실한 한계 안에서 움직이는 것이다. 이것은 자기로부터 스스로 그만두게 될 수가 있다. 그렇다고 해서 그것이 삶의 경외심이 아닌 것도 아니다. 이 한계와 그것을 향한 준비 안에서 실제로 그 삶의 경외심이 존재하는 것이다. 만일 우리가 좀 더 자세하게 살피게 된다면 우리는 이 다소간의 유보가 얼마나 중요한 것인지를 알게 될 것이다. 삶의 경외심은 이 제한 없이는 우상숭배의 원리가 될 수 있다. 그리고 그렇게 된다면 그것은 그리스도교의 순종과는 아무런 관계가 없는 것이다.

 하지만 이제 이러한 유보에 매우 철저하고 예리하게 사유된 다음의 사항이 덧붙여져야 한다. 지금 우리에게 삶의 경외로서 주어진바 그것의 내적이며 필연적인 상대화가 있어야 하고 있을 수 있다는 것이다. 즉, 이러한 제한을 제공하시고 그것을 사용하시는 하나님의 자유와 우리의 삶의 한계로서 주어진 하나님의 영생에 대한 철저한 사유가 있어야 하고 있을 수 있다는 것을 잠시도 잊어서는 안 된다. 이 유보조항을 우리의 삶에 적용한다는 것, 그리고 거기에 맞추어서 자기 자신을 낮추는 일은 언제나 최후의 경계의 성격(Grenzfalls), 최후의 이유(Ultima ratio)의 성격을 갖는다는 것을 기억해야 한다. 여기에서 삶의 한계와 그에 주어져 있던 경외심의 한계가 문제시된다: 오직 한계에서만 이 논의는 의미가 있다. 즉, 우리의 삶 속에서 경외심이 한 번은 주어졌다가 또 한 번은 주어지지 않았다는 그런 의미에서가 아니다. 이는 삶의 경외라는 측면 이외에 또 다른 삶의 측면이 있는 것처럼, 그리고 그 영역에서 경외심의 의미는 반감되거나 부분적으로 옳은 것이 되는 그런 영역이 있는 것처럼 말하는 것도 아니다. 언제나 그렇게 맞는 것으로서 우리가 경외심이나 삶의 의지라는 개념하에서 이해한 바는 또 다른 미래의 삶을 위한 하나님의 자유로운 의지와 인간의 규정으로 제한되고 상대화될 수 있다는 것이다. 하지만 이 말이 우리가 이 경외심으로부터 벗어날 수 있다는 것을 의미하지는 않는다. 삶과 죽음의 주님으로서 현재와 이 새로운 미래의 삶을 주신 하나님은 한 분이시며 이분은 모든 변화 가능한 상황에서도 삶의 경외를 요구하시고 그것을 더 일으키시는 분이시다. 그분은 인간들이 자신의 고유한 삶이나 타인의 삶에 대하여 경외감을 갖는 것 외에 다른 방식으로 방종하지 못하도록 하신다. 무관심, 자의적이며 파괴적인 감정 등 경외감에서 비롯된 행동에 대항하여 그것을 방해하는 것은 인간에게 허락된 적이 없는 것으로서 전혀 고려의 대상이 되지 못한다. 그 한계에까지 이르는 길은—삶의 경외와 삶의 의지가 현실적으로 기적적이며 모순적 형태를 가지고 있는 곳, 자신과 타인의 삶에 대해서도 상대화되고 약해졌을 뿐만 아니라 마지막 단계에 이른 삶의 의지를 말할 수 있는 그때까지의—아직 멀리 오래 지속적으로 남아 있는 것으로 이해되어야 한다: 항상 의심을 품은 채 철저하게 반문하면서 이 최후의 법칙(ultima ratio)이 실제로 이 삶에 적용되어야 하며 그럴 수 있는지를 물어야 한다. 삶의 최후의 경계는 가볍게 허락되거나 자의적 이성의 가벼움 때문에 끼어들 수 없으며 그것은 단지 복종 안에서 다다르게 되고 그렇게 존중받아야 하는 것이다. 자유, 하나님의 지혜와 선함 그리고 하나님의 통치, 미래의 새로운 삶에 대한 기억들은 위에서 말했던 이러한 몰염치나 인생의 한계 내에서 인간이 취하도록 기대된 행동으로부터 벗어나려는 모든 부적절한 행동과 태도에 대한 어떤 변명으로 받아들여질 수 없다. 이 경외감은 하나님에 의하여 주어진 것이며 인간이 지키라고 세워진 것이지 인간을 해방시키기 위한 제한점으로 세워진 것이 아니다. 이 경외의 법칙은 인간에 의하여 세워진 것처럼 여겨지지 않을 때 가장 완벽하게 이해된 것이다. 이 한계의 경계선상에서조차 계명을 지키지 않을 것이나 규칙으로부터 벗어나기 위한 예외규정처럼 이 최후의 법칙이 쓰일 수 없고 오히려 거꾸로 어떤 경우에서도 삶의 의지로서 받아들여진 것으로 그 계명에 대하여 복종해야 하는 것으로 인정된 것이다. 만일 우리가 법적인 의미에서 극복하였지만 새롭게 극복하는 삶의 의지의 형태를 가지게 될 최후의 법칙을 수긍하고 그것을 하나님이 요구하신 대로 우리가 받아들인다고 하더라도 그 순간에서조차 사실은 삶의 의지의 새롭고 더 심오한 이해를 말하는 것임을 명심해야 한다. 그런 순간의 새로운 삶의 의지는 인간 자신의 자의적인 의지가 아닌 하나님의 계명에 복종하는 의지일 경우 언제나 삶으로의 의지이며 삶에 대한 경외심이 갖는 실천적인 형상이며 그렇게 남아 있는 것이다. 삶의 경외에서 자라난 하나님의 계명이 주와 율법의 제정자이며 심판자이신 하나님의 계명이라는 그 본래의 의미로서 드러나게 되는 각론에 이르게 될 때 최후의 법칙과 삶의 경외의 법칙 사이의 관계에 대한 이러한 주석이 꼭 필요한 것임을 알게 된다.

계명의 성서적 형태는 모세의 십계명에서 드러난 바(출 20:13, 신 5:17. 살인하지 말지니라)로서 이것은 신약성서에서는 구약성서적 율법의 가장 중심적인 계명으로 자주 인용되고 있다. 삶의 경외로서 요구된 바가 바로 이 계명하에서 가장 출중한 방식으로 표현되고 있다. 인간의 삶은 하나님에 의하여 각별한 의도를 가지고 주어진 것으로 계명에 의하여 잘 지켜지도록 세워진 것이며 바로 그렇기에 우리는 지극한 겸손을 가지고 이 삶을 잘 대해야 하는 것이다. 우리는 여기에서 이미 창세기 9:6의 말씀 "하나님이 사람을 자신의 형상으로 만드셨다"가 우리의 삶을 잘 지켜야 하는 것의 근거가 된다는 것을 알 수 있다. 이 구약성서의 계명이 갖는 문자적 발성과 의미는 그것이 순전히 소극적이라는 사실, 즉 순수하게 방어적 특성만을 갖고 있다는 것에서 이미 충분하게 드러났다고 말할 수 있다. "사람들은 타인을 죽이는 살인자가 되어서는 안 된다"는 것이다. 이는 삶의 경외를 그것의 가장 극단적인 반대방향에서 기술하고 있는 것이다.

루터는 자신의 대교리 문답에서 반복해서 말하고 있다: "하나님께서 우리에게 자비로우신 아버지처럼 다가오시고 모든 일의 중점에 서실 뿐만 아니라 모든 논쟁을 가라앉히기를 원하시므로 거기에서 그 어떤 불행도 발생하지 않을 것이며 타인을 타락하게 만드는 일도 생기지 않을 것이다. 그리고 그는 이를 통하여 모든 폭력과 야비함을 직면하여 사람들이 보호받고 자유로워지며 만족하게 되기를 원하시며(pacatum et defensum esse contendit) 이 계명이 이웃에게는 자유와 산성을 제공하며 (murum, arcem, asylum et propugnaculum) 그 결과 그들 중 아무도 물리적 손해와 고통을 경험하지 않기를 바라는 것이다."

우리는 이제 이 단락의 두 번째 부분에서 어떻게 인간의 생명이 이 계명을 통하여 사악하고 자의적인 살인행위로부터 보호를 받을 수 있는지를 살피고자 한다. 확실히

**생명을 보호하고 보호받는 것**은 하나님의 계명에 의하면 인간의 삶으로서 그가 그렇게 살아도 된다는 허락을 의미하고 그렇게 살아야 한다는 명령을 의미하는 것이다. 이는 빛의 원천을 내포하고 있으며 악한 모든 방해책략을 막는 것을 포함한다. 우리가 먼저 이 계명에서 아직 분명하게 드러나지 않은 첫 번째 단락의 **긍정적인** 입장에 집중함으로써 그 부정적인 의미도 알게 된다.

―――――

인간적인 삶은 이제 그 자신의 영혼과 육체의 구조에 상응하여 먼저 **본능적인** 부분을 가지고 있다. 삶의 경외라든지 하나님의 계명의 관점에서 삶의 의지라든지 하는 것은 이 본능의 영역에서부터 이해될 수 있어야 하는 것이다. 인간이 하고자 하면서 하는 일들 그리고 그가 피하는 것들은 언제나 직간접적으로 허기나 사랑에 연관되어 있으며 유기물의 교환과 같은 성장과 **성적 구분**에서 요구되는 필요성에 영향을 받는다. 우리가 이 짧은 삶의 삼분의 일을 자면서 보낸다는 것이나 혹은 부질없이 보내야 한다는 것이 너무 명확하기에 소위 본능에 의한 원시적 동기의 세 번째 요구로 불리기도 하는 것인데, 인간의 삶에는 쉬어야 할 필요가 있다. 삶의 경외나 그 경외에서 비롯된 의지들이 이런 순간 의문스러워지는가? 아니면 윤리라는 것은 이 삶의 가장 낮은 부분인 본능의 형태에 대하여서는 그냥 눈을 감아도 되는가? 때로 이 본능이 그 가장 밑바닥에서 가장 열정적인 에너지원이 되거나 혹은 또 다른 상층부에서 느낄 수 있도록까지 되지 않는가! 그리고 사람들이 자신의 본능적인 삶 속에서―그 가장 낮은 부분이든 아니면 상위의 부분이든 간에―바로 그 **인간**이라고 말해질 수 있다는 사실을 간과할 수 있고 그렇게 하도록 허락받았으면 어떻게 되었겠는가! 물론 이 본능은 인간적 삶의 동물적 지평에 속하는 것이며 다른 동물들과 공통의 것을 가지고 있다는 것은 분명하다. 하지만 그것이 본능의 삶이라는 점에서 동물적으로 살아도 되고 그렇게 할 수 있다는 것을 의미하는 것은 아니다. 인간의 삶으로서 경외심을 가진다는 것은 바로 이 영역에서도 특징을 가지게 한다. 그리고 여기에서 그에게 경외심이 들어야 하기 때문에 그 경외심은 그의 삶의 동물적 요소에서도 찾을 수 있어야 하는 것이다. 그 **동물적** 요소들이 인간적으로 살아야 한다는 것은 자동적으로 살아지는 것이 아니라 신적인 영에 의하여 각성된 영혼으로부터 지배되는 육체적 과정으로 자유롭게 선택되고 실천될 수 있는 결단을 통해서 살아가는 것을 의미하는 것이다. 인간적인 본능의 삶은 그 자체로는 특별히 높게 평가할 것이 없을 수도 있다. 인간적인 삶의 의지가 인간이 단지 이 본능에 의하여 움직이는 곳에서는, 그 본능을 조절하면서 경우에 따라 그 본능의 결과들을 신중하게 생각하면서 이용할 수 없는 그런 자리에서는 찾아볼 수 없을지도 모른다. 인간적이며 동물적인 본능의 가치와 권리는 이것들이 그 자체로 고유한 권리를 가지고 있다고 생각해서도 안 되며 실제로 그렇게 주장하지 않아야 한다. 또한 자신을 절대적인 것으로 생각하는 대신 인간 영혼의 이성적 행동에 일치하도록 노력해야 할 뿐 아니라, 그저 중립적이거나 일반적으로 자기의 형태를 구성하는 것이 아니라 철저하게 인간적 **개인적** 특성으로 나타날 수 있어야 하고, 동물의 집단적인 방식이 아니라 인간의 **자발성**의 능력하에서 추상적이지 않고 하나님을 향하는 자연적 인간의 본성과 다른 동료 **인간**과의 연대성을 추구하는 그런 관계하에서 자기가 형성되고 그 효과를 나타낼 때 그 인간의 동물적 본능도 가치가 있다고 생각되는 것이다.

누군가가 삶을 살지 않고 주정뱅이 루쿨루스(Lucullus)의 삶을 따른다거나 혹은 성욕의 카사노바, 아니면 전설의 7명의 쾌락주의자들의 삶을 쫓아서 살고자 하는 자는 그러면서 자신을 세속적 인간으로 불리기를 만족하는 자는 그 본능이 이끌어가야 하는 본래의 충동적 삶과는 다른 삶을 사는 자들이다. 이것이 참 이상한 일이다: 만일 사람이 이 점에서 인간적이지 않고 책임적으로 살기를 포기한다면 그는 동물적으로 사는 것이 아니라 동물 이하의 삶을 사는 것이다. 동물들은 자신들의 본능이 언제 왜 필요하고 그 결과가 무엇인지 정확하게 아는 것 같아 보인다. 그런데 인간은 그런 본능을 갖고 있지 않아 보인다. 그 자리에 각 개인은 자신의 자유로운 그리고 개인적인 이성을 사용함으로써 하나님과 동료 인간에 대한 책임을 실현해야 하는 것이다. 그 일에 실패하고 본능이 원하는 대로 달리기 시작하면 그는―사실 그는 알아야 하는데―언제 그리고 무엇으로 그가 만족할지 모르고 무엇을 원하는지도 모르며 그렇게 가다 보면 처음의 만족을 넘어서 그저 본래적이며 순전한 동물적 행동으로 만족의 만족을 위한 쾌락의 과대 비대증에 빠져 그저 즐거워서 만족함이 없는, 즐기기를 원하기만 하는 공허한 본능의 온전한 혼란과 퇴락에 빠지게 되는 것이다. 그래서 더 이상 이제 어떤 특정한 시간에 조용히 그리고 만족스럽게 즐겁고 기쁘게 모든 것을 다시 시작할 수 있는 기쁨을 누리지 못하고 다시 모든 것을 시작하게 되는 동물보다도 못한 삶 속에 빠지게 된다. 그러므로 이 동물적 본능과의 문제에서는 단지 인간적이 될 것인지 아니면 바보가 될 것인지의 양자택일밖에는 남아 있지 않다는 사실을 명심해야 한다. 동물은 동물적이며 그렇게 남아 있다. 그것은 바보가 되지는 않는다. 하지만 우리가 이 점에서 발생하는 혼란을 말하고자 한다면 동물과 비교해서는 안 된다.

인간의 본능적 삶은 그것이 하나님의 계명에 상응하는 한 그런 만큼 자유로운 것이다. 그 본능의 삶은 이 계명에서 밝혀진 모든 기준에 맞추어서 주어질 때 또한 인간적인 것이다. 그 한계 안에서 이 본능적 **삶**은 그렇게 존재하도록 허락된 것에 그치지 않고 그렇게 살도록 명령받았다고 말할 수 있다. 즉, 인간에게 찾을 수 있는 동물적 본능의 삶은 억압되기 위해서 존재하는 것이 아니다. 오히려 삶은 그것을 요구한다.―아니 하나님께서 그 인간적 본능의 삶의 형태 안에 존중받아야 할 것을 오히려 채워놓으셨다: 이 삶은 살아질 것이다. 그것도 조심스럽게 그리고 절제와 조정 속에서 살아져야 하는 것이지 결코 부인되어서는 안 될 것이다. 우리는 이 본능적인 삶의 영역에 반드시 지켜야 할 무조건적인 규범을 세울 수 없다. 우리는 오히려 존중, 즉 삶(이는 우리 자신이 우리 인간들이 삶으로 인정하는 바 그러한 삶)을 가능하도록 만드는 이 존중과 존경을 발견해야 한다. 무조건적으로 존중해야 할 것이 있을 수 있는가? 어떻게 이 본능의 삶이 그렇게 무조건적인 존경을 요청할 수 있단 말인가? 하나님 그분 홀로 우리의 삶과 우리의 본능적 삶도 아시는 분이므로 그분만이 이러한 요소들을 온전히 이용하실 수 있다. 수확, 매우 극단적 제한의 환경하에서 포기 그리고 자기절제, 희생 같은 것들은 하나님의 지도와 계명을 통해서 전제적으로 우리의 동물적 본능의 생활에서 우리에게 요구될 수 있는 것이다. 하지만 제한된 관점에서 역시 이 본능적 삶도 필요하다: 그 본능적 삶의 일정한 한계하에서 그리고 그 본능을 잘 알 뿐 아니라 그것의 본래적인 주인이신 그의 관점에서 볼 때 이것은 어느 정도 필요한 것이다. 이러한 점을 무시하고자 하는 자는 다음과 같이 물어야 한다: 정말 그 본능을 거부하는 더 높은 명령이 있는 것인지 아니면 그것이 자기의 자의적 결단에서 나온 것인지를 물어야 하는 것이다. 그가 지금 자기부정을 행하려고 한다면 혹시 그것은 이 본능적 삶보다는 다른 영역에서 더 필요한 것이 아닐까? (실제로 사람들이 흔히 습관적으로 생각하는 것처럼 동물적인 것보다 훨씬 더 위험한 육체적 욕망의 삶이 있다는 것을 알아야 한다.) 그리고 이런 자기부정을 그가 자발적으로 그리고 즐겁게 억지로 강제로 하는 것이 아니라 자기 자신의 정당화를 위한 수단으로 하는 것이 아닌가? 중요하고 반드시 알아야 할 사항은 이 본능의 부정은 다른 사람이 아니라 자신에게 적용되어야 한다는 점이다. 어떤 제한을 하고 있는 인간의 법률보다는 인간의 행동에 조건을 주는 규범이 더 우선적이어야 한다: 인간적이며 동물적인 본능은 올바르게 사용되어야 하는 것이다. 우리가 옳다고 여기는 것의 권리를 제한하는 일을 강화시키기 위해서 이 특별한 규범은 하나님의 구체적인 계명으로 변경되어 이해되어서는 안 된다.

인간의 본능의 만족을 전적으로 혹은 부분적으로 포기한 것으로서 고행은 그것에 상응하는 본능을 훈련하는 매개체일 수도 있다. 그런 가운데 이를테면 더 높은 삶의 필요나 이웃과의 계명을 지키기 위한 것이 될 수 있지만 여기에서 발생해서는 안 되는 그런 본능의 억제와는 아무런 관계가 없는 것이다. 그 본능의 억제가 그의 인격을 위해 주어진 질문들을 숙고한 결과에서 필요한 것으로 여겨지는 곳에서는 그것을 존중해야 하며, 그 본능과 연관해서 우리가 잘못하지 않도록 해야 하고, 거기에 정당성을 부여해야 한다. 만일 자신의 인격을 위해서 여기서 내린 결론이 옳다고 생각한 자가 다른 사람들을 거기 동참하도록 부르는 것은 바른 길일 수 있다. 하지만 이런 길은 비록 불가능한 것은 아니지만 상당히 의심스러운 사태가 되는데 이를테면 전체 연합체나 동우회 그리고 가계의 규칙들을 말하는 것 같은 약속이나 전체 모임의 동의와 연관되었을 경우 그리고 그 공동체가 지도하면서 이것의 필요성과 거기에 각 개인이 스스로 자발적으로 선택하게 하는 그래서 그 일(본능을 억제하는 고행)을 함께 동시에 할 수 있는 것 등은 문제가 될 수 있다. 만일 그들이 자신의 인격을 위해서는 그 본능을 억제하지 않으면서 다른 이들에게만 그것을 요구한다면 이것을 처음부터 잘못된 것이며 이 일은 불가능한 것이 된다. 지금 우리가 말하고자 하는 것은—그리스도교적 제도들과 사랑으로 성취되어야 할 다양한 일들의 한계 안에서—한 그리스도인이 자신의 쾌적한 개인적이며 가족의 삶으로부터 유추하여 타인에게 요구할 수 있다고 생각하는 바이다! 또 우리가 지금 말하는 것은 소위 상류계층의 사람들이 자기 자신에게는 그것을 적용하지 않으면서 하류계층의 사람들에게 자명한 것으로 생각하고 그들이 해주기를 그들에게 기대하고 요구하는 것(가끔 이것은 또한 교회의 밑받침과 도덕적인 성과와 연관해서 기대되거나 요구되기도 한다.)과 연관되어 있다. 이는 사실 가식에 불과하다. 그리고 이러한 요구를 거부한 자는 반도(叛徒)로 몰리고 그들의 위치를 더 낮게 하기 위한 대책들이 세워지고 동등해지는 그곳에서는 하나님에 의해 우리에게 부과된 금욕임을 거부하는 것을 다시 반역으로 치부하는 것은 이중적 의미의 가식인 것이다. 잘 먹고 잘 사는 사람이 배고픈 다른 사람이 배를 곯아야 하는 것이 의무라고 하면서 그를 괴롭히려고 하는 곳에서는 하나님께서는 이 배고픈 자들의 편에 서 계시며 하나님께서는 무엇보다도 먼저 그들이 배부르게 되도록 스스로 싸우시는 것이다.

자기 자신의 삶의 경외가 아니라 타인의 삶에 대한 경외를 말할 때 이는 인간적이며 동물적인 본능이—언제나 그 본질에 적합한 한계와 그 본능을 규제하려는 상대적 명령에 맞추어서—**올바른** 방식으로 사용될 수 있다는 것을 의미한다! 삶의 경외심이란 날마다 긍휼을 실천하는 것이며 날마다 위협 속에 시달리며 자기의 몫을 받지 못하면서 위험 속에 있는 인간의 삶에 대한 정의를 실천하는 것이다. 삶의 경외란 자신에게 베풀었던 그런 시혜를 다른 사람에게도 베푸는 것이다. 더 나아가 자기에게는 포기할 수 있거나 포기해야 할 그 시혜의 내용을 타인에게는 베풀 수 있도록 준비를 하는 것이기도 하다. 타인이 무엇이 필요한지 그리고 그가 그것 없이 살 수 있는지 내가 어떻게 알 수 있겠는가? 그가 생존하고 있다는 것, 우리가 자신의 삶을 이미 충분하게 다 살았다는 것은 나에게나 내 이웃에게나 말할 수 있는 것이 아니다. 그 반대로 그는 더 살 수 있다는 것을 우리는 말해야 한다. 우리 각자가 그렇게 할 수 있다면 그를 위하여 우리는 각자가 각자를 위하여 하나님의 계명으로 책임적인 존재로 만들어진 것이다.

사람이 단지 빵으로만, 자신의 육체적 동물적인 필요를 채움으로써만, 본능을 만족시키는 것으로만 사는 것이 아니라, 하나님의 입에서 나오는 말씀으로 산다는 것은 하나님이 인간들에게 빵을 허락하시고 그들에게 주셨다는 것에서, 사람들이 그 빵을 얻기 위해서 스스로 일함으로써 얻을 수 있도록 허락되었다는 것, 사람들이 그 빵을 위해서 기도할 수 있다는 것, 빵을 가진 자는 이제 그것을 가지지 않은 자와 더불어 나누어야 한다는 것은 성서적 사신에서 의심할 필요 없이 자명한 것으로 나타난다. 그 사신은 신약과 구약에서 하나님을 그 빵을 가지고 있지 않은 가난한 자의 친구라고 그리고 있으며 그 빵을 혼자 갖고 있으려 한다든지 혹은 그 빵을 훔치려 하는 자의 적으로 그리고 있다. 이미 공관복음서와 요한복음서에서 모두 기술하고 있는 오병이어의 기적에서 알 수 있는 것처럼, 이 빵을 나누는 것은 하나님이 가지신 인간에 대한 친절을 보여주는 가장 뜻 깊은 사건이다. 사람들이 먹고 마시고 그리고 자연적으로 살아도 된다는 것은 성서에서는 허락된 것으로 말하고 있다. 심지어 신약의 어떤 부분에서는 영생이 식사시간으로 그려지고 있으며, 마태복음 22:10에 보면 악한 자나 선한 자 사이의 구분이 없이 모두가 거리에서부터 이 식사에 초대받고 있으며, 미래의 삶(vita futura)과 연관해서 누가복음 16:19 이하의 가난한 나사로의 비유에서는 지금 여기서 잘사는 부자와 가난한 이 사이의 관계가 완전히 뒤바뀌어서 그려지고 있다는 것을 흘려보아서는 안 되는 것이다. 우리는 소위 본능의 요구와 그 삶의 충동을 인식하면서 그 인간에게 요구되거나 혹은 말해진 것들을 무시해서는 안 되는데, 마치 골로새서 3:2 "위엣 것을 생각하고 땅엣 것을 생각지 말라"와 골로새서 3:5 "그러므로 땅에 있는 지체를 죽이라! 곧 음란과 부정과 사욕과 악한 정욕과 탐심이니 탐심은 우상숭배니라"의 말씀이 지적하는 바와 같다. 왜냐하면 이런 것들 때문에 하나님의 진노가 우리에게 임하는 것이기 때문이다! 지금 여기에서 사용된 죽여야 할 것(νεκρωσατε, 참고: 갈 5:24, 롬 8:13, 13:14, 벧전 2:11)이 의미해서는 안 되는 것은 이미 바로 전 골로새서 2:23에서 지적된 대로 골로새의 잘못된 교훈들 중 하나로 명료하게 경고된 것이다: 자의적 숭배(εθελοθρησκια)는, 겸손을 뜻하는 바로서, 하나의 몸을 괴롭게 하는 것(αφειδα σωματος), 누구도 존경하지 않고 그 무엇도 좋은 것으로 말하지 않으면서 단지 이미 잘 알려진 것처럼, 단지 오직 육체를 따름(πλησμονη της σαρκος)을 잘 표현할 뿐이다. 가장 위대한 금욕주의자가 실은 세상사에 가장 많이 빠지고 그것을 즐기는 자보다 더 많은 악의 그릇이 될 수 있다. 우리는 담배를 피우지 않고 채식주의자이며 자신을 금욕적으로 이끌었던 인물이 아돌프 히틀러였다는 것을 잊을 수 없다. 여기에서 말하고자 하는 것들은 죽여야 할 것(νεκρωσατε)으로서 표현되는 것이 아니다. 오히려 그것을 제외하여서 마치 아무 거리낄 것 없고 아무 방향 없는 동물적 본능의 운동과 같은 것일 수 있다. 만일 자신의 본래적인 본능적 삶의 자의적 부정의 문맥에서 이것이 말해진다면, 다른 사람들에게 대해서는 얼마나 더 많이 적용되려고 할 것인가! 우리는 분명하게 그 허락은 창조주 하나님의 명령에 따르고 적절한 방식에서 이 삶을 위한 것으로서 주어질 수 있으며 주어져야 한다고 할 수 있다. 만일 사람들이 여기에서 이와 다르게 생각한다면 이는 그가 덜 영적으로 생각하는 것이 아니라 아주 정교하게 육체적으로 생각한다는 것을 보여주는 것이다.

본능적 삶에 상관해서 과도한 오용(abusus in excessu)이나 부족한 오용(abusus in defectu)이 있다는 것이 사실이다. 변태와 죄가 일어나는 것이다. 하나님의 계명에 순종하는 길은 이러한 두 가지 오용의 가능성 사이를 통과하여 일어나는 것이다. 이 두 실수를 적당히 묶어서 그 타협의 길을 찾는 그런 형태나 이들을 섞어서 새로운 형태의 조합해 내는 그런 형태가 아니라 오로지 이 두 가지 형태의 실수들을 극복하는 그런 형식으로 이 순종이 일어날 수 있는 것이다. 이는 결국 자유로운 삶의 길이라고 할 수 있다. 인간은 자신을 이 본능적 삶에 복종시킬 수 없는 존재이다. 그리고 인간은 그 자신의 삶에서 본능으로부터 자유로워지려고 할 필요가 없는 존재이다. 인간은 그 본능적 삶을 눈먼 열정이나 혹은 두려움 속에서 이어갈 필요가 없는 존재이다. 그는 이 본능을 타인과의 공동의 삶 속에서 유일하게 다스리는 힘이나 그에게 주어진 규범으로 인정할 필요가 없으며, 그 반대로 이를 완전히 무시하거나 자신의 삶의 적으로 간주하고 그것을 없애려고 노력할 필요도 없다. 그는 자신과 타인을 위해서 그 본능적인 삶이 그 본연의 자리에 있도록 하면 된다. 즉, 그 자체로서는 동물적이지만 그것이 인간의 삶 속에서 살아져서 인간적인 삶이 되고 그런 측면에서 자유로운 인간존재로서 살아가는 그런 정당한 역할을 하도록 하면 되는 것이다. 그것이 바로 이 본능의 성화(聖化)이며 이 영역 안에서 가능한 하나님의 계명에 대한 복종인 것이다.

―――――――

이제 인간들이 **동물 식물**에 대하여 어떤 태도를 취해야 하는지를 밝혀야 할 차례이다. 동물의 삶은 인간의 삶과 달리 단지 **식물적이며-동물적인 것**이라고 해야 하고 식물의 삶은 역시 사람의 삶과 달리 단지 식물적이라고 해야 할 것이다. 만일 우리가 무엇을 말해야 할지 안다면 말이다! 만일 우리가 이 두 개의 삶의 형태와 그 본질을 우리의 삶 내부로부터 알 수 있다면 얼마나 좋겠는가! 우리가 동물들에 대하여 아는 것은 (그것도 우리의 삶과 동일한 것으로 인식될 수 있었기에) 그것들이 본능적이라는 것이다. 그것은 무엇인가 부족하다. 동물의 영혼도—성서적 의미에서는 삶의 원칙으로서—우리는 잘 **검토**할 수 있어야 한다. 하지만 현재 우리는 어떤 의미에서 이른바 이성성을 그들에게 적용할 수 있을지, 아니면 그렇게 이성성이라는 개념 자체를 그들에게 적용할 수 있을지도 불확실하며 동물들의 삶에서 나타나는 이성성과 본능 사이의 관계를 어떻게 기술해야 할지도 불확실하다. 무엇보다도 그것들이 하나님으로부터 왔을 뿐 아니라 하나님에게 향하는 그런 지향성을 어떤 의미에서 가지고 있는지 혹은 그렇게 말할 수 있을지 자체도 아직 우리에게는 불확실하다. 우리가 동물적이며 식물적인 삶에서 우리 인간의 삶과 같은 것을 찾을 수 있으리라는 것은 사실 유비적 사유의 논증에서만 가능한 것이다. 우리가 말할 수 있는 바는—동물과 인간 사이의 물리적 구조의 유사성과 인간과 동물 사이의 본능적 행위 사이에 존재하는 공동성에 의거하여—하나의 유비가 있다고 말할 수밖에 없다는 것이다. 인간과 동물 사이에 있는 이 근친성은 하나의 사실이다. 그리고 그것의 유사성은 (비록 이 현실적 이해가 단지 한 걸음 더 나간 것에 불과하고 둘 사이의 어떤 공통의 중간으로부터 나가려고 하는 것이 불가능한 것이 된다고 해도) 아주 시급하게 우리가 삶의 경외의 계명으로서 다루고 있는 바의 경계에서 그것에 상응하는 계명에 대한 질문이 동물적이며 더 나아가 식물적인 삶에 대해서는 무엇을 의미하는지를 알아야 하는 것이다. 우리는 전체로서의 윤리 혹은 동물과 식물을 포괄하는 삶의 개념을 세우는 인간의 개념과 그 세계관을 전체로 묶어서 이해하려고 하는 그런 윤리를 세우는 일을 포기해야 한다. 하지만 우리가 인간적이며 동물적 삶에 대하여 권리를 인정하고 그것의 가치와 그것의 성화를 말했다면 지금 잠시 멈추어서 동물을 고려하면서 (또한 식물도 마찬가지인데) 우리가 그것들과 갖는 **윤리적 관계**에서 고려해 보아야 한다.

알버트 슈바이처는 지금까지의 윤리가—지금까지의 자연주의적인 것도 마찬가지로—인간과 인간의 관계 혹은 인간과 인간적 사회의 관계에서만 그 관심을 가지고 있었던 폐쇄성과 제대로 보지 못한 그런 부족함에 대하여 비판하는 것은 정당해 보인다. 마치 주부가 방을 잘 치운 후에 그 문을 잠가 개가 들어와서 발자국으로 다시 어지럽히지 못하게 하는 것처럼, 유럽의 사상가들은 문을 열어두어 그 문을 지나 동물들이 다시 윤리 안으로 들어오는 것을 막는 데 깨어 있다.(위의 책, 225) 그에 반해서 "윤리는 반드시 사유의 모험을 해야 하는데 단지 사람만이 아니라 모든 피조물의 삶을 포함하는 이 세상에 존재하는 모든 것과 사람의 모든 영역과 연관된 그 삶의 개념을 개발해야 하는 것이다. 그렇게 함으로써 인간과 인간과의 관계는 단지 그가 존재와 세계에 대하여 갖고 있는 다양한 관계들의 하나에 불과하다는 것을 알아야 하는 것이다."(228) 1923년 슈바이처가 예고한 문화철학의 세 번째 저술집은 사실 이 우주적-신비주의적 윤리를 내포했어야 하는 것인데 아직 나오지 않고 있다. 그 당시 확실하게 된 그 윤리의 구체적인 방향은 지금 우리의 질문과 연관되어 있다: 인간이 갖는 동물과 식물과의 관계. 여기에서 그대로(in extensio) 그 자리를 인용하는 것이 유익하다: "인간이 모든 삶, 그가 주변에 함께 서 있는 모든 삶을 돕고 그리고 그것을 해치는 일을 하지 않는 것이 참으로 윤리적인 것이다. 그는 이런저런 것 중 어떤 삶이 가치 있는 것이냐는 질문을 하지 않고 또한 그것이 그 가치 받아들일 수 있는 것이냐를 묻지 않는다. 삶 그 자체는 그에게 있어서 거룩한 것이다. 그는 나무에서 어떤 나뭇잎도 떼지 않으며 어떤 꽃도 꺾지 않고 어떤 곤충도 밟지 않기 위해 노력한다. 여름밤에 램프 옆에서 일하고 있을 때에는 다른 곤충들이 빛을 보고 날아와서 자꾸 떨어지는 것을 보는 것보다 창문을 닫아서 탁한 공기를 마시면서 일하는 편을 택한다. 비가 온 뒤 길을 걷다가 지렁이를 보면 그 지렁이가 길을 잃고 햇볕에 타서 마를 것을 생각해 그것을 빨리 흙속으로 옮겨준다. 웅덩이를 지나가다가 곤충이 빠진 것을 보면 잎사귀를 떼어서 그 곤충을 건져준다. 그는 사람들이 이런 사소한 일로 그를 비웃더라도 두려워하지 않는다.(240) 이제 그는 오늘날에도 아주 많이 다시 인용되는 문장으로 표현해주고 있다: 윤리란 살아 있는 모든 것에 대한 무한한 책임을 의미하는 것이다.(241)

이제 이 일반적인 문장을 뒤로하고 다음과 같이 묻고자 한다: 이것이 구체적으로 무엇을 말하는가? 확실히 이것들이 감성적인 것은 아니어야 한다! 이 윤리는 거기에 주어진 행동방식의 실행가능여부와 그것의 더 포괄적인 결과와 적용방식들에 대한 질문을 비판적으로 하지만 가벼운 형식으로 검토해야 하는 것과 연관되어 있다. 그것은 너무나 가볍게 이 문제에 접근하는 것이다! 아시시(Franz von Assisi)를 기억하게 만드는 그 통찰과 감각적 이해의 직접성과 또한 거기로부터 나오는 내적 압박감은 이 모든 비판보다도 더 강한 것이라고 할 수 있다. 만약 누군가 여기에서 웃어야 한다고 생각한다면 사실 그것은 애도할 만한 일이다. 만일 사람들이 슈바이처가 한 것과 다른 의견을 주장하고자 한다면 어떻게 사람들이 자기를 정당화시킬 것인가? 이 경외심을 가지고 접근해야 할 삶은 그 삶의 본질적인 문제가 인간의 형태를 넘어선 피안의 것이, 우리가 그 피안의 것 안에서 그 삶을 안다고 해도, 그렇기 때문에 여전히 훨씬 더 잘 알려지지 않았다고 하더라도, 이것은 여전히 문제로 남아 있는 것이다. 만일 우리가 우리의 본래적이며 낯선 것으로서의 인간적인 삶에 대해서도, 하지만 실제로 그것을 듣고 있다면, 그렇다면 우리는 인간적인 삶의 영역 밖의 우리 인간의 동물적-식물적 영역의 삶에 대해서도 벙어리인 채로 남아 있을 수밖에 없는 것이다. 그러므로 슈바이처가 이 동물적-식물적 영역 안에서—비록 우리가 받아들일 수 없는 그런 전제로부터 그랬다고 하더라도—긴급하게 삶을 살펴보도록 요청한 것은 그의 공헌임이 틀림없다. 인간 이외의 삶에 대해서는 잘 모르고 있었지만 그럼에도 불구하고 깊고 살아 있는 예감과 기관들을 가지고 있으며 그리고 거기에 맞추어서 대다수의 나머지 사람들보다 더 훨씬 큰 책임감을 가진 사람들이 있기 마련이다. 제1차 세계대전 직후 독일의 젊은 신학자들 중에서 특별히 각성된 신학자가 있었는데, 그는 밤베르크(Bamberg) 근처에서 방어시설을 발견하였고 그 방어 시설 위에 달팽이 한 마리가 걸려서 그저 죽어가고 있는 것을 발견하였다. 그런데 그 장면이 그에게 아주 커다란 자극을 주어서 적어도 그 이후에 언제나 밤베르크로 여행을 해야 했는데 그곳에서 그 달팽이를 살피기 시작한 것이다. 그러한 행동을 이후 다른 관점에서 볼 때 비셔(F. Th. Vischer), 비드만(J. V. Widmann), 슈피텔러(Carl Spitteler)가 자신의 책 속에서 동물들의 고통을 기술하여 그 사정을 넓리 알리면서 그에 대한 시를 써서 아주 유명해진 것보다 훨씬 더 진지하고 참되고 존경할 만한 동기가 있지 않았다고 어떻게 우리가 말하겠는가? 그런데 왜 우리가 이와 연관된 사태 속에서 그 시인들을 듣지 않고, 그들이 본 그것을 우리의 마음과 행동으로 옮기지 못하는가? 여기에서 우리가 들을 수 있는 바로 그 음성은 일반적으로 기괴하거나 거친 것을 자기 안에 내포하고 있다는 것은 우연이 아니다: 우리는 바로 이 자리에서 우리가 말할 수 있는 것의 한계에 부딪치며 행동할 수 있는 것의 한계에 부딪치는 것이다. 우리를 거기로 불렀던 그것은 어떤 교리나 근본적인 원리 혹은 명제적 개념으로는 이해되지 못한다: 그러므로 만일 인간이 참되게 윤리적이라면 이 사태에서 그가 행하였거나 행하지 않은 것에 대한 이 스위스인의 주장은 거의 알려지지 않는 것이다. 이 스위스인 역시도 어떤 동물의사가 되지 않고 그냥 일반적인 의사가 되어서 서부 아프리카로 가서 자신의 일생을 마쳤다는 사실이 이러한 사정을 암시하고 있는 것처럼 보인다. 그가 주장하는 것에서 우리가 받아들일 수 있는 것은 단순하게 말해서 외침이라고 할 수 있다: 그리고 그 외침은 이 사태 속에 찾을 수 있는 거의 모든 분야에서 퍼져 있는 인간의 무관심과 생각 없음을 일정한 질서로 세우고자 하는 간절한 바람이었다. 만일 사람들이 그의 해결방법을 생각하고 평가한다면 사실 더 중요한 것은 그가 제시한 바로 그 문젯거리였던 것이다. 그것은 어쩌면 풀 수 없고 단지 손대기만 가능하지만 진실로 누구도 무시해서는 안 될 문제로서 우리와 함께 있으며 우리 옆에 있는 것과 연관된 것이었다: 즉, 우리 인간들 옆에서 그리고 인간 밑에서 살고 있는 동물들과 식물들의 삶의 문제인 것이다.—우리는 이제 이 문제를 어떻게 해결할 것인가? 노아와 그의 아들들에 대한 축복인 창세기 9:2

에서 다음과 같이 말해지고 있다: "땅의 모든 짐승과 공중의 모든 새와 땅에 기는 모든 것과 바다의 모든 고기가 너희를 두려워하며 너희를 무서워하리니 이들은 너희 손에 붙이웠음이라. 무릇 산 동물은 너희의 식물이 될지라. 채소같이 내가 이것을 다 너희에게 주노라." 여기에서 분명하게 할 것은 이러한 인간이 가진 권능의 확인과 더불어서 더 확실하게 인간 이외의 다른 생명에 대한 각별한 책임성이 주어졌다는 것이다.(Max Huber, *Mensch und Tier*, 1950; Werner Tanner, *Mensch und Tier in Christlicher Sicht*, 1950)

다음에서 시작해야 한다: 인간은—인간 외의 다른 생명체와 함께 사는 공동의 존재로서—이 사태에 관해서도 **책임적**으로 생각하고 행동해야 한다. 이는 인간 자신의 삶이나 타인의 삶에 대하여 가져야 할 책임과는 다른 책임성을 말한다. 우리는 단지 유비적으로 삶의 경외라는 주제 아래서 다룰 수 있을 뿐이다. 그리고 일차적인 책임감과는 다소 거리를 가지고 그것을 쫓을 뿐이다. 이 둘을(둘 사이의 거리를 유지하면서—역자 주) 함께 보는 것이 아니라 동물적이거나 식물적인 삶의 형태에 인간적 삶을 지나치게 적응시키려고 하는 자는 인간의 삶을—인간의 삶을 도울 수 있어야 한다는 본래의 취지에서 보기에—결국은 동물이나 식물적 특성으로 이해하려는 오류를 범할 수 있는 가능성이 있다. 그렇다면 여기에서 왜 우리는—비록 본래적인 책임성과는 다르지만—이 관계에 적합한 **이차적인** 책임성을 더 진지하게 생각하지 못하는가?

이 사태에 적합한 책임성은 이 동물과 식물의 세계 역시 하나님이 허락하신 삶의 공간 중에서 인간이 유용하게 활용할 수 있는 꼭 필요한 형태를 형성한다는 인식에 기초하고 있다. 이 동물과 식물들의 삶이 바로 우리와 같은 그런 삶을 사는 것인 만큼, 사람도 동식물들과 같은 삶을 살 수 있는 것이다. 그는 지구 위에 군림하는 주가 아니다. 그러나 동식물들과 함께 사는 그런 삶 위에 주로서 세워진 것이다. 동식물이 인간에게 속한 것이 아니며—동식물을 비롯한 인간 등 지구 위의 모든 것은 단지 하나님께 속해 있을 뿐이다.—인간은 단지 다른 동식물들에 대하여 앞에 혹은 위에 놓여 있을 뿐인 것이다; 동식물들은 인간들이 사용할 수 있도록 넘겨진 것들이다; 이것들은 인간이 식용으로 사용할 수 있는 것이다. 이런 관계의 의미와 근거는 인간이 동물적인 피조물이며 그에게 하나님께서 다른 모든 피조물 가운데 자신을 계시하셨다는 것, 그를 신뢰하고 그와 자신을 함께하도록 하셨을 뿐 아니라 그와 함께 동물과 혹은 다른 식물과 함께하지 않으신 독특하고 특별한 역사를 쓰셨다는 것, 그와 공동의 관심사를 갖기를 원하시고 그 자신의 삶의 활동을 통하여 인간이 하나님 자신의 영광과 그의 자비와 권능을 알기를 원하신다는 것에 있다. 바로 이점에서 이 동식물은 먹거리로서 인간이 가장 긴급하게 필요로 하는 것이다. 그리고 거기에서부터 인간은 그 동식물을 다스리고 이용할 수 있는 권리를 갖는다. 사람들은 동식물에 대하여 이러한 사태 속에서 인간에게 위임된바 책임을 가지고 대할 수 있는 것이다.

이 인간의 통치와 그에게 주어진 책임은 이제 동물과 식물에 대하여서 서로 다르다. 먼저 **식물**에 대하여 논해보자. 식물에 대해서 인간이 갖는 피조물로서의 상대적인 통치는 인간이 그것을 자기의 음식으로 사용할 수 있다는 사실에서 찾을 수 있다. 바로 이 점에서 인간의 동물적 요구와 본성을 만족시켜야 하는 정당한 권리에 대하여 말할 수 있다. 식물을 통해 인간이 영양을 섭취하기에 앞서서 가져야 할 수확은 이 식물들을 없애는 것이 아니라 그것의 잉여적 생산을 의미 있게 사용하는 것의 측면을 가지고 있다. 식물에 대한 권리의 제한은 이성적 본질로서의 인간의 본성과 하나님과 동료 인간들과의 관계에서 가진 그의 부름에 의거한다.

창세기 1:29의 말씀의 의미는 분명하다: "하나님이 가라사대 내가 온 지면의 씨 맺는 모든 채소와 씨 가진 열매 맺는 모든 나무를 너희에게 주노니 너희 식물이 되리라." 슈바이처가 참으로 윤리적 인간은 꽃을 따거나 잎을 나무로부터 따는 것(이것은 사람이 먹기 위한 것이었을 것이다.)을 하지 않을 것이라고 말할 때 그는 확실히 좀 더 과장되게 지나친 결론을 이르렀다고 할 수 있다. 아마 위의 본문 말씀을 홀츠팰러(Holzfaeller)의 견해에 대한 비판의 근거로 삼는 것은 오히려 무리가 없을 것이다. 하지만 분명한 것은 또한 모든 것에 대한 허가가 주어진 것이 아닌 것은 분명하다. 어린이가 엉겅퀴의 잎사귀를 쳐내는 것처럼 사람들은 그렇게 숲과 광야에서 행동해서는 안 될 것이다. 더 큰 영역에서의 의미 없는 소실과 파괴가 있을 수 있는데 경외심을 갖은 사람들은 그런 행위로부터 멀리 벗어나야 할 것이며 그렇게 하는 것은 결국 인간이 타락했기 때문에 가능한 것임을 말해야 하는 것이다.

인간이 동식물계를 지배하는 것과 그에 따른 책임에 대한 질문은 사람과 동물 사이의 관계를 다룰 때 더 어려워진다. 먼저 지배한다는 것은 살아 있는 자연계의 동물들의 잉여적 소산들을 가공하여 인간이 이용할 수 있도록 만들고 그렇게 준비하면서 동물을 소유하고 사육하고 길들이는 것을 의미한다. 하지만 만일 이러한 동물에 대한 지배가 동물의 사육이라는 측면에서 허용될 수 있는 것이 아니라면 그것은 무엇이 될 수 있는가?

창세기 1:26, 28절에 사람이 물고기, 새 그리고 소와 야생동물들을 다스리는 권한이 있는 곳에서, 인간에게 이 모든 영역을 다스리라고 하시는 하나님의 명령이 있다는 것을 말한다. 창세기 2:19에서 모든 짐승에게 이름을 주는 것이 사람들에게 맡겨져 있다는 것은 모든 것을 인간이 보는 방식대로 정리하는 것을 의미하는 것이다. 시편 8:7 이하, "주의 손으로 만드신 것을 다스리게 하시고 만물을 그 발아래 두셨으니 곧 모든 우양과 들짐승이며 공중의 새와 바다의 어족과 해로에 다니는 것이니이다."(참고: Herbert Fritsche, *Tierseele und Schoephungsgeheimnis*, 1940)

그렇게 이해된 통치의 한계에서 책임성은 잠언 12:10에서 주어진 말씀으로 이해

할 수 있다: "의인은 그 육축의 생명을 돌아보지만 악인의 긍휼은 잔인이니라." 이 한계하에서 인간의 무감각과 잔인성, 자의적이며 비이성적인 측면들이 일어날 수 있기에 질서를 잡는 것이 중요하다. 인간과 함께 6일째 피조된 인간에게 아주 가까운 이 다양한 생명체에 대하여 갖는 존경심은 다음과 같은 말로 표현할 수 있을 것이다: 이토록 우리의 삶에 유용하면서도 풍성한 동료들을 선물로 주신 하나님께 감사하다. 이는 세심하고 배려 깊으면서도 친근한 그러나 무엇보다도 이해심이 있게 그들의 필요와 그들의 가능성의 한계를 고려하고 채워주며 그들이 우리와 더불어 살아갈 수 있는 환경을 만들고 지켜주는 일이 필요하다.

사람들은 자기가 타고 있는 말과 더불어 성장한 좋은 기수에 대하여 말한다. 그는 그 말로부터 그 말 스스로 어떤 능력을 발휘하도록 기분 좋게 만들어서 이끌어낼 수 있는 능력을 갖고 있는 것이다. 만일 이것이 옳다면, 그렇게 정말 좋은 그 기수는 하나님을 무시하는 자가 될 수 없는 것이다. 개나 새의 관계에서도 이와 유사한 완전의 색다른 종류가 있을 수 있으며 그리고 동물 길들이는 사람과 야생동물의 사이에서도 그런 경우가 있을 수 있다. 사람과 사람에게 쇼를 보여주기 위해서 그냥 잡혀 있으면서 다른 동물들과 단절되어 있는 동물과의 관계에서조차 무언가 문제가 있기도 하지만, 그리고 또한 가끔 잡혀 있던 바다사자가 도망을 치게 되면서 그를 구경하려던 사람들의 동정심을 다시 일으키기도 함에도 불구하고 그들 사이의 관계에 대하여 색다른 이해가 있을 수 있는 것이다.

지금까지 우리는 어느 정도 동식물에 대한 책임을 다루었다! 동식물에 대한 인간의 통치가 동물의 가장 소중한 고유한 생명을 인간을 위하여 취할 수 있다고 믿는 그런 자유로서 존재하는가? 우리가 나무를 베는 것처럼—사람이 식용으로 아니면 가죽을 얻거나 혹은 다른 이용할 만한 것을 얻기 위한 자원의 관점이나 아니면 그 위협이나 손해 보는 것을 막기 위해서—동물을 도축하는 것이 허락된 것인가? 그 생명이 본질적이며 원초적인 의미에서 질문 받게 되는 바로 그 자리에서 생명의 경외에 대하여 말하는 자는 이와 연관해서 중지!의 외침을 진실하게 받아들이는 자이다. 왜 이렇게 이중적인가? 왜냐하면 동물을 죽이는 것은 식물과 과일의 결실을 거두는 것과는 달리 전적인 파괴이기 때문이다: 이는 대지로부터 자라난 그 수많은 개체 가운데서 그 변화를 통해 항상 자기를 새롭게 하는 존재의 연관관계에 참여하는 것이 아니라, 그 누구도 함부로 대할 수 없으며 그 신비를 다 캐낼 수 없는 유일회적인 개성을 가지고 존재하는 한 **개체**로서 실존하는 생명체를 사살하는 일이기 때문이다. 결실을 거두는 것은 창조의 기쁨을 파괴하는 일이 아니다: 동물을 길들이고 동물을 이용하는 것도 역시 창조의 기쁨을 파괴하는 것이라고 할 수 없다. 하지만 동물을 죽이는 것은 창조의 평화가 위협받고 있으며 이러한 위협이 지속적이라는 것을 보여준다. 더욱이 이 동물이 갖는 인간과의 유사성에서 볼 때 동물을 죽이는 일은 결국 인간을 죽이는 것의 어떤 한 부분이 거기에 속해 있는 것임을 알게 한다. 인간이 동물들의 세계의 주인이라는 의식에 동물을 죽여도 좋다는 생각이 들어 있다면 이는 다른 인간에 대하여서도 그럴 수 있다는 암시가 들어 있다는 것을 명심할 필요가 있다. 그렇기에 여기에서 우리에게 일차적으로 주어져 있는 이 중지!라는 이 요청과 요구를 들을 수 없는 자는 자명하게 이 자유를 긍정할 권리, 여기에서 보인 이 한계를 넘어설 수 있는 권리를 가지지 못하게 될 것이다.

창세기의 첫 장은 분명하게 우리에게 경고를 하고 있다. 이 사태와 연관해서 그것의 언어는 일의적(一義的)이지 않고 그렇게 기대할 수도 없다. 하지만 인간에게 양식이 제공된 창세기 1:29의 말씀은 동물을 사육해서 양식을 삼을 수 있는 가능성에 대해서는 전적으로 침묵하고 있다. 그런가 하면 그 동물들조차도 창세기 1:30에 의하면 식물을 통해서 양식을 얻고 거기에 의존하고 있다는 것을 알게 된다. 그리고 창조의 기쁨은 여기에서―동물과 동물 사이에서, 그리고 인간과 동물 사이에도 마찬가지로―전혀 영향을 받지 않고 있으며 거의 그 어떤 요구나 위험으로부터 위협을 받고 있지 않다. 인간과 동물은 식물로 인해서 그 각각의 식탁을 준비할 수 있고 그 둘은 절대로 서로 싸우지 않아도 되는 그런 관계이다. 우리가 질문을 할 수 있는 것은 제사장 문서에서 만일 우리가 생포하거나 그들을 총이나 칼 등으로 죽이는 것을 생각하지 않았다면 어떻게 인간의 바다의 물고기와 광야의 거친 야생동물들 그리고 하늘의 새들에 대한 통치를 생각할 수 있게 되었는가라는 점이다. 그리고 사실 여기에서 아주 분명하게 그것을 금하는 것이 나오지도 않는다. 분명한 것은 제사장문서에서는 다른 생명체로 인해서 한 생명체를 죽이는 것을 하나님의 창조적인 말씀을 통해서 되어 가는 과정적 요소와 연관시키지 않는다는 점이다. 동물을 죽이는 것과 양식으로 삼는 것이라는 생각은 J문서에서 인간의 타락 이후 처음 등장하기 시작한다: 창세기 3:15의 인간과 뱀 사이의 극적인 대결이 그 변화의 징표이기도 하다: "내가 너로 여자와 원수가 되게 하고 너의 후손도 여자의 후손과 원수가 되게 하리니 여자의 후손은 네 머리를 상하게 할 것이요 너는 그의 발꿈치를 상하게 할 것이니라 하시고." 그리고 창세기 3:21에서는 아주 특별하게도 "가죽옷"이 나오고 창세기 4:4에서―거기에서는 가인이 아니라 아벨에 대하여 "양의 첫 새끼와 그 기름으로 드렸더니"라고 기술되어 있다.―이 모든 것의 이야기를 묶어서 결정적인 한 문장이 등장하게 되는데 "여호와께서 아벨과 그 제물을 열납"하셨다고 말하는 것이다. 동물을 제물로 드렸고 그 제물을 하나님께서 은혜롭게 받아주셨다는 것과 그 사실의 관점에서 죄로 물들어버린 인간성과 이 죄악으로 부패하게 된 지구에 전적으로 새로운 긍정적 관계가 등장하게 되었다는 것은 창세기 8:20 이하를 통해 보건대, 자명하게 또한 창세기 9:2에서 보는 것처럼 인간이 이 모든 것의 통치자로 등장하게 되었다는 것이다. "땅의 모든 짐승과 공중의 모든 새와 땅의 기는 모든 것과 바다의 모든 고기가 너희를 두려워하며 너희를 무서워하리니." 이 모든 것에서 더 선명하게 창세기 9:3이 저 앞에 창세기 1:29의 해명이 되는 것을 알 수 있다. 창세기 9:3, "무릇 산 동물은 너희의 식물이 될지라 채소같이 내가 이것을 다 너희에게 주노라." 또 창세기 9:5에서는 죽이는 동물과 사람에 대하여 하나님께서 심판하고 보복하리라고 말씀하시는 것이다. 이렇게 동물을 죽이는 것이 허락되고 더 나아가서 명령된 것처럼 보이는 것은 창세기 1장과 2장의 창조의 평화가 갖는 관계 안에서 전혀 다른 새로운 창조의 질서를 지금 만나고 있기 때문임이 분명해진다. 그 새로운 창조의 영역은 하나님의 말씀으로 사물이 되어 가는 전 역사적 영역에서가 아니라 죄 많은 인간의 역사적 영역이며, 그리고 그들에게 대해서 전적으로 하나님께서 은혜롭고 자비로운 분으로 남아 있게 되는 그 영역이고, 그 존재가 위협받는 영역이지만 그러나 하나님의 선하심으로 유지되고 구원받은 피조물이 가능해지고 실재적이 되는 그런 영역인 것이다. 하지만 더 나아가 창세기 1장과 2장의 관점에서 볼 때 이러한 관점들이 본래적이며 근원적인 하나님의 창조의지에 상응하지 않으며 오히려 일종의 조건에 의하여 각인되어 있다는 것을 숨길 수도 잊을 수도 없다. 이러한 조건에 상응해서 구약성서는 많은 곳에서(호 2:18, 사 65:25, 사 11:5f.) 종말의 시간을 언급하는데 그때에는 생존을 위한 투쟁과 인간과 동물 사이의 죽고 죽이는 그런 의문스러운 일들이 더 이상 일어나지 않은 시기로 생각되기 때문이다. 하나님의 말씀을 통하여 형성된 피조물의 역사는 하나님과 세계 사이의 평화가 인간의 죄악으로 인하여 파괴된 그 엄청난 사이의 사건과 더불어 시작되었다. 그렇게 인간의 타락과 더불어 시작된 이 사이의 시간은—먼저 그리고 오직 그것이—그 안에서 피조물과 피조물 사이의 평화가 깨어진 시간이며 그리고 생존을 위한 투쟁으로 변화된 그런 시간이다. 처음 거기에서 그리고 오로지 지금 인간과 동물이 서로 적이 되고 파괴자가 되고 파멸자가 되었다. 창조와 그 완성은 이제 역사의 한계가 되었고 이 사이의 시간과 그 공간의 한계가 되고 말았다. 이제 그 사이의 시간 안에서 인간의 동물에 대한 통치권은 동물이 인간을 위협하는 것이며 인간은 스스로 살기 위해서 그 동물을 죽여야 하는 것으로 변하게 되었다.

하지만 이 창세기 1장은 또한 이 사건으로 말미암아 열려진 피조물의 역사와 그렇게 고통스러운 것으로 변화된 전제와 더불어 이 사이의 시간이 하나님의 진실과 인간에 대한 하나님의 인내의 시간을 나타내기도 한다는 것을 분명하게 해주었다: 즉, 은총의 계약의 시간인 것이다. 이러한 관점에서 지금 현재 허락되고 더욱이 명령되기까지 한 이 동물을 죽이는 사건은 매우 각별해 보인다. 그것의 진정한 의미는 창세기 4장과 8장에 따르면 인간 자신만의 쾌락과 향응 그리고 번성을 위해서 폭력을 통해 동물을 마음대로 처분하여 이용하는 것을 의미하는 것이 아니라 인간의 범죄로 인해 꼬이게 된 인간의 삶을 위해 하나님께서 허락하고 하나님의 뜻에 적합하게 된 동물의 제사 혹은 희생이라고 할 수 있다. 왜 인간은 동물의 희생을 필요로 하며 그것의 헌신을 필요로 하는가? 그 인간의 필요를 채우기 위한 것이 아니라 그의 잘못을 설명하기 위한 것이다. 그리고 이 잘못 때문에 용서가 있으며, 이 잘못 때문에 인간이 멸망하지 않고 하나님께서 자신이 그 잘못의 결과를 책임지고 계시다. 인간이 동물을 죽임으로써, 그의 피를 쏟음으로써, 각을 쳐서 제단 불에 타서 재가 되도록 함으로써, 그것을 자신의 생명의 유흥을 위해서 쓴다는 것을 포기하는 것이다. 그는 오히려 그것을 하나님에게 드리는 것이다: 하나님께서 그의 은총 가운데 인간을 위해 계시는 곳을 설명하고 드러내는 것이다. 그리고 난 후에야 제단의 음식으로서 하나님에게 미리 드린 것을 나중에 다시 돌려받음으로써 인간은 다시 거기에 참여할 수 있게 된다.—제사 드렸던 그 동물의 한 부분에 참여하는 것인데 그렇게 함으로써 그 동물의 헌신의 화해적 의미에, 그의 자리에 대신 들어선 그 동물의 헌신으로 인해서 하나님의 본래적인 드러내심에 참여하게 된 것이다. 이 동물의 생명이 우리에게 속한 것이 아니라 하나님에게 속한 것이라는 것을 기억하는 것은 이 모든 것을 통해서 억압되는 것이 아니라 다시 선명하게 되살아나는 것이다.—이 임시성, 즉 이 전체 사이의 시간이 지나갈 것이라는 것, 거기에 우리를 대신하여 죽은 동물의 제사가 속해 있는 것에 대한 기억, 인간의 죽음과 고통을 통해서 다시 해방될 것이라는 것에 대한 기억, 약속된 화해가 완성되고 그 안에서 인간의 꼬이게 된 삶을 위해서 스스로 참여해서서 스스로 제물이 되셨던 것을 기억하게 하는 것이다.

만일 동물을 죽이는 자유가 인간에게 허락되어 있다면, 이는 그 어떤 경우에라도 그렇게 하도록 특별히 허락된, 그래서 어느 정도 이중적인 책임을 자기가 지는 일과 관련이 있다. 살아 있는 동물에 대한 통치를 진지하게 숙고해 본다면 인간이 이제 동물들을 죽여야 한다는 것은 더욱 각별한 무게를 갖는 일인 것이다. 필요에 의한 요구가 아닌 다른 이유로는 이런 일은 발생해서는 안 된다. 인간이 동물에 대하여 자기 멋대로 하는 그런 가운데 동물을 죽이는 일이 자연스러운 것처럼 생각돼도 안 되고 함부로 시도되어서도 안 된다. 우리는 동물에 대하여 방어적인 목적에서 죽이거나 공격적인 목적에서 죽여야 할 요구를 자연스러운 일로 받아들여서는 안 되며 이러한 동물살육을 자신의 세계 안에서 일상화하거나 삶의 현장으로 이해해서는 안 된다. 만일 인간이 동물을 죽이는 것이 가능한 것이라면 그리고 그것을 통하여 어떤 이득을 생각할 수 있거나 자신의 기회로 삼는다는 것을 생각할 수 있다면 이는 사실은 경악할 만한 일이다. 동물을 죽이는 것은 아주 심각하고도 예리한 물음을 제기할 수밖에 없다: "도대체 인간 너는 누구이기에 다른 동물을 죽이는 것을 통해서 영양공급을 받고 건강을 유지하면서 자신의 삶을 풍요롭게 할 수 있다고 생각하는가?" 또한 이렇게 다른 동물을 죽이는 것을 통하여 유지되는 인간의 삶은 무슨 가치가 있는가? 이런 질문은 모든 세계의 피조물들의 고통의 원인으로 작용하는 타락을—그리고 또한 정작 그 타락의 원인은 다른 동물에게 있는 것이 아니라 인간에게 있을 뿐이다.—기억하도록 만든다. 짐승을 죽이는 행위는 오로지 하나님의 화해의 은총을 요청하는 것으로서만, 그때 화해의 은총이 이루어지는 표현이며 선포로서만 있을 수 있을 뿐이다. 제물을 드리는 것은 의심할 나위 없이 무죄한 다른 짐승의 희생을 제물로 이용하는 것이며, 그의 생명을 우리의 생명을 위해서 우리의 것으로 사용하는 것이다. 사람들이 그런 주장을 하기 위해서는 상당히 그럴듯한 근거를 만들어야 했을 것이다. 인간의 실제적이든지 아니면 상상 속의 삶의 필요가 이런 일을 정당화시키지 않는다. 사람들은 인간의 허물과 죄에도 불구하고 멸망하게 하지 않으시는 하나님의 선함과 진실함을 아는 것을—죄악의 홍수로부터 건짐을 받고 그 죄의 홍수 경험을 통하여서도 조금도 나아지지 않은 노아의 일가를 구하신 데에서 알려지는—통하여 이런 주장을 할 수 있게 되었다는 것을 알 필요가 있다. 만일 사람들이 이러한 하나님의 허락하심 없이 동물을 죽인다면 그것은 죄를 범하는 일이다. 인간 스스로 동물살육을 자기 멋대로 행하면서 스스로 허락하는 행위는 죄인 것이다. 그리고 사람이 동물을 죽이면서 죄를 짓는 일에 가담하고 있다면, 동물을 죽이고(morden) 있다면, 이는 그가 이미 살인의 죄에 가까이 서 있는 것이라고 할 수 있다. 인간은 동물을 죽이도록 허락받지 않았다. 사람들은 그 동물이 자신에게 속한 것이 아니라 하나님에게 속한 것이며 그 동물을 죽임으로써 하나님에게 돌려드리는 것이고 그가 얻고자 하고 원했던 것은 하나님으로부터 다시 되돌려 받은 것이라는 인식 가운데 그 동물을 죽일 수(toeten) 있을 뿐이다. 그러므로 동물을 죽이는 행위는 사실은 가장 깊은 의미에서 회개이며 용서받은 죄인의 인간과 동물 모두의 주인이신 하나님께 대한 감사와 찬양의 간절한 행위로서 복종 가운데 가능할 뿐이다. 짐승을 죽이는 일은—하나님의 계명하에 허락된 일로서 성취된 것이라면—종말론적 성격을 가진 제사장의 행위이다: 이는 창조를 염두에 두고 그것을 생각하면서 선한 양심 가운데 일어날 수 있으며 그 동물을 죽여야 하는 모든 이유가 질문될 수 있는 영역의 한계 안에서 일어날 수 있을 뿐이다. 즉, 사람을 위해서 그리고 전체 피조물을 위해서 등장하신 그리고 그 안에서 하나님께서 전체 세계와 자신과의 화해를 성취한 그 한 인간을 통해서 가능해진 화해를 생각하면서 우리는 이 일에 접근할 수 있을 뿐이다.

윤리적으로 이 사태에 대하여 말해야 하는 모든 것과 여기에서 암시적으로 다루어질 수 있는 모든 것은 거기로부터 생각되어야 하고 거기로부터 말해져야 한다. 인간이 다른 동물들 위의 통치권을 행사하는 곳은 어디서나, 또한 우리가 더 많이 사냥을 하고, 도살장이나 해부실에서는 그 불붙은 문자로 바울이 로마서 8:19에 말한 피조물의 고대하는 바(αποκαραδοκια)가 분명하게 드러나야 한다.—무엇을 기대하는가? 하나님의 아들들의 나타남과 지금 그들이(세계) 그 때문에 죽음으로 내몰리고 있는 그 붙잡혀 있는 상태로부터의 해방을 기다리는 것이다. 자발적인 것(εκουσα)이 아니라, 그들의 규정에 맞추어서가 아니라, 인간을 위해, 인간에게 복종하기 위해, 모든 피조물은 허무(ματαιοτης)에 복종한다. 그리고 이 썩어짐의 종(δουλεια της φθορασς)에서 해방되기 위해서 이 하나님의 아들들의 해방은 더불어 결정되어 있어서 우리는 지금은 마치 새 아이를 낳는 진통과 같이 새로운 시대를 낳는 진통으로 부르짖고 있는 것이다. 이 모든 영역에서 이 단어들 앞에서 책임을 지는바 그것이 드러나는 것은 선이다.—악은 그것을 뒤로 남겨 둔 채로 책임지지 않게 하는 것이다. 선한 사냥꾼, 진실한 도축업자, 양심적인 해부자는 그들이 이 일을 하면서—동물들을 죽이는 일을 하면서도—그 동물들의 고통과 신음을 들으면서 그 일을 하는 다른 사람들과 비교했을 때 그들은 더 높고 예민하고 더 깊은 책임감과 조심성과 배려를 가지고 그 일을 하는 것이다. 그들은 이일을 하면서 삶의 현실 앞에 모든 순간 가지게 되는 경외심과 방종이 일어나는 그 경계에 서 있다. 어디에서나 동물을 보호하고 동물을 돌보아주며 그들과 우정을 맺는 삶에서는 이러한 일이 반드시 일어난다.

모든 시간에 이 전체적인 가능성을 긍정하는 것이 사실 원리적으로 그것에 반대하는 것과 함께 동반한다는 것은 이해할 만할 뿐 아니라 꼭 필요한 일이기도 하다. 또한 사람들은 이 길에서 만나게 된 채식주의자들에 대하여 반대를 할 수도 있다. 그 채식주의자들은 이사야 11장과 로마서 8장이 우리가 바라는 바인 새로운 에온 안의 현존재로서 그리고 있는 것에 앞서서 여기에서 자기들의 모습으로 그리고 있다고 할 수 있을 것이다. 이 채식주의자들의 피할 수 없는 불일치, 예민한 감각과 신비주의적 경향으로 인해서 이들의 생각이 끝까지 유지될 수는 없을 것으로 보인다. 다만 우리가 주의해야 할 점은 그러한 여러 가지 이유 때문에 우리가 갖는 더 큰 약점들, 무개념적 태도와 냉담한 태도 등에도 불구하고 그들에 대하여 우리 자신을 항상 더 정당하다고 생각한다는 점이다.

---

이제 인간적 삶의 영역에서 주어지는 삶의 경외로 되돌아가 그에 대하여 생각해 보자. 삶의 경외는 그것이 삶의 의지로서 표현될 때 거기에는 건강에 대한 의지가 함께 속해 있다고 해야 할 것이다. 식물적이며 동물적인 인간의 본성에 상응하는 본능의 요구들을 만족시키는 것과—비록 그것과 연관되어 있으나—건강은 다른 일이다. 건강이란 능력, 쾌활함, 자유를 의미하며 또한 인간적 삶, 자신의 기관들을 잘 조절하여 영혼과 육신의 기능을 제대로 활용하는 것이다.

나는 여기에서 지벡(Richard Siebeck, *Medizin in Bewegung. Klinische Erkenntnisse und aeztliche Aufgabe*, 1949, 486)을 인용하고자 한다. "건강한 자에게는 기쁨의 감정이 있고 또한 힘이 있기 마련이다. 그는 어떻게 그것이 진행되는지를 모른 채로 살아가고 있으며 자신의 모든 기관이 어떻게 사물들을 받아들이는지를 모르는 채로 그저 자연스러운 요구에 따라 자신을 펼치고 자신을 발전시켜 나간다. 그는 많은 어려움을 극복하며 크고 작은 위험들을 넘어서 왔고 이제 또한 일과 업적을 쌓고자 하며 기쁨을 누리기도 한다. 그런가 하면 그래야 한다면 많은 부족함 가운데서도 그는 일할 준비를 하는 것이다."(같은 저자의 같은 문제에 대한 다른 곳에서의 관점들의 비교: *Die Einleitung zum Lehrbuch der inneren Medizin*, Bd. I, 1931, 그리고 *Die Medizin in der Verantwortung*, 1947)

인간이 살고자 노력하도록 허락되었고 또 그렇게 해야 한다면 그는 건강할 수 있고 건강해야 하며 자신의 건강을 확신할 수 있도록 의욕을 가지고 있어야 한다. 이 욕구의 개념이야말로 다양한 방식으로 문제시되었고 그래서 더 친절한 논의가 필요하다. 즉, 우선은 건강한 사람은 건강에 대하여 무신경하고 건강해지려고 전혀 노력하지 않을 뿐 아니라 거기에 대하여 많은 생각을 하지도 않으면서 건강해져야 한다는 생각을 품을 수도 없다는 이상한 현상은 건강의 본질에 속한 것이다.

나는 또다시 지벡의 글을 인용한다.(위의 책, 24) "건강은 기분 좋은 것이며 신성하고 해쳐지지 않고 힘찬 것이다. 자신의 건강을 즐기는 것을 통하여 그는 직접적으로 생동력을 얻게 된다: 때때로 아주 특별한 자의식이 주어지는데 특별히 자신만의 색조를 얻기도 한다. 우리가 건강하다고 느끼면 느낄수록 우리는 거기에 덜 주의하는 경향이 있고 그럴수록 거기에 대하여 잘 모르게 된다; 우리는 여기에서 아무런 수고 없이 그냥 진전되는 식물적 삶의 발전을 말하는 것이 아니라 우리에게 주어진 그 힘들을 사용하고 우리의 주변에서 그 공동체 안에서 그것을 더 잘 이용하고자 한다."

만일 그런 것이 우리가 당면한 사실이라면 다음과 같이 물어야 한다: 그렇다면 우리가 특별히 건강하고자 노력한다는 것은 건강하지 않다는 증거이며 그런 부족을 명백하게 한 것이어서 우리가 그것을 인정하면 인정할수록 더 건강해지지 못하는 것이 아니겠는가? 또 다른 질문은: 우리는 건강을 의미 있게 그 자체로 그리고 그러한 방식으로 인정하며 그것을 추구하는가? 그리고 우리는 이 건강을 위해서는 어떤 특별한 사태를 추구하는 것 이외의 다른 길을 갖고 있는가?

다시 한 번 지벡의 글이 필요하다.(486f.) "건강은 다음의 질문 없이는 다 완성될 수 없는 것이다: 무엇을 위해? 우리는 건강하기 위해서 사는 것이 아니다. 거꾸로 우리는 건강하고 건강하기를 바라는데 그것은 우리가 살기 위해서 그리고 일하기 위해서이다. 일하고 열중할 때에만 건강은 그 자체로 좋은 것이다. 건강은 자기 목적이 아니다. 건강은 삶의 의미에 의하여 제한되어 있다.―삶의 의미는 하지만 준비이고 헌신이며 제물이 되는 것이다." 실제로 사람들은 건강을 목표로 삼고 그것을 위해 노력하며 그것으로 만족하면서 살아가는 많은 사람을 생각할 것이다. 그들 자신의 육체나 혹은 그들의 영혼을 위해서 사랑과 애정이 넘쳐서 끊임없이 그들에게 좋거나 혹은 그렇지 않은 것, 좋은 영향을 더 많이 남기거나 하는 것에 관심을 갖고 있다. 이를테면 태양, 공기 그리고 말과 다양한 식물들과 과일들의 효능, 잘 탄 피부의 아름다움, 매우 역동적으로 보이는 근육, 그런가 하면 각종 약품과 심리적 기술, 그런가 하면 잘 모르면서 전적으로 집중하면서 열정적으로 환영해 맞이하는 가운데 꽤 믿을 만하다고 생각하지만 실제로는 돌팔이 의사 같은 현상도 있다.

하지만 그럼에도 불구하고 여기 정당하게 던져졌던 질문에 해당하지 않는 삶의 의지에 포함되어 있으면서 하나님에 의하여 더 촉진되고 그에 의한 복종 가운데 진실한 것으로 나타나는 건강에의 의지라고 할 수 있는 부분이 있다. 건강은 그것이 영혼적인 무엇이든 혹은 육적인 무엇이든 간에 특별히 자기 자신만을 위해 가질 수 있는 가치 있는 것이라고 생각해서는 부족하다. 건강은 그 이상의 것으로서 특별한 추구와 요구의 대상이 될 수 있는 것으로 이해되어야 하는 것이다. 즉, 건강하다는 것은 인간됨을 위한 능력을 의미한다. 건강은 사람으로 하여금 온전한 인간으로 드러나기 위해 영혼과 육체적이 기능을 활발하게 할 수 있는 능력이며 쾌활함이요 자유인 것이다. 이러한 능력으로서의 건강을 인간은 가지려고 의지할 뿐 아니라 그렇게 해야 하는 것에 만족하는가? 인간이 단지 건강 그 자체를 위해서가 아니라 인간이 되기 위해서 건강해야 하는 것이다: 동물이 아닌 인간, 식물이 아닌 나무나 돌이 아닌 인간, 사물이나 어떤 이데아의 한 추상적 이념의 대표자가 아닌 인간, 자신의 본능적 요구들을 만족시키면서 이성을 사용하고 자신의 개성을 진실하게 완성시키면서 자신의 한계를 인식하는 인간, 자신의 일과 운명에 대한 규정 속에서 존재하면서 무엇보다 자신의 동료 인간이나 하나님과의 관계하에서 자신에게 주어진 자유를 실행하는 그 인간이 되고자 인간은 건강해야 하는 것이다. 인간들은 이 모든 것이 될 수 있고 되고자 해야 하며 그렇게 함으로써 인간은 건강할 수 있는 것이다. 인간들이 이 모든 것을 원하면서 사람들이 그것을 가질 수 있는 한에서—이것이 크든 작든 간에—이것을 연습하고 그것을 실제로 하기 위해서 노력하고 원하고 이해하고 간절하게 원하는 것 외에 다른 것을 바라면서 그것을 어떻게 할 수 있겠는가? 그리고 어떻게 인간들이, 그들이 인간이길 바라면서, 건강을 위해 노력하며 얻으려고 간절히 바라고 원하지 않으면서, 그 건강의 능력을 실행할 수 있겠는가? 사람들은, 그 건강을 실행하면서, 그 건강을 얻게 된다. 즉, 인간은 건강하려고 해야 한다. 이 점이 건강이라는 사태에서는 인간들에게 요구된 것이다.

만일 우리가 건강의 문제를 이런 방식으로 이해한다면 비록 **건강**과 **질병**의 대립을 무시할 수는 없지만 그럼에도 그 양자 간의 상대성 안에서 건강을 이해해야 한다. 질병은 건강에 부정적인 대립항으로서 서 있는 것은 분명하다. 즉, 질병은 건강할 때 하는 작용들을 하지 못하게 하는 일종의 무능력이라고 할 수 있는 것이다. 또 질병은 인간을 어렵게 하고 방해하면서 부담을 줄 뿐 아니라 위협하며 고통을 줌으로써 인간 자신의 본래적 일을 하지 못하게 만든다. 하지만 병 그 자체는 반드시 인간됨을 방해하는 무능력을 의미하지 않는다. 그 인간됨의 능력이란 그가 살아 있는 한 병든 자들이라도 갖고 있는 능력이며 그만큼 건강한 것이다. 만일 건강이 인간이 될 수 있는 능력을 의미하는 것이라면 병든 자라도 심지어 그 어떤 희망도 갖지 못한 중환자라고 할지라도 자신의 상태에 대한 그 어떤 환상 없이 언제나 진실로 건강하기를 바랄 수 있는 것이다. 건강은 그에게 과도한 것을 요구하는 것이 아니라 그가 비록 아주 심한 고통에 시달린다고 할지라도 여전히 그가 살아 있는 한, 얼마 남아 있는 여력이라도 최선을 다하고 그것을 통해 삶을 이어가기 원하도록 하기 위해 주어진 것이다. 이런 관점에서 본다면 병자를 돌보는 윤리의 근본적 요구란 이 병자가 스스로 자신의 병을 핑계 삼아 절망할 것이 아니라 남아 있는 건강을 보고 그와 함께 주어진 삶의 의지에 화답하는 일이며 그렇게 스스로에게 요구해야 하고 자기가 처한 환경이 그렇게 될 수 있도록 요구하는 것이라고 할 수 있다. 그럼으로 우리는 전적으로 건강한 상태만을 염두에 두어서는 안 된다. 즉, 너무나 건강한 나머지 건강해지고자 하는 그런 생각조차 할 필요가 없는 그런 사람을 염두에 두어서는 안 되는 것이다. 건강한 자라도—비록 의사는 아니더라도—건강하고자 하는 의지는 필요한 것이다. 주관적인 이해일지라도 자신의 영혼과 육체의 삶의 기능이 전혀 아무런 문제가 없이 잘 작동하는 사람이 있기 마련이다. 하지만 그 사람이 건강한 자로서, 즉 인간존재가 되기 위한 힘을 가진 살아 있는 인간으로서 불릴 수 있으며 그것을 기뻐할 수 있는가는 전혀 다른 문제이다. 이 문제는 매우 시급한데, 왜냐하면 그가 어떤 지병을 이미 앓고 있어서 그 병세가 드러나지 않았을 뿐 실제로는 그가 이미 병자일 가능성이 있고 그래서 다른 사람들보다, 즉 이미 병이 드러나 고통을 받고 있는 사람들보다도 더 특별한 관리가 필요한 사람일지도 모르기 때문이다. 그렇다면 병으로 고통 받지 않는 사람은 실제로 얼마나 되겠는가? 윤리의 근본원리는, 비록 어느 정도 영혼과 육체의 건강에 전혀 문제가 없는 사람들이라고 할지라도 이미 건강해지라는 그 근본적 외침에 벗어나 있다고 생각해서는 안 되는 것이다.

　　이제 우리의 전제로부터 우리는 **영혼**과 **육체**의 건강을 따로 구분해서 다루어야 할 필요가 있지만 그것을 분리해서는 안 된다는 점을 분명하게 하고자 한다. 건강한 자와 병자는 모두 양가적 입장에서 그렇다: 육체의 영혼, 그의 식물-동물적 몸의 영혼, 섬기는 몸을 다스리는 영혼. 하지만 동시에 그는 **둘**이 아닌 **하나**의 **동일한 사람**이다. 건강이나 병에서 두 개의 별개의 영역으로 나누어지는 것이 아니라 전체로서, 그 자체 그의 능력, 혹은 그를 위협하는 이미 그의 힘을 까먹게 만드는 비활력 등이 그것이다. 그는 지금 병자일 수 있지만 다시 회복할 수 있다. 또 그 반대의 길을 갈 수도 있다: 건강한 사람이 병자가 되는 경우이다. 여하튼 그는 이렇게 저렇게 변하고 있다. 그는 건강한 영혼의 삶이나, 병든 영혼의 삶으로 결정된 것이 아니다. 그는 어떤 때는 어떤 것을 다스리는 힘을 갖거나 굴복하기도 하고 끊을 수 없거나 끊을 수 있는 경향을 가지고 있으며, 복잡하고 여러 조건과 방해와 욕구를 가지고 있는 존재라는 사실을 제외한다고 해도 그는 여전히 하나의 유기적 식물적 동물적인 육체의 삶이다. 그는 그 자신의 육체 안에서 영혼의 병든 몸 혹은 건강한 몸이다. 그리고 또한 자신의 육체의 삶과 더불어서 자신의 삶의 역사이며 자신의 고유한 역사이다. 다시 말해서 그는 한 특정한 육체의 삶을 가진 것이 아니다. 오늘은 괜찮다가 내일 고장 나는 그런 몸의 기관들의 기능으로서 인간이 아니다. 그의 신경과 혈액순환 소화기관 외피 등이 모든 것을 넘어선 그 위의 자기 자신의 고유한 동력으로 형성된 영혼의 삶을 가진 그런 존재가 아니라는 뜻이다. 차라리 그는 자신의 영혼과 더불어 건강하거나 병든 육체의 삶을 사는 것이다. 그리고 여기에서는 그의 삶의 역사가 문제가 된다. 그의 고유한 역사 그리고 그 자신이 문제가 되는 것이다. 그리고 이제 인간으로서의 능력은 건강을 위한 의지라고 단순명료하게 말하고 있다. 양자의 통일성과 전체성을 보존하면서 이 역사를 지속하고자 하는 의지가 바로 건강인 것이다. 우리는 사실 이차적인 의미에서만 병에 대한 영혼의 건강 혹은 육신의 건강을 말할 수 있을 뿐이다. 오히려 인간존재로서 이 대립 안에서 하나의 본래적 존재, 주체로서의 자신을 말하고자 한다. 모든 결정과 노력들 속에서 인간존재로의 힘을 긍정하고 그 반대를 거부하는 것이 중요하다. "네가 낫고자 하느냐?"(요 5:6)이지, 네가 건강한 일부를 갖고 병으로부터 놓이고 싶으냐가 아니다. 이 질문에 의하면 우리는 전체 역사로서 답변해야 하는 것이다. 우리는 올바르게 서서 굳게 있고 거기로부터 멀어지지 않는 것이 우리가 가야 할 길이다.

여기에서 우리는 건강하고자 하는 것과 건강하게 남아 있고자 하는 구체적인 문제에 대하여 무관심할 수 없다는 것이 자명해진다. 건강은 영혼적이며 육체적인 그 무엇과 각각 연관되어 있으며, 그렇다면 이제 사람들은—어느 정도 거리를 가지고—한때는 영혼적인 것에 혹은 다른 때는 육체적인 것에서 한 번은 심리학적 사실에서 또 다른 측면에서는 육체적인 치료기술에 관심을 기울이기도 하며 거기에서 새로운 치료와 보다 나은 향유를 추구하기도 하는 것이다. 그렇게 하더라도 내일이 되면 영혼적인 측면이든 혹은 육체적인 측면이든 간에, 혹은 양자 모두 우리가 기약할 수 없는 환경 속에서 사라지는 것을 지켜봐야만 하는 것이다. 만약 이러 저러한 환경에서 인간됨을 위한 능력에 대하여 진지하게 말하고자 한다면, 이는 사람들을 여기 혹은 저기에서 가장 본질적인 결단을 내려야 하는 것과 같은 조급하거나 지나치게 몰이성적인 기대로부터 자유롭게 하는 것이라고 할 수 있다. 그리고 이런 인간됨의 능력은 그 내적 연관관계하에서 이 영역이야말로 건강을 위한 의지가 취하는 본질적 결단이 영향을 끼치는 곳이기에 육체적이며 영혼의 부분이 중요하다는 인식을 위해서 자유롭게 만드는 것이다. 인간이 자신의 육적이며 영혼적인 삶을 지속하기에 인간됨을 위한 능력 안에서 인간의 역사는 지속되는 것이다. 그 삶의 지속을 위해 그리고 자신의 영혼이거나 육체적인 삶의 방해를 극복하기 위해서는 그가 지속적으로 해야 할 바는 그가 그렇게 이런 극복과 지속을 원하는 것이다. 만일 그가 건강하다면, 그가 만일 이 능력 안에서 살아갈 수 있다면, 만일 그의 역사가 인간됨의 능력 안에서 그 지속을 발견할 수 있다면 인간은 이 모든 일을 도모해야 하는 것이다. 이 능력이 단지 인간을 하나의 객관적 대상으로 그래서 더 이상 인간 주체가 아닌 그런 과정으로 퇴락시키지 않기 위해서, 그리고 이 과정 안에서 주체로 남아서 인간으로 남기 위해서 그는 그의 정신적이며 육체적인 삶의 제한을 반대하여 그것을 더 열정적으로 지속시키는 데에 관심을 갖고 지켜보아야 하는 것이다. 그가 이러한 능력을 유지하면서 올바르게 진행하면서 무능력으로 떨어지지 않는다는 것은 인간이 자신의 정신적이며 육체적인 힘들을 획득하기 위해서 취하는 이런저런 조치들에 의존해 있지 않다. 비록 그가 천 가지의 조치를 취하고 힘을 보존하기 위해서 매우 세밀하게 대응하더라도 그 건강에 의지를 가지지 못할 수도 있고 또한 이 모든 노력에도 불구하고 오히려 건강을 잃을 수도 있다. 하지만 그가 그 능력에 대한 의지와 그것을 유지하고자 하는 의지를 갖는다면, 그렇다면 그는 그의 정신적이며 육체적인 능력을 보호하고 유지하기 위한 필요한 조치들을 취하도록 끊임없이 지속적으로 노력하게 될 것이다. 그리고 이는 가장 적은 것도 적은 것이 아니고 가장 큰 것도 너무 큰 것이 아니라는 열정적이며 책임 있는 길 위에 서 있게 되는 것이다.

그러므로 이제 우리는 영혼과 육체를 위해 좋고 나쁜 것이 무엇이며 무엇을 행하여야 하는가라는 매우 정당하고 진지한 질문을 해야 한다. 모든 각 개인의 영혼과 육체의 삶을 위한 건강학이 있을 수 있고 이것의 가능성과 한계는 일반적으로 그리고 개인의 특별한 경우에서 조금 다르지만 삼자를 통해서 배우거나 경험상 그것이 할 수 있는 바를 더 분명하게 알게 될 수 있다. 이 건강학에서 태양과 공기 그리고 물과 같은 하나님의 선물들이 이 건강의 가장 중요한 요소라는 것이 드러나는 것이다. 건강학은 여러 위험스러운 질병에 대한 예방의 근본적 원리이며 더 나아가 이미 발생한 질병을 고치는 치료의 중심적 원리라고 할 수 있다. 이제 이 모든 긍정적이며 부정적인 여러 건강을 위한 조치들에서 정말 문제가 되는 것은 그 자체로 필요하고 즐거운 능력의 유지와 보조 그리고 회복에 있는 것이 아니라 인간존재를 위한 능력 그 자체를 위한 것이라고 할 수 있다는 점이다! 그런데 인간존재가 바로 하나의 역사이며 그 영혼과 육체적 삶의 기능들이 함께 작용함으로써 얻어지는 것이며 그러한 일들이 펼쳐지는 공간 안에서의 역사이기 때문에 모든 주의의 요점들이 거기에 있을 수밖에 없고 그런 모든 경우에 있어서—모든 사람이—모든 제한된 시간 안에서 건강을 위한 조치를 해야만 하는 것이다. 스포츠를 즐기는 것도 거기에 속한다. 하지만 스포츠의 의미는—정당하게도—또 다른 의미의 차원을 가지고 있는데, 즉 놀이의 차원을 가지고 있는 것이다. 이는 육체적 능력이 펼쳐지는 것이며 일종의 경쟁으로서 건강이라고 우리가 지금 논의하는 그 개념의 뜻대로 그 건강의 위험을 말하기도 한다. 우리는 단지 여기에서는 스포츠가 건강학에 속할 수 있으며 그렇기에 거기에 속해야 한다는 것을 말하는 것으로 만족하고자 한다.

그렇다면 우리가 지금 여기에서 다시 자세하게 검토해야 하고 다시 살펴야 하는 것은 의사의 역할에 대한 것이다. 의사는 영혼이나 육체가 병들거나 건강한 사람들에 대한 날마다 새로워지는 지식을 더하고 전통으로부터 경험으로부터 새롭게 배우고 고치면서 탐구와 전승을 통하여 전반적이며 일반적인 과학적 지식을 가진 탁월한 사람이다. 그렇기에 의사는 다른 사람들의 정신적이며 육체적인 건강의 상황 또한 병의 상황에 대하여 객관적인 판단을 내릴 수 있고 그렇게 하는 사람이며 전심으로 그들이 다시 건강하게 낫기를 바라고 다시 건강해지게 하기 위해 노력하면서 충고와 필요하면 직접적인 개입을 통하여 그 환자의 편에 서는 사람인 것이다. 그렇다면 의사의 도움을 받는 것에 반대할 필요가 있는가? 사실 오히려 그것은 추천사항이 아닌가? 인간존재가 되기 위한 능력은 동시에 정신적이며 육체적인 힘을 원하는 것이며 그렇기에 그것을 보호하고 유지하기 위해서 모든 조치를 다해야 할 것이며 그렇기에 왜 그러한 조치 가운데 의사의 소견을 듣는 것이 문제가 될 수 있단 말인가? 그래서 이미 벤시락의 지혜서에서 다음과 같이 쓰고 있다.(38장) "치유는 지극히 높으신 분에게서 오니 그는 임금에게서 선물을 받는다.… 주님께서 땅에 약초를 마련해 놓으셨으니 현명한 사람은 그것을 소홀히 하지 않으리라.… 그분에게서 친히 사람들에게 지식을 주시어 당신의 놀라운 업적을 보고 당신을 찬양하도록 하셨다. 의사는 약초를 이용하여 병을 고치고 고통을 덜어준다. 약사도 이 약초로

약을 조제하니 주님의 위업은 끝없이 이어지고 그분에게서 평화가 온 땅 위에 퍼져 나간다." 그러므로 "그다음에는 의사에게 맡겨라. 주님께서 그를 창조하셨다. 의사가 너를 떠나지 못하게 하여라. 그가 너에게 필요하다. 치유의 성공이 의사의 손에 달려 있는 때가 있다; 그들 역시 주님께 기도하여 자신들에게 올바른 진단과 생명을 구하기 위한 치유의 은혜를 베풀어 주시도록 청한다."

이 의사를 거역해서 무엇을 말할 수 있단 말인가? 만일 건강과 병에 대한 일반적이며 추천된 것이 아니라 금지된 수동성에 대한 질문이 생긴다면 다음을 우리는 생각하지 않을 수 없다: 자신의 삶 속에서 그것을 받아들이고 신뢰를 주면서 그에게 병을 고치기 위한 전권을 주어야 하는 그 의사의 지식과 진단 그리고 낯선 치료방법이 갖는 객관성에 대한 불신의 이유가 있다는 것이다. 건강과 병에 대한 올바른 물음을 가지면 가질수록, 즉 인간 본래의 삶의 역사의 진행으로 이해하면 할수록, 그는 그 의사에게 일종의 의심을 갖게 되는데 그것도 그의 일반화되고 이차적인 그 과학적 지식과 판단 그리고 그의 전이해와 간섭 때문에 그렇게 될 수 있는 것이다. 건강과 병이, 만일 그것이 인간존재의 능력과 무능력으로 이해된다면, 가장 주관적인 것이 아니겠는가? 그 낯선 자가 어떻게 그의 과학적 지식을 가지고 나의 내적 상태를 알 수 있단 말인가? 그가 어떻게 정말로 나를 도울 수 있단 말인가? 어떻게 내가 나를 그에게 맡길 수 있단 말인가?

하지만 이런 논증과 의사에 대한 불신은 근본적으로 잘못된 것이며 벤시락의 지혜서는 이에 대하여 사실적인 설득력과 진실을 가지고 있다. 이러한 불신들은 근본적으로 의사 자신이 스스로 자신에 대해서도 가질 수 있는 것이지만 대개는 환자의 불신 가운데서 그 원인을 찾을 수 있다.(411) 사실 인간존재의 힘으로서 그 본질적 의미에서 건강이라는 개념은 사실 정신과 육체의 삶의 기능의 영역에서 그 건강의 유지와 회복 그리고 병으로부터의 예방과 같은 가능한 여러 조치로서는 기대할 수 없는 것이다. 즉, 의사의 도움으로도 사실 자연적으로는 불가능한 것이다. 물론 전문가들 중에 혹은 천재적이며 진지한 의사들 중에 아마 우리 시대에서는 정신적 전체주의 혹은 제국주의라고 할 수 있는 견해를 가지고 있는 사람들도 있는데 그들은 진짜 사람을 고치는 것은 의사라고 생각한다. 아마 이런 사람들은 불쾌한 나그네로 생각되어도 좋을 것이다. 고대로부터 의사와 제사장 사이의 아주 흥미 있는 관계에 대한 고찰이 있다. 하지만 먼저 우선 분명히 해야 할 것은 의사 그 자신이나 다른 사람들이 의사를 제사장의 역할과 동일시하거나 그와 비슷한 자리에서 그 역할을 찾으려 하면 안 된다는 것이다. 만약 그런 혼동이 존재한다면 그 의사는 실제로 그가 도울 수 있는 그런 자리에서도 그를 도울 수 없게 될 수 있다. 이는 아마 마가복음 5:26에 기술된 그 부인과 만난 의사일 수도 있을 것이다: "많은 의원에게 많은 괴로움을 받았고 있던 것도 다 허비하였으되 아무 효험이 없고 도리어 더 중하여졌던 차에." 하지만 올바른 자세를 가진 의사라면 왜 자기가 도울 수 있는 영역 안에 놓여 있는 그 사람을 도울 수 있는 사람이 되지 못할 것인가? 더 나아가 비록 그가 잘못된 그런 형태로 등장하였다손 치더라도 여전히 다른 사람을 도울 수 있는 사람이 될 수 있다고 **평가**되지 못한단 말인가?

그렇다면 어디에서 그리고 무엇을 위해 그가 도울 수 있는가? 인간존재의 힘을 위해서? 그렇지 않은 것이 분명하다. 그런 힘은 다 각자가 스스로 원하고 바라고 노력하는 것이지 누구에 의해서 도움을 받아 이루어질 수 있는 것이 아니다. 최고의 의사라도 그것은 바랄 뿐인 것이다. 이러한 사실을 아는 의사일수록 그는 훌륭한 의사라고 할 수 있다. 그가 최고의 의사라는 것은 그가 인간의 조치로서 더 이상 할 수 없는 그것과 다양한 조치들을 통해서 도달할 수 없는 바로 그것에 주의를 기울이고 있기 때문이며 환자를 그렇게 만들기 때문이다. 만약 그 의사가 그리스도인이라면 그는 이 지점을 더욱 분명하게 만들어야 한다. 그와 같은 한계를 분명하게 함으로써 그는 진실로 그가 할 수 있는 곳에서 더 자유롭게 환자를 도울 수 있기 때문이다. 즉, 그는 그 스스로 자신이 건강해지길 원하는 그런 의지를 갖도록 돕고 그것을 활동성 있게 만들 수 있다. 그것이 바로 영혼과 육체의 **삶의 기능의 영역**이라고 할 수 있다. 그것의 유기적인 화학적이며 기계적 전제들, 그것의 정상적 작동과 그것을 뒷받침하는 원칙들, 착오가 일어나거나 변형되거나 한 경우 그것의 정상적인 작동을 위해 그리고 오류를 고치기 위해서 모든 환경에서 취해져야 할 일들—즉, 인간적 삶, 이러한 관점에서 보이는 그 영혼과 육체의 건강과 병에 대하여서 모든 사람이 자기를 위해 스스로 갖는 어떤 의견이나 지식이 존재하는 것만이 아니라 더 나아가 (인간적 앎과 가능성의 한계에서) 일반적인 인식들, 그리고 또한 편견이나 오류 혹은 올바른 지식에서 주어진 것에 근거하여 자신이 그 개별적인 경우에 스스로 판단을 하고 병리적으로 치료하면서 스스로 만들어 가는 **일정한 규칙**들이 존재하는 것이다. 왜냐하면 이 모든 영역에서 각 사람은—사람들 사이에 있더라도 결코 무시될 수 없는 그의 개별적 일회성—스스로 모범적 예로서 많은 다른 사례 중 특수한 한 예이며 이 의학이라는 과학 속에 그렇게 범주화될 수 있고 그 특수한 방식이 범용화될 수 있는 것이다. 이 각자는 물론 다 항상 새로운 경우들이며 그때 과학은 지금까지의 범용과는 다른 새로운 형태의 지식과 방식을 가져야 할 것이다. 요구된 그 과학의 특수하고 각별한 새로운 형태와 그의 적용방식을 개별적으로 다시 찾고 활용하는 것은 이 의사의 사명이며 그의 일인 것이다. 절대 새로운 것이고 낯선 것은 없으며 항상 상대적으로 새로울 뿐이다. 그렇게 각 개인이 새로운 한 특수한 예로서 등장하고 등장해야 할 때에도 의학과 그의 시술방식에서 보면 이는 충분히 감당할 수 있는 새로운 예에 불과하며 그래서 그 환자는 불신할 것이 아니라 신뢰를 보내도 될 것이다. 이러한 신뢰를 갖지 못하는 사람은 의사를 찾을 필요도 없고 의사도 애를 쓸 필요가 없을지도 모른다. 하지만 왜 사람들은 이 잘 알고 있는 의사에게 제한된 의미라도 신뢰를 주지 않는 것인가?

벤시락의 판단은 전적으로 옳다: "그 의사도 하나님께서 창조하신 것이다." 의학과 그 의술은 인간에게 주어진 가능성을 정당하게 사용하는 것에 근거한다. 만일 의학의 역사가 실수와 무지 일방성과 과장 등으로 다른 학문들처럼 오류에서 자유롭지 못하지만 그럼에도 그 주된 발전은 역사 속에서 이어져 왔으며 지금도 매우 인상적이며 명예로운 또 미래의 전망을 갖고 있는데 마치 신학과 같다! 의학을 부정하거나 그것의 제안들을 거절할 아무런 특별한 이유가 없는 것이다. 의사가 도울 수 있는 것이 무엇일까? 다른 사람들에게 본질적 건강의 의지를, 즉 더 열정적으로 능력 있게 사는 인간존재가 될 수 있도록, 비록 아무에게도 그 의사로서는 줄 수 없고, 단지 그것을 위해 사람들을 격려할 수 있을 뿐이며 그에게 그 건강의 의지를 위한 자유로운 공간을 만들어주고 그것을 방해하는 것을 치우는 것이 바로 그 일이다. 영혼과 육체의 병들은 이 의지에 반대되는 걸림돌이고 그 능력을 제한하는 것이다. 병이란 이 의지를 외적으로 방해하는 것이다. 그것에 대처하는 의사의 사명이란 이 특별한 경우에 특별한 방식의 치료와 방식을 설정하고 그것의 원인들과 그 내용 그리고 그 병자의 역사를 통해서 과정과 조건들 그리고 여러 가지 상황과 닥칠 수 있는 위험요소들을 미리 점검하고 제거하는 일이다. 이 모든 것은—인간적으로 말해서 결국 그 의지에 따라오는 것이긴 하지만—이미 그 자체로서 아주 거대한 도움이 아니고 무엇인가? 만일 사람이 건강해지려고 한다면 비록 그가 그 특수한 경우에서 실패한다고 하더라도, 그럴 수 있는 가능성이 지극히 많이 있다는 것이 어느 정도 사실인 한, 이 자체로 경험해도 되는 긍정적인 것이 아닐 수 있단 말인가? 그래서 이 공간은 더 넓혀져야 한다. 그 의사는 환자를 그 병의 증상을 완화시키고, 그것의 효과와 힘을 약하게 만들어서, 결국 그 원인을 찾아내어 그 병을 완전하게 없애고 그 환자를 다시 건강하게 만들기 위한 목적을 가지고 다루게 되는 것이다. 비록 그가 그 환자의 삶의 공간을 넓히지 못했다면 그는 그 병을 약화시킴으로써 그가 견딜 수 있도록 할 수 있다.—최악의 경우(모든 것이 효과가 없을 때, 그리고 삶이 점차 왜소해지고 있을 때) 점차로 가능한 한 그것을 상대적으로 감당할 수 있도록 만드는 것이 중요하다. 의사는 모든 것을 시도할 수 있다(물론 그 의학의 한계와 그의 의술의 한계의 한도 내에서). 하지만 그 이상도 그 이하도 아니다. 하지만 그렇게 함으로써 그는 그 환자가 삶의 의지를 가질 수 있도록 새로운 자극을 줄 수 있는 것이다. 그는 사람들을 가장 힘 있는 방식으로 **용기를 북돋아 줄 수 있고**, 그에게 그 병의 증상을 고치고 약화시키고 줄여줌으로써 자극을 주고 흥미와 기쁨을 주어서 그가 이제 스스로 일어날 수 있도록 만들어줄 수 있다. 만일 거기까지 그가 최선을 다했다면 이제 그는 물러나야 한다. 그는 환자의 인간존재를 위한 본능적 힘과 무능력에 아무런 도움을 줄 수 없다. 그는 거꾸로도 마찬가지이다. 그는 단지 그 환자의 장기나 영혼-육체적 삶의 기능들의 건강과 건강하지 못함에 대하여 매우 제한된 힘을 가지고 있을 뿐이다. 하지만 그가 최선을 다했다면 그것으로 **감사**한 일이다.

마지막으로 이 모든 질문이 인간의 삶의 기능의 자유를 다시 회복하고 그것을 지키려는 전체적인 조치들에 대한 질문과 연관되어 있어서, 진지하게 물어진다면, 여기에서 찾아진 그 대답은 이 질문이 제기되었던 원래 개인의 영역을 필연적으로 훨씬 넘어가서 주어져야 한다는 사실에 주목해야 한다. 인간존재를 위한 힘에 대한 근본질문과 이 능력을 향한 의지, 즉 본질적 건강에 대한 질문과 그것의 효과와 실행을 위한 질문은 개인적인 것이 아닌 사회적 질문이라고 할 수 있다. 만일 일반적인 삶의 조건들: 월급, 생활수준, 노동시간, 휴가, 거주여건과 같은 것들이 실제로는 우리의 삶의 의지를 강화시키고 건강해지려고 노력하는 것이어야 했는데 만약 그렇지 못한 경우라면 건강학, 스포츠, 의학 등의 이 모든 것은 너무 나태한 질문이 아닐 수 없다. 삶의 경외를 주요시하는 그런 경우라면 그리고 그런 비전에서는 일반적인 삶의 기본조건을 향상시키기 위한 책임이 반드시 그 안에 내포되어 있는 것이다.—특별히 이러한 문제로 고통을 받지 않는 그런 사람들에게 이 질문은 가장 예리하게 제시되어야 한다. 왜냐하면 그는 이 사회적 조건으로부터 아무런 위협이나 고통을 당하지도 두려움을 갖지도 않고 있으며, 또한 잘 벌고 잘 먹고 적당히 일하고 잘 쉴 수 있으며 외적으로 아주 근사한 삶의 가능성을 가지고 있어서 항상 건강해질 수 있고 혹 그 건강이 나빠졌더라도 금방 다시 회복할 수 있는 조건과 조치를 할 수 있기 때문이다. 아주 중요한 원칙: **건강한 육체에 건강한 정신**(mens sana in corpore sano)은 아주 단견의 무식한 원칙임에 분명한데, 만일 이것이 개인적이기만 하고 더 넓게 사회적 의미로 확대되지 않는다면 그렇다고 할 수 있다; 즉, 건강한 사회 안에서(in societate sana)로 후반부가 바뀌어야 하는 것이다. 이 원칙의 확대는 단지 건강학, 스포츠 그리고 의료시설 등이 모든 사람에게 다 적용될 수 있어야 한다는 것만 의미하는 것이 아니라 더 적극적으로 일반적인 삶의 조건들이 더 많은 사람에게 가능한 한 최선의 상태로 제기되어야 하고 그런 입장에서 건강은 단지 부정적인 것의 배제가 아니라 **긍정적이며 예방적 차원**의 효과를 가지고 오는 것이어야 할 것이고 다양한 수준으로 분명하게 나타나야 할 것이다. 모든 개인의 건강을 위한 의지는 더 나은 개선을 위한 의지이고 극복을 위한 의지이며 더 나아가 모든 사람의 일반적인 삶의 조건들을 급진적으로 변화시키려고 하는 의지여야 한다. 한 사람이 병들어야 하는데 다른 사람들은 건강해지기를 원한다는 것은 양심에 맞지 않는다. 만약 이웃이 그들의 사회적 여건 때문에 아파야 한다고 하고 그들이 그 이웃을 돌보고 있다면 그는 스스로 건강해지기를 원할 수 없을 것이다. 왜냐하면 어느 때인지 모르지만 그 병은, 비록 지금 그들이 성공적으로 그들로부터 자신을 떼어 놓아서 절연시키는 데에 성공할지는 모르겠지만, 자기들에게 그대로 닥칠 것이다. 한 사람이 아프다면, 그것은 사실 사회 전체가 그 안에서 이미 한 지체로서 아픈 것이다. 병과의 투쟁에서는 어떤 고립적 절연이 있을 수 없다. 오직 공동체로서 거기에 대답하는 것이 인간적인 최후의 말인 것이다. 이것이 힘있는 인간존재를 위한 의지를 강화시키기 위한 모든 실천적 노력에서 우리가 해야 할 가장 결정적인 답변이라고 할 수 있다.(Carl Henschen, *Die soziale Sendung des Arztes*, 1944)

하지만 이제 두 가지 가장 어려운 질문에 대한 답변을 해야 할 처지이다. 우리는 사람들이 인간이 될 수 있는 능력을 어떤 방식으로든지 가지고 있으며 이를 긍정하고 그것을 의지로 바라면서 거기에서부터 이 능력을 영혼적이며 육체적인 영역 안에서 구현하기 위해 적합한 다양한 준칙들을 이해하고 적용하고자 할 수 있다는 것을 이해해야 한다. 우리는 병이 다름 아니라 이러한 능력에 반대편에 서 있는 무능력이나, 삶의 의지와 반대되는 경향 정도로만 해석해서는 안 되고 더 적극적으로 건강과 또한 건강의 의지를 비껴가고자 하는 어두운 그림자로 이해해야 할 것이다. 이것이 바로 이 사태의 단면이다. 지금은 우리가 건강의 의지가 무엇을 의미하는지를 두 가지 전혀 다른 의미를 이해해야 할 때이다. 무엇보다 먼저 아주 일반적인 것을 분명하게 해야 한다: 병은 환상이 아니다.—물론 **망상으로부터 야기된 병**이 있으며 그런 생각에 잡혀 있는 병자가 있다.

몰리에르(Molière)가 문자적 의미에서 불멸성으로 말한 상상(Malade imaginare)의 형태와 그와 그의 주변에서 퍼졌던 그 역병을 알기 위해서 의사가 될 필요는 없었다. 그는, 그렇게 알려지지 않았고 거의 드물게 그 만화에서처럼 타인의 웃음을 사는 것은 아니었어도 우리가 생각하는 것보다 훨씬 광범위하게 퍼져 있었다. 그리고 더 나아가 많은 경우 어떤 대가를 치러도 건강을 증진하는 것과 친구가 되어 있었다. 그리고 우리는 그렇게 무조건적 신뢰를 버리고 이 망상으로부터 야기된 병을 현대 심리학의 전문가에게 보낼 수 있는데 왜냐하면 이 과학에 대한 흥미가 그들의 숫자에 새로운 우연을 더하는 결과를 가지고 올 수 있기 때문이다.

우리가 정신적이며 육체적인 건강과 질병을 하나의 통일된 관점에서 살펴보고 다시 그 통일된 관점을 그것보다 더 높은 다른 지평으로부터 살피려 한다면, 즉 인간됨의 능력과 무능력의 문제로 본다면, 우리는 이 망상적 환자 역시 — 비록 환자인 그가 스스로 생각하는 것과는 다른 — 현실적으로 중환자로 판단해야 하며 그렇게 대해야 할 것이다. 우리는 그를 조롱하거나 결국 병이란 하나의 허상에 불과하다는 명제를 증명할 수 있는 도구처럼 사용해서는 안 된다. 질병은 환상이 아니다. 질병과 대치하고 있는 인간의 삶의 의지와의 관계에서 본질적이며 이차적이 의미에서 나온 것도 아니고 또한 그렇게 이차적인 삶의 능력들의 자유에서처럼 인간됨의 본래적 능력으로부터 구분되는 객관적인 상황처럼, 그리고 인간 삶과 그가 갖고 있는 삶의 의지의 창조주이신 하나님과의 상관관계에서부터 야기되는 것처럼 생각될 수 있는 객관적인 것이 아니다.

병이 환상이라는 것은 부정적으로 주어진 근본적 명제인데, 그것은 미국인인 메리 베이커 에디(Mary Baker Eddy)가 지난 세기 1870년대에 세웠다고 말하지 않고 발견했다고 한 것이다. 그것은 지금은 거의 교과서처럼 받아들여지는 크리스천 사이언스(Christian Science)에서 나온 말이다. 처음에는 아주 적은 수의 사람이 모였는데 이제는 세계적으로 널리 퍼졌고 상류나 중류사회에서는 아주 유행이 되어버린 일종의 종교적 사회공동체의 형태의 모임이었고 그 가운데 여성모임으로 더 활발했었다. 칼 홀(Karl Holl)은 "과학주의"를 1918년 아주 광범위한 영역을 연구한 논문에서 제시하였고 그 현상을 올바르게 받아들여서 이해하기 위해서 많은 노력을 하였다.(*Ges. Auf. z. Kgsch.* III, 1928, 460f.) 이 가르침의 긍정적인 근본명제는 하나님만이 유일한 현실이라는 것과 그는 영이시며 모든 창조는 단지 그의 영적 본질의 반영이라는 것이었다. 하나님 이외에는 단지 힘들만이 존재하고 그런데 실제세계에서는 그 힘이란 생각이었다. 모든 물질적인 것은 단지 그렇게 나타나는 것뿐이고 모든 것이 그것과 연관되어 있다: 죄, 병, 악, 죽음. 인간은 하나님의 형상으로서 언제나 완전했다. 그 하나님의 형상은 언제나 있고 그리고 언제나 그것으로 남을 것이다. 그런데 이 완전성을 반영하는 모든 것은 사실은 거짓과 오해이며 그것은 하나님의 잊으심에서 나온 것이며 이 망각이 저주를 가져오는 것이다. 이 두려움은 병의 근거이고 병 그 자체이다. 두려움은 병의 형상을 만들어 내는데 외형적으로 우리의 육체에 자리를 잡는 것이다. "너는 궤양이 아프다고 생각한다; 하지만 그것은 불가능하다. 왜냐하면 마음이 없는 물질은 아프지 않기 때문이다. 궤양이 염증을 통해 나타나고 붓는 것은 고통이 시작된 것을 나타낸다. 그리고 이 부기가 궤양이라고 불리는 것이다." 본래적이며 정신적인 인간은 이것과 상관이 없다. 그는 마치 안개에 빠진 것 같고 의식이 빠져 있는 것 같다. 악이란 비현실적이다. "두려움을 버려라, 그러면 병으로부터 놓임을 받게 될 것이다." 예수는 이런 잘못된 현상들의 안개를 부수고 흩어버리는 진리의 참 모습이었고 지금도 그렇다. 그에 의하여 주어진 권능과 그가 행할 사명은 하나님은 영이시며 그리고 인간은 그 하나님에게 속해 있고 그렇기에 인간은 영원히 영이신 하나님과 하나라는 것을 전하는 것이다. 이것은 인간으로 하여금 죄의 잘못된 현상으로부터 벗어나게 하는 것이며(Mrs. Eddy는 이것을 처음에 먼저 썼다.) 그리고 병과 죽음으로부터 벗어나는 것이다. 그러면 죽음도 이제 단지 의식으로부터 인간의 상실을 의미할 뿐이다. 그 최고의 절정으로 이 능력과 사명은 기도의 사명과 능력으로 일치하게 되는데 그 기도 안에서 모든 악이 비존재로 가라앉는 일이 일어나는 것이다. 이때 이와 연관해서 사람이 할 수 있는 것이란 그리고 특별히 의사가 행하여야 할 일이란 첫 번째 계명을 어기는 죄일 뿐일 것이다. 베이커는 아주 악한 것으로 여기는 의료적 진료행위는 마음 읽기로 대치되는데 그것은 생각으로도 그 사람의 병과 고통을 알 수 있게 되고 의료적 매개체는 이제 기도로 대치되어서 하나님으로부터 오는 완전한 고침을 인정하고 그 작업을 인정하며 그 기적을 병에 적용시킨다는 것이다. 그 구원자는—크리스쳔 사이언스(Christian Science Association)에 적극적으로 참여하는 자는 그렇게 부르는데—자신의 능력으로 그렇게 하는 것이 아니라 오직 신적인 능력으로 그 길을 자유롭게 만들기를 원한다고 한다. "너의 마음에 건강과 조화로운 실존의 사실을 지속적으로 현재화시키면 너의 몸이 어느 때에 건강과 조화의 정상적 상태와 상응하는 일이 일어날 것이다."

이러한 교훈은 신약성서의 사신을 기억하게 하고 거기에서부터 이끌어 낸 어떤 특징들을 갖고 있다: 두려움을 하나님에 대한 인간의 관계에서 근본적인 악으로 보는 것, 기도의 힘에 대한 무조건적 신뢰, 하나님이 이미 성취하신 사역에 대한 회상. 하지만 이 모든 것은 이 교훈이 신약성서와 아무런 관련이 없는 잘못된 연관 속으로 빠짐으로써 그 가치를 모두 상실하게 된다. 즉, 과학주의가 확실한 구원의 길이라는 것을 증명해야 한다는 것은 그리스도교적으로 받아들일 수 없는 일이다. 파라오의 마술사들도 일련의 기적적인 어떤 것들을 행할 수 있었다. 그리고 칼 홀이 받아들이고자 한 그 동의, 즉 어찌되었든 그의 긍정적 전제는 옳다는 생각은 함께할 수 없다. 하나님은 모든 현실의 근거이다. 그러나 그는 단 하나의 유일한 현실은 아니다. 그는 창조주로서 사랑하고 구원주로서 자신과 다른 현실들을 사랑한다: 그에게 의존되어 있는, 그러나 단지 반영만도 아니고 그의 능력과 생각의 총합만도 아닌 것이 이 세계이다. 오히려 이 세계는 그에 대하여 독립적이며 자기만의 본질을 가지고 있고 자신의 고유한 역사의 주체이고 부분적으로 자신만의 완전성과 약함을 가지고 있는 존재이다. 하나님의 나라가 온 것처럼, 말씀이 육신이 되신 것처럼, 그리스도께서 인간이 되셨을 때 십자가에 죽고 부활하신 것이 단지 허상이 아닌 것처럼, 인간은 허상이 아닌 것이다. 그는 자신의 방식과 그의 방식에서 벗어나는 것에서도 그의 영성만이 아니라 그의 육체성에서도, 그의 하나님의 형상성에서만이 아니라 죄와 부족함에서도 그는 허상이 아니다. 베이커는 이것을 이해하지 못했기에 죄와 악 그리고 죽음이—그것의 극복을 위해 예수 그리스도께서 우리의 의식의 지평에서 사라지신 것이 아니라 오히려 십자가에서 죽으셨다.—그녀에게는 단지 인간의 생각의 가정에 불과한 것이었다. 그렇기에 그것으로부터 해방되는 것은 단지 인간의 행위이며 그 안에서 그는 자신을 하나님에게 다시 잠기게 하고 하나님 안에 잠기게 된 그 삶을 살아가며, 이제 하나님이 그 안에서 역사하게 된다는 것이다.

즉, 모든 생각 그 생각의 형상에 끝을 마련하는 것, 한 번도 상실되지 않았던 영적-인간적 본질의 완전함, 건강의 현존, 조화스러운 존재의 현재화를 불러오는 것이 진짜 복음이 된 것이다. 여기에 대해서 우리는 긴 말을 할 필요를 느끼지 않는다. 구약과 신약성서는 하나님과 인간, 죄와 악 그리고 죽음과 그것의 극복 그리고 병도 다르게 보지 않는다. 즉, 이것들을 환상으로 보지 않고 그것의 극복 역시 그 환상으로부터의 놓임이라고 보지 않는다. 그리스도교 과학이 과학인지는 말할 필요가 없고 확실한 것은 분명히 이것은 그리스도교적 과학이 아닌 것은 분명하다.

질병은 실제적인 것이다. 물론 하나님이 창조하신 삶을 제대로 쓰지 못하게 하는 것으로서 질병의 현실성은 하나님의 존재와 달리 그렇게 실제적인 것은 아니다. 어떻게 그런가? 우리는 다음의 사실을 확신하게 될 뿐이다: 만약 사람들이, 비록 그가 환자라고 할지라도, 아직 그에게 인간됨의 능력을 사용하고 확인하는 한에서 어느 정도 아직 건강한 상태로 남아 있다고 말할 수 있다면, 이 질병의 현실성 역시 비록 건강에 대칭적으로 서 있는 무능력이라고 정의할 수 있을지라도 결코 그림자같이 아무 효과가 없는 것이 아니라 어느 정도 효과를 내는 현실적인 것이며 그렇기에 건강을 추구하는 의지는 질병이라는 실제적인 대적을 만나게 된다. 이는 이 질병에 의하여 발생하는 영혼과 육체의 능력이 현저하게 약화되는 것을 말하는 것이다. 건강하다가 질병을 앓게 되는 것, 병에 걸렸을 때 갖게 되는 방해와, 그리고 환자나 의사가 그 병든 상태를 벗어나기 위해서 취하는 다양한 조치들에서 요구되는 노력과 수고, 그리고 또한 이 모든 병세를 개선하기 위한 노력으로 질병에 대한 전쟁으로 선포하여야 하는 고집, 이러한 투쟁에서 그 병세들에 대하여 가질 수 있는 승리의 환호성 등—이 모든 것이 단지 혼자 상상하는 것이 아니며 다 실제로 일어나는 구체적인 인간의 구체적인 역사 속에서 발생하는 사건들인 것이다. 바로 그렇기에 하나님에 대한 의지로서의 삶에 대한 의지는 하나님의 계명에 대한 성실한 복종인 것이다: 왜냐하면 이 질병이 단순히 사람들에게 하나의 잠깐 스치는 덫이 아니라—그것이 무엇을 의미할지 불분명하지만—확실히 존재하는 실제적인 대항체를 구성하기 때문이다. 하지만 건강에의 의자가 무엇을 의미하고 또 무슨 뜻이 아닌지를 알기 위해서는, 그렇게 함으로써 지금까지 이해된 것보다 더 깊이 이 건강의 의지가 무엇인지 알고자 한다면 질병이 어떤 종류의 현실성을 갖고 있는지는 우리가 더 자세하게 논구해야 한다.—여기에서 우리는 두 가지 상이한 측면을 만나게 된다.

구약과 신약 안에서 이와 연관된 가장 주요한 현상으로 등장하는 것인데 사태적으로도 의심할 것 없이 우리가 직접 여기에서 깊이 사유해야 할 첫 번째 대상은 다름 아니라 죽음의 전조와 전 형태로서 병이다. 이는 하나님의 심판의 형태로서 죄 때문에 당연하게 받아야 할 무성의 폭력에게 넘겨짐이며, 또한 그에게 다가온 그리고 그렇게 이해되어야 할 죽음이 거기에 속해 있다. 이 측면에서 보자면 질병은 죽음과 마찬가지로 하나의 비본질(Unnatur)이며 질서가 아닌(Unordung), 하나님의 창조에 대항하는 혼돈의 발생으로서 사탄과 악마의 사역인 것이다. 이런 것들은 마치 하나님에 의하여 선한 의도로 피조된 그 피조물들처럼 하나님에 대하여서는 이중적으로 무능할 뿐이고 그래서 그에게 의존해 있다. 왜냐하면 이것들은 죄와 죽음이 하나님에 의하여 의지되지 않았고 선한 것도 아니며 단지 그가 부정하고자 하는 그 본래 요소에 의존된 것이며 하나님의 왼손이 만든 제국으로서 그 무성에 의하여서만 실제적이며 효과적이고 폭력적이고 위협스러운 존재일 따름과 같은 이유이다. 이것들은 하나님의 의지를 따라 그리고 하나님의 통치하에서 그로부터 타락한 그리고 하나님의 대적자가 된 인간들에게만 위험스러운—그 죄인에 대한 하나님의 심판의 완성으로서 죽음의 전 형태이며 전 심판인 것인데—것이 된다.

그렇다면 인간됨의 능력으로서 건강은 무엇을 의미하는가? 정신적이며 육체적인 삶의 기능이 활발하게 작용하는 것으로서 또한 그런 공간으로서 건강은 무엇을 의미하는가? 만약 질병이 이런 구체적인 현실에서 일어나는 것이라면 건강은 무엇인가? 질병이 한편으로는 하나님의 창조를 위협하는 혼돈의 폭력의 표시이며 요소인 반면 또 다른 편으로는 하나님의 심판과 분노의 요소이며 기호이기도 한 것이라면 건강은 무엇인가? 즉, 인간의 죄와 연관된 그리고 그것과 연관해서 일어난 객관적 부패의 요소와 기호로서 이 질병은 과연 예수 그리스도 안에 일어난 하나님의 자비 이외에 다른 구원의 길이 없다는 것이 사실이라면 이 건강은 무엇인가?

이렇게 질병은 시편과 욥기에서 또한 신약성서의 공관복음서에서 이해되고 있다. 질병이란 인간에 의해서 실행되는 삶의 공간 안으로 죽음의 나라 세력이 돌격해 들어온 것이며 그 세력들을 대항하여 예수께서 하나님의 긍정적 의지의 대표적 특징으로서 자신의 도움과 치유 또한 자신의 축귀의 능력과 부활의 기적을 통하여 하나님 나라의 표시와 그 나라를 세우시는 것이며—매우 역설적이지만—그것을 통하여 죽음의 심판하에 자신을 드림으로써 죽음의 권세를 사로잡고 그 권세를 무너뜨리며 예수 그리스도의 부활 안에서 모든 사물의 마지막과 그 영광스러운 목표가 드러나는 것처럼, 그 죽음의 세력이 가진 이 승리를 다시 패배로 바꾸기 위한 것이다.

이런 관점하에서 건강은 무엇을 의미하는가? 건강하고자 하는 의도는 원초적이며 또한 이차적인 의미에서 무엇을 의미하는가? 우리는 이것을 어떻게 잘 이해할 수 있는가?

우리는 다음과 같은 점을 더 잘 이해하여야 한다: 이렇게 이해된 질병은 우리를 압도하는 힘으로서 건강이나 건강하고자 하는 의도는 근본적인 질문에 빠질 수밖에 없다. 인간이 그에 대하여 스스로 자발적으로 수문을 열어 벌인 죽음의 왕국의 침범 앞에서 인간이 건강하고자 하는 의도를 가지거나 혹은 건강하거나 하는 것이 무슨 의미를 가질 수 있는가? 결국 그 때문에 자신이 죽음의 세력 속에 욱여쌈을 당하고 있는 것으로 발견하는 이 하나님의 심판의 관점하에서 건강과 건강하고자 하는 의지는 무엇을 의미하는가? 그 형편에서 그는 무엇을 할 수 있는가? 이 지경에서 윤리가 무슨 할 말이 있는가? 거기 그런 상황 속에서 우리 인생에게 무슨 더 바랄 것이 있는가? 인간이 될 수 있는 능력이라는 것이 무슨 의미가 있는가? 정신적-육체적 능력은? 이런 상황에서 — 질병이 사탄의 세력이나 하나님의 심판으로 보이는 그런 관점의 연장선에서 — 아직도 인간의 어떤 기준은 말할 것도 없고 인간의 결단력 같은 데에서 무엇을 기대해 보려고 한다는 것 자체가 그야말로 기괴한 것이 아닌가? 이 질병의 현실성에 대하여 유일하게 질문을 제시할 수 있는 것으로는 기도와 믿음이 유일한 것이 아닌가?

지금까지 위 단락에서 사유한 바는 사실 패배주의를 나타낼 뿐 그리스도교적이 아닐 수 있다. 위 단락에서 사고한 바는 먼저 하나님의 계명이 우리에게 주어진 채 남아 있으며 회수되지 않았다는 것을 간과했다. 인간은 죽는 것이 아니라 살기를 바라며, 아프기를 바라는 것이 아니라 건강하기를 바란다. 사람들은 자기에게 주어진 인간됨의 능력, 즉 자신에게 주어진 정신적-육체적 능력을 사용하여 자신의 존재를 유지하고 보존하기를 원하는 것이다. 이러한 하나님의 계명은 죄를 지은 상태의 인간, 하나님의 심판에 떨어진 그 인간으로부터도 다시 회수되지 않았다. 오히려 이 하나님의 계명을 복종하는 것이 가능하며 미래가 있는 것인지 추상적으로 계산적으로 살아가려는 그런 사람들에게는 이 계명은 주어지지 않는 것이다. 그 어떤 반문 없이 그저 복종하는 것, 그것만이 우리가 하나님의 심판에서 벗어날 수 있도록 하는 남아 있는 유일한 길이다. 앞에서 했던 그 패배주의적 생각은 더욱이 질병의 형태에서 우리를 위협한 죽음의 세력조차도, 비록 그것이 하나님에 의하여 허용된 것이었지만, 그리고 하나님의 심판의 도구로 사용된 것이지만, 하나님의 선한 의지와 일치하는 것이 아니라는 것을 간과하였다. 즉, 이 죽음조차 하나님이 부정하신 바로 그 부정에 의거해서만 존재하고 힘을 발휘할 수 있을 뿐이다. 죽음에 굴복하고 그것이 마음껏 활보하도록 나누는 것은 하나님에 대한 복종이 아니다. 그것은 오히려 하나님에 대한 불순종인 것이다. 하나님의 왼팔의 왕국인 죽음과 심판의 세계와 연관해서 하나님의 뜻을 끝까지 따르는 것은 그것에 대하여 끝까지 저항하는 바로 그것이다. 더욱이 위의 그 패배주의적 생각은 하나님께서 정당한 심판을 하실 때조차 단지 심판자가 아니라 진실하고 은혜로우시며 인내가 많은 분으로서 이미 그 하나님의 왼손의 왕국에 대한 처결을 완수하였다는 것을 기억해야 한다: 즉, 죽음의 권세와 온갖 질병을 예수 그리스도의 헌신 안에서 — 부패한 자가 가지고 갔어야 할 그 부패에까지 — 이미 극복하셨고 그 죽음의 권세를 꼼짝 못 하도록 착고에 채우신 것이다. 이 사실을 아는 자는 동시에 다음의 사실을 인식하게 된다: 병의 현실 앞에 자기의 손을 주머니에 넣은 채로 실망한 가운데 "내가 도대체 무엇을 구해야 하는가?", "이 모든 것을 무엇이 도울 수 있는가?"라고 물으면서 그에게 이미 주어져 있을 하나님의 신실하심을 자신의 불신으로 되갚는 자에게도 항상 하나님의 도움의 손길이 주어져 있다는 것이다. 우리는 하나님께서 질병이나 하나님의 왼손의 왕국에 대하여 행하시고자 한 바, 그리고 예수 그리스도 안에서 이미 행하신 바, 바로 그것을, 비록 일정한 한계 안에서라도 구할 수 있으며 실망하지 말고 추구해야 한다. 우리는 이제 하나님과 더불어 — 그렇게 할 때 무엇이 일어날 수 있으며, 또한 그렇게 함으로써 다른 이들을 얼마나 도울 수 있을까라는 의심 없이 — 이 죽음과 죄의 왕국을 거부해야 하는 것이다. 이는 동시에 혹시 이 부정의 세력에 맞서는 일들이 우스꽝스러워지거나 너무 미세하여 아무런 효과도 얻을 수 없는 것이 아닐까 하고 두려워하는 반문함 없이 하나님과 함께 나아가는 길이다. 죽음의 세력에 대항하는 한 방울의 결단, 의지와 저항의 행동은 겉으로는 그리스도교적 겸손인 것처럼 꾸미고 있지만 실제로는 사탄에게 무릎 꿇은 곡해된 겸손일 수도 있는 그리스도교적 미덕이 바다를 이루고 있는 것보다 더 나은 것이다.

　물론 위의 사유가 질병은 무성과 혼란의 힘, 그리고 하나님의 심판의 구체적인 기호와 요소로서 실제적인 것이라는 명백한 인식을 얻도록 하는 점에서는 일부 올바른 점도 있다. 그래서 거기에서 얻을 올바른 결론은 병에 대한 모든 인간적인 반항, 인간됨을 구현하려는 모든 인간들의 노력, 인간들의 긍정과 돌봄, 정신적 육체적 조화와 삶의 기능을 촉진시키려는 것 등 이 모든 것이 하나님께서 하나님이 아니라 인간을 위해서 사시며 말씀하시고 행동하시고 인간의 편이 되어주시지 않는다면 다 쓸데없는 것이 되고 말 것이다. 만일 하나님이 이 모든 인간의 일을 자신의 관심사로 삼아주시고 그를 위해 행동해주시지 않는다면, 누구도 피할 수 없는 하나님의 심판대에서 이 심판의 의미가 하나님의 은혜로 나타나지 않는다면 우리는 다 망할 것이다; 부패한 자와 부패에 대한 심판으로서 인간의 죄 때문에 열리게 된 심판의 그 공간에서조차 — 오직 하나님께서 허락하시고 인정된 그 공간 — 하나님께서 주와 최후의 승자가 되어주시지 않는다면 우리는 망할 것이다. 하나님 없이 하나님에 대항해서는 이 심판의 장소에서 인간은 기대할 것이 아무것도 없다. 그리고 만일 하나님에 대한 신앙과 그에 대한 기도가 게으르고 비겁하며 그와 그들의 적 앞에서 도망치기에 여념이 없는 패배주의적 그리스도인이나 마음이 무디고 약한 자를 위한 도피처가 아니라면 우리는 이 동일한 확실성을 가지고 이 사태에서 싸워야 한다고 부름을 받은 우리 인간들의 필수 조건(conditio sine qua non)으로서 기도와 하나님에 대한 신앙을 — 이 투쟁은 매우 의미 있는 투쟁이 될 것인데 — 절대로 한 치도 눈에 띄어서는 안 될 것이며 이는 매 순간 그 투쟁 속에 있는 인간들에게는 살아 있는 사건이 되어야 할 것이다. 인간에 의하여 겸손하고, 진지하고 신중하고 용의주도하게, 하지만 열정적이며 강력한 의지를 가지고 시도되는 것은 어떤 것으로도 대치할 수 없으며, 또한 인간의 적은 힘으로라도 인간존재가 되려는 그 노력들도 대치할 수 없으므로 그렇게 해서 그 자신을 인간으로 지속할 수 있게 되고, 마찬가지로 건강학, 스포츠 그리고 의학과 보다 나은 삶의 조건을 구성하기 위한 사회적 노력들도 대치할 수 없다! 이 모든 것 안에서 인간으로 하여금 삶을 의지하고 행동하게 하면서 그 반대조건을 허락하지 않으시는 하나님의 계명을 향한 노력을 위해 하나님이 부르시는 것이다! 또한 하나님의 정당한 심판을 향한 정돈으로서, 그 인식 안에서 인간은 끊임없이 자신의 의지와 행동과 그 결과의 한계를 발견하게 되는 것이다! 무엇보다도 이들은 하나님의 약속의 무한한 위로와 생명의 창조주로서 그 자신이 그것의 원인이 되어 인간에게 삶을 제공하시며 우리를 위해서 그리고 그의 자비의 전능하신의 영광 안에서 싸우고 이미 정복하여주신 그분에 의한 진실하고 참된 권면의 약속 가운데 존재하는 것이다! 그가 없다면 그에 대한 방향설정이 없다면 모든 윤리와 이 사태 안에서의 모든 인간의 의지와 행위는 단지 허무하고 병의 형태로 우리를 대적하고 있는 악의 능력에 대하여 단지 무기력해질 뿐이다; 더 나쁘게는 이것은 하나님의 심판에 대적하는 반역이 될 수 있으며 그것을 통해서 더 나빠질 수 있는 것이다. 인간의 의지와 하나님과의 행동은 그리고 그를 향한 인간의 방향설정 안에서 신앙과 그를 향한 기도―그 결과가 무엇이든 간에―와 함께 우리가 빼먹을 수 없는 약속을 가지고 있고 그 약속의 실현은 만일 그가 많은 생각 없이 단순하게 관찰하고자 한다면 이제 그가 곧 보게 될 것이다. 이러한 갈등을 순종적으로 자기 것으로 만드는 사람은 이미 그가 그렇게 한다는 데에서 건강한 것이며 그가 모든 면에서 건강하게 남아 있으며 또 그렇게 되고자 할 때에는 그는 헛된 아무것도 바라지 않는 것이다.

"가라사대 너희가 너희 하나님 나 여호와의 말을 청종하고 나의 보기에 의를 행하며 내 계명에 귀를 기울이며 내 모든 규례를 지키면 내가 애굽 사람들에게 내린 모든 질병의 하나도 너희에게 내리지 아니하리니 나는 너희를 치료하는 여호와임이니라."(출 15:26) 이것은 모든 건강의 문제와 건강에 대한 하나님의 대선언이라고 할 수 있다. 예레미야 33:6에서도 비슷한 말씀을 하고 있다: "그러나 보라 내가 이성을 치료하며 고쳐 낫게 하고 평강과 성실함에 풍성함을 그들에게 나타낼 것이며." 그리고 시편 107:17 이하에는 거기에 대한 답변처럼 주시는 말씀이 있다: "미련한 자는 저희 범과와 죄악의 연고로 곤란을 당하매 저희 혼이 각종 식물을 싫어하며 사망의 문에 가깝도다. 이에 저희가 그 근심 중에서 여호와께 부르짖으매 그 고통에서 구원하시되 저가 그 말씀을 보내어 저희를 고치사 위경에서 건지시는도다. 여호와의 인자하심과 인생에게 행하신 기인한 일을 인하여 그를 찬송할지로다. 감사제를 드리며 노래하여 그 행사를 선포할지로다." 우리는 시편 30:3 이하에서 하나님의 은혜와 기적의 행위로 인하여 병에서, 즉 그에게 닥쳐온 죽음의 세력으로부터 벗어난 것을 찬양하는 음성을 듣게 된다: "여호와 내 하나님이여 내가 주께 부르짖으매 나를 고치셨나이다. 여호와여 주께서 내 영혼을 음부에서 끌어내어 나를 살리사 무덤으로 내려가지 않게 하셨나이다." 하지만 여기에서 분명해지는 것은 내가 먼저 주를 향해 외치는 것이 없이는 아무런 기적도 은총도 일어나지 않는다는 사실이다. 정말 아픈 병자가 다시 건강해질 수 있는 이유는 이 병의 권능과 이 병의 피할 수 없는 위험을 멈추게 하고 이기게 하는 유일한 힘은—왜냐하면 하나님만이 죄를 사하실 수 있고 그 홀로 이 혼돈의 파도를 붙잡아 놓으실 수 있는 분이기 때문이다.—오직 하나님만이 가지고 계시다. 그래서 히스기야가 열왕기하 20:1 이하에서 죽을병에 걸렸을 때 매우 비통하게 말하고 있다: "너는 집을 처치하라. 네가 죽고 살지 못하리라!" 그러고 난 뒤 처음으로—해시계가 뒤로 가는 표식을 통하여 확인된 것—"내가 네 기도를 들었고 네 눈물을 보았노라. 내가 너를 낫게 하리니 네가 삼일 만에 여호와의 전에 올라가겠고." 그리고 같은 선지자 이사야는 심판과 은총의 말을 다 함께 한 입에서 선포하였으며 또한 의사로서도 일하고 또한 그 환자의 궤양을 베이커처럼 단지 "현상"으로만 본 것이 아니라 무화과 반죽을 그의 종처에 놓기도 하였다! 단지 죄의 옹서와 구원만이 아니라 하나님과 인간의 구원이 야고보서 5:14 이하에서도 같이 함께 나란히 연결되어 있다.—하나 없이 다른 것도 없으며 다른 것 없이 또 하나도 없는 것이다: "너희 중에 병든 자가 있느냐. 저는 교회의 장로들을 청할 것이요 그들은 주의 이름으로 기름을 바르며 위하여 기도할지니라. 믿음의 기도는 병든 자를 구원하리니 주께서 저를 일으키시리라. 혹시 죄를 범하였을지라도 사하심을 얻으리라." 고린도전서 12:9에 언급된 병 고치는 은사(χαρισματα ιαματον)와 연관해서 우리는 거기 그리고 다른 곳에서 거의 잘 언급이 되지 않은 성령의 "은혜의 선물"에 대하여 잘 모른다. 다만 확실한 것은 이를 통해서 병자에게 임시적이든 아니면 지속적이든 간에 신유의 능력으로 역사하던 공동체 안의 특별한 개인들이 있었다는 것과 이 단어가 그들을 연상하는 단어라는 것이다. 그들의 개인적인 능력으로 이루어진 것이 아니라, 하나님의 자유로운 선물이 그들에게 향해 있고 이들을 통해서 역사하였다는 것이다. 혹시 우리는 예수와 함께 그리고 그의 안에 그리고 오직 그의 안에서 임한 하나님 나라의 예표와 징표로서의 예수의 치유 사역을 좁게 예수의 사역 안에만 고립시켜 이해하는 것이 아니라 우리 안에서 일어나는 신유의 사역을 예수 사역에 기초한 이차적 질서의 가능성으로 생각할 수 있을 수도 있고 그것은 좋은 것이 될 수도 있다. 하지만 이 사도적인 하나님 나라의 선포와 그 나라의 운반자의 이름은 그 가능성을 가지고 있다는 것은 의심할 여지가 없으며 이 은사를 가지고 실천해 가면서 예수를 쫓는 그 공동체는 병과 지금 갈등 중에 있다는 것이 사실이다. 이 전쟁은 그 인간 공동체가 스스로 하는 것이 아니라 그 전쟁으로 이 공동체가 하나님의 은혜를 통하여 명령을 받은 것이며 그와 더불어서 결국 그 전쟁을 할 수 있도록 권능을 받은 것이다.

우리가 여기에서 19세기의 한복판에 지금과는 전혀 다른 전제와 경향들이 주어졌던 그 시대에 속한 사람의 입장을 생각하는 것 이외에는 다른 길이 없다: 특히 신약성서의 인식의 이러한 측면과 그리고 무엇보다도 신약성서의 윤리의 요소들을 완전히 새롭게 조명해 보는 것이다. 그리고 이러한 요소들은 과거 정통주의나 경건주의 그리고 이성주의적 관점과 종교개혁의 신학에서도 전혀 중요하게 생각하지 않았던 면이다. 블룸하르트(Joh. Christoph Blumhardt)는 말과 행동으로 병이란 하나님을 거역하는 요소와 인간적인 것을 거역하는 요소가 있는 것이며 그에 대하여 그리스도인의 태도만이 하나님과의 연합과 그에 대한 신앙과 그에 대한 기도와 더불어서 대립과 갈등의 표지가 될 수 있을 뿐이라는 것을 보여주었다. "블룸하르트의 역사는 나에게 있어서는 역겨운 것이다."(R. Bultmann,

*Kerygma und Mythus*, 1948, 150f.) 하지만 이 말들은 약간 해석이 필요하다. 이 역사에 대한 철저하고도 생각이 깊은 분석은—특별히 1843년 디투스(Goottliebin Dittus)의 완치에 대한 기사—의사이며 정신과학자인 슐테(Walter Schulte, *Ev. theol.* 1949/59, 4권, 151f.)를 다음과 같은 입장에 서게 하였다: 블룸하르트가 그 시대와 그 주변과 공유하였던 어느 정도의 신화적이며 마술적 사유는 그가 이해하고 그 사건을 해결해 가는 그런 형식에만 관여된 것이 아니라 이미 그 사건 그 자체의 구조 안에 깊이 연관되어 있다. 여기에는 이미 그 어떤 의학적 설명을 거부하는 그런 요소가 들어 있다. 아마도 디투스는 어떤 정신적 병을 앓았던 것이 아니라 어떤 히스테리에 의하여 고통을 받았던 것 같다. 그리고 그녀가 블룸하르트에 의해 나음을 입은 것은 (그가 미처 깨닫지 못했지만) 실제로 그가 상상치료(suggestivebehandlung)를 실시한 것이다. 슐테가 이 어린이에게 이런 병명을 주는 것을 통하여 그는 의사로서 블룸하르트가 모든 잘못된 수동성과 인내로 점점 더 고칠 수 없는 상태로 악화되고 고칠 수 없다고 그 병에 지게 될 수 있었던 것을 막았던 그의 열심에 대하여 기뻐하였을 뿐 아니라 이 역사에서 시간을 지나 다시 비칠 수 있는 신앙의 해석 방식을 받아들였다. 그런데 그 해석 방식은 이 세상의 모든 상황에서 현실적으로 하나님의 구원하시는 역사를 인정하고 용서와 치료의 연관관계 안에서 결국 "예수는 승리자!"를 인정하게 하는 것이다. 이것이 바로 여기에서 우리가 받아들여야 하는 것이다. 블룸하르트는 이 소녀의 경우 말고도 또 다른 비슷한 경우를 바라보면서—그것이 신화화된 인식일지라도—그들 속에 이 세계를 방해하는 세력이 있다는 것을 알게 된 것이다: 단지 전적으로 비정상적이고 객관적으로 어디에 속할 수 없는 것이며, 사탄의 어둠이며, 하나님의 세계에는 전혀 속할 수도 그 안에서 한 부분이라도 함께 존재할 수 있는 것이 아닌 것으로 그것에 대해서는 오직 반대로 하나님의 분노의 심판적 부정만이 어울리는 것. 하나님의 이 부정의 근거와 힘은 블룸하르트에게는 매우 단순하다: 바로 예수 그리스도라는 이름은—그는 정말 아무런 마술적 도움 없이 부를 수 있는 이름이다.—이 질병 안에서 나타난 하나님의 창조의지와 그의 피조물들을 공격하는 것에 대한 하나님의 반대의 총괄개념인 것이다. 블룸하르트는 전체 정통주의, 그리고 근본적으로 전체 서구 그리스도교와 달리 이해한 것이다. 이 이름 안에서는 단지 영적인 것만이 아닌 세계사적, 전 우주적 결단이 내려진 것이다. 이것은 단지 이해의 문제가 아니라 권능의 문제였고 거기에 모든 사람은 답변을 해야 한 것이다. 블룸하르트 시대의 경건주의자들에게는 예수께서 나사로의 무덤에서 보여주었던 그 모습이 결여되어 있었던 것이다: 즉, 나사로의 도움, 그를 위해 싸워주시는 자, 지배하시는 분. 블룸하르트는 예수 그리스도의 신적 분노를 통해 해방되고 거기에 참여하면서 그 투쟁을 자기 것으로 만들었다. 그래서 디투스의 경우에서 블룸하르트가 이 투쟁을 시작하면서 제시한 유명한 말을 기억할 필요가 있다: "너의 손을 모으고 기도하라. 주 예수여 저를 도우소서! 우리는 마귀가 하는 것을 오랫동안 보아 왔습니다. 이제는 우리 예수께서 지금 우리에게 행하실 수 있는 것을 보아야 하겠습니다." 그래서 이 사건을 기록한 블룸하르트는 마지막에 다음과 같이 말하고 있다: "나는 지금까지 그 마귀에게 지고 있었다는 것에 나 자신과 나의 구원자에게 부끄러울 수밖에 없었다. 그런데 주님이 누구인가?라고 나는 자주 물어야 했다. 그리고 주님이신 그분에 대한 신뢰를 통해서 내 스스로에게 말하곤 했다: 앞으로 전진! 그렇기에 만일 주님께서 뱀의 머리를 짓밟은 것이 사실이 아닌 것처럼 더 깊은

어둠 속으로 빠진다고 해도 이것은 반드시 선한 열매를 맺어야 할 것이다." 죄와 질병 사이의 연관관계와 용서와 구원 사이의 관계는 그에 의해서 아주 선명하게 이해되었다. 이들은 이중적인 관계에서 희망을 볼 수 있었던 것이다. 가우글러(Ernst Gaugler; J. Chr. Blumhardt, 1945, 36)는 사실 열정주의자가 아니던 블룸하르트가 그 역사와의 관계에서 말하고 행한 것과 더불어 새로운 것, 새로운 관점이나, 새로운 정신적 의료적 방법, 새로운 계시를 가져오지 않았다고 올바르게 강조한다. "그는 이미 성서적 진리의 오랜 책에서 그에게 이미 알려진 것을 단지 새롭게 다시 읽은 것에 불과하다. 그는 모든 설교자가 해야 하는 것, 즉 하나님의 말씀을 현재화하는 것을 시도한 것이다" 그는 단지 시편 77:11을 진지하게 받아들이고 그것을 시도한 것이다. "주님의 손은 모든 것을 바꿀 수 있다." 이 모든 것은 우리가 지금 질병을 죄에 따라오는 죽음의 세력이라고 배워야 함을 말하고 있다. 베이커(Mrs. Baker)에게서가 아니라 블룸하르트 혹은 블룸하르트가 스스로 그것을 배운 곳에서 우리는 더 많이 더 올바르게 배울 수 있었다.

하지만 이제 질병이 이와 다른 또 다른 측면을 갖고 있다는 것이 자명하다; 건강은 삶과 같이 영원한 것이 아니며 인간에게 주어져 있지만 인간에게 속해 있는 것은 아닌, 하나님의 은총으로서 인간에게 긍정된 것이며 시간적인 제한을 가진 선이라는 것이다. 삶은 그 자체로 현실적이지만 절대적인 것이 아니며, 그 대신 하나님께서 인간에게 그것을 주신 그 범위 안에서 긍정하고 의지해야 할 무엇이다.

우리는 지금까지 **건강**을 영혼과 육신의 삶의 기능들의 능력을 실행하는 인간됨의 능력으로 정의하였고 질병은 그 능력의 제한으로, 그 능력을 방해하면서 최소화시키는 무엇으로 정의를 내렸다. 우리는 이 두 대립되는 규정들 상호 간에 일어난 갈등과 대조에서 한 **실제적인** 인간의 현존재 안에서 일어나는 구체적이며 현실적인 사건이 문제라는 것을 무엇보다 먼저 명확하게 말하고자 한다. 우리는 이 사건을 먼저 정상적인 범주 안에서, 즉 하나님에 의하여 지시되고 만들어져서 잘 잡힌 질서 안에 존재하는 인간의 현존재와 그것을 파괴하는 부정이 실제적인 인간존재 안에서 만나는 충돌로 이해할 수 있다. 이 충돌의 결과가 삶을 **비정상화**시킬 수 있기도 하고 또한 심지어 파괴하기도 하는 것이다. 이런 경우 우리는 이 사태는 하나님의 **심판**의 경험으로서 죽음의 왕국과의 만남인 것처럼 여겨지는 것이다. 우리는 두 상태의 충돌에서 하나님의 은혜와 그 은총의 권세에 의존하는 신앙과 기도의 투쟁이나 저항으로만 인간의 태도와 삶의 의지, 그리고 건강의 의지를 해석할 수 있을 뿐이다. 우리가 건강과 질병에 대한 성서적 증거를 염두에 둔다면 위의 사태에서 첫 번째보다 긍정적인 측면의 해석에 더 무게를 내릴 수밖에 없음을 알게 된다. 질병은 무성의 출현에 의하여 파생된 상황의 대표적인 현상 중의 하나이지만 그럼에도 불구하고 하나님의 자비에 의존하는 것이다. 그리고 바로 그 하나님에게 의존하는 것을 통하여 희망과 용기를 가지고 끝까지 투쟁하는 인간의 대표적 현상의 하나인 것이다. 앞으로 어떤 것을 덧붙이더라도 이 주제에 대하여 방금 말한 것을 하나도 잊어서는 안 될 것이다.

그렇다면 아직 무엇을 더 말해야 하는가? 인간의 삶과 그의 건강은 무성의 폭력에서 발생하는 퇴락을 제외시키고, 그때 발생하는 하나님의 심판의 경험에서 벗어나 있는 전반적인 삶의 기능을 나타내는 힘들의 확인으로서 인간됨의 능력이기에 하나님의 선한 창조의 의지에 따라 그리고 자연스럽고 정상적인 방식으로 놓여 있는 **제한된 삶**을 의미하기도 하는 것이다. 인간은 하나님이 자신의 신성의 능력을 가진 것처럼 삶의 기능의 능력을 가지지 못한다. 하나님은 창조주 통치자로서 긍휼을 베푸시는 자이며 피조물의 구속주이시다. 인간은 하나님처럼 존재하지도 살아가지도 못한다. 오히려 사람들은 자신의 삶, 자신의 삶의 능력들에 일정한 기간이 주어져 있다는 것, 즉 제한된 시간 속에서만 그것을 가지고 있다는 것에서 오히려 창조주 하나님의 선을 인식할 수 있다. 무제한적인 범위가 아니라 그 제한된 공간 안에서 인간은 삶의 능력을 실행할 수 있다. 인간의 삶은 그 유한한 시간에 맞추어서 세워진다. 인간의 삶의 능력들은 이 생애 안에서 다양하게 전개될 수 있고 또 적응할 수도 있게 될 것이다. 그 자신의 제한된 시간 안에서 인간은 자신의 자리와 활동 속에서 인간존재일 수 있도록 허락받은 것이다. 자신의 고유한 공간의 제한 속에서 그는 하나님 앞에 서 있고 이 한계의 경계에서 이제 하나님은 그를 위해서 서 있으며 하나님은 그의 희망이기도 한 것이다. 이렇게 사람이 자신의 한계 안에 머무는 것을 통해서, 그는 그의 실존에 의미나 끈기 그리고 완전성과 같은 것을 인간의 실존에 부여하는 인간이 감당할 수 없는 그런 규정에 의한 것이 아니라 하나님의 자유로운 은혜로 살아갈 수 있으며, 하나님으로부터 하나님에게 이르는 과정 동안 오히려 인간이 될 수 있는 그 능력의 기준에 의해 맞추어서 자신의 한계 안에 있는 일을 정상적이며 자연스럽게 행하는 과정으로 여기게 된다. 어떤 순간이라도 그는 그 자신이 스스로 자신의 힘과 능력을 영원히 간직하고 주장하며 성취하고 지킬 뿐 아니라 스스로 권리와 명예를 지킬 수 있으며 그래야 하고 그렇게 되어야 한다고 주장할 필요가 없는 것이다. 이 모든 것을 위하여 하나님이 서 계시고 그것을 행하신다는 것을 말씀하시는데 그 구체적인 증거는 하나님께서 우리에게 유한한 시간의 삶만을 허락하신다는 것에서도 분명해진다. 이렇게 모든 것이, 영광스러운 것이나 아니면 사소한 것이나 모두가 다 하나님의 손 안에 있는 것이다. 이러한 사태 자체가 자기비판과 대항 그리고 반항의 대상이 될 수는 없다. 더욱이 인간이 구체적인 체험을 통하여 산다는 점, 자신의 삶과 자신의 건강 능력 그리고 다양한 능력이 무제한적인 것이 될 수 없다는 점, 그가 그것들의 한계 안에서 자신의 능력을 사용하면서 오히려 자신의 능력이 제한되어 있다는 것을 확인한다는 점, 활력들 옆에 오히려 비활력이 있고 성장 옆에 쇠퇴가 있고 발전적인 전개 옆에 또한 방해가 있다는 점 등도 자기비판이나 대항과 같은 대상이 될 수 없다. 물론 우리가 그 속에서 죽음과 심판을 통하여 우리가 위협받고 있음을 발견하는 것은 끔직한 일임에 틀림없다. 그렇지만 거기 무슨 놀라고 분노해야 할 일이 있단 말인가? 인간의 삶은 유한한 것이며 인간의 삶과 마찬가지로 인간의 사명 역시 그렇다. 더욱이 이 사명을 이루기 위한 능력도 역시 제한되어 있다. 그것도 우리에게 알려지지 않은 그 무엇에 의해서가 아니라 바로 하나님에 의하여 제한되어 있으며 그 제한의 목적은 인간의 심판이 아니라 제한된 삶 속에 살고 있는 인간의 구원을 위한 것이다. 우리 인간들이 이렇게 혹은 저렇게 이 제한과 한계를 만날 수밖에 없음이 당연한 것이 아닌가? 그는 점차 늙어 가고 모든 것에 있어서 퇴락해 가며 그렇게 하는 과정에서 그는 하나님의 전능하심과 자비를 구체적으로 체험하게 되는 것을 피할 수 없다. 꼭 이래야 하는가? 우리가 제대로 이해했다면 이 한계 내에서 거칠 것이 없는 그의 운동이 하나의 허가를 의미하는 것이 아닐까? 더 나아가서 이 삶을 위한 구체적인 자유는 삶 자체가 인간에게 있어 그의 한계와 자유롭지 못함 가운데 주목되고 그렇게 다시 기쁜 일로 변화해야 한다는 것 안에 존재하는 것이 아닌가? 그는 그 자신의 인생을 스스로 책임질 수 없으며 오로지 하나님의 손안에서 찾을 수 있을 뿐이다. 인간의 삶은 오로지 하나님에 의하여 싸여 있으며 하나님을 향해 전진하고 그에 의하여만 신뢰할 수 있게 된다. 이러한 인간의 자유는 그리스도께서 우리의 위로가 되신다는 인식이 우리의 어렵고 힘든 현실 안에서 구체적으로 드러날 때 가능한 것이 아닌가? 그래서 퇴락, 무능력, 인간의 능력의 제한의 구체적인 형태로서 질병이라면, 그리고 노년이 되며 점차 퇴락해 가는 것이 우리가 당면해야 할 힘든 현실이라면 이 속의 어디에서 우리의 구원을 위한 참된 인식이 드러나게 되는가? 그리고 만일 이 질병이 죽음과 하나님의 질병의 형태의 모습일 뿐 아니라 하나님께서 자신의 시간의 한계 안에서 은혜롭게 보존되어 있던 인간에게 약속할 수 있었던 영생의 전 형상이며 형태로서 생각될 수도 있는 하나님의 창조의 선들을 이 어둔 그늘 속에 숨기는 역할을 한다면 어떻게 될 것인가?

시편 90:12 이하의 기도 안에는 죽음의 전체 측면과 심판을 넘어서 그것들을 관통하는 어떤 이해를 가지고 있지 않은가? "우리에게 우리 날 계수함을 가르치사 지혜의 마음을 얻게 하소서." 더 나아가 39:4-5에는 또 다음과 같이 말한다: "여호와여 나의 종말과 연한의 어떠함을 알게 하사 나로 나의 연약함을 알게 하소서. 주께서 나의 날을 손 넓이만큼 되게 하시매 나의 일생이 주의 앞에는 없는 것 같사오니 사람마다 그 든든히 선 때도 진실로 허사뿐이니이다. 진실로 각 사람은 그림자같이 다니고 헛된 일에 분요하며 재물을 쌓으나 누가 취할는지 알지 못하나이다. 주여 내가 무엇을 바라리요. 나의 소망은 주께 있나이다." 만일 이런 기도가 있다면 그렇기에 이것은 죽음과 심판의 경험이지 이 죽음과 심판 가운데 이 기도에 응답하는 것의 경험, 즉 시편 102:24에 기술된 것이 아니겠는가? "저가 내 힘을 중도에 쇠약하게 하시며 내 날을 짧게 하셨도다." 그날을 세고 아는 것은 사람들에게 어떻게 실제로 일어나게 되는가? 그리고 그가 얼마나 허무한 존재인지를 깨닫는 것은 어떻게 실제로 일어나게 되는가? 만일 인간이 그의 생의 힘이 이런 방식으로 부러지는 경험을 하지 않았다면 어떻게 될 것인가? 그리고 이 모든 질문을 떠나서 그가 어떻게 하나님이 그의 희망이라고 고백할 수 있게 될 것인가?

이제 다음의 사실이 분명해진다: 만일 우리가 질병에서 아는 것이 사실은 더 깊은 은폐 속에서 다른 형상을 갖고 있다는 것, 즉 단지 사탄의 권세나 하나님의 분노만이 아니라 하나님의 따뜻한 사랑도 그 안에 반영되어 있다는 인식으로 표현할 수 있고 그것을 철저하게 확립하고자 한다면 우리는 죽음과 심판의 법정의 형태를 철저하게 통과하여 아주 용감하게 이것을 이해하도록 하는 것 외에는 달리 그 무엇도 생각할 수 없다는 것이다. 이는 앞에서 우리가 생각한 바를 무시하는 것일 수 없으며 앞에서 시작한 질병에 대한 또 다른 이해의 선택으로 생각되어서는 안 된다. 즉, 앞에서 우리가 첫 번째 시작한 그런 고통스럽고 쓰라린 질병의 측면조차 정확하게 이해된다면, 즉 이 병에 대항하는 신앙과 기도의 투쟁이 확실하게 그리고 하나님의 도움으로 성공적인 것으로 판단되었다면, 이 질병조차도 하나님의 사랑을 내포할 뿐 아니라 선명하게 드러날 수도 있게 된다는 것이다; 그런 의미에서 비록 제한된 것이지만 그리고 다소 방해받은 그런 삶을 살더라도 이 삶은 인간에게 선한 것일 수 있는 것이다. 또한 그것을 인식하는 것, 자신의 능력과 여러 권능들을 하나님의 계명에 복종하는 가운데 실행하고 사용하는 것, 그리고 그 인간들에게 주어진 능력을 다시 삶을 위해서 이용하는 것은 선한 것이다. 그러므로 그 어떤 경우에도 여기에서 질병에 대하여 그리고 죽음의 권세에 대하여 항복하는 것은 있을 수 없으며 오히려 거꾸로 질병과 죽음의 주님이신 하나님에 대하여, 인간이 병들고 병들어 있으며 또 혹시 그 가운데 죽을 수밖에 없도록 하셨던 하나님에게 항복하는 것 이외에는 다른 무엇을 말할 수 없다. 우리가 죽음 앞에서 놀라고 그 죽음의 심판에서 드러나신 하나님의 판단을 대수롭지 않게 생각하는 것은 잘못된 것이며 오히려 자연적인 사건으로서의 그 죽음과 고통을, 비록 죽음과 심판의 형태로 지금은 숨겨져 있으나, 하지만 이를 통과하여 결국 우리에게 주어진 창조주 하나님의 선하심의 한 형태로서, 이제 곧 임할 하나님의 자비의 약속을 우리에게 객관적으로 알게 할 구체적인 것으로 아는 것이 중요하다. 그러므로 우리는 건강을 위한 의지와 병에 대한 투쟁을 포기할 수 없다. 거꾸로 우리는 하나님을 위하여 하나님을 통하여 건강하게 남아 있으려고 노력하는 일이 중요하다. 비록 지금 맹위를 떨치고 있을지도 모르는 질병의 현실에서 그러므로 우리는 끝까지 인내를 가지고 지켜내는 것이 요청된다. 이제 우리가 앞에서 말한 것에 무엇을 덧붙이는 것은 사실 끝까지 해야 할 정의로운 이 싸움은 인내를 제외시키는 것이 아니라 거꾸로 내포하고 있다는 회상이다. 이 인내 안에서는 질병은 비록 그것이 거기 한 번 발생하여 삶의 능력을 저하시키고 방해하면서 손해 보게 하는 것으로서 존재하지만 신앙과 기도 가운데서 이를 대적한다면, 비록 완전히 사라지게 할 수는 없지만, 그래서 견딜 만한 것으로 만들어진다. 이것들은 이제 하나님께서 우리의 삶 속에 그가 원하는 그 방식대로 허용되어 섞이게 된 것이며—바로 이런 과정에서도 하나님께서는 그의 방식대로 주이시며 승리자로 남으시는 것이다.—그 전체성의 측면에서 보면 이 질병이 하나님으로부터 허락된 것이기에 인간의 삶이란 악하지만 않고 선하고 결국에는 그저 슬픔뿐이라고 생각해서는 안 되며 오히려 기쁨이 될 수도 있는 것이다.

―――

기쁨! 이 개념을 통하여 이제 우리는 우리가 인생을 그 전반적인 연관관계에서 이해하고 한 걸음 더 미래로 나아가기 위해서 꼭 필요로 하는 주요개념을 말한 것이다. 삶의 의지란 이제 기쁨으로의 의지라고 할 수 있으며 기쁨과 행복으로의 의지라고 할 수 있을 것이다. 만약 우리 인생에서 하나님의 계명에 대한 복종의 의미에 대한 질문이 우리의 삶의 의지의 지평에서 갖는 선한 것들과 상관이 없는 것이라면 이 복종에 대한 질문은 아무 의미가 없을 것이다. 그 선에 대한 질문에 등을 돌린 채 그것을 더 이상 묻지 않고 단지 행복과 기쁨에 대한 결정을 없애버리는 그런 결정을 하는 그때 처음으로 복종에 대하여 말하는 것이라는 주장에 이르게 된다면 이것은 확실히 잘못된 것이다. 삶의 의지는 모든 사람에게 있어서 분명히 기쁨의 의지이다! 그가 되고자 하는 모든 것 안에서 그는 그가 의미하는 바 그것을 행할 것이다. 즉, 그를 위해서는 어떤 형태가 있을 것이며 그는 이것 혹은 저것을 침묵이나 행동으로 그가 아직 의식하지 못하면서도 그런데 분명한 의도를 가지고 **기쁨**을 추구할 것이다. 그는 단지 자신의 욕망을 채우거나 만족시키는 것, 혹은 건강하게 지내는 것에 만족하지 않는다: 가장 원시적 형태의 인류 역시 단지 그것만을 원하지 않았다. 또한 그는 단지 노동을 하기 원하는 것이 아니라 그것을 통해서 선하고 좋은 것, 참되고 아름다운 것을 이루고 싶어 한다. 극한의 길에서 볼 때 그는 또한 자신의 최선을 다해서 하나님과 인간을 사랑만 하고자 하지 않는다. 최선의 노력을 다하는 사람이나 위대한 선생, 가장 진지한 신학자, 고행과 타인을 위한 봉사에 몸을 다 던진 그런 사람들이라도, 이런 분야에서 가장 정열적 삶을 사는 예술가들은 말할 것도 없이, 단지 그것만을 원하지는 않는 것이다. 그렇지 않다! 인간은 이 모든 일과 함께 그 옆에 아니면 그것들 곁 어디에선가 어느 정도 쉼이 있다는 것이다.—보다 더 정확하게 말하자면 어느 정도 흥미를 원하는 것이다.(아주 적지는 않은 정도의 재미가 있어야 하는 것이다.) 이것을 숨기는 것은 위선이 될 것이다. 그리고 이 위선은 윤리적 진리를 희생을 요구하게 될 것이다. 즉, 인간은 누구나 또한 자연스럽게 재미를 추구한다. 마치 그가 먹고 마시고 잠자며 건강하기를 원하는 것처럼, 때로 우리가 일하고 더 올바른 일에 최선을 다해서 봉사하는 것과 마찬가지로, 그가 또한 공동체 안에서 하나님을 사랑하고 인간을 사랑하며 살기를 원하는 것처럼 그는 재미를 추구하는 것이다. 이런 기쁨을 거역하려는 인간은 아마도 순종적인 인간은 아닐 것이다. 그리고 질문이 제기된다: 순종하면서 기쁨을 추구하는 것은 무엇을 의미하는가의 답변은 그 자리에서 진지하게 추구되어야 하고 그것의 올바른 답변은 아주 중요한 것이라고 할 수 있으며 다른 윤리적 질문에 대한 답변들이 다 그렇듯이 자명한 것은 아닌 것처럼 보인다.

신약과 구약 전반적으로 얼마나 많은 곳에서—시편에서 빌립보서에 이르기까지—기쁨과 재미, 환호와 흥미의 제전 등이 말해지고 있으며 얼마나 진지하게 우리에게 느끼도록 명령하고 있는지 일일이 말하지 않았다는 것이 놀라운 일이지만 꼭 필요한 것은 아니라는 점을 말할 수 있다. 하나님과 그의 백성 사이의 계약의 관계에 대해 진지하도록 만드는 의무나 그 의무를 지키지 못하는 이 백성에 대하여 항상 새롭게 제기되는 모든 고발, 그 백성에게 선포되고 그에게서 실행되었던 모든 신적 심판들, 그럼에도 불구하고 그들을 다시 회개로 부르시는 세례 요한의 부름, 그렇게 시작된 복음서의 한 중간에 그리스도께서 십자가에 못 박히시게 되는 어둠—이 모든 것은 흔히 우리 주변에서 그렇게 되어야 하는 이유로서 제시되는 것처럼 기쁨을 억누를 것을 요구하는 것이 아니라 거꾸로 기뻐할 것을 요구하는 요구이다; 우리는 기뻐해야 한다는 것이다! 이 모든 어둠 속에서 기뻐해야 한다는 이 외침은 성서의 중심적인 메시지인 것이다. 왜일까? 창조주이시며 삶의 주권자이신 그분이 일하시고 있고 말씀을 하시고 있기 때문이다. 인간이 잃어버린 것을 그들의 손에서 빼앗아 하나님이 자신의 일로 만드시고 장엄과 긍휼로서 인간을 위해 등장하시기 때문이다. 여기에서 문제가 되는 이 기쁨은 하나님의 등장에서 그 근거와 근원이 있는 것으로서 최초로 가장 좋은, 그리고 우연히 등장하여 자의적으로 누리게 되는 그런 부적합한 기쁨을 말하는 것이 아니라 최고로 적합한 그런 기쁨을 말하는 것이다. 우리 사람들이 기쁨으로 여기고 기쁨이라고 부르는 것은 확실히 여과장치를 통해서 걸러진 것이다. 한편으로 저 근본까지 내려간 것이고 또 다른 한편으로는 완전히 새롭게 재건된 것이기도 하다. 또 다르게 볼 때 이 기쁨은 재건되고 실제적인 것으로서 이제 계명으로까지 이해될 수 있다. 그리스도께서 부활하셨다.—그는 참으로 부활하셨다! 그리스도 앞에서 기뻐하는 것이란 그와 더불어 그 안에서 존재하는 것이며 이는 그의 구원의 은총과 그이 계명과 그의 행함과 그의 모든 지상적 삶을 기뻐하는 것이다. 이 기쁨은 결실을 거둘 때 누리는 기쁨이며 결혼식의 축제의 그리고 승리의 기쁨으로서 내적일 뿐 아니라 외적인 기쁨인 것이다. 이 기쁨은 빵을 먹는 기쁨만이 아니라 포도주를 마시는 그리고 말하는 것만이 아니라 노래하고 즐거워하는, 기도할 뿐만 아니라 함께 춤추는 기쁨인 것이다. 이것들이 여과장치로 걸러지지 않은 것이라면 그것은 우리에게 부여된 그리고 복종적 자세에서 얻게 된 그런 기쁨일 리가 없다는 것을 잊어서는 안 되는 것이다. 성서적 사신을 듣고 그것을 마음에 새긴 자는 결코 무뚝뚝한 감정이 없는 그런 인간이 되려는 것이 허락되지 않았을 뿐 아니라 오히려 금지되었다는 사실을 간과해서는 안 된다.

그렇다면 이 기쁨이란 무엇인가? 우리는 삶이란 다름 아니라 시간 안의 운동이라는 사실로부터 출발해야 한다. 즉, 항상 새롭게 다시 시작하고 특정한 상상이나 소원, 간절한 소원과 집착 그리고 책임과 희망이 함께 곁들여진 가깝거나 멀고 혹은 거창하거나 소박한 모든 목표를 성취하고자 하는 노력이라고 인정해야 할 것이다. 기쁨이란 이러한 다양한 형태들 가운데 하나이다: 기쁨은 이 삶의 운동이 어떤 한순간 혹은 한동안 정지한 채로 분명해지는 그런 것 가운데 하나인 것이다. 단지 그것의 객관적인 측면만이 아니라 주관적인 측면에서도 삶의 기분들 속에서 찾아지는 것이다. 그와 같은 내적 정지 상태로 서 있는 것은 이를테면 의연한 평정(Gelassenheit)의 상태라고 할 수 있다. 그 안에서 우리는 우리의 삶에서 허락된 어떤 특정한 삶의 변화와 관계 속에, 그와 더불어 존재해야 한다는 것에 만족하는 것 외에는 다른 선택이 없다는 사실을 받아들이면서, 잠시나마 그렇게 머물러 있는 것이다. 기쁨이란 바로 이러한 임시적으로 생긴 정지 상태라고 말할 수 있다. 하지만 기쁨이란 자연스러운 것 이상이며 수동적 허용 이상의 그 무엇이다. 모든 이런 순간적 정지 상태는 만족의 정지 상태가 될 수 있고 이때 그 사람은 자신의 현존재 대하여 하나의 특별한 상태에 빠져서 그는 다른 모든 물음과 걱정 그리고 여러 가지 염려스러운 일들을 그대로 있게 놔둔 채로 그것들을 있는 자신의 삶 속에서 인정하고 다시 정직하게 그것을 받아들일 수 있게 된다. 하지만 기쁨이란 이런 **만족**과 다른 것이며 또한 그 이상의 것이기도 하다. 기쁨은 모든 그러한 내적 침묵의 고요가 가진 본질적인 형태인 것이다. 이 기쁨을 가질 수 있는 것은 사람이 자신의 삶 속에서 자신이 의식했거나 아니면 무의식적인 그의 소원들과 요구 그리고 갈망의 내용들이 크거나 혹은 부분적이라도 성취되었을 때이고, 어떤 변화나 어떤 사건이 일어날 때, 그래서 그가 바라고 기뻐하는 그런 상황이 현실이 될 때, 그가 그것을 몰래 혹은 공개적으로 기다려 온 그런 일들이 성취될 때 누릴 수 있게 된다. 사람들이 자신이 목표에 도달했거나 부분적인 목표에 도달했을 때 그는 기뻐한다. 시간 안의 운동으로서 그의 삶은 이제 그를 한 특정한 지점으로 이끌어 가고 그 특정한 거기에서 그는 이제 더 이상 자신의 삶을 어떤 노동이나 수고로 생각하는 것이 아니라 오히려 자신의 삶을 선물로서 인정하고 받아들이게 된다. 그 자신이 자신의 미래에 자신도 모르는 가운데 혹은 무의식중에 자신의 삶에게 약속했던 바를 꿈꾸거나 예감했거나 생각한 것의 선물로서 자신의 삶을 이해하게 되는 것이다. 그때 삶은 그를 가식적이거나 건성으로가 아니라 친절하게 진실하게 잘 모르는 것으로서가 아니라 너무나 잘 알려진 것으로서, 왜냐하면 그가 그것을 꿈꾸었기 때문에, 웃게 만든다. 이제 그는 처음으로 자신의 삶에 대하여 웃을 수 있게 되었다. 기쁨은 본질적으로는 이러한 **감사**의 가장 단순한 형태이다. 우리가 기뻐한다면 그에게 그 시간은 잠시 혹은 당분간 정지된 것과 마찬가지이다. 왜냐하면 그 시간은 그 삶의 운동의 공간으로서의 시간의 의미를 채웠기 때문이다. 또한 그가 자신의 삶의 운동 속에서 우선 이 특별한 관점에서 그가 추구하고자 노력하던 곳에 도달했기 때문에 그 시간은 정지된 것처럼 여겨지는 것이다. 그의 기쁨이 크면 클수록 그 이후의 시간과 삶의 다양한 운동이 더 필요한 것인지 의심스러워진다. 이제 그는 자신의 삶이 계속된다는 너무나 당연한 사실을 발견하면서 그것 때문에 더 이상 기뻐하지는 않는다. 그가 기뻐하는 한 그리고 그렇게 기쁨 중에 있는 한 그는 이제 단지 그 충만의 **지속**을, 그렇게 자신의 삶이 선물로서 이해되는 그 기쁨의 순간들이 지속되기를 바랄 뿐이다. 그리고 그런 경우는 성서에서 우리에게 제시하는 바 하나님과 더불어 맺은 완성된 관계에서 영원한 기쁨과 영원한 거주가 허락되어 있을 뿐이다. 그런데 바로 이 하나님 안에서의 기쁨이 바로 모든 기쁨이 바라는 바로 그 모범적 사례인 것이다. 이 지속의 요구는—비록 그것이 그 특별한 경우에서만 실현된다고 하더라도—모든 기쁨의 본질적 특성에 속하는 것이다. 왜일까? 왜냐하면 이 기쁨이란 다름 아니라 우리의 삶 속에 등장하게 된 성취에 대한 감사이기 때문이다.

파우스트는 이러한 통찰을 얕보고 경멸하며 부정한다: "잠시만 거기에서 시간을 보내시오. 당신은 아름다우니까요!" 하지만 파우스트는 이 사태에 대한 권위 있는 증인이 되지 못한다. 그는 잘 모르는 것이다. 그는 자신이 자신의 창조자인 괴테의 견해에 따라 그의 의견을 반복할 뿐이어서 기쁨이 무엇인지는 모르는 것이다. 더욱이 파우스트가 "잠시 거기에서 멈추어 서시오!"란 그 유명한 말을 할 때 그는 악마와 계약하고 있을 때라는 사실을 놓쳐서는 안 되고 결국 마지막으로 최후에 2부 마지막에 가서야 무엇인 기쁨인지를 경험한 것처럼 보이며 쉴러가 제대로 말한 것처럼 지속을 요구하는 모든 기쁨의 내적 요구들을 이해하게 된 것으로 보인다: "행복한 자들에게는 시간이 가지 않는 것이네." 그리고 다시 니체도 다음과 같이 말하고 있다: "모든 기쁨과 즐거움은 영원을 요구한다."

하지만 이 기쁨이 지속적이기를 원한다는 것은 그 기쁨의 본질상 우리에게 흥미로운 것이 아닐 수 없다. 우리의 질문은 다음과 같다: 기쁨을 추구하는 의지라는 것이 있는가? 만약 그렇다면 이는 우리에게 어떤 상태인가? 만약 이 의지가 **정의롭고 선하며 순종적인** 것이라면, 그렇게 추구된 기쁨이 그 기쁨이 존재할 수 있는 한계 안에서 채워질 수 있다면, 가식적이며 공허하고 악한 쾌락과 구분될 수 있는 가장 단순한 감사의 진실한 행동일 수 있다면 이것은 무엇인가?

기쁨은 원하는 것이 아니라 단지 가질 수 있을 뿐이라고 말하는 것이 그럴듯해 보이지만 이는 사실은 지나치게 빠른 결정이라고 할 수 있다. 실제로는 사람들은 매우 드물게—진실로 흐르는 순간에서—기쁨을 가지고 있으며 또 그래야만 한다. 무엇 때문에 갖는 기쁨, 또한 충족 그 자체의 경험 등이 다 그렇다. 그래서 인간이 거기에만 의존하고 살아간다면 이는 어리석은 일이 아닐 수 없다. 내가 기쁘다는 것은 사실—이것은 전적으로 정상적인 것인데—내가 무엇에 대하여 기뻐한다는 것이다. 원칙적으로 모든 기쁨은 미리—기뻐하는 것이다. 어떤 일이 성취되고—만일 그것이 진실한 성취라면—그것 때문에 그 성취의 한가운데 그가 기뻐하지만 그것은 곧바로 다시 미래를 기대하는 그런 기쁨으로 바뀌는 것이다. 이는 항상 모든 기쁨은 또 다른 다음의 기쁨을 기대하는 것으로 변화한다는 것을 말한다. 그런 의미에서 기쁨은 일종의 종말론적 성격을 가졌다고 할 수 있다. 그러므로 기쁨에 대한 참된 의지가 무엇인지 물어야 하는 것이다.

이와 관련해서 우리가 무엇보다 먼저 이야기해야 할 것은 이 기쁨은 사람들에 의하여 구해진다는 것이다. 인간은 항상 기뻐할 모든 **준비**가 되어 있다고 볼 수 있다.

성서에서 명령형으로 제시되는 "너희는 기뻐하라!"의 내용은 이것보다 더 심오한 무엇을 우리에게 말해준다. 이 말씀은 기쁨 그 자체의 발생, 그 기쁨 자체의 초월적 들어옴(Einbruch), 더 나아가 완전하고 영원한 하나님의 기쁨을 전하고 있다. 이것이 바로 우리가 말해야 할 것이다. 분명한 것은 이 명령을 들을 때 우리가 이 기쁨으로 직접적으로 충만하게 되는 때(hineinreissen), 이 성서의 말씀이 제대로 이해되고 올바르게 들은 것이라고 하겠다. 이를 두고 볼 때 기쁨은 모든 윤리를 뛰어넘어 존재하는 것이라고 할 수 있다. 물론 이 기쁨은 윤리적 내용을 가지고 있으며 기쁨이 윤리적 내용을 갖고 있는 만큼 인간은 스스로 기쁨을 위해 노력해야 한다는 것을 지적해주고 있다.

삶의 경외의 계명 안에는 그러므로 기뻐하라는 하나님의 명령이 포함되어 있다. 삶이란 하나님께 우리에게 주신 선물인 것이다: 이는 단지 그저 존재하는 사실만이 아니며 운명만도, 인간에게 주어진 치명적 저주는 더더욱 아니다. 오히려 이는 창조주 하나님의 은총의 사역으로서 그의 선물이며 그분의 선한 의지이며 그분의 인간을 향한 최고의 뜻이 포함되어 있는 것이다. 만일 사람들이 지금 현존하는 인간의 삶을 매번 그때그때 드러나고 계시되는 하나님의 은총의 선물로 보면서 그 무언가에 기뻐하지 않고 그저 시간 속에서 저절로 흘러가도록 봐둬야 할 과정으로만 여긴다면 어떻게 그가 이 삶 속에서 하나님의 계명을 지키면서 살아갈 수 있겠는가? 이 무엇은 실로 순간적이지만 그 순간에서 이 삶은 하나님이 은총의 선물로서 드러나는 것이다. 이 순간에 또한 사람들은 자신이 체험하고 살아간 그 과정들의 한복판에서 갑자기 충만한 체험을 느끼기도 하며, 이 순간에 인간이 살면서 뚫고 나아가야 할 전투의 상황을 헤치고 그가 살아도 된다는 허락을 받은 것에 대한 무한한 감사를 할 수도 있게 되는 것이다. 삶의 경외를 가진 인간은 자신의 삶을 신뢰할 수밖에 없으며 이러한 순간이 삶 속에 침투해 오는 것과 그를 통한 기쁨을 갖으려 하고 그것을 준비하고자 한다.—자신의 삶을 자기의 고유한 일의 영역으로 여기며 바쁘게 쫓아 행하는 것만이 아니라 하나님의 선물로서의 삶이 실제로는 우리의 모든 일 이전에 그리고 위에 또한 후의 결과를 포괄하고 있다는 점에서 이 모든 것을 감사하면서 조용히 기다리는 것도 태도를 말하는 것이다.

기쁨이란 그래서 우리가 이전의 관점에서 일을 중단하고 끝마치면서 갖는 새로운 휴가의 시작과 유사한 성격을 갖고 있다. 그리고 사람들이 기꺼이 이 기쁨을 가지고자 한다는 것은 하나님께서 우리에게 주신 **안식일**의 계명이 우리의 삶 속에서 적용되는 것이라고 볼 수 있을 것이다.

사람들은 이 기쁨과는 거리를 둔 채 거기에 문을 닫고 무뎌진 채 각박한 생활을 할 수도 있다. 더욱이 사람들은 자신의 삶의 영역에서 유연하지 못하고 삶에서 뻣뻣해질 수도 있을 것이다. 그저 바쁘게 시간을 보내면서 꿈이 성취되기를 기대할 수도 있다. 사람들은 그 삶에 대하여 지나치게 열광하여 오히려 그 삶을 충분히 즐기지 못하기도 한다. 자기의 깨어지기 쉬운 열정을 최고의 의무와 미덕으로 만들기도 하는 것이다. 사람들은 인간의 삶이 매우 잔인하고 아픈 것이라고—사실 이것이 문제인데—주장하기 위해서 자신들이 가졌던 어떤 실망스러운 경험을 증거로 내세우기도 한다. 만일 사람들이 그렇게 마음을 먹었다면 전혀 기쁨을 가질 수 없다는 것은 자명한 것이다. 기쁨이란 것의 본질이 미리 기뻐하는 것에 있다고 한다면 어떻게 이미 그렇게 실망하기로 한 사람들이 이와 다르게 말할 수 있겠는가! 하지만 사람들이 이렇게 기쁨을 상실했다는 사실은 그가 자신의 삶을 더 잔인하게 만드는 가운데 자신의 삶과 하나님으로부터 벗어나 있음을 보여주는 것이다.

하지만 지금 우리가 무엇을 준비한다면 그것은 우리가 기쁨을 준비하고 있는 것임을 명심해야 한다: 기뻐한다는 것은 삶 그 자체가 하나님의 은총의 선물로서 드러나는 것을, 아직 과정이었던 것이 비록 예시적일지라도 충만하게 완성되는 그 완성으로 드러나는 것을 말하는 것이다. 또한 기뻐한다는 것은 다가오는 감사할 것을 기회를 따라 살피는 것을 말한다. 우리에게 이처럼 예시된 기쁨이란 우리에게 다가오는 것을 수용하는 희망을 의미하는 것이지, 인간이 스스로 가져오고 설정하면서 한 번은 인간 스스로 이러 저러한 도구와 더불어 구성하고 세워 가면서 그 사건을 미리 가지려는 탐욕적 조망에서 비롯되는 가식적이며 공허하고 악한 쾌락과는 구별되는 것이다. 물론 우리는 여기에서 우리가 갖고자 하는 기쁨이 매우 위험한 유혹 앞에 서 있다는 것을 알고 있다. 인간이 기쁨을 위해 준비하는 크거나 작은 모든 구체적인 실행이 없이는—만약 누군가 어떤 무엇에 의하여 기뻐한다면—인간은 아무것에서도 기뻐할 수 없는 것이다. 그래서 바로 이러한 내적이며 외적인 준비과정 가운데 미리 기뻐함으로서의 기쁨을 가장 확실하게 인생 한가운데에서 가장 열정적인 방식으로 경험되는 것이다. 하지만 우리는 정확히 봐야 하고 또한 면밀히 검토해봐야 한다.—참된 기쁨은 오로지 하나님으로부터 오며 거기에서 오직 성령이 계시는 그곳에서 함께 체험된다.—실제로 우리에게 오시고 거기 함께 계시는 분은 성령이시며 바로 거기에 참된 기쁨이 생겨나는 것이다. 이는 다시 말해서 참된 기쁨은 스스로 오고 자신이 있고자 하는 곳에 존재하지만 인간은 어디로부터 그것이 오는지 또한 어디로 우리를 이끌어 가는지 알지 못하는 것이다. 사람들은 미리 맛본 기쁨 속에서 단지 기회들을 만들어 갈 뿐이다. 하지만 인간이 스스로 기쁨을 만들거나 구성하거나 요청하지 못하며 더욱이 잘 짜여진 계획과 준비 속에서 그렇게 만들 수도 없다는 것이다. 이렇게 미리 준비하지 않은 기쁨들이, 만일 거기 종국적으로 있어야 한다면, 그리고 만일 그 어떤 기적도 일어나지 않았다고 한다면, 이 기쁨은 사실 이미 허탄하게 부패한 것이며 잘못된 것일 수 있고, 생의 충족으로 체험된 의미에 감사하여 조용히 받아들이는 태도로서 주어진 것이 아니라 수고와 노력의 쉼 없는 노력의 결과일 뿐이고, 달콤하지 않고 지독하게 쓴 경험이며 지속되지 못하고 짧은 순간의 망각에 기초한, 사막의 오아시스가 아니라 단지 그 자체가 광야일 뿐인 것이다.

우리는 여기에서 축제에 대하여 많은 말을 할 수 있을 것이다: 가족 축제, 다양한 동아리 축제, 국민 축제, 개인적이며 사적인 축제에는 각 개인이 둘 혹은 셋이 모여서 즐기는 시간을 보내고 있으며 거기에 또한 그리스도인의 축제도 잊어서는 안 될 것이다. 교회의 축제는—교회가 그 의미를 아는지 모르는지는 모르지만—교회력을 가지고 절기에 맞춰 세계인이 함께 누리고 있다. 그리고 거기에는 진실한 기쁨과 인생 가운데 주어진 성취에 대한 감사의 수용이 녹아 있기 때문이며 그렇게 기다려지기 때문에 이러한 다양한 축제들은 진실로 철저하게 누려져야만 할 것인가? 아니면 이 축제가 정말 그렇게 축제로서 주어지는 것은 이 기대가 사실 전혀 존재할 수 없기 때문에, 혹은 그 축제에 참여하는 자들 가운데 극소수의 사람들만이 기쁨이 무엇인지를 알아서 왜 축제를 가져야 하는지를 아는 진정한 기쁨을 가질 수 있기 때문일까? 축제란 미리 예상되고 제대로 잘 적합하게 조직된 기쁨인 것이다. 왜 축제가 없어야 하겠는가? 왜 이 축제들이—이 축제에서 사람들이 기뻐할 것을 예상한다면—미리 계획되고 준비되고 그리고 그렇게 구성되어서는 안 될 이유가 있을까? 그런데 왜 가끔 이 축제들은 그렇게 기쁘지 않고 즐겁지 않은가? 왜 이 축제기간 중 사람들은 자기 자신이나 타인에 대하여 아주 재미있었다고 그렇게 설득해야만 할까? 왜 사람들은 아직 가뭄이나 홍수 그리고 여러 가지 재난이 지나가지 않고 그대로 우리 곁에 머물러 있으며, 설혹 그 재난을 지나게 했다고 해도 다시 평범한 일상의 삶을 살아가야 할 뿐인데 그토록 기뻐할 수 있는 것일까? 왜 이 축제들은 인간이 미리 예상하고 준비할 수 없는, 마치 하늘로부터 떨어진 것같이 인간이 즐길 수 있는 것 가운데 가장 성공적인 것이어야 한다고 여기고 있는가? 아마 사람들이 재미있어 할 수 있도록 충분히 생각하면서 잘 만들어지고 기뻐할 수 있는 다양한 도구들이 준비되어 있기 때문일 것이다! 사람들이 그와 같은 기구들을 움직이게 하는 그 본질적 선-기쁨은 진실로 그런 기쁨이 우리에게 닥치게 될 것이라는 그 어떤 보장도 줄 수 없기 때문일 것이다! 아마 사람들이 잘 기획하고 준비하고 떠나는 휴가와 이런 축제들은 공통점이 있을 것이다. 또 사람들이 휴가를 떠나려 할 때 어디에? 어떻게? 등 수많은 생각을 가지고 이리저리 미리 짐을 챙기는 것 등의 수고 때문에 오히려 그 휴가를 망칠 수도 있는가 하면 자유롭게 여행을 준비하여 기쁨을 만끽할 수도 있는 일이다! 이 다양한 준비에도 불구하고 진실로 기쁨을 준비하는 참된 축제가 있을 수 있으며 누가 그것을 거부하겠는가? 하지만 우리 불쌍한 인류와 가

# 1. 생명의 경외 519

난한 그리스도인들이 진실하고 참된 축제의 기쁨을 준비하기 위해서는 정기적으로 돌아오는 이 축제들을 근본적으로 변혁시키거나 심지어 폐지까지도 생각하거나 거기에 상응하는 근본적 개혁방안을 생각해야 할지도 모른다.

하나님께서 미리 준비하신 그 기쁨에 대한 질문에서 다음과 같은 점은 지적되어야 한다: 우리는 스스로 그 기쁨을 만들려고 할 때 그 기쁨을 가질 수 있다. 또한 그 기쁨을 만들려고 의지를 가질 때에만 그것을 갖고자 할 수 있는 것이다. 건강이 그랬던 것처럼 이 기쁨 역시 사회적 측면이 강한 것이다. 물론 한 사람에게만 재미가 있는 그런 경우들이 있을 수 있다. 하지만 이런 것은 거의 다 좀 위험해 보이는 경계상황들이다. 삶이란 모든 각자를 위해서 존재하는 것이지만 동시에 그에게 동료 인간들과의 관계 안에서 주어진 선물이기도 한 것이다. 사람들이 자신의 삶을 자신만을 위해서 갖지 못하는 것처럼, 하나님의 은총의 선물로서 이 삶의 성격을 혼자만 독차지할 수 없으며, 이 은총의 성격이 완성되는 것은 혼자만 남아 있는 고독한 태도나 자아중심주의의 막힌 태도에서는 불가능하다. 만약 사람들이 다른 사람들(적어도 한 타자 혹은 다른 사람들 혹은 나머지 사람들의 대표로서의 소수적 타자)이 기쁨의 순간을 함께하는 것을 원하지 않을 경우 이 사람이 가질 수 있는 기쁨은 사실 의심스러운 것이 되고 만다. 그리고 실제로 기뻐해야 할 사람이 주변의 아무와도 함께 있는 것을 원하지 않는다면 이 기쁨은 확실히 이상한 것이다. 물론 사람들은 자기 자신만의 기쁨을 만들고자 노력할 수 있고 그렇게 만들 수 있다. 하지만 이런 경우 사람들은 다음의 사실을 확인하게 된다. 만일 어떤 기적이 일어나지 않는다면, 이런 종류의 기쁨은 진실하고 밝고 정당한 것이 되지 못하는 것이다. 소위 남을 아프게 해서 얻는 기쁨처럼 다른 사람이 안 되기를 바라는 것에서 얻는 그런 기쁨은 기쁨이 아니다. 만일 이 기쁨 가운데 다른 사람이 같이 있기를 원한다면, 이는 기쁨을 갖기 원하는 것일 뿐 아니라 오히려 기쁨을 창조할 뿐 아니라 그 기쁨을 선물하고 더 넓게 퍼트리기를 원하는 것이다. 이를 통하여 사람들은 다른 이들도 역시 기쁨을 가질 수 있도록 하는 일에 책임을 느끼는 것이다. 그리고 이는 결코 그렇게 쉬운 일이 아니다. 사람을 기쁘게 하는 그 일에 다른 이들을 참여하게 하는 것은 아직 아닌 것이기 때문이다. 타인의 기쁨을 위해 일하는 것은 칭찬받을 만한 것이지만 그러나 나를 기쁘게 하는 그것이 진실로 그들도 기쁘게 하는 것인가의 질문이 남아 있는 것이다. 이는 특정한 사람에게 특정한 기쁨을 줄 수 있는 기회와 여건을 마련하고 그것을 실행하는 그 일을 하는 것을 의미하는 것이 아직은 아니기 때문이다. 만일 이러한 놀라운 계획이 단지 다른 사람의 기쁨이라는 명목하에 자신의 고유한 기쁨을 얻기 위한 새로운 형태일 뿐이라면 우리는 어떻게 평가해야 할 것인가? 여기에서 우리에게 요구된 것은 내가 어느 정도 이미 타인의 시각으로부터 나에게 무엇이 정말 그에게 기쁨을 만들어줄 수 있느냐고 묻고 있다는 사실이며 그리고 이것을 심사숙고

하여 그것을 실행하려고 노력한다. 바로 이때 가장 중요한 결정들이 내려질 것이고 큰 기쁨이나 혹은 거꾸로 커다란 실망이 일어날 수도 있을 것이다. 사람들이 진실로 상호 간에 기쁨을 주려고 하는 보다 더 넓은 의미의 사회적 기쁨을 추구하는 것이 소중한 것이며 그렇게 상호 간의 기쁨을 챙겨주는 것이 이루어질 때 성공적인 기쁨의 축제의 비밀이 될 것이다. 그런가 하면 이런 모든 각자의 기쁨들이 사실 겉으로만 기쁨이 될 수 있었고 실제로는 창피스러운 일이 될 수도 있는데 그가 상호 간에 겉으로만 동료인 척 하면서 공동의 기쁨을 추구하는 척하고 실제로 자신들만의 기쁨을 그래서 상호 간에 배려가 아니라 상대방을 배척하는 그런 기쁨을 추구할 경우 그렇게 될 수 있는 것이다. 그런 것은 우리에게 계명으로 주어진 사람들이 갖고자 하는 그런 기쁨이라고 할 수 없다. 그리고 이 기쁨이 오랜 준비 끝에 온 성찬이라고 할지라도 참된 기쁨일 수 없으며 단지 그 기쁨의 유령의 모습이라고 해야 할 것이다.

기쁨을 위한 올바른 의지의 기준은 그 기쁨의 조건과 기회 그리고 그 대상들에 대하여 그가 가진 절대적인 **주권**이다. 의로운 기쁨을 찾고자 하는 이는 어떤 특정한 형태의 기쁨에 얽매여 항상 같은 바를 기대하고 그것을 추구하기만 하는 것이 아니다. 그는 오히려 **다양**하고 폭넓은 색다른 선택의 폭을 가지고 있다. 그는 삶의 다양한 가능성이 열게 하는 삶의 위대한 자유를 잘 알고 있다. 그렇기에 그는 모든 방식으로 다가오고 활짝 열린 삶의 가능성에 감사할 뿐이다. 이런 사람은 삶이나 기쁨 그리고 그 자신에게도 그 어떤 외부의 제한을 두지 않는다. 그는 열려 있으며 모든 면에 창의적인 사람이다. 그는 모험을 할 수도 있고 실제로 그렇다: 그렇다고 해서 자기 멋대로 하는 것이 아니라 때때로 그에게 다가오는 그런 기회와 한계 안에 남아 있으면서 그렇게 하는 것이다. 그는 자신 스스로는 겸손하게도 아무것도 아니라는 것을 알고 있다. 하지만 참된 인생의 충만함을 위한 감사와 연관될 때 그에게 얼마나 많은 것이 허락되기도 하는지를 알 수 있다. 그가 이렇게 많은 것에 대하여 기뻐할 수 있다는 것은, 어리석은 전통이나 관습 강요, 일반적으로 대중이나 각 개인이 가질 수 있는 편견들, 그리고 그에 따라서 많은 실수와 허무한 실패, 그리고 낙담스러운 일들이 많이 쌓여 있을 수 있는 일상적인 지평 위에서 그가 새로운 자유로운 인간이 된 것을 보여준다. 우리는 우리가 누리는 기쁨이 사실은 이런 자유로운 존재가 가진 기쁨이라는 것을 통하여 참되고 올바른 그리고 하나님이 허락해주신 기쁨을 알게 된다.

여기에서 우리는 아주 평범한 것을 말하고자 한다: 기쁨을 얻으려는 의지는 그 대상이나 가능한 그 원인들의 양적인 것에 의존하지 않으며 오히려 가장 적은 기쁨이라도 그를 위해 준비가 되어 있는 것이다. 왜냐하면 적은 것을 중요하게 여기지 못하는 사람은 큰 것의 가치를 모르기 때문이며 주어진 시간 조그만 기쁨은 가장 길고 가장 최고도의 기쁨의 순간이 될 수 있기 때문이다.

물론 물질로 인해서 얻는 기쁨도 있다. 이 물질로 인한 기쁨이 생길 때 그들에게 마치 이 물질이 아무런 기쁨이 되지 못하는 것처럼 무심한 척하거나 이를 배제하려고 할 필요가 없다. 그러나 항상 다음을 명심할 필요가 있다: 사람이나 주변에서 이 물질로 인해 훨씬 더 기뻐하는 그런 격에 맞지 않지만 부끄러운 경우를 만날 경우가 있다는 것이다. 사람들은 금방 사소해질 수 있다.—오히려 사람들이 솔직하게 거기에 그것이 나타나도록 한다면 모든 사람 속에 숨어 있는 가장 깊은 천박함은 금방 표현된다.—사람들은 금방 그 접시와 그릇을 보게 되는 것이다! 그렇기에 우리는 여기에서 극히 주의해야 한다는 것을 이해한다. 그래서 극단적으로 과장하지 않으면서 솔직하게 말해서 이 물질에 대해서 아무 생각 없이 대하는 것보다 조심해서 다가가는 것이 훨씬 좋은 것이다.

하지만 사람들 중에는 눈과 귀가 그 사물의 미학적 측면에 특히 열려 있는 사람들이 있다. 사람들은 이러한 능력과 그것을 개발해 가는 그런 성향을 발전시키고 더 심화하며 교양화하고 건설적으로 발전시킬 수 있으며 그렇게 해서 이런 기쁨의 대상을 더 늘리는 일을 게을리해서는 안 될 것이다. 왜 기쁨을 얻으려는 의지는 이 측면에 크든 작든 노력하는 것에 의지하는 것이 되면 안 되겠는가? 그런가 하면 이 미학적 태도 가운데도 극단적이며 전체적인 태도를 가진 사람들이 있으며 그들의 대표자들은 대개 기쁘지도 않고 더 편한 느낌을 주지 못하는 것이 일반적이며 그래서 사람들은 대개 이런 길을 피하고자 하는데, 왜냐하면 이러한 사람들은 그 주변 사람을 어렵게 만든 것이 많았기 때문이다.

사람들은 자연과 또한 거꾸로 사람을 통해서 기쁨을 체험하기도 한다. 하지만 만일 어떤 사람이 그것이 자연이든 사람이든 간에 양자의 측면에 대해서 아무런 느낌을 가지지 못하거나 아니면 그가 자연을 피해 사람들의 사회에서만 아니면 거꾸로 인간을 피해 자연에서만 기쁨을 발견한다는 것은 잘못된 것이다. 그렇게 도피를 통해서 얻으려는 기쁨은 사실 매우 의심스러운 것이며 거의 진정한 기쁨이 되지 못한다.

하지만 이제 우리는 그 어떤 강요에도 서 있지 않고 자유로운 인간이 어떤 날이나 무엇을 빼고 주일이나 휴일에서만 기쁨을 찾는 것이 아니라 일상적 모든 날 가운데 기쁨을 찾게 된다는 점을 잊지 말아야 한다. 사람들이 여기(일상)에서 가장 순결하고 가장 강한 기쁨을 찾게 되리라는 것을 누가 알겠는가! 오늘날 노동은 그렇게 즐거운 것이 아니라는 것은 잘 알려진 사실이다. 과학과 예술 그리고 모든 수공업과 어려운 일들 모두가 사실은 우리에게 커다란, 비록 언제나 그렇다는 것은 아니지만, 기쁨을 줄 수 있다는 것과 그 일에 어울리지 않기에 그 일을 모독하게 된다면 그 일을 그만두고 떠나야 하는데, 그곳에서 어떤 즐거움도 느끼지 못한다면 그렇게 해야 할 것이다. 그리고 이 말은 누구보다도 더 사역자들에게 우선 해야 할 말이 아닐까?

진실한 기쁨의 또 다른 기준은 인간적 삶의 다양한 규명에 대한 그 태도에 대한 **관계**에서 비롯된다고 할 수 있다. 만약 기쁨이 감사하는 가운데 진실하고 즐거운 것으로 받아들여진 삶의 충만한 무엇이라고 이해된다면 이는 기쁨이 긍정적인 의미에서 매우 특별한 사건이라는 것을 말하는 것이다. 삶의 무한한 흐름 가운데 진중함이나, 크든 작든 간에 인간 현존재의 삶의 과정에서 갖게 되는 한 절정에 다다른 사건이며, 실제로는 단순한 기쁨만일 수 없는 살아 있다는 느낌이 집중적으로 강화되고 더 깊어지며 고양되는 그 순간들인 것이다. "온종일 해가 비치는 삶"이란 있을 수 없으며 혹시 그런 것이 있다면 이는 너무 지나친 것이다. 더욱이 이는 우물과 샘의 물들을 마르게 하여 결과적으로 수원조차 끝이 보이게 하여 가뭄을 가져오는 것이다. 우리의 삶은 그러므로 이렇게 이런저런 순간에 제시될 그런 충만함으로만 구성되어 있지 않다. 우리는 단지 그 삶의 충만함과 더불어 살 수 있을 뿐이다. 이 충만한 순간은 우리의 삶에 새로운 생동력을 주며 위로와 용기를 주는 것이다. 바로 이것들이 또한 기쁨이 무엇인지를 결정하는 참된 기준이 되기도 한다: 이 기쁨은 삶에 도움을 주는 것인가 아닌가에 따라 참된 기쁨의 기준을 잡을 수 있을 것이다. 물론—기쁨에의 의지에 생각할 점으로 주어진 것인데 소위 인간이 무엇을 통하여 기쁨을 누리게 될 것인지에 대한 생각도 이 기쁨의 의지 가운데 속한 것이다.—기쁨의 순간 이외의 여타의 삶의 기간들에게 이 기쁨이 혼란과 방해 이외의 다른 것이 아니고 나머지 삶의 과정을 피곤하고 목마르고 지루하게 만드는 그런 것으로 작용할 수도 있다. 결국 삶의 느낌을 약하게 하고 억누르며 삶의 용기를 제거해 버리게 되는 그런 작용만을 하는 헛된 기쁨도 있다. 이런 것들은 삶을 기쁘게 만드는 것이 아니라 인생을 더 슬픈 것으로 만들어 갈 그런 욕망에 따라서만 움직이게 만드는 것이다. 삶에 용기를 주는 것이 아니라 삶을 더 걱정하게 만들며 단지 불안하게만 만드는 그런 기쁨도 있는 것이다. 이것들은 실제적인 기쁨이 아니라 사탄이 주는 거짓 기쁨이다. 사람들이 무엇 때문에 기뻐하는지를 잘 살펴볼 때 우리는 이를 판단할 수 있으며 사람들이 무엇을 통하여 기쁨을 얻고자 노력하는 그 대상을 살핌으로써 이를 판단할 수 있게 된다.

　　예를 들어서 인간은 자신의 건강을 해치면서까지 기쁨을 추구하려는 경우가 있다. 왜냐하면 그 기쁨을 유지하기 위해서는 인간으로서의 삶을 유지할 생명력을 희생하여야 하는 경우가 있기 때문이다. 사람들은 자신의 건강과 그 기본 생명력의 기초를 위험하게 하고 포기한다는 것은 사람들이 그 위에 앉아 있을 수 있는 가지를 포기하는 것과 같은 것이며 이는 결국 인간의 모든 기쁨이 의문시되는 일이 아닐 수 없다.

　　또한 사람들은 자신들의 일을 희생하지 않은 채로 기쁨을 유지할 수 있다. 즉, 사람들은 자신이 기뻐하기를 바라면서 자신이 해야 할 일을 놓치지 않을 수 있으며 그것을 잊지 않으려고 한다. 잠시 쉬어 가는 침묵의 상태는 사실 선행이라고 할 것이다. 사람들은 가끔 언제나 한 번쯤은 자신의 수고와 걱정을 뒤에 남겨 놓고 싶어 한다. 하지만 그 일 자체만큼은 항상 현재적이며 중요한 것으로 남아 있고자 한다. 그것은 사람이 진정으로 기쁨이 무엇인지 알아야 하기 위해서라도 어떤 경고로서 자기 역할을 해야 하는 것이다. 그 기쁨의 시간 뒤에 다시 일하려고 하지 않게 된다면 그는 사실 무익하게 그리고 잘못된 축제를 즐긴 것이다. 생기 있게 일하는 것은 사람들이 지금 마지막으로 기뻐하는 것이 아니라 앞으로 또 다른 기쁨의 축제가 있을 것이라는 기대의 전제라고 할 수 있다.

사람들이 자신의 동료들을 희생해서는 안 되고 오히려 그의 동료들과 함께 그들을 즐겁게 하려는 것이 필요하다는 사실은 이미 앞에서 말한 바 있다: 우리가 기쁨을 위해 행동하는 많은 곳에서 다른 사람들에게 너무나 많은 불쾌감을 일으키거나 혹은 비인간적으로 생각하도록 만들고 행동하기 때문에 그런 즐거움을 위한 시도에서 진실하고 효과적인 삶의 회복을 기대하기 어렵고 삶의 즐거움을 갖기 어려울 때가 너무 많다.

여기에서 우리는 그 누구도 자신의 양심을 거역하거나 우리의 양심(συνείδησις), 혹은 하나님과의 일치를 포기하면서 기쁨을 추구하려 해서는 안 된다는 사실을 기억할 필요가 있다. 우리는 이 기쁨을 우연이나 자의적인 행동 안에서 가질 수도 없으며, 우리 주머니에 있는 일처럼 앞으로 받을 용서라고 하면서 가질 수도 없다. 하지만 우리는 그의 계명을 지키려고 노력하는 자들, 하나님에게 책임을 질 수 있는 자로서 하나님을 이 모든 임시적인 완성의 계시자요 수여자로서 인정하며 창조주와 삶의 주로서 기뻐하는 그런 자들에게 유용한 하나님의 약속의 자유 속에서 기쁨을 가질 수 있는 것이다.

이제 우리는 거의 마지막에 이르렀다: 피조된 우리의 삶은 우리의 것이 아니라, 하나님께서 삶을 우리에게 주셨다는 이유로 도리어 하나님에게 속한 것이기 때문에, 이에 더하여 우리가 하나님을 배반하였고 그래서 우리는 거꾸로 이제 하나님의 은총으로만 살 수 있게 되었기 때문에, 우리가 이제 우리의 현실적인 삶 속에서 우리가 감사하면서 받아들여야 할 생애의 충만 속에서 찾았어야 할 것으로, 즉 우리 자신의 현실적 삶을 진정 쾌활하게 만드는 것으로 만족하고 자족하면서 살고자 하는 것은 우리에게 맡겨진 가능성이 아닌 것이다. 우리는 이 기쁨을 인생의 여기저기에서 찾아야 한다는 것을 명확하게 하고자 한다. 왜냐하면 지금 혹은 다른 때에 빛과 격려처럼 이것들은 나타나기도 하고, 인정과 온정 그리고 새로운 충동, 위로와 격려처럼 이것들은 나타나기도 하는바, 그 이유는 우리가 이 세상의 것들에 대하여 말하지만 저편에서부터 다가오는 약속들을 증거하기 때문이다. 우리가 살면서 행하는 모든 활동이나 혹은 그냥 놔두는 것을 통하여 이루고자 하는 의도들을 넘어서 그것의 고양시키는 것이 여기 있다. 그렇다면 진실로 우리가 원하는 것과 참된 기쁨에 대하여 우리는 무엇을 더 자세히 알게 되었는가? 우리는 모르지만 하나님은 그것을 아신다. 하나님이 그것을 결정하시는 것이다. 이는 우리의 기쁨의 의지나 혹은 그것을 받아들이기 위한 준비 역시 ― 비록 우리가 알지 못하지만 하나님이 인도하시는 방향으로 ― 이러한 방향을 향하여 열려 있는, 바르고 참된 준비가 되기 위해서 열려 있는 그런 준비가 되어야 하는 것이다. 이러한 기쁨은 삶의 슬픔을 한계적 상황으로 갖는 것이 아니다. 왜냐하면 인생의 슬픔도 역시 하나님으로부터, 우리에게 기쁨을 주시는 바로 그 동일한 하나님으로부터 오기 때문인 것이다. 하나님은 이 우주와 우리의 삶에게 낮만이 아니라 밤도 주신 분이다. 그러므로 우리는 창조주요 주님으로서의 그분의 선하심은 우리 인생의 낮만이 아니라 밤에도 동일하게 똑같이 빛나는 분이신 것이다. 더 나아가 하나님은 세상과 우리의 삶을 심판하시는 분이다. 하나님께서는 이 심판을 예수 그리스도 안에서 단일회적으로 행하셨고 이 우주에 자신의 희망을 주셨으면 우리의 삶에게는 그분의 약속을 허락해주신 분이다. 하지만 이 우주와 우리는 우리와 세계의 구원을 위해서 이뤄진 십자가의 그늘 아래 놓여 있다. 우리가 이 그늘 아래 있다는 것을 우리가 분노하거나 놀랄 필요는 없다. 또한 우리가 하나님의 영광과 우리의 삶의 기쁨과 성취가 이 그늘의 감추어진 것 가운데서 찾으려고 노력해야 한다는 것을 또한 거부할 필요도 없다. 오히려 우리는 우리가 이 세상에서 즐길 수 있고 알 수 있도록 되어 있는 모든 잠정적인 빛들은 사실은 모두 이 어둠의 그늘로부터 발생되어 나온 것이라는 것을 명심할 필요가 있다. 우리가 기뻐해야 할 삶의 모든 충만함의 순간들도 하나님께서 우리 안에, 하나님께서 아들 안에서 스스로 인간들에게 자신을 주신 그 사건으로 이루어진 어둠 속의 여명이며, 스스로 하나님이 이루어 놓으신 그 성취의 반사광에 불과한 것임을 깨달아야 한다. 지금 우리가 여기에서 우리가 갖는 이 조그만 삶의 충족과 충만의 순간들은 하나님께서 이루신 종말론적이며 포괄적인 성취의 계시에서 비롯된 미리-맛보기인 것이다. 이는 실제로 우리가 우리의 삶의 기쁨을 지키는 것은 결국 우리가 예수 그리스도의 십자가의 그늘을 피하려고 해서는 안 되며 우리가 날마다 경험하는 삶의 고난과 슬픔 속에서 오히려 하나님이 허락하신 기쁨의 사람이 되기를 주저해서도 안 된다는 것을 말하는 것이다. 우리 인생에서 우리가 가질 수 있는 가장 완벽하고 강하며 우리의 삶을 새롭게 약동하게 하고 오래 지속적으로 체험되는 그 성취란 다름 아니라 우리가 우리의 삶을 전개해 가면서 우리가 어둠으로 발견하는 것, 즉 그 성취와 만족을 거기에서는 찾을 수 없을 것만 같은 곳, 고통스러운 거절, 방해들, 혼잡, 삶의 어두운 면과 만나게 되는 우리의 시간들, 더 나아가 죄를 통하여 이 세상에 들어오게 된 죽음, 하나님의 심판, 즉 하나님이 우리에게 거절을 말씀하실 때 그 배후에 숨어 있는 심오하고 깊이 있는 하나님의 긍정이 아직 드러나지 않은 그런 때에 우리에게 주어지는 것이다. 이는 우리 기쁨의 한계를 정하는 것을 목표로 하는 것도 아니며 또한 우리의 고통에 대하여 스토아적 무관심을 배워야 하는 그런 이유를 대는 것도 아니다. 단지 무조건 이 삶을 수용하라는 무조건적 수용이나 단순한 만족을 배우라고 말하는 것도 아니다. 이런 것들이 나쁜 것은 아니지만 이교적인 덕목일 뿐 그리스도교적 덕목은 아니기 때문이다. 우리가 말하고자 하는 것은 이 고통 가운데 기쁨을 가질 수 있다는 것을 말하고자 한다. 이는 우리가 가진 기쁨을 시험하는 것이며, 우리가 가져야 할 본질적 기쁨의 능력은 슬픔을 견딜 수 있는 능력이기도 한 것임을 증거하는 것이며, 하나님이 우리에게 주신 이 삶의 기적과 비밀을 받아들이는 것으로서, 그분의 선함과 그분의 자비 그리고 우리에게 새로운 힘을 주시는 그 동기와 위로와 권면, 하나님이 우리에게 그의 선물로서 주실 모든 빛나는 것을 우리의 삶의 어둡고 낯선 측면에서 드러나고 주어져 있는 것으로 기쁘고 감사하며 경외함으로 받아들이고 알아내는 것과 연관된 것이다. 우리가 하나님의 기쁨을 받아들일 충분한 준비가 되어 있는지, 즉 삶의 어둠 속에서도 그 삶의 기쁨을 찾으려는 자세를 견지할 수 있는지가 바로 우리의 삶 속에서 우리가 하나님의 높으신 경륜을 발견할 수 있을지도 모른다는, 계명에 대한 복종 가운데 우리가 어떻게 이 일을 성취할 수 있을지도 모른다는 일의 기준이 되는 것이다. 우리가 만일 이러한 태도를 견지하는 가운데 순종적이라면 — 오직 이러한 조건하에서만 — 기쁨을 찾을 수 있는 우리의 자유는 그렇게 어렵지 않고 쉬운 일이 될 수도 있을 것이다. 왜냐하면 바로 이 자리에서 인간은 자기 자신의 기준에서 찾는 기쁨을 바라는 것이 아니라 하나님께서 그 인간들을 위해서 마련해 놓으신 기쁨을 추구하게 될 것이기 때문이다.

마지막으로 기쁨은 감사함으로써 우리가 받은 임시적인 삶의 충만함이라는 정의에 대하여 더 자세하게 말하고자 한다. 우리가 지금 현재 여기에서 기쁨으로 알고 체험하는 모든 것은, 그것이 가벼운 것이든 아니면 좀 더 의미 있는 것이든, 삶의 낮의 측면이든 아니면 삶의 어둠의 측면에서 비롯되었든, 혹은 심판대에서 경험하는 **은총**이든 아니면 은총 안에 있는 **심판**이든 간에 여하튼 그것은 임시적인 성취이며 충만 인 것이다. 이것이 우리의 기쁨이 그 본질적인 자리를 항상 **앞선-기쁨**(Vor-freude)의 처지에서 발견되도록 하는 사실의 신학적 해명이다. 모든 우리의 기쁨은 그것이 바로 필요한 거기에 있고 또한 최고조에 달한 것이라고 해도 실제로 앞선-기쁨이다. 그렇다면 이것이 어떻게 더 작은 기쁨이라고 할 수 있으며 알려지고 체험될 수 있는 것보다 더 작은 것이라고 말할 수 있겠는가? 우리의 삶 전체가 사실은 임시적이다. 단지 우리의 삶은 영원한 삶을 기대하면서, 즉 우리의 삶이 하나님의 영원한 삶과 연결되어 있음을 알게 되는 그 기대 속에서 살아가고 있을 뿐이다. 우리가 가끔 즐거워할 수 있는 이런저런 조그만 일에 대한 기대조차도 그렇기에 우리는 보다 온전한 충만을 기대하며 살게 되는 것이다. 우리가 여기에서 아무 까닭 없이 기뻐할 수는 없는 노릇이다. 분명히 우리는 이미 여기에서 기뻐할 이유를 가지고 있다. 이미 우리의 삶 속에는 감사와 더불어 받아들여질 수 있는 그런 충만한 성취들이 있다. 우리는 이 성취들을 받아들이도록 하는 그런 윤리를 추구해 왔다: 우리가 올바른 사태에서 올바른 결정을 하기 위해서 깊이 고려해야 하는 기준들이다. 하지만 그럼에도 불구하고 이런 성취들은 다 임시적이다. 이러한 임시성은 이 성취들이 지속을 요망했던 파우스트의 절규에도 불구하고 사실 실제로는 임시적이라는 사실에서, 그래서 또다시 새로운 성취와 충만을 추구하고 그것이 이루어지고 나면 또다시 그것이 더 나은 새로운 충만의 전제가 된다는 사실에서 증명된다. 또한 이러한 임시성은 모든 요구와 갈망들이 가진 본질적인 것으로서 그것들의 한계성과 부분성 그리고 단절성에서 증명되기도 한다. 그런가 하면 또한 성취의 임시성은 그렇게 주어진 성취를 제대로 올바르게 이해하면서 받아들이기 위해서는 윤리가 필요하다는 사실에서도 증명된다. 모든 윤리는 이러한 점에서 볼 때 삶의 경외의 윤리로서 단지 임시적인 중간기의 **윤리**(interimsethik)로 보인다. 그렇게 해서 이 윤리는 자기 자신에 대한 최후의 말과 더불어서(중간기의 윤리) 더 넓은 세계로 나아가고 자 한다: 우리가 지금 여기에서 삶의 기쁨을 확인할 수도 있는 모든 임시적 형태들 속에서의 기쁨의 의지는 그 안에서 우리가 지속적으로 그리고 완전한 형태로 기쁨을 가질 수 있는 영원한 기쁨과 황홀함을 향한 의지라고 할 수 있다: 하나님께서 우리를 위해 완성시키신 그리고 우리를 향한 삶의 완성을 비쳐주는 최후의 궁극적 계시가 바로 이것이다. 하지만 이 기쁨의 의지는 무엇인가? 그것은 **희망**을 통해 유지된 믿음일 뿐일 수 있는데 그 믿음은 매번 현재 속에 있는 미래로서 충만하게 성취된 것에 붙어 있으면서 그것을 지속시킨다.―즉, 모든 선한 것의 원천이시며 영원 전부터 영원으로, 그래서 모든 시간대에 존재하시는 지금 여기 그리고 우리와 더불어 우리와 함께 만들어 온 우리가 또한 만들어 갈 것으로 우리가 감사함으로써 받아들이게 될 하나님 자신에게 붙어 있는 것이다; 여기 그리고 지금은 한때 있었고 그때 거기에서 계시되었던 것과 그것의 목표가 되어야 할 것의 거대한 미리 앞섬(Vorlauf)으로서 모든 여기 그리고 지금이기 때문이다.

파울 게르하르트의 다음과 같은 말은 올바른 것이다; "나의 마음으로부터 벗어나 이제 기쁨을 추구하라!" 그의 모든 노래는 여기에서 다시 구절구절 인용되어야 한다. 이 전체 시를 다시 천천히 읽고 그것을 자신의 마음에 받아들여야 한다! 하지만 이제 그것은 이미 마지막으로 말해진 것의 관점에서 볼 때 이미 우리에게 주어진 것이라는 사실이다.

아 나는 생각했네, 너는 여기에서 얼마나 아름다웠는가
그리고 너는 우리가 이렇게 사랑스럽게 가도록 해주었네
이 가난한 땅 위에서
이 세상 이후 도대체 무엇이 있으며
거기에 그 찬란한 하늘의 천막 안에서
그리고 그 황금성은 무엇인가?

―――――

인간에게 주어진 삶의 경외가 삶의 긍정으로 전개된다면, 이는 다름 아니라 각자 그 자신은 실존적인 결단으로 자기 자신이 되고자 하는 것을 의미하는 것이다. 이 신적인 명령을 구체화하는 것은 거기에는 일반적 진리나 규칙 혹은 수칙 같은 것이 없고 언제나 역사적 성격을 갖고 있는 것으로서 하나의 특별한 각 사람에게 주어지는 요구라는 점에서 분명해진다. 그것을 다르게 이해하고 싶은 사람은 사실 전혀 이해하지 못한 것이라고 할 수 있다. 그것을 들은 자는 그 계명이 말하는 것이 바로 자신에게 적용되어야 할 것임을 아는 자라고 할 수 있다.―바로 당신! 당신으로서 그가 하나님 앞에 서 있는 것이며 하나님을 위해 서 있는 것이고 그리고 그와 함께 그와 더불어 동료 인간을 위해 서 있는 것이다. 만일 그가 하나님의 계명을 들었다면 그는 모든 경우에 자신을 바로 너로 고백하도록 부름을 받았고, 스스로 이 너로서 그는 하나님 앞에서 하나님을 위해 사는 것을 진지하게 받아들여야 한다는 것은 그가 자신의 존재를 진지하게 받아들임으로써 하나님을 위해 살게 되었다는 것을 의미한다. 삶의 경외는 이 의지를 내포하고 있다. 모든 개인은 그 각자의 특수성을 받아들이면서 그 안에서 하나님 앞에서 하나님을 위해서 삶이 있도록 허락을 받은 것이며 자신의 삶을 그렇게 살아가도록 준비와 의지를 갖춘 것이며 하나님에게 특수하게 그 자신 홀로 개인적으로 단독적이며 일회적으로 허락받고 대여받은 것이다: "네가 등장한 이후의 법에 따라" 이 형식은 분명하다: 그것은 인간이 자기 자신을 찾을 때 처음으로 찾을 것이 "나"나 "자신"이 아니라는 것을 보여준다. 실제로 그는 단지 제한된 상태로 존재하며 단지 부분적으로 알 뿐이다! 그의 율법의 지평에까지 올리는 것, 그리고 그 자신을 그 수준에서 긍정하고 진지하게 대하는 것, 그 자신의 삶을 진지하게 사는 것은 인간에게 하나님의 계명을 통해서 명령되었을 뿐 아니라 금지되기도 한 것이다.

우리가 지금 여기에서 젊은 슐라이에르마허의 글을 생각해 보자(1800년 그의 두 번째 저서): 나의 최고의 견해가 무엇인지 이제 알게 되었다. 모든 사람은 각자 자신의 고유한 방식으로 인간성을 표현해야 한다는 것이다. 삶의 다양한 요소들을 그 자신의 고유한 방식으로 통합하여 각자가 자신을 드러내고 그 무한한 충만함 가운데 그 자신의 모태로부터 나올 수 있는 모든 것이 되는 것이다. 그 생각만이 나로 앞으로 고양시키고 다른 공동체로부터 나를 특수하게 이해하도록 만들며 나를 감싸고 있는 것들을 어떤 특별한 방향으로 나아가는 것을 기뻐하시는 하나님이 하신 일로 만드는 것이다; 그리고 이는 또한 자유로운 행위로서 인간의 본성의 다양한 요소들을 모으고 내적으로 연결시켜서 고유한 현존재로서 자신이 되게 하는 것이다. 모든 사람은 스스로 자신이 어떤 존재인지, 그리고 자신의 존재의 외연과 한계가 가질 수 있는 그 공통의 근거가 어디 있는지 발견해야 한다. 또한 그만의 본질의 내용을 이해하고 자신의 한계를 발견하여 예언자적으로 말하자면, 그는 어떤 존재이며 아직 어떤 존재가 될 수 있는지를 발견하고―결론적으로 수많은 가능성을 스스로 생각해 보고 그러면 그럴수록 그는 자신에 대하여 더 뚜렷한 생각을 갖게 될 것이다.―이러한 지혜는 올바르게 이해되는 한 그리스도교 윤리의 가르침 정도로 생각될 수도 있을 것이다. 슐라이에르마허와 마찬가지로 로망주의자들도 이렇게 인간의 주도권을 전제하였다. 그 안에서 하나님께서 그 한 특수한 인간에게 약속하시고 대여해주신 일회적이며 독자적인 삶이 가려져 있다고 생각하게 한다. 그래서 그에게 주어진 그 삶의 경외 안에서 스스로 그 자신이 되고자 하는 실존적 결단으로 이끌어 가지 못한다. 그리고 더 강하게 표현하자면 이제 100년이 지난 후 신로망주의가 말하게 되는바―이를테면 뮐러(J. Müller)가 그의 저서인 『인격주의 문화』(*Persoenlichkeitskultur*)에서 말한 것이고 실천적으로 다시 실행시키고

자 노력한 것이다. 이런 사람들이 사실 — 이들은 모두 인본주의적 개인주의라는 이름하에 이해될 수 있다고 생각되며 — 지금 우리가 여기에서 밝히고자 노력하는 하나님에 의하여 명령된 인간의 자기 긍정을 진지하게 생각한 사람들이라고 할 것이다.

  이렇게 제시된 **경외**와 **긍정**의 대상은 하나님께서 각 사람의 특수성 속에서 각자에게 허락하신 삶이다. 그래서 모든 인간적인 불순종은 하나님께서 사람을 부르시고 창조하신 그 상태의 본래적인 인간적 (하나님의 대상으로서) 너를 거절하는 것이다. 그리고 그렇게 함으로써 하나님과 자신에 대하여 자기를 숨기고 자기 대신 일반적인 대중적 익명성으로 숨어 가는 것을 의미하게 된다. 이러한 일반적이며 익명적인 자아 이해 속에서 인간은 하나님과 갈등을 빚고 결국 그와 대결하게 되는 것이다. 그래서 하나님의 심판과 위로 그리고 그의 은총은 다름 아니라 간절한 부름을 전제로 한다: 아담아 네가 어디 있느냐?(창 3:9) 이는 동시에 하나님의 허락이었고 경고였으며 계명이어서 그것을 통하여 인간은 자기 자신이 될 수 있었으며 그 자신에 머물러 있으면서 자신이 될 수 있었던 부름이었다. 하나님의 계명에 대한 모든 순종은 결국 인간이 하나님이 너로 부르시며 말을 거셨던 그 자기 자신이 되고자 하는 그 고백으로부터 시작된다. 하나님 앞에서 하나님이 말을 걸었던 그 사람으로서 각자는 스스로가 한 고유한 완전한 종(Sui generis)이며, 스스로에게 가장 원초적인 본성이며 그렇게 되어야 하고 그렇게 바라야 하는 가장 본래적 존재인 것이다.

  그러나 이는 다음의 사실을 포함하고 있다: 여기에서 중요한 것은 자기 자신의 고유한 주체만을 주장하는 것이 아니라 무엇보다 더 먼저 그 고유한 자기만의 주체를 포기하는 것이다. 그리고 난 후 하나님에 의하여 창조되고 하나님이 말씀하신 바 있는 바로 그 너로부터 자아를 다시 획득하는 것이 문제인 것이다. 이러한 "너-나"가 바로 인간의 영혼이며 하나님의 영에 의하여 살아 있는 인간인 것이다. 이 인간은 삶의 경외와 모든 긍정을 받을 만한 존재이며 그것을 요청하는 존재라고 할 수 있다. 그 안에서 인간은 비로소 자신이 되도록 창조되었다.

  끊임없이 자기를 벗어나라는 권면에서 볼 수 있듯이 자기 자신이 되고자 하는 인간의 의지를 제한하는 정도가 아니라 거부하는 것처럼 보이는 신약성서의 말씀에서 이러한 아주 특이한 요청을 알 수 있는 것이다. 누구든지 예수를 뒤쫓으려면 자기를 부인하라는, 이스라엘 백성만이 아니라 그의 제자들에게 말씀하시는 예수의 설교, 그것도 우리 모두가 각자의 삶 속에서 완성해야 할 그의 설교에서 우리는 이 사실을 예감할 수 있다. "자기의 생명을 구하고자 하는 이는 잃을 것이요, 하지만 자신의 생명(ψυχη)을 복음과 예수 그리스도를 위하여 버리는 자는 얻을 것이기 때문이다."(마 8:34f.) 이와 상응하여 요한복음 12:25에 의하면 이렇게 자기 자신만의 영혼을 위한 사랑은 결국 자신을 파괴하게 된다는 것이며 결국 미움을 경험하게 된다. 우리는 다음의 사실에 주의해야 한다: 이 단어를 다른 공관복음서 저자들은 다른 개념(막 8:36f.)과 결합시켰다는 것을 알게 된다. 그리고 그 안에서 하르낙(Harnack)은 올바르게 인간 영혼의 무한한 가치를 노래하는 복음의 대헌장을 발견하였다: "사람이 만일 온 천하를 얻고도 제 목숨을 잃으면 무엇이 유익하리요? 사람이 무엇을 주고 제 목숨을 바꾸겠느냐?" 그의 삶은 그 자신에게 있어서 누가 대치할 수 없고 필수불가결한 것이다. 그런데 그 목숨을 지키고 보존하기 위해서 먼저 "먼저 나와 복음을 위해서"가 들어서야 하는 것이며 그래서 자신을 먼저 포기해야 한다. 그래서 바울의 말을 생각할 수 있다: "내가 사는 것이 내가 사는 것이 아니요 내 안에 계신 그리스도께서 사신 것이다." 다른 면에서 요한복음의 말씀으로 보자면 14:19, "이는 내가 살았고 너희도 살겠음이라." 6:53, "인자의 살을 먹지 아니하고 인자의 피를 마시지 아니하면 너희 속에 생명이 없느니라." 6:57, "나를 먹은 그 사람도 나로 인하여 살리라."

그러나 자기긍정으로서 삶의 긍정은 그 근본적인 의미에서 하나의 순종의 행위이다. 이 긍정은 그것이 자유 안에서 일어난다는 측면에서 어떤 권리나 자기주장일 수는 없는 것이다. 이것은 욕망의 행동이 아니며 권력욕이나 자기를 과장하는 그런 행위와는 다른 것이다. 이것은 최고로 책임적인 행동이라고 해야 한다. 순종의 행위로서 실행된 이 긍정은—이 사실이 발생해야만 하는 것인데—자기 고유한 개인의 인격적인 **성격**을 근거하고 세우며 확정짓는다.

어린 아이에서 어른이 되는 성장의 목적은 분명하다. 어떤 때는 비극적이며 희극적이기도 하며 때로는 용기가 필요하고 어떤 때는 부모와 선생님들 그리고 사회로부터 받는 갈등으로 기가 죽기도 하며 다양하고 새로운 생각과 관점, 용기들은 이렇게 자라가는 데 있어서 필요한 다양한 도구요 기구가 되지만 이 모든 것에서 가장 핵심적인 목적은 그는 그 자신의 길을 가는 것이며 그 자신이 되는 것이다. 그는 반드시 성장해야 한다. 그가 그런데 자신의 영혼을 구원하고자 해야 하는데 오로지 그것을 다시 잃어버리기 위해서 그렇게 해야 한다. 그는 마지막에 결국 자기가 어릴 때부터 그렇게 열망하던 것처럼 다른 것도 아닌 자신만의 필수적인 방식과 자신만의 길을 가져야 하는 그리고 그렇게 되는 그런 목적을 위해 막다른 골목을 향해 달려가서는 안 된다! 그는 먼저 자신이 찾은 첫 번째로 자아와 이제 너-나의 하나님 앞에 서 있는 나를 혼동해서는 안 된다. 오로지 이 너-나가 바로 그 자신이며 진정한 발견이며 영혼의 발전이며 참된 내용이라고 할 수 있다. 우리 인간들이 겸손하고 복종 중에 있으며 또 그렇게 되기를 바라는 너-나가 (인간의) 참된 특징이라고 할 수 있다.

성격이란 각자 인간이 고정적으로 잡혀 있다고 생각하거나 고백해야 할 자아의 대략적인 혹은 보다 더 날카로운 개략적 설계가 아니다. 저기 놓여 있는 자아가 그 자신이 아닐 수 있듯이 이 전체적인 설계도 역시, 상당히 각인될 수 있는 것인지는 몰라도, 특별한 삶의 형태는 아니고 더욱이 사람이 반드시 얻어야 할 것처럼 주어져 있는 성격은 아닌 것이다. 저 자아가 우리가 하나님 앞에 서 있는 상태인 너-나 안으로 고양되어야만 존재할 수 있는 것처럼, 인간의 영혼이 인간의 영을 생령으로 만들었던 하나님의 영과의 만남이나 그 하나님의 영으로 나아감을 통해서만 존재할 수 있듯이, 그것의 특별한 기준 역시 — 우리가 각 사람의 자연스러운 본성이라고 말하기 좋아하는 바로 그것 — 인간의 각별한 삶의 형성을 위한 질료에 불과한 것이다. 이 삶의 형성이야말로 그의 역사의 목표이며 성격의 근거이고 과정 그리고 온전한 성격 형성의 목표였다. 성격은 역사의 처음부터 인간이 가진 것이 아니며 단지 그의 삶의 역사 속에서 처음으로 얻어지는 것이다. 성격은 하나님의 은총이 인간에게서 구체화된 역사인 것이다. 성격은 인간이 외부의 영향과 권위들에 대항하여 싸우는 그런 전투부터 훨씬 어렵고 힘든 전투의 관점을 통하여 얻을 수 있을 뿐이다. 그 전투는 물론 그 자신을 위해서 시작된 것이지만 더 근본적인 의미에서 자기 자신을 대항하여 스스로 시작해야 하는 자유를 향한 침투인 것이다. 이것은 육체를 대항하여 싸우는 영의 싸움이며 어떤 경우에라도 구원받아야 할 인간의 영혼의 전투이다. 이 영혼을 위해서는 추상적인 자아가 자아의 가장 치명적인 적이라는 점을 인식하는 것이 중요하며 그렇기에 영혼이 살아 있기 위해서는 이 영혼이 인간의 (추상적) 자아에게 홀로 위임되어 있지 않다는 것이 때로 큰 위안이 되고 있다. 오히려 영혼이 살아나기 위해서는 정작 우리에게 중요한 것은 우리가 우리에게 말씀된 그 하나님의 말씀을 들을 수 있고 그것으로 무장되어 있다는 것이 중요하다. 지금 우리가 이 전투에 대하여 논의할 장소는 아니다. 이전에 인용한 성서의 말씀들은 이 점에서 우리가 어떻게 생각해야 한다는 것을 미리 정해주고 있다. 여기에서 우리가 인정해야 할 것은 인간의 성격과 그가 인정해야 하고 원해야 하고 그에게 주어진 것으로서 의미 충만한 것이라고 주장해야 할 그의 특별한 삶의 형성과정에서 일어난 전체적 설계도 같은 것이 바로 이 전투로부터 일어나고 생겨난다는 것이다. "바로 너 자신이 되라!"는 것은 자신의 성격에서 자라나라는 것이며, 자신의 고유한 삶의 형성과정에서 주어진 특별한 설계, 육에 대한 영의 전투 안에서 자신에게 주어진 것으로서 하나님이 약속하고 수여하신 삶의 가능성이 더욱 분명해지는 그런 실존의 형태에 충실하게 임하라는 것을 의미한다. 바로 이 형태 안에서 우리는 영원하신 하나님의 면전에 있으며 그런 한 (바로 그렇기 때문에 실제로) 오늘 이미 우리는 우리 자신이 될 수 있는 것이다. 바로 이 형태를 우리는 추구해야 하는 것이다. 이 자신의 형태 안에서 존재하고자 할 때, 우리는 이기적이며 주관적일 수 없으며 오히려 철저하게 순종적일 수 있다. 이는 약삭빠르지도 않지만 어리석은 모든 행위와 구분된 온전한 용기와 더불어 그 완전한 겸손 가운데 우리의 삶을 의지하는 것을 의미한다.

    성격은 각자의 인간들에게 주어져 있는 특별한 형태인 것이다. 성격이란 그의 존재에 하나님에 의하여 훈련된 자연적인 것으로서 주어진 것이다: 여기에서 훈련되었다는 의미는 질서정연하게 정리되고 방향을 잡는 것, 자기의 한계 안에 머무는 것, 동시에 자신의 한계 안에서 성장해 가는 것을 의미한다. 이 세상의 그 누구도 자기 자신이상으로 성장할 수 없다. 비록 각각의 사람에게 그것이 매우 추구할 만한 것으로 보일지라도 사람들의 공동의 가능성은 모든 각자가 가질 수 있는 가능성이 될 수 없다. 하지만 다시 명심해야 할 것은 여기에서 우리가 가능성이 아니라 순종에 대하여 말하는 것이기에 각자는 자신의 삶의 형태에 대하여서는 이미 잘 알고 있다는 사실이다. 사람들은 자신의 삶(구체적으로 삶의 형식)을 충만하게 채우려고 노력할 것이다. 그렇기에 누구도 자기 자신의 실력보다 못한 자기가 되어 있어서는 안 될 것이다. 얼핏 보아서 불가능해 보이는 것들, 아무리 그것이 낯설고 어려워 보이는 것일지라도 사실은 그것이 진정한 가능성을 구성하는 것일 수 있다. 이러한 점에서 우리는 사람들에게 외견상 가능해 보이는 것을 요구하는 것이 아니라 그에게 사실적으로 주어져 있으며 그가 성취하도록 명령받은 바 그 가능성을 추구하도록 요구하는 것이다. 이는—아마 이것이 가장 시급한 사안일 수도 있는데—그 누구도 자기가 아닌 자신 이외의 다른 존재가 되려고 해서는 안 된다는 것을 의미한다. 사람들은 다른 사람들의 사회적 역할이 아무리 더 아름답고 흥미진진해 보일지라도 다른 사람들의 역할에는 마음을 뺏기지 않는다고 한다. 사람들은 오로지 자신의 것만을 열중히 해야 한다고 말해진다. 잘 훈련된 합창단원이 잘못된 테너 가수보다 더 낫고 진실한 학생이 자신만의 독단으로 무장한 엉터리 선생보다 더 낫다.—물론 우리는 여기에서 하나님 앞에서 볼 때 이 역할이 저 역할보다 더 낫다고 말할 것이 없으며 모두가 다 올바르게 각자에게 맡겨진 자신만의 것이라는 것도 명심해야 한다.

성격은 이런 의미에서 본질적 **각인**이며 삶의 규정이고 너로부터 다가온, 즉 하나님이 우리에게 말씀하신 그 사건으로부터 다가온 삶의 형상이라고 할 수 있다. 하나님의 말-걸음, 전체 피조물의 웅장한 삶의 폭풍의 한복판에서 다른 것과 헷갈리지 않은 명확성을 가지고 하나님의 삶을 분명하게 드러내는 그것, 그렇게 다가오는 당신으로부터 우리 인간들은 한 부분에서 전체 세계 속으로, 규정된 한 형태의 모범으로부터 다른 저것으로 변화할 수 있는 것이다. 로망주의는 그래서 형식적으로 옳다: 모든 사람은 자기만의 고유한 자기 정체성을 발견하고 그리고 그것을 실현해야 한다. 그런 삶에는 위대한 것이나 위대하지 않은 것이 따로 없고 내적이나 외적인 것이 따로 있는 것이 아니며 그 모든 사건의 중심으로부터 우연이나 자의적인 것과는 상관없는 것, 즉 가장 독창적인 방향인 자기만의 고유한 성격의 고유한 형상이나 색깔을 입지 않으면 안 될 것으로 드러나지 않을 태도나 행동, 말이나 생각이 있을 수 없다. 이때 만일 우리가 그 중심과 방향설정에 대하여 바르게 확신하고 있지 못하다고 한다면, 우리는 모든 것을 기적적인 일이나 변덕스러운 일로 치부하는 것이며, 무미건조한 예외나 완전히 주관성으로 빠져버린 일을 두려워하게 될지도 모른다. 그리고 사실 누가 이와 연관해서 100% 확신을 가질 수 있겠는가? 누가 감히 두려워하지 않겠는가? 하지만 각자 사람들을 위해 진실하고 필요한 각자 그들만의 것의 선택 안에는 하나님의 중심으로부터 점차로 성장하면서 확실히 각자에게 영향을 미치는 하나님의 은혜가 있다는 것이 확실한 것이다.

사람들은 이렇게 위에서 서술된 의미의 본래적인 성격은 각자에게 그의 자연적인 성품의 훈련으로서 그리고 자신의 삶의 과정에서 본래적으로 각인된 것으로서의 모든 규정에도 불구하고 필연적으로 열려 있는 것으로 간주되어야 한다. 왜냐하면 그것의 근원인 하나님의 신적인 말씀과 그리고 그 하나님 앞에 인간이 서 있다는 사실은 결코 죽은 사실이 아니라 지금 살아 있으며 일어나고 있는 사건이기 때문이다. 하나님은 살아 계시고 그분은 말씀하시고 우리를 인도하시기에 우리 인간들도 하나님 앞에서 살게 된 것이다. 그래서 인간의 성격은 역사를 가지게 되었다. 그 역사를 통하여 모든 견인적 성장, 추락, 변화 등에도 불구하고 새로운 것이 있을 수 있는 것이다. 그 속에서 그의 특성은 저절로 우리에게 주어진 것이 아니라 항상 우리에게 다가오는 것으로서 하나님의 영원하신 섭리하에서 먼저 확실하게 서게 된 것이다. 만일 누군가가 자신의 성격을 폐쇄적이면서 관찰 가능하고 이용할 수 있는 그 무엇으로 파악하고 거기에 상응하여 그렇게 살고자 한다면, —나는 그렇고 그런 사람이야!—그는 이 성격을 다시 자연이 우리에게 준 그 무엇으로, 그리고 자신의 영혼으로, 그런가 하면 자신의 왜소한 자아와 혼동한 것이 분명하다. 너와 나, 하나님의 영으로부터 살고 있는 인간의 영혼, 진실한 자아는 언제나 훈련, 또한 역사 저편의 영원의 기슭에 이르는 여행이 가져오는 새로운 형성이며, 이 여행 중에 자신을 찾는 것이고 그렇게 자신을 알고 진지하게 받아들이면서 자신만의 활동을 시작하는 것이다. 그렇다면 누가 자기 자신을 알겠는가? 그렇다면 누가 자신을 항상 새롭게 발견하지 않아도 되는가? 누가 마지막에 이르렀다고 말할 수 있는가? 여기에서 우리는 요한1서 3:2의 말씀을 기억하고 그대로 명심해야 한다: "사랑하는 자들아 우리가 지금은 하나님의 자녀라. 장래에 어떻게 될 것은 아직 나타나지 아니하였으나 그가 나타내심이 되면 우리가 그와 같을 줄을 아는 것은 그의 계신 그대로 볼 것을 인함이니…."

이제 우리는 최후로 이렇게 기술된 인간의 성격은 결국 자기 목적을 가졌다고 말할 수 없고 특별한 봉사를 할 수 있다는 것을 말한다. 단일회적으로 주어진 인간의 삶의 형태와 그의 삶의 단일회적 성격에는 자신의 삶을 즐기시는 하나님의 삶의 단일회적인 성격이 반영되어 있다. 우리는 조금 전까지 성격은 하나님의 은총의 사역의 결과라고 말해왔다. 성격은 하나님의 피조물의 삶 속에 그가 참여하였다는 표식의 하나인 것이다. 바로 그렇기에 하나님은 하나님에 대한 감사 속에서 우리에 의하여 발견되고 긍정되고 의욕되길 원하시며 그렇게 하나님께서 우리 가운데 일하기를 원하시는 것이다. 그리고 바로 그 이유에서 하나님은 그 자신을 위해서만 의욕되고 일하실 수는 없는 노릇이다. 각개의 인간이 가진 단일회성의 의미는 긍휼의 단일회성이다. 그리고 하나님께서도 바로 이 긍휼의 단일회성 안에서 모든 것에도 불구하고 인간에게 집중하시는 것이다. 그리고 그 긍휼 안에서 하나님께서는 인간 그 자신을 거룩하게 만들기를 원하시며, 또한 그 긍휼 안에서 하나님이 인간과 맺으신 그 계약을 근거로 하여 성립한 전체 피조물의 역사 속에서 사명의 단일성을 하나님으로부터 받을 수 있도록 허락하시는 것이다. 인간에 대한 하나님의 각별한 사랑과 그를 위한 특별한 봉사를 위해서 인간은 그 본래의 자신이 될 수 있으며 자기 자신에게 진실하게 남아 있을 수 있도록 허락받고 그렇게 되어야 하는 것이다. 가장 강력하고 완벽한 자기 자신에 대한 진실함은, 만일 자기 자신만을 위해서 주어진 것이라면, 그리고 또한 만일 이 자신에 대한 진실함이 피조물로서 인간인 그가 하나님에게 쓰임을 받을 수 있도록 자신을 드려야 한다는 그런 사태의 필연적 형태와 다른 것이 된다면, 그것은 가장 심각한 자기 자신에 대한 거짓이 되고 말 것이다. 우리에게 주어진 이 자기긍정은 그러므로 거기로부터 단지 순종의 행위로서만 가능할 뿐이다. 그리고 그것은 그 본래의 목적, 즉 자기를 버리는 그런 상태 속에서만 완성될 수 있을 뿐이다.

―――――――

이제 우리는 우리에게 주어진 삶의 의지에 대한 전체적인 조망을 권력의지로 해석하면서 이 장을 마치고자 한다. 이를 통하여 의미하는 바는 인간의 결단을 이용하는 것, 자신의 능력, 그에게 외부로부터 주어진 삶의 조건들과 방해의 요인들을 다 같이 만나면서 자신에게 유리하도록 사용하면서 이것을 버리고 저것을 견뎌내는 그런 능력을 사용하는 것을 말한다. 삶의 현실 속에는 바로 이런 능력이 속해 있다. 하나님이 인간에게 생명을 주시면서, 인간을 살아 있는 존재로서 만나주시고 만나는 한에 있어서, 하나님께서는 인간이 이러한 능력들(힘, 권능, 권력 등)을 나태하게 버려두는 것이 아니라 긍정하고 의욕적으로 사용하여 자기의 것으로 만들기를 원하시는 것이다.

우리가 이사야 40:29 이하에서 읽는 것은 명령법의 능력을 갖고 있다: "피곤한 자에게는 능력을 주시며 무능한 자에게는 힘을 더하시나니 소년이라도 피곤하며 곤비하며 장정이라도 넘어지며 자빠지되 오직 여호와를 앙망하는 자는 새 힘을 얻으리니 독수리의 날개치며 올라감 같을 것이요 달음박질하여도 곤비치 아니하겠고 걸어가도 피곤치 아니하리로다." 또한 시편 118:17도 마찬가지이다: "내가 죽지 않고 살아서 여호와의 행사를 선포하리로다."

우리는 이러한 명령과 그에 상응하여 인간이 보여준 복종, 즉 우리가 삶의 본능, 건강하고 기쁘며 자기만의 고유한 삶이라고 말했던 바 그런 것들을 미리 전제로 하고 있다. 만일 이 모든 방향 안에서 한 고유한 삶의 의지가 존재한다면 그것은 인간에게 허락된 삶의 가능성으로서 삶의 의지에 의하여 그에게 외부세계로부터 주어진 그 능력들을 무시하거나 거부하지 말고 그것을 긍정하여 선하게 선용할 것을 말하는 것이다. 그가 하나님의 계명에 순종함으로써 이 외부로부터 주어진 낯선 권능들을 포기해서는 안 되는 것이다. 또한 그에게 이 외부의 조건들이 선한 것이든 아니면 불리하든지 간에 그것들이 자신을 주장하도록 만들어서는 안 된다. 그는 하나님의 말씀에 순종함으로써 고유한 주체로서 자신의 고유한 능력과 가능성들을 가지고 이 외부의 조건들과 만나게 되어 있다. 모든 사람은 그러한 만남에 필요한 체험과 인식 그리고 행동의 능력과 가능성을 가지고 있는 것이다. 이 자신의 고유한 가능성이 문제인 것이다. 이 고유한 능력에는 하나님의 피조물인 인간이 사용해야 하고 그 바른 운용을 위해 책임을 져야 하는 고유한 재능들이 속해 있다. 그가 행하는 모든 일에는 그가 적극적으로 사용하든 그렇지 않으면 그냥 버려두든 간에 진실한 것인지 아니면 바른 사용이 되지 못하는 것인지, 오류이고 거짓이든지 아니면 명료하고 진정한 것이든지 자신의 재능을 올바르게 사용하는 것인지 그렇지 못한 것인지의 가치판단의 과제가 함께 속해 있는 것이다.

그러므로 추상적으로 이해된 권력 그 자체가 문제시되는 것이 아니다. 하나님의 전능은 모든 사람과 각 개별자들에게 권력이 되는 것이 아니다. 가장 작은 자에게 권능이 되는 것이다! 무한한 권력, 모든 각 사람에게 미치는 무한한 권력은 사실은 악한 무능력인데 그것이 가진 권력이란 무성의 속성으로서 혼란과 거짓 등이다. 준비되지 못한 권력은 그 자체로서 부정의 권력이며 파괴와 해체의 권력이다. 하나님의 말씀에 순종하기 원하는 인간은 이런 종류의 권력을 원하지 않는다.

권력 그 자체에 대하여 19세기 두 사람이 서로 상충되는 각각의 의견을 제출하였다. 니체(Fr. Nietzsche)는 권력을 자연계와 정신계의 선으로서 한 국가와 사회 그리고 각 개인의 삶의 가치의 기준이라고 주장한다. 그에 의하면 권력에의 의지란 그러므로 그리스도교 도덕을 해체하고 사회에서 인정되어야 할 20세기의 새로운 계명의 내용이다. 또 한 사람은 부르크하르트(Jakob Burckhardt)인데 그에 의하면 권력 그 자체는 악한 것이다. 그리고 그것을 숭배하는 것은 모든 악의 기원이다. 이는 20세기에도 다를 것이 없다. 이 동일한 역사적 현상의 관점에서 볼 때, 즉 이탈리아의 르네상스에서 큰 역할을 한 봉건주의와 교황주의를 염두에 두고 볼 때, 이 양자는 모두—모두는 쇼펜하우어(A. Schopenhauer)로부터 방향을 잡고 있는바 (한 사람은 거기에 찬성하고 다른 한 사람은 반대하는 것으로)—거기로부터 발전해 왔다. 20세기를 상대로 한 이 두 사람의 예언은 지금까지는 잘 맞아떨어진 것으로 보인다.

성서에서 볼 때 권력 그 자체가—그것이 물리적인 것인지, 정신적인 것인지 아니면 정치적인 것인지, 선이나 추구할 만한 것으로 보이거나 그 어떤 경우에도 숭배받아야 할 것으로 여겨진 적은 없다. 그 반대가 오히려 더 맞다: 시편 33:16 이하, "많은 군대로 구원 얻은 왕이 없으며 용사가 힘이 커도 스스로 구하지 못하는도다." 그런가 하면 스가랴 4:6, "…이는 힘으로 되지 아니하며 능으로 되지 아니하며 오직 나의 신으로 되느니라." 오직 홀로 이 하나님의 영이 보다 오래된 본문인 사사기 13-16장에 등장하는 삼손의 힘의 비밀로 등장한다. 사무엘상 17장에는 골리앗이 처음부터 그의 공허한 힘의 주장 안에서 결국 망하게 되는 그런 문제 있는 인물로 등장한다. 그러므로 (렘 9:23) "여호와께서 이같이 말씀하시되 지혜로운 자는 그 지혜를 자랑치 말라. 용사는 그 용맹을 자랑치 말라. 부자는 그 부함을 자랑치 말라." 더 나아가 하나님께서는 그 힘 있는 자들을 부끄럽게 만드신다.(고전 1:27) 마리아의 찬양에 의하면 주님께서는 그의 나라에 임하셔서 다음의 일을 하신다: "그의 팔로 힘을 보이사 마음의 생각이 교만한 자들을 흩으셨고 권세 있는 자들을 그 위에서 내리치셨으며 비천한 자를 높이셨고 주리는 자를 좋은 것으로 배불리셨으며 부자를 공수로 보내셨도다." 권능 그 자체는 사실 신약성서에서는 천사 같은 존재에서만 누려지는 것으로서 이는 무존재(εζουσιαι)라고 불리며 거짓의 무기력의 권능 안에 있으며 이미 예수 그리스도 안에서 무너진 것을 심판받은 이 혼돈의 힘은 두려워할 필요가 없는 것이다.

우리가 인정하고 우리가 긍정해야 할 그리고 인간이 사용하도록 허용된 권력이 단순히 거대한 권력과 구분되는 것은 다음의 기준에서 알 수 있다.

1. 이 권력은 인간에게 **주어졌으며** 더욱이 하나님으로부터 인간에게 주어진 것이다: 그에게 그의 생명을 부여하신 것과 마찬가지로 동시에 그와 같은 권력도 주어져 있다. 삶이란 다름 아니라 "할 수 있음"을 의미하는 것이며 살아가는 데 꼭 필요한 것을 할 수 있다는 것을 의미하는 것이다. 그리고 삶은 바로 이런 가능성을 현실화하는 데에서 존재한다. 인간은 이러한 실현을 위해서 부름을 받았고, 그러나 지금 여기에서 더 정확하게 다루어야 하는 이 가능성은 인간이 스스로 그 자신의 일이나 소유로 삼을 수 있는 그의 것이 아니다. 이러한 가능성은 그에게 부여된 것이다. 하나님께서 인간에게 삶을 주시면서 이 권력도 함께 수여하신다. 그분의 말 걸기는 이러한 일을 행동으로 실천하시는 것이며 그 일을 새롭게 해명해주시는 것일 뿐 아니라 그런 의미에서 이 수여를 확대해 가시는 운동이라고 할 수 있다. 그렇기에 이러한 가능성에 대한 정당한 인정, 즉 정당한 권력을 정당하게 사용하는 것은 감사의 성격을 가지고 있다. 권력은 필수적인 것이며 자의적으로 끊어질 수 있는 것이 아니다. 권력이라는 것이 본성상 자기를 스스로 높이는 그런 행동이어서는 안 된다. 이는 오로지 우리에게 주어진 선과 조화를 이루어서야 좋은 결과를 낳을 수 있는 것이다. 그렇기에 이 권력과 상관해서 반드시 명심해야 할 점은 첫째로, 인간들이 인정하고 얻고자 노력하며 사용하고자 하는 그리고 그렇게 해야 하는 그 권력은 하나님으로부터 주어진 것이며 또한 그렇게 하나님으로부터 주어진 것임을 사람들이 분명하게 인식하고 있어야 한다는 것이다. 즉, 완전히 다른 곳으로부터 받아들여지고 인정되고 갖고자 하며 또한 사용하고자 하는 다른 권력들이 존재한다: 인간은 자신의 죄와 무성의 세계와 가진 부패한 관계, 그리고 그렇게 생겨난 권력들과 혼돈의 세계의 권력이 존재하는 것이다. 이것들도 심오하고 영광

스러울 수 있다. 또 다른 것들에게 자신을 그렇게 나타낼 수도 있다. 혹시 사람들이 하나님으로부터의 허락된 권력을 확실히 자기가 소유하고 있는지 확신하지 못할 수 있다. 오히려 거꾸로 그 권력에 취하여 그 권력에 의하여 조종당한다고 말할 수도 있다. 이 권력을 사용함으로써 더욱이 엄청난 규모의 권력을 사용함으로써 오히려 그 자신이 그 권력의 노예에 전락했다고 생각할 수 있는 것이다. 인간은 많은 것을 할 수 있을지도 모른다: 그는 과학의 힘과 예술 그리고 기술을 가지고 속일 수 있으며 그 권력의 기술에 상응하여 자신의 삶을 거창하게 승리의 모양으로 꾸밀 수도 있는 것이다. 그렇게 무능한 권력이면서도 인간은 엄청난 성공과 사물과 사람들에 대한 승리의 삶을 가진 것처럼—물론 실제로는 그리고 무엇보다도 자기 자신의 고유한 삶의 파괴자가 됨으로써—꾸밀 수도 있는 것이다. 그것의 최후는 결국 영원한 죽음에 떨어지는 것이다. 하나님이 아니라 다른 곳으로부터 받은 권력은 겉으로 보기에는 인간을 높여주는 것 같지만 실제로는 그를 타락하게 하고, 겉으로는 해방을 주는 것 같으나 실제로는 그를 오히려 더 옥죄게 하는 거짓과 죽음의 권세라고 할 수 있다. 권력을 원하는 자는 그가 바라는 것이 이러한 것이 되지 않도록 노력해야 한다. 만일 인간이 그곳에 의해서 노예처럼 끌려다니기만 할 권력을 원한다는 것은 그가 사실은 공짜로 그것을 얻으려 하기 때문이다. 하나님으로부터 인간에게 주어진 권력은, 그래서 인간이 자의적으로 얻으려 하거나 자기만의 영광을 위해서 사용하려는 것이 아닌 권력은, 우리에게 잘 알려진 선과 더불어 조화를 이룰 수밖에 없으며 그런 의미에서 이는 진리의 힘이요 삶의 힘이라고 할 수 있다. 이 힘은 오직 겸손한 태도와 더불어 인정되고 사용될 수 있을 뿐인데, 사실은 사람을 높이고 그를 해방시키는 권능이 되는 것이다. 명심해야 할 것은, 우리 인간적인 가능성과 능력은 사실 비밀스럽게는 이 겸손에 대한 인간의 태도와 연관이 있다는 것이다. 우리가 얻을 수 있는 모든 힘은 위로부터 난 것이든지 아니면 아래로부터 난 것이지 그 중간은 존재하지 않는다.

신약성서는 가끔 우리가 긍정할 수밖에 없는 인간의 힘과 권능 그리고 권력에 대하여 말한다. 하지만 하나님이 인간에게 잠시 대여해주신 권능이라는 점에는 아무런 의심을 남겨두지 않는다. 요한1서 2:13에 의하면 이 청년들이 강한 자로 표현되는데, 이는 하나님의 말씀이 그들 안에 남아 있으며 악을 이겼기 때문이다. 아브라함도 하나님께 영광을 드림으로써 강한 자가 되었다.(ενεδυναμωθη, 롬 4:20) 그렇기에(엡 3:16) "그의 성령으로 말미암아 너희 속사람을 능력으로 강건하게" 하는 것이다. 또한 그래서 고린도전서 16:13, "깨어 믿음에 굳게 서서 남자답게 강건하여라."(ανδριζεσθε χραταιουσθε, 고전 16:13) "종말로 너희가 주 안에서와 그 힘의 능력으로 강건하여지고."(ενδυναμουσθε εν κυριω και εν τω χρατει της ισχυος αυτου, 엡 6:10과 딤후 1:12) 그래서 바울 자신은 자신에 대하여 말한다: "내게 능력 주시는 자 안에서 내가 모든 것을 할 수 있느니라."(παντα ισχυω εν τω ενδυναμουντι με, 빌 4:13, 비교. 딤전 1:12) 이 본문에서는 인간의 권능을 그것의 하나님의 근원과의 관계, 즉 그리스도

안과 성령의 안으로 보았기 때문에, 자유롭게 제한되지 않고 그 권능을 위한 인간의 의지를 권면하고 기도를 권장하면서 말할 수 있었던 것이다. 권능(δυναμεις)과 능력(εζουσιαι)은, 그 자체에 대해서는 전혀 다른 것을 말해야 하는데, 이 본문에서는 아주 분명하게 저버려야 하는 것으로 말한다.

2. 인간이 가질 수 있고 사용할 수 있으며 그렇게 이용해야 하는 그 권력은 항상 **하나님**으로부터 이 사람에게 주어진 권력이라는 점을 잊어서는 안 된다. 우리가 각 사람의 특별한 삶과 성격으로 말한 것들은 사실 그의 이러한 삶의 능력을 의미하는 것이었다. 이는 그의 유일한 것으로서 그의 가능성의 총합으로서 존재하는 것이다. 그의 권력에의 의지란 그에게 더불어 제한된 한계 안에서 움직이는 것을 의미할 뿐이다. 즉, 그에게 주어진 것으로서 그가 기꺼이 사용하고자 하는 타인의 가능성들이 있으며 그것을 우리는 타인에게 보증해주기도 하는 것이다.—사람들의 눈과 귀, 그들의 언어, 스스로 운동하는 그들의 자유, 그들의 방식에 접근하고 거기로부터 벗어나기도 하는 것, 그들의 운명과 사람들과 사물들 모두와 더불어 오가는 방식들, 그들의 방법과 기술 그리고 영향력을 획득하는 것 등—이것들은 그의 것이 아니며 그렇게 고유한 것으로서 결코 그의 것이 될 수 없는 것들이다. 그럼에도 불구하고 그것들을 자기 것으로 하려 한다면 그는 사기꾼이 되는 것이다. 비록 처음에는 성공하는 것처럼 보일지 모르지만 그는 결코 그것들에 대한 결정권이 없으며 그에게 닥치는 바 그 삶의 요구와 제약들을 처리할 능력이 없는 것이다. 그가 자기 것이 아닌 타인의 것을 가지려 하면서 그는 필연적으로 그 자신에게 친근했던 것들과 그들 진실로 도울 수 있던 것과 분리되어야 하는 것이다. 왜냐하면 그를 만나고 있는 발전과 그 곤란한 문제들을 해결하기 위해서는 어떤 엄청난 능력과 탁월한 기술과 실력이 필요한 것이 아니라 실제로 그것을 만나는 그 인간 자기 자신의 능력을 가지고 해결해야 하기 때문이다: 자기 자신의 듣고 보는 능력, 그 자신의 마음과 가슴, 그 자신의 결정-능력, 그 자신의 지각과 실행 능력. 그는 자신의 이러한 능력의 그 마지막 가능성을 안다고 생각해서도 안 되고 또한 그것을 고정시켜서도 안 되며 다른 사람들이 그것을 고정시키도록 해서도 안 되는 것이다.

우리는 헉슬리(Aldous Huxley)의 *Brave the New World*라는 아주 끔찍한 책을 말하지 않을 수 없다. 그 책에서는 인류의 미래를 그리고 있는데 그중 하나가 인공출산이다. 거기에서는 인간의 수정란을 일반적인 법칙에 따라 만들고 공장에서 물건이 만들어지듯이 태아가 만들어진다고 예견한다.—그래서 인간적 개체는 모든 계획에 따라 A(Alpha), B(Beta), G(Gamma)형 인간으로 만들어지고 각자의 계급에 맞추어서 평균적인 심리적 육체적 특성과 가능성을 갖고 규정된 수가 생산되며 그 목적에 맞추어서 나란히 공존하며 살아가는 존재로 그려진다. 이 얼마나 우스꽝스럽고 휘황찬란한 새로운 세계란 말인가! 왜냐하면 모든 사람이 근본적으로—혹은 다른 말로 그 시험관에서부터 그렇게 준비되었기에 ─ 단지 그렇게 존재하기만 하면 되고 그 어떤 경쟁도 사회적 갈등도 ─ 다시 그 시험관으로부터 ─ 완전히 배제되어 있기 때문이다! 하지만 사실은 아주 경멸하게 되는 하나님 없는 세계이다. 그 세계에는 오직 인간만 존재하고 아무런 다른 길도 미래도 존재하지 않는 것이다!

실제로 이러한 각 사람의 특별한 능력들은 사실 그 자신처럼 제대로 볼 수 없고 다 사용할 수 없는 것들이다. 오직 하나님만이 그것을 하실 수 있고 볼 수 있다! 나는 그것을 할 수 없다고 말하는 자는 정확히 보아야 한다: 그는 어제 자신이 못 한다고 한 것을 오늘은 할 수 있다는 것을 깨달아야 한다. 어제의 나와 오늘의 나는 사실 나에게 무엇이 주어졌는지 정확하게 모른다. 이 양자는 사실 그가 가진 실제적인 능력을 더 개발해야 한다. 적극적이든 소극적이든 말이다. 그것을 창조하신 하나님과의 관계에서 이들은 각자를 위해 결단을 내려야 한다. 참된 삶의 기술은 이러한 한계를 발견하면서 하나님과의 관계에서 결정을 내리는 그런 길 위에서 배우는 것이다. 그 한계 내에서 우리는 능력이 있다고 하지만 또 반대로 그 한계 밖에서 보자면 우리는 무능력한 자가 되기 쉽다. 왜냐하면 하나님께서 그렇게 규정했다고 생각했기 때문이다. 하나님은 반드시 모든 개인의 한계를 알고 있다. 하나님께서는 그 경계를 사람들에게 걸어 놓았고 그러면서 바로 다른 삶이 아니라 바로 이 삶을 살 수 있도록 허락하시면서 그들에게 그것에 대하여 말씀하시는 것이다. 하나님을 복종하며 그에게 순종하는 인간이 해야 할 일은 다음과 같다: 그의 능력들이, 그것들을 다 볼 수는 없을 수 있지만, 그럼에도 불구하고 제한되어 있다는 것을 생각하는 것이다. 그러므로 즉시 자신의 그 능력들을 사용하면서 그리고 자신의 한계를 차분히 밟아 가면서 천천히 앞으로 그렇게 그 한계를 확인하는 것이다. ─ 그리고 마침내는 이 이중적 경험을 통해서 하나님의 무한하신 부요하심이 우리에게 영원한 유산으로 주신 것이며 그는 자신에게 허락된 유한하고 제한된 분깃을 그리고 그것에 만족하면서 진실하고 책임성 있게 다스려 가야 하는 개인이라는 것을 알게 된다.

3. 사람들이 사용하려 하고 가지려고 하는 그 권력의 한 중요한 요소란 다름 아니라 인간들은 이 권력을 그의 삶을 위해서 꼭 **필요로 한다는 것**이다. 이 권력은 인간에게 사치품으로 주어진 것이 아니다. 오히려 그가 이 권력을 필요로 한다. 만일 그가 이 권력을 원하고 사용하려 한다면 그것은 나쁜 것이 아니다. 결국: 한 사람에게는 사치품인 것이(과학과 예술 같은 것을 그 예로 들 수 있을 것이다.) 다른 사람에게는 삶에 필수적인 것이 되고 그 반대이기도 할 것이다. 그러므로 반드시 필수불가결한 것이 이미 보편적일 수는 없을 것이다. 하지만 오히려 모든 사람의 가능성을 생각해 볼 때 각자를 향해서 물어야 할 질문이 있다: 너는 네가 삶을 살아가기 위해서 이런저런 것들을 반드시 너로부터 너의 본질로부터 나와서 너를 위해 해야만 하고 그런 존재이야만 하는가? 너는 이것저것을 듣고 보고 하고 배워야 하지 않는가? 너는 오히려 이런저런

이론적이며 실천적인 문제들을 깨달아 가면서 이런저런 일들을 이런저런 의견과 견해를 가지고 관철해 나가야 하지 않는가? 너는 물론 사람들은 다 그렇게 되기를 원할 테지만 사람들이 해야만 하는 것을 할 수 있는가? 거기에는 잘못된 성향도 있지 않는가? 어떤 사람들은 잘못 생각했던 것이다. 그것을 쫓아가는 것은 필수적인 것이 아니라 일종의 사치품이어서, 우연적이며 자의적인 행동이었고 시간낭비와 에너지 낭비 같은 것이었다. 실제로 모든 사람은 이렇게 자신이 겪어야 할 많은 우회의 길을 통해서 많은 시간과 노력 그리고 힘을 쓰게 되고 그런 실험을 통해서 쓸데없이 권력을 쓰고 또 많은 실망도 하면서 자신의 본질적인 능력을 긍정하도록 성장해 가는 것이다. 하지만 이 그 인간에게 본질적인 능력들이 무엇이냐는 질문은 언제나 시의적절한 것이지 너무 일찍 혹은 너무 늦게 제기되는 것이 아니다. 이것은 언제나 충분히 진지하게 물어져야 하는 것이다. 모든 종류의 불필요하거나 비본질적인 권력에 대한 의지는 악이나 혼돈 그리고 사탄의 힘 그 자체에 의하여 채워지게 되는 텅 빈 공간이라고 할 수 있다.

우리는 이 문제를 거대한 스케일에서 ─ 비록 조그마한 영역에서도 똑같이 통할 것이지만 ─ 알아볼 수 있는데 주로 현대의 기술의 문제를 생각해 봄으로써 그렇게 할 수 있을 것이다. 이것이 비록 서구세계에서 시작되었지만 이제는 전 지구적 문제가 되었다. 자연의 그 무한한 다양성과 그 다양성을 있는 그대로 자원화하여 그 힘과 그것의 자원들을 마음대로 다스리고 새롭고 사용할 수 있게 된 인간의 가능성이 문제이다. 마치 폭풍처럼 그것은 이제 그 가능성에 상응하여 그것을 사용하고자 하는 권력에의 의지를 가져왔다. 그것은 모든 영역에서 엄청난 결과를 가져왔고 과거에는 꿈꾸지 못하던 놀라운 미래의 전망을 가져다주는 것처럼 보였다. 하지만 이러한 발전에도 불구하고 이 모든 가능성과 의지에서 정말 우리의 삶에 필요한 것이 무엇인가라는 가장 단순한 질문에 대해서는 아무런 대답을 주지 못하고 있다. 우리의 선조들은 감히 생각하지 못했던 이 기술적 발전이 이제 낯설어 보이기까지 하는 새로운 수요를 창출한 것도 사실이다. 하지만 우리가 지금 필요하다고 느끼는 것 가운데 정말 우리의 삶에 필요한 것은 무엇일까? 정당하고 건강하며 진정으로 잘 조화된 수요는 무엇이란 말인가? 우리는 ─ 단 한 가지만 말해서라도 ─ 이제 오늘 우리에게 주어진 이 다양한 소비의 가능성을 벗어날 수 있을까? 우리가 지금 얻은 것은 무엇인가? 이 모든 것이 시간 탓인가? 마치 과거의 이성적인 사람들이 실질적 필요성을 위해 충분한 시간을 보내지 않았기 때문에 그렇게 살았던 것일까! 그리고 마치 우리 시대의 비이성적인 바보들은 우리가 필요한 것들을 위해 적은 시간이 필요하기 때문일까! 오늘날의 기술적 가능성 의지 그리고 그 실현과 그것의 우리 인간의 필요를 위해 새롭게 제안한 것들 사이에는 커다란 간격이 존재하고 있지 않는가? 우리는 할 수 있고 그것을 원하며 많은 것을 실현시켰고 언제나 더 많이 일하지만 그렇지만 그 바퀴는 헛돌지 않는가? 왜냐하면 우리는 힘을 원하고 그것을 필요로 하지만 사실 근본적으로 그것을 필요로 하지 않는 것이다. 오히려 우리의 구원을 위해서는 부분적으로 그것으로부터 멀어지는 것이, 원하지도 그것에 매이지 않는 것이 더 좋아 보이는 것이 사실이다. 이것은 바뀔 수 없다. 우리의 삶의 필요를 훨씬 뛰어넘는 권능, 기술, 그 자체가 목적이 되고 스스로 의미가 되어버린 그것들, 스스로를 더 좋게 고치려고 하는 것들은 항상 문제를 불러일으키고 이것은 결국은 괴물이 되어 가는 것이다. 그 결과 오늘날 우리가 보았던 것같이 어리석은 결과를 파괴와 혼란의 기술이 되어 가고 결국 전쟁과 파멸의 무기가 되어 간다. 하지만 인간은 이 기술을 아무런 영혼 없는 것으로 고발해서는 안 되며 오히려 스스로 자신의 권력을 향한 비이성적 의지를 비판해야 한다. 그 인간 자체가 바로 새 시대가 가져온 기술의 문제이다. 권력을 좋아하는 것, 그것을 즐기는 것은 무엇인가? 그 권능을 가지고 사용하고자 하는 인간이 마치 술주정뱅이 운전자처럼 집단적 무근거 속으로 빠져 가는 것처럼 보이는데 그 권력은 무엇이란 말인가?

우리는 지금 사람들이 필요로 하는 어떤 권력의 보편적인 개념을 말하는 것이 아니다. 하지만 이러한 질문을 다루면서 명확한 방향이 있음을 알 수 있다. 즉, 이것들은 결국 봉사가 되어야 한다는 것이다. 봉사란 그 어떤 형태의 공허한 권력의 의지로부터 결정적으로 자유로워지는 것이며 그 권력의 헛된 욕망의 만족을 추구하는 것으로부터 자유로워지는 것이다. 봉사하는 삶을 사는 자는—광의의 의미에서—직업을 가지고 근본적으로 인간이 아무렇게도 이용할 수 없기에 결국 인간에게는 사치가 될 수 있는 모든 권력에의 의지로부터 잘 보호된 그런 직업 안에 사는 것을 의미한다. 일거리를 갖고 있는 자는 그가 무엇을 필요로 하며 또 그에게 무엇이 필요 없는지를 알고 있다. 우리는 여기에서 첫 번째 측면을 강조한 것이다. 그는 무엇이 필요한지 알고 있으며 그래서 그것을 얻으려고 노력하는 것이다. 우리는 모든 것이 아니라 우리가 필요로 하는 어떤 특수한 것을 정확하게 숙련하여 그것을 다스릴 수 있으면 된다는 위임을 받은 것이다. 그 위임으로부터 이러한 ~을 할 수 있는 능력들이야말로 그에게 삶의 조건들이 되며, 또한 그에게는 일용한 양식으로 그에게 속해 있는 것이 되고, 그것을 위해 그는 날마다 기도하고 일해야 하는 것이다. 이 세상에는 많은 종류의 봉사와 직업 위임이 있으며 그래서 그 어떤 보편적이며 일괄적인 의미로서 추상적으로 모든 각 사람에게 꼭 있어야 할 무엇을 정할 수는 없는 노릇이다. 그는 어떤 특정한 능력을 선택하여 그의 자리에서 충실하게 그리고 순종적으로 충실한 존재로 있기 위해서 꼭 필요한 능력을 소지하려고 결심해야 하는 것이다. 그는 이 능력이 필요할 뿐 아니라 그것을 선택하고 그것을 얻으려고 노력해야 한다. 다른 이들이 자신의 자리에서 다른 것을 선택하고 다른 것을 얻으려고 노력하는 그런 상황의 한복판에서 아주 드물고 특별한, 아주 이상한 그런 특이한 능력이라도 그것을 그는 추구해야 할 때가 있는 것이다. 그러나 그가 봉사와 직업 그리고 위임 속에서 산다는 것, 그가 그에게 필요한 무엇을 선택하고 그것을 얻을 수 있는 지혜를 가지고 있으며 또한 그것을 진지하게 구하는 결단을 가지게 된다는 이 모든 것은—비록 온전한 완성의 의미에서는 아닐지라도—하나님으로부터 온 것이며 그래서 그가 그 고유한 권능과 맺은 관계는 모든 기준의 기준이 되는 것이다.

4. 사람들에게 필요한 이 권력의 방식은 사실 **하나님에게 넘겨진 채** 남겨두어야 한다. 순종하는 가운데 권능 있는 자가 되고 싶은 자는 권력, 가능성 그리고 능력의 개념 하에서 일반적으로 이해되는 것에 그냥 고집스럽게 남아 있어서는 안 된다: 즉 어떤 목적을 달성하고 어떤 것을 실행하고 무슨 업적을 가져오는 것만 생각해서는 안 된다. 물론 이런 것들도 인간이 필요로 하는 권력의 방식이다. 하지만 인간의 삶의 형식들 가운데 사람들이 일반적인 것 말고 다른 방식을 할 수 있어야 하는 것들이 있으며, 이것은 첫 번째 보기에는 전혀 가능성으로 보이지 않고 전혀 정반대의 것으로 보일지 모르겠다. 왜냐하면 그것은 무엇을 하기 위한 일의 완성이나 목적의 달성을 위한 것과 상관이 없는 것이기 때문이다. 왜냐하면 그가 하나님을 섬길 때에는 가끔 혹은 아주 오랫동안, 어쩌면 잠시 동안 아니면 아주 영원히, 무엇을 포기하고, 기다리고, 조용히 하고, 고난을 받으며, 다른 가능했던 모든 것을 버릴 수 있어야 하기 때문이다. 이것 역시 권능이며 이것 역시 능력이다. 어떤 사람이 하나님을 섬기고 있다면 그 사람은 이것을 할 수 있고 이 사람이 필요한 것은 그 권력은 바로 이것이기에 이것을 선택해야 한다. 이것은 물론 매우 어려운 결정이고 그것을 선택하는 것은 쉽지 않을 것이다. 하지만 그가 그 자신의 다른 결정과 의욕들에서 정말 지혜롭고 결심이 서 있다면 그 길이 그를 사각지대로 몰아서 볼 수 없는 것, 침묵 속으로 이끌어 가더라도 그 모든 순간과 그 상황들 속에서 빛을 보게 될 것이다. 다시 한 번 말해서: 여기에 정말 능력이 필요하다. 인간에게 주어진 능력이 비록 무능력처럼 보이는 이 영역에서, 그것의 본질에서 보이게 되고 모든 진지함을 가지고 취해야 할 것으로 드러난다는 것을 아는 자는 누구인가! 우리가 갖고자 하는 권력은 역시 이 영역에서 드러나게 되는 그런 방식을 갖고 있을 것이다. 왜냐하면 바로 이 권능 속에서 비쳐지고, 하나님께서 인간들에게 주신 바로 그 하나님의 권능은 예수 그리스도의 권능이며 사자의 권능과 마찬가지로 어린양의 권능이다. 그것은 십자가의 권능이며 그의 부활의 권능이기도 하다. 낮아짐의 능력이며 높아짐의 능력, 죽음과 삶의 능력인 것이다. 이것에 반드시 하나님께서 인간에게 권능과 능력 가능성을 주신 그 방식이 상응한다. 하나님으로부터 온 권능이란 높을 수 있고 낮아질 수 있는, 부자이고 가난할 수 있는, 지혜롭고 어리석을 수 있는 그런 능력이다. ― 이 능력은 성공할 수도 실패할 수도 있고, 폭풍과 같이 혹은 그것을 거슬러서 갈 수 있으며, 다른 이들과 함께 힘을 모을 수도 있지만 혼자 있기도 하는 지혜이며, 혹자에게는 이것을 다른 사람들에게는 다른 것을 보여줄 수 있는 것이며 모든 사람에게 항상 서로 바꾸어 가면서 뒤따를 수 있는 능력이다. 항상 하나님의 선한 선물로서 이 능력은 모든 사람에게 하나님께서 선물로 주신 것인데 왜냐하면 이 사람이 하나님을 섬길 때 이것이 필요하기 때문이다. 하나님은 우리에게 봉사를 요구하고 이것은 밝은 빛 가운데서 수행되어야 할 것이다. 그리고 또한 다른 봉사도 있는데 그것은 어둔 그늘 속에서 이루어질 수도 있을 것이다. 하나님께서는 이 다양한 용도에 따라 다양한 능력을 나누어서 주

신 것이다. 은총이란 이 양자 모두이고 그리고 각자를 위해서는 언제나 하나님께서 그 부분이 되도록 하신 것이다. 우리에게 주어진 권력에의 의지는 그러므로 권능의 방식에 대한 안심할 수 있는 의지가 될 수 있다는 지금 우리에게 수여된 허락인 것이다. 그 의지는 정지되어 있는 것이 아니라 움직이는 것이고 변화 가능한 의지이며 단지 우리가 권력의 의지에 대하여 말한다면 그 안에서 우리가 생각해야 하는 방향 안에서만이 아니라 그 능력이 고린도후서 12:9를 따라 약한 데에서 강함으로 변화되는 그런 의지이기도 한 것이다.

## 2. 삶의 보호

지금부터 우리는 구약성서에서 제시된 바 "너는 사람을 죽여서는 안 된다."라는 계명의 단어의 의미와 그 뜻을 이해하고자 한다. 이는 사람이 살인자가 되어서는 안 된다고 말한다. 이는 사람의 생명을 자의적이며 악의에 찬 위협으로부터 지켜주는 것이다. 조금 전까지 우리는 금지로서 주어진 하나님의 계명 안에 내포된 긍정적인 측면을 살펴보았다. 즉, 우리는 이 계명 안에 긍정적인 내용을 따라서 주어진 삶의 긍정에 대한 다양한 개념을 서술해 왔던 것이다.

인간의 삶은—자신의 것이든 타인의 것이든—하나님에게 속해 있다. 우리의 삶은 하나님께서 우리에게 대여해주신 것이며 선한 호의를 베푸신 것이다. 하나님께서는 예수 그리스도 안에서, 하나님의 말씀의 성육신 가운데 가장 명료하고 철저하게 인간을 인정하신 것이다. 그를 통해서 하나님께서는 인간에게 경외를 인정하셨고 또한 모든 부정과 해체에 대한 위협으로부터 보호를 제공하시는 것이다. 그러한 하나님께 순종하여 우리 자신의 위험을 피하는 행위나 삶을 지키는 행위는 거꾸로 그 삶의 한계에 대한 지식을 내포하고 있다는 것도 자명해진다. 우리의 삶은 신적인 것이 아니라 피조적인 것이다. 더욱이 이는 인간에게 영원한 것이라고 약속된 것이 아니라 시간 안에 유한한 것이다. 보호의 계명이 무조건적으로 유효한 것이려면 이는 인간에게 삶을 허락해주신 창조주 하나님의 의지 안에 그 내적 기준을 가지는 것이어야 하며 그런 지평의 한계하에서 인간은 피조물로서 하나님께서 허락하신 영원한 삶을 말할 수 있을 뿐이다. 그러므로 우리에게 주어진 삶의 보호는 한계가 없는 것이 아니다. 이는 창조주 하나님께서 허락하신 것이며 미래적이며 영원한 삶의 수여자로서 우리에게 촉진시키고자 하는 것이다. 다른 그 무엇이 아니라 오직 이러한 자기이해의 변화의 한계 안에서 삶은 무조건적인 것으로 우리에게 주어져 있다. 우리는 이러한 **변경**의 한계 안의 긍정적인 의미를 앞의 절인 1절 삶의 경외에서 다루어 왔던 것이며 이제 더 정확하게 이를 다루어야 한다. 여기에서 먼저 명심해야 할 바는 경외심이 없는 부정이나 삶의 해체현상을 용인할 수 있는 어떤 다른 관점이 있을 수 있는지도 모른다는 부질없는 생각을 하지 않는 것이다. 이것들은 처음부터 계명의 한계나 제한을 의미하지 않는다. 여기에서 우리가 말하고자 하는 것은 인간적 삶이 절대적인 것이나 최고의 가치가 될 수 없으며 그런 방식으로 두 번째 하나님처럼 생각되어서는 안 된다는 것이다. 오히려 인간의 삶에게 제안된 그 삶의 보호는 하나님, 인간에게 삶을 주시고 최고의 선이신 현실적으로 지금 현존하시는 하나님, 삶의 주인이신 하나님에 의하여 규정된 것이라는 것, 그분 하나님이 제한할 수도 있다는 것을 알아야 한다는 점이다. 이는 우리에게 주신 삶의 보호는 그 보호해야 할 것과의 관계에서 그것의 한계가 있다는 것을 보여준다. 그 삶의 보호는 단지 하나의 양태, 단지 하나의 주장, 보존, 삶의 방어를 말하는 것이 아니다. 이는 결국 그 삶의 완성의 첫 번째 그리고 지금까지 익숙해져 있던 잘 지켜봐야 하는 그런 형태를 말해줄 뿐이다. 그것은 그 안에서 삶이 표현되는 언제나 그렇게 그런 모습이고자 하는 것이다. 인간의 삶의 하지만 상대적 크기가 있기는 것이기에 어떤 한계가 있을 뿐이며 그 보호의 최후의 근거(ultima ratione)는 그 삶의 포기 속에 그리고 제물로 드림 속에 존재하는 것이다. 이 삶의 보호는 그 최후의 한계에 이르기까지 그 삶을 지키는 것이며 그렇게 표현되어야 한다. 하지만 어떤 특별한 상황하에서는 이 삶의 허락하신 하나님이 그것을 바라신다면 그 삶의 보호는 그쳐야 하고 그렇게 해야만 한다. 그런 경우 반드시 그런 경우에서만 삶의 주인이신 하나님이 그 삶을 그렇게 바라시고 다른 것을 바라지 않은 경우에만 삶은 보호되어야 한다.

이것이 우리가 지금 이 첫 번째 단락에서 먼저 다루어야 할 한계상황의 문제이다. 바로 여기에 그 어려움이 있다: 삶의 주인이신 하나님께서 대부분의 경우 삶을 지키시는 분이 아주 특별한 경우에서는 그 삶을 더 이상 보호하거나 발전시키지 않으면서 오히려 그것을 중단시키고 단절시키시는 것을 통해서 자신의 사역을 하지 않으신다고 부인할 수 없다는 것이다. 하지만 이런 가능성은 정말 어떤 **한계상황**으로서, 그리고 그 한계상황으로서 삶의 최후의 근거로서 아주 드물게 그리고 다른 모든 가능성을 다 소진한 뒤에서야 생각해볼 수 있는 거의 주어지지 않은 가능성으로 보아야 한다는 것은 확실하다. 왜냐하면 삶을 보호하시는 하나님은 정말 단순하고 의심할 수 없이 명료하게 삶의 보존과 보호와 그리고 그것을 긍정하면서 시간적 지속을 지향하시는 그런 보호를 말하는 것이 분명하기 때문이다. 무관심이나 자기의 고유한 의견, 자기 멋대로 처리하려는 그런 생각들은 다 부질없는 것으로서 이 삶의 보호에 연관되거나 대치하려고 해서는 안 된다. 성서의 계명의 말씀은 아주 분명하고 선명하다: **너는 사람을 죽여서는 안 된다!**

그는 말씀하신다: 너는 살인해서는 안 된다! 하나님은 인간의 결단과 행동에 의하여 인간의 삶을 죽이는 모든 것을 단순하게 그리고 명료하게 금지시키시는 것은 아니다. 출애굽기 20:13의 말씀

이해는 바로 앞의 이 구절을 완전히 제외시킨다. 인간의 손으로 인간을 죽이는 것 그 자체는 구약성서만이 아니라 이렇게 저렇게 어떤 특별한 주석 없이 무조건 반대되는 것은 아니며 어떤 경우에는 거꾸로 완전히 '너는… 죽여라'고 명령되어 있다는 점에서 더 고려해 보아야 한다.

또한 마태복음 5:21 이하에서도 단지 죽이는 것 자체를 경멸하는 것이 아니라 아주 근본적으로 살인이라는 행위를 급진적으로 이해하고 있다(요일 3:15): "누구나 자신의 형제를 라가라 하는 자"는 그를 죽인 자와 같이 평가되고 있다. 살인이 아닌 죽이는 것이 있다는 것은 거기에서 언급되지 않지만 이미 가정되어 있는 것이다. 누가복음 9:51에 따르면 예수를 받아들이지 않는 사마리아인들에게 하늘에서 불이 떨어져 그들을 멸망시키기를 요구할 때 주님께서 그들을 위협한다.(그 본문들에 의하면 너희는 누구의 영을 받았는지 아느냐? 인자는 인간을 멸망시키기 위해 온 것이 아니라 그들을 구원하기 위해서 온 것이다.) 이는 분명히 마태복음 5:21 이하의 본문처럼 그 제자들의 요구에서 튀어나왔던 악하고 사악한 영과 연관되어 있으며 또한 다른 면에서는 누가복음 9:1 이하에서 분명하게 잘못된 것인 그들의 사명 이해와 연관되어 있는 것이다: 모든 마귀를 이기는 힘을 발휘하는 것, 병을 고치고 하나님의 나라를 선포하는 것이 그들이 해야 하는 사명이다. 그렇기에 이제 이 사람들의 생명을 없애는 것이 그들의 사명과는 아무런 관계가 없는 것이다. 그런데 신약성서 그리스도교 안에서 그런 일들이 근본적으로(a limine)는 불가능한 것으로 이해되지 않았다는 사실은 물론 아주 드문 일이고 사도행전 5:1-11에서 베드로가 아나니아와 삽비라를 말로써 죽였다는 사실 외에는 거의 찾아볼 수 없는 일이다. 이는 고린도전서 5:4 이하, "이런 자는 사단에게 내어주었으니 이는 육신을 멸하고 영은 주 예수의 날에 구원 얻게 하려 함이라"의 내용과 유사한 활용이 아닌가? 하지만 절대적인 무폭력의 요구가 마태복음 26:52에서 베드로에게 주신 말씀 가운데 있는 것은 아니다. "이에 예수께서 이르시되 네 검을 도로 집에 꽂으라. 검을 가지는 자는 다 검으로 망하느니라." 검을 잡는다는 것이 의미하는 바는 검과 그 검이 가지고 있는 사람이 타인을 죽이려는 폭력성을 고발하고 있으며 이를 사악하고 자기 멋대로 자의적으로 흥분해서 마구 휘둘러 대는 것을 의미한다. 그것은 아마 베드로가 하려고 했고 어쩌면 이미 행한 것을 의미할 수도 있다. 그에게 말씀이 주어졌다. 그와 같은 짓을 하는 자는 다른 사람에게 당하거나 혹은 그 질서를 지키기 위한 다른 칼에 의해서 같은 일을 경험하게 될 그런 영역에 떨어지게 된다. 베드로의 임무는 다른 사람을 이 영역으로 이끌어 가는 것이 아니기에 그의 칼을 다시 칼집에 넣어야 한다. 하지만 악을 행하는 자에게 진노의 심판자로서 정당한 칼의 권력을 가진 자가 있을 수 있으며 그러한 하나님의 봉사자가 있을 수 있다는 것을 바울이 로마서 13:4에서 주장하고 있을 뿐만 아니라 정의롭지 않은 빌라도에게도 그런 삶과 죽음을 결정하는 권세가 위로부터 주어졌다고 주님께서 말씀하기도 하신 것이다. 이 모든 것은 우리로 하여금 더 자세히 살펴보기를 권고하고 있다.

하지만 정의로운 살인은, 구약과 신약의 이해를 통해서는 결코 완전히 불가능한 것으로 제외된 것이 아닌 것이기에, 여기에서 하나의 한계상황을 형성하고 있다. 하나님의 심판은 인간의 역사와 공동체 안에서 일어난다. 만일 인간이 그 일을 행하는 자로 나타난다면 이는 잘못 이해된 것이다. 인간 스스로 거기 그 일을 위해 부름을 받은 것처럼 여긴다면 이는 완전히 위험한 상황이다. 인간이 그렇게 생각하면서 거기에서 행하는 것은 언제나 사악할 수밖에 없다. 그리고 구약성서에서 그리고 인간 사이에서 일어난 일로서 아주 자명한 것처럼 보이는데 그것은 바로 살인이다. 이는 하나님에 의하여 그의 형상대로 만들어진 인간의 피를 사악하게 땅에 붓는 것이며(창 9:6), 이를 통해서 땅이 불결해지며 살인을 통해서만 균형이 잡히는 일이 되는 것이다.(민 35:33f.) 살인은 신명기 19:10 이하에 의하면 아무 책임 없는 사람의 피를 쏟는 것이며, 그를 통해 그는 이웃에 대해서는 적이 되고 그를 공격하여 그를 죽도록 때리는 것이다. 이는 하나님의 계명을 거역하는 일이고 그것을 파괴하는 일이다. 그것을 행한 자를 위한 대속물은 존재하지 않는다.(민 35:31) 그리고 도피성도 존재하지 않는다.(신 19:12f.) 그는 보수할 자에게 넘겨주게 되었고(민 35:12, 신 19:6) 그 공동체의 증거(민 35:24, 수 20:6)에 넘겨지는데 만일 그 공동체가 유죄하다면 그는 죽어야 한다. 왜냐하면 그 형제의 피가, 마치 모든 죄의 첫 번째 죄로서 하나님의 화해가 필요한 인간 역사의 첫 번째로 세워진 가인의 이야기가 우리에게 보여주듯이(창 4:10) 그 땅에서부터 하나님에게 부르짖기 때문이다. 그리고 예수 대신 한 죄수가 풀려났다는 것과 불의한 재판장인 빌라도(막 15:6f.)가 그 백성들의 요구대로 한 명을 풀어줄 수 있었다는 것은 의미심장한 일이다. 요한복음 8:44에서 사탄이 이와 연관해서 지적된다: "그는 처음부터 사람을 죽이는 자"였던 것이다. 그리고 인간은 아주 범주적으로 요한1서 3:15의 말처럼 "살인하는 자마다 영생이 그 속에 거하지 아니하는 것을 너희가 아는 바라." 살인은 인간과 인간 사이의 모든 비정의의 상징적 행동이다. 그렇게 인간의 삶은 그 대가가 높은 것이다.

성서를 전체적으로 볼 때 비록 살인이 아닌 인간의 죽임도 있고 성서가 그것을 알고 배제하지 않지만 그럼에도 불구하고 전반적으로 하나의 방향으로 나가고 있는 것을 보게 된다. 만일 예수께서 제자들에게 하신 말씀, 하늘에서 내려야 할 불과 다시 칼집에 넣어야 할 칼과 연관해서 하신 말씀들이 배타적인 의미만을 갖는 것이 아니라면 그것은 정제시키는 매우 강력한 힘을 가지고 있다: 거짓으로 정당화된 살인의 의도는 모두 살인의 의지로서 그 가면이 벗겨지고 심판받는 것이다. 이미 에스겔이 얼핏 보면 정당한 살인과 같은 이 모든 한계상황의 경우에 대해서 말하고 있다: "내가 어찌 악인의 죽는 것을 조금인들 기뻐하랴. 그가 돌이켜 그 길에서 떠나서 사는 것을 어찌 기뻐하지 아니하겠느냐?"(겔 18:23, 32, 33:11) 그는 또 다른 곳(겔 21:6f.)에서는 하나님의 모든 것을 베는 마광된 그리고 죽음으로 내던지는 그런 주님의 칼에 대한 심판을 선포하던 그 선지자였던 것이다. 그리고 이제 신약성서의 케리그마의 핵심에 이르러는 이 말씀은 어떤 넓이를 가지는가? 예수 그리스도 안에서 하나님께서 인간이 되시고 그 한 인간이 모든 사람의 죄를 위해서 죽임을 당했다면 이것은 얼마나 큰 의미가 있는가! 즉, 다른 사람에 의해 한 사람이 죽는 것이 모든 것을 위해서 좋은 결과를 가져오기도 하는 것이 아닌가? 한 사람이 다른 모든 사람을 위해 죽은 것이 과연 올바른 것이고 필요한 것으로 일어났다면 그것은 왜 그런가? 더욱이 신약성서에서는 단순하게 그리고 절대적으로 모든 죽임은 살인으로 여겨지고 심판받지 않는 다는 사실에 의해서 다소 의아해질 수 있을 것이다. 하지만 분명한 것은 모든 자의적인 인간의 살인에 반대하여 인간의 삶을 지키는 것은 아주 분명하게 말해지고 있다는 것이다. 먼저는 하나님께서 인간으로 성육신하심으로써 그리고 두 번째로는 그가 모든 사람을 위해 대속의 죽음을 통해서 이는 분명하다. 그래서 이제 우리는 무엇을 해야 하는가?라는 질문에 대하여 다음의 길을 강력하게 요청한다: 명령된 죽음의 궁극적 이유와 금지된 살인 사이의 경계가 언제나 연기되는 것처럼 보일 것이다. 비록 구약성서 안에서 이미 주어져 있는 한계상황으로 여겨진 사건들이 매우 자주 나타나는 것처럼 보이고 신약성서에서는 매우 드물게 나타나는 것 같은 그 사건들 사이의 간격은 어떤 공통의 특성을 가지고 있다. 만일 우리가 이 사건에서 하나님의 계명의 의미를 묻는다면 이 차이의 의미를 무시해서는 안 된다. 너는 죽여서는 안 된다는 계명은 신약성서에서는 우리가 듣고 이해하고 지켜야 하는 그 절정에 이르게 된다. 우리는 이와 연관해서 주변의 다양한 한계상황들의 각개 사정을 무시할 수 없지만 그럼에도 불구하고 이것의 경계의 문제는 그 계명을 반대하는 모든 것을, 즉 살인이 있어도 괜찮은 것처럼 만드는 것은 절대로 있어서는 안 되며 그렇기에 그런 정당한 살인이 있을 수 있느냐는 질문 자체는 사실 있을 수도 없는 것이다.

―――――

이 계명의 구체적인 의미에 대한 질문들은 다음과 같다: 먼저 우리는 다음의 사실을 만난다. 즉, 인간에게 주어진 가능성, 즉 스스로 자신의 **삶을 마감하는 그런 가능성** 앞에서 삶의 보호는 무엇을 의미하며 "살인하지 말라"라는 이 계명은 무엇을 의미하는가? 하나님께서 인간에게 주신 그런 자유는 스스로 자신의 삶을 마치는 그런 자유도 포함하고 있는가? 이런 관점에서 살인—이 경우 자살—을 어떻게 받아들여야 하며 혹시—자살의 경우—그 어떤 정당한 방식의 자살이 있을 수 있는가?

자살의 문제는, 특별히 자기죽임이라는 이 개념의 특별한 내용에서 드러나듯이, 매우 특별한 주제이다. 이를 해명하기 이전에 우리는 먼저 다음과 같은 일반적인 사고를 먼저 하고자 한다. 사람들은 자기 자신을 의식적으로 그리고 의도적으로 **위험에 빠뜨릴 수 있다**: 비록 사람들이 자신이 스스로 그렇게 바라거나 그렇게 하려고 하지 않더라도 외부로부터 그에게 밀어닥치는 것에 대하여 그가 미리 대비를 하지 않았거나 그 위험을 회피하지 않았다는 점에서 그도 일련의 책임을 져야 하고 그렇게 자신의 실존의 지속을 위험에 빠뜨릴 수도 있는 것이다. 사람들은 자기가 무엇을 시행하지는 않았지만 의도적이며 의식적으로 매우 특별한 경우에 스스로 자기를 죽도록 내버려두는 경우가 있을 수 있다. 자살이나 스스로 죽임의 문제는 이미 여기에서 분명해진다. 인간의 생명은 자기에게 속한 것이 아니고 하나님에게 속한 것이다. 그리고 하나님께서 사람들에게 대여해 주신 것이다: 그것도 운명의 저주가 아니라 그의 호의의 증명으로서 그리고 자기 자신만을 위한 이기적인 목적을 위해서가 아니라 타인을 위한 봉사를 위해서 그렇게 주신 것이다. 그렇다면 사람들이 자신의 삶을 위험에 빠뜨리게 한다는 것은 무엇을 행하는 것인가? 만일 사람이 그 모든 위험으로부터 벗어날 시도를 하지 않은 채 거꾸로 그 위험에 노출시킴으로써 자신에게 주어진 그 삶의 긍정을, 즉 삶의 의지를 포기한다면 그것은 무엇인가? 인간의 삶을 지키라는 하나님의 계명은 인간이 자기의 삶을 염려를 가지고 살펴야 한다는 것을 의미한다. 이는 ― 우리가 이미 건강과 질병에 관한 항목에서 말한 바와 같이 ― 죽음으로부터 자신을 보호해야 한다는 것을 포함한다.

우리는 삶의 계명 속에는 또한 죽음에 대한 공포도 속해 있다는 것을 인정해야 한다. 겟세마네의 전승(막 14:32)을 볼 때도 이 말은 옳은 것임을 알 수 있다. 만일 우리가 예수께서 두려워하시고 떠셨다는 기사를 진지하게 받아들인다면 그 십자가의 잔이 그냥 지나가게 해달라고 하신 그 기도, 누가복음 22:44가 말하고 있는 간절한 청원은 불복종의 요구가 아니라 예수 그리스도의 복종의 한 과정으로 봐야 한다. 그는 자신의 삶을 가치 없는 것처럼 내던지시지 않았다. 그는 자신의 삶이 아주 가치 있는 그 무엇으로 제물로 드린 것이며 그 삶을 포기하는 것이 쉬운 것이 아닌 것을 보여주신 것이다. 그렇게 자신의 삶을 귀한 것으로 여기지 않으셨다면 예수는 자신의 삶을 하나님에게 이 세상을 구원하기 위한 것을 제공하지 않으셨을 것이다.

최고의 선은 물론 이 세상에서 갖는 지상의 유한한 삶이 아니다. 그리고 그 삶이 하나님에게 속했기에 어떠한 희생을 치르더라도 자신의 삶을 무조건 연장시키는 것은 올바른 것이 아닐 수 있다. 그 생명이 하나님에게 속했기에 인간이 자신의 생명을 위험, 그것도 어느 정도 가능한 정도의 위험을 감수하는 것도 생각할 수 있다. 또 하나님이 그것을 요구하시기에 올바르게 이해된 순종적인 삶의 이해가 죽을 준비, 죽음을 받아들일 수 있는 그런 준비에서만 제대로 성취될 수 있다는 것을 생각할 수 있다. 그저 영원히 살고자 하는 그런 욕심은 일차적인 욕심에 그칠 뿐 아니라 탐욕스러운 죄에 속한다고 할 수 있다. 사람들은 이미 어느 정도 규정되어 있는 시간적 실존의 마지막을 용감하게 맞설 뿐만 아니라, 실제로 그 죽음을 스스로 실행하거나 완성시키지는 않더라도, 그 마지막을 기대하고 바랄 수 있다. 바로 이 삶의 의지는 이러한 형태를 가져야 하는 것이다: 만일 정말 그렇게 느끼고 있었다면, 만일 그에게 이것이 분명하다면, 그는 이제 삶의 주인이신 주님에 대한 복종은 동시에 반드시 이러한 형태를 받아들여야 한다는 것을 말하고 있는 것이다.

예수께서 예루살렘에 가실 때, 그는 거기에서 그가 스스로 걸어간 길에서 자신이 거기에서 죽어야 한다는 확실한 인식만이 아니라 그렇게 이루어져야 한다는 필연성도 가지고 그 길을 가신 것이다: "인자가 반드시…." 그러므로 요한복음 10:17f., "이를 내게서 빼앗는 자가 있는 것이 아니라 내가 스스로 버리노라(απεμαυτου). 나는 버릴 권세도 있고 다시 얻을 권세도 있으니 이 계명은 내 아버지에게서 받았노라 하시니라." 그리고 "그러므로 나의 아버지께서 나를 사랑하시느니라." 베드로는 이에 반대하려 하였고 그리하여 그는 사탄이라고 비난받았다(마 16:22): 그는 인간적인 방식으로 생각했고 하나님의 방식을 따르지 않은 것이다.

하지만 사람들이 이 자살에 대하여 말하고자 할 때에는 반드시 이 최고의 기준으로부터 말해야 한다. 사람들이 자신이 생각하기에 아주 한계상황에 처해 있고 자신이 삶의 위기를 만나고 있다고 느끼는 것이 옳다고 보는 그때 거기에는 어떻게 흘러갈 수 있도록 하는 여유나 자의적 변덕 혹은 반성되지 못한 그리고 불필요한 간섭이 있을 여유가 없다. 삶이 최고의 가치라면 그렇다면 그것이야말로 인간이 지불할 수 있는 최고의 가격이기도 한 것이 아닌가? 무엇을 위해서? 그 질문은 매우 진지하게 생각되어야 하는데 왜냐하면 사람들이 말하는 최고의 가격으로서 삶은 하나님이 허락해주신 것이고 인간들에게 자신을 섬기기 위해서 맡기신 것이기 때문이다. 그렇기에 이것이 어떤 배상이 되기 위해서는 어떤 섬김이 반드시 이 생명을 요구하는 것이 필수적일 때, 그리고 확실하게 사정이 그러할 때, 먼저 그의 재산을 과연 인간이 처분할 수 있는가라는 질문이 선결되어야 한다. 만일 그렇다면 그런 조건하에서 인간은 스스로 죽거나 죽도록 할 수 있을 것이다. 이때 그에게 명령된 삶의 보호의 계명을 통해서는 그는 아무것도 할 수 없게 된다. 만일 그렇다면 그가 지켜야 할 이 보호의 계명을 포기하는 것이 바로 최고로 이 보호의 계명을 지키는 것이 될 것이다. 만일 오직 그런 조건하에서만, 그렇다고 할 때에만, 이 하나님의 계명으로서의 보호를 포기하는 것이 올바르고 주어진 일일 것이다.

사람이 죽음의 목전에 있거나 죽으러 가고 있을 때에조차 그가 하나님과 동료의 사랑 가운데에서, 혹은 그 복종의 기쁨으로 인해서 계시받고 있다면 그렇다면 죽음 앞에서 갖는 두려움은 간단히 사라질 수는 없더라도 적어도 그 두려움이 가벼워질 수는 있을 것이다. 하지만 이런 경우가 정말 있는지는 죽음의 공포가 하나님에 대한 두려움으로 말미암아 사라지거나 아니면 자신의 친구를 위해서 목숨을 버리는 그런 사랑으로 인해서 사라져버릴 수도 있는 것인지를 통해 검토되어야 한다. 인간이 자신의 생명을 정말 아무 두려움이나 고통 없이 그리고 아무 어려움 없이 내버릴 수 있는 것이라면 정말로 하나님이 자신의 생명을 희생하셨다는 것이 가능한 것이 되는가? 스포츠에서의 모험, 높은 산에 올라가는 모험(아무도 개척하지 않은 신루트를 발견하는 자), 이런저런 과학적이며 기술적인 시험에서 찾을 수 있는 모험—과거의 방식과의 투쟁은 말할 것도 없이!—이런 것들이 허락되었을 뿐 아니라 진지하게 책임을 지는 모험이 아닌가? 그리고 전쟁에서의 모험도 역시 이런 개념으로는 다 포함할 수가 없는 것이 아닌가! 결국 타인에 대해서는 단지 질문을 제시할 수 있을 뿐이지 궁극적으로 타인에 대하여 결정하고자 하지는 않는다. 이를테면 프로이센의 마지막 왕과 왕비가 1918년 홀란드로 도망가지 않고 그 대신 자기 경호원에서 죽게 해달라고 했다면 그것을 우리는 심판할 수 있는가? 그것은 프로이센 가문의 오랜 전통이 아니었던가? 그가 자신의 행위를 통해서 독일 왕가의 전통을 바꾸려고 할 수 있었는가? 당시 국무총리였던 미하엘리스(Michaelis)는 복음주의적 신앙인으로서 그에게 그렇게 하라고 촉구하였다. 그리고 프로이센 왕이었던 빌헬름 2세(Wilhelm II)는 자신의 신앙의 양심에서 자살을 선택할 수 없었다는 것이다. 누가 더 옳은 결정을 하였는가? 다른 사람을 함부로 심판하는 것은 피해야 하는 일이다. 단지 확실한 것은 여기에 경계가 있다는 것이다. 경계선 이편은 바르고 계명에 순종적인 것이라면 저편은 철저하게 바르지 못한 것이요 가증스러운 죽음의 준비이며 그 결과 살인이며 자살인 것이다. 이제 어찌되었든 스스로 질문을 던져야 한다: 그 모험이 과연 하나님으로부터 올바른 것이며 의로운 길이라고 할 수 있는가? 그리고 이 질문은 언제나 모든 상황에서 철저하게 다시 물어져야 한다.

이 질문은 만일 우리가 좁은 의미에서 자살의 가능성을 생각하려 할 때 더 심각해진다. 사람이 자신의 목숨을 스스로 위험에 처하게 한다는 사실을 넘어서 다음을 의미할 경우가 그렇다: 즉, 사람이 스스로 자신의 목숨을 끊는 경우, 목숨을 거두는 행위, 그리고 마지막을 정하는 그런 행위가 있는 것이다. 아마 동물들은 그렇게 할 수 없다는 점에서 혹시 이 자살을 인간의 특수성이 드러나는 그런 인간의 영광의 자리처럼 볼 수도 있다. 즉, 인간은 자신의 생명을 자유롭게 스스로 버릴 수도 있으며 자기 자신의 주체자가 되기도 하고 또 더 오래 살아야 한다는 어떤 외압도 존재하지 않는다는 것을 안다. 사람은 계속 살고 싶고 그렇게 그것을 유지하기 위해서 노력하지만 그렇게 할 수 있는 힘도 없는 상태에서 어쩌면 그가 더 연장하고 싶어도 할 수 없다는 것을 알고 포기할 수도 있다. 독일어 표현인 **자기의 생명을 취하다**는 정말 사태에 맞는 언어표현이다. 삶이란 그 자신의 시간적 실존 안에 있는 지속인 것이다. 그렇기에 사람은 자신을 **스스로 거두어들일 수** 있다. 그는 더 이상 자신의 비존재를 욕망할 수 있고 그것을 실현할 수 있다. 그는 자신의 존재를 실패한 것으로 아니면 견딜 수 없는 것으로 혹은 어떤 존재해야 할 특별한 이유가 없는 것으로, 그래서 스스로 무가치하다고 느끼고 결국 자신을 스스로 종료하는 일을 할 수 있다. 자신의 인간적 환경 속에서 더 이상 아무런 삶의 공간을 갖지 못하고 아무런 효과와 그 어떤 경외도 갖지 못하는 존재이어서 자기 스스로 목숨을 끊어 버리는 일을 할 수도 있는 것이다. 자신의 생명을 끊는 것이야말로 최후의 가장 극단적인 도구로서 자신의 권리와 자유를 찾을 수 있는 길로 비치는 것이다.

사람들은 자신이 갖고 있는 깊은 문제성을 인식하기 위해서는 이 자살의 긍정적인 의미를 철저하게 생각만 해보면 된다. 자기 자신을 스스로 죽이는 자는 최후의 가능성에 대하여 자신이 주체자로서 존재하는 것 같아 보인다. 이 최후의 그리고 최고의 주체성 안에서 그 목적하에서 그는 행동하는 것처럼 보이는 것이다: 역설적으로 인간이 스스로 자신의 생명을 버리려 함으로써, 더 이상 존재하지 않기를 원함으로써, 더 이상 존재하지 않게 될 것을 위해서 노력함으로써 말이다. 슐라터(A. Schlatter, *Christl. Ethik*, 1914, 338f.) 같은 사람도 단지 "자살의 거절"이라는 대목에서 다음과 같이 말할 뿐이다: "하나님과 더불어 함께하는 신앙은 자기를 죽이는 그런 자살에 대하여 항상 갈등을 하게 된다. 왜냐하면 그것은 하나님의 도움을 거절하는 것이며 우리를 다스리시는 하나님의 제한 없는 능력을 거절하는 것이며 상실에 대항하는 것을 거절하는 것이다." 여기에서 물론 사람들은 절대적인 부정을 이해하게 된다. 아우구스틴 이후 가톨릭교회는 항상 자살에 대하여 철저하게 반대하고 있었다. 자살에 대한 이러한 절대적인 부정이 가져온 결과로서 자살하는 자에게 내려지는 절대적인 심판의 선언이 시민사회에서 차별의 고착으로 이어진 것은 유감스러운 일이다. 슐라터는 그 일을 한 것이 아니라 반대로 그것을 반대하고 있다. 하나님에 대한 분노가 바로 이런 최후의 가능성을 선택하는 이유가 될지도 모른다는 생각은 그 자체로 참 가슴 아픈 그런 일이 아닐 수 없다. 하지만 누가 우리에게 스스로 우리의 생명을 마음대로 다른 이들로부터 그리고 시간적 미래로부터 절연시킬 수 있는 자유를 주었단 말인가? 더 나아가 슐라터에게 다음과 같이 물어야 한다: 이 최후의 인간의 결단을 단지 하나님에 대한 분노의 표현이었다고 판단할 수 있단 말인가? 정말 그가 하나님에 대한 분노 때문에 그렇게 그런 최후의 가능성을 선택했다고 어디에서 알 수 있고 그렇게 정말 가정할 수 있단 말인가? 그렇기에 모든 자기 스스로의 죽음은 자살이란 말인가? 짧게 말해서: 이 한계상황은 오로지 계명에 비추어서 해명되어야 한다.

  이 사태에 대한 가장 넓은 조망을 제공하는 책은 본회퍼(D. Bonhoeffer)의 『윤리학』(*Ethik*)이라고 할 수 있다.(특히 그의 책, 1949, 111-116) 여기에서 본회퍼의 다음 경험이 일반적인 것 중 하나로 말해져서는 안 된다: 사람들은 자기 자신의 고유한 경험으로부터만 그 고뇌가 무엇인지 안다고 해서는 안 되는 것이다. "우리가 최고의 고통 가운데 있을 때는 나와 유사한 자가 또 어디 있는지 전혀 모르는 것이다." 그 고통 속에서 인간은 다른 외지인만이 아니라 먼저 자기 자신에게 숨겨져 있고 그러면서 하나님과 더불어 홀로 깊은 고독 속에서 다음의 질문을 제기하게 된다: 하나님이 자신과 과연 동행하시는가? 하나님이 그를 위해 계시는가? 혹은 그는 자신을 스스로 하나님으로부터 버림받은 자라고 여겨야 하는가? 많은 신학자와 목회자들은 단지 이론적으로만 설교를 위해 주석가나 조직신학이나 대해봤을 뿐 실제로 이 번뇌와 고통을 잘 모른다. 하지만 자살은 인간이 스스로 고통과 번뇌─그것을 이해할 수 있든 아니든 간에─가운데 있는 어느 장소나 모든 곳에서 발생하는 것이다. 이 마지막 통찰은 이제 모든 신학적 윤리학자들이 명심해야 하고 그래서 기억해야 한다: 더욱이 하나님과 자살을 감행하는 사람 사이에서 무엇이 일어났는지 정확히 아는 사람은 없다는 점이다. 자신을 죽이는 것? 그가 하지만 사실 자기를 죽인 자가 아닐 수 있다는 이 사태를 인정할 준비가 된 자는 사실 그도 이 인간이 만나는 번뇌와 고통이 무엇인지 단지 이론적으로만 알고 있는 것일 수 있다는 것을 밝혀야 하는 것이다.

  우리는 이 자명한 것으로부터 출발해야 한다: 자살은 피해야 할 것을 행하는 것이라는 점이다. 이것은 자기 자신의 삶에 대한 최후의 주권을 부당하게 자기 것으로 만든 것이며, 계명을 어기는 행위이고 자의적이고 어리석은 것이다. 인간에게 주어진 생명을 스스로 인간이 취하는 것은 인간에게 주어진 사태가 아니다. 그에게 속하지 않은 것을 취하는 것─이런 경우는 그것을 버리는 것에 해당하는 것인데─그는 죽이는 것만이 아니라 살인하는 것이다. 인간에게 그렇게 살인을 허락하여 정당화할 수 있는 그 어떤 권력도 없다. 왜냐하면 한 사람이 성공한 삶을 살았는지 아니면 실패한 것인지, 우리가 수긍할 만한 것인지 아니면 그렇지 못한 것인지, 그 생존이 가능할 것인지 아니면 불가능하다고 판단될 것인지, 혹은 그 삶이 도대체 사람들에게 선한 것인지 아니면 아무런 의미가 없거나 가치가 없는 것인지의 모든 판단은 인간에게 남겨진 것이 아니다. 이 모든 것은 생명을 우리에게 주신 분이시고 주님이신 창조주 하나님께서 직접 판단하실 일이다. 인생에 대한 부정적인 판단과 그 판단에 근거한 죽고자 하는 욕구와 소원—빌립보서 1:23에 의하면 바울은 이 세상을 떠나고 싶은 그런 욕망을 말한 적이 있다.—조차도 비록 이 욕구가 그에 의하여 제한되고 규정된 것으로서 오직 복종 속에서 주어진 올바른 사태를 지칭하는 것이 될 수 있다고 하여도 결코 인간에게 허락된 것이 아니다. 만일 사람들이 이 부정적인 의견을 더하여 자신의 판단을 확정지으려고 하고 그것을 실현하고자 한다면 그는 확실히 잘못하는 것이다. 그는 스스로 자신에 대한 심판자가 될 수 없다. 그렇게 하도록 그는 자유롭지도 못할 뿐 아니라 자신이 스스로 자신의 삶을 포기할 수 있는 자유를 그는 갖고 있지 않다. 오직 하나님께서 인간의 삶을 다시 취하실 수 있다. 하나님이 그것을 다시 거두어 가시지 않는 한, 그러니까 인간이 살아 있는 한, 그 생명은 인간이 건드릴 수 없는 것으로 남아 있다. 하나님에 의해 주어진 것이며 그분의 호의로서의 생명이지만 혹시 우리의 삶이 그분의 호의라는 것이 인간들에게는 불분명한 것으로 남아 있을 수도 있다. 그렇다고 해서 사람들이 이러한 삶의 성격을 거부할 수 있는 권리를 가지고 있는 것은 아니다. 하나님에게 주어졌기에 하나님을 섬기기 위해서 사용할 수 있는 것이 바로 삶이다: 사람들에게 자신의 삶을 통해서 하나님을 섬기는 일이 불가능해 보이거나 어려워 보일 수 있다. 그러나 이 봉사의 삶을 포기하거나 거기로부터 벗어나 도망가는 일은 그에게 주어진 바른 길이 아니다. 하나님께서 자유를 통해 주신 것이며 그 봉사의 삶을 하나님으로부터 인정하는 것은 아마 사람들에게 짐으로 부담으로 다가올 수도 있을 것이다. 하지만 자신의 자유를, 자신의 삶과 이 봉사의 삶을 거절할 수 있는 자신의 권리로 오해하고 그렇게 행동하는 것은 인간에게 주어진 것이 아니다. 인간이 스스로 자신을 정당화하거나 거룩하게 하고 구원하려는 것, 그리고 자기 스스로 높이려는 모든 행동은 그 어떤 형태로도 성공하지 못할 것이고 그럴 수도 없다. 우리는 우리의 것이 아니라 하나님의 것이다.(Nostri non sumus sed Domini. 칼빈) 자신의 삶을 취하는 것을 자기를 죽이는 것으로서 이는 분명히 자살이다.

우선 무엇보다 먼저, 아주 급하게, 자살이 용서받지 **못할** 그런 죄는 아니라는 것을 명심해야 할 것이다. 자신의 고유한 삶을 스스로 취하는 다르면서 매우 다양한 형태가 있는 것이다. 자살보다 훨씬 더 어리석으면서도 더 악의적인 것들도 있다. **타인**을 사악한 방식으로 죽이려는 얼마나 많은 시도가 있는지를 생각해 보라! 만일 죄의 용서가 있다면—이 다른 방식의 악한 행위에 대하여서도—그렇다면 자살의 죄도 당연히 용서받아야 하는 것이다. 자살이 용서받지 못할 행위라고 하는 견해는 시간의 유한성 속에서 일어난 최후의 행동이, 확실히 그것이 영원으로 넘어가는 그 경계에서 일어난 인간의 의지와 행동이기에,—그리고 그것이 최후의 것이기에—그의 영원한 삶, 그의 영원한 삶에 대한 하나님의 심판을 위해서 결정적이며 절대적인 기준이 되리라는 잘못된 전제에 의존하고 있기 때문이다. 하지만 이 심판에 대하여 우리 인간들의 어떤 한 행위나 의지가 결정적인 말을 할 처지가 전혀 되지 못한다. 하나님께서는 인간의 삶 전체를 보시고 그것을 판단하시되 특별히 하나님의 의와 그 자신의 긍휼을 따라 심판하시는 것이다. 그렇기에 그의 인생의 마지막 순간을 판단하시되 그의 삶 전체성의 맥락에서 그를 심판하시는 것이다. 정의롭게 생각된 자가 마지막 순간에 정의롭지 못한 자가 될 수 있으며, 신앙을 가진 자도 그의 마지막 침상에서 불확실과 혼돈의 바다에 빠질 수도 있는 것이다; 자살이라는 그런 죄가 없이도 말이다! 만일 거기 용서가 없다면 어떤 일이 일어날 것인가? 만일 그런 연약한 자를 위해서 용서가 있을 수 있다면 왜 자살한 자를 위해서는 아무 용서도 있어서는 안 되는가?

물론 하나님의 용서에 대한 기대가 죄를 정당화하는 것이거나 변명거리가 되어서는 안 된다는 것은 확실하다. 자신의 죄 가운데 죽는 자는 그것도 자신의 것이 아닌 하나님의 것을 스스로 취하는 그런 자살은 하나님의 계명을 거스르는 것이다. 죽이는 것만이 아니라 살해하는 것은 분명히 죄를 짓는 것이다. 이러한 일을 하도록 하는 허가라는 것은 하나님의 용서의 입장에서 가능한 것인지 물어본다는 것 자체가 오류이다. 오히려 우리는 더 철저하게 물어봐야 한다: 모든 죄를 용서하시는 하나님 앞에—바로 이 자살이라는 죄까지도—예수 그리스도 안에서 우리에게 자비로우신 하나님 앞에 이 자살이라는 것은 정말 하나님이 용서하거나 정당화하실 수 있거나 조금 아름답게 꾸밀 수 없는 그런 분노할 만한 일인 것이다. 진실하신 하나님의 면전에서 가진 인간의 자유는 자살을 할 수 있는 자유가 아님을 명심해야 한다.

지금 우리는 무엇보다 다음의 사실을 확실하게 하고자 한다: 우리가 자살이라는 것이 전적으로 우리의 고려사항이 아니고 버려져야 하는 것이라는 그런 명료하고도 확실한 자명한 생각은 오직 창조주이시며 생명의 수여자요 주님이시요 자비로운 그분의 복음과 신앙으로부터 가능한 것이지 결코 율법으로 가능해지는 일이 아니다. 그 이하의 다른 생각들 혹은 추상적인 도덕적 반론들은 이 자살이라는 생각을 충분하게 효과적으로 금지시킬 수 없다. 자신이 스스로 자신을 죽이려는 그런 생각에 감싸여 있는 그런 인간은 어떤 상황일지라도 결국 어둠에 휩싸여 있는 것이다. 그리고 그가 경험하는 그런 영혼의 고통은 하나님이 그에게는 가려져 있고 그가 지금 신적 버림의 무근거 속에 혹은—거기로부터 야기되는—무신론의 함정 속에 빠질 위험에 처해 있다는 것을 의미하며 자기 자신을 스스로 처리할 수 있다고 생각하는 그런 공허한 주권자로 자신을 보는 위험에 처해 있는 것이다. 그리고 그는 지금 어떤 근거에서 자신의 주위와 뒤 그리고 앞을 보면서 공허함에 빠져 있는 것이다. 왜냐하면 그 인간은 자기 자신에 대한 고유한 주권을 가지고 있지만 다른 것을 볼 수 없고 아무런 미래를 볼 수 없다고 생각하는 그런 자유를 가지고 있기 때문이다. 그런 그가 이제 삶의 마지막 순간이라는 찰나의 시간에 자신의 삶을 스스로 마감하고 싶은 그런 최후의 가능성을 본 것이다. 그리고 그것을 시도하려고 할 때 누가 무엇이 이 사람을 거기로부터 되돌려 놓을 수 있겠는가? 이상이나, 진지하지만 공허할 수밖에 없는 요구, 텅 빈 약속, 비록 그것이 성서로부터 취해졌다고 할지라도(흔히 자살을 금지하는 명백한 금지를 찾으면서), 아니면 명쾌한 도덕적 논증에도 불구하고 누가 그리고 무엇이 그 인간을 돌려놓을 수 있겠는가? 사람이 흔들리기 시작한다면—자신에 대하여 그리고 자신의 뒤 혹은 이전에 있던 모든 것에 대하여 공허해질 때—그럴 때에는 어떤 자명한 소리도 중요한 깨달음도 지나가고 이 자살의 가능성을 덮고 다시 새롭게 시작하게 하기에는 너무 어려운 일이 벌어지고 있는 것이다. 사람들이 오늘 이것을 잘 극복하더라도 내일 혹은 모레 다시 이 충동은 더 강하게 다가올 수도 있다. 이 가능성이 불가능성이 되는 것, 사람이 마침내 이 충동으로부터 벗어나는 것, 그것은 **율법**은 그 어떤 형태로라도 가능하게 할 수 없다.

이런 상태에 빠진 인간은 예를 들어서 그 자살이 이를테면 도피일 뿐이며 비겁한 짓이라고 말한다고 해도 그 자살로부터 벗어나지 못할 수 있다. 그렇다면 자살을 감행하는 것이 삶을 결정하는 것보다 더 많은 용기를 요구하는 것이 아니냐는 질문에 대답을 할 것인가? 만일 이 자신을 스스로 죽이는 자가 자살을 하나의 위대한 용기로 표현한다면 이것은 죽음을 극복한 한 예를 보여주는 것인가? 인간적 공동체는 인간의 삶에 대한 권리를 가지고 있지만 자살을 하려는 사람을 방해할 수 있는 권리는 가지고 있지 않다는 아리스토텔레스의 주장은 이런 생각과 유사하다. 그는 혹시 이런 삶에 대한 권한을 부질없게 만들 어떤 이유를 가지고 있을지도 모른다. 혹은 자신의 삶에 대한 상대적 권리를 주장하면서 자신의 길을 굽히지 않을 수도 있다. 그리고 만일 이러한 행동을 통해서 공동체가 제공하는 삶의 권리에 봉사하는 것이라고 생각한다면 그것은 무엇인가? 만일 내가 그렇게 자살을 택한다면 나는 나의 가까운 이웃들, 나의 친척들, 나의 동료들에게 무슨 일을 하는 것인가?라는 생각도 사실 지독한 고독 속에 홀로 남겨졌다고 생각하는 그 당사자에게는 큰 변수가 되지 못할 것이다. 만일 그가 이 일을 통해서 그들에게 봉사를 하고 있다고 생각한다면 그것은 어떻게 할 것인가? 자살은 결코 용서받을 수 없는 죄악이라는 그런 그리스도교적 주장은 죄를 회개하지 않으면서 죽는 많은 그리스도인이 있다는 그런 상황에 비쳐볼 때 그렇게 설득력이 있는 것도 아니다. 그리고 만일 이 자기죽음을 통해서 가장 통렬한 그리고 값비싼 그리고 효과적인 회개의 행동을 하는 것이라고 주장한다면 어떻게 할 것인가? 본회퍼가 다음과 같이 말한 것은 옳았다: "그 동기의 저급성이 그 자살을 버리도록 만드는 것이 아니다. 인간은 저급한 동기에서도 살 수 있고 더 고차원적인 동기에서 거꾸로 죽음을 선택할 수도 있다."

이 어둠 속으로는 오직 하나의 빛이 비칠 수 있을 뿐이다. 그것도 그 빛은 철저하고 승리의 빛이다.—"너는 살아야 한다!"가 아니라 "너는 살아도 된다!"이다. 이는 그 어떤 인간이 다른 인간에게 혹은 자기 자신에게 줄 수 있는 말이 아니라 오직 하나님께서 하신 말씀이며 또 우리에게 지금 계속적으로 하시는 말씀이다. 이 혼란의 원인은 언제나 하나님을 향해서 말하지 않고 하나님으로부터 듣지 않기 때문이다! 그렇기에 인간을 혼란스럽게 만드는 것은 언제나 율법의 길, 하나님 없이 스스로 자기가 걷는 길이다: 그는 반드시 살아야 한다. 그리고 이제 그는 살 것이다.—그가 그가!—살고 이제 확실히—그와 더불어서 스스로 그가 알든지 모르든지 이미 그는 혼란 속에 빠져 있는 것이다.—고독하고 스스로 모든 것을 처리할 수 있는 주권자인 것 같지만 사실 누구도 갖고 있지 않고 누구로부터도 듣지 않는다. 그는 단지 자신의 삶의 지속에 의한 욕구에 몰려가고 있지만 이미 그의 삶의 의지는 곤란 속에 빠져 있다. 그리고 그가 이제 어떤 동기에서 자신의 주변에 자신의 배후에 그리고 자신의 앞에 아무것도 있는 것이 아니라는 사실을 발견하게 된다면, 그가 살아야 한다는 것이 사실 무시무시한 사건이라는 것을 알게 된다면, 그리고 그렇게 살고 싶은 것이 사실은 희망이 없는 것이라는 것을 알게 된다면—그러고도 그가 지금 최고의 주권적 행동으로서의 최후의 가능성을 발견한다면, 그가 이제껏 그렇게 영광스럽게 주어진 것이라고 알았던 최후의 자유를 선택한다면, 즉 자신의 삶으로부터 자신을 자유롭게 하고 싶은 그런 것이라고 자신의 고유한 죽음을 바라고 그것을 실행하려 하면서 그래서 아무것도 더 이상 바라지 않고 이 모든 고통으로부터 벗어나는 것을 택한다면 그것은 무엇인가?

그렇다면 여기에서 무엇이 잘못되었는가? 복음서에 의하면 이 모든 것의 전제가 다음과 같다: 너는 살아야 하는 것이 아니라 너는 살 수 있는 허락을 받은 것이다! 삶이라는 것은 하나님으로부터 선물로 받은 자유인 것이다. 삶을 원한다는 것은 바로 이렇게 허용 받은 것을 의지하는 것이다. 인간이 주권적도 아니고 고독한 외로움도 아니고 단지 창조주이시며 삶의 주권자이시며 허락해주신 분이 항상 옆에 서 있다는 것 그리고 어떤 상황에서도 그가 우리의 위에 계시다는 것이 바로 삶이다. 왜 우리 인간은 그렇게 스스로 홀로 주권적이기를 원하고 스스로 그렇게 고독하기를 원하며 그 결과 스스로 홀로 텅 빈 공간 속에서 스스로 외롭게 고독 속에 자신을 의심스럽게 만들고 결국 자살을 생각해야 하는가? 이 모든 것—주권, 고독, 공허함, 의혹들, 자살—은 우리 인간이 스스로 살아야 한다고 생각할 때, 그리고 이것이 우리의 삶이 하나님의 선물이라는 사실을 잊을 때 생기는 것이다! 이 모든 부정적인 것들은 우리 자신이 스스로 만든 것이고 스스로 자신을 도우려고 할 때 생긴 것이며, 우리의 삶을 우리의 손으로 스스로 해결하려 할 때 생기는 짐들이며, 우리 스스로 스스로의 주인이 되려할 때 생기는 어려움이며, 스스로 의미를 만들어 나가려 할 때 생기는 것이고, 스스로 자신을 정당화하고 스스로 거룩하게 하고 스스로 구원하고자 하고 스스로 영광스럽게 하고자 할 때,

이 모든 것을 스스로 자기 자신이 뚫고 나가고자 할 때 벌어지는 일이다. 하지만 그는 자신의 입장에서 본다면 그는 근본적으로 무이다: 하나님이 그에게 은혜로운 분이신 것이다. 그렇다면 거기에서 무슨 결과가 나오는가? 그가 하나님이시기 때문에 너는 살 수 있고 그가 너에게 은혜로운 분이시기에 너는 살 수 있는 허락을 받은 것이다. 즉, 너는 다음의 사실을 단순하게 그냥 받아들여야 한다: 네가 아니라 하나님이 우리의 주권자이시다. 너의 삶에 대한 책임을 가지고 계신 분은 하나님이지 네가 아니다. 하나님은 그가 원하는 것을 만드시는 분이시지 네가 네 스스로 그렇게 해야만 한다고 생각하는 그런 것을 만들어 내시는 분이 아니다. 그분이 너의 삶을 목표로 인도해주신다. 너의 성공과 실패에 그것이 달려 있는 것이 아니다. 그는 정당화시키신다. 거룩하게 하시고 구원하시며 그리고 너를 영화스럽게 하신다; 이것이 너에게 요구된 것이 아니다. 너에게는 단지 너는 그의 도구가 되도록 허락하는 일이 요구되었다. 너에게는 단지 네가 순종할 것을, 너는 그의 자유로운 은혜를 받아들이고 그것이 역사하도록 그렇게 요구되었다. 그리고 너는 홀로 있지 않다. 너는 그에 의해서 너 주의 모든 것에서 그에게 포위되어 있음을 발견할 것이다. 그렇다면 우리는 우리 스스로 곤란해 해서는 안 된다. 네가 스스로 너의 삶이 얼마나 불행하고 얼마나 불완전하며 있으나 마나 한 쓸모없는 존재라고 생각할 수 있을지 모르지만 사실 너는 그렇게 할 수 없어야 한다. 하나님께서 계신다!—너는 그의 소유물이며 그렇기에 하나님의 천사가 너와 함께하며 그러므로 너는 용서를 받았고 도움과 희망이 항상 있으며 그것은 끊어질 수 없는 것이고 제한이 없고 거절이 없으며 그렇기에 너는 너의 삶을 스스로 버릴 수 없는 것이다. 살아야 하는 자로서 너는 이제—이 우리에게 억지로 주어진 반드시 해야 하는 의무에 무기력하게 그저 의존함으로써—이 새로운 생각에 이르게 된다: 너는 살 수 있는 자유로운 존재이다. 그래서 이 삶의 부정은 우리에게 아무런 질문거리가 되지 못하는 것이다.

    만일 하나님께서 스스로 인간과 더불어 말씀을 나누신다면, 그렇다면 그 사실이 이미 그 인간의 고통의 암흑 속에 비치는 빛이며 거기로부터 벗어날 수 있는 올바른 출구가 될 것이다. 하나님 자신, 참된 하나님, 예수 그리스도 안에서 인간에게 자비로우시며 항상 인간과 대화를 나누시는 하나님이 그것을 할 수 있다. 그 하나님이 인간과 더불어 대화를 나누신다는 그의 복음, 그의 자유와 화해의 복음, 이것이야말로 다른 모든 인간의 말과 구분되게 만드는 것이며 거짓 신과 구분되게 하는 것이다. 만약 이 말씀이 발해지고 들려진다면, 거기에는 자살이라는 것이 있을 수 없게 된다. 왜냐하면 그는 저주를 받았지만 이미 건짐을 받았기 때문이다.

    우리는 성서 아무 데에서도 자살이 명백하게 금지되지 않았다는 사실을 다루고자 한다. 이 자살을 도덕적으로 이해하고 그 면에서 생각하려는 사람들에게는 어려운 일이 아닐 수 없다. 하지만 성서의 세 가지 자살기사를 통해서 훨씬 더 놀라운 답변을 얻을 수 있다: 이스라엘의 초대왕인 사울(삼상 31:4f., 참고 KD II/2, 404-434), 압살롬에게 넘어갔던 아히도벨(삼하 17:23), 그리고 예수의 제자였던 유다(마 27:5f., 행 1:16f., 참고 KD II/2, 508-563). 열왕기상 16:18, 위소에 있는 왕궁에 불을 놓고 스스로 거기에서 왕궁과 함께 타죽은, 7일 동안 왕이 되었던 시므리는 여기에서 잠시 언급만 하면 된다. 성서에서는 시므리의 죽음이 자살로 설명되어 있지 않다. 반면에 위의 세 사람에 대해서도 단지 그들이 스스로 자신을 죽였고 그래서 그들은 죽었다고만 기술되어 있다. 다른 세 사람은 성서의 보도의 짙은 그림자 속에 가려져 있다. 시므리 역시 그 죽음의 방법을 제외하고는 그렇게 특별히 나쁘게 기술되어 있지 않다. 삼상에서 사울은 주로 그의 좋은 측면이 많이 기술되어 있으며 일정한 삶의 방식에 있어서도 가볍게 특별한 잘못이 없는 것으로 기술되어 있다. 반면에 그의 대적자인 다윗은 그 본문에 의하면 사울에 비해서 훨씬 더 과감하게 많이 죄를 지은 인물로 기술되어 있다. 아히도벨도 나쁘게 기술되어 있지 않고 아주 영리한 정치인으로 그렇게 기술되어 있다. 사무엘하 16:23, "그때에 아히도벨의 베푸는 모략은 하나님께 물어 받은 말씀과 일반이라. 저의 모든 모략은 다윗에게나 압살롬에게나 이와 같더라." 마찬가지로 유다 역시 사람들이 흔히 하는 것처럼 모든 악의 종합체가 아니라고 그런 방식으로 기술되어 있다. 예수께서 그를 사도로 부르시고 그를 선택하시지 않았는가? 그가 예수를 넘긴 것이 베드로가 세 번 예수를 부인한 것보다 훨씬 더 심각한 죄였던가? παραδουναι를 배신이라는 말로 도덕적이며 기술적인 개념의 언어로 번역한 것은 그가 행한 것과는 사실적으로 상응하지 않는다고 할 수 있다. 자신의 행위에 대한 올바른 공개적 회개, 자신의 죄에 대한 고백 그리고 그것을 다시 좋게 만들려는 노력 등의 시도가 유다에게도 주어졌다. 이 세 사람에게 놓여 있는 그림자는 인간의 판단이 아니라 신적인 심판의 그림자이다. 이 세 사람은 하나님의 자유로운 은혜에 대하여 죄인이라는 사실을 알 수 있을 것이다. 구약에서는 사울이 신약에서는 유다가 하나님의 자유로운 은혜의 계약의 역사 속에 그리고 그렇게 하나님의 심판의 역사 속에 특별한 예로서 등장하고 있는 것이다. 사울, 인간적으로 보아서 매우 존중할 만한 행동을 하고, 잘못한 것은 곧바로 회개하고 다시 새로워지면서 하나님의 주권을 인정하면서 왕으로 세워지려는 것이 아니라 마치 다른 이방인들처럼 자신이 스스로 자신의 주권을 강조하여 이스라엘의 왕이 되려 하여서 그것이 불가능하게 된 자—아히도벨은 그의 현명함은 지혜가 아니고 하나님이 선택한 자를 잘못 이해하여 그를 섬기기 시작한 것이 처음부터 모든 화를 자초한 것이 되었다.—유다는 예수의 제자 중에서 유일하게 예수에게 전적으로 자신을 다 맡기지 않고 얼마간 자신의 주체성을 유지하려는 결단을 내리고 그를 따른 인물이었다. 그렇기에 그는 결국 예수를 은 30에 팔게 되었고 역사의 수레바퀴를 움직이게 한 사람인 것이다. 예수를 처음에는 산헤드린 앞에, 빌라도 앞에 그리고 마지막으로 골고다로 가게 한 인물이다. 그러므로 예수 그리스도 안에서 나타난 하나님의 영광을 등지고 자신의 독자적 고유의 길을 찾은 가장 커다란 죄인인 것이다. 자신이 스스로 주인이 되고자 한 그것 때문에 그는 결국 멸망할 수밖에 없었다. 자살은 그의 길의 마지막이었던 것이다. 이 세 사람은 선택받은 백성 이스라엘이 범한 열두 사도 중에서도 찾을 수 있었던 죄, 곧 하나님의 자비와 신실하심을 부끄러워한 악의 대표적 인물이다. 이 죄를 위해서 그리스도께서 십자가에 달리셨고 부활을 통하여 그것을 없이하셨다. 예수 그리스도의 십자가는 바로 이 세 사람이 왜 자살의 길을 가게 되었는지를 보여주고 확인하고 계시하고 있다. 하나님의 은혜를 거부하는 자는 그리고 스스로 자신이 자신의 주인으로 살고자 하는 자는 그것의 끝을 사울이 자기 자신의 칼에 쓰러져 자살하면서 보여주는 것같이, 혹은 아비도벨과 유다가 한 것처럼 자살로 끝나게 된다. 인간의 하나님 앞에 짓는 죄가 얼마나 무겁고 거대하고 우리가 치르기 힘든 것인지를 보여주는 일이다. 바로 그 일을 예수 그리스도께서 그냥 버려두지 않으시고 보상하고 없애신 것이다. 자살로 드러나는 그 죄 안에서 인간은 하나님의 자비를 거역하고 있다. 이 죄는 예수 그리스도 안에서 하나님께서 인간에게 보여주신 그 자비를 거역하는 것이며 그것을 없애버리고자 하는 것이다.

자살에 대한 성서적 생각은 이러한 이야기 속에 드러난다. 성서는 간접적으로 그러나 훨씬 명료하게 어디에서 어떤 조건하에서 자살이 불가능하고 제외된 것이어야 한다는 것을 보여주고 있다. 하나님의 은혜로, 예수 그리스도의 십자가와 부활로부터, 하나님의 은총에 대항하는 인간의 죄가 단 한 번에 영원히 용서받고 사해지는 곳에서, 창조주이고 생명의 수여자이며 주님이신 그 주님께서 인간에게 생명을 허락하신 그곳에서 자살은 불가능해지고 제외된 것이다. 복음에서는 이 하나님의 긍정이 모든 사람에게 전파되고 모든 인간의 부정을 넘어서는 하나님의 반대가 선포되고 있다. 다른 그 무엇으로도 자살을 불가능한 것으로 만들지 못한다. 하나님의 입에서 나온 그 복음이 이 사실을 확정 짓는 것이다. 자살은 가능한 것이 아니다.

이제 우리가 자살의 모든 개별적인 문제 앞에서 분명하게 해야 할 것은, 이것이 사실이기도 한데, 교회가 이 복음을 하나님의 자유로운 은총으로부터 새롭게 자기의 것으로 만들어야 하고 그것을 언제나 새롭게 선포해야 한다는 것이다. 은혜로우신 하나님을 믿는 종교개혁적 신앙이 아니라 하나님이 계시다고 믿는 그런 일반적인 하나님에 대한 신뢰가 없고 부족한 오늘 우리 현재의 상황에서 더욱 그렇게 주장해야 하는 것이다! 전반적으로 봐서 가톨릭보다 개신교에 더 많은 자살이 있다는 사실은 로마 가톨릭교회가 자살에 대하여 아주 철저한 율법적 반대의 입장을 보이고 있고 부분적으로는 가톨릭교회가 다스리는 국가들의 사회학적 구조에서 비롯된다고 한다.

하지만 이 통계는 더 많은 질문을 던지고 있다. 1820년에서 1878년까지 독일의 거주민은 두 배도 늘지 않았는데 어떻게 그 사이 자살자의 수는 거의 네 배나 많아지고 있는가? 왜 게르만 민족의 자살이 다른 스웨덴이나 로마 족속과는 달리 비교할 수 없을 만큼 더 자주 일어나고 있는가? 또 라인이나 남독에 사는 사람보다 왜 중부독일에 사는 사람들이 더 많이 자살을 하고 있는가? 못 배운 사람보다는 더 많이 배운 사람에게 왜 자주 일어나는가? 겨울보다는 여름에 더 잘 일어나는 이유는? 이 모든 것에서 우리는 다음의 사안을 중시할 수밖에 없다. 외적이며 내적인 활동, 강화, 차별화, 그리고 복잡화: 또한 인간 삶을 이상화하고 신화화하는 것, 즉 현대 문화에서 찾아볼 수 있는 요소들로서 이것들은 비록 자살률이 증가하는 어떤 직접적인 원인이 되고 있지 않지만 적어도 그 안에서 자살이 더 선호될 수 있는 사회적 분위기를 만드는 것은 확실하다. 만일 나치를 현대 인간의 자율적 특성을 드러내는 것이 아니라 가장 그것이 극적으로 최고점에 도달한 것이며 그것의 가장 찬란한 번영이라고 이해한다면 위에서 언급한 그런 이유들은 충분히 이해가 된다.

하지만 이 모든 것을 이해하고자 하면서 종교 간의 차이를 통해 이해하려고 할 때 복음주의 교회가 그 선포와 교훈 그리고 현대적 발전에 적응하는 영혼의 상담 등에서 현대의 인간들이 지나치게 자신을 과신하고 그 결과 자기에 대한 실망이 깊어지고 그래서 자연스럽게 자기를 스스로 위험하게 만들어 가고 있을 때 그들을 충분하게 막지 않았다는 자성이 있어야 한다. 그런 이유에서 금세기 20년대와 50년대에 있었던 그토록 주체적인 현대인들의 피할 수 없던 대량 자살의 시도에 대하여 그토록 무기력하게 서 있었던 것이다! 교회는 이 자살을 금지시키는 말씀을 가지고 있다. 하지만 교회는 이제 다시 정말 효과적으로 여기에 대응하려면 그것을 말할 수 있는 법을 다시 배워야 한다.

그러므로: 복음으로부터 모든 스토아적 이성주의 출구는 닫혀 있다(exitus non patet)에 대항할 능력이 생긴다. 그리고 모든 현대의 감상주의를 극복하게 된다: 분명하게 말하건대 자유를 통한 자유로 선택한 죽음은 없다. 자살은 단지 비난받아야 하는 것이다. 물론 우리가 그리스도교적 근거를 대고 그래서 그 반대의 필연성과 효과를 말하기에는 우리의 힘이 부칠 수 있다. 하지만 그럼에도 불구하고 우리는 분명하게 그것(복음) 이외에는 다른 것을 가지고 있지 않다는 것을 명심해야 한다.

만일 이것이 확실하다면, 마지막으로 우리는 이제 **한계상황**에 대하여 고려해보아야 하는 것을 피할 수 없다. 모든 자기를 죽이는 행위 그 자체가 항상 바로 자살일 필요는 없다는 이 기억을 우리는 명심해야 한다. 자기를 죽이는 행위는 자신의 생명을 취하는 것과는 다를 수 있다. 그것의 의미와 구체적인 조망은 인간에게 명령된 자신의 삶의 **헌신의** 극단적 형태일 수 있다.

우리는 로마서 12:1의 말씀, "너희의 몸을 하나님이 받으실 만한 번제로 드리라"를 우리에게 대한 깨우침의 요구로서 읽을 수 있다. 그렇다면 특정한 자리에서 특별한 사람을 이미 제물로 드리도록 결정해 놓은 것이라는 요구를 의미한다는 것이나 우리가 우리 자신을 스스로 그렇게 죽여야 한다는 그런 이해는 여기에서 제외될 수 있는가? 우리는 골로새서 3:5의 말씀에서 "땅에 있는 너희 지체를 죽이라(νεχρωσατε)"를 볼 수 있다. 그렇다면 이것은 이를 한 특정한 인간에게 한 특정한 섬김의 방식으로 말 그대로 죽이라는 것을 문자적으로 받아들일 가능성은 존재하지 않는가?

은혜로우신 하나님께서 자신의 목숨을 포기하려는 그런 결정밖에는 없다고 생각하는 그런 인간과 직접 대면하시고 그와 더불어 갈등 가운데 존재하고 있다는 사실이 불가능하다고 생각할 수 있는가? 사람들이 하나님께서 자기에게 허락해주신 그 자유 안에서 그 죽음을 선택하고 심지어 그것을 고대할 수 있고 그렇게 해야 하는가? 사람들이 그런 비극적인 선택을 하는 것이 잘못된 자신의 삶에 대한 주권사상, 인간 현존재의 삶이 공허한 것에 대한 실망과 절망 속에서 그리고 궁극적이며 높으신 주님에 대한 생각이 없는 자기주장 속에서 하는 것이 아니라 과연 복종 속에서 그런 선택을 할 수 있을까? 과연 그럴 때 사람들은 본래 하나님에게 속했지만 인간에게 수여된 그 삶을 하나님조차도 이런 형태로는 다시 돌려 달라고 요구할 수 없다는 것을 알기나 할까? 만일 하나님이 정말 원하신다면 우리가 끝까지 소중하게 간직했던 바로 그 생명을 우리는 감사와 기쁨 가운데 우리 스스로 하나님에게 다시 되돌려 드리게 될 것이라는 것을 누가 반박하고 의심할 수 있겠는가? 모든 자기를 죽이는 행동은 결국 자살을 의미한다는 이 동일화가 과연 절대적인 것이라고 할 수 있는가? 오히려 우리는 자기를 죽이는 그런 행위가 어리석은 것이나 자살이 아니라 오히려 신앙과 하나님과의 평화 속에서 이루어질 수도 있다는 것이라는 점을 계산해야 하지 않을까?

이는 매우 위험한 질문이라는 점은 자명하다. 혹시 이는 닫힌 채로 남아 있어야 할 문을 다시 열어 놓는 그런 결과를 가져오지 않겠는가? 하지만 누가 어떻게 이 질문이 등장하는 것을 막을 수 있을까? 이런 생각은 이 어두운 길 외에는 다른 길이 없다고 생각하는 사람들에게는 확실히 하나님께서 허락하신 것일 뿐 아니라 남아 있는 유일한 위로라고 생각할 수도 있을 것이다. 만일 전쟁과 사형제도와 연관되어 있는 것이라면 다른 사람을 죽이는 이런 일들이 신적인 명령과 위임에 의한 것인지에 대한 질문을 그리 큰 망설임 없이 내세우는 그런 사람들은 다음의 질문에 격분해서는 안 될 것이다. 만일 사람들의 생명이 그토록 소중한 것이어서 그에게 그 어떤 상황에서도 그가 어떤 특별한 조건이 채워지는 한 다른 사람의 생명을 취할 수 있는 자유와 명령을 가진 것처럼 여겨지더라도 그것을 행해서는 안 되는 것인가? 죽임이 살인이 되지 않는 그런 한계상황은 왜 여기에서 질문되어서는 안 되는가?

사사기 16:30에 보면 그는 분명히 자신과 더불어 그 블레셋 사람들을 확실히 의도적으로 죽였다. 하지만 사울과 더불어 아히도벨 그리고 유다를 하나로 묶어서 보려는 주석들을 어떻게 이해해야 하는가? 삼손은 우리 기준으로 보기에는 확실히 문제를 매우 많이 제공하는 그런 인물이다. 하지만 구약성서에서 그의 이름이 가려지지 않았고 더욱이 신약에서도 히브리서 12:1 이하에 아브라함, 모세, 다윗, 사무엘 등 구름 같은 수많은 신앙의 산 증인의 하나로 인정된 사람이다! 그의 죽음은 확실히 자살이라고 볼 수는 없는 것이다.

우리는 바로 이 점에서 다음 두 가지 측면에 특별히 주의를 기울여야 한다. 하나는 이 한계상황들의 가능성을 용감하게 거부하는 것이 될 것이고, 두 번째 다른 측면으로는 이러한 한계상황들이 어떤 의미에서는 자연스럽게 주어진 것처럼 받아들이는 것이 될 것이다. 물론 이런 경우가 발생할 수도 있다. 하지만 이런 경우는 언제나 특별한 예외의 상황이라는 점을 동시에 명심해야 하는 것이다. 사람들 사이에는 로마서 12:1이나 골로새서 3:5처럼 자신의 삶을 제물로 드리거나 혹은 스스로 자신을 바치는 다른 경우들이 있을 수 있으며, 위에서 지금까지 생각한 그런 형태의 가능성은 전혀 고려하지 않은 채로도 그런 복종과 그 복종의 구체적인 적용이 있을 수 있는 것이다. 혹시 이런 삼손의 가능성이 한번 고려의 대상이 된다면, 이는 다른 가능성들이 다 충분히 고려되고 이것이 하나님의 의지라는 것이 확실히 증명될 수 있을 때, 그리고 그런 방식으로 실현될 수 있을 때까지 최후의 가능성으로 남아 있어야 한다. 이런 가능성을 완전히 버려도 좋은 것인가? 하지만 수많은 사람 가운데 어떤 한 사람이 아주 각별한 방식으로 이런 결정을 내리도록, 그것도 정당하게 그런 결정을 내리도록 부름을 받은 경우가 있지 않을까? (우리가 다른 이들의 생명을 취하여야 하는 경우를 말해야 할 때 우리는 이 문제를 다룰 것이다. 거기에서 이 문제는 아주 심각한 것으로 드러나게 될 것이다.) 이렇게 조심해야 할 것에는 사람들이 주의 깊게 명심할 것이 있다: (그렇게 생각하는 것이 아니라 실제로 그렇게 될 것이기에) 혹시 어떤 상황과 연관해서 단지 허락되었을 뿐 아니라 명령처럼 주어진 자살이라는 한계상황이 주어질 수 없을까라는 생각이 강하게 닥쳐올 때가 있을 수도 있다.—그런데 다른 한편으로 그런 상황들을 어느 정도 범주화하고 그에 대하여 법률 같은 것을 더 명료화하는 데 주의를 기울여야 하는 상황이 있는 것이다: 이런저런 상황의 여러 방식 안에서 한계상황이 실제로 존재하는 것이다. 만일 우리가 어떤 특정한 상황에 특정한 사람에게 실제로 자살할 수 있는 자유와 허락 혹은 명령을 하나님이 사람에게 주는 것을 허락한다면, 그래서 결국 그것은 자살이 되지 않는 것이라면, 그렇다면 우리에게는 어떤 상황에서 그가 이것을 어떤 경우에 하게 될 것인지, 어떤 상황에서 자기를 죽이는 일이 자살이 되지 않고 오히려 순종의 행위로서 생명을 존중하라는 하나님의 계명과 일치하는 행위가 될 것인지 생각할 여유가 없어진 것이다. 그렇게 하고 싶은 것은 인간이 경박하다는 표현이다.

암브로시우스는 안디옥의 근처에 있던 순교자 성인 펠라기아(Pelagia)에 대하여 아무 비판 없이 그리고 전적으로 열광적으로 설명하였다(De. virg. III, 7): 아무도 지키는 이가 없었지만 더욱 하나님에 의해 충만하여진(vacua pradesidio, sed Deo plenior) 그녀는 그녀를 박해하는 자들을 피해 도망치고 있었다. 그들은 그녀의 신앙을 빼앗거나 그녀의 처녀성을 빼앗으려는 자들이었다. 그녀는 자매들과 어머니와 함께 도망하다가 강가에 도달했고 더 이상 앞으로 갈 수 없었는데 다른 구원의 방식이 그녀들 앞에 나타났다: 우리가 무엇을 두려워하는가? 그렇게 그녀는 물었다. 보라, 저기 강이 있다. 누가 우리가 세례 받는 것을 방해할 것인가? 이 세례를 통해 죄가 용서를 받고, 하나님의 나라가 우리에게 주어진다. 이 세례 뒤에 이제 더 이상 누구도 죄를 짓지 않게 된다. 이 세례는 우리로 하여금 다시 태어나도록 하는 그 역사를 가진 물에 들어가게 한다. 우리는 하늘을 열어 놓고 약한 자를 덮으며 죽음을 감추는 그런 세례를 받게 한다. 여기에서는 순교자가 양성되는 것이다.(Quid veremur? inquiunt. Ecce aqua, quis nos baptizari prohibit? Et hoc baptisma est, quo peccata donantur, regna quaerunter. Et hoc baptisma est, post quod nemo delinquit. Excipiat nos aqua, quae regernerare consuevit. Excipiat nos aqua, quae virgines facit. Excipiat nos aqua, quae coelu, aperit, infirmos tegit, mortem abscondit, martyres reddit) 그녀는 하나님에게 기도했다. 그녀는 하나님께서 죽음에서도 그녀를 가족들과 다시 헤어지지 않게 하기를 위해 기도한다. 하나의 굳은 심정, 하나의 죽음, 하나의 무덤(Sed sit una constantia, una mors, una etiam sepultula) 옷을 모으고 손을 춤을 추듯이 위로 올렸다.(tanquam chores ducerent : 윤무가 시작되면서) 그러고는 강으로 뛰어들었다. 그 강에서 가장 깊고 가장 심하게 요동치는 곳에서 그녀는 마지막으로 소리쳤다: 그리스도께 이것을 나는 제물로 바친다. 먼저는 정절, 한창 길 위에서는 지도자, 고난 속에서는 동료였다.(Has tibi hostias, Christe, immolo, praesules, duces itineris, comites passionis) 하나도 의심할 것 없이 하나의 위대한 전설이다. 이와 유사하게 유세비우스, 히에로니무스, 크리소스톰(Euseb von Caesarea, Hieronymus, Chrysostomus)은 이러한 사정에서 여성 신도들의 자살을 높이 평가하고 있다. 아우구스틴(De civ. Dei I, 16-27)이 현명하게도 이러한 상황에서의 여성 신도들의 자살을 옳지 않다고 거절하였다. 여자의 육체적 정절이나 신앙 혹은 영적 그 가치 때문에 여성 신도가 각별하게 낯설고 죄악으로 가득찬 상태의 위협을 당하는 경우에서라도 자기 스스로 자신의 삶을 끊는 그런 결정을 긍정적으로 허락되었다고 말하는 것은 사실 불가능하다.(I.c.8.u.25) 그는 이 자리에서 결정적인 유보의 결론을 내린다.—그 여인들을 성인이라고 공표한 교회의 권위를 생각해서가 아니라 이 사태를 도덕적 관점에서 해명할 때도 그런 결정에 이른다: 만일 이들이 하지만 인간의 오해가 아니라 하나님의 명령에 따라 오류를 범하는 것이 아니라 오히려 순종하면서 그 일을 하는 것이라면?(Quid, si enim hoc facerunt, non humanitus deceptae, sed dicinitus iussae, nec errantes, sed obeidients?)

아우구스틴도 그 이외의 사람들이 그에게서 다른 것을 생각할 수 없었던 심슨을 기억한다. 그리고 사형해야 하고 그렇게 해야 당연한 것이라는 상관의 명령에 복종한 군인들을 그는 기억한다. 그런데 만일 하나님이 자신의 명령을 분명하게 우리에게 전하셨다면 누가 경건하게 그 명령에 순종한 자를 비판하겠는가?(Cum autem Deus iubet, seque iubere sine ullis ambagibus intimat, quis obsequiium pietatis accuset?) 만일 사람들이 "너는 죽여서는 안 된다!"를 읽는다면 그것이 명령이라면 그 명령은 수행되어야 한다. 특히 무시할 수 없는 권위를 가진 분이 명령한다면 지켜야 한다. 그리고 그런 명령에 대해서는 의심을 품어서는 안 된다는 것이 사실이다. 그렇기에 아우구스틴이 과거 교부들의 의견에 전적으로 충돌하는 그런 반대의견을 내놓은 것은 아니다. 고린도전서 2:11, "사람의 사정을 사람의 속에 있는 영 외에는 누가 알리요. 이와 같이 하나님의 사정도 하나님의 영 외에는 아무도 알지 못하느니라." 그리고 단지 다음과 같이 말할 수 있다: 단지 시간상 경험하게 될 어려움을 피하기 위해서, 낯선 죄의 위협 앞에서 불안하기 때문에, 아니면 자신에 대한 불확실성 때문에, 아니면 단지 죽음에 대한 막연한 그리움 때문에 사람은 누구도 함부로 자신을 스스로 죽여서는 안 된다. 오히려 이 자기를 죽이는 것은 사실 그 배후에 인간적인 동기만이 서 있는 것으로서 자기 멋대로 한다는 그런 입장에서는 살인에 속하는 것이다.

오늘날 우리 시대에 다시 예민해진 이 질문을 이 두 가지 측면을 충분히 고려하지 않고 결정하려는 것은 좋은 것이 아니다: 고문을 받아서 자신의 친구나 선한 것을 배신할 수 있을 위험에 있거나 아니면 직·간접으로 신앙을 배신할 수 있는 그런 위험에 있는 자는 스스로 자신을 죽일 수 있으며 그렇게 되어야 하는가? 만일 하나님이 그에게 그렇게 할 자유를 주셨다면 그는 그렇게 할 수 있을 것이다. 그리고 만일 그가 그렇게 할 수 있다면 그는 의심을 가지고 그렇게 하는 것보다 자유로운 양심을 가지고 그렇게 할 수 있을 것이다. 하지만 이러한 자유는 그런 상황에서라도 거의 주어지지 않는다. 이 양자에 대한 유보가 다른 경우에는 더 정당하다. 어떤 때는 이러한 한계상황이 주어질 수 있다는 것이 더 그럴듯해 보이고—아니면 거꾸로 말해서 그 안에서는 제삼자가 볼 때 그 가정이 올바른 것 같이 보이지 않을 것 같은 충분한 이유가 있는 그런 한계상황이 있기 마련이다. 인간적 근거들의 경중이 이 사태를 결정하는 것이 아니다. 삼자가 말하는 것, 그것이 들려지고 인식되고 다시 거절될지라도 이 양자의 반론들을 다 들은 뒤 단지 우리가 최후로 들어야 할 것은 하나님의 결단뿐이다. 인간의 자기 자살에 대해서 반대하는 의견도 있고 찬성하는 의견도 있을 수 있다. 아우구스틴은 옳은 답을 내었다: 하나님의 명령—그가 이렇게 혹은 저렇게 그 해석을 내리더라도—은 반드시 그렇게 혹은 저렇게 들려져야 한다.

이러한 한계상황의 가능성은 다름 아니라 바로 하나님의 가능성이었을 것이다. 그리고 그 누구도 이런 절망적인 선택이 그를 위해서 주어진 것이라고 설득해서도 그리고 당해서도 안 된다. 만일 누가 이런 결정을 하도록 설득하려고 한다면 이는 이미 이성적으로도 아주 가련하고 경솔한 일이 될 것이다. 그것은 단지 인간에게 말해질 수 있을 뿐이다. 만약 그에게 그렇게 말해지지 않았는데 그가 그렇게 **스스로를 죽이는** 일을 한다면 그것은 자살이다. 물론 하나님께서는 그것을 용서하실 수도 있을 것이다. 하지만 그런 행동을 한 그 인간은 그 때문에 죄인을 용서하시는 자비로우신 하나님에 대한 신앙 안에서는 자신의 머리를 들고 하나님을 만날 수는 없을 것이다. 아마 이 문제에 대하여서는 이러한 경고가 우리의 마지막 말이 되도록 하는 것이 더 좋을 것이다.

우리는 하나님의 계명에 대한 복종 가운데 가능한 규범과 한계상황 사이의 관계에 대한 질문을 가지고 한 사람이 다른 사람을 **죽이는** 그런 상황에 대한 고찰을 할 차례이다. 앞에서 이미 우리는 이 모든 질문이 상황이 복잡해질수록 점점 더 예리해지고 신학적으로도 말할 것이 많다는 것을 보았다. 혹시 이 상황에서 자기 스스로 목숨을 버리는 것, 자신의 고유한 목숨을 바치는 것이 될 수도 있다. 그런데 어떻게 타인의 생명을 제물로 드리도록 하는 것이 올바르고 우리에게 주어진 가능성이라고 생각할 수 있게 되었는가? 우리 사람들이 스스로 타인의 생명과 죽음에 대한 심판자로서 등장한단 말인가? 인간이 삶이 얼마나 존귀하고 거룩한 것인지를 생각해야 하지 않은가! 더욱이 한계에 부딪힌 다양한 생각과 연관해서 어떤 유보점이 필요한 것인지를 생각해 보아야 한다!

여기에서 살인이나 **치사**라는 범죄의 일반적 시민법의 관점에서의 의미를 말하는 것은 불필요한 것인가? 분명한 것은 우리가 마태복음 5:21-26에서 확인된 것처럼, 비록 그것이 그렇게 계획 속에 있지만 실행에 옮겨지지 않았을지라도, 동료 인간의 생명을 노리는 범죄자의 가능성이 어떤 형태로든 모든 사람 안에 이미 주어져 있을 수 있다는 사실의 가장 원초적인 의미를 기억하는 것은 필요하다: 하지만 대부분의 경우 하나님의 계명에 의하여 이것이 억제되고 현실화되지 못하는 것인가? 아니면 단지 그 상황 때문에 그렇게 억제되어 있을 수도 있으며 또한 습관이나 계약 혹은 벌에 대한 두려움 때문에 그렇게 억제되어 있는 것인가?—여하튼 인간은 이런 범죄에 쉽게 빠질 수 있는 계기를 가지고 있다.

엄청나게 비극적이며 소스라치게 무서운 상황을 야기하는 전쟁이 과거 모든 기간에 걸쳐 개인이나 국민들에 의하여 승인될 뿐 아니라 어떤 경우에는 흥분 속에 받아들여지고 또 열광적으로 치러졌다는 그런 놀랍기만 한 인간의 가벼움은 어이가 없는 일이 아닐 수 없다. 제2차 세계대전에서 스위스에서 생겨났던 배신자 처형을 위한 총살대원으로 많은 사람이 자원해서 하고자 했다는 사실은 놀라운 일 중의 하나이다. 이것을 우리는 어떻게 해석할 것인가? 마치 사람들이 도스토예프스키로부터 아무것도 배우지 않은 것처럼 지난 십년간의 경험은 사람들이 평균적으로 이 부분에서 어리석어져 버리는 것 이상을 기대하지 못하도록 만든다. 여기서 작동하는 부정적인 요소들, 우리 마음속에 있는 히틀러는 거의 모든 경우에서 다시 확인되고 있다.

인간은 인간에게 늑대이다.(Homo homini lupus) 우리는 인간성 내부에 너무 깊이 뿌리박혀 있으면서 거의 근원적으로 악하다고 할 수밖에 없는 성질, 타인을 죽이는 것을 좋아할 뿐 아니라 언제나 그것에 준비된 성격을 가지고 있다. 타인의 생명을 살해하는 그런 고의적인 살인자는 누구나 다 될 수 있고 단지 그 속에 늑대가 언제 튀어나올 것인지가 문제이다. 그런 충동이 사람에게 변명거리가 되지 못한다. 충동으로 범죄를 저질렀다는 변명이 법적인 심판을 피할 아무런 이유가 되지 못한다는 것은 자명하다. 하지만 이런 내면의 문제는 그의 범죄가 타인들에게도 찾을 수 있을 수도 있었다는, 즉 모든 사람이 잘못을 할 수 있다는 그런 비판을 품고 있다. 왜냐하면 그를 둘러싸고 있는 사회가 어쩌면 그의 내부에 갇혀 있던 늑대가 터져 나오는 데에 일조를 했다는 것뿐만 아니라 그 늑대가 피해자 말고 또 다른 사회의 구성원에게는 그저 좋은 일로만 비칠 수 있기 때문이다.

여기서 우리는 생각해 보아야 할 다른 면이 있음을 보게 된다. 그 어떤 사람도 더 정확히 말해서 그 어떤 범죄자도 그 마음 안에서 작용했던 늑대와 일치되지는 않는다는 것이다. 그 범죄가 그의 본성이라고 할 수 없다. 그 범죄는 인간의 타락에 속한 것이다. 사람들은 누구나 혹 어둡고 불분명하지만 때로는 매우 자명하고 선명하게 인간의 생명을 존중하도록 규정되었고 그런 경향을 타고났다는 점, 그래서 인간이 누구를 죽이려고 하는 것보다 훨씬 더 근원적으로 이러한 경향이 있다는 것을 알고 있다. 이런 점에서 인간은 악하게 피조된 것이 아니라 선하게 피조된 것이다. 근본적으로 인간은 타인의 생명이 거룩하고 지켜질 권한이 있다는 것과 그래서 타인을 죽여서는 안 된다는 것을 알고 있다. 그럼에도 불구하고 그가 타인을 살해한 경우 그것도 매우 악한 범죄로서 그리고 잔인하게 살해한 경우—빵과 돈에 대한 갈망 혹은 성욕적인 갈망과 질투 혹은 복수로서 아니면 죽이는 데에 따른 쾌락을 느끼면서—이 모든 경우에 그는 언제나 자기 자신을 정당화시키려는 그런 시도를 하지 않고는 타인을 죽이지 않는다. 마음속의 늑대가 튀어나오는 것은 직접적이지 않고 그가 그 한계상황을 주어진 어쩔 수 없는 것으로 여기는 순간, 그런 경우 그 늑대는 울부짖고 그는 이 늑대가 튀어나올 수 있도록 하게 된다. 그가 이 한계상황을 전제하고 스스로를 정당화시키는 그 방식은 그를 범죄적 살인자로 만드는 것이다.

살인과 과실치사 사이의 구별, 즉 이미 고의로 의지를 가지고 살인한 것과 그렇지 않고 고의가 아닌 살인 사이의 구분은, 비록 그것이 시민사회에서 형법의 집행에 있어서 상대적으로 중요한 것으로 받아들여진다고 해도, 여전히 윤리적 측면에서는 아무런 의미가 없는 법적인 소설에 불과하다. 냉정하게 죽였는지 혹은 매우 흥분한 상태에서 죽였는지의 차이는 속도의 차이라고 할 수 있다. 고의가 아닌 살인은 법적으로 보다 가볍게 판단될 수 있다. 그가 어떻게 죽여야 할 것인지를 짧게 생각한다는 점에서 그렇다. 그리고 오랫동안 그를 어떻게 죽일 것인지를 생각해 왔다면 바로 그에게 법적으로 보다 중죄를 선고할 수 있다.

그가 살인을 해서는 안 된다는 것을 알면서 (오래 혹은 짧은 반성 뒤에) 자신의 특별한 경우에는 한 인간을 죽이는 것이 살인이 아니라 정당하고 필연적이며 특히 자신의 경우에는 피치 못할 이유가 있다고 생각하면서 그 사람의 존재가 타인들에게 짐이 되는 자라면서 그의 생명을 끊어주는 것이 모든 사람을 좋은 것이라고 스스로 정당화하는 그런 행위가 그를 고의로 누구를 죽이는 그런 살인범으로 만드는 것이다. 그렇기에 이렇게 의지적인 죽임은 그에게는 도덕적 행위이다. 고의적 살인범과 살인자로서 그의 정체성은 바로 그가 자신만의 (잘 정리되었거나 아니면 급작스러운 영감에 의존하는) **개인적인** 도덕을 갖고 있다는 것이다. 개인적인이라는 단어는 privare에서 왔다. 그는 자신의 생각에서 볼 때 그 사정을 바라는 바에 맞추어서 구성된 그런 한계상황을 가지고 있다. 그는 진짜 문제가 무엇인지 모르고 자신의 행동 동기의 방종에 정당성을 덧붙임과 동시에, 자신의 동료 인간들에 대하여 자신이 스스로 법을 제정해 주는 자로서 재판관과 심판관으로 행동을 하는 것이다. 그래서 그는 그 늑대가 뛰어나가게 했다. 자신의 개인적 도덕을 세우면서 그 한계상황에 대한 그의 자유로운 판단 가운데 그리고 스스로 정당성을 가진 것으로 주장하면서 그는 범죄에 빠지고 그는 잘못을 저지르는 자가 되며 그는 그가 되고 싶지 않은 그런 사람이 되는 것이다: 한 사람의 살인자이다.

우리가 그 살인자에 대하여 말하는 것은 그의 실존이 경고를 더 강화하기 때문인데, 그 경고하에서 우리는 이제 문제들에 더 가까이 다가설 수 있게 되었고 그것을 해명해야 한다. 우리가 그 살인자들에게 저 어두운 요소들 때문에, 즉, 모든 사람의 마음 속에서 작동하는 것으로서 때로는 우리가 거기에 가까이 있고 또한 그 우리로 하여금 그런 경향 때문에 문제들을 너무 쉽게 생각하고 있다는 점을 명심해야 한다. 만일 우리가 그 한계상황에서 주어진 어쩔 수 없는 것처럼 보이는 환경으로 더 그럴듯하게 설명하고자 한다면 우리는 그 살인자의 이웃이 될 경우가 많아지고 더 위험한 이웃에 자기를 맡기는 것이 될 것이라는 것을 명심해야 한다. 만일 우리가 특별히 규정된 조건하에서 그 인간을 통하여 인간을 죽이는 사안이 저지되지 않고 오히려 그런 경우 더 가능해지도록 열린다면 그것은 어찌되었든 privare, 우리의 문제 많은 그리고 부적합한 탐욕을 근거로 해서 그 한계상황을 우리 뜻대로 구성하고자 하는 것, 우리 자신을 도덕적 유아론에 근거해서 도덕을 결정하는 주체로서 내세운 시도가 될 수 있다. 그렇다면 우리는 우리의 시민사회의 법을 가지고 이런저런 이유에서 결국 범죄를 돕고 하나님의 계명을 죄로 정죄하는 어리석은 일을 하게 되는 위험에 놓인다. 우리를 그 잘못된 유혹에 빠지는 것으로부터 구별되게 하는 그 길은 머리카락 하나 차이로 구분이 되는 것이어서 그것을 위반하게 되는 것이 너무 위태할 수 있다! 하지만 더 철저하게 우리가 숙고한다면 그것은 우리로 하여금 그 매 순간 위험할 때에도 진리 곁에 머무를 수 있도록 한다: 모든 다른 가능성의 한계의 밖에서는 언제나 하나님의 계명에 대한 순종에서도 조차 인간이 인간을 통해 서로 죽이는 그런 일이 일어날 수 있다.

―――――

우리는 이러한 문제의 첫 번째 유형으로서 **임신중절** 혹은 **낙태**를 말할 수 있다. 임신을 하고 그래서 아이를 기다리게 되는 상황이지만 다양한 이유에서 그 아이의 출생과 생명을 피하려 하거나 두려워해야 하는 때 이 문제가 발생한다. 여기에는 다양한 사람들이 관여되어 있다. 먼저 어머니이다. 그녀는 이 임신중절을 바랐든 아니면 허락했든 간에 이 일을 행한 자이며, 그녀에게 그 임신 상황에 대한 정보를 제공해야 하는 분만유도사, 그리고 중절 사태의 의학적이며 기술적인 자문을 주는 의사, 그리고 궁극적으로 함께 책임을 져야 하는 아기의 아버지, 가족 그리고 그 중절을 허락하고 요구할 뿐 아니라 가능하게 하고 좀 더 포괄적인 의미에서 그가 속한 사회의 방식과 정신에서 이 일을 처리하고자 하는 모든 사람, 더 간단히 말하자면 법적으로 이를 허락할 모든 사람이 여기 관여되어 있다. 중절에 이용되는 그 기재에 대한 질문은, 때로 매우 원시적인 도구들이 이용될 수도 있고 좀 더 세련된 것이 있을 수도 있지만, 근본적으로 우리의 관점에서 볼 때 이차적인 것이다. 우리가 여기에서 먼저 확인해야 할 것은 이 다양한 그룹들이 모두가 직·간접적으로 아무런 저항 없이 **인간을 죽이는 일을 허락**하고 있으며 그것에 **참여**하고 있다는 것이다. **태어나지 않았지만** 태 속에 있던 그 아이는 분명히 그 첫 번째 단계에 있던 아이이며 비록 자족적이지 못하다고 하더라도 여전히 인간이고 세포덩어리나 그 무엇, 혹은 어머니의 태 속의 다른 한 부분이 아니라 한 독자적인 인간인 것이다.

모든 태아는 자기의 고유한 법칙성을 가지고 있으며 자신의 뇌, 신경계 그리고 순환계를 가지고 있다. 산모의 상황이 이 태아에게 영향을 미치듯 심지어 또한 그의 생명은 산모에게 영향을 미치기도 한다. 이 태아는 자신의 병을 갖고 있기도 하다. 거꾸로 산모는 심각한 병을 갖고 있지만 이 태아는 완전히 건강할 수도 있다. 산모는 더 살 수 있지만 태아는 죽을 수 있다. 산모가 죽고 난 뒤에도 어느 시간까지는 이 태아는 살아 있을 수 있으며 만약 올바른 시간에 올바른 개입이 이루어지면 그 태아는 다시 살 수 있다. 짧게 말해서: 그는 그 자신만의 생명인 것이다.(나는 이것을 Charlot Stasser, *Der Arzt und das keimende Leben*, 1948, 참고: Alfred Labhardt, *Die Abtreibunsfrage*, 1926에서 배웠다.)

다음과 같은 문제를 더 심각하게 생각해 보아야 한다: 이 태아를 죽이는 자는 한 사람을 죽이는 것이며, 이는 우리 주변의 타자의 생명을 가지고 그의 삶과 죽음을 정하려는 무시무시한 일을 저지르는 것인데 그 생명은 우리의 것이 아니라 하나님의 것이었던 것이다. 만일 우리가 우리의 행동을 통해서 시간적으로 우리 동료 인간의 삶에 마지막 말을 하려고 한다면 우리는 반드시 하나님이 우리에게 허락하신 그 계명에 맞추어서 행동을 해야만 하는 것이다. (그리고 과연 그것이 그러한지 반드시 되물어 봐야 한다.) 이 임신중절에 관여된 자는 반드시 이 질문에 응답해야 한다.

여기에서 우리는 무엇보다도 먼저 하나님께서 "중지"를 외치시는 그 계명의 음성에 귀를 기울어야 한다. 그 중지명령을 우리는 들어야 하는 것인가? 그렇게 할 수 있고 그렇게 해야만 하는 것인가? 무엇이 한 어린 생명의 탄생을 거부하는 권리를 가지고 있으며 그 반대로 그 어린 생명의 탄생을 허락할 수 있는가? 무엇이 그 산모나 다른 사람들에게 그 아이의 생명을 취하게 될 경우 사형으로 벌을 줄 것이라고 그렇게 그들을 협박할 수 있는가? 전혀 자신을 지킬 수 없는 그 처지가 이미 질문을 제기하지 않는가? 누구를 그가 죽이고 있는가? 누구의 미래를 빼앗고 있는가? 태어나서 빛을 보기도 전에 어머니와 다른 이들이 그의 손에 자기를 지킬 수 있는 수단을 주기도 전에, 그리고 삶의 의지를 불태우기도 전에 먼저 그를 누가 죽일 수 있는가? 하나님의 아들이 위해서 죽으신 그 인간은, 전체 인간의 죄책에 필연적으로 동참하여 있으며 아직은 아니지만 미래에 저지를 죄책을 위해서 예수 그리스도께서 죽으심으로 구원하신 그 인간은 바로 이 어린이이기도 하다; 어머니의 태 속의 어둠 속에 누워 있는 그 아이에게 바로 그리스도의 참된 생명의 빛이 비친 것이다. 그런데 계획적으로 그 태아를 죽인단 말인가? 그 태아가 차라리 태어나지 않았으면 좋았으리라는 어떤 조건, 그 태아가 어떻게 할 수 없는 무조건적인 그런 조건 때문에 그 태아를 죽인단 말인가? 이런 중절을 정당화할 그 어떤 조건일 있을 수 있는가? 그 질문의 가장 심각하고 예리한 의미가 들려지지 않았다면 이 문제에 대한 어떤 토론에서도 그 어떤 의미 있는 결론을 기대할 수 없을 것이다.

중세기에서는 임신중절을 이미 살인이라고 규정하고 처벌했다는 점에서(18세기 중반까지) 이미 옳은 가정을 가지고 시작한 것이라고 할 수 있다. 실제로 수많은 경우에 살인의 특성을 가진, 무책임하게 아무 생각 없거나 사악하다고 할 수 있는 성격을 가진 것으로서 거기에 참여한 한 사람 혹은 많은 다른 사람들이 의식적으로 사악한 게임을 하는 것 같던 그런 행동이 문제이다. 만일 그 옛 시대가 이 사안에서 (어린이 살인이라고 붙였던 이름대로) 심판하고 대처했던 그 엄정함은 단지 매우 조금 올바른 것이었을 수 있으며 이미 그 당시에 상대적으로 적은 책임이 있는 자에게는 지나치게 힘들었고 상대적으로 더 많은 죄를 지은 자는 정확하게 다스리지 못하였다. 이 엄격한 자세가 백성의 의식에는 겨우 조금 영향을 미쳤을 뿐인 반면 더 후기의 기억 속에서는 범죄를 막는 효과적인 댐의 역할을 했으면 좋을 뻔하였다! 그런데 유감스럽게도 그런 일이 일어나지 않았고 내적으로 그 힘이 떨어지는 것처럼 외적인 힘도 쇠잔하고 말았으며 그 위법이 오히려 그 땅 전체를 휩쓸고 말았다.

그리고 거의 끔찍한 볼 만한 것이 여기 있는데 로마교회가—여자에 대한 매우 극단적인 요구에서도 절대로 조심스럽지 않았던—점 하나도 오늘날까지도 변하지 않게 하고 있다는 점이다. 1930년의 백과사전인 *Casti connubii* 안에서(Enz. 2242 아래) 의도적인 낙태(abortus)를, 그것이 이미 근거된 것처럼, 절대적으로 부정하면서, 즉 절대로 하지 못하게 해놓고, 그 정신에 따라 독일의 러시아 침공으로 인해 1945년 강간당했던 그 수녀들에게조차 낙태를 금지시키면서 그녀들이 그 고통으로부터 벗어날 수 있는 길을 철저하게 막았던 것이다.

로마 가톨릭교회의 이러한 자세는 후에 벌어지는 두려운 일들과 비교해서 의심할 여지 없이 매우 감동적인 것이다.—즉, 근세시대 이후 문화적 민족이라는 칭호를 받고 있는 그 국민들 사이에서 발전하여 어느덧 일종의 관습이 되어버린 은밀하게 아니면 공개적으로 일어나는 대량살상과 비교해 보면 그러하다. 현대인들의 모습이라고 할 수 있는 사회적이며 심리적 특징으로부터 흔히 비교회화로부터 그리고 현대 대중들의 이교화로부터—그리스도교 시대(corpus christianum)라는 시간들은 이제 아주 지나간 과거가 된 것 같다.—이 일들의 전부가 아닌 일부를 해명할 수 있을 것이다. 이 낙태라는 사태는 돈이 있거나 없는 자, 심신이 박약한 자나 그렇지 않은 자, 돈도 많고 잘살고 있는 자나 그렇지 못한 자 모두에게 해당될 뿐 아니라 이 세상에서만 찾을 수 있는 것이 아니라 교회 안에까지 아주 깊이 침투한 것으로 보인다. 이것은 이제 단순한 사실이 되었다. 거의 모든 경우에 인위적인 임신중절이 있고 아마 이는 인간의 생명을 죽이는 것이라고 할 수 있다는 어느 정도 이런 진행을 막을 수 있을 것 같은 통찰은 (그 사이 그 사태의 생물학적 인식을 지나쳐서) 그 사회의 넓은 범위에서 스스로를 저주하는 것처럼 보인다. 여기에서 (낙태란 현실은) 의식적인 살인의 가능성이 마치 어떤 곤란한 지경에서 정보나 도움 정도로 여겨지거나 아니면 다른 것과 마찬가지로 그저 곤란한 수술을 하는 것과 같이 여겨지기도 하는 것이다. 한마디로 말해서 인간은 그 수술을 하고 있다. 공식적인 통계는 얼마나 많은 사람이 이 낙태를 했고 지금도 하고 있다는 것을 보여주고 더 나아가 이 숫자는 아마 현실의 숫자보다 훨씬 적을 것이라고 생각하게 만든다. 단지 법적 규제가 일어나고 도입되면 결국에는 효력을 발휘하게 될 것이라고 생각된다. 그 결과 그 숫자는 다소 잠잠해질 것이라고 임시적이라도 희망할 수 있을 것이다.

그렇다면 이 사태를 규정짓고 결정하는 데 효과를 발휘한 것 가운데 그것이 그렇게 자리를 잡을 수 있도록 어떤 실수가 있었고 어디에서 잘못되었는지를 물을 수 있다. 이런저런 상황에 몰리고 난폭하게 위협당하던 그 여인들의 도덕, 아니면 비도덕적 태도에 문제가 있었는가? 혹은 거기에 참여했던 그 남성들의 무개념 혹은 난폭성 때문인가? 혹은 부부 모두가 편하고자 하는 그런 어리석은 제안 때문인가? 혹은 의사들이 개념 없이 비양심적이기 때문인가? 아니면 미숙아가 더 많이 생겨나기 때문인가? 혹은 개인적이거나 집단적인 책임의식이 약해지기 때문인가?

분명한 것은 누구라도 이러한 현상에 대해서 눈감을 수 없다는 점이다. 전체적으로 일어나는 이런 발전에 대하여 긍정하는 것은 불가능하다는 것은 확실하다. 하지만 또한 가톨릭교회가 가진 추상적인 부정의 방식, 그 교회가 이전의 시대에 말했던, 그리고 오늘날 가톨릭교회가 이 사태에 대하여 말하게 되는 유일한 방식이지만 이 분야에서 효과를 기대하기에는 너무나 제한적이며 무기력해 보인다. 율법을 선포하는 것이 여기에서 그 어떤 효과를 기대하도록 만들기는 어렵다.

물론 임신중절을 일단 부정하는 것으로 시작하는 것을 전제로 가져야 한다는 것은 자명한 것이다. 그렇지만 다음과 같은 질문도 동시에 일어난다: 이 부정은 어디에서 어떻게 근거한 것인가? 이것은 어떻게 말해져야 하며 실제적으로 적용될 수 있는가? 이 부정이 어떻게 유효한 것으로 우리에게 나타날 수 있는가? 임신중절 시 가장 심각하게 질문해야 할 것이지만 경솔하게 시행하기 때문에 등장하게 될 인간의 삶의 거룩함을 버리는 그런 어리석은 실수에 대항하여 단지 다음의 사실만이 도움이 될 수 있다: 모든 인간적 생명의 비밀 앞에서 항상 새롭게 시작되는 경외감의 힘이 바로 그것이다: 이는 창조주이자 생명의 주이고 생명의 수여자이신 하나님께서 인간에게 수여하신 것이라고 할 수 있다. 만일 임신중절에 대하여 어떤 가능성을 생각해야 한다면 그것은 하나님이 주신 생명의 비밀에 대한 경외의 관점을 유지한 채로 한계상황이라는 전제하에 고려해볼 수 있는 것이다. 실정법으로 막는다든지 시민사회의 도덕적 그리고 다양한 정신적 교양의 힘으로 임신중절을 막고 생명의 고귀함을 가르치는 것은 결코 쉽지는 않은 일이다. 그리고 개신교 내지 가톨릭교회의 영향권 내에서도 생명의 경외감을 지키는 그런 일은 쉽지 않을 것이다. 하나님의 계명은 오히려 그의 은총으로부터 나오는 것이다. 이 하나님의 계명은 인간을 어떻게 살아야 한다는 규정 속으로 부르는 것이 아니라 그렇게 살 수 있다고 하는 허락의 자유 속으로 부르는 것이다. 어떻게 살아야 한다고 규정된 삶을 사는 인간이라면 그는 삶을 진정으로 존귀한 것으로 생각할 수 없을 것이다. 자신의 삶만이 아니라 타인의 삶도 그럴 것이고 아직 태어나지 않은 태아의 삶은 말할 나위도 없을 것이다. 삶이라는 것을 살아도 된다고 허락받은 것이 아니라 그렇게 해야 한다는 그런 명령으로 이해한 사람에게는 삶 그 자체에 대한 이해와 그것을 추구하기 위한 차별이 상실되어 있다. 그에게는 이미 그가 가지고 있는 그 자신의 현재가 그를 짓누르고 그를 압박하고 있는 것이다. 그는 자신의 삶을 오해하여 근본적으로 자기에게 적대적인 그 삶에 대하여 자기를 지킨다거나, 혹은 그 삶에 대하여 가끔 스스로 적극적으로 개방적이 되거나, 그것에 자신을 투사하여 열심히 무엇을 해야 하는 그런 것으로 인식하여 아직 태어나지 않은 삶은 현실적으로 인간의 삶이라고 볼 수 없다고 규정하고 그 태아를 보존하거나 어떻게 할 수 있는 권리가 자신에게 있다고 오해할 수 있는 것이다. 인간적 삶이 무엇인지 이해하고 자신의 삶을 소중하게 생각하는 자로서, 임신중절을 승인하고 그 과정을 따져 실행할 때 자문을 구하게 될 어머니들과 아버지들, 충고를 주었던 사람들과 의사들, 입법자들과 법관들은 그 태아들의 생명에 대한 결정을 해야 할 자신들조차 인간들임을 이해할 때 그들은 올바르게 생각하고 행동하게 된다: 즉, 인간적 삶이 반드시 무엇을 해야 하는 당위에 짓눌린 자가 아니라 허가받은 자유를 가진 자라는 인생관을 갖는 것이 중요하다. 삶은 자유이며 은총이다. 그렇다면 그는 삶 때문에 자신의 삶과 갈등에 빠지지 않을 것이다. 자신의 삶뿐만이 아니라 타인의 삶과도 그럴 것이다. 그렇게 이해한다면 사람들은 자신의 인생을 살아갈 때 그 인생에 편리함을 최우선의 가치로 놓지 않을 것이다. 그리고 또한 조그만 한순간이라도 그 삶과 갈등을 갖고 그것에 저항할 생각을 하지 않을 것이다. 긍휼을 믿으며 사는 자는 그렇게 행동하게 되어 있다. 그가 만나는 타인들에게 그는 긍휼을 행할 것이며 이는 또한 그 자신이 타인의 긍휼에 의존적이기 때문이라는 사실과 연관되어 있고 그것은 태아와 같은 아직 태어나지 않은 인생에도 적용된다.

이제 다시 본격적으로 물어야 할 때이다: 이러한 세속적이며 생명 파괴적인 물결에 대항하여 개신교회의 증인들은 어디에 있고, 있었는가? 교회는 그 스스로 자유로우시며 인간들에게 자유를 약속하고 선사해주시는 하나님의 긍휼하심을 알고 있으며 그것을 가지고 있다. 교회는 자신의 삶으로 괴로워하는 그 인류에게, 그 사람들이 스스로 그렇게 말하기를 그런 삶을 살아야 한다고 하기에, 그들은 그 삶을 살 수 있다고 말하고 그렇게 가르쳐야 했고 그렇게 할 수 있다. 교회는 그들에게 이 자유의 증언을 제시할 수 있어야 한다. 또한 이러한 인간의 삶을 이렇게 부끄럽게 죽여 버리는 이 행위에 반대하여 그리고 모든 그와 유사한 것에 반대하여 아니요!를 말하고 그 양심과 가슴 속에 써 넣어야 한다. 교회는 이 사태와 연관해서는 단순하게 로마 가톨릭과 함께 그들의 율법적 설교로 만족하면서 옆으로 밀어 놓고 있어서는 안 된다. 교회는 이 사태에 대하여 복음을 선포해야 하는 것이다: 로마 교회가 선포한 부정의 엄격함을 평가절하하지 않고 오히려 그들의 추상적이며 부정적인 "너는 무엇을 해서는 안 된다"를 "너는 무엇을 할 수 있다"는 적극적이며 긍정적인 것의 힘을 통하여 다 나은 제안을 해야 하고 그것을 보충해주어야 한다는 것이다. 그리고 그 적극적인 힘 안에는 그에 상응하는 "너는 무엇을 해서는 안 된다"의 내용이 아주 당연하고 명쾌하게 내포되어 있기 때문에 그 부정이 선명하게 드러나고 말해지는 것이다: 인간의 말로서가 아니라 하나님의 말씀으로 이것이 이루어진다. 인간을 위한 이 신의 말씀과 그의 부패를 반대하는 하나님의 말씀을 교회는 가졌었고 가져 왔으며 그 복음을 전하는 것이 교회의 사명이었고 지금도 사명인 것이다. 그렇기 때문에 교회는 그런 잘못된 역사의 발전을 그냥 지켜보기만 할 수 없다. 이러한 퇴보로의 진행을 멈추게 하거나 멈출 수 있는지가 여전히 교회 스스로 자신에게 던지는 질문인 것이다. 교회가 지난날 자신의 고유한 임무에 충실하지 못하였다는 것과 그 태도에서 지나치게 로마 가톨릭교회와 유사하게 대해서 복음을 마치 율법처럼 설교했다는 것은 피할 수 없는 사실이다. 그러나 또한 마찬가지로 이제 교회가 이 문제를 심각하게 인식하고 그것을 다루기 시작하였지만 아직 확실한 태도를 세우지 못한 것은 사실이다. 이제 오늘날에는 이 문제에 대하여 명쾌한 관점을 가진(어쩌면 다른 믿음으로! 눅 16:8) 의사들로부터 교회가, 하나님의 말씀을 듣고 그것을 증거하면서, 이미 오래전부터 해와야 하고 대언해 왔던 것들을 해야 한다는 말을 듣는다는 것이 즐거운 일인 것이다. 인간 친화적이면서도 그 부정을 넘어서는 바 여기서 말해야 하는 그것을 듣는 것은 좋은 일이다.

다시 분명하게 할 것이 있다: 이 부정이 하나님의 부정으로 확고하게 설 수 있다면, 그리고 이 부정이 그래서 하나님의 삶을 보호하는 은총이라는 면이 확실히 이해되었다면 우리가 의도적으로 임신중절을 하는 것은 죄와 살인 그리고 범죄라는 것을 피할 수 없어 보인다고 할지라도 이 임신중절을 절대 용서받을 수 없는 죄라고 주장하는 것은 터무니가 없는 일이다. 비록 지금까지 했던 모든 말과 비교해서 조금 위험하게 보일지는 모르지만,—물론 이것도 우리의 믿음의 하나라는 것을 명백하게 표현해야 한다.—타자를 위한 대언적이며 책임적인 신앙 안에서도 마찬가지로—오늘 일어나는 임신중절의 죄를 위한, 바로 이 죄를 위한 용서가 있어야 한다는 것이 말이다. 자신의 은총으로 인간에게 자유를 주시고 자유롭게 만드신 창조주 하나님은 우리 인간들이 살아가며, 또한 다른 이들 역시 살아갈 수 있도록 해야만 하도록 허락해주셨기에 그 진지함을 가지고 하나님은 우리를 우리의 삶의 보호자로서 부르시고 다른 변명이 있을 수 없도록 그것을 우리에게 요구하시는 분이기도 한 것이다. 그렇기에 그분은 임신중절을 죄로서 변명할 수 없는 죄로서 발견하신다.—그런데 이분은 동시에 죄 있는 인간을 거부하거나 저주하지 않으시고 그 자신을 위해 선택하시며, 자신과 더불어 화해하게 하시며, 이 죄인을 위해 그리고 하나님의 계명을 거스르고 결국 잃어버렸던 자를 위해 대속하신 예수 그리스도 안에서 우리의 아버지이시기도 한 것이다. 바로 지금 우리가 논의한 낙태라는 이 죄 때문에 우리가 버려지게 하지 않으신다! 하나님은 우리 현대인들이 저지르는 이 두려운 혼란 속에, 그리고 그 혼동과 개인적이며 집단적인 교만에도 불구하고 우리를 항상 보고 계시며 이해하시고 우리를 사랑하는 분이시다. 복음으로 인해서 지금 여기 유요한 계명의 빛 가운데로 인도함을 받은 자들은 스스로 다음의 사실을 명심해야 한다. 즉, 우리는 이러저러한 연관관계 속에서 싫든 좋든 알든 모르든 간에 이 낙태의 과정에 다 참여하거나 연관되어 있다는 것이며 단지 기꺼이 그 옆에서 그 문제와 만났던 이들 중 어떤 이들이 범법자가 될 수 있었던 것이다.—바로 그 사람은 다시 자기 자신뿐만 아니라 타인에게도 다음의 사실이 진지하게 받아들여지도록 해야 한다: 거기로부터 자명한 진리가 드러나는 그 복음이 여전히 같은 복음이고, 그 복음에서는 모두에게 하나님의 나라를 선포하고, 모든 사람을 회개하도록 부르고, 모든 사람에게 죄의 용서를 약속하고 제공한다. 그리고 이것은 결코 계명을 약화시키는 것이 아니며 오히려 그의 자유로운 은혜는 그 안에서 죄의 지평을 빛 가운데로 드러내며 그 안에서 다시 그 죄악된 세상을 하나님이 사랑하시는 것을 보여주는 것이다. 그를 위해서 하나님은 자신의 아들과 그의 아들 가운데 자신을 그 세상을 위해—그것도 잃어버린 그 세상을 위해—주셨다. 이 두 번째 지평이 없이는 아마 사람들은 첫 번째 지평도 이해하지 못할 것이다. 더 나아가: 신적인 이 죄의 용서의 약속을 붙잡은 사람은 진실로 죄는 신적인 부정과 맞대 서 있다는 사실을 진지하게 인식해야 하고 또한 그것을 자신이나 다른 사람에게서 **숨길 수** 없다는 것을 명심해야 한다.

만약 이 부정이, 지금까지 설명한 측면에서 볼 때, 확실한 것이라면 이제 여기에서는 **한계상황**에 대하여 물어야 한다. 인간적인 삶, 아직 태어나지 않은 태아 역시 그 자체로 절대적인 가치를 지닌 것이 아니기에 계명에 의하여 지켜져야 하는 것이다. 즉, 그 계명을 주신 이의 의지와 한계 안에서 그 생명들은 소중한 것이다. 태아의 생명은 어떤 환경과 조건에서든지 반드시 지켜야 할 것은 아닌 것이다. 하나님을 상대로 해서도 아니고, 동료 인간들을 상대로 해서도 아니다. 즉, 어머니, 아버지, 의사 모든 다른 사람의 생명을 담보로 살아야 하는 것은 아닌 것이다. 하나님은 자신의 은총 가운데 한 사람에게 그의 생명을 주신 후에 그것을 보존해주실 수 있으며 마찬가지로 그의 은총 하에서 그 생명을 다시 걷어갈 수도 있다. 하나님 앞에서는 우리의 삶은 살아 있든 죽은 것이든 잃지 않는 것이다. 그 삶에 대한 그런 정도의 주권은 다른 동료 인간들은 가지고 있지 않다. 그 타인의 생명을 지켜주는 것조차 사실 인간들의 능력 밖의 일인 것이다. 그리고 인간들은 자신들이 가진 권력을 오용함으로써 주제넘은 자기 과신과 과욕으로 인해 다른 이의 생명을 마음대로 취할 수 있다고 생각하는 것이다. 그들은 단지 어떤 상황에서도 하나님을 섬기는 자세로 자신의 생명을 귀중하게 보존하도록 허락받았고 그렇게 할 수 있는 능력을 승인받았다.—물론 최후의 말을 그가 할 수 있는 것이 아니라 단지 그가 할 수 있는 만큼 최선을 다해야 했던 것이다. 하나님의 은총으로부터 오는 자유 안에서 지속적으로 노력함으로써 그 삶을 선택할 수 있고 그것을 의욕할 수 있게 되는 것이다. 어머니는 아이가 태중에 있을 때부터 또한 낳을 때도 역시, 아버지나 직업적으로 의사 모두가 다 삶의 보존과 전개를 위해 봉사해야 하는 것이다. 그렇다면 어떻게 이 모든 사람에게서 그 의지가 생명을 보존하지 않고 거기에 정반대로 될 수 있는가? 삶에 대한 무지와 살아도 된다는 허가가 아니라 살아야만 한다는 운명론적 필연성에 사로잡혀 있는 불안으로부터 인간은 삶을 해칠 수 있는 자가 된다: 즉, 하나님이 없고 은총이 없을 때 인간은 삶을 망치게 되는 것이다.

그들은 자신들의 의지를 오직 이 생명의 보존과 이 생명의 보존을 위한 봉사에 절대성을 부여할 수만은 없는 것이다. 그것들은 모두 다 하나님을 섬기기 위해 존재한다. 하나님께서는 우리에게 종족의 보존을, 미래의 아이들이 태어나는 것에 섬기도록 명령하신다. 하나님을 섬기면서 그 외 다른 것을 하고자 하려는 것에 대하여 수없이 많은 것이 반대하고 있다. 하지만 거의 무한대로 많은 것이 반대하는 것이다! 자신이 하나님을 섬긴다고 생각하는 자라면 그리고 어떤 상황에서라도 하나님에게 복종하는 자로 남아 있다고 스스로 생각하는 사람은 그는—만일 하나님이 그에게 다른 것을 요구한다면—한 번이라도 그의 편으로부터 스스로 무언가 다른 것을 원해야 했는지를 약속할 그 자는 누구인가? 하나님은 절대로 그 어떤 경우에도, 태아의 생명을 보존하는 것 이외의 다른 것을 원하지 않고 그 산모나 아버지나 그리고 의사와 다른 이들에게 그것을 요구한다는 것이 절대적인 명제로서 인정될 수 있는가? 하나님께서, 그의 의지는 이 일에 대하여 긍정적일 수 있는데, 이 태아의 생명을 다른 방식에서 그냥 죽도록 내버려 둘 수 있다면 다른 사람들이 그에게 혹은 그 옆에서 그들의 행동과 함께 섬겨야 하는 방식으로 죽게 내버려 두는 것도 가능한 것이 아닌가? 우리가 어디에서 실제로 하나님께서 그들에게 그에 대한 명령을 주셨다는 것을 부인할 수 있으며, 또한 그들의 행동이 그의 위임 안에서 일어나는 것이라서 일어나야 할 것이라는 것을 부인할 수 있을까? 그리고 어디에서 우리는 그것에 대하여 고발할 수 있는가?

이것이 우리가 생각해야 할 그 대표적인 한계상황이다. 우리가 이 한계상황에 대한 생각을 하게 될 때 우리가 우리 인생의 어리석음을 퍼지게 하는 그런 뒷문을 열어 놓는 것이 아니다. 우리는 하나님의 가능성과 그것의 영역들에 대하여 말하고 있다. 우리는 이 가능성들을 배제해서는 안 된다. 왜냐하면 그렇지 않는다면 지금 이 한계지점에서 말해야 했던 부정이 충분히 능력이 있는 것이 아닐 수 있기 때문이다. 같은 이유에서 지금 여기에서 말해지는 인간적인 부정이 최후의 권위를 가진 것으로 생각되어서는 안 된다. 그것은 스스로 자신의 한계를 알아야 한다. 하나님께서 이 **인간적인** 부정을 다시 한계 지을 수 있으며, 만일 **하나님이** 그렇게 하셨다면(하나님이 그것을 부정하셨다면—역자 주), 인간이 여기에서 자신의 부정을 끝까지 유지하여 실행하려고 하는 일들이 부질없고 어리석으며 인간 자신의 완고함과 자신의 주장만을 한 그런 것임을 알게 된다. 보다 명료하게 말하자면, **태아를 지우는 것이 살인이 아니라 어쩔 수 없는 사정이 될 때가 있다.**

이 논의를 진전시키기 전에 무엇보다 먼저 다음의 예방적 조치가 필요하다: 무슨 일이 있어도 태아를 지켜야 할 모든 근거가 생각되고 그것을 지키려고 노력해야 하는 그런 상황이 명료해져야 한다. 그래서 임신중절은 아주 예외적 상황의 최후의 이유 (ultima ratio)로서 남아야 한다는 것이다: 그 어떤 다른 방도가 없고 할 수 없이 임신중절을 선택할 수밖에 없는 그런 사태가 발생하는 것이다. 물론 이는 매우 예외적이며 드문 일이다. 이런 일이 쌓이면 쌓일수록 이는 중요한 원칙이 될 뿐 아니라 임신중절을 하게 되는 개인적인 사정뿐만 아니라 집단적인 이유와 그들의 책무도 점점 더 급박해지고 무거워지는 것을 알 수 있다. 이는 여기에 관여된 자들이 자신의 깊은 고독과 은밀한 내면의 깊이에서 하나님 앞에 스스로 책임을 지면서 결정을 해야 할 때인 것이다. 만일 이 결정이 그런 깊이와 침묵 속에서 나오지 않는다면 이는 단지 자신들의 주관적 생각이며 그들 상호 간의 이해에서 나온 결과에 불과할 것이다. 그렇다면 이는 진정으로 이 임신중절이 허락되고 주어지는 그런 한계상황이 아님이 자명하다. 위에서 암시된 예비적 조처들에는 다음의 상황들이 연관되어 있다.

    이러한 상황을 이해하기 위해서 우리는 다음과 같은 구체적인 조건을 더 생각해 보아야 한다: 모든 사람이 인식할 수 있는 보편적이며 정당하게 행동하여야 하는 지침을 의미하는 것으로, 생명을 보호하기 위해서, 즉 한 생명을 보호하기 위해서 다른 생명이 위험에 처할 수 있는 그런 상황에 대한 여러 조건을 생각해 보아야 한다. 태아의 생명과 건강한 어머니의 생명, 두 생명 중 하나의 생명이 문제시되는 상황이 여기에 해당한다. 태아의 생명이 무조건적으로 우선권을 가져야 한다는 것은 사리에 맞지 않는다.(로마 가톨릭교회의 주장은 그것이다.) 물론 우리가 하나님의 계명으로부터 그 반대의 것을 주장할 수도 없다: 즉, 어떤 경우라도 우리는 어린 태아의 생명을 희생해서 반드시 어머니의 생명을 구해야 한다고 할 이유가 없는 것이다. 어떤 어머니의 경우 그녀는 모든 생명의 위협을 무릅쓰고서라도 아기를 구하고자 할 때가 있으며 누가 그녀를 어떤 이유로 말릴 수 있단 말인가? 여기에서 우리는 반드시 하나님의 계명으로부터 다음의 사실을 말할 수 있어야 한다: 건강했던 어머니의 생명과 아직 태어나지 않은 태아의 생명 사이에서 우리가 결정해야 한다면, 태아의 임신중절이 허락되고 용인받을 수 있다.—앞에서 말한 바 예비적 조건을 철저하게 생각한 후에—우리는 이 인간적 결정을 실행할 수 있다. 물론 이때 최고의 세심한 배려가 있어야 한다는 것은 당연한 것이다. 이러한 실행을 이 사태에 낯선 어리숙하고 허접한 풋내기의 결정에 의존하는 것은 안 되며 아주 경험이 많은 유능한 의사의 시술일 것을 요청하는 것이다. 구체적으로 그것에 대하여 자세한 윤리적인 규정이 있을 수 없다. 지금 물어야 할 것은: 어떤 상황과 관점에서 모태인 어머니의 생명이 위험한 것으로, 그래서 임신중절을 해야만 하는 것으로, 그렇게 그 가능성이 있어야 할 것으로 생각되는 것인가? 이 문제에 대한 모든 해답에서 우리는 다음의 위험이 도사리고 있다는 것을 인지해야 한다. 임신중절의 필요성 내지 가능성을 우리가 가지고 있는 윤리, 더욱이 신학적 윤리의 어떤 관점으로부터 너무 넓게 혹은 거꾸로 너무 좁게 그 문을 열어 놓고 그 정당성을 부여할 수 있다고 믿는 생각이다. 그렇기에 그 진폭의 여부에서 항상 모든 의견에는 그 반대 의견이 있다는 것을 명심할 필요가 있다.

의사와 법률가들은 임신중절을 위한 규정을 잘 알고 있으며 육체에 연관된 의학적 상황에 의한 규정과 정신적 측면에서 의학적으로 다루어야 할 규정들을 구분하면서 전반적으로는 사회적 측면과 구분하여 다루고 있다. 스위스의 **형법**에서는 **위급상황**(직접적인 위험으로부터 생명과 육체, 자유와 혼인 및 여러 재산들을 지키는 상황, §34)에서의 비범죄적 행위의 관점에서 이 임신중절의 문제를 다루고 있다. 그런데 여기에서 허용하는 것은 단지 "직접적이며 그렇게 하지 않고는 지키지 못하게 될 삶의 위기 혹은 더 큰 위험을 안고 지속되어 더 큰 어려운 건강의 해를 동반하고 있는 임신과 연관해서, 그리고 그 중절수술이 전공의사에 의해서 수행되어야 한다"는 것이다. 그리고 그 수술의 모든 상황은 칸톤 주에 있는 관청에 보고해야 한다.(§120) 우리는 여기에서 이미 우리가 앞에서 다룬 것을 이들도 주목하고 있다는 것을 알 수 있다. 하지만 우리는 즉시 아무리 이 규정의 철저한 해석에서 비범죄적이거나 이미 알려져 있는 해석이라고 해도 그 모든 것이 윤리적이며 하나님의 계명에 의해서 허락되고 명령된 것은 아니라는 것을 더 깊이 생각해야 한다. 마치 여기에 참여하고 있는 자들은 그 법의 정신보다 더 협소하게 제한된 규정적 해석을 지켜야 할 것처럼 여겨진다! 스위스의 법은 생명과 육체에 대한 위급한 상황에서 그 중절의 허락 근거를 찾을 수 있었지만 자유와 혼인 그리고 스위스의 재산의 관점에서는 그렇게 하지 않았다. 이는 그 위급한 상황 해석을 위한 전체 범위에서 의학적 관점은 받아들였고 사회적 관점은 연결시키지 않았으며 암묵적으로는 그것을 거절했다고 할 수 있다. 거기로부터 예를 들어 의사들이 근본적이며 일반적으로 하나님의 계명을 어기고 있다고 말해서는 안 되는데 (이를테면 그들이 처벌을 받을 만한 행동을 하는 위험에 처해 있다는 것) 하지만 그들은 그 환자들의 사회적 의료적 규정—예를 들어서 산모에게 이미 주어져 있는 정신적이며 육체적 위협과 연관해서 경제적이며 환경적인 관계들을 생각해야 하는—을 충분히 고려해야만 했던 것이다. 마치 하나님의 계명이 그 법률을 넘어가는 판단과 행위들을 한 번 이상 필요하게 만드는 것같이, 일정한 상황하에서는 오직 사람들을 향한 외침인 것인데 이는 다음과 같은 내용을 생각하라는 것이다; 즉, 건전한 사회정치는 범죄적인 임신중절을 막기 위한 매우 효과적인 인간적 수단이며 무기라는 것이다! 그러므로 거기 관여된 자들 모두를 위한 특히 의사와 판사들을 위한 일반적 안내로서 모든 법의 규정은—간접적이지만 윤리적으로 효과적인데—일정한 의미를 가지고 있으며 그래서 그것들은 윤리적 기준으로는 적당하지 않은데, 왜냐하면 하나님의 계명을 순종하는 것은 그 한계 안에서 최고의 시민법보다 더 한 번은 좁게 그리고 한 번은 넓게 작용하는 자유를 가져야 하기 때문이다. 그 개념의 윤리적 의미에서의 한계상황은 인간의 법 안에 고착되어 있는 허용된 가능성의 확장과는 다른 것이다.

지금 우리가 여기서 시도하는 다양한 모험과 생명과 생명 사이에서 선택을 결정하려는 모험은 인간의 실정법으로는 다 근거를 댈 수 없다. 왜냐하면 그 어떤 것도 다른 가능성을 볼 수 없을 정도로 철저하게 건강하거나 병들어 있고, 행복하거나 불행하며, 잘 유지된 삶의 흔적을 가지고 있거나 아니면 버림받을 수 있는 삶으로 단정지을 수 있는 그 어떤 것도 존재하지 않기 때문이다. 더욱이 인간이 지켜야 할 하나님의 계명이나 그 신적 영역의 자유와 더불어 생각해서는 더 그렇다. 우리는 그저 다음의 사실을 말할 수 있을 뿐이다: 1. 이때 이 생명을 살리기 위해서 저 생명을 포기해야 하는 그런 경우에서 그 구체적인 행위가 살인이나 헛된 잘못된 판단이 아니기 위해서는 이 생명이 저 생명보다도 더 가치가 있거나 혹은 가치가 없는 것이 아니라는 사실을 명심해야 하는 것이다. 2. 그럼에도 불구하고 여기에서 우리는 그 사태에 대한 **철저한 반성** 끝에 양심의 자유를 얻은 **결단의 모험**, 양심적이며 자유로운 모험을 실행해야만 하는 것이다. 만일 여기에서 세심하게 생각하지 않은 채로 철저하고 냉정하게 반성하지 않고 내적 부자유 속에서 실행을 한다면 죄가 우리의 문 앞에 서 있는 것을 경험하게 될 것이다. 3. 이 모험들이 하나님 앞에서 그리고 그에 대한 책임적 결단 속에서 이루어지지 않는다면 비록 그것이 아무리 인간적으로 잘 정리되고 내용적으로 선하고 정당한 것으로 보일지라도 그 모험이 하나님에게 순종적이며 내용적으로 올바른 것이 될 수 있겠는가? 그래서 마지막으로 4. 이 모험들이, 모든 상황에서 주어진 한계상황과 더불어 대결하는 그런 태도들이 그토록 위험한 것으로 보이기 때문에, 우리가 행한 바가 하나님 앞에서 우리가 경험할 수 있는 명료한 지식과 기쁨 안에서 실행될 수 없었던 것, 우리가 인간적으로 실수하여 죄를 지은 것으로 나타난다면, 그렇다면 우리의 행동은 믿음 안에서 하나님께서 우리를 용서하실 것이라고 확신하는 것 이외에 다른 무엇이 더 있을 수 있겠는가?

―――――

이제 우리가 대답해야 할 다음 질문은 매우 간단하게 말해질 수 있을 것이다. 왜냐하면 그 한계상황은 생각될 수 없을 것이기 때문이다. 국가의 형태로 세워진 인간 공동체가 한 병자의 생명을 더 이상 살 가치가 없는 것이라고 선언하고 그 생명을 그치게 할 것을 결정하고 그것을 실행할 그 어떤 권리를 가지고 있는가? 여기에서 우리가 염두에 두는 경우는 고칠 수 없는 여러 불구와 **태생적으로** 그렇거나 아니면 사고를 통하여 혹은 전쟁으로 인한 테러적 상태에서 완전히 움직일 수 없는 사람이 되고 **쓸모없는** 자가 문제이다. 과연 어떤 공동체가 이런 종류의 사람들을 인종청소 하듯 처분할 권리를 가지고 있겠느냐는 그런 질문은 더 이상 명확할 수 없을 만큼의 확고함을 가지고 끝까지 부정해야만 하는 것이다.

옛 스파르타는 그러한 법률을 천명하고 이를 시행하였으며 우리 시대에는 나치가 소위 민족의 우월한 혈통을 지키고 더 발전시킬 수 있어야 한다는 이론을 명목으로 그와 같은 범죄를 저지른 적이 있다. 스파르타나 오늘날 우리 시대 독일이 경험한 이 어처구니없는 시간의 경험에서 (사람들이 알든 모르든 간에) 덧붙여진 그 이유들이 오늘 우리의 사회에서도 전제로 받아들여지고 있는 것이다. 우리가 진지하게 고려해 보아야 할 것은 일부 생물학이나 의학 분야에 이러한 생각을 동조할 뿐 아니라 적극적으로 참여하여 거기에 함께 일하는 사람들이 있었다는 것이다.

그렇다면 노인들은 어떻게 할 것인가? 그들 모두 어떤 시기가 지나면서는 살 가치가 없는 사람들이라고 평가해야 하지 않겠는가? 버나드 쇼(Bernard Shaw)는 바로 이런 생각에 정반대되는 그런 예라고 할 수 있지 않은가! 더 완전하게 이 사태를 이해하기 위해서 과거에는 그런 때도 있었다. 과거의 세대들인 그들에게는 만일 젊은 세대가 그 나이든 사람들에게 권고퇴학(consilium abenundi)을 나누어야 할 시대가 왔다고 생각하는 그런 때도 있었고 그리고 과거 로마에서는 또한 60세를 넘어가면 티베르 강에 던져야 한다고 말하는 그런 시대도 있었다!

확실히 여기에서 우리는 단순히 살인이라고 불릴 수 있는 인간의 행동을 만나고 있다. 이는 삶과 죽음을 주관하시는 하나님의 전능하신 권능을 인간이 어리석게도 탈취하는 헛된 요구인 것이다. 일할 수도 더 이상 무엇을 얻을 수도 없는, 무엇을 더 즐길 수도 없는, 혹은 더 이상 누구와 소통할 수 없는 인간의 삶이라고 할지라도 이것이 더 이상 살 만한 가치가 없는 그런 생명이라고 판단해서는 안 된다: 국가에 그 어떤 기여는 이미 아무것도 할 수 없고 오직 직·간접적으로 부담으로만 남게 될 그런 인생이라는 이유로 그렇게 가치 없는 것으로 판단되어서는 안 되는 것이다. 그런 삶이 가진 어떤 가치가 바로 하나님의 **비밀**인 것이다. 비록 그 하나님의 비밀에서 주의의 사람들이나 그 공동체 전체가 폭력적 부정을 가지고 이 사람들을 해치거나 그렇게 할 수 있는 권리를 받았다는 것을 전혀 발견하지 못하게 하는 것이다. 과연 우리 중에 누가 그런 삶을 살아가는 사람들의 가장 심오한 내면과 그 본래의 가치를 알겠는가? 누가 혹시 알겠는가? 그런 사람들이 하나님의 눈에는 우리 현시대에서 가치 있어 보이는 일에 종사하는 노동자, 농부, 기술자, 과학자, 예술가 그리고 군인들보다 훨씬 더 고귀한 존재로 보여서 그 영원의 관점에서는 가치 있고 존귀한 자로 드러날 수 있는지 우리 중에 누가 알겠는가? 사람들은 국가가 범죄자를 사형에 처하면서 심판할 때나 전쟁 가운데 외부에서 닥치는 모든 위협에 대항하여 적을 공격해야 하는 모든 경우에 이와 유사한 결정을 허락하고 허락해야만 한다고 그렇게 말하지는 않는다. 고칠 수 없는 난치병이나 장애를 가진 사람들은 우리가 알다시피 그들을 공격하기 위해서 어떤 죽일 수 있는 권리를 요구해야 할 범죄자나 적국의 병사들이 아니다. 그들은 오히려 사회나 국가적 제도가 없음으로 해서 생긴 희생자들이라고 말해야 하지 않는가! 그렇기에 국가나 사회가 오히려 그들에게 갚아줄 것이 있다는 것을 명심해야 할 것이 아닌가! 그들은 우리를 공격하는 자들이 아니며 오히려 우리 국가나 사회에서 고통당하는 우리의 지체들인 것이다. 그렇기에 이제 국가나 사회가 그들을 각별한 방식으로 돌보고 동행해 주어야 한다. 만일 그들이 자기 가운데 약한 지체를 돌보지 않는 공동체라면, 그 어떤 공동체도—가족이나 동네 공동체 그리고 그 어떤 국가 공동체조차—진실로 강한 공동체일 수 없다. 그 약자들은 강한 자와 마찬가지로 그 공동체의 일원이며 지체인 것이다. 그들을 보호하고 지켜주는 것이 피상적으로 볼 때 아무런 목적도 없는 것처럼 보일지 모르지만 하지만 이것이야말로 (공동체가 함께 하는 노동이나 공동의 문화, 공동의 역사적 투쟁 같은 것이 의미하는 바의 피안적 저편에서) 이 공동체를 가장 확실하고 내밀하게 묶어주는 끈일 수도 있는 것이다. 이와 반대로 자신들 가운데 약한 지체를 공격하고 가치 없는 것으로 창피하게 여기면서 그들을 없애버리려고 하는 그런 공동체는 이미 붕괴의 궤도에 들어선 것이다. 다른 사람들에게 짐이 되는 그런 약함 때문에 그들을 죽이기로 작정하는 것은 하나님으로부터—경외의 대상으로서의 타자를 위한—각자에게 주어진 그들 자신의 약함과 형태 안에서 존재하게 된 각자의 삶을 제대로 이해하지 못한 데서 비롯된 것이라고 말해야 한다. 이러한 오해에서 비롯된 것들은 살인이라는 결과를 낳을 뿐, 하나님의 계명을 지키는 것은 아니다. 이러한 오해는—살아 있을 아무런 가치가 없는 그런 생명이라는 개념—그 자체로 이미 인간의 한계를 넘은 판단이다. 어떤 그리고 어떻게 이런 정당한 한계상황이라고 불릴 수 있는 사정이 있을 수 있는지 묻는 것은, 다른 살인이나 치사에 이르는 그런 범죄의 권리 같은 것이 없는 것처럼, 전혀 주어질 수 없는 것이다. 이러한 살인 행위를 정당화하려는 그 어떤 시도도 기타 살인행위를 정당화하려는 것과 동일한 것으로서 간교한 말장난에 불과한 것이다.

---

**안락사**란 단어는 지금 말해야 할 사태를 아무 해 없는 중립적인 것으로 만들려는 인간적 시도가 들어가 있는 그리스에서 나온 개념이다. 부드럽고 고통 없이 빨리 아름다움을 유지한 채 죽는 것을 통해서 한 공동체에 단지 부작용과 짐이 될 뿐인 사람이 저 세상으로 보내질 수 있어야 하는 것이다. 그런데 오늘날 사람들은 안락사란 개념으로 또 다른 형태의 정당한 죽임의 방식을 말하고 있다. 안락사는 죽음을 상당히 진전된 아주 고질적인 질병의 경우에 그 환자와 가족들에게 일종의 선택할 수 있는 복지로서의 죽음을 의미하는 개념이 되었다. 그의 영적이며 육적인 고통을 그의 시간적 실존을 단축시킴으로써, 그리고 우리가 지금 현재 가지고 있는 기술로는 충분하게 효과적으로 대응하지 못하지만 그저 고통 없이 환자가 혼미한 상태 속에서 자신의 죽음을 맞이하도록 하는 일을 하는 것이다.

안락사란 이런 의미에서 **의료윤리**의 특별한 주제이고 병든 자나 그 가족들이 모두 다 거기에 관련되어 있다. 여기에서 문제가 되는 것이 이미 드러났고 여기에서 경험되는 그 죽음이 마치 임신중절에서처럼 법적으로 평범한 일의 하나처럼 일상화 되고 그렇게 명료한 규범을 통해서 해결될 수 있는 것처럼 선포되었기에 이 안락사를 다시 **공공의 문젯거리**로 만드는 것이 더 이상 불가능해 보인다. 의사가 환자를 돌보는 가운데 아주 극단적 상황에서 그가 더 이상 환자가 살아 있도록 하는 것이 불가능하기 때문에 이제 적어도 그가 죽는 것을 그의 고통의 끝으로 여기고 그 죽음을 스스로 의사 자신이 그것을 도와줄 수 있는가?—비록 그가 어떤 생명유지를 위해 사용하던 약물을 더 이상 투여하지 않음으로써 그 일을 한다고 하더라도 말이다. 그렇다면 환자가 그런 경우 의사에게 그렇게 해주길 원할 수 있으며 그것이 실행되는 것을 볼 그런 권리가 있는가? 그 가족들은—그 환자와 상의했든 아니면 이 환자가 더 이상 결정을 내릴 수 없는 상황이기에 그 없이—이 요구와 권리를 가졌다고 볼 수 있는가? 만일 우리가 그 환자나 가족들 그리고 의사 모두가 함께 이러한 결정에 도달하는 그런 이상적인 경우를 제외한다면 이 개념하에서 이루어지는 살인은 정당한 것인가?

이상 위에서 제시된 질문은 호도하는 것이다. 그리고 그 안에는, 비록 그것이 아무리 심오해 보일지라도, 우리가 하나님의 계명에 기초해서 제대로 살펴본다면 그것은 우리가 받아들일 수 있는 것보다 훨씬 더 복잡한 생각을 포함하고 있다. 그것의 내적 동기는 언제나 존경받을 만하다는 인간 **친화적인 복지개념**을 갖고 있는 것처럼 보인다! 하지만 그런 생각은 분명하게 지금 우리가 더 잘 집중적으로 연구해야 할 그 책(성서—역자 주)과는 다른 전통에서 비롯된 것임이 분명하다. 주관적으로 좋은 것으로 보인다는 이유에서 그것이 부정의를 정의로 바꾸는 결정적인 근거가 될 수는 없다. 인간의 삶에 마지막을 선고할 사안은 오로지 하나님만이 하실 수 있으며 인간은 단지 그 옆에서 그 명령을 성실하게 수행할 수 있는 것이 인간이 할 수 있는 모든 것이라는 이 전체 문제를 위해서 가장 결정적인 인식은 안락사를 허락하는 어떤 이론에서도 사실 매우—인간을 위한 자의라고 할지라도—자의적으로 간과되어 있다. 결국 마지막에 그렇게 한 번 죽을 수 있다는 사실이 그 어렵고 힘든 삶을 사는 사람들만을 위한 위안이—물론 그렇게 특별한 이유에서 그들의 삶을 위한 것이기도 한 것이지만—아니라 모든 사람을 위한 것이라는 인식이 왜 있으면 안 되는 것인가? 그러나 삶과 죽음은 모두가 하나님으로부터 왔으며 그리고 그 모든 것을 취하실 이가 **하나님**이시기에 삶과 죽음 그 자체가 스스로 인간에게 선한 것일 수 있다. 그렇다면 그런 경우에 속해 있는 사람들 중 누가 어디에서, 그리고 그 안락사의 결정에 참여하여 서로서로 동의한 것이라고 말한 사람들 중에 그들은 어디로부터 극심한 고통에서 놓이길 원하는 삶의 중단이 바로 하나님께서 인간에게 허락하신 복지적 사태라고 그렇게 알 수 있는가? 그가 지금 살아가고 있는 것이 혹시 그 형태에서 최고의 하나님의 선한 행위일 수 있지 않은가? 그리고 만일 사람들이 의도적으로 그것을 도입하려고 하는 때 그리고 정말 그렇게 그 죽음이 사람들에 의해서 실현되면서 이 죽음이 그 사람에게는 오히려 좋은 행동이 될 것이라는 것을 어떻게 어디에서 알았다는 말인가? 비록 그 환자가 원한다고 할지라도 그 죽음의 순간에는 그에게 엄청난 고통이 닥치는 것이 사실이 아닌가? 이 두 측면에서 볼 때: 그 환자가 죽는 것을 도움으로써 그를 돕는다는 것이 사실이라는 것을 어디에서 안단 말인가? 그리고 이 불확실한 근거 위에서 —하나님을 믿는 신앙이라는 그런 관점에서 즉각 말해져야 하는데: 이 황당하고 불확실한—우리는 사람을 죽이도록 놔두어도 되고 그렇게 죽여도 되는가?

우리는 다음의 단행본에서 이 사태에 대해서 보다 더 자세하게 알아볼 수 있다.(참고; William Hordern, *Some reflections on Euthanasia, in: Christianity and Crisis*, 1950, Nr.6)

환자 자신으로부터 야기된—그가 안락사를 지속적으로 원한다는 사실과 그것을 정당화하려는 그런 사실—안락사는 사실은 자살의 한 다른 형태로밖에는 이해될 수 없다. 안락사를 원하는 환자가 그것을 실현하려고 한다면 그는 그럴 능력이 없으므로 결국 의사의 손을 빌릴 수밖에 없기 때문이다. 그렇기에 자살에서 등장할 질문들을 여기에서 해볼 필요가 있다: 그 환자가 바라는 바대로 의사의 손으로 안락사가 진행된다면 그것이 자살과 어떻게 다른 것인가? 그 환자가 이제 자신의 삶이 끝나게 되는 그 시간의 단축만을 의미하는 얼마 남지 않은 시간은 그 차이의 기준이 될 수 없다. 왜냐하면 그의 생명이 얼마나 남아 있는지는 아무도 확신할 수 없고 두 번째로 이러한 결정이 일상적인 자살에 대하여 어느 정도 상대적 정당화의 길을 걸을 수 있는 그런 이유도 되기 때문이다. 즉, 아직 살날이 많이 남아 있는 사람이 자신의 생명을 단축시키려고 하는 것이나 자신의 오랜 고통에서 벗어나기를 소망하게 되는 질병 이외의 다른 이유로 생명을 가볍게 여길 수 있다는 것이 여기의 문제이다. 다음의 사실은 확실하다: 만일 직접적인 자살이 정당하지 못한 것이라면 이 병에 의한 것 역시 비록 간접적이지만 정당하지 못한 것이다. 이 안락사가 문제가 많은 복지 같은 것임을 증명하고 증명하게 되었다는 것을 통해 과연 이것이 정당하다고 할 수 있는가?

이제 그의 가족에 대하여 말해보자: 만일 이 안락사가 정상적인 것으로 인정될 수 있었다면, 그들이나 환자가 의사에게 그 안락사를 요구하거나 그것에 동의하는 것은 아마 그리 쉽게 찾아보기 어려운 것은 아니었을 것이다. 물론 우리는 이 환자가 전적으로 거기에 동의하고 있다는 것을 전제로 말하는 것이다! 물론 첫 번째로 그들이 이 안락사에 동의하는 경우에 사실 먼저 스스로 물어야 한다: 그들의 동의가 혹 불건전한 동기로부터 시작된 것이 아닌지, 그 환자가 그들에게 주고 있는 그들 자신의 고통과 짐으로부터 벗어나고 싶은 다소 이기적인 근거에서 그의 죽음을 바라는 것이 아닌지를 물어야 하는 것이다. 비록 우리가 아주 이상적인 경우를 가정한다고 해보자: 그들의 동의는 사랑으로부터 나왔다고 할 수 있다; 그들은 병자에게 그들의 고통이 끝을 갖게 해주길 바라며 그 외의 더 나아질 것은 거의 바랄 수가 없기 때문에 그 길을 가는 것이다. 그렇다면 여기서 다시 한 번 묻고자 한다. 과연 이것이 환자들에게 무엇을 허용하는 것인가? 특히 환자들에게 그의 죽음을 빨리 재촉하는 것이 허용하는 것이라고 할 수 있는가? 이것을 허용, 호의 혹은 친절이라고 말할 수 있는가? 누가 그런 권리를 주었는가? 환자에게 죽음을 맞닿게 하는 것, 죽음을 과연 허용이라고 할 수 있는가? 그 환자를 진실로 사랑하는 가족들이 인위적으로 아니라 인간적 낮아짐 속에서 자기 때문이 아니라 그들을 돌봄과 그의 해방을 위해 모든 것을 하는 것, 그의 생의 용기와 힘을 다시 일으켜 세워 병에 대한 투쟁을 최후의 마지막 한순간까지 지속하는 것은 그들이 그의 죽음을 바라는 것과는 다른 것이었을 것이다. 만일 그들이 그럼에도 불구하고 죽음을 바란다고 한다면 이는 살인자로서 행동을 하는 것이다.

마지막으로 그리고 결정적으로 의사의 입장에서 알아보자: 환자나 그 가족을 상대해서 이제 그 환자의 가냘픈 생명이 이제 곧 죽을 수 있고 그 기간을 단축하는 그 과정을 진행할 것인지를 결정하는 책임을 지고 있는 것이 바로 의사인 것이다. 그는 물론 전문가로서 안락사가 필요한지 아닌지를 결정할 수 있다. 여하튼 그가 결정을 내리고 그 과정을 실행할 수가 있다. 그렇다면 그는 정말 이 책임을 질 수 있는 것인가? 거의 모든 지경에서 아주 살 소망이 없다고 권위 있는 기관으로부터 선언되었던 환자(moribundus)가 다시 건강을 되찾은 경우가 발생한 경우가 있는 것처럼 보이는 이 상황에서 그가 어떻게 그 결정의 책임을 질 수 있단 말인가? 만일 그가 너무 일찍 그 환자가 죽는 것을 돕는 일이 되어버렸다면? 과연 그런 너무 빠른 속단으로 인한 위험이 있다손 치더라도 그것은 그 문제시되었던 복지적 차원의 행동, 즉 의사가 다른 환자들의 경우에 병자들에게 증명하고 싶은 그런 차원의 선한 측면을 담보로 할 만큼 가치 있는 일인가? 이런 측면에서 의사의 권한이 확대되는 것이 의사라는 그 직업의 가장 심각한 문제라는 것을 숨길 수 있단 말인가? 의사는 그렇기에—모든 환자와 그의 가족들의 의견과 소원에 반대되더라도—무조건 그리고 지치지 않고 오로지 생명에만 봉사해야 하는 것이며 그것을 보존하고 지키고 다시 건강하게 하는 일에 나서야 하는 것이 아닌가? 그가 이 일 외에 다시 죽음을 섬기는 그런 자로서 나타날 수 있단 말인가?

만일 우리가 이 모든 것을 살핀다면, 이 의도적인 살인의 이러한 형태에 대하여 다음의 사실을 말하지 않을 수 없다. 이것이 어떤 한계상황에서는 실제로 우리에게 유일한 답안으로 등장할 것이고 그래서 살인이 아닌 전혀 다른 형태의 것으로 드러나게 될 수 있다는 것이다. 그래서 우리는 다음의 사실에 주의를 기울여야 한다: 죽어가는 자, 즉 어떤 알려지지 않고 정해지지 않은 일정한 기간이 지나서 죽게 된 자들은 아픈 자만이 아니라 그의 가족들과 의사들 모두를 말하는 것이며 그리고 그들에게 주어진 시간을 짧게 만드는 것이 훨씬 좋은 것으로 나타나게 할 수 있는 고통이라는 것은 이 모든 사람이 품고 가야 하는 것이다. 그렇다면 이것은 모든 사람에게 다 적용되는 것이 아닌가? 만일 우리는 어디로 가는가? 그러한 소원들을 억지로 채우는 것을 넘어서 언제나 자신과의 대화와 타인과의 대화를 진지하게 한다면, 또한 자신의 삶을 줄임으로써 고통의 시간을 짧게 하려는 가능성이 실제로 이 사람 혹은 저 구체적인 사람들에게 선한 행동으로 나타날 수 있다고 그렇게 토론을 한다면, 인생에서 가질 수 있는 하나님과의 관계나 이 인생에서의 삶의 보호가 의미하는 바는 도대체 무엇이란 말인가? 이 토론은 언제 정당하게 시작되고 한번 열렸다면 언제 정당하게 끝나는 것인가? 삶에 대항하여 또 다른 삶이 문제가 되는 장소에서는, 즉 임신중절과 같은 경우에서는, 거기에서는 이것은 하나님의 계명과 일치 안에서 질문이 제기되고 또 거기에 상응하여 답변이 주어질 수 있다. 그렇지만 여기 고난 받는 삶과 죽음의 양자택일의 상황에서는 과연 이 질문은 어떻게 주어질 수 있고 답변될 수 있는가? 모든 것을 생각해본다면 이제 안락사라는 형태와 관점에서 주어진 것과는 다른 것이 염두에 둘 수 있다: 이 안락사라는 것은 하나님의 계명 앞에서는 어떤 경우에도 정당화할 수 없다는 것이다. 하나님의 계명에 순종하면서 안락사는 시행해서도 안 되고 찾아서도 안 되는 것이다.

이제 능동적으로 죽이는 것과 마찬가지로 수동적으로 그 삶을 유지하고 연장하는 수단들, 즉 심장의 박동을 유지하는 것이나 혹은 인위적으로 생명을 연장시키는 다양한 수단을—요즘음 현대 화공업의 발전은 이러한 것들을 가능하게 만들었는데—중단하는 것도 이제 같은 관점에서 논의하게 된다. 우리는 이제 분명하게 말해야 한다: 아니, 만일 그렇다면 그것은 아니다. 하지만 사람들은 여기에서 다음의 질문을 완전히 무시할 수는 없을 것이다; 이 인위적인 삶의 연장의 이런저런 방법과 연관해서 이것이 과연 항상 올바른 것일까? 혹은 자연적인 것과 반대로 치닫는 인간의 간섭이 일어난 것이 아닐까? 여기에서 혹시 의사의 의무는 혹시 독단적 열광주의가 되어버리고, 이성은 무의미한 것이 되어버리며, 명령된 그 복지는 인간의 삶의 부패한 역병이 되어버린 것이 아닐까? 의사들이 이러한 생명연장 수단 앞에서 움츠릴 수 있고 또한 인위적인 생명단축에도 그래야 할 것이 아닌가! 우리는 이 모든 것의 의미를 파악하기 전까지는 여기에서 어떤 발전이 오게 될지 더 기다려야 할 것이다. 이 사태의 연장선상에서 어떤 한계상황을 미리 말해 놓는 것은 하지만 불가능한 것은 아니다. 이는 인위적인 안락사의 문제가 아니라 그 죽어가는 생명도 역시 그 **권리**를 갖고 있다는 것이 우리가 주목해야 할 목표인 것이다.

---

우리는 이제 허락되거나 금지된 **위급상황에서의 살인행위**(정당방위 — 역자 주)에 대하여 말해야 한다. 즉, 여기서 우리가 다루어야 할 것은 어떤 외부의 타자가 자신에게 혹은 삼자에게 정당하지 못한 폭력을 가함으로써 생명의 위협을 가하는 경우 거기에 자위수단으로서 취하게 되는 대응폭력의 행동을 말하고, 그 결과 우리를 혹은 삼자를 먼저 공격하였던 폭력의 원제공자가 살해당하게 되는 상황을 말하는 것이다. 이를 우리는 정당방위 살인이라고 말한다. 왜냐하면 그 행위자가 사실은 위협을 받고 있었기 때문이다. 외부에서 발생한 공격 때문에, 그리고 그래서 자신의 권리를 보호하기 위해서 공적인 권력이나 다른 도움이 없고 혹은 기대할 수 없었기 때문에 자기 스스로를

방어했어야만 하는 경우 이런 사태가 발생하는 것이다. 이 위급한 상황에서 그는 자신의 고유한 책임 위에서 자기에게 주어져 있는 대응폭력수단을 사용하였고 그렇게 효과적으로 대응함으로써 결국 그 최초의 공격자를 궁지로 몰아갈 수 있었고 그런 과정의 결과 그의 죽음까지도 오게 된 것이었다. 그가 타인의 생명을 소중하고 생각할 뿐 아니라 그것을 경외하라는 하나님의 계명에 순종하면서도 과연 이런 대응폭력을 사용할 뿐 아니라 그것을 철저하게 시행하여 그들의 죽음을 초래할 수 있으며 그렇게 해도 되는가?

스위스의 처벌에 대한 법률은 긴급상황의 본질과 그 한계에 대하여 §33, 34에서 다음과 같이 말하고 있다: "만일 누군가가 부당하게 공격을 당하거나 공격을 당할 위급한 처지에 놓이게 된다면 그 사람이나 다른 사람은 그 공격을 일정한 환경에서 적당한 방식으로 자기를 지킬 권리를 갖는다. 하지만 만일 그가 지나치게 긴급조치의 한계를 넘어 과도하게 반응을 보였다면 재판관은 그에 대한 심판을 자유로운 방식의 기준에 의하여 경감시킬 수 있다." 위급한 상황의 긴급한 자기방어로서 법률이 허락하는 행동은 다음과 같은 것들이다: 자신의 것이나 타인의 재물, 즉 생명, 육체, 자유, 결혼, 여러 가지 재물을 직접적인 위험으로부터 그렇게 하지 않으면 구하지 못할 그런 위험으로부터 건져내는 것이 여기에 해당한다.…만일 위험이 그 예상된 가해자에게서 찾을 수 없다거나 그에게 어떤 상황에서 전가되지 못한다면 그 위험에 처한 재물을 포기해야 한다.…또한 마찬가지로 그가 그 사람의 재물을 자신의 행동으로 그 위험으로부터 지켜내고 싶어 하는 그 다른 사람에게 재물의 포기가 부당하게 요구된 것을 그가 알 수 없었다면….

우리는 여기에서 이 법률이 얼마나 조심스럽게 기술되어 있는지를 알 수 있다. 긴급한 상황에서의 자기방어의 권리가 강조되지 않고 오히려 그것이 어떤 경우에 정당하게 된다는 것을 말하고 있을 뿐이다. 그리고 이조차 아주 명백하게 제한되어 있다. 여기에서는 반드시 이제 막 직접적으로 일어날 수 있는 위협에 대하여 자신의 생명과 물건들을 지키는 것에 관한 것이지 결코 그 해당하는 방어행위에서 일어나는 지켜내지 않아도 될 위험을 말하는 것이 아니다. 그리고 판사는—그 지키는 사람이 낯선 물건들을 지키는 행위라도—그 요구가 올바른 것이 아닐 수 있는지를 물어야 하고 그렇게 위태로웠던 물건들을 포기해야만 하지 않았는지도 물어야 한다. 그리고 그 공격은 아무런 정당성이 없이 일어난 것이어야 하고 그리고 그 위험은 지키는 사람에 의하여 일어난 것이 아니어야 한다. 더욱이 판사는 다음의 사실들도 더 깊이 살펴보아야 하는데 그 방어가 그 상황에서 적절한 방식으로 일어났는지도 살펴보아야 한다. 여하튼 이 자기방어 시 필요한 그 제한을 넘어서 과잉으로 대응한—이것이 그 위험상황에서 야기된 것이기에—것에 대해서 그 벌을 경감시켜야 한다는 것은 자명해 보이고 그래서 그 경감조치는 판사의 재량권에 달려 있다.

우리가 지금 묻고 있는 것은 법률적인 것이 아니라 신학적이며 윤리적인 것이며 따라서 어떤 한계 안에서 허락된 것에 대한 질문이 아니라 하나님의 법에 의하여 명령의 전제하에 주어진 자기방어에 대한 것이다. 만일 그렇지 않고 다른 측면에서는 징벌의 경감조치에 대한 질문이 발생하지 않을 것이다. 왜냐하면 윤리는 비록 심판을 하고자 할지라도 재판을 위한 과정이 아니라 하나님 앞에서 무엇이 옳고 그르냐는 정당한 질문을 위한 지시사항과 연관되어 있다. 하지만 우리가 이렇게 법률적인 위급상황에서의 자기방어가 가져야 할 규정과 한계에 대한 규정을 알고 있는 것은 큰 도움이 되고 있다. 우리가 그 시민사회가 긴급한 조치 속에서 자의적인 과장을 피하기 위해 설치한 그 엄밀함 뒤로 우리가 돌아가고 싶어 기웃거려서는 안 된다. 오히려 우리는 이 시민 사회적 엄격함을 훨씬 더 철저하게 적용할 수 있어야 할 것이다.

우리는 이제 하나님으로부터 제시된바 긴급조치하에서 타인을 죽여야 하는 필연성에 대한 우리의 답변을 해나가기 위해서 잠시 뒤로 물러나 생각하면서 다음의 사실을 생각하려고 노력하여야 한다: 우리는 과연 그리고 어떤 상황에서 어느 정도까지 이 하나님으로부터 주어진 그리고 어느 정도 정당화할 수 있을 것 같은 필연적인 선택을 말할 수 있으며 그런 권리를 가졌는가. 이는 절대로 자명한 것이 아니다. 그렇다면 그런 결정을 당연시할 필연성은 어디 그리고 언제 가능한 것이며, 한 사람이 스스로를—주어진 생명을 지키기 위한 조치로써—이미 자행된 폭력과 그 위협에 대항하여, 언제 그 폭력에 맞상대하여 자기를 지키기 위한 폭력을 정당화할 수 있는가? 한 사람이 (아마 그의 가장 중요하고 소중한) 그에게 가장 소중한 자산을 타인의 공격으로부터 위협을 받을 경우, 더욱이 그가 정당하지 못한 방식으로 그래서 그에서 비롯된 모든 폭력에 그가 무죄할 경우에는 그의 행위는 시민법정에서 근본적으로는 정당한 것으로 나타날 수 있어야 한다: 하지만 하나님의 심판 안에서는 그 정당방위의 폭력이 위에서 제시한 것으로서 정당화된다고 할 수 없다. 사람이 그런 위기상황에서 "너 자신을 방어하라!"라고 갖게 되는 그 본능은 비록 매우 자연스러워 보이지만 하나님이 명령하신 거룩과는 아주 거리가 멀다. 사람들은 오히려 이 자리에서 하나님의 계명을 통한, 그리고 그 계명을 통하여 사람들은 자기가 본래 가려고 했던 길과는 전혀 다른 길로 나가게 되는바, 새로운 가능성, 다른 길을 선택할 수 있는 거룩의 가능성을 보게 된다. 하나님의 계명은—그것은 우리에게 다른 길을 선택하도록 허락할 뿐 아니라 그 길을 정당한 것으로 만들며 더 철저하게 우리가 그 길로 나가게 만들기도 하는 것이다.—사람들이 위기의 순간 시민법의 테두리 안에서 자위권을 생각하며 그 가능성을 발견하려고 하는 것과는 아무런 공통점이 없다. 오히려 하나님의 계명은 우리에게 율법과 법률에서 우리에게 제시되고 허락된 자유를 쓰지 말 것을 요구하기까지 하는 것이다. 그리하여 타인의 폭력을 거기에 대응하는 폭력을 통하여 대치하려는 법률의 한계 안에서 정당한 자위권을 사용할 것을 자제하도록 만드는 것이다. 그러므로 다음의 사실에 전혀 의심이 있을 수 없다: 하나님의 계명은 먼저 우리를 철저하게 완전히 일상적이며 상식적인 길과는 다른 방향으로 인도한다는 것이다: 그러므로 이제 그 필요에 의한 정당한 자위권조차도 **필요 없는 것으로 제외시키기도** 하는 것이다.

우리는 바울이 그리스도인들에게 고린도전서 6:1-11에서 지적한 바, 자신들 사이의 다툼이 있을 경우 이방 법정으로 가지고 가서 해결하려 한다는 그 사정을 지적한 것이 무슨 뜻인지 생각해 보아야 한다. 공동체 내에서 해결하지 않고 이방인의 법정, 이방인의 판단에 의존하지 말라고 하는 그의 중요한 요지를 잘 생각해 보아야 하는 것이다.(고전 6:1-6) 이 비난은 사실 더 깊은 의미가 있다. 고린도전서 6:7, "너희가 피차 송사함으로 너희 가운데 이미 완연한 허물이 있으니 차라리 불의를 당하는 것이 낫지 아니하며 차라리 속는 것이 낫지 아니하냐?" 그런데 그 대신에 "너희는 불의를 행하고 속이는구나. 저는 너희 형제로다. 불의한 자가 하나님의 나라를 유업으로 받지 못할 줄을 알지 못하느냐."(7f.) 여기에서 우리가 아는 것처럼 특이한 점은 이제 그들은 정상적인 법률 다툼에 엮이게 된 자들 모두에게 해당하는 것이다.—다른 의미에서 정당방위는 말할 것도 없고 정당방위로 인한 살인의 행위는 여기에서 언급되지 않는다.—확실히 원고나 피고 할 것 없이 양자 모두 그와 같은 상태에서 서로를 향해 공격하는 면에서 이미 둘 다 함께 의롭지 못한 자로 여겨진다. 하나님의 나라에서 벗어난 이 세상의 사람들로 여겨지는 것이다. 바울은 실제로 그렇다고 말하고 있고 그렇게 말하면서 동시에 즉시 다음과 같이 선언한다: "미혹을 받지 말라. 음란하는 자나 우상숭배하는 자나 간음하는 자나 탐색하는 자나 남색하는 자나, 도적이나 탐람하는 자나 술 취하는 자나 후욕하는 자나 토색하는 자들은 하나님의 나라를 유업으로 받지 못하리라." 그런가 하면 11절 이하 "너희 중에 이와 같은 자들이 있더니 주 예수 그리스도의 이름과 우리 하나님의 성령 안에서 씻음과 거룩함과 의롭다 하심을 얻었느니라." 이렇게 말씀들을 연관시켜서 이해하고자 할 때 바울이 가장 법률의 정통한 방식으로 이루어진 정당방위조차도 근본적으로 (다른 범죄들과 마찬가지로 하나의 관점에서 함께 보면서) 하나님의 계명을 통한 것, 즉 인간들을 그리스도 예수의 법 아래 두고 성령의 능력하에 두는 것하에서 검토해 볼 때 처음부터 불가능한 것으로 이해하였다고 말할 수 있는가? 그는 로마서 12:17-20에서 이 사실을 보다 일반화하여 그리스도와 이방인 사이의 관계를 설명하려고 하면서 다음과 같이 말하고 있다: "누구에게도 악으로 악을 갚지 말라! … 복수는 너희 자신이 하지 말라! 사랑하는 자들아, 그 화는 하나님에게 맡기라; 기록하였으되 원수 갚는 것이 내게 있으니 내가 갚으리라. 주께서 말씀하시느니라." … "악에게 지지 말고 선으로 악을 이기라." 또한 산상수훈이 같은 말씀을 하고 있다.(마 5:38-42) "또 눈은 눈으로 이는 이로 갚으라 하였다는 것을 너희가 들었으나 나는 너희에게 이르노니 악한 자를 대적지 말라. 누구든지 네 오른편 뺨을 치거든 왼편도 돌려대며 또 너를 송사하여 속옷을 가지고자 하는 자에게 겉옷까지도 가지게 하며 또 누구든지 너로 억지로 오 리를 가게 하거든 그 사람과 십리를 동행하고 네게 구하는 자에게 주며 네게 꾸고자 하는 자에게 거절하지 말라!" 이와 같은 정신으로 기록되었을 뿐 아니라 또 누가복음 6:29 이하의 평행구절을 생각하여 보라: 우리가 일상적으로 만날 수 있는 고발자들이 남들을 괴롭히는 사람들, 거지들과 사기를 치려는 사람들, 이 모든 적에 대하여 대항하여 싸우지 말라는 것이다.

이것이 신약성서에서 이 사태에 대하여 들려주는 가장 유명한 말씀들이다. 이제 우리에게 가까이 온 하나님의 나라와 그의 구원, 그리고 예수 그리스도에게 동참하는 것, 이런 것들이 다음과 같은 일을 너무 간절하게 만드는 것이다: 바로 예수 그리스도 그 자신이시다. 사람들은 이 이름을 겉으로 헛되게 들어서는 안 된다. 그리고 거기에서 점 하나라도 바꾸어서는 안 된다. 우리는 이 말씀들을 문자 그대로 존중하고 지키려고 노력해야 하는 것이다. 이것들은 어떤 추상적인 법칙이나 하늘로부터 우리에게 닥쳐 온 천상의 이상주의로 이해되어서는 안 된다. 그리고 이것들은 사랑을 그리워하고 그것으로 훈련받은 그리스도교 공동체 내의 윤리로서만 이해되어서도 안 된다. 또한 그리스도교 공동체 내의 어떤 완전한 정도에 이르는 그리스도인에게만 이 요구를 제한하여 다른 사람들을 보다 자유로운 상태로 내버려 두려고 시도해서도 안 된다. 한때 톨스토이가 이 말씀들을 간디의 삶의 지혜와 혼합하여 비폭력 저항의 근본원리로 만든 적이 있다는 사실로 인해서 그 살아 있는 가치를 평가절하해서 이해해서도 안 되는 것이다. 그리고 만일 혹시 그들이 실수를 했다고 하더라도 그들의 실수가 다른 세상의 모든 이론보다는 훨씬 더 진리에 가까웠던 것이라고 할 수 있을 것이다. 그리고 세상이 이들의 견해를 따라가는 것이 그들과 대립하여 서 있는 것보다 훨씬 더 진리에 가깝다고 할 수 있을 것이다. 이 모든 것은 헛되이 사라져 버리지 않을 것이다. 이것들은 특수한 그리스도인을 위한 특수한 가르침도 아니며 그렇다고 해서 인류 보편의 인간성에서 나온 이론도 아니라 모든 사람에게 적용되어야 하는 하나님의 계명이며 가장 포괄적이며 깊은 그 근본적인 원칙인 것이다. 이는 이러저러한 열심을 요구하지 않으며 그리스도의 계시와 말씀에 대한 순종으로부터 나오는 그리고 다시 그곳으로 돌아가는 그 근거로부터 시작되어야 하는 것이다. 이는 하나의 규칙에 대하여 말하고 있는데 그 규칙을 넘어서 말하는 것은 사실 의심스러운 것이다.

이러한 관점은 남아 있지만 이는 자신의 삶의 관점에서 볼 때에도 겉으로 보이는 것처럼 자연스러운 것은 아니다: 폭력을 대응폭력으로, 공격에 또 다른 공격을, 남에 대한 방해를 또 다른 방해로 응수하는 것이 자연스러운 것은 아니다. 내가 공격당한 시점에서 반격하는 것은 공격자가 나를 내몬 위협에 대한 매우 어리석은 방어책이라고 할 수 있다. 나는 그런 반격을 가하면서 정신적으로나 육체적으로 그보다 더 나은 상태에서 살고 있지 않다는 것은 자명한 것이다. 아주 엄밀하게 말해서, 나의 위협은 내가 남을 공격하는 자가 됨으로써 시작되는 위협의 연쇄적 반응 안에 놓임으로써 시작된다고 할 수 있지 않은가? 사람들은 단순한 형태로 이를 확인할 수 있다: 우리는 어떤 사람이 매우 불친절하게 우리에게 다가올 경우 우리는 이때 명백한 언어로 그것을 지적하는 것이 정당하거나 그럴 수 있는 권리를 받았다고 생각한다. 내가 그렇게 할 수는 있지만 하지만 그렇게 하고자 하던 대로 그렇게 함으로써 내가 기뻐지는 것이 아니라 오히려 매우 불쾌해지는 것을 감출 수 있는가? 나는 내가 그 정당방위의 차원에서 수행한 것이 현실적으로 볼 때 우리의 삶을 높이는 것이 아니라 우리의 생활을 깎아내리는 것임이 자명하다. 이렇게 정당방위의 차원에서 삶을 보호하는 것처럼 제시된 것들은, 나 자신의 삶의 관점에서 볼지라도, 그것과 다른 길을 추구하는 것이 더 좋은 것이 자명하다.

이제 타인의 삶이, 우리를 공격하는 자의 삶이 문제로 등장한다. 그가 나를—악의적인 차원에서 볼 때—매우 위험스러운 간섭을 통하여 나를 공격해야 한다고 생각이 되는 한, 그는 그 자신이 매우 위태로운 삶의 여건 속에 놓여 있다는 것을 보여주고 있다. 나를 공격하는 그 삼자가 자신의 불쾌함, 격정, 고독 실망과 낙심 같은 것을 나에게 쏟아낼 아무런 근거가 없다면, 그는 나에게 불의한 것이다—더욱이 이런저런 심한 공격을 통하여 나를 어려운 형편으로 몰고 갈 수 있는 아무런 권한을 갖고 있지 않다. 그렇다면 내가 반격하여 그가 스스로 빠져 있다고 생각한 그 어려운 지경으로 그를 더 몰아넣는다면 이는 또한 정당한 것인가? 경외란 바로 그의 삶도 존중하는 것을 말한다. 나를 공격하게 만든 그의 어려움이—아무리 그의 공격이 정당하지 않은 것이라고 할지라도—그가 공격을 통하여 나에게 야기시킨 모든 어려움보다 훨씬 더 큰 것이고 감당하기 어려운 것인지 어떻게 우리가 알겠는가? 또한 내가 그의 공격에 정당방위로 대응한 것이 그의 고난과 역경을 더 심각하게 만들어서 그가 더 큰 부정의한 일을 하도록 촉발시키는 것이라고는 볼 수 없는가? 간단하게 말해서: 내가 그의 고난을 더욱 심화시키는 것이 아닌가 하는 것이다. 왜냐하면 내가 정당방위로 폭력을 행사하면서 그가 내게 사용한 폭력과 비슷한 것이나 더 심한 것을 야기시킬 공산이 크기 때문이다. 그렇기에 성서가 공격당하는 자나 공격하는 자를 모두 하나님의 계명을 어긴 자라는 한 지평 위에서 동일하게 여기는 것이 정당한 것이 아니며 또한 다른 측면에서도 그 공격하는 자를 어떤 의미에서는 공격하는 자이며 공격하는 자에게 무엇인가 빚을 지고 있는 자로 드러날 수 있는 공격을 당하는 자와 동일한 한 지평에서 보는 것이 정당한 것이 아닌가? 이러한 것들이 너무나 당연하게 주장된 정당방위의 폭력이 갖고 있는 정당성보다 더 삶의 현실에 가까운 것이 아니겠는가? 그래서 우리는 다음의 질문을 던져야 하지 않는가?: 그 정당방위 시 필연적으로 원수를 맺게 되는 그 관계 속으로 빠지게 되어 있는가? 공격자의 상황에서는 이미 작용하고 있는 것이고 피공격자에게는 그 공격자로 인해서 더해지거나 위협으로 작용하는 모든 근심은 폭력을 통하여 상대방의 폭력을 제거하는 그런 방식이 아닌 다른 길을 모색하고 싶어 하지 않는가? 결론적으로 폭력을 통해서 폭력을 종식시키는 경향을 가질 수 있는 이 모든 질문은 다시 **회수**되어야 하고 그 **배후**의 다른 세계를 지적해야 하지 않는가?

만약 모든 것이 생각해볼 만한 가치가 있는 것이라면—복음의 관점에서 하나님의 계명이 말해야 하는 바는 확실히 이성적 논증을 위해서 중요한 역할을 한다!—그 공격하는 자를 살해하는 것은 대응폭력의 최후의 목적(ultima ratio)으로서 가장 최후의 **지평**에서만 등장할 수 있을 뿐이라는 것은 자명해 보인다. 만약 내가 욕을 욕으로, 폭력은 폭력으로 나의 소유를 지키거나 타인의 소유를 보복 차원에서 차지하려 할 때 폭력에 의존할 뿐 아니라, 내 생명을 노리는 그런 폭력에 대응하여 내 생명을 걸거나 나를 공격하려는 자를 대항하여 예방적 차원에서 그의 생명을 미리 처치하려고 하면서 그의 생명을 노리는 일이 벌어진다면 과연 우리는 어디로 가는 것인가? 내가 나를 공격하려는 자를 성공적으로 처치하고 그를 살해한다고 할지라도 나는 나의 혹은 이 모든 곤란에서부터 벗어날 수 있게 하는 것일까? 더욱이 내가 나를 공격하려는 그 사람에 대하여 최후의 일격을 가함으로써 나는 무엇을 하는 것일까? 마치 그의 생명이 나에게 속한 것처럼, 혹은 내가 그의 재판관이라도 된 것처럼, 나는 그의 생명을 나의 손으로 빼앗은 것이 아닌가?

슐라터의 논증(*Christlicher Ethik*, 1914, 133)은 우리에게 큰 위안이 된다: "타인의 삶을 파괴하고자 하는 자가 자신의 고유한 삶을 상실하게 되기 때문에 그 자신의 것 아니면 타인의 삶을 지키는 과정에서 타인을 죽이게 된 자는 그 살인자에게 명령된 벌을 그 정해진 규칙을 따라, 즉 공동체는 살인한 자를 죽여도 좋다는 그 규칙에 따라 행동하고 실현시킨 사람이라고 보게 되는 것이다." 이것은 아마 특정한 전제하에서 명령된 정당한 행동의 종류라고 할 수 있을 것이다. 하지만 일반적이고 특정한 규칙으로서 (신약성서를 잘 아는 슐라터 같은 이가) 너무 단순하게 말해진 것이다.

하나님의 계명이 우리로 하여금 이렇게 타인의 생명을 취하는 것으로, 비록 그가 범법자라고 할지라도 그의 생명을 우리가 함부로 가질 수 없다는 것, 우리를 그의 심판자로 세우지 않았다는 것은 자명하지 않은가? 그렇다면 우리는 바로 이 문제와 연관해서—절대적으로 통용되는 듯한 법칙을 세우려는 것이 아니라—대응폭력이라거나 대응 살인 같은 **모든 수단**을 첫 번째가 아니라 마지막 수단으로 세우려는 질문들의 질서를 명백하게 세우는 것을 시도하지 않으면서 어떻게 그리스도교 윤리의 음성을 실제로 효과적인 것으로 만들 수 있겠는가? 내가 나의 재화, 나의 재산과 결혼, 자유 그리고 모든 것에 앞서 그리고 최후로 나의 생명을 가지고 있으면서 즐기고 지키려는 것은 그렇게 할 수 있고 그렇게 해야만 한다. 하지만 모든 수단과 방법을 가리지 않고 그것을 해서는 안 된다. 왜냐하면 이것들 중의 그 어느 것도 최고의 선이 아니며 그 어떤 절대적인 필연성을 가지고 있는 것도 아니기 때문이다. 그 공격자를 죽이는 것은 이 재화를 지키기 위한 최후의 가장 끔찍한 수단이다. 이 재화를 지키기 위해서 정말 이러한 수단이 요구되는가? 더욱이 그가 어떤 곤궁에 빠져 있기 때문에 나와 나의 재화를 공격하는지 내가 잘 모르는 상태에서 어떻게 그렇게 할 수 있겠는가? 내가 그것을 지키기 위해서 "너를 지키라!"라는 그 의심스러운 근거 위에서 행동을 해야 하며 그리고 그 극단적인 상황이 펼쳐질 때 "그가 아니면 나!"라는 관점에서 행동을 해야 하는가? 만일 그 공격자가 살인자로 돌변하기 이전에 내가 그 공격자를 죽여야 한단 말인가? 그는 그의 의지에 대한 책임을 져야 한다면 나는 이미 그 실행된 행위에 대하여 어떤 책임을 져야 하는가? 만일 이러한 문제들을 더 생각하다 보면 결국 우리는 이 문제에 대하여 더 신중해야 한다는 것을 알게 될 것이다.

우리가 여기서 지금 여건을 바꾸어서 한계상황에 대하여 묻고 그리고 숨어 있지 않으면서 드러난 그리고 주어진 그 정당방위와 그 정당방위로 인해서 혹시 벌어질지도 모를 살인행위에 대하여 묻고자 한다면 우리는 더 조심스럽게 접근해야 한다. 우리가 지켜야 하고 순종해야 할 하나님의 계명으로부터 우리가 얼마나 멀리 떨어져 있는지는 그 계명에 따르면 자명하고 가까이 서 있어야 할 것인바, 즉 정당방위를 포기하라는 그 명령이 윤리적 측면에서 특수한 것이 되고 말았다는 상황에서 더 선명하게 알게 되고 보게 된다. 그리고 거꾸로 그 계명에 의해서 경계가 되어야 하는 것, 한계상황에서의 정당방위가 일반적이며 일상적인 것이 되고 사람들은 그것을 이제 당연한 것으로 여기고 있다는 점에서도 알게 된다. 이러한 상황에서 우리가 하나님을 불명예스럽게 만들고 우리와 우리주변의 사람들을 멸망에 빠뜨리도록 마구잡이로 행동하기에 충분한 준비가 되어 있다는 것을 보고 있지 않는가? 이러한 상황에서 우리는 악을 악으로 갚지 말라는 복음적 요청을 더 분명하게 하기 위해서 인간 스스로 높아지고 더 잘 아는 것처럼 행동하면서 실제로는 비이성적인 상황에 빠져 있고 재난의 바닷속에 있게 만드는 이 두 번째의 난감한 상황들에 대하여 차라리 침묵하는 것이 더 낫지 않겠는가?

성서를 펼치면 신약성서에서는 이 침묵의 요구가 아주 조금 나오고 있으며 이는 우리로 하여금 더 철저한 해석을 요구하고 있다. 적법하게 대적하라는 것은 죄에 대하여(히 12:4), 마귀적 세력과 그 능력에 대하여(엡 6:13), 사탄에 대하여(벧전 5:9, 약 4:7)에 나오고 있다. 이러한 대적이 그렇다면 사람을 대해서도 그렇게 해야만 하는가? 신약성서에는 아무 곳에서도 그렇게 말하고 있지 않다. 단지 한 군데에서만 인간이 인간에 대하여 대항하고 대적할 것을 말하고 있다: 안디옥에서 바울과 베드로가 부딪쳤을 때 (내가 저를 면책하였노라, 갈 2:11) 그렇게 하고 있지만 이것은 정당방위의 상황과는 전혀 다른 것이다. 단 한 번 그렇게 시도된 곳은 겟세마네에서 예수께서 급속하게 중지시킨, 베드로가 칼을 빼서 귀를 벤 사건이다.(마 26:51f.) 그에 반해서 성전정결 (막 11:15f.)의 역사에서는 예수께서 요한복음 2:15에 의하면 노끈으로 채찍을 만들어 사용하고 공격하시는 형상으로 나오지만 그것 역시도 결코 정당방위와는 상관이 없는 것이다.

만일 우리가 이 연관관계에서 억눌러서는 안 될 것을 억누르고 그것을 지키려고 한다면, 즉 삶의 경외를 말하는 계명은 성서적 증언에 따르면 거기에서 말해진 것과 말해지지 않은 것 모두를 통해서 분명해지는데 이는 어떤 법적 조항이 아니라 우리가 그분을 섬기도록 부름을 받은 하나님, 창조주이시며 생명의 주관자이며 모든 계명을 명령하신 하나님으로서 우리가 잊어서는 안 되는 그분을 제대로 섬길 수 있도록 하는 방법을 제시한 것이다. 따라서 우리는 이분의 명령을 준행하면서 이해하고 그것을 이루기 위해서 준비가 되어야 한다.

톨스토이, 간디 그리고 이 섬김의 방법을 이들과 유사한 관점에서 읽은 타인들은 만일 그들이 제시한 섬김의 방법을 그 개념대로 수용하고 이것이 소위 세간에 말하는 것같이 성서에 충실한 그리스도교 세계 가운데서 자주 발생한 것과는 전혀 다른 방식으로 진지하게 받아들여진다고 생각하길 원한다면, 그들은 제대로 이해했다고 할 수 있다. 하지만 그들은 이를 섬김을 위한 방향설정이라고 보지 않고 일종의 율법처럼 이해하고 살아 계신 하나님에게 전혀 아무런 공간을 비워두지 못하면서 사람들에게—이 섬김의 방향제시라는 의미와 지향 안에서, 하지만 그것의 문자적 의미를 넘어서—직접적인 지시사항을 주려고 한 것은 오류라고 할 수 있다. 사람들이 신적인 계명의 정신을 단지 성서의 문자로서만 인식할 수 있다고 한다면, 우리는 그 위급상황의 자기방어의 순간에서 하나님이 의도하시든지 아니면 금지하시는 것을, 그리고 그것의 질서와 방향을 의심할 여지 없이 신약성서에서 거기에 대해 말해진 것을 통해서 이해하고자 하게 된다. 그럼으로 말미암아 그것의 문자를 하나님의 영성을 흐리게 하는 것으로 오독해서는 안 되는 것이며 자신의 문자로부터 언제나 그 정신에 대해, 자유롭게 명령하시는 주님의 영에 대하여 물어야 할 것이다. 그들이 그렇게 행함으로 말미암아, 여기에서 이제 그 한계를 보게 되는 것이다.(vgl. 예를 들어서, N. H. Søe, *Christliche Ethik*, 1949, 213, 474f.)

그렇기에 어디에서나 어떤 상황이나 어떤 방식으로도(성령을 의지한 곳일 수도 있는데) 우리의 재화를 실제로 방어하는 과정에서 "너 스스로를 지키라"라는 거의 명령법적인 본능은 정당한 것으로 인정되는 것을 말하는 것이 아니며 그렇게 주장할 수도 없다. 하나님의 계명은 가장 명료하게 이 본능을 전적으로 옳지 않은 것으로 드러낸다. 인간이 하나님의 계명을 통하여 거룩해진다는 것은 가장 고결해지는 것, 자의에서부터 벗어나는 변화 그리고 말씀에 대한 순종을 의미하는 것이다. 자신의 삶만을 찾고자 하는 바로 그곳에서 하나님의 계명을 위반하는 일이 발생하는 것이다. 인간이 가진 선과 인간이 가질 수 있는 경험의 한계를 우리는 잘 지켜야 한다. 이 자기보호의 본능에도 성화를 말할 수 있다. 그리고 이 성화는 자기 자신이나 자신의 재화 혹은 타인의 재화와 생명을 지키는 것이 자신에게 맡겨진 자기만의 고유한 것이었지만 그것이 실패하고, 다치고 깨어진 채 버려져서 정말 방어를 할 수 있는 아무런 능력이 없어진 순간부터 비로소 시작된다고 할 수 있다. 만일 우리가 자신이나 타인을 지키는 데 있어서 자기 스스로는 아무런 능력이 없다는 것을 잊어버리거나 하나님께서 그를 위해 싸우면서 지켜주신다는 것을 이해하지 않으려고 한다거나, 또한 그가 스스로 시행할 수 있다고 믿는 정당방위가 사실 필요 없으며 어리석은 것임을 모른다면, 어떻게 우리가 하나님의 은혜로 살며 그를 또한 섬길 수 있겠는가? 자신이 스스로 자신을 정당화시키려는 어리석은 사람은 하나님의 나라를 유산으로 받을 수 없다! 하나님 앞에서, 그리고 많은 그의 주위 사람들 앞에서 사람이 이렇게 아무런 대응수단을 갖지 않게 됨으로써 이 사태에서 비롯된 복종이 시작된 것이며 그것도 신약성서에서 우리에게 제시하는 그런 관점에서 이 복종이 시작된 것이라고 할 수 있다.

하지만 이렇게 철저한 사육을 받아서 근본적으로 무장해제되고 철저하게 평화를 지향하도록 만들어진 인간이 그 질서의 선을 넘어설 수 있는 명령들을 받을 수 있는 것이다. 바로 그런 사람이 하나님에게 그 명령을 실행할 수 있는 필요하고도 유용한 사람이 될 수 있다. 만약 여기저기에서 어떤 사람들이 자신을 억누르는 삶의 곤궁함 때문에 거기로부터 쏟아져 나와 아무런 통제 없이 타인의 삶이나 타인의 물건들을 마구 공격하는 경우가 발생함으로써 일어나게 된 혼란에 하나님께서 인간의 공동의 삶을 내던져 놓는다는 것은 이렇게 준비된 사람에게는 있을 수 없는 일이다. 하나님의 계명은 사람들을 정의의 길로 부르고 있다: "할 수 있거든 너희로서는 모든 사람으로 더불어 평화하라"(롬 12:18)의 말씀은 불의한 자들을 위한 편지가 아니다. 하나님께서는 이 불의한 자들과 대적하시고 그들조차도 계명을 통하여 질서로 부르실 뿐 아니라—그리고 맨 먼저 그는 그들을 자신의 영원한 법정 앞에 세우심으로써 그들이 퍼지지 못하게 하시는 것만은 아니다.—이 삶 속에서 이 인간의 역사 속에서 그들이 서로 서로 외통수를 부르는 것을 하지 못하도록 간섭하심으로써 그리고 자신의 의지를 따라 세우고 인도하시는 국가의 질서와 그것의 법, 재판정 그리고 여러 가지 사회 안전장치를 통해서도 지키시는 것뿐만이 아니다. 더 나아가 하나님께서는 자신의 말씀을 듣는(하나님께서 악을 대항하시고 대신 갚아주시는 분이라는 사실을 지키고자 하는) 자들을, 즉 로마서 12:19를 따라 자신에 대하여 화를 내지 않고 오히려 자신의 분노에 여유를 두고자 하는 자들을 부르시고 그리고 영리하고 강하게 만드셔서 그 부조화 속의 인간을 전적으로 인격적으로—단지 그 자신의 인간적 부정이 아니라 그 하나님의 신적인 부정을 가지고—말과 행동으로 대립할 수 있도록 만드시는 것이다. 이것은 언제든지 일어날 수가 있다. 하나님께서는 사람들로 하여금 자신의 이웃이 전혀 모르는 삼자에게 모욕을 당하고 도적질 당하고 상해를 입을 뿐 아니라 심지어 목숨을 잃을 수도 있다는 것을 그냥 보고 있도록 하지 않게 하셨다. 즉, 사람들은 그 공격자에게 어떤 해를 끼치고서라도 위협받은 사람을 도와주도록 만들어진 것이다. 누군가가 공격을 받아 거리에 누워 있기 전, 그래서 선한 사마리아인의 대상이 되기 전에 이미 그 위협 당하는 존재를 도와주도록 하신 것이다. 하나님께서는 사람들이 자신이나 다른 사람들을 불의하게 공격하는 사람들에게 그 나쁜 행동을 못 하게 하고—아무리 적은 것일지라도—금지시킴으로써 그가 해야 하고 그 자신도 덕을 보고 있는 이웃사랑을 증거하도록 하신 것일 수도 있다. 하나님께서는 사람들이 공동체를 지키고 있는 정의로운 질서를 방어하거나 그 공동체를 소중하게 여기는 행동을 통하여 그 공동체를 파괴하려는 사람들을 막음으로써 그 이웃사랑의 계명이 실현되도록 하실 수 있는 것이다. 하나님께서는 이 질서의 파괴자의 심정에서 일어나면서 모든 사람에게 미칠 수 있는 그런 곤경을 피할 수 있도록 미리 대비하심으로써 이웃사랑을 실천하도록 하실 수 있다. 또한—이것은 우리가 의도적으로 마지막에 넣은 것인데—하나님께서는 우리 사람들의 인생이 다른 사람의 의도적인 공격에 의하여 상하거나 위협을 받거나 사라질 위험에 처하지 않기를 원하실 수 있다. 그 사람들이 살아가기 위해서 여러 가지 필요한 것들을 빼앗지 않음으로써 그 사람을 지키려고 하시는 것이다. 하나님께서는 사람들이 이런 예방조치를 함으로써 실제로 이웃사랑이 일어나도록 하는 것이다. 그렇다면 이런 일들이 하나님이 그 일을 의도하셨기에 일어나는 아주 특별한 경우들을 의미하는 것일까? 그렇지 않다! 이런 일들은 순수한 인간의 자유로운 양심 가운데 자발적으로 그리고 스스로 일어나는 일이어야 하는 것이다.

만일 하나님께서 인간에게 앞의 가능성으로 그렇게 명령하셨다면, 이는 그가 자신을 공격한 그자와 더불어 다시 그 순환적 관계 속으로 들어가라는 것, 즉 악을 악으로 갚고 그래서 결국 새로운 악을 낳게 되는 그런 관계에 빠지지 말라고 하는 것을 의미하는 것이다. 이는 또한 그가 악의로 고통을 받았던 자가 다시 남을 악의로 몰아가거나 공격을 당했던 자가 다시 공격을 하는, 그래서 결국 자신이 살해하려고 하였던 자에 의하여 그 자신이 살해당하게 되는 그런 정글의 투쟁 속으로 던져지는 것을 의미하는 것이 아니다. 바로 이 자기보호의 욕구, 이 단순한 본능과 그 실체, 바로 이 요구를 이루고자 하는 관심과 이 가장 원초적인 위기를 방호하고자 하는 행동이 바로 그 위기 속에서는 이러한 요구들에 순종적이 되는 사람들이 한 일들이다. 그들은 자신의 생명을 지키기 위해서 타인을 해치게 될 수 있다는 이러한 관점에서 볼 때 하나님의 계명을 의미할 수도 있을 그 법정을 통과하게 될 것이다. 여기에서 우리가 세심하게 인정해야 할 것은 이 모든 것이—즉, 그의 인격과 그의 재산에 관한 것이라는 측면에서—결국은 그 한 사람의 일이 아니라 그에게 허락된 신적인 권위로 허락된 저항의 사태와 연관되어 있다는 점이다. 즉, 자신을 공격한 그 사람과의 문제나 적으로서의 그를 이겨내고 그 적을 무력화시키는 그런 문제가 아니라 인간을 황폐화시키는 불안과 공포를 하나님께서 만나시고 그를 무력화시키는 바의 일이다. 바로 이 하나님과 그 공포 사이의 관계에서 나타난 악(무)이 문제이고 그것이 극복되어야 하는 문제인 것이다. 사실은 이렇게 함으로써 함께 지켜주어야 할 대상으로 인정된 동료 인간 그 자신을 위해 실행되어야 할 그 행동이 이 문제의 관건인 것이다. 그 자신의 어려움을 연관된 것이 아니라 혹은 그래서 그 어려움을, 자신을 공격하는 바로 그 사람을 무시하면서 행동하는 것이 아닌 것으로서 고유한 자유 가운데, 그것도 그 어려움에 놓여 있지만 그럼에도 불구하고, 그 공격하는 자를 바로 볼 뿐 아니라 자신의 곤란함을 직시하고 그것을 극복하려고 하는 그런 상황 안에서도 얻어진 자유의 문제인 것이다.

여기 우리에게 사명으로 주어진 이 행동은 바로 경계선의 경우에서 생겨난 사태이다. 우리는 다음의 사실을 알 수 있다: 이 극단의 경계선의 상황은 위급한 상황에서 발생할 수 있는 자기방어라는 논리적 전제를 무너뜨릴 수 있다. 이 극한의 경계선의 개념은 우리에게 보통 전혀 다른 방향을 가도록 하는 계명의 끝에 속한 것으로서 사람들이

혼히 위급상황의 자기방어라고 말하는 그 정당화를 말할 수 없도록 만드는 것이다. 이제 그것은 하나님을 섬기는 것으로만 나타날 수 있는 것이다. 이런 특정한 의미에서 아무 방어수단도 없는 자로서 그는 이제 하나님의 계명을 이어받은 자가 될 수 있다. 그는 이제 그 (정당한) 자기방어, 즉 하나님께서 악과 무를 대항하여 방어하도록 만드신 그 저항을 수행할 수 있게 된 자이다. 이제 그가 자신의 권리를 지키기 위한 염려나 자기주장(그가 다른 사람의 권리로 생각하는 것)으로부터 자유로워짐으로써 이제 그는 자신의 동료 인간, 그 공격하는 자(하나님의 정의를 위해 하는 헌신 가운데 그리고 그렇게 함으로써 결국 자신을 위해 이루어지는 헌신 안에서)들을 마주서서 저항할 수 있게 된 것이다. 이렇게 정당한 자기방호의 법적 규정이 정지된 곳에서 이 신학적-윤리적 규정이 등장하게 되는 것이다: 실정법적인 정당성을 사용하면서 누가 정당화되는가? 아마도 단지 그렇게 정당화된 자만이 아니라 그에게 다음의 사실이 명령된 자가 정당화될 수 있을 것이다. 왜냐하면 그는 삶의 경외의 계명을 살아 계신 하나님에 대한 계명으로 제대로 이해하고, 자신의 이웃들을 악한 행위로 보호하도록 하는 것이 올바른 것이 그 계명을 들은 자로서 자신에게는 금지되어 있다는 것을 말하는 자이기 때문이다.

이렇게 위급한 상황에서의 자기방어의 개념을 이해하고 난다면 이 자기방어의 위급상황에서 상대방을 죽여야 하는 정당방위라는 특별한 상황의 문제점을 해명할 기회가 생긴다. 물론 이 정당방위에서 일어나는 상대방을 죽이는 그런 경우는 사람들이 악에 대항하기 위해 하나님이 허락하신 저항인 그 위임 안에 포함되어 있다는 것과 또 그렇게 실행되어야 한다는 것 그리고 그러한 일은 살인으로 여겨져서는 안 된다는 것이 너무나 당연한 것이긴 하다. 하지만 그러한 위급한 상황에서 인간이 불안이나 분노 혹은 훨씬 더 탁월한 지혜를 가지고 자신 스스로 하려고 하거나 할 수 있는 행동과 하나님에 의하여 그가 명령받은 것 사이에는 분명한 차이와 경계를 세워야 한다는 것은 더 자명해 보인다. 만일 우리 중에 그 누구에게라도 주어진 그런 관점에서 이러한 사실에 대하여 답변을 하도록 요구받는다면 이는 그가 자신의 이웃을 도와야 하고 정의의 질서를 수호하며 자신을 지킬 뿐 아니라 더 나아가 나를 공격하는 그 사람의 목숨조차 지켜야 한다는 것을 의미하는 일이 될 수 있는가? 진실로 하나님께서 그 일을 그 사람에게 맡겼다고 생각할 수 있는가? 우리는 후에 이 문제를 사형제도와 연관해서 생각하면서 다시 보다 더 근본적으로 다루게 될 것이다. 미리 말하자면 만일 사형제도가 범죄를 막기 위해서 국가적 공동체가 수행하는 극단의 형태로서 필요한 그 무엇이 있다는 것을 인정해야 한다면 이제 여기서 말하는 것은 최소화한 형태로서만 그에 대하여 언급하는 것이 될 것이다. 국가가 진실로 하나님에 의해서 세워진 정당한 제도, 즉 정의를 세우는 일을 하는 기관의 자격으로 그와 같은 극한의 결정을 내려야 할 것인가? 아니면 그와 같은 문제는 개인에게 맡겨진 것으로 보아야 하는가 하는 문제는 그중의 하나를 인정한다고 할지라도 이중적인 것이라고 할 수 있다. 어찌되었든 간에 ─ 우리가 실제로 그 속에서 발견되는 극한의 분노 속에서 ─ 그러한 죽임의 권리가 개인에게 맡겨진 것이라고 우기더라도 이는 여전히 가장 외적인 일임에 틀림없다.

그래서 이제 다음과 같이 결론적으로 질문할 수 있을 것이다. ─ 이 정당방위적 차원에서 내 이웃을 위한 도움만이 아니라 정의의 질서를 지키는 것 이상으로 자신의 생명을 지키고 또한 그 공격당한 자들의 재산에 연관된 것이 될 수 있지 않은가? 정말 그러하다면? 만일 진실로 위와 같은 경우라면 우리는 우리를 공격하는 자로부터 생명을 빼앗을 수도 있을 것이라는 가능성을 제외해서는 안 되는 것이다. 계명에 순종하면서 행동하는 사람은 그 경계선 자체 안에 있다는 것이 이미 그 경계선을 침범하거나 그 경계선을 넘어서 버리는 그런 것이 아닌가라는 질문을 피할 길이 없다. ─ 만일 정말 여기 다른 사람의 생명인지 아니면 나의 생명인지 사이의 선택의 문제이고, 그렇게 된다면 그것은 자연히 타인은 나의 선택이 되지 못할 것이 자명하기 때문이다. ─ 또한 그 공격당한 자가 그에게 허락되고 가능한 모든 것을 할 수 있다면 왜 그리고 과연 이 사형이라는 처벌은 금지된 것으로 여겨야 할 것인가?

─────

이제 우리는 **사형제도**로 관심을 돌리는 것이 타당해 보인다. 이 사형제도는 공격하는 사람의 생명을 담보로 해야 하는 마지막 그리고 가장 예리한 **방어수단**이라는 점에서 **정당방위**로 사람을 처형해야 하는 것과 동일하다. 하지만 사형제도와 정당방위 사이에는 두 가지 차이점이 있다: 먼저 피공격자는 자신을 지킬 방어의 권리가 있으며 자유의사에 따르든 아니면 상황에 의해 강요된 것이든 간에 대응공격의 권리가 있고 이 대응폭력을 자기가 속한 집단에 위임할 수 있는 것이다. 무엇보다 먼저 국가라는 형태로 이루어진 사회에 위임할 수 있는데 이때 이 사회는 자신의 법률과 법정을 통해서 정의로운 사회질서를 지켜야 할 공동체라고 할 수 있다. 두 번째로 그 사회가 이 대응공격이 실제로 일어나야 하는지의 여부를 판단하기 위해서 그 개별적인 판사와 이 대응폭력이 시행되는 것, 즉 공격하는 자를 살해하는 사형과 마지막으로 그 사형을 집행하는 그 개별적인 사형집행인에게 이 모든 대응공격을 위임하게 되는 그런 위임들이 존재하는 것이다.

역사적으로 볼 때 사형제도는 한 개인이나 집단의 복수극이나 정당방위에서 생겨나는 살인이 새롭게 재구성되어 해체되는 그런 과정이라고 볼 수 있다. 땅의 평화를 위해 그리고 특별한 개별적 허락하에서 피의 보복을 허락하는 것이 그 개인과 집단을 포괄하는 공동체의 주요한 결정사안이 된 것이고 거기에는 그 공동체의 관리들과 행정단체들의 권위와 폭력을 사용할 수 있는 권능이 속해 있다. 출애굽기 21:12 이하에서도 범죄자를 처형하라는 명령과 연관해서 먼저 피의 복수는 개인과 그가 속한 부족의 일이며, 백성들의 공동체나 그들의 기관들은 이 위협을 당하고 있는 피고인의 살인행위가 의도적인 것이어서 죽어야 할 것인지 아니면 실수였기에 피할 곳을 허락해야 하는 것인지에 대한 결정을 내릴 때 등장하고 있다. 이렇게 한 개인이 공격을 당했을 때 그 개인을 대신하여 그 공동체가 그 공격하는 자로부터 공격을 당하고 그렇기에 거기에 대한 대응공격을 하도록 요청받았다고 생각하는 것 자체가 이미 이 공동체이론에 커다란 진전이 있었던 것을 보여주는데 이를테면 피의 복복 대신 돌로 치는 것이 등장한 것 같은 예인데, 레위기 20:2에 의하면 그 땅의 거의 모든 백성이 거기에 동참했다고 말하고 있다. 이에서 더 진전된 형태를 발견하는데 이때에는 각개의 범죄자가 문제가 아니라 그 전체 공동체를 향한 공격들이 문제이다. 이를테면 그들의 법령, 그들의 율법, 그들의 정상적 일상생활을 공격하려는 시도를 발견하고 그것에 대하여 자위수단을 동원하는 것이다. 이를테면 아간에 대한 심판에서 그것을 볼 수 있다: 여호수아 7:25, "여호수아가 가로되 네가 어찌하여 우리를 괴롭게 하였느뇨. 여호와께서 오늘날 너를 괴롭게 하시리라 하니 온 이스라엘이 그를 돌로 치고 그것들도 돌로 치고 불사르고." 이와 같은 의미에서 대제사장 가야바(요 11:50)가 예수에 대하여 죽음에 이르는 정죄를 하고 그 심판으로 예수는 죽어야 한다: "한 사람이 백성을 위하여 죽어서 온 민족이 망하지 않게 되는 것이 너희에게 유익한 줄을 생각지 아니하는도다 하니." 같은 전제에서(행 7:54f.) 스데반은 돌로 죽임당하고, 다시 같은 전제에서 1세기의 그리스도인들은 로마로부터 죽음으로 위협받고 그렇게 정죄를 받았다. 그 적에 대하여 국가가 가진 방어수단은 사형이었으며 로마의 황제시대에는 많이 시행되었던 것이다.

  교회가 세속화되거나 약해진 징조는 콘스탄틴의 승리에도 불구하고 이 집단적 자위권 의식에 대한 생각에서는 전혀 변화나 그 사형제도가 약해지도록 하는 그런 경향이 없을 뿐만 아니라 오히려 교회 밖으로 추방하거나 국가에서는 이런저런 이유에서 사형제도가 더 강화된 것을 통해서 알 수 있다. 교회는 그저 지켜보기만 하고 있었던 것이다. 11세기부터 이단을 죽이는 그런 일이 벌어질 때는 교회는 그저 지켜보기만 한 것이 아니다. 오히려 철저한 규칙, 교회는 원수를 갚는다(ecclesia non silit sanguinem)는 실제로—영적인 지도자나 교황 자신과 연관된 것은 제외하고—그것이 만일 이단의 문제일 때는 교회도 사형을 집행했고 일반 사회의 기관들이 그 교회의 명령을 진행하기도 했던 것이다. 종교개혁도 이러한 사형제도의 시행에서는 변하거나 그것을 더 어렵게 만든 적이 없다. 15세기 이후로 전 유럽에서 매우 특별하게 등장하고 있는 잘 조직된 단체 형태의 무산자들의 범죄행태들이 이 사실에 어떤 설명을 제공하고 있다. 루터가 이 문제를—단지 농민전쟁에서만이 아니라 전반적으로 모든 면에서—아무 생각 없이 더 어렵게 만들었다는 것을 우리는 말할 수 있다. 유럽의 16세기 말과 17세기 초 집행된 사형인의 숫자가 최고조에 이르렀고 그 잔인함은 말로 표현하기 어려울 정도였다. 어두운 중세라고 불리는 그 시대보다 지금이 훨씬 많은 수가 사형을 당하고 있으며(501), 지금 이 새로운 시대에는 더 많은 사람이 더 많은 경우에서 심지어 사소한 일들, 이를테면 가장 조그만 사유물을 훔친 것도 법원에 고발되고 있다. 현대에 와서 왜 사람들이 복음을 잘 믿지 않게 되었는지에 대한 그럴듯한 이유를 살핀다면 아마 교회가 이러한 법정의 일들에 대하여 침묵을 하거나 아니면 오히려 열렬히 찬성을 하면서 이런 일들을 그대로 진행하도록 놔두었기 때문일 것이다.

그리고 이 사형제도에 대하여 가장 근본적인 질문을 제기한 것은 교회가 아니라—로크, 몽테스키외, 볼테르, 루소, 칸트(John Locke, Montesquieu, Voltaire, Rousseau, Kant) 등이 명료하게 반대를 제기한 후에—최초로 이탈리아의 계몽주의자인 베카리아(Cesare Beccaria, 1764)가 주장하기 시작하였고 제한한 영역을 넘어서 일반적인 범위로 넓어지기 시작한 것이다. 그런데 19세기 그 당시 독일의 복음주의적 교회 신학자들이 이를테면 대중적 사상가인 필마르(Vilmar), 그런가 하면 보다 더 섬세한 로테(R. Rothe), 그리고 다른 영역에서는 상당히 비판적이었던 슈트라우스(D. Fr. Strauss) 같은 사람들이 이 사형을 공식적으로 찬성하고 있었다는 사실을 우리는 도대체 어떻게 보아야 하는가? 그리고 이 사형제도를 폐지하는 것이 그리스도교의 반대를 뚫고 정착해 가는 것이 얼마나 놀라운 일인가: 이를테면 스위스에서 낙태를 절대로 반대하면서 철저하게 보수적인 입장을 가졌던 가톨릭-보수주의의 반대를 뚫고 새로운 규칙을 세울 수 있었던 것이다! 정말 꼭 이래야 했으며 지금도 그래야만 하는 것일까?(역사에 대해서는 참고: Art "사형제도", Richard Schmidt, PRE Bd. 19; 내가 알고 있기로는 가장 적합한 설명을 다음에서 찾을 수 있다: Art, Max Grünhut, RGG Bd. 5)

지금까지의 문제를 정확하게 인식하기 위해서는 무엇보다도 먼저 그 **치명적 권한의 위임**의 상태를 다시 살펴보는 것이 필요하다. 다음을 인정해야 할 것이다: 만일 정말 극단의 경계상황에서의 자기방어의 권리, 부정의한 범인에 대한 방어의 권리가 있다면, 그 권리의 실행은 한 개인적인 사람에게 넘겨져 있는 것보다 될 수 있는 대로 그 사건의 당사자로부터 멀리 떨어져서 법적 이해와 실정법을 통하여 위임받은 사회에서 그 정당방어권을 실행하는 것이 더 좋고 모든 사람을 위해 건전할 것이다. 이렇게 함으로써 한 사람의 자의적 변덕이나 끝없이 진행될 수 있는 복수의 연속적인 사건의 혼돈으로부터 어느 정도 상대적인 질서를 보장할 수 있을 것이다. 즉, 고대의 코르시카(Korsika)가 어느 정도 지켜질 수 있을 것이다. 이렇게 공격당한 한 개인의 방어권을 위해서 공동체가 그 권리와 상태를 지켜낸 것은 좋은 것이라고 할 수 있으며 바로 그 행동이 그 공동체가 이 선을 지키는 것과 그 선을 해치려는 모든 행동을 거부하는 것임을 말할 뿐 아니라 인정해야 하는 것이다.

동시에 우리는 여기에서 우선 무엇보다도 먼저 다음의 사실을 말해야 한다: 이러한 공동체 위임을 통하여 개인의 **책임**이 약화되는 것이 아니라 오히려 그 책임이 강화된다는 것을 의미한다는 사실을 명심해야 한다. 그 한 개인을 보호하면서 공격하는 자에 대적하여 대리자로 등장하고 그의 권리만이 아니라 공동체의 권리 역시 그 파괴적 침탈자로부터 지켜낸 공동체에는 공격당한 자만이 아니라 이 공동체의 다른 회원들 역시 속해 있는 것이 당연하다. 그들이 이 침탈자에 대항하여 결심하고 실행하는 것, 혹은 그 공적 기관을 통하여 이 침탈자에 대항하는 결정이나 행위들에 대하여 이 당사자들은 중립적으로 존재할 수 없다. 오히려 비록 간접적이라도 실제로는 거기에 대하여 의지적으로나 구체적인 행동을 통하여 참여할 뿐 아니라 자기 자신의 책임을 가지고 있음을 부인할 수 없다. 바로 이 점에서 우리는 위임의 관계가 무엇을 의미하는지 정확하게 알게 된다: 그 사형선고나 사형의 구체적인 실행에는 이미 그가 어떤 법적 공동체를 통하여 이를 예상하고 그렇게 될 수밖에 없음을 알게 될 뿐 아니라 이제 그 책임을 다른 어떤 사람에게도 다시 넘겨버릴 수 없다는 것을 알 수 있다.

 위의 사실에 우리가 주목해야 할 이유는 이 위임의 관계가 이 사실의 다른 측면에서 볼 때 일종의 유혹으로, 모든 책임을 남에게 넘겨버리고 싶은 유혹으로 작동할 수 있다는 것이다. 그 공동체가 자기들이 만들어 놓은 정의와 권력을 가지고 그 피해자를 위해 등장하는 것에서 그 사람은 더 이상 어떤 개인의 인격적 차원에서 검사나 판사 그리고 사형집행수로 존재하는 것이 아니라 또 그렇게 될 필요도 없는 것이며 단지 그런 다른 타자로서 그렇게 작용하면 될 뿐인 것이다. 그는 개인적으로 사형선고를 내리는 것도 아니고 그것을 구형하는 것이 아닌 것이다; 그는 바리새인이 되지 않는다. 그는 "너희들이 심판받지 않기 위해서 남들을 심판하지 말아라"라는 이 경우와는 완전히 다른 것이다. 이 위임의 상황의 특징은 다음과 같은 것이다: 이제 이 침탈자에게 사형을 집행할 사람은 공격당한 그 사람이 아닌 것이다; 그 해당자가 직접 사형을 하지 않아도 되고 그의 손은 모든 더러움에서 벗어날 수 있는 것이다. 그 일은 다른 사람의 몫이다! 이러한 사태 속에서 책임적 사유는 이 위임의 관계 안에서는 절대로 위와 같이 생각하는, 직접적인 행동이 없을 때 자신을 빠질 수 있다고 생각하는 그런 유아론(唯我論)이 존재할 수 없다는 것이 분명해질 때, 한 개인의 관점이 오히려 타인에게 정초되어 있을 때, 그가 속해 있는 그 공동체의 이름으로 그리고 그 공동체의 위임으로 사형명령을 내리고 그리고 스스로 그렇게 그 사형을 집행했다는 그런 관점이 강화될 때 가능한 것이다. 이러한 책임적 사유와 책임적 공동적 발언이 가능한 사람은 자신이 이렇게 구체적으로 사형을 집행하고 사형언도를 내리는 그가 바로 나이며 모든 것을 행하는 자신과 긴밀하게 연관되어 있음을 아는 자이다.

 구약적 질서에 의해서 그 공동체 전체가 판결을 내리고 한 공동체의 형태로서만 돌을 던지는 그런 심판이 가능한 곳에서는 그 누구도 익명적으로 숨어 있는 자가 될 수 없다. 이런 전통에 반하여 유럽에서 시행된 사형제도에서는 이 문제가 한 측면에서는 드러나는가 싶더니 다른 측면에서는 곧바로 덮여버리게 하고 있다. 사형선고에서 드러나야 할 신적이며 인간적 정의의 실현이 소름끼치는 허락 속에서 이루어진다는 것, 즉 재판관이 심판하는 것과 재판의 실현을 위한 공공의 권한에 의하거나 귀족적 권한을—이는 필연적인 것인데—칭송하거나 칭찬하면서도 동시에 하지만 그 사형집행인에게는, 그리고 그의 모든 집안은 절대적으로 모든 시민적 명예나 사회적 관계로부터 단절되어 있어야 할 뿐 아니라 단적으로 말해서 역겨운 것으로 취급되는 이러한 이중적 태도는 사실 이 중세의 도시 공동체의 사람들에게는 감추어지지 않고 있다. 그렇게 그런 혐오스러운 일을 행하는 그것은, 그것으로 취급되는 그런 사람은 그 누구라고 불려서도 안 된다. 그는 사람들과 연관되어 있으면 안 되는 것이다. 그렇게 함으로써 그 당시 사람들은 자신들이 그렇게 혐오스럽고 있어서는 안 될 사안인 사형에 동시대적 인간이 아니라고 생각하고 말하는 것이다. 그렇게 해서 그들은—절대로 편한 마음을 가져서는 안 되는데—양심의 위안을 얻고 싶었던 것이다.

이렇게 함으로써 그들은 양심의 문제를 해결하고자 했다. 하지만 진짜 문제는 이것이다: "너는 죽여서는 안 된다!"라는 이 계명의 빛에서 이 사형제도를 이어갈 것인지 아니면 폐지할 것인지의 결정을 해야 하는 것이다.

우리 사회에서 시행되어야 할, 그것도 사회정의의 이름으로 요구되고 이 정의의 수호자요 집행자로서 이해된 국가적 공동체의 강제수단으로 그 위임에 의해서—즉, 이 사회에 속한 모든 사람에 의하여 직·간접적으로 **요구**되고 시행되는—**수행**되어야 할 최후의 가장 무거운 **징벌**이 지금 문제이다. 법을 어긴 자를 처형하는 형태로서 이 징벌은 과연 유지되고 그렇게 실행되어야 할 것인가? 오늘날 사형제도와 연관해서 세 가지 형태의 다른 이론이 존재하고 있으며 이것들은 상호 간 혼합되어 있다.

먼저, 사람들은 범법자와 그와 연관되어 발생하는 일상적 유사범죄로부터 **사회**와 그에 따른 사람들을 **보호**하기 위해서 가장 오래되고 원시적이며 항상 우리 주변에서 일어날 수 있는 가장 인상적인 이론에 의해서 형벌을 시행하고 있다. 즉, 먼저 일상적 유사범죄에 대해서는 어느 정도 부드럽거나 더 강한 그러나 매우 효과적인 방식으로 그 범죄자들에게 신체적 고통을 가하지는 않지만 그들이 이를 통해 배워서 다른 더 이상의 범죄를 하지 못하게 하는 것이나 다른 최초의 범죄자에게는 매우 혹독한 징벌을 주어 다른 사람들이 보고 더 이상 그 범죄를 해서는 안 된다고 생각하게 만드는 것이다.

두 번째, 사람들은 보다 신중한 이론에 따라 다른 이를 처벌할 수 있다. 범죄행위는 객관적으로 징벌이나 보상을 요구하기 때문에 그 범죄자는 스스로 타인의 권리나 혹은 공동체의 권리에 위해를 가한 그만큼 스스로 자신에게 주어져 있던 권리를 제한하는 형태로 벌을 받아야 한다는 이론이다. 즉, 사람들은 그 범죄자들을 양적 질적으로 자신이 범한 그 정도에 상응하는 **하나님이 허락하신 보복적 정의**의 지상적이며 인간적인 규정과 선언 안에서 심판하는 것이다.

사람들은 마지막 세 번째로, 먼저 유럽과 미국에서 등장하고 대표적인 것으로 여겨지는 이론적 배경하에서 타인을 심판한다. 이는 그 범법자가 스스로 자신의 실수를 인지하고 보다 나은 선도의 기능을 갖도록 하는 데 주안점이 놓여 있다. 이것은 사람들이 그 범죄자에게 그가 저지른 잘못을 사람들이 그에게 행한 어떤 것으로 그 자신의 입장으로부터 보게 함으로써 가능해진다. 사람들은 도덕적이며 교육학적인 입장에서, 더 나아가 목회적 차원에서 심판하는 것이다.

이제 우리는 세 번째 이론의 첫 번째를 고려해보고자 한다. 이 이론은 이전의 다른 두 이론보다 훨씬 더 우월한 측면을 갖고 있는데 그것은 **범죄자**에게 가하고자 하는 그 형벌이 사회의 안전과 객관적인 보상의 측면을 모두 포함하고 있으면서 동시에 결정적으로 그 범죄자에게도 **의미 있게** 된다는 점에서 그렇다. 그렇기 때문에 이 이론은 매우 큰 관심의 대상이 되고 있다. 이 이론이 특별한 관심을 끌고 있다는 것은—사람들이 그 이전에 그에게 허락하려는 것보다 훨씬 더 우월한 것으로서—이견의 여지가 없다. 그 범죄자에게는 사실 무언가 결여되어 있었다. 그는 사실 모든 타자의 안전에 대한 위협이고 정의를 짓밟는 자이기도 하다. 그는 공동체의 사랑이 빠져 있는 약점인 것이다. 만일 국가가 그 사람에게 정의롭게 대하게 된다면 그는 무엇이 될 수 있는가? 이 사회는 그 범죄자를 심판함으로써 그에게서 무엇을 기대하는가? 그를 그토록 비정상적 무질서와 범죄의 삶 속에서 빼내려는 그 사실을 통해서 이 사회는 무엇을 기대하는가? 그리고 바로 이런 그 간절한 이유 때문에 그에게 걸려 있는 사형제도라는 것은 포기해야 하는 것이다. 사형제도는 분명히 다른 판단을 전제로 하는 것이다. 즉, 개선, 교육 그리고 사회의 정상적 기구로 다시 환원시키는 이 모든 것이 이 범죄자에게는 제외되어 있으며 그렇게 해서 이 사회가 그에게 아직 해야 할 모든 책임은 이미 이룰 수 없는 것이 되어버린 것이다. 그에게 주어진 형벌에서 그 어떤 긍정적인 의미도 찾을 수 없게 돼버렸다. 우리가 역시 매일 악을 행하는바 그 다른 사람들 사이에서 이 범죄자도 악을 행한 것이고 그런 의미에서 이 범죄자 역시 아직 우리와 공동의 삶을 살 수 있는 권한이 아주 없어졌다고 할 수 없을 것이다. 고맙게도 그가 우리를 이 지구상에서 사라지게 할 능력을 갖고 있지 않기에 우리가 그를 이 지구상에서 제외시켜 버린 것이다. 다른 것은 이제 더 이상 질문으로 등장할 수 없기에 이 사형제도만이 이제 그 형벌의 의미이고 형태가 될 수 있게 되었다. 우리는 이런 여정을 통해서 이 사형제도에 전제되어 있는 그 생각들이 결국 정당방위의 상황과 얼마나 가까이 있는지 배우게 되었다. 그리고 이런 전제에는 한 사람이 본성상 절대로 새로워질 수 없다는 생각이 깔려 있다는 것을 발견한다. 이는 그 주위환경도 그의 내적 본성을 이길 수 없다는 것을 보여준다. 단지 이 주위환경은 그 사람을 외적인 측면에서만 정복할 수 있을 뿐인데 그 결과가 그를 죽이는 것이고 그 후에는 그가 없이 살고자 하는 것이다. 과연 이 사회는 그런 것을 바랄 수 있는가? 이 공동체는 과연 그를 그렇게 고립시켜 놓을 수 있을 것인가? 그의 내적 본성을 이길 수 없다고 해서 이제 거꾸로 외부적인 부분에서 그를 그렇게 완전하게 무너뜨리면서 그에 대하여 가진 권력을 그 사람에 대하여 낯 뜨겁게 아무런 배려도 없이 행사할 수 있는가? 그 공동체는 그 사람이 너무나 악하기 때문에 아무런 희망을 가질 수 없다고 그렇게 편견을 가져도 되는 것인가? 이 공동체는 거기에서 무엇을 시도하고 있는가? 그 공동체가 그렇게 결단하는 것은 어떤 근거를 가지고 있는가? 이 관점에 의하면 사형집행은 의심할 필요도 없이 다음의 의미를 가지고 있다: 즉, 이 사회공동체는 그 범법자에 대하여 지켜야 할 의미를 인위적으로 포기한 것이라고 할 수 있다. 만일 사회의 안녕이나 혹은 그 잘못에 대한 책임적인 보상이 달린 진실한 문제라고 한다면 이 공동체는 그를 포기해서는 안 되며 오히려 반드시 그를 환원시켜서 그가 속했던 사회 안으로 돌려보내야 하는 희망을 말해야 한다는 점이다. 만일 그 범법자가 수긍해야 할 그 벌칙의 진지함이, 겉으로 보이는 어떤 결과를 떠나서, 그 범법자에 대한 의무 역시도 진지하게 수용해야 한다는 것과 연관되어 있다면, 그래서 그와 더불어 함께 살아야 하고 그리고 그에게 어떤 벌을 내리더라도 그를 보존하여 그와 더불어 살아야 한다면 그것은 어떤 길이 될 것인가? 누가 그 공동체에게 그 공동체의 한 일원을 지우도록 허락했는가? 그 범법자와 더불어 사회공동체를 구성하는 것이 힘들다고 선언하는 것을 누가 허락했는가? 그를 한 번에 영원히 그 사회로부터 격리시키는 것을 누가 허락했는가?

사형이 범죄자에게는 일종의 자비의 행동이 될 수 있다는 주장을 하려 해서는 안 된다. 실제로 사형이 집행되어야 하는 어떤 극한의 경우가 있다면 그것은 반드시 이러한 의견이 기반이 되어서 그렇게 시행되어야 하고 그럴 때 그렇게 이해될 수 있을 때도 있을 것이다. 하지만 이러한 입장이 일반적인 경우로 생각되어서는 안 된다. 그리고 마지막 순간에 사람들이 자기를 돌이키는 그런 회개의 순간을 맞이할 수 있다는 단순한 심리추측으로 이 사형제도가 자비와 배치되지 않는 제도라는 생각을 버려야 한다. 먼저 만약 그 사회가 한 사람의 목숨을 취할 수 있는 것이 어떤 자비의 형태로서 가능한 것이라고 생각한다면 모든 문제는 쉽게 해결될 수 있을 것이다. 그는 자기를 사형을 통하여 자기로부터 배제시키는 그런 지상의 공동체가 없이는 그는 그 자신을 잃어본 적이 없다는 것(Th. Haering, *Das christl. Lebem*, 1907, 423) 그리고 그런 그에게 지상의 시간으로만 제한되지 않는 그런 은총을 제공하는 것이 거절된 적이 없다는 것은 사실이다.(A. Schlatter, *Chr. Etik*, 1914, 131) 하지만 우리가 하나님을 가르치면서도 동시에 그에게 아무런 인간적 희망도 갖지 못하고 모든 것을 버리도록 만든다는 것이 무엇을 의미하는가? 하나님의 선함은 사실 그를 향한 채 남아 있을 것이다. 하지만 그 어떤 타자라도 그를 하나님의 선으로부터 그를 끊어내지 못하리라는 것은 그가 스스로 하나님에 대해 저질렀던 그 신실하지 못함에 대한 변명인 것인가?

징벌에 대한 두 번째 이론, 특히 사형을 찬성하는 그리스도교적 이론이 징벌이론에서 갖고 있는 의미는 모든 인간적인 징벌은 하나님이 보시기에 합당한 정의의 실현이며 동시에 그 **하나님의 정의의 지상적 실현**이라는 점에서 찾아야 한다. 이는 그 범죄자와 그 이외의 사회구성원 모두에게 적용되어야 하는 것이다. 그럴 경우 과연 사형선고가 그런 종류의 형벌이 될 수 있을는지 묻지 않을 수 없다: 과연 사형제도가 하나님의 정당한 형벌의 모범이나 하나님으로부터 요구된 보상에 상응하는 것이라고 할 수 있는가? 거룩하신 창조주의 생각과 죄에 빠져 있는 피조물의 의견 사이의 차이나 하나님의 판단이 가진 무오성과 인간의 사유가 가진 결론적 오류 사이의 차이를 염두에 둔다면 이 사형제도가 하나님의 정당한 심판에 대하여 상응능력을 보여주지 못하고 하나님의 심판을 증거하는 그런 것이 되지 못한다는 것이 자명해지지 않는가? 어떻게 이 사형선고가 우리가 두려워할 수밖에 없는 최후의 궁극적 성격을 가지고 있고 그래서 한번 시행되면 번복할 수 없다는 것 때문에 영원하신 하나님의 결정의 위대함을 반영하고 있다고 말할 수 있겠는가? 이 사형은 결코 최후의 궁극적인 것이 될 수 없다. 왜냐하면 이 사형제도는 그 최후의 가능성을 포기함으로써 비록 그토록 가혹한 것이라고 할지라도 여전히 하나님에 대하여만 아니라 벌을 받아야 할 인간에 대하여 모든 인간이 취해야 할 겸손이나 인간의 모든 가능성이 가진 유한성을 보여주는 것이기 때문이다. 비록 이 사형제도가 인간의 판단이라고 할지라도 사형을 언도하는 데에는 이 겸손이 빠져 있다: 그 판단의 대상이 되는 상황과 또한 그 판단에 사용되는 기준들의 관점에서 볼 때도 여기에는 이 겸손의 요소가 빠져 있는 것이다. 즉, 사람들이 실제로 일어난 사건으로 다 인정하는 그 행동은 과연 사형을 당할 만한 것인지 질문이 남아 있다.

슐라터는 다음과 같이 말하고 있다: "악으로부터 완전하게 공권을 박탈하는 것은 국가가 그를 죽임으로써 구체화된다. 국가가 사형을 할 수 있는 권한은 그 악에 내재되어 있는 거부 그 자체에 기인한다." 슐라터는 이 권리를 "그 악이 다른 사람의 생명을 파괴하려고 할 때"에 제한해서 사용하고자 한다. 하지만 어디에서 이 악이 사람의 판단에 그렇게 확실하게 규정된 것으로 나타날 수 있으며 그래서 국가가 악을 완전하게 지워버리려는 그런 권한을 쓸 수 있게 되었는가? 악의 완전한 권한 배제를 통해서 악한 의지와 행동을 완전히 없애는 것, 인간을 사형시킴으로써 그 악한 인간을 완전하게 없애는 것이 허락된 것인가? 하지만 악을 행한 인간을 없애버려야 하는 그런 아무리 최악의 경우로 등장한 경우라고 할지라도 사실 그런 판단은 인간의 법정에서 할 수 있는 것 그 이상의 것이기 때문에, 그리고 국가가 그 사형집행을 하려는 대상은 실제로 생각보다 가벼운 한 개별적인 죄인일 수밖에 없기에 사형판결을 정당화할 수는 없어 보인다. 그렇게 사형집행을 하는 것이 진실로 하나님의 보복적 정의에 상응하는 것이 될 수 있겠는가?!

더 중요하고 보다 더 중심적인 관점이 있다: 하나님의 보복적 정의란 그리스도교적 관점에서 보면 이미 그 효력이 다 지나가 버린 것이라는 점이다. 모든 인간적 범죄행위를 위해 요구되는 보상은 이미 지불되었고 인간의 범법행위 때문에 생긴 사형 요구는 **이미** 한 인간에게 완전하게 실행되었다는 점이다. 하나님께서 그 자신의 독생자한 아들을 우리에게 이미 주셨던 것이다. 그리고 그 죽음 안에서 하나님께서는 자신의 놀라운 정의를 따라 모든 사람을 위해 단일회적으로 심판을 행하셨다. 이 정의로운 심판의 결과가 우리에게 의미하는 바는 무엇인가? 바로 자비, 그리고 모든 사람을 위한 용서의 요구가 아닌가? 그렇다면 누구는 안 된다고 제한하는 것이 가능한가? 어떤 중

범죄가 이 골고다에서 행하신 그리스도의 죽음과 그를 통해 얻어진 자유의 선언으로부터 예외로 적용되지 못한 채로 남아 있어야 한단 말인가? 이 세상의 죄악 때문에 그리스도께서 십자가를 지신 그 사건을 염두에 두고 볼 때 어떻게 동시에 이 그리스도의 사랑의 사건이 사람을 사형시켜야 하는 어떤 윤리적 근거로서 생각될 수 있단 말인가? 사람들은 반대할 수도 있다: 이 무신론적 세상, 이교도적 세상 그리고 불가지론이 팽배해 있는 현실세계에서 그리스도의 사랑을 그렇게 적용하는 것은 불가능하다고 말할 수 있을지도 모른다. 하지만 바로 그런 이유로 해서 우리는 이 땅에서 그들이 복음을 들어야 하고 신앙을 가져야 한다는 것이 아닌가! 사람들이 별로 거기에 관심이 없더라도 우리는 그렇게 해야 하지 않는가! 혹은 이 세상에서 그렇게 실현되기에는 어려울 수도 있다. 하지만 그렇다고 하더라도 이 사형제도와 연관해서 국가가 누구를 처형하는 그런 권리를 가지고 있다는 것이 그렇게 자연스러운 일이 될 수 있는가? 이 불신앙의 세계에서 그 불신앙에도 불구하고 이미 그 사형선고가 화해와 보상의 정신에서는 근거를 찾을 수 없다고 생각하는 그런 관점이 파괴된 것으로 여겨질 것이다. 그런데 교회 안에서는, 즉 골고다에서 제시된 그 하나님의 결정에 대하여 이해를 하고 있을 뿐만 아니라 그것에 전적으로 동감하는 그런 사람들 사이에서 이 사형제도가 이 전적인 권리제한이 하나님이 행하시는 보복적 차원의 정의구현이라는 관점에서 이해되고 받아들여지고 있는 것처럼 말해지기도 하는 것을 자주 만나게 된다. 그렇다면 여기 신앙은 어디에 있는가? 그리고 불신앙은 무엇인가? 신앙의 상응하는 순종이나 아니면 자신의 불신앙 속에서 발생한 불순종이 하나님의 말씀 안에서 분명하게 계시된 하나님의 심판 법정으로 나타난 그 현실적인 의미에 대하여 어떻게 나타날 수 있을까? 분명히 자신이 스스로 생각해낸 상상적인 정의가 아니라 참된 하나님의 정의, 즉 예수 그리스도 안에서 행동하며 자신을 계시하시는 그리고 인간의 범죄에 대한 판결에서 자신의 뜻을 드러내시고자 하는 그런 하나님의 정의를 증언하고자 하는 자에게 이 사형선고는 결국 거의 맨 마지막으로 남겨진 그런 하나의 가능성일 수 있을 뿐이다. 하나님의 정의를 드러내는 것이 문제라면 그 범법자를 징계하는 것은 예수 그리스도께서 그를 위해 획득하신 용서가 그와 다른 사람들, 덜 악한 일을 했거나 더 악한 일을 한 자라도 모두에게 실제적으로 효과를 나타내게 되는 범위 안에서 구체성을 가져야 할 것이다. 이 징벌이 기간을 단축시켜서는 안 될 것이며 오히려 그에게 이 시간 동안 그 범죄자가 옛날 자신의 삶을 채웠던 것보다 훨씬 더 좋은 것으로 채울 수 있는 기회를 줄 수 있는 것이어야 하는 것이다. 그가 심판을 받음으로써 이 심판은 그 범죄자가 더 나빠지지 않도록 하게 될 것이며 다시 정상적인 사회의 질서 안으로 편입될 수 있도록 도와주는 것이 되어야 하는 것이다. 그에게 이러한 기회를 주는 것이 단지 심판을 하지 않는 것에서 가능한 것은 아니며 그 대신 그 징벌은 삶을 부정하는 것이 아니라 삶을 긍정하는 성격의 것이어야 하는 것이고 그런 점에서 사형이라는 제도는 좋은 것이 아니다. 인간에게 허락된 징벌이란 공허와 허무에 대하여 싸우시는 하나님의 정의로운 행동에 대한 인간적인 모사품(Abbild)이어야 하는 것이다.

앞에서 살펴본 **첫 번째 이론은 국가라는 시스템을 방어**하기 위해 징벌이 꼭 필요하다는 단순하고도 가장 현실적인 필요성에 그 근거를 두고 있으며 그와 더불어 삶을 파괴하려는 모든 사람과 그 범법자들에 대항하기 위한 징벌에 대한 다양한 이론들 역시 그 필요성에서부터 이해될 수 있는 것이다: 징벌은 안전장치이며 동시에 타인들에게 **더 이상 죄를 짓지 못하도록 하는 효과적인 충격요법**인 것이다. 적어도 어떤 특정한 범법행위에 대해서는 분명한 방지대책이 있어야 한다는 점 그리고 두려워할 만한 그런 장치가 있다는 것이 충분하다고 생각될 수도 있고 또한 그렇게 보이기도 한 것이 사실이다. 사실 사형제도가 바로 그런 대표적인 예인 것이다. 사람들은 흔히 범법행위에 만약 이 사형제도가 빠진다면 어떠한 예방책이나 안전장치도 있을 수 없다고 말해 왔다.

그래서 슐라터는 다음과 같이 말하고 있다: "만약 이 사형제도를 완전히 폐지하게 된다면 악이 일어나서도 안 되고 그것은 인간사회에서 존재하지 않을 것이라는 생각을 사람들은 받아들이지도 못하게 될 것이다."

왜 사람들은 이러한 근거에 머물러 있어서는 안 되는가? 징벌이야말로 실제로 인간의 정의로운 공동체의 자기방어 시스템이 아닌가. 이 징벌이야말로 사회적 범법자가 다른 사람들에게 **해를 끼치지 못하도록** 만드는 것이 아닌가.

사회적 징벌을 근거 짓거나 혹은 그것의 목적을 추구하는 데에서는 다음의 관점을 반드시 생각해 두어야 한다: 벌을 받아야 하는 그 범법자는 그 사회의 외부의 적이 아니라 **내부의** 적이라는 점이다. 그 범죄자는 그 **사회 안에 있고 그 안에 속해 있으면서** 그렇게 있음에도 불구하고 거기에서 발생하게 된다. 이 범죄자 역시 그 사회의 일원이며 그 사회의 자녀로서 그 사회의 산물이며 그 사회의 한 뿌리에서 자라난 줄기이며 그 사회를 구성하고 지배하는 관계들의 역동적 현실의 한 결과로서 생기는 일이다. 이 역시 그 사회가 가진 질서의 한 정당한 측면을 누리기도 하였고 또한 그 사회의 모순과 불완전성 그리고 그 사회에서 통용되는 실정법의 숨어 있거나 드러나 있는 비정의적 요소에 의해 고통을 당하기도 한 자이다. 그런데 그 사회가 그 사람을 단순하게 가장 효과적인 방법이라는 이유로 그를 처형해 버려도 되는 것일까? 오히려 그와의 연대성을 포기하는 것이 아니라 사회가 그 범법자를 심판하고자 할 때 연대성으로부터 그 행위를 해야 한다는 측면에서 그 사회는 오히려 (무엇보다도 겸손이 필요한) 가장 커다란 용기를 가져야 하지 않는가? 이 사회는 반드시 자신들이 그 범법자에 대하여 자신을 방어할 때, 그 사회의 법률 시스템이 완벽하지 않은 비정의의 질서인 한에서 근본적으로는 자신들을 대항하여 일하고 있다는 것, 즉 자신들의 법률 시스템에 대항해서 일하고 있다는 사실을 명심해야 한다. 그 범법자를 위험하지 않게 만들기 위해서 먼저 자기 자신이 위험하지 않은 것으로 다시 태어나야 한다는 사실을, 지금 자신의 모습보다 훨씬 더 위험하지 않게 만들어야 한다는 사실을 명심해야 하는 것이다.

    이 사형제도와 연관해서 사회의 자기방어라는 관점에서는 사형이 빠져서는 안 되는 필수적인 제도이며 인간이 행한 그 범죄가 더 퍼지고 반복되는 것을 막도록 하기 위한, 그리고 그 범죄자를 무장해제하게 만들기 위한 **빠질 수 없는 필수적인 제도**라고 해서는 안 된다. 이 사회가 그 한 사람의 생명을 지워 버림으로써 그렇게 반드시 지켜야 하는 그런 치명적인 이유는 도대체 무엇이며 그 이유는 어디에서 발견할 수 있는가? 그보다 좀 덜 **급진적인 방법**으로도 그 원하는 목표에 도달할 수 있지 않겠는가? 그 목적에 이르기 위한 다른 수단이 부족한 것인가? 만일 이 한 범죄자에 대한 필수적인 대응방안이 두려운 다른 단점들을 가지고 있다는 것이 확실하다면 어떻게 할 것인가? 그래서 대략 그 범죄자의 삶을 지속시키는 것이 전체 사회의 권리와 재화 그리고 제도들을 훨씬 더 위태롭게 만드는 것이라고 스스로 정당화시키는 일은 하고 있다면 어떻게 할 것인가? 국가의 형태를 가진 공동체가 자신들 중의 한 지체를 죽인다는 것은 그 자체로 훨씬 거대한 자기모순에 빠지는 것이 아닐까? 이 공동체는 인간들이 세운 법률공동체로서 그 기본적인 성격은 항상 임시적이며 제한적이고 상대적인 성격을 가질 뿐이라는 것, 그래서 수정 가능하고 더 좋은 것으로 대치할 수 있어야 하는 것이다. 하지만 사형제도를 실시함으로써 이들은 무제한적이며 번복할 수 없고 또한 대치할 수 없는 그 무언가를 행하는 것이 된다. 이 공동체는 삶을 보호하고 그것을 지킴에 있어서 항상 그 공동체의 생명들을 아끼는 그런 영역 안에서 행동을 해야 한다. 그런데 사형제도는 생명을 파괴하는 원리로 진행되는 것이다. 이 공동체는 또한 인간적인 법률 **공동체**로서 그들의 법은 항상 모든 사람을 지키고 모든 사람을 인정하는 기초를 가지고 있다. 만일 이 사회가 사형제도를 유지한다면 이는 그 징벌의 본질 안에 있는 것처럼 그 사회의 한 일원의 권리를 현저하게 제한하는 것을 실행하는 것일 뿐 아니라 그 제한의 완전한 권리박탈까지도 시행하는 것이다. 그렇다면 이 모든 조건에서 지켜볼 때 자기방어의 권리는 무엇을 의미하는가? 사형제도는 이 자기방어의 권리 자체를 공격하는 것이며 그렇게 함으로써 이미 자신이 인간적인 법률제도라는 것 자체를 스스로 포기하는 일을 한다고 할 수 있고 결국은 무질서의 정글 속에서 일어날 극단적 긴급 자기방어(Notwehr)의 개념으로 돌아가는 일이 될 것이다. 이 사형제도는 그 악인의 생존을 인정하면서 그 악한을 위험하지 않은 존재로 만들게 노력하는 모든 것보다 훨씬 더 심각하게 사회의 모든 것에 대하여 의문을 품게 하는 것이다.

    이런 점에서 그 사회의 고유한 안전을 위한 관점하에서 이 징벌이 도달해야 할 목표가 무엇인가라는 또 다른 질문, 즉 **다른 이들이 유사범죄를 하지 못하도록 하는 경고**

(Abstreckung)에 대하여 논의를 시작해야 한다. 사회적 징벌은 반드시 경고하는 효과를 가져야 한다는 것은 자명한 사실이다. 하지만 이 사형제도는 국가가 그것을 시행하면서 인간적이라고 할 수 없는 신적 영역으로 넘어서는가 하면 또한 삶을 보존하는 대신 삶을 파괴하고 정의를 세워 나가는 대신 고유한 권한을 빼앗고 정의를 파괴하면서 행동하는 그런 것으로서 도저히 사회적 징벌제도가 요구하는 그런 효과를 낼 수 없다.

사형제도는 사람들로 하여금 경고하게 만드는 어떤 효과도 가져본 적이 없다. 거꾸로 사형제도를 포기하는 것이 걱정했던 바와 같이 그 이전에 죽음을 가지고 위협했기에 미묘하게 얽혀 있었다고 생각한 범죄의 증가를 의미하지 않았다는 것이다. 징벌을 두려워하는 것은 그 징벌의 결과와 징벌 사이의 관계가 있다는 근본적인 확신을 의미한다.(Grünhut) 물론 이런 확신이 사회의 구성원들 사이에는 충분하게 퍼져 있지 못한 것이 사실이다. 사형에 대한 두려움은 잠재적인 범법자로 하여금 원하지 않았던 확신만을 갖도록 하는 것일 수 있는데, 그것은 이제 그 사형이 매우 거칠고 위험한 야생의 맹수를 대할 때 사용하는 것으로서 그래서 모든 수단과 방법이 허락된 관계이고 기본적으로 사람들이 멀리 피하는 것이 최고라고 느껴지도록 하는 관계라는 생각이다.

이제 결론적으로 다음과 같이 말하고자 한다: 사회 속에서 통용되는 정당방위의 관점하에서 사형 제도를 볼 때 이 제도를 시행하는 것은 법의 심판과 무관한 사면령(해당 국가의 최고의 기관이나 통치자 등)에 의한 재심과 그 사면의 궁극성에 의존적일 수밖에 없다는 이유에서 그 정당성을 획득하지 못한다. 이 사면권은 불안정해진 공적 양심의 외적 표현으로 환영할 수 있을 것이며 동시에 자신을 안정시키기 위한 마지막 시도로 보아야 할 것이다. 한 사람의 생명을 국가의 행위라는 이유로 빼앗는 것이 올바른 것인가? 만일 정말 사형이 집행되고 난 뒤라면 어떻게 또 다른 국가적 최고 행위인 사면권이 작용할 수 있겠는가? 이 은혜의 사면권이란 자유롭게 주어지는 것이 아니라 법정과 상관없이 그것보다 훨씬 더 높은 어떤 기관의 정의의 근거와 판단에 의거한 방식으로 주어진다면 이것이 과연 보장된 것으로 확보된 것인가, 그렇지 않으면 아직 그렇게 보장되지는 못한 것인가? 분명한 것은 이러한 방식으로 이미 많은 사형수가 그들의 목숨을 건졌으며 또한 그렇게 사형을 집행함으로써 일어나는 비정의의 현실을 막을 수 있었다는 사실이다. 이러한 사면으로 말미암아 법의 살인, 즉 사형을 언도받은 자의 죽음을 지켜내게 되었고 후에 그의 무죄가 드러나는 그런 경우도 간혹 있었던 것이다. 그러므로 우리는 사형선고가 이뤄진 그곳에서 이제 이 사면령이 등장해야 할 필요를 다시 한 번 분명하게 알게 되었고 이러한 사면령이 모든 사형수와 연관해서 법적 당위성을 가지고 실행되어야 함을 말해야 하는 것이다. 하지만 사형제도와 연관해서 그 문제를 진짜 해결하는 길은 어떤 사면령이 일어나도록 길을 여는 것이 아니라 그 사형제도가 폐지되도록 노력하는 것에 있다는 사실을 명심해야 한다.

만일 국가적 공동체 안에서 삶을 보호하는 계명이 받아들여지고 그렇게 시행된다면 그 사회는 사형제도를 평범하고 보통 일반적 질서의 한 필요한 요소로서 이해하기 어려울 것이다. 그런데 1900년 이후로 그 어떤 그리스도교적 혹은 400년 전 이후로 그 어떤 복음주의적 교회도 이러한 사형제도에 대해 반대되는 생각을 가지고 그를 관철 시키기 위해 노력한 적이 없다는 것은 놀랍고도 실망스러운 일이 아닐 수 없다. 이러한 통찰이 그럼에도 불구하고 —처음에는 이 세상의 아들에 의하여 열정적으로 추진되고 후에는 다시 빛의 아들에 의하여 이어진 것으로서— 결국 자신을 관철된 것은 우리에 게는 부끄러운 것이 돼버린 하나님의 역사 통치에 의한 것이라고 할 수 있다. 하지만 지난 세기(현대의 유럽과 더 나아가 16-17세기의 유럽)의 사형제도가 다시 실행된다 는 것은 이 세대의 아들들이 가졌던 사형제도에 대한 이해가 19세기의 정점에서 주장 하고 싶었던 것처럼, 그렇게 근본적이지 않았다는 것을 보여주고 있다. 그럼으로 이제 라도 교회들이 이 사형제도와 연관된 주장에 있어서 전향적 태도를 취한다는 것은 그 렇게 늦은 일이 아니다. 교회는 자신이 가진 메시지의 중심으로부터 이런 주장에 힘을 실어주어야 할 것이고 만일 사형제도를 반대함에 있어서 인문학적 근거가 결정적인 뒷받침을 하지 못한다고 한다면 교회는 자신이 가진 빛을 등대 밑에 두는 일을 해서는 안 되는 것이다; 복음은 이 사형제도를 찬성하는 것이 아니라 모든 의미에서 반대하는 것이다.

    만일 여기에서 우리가 **경계상황**에 대하여 말한다면 그 **사형제도**를 실행하는 것 이—일반적인 관계로서 존재하는 국가적 공동체 안에서 내적으로나 외적으로나 그러 한 사형제도를 실시하는 것—고려의 대상이 되어서는 안 될 것이다. 그 자체로 흔들리 지 않고 서 있는 국가라는 제도에서 사형을 법적인 제도로서 확립하려고 한다는 것은 무슨 일이 있어서 반드시 거부되어야 하고 극복되어야 한다. 하지만 이런 주장이 사형 제도가 모든 상황과 모든 환경에서 절대적으로 배제되어 있으며 금지되어 있어야 한 다는 것을 의미하는 것은 아니다. 사형제도가 신약성서의 사신의 중심부로부터 벗어 나 또 다른 많은 가능성과 같이 신앙의 순종 속에 생각될 수 있는 행위 중에서 가장 외 곽으로 밀려난 것이라는 사실을 부인할 수 있는가? 또한 그 외곽에서 볼 때도 이 사형 제도란 만일 정상적인 국가의 질서 잡힌 삶 속에서는 그 어떤 자리도 찾지 못해야 하는 것이 맞지 않은가? 그럼에도 불구하고 신약성서에서도 그 사형제도를 전제로 하고 있 을 뿐만 아니라 그것이 하나님의 의지에 따라 이루어지는 국가라는 차원의 삶과 제도 와의 연관성에서 반드시 있어야 할 것이라고 이해되고 있다는 것 역시 우리가 생각해 야 하지 않는가? 그렇다면 이 사형제도는 언제 어떻게 일어날 수 있는 것일까?

    우리가 만일 지속적인 국가의 제도에 주목한다면 우리는 이제 과거 교회가 가졌던 그런 자세에서 벗어나야 한다. 지금 우리가 논의하고자 하는 경계선의 관점에서 볼 때 이 사형제도가 정상적인 국가의 징벌 제도의 한 구석이라도 차지하고 있어서는 안 될 것이다. 하지만 그 사형제도는 어디선가 국가라는 시스템과 연관된 관점에서 어떤 자 리를 가질 수 있을 것처럼 보일 텐데 그 자리는 단지 허락되어 본 적이 없는 윤리적 절대주의(ethischer Absolutismus)가 국가에게도 허락하지 않으려는 것으로 보일 수도 있을 것이다. 결론적으로 볼 때: 살 가치가 없는 그런 쓸모없는 삶을 죽일 수 있는 그런 이유란 존재하지 않는다. 단지―우리에게 부여될 수 있는 것 안의 영역 훨씬 밖에서―어떤 자의 실존이 국가와 그 국가의 질서 그리고 그들의 모든 존재를 위협하기에 그 범죄자의 실존이냐 아니면 국가의 삶 전체냐를 결정해야 할 어떤 여지조차도 남아 있지 않는 그런 범죄자에 대한 처형은 생각할 수 있을 것이다. 이제 그 범죄자와 국가라는 둘 사이의 선택의 자리에서 그를 처형해야 하는 것이 하나님의 의지와 계명이 될 수도 있으리라는 그런 통찰이 일어날 수 있다. 약자와 병자들이 국가의 적일 수는 없다. 그 대신 그를 상대로 해서 전 국가가 그를 적으로 여기고 상대해야 하는 그런 사람이 있을 수도 있는 것이다. 하지만 그렇다고 해서 여기에서 우리가 명심해야 할 것은 이 국가가 흔들리지도 않고 강한 상태에서 그 적을 사형시키는 것을 생각해서는 안 될 일이다. 중요한 것은 사형을 시행할 때 국가의 상태는 흔들리지 않는 것이 아니라 매우 흔들린 그런 국가이고 혼란에 사로잡히지 않은 것이 아니라 혼란에 빠진 국가 상태이고 외부적으로 그 국가의 본질이 위태로워진 위기에 빠진 상태의 국가에서 이런 일이 생각되어야 하는 것이다. 완벽한 위기 속에서만, 그 안에서 국가가 더 나아지는 상태(bene esse)를 위한 고민이 아니라, 즉 그 국가에 속한 시민들의 더 나은 상태를 추구하는 그런 자리에서가 아니라, 정말 단순하게 국가와 그 국가에 속한 시민들의 존재 자체가 위기에 처했을 때 사형에 대하여 생각할 수 있어야 하는 것이다: 존재냐 비존재냐 둘 사이의 양자택일의 상황의 문제이어야 하는 것이다. 국가적 기능이 이렇게 하나님의 의지에 달려 있기 때문에 그 국가의 구체적인 현존을 위한 노력들은―한 개인이 자기를 공격해 오는 그런 침탈자에 대항하여 저항할 때처럼―그리고 이 투쟁 속에서 자기를 위협하는 자를 막기 위해서 사용하는 모든 궁극적인 이유(Ultima ratio)들은 결국 하나님의 계명일 수가 있는 것이다.

여기에서 우리는 매우 분명하게 강조해야 하는 것인데 이 모든 경우는 완전히 비정상적인 상태로 존재하게 되는 국가적 위기 속에서만 가능한 것이라는 점이다. 즉, 오직 위기의 상황 안에서, 그 위기를 벗어나기 위한 목적으로만 생각해야 하는 경계상황에서 일어날 수 있는 일이다. 하나님께서 그런 일을 그 국가에 책임이 있는 사람들이나 혹은 그들이 국가의 극한상황으로부터의 그들의 보존을 위해 그렇게 허용하신 그런 상황에서만 생겨나는 일인 것이다. 사형을 국가의 형법 질서로 유지하는 것은 전혀 불가능한 것이거나(왜냐하면 오직 결심과 행위만 있을 뿐, 그 이전 그것을 정당화시키기 위한 그 어떤 이유도 존재할 수 없는 것이기 때문) 아니면 오직 처음부터 그런 위기상황, 국가의 존립이 위태로운 예외적 상황에서만 가능한 것이며 그렇지 않은 정상적인 상황 속에서는 이 사형제도란 철저하게 불가능한 그런 제도인 것이다. 이 사형제도가 갖고 있는 극단적인 예외적 특성은 심지어 국가적 위기에 처해서 국가가 곤란해졌을 때조차도 여전히 오직 결심과 행동만 있을 수 있는 국가권력의 **비정상적인** 제도라는 것이 드러날 때 알려진다; 즉, 이 사형제도에는, 극단적으로 첨예화된 관계에 상응하게 아주 특별한 책임상황 속에서 아주 특별한 사람이 아주 특별한 일 전체를 하도록 부름을 받고 그것을 결심하고 그것을 시행해야 하도록 결정되어 있다는 것이며 더욱이 그것을 시행하는 바로 그 사람은 보통의 경우 세 가지 징벌에 대한 본질적 생각의 측면에서 볼 때 일반적으로 거부해야 할 일을 받아들이고 시행해야만 한다는 것을 알고 있어야 하는 것이다: 그들은 (1) 전체 시민이 죽는 것보다 한 사람이 남에게 해를 끼치지 못하도록 되는 것 그리고 남들에게 경고가 되기 위해서 죽는 것이 훨씬 낫다는 확실하지 않은 인식을 가진 채로 사형을 집행해야 한다: (2) 또한 자신의 행위에 합당한 벌로써 십자가에 예수와 함께 못 박힌 도둑과 강도 중의 한 사람으로 예수를 만드는 것, 그 사람이 아무런 악한 일을 하지 않았을 뿐 아니라 오히려 그들의 죄를 위한 대속물로 내놓게 된 것이 자비로우신 하나님의 특별한 섭리라는 사실은 오로지 그리스도교 신앙의 최고의 깊이로부터 가능한 인식 안에서 이루어진 것이며, (3) 또한 그를 거기에서 죽게 내버려 둔 것은 사실 자비라는 것이 이 사람에게 증명하여야 하는 남아 있는 유일한 일이라는 가장 깜짝 놀랄 만한 끔찍한 인식 가운데에서 일어난 불확실한 일인 것이다. 이렇게 삼중의 비정상적인 인식(사형제도의 불가피성) 안에서는 사형제도가 실행될 수 없을 것이라는 사실과 달리 이는 하나님과 사람들 앞에서 그리고 무엇보다도 사람을 죽여야 할 그 사람에게는 책임질 수 있는 것이 아니다. 우리는 이 경계상황으로부터 정확하게 이 사형제도가 국가의 정규적인 제도로서는 불가능한 것이라는 것을 알게 될 것이다: 이러한 사형제도의 불가능성에 대한 인식은 그 내용에 따르면 국가적 일상의 사태로는 불가능한 것이며 오직 최후의 시간의 사태, 즉 국가적 공동체가 가진 가장 어두운 시간들에 속한 사태라는 것이 확실하다. 하지만 그런 어두운 시간이 닥쳐오면 그리고 그 최후의 시간들이 일어나기 시작하였다면 그리고 이 비정상적인 인식(사형제도의 정당성을 인정하는 인식)이 각별한 책임감을 가지고 이 특별한 사람에게 그렇게 하도록 허락된다면 그렇다면 이는 이 책임감을 가진 사람들은 하나님의 계명에 따라 그 전체를 섬기는 그 봉사의 일원으로서 사람을 죽여야 한다는 내용이 될 것이고 그렇게 그는 그것을 수행해야 할 것이다.

이제 우리가 위에서 말해 온 바의 의미의 관점에서 한계상황이라고 생각할 수 있는 두 개의 비판적 상황이 있을 수 있다.

먼저 전쟁에서 조국을 배반하는 경우이다. 스위스는 일반 법률에서는 사형제도를 폐지하였다. 하지만 군법에서는 사형제도를 유지하고 있고 더욱이 전쟁 시 징집에 이 제도를 이용하고 있다. 나는 이런 구분이 윤리적으로 옳다고 생각한다. 누군가 군의 비밀을 가상 적국이나 잠재적 적국 혹은 실제적 적국에게 유출시켜 국가와 민족의 안위를 위태롭게 하고 동료와 시민 수많은 사람의 목숨을 위태롭게 한 자에 대하여(이는 사실대로 말하자면 그 많은 사람에게 사형선고를 내린 것과 같은 것이기에) 이 사형제도는 정당해 보인다. 전쟁에서 발생하는 많은 문제의 관점에서—이 점은 후에 더 다루기로 하고—이 정당성을 없애는 것은 어려운 일이다. 왜냐하면 이 배신자는 전장에서 세워진 공동체를 배신했을 뿐 아니라 적의 편에서 자신의 모든 동료를 위태롭게 했기 때문이다. 그는 이미 그 모든 위험을 스스로 감수한 것이고 그것이 사실이다. 전쟁에서 국가에 충성하기로 한 자가 갖는 그 위험이나 마찬가지로 이 배신자도 동일한 위험을 가지고 있다고 할 수 있다. 이 의무에 충실해야 한다는 당위성에서 본다면 자신의 목숨을 가지고 자신의 나라를 배신하는 데 걸었던 그 배신자에게서 그 위험의 정도를 낮추는 것은 올바른 일이 아닐 것이다. 그의 목숨은 하나님의 손에 있는데—하지만 그에 대한 판단이 내려진다면 그것은 그에 의해 배신당한 그 사람들 안에 있는 시간적 삶에 대한 것만이 아닐 것이다. 신앙 안에서—그리고 그의 죄를 위해서 그리스도가 죽으셨다는 것을 그의 죽음 이전에 가장 명료하게 전해야 할 것이다.—더 구체적으로는 그가 자기와 함께 십자가에 달리신 그 강도의 죄를 위해 돌아가셨다는 것이다. 다른 사람들이 그에게 자비심을 빚지고 있다는 것은—오직 그에게 있어서 그의 죽음에서만 그 완고한 자비심이 존재할 수 있다는 매우 끔찍한 인식으로 존재하는 것이다. 우리는 전쟁 중의 죽임과 살인과의 관계에 대하여 그리고 바로 그 전쟁에 대하여 매우 신랄한 비판을 해야 한다. 사람들은 이 특별한 경우에 주어지는 사형제에 대한 진지한 사유 없이 전쟁을 국가의 자기방호의 최후의 변명거리로 세워서는 안 된다.

또 다른 비판적인 상황은 중세기와 근세 초기 이른바 "폭군처벌"의 이름으로 조심스럽게 토론되었던 바와 연관되어 있다. 한 공동체의 삶은 국가 외부에서만이 아니라 국가라는 공동체 내부에서, 특별히 하나의 정당하고 어쩌면 겉으로 보기와 흔히 말하듯 외형상으로 정당한 정부를 통해 등장하는 특별한 사람에 의하여 위협을 받을 수도 있다. 이 사람이 권력을 장악하는 것은 비합법적인 방식이나 혹은 국가의 권력기관을 장악함으로써 가능할 수도 있다. 혹은 정당한 방식으로 이 권력의 정당한 기관을 범죄적 방식으로 오용했을 수도 있다. 그 독재자의 행위가 선하고 올바른 국가권력과 그 국가에 속한 여러 기관을 모두 억누르고 부끄럽게 만드는 것에서 그치는 것이 아니라—혹시 이것까지는 이렇게 저렇게 견딜 수 있을지도 모른다.—물론 이것은 정당화하는 것이 절대 아니다. 어쩌면 그는 국가권력과 거기에 속한 모든 사람을 단지 국가의 권한에 속하고 수행해야 할 선한 사역을 하지 않도록 심각하게 부패시킬 수 있다. 더 나아가 이제 그가 폭력을 자행하면서 오래 그 권좌에 있음으로 해서 그의 나쁜 일을 중지시키고 그를 그 위험한 지경에서 제거할 수 있도록 작동해야 할 국가의 정당한 권력기관들이 실제로 더 이상 존재하지 않게 되었다면 이제 어떻게 해야 하는가? 그리고 이 권력기관들이 망가진 것을 다시 고쳐야 할 차상위의 권력기관들이 그 일을 하지 않으려고 하거나 할 능력이 없다면 우리는 어떻게 해야 하는가? 그렇다면 이 국가기관의 최말단에 속한 사람이라도 거기에 소명을 발견한 사람은 책임을 지고 전체를 다시 살리기 위해서 자신의 목숨을 걸고라도 그 위험한 독재자를 제거하기 위해 나서야 하는가? 이것은 살인인가 아니면 국가에 충성하는 극단적 최고의 행위로서 결코 살인과는 다른 것인가? 이것은 누군가가 할 수 있어야 할 뿐 아니라 해야만 하는 것이 아니겠는가?

이러한 질문은 결코 상상에서 나온 것도 아니며 어떤 추상적 역사 속에서 찾아낸 것도 아니다. 우리는 야엘과 유디트, 부르투스와 윌리엄 텔 등을 예로 들 수 있을 것이다. 그런가 하면 1939년부터 1944년까지 아돌프 히틀러 때문에 독일의 많은 그리스도교 인물들 사이에서 진지하게 논의되었던 바로 그 질문이며, 그들에 의해서 그것은 결코 살인이 아니라 책임적 행위라고 긍정적으로 답변되었던 질문이다. 루터파 신학자였던 디트리히 본회퍼는 바로 이 일의 핵심적인 인물이다. 그는 본래는 복음의 이해에 따라 평화주의자였다. 하지만 그는 이 질문을 부정적으로 답변하지 않았다. 외교가인 에리히 코르트(Erich Kordt, "Nicht aus den Akten…", 1950)는 다음과 같이 말하고 있다: 1939년에 이 일단의 사람들은 히틀러가 제안했던 서부 공격은 홀란드와 벨기에와 맺었던 상호 중립의 계약을 깨뜨린 것이고 이는 결국 그가 만난 마지막의 첫 출발이었으며 모든 것을 동원해서 반드시 막았어야 했던 것이라고, 하지만 그것은 이 치명적으로 절대적인 권력을 가진 이 한 사람을 물리적으로 제거함으로써만 가능한 일이라는 데에 동의를 하게 되었다. 그들은 저격을 시도했고 계획을 했고 그럴 기회와 도구도 모두 갖고 있었다. 코르트에 의하면 이 계획이 실패한 것은 사람들이 소위 폭군 제거라는 행위에 대하여 도덕적이며 종교적인 근거에서 그것을 행하기를 원치 않았기 때문이 아니다. 오히려 사람들은 토마스 아퀴나스의 말을 통하여 더 절실해질 수 있었다: "만일 더 높은 권위에 의존할 수 없다면… 그렇다면 국가를 위해 폭군을 죽인 자는 칭찬을 받아야 한다."(quando non est recursus ad superiorem… tunc enim qui ad liberationem patriae tyrannum occidit, daudatur) 이에 따르면 분명히 극한의 경우가 있으며 그런 경우 흔들리지 말아야 한다는 것이다. 이 저격이 실패한 이유는 아주 단순하게 그 누구도 목숨을 걸고 그것을 하려고 하지 않았기 때문이었다. 바로 같은 이유에서 후에 슈타우펜베르크(Grafen Claus von Stauffenberg) 역시 1944년 7월 20일 있었던 시도에 실패한 것이다. 이때 이들의 부족함을 탓해서는 안 될 것이다. 단지 사람들은 이러한 장애를 극복했어야만 했다. 이런 날을 위한 하나님의 범주적 명령은 존재하지 않는다. 윤리와 아무런 상관이 없는 그런 장애들은 단지 극복되어야 했던 것이다. 그리고 사람들이 이 저격을 시도하기로 진지하게 결의했다는 것, 모든 형태로 시행하려고 하지 않았다는 것을 비난해서도 안 된다. 이 순간 분명히 이 저격이 하나님의 명령이 될 수 있는가?—국가의 자유를 위해서 폭군을 암살하는 것(ad lieberationem partriae tyrannum occideress)은 분명히 하나님의 명령을 복종하는 것이 될 수 있을 것이다.

칼빈과 베자 그리고 존 녹스도—비록 폭군 제거라는 이것을 사람들이 말하는 것처럼 일반화된 가능성으로 말하지는 않았지만 그리고 국가권력을 위한 정당한 장치로서 말하지도 않았지만 아주 극단의 경우에서는 하나님께서 무력을 통한 제거의 방식이 살인이 아니라 하나님의 약속을 통해서 일어나야 할 복수와 구속의 한 표현일 수 있다는 것을 인정하였다. 만일 루터파에서 이와 비슷한 것을 찾고자 한다면 루터가—그의 두 왕국론이 그때에는 아직 충분히 아직 정리되지 못했는데—로마에 대한 분노의 시간에 그리고 그의 모든 로마(그의 Sylvester Prierias 1520, WA 6, 347, 17f.)에게 교회적 비상상태의 변화를 위한 제안으로 쓴 것을 확인해 볼 필요가 있다: 도둑, 강도 그리고 이단들은 처형한다.—왜 우리는 우리 자신과 우리의 식구들을 일반적이며 가장 위험한 그 불로부터 구원하기 위해서 무기를 들고 우리의 손에 그들의 피를 묻혀야 한다는 이 타락한 법칙을 먼저 취하지 않는가?(Cur non magis hos magistros perditionis … omnibus armis impetimus et manus nostras in sanguine istorum lavamus tanquam a communi et omnium periculosissimo incendio nos nostrosque liberatur?)

　　인간이 무너지게 되는, 그래서 어떤 행동을 하도록 유도하는, 가장 심각한 내적 조바심은 가장 긴급한 상황이라고 말해야 할 것이다. 그럴 때 제대로 결정을 하지 못하는 자는 아무것도 하지 않는 것이 더 낫다. 그에게 다시 다른 기회가 있을 것인지의 질문이 문제가 아니다. 그는 이로써 다 끝내고 싶을 것이다. 여기에서는 아주 깨끗한 마음과 손 그리고 양심이 관건이고 그것 없이는 아무것도 행하려고 하지 않을 수 있다. 그런 사람은 그런 결정적이고 한계적 상황에서 행동을 할 수 있는 사람도 아니고 어떤 정당성을 추구할 관료도 될 수 없고 아마 정신적으로 능력 있는 동료로서 신학적 관점을 가지고 남을 도와줄 수 있는 목회자는 더욱 아니다. 그 일을 할 수 있는 사람은 국가와 동료를 위한 염려와 책임감에서, 무엇보다도 자신이 죽여야 할지도 모르는 그 사람들을 염려하면서, 그렇게 위험에 처해진 구원의 자리에서 자기 자신의 것보다 타인의 것을 더 염려할 수 있는 자로서 그는 완전히 홀로 있는 자일 것이다. 그는 모든 상황에 대한 판단에서 홀로이고 자신의 판단과 자신의 양심과 그리고 하나님의 말씀을 듣는 자로서 그리고 자신의 행동으로서 그는 홀로된 자이다. 만일 그가 이 한계 상황을 극복하고자 한다면 이 상황이 가져오는 모든 짐을 생각하는 것이 필요하다. 만일 그에게 한 사람에게 사형의 형태로서 하나님의 명령이 주어질 수 있다면 이는 가능한 것이다. 그런 행동이 하나님의 계명으로 알려졌다면, 그것은 강요된 자신만의 고독 속에서 자라난—실제로는 거룩한 공동체의 한가운데 있지만—것으로 외로운 결단으로 실천되어야 할 것은 아닌 것이다.

―――――

　　이제 우리는 여섯 번째 계명에 대한 고찰의 마지막 단계로 **전쟁의** 문제를 다루게 되었다. 과거의 그리스도교 윤리 안에서 반드시 다루어져야 했고 금세기 초까지는 얼마간의 윤리학자가 다루었던 결투의 문제는 비록 모든 것이 바뀌지 않았더라도 두 사람이 피를 흘리는 대결이 비록 명예를 지키는 일이라고 하더라도 어리석은 짓으로 여겨지게 되거나 낡은 것이라고 생각되기에 이제 그것이 오늘날에는 더 이상 문제시되지 않는다. 전쟁도 어느 정도 그런 방향으로 진전을 이루었다면 얼마나 좋겠는가! 하지만 현실적으로 우리는 전쟁의 문제를 훨씬 더 심각하게 다루도록 요청받고 있으며 그 전쟁의 문제가 실천적으로 혹은 이론적으로 심각한 문제가 되고 있다.

　　임마누엘 칸트가 자신의 "영구 평화론"을 집필할 때가 1795년으로 알고 있다. 그리고 1815년 비엔나 협의에서 선포된 "거룩한 동맹"(Heilige Allianz)이 유럽에 잠시라도 평화를 약속하는 것처럼 보였다. 전후 1866년과 1870년에 베르타 폰 슈트너(Bertha von Suttner)가 그녀의 감동적인 책인『무기를 내려놓으라!』(*Die Waffen Nieder!*)를 저술하였다. 1912년 여름에는 뮌스터에서 바젤까지 모든 주의 사회주의자들이 자신과 세계에 대하여 앞으로 일어날 수 있는 새로운 전쟁에 대하여서는 적극적으로 막을 수 있다고 확신했었다. 1918년 이후에 다시 자신들 땅에서 일어난 일에 놀란 유럽이 외치는 간절한 호소 "이제 이 땅에 전쟁이 사라지도록!"(Nie Wieder Krieg)이 메아리치고 1930년에 네덜란드의 신학자 헤링(G. J. Heering)의 *Der Suendenfall des Christentums*가 출간되었는데 그 안에는 거칠고 혼란한 중세기와 달리 새로운 발전세력으로 발돋움한 그리스도교적 인본주의에 대한 믿음이 있었다. 그 당시에는 세계의 윤리(Weltethos)에 대한 공적 여론이 있었다. 즉, 전쟁에 대한 그리고 그와 비슷한 것을 하게 만드는 것에 대한 반대여론이 있었던 것이다. 이 책이 독일어로 번역되어 나올 때 라데(Martin Rade)는 그 서문에서 다음과 같이 쓰고 있다: "그리스도교 윤리의 영역에서 이제 더 이상 전쟁은 관심거리가 되지 못한다. 이 전쟁을 어떻게 해서든 필요한 것으로 만들려는 사람은 과거로 다시 돌이키려고 하는 사람이다." 1938년까지도 아직 뮌헨의 평화 이후 비록 좀 잦아들었지만 여전히 평화에 대한 기대는 우리를 위로할 만한 것이었다: "오늘 우리 세대에 평화를!" 하지만 이 외침과 기대 사이사이, 그리고 그 외침 이후 과연 어떤 일이 우리에게 일어나게 되었던가! 오늘 그 전쟁을 실제로 돌이켜보면서 판단할 수 없는 그런 위치에 있기에, 마치 결투를 벌일 때 지켜야 할 도덕처럼, 이 전쟁은 이론적으로 이미 끝난 사안이라고 할 수 없으며 오히려 우리가 매우 진지하게 다루어야 할 질문인 것이다.

나는 먼저 오늘날 우리가 더 이상 만들어서는 안 되는 어떤 헛된 **환상**이 주는 **양심**의 문제로부터 시작하고자 한다.

1. 한때 교직자와 수도사들만이 아니라 서구사회를 구성하는 계급들 가운데 더 많은 계급이 군사적 책무를 다른 사람들에게 전가시키는, 소위 용병들에게 전가시키는 그런 기간이 있었다. 그 시대로부터 우리에게 군인(Soldaten)이라는 새로운 계급이 생기게 된 것이다. 전쟁은 군주와 귀족들의 사안이었으며 그들이 키우는 작은 사병들의 일거리였던 것이다. 그리고 거기에 상관이 없던 사람들에게는 아무런 영향을 주지 못하던 다른 사람들의 일거리였다.

바로 다른 사람들에게 그 전쟁하는 사람들로 의심받던 — 마치 사형수와 같이 — 그런 사람들을 위해서 루터는 1526년 그의 잘 알려진 글을 발표하였는데, 그들 역시도 복된 삶을 살 수 있으며 하나님의 계명에 대하여 믿음과 소망, 사랑 안에서 행동할 수 있으며 그렇게 해야 한다고 기술하고 있다. 루터의 이러한 견해를 기억하면서 우리는 또한 괴테가 자신의 색에 대한 이론에 전념하면서도 동시에 1792년 뱀리(Vamly)에 중단 없이 지속되었던 포격과 프랑스에서 있었던 전쟁의 여러 상황을 경험하면서 부분적으로 조금 무관심한 것처럼 그리고 또 부분적으로 거리를 가지고 이 시기에 일어난 해방전쟁에서 전 과정을 객관적으로 지켜보았던 것을 알 수 있다.

이러한 시대는 이제 지나갔다. 오늘날에는 전쟁은 이제 모든 사람의 일이 되었다. 이제 사람들은 전쟁의 과정에 단지 수동적으로 고통을 받는 것만이 아니라 능동적으로 거기에 참여하지 않으면 안 되게 된 것이다. 국가의 시민으로서 그리고 그 국가의 일원으로서 이제 우리는 전쟁의 책임적 주체가 되었다고 할 수 있다. 이제 이 책임을 다시 어떤 단체에게 다시 미룬다는 것은 의미 없는 일이다. 더욱이 우리를 부르는 조국에 책임을 떠넘긴다거나 함께 서 있는 국민들 혹은 이 전쟁을 진행하는 국가에 책임을 넘기는 것은 다 부질없는 일들이다. 전쟁이 나고 우리가 징집된다면 그것은 더 이상 옳으냐 아니냐의 질문과는 상관이 없다. 전쟁이 이제 윤리적 과제가 되는 첫 번째 이유이다. 이런 전쟁 상황에서 우리 중 누군가가 마치 아무런 관계도 없는 것처럼 옆에서 지켜보는 관람자가 된다는 것은 거의 불가능한 일이며 그것을 바라는 것은 환상이라고 할 수 있다.

2. 모든 전쟁이 물질적 이익을 지키거나 혹은 땅과 재산의 보존이 걸린 문제라는 것은 상식이다. 과거에는 비록 내부적으로 오직 그 이유만은 아니더라도 언제나 결정적으로 권력을 얻기 위한 권력투쟁의 양상임에도 불구하고 겉으로 그 전쟁의 이유를 명예나 정의, 자유와 귀족들과 영주계급들이 대표하는 그 나라의 위대함, 혹은 위기에 처해 있는 인간의 권위를 지키기 위한 전쟁으로, 즉 신앙을 위한 전쟁이나 문화를 위한 십자군과 같은 것으로 치장하기에 비교적 쉬웠다. 정치적 신비주의가 그 당시에만도 존재했었다. 하지만 오늘날 우리에게는 그런 신비주의를 믿는 것은 사실 불가능해지고 이를 막고 있던 안개들은 다 사라지고 말았다.

전쟁 그것도 대규모 전쟁은 언제나 석탄, 가스, 원유 그리고 고무 등과 상품시장과 교통로 때문에 일어나고 있는데, 그렇게 함으로써 경제적 영역을 더 넓히고 영향력을 더 펼치고자 하기 때문에 일어난다는 것을 우리는 항상 다시 잊어버리지만 그럼에도 불구하고 너무나 명백하게 알고 있다. 오늘날에는 특히 전세계적으로 현대적 기술을 통하여 더 많은 발전을 이루고자 하는 성장정책을 추구하는 산업들, 그것도 다른 여타의 산업과 기술 그리고 통상과 같은 다양한 영역의 필요를 담보하고 있는 군수산업이 있다는 것은 너무나 당연한 사실이 되었다. 이런 산업들은 때때로 기존의 재고들을 다 사용하게 함으로써 새로운 수요를 창출하는 산업이며 그렇게 결국 새로운 전쟁이 일어나게 된다는 것을 알게 되었다.

하지만 이러한 새로운 변화의 상황에서 우리가 주목해야 할 사안은 그 옛날처럼 삶에 필요한 그런 것들 때문이 아니라 점점 더 경제적 권력 때문에 전쟁이 일어나고 있다는 사실이다. 이 전쟁을 통해서 사람이 권력을 가진 것이 아니라 권력이 사람을 좌지우지한다는 것, 그렇기에 다른 사람이 삶고 삶을 이해하도록 하는 것이 아니라 남을 죽이고 자신도 죽이는 일에 더 전념하도록 하게 되었다는 것도 알게 되었다. 전쟁은 이미 인간의 평화의 의지와 요구 그리고 그렇게 하고자 하는 노력들 속에 들어 있는 혼돈의 특성의 가장 깊은 근거, 자신의 주인이 되고자 하지만 사실은 자기 자신을 타락시키고 결국 자기 스스로 사살하도록 만드는 그런 혼돈의 특색들을 드러나도록 하고 있다. 전쟁이란 평화 가운데에 있는 인간이 스스로 자신의 능력으로 생각하고 언제나 자신의 것으로 만들었다고 생각된 그 심판들과 인간의 악명 높은 삶의 무능력이 보인 것이라고 할 수 있다. 즉, 우리는 전쟁에 대한 질문을 평화에 대한 질문과 나누어서 생각할 수 없다는 것이 분명하다: 우리는 전쟁이 무차별의 죽음으로 다시 우리를 무너뜨리려 하기 전 무엇을 원하고 무엇을 하고 있으며 인간의 삶이 무엇을 추구하고 있고 또 자신의 삶을 어떻게 계획하고 실현시켜 나가고 있는가? 이 권력이 우리를 자기 밑에 가지고 있다면 우리가 전쟁을 피할 수 있는 길은 없는 것처럼 보인다. 평화를 원한다면 전쟁을 준비하라!(Si vis Pacem, para bellum!)라고 로마의 격언은 말하고 있다. 사실 보다 더 이성적으로 말해야 한다면 "전쟁을 피하고 싶다면 평화를 준비하라!"(Si non vis bellum, para pacem!)라고 말해야 했을 것이다. 평화를 더 준비하고 획득하도록 하라! 하지만 이미 우리는 평화 시에 전쟁을 준비하고 있는 것처럼 보인다. 우리는 어떻게 평화를 위해서 노력하고 전쟁 아닌 다른 것을 위해 어떻게 준비해야 하며 그 길에서 벗어날지라도 다시 그 평화를 위한 준비를 해야 할 것인가? 이것이 우리가 이제 더 이상 쉽게 그것을 피해 갈 수 있는 그런 솔직한 사실들이다.

3. 전쟁에서 상대방의 군사력을 무력화시키는 것이 관건이다. 그런데 그 작전을 수행할 때 단지 자신의 생명을 담보로 하는 현명하고 용맹한 각오가 필요할 뿐 아니라 그 이상으로 비록 적이지만 살아 있는 많은 사람을 고의로 죽여야 한다는 사실을 함께 더 분명하게 드러내게 하는 것에는 주저해 왔다. 이전에는 군인 각자가 자신과 맞서고 있는 그 한 사람의 적병을 사살하는 것이 자신의 위기적 경계상황에서 자신의 의무와 권리를 지키는 것과 일치했기에 어느 정도 그렇게 상대편의 죽음의 문제를 감출 수 있었다. 그리고 이제는 기술이 더 발전해서 더 이상 상대편의 군인을 한 사람의 인격적 관계로 생각하지 않을 수 있기에 이 문제를 더 쉽게 덮을 수 있게 되었다.

사람들이 과거의 전쟁에서 현대의 전쟁 기술로 옮겨 가는 그 시기를 정확하게 말할 수 있는 것이나 이 과정이 전쟁의 인간화를 의미할 수 있다는 투의 해석 같은 것은 슐라이에르마허가 그의 "그리스도교 윤리"(281f.)에서 제기한 논제 안에서 발견할 수 있다: 그는 거기에서 "왜 인간은 전쟁을 하는가?"라고 묻고 다음과 같이 답한다. "그 상대방을 약하게 해서 그가 그에게 요구된 일을 하는 것 이외에는 다른 가능성이 남아 있지 않도록 하기 위해서." 하지만 이러한 무력화는 자기보다 약한 자를 죽이는 것으로 실현되어서는 안 된다. 슐라이에르마허는 전쟁을 반대하는 자이었고 그렇기에 결국 사람을 죽이게 되는 전쟁을 야만적이며 비윤리적인 행위라고 비난했다. 그래서 그는 전쟁을 하는 자는 오로지 그 상대편의 힘의 근원을, 즉 그의 땅과 그의 백성들을 자기 것으로 만들려고 하는 것뿐이라며 비난하였다. 그렇기에 전쟁에서 죽는 것은 일부러 의도적으로 그렇게 했기 때문이 아니며 그들을 위험에 처하게 한 결과도 아니고 단지 그들이 자의적으로 대항했기 때문이라고 한다. "이전에는 전혀 달랐다: 우리에게 과거의 방식으로 전쟁을 치르는 것이 윤리적이냐 아니면 현재의 방식으로 전쟁을 치르는 것이 더 윤리적이냐의 논쟁은 너무나 자명하다. 물론 이전에 칼과 창을 가지고 싸울 때와는 달리 개인적 용기가 발달했다. 하지만 그 당시 삶과 죽음을 목전에 놓고 싸우는 것은 지금처럼 적으로 하여금 엄청난 힘을 가져서 전쟁을 포기하도록 만드는 그런 무기를 사용하는 때보다 훨씬 더 쉽게 전쟁이 일어났던 것이다. 그런 면에서 오늘날의 전쟁은 좀 더 고상해졌다고 할 수 있다. 단지 우리의 전초병의 전쟁방식과 거기에 날카로운 칼 같은 것을 사용하는 방식이 비록 한 사람을 겨누기 때문에 가장 적은 수의 사람을 겨눈 것이라고 해도 여전히 비윤리적이며 비그리스도교적이다."

그러는 동안에 군사적 대량학살의 사태는 더 확대되고 살인 기구와 기계 등이 더 야만스러워지면서 결국 상대편 국민들에게까지 그 피해가 확대되는 등의 사실들은 이제 전쟁을 말하는 자는 당연히 제한 없이 그리고 아무런 감정이나 인간적 가치 그리고 다른 면을 생각하지 않으면서 사람을 죽이는 사태를 말한다는 것을 명심해야 한다. 이제는 직·간접적으로 이루어지는 모든 사람의 노동조합이 된 소위 군인들의 노동조합의 명성은 과거의 나머지 속에서 흐릿한 환상 가운데 살아갈 수 있을 뿐이다. 이러한 사실 앞에서 사람들이 전쟁의 목적이나 권리가 무엇이든지 간에 전쟁의 수단은 이제 단지 한 사람이나 어떤 무리를 목적으로 하는 것이 아니라 시민 전체의 목숨을 담보로 갖고 있다는 사실을 인정한다면 그나마 한 걸음 나아간 것이다. 원자폭탄이나 수소폭탄의 가능성은 단지 전쟁의 그 본 모습을 완전히 보여줄 수 있는 것이다.

이 모든 것은 사람들이 전쟁의 정당성을 논의하려고 한다면 **반드시 질문하고 대답해야 할 질문**들이다. 이제 우리가 지난 세계대전을 겪으면서 그 이전의 전쟁들과 구분할 수 있을 뿐 아니라 그 전쟁의 참상을 아무런 낙관적 거짓 없이 그대로 그 민낯을 대할 수 있도록 강요당한 것은 그리스도교 윤리의 입장에서 볼 때 희망적인 것이다. 이제 전쟁은 그 자체로 얼마나 **추악한 것**이 되었는가!

이러한 책임의식 속에서 다음의 문제들을 명확하게 하여야 할 것(praenumerando)을 해명하는 것이 얼마나 좋은 일인가: 만일 누군가 전쟁의 권리를 말한다면 누군가 이 전쟁에 참여하도록 요청한다면 분명하게 그리고 확실하게 자살이나 낙태 그리고 사형에서 요청되었던 것보다 훨씬 더 신중하고 조심스럽게 그 긍정에 접근해야 한다. 전쟁은 근본적으로 우리의 군인, 즉 군대의 임무를 다하는 우리의 소중한 시민을 사형집행관에게 내놓은 것과 다름이 없는 것이다. 이 모든 상황에서, 가장 극단적인 직접적인 상황에서 죽음이 그토록 가까이 서 있게 된 그런 상황에서 군대의 필요성이 금지된 것이 아니라 어쩔 수 없는 상황에서 주어진 것으로 이해해야 하는 것이다.

하지만 우리는 더 깊숙하게 질문을 해야 한다. 지금 우리가 묻는 것은 다른 어떤 가능성보다 더 진지하게 물어져야 하는 것이다. 왜냐하면 (1) 이 전쟁은 하나의 행동으로서 국가라는 공동체에 속한 모든 지체가 사람을 죽이는 일에 직접 또는 간접적으로 준비하고 그 일을 더 잘 하도록 요청받고 있는 그런 실제적 행동이다: 모든 사람은 이제 이러한 행위 안에서 원하든 혹은 그냥 허락하든 간에 여하튼 모든 부분에서 자신의 부분을 완성시키면서 거기에 참가하고 있고, 그렇기에 모든 사람은 다음의 질문에 답변을 해야 하는 것이다: 이 전쟁에서 지금 허가된 죽임을 실행하는가 아니면 금지된 살인을 하고 있는 것인가? 전쟁에서 남을 죽여야 하는 것은 하지만 (2) 이때 국가의 부름을 받고 전쟁을 치러야 하는 개인의 입장에서 볼 때 적이라고 할 수 있는 한 인간의 죽음이 관건인 것이다. 그리고 또한 그 적들은 그들이 속한 공동체의 부름을 입고 전쟁을 수행하고 있는 중이다. 그렇기에 그들이 자기들의 입장에서 전쟁을 찬성하고 그것을 진행하려는 것은 우리의 입장에서 본다면 그것은 잘못일 뿐 아니라 심각한 범법행위처럼 보일 수 있을 것이다. 하지만 바로 이 질문, 그들이 과연 법을 어긴 범법자들로서 유죄로 판결 받아 결국 사람을 죽이고자 하는 자였다고 할 수 있는가? 그들 입장에서 보면 우리가 바로 그런 자들이 아니겠는가? 그렇기에 전쟁에서 벌어지는 살인(2)은 지금까지 가진 모든 가능성을 근본적으로 질문으로 던져 넣는다.─특히 이것은 한 개인의 실존에만 해당되는 일이 아니라 수백만의 시민이 공통적으로 걸려 있는 그런 도덕의 문제라고 한다.─그래서 우리가 모든 차원에서 하나님의 계명에 대한 순종을 생각할 때 더 시급한 문제에 봉착하는 것이다. 전쟁에서 하나님이 금지한 것까지도 모두 할 수 있는가? 전쟁을 수행하는 자들은 효과적으로 죽일 수 있기 위해서 그리고 그와 유사한 연관성에서 사람들을 속이거나 훔치거나 강도질 하거나 죽이려고 하든지 더 나아가 헐뜯고 강간하는 등 모든 것을 하지 않는가? 우리는 아직 하나님의 계명에 복종하면서 중요하고 더 섬세한 여러 가지 것들을 어쩔 수 없이 못 지키는 것에 대한 말을 하는 것이 아니다. 우리가 살고 있는 세계에게 가장 심각한 범죄적 행위인 죽이는 것이 실제적인 현실로 경험되는 곳에서 어떻게 기도하고 어떻게 신앙을 가져야 하는가? 물론 이 전쟁 속에서 어떤 사람들이 전쟁의 와중에서 얼마간의 계명을 지킬 수 있을 수도 있으며 그럴 때 그 계명을 향한 내적인 지지가 더 진실하고 견고한 것이라고 말할 수도 있을 것이다. 하지만 전쟁을 통해서 인간이 더 좋은 인간이 된다고 말하는 것은 거짓일 것이며 오히려 전쟁은 비록 계명을 지켜야 한다는 것을 알지만 그것을 지킬 수 없는 많은 사람에게 갈등을 의미할 것이다. 이 모든 것이 부인할 수 없는 사실임에도 불구하고 그는 여전히 책임을 지닌 존재라고 말할 수 있으며 또 진실로 그렇게 시도해야 할 것인가?

만일 그리스도교 윤리 안에서 문제가 무엇인지 그리고 현실적으로 "그럼에도 불구하고" 그 사안에 대하여 긍정적인 답변을 할 수 있고 또 해야만 하는 것에 대한 정확한 해명이 주어지지 않은 긍정이라든지 혹은 이 "그럼에도 불구하고"가 품고 있는 모든 위험과 위태로움을 모른 채 도외시하고 내렸던 긍정이 사실은 복음을 부인하는 것이라고 한다면 이 물음에 대한 모든 긍정은 처음부터 틀린 것이라고 할 수 있다. 사람들은 다음과 같이 말할 수 있을 것이다: 이 물음에서 평화주의자들이 주장하는 매우 엄격하고 모든 것을 다 덮어버리는 그런 부정이 자체 안에 많은 의미를 내포하고 있다는 그런 가정에서 출발하지 않은 긍정은 잘못이라고 할 수 있다. 다른 말로 하자면 이 극단적인 경우(in extremis : 극단적 상황)에서는 더 어렵고 더 힘들어진다는 것을 인정하지 않은 긍정, 즉 이 전쟁의 상황에서는 우리가 자살이나 낙태 그리고 정당방위 등 외적 한계의 경계선상에서 우리가 생각했던 것보다 훨씬 어려운 한계 속에서만 긍정을 말해야 한다는 그 사실이 전제되지 않은 긍정은 다 거짓인 것이다.

거창한 단어를 너무 빨리 말하고 싶어 하지 않는 자는 우리에게 전승되어 온 전쟁에 대한 가톨릭과 복음주의 평가, 교회성과 윤리에 대한 긍정적인 평가, 즉 헤링(G. J. Heering)이 그리스도교의 타락이라고 표시했던 바를 부정하게 될 것이다. 만약 이 전쟁이 그리스도교의 타락 중 하나라면 더 깊이 신학적 원인을 추구해 보아야 하는데—신학적으로는 그리스도교 종말론의 퇴화이고 다른 측면에서는 이 세계에 주어진 율법에 대한 잘못된 혹은 과장된 해석이라고 할 수 있는데—아마 그 결과는 매우 치명적일 것이다.

하지만 여기 오늘 하나의 특별한 더 이상 감당하기 어려운 그리스도교의 왜곡이 있다. 이는 하나의 놀라운 전환인데, 1세기 교회에서 받아들인 태도와 콘스탄틴 대제와 그 이후 시대의 모든 일반적인 태도 사이의 차이에서 찾을 수 있는 것이다. 그때에는 주로 거의 일반적이며 매우 자명한 것으로서 오리게네스, 테르툴리안, 키프리안, 락탄츠(Origen, Tertullian, Cyprian, Lactanz)에 의해서 소개되고 주장되었는데 그것은 다름 아니라 전쟁에 참여하는 것(militia Christi)은 그리스도교의 삶의 태도와 일치하지 않는다는 것이었다. 그 이전에는 우리가 흔히 병역거부라고 부르는 그런 결정 때문에 순교를 당하기도 했다. 그런데 그 이후에는 어찌된 일인지 이전에 거의 낯설고 불가능한 것으로 보였던 것들이 이제는 너무나 자명하게 가능한 것으로 이해되기 시작한다. 314년 이후 콘스탄틴 대제의 참여 아래 아를(Arles)에서 열렸던 서방의 종교회의 이후부터 벌써 그런 일이 있게 되었다. 그 회의에서는 정작 과거의 내용이 다시 확인되었는데 전차 운전자나 배우들이 자신들의 직업을 버리지 않는 이상 교회의 일원이 될 수 없었던 반면 이전에 병역기피가 이번에는 출교라는 가장 혹독한 징벌을 받는 것으로 바뀌고 있는 것이다. 그리고 정당한 전쟁을 위한 논의들이 아타나시우스, 암브로시우스, 누구보다도 아우구스틴에 의하여 제기되기 시작한다. 그들은 주로 세례 요한이 당시 군인들에게 설교를 하였고 신약성서 내에 존재하던 다양한 신실한 군인집단과 군인들을 이 전쟁에 대한 정당화를 위한 논리적 기초로 삼았던 것이다. 우리는 이 초기 교회역사에서 주어졌던 그 전쟁에 대한 견해가 과연 성서가 이해하는 삶의 원리와 그 깊이에서 과연 일치하는지 묻지 않을 수 없다. 물론 2세기경 이미 그리스도교 군인들이 있었다는 것을 부인할 수 없다. 하지만 우리가 질문할 수 없고 단지 더 분명하게 받아들이게 되는 것은 교회가 콘스탄틴 이후 사제들과 수도사들에게는 군의 의무를 면제하기 위해서 전쟁에 매우 긍정적인 자세로 임하고 있다는 것이며, 그것은 결국 신약성서에서 드러나는 삶의 원칙과는 사실 잘 맞지 않게 되었다는 것이다.

전쟁과 거기에 그리스도인이 참여하는 것에 대하여 전반적으로 인정하고자 하는 것을 반대할 수만은 없다. 이것은 일종의 국가를 인정하는 것과 유사한 일일 것이며 교회공동체가 주어져 있는 이 세계와 주님이 오시기를 기다리면서 실제적인 효과를 가진 이 시대의 법칙하에서 살아야 하는 교회의 현실을 적절하게 이해하자면 이는 피할 수 없는 일이다. 하지만 이 지금의 현실과 그 법들이 이 세계가 결국 지나가 버릴 것이며 주님께서 오실 것이라는 그 사실보다 더 진지하게 받아들여져서는 안 되는 것이다. 그 가치관을 완전히 버리는 것이 아니라 극복해야 하는 것인데 이 세계의 가치관들 없이는 그리스도교적 행동들도 자칫 잘못하면 정확하게 그 뜻이 나타날 수 없기 때문이다. 즉, 과거 교회가 자기 안에서 유지하고 있던 바 고유한 권리를 제정신을 차리지 못하고 다 황제에게 넘겨버려서는 안 되는 것이다. 전쟁에 대한 일반적이며 근본적인 정당화를 제공하는 것은 절대로 찬성할 수 없는 일인데 유감스럽게도 그리스도교가 그 이후로부터 계속, 근자에는 종교개혁에서조차 통치의 권리를 국가라는 일반 세속세계에 주고 말았고 그들 스스로 그런 권한을 갖게 한 것이다. 이제 전쟁이라는 엄청난 대량학살, 이전에는 듣기조차 어려웠던 그 가능성을 이 세계에서는 이제 국가를 위해 감행할 수 있는 일이 되어버렸다. 비록 교회가 단순하게 평화주의와 일치될 수는 없지만 그것은 이 어둠 속에 한 빛이 되어야 하고 적어도 교회 안에서는 지속적으로 경고를 하면서 그 전쟁을 반대할 수 있는 힘이 되어야 하며 그것을 넘어서 이 세계 안에서는 전쟁을 막을 수 있는 구체적인 그리고 강력한 방해하는 힘이 되어야 한다. 하지만 교회가 만일 이 전쟁에 대한 근본적인 이 적대감을 상실한다면 어떻게 그 일을 할 수 있단 말인가? 교회는 그 약함에도 불구하고 적은 힘이지만 그럼에도 불구하고 평화를 성취하기 위한 의미 있는 힘으로써 이 전쟁에 지는 것이 아니라 이것을 정치적인 한 시스템 안에 통합시키고 연관시켜서 그리스도교적 구조를 만들어 갈 수는 없는 것일까? 이 전쟁과 연관해서 그리스도교 윤리의 최초의 근원적인 목표는 전쟁의 그 광폭한 측면을 드러내고 밝혀서 그것으로부터 멀리 떨어질 수 있는 수단을 찾는 것이다.

우선 이것은 절대로 일어나서는 안 될 일이다: 전쟁은 그리스도교적 관점에서 하나님이 원하신 정치적 구조를 의미하는 올바른 국가의 구조 안에서는 하나의 정상적이며 항상적이고 어떤 의미에서는 본질적으로 필요불가결한 그런 제도로서 인정되어서는 안 되는 것이다. 물론 국가는 어떤 폭력적 수단을 가지고 있으며 또 그런 일정한 폭력을 동원할 수 있다. 어쨌든 국가가 폭력을 행사하고 또 폭력을 가지고 있다는 것을 인정하지만 이것이 그리스도교 윤리에서 국가가 폭력을 사용할 수 있다는 것이나 폭력 사용은 국가의 본질의 하나라고, 그래서 국가의 정당한 권한행사(opus proprium: 본래적 사역) 중 하나라고 말하는 것이 전혀 아니다. 오히려 국가가 이 전쟁수단을 사용해야 한다면 이는 전쟁이 국가라는 제도의 국가의 낯선 권한행사(opus alienum: 외래적 사역)라고 할 수 있을 것이다. 이러한 상황이 국가가 올바르다고 판단할 때 편하게 그리고 또한 아무렇지도 않게 폭력을 사용할 수 있다는 증명서를 제공해주는 것이 아니다. 오히려 거꾸로 국가가 전쟁을 벌여야 할 모든 순간에 과연 반드시 이 전쟁을 일으켜야 하는지를 물어야 하는 것이다. 더욱이 그리스도교 윤리는 국가에 엄청난 대량살상을 수반하는 전쟁을 정당화하는 궁극적 근거(ultima ratio)를 잡을 수 있도록 그 어떤 전권위임을 허락한 것이 아닌 것이다. 그리스도교 윤리가 더 주의 깊게 만들고 싶은 것은 이 전쟁은 반드시 대량살상으로 이어질 것이라는 점과 이 전쟁은 최후의 암흑의 시간이라고 할 수 있을 것이다. 교회와 그리스도교 신학은 먼저 무엇보다 최우선으로 이러한 거리두기를 고집해야 할 것이다. 만일 교회가 최우선으로 그리고 오랫동안 다른 것이 아닌 이것을 말하지 않았다면 교회가 그 무게를 저울에 던지는 모험을 하지 않는다면 교회는 짖지 못하는 개나 쓸모없는 소금이 되어서 밖에 버림을 당하고 결국 사람들에게 짓밟히게 될 것이다. 그래서 사람들은 다음의 사실을 명심해야 한다: 만일 교회가 그리고 신학이 다르게 말한다면, 이 전쟁을 금지시키는 그런 결정을 하지 않는다면, 전쟁이 마치 국가의 정당한 권리행사인 것처럼 생각 없이 그리고 아주 답답하게 오랫동안 말하고만 있다면, 정말로 만일 그러한 전쟁의 날이 올 경우, 마지막 어두운 날이 오게 될 경우, 정작 지금 필요한 때, 이 교회와 신학은 사람들에게 정치적 낯선 권리(opus alienum: 외래적 사역)인 그 전쟁에 참여하라고 온전한 설득력과 신뢰성을 가지고 설득하지 못하게 될 것이다. 그렇게 해왔던 그런 교회와 신학만이 평화로 우리를 부를 수 있게 될 것이다.

과거에 전쟁을 국가의 본질로부터 혹은 역사적인 민족의 실재로부터 정당화시키려고 하는 윤리적 순진성은 이제 더 이상 말할 것이 되지 못한다.

나는 해링(Th. Haering, *Das chr. Leben*, 1907, 427)의 글을 인용하고자 한다: "만일 그리스도인이 하나님의 나라 때문에 국가를 간절하게 원한다면, 이를 도구화해서 하나님의 나라를 더 진전시키고자 한다면 그렇다면 그는 그 국가를 지탱하게 될 그 도구들도 필요로 할 것이다. 하지만 다양한 민족이 수긍하는 그런 법은 존재하지 않기에 결국 최후의 수단은 전쟁이 될 것이다." 또한 헤르만(Herrmann, *Ethik*, 1909, 212)은 다음과 같이 말한다: "전쟁 그 자체는 그리스도교적이지도 비그리스도교적이지도 않고, 그 자체로 윤리적이지도 비윤리적이지도 않은 것이다. 이는 한 특정한 역사적 자리에서 문화의 운동 안에서 정치적 삶으로 발전된 인간 본성의 피할 수 없는 외적 표현이다." 만일 그 국민이 문화적 과제 중 하나로 자기주장의 한 행위로서 정치적으로 옳은 결정을 내린 것이라면 이 전쟁은 "윤리적으로 정당한 것이다." 그렇기 때문에 우리는 "양심에 거리낌 없이 올바른 것을 위해 권력을 행사하는 국가에 참여할 수 있는 것이다. 그리고 그 권력행사는 국내에서는 범죄자를 향해서 집행될 수 있는 것처럼 우리나라를 공격하려는 그 국가에 대하여 사용될 수 있다." 슐라터(A. Schlatter, *Chr.*

*Ethik*, 1914, 138f.)는 다음과 같이 말한다: "다양한 민족들 사이에서 서로 다툴 수 있으며 그 다툼을 대비해야 한다. 그러므로 그리스도인들에게서 병역의 의무를 제하는 것을 찬성할 수 없다. 우리는 우리의 국가가 강력하게 유지되는 가운데 그 군대가 우리에게 제공하는 안전을 누리고 있다."—바로 국가에 대한 이런 생각으로 세상에서 전쟁이 일어나게 된 것이고 그리스도교 국가들이 거기 휘말렸던 것이다. 알트하우스(P. Althaus, *Grundriss der Ethik*, 1931, 106f.): "여러 민족은 서로 서로 함께 공동의 삶을 위해 노력하면서 서로 책임을 다해야 하며 그렇게 부름을 받았다. 이렇게 서로 서로를 위하는 이것이 그들 사이 관계의 규범이어서 이 '서로서로를 위한'이라는 원칙은 역사상 서로를 대적하는 그런 현상을 뚫고 유지되어야 한다." 이때 '서로서로를 위한'이라는 이 공동의 원칙을 가진 한 민족과 똑같은 원칙을 갖은 다른 민족이 같은 원칙에서 서로 행동하는 것이 중요하다. 역사상 모든 갈등 상황은 정의와 부정의의 갈등만이 아니라 정의와 정의 사이의 갈등일 수 있다는 것을 보여준다: 갈등의 원칙은 인간의 의지보다 더 근원적이다. 그리스도교적 양심 역시 인류의 타락한 양심과 연관되어 있다는 것은 모든 살아 있는 것의 운명이라고 할 수 있다. 그것은 역사 일반과 연결되어 있는 것이다. 이 중대한 질문에 대한 최후의 중요한 결정은 유감스럽게도 정의에 대한 질문과 연관되어 있지 않은데 그 이유는 그 민족들의 정의에 대한 역사적 확신은 그들이 시험하고 검토해보아야 하는 그 권력에 의존되어 있기 때문이다. 무엇이 정의로운지는 그 민족들이 그들의 전적인 힘을 그들의 부름 위에 집중하는 그 역사적인 행동의 실험 속에서 결정되어야 한다. 그리고 바로 그 안에서 전쟁의 불가피성도 그 근거를 찾을 수 있다.—이러한 신학적 지혜를 따르게 되면서 우리는 살아 있는 역사에 대한 믿음, 그 갈등의 법칙에 대한 믿음, 그 힘을 통하여 무엇이 정의인지 결정하는 생각에 대한 믿음에 근거하여 1938년 이후 그것이 역사적 행동으로 시도되었고 결국 제2차 세계대전이 발발하게 된 것이다. 1951년이 된 오늘 우리는 또다시 독일이 재무장을 허용할 것이냐는 이 토론의 과정에서 그 무의미한 바보 같은 토론을 다시 듣고 있는 것이다.

아니! 더 이상 그렇게 진행되어서는 안 되고 인류는 그렇게 가서도 안 된다! 이 신학자들이 말한 것 가운데 결정적으로 잘못된 것은 무엇인가? 그들이 절대적인 평화주의를 거부한 것이 잘못이 아니다. 이 점에서는 오히려 우리는 그들과 다른 점이 없다. 하지만 그들이 그 평화주의의 명제들이 갖고 있는 상대적인 힘으로부터 완전히 자신들을 절연시켰던 것이, 그들에게는 제6계명이 그렇게 중요해 보이지 않았고 전쟁의 참혹함을 몰랐으며—그들 모두가 단지 열광주의자로 보이지 않으려는 그런 걱정에 사로잡혀서—그들은 전쟁의 가능성을 그냥 받아들이고 그렇게 마치 정치인들처럼 말하면서 국가와 나라에 대하여 말할 때 정치적 행동처럼 행동한 것이 그들의 잘못이었던 것이다. 그런데 우리는 이들이 우리 역사 교과서들에서 볼 수 있는 19세기와 20세기의 역사상, 그러니까 보편적이며 민족의 역사의 참된 본질을 땅과 바다에서 벌어졌던 많은 전쟁과 갈등에서 발견했던 그 어두운 시대의 역사에 그대로 묶여 있는 존재들이 아니냐는 인상을 지울 수 없다. 이 영역이야말로 진정으로 비신화화가 필요한 그런 영역이었던 것이다! 여하튼 중요한 것은 이러한 역사관에 기초해서 국가에 대한 신학적 통찰이 주어져서는 안 된다. 비록 이런 제한을 염두에 두고 있더라도 브루너(E. Brunner, *Das Gebot und die Ordnungen*, 1932, 456)가 다음의 글을 쓰지 않았으면 좋을 뻔했다. 그는 다음과 같이 말한다. "전쟁은 국가의 본질에 속한 것이다." 그리스도인이라면 오히려 국가의 기능으로부터 전쟁을 분리시켜야 하지 않을까? 국가를 긍정하지만 전쟁은 분리하는 그런 견해는 불가능한 것인가? 그렇기 때문에 우리는 반드시 이 질문에서는 평화주의자가 되어야 하는가? 국가가 대량으로 한꺼번에 많은 사람을 죽이는 것이 대량학살과 무엇이 다르며 혹시 그렇게 되지 않겠느냐는 그런 염려, 그리스도인들이 책임적으로 참여하고자 하는 그런 국가가 전쟁이나 그런 대량학살을 자신의 정당한 사역(opus proprium)으로 생각하고 그것을 정의로 고칠 수 있다는 그런 염려—이러한 염려는 사실 그리스도인이 평화주의자가 될 수 있을지도 모른다는 그런 염려와 걱정보다는 훨씬 더 우리에게 간절하고 더 긴급한 것이 아닌가? 사실 우리 그리스도교 윤리는 이 질문에서 평화주의자들과 더 잘 어울리며 그렇게 앞으로 나아가야 하지 않는가?!

전쟁이 일어난 상황에서 국가의 **정상적인** 사명은—이것은 그리스도교 윤리가 확실하게 해야 하는 것인데—국내나 국외나 할 것 없이 인간의 생명을 파괴하는 것이 아니라 인간의 생명을 존중하고 그것을 더 촉진시키는 데 있다. 생명을 파괴하는 일이 또한 생명을 창조하고 보존하는 것에 속한다고 말해서는 안 될 것이다. 그렇게 말하는 생물학적 지혜는 규범과 규칙을 지칭하는 그리스도교 윤리에서는 아무런 권리를 찾을 수 없다. 그리스도교 윤리가 승인할 수 있고 승인해야 하는 국가란 하나님이 바라고 원하시는 정치적 질서로서 본질상 수없는 사람을 금방이라도 죽일 수 있는 존재인 야누스의 머리를 가진 신화적 상상의 괴물이나 원시 숲속의 상상의 동물 같은 것으로 표상되거나 상상, 비교될 수조차 없는 것이다. 만일 교회가 국가를 이러한 비정상적인 전제로부터 이해하고자 한다면 교회는 국가를 쓸데없는 영광으로 치장을 하는 것도 아니며 실제로 국가를 돕지도 않는 것이다. 그리스도교 윤리에 의거한 국가의 정상적인 임무에는 전쟁을 하는 것이 아닌 전쟁을 막는 것이 속해 있다. 만일 평화주의자들이 오류를 범한다면, 그것은—그들이 제시하는 주장들의 추상적 절대성에 대한 고집을 제외한다면—주로 전쟁을 추상적으로 거부하는 것에서 찾을 수 있을 것이다. 그들은 전쟁이 마치 평화라는 그 전제들과 아무런 상관없이 개관적으로 구분된 채로 이해되거나 거부될 수 있다고 생각하는 것이다. 하지만 바로 이 전쟁과 평화의 연관성에 우리의 논의가 집중되어야 한다. 만일 한 국가가 자신의 평범한 국가적 사명을 완수하지 못한다면 그 국가는 조금 시간이 흐른 후 전쟁이라는 비정상적인 과제 앞에 놓이게 되거나 또 다른 국가에게 비정상적인 과제를 강요하는 그런 결과를 맺게 된다. 국가의 능력이 국가 내의 여러 요구를 감당하지 못하게 된다면 그 국가의 권력은 이 부족을 통해 야기된 불안정한 상황을 처리하려는 방법으로 국가 바깥에서 그것의 원인을 찾으려 하고 더 나아가 전쟁 속에서 그 해결방안을 모색하려고 할 때가 있다. 특히 사람이 아니라 이자를 불려주는 자본이 이 정치적 제도의 목적으로 인정되고 그 자본의 보존과 확대가 정치의 대상이 되게 되면 이미 모든 것이 자동적으로 움직이게 되고 어느 날에는 기어코 사람이 사냥의 목적이 되어버려서 그는 피해 다녀야 하고 또 다른 사람은 사냥을 하기 위해 보냄을 받았다고 생각할 것이다. 평화가 무너져버린 상황에서는—실제로는 이미 아무런 힘도 갖고 있지 못하고 충실하게 서 있지도 못하는 것으로서—평화에 대한 대중의 열망이나 전쟁에 대한 매우 관념적인 반대선언도 아무런 힘을 발휘하지 못하는 것이다. 이상하게도 전쟁이 발생할 때가 되면 모든 사람이 이 전쟁을 함께 만들어가는 그런 전쟁 동참의 길로 들어서게 되고 또한 전쟁에 대한 명료한 반대선언이나 과거 전쟁의 상처나 고통스러운 기억들은 이상하게도 얕아지거나 아무런 힘을 발휘하지 못하게 되는 것이다. 정확한 평화가 아니었던 그런 어설픈 평화에서는 전쟁의 발발을 막을 수 있는 것이 아무것도 없다. 이 사안과 연관되어 우리 그리스도교 윤리는 가장 첫 번째로 그리고 가장 기본적이며 결정적으로 다음의 것을 말해야 한다: 그것이 국가를 형성하고, 그것이 국가를 위해 책임지는 국민들의 전체성을 형성하며, 그것이 국가의 삶 안에서 한 사람 한 사람 각자의 행위와 작용 속에서 이루어지는 평화를 형성하며, 너무 늦지 않은 한 전쟁을 피하지 못하게 만드는 것이 아니라 전쟁 자체가 필요 없고 불가능하도록 만들어야 하는 것이다. 이는 관계의 특성상으로 볼 때 전쟁을 원칙적으로 그리고 절대적으로 거부하기 위해서는 그리 많은 믿음과 이해 그리고 용기가 필요하지 않은 것을 알 수 있다. 왜냐하면 정말 무기산업의 위기를 제외하고 또한 더 이상 높이 올라갈 수 없는 계급의 지휘관을 제외하고는 대부분의 사람은 전쟁이 평화보다 좋다고 생각하지 않기 때문이다. 그리고 늑대와 더불어 울부짖기 위해서는 그 어떤 믿음도 이성과 용기도 필요로 하지 않는다: 이 전쟁이 유감스럽게도 평화가 그런 것처럼 이 세상의 질서 중 하나로 속해 있으며 역사의 삶 속에 있으며 국가의 본질 속에 들어 있다는 것과 사람들이 처음부터 전쟁을 가능한 것으로 아주 진지하게 받아들이고 있다는 것이 사실이다. 하지만 그리스도교적 믿음과 이성과 용기가 필요한 것은—이것을 그리스도교 교회와 그리스도교 윤리가 증명해야 한다.—이 세상의 민족들과 모든 정부가 전쟁이 아니라 평화가 정말 진지하게 대해야 할 것이라는 사실을 보도록 하기 위해서이다. 그런 경우란 다름 아니라 이런 것이다. 여기에서 말하고자 하는 그 경우란—정말 처음부터 중요하게 생각해야 하는 것인데—모든 시간 동안 모든 힘을 다하고 전심을 다해서 인간이 살아가되 정말 진실하게 살아갈 수 있도록 해야 한다. 그래서 전쟁을 일으킬 수 있는 그 어떤 단초도 허락하지 말아야 하고 그래서 전쟁으로부터 평화가 거절하는 그 어떤 것도 기대하지 않도록 만드는 것이 필요하다. 평화주의자들과 전쟁을 찬성하는 자들은 평화를 지키는 일이 무엇보다 먼저 국가를 민주국가로 만들거나 민주주의를 사회민주주의로 만드는 것, 아니면 군비를 낮추거나 혹은 군비를 확장하는 일이 우선적으로 취해지고 난 후 다음에 살펴야 할 일(cura posterior)과 같은 것이라고 생각한다. 바로 그 점에 그리스도교 윤리는 문제를 지적해야 하는 것이다: 군비축소나 군비강화가 우선적으로 해야 할 일(cura prior)일 수 없다. 단지 의미 있고 정의로운 삶의 질서를 구축하는 것이 모든 일의 최초가 되어야 한다. 무엇보다도 먼저 질서를 세우는 일에 최선을 다하다 보면 군비축소나 군비증강과 같은 이런 구호들은 비록 없어지기까지는 않더라도 적어도 다른 더 중대하고 심각한 문제들이 먼저 의논되어야 하기에 그 후에 적당하고 적절한 자리에서 진지하게 논의될 수 있을 것이며 또 그렇다고 하더라도 그 구호들처럼 모든 것을 한꺼번에 해결하게 될 결정적 열쇠가 될 수 있으리라는 생각은 포기하게 될 것이다. 왜냐하면 정의로운 질서가 형성된다면 군비축소나 군비강화 같은 개념들은 상대할 대상이 없는 그런 개념이 될 것이기 때문이다.

이렇게 먼저 선행적으로 살펴야 할 일에 기초하여 만일 교회가 모든 사안에서 국가와 민족들 사이의 올바른 평화를 궁극적인 것으로 세울 수 있는 선한 양심과 지성을 가지고 있다면, 교회는 민족들과 국가들 사이의 평화의 유지를 위해서 거기 전념해야 한다. 교회는 국가가 가질 수 있는 외국과의 올바르고 의미 있는 관계를 위한 전제로서 자국민 사이에서 그 자국민들의 상호관계를 제대로 세우기 위한 신뢰와 믿음을 위해 노력해야 하는 것이다; 또한 굳건하고 상호 계약에 충실한 이해의 증진과 내적 소통을 위해, 국제심판소와 국제 조약들의 성실한 이행을 위해 노력해야 하고 무엇보다도 한 국민과 국가 안에서 개방성과 다른 사람들과 다른 국가들에 대한 이해도를 높이도록 힘써야 하고 젊은이들이 전쟁이 아니라 평화를 사랑하도록 만들어야 하며 그 존재 자체로 영원한 평화를 위해서 위험요소로 등장하게 되는 군대의 건설을 반대하도록 해야 한다. 또 이 젊은이들로 하여금 모든 비정상적인 왜곡이나 타인에 대한 비난과 미움을 자제하도록 해야 하는데 아마도 벽에 그리는 온갖 낙서들도 이와 연관된 것이 있다면 평화적으로 바꿔야 할 것이다. 교회는 이 세대에 있기에 전쟁이 원칙적으로 피할 수 있으리라는 것을 선포해야 할 의무는 없지만, 거꾸로 전쟁은 근본적으로 불가피한 것이며 그렇기에 그렇게 정당화될 수밖에 없으며 만약 그래서 전쟁이 일어난다면 모든 그리스도인은 참여해야만 하는 그런 제도와 그런 질서 속에서 살아갈 수밖에 없다고 말하게 하는 그런 마귀적 교리에 반대해야 하는 것이다. 국민과 국가들이 위의 우선적으로 해야 할 일(cura prior)을 진행함에 있어서 항상 첫 번째로 오랜 길을 거쳐야 할 것에 거의 그리고 항상 있지는 않지만 전쟁이 있으며 거기에 더하여 교회가 이 전쟁에 대하여 실천적으로, 또한 매번 구체적으로 긍정을 해야 할 것은 아니다. 어떤 낙관주의를 가질 필요도 없고 오히려 전쟁이 절대적으로가 아니라 상대적으로 그리고 원칙적으로가 아닌 실천적으로 피할 수 있는 것이라는 이성적인 인식이 필요하다. 교회는 평화주의를 설교해서는 안 되고 그 대신 필요할 때 그리고 가능할 때 교회가 말할 수 있는 기회를 얻는다면 오늘날 전쟁을 피할 수 있는 많은 수단이 있으며 그것을 끝까지 최선을 다해서 적용해야 한다는 이 현실적이며 이성적인 인식을 주장할 필요가 있다. 교회는 이러한 입장에서 끝까지 최후의 보루까지 견디다가 사회로부터 버림받는 것이 자신의 입장을 바꿔서 자신의 원칙에 불충하는 자가 되어서 그 당시 사회의 비이성적인 흥분에 동참하여 피할 수 있는 전쟁에 참여하고 그 민중의 학살에 함께 책임을 져야 하는 것보다는 훨씬 더 현명한 처사인 것이다. 이 모든 사회적 소요와 선전문구 속에는 대량 학살이 될 수밖에 없는 집단적인 죽음의 그림자가 숨어 있다. 교회는 무슨 일이 있어도 그 어떤 극단적인 경우가 될지라도 그런 선전술에 속아서는 안 되고 그런 언어를 사용해서도 안 된다. 이러한 극단적 선전적 언어와 사고들은 반드시 보다 진중한 자리에서 대면해야 하는 것이다. 그리고 이 진중한 자리는 바로 **교회**가 되어야 한다. 이 교회의 언어는 늑대가 울부짖는 그런 언어가 되어서는 안 되는 것이다.

사실 두 개의 입장에 대해서는 이미 배운 것일 수 있다: 즉, 전쟁을 피하는 국가 간 평화의 형성에 교회가 앞장서야 한다는 것과 국가들 사이의 관계 안에서 전쟁을 피하기 위한 여러 방책과 해결방안들을 위해 교회가 앞장서는 일이 필요한 것이다. 이 두 개의 요구와 그 요구들에서 가장 중요한 것이 모든 그리스도교 윤리의 최고의 선이라고 할 수 있다. 이제 이런 입장에서 볼 때 우리는 좀 더 안위를 받으면서 모든 오해들과 콘스탄티노플 이후의 전쟁신학으로 다시 퇴락하지 않은 채 다른 사람들에게 평화주의적 명제들의 절대주의에 반대하고 전쟁을 대하는 그리스도교의 입장을 밝힐 수 있게 되었으며 전쟁 안에서도 모든 가능성을 버려서는 안 된다는 것을 알 수 있다.

오늘날에는 어쩌면 다른 말을 하는 것이 매우 부적절해 보일 수도 있다. 하지만 진리 가운데 머무는 것은 언제나 시의 부적절하지 않았는가? 그리고 전쟁과 연관해서 진리란 이렇게 다른 측면도 내포하고 있는 것이 분명하다. 아마 진리가 전체로서 나타나지 않고 오히려―논리적 연속성을 포기하더라도―그 반대되는 것을 통해서 나타나게 된다면 이것은 아마도 평화주의자들의 주장이 품고 있는 진리의 요인을 더 강하게 표현하는 것이 될 것이라고 생각할 수 있다. 윤리적 (그리고 어찌 되었든 신학적-윤리적) 결과들은 논리적 결과들과 다르다는 것을 알게 된다!

여기에서 질문될 수 있는 것은 국민과 국가가 다른 국민과 국가에 대해서는 그 왜곡된 행사 때문에 비정상적인 **비상사태**에 빠질 수 있다는 것이며 그렇게 될 때에는 국가의 복지 정도가 문제가 아니라 그 실존, 독립 그 자체가 위협받고 공격받게 되는 것을 의미한다. 한 국가는 다른 국가의 태도에 의하여 근본적인 물음에 던져지는데, 그것은 다른 국가에 대하여 갖고자 하는 요구들을 **포기**했든지 아니면 새로 **주장**하든지 해야 하는 것이다. 만일 전쟁에 대하여 올바르게 모든 것이 논의되었다고 하려면 위의 이 질문을 다루어야 한다.

한 국가의 국민들은 정치적-지정학적-경제적인 확장에 대한 소원을 가질 수 있으며 자신들의 국경이 더 확장되고 국력이 더 높아지면 좋겠다고 생각할 수 있다. 외교적 관계를 통하여 국가 내부의 여러 가지 문제의 해결을 추구할 수도 있으며 정치적 단일성을 성취할 수도 있다. 외교적 문제 때문에 국가의 위신이 떨어지고 자존감이 떨어졌다고 느낄 수도 있다. 그런가 하면 힘의 균형이 깨짐으로 외국에 의해 위협을 느낄 수도 있다. 타국에서 일어나는 내정의 변화(혁명이라든지 반혁명)가 우리나라의 국민들에게 위협으로 다가올 수도 있는 것이다. 그런가 하면 타국을 점령하고 그 나라를 다스려야 한다는 것을 한 국가의 역사적 사명처럼 생각할 수도 있는 일이다. 이 모든 것은 다 가능성이 있는 일들이다. 하지만 이것들이 전쟁을 일으키고 자신들의 군대를 죽거나 죽이도록 전쟁터로 보내야 할 아무런 정당한 이유가 되지 못한다. 그들이 추구하는 목표들은 물론 그럴 만한 가치가 있다. 하지만 전쟁을 통해서 그 목표를 이루기 위해서는 지나치게 값싼 것들이다. 그런 이유라면 전쟁은 어느 때나 피할 수 있었을 것이다. 그리고 위와 같은 이유로 치러지는 전쟁은 실상은 대량학살 이외 다른 것이라고 할 수 없다. 위와 같은 여러 가지 이유를 천칭의 한쪽 접시에 놓고 전쟁에 대한 진실과 거기에서 주어진 잔인함에 대한 인식을 다른 접시에 놓고 그것을 셈하는 자라면 그 인간은 이쪽이 더 올라가고 저쪽이 더 낮아질 수 있는지를 살피기만 하는 저질의 허망한 공상가이거나 아니면 사악한 소피스트일 수밖에 없을 것이다. 하지만 그리스도교 교회는 분명하게 그와 같은 이유에서 시작된 올바른 것이 될 수 없으며 따라서 반드시 중단되어야 한다고 말해야 한다.

    국가의 존립 자체도 사실은 전쟁의 이유가 될 수는 없는 노릇이다. 한 국가의 본질이 지금까지의 구조의 형태로 존재하는 그런 시간은 끝날 수도 있는 것이다. 그래서 한 국가의 독립의 의미가 사라지면 그 독립된 형태로서의 국가는 사라지고 더 크고 발전된 국가적 체계 속에서 다시 그 일부로 살아가게 될 수도 있을 것이다. 이런 사태는 매번 그 경우마다 다시 검토해 보아야 한다. 예레미야는 이전 이사야와는 달리 예루살렘과 유대 백성들에게 명시적으로 바벨론에 저항하지 말고 항복하라고 권면한다. 이 경우는 만일 교회가 이와 상응하는 구체적인 메시지를 가지고 있을 수 있다고 한다면 신중하게 검토해 보아야 할 사안이기도 하다.

    그렇다고 해서 이러한 질문에 대한 답변을 추구하면서 결코 전쟁의 합당한 이유가 주어지는 것은 아니다. 국가와 민족이 존재하는 이유가 있다면 자신의 독립을 포기하는 것은 책임적 행동이 아니다. 물론 더 예리하게 생각할 때 다음과 같이 말할 수는 있을 것이다. 자신의 한계 안에서 자신의 진실한 이유로 자신들의 독립성을 포기해서는 안 되는 그런 곳이 어디인가 하는 질문이다. 제6계명은 전쟁의 다른 그럴듯한 이유를 찾는 것이 그리스도교 윤리에 의하여서는 거의 불가능한 것이 되어야 한다는 것을 보여주고 있다.

    그렇다면 왜 이 이유가 하나님의 계명의 빛 안에서 볼 때 전쟁을 위한 정당한 근거로서 가능한 것인가? 바로 그 국가의 존립을 이유로부터 시작되는 전쟁 역시 마찬가지로 그 안에서 빠질 수 없는 잔인함 속에서 치러지고 있는데, 어떻게 그 전쟁이 정당한 전쟁이 될 수 있는가? 아마도 한 국가의 독립적 국민으로서 삶과 더불어 영·혼·육의 전체적인 삶의 책임성, 그리고 그와 관련된 국민 그리고 더 나아가 하나님과의 영적 관계의 책임성이 전적으로 위험에 걸려 있기 때문일 수도 있다. 한 국가의 시민들에게는 이 독립적인 삶의 양식 안에서 자신들의 실존을 통해서 증거해야 하고 동시에 포기해서는 안 될 어떤 중대한 위임이 주어져 있을 수 있다. 국민들은 국가의 독립을 지키기 위해서—즉, 국가 안에 확보된 법적 질서와 공동체의 삶과 더불어—포기되어서는 안 될 그 무엇, 죽음 앞에서 자신의 삶을 유지하는 것보다 더 중요한 그 무엇을 포기해야 했을 수도 있다. 그들에게는 자신의 국가의 독립을 포기하는 것은 하나님에 의해 금지되었다고 말할 수도 있고 또한 자신의 삶은 아랑곳하지 않고라도 지켜야 하는 그 무엇, 즉 국가의 독립은 지켜야 한다고 말할 수도 있다. 하지만 이러한 가능성들이 그리스도교 윤리를 무효화시켜서는 안 되는 것이다. 이것은 가장 심각한 비상시국에서조차 하나님의 계명에 의하여 주어지고 지켜져야 하는 것이다.

나는 오늘날 현 시국에서 스위스의 독립과, 중립성 그리고 영토에 대한 공격이 주어졌다는 사실을 지적하고자 하고 그래서 거기에 상응하여 행동하고 말하고자 한다는 사실을 미리 밝혀 두고자 한다.

직접적으로 위협을 받지 않거나 침략받지 않은 독립국가는 계약의 의무의 근거 때문에 다른 약한 나라들을 도와주어야 할 의무에서 아니면 그렇게 부름을 받은 것으로 스스로 여길 수 있다. 그렇게 된다면 이 국가는 스스로 위험에 빠진 다른 국가와 하나로 묶이게 되고 그렇게 비상사태 속에 빠지게 된다. 이런 경우를 생각해 볼 때 그리스도교 윤리는 절대로 평화주의자가 되어서는 안 된다는 것을 알게 된다. 즉, 때로 군사적 선택을 해야 할 처지도 있는 것이다. 만일 교회가 정당하고 당당한 평화와 전쟁의 실천적 회피 가능성에 속한 모든 것을 다 말하였다면 교회는 근본 법칙적으로 군국주의를 진실로 그리고 단호하게 반대하는 것이다. 하나님의 계명은 한 국가가 그런 위급한 상황에 몰리게 되었다면—혹은 다른 나라와의 연관관계 때문에 그런 위치에 몰리게 되었다면—자신을 스스로 지켜야 하며 그때는 자신을 군사적으로 방어해야 한다. 그리고 만일 한 국민의 근본적이며 그리고 이미 평화 속에서 그들의 헌법과 역사 그리고 자신이 책임을 져야 할 동료 시민들을 위해서 전쟁 이외의 다른 길이 없게 된다면 이때 그 국가는 국방을 준비해야 한다. 상호 간의 살상이 일어나게 될 군대의 투입(모든 것을 포함해서) 그리고 군비의 확충 그리고 그것을 사용하게 될 모든 경우 이런 것들이 **요청**되는 때가 있다.

이러한 요구들에 대하여 긍정적인 답변을 해야 할 곳이 바로 그리스도교 윤리가 당면한 가장 어려운 현장이다. 교회가 가지는 모든 결단은 무조건, 즉 그 시도들의 성공 여부를 떠나 그리고 두 대응세력 사이의 관계의 문제와 상관없이 꼭 이루어져야 할 것들인 것이다.

한 국가가 전쟁을 피할 수 없게 되는 그런 비상상황이 정말 언제 놓이게 될 것인지를 매우 진지하게 사유한 그런 기준이 있을 수 있다; 즉, 그 성공을 염두에 둔 어떤 조건하에서 전쟁을 하려는 모험이 시도된 곳에서, 전쟁을 하려는 결단이 크든 혹은 작든 간에 우리가 가져야 하는 바로 그 기회에 의존하게 만드는 곳에서, 우리는 우리가 지켜야 할 것으로부터 그리고 하나님으로부터 범주적으로 전쟁하기로 하는 이 결단으로 이끌린 것은 아니고, 사람들은 거기에서도 그런 위기상황 속으로 빠져들 외통수는 아니었고 오히려 거기에서도 사람들은 거리를 두고 객관적으로 살펴볼 수 있어야 한다. 예레미야가 가진 패전주의는 아마 예루살렘 사람들이 가지고 있던 호전성이 사실 그들이 이집트를 믿고 있었기 때문이라는 제한된 이유나 한계에 의해 주어진 것이 아닌가? 그들이 자신들의 구원과 승리를 이집트로부터 주어질 것이라고 생각하고 기대하고 자신의 운명에 스스로 개척하려는 자신들의 힘을 믿는 사실에서 기초되었다는 것이 아니었다는 사실에 근거한 것 아닌가? 이사야가 7:4에 기록된 것처럼 연기 나는 두 부지깽이에 불과한 그 사태 앞에서 아하스 왕에게 요구한 바로 그런 태도가 예레미야의 패전주의의 이유가 아닌가!

우리는 소위 정당한 전쟁에 대한 물음을 신앙과 복종의 물음과 구분지어 다룰 수 없다. 그 둘의 대답은 상호 간에 긴밀하게 연관되어 있다: 전쟁을 **순종** 안에서 (선한 양심과 함께) 시도하고자 하는 자는 반드시 또한 **신앙** 안에서 (자발적이며 호전적인 결단) 모험을 감행하게 된다. 그리고 신앙적 결단은 잠시 주어지는 흥분상태가 아니라 순종 안에서—물론 이런 결단을 내리는 사람이 그다지 원하지 않을 수도 있고 매우 고통스러운 결단을 하게 될 수도 있는 그런 상태의 순종—그 전쟁을 수행해야 하며 태만한 마음으로 어쩔 수 없다는 식의 잘못된 평화 속에 그 근거를 가져서는 안 되는 것이다. 거꾸로이다: 믿지 못하면 굳게 서지 못하리라!(사 7:9) 이러한 연관관계에서 그리스도교 교회는 위기 속에 빠져 있어서 그 전쟁의 위기로부터 벗어나야 하는 자국의 백성들을 향해서 매우 유리한 위치를 갖게 될 것이다. 그러나 동시에 교회가 그 국민들을 일깨우고 위로하면서 권면하여 국민들이 회개하도록 부르면서 그들과 더불어 함께 길을 가야 할 것이다. 그때 교회가 해야 할 일은 늑대들의 울음을 함께 울거나 호전적인 전쟁광들의 강연을 전쟁의 도덕 위에 그럴듯하게 더 쌓는 것이 아니라 오히려 하나님의 자유로운 은총의 주권의 복음을 설교하는 일이 될 것이며 그를 통하여 이교도적 전쟁의 신을 부르는 것이 아니라 우리에게 평화를 주시기 바라는(Dona nobis pacem! : 주여 우리에게 평화를 주시옵소서!) 그 간절함에서 시작해서 거기에서 그치는 기도를 드리는 일일 것이다.

그러나 동시에 교회의 사신은 다음과 같은 것이어야 하고 또 그래야 할 것이다: 전쟁의 투지를 불러일으키되, 오직 순종의 행위로서 정의로우며 실제로 오직 신앙의 행위로서 힘을 가진 의로운 행위, 그렇게 바로 그런 것으로서 진실로 의로운 그 전쟁의 투지를 일으킬 수 있는 것이어야 한다. 교회가 이전이나 지금까지 이런 점을 드러내기 위해서 전심전력했다면 긴급조치로서 치러야 할 전쟁 중에서 이제부터 다루려고 하는 세 번째 교훈 속에서 중요하고 사안을 바르게 만드는 올바른 개념을 발견하지 못할 것을 두려워하지 않아도 될 것이다. 더 나아가 이 개념을 가지고 자신을 원하지 않은 상황과 타협해야 될 것을 걱정하지 않아도 될 것이며 정당한 전쟁이 패전으로 끝날 수도 있다는 상황에서 자신을 타협할 필요가 없는 것이다. 전쟁을 쉽게 허락하지 않은 교회라고 할지라도, 전쟁에 대하여 원칙적으로, 그리고 일반적인 그리고 전 정부의 차원에서 전쟁을 허락하는 그런 허락을 반대하는 교회이고 국가 간에 평화와 국가 안의 평화만을 외친 그런 교회라고 할지라도 그런 교회가 다시 전쟁을 허락하는 근거가 될 수 없다. 설혹 정말 아주 희귀하게 정당한 전쟁이 일어나는 한이 있더라도 교회는 사람들에게 만일 누구를 죽여야 한다면 죽여야 하고 그렇기 때문에 그것은 더 이상 살인이 아니며 단지 국가적 차원에서 일어나는 하나님의 낯선 다스림(opus alienem)이라고 해서는 안 되는 것이다.

    우리는 이 모든 것을 다시 한 번 한 개인의 책임과 결단의 관점에서 문제를 해결해야 한다. 우리는 이를 국가의 관점에서 알아보아야 하는데 왜냐하면 이 전쟁은 국가의 행위이기 때문이다. 이 국가가 그리스도교의 관점에서는 한 개인에 대하여 낯설지만 그보다 계급상 높이 존재하며 그 위에 군림하며 존재하는 것이나 자신을 스스로 통치하면서 자신을 생각하고 무엇을 의지하거나 결정하는 실체는 아니다. 오히려 그 국가라는 실체는 법적 질서에 의하여 제한되어 있으며 거기에 굴복해야 하고 그를 통해 보호를 받고 그것을 지킬 의무가 있는 것으로 그 자체가 국가이기도 하고 그것이 또한 국가를 지켜주며 유지해준다. 이는 상대적인 완전성에도 만족하지만―그 자신의 침묵과 행동하지 않음을 통해서 그렇기도 하지만―그것의 상대적 불완전성에도 참여하고 있다. 이것은 국가 때문에 일어나거나 중단되었던 바로 그 일에 책임이 있거나 거기에서 자신을 찾는 가운데 바로 그 상태에 대하여 책임이 있는 것이다. 이는 자신의 통치의 더불어―그 통치가 헌법의 어떤 형태를 가지고 있든지 간에 그리고 그 통치가 국민들에게 받아들여질 만한 것이든 아니든 간에―비록 그 시민들이 그 통치의 권력기관 속에 들어 있지 않을지는 모르지만 여전히 국민의 대다수가 거기에 속해 있다. 루드비히(Ludwig) 14세가 말했다고 여겨졌던 그 어처구니없는 선언 역시도 정확하게 다시 기술되어야 한다: 모든 사람이 그 자리에서 그리고 그 자신의 기능에서 스스로 국가인 것이다. 만일 국가가 그리스도인이 기도해야 할 그런 상태로서 하나님의 선한 질서에 속한 것이라면, 다음과 같은 것은 반드시 말해져야 한다: 그 사람들이 교회인 것처럼 스스로 국가이기도 한 것이다: 국가가 각 개인들의 책임을 마구 빼앗는 곳에서는 그런 일은 존재하지 않는다. 오히려 국가가 각 개인의 책임성에 의해 좌우되는 것이라고 할 수 있다. 이제 국가의 행위로서 전쟁도 마찬가지이다. 국가가 하는 전쟁은 시민의 인격 안에서 실행된다. 그 개인으로서 그는 전쟁에서 남자와 여자로서 일반적인 인간이 될 터인데 그는 사람을 죽이는 일을 준비하고 그것을 증진시키며 그리고 힘을 모아 행함으로써 결국 그 사람이 이 모든 것을 실행하게 한다. 그가 이 일을 하면서 자신의 생명도 거기에 담보로 걸게 된다는 것이 현실이다. 하지만 이것이 문제가 아니라 그가 타인의 생명을 파괴하는 일에 나서게 된다는 것이 관건이다. 과연 그렇게 해도 되는가? 아니면 그래야 하는가? 이 질문은 국가가 답해야 하는 것이지만 동시에 그 개인이 답해야 하는 것이기도 하다.

과거의 그리스도교 윤리가 이 문제를 제대로 파악하지 못했다는 것은 너무 이 문제를 쉽게—개인을 넘어서 집단적 개념으로 변경시켰다는 것인데, 즉 왕이나 귀족 백성이나 국가 등을 말하면서 쉽게 집단적인 개념으로, 이를테면 개인을 넘어서 스스로 생각하고 의지를 갖고 있으면서 무엇을 결정하는 실체로서 생각하면서 사람들이 거기에 복종해야 한다고 말하면서 해결하고자 했다는 점에서—생각했다는 점에서도 분명하게 드러난다. 만일 전쟁이 문제라면 사실 그의 양심과 그 전쟁에 대한 내적 갈등과 같은 진정한 개인적 이해와 사고 그리고 거기에 대한 자유로운 결정과 같은 중요한 생각의 새로운 싹들은 처음부터 개인은 이 전쟁과 같은 국가의 대사에는 아무런 책임도 없다고 하면서 그 책임과 자유로운 결정의 권한을 국가가 빼앗아 버리는 그런 생각 때문에 완전히 막혀 있었다. 이제 그는 자신의 개인적인 자유와 생각을 다시 검토할 필요 없이 단지 하나님의 의지를 보면 된다는 생각과 거기에 불응해서도 안 되며 단지 도구적 원인(causa instrumentalis)으로서 행동을 하면 된다고 하고 양심의 문제를 넘어서 최대한의 가능성을 다 끌어내면서 행동을 하도록 요청받고 있으며 그 전쟁에 최선을 다하도록 부름을 받는다. 그 전쟁에서 일어나는 대량학살은 이제 중립적이며 무관심할 수 있는 일이 될 수 있고 자신의 양심이 아닌 이 국가라는 낯선 책임감에 자신을 미뤄 놓은 채로 복종하기만 하면 이것들이 아주 좋은 일이 될 수 있을지도 모른다는 망상에 빠지는 것이다. 이 교훈에 빠지면 빠질수록 그는 또 다른 면의 교리적 선봉장이 되기도 하는데 그것은 인간이란 존재는 죄에 깊이 빠져 있는 존재라서 언제나 전쟁이 있을 수밖에 없고 또 그렇게 될 것이라는 편견이다. 마치 인간으로서 우리가 이제 책임감이 없이 남을 죽이는 일이 있어야 된다고 주장하는 것이 죄가 아닌 것처럼 생각하는 것이다.

하지만 우리가 여기에서 명심해야 할 것은 사람들이 국가를 가장 나쁜 형태에서 섬기도록 하는 것이 다름 아니라 자신의 고유한 책임을 가지지 못하게 하는 것이며 그에게서 그 책임감을 빼앗을 일이라는 사실이다. 그렇게 함으로써 사람들은 그를 폭력을 가지고 아무런 영혼 없는 독재자의 심연의 무근거로부터 나온 인간을 멸절시키는 그런 동물로 만들고, 거기로부터 사람들은—그런 일을 한 후에 다시 여전히 그 인간의 의지는 하지만 하나님의 의지로 존중받아야 한다고 주장함으로써—다시 피곤하고, 경건하고, 교만해지기도 하면서 지낼 수 있었고 그 그리스도교 윤리는 인간이 공동체 안에서와 다가오는 하나님의 나라 안에서의 평화로 자신을 스스로 위로받도록 만들었던 것이다. 그런데 여기 그리스도교 윤리는 근본적으로 잘못되었다. 이 그리스도교 윤리는 개인윤리와 사회윤리를 거짓되게 구분했지만 이제 그것을 끝장을 내야 한다. "너는 인간이다!"라는 이 명제를 모든 상황에 맞도록 그대로 끝까지 이해시켜야 하는 것이다. 과거를 위해서는 이미 너무 늦어버렸고 미래는 적어도 아직 부어지지 않은 채로 남아 있기에 만일 교회가 전쟁 때문에 개인에게 말하고자 할 때는 분명하게 말해야 한다: 너는 답변해야 한다; 네가 정당하게 누구를 죽이는 자가 될 수 있는지 아니면 정당하지 못한 살인자가 될 것인지가 네게 달려 있다!

국가가 답변해야 했던 이 질문은 동시에 국가에게 제시되었던 것이기에 개인들에게 자신의 책임적 인간에게 제시된 질문이며 그래서 이렇게 질문을 받은 각 개인은 또한 아주 사소하고 개인적인 사안들 때문에 개인적이며 사소한 그런 관점을 가지고 함께 생각해야 할 것이 아니라 시민으로서 그 국가의 사태를 진지하게 국가적 안목을 가지고 그러나 개인적인 책임과 인격적인 자세에서 다루어야 하는 것이다. 모든 것은 그의 개인적인 장소와 그의 개인적인 방식에 이르게 된다. 질문: 너는 하나님의 계명을 들었고 이 전쟁을 그의 끔찍한 현실 속에서 제대로 보고 있는가? 계속되는 질문들; 있어서는 안 되는 전쟁이 발발한다면 너는 민족들 간의 평화를 위해서 무엇을 하였는가? 아니면 아직 시작되지 않은 전쟁을 내포하고 있는 불안하고 부정의한 평화 속에서 너는 무엇을 하였는가? 또 다른 말로: 백성들 사이에―혹은 백성들을 반대해서―너는 전쟁을 피하기 위해서 무엇을 하였고 무엇을 하지 않았는가? 활동하고 변화하는 모든 너의 태도와 더불어, 너의 말하는 것과 생각하는 그 방법으로, 네가 너 자신을 허용하는 것과 타인을 돌보는 것과 타인에게 금지하는 방법을 가지고, 이 모든 것을 가지고 너는 전쟁을 미루거나 전쟁을 하지 않기 위해서 노력하였는가? 너는 만일 그 전쟁이 일어난다면, 그것은 저 위의 마귀로부터 우리에게 나타난 것이 아니라―물론 마귀적이지만―인간을 통해서 인간에게 다가오는 일이며 너 자신이 거기에 책임을 지게 되거나 이미 책임을 져야 한다는 사실에 대해 명확하게 알고 있는가? 또한 너는 우리가 받아들이지 못할 그리고 잘못된 이유로 전쟁이 일어나는 것을 알고 있는가? 전쟁의 거의 모든 근거는 가당치 않은 것들이고 잘못된 것이라는 것을 부분적으로가 아니라 전적으로 주장할 수 있는 준비가 되어 있는가? 그리고 처음으로 그리고 동시에 마지막으로 너는―만일 너의 백성과 국가가―정말 위급한 절체절명의 한계상황에 부딪치게 된 상황에서 궁극적이며 최후의 이론으로 그 전쟁에 대하여 긍정적으로 대답할 의지와 준비가 되어 있다면, 모든 결과에 대해서도 받아들일 준비가 되어 있다면, 즉 죽임을 당할 위험뿐만 아니라 나를 죽일 수 있는 그런 심각한 일도 너는 인격적으로 받아들일 준비가 되어 있는가? 다시 말해서 너는 개인적인 인간으로서가 아니라 국가의 시민인 인간으로서, 그리고 거기에 순종하는 것도 하나님의 계명에 포함되어 있다는 것을 인정하면서, 국가 안에서 국가와 함께 그리고 국가를 위해 생각하고 말하고 행동하면서 기도하는가? 이 전쟁의 물음은 이제 개인적인 차원에서도 물어야 하고 답을 구해야 하는 것이다. 그리스도교 윤리가 공헌할 수 있는 것은 이 어려운 질문을 일반적인 정치적이며 도덕적인 논란에서 벗어나 인격적인 질문으로 다시 설정하였다는 것이다. 당신이 이 사태에서는 무엇을 하고 무엇을 하게 내버려 둘 것인가? 지금 너는 무엇을 하고 있으며 무엇을 하도록 버려두고 있는가? 이 전쟁의 사태에서 미래에 무엇을 할 것이며 무엇을 하도록 내버려 둘 것인가? 죽인다는 것은 개인적인 일이며 죽음을 당한다는 것도 지극히 인격적인 경험이다. 그렇기에 전쟁중인 국가의 시민을 인격적 물음과 답변의 대상으로 만드는 것이 올바른 것인 것이다.

이제 우리는 마지막으로 **병역의 의무**와 **그것을 거부할 권리**에 대하여 논의하고자 한다. 병역의 의무를 전적으로 파기할 것을 촉구하는 평화주의자의 요구(Vgl. G. J. Heering, 앞의 책, 252f.)는 너무 근시안적이다. 일반적인 병역의 의무가 이 질문에 대한 지나친 긍정을 가지고 과장된 희망을 갖지 않도록 하면서 전쟁의 물음에서 건전한 길을 찾을 수 있는 길을 마련해주고 있기 때문이다. 이 전쟁은 국가적 사안이며 전체와 연관된 것이지 그 전쟁을 하고자 하거나 전쟁을 즐기는 다수나 일부 소수의 사안이 아닌 것이다. 시민들은 이미 전부가 평화에 참여하듯이 전쟁에도 참여하는 것이며 그래서 책임도 함께 지고 이 채무를 가지고 있으면서 전쟁의 정당성에 관한 질문에도 답변을 해야만 하는 것이다. 일반적인 병역의 의무에 속한 것, 거기에서 표현되고 모든 사람의 의식에 전쟁의 문제가 분명해지도록 하는 것이 바로 이 병역의 의무로서 전쟁을 어떻게 이해하고 있는지가 각각에게 드러나게 된다. 이제 이 병역의 의무를 새롭게 모병제냐 자유 징병제냐로 풀어갈 수 있고 그렇게 한 사람을 전쟁에 대한 직접적인 의무에서 벗어나게 해주는 대신에 그것을 다른 사람에게 넘기는 것이다. 그 다른 사람이란 헤링에 의하면 어떤 특정한 집단의 미움을 자기가 대신 맡은 사람이다. 전쟁에 참여하는 자를 바보로 만들고 악으로 만드는 대신 전쟁에 참여하지 않는 자는 특별한 통찰을 가진 자처럼 여기는 것이다. 만일 사람이 전적으로 전쟁을 거부한다면 그는 이 바리새적 길을 찬성하는 자이다. 하지만 일반적인 병역의 의무는 아주 소중한 이점들을 가지고 있는데 그를 통해서 똑똑한 자와 미련한 자, 평화주의자와 조금 덜 평화주의자 모두를 함께 전쟁을 수행하는 국가의 문제 앞에, 즉 그 앞에서 개인적인 문제로 세울 수 있는 것이다. 그리고 거꾸로도 마찬가지다: 이 병역의 의무가 필요한데 전쟁에 대한 그의 고유한 인격적인 답변을 사소한 개인적 답변으로서가 아니라 국가의 시민으로서의 자신의 고유한 책임에서 떠맡기 위해서도 그런 것이다. 국가가 개인에게 전쟁에 참여하도록 의무를 부과하면서 이제 이 질문은 모든 사람에게 제시되었다: 이제 그는 국가의 시민으로서 그 전쟁을 기꺼이 함께 참여하면서 만들어 갈 수 있는가? 그리고 또 다른 질문: 그는 국가의 시민으로서 이 전쟁에 대항하면서 전쟁으로부터 벗어날, 그럴 수가 있는가? 일반적인 병역의 의무를 없애는 것은 모든 사람에게서 이 인격적이며 정치적인 질문을 미리 제거하는 것과 같다. 이는 전쟁의 문제를 해결하는 데 결코 도움이 없고 그렇기에 이 병역의 의무를 폐기하는 것을 주장하는 것은 평화주의자들이 마지막에 해야 할 일인 것이다.

거역해서는 안 될, 하나님의 계명의 가치는 병역의 의무와 연관되지는 않는다. 국가가 이를 각 개인에게 병역의 의무로서 확정지어 놓는다면 국가와의 관계에서 각 개인을 그것을 수행해야 할 압박감을 갖게 된다. 따라서 그렇게 함으로써 그 질문은 그 누구도 대신할 수 없는 것이 되고 마는 것이다.

국가는 신이 아니며 그렇기에 신적으로 무엇을 요구할 수 없다. 국가가 개인에게 요구하는 의무나 국가가 그들에게 완결할 것을 요구하는 그 긴급성은 그 국가의 결단과 주장에 대한 개인의 입장은 하나님과의 관계를 통하여 제한되고 이미 규정된 것일 수 있다는 점에서 변화가 있을 수 있다.—즉, 그가 국가의 시민으로서 그 정부나 사회의 대다수가 옳다고 여기거나 결정한 바에 대하여 의무감을 느끼거나 아니면 최후의 절대적인 것이 될 수 없다고 말할 수 있다는 점에서 역시 변할 수 있다. 즉, 한 개인은 자신이 맺은 하나님과의 관계 때문에 정부나 국민 대다수가 옳다고 여기면서 결정한 바를 충분한 자의식 속에서 옳은 것으로 보거나 아니면 반대하게 되고 철저하게 그것을 인식하면서 행동하게 될 수 있다. 그는 그러한 행동의 예외적 성격을 잘 인식하게 될 것이다. 만일 반대를 하게 된다면 그것이 가진 예외적 행동을 날마다 할 수도 없을 것이고 가벼운 생각으로 할 수는 더더욱 없을 것이다. 그는 자신이 던지는 그 위험도 감수할 수밖에 없을 것이다. 그는 그 반대의 행동 때문에 처벌을 받을 수도 있기 때문이다. 국가나 공권력이 반대를 행하는 자신에게 공권력을 행하려 한다고 해도 그 권위를 부정할 수는 없게 된다. 그가 비록 처벌을 받는다고 해도 그는 그것을 분해하고 반대해서는 안 되고 오히려 자신이 하나님의 말씀을 따라 자신의 시민의 의무를 충실하게 책임적으로 받아들였다는 것으로 만족해야 할 것이다. 전쟁 시에는 그런 불복종은 병역거부로 나타날 수 있다. 한 개인이 국가의 정부나 대다수의 사람들이 정당한 헌법과 현행법에 의해서 모든 사람에게 부여한 병역의 의무를 실제적으로 거부한 것이다. 그는 그렇게 함으로써 전쟁의 준비나 전쟁에 참여하는 것을 부정한 것이다. 이는 한 개인이 일반적인 의무로 주어진 질문, 사람들이 그에게 강제적인 의무로 부여되고 가장 최고의 긴급성을 가지고 반드시 적용되어 실천되어야 한다고 생각되는 그런 것을 부정적으로 대답해야 한다고 주장하는 그런 의사표현이라고 할 수 있다.

　한 사람 혹은 여러 사람이 이 병역의무를 거부하는 것이 옳은 것으로 이해되기 위해서는 다음 두 가지 형식적인 조건을 만족시켜야 한다. 먼저 그 병역 거부자는 반드시 자신의 반대를 자신의 개인적인 인격적 결단과 국가의 시민이라는 실존의 통일성 가운데 표명하여야 한다. 이는 병역 거부자가 자신의 개인적인 양심의 문제로 이 병역거부의 문제를 다루어서는 안 된다는 것이며 오히려 국가의 시민으로서 공동체적 양심의 문제로 이해해야 한다는 뜻이다. 이때 그가 가진 하나님과의 관계는 이 공동체의 연관성에서 그를 고립시키는 것이 아니라 오히려 거꾸로 제대로 이해되기 위해서는 그 안에 삽입해서 함께 이해해야 하는 것이다. 그럼으로 그 병역기피자가 전쟁에서 파생되는 폭력과 유혈사태들의 압박감 앞에서 자신의 개인적인 인간적인 두려움을—물론 이 문제도 중요하지 않다는 것이 아니라—해결하고 자신의 손을 깨끗하게 보존하는 것을 지원하는 방안으로 이 병역의무의 기피가 등장해서는 안 된다는 것이다. 이는 아마도 국가를 이탈하는 그런 배신의 고상한 형태일 수는 있을 것이며 이는 결코 무정부주의자의 주장과는 다른 것이다. 오히려 이 병역 거부자는 거꾸로 자신의 그런 행동이 국가적 공동체를 거부하는 것이 아니라 하나님이 원하시고 사람들이 원하는 정치적 공동체가 형성되는 지름길이라고 주장하면서 결국 국가를 거부하는 것이 아니라 그것을—현 정부와 현 대다수, 그리고 그들의 헌법과 현행법을 반대하지만—오히려 긍정하는 것임을 주장하는 것이다. 그의 병역거부는 그러므로 아주 잘못된 정부의 입장이나 그런 국가의 현재에 반하여 거꾸로 보이는 것과 달리 더 나은 미래의 국가를 위한 것임을 주장할 수 있어야 한다. 그래서 그는 국가를 전적으로 옹호하는 그런 결단에서 제기된 병역거부임을 말해야 하는 것이다.

    이 병역 거부자가 채워야 할 두 번째 조건은 자신이 거부한 그 행사, 즉 국가에 대한 충직한 순수한 의도가 단지 반대의 형태로 나왔다는 그의 주장이 이해받기 위해서는, 정부와 대다수의 시민이 그에 대하여 제기한 법에 의한 처벌과 비난을 스스로 떠맡을 준비도 해야 한다는 것이다. 그는 자신이 보기에 잘못된 정보에 의해 움직여지는 지금 현재의 그 정부가 자신의 주장을 받아들인 그 미래의 정부일 것이라는 생각을 버리고 그 이해되지 못한 현 상태의 정부가 자신의 처지를 재단하고 있다는 사실을 받아들여야 한다는 것이다. 그렇기에 그는 자신과 같이 이해되지 못하거나 이해될 수 없는 사람을 위한 특수한 예외규정을 요구해서는 안 되는 것이다. 그는 자신이 보병에서 청소나 다른 노동으로 대치될 수 있다는 생각을 해서는 안 된다. 또한 어떤 영웅적 대접을 기대해서도 안 된다. 즉, 자신이 가진 견해를 위해 대표적 의미를 가진 순교자처럼 특권을 요구해서는 안 되는 것이다. 그는 오히려 더 철저한 시민 혁명가로서 더 철저하고 일괄되게 행동하는 것이 맞고 그렇게 행동의 결과 때문에 생긴 것을 자신이 받을 준비를 해야만 한다. 그래서 하나님과 자신이 기대하고 있는 더 나은 미래의 국가가 자신의 편이었다는 것을 확인하는 것에 만족하고 마쳐야 한다. 하지만 그는 여전히 자신이 행한 그 반대의 여파로 생긴 결과들을 책임질 준비를 하고 있어야 한다. 만약 이 두 가지 조건이 채워지지 않는다면 양심의 반대라는 이 특수한 견해는 아마 처음부터 말해질 수 없는 것이라고 보인다.

    만약 이러한 병역거부가 원리적으로 전쟁을 거부하면서 급진적인 평화주의자들의 윤리적 절대론에 의존하고 있다면 이는 사실 잘못된 것에 의존하는 것이다. 이는 하나님의 계명에 반대하는 것이나 전쟁에 찬성하는 것과 같고 근본적으로 군사적 모험에 의존하는 것을 주장하는 것과도 다를 바가 없다. 전쟁을 피할 수 없다는 미신이나, 자신을 신적 통치의 한 도구로 생각하는 어리석음 등을 국가의 핵심적 본질로 이해하는 어리석은 행동인 것이다. 살아 계신 하나님의 계명과 하나님을 섬기고자 하는 충성과 복종에서 우리는 좌로나 우로나 그와 같은 절대주의적 윤리의 주장과 행동방식에 동조할 수 없고 오히려 인간적 통찰의 한계 속에서 원리들과 어떤 그 행동에 대한 입장을 선택할 뿐이다. 어찌되었든 간에 국가의 시민으로서 그 의무에 충실하다는 그런 경우에서 징집을 거부한다는 것은 단지 상대적인 근거에서 그리고 어떤 경우에도 국가가 군비를 증강하고 전쟁을 할 수 있다는 것은 원칙적으로 금지되어 있다는 그런 생각으로부터 벗어나야 하는 그런 상태에서만 이해를 구할 수 있을 뿐이다. 만일 정치적으로 그 책임을 온전히 지고자 한다면 지금 이번에 병역을 거부한 자는 가까운 미래에 앞으로도 유사한 경우가 생길지라도 여전히 그 의무를 거부할 것이라는 점을 충분히 이해하고 염두에 두어야 할 것이다. 하지만 그는 자신의 이 주장을 하나님의 자유나 자신의 고유한 자유, 즉 국가 시민이 가져야 할 양심의 자유에 근거 짓게만 해서는 안 된다. 그는 이 두 가지 의미에서 볼 때 자유로운 인간으로서―또한 그렇게 그는 자유로운 존재로 남기를 원할 것이며―자신을 완성시킨다. 반면에 평화주의자는 이런 면에서 자유인이 아니고 자유인이 되고자 하지도 않음을 알 수 있다. 원리상 반전주의는 결국 최후에는 우리가 받아들여서는 안 되는 병역기피로 나가는 것이다.

    하지만 정당하고 우리에게 오히려 명령으로 주어진 병역기피가 다음의 상황에서는 심각하게 고

려될 수 있다: 한 사람 혹은 다수의 많은 사람이 전쟁을 하고 있는 상태의 국가에서 이 사태가 진정한 악이라는 것, 이 전쟁에 참여하게 된다는 것은 부정의하고 무책임한 행동이며 참된 비상사태에서 모험으로 주어지는 것이 아니라 단지 의지를 가지고 시작된 해서는 안 될 것이라는 인식이 너무나 강렬해질 경우 이때에는 이 병역기피를 생각해 볼 수 있다. 이러한 상황이나 이러한 인식이 일반적으로 언제나 보편적으로 주어질 것이라는 것을 기대해서는 안 된다. 이런 통찰은 아마 어쩌면 다수의 사람들이 그저 추상적으로 아무 구체적인 이해 없이 추측성으로 내놓은 예감의 형태로 가능할 것이고 이를 막기 위해서 국가의 공식적인 선전활동은 이러한 통찰이 일어나지 않도록 최선의 노력을 다하는 것이다. 하지만 이 통찰이 개인들에게 그토록 확실한 형태로 자꾸 떠오르게 되어서 공식적인 홍보에도 불구하고 감출 수 없다는 것과 그들에게 이제 하나님의 말씀이 들릴 수 있게 되었다는 것, 그리고 그에 의거해서 이제 전쟁을 생각만이 아니라 말과 행동으로 그 징집거부에 나서는 것이 그런 상황에서 어떻게 불가능하단 말인가? 국가를 위한 책임으로부터 이제 그들은 벗어나는 것이 아니다. 국가에 대한 의무는 이제 그들에게 그 병역의 의무를 충실하게 채우는 것을 거부하는 형태로서 나타나게 된 것이다: 국가를 위해 최선을 바라고 또 자신의 병역거부로 인해 다가올 모든 것을 감수하면서 가장 명료한 의식 속에서 이 일을 하는 것이며 이제 그들의 의지는 정부나 대다수 사람의 그것과는 다르지만 여전히 하나님과의 평화와 자신이 가진 국가 시민으로서의 양심과도 완전히 평화 속에서 이 일을 감행하는 것이다. 한 사람이 구체적인 정치적 상황 속에서 하나님의 계명에 따라서 만일 그가 병역거부를 선택했다면 그가 올바르게 행동했을 것이라는 사실은 비록 국가의 법에서는 불가능한 것처럼 보이지만 그리스도교 윤리에서는 그렇게 불가능한 것만은 아니다. 심지어 슐라이에르마허(Chr. Sitte, 284)는 다음과 같이 말하기도 하였다: "전쟁에서 빠지고자 하는 자는, 만일 그것이 옳은 것이 아니라면, 그는 분노감이다." 이 문장은 일반적으로 볼 때 확실히 잘못된 것이다. 전쟁이 올바른 것이냐에 대한 물음에는 개인마다 차별이 있기 마련이다. 이 전쟁의 정당성에 대한 답변 때문에 징집거부를 택해야 하는 데까지 나가야 한다고 한다면 그가 길을 잃을 수 있다는 것, 즉 하나님의 진리를 잘못 파악하고 그래서 분노를 일으키는 자가 될 수도 있다는 것을 염두에 두어야 한다. 전쟁의 책임성에 대한 답변이나 국가의 각 상황에서의 군비증강이 옳으냐는 질문도 각 개인이 묻고 들어야 하고 그것에 대해서 답을 찾아야 한다는 사실이 변하는 것은 아니다. 그는 이런저런 일에서 실제적으로 그리고 나를 통하여 인격적으로 대답될 수 있는 존재인가? 전쟁의 상황에서 이 인격적 책임성과 개인의 실존적 결단은 실제적인 형태를 얻어야 한다는 것이다. 그리고 각 정부와 국가의 대다수의 사람들도 이를 염두에 두고 있어야 한다. 각 개인이 전쟁에 대한 책임에 대한 질문을 해야 하며 그것이 한 개인의 질문이 아니라고 생각해서는 안 되며 거꾸로 더 철저하게 세워지는 것이라는 점, 더 나아가 그 전쟁이 이제 그 사람들에게 부정적으로 답변될 수 있다는 것도 염두에 두어야 한다. 이 평화를 위해서 다행인데 만일 모든 정부와 대다수 사람이 그렇게 실제적으로 그 전쟁을 평가해야 한다고 이해하고 있다면 좋은 일인 것이다.

그리고 또한 이 개인들은 자신들의 질문과 답변과 함께 단독적으로만 뒤로 남겨져 있는 것이 아니어야 한다. 만일 여기가 아니라면 어디 교회가, 혹은 교회 안의 현자들이, 모든 계획과 일들에 깨어 있어야 하는 그 자들이, 여기에서 하나님의 계명이 문제이고, 한 개인이 문제이기에, 그것의 이해와 그것의 실천, 변화무상한 구체적인 정치상황에서 법적인 것이 아니라 복음적이고 양가적인 것이 아니라 선명하고 분명한 행동요령을 전해주어야 할 곳이 여기가 아니고 어디란 말인가? 이 중요한 사태에서 어떻게 교회가 중립적이며 침묵을 지킬 수 있겠는가? 이때 어떻게 교회가 무슨 말을 할 것이며 이때 사람들이 자신의 양심에 의존해야 한다고 말한다면 어떻게 할 것인가? 교회는 오랫동안 모든 사람이 병역의 의무를 지도록—각 개인의 양심의 질문을 제기하지 않은 채로—그것도 하나님의 이름으로 요구해 왔다. 왜 교회는 이 자리에서 무엇보다 먼저 모든 사람이 스스로 결정을 내려야 한다는 것을 스스로 피해 왔는가? 하나님의 이름으로 요구한 그 복종이 정말 군사적 행동과 일치하는 것이라고 어떻게 확신해 왔는가의 질문을 정리하는 데에 아직도 선명하지 않다. 물론 정당한 전쟁이 있었다는 것—매우 드문 일이지만—그리고 그런 전쟁에서는 교회가 물론 모든 사람을 위해 나서야 할 것이지만 그래도 여전히 교회는 이 병역의 의무는 그때조차 각 개인이 대답해야 할 문제라는 것을 말해야 한다. 병역의 의무를 지도록 하는 일을 위해서 교회가 나서야 하는 것이 어떤 법적인 것도 사명도 될 수 없다. 만일 교회가 하나님의 계명을 듣고 있다면 그리고 거기에 귀를 열고 있다면 교회는 어쩌면 한 번쯤은 그 반대를 위해 일해야 할지도 모른다. 교회는 훨씬 높은 가치의 관점에서 이 일에 대하여 정부나 다른 국가의 기관들과는 다른 기준을 내려주기를 기대할 수 있다. 교회는 자신이 하나님의 말씀으로 부름을 입었다고 보기에 이 기관들과 다른 것을 말할 수도 있을 것이다. 또 교회는 각 개인이 생각한 것보다 훨씬 더 큰 지혜와 안목을 가지고 그 모든 사안에서 개인들을 위로하고 돌보아 주면서 그리고 경고하고 격려하면서 도움을 줄 수도 있다. 만일 교회 스스로 정부와 대다수가 하는 것과 다른 결정을 내리고 그것을 주장하려고 한다면 그 불신임의 비난을 받을 수도 있다. 하지만 그렇게 된다면 그 위협을 받아들이고 그것을 준비해야 하며 그렇게 해서 혁명적인 국가 사랑의 길의 모험을 감행해야 한다. 누가 교회는 거기로부터 벗어나 있다고 하는가? 교회가 매우 위험한 증인의 역할을 해야 하고 거기에 맞추어서 대접을 받아야 한다면 그것도 교회의 근거로부터 그리고 교회의 사명으로부터 그렇게 되어 있다면 놀라야 하는가? 교회가 전쟁을 수행하는 데 있어서 모든 약함 가운데 하나의 방해요소라는 사실이 일반적인 사람들의 의식 속에 자리잡게 하기에 이 대가가 너무 큰 것인가?—실제로 교회는 믿을 수 없는 요소로서 이 교회의 현실 때문에 사람들은 이제 언제나 전쟁의 징집의 의무에 반대하는 주장을 하는 것을 당연시 여겨서는 안 되기도 한다. 전쟁을 하려고 하는 국가는 그렇기에—교회가 자신의 고유한 법칙과 인식을 따라서 오늘은 전쟁을 반대하지만 내일은 다시 전쟁을 찬성할 수 있다고 한다면—교회 안에서 그 교회의 근거와 주춧돌이 되는 그 본질적인 한계와 만나고 있음을 알게 된다. 그렇다면 교회의 본질적 한계를 염두에 두어야 하는 국가에 이 교회의 특성이, 궁극적 이성, 즉 전쟁을 해야 하는 특정한 상황의 이성이 문제이고 각 개인이 그 신적인 질서의 담지자로서 남아 있을 수 있는지 아니면 살인자로 타락하게 될 것인지를 결정하는 그런 상황의 질문에서, 도움이 되어야 하는 곳은 어디인가?

## 3. 활동으로서의 삶

우리는 지금까지 인간의 삶을 하나님께서 인간에게 허락하신 육체의 수여의 측면에서 이해해 왔다. 지금부터는 하나님이 인간에게 주신 사명의 관점에서 이해하고자 한다. 그렇기에 우리는 그 안으로 하나님의 계명이 인간을 부르는 그 자유를 자신의 삶과 그리고 자신의 창조주와 주님에게 드려야 하는 존경과 염려 안에서 자신의 동료들과 잘 지내도록 위임받은 그런 자유로 이해해 왔다. 이제 우리는 이 자유를 실행적인, 즉 인간에 의해서 자신의 창조주와 주님에게 순종하면서 살아야 하는 자신의 삶의 고유한 행동으로 이해하고자 하는 것이다. 이제 우리는 180도 방향을 바꾸고자 한다. 우리의 대상은 사실 여전히 같은 것이다. 인간만이 아니라 하나님 그분도 지금과 같은 한 분이시며 우리가 물어야 할 것인 하나님이 인간을 거룩하게 만드는 그 계명들도 같은 것이다. 여기서 우리는 다음과 같은 사실을 고려하지 않을 수 없다. 그는 살아 계신 하나님이시라는 것이다. 그리고 그 계명은 살아 있는 것이며 인간에 대한 그의 관계의 역사를 항상 새롭게 하고 진행되는 계명이고 그것을 통하여 인간이 부름을 받았고 또 그 안에서 주님께 복종해야 하는 그런 계명인 것이다. 만일 우리가 이해하고자 한다면 우리는 그 계명이란 것이 같은 길의 다양한 단계들과 같은 것이거나 아니면 같은 책의 다른 쪽들처럼 항상 새롭게 열리면서 어떤 때에는 얼핏 보기에 상호 다른 측면들을 열어 보이면서 이전의 것을 제한하거나 극복하거나 아니면 보충하기도 하는 것처럼 나타날 것이다. 사람들이 살아가면서 그 계명을 더 많이 경험하면서 그것이 제시한 길을 따라가면서 그것이 마르지 않게 할 때 그 계명을 이해하게 될 것이며 하나님의 계명에 복종하는 길을 배우게 될 것이다. 이제 우리가 우리의 삶의 다른 관점에 다가서게 될 때, 즉 단지 유지하고 보호하면서 모든 악으로부터 지켜야 할 대상으로서만이 아니라 스스로 행동하고 영향을 끼치고 그리고 만들어 가는 주체로 이해할 때, 즉 살아 있는 행동하는 삶으로 이해할 때 그 계명을 온전하게 이해하게 될 것이다.

이러한 삶이 바로 인간의 피조성이며 인간의 본성으로서 인간적 현존재와 그의 삶을 만들고 인간을 인간으로 가능하게 하는 것이다. 그는 단지 살아 있지 않은 하나의 대상이 아니라 그는 다른 식물이나 동물과 다른 존재일 뿐 아니라 그는 스스로 자신의 자유 안에서 스스로 만들어지는 자이다. 그는 자신의 가까운 장래의 미래를 자신에 의해서 이해되고 승인된 과제로 만듦으로써 살아가는 자이고 그의 삶의 모든 과정은 바로 이러한 과제를 완성해 가야 하는 그런 걸음들로써 이루어지는 것이다. 인간으로서 그는 스스로 자신이 갖고 있는 하나님과의 관계 안에서 그리고 동료 인간과 주위 환경 안에서 그렇게 관계적으로 정립할 때 그는 존재하며 살아 있게 된다. 이렇게 의도를 가진 자기 정립이 바로 인간의 행동이라고 할 수 있다. 그의 삶은 객관적 현 전자(現前者,

vorhandensein)들의 단순한 지속이 아니며 또한 식물적이나 동물적인 과정도 아니다. 그의 삶은 하나의 연속적 결과이고 연관성이며 그리고 이 자기 정립의 역사이고 자기 행동들의 역사이다. 그는 자기 자신을 실행시킴으로써 살아 있는 존재이다. 그리고 또한 자신의 고독한 삶이 아니라 하나님 앞에서 그리고 다른 동료 인간들과 더불어 자신의 환경세계 속에서 살아가고 그는 자신을 스스로 실행하고 또한 그렇게 항상 무엇을 하는데 그것은 변화이며 형성이고 하나님과 주위 사람들과 그리고 환경과의 관계 안에서 주어진 새로운 탄생인 것이다. 그는 자기 자신을 거기에 맞춰서 정향시킴으로써 무언가를 계획한다. 이 주관적이며 객관적으로 방향을 잡아 가는 것은 인간에게 아주 특별한 것이며 활동하는 삶의 전혀 새로운 것이다. 인간은 삶의 경외를 온전하게 성취하지 못하고 무엇을 하더라도 삶을 보호하기를 바라지는 못한다; 자기나 타인의 건강이나 혹은 그가 자신을 기쁘게 하거나 타인을 기쁘게 하기를 원함으로써, 자신의 독자성이나 타인의 독자성을 다 존경하고 자신의 가능성과 타자의 가능성을 시도하고 노력해서 증명하는 것을 통해서, 그리고 부정적으로도 자신이 죽는 것에서 자신을 지키는 것으로서 살인과 그에 연관된 모든 삶의 경외를 부정하는 모든 것에서 다 지키지 못하는 것이다. 하지만 사람들은 이 모든 것을 지향적인 것이라고 말하지는 못한다. 이것이 아무것도 하지 않는 것이 아니라 그 이상의 무엇이고 그냥 놔두는 것 이상이어서, 그리고 그런 이상 이미 무엇을 행한 것이고 그렇다면 이미 보존하고 살피면서 그런 한에 있어서 무엇을 준비하는 듯한 성격을 가진 것이다. 인간적 삶의 경외 안에서 그리고 그 삶의 보호를 위해 행해진 것은 이 삶은 무엇을 위해서?라는 질문의 필연성과 연관해서 일어난다. 즉, 여기에서는 각 삶의 주관적이며 객관적인 지향이 관건이다. 이 지향적 삶은 발생함으로써 인간적 행동의 역사로서의 삶은 이제 방해받지 않고 단절되려고 하지 않는다. 삶을 잘 보존하고 지키는 것은 우리의 과제인데 왜냐하면 이 실천적 삶이, 그 안에서 그리고 그것을 통하여 각자가 지향하는 바가 드러나는 바, 시간과 공간 그리고 기회들과 자유로운 공기를 요구하기 때문이다.

하지만 이 **실천적 삶**—특히 계명의 관점에서 그리고 그 연장선에서—이란 무엇인가? 더 정확하게 말해서 하나님에 대한 순종으로서 실천적 삶은 무엇을 의미하는가? 스스로 무언가를 지향하고 실제적으로 무엇을 일으키고자 하는 것은 구체적으로 말하자면 노동하는 것이라고 할 수 있다. 이제 우리는 실제로는 노동에 대하여 말해야 한다. 그런데 먼저 이 개념을 다룰 때에는 상당히 조심하는 것이 좋을 것으로 사료된다. 왜냐하면 우리가 만나는 노동은 그 자체로 그리고 그와 같은 그 조건하에서의 노동은 하나님이 사람들에게 명령한 그 실천적 삶이라고 말하는 것은 꼭 일치하지 않는다는 점이다. 노동은 의심할 여지도 없이 그 한계에서 구체적으로 성취되어야 할 보다 더 높고 포괄적인 개념이라고 할 수 있다. 하나님의 자신의 의지와 계명에 따라 인간이 지향해야 할 것은 이미 그가 일해야 한다는 것을 포함하고 있다는 것은 자명하다. 우리는 이제 그것을 분명하게 표현해야 하는 것이다. 하지만 우리가 노동이라고 부르는 것은 이 행동의 아주 특별한 것을 의미한다. 즉, 인간이 정신적이며 물리적인 우주에, 그리고 그 어떤 지상의 사태에 관심을 두고 이 일 저 일을 눈여겨 목표로 실행하려 하면서 그것으로부터 동시에 영향을 받기도 하는 사태를 의미한다. 노동이라는 개념을 통해서 우리는―정신적으로 최고의 집중을 요구하는 것이라고 할지라도―인간에게 명령된 실천적 삶의 차안적 요소를 지적하고자 한다. 그렇지만 이와 연관해서 노동이라는 개념을 가장 중심적인 개념으로 세우거나 최고의 주된 개념으로 이해하려고 해서는 안 된다. 하나님의 계명에 순종하는 삶은 노동을 통해서 다 표현될 수 없고 그렇게 인간에 요구된 그런 것들 안에서 다 소화되는 것이 아니다.

    노동의 윤리와 연관된 현대 유럽-미국의 문화와 문명의 신화와 이상, 그리고 실천적인 요구들이 한편이라면 하나님의 계명은 또 다른 편이다. 그래서 여기에서 하나님의 계명에 대해서 묻는 것은 꼭 필요해 보인다. 오늘날 유럽의 문명화된 노동의 높은 평가와 거기에 근거해서(오늘날에는 급격하게 사라져 가는 것으로 보이지만) 다른 지구촌보다 더 우위를 점한 것처럼 보이는 이 현실은 과연 성서로부터 유래된 것인가?(E. Brunner, *Das Gebot und die Ordnungen*. 1932, 372f.) 루터가 예배의 가치를 각별한 각오와 독단적 결단으로 수도원의 일로 보고 이를 농부의 그것과 어린이들의 공장노동과 동일한 것으로 말하고자 했던 것은 정말 놀라운 일이었다. 하지만 사람들이 그때 그리고 후에 이 사태와 연관해서 개신교적 입장에서 보면 유사한 방식으로 너무 많은 것을 말해서 명예로운 것과 그렇지 못한 것을 혼동하게 되지 않는가? 이 사안에서 하나님의 말씀은 어디에 서 있는가?

    성서에 의하면 예수께서 이 문명화된 노동을 그렇게 높이 평가하지 않았다는 것을 알게 된다. 그의 비유에서 보여주듯이 예수께서는 모든 세상의 노동들은 인간의 삶에 속해 있다는 것을 전제로 하였고 그렇게 실행되어야 한다는 것을 전제로 하고 있다. 하지만 매우 난처한 일도 있다. 주님께서는 그 누구에게도 직접적으로 일하라고 명령하신 대목을 찾을 수 없다는 것이다. 오히려 주님께서는 이 세상의 일들을 떠날 것을 말씀하시고 있다. 그가 스스로 아직 아들로 불렸을 때(막 6:3) 그가 자신의 메시아적 직무를 시작하면서 자신의 노동을 지속하셨다는 그 어떤 기록도 찾아볼 수 없다는 점이다. 이와 다르게 사도행전 18:3에 보면 바울과 바나바는 오히려 고린도에서 함께 일을 했던 것이 기록되어 있다. 그는 한 번 이상으로(살후 3:8, 고전 4:12, 9:6, 고후 11:7) 자신의 빵은 자신이 스스로 일해서 벌었다고 말하고 있으며 그 누구에게도 짐을 지우게 하지 않았다고 말한다. 같은 사안을 바울은 자신의 공동체에 아주 여러 번 진지하게 고백하고 있다.(살전 4:11, 살후 3:10f., 엡 4:28) 하지만 그의 노동은 언제나 그 사도적 사역의 주변부에서 일어나는 일이며 그렇게 해서 자신의 사도직이 더 잘 받아들여지도록 하기 위함이었다: 결코 노동 그 자체나 그것을 강조하는 것에는 바울은 큰 관심이 없었다. 사람이 16세기부터 적용하기 시작한 "지구를 정복하라"(창 1:28)의 구절을 오역하고 잘못 적용하는 그 노동의 열정은 바울이나 성서에서는 찾을 수 없는 것이다.

    구약에서도 사정은 다르지 않다. 만일 사람들이 문화가 하나님께서 인간들에게 명령하신 고유한 과제이고 그렇게 창세기 2:15의 말씀(하나님이 인간을 위해서 에덴동산을 창설하신 것)도 곡해한다면 이것은 확실히 창세기 1:28의 말씀을 과장해서 이해한 것이다. 노동이 인간이 살기 위해서 필요한 것으로 나타나는 것은 자명해 보인다. 만일 해가 뜨면 인간은 일을 하러 가서 저녁에 해가 지기까지 일해야 한다는 것(시 104:23)은 당연해 보인다. 그렇게 일을 하면서 게으르지 않아야 한다는 것, 그리고 개미로부터 배워야 한다는 것은 잠언 6:6-11에 매우 인상 깊게 서술되어 있다. 하지만 여기에서의 핵심내용은 그렇지 않으면 가난이 그에게 닥치게 되고 공급이 부족해진다는 것이다. 그렇기에 인간은 일을 해야 한다는 것 이상이 아니다. 여기에서 개신교의 윤리가 가장 선호하는 생각이 등장한다: 인간적 인격성과 문화적 작업으로서의 노동의 의미가 나타나기 시작하는 것이다. 그 노동의 필요성은(우리가 아는 것처럼 반드시 해야 하는 것으로서) 창세기 3:17 이하에 기술된 것처럼 인간의 타락과 연관되어 있음을 간과할 수 없다: 전도서에서 기록된 것처럼 인간의 노동의 허무성과 노동의 헛된 노고가 잘 정리되어 있다. 그렇다면 시편 90:10에 기술된 바 인간의 나이가 70-80세라는 것과 이것이 정말 수고와 눈물뿐이라면 그리고 노동을 찬양하는 것도 아니고 오직 인간이 가진 위기만을 지적할 수 있다면 이것이야말로 인간의 삶의 한 특징이 아니겠는가? 따라서 십계명과 그렇게 강조된 안식일 규정이 있더라도 노동이라는 인간의 일에 대해서 긍정적으로 말하는 그 어떤 계명도 없다는 것은 우연이 아닌 것이다.

하지만 노동을 폄하하는 것은 이제 우리가 이 모든 것을 기억하는 가운데 있지 않다는 것을 명심할 필요가 있다. 노동은 성서에 의하면 인간이 해야 할 일의 하나이며 그것의 자리와 그것의 고유한 자리에서 고유한 가치와 중요성을 가진 것이다. 하지만 성서의 교훈을 통하여 우리는 노동을 중심적인 사안으로 만드는 일에 대하여 개신교의 윤리가 항상 해왔던 것—아마 보다 적게 성서로부터 영향을 받고 오히려 유럽의 경제 발전에 더 많이 영향을 받은 것으로 보이는—보다는 훨씬 조심스러워야 한다는 것을 알게 되었다.

하나님의 계명은 우리 사람들에게 활동적인 삶의 본성을 요구한다. 우리는 무언가 지향하고 그것에 집중해야 하는 것이다. 이는 인간 자신을 자기 목적만으로 이해하지 않고 행동하지 못하도록 한다. 그리고 이 계명은 인간 자신의 생명과 자신의 삶을 지키는 것에만 해당되는 것도 아니다. 또 이 계명이 인간 자신만의 삶을 향유하거나 거기에서 더 나아가 결국 자기 자신에게만 몰입하도록 하지도 않는 것이다. 하나님과의 교류나 동료 인간과의 교류 그리고 주변과의 교류를 통해 결국 자신의 영역을 넓히고 더 강화하도록 하는 것이어서도 안 되며 그래서 자기 자신의 향유로 끝나게 해서도 안 되는 것이다. 순전히 자신에게만 집중하는 도락자(굽어진 자: der homo incurvatus)로서, 인간은 하나님의 계명을 아직 듣지 않은 존재이거나 더 이상 듣지 않는 존재이며, 하나님의 계명을 통하여 그 자신의 불가능한 자기 소외나 자기 집착으로부터 벗어나기 위한 도움의 소리를 필요로 하는 그런 존재로서 그런 계시를 도로 감추게 되는 그런 존재는 그렇게 태어나는 것만이 아니라 자신의 구체적인 삶의 형태 속에서 그렇게 구현되는 것이다.

하나님이 아시고 갖고 싶으신 인간은, 잠언 6:10의 말씀처럼 좀 더 자고 좀 더 누워 있고 싶어 하면서 침대 속에서 게으름을 피우는 그런 모습이 아니고 시편의 말씀처럼 해가 뜰 때 함께 일어나 일터로 나가는 그런 모습의 인간이다. 하나님의 계명은 실제로 인간으로 하여금 인간을 초월하도록 만드는 것이다. 그리고 이것이야말로 실제적인 활동적 삶의 모습이다. 이는 임시적이며 상대적이고 한계가 있는 그런 초월의 영역이며 피조물들 안에서 인간이 갖는 그런 피조물의 운동인 것이다. 혹시 가능하다면 초월당한 신성에 대한 물음이 가능한 그곳에서, 마치 이 운동을 하는 인간을 절대성의 영역 안으로 넣으려는 듯한 오해나 그 인간이 다시 하나님의 초월에 참여하는 것 같은 그런 오해가 발생해서는 안 된다. 하지만 이런 변화 속에서 인간은 자기 자신으로만 남아 있지 않다는 것과 이중적인 방향으로 자신을 초월하게 되는데, 이는 그 인간의 자유로 인정된 그 인간의 실존의 행동으로서 그 자신의 현재에서 발생되는 그런 일이다.

이러한 대립 속에 과거의 개신교가 가졌던 노동의 윤리의 상대적 의미가 자리 잡고 있다. 이 노동윤리는 명상과 기도 그리고 간구를 집중적으로 실행함으로써 얻어진 관조의 삶(vita contemplativa)의 온전한 복종의 지평에서 다른 덜 불완전한 실제적인 삶(vita activa) 사이의 이중적 대립관계를 세우는 것에 반대한다. 개신교의 노동윤리는 이 관조적 삶 속에서, 정당하게, 또한 아무런 정당성 없이, 이 전도서에 기록된 권태의 모습들은, 그 안에서 인간은 최고의 방식과 최상의 근거에서 자신 스스로 자신을 위해서 자유로운 존재이며 그렇게 자신의 삶을 살면서 자신 밖으로 더 초월하지 않으면서 자신의 삶을 덮지 않고 자신의 삶을 펼치기 원하고 있다는 것이 분명해지더라도, 실제적인 행동으로 나가려 하는 것을 방해하고 있다고 그렇게 비판하는 것이다. 이러한 개신교의 노동윤리는 그러한 관조적 삶을 찬양하는 자들이 그 사태 자체를 인간에게 제시된 최고의 삶의 실천의 하나로 이해하고 있다는 역사의 사실 앞에서 역사적인 관점에서는 부당한 것으로 보일 수 있다. 그리고 이 노동의 윤리가 인간에게 짐 지우기를 원하는 그런 세속적인 일이 인간의 삶의 행동에서 최후의 그리고 결정적인 의미를 갖고 있지 않다는 그런 실제적인 관점에서 본다면, 또 이 세속적인 행동들이 다른 삶의 형태를 통하여, 즉 안식을 통한 삶의 방식을 필요로 하며 하나님의 계명에 따라 실제로 거기에 따라야 한다는 측면에서 볼 때 사실적으로도 부당한 것이라고 할 수 있다. 하지만 또한 동시에 이 최후의 것으로 결정적인 의미로서 주어진 인간적인 삶의 활동이고 동시에 하나님의 계명의 관점에서 볼 때 실제적인 온전한 것으로 이해된 삶의 활동이 이렇게 추상적인 안식과 조용한 관조라는 다소 문제가 많은 활동의 형태로만 이해되어서는 안 된다는 측면에서 개신교 노동윤리의 판단은 사실적으로 정당한 것이라고 할 수 있다. 또한 (비록 이 관조의 삶은 전도서에 기록된 삶의 현장성을 다 담지 못한다는 불신의 관점에서 볼 때) 이러한 관조의 삶에 대한 비판은 모든 수도원의 이상 속에는 고대 그리스 스토아 학파의 색채가 있다는 역사적 관점에서 옳다고 말할 수 있다; 그에 따르면 온전한 인간은 더 높은 기준을 만족시키는 사람이라고 할 수 있다. 그들은 자신의 삶은 육체적으로나 과학적으로 그리고 문화적으로 더 높은 수준의 삶을 형성하도록 조화된 반면 다른 사람들은 노동자의 형편에서 살아가면서 그들의 삶과 노동을 가지고 존귀한 사람들이 살아갈 수 있는 생존의 조건들을 마련하는 데에서 그들의 가치를 발견한다고 생각한다. 이를테면 그 당시 수공업자들은 오늘날에는 생각할 수 없을 매우 낮은 평가를 받고 있는 것이다. 종교개혁에서 이러한 관조적 삶에 대한 논쟁을 통하여 이러한 중세의 논리들을 거짓 그리스도교 윤리로 평가하면서 생동적 삶(vita activa)의 이념으로서 참된 노동의 가치를 하나님의 계명으로 다시 발견하고 있는 것이다. 단지 종교개혁자들이 이러한 논지에 끝까지, 그리고 개신교의 전통이 이러한 관점에서 끝까지 서 있었다면 더 좋았을 것이라는 점을 말하지 않을 수 없다.

우리는 먼저 실천적 활동적 삶이 하나님의 계명의 연속성에서 그리고 그것을 포괄하는 그런 성서적이며 그리스도교적인 개념을 얻기 위해서 하나님으로부터 하늘로부터, 하늘에서 우리 가운데 임한 하나님의 나라의 관점에서, 그리고 하나님의 섭리와 세계의 통치로부터 볼 수 있도록 노력해야 하며, 그런 관점으로부터 영적으로, 즉 타재적 관점으로부터 이 실천적 삶을 이해하기 위해 노력해야 한다. 내재적 관점에서 이 사안을 볼 때 이 계명은 노동—안식을 통해 제한된 그런 노동—이라고 할 수 있다. 하지만 모든 노동이 하나님의 계명의 연속선상에 서 있고 그 관점에서 볼 수 있는 그런 실천적 삶을 의미하는 것이 아니다. 그러므로 우리가 이 개념의 온전한 의미를 이해하기 위해서는 하나님의 말씀으로부터, 예수 그리스도로부터 그 개념의 본질을 물어야 하고 그러고 난 뒤 거기에서 더 깊이 들어가서 복종 가운데 이루어진 실천적 삶의 이 세상적 요소로 돌아가야 하고 거기에서부터 무엇이 올바른 노동인지를 살펴야 한다.

활동적인 삶, 복종 가운데 실행된 그 활동적인 삶은 틀림없이 하나님의 행동에 상응하는 것이어야 한다. 좀 더 조심스럽게 말하자면, 그 상응하는 바의 진전이며 계속인 한의 행동인 것이다. 하나님의 활동의 지속과 발전은 인간의 사역이 아니라 하나님의 활동이라고 볼 수 있다. 우리는 이방인이나 열광주의자들이 말하는 신화(Vergoettlichung)를 말하는 것이 아니라 인간 삶의 성화(Heiligung)를 말하는 것이다. 하지만 인간 삶의 성화를 말할 때에는 바로 인간적 삶의 신적 행동에 대한 상응의 실현을 말하는 것이다. 하나님께서 자신에게 속한 것들의 창조주로서 인간이 인간 자신에게 응대하고 또한 피조물로서 자신의 일을 행하게 할 의도와 목적으로 자신의 사역을 실현함으로써 하나님은 우리에게 기회를 제공하고 자신의 수여를 통하여 인간의 삶을 거룩하게 만든다. 하나님의 행동에 상응하는 가운데 있는 인간의 행동은 복종 가운데 이루어지는 인간의 삶이다. 하나님의 행동은 중심적이며 결정적으로 예수 그리스도 안에 있는 **하나님의 나라의 오심**이며 이를 중심으로 그 나라에 연관된 **전체 세계의 은혜로운 통치**라고 할 수 있다. 이 하나님의 활동 안에서 그는 자신의 말씀을 하시는 중이며 거기에 인간은 응답해야 하고 그 삶에 대하여 자신의 실천적 삶으로써 만일 그것이 복종 가운데 성취된 것이려면 그 하나님 나라에 상응해야만 하는 것이다.

그렇다면 이 삶은 이 상응 가운데 어떻게 이루어졌으며 또한 어떠한 것으로 보이게 되는가? 우리는 거기에서 말해져야 할 모든 것을 한 성서적 단어로 말할 수 있을 것이다. 바로 **섬김**(Dienstes)이다. 일단 이 개념은 아주 일반적인 내용을 말하고 있다. 보다 광범위하거나 좁은 범위에서 일어나는 하나님의 행동을 보면서, 그리고 이것저것을 가지고 자신에게 하나님의 말씀이 들리도록 하는 가운데 자신을 스스로 거기에서 사용될 수 있도록 허용하는 것을 의미한다. 하나님의 행동에 대하여 반대하거나 중립적으로 아무런 조치 없이 그냥 방관하지 않고 또한 수동적으로 움직이는 것이 아니라 이스라엘의 왕이신 예수 그리스도 안에서 그리고 또한 세상의 왕으로서 일어난 일들을 하나님의 사역으로 이해하고 그 일에 대하여 섬김의 의무가 있다는 것을 알고 또 그렇게 섬김의 삶을 사는 것, 이러한 삶의 충만함 속에서 자신의 고유한 피조물의 자유를 확인하고 그것을 지키며 그것이야말로 참된 실천적 삶임을, 그리고 그를 위해서 하나님의 계명으로 거룩해지고 불렸으며 규정된 그런 것을 의미하다.

봉사라는 개념을 선택한 것은 성서적 이해로부터 파생된 것인데 이 개념이 인간의 순종적 행동의 객관적 측면을 나타내는 포괄적이면서 특수한 것이기 때문이다. 특수하다고 하는 것은 이 개념이 먼저 하나님의 행동에 상응하는 인간의 행동을 가르치는 그런 개념이기 때문이다. 포괄적이라고 하는 이유는 하나님의 행동에 상응하는 인간의 행동의 중요한 부분을 표현하기 위해 가진 내용적 의미를 가지고 있기 때문이다.

먼저 말라기 3:18을 살펴보면 의로운 자와 하나님을 잃어버린 자의 구분이 하나님을 섬기는 자와 하나님을 섬기지 않는 자의 구분과 일치되어 사용되고 있다. 우리는 여기에서 다시 마태복음 6:24를 살펴보자. "한 사람이 두 주인을 섬기지 못할 것이니 혹 이를 미워하며 저를 사랑하거나 혹 이를 중히 여기며 저를 경히 여김이라. 너희가 하나님과 재물을 겸하여 섬기지 못하느니라." 하나님이란 개념이 신약과 구약 모두에서 세상의 주님이시며 계약의 행동하시는 주님을 말하는 한편 동시에 그 세계와 계약이란 개념과 더불어 하나님을 섬긴다는 개념은 그 안에서 어떤 결정, 즉 말라기에 의하면 하나님을 섬기지 않는 것으로 표현된 것이고 산상수훈으로는 하나님 말고 다른 주를 섬기는 개념인데 그를 통해서 그가 선택되지 않고 버림을 받게 되는 그 미래가 결정되는 인간의 행위를 나타내는 개념인 것이다. 이를 따르면 하나님을 섬긴다는 것은 중립적으로 하나님에 대하여 서 있거나 하나님 말고 다른 것을 선택하는 그런 행위가 배제된 것을 선택하는 것이다. 그리고 말라기에 의하면 이런 행위가 바로 그를 의인으로 만든다는 것이다.

하나님에 대한 인간의 선택, 더 정확히 말해서 신적인 것에 대한 인간의 행위가 하나님을 거절하고 답변하는 것은 특히 출애굽기에 모세가 이스라엘을 해방시키라고 하나님의 명령을 받고 파라오에게 전달할 때 그의 행위에서 잘 나타난다(출 8:20, 9:1,13, 10:3): 파라오는 이스라엘이 하나님을 섬길 수 있도록 그들을 자유롭게 해야 했는데 그는 매번 거절하다 마지막에 그는 결국 다음과 같이 말하면서 후회하였다: 너희가 말한 대로 가서 너희 하나님 여호와를 섬겨라.(출 12:31) 여호와를 섬긴다는 것은 이스라엘이 이집트에서는 갖지 못했던 자유 안에 실존의 의미를 말하고 있으며 이는 스스로 이스라엘이 만들 수 있던 것은 아니었다. 하나님을 섬긴다는 것은 하나님에 의하여 구원받은 백성이 그 구원에 상응하며 이스라엘의 자유의 근원으로부터 자명하게 실행해야 하는 것을 하는 것이다. 하나님을 섬기라는 특히 신명기에서 반복되어 나타나는 후대의 경고들이나 다른 것이 아니라 여호와 하나님을 섬기기를 선택하기를 촉구하는 여호수아 24장의 고별 연설 등은 그들을 향한 하나님의 자비로운 행동을 말하고 있으며 또한 거기에서 파생된 하나님과의 관계 안에서 그의 고유한 행동의 자명한 것을 말하고 있는데 이 고유한 행동은 결국 전혀 자연스럽게 이해되지 않는 자유로운 결단과 행동에서 나온 것이라기보다는 하나님의 편에서 자연스러운 것으로 다시 알려지고 발생한 것이다. 오직 주 하나님 한 분만 섬긴다는 것(삼상 7:3), 그를 두려워하고 그를 섬기며 그에게 듣고자 하는 것(삼상 12:14), 그를 기쁨으로 섬기는 것(시 100:2), 이것들은 이스라엘의 하나님으로서 그리고 이스라엘을 위하고 그의 백성들을 위해 그가 자신에 대하여 서술형으로 말해진 그의 명령에 순종하는 서술이라고 할 수 있다: 인간적 행동의 서술인데 그것은 자신의 지평에서 그리고 자신의 방식으로 하나님의 행동을 인간의 행동이나 태도의 언행으로 서술해 놓은 것이다. 하지만 이것은 일괄적이다: 하나님이 자기 백성 이스라엘에 대한 결단은 전체 세계를 위한 그의 결단을 선포하는 것이며 그 안에 내포하는 것이라는 지식이 더 뚜렷해지면 뚜렷해질수록 높은 산에서 전체 이스라엘만이 아니라(겔 20:40) 너무나 자명한 바로 그것을 위한 같은 자유를 가지고 모든 백성과 왕들이 하나님을 섬기게 되는 그 시간에 대한 전망이 더 확실해지는 것이다.(사 19:21, 56:6, 슥 3:9, 시 72:21, 102:23) 인간에게 요구되는 섬김이란 다름 아니라 그들이 하나님의 은혜로운 결단과 행동에 근거하여 그에게—다른 무엇이 아니라 오직 배타적으로 하나님에게만—속해 있다는 자유로운 확인과 인식인 것이다; 해와 달이나 산들이나 바다, 식물이나 동물과 달리 우리 인간은 하나님에게 속해 있어야 하는 것이다. 이런 의미에서 이사야 42장과 49-53장에서는 야웨를 섬기는 것을 말하고 신약성서에서는 바울이 사도로서의 자신의 행동을 예수 그리스도의 종(δουλος)이라고 표현하고 있다.(롬 1:1) 각별한 문화적 섬김(구약성서의 제사장이나 레위인들이 신약에서는 섬기다[λατρευειν], 봉사하다[λειτουγειν]로 불리고 있다.) 자연스럽게 처음부터 하나님에게 속한 그 행동의 중심과 시작에 서 있다. 더욱이 아주 구체적인 표현 형태를 가지고 서 있다(인간의 선택과 올바른 예배를 위한 자기 결단): 이에 따르면 바울은 자신의 사역이 바로 복음의 섬김 가운데 있는 것이라고 이해하고 그래서 구약에서 성전에서 행해지던 것, 즉 그렇기에 섬김(λατρεια, 롬 1:9), 봉사(λειτουργια, 빌 2:17)라고 말하고 그것의 자유로운 전개로 볼 수 있었고 그것을 통해서 자신의 공동체에 참여하고 있다는 것으로 이해한 것이다.

이 개념은 신약성서에서는 전혀 새로운 개념이 되었고 더 철저한 긴박성을 갖게도 되었는데 바로 구약에서는 인간들이 섬겨야 하는 분으로 알려졌던 주 자신이 이제 신약에서는 거꾸로 자신이 스스로 섬기는 자의 모습으로 오셨기 때문이다. 약속된 인간의 아들, 인자(단 7장), 최후 종말의 왕이신 그가 오신 것은 섬김을 받기 위해서가 아니라 그가 섬기되 온전한 의미에서 섬기기 위해서 오신 것이다. 그는 자신을 많은 사람을 위한 속죄물(마 20:28)로 주셨다. 그는 자신의 행동과 수난을 통해서 야웨의 종(Ebed Yaweh)의 뜻을 성취함으로써(마 12:17f.) 자신의 영광을 감추시는 동시에 드러내시는 것이다. 누가복음 22:27, "앉아서 먹는 자가 크냐 섬기는 자가 크냐. 앉아 먹는 자가 아니냐. 그러나 나는 섬기는 자로 너희 중에 있노라." 제4복음서에서(요 13:1f.) 성찬의 예식의 자리에서 예수께서 그들의 발을 씻은 장면이 나오지 않는가! 그는 그렇기에 그가 항상 강조한 것으로서 그리스도의 봉사가 바로 그리스도의 능력이고 그의 전능이며 그래서 그것이 그리스도의 은총으로서 그를 통해서 사람들이 새로운 삶을 얻게 되고 하나님의 드러난 신의 은혜, 즉 구약의 비밀이었던—그러나 가장 깊은 곳에서 이미 역사하는—바를 알게 되는 것이다. 그가 이제 스스로 섬기는 자가 됨으로써 이 내용이 가장 깊은 곳에 이르게 되었고, 그 깊은 속에서 드러나고, 그리고 그 길의 목표에 이르게 된 것이다. 이제 이것이 이에 상응하는 모든 인간적 행동에 선행하는 그런 행동인 것이다. 하나님이 자신을 전적으로 아무런 숨김없이 인간을 섬기는 자로 드러내신 것이다. 그렇게 예수께서 자신의 생명을 주신 것이 우리에게 분명해지고 선명해졌다. 그래서 이제 노예(δουλεια), 섬김(λατρεια), 봉사(λειτοθργια)라는 단어들이 없어지는 대신 뒤의 배경으로 사라지고, 그 대신 사귐(διακονια)이라는 단어가 선명하게 앞에 나서게 된 것이다. 이 단어는 앞의 단어들보다 훨씬 더 분명하게 그리고 구체적으로 하나님의 섬김의 자명한 전제하에—하지만 여기서 말하는 소유격적 목적격은 반드시 소유격적 주격으로 이해되어야 한다.—인간에 대한 그리고 인간에서 일어나는 섬김을 내포하고 있다. 주님, 예수 그리스도를 섬긴다는 것은 무엇을 의미하는가? 그를 따르는 것이라고 요한복음 12:26은 말하고 있다. 즉, 분명히 그의 전적 섬김의 길을 따르는 것, 그 한복판에서 일어나는 인간의 세계를 염두에 두는 섬김이며 자신의 생명을 바치는 것을 포함하고 있고 그 각오가 되어 있는 것을 내포하는 것을 의미한다. 그러한 뒤를 따르는 삶을 삶 속에서 그를 섬기는 것, 그것은 그의 아버지를 높이는 것이다. 그리스도를 섬기는 것(롬 14:18, 16:18, 골 3:24)과 살아 있고 참된 하나님을 섬기는 것(살전 1:9), 경건함과 두려움으로 하나님을 기쁘시게 섬기는 것(히 12:28)은 한 사람이 다른 사람을 섬기는 것, 사람이 서로서로 섬기는 것(갈 5:13, 벧전 4:10), 서로서로 그리스도를 두려워하면서 서로 존경하는 것(엡 5:21)을 내포하는 것이다. 그리고 이는 구약에서 아무 어려움 없이 제외할 수 있는 것을 배제한다.—하나님을 섬기는 것들 가운데 벌어지는 순위경쟁: "예수께서 제자들을 불러다가 가라사대 이방인의 집권자들이 저희를 임의로 주관하고 그 대인들이 저희에게 권세를 부리는 줄을 너희가 알거니와 너희 중에는 그렇지 아니하니 너희 중에 누구든지 크고자 하는 자는 너희를 섬기는 자가 되고 너희 중에 누구든지 으뜸이 되고자 하는 자는 너희 종이 되어야 하리라."(마 20:25f., 23:11) 그렇게 그리고 그 길을 통해서 사람들은 하나님의 본받는 자(μιμητης)가 되고(엡 5:1) 그의 나라에서 함께 역사하는 자(συνεργος)가 된다(골 4:11). 신약성서는 다음과 같이 말한다: 하나님이 인간의 행동으로서의 섬김을 요구하신다. 그런데 그 행동은 인간이 하나님께서 행하신 바에 근거해서 인간이 그에게 속해 있다는 것을 보여주는 그런 것이다. 그런데 이 행동이 왜 섬김이 되는가? 하나님의 은혜를 아는 자가 하나님의 선택을 받은 자로서 하나님을 선택한 자인 그가 하나님의 행동에 인간의 편에서 마치 그가 스스로 주님인 것처럼 하는 행동을 통해서 하나님의 행동에 상응하려고 할 수 있지 않는가? 왜 이스라엘은 그가 하나님을 섬겨야 한다는 것으로 부르심을 받고 스스로 자신이 모든 것을 수행할 수 있다고 주장하는 그런 백성이 아니라는 것을 항상 깨닫지 못하고 잊어버리고 있는가? 왜 그가 선택받았다는 사실과 그 소명의 의식은 항상 하나님을 섬기는 것에서 벗어나 자유롭게 다른 하나님을 섬기는 것을 변절되거나 그런 유혹 속에 빠져들고 있는가? 신약성서에서는 그런 가능성을 거의 배제하게 되었는데 왜냐하면 신약에 의하면 하나님 자신은 섬기는 자로 그리고 그런 방식으로 주님으로 계시되었기 때문이다: 그리스도는 스스로 자신을 비우고 종의 형태를 취하시는 그 인격(빌 2:7)으로 그렇게 하신다. 그에게 속해 있고 그에게 속한 그런 존재로서의 행동하는 것은 그 자체로 그리고 스스로 그의 짐을 우리가 지는 것이다.(마 11:29) 즉, 그를 따르는 중에 그와 함께 그를 모범으로 해서 그의 행동에 상응해서 다스리는 것이 아니라 섬기는 자로, 남몰래 비밀스럽게 다시 주인이 되려는 그런 자신이 스스로 선택한 길을 따라 가고자 하는 것이 아니라, 다른 사람들 밑에서 그의 위임에 참여하면서 다른 사람들을 섬기는 길을 가는 것이다. 이 사람들이 지금 바로 우리가 실천적인 삶과 더불어 진실로 순종하는 자인지, 이 선택으로 실제로 하나님의 선택에 답변하면서 살아가면서, 자기 스스로 선택하여 얼핏 보면 섬김 같지만 실제로는 자기 자신만 사는 길을 가지 않게 되는 것인지를 판단하는 기준이 된다.

그렇다면 만일 그 **봉사**가 그것을 위하여 인간이 하나님의 계명을 통하여 거룩해지고, 불리고 그렇게 행동하도록 규정된 것이라고 한다면 그것은 도대체 무엇인가? 만일 하나님의 계명이 부르신다면 그가 자신의 삶의 향유와 자기고립으로부터 벗어나도록 부름을 받은 것을 의미한다. 그가 살아가고 있다는 것에 대한 감사는 남아 있다. 이는 창조주 하나님이 피조물들에게 허락하시고자 하고 항상 그렇게 형성되기를 바라시는 그런 포괄적인 허락에 대한 경외와 더불어 주어지는 것이다. 하지만 이는 인간에 대한 경외심을 확인하는 것을 의미하는 것은 아니다. 그에게 그의 인생의 목적이 무언가로 새롭게 덧붙여지는 것이다. 그의 삶에 그가 무엇을 위해 어떻게 살아야 하는지를 가르치는 길인 것이다.

인간의 삶은 그 자신의 삶의 목표가 자기 자신이 아니라, 자신을 중심으로 두고 생각하는 것도 아니라 단지 밖의 타자를 위해서 살아가도록 하는 것 속에서 하나님의 피조물이 가지는 자유에 참여하게 된 것이다. 모든 하나님의 피조물들은 그러한 관계 속에 살고 있다. 그 누구도 자기 자신을 위해 있지 않다. 그 누구도 자신만을 위해 존재하지 않는다. 그 누구도 자신만을 정당화할 수 없다. 그 누구도 자기 자신에게 스스로 목적이 되거나 의미로 남을 수 없다. 모든 존재는 언제나 타자를 필요로 한다. 그 타자가 또한 우리를 필요로 하기에 우리도 존재하는 것이다. 인간을 활동적 삶으로 부르는 피조물을 위한 하나님의 계명은 언제나 그 인간을 피조물이 갖는 이 일반적인 질서 속에 세운다는 사실 그리고 그가 자신을 넘어 존재한다는 사실을 내포하고 있다. 그렇게 그가 그 계명에 순종적인 한, 즉 그 인간이 자신의 행동 속에서 섬김의 삶을 사는 한, 그는 자신을 넘어서 그 이상을 생각할 수 있다는 것이 보편적 사실이다. 그는 그 타자와의 관계 안에서 자신의 존재를 실현시킬 수 있다는, 그리고 그렇게 함으로써 피조물의 질서 안에 그리고 그 자신의 자리에서 그리고 자신의 방식으로 모든 피조물의 자유에 참여할 수 있는 자가 되는 것이다.

그 인간의 목적과 목표가 그 피조물의 영역 안에서 단순하게 발견할 수 없다는 것은 인간의 삶의 자유가 가진 특별한 측면이다. 여기에 있거나 저기에 있는 주변의 피조물이거나 그 피조물들 간의 이런저런 복잡성의 관계를 인간이 필요로 하거나 그를 통해서 존재하게 되는 것이 아니라 인간의 삶이 그와 더불어 한 관계를 형성하는 그런 타자와의 관계, 인간 주체의 바깥에 존재하는 그 타자가 바로 이런 목표이다. 이것은 인간의 삶을 자신의 어디엔가 내포하고 있을 그리고 그 목표와 그 의미를 향해서 인간의 삶이 꼭 필요한 그런 피조물적 우주의 전체가 문제의 핵심이 아니다. 물론 그것도 중요할 것이다. 그러나 인간의 삶은 다른 피조물들과의 관계 속에서 그리고 그것의 전체성 안에서 다 이해될 수 있는 그런 것이 아니다. 피조물 중 그 어떤 것도 그 인간의 존재를 완성시킬 수 없다. 그리고 그 어떤 것도 인간을 정당화시킬 수도 없으며 그 어떤 것도 인간의 목적이나 의미를 채워줄 수 없다. 그 우주가 그에게 만족을 가져다줄 수 없다. 인간의 삶이 그와의 관계하에서 실제적인 삶이 되는 그 타자는 존재하지만 그는 그와 더불어 피조된 그런 타자일 뿐이다.

이러한 동일한 진리가 근본적으로는 사람에게만 아니라 이 세계의 모든 피조물에게는 동일하게 공통된 사실이다. 하지만 인간에게서 이 피조적 현존재의 비밀이 드러났으며 그와 더불어 그는 하나님의 계명을 통하여 자신을 넘어서서 타자에게로 나아가는 그런 실천적인 삶으로 부름을 받았다는 것이 알려지게 된 것이다. 이 피조의 세계 안에서 자신에 둘려 싸여 있는 고립된 자아는 이렇게 구체적인 행동으로 봉사로 부름을 받았다는 사실로서 이미 극복된 것이다. 타자를 향한 본질적 추구, 모든 피조물과 피조물 사이의 관계가 가진 가장 깊은 불만족의 관계, 그리고 각 개체 피조물과 전체 우주 사이에서 갖게 되는 그 불충분함은 사람이 그렇게 하나님의 계명을 통하여 실천적 삶으로 부름을 받았다는 사실에서 드러나고 밝혀지게 된 것이다. 더 **근본적이며 본질적인** 외적인 것과 더 근본적인 그 이상의 초월적인 것이 피조물과 피조물 사이의 모든 관계 속에서 그리고 더 나아가 그것들이 갖는 더 커다란 관계 안의 원 안에서 그리고 가장 커다란 원 안에서 주어진 그 관계들 속에서 드러나게 된다. 현실적인 전적 타자(ganz Andere)는—상대적이며 부분적인 타자와 달리—단지 그 타자가 피조물을 자신의 상대자로서 만족시킬 수 있을 힘을 갖고 있을 때, 심판자로서 그 모든 것을 정당화시킬 수 있을 때, 그리고 그 피조물들에게 의미와 목표가 되어주어서 그것들의 모든 필요를 만족시켜 줄 수 있는 본질과 가치와 고상함 등을 갖고 있을 때 그럴 때에야 그 타자는 드러날 수 있게 된다. 사람들이 거기에서 경험하는 것 안에 모든 세계가 누구와 만나고 있는지가 비로소 드러나게 되는 것이다. 우리는 인간의 자유로운 복종의 행동 안에서 그 우주는 자신의 한계 안에서 드러나고 그러나 동시에 그가 유지되고 또한 통치되고 있다는 사실로서 인간은 자신의 근거와 희망을 발견하게 되며 바로 그때 모든 피조물의 영광스러움이 무엇인지를 발견하게 된다. 이것이 바로 인간의 복종이 갖는 자유로운 행위의 비밀로서 그 인간의 봉사가 모든 피조적 우주를 위하여 유일회적으로 의미가 충만해지는 그리고 그 모든 우주로부터 기대되는 그리고 놀라운 기쁨 가운데 인정되는 사실이며 사건이게 되는 계기인 것이다.

만일 우리의 실천적 삶의 모습으로 이해된 그 봉사와 더불어—모든 피조물의 비밀을 나타내기 위해서 모범적인 것으로서—그것을 표현할 수 있게 되었음을 **이해하게 해주는** 참된 외부와 참된 초월의 그 이상의 존재, 전적이며 참된 타자, 그 참된 대상을 알기 위해서는 너무 급히 서둘러서는 안 된다. 그리고 이런 타자를 표현하는 것이 바로 하나님의 이름으로만 할 수 있다는 것은 일반적이며 이미 우리에게 가까이 알려진 바이다. 그렇다: 사람이 순종의 가장 자유로운 행위로 부르심을 입은 곳에서 그는 이제 하나님과의 만남이 문제시되는 것이다.—그의 인격 안에서 전체 피조물과 만나시는 하나님과의 만남. 하나님이야말로 진정한 나의 대상이시며 그분만이 인간과 다른 모든 피조물을 만족하게 해주실 수 있는 분이시다. 하지만 이러한 특정한 만남이 너무 자주 그리고 너무 일반적인 방식으로 보편적인 것처럼 그래서 아무런 특별히 강조되지 않은 채로 그저 일반적이며 보편적인 개념인 "하나님"을 말하면 모든 것이 다 해결되는 것처럼 말해져 왔고, 그렇게 함으로써 거기에 우리가 만족할 수 있는 것처럼 그렇게 생활해 왔다. 때로 이 이름은 마치 인간과 세계의 이해의 한계개념을 표현하는 또 다른 개념처럼 쓰이기도 하였다. 너무 자주 우리는 하나님을 말하고 그리고 이 개념을 가지고 다른 그 무엇을 지칭하였다. 이를테면 저 내용 없이 아무런 열매도 가져오지 않는 그리고 근본적으로 아주 지루해진 소위 초월이라든지, 더욱이 이 **초월**이라는 개념은 진정한 대상이나 참되고 전적인 타자와는 다른 것으로서, 진실한 외부와 저 위 그리고 그보다는 훨씬 더 그럴듯해 보이는 인간적 자유의 환상적 반성, 혹은 아무런 대상이 없는 텅 빈 공간에 투사된 그것들의 집합으로 여겨질 수 있는 것이었다. 이러한 초월은 인간을 향해서는 아무런 특별한 의지도 없고 아무런 사역도 없으며 아무 단어도 찾지 못하고 그리고 아무런 힘이나 권위도 갖지 못한 것이 그것의 특징이다. 이러한 초월은 인간을 제한할 수도 없고 자유롭게 만들어주지도 못한다. 이 초월은 인간을 의롭게도 못하고 그를 위해 무엇을 해줄 수도 없다. 이 초월은 그러하기에 인간의 삶의 목적이 될 수도 의미가 될 수도 없는 것이다.

이 초월의 제사장이나 예언자들은 그런 초월 비슷한 것을 말해야 한다고 생각하는 사람들에게 즉시 다음과 같이 가르쳐야 한다: 즉, 인간은 그 초월에 대하여 가장 신화적인 방식으로 무엇인가 정해진 것을 말하고 그의 인격성이나 형태 행동과 말하는 능력이나 특정한 단어와 행동을 말할 수 있어야 한다는 사실, 그리고 그런 이유에서 사실 아무것도 말하지 않는 것이 더 좋을 것이라는 사실을 가르쳐야 하는 것이다. 초월이란 사실은 뒤에, 위에 그리고 인간의 행동 앞에 있는 무엇인가 열린 개방적인 것으로서 미래라는 것, 그리고 일종의 심연이 있다는 것을 의미할 뿐이다. 그 안에서 ─어떤 때는 현자로 어떤 때는 바보로, 은총을 받거나 심판을 받거나, 자신의 구원을 위해서 혹은 저주로 인해서 ─그때그때 자신의 규정을 위해 애쓰는 것이다. 그래서 인내의 계명, 즉 무엇인지 우연적인 내용과 우연적인 방식에 대하여 규정하며 말하고자 하는 모든 적극적인 형태를 피하라는 길이 아마도 이 유령 같은 초월개념을 이해하고자 할 때 얻어질 수 있는 것들 가운데 유일하게 상대적으로 확실해 보이는 것이다. 우리는 지금까지 이 초월이나 그것의 선포와 대결해 온 것이 아니다. 하지만 우리는 신이라는 개념을 사용하면서 상상의 전혀 다른 것들이 지적되고 말해져 왔음을 명백하게 말하여야 한다.

신이라는 개념의 도입은 이 이름의 오용이 아니다. 우리가 그 이름에서 성서를 통해 말씀하고 행동하시는 하나님이 증거된 것으로 이해하게 된다면 그것은 올바른 것이다. 하나님은 예수 그리스도의 사태 속에서 우리에게 그의 이름과 그의 행사가 드러난 그런 분이다. 즉, 초인간적이며 초세계적인 본질로서 추상적인(in abstracto) 신성이 문제시되는 것이 아니다. 성서는 이러한 추상적 신에 대해서는 아는 바가 없다. 성서에서 말하는 하나님은 인간과 세상에 대하여 주님이신 분이며 이 세상과 인간을 창조하면서 인간과 세상에 관련을 가지고자 하시는 분이다. 즉, 자신의 탁월하심 가운데 이 세상과 깊이 연관되어서 그 안에서 행동하시는 하나님이 관건이다. 하나님의 신실하심과 그의 피조물에 대한 생생한 관심 그리고 그의 침투와 내적 효과 그리고 피조물들에게 설득적으로 말하시는 그분이 성서의 중심이다. 그렇게 인간과 세계에 대하여 관심을 갖는 이유는 자신의 권리와 명예만이 아니라 피조물의 권리와 그들의 명예를 주장하고 그들을 지키며 다시 일으켜 세우는 것이 그 목적이다. 성서에서 하나님의 나라가 이 땅 위에 임하는 것이라고 표현한 바 바로 그것이다. 이 중심으로부터 볼 때 하나님의 다양한 주권적 행위들, 즉 우주를 자신의 다가오는 나라를 위해 준비시키고, 보존하고 거기에 대하여 새롭게 이끌어 가는 것이 나타난다: 이는 또한 사람들이 부성적 섭리라고 부른 바 있는 그것이다. 이 전체적인 그의 연관성 속에 있는 행동 안에서 하나님은 인간과 세계 그리고 모든 피조물에 대하여 무조건 높고 무조건 우월하시지만 거꾸로 가깝고 우리에게 다가오셨으며 우리와 깊이 연관되어 있는 것이다. 더 나아가: 이 행동의 중심과 그 궁극적 완성에서 인간이 그리고 그 스스로 이 피조물이 되신 것이다. 이 하나님과 이 인간 사이에서 ─이 인간의 하나님이 순종을 요구하시고 이 인간이 이 하나님에게 순종하심으로써 ─이제 하나의 독창적이며 아주 특별한 실천적 삶의 한 사건이 사실이 있게 되었다. 그리고 그 안에서 사람들이 그리고 피조물인 바로 그 인간 안에서 그의 참된 대상으로서의 참된 타자를 만나게 되고 그 타자는 그 인간에게 선을 베풀고 그를 의롭게 하시며 이제 인간은 그 타자와의 관계에서 자신을 넘어서 참된 자유를 발견하고 그것을 실현시킬 수 있게 된 것이다.

왜 이 모든 것이 예수 그리스도라는 특정한 이름과 사태 속에서 이루어질 때, 이 하나님이라는 개념이 그 안에서 구체적인 내용을 가질 때 이루어지는가? 왜냐하면 이 하나님이 이미 자신의 본질 가운데—그가 자신의 본질을 계시하시는 그의 행동과 말들 속에서—다른 분이 아니라 바로 예수그리스도 안에서 **본성상 이미 그의 하나님**이시기 때문이다. 확실히 그의 하나님 그리고 그렇게 그 자신의 영원한 전능성 가운데 인간의 대상이며 그의 타자로서, 인간을 비교할 수 없는 방식으로 그 자신을 넘어서 불러내시는 하나님으로서, 인간 스스로 자신의 권리를 포기하고 그를 주님으로 모실 수 있도록 그 능력으로 불러내시는 분이다.—그러나 또 그렇게 그의 하나님으로서 그의 신성의 가장 깊은 곳에서는 이미 인간의 요구를 진정시키고 그를 만족하게 이끌어 가며 그를 의롭게 만들고 그에게 영광을 주시는 관심을 가지시는 분이다. 그리고 이제 우리는 더 나아갈 수 있다: 그 하나님의 행동과 사역 안에서 그의 나라의 행동 안에서 그의 보편적인 섭리의 다스림 안에서 직접적이며 우선적으로 또한 모범적으로 전체 피조물과 특히 인간에 대하여 관심이 집중되는 것이다. 이 하나님의 사안은 이제 그 영원부터 영원에 이르는 그 신성 안에서 그리고 그의 역사적 완성 안에서 바로 이 **인간의 사태**가 되었다. 그리고 이 하나님은 인간에게 연관된 하나의 음성, 하나의 말씀을 가지고 계시며 이를 인간은 들을 수 있다. 이 하나님의 말씀을 통하여 그가 실천적인 삶으로 불린 것이라면 그는 이제 자신의 삶의 가장 명료한 의미와 뚜렷한 목적 앞에 서 있는 것이고 그렇게 해서 그는 자유로운 피조물이 될 수 있었다.

하지만 이 하나님의 요청과 부르심은 무슨 **의미**가 있는가? 이 물음에 대한 답변은 다시 새롭게 새로운 시각에서 볼 수 있을 것이다. 인간이 예수 그리스도 안에서 행동하고 말씀하시는 하나님의 대상이라는 사실: 이 모든 것의 주인공인 인간은 하나님을 상대로 자신의 권리를 주장하는 자이며 그래서 거꾸로 그로부터 의를 인정받고 싶은 자이다. 또한 하나님의 행동을 통하여 자비를 경험하는 것—이것은 단지 여기에서 말해야 하는 한 면에 불과하다. 사람들은 더 나아가 물을 수 있다; 여기서 더 진전된 질문이 가능한가?—즉, 그를 넘어서 순종 가운데 복종하고 하나님의 부르심을 받아들인 자를 자유롭게 하며 그 자유를 통하여 실제 생활 속에서 그에게 만족이 주어지는가? 이는 다음의 사실을 고려해야 함을 의미한다. 그리고 우리가 실천적 삶의 개념을 완성시키려고 할 때 윤리 안에서 필요로 하는 것을 먼저 생각해야 한다. 인간이 하나님의 명령에 복종하여 자신의 삶의 의미와 목적에 세워지고 그렇게 자유로운 존재가 되었을 때 이는 또 다른 그 이상의 목적을 위한 불완전한 서술이 아닌가 하고 물을 수 있다. 즉, 그의 삶이 문제이다. 즉, 인간을 부르신 분이 하나님이시고 인간이 그 하나님에게 복종한다면 그의 이름과 그의 사태가 예수 그리스도의 이름으로 이루어지고 성취될 수 있다면, 이는 전적으로 인간에 대한 문제이며, 그에 대응하여 서 있는 하나님의 권리와 하나님의 명예 그리고 또한 인간의 권리와 인간의 명예에 관한 문제이다. 하나님이 인간에게 주신 자유가 문제이고, 하나님께서 사람들의 인생에 주신 목표와 의미, 그가 하나님의 명령에 실천적으로 준행하는 자에게 주신 온갖 복락, 그리고 이것들이 다시 하나님의 사태와 하나님의 이름에 되물리는 것이 아니어야 하는 오직 그런 것들이 문제인 것이다. 이 하나님이 바로 예수 그리스도 안에서 아무 목적 없이 그저 오신 것이 아니라 인간을 수용하시고, 그 인간들에게 형제가 되기 위해서 오신 것이며 그리고 아무런 목적 없이 하늘로부터 땅으로 내려와 이 실천적인 인간이 되신 것이 아니라 인간과 인간을 위해서 말하고 행동하기 위해서 오신 것이다. 이는 더도 덜도 아닌 다음의 사실을 의미한다: 우리가 인간이 하나님의 의지를 통해 그리고 그의 사역을 통해 자유 안에서 부름을 받은 곳에서 인간 그 자체는 하나님의 사역과 의지의 사건에 참여하기 위해서 요청되고 그렇게 움직이도록 만들어졌으며 그렇게 실천하고 있어야 하는 것이다. 그가 예수 그리스도 안에서 부르심을 받았다면 그렇다면 그는 그 자유 안으로 부르심을 입은 것이다. 그리고 이 부름에 상응하는 실천적 삶은 곤란한 것이 될 수 없는데, 즉 비록 그 안에서 실천적이며 자유롭더라도 다시 스스로 자신만을 위해 사는 자유로 규정된 것일 수 없는 것이다. 하나님이 예수 그리스도 안에서 인간을 자유롭게 하기 위해서 인간의 형제가 되셨다면, 인간은 이제 예수 그리스도 안에서 역시 하나님의 인간형제가 되어야 하며 그렇게 해서 하나님의 이름과 사태를 이 땅 위에서 다시 거역하거나 중립적으로 수동적으로 대할 수 없게 되어야 한다. 인간이 그리스도 안에서 자유를 얻음으로써 이 실천적 삶에 하나의 구체적인 **방향**이 설정되고 하나의 **구체적인 의미와 내용**이 주어진다. 그가 다음의 사실을 감추는 것은 더 이상 불가능하다: 그는 하나님의 행동에 근거하고 있는 자유에 의해 일어나고 있으며 그렇게 인간으로서 그의 행동은 하나님의 사역의 진보를 위해 사용되고 있으며 예수 그리스도라는 인간과 공동체 안에서 하나님을 따르면서 하나님과의 하나됨 속에서 사용되었다는 것을 더 이상 감출 수 없게 되었다: 하나님의 나라를 증거 하기 위해서 사용되고 그의 부성적 섭리를 증거하기 위해서 사용된다. 하나님이 스스로 인간의 실천적 삶을 그의 봉사 안에서 이용하기 위해서 그렇게 높아지실 필요가 없으며 그리고 인간의 실천적 삶은 이 고유한 섬김만을 요구할 수 있도록 그렇게 사소한 것이 아니다. 우리가 이 섬김을 위해 사용되었으며 그렇게 요구되었다는 사실을 거부하려 한다면 그는 얼마나 예수 그리스도 안에서 증거된 그 자비심을 잘못 알고 있으며 하나님과 그 자신을 잘못 알고 있는가! 그렇다면 우리가 이 인간 예수 그리스도를 뒤쫓으면서 그의 인도하심하에서 그리스도의 실천적 삶과 모범적 삶을 뒤따르는 것을 제외하고 얼마나 예수 그리스도 안에서 일어난 돌파에서 그의 자유에 참여할 수 있겠는가? 그의 의지와 **그의 사역이 일어나는 옆에서 그와 더불어 있다**는 것은—그것을 위해 하나님이 그를 자신의 계명을 통하여 부르신 것이다. 이것이 인간에게 요구된 복종이다. 그가 이 실천적 옆에 있음을 위해 스스로를 헌신하는 것이고 그에게 주어진 그 자유로부터 그 본질에 상응하는 바대로 그 자유를 사용하는 것이다.

여기에서 좀 조심스럽게 정의를 내리자면 다음과 같다: 만일 인간이 하나님 나라의 섬김과 부성적 섭리에 부름을 받았다면 이것은 다름 아니라 그의 **실천적 같이 있음**(tätiges Dabeisein)이 문제시되는 것이다. 그가 이러한 행동을 함으로써 그가 공동 창조자가 된다거나 공동 구원자, 공동의 왕, 혹은 하나님과 공동의 신이 되는 것은 전혀 불가능한 것이고 오히려 그의 피조적 행동이 그의 고유한 위치와 그의 고유한 한계에서 하나님의 행동에 상응하는 형태를 갖게 된다는 것이다. 그는 다른 또 하나의 그리스도가 아니다. 그는 하나님을 단지 섬길 수 있을 뿐이다. 그는 그리스도를 **따르면서**, 자신의 자리와 자리의 한계를 지키면서 그리스도를 증거함으로써 오직 하나님의 의지와 하나님의 사역의 증인이 될 수 있을 뿐이다. 그는 기껏해야 단지 그에게 주어진 하나님의 그리고 항상 다시 주어지는 피조적 자유를 받아들인 자로서 그 자유를 하나님을 위해 활동적으로 만들 뿐이다. 그는 전능하신 하나님의 자유 그 자체는 고사하고 절대로 그 자유의 원인도 아니며 본질도 아닌 것이다. 그 인간은 절대로 그의 실천적 공동적 존재를 통해서도 자기 스스로 만족하는 그런 존재가 될 수 없으며 자기 자신을 <u>스스로</u> 의롭다고 말할 수도 없으며 자신이 <u>스스로</u> 의미와 목표가 될 수도 없다. 자기 자신이 <u>스스로</u> 하나님의 자리에 대신 들어서서 하나님의 의지와 하나님의 뜻을 마음대로 뒤바꿀 수는 없는 것이다. 그의 자유 그의 행동 그리고 그것들의 완성은 하나의 일이고 하나님의 자유와 하나님의 행동 하나님의 완성은 또 다른 일인 것이다. 인간의 행동이 그 자체로 스스로 하나님의 이름으로 하나님의 영광을 위해 쓰이는 것이 아니라 언제나 하나님이 그것을 자신의 고유한 행동에 이끌어 들이시는 것을 통해서만 그에게 하나님께서 자신의 이름으로 자신의 사태를 허락해주시는 한에서 이용되는 것이다. 그러므로 이제 인간의 행동이 스스로의 영광으로 드러나는 것이 아니다. 오히려 오직 하나님의 영광의 후광에서, 거기에 한 부분에 참여함으로써만, 하나님이 그것이 하나님에게 복종하면서 말하고 행동한 그것을 인정하고 받아들이고 축복하시면서 그것이 열매를 맺게 하시고 아름답게 만드심으로써 그렇게 하신다. 그가 이렇게 하나님의 인정을 받게 되고 하나님 앞에서 선용되는 것은 사실 그가 신앙을 가졌을 때뿐이다. 인간이 이 실천적 공동존재로 부름을 받았다는 사실 안에서, 하나님과 인간의 건설적이며 긴장 넘치는 이 대립적 상호관계에 있음으로써만 사실 그는 자신의 효용가치를 얻게 된다. 그 부름이 오직 그리스도 안에서 일어난다면 어떻게 이 하나님의 사역과 의지에 봉사하는 것이 겸손하고 순종적이며 점잖은 복종의 형태로 일어나는 것이 아닌 다른 형태로 가능할 것인가? 함부로 경계를 넘어서는 그런 경쟁적 급박함이 아니라 창조주와 피조물 사이의 경계를 지키고 존중하는 그런 것이 아니라면 어떻게 가능하겠는가?

이제 그가 예수 그리스도 안에서 하나님의 의지와 사역을 섬길 수 있기 위해 부름을 받았다는 사실을 인간이 경험하는 것 자체가 인간에게 일어난 엄청난 고양이라고 할 수 있다. 이것은 하나님의 자비가 일으키신 기적이다: 이 피조적 세계의 경계 안에서 어떤 행동이 있어야 하고 그것은 하나님의 행동과 관계를 맺을 수 있는 것이라면 그것은 인간의 경계를 훨씬 넘어서는 것이기도 한 것이다. 이것은 하나님의 고유한 자유를 증거하고 우리에게 비춰주며 하나님의 나라와 부성적 섭리를 표시하면서 그를 통하여 하나님을 섬길 수 있게 된 피조적 자유인 것이다. 인간이 한 주체로서 하나님이 말씀하고 행동하시는 곳에 인간의 행동과 존재를 그렇게 자신의 역사를 위해 사용하려고 요구하신다는 이러한 놀라운 일에 참여할 수 있게 되었다는 것 자체가 기적 중의 기적이다! 더 놀라운 것은 이것이 순종 가운데 살아가는 실천적 인간 삶의 참되고 놀라운 비밀이라는 점이다. **그의 비밀**: 하나님으로부터만 사실이고 사건이 될 수 있기 때문에. **놀라운 일**: 사실 이 세계의 모든 것이 이것이 가능하다고 말하는 것을 반대하고 있기 때문에. 그럼에도 불구하고 이것이 사실로서 우리에게 일어나는 것이라면 이것이야말로 완전히 새로운 사건이기 때문에. **하지만 진실한 것**: 왜냐하면 예수 그리스도 안에서 이것이 언제나 다시 현실이 되어야 한다는 것이 우리에게 계시되었고 그렇게 제시되었기 때문에.

---

이제 지금까지의 일로 우리는 이 계명의 첫 번째 그리고 결정적인 내용을 **구체화**할 수 있게 되었다. 앞에서 우리가 제시한 사유가 올바른 것이었다면 이는 복종과 하나님의 일에 대한 봉사로 이해되고 인정된 실천적 삶의 근본형태가 될 것이다; 그리고 이것은 **그리스도교** 공동체의 사명을 완수하는 일에 직·간접적으로 공헌하는 것으로 여겨질 것이다.

아마도 이러한 문장들은 우리가 감당할 수 없는 관점의 협소화, 이 세계에서 낯설고 실천적일 수 없는 그리스도교적 찬탈처럼 보일 것이다. 하지만 이것은 피할 수 없는 일이다. 창조주 하나님의 계명은 그 실제적인 삶의 관점에서 볼 때 하나의 중심, 요점 그리고 중요점을 갖고 있다. 그 중심점을 그 창조의 근본형태로부터 이해하고자 할 때 사람들은 자연히 그 하나님의 창조의 내적 근거가 은혜의 계약임을 발견하게 된다. 거기로부터 창조주 하나님의 계명은 인간의 일상적이며 실천적인 삶의 현실의 측면에서 볼 때 그 모든 행위의 근본적인 의미로부터 하나님의 계약의 동반자로서의 삶을 목표로 그리고 있다. 이는 그리스도교 공동체에 참여하면서 실천적으로 역사하는 책임적 존재를 말한다. 이 계명에 복종하는 행동은 근본적으로 이런 그리스도교 공동체의 인간으로서 하나님의 계약의 동반자로 규정된 인간의 행동으로 나타난다. 만일 사실이 이렇다면 그 이외에 수많은 사람, 이 그리스도교 공동체에 속한 자들이 아닌 수많은 사람이 이 계명의 근원적 의미와 다른 행동을 한다는 것, 우선적으로 그들은 이 하나님의 계명에 순종할 수 없는 것처럼 보이는 것이 사실이다. 그리스도교 공동체 혹은 그들의 사명은 이 많은 사람에게는 낯선 것이나 알려지지 않은 것으로 주어질 것이다. 그래서 이 사명을 어떻게 함께 감당할 수 있을 것인지에 대한 모든 논의를 하지 않을 것이다. 이러한 사정을 이해할 수 있어야 한다. 어떻게 다를 수 있겠는가? 우리가 실천적 삶의 본질을 알게 되는 그 자유로의 발전적 사실과 사건들은 그것이 이미 봉사로서 알려지기에 모든 일반적인 사람들의 공동체적 경험이 되기에는 적합할 수 없는 것이다. 이 하나님의 계명에 적합한 행동이 인간의 다양한 공동체들 가운데 가장 작은 공동체 속에서 먼저 그 자리를 찾게 된다는 것이 과연 놀라운 일인가? 오로지 참된 그리스도인들만이, 즉 그리스도교 공동체의 사명을 완수하기 위해서 기꺼이 거기 참여하는 그런 사람들만이 자신들이 알고 있는 바를 수행하기 위해서 무엇을 추구해야 하는지를 아는 자라는 사실이 우리를 놀라게 하는가? 하나님의 일에 봉사하는 것을 인간의 참된 자유의 행위로서 이해하고 수행할 수 있는 그들, 그리스도인들만이 그렇다는 사실이 우리를 놀라게 하는가? 우리는 여기에서 좀 더 신중하게 물을 수 있어야 한다. 그렇다면 나머지 그 많은 사람, 그리스도인이 아닌 그 나머지 사람들은 그 자신들이 본래는 수행해야 할 의무와 사명들을 어디에서 알게 된다고 말할 수 있는 것일까? 그리고 남은 사람들 가운데 정말 소수로 남아 있는 이 그리스도인들조차도 곧 사라질지 모르는 소수밖에 안 된다는 것이 사실처럼 보이지 않는가?

관점이 너무 지나치게 좁아지는 것이라고? 아마 이 현관은 너무 좁아져서 그 길도 좁은 것(마 7:13f.)이 아닌가? 신학적 윤리는 이렇게 특수한 예들을 보편화시킬 수는 없는 노릇이다. 하지만 우리는 언제나 자신의 행위로서 소수를 형성하게 되는 그러한 사람들로서 그 계명을 그 근본적 형태에서 지키려고 하는 그리스도교 공동체를 말하도록 노력해 왔다. 그 행위를 통하여 그 공동체가 사람들 사이에서 다수를 형성할 것이라고 믿어서는 안 된다. 하지만 그 공동체는 닫혀 있지 않고 언제나 열려 있다. 그 그리스도교 공동체가 그렇게 소수로 남아 있어야 하는 것이 필연적이라고는 할 수 없다. 물론 점점 더 그 공동체는 성장하고 커질 수 있을 것이다. 그 어떤 사람이라고 원리적으로 이 공동체로부터 제외되어 있지 않다. 누구든지 최후의 사람이 아닌 최초의 사람이 될 수 있는 것이다. 그리고 누구라도 그 최초의 인물로서 함께 일을 공역했다면 그는 더 많은 사람을 불러 모을 수 있도록 그리고 그 최후의 사람을 그곳으로 부를 수 있도록 자신의 더 많은 일을 해야만 할 것이다. 그 소수는 자신들을 위해서가 아니라 더 많은 다수를 대표해서 일을 해야 하는 것이다. 그래서 이렇게 우리가 교회공동체로서 이 소수 정예화하는 것은 충분히 의미 있는 일인데 그 소수를 통하여 더 넓은 가능성에서 새로운 방향과 그 효과를 찾을 수 있기 마련이기 때문이다.

그리스도교적 교만? 이렇게 실천적인 인간적 삶이 그 근본적 형태에서 너무 어렵고 불가능해 보이며 생각할 수 없는 것으로 여겨지기에 그 소수의 공동체에 속하지 않은 사람에게 무엇이라고 불평해서도 안 될 것처럼 보이고 동시에 또 거기에 속한 사람들을 부러워해서 시기해서도 안 될 것이다. 이 실천적 삶 속에는 보다 덜 요구받는 그리고 보다 덜 가치 있는 것처럼 보이는 다른 형태의 삶의 다양성이 존재한다. 그리고 이 명실상부한 현실적인 (그리스도교적) 형태가 아닌 다른 형태의 자유에 참여할 수도 있다. 마치 그 교회공동체가 무슨 매혹적인 성질을 가진 것처럼 이 그리스도교 공동체에 참여하게 된 것을 스스로 자랑할 수 없을 것이다. 그리고 이 점에서 그리스도교 공동체의 임무에 실제로 참여하거나 그렇게 참여하고 싶어 하는 그런 참된 그리스도인이 누구냐는 그런 자성의 질문을 그리스도인은 가장 철저하게 자신에게 하게 되어 있다. 그렇다면 철저하고 진지하게 그리스도인이 누구냐고 묻게 되는 그 질문에 대한 판단보다 그 어떤 것이 그 그리스도인의 정체성을 잘 드러내는 것이 될 것인가? 이는 자기 자신이 스스로 그 공동체에 속한 일원이 되기에는 부적합하다는 자각을 갖게 되는 것 이외에 또 다른 누가 될 수 있겠는가? 그렇다면 처음 된 자가 나중 될 수 있다는 그런 가능성을 생각하지 않은 어떤 사람이 그리스도인이 될 수 있으며 자기가 믿고 있는 바에 의존하지 않고서 스스로 자신이 무엇이 될 수 있다고 생각하는 그리스도인이 어디 있겠는가? 우리 그리스도인이란 다름 아니라 자신의 모든 행위가 가치 없을 뿐이며 가장 최선의 형태와 완성하에서조차 오직 그리스도를 따라 자신이 그렇게 불리는 그런 존재임을 아는 존재가 아니고 누구이겠는가? 어쩌면 그리스도인이라는 것은 다른 사람들로부터 분리되는바 그 특징으로 이루어진 존재라고 할 수 있다: 그리고 그것을 그리스도인들은 알아야 하지 않을까? 그리스도교적 교만은 그렇기에 가장 최고로 볼 때 비그리스도교적 교만이라고 할 수 있을 것이다.

 그리고 마지막으로 이 세계에 대하여 낯선 것이라고 할 수 있지 않을까? 그리스도교 공동체에 속한 사람에게 요구된 그 행동이 이 세계에서 가장 낯선 것으로 이해되고 표현되어야 할 것이라고 표현된다면 거기에 대하여 아무런 반대가 없다. 이러한 특징은 그리스도인이라면 이 세상에서 체험할 수밖에 없을 그런 것이라고 할 수 있다. 그리스도교적 삶의 특징이란 이 세상 사람들이 실천적 삶의 첫 번째 혹은 두 번째, 세 번째 관점에서 찾을 수 있는 것이 아니다. 그리스도교적 삶의 실천적 특징이란 이는 사람들이 올바른 행동이라고 그렇게 정당화시킬 수 있는 것 같은 성질의 것으로 행하거나 원하거나 그렇게 수행하려는 것이 될 수 없다. 이것은 인간의 행동과 기구 그리고 삶의 방식에서는 언제나 낯설 것으로 드러나는 것이다. 그것은 닥쳐오는 폭풍우를 맞서서 헤엄쳐 나가는 그렇게 무모한 것으로 보일 수 있는 것이다. 그렇기에 이 행동이란 그만큼 어렵고 불가능해 보이고 이해불능의 것으로 인정되는 것이다. 그런데도 이 그리스도교 실천적 삶이란 그렇게 보이도록 되어 있는 것이 본성에 가까운 것이라고 할 수 있다: 이는 이 실천적 행동이라는 개념에서 가장 구체적이며 가장 간절히 요청되는 봉사로서의 본질과 같은 것이다. 그리고 이는 그 그리스도인조차도 과연 실제로 그런 존재일 수 있으며 그렇게 되어야 하는가를 이해한다는 것이 얼마나 어려운 일인지를 보여주고 있다. 어떻게 다른 사람들에게 어려운 일이 그 그리스도인에게는 쉽게 이해될 수 있겠는가? 하지만 그에게 요청된 그 행동들은 세상에서의 낯섦 가운데 실제로는 가장 이 세상에 필요한 일일 수 있는 것이다. 즉, 수공업자들이나 농부 그리고 공장직원들과 판매원 그리고 기계를 만드는 일이나 다리를 세우는 일 혹은 상업, 전쟁 그리고 평화를 체결하는 그 모든 어떤 인간의 행동보다도 더 이 세상에 필요한 일일 수 있다. 이 세상적일 수 있는 이유는 왜냐하면 그렇게 교회공동체에게 요청된 사명을 완수함으로써 다른 사람들을 위해서 필요했던 것 곧 다른 사람들과의 관계에서 성취되어야 했을 모든 일이 실행되기 때문이다. 세계가 내적으로 연결되어 있다면 그 세계 내의 모든 다른 사건 가운데 함께 일하고 있던 그 사람들이 그러하다는 것을 모르는 상태로 모든 것이 연결되어 있으며 그렇게 세상적이라고 할 수 있다. 그렇다면 이 세상사가 그 근본적인 의미에서 교회의 역사라는 것을 부정할 수 있을까? 성서는 어찌되었든 그렇게 말하고 있다. 우리는 여기에서 오직 교회의 역사만 생각해서는 안 되면 하나님이 아시는 역사, 교회를 통하여 다스리는 그 역사를 생각해야 한다. 만일 이 봉사가 근본적으로 그리고 본질적으로 인간의 행동이라면 그리고 이 특성에서 그렇게 그것이 하나님의 일에 대한 봉사라는 그 본질이 드러난다면 그것이 그리스도교 공동체의 행동 안에서 어떻게 본질적이며 최고도로 비실천적일 수 있으며, 어떻게 그들이 그 공동체의 행동으로서 최고의 최적의 본질적인 의미에서 실천적이며 그렇게 이 세상의 낯선 것이라고 말할 수 있는가?

하지만 여기에서 문제는 이 문장이 이런저런 의심과 비난에 대하여 올바르게 혹은 더 잘 대처할 수 있는가에 있지 않다. 이러한 질문은 어차피 필연적이며 피할 수 없는 성질의 것이다. 만일 우리가 하나님의 행동에 직접적으로 상응하고 또한 하나님의 부름에 직접적으로 응답하는 인간의 행동에 대하여 묻는다면 그것은 확실 그리고 분명하게 그리스도교 이전(ante Christentum natum)에는 이스라엘이 수행해야 할 그 행동 안에 그리고 그리스도교 탄생 후(post Christentum natum)에는 교회**공동체**가 해야 할 그 일에 의해서 이해될 수 있을 것이다. 그 교회공동체의 봉사는 실천적인 인간의 삶이며 하나님의 행동의 중심부에 있는 것이며 그것은 또한 다가오는 하나님의 **나라**를 대하여 상응하는 것이다. 이 교회의 봉사는 우주와 인간의 역사 속으로 뚫고 들어오는 거대한 시작의 피조물적 복사물이며, 그 안에서 하나님께서는 그 피조물들의 창조주로서 자신의 신실하심이 진실하다는 것을 증명하시고 또 그 안에서 그는 세상을 자신과 더불어 화해시키시며 그렇게 그 화해를 완성시키신다. 세상의 창조주시며 인간의 주이신 하나님께서 행하기 원하시고 하시는 모든 행동은 이 중심으로부터 우리에게 다가오며 항상 그것으로 되돌아갈 뿐 아니라 바로 자신의 사역의 이 중심을 맴돌고 있다. 그리고 이 중심에는 그의 자비의 사역으로서 그 모든 의미가 놓여 있다. 이 중심부에는 바로 예수 그리스도가 계신 것이다. 모든 것은 그의 사역 안에 그리고 그의 전체성 안에서 그리스도를 통하여 알려지고 또한 이해될 수 있는 것이 된다. 하나님께서 자신의 행동에서 바로 인간과 세상의 대립된 대상으로 그리고 그렇게 인간적이며 모든 피조물적 자유의 근거라고 한다면, 또 이 인간의 자유의 행동은 바로 이 행위의 봉사로 들어가는 것이며 이 하나님의 원인(causa Dei) 안으로 들어서는 것이라고 할 수 있다면, 그렇게 이 봉사로 들어서는 우리의 돌입은 다름 아니라 그 모든 하나님의 행동의 중심인 예수 그리스도와의 관계를 통해서만 성취될 수 있는 것이다. 여기에서 이 봉사는 그 이름을 얻게 된다. 여기에서 이 봉사는 본질적이며 본래적으로 발생하는 것이다. 여기에서 하나님의 의지는 그 형태와 전체적인 계획이 나타나게 되는데 그 속에서 예수 그리스도는 하나님의 의지로서 알려지게 되는 것이다. 여기에서 그의 말씀이 음성을 얻고 그렇게 받아들여질 수 있는 것이 된다. 여기에서 먼저 들어야 하고 그리고 난 뒤 그 들려질 수 있는 것으로서 우리가 복종을 하면서 이제 다른 여타의 모든 말과 음성들과 구분을 지을 수 있는 특성을 알게 되는 것이다. 하나님의 행동은 여전히 더 넓은 영역을 포함하고 그렇게 인간의 복종적인 답으로서 거기에 실천적인 삶을 살아가는 인간들 안에서 여전히 다른 차원을 지칭하는 것이다. 이는 무엇보다도 이 새로운 차원을 가져야 한다. 그것은 무엇보다도 하나님의 행동의 그 중심을 관계로서 가져야 하는 것이다: 하나님의 계약과 화해의 역사에 그리고 그의 구원과 구원의 행동과는 본질적 관계를 가져야 하는 것이다. 거기에서서 하나님이 하시려고 하는 것 그리고 요구하시는 인간의 실천적 삶이란 다름 아니라 바로 우선적으로 그리고 결정적으로 그리스도교 공동체의 실천적 삶이라고 할 수 있다.

우리는 성서로부터 이것을 이해하기 위해서 먼저 **예수 그리스도**의 실제적 삶으로 돌아가야 만 한다. 우리는 이미 앞에서 그리스도교 윤리의 노력 가운데서 당혹스러움을 준비하고 있는 사실들, 즉 예수의 사역이 문화의 사역과는 직접적인 관계가 없다는 사실을 확인하였다. 하지만 이 사실은 신약성서의 증인들에게는 어떤 어려움도 전혀 주지 않았다. 신약성서의 예수 이해가 한가롭거나 그저 경건한 마음으로 지켜보기만 한 그런 보도가 아니다. 특히 요한복음을 살펴보면 하나님의 사역의 관점에서 그리고 그것과의 연관성에서, 즉 그와의 동일성의 차원에서 예수 그리스도의 사역과 삶이 그려지고 있다. 요한복음 4:34, "예수께서 이르시되 나의 양식은 나를 보내신 이의 뜻을 행하며 그의 일을 온전히 이루는 이것이니라." 요한복음 5:17, "예수께서 이르시되 내 아버지께서 이제까지 일하시니 나도 일한다 하시매." 요한복음 5:36, "내게는 요한의 증거보다 더 큰 증거가 있으니 아버지께서 내게 주사 이루게 하시는 역사 곧 나의 하는 그 역사가 아버지께서 나를 보내신 것을 나를 위하여 증거하는 것이요." 요한복음 9:4, "때가 아직 낮이매 나를 보내신 이의 일을 우리가 하여야 하리라. 밤이 오리니 그때는 아무도 일할 수 없느니라." 요한복음 17:4, "아버지께서 내게 하라고 주신 일을 내가 이루어 아버지를 이 세상에서 영화롭게 하였사오니." 제사복음서에서 예수가 만나고 있는 것은 하나님의 화해와 구원의 사역이며 은총의 계약의 주님으로서 그의 사역이들이다. 그리고 이를 통하여 예수께서는 자신의 고유한 사역과 일들이 완성되고 수용된다고 보고 있다. 이러한 의미에서 예수 그리스도의 실천적 삶은 훨씬 탁월한 의미(par excellence)를 갖게 되었고, 이제 그 예수의 역사적 삶은 하나님의 말씀에 탁월하게 쓰이고 있는 것이다. 사도행전의 보도들에서 이러한 사실들은 말씀과 행동을 통한 하나님 나라의 선포로서 기술되어 있는 것 안에서도 찾을 수 있다. 그는 케리그마를 거행한다. 이것이 그의 초라한 삶으로 감추어져 있는 부분이다: 그 케리그마의 내용을 통해서만, 그 나라의 직접적 도래를 통해서, 그의 고난과 죽음과 부활을 통해서만 이 내용은 더 분명하게 드러난다. 그의 초라한 역사적 삶의 모습이 바로 가장 구체적이며 가장 분명한 말씀의 의미이다.

바로 이 행동으로 그가 자신의 제자들을 불렀고 그리고—그 나머지 일을 포기해야만 했다.—그를 따르도록 한 것이다. 그 안에서 그가 이 사실들을 포도나무의 예를 통해, 주인을 섬기는 종의 예, 돈을 가지고 섬기고 사무하는 일 등의 그 유비들은 모두 다 실제적인 내용을 가지고 있다: 거기에서 우리가 살펴야 할 것은 모든 형태 속에서 그 가치가 속해 있는 그 사실들은 실제로 이루어진 사실을 의미한다. 그 자체를 위해서는 이런 여러 유비에서 묘사된 것들은 실제로 이루어진 그 예수 그리스도의 사역에 속한 것이 되어야 한다는 것을 통해서 볼 때 이 모든 것이 거저 아무런 의미 없는 것이 아니다. 이 유비들을 위해서 하나님의 일들, 그의 집과 포도원, 밭에서, 그리고 그의 직장에서 일들이 실제적인 핵심 문젯거리인 것이다. 그 하나님의 행동을 섬기도록 이 유비의 사건들이 불러졌으며 그리고 그것을 위해서 이 모든 유비적 사건의 중심과 의미, 그리고 구체화를 하나님의 나라(곧 그리스도의 나라)가 이제 오고 있다는 사실에게 발견한다. 이 유비들은—예수 그리스도 그 자신과의 관계에서는 간접적 의미의 증인으로서의 섬김이었지만—케리그마를 거행함으로써 그 섬김을 가능하게 하며 본질적으로 그리고 결정적으로 오직 거기 안에서만 존재하는 것이다. 이 유비의 한가운데는 모든 인간의 의지와 행동의 한계로서의 시간 안에서, 그 안에서 하나님이 자신의 백성을 찾아오시고, 또한 예수 그리스도께서 십자가에 달리고 부활하시는 그 시간 안에서 시간의 종말이 시작되는 그 일을 통하여 이 유비의 활동은 규정되고 다스려지는 것이다. 다른 모든 과제보다 훨씬 더 급한 것으로 이 소식을 모든 땅 위에 퍼뜨리는 것이며 그래서 이 모든 사람에게 그리고 모든 피조물에게 이 소식을 알리는 것이다. 인간이 할 수 있고 하고자 하고 세울 수 있는 다른 모든 것은 다 사소한 것이 될 뿐 아니라 주변부의 일이라고 할 수 있으며 복사물이 될 뿐이다. 그렇다면 이것이 어떻게 이 한 사람의 사역에서 그렇게 세워질 수 있었겠는가! 이 제자의 사역을 위해 그 소식을 그렇게 퍼뜨리기 위해서 그들에게 하나님을 통해서, 그리스도를 통해서 그리고 성령을 통해서 전달되고 다시 확인되면서 다시 그들에게서 찾아지는 그 하나님의 능력 이외의 다른 어떤 능력도 필요로 하지 않다는 사실의 빛에서 볼 때 이 한 사람의 실천적 삶이 얼마나 위대한 것으로 우리에게 비치게 되는가!

이 제자의 사명은 이제 그 증거를 통해서 근거된 그리스도 공동체의 의미이며 실천적 삶의 의미인 것이다. 이 교회는 하나님이 그리스도를 통해서 그들과 함께 그들을 위해서 부르신 사람들의 백성이며 모임이다. 하나님의 사역과 그의 화해와 구원의 사역과 그들은 만나고 있다: 직접적으로가 아니라 그리스도를 통해서—고립되지 않고 그들과 함께 그들 안에서 서로서로 공동적으로 연합된 채로—자기 자신을 위해서 그렇게 있지 않고 그리스도에게 무한한 책임을 가지고 있으면서 하나님의 원인을 위한 자들로서 그렇게 만나고 있는 것이다. 그렇다면 세상 백성들 가운데 무엇이 이들을 이토록 특별한 백성으로 구분시키는가? 이들은 하나님 나라의 도래라는 측면에서—이미 왔고 현재적이며 영광 중에 나타나게 될—이미 진실하게 되었고 그래서 마지막 시간의 공동체로서 실천적 삶으로 부름을 받은 것이다. 그리고 그를 통해서, 그 때문에서 증인의 실천적 삶으로 소식을 전하고 전하는 이 모든 것을 통해서 이 세상을 근본적으로 그리고 가장 포괄적으로 변화시키고자 하는 것이다. 교회가 이 변화를 가져오는 것은 아니다.—교회는 하나님의 행동으로서 그리스도의 죽음과 부활 안에서 온전해진다.—그리고 교회가 그것에 어떤 공헌을 하는 것도 아니다. 하지만 교회는 이 변화를 자기 것으로 할 수 있는 자유 가운데 부름을 받았다. 하나님에 의해서 이미 일어난 것이나 아직 일어나지 않은 것 중 아무것도 그의 작업이 아니고 그런 적도 없고 그렇지도 않을 것이다. 오히려 교회는 이제 하나님을 필요로 하는데 하나님께서 그 일을 행하실 것이고 그것은 스스로 온전한 충만에 이르게 되실 주님의 고유한 사역이 될 것이다: 교회는 이 표시의 담지자이며 마태복음 5:13 이하의 말씀에서처럼 사도의 후손으로서 그리스도를 뒤따르는 자인 것이다; 세상의 소금이고 세상의 빛이고 산 위에 세워진 도시이며 그래서 숨겨질 수 있는 것이다. 그리스도의 공동체는 이 외에 다른 사명을 갖지 않는다. 사람들은 교회가 이외 다른 아무런 자기주장을 갖고 있지 않다는 것을 보게 된다. 하나님께서 이 교회를 쓰시고자 하여 그 교회의 일을 통해 자신의 일을 하게 된다면 이제 그것은 하나님의 사안으로 변화된다. 교회가 이를 시도할 수도 없고 강요할 수도 없는 것이다. 교회는 그 어떤 성공을 추구하지 않는다. 위대한 변화를 가져오기 위해서 그렇게 많은 것이 요구되지 않는다. 마치 그에게 처음 그 사명이 맡겨질 때처럼 말이다. 그들은 이제 하나님을 위해 준비된 자라는 것으로 만족해야 한다. 그리고 교회는 단지 이 의무를 채우면 된다. 그 안에 하나님의 계시를 통해서 이 거대한 변화가 시작되는 것이다. 교회는 단지 인간의 오감을 통해서 케리그마가 그들에게 끊임없이 전달되게 하면 되고 그들이 이해할 수 있도록 소식을 전하기만 하면 된다. 이것이 그들이 할 모든 일이다. 그들은—아니 모든 각개의 그리스도인 모두는—이를 통해서 순종적인 인간으로 살아야 하는 것이다.

우리는 이제 이 그리스도교 **공동체**의 봉사를 하나님의 계명에 의하여 요구된 실천적 삶의 구체화의 절정을 이룬다는 사실을 확정지으면서 다음 네 가지 전제를 세우고자 한다. 이는 신약성서로부터 시작되었지만 그렇게 분명하게 규정된 것으로 읽어낼 수 없는 것이며 우리 그리스도교 교회적 시대 속에 있는 이런저런 전통에서 현실적인 것인 동시에 분명해지는 것이라고 할 수 있다. 이 전제들을 명확하게 근거 짓는 일은 다음에 할 일이고 단지 우리는 이 네 가지 **전제를** 말하고자 한다.

먼저 첫 번째로 교회 혹은 그리스도교 공동체는 한 민족과 일치될 수도 없고 인류와도 동일어가 아니며 그 인간의 어떤 역사적이며 자연적인 부분의 **특정** 공동체와도 같을 수 없으며 한 특정한 지역이나 영역에서 사는 백성들이나 거기 속한 시민들과도 일치할 수 없다. 우리는 오히려 자연적이며 역사적인 상태를 가진 어떤 인간이나 그 특정한 그룹들과는 항상 대칭적으로 존재하는 것을 가정하는 것이다. 우리는 콘스탄틴 대제 이후 **그리스도교를 서방세계**와 일치시키게 된 동일화가 비록 하나님의 은혜로 말미암아 우리에게 허락되었기에 의미 있고 매우 가치 있는 일이기도 했지만 동시에 매우 파괴적이며 **오해**의 소지가 많게 된 그런 사연에 근거하고 있다는 것을 전제로 한다. 즉, 그런 동일화의 결과로 교회는 항상 자신을 자기 이상으로 생각하는 과대평가의 오류를 가졌고 교회가 해야 할 봉사에 대해서는 부정적인 영향을 갖게 되었다. 교회의 주님이 바로 하늘과 땅을 다스리시는 분이시기에 그 교회 역시 모든 백성으로부터 나와 모인 그리고 그렇게 모여야 하고 모든 백성 가운데 흩어져서 그들 속에서 존재해야 하는 백성의 고유한 사명과 고유한 봉사가 있다고 할 수 있다. 이 교회는 다가올 하나님의 나라에 의해서 구성되는 것이지 결코 이 땅의 크고 조그만 세계사적 사건 혹은 그것의 영향하에서 존재하는 것이 아니다. 교회는 이 역사 속에 있는 이 민족 저 민족의 각각 특수한 이익을 대표하는 것이 아니라 그것과 대립하여 오히려 모든 인류의 구원을 위해서 그리스도 안에서 하나님께서 인간에게 하시고자 하는 그리고 인내를 가지고 참고 기다리시면서 성실하게 수행하시고자 하는 바로 그것을 수행하여야 한다. 이는 교회가 그런 다양한 민족들의 교회가 아니라 그 민족들을 위한 교회이게 하며 그렇게 이런 의미에서 시민들의 교회(volkskirche)이기를 기대하는 것이다.

두 번째로 우리는 그리스도교 공동체나 교회하에서 잘 정리되어 있는 기구로서의 교회가 아니라 예수 그리스도를 통하여 특정한 사명을 성취하기 위해서 모여진 그리고 일으켜 세워진 살아 있는 백성이 이해되어야 한다는 것을 전제로 한다. 이 백성은 자신의 주에 대한 복종에서 특정한 제도적 기구나 질서들 그리고 봉사의 규칙과 의무의 규칙들을 드려야 한다. 하지만 이런 것들이 교회를 구성하는 것이 아니라 오히려 그리스도교 공동체들이 그런 것들을 구성한다는 사실을 명심해야 한다. 이 교회는 매번—우리가 바라건대!—가능한 것 중 최고의 것이며 바로 그 변화할 수 있는 유연한 형태 안에서 그리스도교 공동체가 살아서 움직이게 되며 그들의 고유한 봉사를 성실하게 수행하게 된다. 그리스도교 공동체는 이 기구들이 올바르게 유지되고 잘 보존되는 가운데 존재하는 것이 아니라 이 공동체가 모든 변화와 생기고 사라지는 그러한 위기 가운데도 하나님의 나라를 위한 봉사를 지속할 수 있을 때 존재하는 것이다. 교회가 해야 하는 일은 그 기구의 요구에 따르는 것이 아니라 항상 그 교회가 마땅이 해야 할 일에 새롭게 다가서는 것이라고 할 수 있다.

세 번째로 그리스도교 공동체는 그들의 주이신 예수 그리스도와 다가오는 하나님의 **나라**를 통해서 구성되는 그런 백성들로서 거기에서 자신의 사명을 부여받고 있다. 교회의 실존은 자기 목적이 아니다. 그러나 교회에게 맡겨진 사명을 감당하기 위해서 주어진 하늘과 땅의 상급들은 그 자체로 하나의 중요한 일거리이다. 이 상급에 기뻐할 수 있으며 그렇게 기뻐해야 할 것이다. 하지만 거기에 그 봉사의 목적과 의미가 들어 있는 것이 아니다. 교회는 자신의 종교적 필요성을 만족시키기 위해서 봉사하는 것이 아니다. 자신의 경건성을 확인하기 위해서 하는 것도 아니며 자신의 경건한 자극 등을 더 활발하게 하기 위해서 그런 것도 아니다. 또 그 봉사를 통하여 자신의 삶을 더 깊이 있게 만들거나 풍요롭게 하기 위한 것도 아니다. 더욱이 간접적으로 세계와의 관계를 더 개선하려거나 새롭게 해서 인생을 새롭게 만들고 그 결과로 하나님의 은총이나 영원한 축복을 얻고자 하는 것이 아니다. 그 반대로 그리스도 예수 안에서 이 신적 원인 (causa sie)이 작동하기 때문이며—그 신적 중심으로부터 그가 원하는 이것저것이 아니라—그래서 그의 증인으로서 봉사를 이어갈 뿐이다.

네 번째로 우리는 그리스도교 공동체나 교회의 모든 회원이 이 신적 봉사로 **함께** 부르심을 받은 백성이다. 다음 두 가지 아주 중요한 구분이 있다: (a) 교회 안에는 참된 신자만이 아니라 거짓신자도 있다는 자신에 대한 이해와 함께 거의 대부분의 종교개혁의 신조에서 나타난 교회에 대한 확신은 중요하다. 참된 그리스도인을 거의 찾아볼 수 없을 것 같은 그런 나쁜 인상에도 불구하고 어디에나 참된 그리스도인이 있고 그뿐만 아니라 그들은 죽음에서 벗어나 삶에 존재하면서 살아 있는 봉사로 부르심을 받고 있는 공동체들임을 아는 것이 중요하다. 신약성서에서는 신자를 본래적이거나 혹은 비본래적일 수 있거나 아니면 혹 유용하거나 무익할 수 있다는 구분을 그리스도교 공동체 내에서 수용하라는 지도를 하지 않았다. 그들 모두가 다 하나님의 일에 부름을 받을 수 없는 그런 무익한 공동체였지만 그러나 그들은 그렇게 모두가 부름을 받은 유익한 공동체인 것이다. 두 번째로 (b) 교회의 사명을 위해서 책임적이거나 아니면 그 공동체의 대다수를 항상 차지하는 책임적이지 못한 사람들 사이의 구분, 혹은 영적이거나 그렇지 못한 사람들, 기꺼이 직분을 맡고 있거나 그렇지 않은 사람들 사이의 구분도 우리에게 실제로 닥치는 문제들이다. 특별히 부름을 받은 자 그리고 봉사를 위해 책임을 진 자는 그 모두가 다 하나님의 공동체로 전체이며 그 모든 공동체원이다. 평신도는 그들의 주와의 관계에서 그냥 일상적인 백성을 의미하지만 실제로는 그들 모두가 다—그리고 그들 모두가 그 참된 관계하에서는 사실은 영적인 존재들인 것이다. 이 봉사가 나누어져 있다는 것, 이 봉사 안에서 다양한 부름이 있다는 것, 은사와 사명이 있다는 것이 사실인 것이다. 하지만 이 공동체가 이 나눔으로 인해서 활동적인 부분과 수동적인 부분으로 나누어진다는 것, 가르치는 교회와 가르침을 받는 교회로 나누어진다는 것, 어떤 교직을 갖고 있는 부분과 교직을 갖지 않는 부분으로 교회가 나누어진다는 것은 정확한 이해가 아니다. 누구도 자기만의 고유한 교직을 갖고 있다고 말해서는 안 되고 모든 자는 그렇게 해야 하고 할 수 있고 그렇게 될 수 있을 뿐이지 그 외 다른 그 누구도 이 봉사로부터 제외된 것이 아니다.

사람들은 이 네 가지 전제가 베드로전서 2:9에 요약되어 있다고 말할 수 있다: "그러나 너희는 택하신 족속이요 왕 같은 제사장들이요…." 그리고 사람들은 거기에 하이델베르크 32조항에 덧붙여진 해석에 그리스도의 3중직을 함께 이해하고 있다: "왜 당신을 그리스도인이라고 불리는가? 왜냐하면 나는 믿음을 통하여 그리스도의 한 지체로 그리고 그에게 덧붙여진 바된 자가 되어서 나는 그의 이름을 믿는다고 고백함으로써 나를 그에게 감사의 제물로 드리고 자유로운 양심을 가지고 이 세상에서 죄와 마귀와 싸우면서 그 이후 영원히 그리스도와 함께 모든 만물을 다스리게 될 것이다." 만일 개신교의 교회 개념이 이 관점에서 더 철저하게 생각되었다면 그리고 현실 속에서 더 철저하게 실현되었다면 얼마나 좋았겠는가!

그리스도교의 공동체의 한 지체로서 드리는 이 봉사에 대하여 이 전제로부터 말할 수 있는 것은 우리가 눈앞에 가진 교회의 현실과는 매우 다른 것이라고 할 수 있다. 이 갈등을 더 자세하게 말할 필요는 없을 것이다. 왜냐하면 여기 이 전제들로부터 이 사태에 말해야 할 것은(rebus sic stantibus) 주로 학문적 관심에서만 소용이 있을 뿐이며 허공에 쓰여진 것과 다를 바 없는 헛된 것일 수 있다. 왜냐하면 이 말해야 할 것(res sic stantes)에 대하여 그리고 일반적인 교회의 개혁을 위해서 가장 중요하고 필요한 것은—16세기보다 더 긴요하게 더 광범위하게 요청되는데—그리스도인의 실천적 삶이 그 전제들에서 분명하게 요구되는 것처럼 무엇보다도 먼저 어떤 정도로 실제적으로 살아지고 이해되고 보여지는 것이다. 이 더 좋은 교회는 더 좋은 그리스도인과 함께 존재하기 마련이기 때문이다. 잘못된 교회의 상으로부터 해방되고 참된 교회라는 측면에서 여기 실제화된 그 성도와 성도들 안에서 교회는 존재한다. 우리는 이제 본론으로 온 것이다. **그리스도교 공동체의 봉사**에서 함께 역사하는 것은 무엇을 의미하는가?

I. 먼저 무엇보다 더 가장 단순하고 가장 광범위한 내용을 내포하고 있는데 그것은 바로 그 교회의 실존을 자기 자신이 거기에 속해 있다는 사실을 통해서 인정하는 것이다.—즉, 한 사람이 세례 받으러 온 것을 통하여 초기 그리스도교에서 분명하게 드러난 것 같은 바로 그런 행동을 의미한다: 즉, 자신이 그리스도의 죽음을 옛시대의 끝이고 과거의 시간의 마감으로 보면서 부활과 그리스도의 재림을 새로운 하늘과 땅의 계시로 그리고 그렇게 새로운 삶의 시작을 갖게 된 자라고, 그런 사람 중의 하나라고 스스로 그 공동체 앞에서 인정하는 행위가 중요한 것이다.

그리스도교 공동체는 하나님의 일에 대하여 봉사하는 자인데 그들은 이 세계가 놀라고 자신들도 놀랄 수밖에 없는—그들은 바로 성령의 사역이기 때문이다!—그리고 언제나 단순히 다른 사람들과 다른 시간, 다른 백성들과 다른 방식과 시작들 앞에서 그들 중에 언제나 그렇게 있는 자들이다. 그들은 성령의 권능과 주님의 말씀과 부름을 벗어나서는, 하나님의 나라를 벗어나서는 그 어떤 존재 근거도 갖고 있지 않는 자들이기 때문에—다른 그 무엇으로도 이것들 외에는 그 교회공동체를 근거 지을 수 없다.—바로 그 이유에서 이들은 하나님의 나라를 모든 것 가운데 모든 것으로 증명하고 세우게 되는데, 그들이 그들의 모든 신실함과 신실하지 못함, 강함과 약함 속에서도 언제나 그렇게 **실존한다**는 사실로 하여금 하나님 나라를 증거하는 것이다.

교회는 인간이 그 교회로 그 공동체로 부름을 받았다는 사실(행 2:41) 안에서 존재한다. 즉,—밑에서부터 볼 때—그들이 이제 시간의 변화를 인식하고 그들의 삶을 하나님의 말씀에 대하여 순종하는 가운데 변화시키는 그런 변화와 더불어 자신의 영과 의지로 그 공동체에 끼어들어 거기에 하나가 되고 싶어 하는 그런 변화 가운데 존재하는 것이다. 하나님께서 이 사람들로부터 봉사로서의 실천적 삶의 전형을 갖고자 한 것은 바로 이 사람들이 행동하는 바로 그것이다: 이들이 **그리스도와 함께 있으므로** 행하는 공동적 존재로서의 근본적 행동. 그리스도교 공동체에 속하고 거기에 들어간다는 것은 하나님 나라에 대하여 중립적인 자리에서 벗어나고 눈을 감고 있는 상태에서 벗어나는 것을 의미한다. 이 교회공동체에 들어선다는 것은 그에게 있어서 하나님의 나라가 진실해진다는 것을 의미하는 것이며 단지 쇼가 아니라 그래서 그 쇼를 보는 사람 옆에서 공존할 수 있는 것이 아니라 그가 이제 그 행동을 통하여 하나님의 무대로 불림을 받았다는 것을 의미한다. 이제 그는 이 하나님의 나라가 바로 자신의 삶과 긴밀하게 연관되어 있음을 밝히는 것이고 자신의 실존을 통하여 그 하나님의 나라의 실재적 발생을 증언하는 것이기도 한 것이다. 물론 이는 내적이며 신앙의 결단으로 일어난 사건이다. 확실히 이는 그의 영혼의 문제로 볼 수 있다. 그 하나님의 나라는 이제 빛으로부터 볼 수 있을 때 지금까지 어둠에 있었다고 자신의 실존을 고백하게 되는 그런 실존의 방식으로부터 벗어나서 새롭게 얻게 되고 획득하게 된 실존의 방식이다. 하지만 여기에서 더 중요한 것은 그의 영혼은 바로 그 자신이다. 그는 바로 그 자신의 육체의 영혼인 것이다. 그는 전체로서의 그런 사람이며 또 그렇게 전체로서 전 우주와의 관계에서 유익하게 되었고 빛 가운데 거하는 거룩함의 자손이 되었으며 그 어둠의 권세로부터 구원받아 이제 아버지의 사랑의 아들이 다스리시는 나라로 옮겨진 그런 존재이다.(골 1:12f.) 따라서 내적인 일은 이미 그렇게 바로—내적으로서 그렇게 믿음의 내적 증거로서—동시에 외부이며, 즉 영혼에 상응하는 육체의 운동이기도 한 것이다. 그리고 이 영혼에 상응하는 육체의 운동은 하나님과 사람 사이에서 일어난 그 사건에 상응하는 것으로서, 하나님과 인간 사이의 운동이 우주 전반에 대하여 갖는 관계 안에서, 그리고 그 운동이 하나님의 나라에 대하여 진실을 말하게 되고 하나님의 행동이 그 운동에 간섭하는 것을 고백하게 만드는 그런 관계 안에서 진실한 것으로서 하나님의 행동에 상응하는 것이다. 그는 이제 자신의 중립적 위치에서 벗어난 자이다. 그는 이제 오랫동안 그에게 가능한 것처럼 보였던 그 관망자의 자리에서 벗어나 이제 이 타자와 함께 무대에 서게 된 것이다. 어떤 행위의 주체로서가 아니라 왜냐하면 거기에서 행동하시는 분은 오직 한 분이기 때문이다. 하지만 거부할 수 없는 그 전체의 합창의 대열에서 그 행동하시는 한 분에게 참여하지만 그가 살고 있는 이전의 세계로부터는 분리되어 있으면서도 여전히 그 세계와 동시적으로 바라보면서 함께 동행해야 하는 방식으로 그는 행동하는 것이다. 그의 신앙의 결단은 본질에 맞게 필연적으로—만일 아니라면 그가 행한 전체로서의 그 인간은 누구일 수 있겠는가?—이 열려 있고 또한 제약하고 있는 그 부분적 참여를 자신 안에 내포하고 있는 것이다. 그 운동은 인간이 단지 개인적이 아니라—물론 자신의 개인적 처사도 거기 포함되지만—더 분명하게는 그가 모든 것에서 그가 자기와 더불어 행하게 되는 그 모든 것에서, 이 말하는 자에게 열려 있는 것이며 그에 의하여 베드로가 그때 부끄럽게 내키지 않았지만 남들로부터 말을 들을 수밖에 없던 상황이었다: "당신은 이 나사렛 예수와 함께 있던 자가 아닌가!"(막 14:67) 그런 당파성과 확정과 더불어 이제 한 사람은 그리스도교 공동체의 실존을 인정하게 된다. 그리고 그의 봉사에서 함께 역사하게 되며, 그 봉사는 다름 아니라 그의 실존적 삶 그 자체 안에 포괄적으로 그리고 근원적으로 놓여 있는 것이다: 그 안에서, 우주의 한가운데 그리고 이 크고 작은 세계사의 한가운데 그 운동은 현실적이며 그렇게 다가오는 하나님 나라의 증인이 된다: 다른 모든 세계 안에서 현실이고 그렇게 증거를 하는 일들 위로 특출하고 뛰어나게 이 원인이 되신 하나님(causa Dei)으로서 모든 하나님의 일들의 증인이 되는 것이다. 이와 같은 당파성과 확정을 통하여 그는 이 그리스도교 공동체가 없지 않고 있으며 그의 봉사도 발생하지 않는 것이 아니라 발생하고 있음을 확정한다. 그리고 바로 그 안에 실천적 삶, 사람이 하나님으로부터 부름받은 그 실천적 삶이 존재한다.

 이보다 더 주어지고 가깝게 놓였으며 더 조금 자명한 것은 거의 없다. 이는 실제로 하나의 행동으로서 사람들이 하나님에 순종하며 행동할 때 그는 자유로 뛰어들게 되며 봉사란 바로 이 행동의 총체적 개념인 것이다: 그리고 이는 한 번만 행하는 것이 아니라 언제나 다시 반복적으로 수행하는 것이다. 그리스도교 공동체가 하나님의 나라와 그의 계시 이외에 다른 존재의 실존근거를 갖고 있지 않은 것처럼 그 실존의 인정은 그의 자유를 향한 행동에 의한다. 사실 다른 인간의 행동이나 발전상들은 모두 다른 근거를 가지고 있을 것이다. 그리고 그것들은 하나님으로부터 주어진 것일 수도 있다. 그리고 그가 이 다른 방향으로 행동을 수행한다는 것이 또한 (하나님에 대한) 복종일 수도 있을 것이다. 여기에서 우리는 모든 인간의 선한 다른 행동들에도 참으로 선하고 진실한 실존근거를 허락하시는 하나님의 일반적인 섭리와 세계통치를 염두에 둘 수 있다. 그리스도인들은 그리스도교 공동체 안에서만이 이 나라 이 세계 안에서 살아감으로써 그 다른 행동들과 발전을 위해 가질 수 있는 근거를 가지고 있다. 우리가 노동에 대하여 말하게 될 때 다시 이 관점으로 돌아와야 할 것이다. 하지만 사람들이 그리스도교 공동체에 자신을 배속시키고 거기에서 자신이 남아 있고자 할 때 단지 하나의 근거를 가지고 있다. 그리고 이 결단은 오직 신앙 안에서만 가능한 것이다. 그렇기에 신앙이야말로 이 공동체의 유일한 동기라고 할 수 있다. 이제 그 신앙은 하나님의 나라를 진지하게 받아들이는 것에서 가능하다: 이 진지한 수용이란 예수 그리스도 안에서 완성되고 그 안에서 항상 다시 계시되어야 할 것으로서 그 시간의 전환을 단지 지켜보는 것이 아니라 자신의 고유한 삶의 시간에서 자기 것으로 만듦으로써 일어나는 변환이다. 이 참된 수용은 그 인간의 삶 속에서 이전과 이후 그리고 차안과 피안의 구분을 분명하게 만들어서 빛 안에 있는 존재와 어둠 속에 있는 존재 사이의 차이를 인식하여 자신이 하나님의 심판대 앞에서 서 있음을 깨닫지만 또한 우리에게 주어진 하나님의 은혜 때문에 존재할 수 있음을 발견하는 것이다. 이 인식으로부터 하나님의 성령의 능력 가운데서 우리는 믿음을 갖게 된다. 이는 매우 드문 사건이다. 그리고 신앙이 유일한 동기가 되는 그런 행동이 있었다면—그 신앙 외 다른 어떤 계기도 그러한 행동을 하도록 만들지 못하는 것이고 만일 그런 것이 있다면 이는 겉모습만 그렇게 보일 뿐인데—그리고 그리스도교 공동체로 들어서는 것만이 바로 그런 것이라면 이 그리스도교 공동체로의 가입은 확실히 매우 드물게 일어나는 낯선 것 중에 하나이다. 사람들은 생각한다: 그것 이외의 다른 모든 인간의 행동들, 이를테면 아름답고 존귀해 보이고 그리고 필수적으로 보일 것이라고 해도—신앙의 근거 위에서 그것들의 가치를 받아들이고 또한 신앙 안에서 사람들이 거기에 올바른 관계를 맺도록 했다고 할지라도—그것들은 신앙의 행동만큼 결정적인 것이 아니다. 단지 신앙 안에서만 그 근거를 가질 수 있는 그런 행동! 그가 하나님에 의하여 요구받지 않은 것이라면 인간 스스로는 결코 행할 수 없는 그런 행동! 왜냐하면 그것은 그가 이미 그것으로부터 이어받은 것, 그가 그것과 함께 지향할 수 있는 것, 그가 이 진실하고 진지한 행동에서 하나님의 나라의 증인이 될 수 있는 유일한 것이다! 그 길과 문은 얼마나 좁은가! 그것을 넘어설 수 있는 다리는 무엇인가—그리고 거기를 건너고 난 뒤 버려야 할 그 다리는 무엇인가! 이 문과 길을 넓게 만드는 것, 건넌 뒤에도 여전히 그 다리를 잘 보존해서 놔두도록 하는 것은 우리에게 허용된 것이 아니다! 왜냐하면 그 교회공동체에 속하는 것이 허락된 것만큼이나 거기에 참여할 수 있는 것이 또한 다른 근거로부터 추천되고 움직여지고 완성되었다고 할지라도 그러한 행동들이 그 공동체의 실존을 허락할 수 있는 것이 아니다: 그 백성의 실존을 인정하는 것, 전적으로 그의 특별한 백성으로 존재하도록 하는 것, 그 백성의 다가오는 하나님의 나라에 대한 실천적인 인간적 대답이 될 수 없는 것이다. 그런 만큼 그가 부분적으로만 혹은 전적으로 복종하는 것이 아니다.

하지만 만일 어떤 더 순종적이고 하나님의 부름에 순종하면서 자유로워지도록 하는 인간의 행동의 총체적 개념인, 실천적 삶을 충만하게 하는 그런 인간적 행동이 있다고 한다면 그것은 단지 그리고 거의 드물게, 하지만 참되지만 값싸지 않은 값비싼 진주를 사는 것과 같이 모든 것을 모험에 걸게 하는, 모든 것을 이 단 한 번의 시도에 걸게 하는 그런 행동, 그 안에서 사람들이 다가오는 하나님의 나라의 공동체에 자신을 세우고자 하는, 그 자신의 인격 안에서 이 공동체가 땅 위에서 실현되어야 한다는 필연성을 인정하게 하는 그런 행동일 것이고 그를 통하여 그리고 그와 함께 예수 그리스도가 증거되는 그런 행동일 것이다. 그러므로 이 인간의 복종적 행동은 그 근본적인 형태에서 **그가 공동체에 가입하는 것이다!** 우리는 이 행동의 의미가 얼마나 넓은 것인지 깨달을 필요가 있다: 이는 인간의 근본적 삶이 여기에서 주어지는 이 가장 단순한 근본적 형태보다 더 실천적일 수 없다는 사실을 깨닫는 것이다. 교회에 가입하고 거기에 속해 있는 것은 이 복종적인 오직 신앙 안에서 성취되는 그런 온전한 행위이며 그 이상도 그 이하도 아닌 것으로서 그 이외 아무것도 아닌 그런 것이다! 이 안에 이미 모든 것이 다 속해 있다. 사람들이 이 공동체에 속해 있다는 것 그것이 이 그리스도교 공동체로 하여금—아래로부터—그 어떤 모든 시간에도 하나님의 공동체로 만들고 이 공동체가 자신의 봉사를 할 수 있고 그렇게 할 능력을 갖추도록 하였다. 이를 통해서—아래로부터 볼 때—단지 그를 통하여 교회는 언제나 본질에 맞게 공동체로서의 교회(ecclesia semper mansura)로 존재한다.

    II. 이 공동체는 무엇보다 먼저 언제나 그 안에서 교회가 해야 할 증거를 그 공동체가 항상 다시 새롭게 시행하고 형성하며 구체화시켜야 하는 내적 역사 속에 존재한다. 이 공동체는 개인들의 자의와 바람직하다고 여긴 정도에 따른 돌발적 결정들에 근거한 그 안에서 하나로 만들어진 하나의 연관이 아니라 **오히려 주님으로부터 불리고 주님으로부터 세워지는 그런 모임인 것**이다. 교회는 이런 성격을 잃어버릴 수 없다. 교회는 오히려 이런 성격을 항상 새로운 형태와 형식 가운데 새롭게 획득하여야 한다: 시간과 장소 그리고 기회에 주의하면서 그리고 다양한 봉사의 상이성에 따라 어제 오늘 그리고 여기와 저기의 다양한 방식으로 교회의 머리 되신 분의 지도를 따라 존재할 수 있다. 이 내적 역사 안에서 교회는 교회가 가진 본질을 그대로 유지하고 교회가 섬겨야 할 대상들을 위해 잘 준비하고 보존될 뿐 아니라 잘 적응되도록 만들어 가야 하는 것이다. 이러한 봉사에 함께 참여한다는 것은 각각의 그리스도인들에게는 그들이 만들어가는 그 내적 역사, 이러한 형식과 구체화 그리고 언제나 새롭게 다시 만들어 가는 그런 건설에 참여하는 것을 의미한다. 그리스도교 공동체는 자신이 그 봉사하는 과정에서 스스로 실천적으로 참여하지 않는다면 스스로 세울 수 있는 것이 아니며 자기 스스로가 만들어 갈 수 있는 것이 아니다. 하지만 교회는 또한 자신에 속한 그 각각의 사람들이 **봉사**를 위해 잡힌 바 되어 공동체에 적극적으로 참여하지 않는다면 교회 자신의 고유한 그 봉사를 수행 할 수 없다는 것도 사실이다.

    그러므로 각 그리스도인들이 그리스도교 공동체를 세우는 일에 참여하지 않고서는 봉사의 일에 참여할 수 없는 것이다. 일반 사람들 중 누구도 자신이 주변의 세계에서 교회에게 의미 있는 것이라고 주장할 수 있는 그 외적 사역에 직접적으로 참여하려고 하지 않는다. 각자는 자신의 정체성, 그가 가진 것과 가지지 않은 것, 그가 누구이며 또 아닌 것, 또 건강한 존재인지 아닌지 스스로 이 모든 것에 책임적이다. 각자는 거룩하고 구원을 일으키는 일들 혹은 희망적으로 주어져 있는 일들에 대한 관심을 갖고 주의를 기울이면서 세속적이고 금지된 위험한 그런 일들로부터 벗어나 거기에 가까이 하지 않도록 하는 이들에 주의를 기울이도록 자신이 속한 특정한 공동체 안에서 부름을 받은 것이다. 우리 각자는 자신의 자리에서 자신의 시간 그리고 자신의 갖고 있는 기회를 통해서 이 계명과 금지를 지키고 성실하게 수행하도록 부름을 받은 것이다. 이 공동체의 내적인 역사는 이 각자의 참여를 요청한다. 교회공동체는 자신에 속한 성도들을 내포하고 있으며 그 자신의 고유한 성도들 안에서 그것의 역사는 이렇게 저렇게 지속적으로 일어나고 있다. 그리스도인이 우리는 그리스도인으로서 갖는 수동성은 그 공동체의 형성의 사실에 비하면 대칭적으로 자신의 고유한 그리스도인의 삶의 수동성을 의미할 수 있다는 사실을 의미하며 또 거꾸로 자신의 인격적이며 그리스도교적 수동성은 그 공동체의 활동 안에서 하나의 정지 상태를 오게 하는 요인이라는 사실도 깊이 생각하도록 요청되었다. 우리 중의 누구도 교회의 공동체를 세우는 일에 참여하면서 다른 사람들의 참여를 기다리지 않으며 또 우리 중 그 아무도 다른 사람들이 범할 수 있는 실수와 나태함을 핑계 삼아 그 공동체를 세우는 일에서 벗어나고자 하지 않는다. 각 모든 사람은 자기의 분량만큼의 한계하에서 주님과 모든 사람을 위한 책임을 지고 있는 것이다. 그러한 가운데 우리 각 사람은 교회에 성원으로 참여하는 그 특수한 행위에 대한 중요성을 이해하게 되며 자신의 신앙으로부터 그 교회공동체가 형성된다는 것과 그 신앙은 또한 하나님 나라의 진정한 수용으로부터 가능해진다는 것을 알게 된다. 하나님의 나라로부터 그 교회공동체가 존재하듯이 그도 존재하는 것이다. 이 사실이 존재와 그 공동체의 내적 역사를 위한 책임성에 종말론적 긴밀성을 더하게 만든다. 이 사실이 또한 그 사람들에게—자녀들아 이제는 종말의 때이다!(요일 2:18)—졸지 못하게 하고, 또 이것이 그에게 또한 깨어 있어 거기에 참여하게 만드는 것이다.—우리는 이 책임성을 더 자세하게 살펴보아야 할 필요가 있다.

1. 여기에서 무엇보다 먼저 공동체의 단일성이 중심적 과제로 등장한다. 교회의 주님은 그 공동체를 함께 있도록 만든다. 그 속에서 그 공동체가 하나가 되어야 하는 그들의 봉사에 대한 특별한 관점은 이 공동체를 하나로 유지시킨다. 하지만 그 안에 모여 있는 그리스도인들은 모두 평범한 사람들이고 그렇기에 언제나 갈라설 준비가 되어 있다고 할 수 있다. 사도들이 있을 당시에도 그 공동체 안에 이미 역설적인 그런 부분들이 있었다고 보인다: 한 주님의 한 영으로 그 공동체가 더 강하고 진지하게 그리고 더 풍성해질 때마다 그런 만큼 또한 그 안에서 연합된 사람들 사이에서는 또한 기꺼이 서로 떨어져서 나누어지고 대립할 수 있던 그런 요소들이 자라나고 있었다. 참된 신성이나 성령의 능력은 사람에 의하여 소유되거나 획득될 수 있는 것이 아니다. 만일 그렇다면 그것은 조금 있거나 조금 후에 통제할 수 없는 폭발력을 가진 마귀적인 것으로 변모되고 말 것이다. 만일 그렇게 교회공동체 안에서 내적 갈등과 분열 그리고 분리가 일어난다면 이제 여기저기에서 갖은 이단과 다른 주를 섬기는 또 다른 교훈들을 섬기는 일들이 일어나고 그것들은 이단들보다 더 나쁜 결과를 가져올 수 있을 것이다. 배교가 일어나는 것이다. 그렇게 되면 그 봉사는 올바른 것이 아니고 그 소금은 버려질 것이

되며 등잔의 불빛은 처마 밑에 놓이게 된다. 사도들은 왜 그들이 분열에 대하여 그것의 처음 시작에 대하여 경고해야 하는지 그 이유에 대하여 잘 알고 있었던 것이다. 분열과 더불어 이제 그 공동체는 잘못된 길 위에 서 있게 되었다. 그것과 함께 이제 그들은 그들이 사명으로 받은 봉사와 그어 더불어 그들 자신의 존재의 이유(ratio essendi)를 잃어버릴 수 있는 위험에 처하게 된 것이다. 이런 길에 들어서기 전에 우리는 조심해야 한다. 신성이 마귀화하여 분열이 오게 하는 것은 무슨 수단을 써서라도 막아야 한다. 부정적인 방법으로는 그러한 분열이 그리스도인들 속에서 자리잡지 않도록 철저하게 막아야 하고 긍정적으로는 오직 한 분이신 주님의 이름을 높이도록 노력해야 하는 것이다. 그리스도께서 공동체를 갖고 계신 것이지 공동체가 그리스도를 지니고 있지 않다는 그 명확한 인식은 우리에게 분명하게 드러나는 것처럼 모든 공동체의 통일성의 근거이며 그와 더불어 그 공동체의 순수성과 그 공동체에 맡겨진 사명을 수행할 수 있다는 가능성을 우리에게 보여주는 것이다.

그런데 어떻게 이 인식이, 한 성도의 삶이 아니라, 그 신앙으로부터, 뚫고 들어올 수 있단 말인가? 자신이 주님을 어떻게 마음대로 할 수 있다고 생각하지 않는 사람이 자신을 주님에게 바칠 수 있다. 바로 이러한 주님께 드리는 헌신을 통해서 각 사람은 교회공동체를 통일성 안에 있도록 만들고 또 그렇게 존재하여 남도록 하는 공헌을 하는 것이다. 만일 이 사람들이 참된 하나님의 사역을 거역하고 넘어서서 결국 마귀화되는 그런 일에 참여하게 될 수 있는 것처럼 각 그리스도인들은 언제나 그리스도와 그의 성령에 대하여 항상 새로운 경외심을 가지고 그를 지켜 나가도록 부름을 받은 것이다. 그가 한 단독적 인간이라는 사실은 그에게 있어서 그의 인격적 신앙에는 위험을 뜻하고 그와 더불어 그 공동체의 통일성에게도 하나의 위험을 의미한다. 그가 한 단독적 그리스도인일 수 있다는 사실은 신앙 안에서 인격적으로 그를 지켜줄 것이며 동시에 그것은 그 공동체의 통일성을 지키고 새롭게 할 것이기도 하다. 그는 이제 그 공동체를 위해서 그리고 인격적으로는 그 자신을 위해서 상호 간에 책임적인 존재로 이해된다. 그가 신앙 안에서 인내함으로써 그리고 언제나 그 신앙으로 되돌아감으로써 그는 공동체의 통일성을 세우고 지키며 그리고 그 신앙에 있는 한 그의 봉사를 수행할 수 있게 되는 것이다.

   2. 두 번째로 여기에서는 교회공동체의 삶이 문제이다. 교회공동체가 매우 강하고 유능할 뿐 아니라 자유롭고 또한 질서 잡혀 있다는 사실은 그리스도교적 특성에 맞는 지극히 인간적이며 자연스러운 일이다. 우리는 이제 그 살아 계신 주님의 살아 있는 공동체를 만드는 것 중에서 첫 번째 중요한 요소만 말했을 뿐이다. 그리고 이 공동체의 첫 번째는 또 다른 요소들을 부르고 그것 없이는 존재할 수 없다. 그것의 그리스도교적 성격이 갖는 철저성은 진지하면서도 매우 명랑한 세속성에까지 연장되어서 결국 교회가 특별히 자기의 고집을 하지 않으면서 자연스럽게 매우 의미 있는 방식으로 인간적

이며 자연적인 삶을 살아갈 수 있도록 하는 것이다. 그 교회의 삶의 능력은 교회가 태도를 취하고 교회 밖으로 행동을 취하고자 할 때 드러나는 자신의 중립성 속에서 나타나게 될 터인데 하지만 이 교회가 세속적 삶의 전문가로 평가되지 않는다면, 만일 그 삶 속에서 효과적이며 눈에 띄는 그런 관점에서 드러나지 못한다면 이 교회의 삶의 중립성이 무슨 도움이 되겠는가? 생동적인 교회공동체 내에서는 위대한 자유가 존재하고 그 한 영의 다양한 은사가 더 많이 충만하게 발전되어 있으며 그러면서도 하나의 목표를 향하여 일정한 질서를 이루어 나타나고 있고, 그렇게 그 하나의 영이 바로 모든 단독자의 근원이지만 자기 목적을 위한 것이 아니라 자기 자신을 훈련시킨 자유의 영과 그의 충만한 질서를 위한 것이다. 사도들은 그 교회공동체를 여기에서 그리고 저기에서부터 경고하고 촉구하고 그리고 주의를 기울이고 있다.

잘못 알아서는 안 될 일이 있다: 모든 교회공동체가 자신의 삶에 대하여 잘 듣고 가슴에 새겨야 할 것은 각자가 교회의 공동체의 일원이라는 점이다. 그 개인적인 그리스도인들은 개별적으로 살아가면서 이 세계 안에서 자연적인 방식으로 살아가고 있으며 그렇게 또한 매우 열정적이며 강한 신앙 안에서 그리고 자유로우면서도 동시에 잘 훈련받은 자로 살아가고 있는 것이다! 바로 그 한 사람 한 사람이 교회를 교회답게 만드는 그런 요인이다. 그는 이제 그 공동체 밖에 있다면 전혀 그 자신이라고 할 수 없다. 그리스도인으로서의 그의 삶은 자신의 삶에만 관여되어 있지 않고 한 교회 안의 다른 사람들에게 향해 있으며 더 나아가; 그는 그 타자들로부터 그 공동체를 기대하고 또한 공동체로 그들을 받아들여야 한다. 그렇기에 그는 이 공동체로부터 벗어날 수 없으며 그와 교제를 나누면서 그를 구성하는 바로 그 상태로부터 진지하게 거기에 참여해야 하는 것이다. 그렇기에 그의 삶이 건강하고 자신에게 요구되었던 필수적인 것들을 어느 정도 잘 처리하게 되면 그는 함께 기뻐하게 될 것이고 함께 감사하게 될 것이다. 또한 그래서 그는 약한 자, 잘못한 자, 고독한 자, 그리고 자신의 인생에서 낙오자들과 함께 슬퍼할 수 있을 것이다. 이러한 슬픔이 만일 이런저런 면에서 아픈 것이고 죽음에 이르기까지 고통스러운 것이라고 해도 그는 자신이 그렇게 경험하는 것처럼 동참할 수 있을 것이다. 하지만 그는 그 아픔들이 그에게 가장 분명하고 선명하게 드러날 때 그것들과 자신의 무능력의 원인을 먼저 찾게 된다: 자기 자신을 철저하게 분석함으로써 그 교회의 삶과 타인의 삶에 도움을 주고자 하기 때문이다. 그는 먼저 자기 자신을 비판하지 않고는 비판을 하지 않을 것이며 어떤 혁명을 위해 목소리를 높이기보다는 "그렇다면 자신의 개신교는 어떻게 될 것인가"라는 질문과 더불어서 변화를 위한 질문을 던지게 될 것이다. 이 질문에 대하여 오랫동안 아무런 반향 없이 침묵으로 일관되어 왔다면 그때서야 그는 자신의 소리에 힘을 싣기 시작할 것이다. 그는 이제 자신을 세우려고 하는 것이 아니라 공동체를 세우고자 할 것이다. 그 안에서 그리고 그와 더불어 그는 그리스도인일 수 있다. 그렇지 않은 개인적 경건이나 개인적인 그리스도교적 삶이 무슨 유익을 가져올 수 있단 말인가? 만일 한 그리스도인의 삶이 공동체 내의 삶이 아니라면 그의 삶은 전혀 그리스도교적 삶이 될 수 없다. 그의 삶은 이제 증인의 삶이 되어야 한다는 사실은 이제 가까이 임한 하나님 나라에 의해서 요구된 것이다. 그러나 그 하나님의 나라의 요구가 바로 그리스도인인 자신에 대한 요구라는 것을 깨닫는 이상 그리고 그 자신이 그 공동체 안에서 살고 그와 함께 삶을 나누어야 한다는 것을 아는 이상, 그렇게 그는 교회에 참여하는 자이고 그 역사에 참여하는 자이며 그 교회공동체의 삶에 자신의 적극적인 역할을 다하는 자라고 할 수 있고 그렇게 해서 결국 그 교회의 봉사에 참여하는 자가 될 수 있다.

    3. 이제 그 공동체의 삶을 근거 짓고 가까이 접근하여 항상 새롭게 구성하는 말씀이 모든 것의 관건이라고 할 수 있다: 이제 공동체의 신학이 관건이다. 그 교회의 봉사는 바로 이 위대한 표시에 있다. 그 표시들은 무언가를 말하고자 한다: 그 표시들은 하나님의 나라를 주님을 이 세계의 주님으로 크게 불러 외치는 것이다. 그런데 정말 그 공동체는 무언가 말하고 있으며 외치고 있는가? 정말 그런가? 교회가 과연 그 무엇으로서 하나님의 나라를 말해야 한다는 사실은 전혀 자명한 것은 아니다. 만일 그렇다면 이 공동체는—그 교회공동체에게는 이미 완성된 사태처럼 놓여 있는 일일 수 없고 항상 새롭게 일어나야 하는 일인데—스스로 거기에 속한 것으로서 교회의 시간과 자신의 자리에서 그리고 그 본성 한가운데로부터 그 공동체의 표지로 자기 자신에서 스스로 움직이는 것이다. 이것은 그 공동체의 내적 삶으로서 말씀 없이 존재할 수 없고 생각 없이 존재할 수 없다. 이 말씀은 식물적이거나 동물적인 것인 것이 아니라 아주 엄격한 의미에서 논리적인 삶이다. 이는 모든 자리와 각자의 시간 속에서—모든 근본적인 사건들을 위해서—인식 안에 있는 삶인데, 그 삶은 그와 함께 그 아래 그로부터 그리고 그 안에서 요청된 말씀인 것이다. 이제 곧바로 다음의 사실을 우리는 알 수 있다: 이 삶이라는 것은 자기 자신으로 만족하는 것도 아니며 자기 목적적인 것도 아니라는 사실이다. 마치 교회공동체의 설립이 자기 목적이 될 수 없듯이, 말씀을 통해 그리고 말씀 안에서 주어진 세움으로써 그 근원적인 성격, 즉 신학적인 건립이라는 내적 의미에서 말고, 이 외적 봉사를 위한 모든 노력 역시 그렇게 자기 목적적일 수 없는 것이다. 교회가 하는 말씀에 대한 봉사는 외부를 향한다. 근본적으로 자기만을 만족시키기 위한 말씀 안으로의 자기만족이 아닌 것이다. 물론 외적 봉사를 온전하게 하고 그 속에서 그 의미를 분명하게 더 나타내기 위해서 이 말씀은 내적으로 일어나야 하는 것은 사실이다. 그렇기에 이 모임은 그리스도인들이 항상 새롭게 들어야 하는 주님의 선포된 말씀과 자신의 나라의 말씀을 듣기 위한 모임이기도 하다. 그리스도교 공동체가 예배를 드리는 것은 이제 다음의 형식으로 일어난다: 그 속에서 항상 새롭게 공동적인 특성을 가진 하나님 나라의 말씀을 받아들임으로써 공동체가 새롭게 형성되는 것이다. 그리고 바로 이 공동적인 인식이 문제이기 때문에 인간적인 봉사는 전체 공동체의 공동적

책임성의 사태로서 받아들여져야 하고 실제적으로 일어나야 하는 것이다. 그 공동체의 회원들이 혹은 그보다 좀 더 적은 수의 일부 회원들이 이 사태에 안에서 책임을 져야 했다. 하지만 일종의 실천적인 위기처방인 대가로 주는 것(Quid pro quo)이 어디에서나 언제나 있어 왔다. 그 공동체가 가르치는 교회와 단지 듣는 교회로 나누어지는 것은 사실은 사실 절대로 원칙적인 사안이 되어서는 안 된다. 그 공동체의 내적 분리는 오히려 더 철저한 의미에서 신학으로서 모든 그리스도인의 원칙적인 문제인 것이다. 여기에서 신학을 배운 전문가가 문제가 아니라 그 교회의 본질, 그 영적 기능을 성취할 수 있도록 하는 것이 관건인 것이다: 예언자들의 증거와 사도들의 증언, 그리스도 예수의 비밀에 대한 영감에 넘치는 사유들, 그리고 그 안에서 나타난 하나님 나라의 실재성과 모든 백성과 언어 그리고 모든 시간의 백성들을 위해 일어난 이 사건의 폭을 사유하는 것, 그 모든 순간 교회의 현재의 의미와 근원적인 탐구를 사유하는 것, 이것이 문제인 것이다.

그 교회에 참여하고 거기로부터 신학의 사역에 동참하는 것은 좀 더 엄밀한 의미에서 이는 교회의 사명이며 그 공동체 모든 회원 단독자들의 사명이다. 비록 그리스도인은 이 위대한 사안에서 어떤 왜곡을 만들어서 개인적인 세계상을 갖고 이것을 공동체에 적용하려고 하는 그런 자유는 갖고 있지 않다. 하지만 그는 그냥 아무 전제 없이 자유롭다는 의미에서 자유로울 뿐 아니라 바로 공동체를 세우고 그것을 세우는 말씀으로부터 생각하고 자신의 존재의 책임을 다하도록 그렇게 자유로운 존재이다. 우리 중 어떤 사람도 자신을 이 타자로부터 배우고 자극을 받고 인도함을 받지 않고서는 그 자유의 요구에 순종할 수 있는 자가 없다. 그중에 신학자도 포함되어 있을 것이다. 우리 중 그 어떤 자도 하나님과 사람 사이의 대화, 사람과 사람 사이의 대화, 또 다른 동료 그리스도인과의 대화 없이는 아무것도 행할 수 없다. 즉, 우리가 말하고자 하는 것은 공동체 안에서 갖는 자유를 말하는 것이지 파우스트처럼 한 개인의 창조적 영감을 추구하는 그런 희망 속에서 말하는 어리석은 자유를 말하는 것이 아니다. 하지만 우리 중 그 누구도 단지 평신도이고 수동적으로 가르침을 받기만 하는 그런 단순한 신자로서 존재하기를 원하지 않고 있고 질문하고 답변할 그런 과제와 사명으로부터 벗어나 있는 자가 아닌 것이다. 교회의 설교와 그 설교에 봉사하는 신학은 바로 이런 문제로부터 그리고 그 사태에 대한 올바른 답변을 추구하는 가운데 그 공동체를 세워 나갈 수 있게 된다. 이러한 사태로부터 자라난 질문과 그에 대한 답변들 속에서 모든 각 신자들은 정확한 인식과 올바른 이해 속에서 그 공동체가 수행해야 할 올바른 일들을 할 수 있게 되는 것이다. 만일 이러한 사태에서 빗나가 있다면 혹시 그리고 그것을 나태하게 여긴다면 그 문제에 대해서 무관심하게 놔두어도 된다고 생각할 수 있다면 이는 잘못 생각하는 것이다. 그리고 얼마나 뒤쯤 그러한 나태 때문에 공동체로부터, 특히 그 문제를 예민하게 생각한 교회공동체의 일원으로부터 공격을 당하게 되더라도 놀랄 일은 아닌 것이다. 교회에 대한 객관적 비판도 사실 그들이 스스로 교회이고 그들이 해야 한다고 말해 온 바를 통해 함께 서기도 하고 넘어지기도 한다는 사실을 안다면 사실 대상이 없는 것이라고 할 수 있다. 더욱이 교회의 설교나 신학에서 발생하는 모든 오류나 잘못들이 이단들이 갖고 있는 오류에 비해서 비교할 수 없이 훨씬 안전한 것이라는 사실은 말할 필요도 없다.―교회는 단지 이러한 오류를 크게 더 노출시키고 있을 뿐이다. 사실 교회 안에서 성도들이 그 중요성을 인식하지 못한 것이나, 이루 셀 수 없이 많은 성도가 하나님의 말씀을 들어야 한다는 사실을 자신의 중대한 사안으로 삼지 않았기 때문에 생기는 오류를 지속적으로 범하는 것, 신앙의 내용을 개인적인 사안으로 만들어서 결국 이단들이 등장하게 되는 것 등이 다 이런 종류의 사안이라고 할 수 있다. 설교와 교회의 신학에게 필요한 새로운 각성과 부흥의 근거가 교회 역사에서 이름을 남긴 지도자보다도 그 공동체에 돌려져야 한다는 것은 의심할 수 없는 사실이다. 이 공동체들이 은밀하고 비밀스럽게 작용을 하고 있으며 이 지도자들은 그 공동체로부터 나와서 그 공동체를 감싸고 그 공동체의 입으로서 무엇을 말하고 있을 뿐인 것이다.―바로 이 무명의 수많은 그리스도인에게 올바른 교리에 대한 질문은 너무나 긴급한 것이었으며 타오르는 것이고 모든 침묵 가운데 비록 정확하게 묻지는 않았지만 언제나 새로운 답변을 추구하기도 하고 아니면 언제나 각각의 새로운 상황에서 항상 새로운 것을 추구하면서 더 나은 것을 이미 찾은 상태에서 그 지도자들은 단지 그것을 다시 반복해서 말했을 뿐이기도 했다. 그 지도자들은 이 공동체의 봉사에 참여하고 있었는가? 이는 그 공동체의 내적 삶의 중심을 형성하는 하나님의 말씀에 대한 봉사에 지금까지 어느 정도로 혹은 과연 실제적으로 참여하고 있었는가의 질문에 달려 있다. 그가 그런 한에 있어서 그는 그리스도인이며 그런 한에 있어서 그는 직·간접적으로 교회에 책임을 지고 있는 것이다. 이러한 사정을 올바르게 인식할 때 그는 이미 참된 책임을 진지하게 수행하게 될 것이고 다른 그 어떤 것보다도 이 공동체의 책임을 진지하게 받아들인 것이라고 할 수 있다.

4. 우리는 마지막으로 이 모든 것, 즉 교회공동체의 지체들을 자기 안에 이끌어 두면서 전체를 묶어주는 이것을 사랑으로 말하고자 한다. 우리는 단지 이 신약성서적 개념을 사용할 뿐 그것을 다시 해석할 필요는 없다고 생각한다. 이 공동체의 외적이며 내적인 봉사를 위해서 함께 역사하도록 소명을 받은 자들은 인격적인 사람들이다: 남자와 여자, 노인과 젊은이, 건강하고 약한 자, 그리고 덜 의존적이거나 독립적인 사람들, 교양을 가진 자나 혹은 신앙이 강한 자이거나 약한 자, 이렇게 저렇게 평가받은 사람들, 신뢰가 깊거나 인내가 많은 사람 아니면 그렇게 진중하지 못한 사람들 등이다. 이 모든 사람을 하나로 묶는 것은 단지 주님과 그의 영이 하신 일일 뿐이다. 혹시 아래로부터 보자면: 하나님의 나라를 진지하게 받아들이는 행동!이라고 할 수 있다. 물론 이 사람들의 내적 관계를 살핀다면 다른 면이 있을 수도 있다: 남녀 사이의 애정과 가정

적인 친근함, 영적이며 경제적이기도 하고 사회적이며 동시에 정치적인 그런 관계들이 있을 수 있다: 이들은 이외의 또 다른 이유로 서로 간 더 많이 관심이 있을 수도 있고 아니면 덜 필요할 수도 있고 기꺼이 모이고자 할 수도 있다. 하지만 이 모든 것은 전심으로 그들에게 속한 것 일 수도 있고 아니면 꼭 필요한 것이 아닐 수도 있으며 그런가하면 반드시 필요한 인간과 인간 사이의 연결고리일 수도 있다. 하지만 이런 것들이 그리스도교 공동체를 묶는 이유가 될 수는 없다. 교회공동체 내에 속한 그리스도인들을 하나로 묶는 것은 그들이 함께 **소명**을 받았다는 사실이다: 수평적 지평이란 교회공동체 상호 간의 관계를 말하며, 이 **수평적 관계**가 모든 장소와 모든 시간에서 언제나 하나님과의 수직적 관계하에서만 실존하게 되는 그런 사실을 전제하는 것이다. 사람과 사람 사이의 이 관계를 인정하고 실제화하고 현실화하는 행동은 공동체가 인간적인 공동체로서 구성되고 언제나 새로워지는 그런 행동을 의미한다. 한 그리스도인이 다른 그리스도인과의 관계에서 그를 안다는 것은 무엇을 포함하는가? —혈연관계? 정신적인 동맹관계? 도덕이나 경건성의 동일성을 알아보는 것? 혹은 비슷한 삶의 상황들? 동시대인들과의 교감? 서로 도와주고 격려하는 그런 관계? 이 모든 것은 아마도 그다지 중요한 것이 되지 못할 것이고 단지 하나의 결정적인 요인이 있을 뿐이다: 한 그리스도인은 다른 그리스도인 안에서 그 자신이 가진 것과 같은 **신앙**을 발견한다. 그도 역시 **복종**과 **봉사**로 부름을 받았다는 것, 그리고 그 부름을 지키고 거기에 의무감을 갖는 동안 그는 하나가 된다는 것이다. 어떤 의무가 결정적인가? 그는 그가 봉사하는 삶을 의미하는 형태를 가진 하나님의 피조물로서 그 봉사를 수행하기 위해서 영적이며 육적으로 꼭 필요한 그 자유로부터 스스로 타인을 지키고 타인을 섬기는 의무를 갖는 것이다. 하나님의 자녀들이 가진 자유란, 하나님의 영이 준 것으로서 다른 사람이나 다른 그리스도인이 다른 사람들에게 줄 수 있는 것이 아니다. 그 인간은 모든 인간적 영역, 모든 기쁨과 모든 기회 속에서 표시하고 전개되는 것들을 위해서 봉사적 삶의 부름이나, 영과 육의 피조적인 자유의 틀을 필요로 한다.

이러한 자유는 한 그리스도인을 지켜내고—그의 가능성의 한계하에서 그러나 실제로 충만해진 그런 한계 안에서—한 그리스도인을 타인들에게 유용한 존재로 전해주는 것이다. 그는 그 다른 그리스도인을 그의 자리에서 그리고 그의 방식으로 마치 자기를 자신의 봉사 안에서 찾는 것처럼 발견한다. 그는 자신의 현존재를 그 형제의 현존재로 이해하고 그것 때문에 감사한다. 그는 이것 때문에 즐거워하는 것이다. 하지만 동시에 그는 그 동료의 한계와 약함 그리고 피조성의 한계를 발견하기도 한다. 그는 자신의 동료 그리스도인이 그의 자유 안에서 얼마나 좁은 공간을 가지고 있는지를 알고 그것 때문에 그의 봉사가 위협받고 있다는 것도 안다. 그는 물론 그의 도움이 필요한 모든 사람을 도울 수 있는 것이 아니다. 그 도움이 필요한 사람에게 어느 정도 도움이 될 수도 있고 또 큰 것이 될 수도 있다. 또한 그는 말을 통해서, 아니면 말없이 오랫동안 참고 인내하면서 때로는 특정하고 강한 어떤 행동으로 그를 보호해줌으로써 그를 도울 수도 있다. 그는 그의 곁에서 책임을 지면서 그를 도울 수 있는 자유를 확보하기 위해 모든 것을 할 수 있다. 왜냐하면 그는 우리의 형제이고 그 봉사 안에 함께 서 있으며 같은 주님으로부터 같은 위탁을 받고 있기 때문이다. 이것이 바로 그리스도교의 사랑이다. 이 사랑은 형제사랑이다. 이 사랑은 그 공동체를 인간적인 공동체로 세우고 보존한다. 이러한 사랑의 공동체로서만 이 교회는 세계에 봉사할 수 있다. 이 실천적 형제사랑은 모든 공동체의 각 멤버들이 어디에서든지 함께 사역하면서 작동하는 그리고 그 일로 부름을 받은 그런 행동인 것이다. 더 많든 적든 간에 자유를 필요로 하는 많은 그리스도인의 내적 인격 속에 역사와 유대교의 역사에서 찾을 수 있는 각자의 내적 역사가 있는 것이다. 그리고 그 각자는 각자의 자리에서 능력과 은총으로 자유를 가지고 타인을 도울 수 있는 은총을 갖고 있다. 물론 그 어떤 사람도 다른 사람을 구속할 수는 없다. 하지만 그리스도인은 자기 외 누구인지 모르지만 자신을 둘러싸고 있는 동료 그리스도인을 도와야 할, 해방시키고 풀어주어야 할 사명이 있으며 그가 피조적 존재이지만 가능한 한 그에게 선한 일이 될 수 있도록 편안하게 해주고 그의 삶의 사정을 풀어주어 그를 강하게 만들어야 하는 사명을 갖고 있다. 그를 돕는 것, 그를 해방시키는 것, 그 자체가 이미 봉사이다. 이 봉사는 또한 각자에게 이런저런 모양으로 요청되고 있다. 이렇게 실제로 역사(役事)하는 형제애가―단지 묵상과 명상 속에서 이루어지는 것이 아니라―그리스도교 봉사의 가장 어려운 형태일 것이다. 이 사랑이 상황 속에서 어려운 헌신을 요구할 수 있기 때문이 아니라 이 그리스도교적 봉사는 이러한 형태에서 간접적이며 그렇게 선명하게 알아볼 수 없기 때문에, 그리고 이렇게 그 형제의 인격 안에서 역사하는 주님에 대한 봉사로서 그를 위한 사역의 눈부신 명료함과 그 사람의 사태가 빠져 있는 것처럼 보이기 때문이다. 우리가 함께 일하는 그 사람들과 우리의 형제들 속에서 타인 속에 있는 우리 모두 공동의 주님과 그의 영을 직접적으로 알아보는 것은 매우 어려운 일이 아닐 수 없다. 그가 가진 울타리나 약함 그리고 그의 짐들이 명백하게 보인다. 하지만 이런 것들이(울타리, 약함, 그리고 그의 짐) 정말로 타인을 돕고 그들에게 자유를 보장하고 창조할 뿐 아니라 그 형제를 사랑하고 높이는 그 사람의 약함이며 한계이며 짐들이라고 할 수 있는가? 그리스도인인 이 사람에게 무언가 중요한 것이 기대되고 있다고 보이지 않는가? 그를 도와주는 것이 아주 중요한 것으로 보이지 않는가? 사랑이 식어지고 다시는 따뜻하게 되지 못할 것 같은 수많은 이유가 그 앞에서는 다 사라져버릴 것 같은 그런 형제가 한 사람이라도 있지 않은가? 무엇이 나로 하여금 그에 대하여―단지 나에게는 한 동료 인간으로서 알려졌을 뿐이며 그리스도인으로서는 알려지지 않은 그런 자―그토록 관심을 갖게 하며, 내가 그를 사랑하고 더욱이 실천적으로 그를 사랑하게 하는가? 나 자신도 단지 한 사람의 동료 인간으로 나타날 뿐이며 다른 이들에게는 아마 그리스도인으로서 전혀 알려지지 않았을지도 모른다는 사실은 매우 자포자기적인 관점에서 드러나는 것이다. 그리고 이것이 봉사의 형태가 갖는 어려움이다. 실천적인 형제사랑은 이중적인 근원을 요청하는 것이다: 그는 형제일 뿐 아니라 동시에 그가 한 사람의 인간이라는 사실은 무시되어서는 안 되고 오히려 똑바로 살펴보아야 하는 것이다. 그는 그리스도인이 되기 위해서 인간으로서 자유를 갖고 있으며, 그리고 그의 인간성 가운데 그를 돕기 위해 그 옆에 서 있어서 그가 자유로운 자로서 그리스도인이 될 수 있기 위해서 우리는 부름을 받은 것이다. 나는 그의 형제로서 단지 한 사람의 인간이라는 사실은 참된 것으로 그렇게 남아 있는 것이고 그렇지만 동시에 인간으로서 동시에 내가 그리스도교적이 되도록 부름을 받고 있다. 이 형제사랑이 아마 분명하게 모든 부름의 **근원**이며 공동체에 참여이며 여기에서 가장 구체적으로 드러나게 되며 이 모든 사건의 진실성이 드러나야 하는 **신앙** 안의 모든 존재라고 할 수 있다. 우리는 지금 요한1서의 특징을 생각하고자 한다: 하나님을 사랑하지 않고 그 누구도 자기 형제를 사랑할 수 없다. 자신의 형제를 사랑하지 않는 자가 어떻게 하나님을 사랑할 수 있단 말인가? 봉사가 여러 다른 것 가운데 하나가 아니라 그리스도교 사랑의 필수적인 조건(conditio sine qua non)이라고 할 수 있다. 그리스도교 공동체가 만일 이 형제사랑을 실현하기를 거절한다면 그 공동체가 이 세상에서 수행해야 할 마땅한 봉사의 영역에서 무기력하게 남게 될 것이다. 만일 한 사람의 그리스도인으로서 그가 함께 동역하도록 하는 그 일로부터 벗어나고자 한다면—이는 진실한 그리스도인이라고 할 수 없을 것이고—교회의 공동체가 수행해야 할 사명의 완수를 위해 그가 외적 봉사에 참여했다는 것이 무슨 도움이 될 수 있단 말인가? 능력과 유익함, 말씀과 함께, 말씀 아래서 봉사하면서 자유와 질서 가운데 인간의 삶 속에 참여하는 것 외 무엇이 세계를 돕는 것이 될 수 있단 말인가? 단지 이 형제사랑이 사건으로 일어남으로써만 교회공동체는 성장하게 되는 것이다. 이 교회가 그 형제사랑을 실행하는 정도까지, 그에게 그 사랑이 요청되는 만큼만, 각 그리스도인도 공동체의 성장에 참여하는 것이다. 그가 형제사랑을 수행하지 않는 것처럼 보이는 곳에서는 교회공동체에 그가 참여함으로써 과연 그가 신앙적 측면에서 그리고 하나님 나라의 메시지에 비해서 정당성을 갖고 있느냐는 질문이 생기게 된다.

III. 이제 우리는 교회가 수행해야 할 외부에서의 봉사를 생각하고자 할 때 그리고 그 교회의 사명을 생각하고자 할 때, 앞에서 말한 것들이 다 전제된 것으로 생각되어야 한다. 교회공동체의 실존과 그 교회공동체의 삶은 자기목적적이 아니다. 그것은 우주 안에서 그 사명을 갖고 있으며 그리스도인이 아닌 수많은 다른 사람들 속에서 목적을 찾아야 하고 하나님의 나라가 진지하게 받아들여지지 않은 곳, 그래서 다른 역사, 교회의 역사가 아닌 다른 역사가 더 우세한 그곳에서 이 사명을 발견해야 한다. 우리는 다음의 사실을 확정지을 수 있다: 공동체가 봉사하는 일에 부름을 받은 각 그리스도인은 단지 안에 있을 뿐만 아니라 그 공동체 밖에 존재하며, 단지 그리스도인일 뿐 아니라 한 사람의 인간이고, 공동체 안에서만 존재하는 것이 아니라 바깥에, 어둠 속에, 낯섦 속에, 타자 속에, 대립 속에, 마치 양이 이리 가운데 있는 것(마 10:16)처럼 그렇게 그 세상 속에 존재하는 것이다. 이 외부를 향한 봉사의 영역에서 그리스도인은 오직 **신앙** 안에서만 참되게 공역할 수 있게 되고 그가 돌아가서 섬겨야 할 그 세계는 안전한 항구가 아니며 늑대들 사이로 들어가는 것과 같은 것이 될 것이다. 하지만 이 봉사는 결코 자신을 위한 자기목적적 행동이 아니다. 자신을 구원하기 위해서 자신에게 돌아가는 그런 행동이 아닌 것이다.—그렇게 될 수도 없다.—오히려 이는 저 밖에 있는 타인의 나라, 이 교회공동체가 보내심을 받은 그들을 위한 것이다! 왜냐하면 하나님께서 이 세상을 사랑하셨고 그들에게 이 하나님의 사랑을 전해야 하기 때문이다. 그리스도인들은 그 공동체의 섬김의 봉사를 행하면서 그 세계를 만나게 되고 그것은 자신의 행동이 매우 어려워진다는 사실을 의미한다. 그렇지만 이 어려움이 오히려 그의 행동이 진실하다는 보증이 되고 있다. 그 자신에게 하나님의 나라가 증거 되어야 한다는 사실이 너무나 필요한 것인 것처럼 그를 감싸는 그 주변의 세계에게도 이는 매우 필요한 일인 것이다.

1. 우리가 그 특징을 포기할 때 그 특징을 잘 드러낼 수 있다: 공동체와 그 공동체에 속한 각 개인이 이 세상에 빚을 지고 있다는 것은 바로 그 안에서 그리고 그 공동체에 속한 각 개인 안에서 하나님이 세상을 사랑하셨던 그 사랑을 닮아가고 그 사랑을 세워가는 과정이 일어난다는 사실을 의미한다. 그리스도교 공동체는 이 세상을 위해서 존재하는 것이다. 이는 근본적으로 모든 사람을 위한 것이어야 하고 그들의 사명과 봉사에 대하여 말해야 하는 것이다. 교회는 어쩌면 인류의 적처럼 보일 수 있을지도 모른다. 하지만 인류는 그 본질과 혹은 비본질적 측면에서조차 결코 교회공동체의 적이 아니다. 교회공동체가 하나님을 위해서 서 있는 것은, 하나님이 세상을 사랑했기 때문에, 하나님의 나라가 이 세상의 빛이기 때문에, 단지 이 세상을 위한 선택일 수 있을 뿐이다. 하나님을 사랑하는 것이 세상과 대립하는 것이거나 세상을 향한 십자가 전쟁을 시작해야 한다는 것을 의미하는 것이 아니다. 그리스도교 공동체는 이 세상을 구원할 수는 없다. 교회 내에서도 그 어떤 형제 그리스도인을 구원할 수 없는 것처럼, 단 하나뿐인 죄와 그 죄의 결과만으로라도 그 어떤 한 사람이라도 세상에서 구원할 수 없다. 하지만 한 사람이 다른 형제를 신앙 안에서 사랑하는 것처럼, 그를 자신의 영적 힘과 육적 자유를 힘껏 지키고 존중할 수 있는 것처럼, 모든 사람이 서로서로 그런 것처럼, 그렇게 이 공동체는 전체로서 더 넓은 공동체를 위해서 부름을 받았고, 밖에 서 있는 그 비그리스도인들을 지향하며 그들을 위해 서 있으며, 그렇게 그 자신, 즉 그리스도인에게 그들의 봉사를 인간적으로 만들도록 하는 그것을 비그리스도인들에게 적용하도록 부름을 받았다. 사람들이 근본적으로 필요로 하는 것은 영의 자유이다. 하지만 이것을

그 공동체는 사람들에게 줄 수 없다. 단지 교회의 증거가 무익하지 않고, 하나님께서 그들이 증거한 것이 보이도록 하실 뿐 아니라 실제적으로 효과를 내면서 그 증거를 사용하시기를 기대하는 그 희망 속에서 그들에게 증거할 뿐이다. 교회는 이 세계 공동체를 사랑함으로써, 그것도 날마다 실천적 사랑을 행함으로써, 그리고 또한 피조물인 그들의 여러 약점 가운데 다른 무엇보다도 그들의 자유에 관심을 갖고 그것을 다시 과제로 만듦으로써 그에 대한 자신의 사역을 증거할 수 있을 뿐이다. 그리고 이 세계 공동체가 그리스도인의 증거를 수용하고 그것을 받아들일 수 있기 위해서는 자유가 있어야 할 뿐 아니라 자신들에게 이 증거를 제시하고 있는 자유에 대한 아주 조금이라도 애정이 필요하다. 누구라도 동료 인간들에게 하나님의 나라를 증거하고자 하는 자는 반드시 동료 인간들에게도, 자신들과 마찬가지로 동료들의 곤란을 잘 알고 또한 그들을 위한 책임이 있으며 그들과 가장 기본적으로 깊숙하게 연관되어 있다는 사실을 증명해야 한다: 그것은 다름 아니라 그들의 구원을 위하여 드러나고 증거 된 하나님의 나라를 위해서, 예수 그리스도께서 그들의 친구가 되시고 그렇게 행동을 하셨다는 사실, 그리고 그들을 위해 오셨다는 사실을 증거하기 위해서 꼭 필요한 것이다. 그리스도교 형제애가 그 봉사의 행동으로 범위를 넓혀갈 때, 교회공동체는 자신의 행동을 철저하게 수행하면 할수록, 자기 자신의 정체성을 더욱 확실하게 추구하면서 자신을 외부 세계에 대하여 더 폭넓게 개방해야 할 것이다. 교회공동체의 일원인 이 인간은 이처럼 동료 인간, 바로 이웃으로의 사랑의 확장이라고 할 수 있을 것이다. 그리고 그가 복음을 받아들이지 않았더라면 그도 숨어 있거나 명백한 무신론자로, 비그리스도인이나 낯선 자, 혹은 공동체의 적으로 등장할 수도 있었을 뻔 했다. 만일 교회공동체의 이웃으로서 이 사람이 교회공동체들로부터 적으로 인정되어 미움과 멸시 그리고 무관심을 경험했다고 한다면, 이 공동체로부터 그 동료 인간에게 불어가야 할 참된 인간의 자유를 위한 또 다른 바람이라는 사실이 그 동료 인간에 의해 논박되었다면, 이 공동체로부터 전해져야 할 것으로 여겨지는 은혜의 왕국 혹은 영의 자유에 대한 증거를 받는 것이 어떻게 가능해질 수 있단 말인가?

그리스도인들이 인간을 사랑하지 않는 바로 그 자리에서 어떻게 이 교회공동체는 그들에게 **하나님**이 그들을 사랑하고 그들은 하나님의 사랑을 받은 자라는 사실을 말할 수 있단 말인가? 교회공동체의 사람들이 이 하나님의 사랑에 대하여서는 확신을 가지지 못하고 있다는 사실만을, 그리고 그 사랑이 진실한 것이 아닐지도 모른다는 사실을 증명할 뿐인 것이다. 그들이 사람들을 사랑하지 않는다면 이 교회는 여전히 일반적인 인간에 불과할 뿐이고 비그리스도인일 뿐이다. 하나님의 친구이지만 그의 적이기도 하며 신앙을 가진 자이기도 하지만 동시에 무신론자이기도 한 것이다. 만일 이들이 하나님께서 인간을 사랑하신다는 사실을 확신한다면 교회는 그런 관점으로부터 모든 일을 처리해야 할 것이다. 이 교회가 동료 인간에 대하여 가져야 할 결정적인 태도는 예수 그리스도께서 그들의 죄 때문에 십자가를 지셨으며 그들을 또한 구원하기 위해 십자가를 지셨다는 사실에 기초해 있다. 교회는 바로 이 십자가의 사건으로부터 모든 사람을 살필 수 있어야 하고 거기에서부터 인간들에게 다가서야 하는 것이다. 이는 인간을 반대해서는 안 되며 이론적일 뿐 아니라 실천적으로 인간을 위하는 것이어야 한다. 그러한 행동으로 또 남들을 그렇게 여기도록 함으로써, 말과 침묵으로, 간섭과 인내로서 다른 이들을 위한 공간을 만들어주어야 하며 용기와 우정을 보여주어야 한다. 인간의 행위로서 그리스도교 증인 공동체의 신뢰성은 이 실천적 사랑의 사역이 다른 모든 사정보다 먼저 인간에게 적용되고 다른 그 무엇보다 가장 후에 그들을 위한 것으로 인정되며, 말하는 유비로서 그 인간과 동행하며 그 인간을 감싸 그를 서게 해주고 그 인간과 교통하면서 그 인간을 제대로 이끌어 줄 때 가능한 것이다. 이러한 일들은 그리스도교 공동체의 각 일원들이 세상에서 올바른 결정을 내리고 행동을 할 때 가져야 할 가장 중요한 사안이다: 너희의 사랑을 세상사람이 알게 하여라!(빌 4:5) 이것이 없이는 아무것도 일어날 수 없다.

2. 우리가 살펴야 할 두 번째 문제는 바로 이 공동체가 감당해야 할 **선교**의 과제이다. 먼저 우리는 이 선교가 무엇을 의미하는지 좀 더 정확하게 규정해야 할 것이다: 선교의 과제란 새로운 회원을 획득함으로써 주변 세계를 새롭게 하고 자신을 또한 갱신해야 할 사명이 있는 것이고, 비그리스도교인들을 신앙과 복종으로 인도하고 그들을 부르는 일이며 공동체를 섬기도록 신자들을 개혁시키는 일이다. 하지만 이 공동체는 사실 그 누구도 그리스도인으로 만들 수 없다. 그것은 하나님 그분만의 사역이다. 하지만 이 공동체는 사람들을 이 세계로부터 불어내어 교회공동체의 사역에 참여하도록 격려하는 일이 없이는 이 세계 안에서 존재할 수 없다. 이 교회공동체는 사람들을 필요로 한다: 더 나아가 그 공동체의 주님은 부요하시고 넉넉하게 은혜로우신 분이시어서 그는 교회공동체와 멀리 떨어져 있는 낯선 자들로부터 그들을 불러 그 세상으로부터 벗어나 이제 새로운 사람으로 만들어 하나님 나라의 사역자로 만드시기를 그치지 않으신다. 바로 이 일을 교회는 교회 바깥의 사람들에게 분명하게 그리고 지치지 않고 끊임없이 말해야 한다. 교회는 이 세상 사람들 모두가 이 메시지를 듣고 거기에 긍정적으로 반응을 보일 것이라고 기대해서는 안 된다. 세상 사람 모두 그리고 그중의 다수가 그리스도인이 될 것이라는 약속을 받아본 적이 없다. 이 세상이 그리스도인의 세상이 될 것이라는 약속을 받은 적이 없다! 그리스도께서 이 세상 모든 사람의 주님이시며 그가 행하신 것은 모두 이 세상을 위해서 하신 것이다. 하지만 그를 믿는다는 것은 모든 사람의 일이 아니다. 그러므로 교회는 자신이 항상 소수일 것이라는 사실을 받아들여야 한다. 그리고 더 나아가 이 소수의 공동체로서 인간의 죄악을 인하여 이 교회공동체에 들어오는 사람들이 항상 더 적어질 수 있다는 것도 명심해야 할지도 모른다. 과거에 수많은 세상 사람이 교회에 들어왔지만 미래에는 거꾸로 많은 사람이 교회를 떠

날 수도 있다는 사실을 직면할 수도 있다. 또 그리스도인이 되기 불가능한 사람은 또한 아무도 없다는 사실을 명심해야 한다: 그가 비록 지금 아무리 복음에 대하여 무지한 자라고 해도, 그리고 복음에 대하여 관심이 없는 자라고 해도, 복음의 적이며 더 나아가 하나님을 공격하는 무신론자라고 해도 그리스도인이 되기에 불가능한 사람은 아무도 없다. 예수 그리스도를 자신의 어른으로 인정하며 예수 그리스도를 있는 그대로 동료 인간으로서 받아들여 그를 따라야 하고 섬겨야 하는 그런 인간이 되기에 불가능한 그런 존재는 없다. 우리 중 이러한 봉사를 통해 더 위대한 인물이 되지 못할 그런 사람은 없다. 이러한 가능성은 언제나 모든 백성 가운데 상존하기 때문에 교회는 선교에, 사람 낚는 그물을 던지는 일에 힘을 기울여야 한다. 이러한 가능성을 잘 모르고 그것을 나태하게 대하기 때문에, 교회가 그 일에 나태한 가운데 접근해서 현재에 만족한다면, 주변의 새로운 사람들을 모으고 다시 그들을 다시 이 사명으로 인도하는 데에 적극적으로 나서지 않는다면 그런 누구는 처음부터 그리스도인이 되기에 불가능하다고 생각하는 그런 일들이 실제로 일어나는 것이다. 교회공동체는 교회의 새로운 공동체를 모으기 시작했을 때, 그것도 어두운 세상의 단면을 뚫고 전도에 최선을 다할 때 바로 거기에서 교회가 살아 있는 것이다. 복음이 알려지지 않았고 거부된 그곳에, 그 적진 한 가운데서 교회는 살아 있으며 교회는 이렇게 선교공동체로서 존재할 뿐 만일 그렇지 않다면 그것은 그리스도교 공동체가 아닌 것이다.

 이제 교회의 모든 구성원은 이 전도의 사명을 가지고 있다고 생각해야 한다. 전도를 위한 공동의 각오와 노력 속에서 이제 그 교회공동체 각 개인들의 결정이 드러난다. 그러나 이 공동체의 각오와 노력이 효과를 거두는 것은 그것을 뒷받침하는 개인들의 인격적 결단에 달려 있다. 그리스도인들은 자기 자신에 만족하고 있는가? 그리스도교의 경건성을 이런저런 일에 이런저런 방식으로 특정하게 섬기며 그 공동체를 가족처럼 여기면서 자기가 과거로부터 이어받은 전승의 한 관점에서 유산으로 여기고 그것을 세우고 섬기는 데 만족하고 있는가? 교회가 가장 좋게는 자기 자신과의 일치에 그리고 아니라면 이미 존재하는 그 공동체와 그냥 만족해하면서 자기와 유사한 사람들의 함께 있음에 모든 문제의 핵심을 넘겨버리기에 만족하고 있는가? 그렇다면 전도는 일어나지 않을 것이며 그저 평화롭고 문제성 없는 주변 세계 일과의 공존만이 존재하게 될 것이다. 왜냐하면 그리스도인으로서 반드시 전도에 열중해야 하며 또 그렇게 열중한다는 것은 흥미 있고 놀라운 일이 될 것이다. 아니라면 그리스도인들은 자기 자신을 만족해 하지 못하는가? 지금까지의 교회공동체가 그들 자신의 고유한 방식에 익숙해져서, 이를테면 유럽식이나 미국식으로 복음을 이해하고 실천해오기에 익숙해진 교회가 이제부터 새롭게 사안별로 제한적으로나마 전혀 다른 사고방식, 언어방식, 행동방식을 받아들여야 한다는 생각이 지금까지의 교회공동체를 불안하게 만드는가? 아니면 교회가 이제부터 지금까지의 방식과는 다른 새로운 그리스도교성을 찾기 위해서 새로운 사람들을 추구하고 있는가? 만일 그렇다면 교회가 새로운 사람들을 찾아나서는 일에 전념해야 한다는 것이 매우 중요한 사역이 될 것이다. 하지만 이 모든 일에 가장 중요한 점은 모든 그리스도인 한 사람 한 사람이 선교사라는 이 중요한 사실을 받아들이고 그것을 품은 채 행동을 하느냐에 달려 있는 것이다. 그것도 그들이 기술적인 의미에서가 아니라 근본적인 영적 의미에서 — 그들이(이미 그리스도인이 된 기존의 공동체원) 바로 형제로서, 이미 형제인 그들을 받아들이면서 그들에게 진실하게 남아 있고, 또한 아직 그리스도인이 아닌 다른 사람들에 대해서는 그들이 이제 그리스도인이 될 수 있을 뿐만 아니라 그들조차 하나님의 소명을 받은 자로서 함께 공동체의 부름을 받을 수 있는 자라는 전망을 갖고 지키면서 그들로 하여금 그 사태가 일어나도록 노력하여 그들 자신이 모르고 있을 뿐 어쩌면 이미 그러한 그들의 존재에 대한 새로운 전망을 열어주면서 그러한 변화의 운동이 일어나도록 만드는 것이 바로 이 선교라는 사태인 것이다. 유럽과 미국의 교회 안에서 일반적으로 이러한 인식이 현실이 되지 못하고 오히려 교회가 아닌 여러 선교 단체, 혹은 교회 안의 소종파, 혹은 특별한 집단들 속에서만, 그들 중 일부는 심지어 이단적이라고 생각되는 그런 열광주의자나 지나치게 공격적인 자세를 가진 특별한 소규모의 집단에서 오히려 이러한 인식이 실천적으로 일어나고 있다는 사실을 고백해야 한다는 것은 참으로 당혹스러운 일이 아닐 수 없다. 우리는 생각해야 한다: 우리 각각의 모든 그리스도인은 전도인이며 한 새로운 증인을 찾아나서는 그런 사람이어야 하는 것이다! 그 한 사람이 바로 그런 전도인이라는 의식과 인식, 그것 없이는 우리의 교회공동체는 더 이상 전도공동체가 아니며, 만일 그렇다면 그 공동체는 전혀 그리스도교적 공동체일 수 없다.

    3. 이제 또한 우리가 말해야 하는 그리스도교 공동체의 마땅한 사역(opus proprium)은 이 세계에 **복음**을 전파해야 한다는 사실이다. 이것이야말로 교회가 선교공동체이어야 한다는 말의 넓고 깊은 본질적인 의미이다. 그렇게 되기 위해서 교회는 반드시 자신을 넘어서 세계로 나가야 하며 새로운 사람들을 받아들임으로써 세계를 새롭게 만들어야 하는 일이다. 교회는 더 많은 증인과 그들의 새로운 사역을 통하여 이 세계에 하나님이 세계를 받아들이셨을 뿐 아니라 하나님께서 그들을 도와주셔서 이 세상은 자신에게 남겨져 있는 버려진 것이 아니라 하나님에 의해 사랑받고 구원받고 유지되고 지배되며 그 구원을 위해 인도된 것이라는 사실을 위해 항상 새로운 증거를 제시하여야 한다. 이제 그 세계 안에서 일어나는 모든 일, 이를테면 모든 인간이 자신들의 역경과 고난, 죄와 죄책, 어려움 그리고 삶의 고난을 통하여 배우는 모든 경험은 하나님께서 이미 계시의 비밀 가운데 그들을 구원하셨다는 이 세계와의 근본적 일치 속에서 존재한다는 것을 그들에게 매일 제시할 수 있어야 하는 것이다. 이 공동체는 세계에 하나님의 자유로운 은총과 그에게 주어진 소망을 보여줄 수 있어야 한다. 교회는 그들에게 참 하나님이시며 참 인간이신 예수 그리스도께서 그들의 구원으로 이 세계에 오셨

다는 것과 다시 오실 것이라는 것을 보여주어야 한다. 이것이 하나님 나라의 표지이다. 그리고 이것이 복음이다. 그리스도교 공동체는 자신을 위해 있지 않고 복음을 위해 존재한다. 교회공동체는 하나님께서 예수 그리스도 안에서 우리를 의롭게 만드시고 창조주로서 자신의 영광과 피조물들의 명예를 어떻게 확실하게 만드셨는지를 보여주어야 한다. 또한 교회는 이 세계의 모든 일이 어떻게 시작되었고 자신의 어떠한 목표를 향해 얼마나 급하게 달려가고 있는지를 보여줄 수 있어야 한다. 또한 교회는 시간과 그 안의 이 모든 것이 얼마나 사랑스럽고 얼마나 참을 만하며 얼마나 긍휼이 넘치며 언제나 도움의 준비가 되어 있는 것인지를 보여줄 수 있어야 한다. 교회는 이러한 사안들을 진실하게 이해하는 한, 교회는 그 인간들 사이에서, 하나님 없이 살고자 노력하는 인간들 사이에서, 자기 스스로를 돕고자 하며 스스로를 구원하여 스스로를 영화롭게 만들고자 하는 그런 크고 작은 시도들 가운데서, 그런 시도로 말미암아 야기되는 온갖 악과 유감스러운 비참함 가운데, 그래서 결국 그것들 때문에 감내해야만 하는 온갖 흥분과 불안과 공포들 가운데 존재할 수 있는 것이다. 그리스도교 공동체는 이 모든 것이 다 잘못되어 있다는 것을 잘 알고 있으며 이 모든 현상에 대해서는 이미 심판적 부정이 내려졌음을 알고 있다. 바로 이 점이 교회가 자신이 진지하게 받아들여야 하는 그 복음적 사실로부터 확실하게 이어받은 것이다. 이제 교회는 이러한 인간적 시도들이 거꾸로 와전되어 실패할 것이라는 것을, 헛되게 잘못된 것이지만 이미 복음 안에서 극복된 사실이라는 것을, 그래서 결국은 항상 새로운 죄와 그와 더불어 잘못된 결과만을 가져오게 될 것이라는 사실을 경고하지 않으면 안 된다. 또한 그들의 모든 사소한 시도와 위대한 도전들이 이미 그 결과가 주어진 처리된 사안에 불과하다는 것을 정확하게 말해야 하는 것이다. 이 교회공동체는 이 세계의 길을 환영하고 그것과 함께 가려고 할 수 없을 것이다. 교회는 이 세계의 길과는 전혀 다른 길을 제시해야 한다. 하지만 교회는 사람들에게 이러한 비판과 부정 그리고 반대를 결정적으로 대립시키고자 하는 것이 아니며 또한 그렇다고 해서 어떤 계획이나 프로그램, 어떤 새로운 법칙을 제안함으로써 그들이 하나님 없이 살고자 하는 인간들의 헛된 시도들을 포기하도록 만들거나 이 새로운 제안들을 통해서 인간들이 새로운 측면을 발견하고 그것을 환영하면서 받아들이도록 해서 결국 신의 도움으로 모든 것을 더 좋게 만들고자 하는 시도를 하는 것을 의미하지 않는다. 회당이 그런 길을 택해 왔다. 프리메이슨 비밀 결사단의 집합소들이 그렇게 말해왔다. 또한 도덕 강화운동이 그 길을 제안한다. 하지만 하나님의 교회는 그렇게 말하지 않는다. 교회는 이 세계의 사람들에게 어떤 제안을 하는 것이 아니다. 지금까지의 그 어떤 제안들보다 훨씬 더 인간을 선하게 만들고 도움을 줄만하고 정당하게 만들면서 영광스럽게 할 수 있는 효과적이며 성공적인 그런 프로그램을 제시하는 것이 아니다. 교회는 그들로부터 구분되는 더 나은 인간들, 죄 없고 죄책이 없는, 이 세상의 혼란과 고난으로부터 벗어나 있는 그런 인간을, 그래서 나머지 인간들에게 어떤 모범으로 드러날 수 있는 그런 정형적 인간을 보여주어서 나머지 사람들이 거기에 연결될 수 있도록 하는, 그 길을 따라하는 것만으로 그가 살고 있는 지옥과 같은 이 어려움으로부터 벗어날 수 있도록 해줄 수 있는 어떤 것을 제시하는 것이 아니다. 교회는 인간들이 하나님의 피조물로서 하나님에게 속해 있다는 것과 함께 그들의 시도들과 그들의 시도 자체가 근본적인 어리석음과 허무함에 싸여 있다는 것을 알고 있다. 그들의 가장 최후의 그리고 본질적인 가능성이란 연약함과 슬픔이라는 것, 모든 시도와 노력 모든 외침과 투쟁을 통해서 얻을 수 있는 것이 그런 것이라는 것을 잘 알고 있다. 교회는 이 모든 것의 끝이 하나님의 손 안에 있다는 것을, 그리고 세계는 그 하나님의 섭리로부터 벗어날 수 없다는 것을, 스스로 거기로부터 벗어나고자 하는 많은 시도 때문에 오히려 많은 어려움을 자초했다는 것을 알고 있다. 그렇기에 교회는 또한 사안의 이러저러한 상황을 알리거나 그것을 다시 한번 경고하면서 비판적으로 고지한다는 것으로 이 사람들을 도울 수 없다는 것도 알고 있다. 교회는 또한 사람들 스스로 이러한 하나님에 대한 저항을 극복할 수 없으며 그것을 처리할 수 없음도 알고 있다. 그러나 교회는 또한 이 저항으로부터 파생한 다양한 어려움과 여러 가지 원인들을 극복할 새로운 프로그램과 여러 계획 그리고 법칙들을 제시함으로써 실제로 새로운 것을 가져올 수 없을 뿐 아니라 그들에게 교육을 할 수도 없다는 사실을 알고 있다. 교회는 무엇보다도 교회가 모든 사람과 더불어 최후의 법정 앞에 서 있고 인간이 가졌던 하나님에 대한 모든 저항도 그리스도인에게서 발생하고 있다는 사실을 잘 안다. 그래서 인간이 가진 모든 헛되고 잘못된 성격을 그대로 교회도 함께 갖고 있기 때문에 교회 스스로가 세계에 자기 자신과 그 안에서 하나로 통일된 그리스도인들을 구원의 모범으로 세우고자 하는 것이나 자천하고자 할 때 그것은 이미 공허한 일이 될 것이다. 오히려 교회의 사명은―전적으로 거대하고 단순하기도 하며 또한 전혀 다른 방향을 지도하는 것으로써―그들에게 하나님의 나라를 보여주는 것이다. 그것과 함께 일어날 수 있는 이것 혹은 저것이 아니라, 하나님께서 그들과 함께 시작하셨던 그리고 완성하고자 하셨던 그 하나―하나님을 반대하고자 하는 모든 반대로부터 흘러나오는 그 시도들을 극복하고 거꾸로 그것을 가라앉히면서 그 모든 허무함과 무상함을 극복하기를 간절하게 바라는 외침으로서―와 더불어 시작하신 것이다. 교회는 이 세상에게 신적인 부정이나 그리스도교적으로 더 좋게 발전된 인간적인 긍정을 말하고자 하는 것이 아니라 신적인 긍정을 제시하였는데 그것은 하나의 부정을 신적인 심판을 내부적으로 포함하면서 하나의 새로운 인간적인 긍정을 불러일으키는 것이기도 한 것이다. 그리고 이 긍정은 다른 모든 긍정에 앞서 있으면서 그것들을 넘어서 스스로 자기 자신 안에서 긍정을 일으키는 능력적 긍정으로서 모든 피조물에게 말해지고 궁극적으로 수행되고 실천되는 그런 긍정인 것이다. 이 신적인 긍정이 우리에게 실재적인 것이라는 사실은 우리에게 새롭고 좋은 복음이며 이 땅 위에서 펼쳐진 그리스도 공동체에서 주어지고 위임된 사신이다. 교회공동체는 이 말씀으로부터 무엇이 그 결과로서 주어질 것인지를 미리 걱정할 필요가 없다. 그리고 그 말씀 사역에 순종적으로 따름으로서 어떤 결과를 갖게 될 것인지를 염려할 필요가 없다. 능력과 풍성한 결과, 축복과 하나님 말씀의 진실한 도움은 하나님 그분의 사역이시며 그 말씀이 실현될 때 그 말씀은 우리에게 다 알려지지 않은 그 자신만의 고유한 방식과 다양성을 가지고 있다. 이 공동체는 그의 말씀을 증거할 수 있고 증거해야 할 따름이다. 이 교회는 자신이 자신의 목적을 성취하고 축하하기 위해서 교회 자신이 세상을 이기는 그 이김으로부터 존재하는 것이 아니다. 교회는 자신이 몇 배로 성장한 것과 그 세상에서 스스로를 능력 있는 기관으로 증명함으로써 존재하는 것이 아니다. 교회는 그 교회공동체가 받은 위임으로부터 사는 것이다. 교회는 단지 이 신적인 긍정이 가지고 있는 위로와 경고를 유효한 것으로 만들어야 할 따름이다. 그토록 분명하고 정확하고 최종적이며 보편적인 방식으로 그것이 주어져 있는 그 주어짐에 상응하도록 그렇게 해야 한다. 교회공동체는 그 말씀의 씨앗을 뿌려야 한다. 교회는 이 하나님의 말씀의 씨앗을 교회가 가진 세상에 대한 비판과 세상을 더 좋게 만들기 위한 계획 등과 혼동해서는 안 된다. 교회공동체는 자신에 대하여 비판적일 필요가 없으며 오히려 그 하나님의 말씀은 아주 좋은 씨앗이라는 사실을, 교회가 그 말씀을 혹시 다르게, 즉 과소평가할 수도 있지만 그것과 다르게 30배, 60배, 100배를 결실할 수 있는 씨앗이라는 점을 확신할 필요가 있다. 이 공동체는 단지 복음의 공동체라는 것을 명심해야 하며 자신은 오로지 그렇게 복음의 공동체라는 사실에 전적으로 만족할 수 있어야 한다. 물론 교회는 교회가 하나님의 복음의 공동체라는 사실을 방해하는 모든 요소를 잘 선방하여 그 방해가 교회공동체를 무너지도록 만들지 못하도록 완벽하게 방어할 수는 없을 수 있다. 하지만 교회와 교회공동체에 속한 각 사람에게 행하는 모든 비방도 이 교회가 하나님의 복음의 교회라는 사실을 가로막지는 못한다. 교회를 세우는 그 말씀은 또한 교회를 심판하는 첫 번째 기준이 된다. 이 심판은 다른 그 어떤 대상보다도 더 날카로운 것이 되며 바깥에서 교회를 비판하는 비판과 교회가 교회 자신을 비판하는 그 어떤 비판보다도 훨씬 혹독한 것이 될 것이다. 하지만 교회를 세우시는 그 하나님의 말씀은 언제나 선명하게 교회를 바르게 세운다. 복음의 공동체로서 교회는 그 어떤 경우에라도 하나님의 긍정을 자신이 스스로 고백하게 함으로써 하나님의 말씀으로 살아갈 수 있다. 교회는 또한 그 말씀이 주시는 경고와 권면과 위로를 받아들여 교회도 피할 수 없이 거기에 참가하는 모든 인간적 오류들과 허무함 그리고 연약함에도 불구하고 완전하게 무너지지 않게 되는데 그 이유는 바로 교회가 그러한 사태를 잘 인식하고 있기 때문이다.

    하지만 교회공동체는 복음을 듣고 그것을 함께 섬기도록 부름받은 각 개인 안에서 실존한다. 그리고 이 공동체가 과연 복음의 공동체이며 이 세상 안에서 역사하는 공동체인지의 결정은—밑에서부터 볼 때—그 교회공동체로 들어왔고 거기에 속한 그 개인들의 삶 속에서 주어지는 것이다. 교회에 들어온 이 개인이 하나님의 나라를 그렇게 진지하게 받아들여 은혜의 나라이며 자기 자신과 모든 세계와 사람들을 위한 희망으로 여기는가에 달려 있다. 그는 과연 예수 그리스도께서 그들을 구원하시기 위해 오셨고 다시 오실 것이라는 사실로부터 살고 있는가? 과연 그 개인 그리스도인은 자신의 삶 및 전 우주적 삶이 그 시작과 끝이 이미 둘러싸여 있어서 그들의 시간과 그 시간의 내용이 이미 하나님의 영광과 하나님의 행동의 결과인 피조물들의 삶이 이미 결정적으로 안전하게 확보되었다는 사실에 의해 이미 규정받고 있다는 사실을 받아들이고 있는가? 하나님을 매번 그리워하면서 자신의 죄와 그 죄책 가운데 그리고 그것으로 인한 그의 비참함 속에서 매일 어려움을 경험하고 있는 그는 그럼에도 불구하고 여전히 세상에 대하여 하나님의 긍정으로 인정될 수 있는 존재인가? 그렇지 않으면 혹시 이 인간은 스스로 자기 자신에게 그렇게 되기를 바라는 은밀한 혹은 드러내놓은 자기 희망에 불과한 존재인가? 아니면 인간 스스로 용서하는 그런 용서인가? 그 스스로 차지하고 확신하고 싶은 희망인가? 아니면 자기의 고유한 훈련을 통하여 이루기를 바라는 영광, 그것도 스스로 만들 수 있다는 자기영광의 표현인가? 아니면 혹시 그 인간은 다른 사람들이 하나님 없이 사는 것을 너무나 잘 알고 있다는 것과 그가 다른 사람들이 표현하는 세상에 대한 분노와 회의 그리고 유감에 대하여 그리고 그들의 힘과 그 때문에 세상 사람들에게 위기를 선포해야 하는 그들이 권력 등, 그들의 대표자들에 대하여 정당하게 거리를 두고 있다는 사실을 의미하는가? 혹은 그리스도인들은 이 모든 것이 더 좋게 다르게 이루어질 수 있었다는 것을 알고 있으며 적어도 자신들이 그리스도를 찬양하면서 그리스도인으로서 이 부조화와 거대한 혼돈을 잘 알면서 그것을 이해하고 인정하면서 행동을 해야 한다는 것을 의미하는가? 그는 사실적으로 그리고 비밀스럽게 신적인 거절을 자신의 한 부분으로서 선택하고 그것을 야기시키면서 그 부정을 자신에게 이끌어 들이는 것이 분명한 것으로 보인다. 또한 그만큼 이 공동체는 복음의 비복음주의적 그리스도교 공동체의 모임으로서 존재할 수 없으며 이 공동체는 이러한 표식하에서 이 세상 안에 불굴의 기쁨 가운데 그들의 봉사를 더 이상 할 수 없을지도 모른다. 이 교회는—아래로부터 볼 때—그들에게 속한 일원이 그 안에서 그들에게 명령된 겸손과 그들에게 주어진 자유에서 살게 되는 그 복음에 의존하고 있다. 다른 곳이 아니라 바로 이 점에서 이 교회는 과연 이 세상으로부터 구별된 단체인지가 결정되지 않겠으며 그들이 가진 결정적인 새로움과 선함을—비록 그들 스스로 말할 수 있는 것이 아니라고 할지라도—말할 수 있는지가 결정되지 않겠는가? 그리고 바로 여기에서 교회는 그들에게 주어진 계명뿐만 아니라 부름에 맞추어서—이 세상에 그들이 그렇게 하라고 요구하는—복종할 수 있는지 복종하려 하는지 그리고 복종할 것인지, 그리고 이 세상에서 짖지 못하는 개로 전락하지 않을지가 결정된다. 하지만 이 교회는 여전히 자신의 구성원이나 그 구성원들 속에서 교회 그 자체가 여전히 인간적인—비록 아무리 높고 경건하며 그리스도교 인간적 수준이라도—긍정으로부터 살고자 하는 측면에서 다른 세속적 공동체와 유사하지 않는가? 만일 그렇다면 어디로부터 이 교회는 세상을 향할 수 있는 동력을 얻을 것이며 그 세상을 대하여 무엇인가 말할 수 있게 될 것인가? 이 세계의 다른 측면에서부터 획득할 수 있을 수도 있을 비판들과 다양한 충고들에 대하여 무엇을 말할 수 있겠는가? 이러한 관점에서 획득할 수 있는 것들에 대해서는 교회는 굳이 말할 필요가 없다. 왜냐하면 이 세상이 그런 문제들에 대하여서는 더 잘 알기 때문이다. 그런 것들은 사물 그 자체의 방식으로부터 자명한 것으로서 교회가 굳이 나서서 다시 말할 필요가 없다. 하지만 이런 모든 것에서 변하지 않는 것이 있다면 그것은 바로 복음이다. 이 세상으로 나가서 이 세상에게 말하고자 하는 그 열정은 단지 교회는 이 세상이 모르는 것을 알고 있을 때에만 가능한 것이다. 그리고 이는 은총과 희망의 나라인 하나님의 나라에 대한 것이며 그 나라의 위로와 경고라고 할 수 있다. 바로 이 열정이 살아 있다는 것은 교회가 자신의 고유한 직무에 성실하게 임한다는 징표이며 우리 각 개인 신자에게 이 모든 일이 의존해 있다는 것을 보여준다. 지금까지의 내용이 그 성도 안에 살아 있는 것, 그것만이 이 세상에서 삶과 죽음을 경험하는 우리에게 유일한 단 하나의 위로인 것이다. 공동체의 섬김 가운데 있는 공역으로서의 실천적인 삶은 이 지식으로부터 직접적으로 도출되는 모든 내적이며 외적인 행동이라고 할 수 있다.

    4. 이제 우리는 교회의 예언자적 섬김에 대하여 말하지 않고는 실천적인 삶을 다루는 본 항이 완성하지 않은 것임을 알아야 할 것이다. 교회는 섬기되—사랑하고 선교하고 복음을 전하면서 활동한다.—그들은 이 세속적 시간들 안에서, 이 보편적인 세계사의 한 단계에서, 모든 사람 속에서 이 세계사에 참여하면서 그들 속에서 행동하고 피동적으로 당하기도 하면서 이렇게 저렇게 참여하고 있다. 교회는 이 세계의 모든 일과 만나면서 다양한 형태의 섬김을 다하면서 하나님의 영원한 말씀을 증거해야 한다. 교회공동체 자체는 영원하지도 않고 그들의 봉사도 영원할 수가 없다. 또한 교회와 교회의 섬김은 무시간적이거나 초시간적도 아니다. 그것은 하나님의 영원성도 마찬가지로 무시간적인 것도 아니고 초시간적인 것도 아니다. 교회공동체의 봉사는 교회공동체를 다른 모든 세속사나 사람들과 분리시키는 어떤 유리덮개하에서 시행되지 않는다. 교회와 교회의 모든 일원은 모든 사람과 함께 있으며 그들의 모든 것에 참여하는 가운데 타인들에게 봉사하는 것이다; 적어도 다른 사람들과 동일한 정도의 직접적 참여 속에서 봉사를 하는 것이다. 더 나아가 이들의 봉사는 근본적인, 원칙적인 것이며 그 봉사 대상으로부터 분리되지 않는 직접적인 참여인 것이다! 그들의 봉사의 대상이 바로 영원한 하나님의 말씀이기 때문에 그 봉사는 시간의 중심에서 발생한다: 그 처음과 마지막으로부터 시간이 현실이 되는 그 순간의 관점에서, 모든 세계사의 한가운데에서; 그의 구속사의 핵심이 태어남으로서, 그렇기에 그 특별한 사건으로 인해서 야기되고 앞

으로 일어나게 될 그 사람들 한가운데서 진실하게 일어나는 것이다. 만일 그리스도교 공동체가 이렇게 자신의 사역에 실제적으로 행한다면 그 교회공동체는 정치인이나 국민들 그들의 모든 대변인, 선생, 예술인, 기술자 그리고 그 어떤 부분의 전문가들보다도 더 현실적이라고 할 수 있다. 그리고 이 근본적인 의미에서 시간적이라고 한다면 교회의 사역은 또한 예언자적일 수밖에 없을 것이다. 그리고 이 교회의 사역은 이미 왔고 또 다가오는 하나님의 나라에 의존하고 있다. 교회 사역의 핵심은 하나님의 나라를 보여주는 것이다. 또한 이는 하나님으로부터 이미 이 땅 위에 일어난 일을 현재화하는 일이기도 하다. 이는 또한 하나님으로부터 일어나야 할 일을 현재화시키는 것이다. 이는 아주 특별한 과거와 연관을 짓는 것이며 앞으로 일어날 특별한 미래의 시작을 가져오는 일이다. 이는 그리스도의 죽음과 부활을 시작으로 그리고 그의 재림을 모든 일의 마침으로 그리고 그의 현재, 그의 다스리심, 그의 존재하심, 그의 삶과 사역 모두를 이 세계의 구원으로 인정하는 일이다. 이 사역은 그리스도와 연관해서 그가 가져오신 모든 일의 완성과 그가 이루실 미래의 일로 아직 남아 있는 것을 미리 성취하는 것이라고 할 수 있고 그렇기에 그리스도께서 홀로 영원과 모든 시간 속에서 다스리시게 될 것이다. 이 교회의 사역은 이와 같은 일과 더불어서 지금 현재 여기의 가장 깊은 의미에서 진실과 현실과 효과적인 것이 무엇인지를 보여주는 것이다. 교회공동체는 시간과 그것의 발생 그 사람들 모두를 지켜보고 있으며 교회는 이 유일한 관점에서 각자의 세계를 바라보고 있는 것이다. 교회는 이 그리스도의 사역을 그들에게 말하고 선포하지 않는다면 스스로 그들에게 다가설 수 없고 그들과 대화할 수 없다. 더욱이 그리스도의 행하심과 그가 행하신 사건들, 그때 성취되고 주어진 결정들 그리고 그 과거로부터 그들의 미래를 말하지 않는다고 한다면, 그래서 교회가 그리스도의 이 사역의 결과로부터 그것을 보지 않는다고 한다면 교회는 그들에게 말할 수 없다. 만일 교회가 이 그리스도의 사역을 그들에게 말하지 않으려고 한다면 교회는 벙어리가 되거나 자신에 대해서만 말해야 할 것이고 세계에 대하여 말하지 못할 것이며, 자신의 고유한 봉사를 포기하거나 그들에게 다가서는 일에 나태하게 될 것이다. 만일 그렇게 된다면 교회는 사람들에게 교회가 이미 그들의 시간과 환경 그리고 그들의 질문과 걱정 그리고 다양한 과제들을 미리 알고 있는 것이거나 아니면 이제 스스로 생각해낸 것과 말해야 할 것을 말하지 못하게 될 것이다. 혹시 교회가 이미 일어난 일과 앞으로 일어날 일에 대하여 세속적 차원에서 말한 것과 실제적인 측면에서는 일치하는 일이 벌어질 수도 있다. 하지만 그것을 기대하는 것은 거의 일어나지도 않고 그런 적도 없다. 혹시 그렇다고 해도 그들의 증거는 전혀 다른 차원을 가질 것이라고 보아야 하며 또 다른 측면에서 의견을 제시한 그들과 일시적으로 의견의 일치를 본다고 할지라도 사실 전적으로 다른 방향을 지향하고 있다고 보아야 한다. 이 세계의 사물에 대한 평가를 하나님의 나라의 관점으로부터 보는 것과 혹은 그 세계의 사물들이 그들에게 익숙하게 존재하는 내적 논리, 형이상학 그리고 윤리학의 관점에서 보이는 것은 다른 것이 될 것이다. 이제 교회공동체의 예언자적 증언이 자신들의 시대상황에 대하여 단지 인간적인, 그래서 **모든 판단에서 실수가 가능한 것**이기도 하지만 그것들 모두와는 전적으로 다른 자유로운 증거라는 점을 보다 더 잘 인식해야 할 것이다. 이 교회에서 세계에 대하여 내놓는 말들은 근본적으로 세상의 언어와는 다른 것일 수밖에 없다. 물론 교회의 선언들이 세속사회의 집권당, 다수당 혹은 정부의 주장과 일치를 보이고 있다고 해서 그것이 거짓 예언의 징표는 아니라고 할 수 있다. 하지만 그렇게 되어서는 안 된다는 물음이 상당히 근거가 있기 때문에 교회는 철저하게 비판적으로 검토해 보아야 한다. 아마 교회가 진정으로 자신이 해야 할 것을 말한다면 그것은 그 시대의 정신에 맞춰 말하고 소리치며 환호하는 것과는 달리 아마도 매우 비시대적인 것으로 보이게 될 가능성이 더 크다. 만일 교회의 봉사가 예언자적 증거라고 한다면 그것은 각 시대의 가장 깊은 곳으로부터 나오는 것이 아니라 특수하게 이해된 과거와 그 관점에서 다시 이해된 미래로부터 피조되고 말해진 현실 안에서, 더욱이 특별히 오셨고 다시 오실 주님의 관점에서 그리고 그에게 책임적인 자세를 가진 현실로부터 증언하는 것이라고 할 수 있다. 그 관점에서는 항상 모든 것이 놀라운 것이 될 수밖에 없다. 교회공동체는 거기에서부터 때때로 모든 사람이 정의로운 것이라고 보기에 익숙해진 것을 비정의라고 말해야 할 때도 있을 것이고, 또한 사람들이 비정의의 대표적인 사례라고 보면서 부인하는 바를 더 높은 차원의 정의라고 말해야 할 때도 있을 것이다. 교회는 바로 그 장소로부터 때로 안정되어 있는 것을 가장 깊은 근거로부터 흔들리게 만드는 것을 말해야 하며, 또한 위태롭고 혼란스러운 일들을 통해서 그렇게 혼란해 보이는 것을 안정되게 만들기도 하는 것이다. 교회는 거기로부터 다가오는 거대한 심판을 지적하면서 전제하고 다시 거기로부터 모든 세상에 대하여 보편적으로 비판한 후에 다시 즐겁게 희망에 대하여 말해야 한다. 교회는 한 번은 한 편에 서고 다른 편을 반대해야 할 것이고 그리고 다른 때에는 제 삼의 타협점을 모색해야 할 것이다. 그렇게 함으로써 교회는 한편으로는 아주 건강한 인간 이해의 길을 걸으면서(즉, 2+2=4임을 아는 것) 또 다른 편으로는 신앙의 모험을 지혜의 길로 추천하는 길을 걷기도 할 것이다. 어떤 때는 매우 보수적인 관점을 가지고 있고 또 다른 측면으로는 매우 혁명적인 주장을 하게 될 때도 있을 것이다. 이 모든 것은 자기의 적당한 시간에 있게 될 것이다: 교회가 영원의 시간에 초점을 맞추면서 각각의 시간을 옳은 정당한 시간으로 인정하는 것이다. 그렇게 된다면 — 바로 그로부터 교회의 비시대성은 — 그 교회의 봉사는 아마 한 번은 이편에서 또 다른 때는 저편에 서서 항상 그 시대 안에서 그리고 장소에서 혹은 권력들이나 다수의 의견과는 다른 것을 주장하게 될 공산이 크다. 그래서 교회는 그들의 환심을 사는 일에 실패할 수 있다. 아마도 거의 확실하게 어느 정도 낯설고 염려스러우며 그들과 꼭 같이 하려는 것같이 보이지 않을 수 있는 것이다. 그래서 사람들은 이 교회에게 교회의 증거가 어느 정도 일반적이며 평균적인 사람들이 이성적으로 여기는 것이나 그들의 경향과 일치 되어야 한다고 오히려 설득할 수도 있을 것이다. 더욱이 교회가 무오류의 교회도 아니다. 교회도 어떤 한 의견을 말할 뿐이며 거기에 따르는 것이다. 그러나 그럼에도 불구하고 교회가 정말 그들의 메시지를 세상 사람들이 갖는 일반적인 평균에 맞추고 지속적으로 그 세상의 평가에 따라가려고 하면서 그들의 판단에 상응하려고 노력한다면 교회의 메시지는 더 이상 예언자적 선포라고 볼 수 없을 것이다. 그렇다면 교회는 차라리 침묵을 지키는 편이 훨씬 나을 것이다. 왜냐하면 이 세상은 이미 자신들이 다루어야 할 사안들을 익숙하게 어떤 정신적 스트레스(sforzando) 없이 이미 충분하게 그리고 힘있게 밀고 나갈 수 있기 때문이다. 그리고 교회의 소리가 이제 이 세속의 의견 속에서 들리게 된다면 사람들은 오히려 교회는 순수한 복음의 소리를 전해달라고 부탁하게 될 것이다. 사람들은 순수한 복음에 관심을 두거나 기대한 적이 없었던 것은 사실이다. 이때 사람들이 의미하는 복음이란 순수한 것이 아니라 무시간적이며 초시간적이어서 시간의 역사를 전혀 상관하지도 않고 이 세계를 방해하지는 않는 그런 복음을 의미한다. 이제 교회는 어떤 특정한 자리에서 무엇을 말해야 하는지 아니면 영원한 하나님의 말씀만을 증거하는 것을 의미하든지 혹은 그 장소에서 특정한 당파성이 없는 자가 되어 각자가 원하는 것을 그대로 해주고 말 것인지 결정하고 그것을 위해 준비해야 한다. 오용이 정당한 용례를 폐기하지 않는다.(abusus non tollit usum) 무시간적이거나 초시간적이며 그래서 시간의 역사에서 벗어나 있는 그런 중립적인 복음은 사실 순수한 복음이라고 할 수 없다. 그리고 이 교회의 메시지가 추상적으로 복음적일 수 있다고 생각한다면 이 메시지는 예언자적인 것도 아니며 오히려 거짓 예언자의 그것이라고 할 수 있다. 그 메시지가 무엇인가가 잘못된 예언이라면, 자신의 내적 논리에 빠져들어서 안전하게 중립성을 강조하는 공동체의 선포도 그렇다고 할 수 있을 것이다. 교회가 이러한 중립을 깨고 나온 후 다시는 그런 중립성으로 되돌아가려 하지 않을 때 사람들은 교회를 공격하게 될 것이다. 그때 교회는 큰 자나 작은 자, 지혜롭다고 생각되거나 어리석은 자로 의심받는 자들로부터 공공의 적으로 취급받게 된다. 이러한 일들이 교회를 위해서는 항상 좋은 사인은 아닌 것이다. 교회는 어쩌면 자신의 고유한 일을 더 악화시킬 수 있다. 교회는 성령이 아닌 다른 영에 순종할 수도 있을 것이다. 바로 그 일 때문에 교회는 자기 자신을 괴롭힌다면 그것은 올바른 일일 수도 있다. 사람들이 교회를 괴롭히는 것은 아마 좋은 징조일 수도 있다: 교회가 즐겁게 그리고 지치지 않은 채로 예언자적 증언을 계속했다는 증거인 것이다. 이 세상에서 가장 영리한 자들은 교회에 대하여 대략 다음과 같이 판단하게 될 것이다: 교회공동체는 매우 불안정하며 신뢰하기 어렵고 예측불능의 단체라고 평가할 것이다. 그들의 관점에서 보자면 그것이 당연한 일일지도 모른다. 교회가 자신의 고유한 메시지를 따를 때 교회는 믿음직하고 안정적이 된다. 교회는 자신의 주님만을 따르려 할 때 그렇게 되는 것이다.

그럼으로 교회는 어떤 정치적 정당을 따르려 하거나 자신만의 고유한 정당을 꾸리려고 하지 않는다. 교회는—이 세상의 모든 것에 깊숙하게 참여하면서 그리고 적극적으로 대상적으로 존재하면서—이 세상의 모든 정치적 정당에 대립하여 오직 하나님의 정치만을 보여주고자 하는 것이다. 이 하나님의 정치는 어떤 시스템이 아니라 그의 전능하고 숨어 있는 그런 행동으로서 교회공동체는 그 말씀을 들으면서 그 요구에 전적으로 따라가면서 그 약함 가운데 하나님의 길을 증거하는 것이다. 이러한 문제는 매우 다양한 관점으로 나누어져 생각될 수 있다. 교회공동체에 그 시대의 사건을 위한 올바른 관점이 주어졌다거나 그와 동시대인들에게 적절한 말씀이 선포되었다고 하는 것은 저절로 되는 것이 아니다. 이는 교회가 스스로 자기 것으로 만들면서 이용할 수 없는 하나님의 말씀의 높이에서 이 세상에 내려온 것이다. 교회는 기껏해야 하나님의 말씀 하에서 인간적 언어를 말할 뿐이다. 그 교회의 증거는 어느 시점에서는 이미 주어져 있을 수 있고 그의 증거는 교회가 침묵함으로써 이미 제출된 것일 수 있다. 교회가 말하는 내용은 어떤 세속적인 성격이나 목소리에 의해서도 아니고 교회가 그 메시지를 전하는 어떤 권위에 의존하는 것도 아니며 더욱이 교회가 성서의 말씀을 인용한다고 해서 되는 것도 아니다. 오히려 그것이 가능한 이유는 그 교회의 선포가 각 형편과 처지에서—사람이 그것을 생각하든 안 하든 간에 이해하든 아니든 간에—실제로 올바른 것으로 인정되고 그래서 교회 밖에 서 있는 자들에게 조금 전이나 후에 올바른 것으로 증명되는 것을 통해서 주어진 것이다. 이 외에도 교회는 자신들이 말하는 것을 통해서 사랑이 부족하지 않도록 유의해야 하며 그 사랑은—아주 최선을 다한 사랑이라고 할지라도—여전히 항상 그 동시대의 사람들에게 빚지고 있는 것이라는 점을 인식해야 한다. 또한 하나님이 세상을 사랑하시는 것과 이 세계의 모든 잘못과 부족함에도 불구하고 이 세계를 하나님이 사랑하신다는 그 복음의 선포로부터 벗어나서도 안 되는 것이다. 그 교회공동체의 예언은 10배 더 옳을 것이며 만일 그 예언들이 은총의 예언이나 희망의 예언이 아니라면 그것은 잘못된 것이 될 것이며 또한 그 예언이 사악하고 악한 공동체의 예언이라도 그것은 잘못된 것이라고 할 수 있다. 참된 예언은 오직 형태와 내용면에서 성탄절적이며, 부활절적이고 그리고 성령강림절적으로 말하는 공동체의 예언일 때만 가능한 것이다.

　　이 세상 안에 교회의 모든 사역에서 함께 일하도록 우리 **각자** 그리스도인들은 부름을 받았다. 각자는 그 모습 그대로 공동체 안에서 그리고 또한 시간 안에서 이 세계사의 한복판 안에, 또 교회의 시간 밖에 서 있는 그 사람들의 세계 역사 그 한복판에 살고 있는 것이다. 그는 이 세상에서 일어나고 수행되는 일들을 보고 경험하였다. 그는 세상의 삶을 살고 있는 것이다. 그는 거기에서 질문들과 과제들 앞에 서 있다. 그리고 다시 그는 그 세상의 삶에 붙잡혀 있으며 동시에 교회공동체가 오셨고 다시 오실 주님을 온 세상의 주님으로 안다는 것, 그리고 그를 모든 사물의 처음과 나중으로 아는 이 모든 것으로부터도 또한 자유롭게 놓여 있다. 그는 시간의 표식들을 이해하고 해석하기 위해 부름을 받은 자들이다. 그 교회공동체의 예언자적 음성은 강하기도 하고 약할 수도 있으며, 혼란스럽기도 하지만 또한 선명하고, 진리의 음성이기도 하지만 거짓 예언자의 거짓이기도 하며, 율법적이기도 하지만 복음적이기도 한데, 이처럼 그 안에서 하나로 통합된 그리스도인은 그 자신의 인격 전체를 통해서 현명하거나 어리석은 처녀일 뿐이며 진실하거나 게으른 종 중 하나이고, 잠만 자는 경계병이거나 기민하게 깨어 각성되어 있는 자, 자유로운 영혼이거나 어떤 권력에 메어 있는 하수인이다. 경건한 세상의 아들 혹은 즐거워하는 하나님의 아들이거나 창백하거나 벌겋게 술에 취한 광신자이거나 아니면 정신이 멀쩡하게 깨어 있는 현실주의자 중 하나이다. 그 교회의 실존에서 교회의 예언자적 실존의 결단이 내려진다. 교회란 하나님의 나라를—각자가 각자의 방식으로—진지하게 받아들인 바로 그 공동체이다. 이 세상의 일반적이며 보편적인 역사와 교회가 섞이면서 이 성도들은 그의 재림을 맞이하기 위해서 그리스도의 죽음과 부활로부터 오는 것이다. 이 그리스도인들은 거기로부터 올바르거나 반만 옳거나 잘못된 결론을 도출하기도 한다. 이들이 교회공동체의 내적이며 외적 봉사에 참여하고 함께 만들어 감으로써 그 공동체가 시간 안에서 그 상황에 적합하고 올바른 말씀, 혹은 잘못된 것이나 아니면 전혀 아무런 말씀도 발견하지 못하는 데 책임을 다하는 것이다. 이 세계 내의 교회의 말과 행동의 모든 가능성 뒤에는 각 그리스도인의 삶의 현실이 놓여 있다. 그의 삶이 능력을 가지고 펼쳐지든지 아니면 무능하게 뒤쳐져 있든지, 명료하게 사물을 파악하거나 아니면 어둡거나, 개방적이거나 고집스럽거나, 용기를 가지거나 혹은 비겁하거나 한 삶의 모습이 바로 그 교회의 모습이 되는 것이다. 각 그리스도인이 교회공동체의 예언자적 봉사에 함께 참여할 수 있다는 것은 다음의 사실을 의미한다: 그는 개인적으로 그 자체로 예언자적 말씀인 하나님의 말씀을 주의 깊게 받아들인다는 것을 말한다. "또 우리에게 더 확실한 예언이 있어 어두운 데 비취는 등불과 같으니 날이 새어 샛별이 너희 마음에 떠오르기까지 너희가 이것을 주의하는 것이 가하니라." 만일 이 그리스도인이 이러한 일을 하지 않는다고 한다면 어떻게 다른 일을 할 수 있겠는가? 그리고 더욱이 그 공동체는 어떤 일을 할 수 있단 말인가? 그는 교회공동체 그리고 거기의 다른 개인들과 형제애로 하나가 되어서 자신만의 일을 하려는 것이 아니라 바로 이 교회공동체와 함께 일을 하게 될 것이다. 그는 교회공동체의 예언자적 사명을 자신의 개인적인 일거리로 만들지 않을 것이다. 그는 그 교회공동체의 어떤 특수한 기관이 이 예언자적 사명을 독차지하여 그들이 자신의 일을 차지해 가는 일에 모든 것을 내맡기거나 그런 일이 일어나기를 기다리지 않고 오히려 그가 그들과 함께 있음으로 이 모양 저 모양으로 그들과 협조하면서 자신의 고유한 책임을 다 완수하고자 할 것이다. 여기에서 살펴야 할 문제는 분명해진다: 이 문제는 반드시 해결될 수 있다는 것이다. 여기 한 개인은 자신의 고유한 말씀에 대한 순종과, 사물의 의미를 파악하는 자신만의 견해로 인해서 어떤 특수한 주장을 하게 되고 그러면서 인내를 가지고 다른 사람들과 서로 이해를 통한 일치를 얻으려고 노력하거나 아니면 자기가 뒤따를 수 있는 사람을 뒤쫓으면서 자신의 의견을 양보할 수 있을 것이다. 여기에서 분명한 것은 그 결정을 하는 것은 어떤 사람의 목소리가 아니라 교회공동체의 음성이어야 한다는 점이다. 하지만 그가 이렇게 다른 사람들과의 의견을 나누어서 자신의 고유한 견해를 내놓는 그것이, 그가 의견을 나눈 사람들이 자신의 친한 친구이든 그 공동체의 최고 의결기관이든 간에, 절대적인 것으로 여겨져서는 안 될 것이지만, 그 상황에서 주어진 의견으로서 거기에 대립하여 자신만의 독자적인 고집스러운 길을 가기도 할 것이며 이런 다양한 의견들이 합창이 아니라—이런 의견들이 모여서 합창이 되기를 바라는 희망 가운데—자신만의 고유한 독창만 하기도 하는 그런 상황이 있기도 할 것이다. 이때 이 개인은 자신의 고유한 음성이 비록 고립되어 있다고 여겨질지라도 사실은 그것이 공동체의 음성이라고 하는 사실을 주장할 수 있을 만큼 책임적이어야 하고 또 그것을 시도할 수 있어야 한다. 이러한 주장을 할 수 있고 그런 모험을 하는 것은 필요하다. 모든 사람은 자신이 실제로 그렇게 부름을 받았는지 시험을 해보아야 하는 것이다. 그리고 그에게 그런 일이 주어졌을 수 있다. 그렇다면 이런 주장을 하도록 책임을 지는 것 이외에 어떤 다른 일이 필요하단 말인가? 그리고 이러한 고립되고 독립적인 주장이 중심이 되고자 하는 그런 상황이 온다면 그 공동체는 매우 조심스러울 필요가 있다. 이 소리는 아마 매우 날카롭고 불친절하게 들릴 수도 있다. 공동체의 한복판에서 들리는 고독한 음성의 주인공은 단지 한 사람일 뿐이며 그가 이러한 외침의 방식을 통하여 인간적으로 더욱더 자신을 어려운 처지로 만들게 된다는 것을 쉽게 상상해 볼 수 있다. 교회공동체가 그를 통해서 스스로 화해하였다고 생각하는 것과 달리, 또 교회가 거기에 어떤 의심을 가지고 있는 것과 달리 어쩌면 이것은 교회가 가고 있는 잘못된 예언자의 길로부터 교회를 갈라 세워 놓은 것일 수 있다! 교회가 다음의 사실을 생각하게 된다면 이는 매우 잘하는 일이다: 참된 예언자적 음성은, 만약 그런 주장이 세워지게 된다면, 그 공동체의 각 개인으로부터 들려오게 될 것이고 그것은 처음에는 다른 사람들이나 그 교회의 상위 기관들에게는 매우 낯선 것처럼 들릴 수도 있다는 것이 자연스러운 일이라는 점이다. 이러한 예언자적 음성을 말하는 그 사람도 자신을 벌거숭이가 아닌 그 무엇인 것처럼 행동하게 될 수 있다는 것도 역시 자연스러운 일일 것이다. 이 얼마나 부끄러운 일인가! 이 모든 것이 우리의 주변에서 일어나는 일이다. 그렇다. 하지만 "그가 조금만 더 사려 깊었다면 윌리엄 텔이 될 수 없었을 것이다." 그의 무모함을 탄식하는 자들은 아마 그의 무모함이 그들을 위해서는 그가 말했어야 하는 것과 반대되게 말함으로써 그들의 구원을 놓치게 되는 결과를 당연한 것으로 여기게 되거나 그러한 무모함을 버렸을 때 결국 좋지 않은 결과를 가져야 한다는 것을 알게 될 수도 있다. 그렇다면 이 무모한 사람으로부터 너무나 빨리 거리를 두지 말 것이나 그를 억누르고 그의 음성을 듣지 말아야 한다고 충고를 받을 수도 있다. 그의 음성은 아마 바로 그 때문에, 혹은 필연적이거나 우연한 분노로 인해서 주님의 음성의 메아리가 될 수도 있으며 그렇게 해서 그 공동체의 참된 목소리가 될 수도 있는 것이다. 그렇기에 그 공동체 안에서 그의 음성은 대단한 주의를 기울여서 그가 무엇을 말하는지를 듣고 검토해 보아야 하는 것이다. 오늘 아주 고독하게 주어진 그 주장이 내일은 혹시 모든 공동체의 중대한 사안이 될 수 있을 것이라고 누가 주장하지 않겠는가? 하지만 또한 교회는 이렇게 이 세상에서 아주 감명 깊게 등장하는 한 카리스마 넘치는 사람의 의견에 모든 것을 맞춰서 말해야 하는 그런 상황으로부터 피해야 한다는 것과, 오늘은 이렇게 예언자처럼 보이는 사람의 의견을 내일은 저렇게 보이는 견해를 따라야 할 아무런 필요가 없는 것이다. 그 공동체는 단지 자신의 고유한 중심으로부터 그 예언자적 직무의 본질을 새롭게 배워 나가야 한다. 교회는 자신의 발전을 위해서 책임적이어야 하며 그렇게 남아야 한다. 교회는 각 개인의 동역을 필요로 하며 그래서 그 영을 (성령을!) 없애서는 안 된다(살전 5:19); 그 영은(그 공동체의 중심에 있는 사람들의 영) 검토하는 일(요일 4:1)을 소홀히 해서는 안 되는데 왜냐하면 그의 봉사에 동역하는 것으로서 그리고 그의 예언자적 직무에 더 성실히 임하는 것은 개인적인 일이 될 수 없으며, 또한 그 일은 공동체의 사명이고 그 어둠 가운데 빛을 비추는 빛의 전달자가 되는 것도 그들의 사명이기 때문이다.

 그의 나라로 임하시는 것, 계약의 주님으로서 그분의 행동으로 임하는 것, 자신과 이 세상과의 화해를 이루어 가시는 것 등이다. 만약 우리가 이 창조주 하나님의 계명을 인간의 실천적 삶과 연관시켜 논의를 해본다면, 우리는 다음과 같은 사안을 좀 더 신중하게 고려해야 한다: 창조의 내적 근거는 계약이며 이와 마찬가지로 예수 그리스도 안에서 온전해지고 성취된 하나님의 화해인 그 나라가 바로 창조의 내적 근거인 것이다. 우리 신앙고백서의 제2조, 제3조의 내용을 미리 알아야 할 필요가 여기에 있다. 여기에서부터 그리고 오직 여기에서부터 우리에게 하나님이 누구이신지가 분명하게 드러나는 것이다. 이러한 제2조, 제3조항에 대한 지식이 없다면 이 모든 것은 사실 공중누각에 불과한 것이 될 것이다. 그리스도교 윤리는 우리가 지금 여기서 시도하는 것과 다른 것을 말할 수 없을 것이다.
 바로 이것이 인간들에게 하나님께서 요구하신 활동적인 삶의 가장 본질적이며 최고의 형태인 것이다. 그것은 우리로 하여금 그것을 위해 부르시고 사용하시고자 하는 자유와 봉사로 나가게 하신다: 이것이야말로 그리스도교 공동체의 내적이며 외적 봉사에 함께 참여하여 역사하는 것이다. 만일 인간의 행동이나 그의 자유 그리고 그의 봉사에 대하여 말한다면 신약성서는 여기에 관심을 갖고 있는 것이다. 이것이야말로 구원자로서 예수 그리스도의 삶이 직접적으로 비추는 그 반사이다. 그 자유와 봉사에서 인간의 활동적 삶은 성서가 하나님의 행동이라고 말하는바 그것의 직접적인 상응을 찾을 수 있는 것이다.

우리는 여기에서 슐라이에르마허를 기억하지 않을 수 없는데 그것은 그가 자신의 *Christlicher Sitte*에서 이러한 관점을 가지고 누구보다 더 조직적이며 광범위한 작업을 시도했기 때문이다. 그는 그리스도교 윤리의 다양한 방향들을 기술하면서 교회의 행위를 가장 중요한 것으로 기술하였고 그 교회를 모든 행동의 첫 출발점으로 삼고 있다. 그가 가진 기본적인 철학을 염두에 둘 때 비록 그가 교회를 강조하지만 그것은 우리가 지금까지 해온 것과는 다른 내용을 품고 있다고 할 수 있다. 교회란 슐라이에르마허에게는 단순하게 광범위한 문화공동체였던 것이다. 슐라이에르마허가 교회를 문화공동체로 본 것은 생각해볼 만한 가치가 있다. 그를 인도했던 가장 중요한 논거는 결국은 교회에 대하여 말하는 것을 습관처럼 했던 후기 프로테스탄트 윤리라기보다는 성서의 문제의식이었기 때문이다. 교회의 행동에서는 사실 그냥 무시하고 지나갈 수도 있을 뻔한 최후의 가장 놀라운 행동이 문제시 된다. 즉, 헤르만의 윤리는 이 점에서 하나의 예외현상을 보여주고 있다. 그는 자신의 윤리의 한 부분 "세상 안에 있는 그리스도인의 임무(§25)"를 시작하면서 그리스도인의 사명이 바로 증인이라는 점을, 그것도 그리스도교 공동체의 일원으로서 마땅히 해야 할 가장 고유한 사명 중 하나로 강조하고 있다. 그리고 쇠에(N. H. Søe)의 공헌인데 그는 자신의 글(§40 "노동에서의 그리스도인의 자세")에서 우리가 노동이라는 개념을 통해서 이해하고 익숙해진 개념은 신약성서에는 미리 주어져 있을 뿐만 아니라 그리스도 자신이 자신의 사역과 자신의 제자공동체가 복음과 봉사의 선교사역을 할 때 사용하는 개념(εργαζεσθαι)이기도 한 것을 밝혔다. 물론 그 개념 자체는 새로운 것도 아니고 일반적인 윤리의 특징상 무시되었던 이 통찰은 근본적으로 이해되어 다시 전개되어야 한다. 바로 그것을 우리가 하고자 하는 것이다.

―――――

하지만 **하나님의 행동**이 성서의 증언에 의하면 단순히 중심이 아니라 하나의 **주변원**을 형성하기도 한다는 것을 이해하여야 한다. 계약이 창조의 내적근거만이 아니라 창조가 바로 계약의 외적근거라는 측면이다. 이 세상의 피조물들의 구원자이시며 화해자이신 하나님은 동시에 자신의 나라에 재림을 통하여 다시 돌아오시는 분이시며 그 세계를 자신의 자비를 가지고 구원하고 완성시키고자 하실 때라도 그분은 또한 이 세상의 창조주이심을 분명하게 하시는 것이다. 그는 이스라엘의 왕이시다. 그는 자신의 말씀으로 오직 육체뿐인 자들에게 선을 베푸실 것이다. 그는 그에 의하여 선택되고 불렸던 사람들을 자신의 성령을 통하여 다시 일으켜 세우고 새롭게 하고 깨닫게 해 주실 것이다. 그는 그 일을 행하시면서 동시에 전 우주의 창조주이시기도 하다. 그는 모든 피조적 존재의 질서와 일과 인간의 모든 본질과 실존의 문제들을 포함하는 모든 것을 신원하시고 보존하시며 공급하시는 분으로서 전 우주의 주님이신 것이다. 그가 이 세상을 위해 등장하실 때 그가 그 중심에 자신과 그 세계의 핵심적 사안들을 이루어 가실 때, 그 앞에 놓여 있는 그의 여러 가지 사정들을 모든 존재자의 존재와 온전함을 위해서 애쓰시는 것이다. 그 세계는 그에게 있어 그의 은총과 심판의 대상일 뿐만 아니라 그의 약속과 계명, 용서와 구원, 전적인 새로움과 회개하게 하시며 다시 살리시는 말씀과 행동의 대상이기도 한 것이다. 그는 그러한 세계를 전제할 뿐 아니라; 그 세계는 스스로에게 넘겨져서 자신의 내적 법칙을 따르는 대상인 것처럼 여겨져서는 안 되며, 신적 지식과 통치가 어떻게 신비스럽게 그들에게 전달되더라도 자기 스스로 이해하고 자신이 스스로 보존하고 스스로 통치하는 그런 세계라고 이해해서는 안 되는 것이다. 그런 것만이 아니라 이 우주와 그 우주 안의 인간은 하나님의 말씀과 특별한 행위의 대상으로서 거기 있는 것이고, 그러한 인식은 대상이 없는 것이 아니다.—이러한 모든 창조의 사역들은 언제나 하나님의 결단과 의지 그리고 그의 사역의 결과인 것이다. 이러한 전제를 진지하게 염려하는 것은 하나님의 중심부 사역을 위한 주변부 사역들 안에서 찾아진다. 그리고 우리가 이제 이것을 살펴보고자 하는 것이다. 즉, 이것이 하나님의 부성적(父性的) **섭리**의 장이라고 할 수 있다.

이제 하나님에게 사람들이 노동이라고 부르는 그 행위가 상응하고 있다. 하나님께서 자신의 피조물들을 보살피시고 그 결과 그들이 그의 사랑의 대상이 되기를 멈추지 않게 함으로써 하나님은 인간들을 위한 그의 예지와 보살핌에 **적합한 그런 행동**을 하시는 것이다. 하나님께서 인간들에게 계약의 동지로서 말씀하시고 주장하시는 것은—좀 더 구체적으로 말해서 그가 그리스도교 공동체의 일원에 대하여 말씀하시는 것—그가 사람을(그렇게 될 수 있는 의미이기도 한데!) 자신의 피조물로 인정하시는 것은 그 인간의 실천적인 삶이 이러한 특수한 형태, 이 특수한 형태 속에서 자신을 완성해야 했음을 명령하신 것이다. 그 인간들의 특수한 삶의 형태가 바로 노동이다. 그러므로 노동은 인간의 실천적 삶의 중심을 형성하지는 않는다. 이는 마치 신적 섭리의 다스림이 하나님의 행위에서 중심을 말하지 않고 주변부를 가르치는 것과 같다. 하지만 하나님의 행동이 단지 그 중심부만을 갖고 있는 것이 아니라 그 주변부도 갖고 있는 것처럼 하나님으로부터 인간에게 주어진 행동 역시도 그렇다. 하나님께서 예수 그리스도 안에서 단지 인간을 선택하고 부르고 의롭게 하고 구원하고 자신의 사역을 증거하는 그리스도인의 봉사를 원하실 뿐 아니라 그와 더불어 이 모든 일이 일어나기 위해서 그 안에서 그리고 그를 위해서 하나님의 피조물로서 인간의 현존재 그리고 인간 그 자체를 원하시는 것이다. 사람들이 단지 믿고 희망하고 사랑하고 그렇게 모든 신적인 사역을 알고 경험하고 그에 상응하게 행동하고 하나님을 섬기고자 할 뿐 아니라 또 그렇게 그는 이 모든 것을 행하고 하나님의 나라의 도래와 관계를 맺는 대상이면서 동시에 부르심을 받은 인간적 피조물로서 언제나 거기 있는 것이다: 하나님의 섭리의 대상이면서—그러나 그가 인간적 피조물이기에 또한 동시에 그는 행동하는 **주체**이기도 한 것이다. 이스라엘의 왕이실 뿐 아니라 이 우주의 왕이신 하나님의 계명을 듣는 것, 의지에 관심을 기울이는 것은 인간의 순종만이 아니라 위에서 서술한 바의 방향을 요구한다. 하나님의 행동에는 빈칸이 있을 수 없는 것처럼, 그가 인간의 구원자로서 인간에게 행동하는 것에 대하여 잊어버리시거나 나태하지 않으시고 오히려 날마다 실천적이시면서 사유하시는 것이다.—그래서 인간의 행위에는 그 어떤 빈 공간도 있을 수 없는 것처럼, 인간인 그가 그리스도교 공동체를 봉사하기 위해 부름을 받았다는 사실을 잊어버리지 않으면서 오히려 그가 인간으로서 그렇게 있을 수 있고 그렇게 존재해야 한다는 것을 실천적으로 깊이 사유해야 하는 것이다. 그리고 하나님 안의 이러한 두 가지 방향의 실천적 사유는 결코 둘 사이의 분열이나 이원론을 말하는 것도 아니며 하나님의 행위 안에 두 개의 계층을 세워 놓는 것도 아니다: 그의 부성적 섭리의 의미와 목표가 그의 나라가 이 땅 위에 임하는 것이 되어야 하는 것이라면—그렇게 그리스도와 인간으로서 그의 이중적 규정의 실천적 사유는 인간의 행위를 두 가지로 분열시키는 것이 아니라 서로 다른 율법하에 서 있는 두 개의 다른 영역으로 구분하는 것이다: 왜냐하면 그가 인간으로서 그리스도인이 되기 위해서 그렇게 존재해야 한다. 그가 인간으로서 그리스도인이 되기 위해서 거기 그렇게 존재하는 것은 그것은 그에게 주어진 노동의 의미이기도 한 것이다.

**그럼으로 노동이란 다음과 같은 것을 말한다: 인간적 피조성으로서 자신의 현존재를 실천적으로 인정하는 것이다.** 그 인정은 그에게 함축적으로 다음과 같은 사실을 더해주고 있다: 하나님께서 그를 하나님 나라의 증인으로서 부르셨고 요구하신다는 사실을 포함하는데 그것은 그가 바로 인간적 피조물로서 거기 그렇게 존재한다는 것을 전제하는 것이다. 그가 하나님의 부름에 의하여 인간적 피조물로서 사용되고 요구되었기 때문에, 그가 하나님을, 즉 인간이 하나님께 순종하고 그렇게 함으로써 자신의 삶을 가능하게 만들기 때문에, 그것은 계명으로 주어진 것이다. 인간인 그는 봉사를 하도록 요구 받은 것이다. 인간이 자기 자신을 그렇게 봉사를 위해 내놓음으로써 그는 싫든 좋든 간에 자신이 하나님으로부터 그렇게 요구받은 본질이고 또한 자신을 인간으로서 실천적으로 행동하면서 긍정하는 것이다. 그는 그렇게 자신을 긍정하면서 일하는 것이다. 그는 돌이나 나무가 아니다. 그는 동물도 아니다. 하지만 그는 하나님을 섬길 수 있다. 그는 그 자신의 고유한 방식대로 그것을 행하는 것이다. 그를 인간으로 만들고 아주 특출하게 하는 것이 있다면 그것은 그가 노동을 한다는 것이다. 노동을 함으로써 그는 자신이 아주 특수한 존재라는 것을 확인한다: 하나님이 인간을 인간으로 만드신 그 창조와 더불어 주어진 하나님의 특별한 긍정에 상응하는 일이 바로 이것이다. 그리고 거기로부터 그는 또한 전 우주를 돌보시는 하나님의 특별한 보호하심 속에 존재하는 자임을 경험하게 된다. 그의 이 특별한 현존재는 하나님의 영에 의하여 일깨워지고 유지되고 지도를 받는 자로서 항상 새로워지면서 영과 육의 체계적인 일치 속에 있는 존재로서 내적 외적 현실이며 이성적이며 잘 구성된 물질성이기도 한 자이다. 인간은 이 특수한 현존재에 참여한다는 사실만으로 하나님을 섬기는 것은 아니다. 하지만 그는 자신이 이 현존재에 참여함으로써, 그 사실이 그렇다는 것을 실천적으로 인정함으로써 하나님을 섬기는 것이다. 인간은 그 자신이 스스로 인간으로서 인간이기를 원하고 인간으로 자신을 세워나가는 것을 통하여 하나님을 섬길 수 있다. 하지만 인간이 비록 추상적으로 자신에게 그의 봉사에 대하여 그리고 그 봉사의 본질에 대하여 물으면서도 그 질문들을 흘려듣거나 대답되지 않은 채로 남겨둔다면, 후에 그 자신이 스스로 대답해야 할 답변으로 생각하게 내버려둔다면 그것은 인간 내의 분열이며 이원론적인 사태가 되고 말 것이다. 인간은 자신의 봉사 가운데 있음으로써만 그 속에서 봉사의 목적과 의미를 확인할 수 있고 그때에 그는 자신을 이해하고 세워나갈 수 있다. 하지만 만일 그가 추상적으로 그가 하나님의 나라를 인식하면서 그리스도교 공동체의 섬김에 참여한다면, 인간적 피조물로서 자신의 고유한 현존에 대한 질문을 다시금 헛듣거나 대답되지 않은 채로 남겨두거나 아니면 어떤 우연이나 운명론 같은 것으로 남겨두려고 한다면 이 모든 것은 다시 인간 내의 분열이거나 이원론이 되고 말 것이다: 그는 자신이 스스로 그렇게 원하고 그렇게 세워나감으로써만 누구를 섬길 수 있게 된다. 인간인 그가 스스로 자신을 세우고 그 정돈된 일치성 속에서 세워나가고자 할 때 그는 이제 그에게 요구된 봉사에서부터 노동의 장소로 나갈 수 있게 된다. 그에게 섬김이 요구되었다는 점에서 이 노동이야말로 그의 봉사를 위해 비록 임시적일 수 있지만 그럼에도 불구하고 필수불가결한 필연성으로서 이해된다.

  모든 인간의 노동은 바로 잘 조정된 통일성의 성취이다. 나는 나 자신이 육체의 영혼으로서 그리고 내 영혼의 육체로서 나를 긍정할 때, 나는 노동을 할 수 있다. 나의 현존재, 즉 저 일치성의 통일성은 내가 그것을 실천적으로 긍정하고 스스로 완성해야 하는 것으로 언제나 이미 그렇게 주어져 있다. 이 통일성은 이미 나에게 주어져 있는 것이다. 나는 나 자신이 스스로 창조하는 것이 아니다. 그 통일성은 나에게 속한 것도 아니다. 그 통일성은 오직 나에게 수여된 삶의 형태일 뿐이다. 나는 내가 이 통일성 속에서 나로서 존재함으로써 내가 하나님이 되는 것이 아니다. 이 통일성은 우리에게 그냥 주어져 있다. 내 인간적 삶의 형태가 그렇게 수여된 것처럼, 그래서 이 통일성을 언제나 승인하고 완성시켜야 하는 그것은 이미 과제로서 부과되어 있는 것이다. 바로 이 점이 반드시 일어나야 할 일로서 모든 인간적 노동의 본질이며 뿌리이다. 모든 노동은 이 통합의 행위인 것이다. 노동이란 단지 식물적-영혼적 삶으로부터 탈출하는 것으로서 순수한 객관성으로부터, 단지 구별되고 추상적인 외적 특성으로서의 이 특수한 객관성으로부터,—이는 동시에 단순한 정신적 현존재, 단지 움직여진 영성, 하나의 순수한 주관성으로부터, 단순하고 특수화된 추상적 내성으로부터 탈출을 의미하는 것이다.

인간이 일하고 만나고 자신과 다시 통합하면서—먼저 일자가 타자로 향하고 또한 거꾸로도 유용하게—그 자신의 행위 속에서 그의 본질의 두 개의 요소들이, 즉 이 두 요소가 바로 하나님의 영에 의하여 하나로 묶여졌으며, 이 이중성 속에서 전체적인 한 인간이 구성되었다는 것이다: 자신의 행동 안에서 다음의 전 우주의 두 가지 요소들이 만나고 하나로 통일성을 이루고 있다는 것이다. 그것은 육체적으로 볼 수 있는 것과 육체적으로 볼 수 없는 것, 지상적 영과 지상적 자연, 지상적 주체성과 지상적 객관성과 같은 것이다. 이 중 하나라도 다른 것 없이 전체성을 스스로 주장할 수 없다. 첫째로 우주 안에서 그렇고 무엇보다도 인간 안에서 그렇다. 인간은 그가 전체를 추구하는 가운데, 그 통합의 행위 가운데, 즉 그 노동 가운데 있음으로 인간이 될 수 있다. 인간으로 산다는 것은 다음의 사실을 의미한다: 영을 통하여 자연을 형성하는 것이며 자연과 더불어서 영을 채우는 것이고 주관성을 객관화시키는 것이고 객체들을 주관화시키는 것이며 내적인 것을 외적인 것으로 보이는 것이고 외적인 것을 내적인 것을 통하여 본질화시키는 것이며 육체의 영혼화이고 영혼을 육체화하는 것이다. 이 상하, 내외적 운동에서 인간은 인간으로서 사는 것이다, 즉 이는 다음의 사실을 의미한다: 그에게 인간으로서의 삶이 명령되었다고 할 수 있다. 그가 인간으로 사는 그것을 그 사람은 반드시 긍정하고자 하며 성취해야만 한다. 그리고 이러한 것들은 반드시 그의 본질적인 행동 속에서 참된 사건으로 일어나야 하는 것이다. 종합이란 단순하게 거기 있는 것이 아니다. 이 종합은 또한 자기 스스로 성취될 수 있는 것도 아니다. 이 종합은 좌우, 위 아래를 오가는 자신의 운동 속에서 성취되는 것이 아니다. 이 종합은 누군가 미리 시작해야만 한다. 그리고 이 성취는 먼저 위에서부터 아래로 내려온다. 주관에서 객관으로 내적인 것에서 외적인 것으로 영혼에서 육체로 자기 자신이 스스로 자기로 돌아가려는 그런 운동 속에서 성취되는 것이다. 왜냐하면 **인간은 먼저 그의 육체의 영혼이기 때문**이다. 그는 먼저 이렇게 전자가 되어야 한다. 그렇게 해서만 그는 후자도 되는 것이다. 그 자신, 그의 영혼은 직접적으로 그를 일깨우며 그를 보존하는 하나님의 영과 연관되어 있다. 그가 그 자신의 전체성 안에서 자신을 긍정하고 의지하고 성실하게 완성시킴으로써, 그는 노동을 하게 되고 그 노동을 실행하게 된다. 만일 그가 자신의 고유한 특별한 존재의 본질에 합당하게 행동하지 않고 그 종합을 자신이 스스로 충족시키지 않는다면, 그는 돌처럼 그저 기존의 질서 안에 놓여져 있을 수 있거나 아니면 식물이나 동물같은 존재질서 속에 있을 수도 있을 것이다.

그가 이것을 행하는 것은 그에게 요구된 노동의 임시적 봉사라고 할 수 있다. 그는 일하면서 자기 자신을 확인하고 그의 피조물로서 창조주 하나님 앞에서 자신을 더 실행시키는 것이며 참되게 함으로써 그는 하나님 그분에게 자신을 알도록 드리는 것이며 자기 자신을 하나님께서 부성적 섭리 안에서 준비시켜서 자신의 하나님 나라를 참되게 받아들이고 그의 은총을 경험하고 그것의 증인이 되게 하기 위해서 보존하시고 있는 그런 본질임을 알아가는 것이다. 하지만 거기에 한계가 있다는 것은 자명한 것이다. 안전을 위해서 보다 더 분명하게 말해둘 필요가 있다. 인간은 일하면서 어떤 특별한 일을 하는 것은 아니다. 그는 자신이 어떤 선한 일에 게으르지 않다고 할 그 어떤 이유도 갖고 있지 않다. 그는 일하면서 다른 두 번째 하나님을 갖고 있는 것도 아니다. 그가 더 진행시키면서 보충하고 온전하게 완성시키려고 하는 것이 하나님의 일도 아니다. 왜냐하면 하나님이 창조주와 주님으로서 행하신 것을 노동이라는 개념하에 이해하려고 한다는 것은 불가능하기 때문이다. 노동이란 하나님의 계명에 순종하는 인간적 형태라고 할 수 있다.—즉, 인간적 자연적 본성 안에 쓰여진 그의 법칙들을 완성하는 것이다. 창조주이시며 주님이신 하나님께서는 그 어떤 계명도 따로 지켜야 하는 것이 아니다. 그렇다고 해서 이 계명이라는 것이 하나님의 존재와 본질로부터 단순히 파생된 것도 아니다. 또한 어떤 내, 외적 짐이나 의무감에서 나온 것이 아니다. 이는 그의 자유롭고 전능한 사랑의 행동이다. 그렇기에 우리는 인간의 노동을 신적 사역 중의 하나로 이해할 수는 없는 것이다: 이 노동이란 개념이 절대로 "창조"를 의미하지 못하고 피조된 세계 안에서의 운동을 의미한다. 그리고 이것은 다스림이 아니라 하나님의 안내를 따라 충실하게 실행하는 것이다.—하나님의 창조와 다스림이 지속적이라면, 그것이 피조물의 움직임을 통해서만 실행되고 보충되어야 한다는 것은 필요하지도 않고 또한 그것들이 그런 능력을 가진 것도 아닌 것이다.

만약 인간의 노동이 하나님의 축복 속에 있다면 이는 하나님의 창조의 선을 보존하는 것이며 그의 섭리 가운데 지혜가 보존되는 것을 말하는 것이다. 그렇지만 하나님의 창조와 섭리가 이러한 보존을 필요로 하는 것이라고 말할 수는 없을 것이다. 하지만 인간이 자신의 노동을 통하여 자신을 완성할 뿐 아니라 그렇게 함으로써 하나님의 사역과 하나님의 선 그리고 그의 지혜를 더 보존하는 것이 사실이라고 한다면 그런 사정 자체는 이미 하나의 충만하고 넘치는 그런 하나님의 자유로운 은총을 보여주는 것이다. 하나님의 사역은 인간의 노동을 통하여 더 좋아지고 더 아름다워졌다고 말하고자 한다면 그것 자체는 이미 매우 교만한 것이며 사태에도 맞지 않은 것으로서 매우 의문스러운 것이 될 것이다. 그렇다면 인간은 자신의 노동을 통하여 성취할 수 있는 것, 그가 얻을 수 있는 것이 무엇이라고 말할 수 있는가? 하나님의 세계를 우리의 노동을 통해서 더 나쁘게 만들 수 있는 그런 능력이 우리에게는 있지 않다는 것 때문에 우리가 기뻐해야 하는가. 그렇기에 홀(Karl Holl, Aufs. z. Kgsch. I. Bd., 1923, 261f.)이 다음과 같이 적은 것은 올바른 것이 아니다: "그렇다면 인간의 모든 노동이라는 것은 하나님이 그 이름하에 일하시는 가면과 같은 것이다." 이는 루터의 견해일 수 있다. "그가 먼저 노동을 위한 노동을 선언하는 반면 그는 이 사실을 두 개의 이해방식 사이에서(하나님에게 의존해 있는 인간의 노동과 하나님에 대한 자유로서 노동) 서로 바꾸어 가며 이해하기도 하는 것을 옳은 것이라고 주장하지는 않는다. 그런가 하면 그는 오히려 한 가지 사실을 하나와 다른 측면에서 받아들이고자 하는 것이다." 이것이 루터의 견해였으리라는 그 주장에 대해서는 나는 사실 회의적이다. 다만 하나님과 피조물 사이의 차이, 그의 행동과 인간의 행동의 사이를 흐리게 만드는 문장들은 확실히 잘못된 것이라는 사실이 확실하다. 인간에게 주어진 노동은 그의 봉사의 한 요소일 수 있을 뿐이다.—그 노동 자체를 위해서 인간들 자체를 위해서라는 것은 잘못된 것이며 그것은 단지 하나님의 영광을 위해서 일어나야 할 일뿐인 것이다. 사람들은 그것을 할 수 있을 때 그 자신의 피조성 가운데 수행하는데 그것은 하나님의 창조적이며 다스리시는 행위에 대한 명백한 답변의 성격을 가진 것이다. 즉, 인간은 자신의 노동을 "가면"의 관점에서 수행하지 않는다. 자신의 노동이 하나님의 행위의 외적 형태의 한 방식이라고 보이지 않으며, 그 인간의 노동 안에 그리고 그 아래에서 하나님의 사역 그 자체를 찾거나 발견할 수 있기를 기대해서는 안 되는 것이다. 하나님의 행동은 절대로 그 아래 그리고 그 안에서 일어나는 것이 아니라 그 인간의 행동에 대해서 대립하여 자유롭게 항상 인간의 행동을 넘어서 위에서 일어나는 것이다. 사람이 그 인간적인 답변의 형태에서 하나님의 영광을 섬길 수 있다는 것은 이미 인간에게는 무엇으로도 채울 수 없는 영광스러운 일이다. 이 인간의 행동이 하나님이 자신의 영광을 나타내고 그 영광을 위대하게 만드는 그 하나님의 행동과 일치하는 것이라고 주장하거나 그렇게 생각하는 것은 이미 지나친 오만이다. 구스타프 위그렌(Gustav Wingren, *Evang. Theol. Jahrg.* 1950/51, 39f.)이 "Der Sinn der Arbeit"이라는 제목하에서 주장한 것처럼, 그리고 그 속에서 칼 홀이 주장한 것과는 다른 결론에 이르게 된 것이 내게는 아주 분명하게 보인다. 그 이전에는 나에게 전혀 선명한 것이 아니었다는 사실을 말하지 않을 수 없다.

하나님께서 이 세계를 유지하고 다스리시는 섭리의 사역 안에서 무엇을 행하시는가? 정확히 말해서 그는 자신과 자신의 피조물의 존재들을 그 시간 안에서 창조주와 주님으로서 진실되게 보존하시는 그 일을 행하시는 것이다. 사물들은 이 하나님의 보살핌을 필요로 한다. 그리고 하나님이 그 일을 지속적으로 수행하신다는 것이 바로 그의 섭리의 역사인 것이다. 그렇다면 인간은 그가 하나님의 계명에 순종적일 때 노동을 통하여 무엇을 행하는가? 그는 하나님과 그 하나님의 피조물로서 자신의 본질을 더 충실하게 지키는 일을 하는 것이고 자신의 본질적인 현존재 안에서, 자신의 자연적 본성을 통하여 규정된바 그것을 그 종합의 완성의 형태 안에서, 그 실재를 실천적으로 인정하는 일을 하는 것이다. 그 노동을 통하여 그는 하나님과 그의 신적 사역과 구분되는 자신의 고유한 존재를 인정하는 것이다. 자기긍정의 행동으로서 노동은 동시에 인간적 피조물이 가진 자기분리의 행동인 것이다. 노동은 지상적인 사건으로 이 지상적 피조적 영역에서 인간을 그 피조물의 영역에서 가장 중심적인 존재로 만드는 그런 종합의 실행으로 이해된다. 이런 관점에서 볼 때 이 노동은 그 자신의 가치를 갖고 있다. 그것이 하늘에 속한 것도 아니고 신적인 것도 아니다. 만일 그가 노동을 그렇게 이해하고자 할 때 그는 마귀적이 되는 것이다. 그래서 우리는 다음의 사실을 기억해야 한다: 만일 하나님이 창조주와 주님으로서 자신과 우리 피조물에 대해서 진실하시고자 한다면 그 중심을 갖는 것은 사실 그의 행동의 주변부가 될 것이고 그는 자신의 피조물들 안에, 그 은총 가운데 다시 거기에서 자신의 거처를 찾은 것이며, 자신의 나라를 그 땅 위에 임하도록 하셨음을 의미하는 것이다. 그리고 이제 그가 인간으로 하여금 일하게 하셨다면 이것은 그 인간들의 노동이 그가 그리스도교 공동체의 봉사 안에서 함께 일함으로써 하나님에게 순종적이 되고 섬길 수 있게 되었음을 증명하는 전제로서 주어진 것을 의미하는 것이다. 신적인 섭리의 사역이 자신만을 위한 것이 아니라 그 목적론적 지향점과 더불어 일어나는 것이라면, 인간의 노동은 이제 자신만의 일을 위해서 벌어지는 것이 아니라 오히려 하나님에 의하여 주어진 목적론적 관계에 의하여 그들에게 일어나는 일이 되는 것이다.

만일 인간의 노동이 자신만을 위해서 주어지는 것이라면, 인간은 그 스스로 자신이 목적이고 목표가 되는 것을 의미하는 것이 아닌가? 마치 하나님이 자신의 전체적인 측면에서 오직 하나님 자신만이 목적이고 그 자신만이 목표라면 말이다. 만일 그렇다고 한다면 영혼과 육체의 통합이나 정신과 자연의 통합에서 자기 자신을 문화의 사역 안에서 드러내는 것이 맞는 것이 될 수 있었을지도 모른다. 하지만 이것은 절대로 우리의 말이 아니다. 물론 다음의 사실은 눈여겨봐야 한다: 인간적인 노동을 통하여 그리고 그 종합의 행동 안에서 인간은 자신을 드러내고 있으며 인간이 인간적 문화라고 말하는바 그것을 완성하며 인간적 가능성과 사업 그리고 인간적 온갖 다양한 성취들, 지금까지의 모든 노동이 미래에 갖고자 하는 전제로서 선한 것들과 가치들이 드러나는 것이다. 이러한 세움들 그 역사와 현재의 형태들은 현재의 인간들에게는 하늘을, 즉 더 높이 존재하는 우주를 덮고 있는 것들을 표상해주는 것이고, 이러한 문화적 사업들은 인간으로 하여금 피조된 세계 안에서는 가장 위대하고 가장 높은 가치의 전능한 것으로 모든 피조물의 전체 의미를 한꺼번에 조망하게 하는 것을 가능하게 만드는 것이라는 추측이 가능하다. 더 나아가 이 문화라는 영역에서 하나님을 포함할 수도 있을지도 모른다. 즉, 그 자신만의 최고의 살아 있는 고유한 본질을 가진 것으로 여겨지는 문화 속에서 그 인간은 실제로는 살아 계신, 그래서 인간이 섬겨야 하는 그 하나님을 엿볼 수 있으리라는 생각도 가능하다. 그렇다고 한다면 인간의 노동을 너무 높게 평가하는 것이 될 것이다. 그래서 인간이 자신의 문화의 사역에 참여하면서 실제로는 하나님의 사역에 참여하는 것이라고 과장되게 이해할 수 있다. 만일 그렇다면 이것은 인간이 그 자신 그 자체로 자신의 목적이며 목표가 된다는 것이고 그의 모든 노동은 그 자체를 위해서 자기 목적적으로 존재한다고 말하는 것이 된다: 마치 하나님이 자신이 행하시는 모든 것이 자신의 영광을 위한 사역이듯이 말이다. 이러한 생각이나 상상은 분명히 인간 삶의 그리스도교적 시각 밖에서 끊임없이 스스로 옳다고 주장하는 것을 볼 수 있다. 하지만 그리스도교적 관점에서 본다면 이러한 생각은 그 근본에서부터 부정되어야 한다는 것이 자명하다. 인간의 노동 안에서 그리고 그 노동과 더불어 문화의 사역이 주어진다고 한다는 것은 사실이기에 축약된 관점에서 볼 때 노동은 바로 문화이고 문화는 바로 노동인 것이다. 하지만 바로 그런 이유에서 인간은 자신이 스스로 그 노동을 통하여 자기를 구현한다는 점에서 더 높은 본질과 연관이 있음을 알게 되고 이 인간적 문화는 그 자체로 자신의 고유한 법칙과 가치 그리고 삶을 가진 고유한 독립된 체계임이 분명하다고 생각하는 것은 거짓이다. 이것은 단순하게 말해서 하나의 신화이다. 문화는 그 스스로 그 문화 안에서 자신을 표출하고 자신의 삶을 살아내는 그 인간과 더불어 존재하는 것이다. 이 문화란 그런 의미에서 매 순간 실현된 그 인간의 가능성과 그가 이성적으로 제시한바 그리고 가치판단과 좋고 나쁜 것과 받아들일 만한 것과 그렇지 않은 것들의 각각의 투사의 총체적 개념인 것이다: 그것은 인간이 이해할 수 있고 형성할 수 있는 모든 조건 안의 모든 것이다. 문화란 그의 각각의 지점에서 주어지는 사유, 의지, 감정, 법칙을 추구하는 그의 노력, 또한 그의 자의적 의지, 자신만의 가치 그리고 부끄러움과 삶과 죽음인 것이다. 그 문화는 그렇고 그렇게 살아가는 그 인간과 지금 여기 함께 있는 것이다. 그 문화는 인간과 함께 시작되고 인간과 함께 끝난다. 그 문화는 그 인간의 노동의 사건 안에 있는 것이다. 문화란 그 인간을 넘어서는 어떤 가설의 독자적 가치와 삶으로서의 고유성은 가지지 못한다. 그렇기에 그 문화는 단지 지상적인 성격을 가질 수 있을 뿐이다. 만일 문화가 인간에게 하늘을 대신하고 그것을 덮는 것이라고 생각하게 한다면 그것은 왜곡에 의한 오류일 뿐이다. 문화는 단지 피조적일 뿐이지 어떤 신적인 가치를 갖는 것은 아니다. 그렇기에 문화에 참여하는 것이 하나님의 사역에 참여하는 것이라고 보아서는 안 된다. 바로 그렇기에 인간의 노동은 그 자체를 위해서 시행되는 것이라고 보아서는 안 되는 것이다.

우리는 이렇게 말함으로써 문화에 대하여 낮게 평가한 것이 아니다. 그리고 노동은 하나님의 계명을 지키려고 노력하는 순종 속에서 단지 임시적으로 단지 부속물로서 그 일을 할 수 있을 뿐이다. 그럴 때 그 문화는 인간 자신의 본질적이며 본래적인 사역에 부르심을 얻은 그 봉사와의 연관성 속에서 임시적으로 그 일을 완수할 수 있다. 이때 부름을 받은 자는 인간이기에 그리고 그가 자신이 부름 받은 그 봉사를 하려고 의지를 갖고 준비를 해야 하기에 그는 또 그렇게 인간이기 원하고 그렇게 자신을 긍정하고 지키고 보존해야 하는 것이다. 이렇게 부속물로서 이 임시성 속에서 그 노동은 자신의 고유한 가치를 갖고 있으며 그 노동은 바로 이렇게 봉사로 전환되는 것이다. 인간이 그 노동으로 부름을 받았다는 사실 속에서 그는 인간적 피조물로서 자신의 실존 속에서 자신의 창조주와 주님에게 봉사할 준비를 하는 것이다. 인간이 그것을 위해 부름을 받은 그 본질적이며 특수한 봉사 속에서 인간 자체의 본질이 문제가 되는 것이다. 본질적이며 본래적인 봉사 속에서 인간 자신의 본질이 관건인 것처럼, 인간은 자신을 실제화하고 지킴으로써 그에게는 이제 문화가 하나의 과제가 되고 문제가 되는 것이 분명해진다. 그곳 말고 다른 어느 곳에서 그럴 수 있겠는가? 자기 목적으로서 문화는 인간에게는 언제나 빛의 의무였고, 사람은 거기에 항상 복종하거나 거기로부터 벗어나거나 할 수 있을 뿐이었다. 저 본질적이며 본래적으로 요구된 행동의 부속물로서의 문화는 봉사의 의무였다. 그리고 하나님의 명령을 수행하려고 하는 자는 그 누구도 이것을 무시하거나 나태하게 대할 수 없는 것이었다. 그 누구도 자신이 인간이 되지 않고서는, 즉 스스로 함께 있고자 하지 않고는, 이 세계의 종합에서 일어나는 피조적 창조사역에 관심을 갖지 않고는, 즉 일하지 않고서는, 하나님에게 복종할 수 없다.

우리는 다음과 같은 사실을 직시하고자 한다; 그리스도교 윤리의 공간 안에서 노동에 대한 이 근거 외의 다른 것은 존재하지 않는다. 이 노동은 우리에게 인간의 노동이—그리스도인으로서 자신의 본질적이며 본성적인 봉사와 연관 속에서—하나님으로부터 주어진 것이라는 사실을 보여줄 수 있는 더 우월한 지위를 가지고 있다. 이 노동은 모든 인간의 본질적 행위의 복사품으로서 그 자신의 의미와 필요성을 가지고 있다. 이 노동이 이 연관관계 밖에서 우리에게 주어졌고 또 어느 의미에서 주어져 있는지를 보여줄 수 없다는 부정적 한계를 갖고 있다. 이 노동의 자족적 의미, 그것의 필요성 그 자체는 그리스도교 윤리의 입장에서는 세워질 수 없다. 그 반대이다: 인간의 문화의 독자적 가치와 독자적 존속을 꿈꾸는 것과 거기로부터 노동 자체를 위한 노동을 다시 꿈꾸는 것은 단순히 우리가 거절할 수 있는 것이다. 즉, 정확하게 말해서 그리스도인으로서의 인간은 그가 공동체에 대한 봉사의 자리를 위한 동역을 위해 부름을 받았다는 점에서, 그 노동이 무엇인지 정확하게 알 수 있도록 그 노동으로 부름을 받고 진지하게 요구받고 있다는 것을 발견하는 것은 가능한 것이다. 이 신앙과 그의 복종이 없다면 인간의 노동은 언제나 깊은 몰이해의 그늘 속에서 일어나는 일이 될 것이다: 그렇다면 무엇을 위해 이 노동은 본질적이며 궁극적으로 일어나야 하는 것인가? 그가 어떤 문화의 이데올로기를 통해서 이미 그 사안에 대하여 몰이해 속에서 만족하고 있었을지도 모르며 아마도 (아마 대부분의 경우 그렇게 보이는 것이 아주 그럴듯할 것인데) 대개 그랬을 것이다. 그는 일해야 했는데, 왜냐하면 그가 그것을 해야 하는 그 결정적 이유, 그렇지만 왜 라는 질문에 대한 답변은 거기에서 찾지 못하게 될 것이다. 그가 자기 자신이 공동체를 통하여 공동체로 부름을 받았다는 것과 그가 신앙으로 부름을 받고 그 신앙 안에서 복종하게 되었다는 사실이 이러한 상황 속에 있던 인간에게 얼마나 큰 해방감을 줄 것인지에서 복음이 필요함을 알게 될 것이며 이러한 상황에서 그 필요성이 분명해질 것이다. 인간이 자신의 노동의 필요성과 의미를 그가 인간으로서 짊어져야 할, 그리고 그리스도인으로서는 알고 있을 수 있지만 비그리스도인들은 모르고도 있을 수 있는 봉사와의 그 본질적인 연관관계하에서 이해할 수 있느냐에 따라 결정적인 차이가 일어나게 된다.

하지만 이 모든 것이 실제적이며 날마다 항상 어디에서나 사람에 의하여, 그것도 이 노동과 봉사 사이의 본질적 연관관계를 알지 못하는 사람들에 의해서 그들의 방식을 따라 수행되고 다양하게 실천적으로 완수되는 노동의 의미를 낮게 평가하는 것이 아니다. 그리스도인이 알 수 있는 그 연관관계는 그것이 다른 사람들에게서 그리고 더 이상 알려지지 않은 곳에 이미 존재하고 있다. 그것은 신앙이나 그리스도인의 복종에 근거하는 것이 아니다. 그것은 신적인 섭리의 질서인 것이다. 그것은—그것이 인간에게 알려지는지 안 알려지는지에 상관없이—하나님의 의지의 연관성에 근거해 있고 창조와 계약의 연관성에 근거해 있다. 그것은 하나님의 전체 우주에 대한 통치, 인간과 그들을 다스리는 도구들 그리고 다가오는 하나님 나라의 목표 안에서 근거를 갖고 있다. 이 연관성의 객관적 목적론 안에서 하나님이 인간을 인간으로서 창조하시고 그 인간의 현존재를 부르시고 그가 실제적으로 자신을 긍정하고 일하는 노동하는 존재로 부름을 받고 그렇게 할 수 있도록 하였으며, 그가 인간으로서 일하면서—비록 그가 알든 모르든 간에—그 안에서 하나님이 인간을 부르신 자신의 본질적이며 본래적인 봉사로 나가는 것이 가능한 근거를 제시하였다. 바로 이것이 하나님의 섭리의 지혜요, 선이며 권능인 것이다: 하나님께서는 자기가 인간을 창조한 그 섭리의 계획으로부터 인간을 쫓아내는 일을 하지 않으신다. 하나님께서 창조주이시며 주님이신 것이 자명한 것에서 알 수 있듯이 인간 자체만을 위한 인간이나 노동 자체를 위한 노동은 존재하지 않는다. 그렇게 생각하는 것은 단지 인간의 무지와 환상의 바다에서 자라난 죄일 뿐이다. 하지만 죄는 하나님께서 인간의 현존재를, 그가 원하시고 창조하신바 그 현존재, 인정하시기를 멈추시지 않는 것을 통하여 보여주신 하나님의 신뢰를 변경시키지 못한다. 그렇기에 또한 인간의 죄는 인간의 노동이 다름 아니라 봉사를 위해 존재한다는 사실, 인간이 거기에로 부름을 입었고 그렇게 규정되었으며 신앙의 사역이며 인간에게 정당한 사역(opus proprium)으로 인정된 그의 순종의 사역인 봉사에로의 목표설정을 변경시키지 못한다. 사람들은 자기 자신을 긍정하고 그렇게 노동의 현장에 있음으로써, 그가 사로잡혀 있을 수도 있을 여러 가지 그 노동의 필요성과 의미에 대한 오해와 무지에도 불구하고, 실제로는 그 봉사의 의미를 선제적으로 구현하는 것일 수도 있다. 이제 그는 인간과 노동의 관계를 잘 아시고 그가 거기에서 무엇을 가질 수 있다는 것을 아시며 그래서 인간에게 그 노동의 의미가 숨어 있기 때문에 인간이 잘 모르고 행할 수 있지만 인간에게 그 노동을 허락하시면서 그 인간을 축복해주신다. 이러한 관계는 하나님 이외에는 그 누구도 보여줄 수 없다. 하지만 그리스도교 윤리는 이러한 연관관계가 존재한다는 것을 지적할 수 있지만 인간에게 그것 자체를 계시적으로 보여줄 수는 없다. 그리스도인은 그렇기 때문에 모든 노동이, 물론 비그리스도인의 노동도 마찬가지로, 목표를 향한 하나님의 섭리의 질서로서 그 의미와 필연성을 갖고 있다는 사실을 안다. 그는 이제 모든 사람의 노동을 그의 하나님에 대한 봉사를 위한 준비로 알게 되고, 그리고 그 안에서 그는 그리스도인으로 이해될 수 있게 된다. 그렇기 때문에 그는 비그리스도인의 노동의 가치를 폄하할 필요가 없다는 것을 잘 이해하고 있다. 그렇다면 하나님 앞에서 마치 자기 자신의 것과 같이 정해진 노동의 가치를 알고 있는데, 어떻게 그가 가치를 폄하하겠는가? 거꾸로 그들의 노동 역시도 선제적으로 그들의 봉사 속에 그리고 하나님의 축복하에 서 있는 것으로 자신의 노동과 동일하게 대하게 될 것이다. 그는 가끔 자신을 부끄럽게 인정해야 할 터인데 비록 그들이 자신들의 노동의 가치를 제대로 인식하지 못한다고 해도 거기에서 그때그때 오히려 더 잘하고 있으며 거기에서 일어나야 할 일들인 본질적이며 본래적인 일들을 준비하는데 있어서 그리스도인 자신보다 더 잘하고 있다는 사실이다. 그는 하나님께서 이 모든 피조물을 잘 다스리신다는 것을 믿기 때문에 그들을 높이 평가하고 그들을 존경하면서 주어진 경우에는 함께 일하고자 하는 것에 대하여 근본적으로 긍정적으로 받아들일 준비가 되어 있다. 물론: 그들의 노동의 의미와 그 필연성을 객관적으로 저 연관관계 안에서 일어난 것과 다르게 근거 짓는 일은 하지 않을 것이다. 일반적이며 보편적인 노동과 문화개념의 근거에서 그들의 노동을 평가하는 일은 그리스도인들에게는 불가능한 일이다. 즉, 타인의 시각으로서가 아니라 자신의 시각으로 그 일을 받아들이는 것은 불가능한 것이다. 그리스도교 윤리에서는 이러한 시도는 거절되어야 한다. 그 이유는 그 노동의 사태는 바로 진리 속에서 드러나는 것이라는, 그리고 그때 가장 잘 이해된 것이라는 확신 속에서 그렇게 할 수 있다.

이 노동에 대하여 우리가 부역하고자 하는 성격과 그 위치에 대한 결정은 그 안에서 성취되어야 할 인간 현존재에 대한 긍정이 무엇보다도 가장 먼저 선명하게 자기 **보존**의 의미를 갖고 있다는 것에서 이미 충분하게 드러났다. 문화가 노동이라는 사실은 진실이며, 각 노동의 행위가 이 지상의 관점에서는 매우 중요한 것으로서 인간의 본질의 구조에 상응하는 종합의 의미를 갖는 행동이라는 것이 사실이다. 사람들은 자기가 이런저런 노동을 고르고 거기에 흥미를 느끼거나 중요하다고 생각하기에 그는 그 일을 한다. 너무 중요하다면 인간은 거기에 헌신한다. 만일 그 인간이 이런저런 노동을 실행하기 위해서 자기 자신을 거기에 맞추려고 할 때 그 일은 사람들의 능력과 하고자 하는 경향을 통해 더 잘 성취되기 때문이다. 이 인간의 노동에서는 사람들이 자신의 삶과 가족들의 삶을 이어가는 것이 그 핵심적 사안이다. 즉, 보존하고 생육하게 하며 전개시키고 삶의 형태를 주어서 삶의 일반적인 자리에서 더 좋은 여건을 만들어줄 뿐 아니라 가족들의 소원과 필요를 충족하게 채워주면서 그들이 빵만이 아니라 그들의 삶 속에서 필요한 것들을 공급받을 수 있도록 하는 것이 과제인 것이다. 그렇게 하기 위해서는 인간의 노동의 모든 분야에서 영혼과 육체, 머리와 손 그리고 가슴과 손이 어떻게든 서로 만나서 함께 공동의 역사를 벌어야 하는 것이다. 이런 관점에서 사람은 이런저런 일들을 흥미 있게 보게 될 것이고 거기에 자신이 더 맞추어서 적합한 일 거리라고 생각하게 될 것이다.

이러한 관점에서 토마스 아퀴나스(Thomas von Aquin, *S. th*. II,2 q.187 a3c)는 노동에 대한 신적

질서를 다음과 같이 말하고 있다: 이것들은 반드시 능률을 추구해야 함(ad victum quaerendum)을 따라야 한다. 노동은 슈탕에(C. Stange, *Die Ethik der Arbeit, Z.f.syst. Theol.* 1927, 703f.)와 더불어서 "인간의 의지로 주어진 일련의 연결된 활동으로서 그것을 통하여 삶에 필요한 물품을 얻으려는 행동"이라고 정의할 수 있을 것이다. 이것은 거의 모든 직업에 해당되는 것이다. 목사 역시 자신의 사역을 성실하게 행함으로써 빵을 벌 수 있어야 하고 그 목사의 사역 역시도 최선을 다해서 일어나는 일관성 있는 연속적 활동을 의무로 삼고 있다.

모든 노동에서 찾을 수 있는 이 근본적인 동기를 그 어떤 더 높은 고상한 것으로 바꾸어서 해석하려는 것은 모든 사람에게 적용할 수 없는 것이 될 것이다. 여기에서 부끄러워해야 할 것이 무엇이란 말인가? 인간 현존재의 실천적인 긍정이란 그 근본적인 형태에서 그가 자신을 만들어 가는 것이며 그에게 주어졌던 현존재의 보증의 가능성을 실현해 가는 것을 의미하는 것이다. 봉사하고 섬길 수 있기 위해서 그는 반드시 살아야 하며 그는 반드시 자신의 현존재의 보증받기 위해서 최선을 다해야 하는 것이다. 그는 자신이 독자적인 인간인 한, 그리고 스스로 그렇게 하기로 한 이상, 그는 자기 자신을 봉사 그 자체에 최선을 다하도록 함으로써 남들에게 봉사할 수 있게 된다. 하지만 그가 또한 그렇게 독립적인 존재로 남기 위해서는 자신의 현존재를 보증하는 것을 얻기 위해서 자신의 전체 가능성 가운데서 꼭 필요한 일을 행해야만 한다. 이럴 때 그가 할 수 있는 한계는 거의 제한되어 있다고 할 수 있다. 결정적으로 그리고 인간이 자신의 현존재를 위해 꼭 필요한 것은 대부분 오직 하나님만이 주실 수 있다. 그리고 또한 자신의 동료 인간들이 그를 인정하고 받아주는 등 그들의 따뜻한 의지와 환대가 없이는 그는 또한 존재할 수 없다. 그가 건강하게 남아 있는 그 날과 그의 힘이 있는 날들 속에서는 독립적인 존재자로서의 그가 자신의 현존재를 보증받기 위해서 그리고 독립적인 존재로서 그 현존재의 가능성의 전제를 형성하기 위해서 스스로 염려해야 하는 그런 공간이 남아 있다. 비록 그 가능성의 공간은 작은 것이지만 이 고유한 목적을 위해서는 항상 충분한 것이다. 그의 하나님에 대한 의존성은 그가 필요로 하고 그가 스스로 얻으려고 했고 또 보존하려고 하는 그런 독립성과 연관이 없다. 사람들이 그렇지 않으면 남을 섬길 수 없기 때문에, 그 독립성을 얻으려고 한다거나 보존하려고 한다면, 그는 자신이 타인에 의하여 도움을 받을 수 있다는 것과 선물을 받을 수도 있다는 것이 그 독립성을 건드리는 것이 아니라는 사실을 명심해야 한다. 그러나 만일 그가 자신에게 주어진 고유한 가능성을 실현하는 자신의 현존재를 보증하기 위한 활동을 하지 못한다면, 그의 하나님에 대한 의존은 오히려 어슴푸레한 운명의 권력이 되어버리거나 자신의 인생의 피로감에서 벗어나기 위해서 혹은 스스로 인생의 가치를 버릴 수도 있게 되는 그런 동료 인간의 도움과 선물을 막연하게 기다리게 되는 것으로 변모할 수도 있을 것이고 그렇다면 자연히 그는 사실 전혀 누구를 도와줄 수 있는 사람이 되지 못하게 될 것이다.

그에게 남아 있는 그 작은 공간은 온전히 채워져야 한다. 그리고 이 충만함이야말로 그에게 부여되고 수여된 노동이다.

이런 의미에서 바울은 그리스도인들에게 노동을 하라고 촉구하고 있다: 그리스도인들은 조용히 자신들의 자기 일을 하고 자기의 두 손으로 스스로 일을 하여야 하는데 "이는 외인에 대하여 단정히 행하고 또한 아무 궁핍함이 없도록 하기 위함"(살전 4:11f.)인 것이다. 바울은 더 명백하게 말하고 있다: 만일 누군가 일하지 않고자 하면 먹지도 말아야 한다. 그는 또 그 공동체 중에서 정당하게 행하지 않는 어떤 사람들(ατακτως, περιπατειν)에 대하여 들었다: "우리가 들은즉 너희 가운데 게으르게 행하여 도무지 일하지 아니하고 일을 만들기만 하는 자들이 있다 하니 이런 자들에게 우리가 명하고 주 예수 그리스도 안에서 권하기를 조용히 일하여 자기 양식을 먹으라 하노라."(살후 3:10f.) 더 예리하게 말해서: "도적질하는 자는 다시 도적질하지 말고 돌이켜 가난한 자에게 구제할 수 있도록 자기 손으로 수고하여 선한 일을 하라."(엡 4:28) 여기에서 우리가 주의를 기울어야 하는 점은—바울 자신이 자신을 수공업자로 소개하는 대목을 제외하고—여기가 신약성서에서 노동을 권하는 유일하게 권면이 주어져 있는 곳이라는 점이다. 여기에서 노동이 얼마나 중요하고 좋은 것으로 말해지고 있다는 것을 인식하는 것이 유익할 것이다. 사람이 살아야 한다면 그리고 사람에게 내, 외적 독립성이 허락되어 있다면, 불필요하고 쓸데없는 일을 하는 것보다 자신을 삶을 걱정하는 것이 얼마나 더 올바른 태도인가?! 왜냐하면 우리 인간들은 비정상적인 찬탈자가 아니라 자유로운 선물을 받은 자로서 살아야 하는 것이며 그렇게 자신이 노동을 하도록 요구받았기 때문이다.

하지만 노동이라는 것은 삶에 **필요한 것들을 얻기 위해서 행하는 그런 행동만은 아니다.** 그 실천적 삶의 계명들은 인간이 그 안에서 들어가서 그에게 가능해진 그리고 그 자신의 현존재의 보존과 확보 그리고 전개와 발전적 형태를 얻는 그 모든 것을 위해 그가 행해야 할 것으로서 그에게 적용된 형태를 얻으리라는 약속 안에서 다 소진되는 것도 아니다.

에베소서 4:28의 말씀은 우리로 하여금 어렵고 궁핍한 형편에서는 도둑질도 이해될 수 있으리라는 것을 암시하고 있으며 거짓으로 돈을 버는 것과 그리고 폭력으로 돈을 버는 것도 상상할 수 있다는 것을 기억해야 한다고 권면한다. 방랑자나 세입자들도 그 자신의 방식으로는 이렇게 이익을 추구하는 행동이라는 것을 헤르만(W. Herrmann, a.a.O. 192f.)이 자신의 글 속에서 아주 정확하게 지적하였고 이 사회의 수치스러운 한 부분으로서, 공공의 생활에 악을 끼치는 독과 같다고 기술한 적이 있다. 그리고 바울은 무익한 일(περιεργαζεσθαι)을 통해서 해당하는 자에게는 조금 피하고 싶은 것이지만 그렇게 사회악도 아니며 범죄도 아니지만 올바른 것으로 이해되지 않는 사회적 행동을 지적하고자 하였다. 그런 행동은 바울에 의하여 다시 부탁된 노동과는 다른 사회적 행동이다.

노동이란 인간의 현존재의 실천적인 긍정인 것이라고 우리는 규명했다. 이를 통해서 말하고자 하는 것은: 인간에 의하여 성취되어야 하는 것으로서 **인간적이며 실천적인** 인간적 현존재의 긍정인 것이다. 이는 삶의 다양한 형편을 가능하게 하고 그것을 가능하게 만드는 행동을 제도화하고 동시에 제한적으로 만드는 것이 바로 노동이다. 즉, 인간의 노동은 그것의 목적(Telos)을 가지고 있는 것이다. 그런 의미에서부터 우리는 이제 무엇이 올바른 노동이며 무엇이 우리에게 제시된 노동인지를 결정해야 하는 아주 중요한 관점들을 얻게 된다. 만일 노동이 인간의 현존재적 삶의 보존과 보증 그리고 전개와 형태를 얻는 일에 도움이 되는 것이어야 한다면, 그렇다면 그 노동은 하나님 나라의 증인으로 세워져야 하는 인간을 위해서 사용될 수 있어야 한다. 만일 또 그렇게 이해된다면 노동은 그저 아무 특정하지 않은 인간 현존재의 연장을 위한 **이런저런 행동을 말하는 것이 아니며**—만일 그렇게 된다면 이는 전혀 다른 존재에게 유용하였을 것이며 그런 의미에서 전혀 인간적인 행동이라고 볼 수 없었을 것이다.—또한 그것은 인간에게 제시된 봉사의 전제들을 성취하기 위한 것이라고 생각될 수 없는 것이다. 노동은 인간에 의하여 우연히 완성된 것을 말할 뿐만 아니라 그것은—이것은 스스로 자명하지 않더라도—특색을 가지고 있는데 바로 아주 특별한 인간적인 행동이라는 것이다.

시편 104:21에 의하면 젊은 사자는 먹이를 쫓아 부르짖으며, 하나님께로부터 그 먹이를 구한다. 20절에 보면 특별히 주의를 기울일 만큼의 차이가 없이 밤이 되면 다음의 일이 벌어진다: "삼림의 모든 짐승이 기어서 나온다." 22절에 보면 "해가 돋으면 물러가서 그들의 굴속으로 돌아간다." 그리고는 23절 "사람이 나와서 일하며 저녁까지 수고하는도다."라고 말한다. 이들의 방식이 서로 다르다는 것을 알 수 있다. 그 속에서 사자가 음식을 찾는 행동이 다르고 또한 자기만의 질서를 가지고 있는 것을 알 수 있다.

사람들에게 제공된 이 노동은 인간이 삶을 살아가는 그 기간에서 주어진 **인간적인** 형태라고 할 수 있다. 인간적 삶의 형태는 바로 노동이다. 다른 모든 행동, 삶을 더 오래 살도록 연장하는 것에 도움을 주거나 돈벌이가 되도록 하는 다른 행동들과는 다른 것이 바로 노동이다. 비록 그 다른 행동과 노동이 아주 억세게 묶여 있는 것처럼 보일지라도, 그것의 인간성이 문제시된다고 하는 것인 그 다른 행동과는 다른 것이다. 그럼으로 이제 우리는 우리에게 제공된 더 올바르고 더 진지한 의미에서 노동이라고 부를 수 있도록 만드는 그 기준에 대하여 말하고자 한다.

1. 우리는 먼저 하나의 **형식적인** 그리고 더 중요한 기준으로부터 시작하고자 한다: 노동은 인간이 자신의 본래적인 **목표를 세우고** 그것을 이루기 위해 최선을 다하는

그런 추구의 형태 안에서 주어진 삶의 기한이라고 할 수 있다. 우리는 이 목표를 설정하는 문제를 후에 다루기로 하겠다. 확실한 것은 인간의 노동은 하나의 목표의 세계라고 할 수 있다는 점이다. 그리고 보다 구체적으로 말해서, 개인이든 아니면 사회 전체의 측면에서 보든, 외형만이 아닌 진실로, 현상 혹은 현실에서 인간적 삶의 보존과 보안 그리고 전개와 형성이 이 노동의 관건인 것이다. 인간은 이 목적론적 세계 안에서 스스로 어디에 적응하면서 그리고 그 안에서 그려진 어떤 목적을 이루려고 노력하면서 자신의 일을 하는 것이다. 그의 일이란? 만일 그가 현상적으로만이 아니라 진실로 일하고자 한다면 그의 최선이란, 즉 그 목적을 성취하기 위해 최선을 다한다는 것은 그에게 맞는 최선을 의미하는 것이다. 아무런 능력의 최대 최고나, 어떤 임의적인 심대한 노력이 아니라 이 목적에 상응하는 적극적인 최선의 노력이 이 목적을 성취하기 위해 필요한 것이다. 그가 자신의 본질을 확인하는 그 종합은 만일 이 목적을 성취하려면 꼭 가져야 하는 그런 형태를 가져야 한다. 인간은 육과 영혼만으로 거기 있는 것이 아니라 그 옆, 현장에 있다: 지금 그가 전적으로 몰입하고 있는 그 사태 옆에 있다. 그렇기에 우리는 이렇게 요청된 노동의 기준을 **사태(Sachlichkeit)의 기준으로 볼 수 있다.**

 동물도 역시 어떤 목적을 추구하는 삶을 살 수 있다. 하지만 그 목적이라는 것 자체가 이미 그의 본성에 적응된 것이며 언제나 동일한 본능의 충동에 이끌리고 있다. 사태성은 여기 어떤 문제가 되지 못하고 오히려 그것은 그 동물의 본성에 놓여 있다. 하지만 인간은 스스로 자신의 목적을 세운다: 항상 새로운 목적이나 다른 목적을 세우고 있다. 사람들은 그 목적을 세우면서 이제 스스로 그 목적에 자신을 묶어 놓는다. 그 목적을 구현하기 위해서 단지 거기 있을 뿐만 아니라 그 옆에서, 그 목적 옆에 있어야 하며, 그 목적을 향한 길 위에 있어야 하고 그것에 전념해야 하며 그것을 위해 최선을 다해야 한다. 그 목적을 향한 삶을 살아야 하는 것이다. 그렇게 할 때 그는 의미 있게 진심을 다해 일을 하게 되고 그는 일해야 한다는 그 계명에 순종하게 된다. 그가 만일 그 사태에 적합하게 일을 하게 된다면 그는 이 모든 영역에서 정확하게 일하는 것이 될 것이다. 이 사태성은 인간적 노동의 여러 상이한 분야들에서 상이하게 드러날 것이다: 상이한 시간에서 다양하게 그리고 인간의 노동의 과정의 역사에서 상이한 단계 중에서 상이할 것이며 또한 그 일하는 사람들의 개별적 차이 만큼이나 다양할 것이다. 하지만 이렇게 각자가 각자의 목적을 달성함에 있어서 특별히 전체의 특별한 노동의 놀이 규칙이 있다는 것이다. 이 규칙은 항상 새로운 형태로 자신을 나타내고 있으며 사람들에 의해서 항상 새롭게 이해된다. 하지만 이 규칙은 모든 목적에 객관적으로 존재하고 모든 사람을 붙잡고 있으며 그것에 주의를 기울이는 자를 움직이고, 그들 모두에게 복종을 요구하고 전적인 헌신과 그 규칙에 묶임으로써 전적인 자유를 요구한다.—만일 그가 외형으로만 아니라 진심으로 노동을 하고자 한다면 그렇게 해야 한다. 이 기준은 매우 예리하다. 자신의 삶을 연장하려고 하는 자 그리고 안정적으로 삶의 자리에서 일하고자 하는 자, 즉 어떤 목적을 가지고 있는 자, 하지만 그럼에도 불구하고 그 자신의 목적을 성취하고자 하면서도 동시에 그 규칙을 알고자 하지 않으면서 그 규칙을 안 지키거나 그것을 완전히 다른 규칙과 혼동해도 괘념치 않는 자―그런 자는 전혀 사태에 맞추어서 일하지 못하는 자이고 그는 애호가이지만 서투른 자이고 사실 전혀 일을 하지 않는 자이다. 그러므로 계명에 맞는 노동은 더 세심하게 정할 필요가 있다: 그저 일하는 것처럼 보이는 자는 그가 무엇을 원하고 그가 그것을 원하기 위해서 그가 무엇을 알고 있는지를 아는가? 이 질문에서 우리는 신학에서 진지하게 물어야 할 일의 정당성이라는 개념을 생각해 보아야 한다. 정의로운 노동은 정당한 일이다. 즉, 각 특별한 목적과 과제를 위해 최고의 능력으로 그것을 위해 정당하게 일을 하는 것이 바로 이 정의로운 노동이다. 반면에 이 서투른 노동이라면 그것이 외형으로는 매우 선한 다른 의도를 가지고 있거나 노력을 하더라도 그 목적을 위해서는 정당한 것이 되지 못하는 그런 노동인 것이다. 하지만 이것이 다가 아니고 긍정적으로는 좀 더 생각해 보아야 할 넓은 지평에서 볼 때 거기에 다르게 생각할 수 있는 관점이 있고 부정적으로는 그렇지 않더라도 거기에는 다음과 같은 점을 생각해 보아야 한다: **모든 사태에 적합하게 시행된 노동**은, 그것의 대상이기도 한 것인데, 먼저 정당하게 시행된 노동은 하나님의 계명에 대하여 순종적일 수 있다는 자신을 위한 편견을 가지고 있다는 점이며 그렇지 못한 노동들, 가짜로 열심히 하는 것처럼 보이는 노동들은, 그것의 목적이 높고 존귀할 뿐 아니라 물질적으로도 풍요로운 대가를 기대할 수 있을지라도, 그것은 정당한 노동도 아니고 그렇기에 하나님의 계명에 순종하는 것이라고 할 수 없다.

나는 다음의 두 가지 직접적인 체험을 가지고 있다: 토요일 저녁에 참여하여 체험한 모든 부분에서 완벽하게 준비되고 모든 사안이 철저하게 이루어진 버라이어티 쇼였다. 그것을 체험하면서 나는 모든 일이 정당하게 준비되고 철저하게 준비되었던 것이다. 반면 주일 아침의 덜 준비된 아주 형편없는 설교를 들었다. 그야말로 엉터리 신학 작업이라고 할 수 있다. 그렇다면 나는 하나님으로부터 명령된 그 정당한 노동이 이 형식적 측면에서 볼 때 그 세속적인 쇼에서 일어난 것이지 주일날 선포와 그 사유 속에서 일어나지 못했다고 생각하지 않을 어떤 이유가 있는가? 만약 우리가 그리스도교 공동체의 예배 역시 사실은 탁월한 방식으로 일어난 인간적 행동이 아니라고 한다면, 그렇기에 인간의 노동의 개념하에 들어가지 못하고 정당한 노동에 대한 물음 속에 포함되지 못한다면 한다면, 이는 결국 모든 신학적이며 교회적 사역은 그 본래적인 목적의 규정과 사태성이라는 것을 갖고 있지 않다는 주장이 되고 그렇다면 이는 정말 우스운 일이 아닌가? 만일 성령과 연관해서, 세속 사람들에게는 너무나 당연해서 그것을 통해 미래의 소망을 갖는 것인데도 불구하고, 인간이 자기의 최선을 다해서 최고의 노동을 해야 한다는 주장을 하지 못하게 한다면, 이는 정말 또한 우스운 일이 아닌가? 누가복음 16:8 "주인이 이 옳지 않은 청지기가 일을 지혜롭게 하였으므로 칭찬하였으니."

물론 사태에 적합한 노동과 그렇지 못한 노동 사이의 경계를 모든 경우를 포괄하여 철저하게 생각한 어떤 형식화된 개념으로 표현하지 못할 것은 당연하다. 그 놀이규칙의 가장 세밀한 관찰로 보이게 될 모든 것이 현실 속에서 다 적용되는 것은 아니다. 또 한 영역에서 서투른 사람이 또 모두 다 항상 엉터리는 아니다. 여기 처음이었던 자가 마지막이 되고 마지막이었던 자가 처음이 될 수도 있다. 하나님은 홀로 이 모든 것을 최후의 궁극적인 방식으로 거역하지 못하게 누가 그리고 언제 그가 어떤 사태에서 정확했는지 아닌지를 아시는 분이시다. 하지만 하나님께서 이 모든 것을 아신다는 것은 사태에 적합한 노동과 그렇지 않은 노동의 경계가 정해졌고 그것을 더 많이 생각해야 한다는 뜻이다. 이 질문은 노동의 기술에 대한 질문이다. 하지만 사람들은 이것은 단지 기술적 질문일 뿐이라고 할 수 없다. 정확하게 말하자면 이것은 **윤리적 질문**이다. 우리는 우리의 노동과 그것의 목표가 무엇일지 모르지만 유용하거나 무용한 종 둘 중의 하나이다. 우리가 그 사태에 정확한 일을 하고 있든지 아니면 혼란스럽게 흔들리든지 둘 중의 하나이다. 양자택일이 있을 뿐이다!(Tertium non datur) 그리고 하나님은 우리가 그 사태에 적합한 일을 하고 있는지 아니면 망치고 있는지를 알고 계신다.

2. 주관적으로는 일하는 인간의 삶의 연장을 위해 기여하는 것이라고 할 수 있고 객관적으로는 **인간적 현존재**의 어느 정도 급하고, 어느 정도 보편적이고, 부분적으로 특수한 조건들과 요구들 그것의 성취와 명료화 그리고 아름답게 만드는 모든 것이 바로 노동에서 일어나는 일인 것이다. 이러한 노동을 위해서 사람들은 동시에 공역해야 하며 그래서 결국 자신의 본래적인 현존재를 위해 일하는 것이 된다. 사람들은 시간과 장소 그리고 역사의 장소에 따라 각기 상이한 다양한 목적들을 갖고 있으며 이것들은 그렇게 인간의 노동의 세계를 형성하는 것들이다. 그것을 함께 만들어 가면서 모든 사람은 자기의 고유한 작업을 해야 한다. 그렇게 해서 그 사람만의 고유한 세계에 도착하게 될 것이다. 자신만의 고유한 것? 그에게 제시된 그리고 정당한 그 노동으로서 그만의 것이 무엇이고 그만의 동역이 무엇인가? 그 정의를 위해서 단지 그의 고유한 것이란 단지 그에게 그의 삶의 기간 동안 가장 잘 적합하도록 섬기도록 하는 것이라 한다면 옳은 것인가? 이제 우리가 들은 바를 가지고 말한다면: 그 고유한 것이란 그에 의하여 매번 새롭게 선택된 그 목적을 성취하기 위한 것과의 관계에서 가장 좋은 것을 의미하는가? 여기에는 분명히 이를 넘어서 이 목적이 무엇이냐는 질문과 어떤 목적을 선택할 것이냐는 질문이 더 연결된다. 이러한 인간적 현존재들의 조건들을 성취하기 위해서 지금 노력해야 하는 것이다. 그렇다면 무엇이 이러한 조건들인가? 주의해야 할 것은 그렇게 중요하지 않은 것들이 조건으로 등장할 수 있다는 점이다. 인간은 이중적이며 그는 무성에 가깝고 타락하였으며 왜곡된 필요를 가지고 있다: 자신의 존재를 증진하고 더 높이고 계몽하는 것들은 꼭 진리 안에서 이루어지는 것이 아니라 그 반대일 수도

있다. 그런데 이런 조건들을 만들어 가는 데에도 함께 공역을 해야만 하는가? 그런 일에 공역함으로써 자신의 생명을 더 제한하는 것이 명령된 것인가 아니면 단지 허락된 것인가? 그것은 금지될 수 없는 것이었는가? 혹시 이런 것은 혹시 내가 그 일을 함께하게 함으로써 내가 더 크고 중요한 다른 일에 더 열심히 하도록 할 수 있다는 점에서 허락된 것인가? 이런 점에서 우리는 다시 물어야 한다. 어떤 목적을 가지고 나는 일을 열심히 하고 적절하게 하는가? 이런 목적은 정말 인간적 현존재의 조건들을 위해 꼭 필요하고 진실한 것인가? 이것은 우리의 두 번째 기준이다. 우리는 이것을 인간노동의 가치라는 기준으로 부른다.

여기에서 이 노동은 정말—독일어로 말해서—**진실하고 참된 노동**인가? 우리의 노동이 그것인지 아닌지는 그것이 다른 기준으로 재서 더 높거나 낮은 노동일지라도—혹은 더 쉽게 할 수 있거나 더 자세하게 철저하게 해야 할 것인지, 혹은 그것이 더 지성적인 것인지 아니면 기계적인 성격을 가졌는지, 혹은 그 일을 통해서 정신적 만족을 누리려고 하는지 아니면 물질적 풍요를 바라는지, 혹은 그것이 다른 사물과 연관되어 있는지 아니면 직접적으로 인간과 연결되어 있는 것인지는 이런 다른 것으로는 규정할 수 없다. 빛과 그림자의 구분은 물론 모두 그 의미를 가지고 있지만 그럼에도 불구하고 단지 상대적으로 정당할 뿐이고 그 노동의 가치에 대한 질문과 연관되어서는 그런 것들은 그 중심된 의미를 상실하고 만다. 사람들은 진정한 의미의 노동을 하면서도 여기에서 제시한바 그들의 조건 속에 있을 수도 있으며 가장 불성실하고 거짓된 노동자이면서도 빛의 조건들 속에 있을 수도 있는 것이다. 이 기준들로 재서 위에서 잘 나가는 자라고 해서 우쭐거릴 필요가 없고 또한 그 반대로 어두운 그늘 속에 있다고 해서 창피하게 여길 필요가 없다. 인간적 현존재의 조건을 형성하기 위해서는 모든 노동이 반드시 필요한 것이다. 단지 모두가 성실하게 노력해야 하며 그 안에서 각 노동의 본질적 사태성에 적응하고 채우려는 노력이 필요하고 그렇게 특별한 명예가 각자에게 그 일에 맞추어서 주어질 것이다. 그 인간의 가치에 대한 질문과 진실성에 대한 질문은 바로 여기에서 결정된다: 그 일을 통해서 그가 무엇을 이루고자 했으며 무엇을 목적하고 있으며 그 결과로 무엇이 되었는가? 인간적 현존재가 이런 일들을 통해서 더 발전하고 더 성장하였는가 아니면 그 일로 그 인간적 현존재가 무너지게 되었는가?

나는 언제나 정말 놀라운 그리고 감동을 주는 쇠사슬을 푸는 예술가를 본 적이 있다. 그가 그 행위를 하는 동안 사람들이 모여들었고 그때 그가 누가복음 10:7을 인용하는 것을 들었다: "일꾼이 그 삯을 얻는 것이 마땅하니라." 그가 자신의 일을 잘한 만큼 그는 정당하게 그 권리를 갖고 있었다. 하지만 우리는 그럼에도 불구하고 다음의 인상이 일어나는 것을 부인할 수 없다: 어떤 예술행위가 예술가에게 넉넉한 환경을 허락해주는 그런 일이 있기 때문에 돈벌이가 안 되는 그런 예술이 될 필요는 없다는 것을 인정하더라도 객관적으로 볼 때 인간 현존재를 위해서 어떤 본질적으로 필요한 일을 한 것이 없다고 생각되는 예술이 있다는 것을 부인할 수 없는 것이다. 거의 모든 직업의 세계에, 특히 쇼프로그램 등 사람들의 유흥을 위한 그런 오락 프로그램이나, 아니면 중간상인들, 아니면 행정직원 중에서도 특히 고위급들, 이 모든 행정직원이나 상인그룹이나 그 모든 사람 가운데서 항상 열심히 자기가 해야 할 그 사태에 맞게 최선을 다해서 일하고는 있지만 그럼에도 불구하고 동시에 왜? 왜 이 일에?라는 그런 질문이 공식적으로 되물어지는 그런 직업이 있지 않은가? 그런 질문을 하는 사람들 가운데는 자신들이 그 일을 위해서 객관적으로 제대로 맞추고 있지 않은지 의심하는 자가 있기 마련이고 우리가 진실로 참되고 정정당당하게 진실한 직업이라고 한 것보다 아마 바울이 무익한 일(περιεργαζεσθαι)이라고 서술한 것처럼 겉으로만 바쁜 그런 사람이기기 쉽지 않은가? 똑같이 우리는 말할 수 있다: 과학의 영역에서도 마찬가지로 시험을 위한 시험에 빠져 버리고 학위 논문들의 홍수는 도서관에서 도서관으로 이동하게 할 뿐일 수 있다. 그런가 하면 다양한 문학적 형태로 글들이 쏟아져 나오지만 그것도 또다시 다른 책으로 나올 뿐 사실은 인간의 삶의 증진을 위해서는 별로 중요한 일을 하지 않은 것들이 있지 않은가?

그렇다면 이 노동하는 사람들과 그의 환경에 해롭거나 심지어 그것을 퇴락시킬 수 있는 노동의 목적을 주는 것은 아무 소용이 없는 것일 뿐 아니라 사실은 철저하게 그에 맞지 않는 일임에 분명하다. 1세기의 교회는 이방 성전에서 봉사하는 것과 연관되어 있거나 유곽에서 일하는 그런 직업들을 갖는 것, 심지어 연극배우나 검투사 혹은 마차 경주자들을 교회에서 출교할 수 있는 그런 직업으로 보았다. 테르툴리안은 더 나아가 그리스도인이 상업행위 하는 것을 죄악시 하고 세속적 선생의 직업도 금지했는데 이 세속적 지식들은 당시 어쩔 수 없이 이방신들의 교훈을 가르치는 것이었기 때문이다. 오늘날 우리는 이 모든 것에서 하나하나 생각을 해야 할 것이다. 그리고 이 문제를 다시 심각하게 고려하는 것은 지극히 정상적인 일이라고 하겠다.

이 어려운 질문을 단지 노동시장이나 거기에서 일하는 한 개인에게 그냥 넘겨둔 채로 남겨두어야 할 것인가? 마치 이 직업이 거대한 운명의 덩어리에서 한 부분에 그치는 것이므로 사람들이 거기에 대해 사실 아무런 책임을 질 필요가 없는 것이라고 생각되도록 말이다. 정말로 그렇게 해서는 안 된다! 그렇다면 인간의 가치에 대한 질문은 더욱더 진지한 것이어야 하는데 왜냐하면 인간을 섬기는 그 노동은 가장 진지하게 물어져야 하기 때문이다. 만일 어떤 직업이 다른 사람들이 너무 바보 같고 허영심만 가득차 있으며 뻔뻔하게 잘못하고 있기 때문에 그 일을 하는 사람들이 있고 그렇게 칭찬을 받는 것이라면 그것은 무엇인가? 다른 사람들이 정신적으로 그리고 도덕적으로 스스로 망칠 준비를 갖추고 그렇게 달려들고 있기에 가능한 그런 직업이 있다면 우리는 무엇을 말해야 하는가? 만일 지구상의 다른 곳에서 고난을 당하고 그것 때문에 모든 직업을 잃고 삶의 필수적인 조건들을 채우지 못하기 때문에 한 곳에서만 지금 번창하고 있는 사업을 어떻게 생각해야 하는가? 전쟁과 연관되어 생각할 수밖에 없는데 ─ 군수산업에 직, 간접적으로 연관된 그런 일자리, 그래서 평화 시에도 전쟁을 일으킬 수 있게 되는 가장 유망한 원인 중 하나가 되는 그런 직업에 대하여 우리가 무엇을 말해야 하는가? 더 나아가 인간에게 유용하지도, 혹은 반대로 해를 끼치는 것도 아니면서 하지만 바로 이런 이유, 즉 그것이 인간에게 좋거나 나쁜 것이 아니라 인간을 지나쳐서 단지 상상 안에서 역동적이 되는 것을 통해 그 무성과 역동성의 통일성 안에서 재빠르게 오로지 돈을 벌고 그것을 더 많이 벌고자 하는 그런 금전적 이득에만 치중해서 온 세상에 급격하게 퍼지고 있는 그런 마귀적 사건, 즉 자본의 증식이라는, 소수의 사람들에게는 많은 것을 다스릴 수 있는 권능을 주어서 결국 그들을 자의적이며 우연적으로 세계를 다스리도록 하고 대다수 사람들에게 구원이나 고통의 원인이 되는 그런 자본의 증식이라는 그 가치를 통해서 인간의 가치의 한 측면을 보이게 될 그런 직업에 대하여 우리는 무엇이라고 할 것인가?

    이 모든 질문 그리고 특별히 이 마지막이며 가장 중요한 질문을 어떤 경우에서든지 단지 그 개인 노동자에게만 묻지 않는 이유는 오늘날 노동과정의 조직과 비조직은, 오늘 우리에게 주어진 그 노동의 관점에서 보면(단지 겉으로 보기에만 서로 독립되어 있는 것처럼 보이는) 굶든지 아니면 인간성을 위해서는 좋은 결과를 가져오지 않거나 오히려 해를 가져올 수 있는 아니면 전혀 그런 것과 상관없이 낯선 그래서 근본적으로 영원히 이중적인 우상들을 섬기게 하는 그런 일에 전념하면서 열심히 일하는 것 외에는 다른 선택을 주는 것 같지 않다. 분명한 것은 많은 사람은 여기에서 단지 수동적인 입장에 서 있다는 것이다. 더 중요한 질문은 사실 **고용인들**에게 물어야 한다. 다른 사람들은 배를 곯지 않으려면 그냥 그 일을 해야 하는 것이다. 이 고용인들은 무슨 이유에서 일자리를 주는가? 그들이 피할 수 없는 어떤 압력에 밀려서, 그보다 더 좋고 양질의 인간성을 더 풍부하게 하는 그런 일자리를 주지 못하는 어떤 더 고차원적인 이유가 존재하는가? 그들이 다른 사람들에게 내세우는 그 노동의 목표가, 그리고 그들이 지금 열정적으로 하고 있는 그 일이 사실은 인간에게 불필요하거나 아니면 오히려 해를 끼치거나 아니면 단지 중립적인 방식으로 우상을 섬기는 그런 생산으로 질문에 노출된 그런 것인가? 그리고 모든 고용자가 그들의 어깨를 움츠리면서 말하기를 그 외의 다른 가능성을 보지 못하고 그래서 그런 것밖에는 그들에게 제시하지 못하였다고 변명한다면 그렇다면 이제 이 질문은 더 세심하게는 국가와 정부 그리고 국회로 향해야 한다: 정말 정치적으로 이렇게 경제가 이러한 자유, 아니 그러니까 그러한 무기력함 속에서 경제일 수밖에 없다는 이것이 가능하고 허락되어야 하는 것인가? 그렇다면 우리 주변에서 볼 수 있는 그 늪, 아마 수백만 명이 날마다 그 속에 빠지게 되고 또 날마다 더 커지는 그런 부정직한 일자리의 늪을 마르게 하는 것이 의미가 있는가? 사람들은 살기 위해서 정말 끊임없이 이렇게 아무런 의미 없는 일에 전념하고 부정직한 일을 해야만 하는데 자유롭고 그 자유를 사랑하는 인간이 될 수 있겠는가? 인간이 그 속에서—지금까지 경험하지 않은 혹은 자본주의와는 다른 새로운 부정의와 멸망을 경험하지 않게 되면서—적어도 이 측면에서(자본의 증식) 윤리라는 것을 배우기 위해서 정말 마르크스가 시행하려고 했던 그런 폭군정치가 와야 하는가? 그리고 만일 정치가들이 그 어떤 특별한 조치를 알지 못하거나 생각하지도 못한다면 이 질문은 사실은 전체 사회에 물어야 하는 것이다. 결국 인간의 사회로서 전체의 운명이 이 질문의 사태이며, 그 사회의 존립과 멸망이 지금 문제인 것이다. 그 사회는 정치가도 있지만 경제 전문가도 있고 그렇게 그들은 그 사회를 섬기기 위해서 선택된 것이다. 최후의 순간에는 사회가 일자리를 주어야 하며 그 일자리의 목표도 주어야 하는 것이다. 그럼으로 사회는 이 책임을 벗을 수 없다. 이는 분명히 낮은 차원의 일자리, 의존되어 있으며 기계적인 단순한 것이거나 낮은 임금의 일자리가 문제가 아니다. 그 나쁜 것은 아무런 의미가 없을 뿐 아니라 의미를 못 갖게 하는 일자리가 있고 이것은 인간사회를 그 근본으로부터 잘라내고 독을 뿌리고 있다. 동시에 인간의 실존 그 자체를 의미 없게 그리고 의미를 반하게 만들어 버리는 것이다. 인간이 더 높은 목적과 더불어 점점 더 자라나는 것이 사실이라면, 그가 현재 일하는 그것이 허무한 것일수록 그는 점차로 퇴락해간다는 것도 사실이다.

  하지만 다음의 물음이 더 진지하게 개인들에게 물어져야 하고 이 질문이 그것의 사회적 성격을 손상시키지 않은 채로 여전히 **노동자 자신의 개인적 문제**라는 점을 인식해야 한다. 우리에게는 의미가 충만하고 인간적 의미가 충만하며 진정한 참된 칭찬할 만한 노동이 있으며 우리는 먼저 농업을 생각할 수 있다.—과거 수천 년간 빈곤에 의해 압력을 받는 것이 아니라 인위적으로 인간이 스스로 그 가능성을 잘라낸 것이다.—그런가하면 아무 의미도 없을 뿐 아니라 그 의미를 거역하는 일자리도 있다. 이는 도시의 직업들로서 새 시대와 더불어 생겨나서 오히려 인위적 더 촉진된 측면이 있는 것이다. 방자하게도 자의적으로 이 일자리가 늘어난 것은 각 그 일의 노동자에게 부분적으로 평안하고 부러운 것처럼 나타나면서 나는 이것을 통해서 무엇을 얻으려 하는가?라는 지극히 당연한 질문을 할 수 있었지만 그런데 치명적으로 그는 이것을 잊어버리고 이 질문을 제시하지도 않고 자신이 스스로 이 일자리가 점점 의미가 없을 뿐 아니라 의미를 파괴하며 인간성을 파괴하는 그런 일자리가 되도록 그렇게 만드는 것이다. 물론 이러한 사태 속에는 많은 강제적 요소만이 아니라 그가 사용하지 않은 자유도 더 많은 역할을 하고 있다는 것이 사실이다. 그리고 아직 놓여 있는 자유는 더 많이 활용될 수 있었던 것이 사실이다. 많은 수의 노동자들이 스스로 근본적으로 자본주의적으로 혹은 그 노동의 목적과 연관해서는 아무 생각 없이 행동하고 가치를 평가하고 있는데 만일 그 전문가들이 비율적으로 노동자보다 훨씬 적은 수의 고용인과 정치인들이 그것에 대하여 올바르게 생각한다면 놀라운 일이 될 수밖에 없지 않겠는가? 만일 그 노동자 개인들이 그들 자신의 개인적이며 인격적인 책임감을 자각하여 그 진정한 노동을 위한 물음을 스스로에게 제기하고 또한 그들의 노동을, 무시하는 대신 이 질문에 대한 진지한 대답을 추구하고 추구하려고 한다면, 우리 앞에 놓여 있는 일자리의 운명적인 압박은 다소 해결될 수도 있고 어느 정도 사라질 수도 있을 것이다. 그리스도교 윤리적 증인들에게는 이 점을 통해서 정치적이며 사회적 측면과 특별히 개인과 인격적 측면에서 많은 영향력을 행사할 수 있을 것이다. 과거 교회는 그 자신의 방식대로 이 문제를 보고 해명하고 풀어보려고 노력하였다. 오늘날의 그리스도교 공동체는 이러한 과거로부터 배워야 하며 임시적인 답변으로 만족해서는 안 된다. 여기에서 가치 있고 진정한 노동과 그렇지 못한 노동 사이의 경계가 가능하지도 또한 정당하다고도 할 수 없을 것이다. 어떤 형태의 노동이 가치 있고 다른 것은 그렇지 못한가의 질문은 시대와 장소에 따라 매번 **다르게 주어지기** 마련이며 **색다른 사람들과 다른 관점**에 의해서 또한 **다르게 평가되기 마련**인 것이다.

나는 베벨(August Bebel, *Die Frau und der Sozialismus*, Ausg. von 1913, 409f.)의 판단을 중요한 예로 들고자 한다: "정확하게 말해서 인간을 장독으로부터 보호하기 위해서 화장실을 치우는 노동자는 이 사회의 매우 유익한 일꾼인 반면 자기들 기득권자들의 역사를 보호하기 위해서 역사를 변조하는 그런 교수나 초월적인 것이나 초자연적인 것을 가지고 인간의 뇌를 흐릿하게 만드는 신학자들은 가장 치명적으로 사악한 개인들이다." 우리는 여기에서 신학자들이 하는 일이라고 새겨진 그런 일들을 하지 않기 위해서 노력해야 할 것이다. 그리고 우리 신학자들이 그것 말고 더 좋은 것을 할 수 없다고 한다면 그렇다면 우리는 사실 화장실 청소부가 되는 것이 더 낫다고 생각한다. 그리고 역사학자들이 인간의 계급의 관점에서 역사를 위조하는 것보다 더 좋은 것을 할 수 없다고 한다면 그자 역시 화장실로 보내져야 할 것이다.

일반적인 범주를 해명함으로써 긍정적인 측면과 부정적인 측면을 잘 살펴가면서 조심스럽게 한 걸음씩 나가는 것이 좋다고 생각한다. 노동의 범주들에서도 언제나 그리고 보편적으로 모든 환경에서 언제나 의미 충만한 노동이 있는가 하면 그렇지 않고 모든 그럴듯한 것과 정반대로 말하게 되는데 아무런 의미도 없으며 의미에 반대되는 그런 일도 있다는 점을 말한다. 그리스도교 윤리의 결정적인 사명은 그런 일반적인 범주를 발굴하고 그것을 찬양하거나 비평하는 것이 아니라 오히려 허용되거나 금지된 노동 그리고 옳거나 바르지 못한 노동 그리고 정당한 노동이나 그렇지 못한 노동사의 경계 역시 모든 상태에서 각자의 시간에서 그리고 언제나 주어져 있다는 것과 그렇게 상응하는 범주들이 있으며 이것들의 다양한 환경에서 그 자신의 특징 가운데 그 양자 가운데서 선택되어야 하며 그렇게 하나는 긍정되지만 다른 하나는 부정되어야만 한다는 것을 확증하는 일이다. 그렇다면 지금까지 우리가 해온 것처럼 특정한 시간과 특정한 자리에서 양자를 향해 특정한 관점을 가지고 살펴보고 각 특별한 시간과 장소에서 우리의 것이 아닌, 그리스도교 윤리의 사태(事態)가 아닌 그리스도교 공동체 안에 살아 있는 그리스도교적 에토스적 입장에서 선택하는 것이 될 수 없는가? 우리가 이 문제를 지금 다시 붙잡는 것은 이 사태 속에서 말해져야 할 것을 말하는 것이다.

3. 우리는 이제 노동의 목적과 다양한 목적들로부터 다시 그것이 어떻게 각자 인간들 안에서 실제로 작동하는 근본적인 동기가 될 수 있는지를 묻고자 한다. 지금 여기에서 문제시 되는 것은 실존의 주장이며 **실존의 확보**이다. 우리는 될 수 있으면 이것을 포괄적으로 이해하고자 한다! 신약성서에서는 분명하게 말하고 있듯이 노동에서는 다른 것이 아니라 나날이 얻을 빵이 문제이다. ─ 바로 예수 그리스도를 뒤따르는 자들로서 성령의 공동체 안에서 우리는 이제 그 공동체가 그랬던 것처럼 같은 기도를 드리도록 명령받았는데 왜냐하면 그 날마다 주시는 빵이 없다면 하나님이 관심을 두고자 하는 것도 있을 수 없는 것이 되고 그의 이름으로 구원이 오는 것도, 하나님의 나라가 오는 것도, 그의 의지가 하늘에서와 같이 땅에서 이루어지는 것도 사실 의문시되기 때문이다. 하지만 우리가 주기도문 중 첫 번째 이 세 가지 기도를 우리 것으로 해서 기도하면 자연히 우리는 하나님을 섬기는 과정에 서게 되며 그의 증인으로 부름을 받고 그렇게 네 번째 기도를 하게 되면 이제 우리는 자연스럽게 그의 사역으로 나갈 수 있게 되는 것이다. 기도하라(Ora!) 그리고 그 때문에 일하라!(Labora!) 하지만 모든 시대의 교리문답에서 날마다 주시는 빵의 개념을, 그 본래 내용에서 벗어나지 않으면서도, 더 적극적으로 해석한 점에서 옳았다. 이 기도 안에서 하나님에 의하여 받아들여지고 인간의 노동 가운데서 스스로 사역으로 세워지는 그리고 주장되고 확실해지는 모든 장소에 모든 시간에서 분명해지는 실존이 문제인 것이다. 노동에서 중요한 것은 모든 각 사람이 스스로 자신의 인간적 현존재를 그 전체 포괄적 의미에서 그렇게 보존하고 전개하고 그리고 형성해야 하고 그렇게 하려고 해야 하며 날마다 ─ 일하지 않는 자는 먹지도 말아라! ─ 그렇게 형성해야 하는 것이다. 그가 먹고 마셔야 할 것을 가져야 한다는 것은 무엇보다 그 기본전제에 속한다. 루터의 설명에 의하면 "의복, 신발, 집, 막사, 땅, 소, 돈, 그리고 재물, 경건한 음식, 경건한 아이들, 경건한 동료들, 경건한 어른들과 진실한 통치자들, 좋은 정부, 좋은 날씨, 평화, 건강, 맛있는 것, 결혼, 좋은 친구, 좋은 이웃들과 같은 것들"이 다 거기에 속한다. 만약 우리가 이것을 오늘날 우리의 현실에서 우리의 개념으로 번역하고자 한다면 더 새로운 것을 첨가할 수 있을 것이다. 이 모든 것은 모든 사람을 위해서 그의 인간적 현존재를 위해서 그리고 더 나아가 불가결한 것이며 최고로 가져야 할 것들이며 거의 모든 것은 기도의 대상들일 뿐 아니라 그의 노동의 대상이며 목적인 것이다. 이 모든 것을 위해서 그는 자신의 노동을 통하여 얻기를 원하고 있다. ─ 그리고 더 나아가 우리는 그가 더 거대한 사태성 안에서 그 노동의 현장에 있기를 바라고 그의 특별한 목적이 그의 인간적 가치를 높여주는 것이면 좋겠다! 그는 이 모든 것이 자신의 필요와 소원에 상응하는 형태와 충만함 안에서 그에게 닥쳤으면

좋겠다고 느끼며, 또한 그는 자신의 현존재를 날마다 아무런 벌이가 없이 긍정하게 되는 것을 바라지는 않는다. 그 반대로 그는 이 모든 것이 그에게 이루어질 때 그에게 해당하는 월급을 받으면서 또한 자신의 일을 통해서 자신의 현존재를 유지할 수 있기를 바라는 것이다. 자신의 노동을 통한 자신의 현존재! 그렇게 함으로써 이제 우리는 노동의 세 번째 문제와 맞서게 된다. 그 특정한 노동자 옆에 다른 타자가 있는데 그도 그 자신의 노동을 통해서 자신의 현존재를 유지하기를 원하는 것이다: 그도 역시 적지 않은 필요성을 갖고 있으며 그도 역시 적지 않은 범위에서 그것이 필요하고 그도 역시 정당하게 하나님의 계명을 따라 노동과 그 대가를 기대하는 것이다. 그 기본적인 동기에서 볼 때 그의 노동은 근본 동기를 통하여 규정된 그가 바라는 바와 어떤 관계에 있게 되는가? 이 양자는 어떻게 서로 진행될 수 있는가? 그와 그의 갈망 그리고 그의 바라는 것과 그것들의 노동 양자는? 이 두 사람은 그렇게 동료 인간이라는 점은 확실하다. 그리고 그들과 함께 존재하지 못한다면 그들은 인간이 될 수 없다는 것은 더욱 분명하다. 그 동료를 보고 듣고 이해하고 그들과 함께하고 그들에게 도움을 주는 이 모든 것이 없이는 인간이 될 수 없다. 그는 그 자신의 노동 안에서, 만일 그 노동이 하나님이 주신 것으로서 정의로운 노동이었다면, 다음의 질문을 답변해야 했다: 이 노동은 과연 인간적이며 특별히 동료들과 함께 지낼 수 있는 동료-친화적이며 동료-인간적이며 그렇다면 얼마나 그런가? 여기에서 우리는 이 **인간적 노동의 인간성**의 세 번째 기준을 생각해 보고자 한다.

왜 그리스도교 윤리는 노동을 모든 규정 안에서 그리고 상당히 절제된 분위기에서 높이 평가하는가? 우리는 다음의 이유를 발견한다: 선험적으로 그리고 긍정적으로 하나님의 계명에 의하여 촉진되는 실천적인 삶의 근본적이며 본래적인 형태는 그리스도교 공동체 안에서 봉사에 참여하는 것이라고 할 수 있다. 거기에 좀 더 자세히 붙이자면: 후험적으로 그리고 부정적인 의미에서 이 노동은, 이것이 인간의 역사와 인간적인 노동 과정의 현재를 통해서 드러나는 것이어서, 인간성의 기준에는 다소 둔감하게 나타나게 되고 그래서 이 점에 대해서는 겸손해질 필요가 있다. 이 기준의 관점에서 볼 때 노동은 반드시 행해져야 하는 것이라는 사실이 창조주 하나님의 계명에 상응하는 것이지만, 우리가 그것을 행하면서 우리는 거의 보편적이며 피할 수 없이 이 계명으로 인해서 말해지고 요구된 바와 대항하는 하나의 모순적 사실에 참여하고 있다. 이 모순은 너무나 현저하게 드러나기에 우리가 우리의 행동을 과대평가하지 못하도록 한다. 인간성의 기준! 여기에서 하나님의 계명과 우리가 그 계명을 지키는 것이 서로 동떨어졌음을 알게 된다: 우리가 우리의 최선을 다하더라도 우리는 결국 이 왜곡된 세계의 왜곡된 인간일 뿐이다. 인간의 노동은 사실 **공동 존재**와 **상호 협력** 속에서 발생해야 하고 그래야 하는 것이었다. 그런데 이와 달리 **분리**와 상호 **고립** 속에서 이 노동이 일어나고 있다. **평화** 중에는 각자가 이 노동을 통해 빵을 얻어야 하고 자신의 특별한 재능을 펼치고 그에 상응하는 특별한 업적을 완성할 수 있어야 하며 그렇게 해서 그로 하여금 그의 삶의 본질적 의미인 봉사를 위해 자유로운 존재로 만들어져야 하는 것이다. 그런데 현실은 이 세계 인간의 노동 안에서 각 사람은 조용히 아니면 이미 잘 알려진 대로 서로에 대하여 생존경쟁을 벌이고 있다: 자신의 고유한 필요들과 소원 그리고 요구와 갈망을 추상화시키고 고립시켜서, 다른 일을 깊이 생각하지 않고, 무시하면서 그리고 다른 사람들의 요구들을 부수고 의식적으로 억압하면서 그런 일을 하고 있다. 이 현실은 인간적인 노동의 세계 안에서 하나의 비인간적인 인간성이며 이는 동료 인간 없이 혹은 동료 인간에 대항하는 인간성인 것이다. 오늘날에는 이 모든 것에서 매우 비신앙적인 낙관주의가 요구되고 있는바, 왜냐하면 우리가 거기 참여하여 우리 모두 책임을 피할 수 없는 이 불법적 상황을 이해하지 못한 채 노동은 하나님을 섬기는 것이라는 이 유명한 명제를 다르게, 즉 왜곡되고 보류하거나 억제된 방식으로 말하고 있다.

성서에서는 노동에 대한 강조가 눈에 띄게 적게 기술되어 있는 이유가 부정적으로는(소극적으로는) 인간적 노동의 현실이 그들에게는 비인간적이며 그래서 자신의 생존을 위한 비신앙적인 전쟁으로 규정되어 있다는 사실과 연관되어 있는 것인지는 그 본문들을 통해서는 알려지지 않는다. 이 사태의 악하고 슬픈 특성의 표지들을 고대인들도 가지고 있다. 야고보서 5:4에서는 그것의 한 단면이 드러나고 있다: "보라 너희 밭에 추수한 품꾼에게 주지 아니한 삯이 소리 지르며 추수한 자의 우는 소리가 만군의 주의 귀에 들렸느니라." 바울이 고린도전서 10:24에서 다음을 말하고자 할 때 그도 당시 노동의 전제와 조건과 일치되지 않게 말하고 있는 것이다: "누구든지 자기의 유익을 구하지 말고 남의 유익을 구하라." 혹은 갈라디아서 6:2, "너희가 짐을 서로 지라. 그리하여 그리스도의 법을 성취하라." 여기에서 그는 직접적인 대리명제와 비판을 하지 않고 있는데 이는 그것이 이미 너무나 자명하기 때문이고 조용히 로마서 12:2의 경고 속에 포함되어 있기 때문일 것이다: 그리스도인들은 이 세대를 본받아서는 안 된다는 것이다. 바울에 의하면 이것이 노동에도 주어져 있는 것인데—이것은 구약의 전도서에서 이미 주제화 되었던 것이다.—그 정체는 본래적인 그림자로서 허무함이며 이 세대의 전체적 특징들조차도 서서히 사라져가는 것이다(고전 7:31). 하지만 이 모든 것을 통해서 인간적 노동이 비인격적이라는 사실을 적당하게 정당화 시키려고 노력한다는 그 어떤 흔적도 성서를 통해서 확인할 수 없다.

우리의 노동이 예배라고 허락한 종교개혁자들이 거기에서 파생되는 질문들을 16세기의 사람들처럼 그렇게 정확하게 요체를 파악하지 못하고 있었다. 왜냐하면 그 당시 사람들에게는 중세시대 경제를 지속시킬 그 원리들이 감추어져 있었기 때문이다. 하지만 이 영역을 영광스러운 것으로 만들 수 없다는 다른 이유들이 많다는 것을 놓쳐서는 안 된다. 루터는 "하나님께서 모든 일을 마치시고 쉬셨다."(창 2:3)와 연관해서 다음과 같이 말한다: "노동은 우리에게 짐이다."(Nobis labor est molestia, WA 42, 69, 19) 그리고 "선행을 위한 설교"에서 "우리는 아담 안에서 모두 일을 하도록 선고받았다."(WA 6, 271, 35) 이것은 이미 아담이 타락 전 낙원에 있을 때 행하였던 노동에 대한 이해였다.(창 2:15-16,

3:17-19에 나오는 타락 이후의 인간을 말하는 것이 아니다.) 이것은 우리의 노동이 파라다이스에 있었던 그것과는 차별이 있다(WA 42.77, 15f.)는, 약간의 유머가 섞인, 하나의 오랜 불평이라고 할 수 있다. 칼뱅 역시 이 파라다이스에서의 노동에 대하여 말할 때에 그 계명을 통해 가능해지는 구체적인 기쁨(oblectatio:CR 23.44)보다는 이 계명을 통해서 필요해진 철저한 훈련의 요구를 훨씬 더 많이 말하고 있다. 이 환상들은 사실 기대하지 못한 것같이 19세기의 것으로 이해된다. 이 19세기에서는 16세기서부터 내려오던 일의 형태를 그대로 받아들였지만 그들보다 훨씬 그 일의 위험성에 대하여 경고를 자기 것으로 해야만 하던 시대이다.

우리는 이 열광주의에 다 동의할 수 없다. 왜냐하면 고려해 보아야 할 다른 많은 것도 그렇지만 특별히 하나님의 계명과 인간의 성취 사이에 존재하는 그 간극은, 특별히 그 인간의 노동을 결정지어야 할 인간성과 연관해서는 점점 더 커지고 그래서 인간성과 반대되는 방향으로 성장하는 이 노동에 대한 집중도가 높아지면 높아질수록 더 비난이 커지도록 만들고 있는 것이다.

만일 인간의 노동이 하나님의 계명에 대한 순종 가운데 있는 인간성의 기준의 빛에 서 있는 것이어서야 한다면 다음 두 가지를 반드시 주의해야 한다: 첫째는 아무 생각 없이 다음과 같은 의견을 갖는 것이다. 인간은 자기의 날마다의 양식을 벌고 자신의 삶의 요구들을 만족시키는 데 있어서 자신을 위해서 일하면 되지만 같은 목적을 갖고 있는 타인과 함께 반드시 공동으로 그 일을 수행해야 한다는 것을 별로 생각하지 않는 것, 즉 자신의 노동의 공간을 가짐에 있어서 타인들도 여전히 같은 공간을 주어야 한다는 것을 인정하지 않는 태도를 버려야 한다. 만약 그가 이런 것들을 거절한다면 그는 자신을 속이는 것임을 알아야 한다. 동료 인간 없는 인간은 인간이 아니라 인간의 유령에 불과하다. 만일 그가 추상적으로 자신만을 위해서 빵을 벌고 돈을 벌 생각을 한다면 그는 이 유령의 삶을 사는 것이다. "오늘 우리에게 일용할 양식을 주옵소서!"라는 이 기도에서 나오는 일인칭 복수는 모든 노동에 관한 자연과 이성의 근거를 가르친다. 만약 이들이 없다면 노동은 이제 인간들에게 저주일 뿐이다. 이런 사실은 이전 시대의 사람들보다 오늘날의 사람들에게 훨씬 더 분명하게 각인되고 있다; 노동은 그야말로 하나의 사회적이며 공동의 동무들이 함께 모여서 하는 것이다. 정당한 노동은 이렇게 사람들이 힘을 합쳐서 일할 때만 가능한 것이다. 이 노동을 통해서 버는 양식은 이웃들과 나누어야 하는 양식인 것이다. 이제 다음과 같이 말하고자 한다: 각 사람의 삶의 다양한 요구들이 정당하고 현실적이며 충만하게 채워지는 것은 그가 다른 사람들과 어울리며 그들의 삶의 요구들에도 응하면서 서로 협조하는 것일 때이다. 만약 그런 것이 아니라면 이는 이 사람 혹 저 사람의 노동이 될 수 없다. 만약 이것이 노동이 아니라면, 이는 사람들에게 기쁨이 될 수 없고 그 어떤 축복도 가져올 수 없다. 우리가 인간의 삶의 요구들의 상호협조가 일어나지 않는 이유를 묻는다면, 우리는 두 번째 사람들이, 이 노동이 인간성에 상응하는 것이 되어야 할 때, 피해야 할 것과 부딪힌다. 이번에도 생각 없이 사는 것이 문제이다. 특별히 타자로서 모든 사람이 요구하는 삶의 요구들과 관련하여 이렇게 저렇게 말하게 되는 인간적 의견들이 지나치게 아무 생각 없이 주어지는 것이다. 만약 모든 사람에게 그 사람이 정말로 필요로 하는 것이 없다면 우리는 그 다양한 요구들에 협조할 수 있을 것이다. 그렇다면 모든 사람이 자신에게 필요한 그 사태에 적중하게 될 것이고 그렇게 되면 그의 노동 속에서 인간들은 자신의 일용한 양식을 서로 나눌 수 있었을 것이다. 그런데 이들을 서로 분리시키고 서로를 향해서 싸우도록 하는 것은 그들의 필요와 소원 그리고 요구들을 너무 생각하지 않고 검토하지도 않았기 때문이다. 그들이 필요로 하는 것은 사실 똑같은 것이 아니며 모든 사람을 위해 동일한 것이 아니다; 그것들은 다를 수 있고 다양할 수 있다. 하지만 이렇게 주체들 사이, 서로 간에 일치된 견해를 갖기 위해서 내적으로 근거가 된 진정한 삶의 요구들이어야 한다. 그리고 여기에서 그 산업의 공동체를 위협하고 제거할 수 있는, 그래서 우리의 노동을 위협하는 그런 범죄가 일어나는 것이다. 바로 이 지점이 텅 비고 비정상적인 욕구의 혁명이 일어난 곳이다: 풍부에 대한 욕구, 그것도 자연적이며 아름다운 삶의 풍요가 아니라 단지 무성의 풍부함뿐인 것, 삶을 꾸며주는 것이 아니라 그렇게 꾸민 것처럼 속이길 원하며 진짜 사물이 아니라 단지 그렇게 보이는 무대에 불과한 것이다. 더 자세히 말하자면: 이는 소유에 대한 욕구, 이것은 꼭 사용할 수 있는 것—심지어 장식품으로도—이 아니며 단지 후에 혹시 생길지 모르는 사용을 위한 보장과 준비로서, 그것도 아니면 단지 갖고자 하는 욕심에서 생겨난 그런 상상의 필요일 수도 있다.—마치 삶을 정말 섬기는 것 같은 착각으로 말이다. 그것도 아니라면; 인공적 기구의 형태 안에서 인간과 사물에 대한 인공적으로 더 연장된 힘의 영역들을 위한 흥미—마치 현실적 삶의 힘의 증대를 위한 가장 강력한 도구를 사용할 수 있게 되는 권력을 얻는 것이 거짓이나 헛된 상상이 아닌 것처럼—그래서 자신의 본래의 키에 1인치라도 더 올릴 수 있는 것과 같이 헛된 생각을 하면서 말이다! 진실한 인간적 삶의 요구들은 이러한 텅빈 요구들일 수 없다. 그렇기에 참된 삶의 요구들을 섬기는 노동은 함께 일하는 공동의 정신을 절대로 잃어버릴 수 없다. 우리가 텅 빈 공허한 욕심과 요구를 위해 일하고자 할 때 우리는 이 공동성을 상실하게 되는 것이다. 진실하지 못한 요구들은 서로에게 그리고 진실한 요구들과 서로 협동적일 수 없다. 그렇기에 이런 요구들은 진실한 욕구들을 채우는 노동들과도 연합할 수 없는 것이다.

그리고 이 인간적 노동이 이 봉사 안에서 일어나는 한, 거기에는 동료 인간성이란 찾을 수 없게 된다. 텅 빈 욕구들을 다스리는 것은 사회적 과제이기도 한 것이다: 야고보서 4:1 이하, "너희 중에 싸움이 어디로, 다툼이 어디로 좇아 나느뇨? 너희 지체 중에서 싸우는 정욕으로 좇아 난 것이 아니냐? 너희가 욕심을 내어도 얻지 못하고 살인하며 시기하여도 능히 취하지 못하나니 너희가 다투고 싸우는도다. 너희가 얻지 못함은 구하지 아니함이요 구하여도 받지 못함은 정욕으로 쓰려고 잘못 구함이니라."

그러한 공허한 탐욕이 모든 것을 다스리게 된다면, 인간의 일은 그 자체가 매우 두려운 것이 될 것이다. 왜냐하면 그것은 갈등을 가져올 것이기 때문이다. 다시 말해서 탐욕의 지배는 일을 자신의 현존을 위해서 싸우는 것으로 만들 것이기 때문이다. 일은 그러한 것이 되어서는 안 되지만, 그러나 일은 싸움처럼 될 것이다: 그리하여, 일반적으로 일이 그래야 하듯이, 일의 놀랄만한 현실성에도 불구하고, 일이 나타내는 각각의 목적의 가치에도 불구하고, 이러한 가치는 일에게 약속될 수 없게 되는 것이다.

이제 알려지게 된 이중의 악한 뿌리들로부터 — 일의 사회적 성격에 무관심하였던 것과 그리고 그 일이 추구하였던 삶의 필연적 요구들의 결과들에 무관심하였던 것으로부터 — 다른 모든 나쁜 결과가 따라 발생하게 되는 것이다. 그리하여 이 모든 것의 뿌리에 대하여는 관심을 두지 않는, 오히려 그 결과에 따른 원망과 고소들이 나타나고, 역시 사람들이 개별적으로 생각할 수 있었거나 생각했어야만 하였던 모든 조치는 가장 나쁜 결과를 막고, 분노를 자아내는 가장 악한 상태를 제거하지 못하게 되는, 단순한 치료 이상으로서는 되지 않는 것이다. 그렇다고 이것은 단지 비관적 정적주의나 패배주의를 어쩔 수 없는 것으로 받아들이는 것처럼 말하는 것으로 되어서는 안 된다. 하나님의 계명은 서 있으며 모든 인간의 왜곡된 성격에도 불구하고, 바로 그 안에서 지켜지거나 혹 어겨진다고 할지라도, 여전히 유효한 것이다. 지금 중요한 문제는 바로 그러한 존재로서 범법자에 해당하는 것이다. 바로 그들의 이러한 범법 행위 안에서 그들에게 회개와 진보가 요구되고 있다는 것이다. 그리고 의심할 것도 없이 치료가 요구되고 있다. 그 본래적 뿌리가 완전히 썩었기 때문에, 원래 기대되었던 변화를 나타내는 것은 아니지만, 그럼에도 여전히 변화의 필연성에 대한 인식을 증거할 수 있기 위해서 치료가 요구되고 있는 것이다. 또한 이중적인 무관심으로부터 일어난 심각한 부패 안에서도 역시 많은 것이 선하게 있음을 알 수 있다. 물론 이것들은 그 뿌리의 문제 자체를 해결하기 필요했던 선은 아닐지라도, 그러나 최소한 선의 필요성을 나타내고 있는 것이다. 불순종의 한가운데에서도 순종을 향하는 충분한 기회의 순간들이 여기저기에서 있을 수 있는 것이다. 이러한 기회들은 드러나야 하고 그리고 잘 선용될 수 있어야 하는 것이다.(그러므로 사람이 선을 행할 줄 알고도 행하지 아니하면 죄니라. 약 4:17) 이 말씀은 지금 여기서도, 아니 가장 최악의 상태일지라도, 여전히 유효한 말씀인 것이다. 그러나 여전히 다음의 지식을 피해 갈 수는 없다. 하나님의 계명은 원래 그리고 무엇보다도 먼저 우리의 잘못된 뿌리를 지적하고 계시다는 것과 인간은, 바로 그곳에서, 오히려 하나님의 말씀을 회피하고 있는 것처럼 보이는 한에 있어서, 그가 자신과 다른 이에게 그 자신의 일 가운데 기쁨보다는 무엇이라고 말할 수 없는 많은 수고와 염려를 거두어들이고 있다는 사실에 대하여 놀라서는 안 되는 것이다.—더욱이: 그가 자신의 일을 통해서 오히려 철저하리만큼 나아질 것을 기대할 수 없는 불안 속에 자신을 발견하며 완전히 어쩔 수 없는 많은 고통을 일으키고 직, 간접적으로 그 모든 것을 짊어지고 가야만 한다는 것을 깨달을 때, 그는 이러한 사실에 대하여 놀라서는 안 되는 것이다.

그리고 위에서 언급한 근본적인 무관심으로부터 또한 이러한 사실이 따라온다. 한 사람의 일은 다른 사람의 일과의 연관 속에서, 서로가 자신의 원칙과 능력에 대하여 곁눈질할 필요 없이 일할 수 있고, 그리하여 평화스런 가운데 아무런 걱정 없이 자신의 상황을 돌볼 수 있는, 그러한 자유로운 작업이 될 수 없게 된다는 것이다. 물론 여전히 그러한 자유 가운데 행해질 수 있는 일이 있다. 그러나 그것은 매우 드물고 시샘을 받을 만큼 예외가 되는 것이다. 인간의 일이란 전체적이고 일반적으로 일하는 모든 사람과의 서로 적이 되는 경쟁 상태 가운데 놓여 있는 것이다. 경쟁이란 시합이다. 시합은, 물론 만약 여러 가지 힘과 재치들이 최고의 성취를 이루기 위한 요구라고 한다면, 그리하여 서로 간의 비교를 통해서 이 비교에 걸맞는 상을 수여하거나 상품을 주는 것이기만 하다면, 이러한 시합은 멋있고, 활기 있고, 그리고 흥미 있는 것일 수 있다. 왜 어떤 사람의 작업이 좋거나, 아니 더 낫고, 그보다 최상의 것으로서 만들어질 때 상을 줄 가치가 없겠는가? 그러나 인간의 일의 현장은 최상의 성취를 통해 상을 얻을 수 있는 스포츠는 아닌 것이다. 그와 같은 영예, 시합을 이긴 상이라는 것은 단지 하나의 부산물이요, 단지 증서로 주어지는 것이다. 그러나 일의 경쟁에서 주어지는 상이라는 것은—그것은 바로 그 자신을 위한 순수한 시합으로 나타나고 그럼으로 더욱더 그러한 방식으로 파악되는 것이다.—바로 그 일이 목적인 것이다. 그리하여 맹목적인 성취를 위한 경쟁에서 상을 얻는 것 자체는 수상자에게는 즐거운 것이어야 하지만, 그에게도 역시 없어도 되는 것이고, 그래서 일의 과정을 지배하는 경쟁의 결과로 주어진 상은 모든 경쟁자에게 없어도 될 것이거나 없어도 될 것으로 보이게 될 것이다. 그들에게 실질적으로 문제가 되는 것은 그들이 능력의 비교가 아닌 것이다.—그것은 단지 목적을 위한 맹목적인 수단에 불과한 것이다.—오히려 현실적이든지 아니면 그 가운데 오히려 꼭 필요한 것이 아닌 것으로 나타나게 되는 것이다. 사실, 사람들은 그들의 삶의 요구들을 위해서, 그리하여 더 나은, 최상의 만족을 이루기 위한, 경쟁에 몰두하게 된다. 한 사람은 다른 한 사람보다 더 나은 것을 이루어야 한다. 왜냐하면 그는 다른 사람보다 더 나은 것을 갖고 싶어 하기 때문이다. 다른 이들보다 더욱 나은 것을 이룰 수 있을 때, 그는 다른 사람들이 추구하였던 것보다 더욱 좋고, 쉽고, 부유한 것을 이룰 수 있기를 기대하는 것이다: 그가 일들을 자신의 이익으로 만들 때에 그것은 어쩔 수 없이 다른 이에게는 손해가 되는 것이다. 그런 가운데 부분적이든지 혹 전체적으로든지 상관없이 양자는 다같이 만족을 위해서 추구하게 되는 것이다. 일을 통해서 더 많은 돈을 추구하든지 아니면 완전한 성공을 이루기를 원할 때, 다른 사람보다 더 경쟁을 잘하기를 위해 노력하게 되는 것이다. 돈은 언제나 양자에게 필요한 것보다 더 많거나, 모자라는 것처럼 되어 있다. 바로 그렇기 때문에 일은 재미도 없고, 일종의 도박과 같을 뿐 아니라 심각하게는 의심스럽고, 투쟁적이며 전쟁을 일으키는 것이기도 한 것이다.

사람들은 이러한 사실을 숨기거나, 아니면 정당화시키려고 노력한다: 아마도 자신의 존재를 위해서 투쟁하는 동물이나 식물의 세계의 관점에서, 아니면 일을 통해서 모든 사람이 이루고자 하는바, 최고의 노력을 위한 오해할 수 없는 충동의 관점에서, 아니면 소위 문명과 문화의 진보라는 관점에서, 좀 더 분명하게는 인간이 일해야만 하는 상황 가운데, 일의 자유를 말할 수 있는 인간적 자유의 고귀한 선물이라는 관점에서 기반을 두고 있는지도 모른다. "덕스러운 것을 향한 자유의 길" 왜 아니겠는가? 사람들은 위의 부주의한 것으로서 숙고하지 않음을 여전히 계속하고 있으며, 이러한 상황을 자연스러운 것으로 여기고, 마치 다른 것들은 더이상 아무 관계도 없는 것처럼, 자신의 방식대로 행동하고 있다. 대부분의 사람들은 그저 실질적으로 이러한 숙고하지 않음을 따르고 있으며 그에 상응한 행동을 선택하고 있다. 그러면서 상황에 따라서, 잠정적으로 위의 관점들의 한 가지나 또 다른 것을 자신들의 정당화와 미화를 위해서 이용하고 있는 것이다. 비록 이렇게 자신의 상황을 이해하려고 할지라도, 일이 이루어지는 현실적 상황은 전쟁상태와 같다는 것이다.

이러한 상태는 싸우는 사람들의 관대함이나 예의를 통해서 가끔씩은 좀 느슨해지고, 부드러워지며, 어떤 때는 한순간 동안만이라도, 아니 어느 정도의 기간 동안은 싸움이 멈출 수도 있는 것이다. 그리하여, 마치 전쟁 중이라도 의료부대가 있기 마련인 것처럼, 경쟁 가운데도 서로 돌보고, 예방하고 이 경쟁의 희생자들을 다시 회복시키는 크든지 작든지 선한 일들이 일어날 수 있다. 무엇보다도—마치 전쟁 중이라도 재판부가 있어 정의를 추구하는 것처럼—일반적으로 (아마 극단적일 수도 있고, 그렇지 않으면 최소한 상대적으로 매우 효과적인 방식으로) 통용되는 방책이 적중하여 드러날 수도 있을 것이다. 그리하여 적대적 싸움을 최소한의 한계에 가둘 수 있고, 불의 가운데 최소한의 의를 이룰 수 있으며, 자유와 방탕 사이, 허락된 경쟁과 허락될 수 없는 경쟁 사이에, 인정될 만하고 인정될 수 없는 이익을 추구하는 것 사이에서, 최소한 한계를 설정할 수 있는 것이다.

다음은 분명하다.—그리고 우리가 지금 긍정적으로 가르쳐야만 하는 것들이다.—하나님의 계명은 그 말씀이 들리는 곳에서 언제나 위와 같은 상황에 대항하는 움직임을 이루게 된다는 것이다. 그리고 이러한 사실은 교회의 목소리를 통해서 표현되어야 한다는 것 역시 분명한 것이다: 교회는 최소한 모든 상황에서 스스로 큰 실망을 일으키는 일을 함께 해서는 안 된다. 교회는 자신을 쓴 뿌리에서 나온 쓴 열매처럼 자신을 알려지게 해서도 안 된다. 교회는 근본적으로 이러한 상황 가운데도 최소한의 가능한 유보조치를 만들 수 있고, 최소한 가능한 대응조치를 실현시키는 것으로 알려져야 하는 것이다.

그러나 인간이 이러한 모든 상황 가운데 문제를 해결하고자 시도하고자 하였던 것과 그리스도교적으로 언급되고 실행된 것들의 상대성을 부인해서는 안 된다. 경쟁 상태에 있는 일은 그 자체로 언제나 다음을 나타낸다: 일은 인간들이 서로를 전략과 폭력을 통해서 만나게 하며, 그리하여 무수한 죄수들과 부상을 당한 자들과 죽은 자들이 생기는 전쟁의 표식 아래 있는 것이다. 이러한 표식 아래 있는 일은 언제나 비인간적일 뿐 아니라, 하나님의 계명 앞에서나 그리고 생각될 수 있는 모든 완화적 조치들과 구조들 그리고 질서를 추구하는 노력에서는 존속할 수 있는 것이 아닌 것이다. 위와 같은 일로서 살아가는 인간은, 인간이 될 수 있는 조건으로서 동료 인간성을 잊어버리고, 자신의 공허한 탐욕을 자신의 삶의 요구들과 혼돈하고 있으면서, 그 스스로에게, 자신의 일을 경쟁과 전쟁의 표식 아래 만들어 가고 있는 것이다. 이미 왔고 또한 오고 있는 하나님의 나라는—오로지 이 나라만이—결정적인 회개를 거절한 인간의 일 위에 놓여 있는 어둠을 쫓아내는 것이다. 하나님 나라의 선포는 이 모든 싸움의 마지막으로서 비록 유일한 것은 아니지만 그리스도교 공동체가 일과 연관되어서 반드시 이루어야만 하는 가장 중심된 사역이다.

이러한 근본적인 것에 대한 무관심으로부터 인간적 일의 영역에 또 다른 더 나쁜 것들이 결과적으로 생겨난다. 인간의 황량한 고립과 적대감을 드러내는 경쟁은 인간들의 일의 현장의 왜곡된 형태를 잘 보여주고 있다. 이러한 형태는 그 모양을 바꾸어 나타나기도 한다. 그리하여 경쟁은 경쟁 자체를 마치 공동적인 것이나 협조를 이루는 것으로서 위장하기도 한다. 그러나 그것은 결국 경쟁의 이러한 비인간적인 모습을 더욱더 나쁘고 견디기 힘든 것으로 만드는 것이다. 거의 모든 일은 작업을 완성하기 위해서든, 아니면 정확한 목적에 따라서 이루어질 수 있기 위해서 체계와 구분들을 요구한다. 이러한 체계화의 영역에서는 각자에게 자신의 일과 수당, 그리고 그 봉급 등이 할당되는 것처럼 보임으로써 경쟁, 즉 투쟁이라는 것은 형식적으로는 배제된 것처럼 보일 수도 있다. 바로 이러한 조직과 세분화의 체계화를 요청하게 되는 것 자체가 이미 어떤 사람이 먼저 자신의 목적을 이루기 위해서 시작하게 되는 것이고 이에 요청된 다른 이와 연관되게 되는 것이다. 일이 이루어지기 위해서는 한 사람이 일을 제공하고 다른 이가 이를 받아들이는 일의 기회가 필요한 것이다: 일의 조건이 분명하게 규정되고 이와 함께 기대되는 봉급이 있어야 한다. 일이 성립되기 위해서 두 사람 사이에 일, 일의 조건과 임금이 확정된 계약서가 필요한 것이다. 그러나 만일, 한 사람이 다른 사람보다 더 우월한 조건을 가지고 있다면 어떻게 될 것인가? 즉, 일의 수단, 소위 생산의 수단으로서 땅, 재료, 도구, 기계, 돈을 소유하고 있는 사람과 단지 돈을 벌어 생계를 유지하기 위해서, 그들에게 제공된 일을 이루는 데 필요한 소유가 없고, 시간과 인력, 즉 자기 자신밖에 줄 것이 없다면 일을 구성하기 위한 양자의 관계는 어떻게 되겠는가? 여기서 만일 한 사람이 — 동료 인간성을 알지 못하고 단지 자신의 맹목적인 탐욕만을 위해서 올바른 일을 무시한다면 — 이러한 다른 사람들에 대한 우월한 조건을 이용하고자 한다면 어떻게 될 것인가: 만일, 다른 사람들에게 "자유"로운 계약서를 강요한다면, 그래서 다른 사람들의 삶의 만족을 이루는 기본적 요구들을 무시한 채 계약서를 요구한다면, 즉 오로지 자신만의 최대 이익을 위해서 계약을 요구한다면 어떻게 될 것인가? 그리고 또 언급되어야 할 것이 있다. 즉, 이러한 체계와 통제를 통해서 강요되지 않는 일이 아직도 있다는 것이다. 모든 사람이 자신들보다 더 많은 권력을 지니고 있는 이들이 요구하는 계약서에 어쩔 수 없이 의지하면서 생계를 위해 일하는 것도 아닌 면이 있는 것이다. 그래서 모든 권력자, 생산수단을 갖고 있는 모든 소유주나, 모든 고용주가 단지 이용자들은 아니고, 그리고 이러한 권력자들에게 의무를 지고 있는 일자들이 모두 이용당하는 자들만도 아닌 것이다. 그러나 다음의 사실은 감추어지지 않는다. 일반적으로 대부분의 경우에 있어서 일의 과정은 구체적 방식으로는 오늘날 우리 서양세계에서 볼 때, 어떤 한 사람이 다른 사람을 이용하는 원칙의 형태에 기초하여 이루어지고 있는 것이다. 있는 그대로 이야기 한다면: 일의 과정의 진행은 경제적으로 강자들, 생산수단을 소유하고 있는 자들에게 원하는 방식으로서 그들의 이득을 이루기 위한 추구와 노력의 과정으로 이루어지는 것이다. 그리하여 경제적 약자들, 자신들의 시간과 인력 이외에는 아무것도 사용할 것이 없는 자들이 의지하는 계약을 강한 자들이 자신들의 이익에 따라서 만들 수 있기를 바라는 것이다: 그리하여 이 모든 일의 창업자요 사장으로서의 일에 대한 정당한 대가에 의해서 받을 수 있는 것보다 더 많은 것을 획득할 수 있기를 바라며, 그 대신 일을 할 수 있는 자격이 충분하거나 혹은 모자랄 수도 있지만, 그럼에도 일의 전체적 과정을 위해 필수적인 일을 수행하고, 그들의 삶의 생계를 위해서 필요한 만큼 일하려고 한 것보다는 적게 벌도록 방관하는 것이다. 이러한 사회적 불공정은 단순한 경쟁보다도 오히려 감추어져 나타나게 된다. 왜냐하면 이것은 겉으로 보기에는 협조와 상호 간의 올바른 방식대로 결정된 자유로운 계약을 통해서 이루어진 것처럼 보이기 때문이다. 그러나 이러한 일들은 사실은 겉으로 드러난 방식 속에서 더욱 억압적이고 자극적인 방식으로 일의 평화를 근본적으로 불가능하게 만드는 것이다.

사람은 자신을 위해서 한 가지나 또 다른 것을 주장할 수 있다: 자유로운 경쟁의 원리를 위해서 내세울 수 있는 부분적으로 비슷한 것이든지 아니면 똑같은 논쟁이 있다. 만일 다른 이에게 일이나 수입의 기회를 제공하려는 이는, 마치 자기 집의 주인으로서 그들에게 주고자 형태가 어떻지 모르지만, 모든 경우에 있어서 착한 사람으로 칭찬을 받는 사람처럼 되면 안 되는 것인가? 노동체계에 대한 논의의 초기시기에 있어서는 사람들은 사실적으로 모든 사태를 위와 같이 파악하고 있었던 것이다. 생산수단에 대한 개인 소유의 권리를 개인의 자유의 권리와 함께 가장 견고한 방식으로 함께 이해하고 있는 경우에, "이용"이라는 개념이 이러한 노동의 체제에 적용되는 것을 반대하였던 것이다. 더욱이: 노동 가운데 인간적 덕성을 추구하고자 한 사람은, 과거나 새로운 시대에 있어서도, 이러한 체계의 범주에서 드러났던, 진실로 다른 이의 노동의 이익을 위협하는 것이 기업가의 모습이 아니고, 오히려 노동의 영역에서 최초의 그리고 역시 아마도 최고로 일을 잘하는 사람으로서 더 많은 것을 제시하고자 한 것이다. 그리고 인간의 기술의 발전을 기준으로 삼아 본다면, 역시 다음의 것을 물어보게 될 것이다: 만일 이 체제의 자극이 더 이상 현재하지 않는다면, 이와 비슷하게, 노력들이나 성취들이, 어떻게 그 체제의 통제하에서 발생하고, 또한 기대될 수 있겠는가? 사람들은 결국, 이러한 체제에 반대하여 자신의 전성기에 제기하였던 문제들 중 많은 것이 더 이상 문제로 나타나지 않게 되고, 그리하여 더 이상 순수하고 지속적인 "자본주의"라는 것은 오늘날 실재하지 않게 되었음을 인정하게끔 되었다는 것이다. 더 멀리는: 당시에, 자본주의 체제의 예상된 모순에 대한 관점에서 주장되었던 한 가지 이상의 여러 가지 불행이 (소수가 점점 더 부자가 되고, 중산급 계층이 점점 더 무산계급이 되고, 또한 대중의 소외계급화가 점점 더 심각하게 이루어짐으로써 더 이상 아무것도 잃을 것이 없을 정도의 한계를 벗어나지 못하게 된다는 것), 현실적으로 이미 알려진 것처럼, 그 이후로 실현되지 않았고 또한 앞으로도 나타나는 것처럼 보이는 것에 따라서 곧바로 그대로 이루어지지는 않을 것이다. 그러나 이러한 체제를 실질적으로 허락할 뿐 아니라 원칙적으로 장려하며, 인간의 일을 단지 자신의 고유한 목적을 위한 매개로서, 자신의 맹목적인 수단으로 만드는, 그리하여 그 자체로 비인간적이고 불의한 것을 사용하고자 하는 모든 시도는 무엇을 암시하고 있는가?

그러나 또한 이러한 체제와 불의한 영향력 아래 있어서도 이에 대항하는 반대움직임의 가능성이 전혀 없는 것은 아니다. 이전의 경제형식인 가부장제도에 대한 공명 가운데, 이 체제 안에서, 능동적이든 수동적으로든 이용의 성격으로서 나타났던 체제의 성격을 그때 거기서 거의 의심스럽게 하고 또한 감출 수도 있는, 기업가와 노동자 사이의 쌍방 간의 상대적으로 자유로운 신실성으로서 맺어질 수 있는 좋은 가능성이 예전에도 있었고 지금도 있는 것이다. 이미 전 시대에도 그리고 또한 긴장이 점증하는 가운데 현실적으로 불안한, 노동자들의 세계에서 발견되는 고통에 찬 고발 안에서 자유방임(laisser faire laisser aller)의 무질서에 개입하게 만드는, 많든지 적든지 간에 이해심이 가득한 사회적 관심 그리고, 더욱더 국가적 관심이 있었던 것이다: 사회의 최악의 나쁜 것을 제거하기 위해서 엄격한 방식으로 공장에 관한 법률에 개입하든지, 의료보험이나 사고보험 혹은 실직보험을 확대하는 형태로서 경제영역에서 가장 힘든 문제를 완화시키기도 한 것이다. (이상하게도 1830년에 슐라이에르마허 외에는 아무도 이것을 주장하지 않았다.) 역시 노동자의 입장에서도 잘 숙고되고 매우 양보심이 있는 시도가 있었다.—예나의 자이스베르케(Zeißwerke)는 이러한 부류로 한동안 가장 유명한 것이었다.—이들은 공장 노동자의 주인으로서 권력을 포기하고 동지애적 근거 위에 세우기 위해서 경제적 체제를 거부하였던 것이다. 무엇보다도—이러한 부류의 모든 나머지 반대 운동을 위한 강력한 동기가 되는 것으로서—마르크스(Karl Marx)의 이름과 연관된 것으로, 경제제도를 근본적으로 분석하고 문제화하고 비판하는 것을 통해—노동자들이 일에 내포된 권력에 대하여 인식을 갖게 되었고, 국제적 차원에서 정치적으로, 노동조합으로, 동지애를 통해서 자기 방어대책과 자기 스스로 도움을 이루기 위한 방편들을 만들게 되었다. 간략하게 말해서: 강자가 약자를 남용하려는 것은 시간이 지남에 따라서 사실적이고 점진적인 방식으로, 상대적으로 효과적인 방어책에 의하여 규제를 받게 되었다.

단지 경제적 남용이 배제되었다는 것이, 서로 적대적인 이익을 대변하는 계급 그리고 그러한 계급 간의 투쟁은 더 이상 없는 것이라고, 모든 것과의 관점에서 볼 때 확실한 것처럼 말할 수는 없다. 그리고 아마도—그러나 여기 행동들은 아직 개방되어 있는데, 여기서 이제 역사에 대하여 말을 해야만 한다.—단지 한 번만은 아닌 것으로서 결국 역사의 지평에 등장한 동유럽에 있는 공산주의 국가들을 말해야 한다. 더 이상 착취자도 없고 더 이상 착취당하는 사람도 없다는 것이 마르크스의 계획경제의 입장이지만, 그럼에도 거기에 생산수단의 사유화와 그리고 일자리가 없는 노동자들이 없는 것은 물론 아니다. 노동과정에 있는 실질적인 조정수단이 단지 국가의 손에 넘어간 것뿐인 것이다. 인간이 인간을 노동으로 자신만의 특별한 목적을 위한 수단으로 만들고, 자신의 맹목적인 도구로 만드는 불의가 어디서나 이제까지 다양한 근거를 갖고 있는 것이며, 오늘날 서양에는 지금까지 계속 그렇게 되고 있는 것이다. 그러나 이러한 불의는 여러 가지 다른 형식으로 다른 근거들에 의해서—소위, 실질적으로 지배를 즐기는 방향으로 왜곡된 사회주의 국가들에서—계속될 수 있다는 것은 배제된 것은 아니고, 오히려 몇 가지는 그러한 사태를 지시하고 있는 것이다.

하나님의 계명, 인간이 이 말씀을 들을 수 있고 들으려고 한다면, 당연히 여기서는 모든 경우에 있어서도 근본적으로 반대를 위한 부름으로서 인간성을 위한 것으로, 이런저런 방식으로 인간성을 속이려는 것에 반대하는 것이 되어야 한다.—그리고 강한 자들의 월권적 행위에 반대하여 약자를 위한 편을 드는 것이어야 한다. 그리스도교 공동체는 근대의, 일의 과정의 자본주의적 발전에 직면하여 의심할 여지 없이 너무 늦게 사태를 파악하였고 그리하여 그러한 과정에 특징적으로 나타난 불의에 공동의 책임을 지게 된 것이다. 그렇기 때문에 오늘날 교회가 현재의 여하한 불의를 극복하기 위해서 전력을 다하고 있는 국가사회주의가 결국은 하나의 새로운, 인간을 통한 인간의 억압과 탈취의 뻔뻔스러운 현상이 될 수도 있다고 경멸하면서 지적할 수 있는 입장이 아니다. 그렇게 될 수도 있고 아닐 수도 있다: 그리스도교는 서양에서 어느 경우에 있어서도, 그 자신의 기준에 따른 방식으로 무질서를 현실적으로 있는 그대로 파악하고, 하나님의 계명을 이러한 무질서에 대항하여 기억할 수 있도록 나타내며 유용한 것으로 만들고자, 그리고 교회의 대표자들을 "좌"로 유지하도록, 그리하여 근원적으로 이러한 무질서를 통한 피해자들을 위해 살아가도록, 그리하여 피해자들의 입장이 자신들의 것이 되도록 최선을 다해야 하는 것이다. 그러나 교회는 그렇기 때문에 저 반대운동들의 프로그램에 자신의 사신(使信)을 동일시할 필요가 없다. 교회는 이것들을 매우 지혜롭게 단념해야 하는 것이다. 교회는 생산수단의 사유화를 없애는 것, 또한 한 때 인간이 해결책으로 주었던 것으로 그리고 지금 그렇게 동유럽이 요란하게 칭송하는 것으로서 국가사회주의가, 사회적 병의 치료제는 아니라는 사실을 진리로서 증명했다면, 이것은 결국, 다른 모든 도움의 시도들처럼 인간이 인간을 그리고 그의 일을 인간으로서가 아니라, 그를 단지 종처럼 다루게 되는 상황 안에서, 국가사회주의도 그렇게 될 수밖에 없다는 것을 뜻하게 될 것이다. 이러한 "혁명"의 상대성에 대하여 말한다면, 근본적인 개혁의 시도들, 이러한 시도를 위한 방향으로 인간적으로 이루어지고 그들을 위해 그리스도교적이라고 할 수 있는 모든 것은, 단지 상대적인 차원에서의 의미와 힘을 가지게 될 것이라는 점이 분명하게 밝혀지게 될 것이다. 그렇게 되면 다시금 다음의 사실이 분명해질 수 있을 것이다: 악의 뿌리는 아주 깊게 내려 있다. 인간의 잘못 안에, 그리고 인간을 통해서 언제나 새로운 형태로 인간의 착취가 이루어지는 필수적인 방식으로 드러난다.—그리하여 필수적으로, 이러한 뿌리는 최상의 의미에서 그리고 가장 분명한 반대운동을 통해서 저지될 수 있고, 그들의 형식 안에서 변화될 수 있지만, 그러나 여전히 세상 밖으로 없앨 수는 없는 것이다.

이제 그리하여 또다시 우리는, 만일 인간의 일이 인간들 사이에서 서로 간의 순종과 평화 가운데 이루어지기를 원한다면, 인간이 하나님 계명을 통해서 경계 받아야 할, 두 가지 무관심한 면 앞에 서 있게 된다. 만약 인간이 이러한 면에 경계하지 않는다면, 인간이, 인간이 되기 위해서 반드시 필요한 동료 인간성을 잃어버릴 것이요, 자신의 진실한 삶의 요구 대신에 헛된 탐욕을 추구하게 된다면, 자신의 일은 경쟁의 투쟁의 표식 안에서, 그와 함께 드러나는 착취의 경쟁과 아직 완료되지 않은 자본주의에 의해서 각인되거나 또한 사회적으로 위장된 계급투쟁을 통해서 계속 드러나게 되는 것이다. 이런 점에서 인간은 심각한 무관심에 대하여 경계를 하고 있는 것같이 보이지 않는다. 여기서 우리는 인간의 근본적인 순종과 관련하여 그의 하나님의 계명에 대항하는 최후의 가장 깊은 저항이 문제가 되고 있는 것을 보게 되는 것이다. 만일 하나님의 세계통치로 인한 인내심이 없었다면, 계급투쟁과 같이 경쟁투쟁은 지금보다 더 나쁜 매우 심각한 나쁜 형태의 결과를 갖게 되었을 것이다. 만일 하나님의 용서가 없었다면, 근본적 부족으로 점철된 인간은, 본질적으로 영원히 버림을 받고 잃어버린 존재가 되었을 것이다. 그리고 만일 마치 하나님의 나라가, 하나님의 능력과, 하나님의 영광이 계시되는 것으로서, 하나님의 나라가 이 땅위에 임하지 않았다면, 사회적 질문은 어떤 희망도 없었을 것이다: 우리가 필수적으로 가져야 할 것으로, 우리가 반대운동 쪽으로 언제나 다시금 결정할 수 있고, 그 방향으로 열려져 있으며, 지속적인 상대적인 희망들도 없을 것이다: 최소한 경제제도에 내면적인 반대 안에서, 최소한 내적인 것으로 그러나 역시, 진정한 회개 없이는 제거될 수 없는 착취에 대하여, 언제나 다시금 들고 일어나는 자유 안에, 나쁜 전제들 안에서 막강한 불의와 그것의 결과에 대항할 수 있는 가능한 것을 이루는 최소한의 준비성 안에 있는 희망들도 없었을 것이다. 그리스도교 공동체는 사회적 진보의 이러저러한 형태를 위해, 아니면 또한 역시 사회주의적 형태도 포함해서—자신의 특정한 시대에 특정한 장소에 특정한 상황에서 매우 도움을 줄 수 있는 방식으로—개입해야 한다. 교회의 결정적인 말씀은 사회주의나 사회적 진보의 선포 안에서 발견되어서는 안 되고, 오로지 모든 "인간의 경건하지 않음과 불의"(롬 1:18)에 대하여 반대하시는 하나님의 혁명의 선포 안에서만 발견되어야 한다. 즉, 그의 이미 오셨고 또 오시는 하나님의 나라의 선포에만 있어야 한다.

4. "일은 활동적인 존재의 긍정이다."라고 우리는 정의를 내렸으며 그리고 모든 활동적인 존재의 긍정이 바로 노동이다. 그러나 모든 활동적인 존재의 긍정이 실질적으로 일하는 사람에게 이익이 되고, 보다 넓고 일반적인 노동의 진행과정의 총체적 맥락에서 그의 생계를 보장하는 것에 도움이 되는 분명한 목적의 노동이 되지는 않는다. 바로 이러한 외적인, 눈에 보이고 파악할 수 있는 성과를 확실하게 만드는, 그것이 밭이든, 가정이든, 공장이든, 사무실이든 혹 학업과 연관된 곳에서 이루어진 일은, 올바르게 이루어진 일이 되기 위해서는, 그에게 내적인 일이 앞서거나 옆에서 진행되어야 한다는 것이 전제된다: 활동적인 존재의 긍정은 가시적으로 눈에 띄는 형태가 없으며 그것 자체로는 아무것도 외관상 드러나는 것이 없으나 가장 높은 긴장 속에서 완성되고 고유한 방식에서 시간을 완성하는 행위이다. 이것은 인간이 자신의 존재의 문제와 자신의 긍정을 위해서 논쟁하는 인식적인 영역에서, 의지를 세우고 결정을 이루는 것에서 이루어지는 것이다. 이것은 가끔 단지 자신의 감정의 강력한 움직임 안에서만 완성되는 것처럼 보이기도 하지만, 그럼에도 말하자면 그가 자신을 어떤 일을 하게 만들며, 자신의 외적인 일을 이루어갈 수 있게 만드는 고향과 같은 것이나 근원 같은 것이기도 한 것이다.—내적인 일이란 사람이 자신의 외적인 것을 시작하는 것 안에서, 그가 숙고하고, 계획하고, 설계하는 중에, 자신이 자신의 완성을 향해서 자신을 준비하는 일이다. 인간은 인간으로서 단지 완성을 이루기 위한 도구가 되려는 것이 아니다. 그는 영혼이다. 그는 주체이다. 그는 그 자신이다. 그는 반드시 주체적 권리를 위해서 일하는 것이다. 그는 반드시, 자신의 활동적인 존재의 긍정의 존재로서 진실로, 우선 그러한 보이는 존재가 되어야 하며, 동시에 먼저 그 자신 안에서 자신에게 일할 수 있어야 한

다. 그리고 나서야 그로부터 이러한 근거 위에서 의미 있는 정신적이며 외적 세계의 물질적인 사물에 직면할 수 있게 되는 것이다. 이것이 올바른 일의 기준으로서 사려 깊음이다.

사려적이라는 것은 명상적인 것을 뜻하지 않는다. 물론 일과 연관되어서 나타난 명상적인 모습이 있다. 우리는 나중에 그것에 대하여 생각하고자 한다. 명상적이라는 것은 일의 개념 아래 있는 것은 아니고, 이것은 일의 한계에 속하는 것이다. 그러나 사려는 내적 일로서, 정확히 마치 모든 외적인 성취나 완성과 같이, 일의 개념에 속하는 것이다. 사려는, 그것이 단지 하나의 감각적 움직임의 형태를 지닌다 할지라도, —바로 내적인 종류로서의—활동성과 열심을 필요로 한다. 그리고 사려는, 비록 이것이 인간의 내적인 태도와 입장의 어떤 일정한 변화라고 할지라도, 그 결과들을 목적하는 것이다. 그리고 이제 어떤 특정한 관점의 생성으로서, 분명한 확신의 근거를 위한 것으로서, 내적인 결정에 대한 결단에 대한 것으로서 중요한 것이 되는 것이다. 만일 외적인 일이 위와 같은 사려의 내적인 일로부터 — 가깝거나 멀거나, 아니면 가장 먼 관계에 놓여 있다고 할지라도 — 상관없이 혼자서 이루어지는 것이라면, 어떻게 외적인 일이 하나의 생생한 인간적 행위가 될 수 있겠는가? 그리고 그러한 사려는, 만일 이것이 일로서가 아니라면, 단지 자신의 정신의 무기력하고 꿈꾸는 종류로서, 올바른 행위에 대한 것이 되지 않는다면, 어떻게 진정한 것이 될 수 있겠는가? 기수가 말을, 갈로프(Galopp)로 수정하려면, 손과 발의 그리고 몸 전체의 특정한 움직임을 조합시켜야 하는 것처럼, 인간도 열매맺는 일을 위해서는, 자신에게 매우 활동적인 총합이 필요한 것이다. 바로 그에게 필수불가결한 사려는 이것이다: 총합의 사려 안에서만 인간은 자신의 외적인 일 안에서 인간으로서 주장할 수 있고 다시금 이러한 사려에서만 그는 자신의 외적인 일을, 일을 지향하고, 열심으로 주의를 가지고, 일을 이루려는 열정 안에서, 진정으로 참된 일로 만들 수 있고 만들려고 할 것이다. 그러나 바로 이 두 가지가—언제나 자신의 외적인 일을 위협하는 자족과 맞서는 인간의 자기주장과 이 일을 위한 필요불가결한 열정—자명하게 이해되지 않기 때문에, 이 두 가지 근거를 주는 사려는 오로지 하나의 자유로운 행위, 하나의 작업이 될 수 있고, 반드시 그렇게 내적인 일이 되어야 한다.

그런데 인간은, 현대 기술이 등장한 이래로부터, 지금 언제든지 여러 가지 외적인 일들을 만들고 있다는 점에서, 일하는 인간이 필수불가결한 주의를 무시하고 거의 오로지 "기계적"으로, 거의 특별한 일을 위해서 설치된 기계의 필수적인 보충으로서만 이 네 번째 기준을 봄으로써, 자기 자신을, 자신의 영혼을 더 이상 요구하지 않게 된다는 면이 분명하게 알려지는 것이다. 그 가운데 다음의 문제점은 자주 올바르게 지적되어 왔다. 인간은 이러한 문제를 고발하는 것과 상관없이 자신의 진정한 문제에 아둔하게 남겨져야 하는 것인가? 인간은 위와 같이 됨으로써 내적 황혼에 저무는 아둔한 존재처럼 심판받았다는 사실이 이제 그에게 진실이 될 수도 있는 것이다. 만일 인간이 자신을 그렇게 심판받게 내버려둔다면, 그리하여 그가 오히려 자신 안에 내적인 행위가 있으며, 그것을 통해서, 외적인 일을 통하여 내적으로 직접적이고 강렬하게 영향을 받는 다른 사람들과 구분되어서, 전체적으로든지 아니면 거의 대부분의 "기계적인" 방식의 외적인 일을 한다고 하더라도 그에게 더 많은 공간과 자유가 주어질 수 있다는 사실을 깨닫지 못한다면, 그렇게 될 것이다.

한 신비주의자의 경구 이상의 사실적 이야기가 있었다. 그것은 한 사람에 대한 이야기로서 — 소위 "기계시대"의 최초 시작에 있어서 — 테르슈테겐(Gerhard Tersteegen)은 상인으로서 직업을 버리고, 스트립 캐스터의 직업을 가지게 되었다. 왜냐하면 그는, 자유로운 상담가, 저술가, 시인으로서 그의 직업의 변화에 따라서 사실적으로 그 자신이 되기를 바라는 것으로, 이 직업으로 내적으로 아무것도 하지 않는 것은 아닌, 그러나 내적으로 자유롭게 활동적인 존재가 되기 원했기 때문이다. 기계화된 일이 일하는 사람을 강압적으로 정신적인 빈곤으로 이끈다고 정해진 것은 아니다. 오히려 확실히 정확히 숫자는 셀 수 없지만 최소한 반대로 유명해진 경우들이 존재한다. 그러나 또한, 인간이 자신의 외적인 일에 강하게, 아마 정체성에 이르기까지 관여가 된다고 할지라도, 즉 소위 학자이든지, 예술가로서 필수적으로 고유한 활동성을 지닌 인간으로서 현실적으로 움직여진다고 할지라도, 역으로 철저하게 내적인 것과의 연관을 이루는 것만은 아니다. 그들은 오히려 삶의 필수적인 활동의 사려에 있어서 방해를 받게끔 되어질 수도 있다. 왜냐하면 그들의 외적인 의무들과 행위들이 그들의 내적인 것을 강하게 요구하여, 이것들이 그들에게 악마적인 권력의 형태가 될 수 있으며, 그들을 내적으로 억압할 수 있기 때문이다. 혹 이러한 거짓된 의미에서 "더 좋은" 일 아래, 사실적으로 덜 둔감한, 그러나 근본적으로는 게으른 사람으로, 더 적은 (아마 가장 바쁜 사람으로) 게으른 자가 있을 것이다. 마치 겉으로 보기에 순수한, 조작당하는 사람에게 그리고 이 중에서도 존재의 활동적인 긍정 안에서 사실적으로 파악하고, 실질적으로 가장 활동적으로 살아가는 더 적은 사람들에게, 마치 올바른 일과 올바르지 못한 일을 다양한 방식의 등급에 있어서 실질적으로 나눈 것처럼, 내적인 일을 구분하는 이러한 일은 오늘날의 일의 조건들에 있어서도, 철저하게 처음부터 그렇게 되지는 않겠지만, 많은 경우에 맹목적으로 조작당하는 이들을 만들고 있는 상황에 있어 필요한 것이다.

그리고 이제 우리는 반대로 다음과 같은 숙고를 시작하고자 한다: 외적으로 파악될 수 있는 일을 하는 것에 있어서 대부분의 사람들은 전체 시간의 최고로 3분의 2나 혹 절반 아니면 3분의 1의 시간을 채우며 외적인 것을 위해서 일을 하게 된다. 물론 학자들이나, 철학자들, 예술가나, 시인들의 일의 영역들 외에도 가끔 시간의 방식으로 일을 측정할 수 있고 결과를 이룰 수 있는 일의 방식도 있다: 농부나 수공업자, 상인이나 기술자, 공무원과 같은 방식의 일의 종류가 있다. 사람들에게 이와 같은 일이든지, 아니면 또 다른 일의 형태들에서 — 이것은 가끔 그가 일을 할 수 있는 가장 최고의 능력을 가지고 있는 시간 안이라도 ― 몇 주간 동안이나 몇 년의 기간 동안 어떤 직접적인 이유 때문은 아니지만 일을 할 수 없게 되는 경우를 강요되는 방식으로 마주칠 수도 있는 것이다.

위와 같은 능력이 없음은 확실히, 근본에 있어서 아무것도 하지 않는, 무책임하게 빈둥거리기를 좋아하는 인간의 변명일 수도 있다. 또한 시인 클라이스트(Heinrich von Kleist)가 그러한 경우가 되는, 병적인 나타남이 있다. 그는 분명한 천재성의 넘침으로 인해서 그의 삶의 평생 동안 일상적인 직업을 이룰 수 없었다. 그리고 이러한 무능력으로 인해서 결국 매우 드물게 드러나는 열정으로 인해서 실패할 수밖에 없었던 것이다. 이러한 인간이 있다는 사실을 볼 때, 구체적 경우에 판단할 때는 조심해야 함을 알게 되며, 한계를 긋는 것은 매우 어렵게 된다는 것을 고백하게 된다,

진실하고 건강한 인간의 삶 안에도 사실적으로, 전부 아니면 거의 아무것도 만들어내지 않는 것처럼 보이는 내적인 행위에 내몰려 있는 것 같은 자기 자신을 발견하는 시간들과 상태들도 있는 것처럼 보인다. 그리하여 그런 상황 가운데서 인간은 비생산적이거나 ― 생산적일 수 있는 일을 꾸미거나 자랑거리, 조망하는 일들과 균형을 잡으려는 상태에 빠져들거나, 단순하게 가득 채워진 형식으로 ― 다른 정신적 반응을 제외하고 ― 인간은 자신의 피난처를 그럴듯하게, 우선적으로는, 잠정적인 이차적인 일이나 혹은 자신이 하던 일에 대한 더욱더 큰 열심을 갖는다든지 하는 방식으로, 그리하여 철저하게 관여하지 않아도 될 것인데도 어떤 과제에 자신을 묶어두든지, 아니면 여하한 경우에도 그에게는 불필요한 것으로서, 어떤 경우에도 그에게 기대되었던 성취에 본질적인 것으로 여겨지지 못하는 사물들을 향하게 되는 것이다. 그러한 것을 향하여 노력하게 되는 것은 그가, 그에게 고유한 것으로 알려지는 확실한 일에 대해서 충분히 중요한 요소를 발견하지 못했기 때문이며, 그리하여 그는 고유하게 해야 할 일의 잠정적인 대리적 것들을 보고서 즐겁게 여기며 기쁜 봉사를 이루는 것이다. 그렇기에 사람들은 일과 그리고 역시 자기 자신에게 인내를 가져야 하는 것이다. 사람에게 제공된 일은 어떤 때는 이러한 차원을 가지고 있으며 그리고 여러 경우에 있어서 그리고 넓은 시간의 영역 안에서 많든 적든 역시 일면적인 내적인 성향과, 단순한 준비와 단련의 드러나지 않는 차원에서 이루어지고 있는 것이다.

여기서 ― 어떤 이를 이 방향에서 자극하려는 것 없이 ― 18세기와 더욱이 19세기에 많이 언급되기도 하고 책망도 많이 들었던 농촌의 신부들을 위해서 긍정적인 말을 할 수 있다. (그와 같은 이들이 오늘날 전부 없는 것은 아니다.) 그들은 자신들의 시간과 정력을 그들의 의무로서 여겼던 대부분들로서, 그들의 꿀벌, 산울타리의 배나무, 장미화 아니면 일반적으로 농업에, 그렇지 않으면 무엇보다도 자연과학적인, 아니면 역사적 연구와 수집에 기울였던 것이다. 그리하여 그들이 마땅히 일해야 하지

만 그럼에도 더 이상 혹은 정확히 무엇을 일해야 할 것을 모르는 영역에 대해서는, 회피하려는 것이나 도망가는 것같이 아니하려고 자연스럽게 제일 먼저 등을 돌려야 했던 것이었다. 그러나 그 당시 교회와 신학적 일들에 대한 기준을 조금이라도 안다면, 그때의 "영적인 것"의 영혼의 상태에 대하여 느낄 수 있는 사람이라면, 당시의 가장 용감하고 옹골찬 사람들이 이러한 회피적 움직임을 보일 수밖에 없었다는 사실에 대하여 누가 분노할 수 있겠는가? 그들은 이러한 회피적 행위를 "일어난 것으로 보이는 것"(ut aliquid fieri videatur)처럼 뿐만 아니라, 진실로 "무엇으로 이미 일어난 것"(ut aliquid fiat)으로서,—비록 잠정적으로 "덜 필요한 것"(aliquid minus necessarium)인 것으로 한 것이다. 왜냐하면 그들에게 "하나의 참된 필요성"(unum vere necessarium)으로서 당연히 신학자들과 목사들이 본래적으로 관여하여야 할 것으로서 그들도 근본적으로 생각하고 있었던 것이, 그 당시의 정신적 상황에서는 감추어져 있었고 실천적으로는 비활동적이었다는 것을 인식하고 있었기 때문인 것이다. 고트헬프스(Jeremias Gotthelfs)의 소설들은 가장 최고의 숙고 가운데 이러한 회피적 움직임들을 보여주는 예가 된다. 다행히도, 그는 뤼첼플뤼(Lützelflüh) 지역의 목사로서 자신의 의무가 그러한 소설을 쓰는 것이라고 주장하지 않으면서, 소설을 쓴 것이다. 오늘날 후대의 관조로서 자신의 주요과제에 대하여 정확히 알지 못하는 중세시대의 목사의 의심스러운 타입이 근대시대의 개신교 교회의 대표적인 모습으로서 지금 필요하며 유효한 잠복기로서 드러나고 새롭게 가치를 인정받을 수 있는지 누가 알겠는가?

이러한 관점에서 사람들은, 하나의 고유한 외적인 일이 내적인 일과 그 임시적 대용물을 모든 경우뿐 아니라 그리고 각각의 경우들에 옹호해야만 한다는 것을 보편적으로 틀릴 수 없는 기준으로서 유용하게 만들어서는 안 된다. 우리는 병자들을 생각할 수 있어야 한다. 그들은 어떤 상당 기간 동안, 어쩌면 생애 나머지 기간 동안이든지, 아니면 그들의 삶의 시작부터 마지막에 이르기까지 외적으로 확실하게 나타나는 것이나, 어떤 특정한 결과를 가지고 나타낼 수 있는 노동을 이룰 수 없다. 자기 때문에 병든 사람들은 일의 과정에 배제되는 것이 당연하다고 한다면 이것은 유치하고 미련한 주장이다. 이것은 마치 전체 노동의 과정이 건강한 이들도 황폐하게 만들며, 보통 사람들을 유혹과 위험 속에 빠질 수 있게 만드는 내적 면을 갖고 있다는 것을 생각하지 않는 것이다. 그리하여 병이 든다는 것은—여러 가지 경우에 늙게 된다는 것도 역시 포함된다.—면직이나 일의 자리에서 축출되는 것을 뜻하는 것이 아니고, 일의 다른 면, 외적으로는 사실적으로 더 이상 일할 수 없거나 혹은 이러저러하게 직접 손으로 일할 수 없게 되었지만, 그러나 대신에 사려의 내면적 방식의 일로 좀 더 적절하게 받아들여진 것을 의미하는 것으로 보아야 한다.

사람들은 건강한 사람과 젊은이들의 외적인 일과 병자와 늙은이들의 일 사이의 보여줄 만한 관계성이 있다는 것에 대하여 기대하지 않는다는 것이 사실이다. 그러나 이러한 관계는 존재한다. 만약 일이, 특별히 병자들과 늙은 분들의 실존의 긍정적 의미를 나타내는 것으로서, 그들이 애를 쓰면서, 더욱 나아갈 수 있는 방향으로서, 영혼적인, 내적인 면을 가지지 않았다면, 노동의 과정은 더 이상 인간적인 과정이 되지 못할 것이다. 마치 파악될 수 있고 가치가 있는 것을 만드는 시인이나 철학자, 혹 예술가의 인간성은 그들이 상대적으로 적게 일하고 특별한 방식으로 일을 하고 있을지라도, 혹 그들의 주관적인 모습이 알려지지 않는다고 할지라도, 객관적으로 그들의 가치를 뺏을 수 없는 것처럼, 건강한 자는 병자에게, 젊은이는 늙은 사람들에게, 비록 그들이 주관적으로 거의 알려지는 것이 없다고 할지라도, 객관적으로 그들의 가치를 뺏을 수 없는 것이다. 아무도, 어느 누구도, 자신을 "무용"하다고 여길 수 있다고 자신을 조작해서는 안 된다. 왜냐하면 사람은 일할 때, 말이 표현하는 그 외적 의미에서 볼 때 대부분 아니면 완전히 자신이 그 가운데 있을 수 없기 때문이다! 다보스에 소망 없이 누워 있는 폐환자는, 일반적으로 모든 사람이 겪을 수 있는 인간성의 위협을 나타내고 있는, 자신의 숙명과의 내적 투쟁 가운데 올바른 것을 추구하고 있다고 파악될 수 있으며, 그는 자신의 존재에 대하여 활동적인 긍정을 하고 있는 것이다. 그리고 그는, 그에게는 실질적으로 단지 인내를 요구하는 고통과 참기 힘든 견딤과 적은 용기와 모순적인 기쁨의 표현들로서 자신의 환경 한가운데 있을지라도, 그러한 긍정에 진실로 그리고 아마도 강렬하게 참여하고 있는 것이다. 이것은 마치 꾸준히 착실하게 일을 하는 사람이, 취리히의 철도역 길가에서 "보석상"에서 매매활동과 경력을 쌓는 것 같다. 그리고 마찬가지로 연세가 높은 "나이든 어머니"가 아직 이룰 수 있는 것과, 이제 그의 후손들이 대단하게 이루기 시작하거나 이제 이루어 나가기 위해서 준비하는 것 사이의 관계와 같다고 볼 수 있다.

  모든 것 가운데 다음과 같은 전제는 당연한 것이다. 즉, 인간은 역시 일이 이루어지는 면을, 일이 단지 사려적일 수 있는 것으로 본질적으로 내적인 행위이기에, 일의 행위가 이렇게 저렇게, 잠정적이든 지속적으로든, 그곳으로 지시되어 발견된 것처럼, 사각으로서가 아니라, 오히려 결국은 일의 영역으로서 이해할 수도 있다는 것이다. 그가 착수하고자 하는 것의 정당성이나, 그리고 머무르려고 하는 것의 정당성은 다음의 사실과 함께 존립이 결정된다. 정당성은 자유롭게 아니면 혹 강요된 "봉사 밖에"서가 아니라, 오히려 봉사의 다른 형태로 옮겨지도록 되는 것에서 찾아지는 것이다. 이것은 시간의 흐름이 필요로 하는데, 그것이 짧든지 길든지 혹은 궁극적으로 사려를 향한 전이를 필요로 하는 것이고 그러나 사려 안에 머문다는 것은 사람이 게으름을 피우며 지낸다는 것이 아니다. 다시금: 사려는 일에 속하는 것으로서, 그 자체가 일의 부분이며 그리고 더구나 언제나 가볍고 쉬운 것이 아니며, 오히려 무겁고 공격적이고 지치게 만드는 것이다. 괜히 많은 사람이 이것을 페스트 병처럼 무서워하고 피하려고 하는 것이 아니다. 사려가 본질적인 역할을 하는 직업들이 사람들에게 좋은 것이 될 수도 있다고 하더라도, 그러한 직업을 향한 사람들의 쇄도가, 사람들이 기대하는 것만큼, 크지 않은 것은 괜한 것이 아니다. 많은 걱정을 가지고 병들며 늙어가는 것이 이유가 없는 것이 아니다. 많은 사람이 자신들의 외적인 일의 요구에, 사려를 연습하는 것과 일반적으로 아주 다르게, 오히려 사려로부터 도망하듯 다른 모든 "시간 보내기"에 참여하며, 비교적으로 많은 시간을 아무렇게나 맡겨버리는 것이 이유가 없는 것이 아니다. 사려는, 만일 사람들이 이를 충실하게 이루려면, 나무 자르는 사람이나, 공장의 감독자나 혹 대학교 교수의 일보다 더욱 높은 긴장을 요구하는 것이다. 사려는, 사람들이 속임과 두려움과 변덕스럽게 되는 바로 그곳에, 소위 솔직함, 용기, 그리고 결과를 요구하는 것이다: 고독 가운데 그 자신과 맞서는 것이다. 사람들이 고요 가운데 진리와 만날 수도 있기에, 오히려 더욱더 바쁘고 혹은 슬플 수밖에 없는 불안을 즐겨 몰입하는 곳에서, 사려는 안식을 요구한다. 사람들이 자유가 결국은 자신의 책임성을 의미하는 것임을 알기에, 사려는 다른 것을 추구하는 것을 거부하고 바로 그 자유를 향한 한 걸음, 아니 많은 걸음을 요구한다. 사람은 그 자신이 지금 안전한 항구에 있는 것이 아니라 높은 파도치는 바다 한가운데 있다는 것을 발견하게 된다. 거기서 중요한 것은, 정리하고, 파악하고 실행하는 일들이다. 모든 것이 일인 것이다. 그러나 이렇게 이해된 내적인 일들은, 다른 영역들의 옆에 함께 인간의 일에 없어서는 안 되는 영역이다. 인간의 일이 하나님 앞에서 잘 이루어지기 위해 필요하다면, 그것은 일이 이 기준, 사려성의 기준 위에 굳게 서는 것이다. 인간의 삶이란 그렇게 이루어지기 때문에, 인간이 이러한 기준을 지킬 수 있다는 사실은 그에게 고유하게 매우 가깝게 주어진 것이다. 그럼에도 불구하고 인간이 그렇게 하지 않으려고 한다는 것은 인간에게 더욱 부끄러운 일이 될 것이다. 왜냐하면 그것은 우리의 일이 사려 없는 것이 될 것이든지, 아니면 우리의 사려가 진실로 일과 무관한 것이 되었다는 것을 나타내기 때문이다!

5. 마지막으로 올바른 일의 개념을 규정하는 데 필수적인 것은 일에 대한 계명이 자신의 현존재를 위한 인간의 자유를 목적으로 하고 있다는 것에서 알려진다. 이것은 마치 하나님의 계명이 인간의 전체를 요구하는 것처럼, 전체 인간을 요구한다. 그러나 단지 숙명이나 아니면 독재자가 요구하는 것처럼 하지 않으며, 오히려, 자유롭고 사랑하시는 하나님이 행하시는 것으로, 자신이 이루고자 하는 일을 위해 일방적으로 요구하지 않으며, 마치 미국의 테일러식 아니면 러시아의 스타카노브 체계와 같이 영원히 성취만을 위한 경쟁을 이루는, 제한도 끝도 없이 활동적인 존재의 긍정만을 이루는 것도 아니고, 오히려 인간 자신을 위한 것이며 그리하여 그가 한 인간으로서 자유로운 존재가 되기 위해서 요구되는 것이다. 이것은 인간의 삶이, 분명하게 외적일수록 더욱더 내적 일에 얽매일 수밖에 없는, 그리하여 그에게는 자유롭게 이렇든 저렇든 이룰 수 있는 자유의 시간이 없는, 단지 복종의 삶을 이루기 위한 것이 아니다. 이렇게 완전히 일만 하는 삶은 인간에게 주어지지 않는 것만이 아니라 금지된 것이다. 이미 그렇게, 일이 삶에 있어서 단지 부차적인 의미를 가지게 되었기 때문에, 일의 의미는 이제

단지 그리스도교 공동체의 봉사에 참여함을 통해서만 그를 자유롭게 만들 수 있게 되는 것이다. 그리고 이제, 하나님께서 그가 향하도록 부르신, 바로 이 활동적 삶 안에서 목적하신 것은, 하나님께서 인간에게 자유로운 삶을 부어주셨으며, 나누어주시고 창조하시고자 하신 것이다. 이러한 사실은 하나님께서 인간을 바로 저 봉사로 부르셨다는 것 안에서 분명해지는 것이다. 인간의 삶이 하나님의 봉사 안에서 경험할 수 있는 것은, 그 자체로 하나의 자유로운 삶인 것이다. 이것은 또한 하나님께서 그를 일하도록 부르신 만큼, 자명하게 그 자체로부터 이해될 수 있다. 여기서 인간은 자신의 삶의 생계를 해결하기 위해서 노력하고, 특정한 목적들을 향하여 집중하고, 어떤 정해진 물질적이나 정신적인 사물과 과제에 관여하고, 특정한 사실적 관계에 관계하고, 어떤 특별한 그리고 일반적인 인간의 노동의 과정에 개입하는 것이다. 여기 그의 고유한, 바로 자신의 현존재에 대한 인간의 활동적인 긍정이 중요한 것이다. 그는 자신의 삶을 확고하게 주장하게 되는 것이다. 그는 마치 자기가 자신의 주인이고 우두머리처럼, 보살피고, 자신을 처분하고, 생각하고 활동한다. 자유 안에서 그가 일하며, 반드시 이루어져야 하는 것으로, 자신의 생계 문제에 대한 고민, 일의 목적들과 사물들 그리고 과제들을 향한 헌신들 가운데, 그리고 일반적 노동의 과정의 필수성과 함께 사실성과 연관되어서 요구되는 자유는 실질적으로 하나님을 위한 그의 자유나 계명이 추구하는 그의 고유한 자유와 같이, 위협을 의미할 수 있다. 인간이 자신의 모든 것에 주도권을 가질 때, 그는 자기 자신을 사로잡거나 아니면 사로잡힐 수 있는 위험 가운데 서 있게 된다. 더욱이 사려의 어떤 내적 일을 할 때는, 그는 자신의 고유한 것이든지 아니면 간접적으로 갖가지 다른 낯선 강요에 빠질 수도 있는 것이다. 인간은 그 스스로 자신의 자유의 믿을 만한 보증이나 보호자가 되지 못한다: 하나님을 위한 자신의 자유나 자신의 고유한 삶을 위한 자유. 따라서 그의 일은 그에게 오히려 위협이 되지 않도록 보호되어야만 한다. 일이 사람을 또한 그 스스로도 일 안에서 자신을 억제하고 노예로 만들도록 허락된 것은 없다. 일은 결코 절대적인 일이 되어서는 안 된다. 일은 사람을 단순하게 채우거나 완전히 지배하여서는 안 된다. 하나님의 계명이 추구하는바 자유라는 것은 인간의 삶에서 하나의 일정하고 구체적인 그리고 정확한 장소를 가져야 한다. 사람은 자신의 모든 일로부터 안식을 찾아야 하며 그렇게 되어야 한다. 그렇지 않으면, 그는 올바르게 행한 것이 아니다. 우리는 이러한 다섯 번째 규범을 일의 한계라고 할 수 있다.

 이 기준의 신학적인 근거는 당연히, 인간의 활동적인 존재의 긍정은 오로지 하나님의 계명을 실행함으로써, 그리고 오로지 그 일이 그 사람의 고유한 일로서, 하나님의 은혜의 역사와 은혜의 말씀에 근거하여 있고, 지지되고 한계가 설정되며 그리고 규정될 때만 올바르게 이루어진다는 것에 찾아진다. 바로 그렇기 때문에 이 일은 유한한 것으로서 주장된 것과 완전히 차이가 있는 무한한 일로서 성격이 정해진다. 이러한 일의 성격화는, 하나님의 계명이, 우리가 창조의 윤리 맨 처음에 이야기했듯이, 안식의 형식을 제공한다는 것과 함께 경험된다. 이것은, 인간의 모든 날에게 창조의 완성으로 주어진 날이며, 주님의 부활의 날로서 미리 앞서서 이루어진 날이며, 모든 사람에게는 심판의 날이며 모든 이가 뒤따르게 될 죽음의 날로서, 주님의 날에 대한 구체적인 기억이다. 이 날은 하나님의 자유의 날이고 안식의 날이며 그래서 인간의 자유와 안식의 날이다. 그가 구체적으로 생각해야 할 것은 안식일의 계명에 대한 특별한 요구인 것이다. 일의 계명은 바로 여기서 단지 이 계명으로부터만 올바르게 들려질 수 있고, 이해될 수 있는 것이다. 이러한 관점에서 인간에게 외적으로 내적으로 부과된 일로서, 존재의 활동적인 긍정은, 인간의 것이 아닌 오로지 하나님 한분의 일로서, 하나님의 존재의 긍정인 구체적인 인정으로서 발생하는 것이다. 하나님은 좋은 뜻에서 인간이 일하기를 요구하신다. 그러나 또한 하나님께서는 인간이 쉬기를 요구하신다. 그의 삶 가운데 인간을 위한 공간을 요구하신다. 그 공간 안에서 인간은 자기 자신을 위해서 자유로울 수 있고, 그리하여 자기로부터 자기를 지킬 수 있을 뿐 아니라 그의 일의 결과와 목적, 그에 관계된 사안을 대신 차지하려는 억압적인 권력으로부터 자유로울 수 있어야 한다고 요구하신다. 우리는 지금 안식일 계명의 긍정적인 성격을 과장하여 평가한 것에 대하여 말하고 있는 것이 아니다. 오히려 우리는 안식일 계명이 일을 위하여 의미하는 바를 말하고자 하는 것뿐이다. 즉, 일이 안식일의 계명으로부터, 올바르게 순종 가운데 이해된다고 한다면, 일은 제한된 행동으로서 성격화될 수 있다는 것이다.

인간의 일은, 만약 올바르게 행해진다면, 긴장을 푸는 것이 요구된다. 이것은 외적이거나 또한 내적인 일이거나 모두에게 해당되는 말이다. 긴장 가운데 있는 일이란 병들고 악하며, 하나님을 대적하고 인간을 파괴하는 일인 것이다. 긴장 가운데서 일은 인간이 일을 지배하면서 일을 행하는 것 대신에, 일에 의해서 사로잡히고, 지배당하며, 움직여지는 곳에서 이루어진다, 이러한 사로잡힘과 통제, 수동적으로 움직여지는 것은 인간이 주체로서, 자신의 존재가 사실은 이차적이고, 상대적인 존재일 뿐임을 파악하려고 하지 않고, 자신의 존재의 활동적인 긍정을 절대적인 것으로 만들며, 또한 자신의 일을 해야 하는 책임성을, 단지 높은 상관의 명령을 준행하는 책임성으로 생각할 때 발생하는 것이다. 바로 이런 책임성은 그에게 고유하고 궁극적인 자신의 본래적인 책임성이 아니라, 그가 남이 시킨 일을 해야 한다는 식의 책임성인 것이다. 그는 자신의 존재를 긍정할 수 있어야 하고 그렇게 할 수 있다. 그러나 그것은 오로지 창조주, 자신의 본질적이고 현실적인 주가 되신 하나님에 의해서 이미 긍정되었고, 언제나 다시 처음처럼 긍정될 것이라는 관점과 전제 아래서 가능한 것이다. 인간은 이러한 본래적인, 자신의 존재를 근본적으로 긍정을 완성할 수 있는 존재는 아니다. 그는 자신의 외적이고 내적인 모든 일에 있어서 이러한 결정을 이루도록 모든 신중함과 모든 힘을 다해서 이루어가도록 해야만 한다: 그러나 이것은 인간이 그렇게 하도록 부르신 하나님의 역사이기 때문에, 마치 자기 혼자서 이 일을 완성해야 하고, 충족시키고 더 나아지도록 만들어야 하는 것이 아니기 때문에, 이것은 애를 쓰고 노력해야 할 것이지만 또한 기쁜 것이다. 이 일은 하나님의 일로서 완전히 이루어지고 이루어질 것이다. 인간은 하나님의 이 일을 반복해서는 안 된다. 인간은 그렇게 이루려고 해서는 안 된다. 그는 자신에게 아무것도 더할 수 없는 것이다. 그는 단지 이 사실을 증거해야 하는 것이다. 그는 자신의 존재를, 신적인 활동으로서가 아니라, 단지 피조적인 활동 가운데 긍정해야 하는 것이다. 그는 자신의 일로서 찬양하기 위해서, 최고로 하나님이 필요한 것이다. 그는 자기 스스로 전능과 하나님의 지혜를 가지고, 세상을 다스리고, 그리고 자신이 스스로 자신을 돕는 자요 구원자인 것처럼 행동하도록, 마치 자신에게 요구된 것처럼 일할 필요가 없는 것이다. 그에게 하나님의 역사의 증인으로서 부과된 것 자체도 이미 어렵고, 그리고 힘들며 충분히 긴장되는 일이다. 그에게는 근본적이고 완전한 하나님의 역할을 하도록 요구되지 않은 것이다. 그는 이러한 일을 전적으로 완전히 하나님에게 맡길 수 있도록 허락되었고 그래야 하며 그렇게 할 수 있는 것이다. 이것이 바로 모든 그의 일 가운데 주어진 안식인 것이다: 그는 열심히 일을 해야 한다. 그러나 하나님께서 구주이시고, 지배자요, 돕는 자이요, 싸우는 자이시고, 승리자이시며, 시작하시는 이요, 완성자이시라는 것에서, 그리고 이러한 지식으로부터 나오는 긴장을 해소하고 짐이 가볍게 되는 가운데 일을 열심히 해야 하는 것이다.

　"극도의 긴장감" 속에서 일을 하는 것은 자기과잉 평가이며 하나님을 잊어버리고 있으면서 일을 하는 것이다. 긴장감 가운데 있는 모든 진실, 모든 열심, 모든 염려, 모든 좋은 생각들은, 마치 사람이 일을 전혀 하지 않거나 실수가 많은 일을 한 것처럼, 그가 바로 일을 하는 것과 함께 죄를 짓되 매우 무거운 죄를 짓고 있는 것이라는 점을 바꾸지 못한다. 긴장하게 될 때, 바로 올바른 일의 동료 인간성은 잊혀지기 쉽고, 그리고 없어지게 되는 것이다. 바로 거기서 올바르고 정당한 삶의 요구들에 대한 관점은 혼돈스러워지고, 그리하여 인간은 허무한 탐욕에 빠지게 되는 것이다. 그리하여 그는 의미가 있는 것과 의미가 없는 일의 목적들의 차이에 대하여 묻기를 잊어버리게 되는 것이다. 그리하여 이제 그는 더 이상 사태에 따라서 적절하게 일을 할 수 있는 능력이 없어지게 되는 것이다. 극도의 긴장감은 일을 피곤한 것으로, 광분하는 것으로, 일하는 자신과 그리고 자신의 환경 전부를 위하여 고생하는 것으로서 만드는 것이다. 인간은 일을 하도록 되었고 해야만 한다: 그러나 이제 모든 것이 잘못되는 것이다. 그가 일을 하려는 대신에 철저히 긴장을 만들게 됨으로써, 모든 것이 무질서 속으로 빠지고, 그는 자신과 다른 이를 방해꾼으로 발견하게 되는 것이다. 그는 그렇게 해서는 안 되는 것이었다. 그러나 우리는 종종 모든 것이 다르게 되지 않는다고 생각한다. 우리는 종종 그러한 상태 안에 있는 우리 자신을 발견하는 것이다. 그러나 우리는 그런 우리 자신을 부끄럽게 생각해야 하는 것이다. 그러한 일은 언제나 우리가 스스로 긴장해야만 한다고 생각하는 잘못에서 생기는 것이다. 우리는 그러한 강압으로부터 이제 우리 자신을 자유롭게 할 수 있도록 허락된 것이다.

사람들은 이 **자유의 선언**을 하나님으로부터 미리 정해진 건강 예방법으로—당연히 그리고 무엇보다도 먼저 사람들이 다른 이들에게 소개하고 그리고 그렇게 함으로써 자신에게도 소개하게 되는 요구 안에서—먼저 노동의 외적인 영역에서 그리고 또한 내적 노동의 영역에서 고려하지 않을 수 없는 것이다. 왜냐하면 이 세상에는 내적으로 질서가 있는 그런 노동의 소산이 아니라 절반 혹은 전체가 아무런 결실이나 평화도 구하지 못하는 상상의 자극들을 둘러싸서 단지 전투라고밖에 볼 수 없는 그런 모든 유의 결정이나 행위가 존재하기 때문이고 기억에서 하나님이 다스리신다면 오직 빨리 없어지는 것만이 정당해 보이는 그런 유의 고민들과 노동, 자기 자신과의 씨름이나 투쟁 같은 것이 있기 때문이다. 노동에서의 휴식이란 절대로 가볍게 모든 것을 판단하거나 무관심해지거나 태만해지는 것을 의미하는 것이 아니라 하나님 인식과 자기에 대한 인식을 통하여 그 노동의 완성이 더 쉬워지는 것을 의미하는 것이다. 즉, 그 기준과 정도 그리고 거리에 대한 인식을 통하여 이들이 의미 있고 그리고 진실하게 성취되어야 한다는 것을 말한다. 노동에서의 쉼이란 인간이 그 일을 하면서 그 일과 자기 자신에 대하여 자유로운 존재로 남아 있고 언제나 그럴 수 있어야 함을 말하는 것이다.

인간이 이루고자 하고, 행하고, 달성해야 할 것들이, 그가 증거할 수 있도록 허락되고, 그리하여 사실적으로 하나의 놀이가 될 수 있다는 의미에서, 하나님의 일로서 파악된다는 것에 대하여 분명하게 인식할 때, 외적인 일이든 내면적인 일이든 아무렇게나 되어서는 안 되며, 신중하게 이루어지도록 해야 한다: 하나님 아버지로서의 행위로서 고유하고 사실적인 행위와 사건에 대한 어린이의 모방의 예는 중요한 것이다. 어린이가 놀이에 빠져들 때, 그것은 가장 심각하게 그리고 가장 큰 열정을 가지고 이루어지는 것이다. 만약 놀이를 하는데 놀이에 전적으로 참여하는 것이 아닌 것처럼 놀이를 하는 사람은, 놀이를 망치는 사람인 것이다: 비록, 여전히 놀이를 할지라도 그렇게 된다. 우리는 올바로 놀도록 부름을 받고 있는 것이다. 우리는 지금 우리가 하고자 하는 것과 도달할 수 있는 것이 놀이 이상이 될 수 있다고 상상해서는 안 된다. 일들이 두려운 긴장 가운데서 이루어지지만 않는다면, 인간의 일은 확실히 더 나쁜 것이 되지 않고, 오히려 개별적으로나 전체적으로 더 잘될 것이다. 그러나 만약 두려운 가운데 일이 이루어지게 된다면, 언제나 그는 좋은 결과를 놓치게 될 것이다.—왜냐하면 그는 하나님 대신 자신을 무엇보다도 더욱 중요시 여기고 심각하게 받아들여야 한다고 믿고 있는 것이기 때문이다.—그렇게 되면 그는 가장 확실한 방법을 지키려고 애쓰게 될 것이고, 게으름과 방탕에 대한 대책을 찾게 될 것이기 때문이다. 사람은 쉽게 말할 수 있다: 사람이 할 수 있는 최고의 경우에 있어서 단지 신중하게 올바르게 놀이를 하는 어린이가 될 수 있다는 사실을 고백하려고 하지 않기 때문에, 일들은 이제 진정한 신중함 안에서 이루어질 수 없게 된다는 것이다.

일의 어떤 종류도 이 규칙에서 벗어날 수 없다. 이것은 예술가의 일 속에서도 잘 드러난다. 이 규칙은 거의 사실 자체에 근거되어 있는 것이다. 그러나 확실히 이 규칙의 가치를 예를 들어서 학문적인 관점에서 공개적으로 승인할 수 있도록 만드는 것 역시 좋은 일일 것이다. 하르낙(A. v. Harnack)이 다음과 같은 글을 남기도록 하였다: 신학에 있어서 일이 결정적인 것이다. (소위, 누가 올바른가 하는 것이다.)—그때 오버벡(Franz Overbeck, *Christentum und Kultur*, 1919, 204에서)은 알파벳 a 뒤로 동시대인들의 행위와 경향성을 눈에 띄지 않게 메모지에 기록하여 정리하여 적어두었던 것들 그중 하나에 이렇게 기록하였다: "사람들은 근면이 불행을 가져올 것이라고 생각할 수도 없었고 적어도 의심하지도 않았던 것이다. 사람들이 트로이의 목마와 같이 몰래 숨겨진 불행을 가져오는 선물에 대한 정확한 인식을 통해서 자신을 일로부터 경감시키는 것도 그렇게 나쁜 것이 아닐 것이다. 즉 그것과 함께 소위 배운 자들이 태어나고 그것 없이는 존재할 수 없을 그 근면이 사실은 그런 것이라는 사실은 전혀 알려지지도 않았고 의심도 받아본 것이 아니다. 원래 근면은 일의 신뢰성을 확실하게 세우려는 것이고, 진지하게 추천되어야 하며, 게으름의 틈에서 제단을 세우는 것인 반면에, 이 근면의 무자비성은 학자들의 환경에서 모든 종류의 신적인 것들을 쫓아내는 것이다. 심지어, 시간과 창작이 쌍방 간의 만족스러운 상태로 일을 하는 곳에서도, 명상과 생산은 결코 완전히 서로의 내면을 향하여 개방되지 않는다. 그렇기 때문에 우리 시대의 일의 사도인 하르낙에게, 이러한 이해가 멀어진 것 같다. 일이 결정하는 것이 아니라, 질이 결정하는 것이다. 일을 하는 경우에 중요한 사고방식과 관계하여, 사람은 현대 신학과 언어학에서 실행되는 일의 목적상반성에 대하여 놀라지 않을 수 없게 된다. 일은 단지 현대의 상황 안에서, 일의 대상과 일의 목적들에 대한 무관심을 보존하는 데 기여할 뿐이다." 이 글에서 분명히 심술궂게 표현된 것들을 발견할 수 있다. 그리고 하르낙에 반대한 풍자 안에서 기술된 것은 확실히 올바르지 못한 것이다. 비록, 그것이 이교도적으로 신적인 것들이나 제단들에 대하여 말하고 있다고 할지라도, 그러나 그것의 내용은 언제나 다시 생각해볼 가치가 있으며 그리스도교적 차원의 깊은 의미를 그에게서 뺏을 수는 없는 것이다.

자신의 일에 대한 긴장을 푸는 것으로서 인간에게 주어진 안식을 생각할 수 있다는 것의 모든 분명한 성서적 근거는, 당연히 산상설교(마 6:25-34)에서, 제자들은 "자신들의 생명", 자신들이 먹을 것, 마실 것, 입을 것을 걱정하지 말고, 또한 내일 일을 걱정해서는 안 된다는 것에서 찾아진다. 근심하다(Μεριμνᾶν)는 걱정, 짐, 긴장들로서 인간이 스스로 피할 수 없는 것처럼 상상해서 자신에게 쌓아 놓은 것이며, 진실은 고의로 자신에게 부과한 것이다: 그는 자신의 존재를 긍정하기 위해서 할 수 있는 것을 해야 하며, 그렇기에 그는 고유한 그리고 결정적인 말을 해야만 하며, 책임은 자신의 것이고, 자신이 바로 자신의 일이 바라보아야 할 미래를 규정하고 질서를 결정 짓는 아버지라고 생각한 것이다.—그러나 사실 그에게 참된 아버지는, 일을 할 수 없는 새를 먹이시고, 들에 있는 백합을 옷 입히며, 인간을 위해서 제공하시면서, 그를 얼마나 귀하고, 능력 있게 만드는지를 알게 하시는 분이다.—인간으로서 그가 일을 할 수 있게 되는 것은, 단지 아버지의 아들로서 실존하도록 허락되었을 때이다. 이러한 염려는 중지되어야 하는 것이다. 첫 번째로서 하나님의 나라가 찾아져야 하며, 이것은 일어나지 않도록 해야 한다. 염려 가운데 행하여진 일은 올바르게 행해질 수 있는 일이 아니다.

인간의 일이, 올바르게 이루어지기 위해서는, 멀게는 — 위험한 말을 시도하고자 한다면 — 분산시키는 것이 필요하다. 올바른 것과 잘못된 것은 매우 가깝게 바로 옆에 있는 것이다: 그러나 인간이 스스로 분산시키는 것이 필요하고 그래서 당연히 — 여러 가지 방식으로, 여러 가지 규정들 안에 있는 방향들과 자신의 실존의 부분들로 분산되어야 한다고 말하는 것은 잘못된 것이다. 그는 자신이 누구인가 하는 것과 행하는 것에 있어서 단지 한 사람이 될 뿐이고 또한 한 가지가 될 수 있을 뿐이다: 순종적인 인간으로서 피조물이다. 그는 이러한 면에 있어서 자신을 분산시킬 수 없다. 일의 한계는 물론 순종의 한계는 아니다. 그러나 자신의 일 안에서 그리고 옆에서 주어진 그의 안식은 순종에 속하는 것이다. 안식은 자신의 일과 관계하여 일종의 분산되어짐을 의미한다. 즉, 옳게 이해된 것이라면: 다른 것으로 확장, 아니면 자신의 일로부터의 다른 방향과 영역으로의 확장이다. 다른 영역과 방향으로 나가는 것이 그에게 특별히 주어지고, 그로부터 특별하게 받아들여지고 특별히 이루어졌던 일보다 더 간단할 수 있는 것이다. 일의 한계로서 안식은 금방 어렵게 되기도 하고 또 가끔 아무것도 — 하지 않는 것으로 될 수도 있다. 비록, 이러한 한계에서도 (그 자체 극단의 경우에 있어서) 안식이 가능하고, 환영될 수 있고, 그리고 역시 올바른 것이 될 수 있다고 하더라도 말이다. 안식은 보통 일반적으로 또한 결정적으로, 인간이 이루고자 하는 일의 대상을 이루는 것으로서 이제 아무것도 — 하지 않음이거나, 잠정적인 면직이거나, 그리고 어쩌면 한 행위가 아닌 다른 일을 위한 해방으로서 되기도 한다. 그런데 이 다른 행위는 아마도, 어쩌면 더욱 자주 또 하나의 일이 된다. 그러나 그것은 자유로운, 어떤 특정한 기쁨과 함께 받아들여진 것으로, 완전히 다른 관점들과 긴장들을 요구하며, 따라서 그런 한에서, 회복시키고, 새롭게 만들며, 좋은 것을 이루는 일이 될 수 있다: 가장 결정적인 무대에서 이루어져야 할 주된 연기와 관계있는 부차적 연기로 비유될 수 있다. 그리고 바로 이것은 어쩌면, 스포츠의 돌아가기를 넘어, 고유한 의미에서 그렇게 이름 붙여진 그 자체의 고유한 놀이가 될 수도 있다. 여기서 물론, 그가 연기해야 할 모습으로서의 자신을 억누르고 분산시키며, 자신을 단지 자신의 본래적인 것의 부차적 모습으로만 일을 하게 하든지, 그렇게 함으로써 근본적으로 더 이상 일을 하지 않으려고 할 수도 있는 빗나가는 행동의 움직임은 위험한 것이다. 그러나 사실 이러한 위험은 더 이상 아무것도 바꿀 수 없다. 즉, 모든 인간은 단지, 어쩔 수 없이 자신의 일 옆에 — 너무 많은 것은 아니지만, 그러나 한두 가지 가능한 귀하고 조그만 일들을 행하고 있으며, 한두 가지의 그러한 주된 일을 벗어나려는 궤도들을 가질 수 있고, 마치 한두 사람의 아마추어를 돌보게 되는 것처럼, — 있으면서 이러한 것들 안에서 그는 온전히 회복될 수 있는 것이다. 왜냐하면, 그가 자신이 추구하는 것 가운데서 자신에게 맞는 완전을 추구하기 때문이며, 또한 그가 어떤 경우에도 거기에 완전히 함께 있을 수 있기 때문이다. 주어진 안식이 공허한 것이 아니고, 오히려 하나의 긍정적인 내용을 갖고 있을 때, 그리고 안식이 표현하고자 하는, 자유로운 공간이, 그가 자유로우며 그렇게 계속 남을 수 있는, 그 자신의 방식으로 채워지고 가득차게 될 때, 그에게 무엇인가 수동적으로 발생했다고 할지라도, 그것은 바로 우리 인간존재의 실존을 위한 것으로서, 그의 봉사와 그리고 역시 그의 일을 위하여, 의미가 충만하고 열매가 가득한 관계의 형태로 있을 수 있을 때, 우리가 처음에 말했던 긴장을 해소하는 것은 가장 분명하게 말해서, 내용 없는 무관심주의에 빠지는 것과 완전히 다른 것이다.

이제까지 일의 한계에 대하여 언급된 것에 대한 몇 가지 소견들이 여기서 첨가될 수 있다. 그것은, 다른 하나님의 계명들처럼, 인간은 자신의 일 안에서 그리고 일로부터 안식해야 한다는 하나님의 계명과 관계된 것이다: 만일 이것이 계명, 바로 하나님의 계명이라는 것을 분명하게 할 수 있다면, 이것은 각 사람을 위해서 어떤 상황에 있든지 적용될 것이라는 것을 전제하여야 하고, 또한 어떤 사람도 심판을 받지 않고 위반할 수 없을 것이라는 것을 생각해야 한다. 그러나 사람은 이것을 그 자신으로부터 충분히 엄격하게 지킬 수 없는 것이다. 이러한 면이 바로 오늘날에 이 계명이 매우 특별하게 규정되어서 분명하게 언급되도록 할 동기가 되는 것이다.

소위 오늘날, 현대의 유럽과 미국의 문화와 문명에 익숙한 사람이—물론 그 밖에 소련사람들에게는 다른 표식으로 비슷하게 위협을 당할 것이거니와—이것만큼 필수적으로 갖추어야 할 것은 없다: 그는 하나님 앞에서, 그 자신을 위해서 생명을 유지하기 위해서, 그가 원하고자 하였던 것과 맞바꾸고, 안식을 가져야만 한다는 것이다. 이것은 이상하게도 그렇다. 그는 점점 높아지는 기술의 발전을 만들어야만 한다는 생각에서 모든 놀랄 만한 세밀화와 다양화 그리고 가속화의 가능성들을 통하여, 지금까지 일하는 사람으로서 완전히 긴장을 풀지 못했고, 편안하게 자유롭게 만들지 못했고, 긴장을 해소하기 위해서는, 의미가 충만한 것으로 분산시키는 것과 함께 올바른 일을 위한 동기가 주어지지 못했고, 그렇게 될 수 없었던 것이다. 반대로: 모든 이 새로운 가능성들은 그를 이제까지 언제나 빨라진 기계와 도구의 속도로부터, 그리고 자신의 입장으로부터 더욱 속도에 지배를 당하게 하여, 기계들로부터 어느 정도는 자신을 자신 앞에서 쫓아내게 하였고, 사냥하게 하였고, 재촉하게 만들었던 것이다. 그는 이러한 기계들로부터 자신을 증폭되는 일의 열기에 갇히도록 만든 것이다. 그리고 아직 결과가 나온 것은 아니지만, 이 열기가 다시금 하나의 새로운, 좀 더 강한 건강의 능력을 증명할 수 있는 것이 될 수도 있겠지만, 그것은 오히려 분명하게 더욱이, 환자가 어느 날 죽게 되는 것처럼, 이것은 최소한 모든 인간적 문화의 단계에 있어서 엄청난 몰락이 일어난다는 것을 지시하고 있는 것일 수 있다. 이제 모든 것은 더 이상 계속 유지될 수 없게 될지도 모른다. 새로운 시대의 인간이 이러한 점증하는 열기 가운데 이제까지 이룬 것이 매우 기쁘고 희망에 찬 것일지도 모르지만, 어찌하였든 앞으로 계속될 수는 없을 것이다. 그에 대한 두 가지 예를 나타내고자 한다.—그러나 그러한 과정이 현대 노동의 삶의 마지막에 속하는지, 아니면 중간에 있는 것인지 질문은 정해지지 않은 채로 남아 있다.

첫 번째: 국민들과 나라들 사이의 관계를 위해, 평화의 유지를 위해, 전쟁을 피하기 위해서 노

력하는 국제적인 외교를 일과 비교할 수 있다.(메르티니히[Metternich]와 캐슬레이[Castlereagh]가 살던 시대와, 비스마르크[Bismarck]와 글래드스톤[Gladstone]의 시대, 베른하르트 폰 뷜로[Bernhard von Bülow]와 델카세[Delcassé]의 시대, 브리앙[Briand]과 슈트레세만[Stresemann]의 시대, 네빌 체임벌린[Neville Chamberlain], 달라디에[Daladier]와 요하임 리벤트로프[Joachim Ribbentrop]의 시대와 마지막으로, 우리 시대의, 많은 이름, 그들의 직업 때문에 전쟁과 평화에 대한 질문들과 함께 그리고 우리 모든 사람의 지상적 미래에 종사하는 것으로, 오늘날 모든 신문에 실리고 있는 사람들을 볼 수 있다.) 만약 사람들이 사태를 단지 간단하게 매번 성취된 일의 관점에서 보게 된다면, 도대체 이 영역에서 이 시대의 변화 가운데 무엇이 일어나고 있었는가? 의심할 여지 없이 자신의 장엄함, 상세함, 그리고 엄숙한 무감각의 형태 안에 비밀스러운 미뉴에트가 연주되는 것으로 비교될 수 있는 것으로서의, 항상 눈에 띄는 절차들로부터 변화가 발생한 것으로서 — 시간과 능력 그리고 가장 극명하게 모든 참여자의 능력을 마지막까지, 요구하고 이용하는 최상의 준비성, 적응성과 유동성을 향해서 변화한 것이고, 또한 신속함과 정교함으로, 주된 행위와 부차적 행위들의 총체적인 긴급성을 향해서 변화가 발생한 것이다. 그리고 그 가운데 이것은 불가피하게 이러한 일들에 속한 언론의 기능들 안에서, 즉 그들의 정보나, 그들의 소식의 전달, 그들의 영향력을 끼치는 것과 영향을 받는 것, 그들의 알려졌거나 감추어진 선전들과 그리고 여론조작을 통해서 이루어짐으로써 완전히 유사한 발전을 완성했던 것이다. 이 전체 언론의 영역에 이루어진 일들은 지난 150년 이래 양적으로 최소한 열 배가 늘었다는 것은 질문할 여지가 없다: 본래적으로 간략하게 만들 수 있었던 사물을 간략하게 만들어야만 한다는 면에서 볼 때, 열 배의 기술적인 가능성들의 압박은 무시할 수 없는 것이다. — 오늘날 성공의 호숫가에서 Wiener 국회는 하나의 어린이 놀이처럼 취급될 수 있음을 알려준다. 그러나 같은 시간대에서: 얼마나 좋은 미적 감각과 좋은 작품, 인간의 단정함, 잘 훈련된 것을 보여주는 전망과 주의력, 세심한 시험들과 평형을 찾기, 계약을 맺고 청산함에 있어서 상대적인 신중함과 상대적인 좋은 믿음, 상대적으로 빠르게 달성되기도 했지만 그럼에도 역시 상대적인 의미에서 지속적으로 유지될 수 있는, 최소한 적절한 시간을 넘겨 견딜 수 있는 결과들이 사라지게 되었는가! 사람이 모든 것에 서명은 하지만 지켜질 수 없다고 생각되는, 너무나 많은 그리고 확실히 여러 의미를 나타내는 글들과, 논문들, 세심하지 않을 뿐 아니라 무례한 음모, 의도되지 않았던 것이 아니라 그렇게 의도하였던 거친 태도, 가장 심각한 상황에 작업에 적용된 형식화, 태업, 낭비 그리고 또한 다시 성급함, 진행될 수 없는 것, 아니면 형식적인 결정과 결단들만 너무나 늘어난 것이 아닌가! 이러한 일들은 거대하게 자라나서, 안식은 사라지게 된다. — 우리는 거기서 무엇을 얻었는가? 외교관들이 — 만일 진정한 외교관이 오늘날 남아 있다면 — 다시금 머리를 맞대고 회의를 한다고 할 때, 사려 깊은 사람은 더 이상 머리를 그 쪽으로 돌리지 않는다. 왜냐하면 처음부터, 어떤 중요한 것, 아니면 무엇인가 좋은 것은 분명히 나오지 않는다는 것을 잘 알고 있기 때문이며, 또한 이 사람들이 나쁜 뜻을 가지고 있는 것은 아닐지라도 직업적으로 일을 하는 사람들에게는 최고로 능력이 없는 모습을 발견하게 되기 때문이다: 왜냐하면, 그들이 부지런하지 못하거나 부지런히 일을 할 수 없기 때문이 아니라, 그들이 너무 많아서 너무 복잡하고 흥분되어서, 안식 없이 일을 함으로서, 자신의 고유한 일에 사로잡힌 바가 되어 있는데, 그들은 이를 언제나 더욱 좋아진 일의 가능성에 사로잡힌 것이라고 생각하기 때문이다. 이러한 소란에서는 천사라고 할지라도 질서정연한 일을 할 수 없을 것이며, 하물며 인간도 역시 할 수 없는 것이다.

두 번째 예는 현대에 있는 개신교 교회들이다. 그들은 자신의 방식으로 의식적인 발전을 이루어 왔다. 여기서 지난 시간에 대한 찬양(laudatio temporis acti)을 말한다는 것은 다른 것과 마찬가지로 의미가 없을 것이다. 개신교 교회는, 그들이 그렇게 오랫동안 꿈속에서 지내던, 수백 년의 보수적인 흐름의 깊은 잠에서 깨어나, 그들의 공동체적 삶의 형상과 그리고 그들의 환경과의 연관성에서 새로운 길들과 더욱 나은 방법을 찾기 위한 자리가 되었다. 우리 시대의 기술적 가능성들은 그들에게 그와 같은 것을 위해 자극과 수단을 제공하였고 그리고 그들은 이것을 사용하기 위해서—좀 늦었지만 열심히—배웠다. 오늘날에는 분명히 그들의 영역에 있어서, 비교할 수 없을 정도로 훨씬 많이, 강렬하고, 넓게, 지금보다 100년이나 150년 전의 일하던 열심과 속도와는 전혀 다른 방식으로 이루어지고 있다. 마치 개미굴처럼 된 것이 아니고 무엇인가! 그들은 사회 구조 활동과 사회복지 활동을 얼마나 많이 만들었는가! 오늘날 다 자라난 청소년을 상대하거나, 어른들의 세상을 상대하거나 할 때 얼마나 서로 다른가! 단지 신문지상을 통해서 자신의 입장을 표현하는 것만을 배우지 말고, 그들의 방식에 대하여 영향을 줄 수 있는 방식을 배우지 말고, 오히려 복음 선포의 봉사 안에서 어떻게 그러한 능력을 배울 수 있을 것인가! 교회와 교회로부터 멀어진 교양인들과 노동자들과의 새롭고 직접적인 접촉을 이루기 위해서 무엇이 행해질 수 있는가! 이러한 공동체성을 위해서, 그리스도교적 교육을 위해서, 그러나 또한 성서적이고 세계관적인 교육을 위해서, 모든 종류의 (대화)를 위해서 얼마나 많은 기회가 오늘날 "교회라는 공간" 안에서 이미 제공되고 또한 확실히 발전되는 가운데 있는가! 얼마나 많은 교회의 목사들이 자발적으로 행동에 임하고 있으며, 그러나 역시 사실적으로 공동체의 일반적 일원들이 자발적으로 행동하고 있는지, 비록 그들이 유명하든 유명하지 않든 간에, 사람들이 오늘날 다 알고 있으며 이러한 것은 "운동"이 되어서, 모든 가능한 방향으로 전개되어 일을 이루어갈 수 있게 되었고 사람들이 알고 있는 많은 행위가 오늘날 최소한 여기저기에서 이루어지고 심지어 교회의 지도자들과 직원들도 신중하게 이것에 참여하고 있다. 아주 현저한 방식으로 드러난 교회 간의 사역으로서 교회연대의 일들의 중심들이나, 개 교회들에게 밀어닥친 일의 자극들을 말하기 위한 것은 아니다! 누가 그 자신에게 그리고 이러한 전적인 개혁에 반대하여 말을 할 것인가? 개신교 교회는 회복시켜야 할 것들이 많았고, 지금도 역시 많은 것을 회복시켜야 한다. 그러나 정직하게 물어보아야만 한다: 일의 속도가 여기서도 조금씩 무섭게 빨라져서, 일의 사태로부터 지배당하는 것이 아니라, 오히려 그리스도교 인간을 지배하도록 위협이 되지 않는가? 이루어진 일의 질이 과연 오늘날 일의 양과 강도와 함께 사실적으로 같은 보조를 유지할 수 있는가? 안식이 고유하게 남아 있는 것이 교회의 일이고, 교회의 일은 올바르게 이루어지게 되는 것이다.—이 일에서 중요한 것은 바로 교회공동체의 봉사이다.—이것은 언제나 순수하게 필요불가결한 존재가 될 수 있는 것인가? 인간은 그 스스로 확실히 너무도 많은 그리스도교적 선전물을 인쇄하고 전파할 수 있는 것은 아니다. 그러나 문제는 선전물에 무엇이라고 쓸 것인가? 하는 것이다. 어떻게 해야 하는가와 어느 정도로 해야 정말로 그리스도교적인 것처럼 나올 것인가? 하는 문제를 세심하게 연구해야 하며 이를 위해서도 안식이 필요하다는 것을 인식할 수 있다. 만약 그렇지 않다면 차라리 이런 선전물이 적은 것이 더 나은 것이다. 사람은 젊은이나 어른에게 충분하게 시간을 내줄 수 없다. 그러나 무엇과 본래적으로 관계하는가? 교의학과 윤리로부터 정치학과 미학으로? 이 질문에 답하기 위해서는 안식이 필요하고, 이 질문이 많아지면 안식은 적어질 수 있다. 만일 사람이 그러한 대답에 대하여 경솔하게, 아니면 근본적으로 관여하지 않으려고 한다면, 열심을 다해 노력한 것들이 결국 자신이 추구하였던 목적에 결코 도달하지 못하게 되는 공허한 질주가 될 것이다. 다방면으로 요청되고 다방면으로 활동해야 되는 교회의 "공공의 요구"는 그 자체로 좋은 일이다. 그러나 이러한 공공성으로 무엇을 해야 하는지에 대하여는 여전히 다시금 숙고해야만 하지 않겠는가? 혹 검증하지 않고 받아들인 오래된 그리스도교적 표어들이나 혹 역시 그 결과들에 대하여 정확히 알아보지 않은 새로운 요구들과 프로그램들은, 그리스도교적인 것보다 세속적이고 아니면 개신교적인 것보다 가톨릭적이지 않은가? 이러한 숙고를 위해서도 안식이 필요한 것이다. 그렇지 않은 경우 교회가 비난을 받을 수도 있고, 아니면 많은 희생을 필요로 하는 모든 종류의 일들이 생길 수도 있고, 그렇게 되지 않으려면, 공공성으로 몰입해가는 것보다 차라리 조용히 있는 것이 좋을 것이다. 무엇인가 근거로서 분명히 결정된 것으로부터 역시 분명히 결정된 곳으로서 어디로 열심히 가야 하는지가 확실히 함께 이루어질 때, 회의들, 모임들, 자유시간, 노동시간 등 모든 것은 그 자체로 좋은 것이다. 이렇게 확실히 규정된 것이 밝혀지기 위해서는 안식이 필요하다. 만약 그렇지 않다면 회의는 이루어질 수 없을 것이고, 안식 시간에 안식은 없고, 노동하는 주간에 일이 없을 것이고 함께 이루어진 것들은 공허한 것으로부터 공허한 것으로 가는 도피로서, 차라리 일어나지 않았으면 더 좋을 것들이 된다. "대화들" 역시, 그것들이 안식으로부터 나오는 것이라면, 좋은 것이다. 많은 대화―학생들과의 대화―역시 필요하고 반드시 대화가 있어야 한다. 그러나 대화가 일로 뒤바뀌고 나면, 명백히 불안이 모든 것 뒤에 숨어 있어서 이제 대화는 단지 일종의 기만이 될 수 있기에, 이러한 대화는 실행하지 않는 것이 좋다. 모든 것 안에 모든 것이 있다: 이미 우리 교회 안에 오늘날 너무 많은 교회 안에서만 움직이고 있는 모든 형태의 "운동"이 있는 것이 아닌가? 그런데 이 운동은, 사람이 실질적으로 진실로 새로운 의미에서 그리고 진정으로 다시금 안식을 얻기 위해서, 얼마동안 그냥 내버려 둘 수 있는―소위 안식을 위해서, 안식으로부터만 오로지 참된 운동이 있을 수 있다.―것들이다. 그렇게 하면 이것은 연속적으로, 생산적으로, 내적이며 동시에 외적으로 특징적으로 그리스도교적 방식으로 될 수 있을 것이다. 그리고 열심이 있는 그리스도인들과 특별히 신학자들 중에서 정신병자와 흥분된 신경증 환자가 적어질 것이다. 그리고 또한 이제 많은 불필요한 오해들과 적대감들 그리고 충돌들이 사라지게 될 것이다. 또 지금 우리에게 보이는 것과 달리 우리 시대의 전체 교회의 개혁은 열매가 있고 약속으로 가득 찬 사건이 될 것이다. 그것은 언젠가 예상치 않은 나쁜 일을 경험하지 않게 되는 것, 예를 들어 외교관들이 갑자기 이성적이 되는 것처럼, 그리스도교가 명백한 칭찬할 만한 일의 충동과 좋은 일의 가능성들 앞에서 오히려 일을 하는 것의 비이성적인 것으로 빠지는 것 같은 경우 말이다.

오늘날 인간이 얼마나, 하나님을 위해서 그리고 자신을 위해서 안식의 계명을 선택해야만 하는

가에 대한 동기에 대하여—나는 의도적으로 세속적인 것과 그리스도교적인 것을 골랐다.—바로 두 가지로 예를 들 수 있다. 그러기 전에 먼저 전혀 다른 면에 대한 소견을 밝힐 수 있어야 한다. 먼저, 이 계명은 하나님의 계명이기 때문에 그리고 바로 우리가 그 안에서 밝혀진 올바른 일의 모든 기준으로부터 가장 중요한 것들을, 소위 모든 나머지 것의 주의를 위해 결정되어야 하는 것에 관계하기 때문에, 하나님의 계명은 일반적으로 혹자에게 자신에 대하여 직접적으로 그리고 자신의 철저한 엄격함 속에서 유효하게 될 수 있는가라는 문제가 숙고되어야 한다. 한 사람이 다른 이에게 말하거나 추측할 때 이것은 언제나 어려운 면이나 또한 가벼운 웃음거리 같은 면도 있다: 그는 평안해야 하며, 자신에게 긴장을 풀어야 하며 그리고 분산이 이루어지도록 해야 한다. 당연히 이것은, 그것은 주어진 경우에 있어서 가장 올바르게 될 수 있기 때문에, 기회가 주어지는 대로 다른 사람에게 말할 수 있으며 그리고 그렇기 때문에 어려움과 쉬운 웃음거리 같을지라도 역시 말 되어야만 하는 것이다. 그러나, 그는 그가 다른 사람에게, 그가 매우 필수적으로 알아들어야 할 것을 가졌다고 한다면, 이와 함께 전혀 들어보지 못한 요구를 만든다는 점에 분명해져야 한다. 안식에 들어오고, 긴장을 풀며, 그리고 분산이 되도록 내버려 두는 것은 올바르게 이해한다면, 자기 자신으로부터 벗어나서 하나님에게 오는 것이고, 자신의 고유한 행위적인 존재의 긍정을 상대적으로 인식하고 그리고 하나님이 주체가 되시고, 자신은 결코 자신의 주체가 되지 않는 절대적 행위의 존재의 긍정으로부터 행해지고 파악되도록 해야 하는 것이다. 하나님 안에로의 안식을 위할 때만 모든 이는 궁극적으로 그리고 고유하게 자신을 환기시키게 되는 것이다: 그리고 거기서 그가 하나님으로부터 그를 위해 부름을 받았다는 것의 대답으로서, 거기서, 하나님 자신은 그에게 선함, 지혜 그리고 그의 신적 행위의 전능과 그와 함께 모든 인간적 놀이의 심중함을, 그래서 인간으로서 그의 고유한 행위를 무시할 수 없게 만드시고 계신 것이다. 그러나 우리는—만약 우리가 다른 인간의 외적이고 내적인 삶의 상황에 대하여 잘 알고 있더라도, 그리고 만약 우리가 그렇게 자세히 그가 하나님에게 복종해야 하는 것이 요구된다는 것을 잘 알고 있더라도, 그래서 우리가 그에게 하나님에게 복종할 것을 경고하거나 아니면 또한 위로하면서 계속 이야기한다고 할지라도, 그가 하나님에게 복종하게 되는 것에 결코 제거할 수 없는 방해가 있다는 것을 생각해야만 한다. 그는 아마 그 자신 안에서 중독되어서, 혹은 자신의 내적 혹 외적인 일의 불안과 매우 일치되어서, 그가 안식의 개념을 칭송하면서, 그가 올바르게 일을 할 수 있도록 그 스스로 긴장을 해소하고 분산이 되도록 하며, 안식의 개념을 찬성하는 것이 자신이 원하는 것임을 파악할 수 없을 수도 있고, 그래서 공허하고, 피상적이며, 안식의 개념을 자신의 실존 가운데 도무지 이룰 수 없는 단어로 만날 수 있다는 것이다. 아마 또한 이것은 이렇게 다른 사람이 외적인 것에 의해서, 그가 일을 해야만 하는 사회적 상황에 따라—그리고 아마도 노동의 과정의 더 큰 사회적 부정의의 맥락에서, 그리고 경쟁과 계급투쟁의 결과적 희생자로서—지금 권장된 안식을 누릴 수 있는 공간과 분위기가 없거나 혹 그것이 무엇이고, 이루어져야 할 것이 무엇인지 안다고 할지라도, 오히려 긴장을 해소하는 것에 있어서 단지 피곤에 지쳐서 일을 하지 않는 것으로서, 그리고 분산하는 것에 대해서 아무 행동도 하지 않는 것으로서, 아니면 오히려 아무것도 아닌 것으로서 행위를 생각할 수 있는 것이라고 보는 것이다: 안식을 위한 경고는 그에게 아마 너무 시민적이고 윤리적이지만, 그를 위해서는 맞지 않으며, 그리고 그로부터 지켜져야 할 것으로 나타나지 못하게 되는 것이다.

만일 사람이 이러한 방해들이 다른 사람들에게 있어서 무수하게 많은 경우에 그리고 더욱이는 일상적인 것처럼 여겨진다는 것을 인식한다면, 안식을 위한 경고는 다른 사람에게는 직접적인 방식이 아니라, 오히려 간접적인 중재를 통해서만 주장되어야 한다는 것을 밝혀야만 한다. 그때 물론 하나의 전제가 있어야만 한다. 그것은 하나님의 계명은 이러한 방향에 있어서 모든 사람에게 유효한 것이고, 모든 이를 위한 그 자신의 추종은 유익한 것일 뿐 아니라 삶에도 매우 중요한 것이라는 사실이다. 두 번째 전제는 계명은 높은, 그 자신의 방식으로 가장 높은 계명으로서, 결국 오로지 하나님 자신만이 이러한 준수를 이루실 수 있으며, 이 계명에 맞서 있는 인간에게는 자신을 통해서든 그리고 다른 사람을 통해서든 심각하게 가장 무겁게 부과된 공동의 죄책의 억압이 있는 것이다. 세 번째 전제는 하나님은 그렇게 억제된 인간들에게 자비로우시다는 것이다. 그래서 하나님은 이들을 찾으시고, 자기에게 있어서 자신들을 위한 안식이 주어진 그들을 기대하고 계신 것이다.

이러한 전제들로부터 자비로운, 즉 간접적인 중재에 대하여 말할 수 있다. 어디서 이 간접적 중재가 가능한 것이고 그리고 이러한 간접적인 중개는 저 전제들로부터 성립될 수 있을 것인가? 먼저 다음의 사실이 확실하다. 계명을 아는 자는, 이 계명과 아무 상관도 없는 다른 사람들에게 안식을 설교할 수는 없으나, 오히려 많은 활동을 통해서 안식을 격려할 수 있으며, 그들이 능력이 있을 때에, 안식을 이루기 위한 방향으로 필요한 기회를 줄 수 있다. 이러한 사실에 근거하여 그리스도교가 휴무일로서 일요일, 그리고 적절한 방식으로 자유로운 주말을 보장하는 것, 또한 역시 매일의 노동시간의 단축, 실질적인 휴가철을 위한 투쟁에서 사회적 약자들과 장애자들을 위해서 결단하며 주장하는 것은 무엇보다도 그들의 사회적 상황을 통해서 나타난 영원한 불안으로 떨어진 사람의 관점에서 요구되는 안식의 계명을 다시 조명한 것이다. 당연히 위의 모든 것은 제공된 안식을 실현하기 위한 기회들이다. 그러나 하나님의 계명에 대한 순종은 당연히 인간에게 이러한 기회들을 제공하였다는 것으로 보증될 수 있는 것은 아니다. 여기서 중요한 것은 다만 계명의 간접적인 중재일 뿐이다. 그러나 이 중재가 바로 이 형식에 제한적으로 남아 있어서는 안 된다. 이것은 필수적으로 그리스도교적 증인의 봉사에 속한 것이다. 지금도 많은 노동자에게 안식을 위한 기회들이 부족하다. 이런 기회를 다른 이들에게 만들어 준다는 것은 크든 작든, 한 가지를 다른 이들에게 줄 수 있는 가능성들 안에 있다는 것이다. 현재 다른 사람들을 억제하는 것이 영혼의 문제와 관련되는 곳에서 바로 이러한 간접적인 중개에서 무엇이 일어날 수 있는가 하는 문제는, 그가 자기를 그의 외적이고 내적인 일과 함께 빛 가운데 세우는 것에 달려 있으며, 그가 자신에게 제공된 필수적인 안식의 개념을 실현할 수 없고, 그리고 이 관점에서 그에게 제공된 것을 파악할 수 있는 능력이 없다는 것에 달려 있는 것이 아닌가? 그렇기에 이제, 인간은 사람에게 계명에 대한 순종을 그리고 일로부터의 안식을 그의 고유한 존재와 행위 그리고 아무것도 하지 않는 것을 통해서 실천적으로 모범으로 살아야 하며 그와 함께 눈앞에 드러낼 수 있어야 한다. 그는 정확히 이 사태에 대한 개념을 갖지 못한 것이다. 왜냐하면 그는 안식에 대한 관조를 갖지 못했기 때문이다. 이러한 관조가 그에게 꼭 만들어져야 한다. 잘 이해되

었다면: 이러한 관조의 전제 아래서 하나님만이 오로지 이 안식과 이 안식을 향한 신중한 의지를 주실 수 있는 것이다. 우리는 이러한 사태에 있어서 다른 것으로는, 가르친다고 되는 것도 아니고 또한 우리의 예를 통해서도, 되돌릴 수 있는 것이 아니다. 단지 우리는 우리의 예를 통해서 안식을 위한 기회들을 제공할 수 있을 뿐이다. 우리의 가르침이 거절당하는 한에 있어서 우리는 다른 형식으로 우리의 예를 가지고 모자란 부분을 간접적으로 채울 수 있도록 요청되는 것이다. 진정으로 안식을 누리는 사람이 있다면 그는 한 방이나 홀을 참된 기적으로 흥분한 사람들로 채울 수 있을 것이다. 그 자신이 참으로 안식에 대한 올바른 개념과 올바른 관조를 가지고 있는지 아닌지, 그뿐 아니라 안식 그 자체로부터의 드러난 것, 다른 말로 한다면, 자신이 하나님의 계명에 얼마나 순종하고 있는지 하는 것들은 불안한 사람들 가운데 아니면 불안한 한 동료 인간에 맞서서 밝혀지고, 연습에 세워지는 것이다. 그러나 그것은 아무것도 돕지 않는 것이다: 다른 이에게 자기의 일 가운데 안식하게 만들려고 요구하는 자는—그리고 우리는 서로서로 결국은 사실적으로 이것을 요구하게 되는데—먼저 자기 자신에게 이러한 것을 요구하게 된다. 그리하여 자신의 실존 가운데, 인간에게 안식이 있으며, 이 안식이 요구될 만한 것이라는 최소한 표식이 되도록 만들고자 하는 것이다. 아마도 이것이, 그리스도교가 오늘날의 세계와 교회를 위협하는 일의 불안을 감소시키거나 혹은 극복하기 위해서 행한 가장 중요한 공헌 중에 하나가 될 것이다: 그리스도교는 얼마의 사람들을 세움으로써, 현재 그리고 거기서, 다른 이들에게 자신들의 실존을 통해서 안식을 위한 기회를 제공하며, 그리고 자신들이 안식을 이루고 그리고 계명이 역시 오늘날에도—바로 오늘날—알려지게 하고 여전히 유효한 것임을 증명하는 것이다.

  이제 결론에 도달하였다. 만일 우리가 필연적인 분산되어짐에 대하여 더 말하지 않고 지나간다면, 그 일에 있어서 인간에게 제공된 안식의 긍정적인 내용에 대하여 너무 적게 그리고 최소한의 것만 말하는 것이다. 그래서 가장 최고로 잘 이해된 그리고 실천적으로 파악된 분산되어짐은 결과적으로 강조점이 비어 있는 움직임으로서, 원래 생각했던 것과 전혀 다른 움직임을 위한 것으로, 정반대로 나가게 되기까지 하는 것이고 그리하여 안식을 일의 구체적인 한계로서 명확하게 드러내는 것으로, 일에게 필수적으로 요구되는 진정한 의미의 반대의 축으로서 이해하게 되는 것이다. 엄격하게 요구된 일과의 관계에서 이렇게 저렇게 자유롭게 선택된 방향들과 영역들 안에서 확장으로서 이루어진 분산되어짐을 통하여 인간은 그 안에서 일의 계명이 목적하는 자유를 연습하게 된다. 지금 이야기되어야 하는 것으로서 이러한 운동 안에서 그는 분산되는 것을 필요로 하고, 실행하고 있으며 즐기는 것이다. 바로 그렇기 때문에 우리는 지금 여기서 처음으로 가장 고유한 것, 즉 일의 한계를 넘어서는 안식의 긍정적인 내용으로서 그리고 그 너머로서, 일의 한계를 설정하는 것 앞에 서 있게 되는 것이다.

  우리는 이미 한 번 "명상"의 개념에 대하여 말하였다: 이것은 우리가 인간의 일의 내적인 면을 묘사하고자 사용하였던 사려 깊음이라는, 그때 거기서, 우리에게 관심이 있었던 개념과의 차이에서 밝혀진 것이었다. 우리는 지금 처음 다루었던 그 개념을 다시 한번 다루고자 한다: 단지 다루는 것이라도 언제나 어느 정도의 주의를 가지고 살펴보아야 한다. 우리의 맥락에서 명상이나 관조가 어떤 것인지를 파악해야 하는 것이다: 인간으로 하여금 쉼을 얻을 수 있게 하고, 자신의 일 너머 자유롭게 될 수 있거나, 되도록 허락된다는 것은 저 분산되는 운동의 고유성도, 독립적인 내용이 아니지만, 그럼에도 이 모든 것의 출발점(terminus a quo)으로서, 일이 시작되는 배경으로서, 그리고 일을 동반하는 부수적인 것이다. 그러나 사람들은 이러한 사태를 확실히 조심스럽게 다루어야 한다. 왜냐하면 그렇지 않으면, 이것은 안식과 자유에 대한 그리스도교적 개념을 쉽게 부패시킬 수 있기 때문이다.

우리는 '명상' 혹 '관조'(contemplatio)라는 개념이 중세기의 특별히 신비주의와 관계되었다는 것을 통해서 이미 주의를 기울이도록 경고를 받고 있다. 실천의 삶(vita activa)과 상반된 관조적 삶(vita contemplativa)이라는 이름으로, 그때는 사람들이 일반적으로 시민적이고-세상적인 일과 다른 소위 수직적으로 방향이 잡혀진, 언제나 수도원에서 집행되는 학문이나 의식적인 기도문에 종사한다고 생각되는, 하나님을 향한 사제의 '영적' 삶과 행위를 표현하고자 하였다. 그리하여 '관조'는 당시에는 특별한 것을 나타내는 것으로 또한 신비적 길의 처음 단계를 의미하였다: 성서와 전승에서 알려진 하나님에 대한 생각 가운데 첫 번째가 놀라운 경탄이었고, 그 후 이 대상에 대한 사색과 숙고가 두 번째 단계이고, 그 안으로 침전하는 것이 세 번째이며, 그리고 그와 완전히 하나가 되는 것으로서 네 번째 단계가 마지막으로 이루어져야 한다고 보았다. 이 개념이 이러한 기원을 갖고 있다는 것은 우리에게 조심할 것을 경고하고 있는 것이다. 왜냐하면 이 관조의 개념은 신약이나 구약에서 나오는 것이 아닌 것으로, 일반적인 것이나 특별한 것을 위한 적응도 나오지 않고, 하나님을 "관조"하는 것으로서 여하한 사건이나 유사한 것이 없을 뿐 아니라, 오히려 이 특별한 '관조'는 모든 민족, 시대와 종교의 신비적인 기술을 기반으로 등장한 것으로서 그리스도교적 기반을 전혀 갖고 있지 않기 때문이다. 그러나 이것은 그리스도교적 사유의 맥락에서 오로지 혹 어떤 의미에서 불필요한 것이라는 사실만을 의미하지는 않는다. 그러나 역시 그것은 이것이 어떤 신비적인 의미에서 사용되지 않도록 주의해야 하며, 만약 이것이 인간의 안식에 대한 그리스도교적 서술에 반드시 필요한 것이라면, 이것이 어떤 의미에서 가장 중요한 개념으로 설명되지 않도록, 그렇게 주제화가 이루어지지 않도록 주의해야 한다.

그렇다면 이제 인간이 자신의 일의 너머에서 안식에 도달할 때, 그는 무엇인가 관조할 것을 얻게 되는가? 예, 사실적으로, 이것은—우리는 바로 여기서 신비적 언어사용으로부터 우리를 구분하게 되는 것이다.—우리가 어떤 하나님이 되는 것을 관조하는 것이 아니다. 안식에 이르는 것은, 만약 이것이 사실적으로 발생한다면, 하나님 앞에서 그리고 하나님 안에서 안식에 이른다는 것을 의미한다. 그러나 이런 일이 쉽게 이루어지지 않는데, 왜냐하면 바로 그곳에서 그 즉시 그 자체로 바로 하나님을 만나야 하기 위해서는, 인간이 그 자신의 일 가운데 내적으로 자신을 유지하는 것이나, 아니면 어느 정도 자신의 일의 한계에서 드러난 막을 뚫고 지나가는 것이 필요하기 때문이다. 그리고 만일 거기서 사실적으로 하나님과 관여하게 된다면, 그것은 그를 단지 하나의 관조할 수 있는 대상으로 여길 수 없다는 것이다. 거기서 그가 마주치고 관조해야 할 것은 훨씬 단순한 것이다: 바로 그 자신이다. 그 자신과 함께 바로 그 자신만이 거기서 발견되는 것이다. 안식에 도달한다는 것은—잘 이해된다면: 그것은 단지 시작(terminus a quo)이고, 여기서 중요한 것으로서 본래적인 것의 배경이고 부속음이다.—그 자신으로부터 어느 정도 특정한 거리를 두게 되는 것이고, 그 자신을 넘어서는 특정한 전망을 갖게 되는 것이다. 이것은 그의 외적이고 내적인 일들 가운데, 그리고 그의 전체적인 현존재의 긍정을 위한 활동적인 면에서 찾아질 수 없는 것이다: 인간이 그 자신 스스로 뛰어난 능력자로 있다고 할지라도, 그는 그 자신이 스스로 알려지지 않는 자라는 것을 발견할 수 없는 것이다. 그는 거기서 그 자신에 대하여 가깝기도 하고 동시적으로 멀기도 한 것이다. 만일 일의 경계가 있다면 그는 그것을 뛰어넘을 것이고, 그렇게 되면 한 편으로는 간격이 발생하고, 그러나 또 다른 한편으로는 그에게 필요한 자유를, 또 다른 그 자신을 보게 될 것이다: 그 자신을 이렇게 외적이면서 내적으로, 이렇게 저렇게 연관되어 일하는 인간은, 지금, 이것저것으로 현재와 함께 융화되어 버린(기억을 하든, 기억을 하지 못하든) 그의 과거와, 또한 그의 미래, 지금 현재로부터 일어나서, 알려지지 않은 채 이것저것으로 되고, 그 자신의 특별한 영혼-육체의 체질화와 형상화를 이루며, 이 사람, 저 사람들과 동료 인간들과의 특정한 관계를 이루고, 그 자신의 근본적인 파괴될 수 없는 하나님과의 관계성 안에서, 언제나 피조된 존재로서, 그 자신의 실존의 총체성 안에 머무는 것이다! 이것이 바로 그가—우선적이면서도 모든 경우의 순간에서—그 자신을 돌이켜 관조하는 것이다. 만일 그의 일이 한 번 사실적으로 그의 뒤에 머물러 있게 된다면, 처음으로 주체인 그가 그 자신의 대상으로 되는 일이 발생하게 된다. 그 "너 자신을 알라!"라는 옛 말이 여기서 그 장소와 의미를 갖게 되는 것이다. 만약 우리가 이러한 사건과 행위를 그 자체의 고유한 완전성에서 생각할 수 있다면, 자기인식은 다음을 의미할 것이다: 나는 보고, 고백하고, 그리고 인정한다.—이것은 제약 없이, 가감 없이, 미화하거나 감추지 않고, 왜냐하면 완전히 객관적이기 때문이다: 거기에 내가 있고 그것이 바로 그렇게 내가 존재하는 것이다. 그리고 이것은 실질적으로 모든 일의 너머에서, 안식 가운데서, 순수한 관조의 순간으로서 발생하며, 그렇기에 무엇인가 나로부터 만들어야 하는 것처럼, 첨가하는 것이나, 요구나 충동 없이, 그래서 내가 나를 다시금 설득하고, 가르치고, 찬양하거나 혼내는 것 없이, 그리고 내가 또다시 나를 흔들고, 그곳이나 저곳으로 움직이고 그 운동 가운데 있게 해서는 안 되고, 그렇게 하려고 하지 않고, 할 수도 없는 것이다. 관조 가운데 나는 나 자신에 맞서 서 있으며, 마치 내가 바로 나인 것처럼, 그 가운데 관조를 끝나게 한 것이고, 마치 나인 것처럼, 그렇게 나 자신을 가져야만 하고 인식하도록 한 것이다.

이제까지 본대로, 완전히 세속적이고 그리고 신비적이지 않은 의미에서 관조 없이, 안식은 불가능하다. 그렇게 되는 것을 원하지 않는 이는: 다시금 그 자신으로부터 간격을 취하고, 바로 한 때 그 자신인, 자신의 고유성과 그의 모든 차원에서의 본질을 검증하고, 그리고 현실적으로 완전히 냉정하게, 질투 없이, 편가름 없이, 요구하는 것 없고 숨겨진 의도가 없이, 모든 낙관주의나 비관주의가 아닌, 하늘을 치솟듯 좋아하거나 죽을 것처럼 낙심하는 것 없이, 그는 바로 그렇게 자신이라는 단지 하나의 사실에만 관심을 갖는 것이다.—누구든 그것을 원하지 않는 자는, 바로 안식을 원하지 않는 것이고, 그것을 원하는 자는, 그가 아직도 많은 욕망과 관심을 가진다고 할지라도, 그 자신을 긴장을 풀게 만들어야 하며 그리고 잘 분산이 될 수 있도록 만들어야 한다.—근본적으로 단지 일은 일이기 때문에 그래서 불안이 있게 된다. 만일 그가 실질적으로 마지막 막을 지나간다면, 그래서 그가 일을 끝낸다면, 그 후 그는 분명히 피할 수 없이 자기 자신을 만날 것이고, 그래서 그는 자신을 볼 것이며 그 자신을 고수하게 된다.

그러나 우리는 너무 지루한 방식으로 아니면 너무 빠르게 이 점을 주장하고자 하지 않는다. 그와 같은 관조는 주어진 안식을 이루는 것과의 관계에 있어서, 하나의 자립적일 수 없는, 대신 도움을 받는 자리에서 이룰 수 있는 것일 뿐이며, 피할 수 없는 하나의 변화의 사태인 것이다. 관조는 반드시 있어야 한다. 왜냐하면, 만일 그가 참으로 안식에 참여하기를 원한다면, 인간은 그 자신을 그렇게 맞서서 대할 수 있고 인식해야만 하기 때문이다. 그러나 만일 안식이 고유한 것으로, 만일 "자기인식"이 위에서 서술된 의미에서, 현실적 안식에 대하여 말해져야 할 것의, 최후의 것이라면, 이것은 두려운 것이 될 수 있다. 인간은 정확하게 잘 보게 된다: 인간이 자신과의 만남에서 그리고 그의 인식 안에서의 경탄의 모든 순간이—여기서 실질적으로 신비적인 "관조"에서와 같이 하나의 어떤 경탄을 말하는 것이다.—가장 문제가 있는 순간인 것이다. 거기에서 무엇이 이루어질 것인가? 거기로부터, 즉 경탄의 해체로부터, 내가 다시 나에게 나 자신인 곳으로, 나 자신을 다시 잊어버리는 운동으로, 일로, 일상으로 되돌아가야 하는 것인가? 왜냐하면 나는 나 자신을 그 사이를 넘어서 다시 한번 새롭게 알 수 있기 때문에, 나는 거기서 의지가 충만하고, 용기 있고, 숙련된 존재가 될 수 있는 것인가? 나 자신에 대하여 알고 있다는 사실이 실질적으로 위로가 될 수 있고 그리고 경계를 의미할 수 있겠는가? 만약 그렇지 않다면, 무엇을 위해 나는 나 자신에 대한 지식을 갖게 되었는가? 아니면 나는 내가 나 자신에 대한 지식을 만들고 아니면 새롭게 나 자신을 경험할 때, 하나님을 만났고, 그를 알게 되었다고 상상해야 하는가? 나는 나 자신을 이 기억에 묶어 두고, 이것을 기억해내려고 애를 쓰며, 이 기억 속에서 절대적인 것, 최후의 것,

가장 높은 것을 기억해 내려고 해야 하는가? 내가 거기서 만나고 내가 거기서 보고 한 것이 나의 주님이라는 것인가?: 나의 실존 가운데 나 자신? 그렇다면 나는 우스꽝스런 하나님과 우스꽝스런 절대자, 우스꽝스런 주인을 신뢰하고 있는 것이 아닌가! 아니면 나는 그러한 해석 없이, 가능한 솔직해지고, 그렇게 남기로 하고, 다시 나 자신을 처음 알아가는 것처럼, 침착하고 끈기 있게 견디어가며, 나 자신을 언제나 반항에 대한 최상의 계명으로부터 나는 결국, 그것이 의미하고자 했던 것으로서, 나 자신으로서 나이며, 나 자신에게 그리고 다른 이에게 그리고 사랑하는 하나님에게, 나 자신을 결국 내가 나 자신을 발견하였고 확실하게 만들었던 것으로, 받아들이는 것을 기대한다는 것을 고백하는 것을 시도하지 않겠는가? 이런 경우에는 자기를 그 자신에게 타협한다는 것은, 사람이 그 자신을 더 잘 알면 알수록, 모든 외적이고 내적 일의 불안과 비교하여 가장 깊은 안식을 의미하게끔 되어야 하겠지만, 불안을 의미할 수도 있고, 모든 자기만족을 쫓아내 버리며, 가장 솔직하게, 모든 경우에도, "나는 결국 그렇다."며 아무것도 바꾸어지지 않는다는 불안을 간과할 수 있다. 그것은 소위 진실로 말하자면, 바로, 내가 그것을 인정하든 않든, 가장 깊은 곳에서 그리고 가장 지속적으로 위협하는 것으로, 나는 "결국 그렇다."라는 것이다. 아니면 혹시 나는 나 자신을 설득하려고 하든지, 나 자신을 흔들어서, 행진을 하게 하고, 나 자신을 변하게 의도해야 한다는 것인가? 너의 삶을 바꿀 것인가?(Change your Life…?) 이러한 관조는 근본적인 것인가? 나는 정말로 나 자신을 만났는가? 나는 나 자신을 본질이라고 이해할 수 있다고 할 때, 나는 나 자신을 지킬 것인가? 자신을 변화시킨다면, 나 자신을 통한 모든 불안으로부터 임의적으로 벗어날 수 있을 것인가? 만일 내가 이러한 관점에서 나 자신을 속이는 것에 성공했다면, 만일 내가 그러한 자기 변화의 방향으로서 나 자신을 정할 수 있었다면, 그렇다면 나는 나 자신을 또다시 일의 영역에서 발견하는 것이 아닌가?—만일 그렇다면: 내적인 일의—영역에게 분명히 하나의 한계를 설정하되, 계속해서 일이 되어야 할 것이 아닌, 오히려 현재 안식을 나타내는 일이 될 것이다. 이와 함께, 나에게 외적이고 내적 일을 제공하였던 계명이, 안식으로부터 외적이고 내적으로 새롭게 일을 더욱 잘 할 수 있도록, 나를 안식을 향하도록 분명히 지시하였던 것을 위반하는 것이 되지는 않는가? 내가 나를 나 자신을 통해서 커다란 불안으로부터 피해갈 수 있게 하기 위해서(마치 내가 그것을 할 수 있는 것처럼!) 안식으로부터 하나의 새롭고 조그마한—이제껏 중요한 것과의 연관에서 볼 때, 최선을 다한 열심 중에서도 진실로 작은!—일의 불안으로 빠져든다면, 나는 무엇을 한 것인가?

관조 그 자체와 그와 같은 것은 출구가 없는 막다른 골목이 될 수 있는 것이다. 서술된 의미에서 관조는 역시 전이가 될 수 있다. 그것으로부터 무엇인가 발생할 수 있는, 하나의 장소와 관계가 되는, 그러나 관조와는 아무런 상관이 없는, 그래서 그는 더 이상 아무것도 보지 않고, 상상하지 않고, 인식하지 않고, 그러나 무엇인가 들을 수 있는 것, 소위, 하나님의 말씀이 나타나고, 그리고 거기서 인간은 대답할 수 있고, 소위 자신의 이름을 부르는 것에 응답해야만 한다. 바로 이 들음과 대답 안에서 참다운 인간의 안식이 그 자신의 일로부터 생길 수 있는 것이다.

관조는 반드시 있어야 한다. 왜냐하면 인간이, 안식을 얻기 위해서는, 가장 먼저 자기 자신을 평안하게 해야 하기 때문이다. 그리고 그가 그 자신으로부터 한 걸음 뒤로 물러설 때, 그 자신을 육체로부터 자제하고 그 자신을 넘어서는 전망을 이룰 수 있을 때, 자기 자신을 새롭고 넓으며, 더 활동적인 현존재의 긍정을 즐기거나 잊어버리는 대신에 자기 자신을 어느 정도 결정하고, 그 자신을 저 평안에서 알고자 할 때, 그는 자신과의 관계에서 안정적이 되는 것이다. 그렇다면 만일 그가 안식을 원하지 않으려고 하고, 오히려 지속적으로 그 자신과 부딪친다면, 어떻게 그는 안식을 이룰 수 있겠는가? 그러나 그가 안식을 원하고, 모든 외적이고 내적인 일에게 자신을 유지하고 그것을 인식하려는 것보다 저 일의 마지막 막을 지나가기를 거절하지 않는다고 해서 그가 안식을 이룰 수는 없다.

그는 자신에게 안식을 전혀 만들 수 없다. 그는 안식을 오로지 그가 안식을 위해서 연관 맺어야 하는, 장소에서 받아들일 수 있게 될 뿐이다. 그의 안식은 하나님 안에 있다. 하나님 자신이 그의 안식이다. 하나님만이 안식을 그에게 줄 수 있다. 그러나 하나님은—이것이 바로 많은 신비주의자의 잘못이다.—어떤 관조의 대상이 아닌 것이다. 하나님은 모든 관조로부터 자신을 멀리하신다. 왜냐하면 하나님은 행동하시는데 바로 그의 말씀을 통해서 하시는 것이다. 그는 말을 거시고 들려지기를 원하신다. 그리고 그가 말을 거시고, 인간에게 들려질 때, 하나님은 그에게, 인간이 스스로 관조를 통하거나 다른 방식으로 만들 수 없는, 그에 맞서서 그는 스스로 그러나 그의 입장에서, 그의 인간적인 영역에서—그리고 이것이 바로 관조의 잠정적인 의미이다.—평안하게 취할 수 있는 안식을 주시는 것이다. 인간은, 마치 그가 일 가운데 그 자신인 것처럼, 그 자신에게 머물러 있을 수 없다. 그가 누구이고 무엇인지 보기 위해서는, 오히려 그는 그 자신으로부터 나와서 그 자신에 맞서야 하는 것이다. 그렇지 않고는 그는 하나님을 들을 수 없다. 심지어 그에게, 그가 어떻게 있었고 그리고 그의 총체성 가운데 어떻게 실존하게 되었는지 말하는 분은 하나님이시다. 그래서 그는 그 자신을 무엇인가 하는 것을 숨겨진 채로 지내고자 하지 않는 것이다. 그러나 그는 하나님을 듣도록 허락되었다. 그것은 그의 일 때문도 아니고, 또한 그가, 하나님을 들을 수 있는, 한 장소를 이미 마련했기 때문도 아니다. 오히려 오로지 하나님이 그 자신의 말할 수 없는 자비로 사실적으로 그에게 말을 거시기 때문이다. 하나님께서 그런 일을 하시기에, 진실로 인간은 역시 현실적으로, 시간의 한가운데서 영원한 안식을 받을 수 있고, 그는 일의 너머로 들어서며, 그로부터 진실로 위로를 받고, 다시 뒤로 물러서지 말 것을 경고 받을 수 있다: 안식을 다시 잊어버리지 않기 위해서만이 아니라, 오히려 바로 거기서부터 안식과 함께하고 안식으로부터 일이 이루어지기 위해서이다. 인간 현존재의 활동적인 긍정은, 이의 주체는 하나님이시고, 하나님께서 우리와 말을 나누실 때, 그리고 인간이 (그가 누구인지 아는 자로서 열린 귀를 가진 사람으로서) 하나님을 들을 수 있을 때, 명백하게 알려지는 것이다. 하나님께서 인간에게 말씀하실 때, 그는 인간에게 안식을 주시는 것이다. 참된 안식이 이루어지는 것에 대하여 말하고자 한다면, 그것은 오로지 순수한 수용이 중요한 것이다. 우리는: 순수한 것을 강조했지―수동적인 수용을 강조한 것이 아니다. 죽음이 아니고 생명이며, 또한 잠이 아니라 깨어 있음이, 하나님의 말씀으로부터 그리고 그의 말씀을 들음으로부터 나오는 영원한 안식이다. 그렇다면 하나님의 말씀을 들을 수 있도록 허락된 사람이라면, 대답하지 않아도 될 수 있는 사람이 누가 있을 수 있겠는가? 과연 누가, 자기가 누구인지 안다고 한다면, 과연 누가, 자기 자신 안에 이미 기질이 있던 그 무한한 불안 가운데, 그가 하나님의 이름, 그의 은혜로운 이름, 구원자의 이름을 부르는 것 이외에 하나님에게 다르게 대답할 수 있겠는가? 하나님께서 그에게 주신 것에 대하여 이 선물에 대하여 이 선물을 주신 분에게 무엇이라 마땅한 말을 찾지 못하는 더듬는 찬양 이외에 다른 무슨 말을 할 수 있는가? 그리고 이러한 선물과 이 선물을 주신 분에 대한 찬양이―언제나 그는 그 자신이 누구이고 무엇인지 잘 알고 있다는 전제로―하나의 유일한 간구와 간청이요, 텅 빈손을, 인간이 도중에 있는 동안, 빈손을 언제나 새롭게 채우실 이에게, 내뻗는 행위요, 그리하여 인간이 살아갈 수 있으며, 인간이 올바로 일한다면 다만 목적으로 삼을 수밖에 없는 것으로, 그의 일의 한가운데서, 자유롭게 살 수 있게 되는 것을 이루는 것이다. 이것이 모든 사태 가운데 받아들임을 하나의 능동적인 받아들임이 되게 한다: 기도와 간청으로 영원한 안식을 받는 인간은 그렇기 때문에 저절로 나타나는 것이 아니다. 그리고 이것은 단지 일 안으로 떨어진 것이 아니며 새로운 불안도 아닌 것이다. 이러한 능동적인 받아들임은 오히려, 하나님의 백성에게 현존하고―그의 일로부터 참된 분산을 이루는 것으로서, 인간의 안식에 대한 참여이다.

# §56
# 제한 가운데 있는 자유

창조주 하나님은 인간의 시간의 한계, 그 인간의 소명들과 그들의 명예 속에서 표현된 그 특별한 의도 속에서, 인간의 창조주이시며 주님으로서 인간에게 부여한 그 의도 속에서 그 인간을 (하나님에게 속해 있고, 그의 동료 인간과 연관되어 있으며, 그 자신과 낯선 생명의 긍정을 위해서 의무를 지고 있는) 결정하시고 촉진시키는 것이다.

## 1. 유일한 기회

여기서 우리가 창조주 하나님의 계명을 이해하고자 노력하였던, 인간의 하나님에 대한 근본적이고 파괴될 수 없는 관계가 맨 처음 관점이었다면(§53), 그의 동료 인간성은 두 번째 관점이며(§54), 그의 생명의 드러냄으로의 참여가 세 번째(§55)이었다. 우리는 지금 마지막으로 하나님의 계명을 다음의 관점에서 이해하고자 한다. 창조주 하나님이 자신의 피조물인 인간에게 하나의 제한을 주셨다는 것이다: 각자에게 그 자신만의 특별한 방식 안에서, 그러나 누구에게나 할 것 없이 그의 창조주요 주님의 의지로서 하나의 한계를 두셨다. 바로 이 제한 가운데, 이미 모든 인간은 하나님의 의지와 섭리에 따라서 존재하며, 자신이 무엇인지 알며, 하나님께서 그의 계명으로 인간에게 알리셨고 인간이 자유로운 행위 가운데 반드시 순종으로 이루어야 할, 하나님에 의해서 주어진 특별한 규정, 하나님의 특별한 의도들이 그에게 알려지는 것이다. 바로 이 제한 가운데 그는 하나님의 계명에 대한 순종의 자유를 위해서 부름을 받고 있는 것이다. 우리의 주제는 이것이다: 하나님의 계명은 하나님의 인간에 대한 특별한 관계와 연관된 것인데 인간에게 계명을 주시는 하나님은 이미 인간에게 한계를 두셨다는 것이다.— 우리는 이러한 관계에 대한 짧고 일반적인 설명으로 시작하고자 한다. 그리하여 이 관계에 있어서 인간의 성화와 순종이 갖는 그것의 첫 번째이자, 중요한 형태를 파악하고자 한다: 하나의 유일한 기회로서 우리에게 주어진 우리 인간존재의 포착.

그러한 것으로서 관계는 무엇인가? 이 관계는 사실적으로 근거하여 있는 것이다. 하나님의 계명은, 인간에게 순종을 요구하시는 것으로서, 하나의 행위이고 하나님의 측량할 수 없는 자유로운 은혜의 계시이고 힘이며, 그러나 역시 하나의 행위이고 그의 지혜와 정의의 계시이고 임의적인 행위가 아니고 인간의 삶 안에, 삶을 얻는 행위이며,

우연이 아니라, 오히려 목표를 잘 정해서 정확히 맞추어진 화살 같은 것이다. 계명을 말씀하신 하나님과 계명을 듣는 인간 사이에는 하나의 분명한 상관관계, 하나님에게는 계명을 자신의 계명으로 알리시며 그리고 인간에게는 하나님의 계명으로서 알게 되는 관계가 있다. 우리가 이제까지 다루었던 것들 중에서는 어떤 지배자의 의지의 표현이라든지, 이런 지배자에게 종속되어 있어서 그의 지배를 수용하고 존경해야만 하는 내용은 없었다. 오히려 이것은 창조주요, 보존자요, 동반자요 그리고 존재의 통치자로서 이 존재자의 현존재와 존재를 위한 책임을 받아들이고, 짊어지고 생각하시는 분의 계명이다. 그는 태초부터 인간을 위한 배려자이었으며, 그런 자로서 인간에게 행동하신 분으로서 인간에게 계명을 주시는 것이다. 그리하여 이 존재는 자신의 입장에서도 저 주권자의 의지의 표현은 그 자체로, 적절한 것이라는 점을 받아들일 수 있다. 하나님께서 자신의 계명 안에서 인간에게 말씀을 하실 때, 하나님은 하나님에게 근본적으로 낯선 자에게 말을 거시는 것이 아니다: 역시 인간의 위반도 하나님께서 창조주이시며 그리고 이 시간까지 인간의 유지자요, 동반자요, 통치자라는 것을 바꿀 수 없다. 인간도 하나님의 계명을 마치 그에게 처음부터 낯선 요구로서 들을 수 없다. 왜냐하면 그의 위반도 다시금, 그가 무엇인지는 창조에 의존하고, 그리고 지금까지 그가 무엇인지는 바로 하나님의 예정에 의존하고 있으며, 바로 이 하나님의 계명에 그가 맞서고 있다는 사실을 바꿀 수 없기 때문이다. 이 관계는, 하나님의 계명 수여와 수용이 번갈아 가면서 드러나는 상호적인 관계적 지식이다: 하나님으로부터 시작된, 절대 중단되지 않는 그의 피조물을 위한 지식의 연속이며, 인간으로부터 드러나는 재인식으로서, 그의 범죄적 행위로 인하여 중단되어지는 그의 창조자에 대한 지식의 새로운 받아들임이다. 이러한 상호적인 지식은 이 관계를 비추는 빛이다. 그리고 이 지식은 양쪽 면으로부터 구체적이다: 이 지식은 하나님의 계명 안에서 하나님에 대하여 말하며 그리고 그의 계명 안에서 하나님을 듣는 인간이 무엇인가 말하는 것이고, 또한 하나님의 의지와 창조와 섭리의 근거 위에서 언제나 이미 있었고, 그리하여 하나님께서 자신의 계명과 함께 강조하는 요구는 하나의 법적인 요구라는 것이다. 하나님이 관계하시는, 단지 어떤 힘이나 거룩성에 종속되는 것과는 다르게 인간은, 그에게 종속된다. 그리하여 인간은 하나님에게 단지 약자로서의 상대자라는 입장이나 단지 도덕적인 관점에서부터 행동해서는 안 되는 것이다. 심지어 인간은 하나님의 것이다. 더욱더는: 그의 생산물, 그의 작품이다. 하나님은 그의 인간적인 존재와 그에 연관되어진 존재에 불리하도록 하나님에게 순종할 것을 요구함으로써 인간을 넘어서 지나치거나, 무시하거나, 벽에 부딪치도록 하는 것이 아니며, 역시 이 요구를 경험하는 인간은 역시 후회하지 않도록 되는 것이다. 하나님은 그의 인간에 대한 요구를 그의 존재와 그에 연관된 존재를 통해서 어떻게든 제한하거나 규정하시는 것이다. 그리하여 거의 어느 정도 그에 맞추며 행하시고자 하는 것이다. 그와 같이 인간도 하나님에게 맞서서 역시 자신의 존재와 그에 연관된 존재를 돌보아야 하는 일정한 상대적 요구를 표시하게 되는 것이다. 아니, 그 자신의 존재와 그에 연관된 존재 안에서 인간은 하나님의 계명을 통해서, 그 말씀을 들을 수 있도록 허락된, 인간에게 말씀을 건네시는 하나님에게 속한 것이다.—더욱이: 인간은 자신의 창조주요 주님으로서 하나님에 의해서 하나님에게 순종하는 계명을 좋아하도록, 그것을 수행하게 되었고, 이를 향해 마음이 정돈된 것이다. 그는 그리하여 단지 그를 위해서도 올바른 것을 행하는 것이다. 계명을 주시는 하나님과 하나님에 의해서 순종으로 부름을 받은 인간 사이의 관계는—지금 존재론적으로 표현된다면, 저 상호적인 지식은 차례로 참된 지식인 것이다.—상호적 병렬적 순서인 것이다. 당연히 인간은 이것을 선험적으로, 원리적으로 알 수 없다. 이것은 당연히 보편적이거나, 형이상학적 진리가 아닌 것이다. 그러나 하나님이 말씀하실 때, 인간이 듣는다면, 이것은 인간에게 요구하시는 하나님의 계명과 함께 그 안에서 그리고 하나님과 그 사이의 객관적인 병렬적 순서가 분명하게 알려지는 것이다: 바로 하나님께서 그에게 원하시는 것과 하나님이 그를 어디로 규정하셨는가 하는 것 안에서, 인간은 자신을 발견하는 것이다. 그리고 그의 가장 본래적인 존재와 그에 연관된 존재 안에서 드러나고, 이해되고 이야기되는 가운데—단지 그 위에 아무거나 쓸 수 있는 텅 빈 종이가 아니라, 그 위에 어떤 한 음정의 소리를 낼 수 있는 텅 빈 현이 아니라, 오히려 처음부터 근본적으로 하나님의 의지와 섭리에 그리고 그의 규정에 상응하는 것으로서 지식이며, 그의 계명에 순종하도록 부름 받은 것으로서, 그는 자유와 기쁨 안에서 이를 행해야 할 존재이다. 하나님께서 인간에게 계명을 수여한 자로서 만나시면, 역시, 인간은 바로 그의 존재와 그와 연관된 존재를 하나님의 계명과의 상응 속에서 알아야만 하는 일이 발생하는 것이다. 그는 바로 그 자신을 자기 자신에 의해서도 아니고 다른 어떤 삼자를 통해서가 아니라, 오로지 유일한 하나님에게 의존하고 있으며 그렇기에 하나님에게 빚을 지고 있다는 것을 인식하는 것이다. 그는 하나님께서 인간의 고유한 존재와 그와 연관된 존재를 향해 부르시는 것으로부터 볼 때, 더 이상 하나님의 계명을 벗어날 수 없다. 왜냐하면 그는 자기 자신을 그리고 자신의 고유한 존재와 그와 연관된 존재를 하나님의 계명에 대한 표시로서 인식해야 하기 때문이며, 그는 그 자신을 이 계명에 대한 증거로서 그의 불순종에 대항하며, 그와 같은 불순종의 불가능성의 살아 있는 증거로서 찾아야 하기 때문이다. 그는 이것을 사실적으로 경험할 뿐 아니라, 또한 하나님의 계명은 바로 자신에게 현실적으로 적용된다는 것을 인식하는 것이다.

그리고 이제 이 관계는, 인간이 이것을 제한으로서, 즉 하나님의 편에서 제한하신 것이고 인간의 편에서 제한된 것으로 본다면, 가장 잘 이해될 수 있다. 이러한 관점은 제한이 마치 인간을 나쁘게 만드는 것이라든지 아니면 저주나 아니면 거짓을 의미하는 것 같은 잘못 가질 수 있는 편견으로부터 인간을 자유롭게 한다. 제한은—하나님으로부터 유래하는 제한에 대하여 말하는 것으로서—부정이 아니고, 오히려 최고의 위치이다. 하나님의 섭리로서 제한이 의미하는 것은 고쳐 쓰는 것이고, 한계를 정하는 것이며 그리고 그런 한도에서 규정이다. 정해지지 않고 제한되지 않았다는 것은 단지 아무것도 아닌, 없음일 뿐이다. 하나님께서 피조물을 자신과 구분하실 때, 그는 피조물을 단지 그의 피조물로서 제한하심으로써, 그에게 그의 특별하고 고유한 현실성을 부여하시는 것이다. 하나님께서 인간을 그의 피조물로서 다른 피조물들과 구분하실 때, 그는 인간에게 확실히, 이 존재가 인간이 될 것을 제한하신 것이다. 그러나 바로 이와 함께 그는 인간을 분명하게 모든 다른 것으로부터 특징지으신 것이다. 하나님께서 이 사람, 바로 이 사람을 다른 모든 사람과 구분지우실 때, 하나님께서 그를 다른 사람들과의 관계에서, 단지 분명한 이 사람이 되게 하신 것이다. 그러나 그와 함께 하나님은 이 사람을 영혼으로서, 주체로서, 바로 그 자체로서, 너로서 말을 걸 수 있는 나로서 다루신 것이다. 하나님께서 인간을 이런저런 특성으로 창조하시고 이 시간까지 이렇게 인도하신 것은, 하나님께서 그를 다른 인간과의 관계에서, 지나칠 수밖에 없고 포기되어야 할 가능성들을 의심할 여지 없이 다시 한번 제한하신 것이다: 인간은 그의 생애 가운데 이와 함께 단지 그러한 존재로서 이렇게 존재해야 하는 것이다. 그러나 그렇기에 그는 자신이 하나님으로부터 완전히 긍정되어졌고 그리고 중요하게 여겨지고 있음을 알게 되는 것이다. 여기서 어디든지 등장하는 '단지'라는 단어는 무엇인가? 유감이라는 뜻이 단지라는 단어와 함께 들려지는 것은 아니다. 하나님께서 '단지' 이것 그리고 이것을 의지하고 사역하신다면, 그것은 '바로' 이것 그리고 이것을 의미하는 것이다. 하나님께서 구분하시고 제한하셨다면, 그것은 결코 축약, 빈곤, 강탈을 말하는 것이 아니다. 바로 그의 제한은 오히려 그의 특별한, 높고, 풍부하고, 영광스러운 선물인 것이다. 그의 제한은 그의 규정되고, 구체적이고, 특별한 긍정인 것이다. 바로 그에게 제한된 존재는 그에게 사랑을 받고 있는 인간이다. 우리는 우리를 단지 한숨짓고 만족할 수밖에 없는 것이 아니라, 그것을 신중하게 받아들이고, 긍정하고, 시인하고, 우리가 지금 우리의 제한 가운데 그를 통해서 우리 자신이라는 것으로 하나님을 찬양해야 하는 것이다: 이것이 우리이고 또 다른 것은 아니다.

제한을 통해서 표시된 이 관계 안에서 하나님의 계명은 인간을 향하시고 그에게 해당하는 것이 된다. 그의 계명 안에서 인간을 요구하시고 의지하시는 분은, 또한 그를 그의 요구 가운데 받아들이시고, 그에게 순종을 원하시는 분이고, 이미 전부터 그에게 이루시고자 하였던 특별함과 구체성을 통해서 그를 원하셨고, 창조하셨으며, 통치하셨던 것이다. 그렇다면 어떻게 하나님의 계명이 하나의 일반적인 것을 알리는 것이며, 서로 다른 의미들을 허용하는 진리이며, 일반적인 것을 세우는 것이고, 인간이 심판을 행하는 것처럼 적용하는 계명이 될 수 있겠는가? 계명은 하나님에 의해 제한된 인간에게 향해 있다. 하나님의 계명은 하나님에 의해서 제한된 인간의 존재와 그에 연관된 존재에 상관한다. 하나님의 계명에서 중요한 것은, 확실히 하나님께서 인간을 원하신다는 것이고, 그리하여 이것은 바로 그의 순종의 자유로운 행위에서 충만해지기를 원하시는 것이고, 그 자체는 바로 그 하나님에 의해서 그에게 주어진 제한 안에 있는 것이다. 그렇다. 그것은, 인간에 대한 것인 한에 있어서, 거기서 하나님의 관점과 의지가 거기서 인간을 향한 방식에 있어서, 그 자체로 제한이다: 하나님께서 인간의 창조주요, 주로서 이미 정하셨던 계명의 확증이고, 새롭게 함이고, 심지어 그 제한의 강화이다. 바로 그렇기 때문에 인간에게 있어서, 계명을 듣는 존재로서, 계명은 낯선 것이 아니다. 그렇기에 계명은 인간에게 고향 같은 것이며, 그 자체에 있어서, 인간은—언제나 그가 계명을 들었다는 것을 전제로—강압적인 힘을 경험한 것처럼, 그에 대항하여 도망칠 수 없으며, 그에 대하여 원망할 수 없고, 오히려 그는 그 자신을 그에게 계명을 주시는 분으로서 마주 서 계신 분에 의해서 이해되어야 하며, 주장되어야 하고, 자신이 하나님에게 순종하도록 책임이 있으며 의무가 있다는 것을 발견해야 하는 것이다. 계명의 법적인 권리는 확실하게 빛나는 것이다. 만약 인간이 이러한 계명을 주신자로서 하나님과의 관계가 없다면 그리고 그에게 이 관계에서 제외된 그리하여 이 제한과 상관없는 존재라면, 그는 그 자신의 전체적인 인간적인 존재와 그에 연관된 존재에서 무엇이겠는가? 그리고 계명은, 그가 자신의 행위와 허락 가운데 자유스럽게 바로 이 관계 안에서, 즉 이 제한 안에서 자신이 무엇인가 존재하게 되었음을 고백하게 되는 것 이외의 다른 것을 의지할 것인가? 하나님의 계명은 무엇인가? 명령형의 형태로 주어진 것으로 인간의 창조주와 주님을 통해서 인간의 존재와 그와 연관된 존재에 대한 본래적인 해석인 것이다. 계명이 이러한 해석이라는 것과 계명은 명령형의 형식 안에서 권위를 가지고 있다는 것은 이 계명이 인간의 주님이시고 창조주이신 분의 말씀이라는 것 때문이다. 이 계명이 이러한 권위 가운데 인간에게 인식되고 인정된다는 사실은 인간 스스로가 자신의 존재와 그와 연관된 존재로서의 제한 안에서, 발견되고 명령식으로 해석되어져야만 하는 본문이라는 사실과 연관되어진다. 그렇게 해서 계명은 엄위와 강제력을 가지게 된다. 단지 그 자체로 때문이 아니라: 그것이 하나님의 계명이고, 그리고 인간에게 마주 서 있는 것으로서: 계명은 인간에게 사실적으로 관계가 있는 것이기 때문이다.

    이것은 우리가 지금 그것을 아직도 이해해야만 할 것이 있다는 관점이다. 오히려: 우리는 우리가 지금까지 창조주 하나님의 계명의 내용으로서 관여하였던 것은 이러한 관점에서 이해되어야만 한다는 점을 강조해야만 한다. 하나님께서 인간에게 명령하신 것, 하나님은 인간에게 이것을, 그가 인간에게 인간의 창조주요 주님이 되심을 표시하셨던 한계를 설정하시는 그의 특별한 의도 안에서 명령하신 것이다.

    이에 대하여 지금 먼저 특별히 언급되어야 하는데, 이것은 간단히 말해서, 출생과 사망을 통한 그 자신의 제한 가운데 있는 인간의 삶이다. 그리고 계명의 명령법은, 그것이 인간 자신의 존재와 그와 연관된 존재의 제한 안의 인간의 자유를 목적하고 있는 한, 다시금 매우 분명하게, 바로 그러한 것으로서 인간의 유일한 기회는 인식되고, 파악되고, 선용되어야 하는 것이다.(비교. *KD* III/2, 768f., III/3, 70f., 96f. 그리고 특히 260f.) 인간존재와 그에 연관된 존재의 다른 모든 제한과 그리고 규정들은 이러한 첫 번째 안에서 어떻게든 함께 주어져 있고 포함된 것이다. 유일한 기회는 다른 모든 것을 특징짓는 대표적인 것이다. 이것은 다른 모든 것에게 경계선으로서, 하나님의 계명 역시 그 안에서 특징 지워지고 알려지는, 특성을 나타낸다. 그리고 모든 계명의 명령법은, 제한 가운데 있는 인간의 자유를 목적으로 하는 한, 최초로 여기서, 관심의 초점이 되어야 할 명령법으로부터 그 고유한 능력을 부여받게 되는 것이다.

    이것은 분명히 근본적 제한으로서, 이 안에서 모든 인간은 이렇게 혹 저렇게 존재하며, 그 자신으로 있을 수 있는 것이다: 그는 시작이 있고 마지막이 있는, 결코 무한한 존재가 아닌 것으로, 그의 삶은 시간적으로 유한한 것이다. 가끔은 잊혀지고 거의 현실감이 떨어진 진부한 사실이다: 인간은 태어나서 죽을 때까지만 사는 것이다. 그는 하나님의 창조의 존재에서 바로 이렇게 제한된 존재로서, 그는 존재에서 바로 이러한 단편으로서 부분을 가지고 있는 것이다. 그가 무엇인가는 그가 그 자신의 시간에 있는 것이다. 그 앞에 있는 시간은 아직 있는 것이 아니고 그 뒤로 있는 시간은 더 이상 그의 시간이 아니다. 다른 어떤 존재가 아닌 이러한 그의 존재의 시간 안에서, 출생과 죽음의 사이에 있는 그의 삶의 시간에서 하나님은 그를 만드셨고 그를 유지하시고 계신 것이다. 이것을 넘어서서 그에게 남아 있는 것은, 그에게 속한 것이 아니고, 자신의 존재의 순수한 약속 안에 지향된 것이고―또 다른 시간으로가 아니라, 오히려 하나님의 영원 안으로; 그러나 이 영원한 삶의 약속과 희망은 그 자신의 무한한 시간 안으로 지속되어지는 것과 연관된 것이 아니라, 오히려 그 자신의 제한되어진 그의 삶과 연관되어져서, 그것의 영화와, 또 하나님의 전능과 자비, 신실함과 인내의 계시와 연관되어져서, 그 자신의 시간에 자신의 유한한 삶 가운데 주 하나님께서 계셨다는 것과, 지금도 계시고 앞으로도 계실 것이라는 것과 연관되어져 있는 것이다. 그렇기에 그는, 그의 모든 시간이 지나가게 되었을 때―그의 본성에 따라서가 아니라, 하나님의 약속을 통해서―마치 지금 그의 시간 안에 있는 자기로서, 영원한 하나님 안으로 지향되어지는 것이다. 그는 단지 그의 시간 안에서, 그곳으로부터의 관점에서 보이게 된다. 그리고 그의 이 시간은 지나가는 것이다. 그 자신은 그의 시간 안에서 지나가는 사람이 되는 것이다. 만일 하나님께서 그를 붙잡지 않으시면, 그는 단지 지나가는 존재일 뿐 인간으로서 존재할 수 없을 것이다. 하나님의 약속이 없었다면, 그에 대한 희망이 없었다면 그는 단지 벽을 지나가는 그림자 같은 존재가 되어버리고 말았을 것이다. 이것은 커다란, 인간에게 놓여진 제한이고, 이 큰 '단지'는, 그의 존재에 괄호를 치는 것이다. 그는 출생으로부터 감소하는 상승의 힘과 죽음으로 증가하는 추락의 힘 안에 마주서 있는 것 이외의 다른 것이 아니다. 그의 삶의 역사는 만남의 역사요, 투쟁의 역사요, 그리고 이 두 힘들의 협력의 역사이다. 그가 늘 경험하게 되는 것과 언제나 그가 행하는 것은, 이것들은 이 표시 아래서, 즉 자신의 고유한 유한성의 표시 아래서 발생하는 것이다; 그는 자신의 특성, 그는 단지 자신의 유한한 시간 안에 존재할 수 있기에, 그가 된다는 것이다. 그리고 그가 자신이 죽을 수밖에 없으며, 자신의 삶은, 마치 그의 생애가 사실적으로 시작하였던 것처럼, 그의 유한성 가운데 유일한 것이고, 사실적으로 마지막에 도달할 것을 생각할 수 있다고 할지라도, 그러나 그는 언제, 또 얼마나 자신의 삶이 길지, 짧을지 알지 못한다는 것이다. 결과는 모른다. 그는 그의 시간조차 조망할 수 없으므로, 시간도 마음대로 할 수 없는 것이다. 그는 언제나 단지 바로 이 시간 안에서만 있을 수 있다. 그러한 한도 내에서만, 그런 만큼만, 그는 시간을 사실적으로 아직 가지고 있는 것이다. 그것이 얼마나 길지 아니면 얼마나 짧을지 모른다. 혹 그가 이 시간 안에서 천천히 혹은 빠르게 지나가게 되는지 모르는 것 아닌가?

이상하게도: 빠르게 활보하는 젊은 사람에게는 시간은 긴 것처럼 보이며, 시간 안에서 그의 고유한 지나감은 차근차근 점차로 계속 오는 것처럼 보이는 것이다.―그가 시간과 자기 자신을 마치 영원한 것처럼 여기게 되는 거짓된 모습에 이르기까지는 그렇지만, 반면에 시간은 천천히 늙어 가는 사람에게는 언제나 더 짧아지게 된다. 언제나 더 빨리 지나가는 것처럼 보이게 되는 것이다: "신속히 가니 우리가 날아가나이다."(시 90:10)―마치 그가 더 이상 시간이 없고 그의 시간은 더 이상 아무것도 아닌 것처럼 보이는 또 다시 거짓된 모습에 이르기까지.

그 싸움은 무익한 것이다: 짧은 것인가? 긴 것인가?―단지 그렇게, 단지 이러한 제한 가운데, 단지 이 느긋한 혹 빠른 출생에서 죽음까지의 전이 가운데 우리에게 이 생명이 주어졌고 이것은 그렇게 경험될 수 있게 된 것이다. 생명이 소환까지 대여된 것이라는 것은 그때에 피부로 알게 되는 것이다. 인간존재를 제공하신 것은 이 대여하여 주신 제공이고, 이 제한된 존재의 제공이고 이 지나갈 수 있는 가능성의 제공이다. 이러한 제한 가운데 있는 생명이 마음에 들지 않는 사람에게는 생명 자체가 마음에 들지 않을 것이다. 이 제한에 반항하는 자가 있다면, 그는 자기 자신에 반항해야 할 것이다. 왜냐하면 그는 이렇게 제한되어진 사람 이외의 다른 사람이 아니기 때문이다. 그는 이 제한을 벗어버릴 수 없는 것처럼, 자신의 고유한 그림자를 쉽게 뛰어넘지는 못할 것이다. 모든 거짓된 허황된 것의 의미는 근본적으로, 그가 이 제한을 벗어버릴 수 있는 것처럼 행동하거나, 무한을 즐기는 것 같거나, 아니면 자신의 무한하지 않는 것을 슬퍼하는 것처럼 하는 것에서 생겨나며, 이러한 것들은 결국 자기 속임과 자기 파괴를 당하게 되는 것이다. 이 괄호는, 인간이 그 자신의 시작에서부터 그리고 그의 마지막까지 유지하게 되는 것이고 이를 통해서 그는 자신의 유일한 것으로서 유한한 시간을 의존하게 되는 것으로, 이것은 파괴될 수 없는 것이다.

　　이 모든 것은 다음을 함축하고 있다: 그에게 제공되어진 내용은 유일한 것이라는 사실이다. 모든 인간이 유일하다는 것과 유일무이하다는 것은 결국은 단지 인간에게 제공된 유한성의 반성인 것이다. 그는 지금 여기, 그의 지나가는 시간 안에 있다. 그는 지나가는 사람으로서 있는 것이다. 그리고 이후에 그는 더 이상 있지 않다. 더 없는 것이다. 이 제공의 내용은 다시 돌아오지 않는다. 그것은 누구에게나 바로 지금 이번 한 번, 바로 그에게 그렇게 만들어져 받아들여지며, 중시되든지 혹 무시되든지, 올바로 사용되든지 잘못 사용될 수 있다.—소환될 때까지, 왜냐하면 그에게 다시는 만들어지지 않는 것이다. 시작 이전의 하나님의 영원한 결의와 그의 시간 안에서 그에게 제공된 존재의 마지막 이후의 하나님의 영원한 약속은 다른 것이다. 그러나 역시 하나님의 영원한 섭리와 영원한 위로는 그의 시간 안에 그에게 주어진 존재의 유한성 가운데 있는 존재와 관계하는 것이다. 오로지 그와 관계하는 것이다! 이것은 커다란 제한으로서 그 안에 인간이 하나님 앞에 서 있고, 또 그 안에서 하나님은 그를 진리에 상응되게 바라보시며, 이해하시고 역시 말씀을 거시는 것이다. 이 인간은 하나님의 계명 안에서 밝혀진 인간이며—그는 하나님에 의해서 이 제한 가운데 자유로 부름을 받은 인간이다.

　　이 제한 안의 자유! 이 근본적인 제한, 그 안에서 인간이 그의 본질을 갖는, 이곳은 두려움에 놀라는 장소가 아니다. 그곳은, 그들의 긍정적인 의미에 대하여 묻는 장소인 것이다. 물론 이 제한은 인간에게 위협으로, 저주로, 심판으로, 벌이 될 수 있는 것이고, 제한은, 인간이 위반자이고, 하나님 앞에서 죄인으로 그리고 그 자신에게 모순이 되었기에, 실질적으로 그에게 이러한 일들이 될 수 있다는 것은 확실히 사실이다. 그리고 죄인인 인간은 하나님 앞과 그리고 근본적으로 자신 앞에서 염려해야 하지만, 그의 존재가 사실적으로 단지 자신의 시간 안에서 그의 유일한 존재이며, 단지 이 존재가 지나가는 존재일 뿐이라는 사실에 대하여 괜히 잘못된 두려움으로 주춤거려서는 안 된다는 것 역시 사실이다. 인간이 이러한 사실적 관계에 대하여 계속해서 어느 정도 성과를 가지고 이론적으로 문제가 없는 것처럼 설명한다든지 그리고 실천적으로 잊어버리고자 시도할 수 있다는 것도 사실이다. 그러나 우리가 여기서 말하는 것은 인간의 위반이나 죄로 인해서 그리고 그의 결과에 따르는 사실적 진실이 어두워진다고 하더라도, 진리이고 유효하다는 것이다: 창조주이신 하나님의 계명은, 결코 폐하여지지 않으며 그리고 그의 피조물로서 죄 가운데 타락한 인간을 심판하게 된다는 것이다. 하나님께서 인간에게 말씀하시는 곳에서, 하나님께서는 그에게 말씀하셔야만 하는 것으로, 언제나 그의 창조주로서 자신의 계명 아래서, 계명과 함께 그리고 그 안에서 인간에게 도달하신 것이다. 그리고 이 말씀이 인간에게 도달한 곳에서, 그곳에서 인간의 고유한 존재와 그와 연관된 존재가 드러나고 저 근본적인 제한 역시 그에게 단순히 죄 앞에서 두려움이 그의 마지막 말이 되도록 허락하지 않는 것이다.

그렇다면 진실로 인간에게 할당되어진 시간의 한계 안에서 제공된 존재의 유일성을 설명할 수 있는 것이 무엇인가? '유한한'의 의미는: 오로지 단지 이번만! 단 한 번 그리고 또 두 번 다시 없는! 한 번뿐이고 다시는 없는! 이것이 제한으로서 여기서 의미하는 것이고 고개를 흔들게 만드는 것이다. 인간은 탈출구가 없는 황무지 안이든지 조그만 섬에 갇혀서 길을 잃은 것같이 보이는 것이다: 단지 이것이 바로 나인 것이고 내가 될 수 있는 것이며, 이 나의 유일한 생애의 몇 년간의 시간 안에서, 나는 이 한 번만 존재할 수 있는 것이다! 그러나 인간은 한순간만이라도 이것이 창조주이시고 주님이신 하나님의 섭리와 질서라고, 바로 이 규정이 하나님께서 의지하고 선택하신 인간존재의 규정이라고 생각할 수 있는 것이다! 우리는 이 사태를 이러한 시각으로 생각할 근거가 없는 것인가? 하나님께서 친히 바로 이러한 전적인 유일성 안에서 인간이 되지 않으셨던가! 하나님께서 예수 그리스도 안에서 자신이 불려졌고, 불리며, 그리고 영원 가운데 자신을 그렇게 주셨다는 것: 단 한 번 그리고 다시는 없다! 그렇기에 바로 예수 그리스도의 재림과 그의 영원한 나라는 단 하나의 확증이고, 오로지 그 영원한 이 "유일하고 다시는 없다!"의 계시적 존재가 될 것이라는 것은 단지 고개를 흔들어야만 하는 상실인 것인가? 아니면 하나님께서는 바로 예수 그리스도 안에서 이러한 규정으로, 이것은 그가 자신의 피조물로서 인간의 존재에게 온전한 지혜로 주시고자 하였고 주신 것으로—걱정스러운 것이 아니라 오히려 충만하고, 의미와 약속이 가득한 준비물로서, 그의 경멸과 진노의 사역이 아니라 오히려 그의 선함과 자비로서 찾아오신 것이 아닌가? 이것은 인간에게 인간의 유한성 가운데 존재하는 것에 구원이 되어야 할 것이 아닌가? 이것은, 하나님께서 그 안에서 그의 하나님과의 관계를 알 수 있도록 허락하는 한에서, 하나님은 그의 영원성 가운데 궁극적으로 자기 자신이시고, 인간은 그의 시간 안에서 자신이 되는 것으로: 유한하고 유일하며 단 하나의 특별한 것으로, 그 안에서 결코 빈곤하지 않고, 버려지고 잊혀진 것이 아니라, 오히려 바로 그 안에서 측량할 수 없이 충만하고 영광스러우며, 바로 그렇기 때문에 세상의 모든 것 위에 주로서 아마도 최고의 영광스러운 것이 아닌가?

더 나가서: 이러한 그의 시간적 유한성 안에서 유한한 존재는 인간에게 한 번 만들어진 제공된 기회이다. 그는 그것에게 그의 제한 가운데 마음에 들 수도 있고 아닐 수도 있다. 그는 어쩌면 그에게 어쩔 수 없이 만족할 수도 있고 아니면 그는 싫어하면서, 그에게 완전히 다른 것이었으면 하고, 더 호사스러운 것이 만들어지기를 꿈꿀 수도 있다. 그러나 바로 이것이 그에게 어찌하였든, 아니 바로 하나님에 의해서 만들어진 것이다. 바로 이것은—소환될 때까지—인간이 사실적으로 매번의 지나감에서 파악되는 한—밝혀진 것이고 그리고 바로 그렇기에: 대강 알려진 것이 아니라, 오히려 하나님에 의해서 밝혀진 것이다. 인간의 창조주이시고 주님이 그에게 이 제공된 기회를 만드

신 것이다. 이것은 바로 그 제공된 기회이다. 바로 여기서 하나님께서 인간이 되셨고, 그 안에서 하나님께서 자기 자신을 충만하게 하셨다. 바로 이 제공된 기회가 우리를 만들었기 때문에, 그러한 사실이 바로 유일한 것이기 때문에, 그것이 우리를 만들었다는 것은 그리하여 무엇보다도: 우리가 하나님에 의해서 만들어진 것을 나타내기 때문에, 최소한 이 제공된 기회를 신중하게 진술한다는 것이 충분히 가치가 있다. 우리에게 이 절대적인 단독성 안에 그리고 하나님에 의해서 제공되어진 것은, 비록 우리에게 그의 존재가 더 투명해져야겠지만, 모든 경우에서 존경받을 만한 것이고, 높임을 받고, 중요한 것으로 나타난다.

    이것은 확실하다. 인간의 유한한 존재는 자신의 시간 안에 있고, 그의, 이곳에서 저곳으로, 출생에서 죽음으로의 신비한 넘어감은 하나의 존재이며 사건으로서, 하나님 자신과는 절대로 같지 않고, 그렇다고 그것은 어떤 경우에도 그가 의미 없는 존재가 아니고, 오히려, 그것이 우리에게 나타나든지 아니든지, 의미가 충만한 것으로서 다루어지고 그렇게 분명하게 보인다는 것이다. 바로 여기서 우리는 조그마한 단어로서 '단지'는 (그것이 어떻게 들렸든지, 그것이 하나님의 행위와 연관된다면) 이제 '바로'로 번역되어야 한다. '단지'가 아니라 '바로' 자신의 제한 가운데 있는 인간의 존재가 그의 시간을 통해서 모든 것의 주가 되신 하나님의 보존하시는 의지와 자신의 창조를 긍정하시고 유지하시는 분의 대상이다. 만약 하나님께서 그를 그렇게 사랑하지 않으시고, 정의롭고 중요하지 않게 대하셨다면, 만약 하나님께서 이러한 전제 아래 인간에 대한 계획을 갖고 계시지 않았다면, 그에게 모든 것은 그렇지 않았을 것이다. 그리고 또다시 '단지'가 아니라, 오히려 저 사람 안의 '바로' 저 사람이라는 것은 하나님의 창조의 작은 단면으로서 인간의 유한성 가운데 그렇게 빨리 지나가는 인간이 바로 영원한 하나님께서 찾으셨던 그의 본질이라는 것을 알려준다. 그것은 하나님께서 그에게 자신의 약속에 따라서, 인간의 시간과 그리고 모든 시간이 지나간 다음에, 영원한 생명으로 옷을 입히시기 원하며, 인간과 단절되지 않는, 직접적이고 계시된 친교 가운데 직접 참여하시려고 하시기 때문이다. 그에게, 만일 하나님께서 그 안에서 그렇게 하지 않으셨다면, 바로 이러한 그의 제한 가운데 실존하는 인간 안에서 본질을 창조하지 않으셨다면, 그것을 영원하게 가치 있게 여기시는 것으로 찾으시고 중요하게 받아들이지 않으셨다면, 그리고 또한 만약 하나님께서 이 지나가는 자를 그 자신에게서 마음에 든 자로서 기다리지 않으셨다면, 그렇게 되지 않았을 것이다. 어떻게 우리에게 이것이 고유한 것처럼 인정되게 되었을까? 건너감 가운데 있는 이 우리의 존재에 대하여 생각할 수 없고, 우리 스스로 이렇게 지나가는 존재를 중요하게 받아들일 수 없는데, 어떻게 인간이 스스로 그렇게 중요하게 자신을 받아들일 수 있게 되었는가? 하나님께서 자신의 시간 안에 있는 인간에 대한 그의 관심을 위해서 스스로 그와 같은 인간이 되신 것이 아닌가? 하나님께서 그렇게 관심을 가지신 것이 어떻게 우리에게 무관심한 것이 되겠는가?

그리고 지금은 이 사태를 인간 자신의 면에서 볼 때도 긍정적으로 볼 수 있다는 것이 그렇게 불가능한 것은 아닐 것이다. 우리는 보았다: 이러한 질문, 즉 인간에게 적절한 시간이, 그 안에서 인간이 그 자신으로서 존재할 수 있는, 길어야 하는지 혹 짧아야 하는지는 결정적인 것이 아니라는 것이다. 이것은 확실하다: 시간은 그에게 할당되어졌고, 시간은 한계가 있어서, 제한되어져 있는 것이다. 그리하여 시간은 이제 그의 시간이다. 그리하여 그는 이 시간 안에서 인간적인 주체로서, 이 사람이 될 수 있는 것이다. 규정되어 있지 않은 것 안에서는, 우리가 말하기는: 무한한 시간 동안 존재한다면, 그는 분명히 그의 입장에서 무제약적인 존재로서, 뒤로도 앞으로도 계속 흐르는 존재일 것이다. 그렇다면 그는 중간도 없을 것이고, 그는 결국 그 자신이 아닐 것이다. 그가 자신이 되는 것은 그가 그의 시간 안에 있는 자신의 존재를 통해서, 출생과 죽음을 통한 자신의 한계를 통해서 구성되어지는 것이다. 사람은 이렇게 다시는 말하지 않는다. 그는 '단지' 이 단면 안에서 마치 그가 자신의 이 제한 안에서 그들의 다른 영역들과 단절된 것처럼 하나님의 창조에 한 부분을 가진 것이다! 바로 이 단면은 도리어 전체 창조의 중간에 있는 그의 장소인 것이다. 하나님께서는 다시금 인간이 되심으로써, 하나의 완전한 규정된 장소에 그의 창조 안에서 연관을 갖고 계신 것이 아닌가? 하나님께서는 하늘로부터, 바로 그가 지구 위의 이 장소와 관계를 맺으시면서, 창조를 다스리고 계시지 않은가? 그리고 지금 인간은 더욱이 단지 피조물이지, 창조주 하나님이 아닌 것이다. 그는 하나님과의 차이 가운데 이 지상적 세계의 특별한 하나의 장소를 지니는 것에 의존하고 있는 것이다. 그러나 만약 그가 이것을 가지지 않았다면 — 그리고 이 창조에서 어떤 부분도 가지지 못했다면, 만약 여기서부터가 아니라면 그는 이 창조 안에서 어떤 자리도 결코 가질 수 없었을 것이다. 바로 여기서부터 그는 모든 차원으로 개방되어져 있고, 창조의 모든 영역과의 관계 안에 있는 것이며, 그리고 창조의 모든 영역은 또한 그와의 연관 속에 있게 되는 것이다. 사람은 이 관계를 편안히 역전시켜서 볼 수 있다: 적은 것이 없는 큰 것은 무엇이란 말인가? 만약 전체에게 역시 단지 적은 한 그의 부분이나 영역이 모자라게 된다면, 전체는 무엇이 되는 것인가? 만약 우주의 규정된 영역에서 그의 시간 안에 있는 이 인간이 없다면, 우주는 무엇이 되겠는가? 우주는 분명히 하나님이 아니다. 그리고 이제 인간은 우주에 대하여 대담하게 말할 수 있다: 만약 내가 없다면 — 나는 온전히 나의 존재의 제한됨 안에 있으며, 나는 나의 출생으로부터 나의 죽음을 향한 두려운 넘어감 가운데 있다. — 우주 역시 무로 빠져드는 것이다. 그리하여 우주도 없게 될 것이다; 우주는 내가 필요하다, 즉 나는 그의 필요가 되는 것이다! 그러나 우리는 인간으로부터의 시각에서 말하는 것만으로도 만족스럽다: 바로 여기 전체 창조의 한가운데 그에게 할당되어진 장소에서 지구는 그에게 초록색을 띠게 되고, 그에게 지구가 지니고 있는 모든 것이 살아 있으며, 낮의 태양이 빛나고 밤의 달도 비추고, 별들 세계의 눈에 보이는 전체적인 무한성은 그 자신들의 길을 가는 것이다.—그에게 바로 그에게 다가오는 방식으로, 그 앞에도, 뒤에도 옆에도 아무도 없는 것처럼: 지금 바로 이 전체가 오로지 그의 것으로 드러나는 방식이다. 그가 여기서, 그의 제한 안에서, 그 자신으로 있을 때, 다른 모든 것은, 그것으로서, 지금 바로 그와의 관계 안에서 그를 위하여 그것으로서 있는 것이다. 여기서 그는 전체 안으로 정돈되어진 것이다. 즉, 전체의 질서는 여기서 가장 특별한 형태 안에서 역시 그의 고유한 질서로, 대우주는 바로 그의 소우주인 것이다.

　인간에게 이미 오래전부터 그리고 어느 정도 다시금 항상 새롭게 같은 질문이 쇄도하여 왔다는 것은 그렇게 놀라운 일이 아니다: 출생과 죽음 사이의 그 자신의 고유한 존재는 그의 특별한 충만 안에서 피조된 전체의 존재를 위한 것이라면, 이것은 역으로도 서로의 충만이 되는 것으로서, 그의 결정된 삶에서 자신과 우주와의 관계성이 사실일 뿐 아니라 이 관계성이 구체적으로 인식되어질 수 있는 것인가? 그렇기에 사람이 인간의 운명을 묻고자 할 때, 태양과 달의 위치에 대하여 묻고, 자신의 출생시간에 그와 해당된 월력의 관계에 따라서 특징지어진 별의 모양을 알아보기 위해서 별의 구성에 대하여 묻고자 하는 것이 근본적으로 놀랄 것이 아니다: 대우주의 형태로부터 유한하며, 소우주인 인간 자체로서, 그의 특별한 정해짐, 최소한도 그의 존재의 특별한 완성에 대하여, 아니면 최소한도 그의 특성과 그의 가능성들을 알고자 하며 경박한 시도를 통해서 그의 장래의 대략을 그리고 그의 전체인, 소위 '운명'이라는 것을 알아내고자 하는 것이다.

　사람은 명백하게 경솔한 방식으로 얻어진 대답들과, 그러나 역시 세심한 점성학에 의해서 주어진 답변들, 그리고 그들의 기술적인 전제들 모든 것을 의문시 할 수 있다. 사람은 반드시 그렇게 해야만 한다. 결정적인 전제들은: 골라서 뽑혀진 별들의 세계의 상태는—여러 가지 다양한 행성과 별자리들에 대해 전래된 시적 이름의 암시적 의미의 빛으로 이해한다!—그리고 별들의 모양은 인간의 탄생 시간에서 선택되어진 것으로 뽑혀진다. 이것은 이 사람과 전체 세계 사이의 관계를 나타내는데, 이것은 그의 삶이 특별한 방식으로 규정되어지는 것과 연관되어지는 것이다.—다른 것으로부터 또 하나를 읽어내는 방법에 대하여 말하고자 하는 것이 아니다.—모든 것은 (분명히 경험적인 과정에 근거하여 요청되어진 것이라고 할지라도) 추측에 근거하고 있는 것이다. 사람은 이러한 사실에 직면하여, 옛날이나 새시대에 전체적으로 아니면 가끔 개별적으로 확실하게 보이는 것처럼 만들어진 천궁도가 있었음을 생각해야 할 것이다. 그러나 사람은 이러한 방식으로 접근할 수 있는 대답들과 상관없이 살아 왔다. 사람들은 그것을 의지하지 않는 것이다. 좋은 일이든 나쁜 일이든! 사람들은 그것들을 근거로 자기 자신에 대한 것이든 다른 사람에 대한 것이든 생각하지 않는다. 그렇게 안 하는 것은 왜냐하면 그것들이 근본적으로 추측에 기대고 있기 때문만이 아니고, 또한 단지, 이 전제들이 의심스럽기 때문이 아니라, 오히려 무엇보다도, 최상의 경우라 할지라도 단지 이 세상적인 인간에 대한 규정일 뿐이고, 우주와 연관한 맥락에서 주어진 일일 뿐이지, 그의 자유와는 상관없고, 아니 더욱더 그에 대한 하나님의 결정에 대해서는 가르쳐 줄 수 있는 것이 없기 때문이다.

그러나 이 세계 내적인, 우주적인 한 인간이 자신의 시간 안에서 운명의 결정에 대하여 계속 질문을 하게 되는 이유는, 결국 이것이—한 번도 아마 예지적인 충만이 없었고 그리고 여러 다른 방식들이 있었다는 것—사실적이기 때문이다. 사람들은 점성학을 통해서도 언제나 이 사실에 대하여서는 기억하게 될 것이다. 비록 사람이 이유를—나는 이것이 무엇보다 선택에 따른 근거라고 말하고 싶다.—가지고 있다고 할지라도, 이 점성학의 계시들에 대하여(단 한 번도 예비적으로든지, 그리고 아마 단 한 번도 주의를 끄는 사회적 놀이로서도) 개입하려고 하지 않는다고 하지만, 그러나 바로 그의 출생과 죽음을 통하여 제한된 삶의 시간의 규정되어진 장소에 인간은—그의 자유와 하나님의 결의를 제외시키고라도—창조된 세계의 전체 안에 전체이고, 창조된 전체 세계는 바로 그의 세계이다.

이제 우리는 앞으로 더욱 나가고자 한다. 바로 그의 이 대수롭지 않은 장소에서 인간이 그의 인간적 역사 안에 있고, 소위 세계 역사는 이제 바로 그의 역사로서 있는 것이다: 그리하여, 비록 그가 인식하지 못한다고 할지라도, 괴테가 요구하였던 것처럼, 그 자신에게 최소한 3000년의 세월의 공간 속에서 그에 대한 변명을 주어야 하는 것이다. 인간성의 역사에 대한 인간의 질문은 역시 진실로 당연한 것이다. 그러나 정작 무엇보다도 중요한 것은 여기서 그의 대답들이 아니고, 그의 역사적 그림들이 아니고, 훨씬 여기서 더욱 중요한 것은 바로 이 사실이다: 그가 자신의 제한 가운데 그 자신으로 있으면서, 그는 역사 안에 있다는 것이다. 아마 전혀 인간적인 역사는 없을 수도 있었다.—생명의 역사들도 없고 하나의 세계의 역사도 없는—만약 인간이 무한한 그리고 역시 무제한적이고, 즉 무제약적인 존재였다면, 그렇다면 인간적 주체라는 것도 없고, 역시 실질적인 움직임도 없고, 함께 존재하는 것 안에 그리고 주체들의 마지막을 통해서 드러난 실질적 새로운 시작도 마침도 없었을 것이다. 새로운 출생과 노인들의 죽음이 필요한 것이다. 이렇게 제한된 수용과 지속들이, 뒤를 따름과 뛰어넘음, 전승되어짐, 비판과 새롭게 함 등이 필요한 것이다. 그리하여 이 지구 위에 무엇인가 발생하고, 진행되며, 실행되고 그리고 완성될 수 있는 것이다. 인간적 본질의 상대성이 필요한 것이 되는데, 이것들의 상태는—비록 상대적이라 할지라도—무엇인가 시작할 수 있고 이룰 수 있기 위한 것이다. 그리고 이것이 역사를 구성하는 것이다. 그 안에서 우리 인간들은 실질적으로 그러한 본질로서, 그 자신의 시간 안에 개별적으로, 그러나 바로 그럼으로써 모든 인간의 시간 안에 있으며, 그들의 모든 행위와 포기에 참여하고, 아무도 없어서는 안 되는 순환 고리 가운데 있는 것이다. 여기서도 역시 사정은 같다. 확실히 정해진 그의 장소에 단 한 사람도 없어서는 안 되는 것이다. 인간이 자신의 시간 안에 자신의 존재가 전체를 위해서 중요해지는 특별한 방식을 알기 위해서는, 그와 또 다른 이들은 무엇이 필요한 것인가? 그가(비록 그가 하루만 살다 죽는 아이라 할지라도) 그 자신의 시간을 위해서 있고, 그는 아무것도 아닌 것이 아니라는 것이 그 자체로 중요하고, 또한 역시 전체 세계 역사를 위해서도 중요한 것이다. 그는 그 자신의 공존과 그것의 결과들 안에서, 저 새로운 시작과 마침의 연속 안에서 자신의 장소를 가지고 있고 이 장소에서, 그것이 그와 다른 이에게 감추어 있다고 할지라도, 역시 자신의 기능을 하고, 이 기능이 완성되지 않으면 전체는 존재하지 않을 수도 있는 것이고, 또는 그가 자기 자신으로서 있기에, 그리고 이 완성 안에서 전체는 있게 되고 이러한 의미에서 이 전체는 역시 그의 전체인 것이다. 역사 안에서 보면 가장 위대한 자들도 주지하는 대로 역시 지나가는 자들로서, 그 자신의 시간이 있는 한 존재이고, 한 번 오고 그리고 나서는 다시 떠나는 존재이며, 이것은 역으로 다음을 나타낸다. 역사 안에서 가장 작은 자들도, 마찬가지로 그 자신들의 방식으로 절대 필요한 것으로, 역시 그들의 넘어감에서, 역시 그들의 시간을 가지고 있으며, 역시 단 한 번(다르게는 되지 않는다!) 오고 그리고 역시(역시 다르게 되지 않는다!) 다시 가게 되는 것이다. 그렇다면 도대체 크다 작다는 것은—실질적인 역사 안에서 소위, 책이나 신문에 쓰여 있는 것이 아니라, 하나님의 눈 앞에 열려진 책에 쓰여진 것으로서 그리고 매번 자신의 천사들에게 분명하게 알려지는 것에서는 무엇을 말하는 것인가? 그러므로 우리는 분명히 다음의 사실을 예상해야 하는데, 우리들이 잘 알게 된다면, 우리가 깜짝 놀랄 경우로서, 여러 가지 맥락과 결정들이 있었다는 것이다. 그러나 우리가 그것을 알고 있는가 하는 것은 중요하지 않다. 대신 각자의 인간적 존재의 전체와의, 그리고 또 전체의 각자의 인간존재와의 세계 내적인 결정들과 전체적인 통합은 역시 이러한 관점에서 사실적으로 발생한다는 것이고, 그리하여 그 자신의 시간 안에 각자의 존재는 그리고 그와 함께 주어진 제한성은 결코 우연이나, 바람에 몰려 쌓여진 모래성 같은 것이 아니고, 바짝 마른 잎사귀들이나 단지 폐기물로 생긴 것이 아니라, 오히려 그 자신의 한계 안에 분명한 필연성을 갖고 있으며 그렇기에 임의적이지 않고 충만하게 채워질 수 있다는 것이다. 그 자신의 유한성 가운데 있는 매번의 존재에게 전체가 사실적으로 의존하고 있다는 것, 그의 삶의 역사 가운데 전체 세계 역사가 외적으로 반영될 뿐 아니라, 오히려 내적으로 반영되어진다는 것이 중요한 것이다. 그는 지금 이 지나가는 존재로서 이 시간에 존재한다는 것을 조금이라도 무시해서는 안 되며 그렇게 할 수 없는 것이다. 이 시간은 바로 그의 시간으로서 인간의 시간이다. 시간이 그에게 주어져 있다는 사실에 대하여 그는 무시해서는 안 되고, 오히려 그로 인해서 그는 감사하고 기뻐해야 한다.

그러나 모든 것과 함께 아직 결정적인 것, 그 자신의 유한성 가운데 있는 인간존재의 제한성의 긍정적 의미에 대하여 논의되야 할 것은 아직 말하지 않았다. 하나님의 창조와 우주 그리고 역사에 참여하는 것으로 이것은 그리스도교적 신학의 관점에서 단지 독립적일 수 없는 주제와 연관된 전제가 될 뿐이다: 인간은 그렇게 직접적으로 하나님의 부르시는 은혜를 향하여 존재하며, 하나님에 의해서 인간과 맺어진 계약에 근거하고, 그렇기에 이 계약에서 이루어진 구원의 역사의 참여를 위해서 가게 되어 있는

것이다: 이것은 창조의 근거를 이루고 전체 우주 그리고 전체 역사의 의미와 중심이 되는 특별한 말씀과 사역의 특별한 결정의 완성을 위한 것이다.

우리는 조심스럽게 단지 자신의 존재의 유일회성 가운데 인간에게 고유한 것으로서 정렬, 방향을 정하기, 성향 등에 대하여 말하고자 한다. 인간은 별다른 설명 없이(비록 장님이고 귀머거리이고 벙어리라고 할지라도 충분하다.) 우주의 존재와 역사의 생명에 참여하고 있으며, 그는 자신의 시간 안에, 이 시간을 통해서 제한된 존재로서 있는 것이다. 그러나 사람은 그가 자신의 존재의 제한성과 함께 이 안에서 저절로 하나님의 부름을 받고, 그 계약의 동맹자가 되고, 하나님께서 계획하여 이루신 구원의 수용자요, 전파자가, 즉: 그가 "그리스도 안에" 있게 되었다고 말할 수 없는 것이다. 그는, "그리스도 안에" 있지 않더라도, 그의 시간 안에서 그리고 우주 안에서 그리고 역사 안에서 있을 수 있다. 그리스도 안에 있기 위해서는 사실적으로 다른 것이 필요한 것이다: 성령의 특별한 능력 가운데 특별한 하나님의 말씀의 계시되어짐과, 이 특별한 계시의 선포가 위임되어진 공동체의 봉사와, 마지막으로 이러한 계시와 연관되어서 이루어져야 하는 회개의 결단과 믿음, 인간 자신의 순종이다. 이것은 하나님과 인간 사이의 총체적 연관 가운데 있는 특별한 사건이 필요한 것이다. 그리하여 자신의 존재의 유한성 가운데 역시 역사 안에서 우주의 중심으로 매번의 의미를 얻을 뿐 아니라 하나님의 부르심, 약속 그리고 구원에도 실질적으로 그 몫을 받게 되는 것이다.

사람은 자신의 존재의 유일회성 가운데 인간에게 고유한 정렬, 방향 정하기, 성향에 대하여 말할 수 있고, 말해도 된다. 그리고 결정적인 것은 이것들의 의미의 긍정적인 면이다. 사람이 보기에는: 이것은(최소한 보인 바는), 마치 이제까지 인간에 대하여 말해졌던 것처럼 그렇게 분명한 것이 아니다. 그럼에도 이것은 무한히 중요하다. 왜냐하면, 이것들은, 인간이 전체 우주를 획득하고, 자신의 삶의 역사 가운데 전체 세계의 역사를 경험하며 함께 결정시켜 나가고, 그의 유한한 존재로서, 모든 것의 창조주와 주님으로서 인간의 행위 안에서 가장 내적이고, 가장 고유하며, 우주와 역사 안에서 인간의 전체 행위의 목적이 되는 것인 하나님의 행위와 연관되어짐에 있어서 인간을 돕는 것이기 때문이다. 인간의 유한한 존재는 이러한 하나님의 정당한 사역(opus proprium)과 상관없는 것이 아니다. 이 사이에는 상응관계가 있다.—단지 하나의 상응으로서, 그러나 이것은 발생되어지는 것이다.—하나님의 자유로운, 은혜로운 부르심과 그의 분명한 유일회성 안의 인간존재와의 사이에서 성립된다. 그리하여 인간은 바로 이 자신의 유일회성 안에서 객관적으로(그가 이것을 알든지 모르든지, 이 사실에 아무것도 영향을 주지 못한다!) 하나님의 부름으로 의도된 바가 되기를 바랄 수 있으며, 하나님으로부터 지금 여기서 지나가는 자로서 지니는, 이 이름으로, 알려지고 사랑받고 그리고 실질적으로 이 이름으로 부름을 받을 수 있게 되는 것이다. 여기 하나의 상응이 발생하는 것이다.—다시 그것으로서가 아니고, 상응이 발생한다.—이미 하나님의 창조 안에서 보여지고 근거지어진 것들과 이상하게도 피조물의 위반과 죄의 측면으로부터 역사적 형태를 가지게 된 하나님과 인간 사이에서 계약적 상응이 발생한다. 인간은, 그가 단지 그의 시간 안에 있는 자로서, 그 자신이기에, 객관적으로(다시금 그가 이것을 알든지 모르든지!), 자신이 근거하고 돌아가야 할 영원한 하나님에게서, 자신의 한계나 하나의 "경계선을 지키는 문지기"가 아니라, 오히려 자신의 계약의 동료요, 자신들의 불성실에 불구하고 진실하신 아버지요, 친구를 가지기를 원하는 것이고, 스스로 자신도 이 계약의 동료요, 어린아이요, 친구가 되는 것을 원하고 있다는 것이다. 그리고 여기 하나의 상응이 발생한다.─다시 한번: 그것으로서가 아니라, 상응이 발생하는 것이다.─선택되고 이루어진 구원 사건의 계약의 주님으로서 부르시는, 하나님이신 전능한 분과, 자신의 범위 밖에서는, 즉 자신의 출생과 죽음 이후에는, 그 자신이 될 수 없고 존재할 수 없는 인간 그리고 그는 그 자신으로서 그에게 무자비하게 주어진 제한으로부터, 그렇게 근본적으로 의문시 될 수 있고 그리고 위협당하는 것처럼 보이는 인간: 그럼에도 실제로 자신의 위반과 죄로 인해 그 자신에게 가져온 실질적인 위협과 의문에 대하여 말하기 원하지 않는 인간 사이에는 상응이 발생한다. 여기 자신의 제한 안에 있는 인간의 이 존재는 객관적으로 마치 채워지기 위한 빈 그릇 같아서, 그 스스로는 이것을 창조할 수 없는 자로서, 이러한 인간이, 이를 이룰 수 있는 능력이 있고 그리고 그러한 의지가 있으며 준비가 되신 한 분으로부터 매번의 위협을 극복하는 영원한 구원, 영원한 보호를 경험할 수 있기를 요청하고 있는 것이라고 말할 수 있고 말하도록 허락되어진 것이다. 이 상응은 지나가는 인간이 하나님의 "정당한 사역"을 향해 맺는 관계이다. 이 상응이 인간에게 실질적으로 경험되어진다는 것은 매번의 특별한 사건으로서의 다른 책임 안에 있는 것이다. 그러나 사람은 말할 수 있고 그렇게 허락되어진다. 인간은 하나님의 창조의 의지와 주님의 의지의 근거로 이 사건을 향해 있다.

사람은 이것을 말할 수 있고 말할 수 있도록 허락되었다, 왜냐하면─그가 하나님을 알든지 모르든지 간에─예수 그리스도는 한 사람의 유대인으로서 그 자신의 시간에서 존재하였고 지나가는 인간으로서 동료 인간이기 때문이다. 예수 그리스도는 우주와 역사의 의미이며 중심이다. 인간이 우주의 존재와 역사의 삶에 자신의 몫을 가지고 있다면, 예수 그리스도는 객관적으로 중심이고 의미이며 역시 그의 존재의 중심이고 의미이다. 그리고 예수 그리스도 안에서 부름, 계약, 하나님의 구원은 단지 부정적인 상응으로 표시된 것이 아니라, 오히려 긍정적인 현실로서, 사건이며 계시이다. 우리는 언제나 다시금 이 사실을 가리켜야 했었다: 그 안에서 하나님 자신이 인간의 제한, 유한함, 그리고 유일회성으로 개입하셨다는 것이다; 그리스도 안에서 하나님은 마치 우리 모두처럼 지나가는 자로서 "거하셨다"($\dot{\varepsilon}\sigma\chi\acute{\eta}\nu\omega\sigma\varepsilon\nu$, 요 1:14): 그 안에서 하나님은 꼭 그러한 거처를 가지시고, 우리의 것과 같이, 자신의 창조로서 인정하시고 귀하게 발견하셨던 것이고, 자신을 숨기셨던 것이다: 그 안에서 자신이 스스로 출생으로부터 죽음으로의 길을 가신 것이다. 말씀이 육신이 되었다. 영의 충만은 우리의 것과 완전히 같은 한 곳에 있었다. 특별한 일이 발생했던 것이다. 그의 계시가 발생하였던 것이고 그것의 선포가 높이 들려졌던 것이다. 회개와 믿음 그리고 인간의 순종은 사건으로 되어졌다: 맹목적인 어떤 하나의 초월이 아니라, 오히려 가장 높은 세계 내재가, 우주와 역사의 중심 안으로, 스스로 우주적이고 되고, 스스로 역사적이 되었다.─하나님의 영원성 안에서뿐 아니라 오히려 그 하나님의 영원성으로부터 한 사람의 삶의 시간으로 이루어진 것이다. 이것은 바로 그 사람의 시간이었던 것이다.─마치 다른 모든 사람처럼 그와 같은 하나의 시간으로서─이 사건으로 채워지고, 다스려졌던 시간이었다. 인간의 시간은 바로 그렇게 역시 하나님의 시간이었다. 그리고 지금 이 사람은 모든 사람의 동료 인간이며, 이제 모든 인간은 이 사람의 동료 인간인 것이다. 다른 모든 사람의 시간의 중심 안에 그의 시간 곧 하나님의 시간이 있다. 그리하여 이제 다른 모든 사람의 시간도 (그들이 이를 알든지 모르든지) 의미의 약속 안에서 이 사람이 가고자 하였던 시간의 약속을 향해 있는 것이다. 그의 시간을 충만하게 하고 다스리는 이 사건은, 역시 이 사람과의 통일성 안에서 하나님의 행위와 존재의 사건으로서 객관적으로 모든 사람을 위해 이루어지는 것이다.

그들이 그에게서 몫을 가지고 있다는 것, 그들 모두가 "그리스도 안에" 있다는 것은, 사람이 말할 수 있는 것이 아니다. 이것은 더 언급될 수 있을 것이다: 그들을 위해 일어난 것은 그들에게 그들 안에서 일어난 것이다. 그것이 실질적으로 그들을 위해 일어난 것이라는 그들의 인식이요 인정일 수 있을 것이다: 그들이 육신이 되신 말씀에 대하여 듣는 것이 될 수도 있고, 매번의 그의 충만함의 자리로부터 성령을 받는 것이 될 수도 있을 것이다. 그의 계시를 받아들이는 공동체로의 그들의 모임이 될 수도 있고, 그들의 봉사 안에 참여하는 것이 될 수도 있다. 이것은 또한 그들 모두를 위해 이루신 분의 회개에 대한 신뢰 가운데 자신들의 고유한 회개일 수도 있으며─믿음에 있어서 그들 앞에 먼저 가신 분의 뒤를 따른 것 안에서의 그들의 믿음일 수 있으며─그들의 그에 대한 믿음으로서 그들의 믿음의 순종일 수 있을 것이다: 자신들의 시간을 그의 법 아래 종속시키는 것이다. 이 모든 것이 그들이 예수 그리스도의 동료 인간이라는 사실과 그리고 그가 사람들의 동료 인간이라는 사실로 말미암아 그저 주어지는 것은 아니다. 그러나 이것은 말해질 수 있고 말하도록 허락된 것으로, 반드시 이것을 말해야 하는 것이다: 그들 모두는 영원부터, 이것이 그들의 규정이라는 의미에서 "그리스도 안에" 있도록 선택되었고, 그들은 바로 이런 의미에서 이러한 높은 의도 안에서 그들의 시간 안에 있다는 것이다.

그의 시간, 저 하나님의 시간으로부터 볼 때 그들에게 주어진 시간은 무엇인가? 그들은 시간을 그의 시간 안에서 그들을 위해서 일어난 사건은 바로 그들 안에 그들에게 발생할 것이라는 목적과 약속으로서, 이를 이루기 위한 공간으로서 가지고 있는 것이다. 그리고 그의 시간으로부터, 즉 저 하나님의 시간의 관점으로부터 볼 때, 제한성과 함께 인간의 존재는 어떤 것인가? 진리에 따라서 그가 우리와 같이 제한된 존재가 됨으로써 그 안에서 그들을 위한 하나님의 부르심과, 계약 그리고 구원이 그들을 위해서 사건이 될 때, 그 한계는 바로 그들의 존재이고, 그의 출생은 그들의 출생을 위한 전제이고, 그의 죽음은 그들의 죽음의 전제가 되는 것이다. 그리고 이 그의 시간, 저 하나님의 시간성에 기인하여 본다면, 그들의 유일한 지나감은 이 한계에서 무엇인가? 그들은 텅 빈 것으로부터 나오지 않았다. 오히려 그들은 하나님으로부터 나왔다. 그리하여 그들은 이제 어둠 속으로 가는 것이 아니라, 오히려 하나님에게로 돌아가는 것이다. 이것은 그 자신의 시간 안에 있는 인간의 존재, 인간적 상황(la situation humaine)을 예수 그리스도로부터 그리고 그 자신의 시간으로부터 본 것이다. 이것이 인간에게 바로 그 자신의 존재의 유한성 안에서 고유한 것으로서, 정렬, 방향 정하기, 성향이며, 이것은 예수 그리스도께서 그의 동료 인간으로 계시기 때문이요 그렇게 존재하는 한에 그렇게 되는 것이다. 우주 안에 있는 인간의 존재와 역사 안에 있는 그의 생애는 마치 기술적인 준비 사항처럼, 그는, "그리스도 안에" 있는 존재로서 선택되고 규정된 존재로서—그렇게 자신의 피조성에서 발생할 수 있고; 최고로—인간이 될 수 있는 것이다.

이것은—우리가 지금 제한 가운데 있는 우리의 존재의 긍정적인 의미에 대한 설명을 전체적으로 되돌아보았다.—가장 큰 발견으로서, 거기서 창조주이신 하나님의 계명이 인간에게 도달한 곳에서 발생한 것이다. 계명은 복음 가운데, 복음에 고유한 빛과 능력과 함께, 그에게 임한 것이다. 그렇다면 어떻게 이러한 발견에 도달하지 않을 수 있겠는가? 우리는 실질적으로는 인간존재의 제한을 무시한다든지, 아니면 그 앞에 두려워 놀랄 어떤 이유도 없는 것이다. 이것은 하나님의 계명이 우리에게 도달할 때, 말할 수 없는 유익한 것임이 알려지는 것이다. 바로 이 제한 가운데서 인간은 인간이다. 이 발견 가운데 그는 하나님 앞에 있는 것이다. 이 안에서 그는 하나님의 자연과 역사 가운데 행하신 모든 일의 몫을 가지고 있는 것이다. 그리고 무엇보다도: 이 안에서 그는 하나님, 예수 그리스도 안에서 그의 형제가 되셨고 그를 위해서 행동하신 영원한 사랑의 대상이 되었고, 그는 이제 그 자신의 입장에서 하나님이 하신 일의 몫을 가질 수 있게 된 것이다. 하나님께서는 실수를 하지 않으시며 우리는 하나님께서 인간을 그렇게 만드셨고, 하나님께서 우리를 그렇게 원하신 것 아래서 고통을 당할 필요가 없는 것이다: 이 지나가는 존재로서 만들어진 것. 우리는 실질적으로 하나님에게 이 모든 일로 인해서 감사하고 그것으로 기뻐해야 할 모든 동기를 가지고 있다.

그리고 마치 그러한 자로서 지나가는 존재자인 인간에 대하여 말했듯이, 계명 자체에 대하여 다루고자 한다. 이것은 이미 말해진 것에 따라서 확실해진 것으로, 계명은 그를 위반자요, 죄인으로 있게 하지만, 그러나 그가 하나님의 피조물로서 있는 한, 계명이 부자연스런 것이고, 낯선 것이고, 이상한 것이고, 기대하지 않았던 것이며 그리고 부적당한 요구로서 있게끔 되는 것은 확실히 아니다. 오히려 이것이 확실한 데, 즉 그가 실질적으로 있는 곳에서, 계명은 그의 존재와 그와 연관된 존재에 상응하는 것이고 올바르게 알려지는 것으로, 계명이 그에게 원하는 것은 단지 그가 그 자신의 고유한 피조적인 존재와 그에 연관된 존재로부터, 즉 그 자신으로부터 원하는 것이어야 한다는 것이 그에게 해당되어지는 것이다. 그러나 이것은 물론 확실한 데, 인간의 삶 가운데 하나님의 계명은 다른 관점들로부터 그렇게 눈에 띄지 않는 긴급성과의—이 단어의 자리는: 종말론적 긴급성 안에 있다.—관계에서만 눈 앞에 드러난다. 전체 그리스도교적 윤리는 이미 하나님의 계명이 갖는 종말론적 방향과 특징을 가지게 되는 것이다. 여기서 중요한 것은 직접적으로 하나의 제한되어 있고, 단지 이것으로서 시작으로부터 마지막에까지 빠르게 지나가는 시간으로서, 그의 시간 안에 있는 인간의 존재와 상관되어진다는 것이다. 여기서 우리를 부르고 경고하는 것은—인간존재의 마지막이 아니고, 그러한 것으로 그의 한계도 아니고 그리고 어두운 것도 아니고 겨우 우리 실존적인 경험 안에 있는 것이나 아니면 그것의 해석들로서 이렇게 저렇게 밝혀진 미래가 아니라, 오히려 모든 것을 온전히 지혜롭게 이러한 유한성 가운데 원하셨고 창조하셨던 창조주이시고 주님이시다. 그렇기에 하나님은 인간의 유한성의 관점에서 매우 긴급하게 부르고 독촉하면서 경고하시는데, 이러한 권면과 함께 세심한 순종을 재촉하신다. "우리가 하나님을 이야기하면서, 시간이 지나간다." 우리는 지나가는 가운데 우리와 함께 한 우리 시간의 매 분을 더 이상 되돌릴 수 없다. 매 분 안에서 우리는 하나님의 계명에 대하여 실질적으로 상응된 것을 행하는 대신에 단지 말만 하였다. 그것은 말만 해서는 안 된다. 그것이 들려질 때 그것은 완성되고 이루어져야 할 것이다. 우리는 급하게 그곳으로 가야하고 그때 보는 것이다. 하나님 역시 급하시지만, 하나님은 완전히 다르게 바쁘시다. 하나님은 무엇을 원하시는가?—이와 상응되게, 우리가 무엇인가 그리고 그렇기 때문에 가장 긴급한 것은 무엇인가?

우리가 있는 시간은 우리의 자리이다: 우리에게 할당된 자리는, 바로 우리의 것이기에, 우주와 역사 안에서 우리의 자리이고, 그런 것으로서 우리 자리는 신적인 정당한 사역(opus proprium)으로서, 우리에게 바라는 것으로서, 특별한 것들과, 즉 하나님의 부름, 계약과 구원, 우리를 위해서 인간이 되셨던 예수 그리스도와 연관되어 있는 것이다. 하나님의 의지와 계명은 분명하게 알려진다.—일반적으로 표현하자면—단순히, 우리는 이 자리를 우리의 것으로서, 우리에게 지시되어진 것으로 알기 원하며, 신중하게 받아들이고, 관계를 맺어야 한다는 것이다. 우리가 이것을 행한다는 것이, 철저하게 그 자체로 이해되는 것은 아니다. 인간은 근본적으로 자신을 자신으로부터 벗어난 어떤 곳에 세워놓고, 그 자신을—마치 아무 자리도 없는 것처럼, 마치 그저 그의 지나가는 시간에 있는 것으로—자신의 행위와 포기 가운데 방관하고 쳐다보기만 하며, 마치 그가 다른 가능성을 가지고 있는 것처럼, 마치 그에게 거기서 무엇인가 주어진 것처럼, 지금 고유하게 그가 시작해야 하는 것을, 마치 주권적으로 그 모든 것을 처분할 수 있는 것처럼 행동하는 것을 더 좋아하는 것이다. 그는 저 자리밖에는 아무 다른 곳이 없으며 그에게 저 곳에 주어진 가능성들 말고는 다른 어떤 가능성들이 없다는 것을 알고 그 자리에서 재빨리 바로 그것과 자신을 동일시하려고 해야 한다. 하나님의 계명은 그에게, 그곳에서 바로 그곳에서만 자신이 될 수 있는 것으로서 그러한 자가 되라고 요구하는 것이다. 그것은 그를 모든 방관자의 공간에서부터 벗어나게 하는 것이고, 그를 뒤에 세우지 않고, 오히려, 즉각적인 시작을 하도록, 무대 위에서 자신의 대사가 좋든 나쁘든, 지금 그에게 주어졌을 때, 곧바로 말하도록 요구하는 것이다.

바로 지금도, 그 자신의 시간에서 그는 자신의 유일한 기회를 가지고 있으며—그는 이것을 그가 얼마나 오래 간직할 수 있는지 모른다.—이 기회는 사용되어야 한다. 이 기회는 인간이 되기 위한 기회이다.—창조와 함께 그 전체 안에서 존재하기 위한 그의 기회이고, 자신의 눈이, "세상의 금빛 나는 넘침으로부터 눈썹에 머물고 있는 것을 눈으로 즐기게" 할 수 있는 기회이고—자신의 기회인데, 인간의 세계의 맥락에서 받아들이고, 행위하고, 줄 수 있는 것이다.—그리고 무엇보다도: 예수 그리스도 안에서 이 땅 위에 임하셨고 그리고 이 땅 위에 계시되어질 하나님의 나라에 참여할 수 있는 자신의 기회이다. 이 모든 것은 그에게 그냥 무릎 위로 떨어지는 것처럼 주어지는 것은 아니다. 그의 존재의 제한성은 확실히—모든 약속과 함께 의미하는바—사실이다. 이 제한 가운데 그의 자유는 유지되고 이루어지는데 그의 자유로서, 그의 결단과 행위 안에서 이루어지는 것이다. 모든 약속은 붙잡혀지게 되려고 하는 것이다. 그렇지 않고는 모든 것은 이 관점에서 객관적으로 진실인 것들이 그를 위해서는 진실이 아닐 수 있다. 그렇지 않고는 그는 자체로 진리 안이 아닌, 오히려 그의 피조성의 진리의 바깥인 어떤 곳에 있을 수 있고, 단지 식물이나 동물적인 존재이지 결코 인간적인 존재가 아닌 것이 될 수도 있다. 그렇지 않고는 창조는 이제 그를 위한 것이 아니고, 지금 마치 창조가 인간을 위한 것이 아닌 것처럼 될 수도 있다. 그렇지 않고는 그는 단지 주변에 있는 것처럼 있고, 하나님의 사역의 중심 안에 있지 않은 것처럼 있을 수 있다. 그렇지 않고는 바로 하나님의 그를 위한 구원의 역사가 행해지지 않은 것처럼 있는 것이다. 그렇지 않고는 그는 바로 이제 전체의 의미를 상실하고 이와 함께 자신의 고유한 존재의 의미도 상실할 수 있는 것이다. 그는 모든 면에서 기회를 가지고 있다. 그는 그 스스로 그의 지나가는 과정에서도 하나의 유일한 능력 있는 기회가 된다. 그러나 기회의 힘은 그것을 행하지 않는다. 이 기회는 붙잡혀져야 한다. 그리고 바로 이것이 하나님의 계명이 그에게 요구하는 것이다.

우주와 역사 안에서 존재를 지니고 있는 그런 자로서 인간존재의 관점에서 본다면, 이미 지난 고전 중에서 목표를 주시하라!(Respice finem) 그리고 현재를 즐겨라!(Carpe diem)를 (주관적으로는 다소간에 신중하게) 잘 알고 있다. 이러한 면에서 사람들은 자신들의 지혜에 대하여 듣기를 즐겨하고 그리하여, 우리가 조금 전에 했던 것처럼, 켈러(Gottfried Keller)가 그의 "저녁 들판"의 소리를 듣는다. 그러나 이런 것들은 단지 시간의 흐름에 대한 지나가는 관점들일 뿐으로, 시간을 이용하기 위해서, 이러한 관점들에 자기격려를 접목시킨 것으로, 무엇인가 다른 것이다.―시간에 대하여 그리스도교적으로 종말론적 관점에서 근거된 윤리는 무엇인가 다르다. 하나님의 계명의 긴급성은, 인간의 제한된 시간을 유일한 기회로서 붙잡을 것을 촉구하며, 이러한 제한 가운데 사실적으로 처음으로, 인간이 우주와 역사 그리고 그와 함께 자신의 고유한 존재를 하나님의 부름과, 계약 그리고 구원, 예수 그리스도께서 그들의 중심으로 그들의 의미를 이루신 영역 안으로 향하는 자유를 위한 부름을 촉구하는 것이다. 만일 인간이 이것을 지키고자 한다면, 그의 자신의 존재의 제한성에 대한 인식은 모든 경우에도 어떤 우수에 찬 사라짐이나 시적인 순간들의 풀어짐과 구분되어야 한다. 그러나 그는 그의 한계를 절대 그런 것으로 볼 수 없을 것이다. 이러한 방향에서 그의 날카롭고 분명한 관조의 능력은 그 자신의 고유한 것이 아닌, 자신의 기분에 의한 것도 아니고 자신의 이성에 따른 것도 아닌 것으로, 오히려 저 곳으로부터 빛나는 것으로 그에게 분명히 비추는 빛으로서, 무엇보다도 자기 자신에 대한 새로운 눈을 주는 것에서 생기는 것이다. 그의 주의력은 이제 깨어난 것이고 그리고 전혀 새로운 사실로서, 소위 역사와 세계의 주님으로서, 그의 은혜로우신 하나님을 통해서 요구되어진 것이다: 인간이 현실 안으로 들어오고, 이 현실 안으로 들어갈 수 있게 되는 하나님을 통해서. 즉, 하나님 밖으로(ἐξ αὐτοῦ)와 하나님 안으로(εἰς αὐτόν)와 함께 그는 자신의 한계를 발견하고 보게 되며 그리고 이 한계는 끌어당겨진 것으로 분명히, 묶여서, 궁극적으로 주어진 것이다. 그러나 하나님께서 그의 한계라는 것이 아니라, 하나님께서 그의 한계가 되시는 것은 결정적으로 새로운 일이요, 그가 모든 것의 중심이고 인간의 고유한 존재의 중심으로 지켜질 때, 그의 주의를 깨우고, 주장하게 되며, 다시 사라지지 않게 하는 것이다. 그리고 그가―그의 능력으로서가 아니라, 하나님의 고유한 능력 안에서 하나님을 자신의 한계로서 인식할 때, 그 자신으로부터 자신의 시간의 흐름에 대하여 세울 수 있는, 예상과 명상들은, 쓸모없는 것은 아니지만, 그럼에도 불필요한 것이고 쓸데없는 것이다. 왜냐하면, 이것들은 그에게 말씀하시는 진리 자체를 통해서 덮인 것이고 능가되었기 때문이다. 그것은, 그에게 명령법적으로 그리고 그곳으로부터 뛰어난 권위를 가지고 말씀되어진 계명으로 분명히 대체된 것으로, 자신에게 줄 수 있도록 노력하는 것들 중의 무엇보다도 최상의 자기격려가 될 것이다.

우리는 새로운 계약의 증인으로서 표시되어진, 특징적인 시간의식에 대하여 말하는 것이다. 그들은 시간에 대하여 무엇을 알고 무엇을 말하고 있는가? 분명하게 시간은 제한되었고, 유일하고, 유한한 것이다. 즉, 시간은 언젠가는 끝이 나는 특성을 가지고 있다는 것이고 지나가게 된다는 것뿐 아니라, 더욱이: 시간은 마지막의 시간, 사실적으로 마지막으로 가는 것으로, 시간의 마지막이란 것도 가장 끝까지 펼쳐진 것으로 파악되는 사건이다. 인간들은 이 시간 안에 존재한다. 그런데 이 시간은 그 자체로 이미 마지막을 내포하고 있으며, 그렇게 시간은 계속 진행되는데, 그리하여 이미 출생으로부터―데살로니가전서 5:3은 이 모습이 필요하다.―시간의 마지막이 알려지고 작용하기 시작하는 것이다. 어떻게 그들은 이러한 시간의식에 도달하는가? 확실히 그들의 시간성의 일반적인 감정의 근거 때문도 아니고 시간과 그 시간 안의 인간의 존재가 되고자 하는 바에 대한 일반적인 설명에 근거한 것 때문도 아니다. 그러나 그들의 고유한 삶의 시간, 즉 그들의 시간 안에서 그들에게 가까이 다가온 것, 먼저 오신 분으로서, 예수 그리스도의 관점에서, 예수 그리스도를 그들의 시간에서 "태초에 계신 분"으로, "생명의 말씀"으로 듣고, 보고, 보이게 되고, 만져지는(요일 1:1), 이 시간 안에서 되는 것이다: 그 안에서 그와 함께 그리고 시간의 "충만"(막 1:15, 갈 4:4)으로서 하나님의 나라(막 1:15)가 있다. 이것은 그들에게 가까이 있으며, 그들의 육신을 공박하는 것이다: 가까이 왔다(ἤγγικεν), 그와 함께 진실로 시간의 마지막이 온 것이다. 같은 표현으로 불린 것으로 베드로전서 4:7, 만물의 마지막이 가까이 왔다(παντων τὸ τελος ἤγγικεν). 그리고 같은 표현으로 불린 것으로 로마서 13:12, 날들(ημέρα)(모든 사물의 다른 질서들의 새로운 날)이 가까이 왔다(ἤγγικεν). 이것은 사건으로서, 시간은 그 자신의 시간 안에서 이 사건의 증인이었던 것이다. 그러나 그들의 이 시간은 사실적으로 아직도 계속해서 가고 있는 것이 아닌가? 종말은 그들의 시간 안에서 사실적인 것이 아니지 않는가? 그들은 확실히, 계시의 시간에 반대하여, 알려지는 것에 반대하여, 그들의 이미 나타나기 시작한 마지막의 실질적인 효력에 반대하여 달려가는 시간 안에서 나타나고 있는 것이다. 그래서 이것은 아직 일어나지 않은 사건으로서, 이것을 향하여 종말은 시간 안에 있는 것이다. 이 사건의 관점에서 종말은 아직도 시간이 남아 있는 것이다: 이 주님의 계시(ἀποκάλυψις τοῦ κυρίου, 고전 1:7 비교. 살후 1:7, 벧전 1:7, 13, 4:13) 그 자신으로 계신 분으로서 예수 그리스도의 계시가 중요하다: 그 안에서 놓인 시작, 시간의 목적과 마지막의 계시의 주로서 계시다. 바로 아직도 일어나지 않은 시간을 향한 가운데 시간이 있으며, 인간도 그 안에 있는 것이다. 종말은 시간이다. 이 시간 안에 종말이, 예수 그리스도로부터 오는 것이며, 다시 그를 기다리고, 다시 그에게 빠르게 가는 것이다(벧후 3:12).—만일 사람이 신약성서의 시간의식을 이해하고자 한다면, 반드시 세 가지 사건을 정확하게 그리고 그들의 총체적 맥락 안에서 서로를 구분하여 볼 수 있어야 하며 이해할 수 있어야 한다. 이 사람의 시간으로서 시간은 이미 오셨고 그리고 아직도 계시되어질 주님으로부터 다스려지고 있는 시간이라는 것이다. 시간은 그렇기에 짧은 시간이다. 그리고 시간은 그와 같은 이유에서 시간을 위한 이 주님의 시간의 지속으로서 알려지지 않는 시간이다.

시간이 태초에 그의 오심을 통해서 그리고 목적에서 그의 계시를 통해서 제한되었고 규정되었다면, 시간은 시간의 경과에 있어서 그에게 속해 있으며, 시간과 이 모든 내용은 (1) 그를 통해서 지배되고 제한되어져 있는 것이다. "볼지어다 내가 문 밖에 서서 두드리노니."(계 3:20) 인간이 아직 살고 있는 이 시간은 바로 그의 문을 두드리고 안으로 들어오는 사이의 시간인 것이다. 시간은 바로 이렇게 "마지막 때"(요일 2:18)로서, 아직도 시간이 그의 시간적 때가 있는 동안 그리고 그렇게 그들의 때가 있어도, 진실은 전혀 오로지 그의 때인 것이다. 사람은 얼마나 시간의 시작과 시간의 목적이 요한복음 안에서 밀접하게 연결되었는지를 주목해야 한다: "내가 진실로 진실로 너희에게 이르노니 내 말을 듣고 또 나 보내신 이를 믿는 자는 영생을 얻었고 심판에 이르지 아니하나니 사망에서 생명으로 옮겼느니라."(요 5:24) 그리고 좀 더 강하게 요한복음 5:25에 "진실로 진실로 너희에게 이르노니 죽은 자들이 하나님의 아들의 음성을 들을 때가 오나니 곧 이때라 듣는 자는 살아나리라." 이것은 단지 시작과 목적의 동일시가 아니다.(사람은 25절의 미래형을 무시한다.) 그러나 분명한 것은 서로 다른 것들, 결정, 심판, 통치가 시작과 마지막에 계신 한 분의 행위로서 있다는 것이고, 이 둘 사이의 다르게 추출할 수 없는 연결에 대하여 질문이 있을 수 없다는 것이다. 그렇기에 이 중간시대 안에 있는 세계는 단지 "지나가는 것"이다(고전 7:31, 요일 2:17). 시간은, 이 마지막 때가 도달할 때는, 단지 물러날 수밖에 없다. 게다가 다시 한번 독립적인 것들, 주님의 것들로부터 다른 것들, 그들에게 반대하는 주장들을 내세우는 것, 그리고 영향력을 행사하는 것, 이것은 이 중간시간에 쉼을 쉴 수 없고, 공간도 없으며, 가능성도 없다. 그것들에게는 그 마지막이(그들의 마지막의 계시는 주님의 계시와 함께 그 안에 있다.) 가깝고(고전 10:11), 역시 새 하늘과 새 땅인(살전 5:4f., 롬 13:12) 하나의 다른 세상의 새로운 시작도 (주님의 계시와 함께 드러난 시작) 가깝다. 밤이 사라지고 낮이 밝아오는 것(살전 5:4f., 롬 13:12)은 완전히 이루어지고 있고 더 이상 막을 수 없다. 시작과 마지막에 같은 주님이 계시기 때문이고, 그는 알파와 오메가가 되시기 때문이며, 그는 존재자로서 그렇게 이 땅에 오셨고, 그때에 오시기 때문이며, 그가 여기서 저기서 전능한 자(παντοκράτωρ, 계 1:8)이시기 때문이며, 그리하여 이 중간시간도, 더 이상 그의 첫 번째도 아니고 그리고 그의 두 번째 오심도 아닌 것으로, 그의 시간으로서, 그에 의해서 다스려지는 시간이기 때문이다.

같은 근거로 해서 이 시간은 (2) 짧은 시간이다. '짧은'이란 신약성서의 사고에서는 내적인 것을 표시하지, 외적인 양을 나타내지 않는 것으로, 사람이 자신의 수용과 입장에 따라서 '길다고' 표현할 수도 있는, 중간시간의 몇 백 년 혹 몇 년의 다소간의 양과 관계 맺는 것이 아니라, 오히려 이 시간들의 근원과 목적과의 관계 안에서 지나가는 시간으로서 이 중간시간의 특징과 관계하는 것이다. 이 시간은, 바울이 고린도전서 7:29에 관조적인 묘사를 하였듯이, 하나의 **때가 단축됨**(καιρὸς συνεσταλμένος), 하나의 단축되어진 것, 하나로 침투된 것, 시작과 목적이 함께 — 서로에게서 발생되어지고 그리고 그렇게 축약된 것이다. — 이 시간은 역시: 제한된 것으로, 소위 그 시간의 주님의 사역과 의지를 통해서 제한되어진 시간이다. 이것은 다시 요한복음의 고유성에 속하는 것으로, 이미 저 시작의 특별한 시간은, 예수의 '사역'의 시간 자체로서 인간의 역사 중심에서 여러 면에서 **잠시 머묾**(μικρὸς χρόνος)으로 표현된다(요 7:33, 12:35). 그래서 요한복음의 예수의 말씀은 그 자체로 "때가 아직 낮이매 나를 보내신 이의 일을 우리가 해야 하리라 밤이 오리니 그때는 아무도 일할 수 없느니라"(요 9:4). 이 날은 가고 이제 역시 끝이 온다. 밤이 이제 역시 온다. 이것이 바로 마지막이었고, 그리고 마지막이다. 마지막은 이 날들과 아직 일어나지 않은 계시의 날들 사이에 처음부터 그 자체로 시간이 지니고 있는 것이다. 그로부터 이 중간시간은 필수적으로 알 수 없이 계속 지속되는, 천천히 지나가는 들판 같은 시간의 모양에서, 하나의 **때가 단축됨**(καιρὸς συνεσταλμένος)을 향해, 벼락처럼 모든 이에게 한번에 빛을 비추는 것에 비교할 만한, 마치 바울이 자주 표현하였던 방식으로, 지금(νῦν)으로, 그리고 또한 히브리서 안에서 묘사되어진 것처럼, 오늘(σήμερον)로 바꾸어져야 한다. 이 같은 표현은 시간을 '짧은' 시간으로 만들며, 그러나 당연히 이 시간들의 목적으로부터, 그의 계시로부터 다시 오시는 예수 그리스도로부터 기인하는 것이다. 그가 주인이신 것은 더 오랫동안 감추어져 있을 수 없다: 사람들이 그의 감추어진 존재나, 아니면 높고 멀리 계신 어떤 인간적인 미래적인 이상형에 대하여 자신을 준비하는 것같이, 그의 주권을 역시 잊어버리고 무시할 수 있는 시간들이란 더 이상 없다. 아니, 그가 주님이시고 그가 이 시간 안에 아직도 감추어 계신 것은, 이것은 전적으로 그리고 오직 그의 기대 안에서 온 것이고 그래서—왜냐하면 그는 기대된 자요 문을 두드리는 자로서 그의 계시는 시간의 종착점 (terminus ad quem)이다.—이것은 단지 짧은 시간이다. 시간이 몇 날 몇 년이 남지 않았다는 것이 시간을 짧게 하는 것이 아니고, 시작과 마지막에 그의 현재의 활동성과, 시작과 마지막에 그의 말씀과 그의 능력의 강력함이 시간을 짧게 하는 것이다. 그렇기에 시간은 그러한 달력의 날 수와 년 수를 통해서 길게 만들 수 없다. 시간은, 시간이 다소간에 그런 달력의 시간을 포함한다고 할지라도, 짧은 것이다. 왜냐하면 시간은 그의 시간인 한에 있기 때문이다.

그리고 같은 이유를 근거로 (3) 시간은, 시간 안에 사는 것들의 경과로서 그들에게 알려진 것이 아니다. 시간의 경과는 시간이 그의 것이란 것을 잘 알고 있으며, 시간은 그렇기에 짧고 제한된 시간이라는 것을 잘 알고 있다. 그러나 이것들은 어디서, 어느 시각에 와서 그들의 한계에 부딪히게 될지 알지 못하며, 어디서 그리고 언제 시간에 부과된 마지막이 드러나게 될지 알지 못하는 것이고, 시간은, 바로 그들의 이 시간은, 이제 그들과 함께 궁극적으로 끝나게 되는 것이다. 신약성서의 증언들은 우리 앞에 놓여진 이 알려지지 않은 중요한 것의 한계가 언제 어디서 있을 것인지 예측하고 있다. 이것들은 이 중요한 것이 아주 분명하게(막 13:32) 인간 예수에게도 역시 알려지지 않은 것으로 말하고 있다. 그러나 그것이 의미하는 것은, 시간이 미래를 하나의 빈, 추상적인 미래로서 이해하고 있을 수 있다는 것은 아니다. 다음의 모든 구절이 다루고자 하는 것의 의미하는 바는—집 주인이 언제 도둑이 들어올지 모른다는(마 24:43f.) 것이나 혹은 자신의 주인이 언제 집으로 올지 모르는 종의 이야기나(마 24:45f.) 아니면 언제 신랑이 오는지 알지 못하는 젊은 여자들에 대한 이야기(마 25:1f.)는—우리가 미래에 대하여는 어둠 가운데 있는 것을 발견한 것을 확증하고자 하는 것이 아니라, 오히려 사람으로 하여금 이 중간시간에 바로 시간이 조금 있으면 마쳐진다는, 즉 시간이 얼마 남지 않았다는 것을 확실히 인식시키고 이 시간에 잘 적응할 수 있도록 준비를 시키고자 하는 것이지만, 그러나 언제 이 흐름이 끝이 나는 것인지 잘 아는 것같이 적응하는 것은 아니다. 이 시간의 경과는 종국에 다다르게 되는 것이다. 시간은 유일회적으로, 이렇게 저렇게 사용되어지고 아니면 잘못 사용되어지면서 지나가게 된다. 그러나 그렇게 해서, 밤에 도둑이 오는 것처럼(비교. 살전 5:2), 주인이 자신의 집에 돌아올 때, 그리고 신랑이 자신의 결혼식에 오게 될 때, 그렇게 주인에 의해서 선택된 시간은, 알려지지 않은 채, 기다리는 자들에게 갑자기 마지막으로 드러나게 되는 것이다. 그들은 갑작스러운 오심을, 그들의 시간이 갑자기 마치게 되는 것을 기대할 수밖에 없는 것으로서 자신들에게 알려진 시간에 대한 특별한 준비조치 없이 이를 맞이하게 되는 것이다. 만약 그것이 잘 알려진 시간이라면 그것은, 사실 그가 기다릴 필요가 없는 것이고, 그렇게 기대해서는 안 될, 다른 시간을 가져올 수 있었던 것으로서, 이것은 시간들의 짧음 안에서 하나님에게 속했던 시간이 아니었을 것이다.

이제 우리는 하나님의 계명의 형태와 총체적으로 연관되어진 우리 존재의 제한성에 대한 여기 매우 재미있는 질문 앞에 서 있게 된다. 이것이 바로 세 번째이다: 그의 시간의 인간의 제한된 존재와

## 1. 유일한 기회   777

최종시간의 종착점(terminus ad quem)의 알려지지 않음은, 계명에게, 재촉에게, 경고에게, 신약성서에서 인간에게 관여되는 부르심에게 가장 긴박한 성격과 그의 그리스도교적이고 종말론적 성격을 주는 것이다. 사람이 자신의 시간이해로부터 예수 그리스도의 재림과, 시간이 그 자신 안에 이미 포함하고 있는 마지막의 계시를 펼쳐진 양손으로, 즉 아무것도 하지 않은 채 바랄 수 있는 것에 의존하고 있다는 의미를 추출해낼 수 있는 것으로 허락한다면, 그것은 신약성서를 오해하는 것이 될 것이다. 만일 그가 깨어나라는 외침을 듣지 못한다면, 그래서 그는 하나님이 무엇인가를 섭리하시고자 할 때 항상 잘못 이해한다면, 어떻게 그가 자신의 시간의 제한성을 하나님의 섭리로서 이해할 수 있겠는가? 예수의 제자들이 그 빛을 오로지 저 "조그만 시간"을 그 자신에 가질 수 있다면, 무슨 일이 일어날 것인가? 예수 그리스도에게도 무슨 일이 일어날 수 있는 것인가? "낮이매 일을 해야 한다."(요 9:4) 그리고 그들을 위해: "아직 잠시 동안 빛이 너희 중에 있으니 빛이 있을 동안에 다녀라.…너희에게 아직 빛이 있을 동안에 빛을 믿으라. 그리하면 빛의 아들이 되리라."(요 12:35f.) 우리의 지금이 단지 하나의 지금이라는 것으로부터 무엇이 일어날 것인가? "우리가 하나님과 함께 일하는 자로서 너희를 권하노니 하나님의 은혜를 헛되이 받지 말라. 이르시되 내가 은혜 베풀 때에 너에게 듣고 구원의 날에 너를 도왔다 하셨으니 보라 지금은 은혜 받을 만한 때요 보라 지금은 구원의 날이로다."(고후 6:1f.) 오늘은 단지 지나가는 날로서의 오늘뿐인가? 아니요, 오히려: "형제들아 너희는 삼가 혹 너희 중에 누가 믿지 아니하는 악한 마음을 품고 살아 계신 하나님에게서 떨어질까 조심할 것이요, 오직 오늘이라 일컫는 동안에 매일 피차 권면하여 너희 중에 누구든지 죄의 유혹으로 완고하게 되지 않도록 하라. 우리가 시작할 때에 확신한 것을 끝까지 견고히 잡고 있으면 그리스도와 함께 참여한 자가 되리라."(히 3:12f.) 그렇기 때문에 "오늘 너희가 그의 음성을 듣거든, 너희 마음을 완고하게 하지 말라."(히 3:7, 15, 4:7) 만물의 마지막이 이미 가깝다는 것과 시간과 인간이 오로지 그로부터 보여지고 충만해질 수 있다는 것이 무슨 뜻인가? 시간을 더 이상 신중하게 받아들이는 것은 의미가 없다는 것인가? 아무것도 할 필요가 없다는 것은 다음을 무조건 기다리라는 것인가? 전혀 반대이다: 사정이 그렇기 때문에, 이성과 정신이 온전한 기도가, 견디는 사랑이, 친구를 사귀는 것이, 주어진 은혜를 통해서 봉사를 하는 것이, 하나님 앞에서의 책임과 그에게 기대되고 받아들여졌던 능력 안에서의 행위와 말이 필요한 것이다!(벧전 4:7f.) 바로 지금 밤이 사라지고, 낮이 시작되었기 때문에, 그렇기에 더 잠을 자서는 안 되는 것이다. 마치 그러한 사실을 전혀 알지 못한 것처럼, 그리하여 여전히 밤에 속하여 사는 것이 되어서는 안 된다.—"그들이 평안하다, 안전하다 할 그때에"(살전 5:3)—그렇기에 일어나야 하며 그리고 "낮에와 같이 단정히 행하고"(롬 13:11f.),—그러므로 하나님의 갑옷을 입어야 한다! "그러므로 피차 권면하고 서로 덕을 세우기를 하라."(살전 5:4f.) 우리는 무엇을 위해서 우리의 시간을, 우리의 결정적인 때(καιρός)를 가지고 있는가? 마치 그가 시장이나 상품 집에서 자신을 파는 것처럼 (ἐξαγοράζεσθαι)하기 위해서, 즉 세심한 변화를 이루기 위한 것이다: "어리석은 자처럼 말고 지혜로운 자처럼!"(엡 5:15f., 비교. 골 4:5) 자신들이 기다리는 자가 오지만, 언제 올지는 모른다는 것을 알 때 주인과 종과 젊은 여인들을 위해서 무슨 일이 일어나야 하는가? 바로 그들을 위해서, 그들은 확실히 기다리되, 깨어서 기다리고, 중간에 잠자지 않고 기다리며, 진실하게 남아 있을 것이다. 마치, 그가 지금 방금 올 것처럼, 그가 사실적으로 지금 금방 사실적으로 오실 수 있기 때문이다.

우리가 보는 것은: 신약의 윤리는 유일하고 강력한 요청으로서, 자신의 제한된 시간 안에서 존재하는 것으로서 인간의 존재를 그리고 오늘날, 즉시, 지금, 인간에게 주어진 기회를 지체 없이 신중하게 받아들이게끔 하는 것이다. 이 요청의 힘은 그러나 인간의 시간을—명백히 모든 인간의 시간을!—저 중간시간의 한순간으로 이해하는 것에 있다. 이 중간시간 안에서 모든 것은 예수 그리스도로부터 예수 그리스도에게로 가는 것이며, 이 시간은 그에게 속했고 그 시간 안에서 인간 역시 그에게 속한 것으로, 짧은 것이며 그리고 이 안에서 그에게 단지 한 사람으로서 알려지는 것이다: 시간은 마지막을 이미 그 자체 안에 지니고 있는 것으로, 갑자기 그리고 사실적으로 마지막이 될 수 있는 것이다. 신약성서적 윤리의 요구는 따라서 매우 긴급한 것이다: 그렇게 바로 제한된, 인간에게 대여된 시간의 중요성에 대한 유일한 강조로서—왜냐하면 이 요구는 실질적으로 그리고 구체적으로 하나의 한계를 통해서가 아니라, 오히려 이 시간의 한계로서 하나님으로부터 생각하기 때문이고, 그리고 이 요구는, 이것이 예수 그리스도를 선포하는 한에서, 이렇게 저렇게 자신의 한계에 붙잡힌 인간의 그리하여 모든 경우에 그의 믿음에 따른 것이 아니라, 오히려 자신의 한계 안에 거하는 인간을 넘어서는, 그러나 바로 그의 우월성 안에서 우리를 향하시는 주님이 선포하신 것이기 때문이다. 그의 말씀은 계명이다.—지금 실질적으로 계명으로서 단지 감정이나 어떤 무엇이 되어야 할 것에 대한 관점이 아닌 것이다.—다음을 말하는 것이다: 인간은 그 자신의 제한성 안에서, 그가 그 스스로를 자신의 시간 안에서 신중하게 받아들이면서, 그가 이 시간들로부터 그에게 유일하게 주어진 기회를 선용하는 가운데, 하나의 자유로운 사람이 될 것이고 그렇게 될 수 있다는 것이다.

인간의 모든 행동은 역시 이제 다음의 질문에서 평가되고 검증되도록 해야 한다: 즉, 인간의 행동은 자신의 시간 안에서 자신에게 주어진 유일한 기회를 포착한 것인가? 놓친 것인가? 이러한 관점에서 제기된 순종에 대한 질문은 고유한 비판적 엄정함을 지니고 있다. 여러 가지 관점에서 보기에 반대할 것이 없고, 올바르고, 그리고 선한 것이라고 여겨지는 결정들, 행동과 관계의 방식들에 대하여 질문이 될 수 있어야 한다.—그가 묻는 것은: 내 삶의 시간에서 나의 존재에 적합한 것의 완성으로서 나의 삶에서 이것들은 무엇을 의미하는가 하는 점이고, 그후 그는 아마 깜짝 놀라게 될지도 모른다. 그 자신을 위해서 실질적으로 "시의 적절하게" 대답하는 것이 그에게 굉장히 어려운 것일 수 있었음에도 그 점에 대하여 그가 '너무 적게' 아니면 '너무 많이' 아니면 '다르게' 이루려고 하였던 것은 아니었나를 질문하게 된다. 그러나 그 반대로 생각될 수도 있다: 주변 사람들의 절반이나 모두가 놀라거나 노하게 된 한 사람의 결정들, 행동들, 관계들 그 안에서 그는 아마도 자신에게 다소간에 놀랄 수도 있다. 그리고 그것들 안에서 그는 아마—모든 경우에, 다른 관점에서 의문시 될 수도 있지만—그를 위한 시의 적절한 것을 선택하고, 그의 유일한 기회를 파악하고 붙잡을 것이며, 자기가 스스로에 허락하려고 하거나 정당화시키는 것 이상의 것을 할 수 있을 것이다.

아래의 질문은 각자가 스스로 전부 아니면 거의 감추려고 하는 것으로 삶의 뿌리에까지 깊이 이르는 질문인 것이다. 과연 나는 나의 시간에 주어진 나의 생명과 함께 바로 나에게 주어진 기회와, 인간, 그리고 세상 안에서, 동료 인간과, 그리스도인이라는 것을 보고 이해하고 있는가? 만약 내가 이미 그것들을 보고 있다면, 언제 나는 그것들을 붙잡거나 혹 그것들을 잊어버리게 되는 것인가? 그것은 오로지 여기 바로 여기에서만, 즉 분명히 하나님 한 분만이 이에 올바르게 심판하신다는 것에서 대답이 이루어지는 것이다. 그 누구도 다른 사람에 대하여, 어떤 사람이나 자기 자신에 대하여도 그렇게 대답을 못 한다. 사람들은 그렇기에 이제 삶이란 많은 길 중에서 그 자신의 제한들 안에서 그 사람에게 주어진 것으로서 지금 바로 그에게 명령되어진 것의 온전한 충만이 이루어질 수 있다고 나타나는 것임을 알아야 하는 것이다. 그러나 그렇기 위해서 그 삶에 어떠한 특별한 결정에 대한 중대한 검증이 따르는 것이다. 이 결정 안에서 전체로서 모든 것이 심판에 걸려 있게 되고, 그것의 완성을 어느 정도 지금 증명해야만 하며, 그 자신의 순종이 진실한 것이었는지 그리고 지금 진실한 것인지를 파악해야 한다. 그러나 지금 여기서 개별적으로나 아니면 그와 함께—모든 것이 개별적으로 오는 것처럼—지금 전체적으로 결정을 부정하거나, 그의 기회를 주저하게 된다면, 어떻게 될 것인가? 사람들은 다시 역으로 인간의 생명이 전체적으로 엉망이라는 것을 생각하게 될 것이다. 왜냐하면 그에게 실질적으로 모든 것이 비현실적으로 보이고 아마 그의 생애의 끝에 이르기까지 그렇게 보일 것이라는 것을 생각해야 하기 때문이다. 그러나 그후 그는 심판대에 이르고, 지금 그에게 전체가 걸려 있다는 것을 아마 의식하지 못한 채, 어떤 구체적인 결정에 부딪칠 것이다. 그리고 거기서 그 결정은 나머지 어둠의 한가운데서 그의 섬광이 될 것이다: 그는 거기서 이제 부정하지 않고, 오히려 이 단 하나, 실질적인 그의 기회를 붙잡을 것이다. 어떻게 그리고 언제 그는 이 단 한 번을 전체 안에서 받아들여지게 될 수 있겠는가? 이 두 질문은 아무도 다른 이를 위해서든 역시 자기 자신을 위해서든 대답될 수 있는 것이 아니다. 그러나 각자 모두는 알아야 한다. 전체 안에서 그러한 개별적인 기회들은, 어떤 이에게는 위협이 되고, 어떤 이에게는 약속이 충만한 것으로서, 그의 최종적인 질문이 될 수 있을 것이며 그리고 이것들은 하나님에게서, 오로지 하나님으로부터 확실히 정확한 대답을 얻을 수 있을 것이다.

이제 우리는 여기서, 어떻게 자신의 순종이나 불순종을 통해서 특별한 관점 아래 이해된 하나님의 말씀 아래 존재할 수 있는 것인지, 각자에게 최소한 한 부분이라도 분명히 만들 수 있기 위해서 도움이 될 만한 몇 가지 기준을 제시하고자 한다.

1. 그러한 기준은 의심할 여지 없이 자신의 자리의 연관성이 올바른 것으로서, 다른 이를 위해서 동시에 하나의 사태를 위해서 가장 큰 가능성의 개방성과 그리고 가장 큰 가능성의 결정이 될 수 있는 장소가 될 수 있는 것 안에 세워지는 것이다. 그의 시간 안에 그의 자리는 가까이에 있거나 또는 멀리 있는 많은 다른 이들에게 매우 비슷할 수 있고, 아니면 바로 그의 다름 안에서 그와 그의 것에게 의미 있는 것이 될 수도 있는 것이다. 그는 많은 다른 사람들의 존재를 통해서 그들의 시간 안에서 자신을 요구하게 되

는 것이고, 즉 부름 받은 것을 발견하고, 그들 가까이에 있는 자신의 자리 아니면 그들에게 긍정적이든 부정적이든 상응하는 자리를, 찾게 되는 것이다. 이러한 다른 사람을 향한 방향, 배우려는 준비, 뒤따를 것에 대한 각오 아니면 반대를 하는 것, 이 모든 것이 근본적으로 정당한 것이다. 우리는 괜히 서로 다르게 보이는 교회와 세계, 이들 안에서 서로 곁에, 함께 살고 있는 것이 아니다. 아무도 폐쇄적으로 있을 수 없고, 각자는 반드시 다른 이들의 길을 위한 개방성과 함께 시작할 수 있고 이것은 마지막에 이르기까지 결코 취소될 수 없는 것이다. 만약 자신의 기회를 붙잡으려고 하는 사람이 모범을 이룬 사람이나, 선생님에게는 묻지 않고, 동료들에게나 형제들에게만 물으려고 하는 사람은 바보일 것이다. 자신의 기회를 실질적으로 얼마간 정확하게 발견하고 그리고 얼마간 확실성을 가졌다는 사람이, 하나님 밖에서 모든 것을 규정하고 그리고 언제나 자기에 가깝게나 혹 멀리서 있는 사람들로서, 이렇게 저렇게 고무하고, 격려하며 아니면 준비할 줄 알았던 어떤 다른 사람들을 언제나 의존하고 있었다면, 아마 역시—"남자가 되라. 그리고 나를 따르지 말라!"라는—경고를 받았을 것이고 이에 깜짝 놀랐을 것이다. 그들을 일축하면서, 그들의 시간에서 그들이 어떻게 올바르게 행동하였는가를 살펴보려고 노력하지 않는 이는 결국 분명하게 한 자리에서, 그곳은 나중에 전혀 자신의 것으로 인정할 수 없는 곳이며, 그곳 안에서 거의 파우스트와 같이 자신의 대담한 실수의 결과로, 어떤 경우에는 지옥에 떨어질 수 있을 것 같은 곳에서 깨닫게 될 것이라는 것에 놀라서는 안 된다. 왜냐하면 올바른 자리로서 자신의 고유한 관계에 대한 질문 안에서 적지만 강력한 수정과 보충은 확실히 마지막까지 모든 이에게 필요한 것인데, 사정에 따라서는 모든 사람이 자기와 다른 길들을 이해하고 받아들일 수 있도록 개방적으로 되는 것이 자기의 마지막까지 결코 충분히 다 행해질 수 있는 것은 아니기 때문이다. 그러나 중요한 것은 자신의 고유한 길을 추구하는 것으로, 모든 사람이 자신의 시간 가운데 자신의 것으로 있을 수 있도록 만드는 자리의 관계가 중요한 것이다. 다른 이들이 그에게 충고도 하고, 돕고, 그리고 모범과 혹 정반대 경계의 상이 될 수 있기도 한 것이다. 그러나 자신의 유일한 기회를 포착하는 것은 반드시 그의 일이 되어야 한다. 그는 다른 이들을 따라서 행할 수 있다. 그러나 그는 그들을 따라서 하지 않을 수도 있는 것이다: 긍정적이지도 부정적이지도 않은 것이다. 그러나 그의 개방성은 좋은 것이다. 그리고—다른 사람이 그에게 좋은 도움을 주는 자, 상담자, 모범적인 사람 아니면 경계의 모습으로서, 그를 결단하게 만드는 것으로 봉사를 하게 되는 것이다. 결단한다는 것은 폐쇄된다는 것이 아니다. 사람은 더욱이 그 존재, 그의 한계 안에 그리고 그의 고유한 시간에서만 존재할 수 있는 그의 존재를 위한 올바른 결정을 다른 사람들로부터 회피가 아니라 오히려 그들을 향하는 것에서, 다른 이들과의 분리로부터가 아니라 그들과의 공동체의 유지 가운데서 완성된다는 것을 알게 되는 것이다. 의심할 여지 없이 그러한 것으로서 이 결단은 모든 경우의 그리고 새로워질 수 있는 개방성에 있어서, 고요함 가운데 있는 행위로서 선택하고, 다른 사람들이 그들의 길에서 붙잡은 많은 것을 포기할 수 있고, 또 다시 다른 사람들이 걱정하지 않는 다른 것들을 받아들이는 것을 의미할 수도 있다는 것이다. 그 자신의 제한 가운데 자유로운 인간을 목적하는 계명은 언제나 두 가지를 요구한다: 인간에게 동료 인간의 우선됨을 통해서 얼마간에 강력하게 권면된 것과의 관계에서 단호한 포기와 단호한 포용. 결단은, 마치 그것이 순종으로서 요구되는 것처럼, 각 사람에게 모험과 같은 특징을 가지게 되는데, 모든 다른 사람들 중에 편견 없이 독립적이고, 허영심 없이 그러나 역시 부끄러움도 없이, 자신의 출생과 자신의 죽음 가운데, 좋아한 많은 것들과 반대했던 것들 그리고 이렇게 저렇게 그를 제한하였던 이웃 그리고 친척들을 가지게 된 가운데, 단지 그 자신이 될 수 있는 것이 되려는 가운데 그러한 것이다. 결정이 없이 생길 수 있는 것은 오로지 유약한 인간일 뿐이다: 그는 단지 자신의 우연히 주어진 환경에 평균적인 것, 위대하다는 사람에게 영향을 받게 되는 것을 자신에게 도움이 된다고 보지만—근본에 있어서는 고독에 대한 불안이나 모험에 대한 두려움 때문이고 자신의 삶의 자리와 연관 없이 자신의 기회를 붙잡지 않으므로 그렇게 된 것이다. 유약한 사람과 바보가 하는 것은 자기의 할 수 있는 힘을 다해서 모든 다양한 것이 나타나는 가운데서도 단지 짝을 지으려고만 하는 것이다. 실질적으로 개방적이고 실질적으로 결단력이 있는 인간은 짝을 지으려고만 하는 것이 아니라 언제나 한 사람으로서 가능한 그 자신의 인격으로서, 또한 실질적으로 그렇게 되려고 하는 것이다.

2. 우리는 생명을 자신의 유일한 기회로서 받아들이는 사람을 알아 볼 수 있다. 그는, 신중하게 요청을 들을 줄 알고 또한 그에 적극적으로 관여할 줄 앎으로서, 시간을 낭비하지 않고, 오히려 시간을 창조하고 시간을 잘 취할 줄 아는 사람이다. 이 기준에 있어서 결정적인 점은, 그가 자신의 제한을 잘 알고 있다는 것에 직면해서, 지금 오늘, 중요한 것으로 알려진 즉시, 신중하게 요청을 받아들인 자요 적극적으로 관여하는 자라는 것이다: 단지 그의 일을 통해서만이 아니라—물론 당연히 역시 일을 통해서 하지만!—그러나 역시 그와 연관되어진 사람들, 아니면 잠시 만났던 동료 인간들, 그들의 주어졌던 존재와 그들과 관련된 존재, 그가 고통을 당하는 약점들, 그가 지고 가야 할 짐들, 그가 대답해야만 할 질문들, 실질적으로 해결하려고 노력해야 할 문제들을 통해서 그렇고—그리고 또 더욱이: 그의 삶이 이루어지고 있는 작고 큰 맥락의 역사적 과정을 통해서, 자신의 형태, 색깔, 음조 등 모든 것을 특징짓는 면들과 자신의 시간과 지금 단 한 번 유일하게 자신이 속한 자연의 우주를 통해서—마지막으로 그리고 가장 높은 면으로 아니면 역시 최초의 것으로 가장 깊은 의미에서 그가 하나님의 계명을 듣고 그에 순종하면서 자신의 시간에 자신의 전 존재의 근본과 한계를 알게 되는 그의 공동체의 예배를 통해서 관여하는 것이다. 만일 그가 이 자신의 시간을 그의 유일한 기회

로 붙잡는다면, 이것은 다음을 의미한다: 그는 모든 사람에게 붙잡혀진 존재로서, 그는 모든 존재와 함께 그와 함께 있으며 단지 자신의 입장에서 방관적으로 있는 존재가 아닌 것이다. 이러한 제한들(처음 것부터 마지막에까지, 최상의 것에서부터 가장 적은 것에 이르기까지)은 그를 향하여 요구하고, 그를 필요로 하며, 그를 그 자신의 동반적 존재에로 부르고 있는 것이다. 그것은 이미 그렇게 되어 가고 있다: 모든 것은 그를 끌고, 잡아당기며, 모든 면에서 작용하고 있는데, 매우 다양한 방식으로 그리고 다양한 계층으로, 그러나 언제나 그를 요구하고자 하는 것이다. 그리하여 이제 그는 모든 면에서 준비되어야 하며 자신을 그에 상응되도록 만들어야 하는 것이다. 그리고 지금 그와 상관하려는 것들과 이로 말미암아 그가 상관해야 할 것들을 위해 자신의 그의 유일한 시간을 가지고 있는 것이다. 만약 그가 세 개나 혹 네 개의 다른 시간을 함께 가지고 있다면 얼마나 놀라운 일일까? 그러나 바로 이것이 우리의 한계이다: 우리는 단지 지금 이 시간만을 가지고 있는 것이다. 하나님이 아시는 것으로 우리는 잃어버릴 시간이 없다. 누군가 시간을 낭비해 버리고, 자신의 시간을 쫓아내야 할 것으로 알고 있다면, 그는 자신을 이러한 관점에서 자신의 자리에 자신을 찾지 못한 아주 분명한 위반자로서 표현하는 것이다. 그렇지 않았다면 그는 다르게 되었을 것이다. 그렇지 않았다면 그는 항상 이렇게 저렇게 참여적이고, 언제나 시작과 요구되어지는 것들에 최선을 다했을 것이고, 그렇지 않았다면, 그는 모든 순간을 매우 중시하고 필요하다는 것을 알았을 것이다.

그러나 이것은 당연히 그가 모든 면에서 무조건 영향을 받으라고 내버려둔다는 것을 의미하는 것은 아니다. 이렇게 허용하는 것은 바로 무한성에 대한 망상으로서, 사람은 그 안에서 살아서는 안 되며, 그 속에서 인간은 오로지 자신을 파괴할 수 있을 뿐이다. 이것은 그가, 자신의 유한성 가운데 부르심을 받은 자유가 아니다. 하나님의 계명만이 그를 진실로 요구하신다: 그의 일이 아니고, 동료 인간을 사랑하거나 사랑하지 않거나 하는 것도 아니고, 역사도 우주도 아니다. 그리고 그에게 예배로 그리고 그의 공동체에 이론적이거나 실천적으로 이루어져야 할 것같이 보이는 것도 한 번도 인간이 반드시 성취해야 할 참되고 고유한 모습이 아니다. 오히려 자신의 시간의 한계 가운데 그리고 이러한 한계를 통해서 자신의 존재를 이루어야 한다는 권면과 함께 그를 요구하는 하나님의 계명만이 그러한 것이다. 한계 가운데 자유로워져야 한다는 것은 다음을 의미한다. 하나님의 계명에 순종하는 인간은, 각자에게 특별한 것을 요구하는 것처럼, 그는 모든 것 가운데 자기가 무엇을 할 수 있는지 그리고 할 것인지를 선택하여야 하며, 어떤 것을 선택하였다면 그와 함께 바로 자신과 연관된 것처럼 해야 하는 것이다. 모든 것도 또 어떤 것도 바로 그를 사실적으로 요구할 수 있는 것은 아니다. 아무 것이나 무엇이든지 그를 끌고 잡아당기면서 그리고 그에게 작용될 수 있는 것도 아니고 그렇게 할 수 있도록 되어 있는 것도 아니다. 사람으로 하여금 자신에게 너무 많은 것이나 혹 너무 낯선 것, 아니면 그에게 어쩐지 적절하지 않고 불편하게 만드는 것을 쫓아내든지 아니면 이를 다른 이에게 넘겨버림으로써 자신을 지켜야 하는 권리의식을 갖게 하고 더욱이 이에 대한 의무감을 느끼게 만드는, 오로지 자기만을 추구하는 위생학의 계명이 문제가 아니다. 바로 이러한, 그에게 너무 많거나, 아니면 너무 낯설거나 한 것, 바로 그에게 전혀 어울리지 않고 불편하게 만드는 것, 그리고 무엇인지 자기를 그것으로부터 지키길 원하는 것이나 할 수 있다고 느끼는 것들이 바로 그가 하나님의 계명을 통해서 받아들이도록 명령되어진 것의 대상들이 될 수 있다는 것이 중요한 것이다. 그러나 하나님의 계명이 그에게 요구하는 것은, 사실적으로 그리고 어떤 상황에서도 그의 순종적인 선택인 것이다. 그는 진실로 낭비할 시간이 없는 것이다: 바로 그에게 주어진 것의 행위를 위해 그가 필요한 것이 시간이다. 그는 반드시 그 자신에게, 지금 그에게 주어진 것을 이루기 위해서, 시간을 만들어야 하는 것이다. 그는 반드시 그가 마주친 모든 요구 가운데 이것을 먼저 해야 하며 그리고 나머지를 뒤로 돌려야 하는 것이다. 그는 집중할 줄 알아야 하며, 그리고 자신의 주변의 모든 것이나 아니면 질문되어지는 주변의 모든 것으로부터 중심을 구별할 줄 알아야 하는 것이다. 그렇게 해서 그는 그 자신에게서 그리고 사람이 선택할 수 있지만, 충분한 시간도 없고, 어디서 이를 이룰 수 있는지 알지 못하는 다른 많은 것 앞에서 시간을 만드는 것이다. 사람은 이것들을—이를 위해서 역시 다시금 저 결단이 필요한 것이지만—바로 거기서 버려야 한다. 즉, 사람이 그것들이 그 자체로 역시 필요한 것이라고 여겼던 것도, 정확히 볼 때, 그에게는, 그것을 갖기 위해서, 고유하게 요구된 것이 아니었던 곳에서 버려야 한다.—그리고 사람이 다른 것이 아니라 하나님의 계명을 통해서, 그리고 하나님의 계명을 통해서 범주적으로 이것들을 필요한 것으로서 요구할 수 있게 만드는 곳에서 이것들을 더 좋게 필요하게 만들 수 있게 되는 것이다: 바로 그곳에서 사람들은 어떤 상황에서도 이것들을 가져야 하는 것이다. 사람이 세우기 위해서는 먼저 부술 수 있어야만 하는 것이다. 사람이 세우기 위해서 부수면서 세우는 것이 바벨의 탑들과 같은 임의적인 것이 아니고, 변덕도 아니고, 자기가 선택한 자기만족을 위한 놀이도 아니고, 오히려 사람이 범주적으로 부름을 받은 사역이라면, 비록 그 자체로 역시 필요하고, 좋고, 아름다운 것이라고 할지라도 그 다른 일들을 부수고, 뒤로 놓으며 아니면 내버려 두든지, 다른 사람에게 맡긴다고 할지라도, 그 사람은 허무하게 사라지는 것이 아니다. 확실히 그는 오랜 뒤에 어디서든지 없어서는 안 될 것처럼 있을 수는 없다! 그러한 것은 오히려 아직 무한성의 망상의 잔여가 남아 있는 것으로서—아니면 그가 순종함으로써 선택한 것이 아닌, 나쁜 것으로서—그가 시간의 결여로 말미암아 관계할 수 없게 되었다는, 그가 관여해야 할 그리고 그렇게 해야만 하였던 것들과의 관계 안에서 편견을 가지고 행동한 것 같은 나쁜 양심을 가진 것이라는 면에 직면하여 그는 결국 스스로 자신을 불안하고 거북하게 만들게 되는 것이다. 그 자신의 유한성 가운데 인간은 모든 면에서 붙잡히며 그리고 그는 어떤 상황에도 낭비할 시간이 없다. 그러나 그가 붙잡는 것은, 그가 시간이 있기 때문이고, 매번 그리고 그것을 하도록 그에게 명령되어진 것, 그것을 위해서 그것이 옳게 그것을 붙잡을 수 있도록, 그는 시간을 만들어야 하는 것이다.

    요약하자면: 사람은 자신의 유일한 기회를 받아들이는 사람을 다음과 같은 면에서 인식한다. 그는 많은 것, 다른 이들이 요구하거나 그 자체로 그에게 무엇인가 요구할 수 있는 것들, 그것들에 있어서는 아니지만—그것에 있어서—지금 그를 신중하게 요구함으로써, 전체적으로 그와 함께 있는 것이다. 그는 자신의 열심 가운데 집중하는 모습을 가지고 있는 것이다. 그는 모든 것을 함께 하나로 모으는 것이다. 많은 것, 모든 것이 사람과 관여될 수 있지만, 그러나 모든 것이 그와 진실로 연관을 맺을 수 있는 것은 아니다. 하나님의 계명은 그를 여기서 필요한 선택의 자유 안에 고정되어 결정하지 못하도록 내버려 두지는 않는 것이다. 그는 자세히 주목하여 자기가 이 자유를, 이 자유 가운데 있는 선택을 완성하며, 하나님의 계명 앞에서 책임적으로 실천하게 된다는 것을 보게 되는 것이다! 자유는 실천적으로 이루어지게 될 것이다.

    3. 자신의 유일한 기회를 받아들이고 붙잡으려는 인간은 그것을 행하지 않는 사람으로부터 자신을 구분하게 되는데, 그는 자신이 죽을 것이라는 것을 생각한다는 것과 그럼에도 또한 죽음을 두려워하지 않는다는 것을 언제나 생각한다는 점에서 구분하게 되는 것이다. 일단 이것은 확실하다: 이것이야말로 그리스도교 신학적 이유로서 핵심적인 것이고 결정적인 기준이 되는 것이다. 여기 신약성서와 함께 살지 않는 자는 이것을 도무지 할 수 없다. 우리가 지금 신약성서와 함께 살지 않는다는 사실 앞에서 어떻게 우리가 하나님의 은혜와 이 큰 죄의 용서를 의존할 수 있겠는가! 그러나 우리가 하나님의 은혜에 의존하고 있음을 안다면, 우리는 우리가 불순종한다고 해서 흔들리거나 변하지 않는 하나님의 계명을 들을 것이다.

    우리는 죽을 것이라는 사실은 시간 가운데 우리의 존재의 제한으로서 우리 앞에 어딘가에 주어져 있는 것이다. 그것은 우리와 함께 지나가게 될 것이다. 우리는 우리의 자리와 연관을 갖든지 혹 갖지 않든지, 우리의 기회를 붙잡든지 놓치든지 할 것이다. 모든 수정과 보충을 위해서는 너무 늦는 때가 있을 것이다. 쓰여지거나 인쇄된 책은 더 이상 우리 손에 없을 것이며, 오히려 그것은 늘 그런 것처럼, 모두 알려지게 된다. 그리고 그 후 하나님께서는 최종적으로 놓인 것을 읽으실 것이다. 우리는 '그 후'를 잊어버릴 수 있고, 무의식 속으로 밀쳐놓게도 할 수 있다. 그리하여 이렇게 저렇게 우리에게 주어진 시간이 채워질 때를 생각하지 않으려고 그에 대하여 숙고하지 않을 수도 있다. 그러나 그것은 우리가 죽을 수밖에 없고 죽을 것이라는 사실에 대하여 아무것도 바꿀 수 없다. 오히려 이것으로 우리는 우리 자신을 부족하게 만드는 것이고, 우리는 이제 우리 자신을 마치 낯선 사람을 만나는 것처럼 될 것이고, 실질적으로 우리가 누구인가 되어야 할 존재로서 되는 것에 지체하게 만드는 것이다. 우리의 존재는 우리의 시간 안에 있는 우리의 존재이다. 그것에게는 마지막이 결정적으로 포함되어 있는 것이다: 바로 우리가 죽을 수밖에 없고 죽을 것이라는 것이다. 바로 이것이 우리의 삶 가운데 모든 형태 안에서 받아들여져야 할 것이고, 우리의 삶의 정통한 요소가 된 것이다.

"죽음이 (정확하게 받아들인다면) 우리 삶의 진정한 목적이기 때문에, 몇 년 전부터 나는 이러한 인간의 진실하고 최상의 친구와 함께 친하게 지내오고 있습니다. 그래서 그 죽음의 형상은 내게 더 이상 단지 두려운 것이 아니라, 오히려 진짜로 마음을 평안하게 하고, 위로가 되고 있습니다!—나는 하나님께 감사하는데, 그것은 하나님께서 나에게 은혜를 부으셔서 나로 하여금 이 기회를 (그분은 나를 이해한다.) 만들 수 있게 하셨고, 죽음을 우리의 참된 축복의 열쇠로 알아갈 수 있도록 하신 것입니다.—나는 결코, 내가 아마도 (그렇게 젊은 내가) 다른 날에 더 이상 존재하지 않을 수도 있다는 것을 생각하지 않고 기도하지 않습니다.—그리고 내가 아는 한 그 어느 사람도 내가 후에 즐겁게 될지 슬프게 될지 말할 수 있는 사람은 없습니다.—이 축복을 인해서 나는 매일 창조주께 감사드리며, 진심으로 이 축복이 모든 나의 동료 인간들에게 주어지기를 기원하고 있습니다."(1787년 4월 4일, 모차르트가 아버지에게 보낸 편지)

만일 우리가 죽음을 생각하지 않는다면, 만일 우리가 죽음으로부터 개방성을 이루고 결정을 하지 않는다면, 만일 우리가 죽음으로부터, 우리의 시간을 낭비하지 않도록 금지하게 만들지 않는다면, 그리고 시간을 만들도록 제공하지 않았다면, 우리는 우리 그 자신으로서 더 이상 우리의 고유한 모습이 아니고, 순수한 것이 아니다. 바로 죽음으로부터 우리의 삶은 매번 유일성에 대한 강조를 받게 되고 그로부터 우리의 전체적으로 부과된 과제의 시급성을 알게 되는 것이다. 우리는 다음의 사실을 생각해야만 한다.(시 90:12) 즉, 우리는 죽게 될 것이라는 사실이다. 이와 다른 경우에 있어서 우리는 현명해지지 않을 것이다. 현명해지지 않게 된다면, 더 이상 우리는 우리의 고유하고 순수한 우리의 인간적 삶을 이룰 수 없게 될 것이다.

그러나 역시 인간은 또한 자신의 제한성을 보면서도 왜곡된 것을 행할 수 있다: 사람은 죽음 앞에서 두려워할 수 있다. 그렇기 때문에 사람은 죽음을 생각하지 않을 수 있다. 즉, 죽음에 대하여 생각한다는 것 그 자체를 사람이 두려워하는 것이다: 죽음이라는 것을 생각하는 것과 더욱이 죽은 자를 생각하는 것은 불쾌한 것이다. 사람은 죽음을 보고 이해는 하지만 확실히 반대를 더 좋아한다: 사람은 죽음을 생각하기를 원하지 않기 때문에, 사람들은, 다른 이에게 자신의 존재가 불쾌한 생각이 되는 것 자체를 두려워하게 되는 것이다.

사람은 자신이 시체가 될 것을 생각하는 것은 불쾌한 일이다. 다른 이들은 초와 화환을 보내고, 모든 말로서 무거운 작별을 고하면서, 많은 말로 지난 일을 이야기하며 집으로 돌아가고, 이제 자신은 한줌의 재로 얼마 깊지 않은 땅속에 묻히는 것을 생각하는 것, 사람들이 얼마동안은 자신을 그리워하다가, 더 이상 그리워하지 않게 되고 나중에는 우리를 알고 있었던 사람들도 같은 길을 가게 될 것으로서 더 이상 사람의 기억 속에서도 사라져버리게 될 것이라는 생각은 불쾌한 것이다. 그러나 이것이 언젠가 우리를 기다리고 있는 가장 확실하게 정해진 죽은 자의 존재의 모습이다. 이것은 그렇기에 진실로—우리의 시간에 우리 존재의 마지막 모습, 우리의 지나가는 삶의 끝이 난 모습을 생각하는 것은 불쾌한 일이다.

죽음에 대해 생각하는 것이 불쾌하다는 것은 그 자체로 죽음에 대한 실질적인 두려움의 형태이다. 사람은 임시적 조치로 이러한 형태를 극복할 수 있다. 이것에 대한 생각은 고백적으로 시적 양식으로 왜곡되어 설명될 수 있다. 그는 자신을 마치 초연한 사람인 것처럼 나타낼 수 있다. 왜곡된 것으로 실질적인 죽음의 불안 그 자체는 우리가 죽거나 죽게 되었을 때 우리가 우리의 마지막에 도달했다는 것에 관계하며, 우리가 그 후에 더 이상 존재하지 않을 것이라는 것과 관계하고, 결국 모든 것에 대하여 늦게 되었다는 것에 관계하는 것이다. 그러나 이러한 관계를 긍정하기 위해서는 하나님 없이, 그리고 그 자체로부터는 아무도 예라고 말할 수 없는 것이다. 누가 스스로 하나님 없이 그는 더 이상 존재하지 않을 것이고 또 그가 더하여 첨가하고 싶은 것으로서 모든 것에 대하여 늦게 되었다고 말할 수 있는 것인가? 실질적으로 우리가 죽게 되었을 때만, 그에 더하여 우리가 더 하는 일 없이, 그리고 그것이 우리에게 맞는지 아닌지 상관없이, 사실적으로 예를 말하게 되는 것이다. 이것은 우리가 피하여 가고자 하였던 큰 반대인 것이다. 이것은 우리가 경험하게 될 수밖에 없는 가장 심한 반대인 것이다. 그것은 바로 절대적인 반대인 것처럼 나타난다. 우리가 더 이상 있지 않게 된다는 것은 우리가 없어진다는 것, 우리의 미래가 무가 된다는 것을 의미할 수도 있고, 이런 의미와 함께 존재의 위협을 느끼는 것이다. 실질적인 죽음의 공포는 이러한 반대에 관련되는 것이다. 죽음에 대한 생각은 단지 불쾌한 것만이 아니라, 그것은 두렵고 공포로 생긴 생각인 것이다. 그것은 하나님 없는 인간에게 있어서는 피할 수 없는 것이다.

사람은 분명히 자신을 속일 수 없다: 이것은 죽음의 실질적인 공포의 여러 가지 다양한 형태를 나타낼 수 있는 표식이다. 즉, 이것들 모두는 겉으로 보기에는 공포와 상관이 없어 보인다. 그리고 그 공포를 몰아내고 극복한 것으로서 나타나진다. 그리하여 더 이상 죽음에 대하여 자신과는 아무 상관없는 것처럼 조용히 지내며, 다른 사람의 일로 만들고, 공포로부터 벗어난 것처럼 나타나는 것이다. 바로 이 인간은 자기 자신을, 소위 그 자신의 지나감 안에 있는, 자신의 유일회성 안에 있는, 자신의 존재의 제한성 안에 있는 자기 자신을—비켜간 것이고, 그렇게 해서 자기 자신을 보지 않은 것이고 그 자신 있는 그대로 가지려고 하지 않은 것이다: 그는 한 번 이상 존재할 수 없고, 그를 위해서는 단 한 번 모든 것에 늦을 것!이 있게 될 것이다.—바로 이것이 이 두려움의 모든 형태가 공통적으로 가지고 있는 것이고 그들 모두를 그러한 것으로서 특징짓는 것이다.

인간은 자신의 시간 안에 자신의 존재의 악명 높은 마지막을 넘어서 그리고 자신의 죽음을 넘어서 하나의 무한성, 소위 최소한 영혼의 불멸성을 이 주어진 시간 넘어 어딘가에 상상하며 그려낼 수 있다. 이것은 전형적으로 두려움에 사로잡힌 생각이다! 만약 우리가 도망가고자 하였던 죽음의 제한과, 우리를 기다리고 있는 그 반대들이 그렇게 위험하지 않으며, 오히려 어떻게 해서든지 극복할 수 있는 것이었다면, 모든 것이 완전히 달라졌을 것이고, 그렇다면 얼마나 좋겠는가! 두려움에 사로잡힌 생각으로서 그 자체는 확실히 위의 이러한 사람의 소원에 거짓을 말하지 않는다. 정반대이다!

그러나 인간은 또한 다르게 자기 자신을 피할 수 있다: 즉, 죽음 이후의 어떻게든 그에게 이루어질 수 있을 것에 대한 모든 생각을 포기하는 것이다. 그는 언제든지—그가 그렇게 할 수 있는 한, 사실적으로 그렇게 할 것이다.—다음처럼 말할 수 있는 것이다. 즉, 그는 어찌되었든 아직 죽지 않았고, 아직 그 제한, 그 반대에 부딪치지 않았으며, 우리가 사는 동안 계속 자유롭게 남아 있기 위해서, 그리하여 자신으로부터 그리고 자신에게 주어진 시간을 가지고 새롭게 시작할 수 있고, 그를 기분 좋고 즐겁게 만드는 것을 생각하며, 그의 부드럽고 약간 거친 임의적 고집이나 그들의 과정에서 발생할 수 있는 우연들을 허용하면서, 그것으로 말미암아 더 적절한 것으로 전환될 수 있다거나 최상의 가능성을 만들 수 있다는 것이다. 이것 역시 다시 전형적으로 두려움에 사로잡힌 생각이다! 간단한 한 쌍의 눈가리개로 모든 것이 만들어진 것뿐이다: 필요한 것은 내가 내 자신을 설득하는 것이다. 나는 지금 아직 죽을 사람이 아니라는 것이고, 지금의 나는 굳이 다른 사람이 그들에게 있어서 한 번 당할 수밖에 없는 일에 대하여 그것을 걱정할 필요는 없다는 것이다. 그러나 바로 두려움에 사로잡힌 생각은 이러한 자신의 거짓된 소원의 자기기만을 결국 밝힐 것이고 다시 정반대가 된다. 여기 호라티우스적인 현재를 즐겨라!(carpe diem!)라는 그의 근원적이고, 상당히 그 자신의 정취에 물든 자리를 가지고 있는 것이다.

인간은 아직도 또 다르게 자신을 피할 수 있다: 그는 자신을 소위 하나님처럼 생각이나 안락의 자에 기대서—"나의 위대한 마음이여, 그대는 족하다!"(Heinrich Leuthold)—우주와 역사의 중심에 앉을 수 있고 자신의 고유한 변화나 가까운 하강을 멀리서 볼 수 있다: 그가 전에는 꽃봉우리가 맺혀 있는 것 같았는데, 그 후 우주라는 바다 위로, 그리고 우주적 삶의 역사라는 나무의 활짝 핀 잎사귀같이 존재할 수 있었다가, 지금은 가을 빛 붉은 마른 것이 되는 것처럼 보여지는 것이다. 어느 때인지 모르지만 고요하고 평화롭게 떨어져서 다시 그 땅으로 되돌아 갈 것이고, 바로 그곳에서 자신을 유지하고 있었고 지금 바로 그 나무로부터 아직 살고 있는 바로 그 나무로부터, 앞으로도 계속 많은, 수많은 다른 잎사귀를 낼 우주적 생명의 총체적 맥락 속에서 인간성의 생명을 산다는 것이다. 다시 한번 이것은 전형적으로 두려움에 사로잡힌 생각이다! 만약 인간이 자신을 그렇게 볼 수 있고 그렇게 정리할 수 있다면, 그래서 지구와 나무 그리고 다른 잎사귀들과 있는 그의 맥락과 관계없이, 그를 보고 그를 정돈시킬 수 있는 신이 없다면, 얼마나 모든 것이 간단할 것인가: 유일회성 가운데 그를, 그러한 그를 직접적으로 책임에 대한 질문에 연관시킨다면, 즉 더 이상 실재적이지 않은 것에게나 아니면 모든 것의 꿈과 같았던 맥락에 대해서가 아니라 오히려 직접적으로 하나님에게 연관시켜 볼 때, 그는 죄인 아닌가! 그러나 자신의 존재로서 그 자신을 준다는 것, 이를 위해서는 위에서 이야기한 도피와 두려움의 생각은 너무나 고귀하고, 미적이고 위대한 것이다.

우리가 죽을 것이라는 것에 대하여 숙고한다는 것은 모든 회피적인 시도에 대하여 반대하는 것이다: 그 자신을 그대로 고수하는 것으로서—무엇보다도 다음을 의미한다. 사람이 스스로는 할 수 없고, 오로지 하나님과 함께할 때만 예를 할 수 있는 것에 대해서 예를 하는 것이다: 우리는 언젠가 더 이상 존재할 수 없고 결국 최종적인 늦음!에 서게 될 것이라는 것이다. 우리가 이러한 사실에 대하여 예라고 말할 수 있어야 한다는 것은, 진실로 단지 하나님의 계명으로서 받아들일 수 있고 이해할 수 있으며 그리고, 예수 그리스도 자신 안에서 이것에 대하여 예를 말씀하신 하나님과 함께해서만 실질적으로 이루어질 수 있는 것이다. 그렇지 않고는 인간은 이 우리를 기다리고 있는 제한을 근본적으로 언제나 다시금 두려워할 수밖에 없고, 이것을 인간은 언제나 어떻게 해서든지 다시금 진실로 인정하지 못하게 되는 것이다. 즉, 사람은 제한 가운데 있는 자신의 존재로서 자기 자신을 인정할 수 없고 다른 방향으로 자신을 피해서 나가고자 하는 것이다. 우리는 죽을 것이고 그렇게 자기 자신을 고수해야 한다는 것을 숙고하는 것은 단지 신약성서적인 시간이해 위에서만 할 수 있다. 이것에 따르면 그는 처음부터 그리고 마지막에 이르기까지 자신의 시간 안에 주님을 모시고 있으며, 그는 자신을 기다리는 제한에 있고, 그는 주님을 향해서 가고 있는 것이다. 죽음을 기억하라!(Memento mori!)라는 계명은 우리에게 이러한 시간이해를 제공한다. 이 계명에 순종하는 것은 근본적으로 어찌하였든 형식적으로 간단히 말해서 이 시간이해를 받아들이고 긍정하는 것에 있는 것이다. 이것은 충분히 이상하게 보이지만, 그러나 이것은 사실이다: 올바르게 이해된 죽음을 기억하라!(Memento mori!)에 대한 순종은 모든 삶을 낯설게 하는 병든 것들과 모든 발작적인 삶의 부정들로부터의 전혀 반대가 되는 것이다. 이 계명을 다르게 설명할 수 있다면, 그것은 인간은 깨어 있어서 잠을 자서는 안 된다는 것이다. 즉, 그는 지금 오늘 이 시간의 기회를, 그가 지금 기회를 가지고 있는 한에서 그리고 이 동안에, 신중하게 받아들여야 하지 않겠는가? 죽음을 기억하라!(Memento mori!)가 진실로 구체적인 주님을 생각하십시오!(Memento Domini!)이기에, 이 계명은 이 기회에 그 삶의 유일회성 가운데 특별한 중요성을 주는 것이다: 나는 나의 유일회적 특성 가운데 이 계명을 이 한순간에 단 하나의 것과 연관되어 행해야 한다는 것으로서, 이것은, 나를 위해 바로 지금 있는 모든 것과의 관계에서, 바로 이 나의 지금이라는 관점에서 가장 경쟁력 있고 권위적으로 나에 대해 궁극적으로 결정되어진 것이다. 기회는 나의, 그러나 이 기회는 나에게 하나님에 의해서 제공된 기회로서, 그를 위한 나의 기회이다: 이것은 요구하는 것이고, 이것은 그러나 역시, 기회를 알아보고 붙잡을 수 있는 나의 자유를 근거 짓는 것이다. 이것은 이 인식과 붙잡음을 하나의 존경스럽고 기쁜 일로 만드는 것이다. 그는 바로 나와 연관되어 있고, 바로 나는 이제 하나님과 연관되어 있는 것이다: 이것이 어떻게 자유와 기쁨이 아니겠는가? 이것은 나의 지나가는 기회이다. 그러나 이것에서 중요한 것은 나의 하나님으로부터 하나님에게로 가는 지나감인데, 하나님은, 내가 나의 죽음에서 나의 마지막을 맞이하게 되는 곳에서 나를 기다리고 계신 분이시다: 즉, 여기서 중요한 것은 그분 앞에서 그분이 보시는 가운데 나의 지나감이다: 이것은 나의 지나감에 그분의 진실함과 그분의 책임성을 준다. 그것이 단지 나의 죽음에서 끝나는 지나감이기에, 그것은 매번의 단계들에 매번의 중요성으로서, 나를 향한 요구와 함께, 그 단계들을 보고 그들에게 올바르게 되도록 만드는 것이다.

그리고 이것은 나의 지나감에서 끝나는 죽음이기 때문에, 나는 이 사건이 드러남과 함께 더 이상 조망과 자신의 능력이 미치지 못하게 되는 것이다: 그러나 하나님은 두 가지가 다 가능하시다. 이 사건과 관련된 지식으로서 나의 존재는 전적으로 하나님의 지식에 근거한 것이며, 그리고 그분의 개입과 연관된 것은 전적으로 그분의 결정에 기인한다. 바로 그분에게서 나는 내가 필요하다면 바로 그분에게서 역시 나는 내 자신을 유지하는 것이다. 이것은 그러나, 내가 이 나의 지나감을 이루는 것으로서, 매번의 단계마다, 나 자신을 언제나, 완전히 하나님의 손에 맡기는 것 이외에, 나에게 남은 것은 없다는 것을 의미하고, 또한 나는 나의 매번의 단계들을 다음과 같이만 본래적으로 행할 수 있을 뿐이라는 것이다. 즉, 오로지 하나님이 나의 마지막이시고, 그 이후는 더 이상 늦을 수밖에 없으며, 마치 나의 기회, 나의 지금, 나의 오늘, 나의 시간은 그 이후에는 즉시 지나가버리고 나는, 마치 지금 내가 있는 것처럼, 나의 궁극적 존재로서 있게 되고, 심판을 당하게 될 것이라는 것이다. 이 모든 것은 깨어남을 의미한다. 우리는 죽게 될 것이라는 숙고는 진실로 우리를 마비시키는 숙고가 아니다. 이 숙고 가운데 인간은 피곤해지지 않고, 그의 눈은 감기지 않으며, 그의 손은 내려가지 않는다. 헛된 꿈을 꾸지 않고, 그 자신을 이 방향이든지 혹 저 방향이든지 간에 회피하려고 하지 않는다. 그럴 시간이 없는 것이다. 이 숙고 가운데 그의 시간은, 그 자신을 고수하고 그 자신을 신중히 받아들이려는 허락과 명령을 통해, 오히려 더욱 완전히 그의 것이 된다. 신적인 것이 아니고, 오히려 피조된 것으로, 무한한 것이 아니고, 오히려 바로 잘 알려진 것처럼 유한한 것으로서, 그 자신이다.

추상적으로 숙고할 때는, 즉 그가 죽을 것이라고 할 때, 그는 확실히 아무것도 안하고 그리고 게다가 그는 무엇을 할 수 있는 존재가 되지 못한다. 이 모든 것은 바로 자신의 유일한 기회의 중요성에 대한 인식에 걸려 있는 것이고, 그리고 자유와 기쁨에 걸려 있는 것이며, 신중함과 책임성에 걸려 있고, 기회들을 붙잡으려고 하는 지속적인 준비 가운데 있으며, 지나가는 존재로서의 자기 자신을 고수해야 한다고 요구된 인간다움에 걸려 있고, 그리고 완전히 주님이 바로 제한이 되시는 분이라는 것에 걸려 있으며, 그분이 나를 기다리고 계시는 그곳으로 내가 그분을 향해 가고 있다는 것에 걸려 있고, 거기서 그분이 나를 향해 오시고 나를 부르시고 계시다는 것에 걸려 있는 것이다. 바로 그분이 이 모든 일을 하고 계시다. 그렇기에 바로 그분이 내가 죽을 것이라는 사실을 중요하게 만드시는 것이다. 그분이 역시 나의 이 사실에 대한 숙고를 중요하게 만드시기 때문에, 이 숙고는 나에게 계명이 되는 것이고, 나를, 내가 나의 죽음에 대한 추상적 숙고에 있어서 모든 경우에 만들 수 있는, 모든 허황된 말들과 도피들로부터 분리시키고, 나로 하여금 고유하게 깨어 있을 수 있도록 만들며, 나의 유일한 기회의 중요성의 인식과 그리고 자유와 기쁨, 신중함과 책임성, 지속적인 준비성을 이루어, 나의 죽음의 진실성을 받아들이도록 하며, 인간다움의 중요성을 이루어서, 내 자신을 신중하게 받아들이도록 만드는 것이다: 나의 지나감에 속해져 있는 죽음의 총체적 이해와 함께 그리고 이것이 없다면 나는 내 자신이 되지 못할 것이다. 그리고 주님께서도 나에게 이 숙고를 그렇게 계명으로 만드셔서, 나는 이 계명의 필요성을 인정하고, 이것을 나의 피조적 존재의 구조 안에서, 나의 유한성과 그리고 나의 죽음이 그에 속해 있음을 인정하며,—나는 하나님이 없이는 나로부터 결코 죽음의 필연성에 대하여 예라고 말할 수 없고, 죽음을 단지 두려워할 수 있을 뿐이지만, 그럼에도 바로 나에게 이에 대하여 예라고 말할 수 있도록 허락되고 그렇게 해야만 하도록 되어졌다는 것을 다시 인정하는 것이다.

　이제 그와 함께 우리는 이미 그 처음 것과 분리될 수 없이 연관된 다른 것에 이르게 된다. 우리로 하여금 우리가 죽게 될 것이라는 것을 숙고하도록 우리를 부르시는 바로 그 계명은 그와 함께 우리를 또한, 죽음 앞에서 결코 두려워하지 말라고 부르시는 것이다. 죽음을 두려워하게 되는 것은 왜곡된 것이고, 그 결과로, 사람은 더 이상 자기가 죽을 것이라는 것을 생각하지 않게 되었고, 그로부터 필연적으로 뒤따라 나타나는 모든 불순종을 행하게 되는 것이다. 우리가 죽을 것이라는 올바른 숙고 가운데는 우리는 더 이상 우리의 죽음에 대하여 두려움을 가지지 않게 된다. 바로 그곳에서 인간은 하나님 없이 그 자신으로부터 언제나 두려워하게 되는 것이 아니다: 그곳에서 그는 더 이상 존재하지 않으며, 그곳에서 그는 너무 늦는 존재가 되어버리고, 그리하여 이것은 무의 위협을 당하는 것을 의미하는 것일 수 있다. 죽음 이후에 어떤 불사의 존재가 될 수 있기 때문에 그가 죽음을 두려워하지 않는 것이 아니다.—그가 어떤 이의 더 이상 존재하지 않음을 잘 알기 때문에 그리고 그 가운데 자신의 삶을 이 세상에서 자기의 뜻대로 자기가 좋은 대로 원하는 대로 살도록 허락된 것이 아니다.—그리고 그가 자신의 죽음에도 불구하고 자연적이고 역사적인 전체의 계속되는 과정에서 자신을 구원받고 숨겨진 것으로 간주하도록 허락되어졌기 때문이 아닌 것이다. 이 모든 것은 전형적인 도피적인 두려움으로 인한 생각들이다. 그는 죽음 앞에서 두려워할 필요가 없고, 그는 그렇게 할 수 있고 그래야 한다. 왜냐하면, 그가 더 이상 존재할 수 없는 바로 그곳에서, 바로 하나님께서, 주님께서 그를 위해서 개입하시고, 거기서 그를 기다리시며, 거기서부터 그에게 다가오시며, 그곳으로부터 그를 깨우시고, 알게 하시고, 자신의 기회를 붙잡도록 부르시고 계시기 때문이다. 그가 영원한 하나님께서 지나가는 자, 한 번 더 이상 존재할 수 없는 자에게, 마치 자신의 선택된 고유한 그의 것처럼, 권리를 세우시는 것은—그가 창조주요 시간의 주님으로서 그에게 할당된 그 자신의 제한된 시간 안에서 그에게 관심을 가지는 것과 또 다른 일을 하신 것이 아닌가? 그가 관심을 가지신 것은 이런 것이다: 시간 안에 있는 그의 존재에 영원한 관심을, 바로 그의 지나가는 존재에서 더 이상 지나가고 아무것도 아닌 것이 아닌, 오히려 지속되고 남아 있고 진실한 관심을 위와 같은 인간의 유한한 기회에 주신 것이고, 하나님의 은혜와 자비 그리고 영원히 사라지지 않는 그의 관심을 생각하도록 하신 것이다! 인간에게 대강 어떻게 죽음이라는 것이 주어지지 않고, 오히려 하나님으로부터 먼저 그렇게 되도록 만들어졌을 때 죽음이란 것은, 더 이상 존재하지 않는다는 것, 한 번 이상으로 존재하지 않는다는 것은 무엇을 의미하는가? 그것은 하나님께서 그를, 고유한 자신의 것을, 잊으시고 잃어버리신 것이라고 생각할 수는 없다. 하나님의 입장에서 본다면 그에 대하여 "더 이상 아니다."라든지, "너무 늦었다."라든지 하는 것이 없는 것이다. 오히려 훨씬 더 하나님께서는—어느 신적인 존재가 아니라, 그를 영원 전부터 사랑하셨고, 그를 창조하셨고, 그를 자신의 피조물로서 자신을 향해 부르신 것이다.—자신을 모든 것 가운데 그의 하나님으로서, 그에게 연관되어지신 분으로서 그에게 연관되어진 관계를 증거하시는 분으로서—인간을 위해 계신 것이다. 이 하나님은 바로 인간의 희망이시라는 것은 공개적인 사실이다!

    그의 유일한 희망인가? 예, 사실적으로 인간의 유일한 희망인 것이다! 어느 다른 희망이 그곳에서 질문될 수 있는가? 그러나 이 희망은 그곳에서 질문으로서 주어지는 것이 아니라, 오히려 그곳에서, 죽음을 기억하라!(Memento mori!)라는 계명을 말하려는 것이: 주님을 생각하십시오!(Memento Domini!)인 한에서, 인간에 관여된 것으로, 분명하고 움직일 수 없이 확고하게 주어진 것이다: 죽을 수 있고 한 번은 사실적으로 죽어가는 인간에게 바로 그의 희망이다: 명백하고 의지할 만한 것으로서 확고한 하나님의 말씀이기에, 인간에게 예수 그리스도 안에서 주신 약속도 분명하고 의지할 만한 것이다! "나는 부활이요 생명이니."(요 11:25) 이렇게 인간에게 관심을 베푸시는 이 하나님께서 바로 인간의 희망이시기에, 그는 스스로 인간이 되셔서, 예수 그리스도 안에서 우리와 같이 되셨고, 우리를 위해 죽으셔서, 이 인간 예수 그리스도의 부활 안에서 그 자신을 인간의 희망으로 계시하셨으며, 예수 그리스도를 바라보고 그를 의지함으로써 살고자 하는 모든 이에게 희망이 되신 것이다. 바로 하나님께서 저편에 계신 분이시기에, 그분 안에서 인간은 자신의 죽음이 속해 있는, 자신의 지나감을 지금 그리고 여기서 이미 지양하고, 그분 안에서 자신의 시간적 존재에 영원한 생명을 옷 입었음을 보도록 허락된 것이다. 그렇기에 "누구든지 나의 말을 듣고 믿는 자는 영생을 가졌느니라."(요 5:24) 그리하여 우리가 죽을 것을 생각하라는 계명은 곧 우리는 죽음을 두려워해서는 안 된다는 금지가 된다. 어떤 잘못된 초월에 대한 것이 아니고 이 세상을 잘못 요구하는 것도 아니고, 이 두 사이의 차이를 없애는 보상적 신앙도 아니다. 오히려 하나님에 대한 희망은, 그가 예수 그리스도 안에서 인간의 희망으로서 자신을 계시하신 것처럼, 죽음의 공포의 자리에서 알려지는 것이다. 이 희망으로부터 죽음의 공포는 잘못된 것임이 증명되는 것이다. 이 희망 안에서 죽음의 공포는 극복되어지고, 이 희망을 위해서 우리는 하나님의 계명을 통해서 부름을 받고 있는 것이다.

계명은 이러한 관점 아래서 신약성서의 시간이해를 전제로 하고 있으며, 사람은 이 내용을 단지 단순한 요구로서 축약할 수도 있을 것이지만, 그럼에도 우리는 하나님의 계명을 영원히 우리의 것으로 만들 수 있도록 하기 위해서, 이 신약의 시간이해를 우리의 것으로서 받아들여야 한다는 것은 분명하다. 그러나 그것은 형식적인 것으로의 환원일 수도 있다. 즉, 신약성서에서 말하는 그러한 시간이해가 사람을 두려움 없이 만드는 것이 아니고, 오히려 신약성서가 자신의 시간에 대한 이해와 함께 증거하는 자로서 바로 그분이 두려움을 없애는 것이다. 하나님은 사망(Tod)을—죽음(sterben)이 아니라, 그러나 죽음 뒤에는 숨겨져 위협하는 무가 있다.—없애버리셨고, 그 대신에 생명과 사라지지 않는 것을 빛 가운데 가져오셨다(딤후 1:10). 그는 말씀하신다: 두려워하지 말라! 그는 우리의 유일한 기회의 포착과 인식을 불안과 근심 그리고 걱정과 죽음의 불안으로부터 나오며 고유한 생명에 대한 불안으로부터 등장하는 모든 자기기만으로부터 분리시키셨다: 그러한 분위기 속에서는 우리의 기회는 전혀 인식되지 않고 붙잡히지 않으며, 오히려 단지 놓칠 수 있을 뿐이다. 하나님은 이 인식과 이 포착을 중요하고, 자유롭고, 즐겁고, 신중하고 책임적인 삶의 사역으로서, 인간의 순종이 요구되는 일로서 만드시는 것이다: 하나님은, 그분이 스스로 죽으시고 그러나 역시 부활하신 분으로서, 우리의 죽음 앞에서 우리의 희망이시기에—하나님은 우리가 우리 자신을 위한 것이 무엇인지 더 이상 아무것도 알지 못할 때, 바로 그곳에서 우리를 위해서 계신 것이다.

이제 우리는 요약하면서 이 세 번째 기준에 대한 설명을 마치고자 한다: 사람은 시간 안에서 자신의 존재가 분명하게 제한되어진 것으로 특징지어진 사실에 직면하여서도 자신의 지속적인 준비성과 자신의 지속적인 즐거움에서 자신의 유일한 기회를 붙잡고, 자신의 자리와 연관되어진 자신을 인식한다: 자신은 한 번 죽게 될 것이라는 사실에 직면하여서.

## 2. 직업

명령하시는 하나님은 사람들을 순종의 자유로 부르신다. 이제 우리는 하나님이 이렇듯 각자를 부르시는 특별한 **의도**에 관해 이야기하려고 한다. 그분은 각자에 대하여—그리고 각자에 대하여 언제나 새롭게—**특별한** 의도를 갖고 계시기 때문에, 그분이 각자에게 요구하시는 순종의 자유는 언제나 **제한되어 있는** 자유가 될 것이라는 점은 분명하다. 그러나 순종이 자유를 제한하는 것이 아니다. 인간의 자유가 하나님의 계명이 그에게 요구하는 자유라면 이 자유야말로 전적으로 순종 그 자체이다. 만일 인간의 순종이 하나님의 계명이 요구하는 순종이라면 이 순종이야말로 전적으로 자유 그 자체이다. 이 순종의 자유(혹은 자유 가운데 있는 순종)가 제한되는 이유는 명령하시는 하나님의 뜻과 계획과 의도가 각각의 사람들에 대해 **특별한** 요구가 되기 때문이다. 하나님은 명령하심으로써 선택하시며, 그분이 인간을 부르시는 목적인 자유, 즉 그분이 요구하시는 순종은 인간이 하나님의 이러한 선택을 이해하고 바로 이 점에서 스스로가 진정으로 자유로울 때—다시 말하면 그가 하나님께서 그를 위해 선택하신 것을 선택하고 이를 통해 하나님께 완전히 순종할 때—성립한다. 하지만 선택은—먼저 하나님 편에서, 그다음으로 인간 편에서의—제한을 의미한다. 즉, 이런 제한은 하나님에 의해 선택되지 않은 것을 배제하고, 오직 그분에 의해 선택된 것에 자신의 기초를 둔다는 것이다.

하나님께서는 인간에게서 원하시는 특별한 것, 제한된 것의 선택을 그분의 특별한 계명을 통해 그에게 명령하심으로써 그를 **부르신다**. 그러나 하나님의 선택하심과 부르심, 명령하심은 자의적인 것이 아니다. 그렇기 때문에 우리는 이것을 자의적인 지시로 받아들이거나 이해해서는 안 되며, 또한 그럴 수도 없다. 명령하시는 하나님은 그분의 계명을 통해서 인간에게 말씀하시기 이전에 먼저 인간의 창조자이시며 주이시다. 그분은 인간을 특별하게 생각하셨고, 의도하셨고, 창조하셨기 때문에 그분의 피조물인 인간에게 특정한 경계들을 설정하셨다. 그리고 피조물로서의 인간존재에 대한 하나님의 섭리(Vorsehung)도 마찬가지로 언제나 특별하고 차별화되고 구체적이며 제한하는 방식으로 이루어졌다. 하나님의 부르심이 계명을 통해 인간에게 주어졌기 때문에 그는 이미 제한되어 **있다**.

이 부르심은 물론 인간이 이전에 창조자이시자 주이신 하나님에 의해 설정된 경계들 안에서 가지고 있었던 모습과 비교할 때 **새로운 것**이다. 하나님의 계명을 통한 인간의 부르심은 하나님의 창조와 섭리에서 비롯되는 모든 것과는 달리 독자적인 결심과 행위의 형태로 자신의 역사를 **지속**(Fortzetung)하도록 그에게 주어진 도전을 의미한다. 하나님께서 그분의 부르심과 계명을 통해서 인간에게 원하시는 것은 결코 단순하게 인간이 이전에 하나님의 창조와 섭리에 근거하여 가지고 있었던 특별한 모습을 확인하는 것이 아니다. 인간이 하나님의 부르심과 계명에 순종함으로써 자유롭게 될 수 있는 제한은 결코 단순하게 이전에 그에게 부여된 제한과 동일시될 수 없다. 이와 정반대로 인간이 하나님의 계명을 통해 부름을 받는 상황은 그가 하나님의 창조와 섭리 아래 있던 상황과 비교할 때 실제 놀라울 정도로 새롭게 정의될 수 있다.

옛 것과 새것 사이에는 단지 전혀 관련 없음이나, 혹은 완전한 낯섦이 존재할 수 없다. 하나님은 부르심과 계명을 통해서 새로운 선택과 새로운 특별함, 그리고 새로운 제한된 것을 선포하신다. 그때에 이것은 인간의 독자적인 결심과 행위를 통해서 하나의 사건으로 드러나야만 한다. 그렇기에 오히려 하나님은 당신 스스로를 신실한 분으로 드러내신다. 하나님께서 창조자와 주로서 지금까지 규정하셨던 인간의 모습과 이제 인간에게 원하시는 것 사이에는 언제나 연속성과 긍정적인 관계가 성립한다. 하나님께서 이제 인간을 부르실 때 갖고 계신 특별한 의도는 하나님 자신에 의해 특별하게 규정된 이 존재를 향하고 있다. 비록 인간이 하나님의 창조와 섭리에 근거하여 지금까지 가지고 있었던 자신의 모습으로부터 하나님의 계명을 단순하게 읽어낼 수 없다고 하더라도 그는 동일하신 하나님의 뜻 안에 있던 자로서 하나님께서 그분의 계명을 통해서 그에게 원하시는 것에서 스스로를 다시 인식하게 된다. 인간은 그가 하나님의 계명 안에서 만나는 새로운 신적 선택에 스스로의 독자적인 선택을 통해 맹목적이지도 않고 비이성적이지도 않으며 주의깊고 사려 깊은 순종을 마주 세워야만 한다. 인간은 하나님께서 바로 자신을 생각하셨고 자신을 부르셨다는 사실을 인지할 수 없는 것이 아니라, 인지할 수 있다. 그는 그에 대한 하나님의 새로운 의도가 적어도 이미 동일한 하나님에 의해 지금까지 그에게 부여된 한계 속에 표시되어 있음을 발견하게 된다. 그는 바로 지금, 오늘, 하나님으로부터 요구되는 것을 향해 귀를 기울임으로써 최소한 **지금까지**의 그의 모습에 기초할 수 있게 된다. 만일 그렇지 않다면 하나님께서 인간에 의해 인식되고 행해지기를 원하시는 특별한 것을 인간이 인식하고 행하는 것이 어떻게 그 자신의 자유로운 순종이 될 수 있겠는가? 도대체 이것이 하나의 순전한 사건(Geschehen)과는 구별되는 자유로운 결정과 순종이 될 수 있는가?

명령하시는 하나님께서는 그분의 피조물인 인간을 거대하고 **근본적인** 특별함, 한계, 제한 속에서 만나신다. 여기에서 우리는 사람이 하나님의 계명을 깨닫고 행하고자 할 때 따라가야만 할 인간존재 자체의 **핵심 노선**을 알게 되었다. 그것은 탄생과 죽음을 통해 제한되는 그러한 완전히 특별한 방식으로 모든 사람의 삶의 기간이 유한하게 정해져 있다는 것이다. 우리는 사람의 순종을 그에게 요구된 일회적인 상황을 깨닫고 파악하는 것으로 이해하고자 시도했다. 사람이 한 번 태어나서 죽기 때문이 아니라—사람이 이 두 시간 사이에 갇혀 있는 피조물이기 때문이 아니라, 이 일회적인 상황에서, 이 제한된 장소에서 명령하시는 하나님이 그를 만나신다. 단지 그가 이 상황을 깨닫고 파악할 때, 그가 확고하게 이 제한된 장소를 받아들일 때, 그는 그분의 계명에 순종할 수 있다.

    그러나 창조주께서 의도하신 이 제한은 명령하시는 하나님이 인간을 순종으로 부르셔서 만나시는 방식인 제한의 **기본** 형태일 뿐이다. 하나님은 인간을 자유로 부르시는데, 이 자유도 마찬가지로 그에게 주어진 일회적인 상황을 깨닫고 파악해야 하는 순종이며, 하나님이 그에게 명하신 것이다. 이 자유는 어느 정도는 인간이 하나님의 계명에 따라서 자유롭게 되고 순종하도록 하나님께서 의도하신 하나의 테두리라고 할 수 있다. 전능하신 하나님께서 의도하시고 정하신 인간존재의 제한은 시간적으로 제한된 삶의 한계 속에서 고갈되지 않는다. 오히려 인간의 **탄생**과 **죽음**을 통한—각각 인간을 포괄적으로 구성하고 규정하는 이 두 사건을 통한—삶의 시간적인 한계는 그 자체 안에 완전히 충만한 특별함과 완전히 충만한 한계와 제한을 포함하고 있다. 이 특별함, 한계, 제한은 인간 **각자**의 특별함, 한계, 제한이며 다른 어떤 것이 될 수 없다. 이것들은 하나님께서 인간을 부르실 때, 계명 안에 있는 그분의 뜻을 그에게 알게 하실 때, 그를 대하시는 특별하고, 차별화되고, 독특한 방식에 대응된다. 자신의 탄생과 죽음 사이에서 일회적인 상황을 가지고 있는 자가 하나님께서 그에게 부여하신 존재의 모든 부분과 모든 측면에서, 바로 **그**(er), 즉 **이**(dieser) 인간이다. 그가 **이 사람이고 다른 사람이 아니기** 때문에, 하나님의 계명은 다른 방식이 아닌 이 방식으로 그에게 다가온다. 그는 다른 사람이 아닌 이 사람으로서 계명을 깨닫고 성취하도록 부름을 받았다. 그가 **언제나**(auf der ganzen Linie) 이 사람이라는 것은 그의 모든 **개별성으**로 이루어진 경계(Grenze)이다. 하나님께서 그에게 순종의 자유 속에서 그가 깨닫고 실행해야 할 새로운 계획을 계명을 통해 알리실 때 이 경계를 정하셨다. 하나님의 계획은 이 경계 속에 표현되어 있다. 인간이 제한된 시간이라는 보편적인 전제로부터 이 사람(Dieser)이 되는 방식을 지향하는 것은 하나님의 계명에 대한 순종의 자유로 가기 위해서는 필수불가결하다.

    우리는 부르시고 명령하시는 하나님이 인간을 만나시는 방식이자, 인간이 그분께 순종하기 위해서 지향해야만 하는 이런 전적인 특별함, 한계, 제한을 그의 **직업**이라고 칭한다. 하나님은 그분의 계명을 통해 인간으로부터 얻고자 하시는 새로운 것을 인간 존재의 한계와 제한 속에 써 놓으신다. 사람들이 하나님의 특별한 뜻을 인식하고 행하려고 할 때 실제로 각자 자신의 **직업**, 즉 자신에게 주어진 특별한 한계와 제한을 인식하고 다른 사람들의 것들과 구별하고 선택하는 것이 문제시되는 한, 우리는 이제 우리가 가까이 다가가고 있는 제한 속에서의 자유가 갖는 포괄적인 문제를 어림잡아(cum grano salis) 이해하자면, "**직업의 선택**"(Berufswahl)에 관한 문제라고 부를 수 있다. 그러나 우리는 이 인식과 구별과 선택이 오직 순종에 필수불가결한 **지향**을 결정한다는 것과, 이것이 단지 하나님의 계명에 관련되어 있는 나 자신에 대한 질문, 즉 하나님의 뜻과 의지에 대한 질문에서 성립한다는 것을 고려해야만 한다. 하나님의 뜻과 의지에 근거하여 나는 나의 본래 모습으로 하나님을 마주하며 서고 하나님께 순종해야만 한다. 자유 안에서 이루어지는 **본래의 결정적인** 순종의 선택이라는 것은 나의 직업에 대한 선택이 아니라, 하나님께서 나를 위한 부르심의 계명에 따라 결정하셨고, 나를 부르실 때 나로 하여금 알게 하신 **하나님**의 선택을 내가 그대로 재연하는 것을 말한다. 직업의 선택은 언제나 본래의 결정적인 선택에 대한 준비이거나 혹은 결과일 수 있다. 실제로는 언제나 준비이자 결과이다. 그 때문에 직업의 선택은 **이차적인** 선택이다.

우리는 직업(Beruf)과 소명(Berufung)을 분명하게 구별해야 한다. **소명**이란 하나님께서 선택하시고 구별하시는 그분의 특별한 뜻을 사람에게, 바로 이 사람에게 말씀과 계명을 통해 절대적으로 계시하고 선포하는 것이다. 또한 그 사람의 자유에 대한 호소이며, 그의 특별한 순종의 시행이다. 소명은 하나님께서 지금 여기에서 사람에게 의도하셨던 특별한 결정을 지금 그에게 알려 주시는 사건이다. 이와 같은 사건은 하나님과 인간 사이에서 언제나 일어난다. 하나님은 인간이 이 결정을 올바르게 인식하고 행할 것을 명령하시고 또한 기대하신다. 소명은 인간이 하나님으로부터 이미 부여 받은 것에 추가되는 **새로운 것**으로서, 하나님께서 창조자와 주로서 다스리시는 것과 관련된 또 다른 섭리의 형태가 아니라, 계명과 자유와 순종의 방식으로 덧붙여진 것이다. 때문에 소명은 인간에게도 역시 언제나 실제적으로 새로운 무엇인가를 의미한다. 즉, 이것은 인간이 하나님의 뜻에 따라 이미 이전부터 자신의 존재를 소유하고 있었던 경계를 확장하거나 축소하는 것을 말하며, 또한 인간존재가 지금까지의 형태를 넘어 수정되는 것을 의미한다.

이와 달리 **직업**은 **지금까지의 것들**의 총체이며, 새로운 것이 닥치기 전에 인간이 이미 이전부터 소유하고 있던 '옛 것'이다. 인간은 이 옛 것을 자신의 뒤에 놓기도 하지만 그보다는 오히려 같이 가지고 간다. 그의 직업도 역시 전적으로 하나님으로부터 온다. 하지만 이것은 인간이 이 시간까지 하나님을 자신의 창조주로 세우고, 자신의 주로 삼고, 동행하고, 인도하고, 반응했을 경우에 그렇다는 것이다. 그의 직업도 역시 그의 특별한 것이다. 그러나 이제는 그에게 주어진 하나님의 계명의 새롭고 특별한 것을 위해 순종하는 자가 되는 그러한 특별한 것이다. 직업은 "책임(Verantwortung)의 장소"(본회퍼)이고, 하나님의 계명에 대한 모든 인식과 성취의 출발점(terminus a quo)이며, 계명을 통해 자유로 부름을 받는 인간의 상황(status)이다. 직업이란 부여받은 존재(Sosein)와 참여하는 존재(Dransein) 안에 있는 인간 그 자신이다. 인간은 불가피하게 이러한 존재 방식을 인식하고, 구별하고, 선택해야만 한다. 그는 하나님께서 그분의 계명에 따라 그를 위해 선택하신 것을 선택해야 할 때, 이런 존재 방식을—비판적으로—선택해야만 한다. 그와 그 자신의 자유로운 순종에 관련된 문제이기 때문에, 그가 하나님께서 뜻하신 것을 선택하기 위해서는 자기 자신도 마찬가지로 선택해야만 한다. 이런 선택은 우연적인 방식이나 자의적으로 이루어져서는 안 되고, 그의 존재를 규정하는 하나님의 명령에 따라서 자신을 하나님에 의해 부름을 받은 자로, 하나님의 소명 안에 의도된 자로 간주하는 방식이 되어야 한다. 이와 같이 하나님의 규정에 따르는 그의 존재가 바로 그의 직업이다. 이 존재의 경계에는 그에게 부여된 하나님의 명령이 쓰여 있다. 인간은 이러한 경계들을 지향할 수 있고, 또 지향해야만 한다.

우리는 하나님의 **소명**을 마주하고 있다. 그리고 하나님의 소명에 맞는 인간의 직업을 주제로 삼고 있다. 이로써 우리는 일상적으로 사용하는 좁고 기술적인 의미를 훨씬 넘어서는 의미를 이 개념에 부여하게 된다. 일상적으로 '**직업**'은 일반적인 노동 과정과 관련해서 인간의 특별한 직위나 기능, 즉 그의 일자리(his job)를 의미한다. 좀 더 넓은 의미에서 보자면, 직업은 비슷한 직위와 기능을 가진 그룹 전체를 의미하기도 한다. 물론 우리가 지금 이해하고 있는 인간의 직업은 그가 기술적인 의미에서의 직업을 가지고 있다는 의미와 그가 이러한 '직업' 가운데 있다는 의미도 포함할 수 있다. 이것은 실제로 많은 사람에게 해당한다. 그러나 완전히 적법한 방식으로 이런 기술적인 의미에서 아무런 직업도 가지고 있지 **않은** 사람들이 있다.

특별히 19세기의 절정에서 그리고 오늘날까지도 여전히 사람들은 인간이 이런 의미에서도 《직업》을 가지고 있다는 것이 본질적으로 인간에 속하며, 참된 인간존재에 속한다고 생각할 수 있었다. 그러나 이것은 일과 노동 과정 및 생산 과정에 대한 현대의 격정적인 과대평가에 속한다. 여기에서는 **아이들**과 **나이든 사람들**, **병자들**과 같이 이런 의미에서의 '직업'이 단지 희망과 준비의 대상이거나 혹은 회상의 대상에 불과할 뿐인 사람들만이 간과되고 있는 것은 아니다. 여기에서 단지 일시적인 '실업자'만 간과되고 있는 것도 아니다. 여기에서는 또한 **일은 하고** 있지만 이러한 의미에서의 **직업을 가지고 있지 않은** 수많은 여성도 간과되고 있다. 이 때문에 많은 어머니와 가정주부들이 그들의 활동 자체가 '직업'으로서의 활동임을 인정받고자 원하는 우스운 상황이 초래되었다. 하지만 그들에게도 이것은 공식적인 언어 활용을 통한다고 하더라도 어리석은 것으로 생각되었다.

모든 사람은 우리가 여기에서 고려하고 있는 넓은 의미에서의 직업을 가지고 있다. 그렇게 확실히 그들 모두는 신적인 소명의 수신자들이 되도록, 그분의 계명을 듣는 자들이 되도록 정해져 있다. 그들이 좁은 의미에서의 '직업' 안에 있는 한, 그들은 직업을 가지고 있는 것이 아니다.

우리가 여기에서 고려해야만 할 것은 많은 사람에게 있어서 실제적이고 포괄적으로 그렇게 칭해져야만 하는 본래의 직업의 핵심은 사람들이 좁은 의미에서의 '직업'을 가지고 있는 곳에 놓여 있지 않을 뿐만 아니라, 그곳에 놓여 있을 수도 없다는 점이다. 실로 우리는 사람이 일하기 위해서 사는 것이 아니라, 살기 위해서 일한다는 것을 안다. 이것은 근본적으로 모든 사람에게 해당하며, 자신의 직업의 중심에 바로 이런 노동의 직업을—이들은 기쁘게 스스로를 높여도 좋다!—하는 사람들도 마찬가지로 해당한다. 그러나 더 많은 사람은 자신의 노동의 직업이 본래적인 직업의 주변부에만 놓일 수 있다. 왜냐하면 본래 자신이 부름을 받은 본질적인 것을 자신의 '직업'이 행해지는 곳이 아닌 다른 곳에서 찾고 발견해야만 하기 때문이다.

지금 인간이 특별하게 직업상의 일을 통하여 자신의 직업에 국한되었음은 사실이 아니다. 이는 마치 하나님이 인간에게 주신 소명이 다음과 같은 사실에 국한되지 않는 것과 같다. 즉, 인간을 어떤 일을 위해서 움직이기 시작한다는 사실에 국한되지 않는다는 것이다. 인간이 하나님의 부르심에 마주함으로써 그리고 인간이 이런 부르심에 순종함으로써, 인간은 계속해서 또한 여전히 다른 영역 안에서 살아간다.

우리가 인간의 직업을 하나님의 계명이 주어지는 인간의 모습과, 뒤에 남겨두는 것과, 가지고 가는 모든 것의 총체라고 부르면서, 이것을 멀리서부터는 현실에 부합하도록 완전하게 파악할 수는 없다고 말했다. 실제로 직업은 특별함과 경계와 한계의 **총체**(das Ganze)이다. 이 속에서 인간 각자는 다시금 완전히, 지금까지 그의 존재의 전체성 가운데서 그에게 요구하는 신적인 부름과 계명을 만난다. 하나님께서 다른 사람이 아닌 바로 그에게 의도하시고, 그에게 말씀하시기 때문에, 그는 자신 안에 **전체성**(Ganzheit)과 완전한 차별과 독특성을 소유하게 된다. 인간을 다른 어떤 사람이 아닌 하나님과 마주하고 있는 바로 이 사람으로 만들어 주는 특별함의 총체에 관한 문제이기 때문에, 이것 자체를 들여다보는 것은 객관적으로 불가능하다. 이보다 우리는 수많은 노선 가운데서 인간의 소명이 실재가 되는 몇 개의 노선만을 살피고자 시도할 수 있다. 이 노선들은 인간이 하나님의 계명을 인식하고, 실행하고, **자기 스스로** 책임을 지는 위치에 있으면서 **자신의** 제한 내에서 자유로운 인간이 되고,—하나님이 지금 여기에서 바로 그에게 원하시는 새로운 것이 **그의** 삶 속에서 일어나도록 하려면 지향해야만 하는 것들이다. 신적인 소명이 모든 사람에게 특별한 소명이듯이, 자신 스스로 책임을 지는 위치, 즉 그의 직업은 실로 모든 사람에게 있어서 특별한 위치이다. 이것이 인간의 직업을 완전하게 확증하는 과제가 끝이 없고 해결할 수 없는 과제가 되는 이유이다. 그러나 우리는 인간의 직업이 가지고 있는 특징들 가운데 적어도 일반적인 형태에서 모든 사람에게 동일한 가장 중요한 특징들과, 하나님의 계명을 순종하는 문제에 관한 질문에 대답할 때 언제나 고려해야만 하는 몇몇의 일반적인 **범주들**(Kriterien)을 취할 수 있다.

우리가 이 과제로 눈을 돌리기 전에, 우리가 여기에서 사용하기로 결정한 언어에 대하여 간단하게 설명하고자 한다.(이에 대하여 막스 베버[Max Weber], *Die prot. Ethik und der Geist des Kapitalismus*, Ges. Aufs. z. Rel.-Soziologie, Bd. I, 1922, bes. S.63-83, 칼 홀[Karl Holl], *Die Geschichte des*

*Wortes Beruf*, Ges. Aufs. z. Kgsch., Bd. 3, 1928, S.189f., 칼 슈미트[K. L. Schmidt], Art. καλέω, κλῆσις, κλητός bei Kittel, 3. Bd., S.492f., 드 쿼르벵[A. de Quervain], *Die Heiligung*, 1942, S.64f.)

'직업'(Beruf)이라는 용어는 오늘날 좁은 기술적 의미로 한정된 인간의 노동 영역을 의미한다. 하지만 신약성서에는 이러한 의미가 나오지 않는다. 신약성서에서 소명(κλῆσις)은 언제나 분명하게 신적인 소명, 즉 하나님께서 예수 그리스도 안에서 부르시는 행위를 의미한다. 이 부름을 통해 사람은 '그리스도인'이라는 새로운 위치로 옮겨지고, 이 위치와 결합되어 있는 약속(엡 1:18, 4:4)에 참여하게 되며, 이 위치에 대응되는 책임(엡 4:1, 벧후 1:10)을 지게 된다. 소명은 거룩하다.(딤후 1:9) 소명은 천상적이다.(히 3:1) 소명은 "위로부터" 온다.(빌 3:14) 소명은 "우리의 행위대로가 아니라 오직 자기의 뜻과 영원 전부터 그리스도 예수 안에서 우리에게 주셨으며 이제 나타난 은혜에 따라"(οὐ κατὰ τὰ ἔργα ἡμῶν ἀλλὰ κατὰ ἰδίαν πρόθεσιν καὶ χάριν, τὴν δοθεῖσαν ἡμῖν ἐν Χριστῷ Ἰησοῦ πρὸ χρόνων αἰωνίων, φανερωθεῖσαν δὲ νῦν, 딤후 1:9) 이루어진다. 고린도전서 1:26 이하에 따르면 모든 인간적인 위대함에 대하여 소명이 갖는 탁월함은 고린도에서 지혜로운 자들과, 힘 있는 자들과 이름 있는 자들은 단지 적은 수만이 소명을 받아들인 반면에, 주로 어리석은 자들과 약한 자들과 비천한 자들과 천대받는 자들이 소명을 받아들였다는 사실에 반영되어 있다. 또한 고린도전서 7:18 이하에 따르면 출신과 사회적 지위의 모든 차이와 관련하여 소명이 갖는 탁월함은 무할례자들처럼 할례자들도, 자유자들처럼 종들도 자신의 지위와 상황을 떠나거나 버릴 필요 없이 소명에 순종할 수 있고 또 그래야만 한다는 사실에 반영되어 있다. 신적인 소명은 '위로부터' 이 모든 영역 안으로 떨어져서, 그 속을 뚫고 지나간다. 따라서 신약성서의 소명(κλῆσις)은 이 영역 자체에 대한 신적 확증이나 인간을 이 영역에—좀 더 구체적으로 말하자면 특정한 한 직업 영역에—지정하는 것과는 아무런 관련이 없다.

고린도전서 7:20의 말씀, "각 사람은 부르심을 받은 그 부르심 그대로 지내라!"(ἕκαστος ἐν τῇ κλήσει ᾗ ἐκλήθη, ἐν ταύτῃ μενέτω)에서도 마찬가지로 그렇지 않다. 여기에서 **루터**는 κλῆσις를 '직업'으로 번역했다. 루터는 이 말씀이 사람은 각자 하나님의 계획에 따라 그에게 주어진 세상의 노동 영역을 지켜야 하고, 그 안에서 자신의 직업을 인식해야 하고, 그 안에서 하나님께 순종해야 하고, 세상적인 노동의 영역 밖에서 그리스도교적인 활동을 함으로써 하나님을 더 잘 섬기기 위해 수도사가 되어야 한다고 생각해서는 안 된다는 것을 말하고 있다고 생각했다. 아우크스부르크 신앙고백(Conf. Aug.)도 '직업'이란 단어를 그렇게 이해했다(16번째 조항과 17번째 조항). 이로부터 이 단어가—그 기원에 부합되는 프로테스탄트적이고 종교적인 정서로 인해—근대의 언어와 사고 속으로 들어왔다. **칼 홀**(K. Holl)(위의 책, 219)이 **출발점**(Ansatz)과 **경향**(Tendenz)에서 **루터**를 올바르게 이해했다는 사실이 유감스럽게도 완전히 배제되지는 않았다. 그에 따르면 루터는 삶의 모든 순간에 하나님께서 현존하시도록 하라는 수도사 제도의 본래의 요구를 받아들여서 이를 새롭게 했다. 그러나 루터는 참된 하나님의 부르심이 세상 속에서 일을 통해 실현되고, 윤리적인 책임이 "사람들이 복음에서 들을 수 있는 '**내적인 부름**'(홀 자신은 "내적인 부름"을 제거했지만 "복음에서"는 제거하지 않았다.)과 **사물들** 자체와 그것들의 필요성으로부터 우리에게 밀려드는 소리를 조화롭게 이해하는"데서 성립한다고 생각했다. "비스마르크(Bismarck)가 말했던 것, 즉 '역사를 통해 진행하시는 하나님의 발걸음을 듣고, 앞으로 나가서 소매를 붙잡는다.'—이것은 진정한 루터적인 사고이다." 이것이 실제로 얼마나 진정한 루터적인 사고인지, 그렇지 않은지는 계속 진행되고 있는 루터에 관한 연구가 결정해야 할 문제이다. 확실한 것은 고린도전서 7:20에서 **바울**이 실제로 루터가 발견한 것을 말하려고 했음을 증명함으로써 루터를 돕고자 했던 홀의 시도는 적절하지 못했다는 것이다. 홀에 따르면 바울은 "대담한 사고로 관용적인 단어를 만드는 대담한 시도를 하였다. 즉, 그리스도인의 소명은 자신이 속해 있는 삶의 위치를 하나님이 규정하신 것으로서 함께 포함하고 있다는 것이다." 또는 바울은 "기존에 이미 존재하지만 매우 드물면서 대단히 대중적인 언어의 용법을" 받아들였다(홀은 이것이 더 가능성이 크다고 생각한다.). 여기에서 소명(κλῆσις)은 "각자가 자신의 이름을 내세우는 것, 다시 말하면 자신의 '위치'(Stand)나 오늘날과 같은 의미로서의 자신의 '직업'(Beruf)이다." 만일 여기에서 홀이 바울에게 귀속시키려고 했던 것이 그의 사고 속에 있을 수 없다는 점이 고린도전서 7:20과 관련하여 덜 명백하다면, 신약성서의 나머지 전체를 지배하고 있는 일반적인 용법에 반대하여 이것을 주장해서는 안 되었을 것이다.

그리고 이어서 홀(Holl) 자신이 **고대 교회**에서 그리고 중세가 끝날 무렵까지 어떤 사람도 자신의 위치를 그러한 의미로 파악하려는 생각을 하지 않았음을 그의 논문에서 상세하게 보여주었다. 종교개혁까지 소명(κλῆσις), 부름(vocatio), 부름(Ruf), 직업(Beruf)이라는 용어들은 (중세 후기에 독일의 신비주의자들에게서 찾아 볼 수 있는 다른 방향의 해석들을 제외한다면) 명확하고 분명하게—근본적으로 신약적인 의미로—사람을 그리스도인으로 부르는 특별한 하나님의 **소명**을 의미하는 것으로 이해되었다. 여기에서 의미하는 소명은 각각의 그리스도인을 그리스도인으로 만드는 그런 소명이 아니라, 신약성서에서와 같이 인간 및 걱정 속에 있는 교회 내의 그리스도인을 그리스도의 계명에 대한 **완전하고 흔들리지 않는** 순종으로, 즉 "복음적인 규정들"에 대한 준수로 부르는 **특별한** 소명이다. 바로 이 본래적인 그리스도인의 존재와 지식과 실천이 이제 새로운 법(nova lex)으로 간주되는 신약성서에 근거하여 그리스도교의 귀족에 의해 고안되고 실행되는 특별한 기술과 훈련과 예술의 문제가 되었다. 그리고 소명(κλῆσις), 부름(vocatio), 부름(Ruf), 직업(Beruf)은 이제 이 특별하고 본래적인 그리스도인의 위치를 받아들여서 이 위치로, 종교적인 인간(homo religiousus)의 진정한 그리스도의 군대(militia Christi)로 전환되는 것을 의미했다. 여기에서 수도사의 의복을 몸에 걸칠 때 사람에게 일어나는 것이 두 번째의 새로운 세례로 칭해진다. 정확히 말해서 이것이 그의 진정한 세례가 아닌가? 어쨌든 그는 여기에서 다시 한번 그의 죄를 완전히 용서받는다. 그리고 확실히 이제 vocatio는 단지 **이** vocatio로만 이해되었다. 확실히 그가 여기에 순종함으로써 **구체적으로**(in concreto) 갈라디아서 3:27에서 말하고 있는 "그리스도를 입음"에 이르게 된다. 구체적으로 확실하게 이런 순종을 통해 그는 스스로 하나님께 빚진 완전한 희생제물을 일생 동안 드리게 된다. 이것이 수도사를 순례자나 세상의 일과 관련된 위치에 있는 사람들보다 탁월하게 만든다. 중세의 구조 속에서 사람들의 역할은 전체와 모든 사람의 구원을 위해 완전히 그리고 전적으로 본래적인 순종의 실행에 전념하는 자들이 그들의 위치에서 해야 할 사역을 하도록 자유롭게 만들어 주는 것이다. 다른 말로 하자면 수도사들의 생계를 보살피는 것이다. 이런 다른 위치에 있는 그리스도인들에게 있어서 소명은 아무런 의문의 여지가 없다.

이와 같이 그리스도교적인 소명(κλῆσις)의 **영역**을 축소하는 것과 대부분의 그리스도인들을 그들의 영역으로부터 떠나보내는 것이 이 문제에서 두려운 것이고, 종교개혁에 따르면 근본적으로 종교개혁 이전의 그리스도교에서 크게 울부짖는 소리를 내었던 부패이다. 어떻게 교회가 에베소서 4:4 이하에 따라 "**하나의 몸**과 **하나의 성령**"일 수 있었는가? 어떻게 교회가 **한** 주를 부르고 **한** 세례에 근거해서 **한** 믿음으로 살 수 있었는가? 만일 교회가 그 기초를 이루고 있는 너희들의 부르심의 한 소망 (μία ἐλπὶς τῆς κλήσεως ὑμῶν)을 진지하게 받아들이려고 하지 않았다면 어떻게 **만유**의 아버지이신 **한 분** 하나님의 교회일 수 있었겠는가? 교회가 그 본래의 공간 안에 허용했고, 의도했고, 축복했으며, 결국 첫 번째 등급의 그리스도인과 두 번째 등급의 그리스도인 사이와, 소명(κλῆσις)을 가지고 있는 것과 소명(κλῆσις)이 없는 것 사이의 구별을 가르치고 이를 제도화함으로써 전폭적으로 초래했던 분열 이외에 모든 외적인 분열들이란 도대체 무엇인가?

물론 이러한 손상은 그리스도교적인 소명(κλῆσις)의 **개념**을 평가절하 함으로써—이것이 바로 종교개혁에서 행해진 것이다.—회복되어서는 안 되었을 뿐만 아니라 이럴 명분도 없었다. 비록 지금 사람들이 저 그리스도교적인 귀족 제도를 넘어뜨려 제거하고, 소명(κλῆσις)이 그 자체로, '위로부터' 온 소명으로서의 성격이 다시 모든 그리스도인에게 부여되도록 만들었을지라도, 신약성서에 나오듯이 소명이 인간의 모든 영역 속으로 들어가도록 하고, 모든 것이 소명을 통과해서 가도록 해주는 그러한 절대적인 권한을 인식하지 못할 정도까지 어둡게 만들고 약화시켰다면, 그것은 단지 이전과는 대립되는 평균적인 인간의 추정적인 필요들에 대한 양보였고, 경솔할 뿐만 아니라 근본적으로 무자비한 양보였다. 이것은 사람들이 각각의 인간을 다른 법에 따라서 구속력을 갖는 이런저런 **노동 영역**에 **할당하는** 것을 복음을 통해 성취되어야만 하고 믿음으로 받아들여져야만 하는 소명으로 이해하고, 이 노동 영역을 하나님께서 그에게 주신 '직업'(Beruf)이라고 설명함으로써 발생했다. 혹은 반대로 사람들이 자신의 직업, 자신의 위치, 하나님에 의해 규정된 것으로 생각되는 인간 사회의 테두리 내에서 취하고 있는 형태의 자신의 직분을 신적인 소명과 동일시하고, 이 직업에서 행한 자신의 근면하고 숙련된 일과 사역을 그에게 요구된 소명에 대한 순종과 동일시함으로써 발생했다. **홀**이 기술하고 있는 것처럼, 이제 실제로 문제는 "복음 안에서 들을 수 있는 **내적인 부름**과 **사물들**과 그 필요성들로부터 우리에게 밀려오는 소리를 조화롭게 이해하는 것"이 되었다. 신약성서적인 소명(κλῆσις)은 그것과 같이 울리는 이러한 상대 소리 없이 존재한다. 이 소명(κλῆσις)은 홀이 이야기하고 있는 "내적인 부름"과 "사물들과 그 필요성들"의 의심스러운 근처에 있지 않다. 사람들이 인간의 직업을 처음부터 하나님의 뜻과 계명으로 그에게 부과되어 있었고 계시되어 있는 자신의 규정으로 보고, 이것을 실제로 인식하고 붙잡기 위해 "내적인 부름"을 필요로 한다면, 하나님의 소명, 그리스도, 복음은 도대체 무엇인가? 그것은 인간이 자기 스스로를 직업에 할당하는—아마도 절대적으로 필요하지는 않은—것 이외의 무엇이 될 수 있는가? 이때 소명은 불가피하게 홀이 "삶의 순간에 임재하고 계시는 하나님에 대한 의식"으로 기술하고 있는 것으로 수축된다. 만일 역사적인 사건들과 관계들의 계명이 이 의식과 '조화롭게'(im Zusammenklang) 이해할 것을 요구하는 신적인 명령으로서 이 의식과 마주하여 저울의 접시에 놓여 있다면, 이 의식은 실제 무엇을 의미하는가? 소명을 "사물들의 소리 그 자체와 그 필요성들"로 이해되어야 하는 직업(Beruf)과 일치시키는 것, 다시 말하면 오른쪽으로 하나님의 한 말씀을 따르고, 왼쪽으로 하나님의 다른 한 말씀을 따르려는 시도는 언제나 직업이 소명을 지배하기 시작하고, 소명을 이기는 결과를 초래했고, 오른쪽의 하나님의 말씀이 왼쪽의 하나님의 말씀으로 인해, 즉 복음이 계명으로 인해 점점 더 소실되고 결국에는 완전히 사라지는 결과를 초래했다.—유감스럽게도 프로테스탄트에서는 실제로 그런 결과가 초래되었다. 그러면 남는 것은 무엇인가? 왼편의 **하나님 말씀**인, **하나님의 계명**인가? 아니다. "내적인 부름"의 소리를 통해서 해석되는 "사물들과 그 필요성들"의 소리, 인간의 자기 이해들과 시대정신들(Kairosverständnisse)의 계명, 보수적이거나, 자유주의적이거나, 국가주의적이거나 사회주의적인 인간의 문화와 공동체적인 이상만이 남는다. 이러한 틀에서 인간이 성취해야만 하는 것이 직업이고—이 상황을 그리스도교적으로 설명하고자 한다면—신적인 소명이다. 프로테스탄트는 수도사 제도를 추방하고 소명(κλῆσις)을 **모든** 그리스도교적인 삶의 전제로서 새롭게 기억하는 데 성공했다. 하지만 수도사 제도가 자신만의 방식으로 알고 있었던 소명(κλῆσις)의 신적인 장엄함과 순수함에 대한 기억은 희생시켰다. 이에 관한 오래된 격언이 있다: 카리브디스를 피하려다 스킬라를 만난다(Incidit in Scyllam, qui vult vitare Charybdin). 프로테스탄트의 스킬라는 처음에는 은밀했지만 후에는 공공연했던 직업에 대한 개념의 세속화였으며, 이는 피할 수 없는 것이었다.

그러나 이 모든 것을 말하고 난 후에도, **홀**의 주장에 대해서, 그리고 간접적으로 **루터**와 프로테스탄트의 직업 개념에 대해서 한 가지 좋은 평가를 해야만 한다. 홀의 주장이 완전히 거부될 필요는 없다. 고린도전서 7:20에 대한 그의 숙고는 전체적으로 받아들일 수 없지만 그 속에는 주목할 만한 문장이 들어 있다. 즉, 그는 이 구절이 "**세상적인 것과 접촉하는** 단어(κλῆσις)**의 의미**를 그리스도인들에게로 가까이 가져갔다."고 말한다. 만일 '접촉하다'(berühren)라는 표현을 진지하게 받아들인다면 이 말은 옳다. 이 구절과 관련해서뿐만 아니라, 신약 전체에서 볼 수 있는 소명(κλῆσις), 열쇠(κλεῖν) 등의 의미와 관련해서도 옳으며, 심지어는 그에 대한 이해를 위해서 필요하다.

소명(κλῆσις)은 하나님의 부름이다. 이것은 '하늘로부터' 다시 말하면 '위로부터' 온다. 여기에 머물러야만 한다. 이것을 어떤 인간적인 '직업'(Beruf)과 같이 나란히 배열해서는 안 되고, "내적인 부름"이라는 우회로를 통해서 결국 직업과 동일시해서도 안 된다. 이것은 인간에게 이미 알려져 있거나 허용된 **이전 것**이 아니라, 하나님께서 사람에게 뜻하신 **새로운 것**을 강조하고, 반복하는 것이다. 그러나 이것은 그 자체 내에 갇혀서, 사람과 접촉하지도, 사람에 의해 만져질 수도 없이 사람 위에 걸려 있는 그런 유리구슬이 아니다. 이것은 사람을 의도한다. 이것이 단순히 사람에게 낯선 것일 수는 없다. 우리는 이것이 위로부터 사람의 모든 영역 속으로 떨어져서 그곳들을 뚫고 지나간다고 고린도전서 1:26 이하, 7:18 이하에 대한 설명에서 이미 말한 바 있다. 이것은 이 모든 영역과 그 가운데 존재하는 **인간과**—이것이 하나님으로부터 오기 때문에 우연적이지도 않고, 자의적이지도 않으며, 부정적이지도 않는—**관계**를 맺고 있다. 우리는 슈미트(K. L. Schmidt)가 적절하게 (홀에 대해 날카롭게 반대하여) 강조했던 것을 잊어서는 안 된다: 소명(κλῆσις)은 **예수 그리스도**를 통해서 나타나는 하나님의 소명이다. 예수 그리스도는 참된 하나님의 아들로서 참된 **인간**이시다. 그분은 모든 인간적인 것들에서 다른 모든 인간과 완전히 다르시지만, 그 어떤 진정으로 인간적인 것도 그분께 낯설지 않다. 그분의 사역의 대상과 그분의 말씀의 수신자는 그분과 같으면서도 다른 **인간**이다. 만일 예수 그리스도가 신적 권능으로 부르시는 분이고, 그분의 부름이 그분과 같은 인간에게 향한다면, 그분에 의해 부름을 받은 인간의 본질적인 모습이 부르시는 자인 그분께 그리고 그분의 부름에 대하여 결코 아무런 상관이 없거나 아무래도 좋은 것일 수는 없다. 예수께서 인간을 그분과 동일한 인간으로 발견하시듯이, 그분의 부름에 순종하는 인간에 의해 발견되신다. 이와 같다. 소명은 "세상적인 것" — 보다 잘 표현하자면 균일하거나 구별되지 않는 군중으로서가 아니라, 다름과 다양성 가운데 있는 **인간적인 것** — 과 접촉한다. 소명도 이와 같이 균일하지 않고, 인간적인 것의 다름에 대응하여 차별화되고 다양하다. 마태복음 25:14 이하의 비유에서 한 종은 주인으로부터 다섯 달란트를 받았고, 다른 한 종은 두 달란트를 받았고, 세 번째 종은 한 달란트만을 받았다. 마태복음 20:1 이하의 포도원 일꾼에 관한 비유에서 한 무리는 이른 아침에, 다른 한 무리는 세 시에, 다른 한 무리는 여섯 시에, 다른 한 무리는 아홉 시에, 마지막 한 무리는 열한 시에 부름을 받았다. 고린도전서 12:4 이하에 따르면 성령과 주와 만유 가운데 역사하시는 하나님은 한 분이시고 동일하시지만, 은사와 직분과 능력의 수여에서 **다양성**이 있다. 성령의 나타나심($\phi\alpha\nu\acute{\epsilon}\rho\omega\sigma\iota\varsigma$ $\tau o\hat{\upsilon}$ $\pi\nu\epsilon\acute{\upsilon}\mu\alpha\tau o\varsigma$, 7절)에 근거해서 유익을 위하여($\pi\rho\grave{o}\varsigma$ $\tau\grave{o}$ $\sigma\upsilon\mu\phi\acute{\epsilon}\rho o\nu$) 각 사람에게 지혜의 말씀, 지식의 말씀, 믿음, 병 고치는 은사, (악마적인?) 권세들에 대항하는(?) 능력, 예언, 영들의 분별, 방언, 방언의 해석 등과 같이(8f.) **이것 또는 저것**이 주어진다. 바울은 일관되게 "이 모든 일을 **한 분 동일한** 성령께서 행하신다"는(11절) 것을 강조한다. — 고린도전서 12장과 관련하여 강조점은 의심할 여지 없이 여기에 놓여 있다. 이어서 바울은 이 모든 것이 그리스도인들을 **한 몸의 지체**로 만들고, 어느 지체도 다른 지체 위에 있지 않으며, 단지 다른 지체를 도울 수 있을 뿐임을 강조한다(12절f.). 11절에 따르면 한 분 동일한 성령께서 그분의 뜻대로 각자에게 적절한 것($\tau\grave{\alpha}$ $\check{\iota}\delta\iota\alpha$)을 나누어 주신다. 그리고 종결부(28절f.)에서는 하나님께서 교회($\dot{\epsilon}\kappa\kappa\lambda\eta\sigma\acute{\iota}\alpha$)에 먼저 사도를 세우셨고, 두 번째로 예언자를, 이어서 교사를, 다음으로 능력을 행하는 자와 병 고치는 은사를 가진 자를, 돕는 일을 하는 자와 다스리는 은사를 가진 자와 방언의 은사를 가진 자를 세우셨다는 것이 다시 한번 명확하게 강조된다. "모두가 사도인가?" 예언자인가? 교사인가? 등? 아니다. 말로 표현되지는 않았지만 그 대답은 분명하다. 모두가 부르심을 받은($\kappa\lambda\eta\tau o\acute{\iota}$) 것처럼 보일 수 있는 그것이 되는 것은 아니다. 하나의 소명($\kappa\lambda\hat{\eta}\sigma\iota\varsigma$)은 차별화되고 다양하게 나타나기 때문에, 부름을 받은($\kappa\lambda\eta\tau\acute{o}\varsigma$) 각자는 **자신만의** 소명($\kappa\lambda\hat{\eta}\sigma\iota\varsigma$)과 **자신만의** 은사($\chi\acute{\alpha}\rho\iota\sigma\mu\alpha$)와 **자신만의** 섬김($\delta\iota\alpha\kappa o\nu\acute{\iota}\alpha$)을 갖는다. 로마서 12:3 이하에서는 소명($\kappa\lambda\hat{\eta}\sigma\iota\varsigma$)이 고린도전서 12장과 비슷하게 요약되고 구분되면서 기술되고 있다. 여기에서는 단지 강조점이 **차이**(Differenzierung)와 각자의 책임에 놓여 있다. 베드로전서 4:10도 분명히 동일한 강조점을 가지고 "각각($\check{\epsilon}\kappa\alpha\sigma\tau o\varsigma$) 은혜를 받은 대로 하나님의 **여러 가지** 은혜를 맡은 선한 청지기같이 서로 봉사하라."라고 말하고 있다. 이러한 이중적인 시각의 틀에서 바울은 고린도전서 3:5 이하에서 자기 자신의 특별한 임무와 아볼로의 임무 사이의 관계에 관해 말하고 있다. 그리고 그는 고린도전서 7장에서 결혼인가, 독신인가라는 질문에 대한 결정을 7절에서는 하나님으로부터 받은 자신의 은사($\check{\iota}\delta\iota o\nu$ $\chi\acute{\alpha}\rho\iota\sigma\mu\alpha$)의 문제로, 17절에서는 하나님으로부터 받은 소명($\kappa\lambda\hat{\eta}\sigma\iota\varsigma$)으로 일컫고 있다. 고린도전서

3:13 이하, 고린도후서 5:10, 로마서 2:6, 베드로전서 1:17에 따르면 하나님 또는 그리스도께서 최후의 심판을 행하실 때 모든 사람 각자(ἕκαστος)가 행한 일들이 공개되고, 정당한 평가를 받게 될 것이다. 그리스도인들이 "화평 중에" 하나님으로부터 부름을 받았다는 사실은(고전 7:15, 참조. 골 3:15) 불가피하게 그들이 "자유로" 부름을 받았다는(갈 5:1, 13) 이면(Kehrseite)을 갖고 있다. **화평** 중에 그들은 서로 하나, 즉 한 몸이다. **자유** 속에서 그들은 — 갈라디아의 거짓 교사들이 의도했던 것과 같이 — 한 계명 아래 놓이는 것이 아니라, 그들을 하나, 즉 한 몸이 되게 하는 동일한 그리스도 안에서 개별적(ἕκαστοι)이 된다. 또한 그들은 사랑 안에서 결합되어서 서로를 섬긴다.

바로 이런 각자(ἕκαστοι)에 대한 불가피한 관계 속에서 소명(κλῆσις)의 개념은 "세상적인 것", 즉 인간적인 것과 접촉한다. 사람들은 **부름을 받은 자**(κλητοί)가 되기 전에 개별적이고(ἕκαστοι), 부름을 받았을(κλητοί) 때도 역시 개별성을 유지한다. 만일 그들의 소명(κλῆσις)이 그들에게 부여된 한 진리의 공개이고 다른 진리는 없다고 한다면, 이 때문에 소명이 보편적인 것이 아니라, 각자에게 **특별한** 진리이고 윤리적인 측면에서도 인간이 깨닫고 행해야 할 하나님의 뜻의 명령적인 선포이다. 다른 한편 아무에게도 분배되지 않더라도 소명은 보편적인 원리나 프로그램의 선포가 아니라, 각자에게 부여된 **특별한** 지시이다. 소명은 허무하게 끝나지 않는다. 소명은 분명한 목적을 가지고 인간에게로(ad hominem) 그리고 인간적인 일들 속으로(in medias res humanas), 주관적으로, 객관적으로, 내적으로, 외적으로 조건 지워진 인간 전체의 현존재(Sosein)와 참여존재(Dransein) 안으로 가능한 모든 차원에서 주어진다.

이것은 홀의 견해에 들어 있는 진실의 파편(particula veri)일지도 모른다. 유감스럽게도 그는 즉시로 인간 개개인(ἕκαστος)의 자리에 세계와 사물들과 그것들의 필요성을 놓고, 신적인 소명(κλῆσις)이 아닌 그것들의 '소리'에 고유한 신성을 부여함으로써 소명의 의미를 훼손시켰다. 신약적인 개개인(ἕκαστος)은 **부름을 받은 자**(κλητός)로서 어떤 피조물의 소리에도 신성을 부여할 수 없다. 즉, 그가 사건들과 관계들로부터 그 자신에게 말하도록 허용할 수도 있는 소리나, 그가 저 메시지에 대답하고 그것을 자신의 소유로 만드는 내적인 부름(그는 이 부름을 복음의 부름으로 간주할 수도 있다.)이나, 혹은 그의 마음이나 양심 안에서 이루어지는 이 둘의 '조화'(Zusammenklang)에 신성을 부여할 수 없는 것이다. 그는 단지 부름을 받은 자, 신적인 소명(κλῆσις)의 수신자이자 수여자이다. 다시 말하면 그는 소명에 의해 움직이는 참된 **인간**이다. 그러나 그는 물론 그 이상이다. 그가 **부름을 받은 자**(κλητός)로서 자신의 시간에 포도원으로 불려가, 익숙하게 자신의 달란트를 다루고, 자신의 은사를 활용하여 무엇인가를 하고 있는 것을 우리가 볼 때, 그는 저 사물들의 소리에 순종하거나, 자신의 내적인 부름에 순종하거나, 이 둘의 '조화'(Zusammenklang)에 순종해서 이것을 행하고 있는 것이 아니다. 그는 그것이 그리스도인들 서로 간의 가장 단순한 사랑(ἀγάπη)의 일일지라도 새로운 명령에 따라서 그리고 하나님과 주님과 성령님의 새로운 능력 안에서 그것을 행한다. 또한 그는 이것을 새로우면서 지금까지의 그의 인간성을 완전히 초월하는 일로서 행한다. 그러나 이 일은 천사의 일이 아니라, 그가 사도 바울일지라도 **그 자신의** 일이고 한 인간의 일이다. 그는 지금까지의 자신의 인간성을 뒤로하면서 이를 또한 지니고 간다. 그는 바로 그 자신이다. 그는 예수 그리스도의 종(δοῦλος Ἰησοῦ Χριστοῦ)으로 선택되어 부름을 받아서 섬기는 자로 세워졌다. 그의 새로운 이름인 "바울"에는 그의 옛 이름인 "사울"이 포함되어 있고, 인식될 수 있다. 그가 그리스도 안(ἐν Χριστῷ)에 있고, 그것이 셋째 하늘로, 천국으로 옮겨져서 말할 수 없는 것을 들었음을 의미할지라도 그는 자신으로부터 달아날 수도 없고 그래서도 안 되는 이 사람(ὁ τοιοῦτος ἄνθρωπος, 고후 12:1f.)으로 남아 있다. 오히려 그가 어떤 상황에서도 이것을 인정하고, 이로부터 비롯되는 "약함들"(Schwachheiten)을 자랑할 때만이 그리스도의 능력이 그 안에 거할 수 있다(고후 12:9f.). 이는 결코 그의 인간성과 그의 소명 사이의 경쟁이나 혹은 그들 사이의 일치에 관한 이야기가 아니다. 또한 인간성 안에 있는 고유한 법칙에 관한 이야기도 아니고, 그 인간성에 부여된 신적인 법이나 요구에 관한 이야기도 결코 아니다. 그뿐만 아니라 인간성이 소명을 위해 사라진다거나 의미가 없어진다는 것을 말하고 있지도 않다. 각자(ἕκαστος)가 소유하고 있는 인간성은 그의 특별한 순종이 행해지는 공간이다. 그처럼 사울은 "초월적인 현상에 불순종"할 수 없었던(행 25:19) 사람이었으며, 그 자신이 바울이 되었고, 그 자신이 바울이었다. 그를 은혜로 부르셔서, 그에게 그분의 아들을 계시하신 분의 선하신 뜻(εὐδοκία)은 어머니의 태에서부터 그를 구별하시고 정하셨던(갈 1:15) 분의 뜻과 동일했다. 그는 하나님께서 그에게 명령을 내리실 때 어느 정도 고려하셔야만 하고, 지향하셔야만 할 무엇인가 그 자신의 것을 알려야만 하는가? 그가 그렇게 하는 것은 분명히 정당하지 않다(per nefas). 그는 이런 자신의 고유한 옛 것을 그가 부름을 받은 새것에 대립시키고, 새것에 대하여 옛 것을 주장하거나 고려하고, 이 둘을 "조화로운 관계로" 이해할 수 있는 위치에 있는가? 명백히 아닌가. 명백히 그는 하나님과 주님과 성령님께만 순종할 수 있으며, 이에 따라서 그의 **소명**에만 **순종**할 수 있다. 그러나 이 순종은 각자의 인간성 밖에서가 아니라, **안에서**, 자신의 고유성 **안에서** 행해져야 한다. 그는 바로 이 고유성 **안에서** 부름을 받았다. 실로 그는 자신의 시간에 포도밭으로 이끌려 왔고, 그에게 의도된 달란트를 제공받았고, 특별한 은총의 은사들을 통해 준비되었다. **여기에서** 하나님은 그를 발견하셨다. 여기에서 그는 **그분께** 저항해서는 안 된다. **여기에서** 그는 그분의 **부름 받은 자**(κλητός)이다. 여기에서 그가 그분을 따르지 않는다면, 그는 그분을 전혀 따르지 않는 것이다. 이것이 신적인 소명과 인간적인 것 사이의 '접촉'(Berührung)이다.

따라서 고린도전서 7:20의 논쟁의 여지가 있는 말씀은 할례자든지, 무할례자든지, 자유인이든지, 종이든지 상관없이 각자가 자신에게 부여된 소명에 그에게 주어진 그대로 순종하는 것을 의미한다! 그는 할례자나 무할례자, 자유인이나 종이 되도록 부름을 받지 않았다. 단지 그는 이 상태에서 부름을 받은 것이다. 그는 이 상태에 충실해야 하는 것이 아니라, 이 상태에 있는 그에게 도달한 소명에 충실해야 한다. 그는 **여기**, 즉 하나님께서 **그를** 발견하셨고, **그가** 하나님을 거부하지 않은 자신의 고유성 안에서 순종해야만 한다.

만일 **루터**와 초기 프로테스탄트 사상이 직업에 관한 그들의 견해에서 단순히 이 '**여기**', 즉 각자(ἕκαστος)에게 피할 수 없는 특별한 책임의 장소를 의미했다면, 모든 것이 좋았을 것이다. 또한 종교개혁 이전의 그리스도교에 대하여 그들의 견해가 명백하게 옳았을 것이다. 종교개혁 이전의 그리스도교는 소명(κλῆσις)으로부터 각자(ἕκαστος)의 '**여기**'를 빼앗고, 이를 보편적인 그리스도의 새로운 법(nova lex Christi)으로 이해하고, 그 숭고함 때문에 모두에게 다다를 수도 없고, 모두가 이에 대해 책임질 수도 없다고 믿음으로써 신약의 소명을 개념적으로 그리고 실제적으로 잘못 해석하고 말았다. 이제 **부름을 받은 자들**(κλητοί)이란 자칭 저 법(lex)을 어떻게 성취하는지 아는 귀족 계급이 되었다. 프로테스탄트는 이에 대항하였다. 소명(κλῆσις)은 **하나**(eine)이다. 소명은 그 영광에 있어서 소명을 받은 각자를 그리스도인으로 만드는 하나님의 말씀이다. 이것이 고대 교회와 중세 교회가 고린도전서 7:20로부터뿐만 아니라 소명(κλῆσις)과 은사들(χαρίσματα)과 믿음의 순종(ὑπακοὴ πίστεως)에 관한 신약 전체의 가르침으로부터 배웠어야만 했으나 배우지 않았던 것이다. 이것이 프로테스탄트주의가 벗어나려고 했던 카리브디스(Charybdis)였다. 하지만 유감스럽게도 프로테스탄트 주의는 스킬라로 도망쳤다.

이제 마지막으로 해결해야 할 것이 있다. 각자(ἕκαστος)가 자신에게 의도된 신적인 소명을 만나는 '여기'의 본질이 '**직업**'을 통하여 이해되어야 한다. (질문: 왜 키텔의 사전에는 직업에 관한 항목이 없는가?) 만일 그가 소명에 순종한다면 그는 이것을 **개별적으로**(ἕκαστος) 주어진 제한 속에서 만나도록 해야 한다. 그는 **개별적인 존재**(ἕκαστος)이기 때문에 보편적인 사람이 아니라 **특정한 이 사람**(ὁ τοιοῦτος ἄνθρωπος)이다. (취리히 성서에서는 고후 12:2 이하를 신문에서 사용하는 독일어로 번역하였다: '관계자'[der betreffende]) 이 사람은 다른 사람들이 소유할 수 있는 가능성들 혹은 자기 자신이 소유하지 않는 가능성들이 배제되어 있는 그런 관계된(betroffen) 자를 의미한다. 그는 순종하기 위하여 항상 자신의 제한을 기억해야만 한다. 그러나 그의 이 제한과 직업은 자신의 우주적이고 역사적인 위치에 의해 고정된 것으로, 처음부터 사람에게 알려진 것으로 이해되고 다루어져서는 안 된다. **지금까지** 한 사람의 직업이었던 것을 하나님께서 창조주로서 그리고 주로서 결정하셨고, **미래에** 그가 어떤 모습이어야 할지를 하나님은 그의 소명을 통해 완전히 새롭게 결정하신다.

하나님께서 **지금까지의** 그의 위치를 결정하신 분이시라는 사실은 우리의 주의를 요구한다. 누가 단지 지금까지의 자신의 직업과 지금까지의 자신의 제한 속에서 하나님께서 그를 아시듯, 진실로 그분과 함께 서듯, 그렇게 자기 자신을 알겠는가? 누가 어느 정도의 어림짐작이나 추측이나 해석을 통하는 것과는 다르게 절대적인 확실성을 가지고 지금 나의 모습에 관해 이렇게 저렇게 말할 수 있겠는가? 하나님께서 나를 부르실 때 고수하시는 나의 제한들이 이렇고 저렇다고 누가 말할 수 있겠는가? **지금까지의** 그의 **직업**의 위치에 비추인 권위 있고 신뢰할 만한 빛이 그에게 그 자신의 **소명**을 가져다준다. 이 소명 안에서 그의 창조주이자 주인이신 하나님께서 그에게 **개별적으로**(ἕκαστος) 말씀하시고, 이렇게 또는 저렇게 요구하신다. 소명의 빛 가운데 그는 그의 모습 그대로 있도록 요청받을 뿐만 아니라, 새로운 존재(Sein)와 행위(Tun)로 부름을 받게 된다. 실로 지금까지의 사울로부터 이제 한 바울이 나타나야만 한다. 다시 말하면 지금까지의 직업의 위치를 넘어서 부르심의 확장에 이르러야만 한다는 것이다. 그는 아무런 희망도 없이 그의 예전 모습 속에 빠져 있어서는 안 된다. 그는 지금까지의 자신의 존재에 대한 애착으로부터 자기 자신을 끄집어내야만 한다. 그는 이제 다시 자기 자신이 될 수 있고, 결코 자기 자신을 잃지 않게 될 새로운 해변을 향한 여행으로 초대를 받았다. 이 해변에서 그는 새로운 모습의 자기 자신, 즉 이 **개별적인 존재**(ἕκαστος)가 될 것이다. 여기에서 그는 아마도— 지금까지의 그의 주관성과 지금까지의 그의 우주적이고 역사적인 위치로부터 볼 때—다른 사람들에게뿐만 아니라 자기 자신에게마저 최고로 경이로운 모습이 될 것이다. 그는 신적인 소명(κλῆσις)이 자신을 어디로 이끌 수 있을지를 어떻게 미리 알 수 있겠는가? 그는 소명이 자신을 이끌어 가는 곳을 어떻게 스스로 결정하고자 할 수 있겠는가? 성령께서는 그분의 뜻에 따라(καθὼς βούλεται) 의도된 것을 각자에게 나누어 주신다(고전 12:11).

사람은 자신이 행하는 직업의 **미래의** 형태에 관해 상상하거나, 추측하거나, 기대하거나 또는 두려워할 수 있다. 하지만 그것이 하나님께 대하여 또한 자기 자신에 대하여 구속력 있는 판단이 될 수 없다. 이 형태는 그가 자신의 시간에 일을 하러 갈 때, 그가 자신에게 맡겨진 달란트를 사용할 때, 그가 자신에게 주어진 은사를 활용할 때, 간단히 말해서 그가 자신의 소명에 순종할 때 저절로 나타나게 될 것이다.

하나님의 소명과 관련해서 인간의 직업(Beruf)은 결코—지금까지의 그의 형태는 물론이고 내일 그가 소유하게 될 형태의 관점에서도—아직까지 이루어지지 않았고, 그에게는 불가능하게 여겨지는 새로운 가능성들로부터 그를 차단하는 **감옥**으로 이해되어서는 안 된다. 단지 그를 부르시는 그의 창조주와 주이신 하나님만이 그의 부르심의 넘어설 수 없는 경계이다. 그러나 갈라디아서 5:1, 13에 따르면 바로 이 하나님은 그를 그에게 주어진 주관적이고 객관적인 조건의 율법 아래 있는 존재로 부르시는 것이 아니라 자유로 부르신다. 이처럼 인간의 부르심은 결코 두꺼운 벽을 통해 인간을 광범위한 신적 소명의 요구들로부터 보호하는 **벙커**로 이해되어서는 안 된다. 인간은 이 벙커로 인해 이런저런 것들이 하나님에 의해 규정된 자신의 부르심 안으로 떨어지지 않을 것이고, 그가 이것을 자신의 부르심 안에 떨어지는 것으로 인식할 수 없기 때문에, 그에게 요구되지 않을 것이라고 교만해서는 안 된다. 다시 말하지만 단지 그를 부르시는 그의 창조주이시자 주이신 하나님만이 그의 부르심의 진정한 경계이시다. 그리고—인간을 부르심으로써—인간의 부르심의 경계를 매우 멀리까지 확장시키는 것은 (또한 매우 좁게 만드는 것은!) 언제나 그분의 기쁨이다. 소명(κλῆσις)이 사람들 각자에게 개별적으로(ἕκαστος) 다가오는 '**여기**'를 '**여기로부터**'로 이해할 때 우리는 소명을 올바르게 이해하게 된다. 인간의 부르심은 실제로 언제나 순종의 출발점(terminus a quo)이다. 그는 '**여기**' 이외의 어떤 다른 곳에서 시작할 수 없다. 그는 언제나 단지 여기에서만 **시작할** 수 있다. 이 부르심은 제한된 책임의 장소이고, 그는 언제나 여기에서 다시 발견되어야만 한다. 그러나 이 부르심은 언제나 단지 책임의 **장소**일 수밖에 없다. 인간은 자신의 부르심이 아니라, 단지 **하나님**께만 책임을 진다. 순종에 관한 질문에서, 즉 하나님의 계명의 준수(τήρησις ἐντολῶν θεοῦ, 고전 7:19)에 관한 질문에서 그의 부르심을 보는 것은 중단되어서는 안 된다. 이것은 계명과 관계되어 있는 개별적인 인간존재에 관해 숙고할 때 방향을 제시해 준다. 그러나 이것이 인간에게 주어진 율법을 보는 것이나 또는 단지 그 측면만을 보는 것이 되어서는 안 된다. 이것은 단지 불가피한 **방향 제시**의 역할만을 할 수 있을 뿐이다.

이제 우리는 여기에서 신적인 소명과 관련하여 인간 각자의 특별한 책임의 장소이자 **자신의** 한계 안에 있는 **자신의** 자유의 장소, 즉 인간의 직업이라고 칭할 수 있는 것의 실제성을 총체적으로 표현하는 수많은 노선 가운데서 몇 개를 이끌어 내고자 시도하려고 한다. 우리가 이것을 하려는 목적은 각자에게 주어진 하나님의 계명에 순종하는 것이 모든 경우에 있어서 무엇을 의미하고 무엇을 의미하지 않는지에 관한 질문에 대답하기 위한 몇 개의 **범주들**을 얻으려는 것이다. 어떤 윤리도 이 질문에 대답할 수 없다. 그러나 윤리는 적어도 인간이 자신에게 주어진 것에 관해 대답하거나 숙고할 때 주목해야만 할 몇 개의 관점들을 제공해 줄 수 있다.

1. 우리는 어떤 관점에서 "일회적인 기회"라고 할 수 있는 인간의 삶에 대한 근본적인 고찰에 직접적으로 연결되어 있는 고찰로부터 시작하고자 한다. 하나님의 소명이 인간에게 다가오는 장소인 부르심의 개념에는 **나이**(Lebensalter)가 하나의 요소로 포함된다. 인간은 제한된 일련의 시간적인 순간들 속에서 자신의 심리적이고 신체적인 실존이 완만하게 변화하는 조건들 가운데서 자기 자신과 동일시하면서 언제나 새롭게 정체성을 발견하고 주장할 수 있다. 그는 요람에서 관에 이르는 주목할 만한 길 위의 **어딘가에** 위치해 있다. 그는 그 끝에 탄생(Werden)이 있고, 그 처음에 이미 죽음(Vergehen)이 있는 **삶의 과정**의 **한 순간** 속에 존재한다. 그가 깨닫든 깨닫지 못하든, 바로 그곳에서 그리고 그렇게 그는 하나님의 소명과 하나님의 계명을 만난다. 바로 그곳이 그의 책임의 장소이다. 진정으로 그의 인생 **전체가** 이 장소이다. 그러나 구체적으로 말하자면 **각각의 지금**, 즉 그의 모습의 전환이 일어나는 이 특정한 순간이 책임의 장소이다. 하나님의 계명은 전환의 형식 및 내용, 인간 안에 일어나는 변화 그리고 각각의 지금 그가 내리는 결심 및 행동과 관련된다. 하나님의 계명에 순종하는 것에 관해 숙고하는 것은 지금 **이** 순간 지금 들을 수 있는 동일한 바로 그 계명을 순종하는 가운데 그 다음(naechsten)으로의 전환을 준비하는 것을 의미한다. 지금! 인간은 자기 자신의 위에 있는 장소에서는 이런 생각에 이를 수 없다. 인간은 자신의 과거로부터 많은 통찰과 경고들과 참고할 만한 것들을 가져올 수 있다. 그러나 그의 과거 전체에서 본래적인 것이 무엇이었는지는 그가 아닌 하나님께서 아신다.

그렇기 때문에 모든 **전기**와 무엇보다 **자서전들**은—이것들은 의심할 여지 없이 교육적이고 재미를 주는 문학 장르이고, 역사철학이 들어 있을 때 더욱 그러하다!—의심스러운 시도들이다. 왜냐하면 여기에서는 한 사람이 의자에 앉아서 순간들의 연속, 즉 다른 사람의 삶이나 또는 자기 자신의 삶을 성찰하고, 그 단계들 가운데서 비교하며, 삶의 발전을 조망하고 통찰할 수 있다는 전제가 들어 있기 때문이다. 사람은 자기 자신을 볼 수 있고 또 그래야만 한다. 하지만 자신의 미래에 관해 말하기 위해 현재의 매 순간 속에서는 물론이고 자신의 과거 전체에서 자기 자신을 조망하거나 통찰할 수 없다.

그가 그곳으로부터 가져올 수 있는 교훈적인 것은 최선의 경우에 있어서 **기억**(Erinnerung)이다.—그러나 이 기억은 그 당시 그곳에서 들린 하나님의 계명에 대한

**인간적인** 기억이고, 지금 이 순간 앞으로 진행하기 위한 하나님의 지시나 명령으로서의 계명이 계시되고 인식되는 것을 의미하지 않는다. 그가 그곳으로부터 가져올 수 있는 것은 그 자신의 순종 또는 불순종과 관련해서도 하나님의 면전에 서 있는 듯한 진리가 아니라 그 자신의 인간적인 **생각**에 불과할 수 있다. 다시 말해 그는 신뢰성의 관점에서 이와 같은 경험을 명령으로 이해할 수 없다. 그의 뒤에 남아 있는 것이 무엇이든지, 그가 자신의 뒤에 남겨져 있는 것을 어떻게 보고, 이해하고, 해석하든지 하나님의 계명 자체와 그에게 요구되는 순종에서 중요한 것은 **계속 나가는 것**(Weitergehen)이다. 인간은 전체 삶의 순간들 속에서 지금 이 순간에 이르기까지의 모습으로 지금 그에게 다가온 하나님의 지시에 따라서 이어지는 다음 순간에 자신의 존재와 행위의 **미래** 속으로 계속해서 나아가야 한다. 그는 마치 지금 막 시작하는 것처럼, 그렇게 해야 한다! 마치 그러한 것처럼? 하나님의 계명과의 만남과 그에게 요구되는 순종의 행위가 **시작**, 즉 새로 태어난 아이(Quasimodogenitus)의 인식과 결정을 가지고 시작하는 것이라는 점은 매우 진지한 사실이다. 그는 확실히 일련의 수많은 이전의 결정들과 행위들을 통해서, 하지만 하나님의 피조물이자 섭리의 대상으로서 지금까지의 그 자신이 길을 걸어와서 이제 **이** 자리에 도달했다. 그가 지금까지의 자신의 길에서 하나님 앞에 가졌던 자신의 책임이 얼마나 옳았는가 또는 얼마나 나빴는가는 **하나님의** 판단에 맡겨져 있다. 확실히 그의 과거가 이제 자기 자신의 손 안이 아닌 하나님의 손 안에, 그리고 자기 자신의 눈 앞이 아닌 하나님의 눈 앞에 놓여 있다. 확실히 그는 지금 그가 만나고 인식한 하나님의 계명에 순종하여 앞으로 계속 나감으로써만 책임질 수 있다. 자신의 과거를 하나님의 발아래 놓음으로써가 아니라(하나님은 오랫동안 그의 과거를 보고 계시고, 그보다 그의 과거를 더 잘 아신다.), 올바르든 올바르지 않든 지금 하나님께 순종하기를 시도함으로써 그렇게 할 수 있다. 이외의 모든 것은 그가 하나님의 피조물이자 섭리의 대상이고 하나님의 심판 아래 놓여 있는 존재라는 것을 진지하게 받아들이고 있지 않음을 의미한다. 그는 언제나 이후의 모든 미래 속에서의 자신의 존재를 준비하는 **현재의** 행위로 부름을 받았다. 순종은 언제나 오로지 현재의 행위일 수밖에 없다. 다시 말하면 순종이란 하나님께서 그에게 오늘 말씀하신 것이 무엇인지를 알면서 하는 행위 그리고 이 **제한** 속에서의 그의 자유이다.

이것은 언제나 그의 인생 여정의 자리에 있는 것을 말하고, 시간 속에서 언제나 그가 지금 위치하고 있는 육체적이고 영적인 발전의 단계에 있는 것을 말하며, 지금 도달된 그의 **나이**에 있는 것을 말한다. 인간이 자신의 나이 그 자체를 진지하게 받아들여서는 안 된다는 것은 분명하다. 이보다 그는 이 나이에서 **이미**(schon), 이 나이에서 **다시**(wieder), 그리고 이 나이에서 **여전히**(noch) 스스로를 하나님의 피조물로, 하나님의 섭리의 대상으로 그리고 하나님 심판 아래 놓여 있는 존재로 진지하게 받아들여야만 한다. 그는 자신 스스로를 바로 지금 계명을 들을 책임이 있는 자로 그리고 계명을 들음으로써 순간의 질문들과 요구들과 약속들과 요청들에 주목해야 할 책임이 있는 자로 진지하게 받아들여야만 한다! 그는 자신 스스로를 바로 지금 그의 나이에서 계명을 행하는 데 열려 있고, 이를 바라고 준비해야만 하는 자로 진지하게 받아들여야 한다. 각각의 나이의 진지함은 젊은이나 장년이나 나이든 사람이 나이에 맞게 취해야 할 태도에 있지 않고, 생명의 **주**로부터 온 이 나이가 마치 처음이라는 듯이 그리고 그가 지금 서 있는 나이 이외의 다른 어떤 나이도 없다는 듯이 생명의 주께 응답하고 또 그렇게 살도록 노력하는 진지함 가운데 있다.

한 사람이 아직 **젊다**는 것은 추상적으로 그 자체만을 생각해 볼 때 성찰할 만한 가치가 전혀 없는 아무런 흥미가 없는 사실이다. 사람들은 그들의 젊은 시절을 다르게 보내려고 할 수도 있다. 우리는 바로 다음에 오는 자신의 미래를 바라보며 삶의 길 위에서 자신의 위치와 현재의 순간에 책임을 졌던 사람들이—각자가 자신의 나이에서—해야만 하는 것을 함으로써 젊을 수 있다. 사람은 오직 이 시간의 요구와 책임성에 의해—마치 이 시간이 처음이자 마지막이라는 듯이—움직이는 인간일 수밖에 없다. 바로 이렇게 움직일 때 확실히 사람은 **젊게** 된다. 자신의 특별한 **소명**에 순종할 때 확실히 인간은 젊은이로서 자신의 특별한 **부르심**을 실행하고 성취하게 된다.

모든 것을 그 자체로 외치는 젊음(Jugendlichkeit), (대략 오래된 문체로 된 학생의 노래들과 학생의 관례들에서 예비되었던) 모든 "젊음의 환희"(Jugendfroelichkeit), (1920년경 독일에서 번성하고 지속되었던) 모든 '청년운동'(Jugendbewegung) 그 자체는 냄비 안의 죽음을 가지고 있고, 가장 빠르게 노화로 달려간다. "왜냐하면 우리는 젊고, 이것은 멋진 일이기 때문이다!" 그 자체로는 전혀 아니다! 젊음은 남성성이나 여성성과 유사하다. 사람들은 이것들을 그 자체로 생각하고 의도한다. 그 때문에 그들은 젊지도 않고, 남성적이지도 않으며, 여성적이지도 않게 된다. 사람은 젊음이나 나이와 아무런 상관없이, 자신이 부름을 받은 것에 의해 동기부여를 받아 **계속해서**(weiter) 앞으로 나갈 때만이 젊을 수 있다. 사람은 추정적이고 특정한 **젊은이**의 객관성에 대한 환상을 쫓음으로써 젊어질 수 있는 것이 아니다. 자발성과 주목과 열심과 순종에 관한 특정한 시험을 통해서만, 즉 젊은이의 **객관성**(Sachlichkeit)을 통해서만 젊어질 수 있는 것이다. 젊다는 것은 한 대상에 자신을 헌신하려고 할 때 이런 종류의 헌신이 젊은이의 것이어야만 한다는 의도나 생각 **없이**—반대로 이러한 의도나 생각을 억누른 채, 객관성에서 나이든 사람들과 겨루어 보겠다는 생각을 가지고—헌신하는 의지와 능력을 의미한다. 아이가 되려고 하는 자는 아이가 **아니라**, 단지 유치한 자일 뿐이다. 아이인 자는 아이가 되려고 하지 않는다. 그는 마치 자신이 이미 '어른'이 된 것처럼 자신의 놀이와 자신의 공부와 자신의 첫 번째 시도들과 주변 환경과의 다툼에서 자신이 내린 첫 번째 조치들을 심각한 진지함으로 다룬다. 바로 이를 통해서 그는 진정으로 아이답게 된다. 바로 이것이 이 삶의 시간에 고유한 규정들에 진정으로 충실하면서 그 시간을 위한 계명을 지키고, 그 시간의 제한 속에서 자유롭게 됨을 의미한다.

하나의 예로서(exempli causa) 젊은 시절에 관해 이야기한 것은 더 높은 연령의 경우에도 다소 변형시켜(mutatis mutandis) 적용될 수 있다. 사람이 어떤 특별한 젊음의 특성을 통해서 나이든 자들의 방식과 행동으로부터 자신을 분리하고자 시도한다고 해서 그를 젊다고 할 수 없다. 또한 사람이 자신의 젊은 시절의 이상들과 오류들을 거부하고, 완성하고 위엄 있는 모습이 되려고 하고, 어리석은 행위들을 더 이상 범하지 않으려고 한다고 해서 이 사람을 **성숙한** 사람이라고 말할 수 없다. 사람이 비관적으로 혹은 만족스러운 '고령'(Jubelgreis)의 나이에 낙관적으로 긴 과거를 돌아보면서 그 해결을 위해서 오랜 경험의 지혜가 확실히 도움이 되는 미래에 대한 책임 있는 결정과 노력에 더 이상 수고할 필요가 없거나 비교적 소수의 사람들만이 여기에 얽매이게 된다는 사실로 스스로를 위로한다면 이것은 참된 **나이**(Alter)라고 할 수 없다. 한 사람이 진정으로 살아 있는 젊은 사람 또는 성숙한 사람 또는 나이든 사람이 되는 것은 각각의 연령대의 고유한 조건들 때문이 아니라, 이런 연령대의 조건하에서 그가 마주하는 **요구**에 대답하고 진지하게 받아들이는 열린 마음 때문이다. 이 요구는 각각의 단계에서 완전히 **특별한** 방식으로 사람에게 다가와서 **특별한** 방식으로 그에게 은혜가 되고, 심판이 되고, 약속이 되고, 지침이 된다.

영원한 하나님의 소명과 계명이 **도제 시절**(Lehrjahr)에 인간에게 다가오는가, **숙련자 시절**(Wanderjahr)에 다가오는가, 아니면 괴테가 적절하게 기술하지 못한 **장인 시절**(Meisterjahr)에 다가오는가 하는 것은 물론 다른 이야기이다. 계명이 이 단계들에서 각각 특별하게 인간에게 다가옴으로써 각 단계마다 인간을 특별한 부르심에 지정하고, 인간은 언제나 이 부르심을 지켜야 한다.

(이미 말한 것과 앞으로 말해야 할 것들에서 사람들은 내가 **아돌프 L. 비셔**의 책들인 *Das Alter als Schicksal und Erfuellung*[1940]과 *Seelische Wandlungen beim alternden Menschen*[1950]을 읽었을 때 가졌던 감사와 모순을 인지하게 될 것이다. 또한 **에버하르트 비셔**의 글, "Jugend und Alter in der Geschichte"[1938]와 나의 아버지 **프리츠 바르트**의 강연, "Die Alten und die Jungen im Reiche Gottes"[1894]도 감사하는 마음으로 여기에 언급하고자 한다.)

사람은 자신의 신적인 **소명**이 그의 인생의 다양한 단계에서 만나는 직업의 **특별한 것**을 돌보도록 해야 하며 그 반대가 되어서는 안 된다. 그는 어떤 이상적이거나 혹은 경험적인 구조형태(Strukturbilder)의 관점에서가 아니라 오로지 하나님의 계명에 순종함으로써만 남자와 여자가 될 수 있다. 하나님의 계명은 인간의 길과 인간에게 속한 삶의 조건들의 변화 속에서 인간과 함께 동행한다. 계명은 인간이 이런 조건들의 변화로부터 알고자 하는 것과 결합되어 있지 않다. 오히려 인간이 조건들의 변화로부터 알 수 있고 또한 언제나 알아야 하는 것은 하나님의 통치(Mitteilung)와 계명의 인식과 결합되어 있다. 우리는 젊은 시절과 나이에 관한 튼튼한 기초를 가진 그 어떤 학문을 통해서도 우리의 실제적인 부르심을 지배하고 처리하는 자유보다 앞서서는 안 된다. 우리는 우리의 젊은 시절과 나이든 시절에 하나님의 계명에 대립하여 독립적인 율법들 아래에서 고유의 삶을 영위해 가려고 할 수 없고, 그것을 정당화할 수도 없다. 하나님의 계명은 오직 우리에게는 전혀 계시되지 않고 감추어진 하나님의 고유한 **결정**과 결합되어 있다. 이 결정에 근거해서 하나님은 우리를 창조하셨고 우리를—확실히 그 자체와 모순되지 않고 일치하는 가운데—지금 그렇게 **순종**으로, **핵심 문제**(Sache)로 부르시기 위해서 지금까지 인도하셨다. "젊음의 환희"(Jugendfroelichkeit)

인간의 부르심에 관한 명백한 **인간적인** 지식을 생각할 수 없다는 사실이 다양한 연령의 경계에 관해 언제나 대략적으로만 그리고 놀라울 정도의 예외들과 교차들을 감안해서만 이야기 될 수 있다는 점에서 드러난다. 인간은 견습생으로서 숙련자이기도 하고, 숙련자로서 아직 견습생이기도 하지 않는가? 그리고 이 둘 안에 이미 미래의 장인이 들어 있지 않은가? 인간의 성숙한 형태는 첫 번째이자 본래적인 형태의 각인, 즉 이미 씨앗 속에 들어 있었던 것이 발현된 것과는 다른 어떤 것일 수 있는가? 우리가 인간의 삶이라고 부르는 순간들의 연속이 그 창조로부터 시작하여—또는 사람들이 흔히 말하는 것처럼 (그러나 우리가 그에 관해서 무엇을 알겠는가?) 이전에, '너무 일찍'(zu frueh), '불완전하게'(unvollendet)—어느 날엔가 중단되고 신비 속에서 종결될 때까지 하나의 동일한 주제가 연속적으로 변화되는 것과는 다른 어떤 것인가? 결과적으로 가장 어린 자를 한번에 가장 나이 많은 자 옆에, 아니 그 위에 세우는 이 마지막 신비의 순간에 대한 불확실성은 시작과 끝 사이에 있는 단계들 사이의 모든 차이를 상대화시키는 결정적인 증거로 이해되어야 하지 않는가? 이로부터 본다면 인간의 모든 삶의 순간은 신비의 순간이 아닌가?

각 사람의 실존을 조건지우는 나이는 분명히 지금에 대한 **신적인 규정**일 경우에만, 다시 말하면 각각의 경우 서로 다른 '여기로부터'(von hier aus)일 경우에만 중요하고 큰 의미를 가질 수 있다. 또한 마치 처음이자 마지막인 것처럼 계명에 따라서 새로운 해변으로 떠나는 출발점이 될 경우에만 그러하다. 이 조건으로부터 비롯되는 우리의 **행위의 기준**은 다른 연령과 구별되는 이 연령만의 차이점(Verschiedenheit)에 놓여 있을 수 없다. 이것은 오히려 다양한 연령대들이 비밀스럽지만 진정으로 서로에게 **속해 있다**는 점에 놓여 있다. 이 공속성(Zusammengehoerigkeit)은 명령하시는 하나님께서 인간이 가는 길의 모든 단계에서 **구체적으로** 그리고 각각 다르게, 하지만 한 분 하나님으로서 인간에게 말씀하시고, 그 말씀을 동일한 인간이 **구체적으로**, 자신의 존재의 현상황 속에서 듣고자 한다는 사실에서 비롯된다.

이 범주의 빛에서 볼 때 신적인 계명의 절대적 요구에 알맞지 않으면서, 마치 하나님과의 관계에서 그를 피한 채 오랜 삶을 살아 왔다는 듯이 생각하는, 단지 겉으로만 젊은 자의 것으로 보이는 사고에 의해 인도되는 한 **젊은이**의 모든 행위는 젊은이답지 않은 것으로(unjugendlich) 의심받을 수 있다. 마치 그가 그것을 알고 있다는 듯이! 그가 내려야 하는 결정 뒤에는 더 낫고 본래의 순종에 더 적절한 조건하에서 새로운 기회들과 가능성들을 가진 다른 수많은 결정이 따라올 수 있기 때문에, 마치 그가 아직은 최후의 책임성을 가지고 그렇게 심각하게 결정을 내릴 필요가 없다는 듯이! 꿈꾸는 것과 즐기는 것, 이런저런 경향을 부주의하게 따르는 것, 생각할 수 있는 모든 모범들과 친구들 사이에서 왔다 갔다 하는 것, 이 선생들 또는 저 선생들의 소문을 따라 영리하게 돌아다니는 것, 그리고 이 단계에 특징적이라고 할 수 있는 모방과 독자적인 시험이 뒤에 오는 모든 것과는 달리 그렇게 책임질 만한 것이 아니라는 듯이. 이것은 저 범주의 빛을 통해 젊은 사람에게서 분명히 제거되어야만 하는 커다란 오류이다.

"청년이여 네 어린 때를 즐거워하며 네 청년의 날들을 마음에 기뻐하여 마음에 원하는 길들과 네 눈이 보는 대로 행하라. 그러나 하나님이 이 모든 일로 말미암아 너를 심판하실 줄 알라!"(전 11:9) 이 때문에 "너의 청년의 때에 너의 창조주를 기억하라!"(전 12:1) 젊은 사람이 자신의 창조주를 기억하지 **않는다면**, 그의 행위가 성인의 법과 탁월성 혹은 나이의 청명함(Abgeklärtheit des Alters)이 아니라 심판에 대한 지식을 **결핍하고** 있다면, 책임성과 관련해서 그의 행위가 결코 변화하지 않는다면(ad calendas Graecas), 그의 행위는 **추상적으로** 젊은이의 행위이기 때문에 분명히 젊은이의 행위라고 **할 수 없다**. 젊어진다는 것은 젊은 시절에 **인간적이** 되는 것, 다시 말해 지금 언제나 **하나님 앞에** 있는 것을 의미한다.

**젊다는 것**은 좋은 의미에서 사람이 비교적 적은 시간을 살았음을 보여주고, 하나님의 계명에 대한 순종을 특히 **과거**로부터 **자유**로 가는 발걸음으로 인식되도록 해주는 행위를 지칭할 수 있다. 젊은 사람도 마찬가지로 과거를 가지고 있다. 또한 성숙한 사람과 늙어가는 사람도 과거로부터 자유로 들어가도록 하나님의 계명을 통해 부름을 받았다. 그들은 이런 의미에서 젊게 됨으로써만이 순종할 수 있게 된다. 우리는 이런 의미에서 순종적이 되는 것이 젊은이에게는 특별히 **적절하다고** 말할 수 있다. 젊은이는 아직은 그렇게 심하게 부담이 되지 않는 비교적 짧은 과거를 가지고 있다. 그는 아직 자신을 모든 사건과 상황들에 의해 붙잡히도록 하고, 이런 점에서 어느 정도 뒤를 돌아보며 살 만큼 그렇게 큰 동기를 가지고 있지 않다. 아마도 그는—오늘날의 젊은 세대 가운데 많은 이가 전쟁 기간과 전쟁 후 기간에 자신들 뒤에 가지고 있는 것이 내 눈앞에 놓여 있다.—아마도 매우 강렬한 인상들을 가지고 있겠지만, 아직은 본래적으로 그렇게 지칭될 만한 경험은 거의 가지고 있지 않다. 나이든 자들과 장년들 가운데는 자신들이 오랫동안 너무나 깊고 다양한 수많은 경험에 사로잡혀 있다는 사실을 깨닫지 못하는 자들이 있다. 젊은 사람이 아직 상대적으로 경험이 없다는 것은 이미 습관화된 사람이나, 틀에 박힌 사람이나(Routiner), 전통주의자나, 삶에 지친 사람이나, 상대주의자나, 회의주의자가 아닐 가능성이 높다는 것을 의미한다. 그에게는 아직 독립적이 될 수 있고, 생산적인 놀라움과 믿음을 가질 수 있는 능력이 있다. 그는 아직 심각하게 실망하거나, 수많은 사람에게 분노하거나 쓴 마음을 가질 이유가 거의 없다. 그는 아직 모든 것에 익숙하게 되었다는 이유 때문에 지루해 할 필요가 없다. 또한 눈먼 운명의 지배 아래서 아무런 저항도 할 수 없다는 생각도 아직 그에게는 멀리 있다. 하지만 그에게는 아직 자기 자신으로부터 하나의 상(Bild)을 만들고, 자신의 역할을 표현하고 기억하기 위한 자료가 결핍되어 있다. 다시 말해 그는 아직 자신의 미래에 결정적인 것이라고 생각하도록 유혹하는 그런 구상들(Entwuerfe)을 가지고 있지 않다. 나이 든 사람이나 장년은 이 모든 것으로부터 떠나야 한다. 그는 순종 가운데서 언제나 새롭게 자유 속으로 들어가야 한다. 그러나 우리는 젊은이가 특별한 방식으로 이런 의미에서 순종하도록 **초대되었다는** 사실을 부인할 수는 없다. 그가 자신의 이런 기회를 인지하고 이해하는가? 만일 그렇다면 그의 순종은 그가 자신에게 완전히 특별하게 주어진 자유 안으로 완전히 특별한 결심과 기쁨을 가지고 걸어 들어감으로써 표현된다. 예전 것으로부터 그가 얻는 감흥이 더욱 작아지기 때문에, 계명의 새로운 것이 새로움 속에서 그에게 더욱 강력한 호소력을 지니게 된다. 이처럼 계명의 무조건성은 주관적이고 객관적인 상황들의 다소 억압적인 형태들과는 전혀 다르다! 또한 이처럼 계명의 명령(Imperativ)은 관련된 사람이 자기 자신의 고유한 본질을 소유하고 있는 수많은 가능성(Konjunktiv)과 기대(Optativ)와는 전혀 다르다! 그는 자유롭게 순종할 수 있다. 그는 모든 것을 사용할 수 있다. 그에 따라 그는 생각할 수 있고, 결정할 수 있고, 행동할 수 있다. 만일 그가 젊은이 특유의 얽매이지 않은 열린 마음으로 이렇게 한다면, 그는 이 단어의 좋은 의미에서 행동하게 되고, 하나님의 계명에 순종하기 위해 마찬가지로 정확히 이 의미에서 젊게 생각하고, 결정하고 행동해야만 하는 모든 나이든 자들과 장년들에게 본보기가 된다. 단지 젊은이들이 분명히 알고 있어야 할 것은 그들 역시 이러한 점에서 책임이 있고, 나이든 자들과 장년들이 자신들의 젊은 시절의 **객관적 사실**(Sachlichkeit)에 대한 본보기로 그들을 필요로 한다는 점이다.

신약성서의 로마서에서 나이가 든 바울은 이러한 좋고 확실한 의미에서 젊게 생각했다. 그는 우리의 주제에 관해 말하려는 의도가 없었음에도 불구하고 실제로는 그에 관해 이야기 하고 있다. "내가 이미 얻었다 함도 아니요 온전히 이루었다 함도 아니라. 오직 내가 그리스도 예수께 잡힌바 된 그것을 잡으려고 달려가노라. 형제들아 나는 아직 내가 잡은 줄로 여기지 아니하고 오직 한 일, 즉 뒤에 있는 것은 잊어버리고 앞에 있는 것을 잡으려고 푯대를 향하여 그리스도 예수 안에서 하나님이 위에서 부르신 부름의 상을 위하여 달려가노라."(빌 3:12, 14) 이것이 젊은이에 의해 실행되든 아니면 장년에 의해 실행되든 상관없이 명백한 젊은 시절의 **객관적 사실**(Sachlichkeit)이다.

만일 어떤 사람이 하나님의 피조물이자, 섭리의 대상이자, 하나님의 심판 아래 있는 자이자, 하나님의 계명을 통해 부름을 받은 자로서 자기 자신을 이러한 실재 속에서 진지하게 받아들일 수 있음을 분명히 하는 데 주저한다면, 그의 인생의 **중반기**와 **말년**에 행한 그의 모든 행위는 우리의 범주에 따라 평가한다면 **미성숙한**(unreif) 것들로 불릴 수 있다. 그는 어떻게 다른 방식으로 (대략 이제 만개된 그의 능력과 그가 획득한 숙련과 이제 눈에 보이는 성과들의 관점에서) 자신을 진지하게 받아들일 수 있겠는가? 마치 하나님의 결정과 판단만으로는 자신의 존재와 행위에 중요성을 부여할 수 없다는 듯이! 마치 그가 고유의 중요성을 가지고 있다는 듯이! 마치 그에게는 인간이 신적인 진지함에 순응할 수 있는 통로인 비애(Wehmut)와 유머를 억누르는 것이 허락되었다는 듯이! 마치 그는 장인이며 견습생이나 숙련자, 놀이를 하는 아이, 처음부터(ad ovo) 연구하는 학생, 매일 아침 새롭게 출구에 서 있는 탐험가가 더 이상 아니라는 듯이! 마치 이제는 그가 그다지 멀리 떨어져 있지 않은 연령대의 지혜에 의해 인도를 받을 필요가 없다는 듯이! 마치 그에게는 자기 자신을 자신의 역할과 위치, 자신의 크거나 작은 부름, 심지어 자신의 호칭이나 관복이나 은행계좌와 혼동하는 것이 허용되었다는 듯이! 마치 그가 장엄하고 영광스럽게 작은 신이 될 수 있다는 듯이! 이것은 그가 속물이 되거나, 부르주아가 되거나, 교사가 되거나, 잘난 사람이 되듯이 프로메테우스가 되는 것을 의미할 수 있다. 바로 이것이 그를 어떤 형태로든 미성숙한 사람으로, 즉 하나님의 계명을 실행하는 데 있어서 미성숙한 사람으로 만든다. 바로 이것이 우리의 범주의 빛에 따르면 인생의 중반기와 말년에 깨달아야 하고 피해야 하는 커다란 오류이다.

다양한 연령대에 관한 오래된 시구는 이 단계에 대하여 다음과 같이 규정하고 있다. "서른 살에 한 남자, 마흔 살에 잘 행하고(wohlgetan), 쉰 살에 잠잠히 서 있다(stillestahn)." 만일 우리가 첫 번째 것을 받아들인다면, 두 번째와 세 번째 것은 매우 의심스러운 것들로 생각할 수 있다. "잘 행했다"(wohlgetan)는 표현은 사망자 명부에 오른 후에나 맛을 낼 수 있고, 사람들이 자기 자신에게는 잘 적용하려고 하지 않는 그런 서술어이다. 누군가 이것을 그에게 허용한다면 십년 후에 "잠잠히 서 있는 것"은 전혀 예측할 수 없다. 때문에 대안이 불가피하다: "너희가 돌이켜 어린아이들과 같이 되지 아니하면 결단코 천국에 들어가지 못하리라."(마 18:3) 정말로 확실히 천국에 들어갈 수 없다! 진정으로 성숙한 사람에게 자리를 만들어 주기 위해서 어떤 형태를 하고 있든지 프로메테우스는 철거되어야만 한다.

"성숙하는 것이 모든 것이다." 그렇다. 인생의 **중반기는** 사람에게 성숙하게 될 수 있는 완전히 특별한 기회를 제공한다. 왜냐하면 인생의 중반기는 중간의 시기(Jahre)이기 때문이다! 이 시기는 인간이 부름을 받은 자유를 **현재**(Gegenwart)의 형태로 보여준다. 이 시기가 보여주는 **지금** 이 순간은 결정을 내리기에 너무 빠르지도 않고 너무 늦지도 않다. 바로 지금 결정이 내려져도 좋으며 또 그래야만 한다. 젊은이와 나이든 자도 역시 지금 속에 존재한다. 그러나 더 이상 젊지 않으면서 아직 늙지 않은 사람의 시각은 정말로 특별하게 젊은이에게 결정의 긴급성을 **아직** 숨기고 있는 안개로부터 자유로울 수 있고, **이미** 이것을 나이든 자에게 감추고 있는 그늘로부터도 자유로울 수 있다. 젊은이와 나이든 자에게 이 결정의 긴급성이 감추어져 있다고 해서 결코 그것이 그들의 변명거리가 될 수 없다. 인생의 중반기에 성숙한 자로, 즉 성숙한 존재로 부름을 받은 사람은 변명의 여지가 더욱더 작을 수밖에 없다. 심리학적이고 육체적인 실존의 성숙은 순종에서 성숙할 수 있는 기회임에 틀림없다. "지금이다! 파종이 끝났으니, 지금은 멈추어도 되고 또 그래야만 한다."라는 인식이 그의 마음에 떠오를 수 있다. 출발은 이루어졌다. 지금은 뛰어야 한다. 준비는 이미 끝났다. 이제는 일의 시도를 생각해야 하고 이를 실행해야 한다. 젊은이나 나이든 자도 마찬가지로 시도하고 행해야 한다. 인생의 중반기에 있는 사람은 이런 시도와 일을 탁월한 방식으로 행할 수 있는 사람이다. 그의 이런 능력은 삶의 상황을 통해 어느 정도 자연스럽게 습득된 것이다. 그는 지금까지 살아왔고, 아직 살아가야 한다. 그는 지금 주목할 만한 과거와 경험을 소유하고 있다. 이것들은 아직 그를 지치거나 무감각하게 만들지 않았다. 그는 결정을 내리도록 그를 자극하고, 인도하고, 용기를 북돋우는 진정한 경험을 충분히 소유했을 가능성이 있다. 그는 어느 정도 먼 거리에서 이미 끝을, 즉 "아무도 일할 수 없는 밤"을 바라본다. 그러나 그는 이 밤을 멀리서 바라보기 때문에, 이런 생각이 그를 포기하도록 만들거나 문이 닫힐까 걱정하는 공황 상태의 행동 방식들과 행위들로 이끌지는 않고, 단지 계산된 서두름으로 몰아간다. 그가 그 속에서 자유롭도록 부름을 받은 제한은 이 단계에서 적어도 상대적으로 무제한적인 발전을 허용하는데, 이것은 그가 젊었을 때는 소유하지 못했던 것이고, 나이가 들었을 때는 더 이상 소유할 수 없는 것이다. 그는 아직 열려 있으면서 또한 이미 결정된 상태이다. 그의 시계는 앞으로도, 뒤로도 갈 필요가 없다. 그는 지금과 자신의 요구 사항들에 대해서, 더욱 중요하게는 지금 그에게 요구되는 하나님의 계명에 대해서 앞쪽 방향은 물론 뒤쪽 방향으로 완전히 특별하게 **자유로울** 수 있다. 그는 더 이상 미숙하지 않고, 계명의 요구를 성취하기 위해 필요한 노력 때문에 아직 지쳐 있지도 않다. 시기들 사이의 현재이자 중간에 있는 그의 삶은 확장과 모음의 성격을 가지고 있다. 그는 자신의 기회를 깨닫고 이해하게 될까? 그는 자기 자신을 순종적인 행위로 모으고 확장하게 될까? 그는 이 기회가 헛되이 온 것이 아니라는 사실과, 이 기회가 사용되거나 사용되지 않거나 상관없이 언젠가는 다시 가 버리게 될 것이라는 사실을 알게 될까? 만일 그가 이 기회를 인식하고, 그의 생각과, 결정과 표현의 행위가 이 인식에 대한 고백이라면, 그는 단어의 가장 진지한 의미에서 성숙한 사람으로 행동하고 있다. 그는 그보다 뒤에 오는 젊은 사람들뿐만 아니라 그보다 앞선 연장자들에게 모범이 된다. 이 두 그룹은 그와는 달리 인생의 중간에 있지는 않지만, 하나님의 계명에 순종하기 위해서는 그와 같이 중간과 현재와 지금의 사람이 되어야만 한다. 그보다 젊은 사람들과 연장자들은 (각자의 방식대로) 성숙한 (진정으로 순종에 있어서 성숙한!) 사람들이 그들 가운데 있는 것이 필요하다.

여기에서 다루는 것을 강조하기 위해서 우리는 고린도전서의 종결부에 있는 종합적인 권면(16:13)에 그리스도인들이 깨어 믿음 안에 굳게 서 있어야 할 뿐만 아니라, "남자답게" 강건해야만 한다는(ἀνδρίζεσθε, κραταιοῦσθε) 눈에 띄는 표현이 아마도 쓸데없이 포함되어 있는 것은 아니라고 말할 수 있다. 고린도전서 13:11의 비유는 바울 자신의 말로서 실제적으로 중요한 의미를 가지고 있다: "내가 어렸을(νήπιος) 때에는 말하는 것이 어린아이와 같고 생각하는 것이 어린 아이와 같다가 장성한 사람이 되어서는(ὅτε γέγονα ἀνήρ) 어린아이의 일을 버렸노라." 이것은 에베소서 4:14에서도 분명하게 요구되고 있는 것이다. 오해를 피하기 위해서 우리는 요한일서 2:12-14를 함께 보는 것이 좋다. 여기에서 아이들(τεκνία 또는 παιδία)과 청년들(νεανίσκοι)과 아버지들(πατέρες)이 이중적인 순서로 동일한 수준에서 그리고 강한 완료형(ἐγνώκατε, νενικήκατε)으로 표현된 그리스도인의 위치에 대한 동일한 전제들 위에서 권면을 받는 대상이 되고 있는 점이 혼란스럽다.—단지 그렇게만 보일 뿐이다. 이로부터 저자는 그들 모두에게 향하는 권면을 이해하고자 했다.

이제 우리는 마지막으로 우리의 범주로부터 나이든 사람의 존재와 행위가 그 사람이 당면한 계명의 질문을 끝맺는 성격을 가지고 있거나, 지금까지 주어진 대답들을 자동적으로 반복하는 성격을 가지고 있는 한—그 연령대가 누릴 수 있을 것으로 추정하는 중립적인 쉼(Ruhe)에 대한 권리를 요구하는 한—이를 **현명하지 못하다고** 말해야만 한다. 마치 나이든 사람에게는 미래와 본래의 충만한 오늘이란 더 이상 있을 수 없고, 단지 만족하거나 비판적으로 평가하면서 아무런 행위 없이 뒤를 돌아보는 것과 과거와 퇴근 후의 안정만이 남아 있을 뿐이라는 듯이! 마치 그는 더 이상 살아 있지 않고, 이미 죽었다는 듯이! 마치 누군가가 그에게 자신의 실존에 두꺼운 종결의 줄을 그을 수 있는 권한을 부여했다는 듯이! 마치 인간을 향한 부름과 정말로 문이 닫히는 시간이 임박함으로 말미암아 제기되는 질문이 시급하지 않고, 더 시급해지지도 않을 것이라는 듯이! 순전한 반복을 통해서, 순전히 검증된 노선에서 계속 굴러가고 멈춤으로써 하나님의 계명에 부합할 수 있는 가능성이 이제 더욱 불가능하게 되었다는 듯이! 마치 그가 바로 이 마지막 시간에 결정하는 것을 대신해서 어떤 습관(habitus)이 들어서도록 하는 것을—마지막이 가까웠기 때문에, 또한 심판자가 가까이 오셨기 때문에 결정(Entscheidung)의 물결이 가장 강하게 흘러가야 할 순간에 얼어붙고 굳어버리는 것을—허락 받았다는 듯이! 세상이 그 욕망과 함께 끝나가는 지금 영원 속에 머물기 위하여 자신을 들어 올려 하나님의 뜻을 행하는 대신에, 마치 지금이 책임으로부터 벗어나서 모든 것과 자기 자신의 무상함(Vergänglichkeit)을 즐길 적절한 시간이라는 듯이! 마치 이것이 바로 지혜라는 듯이! 이것과는 분명히 반대이다. 이렇게 존재하고 이렇게 행동하는 것은 나이 든 사람들의 거대한 오류이며, 어떤 상황에서든지 어떤 형태로든지 하나님의 계명에 대한 순종을 통해 제거되어야만 한다.

**끝마치는**(fertig) 것, 다시 말하면 더 이상 하나님의 계명에 대한 순종을 위해 준비되지 **않는** 것, 이것이 그리고 오직 이것만이 그리스도교적 관점에서 볼 때 **어리석음**이다. 이 어리석음은 오랫동안 젊은 사람의 어리석음이자 추정컨대 성숙한 사람의 어리석음일 수 있기 때문에 유감스럽게도 나이가 이것을 방지하지는 못한다. 이것, 오직 이것만이 구약성서에서 그토록 두려워하는 백발을 가진 자의 불명예이다. 아브라함이 75세의 나이에 자신의 고국과 친척과 아버지의 집을 떠나 하란으로부터 주께서 그에게 지시하신 땅으로 갔을 때(창 12:1) 그의 행동은 별스러운 것이 아니었다. 왜냐하면 구약과 신약의 증언에 따르면 그는 자신의 생애의 마지막에 행한 이 출발을 통해서 모든 믿는 자들의 아버지가 되었기 때문이다. **하인리히 페스탈로치**(Heinrich Pestalozzi)와 **레오 톨스토이**(Leo Tolstoi)와 철학자들 가운데 **칸트**(Kant)와 **쉘링**(Schelling)과 우리 시대의 **파울 나토르프**(Paul Natorp)가 그들의 노년기에 다시 한번 격렬한 삶의 불안정 속에 자신을 떠맡기고, 각자의 방식으로 마지막 시간에 그들의 인생을 완전히 다른 방향과 형태로 바꾸는 용감한 시도를 하고자 했을 때, 이것은 진기한 것이 아니라 적어도 정상적인 사람이 보이는 증상으로서 가장 의미 있는 과정이었다. 하지만 19세기 계몽된 그룹에서 정말로 유명했던 샤프하우젠의 감독 **다비드 슈파이스**(David Speiss)가 사람들이 그에게 요구했던 것들을 거부해도 된다고 믿었을 때(J'ai fait ma fortune; "나는 나의 어린양을 광야로 데려갔다."), 이것이야말로 최고로 진기하고 비정상적인 것이었다. 이것은 나이든 사람이 진정으로 현명하다면 하나님의 계명에 대하여 (또한 하나님의 계명의 빛 가운데 많은 인간적인 요구들에 대하여) 결코 주장할 수 없는 것이다.

그러면 진지하게 **지혜**—나이든 세대에 널리 퍼진 지혜—란 무엇인가? 이 단계의 사람에게 부여된 특별한 기회는 명백히 더 이상 자신의 자유로운 결정과 행위에 속하지 않고, 단지 자유롭고 전능하신 하나님의 은혜의 선물로 그에게 주어지며, 단지 그의 **순수한**(rein) 미래에 불과한 그런 미래에 지금 실제로 매우 가까이 접근했다는 데에 있다. 하나님께서 그분의 계명을 통해 그에게 말씀하실 때, 그는 그곳으로부터 그리고 그곳으로 부름을 받았다. 물론 이것은 젊은이와 어린이에게도 해당한다.—저 세상으로부터 몇 년 더 많이 혹은 더 적게 떨어져 있는 것이 무슨 차이가 있는가?—"내가 나의 마지막에 얼마나 가까운지 누가 알겠는가?" 단지 그들은 이것이 인간의 **순수한** 미래라는 것에 관하여 아직 가볍게 상상하거나 혹은 아무런 생각도 하지 않을 뿐이다. 노년기의 드라마는 사람이 이 순수한 미래를 점점 더 구체적으로 인식하게 되고, 영원과 연관된 관점으로(sub specie aeternitatis) 자신의 인생을 보는 것을 점점 더 피할 수 없게 만든다는 사실이다. **키케로**(Cicero)는 노년에 관하여(de senectute) 참되고, 지혜롭고, 애수에 차 있고, 위로가 되는 수많은 말을 남겼다. 그리스도교적인 관점에서 언급할 필요가 있는 최고의 긍정적인 면은 나이든 사람이 예전에 그가 자주 기쁘게 노래했던 것("우리의 힘으로는 아무것도 할 수 없네. 우리는 즉시 실패한다. 하나님이 선택하신 올바른 자가 우리를 위해 싸운다.")을 가지고 살아야만 하는—아니, 살 수 있는—특별한 기회를 갖는다는 점이다. 바로 여기에서 젊은 시절의 하나님의 약속과 계명이 그를 부른다. 이를 통해 모든 진정한 순종이 시작된다. 바로 이것이 모든 자유로운 결정과 행위의 뿌리이다. 바로 이것이 이제 정말로 그렇게 되어야만 한다. 이것이 의미하는 바는 인간이 자신의 아집과 독자성을 전능한 분과의 만남을 통해 완전하고 철저하게 의문에 처하도록 해야 하며, 자신을 제한해야 한다는 것이다. 이 때문에 지금 올바로 가야만 한다.—비상 상태가 문 앞에서 벌어지고 있다! 하지만 분명한 차이가 있다. 사람이 젊었을 때는 자신이 스스로 직접 나서서 헌신하면서 자신의 전능자께 응답한다고 생각한다. 사람이 나이가 들면 그에게 다가오시고, 그에게 응답하시고, 그를 그 자신으로부터 떼어 내셔서, 그분께로 받아들이시는 분이 **전능자**라는 사실을 발견할 수 있는 특별한 기회를 갖게 된다. 하나님께 대한 순종이 이제 사람에게 더 자연스러워질 수 있다. 사람이 자신에게 이런 일이 일어나도록 할 때, 바로 이것이 노년기의 지혜를 형성하게 된다. 사람은 어느 정도 경험을 해야만 하고 또 경험을 하게 될 것이다. 그러나 사람이 영리하다는 것과, 세상 돌아가는 상황에 관하여, 사람들에 관하여, 그리고 자기 자신에 관하여 확실하게 알고 있다는 것, 그리고 적어도 거친 오류들과 어리석음들을 더 이상 범하지 않는다는 것이 그를 지혜로운 사람으로 만들지 않는다. (이런 점에서 그는 예기치 못한 재발을 조심한다.) 그는 피곤한 자랑으로 그 밖의 모든 것을 가지고 자기 자신으로 후퇴하고, 하나님의 계명으로부터 완전히 벗어날 수 있다. 그러나 그가 지금까지 젊은 시절의 불 가운데서와 성인의 힘을 가지고 있었을 때조차 전적으로 오직 하나님의 자유롭고 대가를 바라지 않는 긍휼로 살았다는 사실과 자신의 모든 자유로운 결정들과 행위들이 이 낯설고 외부로부터 비춰는 빛 속에서 행해질 때만 가치가 있을 뿐이라는 사실이 이제 그에게 이론적이 아니라 실제적으로 합리적인 것이 될 수 있다.—이를 통해 그는 현명하게 된다. 칭의 교리의 '실존적' 이해와 이 문제에 있어서 트리엔트 및 이외의 모든 오류를 '실존적으로' 극복하기 위한 적절한 시간이 지금, 바로 지금 그에게 시작된다. 그러나 이로써 저 낯선 빛에 대한 즐거운 기대 속에서 자기 자신의 자유로운 결정과 행위를 할 새로운 마지막 시간이 그에게 주어진다! 또한 이로써 저 낯선 빛이 그의 위뿐만 아니라 그가 알고 있는 세상의 흐름 위와 그에 의해 철저하게 파헤쳐진 '사람들' 위에도 비춰고 있음을 마침내 알게 되고, 나이든 괴테와 달리 그렇게 숭고하지(olympisch) 않으면서 모든 면에서 개방적이고 (어떤 결정을 내리든 상관없이) 약간 더 부드럽게 되고, 더 많은 도움이 되는 적절한 시간이 시작된다. 이것이 나이든 사람에게 특별하게 제공되는 현명해지는 기회이다. 그는 이 기회를 인식할 수 있다. 그는 이런 순종의 모습을 통해서 그의 뒤에 오는 사람들에게 모범이 될 수 있다.

이것은 시편 71:17 이하에 나오는 기도의 의미이다. "하나님이여 나를 어려서부터 교훈하셨으므로 내가 지금까지 주의 기이한 일들을 전하였나이다. 하나님이여 내가 늙어 백발이 될 때에도 나를 버리지 마시며 내가 주의 힘을 후대에 전하고 주의 능력을 장래의 모든 사람에게 전하기까지 나를 버리지 마소서." 때문에 우리는 요한복음 21:18에서 예수님이 베드로에게 하신 말씀을 체념에 대한 경고가 아니라 약속으로 이해해야 한다. "내가 진실로 네게 이르노니 네가 젊어서는 스스로 띠 띠고 원하는 곳으로 다녔거니와 늙어서는 네 팔을 벌리리니 남이 네게 띠 띠우고 원하지 아니하는 곳으로 데려가리라." 이어지는 구절(19절)도 여기에 속한다. "이 말씀을 하심은 베드로가 어떠한 죽음으로 하나님께 영광을 돌릴 것을 가리키심이러라. 이 말씀을 하시고 베드로에게 이르시되 나를 따르라 하시니." 이 말씀은 신명기 33:25와 매우 잘 어울린다. "네가 사는 날을 따라서 능력이 있으리로다." 루터는 이 구절을 "너의 노년은 너의 젊은 시절과 같을 것이다!"라고 번역했다. 하지만 소명과 하나님의 계명과 그분의 말씀에 대한 순종은 인생의 모든 시간을 적절한 시간으로 만든다. 거꾸로 우리는 다음과 같이 말할 수 있다. "너의 젊은 시절은 너의 노년과 같을 것이다!" 인생의 모든 특별한 시간들은 소명과 후계(Nachfolge)를 위한 특별한 기회를 제공한다. 하나님께 대한 찬양으로 부름을 받은 전체 피조물이 호명되고 있는 시편 148:12의 절정에서 "총각과 처녀와 노인과 아이들아, 여호와의 이름을 찬양할지어다. 그의 이름이 홀로 높으시며 그의 영광이 하늘 위에 뛰어나심이로다."라고 노래하고 있는 것처럼, 인생의 모든 특별한 시간에서 실제로 이런 일이 이루어진다.

2. 모든 사람이 자신만의 **특별한 역사적 위치**(Standort)를 가지고 있다. 그리고 이런 사실에게서 또 다른 하나의 범주(Kriterium)가 따라온다. 이것이 그의 직업이 지니는 **외적인** 제한이다. 인간은 모든 경우에 이 제한 가운데서 하나님의 계명을 알게 되고 그것에 순종하게 된다. 인간의 역사적인 위치로 이해될 수 있는 것들에는 그의 나라, 시대, 부모와 조부모의 출신, 정치적이고 경제적이고 문화적이고 교회적인 상황, 그가 소유한 인간성과 삶의 관점들과 영적인 관점들과 주변의 도덕적인 습관들의 방식과 수준, 교육의 기회들과 발전을 위한 기회들, 그와 특별한 방식으로 만나고, 동행하고, 떠나고, 엇갈리고 이리저리 함께 결정하는 동료들이 포함된다.

이 역사적인 위치(Standort)도 역시 인간의 직업에 속하며, 그의 신적인 소명과 이 소명과의 관계에 있어서 결코 무시될 수 없는 것이다. 인간은 이 외부 세상 속에 있고 세상과 관련되어 있다. 이 점에서 그는 자신의 직업을 선택하지 않았다. 그는 자신의 결정과 행위로 자신의 삶을 살기 시작하면서, 아무런 질문도 받지 않은 채 이 위치에 있다. 만일 이 위치의 모습이 적어도 부분적으로 변화되고, 인간 자신이 이런 변화에 이것이나 다른 것으로 기여한다고 할지라도, 위치는 기본적으로 동일하게 남아 있고,

누구도 이것을 뒤에 두거나 없앨 수 없다. 이 위치는 여정의 모든 단계와 모든 전환점에서 새롭게 인간을 기다리고, 특별한 위치로 새롭게 자신을 요구한다. 그리고 인간에 의해 새롭게 진지하게 받아들여지고 인간과 관련되기를 원한다. 완전히 다른 위치가 아니라 여기 그 자신의 위치에서 신적인 소명과 계명이 인간에 의해 계속해서 드러나고 실행되기를 바란다. 계명에 대한 신실성(Treue)은 이 **위치**에 대한 특별한 **신실성**을 자체에 포함하고 있고, 그것을 요청한다. 이 위치에 대한 고백은 물론 오직 하나님의 소명과 계명에 대한 순종의 행위를 통해서만 적절하게 이루어질 수 있다.

인간이 특정한 역사적 위치를 가지고 있다는 것은 각 사람에게 있어서 한편으로 일련의 인간적인 가능성들이 열려 있음을, 다른 한편으로 닫혀 있음을 의미한다. 어느 한 사람에게는 다른 사람이 접근할 수 없는 자극과 촉진이 존재할 수 있다. 마찬가지로 어느 한 사람에게는 존재하지 않는 경고와 방해를 다른 사람은 넘치도록 많이 가지고 있을 수 있다. 이 사람에게 당연한 것이 저 사람에게는 평생 씨름해야 할 수수께끼이다. 나이팅게일이 밤의 꾀꼬리로 불리는 것이라면 거꾸로 부엉이는 그렇게 매력적인 새가 아니다. 한 사람이 가지고 있는 것을 다른 사람은 가지고 있지 않다. 우리 모두는 인간이고 우리의 개인적이고 내적인 구조 속에서 결코 서로에게 낯설지 않고 오히려 매우 가까움에도 불구하고, 우리 인간은 자주 서로 반대되는 방향으로 그렇게 보고, 그렇게 노력하고, 그렇게 도망하고, 그렇게 자랑하고, 그렇게 한숨을 쉬면서 서로를 지나간다. 이것은 우리가 그렇게 되기를 원하는지에 관해 아무런 질문도 받지 않은 채로 서로 다른 국가와 서로 다른 시간과 서로 다른 문화와 서로 다른 부모의 자녀들로서, 서로 다른 선생의 학생들로서, 서로 다른 동료들의 동료들로서 습관과 관습과 방식에 많게 혹은 적게 책임을 지고 있기 때문이다. 체계화와 신화화(Mythologisierung)와 교리화(Dogmatisierung)를 위해서는 사람과 사람 사이의 사회학적인 차이보다 심리학적인 차이가 더 적합하고, 전체적인 것보다 개별적인 것이 더 적합하다. 바로 여기서 소명과 하나님의 계명이 무엇보다 모든 역사적–사회학적인 체계들과 신화들과 교리들의 해체를 촉구하는 요청으로서 이해되어야 한다.

**역사기술**은 현대에 들어와서도 여전히 시간적, 공간적으로 멀리 떨어져 있는 인간 행위와 노력의 영역들을 조망하고, 이를 그 자신의 위치에서 평가하고, 판단하고, 최종 판결을 내리곤 했다. 하지만 역사기술이 오늘날 전체적으로 조금은 이런 울부짖는 불의(Ungerechtigkeit)로부터 자유롭게 되기 시작하고 있다는 것은 그리스도교적 의미에서 분명한 발전으로 기록될 수 있다. 개별적인 **민족들**과 **국가들** 사이의 대조들은 19세기와 금세기의 처음 수십 년까지 확고했으나, 이제 그 고유한 경직성이 어느 정도 상실되기 시작한 것처럼 보인다. 그 대신에 우리는 오늘 두 절반의 세계(Welthälften) 사이에 빚어지는 갈등으로 인한 대단히 불쾌한 연극 앞에 서 있다. 이 두 절반의 세계는 형이상학적으로 높여진 그들의 역사적 위치로부터 서로를 곡(Gog)과 마곡(Magog)으로 혹은 혀를 날름거리는 많은 머리를 가진 묵시록의 짐승으로 보려고 한다. 한편으로 사람들의 역사적 위치와 그 자신과 다른 한편으로 자신의 신적 소명 사이의 차이를 인정하면서, 그로부터 비롯되는 결론, 즉 어떤 경우에도 인간으로 평가되는 대신에 다른 위치 때문에 괴물로 취급되어서는 안 된다는 사실을 고수하는 것이 우리 모두에게 **개별적으로** 얼마나 어려운지는 말할 필요도 없다.

무엇인가가 명령조로 **상대적인**(relativistisch) 사고와 처리를 요구한다면 그렇게 우리의 역사적인 위치들은 각각의 고유성 속에서 서로에 대해 대조를 이루게 된다. 놀라움과 크거나 작은 낯섦 없이 사람들은 다른 사람의 위치를 조용히 직시하거나 정당하게 인정할 수 없다. 그뿐만 아니라 다른 사람이 그 자신의 위치에 대해서 그리고 그 밖의 다른 모든 위치에 대해서 확실히 배타적이지 않고 단지 다소의 일면성(Einseitigkeit)을 가지고 **보완적으로**(komplementaer) 행동한다는 것과 위치가 인간을 만드는 것이 아니라, 사람이 위치를 만들고 여기에 의미와 성격과 중요성을 부여한다는 것을 인식하지 못할 경우도 마찬가지이다. 인간은 위치를 절대화할 수 없다. 그는 자기 자신의 절대적인 위치에서 자신의 동료 인간에게 짐을 지워서는 안 된다. 그렇게 한다면 그는 먼저 하나님을 잃게 되고, 이어서 자기 자신을 상실하게 되며, 그다음으로 동료 인간도 역시 상실하게 된다. 결국 그는 자신의 세계를 지옥의 중심부(Pandaemonium)로 만들게 될 것이다. 이것이야말로 우리가 언제나 거듭해서 할 준비가 되어 있는 것이다. 인간은 단지 자신의 위치를 부여 받고 유지할 수 있을 뿐이다. 이 위치는 인간에 의해서보다 위치에 의해서 더 진지하게 요구되는 고유한 것의 출발점(terminus a quo)일 뿐이다. 이렇게 인간은 자신의 위치에서 다른 동료 인간들을 보고 이해해야만 한다.

이제 그는 물론 자신의 위치를 **받아들이고 유지해야만** 한다는 사실을 회피할 수도 없고 그렇게 해서도 안 된다. 이 위치는 그의 창조주와 주에 의해 준비되었고 그에게 부여되었으며, 이를 부자유스럽게(nicht ad libitum) 받아들이거나 혹은 받아들이지 않을 선택의 여지가 그에게는 없었다. 하나님의 결정으로 인해 인간에게 이 나라와 이 시대와 자신만의 역사적인 조건과 이 가족과 환경과 교육이 정해진다. 이 하나님의 결정은 도저히 탐구할 수 없지만, 인간이 바로 이 인간이 되고 다른 누가 되지 않도록 할 정도로 지혜롭고 올바르다. 인간은 진정으로 그 자신과 동일하다. 하나님의 눈과 평가에 따르면 더 나은 위치도, 더 나쁜 위치도, 더 높은 위치도, 더 낮은 위치도 없다. 또한 이 위치들은 서로 간의 모든 다양성에도 불구하고 확실히 모두 동일한 권리와 약속을 가지고 있다. 그뿐만 아니라 절대적으로 나쁘고 희망이 없는 위치란 전혀 없다. 이 때문에 이 문제에 있어서 인간에 의한 완전히 다른 형태의 외적인 실존에 대한 동경과 기대, 근거 있는 항변, 하나님의 예정에 대한 정당한 거부란 있을 수 **없다**. 여기 바로 이 위치에서 그는 땅 위에, 하늘 아래, 그리고 하나님 앞에 존재한다. 여기에서 그에게 **자신의** 질문들이 제기된다. 여기에 **그의** 숙고와 **그의** 결정력을 요구하는 관계들이 있다.

여기에 그가 도와서 만족시켜야 하고 조절해야 하는 필요성들이 있다. 여기에 **그의** 섬 김을 기다리는 과제들이 있다. 무엇보다 여기에 **그의** 동료 인간들이 있다. 그는 이들과의 관계 속에서 인간이 되거나 혹은 인간이 되지 않는다. 그리고 마침내 여기에서 하나님은 그가 인식하고 사랑하는 **그의** 하나님이 된다. 이와 같은 특별한 여기(Hier)는 순전히 우연하게 한 번 세워졌지만 필요한 경우 바뀔 수 있는 무대 배경이 아니다. 이와 같은 모든 여기는 특별한 필요성과 특별한 중요성과 특별한 가치를 가지고 있고, 자신만의 경계 안에서, 즉 밝음과 그늘과 높음과 깊음과의 연결 속에서 자신만의 특별한 약속을 소유하고 있다. 이와 같은 여기는 인간에게 고향과 작업 공간이 될 수 있고, 기쁨과 기도의 장소가 될 수 있다. 각각의 여기는 그의 **직업**의 형태이다. 또한 각각의 여기는 하나님의 소명이 그를 그에게 의도된 직무로 인도하는 장소이다. 이것이 각자에게 그의 존재가 자신의 역사적인 위치에서 거룩하고 구속력 있게 만들어야만 하는 것이다. 또한 이것이 그가 부족하다고 느끼는 것을 견지하도록 하고, 다른 사람들에 앞서 그의 위치에서 미리 소유하고 있는 것에 대해 겸손하게 감사하도록 만든다.

각자를 위해 준비되고 각자에게 부여된 역사적인 위치를 통해서 인간의 직업이 외적으로 제한되는 것을 **결정론적**(Determination)으로 이해해서는 안 된다. 그렇지 않으면 우리는 즉시로 사악한 운명에 대한 믿음 가운데 놓이게 된다. 이 믿음은 예전은 물론 오늘날에도 상당히 자주 소위 인간의 '상황'(Milieu)으로부터 그 근거를 찾고 있다. 이 믿음은 날씨, 가족, '계급', 세기(Jahrhundert), 인간에게 주어진 사회적인 관계들과 그 밖의 관계들, 인간이 받는 양육과 교육, 인간을 둘러싼 주변 환경의 윤리와 비윤리의 산물이다. 그러나 이것들이 운명에 대한 믿음은 **아니**다. 이 모든 것은 그가 일어서고 가는 토대이고, 그가 숨쉬는 공기이다. 또한 이 모든 것은 그를 둘러싸고, 의심할 여지 없이 강력한 힘으로 그를 이끌어 가고 있다. 하지만 이 모든 것은 인간 자신이 **아니고**, 인간에 대한 규정도 **아니며**, 그를 인간으로 만들지도 **않는다**.

피조물의 영역들 내에서 인간존재의 외적인 제한과 조건은 많은 것을 할 수 있지만 모든 것을 할 수 있는 것은 아니다. 이것들은 단지 인간 실존의 외적인 **양상**(Aspekt) 위에만 뻗쳐 있을 뿐이다. 수많은 사람은 외부로부터의 방해 때문에 그들 자신의 힘으로 성취하기를 원하는 가시적인 결과와 성과에 도달하지 못한다. 때문에 그들은 그 자체로 의미 있는 그들의 상황과 소여에도 불구하고 그들이 처해 있는 역사적인 환경 속에서 주목받지 못한 채 시들어 간다. 이와 반대로 단지 출신과 환경들과 역사적인 관계들과 사건들을 통해 위로 떠올라 세상에 알려짐으로써 반 바보가 관직과 명예를 얻고, 바보가 세계사적인 명성을 얻기도 한다. 눈앞에 벌어지는 것들이 하나의 공식에 들어맞지는 않는다. 하지만 인간의 육체적이고 정신적인 본성은 사람들이 어떤 역사적인 상황 속에서 이 사람 또는 저 사람에게 기대하는 것과는 반대로 정말로 놀라운 일들을 공개적으로 할 수 있고, 위로 올라 갈 수도 있고, 아래로 내려 갈 수도 있다. 인간은 실로 육체적, 정신적인 피조물의 본성과 여기에서 보일 수도 있거나 보이지 않은 채 남아 있는 것의 닫힌 영역 내에 존재하지 않는다. 인간은 실로 자신의 제한과 역사적인 위치의 총체 속에서—주목할 만한 신약의 표현에 따르자면(롬 2:11f.)—어떤 편견(προσωπολημψία)도 가지지 않으시는 **하나님** 앞에 있는 존재이다.

역사적인 힘은 이 사람과 저 사람을 조건지우고, 영향을 미치고, 형성함으로써 사람들을 지배한다. 이런 지배는 사람 안에 내재하는 고유한 율법성이나 우연, 혹은 자의(Willkuer)를 통해 이루어지고, 이리저리 잘 순응하는 생산물로서의 인간이 속해 있는 특정한 과정이 아니다. 이런 강력한 지배는 하나님의 결정에 따라 전체적으로 그리고 모든 개별적인 것들에 이르기까지 진행된다. 전능하신 인간의 창조주이시자 주이신 하나님은 그의 **아버지**이시다. 토기장이와 진흙과의 관계처럼 하나님과 관계를 맺고 있는 인간은 결코 단순한 대상물이나 생산물이 아니라, 인간이자 그분이 선택하신 언약의 파트너이자 그분의 자녀이다. 하나님은 인간을 억지로 이끌어 가지 않으시고, 인간에게 허용하신 모든 것을 통해서 인간을 **인도하신다**. 하나님은 인간에게 그의 특별한 소명에 특별하게 순종하는 특별한 자유를 위한 특별한 공간을 주시기 위해서, 인간을 무(Nichts)로부터 이끌어 내시고, 인간존재의 모든 역사 속에서 인도하시고, 언제나 그 자신의 위치로 이끌어 가신다. 그분의 역사적인 인도가 어떻게 이루어지든 이 인도는 **신적인** 인도이다. 이것은 이 인도가 불가항력적이고 거부할 수 없음을 의미할 뿐만 아니라, 지혜와 선한 의도 속에서 인간 각자에게 그의 시간과 그의 특정한 삶의 공간과 그의 자유의 자리를 확고히 하는 것을 목적으로 하고 있음을 의미한다. 여기에서 작용하고 있고 인간에게서 활동하고 있는 크거나 작게 눈에 보이는 피조물적인 힘과 세력은 독립적인 요소로서가 아니라, 단지 보조하는 역할과 기능을 통해 작용할 뿐이다.

바로 이 때문에 각 사람의 역사적인 위치는 그에 대한 **규정**(Bestimmung)이 **아니라** 그의 소명을 위한 준비(Bereitstellung)로 이해되어야 한다. 그에 대한 규정의 문제는 그의 역사적인 위치, 즉 그를 위해 의도되었고 그에게 주어진 부르심에 대한 문제제기가 중단될 때 시작된다. 그에 대한 규정, 즉 하나님께서 그를 위해 계획하신 것과 그로부터 기대하시는 것, 하나님께서 그에게 주신 은총, 하나님께서 그에게서 요구하시는 일, 이 모든 것이 그의 역사적인 위치에서 전혀 우연적이 아니라 그에게 매우 필요하고, 부당하거나 부패하지 않고 매우 정당하고 유익하며, 지혜와 선한 의도 가운데 그를 위해 준비된 **전제 조건**을 가지고 있다. 하지만 이것들은 단지 그의 전제 조건, 그의 틀, 그의 출발점만을 가지고 있을 뿐이다. 그는 거기에 서거나, 앉거나, 누워서는 안 된다. 그는 거기에 갇히거나 매여 있지 않다. 그의 위치는 무덤이 아니라 요람으로 이해되어야 한다. 그는 이 위치로부터 살아가고 달리는 법을 배워야 한다. 이곳으로부터 그에게 설정되어 있는 목표가 드러난다. 이곳으로부터 그는 자신의 규정—그의 **소명**이 그의 규정이다!—에 따라 인간이 되어야 한다.

자신의 소명을 따르는 인간존재는 단순히 사람이 자신의 역사적인 위치와 타협해야 하고, 자신의 특별한 조건들을 성취해야 하고, 가능한 한 이 위치를 잘 지향해야 한다는 것을 의미하지 않는다. 이것들은 서로 동일하지 않다. 인간은 역사적인 위치 속에서 단순히 따라가야 할, 순종 가운데 살아가는 삶의 모델을 가지고 있지 않다. 오히려 그는 역사적인 위치와 **논쟁을 벌여야만** 한다. 그에게는 가족의 유산, 시대정신, 그가 살아가야만 하는 정치적, 사회적, 문화적 관계들, 그에게 권위를 가지고 있는 관습들, 양육과 교육이 주어져 있다. 하지만 그는 이런 것들을 단순히 받아들이거나, 승인하거나, 지향해서는 안 된다. 이런 것들이 그에게 주어진 **기회**를 이루고 있고, 그의 **여기**(Hier)이기 때문에, 그는 이것들을 진지하게 받아들여야만 한다. 다시 말하면 그는 하나님의 계명에 대한 순종을 통해서 자신의 수중에 받아들여야 한다. 하나님의 소명과 계명은 인간을 자유 안으로, 성찰과 결단과 지금까지의 그의 위치를 초월하는 결정과 행위로 부른다. 이 점에서 순종한다는 것은 계속해서 간다는 것을 의미한다! 인간은 멀리 떠나서는 안 되고, 자신의 위치와 그 경계들과 문제들과 필요성들과 과제들로부터 도망쳐서도 안 된다. 그는 이 위치의 의도에 따라 그 위치로부터 나오고 그 위치를 지향하면서 움직이고 머물러야 한다. 이 움직임이 그의 위치에서 주어져 있는 것들과 관련하여 **긍정적일** 수 있는가? 왜 아닌가? 역사적인 위치는 하나님의 섭리를 통해서 준비되었고 인간에게 주어졌기 때문에, 그에게 주어진 것들을 단순히 거부하고 물리치는 것과 예전 형태에 대하여 새로운 형태를 완전히 배척하는 것은 생각 없는 행동이고 믿음이 없는 교만에 불과하다. 언제나 역사적인 위치에서 주어진 것들에 대하여 의문이 제기될 것이다. 그러나 인간은 하나님의 소명과 계명에 순종하여 단순하게 이것을 긍정해야 한다. 신적인 섭리의 사역은 이 사람을 바로 이 위치로 이끌고 있기 때문에 결코 멈추지 않는다. 실로 하나님의 섭리는 하나님으로부터 비롯된 선만을 포함하는 것이 아니라, 인간으로부터 비롯되는 거짓되고, 잘못되고, 부패하고, 죄악된 세상의 일들도 포함하고 있다. 이제 인간은 하나님의 소명과 계명을 통해서 하나님 앞에서 일차적인 책임을 지면서 (자신의 위치에 대해서는 단지 이차적인 책임을 지면서!) 자기 자신의 새로운 결정과 행위를 시도하도록 요청받는다. 이 모든 것은 인간에게 주어진 위치로의 움직임이 이 위치에서 주어져 있는 것들과 관련해서 **부정적인** 움직임이 되어야 함을 의미할 수도 있다. 이것이 불신앙을 의미할 수 있기 때문에, 아마도 그는 이런 것들을 승인하거나 받아들이지 말아야 할지도 모른다. 아마도 그는 중요한 부분들에서 가족의 유산과 자연적인 상황으로부터 스스로를 보호하고 거리를 두어야만 한다. 아마도 그는 자신을 지배하고 있는 시대정신을 거부하고 여기에 저항해야 한다. 아마도 그는 그에게 전해져 내려 왔고 스스로 받아들인 사고 습관과 삶의 관습들, 그리고 양육과 교육의 영향들을 계속해서 떨쳐버리거나 혹은 열정적으로 수정해야 한다. 아마도 그는 그를 둘러싸고 있고, 그를 이끌어 온 관계들 전체를 매우 과격하게 떨쳐버려야 할지도 모른다. 아마도 그는 전체적으로 옛 것에 대하여 절대적으로 새롭지 않더라도 상대적으로 새로운 것을, (바라기는 순종을 통해 획득한!) 그의 지식에 따라서 보다 나은 것을 마주 세워야 할 수도 있다. 아마도(vielleicht)? 그가 자신의 위치를 진정으로 다룰 때, 그는 어느 정도 그리고 어떤 형태로든 확실히 **언제나** 긍정적이자 **또한** 부정적이 된다. 다시 말하면 그는 자신의 위치를 **비판적으로** 다루어야 한다. 그가 자신의 소명에 순종할 때 그의 부르심(Beruf)이 다른 부르심이 되지 않는다고 하더라도, 그는 자신의 손으로 자신의 모습을 만들고 형성하며, 이로써 스스로를 새롭게 해야만 한다. 인간은 자신의 역사적인 위치에 맡겨져 있지 않다. 오히려 그는 역사적인 위치로부터 생기는 것과 다른 사람들의 위치와 관련해서 자신의 위치가 의미하거나 의미하지 않는 것에 대해 책임을 져야 한다. 그가 이 책임을 받아들이고 이로써 **모든** 측면에서 —진정한 보수주의자이자 동시에 진정한 급진주의자로서 —자신의 역사적인 위치에 충실한지 여부가 우리가 이 관점에서 고려해야만 하는 순종의 범주이다.

3. 각각의 인간적인 직업은 외적인 제한을 갖고 있다. 그리고 이와 대응하는 것이 바로 **내적인** 제한이다. 이 내적인 제한은 인간의 **개인적인 유능함**(Tuechtigkeit)에 놓여 있다. 그 가운데 그의 영적이고 육체적인 구조와 구성과 관련되어 있고, 수용능력과 실행능력, **적합성**(Tauglichkeit)과 **유용성**(Brauchbarkeit)의 원천이 되는 특별한 **재능**(Begabung)과 **경향**(Neigung)이 있다. 인간이 그 내면으로부터, 즉 그 자신으로부터 이해되는 것이 아니라 순전히 역사적, 사회학적으로, 다시 말해 그의 역사적인 위치로부터 이해되고, 그의 개인적인 유능함이 저 역사적 위치로부터 유도된다면, 계산이 올바르게 되지 않는다. 물론 우리가 인간을 순전히 내면으로부터만, 다시 말하면 그 자신으로부터, 그의 특별한 생리학 및 심리학과 그 결과로부터 파악하려고 하고, 이로부터 그의 역사적인 위치를 설명하려고 한다면 마찬가지로 계산이 제대로 되지 않을 것이다. 계산이 결코 제대로 될 수 없다. 각각의 인간은 자신의 외적인 경계와 충만 이외에도 분명히 내적인 경계와 충만을 소유하고 있다. 인간은 그의 역사적인 부르심 이외에 확실히 자신의 개인적인 부르심도 기억해야 한다. 개별적인 주관을 지향하는 우리 서양인들은 분명히 뒤의 것을 과대평가하고 있다. 이 때문에 우리는 이것을 의도적으로 여기 두 번째 차례에서 다루고 있다. 하지만 개인적인 부르심을 과소평가하거나 간과하는 것도 물론 마찬가지로 의미가 없다. 각 사람은 외적으로 참여하는 존재(Dransein)뿐만 아니라 내적으로 부여된 존재(Sosein)도 가지고 있다. 이 두 노선 중의 어떤 것도 다른 노선의 전개가 아니다. 그보다 이 둘은 서로 교차한다. 오랫동안 두 노선이 서로 교차하는 곳에 인간이 보이지 않을지라도, 결국 바로 이곳에서 인간에 대한 의미 있는 질문이 제기될 수 있다. 우리는 지금 이 두 번째 노선에서 인간을 살펴보고자 한다.

인간 각자는 라틴어와 고대 독일어에서 단어가 갖는 포괄적인 의미에서 자신의 virtus, 즉 **덕**(Tugend)을 가지고 있다. 그는 다른 사람들이 할 수 있는 많은 것을 **할 수 없거나**, 그들이 하는 것처럼 **할 수 없다**. 그러나 그는 다른 사람이 할 수 없거나 모방할 수 없는 자기 자신만의 것들, 완전히 개인적인 유능함에서 비롯된 많은 것을 할 수 있다. 이 때문에 그는 다른 사람들처럼 유용하다(brauchbar). 개인적인 유능함도 역시 그의 부르심에 속하며, 신적인 소명과 이에 대한 그의 관계와 하나님의 계명에 대한 순종에 있어서 중요한 의미를 가질 수 있다. 개인적인 유능함의 한계와 충만 속에서 인간은 하나님 앞에 서서, 하나님의 목소리를 듣고, 그분께 대답하며, 그분께 순종해야 한다. 인간은 스스로 이것을 선택하지 않았다. 그가 결정을 하고 행동을 하기 시작할 때, 그는 이 개인적인 유능함을 그의 마음에 드는지 어떤지 아무런 질문도 받지 않은 채 그의 창조자이시자 주이신 하나님으로부터 이미 받아서 소유하고 있다. 하나님은 이렇게 인간이 **자신의** 유능함을 소유하도록 의도하셨고 그렇게 만드셨다. 이 유능함의 모습은 적어도 부분적으로 변화될 수 있다. 증가할 수도 있고 줄어들 수도 있다. 확장될 수도 있고 협소해질 수도 있다. 전문적이 되거나 정교해질 수도 있고 시들어 버릴 수도 있다. 인간이 모든 것을 할 수 없을지라도 몇몇의 자신만의 것들을 할 수 있다. 하지만 여기에서 개인적인 유능함은 파괴될 수 없고 언제나 거듭해서 인식되는 기본 원리를 가지고 있다. 유능함의 형태가 변하더라도 이 기본 원리는 확고하게 유지된다. 인간은 유능함으로부터 벗어날 수 없고 또 벗어나려고 해서도 안 된다. 그는 자신의 피부 밖으로 나가기를 갈망해서는 안 된다. 대신에 그는 하나님의 계명이 그를 부를 때 이 부름의 능력을 통해 그의 모습 그대로 그가 되어야만 하는 새로운 모습을 향해 올 수 있다. 하나님은 그의 현재 모습보다 더한 것이나 이와는 다른 어떤 것을 요구하지 않으신다. 인간은 자신에게 한 번 주어진 개인적인 유능함 속에서 요구받고 있다. 이렇게 인간은 이런 점에서 하나님께 대한 신실함을 통해 자신의 부르심에 신실한 것을, 다시 말하면 그가 할 수 있는 것을 고백하고 그것을 확증할 것을 요청받고 있다.

개인적인 유능함에는 정도와 방식과 방향에 있어서 차이가 있다. 여기에서 문제제기가 될 수 있는 가능성들을 분석하고 구분하는 것은 우리의 목적이 아니다. 우리는 개인적인 유능함이 다양하게 실현될 수 있음을 전제한다. 우리는 각 사람의 삶 속에서 이 방식의 실현이 특별하게 이루어진다는 사실을 고려해야 한다. 또한 우리는 **각자의** 눈과 귀, 관계하고 따르는 **각자의** 방식, **각자의** 감정과 기호, **각자의** 얼굴, 길거나 혹은 짧은 **각자의** 외형, 자신을 내어 주거나 유지하는 **각자의** 방식, 각자가 부어야 하는 능력을 고려해야 한다. 이런 개인적인 유능함이 그를 이 인간으로 만드는 것이 아니라, 그가 이 인간이 될 때 특별한 자신만의 개인적인 유능함을 소유하게 된다. 이 때문에 자기 자신에 대해서나 다른 사람들에 대해서 성급하게 평가하거나 평가절하 하는 것을 주의해야 한다. 우리가 여기에서 더 큰 덕을, 저기에서 더 작은 덕을, 여기에서 유명한 덕을, 저기에서 보잘것없는 덕을, 여기에서 중요한 덕을, 저기에서 중요하지 않은 덕을 이야기할 때, 우리는 무엇을 알고 있는가? 이런 점에서도 마찬가지로 하나님 앞에서 "개인의 명성이란 없다." 하나님께서 인간을 유용하게 만드신 목적, 유용하다고 생각하시는 목적, 실제로 필요로 하시는 목적이야말로 진정한 그의 유용성(Brauchbarkeit)이다. 이런 진정한 유용성의 관점에서 수많은 마지막 사람들이 진정으로 첫 번째 사람들이고, 수많은 첫 번째 사람들이 마지막 사람들이 될 수 있다. 또한 여기에서 우리는 비로소 인간의 특정한 구조들과 재능들과 능력들과 경향들에 대한 모든 긍정적이거나 부정적인 신화화들에 대해 조심할 수 있게 된다. 각자에게 주어진 이것들은 모두 사실이고, 그 자체로 상대적인 중요성을 가지고 있다. 이것들은 각 사람의 신비를 보여준다. 이것들은 각 사람을 묘사하고 각 사람의 특징을 이루는 것처럼 보인다. 이것들은 사람과의 상호관계를 쉽거나 어렵게, 더 편하거나 덜 편하게 만들고, 사람과의 공동생활이 더 흥미롭거나 덜 흥미롭게, 더 즐겁거나 덜 즐겁게, 더 생산적이 되거나 덜 생산적이 되도록 해준다. 한걸음 더 나아가 이것들은 사회 속에서 인간이 크고 작은 역할과 책임을 행하기 위해서 중요하다. 그러나 이것들이 진정한 범위와 진정한 방식에서 얼마나 **효과적**(wirksam)인지 도대체 누가 알겠는가? 이것들이 다른 사람들에게는 말할 것도 없고 그 자신에게 실제로 얼마나 **뚜렷하게 드러날지** 누가 알겠는가? 우리 자신과 관련해서건 아니면 다른 사람들과 관련해서건 이것들과 대조되는 것들을 절대화하기 위한 지식과 기준을 우리는 어디에서 찾을 것인가? 이것들이 다양한 사람들에게 보완적으로 분배되어 있다는 것은 분명하다. 또한 (다양한 역사적인 위치들처럼) 이것들은 이것들을 소유하고 있는 인간 자체와는 다르다. 이것들은 각 사람의 신비를 보여준다. 하지만 이것들이 하나님 앞에 있는 진정한 그 사람은 아니다. 하나님 앞에 있는 (정말로 **분명하게** 오직 **하나님의** 눈앞에 있는) 인간이 그가 이것들에 본래적인 의미와 참된 성격과 진정한 중요성을 부여한다. 이것들이 작용하여 눈에 보이게 될 때 우리는 이것들을 언제나—자기 자신의 경우와 다른 사람들의 경우에—인간이 하나님으로부터 그리고 하나님을 향하여 되어야 할 것의 출발점(terminus a quo)으로 이해할 수 있다. 이제 각 인간의 개인적인 유능함이란 바로 자신의 부르심의 내적이고 주관적인 동인(Moment)이다. 하나님의 소명은 이 동인과 관련하여 그리고 이 동인의 관점에서 인간을 요구한다. 그가 무언가를 하려고 할 때, 그는 하나님에 의해 영적으로, 육체적으로 무장되고, 재능과 자격을 부여받은 자로서 이것을 한다. 그는 그런 자로서 이것을 해야 한다! 왜냐하면 이것도 역시 그의 순종에 속하기 때문이다. 그는 왜 이것이 그의 출발 상황인지 질문해서는 안 된다! 그는 자신의 출발 상황을 다른 사람의 것과 비교해서는 안 된다! 다른 사람의 출발 상황은 그의 상황과 다르기 때문에, 그는 누구도 부러워해서는 안 된다.(또한 그는 누구도 무시해서는 안 된다.) 그는 자신의 출발 상황이 다른 이 사람의 출발 상황과 동일하다면 얼마나 좋을까라는 생각으로 시간을 낭비해서는 안 된다. 만일 하나님께서 그와 함께 무언가를 시작하려고 하시는 출발 상황이 충분히 좋다면, 이 출발 상황은 또한 그가 하나님과 함께 무언가를 시작하기에도 충분히 좋다.

　여기에서 제기되는 한 가지 진지한 질문은 모든 경우에 있어서 다음과 같다: 그러면 나의 행위가 하나님의 계명이 나 자신을 그리고 나에게 부여된 유능함의 **전체** 요소 가운데 있는 나를 요구하고 독점한다는 것에 부합하는가? 하나님께서는 진정으로 내가 나의 마음 전체와 나의 영혼 전체와 나의 모든 힘을 다하여 사랑하기를 원하신다는 것은 잘 알려져 있다. 만일 내가 **전체로**(ganz) 순종하지 않는다면, 나 **자신이** 순종하는 것이 아니다. 만일 내가 그것 자체가 아니라면, 나는 그것이 되지 않는다. 하나님의 계명은 먼저 우리로 하여금 우리에게 주어진 유능함 **전체**에 관해 질문하도록 요구한다. 이어서 이 질문으로부터 **우리를**, 즉 우리에게 주어진 능력 전체를 완전히 다르게 **총괄하도록** 요구한다. 우리는 아마도 아직은 우리에게 실제로 맡겨져 있는 것을 전혀 평가하거나 측정하지 않았을 것이다. 우리는 아마도 아직 이것을 평가하고 측정하기를 원하지 않았을 것이다. 우리는 아마도 상당히 독자적으로 혹은 조심성 없이 우리에게 우선적으로 놓여 있던 것과 우리에게 적합한 것을 선택했을 것이다. 우리는 아마도 지금 우리 자신에게 기대하고 요구할 수 있는 것보다 훨씬 더 많은 것을 완전히 다르게 할 수 있을지도 모른다. 우리의 행위는 아마도 매우 제한된 범위 안에서만, 아마도 매우 작은 범위 안에서만 하나님께서 우리의 순종으로서 요구하시는 것에 대응된다. 우리가 우리의 순종을 위해 지키고 그 자체로서 행하고자 하는 것은 아마도 우리의 참된 실제와 관련하여 단지 매우 자의적이고 우연적인 할인 지급(Abschlagszahlung)일 것이다. 하나님의 계명은 우리가 실제로 할 수 있는 것 속에서 우리 자신을 인식하고 진지하게 받아들이도록 일깨우는 부름이다. 이런 점에서 인간의 부르심도 역시 하나이며 나뉘지 않는다. 하나님의 소명이 이 부르심을 그 전체의 범위에서 포괄하고 있다. 다시 말하면 하나님의 소명은 인간이 자신의 실제적인 부르심을 나누고, 그에게 부여된 유능함을 부분적으로 놓이게 하고, 그의 재능들과 능력들을 사용하지 않거나 혹은 그가 마땅히 해야만 하는 순종과는 낯설게 사용하려는 시도와 대조된다. 인간은 하나님 앞에서 자신이 할 수 있는 것들의 모든 차원 가운데 언제나 동일하게, 동일한 방식으로 요청을 받지 않았다는 것은 진실이다. 우리는 보다 덜 직접적으로 요청받은 가능성들을 위하여 우리에게 주어진 어떤 가능성들을 정당하게 일시적으로 뒤로 물릴 수 있다. 인간의 재능들과 능력들은 한 방향으로 굳어져 있거나 자체적으로 항상 동일하게 구조화되어 있지 않고, 내적으로나 외적으로 움직이고, 상황의 요구들에 따라 언제나 새로운 진형으로 전환할 준비가 되어 있는 밀집대형(Phalanx)과 비교될 수 있다. 우리의 능력들 가운데 하나가 앞으로 나오는 반면에, 다른 하나는 뒤로 물러나고, 어느 하나가 실행되는 반면에, 다른 하나는 일시적으로 중단될 수 있다. 이 능력들 가운데 단지 하나만 하나님의 요구로부터 벗어나거나, 인간 자신과 함께 이 능력을 포함하고 있는 순종의 요구로부터 자유롭게 되거나 혹은 다른 활동으로 배정되어서는 안 된다. 하나님의 계명과 관련되어 있고 하나님의 계명에 의해 요구되는 인간은 **한계**(Grenze) 안에 있는 인간이고, 그에게 부여된 유능함의 완전한 **충만** 속에 있는 인간이며, 또한 일시적으로 종속되어 있고 뒤로 물려져 있는 유능함의 요소들 안에 있는 인간이자, 일시적으로 무기력한 상태에 있거나 잠들어 있는 유능함의 요소들 안에 있는 인간이다.

사람들은 예를 들면 그들이 즐거움의 장소를 찾으면서, "우리는 지금 '신학자'를 집에 놓아두고 오직 인간이 되어야 한다."고 말할 때 올바른지 어떤지를 살펴보아야 한다. 혹은 사람들이 미적인 감정은 여기저기에서 다른 중요한 관심들 앞에 침묵해야 한다는 한계를 허용할 때, 혹은 자신의 마구간을 곧 다시 찾게 되는 한 마리의 쾌활한 말처럼 사람들이 학문의 영역에서 자신들의 비평적인 이해가 운명에 맡긴 채 달리도록 할 때, 혹은 사람들이 어떤 사회적 상황에서 자신들의 도덕적이고 지성적인 능력들을 어느 정도 행하는 것과, 변화를 위해서 그들이 본래 속한 곳보다 더 높은 위치에 앉아 있거나 혹은 더 낮은 위치에 앉아 있는 것을 허용할 때, 혹은 사람들이 완전히 게으르고, 무언가 하는 데 지치고, 충분히 가지고 있고, 휴식으로 그리고 자기 자신에게로 물러나는 것을 스스로 허용할 때, 이 모든 경우에 상황이 올바를 수 있다. 하지만 사람들은 여기에서 자신들의 실존이 근본적으로 분열되는 것이 아닌지, 또한 이것이 불순종으로 향하는 발걸음을 의미하는 것이 아닌지 살펴보아야 한다. 인간이 본래 할 수 있는 것의 어느 한 동인(Moment) 또는 다른 동인을 합리적으로 뒤로 물러나게 할 때 이것이 정말로 허용되고 요구되는 것인지, 또는 이것이 결국에는 근본적인 이탈(Abweichung)을 의미하는 것은 아닌지 살펴보아야 한다.

만일 사람들이 자신의 가능성들의 일부나 한 영역을 하나님의 계명에 대하여 **진지하게** 따로 구별하고, 이 부분을 요구되지 않고 중립적인 것으로, 일종의 인디안 보호구역으로, 자의(Willkuer)와 자기 기준 혹은 우연의 영역으로 **원칙적으로** 구분하여 자유롭게 만들고자 한다면, 이것은 이미 이탈을 의미한다. 만일 이 자유롭게 된 부분이 작고 중요하지 않으며, 하나님이 이용하실 수 있는 부분이 크고 대단하다고 할지라도, 이것은 인간이 스스로 이 구석(Winkel)에서 자신의 마음을 결정했고, 스스로 하나님께 대하여 어느 정도 자신을 차단했음을 의미한다. 인간의 행위를 측정하는 질문은 다음과 같다: 그는 자신에게 속해 있는 것으로 보이는 개인적인 자유의 이 작거나 혹은 매우 작은 구석으로부터 벗어날 수 있는가?—비록 이것이 그가 몰두해 있는 일과 관련하여 언제나 한 쪽으로 돌출된 방향으로 일어난다고 할지라도, 그는 결국에는 나뉘지 않고, 주저함 없이, 완전히 하나님의 계명에 순종하고자 하는가? 혹은 반대로 질문을 한다면, 그가 몰두하고 있는 일이 하나님의 계명에 순종하는 가운데 나뉘지 않고, 주저함 없이 완전히 마음을 쏟을 만한 가치가 있는가? 그가 하나님의 계명에 대하여 자신을 붙잡아 두게 만드는 나머지는 그 자체로 그의 행위가 **단호하게** 결단을 내리지 못한 행위이거나 그 행위의 **대상**을 볼 때 올바르지 않은 행위이며, 순종적이지 않은 행위임을 보여주는 확실한 표지이다. 이와 달리 그가 개입하도록 부름을 받은 그 전체(das Ganze)가 자기 자신의 눈이나 혹은 다른 사람들의 눈에 얼마나 큰지 혹은 작은지, 얼마나 대단한지 혹은 보잘것없는지는 중요하지 않다. 그에게 요구되는 것은 많은 것, 멋진 것들, 대단한 것들을 행하는 것이 아니라, 자기 자신의 것을—사도행전 5:1-11에서 저 가련한 부부가 성령의 속이고 그들의 헌물을 가져 왔던 것처럼—베일로 덮거나 감추지 않고 완전히 행하는 것, 그리고 그에게 주어진 유능함을 통해 진정으로 제자리에 있는 것이다. 하나님의 소명은 그와 자신이 가져 올 수 있는 자신의 모든 유능함에 대하여 땅위의 하늘보다 더 높다. 그럼에도 이 소명은 부르심과 유능함의 좁으나 넓은 제한 가운데 있는 그를 의도하고 있고, 그와 관련되어 있다. 비록 하나님의 은혜의 선물 자체는 그와 다른 사람들에게 최고의 인간적인 재능으로 보이는 것들에 비해 비교할 수 없을 정도로 대단하지만, 그의 인간적인 재능의 영역과 틀 안에서 작용한다. 그래서 이것이 그 자신과 다른 사람들에게 크거나 혹은 작거나, 중요하거나 혹은 중요하지 않게 보인다.

성령의 은사들을 다양한 사람들에게 분배하는 것이(고전 12장, 롬 12:3f.) 이들에게 고유한 것들과 관련되어 있지 않다고 가정하는 것은 실로 어렵다. 만일 여기에 어떤 연관성도 없다면, 어떻게 사람들이 은사의 보유자로서 그들의 통일성과 공속성(Zusammengehoerigkeit)을 인식하고 실천하도록 요구받아야만 한다는 것을 이해할 수 있는가? 만일 그들 모두에게서 그들의 인간적인 것—각자의 개인적인 재능과 능력—역시 지극히 인간적인 것으로서 스스로를 주장하고 활동한다면,—만일 그들 각자에게 있어서 성령의 특별한 목적이 각자의 피조물적인 한계와 충만을 의미한 것 가운데 등장한다면,—이것은 이해할 만하다. 그러면 은사들에 근거한 다양한 활동 모두는 결국 특별히 인간적인 활동들로 기술될 것이다. 마태복음 25:15에서는 주께서 저 종들에게 각각 그 재능대로(ἑκάστῳ κατὰ τὴν ἰδίαν δύναμιν)—다섯, 둘, 한—달란트를 주셨다고 쓰여 있다. 그들 각자가 그들에게 주어진 달란트의 특별한 숫자와 관련되어 있는 자신들의 재능(δύναμις)을 사용하는 것, 이것이 그들에게 요구되었던 것이다. 그들이 이를—이보다 더 많이 행하지 않고, 바로 그만큼만—행할 때, 처음 두 종은 충실했지만, 자신의 한 달란트를 땅에 숨긴 세 번째 종은 악하고 게으른 종이었다. 주는 심지 않은 데서 거두고 헤치지 않는 데서 모으는 분이라는 세 번째 종의 항의는, 그가 여기에서 단지 주인과 종 사이의 보통의 관계를 기술하고 있고, 자신을 실패자로 드러내고 행동하고 있기 때문에 어리석다. 종들(οἰκονόμοι)—이들은 신적인 소명에 근거해 있는 인간들이고, 이 소명으로부터 보았을 때 이미 자신들의 피조물적인 부르심 속에 있는 인간들이다.—에게 요구되는 것은 각자가 충성되는 것(고전 4:2) 그리고 자신의 것을 투입하는 것이다. 왜냐하면 그는 자신의 것을 가지고 하나님께 속해 있으며, 자신의 것을 행하도록 하나님으로부터 요구받기 때문이다. 이것이 그에게 요구되는 것이다! "지극히 작은 것에 충성된 자는 큰 것에도 충성되고 지극히 작은 것에 불의한 자는 큰 것에도 불의하니라."
(Ist es verglichen mit der Gnadengabe der Berufung als dem Eigentlichen, wozu er bestimmt ist, dem ἡμέτερον, dem ἀληθινόν, nur ein ἐλάχιστον, ein ἀλλότριον, dem "ungerechten Mammon" zu vergleichen, so gilt doch) 너희가 만일 남의 것(ἀλλότριον)에 충성하지 아니하면 누가 너희의 것(ἡμέτερον)을 너희에게 주고, 참된 것(ἀληθινόν)을 너희에게 맡기겠느냐?(눅 16:10f.)

그러나 욥기의 마지막에 자신의 의를 주장하는 인간의 오만한 질문에 대하여 하나님의 영광에 관한 증인으로 부름을 받는 동물의 세계에 관한 묘사에서 타조가 고찰되는 방식이 저 게으른 종과 반대되는 표상으로서 언급될 수 있다. 타조는 자신의 알을 미련하게 다루고 있기 때문에 무엇보다 좋은 상(Figur)이 아니다. 이 타조에 관해 다음과 같이 기술되어 있다: "하나님이 지혜를 베풀지 아니하셨고 총명을 주지 아니하셨다." 하나님의 창조에는 이와 같이 그 유능함이 의심스러워 보이는 타조들도 있다. 그러나 타조도 역시 무언가 할 말이 있다: "현재 타조가 높은 곳으로 자신을 채찍질 한다면, 말과 기수를 비웃는다!" 훌륭한 말과 더 훌륭한 기수를 생각해보라! 이들은 분명히 어리석은 타조보다 하나님의 영광을 위해서 훨씬 더 영리한 존재의 영광에 잘 서 있다. (그리고 결국에는 웃는다.)

이 문제에서 제기되어야 하는 다른 심각한 질문은 인간의 행위가 신중하게 다루어져야 할 어떤 임의의 요구가 아니라, 그에게 부여된 능력과 재능 안에서 그를 순종으로 부르는 **하나님의** 소명과 계명, 즉 그의 창조자이자 주로서 그와 그의 직업, 그리고 그의 유능함에 관하여 그 자신보다 더 확실하게 알고 있는 분의 요구에 대응하는지 여부이다. 이것은 하나님이 그에게 요구하시는 것이 그 스스로 자신의 부르심의 범위와 방식으로 간주하고 있는 것과 일치할 필요가 없음을 의미한다. 인간에게 부여된 경계는 실제 그가 생각하는 것보다 더 넓거나 혹은 더 좁을 수 있다. 따라서 그는 자기 자신의 능력과 가능성으로 간주하고 있는 것으로부터 — 심지어는 그가 자신의 가장 내면적이고 가장 깊은 경향과 관련하여 알고 있다고 생각하는 것으로부터 — 철과 같이 단단하게 하나님과 그 자신을 묶는 율법을 만들어서는 안 된다. 이보다 그는 이런 점에서 그가 자신의 유능함의 경계들로 간주하고 있는 것들의 **위나** 혹은 그 아래로 **물러설** 준비가 되어 있어야 한다. 그는 지금까지 그에게 옳게 보였던 것보다 다소 **적게** 자신의 것으로 삼았어야만 했다고 말할 준비가 되어 있어야 한다. 하나님의 계명이 인간에게 주어짐으로써 인간의 참된 경계들이 어디에 있는지 **하나님께서** 결정하시고 **하나님께서** 말씀하신다. 누구도 그가 할 수 있는 능력 이상의 것을 책임질 필요가 없지 않은가(ultra posse nemo obligatur)? 확실히 그러하다. 이것이 오류 없는 예지의 형태로 요청되어서는 안 된다. 인간은 하나님께 대하여 이것을 자랑할 수 없다. 하나님은 인간을 알려진대로 이렇게 저렇게 의도하셨고 창조하셨기 때문에, 그는 하나님께서 그에게 바라시는 것의 관점에서도 역시 이것을 고수해야만 한다. 오직 참된 것은 하나님께서 인간에게 요구하시는 것이 인간의 **진정한** 능력에 틀림없이 완전하게 **적절하다는** 것이다. 하나님은 그분이 보실 때 인간이 감당할 수 있고 준비가 되어 있는 것보다 더 많거나, 더 적거나, 혹은 이와 다른 어떤 것을 인간에게 요구하지 않으신다. 그러나 인간이 자신의 경계들을 행복하게 혹은 비참하게 주장하고 방어하는 것은 언제나 그가 자기 자신의 창조자와 주로서 기능하고 처리하려는 분에 넘치는 행동을 하기 원한다는 것을 의미한다. 할 수 있는 것(posse)과 할 수 없는 것(non posse)을 감히 우리 마음대로 추측하려고 시도하는 것, 바로 이것이 바로 여기에서 일어나서는 안 되는 것이다. 하나님의 계명은 우리에게로부터 끌어낸 경계들을 양쪽 측면으로 대단히 멀리 옮길 수 있다. 하나님의 계명은 우리에게 우리 자신에 관하여—높임의 형태에서 혹은 낮춤의 형태에서—지금까지 우리가 자신에게 알려 줄 수 있었던 것과는 다른 완전히 새로운 것을 알려 줄 수 있다. 이로부터 여기에서 고려해야 할 두 번째 규범(Kanon)이 따라 나온다. 즉, 인간의 행위는 그가 가지고 있는 개인적인 전제 조건들의 관점에서 볼 때 언제나 그리고 모든 면에서 열려 있으며, 배움의 욕구로 가득 차 있고, 움직이는 행위이어야만 한다. 이 행위는 유일한 최고 권능의 하나님의 계명에 순종하면서 자신의 능력과 가능성에 관한 사고들에 근거할 때 지금까지 그에게 가능하고 필요하게 보였던 것과는 다른 새로운 방향을 택할 준비가 되어 있어야 한다. 결국 그는 자신을 지배하는 것처럼 그렇게 자기 자신에 관해 알지 못한다. 그는 언제나 거듭해서 자신에게 자신이 누구인지 **보여주어야** 한다. 그런 후에야 자기 자신에 대한 그의 충실성이 어떤 내적인 도식적이고 원리적인 충실성에서 비롯되는 것이 아니라, 하나님의 요구를 통해서 언제나 거듭해서 **참된** 자아(Selbst)로 **제시된** 것과, 제한들과 함께 그에게 진정으로 주어진 유능함으로 **제시된** 것에 대해 주의(Aufmerksamkeit)를 기울이고 개방적인 것에서 비롯된다. 또한 이 충실성은 그가 지금까지 자신의 부르심의 목적으로 여겼던 것보다 훨씬 더 대담하고, 훨씬 더 겸손한 수많은 행위를 적절히 결심하는 것에서 비롯된다.

인간이 추측하는 자신의 유능함의 경계가 신적인 소명을 통해 불가피하게 옮겨지는 고전적인 예는 출애굽기 4:10 이하의 여호와와 모세 사이의 대화에서 볼 수 있다. "모세가 여호와께 아뢰되 오, 주여 나는 본래 말을 잘 하지 못하는 자니이다. 주께서 주의 종에게 명령하신 후에도 역시 그러하니 나는 입이 뻣뻣하고 혀가 둔한 자니이다. 여호와께서 그에게 이르시되 누가 사람의 입을 지었느냐? 누가 말 못하는 자나 못 듣는 자나 눈 밝은 자나 맹인 되게 하였느냐? 나 여호와가 아니냐? 이제 가라 내가 네 입과 함께 있어서 할 말을 가르치리라." 예레미야 1:6 이하도 여기에 속한다. "내가 이르되 슬프도소이다. 주 여호와여, 보소서. 나는 아이라. 말할 줄을 알지 못하나이다 하니, 여호와께서 이르시되, 너는 아이라 말하지 말고 내가 너를 누구에게 보내든지 너는 가며, 내가 네게 무엇을 명령하든지 너는 말할지니라." 또한 마태복음 10:17 이하도 마찬가지이다. "너희를 넘겨 줄 때에 어떻게 또는 무엇을 말할까 염려하지 말라. 그때에 너희에게 할 말을 주시리니, 말하는 이는 너희가 아니라 너희 속에서 말씀하시는 이 곧 너희 아버지의 성령이시니라." 또한 밧모섬의 예언자도 여기에서 고려해야 한다. 그에 관하여 요한계시록 1:17 이하에서는 다음과 같이 기록하고 있다. 그가 인자를 보았을 때, 그는 그분의 발 앞에 죽은 듯이 쓰러졌고, 그분이 오른손을 그의 위에 얹은 후에 말씀하셨다. 두려워하지 말아라! 이어서 그분은 그가 본 것들을 기록하도록 요구하셨다. 그러나 성경의 어디에서 하나님과 인간 사이의 일이 이와 다르게 진행되는가? 이사야 48:6 이하는 매우 범례적(paragmatisch)이다. "이제부터 내가 새 일 곧 네가 알지 못하던 은밀한 일을 네게 듣게 하노니, 이 일들은 지금 창조된 것이요 옛 것이 아니라. 오늘 이전에는 네가 듣지 못하였으니, 이는 네가 말하기를 내가 이미 알았노라 하지 못하게 하려 함이라. 네가 과연 듣지도 못하였고 알지도 못하였으며 네 귀가 옛적부터 열리지 못하였나니." 이러한 전체 노선에서의 핵심이 높이는 것인지 아니면 낮추는 것인지, 그에게 대담하게 말하고 행할 용기를 주려는 것인지 혹은 그를 겸손하게 만들려는 것인지 말하기가 쉽지 않다. 그가 하나님의 부르심과 계명을 통해 그의 모습 그대로, 즉 그가 소유하고 있는 유능함 가운데서 요구받고, 하나님께 대하여 순종할 준비가 되어 있는 곳에서 이것은 언제나 다음과 같은 두 가지, 즉 그가 작은 자로서 완전히 큰 자가 되거나 큰 자로서 완전히 작은 자가 되는 것과 그가 이것을—둘 모두를!—기뻐하는 것을 의미한다.

4. 하나님의 소명과 계명이 인간과 관련될 때 인간에게 부과되는 제한의 마지막 주요 표지는 인간 각자가 어느 정도 분명하게 한정될 수 있는 **활동 영역**(Wirkungskreis)을 가지고 있다는 것이다. 다시 말하면 인간 각자는 자신의 익숙하고, 일상적이고, 정규적인 활동 영역을 가지고 있고, 자신의 자리에서 그리고 자신의 방식으로 인간 사회의 능동적인 구성원으로 살아가고, 동시에 자기 자신을 주장하고, 펼치고, 보존하며 인간들에게 공통으로 주어진 과제들을 해결하는 데 기여하는 삶의 자리를 가지고 있다. 이 활동 영역은 다른 사람들의 활동 영역들과 어느 정도 접촉하고 있고 겹쳐 있다. 다른 활동 영역과 관련해서 이 활동 영역이 (은둔자의 활동 영역이나 오해를 받고 다락방에 박혀 있는 예술적 천재의 활동 영역과 같이) 매우 특별하고, 예외적이고, 떨어져 있다고 할지라도, 결코 다른 활동 영역과의 관계로부터 완전히 벗어날 수는 없다. 반대로 이 활동 영역은 다른 수많은 활동 영역과 비슷하고, 인간적 행위가 공통점을 갖고 있다는 점에서 밀접하게 연관되어 있다. 하지만 자기 자신의 활동 영역으로 남아 있다. 이 활동 영역은 **자신의** 삶이 이루어지는 틀이고, 세계사가 일상 속에서 **자신의** 역사가 되는 장소이며, **자신의** 유능성이 정기적으로 사용되는 장소이다. 대부분의 사람들에게 있어서 이 활동 영역이 기술적인 의미로 '**직업**'(Beruf)이라고 불린다. 그러나 우리는 모든 사람이 이런 의미에서 하나의 직업을 가지고 있는 것은 아니라는 것을 보았다. 인류의 삶은 예로부터 그들의 노동 과정에서 소진되지는 않는다. 마찬가지로 예로부터 이 노동 과정에 직업적으로 참여하는 것이 전부가 아니고, 인간을 인간으로 만들기 위한 필수불가결한 요소도 아니다. 하지만 인간 각자는—좁은 의미에서 불려야 하는 직업(Beruf) 속에서 혹은 직업과 더불어, 많은 경우 이러한 직업 없이—자신의 활동 영역을

가지고 있다. 이 활동 영역은 자신의 과제와 질문과 노력과 걱정, 자신의 목적과 시도와 실행을 가지고 있는 영역이고, 결코 다른 다름의 영역이 아닌 자기 자신의 영역이며, 그럼에도 다른 사람의 영역과 다양한 관계를 맺는 그런 영역이다. 인간은 자신의 영역을 바꿀 수 있다. 즉, 완전히 다른 영역으로 옮겨갈 수 있다. 그러나 그는 자신의 연령이나, 자신의 역사적인 위치나, 제한되어 있고 고유한 개인적인 유능함처럼, 여기에 있든지 저기에 있든지 자기 자신의 활동 영역을 가지고 있는 것이지 어떤 다른 활동 영역을 가지고 있는 것이 아니라는 사실로부터 벗어날 수 없다. 언제든지 어디서든지 그는 **한** 특정한 영역을 성취해야 하고, 자신의 조건들과 요구들에 합당하게 행해야 하며, **여기에서** 그에게 주어진 것에 최선을 다하고, 바로 **여기에서** 인간이 되어야 할 필요가 있다. 하나님의 소명과 계명에 관련해서 이 활동 영역은 다른 것이 될 수 없다. 이 영역은 핵심적인 사항에서 지금 바로 **여기에서** 생각하고, 활동하고, 참여하고, 인간이 되기를 시도하는 사람과 관련된다. 만일 그의 소명이 하나님으로부터 왔기 때문에 우연이 아니라면, 그가 지금 다른 곳이 아닌 여기에서 활동 영역을 가지고 있는 것이 우연이 아니라 하나님으로부터 온 것이라고 가정할 수 있다. 우리가 하나님의 계명과 그 계명과 관련된 인간 사이의 의미 있는 관련성을 이런 양상 아래에서 고려하고, 하나님의 계명에 대한 올바른 순종이 이런 양상 아래에서 무엇을 의미하는지를 고찰할 범주들을 고려할 필요성을 처음부터 받아들일 수 있다.

우리는 인간의 특별한 활동 영역이 **창조자**이자 **주**이신 **하나님**께서 그에게 부여하신 경계와 어느 정도 관련되어 있다고 말할 수 있는가? 이런 인식은 여기에서 (이전에 논의되었던 사항들에서와는 달리) **인간**이 자신의 활동 영역을 언젠가 한 번 어느 정도 자신의 자유로운 의도나 동의에 의해 **선택했거나** 또는 새로 선택하기 때문에 문제가 된다. 인간은 그가 젊기를 원하는지 아니면 늙기를 원하는지에 관해 어떤 질문도 받지 않는다. 또한 인간은 그가 이런저런 역사적 위치에서 이런저런 개인적인 재능을 소유할지에 관해 어떤 질문도 받지 않는다. 하지만 인간은 자신을 지금의 활동 영역으로 이끌던 길을 가기를 원하는지 어떤지 한 번은 질문을 받았다. 그는 자신의 외적인 상황과 자신의 내적인 경향과 끌림을 통하여—강요나 또는 당위의 성격을 가지고—그렇게 하도록 제안을 받을 수 있다. 이에 대해 그는 언젠가 한 번은 거리끼면서(nolens) 또는 기꺼이(volens) 이런저런 직업적인 활동이나 그 밖의 활동에 종사하는 것을 결정한다. 기꺼운 마음이건 꺼리는 마음이건 어느 경우든지 그는 이제 바로 여기에 있어야만 한다는 사실을 확실히 해야 한다.

인간은 가능한 수많은 인간의 활동 영역들 가운데 실제 전부가 아니라 단지 상대적으로 **적은** 몇몇 활동 영역만 선택할 수 있기 때문에, 그가 이런저런 활동을 자신의 정규적인 삶의 내용으로 만들기 위해 행사한 **선택의 자유**는 그 자체로 이미 **제한되어** 있다. 이런 관점에서 매우 멀리 떨어진 영역으로의 놀라운 도약이 등장하더라도, 이는 단지 어떤 영역도 그가 되고자 선택했던 것과는 다른 모든 것이 그런 영역이 될 수 없고, 그에게 제공되는 몇몇 적은 기회들 가운데 하나를 붙잡고 있다는 규칙을 확증해 줄 뿐이다. 그가 나머지 모두를 제외한 것이 아니라, 모든 가능한 외적이고 내적인 상황들에 근거해서 그가 그에게 허용되는 기회들 가운데 하나를 결정했을 때 그렇게 되었다. 그가 그렇게 함으로써 그는 이런저런 역사적 위치에 있는 인간이 되었고, 이 역사적 위치에서 이런저런 유능함과 재능과 경향을 가진 인간이 되었다. 그가 자신의 길에서—이 길은 그의 조력 없이도 다른 길이 아닌 바로 이 길이었다.—선택해야만 했고 또 선택했던 저 교차로에 왔을 때, 그는 공백으로 남아 있는 페이지도 아니었고 어두운 우연으로 굴러가는 공도 아니었으며, 이미 외부와 내부에 의해서 정의되지는 않았더라도, 특징을 부여받은 인간이었다. 이 모두를 종합하면 우리는 인간이 자유롭게 선택하는 사건은 적어도 분명한 **전제들**과 **조건들**에 두껍게 둘러싸여 있다는 것을 간과할 수 없을 것이다. 인간은 이 전제들과 조건들을 만들지도 않았고 선택하지도 않았으며, 단지 그 영역 안에 들어 있었을 뿐이다. 이로부터 우리는 그의 선택과 결정이 그리고 이로부터 비롯되는 사실, 즉 그의 특별한 활동 영역이 이제 이것이라는 사실이 결국 창조주이신 하나님의 통치 범위 밖의 어떤 장소가 아닌, 통치 범위 **안에서** 발생했다는 것을 결코 부인할 수 없다.

이 범위 안에서 그는 **선택했다**. 인간이라는 하나님의 피조물은 하나님께 순종하고 이어서 자신의 자유를 사용하여 선택하면서 존재한다. 혹은 반대로 자신의 뜻에 따라서 자신의 자유를 오용하고 진실로 상실의 사건 가운데 **선택하면서** 존재하기도 한다. 처음에, 한 인간을 이 활동 영역으로 이끌었던 삶의 길에서 거의 또는 전혀 인식할 수 없는 초기에 이와 같은 선택—이 선택이 옳았는가 아니면 잘못되었는가? 자유로웠는가, 거짓으로 자유로웠는가, 아니면 진정으로 자유롭지 못했는가? 하나님 외에 이것을 누가 확실히 알겠는가?—즉, 그 자신의 "**직업의 선택**"(Berufswahl)이 놓여 있었다. 아니다. 우리는 과장해서는 안 된다. 즉, 이 선택이 그의 나머지 인생 전체와 시대 속에서 그의 실존에 **결정적이라고** 말해서는 **안 된다**. 그가 선택으로부터 출발하기 시작한 목적지인 활동 영역은 결국 자기 존재의 제한들과 규정들 가운데 **하나일** 뿐이다. 이것을 신화화하거나, 절대적으로 만든다면 이는 잘못된 것이다. 인간이 **어떤** 활동 영역을 가지고 있는가가 중요한 것이 아니라, 이 활동 영역에서—이뿐만 아니라 시간적인 존재인 그에게 주어진 **모든** 제한 속에서—그는 누구인가가 중요하다. 결정적으로 중요한 질문은 인간이 이런저런 활동 영역에서 그리고 동시에 자신의 피조물적인 부르심과 관련된 다른 모든 상황 속에서 **순종**의 **자유**로 가는가, 가지 않는가이다. 이 선결정(Vorentscheidung), 즉 그의 활동 영역의 선택이 중요하고 의미 있다는 사실, 그리고 이 선택이 그의 전체 삶의 결정을 탁월한 방식으로 적어도 미리 결정할 수 있고, 이어지는 그의 길 전체를 밝게 비추거나 그늘지게 만들 수 있으며, 매우 진지한 그의 삶의 결정에 총체적으로 참여하고 있다는 사실—이것을 누가 반박할 수 있는가? 인간의 책임 있는 행동은 이곳이 교차로에서 이미 이루어졌다. 이미 이곳에서 순종인가 불순종인가라는 질문이 제기되었다.

그러나 이것은 이 선결정에서, 중요하고 책임을 져야 하는 선택에서 인간이 자신의 **하나님**과 **창조주**의 섭리와 뜻과 주권으로부터 벗어나 있었음을 의미하지 않는다. 인간이란 피조물의 자유는—그 밖의 모든 피조물적 존재의 우연성과는 달리—하나님의 다스림과 처리의 자유를 제한하거나, 축소시키거나, 조금이라도 의문에 처하도록 하거나, 제거할 수 없다. 하나님은 인간의 자유에 대하여 첫 번째 말씀뿐만 아니라 마지막 말씀도 가지고 계시고 유지하고 계신다.

"사람이 마음으로 자기의 길을 계획할지라도 그의 걸음을 인도하시는 이는 여호와시니라."(잠 16:9) "사람의 마음에는 많은 계획이 있어도 오직 여호와의 뜻만이 완전히 서리라."(잠 19:21) "마음의 경영은 사람에게 있어도 말의 응답은 여호와께로부터 나오느니라."(잠 16:1) 옳든 그르든 언제나 책임 있는 선택을 하지 않고, 저런 생각과 계획과 성찰을 하지 않는다면, 인간은 하나님에 의해 창조된 인간이 아니다. 하나님은 그의 이런 선택을 부러워하지 않으시고, 그가 선택하는 것을 아까워 하지도 않으신다. 만일 하나님이 자신의 주권적인 자유를 피조물의 자유와 경쟁하는 데 사용하신다면, 그분은 하나님이 아니며, 창조주로서의 자기 자신을 부인하게 된다. 또한 만일 인간이 피조물로서의 자유가 조금이라도 하나님의 자유와 경쟁을 한다면, 그리고 하나님께서 첫 번째 말씀처럼 마지막 말씀도 그에 대하여 실제로 유지하지 못하신다면, 그분은 하나님이 아니다.

완전한 독립성과 책임감을 가지고 있는 **인간의** 선택이 신적인 선택과 계획과 규정 가운데 이루어진다는 것은 진실이다. 또한 그의 결정은 그 자체로 하나님의 뜻에 따른 결정과 사건 속에 **포함되어** 있다. 이와 같이 인간은 삶의 여정에서 자신의 활동 영역을 결정할 때, 확실히 중요하고 확실히 의미 있는 저 위치에서 선택한다. 그렇다. 그는 영리하게 혹은 어리석게, 심사숙고하면서 혹은 꿈을 꾸듯이, 구속력 있는 결심을 통해서 혹은 자신의 기분에 따라—언제나 책임감을 가지고 결정한다. 그는 자신이 지금 행하는 것에 대한 대가를 지불해야 한다. 그는 자신이 지금 뿌린 것을 수확해야만 한다. 그는 지금 자신이 가고자 하는 곳에서 활동해야 한다. 하나님께서 이미 그의 심판관이시고, 그의 의(Gerechtigkeit)가 지금 자신이 받아들이는 것에서 어느 쪽이든 진행될 것이다. 그러나 한 가지는 불가능하다. 그가 자신의 결정에 따라 이 방향 혹은 저 방향으로 가더라도 결코 하나님의 뜻과 계획의 영역으로부터 벗어날 수는 없다. 그의 결정은 하나님의 뜻과 계획에 대하여 어떤 새롭고 낯선 사실도 만들어 내지 않는다. 어떤 쪽이든 그는 하나님의 뜻과 계획을 섬기고, **수행한다**. 이는 그가 오류와 경솔함과 자의로 행할 경우에도 마찬가지이다. 하나님의 손과 지혜와 선하심과 능력이 그의 위에 있을 것이다. 그의 지식과 그의 오류와 그의 순종과 그의 불순종 위에 하나님은 인간이 선택하고 또 언제나 선택해야만 할지라도 그의 창조주와 주가 되시는 것을 그만두시지 않으신다. 이렇게 하나님의 통치 아래서 인간은 자신의 활동 영역에 이르게 된다. 그는 직업 속에서든, 직업과 병행해서든, 직업이 없든, 자신의 질서 있는 생활을 하게 된다. 때문에 만일 그가 이러한 생활을 하고 있다면 그는 이런 생활에 와 있는 것이다. 당시에 그가 그렇게 선택하도록 했던 것들은 매우 이상한 사고나 매우 혼란된 충동이나 매우 우연적인 동기였을 수 있다. 아마도 이것은 분명한 죄 가운데 이루어졌고—어떤 인간에게서 이것이 아무런 죄 없이 이루어질 수 있는가?—그는 정말로 죄 가운데 이루어졌다는 사실, 즉 당시의 일이 확실히 하나님 없이 이루어졌음을 감내해야만 할 것이다. 당시에도 하나님은 창조주셨다. 그분은 관객이자 입법자나 심판관이셨으며 동시에 은혜로운 주셨다. 그분은 잠잠히 계신 것이 아니라 활동하셨고, 무기력하신 분이 아니라, 강력하신 분이다. 요컨대 인간은 자신의 활동 영역에서도 마찬가지로 (각자 자신의 연령대에 있고, 역사적인 위치에 있으며, 자신의 고유한 유능함을 가지고 있는 것처럼) 하나님에 의해 규정된 경계들(Grenzen) 가운데 있다. 이 활동 영역의 선택과 관련해서 인간은 실제로 질문을 받았다. 이에 대해 그는 실제로 대답을 했다. 그의 대답이 옳건 그르건, 그가 지금 자신의 대답에 대해 기뻐하건, 슬퍼하건 상관없이 대답을 통해 자신의 뜻이 이루어졌지만, 그러나 그 대답의 위와 안에는 하나님의 선하신 뜻이 있다. 이런 점에서 그는 자신의 위치가 낯선 어떤 곳이 아니라 아버지의 집 가운데 놓여 있는 것으로 이해할 수 있다. 다시 말하면 그는 자신의 직업이나 삶의 활동을 자신의 소명, 즉 하나님의 계명과 필연적으로 관련되어 있는 존재의 제한(Begrenzung)으로 이해할 수 있다. 그의 소명, 즉 하나님의 계명이 그에 대해 갖고 있는 의미 속에서 이 제한과 확실히 긍정적인 관계를 이루고 있다.

다른 모든 제한과 달리 이 제한이 가지고 있는 **특별함**은 무엇인가? 물론 이것은 인간의 고유한 선택과 의지가—비록 하나님의 섭리와 뛰어난 다스림의 공간과 틀 안에서 이루어지더라도—간과할 수 없고 무시할 수 없는 역할을 하고 있다는 사실과 연관된다. 인간이 여기에서 자신의 제한으로, 자신의 책임의 자리로 알고 있는 것이 자신의 실존을 제한하고 있는 다른 요소와는 달리 (신적인 섭리의 사역 안에서, 이를 통하여, 이 아래서 벌어지는) 자기 자신의 인식이나 오류의 결과이고, 자기 자신의 순종이나 불순종의 결과이며, 또한 혼란(confusio hominum) 속에 있을 경우에는 확실히 이 둘의 결과이다. 우리는 자신의 연령에 관해서는 이렇게 말할 수 없고, 자신의 역사적인 위치와 자신의 개인적인 유능함에 관해서는 단지 부분적으로만 그리고 회고적으로만 이렇게 말할 수 있다. 자신의 활동 영역을 통한 제한은 처음부터 자신의 **고유한** 선택과 결정의 성격도 가지고 있을까? 소명과 직업이 처음부터 계속해서 언제나 서로 가장 밀접하게 연관되어 있다는 것과, 인간이 하나님의 섭리로 이해되어야 한다면, 마찬가지로 인간의 직업도 근본적으로 하나님의 소명에 대한 대답으로, 하나님의 계명에 대한 자신의 태도의 결과로 이해되어야만 한다는 것은 분명하다.

이 때문에 인간은 여기에서 적어도 세 개의 실질적인 질문들을 제기해야만 한다. 무엇보다 첫 번째 질문은 당연히 자신의 활동 영역을 올바르고 순종적으로 선택할 수 있는가라는 질문이 되어야 한다. 이어서 두 번째는 자신이 선택한 영역에 어떻게 올바르고 순종적으로 **머물 수 있는가**라는 질문이고, 마지막 세 번째는 자신에게 허용되어 있는 활동 영역의 **변경**과 다른 활동 영역으로의 전환을 어떻게 올바르고 순종적으로 할 수 있는가라는 질문이다.

**첫 번째** 질문을 살펴보자. 실제로 이것은—인간이 알고 있건 아니건, 고려하고 있건 아니건—그가 그에게 외적으로 그리고 내적으로 주어진 가능성과 기회의 테두리 안에서 이런저런 방향으로 자신의 주된 직업, 즉 자신의 특별하고 정규적인 삶의 활동을 찾을 준비가 되었을 때, 하나님의 **소명**과의 특정한 관계 안에서 일어난다. 주께서 여기에서 발생하는 것을 제공하실 것이다. 하지만 인간도 여기에서 자유로운 결정을 통해서 주의 부르심과 계명에 대해 **책임을 지게** 된다. 그는 여기에서 무엇을 고려해야만 하는가? 여기에서 사람들은 언제나 우리가 인간의 역사적인 위치와 그의 개인적인 유능함이라고 불렀던 것들을 표현하는 두 가지 근본적인 요소를 주장하고 있다.

한편으로 인간은 이 방향이든 아니면 저 방향이든 그의 참여가 유혹적인 것으로 보이도록 만드는 몇몇의 **외적인** 기회들 앞에 서 있다. 유혹적인 것? 이것들 가운데 선택해야만 하는 기회는 자신의 선택이 순종 가운데 이루어져야 한다면 순전히 유혹적이어서는 안 되고, 순전히 흥미로워서도 안 되며, 어떤 한 의미에서 순전히 유망하게 보여서도 안 된다. 만일 그가 어느 한 기회를 붙잡으라는 명령을 받았을 때, 그는 이 기회를 통해 **요구를 받아야만** 한다. 그는 자신이 지금 바라보아야 한다고 생각하는 곳에 그를 필요로 하는 부족함이 있고, 그가 대답해야만 하는 질문이 있으며, 그가 채워야만 하는 틈이 있음을 분명히 알아야 한다. 그는 자신이 여기에서 **섬김**의 활동을 해야 한다는 것을 분명하게 인식해야 한다. 역사적인 위치에서 그에게 제공되는 가능성들 중에 하나는 그의 섬김을 요청한다. 이 가능성은 동시에 유혹적일 수도 있다. 그는 기만당하고 있지는 않은지, 그를 유혹하는 이 가능성이 정말로 그의 섬김을 요청하고 있는지, 다른 가능성은 없는지, 매우 유혹적이건, 덜 유혹적이건, 전혀 유혹적이지 않건 상관없이 다른 가능성이 아닌 실제 이 가능성이 그가 실행할 수 있는 섬김을 요구하기 때문에 그가 붙잡아야만 하는 그런 것인지를 주의깊게 살펴야 한다. 그가 이러한 방향에서 질문하면서 자신의 직업이나 그 밖의 삶의 활동을 선택할 때 자신의 소명으로부터 벗어나지 않게 된다.

다른 한편으로 그는 자신의 생각에 자신의 개인적인 재능과 경향으로 알고 있는 것에 관한 실제 사실 앞에 서 있다. 그는 **내부적으로** 그가 그곳으로 즐겁게(lustig) 가도록 만드는 하나의 특정한 충동 아래 있다. 즐겁게? 그가 지금 순종 가운데 선택해야 할지라도, 그에게는 또한 내적으로 즐겁게 그곳으로 가려는 동기가 있어야 한다. 또한 내적으로 그는 **강요**(Noetigung) 아래 있어야 한다. 그는 그가 선택할 때 이미 이를 위해 선택되었다고 생각되는 그런 선택을 해야 한다. 내적인 즐거움은 언제나 어떤 식으로든 흔들린다. 이 때문에 인간은 자신의 활동 영역을 선택하지 못한다. 인간이 자기 고유의 충동에 의해 이런저런 영역을 잘 선택할 수 있는 것은 아니다. 내적인 충동도 무언가에 적합하려면 금속처럼 단단해야 한다. 사람들이 선택한 것이 왜 실제로 적절하게 즐거움을 주는 것이어서는 안 되는가? 예전의 경건주의자들에게는 "자연을 따르지 말고, 하나님의 길을 가라."는 규칙이 있었다. 우리는 이것을 일반적인 규칙으로 내어 놓을 수는 없다. 만일 활동 영역이 한 사람에게 내적으로 명령되고 선포되어졌는지에 관한 질문이 전혀 제기되지 않을 때, 혹은 한 사람에게 내적으로 명령되고 선포된 것에 반하여 활동 영역의 선택이 이루어졌을 때, 이 활동 영역은 확실히 올바르게 선택된 것이 아니다. 이러한 관점에서 우리는 이 질문을 **섬김**(Dienst)에 대한 질문으로 제기하는 것을 회피할 수 없다. 인간은 자신이 가지고 있다고 생각하는 재능을 통하여 그리고 자신이 알고 있는 경향을 포함함으로써 실제적으로 섬김을 실행하도록 요청받고 있다.

이 두 관점 사이에 계층이 있는가? 인간은 먼저 자신의 재능과 경향 및 **내부로부터의** 강요에 관해 질문해야 하는가, 혹은 이에 대응하는 **외부로부터의** 명령적인 부르심에 관해 먼저 질문해야 하는가?

두 번째는 **아돌프 슐라터**(Adolf Schlatter)의 생각이었던 것 같다. 그는 이런 관점에서 매우 강하고 확실히 주목할 만하게 쓰고 있다. "그리스도교적인 직업에 관한 질문은 우리 자신이 필요로 하는 것을 알 때 대답되는 것이 아니라, 우리와 함께 살고 있는 자들이 우리로부터 기대하고 있는 우리의 섬김과 우리에게 요청하고 있으며 우리의 은사에 대응되는 그들의 필요를 우리가 인지할 때 비로소 대답된다."(Chr. Ethick 1914, 49) 그러나 다른 그리스도인들과 그리스도교 그룹들은 무엇보다 사람들이 자신의 내적인 소리를 듣고, 이를 지향하고, 그 지시에 따라 외부 세계에서 자신의 과제를 찾을 것을 공공연하게 강조하면서 요구했다.

여기에서 첫 번째의 것(prius) 혹은 뒤의 것(posterius)에 관해 질문하지 않는 것이 확실히 더 낫다. 이는 이 두 개의 관점이 실제로 나뉠 수 없기 때문이 아니다. **올바른 결정**은 어떤 경우건 이 두 노선이 **교차하는** 바로 그곳에서 이루어질 수 있다.―이미 우리는 바로 이곳에서 진정한 인간에 관해 질문할 수 있음을 보았다.―이곳은 **외부로부터** 주어진 기회의 요구와 인간에게 **내적으로** 주어진 가능성의 요구가 그 절정에서 서로 **만나는** 장소이다. 이 요구들 가운데 어느 하나에 원리적인 우선권을 주는 것은 가능하지 않다. 왜냐하면 인간의 외부 환경이나 내부 세계 그 어떤 것도 진정으로 인간을 부르고 요청하며, 직접적이고 절대적으로 인간의 순종을 요구하는 기관이 될 수 없다. 오히려 인간은 외부 세계와 내부 세계의 요구 가운데, 요구를 통해, 요구 아래에서, 저 외적인 명령과 이 내적인 명령 속에서 하나님의 요구를 인식한다. 오직 이것만이 의심할 여지 없이 우리를 순전히 유혹하는 것과 우리를 순전히 즐겁게 만드는 것과 **다르다**. 오직 이것만이 외부와 내부의 소리에 **명령**의 성격을 부여한다. 이 소리는 창조주시며 인간의 주이신 하나님으로부터 오는 소리이고, 인간의 주변 환경과 내적 세계로부터 오는 소리이다. 오직 하나님만이 외부와 내부로부터 오는 소리에 권위와 강제성을 부여한다. 인간은 이 두 소리를 흘려들어서는 안 되고, 의심할 여지 없이 두 소리의 화음에 귀를 기울여야 한다. 이 소리는 하나님의 목소리 자체를 싣고 있는 피조물적인 운반 수단이자 미디어이다. 따라서 우리는 확실히 외적으로 그리고 내적으로 우리에게 주어진 것을 **지향해야만** 한다. 그러나 우리가 **순종해야만** 하는 것은—두 세계가 계층을 이루고 있다는 생각은 이를 어둡게 만들 수 있다.—하나님의 목소리 **그 자체**이다. 직업 선택에 관한 질문에서 그 절정을 이루는 질문은 인간이—처음과 마지막에만 외부의 소리나 내부의 소리나 두 소리 모두를 그리고 이 소리들의 화음을 들을 준비가 되어 있는 것이 아니라—하나님께서 부르시는 말씀을 듣고, 그 말씀에서 (모든 피조물적인 요소들을 포함한 가운데) 말해진 것을 기꺼이 받을 준비가 되어 있는가, 만일 그렇다면 어느 정도까지 그러한가이다. 그는 이 말씀을 위해 **선택되었다**. 그는 또한 스스로 이 말씀을 선택해야만 한다.—이것이 **하나님께서** 그로부터 원하시는 것이다. 이 질문은 다음과 같이 바꿔서 표현할 수 있다. 인간은 자신의 소명과 그 소명에 근거해서 자신이 행해야 할 섬김에 적합하도록 하기 위해서는 어떤 활동 영역을 선택해야만 하는가? 만일 그가 하나님으로 하여금 그분의 증언들을 통해서 그에게 말씀하시도록 하고, 하나님께서 그를 듣는 자가 되도록 해주시기를 요청한다면, 그는 외부의 소리와 내부의 소리에 충분히 주의를 기울일 수 있고, 이 활동 영역 또는 저 활동 영역을 결정하고 자신의 소명에 적합한 직업을 선택하는 데 있어서 바른 길 위에 있게 된다. 그는 아마도 그를 유혹하려고 하고, 즐겁게 보이는 것과 싸우거나, 아니면 양쪽 측면에 대하여 상당한 평안을 가진 채—누가 알겠는가?—그가 책임져야 할 선택의 길에 순종하게 된다.

**두 번째** 질문을 살펴보자. 우리는 지금 인간이 자신의 활동 영역을 **발견하였고**, 여기에 '전적으로' 종사하며, 이런저런 특별한 과제와 문제들에 몰두하고, 이 자리에서 이 위임을 통해 인류 공동의 일에 참여한다고 가정한다. 이 영역은 클 수 있다. 이 영역의 주변은 꽤 멀리 떨어진 것처럼 보이는 적지 않은 "부차적인 관심사들", 예외적인 책임들, 취미들, 부차적인 봉사와 섬김의 활동들을 포함하고 있다. 이 영역의 어디엔가는 중심부가 있고, 어디엔가는 주변부와 경계가 있다. 인간은 지금 이 중심부로부터 발생해야만 하는 것을 위하여 그리고 저 경계 내에서 발생하는 것을 위하여 살고 있다. 그는 이 영역에서의 활동에 참여하고 있다. 그는 이를 위해 자기 존재의 일회적인 기회를 사용하기를 원하고 또 실제로 사용해야만 한다. 다른 많은 가능성은—아마도 그가 후에 알게 되고, 기본적으로 의미 있는 가능성들은—이제 배재되고, 더 이상 그에게 문제가 되지 않는다. 사업가, 의사, 목사, 선교사, 선생, 정치가, 미술가, 주부, 어머니가 되는 것, 이런저런 작고 큰 사회 운동이나 사업이나 기구의 핵심이나 담당자나 조력자가 되는 것, 이런저런 인간 영역에서 자신의 위치와 기능을 가지고 이를 성취하는 것, 이런 것들이 인간에 의해 붙잡힌 가능성과 함께 의미하고 요구하고 수반하는 것이 그가 접근하여 어느 정도 거기에 정말로 머물러 있은 후에야 비로소 분명하고 확실하게 적절한 지분을 차지할 수 있게 된다. 내부로부터 비롯된 모든 것은 선택을 해야만 했을 때 외부로부터 측정한 것들과는 매우 다르게 보인다. 인간은 자신의 활동 영역에 들어가서 활동을 할 때 비로소 진정으로 자신의 활동 영역에 관해 알게 된다.

이제 어떤 경우든 당시에 거기로 가겠다고 결심한 **시도**(Wagnis)가 하나의 모험이었음이 증명된다. 저 활동 영역에서 인간의 일상보다 더 놀라운 것은 없다. 내가 사람들에게 보여주는 윤곽들, 내가 해야 할 것을 받게 되는 조건들, 내가 이 활동 영역을 진정으로 선택했을 때 생기는 나의 책임과 목표와 요구들의 고유한 성격, 이러한 것들을 실제로 나의 일상의 활동으로 시행할 수 있고 또 그래야 한다면, 이것들이 바로 내 일상의 활동(Wirken)이 되어야 한다! 아, 이제 이와 같이 된다! 나는 무엇을 했는가? 나는 이와 같이 생각하고 있었는가? 내가 앞에서 다시 한번 시작할 수 있다면 이렇게 할 생각이 있는가? 그러나 너무 늦었다. 나는 이미 시작했다. 나는 한 번 질문을 받았지만, 이제는 더 이상 질문을 받지 않는다. "그대 스스로가 그것을 원하지 않았던가?"(Tu l'as voulu, Georges Dandin). 이미 요리가 되었고, 이제는 먹어야만 한다. 예전에 이것을 시도했을 때, 즉 인간이 선택 앞에 서서 자신의 모든 계란을 이 한 바구니에 담았을 때 그것이 어떤 의미를 가지고 있는지가 이제 밝게 드러난다. 예전에 외적이고 내적인 부름의 필요성과 이것이 외적이고 내적인 부름일 뿐만 아니라 하나님의 음성, 즉 인간이 따랐던 그분의 소명이었는지 여부가 이제 밝게 드러나게 된다. 이와 함께 모든 경솔함, 피상적이었던 모든 것, 모든 의존성, 결정에서의 모든 독단성, 당시의 상황에서 내렸던 판단에 포함되어 있는 고의적이거나 우발적인 오류들, 모든 과대평가나 과소평가, 자신의 재능과 경향에 관한 실제적인 모든 오해, 외적이거나 내적인 모든 왜곡, 당시에 작용했던 모든 어리석고, 인위적이고, 폭력적인 것들도 함께 드러나게 된다. 선택된 활동 영역의 일상이 모든 것을—선한 것과 악한 것, 밀과 가라지를 함께!—빠르건 혹은 늦건 언젠가 빛 가운데로 가져간다.

바로 여기에서—한 번 관련된 활동 영역을 이제 실행하려고 할 때—인간이 당시에 출발해서 이제 여기에 도착하도록 만든 **인간의** 선택과 결정이 저 시간이나 시대의 의미를 완전히 고갈시키지 **않는다**는 인식과, 이것이 모든 종류의 **신적인** 운명들로 둘러싸여서 여기에 의존하고 있었다는 인식, 그리고 결국에는 이것이 본질적으로 자의(Willkuer)나 우연에 의한 것이 아니라 하나님의 부성적인 섭리에 따라 이루어졌다는 인식이 현실이 된다. 이것은 당시에 그의 책임성을 배제하지 **않았다**. 마찬가지로 이것은 인간이 당시에 뿌렸던 것을 이제 **수확해야만** 한다는 것을 배제하지 않는다. 그러나 이것이 배제하고 있는 것은 이제 인간이 어느 정도 스스로 홀로 있어야만 한다는 것이다. **지금 여기** 자신의 활동 영역에서 인간은 자신의 한계와 조건 속에서 예상치 못하게 심각하고 낯선 요구를 가지고 있으면서, 유능하거나 무능하거나, 용감하거나 비겁하거나, 여기에서 활동해야 하고, 자기 자신의 인격을 통해 지불해야 한다.ㅡ**당시 거기에** 대한 기억 속에서 인간은 당시의 사려분별이나 경솔함 가운데, 당시의 진지함이나 경박함 속에 놓여 있게 된다. 그리고 그에게 "너는 정말로 그것을 원했다!"고 갈채하고, "너는 어떻게 그렇게 할 수 있었어?"라고 대답하는 과거 시대의 반영 속에서 서 있게 된다. 이제 이것은 인간이 자기 자신과 하는 대화이다. 이 대화는 자기 수준(Ebene)에서ㅡ자신의 아래 수준에서도 마찬가지로ㅡ행해질 수 있으며, 때로는 성과를 내기도 한다. 그러나 이것은 단지 일시적이고 강제성 없는 대화에 불과하다. 우리는 이 대화가 진지한 결정과 결과에 이르게 되리라는 기대를 해서는 안 된다. 이 대화는 그 대상에 상응하게 단지 주변에 원을 그리며 움직일 수 있을 뿐이다. 인간은 홀로 자신의 고독의 영역으로 추방되지 않았다. 그를 여기로 이끌었던 길에 들어선 그는 당시에 홀로 남겨져 있지 않았다. 마찬가지로 지금 여기에 도달한 후에도 그는 홀로 남겨져 있지 않다. 가장 최악의 경우에도 당시에 그와 함께 계셨던 동일하신 하나님이 지금도 그와 함께 계신다. 그가 아니라 (그을 위하여 혹은 그에게 반대하여 정당하게 이야기 되었어야 할 모든 것에서) **하나님께서** 당시에 그렇게 의도하셨다. 또한 지금 하나님의 뜻은 그가 여기에 있는 것이다. 하나님은 그에게 바로 지금의 이 자리를 결정하셨고 보장하셨다. 이 자리는 그가 자신의 모습을 드러내는 자리이고, 하나님의 기대에 전체적으로 부합하든지, 부분적으로 부합하든지, 아니면 전혀 부합하지 않든지 상관없이 하나님께 자신을 새롭게 제시하는 자리이다. 당시에 실제로 그가 붙잡았으며, 지금 실제로 그에게 요구하고 있는 이 직업은 본질적으로 그에 의해 선택된 직업일 뿐만 아니라, 하나님에 의해 선택된 그를 **위한** 직업이다.ㅡ이것이 결정적으로 중요하다. 당시에 인간에게 책임이 있었듯이 지금도 마찬가지이다. 당시에 인간은 자기 자신의 주인이 아니었듯이 지금도 마찬가지로 아니다. 바로 하나님께서 그의ㅡ이 활동 영역 안에서 직업을 가지고 있는 인간의ㅡ주인이시라는 것이 확실히 지금의 의제(Tagesordnung)이다.

인간이 지금 우선적으로 지향하고 있는 목표를 향하는 길로 들어서는 것이 나중에 그 동기가 많건 적건 상관없이 저 비판적인 자기 대화를 멈추도록 하는 의미를 획득할 수 있다. 하지만 항상 그런 것은 아니다. 다시 말하자면 인간은 당시 처음 시작했을 때 가졌던 지혜와 어리석음의 혼합과 순종과 불순종의 혼합에 관하여 어떤 환상도 갖지 않고, 모든 것을 깊이 생각하고 철회되어야 할 것들이 철회된 후에도(subtractis subtrahendis) 나는 나를 지금 이 자리에 이르도록 했고, 내가 오늘 이 자리에 있도록 만들어 준 당시의 선택과 정확히 동일한 선택을 오늘 다시 할 것이라고 말할 수 있다. 이와 같이 인간은 자기 자신과 평화협정을 맺고, 그의 현재는 그의 과거와 평화협정을 맺고 있다. 이것이 하나님의 부성적인 섭리에 대한 분명하고 확실한 믿음의 우회로를 (혹은 가장 빠른 직진로를) 통하지 않고서 어떻게 합법적으로 이루어질 수 있는지 알 수 없다. 사람이 단지 저 낮은 수준에서 자신을 보고 이해하며, 자신을 자기 자신에 대해, 즉 자신의 과거와 현재에 대해 오로지 태연한 사람으로 간주하고 평가해야 한다면, 오늘날의 나와 당시의 나 사이의 이 의심쩍고 불안한 대화는 어떤(다행스럽게도 감추어져 있는) 깊이에서건 계속 이어져야 할 필요가 있다. 그리고 다음과 같은 사실이 항상, 그리고 반드시 필요한 것은 아니다. 즉, 사람은 또한 하나님의 예지에 대한 확고한 믿음을 바탕으로 탑지기인 린케우스(Lynceus)의 노래에 동의할 필요가 없다는 것이다.

> 그것이 나의 마음에 들었던 것처럼,
> 나도 나의 마음에 든다.
> 너희 행복한 눈들이여,
> 예전에 너희가 보았던 것들,
> 그것이 원하는 대로 되어라.
> 하지만 그것은 너무나 아름다웠다!

아마도 우리는 믿는 자를 위해서 당시에 인간적인 의지와 결정과 관련되었던 것이 그렇게 아름답지는 않았다는 시각에 머물러 있어야 한다. 또한 당시에 그가 다른 선택을 잘 했으리라는 것을 확실히 해야 한다. 우리는 하나님의 섭리를 믿으면서 그분의 섭리가 선하고 지혜로움을 자랑하고,—후에 자기 자신에게 권한을 돌리지 않고—그분께 권한은 드려야 하며, 오직 이를 통해서만 평안에 이를 수 있다. 이렇게 우리는 진정한 방식으로 평안에 이를 수 있다. 오직 이렇게 평안에 이른 자는 탑지기인 린케우스와 비교할 때 오직 믿음을 통한 죄인의 칭의에 더욱 긴급하게 주의를 기울이게 되는 장점을 가지고 있다. 그러나 그는 공세적으로 나가서는 안 된다! 그는 바리세적인 세리처럼 린케우스에 대하여 생각하거나 말해서는 안 된다! 인간이 자신의 현재와 과거 사이의 연관성을 한 번은 낮은 수준에서도 긍정적으로 볼 수 있는 가능성을 처음부터(a priori) 배격하는 것은 의미가 없다. 이것을 필요로 하는 사람들이 완전히 드물지는 않다. 그들이 그것을 정말로 필요로 한다는 것과, 그들이 이러한 평화협정의 가능성을 예상하지 못했거나, 혹은 이를 얻지 못했음은 그들이 이것을 도시와 세상를 위한(urbi et orbi) 탑에 의해 알려지도록 한다는 사실에서 나타나지 않는다. 그들은 자신들이 그렇게 될 수 있다는 것이 이중적으로 과분한 **은혜**임을 분명히 알게 될 것이다. 또한 이것이 그들에게 있어서 현재와 미래를 위한 이중적인 **책임**을 의미함을 알게 될 것이다! 하지만 아마도 자신의 현재 위치에서 불안한 수많은 영혼은 자신들이 마침내는 어떤 요구도 없이 겸손하게 "나는 후회하지 않는다.

다시 선택할 수 있다면 나는 동일한 길을 선택하고 이 길을 갈 것이다."라고 말해서는 안 되는지 조용하게 질문을 제기할 수 있다.

인간이 자신의 활동 영역을 가지고 있는 것이 모든 인간적인 혼란을 넘어서, 혼란 속에서, 혼란에도 불구하고 신적인 섭리의 역사라면, 이로부터 인간이 여기 자신의 직업의 자리에서 신적인 **소명**에 응답해야 하고, 하나님의 말씀과 계명을 들어야만 한다는 결론이 나온다. 만일 인간이 하나님의 소명을 따라서 그분의 계명에 **순종하고자** 한다면, 이것은 언제나 여기 자신의 활동 영역 내에서, 자신의 부르심 속에서, 넓거나 좁은 의미에서 여기로부터 자신의 직업 활동으로, 자신에게 주어진 영역 내에서의 활동으로 나타나야 한다. 그는 여기 이 영역에서 **신실함**을 증명해야만 한다.

직업에서의 신실함은 인간의 직업의 특별함과 그 한계들을 고려하는 것에서 비롯되며, 이것을 지키는 것이 좋다. 이런 점에서 신실함이란 **자제하는 것**(Zurueckhaltung)을 말한다. 그 한계들이 굳어져서 고정되어 있고, 절대적인 규정으로 묶여 있는 인간이나 활동 영역은 물론 없다. 우리는 곧 이것을 고려해야만 한다. 어디에도 한계를 가지고 있지 않고, 다른 사람들의 영역들로부터 많건 적건 확실하게 둘러싸여 있지 않으며, 이 영역들로부터 구분되지 않는 그런 활동 영역이란 없다. 물론 활동 영역들 간의 평화로운 협력이나 또는 경쟁과 갈등을 의미하는 영역들 사이의 겹침(Ueberschneidung)이 존재한다. 한 인간의 활동 영역은 중요한 점에서(예를 들면 직업적으로) 꽤 자주 다른 사람의 활동 영역 내에 위치하게 된다. 이때 그가 이 사람, 즉 그의 '상급자'(Vorgesetzten)를 고려해야 하고, 자신의 책임을 넓게 이 사람의 더 큰 책임의 테두리와 조건하에서 인지해야 하는 것도 역시 그가 보여야만 하는 신실함에 속한다. 하지만 그는 모든 상황 속에서도 자기 자신의 영역 가운데 서 있고, 다른 사람들은 그의 것이 아닌 그들의 영역 가운데 서 있다. 그의 영역과 다른 사람들의 영역은 이러한 관계 속에 있다. 이것이 그에게 **허용하면서** 또한 **자제**를 **명하기도 한다**. 확실히 그의 양 손은—어떤 조잡하거나 정교한 자기 추구의 제한 속에서가 아니라, 그에게 주어진 요구를 통한 제한 속에서—자신의 장(Lektion)을 배우고, 자기 자신의 문 앞을 치우고, 자기 자신의 배추를 심는 일들로 가득 차 있다. 누구도 그로부터 그의 것을 빼앗아 갈 수 없다. 만일 그가 자신의 것 전체나 혹은 단지 일부를 놓아두더라도, 누구도 그의 책임을 면케 하지 않는다. 이처럼 그는 다른 사람들의 영역 속에 있는 그들의 활동을 빼앗을 수는 없고, 단지 그들의 활동을 위해 조언하고, 돕고, 보충하면서 조력하는 것에 만족해야만 한다. 그는 그들과 함께 있을 수 있지만, 그들을 위해서 있을 수는 없다. 이것은 단지 하나님만이 하실 수 있다. 인간이 해야 하는 것은 공동체의 사람들과 함께하고 그의 활동에 감사하면서, 자신의 활동을 통해 야기될지도 모르는 모든 의심과 걱정과 근심과 슬픔 속에서도 자신의 위치에 신실한 것이다. 누구도 아틀라스를 연기할 수 없고, 전체를 자신의 어깨로 떠받칠 수 없다. 누구도 모든 것을 하려고 하거나, 마치 근본적으로 모든 것이 그가 와서 손을 올려놓거나 결정적인 말하기를 기다리고 있는 것처럼 행동하려고 해서는 안 된다. 작은 영역에서는(예를 들면 가정에서는) 아무도 이와 같은 핵심적인 단자(Zentralmonade)의 위치와 기능을 받아들이도록 부름을 받지 않았다. 더 큰 영역에서는 물론이고, 전체 영역에서도 마찬가지이다. 자신이 이와 같은 커다란 환상 중에 자신에게 약속된 위치에 있다고 상상하는 사람이 도대체 어떻게 구체적인 하나님의 계명에 접근할 수 있겠는가? 그는 이 계명을 결코 자기 자신과 연관시키지 않고, 언제나 다른 사람들과만 연관시킬 것이다. 그는 아틀라스뿐만 아니라 이를 넘어서 매우 까다로운 방식으로 모세나 리크루그(Lykrug)[11]를 연기하려고 할 것이다. 그는—파열하는 원자층이나 성가시게 구는 말벌과 동일하게 자신이 사실상 자기 주변에 만드는 무정부 상태를 제외하면—무한하지 않고 유한한 자신의 진정한 자리에서 확실히 실패자가 될 것이다. 확고한 야망이 반드시 인간의 터무니없는 활동 욕구를 자극하는 악명 높은 허영심이 될 필요는 없다. 그는 아마도 자신의 재능 때문에 활동에 대한 지나친 강박 관념으로 인해 실제로 고통을 받는다. 세계의 불완전성과 그를 둘러싸고 있는 모든 혹은 대부분의 인간적인 것들이 가지고 있는 심각한 의미의 모순성과 삶의 모순성, 그리고 그가 볼 때 모든 혹은 대부분의 사람들이 어려움을 겪고 있는 인격적인 접근 불가능성과 관련하여 그는 아마도 지나치게 예민한 눈을 가지고 있는지도 모른다. 그래서 그는 이제 햄릿과 같이 도전받고 있다고 느끼고, 서로 연결되어 생긴 크거나 작은 세계를 분명한 자신의 생각에 따라서 그리고 그에게 적절하게 보이는 수단을 통해 다시 세우거나 유지할 수 있는 권한을 부여받았다고 생각한다. 이런 종류의 고상한 정신이 있다. 그러나 우리는 단지 자신의 특정한 활동 영역에서 이런 고상한 정신으로 **특별하게**(besonders) 활동하는 대신에 **일반적으로**(allgemein) 활동하고자 하는 것에 대해 경고할 수 있을 뿐이다. 만일 한 사람이 실제로 넓은 영역을 소유하고 있다면—아마도 다른 영역보다 정당하고 불가피하게 더 넓다면—이는 매우 자연스럽게 사실로서 나타나게 된다. 그렇다고 하더라도 이 영역은 일반적인 영역이 아니라, 매우 특별한 영역일 뿐이고, 그의 활동은 자신의 이 영역 내에서만 의미가 있다. 인간은 결코 자신의 영역이 어떤 의미에서 전체를 포괄하는 것은 말할 것도 없고, 가능한 한 넓게 되는 것을 추구하거나 의도할 수 없다. 인간은 (크건 작건) **한** 사건의 농축된 힘 안에서 자신의 격렬한 추진력을 적절히 이용할 때에만 자신의 최고의 재능을—인간은 그러한 재능을 가지고 있다.—효과적으로 펼칠 수 있다. 인간은 언제나 자신의 가장 구체적인 모습(Gestalten) 안에서만 세계 속에 있는 악과 어리석고 왜곡된 것과—그가 할 수 있는 한—싸울 수 있다. 다시 말하면 인간은 이런 악이 자신의 활동 영역 내에서 자연스럽

---

11) 스파르타의 입법가—역자 주.

게 그에게 대항할 경우에만 그렇게 할 수 있다. 겸손이 없는 곳에는 위대함도 없다. 인간 각자가 겸손하도록 강요받지 않는다면, 그 어떤 신실함도, 그 어떤 활동 영역도, 그 어떤 진정한 활동도 있을 수 없다. 오직 자신의 제한된 영역 안에 있는 자에게만 진정한 활동이 있다.

E. 브루너(*Das Gebot und die Ordnungen*, 1933, 186f.)는 직업에서의 신실함이 원칙적인 **삶의 형태**(Lebensform)을 지향하려는 의도를 배제해야 한다고 적절하게 지적한바 있다. 인간은 '세계'(Weltoerter) 속에 살기로 결심하기 전에 자신이 이 세계를 깨끗하게 만들도록 부름을 받은 것으로 여겨서는 안 된다! 인간이 "세상에 대해서 무언가를 적절하게 하지 않았다면, 세상은 인간이 참여하기에 결코 좋지 않았으리라."고 생각해서는 안 된다! 이런 유형의 인간의 실존과 관련한 브루너의 예측은 충분히 올바르다. "그에게 있어서 삶은 상태의 변화를 위한 끊임없는 노력 가운데 이루어진다. 삶의 인격적인 의미는 잊혀지고, 신경질적인 조급함(Hast)이 그를 지배한다. 마침내 그는 이 모든 개혁들이 아무런 본질적인 변화도 가져오지 않는다는 것을 보아야 하기 때문에, 쓴 체념이나 모든 것에 대한 흥분된 반대와… 원칙으로서의 삶의 형태가… 삶 속에서 스쳐지나가는 삶을 초래한다."

겸손에 관한 이 모든 질문에서 특별히 개혁주의(reformiert) 교회의 영역에서 **목사직**(Pfarrerberuf)의 삶이 가지고 있는 특별한 위험이 문제가 된다는 것을 주목해야 한다. 우리는 **츠빙글리**(Zwingli)와 **칼빈**(Calvin)이 그들에게 주어진 설교와 가르침과 상담과 공동체 관리의 사역을 넘어서 공동 논의와 공동 의사 결정이 모든 가능한 영역에서 그들 자신과 그들의 주변에 지나치게 많은 것을 요구하지 않았는가라는 질문은 열어 놓을 수 있다. 확실히 츠빙글리나 칼빈이 아닌 자는 매우 작은 마을 교회에서도 핵심 단자(Zentralmonade)나, 모든 것을 조망하고 더 잘 알고 모든 비평과 모든 주도권을 행사할 수 있는 권한을 가진 마을의 현인이나, 마을의 점쟁이(le devin du village)가 되고자 해서는 안 된다. 모든 삶의 영역을 지배하는 예수 그리스도의 주권이나 또는 "교회의 파수꾼직"에 의지하거나, 하나님의 나라의 보편성을 주장하면서 이렇게 해서도 안 된다. 목사는 이 왕국을 진정으로 **하나님의 왕국**으로 선포해야 한다! 그는 자기 자신을 자신의 지식과 직관을 통해서 하늘과 땅을 새로 만들도록 부르심을 받았고, 그것을 할 수 있는 그런 사람으로 간주해서는 안 된다. 그렇지 않을 경우 설교 준비의 정확성, 견신례 수업에서의 올바른 훈련, 불가피한 가정방문, 심지어는 문서와 재정 관리의 엄격함에서 그에게 별다른 진척이 없을 것이다! 그리고 그는 다음과 같은 사실에 놀라지 않을 것이다. 그 이유는 바로 그가 어디에서나 첫 번째와 마지막 말씀(Wort)을 안내하고자 원하기 때문이다. 그래서 그는 일반적인 독선가로서, 그래서 어느 누구도 전혀 진지하게 받아들이지 않는 것을 주장하는 독선가로서 모든 말을 하려고 한다.

그 밖의 모든 것은 이로부터 저절로 나온다. 하나님의 소명에 순종할 때 다른 사람들의 영역 속으로 넘어가지 않는다면, 그곳을 곁눈질 하면서 질투하지도 않고, 자신의 영역 안에서 그곳을 모방하지도 않으며, 그곳에서 행해진 일보다 여기에서 더 잘 하려는 의도를 가지지도 않게 된다. 인간의 다양한 활동 영역은 서로 교환될 수 없을 뿐만 아니라 최종적이고 근본적으로 서로 비교될 수도 없다. 직업에서의 성실함이란, 긍정적인 면에서 볼 때, **여기에서 나**와 연관된 일에 헌신하면서 최선의 지식과 양심에 따라 내가 할 수 있는 만큼, 또한 나의 것을 **만족시키고자** 시도하는 것을 의미한다. 이때 이것이 대략적인 것도 아니고 나의 선택에 근거한 것도 아니며, 하나님의 계획과 섭리에 따라서 된 **나의 일**(Sache)이라는 것과, 이 일을 **올바르게** 하도록 하나님께서 나를 지금 부르신다는 것을 언제나 인식하고 있어야 한다.

내가 이런 내 일에 헌신할 때만 나는 내 일의 본질과 법(Gesetz), 즉 내 일이 본래 의도하고 요구하는 것이 무엇인지를 경험할 수 있다. 하지만 나는 그것을 완전히 경험하는 것도 아니다. 인간의 삶은 모든 부분에서 고갈되지 않는다. 삶을 적어도 어느 한 부분에서 어느 정도 사랑하기 위해서뿐만 아니라, 삶을 흥미롭게 생각하기 위해서 우리는 이제 다소 강하게 싸매야만(zupacken) 한다. 사람이 자신의 일에 헌신할 때 흥미는 물론 욕망과 사랑을 가지고 그 일에 헌신하게 된다는 것, 그리고 사람이 **기꺼이** 지금 자신의 모습 그대로 일 수 있다는 것은 실로 직업에 신실한 보답으로 받게 되는 최고의 대가(Lohn)일 것이다. 그러나 이 대가는 사람들이 기대할 수 있는 것도 아니고, 요구할 수 있는 것도 아니며, 노릴 수 있는 것도 아니다. 인간은 기껍거나 혹은 기껍지 않거나 자신이 관련된 위치에서 그에게 요구된 것에 **적절하게** 반응해야 한다. 이 둘은 서로를 절대적으로 대체해서는 안 된다. 누구든 자신의 활동 영역을 시작부터 끝까지 모든 차원에서 기꺼이 성취할 수 있는 한계 상황이 언제나 있다. 또한 누구든 처음부터 끝까지 모든 점에서 마지못해 자신의 일에 머물러 있는 한계 상황이 있다. 대부분의 사람들에게 있어서 실제 상황은 이 중간의 어딘가에 위치해 있다. 그들에게는 탄식할 많은 이유가 있지만, 또한 기뻐할 몇몇의 이유들이 있다. 혹은 반대로 그들은 많은 것을 기뻐하지만, "각자 자신에게 근심을 만드는 무언가를 자신의 궤도(Gleis)에 가지고 있다."

이 질문은 결정적인 것이 **아니다**. 그러나 자신들이 종사하고 있는 일에 **완전히 헌신**하고 있는가라는 질문은 중요하다. 여기에서 핵심은 자신이 할 수 있는 것을 하고, 최선을 다하는 것이다. 진정 사람들과 일들과 관계들과 그들의 일상 모습 속에서의 문제들은 다소의 영웅심을 가지고 소란하게 그들을 위해 자신을 희생할 준비를 하고 있는 누군가가 있다는 것을 기대하지 않는다. 오히려 사람들은 자신들이 있는 모습 그대로 보이고, 이해되고, 그들의 처지에서 그리고 그들로부터 고려되고, 불리고, 다루어지기를 원한다. 또한 가장 작은 일들과 가장 단순한 관계들 속으로, 우리가 이런 것들의 고유성으로 들어가는 것, 우리의 자발성은 우리가 그것들, 그 단순하고 고유한 것들 속에서 우리 자신이 받아들여지기를 기대한다. 다시 말하면 이것들은 **희생**에까지 이를 수 있는 우리의 **참여**(Einsatz)를 요구한다. 그러나 이러한 참여보다 더 어려운 것, 즉 **의**

미 있게(sinnvoll) 되는 것을 요청한다. 이것들은 우리의 열심과 우리의 선한 생각과 우리의 의지력의 대상이 되기 위해, 본질적으로 우리를 향하기 위해 있는 것이 아니다. 오히려 우리가 우리의 노력과 행동의 정도와 빠르기와 성격에서 **그것들을** 향하고, **그것들의** 필요와 가치와 목적을 받아들이고, 이러한 전제하에서 우리에게 가능한 것, 즉 우리의 최선을 다하기 위해 있는 것이다.

    올바른 부르심의 성취의 비밀은 객체와 주체의 만남과 조화에, **자체의** 특성을 가지고 있는 인간적인 책임들과 객관적인 책임들 사이에, 그리고 **그것들에서** 우리가 지니고 있어야 하는 지식과 능력과 자발성의 조화나 만남에 있다. 이것들이 활기찬 인간의 행위 속에서 만날 때 올바르고 참된 활동이 인간의 활동 영역에서 이루어진다. 하지만 이 인간의 활력이 순전히 객체와 주체 사이의 변증법적인 활력은 아니라는 전제하에서 그러하다. 이 변증법은 오로지 올바르고 참된 활동이 행해지는 하나의 공간이다.—하지만 현실 세계에서는 이 동일한 공간에 인간 책임인 부당하고 거짓된 모든 활동, 모든 나태함과 독단, 모든 경솔함이 나타나기도 한다. 인간이 이 변증법을 제거하는 것이 아니라, **조정하고 극복할** 때, 저 피조물적인 두 요소들, 즉 인간적이고 객관적인 외적인 책임들과 인간이 지니고 있어야 할 지식과 능력과 자발성에 낯설지 않으면서도 이를 **능가하는** 지점을 지향할 때 자신의 활동이 **올바르고 참되게** 된다. 이 지점이 자신의 활동 영역과 직업 가운데 있는 인간에게 주어지는 신적인 **소명**이고 **하나님의 계명**이다. 또한 이 지점을 향하는 것이 인간이 하나님께 드려야 할 **순종**이다. 여기에서 저 결정이 내려진다. 여기에서 인간들과 일들과 관계들과 인간의 활동 영역에서 야기되는 문제들은 다음과 같은 질(Qualitaet)과 성격을 획득한다. 즉, 이것들은 인간에게—자발적으로건 아니면 마지못해서건—주목할 만하고, 중요하고, 시급하기 때문에, 이것들이 그와 관련되는지, 그가 이것들의 필요와 가치와 목적을 받아 들여 자신의 것으로 삼고자 하는지에 관해 그는 더 이상 어떤 의문도 제기할 수 없게 된다. 오히려 이것들은 처음부터—그 자체 때문도 아니고, 내재적인 의미 때문도 아니며, 하나님께서 그것을 받아들이라고 명하셨기 때문에—인간에 의해 받아들여져야만 하는 것으로 스스로를 제시하고 있다. 다른 한편 여기에서 인간에게 근본적으로 요구되는 것은 오로지 다른 사람들과 자신의 활동 영역에서 그가 몰두하고 있는 객관적인 문제들에—자발적으로건 아니면 마지못해서건—완전히 헌신하고, 자신이 할 수 있는 것을 행하고, 자신의 최선을 다하는 것이다. 이것은 다시금 자기 자신 때문도 아니고, 스스로 활동하고, 자신을 펼치기 위해서도 아니고, 자신의 헌신하는 능력을 증명하기 위해서도 아니며, 하나님께서 이제 거기에서 온전히 그렇게 하도록 그에게 명령하시기 때문에 그렇게 행해져야 한다. 직업에서의 성실함은 하나님의 **소명**을 통해서 그리고 **이 소명에 대한** 인간의 신실함 속에서 이루어진다.

    결론적으로 우리는 다음을 강조하는 것을 잊지 말자. 인간의 부르심, 즉 그의 전체 활동 영역은 오로지 하나님의 소명과 이 소명에 대한 인간의 순종을 통해서, 이렇게 이해된 부르심에 대한 신실함 속에서 인간 자신과 함께 내부로부터 **갱신**(Erneuerung)과 **변화**(Wandlung)를 경험하게 된다. 부르심의 한계들, 부르심의 조건들과 가능성들, 부르심의 책임들과 문제들이 어떤 가(假)영원성(Pseudo-Ewigkeit)으로부터 단단하게 굳어 있지 않다는 사실과, 인간에게 부르심이 하나님의 다루심에 상응하는 형태로 미리 알 수 없고, 인간이 이를 알고자 할 때 여러 형태들 가운데 하나로 자신을 **제시한다는** 사실은 인간이 자신의 부르심에 정말로 충실할 때 분명해진다. 순종의 상태에 들어오거나, 순종의 상태로 되돌아온다는 것은 새로운 귀로 듣고 새로운 눈으로 보는 것을 배워야 함을 의미한다. 그는 확실히 폐기되고 소멸된 예전의 노선에서 단순하게 계속 달릴 수는 없다. 그의 활동 영역 자체는 근본적으로 하나님의 계명이 등장하여 인간의 순종을 찾는다는 사실로 인해 이로부터 아무런 영향도 받지 않고 아무런 변화도 없이 그대로 남아 있을 수 없다. 이 영역은 이전에 인간에게 전혀 알려지지 않았던 차원들과 특성들을 획득하게 된다. 이 영역은 그의 영역으로 남아 있으면서 놀라울 정도로 확대되거나 또는 놀라울 정도로 축소된다. 예전의 책임들이 와전되어 새로운 강도와 형태를 띠게 되고, 새로운 책임들이 드러나며, 다른 어떤 책임들은 큰 소음 없이 사라진다. 예전의 당혹스러운 것들이 사라지고, 보다 가볍거나 혹은 보다 무거운 새로운 것들이 그 자리를 차지하게 된다. 예전에 인간이 사랑할 수 없었던 것을 이제 사랑할 수 있게 된다. 또한 이것이 그에게 좀 더 쉬워지고, 그가 순종해야만 한다는 점을 이전보다 더 강하게 고수하게 된다. 그는 이 모든 것에 대해서 만족할까? 그는 어제까지 그에게 불가능하게 보였던 것이 오늘 가능하게 되고, 어제까지 최고로 정당하다고 생각했던 것이 오늘 부당한 것이 되는 것을 받아들일 수 있을까? 요컨대 그는 실제로 예수 그리스도가 자신을 관습이 아닌(가장 거룩한 관습이 아닌) 진리라고 부르신 것에 대하여 긍정할 수 있을까? 이 마지막 절정 속에서 자신의 활동 영역 안에 있는 인간의 올바른 존재에 관한 질문이 제기되어야 한다.

직업에 관한 루터교의 교의가 가지고 있는 관심사와 강점은 우리의 두 번째 질문에 대한 대답이다. **루터** 자신이 여기서 다음과 같이 말한다. "고관이나 가족의 아버지나 종이나 선생이나 학생이나 자신의 부르심 안에 머문다. 그리고 정직하고 신실하게 자신의 일을 하기 위해서는 자신의 부르심 이외의 것들에 대해 전혀 걱정하지 않는다. 이렇게 할 때 그는 스스로 영광을 소유하게 되며, 믿음과 하나님에 대한 순종을 통해 내가 할 수 있었던 모든 것이 하나님을 기쁘시게 하는 일이라고 말할 수 있게 된다… 즉, 누구나 믿음과 하나님에 대한 순종 안에서 이루어지는 직업이 하나님을 기쁘시게 하는 일임을 알도록… 즉, 누구나 자신의 직업이 경건한 삶의 상황 속에 있다면, 하나님의 명령을 가지고 있는 거룩한 부르심의 직업이기 때문에 신적인 일이라는 사실을 알도록."(Ut, qui Magistratus, Pater familias, Servus, Praeceptor, discipulus etc. est, maneat in vocatione sua ac in ea probe et fideliter officium suum faciat, nihil solicitus de his, quae extra vocationem suum sunt. Hoc faciens habet gloriam in seipso, ut dicere possit, Summa qua potui fide et oboedientia Dei factum placere Deo… Ut scilicet unusquisquie sciat opus in fide et oboedientia Dei factum placere Deo… Ut scilicet unusquisque sciat opus suam, in quocunque tandem pio vitae genere sit, esse divium opus: quia est opus vocationis divinae, habens mandatum Dei)(Komm. zu Gal. 6, 4 WA 40, II, 152, 39f. u. 153, 27f.) 우리는 이것이 중세의 교의에 반대해서 이야기되었다는 것을 기억한다. 중세의 교의에 따르면 신적인 소명은 그리스도인이 수도자의 신분으로 옮겨지는 것에서 성립한다. 여기에 속하지 않은 그 밖의 모든 인간과 그리스도인들은 이와 같은 소명 없이 살아야만 했다. 이와 달리 루터는 **모든** 인간이 **자신의** 상황과 직업과 활동 영역에서 신적인 소명과 관련된다는 것, 그리고 그는 **여기에서의** 부르심에 상응해야 한다는 것을 가르쳤다. 지금까지는 좋다. 슬프거나 혹은 너무 활달한 열광주의에 대항하여 각자가 그에게 부여된 자리에 있어야만 하고, 바로 거기에서 그가 부르심을 올바르게 성취함으로써 하나님께 순종해야 하며, 여기에서 증명된 순종이 하나님을 기쁘시게 한다는 지식의 위로와 양육 아래에 자신을 놓는 것이 16세기에는 해방을 가져다주는 대단한 말이었음에 틀림없다. 그뿐만 아니라 이것은 이 시대까지 효력을 미친다. "그때 거기에서 한 가난한 계집종이 처음으로 마음 속에 기쁨을 가지고 말할 수 있다. 나는 지금 요리를 한다. 나는 지금 침대를 만든다. 나는 지금 집을 청소한다. 누가 나에게 명령했는가? 나의 주인과 나의 여주인이 나에게 명령했다. 누가 그들에게 나를 지배하는 그런 힘을 주었는가? 하나님께서 그렇게 하셨다. 아! 나는 그들뿐만 아니라 하늘에 계신 하나님도 섬기고 있고, 하나님께서 그것을 기뻐하신다는 것은 틀림없는 진실이다. 어떻게 나는 더 복될 수가 있겠는가? 이것은 하늘에 계신 하나님께 요리를 해드리는 것과 같지 않은가?"(Pred. ueber Matth. 6, 24f. 1544 WA. 52. 471, 37f.) 루터는 인간이 도대체 어떻게 하나님의 소명에 순종하면서 자신의 이러한 순종과 하나님을 기쁘시게 하는 활동의 자리에 올 수 있는지에 관해서는 조명하는 방식으로 말한 것 같지는 않다. 그가 이 자리에서 행해져야 할 순종에 관해 말했다면, 그는 어디서나 보편적으로 알려졌고, 모든 높고 낮은 위치들에 존재하고 규정된 지배(Ueberordnung)와 종속(Unterordnung)이라는 전제하에서 그렇게 했다. 루터에 따르면 인간은 이 틀 안에 자신을 맞춰야 하고, 이에 대한 확고하고 잘 알려진 규정들에 따라서 자신의 일을 하나님께서 그에게 명하셨고 하나님을 기쁘시게 하는 믿음과 사랑의 일로서 수행해야 한다. 그는 이것을 앞에서 인용했던 설교에서(위의 책, 471, 37) 간략하게 요약하고 있다. "우선 교회에서 하나님의 말씀을 들어라. 그런 다음에 너의 권위의 주인이나 부모의 말씀을 듣고 따르라. 이것이 하나님을 올바로 섬기는 것이다." 이것이 전부라면 정직하고 성실하게 자신의 일을 하는 것(probe et fideliter officium suum facere)은 무엇을 의미하는가? 정직하고 성실하게(probe et fideliter)는 인간이 따를 때 성립하는가? 여기에서 인간의 활동 영역에 관한 그 밖에 주어진 모든 규정을 능가하는 존엄 가운데 있는 신적인 소명은 어디에 머무는가? 만일 신적인 소명이 인간의 위치와 부르심을 제한하는 잘 알려진 차단기(Schranke)와 일치한다면, 신적인 소명의 자유가 다시 희생된 것이 아닌가? 또한 인간의 순종이 다시금 소명과는 다른 율법과 결합되어서, 이제 이 율법이 수도원의 율법을 대신하여 세계의 율법이 되었고, 역사가 되어버린 흘러간 규정들의 율법이 된 것이 아닌가? 하나님의 소명과 이에 대한 인간의 순종이 이제 불가피하게 자신의 활동 영역의 형태에 대한 저 변화와 새로운 규정을 수반하는가? 마지막으로 신적인 소명과 이에 상응하는 인간의 순종이 자신을 하루만에 지금까지의 자신의 활동 영역으로부터 다른 활동 영역으로 옮기지 않는다는 것이 어떤 권리로(quo iure) 배제되어야 하는가?

계속 진행되고 있는 루터에 관한 연구는 지금까지도 아직 충분히 살피지 못하고 고려하지 못한 이 질문들에 대한 대답이 그에게 있다는 것을 보여줄 것이다.—혹은 이것이 루터에게 제기해서는 안 될 질문이라는 것을 보여줄 수도 있다. 확실한 것은 사람들이 그의 기록들이나 지금까지 세워진 형태의 그의 직업에 관한 가르침에 집착해서는 안 되고, 여기에서 필요한 질문과 대답의 아치(Bogen)를 그가 했던 것보다 더 넓게 펼쳐야 한다.

**세 번째** 질문을 살펴보자. 이제 우리는 인간이 자신의 활동 영역을 하나님의 섭리와 계획에 따라 찾았고, 선택했고, 연관시켰으며, 최선의 능력에 따라서 실행했다고 가정한다. 하나님의 계명이 그를 거기로 불렀고, 그는 하나님의 계명에 따라서 지금까지 그와 동일한 것을 행하고자 시도하였다. 그리고 모든 것을 그분의 섭리의 뜻과 계획에 따라서 시도하였다. 하나님의 계명이 그에게 **머물라고** 하는 한, 정확히 거기에서—정확히 이런 직업 안에서 그는 이런 전제들하에 자신의 신실성을 증명해야만 한다. 고린도전서 7:20에는 다음과 같이 기록되어 있다. "각 사람은 부르심을 받은 그 부르심 그대로 지내라!" 그러나 "부르심 그대로 지내라."가 의미하는 것이 무엇인가? 이것은 바로 다른 사람들의 소명에 눈길을 돌리는 것을 포기하는 것, 자기 자신의 소명에 완전히 몰입하는 것, 이런 몰입에 문제를 만들고 방해하는, 희망적이고, 실현 가능한 다른 소명들에 대한 생각들을 삼가는 것이다. 인간에게 다른 소명이란 없다. 각자에게는 오로지 자기만의 소명이 있을 뿐이다. 그러나 그가 그 안에 머물러 있어야만 하고, 신실하게 **머물러** 있어야만 하며, 또한 언제나 새롭게 신실하게 **되어야만** 하는 그의 신적인 소명은 그가 자신의 활동 영역을 변화시키고, 지금까지의 활동 영역을 포기하고, 새로운 활동 영역과 관련을 맺을 필요성을 지니고 있을 수 있다. 변함없이 **남아 있는 것**은 **소명**, 즉 말씀이자 하나님의 계명이며, 이것이 인간을 이끌거나 지배하고자 하는 활동 영역이 아니다. 이 활동 영역은 하나님의 소명을 통해 그에게 부여되는 한에서만, 즉 소명을 통해 그와 결합되고, 소명을 통해 여기에서 그러한 책임이 부과되는 한에서만 그의 활동 영역이 된다. 이러한 관계가 뒤바뀌어서는 안 된다. 각자가 자신의 소명에 머물러 있는 것은 그가 다른 곳으로 부름을 받을 준비가 되어 있어야만 함을 내포한다. 그 밖에 그를 여기서나 저기서 **조건 없이** 붙잡아 줄 수 있는 근거 있는 율법은 없다. 그의 소명만이 유일하게 그의 율법이 될 수 있다. 소명에 순종할 때 여기에서 출발하여 저기로 가는 것이 언제나 가능하게 된다. 다른 사람이나 나 자신의 착상과 생각에 근거하지 않고, 외적인 환경이나 이리저리 떠도는 자신의 판단의 압박 없이, 자신의 소명에 순종할 때 그렇게 할 수 있다! 만일 **소명이** 이와 같은 출발을 요구한다면 그에 대한 결과가 따라 나와야만 한다. 하나님께서 이전에 나를 이 영역으로 인도하셔서, 여기에서 활동하도록 명하셨을 때 하나님은 잘못 생각하셨는가? 아마도 당시에 오류를 범했던 사람은 **나**였고, 지금은 당시에 범했던 나의 실수가 시정되고 있는 것이다. 하나님께서 잘못하신 것은 확실히 **아니다**. 내가 지금까지 바로 여기에서 나 자신을 확증해야만 했다는 것은 나의 오류가 있건 없건 상관없이 **옳다**. 그러나 이제 또 한번 하나님께서 나를 위해 새롭고 다르게 선택하실 수 있는 것을 내가 선택하도록, 앞으로 여기에서 그렇게 혹은 다른 곳에서 다르게 나 자신을 확증해야만 하는지를 결정하도록 부름을 받았음을 알게 될 때, **다시** 올바르게 될 수 있다.

여기서 우리는 사람들이 "직업의 전환"이라고 부르곤 하는 것만을 고려해서는 안 된다. 이러한 것도 인간에게 명령될 수 있다. 칼빈은—루터라면 그렇게 쓰지 않았을 것이다!—고린도전서 1:20(CR 49, 415)과 관련해서 명시적으로 재단사에게 다른 수작업을 배우는 것이 잘 어울린다거나, 상인에게는 농업으로 넘어 가는 것이 잘 어울린다고 주장했다. 왜 목사가 되는 것이 의사에게 어울리지 않고, 의사가 되는 것이나 정치를 하는 것이 목사에게 어울리지 않으며, 실천에 전념하는 것이 학자에게 또는 학문에 전념하는 것이 실천가에게 어울리지 않는가? 인간의 삶에는 이와 같은 늦은 흔들림이 있다. 이 흔들림은 자신의 단일한 소명에 신실하면서 나타날 수 있다. 상황에 따라서 소명은 흔들림을 180도 다른 각도에서 필수적인 것으로 만든다. 하지만 동일한 직업 내에서도 비록 눈에 잘 띄지 않는다고 할지라도 이와 같이 근본적으로 적지 않게 급진적인 활동 영역의 변화들이 존재한다. 예를 들면 한 목사에게 있어서 교회의 모든 변화는, 그가 여기에서 진지하게 받아들였고, 저기에서 다시 진지하게 받아들이고자 한다면, 완전히 놀라운 출발을 의미한다. 이처럼 모든 진지한 사람들에게 있어서 자신의 직업의 영역 내에서 다른 위치를 받아들이는 것은, 특별히 이 위치가 더 높고 증가된 책임을 수반한다면, 마찬가지로 놀라운 출발을 의미한다. 새롭게 증가된 책임들은 심지어 동일한 직업 안의 동일한 위치 내에서 생기는 고유한 활동 영역의 철저한 변화를 의미할 수 있다. 끝으로 병이나 나이도 역시 새로운 활동 영역을 발견하고 관련을 맺는 문제를 발생시키는 원인이다.

우리가 분명히 알아야 할 것은 이런 유형의 전환에서는 아마도 사람들이 자신의 길을 결정하는 첫 번째 선택에서 마주했던 문제들 가운데 전부가 아니라 가장 중요한 것들이 새로운 형태로 첫 번째 경우보다 더 어렵게 제시되리라는 점이다. 다시금 당시에 저지른 인간적인 오류와 자기 잘못의 모든 가능성을 가지고 있는 인간의 선택이 문제가 된다. 질문되고 있는 변화가 심각해질수록, 이것이 정말로 하나님의 소명인지 아니면 인간이 따라야만 한다고 생각하는 자기 자신의 독단에 불과한 것은 아닌지를 질문하려는 동기도 점차 커진다.

**칼빈**은 지체하지 않고 (위의 책) 이러한 전환이 정당한 이유 없이 상태를 변화시키도록 (그들이 이것을 미신 때문에 하든지 아니면 다른 충동 때문에 하든지 상관없이) 사람들을 자극하는 무분별한 욕망이나 누구도 자신의 조건에서 평온한 마음을 허용하지 않는 불안(inconsulta cupiditas, quae nonnullos sollicitat ad mutandum statum sine iusta causa: sive id superstitione sive alio impulsu faciant, mit einer inquietudo, quae non patitur signulos in sua conditione pacato animo stare)과는 아무런 관련이 없다고 엄하게 가르쳤다.

다시금 우리는 실현 가능성이 있는 모든 인간적인 오류 위에, 오류 안에, 오류에도 불구하고 하나님의 섭리가 이번에도 역시 마지막 말씀처럼 첫 번째 말씀을 유지하게 되리라는 것과, 인간이 이 섭리를 바라보면서 가장 위대한 일을 시도할 수 있다는 것을 미리 신뢰할 수 있다. 언제 인간이 이것을 시도할 수 있는가? 인간이 그것을 시도해야만 할 때, 그가 대항하거나 적대해서는 안 되는 하나님의 계명 앞에 다시 한번 새롭게 설 때, 그는 그것을 시도할 수 있다. 필요성이 적을수록 시도는 더 줄어들고, 첫 번째 선택으로 모든 것이 끝난 채 그곳에서 평온한 마음(pacato animo)을 이어가게 될 것이다.

### 3. 명예

"제한 가운데 있는 자유"의 주제를 이제 마지막으로 다루어야 한다. 하나님의 계명은 각자에게 시간적으로 현존재의 유일한 기회의 제한 가운데 있는 자유를 적절하게 주시며, 그리고 또한 그의 직업의 제한 가운데서도 자유를 주신다. 즉, 삶의 여러 가지 단계로서, 각자가 지금 처한 곳에서, 그에게 적절한 역사적 상황에서, 그의 인격적인 덕이나 특히 그의 영향력의 범위 안에 관계하는 자유를 주시는 것이다. 우리는 이제까지의 과정에서 뒤를 돌아보면서 질문하게 된다. 우리는 진실로 자유로운가? 이러한 질문이 생길 수 있는데 왜냐하면 '자유'와 '제한'은 서로 대치되는 것으로 보이기 때문이다. 그리고 이제까지 우리는 일괄되게 전체적으로 하나님의 피조물인 인간에게 규정되어진 제한이 얼마나 실질적인 것인가를 보아왔다. 우리는 지금 처음부터 전체적으로 다시 보고 확실히 대답할 수 있어야만 한다. 그렇다. 하나님의 계명은 그의 직업의 제한 가운데서 각자 모두를 자유로 부르신다는 것이 사실이다. 왜냐하면 그에게 요구되어진 바로 그 순종이, 순종하는 사람으로서 측면에서 보자면, 자유를 향한 발걸음, 특히 그의 제한의 틀과 전제 가운데서 자유를 향한 것이기 때문이다. 그러나 이러한 자유와 순종의 비유가 전적으로 완전하게 이해되지 않을 수도 있는 것처럼 보일 수도 있다. 다음의 것이 질문될 수도 있다. 혹시 '계명'이나 '순종'이란 개념이 단지 하나님의 측면에서 능동적이고 인간의 면에서는 수동적인 통제나, 개입이나, 굴복이나, 아니면 굴욕을 말하는 것이 아닐까? 그렇다면 이것들이 얼마나 자유의 개념을 이룰 수 있는 것인가? 지금 자유 대신에 인간은 더 단순하고 사실적으로—율법에 대하여 말하고 있는 것이 아닌가? 이제까지 우리는 "창조주 하나님의 계명"이라는 전체 내용을 자유라는 개념 아래서 표현하였다. "하나님 앞에서 자유"는 바로 먼저 "공동체를 향한 자유"이었고, 그리고 "생명을 향한 자유"이었으며 그리고 마지막으로 "제한 가운데 있는 자유"이었다. 이제 '자유'보다는 '율법'에 대하여 말하는 것이 더욱 낫지 않을까 하는 질문은, 이 전체적인 윤리에 대하여 근본적으로 다시금 질문하는 것으로 이해될 수 있는 것이다.

그렇기 때문에 또한 이러한 질문은 우리가 지난 주제에 있어서, '자유'와 '순종'의 개념 사이의 긴장을 분명하게 나타내게 되면서, 이 둘 사이의 근본에 대한 질문에 대한 답에 대하여 묻는 것으로 마치게 된 것과 연관시켜 볼 때에 적절한 것이다. 하나님께서 어디서 계명을 주셨는가?—그 하나님께서는 인간을 제한하시는 창조주요 주가 되시는 하나님이시며 동시에 예수 그리스도 안에서 그의 자비로우신 아버지가 되신 분이다.—그리고 어디서 인간은 그 자신의 한계에서 하나님, 예수 그리스도 안에서 계신 이 하나님에게 듣고 그에게 복종하게 되었는가. 사실상 바로 이 자리에서 인간의 불가피한 종속, 개입, 굴복 그리고 굴욕은 바로 그 한계와 제한 가운데에서 마지막이고 결정적으로 그의 높임, 세워짐, 고무이면서 그의 높여짐이며, 그리하여 그는 율법을 통해서—그가 여기서 듣고 순종하게 된 이것은 "생명과 성령의 법"이지, 결코 죄와 죽음(롬 8:2)의 법이 아니다.—율법 아래 붙잡히게 된 것이 아니라, 오히려 자유를 향해 세워진 것이다. 그리하여 이제 '계명'이나 '순종'이란 개념에 부속되어 있는 것처럼 보이는 불명예스럽게 눈에 나타난 것들은—그것들은 단지 그렇게 보일 뿐이다.—모두 버려져야 한다. 그리고 이제 남아 있는 것은 측량할 수 없는 높은 명예로서, 그가 인간의 고유한 아버지로서 계명을 주시는 하나님으로서 그의 고유한 자녀로서—어떤 무엇을 위해서가 아니고, 또 어떤 크거나 작은 일이나 다른 활동을 위해서가 아니라 그 자신에게로 부르심을 받았다는 사실을 통해서 경험되어져야 하는 것이다. 이 아버지를 볼 때 바로 그 아버지의 자녀가 된다는 것은 자유로워진다는 것이다. 순종으로, 다시 말해서, 이 아버지에게 부르심을 받았다는 것은, 하나의 초대이며, 우리가 윤리학에서 관여하고 있는 모든 차원에 있어서 하나님의 자녀로서의 삶으로서 걸음을 뜻하며 이로 볼 때 자유와 연관된 것이다. 인간에게 경험되어지는 이러한 명예가 자유가 아니라면, 자유라는 것은 도대체 무엇인가?—우리는 이제 마지막 단락에서 이 명예에 대하여 말하고자 한다. 이것은 하나님께서 그의 계명 가운데 나타내신 것이고, 또한 역시 하나님께서 인간에게 그의 창조자요 주로서 감추셨던 한계 가운데 이미 나타나셨던 것이다.

인간은 하나님 앞에서 드러난 그의 피조적인 존재의 실질적인 한계로부터 주어진 모든 면에서 볼 때 물통 안에 사려져가는 한 방울의 물방울이며, 잠시 스쳐지나가는 먼지든지, 한숨짓는 숨소리가 아닌가? 그리하여 모든 인간 전체로서, 인류의 커다란 움직임과 형식 가운데 있을지라도, 옳게 이해된다면, 인간은 매번 한 사람일 뿐이지 않는가! 그리고 하나님께서는 바로 이 사람과 말씀하신다는 것, 다시금 언제나 바로 그렇게 하나인 이 한 사람과 말씀하시는 것이다. 그리고 하나님께서 그에게 말씀하시는 것은, 그의 은혜의 말씀으로서, 자신의 계약의 상대자로서 인간에게 향하신 것이고, 그에게 하나의 공동의 사안을 가지고 있다고 설명하시는 것이다. 이제 인간은 그가 스스로는 아직 알지 못하는 것에 대하여 경험되어지도록 만들어졌다는 것이 중요하다. 이것은 단지 어떤 것에 대하여 설명한다는 것만은 아니다.—물론 확실히 처음에는 그렇다.—오히려 이러한 설명 가운데 이 설명으로써 시도하는 바는 교훈과 지시이고, 그럼으로써 참으로 한 가지가 중요해지는 것이다! 바로 인간 스스로 무엇을 선택한다는 것이 중요한 것이 아니라, 하나님께서 인간을 위해서 선택하신 것이 중요하다는 것이고, 하나님께서 원하신 것을 이제 인간이 추구하며, 그의 행위 가운데 있는 하나님의 결정을 인간이 체험하는 것이다. 언제나 하나님의 계명이 알려지고 인간의 순종이 발견되어지는 곳은, 바로 그 순종의 구체적인 내용으로서, 어떤 사람에게 어떤 구체적 상황이 요구되어지게 되었는가 하는 점과 관계한다. 그렇기 때문에: 그의 한계 가운데 있는 인간은 그를 향한 초대와 요구의 수신인이 되는 것이다! 비록 이러한 요구가 들리기에는 어렵고, 낯설며, 그리고 무겁다고 할지라도, 사람은 모든 상황 가운데서도 먼저 분명하게 다음의 사실을 보고 말해야만 하는 것이다: 인간은 이 초대의 수신인이 된다. 이러한 하나님의 계명은 하나님의 입장에서 보면 하나의 무엇이라고 표현할 수 없는 인간에 대한 인정이며, 하나의 가치에 대한 존중이며 특별한 표창인 것이다. 하나님께서는 인간 위에 뛰어난 보좌에 앉으신 하나님이 되실 수 있으며 그리고 그의 전능에 따라서 인간의 세상 안에서와 같이 창조의 다른 모든 영역에서 모든 것을 그 자신의 최고를 향한 의지를 따라서 이끄시되—아마도 인간을 위해서 그러나 인간의 생각을 넘어서 그 자신의 방식으로—그리하여 그의 답을 기다리시는 질문자로서, 계명을 주시는 분으로서 그의 순종을 보시며—그와 관계하실 수도 있는 것이다. 그리고 사람은 질문할 수 있을 것이다: 하나님께서 혼자서 그렇게 모든 것을 하시는 것이 전체적으로는 더 나은 것이 아닌가? 그러나 하나님께서는 그렇게 하시지 않은 것이다. 하나님께서는 인간을 존귀하게 여기셨고, 인간을 그의 계명을 받은 자로서 상대자로서 세우셨으며, 그 자신을 이러한 발걸음 위에서 그 자신의 동반자로 만드시고, 인간에게 관계하시는 것이다. 이것은 하나님 자신의 계명 안으로의 놀라운 낮아짐이고, 인간에게는 그에게 요구되어진 계명에 대한 순종의 삶 가운데 놀라운 높아짐이고 명예가 되는 것이다. 여기서 요구라는 것은 무엇인가? 먼저 그리고 무엇보다도 다음의 것이 드러난다: 인간에게 주어지는 초대는, 하나님의 계명 안에서 그에게 체험되어지는 놀라운 인정, 존중 그리고 표창으로서 인간에게 놀라운 명예가 되는 것이며, 순전히 하나님으로부터 명예를 인정받는 사람이 되는 것이다. 하나님으로부터 순종을 요구받는 사람은 그러한 사람으로서 하나님에 의해서 높여진 사람이고, 높이 평가된 사람이며, 가치 있는 존재가 되는 것이다. 이제 그는 단지 그의 창조자이신 하나님과 대립되어 있고 차이 가운데 있는 피조물이나 인간만은 아니고, 오히려 그는 이러한 차이와 대립 안에서 그 가치를 인정받고 용납되어지는 존재인 것이다. 이제 그는 소위 말해서, 하나님으로부터 무엇인가를, 확실히 최고를 기대할 수 있는 존재가 된 것이다: 이것은 소위 말해서, 그는 하나님과의 일치와 공동체 가운데 존재할 수 있게 된 것이다.

'제자도'는 위대한 말로서, 복음서 안에서 주님이 제자들에게 바라셨던 모든 것을 요약할 수 있는 말이다: "그의 자취"(벧전 2:21)를 따르는 한 걸음, 하나의 "사랑받는 자녀같이… 하나님을 본받는 자가 되고"(엡 5:1), 하늘에 계신 아버지의 완전함에 상응하는 완전함을(마 5:48) 이루고 그렇게 "하나님의 동역자"(고전 3:9)가 되어야 한다.

하나님께서 인간에게 허락하신 말씀이 유용하며, 하나님께서 인간에게 행하신 것은 명예이다. 명예는 인간에게 오로지 하나님에 의해서만 이루어질 수 있는 것이다. 어떻게 인간이 스스로 이것을 가질 수 있겠는가? 어떻게 인간이 이것을 스스로 취할 수 있겠는가? 누가 이것을 그에게 줄 수 있겠는가? 그리고 하나님께서 인간을 자신의 봉사자로 세우시고 이끄시면서, 그를 이 봉사의 직에 적절한 존재로 인정하실 때 어떻게 하나님께서 인간을 높이 존중해주시는 것 외의 다른 방식으로 인간을 대하시겠는가? 바로 하나님께서는 사실적으로 인간에게 이 명예를 허락해주시는 것이다. 그는 그에게 주어진 한계 아래서, 그에게 주어진 시간의 범위와 그의 직업의 모든 한계를 통해서 이 명예의 담지자가 되는 것이다. 그리고 그에게 요구되는 것은 실질적으로 순전히 초대를 받아들이는 것으로서, 이 초대는 바로 그에게 약속되어진 유효한 것이요, 그에게 주어진 명예가 실재하는 것이며, 그를 향해서 표창되어진 것에 대한 기대가 이루어지는 것이다. 사람은 복종해야만 하는 것이 아니라 복종하도록 허락되어진 것이다: 그는 하나님 앞에서 그리고 하나님으로부터 이 명예를 가진 존재이다. 어떻게 이것이 오해되고, 완전히 잘못 알려질 수 있겠는가, 어디서 이 순종의 요구가 인간에게 쌓여진 짐처럼, 그리고 그에게 첨가되어진 굴종으로서 파악되는 것이 가능하겠는가! 순종이란 다음을 뜻한다: 하나님 앞에서 하나님으로부터 주어진 자신의 명예를 기뻐하는 것이다. 왜냐하면 인간이 이 명예를 기뻐할 때, 그때 사람은 순종하는 것이다; 이렇게 인간이 자신이 하나님을 섬길 수 있다는 것을 기뻐할 때, 어떻게 그가 하나님을 섬기는 것 없이 그리고 그에게 순종하려는 것 없이 기뻐할 수 있겠는가? 또한 반대로 만일 인간이 하나님께서 인간의 섬김을 원하시고 하나님이 그에게 주시는 명예에 대한 것에 아무런 기쁨이 없다면, 어떻게 인간이 순종하려는 의지를 가질 수 있겠는가?

그러나 이제 하나님의 계명 역시 이러한 관점에서 볼 때 인간의 삶 가운데 떨어진 유성이나 다른 어떤 낯선 물체가 아니다. 이 명예는, 그렇게 놀라운 것으로서, 인간에게 그는 하나님의 피조물이라는 것을 나타내고, 하나님의 예견은 인간의 현존재를 이미 다스리고 계셨던 것이며 그리고 그 외에도 역시 계속하여 다스리고 있다는 것을 나타낸다. 이 명예와 관여되는 존재는, 어쨌든 그 자체로 하나님의 손 안에 온전히 있는 것으로서, 그 스스로 자신을 위해서 준비하며, 그 자신인 것으로 경험하고 행하는 모든 것 안에서 그 자체를 향해서 이끄는 것이며, 아직도 이끌고 가는 것이다: 그 한계 가운데 있는 인간은 그러한 모습 자체로 하나님의 작품이기에, 그의 피조물적인 현실과 형식 안에서 하나님께서 자신의 계명 안에서 인간으로부터 찾기를 원하시는 것과의 충만한 관계 가운데 있다. 이제 하나님께서는 그의 계명 안에서 인간에게 말씀하실 때, 적이나 낯선 자로서 하지 않으시고, 오히려 바로 그의 것으로서 말씀하시는 것이다. 어떻게 인간은 계명이 그보다 높은 무엇이 아닌 것이라는 것을 의미하는 것으로서, 바로 그에게 해당된 것이라는 것을 다르게 파악하고 행동할 수 있겠는가? 어떻게 그는 더욱이 하나님으로부터 명예롭게 되었다는 것을 알 수 있는가, 이 하나님 앞에서 그의 명예를 기뻐할 수 있겠는가, 그에 대한 기쁨 가운데 순종할 수 있게 되는가? 만일, 그가 하나님의 계명을 거절하는 가운데, 하나님에게 알려진다는 것을 알 수 없다면, 어떻게 그는 자신이 선포되어진 하나님의 계명을 섬길 수 있도록 허락되었다는 것을 알 수 있는가? "내가 너를 지명하여 불렀나니 너는 내 것이라."(사 43:1) 바로 이 이름으로, 이 이름 가운데 계신 하나님께서 인간을 부르시는 가운데, 각자를 부르시고, 이로써 인간은 이미 하나님의 소유물이라는 것이고, 바로 이 마지막 문장으로부터 모든 것이 이야기되어야 하는 것이다. 만일 우리가 이러한 관점에서, 하나님께서 그의 피조물인 인간에게 이미 먼저 그의 명예를 수여하기로 하셨다는 이러한 관계에 있다는 것을 생각하지 않는다면, 하나님의 계명은 인간에게 하나님 안에서 체험되어져야만 하는 명예의 관점으로부터도 이해될 수 없는 것이 된다. 그리하여 이제 우리는 바로 이러한 관계성의 관점에서 인간에게 경험되어지는 명예에 적절한 올바른 순종의 기준에 대하여 물어야만 하는 것이다.

인간은 하나님께서 그의 계명 가운데 허락하신 명예와는 다른, 단지 (그의 현존재의 시간적 한계나 그리고 마치 그의 직업을 통한 한계와 같이) 그의 피조적인 존재의 규정으로서 그리고 그러한 존재로서 단지 저 명예에 대한 상응과 예표로서, 그 자신의 방식으로도 역시 가치가 있는, 인간의 명예에 대하여 얼마 만큼 말할 수 있으며, 그렇게 하도록 허락되었고, 또 그렇게 해야만 하는 것인가?

만일 우리가 처음부터 정확해지고자 한다면, 이 명예는 겨우 그리고 결과적으로 단지 모든 인간에게 비추어지고 있는 하나님의 명예의 반사로서 사실의 특별성 가운데 이해될 수 있는 것이며, 그리고 하나님께서 인간에게 그 자신의 계명 가운데 더 큰 명예를 주실 때에는 하나님께서는 결코 임의적이거나, 거짓된 방식이 아닌, 오히려 그 자신을 하나님으로서 신실하게 나타내신다는 것을 말해야만 한다. 하나님께서는 인간을 그 자신의 봉사 가운데 부르실 때, 그에게 허락하시는 명예와 연관된 어떤 것, 이것은 단지 일상적인 생명 가운데 알려질 수 없는 것을 모든 각자에게서 찾으시고 보는 것이다. 일상적인 것은 봉사의 명예와 비교하여 말한다면 통상적인 명예가 될 수 있는 것으로서, 그럼에도 인간에게 여전히 하나님으로부터 수여된 것으로서 있기 때문에 그러한 것으로서 인간의 참된 명예가 되는 것이다. 이것은 하나님께서 모든 인간에게 행하신 것이고 아직도 이루시고 계신 것이다. 그리하여 하나님이 인간의 창조자요 주이셨고, 주이시며, 주로서 계실 것으로서—이 명예는 모든 인간이 덧입은 것이요, 그는 하나님의 창조물이고 그의 통치 가운데 있으면서 그의 존재를 허락받았다는 것을 나타내는 것이다. 하나님께서 인간에게 그의 계명을 주시고 그에게 저 고유한 명예를 주실 때, 인간은 이제 그에게 이미 주어졌던 이 처음 명예로 와서 이것을 다시금 붙잡게 되는 것이다. 하나님께서는 모든 사람을 창조하셨다. 그는 인간에게 그의 시간과 직업을 주셨다. 그리고 하나님은 그를 제한하시는 분이시기도 하다. 그는 바로 그의 제한 가운데서 인간에게 원하셨고, 유지하시고, 다스리시는 것이다. 바로 하나님께서 이렇게 행하시고 다르게 행하지 않으셨을 때에, 다른 존재가 아닌 바로 이 사람으로 그렇게 있게 하신 것이다: 모든 것은 그를 통해서 그로부터 왔으며, 모든 것은 그의 선하심에 따라서, 그의 찬양이 되도록 하신 것이다. 이것이 바로 모든 인간의 명예인 것이다.

인간은 그러한 것에 진실하지 않을 수 있다. 그는 자신의 하나님을 생각하지 않고, 무시하고 잊어버릴 수 있다. 역시 그의 동료 인간들도 자신과 그들의 하나님을 생각하지 않고, 무시하고 그리고 잊어버리고 그에 따라서 그에게 비인간적으로 행동할 수 있다. 그리고—그러한 가능성들의 다른 변형으로서: 그들은 자신과 그들의 하나님을 생각하지 않고, 잘못 알고 오해하는 자들이 될 수 있다; 그들은 추상적으로 생각하고 절대화함으로써 진실하지 못할 수 있다; 그들은 오로지 하나님의 존재만이 인간의 창조자요 주님으로서 인간의 고유한 존재를 그의 피조물로서 만드셨고 그의 통치 가운데 인간의 명예를 만드셨다는 것을 간과할 수도 있다. 그들은 자신에게 하나님의 명예를 줄 수 있다. 그들은 하나님에게는 무시할 수 있을 정도의 적은 영광을 돌릴 수 있다. 그런데 바로 이같은 잘못된 것이 인간의 고유한 망상에서 나오고 있다: 그는—그 스스로 자신의 하나님을 생각하려고 하지 않으면서—자신의 명예와, 자신의 '선'을 지키려고 할 수도 있다. 사실은 이것이 단지 그에게 비친 하나님의 영광의 반영일 뿐인데도 말이다; 그는 자신의 명예를 알리고 그에 따라서 말로 할 수 없는 영예를 그 자신을 위해서 요구할 수도 있다. 그러나 이 모든 것은 단지 그가 인간으로서 하나님에게서부터 주어진 명예를 덮어버리고 어둡게 만드는 것이라는 것이 분명하다.

그럼에도 덮어버리는 것과 어둡게 만드는 것, 이상의 것에 대하여 말해서는 안 될 것이다. 비록 그가 자신의 전체 상황에서 스스로 하나님을 생각하지 않으며, 비록 그 명백한 것을 무시하고, 잊어버리고, 잘못 알고, 인간으로서 자신의 명예를 잘못 행한다고 할지라도, 인간은 결코 인간되기를 멈출 수는 없는 것이기에, 그에게 주어진 이러한 그의 명예는, 단지 그 스스로 때문이 아니라, 오로지 그에게 비친 하나님의 명예의 반사로서 주어진 것으로서, 결코 사라지지 않는 것이다. 이 명예는 그의 인간적 실존의 지울 수 없는 특징(character indelebilis)에 속하는 것이다. 이것은 하나님으로부터 무시되지 않으며, 잊혀 지지 않으며, 잘못 알려지지 않는다: 이것은 또한 인간이 스스로 무시하든지, 아니면 다른 사람이 무시하든지 간에 없어지지 않으며, 역시 인간이 한 사람을 우상으로 만들어 높이든지, 스스로를 그러한 존재로 높일 수 있다고 믿든 간에 그 명예가 오용되는 곳에서도 없어지지 않는다. 인간이 하나님의 손으로부터 나와서 그의 손 안에 있다는 것 바로 그것이—적게도 말고 그러나 그것보다 더도 말고—전에도 있었고, 지금도 있고 앞으로도 있을 것이기에 그가 하나님 안에 있었고, 있으며, 있을 것이라는 사실이 바로 그의 명예이며, 모든 사람에게 특별한 명예로서, 인간이 많게나 적게 만들 수 없는 것으로서, 아무것도 인간이 변하게 만들지 못하는 것이고, 그리하여 인간이 확실하게 버리거나 잊어버릴 수 없는 것이고, 자기나 혹 다른 사람이 빼앗을 수 없는 것으로서, 그가 스스로 만들거나 유지시킬 수 없는 것이다. 그는 이 명예에 대하여 죄를 지을 수 있으며 사실적으로 그는 그렇게 죄를 짓는다: 이러한 모습이든지 저러한 모습이든지 모든 인간은 바로 자신의 고유한 명예에 죄를 짓는 것이다; 하나의 형태이든지 혹은 다른 형태이든지 우리 모두는 이러한 의미에서 역시 서로에게 죄를 짓고 있는 것이다. 그러나 이러한 죄의 필요충분조건(conditio sine qua non)은 모든 사람이 갖고 있는 이 명예가 하나님에 의해서 그리고 바로 그러한 한 가지 이유 때문에 유지되고 있다는 사실에 기인한다. 인간은 무신론자가 될 수 있다. 그러나 하나님은—이것이 결정적인 것인데—결코 인간 없이 계시지 않는다. 그는 언제나 인간의 창조자요 주님이시고 그렇게 계신 것이다. 그리고 오로지 그가 인간 없이 계시지 않기 때문에, 그렇기 때문에 인간의 무신론적인 것은 단지—물론 두렵고 그 결과가 무거운 것이지만—인간적인 공상일 뿐이다. 존재론적으로 무신론적인 것은 없다: 광포한 무신론자라 할지라도 이러한 것은 이론적으로도 실천적으로도 이룰 수가 없었다. 이렇게 모든 인간과 하나님을 묶어주는 존재론적 연합은 바로 하나님께서 인간에게—이론적이고 실천적인 무신론자들에게도 역시—하나님이 인간의 창조자이며 주님이시며, 이제 인간은 인간적 측면에서 선하든지 악하든지 하나님의 피조물이고 앞으로도 그럴 것이라는 사실과 함께 나타내시는 명예인 것이다.

하나님께서 인간에게 하나님의 계명을 주시고 그리고 그에게 인간의 고유한 명예를 알리심으로써, 하나님은 이 그의 명예로 되돌아오시고 다시금 붙잡으시는 것이다.

여기서 주어진 명예가 인간들의 방식으로가 아닌 참다운 명예이기에, 이 주어진 명예로 인한 저 인간의 명예를 비본래적인 어떤 것으로 이해해서는 안 된다: 모든 명예는 하나님으로부터 오는 것이고 하나님 앞에 있는 것이기 때문에, 오히려 그것 역시 참다운 명예인 것이다. 이 명예가 인간에게 그 자신으로 말미암은 고유한 것으로 증명되어진 것이 아니기 때문에 이것을 비본래적인 어떤 것으로 이해해서는 안 된다: 이 명예가 인간의 고유한 명예로서 여겨질 수 있는 것은 다음을 의미하는데, 즉 저 명예는 그에게 단지 하나님에 의해 그에게 약속되어진 것으로서, 창조주의 말씀과 함께 그 안에서만 저 명예이고, 그의 자비의 말씀과 함께 그 안에서만 이 명예로서 그 자신의 것이 된다는 것이다. 그래서 또한 이제 우리가 그의 자비의 말씀을 중시하고 그를 섬기는 봉사로의 부름을 통한 인간의 높임을 중시하고자 할 때, 저 명예는 바로 단지 하나님께서 되돌아오시고 다시금 붙잡으실 것이라는 전제이기 때문에, 저 명예는 비본래적인 것으로서도 이해될 수 있는 것이다. 이런 맥락에서 이 명예와 저 명예의 차이는 본래적인 것이다. 왜냐하면 이 명예는 의미이고 목적이기 때문이며, 다음과 같은 사실에서 저 명예에서 보인 것이기 때문이다. 즉, 이 명예는 궁극적인 것으로, 영원한 영광이며, 단지 그의 감추어짐이 찢어져 분명하게 나타날 것만을 요청하기 때문이다. 이것은 저 명예에서 말할 수 있는 것이 아닌 것이다. 이는 최후적인 것을 의미하고, 선포하고, 깨우는 것으로서 겨우 임시적인 것이다. 이것은 매번의 내용을 기다리는 형식인 것이다. 이 내용들이 은혜의 계약의 주인으로서 하나님의 행위와 연관된 하나님의 사역의 내적인 영역에 속하는 것인 반면에 이것은 하나님의 사역의 외적인 영역으로서 창조적이고 주님으로서의 사역에 속한 것이다. 이것은 이 내용들의 본래성과 비교하여 볼 때 그의 비본래성으로도 결코 비실재가 아니고, 또한 결코 덜 중요한 것이 아니다. 이것은 창조적 공간으로서, 이 내용들에 필요불가결한 것이다. 이것은 마치 피조물 자체의 명예를 위해서는 하나님의 말씀과 행위에 의해서 그에 따르는 명예로 채워져야 하는 것이 필수적인 것과 마찬가지인 것이다.

나의 관점에서, 비록 명확하게 표현한 적은 드물지만, 신학적 윤리에 있어서 중요한 것은 (1) 인간의 명예를 두 가지 측면에서 말하되—하나님에 의해서 피조된 인간으로서의 명예와 그를 부르시는 것을 통해서 허락된 하나님의 봉사로 인해 주어지는 명예—하나님께서 명예를 인간에게 약속하셨고, 선사하신다는 전망 안에서 말해야만 하고, 단지 그렇게 말할 수밖에 없다는 것이다. 이 명예는 결코 그 자신에게 내재된 속성이 아닌 것이다! 이것은 다음과 같은 결과를 나타내게 된다. 이 명예의 개념에 대한 그 중요성을 모른 채 순전히 인간적으로 보면서 신학적으로는 조금 아니면 전혀 의미 있게 보지 않음으로써 잠정적이거나 피상적으로 설명하든지, (본회퍼에게서 조차도 발견되는 것처럼) 아예 설명을 하지 않을 수도 있고, 아니면 (그 자체로 매우 근본적인 특별한 연구로서 F. Kattenbusch의 *Ehren und Ehre*, 1909) 일반 심리학과 사회학으로부터, 비록 신학적 의미는 분명하게 알려지지 않았지만, 명예의 중요성을 발전적으로 설명할 수도 있다. 만일 인간이 하나님 앞에서 아무런 명예가 없다면—소위 하나님으로부터 이중적 의미에서 받게 되는 명예를 지칭한다.—신학적 윤리라는 것을 연구하는 것은 물론 더욱 좋은 것이지만, 사실은 신학적 윤리를 생각하지 않을 수도 있는 것이다. 그러나 만일 하나님 앞에서 하나님 때문에 명예가 주어진다면, 명예는 신학적 윤리의 빛으로—이 이중적 맥락에 있는 것으로서만 분명하게—밝혀져야 하는 것이다.

그러나 (2) 신학적 윤리가 분명히 밝혀지기까지는 다음과 같은 이유로 인해서 지체되기도 하는 것이다. 즉, 신학적 과제가 이중적인 것으로, 하나님의 피조물인 그러한 존재로서 인간의 명예에 대하여 말할 수도 있고, 아니면 하나님께서 그의 피조물에게 향하시되, 하나님께서 그를 자신을 위한 봉사로 부르시면서 그에게 주어진 명예에 대하여 말할 수도 있는 것이다. 그리하여 인간은 이 양자를 아마도 하나의 지평에서 보고 서로를 혼합하게도 된다. 그 결과는 인간은 (구원론적-교회론적 동기들을 특징적으로 과대하게 강조하면서) 인간에게 그리고 그런 사람에게 일반적으로 주어지는 명예로서, 근대에는 "인간의 존엄성"이라고 명명되어진 것을, 솔직하게 받아들일 수 있는 용기가 부족하든지,—아니면 (이러한 동기를 과대하게 강조하면서) 신적인 부름의 특별한 명예를 거의 말하지 않거나 아니면 마치 일반적인 인간적 개념으로서 '명예'의 특별화에 대하여 말하는 것인양 전혀 신학적으로 말하지 않는 것이다. 신학적 윤리는 하나님에 의해서 창조되어진 명예와 하나님에 의해서 부름 받은 인간의 명예를 각자의 방식에서 신중하게 받아들이는 것이다. 그리하여 신학적 윤리는 명예를 서로 섞이지 않으면서도 동시에 서로 분리되지 않도록 하며, 먼저 그들의 차이를 밝히고 그 안에서 양자의 상관적 관계를 이해하려는 것이다.

만일 우리가 논한 개념들의 기능들에 대하여 성서적 차원에서 묻고자 한다면, 매우 당혹하게 될 수도 있다. 왜냐하면 인간의 명예에 대하여 성서에서는 하나의 의미뿐 아니라 또 다른 의미에서도 논하면서 비교적으로 한 가지 입장에서 분명하게 말하는 것이 드물기 때문이다. 그래서 우리는 다시금 그러한 경우가 이루어지는 자리들로 되돌아오게 되는 것이다. 영광(kabod)이나 영광(δόξα)은 일반적인 규례로 볼 때 가격(가치, τιμή)이나 고유한 이름(ὄνομα)으로 나타나기도 한다.—인간의 모든 명예는 두루 비추는 것으로서 설명될 수 있다: 명예라는 것은 떠오르는 태양의 빛과 같아서 별의 빛을 감추는 것이고—빛의 광채, 영광, 명예, 그 이름, 그 명예, 하나님(신약에서는 예수 그리스도의 하나님을 의미한다.)에게 고유한 것으로 인간이 그에게 돌려드리는 것, 그에게 "드려진 것"이다. 그는 그의 인격과 그의 본질과 사역에서 가치와 존엄성을 가진 분이고, 뛰어난 것으로, 인정을 요구할 수 있는 권리가 있는 상태로서 계시며, 그만이 홀로 그러하시다.(soli Deo gloria!) 이를 위한 단일한 증거는 실질적으로 매우 넘쳐난다. 그럼에도 만일 다음의 사실을 부정하려고 한다면, 나무들 앞에서 숲을 보지 못한다고 말하는 것과 같다. 즉, 구약과 신약 전체에서 볼 때 하나님의 빛의 광채는, 곡식의 양을 재는 되 밑에 있지 않으며, 오히려 등경 위에 있는 것처럼, 다양하게 구분된 창조의 복잡한 현실을 밖에서 비추기도 하며, 안에서 비추기도 하는 것이다. 그리하여 이 현실을—그 안에서 그러나 결정적으로는 전체를 위한 대표로서 바로 인간을 의미한다.—그의 피조물로서 밝히기도 하며 (이것이 바로 인간의 명예를 나타내는 처음의 것으로서, 인간 존엄성의 근거이다.) 또한 그의 계약의 동료로서 밝히 드러내는 것이다(이것은 인간의 명예에 있어서 두 번째로서, 고유한 의미에서, 그의 부르심의 명예의 근거이다.).

성경에서 물론 이것은 두말할 필요 없이 분명하다: 모든 것을 근본적으로 충만 가운데 가지고 계신 하나님께서, 오로지 인간에게 향하시는 창조와 예지의 일반적인 은혜의 형태 안에서 그리고 자신에 의해서 결정되고 이끌어지는 변화의 새로움과, 해방 그리고 인간의 높임의 특별한 은혜의 형식 안에서 인간에게 이루시는 하나님 앞에서 그리고 하나님으로부터 주어지는 인간을 인정하는 하나의 명예, 그리고 하나의 가치, 하나의 존귀, 뛰어남, 의미, 중요성, 근거가 있는 것이다. 그렇기에 이것은 아주 분명하다. 즉, 성서적 의미에서 볼 때, 만일 인간의 명예와 연관 가운데 있는 하나님의 말씀과 행동에 대하여 함께 생각하지 않는다면, 인간의 명예에 대하여 한순간도 말할 수 없다는 것이다.

그러나 인간이, 전 성서의 주제이며 내용이기도 한, 하나님의 말씀과 행위와 인간과의 관계를 생각한다면, 다음의 사실을 서슴없이 확증 짓게 된다: 여기 인간에게 사실적으로 표현할 수 없이 높은 명예를 주셨다는 것은, 바로 오로지 이 명예에 혼자만이 근원적으로 그리고 본질적으로 합당하신 분께서, 인간에게 향하신 것이라는 점이다: 자신의 피조물인 인간을 자신의 계약의 상대자로 보고 정하셨으며, 그리고 자신의 계약의 상대자로 하나님께서 바로 이 피조물을 선택하시고 부르시고자 하신 것이다. 인간의 모든 명예는 하나님의 것이고 하나님의 것으로 머무는 것이다. 그러나 바로 이 하나님께서 인간이 바로 이 명예에 참여할 수 있도록 허락하신 것이다: 이 참여가 그치는 일이 단 한순간도 없도록 하는 것이 하나님의 은혜이다, 그러나 역시 하나님께서 그 자신의 은혜 가운데 이 명예를 인간에게 부인하는 경우가 한순간도 없다는 것이다. 하나님께서는 그의 명예가 창조자요 계약의 주님으로서 밝혀지도록 하시는 것으로서, 즉 비추고 밝히 드러내며 그러나 결국 환하게 인간에게 비추도록 만드시는 것 이외의 다른 방식으로 하나님이 되고자 하지 않으시며, 이러한 하나님이 되시고자 하는 것 이외에 자신의 고유한 명예를 갖고자 하지 않으시는 것이다. 하나님에 의한 이러한 밝아짐이 인간의 명예인 것이다.

그리고 예수 그리스도는 바로 이러한 밝음의 사건이시고, 이중적인 면에 따라서 그 밝음의 확증이신 것이다. 여기서 볼 때 필수적으로 전체 성서적 증언의 중심을 이루시는 예수 그리스도 안에서 그 두 가지 방향이 나누어지는 것이다.

이미 하나님의 피조물로서 그리고 그 세상의 통치의 대상으로서 인간의 명예가 얼마나 높은 것인가 하는 것은 세상적으로 생각할 수 없는 것이 발생하였다는 점에서 분명해지는 것이다: 하나님 자신이 예수 그리스도 안에서 인간이 되신 것이다.—완전히 제한된 인간이 되심으로써, 다른 모든 각각의 사람들과 똑같은 인간이 되신 것이다. 그가 온전히 그 자신의 제한 가운데 있는 인간 각자의 위치에 계시는 것을 표현하기 적합한 잃어버릴 수 없고 잃을 수 없는 말이 무엇인지 이것을 찾지 못하는 것이 차라리 사실적으로 의미 있는 것이 아닐까? 지금 성서의 증언에 따라서 여기서 경험될 수 있는 이 근거 외에 인간 그 자신에게 주어지는 가치에 대한 모든 인간적 칭송은 도대체 무엇인가? 바로 이 근거를 통해서 볼 때, 인간의 가치를 어떻게 무시하고 잊어버리며, 부정할 수 있겠는가, 그리고 이 "인간의 존엄성"이 어떻게 가장 불쌍한 사람에게라도 무시될 수 있겠는가? 하나님의 명예 자체는 십자가에 매달린 가장 불쌍한 인간에게서 나타난 것이 아닌가!

그리고 인간의 명예가 하나님의 부르심의 근거에 따른 명예로서, 그 자신의 본래의 형태를, 세상적으로 얼마나 높은 것인가 하는 것은 전혀 생각할 수 없는 사건이 일어났다는 것을 통해서 확실해진다: 인간이 그 자신의 완전한 제한 가운데 다른 모든 사람과 똑같은 한 사람으로서 예수 그리스도 안에서, 그와 함께 하나님의 봉사 가운데서 세워지고, 또한 하나님으로부터 부름 받은 자로서 하나님의 방식 안에서 실존하게 되는 것이다. 그리하여 그는 시간 안에서 하나님의 영원성과 그의 영광을, 그리고 자신의 형제들과 죄인들과, 하나님을 망각한 중에서 그의 진리를, 인간의 의심과 불손에 대항하여 하나님의 자비를, 피조물의 무능 가운데 그의 전능을 나타내는 것이다. 하나님에 의해서 부름을 받은 인간의 명예가 무엇을 의미하는지 표현할 수 있는 적절한 말이 무엇인지 충분하지 않다. 그러나 이 부름의 명예에 대하여 고백적이며 그리스도교적인 칭송이 있다: 여기 신약성서의 증언에 따라서, 예수 그리스도의 죽음으로부터의 부활 가운데, 그리스도로 높임을 받은 그의 모습 안에서 나타난 이 근거 외의 명예란 무엇인가? 그리고 다시금: 만일 이 처음과 근원적인 하나님의 부르심의 당사자로서의 전망에서 그리고 예수를 회고하면서 예수로 인해서 예수와 함께 부름을 받은 다른 사람들에 대하여 말하고자 한다면, 무엇으로 이러한 명예에 대하여 충분히 말을 할 수 있겠는가? 그리고: 예수 그리스도 안에서 이 두 가지가 하나가 되기에, 명예는 그 완전한 구분 가운데서 분리될 수 없이 함께 속하여, 하나인 것이다: 피조된 인간의 명예와 하나님의 부르심을 받은 인간의 명예는, 우리에게 동기가 되어, 그의 구분 가운데서 양쪽을 다 보게 하면서, 또한 양쪽을 종합적으로 보게 하는 것이다. 이처럼 신학적 윤리는, 인간적인 명예의 개념에 대하여 모든 필수적인 구분을 해야 하지만, 또한 모든 규정된 것들을 명예를 향해서 이끌어 나가는 동기를 갖게 되는 것이다: 바로 그 자신의 제한 가운데 있는 인간의 자유를 결정적으로 나타내는 말을 하는 것이다. 그리고 인간은 그가 그 자신의 제한 가운데 그에게 하나님으로부터 지시된 명예를 마음에 취함으로써 자유로운 것이다.

이제 우리는 윤리의 몇 개의 기준을 열거하며 그것이 실천적으로 무엇을 의미하는지 명확히 하기 전에, 특별히 하나님의 부름과 계명 아래 주어진 명예에 맞서 상대적으로 서 있는 것이 무엇인가에 대하여 몇 마디 첨가하여 보충해야 할 말들이 있다: 이것은 구체적으로 피조물로서 인간의 낮아진 명예를 이해하고자 하는 것이다.

이 명예는 의심할 여지 없이 바로 제한 가운데 있는 그의 존재와 가장 긴밀하게 관계되어 있는 것이다. 명예는 표창이다. 명예는 특수하고, 특별하며 그리고 선별적인 인정을 구하는 정당한 요구인 것이다. 그리하여 명예는 집단적으로 소유할 수 있는 것이 아니다. 또한 그 명예는 일반적이 될 수도 없고 모든 사람에게 동일한 그런 것일 수도 없다. 만일 이 개념이 공허한 것이 아니려면, 이 개념으로 나타내는 것은 구체적인 존재의 명예로서 그리하여 각 한 사람의 명예이어야 한다: 이러한 명예의 가치와 평가는 모든 사람에게 해당되지만 그에게 바로 이 사람으로서 해당되지, 그에게 단지 인간이란 종(種)적 보편성의 보기로서 해당되는 것이 아닌 것으로, 오히려 직접적이고 인격적으로 그에게, 바로 단지 그에게만 해당되는 것이다. 이제 우리는 확실히 알게 되는 것이다: 명예와 그 평가는 하나님으로부터 오는 것이다. 이것은 다음의 방식과 함께 오는 것인데, 하나님은 그의 창조자요 주로서 계신다는 사실과 함께 인간에게 다가오는 것이요, 또한 인간은 그의 피조물로서, 하나님 앞에 서 있지만, 하나님을 그의 예절과 불손 가운데, 그리고 그의 교만 아니면 의심 가운데 생각하고, 그의 동료 인간의 면으로부터 자신을 높이거나 혹 무시하는 가운데 알아가고 끊임없이 눈앞에 두고 파악하려고 한다는 것이다. 그의 명예 안에서 그는 자신의 부름에 대하여, 하나님의 계명에 대하여 상응할 수 있도록 허락을 받은 것이다. 인간은 진실로 "명예 안에" 행동할 수 있도록 허락을 받은 것이다. 그리고 인간은 그가 "명예 안에서" 행동해야 한다는 것 위에서 하나님을 바라보아야 하고, 하나님과 상응할 수 있도록 처신해야 하는 것이다. 예수 그리스도 역시 그를 위해서, 그의 모든 불명예를 덮기 위하여 죽으신 것이다. 그는 성서로부터 다음의 사실을 알 수 있는데, 하나님께서는 성서에 기록된 구원의 사건 안에서, 그의 은혜로운 말씀과 행위 안에서 언제나 바로 그러한 사람들과 피조물들을 마치 자기에게 하듯이 관계하셨다는 것이고, 그는 거기서 이름이 알려졌거나 아니면 알려지지 못한 사람들과 함께 계시다는 것이다. 그러나 그가 이 그들 안에 있는 것이 아니고, 오히려 그는 그들 안에 서 있다는 것을 알 수 있으실 뿐 아니라 그 스스로 그들을 만드신 것이다. 바로 그는 자기의 이 유일한 생명의 제한된 기회 가운데서도 그리고 그의 제한된 직업에서도, 그는 바로 이런 분으로 계신 것이다! 그는 제한 가운데 있는 그 사람, 한계를 가진 바로 그에게 하나님께서 그의 창조주요 주가 되시는 명예를 보이신다. 그는 전 우주의, 모든 시간과 공간의 모든 인간의 주요 창조자이신 것이다. 그러나 하나님에게 인격적이고 직접적으로 연관이 된 것을 알지 못하는 한, 인간은 하나님을 그러한 존재로 알지 못한다: 그는 바로 그의 창조자이고 주님이시라는 것 — 인간이 스스로 그에 의해서 존경을 받은 자요, 그의 영광으로부터 밝혀진 것이라는 모르는 자는 하늘과 땅이 그의 영광으로 가득 차 있다는 것을 알지 못하는 것이다.

이제 사실은 다음과 같은데, 이것은 각자에게 사실적으로 인지되고 있었다. 그러나 그가 이것을 무시했거나 아니면 아마도 오랜 시간이나 다양한 관점 가운데 잊어버렸던 것이다. 아니면 그가 이미 존귀하게 되었다고 할 때에도, 그는 스스로 다른 모든 것을 언제나 다시 노력해서 얻을 수 있고 얻어야 했던 것처럼, 이 사실을 왜곡하거나 거짓되게 만들었던 것이다. 그러나 비록 그가 이것을 인식 못한 적이 있다거나, 아니면 어떻게 해서 인식하지 못했다 하였을지라도, 그리고 마치 이것이 커다란 오류 아래 있든지 아니면 최고의 거짓 가운데 있는 것처럼 되었다고 할지라도, 인간이 이미 높임을 받았다는 것을 알지 못했다면 인간은 인간이 아닌 것이다. 소위, 그는 그가 그 자신의 제한 가운데 그 자신을 위한 무엇을 지니고 있으며, 이것을 그는 그 자신의 방식으로 바로 자신의 제한 안에서 그리고 제한된 능력 안에서 유일하고 특별하게 지니고 있는 것을 알고 있다는 것이다. 그는 이러한 유일하고 특별한 것을 단지 제한된 하나의 존재로서만 지니고 있을 수 있는 것이다. 그러나 바로 이러한 것으로 인간이라는 점이 그의 것이다. 바로 그렇게 그는 존재하고 그 이외의 다른 이가 아닌 것이다. 이 점으로부터 그는 생각하고 말하며, 이 점으로부터 자신의 삶의 성취를 계획 위에서 잘못되게 혹은 옳게 세워가고, 이 점으로부터 그의 동료 인간에게 그의 권리를 주장하는 것이다. 그는 자신이 가치가 있다는 것을 알고 있다. 무엇을 근거로 그리고 어떤 권리가 있는 것인가? 바로 이 점을 심사숙고해야 하는 것인데 이 점을 언제나 놓치기 쉬우며 바로 이것 때문에 인간의 가치에 대한 모든 오해가 발생하는 것이다. 그러나 그가 가치 있다는 것은, 항상 알려져 있으며 그도 이것을 알고 있는 것이다. 그리고 그의 이 가치에 대하여 어떻게든 긍정하거나 주장하지 않는다면, 그는 인간이 될 수 없기도 한 것이다. 그는 필수적으로, 언제나 내적으로, 자신에게 자신의 가치를 확실히 하고자 하는 것에 관심을 가지게 되는 것이다. 그는 자신의 가치가 다른 이들에 의해서 인식되고 인정된다는 얼마의 분명한 표식을 확실히 인지할 수 있는 것이 그를 기쁘게 만든다는 점을 부인할 수 없는 것이다. 그는 이러한 일이 최소한 얼마만큼 발생하기를 원하는 것을 확실히 완전하게 관둘 수는 없을 것이다. 그리고 자신의 입장에서 이것저것을 행하면서 다른 사람의 눈에 이 가치를 만들어내고, 즉 그 가치를 믿게 하고, 이 가치가 그에게 속한 것으로 인정하게 만드는 것은 그에게 어려운 일이면서도, 이것을 온전하게 그만둘 수는 없게 될 것이라는 것이다. 그는 은둔자처럼 사는 인간이 아니고, 오히려 그의 동료 인간으로 산다. 그는 그의 가치에 연관해서는 가치를 위한 자신을 아는 것만이 아니라, 오히려 이 자신의 지식에 대한 확증을 위해서 그것이 사실인 것에 의지하고 있으며, 또한 자신의 가치가 역시 다른 이의 눈을 통해서 최소한 존경을 받을 만한 것이라는 사실을 의지하고 있는 것이다: 자신의 가치는 바로 그 자신의 것으로 그리고 그 가치의 제한성 안에서, 그러나 존중할 만한 것이고 무시해서는 안 되는 것으로서, 그렇게 그 스스로 가치를 인지하고 그리고 언제나 다시 인정하기를 바라는 것인데,―누가 알겠는가?―그 가치가 그 자신에게 나타나는 것보다 더욱 존경받을 만한 것일 수 있지 않겠는가! 그는 바로 이 사람으로서, 하나님의 피조물로서의 자신의 가치를 가지고 있는 것이다: 이 이름의 주체자로서, 그 아래서 그는 자신을 알고, 그 아래서 그는 다른 사람에게 언급되어지는 것이다. 그는 자신의 내적이고 외적인 '명성'을 가지고 있는 것이다. 각 사람에게 유일하고 독특한 것으로, 자기 자신 앞에서와 다른 사람 앞에서 이 자신의 가치들에 대한 그 '명성'이 바로 명예이다. 이 명예는 하나님 앞에서 하나님의 피조물로서 그리고 하나님 앞에서 사실적으로 고유한 것이다.

이제 우리는 이러한 관점에서 다루어져야 할 윤리적인 질문에 대하여 알아보고자 한다. 어떻게 명예스러운 인간의 행동이 이루어질 수 있을 것인가, 즉 인간의 행동이 어떻게 하나님께서 인간으로 하여금 그의 존재의 완전한 제한 가운데 그의 계명에 순종하도록 요구하신 것을 통해서 증명하신 바이는 명예에 상응할 수 있겠는가? 그와 함께 인간의 행동이 자신의 그러한 행동으로서, 그 안에서 인간이 그에게 이 명예를 좋아하게 되며, 명예를 받아들이고, 또 그 안에서 인간이 그의 완전한 제한 가운데 사실적으로 하나님에 의해서 그렇게 놀랍게 존경을 받는 자로서 행동할 수 있는 것인가? 인간은 이 질문을 역시 다른 면으로서, 아래로부터 다시 물을 수 있고 그래야만 한다: 인간의 행동은 어떻게 하나님께서 그의 창조자요 주로서, 그의 피조물인 인간에게 이미 주시고자 행하셨던 이 명예를 속이지 않으며, 오히려 긍정하는 의미에서 명예로운 것이 될 수 있는가? 올바르고, 순종적인 행위는 분명하게 이 두 가지 면을 포괄하는 그 자체로 다양하게 이루어질 수 있다. 그러나 서로에게 연관되어진 질문을 통합하는 곳으로서 한 점을 이루는 것이기도 한 것이다. 이 두 질문에 대하여—먼저는 상위의 것에 대한 것이고, 그러나 역시 그와 함께 하위에 대한 것으로—올바른 대답이 있다면, 이것은 올바른 것으로서, 지금 우리의 마지막 관점에서는 순종—창조주 하나님의 계명에 대한 순종—행위이다. 바로 그의 명예로움 안에서 그 순종이 세워지는 것이다. 그러나 이것은 어떤 행위이어야 하는가? 이에 대한 심판자는 오로지 하나님 한 분일 뿐이다. 그러나 우리는 인간이 모든 경우에 주의해야 하는 것으로 무엇이 명예로운 것이며 순종이 될 수 있는지에 대한 질문에 있어서 이에 대한 몇 가지 기준을 분명히 만들 수 있는 것이다.

  1. 하나님께서 인간에게 주신 명예는, 그에게 주신 구체적인 계명 안에서 계명과 함께 주신 것으로, 하나님께서 인간을 부르신 봉사의 명예이다. 하나님께서 그를 부르실 때, 우리가 보았듯이, 마치 아버지가 그의 아이를, 그 자신에게—현재적으로 실재하는 모든 은폐에도 불구하고, 그의 직접적인 환경 안에서—부르시며, 그에게 지금 하나님은 어떤 하나의 규정된, 구체적인 관점에서 그를 필요로 하시다는 것, 바로 그가 유용하다고 말씀하시는 것이다. 위와 같은 차원에서 그는 그의 짧은 생애를 헛되이 보내서는 안 된다. 그는 그의 삶의 단계들을 헛되이 보내서는 안 되며 그리고 그의 역사적 상황 안에서 헛되이 있어서도 안 되고, 이 삶과 작용의 범주 안에서 인격적인 준비를 잘 할 수 있어야 하는 것이다. 물론 이 모든 것은 제한을 의미한다. 그러나 이러한 그의 제한 안에서 측량할 수 없이 크고 중요한 무엇이 발생하는 것이다. 만약, 이것이 그가 스스로 생각해 낸 것이었다면 그리고 이를 붙잡기 위해서 최선을 다해야 했던 것이었다면, 그것은 어떤 위대한 것이 아닐 것이다. 그것은 틀림없이 작은 것일 것이다. 그러나 모든 사람을 위해서—하나님께서 그를 부르시고 계명을 주시고, 그 안에서 인간에게 놀라운 명예가 주어졌을 때—가장 위대한 것이 언급되는 것이다: 즉, 하나님께서 자신을 위해서 그를 원하신다는 것이다. 하나님께서는 인간이 그의 제한된 시간과 제한된 장소에서 그의 증인이 되기를 원하신 것이다. 하나님께서 증인이 필요한 것 자

체가 이미 충분히 특별한 것이다. 하나님께서는 그 스스로 자신에게 최고이시며, 그 스스로만이 자신의 참된 증인이 아니신가? 그가 또 다른 증인을 필요로 하시는가? 더군다나 아주 많은 다른 증인을? 그 옆에서, 자신보다 깊은 자신의 아래 천사들과 그들과 완전히 다른 이 땅위의 증인들을? 그리고 지금 더욱이 인간이 자신의 한계 가운데 있다는 것으로 예상될 수 있을 것 같은 그렇게 염려스러운 증인을? 그러나 하나님은 그를 사실적으로 필요로 하셨다. 이것은 확실히 과잉인 것이다. 그러나 바로 이것은 하나님께서 인간을, 자신의 증인을 요구하시고자 하셨던 그의 은혜의 과잉인 것이다: 하나님은 실질적으로는 인간을 필요로 하시지 않으셨을 것이지만, 바로 이 은혜 안에서, 바로 이 자유 안에서, 바로 이 그의 필요 안에서, 하나님께서는 그를 실질적이고 심각하게 원하신 것이다. 이 가운데 인간의 명예의 실체가 있는 것이다: 하나님께서 인간을 원하신다는 것이다. 하나님께서는 만일 제한 가운데 있는 인간이 하나님에게 자신의 증언의 봉사를 이루지 않는다면, 그분도 하나님이시기를 원하지 않으신다. 그렇게 하나님께서는 자신을 위해서 인간을 원하시는 것이다. 바로 그렇기 때문에 모든 사람에게는, 하나님께서 부르시고 계명을 주신 것으로, 이제 또한 하나님이 주신 가장 위대한 것을 중요시 여겨야 하는 것이고, 그 옆에 있는 자기의 삶에서 자신의 생각과 소원들이 이루어지길 원하는 모든 것은, 단지 작은 것이 되어야 하는 것이다. 그리고 이러한 맥락에서 확실히 이 증거의 봉사는, 이 사태에서 마땅히 발생해야만 하는 것의 기준에서 측정한다면, 분명히 언제나 하나의 작은 것, 바로 가장 작은 것이 될 것이다: 하나님의 영광을 매우 단축하는 어떤 찬양이든지, 아니면 짧고 절실한 한숨의 기도라든지, 아니면 자신의 이웃을 향한 축소된 도움이라든지, 아니면 그의 매일의 삶의 현장에서 중요하지 않은 일들 가운데 이루어진 조그만 증명으로서, 단지 하나의 조그만 순간의 겸손이나 진실함 아니면 용기이든지, 아니면 시대가 어려워지거나 자신의 삶의 위협 가운데 조그만 하나의 신뢰일 수 있는 것이다. 인간적으로 보아서 인간이 이 사태에서 할 수 있는 가장 위대한 일이 어떻게 그것과 비교했을 때 가장 작은 것이 되지 않을 수 있는가? 만일 그렇지 않기를 원한다면, 각자에게 있어서 더도 말고 덜도 말고 지금 바로 여기서, 그리고 바로 하나님에게 하나님의 계명에 의해서 요구되어진 존재가 되는 것이 중요하다! 그렇다면 그는 바로 그러한 자로서 가장 위대한 자인 것이다: 자기 자신이나 모든 사람이 서로 모여 생각해낼 수 있었던 것보다 더욱 위대한 것이다. 바로 하나님께서 자신의 증인의 봉사를, 자신이 원하시는 방식으로 보시고, 그에게 요구하실 때, 하나님께서는 그에게 저 놀라운 명예를 주시는 것이다. 바로 하나님께서 인간을 자신을 위해서 갖고자 하실 때, 그는 인간을 원하신 것이며, 그를 필요로 하신 것이다: 자기 아이의 아버지로서. 이러한 이루 말할 수 없이 커다란 과정과 함께 그 외에 하나님께서 그에게 주시고자 하는 명예에 모자란 것은 없는 것이다. 하나님께서 이렇게 각각 주어진 단계를 이루실 때, 하나님은 마치 화려한 예복을 입히는 것과 같이 그에게 덧입

히신 것이다: 인간의 선한 의지 때문이 아니고, 인간이 그것을 행했기 때문도 아니며, 인간의 성취 때문도 아니고, 인간이 여러 가지 상황 가운데도 완전히 침착한 태도를 취했기 때문도 아니라, 오로지 그것이 인간에게 제공되었기 때문이며, 그리하여 그가 하나님의 봉사자가 되었기 때문이다. 이렇게 제공 되어진 봉사 안에 행위는 명예로운 것이고, 그리하여 순종의 행위가 되는 것이다.

다음을 잘 보아야 한다: 하나님께서 그의 창조자요 주가 되시고 그는 그의 피조물이라는 사실과 함께 인간에게 주어져 그의 고유한 것이 된 이 명예는 이제 바로 그 인간 안에서 유지된다는 점이다. 그렇다면 이 명예는 하나님의 계명으로 인간에게 이루어지고, 그의 봉사의 자리에 세워진 것으로 체험되어지는 존경을 통하여, 빛 가운데 나타나고, 어느 정도 현실적으로 나타나는 방식 외에 다른 어떤 방식으로 유지되겠는가? 그렇다면 그는 자신의 이 피조적인 명예에 대하여 본래적으로 무엇을 알 수 있겠는가? 그가 이 명예를 가지고 있다는 것은 모든 사람이 어느 정도 현명하다거나 우둔할지라도 어느 정도 확실하게 인지하고 있다: 그는 이 명예를 자기 스스로 최고의 능력을 따라서 지키려고 하면서, 다른 사람들이 이 명예를 어떻게든지 어느 정도 인정하고 있으며 또한 이것을 자신에게서 빼앗으려고 하지 않는다는 것을 전제로 사람들과의 연관성 가운데 지내고 있는 것이다. 그러나 그는 우둔함이 아니라 현명함 가운데, 그가 가지고 있는 것을 인지해야 하며, 그것이 얼마나 중요한 것인가를 깨달아야 한다. 그는 지금 그가 유지하고 있는 것이 무엇인지, 그리고 지금 그가 다른 사람들에게 맞서서 자신의 명예라고 주장하고자 하는 것이 무엇인지 분명하게 알아야 한다. 근본적으로 죄인인 사람들은 자신의 명예를 지나치게 높게 평가하거나 혹은 거꾸로 지나치게 낮게 평가하는 실수를 자주 경험하는 것밖에 없지 않은가! 그리고 그가 하나님의 계명을 듣지 못하는 한 그리고 자신에게 적용시키지 못하는 한, 그는 분명히 실수에 빠지게 되는데, 자신의 명예를 위한 그의 내적이고 외적인 전체적인 노력은 분명히 자신이 규칙을 알지 못하는 놀이를 하는 것과 같은 것으로서, 그것으로 말미암아 그는—양심에 대하여는 이미 말할 것도 없고—그 자신과 다른 이들 앞에서 자신을 웃음거리로 만들 수도 있는 것이다. 그는 자신의 명예가 진리에 있어서 그를 창조하시고 자신의 지혜와 선함으로 이 시간까지 다스리시고 보호하시고 인도하시는 하나님으로부터 와서 하나님 앞에 있다는 것을 알아야만 하는 것이다. 그리하여 이러한 사실을 위해서 그는 하나님을 고백해야만 하는 것이다. 그리고 만일 하나님께서 그에게 자신을 알리시지 않았다면, 하나님께서 그렇게 하셨음에도 인간이 그를 거부하고 문을 닫았다면 어떻게 그가 하나님을 알 수 있겠는가? 그것은 말씀과, 부름 그리고 하나님의 계명이 필요한 것임을 가르친다. 그리하여 인간이 그의 창조자이시며 주님을 아는 것과 함께 이로써 자신이 그의 피조물이라는 것을 알면서 그와 함께 자신의 피조적인 명예를 발견하게 되는 것이다. 이리하여 자신의 하나님으로부터 주어진 처음 명예가 유지된다는 것을 아는 것이 필요하고 그와 함께, 하나님께서 그를 창조하셨고 이제까지 인도하시고 오늘까지 왔다는 특별한 생각을 하는 것과 함께, 하나님의 말씀과 계명으로, 하나님께서 처음 명예를 없는 것처럼 하시지 않고, 오히려 이 명예를 취하시면서 이루시고 계시다는 저 두 번째 하나님의 조명이 필요한 것이다. 인간은 처음 명예를 통해서 존경을 받은 자요 그리고 그에 상응한 자로서, 증인의 봉사의 어떤 형태로 부름을 받은 것이며, 안에서 하나님은 그를 필요로 하시고, 그를 원하셨으며, 그리하여 인간이 이 봉사에 활동적이 되었을 때, 단번에 그의 피조적인 명예가 빛 가운데 드러나며, 인간은 이 명예 안에서 새롭게 이 명예를 진실로 아시는 하나님으로부터 자신이 인식된 것을 발견하게 된다. 왜냐하면 이 명예는 하나님으로부터 왔으며, 그리고 하나님은 스스로 이 명예를 진실로 인식할 수 있기 때문이다.

그리고 이제 인간의 명예가 외부를 향해 인정된다는 것은, 자신들의 인식 안에서 그리고 다른 이의 판단 안에서 알려지는 것을 의미한다: 인간이 누구이고 무엇이 그의 가치이고 그것이 무엇을 의미하는가 하는 것은 이 인간이, 하나님으로부터 부름을 받고, 부름 안에서 하나님께서 그에게 지시하신 봉사에 활동적일 때, 비로소 잠재적이었던 것이 명백하게 높여지며, 그리고 그 인간 자신의 진리 가운데 밝히 드러나게 되는 것이다. 그의 명예는 확실히 다른 사람들에게 무시될 수 있다: 그렇다면, 그가 하나님의 증인으로서 행동할 때, 어떻게 그가 증인으로서 모든 사람에게 경청되어지고 그와 함께 또한 피조적인 명예 안에서 증인으로 인식될 수 있을까? 그의 명예가 인식되어지는 것은 우선 분명하게 그의 봉사를 성취하는 맥락에서만 이루어지는 것이다. 인간의 명예와 연관해서, 위나 아래 상관할 것 없이 그의 동료로부터 오해받고, 알려지지 않을 수 있는 수많은 가능성들이 있다고 사람들은 그 명예가 없는 사람이나 장소에서 찾으려하거나, 그들 옆에 실제로 존재하고 있는 곳에서는 오히려 간과하거나 잘못 이해할 수 있는 것이다. 그리고 또 만일 인간이 하나님의 계명으로 부름을 받았으며, 그에게 주어진 기능 안에서 하나님의 어떤 계명을 지키기 위한 저 작은 움직임들과, 업무들과 말들을 배우지 못하였을 경우, 아니면 그의 기능을 파악하기 위한 눈이 ─이 그의 최상을 위한─ 아직 열려져 있지 않다면, 이러한 거짓된 기만은 아마도 객관적으로 간단하게 피할 수 있는 것이 아니다. 중요한 것은 봉사 가운데 두 인간이 서로서로 배워가고 존경하게 된다는 것이다: 사람들은 서로를 맹목적으로 관찰하는 것이나, 맹목적으로 서로에 대하여 숙고하는 것만도 아니며, 혹 사람들끼리, 그들 서로가 서로를 완전히 이해한다거나 아니면 더욱이 그들의 우정이 대단한 것처럼 살지도 않으며, 그냥 어떤 게으름이나 임의성, 혹은 어떤 자신만의 고유한 의미로 살든지 교만하게 대하면서 살아가는 것이다. 만일 모든 것이 이렇게 되는 한, 그 둘은 분명히 자신들끼리 서로 비하하거나 혹 과장되게 높이며, 그 둘이 지니는 참된 명예를 오해할 수밖에 없다: 이미 그렇기 때문에, 각자 한 사람은 역시 자신의 고유한 명예에 대하여 오해할 수밖에 없다. 아무런 의미 없는 동료이거나 같은 동류들은 그들의 고유한 명예와 그 다른 사람의 명예를 올바르게 평가할 수 없다. 두 사람의 명예는 그 둘이 일치하게 — 자기만의 어떤 것으로서 잠정적이고 비본래적인 것들만을 위하거나 주장하지 않고, 오히려 둘 다 하나님께서 그들에게 의탁하신 봉사를 주장할 때, 그 두 사람의 명예는 실현되고 그들은 서로 상대방을 밝히는 것이 될 것이다. 이렇게 될 때 그는 혼자서도 진정한 자기 존중의 학교가 되는 것이고 그리고 상대방을 존중하는 자가 되는 것이다. 그는 사실적으로 이러한 사람인 것이다.

이 사태에서 우리가 관여해야 할 첫 번째 기준은 위에서 이미 설정되었다. 만일 명예나 우리의 행위의 순종에 대한 것이라면 우리는 이제 우리의 봉사에 대하여 물어야 하고 그 봉사란 "우리에게 주어진 존재의 한계 안에서 하나님의 증인으로서 그분의 의지를 충만하게 채워야 할 기능"이라고 할 수 있다. 그 안에서 인간은, 하나님께서 인간을 자신에게 부르시고 자신 옆에 있게 하고자 하시면서 하나님께서 그에게 허락하신 그 명예에 상응하는 존재가 된다. 그리고 그 봉사 안에서 이제 그가 본래 누구인가가 나타나게 되고 어떤 명예를 창조주 하나님께서 그에게 허락하시고 주셨는지를 보여주시는 것이다. 오직 이 봉사 안에서 그렇게 된다! 이 봉사의 성격이 빠져버린 모든 인간의 행동들은 사실 더 이상 그리고 앞으로도 명예스러운 것이 되지 못하는 것이다. 이는 매우 위험한 우유부단과 무책임성, 그리고 근본적인 도덕적 중립(adiaphorons)에서 발생하는 것이다. 이런 일이 발생할 수 있는바 우리 모두는 그런 중립적 행동 속으로 끊임없이 이끌려 간다. 하지만 이런 것은 우리 모두를 근본적으로 뒤집어 놓을 수 있는 "이 모든 것의 목적은 무엇인가?"라는 그런 질문하에서 일어나는 것이다. 이 질문은 그것 없이는 우리가 사람이 될 수 없고 타자와 대면해서 우리 자신에 대하여 확신할 수 없게 되는 그런 명예에 대한 것이다. 만일 이 모든 것이 그의 명예와 상관이 없는 것이며 단지 그가 그렇게 행동을 하고 싶은 것이기만 하다면 이 모든 것은 무엇을 목적으로 하는가? 그리고 이것이 만일 불명예스러운 것이라면 그것이 무슨 대수이겠는가?

우리는 지금 이 질문을 피하기 위한 두 가지 시도를 생각할 수 있다. 첫 번째는 이 문제를 흐릿하게 만들려는 어떤 환상 같은 길로 가게 될 것이며 이는 실패하도록 이미 규정되어 있다. 두 번째는 이미 하나님의 계명을 거부하도록 작정한 것으로 이는 진실한 행동이라고 할 수 없을 것이다.

이 질문에 직면해서 사람들은 그것 없이는 인간으로 존재할 수 없는 그 명예를 다른 방식으로 확보할 수 있다고 생각하면서, 다른 가치나 비봉사적인 활동과 태도를 통해 해결될 수 있다고 스스로 생각하고자 하는 것이다. 혹시 그 이전에 있었던 봉사나 선한 행동의 크고 작은 공헌에 대한 안도할 만한 기억을 통하여 이제 이 명예의 문제에 대하여 무엇인가 좋은 일을 가져올 수 있었다면 이제 그 봉사로부터 조금 면제가 되어도 좋을지도 모른다는 생각을 하게 될 것이다. "나도 한번쯤은 아주 귀중한 것을 해본 적이 있어."라고 말할 것이다. 어쩌면 정말 아주 제대로 된 그 이전의 행동으로 인해서 그는 다시 후에 곧 이 봉사적 행동으로 돌아올 수도 있을지도 모른다. 하지만 이런 것들은 모두 환상에 불과한 것이다. 왜냐하면 사람은 자신의 과거도 미래도 자신의 뜻대로 할 수 있는 것이 아니기 때문이다. 그래서 그 어떤 순간도 자신의 이름으로 자신의 것처럼 마음대로 행할 수 있는 것이 없기 때문이다. 자신의 과거나 미래의 명예로운 행동에 대하여 판단하고 그렇게 결정할 수 있는 권한은 인간이 가지고 있지 않고 인간들에게 하나님의 판단을 보여주실 것이며 지금 그에게 그가 이 명예와 어떤 관계에 서 있으며 그것을 어떻게 이해하고 있는지를 물으시는 하나님의 권한에 속한 것이다. 이러한 환상으로의 도피는, 더 어리석은 사람들에게는, 더 진전되어서 그가 지금 행동할 수 있는 것처럼 자신의 이런저런 것들은 하나님과는 아무런 관계없이 독자적인 가치들을 가진 것처럼 생각하도록 스스로 믿는 경향이 강화되기도 하는 것이다: 이를테면 물질적 소유의 가치, 우리의 지적 중요성, 가족의 이름, 사회적이며 정치적인 역할, 혹은 공적인 위치나 자신의 깨끗한 양심이나 좋은 평판 등이다. 이런 바탕 위에서는 우리의 명예와 직접적인 관련이 없는 어떤 일들을 할 수 있으며 그 명예에 영향을 끼치지 않아도 된다고 생각하기 쉽고 이미 우리가 획득한 그 명예 때문에 우리는 그냥 즐길 수 있다고 생각하기 쉽다. 하지만 이것은 그야말로 완전히 환상이 아닐 수 없다. 왜냐하면 그것의 관심은 온전히 인간 행동의 전제에만 쏠려 있기 때문이다. 이 전제들은 어느 정도 평가될 수 있으며 때로 인간의 행동이 명예로운 것이 되는데 부분적으로 도움이 되거나 부분적으로 방해가 될 수 있는 것이기도 하지만 그것이 인간 행동이 명예스러운 것인지 아닌지를 만드는 데에 그 어떤 변화도 가져올 수 없는데 그 이유는 이것들은 결국 하나님의 말씀에 순종적인지 아닌지의 문제이기 때문이다. 즉, 어떤 것이 명예스러운 것이 될 수 있는지 아닌지는 오직 그 행동 그 자체에 달려 있는 것이다. 즉, 지금 여기 실천적으로 이루어지는 그 행동이 바로 우리의 평가를 기다리는 것이다.

이외 다른 회피수단은 단지 환상일 뿐 아니라 더 나쁜 결과를 가져오는 것이다. 사람들은 자신들이 이 봉사의 영역에서 아주 특별히 의외의 일을 하는 것이 그 자신의 관점에서뿐만 아니라 다른 사람들의 관점에서도 영예로운 것으로 나타날 수 있다는 것을 믿고자 할 수 있을 것이다. 우리는 스스로 말하기를 이 갈망이나 저 잘못된 유머를 여기에서는 밀어붙이는 것을 통해서 그리고 저기에서는 자기 자신에게 돌아와서 조심스럽게 반성함으로써, 타인의 판단을 받아들이고 민중의 소리(vox populi)에 순종함으로써, 그렇게 해서 우리 자신을 불편함과 비호감으로부터 보호하면서, 어떤 이에게는 정당한 평가를 주고 또 더 명예로운 행동을 하지 못하는 다른 이로부터는 거리를 두는, 홀로 추는 춤에 대해서도 나름대로 만족하면서 통제할 수 있다고 생각함으로써 자신을 증명해야 한다고 생각하는 것이다. 이것은 당연히 환상에 불과한 것이다. 그리고 더 나쁜 결과를 가져온다. 왜냐하면 여기에서 우리는 명예롭게 만들지 못하고 우리를 불명예스럽게 만드는 것을 선택하게 되기 때문이다. 우리의 참된 명예는 창조의 빛 혹은 섭리의 빛으로서 하나님으로부터 오는 것이다. 혹은 하나님의 명령이 우리에게 주장하는 것처럼 하나님이 우리에게 보여주시는 그 명령 안에서 그것을 지키는 명예와 확인 가운데 다가오는 것이다. 하지만 만일 우리가 이외의 다른 곳에서 스스로 가려서 취하려 한다면 우리가 그것을 발견하고 창조하고 그것을 우리에게 넘겨주었다는 바로 그 사실로 인해서 우리는 불명예에 잡히고 만 것이다. 그렇게 함으로써 우리는 스스로 우리 자신의 격을 낮춘 것이다. 그리고 우리가 가지고 있고 우리가 새롭게 받을 수 있었던 그 명예를 우리는 스스로 버린 꼴이다. 우리는 길을 잃게 될 뿐 아니라 무와 공허 속으로 허무 속으로 빠지게 된 것이다. 우리는 우리 자신이 스스로 우리를 세우려고 하고 우리 자신에게 스스로 의존하고자 함으로써 우리를 스스로 버린 꼴이 되었다. 우리는 우리의 명예를 저버린 것이다.

이 두 길이 서로 만나고 하나로 연결되는 어떤 다른 길에 대해서 아무 말할 필요가 없다. 첫 번째 길을 시도하고 그것을 유지하고자 하며 그것을 두 번째 길 속에서 완성하고자 하는 것이나 이 첫 번째 시도를 전제로 하는 두 번째 시도를 생각할 필요가 없다. 여기에서도 환상은 악의 어머니라고 할 수 있다. 그리고 그 악은 이제 자리를 잡은 것이다. 이것이 인간의 명예의 비극이라고 할 수 있다. 이 인간의 명예는 지속적으로 새롭고 다양한 형태 안에서 다시 제기되고 있는데 그 이유는 인간이 항상 "이 모든 것의 목적이 무엇인가?"를 묻고 있으며 그 물음에 대하여 인간은 근본적으로 답할 수가 없는 바보이기 때문이다.

거기에는 더 이상의 탈출구가 없다: 지금 우리는 우리의 봉사에 대하여 질문을 받고 있는 것이다. 그 봉사 안에는 행동의 다양성이 있다. 예를 들어서, 이 봉사 안에는 명령된 삶의 긍정이 있고, 명령된 기쁨, 그리고 명령된 휴식이 있다. 실제로 봉사는 가끔 매우 특이하고 애매하며 역설적인 가능성을 선택하고 바라고 취함으로 완성될 수 있다. 우리는 지금 한계상황을 생각하는 것이다. 그리고 각자는 자신의 실존의 한계 내에서 하나님의 증인이 되기도 하며 매번 자신의 형태를 바꾸면서 이 증인이 되기도 하는 것이다. 그는 이렇게 가장 어려운 단절 속에서 그리고 불완전성 속에서만 그 증인이 될 수 있을지도 모른다는 것을 잘 받아들여야 한다. 우리들은 하나님 말고 다른 곳에서 이 명예를 찾거나 혹은 하나님의 자유로운 은총 이외의 다른 방법으로 그것을 가질 수 있는 길에 도달하지 못할 것이며 그것을 통해서 단지 하나님을 섬길 수 있을 뿐이다. 하나님께서 그 사람에게 맡기신 봉사를 벗어나서 인간이 휴가를 갖거나 휴직이 되는 일은 없을 것이다. 그리고 그 봉사를 벗어나서 인간이 존귀하게 될 수 있는 그런 다른 일도 있을 수 없다. 그는 단지 그 봉사를 수행하고자 **함으로써만** 그 인간의 영광을 찾을 수 있을 뿐이다. 그리고 그 자신이 하나님의 증인이 되고 하나님에 의하여 쓰임을 받도록 할 때, 오직 그 봉사가 **실제 사건으로 일어남으로써만**—하나님은 이 모든 것을 알고 계신다!—그는 그 명예를 가질 수 있는 것이다. 하나님께서 그 인간을 사용하시기 원하시는 것은 하나님의 자비의 표현이며 그 인간이 다시 그의 피조물로서 효용이 있다는 것도 그의 자비의 표현이다. 그는 하나님의 자비를 벗어나지 않고 있음으로, 하나님에게서 사용되도록 함으로써 그는 명예를 가지고 행동하는 것이다. 내적인 의심과 주어지지 않은 다른 사람들의 칭찬, 외부적으로 그를 실패로 규정하는 것 등이 결코, 그가 만일 그것을(정직하게 하나님의 자비를 구하며 그에게 쓰임받기를 원한다면—역자 주) 행한다면, 그를 불명예스럽게 만들지 않을 것이다. 그는 자신이 불명예스러운 일을 할지도 모른다고 걱정할 필요가 없다. 그는 단지 하나님의 요구에 상응할 수 있을 뿐이다. 그리고 그것을 행할 뿐이다. 그가 그 자리에 있음으로써, 그는 이제 그 문제의 답변이 된다: 그는 왜 거기 있는가? 그의 행동은 이제 그 자체로 의로운 것일 뿐 아니라, 그 자신의 모든 유한한 제한 안에서도 영광으로 덧입혀지는 행동으로 이해될 것이다.

우리가 앞에서 이 첫 번째 기준에 대하여 말해온 것은 요한복음 12:26에서 직설적으로 서술되어 있는 신약성서 사고의 근본적인 관점에 대한 주석과 반성으로 여겨져야 한다: "사람이 나를 섬기면 내 아버지께서 저를 귀히 여기시리라." 이 말씀은 제자들이 누가 높으냐에 대해서 벌인 논쟁에 대한 공관복음에서 나타난 예수의 판단을 축약하고 있다. 슈바이처(Eduard Schweizer, *Das Leben des Herrn in der Gemeinde und ihren Diensten*, 1946, 25)는 이 말씀이 6개의 변형된 형태보다 더 적은 수로는 나타나고 있지 않음을 증거해주고 있다. 기적적으로 수천 명을 먹이시는 그 사건과 같이 초기 1세기 그리스도인들에게 이 전승은 오늘날 우리가 평가하기에는 힘든 그런 중요한 의미를 갖고 있었음이 분명하다. 마가복음 10:43에 다음과 같이 말하고 있다: "너희 중에 으뜸이 되고자 하는 자는 모든 사람의 종이 되어야 하리라." 마가복음 9:36에는 같은 교훈이 예수께서 어린아이를 세우시고 말한 것으로 나오고 있다: "누구든지 내 이름으로 이런 어린아이 하나를 영접하면 곧 나를 영접함이요 누구든지 나를 영접하면 나를 영접함이 아니요 나를 보내신 이를 영접함이니라." 그리고 이러한 말씀은 누가복음 22:27에서 다시 하나의 역설적 비유를 통해서 확증되고 있다: "앉아서 먹는 자가 크냐 섬기는 자가 크냐 앉아 먹는 자가 아니냐 그러나 나는 섬기는 자로 너희 중에 있노라." 마가복음 10:45에서는 같은 말씀을 듣고 있다; "인자가 온 것은 섬김을 받으려 함이 아니라 도리어 섬기려 하고 자기 목숨을 많은 사람의 대속물로 주려 함이니라." 요한복음 12:26에서는 이렇게 예수를 섬기는 것을 예수를 따르는 것과 동일시하고 있다. "사람이 나를 섬기려면 나를 따르라. 나 있는 곳에 나를 섬기는 자도 거기 있으리니 사람이 나를 섬기면 내 아버지께서 저를 귀히 여기시리라." 이런 의미에서 요한복음 21:22에서 찾을 수 있는 베드로의 질문—공관복음서에서 자주 나오던 제자들 사이의 다툼을 배경으로 하고 있다.—은 다음과 같은 말씀으로 대답된다: "예수께서 가라사대 내가 올 때까지 그를 머물게 하고자 할지라도 네게 무슨 상관이 있느냐 너는 나를 따르라 하시더라." 봉사의 계명을 지켜야 할 진정한 근거는 예수께서 그 계명을 주신 것만이 아니라 그가 스스로 그 계명을 완수한 자이시기 때문이다. 그는 스스로 종의 형체를 취하셨고(μορφη, δουλου, 빌 2:7) 그 가운데 인간으로 계시면서 스스로 주가 되신 분이다. 요한복음 13:12 이하에서는 이 사건이 배경으로 기록되고 있다. 그리고 이것이 왜 바울과 다른 신약성서의 저자들이 자신들을 예수 그리스도의 종(δουλου)이라는 신분으로 기술하면서 시작하는 이유이며 더 자세하게는 그리스도를 따르는, 그리스도 안에 있는 자로서(εν Χριστω), 그들 앞에 계신 주이신 그리스도께서 자신들에게 원하는 자세를 말하고 있는 것이다. 이런 이유에서 같은 이유를 마태복음 10:24 이하의 사건에서도 찾을 수 있다: "제자가 그 선생보다 또는 종이 그 상전보다 높지 못하나니 제자가 그 선생 같고 종이 그 상전 같으면 족하도다." 여기에서 우리가 주의를 기울여야 할 단어는 **충분함**(αρκετον)이다. 이것은 주님의 선례가 섬김의 명령을 위한 중요한 의미만을 갖고 있다는 것이 아님을 보여준다. 이 제자들은 그 스승 이상의 것을 원하면 안 되는 것이다. 여기에서 가장 중요한 대목은 그 제자들은 이제 스승과 하나의 공동체로서 함께 종으로서 남아 있어야 한다는 점이다. 왜냐하면 이것이 바로 그리스도와 함께 그의 영광과 명예에 참여하는 것—아직 숨겨져 있지만 드러날 것이고, 하지만 이미 실제로 드러난 것이라는 것—이라는 점이다. 마태복음 19:28 이하에서는 이 사실을 묵시문학적 형태로 아주 위엄 있게 드러내고 있다: "예수께서 가라사대 내가 진실로 너희에게 이르노니 세상이 새롭게 되어 인자가 자기 영광의 보좌에 앉을 때에 나를 좇는 너희도 열두 보좌에 앉아 이스라엘 열두 지파를 심판하리라. 또 내 이름을 위하여 집이나 형제나 자매나 부모나 자식이나 전토를 버린 자마다 여러 배를 받고 또 영생을 상속하리라." 이는 확실히 단순히 제자도의 배상 차원 이상의 것이다. 이것은 명예, 제자들의 명예 그리고 섬겨야 할 그 명령을 완수함으로써 얻게 되는 명예를 표현한 것이다. 고린도후서 3:9, 의의 직분은 더욱 영광이 넘치리라(Περισσευει η διακονια της δικαιοσυνη δοζη). 이 말이 바울이 봉사에 대하여 무슨 생각을 하는지를 요약한 것인지 증명할 필요가 없다. 그는 그리스도의 종으로서의 자신의 실존을 그의 영광으로 알았다. 그가 이를 얼마나 자랑스럽게 여겼는지는 후에 다시 다루게 될 것이다. 그는 그 자신에 대한 것이나 다른 이에 대한 것이나 할 것 없이 그 자신과 그들의 봉사 외의 다른 것을 명예로 여기지 않았다. 바울은 우리가 명예와 봉사에 대하여 말하고자 할 때 우리가 생각해야 할 가장 중심적인 인물이다. 하지만 우리는 바울 자신이 이 문제와 연관해서 가장 원초적 사유자가 아니라 빌립보서 2:9에서 말해진 것처럼 그 원초적 그리스도의 사건의 모방자라는 것을 생각해야 한다: "이러므로 하나님이 그를 지극히 높여 모든 이름 위에 뛰어난 이름을 주사." 누가 바울과 전체 신약성서가 우리에게 강요하는 것처럼 보이는 생각인바 자신의 봉사와 섬김이 자신의 명예가 될 것이라고 생각할 수 있게 될까?

2. 이제 우리는 인간의 명예는, 그것을 순종을 향한 그의 부름이라고 하든지 아니면 자신의 피조적 명예라고 이해하든지 간에, 그것이 하나님으로부터 그에게 오고 하나님의 자유로운 선물로서 이해될 때만이 참으로 그 인간 고유의 것이 된다는 점에 관심을 갖고자 한다. 인간은 하나님의 피조물로서 그리고 그의 계약의 당사자로서 그의 역사라는 사건 속에서 존재하는 것 외에 다른 것이 아니다. 그러므로 그가 갖고 있는 것 모두는 그의 명예는 이제 그의 역사, 그와 더불어 갖는 하나님의 역사가 발생함으로써 발생하게 되는 것이다. 바로 그때는 그 어떤 추상적인 존재도 문제시 되지 않는다. 즉, 그의 창조주의 사역과 말씀 밖에 있는 그 어떤 것도, 계약의 주이시기도 한 그의 사역 밖에 있는 어떤 것도, 그 하나님의 현실적 존재와의 만남의 사건으로부터 벗어나 있는 그 어떤 것도—그리고 또한 그 어떤 **습관적인 소유**, 즉 하나님의 선물과 하나님의 손의 주어짐 밖에 존재하고 있는 것, 그의 선물의 사건으로부터 벗어나 있는 것, 그의

받아드려짐 밖에 있는 모든 것은 사실 그 어떤 대상도 되지 못하는 것이다. 인간은 살아 계신 하나님께서 살아 있는 계약의 대상인 그 인간을 갖거나 그렇게 살아 계신 현존 가운데 존재하실 때 인간은 **존재**하고 그 명예를 **갖게** 되는 것이다. 그렇게 되었을 때만 인간은 숭고해질 수 있고 명예를 가질 수 있는 것이다. 만일 사람들이 자기가 가진 것과 자신의 존재에 대하여 올바르게 사유하기를 원한다면 하나님의 행동과 하나님의 말씀을 잠깐이라도 떼어놓고 생각해서는 안 된다. 오히려 그는 자신이 하나님 안에서 수용되고 그 안에서 고양된 자로서, 하나님의 말씀과 하나님의 행위 안에서 자신이 받아들여졌다는 사실을 이해할 때 그는 자신에 대하여 올바르게 생각할 수 있는 것이다. 이렇게 인간의 측면에서는 그에게 제시된 그 봉사를 실행하는 인간적 행동의 관점에서만 이 인간이 누구인가가 이해될 수 있다. 하지만 우리는 이제 먼저 하나님의 행동이 어떤 것인지를 먼저 살피고자 한다.

인간의 명예란 무엇인가? 그 명예란 의미이고 실효성이며 하나님의 관점에서 그가 가진 특출함이다. 또한 하나님의 말씀과 그의 입을 통해서 인간에게 약속으로 수여된 가치이다. 또한 보물이며 하나님께서 인간에게 씌워 주신 왕관인 것이다. 이 인간의 명예는 하나님의 명예의 반사로서 인간에게 주어진 것이라고 말해왔다. 바로 이 하나님의 말씀과 사역과의 끊을 수 없는 연관성 속에서, 바로 하나님 그분과의 관계에서 이것은 소중한 것이며 인간에게 값비싼 것이 될 수 있는 것이다. 그래서 인간은 이것을 좋은 것이라고 말한다: 때로 인간이 가질 수 있는 것 중에 최고의 것이라고 한다. 하지만 **진실로** 인간에게 좋은 것은 하늘로부터 하나님의 보좌로부터 인간에게 온 것뿐이다.—그 선함의 궁극적인 이유는 하나님 자신이 인간에게 관심을 갖으셨다는 것에 있다: 그 고유한 한계를 가진 인간에게 관심을 가지신 것이다. 사람들이 이 명예를 이 지상에서 최상의 선으로 표현할 수 있지만 이는 사실 인간 그 자체가 문제이며 그의 영혼이 관건인 것이다. "명예를 잃어버린다면 모든 것을 잃어버린 것이다."는 것이 사실일 수도 있다. 하지만 만일 바로 그 명예와 그것과 더불어서 모든 것을 잊어버려서는 안 되는 것이라면, 다음과 같은 말이 적중하는 것이다: 이 명예는 하나님의 손을 떠나 인간에게 넘겨져서 이제 인간에 의하여 소유되고 지켜져야 하며 관리되어야 할 것으로 변화되는 방식으로 모든 것이 확보되고 주어지고 보증되는 것이 아니라 오히려 이 명예들이 인간의 명예가 되지만 그것은 여전히 하나님의 손에 남아 있는 방식으로 그렇게 된다고 할 수 있다. 즉, 그것은 선물이며 그것의 진실과 실체는 그 선물을 주는 분에게 달려 있는 것이며 그분의 존재와 그분의 행동 안에서 선물로 남아서 존재하는 것이다. 마치 이것은 인간의 영혼에 대하여 말하는 것과 같다: 인간의 영혼은 그 자체 안에서 그 자신을 통하여 스스로 발생하는 것이 아니라, 영에 의하여 살아 있는 하나님의 숨결에 의하여—그렇게 해서 인간이 가진 부르심과 함께, 의롭게 하심과 성화와 더불어, 또한 인간존재 자신의 능력 안에서가 아니라 오히려 인간에게 말씀되어진 그 말씀의 능력 안에서, 또한 예수 그리스도 안에서 주어진 것이다. 이렇게 그의 것 전체가 그에게 선물로 주어진 것이다. 바로 그렇게 그는 참으로 그 자신의 것이다. 그는 이제 하나님의 피조물로서 살고, 그 하늘 아버지의 아들로서 사는 것이다. 그렇게 해서 하나님께서 그에게 옷 입히신 명예와 영광이 그에게 있기를 기대한다.

그렇다면 거기에서부터 이제 무엇이 쫓아왔는가? 인간은 순수한 **감사**, 깊은 겸손—우리가 더 분명하게 하자면—자유로운 **유머** 안에서 영예로울 수 있으며 명예를 가질 수 있게 된다. 우리는 다음과 같이 말해서는 안 된다: 단지 존재와 비존재의 변증법 안에서, 소유와 비소유의 변증법 안에서, 확증과 불확실함의 변증법 안에서, 소유와 박탈, 평화와 흔들림의 변증법 안에서 그것을 갖고 있다고 말해서는 안 되는 것이다. 철학적 반성을 바로 그 일을 하고 있다. 그들이 하는 일이라고는 단지 깨어진 외적 형상에서만 그 사태를 이해할 수 있을 뿐이다. 현실적인 인간은 그 현실적인 창조주와 그 주님과의 실제적인 관계에서는, 그의 하늘 아버지와, 그의 선물과 그의 특혜를 **잘 모르고 있는 것**이다! 하지만 그렇지 않다. 그에게로부터 존재함으로서 그는 이미 영예로운 자이며 그는 이미 명예를 갖고 있다. 단지 그로부터 가질 뿐이다. 우리는 지금 그가 자신의 봉사를 통하여 자신의 편에서 그 영예로움과 명예를 갖는 것을 실현시킨다는 것은 빼고 말한 것이다. '그로부터'란 단순하게 말해서, 그가 관심을 가지는 사건의 발생과 그 길을 위에서, 인간을 향한 그의 행동 안에서, 그의 선물로서 그 일이 가능하다는 뜻이다. 하나님으로부터 시작되는 이 사건은 그 인간의 편에서는 그가 자신의 봉사 안에서 피조적으로 완성시켜야 하는 바로 그것을 통하여 실제화 된다는 말이다. 하나님이 그에게 주신 명예는 모든 의심이나 삭감 없이, 모든 반론이나 애매함 없이 사실이다. 하지만 하나님으로부터 시작된 이 사건에 대하여, 그리고 그 사건을 근거로 영예로워질 수 있으며 그 명예를 가질 수 있게 되는 그 사건에 대하여 인간은—그가 **영예로워지며** 명예를 **가짐**으로써—단지 지금 그리고 언제나 다시 빈손으로 그의 자비를 기대함으로서만 상응하게 행동하게 되는 것이다. 하나님이 그를 **존귀**하게 만드신다: 그는 그랬고 그런 존재이며 앞으로도 그렇게 될 것이다. 그렇게 그가 바로 그 일을 행하는 것 안에서 진리 전체와 그의 인간적 명예의 능력이 놓이게 된다.

그렇다면 인간에게 순수한 감사 이외의 다른 무엇이 남아 있게 되는가? 이것은 그에게 선물로 주어진 것이다. 이 명예는 인간에게 속한 것이 아니며 또한 그것은 단지 하나님이 그에게 수여하시고 선물하심으로써만 그에게 속한 것이다. 모든 명예의 원천이시며 근거이신 그분은 그 홀로 외로운 분이 아니시며 그를 통해서 존경을 받으신 피조물을 자신의 옆에 두시는 분이고 그렇게 함으로써 그의 영광의 동료이시길 원하시는 분이시며, 자신이 비추는 빛 가운데 인간을 두심으로써, 인간이 유한함 가운데 자신의 영예로운 빛을 비추시기를 원하시는 분이시다. 이제 그는 이 빛으로부터 비쳐지고 비취며 그 안에서 빛 가운데 존재할 수 있도록 허락받은 것이다. 어떻게? 왜? 왜냐하면 하나님께서 이 인간과 친구가 되시기를 원하시며 그 영광의 빛을 비추시기를 원하시며 그런 상태에서 변화되기를 원치 않으시기 때문이다. 인간의 명예는 순수한 허락이다. 이것이 그 순수한 감사 이외의 어떻게 다르게 알려지고 긍정되며 이해될 수 있단 말인가?

인간에게 깊은 **감사** 이외의 다른 무엇이 남아 있을 것인가? 그는 스스로 명예를 창조 할 수 없다.—그것은 그가 스스로 자신을 무로부터 만들 수 없고 스스로 자신을 부르고 의롭다 하고 거룩하게 할 수 없는 것과 같은 것이다. 그는 스스로 명예롭게 할 수도 없고 자신을 그렇게 만들 수도 없다.—마치 지구가 스스로 태양으로 밝게 비출 수 없는 것과 같다. 그는 하나님께서 그를 위해 거기 있을 때 명예스러워질 뿐이다. 그는 단지 그가 일을 해서 번 것도 아니고 그것에 걸맞는 그런 존재이기 때문이 아니지만 명예가 그에게 속하여 있음으로써 그는 명예에 대하여 서 있을 수 있는 것이다. 명예는 그가 명예에 대하여 갖고 있는 요구를 성취시켜 준 것이 아니다. 그렇기에 명예가 자신에게 속한 것처럼 생각해서도 안 된다. 이 명예가 그의 고유한 명예이지만 바로 그렇게 함으로서 거기에서 다른 영광 그의 자리에서 나타나는 외부의 영광을 발견해야 한다. 그는 이에 대해서 근본적으로 조심스럽게 다가설 수밖에 없는 것이다. 그는 이 명예를 취함으로써 그는 이제 자신의 한계를 기억하고 그것을 염두에 둘 수밖에 없다. 인간의 명예는 하나님의 주권적 전능한 행위에 의거한 것이다. 그렇다면 이 깊은 감사 외에 다른 어떤 태도가 있을 수 있단 말인가?

그리고 이제 그와 더불어 자유로운 **유머** 외에 다른 어떤 것이 더 남아 있을 수 있을까? 유머라는 이 조금 비정통적인 개념을 사용한 것이 적절한 것일 수 있다. 하나님에 의하여 높아진 그 인간은 스스로를—자신을 이 명예의 대상으로 생각함으로써—매우 이상해진 대상으로 발견할 수 있다. 이삭의 탄생이 예고되었을 때 사라는 웃었으며(창 18:12f.) 아브라함 그 자신도 다른 곳에서는(창 17:17) 놀라지 않았는가? 그리고 이 웃음은 단지 비(非) 영적인 웃음에 불과한 것인가? 하나님께서 인간에게 영광을 허락하실 때 그 하나님이 주실 영광을 받고 그것의 담지자가 되어야 할 자신과 그 본래적 자신 사이의 차이가 너무 크고 거대해서 사실 인간은 웃을 수밖에 없는 것이 아닐까? 이렇게 그 선물을 주신 분과 그 선물을 한편으로 하고 또 다른 한편 그것이 수여된 자로서 그 인간 사이의 이 둘 사이의 간격이 그토록 거대해지고 그 자신의 부적합성이 너무 명료하게 수여받은 자의 그 의식 속에 확실해지는 것이 사실 이 감사와 그의 겸손의 표현이 아니고 무엇이겠는가? 그 영광스러운 사건을 진실로 받아들인다면 그 스스로 하나님께서 그에게 허락하신 것을 이제 자신과 동일시하면서 스스로를 높이고 칭찬하면서 그 명예를 당연시하는 것은 불가능하게 된다. 이러할 때 유머는 바로 자기를 높이고 자기를 추켜세우는 일의 정반대의 일이 된다. 인간의 명예는 놀라우시고 영예를 받으셔야 하는 하나님으로부터 오는 것이다. 그렇다면 이제 이 명예는 거리를 지키면서 보존한 가운데 존재하는 유머(Humor) 안에서 인식되고, 확인되며 분명해지는 것 외에 어떤 다른 방법이 있겠는가?

이 모든 것과 더불어서 우리는 이제 두 번째 기준에 도달하게 되었다. 이 모든 것에서 명예와 그리고 그 차원에서 인간의 순종의 성격이 문제가 된다면—우리는 말한 모든 것을 이 개념하에서 요약해서 파악하고자 한다.—이제 우리는 **겸손**에 대하여 물어야 한다. 즉, 다음을 의미한다. 인간의 겸손에 대하여 다음을 말할 수 있을 것이다. 그 인간이 인간으로서 그 존재의 제한 속에서 그런 인간으로서 하나님 앞에서 그리고 하나님으로부터 큰 영광을 받았다는 사실에 대하여 그가 가지는 정직성에 대한 물음이라고 할 수 있다. 그가 하나님으로부터 영예를 얻었다는 것은 그가 신이 되는 것을 의미하는 것이 아니다. 오히려 그가 인간으로서 그 영광에 참여하게 되고 하나님은 그 모든 것의 근거로서 남아 있으면서 존귀한 일이 된다. 하나님이 이렇게 그의 근거로서 타자적(역자 삽입) 대상으로 남아 있음으로 해서 그가 영예롭게 되었다는 사실에서 존귀한 것이 되는 것이다. 윤리적 질문이 여기에서 생긴다: 혹 사람이 자신의 영광을 이 겸손에서 갖고자 한다면—그리고 다른 그 무엇이 아니라, 하나님의 말씀과 사역을 추상화 시켜서 그 속에 있는 다른 무엇이나, 습관적인 것이 아닌 것, 그가 스스로 그 명예의 소유자나 혹은 집행관으로 느끼지 않는 것, 그 명예를 하나님과 동료 인간을 대하여 스스로 자기 자신에게 일어나도록 하지 않는 것, 자신을 이 모든 일을 관리하고 더 많아지게 하고 보호하는 자라고 스스로 여기는 그런 곳에서 그 영광을 갖고자 한다면 어떻게 될 것인가? 그는 그 명예를 이러한 겸손함 속에서 가질 수 있게 될 것인가? 지금 그 겸손의 도덕적 아름다움이 문제가 아니다! 인간이 지금 갖추어야 할 것으로 생각된 그 겸손은 이러한 예들로 나타난 자기 교만과 일치될 수 있고 아니 많은 경우 반드시 그렇게 된다! 우리가 지금 부정적인 것을 말하고자 하는 것이 아니다. 이는 인간의 유머를 지속적으로 낮은 것으로 만드는 것이 아니다. 이 명예에 대해서는 불확실한 것이나 그 어떤 의심이 있어서도 안 된다. 그 명예는 의문시 될 수 없다. 그리고 지금 진짜 필요한 것은 다음의 중요한 주장을 하는 것이다: 왜냐하면 명예는 오직 이 겸손 안에서만 가능할 것이다: 선물을 보내주신 분과 그분의 선물 앞에서 그가 전적으로 신중하게 처신하는 그 안에서만 가능한 것이다. 그리고 또한 그가 될 수 있는 것을 바라고 가질 수 있는 것을 갖게 되는 그런 유연함에서만 이 명예는 가능한 것이다. 그리고 인간이 스스로 따르고 거기에 대하여 그 어떤 반대되는 행위도 할 수 없는 그의 행위에 따라 그것을 흉내내고 거기에 적응해야 하는 그런 모든 신적 행동의 사건과 특성들 안에서 이 명예는 가능한 것이다. 인간들의 행위가 그렇게 진행되었을 때에서야 비로소 그는 이제 참된 인간적 명예를 주장할 수 있는 것이다.

이제 우리는 오직 예배에서만 발생할 수 있는 조그마한 일들을 말하고자 한다: 하지만 진짜 관심 사안은 적은 것이나 덜 중요한 것이나 겸손 그 자체에 대한 말이 아니다. 거기에도 불손이 있을 수 있다. 그리고 겸손한 척 하지만 근본적으로 아주 교만한 태도도 있을 수 있다. 그 안에는 아무런 감사도 없고 자기 낮아짐이나 유머 등도 없어서 사실은 사람이 자신을 높이는 또 다른 가능성이 있을 수 있는 것이다. 인간의 관점에서 볼 때 이 작은 걸음들은 또 아주 위대한 걸음일 수도 있다. 시선을 집중시켜야 할 행동이며 태도들 그리고 성취들인데 겸손함 속에서 이루어진 많은 일이며 그렇게 아주 영광스럽고 순종적인 것이다. 우리들이 아주 날카롭게 묻는 그 겸손은, 그것이 적은 발걸음이든 큰 발걸음 안에 있든 간에, 그가 가진 명예는 하나님 앞에 있으며 하나님으로부터 오는 것이고 그리고 그 스스로 주장할 수 없다는 사실을 인식하는 데 있는 것이다. 이는 그가 확실히 그에게 진실로 수여된 그 명예를 (크든 작든 간에) 조용히 그리고 확실하게 갖기를 기뻐한다는 그 **단순한** 사실 속에 있다. 부정적으로 말해서, 이 명예는 인간이 그것을 자기 것으로 여기거나 그렇게 선포하거나 다른 사람들에 의해서 그의 것이라고 선포되기를 원하거나 그 자신의 명예를 위해서 싸우거나 그 명예에 대한 위협을 자기 자신에 대한 위협이라고 느끼는 그런 **교만**의 결여에서 찾을 수 있는 것이다. 만일 그가 이러한 일을 한다면 그는 실제로는 그 명예스러운 일에 대하여 확신을 가지지 못하고 그것을 자신의 교만 거리로 삼으며 결국에는 그 자신이 정직하게 그 명예로운 일을 인식하지 못했거나 확증하지 못했다는 사실을 숨기고 있음을 보여주는 것이다. 교만은 명예스럽게 하는 것이 아니라 그것을 반대하는 것이기에 반드시 피해야 하는 것이다.

이 기준에서 부족한 인간의 행동이 있는 곳에, 그리고 겸손하지 못한 그곳에, 바울이 기술한바 (갈 5:26, 빌 2:3) 잘못된 이론을 붙잡다(κενοδοξια)라는 일이 벌어지게 된다. 이 문맥에 의하면 이는 타인에 대한 질시와 자신을 그들보다 더 높이고자 하는 그런 자세에서 스스로 영광(δοξα)에 이르고자 하는 그런 행동으로 여겨진다. 물론 그가 도달하여 그가 스스로 갖고자 하는 그 영광은 그가 가질 수 없는 것이며 그것은 텅비고 공허한 명예인 것이다.

이 명예라는 사태의 본성상 사람들은 무엇보다 먼저 타인들의 공감을 얻고자 노력한다.(살전 2:6) 이는 마태복음 6:1에서 기술된 바의 것으로서 구제할 때, 외식하는 자가 의로운 일을 하는 척하면서 나팔을 불든지 아니면 기도하는 자가 남들에게 보이려고 기도하는 소리를 크게 하는 것과 같은 것들이다. 만일 그들이 그 의향 속에서라도 그 일을 행한다면 그들은 그들의 선한 행동 때문에 받을 수 있는 상을 잃게 될지도 모르는 것이다. 왜냐하면 이제 그것들은 더 이상 좋은 것도 아니며 칭찬받을 만한 일도 아닌 것이다. 그것들은 그들이 추구하던 바로 그것, 명예를 상실하고 말았다. 하지만 이것이 서기관들과 바리새인들이 흔히 하던 행동인 것이다. 마태복음 23:1 이하에는 다음과 같이 기록하고 있다: "서기관들과 바리새인들이 모세의 자리에 앉았으니… 저희 모든 행위를 사람에게 보이고자 하나니 곧 그 차는 경문을 넓게 하며 옷술을 크게 하고 잔치의 상석과 회당의 상좌와 시장에서 문안 받는 것과 사람에게 랍비라 칭함을 받는 것을 좋아하느니라." 이렇게 스스로 충만하게 만들어 낸 각종 명예가 그 예배에 참석한 자들의 상호동의하에 의식적으로 표시된다는 사실 자체만으로도 그것이 거짓되고 텅빈 공허한 것임을 보여주는 것이다. 예수께서 그 제자들에게—그래서 이것이 그리스도 교회에 아주 중요한 것이 되었는데—요구하는 것은 이와 매우 다르다: "너희는 절대로 랍비나 아버지 혹은 선생으로 불림을 받지 마라."였다.

하지만 고린도전서 3:21에 의하면 이렇게 허무한 명예에 집착하는 일이 간접적으로 일어날 수 있는데 이를테면 자신이 다른 사람들에게 속해 있다는 것—어떤 사람에게 속해 있다는 것이 다른 사람들과는 거리를 두고 있다는 것을 보여주는 것이다.—을 자랑함으로써 그런 일이 일어난다. 이것이 영적으로 은혜가 충만했던 고린도 교회에서 일어났던 일이다: 고린도전서 3:4, "어떤 이는 말하되 나는 바울에게라 하고 다른 이는 나는 아볼로에게라 하니 너희가 사람이 아니리요." 우리는 바울이 이런 것들을 어떻게 끊었는지 잘 알고 있다. 고린도전서 3:5, "그런즉 아볼로는 무엇이며 바울은 무엇이뇨. 저희는 주께서 각각 주신 대로 너희로 하여금 믿게 한 사역자(διακονοι)들이니라." 그들은 자기들을 자라게 해주시는 하나님 대신 자신들을 심어주고 물을 준 것들에서 자랑을 찾은 것이다. 그들은 건물의 기초에서 자신들의 명예를 찾은 것이 아니라 그 건물의 첫 번째 혹은 두 번째 건축자들에게서 영예를 찾고자 하였다. 그들은 자신들이 주님의 영이 거하시는 주님의 전이라는 것을 잊어버린 자들이며, 주님이 영이 거하신다는 사실은 그들이 자랑하는 자랑이 우스워지도록 만드는 것이며 그 자랑을 헛된 것으로 만드는 것이다. 그들은 결국 그렇게 함으로써 하나님의 성전을 더럽히고 그 결과 파괴될 수 있는 위험 속으로 몰아넣는 자들인 것이다. 그들이 사람으로부터 영예를 추구하는 것은 확실히 자기기만에 불과한 것이다.(5:18) 이들은 하나님의 종으로서 그들이 하나님 앞에서 명예를 얻을 수 있도록 도운 것뿐이다. 그들은 이들 사역자 혹은 주님의 종들의 그 누구에게도 속하지 않으며 그들에게서 그 자신들의 영예를 찾는 것 역시 어리석은 일인 것이다. 이와 유사하게 이 세상과 삶과 죽음 그리고 현재나 미래 모두가 다 그들에게 속했으며 그들은 함께 그들의 선을 위해 노력해야 한다.(롬 8:28) 하지만 그들은 이것들 중 그 어디에도 속하지 않은 것이다. 그들은 그리스도에게만 속해 있다. 그리스도가 하나님에게 속해 있는 것처럼 말이다.(5:22f.) 이것이 간접적으로 자신을 높이려는 모든 시도에 대해서 줄 수 있는 권면이라고 할 수 있다.

또 이러한 시도는 바리새인이 성전 안에서 한 기도(눅 18:9f.)에서도 알 수 있다. 이 사람은 마태복음 6장이나 23장에 나오는 그의 동료들처럼 쉽게 처리될 수 있는 사람이 아니다. 그는 사람들 앞에서 명예를 구하려 하지 않는다; 그는 하나님 앞에서 명예를 추구한다. 그래서 그는 일종의 시편의 삶을 반복하고자 한다. 그는 자신을 찬양하는 것이 아니라 하나님을 찬양하고 그런 점에서 그는 다른 사람과 다르다: 강도, 불의한 자, 간음하는 자, 그 뒤에 있는 다양한 군중같지 않은 자이다. 거기에 더해서 그는 일주일 두 번 금식하고 그의 십일조를 드린다. 우리가 제안하는 세 가지 겸손의 양태 중에서 감사가 이 사람의 삶 속에서도 발견될 수 있을 것이다. 단지 그에게는 겸손과 유머가 빠져 있는 것처럼 보이는 것이다. 감사의 찬양은 하나님 은혜의 표지 아래 있는 것처럼 보일지라도 불행하게도 절제와 행동 중에 있는 자기 자신에 대한 노래인 것 같다. 그래서 결국 이 노래가 말하는 것을 보면 그것은 자기 자신의 행동에 하나님께서 관심을 가져주심을 바라는 그런 것이다. 사실 그는 하나님의 은총을 더 강하게 노래할 수 있어야 했다. 그 자신의 찬양의 노래 가운데 있던 로마교회처럼 그는 성령을 그의 자랑스러운 행동의 자명한 전제로 여기고 있었을 수도 있다. 하지만 이는 부질없는 일이다. 그의 시도는 처음부터 불가능한 것이었다. 그보다 더 높고 더 존귀하신 분이 이미 초대되었고 이미 거기 현존하고 계시다. 그가 들어보지 못했을지 모르지만 이미 그에게 주께서 말씀하시고 계시다: 이 사람에게 자리를 주어라! 비록 그가 그것을 알지 못했을지라도 그는 사실 이미 가장 낮은 자리에 앉아야 했던 것이다. 마태복음 23:12 비유의 결론부분에서 이미 그에게 확실하게 이것이 말씀졌다고 생각할 수 있는 것이다: "누구든지 자기를 높이는 자는 낮아지고 누구든지 자기를 낮추는 자는 높아지리라." 그리고 이는 마리아의 찬가 속에서도(눅 1:51f.) 이미 분명하게 말씀하고 그 반대로 자비로운 생각이 없는 자에게 경고하고 있는 바이다; "그의 팔로 힘을 보이사 마음의 생각이 교만한 자들을 흩으셨고 권세 있는 자를 그 위에서 내리치셨으며 비천한 자를 높이셨고."

하지만 그리스도 안에서 우리에게 다가온 하나님 나라와 연관해서 그리고 또한 예수 그리스도와 연관된 명예를 구하는 인간의 정당하고 가능한 시도가 있지 않은가? 세베대의 아들 혹은 그들의 어머니는 마태복음 20:20 이하에서 이러한 일과 비슷한 일을 종교적으로 매우 조심스러운 형태로 제시하고 있다: "가로되 이 나의 두 아들을 주의 나라에서 하나는 주의 우편에, 하나는 주의 좌편에 앉게 명하소서." 은총 ─ 예수 그리스도의 은총을 말하는 것 ─ 이야말로 자주 가장 파렴치한 요구의 한 수단으로 사용되는 것을 본다. 하지만 답변도 또한 명료하다: "너는 네가 구하는 것이 무엇인지 모르는구나."(막 10:35-38). 이것은 동의했다고 해서 실천될 수 있는 일이 아니며 그리스도에게 요구할 수 있는 은총이 아니었다. 그들은 주님을 따르면서 봉사할 수 있고 고난 가운데 그를 따라야 했고 그렇게 할 수 있다. "가라사대 너희가 과연 내 잔을 마시려니와 내 좌우편에 앉는 것은 나의 줄 것이 아니라. 내 아버지께서 누구를 위하여 예비하셨든지 그들이 얻을 것이니라."(마 20:23)

로마서 12:16에 기록된 권면은 전적으로 유효하다: 즉, 누구도 서로 마음을 같이하여 높은 데 마음을 두지 말고 도리어 낮은 데 처하며 스스로 지혜 있는 척 말라(τα υψηλα φρονειν υπερφρονειν παρα ο δει φρονειν, αλλα φρονειν εις το σωφρονειν), 각자는 하나님이 각자에게 나눠주시는 신앙의 기준(μετρον πιστεως)에 의해 그런 것이다. 그의 신앙을 평가하면서 그에게 맞는 명예를 가지고 있으며 그가 가지고 있는 그 명예 때문에 그는 자랑할 수 없고 그것 때문에 하나님 앞에서 그리고 동료 인간 앞에서 그 어떤 특권을 주장할 수 없으며 이 세상이나 교회에서도 그는 단지 그것을 가지고 있을 뿐이다.

우리가 이 모든 것에서 지켜야 할 모든 권면과 경고들의 최후 그리고 마지막 궁극적인 기준은 요한복음 5:44 이하에서 찾을 수 있다: "너희가 서로 영광을 취하고 유일하신 하나님께로부터 오는 영광은 구하지 아니하니 어찌 나를 믿을 수 있느냐?" 만일 사람들이 이 절에 의하여 믿는다면 그는 하나님으로부터 오는 명예를 구하고 인간세상 속에서 "좋은 것"이라고 평판을 얻은 것을 얻기 위해서 걱정을 더하게 될 것이다. 역으로 이 세상 것을 더 걱정하는 자는 하나님으로부터 오는 명예를 얻으려고 노력하지 않을 것이며 그래서 그는 믿지도 않고 믿을 수도 없게 될 것이다.

신앙과 복종 속에서 실행된 운동은 우리가 공관복음서 안에서 자신을 높이는 자는 낮아지고 자신을 낮추는 자는 높아지리라는 그 말씀에서 본 것처럼 스스로 자신이 그 명예를 얻고자 하는 행동과는 정반대의 방향으로 움직인다. 확실히 사람들이 정말로 높아지고 영예스러워지는 때가 있다. 확실히 누가복음 14:10에서처럼 그에게 다음의 사실이 말해질 때가 있다: "친구여 상석에 앉으라." 하지만 이것은 자기 자신을 낮은 자리에 처하도록 한 사람에게 혹은 로마서 12:16의 말씀처럼 높음(υψηλα) 대신에 낮음(ταπεινα [ταπεινοι])을 지키는 자 혹은 문자적으로 자신을 낮게 여기는 자에게만 주어지는 약속인 것이다. 신약성서에서 사도들은 자신을 가장 작은 자(고전 15:9)라고 부르는가 하면 그 이름을 들어본 가운데 가장 쓸모없는 자라고 소개되고 있다. 그 속에서만 그가 받고 가지고 지키고 끊임없이 새롭게 그의 명예를 받게 하는 그 봉사가 그를 실제로 비가역적으로 낮은 데 처함(ταπεινοφροσθνη)에까지 이르게 하며 그 안에서 그는 항상 새롭게 받고 가지고 끊임없이 그것을 지키면서 하나님으로부터 새롭게 얻는 것이다. 이것은 비밀스럽게 그가 스스로 창조하거나 확신할 수 있는 것이 아니며 단지 그 안에서 그것을 받아들일 수 있는 조건일 뿐이다. 이 겸손이야말로 진실로 명예로운 그 자가 자기 자신의 명예를 만들거나 확신하거나 하는 일을 막는 것이며 그런 추악한 일을 버리게 만드는 것이다. 그 사람은 그러므로 다음과 같이 기도했어야 했다: "하나님 나 같은 죄인을 용서하여 주소서." 이것이야 말로 참된 명예로운 자의 기도인 것이다.

3. 이제 우리는 여기에서부터 다른 방향으로 더 깊이 생각해 보아야 한다. 만약 인간의 명예가 그의 사역의 명예이고 그것이 하나님으로부터 그에게 수여될 수 있다면 이제 다음의 사안을 결정해야 한다. 하나님께서 그 형태를 결정하신다는 것은 의심할 이유가 없다. 즉, 이 명예는 인간이 다룰 수 있는 것이 아니고 이 명예는 인간이 미리 알 수 있는 그런 대상도 아니다. 물론 인간은 자신의 명예를 가질 수 있고 가져야 하며 그렇게 허락되었다. 하지만 그것이 그에게 정당한 방식으로만 그가 자신의 봉사를 수행하는 가운데 하나님으로부터 주어진 대로 그가 가질 수 있을 뿐이다. 그가 가질 수 있는 명예는 이제 한 형태가 있게 되고 이는 그 명예에 대한 인간의 상상력이나 그의 소원에 맞게 이루어지는 것이 아니라 거꾸로 그가 거기에 맞춰서 생각을 해야 하는 방식의 형태를 갖고 있다. 이와 연관된 모든 잘못과 오류들은 인간이 하나님께서 자신의 사역에 필요한 대로 그에게 허락하신 것을 갖고자 하고 받으려고 하지 않고 자신의 고유한 생각을 더 앞세워서 그것을 관철시켜 그대로 갖고자 함으로써 야기된 것이다.

우리는 지금 집단적이며 개인적인 "명예의 개념"을 최고, 최소요구와 다양한 기준들과 내적 인상들과 외적 경계선들, 그에 따라 사회와 국가의 삶이 다양한 그룹과 계층 그리고 집단들 속에서 그리고 개인의 각 인격적 삶이 타인과 함께 혹은 그 자신의 고유한 고립 속에서 자신의 방향을 잡아가는 그런 것을 말하고 있다. 이것들은 변화가능하고 또 변하고 있다. 하지만 이것들은 마치 새로운 개념이 같은 사물을 가르치는 것처럼 다시 돌아오기 위해 그렇게 변화하는 것이다. 이것들은 더 넓어질 수도 있고 더 좁아질 수도 있다. 더 세밀해질 때도 있고 조악해질 수도 있다. 하지만 그것들은 그 시대에 맞추고 그 삶의 환경에 맞춰서 그 사회와 개인의 주된 이데아로서 활동하는 것이다. 이러한 명예에 대한 개념이 없이는 인간은 홀로 존재하든 아니면 다른 사람과 함께 있든 간에 인간으로서 제대로 작동할 수 없다. 그리스도교의 관점에서도 이러한 개념이 있다는 사실에 대해서 아무런 반대가 있을 수 없다. 오히려 반대로 비록 그가 한 범죄자라고 해도 그는 그와 같은 개념을 형성하거나 유지할 수밖에 없다는 사실과 또 그러한 사실 안에서 우리는 하나님이 인간의 창조주요 주님이며 인간은 그의 피조물이라는 단순한 사실로 인한 인간에게 주시는 그 명예의 특별히 지워지지 않은 흔적이 있음을 인정해야 한다. 아무리 그의 명예에 대한 이해가 이상하고 그의 명예에 대한 지향성이나 그의 이해가 무언가 남다르다고 해도, 그 이상한 사람 역시 이러한 사실을 말해야 한다. 그리고 또한 가장 단독적이거나 가장 의심스러운 그런 전통이라고 할지라도 혹은 이 분야에서의 완전히 새로운 발명품도 역시 이렇게 이러한 사실을 증명한다. 우리에게 가장 규범적이며 권위적이고 더 나아가 탁월한 해명으로 보이는 그런 견해와 의견들 옆에서도 이것은 최고의 명예를 가질 수 있다. 이렇게 다양한 집단적 혹은 개인적인 명예에 대한 개념들이 이미 있으며 그것들은 항상 현실적이라는 사실은 부인할 수 없는 사실이다.

하지만 또한 그리스도교적 관점에서 우리가 하나님의 계명에 대하여 묻는다면 비록 우리의 고유한 그룹과 계급 혹은 나에게 가장 어울리게 보이거나 그렇게 호소하는 것이라고 할지라도 그러한 명예의 개념에 가설적이나 학습적 중요성 이상의 그 어떤 중요성을 부여하는 것을 반대하게 된다. 즉, 우리의 명예의 범칙의 어떤 특성이 있다고 가정하는 것을 반대하는 것이다. 인간의 명예 개념은 역사에 속해 있다. 그것들은 역사와 함께 왔다 함께 간다. 이것들은 그가 자신을 하나님에 의해 하나님을 섬기기 위해 부름을 받도록 하고 그래서 그 자신에게 그 봉사가 수여하는 그 영광을 받도록 할 때 그가 받을 그 명예가 취해야 할 형태에 대하여 인간 편에서의 지식의 증가가 있다고 주장하는 방식으로 하나님의 계명에 대적할 수는 없다. 그것들은 인간들 각자의 자리에 적응하도록 하기 위한 예비적인 **오리엔테이션**으로 섬길 수는 있을 것이다. 그것들은 또한 순종의 의미에 대하여 그리고 또한 그 자리에서의 명예의 의미에 대한 그의 숙고를 위한 자료들을 제공할 수도 있고 그렇게 해야 할 것이다. 하지만 그것들은 그것에 의하여 그가 그 계명의 유효성이나 내용을 제한하려고 노력하는 그 조건이 될 수 없다. 그리고 또한 그의 복종과 섬김의 정도를 제한하는 기준이 될 수 없고 마찬가지로 하나님께서 그에게 허락하게 될 그 명예나 그가 심지어 하나님의 말씀 앞에서 그것의 완성을 제한하는 기준이 될 수 없다. 이 명예의 개념들은 반드시 그 자신을 하나님의 말씀에 조정해야 하고 무조건적으로 그리고 불가역적으로 반드시 그렇게 해야 하고 거꾸로 하나님의 말씀이 이 명예의 개념들에 맞춰서는 안 되는 것이다. 이 개념들은 하나님의 말씀의 지시를 따라야 하고 하나님이 그것을 지도해야 한다. 그것들은 비유 이야기 속에 있는 완벽한 존재로 나타나서는 안 되는 것이다. 이 개념들은 오히려 이 참된 법칙으로부터 그것들에 의하여 결정될 수 없는 형태를 받아야 하는 유연한 자료들이 되어야 한다.

만일 명예에 대한 사람들의 개념이 다른 이유로 바뀔 수 있다면, 예를 들어서 그들이 더 이상은 변화된 정치적 사회적 관계에 상응하지 않게 될 경우, 혹은 시대를 이끌어가는 철학이나 시대의 새로운 사조가 이런 생각을 낡은 것으로 여기게 하기 때문에(근대가 열리면서 유럽에서 그랬고 지금은 유럽과 미국 그리고 러시아의 침공으로 아프리카와 아시아에서 벌어지는 일로서) 그렇게 바뀔 수 있다면, 이는 매우 의심스러운 가치로의 전환이라고 할 수 있을 것이다. 이런 변화가 일어난 것이 그 일을 정당화해서는 안 된다. 아마 이는 그의 창조주와 주님 앞에 있는 인간의 명예에 대한 관점으로 볼 때 매우 각별한 후퇴, 혹은 궁극적인 퇴락이라고 할 수 있을지도 모른다. 이런 일들은 아무 필연성 없이 일어나고 과정과 같은 연속성으로 이어진 단계에서 불거진 새로움보다는 명예에 대한 더 오랜 관점으로부터 더 정확하게 이해될 수도 있다. 만일 더 오래된 개념들과 거기 포함된 전승들 그리고 습관들과 관습들을 지키려는 사람들을 발견하고 또한 이것들이 생각한 것보다 훨씬 더 강력하게 뿌리를 내리고 있다는 것이 발견되었다면 훨씬 좋은 일일 것이다. 고트헬프(Jeremias Gotthelf)가 지난 세기 베른(Berne)의 정신의 이름으로 당시의 시대정신을 거부한 것은 올바른 일이었다. 베른의 정신을 고양시키기 위해서는 신중한 동의가 있어야만 가능한 것이라는 것은 바르고 적당한 일이다. 시대 상황이 바뀌고 개인의 여건이 바뀌었다고 하더라도 그가 자신의 명예로 여기는 것과 관련해서 다른 기준을 받아들이기를 거부하는 것은 아마도 바른 선택이라고 할 수 있을 것이다. 사실 모든 보수주의나 명예를 정하는 기준과 연관해서 변화를 거부하는 그런 움직임 자체를 부당한 것이라고 심판할 필요는 없다. 그리고 그리스도교가 그런 명예의 기준을 그렇게 바꾸는 일에 동참하리라는 것은 생각할 수도 없다. 물론 과거의 명예의 개념을 유지하는 그런 관점에서 새로운 것에 추구하려는 시도에 대하여 무조건 반대하는 그런 잘못된 그리스도교적 시도가 있다는 것도 사실이다. 예를 들어서 일반적이거나 혹은 개인적인 기준들이 하나님의 말씀과 명령에 의하여 인간들에게 선포된 명예의 형태와 반대되는 것이라는 그런 경우가 있다. 이 후자의 관점에서는 아무리 연약한 전승이나, 아무리 강력하게 우리에게 다가온 위엄일지라도 그 자체로 그 어떤 독립된 가치를 가지고 있지 않은 것이다. 그것의 면전에서 명예에 대한 인간의 모든 개념은 변화를 경험하며 호된 시련을 다시 경험해야 하는 것이다. 이의 면전에서 모든 가치의 변화와 변용이 어느 때나 요구될 수 있는 것이다.

확실히 이것은 인간에게 수여된 그 봉사의 명예가 상당한 정도로 인간이 자신의 고유한 확신과 의견 혹은 심지어 주변 세계에 의한 명예라고 불릴 수 있는 것과 상응할 수도 있다는 가능성을 배제하지 못한다. 그러므로 하나님으로부터 그에게 다가오는 그 명예가 사람들이 명예라고 생각한 것과 서로 필연적으로 상치한다고 생각할 필요가 없으며 또한 이 명예가 어떤 경우에도 절대로 세속적인 명예가 되어서는 안 된다고 생각할 필요가 없는 것이다. 인간이 하나님의 계명에 순종하면서 사람들이 그 이전에 이 세상에서는 불명예, 부끄러움과 치욕스러운 일들이라고 여겨졌던 것 가운데 자신들의 명예를 찾게 된다는 것은 거짓이다. 하나님은 그 사람으로 하여금 부끄럽고 수치스러운 일들을 피해갈 수 있도록 하시는 자유의 하나님이시며 이제 그를 그 부끄러운 일들로부터 **지키시고** 그 범주들로부터 **해방**시키면서 그를 이전에 이 세상에서 최저 혹은 최고로 영예로운 일로 여겨졌던 것에 상응할 수 있도록 인도하고 그렇게 유지시켜서 충분히 명예롭게 만드실 만큼 자유로우신 분이시다.

애굽에 있던 요셉과 모세, 그리고 하나님에 의해 영예로운 존재가 되었던 다윗, 솔로몬, 그리고 욥이 모두 이 세상에서 명예로 인정받은 것과 이 관점에서 사람들의 생각과도 일치하는 좋은 것으로 많이 보상받은 것이 사실이 아닌가? 어린 예수에 대하여서는 누가복음 2:52에 다음과 같이 말해지고 있지 않은가? "예수는 그 지혜와 그 키가 자라가며 하나님과 사람에게 더 사랑스러워 가시더라." 예수께서 사역을 하시면서도 그는 이 지상의 가치로 보아도, 이를테면 인간들의 가장 일반적인 의미에서 모든 종류의 명예스러운 칭호를 받지 않으셨는가? 누가복음 7:36 이하에서 보면 바리새인들이 주지 않았지만 죄 많은 여인으로부터 직접 그 명예스러운 일을 받지 않으셨는가? 또한 예루살렘 입성 시에 그는 길에 깔린 겉옷들, 종려나무 가지의 인사, 하나님을 찬양하는 어린아이들의 찬양을 듣지 않으셨는가? 사도행전 2:47에 보면 이와 유사한 기사를 사도들과 첫 세기 그리스도인들의 이야기 속에서도 발견할 수 있지 않은가? "그들은 하나님을 찬양하고 모든 사람과 더불어 기뻐했다." 인간의 명예가, 하나님으로부터 배타적으로 그리고 오로지 그로부터 온 그의 섬김의 명예가 이 세상적인 명예와 일치하기 때문에 그리고 어떤 때에는 그것으로도 감당하지 못하는 그런 아주 탁월한 명예이기에 덜 영예스럽게 여겨져야 하는가? 쇠에(N. H. Søe, *Chr. Ethik*, 1949, 262)는 키에르케고르가 당시 민스터(Mynster)의 주교를 공격하였는데 그 이유가 그가 사람들이 생각하는 훌륭한 주교상을 잘 따라갔다는 것이었다는 점에서 키에르케고르의 비판이 옳은가를 물었고 내가 보기에 이것은 올바른 문제제기이다. 이것이 과연 그는 진리의 증거자가 될 수 없다는 것을 말하는 그런 뜻인가?

하지만 모든 일이 항상 이렇게 되리라는 주장의 그림자가 절대로 있는 것은 아니다. 모든 일이 항상 이렇게 되리라고 생각해서도 안 되고 또한 그 안에서 우리의 명예의 이 형태들이 환영받을 만한 것도 아니고 좋은 것으로 생각되는 것도 아니게 된다는 그런 상황이 사실 예외에 속할 것이어서 그것을 대하게 되는 사람들은 어느 정도 만족하지 못하게 되어 더 이상 참지 못하고 이 사안을 고쳐서 우리에게 주어진 그 명예를 다시 우리가 명예 개념에서 생각한 그것에 가까이 근접하는 것이나 그에 상응하는 것으로 바꾸려고 해서는 안 된다. 여기에는 단 하나의 법칙이 있다: 이는 (1) 그 누구도 하나님의 피조물로서의 그에게 다가온 명예 없이 사는 자가 없다. 즉, 모든 사람은 하나님의 계명에 의하여 부름을 받은 자로서 그의 봉사의 명예를 가지고 있다. (2) 인간의 명예는 이렇게 이중적인 의미에서 진실하고 현실적이며 확실한 것이다. (3) 전능하고 자비로우신 하나님은 인간을 명예롭게 하시고 새로운 명예로 허락하실 뿐 아니라 어떤 형태의 명예를 각 사람에게 각 사람의 삶의 상황에서 그리고 그 안에서 그가 변화된 삶을 살아가야 하는 그런 형태 속에서 주실 것인가를 결정하실 수 있는 분이다. 하지만 이 형태의 정당한 규칙과 정확한 방식에 대해서 우리가 아는 바는 없다. 하나님이 자유로우셔서 그 규칙이 우리가 가진 명예의 개념과 우리의 기대 그리고 희망과 어느 정도 **상응**하게 하시는 것처럼 또한 그는 이것들이 우리의 기대와는 전혀 다른 것이 될 수 있을 만큼 자유로우신 분이시다. 따라서 그에 의해서 하나님 앞에서 인간의 명예와 그리고 인간들이 세상적으로 기대하는 것과 이해하는 것이 끊임없이 부딪히고 상호 모순적으로 이해되어야 하는 특별한 법칙은 없다면, 또한 마찬가지로 그에 의해서 이 두 생각이 서로 일치해야만 하는 그 어떤 법칙도 따로 없는 것이다. 여기에 법이 있다면 그것은 오직 살아 계신 하나님과 그의 말씀뿐이다. 하나님께서 인간의 명예에 대한 생각과 일치하도록 이렇게 저렇게 그 명예에 대한 사안들을 이끌어 가시는 그런 섭리의 주권에 상응하면서 그가 가질 수 있는 모든 전제를 거역해서 인간 역시 겸손과 봉사의 의지가 있을 수 있게 된다. 그리고 그럴 때 그는 근본적으로 자유로워지고 자유를 지킬 수 있는 그런 사람이 된다. 이 관점에서의 윤리적 기준은 그가 결국 기쁨을 가지고 있느냐의 문제로 규결된다. 이 세상의 희망과 기대보다 훨씬 더 위대한 하나님에 대한 기쁨을 가지고 있는가? 하나님에 대한 기쁨이 다른 모든 충만하고 충족되어 있는 그런 개념들보다 더 위대한 것으로 남아 있는가? 즉, 우리는 인간의 기쁨에 대하여 말하고자 한다.

하나님께서 어느 한 사람을 부르실 때, 그가 자기 스스로를 **과소평가하고** 있다는 것과, 그가 자신의 명예를 지나치게 사소하게 그리고 제한해서 생각했다는 것, 그가 자기 자신에게 요구했거나, 그의 주변 환경이 지금까지 그에게 요구해왔던 것보다 더 많은 요구를 받고 있다는 것, 그리고 그가 실제로 받기로 되어 있는 명예에 합당하게 되고, 마땅한 자격을 갖추기 위하여 자신에게 더 큰 것과 더 어려운 것을 요구할 수 있고, 기대할 수 있다는 것을 이해한다면, 이 기쁨이 진실로 입증될 수 있을 것이다. 그는 스스로가 그의 개인적인 직관들이나 그에게 권위를 가지고 있는 집단적인 명예 개념들(Ehrbegriffe)에 만족하는 것을 허용하지 않을 것이다. 이 모든 것은 즉시로 불충분한 것으로 드러날 것이다. 그리고 만일 그가 이것들에 연연하고, 이것들에 얽매이고, 그에게 요구되는 새로운 것 대신에 이것들을 규범으로 주장하고, 이것들에 의존하여 그에게 부여된 더 높은 가치를 거부한다면, 이는 명백히 허용되지 않은 겸손이다. 그가 겸손해야 할 대상은 이것들이 아니라, 하나님과 그분의 계명이다. 만일 하나님께서 그에게 스스로 일어서도록 명하시고, 뿐만 아니라 부득이하게 다른 사람도 더 높은 요구들에 대해 일으켜 세우도록 명령하시며, 자기 자신의 가치를 더 강력하게 발휘하도록 명하신다면, 그는 매우 깊은 겸손 가운데서 이를 위해 필요한 더 큰 용기를 내거나, 심지어는 아마도 꽤 큰 용기를 내야만 할 것이다. 그는 아무런 안전대책도 없이, 그가 지금까지 자신의 권한 아래 있다고 생각했던 것을 고집할 수 없고, 자기 자신과 자신의 능력에 대한 지금까지의 모든 지식으로부터 벗어나는데도 불구하고 감히 도약을 시도할까? 그는 그에게 주어진 믿음의 양이 그가 누릴 수 있는 명예의 양이라는 것을 이해할까? 혹은 그는 그에게 주어진 믿음의 양에 대하여 그가 정당하게 받을 수 있다고 생각되는 명예의 양을 주장할까? 그는 스스로를 과대평가하지 않고, 하나님께서 그분의 지혜 가운데 그의 명예를 높이고 확장시키기를 원하셨고, 그렇게 결정하셨음을 깨달으면서 순종 가운데 기쁜 마음으로 이런 주장을 그만둘까?

우리는 복음서의 **제자들을 부르시는** 장면에서 분명하게 드러나고 해결에 이르는 문제에 관해 이야기해 보려고 한다. 마가복음 1:16-17을 주목하라. 그곳에 시몬과 그의 형제 안드레가 있었다. 그들이 "바다에 그물 던지는 것을 보시니 그들은 어부라."―이것이 출발 상황이다. "예수께서 이르시되 나를 따라오라."(δεῦτε ὀπίσω μου) 이 **명령** 자체는 그보다 더 간략하거나 분명할 수 없다. 그러나 이 명령 속에는 "내가 너희로 사람을 낚는 어부가 되게 하리라."는 **약속**이 포함되어 있다. 그들에게 명령된 새로운 행위를 통해 그들에게 주어져야만 하는 새로운 명예가, 그들에게 이 명령을 주시는 분에 의해 그들에게 약속된다. 그들은 이것 앞에서 움츠러들어서, 지금까지의 그들의 상태로부터 누릴 수 있는 작지만 확실한 명예에 만족한 채, 이로부터 더 큰 명예를 향해 한 발을 내딛는 시도를 하려고 하지 않을 것인가? 아니면 그들은 이것에 응답하고 붙잡으려고 할 것인가? 그들은 "곧 그물을 버려두고 따르니라." 순종으로 부름을 받아서 순종을 행함으로써 그들은 그들의 새로운 명예를 붙잡았다. 어떤 반문도 없이, 명백한 기쁨으로. 최소한 먼저 가서 자신의 아버지를 장사지내려 했던 한 남자의 경우(눅 9:59-60)와 최소한 먼저 자기 가족들과 작별을 하려고 했던 다른 한 남자의 경우(눅 9:61-62)는 자신의 명예 가운데 높아지고, 더 낫게 향상되는 기쁨도 마찬가지로 결핍될 수 있음을 보여준다.

그러나 이제 상황이 완전히 뒤바뀔 수 있다. 하나님께서 한 사람을 그분의 말씀을 통해 새로운 순종으로 부르심으로써 그에게 수여하시는 명예가 지금까지의 그의 명예 기준보다 **아래에**―경우에 따라서는 매우 아래에―있을 수 있다. 이전에 그에게는 보통 사람으로서 자신의 명예를 내적으로 어떤 잔잔한 자의식의 균형 속에서 찾는 것이 당연했다. 이제 그는 이런 고요함으로부터 뛰쳐나와야 하고, 바로 그의 내적인 평화에서 스스로를 불안하게 만들고 어지럽혀야 하고, 자신의 직선적인 사고를 부숴야 하며, 격앙된 대화 속으로, 아마도 그를 매우 수치스럽게 만들 수 있는 논쟁 속으로 휘말려 들어가야만 한다. 이전에 그에게는 자기 자신을 가능하면 잡음 없이 그를 둘러싸고 있는 인간 사회의 구조 안에 놓는 데서 자신의 명예를 구하는 것이 당연했다. 그러나 이제 그는 이 사회가 근본적으로 잘 연결되어 있는 것이 전혀 아니라는 사실을 깨달아야만 한다. 그는 이 사회에 대하여 모나게 되고, 억센 모습으로 나타나야 한다. 그는 한 명의 외톨이, 한 명의 괴짜, 또는 놀라움을 주거나 괴로운 주목을 받는 대상이 되어야 한다. 이전에 그는 자신이 동료들의 주목을 받고 그것을 유지하려고 시도하는 것에서 자신의 명예를 찾고자 했던 것을 당연하게 여겼다. 이제 그는 자신을 다른 사람들로부터 격리시키고, 자신이 원하던바, 곧 다른 사람들의 주목을 받는 것에 기여하지 않고, 오히려 그들의 경멸과 멸시를 불러일으키는 데 적합한 것들을 말하고, 그에 적합한 길을 걸어야만 한다. 이전에 그는 선한 자들이 결국에는 삶 속에서 구체적인 보상을 받고, 악한 자들이 상응하는 벌을 받는다는 것을 당연하다고 생각했다. 또한 선한 자들에게 속하기를 원했던 그의 명예가 최종적으로 어느 정도 성공적으로 드러나기를 기대하는 것이 그에게는 당연했다. 그러나 이제 그는 욥기 21장으로부터 불경건한 자들이 대체로 놀랄 정도로 잘 살고 있는 것처럼 보이고, 명성을 누리며, 직접적이거나 간접적인 영향력을 소유하고, 모든 것이 올바르게 된다며 마땅히 의로운 자들에게 돌아가야 할 승리를 누리고 있다는 사실을 경험해야만 한다. 이제 그는 바보들과 쓰레기들이 두 다리를 한껏 벌리고 무대 위에 서서 위대한 신사의 연기를 하는 동안, 자신은 자신의 선한 의지로 거의 아무것도 얻을 수 없고, 성공할 수 없거나 아니면 작은 성공만을 이룰 수 있을 뿐이며, 옆이나 구석으로 밀려나 있다는 사실을 참아내야만 한다. 이전에 그는 자신의 명예를 어렵고 인내를 필요로 하더라도 자신의 문제와 싸워서 쟁취해야만 하는 승리와, 최소한 자신의 염원과 자신의 의도의 탁월함을 보여주는 것과, 그리고 자신의 인격이 지극히 당연하게 드러나고 그 가치가 발현되는 것과 동등하게 간주하는 것을 당연하다고 생각했다. 그러나 보라. 그는 달리지 않는다. 오히려 그는 져서 쓰러지고, 실패한다. 그는 창피와 치욕을 받는다. 그는 이제 아마도 정말로 밑바닥으로 내려가서, 시궁창에서 배회해야만 한다. 그가 삶에서 올바르고 범죄에서 순결한 (integer vitae scelerisque purus) 자로서 적어도 내적으로는 승리를 거둘 수 있다거나, 혹은 어리석고 악한 세상에 대하여 어떤 경우에도 스스로를 옳다고 인정할 수 있다거나 할 것 같지는 않다. 오히려 모든 것에서 자기 자신의 불충분함과, 자기 자신의 태만과 실패가 그의 눈앞에 드러나게 될 것이다. 다시 말해 그는 결국에 악한 세상과 같이 죄가 있다는 것과 고발을 당했다는 것을 깨달아야만 한다. 오히려 세상보다 그 죄가 더 무거울지 누가 알겠는가! 우리는 항상 그렇게 될 필요는 없다는 것을 보았다. 사람이 당연하게 여기고, 좋아하고, 소망하는 자신의 명예와 그가 순종하기를 원할 때 실제로 그에게 주어지는 명예 사이의 갈등이 다행스럽게도 언제나 동일한 날카로움과 예리함을 지니고 나타날 필요는 없다. 그러나 그렇게 될 수도 있다. 하나님께서는—언제나 그분의 전능한 긍휼 가운데—자유롭게 자신을 섬기도록 부르신 자의 명예가 그에게 당연하지 않은 이러한 형태로 성취되도록 하신다. 이 명예는—그가 지금까지 자신의 명예로 간주해야만 한다고 생각했던 것이 근절될 때까지—이제 명백히 **낮아짐**

(Erniedrigung), 곧 제한과 감소(Minderung)의 형태를 취한다. 실로 그는 이제 자신이 스스로를 과대평가했고, 지나치게 자신을 믿었었고, 도가 넘었었다는 것을 확고한 사실의 언어로 말해야만 한다. 이제 그에게는 큰 포기를, 아마도 가장 큰 포기를 할 것이라는 기대가 주어진다. 다른 사람이 위로 향하도록 자신을 바로잡는 것처럼, 이제 그는 아래로 향하도록 자신을 바로잡아야 한다. 사람들은 무엇이 어려운지 논쟁할 수 있다. 자신의 명예 개념에서 스스로를 바로잡는 것은 언제나 어렵다. 하나님께서는 일하실 때 언제나 그들의 시간과 장소에 맞추어서 여기서는 예기치 않게 높여진 사람을, 저기에서는 예기치 않게 낮추어진 사람을 사용하신다. 단지 우리는 그 누구도 **아래로** 향하도록 자신을 바로잡을 필요가 없는 형태나 때가 있을 것으로 기대해서는 안 된다고 말할 수 있을 뿐이다. 언젠가 위쪽을 향하여 바로잡힌 사람들, 즉 명예의 형태에서 높여진 사람들은 대부분 자신이 다른 때나 혹은 다른 경우에 명예의 형태에서 낮아지게 되며, 이를 더욱더 철저하게 검토해야 할 필요가 있음을 유념해야만 한다. 그들이 그분의 혹독한 심판과 수업에 나가야만 했기 때문에, 그들에게 정해진 낮아짐을 용감하고 침착하게 받아들이도록 만들고, 그들에게 하나님의 선하심을 더욱더 깊이 각인시키는 것이 그들이 높아지게 된다는 의미일 수 있었다. 물론 만일 한 사람이 그의 명예의 형태에서 낮아지게 된다면, 현재의 어려운 상황 속에서 그가 결코 생각할 수 없지만 그의 바로 앞에 임박한 높아짐(Erhöhung)을 위하여 그를 준비시키고, 그에게 당연한 명예 개념을 약화시키고 깨뜨림으로써 그를 자유롭게, 움직일 수 있게, 유연하게 만들고, 그가 용기—큰 용기, 아마도 매우 큰 용기—를 가지라는 명령을 받게 될 때 필요하게 될 겸손을 그에게 가르치며, 그가 당연하게 여기는 명예 개념을 훨씬 뛰어넘어서 이제 한 층 더 명예와 존엄 속에서 자신의 임무를 수행하는 것에 이 사건의 의미가 놓여 있을 수 있다. 그러나 사람의 명예가 그의 낮아짐, 오해, 모욕, 멸시, 경멸의 형태나, 그가 당하는 치욕과 수치의 형태나, 그리고 그가 주변으로부터뿐만 아니라 자기 자신에게서도 받아들여야만 할 거절의 형태를 하고 있다는 것—이 모든 것이 하나님께 대한 그의 기쁨을 이제 아주 특별하고, 매우 독특하며, 구체적인 방식으로 요구하고 있다는 것—은 확실하다. 이 기쁨이 정말로 하나님께 대한 그의 기쁨인지, 자기 자신에 대한 그의 비밀스러운 기쁨이 아닌지는 그의 명예가 취하고 있는 이런 형태를 고려하면서 시험대 위에, 아마도 가장 엄격한 시험대 위에 세워질 것이다. 그가 만일 명예를 자기 자신 앞에서, 다시 말하면 소위 선한 '양심'의 위로 가운데서 더 이상 볼 수 없고, 방어할 수 없을지라도, 자신의 명예를 정말로 하나님의 손에 맡기고, 오직 그분에게서만 명예를 찾게 될까? 이와 함께 이제 기쁨도 관심거리이다. 그는 지금 기쁨을 가져올 것인가? 다음과 같이 질문하는 것이 더 낫다. 지금 그에게 기쁨이 선물로 주어질 것인가? 그는 지금 정말로 스스로는 헤엄칠 수 없고, 단지 그에게 내민 다른 사람의 손만을 잡을 수 있는 물에 빠진 자처럼 기쁨을 주시도록 하나님께 간청할 수 있다는 것과, 외쳐서 이를

구해야만 한다는 것을 깨달을까? 아니면 그는 위협받고, 부숴져서 자신의 발 앞에 버려진 자기 자신의 명예 개념을 다시 뒤돌아보면서, 자신의 명예를 지금 받아들인 명예의 형태 속에서 인식하지 않고, 이를 뿌리쳐 떨어낸 다음에, 분노와 슬픔과 불쾌함 속에 가라앉으려고 할까?

우리는 성경이 문제의 이러한 측면에 대해서도 명시적으로 말하도록 하기 위하여 먼저 예레미야서 절반과, 시편 절반과, 욥기 전체와, 제2이사야의 이사야 53장에 포함되어 있는 여호와의 종의 노래를 생략하지 말고 글자 그대로 적어야만 한다. 요점은 다음과 같다. 인간적인 명예의 **이런 형태**, 곧 인간이 당하는 **능욕**—그와 세상이 볼 때 지극히 실제적인 능욕—으로서의 명예의 형태가 바로 **예수**께서 그분의 **제자들**—예수께서 고기 잡는 어부에서 사람을 낚는 어부로 만드셨던 바로 그들—에게 가능하면 진지하게, 그러나 피할 수 없는 몫이나 운명으로서가 아니라 진정한 **명예**의 두드러진 형태로서 고려하도록 요청하셨던 명예의 형태이다. "의를 위하여 박해를 받은 자는 복이 있나니 천국이 그들의 것임이라." 어떤 식으로든 후회하거나, 또는 영웅적인 의연함에 호소하지 말고, 단순하게 "나로 말미암아 너희를 욕하고 박해하고 거짓으로 너희를 거슬러 모든 악한 말을 할 때에는 너희에 복이 있나니 **기뻐하고 즐거워하라**. 하늘에서 너희의 상이 큼이라. 너희 전에 있던 선지자들도 이같이 박해하였느니라."(마 5:10-12). 요한복음 16:2-3도 마찬가지이다. "사람들이 너희를 출교할 뿐 아니라 때가 이르면 무릇 너희를 죽이는 자가 생각하기를 이것이 하나님을 섬기는 일(λατρείαν προσφέρειν τῷ θεῷ)이라 하리라." 이 구절에 따르면 그들은 이로써 좋은 집단(Gesellschaft), 실로 최고의 집단 속에 있게 된다. "그들이 이런 일을 할 것은 아버지와 나를 알지 못함이라." 신약에서 고통이나, 곤경이나, 십자가를 지고 따르는 것에 관해 이야기할 때, 대부분의 맥락들에서는 어느 정도 구체적으로 그리스도인이 섬김의 순종 가운데 세상과의 관계 속에서 **낮아져서** 멸시와 박해를 경험해야만 할 필요성과, 바로 이것이야말로 진정한 **명예**라는 것을 생각해 볼 수 있다. 이 때문에 바울은 로마서 5:3에서 "우리가 환난 중에도 즐거워하나니"라고 말하고, 로마서 8:18에서는 "생각하건대 현재의 고난은 장차 우리에게 나타날 영광과 비교할 수 없도다."라고 말한다. 또한 고린도후서 12:9-10에서 그는 "나에게 이르시기를 내 은혜가 네게 족하도다. 이는 내 능력이 약한 데서 온전하여짐이라 하신지라. 그러므로 도리어 크게 기뻐함으로 나의 여러 약한 것들에 대하여 자랑하리니 이는 그리스도의 능력이 내게 머물게 하려 함이라. 그러므로 내가 그리스도를 위하여 약한 것들과 능욕과 궁핍과 박해와 곤고를 **기뻐하노니**(εὐδοκῶ) 이는 내가 약한 그때에 강함이라."고 말한다. 베드로전서 4:14 이하도 이와 같다. "너희가 그리스도의 이름으로 치욕을 당하면 **복 있는** 자로다. 영광의 영 곧 하나님의 영이 너희 위에 계심이라.…만일 그리스도인으로 고난을 받으면 부끄러워하지 말고 도리어 그 이름으로 하나님께 영광을 돌리라!…그러므로 하나님의 뜻대로 고난을 받는 자들은 또한 선을 행하는 가운데(ἐν ἀγαθοποιΐᾳ) 그 영혼을 미쁘신 창조주께 의탁할지어다." 야고보서 5:11 이하는 "보라 인내하는 자를 우리가 **복되다** 하나니 너희가 욥의 인내를 들었고 주께서 주신 결말을 보았거니와 주는 가장 자비하시고 긍휼히 여기시는 이시니라."고 말한다. 음조(Ton)는 분명하다. 만일 인간이 하나님을 섬기기 위해 부름을 받고, 이를 위해 이용될 수 있다면, 인간적인 명예 개념을 끝까지 유지하는 것은 더 이상의 이야기 거리가 될 수 없다. 각자에게 어떤 형태로든 낮아짐의 '순간'이 찾아온다. 때문에 "무릇 그리스도 예수 안에서 경건하게 살고자 하는 자는 박해를 받느니라."(딤후 3:12) 끝까지 남는 것은 하나님의 명예뿐만 아니라, 이 명예와 함께하고, 또한 이 명예로부터 나오는 인간의 명예이다. 이 명예는 섬김으로 부름 받은 자에게 주어진다. 또한 신약성서의 증언에 따르면 끝까지 남을 수 있는 또 다른 것은 인간으로서의 그의 명예를 고수하고, 심지어 바로 이런 형태 속에서 올바르게 지속하는 인간적인 **기쁨**이다.

그러나 이제 우리는 하나님께서 의도하셨고, 인간에게 부여하신 명예가 그의 높아짐이나 그에 대한 멸시의 형태를 취하고 있지 않다는 사실과, 자신이나 다른 사람에게 전혀 보이지 않거나 아니면 거의 보이지 않는 형태를 취하고 있다는 사실을 기억하는 데 소홀히 해서는 안 된다. 어부였던 시몬과 안드레처럼 모든 사람이 자신의 명예에서 그렇게 높아지는 것은 아니다. 또한 모든 사람이 도스토예프스키의 어떤 인물들처럼 자신의 명예에서 그렇게 낮아지고, 모욕을 받는 것은 아니다. 그러면 누가 지속적으로 그리고 모든 면에서 둘 가운데 한 사람이 될 수 있는가? 사람들 **대부분의** 실제 삶과, 이런 혹은 저런 측면이 두드러지는 자의 삶의 **폭**(Breite)은 주된 관심사가 하나님께서 그들에게 주려고 하셨던 명예와 그들이 가지고 있는 명예 개념 사이의 분명한 갈등 속에서 가능하면 고분고분하게 — 위쪽 방향으로나 아래쪽 방향으로 동일하게 — 끝까지 버텨내는 데 있는 것이 아니라, 완전히 아무런 재미도 없이, 다시 말하면 그와 같은 갈등 없이 실제로 하나님으로부터 칭찬을 받는 것에 만족하는 데 있는 중간 지점에서 이루어진다. 아무런 갈등도 없이? 이는 눈에 띄거나 밖으로 분출되는 갈등이 없다는 의미로 이해할 수 있다. 그들은 아마도 그들의 명예가 어떠해야 하는지에 관해 그렇게 대단히 날카로운 직관이나 생각은 가지고 있지 않다. 그들은 그것에 관한 의식이나 질문이 그들의 삶에서 어떤 특별한 역할을 할 필요가 없다는 결론으로 이끌린다. 혹은 그들이 인도된 방식이 최소한 중요한 노선들에서 그들이 그것에 관해 다루지 않는 것을 허용한다. 이 점에서 그들에게는 거의 아무것도 일어날 수가 없다. 실제로 그들에게 거의 아무것도 일어나지 않는다. 그들이 생각했던 것보다 훨씬 더 스스로를 믿거나 혹은 훨씬 적게 믿을 필요가 있고, 당연하다고 생각되는 것보다 더 많게 혹은 더 적게 주장할 필요가 있는 용감함과 겸손은 아마도 오랫동안, 아마도 완전히 그들로부터 벗어나 있다. 많은 것이 그들로부터 벗어난다. 여기에는 많은 내적, 외적 자극들과 많은 괴로움뿐만 아니라 많은 움직임과 오로지 저 갈등들의 발생과 해소를 통해서만 얻을 수 있는 부(Reichtum)도 당연히 포함된다. 그들은 이렇게 가운데만 통과하여 전혀 아무런 방해도 받지 않고, 전혀 흔들리지 않으며 살아갈 수 있지만, 아무런 영광도 받을 수 없다. — 그들은 승리자의 왕관도, 순교자의 왕관도 쓰지 못한다. 우리는 스스로를 속이지 말자.

명예의 왕국에는 진실로 이와 같은 **작은 자들**이 셀 수 없이 많이 있다.—그들이 작은 자들인 이유는 자신의 문제에 대해 완전히 혹은 거의 완전히 무관심하기 때문이다. 우리 **모두는** 대부분 이 왕국에서 그와 같은 작은 자들일 수 있고, 그래도 좋고, 그래야만 한다. 그러나 우리는 또한 그들에 관해서도 무언가 좋게 말해질 수 있다고 믿는다. 이 점에 관해서 우리는 스스로를 속이지 말자. 그래도 좋은가? 그래야만 하는가? 여기에서 무엇이 올바른 단어인가? 이 작은 자들은 아마도 자신들이 그것을 얼마나 잘 소유하고 있는지 전혀 모른다. 또한 그들은 물론 자신들이 무엇을 포기해야만 하는지도 모른다. 하지만 하나님께서 정하신 인간의 제한이, 하나님께서 의도하셨고, 그에게 부여하신 명예가 이러한 형태를 취해서는 안 될 이유가 있는가? 왕관을 쓰지 않았다는 것이 어떤 의미인가? 요한계시록 2:10에 따르면 신실한 자에게 약속된 생명의 관이 승리자의 관이나 순교자의 관이어야만 하는가? 이는 마치 저 작은 자들이 중간 지점에서는 신실할 수 없고, 이 때문에 생명의 관을 받을 수 없다고 말하는 것과 같다!

이는 마치 구약의 하나님의 백성과 신약의 교회에 오직 위대한 믿음의 영웅들과 고난당했던 위대한 믿음의 사람들만이 속하고, 이쪽 방향이나 저쪽 방향으로 뛰어나지 못하고, 자신의 이름을 밝히 드러낼 수 있는 처지에 있지 않았던 많은 사람에 대해서는 이들의 신실성과 섬김과 증언에 관해 알지 못하기 때문에 이들이 여기에 속하지 않는다고 말하는 것과 같다! 이는 마치 그들에게 항복하는 아무 영도 없다면(눅 10:20), 이들이 하늘에 더 적게 기록된다고 말하는 것과 같다!

여기에 신학과 교회의 실천을 위한 질문이 있다. 이는 마치 우리가 말씀으로 섬길 때 대상으로 삼는 대부분의 사람들이 중간 지점에 있는 저 작은 자들에 속하지 않고, 어떤 특별한 높아짐에서 자신을 확증하거나, 자신의 명예가 특별하게 낮아지는 것에 의존하려는 것이 아니라, 이 작은 자들로서, 곧 특별한 사건이 전혀 없거나 거의 없는 일상의 기사(Ritter)로서 신실성이나 또는 불성실에 의존하려고 한다고 말하는 것과 같다. 이는 마치 우리가 진리에 맞게 언제나 그들 편이 되는 것이 우리에게는 유익하거나, 최고의 위안을 주는 것이 아니라는 듯이 말하고 있지 않은가? 정말로 높이와 깊이로 인도하는 하나님의 길들의 위엄과 부요함에 관해 고려되고, 말해져야만 하는 것과는 상관없이! 반면에 하나님께서 인간들이 그분의 길로 가도록 명하시고, 그렇게 허용하시는 전체 영역이 그 사이에 있음을 고려하면서!

작은 자들의 문제는 그들에게 문제의식이 없다는 데 있다. 혹은 그들의 문제들이 **눈에 띄지 않는다는** 점이 문제라고 말할 수 있다. 이 때문에 그들이 축하를 받아야 할지, 아니면 동정을 받아야 할지는 그들도 역시 인간들이라는 사실, 하나님께서 마찬가지로 그들의 창조주이시고 화해자이시라는 사실과, 그분께서 그들을 잊지 않으신다는 사실, 그리고 아무런 관심도 끌지 못하는 그들이 하나님께는 확실히 관심의 대상이라는 사실, 이런 확실한 사실들과 비교할 때 완전히 이차적인 문제이다. 하나님께서 사람을 영광스럽게 하셨을 때와 앞으로 영광스럽게 하실 때 그 사람에게 주실 영광은 눈에 잘 띄지 않으면서, 그에게 어떤 특별한 것도 지나치게 요구하거나 기대하지 않은 채 그가 영광을 소유하고 지닐 수 있도록 해주는 그런 형태를 취할 수도 있다. 그들은 그의 명예에 대하여 어떤 태도로 대하는지 물어지고, 또한 그리고 그들이 혹시 그로부터 그 명예를 뺏지 않도록 시험을 당하는 것은 그들이지 그 적은 자 그가 아닌 것이다. 이 작은 자에게서, 아무런 문제를 갖고 있지 않은 이 자에게서 하나님이 그들에게 주었었고 주고자 하는 그 명예를 더 확실하게 인식할 뿐 아니라 더 분명하게 존중하고자 한다는 것을 그들은 알도록 요구받고 있는 것이다. 그들의 이 명예에 대한 **기쁨**은 물론 이 작은 자들에게서도 기대될 수 있다. 그들도 역시 이에 대한 동기를 가지고 있다. 그들이 자기 자신과 다른 자들에게 초라해 보이더라도, 자신과 다른 자들에게 잿빛으로 나타날 필요는 없다. 평범한 것—어떤 주목도 받지 않는 바로 그 자체—도 자신의 방식으로 빛날 수 있고, 하나님을 섬기는 일에서 완전한 **증언**(Zeugnis)이 될 수 있다. 그러면 어떻게 이것이 실제—사람들은 이에 대해서 착각하면 안 된다!—비밀리에 수없이 심지어는 작은 자들에게도 감추어진 채 **벌어지는가**! 하나님을 섬기는 일에서 아무런 문제를 제기하지 않는 자들도 적어도 진정한 영웅들과 고난 받는 자들이 필요한 만큼 필요하지 않는가!

 4. 끝으로 우리는 사람이 주변 환경으로부터 오는 위협이나 자기 자신의 행동으로부터 오는 위협으로부터 자신의 명예를 **안전하게 지키고**, 다른 사람들의 말이나 행위에 대응하여 자신의 명예를 보호하고 방어하도록 허용될 뿐만 아니라 명령되는 그런 상황들이 있지 않은가라는 질문에 대하여 우리의 입장을 밝혀야 한다. 그와 같은 행위가 고려될 수 있는 상황들이 있다. 사람의 생명이 위협을 받을 수 있고, 그의 권리와 재산이—이 둘은 윤리학의 이 부분에서 아직 고려되지 않았다.—위협을 받을 수 있는 것처럼, 그의 명예도 마찬가지이다. 심지어 이것들 모두는 잠재적으로 언제나 위협을 받고 있다. 그러나 인간의 명예는 생명, 권리, 재산과는 다르다. 우리는 사람이 자신의 명예를 오직 하나님 앞에서, 그리고 하나님으로부터 소유할 수 있다는 것을 보았다. 어떤 상황도, 어떤 사람도 이 명예를 늘리거나 줄일 수 없으며, 그에게 명예를 줄 수도, 그로부터 빼앗을 수도 없다. 또한 그 사람 자신도 그렇게 할 수 없다. 오직 하나님만이 그가 어떤 자격과 가치가 있는가라는 질문에 대답하실 수 있다.

 이로부터 모든 가능하고 필요한 예방 조치 및 보호 조치와 관련하여 첫 번째 특별한 판단 기준이 유도된다. 즉, 명예에 대한 위협은 확실히 지극히 깊은 **무관심** 속에서만 시도될 수 있다는 점이다. 사람의 명예에 대한 위협하고 효과적인 위협은 오직 하나님으로부터만 비롯된다. 하나님께서는 그분의 자유 안에서 그에게 명예를 선물하셨고, 그분의 자유 안에서 다시 그에게 명예를 선물하실 것이다. 명예는 그분의 은혜의 자유이다. 인간은 그분께 명예를 요구할 수 없으며, 또한 명예를 굳게 붙잡고 있을 능력을 가지고 있지 않다. 그러나 하나님께서 그에게 명예를 선물하셨기 때문에, 그가 하나님으로부터 명예를 선물로서 언제나 새롭게 받기 때문에, 그는 명예를 다른 모든 면에서 **논쟁의 여지 없이 확실한** 것으로 간주할 수 있고 또 그렇게 해야만 한다. 명예에 관한 문제에서 그에게 실행하도록 요구된 것으로 보이는 것이 무엇이든 간에, 그는 모든 경우에서 명예의 상실에 대비하려는 생각과 의도로 이것을 할 수는 없을 것이다. 이 명예는 하나님 곁으로 매우 잘 높여져 있기 때문에, 어떤 인간적인 멸시, 모욕, 비방이나, 그 어떤 자신의 오류와 실수도 이에 가까이 미칠 수 없다. 하나님의 이름이 그 위에 쓰여 있으며, 그 누구도 또는 그 무엇도 이것을 지울 수 없다. 거기에 이름을 쓰신 분만이 그 이름을 지울 수 있을 것이다. 모든 것이 그분과의 평화에 달려 있다. 우리가 그분과 평화를 누리고 있다면, 우리는 다른 모든 측면에서도 **평화롭게** 우리의 명예에 관해 생각할 수 있다. 명예에 아무런 일도 일어날 수 없다. 우리는 명예에 무슨 일인가 일어난 것처럼 그렇게 행할 수도 없고 행해서도 안 된다. 또한 명예를 위해 나설 수도 없고 그래서도 안 된다. 이는 의미하는 바는 우리가 명예를 보호하는 성실이나 힘을 문제 삼고, 이로써 하나님과 불화에 빠진다면, 당연히 다른 모든 측면에서도 더욱더 — 바로 우리의 부적절한 근심으로 인해 — **불안** 속으로 추락하게 된다는 것이다. 그 불안 속에서 우리는 우리의 명예를 위해 아주 어렵게 나설 수밖에 없으며, 결국에는 전혀 편들 수 없게 된다. 자신의 명예를 올바르게 지키고 보호하는 것은 모든 경우에 있어서 오직 저 궁극적인 안식(Ruhe)에 의해서 실현될 수 있으며, 오직 왼손으로만, 단지 부수적으로만 이루어질 수 있을 뿐이다. 여기에서 우리의 관심사는 결코 '전체'가 될 수 **없다**.

이것은 사람들이 자신의 명예의 문제에 있어서 모든 것은 아닐지라도 확실히 매우 **많은 것**에 대해 **즐거워해도** 된다는 것을 의미한다. 마태복음 9:38-42에 따르면 사람은 자신의 오른편 뺨을 때리는 자에게 명예를 침해 받지 않으면서도 왼편 뺨을 돌려 댈 수 있고, 자신을 고발하여 속옷을 가지고자 하는 자에게 겉옷까지도 줄 수 있으며, 그에게 오 리를 가도록 강요하는 자와 함께 명예를 보존하면서(salvo honore) 십 리를 동행할 수 있다. 이는 여기에서 어떤 중대한 것도 위험에 처해지지 않기 때문이고, 여기에서 위협이 되는 악에 대해 불가피한 저항이 다른 측면에서 처리되었기 때문이다. 이처럼 바울은 고린도에서 자신의 적이 말하도록 허용했다.(고전 4:3f.) 그들에게서나 인간의 법정(ἀνθρωπίνης ἡμέρας)에서 판단을 받는 것이 그에게는 "매우 작은 일"(ἐλάχιστον)이었다. 그는 또한 자신이 스스로를 판단하려는 생각을 하지 않는다. 그에게는 그럴 만한 아무런 이유도 없기 때문이다. 그는 이 때문에 의롭다 함을 얻는 것이 아니라, 오히려 주의 심판을 받게 되리라는 것을 알고 있으면서도 그렇게 한다. 그러나 주께서 오셔서 "어둠에 감추인 것들을 드러내고 마음의 뜻을 나타내"실 것이다. 그때 "각 사람에게 하나님으로부터 칭찬이 있"을 것이다. 바울은 자신이 하나님의 은혜로 행함을 양심의 증언으로 확증하면서, 이것을 '자랑'으로 삼고 있다.(고후 1:12) 이 때문에 그는 "하나님의 종"으로서의 자신의 실존에 관한 저 위대한 묘사에서 침착하게 그리고 자명하다는 듯이 "명예와 모욕을 받고, 칭찬과 비방을 듣고… 오해 받고 또 이해 받으면서"—이 모든 대립을 뛰어 넘어서—자신의 길을 간다고 기술할 수 있다.

그리스도인은 자신의 명예와 관련해서 꽤 두꺼운 피부가 자라나도록 하는 것이 좋고 또 그래야만 한다. 그는 비스듬한 조명들 아래서 그에게 발생한 모든 것과, 그에 관해 이야기되고, 쓰이고, 특별히 인쇄된 모든 것을 마음에 담아둘 필요는 없다. 대부분의 거짓말은 다리가 짧고, 특별히 신문에 난 기사들은 빨리 잊혀지고, 지속적인 중요성을 갖고 있지 않다는 것을 경험은 가르쳐 준다. 근래의 신학사 속에서 떠도는 소문에 따르면 한 사람이 그에게 가해진 혹독한 비평 때문에 죽은 예가 있다. 그는 그렇게 하지 않았어야 했다. 그것은 그의 적이 가한 비평보다 그에게 훨씬 더 안 좋은 것이었다. 사람들이 자신들의 명예와 관련하여 믿음을 통해 모든 순간에 누릴 수 있는 이 대단한 면제의 특권을 완전히 다르게 인식하고 있고, 그것을 사용하는 법을 완전히 다르게 알고 있다는 것은 얼마나 안타까운 일인가! 아니다. 사람들은 어느 누가 유쾌하지 않는 말을 하더라도 반드시 그에게 대답할 필요는 없다. 사람들은 자신들을 희생 제물로 삼을지도 모르는 모든 오해와 곡해들 때문에 흰머리가 자라도록 할 필요가 없다. 그리고 사람들은 소위 "명예 훼손" 때문에 법정 싸움에 휘말리는 것을 모든 경우에 있어서 단지 최종적인 수단(ultima ratio)으로서 고려해야만 한다. 법정 싸움과 신문이나 책에서 이루어지는 모든 종류의 갈등에서 어떤 분명히 좋은 결과가 나오는 것은 매우 드물다.

그러나 이 모든 것은 명령을 받았기 때문에 정당하며 자신의 명예를 지키고 보호하기 위한 발걸음들과 수단들이 존재할 수 없다는 것을 의미할 수는 없다. 즉, 명예를 정말로 위험에 빠뜨리는 것이 아니라, 동료들이 보고 판단할 때, 그리고 자기 자신의 눈과 판단과 양심에 비추어 볼 때 **그렇게 보이는**—이런 겉으로 보이는 모습 그 자체가 아무것도 아닌 것은 아니다!—명예에 대한 위협들이 어느 한 사람에게 발생할 수 있다. 그는 이런 위협들을 기꺼워해서는 안 된다. 왜냐하면 이것들은 그에게 부여된 **직무**(Dienst)와, 그에게 주어진 **일**(Arbeit)과, 그의 **부르심**에 대한 순종을 어렵게 만들고, 혼란시키고, 방해하기 때문이다. 이것들은 그가 자기 자신과 다른 사람에게서 필요로 하는 신뢰성을 축소시키고, 그로부터 뻗어 나가야 하는 빛을 흐리게 만든다. 이것이 이 질문에서 주목해야 할 두 번째의 특별한 판단 기준(Kriterium)이다. 내가 나의 명예를 위해 진력해야만 하고, 이를 방어해야만 한다고 생각한다면, 이것은 무엇을 말하는가? 이것이 단지 나의 인격적인 모욕에 관한 것이라면, 나는 하나님께서 모든 것을 아신다는 것과, 만일 그분이 나의 명예를 없애지 않으신다면, 나의 명예가 병에 걸릴 수도, 죽을 수도 없다는 것에서 위안을 얻을 수 있다. 또 그래야만 한다. 그러나 이제 바라기는 나는 하나의 직무와 하나의 일 가운데 더 있다. 이제 나는 나의 소명과 나의 직업을 가지고 있다. 그리고 나에게는 이것을 올바로 성취해야 할 책임이 있다. 그곳에서, 오직 그곳에서 나는 내 **오른손**을 가지고 일한다. 그곳에서 나의 관심사는 전체가 될 수 있다. 그러나 바로 그곳으로부터 나에게 **왼손**을 사용하여, 잠정적으로, 하나님과 평화롭게 살 때만 모든 것이 좋게 된다는 것을 아는 사람으로부터 적당한 거리를 유지하면서 다른 사람들의 눈앞과 나 자신의 눈앞에서 나의 명예를 지키기 위하여 이것저것을 하라는 명령이 내려질 수 있다. 그곳으로부터 오는 모든 것이 견딜 수 있는 것은 아니다. 비록 내가 개인적으로는 전혀 공격을 받지 않는다고 하더라도, 그곳으로부터 공격을 받을 수 있다. 이 구별이 그렇게 쉽지는 않을 것이다. 그러나 이 구별이 양쪽 편에서 이루어질 것이다. 사람들은 불필요하고 결국에는 불신앙적인 것이지만 명목상 그 '일'(Sache) 때문에 자기 자신의 인격의 명예를 위한 저 싸움들 가운데 하나로 너무나 쉽게 떨어져 내리는 경향을 가지고 있다. 그러나 사람들은 또한 지나치게 관대하거나 무관심할 수도 있다. 그래서 자신의 인격의 명예로 인해 그 일이 분명하게 위협을 받고 있으며, 위험에 처해 있다는 사실과, 더 이상 침묵하거나, 농담할 수 없고, 명예를 위해서 무엇인가를 **해야만** 한다는 것을 알려고 하지 않는다. 나는 오해를 받을 수도 있고, 곡해될 수도 있으며, 내가 그것을 좋아할 수도 있다. 그러나 내가 나의 임무에 순종하면서 하는 것이 오해를 받거나 곡해되지 않도록 하기 위하여, 나는 내가 할 수 있는 모든 것을 잘 하든지, 못하든지 해야만 한다.

 그러면 무엇을 해야 하는가? 여기에서 먼저 세 번째의 특별한 판단 기준을 고려해야 한다. 그 일 때문에 필요하고 필수적인 자신의 명예의 보호는 다른 사람들에 대한 갖가지의 행위들과 태도들을 통해 이루어지는 것이 아니라, 무엇보다 최소한 그의 명예를 위협하는 것으로 보이는 인간 **고유의 행위**에 꼼꼼하게 주의를 집중함으로써 이루어질 수 있다는 점으로 인해서 모든 불필요하고 금지된 보호 조치들로부터 구별된다. 나는 다른 사람들에 대해서 이 보호를 높이 평가할 수 있기를 기대하기 전에, 먼저 나 자신에 대하여 높이 평가해야만 한다. 겉으로 보이는 나쁜 모습은 아마도—정말로 가능성이 있지 않은가? 꽤 확실하지 않은가?—적어도 나 자신으로부터도 퍼져 나간다. 나 자신이 아마도 자신의 명예를 오해하고 곡해하고, 그러한 오해와 곡해 속에서 말하고, 행위하고, 행동하며, 그 안에서 주변에 자신을 드러내는 첫 번째 사람일 수 있다. 다른 사람들로부터 나에게 그리고 나의 명예에 닥치는 것은 실로 무엇보다 갖가지 우둔함과 경솔함과 부주의 기괴하고 우스꽝스러운 반영이며, 이 안에서 나는 나의 명예를 다룬다. 이를 통해 나 자신이 나의 직무를 어렵게 만들고, 혼란시키고, 방해한다. 그리고 다른 사람들이 그들의 오해와 곡해를 가지고 이제 이것을 올바로 행할 때, 나는 그에 대한 보답을 받는다. 결국 이 일에 대한 관심에서 행동하고, 여기에 필요하고 요구되는 정리를 하는 것은 어쨌든 나 자신에서 시작된다. 그러면 나의 왼손이 오랫동안 철저하게 그 일을 처리하느라, 다른 사람들을 상대로 손을 드는 상황에 빨리 이를 수 없을지 누가 알겠는가?

신약성서가 **외부**에 대하여, **세상** 앞에서 그리고 **세상**의 판단 속에서 이 일 때문에 필요한 그리스도인의 인간적인 명예의 보호에 깊은 관심을 가지고 있다는 것은 의심의 여지가 없다. 어떻게 그렇지 않을 수 있겠는가? 그들은 실로 세상의 소금이어야만 하고, 자체 발광 능력을 통해서가 아니라, 주 안에 있는 빛(φῶς ἐν κυρίῳ, 엡 5:8)으로서 세상의 빛이어야만 한다(마 5:13f.). 그들은 "어그러지고 거스르는 세대 가운데서"(빌 2:15) 그들을 어두운 데서 불러 내셔서 그의 기이한 빛에 들어가게 하신(벧전 2:9) 이의 아름다운 덕(ἀρεταί)을 선포해야만 한다. 신약성서가 만들어진 교회들은 그 자체로 활동적인 **선교**공동체들이었다. 그러나 이제 이 선교공동체들은 낯설고 그들에게 무관심할 뿐만 아니라, 도처에서 어느 정도 명백하게 그들을 적대적으로 대하는 주변 세계 속에 위치해 있었다. 이 주변 세계로부터 그리스도인들의 명예가 **공격을 당했고**, 모든 가능한 오해들과 왜곡들과 중상모략들과 비방들 아래 내던져졌다.

이 첫 번째 공동체들의 설교자들과 목회자들은 결코 이 상황에 **무관심하지 않았다**. 우리는 이들의 목소리를 신약성서에서 들을 수 있다. 이들은 그리스도인들의 명예를 무엇보다 씁쓸함과 슬픔 속에서가 아니라, 기쁨과 환호로 맞이해야 할 하나님의 명예가 취하고 있는 저 특별한 형태의 빛에서 보았고 해석했다. 이 하나님의 명예 안에서 그리스도인들의 명예는 인간의 낮아짐을 의미해야만 한다. 그러나 그들은 그리스도인의 명예를 이 빛을 통해서만 보지는 않았다. 그러나 그들은 하나님 곁으로 높여진 명예에 주의를 기울이지 않았던 그리스도인들의 무관심에 관해 우리가 언급했던 것에 대해서도 만족하지 않았다. 그들은 이 모든 것에 관해 이야기했다. 그러나 그들이 이것에 관해서만 이야기한 것은 아니다. 그들에게 인간의 명예는 그의 **직무**(Dienst)로 인한 명예이다. 이 때문에 그들에게 제기된 질문은 그리스도교적인 직무가 저 상황으로 인해 **방해를 받는** 문제, 곧 그리스도인에게 지속적으로 닥쳐오는 중상모략과 명예 훼손으로 인한 직무의 혼란과 직무에 대한 내적, 외적 문제제기에 관한 것이었다. 또한 이에 대하여 그리스도인들은 무엇을 할 수 있는가라는 질문이 그들에게 제기되었다. 이 질문은 그들에게 아무런 걱정거리가 아니었다. 이 질문은 그 자체로 주께 돌려졌다. "그가 너희를 돌보심이라."(벧전 5:7) 그들에게 이 질문은 실제로 단지 왼손으로 처리될 수 있는 질문에 불과했다. 그러니 이 때문에 이 질문이 탁자 밑으로 떨어지지는 않고, 오히려 질문에 상응하는 진지한 부수성(Beiläufigkeit) 속에서 모든 형식으로 **받아들여진다**.

그러나 이 질문이 이제는 2세기의 사도적 교부들과 변증가들에 의해 받아들여졌던 방식, 즉 칭의(Rechtfertigung)와 승귀(Verherrlichung)의 형식으로나, 이교도나 유대인의 실존에 대한 공개적이거나 비밀스러운 공격을 포함하면서 그리스도교적인 실존을 추천하는 형식으로는 받아들여지지 않는다. 무엇이 복음을 지지했고, 무엇이 이교도와 유대인 세계에서 벌어지는 삶의 횡포와 함께 불신앙과 사교와 미신을 공격했는지는 다른 책의 주제이다. 신약성서적 교회의 공동체 설교와 선교 설교는 그들의 위치에서 이에 관해 침묵하지 않았다. 그러나 이것이 직무와 선포의 신뢰성을 위해 필요한 것처럼 보이는 그리스도교적인 명예를 보호하는 일과는 관련이 없었다. 대신에 가능한 한 신약성서적인 증언은 만장일치로 명백하게 **그리스도인들 자신**을 주목한다. 그들은 그리스도교적인 선포의 신뢰성을 자기 **자신의** 것으로 만들어야 한다. 다시 말해 그들은 어떻게 자신들을 오해하고 모욕하는 사람들 앞에서 그들에게 부여된 명예를 스스로 다룰 것인지 질문을 받는다. 그들은 ("하나님의 집에서 심판이 시작된다."는 베드로전서 4:17의 다소 확장된 의미에서) 그들을 오해하는 사람들 가운데서 그들 자신에 의해 **올바르게** 이해되고, **올바르게** 주장된 명예를 단순하게 그들의 인격을 통해 나타내 보이도록 부름을 받는다. "유대인에게나 헬라인에게나 하나님의 교회에나 거치는 자(ἀπρό σκοποι)가 되지 말라."(고전 10:32) 그들은 "모든 사람 앞에서 선한 일(kala,)을 도모"해야 한다(롬 12:17). 자신들의 친절(τὸ ἐπιεικὲς ὑμῶν, 빌 4:5)과 자신들의 온유함(πραΰτης, 딛 3:2)을 모든 사람에게 알려야 한다. 그들은 외부인 앞에서 단정하게(εὐσχημό νως, 살전 4:12), 지혜롭게(ἐν σοφί ᾳ, 골 4:5), 자세하게(ἀκριβῶς, 엡 5:15) 행동해야 한다. 그들은 "선행으로 어리석은 사람들의 무식한 말을 막아야" 한다(벧전 2:15). 그들은 선한 양심을 가지고 "그리스도 안에 있는 그들의 선행을 욕하는 자들이 그 비방하는 일에 부끄러움을 당하게" 해야 한다(벧전 3:16). 우리는 베드로전서 3:1 이하에서 그리스도교의 말씀에 순종하지 않는 사람들이 믿음을 갖고 있는 아내의 행실을 통해 구원을 받게 될 가능성이 고려되고 있음을 본다. 개별 그리스도인에 관하여, 즉 스스로 감독의 직무를 하기에 적당하다고 생각하는 사람에 관하여 다음과 같이 기술되어 있다. 그는 "비방과 마귀의 올무에 빠지지 않도록" 외인에게서 선한 증거(μαρτυρίαν καλήν)를 얻어야만 한다(딤전 3:7). 바울 역시도 스스로를 이런 규정 아래 세웠다. "이는 우리가 주 앞에서뿐 아니라 사람 앞에서도 선한 일에 조심하려 함이라."(고후 8:21) 그는 고린도전서 10:33에서 "나와 같이 모든 일에 모든 사람을 기쁘게 하여"라고 쓸 수 있었다.

사람들은 이 경고들의 어휘에서 우리가 어느 정도 그리스도교적인 공동체 생활과 신앙생활의 앞뜰에 있다는 것을 인지한다. 여기에 주와 교회 사이에서 일어나고, 케리그마의 내용을 형성하는 본래적인 것이 전제되어 있다. 그러나 여기에 우리가 그 안에 서서 본래적인 것을 뒤돌아볼 수 있고, 또 뒤돌아보아야만 하는 그와 같은 앞뜰이 있다는 것은 주목할 만하다. 여기에서 그리스도인은 **외부에** 있는 자들을 만나고, 믿는 자들은 믿지 않는 자들을 만난다. 여기에서 다른 본래적인 것, 즉 선포 행위를 통한 교회와 세계의 만남이 발생한다. 바로 여기에서 믿는 자들의 명예가―실제는 아니지만 매우 효과적인 겉모습(Schein)으로―공격을 당하고 상처를 입는다. 여기에서 명예를 둘러싸고 있는 겉으로 보이는 나쁜 모습은 이루어져야만 하는 것들에 대한 방해가 된다. 여기에서 중요한 관심사는 이런 방해를 방지하는 것이다. 그러나 신약성서에 따르면 이것은 믿는 자가 믿지 않는 자에게 주와 그분의 교회 사이에서 일어나는 것을 먼저 **자신의 인격**을 반영하면서 **소개할** 때만 이루어질 수 있다. 이것을 교회와 세상 사이에서 일어나는 본래적인 것처럼 여겨서는 안 된다.―이것은 하나의 좋은 것(καλόν) 이상일 수는 없다. 이것은 교회와 세상 사이에서 일어나야만 하는 것이 **방해 받지 않고** 일어날 수 있도록 하려는 목적을 가지고 있다. 그들은 거짓된 겉모습에 그리스도교적 실존의 진실된 모습과 현상을 마주 세워야 한다. 여기에서 그들은 이것을 할 수 있는 상태에 있는지 질문을 받는다. 만일 이들이 이것을 할 수 있는 상태에 있다면, 이를 통해서 자신들의 **명예**를 보호하게 된다. 그들은 이런 목적을 위해 그리고 그리스도교적 선포의 신뢰성을 위해 해야만 할 것을 **한다**. 그들이 이를 통해서 믿지 않는 자들에게 무엇을 하게 되는지 묻는 것은 의미가 없다. 이들은 항상 이 현상과 대결하게 될 것이다.―이 현상과 대면하는 것은 이들에게 심판이 된다. 이것은 계획 안에 있다. 그리스도교적 선포는 어쨌든 믿는 자들의 인간적인 인격과 관련해서 그 자체로 믿을 만한 **가치가 있다**. 이에 따라서 그리스도인들의 명예는 하나님에게로 높여질 뿐만 아니라, 실제로 세계에 대해서도 마찬가지로 확증된다. 그들의 직무는 전권을 가지고 행해질 수 있다. 그러나 이런 현상을 드러내기 위해서는 그리스도교적인 **인간**을, 다시 말하면 오해와 모욕에 대항하는 변증이나, 항상 자신이 옳다고 믿는 태도가 아니라, 그 소리가 들리든지 들리지 않든지 "성령의 나타나심과 능력"(고전 2:4)에 대한 증거로서 스스로 말하는 그리스도교적 실존의 사실을 투입할 필요가 있다. 그들은 이런 증거를 보여줄 상태에 있는가? 바로 "외부에 있는 자들"을 통해서 그리고 "외부에 있는 자들"에 대한 직무를 위해 "안에 있는 자들"은 그들이 **진정으로** "안에 있는 자들"인지 질문을 받는다. 우리는 또한 그들이 그들의 왼손으로 해야만 하는 것의 필요성을 통해서 그들의 **오른**손으로 하는 일의 진지함과 힘에 관해 질문할 수 있다. 땅 위의 소금(마 5:13)은 그 맛을 어느 정도 잃어버리지 않는가? 만일 그렇다면 그리스도인들이 **이에 대해** 진지하게 질문을 한다면 ─ 모든 신약의 경고들은 이런 질문으로 가득하다. ─ 자신들의 명예를 보호하는 문제들에서 오랫동안 전적으로 이 질문에 대한 답변에 몰두하게 될 것이다.

내가 나의 명예를 어떻게 다룰까라는 질문에 대답을 하고 나면 그다음은 어떠해야 할지 잠깐 언급하려고 한다. 만일 대답이 이루어지지 않고, 진지하게 진행 중이라면, 이 일에 있어서 다음과 같은 **직접적인** 반대 운동들도 역시 문제가 될지도 모른다. 자기 자신과 자신의 입장들을 다른 사람에게 설명하려는 시도, 그 의미를 변화되고 정밀하게 된 형태로 반복함으로써 분명하게 하려는 시도, 발생한 오해들을 해결하거나, 어느 정도 푸는 시도, 잘못된 사고들을 그 진정한 핵심으로 되돌리는 시도, 분명한 왜곡을 올바르게 바로잡으려는 시도, 분명한 거짓의 정체를 폭로하는 시도, 부당하게 제기된 비난들을 풍자의 부드러운 빛 속이나 혹은 강력한 분노의 섬광 속으로 밀어 넣는 시도 ─ 이 모든 것은 어느 정도 증인들에 의존하거나 혹은 의존하지 않으면서 행해질 수 있고, 결국에도 공중과 (최후의 수단으로!) 사회를 보호하는 법 기관에 의존하거나 혹은 의존하지 않으면서 행해질 수 있다.

만일 상황이 그와 같은 발걸음들이 정말로 나타나는 형태를 취한다면, 그리고 이 발걸음들이 (1) 궁극적이고, 가장 깊은 무관심과, (2) 직무의 필요성과, (3) 이전과 지금 이루어진 "성령과 능력의 증거들"이라는 삼중적인 배경 속에서 발생한다면, 하나님의 이름으로 시도되거나 행해질지도 모른다. 이것들이 정말로 **하나님**의 이름으로 시도되었고 행해졌는가? 만일 이 삼중적 배경의 부분들 가운데 어느 하나가 결여되어 있다면, 확실히 아니다! 만일 자신의 명예를 보호하는 것에 관한 질문을 가진 한 사람이 외부에 대한 가능한 직접적인 반응에 대한 질문에서 **시작하고**, 가장 효과적이고 강력한 직접적인 종류의 대응 행위에 관한 질문에 몰두한다면, 확실히 아니다! 질문은 시급하게 대답되어야만 한다. 그러나 저 조건들하에서만 확실히 가능하고, 이어서 ─ 우리는 이제 이 문제와 관련하여 **네 번째**의 특별한 **판단 조건**을 주장해야만 한다. ─ 이제 이런 혹은 저런 형태로 직접적인 반대 행위에 붙잡힌 사람이 다음과 같은 질문을 견딜 수 있는 경우에만, 올바르고 필요한 방식으로, 순종과 하나님의 이름으로 확실히 가능하다: 나는 내가 나의 명예를 가지고 있다는 것뿐 아니라, 이것이 나의 동료 인간들 **각자**에게도 유효하다는 것을 알고 있고, 또 이를 고려하는가? 이와 같은 반대 행위가 그 전체의 문제성 가운데 시행되어야 하는 공간은 모든 경우에 있어서 인간과 인간 사이의 관계의 공간이다. 만일 내가 이 관계에서 **나의** 명예를 대변하려고 한다면, 만일 내가 이제 정말로 나의 명예를 공격하는 동료 인간들과 그 밖의 동료 인간들에 대하여 나의 명예를 드러내고, 정당화하고, 보호하려는 시도를 하고자 한다면, 만일 내가 그들에게 정말로 이것을 요구하려고 한다면—내가 할 수 있는 한 그들을 직접적으로든, 간접적으로든 강요해서, 나의 명예를 인정하도록 만들려고 한다면, 나는 모든 경우에서 철저하게, 이론적으로뿐 아니라 실질적으로 하나님께서 **그들도 역시** 명예롭게 하셨고, 또 명예롭게 하실 것이라는 사실을 알아야 하며, 이것을 확신해야 하고, 또 이것으로 채워져야 한다. 바로 그런 관점에서 나는 그들을 주시해야 한다. 내가 시도하는 모든 발걸음에서 나는 이것을 염두에 두어야 한다. 내가 지금 나의 명예를 회복시키려고 하는 것을 보고 있는 그들 (나의 명예 가까이에 다가온 자들과 다른 모든 사람) 모두도 역시 명예를 가지고 있다. 내가 이것을 염두에 두지 않는다면, 나의 시도는 처음부터 의미가 없다. 내가 그들도 **잘 알고 있는 것**에 호소하고, 그들과 내가 **동시에** 잘 알고 있는 것을 기초로 하여 나의 행위를 통해 그들과 나 사이에 공동체 관계를 다시 세우는 것을 목표로 할 경우에만, 나는 실로 **나의** 명예를 의미심장하게—명예가 오해 받는 것에 대항하고 다른 사람들의 눈과 판단에서 명예를 회복시키기 위한 직접적인 행위를 통해서—대변할 수 있다. 다른 사람들은 명예가 없는가? 그렇다면 그들로부터 나의 아내를 옹호하고, 그리고 무엇보다 그들 앞에서 방어하는 목적이 무엇인가? 마찬가지로 그들이 자신들의 명예를 가지고 있다는 것을 나는 동일하게 존중하여 행동해야 할 것이다. 그리고 이와 함께 내가 계획하는 것이 언제 허공에 사라지지 않게 되는지를 고려해야만 한다. 그리고 그들의 명예에 효과 있게 호소할 수 있기 위해서, 나는 그들을 나 자신도 높이 평가해야만 한다. 또한 그들을 나 스스로가 진정한, 그리고 지금 매우 긴급한 관심사로 삼아야만 한다.

　자기가 존중 받기를 힘쓰는 사람은, 또한 다음처럼 묻는다. 너 자신을 또한 존중해야 하는가? 더 나아가서, 네가 네 자신이 존중 받기를 힘쓰기 전에, 너는 먼저 존중하였는가? 더 나아가 보자. 네가 존중 받기를 힘쓰는 것보다, 네 스스로를 존중하는 것이 너에게 더 중요하며, 급박하며, 더 필요한가? 오직 저런 첫 번째 단계에서 높아지기 위해 너는 이른바 두 번째 단계에 능숙해야만 한다! 너의 이웃에 대해서 네가 얼마나 지속적으로—그리고 필시 네가 어느 정도는 관여하여서—불손했는지를 너는 먼저 보는가? 오해와 무시, 경멸, 모욕의 바다를 너는 보는가? 이로부터 그들의 명예가 모든 측면에서 손상되고 있음을 너는 보는가? 그리고 얼마나 그들이 — 알게 혹은 모르게 — 자신의 명예가 회복되기를 요구하는지를 너는 보는가? 이것은 도움을 향한 외침이다. 그리고 특별히 너의 명예에 대한 손상보다, 비록 이 또한 도움을 향한 외침일지라도, 더 큰 외침이다. 그들의 명예, 다른 이들의 명예를 얻게 하기 위해서, 너는 무엇을 하는가? 예를 들면, 이것이 너의 명예와 관련된 것이라면, 너는 이와 동일한 열심, 격분, 야유 혹은 진노에 대한 동일한 노력을 최소한 보이지는 않는가? 그리고 만일 이것이 아니라면, 왜 아닌가? 그리고 어떻게 네가 다른 이들의 명예에 대한 질문 — 이들은 매우 직접 너에게 이를 질문할 수도 있다. — 을 네 자신의 명예에 대한 질문보다 전혀 불안해하지 않는가? 만일 너의 행동이 연대적 특징을 가장 깊은 근간으로 삼을 때, 한 사람의 명예가 그 사람의 명예가 아님이, 그리고 네가 너의 명예를 위해서 어떠한 경우든지 오직 '명예롭게' 싸울 수 있다는 것이 분명한가? 언제 다른 남자의 명예가 또한 하나의 정책으로 받아들여지는가? 다른 남자들의 명예, 다시 말하자면, 너의 명예를 모욕하는 그 사람의 명예를 포함하여서! 그리고 네가 그의 시선과 판단을 통해 인정받고자 하는 모든 제삼자의 명예를 포함하여서! 네가 오직 자신의 것을 돌본다면, 그래서 다른 이들의 명예를 전혀 분명하게 인식하지 못한다면, 그는 다른 사람들로부터 전혀, 정말로 전혀 받아들여질 수 없다. 그들의 시선과 판단에는 너의 명예회복이 전혀 다뤄지지 않기 때문이다. 모든 당사자의 명예는 단 하나의 장소를 갖는다. 그 장소에서 명예를 위한 싸움이 벌어진다. 그리고 만일 이런 싸움이 위에서 언급한 그런 싸움이라면, 자신의 관점에서 하나의 결과를 얻기 위해서 끝까지 싸우게 될 것이다. 그리고 이런 싸움을 통해 정당성을 얻고 허용된 사람의 기준과, 또한 이런 싸움을 통해서 보존된 순종의 법칙은 어떠한 형식적인 신중함, 절제, 예의바름은 전혀 고려되지 않는다. 그리고 물질적으로 자신의 방식을 통해 어떤 특정한 그의 명예가 위협을 받는 이웃을 염두에 두는 사람과 동일하다. 이런 싸움은 충분한 근거를 가지고 있어야 한다. 근거는 이것이 그의 일에 관한 것이라는 사실이다. 내가 그를 반대하기 위해 반대하거나, 나를 긍정하기 위해서 나를 긍정하는 것이 아니다. 오히려 바로 그를 위한 충분한 이유를 통하여 그리고 오직 그때에만 이 일은 나를 위한 이유를 갖게 되는 것이다.

독특한 것이 있다. 그것은, 내가 생각하는 바로는, 신약성서에는 자신의 명예를 직접 방어하기 위한 어떠한 요구도 존재하지 않는다는 사실이다. 오히려 항상 단지 다른 이들의 명예를 고려하는 것이나 실제로 주의하라는 경고만이 존재할 뿐이다. 예를 들면, 간혹 분명히 어떤 특별한 섬김의 위치에서 다른 사람이 행하는 것과 관련하여서, 또는 무엇보다 아버지와 어머니를 존경하는 것, 그리고 국가의 권력자에 대한 명예(롬 13:7, 벧전 2:17), 장로에 대한 명예(벧전 3:7)를 들 수 있다. 그러나 경고는 더 넓은 영역으로 확장된다. "형제를 사랑하여 서로 우애하고, 존경하기를 서로 먼저 하며!"(롬 12:10)과 "겸손한 마음으로 각각 자기보다 남을 낫게 여기고!"(빌2:3)를 예로 들 수 있다. 그리고 베드로전서 2:17에 따르면, 이런 공경은 모든 사람을 포함하게 된다. 분명한 것은, 이런 계명은 인간이 자신의 명예에 대한 직접적인 대변이 무엇인지를 물음으로써 자기 스스로를 바탕으로 하는 명예를 버리게 한다는 사실이다. 또한 인간이 다른 이를 존중하도록 지시하며, 다른 사람의 편을 들라고 요구한다. 자세히 보자면, 분명한 것은 저런 질문은 어떠한 경우이든지 단지 이런 우회적인 길을 통해서만 정당하게 대답될 수 있다는 것이다.

명예를 직접 방어하는 예로서 우리는 자연스럽게 사도행전 16:35 이하를 주목할 수 있다. 그 구절에는 감옥에 갇힌 바울이 스스로 무모하고 구속력이 없는 석방에 반대하여서 강하게 항의하는 장면이다. "로마 사람인 우리를 죄도 정하지 아니하고 공중 앞에서 때리고 옥에 가두었다가, 이제는 가만히 우리를 내어 보내고자 하느냐? 아니라, 저희가 친히 와서 우리를 데리고 나가야 하리라!" 그럼에도 사람들이 오해할 수 없는 사실이 있다. 그것은 이런 의심할바 없는 오만한 언급은 거의 전통적으로 때마침 손상된 질서를 회복하고자 하는 의지를 주제로 삼는다는 것이다. 그러나 이는 결코 개인적인 모욕감이나 허영심을 바탕으로 한 독선(獨善)에 관한 것이 아니다. 그리고 결국은 고린도후서에서 이렇듯 무엇인가 다른 측면이 나타난다. 고린도후서에는 사도들이 지닌 감춰지지 않고 오히려 높여진 자의식이 온갖 종류의 공격과 혐의들에 대해 논쟁을 벌인다. 그리고 이는 고린도 교회의 특정한 집단이 제기하는 공격과 혐의들이었다. 이는 오늘날에 이르기까지 독자를 위한 하나의 위협적인 역할을 하고 있다. 그러나 마치 예수 그리스도의 은총과 같이, 바울은 오직 예수 그리스도 안에서만 '자랑'하기를 원했다. 그리고 마치 그리스도의 임무, 직분과 섬김이 선포자로서 해결할 수 없었듯이, 그렇게 또한 자신이 방어하는 공동체와 분리시키고 싶지 않았다. 바울은 이를 전적으로 그리고 그것들을 고려하여 행동했다. 이는 마치 주님의 자랑이며 주님의 섬김과 같았다. 그렇듯이 저희가 바울과 사도들의 자랑(고후 1:14)이며, 바울은 자신의 대적자와 대항하여서 실제로 그들을 위해 이를 옹호했던 것이다.(불트만[R. Bultmann]이 저술한 『키텔』 Kittel 사전, 3권의 항목, 자만하다($καυξαομαι$)를 참고하라. 특별히 650f.와 비교하라.)

우리는 명예가 지는 윤리적 문제에 관해서 논하였다. 특별히 인간이 제한됨으로써 인간존재의 특징에 속하게 되는 명예에 관해서 논했다. 이런 제한을 통해서 명예는 창조주 하나님의 계명 아래에 종속되게 되었다. 그리고 이런 관점에서 우리에게 요구되는 순종의 범주에 관해서 논하였다. 이제 마지막으로 다음을 엄하게 경고하고 싶다. 즉, 인간의 명예는 인간을 향해 내려온 하나님의 명예 자체에 대한 반영이다. 하나님의 명예 없이 인간의 명예는 존재하지 않는다. 또한 인간의 존엄성도 존재하지 않는다. 그렇기에 하나님의 명예 그리고 또한 모든 인간적인 명예의 원천과 진정한 자리는 바로 다음에 놓여 있다. 즉, 모든 만물을 창조하시고 또한 스스로 모든 만물과 화해하셨던 바로 그분 예수 그리스도에 놓여 있는 것이다. 예수는 하나님의 말씀이며 또한 하나님의 아들이시다. 그분은 우리의 형제이다. 우리는 그의 것이며, 이렇듯 또한 하나님의 자녀가 될 수 있는 자격이 주어졌다. 이것이 바로 우리의 명예이다. 우리는 명예를 결코 자기이해를 통해서 소유해서는 안 된다. 또한 우리는 윤리를 통해서 명예를 소유해서도 안 된다. 이것이 내포하고 있는 바는 다음과 같다. 우리의 명예는 예수 그리스도에 대한 불가분의 고백을 통해서 소유할 수 있다. 그리고 지금 이것이 바로 '창조론'을 위한 결론으로 적절할 것이다.

> 나는 하늘과 땅의 창조자, 전능하신 분, 아버지이신 하나님을 믿는다.
> 그리고 나는 그의 유일하신 아들, 우리의 주님이신 예수 그리스도를 믿는다.
> (Credo in Deum, Patrem, ommipotentem, creatorem coeli et terrae
> et in Jesum Christum, Filium eius unicum, Dominum nostrum)

# 찾아보기

## 1. 성서 구절

### 창세기

| | | |
|---|---|---|
| 1장 ················ 465, 486 | :19 ················ 483 | :3 ················ 485 |
| 1-2장 ············ 424, 486 | :24 ········ 197, 208, 210 | :5f. ················ 485 |
| 1-9장 ················ 424 | 3장 ················ 424 | :6 ············ 473, 545 |
| 1-11장 ············ 435, 437 | 3-9장 ············ 425, 427 | :7 ················ 426 |
| 1:2 ················ 449 | 3:5 ················ 431 | :8f. ················ 427 |
| :22 ················ 190 | :8 ················ 431 | 10장 ············ 426-428 |
| :26 ················ 483 | :9 ················ 528 | 10-11장 ······ 424-426, 435 |
| :27 ············ 172, 282 | :15 ················ 485 | 10:1-11:9 ············ 426 |
| :27f. ················ 173 | :17f. ················ 638 | :5 ················ 429 |
| :28 ········ 269, 366, 426, 483, 638 | :17-19 ················ 717 | :8f. ················ 427 |
| :29 ············ 483, 485 | :21 ················ 485 | :12 ················ 430 |
| :30 ················ 485 | :22 ················ 432 | :18 ················ 429 |
| :31 ················ 79 | 4장 ················ 424 | :20 ················ 429 |
| 2장 ············ 253, 284 | :4 ················ 485 | :25 ················ 427 |
| :1-2 ················ 80 | :10 ················ 545 | :32 ············ 427, 429 |
| :1-3 ············ 79, 84 | :17 ············ 430, 638 | 11장 ········ 418, 433, 435 |
| :2 ················ 79 | :26 ················ 430 | :1-9 ············ 426, 428 |
| :3 ············ 80, 716 | 5장 ················ 424 | :10-32 ················ 425 |
| :15 ················ 683 | 6-9장 ················ 424 | 12장 ············ 425, 439 |
| :15-16 ················ 716 | 6:1-4 ················ 424 | :1 ········ 343, 424, 818 |
| :18 ················ 220 | :6 ················ 424 | :3 ················ 439 |
| :18f. ················ 181 | :8 ················ 424 | 14장 ················ 357 |
| :18-22 ············ 211, 270 | 8장 ················ 486 | 17:17 ················ 878 |
| :18-25 ··· 209, 283, 290, 304 | :20f. ················ 485 | 18:12f. ················ 878 |
| | :21 ················ 381 | 32:32-33 ················ 136 |
| | 9장 ············ 427, 429 | 38:7-10 ················ 373 |
| | :2 ············ 481, 485 | |

## 출애굽기

| | |
|---|---|
| 4:10 | 112 |
| :10f. | 833 |
| :11f. | 113 |
| 8:20 | 641 |
| 9:1 | 641 |
| :13 | 641 |
| 10:3 | 641 |
| 12:26 | 337 |
| :31 | 641 |
| 13:14 | 337 |
| 15:26 | 505 |
| 20:8-11 | 81 |
| :12 | 335, 337 |
| :13 | 473, 543 |
| :14 | 323 |
| 21:12f. | 594 |
| :15 | 338 |
| :17 | 338 |
| 31:12-18 | 85 |
| :16 | 85 |
| :17 | 79 |
| 34:1 | 326 |

## 레위기

| | |
|---|---|
| 19:3 | 338 |
| 20:2 | 594 |

## 민수기

| | |
|---|---|
| 35:12 | 545 |
| :24 | 545 |
| :31 | 545 |
| :33f. | 545 |

## 신명기

| | |
|---|---|
| 1:29f. | 340 |
| 4:13 | 326 |
| 5:16 | 335, 337 |
| :17 | 473 |
| :18 | 323 |
| 6:20 | 337 |
| 8:5 | 341 |
| 19:10f. | 545 |
| :12f. | 545 |
| 22:22-24 | 326 |
| 24:1f. | 290 |
| 27:16 | 338 |
| 32:6 | 340 |
| :8 | 427 |
| 33:25 | 820 |

## 여호수아

| | |
|---|---|
| 4:6 | 337 |
| 7:25 | 594 |
| 20:6 | 545 |
| :24 | 642 |

## 사사기

| | |
|---|---|
| 13-16장 | 535 |
| 16:30 | 559 |

## 사무엘상

| | |
|---|---|
| 2:5 | 364 |
| 7:3 | 642 |
| 12:14 | 642 |
| 17장 | 535 |

## 사무엘하

| | |
|---|---|
| 31:4f. | 556 |
| 6:1f. | 115 |
| :5 | 115 |
| :14 | 115 |
| :21f. | 115 |
| 11장 | 323 |
| 16:23 | 556 |
| 17:23 | 556 |

## 열왕기상

| | |
|---|---|
| 11:3 | 283 |
| 16:18 | 556 |

## 열왕기하

| | |
|---|---|
| 20:1f. | 506 |

## 에스라

| | |
|---|---|
| 9-10장 | 290 |

## 욥기

| | |
|---|---|
| 1-42장 | 502, 891 |
| 21장 | 889 |

## 시편

| | |
|---|---|
| 2:4 | 431 |
| 8:7f. | 483 |
| 18:2 | 430 |
| 27:10 | 339 |

| | | |
|---|---|---|
| 30:3f. ········· 505 | :3f. ············ 363 | :15 ············· 381 |
| 33:8 ············ 422 | 135:19 ········· 110 | 30:17 ·········· 338 |
| :16 ············· 534 | 138:1f. ········· 141 | |
| 39:5f. ··········· 510 | 145:10 ········· 110 | **전도서** |
| 50:14 ············ 141 | :18 ············· 169 | |
| :15 ············· 138 | :19 ············· 158 | 6:10 ············ 639 |
| 61:4 ············· 430 | :21 ············· 110 | 11:9 ············· 813 |
| 63:4 ············· 462 | 147:12 ········· 110 | 12:1 ············· 813 |
| 66:8 ············· 110 | 148:3 ············ 110 | |
| 69:35 ············ 110 | :12 ············· 820 | **이사야** |
| 71:17f. ··········· 820 | 150:6 ············ 110 | |
| 72:11 ············ 642 | | 1:1 ············· 335 |
| 73:26 ············ 462 | **잠언** | 4:1 ············· 209 |
| 77:11 ············ 508 | | 7:4 ············· 626 |
| 90:10 ········ 759, 638 | 1:8 ············· 337 | :9 ············· 626 |
| :12 ········ 510, 785 | 2:1–6 ············ 342 | 11장 ············ 489 |
| 91:14f. ··········· 158 | 3:12 ············ 380 | :5f. ············ 486 |
| 100:1–2 ·········· 439 | 6:6–11 ··········· 638 | 19:21 ············ 642 |
| :2 ············· 642 | :10 ············· 639 | 29:13 ············ 346 |
| :3 ············· 438 | :20f. ············ 337 | :13f. ············ 169 |
| 102:23 ············ 642 | 10:1 ············· 337 | 40:29f. ··········· 533 |
| :24 ············· 510 | 12:10 ············ 483 | 42장 ············· 642 |
| 103:20 ············ 110 | 13:24 ············ 381 | 43:1 ············· 858 |
| :22 ············· 110 | 15:20 ············ 337 | 45:9 ············· 339 |
| 104:20 ············ 705 | 16:1 ············· 837 | 48:6f. ············ 834 |
| :21 ············· 705 | :9 ············· 837 | 49–53장 ········· 642 |
| :22 ············· 705 | 17:25 ············ 337 | 49:15 ············ 339 |
| :23 ········ 638, 705 | 18:10 ············ 430 | :20f. ············ 364 |
| 107:17f. ·········· 505 | 19:14 ············ 316 | 53장 ············· 891 |
| 113:1 ············· 110 | :18 ············· 381 | :5 ············· 381 |
| :6f. ············ 364 | :21 ············· 837 | 54:1 ············· 364 |
| 116:2 ············· 113 | 22:15 ············ 381 | 55:6 ············· 138 |
| 117:1 ············· 110 | 23:13f. ············ 381 | 56:1–8 ··········· 209 |
| 118:17 ············ 533 | :22f. ············ 337 | :3f. ············ 209 |
| 119:46 ············ 128 | :24f. ············ 344 | :6 ············· 642 |
| 127:1 ············· 434 | 29:3 ············· 337 | 58:13f. ············ 86 |

62:6 ..... 112
63:16 ..... 339
65:25 ..... 486

### 예레미야

1:6 ..... 112
:6f. ..... 833
:7 ..... 113
3:1 ..... 290
:19 ..... 341
9:23 ..... 535
16:2 ..... 209
17:1f. ..... 326
:24f. ..... 86
20:9 ..... 112
29:12 ..... 138
33:3 ..... 138
:6 ..... 505

### 에스겔

18:23 ..... 545
:32 ..... 545
20:12 ..... 85
:20 ..... 85
:40 ..... 642
21:6f. ..... 545
33:11 ..... 545

### 다니엘

7장 ..... 642

### 호세아

1-3장 ..... 283

2:18 ..... 486
:19 ..... 210
11:1 ..... 340

### 미가

7:6 ..... 357

### 스바냐

3:9 ..... 642

### 스가랴

4:6 ..... 534

### 말라기

2:11 ..... 290
:14 ..... 290
:15 ..... 290
:16 ..... 290
3:18 ..... 641
4:6 ..... 361

### 마태복음

1:1f. ..... 335
5:10f. ..... 891
:13 ..... 900
:13f. ..... 657, 898
:21f. ..... 544
:21-26 ..... 495
:27-31 ..... 211
:28 ..... 323
:31 ..... 290

:31f. ..... 323
:32 ..... 291
:33f. ..... 292
:38f. ..... 292
:38-42 ..... 584
:39f. ..... 895
:44f. ..... 165
:48 ..... 857
6:1f. ..... 880
:5f. ..... 130
:6 ..... 76
:7f. ..... 168
:14 ..... 165
:24 ..... 641
:25-34 ..... 738
7:7 ..... 138
:7f. ..... 158
:9f. ..... 158
:11 ..... 380
:13f. ..... 652
10:16 ..... 674
:17f. ..... 833
:17-39 ..... 357
:19 ..... 118
:19f. ..... 113, 833
:20 ..... 134
:21 ..... 357
:24f. ..... 874
:32 ..... 113
:33 ..... 113
:34 ..... 359
:34-37 ..... 357
:35 ..... 358
11:29 ..... 644
12:17f. ..... 642
:39 ..... 324

| | | |
|---|---|---|
| 16:4 ………………… 324 | :51f. ………………… 588 | 13:32 ………………… 776 |
| :15f. ………………… 125 | :52 …………………… 544 | 14:32f. ………………… 547 |
| :22f. ………………… 547 | 27:5 …………………… 556 | :38 …………………… 141 |
| 18:3 …………………… 815 | | :60f. ………………… 117 |
| :19f. ………………… 161 | 마가복음 | :66f. ………………… 126 |
| 19장 …………… 266, 267 | | :67 …………………… 662 |
| :1-12 ………………… 265 | 1:15 …………………… 774 | 15:6f. ………………… 545 |
| :3f. …………………… 323 | :16f. ………………… 888 | 16:2 …………………… 81 |
| :4f. ……………… 208, 290 | 2:27 …………………… 92 | |
| :6 …………………… 289 | 3:31 …………………… 357 | 누가복음 |
| :7 …………………… 290 | 5:26 …………………… 495 | |
| :9 …………………… 291 | 6:3 …………………… 637 | 1:17 …………………… 361 |
| :10 ……………… 265, 323 | :46 …………………… 76 | :51f. ………………… 882 |
| :11 …………………… 266 | 7:6-13 ………………… 354 | 2:19 …………………… 345 |
| :12 ……………… 212, 266 | 8:34f. ………………… 528 | :41f. ………………… 343 |
| :21 …………………… 292 | :35 …………………… 461 | :41-51 ………………… 343 |
| :28f. ………………… 875 | :36f. ………………… 529 | :43f. ………………… 343 |
| 20:1f. ………………… 803 | :38 …………………… 324 | :48 …………………… 343 |
| :20f. ………………… 882 | 9:36f. ………………… 874 | :49 …………………… 344 |
| :23 …………………… 882 | 10:1-12 ……………… 213 | :50 …………………… 343 |
| :25f. ………………… 643 | :4 …………………… 290 | :51 ……………… 341, 882 |
| :28 …………………… 642 | :5 …………………… 290 | :52 …………………… 886 |
| 21:1f. ………………… 115 | :5f. ………………… 290 | 3:23f. ………………… 335 |
| 22:10 ………………… 478 | :9 …………………… 289 | 6:12 …………………… 76 |
| 23장 ………………… 881 | :11f. ………………… 291 | :29f. ………………… 584 |
| :1f. ………………… 880 | :18 …………………… 16 | 7:36f. ………………… 886 |
| :9 …………………… 339 | :29 …………………… 357 | 9:1f. ………………… 544 |
| :11 …………………… 643 | :37 …………………… 882 | :51-56 ………………… 544 |
| :12 …………………… 882 | :38 …………………… 882 | :59 …………………… 888 |
| 24:43f. ………………… 776 | :43f. ………………… 874 | :59f. ………………… 888 |
| :45f. ………………… 776 | :45 …………………… 874 | :61f. ………………… 888 |
| 25:1f. ………………… 776 | 11:15f. ………………… 588 | 10:7 …………………… 709 |
| :14f. ……………… 134, 803 | :22f. ………………… 159 | :20 …………………… 893 |
| :15 …………………… 831 | :25 …………………… 165 | 11:1f. ………………… 139 |
| 26:36-44 …………… 136 | 12:25 ………………… 212 | :27f. ………………… 338 |
| :41 …………………… 141 | :29f. ………………… 75 | 12:49 ………………… 360 |

| | | |
|---|---|---|
| :51 ……… 358 | :4 ……… 325 | :14 ……… 132, 442 |
| :10 ……… 883 | :5 ……… 326 | :16f. ……… 556 |
| :26 ……… 212, 358 | :6 ……… 326 | 2장 ……… 440, 445 |
| 16:8 ……… 570 | :7 ……… 326 | :1 ……… 442 |
| :10f. ……… 832 | :8 ……… 326 | :4 ……… 442 |
| 18:1f. ……… 132 | :9 ……… 326 | :5 ……… 444 |
| :9f. ……… 881 | :10 ……… 327 | :7 ……… 444 |
| 19:19f. ……… 478 | :11 ……… 327, 328 | :9 ……… 444 |
| :40 ……… 113 | :44 ……… 545 | :11 ……… 442 |
| 22:27 ……… 643 | 9:4 ……… 655, 775 | :23 ……… 445 |
| :32 ……… 165 | 10:17f. ……… 547 | :37 ……… 442 |
| :44 ……… 547 | 11:25 ……… 791 | :41 ……… 660 |
| 23:7f. ……… 118 | :50 ……… 594 | :47 ……… 886 |
| :34 ……… 165 | 12:25 ……… 528 | 4:8f. ……… 126 |
| | :26 ……… 643, 874 | :18f. ……… 113 |
| **요한복음** | :35 ……… 775 | 5:1-11 ……… 314, 544, 831 |
| | :35f. ……… 777 | :29 ……… 345 |
| 1:12f. ……… 341 | 13:1f. ……… 643 | :29f. ……… 126 |
| :13 ……… 210 | :12f. ……… 874 | 7:54f. ……… 594 |
| :14 ……… 768 | 14:13f. ……… 161 | 16:35f. ……… 903 |
| 2:4 ……… 357 | :19 ……… 529 | 17:26 ……… 427 |
| :15 ……… 588 | :16 ……… 161 | 18:2 ……… 314 |
| 3:6 ……… 211 | 16:2f. ……… 891 | :3 ……… 637 |
| 4:22 ……… 440 | :23f. ……… 161 | :26 ……… 314 |
| :34 ……… 655 | :24 ……… 138 | 20:7 ……… 81 |
| 5:6 ……… 493 | 17:4 ……… 655 | |
| :17 ……… 655 | :9 ……… 165 | **로마서** |
| :24 ……… 774, 792 | :20 ……… 165 | |
| :25 ……… 774 | 18:37f. ……… 118 | 1장 ……… 241 |
| :36 ……… 655 | 21:18 ……… 820 | :1 ……… 642 |
| :44 ……… 882 | :19 ……… 820 | :9 ……… 642 |
| 6:53 ……… 529 | :22 ……… 874 | :16 ……… 108 |
| :57 ……… 529 | | :18 ……… 727 |
| 7:33 ……… 775 | **사도행전** | :25 ……… 241 |
| 8:2-11 ……… 323 | | :26-27 ……… 241 |
| :3-11 ……… 325 | 1장 ……… 441 | :30 ……… 338 |

| | | |
|---|---|---|
| 2:6 ········· 804 | :5 ········· 318 | :1 ········· 215 |
| :11 ········· 824 | :18 ········· 643 | :2 ········· 213 |
| 4:15 ········· 382 | | :3f. ········· 214, 372 |
| :20 ········· 536 | **고린도전서** | :3-5 ········· 213 |
| :25 ········· 332 | | :7 ········· 215 |
| 5:3 ········· 891 | 1:7 ········· 774 | :8 ········· 215 |
| 7:3 ········· 287 | :26f. ········· 799 | :9 ········· 213 |
| :8 ········· 489 | :27 ········· 535 | :10f. ········· 291 |
| 8:2 ········· 855 | 2:4 ········· 900 | :10-11 ········· 213 |
| :13 ········· 478 | :11 ········· 561 | :11a ········· 291 |
| :15f. ········· 140 | 3:4 ········· 881 | :12-13 ········· 213, 290 |
| :18 ········· 891 | :5f. ········· 803, 881 | :12-16 ········· 313 |
| :19 ········· 488 | :9 ········· 857 | :14 ········· 377 |
| :20 ········· 249 | :13f. ········· 804 | :15 ········· 804 |
| :26 ········· 133, 150 | :21 ········· 881 | :16 ········· 313 |
| :26f. ········· 140 | 4:2 ········· 831 | :17 ········· 213, 218, 803 |
| :28 ········· 881 | :3f. ········· 895 | :18f. ········· 799, 802 |
| 10:9 ········· 113 | :12 ········· 637 | :19 ········· 807 |
| 12:1 ········· 558, 559 | 5:4f. ········· 544 | :20 ········· 799, 800, 805, 852 |
| :2 ········· 716 | :6 ········· 200 | :25 ········· 215, 217 |
| :3 ········· 831 | 6-7장 ········· 214 | :26 ········· 215, 217 |
| :3f. ········· 803, 831 | 6:1-6 ········· 584 | :27 ········· 213, 215 |
| :10 ········· 902 | :1-11 ········· 584 | :28 ········· 213 |
| :12 ········· 74, 132 | :3-5 ········· 214 | :29 ········· 216, 775 |
| :16 ········· 882 | :7f. ········· 584 | :29-31 ········· 216 |
| :17 ········· 899 | :11 ········· 584 | :31 ········· 215, 716, 775 |
| :17-20 ········· 584 | :12-19 ········· 213 | :32 ········· 217 |
| :18 ········· 590 | :13 ········· 198, 214 | :33 ········· 216 |
| :19 ········· 590 | :14 ········· 198 | :34 ········· 216 |
| 13:1f. ········· 248 | :15 ········· 198 | :35 ········· 216, 217 |
| :4 ········· 544 | :16 ········· 197 | :36 ········· 213 |
| :7 ········· 902 | :16-18 ········· 199 | :38 ········· 213 |
| :11f. ········· 777 | :17 ········· 214 | :39 ········· 214, 218, 287 |
| :12 ········· 774, 775 | :19 ········· 198 | :40 ········· 215 |
| :14 ········· 478 | :19-20 ········· 198 | 9:5 ········· 212 |
| 16:3 ········· 314 | 7장 ········· 212, 217, 803 | :6 ········· 637 |

:16 ·········································· 112
10:11 ······································ 775
　:24 ······································ 716
　:31 ······································ 450
　:32 ······································ 899
　:33 ······································ 899
11장 ···························· 228, 252, 275
　:3 ································ 214, 250
　:10 ······························ 228, 251
　:11 ······························ 213, 237
12장 ································ 803, 831
12-14장 ······························· 179
12:4f. ··································· 803
　:7 ······································· 803
　:9 ······································· 506
　:11 ······························ 803, 807
　:12f. ··································· 803
　:28f. ··································· 803
13장 ····································· 189
　:11 ····································· 817
14장 ···································· 228
　:15 ···································· 134
　:33f. ································· 228
　:34 ···································· 248
　:37 ···································· 228
15:9 ····································· 883
　:53 ···································· 465
16:2 ······································ 81
　:13 ······························ 536, 817
　:19 ······························ 314, 318

고린도후서

1:11 ···································· 165
　:12 ···································· 895
　:14 ···································· 903

3:9 ······································ 875
4:13 ···································· 113
5:10 ···································· 804
　:17 ···································· 357
　:21 ···································· 251
6:1f. ··································· 777
　:14f. ································· 313
8:21 ···································· 899
11:7 ···································· 637
12:1f. ································· 805
　:2f. ··································· 806
　:9 ···································· 542
　:9f. ····························· 805, 891

갈라디아서

1:15 ···································· 805
2:11 ···································· 588
　:20 ······································ 89
3:27 ···································· 800
　:28 ······················· 228, 239, 251
4:4 ······························ 381, 774
　:5 ···································· 140
　:27 ···································· 364
5:1 ································ 804, 807
　:13 ···································· 643
　:24 ···································· 478
　:26 ···································· 880
6:2 ······································ 716

에베소서

1:16 ···································· 141
　:18 ···································· 799
2:13f. ································· 446
3:15 ····························· 339, 380

　:16 ···································· 536
　:20 ···································· 134
4:1 ······································ 799
　:4 ······································ 799
　:4f. ··································· 801
　:14 ···································· 817
　:28 ······························ 637, 704
5장 ······················· 205, 214, 250,
                                275, 277
　:1 ································ 643, 857
　:8 ···································· 898
　:15 ···································· 899
　:15f. ································· 777
　:18 ···································· 184
　:21 ······················· 184, 249, 643
　:22 ···································· 249
　:22-32 ······························ 216
　:22-33 ························ 184, 252
　:23 ···································· 250
　:25f. ································· 249
　:25-27 ······························ 253
　:25-33 ······························ 252
　:28 ······························ 197, 198
　:28-33 ······························ 253
　:29 ···································· 198
　:31 ······················· 191, 197, 208
　:31f. ································· 208
　:32 ······················· 181, 188, 191,
                                210, 212
　:33 ···································· 252
6:1 ······················· 338, 350, 354
　:1f. ··································· 252
　:2 ···································· 335
　:4 ···································· 382
　:5f. ··································· 252
　:10 ···································· 536

| | | |
|---|---|---|
| :13 ········· 588 | 데살로니가전서 | :10 ········· 792 |
| | | 3:2 ········· 338 |
| **빌립보서** | 1:2 ········· 141 | :12 ········· 892 |
| | :9 ········· 643 | 4:19 ········· 314 |
| 1:3 ········· 141 | 2:6 ········· 880 | |
| :23 ········· 551 | 4:3f. ········· 213 | **디도서** |
| 2:3 ········· 880 | :4 ········· 214 | |
| :6f. ········· 250 | :11 ········· 637 | 1:4 ········· 338 |
| :7 ········· 644 | :11f. ········· 704 | :6 ········· 287 |
| :15 ········· 898 | :12 ········· 899 | :12 ········· 359 |
| :17 ········· 642 | 5:2 ········· 776 | :13 ········· 359 |
| 3:12-14 ········· 814 | :3 ········· 773, 777 | 3:2 ········· 899 |
| :14 ········· 799 | :4f. ········· 775, 777 | |
| 4:5 ········· 899 | :17 ········· 74 | **빌레몬서** |
| :6 ········· 138 | :19 ········· 690 | |
| :13 ········· 536 | | 2장 ········· 318 |
| | 데살로니가후서 | |
| **골로새서** | | **히브리서** |
| | 1:7 ········· 774 | |
| 1:3 ········· 141 | 3:1 ········· 165 | 3:1 ········· 799 |
| :12f. ········· 661 | :8 ········· 637 | :7 ········· 777 |
| :15 ········· 250 | :10f. ········· 637 | :12f. ········· 777 |
| 2:10 ········· 250 | | :15 ········· 777 |
| :23 ········· 478 | **디모데전서** | 4:7 ········· 777 |
| 3:2 ········· 478 | | 7:3 ········· 357 |
| :5 ········· 478, 558 | 1:2 ········· 338 | 12:1 ········· 559 |
| :15 ········· 804 | :12 ········· 536 | :4 ········· 588 |
| :17 ········· 450 | 2:8 ········· 249 | :4-11 ········· 380 |
| :18 ········· 248 | :11 ········· 248 | :9 ········· 380 |
| :19 ········· 249 | 3:2 ········· 287 | :28 ········· 643 |
| :20 ········· 338, 350, 354 | :7 ········· 899 | 13:4 ········· 211 |
| :21 ········· 382 | 5:14 ········· 213 | |
| :24 ········· 643 | 6:13 ········· 118 | **야고보서** |
| 4:5 ········· 777, 899 | | |
| :11 ········· 643 | **디모데후서** | 1:5f. ········· 159 |
| :15 ········· 318 | 1:9 ········· 799 | :18 ········· 341 |

4:1f. ................... 718
　:4 ...................... 324
　:7 ...................... 588
　:17 .................... 719
5:4 ...................... 716
　:11f. ................... 891
　:14f. ................... 506
　:16f. ................... 165

### 베드로전서

1:7 ...................... 774
　:17 .................... 804
　:23 .................... 341
2:9 ............... 659, 898
　:11 .................... 478
　:15 .................... 899
　:17 .................... 902
　:21 .................... 857
3:1 ...................... 248
　:1f. .................... 899
　:7 ......... 249, 253, 375, 902
　:16 .................... 899
　:22 .................... 249
4:7 ...................... 774
　:7f. .................... 777
　:10 ............... 643, 803
　:13 .................... 774
　:14f. ................... 891
　:17 .................... 899
5:5 ............... 249, 336
　:7 ...................... 898
　:9 ...................... 588

### 베드로후서

1:10 .................... 799
3:12 .................... 774

### 요한1서

1:1 ...................... 774
2:12-14 ................ 817
　:13 .................... 536
　:13f. ................... 381
　:17 .................... 775
3:15 ............... 665, 774
4:1 ...................... 690
5:1 ...................... 341
　:14f. ................... 381

### 유다서

1:20f. .................. 138

### 요한계시록

1:8 ...................... 775
　:10 ...................... 77
　:17f. ................... 834
2:10 .................... 893
3:20 .................... 774
21:22 .................... 76

## 2. 인명과 고유명사

알더 Alder, Alfred  200
알트하우스 Althaus, Paul  38, 40, 208, 619
암브로시우스 Ambrosius  20, 560, 616
아메시우스 Amesius, Wilhelm  21, 99, 267
아리스토텔레스 Aristoteles  553
아시 반 웨이크 Asch van Wijk, M. C. van  237
아타나시우스 Athanasius  616
아우구스틴 Augustin  550, 561, 562, 616

바호오펜 Bachofen, Joh. Jak.  232
베이커 Baker Eddy, Mary  499, 500
바르트 Barth, Fritz  811
보봐르 Beauvoir, Simone de  234
베벨 Bebel, August  713
베카리아 Beccaria Caesare  595
베르쟈예프 Berdjajew, Nikolai  232
베르그송 Bergson, Henri  450
베르나르, 클레르보의 Bernhard v. Clairvaux  89
베자 Beza, Theodor von  609
비스마르크 Bismarck, Otto v.  741, 799
블룸하르트 Blumhardt, Christoph  168
블룸하르트 Blumhardt, Joh. Christoph  506-508
뵈메 Böhme, Jakob  232
본회퍼 Bonhoeffer, Dietrich  16, 24, 30, 39, 40, 42, 550, 609, 796, 861
보펫 Bovet, Theodor  188, 189, 223, 366, 372

브리앙 Briand, Aristide  741
브루너 Brunner, Emil  37, 38, 40-42, 60, 75, 175, 269, 285, 363, 366, 847
뷜로 Bülow, Bernh. v.  741
불트만 Bultmann, Rudolf  506, 903
부르크하르트 Burckhardt, Jakob  534

칼로프 Calov, Abraham  288
칼빈 Calvin  8, 87, 89, 92, 139, 140, 144, 163, 169, 170, 303, 609, 847, 853
카사노바 Casanova  475
캐슬레이 Castlereagh  741
로마 요리문답서 Catechismus Romanus  270
체임벌린 Chamberlain, Neville  741
크리스천 사이언스 Christian Science  499
크리소스톰 Chrysostomus  561
키케로 Cicero  20, 818
클로델 Claudel, Paul  307
콩트 Comte, Auguste  450
아우크스부르크 신앙고백 Confessio Augustana  128, 799
쿨만 Cullmann, Oscar  125
키프리안 Cyprian  616

달라디에 Daladier, Eduard  741
델카세 Delcassé, Théophile  741
델리취 Delitzsch, Franz  428

도르너 Dorner, Joh. August   417
도스토예프스키 Dostojewski, Feod. Michail.   205, 563, 892
둠 Duhm, Bernhard   110

정결한 혼인 Enzyklika *Casti Connubii*   270, 277, 284, 372, 567
유세비우스 Euseb v. Caesarea   561

플로렌스 공의회 Florentiner Konzil   182
푸이에 Fouillée, Alfred   450
프란체스코, 아시시 Franz v. Assisi   480
프로이트 Freud, Sigmund   199, 200, 232
프릿체 Fritzsche, Herbert   483

간디 Gandhi, Mahatma   585, 589
가우글러 Gaugler, Ernst   508
게르하르트 Gerhard, Paul   526
글래드스톤 Gladstone, William   741
괴테 Goethe. Joh. Wolfg. v.   31, 10,7 188, 515, 611, 765, 811
고트헬프 Gotthelf, Jeremias   205, 731, 885
그룬트비 Grundtvig, N. F. S.   417
그륀후트 Grünhut, Max   595, 604
귀요 Guyau, Jean-Marie   450

헤켈 Haeckel, Ernst   450
해링 Haering, Theodor   418, 599, 618
하만 Hamann, Joh. Georg   319
하르낙 Harnack, Adolf v.   419, 529, 738
헤링 Heering, G. J.   611, 616
하이델베르크 요리문답서 Heidelberger Katechismus   94, 114, 140, 141, 144, 160
헨쉔 Henschen, Carl   498
헤르더 Herder, Joh. Gottfr.   416
헤르만 Herrmann Wilhelm   418, 450, 618, 691, 704
히에로니무스 Hieronymus   561
히틀러 Hitler, Adolf   563, 609
호프만 Hofmann, Joh. Christian Konrad v.   416
홀 Holl, Karl   499, 696, 798, 799, 800
호던 Hordern, William   579
후버 Huber, Max   482
헉슬리 Huxley, Aldous   537

이그나티우스, 안디옥의 Ignatius v. Antiochien   120
이그나티우스, 로욜라의 Ignatius v. Loyola   145

야콥 Jacob, B.   432
융 Jung, C. G.   200

칸트 Kant, Imanuel   595, 610, 818
카텐부쉬 Kattenbusch, Friedrich   861
켈러 Keller, Carl A.   85
켈러 Keller, Gottfried   773
키에르케고르 Kierkegaard, Sören   361, 886
키른 Kirn, Otto   418
키르쉬바움 Kirschbaum, Charlotte v.   250
클라게스 Klages, Ludwig   232
클라이스트 Kleist, Heinrich v.   730
크낙 Knak, Gustav   303
녹스 Knox, John   609
쾰러 Köhler, Ludwig   335
콘스탄틴 대제 Konstantin der Gr.   616, 617, 657
크로트 Kordt, Erich   609
쿠터 Kutter, Hermann   318

랍하르트 Labhardt, Alfred   566
락탄츠 Lactanz   616
람베스 회의 Lambeth Conference   366, 373
로렌스 Lawrence, D. H.   199

렌하르트 Leenhardt, Franz J. 248, 250
렌하르트 Leenhardt, Henri 189-191, 214, 217, 265
로이트홀트 Leuthold, Heinrich 787
로크 Locke, John 595
루쿨루스 Lucullus 475
루터 Luther, Martin 92, 97, 113, 141, 144, 159, 167, 182, 207, 303, 310, 382, 419, 473, 594, 609, 611, 637, 714, 716, 799, 800, 802, 820, 850, 853
뤼티 Lüthi, Walter 77

마르텐센 Martensen, Hans L. 417
마르크스 Marx, Karl 725
멜랑히톤 Melanchton, Philipp 128
메테르니히 Metternich 741
마이어 Meyer, Werner 248
미하엘리스 Michaelis 548
미켈 Michel, Ernst 201, 270, 366, 369
밀 Mill, J. St. 450
몰리에르 Molière 498
몽테스키외 Montesquieu 595
모차르트 Mozart, Wolfg. Amadeus 785
뮐러 Müller, Johannes 527
민스터 Mynster, Jakob Peter 886

나토르프 Natorp, Paul 818
니체 Nietzsche, Fr. 450, 515, 534

오리게네스 Origenes 616
오버벡 Overbeck, Franz 738

성 펠라기아 Pelagia, hl. 560
페스탈로치 Pestalozzi, Heinrich 818
페트루스 롬바르두스 Petrus Lombardus 182
플라톤 Plato 232

폴라누스 Polanus 21
퍼킨스 Perkins, Wilhelm 21

퀘이커교 Quäker 166
드 퀘르뱅 Quervain, A. de 77, 79, 95, 335, 337, 389, 799

라데 Rade, Martin 611
라스커 Rasker, A. J. 248
리벤트로프 Ribbentrop, Joachim 741
리츨 Ritschl, Albrecht 75, 418
로테 Rothe, Richard 303, 595
드 루쥬몽 Rougemont, Denis de 286
루소 Rousseau, J.-J. 595

사르트르 Sartre, J.-P. 234
칼 폰 사비니 Savigny, Fr. Karl von 417
쉐벤 Scheeben, Joseph M. 181
셸링 Schelling, Fr. Wilh. Jos. 818
쉴러 Schiller, Friedr. v. 515
슐라터 Schlatter, Adolf 418, 450, 549, 550, 587, 600, 602, 618, 840
슐레겔 Schlegel, Friedr. 180
슐라이에르마허 Schleiermacher, D. E. Fr. 179, 180, 183-186, 190, 226, 227, 252, 271, 275, 286, 287, 309, 314, 416, 527, 613, 633, 691
슈미트 Schmidt, Karl Ludwig 799, 802
슈미트 Schmidt, Richard 595
쇼펜하우어 Schopenhauer, Arthur 534
슈베르트 Schubart, Walter 185, 188
슐테 Schulte, Walter 507
슈바르츠, 오스왈트 Schwarz, Oswald 200, 286
슈바이처 Schweitzer, Albert 447, 450, 480, 483
슈바이처 Schweizer, Eduard 874
쇼 Shaw, Bernard 576
지벡 Siebeck, Richard 489

쇠에 Søe, N. H.   16, 41, 75, 207, 366, 389, 417, 589, 691, 886
스펜서 Spencer, Herbert   450
슈피텔러 Spitteler, Carl   481
슈플라이스 Spleiß, David   818
슈탕게 Stange, Carl   703
슈타우펜베르크 Stauffenberg, Claus v.   609
슈퇴커 Stoecker. Adolf   418
슈트라서 Straßer, Charlot   204, 205
슈트라우스 Strauß, David Friedrich   595
슈트레세만 Stresemann, Gustav   741
슈트너 Suttner, Bertha v.   610
아를 공의회 Synode v. Arles   616

탄너 Tanner, Werner   482
테르슈테겐 Teerstegen, Gerhard   729
테르툴리안 Tertullian   20, 616, 710
토마스 아퀴나스 Thomas v. Aquino   21, 97, 269, 609, 702
톨스토이 Tolstoi, Leo   585, 589, 818
트리엔트 공의회 Tridentiner Konzil   182
트뢸취 Troeltsch, Ernst   419

판 데 펠데 Van de Velde, Theodor   203
베르하렌 Verhaeren, Emile   273
필마르 Vilmar, August   595
아돌프 비셔 Vischer, Adolf L.   811
에버하르트 비셔 Vischer, Eberhard   811
토마스 비셔 Vischer, F. Th.   481
빌헬름 비셔 Vischer, Wilhelm   426
볼테르 Voltaire   595

발터 폰 데어 포겔바이데 Walter von der Vogelweide   293
베버 Weber, Max   798
바이넬 Weinel, Heinr.   416, 419, 421

벤트 Wendt, Hans Heinrich   418
베렌펠스 Werenfels, Samuel   21
비드만 Widmann, J. V.   481
빌헬름 2세 Wilhelm II.   548
볼렙 Wolleb, Joh.   21, 87

침멀리 Zimmerli, Walther   427, 431
츠빙글리 Zwingli, Huldrych   847

# 3. 개념

서구(방)세계 Abendland, christl.　539, 657
성찬식 Abendmahl　181
아가페적 사랑 Agape　312, 533, 670ff.
일상 Alltag　842 (평일과 비교하라!)
노년 Alter　510ff., 576, 670, 765, 818f., 820
　"연장자들" 334ff., 336f., 365
　지혜 Weisheit　819f.
유비 Analogie　(결혼, 비유를 보라!)
고뇌 Anfechtung　460ff.
반전주의 Antimilitarismus　632
노동 Arbeit　101, 105, 107ff., 632, 693ff., 798
　고용인 Arbeitgeber　711
　고용자 Arbeitnehmer　712
　노동열광주의 Arbeitsenthusiasmus　717
　노동열기 Arbeitsfieber　717ff.
　노동의 쉼 Arbeitsruhe　(Ruhe를 보라!)
　노동시간 Arbeitszeit　497, 743ff.
　노동계약서 Arbeitsvertrag　722, 723
　윤리적 근거 Begründung, ethische　601
　경계 Grenze　708, 713ff.
　인간성 Humanität　715를 보라
　"내적" 737f.
　하나님의 가면 "Larve Gottes?"　696
　높은 평가　715
　사태 Sachlichkeit　706f.
　사회적 특성 Sozialer Charakter　706f.
　가치 Würde　709

의사 Arzt　481ff., 490, 494ff., 507ff., 842
금욕 Askese　371, 372f., 477f.
점성학 Astrologie　764f.
무신론 Atheismus　(Gottlosigkeit을 보라!)
부활 Auferstehung　(Jesus Christus를 보라!)
　(Mensch를 보라!)
도덕적인 재무장 Aufrüstung, moralische　116, 710
외국 Ausland　393
　"외국의 영향"　393
외교정책 Außenpolitik　612

자비 Barmherzigkeit　(Gott를 보라!)
장례 Beerdigung　317
재능 Begabung　826, 828
고백 Bekenntnis　108f.
　공동체의 행위 Aktion der Gemeinde　117
　부르심 Berufung　118f.
　결정 Entscheidung　124f.
　개신교적 evangelisches　120
　기도　113 (기도 항목을 보라!)
　공동체 생활방식 Gemeindemäßigkeit　117f.
　믿음 Glaube　(믿음 항목을 보라!)
　신앙고백문 Glaubensbekenntnis　114
　성령　113 (성령 항목을 보라!)
　언어 Sprache　118
　고백 선언문 status confessionis　111, 117f.

증언 Zeugnis  108f., 116, 588ff. (증언 항목을 보라!)
준비성 Bereitschaft  727
산상수훈 Bergpredigt  27, 584
직업 Beruf  540, 793ff., 795, 806, 820
　직업의 성실성  849
　소명과 비교하라!
직업의 선택 Berufswahl  795, 836ff.
직업의 전환 Berufswechsel  839, 853
소명 Berufung  644, 671, 678, 753, 769, 796, 820f., 824ff., 841, 845, 849ff., 851f., 853
　클레시스(신적인 소명) "klesis"  800ff., 851ff.
관조 Beschaulichkeit  741f.
겸손 Bescheidung  847, 879
제한 Beschränkung  755ff.
규정 Bestimmung  763
하나님의 모습 Bild Gottes  173, 499
전기 Biographie  808
생물학 Biologie  387
악 Böse, das,  600
　d. Nichtige와 비교하라!
　Sünde와 비교하라!
계약 Bund  15, 27, 45f., 64, 79, 109, 122, 143, 272, 403, 427, 464, 513, 553, 641, 651, 655, 690, 701, 766, 768, 856, 861
　계약 파트너 Bundespartner (하나님Gott 항목을 보라! 인간Mensch 항목을 보라!)
계약의 역사(계약사) Bundesgeschichte  27, 32, 45f., 48, 69, 97, 283, 289, 437, 464, 513, 655f., 766f.

혼돈 Chaos  (Nichtige 항목을 보라!)
성격 Charakter  530ff.
그리스도인 Christ, d.  652f., 657, 660, 664ff., 671, 680
　지식 Wissen  683

그리스도교성 Christenheit  657, 677
　서구 그리스도교 westliche  507
독신 Coelibat  (Ehelosigkeit 항목을 보라!)

악마학 Dämonologie  422
감사 Dankbarkeit  60, 140f., 435, 488, 514f., 524ff., 559, 644, 811
현존재(실존) Dasein  (실존 항목을 보라!)
민주주의 Demokratie  621f.
겸손 Demut  468, 600, 682, 823, 833f., 847
제한(인간의) Determination  773, 793f.
사역(봉사) Dienst  27, 112, 123, 431f., 445, 447, 543, 640f., 665, 691, 803, 897, 903
군사적 책무 Dienstpflicht, milit  611f.
병역거부 Dienstverweigerung, milit  616, 631f.
국제적인 외교 Diplomatie, internantionale  741
교의학 Dogmatik  (윤리 항목을 보라!)
결투 Duell  610

결혼 Ehe  173, 175, 181f., 188, 206, 260ff., 377
　소명 Berufung  263, 309ff., 333ff., 361 (소명 항목을 보라!)
　신격화 Divinisation?  185
　자유 Freiheit  284, 287, 307
　비유 Gleichnis  182, 220, 222f., 324, 340f.
　경계 Grenze  296, 319, 349
　제도 Institution  211f., 313ff. (결혼 항목을 보라!)
　동료애적인 결혼 Kameradschaftsehe?  292
　자녀들 Kinder  314f. (아이와 아이출산 항목과 비교하라!)
　자녀가 없는 Kinderlose  362, 365 (무자식 항목을 보라!)
　완전한 생활공동체 Lebensgemeinschaft, völlige  271, 277ff., 313, 321
　사랑 Liebe  294, 301ff., 305, 310ff., 332

비밀 결혼 matrimonium clandestinum  319
자연적 필연성 Naturnotwendigkeit?  218
성적 질서 Ordnung, geschlechtl. ('남자와 여자' 항목을 보라!)
예식 Sakrament?  185
축복 Segen  191
성실 Treue  289f., 304, 321
육체적 성생활과 비교하라! Geschlechtsleben, phys.!
간음 Ehebruch  323ff.
결혼에 대한 가르침 Ehelehre  208ff.
독신 Ehelosigkeit  184, 207ff., 300f., 356, 365
이혼 Ehescheidung  290f., 305f., 323
혼인체결 Eheschließung  300ff. (결혼/소명 항목을 보라!)
　자유로운 결정 freie Entscheidung  303f., 307
　신적인 연합 göttliches "Zusammenfügen"  303, 307, 311
　사랑의 선택 Liebeswahl  282, 293, 309
　동기 Motive  301, 306f., 312
명예 개념들 Ehrbegriffe  884f.
인간의 명예 Ehre, menschl.  858ff.
　위협 Bedrohung  873
　지울 수 없는 특징(인호) character indelebilis  860f., 884
　명예를 받는 "Ehre nehmen"  883
　공경 Ehrung  348ff., 866ff. (부모 항목을 보라!)
　형태 Gestalt  883ff.
존경받을 만한 것 Ehrenhaftigkeit  866ff., 902
경외심 Ehrfurcht  467ff. (인간의 생명 항목을 보라!)
불명예 Ehrverletzung  872, 874f.
명예유지 Ehrverteidigung  867ff.
일부일처 Einehe  190, 278ff., 305
개인(별) Einzelne, der  593, 627ff., 674, 683ff.
부모 Eltern  333ff.

권위 Autorität  335ff., 347, 379
지울 수 없는 특징(인호) character indelebilis  376
공경 Ehrung  335, 341ff., 350, 376ff.
부모의 권리 Elternrecht?  367
기쁨 Freude  376
한계 Grenze  385
책임 Verantwortung  374, 379, 383
위신 Würde  343ff.
출산 Zeugendienst  379, 383
유한성 Endlichkeit  759, 771
마지막 때(시간) Endzeit  85f., 207, 211, 216, 305f., 547, 552, 656, 731, 774
최후의 날 "Jüngster Tag"  86
천사 Engel  742
능욕 Entehrung  891
결정 Entscheidung  16ff., 35, 125, 343, 368, 374, 459, 628, 641, 766, 778, 796, 817ff., 836f.
결심 Entschlossenheit  793, 808f., 837
유산 Erbmasse  825
(윤리적) 사건 Ereignis, ethisches  18, 20f., 26, 31, 34f., 40f., 44ff, 73
지(인)식 Erkenntnis  36ff., 47, 50, 129, 137,
　인식의 토대 Erkenntnisgrund  66
　하나님의(에 대한) 지식 Gottes  56, 60, 111, 129, 629, 754, 789
　인간의 지식 des Menschen  66f., 494f.
　창조의 지식 der Schöpfung  37f., 44, 53, 61ff.
　자기인식 Selbsterkenntnis  301
구원 Erlösung  46, 513, 761
에로스(성애) Eros  185ff., 189, 283, 311, 321ff.
　거룩하게 된 geheiligter  308, 311
선택 Erwählung  (은총의 선택 Gnadenwahl 항목을 보라!)
교육 Erziehung  418f., 820f.
　한계 Grenze  385

양육 Zucht   379ff.
종말론 Eschatologie   55, 85, 470, 488, 616, 771, 773ff.
윤리 Ethik   15ff.
    교의학 Dogmatik   15ff., 42ff.
    종말론적 특징 Eschatologischer Charakter   771ff.
    율법(법률)적 gesetzliche   21, 25ff., 47, 100, 583, 754
    개인-윤리 Individual-Ethik?   628
    중간기 윤리 Interimsethik   525
    유대교적 jüdische   20
    결의론적 kasuistische   22ff., 51, 802
    가톨릭적 katholische   (가톨릭 Katholizismus 항목을 보라!)
    루터교적 lutherische   288, 303, 799ff., 851
    내용원리 Materialprinzip   47f.
    신비적 mystische   747
    신약적 neutestamentliche   800
    경건주의적 pietistische   303, 312
    낭만주의적 romantische   180, 304, 417, 527, 531
    사회-윤리 Sozial-Ethik?   628
    특별한 spezielle   15ff., 46ff
    종교개혁적 reformatorische   6, 146, 207, 335, 506, 557, 594, 617, 801
    율법 Gesetz 항목과 비료하라!
    복음 Evangelium 항목과 비교하라!
안락사 Euthanasie   577ff.
복음 Evangelium   15, 25, 65, 78, 79, 90, 96, 97, 100, 251, 292, 323f., 382, 412, 415, 422, 466, 528f., 552, 555, 557f., 569, 570, 586, 601, 616, 675, 677, 681f., 770
영원(성) Ewigkeit   79, 683f., 769
인간의 실존 Existenz, menschl.   33, 46, 54, 65, 68, 87f., 179, 387ff., 500, 639, 662

제한 Beschränkung   (제한 Beschränkung 항목을 보라!)
그리스도교적 Christliche   898
유(단)일회성 Einmaligkeit   453, 524, 532ff., 600, 754ff., 756ff., 767, 768, 786, 788
고유성 Einzigartigkeit   (개별성 Individualität 항목을 보라!)
자유 Freiheit   (자유 Freiheit 항목을 보라!)
비밀 Geheimnis   468f., 849
감각 Sinn   741f.
주체 Subjekt   33, 153, 454, 635, 849ff.
초월함 Transzendierung   639, 825 (초월 Transzendenz 항목을 보라!)
인간 Mensch 항목과 비교하라!
인간의 생명 Leben, menschl. 항목과 비교하라!
실존주의 Existentialismus   456

가족 Falilie   269, 271, 275, 334f., 386, 823
친척 Verwandtschaft 항목과 비교하라!
안식일(휴일) Feiertag   73ff., 517
    종말론적 의미 eschatologische Bedeutung   86
    축제성 Festlichkeit   94
    거룩성 Heiligung   98f.
    쉼(안식) Ruhe   (쉼[안식] Ruhe 항목을 보라!)
    안식일법 제정 Sonntagsgesetzgebung   104, 735
    주님의 날 "Tag des Herrn"   77, 82
휴가 Ferien   497, 873
축제 Fest   77, 91f., 518 (안식일 항목과 비교하라!)
희롱 Flirt   310
진보 Fortschritt?   727
여성 Frau   (남자와 여자 항목을 보라!)
    또한 다음 항목들을 비교하라. 결혼! 독신! 부모! 육체적 성생활! 출생! 임신중절! 어머니됨(모성)! 모성애(어머니다움)!

여성운동 Frauenbewegung  227
여성해방 Frauenemanzipation?  420
자유 Freiheit  21, 25, 28f., 36, 40, 45, 71, 74, 78, 81, 91f., 96, 101f., 109, 112, 127, 137, 147, 156, 166, 173, 185, 194, 276, 292, 455, 460f., 469f., 485, 489, 497, 510, 520, 529f., 537, 546, 551, 558f., 564, 569, 574, 582, 628, 632, 635, 642, 648f., 666f., 671f., 696, 721, 733, 746, 753, 758, 760, 765, 784, 793, 824, 836, 854f., 864
  (하나님 항목의 자유 부분을 보라!)
  (순종 항목과 비교하라!
프리메이슨 비밀 결사단 Freimaurerloge  679
기쁨 Freude  79, 102f., 512ff., 858
  만족 Erfüllung  524, 538
  영원한 ewige  526, 542
  미래에 대한 기쁨 Vorfreude  526, 541
즐거움 Freudigkeit  792, 840
평화 Friede  610, 619ff., 633, 877
경건함 Frömmigkeit  677

기도 Gebet  72f., 94, 113ff., 504, 510, 537, 714, 747f., 883
  경배 Anbetung  147ff.
  경건의 연습(회) Andachtsübung?  145
  필요성 Bedürftigkeit  144f., 539
  간구 Bitte  135ff., 143ff.
  회개기도 Bußgebet  147, 148
  감사기도 Dankgebet  140, 147ff.
  규율 Disziplin  166f.
  응답 Erhörung  158ff., 510
  확신 Gewißheit  158f.
  자유로운 "freies"  167
  중보기도 Fürbitte  141, 505
  예수 그리스도의 기도 Gebet Jesu Christi  140, 154, 160f.

주기도문 Unservater  113, 141, 144f., 152
계명 Gebot  137ff.
공동체적 기도 Gemeindegebet  146
믿음 Glaube  145
개인기도 Privatgebet  146, 164
식사기도 Tischgebet  167
계명 Gebot  16ff.
  현실성 Aktualität  19, 27f.
  권위 Autorität  757
  일치성 Einheit  42, 54ff.
  허용 Erlaubnis  31, 147f., 281f.
  명령자 Gebieter  (창조자 Schöpfer 항목을 보라!)
  역사적 실재성 geschichtliche Wirklichkeit  27, 111, 534, 655
  계명의 유지 Halten des Geb.  73, 345ff., 358, 385
  율법 항목의 성취 부분과 비교하라!
  연속성 Kontinuität  30, 41, 46ff.
  하나님의 요구 Rechtsanspruch Gottes  754ff.
  창조주의 요구 des Schöpfers  (창조주 항목을 보라!)
  장벽 Schranke  851
  위반 Übertretung  323, 327, 740  (죄 Sünde 항목과 비교하라!)
  십계명 zehn Gebote  21, 76ff., 323, 473, 638
출생 Geburt  333, 757f., 762, 768, 781
출산조절 Geburtenregelung  367ff.
  피임수단 Verhütungsmittel  371
인내 Geduld  503
순종 Gehorsam  16, 26f., 37, 50, 73, 77, 98, 111, 123, 126, 128, 139, 147, 353f., 379, 388f., 422, 454, 471f., 478, 513, 528f., 531, 534, 540, 547, 555, 561, 589, 593, 629, 635, 642, 646, 651, 662, 745, 753, 767, 778f., 793f., 801, 805f., 809ff., 824ff., 834f., 838f., 845,

849f., 888
성령 Geist, Hl. 20, 27, 32, 123f., 134, 163, 360, 441ff., 452, 536, 584, 589, 656, 660, 663, 691
그리스도교 공동체 Gemeinde, christl. 117, 122f., 125, 153ff., 157, 188, 198, 249, 284, 299f., 318, 336, 366, 442, 651ff., 734
   사역(봉사) Dienst. (사역 항목을 보라!)
   일치성 Einheit 694f.
   개별 (공동체) d. Einzelne (개인[별] 항목을 보라!)
   수양 Erbauung 664ff., 673
   질서 Ordnung 658
   불파괴성 Unzerstörbarkeit 663f.
   모임 Versammlung 93, 99, 656, 664 (예배 항목과 비교하라!)
   세상 Welt 673 (교회 항목의 세상 항목을 보라!)
   시간성 Zeitlichkeit 683
   소속감 Zugehörigkeit 680f.
   다음 항목들과 비교하라. 교회 Kirche! 예언 Prophetie!
세대 Generation 363
심판 Gericht 17, 325ff., 429, 502ff., 524ff., 544, 556, 563, 576, 681
역사 Geschichte 765ff.
   하나님과 인간 Gott und Mensch 43ff.
   경계 Grenze 395f., 509
   의미 Sinn 768
   다음 항목들과 비교하라. 계약사! 교회사! 전기(傳記)! 자연사! 민족/역사! 세계사!
역사기술 Geschichtsschreibung 821
육체적 성생활 Geschlechtsleben, physisches 192ff., 367, 490
   독자적 삶 Eigenleben? 194
   공존 Koexistenz 241f.
   성교 Koitus 241f., 371

성적매력-발산 "Sex-Appeal" 233
성결 Heiligung 240
성욕 Geschlechtstrieb 196f., 199, 369, 475
피조물 Geschöpf (인간/피조물성 항목을 보라!)
사회 Gesellschaft 105, 419, 565, 573f., 577, 593f, 602f., 712
율법(계명) Gesetz 19, 24f., 40, 50, 64, 84, 88, 283, 291, 353f., 423, 446, 500, 568f., 583, 606, 690f., 801f., 855
성취 Erfüllung 353
   법적인 juristisches 568f., 588, 592f., 605, 757, 849
건강 Gesundheit 489ff., 501ff. (삶의 의지 항목과 비교하라!)
폭력 Gewalt 581ff.
비폭력(성) Gewaltlosigkeit 584
양심 Gewissen 19f., 23, 523
관습 Gewohnheit 850
믿음 Glaube 45f., 83, 119, 122ff., 312, 321, 355, 503, 526, 611, 622, 659, 663
   신앙고백 Bekenntnis 108ff. (신앙고백 항목을 보라!)
   공동체의 믿음 d. Gemeinde 110 (공동체 항목을 보라!)
   희망 Hoffnung 526 (희망 항목을 보라!)
   잘못된 믿음 Irrglaube 117
   신뢰 Vertrauen 396f.
은총(혜) Gnade (복음 항목과 비교하라!) 15, 25, 28, 49, 62ff., 81f., 88, 97, 103, 109, 132, 134, 182f., 191, 350f., 374, 504, 510, 532, 555, 568ff., 570ff., 672, 695, 805, 824, 882
은총의 선물들 Gnadengaben 516, 756, 818
은총의 선택 Gnadenwahl 22, 64, 128, 194, 201, 262, 279, 293, 374, 422, 463ff., 761, 782ff., 819
하나님 Gott

전능성 Allmacht   534
독자성 Aseität   456
자비 Barmherzigkeit   58, 65, 120, 339, 557, 654f.
명예 Ehre   110f., 646, 679, 856ff., 901
일치성 Einheit   54ff., 281
영원성 Ewigkeit   (영원 항목을 보라!)
자유 Freiheit   71 (자유 항목을 보라!)
인내 Geduld   366, 503
정의(로움) Gerechtigkeit   24, 599f., 753
선하심 Güte   329, 464, 523 (은총 항목과 비교하라!)
영광 Herrlichkeit   67
다스림 Herrschaft   73, 422, 648
낮아지심 Kondeszendenz   431
사랑 Liebe   101, 571, 791
능력 Macht   576
이름 Name   752
안식 Ruhe   79, 746 (안식(일) 항목을 보라!)
존재양식 Seinsweisen   43f., 54f.
신(의)실하심 Treue   32, 504ff., 565, 647, 654, 758, 794
불변성 Unveränderlichkeit   162
아버지 Vater   28, 125, 140, 149, 339ff., 412, 768
'하나님'이라는 단어 Vokabel Gott   641
사역 Werk   53ff.
의지 Wille   50, 136, 143, 753
진노 Zorn   478
다음 항목들과 비교하라  계약! 예수 그리스도! 창조!
예배 Gottesdienst   75, 91ff., 157
　공동체의 수양 Erbauung d. Gem. (공동체 항목을 보라!)
　기도 Gebet   159ff. (기도 항목을 보라!)
　공동체의 모임 Versammlung d. Gem. (공동체 항목을 보라!)
　제의적 kultischer   642
하나님의 자녀(됨) Gotteskindschaft   34, 342ff., 824, 855, 903
불신앙 Gottlosigkeit   825, 898
윤리적 한계상황 Grenzfall, ethischer   361, 543f., 559f., 564f., 568, 572f., 589, 602, 629ff., 873
선(함) Gute, das   15, 35
'선과 악' Gut und Böse   24, 51, 254
재물(산) Güter   582f., 574f., 587

이단(교) Häresie   665
고양 Heimat   395ff.
구세군 Heilsarmee   116
거룩(성결) Heiligung   16ff., 71, 81ff., 92ff., 143, 213, 377, 397, 430, 480, 568, 589, 635
구속사 Heilsgeschichte   (계약사 항목을 보라!)
결혼 Heirat   263, 269, 333, 367ff.
　결혼/제도 항목과 비교하라!
사형집행인 Henker   593, 596, 600
교만 Hochmut   865
희망 Hoffung   508, 791ff.
동성애 Homosexualität   241ff.
인도주의(휴머니즘) Humanismus   419, 468
인간(애)성 Humanität   172, 254, 718, 725
유머 Humor   431, 877
위생 Hygiene   221, 262, 783

정언명령 Imperativ, kategorischer   26, 93
인격 Individualität   468, 476, 529, 590, 629f., 713, 834
　실존/유일성 항목과 비교하라.
성육신 Inkanation   43, 446ff., 542, 545, 681, 769, 862
이스라엘 Israel   76, 85, 110, 115, 209, 305, 336, 340f., 344, 364f., 438ff., 444ff., 465, 528, 556,

594, 641, 654
새로운 이스라엘 neues Israel   445

예수 그리스도 Jesus Christus   15, 43f., 58, 62ff.,
    81, 102, 124, 140, 157, 215, 160ff., 249, 251ff.,
    293, 303, 322, 330, 355ff., 422, 467f., 502f.,
    524, 541f., 552, 556f., 584, 640f., 647f., 651,
    675, 677, 761, 768f., 791, 855
  삼중직 Amt, dreifaches   44, 103
  부활 Auferstehung   68, 81, 86, 513, 557, 660,
    684, 791, 864
  섬김 Dienst   431f., 640f. (봉사 항목을 보라!)
  높아짐 Erhöhung   67, 541
  낮아짐 Erniedrigung   67, 251
  기도 Gebet   (기도 항목을 보라!)
  탄생 Geburt   441, 467
  다스림(주권) Herrschaft   124, 403, 776
  성육신 Inkarnation   (성육신 항목을 보라!)
  케리그마 Kerygma   655
  십자가 Kreuz   68, 360, 500, 524, 541, 557
  능력 Macht   541, 643 (하나님 항목의 권능과
    비교하라!)
  인류 Menschheit   66f., 235, 412, 441, 658, 841,
    856
  이름 Name   113, 139, 507
  승리 Sieg   513, 536f.
  아들 Sohn   54f., 67f.
  진리의(참된) 예수 그리스도 d. Wahrheit   802
  사역 Werk   155, 655
  재림 Wiederkunft   87, 211f., 660, 684, 761, 771
예수의 제자들 Jünger Jesu   656, 888
  부르심 Berufung   864 (부르심 항목을 보라!)
청(소)년 Jugend   536, 810f., 813ff., 817
  젊은이들 (die Jüngeren)   336, 381, 814
  청년운동 Jugendbewegung?   810
법학 Jurisprudenz   417

자본주의 Kapitalismus   620, 711, 724, 725
임시직무 Kasualien   317
결의론 Kasuistik   (윤리/결의론 항목을 보라!)
가톨릭 Katholizismus   169, 183ff., 203, 301, 313,
    372f., 550, 557, 567ff., 595, 743
케리그마 Kerygma
    다음 항목들을 보라. 기독교 선포! 예수 그리
    스도!
아이 Kind   386ff., 737
  하나님의 제안 Angebot Gottes   369ff.
  순종(응) Unterordnung   368ff., 379f.
아이 출산 Kindererzeugung   233ff., 365
  구원의 필요성 Heilsnotwendigkeit?   263f., 365
  인공출산 Künstliche Zeugung   537
자녀 없음 Kinderlosigkeit   363ff. ('결혼'/ '자녀
    없음'의 항목을 보라!)
  불임 항목과 비교하라!
교회 Kirche   420, 625, 742
  교회와 국가 u. Staat   617ff., 627f., 630f., 711
  청소년사회사업 Jugendarbeit   742ff.
  남자의 일 Männerarbeit   742ff.
  모임(집회) Tagungen   743
  (시민교회) (Volkskirche)   658
  공동체 항목과 비교하라!
교회(역)사 Kirchengeschichte   418, 670
교회의 훈육 Kirchenzucht   318
계급투쟁 Klassenkampf   726
경쟁 Konkurrenz   720, 726
집중 Konzentration   (활동으로서의 삶 항목을
    보라!)
우주 Kosmos   110, 458f., 523f., 645f., 654, 701,
    763f., 865
(질)병 Krankheit   241f., 491f., 501ff., 577, 735,
    853
참고 견딤 Ausharren   511

은총 Gnade  508ff.
투병 Kampf  504ff.
죄 Sünde  501, 506 (죄 항목을 보라!)
치료 Therapie  497
피조물 Kreatur  486, 639f., 645
　식물, 동물 항목과 비교하라!
전쟁 Krieg  540, 575, 607ff., 813
　원자폭탄 Atombombe  614
　정당한 전쟁 (gerechter)  626ff.
　개인의 전쟁 d. Einzelne  633f.
　민중 학살 Völkermord  623
군수산업 Kriegsindustrie  710, 718
전쟁법 Kriegsrecht  726
문화 Kultur  418, 655, 698, 702
예술가 Künstler  729

"평신도""Laien"  659, 669
국가반역 Landesverrat  563
동물적인 삶 Leben, animalisches  636 (동물 항목을 보라!)
그리스도교적 삶 Leben, christliches  653ff., 698, 898
영원한 삶(생명) Leben, ewiges  87, 465, 470, 508, 525, 542, 758, 792
인간적인 삶 Leben, menschliches
　과제 Aufgabe  451ff.
　기한 Befristung  706ff. (다음의 항목들과 비교하라. 출생! 죽음!)
　한계 Begrenzung  739ff., 763, 795
　헌신 Dahingabe  558, 592
　개인의 삶 eigenes  492f.
　(단 한번의 기회) (einmalige Gelegenheit) 실존/유일회성 항목을 보라!
　성취 Erfüllung  514, 524 (기쁨 항목과 비교하라!)
　보존 Erhaltung  571

인식 Erkenntnis  467ff.
비밀 Geheimnis  440, 466f., 568, 812
하나님의 선물 Geschenk Gottes  494, 541, 554
위탁(임) Leihgabe  452, 461f., 470, 540, 559, 572, 672, 767
운명 Schicksal?  546
보호 Schutz  493ff., 570ff., 595
시간성 Zeitlichkeit  470f., 524
　인간 항목과 비교하라!
활동으로서의 삶 Leben, tätiges  482, 635ff.
집중 Konzentration  783f.
나이 Lebensalter  809ff.
삶의 두려움 Lebensangst  792
삶의 요구 Lebensanspruch  717, 736, 868
이력 Lebensgeschichte  649, 667, 765f., 809
　하나님이 이끄시는 인생 göttliche Führung  824
처세술(기술) Lebenskunst  537
삶의 피곤함 Lebensmüdigkeit?  470
생계수단 Lebensunterhalt  722f.
가치가 없는 삶 Lebensunwertes Leben?  576ff., 614
삶의 의지 Lebenswille  450, 461, 470ff., 497f., 508, 533f., 547, 566, 753
수명 Lebenszeit  756, 867
육신 Leib  508ff. (다음 항목들과 비교하라. 영혼! 인간/일치성!)
시체 Leiche  786
슬픔(괴로움) Leid  116, 187, 523, 667, 680, 891
그리스도교적 사랑 Liebe, christliche (다음 항목들을 보라. 사랑! 이웃사랑!)
본성적(자연적)인 사랑 Liebe, natürliche  261, 270, 337, 346ff., 386
　애착 Neigung  309f.
　다음 항목들과 비교하라. 남자와 여자! 결혼!

에로스!
하나님에 대한 사랑 Liebe zu Gott  76, 674, 829
　사랑에 대한 이중계명 doppeltes Liebesgebot 74f.
사랑의 유희 Liebelei  292, 309
하나님 찬양(경배) Lob Gottes  110f., 119, 125, 147, 149, 169, 886
거짓 Lüge  545
사치 Luxus  538, 708

인간의 능력 Macht, menschliche  533ff.
　(권력 그 자체) (Macht an sich)  534, 539
　권력을 향한 의지 Wille zur Macht  533ff.
권능(력)들 Mächte  533ff., 685, 828
소우주 Makrokosmos  764
장년(기) Mannesalter  810, 813f., 819
남자와 여자 Mann und Frau  172ff., 365, 811
　다음 항목들과 비교하라. 결혼! 육체적 성생활!
　자웅동체 Androgyn  233
　만남 Begegnung  192f., 202f., 362
　양성성 Bisexualität?  206f.
　(비신화화) (Entmythologisierung)  178
　보완 Ergänzung  233, 367
　도피운동 Fluchtbewegung  241, 269f.
　이웃성 Mitmenschlichkeit  (인간애 항목을 보라!)
　질서 Ordung  276ff., 320, 420
　자기 성에 대한 신뢰 Treue zum eigenen Geschlecht  883
　유형론 Typologie?  223f.
　특유의 상이성 Verschiedenheit, spezif  222f.
　공속성 Zusammengehörigkeit  231
　귀속 Zuordung  237
순교자 Märtyrer  117
마르크스 사상 Marxismus  725
유물론 Materialismus  467

의학 Medizin  204, 496ff., 505, 574 (의사 항목과 비교하라!)
인간 Mensch
　부활 Auferstehung  332, 465
　과제 Auftrag  635
　계약동반자 Bundesgenosse  45, 186, 464, 651, 856
　평균적인 인간 Durchschnittsmensch  801f.
　일치성 Einheit  152, 186, 452, 694
　다음 항목들과 비교하라. 영혼! 육체!
　하나님의 소유물 Eigentum Gottes  555, 858
　(하나님의 자녀 항목을 보라!)
　선택 Erwählung  (은총의 선택 항목을 보라!)
　피조물성 Geschöpflichkeit  48, 57ff., 73, 137, 156, 173, 357, 422, 459, 753, 761, 763
　행동 Handeln  15ff., 42ff., 73f.
　통치권 Herrschaft  486ff.
　개별성 Individualität  개별성 항목을 보라!
　능력 Kraft  490f., 509
　본성 Natur  67f., 88, 169, 173, 192, 386, 449, 475, 489, 563, 598, 635
　장소 Ort  751, 760
　죄인 Sünder  (죄 항목을 보라!)
　책임성 Verantwortung  (책임성 항목을 보라!)
　행위 Werk  75ff.
　실제적 인간 wirklicher Mensch  67ff., 174, 187
　지식 Wissen  683, 692
　존엄성 Würde  862f., 903
　다음 항목들과 비교하라 인간의 삶(생명)! 실존(재)!
새로운 인간 Mensch, neuer  88, 328ff.
인간의 살해 Menschentötung  563f.
인류 Menschheit  422ff., 432, 657, 856
인간학적 형이상학 Metaphysik, anthropologische  233
소우주 Mikrokosmos  764

환경 Milieu 822f.
군국주의 Militarismus 614, 625
혼합결혼 Mischehe 312
선교 Mission 288, 676ff.
동료인간 Mitmensch (이웃 항목을 보라!)
수도사 제도 Mönchstand 799f., 802
일부일처제 Monogamie (단혼 항목을 보라!)
도덕 Moral 29, 302f., 564
살인(행위) Mord 473, 488, 543f., 573f., 562f., 576, 580f., 614
어머니성(모성애) Mütterlichkeit 390
어머니(됨) Mutterschaft 338, 340, 571, 573f.
  미혼모 uneheliche 376
어머니콤플렉스 Mutterkomplex 347
신비주의 Mystik 89, 94, 177, 186, 229, 480, 612, 747, 751
신화화 Mythologisierung 821, 828

제자도 Nachfolge 354f., 544, 643, 656f., 691, 771, 857, 874
이웃 Nächste, der 8, 69, 75, 172ff., 458, 476f., 498f., 545, 553, 590, 675f., 714, 717, 781, 868, 901
양식 Nahrung 485
본성 Natur (인간 항목을 보라!)
자연주의 Naturalismus 450, 459
(자연스러운) 본성 Naturell 530f.
자연(역)사 Naturgeschichte 80, 84, 264, 399
자연법 Naturrecht 19f., 38
무성(아무것도 아닌 것) Nichtige, das 508ff., 512ff., 533f., 756
정당방위 Notwehr 581ff.
  법률적 개념 juristischer Begriff 581f., 603

당국 Obrigkeit 335f.
에큐메니컬(교회일치) ökumene 165

계시 Offenbarung 32f., 38, 45, 71, 82, 111, 464, 482, 657, 758
  마지막 계시 Endoffenbarung 45, 56, 84, 211, 382, 464, 862
  신비로운 실재 Geheimniswirklichkeit 43f.
개방성 Offenheit 779f., 785
질서들 Ordnungen (창조질서들 항목을 보라!)

교육학 Pädagogik 381
평화주의 Pazifismus 609, 619, 621, 623, 630, 632
목사 Pfarrer 102, 703, 731, 742f., 842, 847f.
식물 Pflanze 451, 457f., 479f., 694, 721
정치적 책임성 Politische Verantwortung 610, 627ff.
일부다처제 Polygamie (다혼제 항목을 보라!)
설교 Predigt 669f.
사적소유물 Privateigentum 718, 722
노동자 Proletarier 724
선전술 Propaganda 623
예언 Prophetie 362, 684ff.
심리학 Psychologie 199, 493, 816, 821

권리 Recht 361, 593f., 647, 757
(정)의로움 Rechtfertigung 83, 359f., 648
  의로운 남자죄인 peccator iustus 332
법률 다툼 Rechtsstreit 584
종교개혁 Reformation 21, 102f., 146, 207, 284, 335, 422, 594f., 640 (윤리/개혁 항목과 비교하라!)
하나님 나라 Reich Gottes 284f., 360f., 363, 417, 506, 640, 650f., 660f., 665, 673, 679, 693, 722, 882
  두 왕국? Zwei Reiche? 694
종교 Religion 67, 176
존경 Respekt 902

혁명 Revolution 726f.
재판관 Richter 587, 596
낭만주의 Romantik 416 (윤리/낭만적 항목을 보라!)
안식 Ruhe 78ff., 638, 733ff., 737f., 743f., 895
　영원한 안식 ewige 744 (하나님/안식 항목과 비교하라!)

안식일 계명 Sabbatgebot 78ff., 517
치욕 Schande 886, 889ff.
분열 Schisma 666
잠(수면) Schlaf 465
창조주 Schöpfer 53ff., 156, 735, 753, 767, 785, 837
　하나님 항목과 비교하라!
창조 Schöpfung 34f., 55, 63f., 77, 455, 647, 691, 696, 754, 762, 767, 781, 856
창조질서 Schöpfungsordnungen 37f., 59, 71f., 80, 412ff., 485ff.
　(위임) (Mandate) 39f.
성서 Schrift, hl. 27f., 39f., 76, 110, 123, 291, 335, 542f., 584f., 637, 647, 687, 863
임신중절 Schwangerschaftsunterbrechung 565ff.
　임신중절 약 Indikation 573f.
영혼 Seele 195, 454, 492f., 530, 661, 694f., 727, 748
　(너-나) (Du-Ich) 529ff.
자(독)립성 Selbständigkeit 455ff., 766f.
자기긍정 Selbstbejahung 529, 697
자기성찰 Selbstbetrachtung 808
자기인식 Selbsterkenntnis 457, 737f., 829
자기상실 Selbstlosigkeit 697
자살 Selbstmord 546ff., 562, 616
자기살해 Selbsttötung 548ff., 562
　순종의 행위로서 als Gehorsamsakt 560

자기부인 Selbstverleugnung 476
　희생 Opfer 486
자기이해 Selbstverständnis 70, 77, 88f., 542, 802, 904
성 Sexualität (육체적 성생활 항목을 보라!)
군인 Soldat 576, 611f.
일요일 Sonntag (안식일(휴일) 항목을 보라!)
사회적 질문(문제) Soziale Frage 497, 718ff.
사회주의 Sozialismus 725
사회학 Soziologie 358, 821, 826
놀이 Spiel 737, 739
유심론 Spiritualismus 476
스포츠 Sport 494, 497, 505, 548, 739
언어 Sprache 391ff., 432
국가 Staat 283, 317, 413, 416f., 575f., 590, 592, 594, 601f., 617ff., 630f., 634, 725, 821
　정당한 rechter 617, 627
　국가와 교회 u. Kirche (교회 항목을 참고하라!)
국가시민 Staatsbürger (정치적 책임 항목을 보라)
스타카노브 시스템 Stachanow-System 733
사망 Sterben (죽음 항목을 보라!)
수단들(자극제) Stimulantien 581
스토아 사상 Stoizismus 558
형벌이론 Straftheorien 597ff.
죄 Sünde 44, 60, 352ff., 381f., 385, 419f., 433f., 500f., 508, 551f., 562, 575, 674f., 736, 760, 768, 777f., 825, 855
타락 Sündenfall 487
회당 Synagoge 679

춤 Tanz 310
세례 Taufe 182, 660f.
테일러-시스템 Taylor-System 733
현대(적) 기술 Technik, moderne 536f., 612, 728
속도 Tempo 740f.
악마 Teufel 502, 515, 729 (무성 항목을 보라!)

신학 Theologie  56, 72, 103, 668, 669f.
　자연신학 natürliche  60ff.
　질서(계명)신학 Ordnungstheologie  41f., 49, 417
　　창조질서(계명) 항목과 비교하라!
　길(순례자)의 신학 theologia viatorum  56, 72
동물 Tier  346, 451, 457f., 474, 479ff., 693, 695, 721
동물의 도축 Tiertötung  484
죽음 Tod  487f., 499f., 509ff., 544ff., 562, 577f., 758, 785ff., 795
　영원한 죽음 ewiger  536
　죽음을 기억하라 memento mori!  788
죽음의 공포 Todesfurcht  547f., 786ff., 792f.
사형제 Todesstrafe  566, 592ff.
　폐지 Abschaffung  595
　자비로운 심리? Gnadeninstanz?  699
　교회 Kirche  600, 605f.
어리석음 Torheit  731, 818
관용 Toleranz  646
타살 Totschlag  564
초월성 Transzendenz  360, 639, 646
　실존/초월 항목과 비교하라.
교회의 결혼 Trauung, kirchliche  316, 320f.
　(결혼식 제단)(Traualtar)  318, 320
충(신)실 Treue  809, 826, 831f. (결혼/충(신)실 항목을 보라!)
본능적 생활 Triebleben  474ff. (육체적 성생활 항목과 비교하라!)
유능함 Tüchtigkeit  826f.
덕 Tugend  828f.
폭군처벌(제거) Tyrannenmord  608ff.

불임 Unfruchtbarkeit  363f.
불순종 Ungehorsam  503, 528, 719, 755, 779, 830f., 844
　죄 항목과 비교하라!
불의함 Ungerechtigkeit  584f.
초라함 Unscheinbarkeit  894ff.
영혼의 불멸성 Unsterblichkeit d. Seele?  787
종속 Unterordung  245f., 252ff., 393, 851

조국 Vaterland  395, 397
부성(애) Väterlichkeit  376
부성(성) Vaterschaft  339ff. (하나님/아버지 항목과 비교하라!)
　군주들? Landesväter?  336
채식주의 Vegetarianismus  478, 489
책임(성) Verantwortung  73, 125, 463, 475, 482ff., 494, 546, 595f., 624, 789, 821, 832, 837
　정치적 책임(성) 항목을 보라!
범죄 Verbrechen  562f., 597f.
용서 Vergebung  351, 354, 555, 570, 601
폭력행위 Vergewaltigung  581f., 596
약속 Verhießung  505, 769
그리스도교적 선포 Verkündigung, christliche  15, 100, 122, 171, 558, 642f., 668, 686ff., 707, 727
　신뢰성 Glaubwürdigklt  676
소홀(나태) Versäumnisse  497, 533, 626ff., 665, 669, 677, 684, 700, 737, 849
시대정신 Zeitgeist  825
이성 Vernunft  109, 129, 467, 483
화해 Versöhnung  55, 487, 654, 690
친족 Verwandtschaft  334, 343
다혼(일부다처)제 Vielehe  278f., 283
빅토리아니즘 Viktorianismus  200
생기/활력 Vitalismus  450, 458, 480
산제사 Vivisektion  559
민족 Volk  386ff., 404ff., 425ff., 607

(가까이 있는 자들과 멀리 있는 자들)(die Nahen und die Ferene) 386f.
자기 민족 d. eigene 387
역사 Geschichte 386ff.
지역 Raum 393ff.
언어 Sprache 391ff.
민족법? Volksnomos? 396, 420
창조질서 Schöpfungsordnung? (창조질서 항목을 보라!)
섭리 Vorsehung 422, 436
민족들의 신? Völkergott? 423
국민법 Völkerrecht 721
민족의 이동? Völkische Bewegung? 397
영원한 완성 Vollendung ewige 80, 486, 517
모범 Vorbild 780
상급자 Vorgesetzte 845
임시성 Vorläufigkeit 525
섭리 Vorsehung 80, 410, 414, 428, 435, 471, 640, 647, 662, 692ff., 696, 753, 777, 793, 809, 825, 844

깨어있음 Wachen 777
무저항 Wehrlosigkcit 581f.
세계 Welt 152f., 365, 601, 645ff., 683ff., 846, 900
　기독교적 세계? christliche? 676
　소멸하는 세계 vergehende 358
세계 심판 Weltgericht 81
세계(역)사 Weltgeschichte 80, 84, 422f., 658, 662, 683, 687, 765f.
　세상의 일(경과) Weltgeschehen 825
세계진보 Weltverbesserung? 658
평일 Werktag 71, 96f., 107f. (일상 항목과 비교하라!)
현실성 Wirklichkeit 41, 47ff., 59, 451, 500f.

인간의 영향력 범위 Wirkungskreis, menchl. 854f.
　변화 Wandlung 863f.
경제질서 Wirtschaftosordnung 612, 711f., 723
하나님의 말씀 Wort Gottes 15ff., 35f., 40f., 45, 47ff., 60, 68, 91, 109, 453ff., 640, 681f., 683, 686, 802, 845
기적 Wunder 463, 524

시간 Zeit 78f., 486f., 524, 753ff., 762f., 769ff., 869
　마지막 때 Endzeit (마지막 때 항목을 보라!)
　시간의 변화 Wende der Zeiten 84, 660
분산 Zerstreuung 739f., 744
증언 Zeugnis 52, 80, 91, 105, 443, 569f., 661, 669, 685ff., 691, 818, 841, 863, 892
만족(함) Zufriedenheit 524
목격자 Zuschauer 767, 781

## ▎옮긴이

### 박영범

서울신학대학교 신학과(B. A.)
서강대학교 대학원(M. A.)
Kirchliche Hochschule Bethel/Wuppertal
Ruhr-Universitaet Bochum(Dr. theol.)
서울신학대학교, 강남대학교 외래교수

**저서**

*Leitbild Diakonische Kirche*(LIT)

**역서**

『교회를 오해하고 있는가』(에밀 브룬너/대서)
『악. 철학과 신학에 대한 하나의 도전』(폴 리쾨르/성광문화사)
『십자가, 결코 억울한 죽음이 아니라는 희망』(에밀 브룬너/공감마을)


### 황덕형

서울신학대학교 신학과(B. A.)
연세대학교 연합신학대학원(Th. M.)
Ruhr-Universitaet Bochum(Dr. theol.)
서울신학대학교 교수

**저서**

『삼자적 임재』(한들출판사)
『하나님의 타자성』(서울신학대학교 출판부)
『성결교의학』(형설출판사)